KINDLERS
NEUES
LITERATUR
LEXIKON

HERAUSGEGEBEN VON
WALTER JENS

VERLEGT BEI KINDLER

STUDIENAUSGABE

# BP-CK

BAND 3

KINDLERS
NEUES
LITERATUR
LEXIKON

CHEFREDAKTION: RUDOLF RADLER

Redaktion:
Susanne Bacher, Eva Bachmann, Brigitte Hellmann, Marta Kijowska, Maria Koettnitz,
Ulrich Neininger, Dr. Meinhard Prill, Wolfgang Rössig, Dr. Henning Thies, Lydia Weber
Redaktionelle Mitarbeit:
Elisabeth Graf-Riemann, Dr. Kristine Hecker, Kirsten Hölterhoff, Dr. Sabine Laußmann,
Dr. Ulrich Prill, Dr. Helga Quadflieg, Dr. Kathrin Sitzler, Tamara Trautner,
Dr. Brunhilde Wehinger, Dr. Gerhard Wild
Bearbeitung der Bibliographien:
Dr. Leopold Auburger, Prof. Dr. Peter Bartl, Walter Bohnacker, Evamaria Brockhoff,
Dr. Uwe Englert, Dr. Susanne Ettl, Gisela Fichtl, Isaac Goldberg, Theo M. Gorissen,
Elisabeth Graf-Riemann, Dr. Günter Grönbold, Karl Groß, Dr. Sven Hanuschek,
Ingeborg Hauenschild, Sonja Hauser, Prof. Dr. Dieter Herms, Armin M. Huttenlocher,
Dr. Jan Jiroušek, Barbara Kauper, Gregor Klant, Nina Kozlowski, Bernd Kuhne,
Bruno Landthaler-Liss, Susanne Mattis, Carla Meyer, Dr. Holt Meyer,
Wilhelm Miklenitsch, Christine M. Morawa, Paul Neubauer, Kathrin Neumann,
Dr. Klaus Detlef Olof, Gabriele Otto, Uwe Petry, Claudia Rapp, Dr. Winfried Riesterer,
Christa Schmuderer, Otto M. Schneider, Andreas Schubert, Dörte Schultze,
Dr. Gerhard Seewann, Dr. Hubert Stadler, Werner Steinbeiß, Dr. Ulrike Strerath-Bolz,
Charlotte Svendstrup-Lund, Martina Urban, Anne Vogt, Dr. Christine Walde,
Dr. Eberhard Winkler, Birgit Woelfert, Markus Wolf, Dr. Ulrich Wolfart,
Drs. Rein A. Zondergeld

Die Studienausgabe wurde auf Druck- und Satzfehler durchgesehen; im Text- und Datenbestand ist sie mit der Originalausgabe (1988–1992) identisch. Ein Nekrolog der seit 1988, dem Erscheinungsjahr von Band 1 der Originalausgabe, verstorbenen Autoren ist in Band 21 enthalten. Dort finden sich auch die Hinweise für die Benutzung des Werks und die Gesamtregister.

© Copyright 1988 by Kindler Verlag GmbH München
Das Werk einschließlich aller seiner Teile ist urheberrechtlich geschützt. Jede Verwertung außerhalb der engen Grenzen des Urheberrechtsgesetzes ist ohne Zustimmung des Verlags unzulässig und strafbar. Das gilt insbesondere für Vervielfältigungen, Übersetzungen, Mikroverfilmungen und die Einspeicherung und Verarbeitung in elektronischen Systemen.
Satz: Satz-Rechen-Zentrum, Berlin
Umschlaggestaltung: Heuser, Mayer + Partner, München
Druck und Verarbeitung: C.H. Beck'sche Verlagsdruckerei, Nördlingen
Printed in Germany
ISBN 3-463-43200-5

## IVO BRAAK

eig. Johannes Edmund Braak
* 12.9.1906 Marne in Dithmarschen

### DRIEWSAND

(nd.; *Treibsand*). Drama in vier Akten von Ivo BRAAK, Uraufführung: Flensburg, 9.10. 1952, Niederdeutsche Bühne. – Ganz überraschend will der reiche und skrupellose Reeder Tielemann seine Adoptivtochter Nele mit dem jungen Fischer Dierk Nickelsen verheiraten – überraschend vor allem für Nickelsen selbst, der nicht ahnt, daß er der natürliche Sohn des alten Tielemann ist. Nele aber liebt Dierks Freund, den tüchtigen Fischer Harm Schoof, von dem sie ein Kind erwartet. Um alle Hindernisse aus dem Weg zu räumen, weckt Tielemann in Nickelsen Zorn und Eifersucht und hetzt ihn gegen Harm auf. Auf hoher See muß es zwischen den Freunden zu einer heftigen Auseinandersetzung gekommen sein, denn Harm Schoof kehrt von dieser Fahrt nicht zurück. Nele heiratet Dierk, zunächst nur um des Kindes willen, gerät aber bald ganz in seinen Bann und unterwirft sich seinem Willen. Sie trägt das Kind nicht aus, verliert durch diesen Entschluß den letzten inneren Halt und ist am Ende nur noch »Driewsand«: »... toter Sand, der von jeder Woge des Schicksals hin und her gerollt wird.« Aber auch der Weg Dierk Nickelsens vom armen Fischer zum reichsten Reeder des Ortes ist nur ein Scheinerfolg; seine Seele hat er dem Mammon ausgeliefert. Zwar mahnt ihn sein Gewissen an die Schuld, die er am Tod des Freundes trägt, doch er kennt keine Reue.
Dieser inneren Leere und seelischen Verkümmerung stellt Braak seine Überzeugung entgegen, daß das Schicksal eines jeden in Gottes Hand gelegt ist: »*Seli is, de weet, dat he vör sin Herrgodd nix optowiesen hett – ut den kann he wat maken.*« (»Selig ist, der weiß, daß er vor seinem Herrgott nichts aufzuweisen hat – aus dem kann er etwas machen.«) Diese Erkenntnis ist die zentrale Idee des Dramas. Das Stück ist bühnenwirksam aufgebaut, die Handlung packend entwickelt. Lediglich Nebel und Totengräber, die als Symbolgestalten kommentierend und moralisierend auftreten, fügen sich dem Geschehen nicht immer organisch ein. Unter den handelnden Charakteren beeindruckt vor allem der des Dierk Nickelsen durch die seinem schuldhaften Aufstieg innewohnende Konsequenz. – *Driewsand* bildet mit *Wo sünd wie to Huus* (1947) und *Teihm Jahr un dree Daag* (1954) den Höhepunkt im dramatischen Werk Braaks. H.J.B.

AUSGABEN: Verden 1953. – Husum 1976 (in *Niederdeutsche Dramen*).

LITERATUR: G.Cordes, *I.B.* (in Jahresgabe der Klaus-Groth-Gesellschaft, 10, 1966).

## MENNO TER BRAAK

* 26.1.1902 Eibergen / Prov. Geldern
† 14.5.1940 Den Haag

LITERATUR ZUM AUTOR:
*Over M. ter B.*, Amsterdam 1949. – A. Borsboom, *M. ter B.; onpersoonlijk nihilisme en nihilistische persoonlijkheid*, Amsterdam 1962. – S. Vestdijk, *Gestalten tegenover mij*, Den Haag 1962. – R. Henrard, *M. ter B. in het licht van Friedricj Nietzsche*, Hasselt 1963. – H. A. Gomperts, *Jagen om te leven*, Amsterdam ³1963, S. 93–144. – J. J. Oversteegen, *Vorm of vent. Opvattingen over de aard van het literaire werk in de Nederlandse kritiek tussen de twee wereldoorlogen*, Amsterdam 1969. – P. F. Vincent, *M. ter B.'s Anglo-Saxon Attitudes* (in *European Context*, Cambridge 1971, S. 362–385). – Tirade, 18, Jan./Febr. 1978 [Sondernr. *M. ter B.*]. – H. Würzner, *M. ter B. als Kritiker der dt. Emigrantenliteratur* (in *Zur dt. Exilliteratur in den Niederlanden 1933–1945*, Hg. ders., Amsterdam 1977, S. 218–241). – Bulletin, 6, 1978, Nr. 54 [Sondernr. *M. ter B.*]. – P. F. Schmitz, *Kritiek en criteria. M. ter B. en het literaire waardeoordeel*, Amsterdam 1979. – A. F. van Oudvorst, *M. ter B. als woordvoerder van de intellektuelen*, Amsterdam 1980. – *M. ter B. Schrijvers prentenboek 5*, Hg. D. A. M. Bindendijk u. a., Den Haag ²1980. – H. van Galen Last, *Een Erasmiaanse geest tegenover het Derde Rijk* (in *Berlijn-Amsterdam 1920–1940: wisselwerkingen*, Hg. K. Dittrich u. a., Amsterdam 1982). – J. Frontijn u. a., *M. ter B. : politiek en cultuur : 3 generaties 3 forums*, Amsterdam 1982. – C. Engeler, *Ter B. contra Wagner* (in Revisor, 10, 1983, Nr. 2, S. 54–57).

### HET CARNAVAL DER BURGERS

(ndl.; *Der Karneval der Bürger*). Kulturkritische Essays von Menno ter BRAAK, erschienen 1930. – Stark beeinflußt von NIETZSCHES ambivalenter Daseinsmoral, erörtert Braak in dieser Essaysammlung einen kultursoziologischen Aspekt des »*Wir – so falsch, daß man es nicht dulden, und so wirklich, daß man ihm nicht entfliehen kann*«. Im (abstrakten) »*Dichter*« sieht er den »*Karnevalspol des* [ebenfalls abstrakten] *Bürgers*«, im Karneval selbst sowohl den Versuch, den dionysischen »*Sündenfall*« rückgängig zu machen, in welchem der Mensch den Dichter in sich ablegte und den Bürger »*anzog*«, als auch eine Möglichkeit für den Bürger, sich der vergessenen Dichterstimme wieder bewußt zu werden: »*Karneval ist das verlorene Paradies, wovon die Erinnerung in uns lebt, ohne daß wir es wiedergewinnen können ... Reine Dichter können wir nicht mehr sein, das Paradies ist uns verwehrt; wir feiern nur den Karneval der Bürger, der schon vom Aschermittwoch vergiftet ist.*«

In der Ausführung dieser Thesen wendet Braak das Bild vom karnevalistischen Maskenspiel auf die gesamte Existenz des Bürgers an, indem er es mit dem Wunsch nach »*Gemeinplätzen*« identifiziert und diese vier unterschiedlichen Gruppen der bürgerlichen Gesellschaft zuweist: der *Karneval der Kinder* ist dadurch gekennzeichnet, daß er »*stets andere Gemeinplätze*« als die später verbindlichen wünscht; dem *Karneval der Liebenden* eignen die Gemeinplätze »*Natürlichkeit*« (im Sinn des konventionellen Liebesverhaltens) und »*Mysterium des Sexus*«; im *Karneval der Dichter* schließlich (hier sind die »Berufsdichter« als soziologische Gruppe gemeint) finden sich bereits Ansätze zu der in *Démasqué der schoonheid* entwickelten Ästhetik: »*Der Dichter ist Bürger, um andere zum Dichter machen zu können; er, der die bleischwere Bürgerlichkeit des in Stoff geschaffenen Werkes nötig hat, um leben zu können, ist zugleich der Befreier, der seine Mitbürger zum Dichtertum aufruft, sofern sie den Aufruf verstehen können.*«

Einer scharfen Analyse halten diese Gedankengänge allerdings nicht stand; denn gegen seinen Willen wurde der Autor selbst ein Opfer der von ihm so verachteten und von vornherein in dem sarkastisch ausgewählten Motto aus der Mordplanszene von Alfred JARRYS absurder Bühnengroteske *Ubu roi*, 1896 *(König Ubu)* attackierten Gemeinplätze. Das sehr persönlich gefärbte und mit großer stilistischer Gewandtheit erzeugte Pathos kennzeichnet die Essays als die Entladung eines mit seiner eigenen Bürgerlichkeit jugendlich-unbarmherzig ins Gericht gehenden Intellektuellen: »*Vielleicht war dieses Rasen nötig, um von einer Jugend-Besessenheit freizukommen.*« (Nijhoff) W.Sch.

AUSGABEN: Arnheim 1930. – Amsterdam 1950 (in *Verzameld werk*, Hg. H. A. Gomperts u. a., 7 Bde., 1949–1951, 1).

## DÉMASQUÉ DER SCHOONHEID

(ndl.; *Demaskierung der Schönheit*). Kulturkritische Schrift von Menno ter BRAAK, erschienen 1932. – Wie in allen seinen kritischen Schriften versucht ter Braak auch in diesem Traktat, getreu seinem Lehrmeister NIETZSCHE, der überkommenen Ästhetik und dem Ästhetizismus »*zu widersprechen, wie noch nie widersprochen worden ist*«. Im ersten Teil polemisiert er zunächst gegen die »*Schönheitsinstallierung*« bei den niederländischen Dichterfürsten (PERK, den »Tachtigers«, VONDEL): »*Die offizielle Kunst ist wohl das ärmlichste Altersgewand, womit sich das unbeständige Pubertätskind Schönheit ein feines Äußeres geben kann*«; denn »*die Schönheit vergegenwärtigt das beständige Pubertätselement im Menschen*«. Auf Grund dieser These fordert der Autor – unter fortwährenden Seitenhieben auf den holländischen Parnaß – die Befreiung von der »*Delphischen Sphäre*« ästhetischer Dogmen, wodurch die Schönheit demaskiert werde und »*wieder in ihrer Pubertätsgestalt*« hervortrete. VOLTAIRES »*apollinischen*« Aphorismus »*Tous les genres sont bons, hors le genre ennuyeux*« (»*Alle Genres sind gut, außer dem langweiligen*«) zu der »*dionysischen*« Form »*Tous les genres sont ennuyeux, hors le bon*« (»*Alle Genres sind langweilig, außer dem guten*«) abwandelnd, streitet ter Braak im zweiten Teil *(Le bon genre)* anfänglich für eine subjektive Einseitigkeit als zwangsläufige Konsequenz »*der hinderlichen Objektivität ästhetischer Unterscheidungen*«. Er grenzt diese Einseitigkeit jedoch kampflustig gegen die »*Facheinseitigkeit der Fachästheten*« ab: »*Le bon genre ist die Einseitigkeit, die sich als Einseitigkeit erkennt.*« Vom Symbolismus her das Dichterproblem von »Musik« (Form) und »Begriff« (Stoff) aufrollend, nennt er nun (und bei dieser Nennung bleibt es) die »*Schönheit einen Begriff, der überwunden werden will*«, setzt diese Sentenz gleich »Kunst« und kommt schließlich zur endgültigen Definition seiner ästhetischen Theorie: »*Le bon genre ist kein Kunstgenre, wie die vielen Genres der Ästheten, es ist einfach ein anderer Name für das größte Risiko... den Streit auf Leben und Tod, den ›Musik‹ und ›Begriff‹ um das Wort führen.*« Obschon sich ter Braak mit diesem seinem *bon genre* der Literaturtheorie des modernen Formalismus nähert, kann die Gesamtbetrachtung – abgesehen von dem Genuß, den sie als brillante Spiegelfechterei bietet – kaum als ernsthaftes Modell einer neuen Ästhetik gelten.

Selbst DU PERRON, der zusammen mit ter Braak und M. ROLLANTS die Zeitschrift ›Forum‹ gegründet hatte und zu Beginn der dreißiger Jahre großen Einfluß auf die jungen niederländischen Schriftsteller ausübte, gibt in seiner wohlwollenden Vorrede zu, daß der Autor allzusehr »*mit seinen Fähigkeiten kokettiert, Begriffe aufzustellen, einander anzunähern..., um sich anschließend desto größerer Freiheit zum Sündigen gegen diese Begriffe zu versichern*«. Dabei sind Denkbilder und Vortragsstruktur, die in eine Reihe ironischer Aphorismen münden, bedingungslos bei Nietzsche entlehnt, doch hat MARSMAN wohl recht, wenn er feststellt: »*Ter Braak hat als Lehrling von Nietzsche über das Element ›Maskerade in der Dichtkunst‹ und über die Psychologie des jungen Dichters hervorragende Dinge gesagt. Doch das poetische Kunstwerk hat er, in direktem Gegensatz zu Nietzsche, nie mit Herz und Seele erfaßt.*« W.Sch.

AUSGABEN: Rotterdam 1932 [Vorw. C. E. Du Perron]. – Amsterdam 1950 (in *Verzameld werk*, Hg. H. A. Gomperts u. a., 7 Bde., 1949–1951, 2).

LITERATUR: H. Marsman, *Critiek van de Blauwe Knoop* (in Forum, Febr. 1935). – H. Marsman, *M. ter B.*, Amsterdam 1939. – W. L. M. E. v. Leeuwen, *3 vrienden. Studies over M. ter B., H. Marsman, C. E. Du Perron*, Utrecht 1947. – W. Drop, *Logische en niet-logische bewijsvoering in ter B.s essayistiek, gedemonstreerd aan de eerste paragraaf van het »Démasqué der schoonheid«* (in Studia Neerlandica, 1970, Nr. 3, S. 60–76).

## FRANCESCO BRACCIOLINI

* 26.11.1566 Pistoia
† 31.8.1645 Pistoia

**DELLO SCHERNO DE GLI DEI. Poema piaceuole**

(ital.; *Von der Verspottung der Götter. Ergötzliches Gedicht*). Tragikomische Dichtung in zwanzig Gesängen von Francesco BRACCIOLINI, erschienen 1618–1626. – Mit diesem Werk beabsichtigte der Dichter, eine Parodie auf die in der Renaissanceliteratur häufig thematisierten mythologischen Stoffe zu verfassen, die seiner Ansicht nach mit ihrem Kult der heidnischen Götter christliche Gefühle verletzen mußten. Das Werk bestand ursprünglich aus 14 Gesängen, die 1624 um sechs weitere ergänzt wurden, und setzt sich aus zwei mühsam verbundenen Teilen zusammen. Der erste Teil hat die Liebesabenteuer, Streiche und Intrigen der Venus zum Thema, der zweite schildert die *»battaglie orribilissime«*, die schrecklichen Kämpfe der Menschen gegen die Götter, und endet unvermittelt, ohne daß die Handlung zu einem wirklichen Ende geführt wird.
Durch ein über das Liebeslager gespanntes Netz wird Venus von ihrem Gatten Vulcano beim Ehebruch mit Mars ertappt. Als sie sich dem Gelächter der herbeigerufenen Götter ausgesetzt sieht, beschließt sie, an ihrem Mann Rache zu üben. Mit Hilfe Merkurs wird Vulcano an die Äffin Doralice geleimt. Die Schande Vulcanos nutzt Venus gleich zu einem Liebesabenteuer mit Anchises, das allerdings nicht ohne Folgen bleibt; als ihr Sohn Äneas geboren wird, schickt die Göttermutter Juno aus Empörung über die frevelhafte Liebe zwischen Gott und Mensch nun Momos, den Gott der Flüche, um das Glück der beiden zu zerstören. Aber Momos wird von den Hirten, den Freunden Anchises', verjagt und bittet daraufhin seine Mutter, die Göttin der Nacht, ihn zu retten. Diese tötet nicht nur Venus und Amor, sondern alle Götter außer dem Sonnengott und läßt die Sterne erlöschen. Doch bald darauf entstehen auf der Erde neue Götter, da sie sich nun einmal nicht ausrotten lassen. Diese ernähren sich so lange mit Menschenfleisch, bis die geplagten Erdbewohner in ihrer Not mit Prometheus an der Spitze zum Kampf gegen die Götter ziehen. Da das Werk an dieser Stelle unvermittelt abbricht, bleibt es bei der harmlosen Parodie, der jeder Zug einer sozialen oder politischen Satire fehlt. Bracciolini zeigt sich als raffinierter Manierist, der sich an VERGIL, OVID, DANTE, ARIOST und vor allem an TASSO inspiriert.
*Dello scherno de gli dei* löste bei seinem Erscheinen eine heftige Polemik aus, bei der es darum ging, ob zuerst Bracciolini oder vielmehr A. TASSONI mit *La secchia*, 1622 *(Der Eimer)*, die erste tragikomische Satire dieser Art verfaßt hätte. Bracciolini leugnete zwar jedes Plagiat, das aber dennoch wahrscheinlich ist, da Tassonis Werk 1615 bereits weit gediehen war. Mit Sicherheit hatte Bracciolini bei der Abfassung des Werks keine moralischen Ziele, wie man zum Teil annahm, und wollte keineswegs die heidnischen Götter als religiöse Instanz verspotten; es ging ihm lediglich um eine Kritik an der literarischen Ausbeutung mythologischer Stoffe. Auch die alle seine Gedichte und Tragödien auszeichnende metrische Brillanz – besonders in dem Epos *Dalla croce racquistata*, 1611 *(Vom zurückeroberten Kreuz)*, vermag nicht über eine gewisse Langeweile und Zähflüssigkeit des Werks hinwegzutäuschen. KLL

AUSGABEN: Florenz 1618 [14 Gesänge]. – Rom 1626 [um 6 Gesänge erw.]. – Venedig 1842.

LITERATUR: C. Cegani, *F. B. e il suo poema* (in Ateneo Veneto, 2, 1883, S. 129–164). – M. Barbi, *Notizia della vita e delle opere di F. B.*, Florenz 1897. – G. Zaccagnini, *L'elemento satirico ne' poemi eroicomici e burleschi italiani*, Neapel 1901. – A. Davoli, *Bibliografia storica del poema piacevole »Lo scherno degli dei«*, Reggio 1903. – A. Belloni, *Storia dei generi letterari italiani, Il poema epico e mitologico*, Mailand 1908–1911. – Ders., *Il seicento*, Mailand 1952. – G. Marzot, *L'arte di ridere nella poesia del seicento* (in NAn, 460, 1954, S. 29–42). – C. Jannaco, *Il seicento*, Mailand 1963. – G. Auzzas, Art. *F. B.* (in Branca, 1, S. 398–401).

## GIAN FRANCESCO BRACCIOLINI

genannt Il Poggio

* 11.2.1380 Terranuova
† 30.10.1459 Florenz

LITERATUR ZUM AUTOR:
L. Walser, *Poggius Florentinus, Leben und Werke*, Lpzg./Bln. 1914. – C. S. Gutkind, *P. B.s geistige Entwicklung* (in DVLG, 10, 1932, S. 548–596). – D. Bacci, *P. B. nella luce dei suoi tempi*, Florenz 1959. – M. Aurigemma, *P. B.* (in M. A., *Letteratura italiana. I minori*, Bd. 1, Mailand 1961, S. 427–448). – *P. B. 1380–1980. Nel VI centenario della nascita*, Florenz 1982. – H. Harth, *P. B. und die Brieftheorie des 15. Jh.s: Zur Gattungsform des humanistischen Briefes* (in F. J. Worstbrock, *Der Brief im Zeitalter der Renaissance*, Weinheim 1983, S. 81–99). – M. P. Stocchi, Art. *G. F. B.* (in Branca, 1, S. 401–403).

**DE NOBILITATE LIBER**

(nlat.; *Das Buch vom Adel*). Dialog von Gian Francesco BRACCIOLINI, entstanden um 1440. – Das

Werk des Florentiner Humanisten über das Wesen des Adels stellt im Gespräch zwischen dem Humanisten Niccolò Niccoli und dem Fürsten Lorenzo de'Medici, Bruder Cosimos und Freund und Mäzen des Autors, die Theorien von PLATON und ARISTOTELES einander gegenüber. Es gehört zu den für die Zeit üblichen, zum Teil heftig geführten Polemiken zwischen Platonikern und Aristotelikern, bei der am Ende die von den Humanisten vertretene Ansicht siegt, die in der Tugend das eigentliche Wesen des Adels verkörpert sieht.

»Virtus« und »ratio« werden in dem Gespräch aufgerufen, um der blinden Mißgunst des Glücks und der Zeit entgegenzuwirken. Von größerem Interesse als die Theorie, die zwar mit rhetorischer Eloquenz vorgetragen, aber nicht immer in logischer Argumentation bewiesen wird, sind die in dem Dialog enthaltenen Anmerkungen und Beobachtungen über die Lebensweise des Adels in den verschiedenen Teilen Italiens und Europas. Dabei riefen vor allem die kritischen Äußerungen über den venezianischen Adel (gegen Venedig gerichtete Äußerungen finden sich bei vielen Florentiner Autoren der Zeit, u.a. bei MACHIAVELLI), entsprechend scharfe Erwiderungen venezianischer Gelehrter hervor. Hinter dem vordergründigen Dialog aufschlußreich sind auch die Äußerungen über das Großbürgertum, das durch seine Rolle im Handel und der zunehmenden Bedeutung, die es Kunst, Kultur und Wissenschaft zumaß, zu einem in seiner sozialen Funktion dem Adel fast gleichwertigen Stand aufgestiegen war.

Das Werk Bracciolinis kann daher nicht zuletzt als Spiegel der Tendenzen und charakteristischen Bestrebungen des Humanismus angesehen werden, und wurde vor allem aufgrund seiner weisen Lehren und seines brillanten Stils bereits von den Zeitgenossen geschätzt. D.De.

AUSGABEN: Antwerpen 1489. – Straßburg 1513 (in *Opera omnia*.; Nachdr. Turin 1964 ff.)

LITERATUR: G. Saitta. *Il pensiero italiano nell'umanesimo e nel rinascimento*, Bd. 1, Florenz 1961, S. 316–342 [m. Bibliogr.].

## FACETIAE

(nlat.; *Anekdoten*). Prosawerk von Gian Francesco BRACCIOLINI, entstanden 1438–1450, vollendet und für die Veröffentlichung neu geordnet 1450–1452. – Als Sekretär der Kurie hatte der italienische Humanist zu den Räumen der päpstlichen Kanzlei Zugang, die in seinem Werk zu dem »*Bugiale sive mendaciorum officina*«, zum »*Lügenkabinett oder Werkstätte des Trugs*«, wurde. Diese Position und eine ungewöhnlich scharfe Beobachtungsgabe, die ihn mehr zum Beobachter als zum Teilnehmer werden ließ, waren die beiden Voraussetzungen seines Prosawerks, das in der Hauptsache aus Anekdoten, anzüglichen Geschichten und bissigen Sentenzen über den geistlichen Stand besteht, wobei neben Mönchen, Priestern und Kardinälen auch der Papst nicht ausgespart bleibt. Daneben berichtet Bracciolini in einem fast reportagehaften Stil über Länder, Sitten und Gebräuche seiner Zeit, die er entweder auf seinen Reisen selbst erlebt oder aus Gesprächen aufgezeichnet hatte. Die Gestalten, die der Autor in den *Facetiae* beschreibt, sind Zeitgenossen; sein persönlicher Feind Francesco Filelfo zum Beispiel, aber auch Figuren aus der erzählenden Literatur wie der Schelm Gonella, und nicht zuletzt berühmte Persönlichkeiten wie Friedrich II., Papst Urban II., Pier della Vigna. Mit diesen Anekdoten wollte Bracciolini seine Leser vor allem erheitern und den Beweis erbringen, daß, entgegen der Ansicht vieler Humanisten, auch mit Latein, der Sprache des erhabenen Stils, ein unterhaltsames Werk zu schaffen sei. Vor allem diese »*schmucklose Einfachheit*« seines Stils, die »*eloquentiae tenuitas*«, hatte der Autor gegen die Kritik seiner Zeitgenossen zu verteidigen, denen dies als Verstoß gegen die Regel galt.

In seiner überaus bildhaften Sprache, dem treffenden Stil und der hervorragenden Beobachtungsgabe war das Werk Bracciolinis ein Spiegel seiner Zeit, in dem er sich deutlich gegen das mittelalterliche Erbe abgrenzt. In ihrer bestechenden und einprägsamen Formulierung zählen die *Facetiae* zum gelungensten Werk des Florentiner Humanisten, das in ganz Europa gelesen und sogar im 16. Jh. wiederaufgelegt wurde. Natürlich setzte sich Bracciolini durch seine mitunter recht anzüglichen Geschichten über den Klerus den Angriffen vor allem der kirchlichen Schriftsteller aus, denen die *Facetiae* als »*unflätiges Machwerk*« erschien, was den Autor, in Anbetracht des großen Erfolgs, allerdings gleichgültig ließ. D.De.

AUSGABEN: o.O. u. J. [1470?]. – Ferrara 1471. – Straßburg 1513 (in *Opera omnia*). – Rom 1928, Hg. F. Cazzamini Mussi [ital. Übers.; m. Einl. u. Anm.]. – Turin 1964 (in *Opera omnia*, Bd. 1; Vorw. R. Fubini). – o. O. 1978, Hg. F. Capiglione. – Mailand 1983, Hg. E. Garin u. M. Ciccuto.

ÜBERSETZUNGEN: *Die Schwänke und Schnurren des Florentiners Gian Francesco P. B.*, anon., Lpzg. 1905. – *Die Facezien des Poggio Fiorentino*, H. Floerke u. A. Wesselski, Mchn. 1906 [m. Einl.].

# ROBERTO BRACCO

\* 21.9.1862 Neapel
† 20.4.1943 Sorrent

LITERATUR ZUM AUTOR:
P. Parisi, *R. B., la sua vita, la sua arte, i suoi critici*, Palermo 1923. – T. Biondolillo, *Il teatro di R. B.*, Palermo 1923. – L. Altomare, *Il teatro di R. B. nella*

*drammatica contemporanea*, Molfetta 1930. – L. Tonelli, *Il teatro italiano contemporaneo*, Mailand 1936. – M. Gastaldi, *Una coscienza, R. B. La vita, le opere, la persecuzione*, Mailand 1945. – N. L. Personè, *Nel centenario della nascita di R. B.* (in Città di Vita, 17, 1962, S. 504–525). – U. Galeota, *R. B.*, Neapel 1967.

## DON PIETRO CARUSO

(ital.; *Don Pietro Caruso*). Drama von Roberto Bracco, Uraufführung: Neapel 1895. – Die Hauptgestalt des in Neapel spielenden Einakters ist der optimistische Tagedieb und kleine Gauner Don Pietro Caruso, der auch in der aussichtslosesten Lage seine angeborene Fröhlichkeit behält und zwischen kleinen Betrügereien und seinen Lastern, dem Wein und dem Glücksspiel frönend, in den Tag hineinlebt. In seiner pittoresken, komischen Sprechweise erscheinen seine Laster geradezu gerechtfertigt. Den kargen Lebensunterhalt verdient er sich durch zwielichtige Geschäfte für den jungen Grafen Fabrizi, doch die Person, die ihn eigentlich am Leben hält, ist seine Tochter Margherita, deren Reinheit er vor der verderbten Welt beschützen will, indem er sie in seiner schäbigen Dachkammer eingeschlossen hält. Doch Margherita, die in ihrer Isolation einer tiefen Langeweile und hoffnungslosen Melancholie verfallen ist, gelingt es, dem Grafen Fabrizi einen zweiten Zimmerschlüssel zukommen zu lassen. Hinter dem Rücken des Vaters verführt der Graf das naive, weltfremde Mädchen. Als Don Pietro das Abenteuer der beiden und den Betrug Margheritas entdeckt und den Grafen zur Rede stellt, wirft dieser ihm entgegen, die Tochter eines Pietro Caruso ohnehin nicht heiraten, sondern lediglich aushalten zu können. Mehr noch als die Beleidigung des Grafen verletzt ihn die sich selbst abwertende Haltung Margheritas, die dem Grafen recht zu geben scheint. Wie immer ein fröhliches Lied auf den Lippen, verläßt Don Pietro die Kammer und schlägt, mit einem Revolver in der Tasche, für immer die Tür hinter sich zu.

Das Drama, das als Hauptwerk Braccos gilt, verdankte seinen großen und lange anhaltenden Erfolg nicht zuletzt der außerordentlichen Figur des Don Pietro Caruso, die als eine Paraderolle des neueren italienischen Theaters galt. Vor allem in der Wechselbeziehung der drei grundverschiedenen Hauptgestalten entsteht eine Spannung, die sich zur Mitte des Dramas hin steigert und am Ende einen weiteren Höhepunkt erfährt. In diesem Aufbau läßt sich eine Parallele zu G. Vergas Einakter *Cavalleria rusticana* feststellen. Nach den Regeln des *Verismo* wird die Wirklichkeit objektiv beobachtet und schonungslos aufgedeckt. In der einfühlsamen psychologischen Darstellung des inneren Konflikts Margheritas zeigt sich bereits Braccos Interesse für die Problematik der gesellschaftlichen Position der Frau, die dazu führte, daß er sich, ähnlich wie Ibsen, zunehmend mit der Gleichstellung der Frau befaßte, was für seine Zeit und für einen Autor des italienischen Südens recht ungewöhnlich war. D.De.

Ausgaben: Palermo 1913–1920 (in *Teatro*, 10 Bde.). – Lanciano 1936 (in *Opere*, 25 Bde., 1935–1942, 3).

## IL PICCOLO SANTO

(ital.; *Der kleine Heilige*). Schauspiel in fünf Akten von Roberto Bracco, Uraufführung: Neapel, 17. 3. 1912, Teatro Mercadante. – Hauptgestalt des Dramas ist der Kurat Don Fiorenzo Barsi, der in seinem kindlichen Glauben und einer von den Idealen des heiligen Franziskus geprägten Lebensweise von den Bauern seines Dorfes fast wie ein Heiliger verehrt wird. Als Giulio, Don Fiorenzos Bruder, nach einem langen Aufenthalt in das Dorf zurückkehrt, soll er dem Wunsch des Heiligen zufolge das Mädchen Anita heiraten. Don Fiorenzo hatte in seiner Jugend die Mutter Anitas geliebt. Anita stimmt der Heirat zu, obwohl sie insgeheim Don Fiorenzo keineswegs nur als Pflegevater und religiöse Autorität verehrt hatte. Als verdrängtes Eingeständnis dieser Affinität und Ausdruck ihres Schuldbewußtseins fällt Anita nach ihrem Ja-Wort in Ohnmacht. Trotzdem kommt es zu einer Verständigung zwischen Giulio und Anita. Um sie dem charismatischen, für sie verhängnisvollen Einfluß des Heiligen zu entziehen, beschließt Giulio, sofort nach der Heirat nach Südamerika zurückzukehren. Die geplante Abreise der beiden und der bevorstehende Verlust der geliebten Menschen wird für Don Fiorenzo zum schweren Opfer und zu einer Prüfung, die ihn letztlich in seinem Glauben bestärkt. Doch das Eingreifen des schwachsinnigen, sprachgestörten Jungen Barbarello wird allen Beteiligten zum Verhängnis. Der Junge, dem Don Fiorenzo einmal das Leben gerettet hatte, ahnt die unausgesprochene Verbindung zwischen Don Fiorenzo, Anita und Giulio und beschließt, zugunsten des von ihm geradezu in abgöttischer Weise verehrten Heiligen Schicksal zu spielen. Infolge der Einmischung des Jungen kommt Giulio durch einen Sturz in den Abgrund ums Leben; Don Fiorenzo bricht, als er die Nachricht vom tragischen Tod seines Bruders erhält, schuldbewußt zusammen.

Einen großen Teil seines Erfolges verdankte das Stück seiner außergewöhnlichen Bühnenwirksamkeit und der männlichen Hauptrolle des Don Fiorenzo, die vom Autor als Paraderolle des männlichen Charakterfachs konzipiert war. Als Vertreter des von M. Maeterlinck beeinflußten, modernen psychologischen Dramas bezieht Bracco, der sich vom Speditionslehrling über den Journalismus zum Theaterautor emporgearbeitet hatte, das Unausgesprochene derart in den Dialog mit ein, daß es besonders an den Höhepunkten der Handlung konstituierendes Element wird, das den Zuschauer die eigentliche, tiefer liegende Tragik der Zusammenhänge erkennen läßt. D.De.

AUSGABEN: Palermo 1910. – Palermo 1913–1920 (in *Teatro*, 10 Bde.). – NY/Ldn. 1929, Hg. R. Altrocchi [m. Einl. u. Anm.]. – Lanciano 1935 (in *Opere*, 25 Bde., 1935–1942, 11).

## ALBERT EMIL BRACHVOGEL

\* 29.4.1824 Breslau
† 27.11.1878 Berlin

### FRIEDEMANN BACH

Roman von Albert Emil BRACHVOGEL, erschienen 1858. – Von der umfangreichen erzählerischen Produktion des Autors ist dieses Buch das einzige, das bis in die ersten Jahrzehnte des 20. Jh.s hinein Generationen von Lesern zu fesseln vermochte und das auch heute noch zum eisernen Bestand der bürgerlichen Unterhaltungsliteratur zählt.

Um den Helden, Johann Sebastian Bachs hochbegabten ältesten Sohn, dessen außergewöhnliches musikalisches Talent jedoch keine bleibenden Werke hervorbrachte und der schließlich körperlich und geistig verkam, gruppiert der Autor mit viel Sinn für theatralische Effekte nicht nur alle möglichen – überlieferten oder erfundenen – Vorfälle aus Friedemanns und seines Vaters Leben, sondern auch, was an bewegter Zeitgeschichte in den Lebensbereich des Helden unmittelbar oder mittelbar hineinwirkte. Vor dem Hintergrund der politischen und privaten Intrigen am Hofe Augusts des Starken und der kriegerischen Auseinandersetzungen zwischen Friedrich II. von Preußen und dem Österreich Maria Theresias verläuft Friedemanns Lebenskurve in steilen Aufstiegen und jähen Abstürzen. Sein geniales Orgelspiel bringt ihm zunächst das Posten des Hoforganisten in Dresden ein, doch führt die von ihm unerwiderte Liebe der Frau des Ministers Brühl zu seiner von dem Minister veranlaßten Inhaftierung auf der Festung Königstein. Nach der Freilassung kehrt er gebrochen in sein Elternhaus zurück. Nach einem Vorspiel am Hofe Friedrichs des Großen erhält er die Stellung des Oberorganisten an der Marienkirche in Halle. Doch auch dort vertreiben Zwistigkeiten mit den kirchlichen Vorgesetzten und die unglückliche Liebe zu der Sängerin Astrua den labilen Künstler, der nach einem Aufenthalt in Thüringen bei dem französischen Arzt Cardin, der Einbuße des von diesem geerbten Vermögens und unsteter Wanderschaft in einem Zigeunerlager Zuflucht findet. Nachdem Friedemann sich unter dem Einfluß Cardins völlig von seiner bürgerlichen Existenz losgesagt hat, wird er nun zu der mystischen Naturverehrung der Zigeuner bekehrt. Seine Liebe zu Towadei, der Tochter des Zigeunerprimas, findet Erfüllung, doch wird er durch die Wirren des Krieges zwischen Sachsen und Preußen von ihr getrennt. Er durchwandert, moralisch und sozial immer tiefer sinkend, Deutschland und gelangt zuletzt nach Berlin. Dort lebt er unerkannt in desolaten Verhältnissen und stirbt schließlich infolge einer Erkrankung an Gallenfieber in der Obhut der Zigeunerin Towadei.

Der letzte Grund für das Scheitern des Helden wird in seinem Mangel an altdeutscher protestantischer Glaubensfestigkeit gesucht, in seinem Hang zur (französisch-aufklärerischen) Philosophie, die als Nährboden titanischer Hybris und Selbstsucht verurteilt wird. In gut patriotischer Gesinnung (auf politischem wie auf kulturellem Gebiet) spielt Brachvogel simplifizierend echte, fromme deutsche Biederkeit und Tiefe gegen welsche Eitelkeit und Oberflächlichkeit aus; dem alten Bach und kurioserweise auch Friedrich II., dem »*zauberischen Helden seiner Zeit*«, fällt dabei die Rolle zu, Verteidiger und Vorkämpfer edler deutscher Wesensart zu sein gegenüber dem »*Egoismus in französischen Kleidern*«. Wie danach zu erwarten, sind tiefere psychologische Einsichten in das Wesen des Genies und vor allem sein Gefährdetsein nur sporadisch zu finden. Dennoch geben die farbigen Kulturbilder und die bewegte Fülle der Ereignisse dem Roman Leben und eine gewisse Spannung, und hinter der zuweilen überhitzten Rhetorik werden hie und da die wirklichen Probleme sichtbar, die das Schicksal des genialischen Musikers bestimmten, der als gefeiertes Wunderkind begann und als Bettler endete.

H. L.

AUSGABEN: Bln. 1858, 3 Bde. – Mchn. 1953. – Wiesbaden/Bln. 1961, Hg. E. E. Ronner. – Wilhelmshaven 1983 [Einl. C. P. Rauhof].

LITERATUR: L. Fränkel, *A. E. B.* (in ADB, Bd. 47, S. 159–171). – G C. Schoolfield, *The Figure of the Musician in German Literature*, Chapel Hill 1956.

## HUGH HENRY BRACKENRIDGE

\* 1748 Kintyre / Schottland
† 25.6.1816 Carlisle

LITERATUR ZUM AUTOR:
Ch. F. Heartman, *A Bibliography of the Writings of H. H. B.*, NY 1917; Nachdr. 1968. – C. M. Newlin, *The Life and Writings of H. H. B.*, Princeton 1932. – D. Marder, *H. H. B.*, NY 1967 (TUSAS). – R. M. Colombo, *H. H. B. e la frontiera americana* (in Studi Americani, 18, 1972, S. 7–28). – J. F. S. Smeall, *The Idea of Our Early National Drama* (in North Dakota Quarterly, 42, 1974, Nr. 1, S. 5–22). – J. Kelleher, *H. H. B.* (in *American Writers of the Early Republic*, Hg. E. Elliott, Detroit 1985, S. 45–60).

## MODERN CHIVALRY

(amer.; *Modernes Rittertum*). Roman von Hugh Henry BRACKENRIDGE, erschienen 1792–1815. – Dieser in der frühen Republik der USA spielende Roman – der einzige aus der Feder des gebürtigen Schotten – ist der Intention nach satirisch, der Struktur und dem Inhalt nach pikaresk; nicht nur sein Titel verweist auf das Vorbild von CERVANTES' *Don Quijote*. Auch die Entstehungsgeschichte von *Modern Chivalry* unterstreicht den episodischen Charakter des Werks: Teil 1 und 2 erschienen 1792, der dritte Teil 1793, ein vierter Teil 1797; 1805 ließ Brackenridge eine revidierte Fassung folgen, 1815 schließlich erschien eine Ausgabe letzter Hand mit weiteren Ergänzungen. In diesen 23 Jahren machte die junge amerikanische Demokratie ihre entscheidende Entwicklungsphase durch, und Brackenridges didaktisch-satirische Absicht war es, ihre Schattenseiten bloßzustellen und damit zur Verfestigung demokratischer Praktiken und Ideale in der »neuen Nation« beizutragen. Er war ein unabhängiger, eigenwilliger, kritischer Geist, Anhänger Jeffersons zwar und der Idealvorstellung von einer *aristocracy of worth* (im Gegensatz zum Geburtsadel), jedoch keineswegs gewillt, irgendeine Seite mit seiner Kritik zu verschonen. Hauptangriffsziele der hintergründig-überlegenen Ironie seines Romans, die zuweilen schwarzem Humor recht nahekommt, sind Ämterjagd und -patronage und die verbreitete Unfähigkeit des jetzt souveränen Volkes, bei den von ihm zu wählenden Kandidaten zwischen Demagogie und Redlichkeit, Untauglichkeit und Kompetenz zu unterscheiden. Brackenridge verfiel nicht dem pathetisch-romantisierenden Patriotismus der Zeit, sondern blieb ein Realist, der u. a. die populistischen Auswüchse der »Jacksonian Democracy« der 1830er Jahre (die COOPER dann ähnlich beißend karikierte) vorausahnte.

Das eigene, unmittelbare Erleben der Zivilisationsgrenze (*frontier*) während seiner Tätigkeit als Rechtsanwalt und Politiker in Pittsburgh gab Brackenridge den farbigen, pikaresken Rahmen für seine politische Satire. Die amerikanische Literatur verdankt ihm eine ihrer ersten bedeutenden Darstellungen des Hinterwäldlertums; die realistisch-ironische Distanz, die er dabei bewahrte, weist auf Mark TWAIN voraus und steht im Gegensatz zu der poetischen Verherrlichung der *frontier* durch Cooper.

Die eigentliche Handlung von *Modern Chivalry* läßt den Einfluß Cervantes' deutlich erkennen. Der kluge, mit den Schwächen der Menschen vertraute Captain John Farrago (zweifellos Brackenridge selber) reist mit seinem irischen Diener Teague O'Regan, einem selbstbewußten Ignoranten, durch das Land, um Leben und Stimmung des Volkes zu erkunden. Teague erregt überall Aufsehen und Bewunderung, wird Whiskysteuer-Einnehmer und erleidet ein Schicksal, wie es Leuten in dieser Position damals häufig beschieden war: Er wird geteert und gefedert. Nachdem man ihn als eine Art Fabelwesen zu wissenschaftlichen Zwecken nach Frankreich gebracht hat, wird er dort als vermeintlicher Sansculotte begeistert gefeiert. – Jedem seiner Abenteuer auf den verschiedenen Stationen der »Reise« folgen (ähnlich wie in SWIFTS *Tale of a Tub*) Reflexionen des Autors über Mißstände der Demokratie, etwa: *»Es genügt bereits, ein Recht zu haben; es ist nicht unbedingt notwendig, es auch auszuüben«* (als Farrago einen Weber von der Ausübung seines passiven Wahlrechts abbringen will), oder: *»Das Volk ist der Souverän, ein despotischer zumeist, doch im großen und ganzen auch ein gerechter.«* Dieser letztlich entscheidende Glaube an das Volk und an die Demokratie entspringt, nach Brakkenridges eigenem Bekenntnis, der *»Reflexion über das Wesen der Dinge selbst«*; die Bücher, die er studiert, und ein »Zauberer«, den er konsultiert hatte, waren ihm dagegen die Antwort auf seine politopsychologischen Fragen schuldig geblieben. K.J.P.

AUSGABEN: Philadelphia 1792, 2 Bde. [Bd. 1 u. 2]. – Pittsburgh 1793 [Bd. 3]. – Philadelphia 1797 [Bd. 4]. – Carlisle 1804 [Tl. 2, Bd. 1]. – Carlisle 1805 [Tl. 2, Bd. 2]. – Philadelphia/Richmond 1815, 4 Bde. [GA m. Ergänzungen]. – NY 1926 [Einl. E. Brennecke Jr.]. – NY 1937, Hg., Einl. u. Bibliogr. C. M. Newlin (American Fiction Ser., 1; ern. 1962).

LITERATUR: J. R. Hendrickson, *The Influence of »Don Quixote« on »Modern Chivalry«*, Diss. Florida State Univ. 1959 (vgl. Diss. Abstracts, 20, 1959/60, S. 661). – W. Martin, *On the Road with the Philosopher and Profiteer: A Study of H. H. B.'s »Modern Chivalry«* (in ECS, 4, 1971, S. 241–256). – J. H. Harkey, *The »Don Quixote« of the Frontier: B.'s »Modern Chivalry«* (in EAL, 8, 1973, S. 193–203). – W. Martin, *The Rogue and the Rational Man: H. H. B.'s Study of a Con Man in »Modern Chivalry«* (ebd., S. 179–192). – M. T. Gilmore, *Eighteenth-Century Oppositional Ideology and H. H. B.'s »Modern Chivalry«* (ebd., S. 181–192). – B. K. Grant, *Literary Style as Political Metaphor in »Modern Chivalry«* (in Canadian Review of American Studies, 11, 1980, S. 1–11). – R. C. Reynolds, *»Modern Chivalry« and the American Tradition* (in McNeese Review, 29, 1982–1983, S. 13–25). – M. R. Patterson, *Representation in B.'s »Modern Chivalry«* (in Texas Studies in Literature and Language, 28, 1986, S. 121–139).

---

## MALCOLM STANLEY BRADBURY

\* 7.9.1932 Sheffield

### THE HISTORY MAN

(engl.; *Ü: Der Geschichtsmensch*). Roman von Malcolm S. BRADBURY, erschienen 1975. – Der dritte

Roman des an der Universität von East Anglia in Norwich lehrenden Professors für American Studies führt, wie seine beiden ersten Romane, ins Universitätsmilieu. War der zentrale Schauplatz in *Eating People is Wrong* (1959) eine der sogenannten »Redbrick«-Universitäten und in *Stepping Westward* (1965) der Campus einer amerikanischen Hochschule, so steht in *The History Man* (treffender übersetzt: »Der Mann, der Geschichte macht«) eine der im Zuge der seit Beginn der sechziger Jahre sich rapide vollziehenden Bildungsexplosion neu geschaffenen, sogenannten »new universities« im Mittelpunkt des Geschehens. Bradbury verknüpft jedoch die bildungspolitischen Entwicklungen, die von der Öffnung der Universitäten zur studentischen Revolte im Jahr 1968 und deren Auswirkungen führen, mit den weitreichenden sozialen Transformationsprozessen, die die englische Gesellschaft in diesem Zeitraum von Grund auf verändern. Damit nutzt er die Gattung des Universitätsromans, um durch satirische Überformung *»Probleme und Nöte liberaler Geisteshaltung und Fragen der moralischen Verantwortung zu erkunden«*.

Der Roman erzählt in dreizehn Kapiteln die Geschichte der Kirks. Es ist der Beginn des *autumn term* 1972, und Howard und Barbara, beide Mitte Dreißig, seit zwölf Jahren verheiratet, zwei Kinder, modern, spontan, progressiv, aktiv und nicht nur in der kleinen, an der Südwestküste Englands gelegenen Universitätsstadt Watermouth wohl bekannt, planen ihre traditionell-spontane Party für das beginnende akademische Jahr. Howard Kirk ist Dozent für Soziologie, vertritt radikale Ansichten als Verfasser von Zeitungsartikeln, Gast bei Fernsehshows und Autor von Bestseller-Sachbüchern, seine Frau ist aktiv in Bürgerinitiativen und bei der Entdeckung und Betreuung sozialer Notfälle; zusammen mit ihren Kindern Martin und Celia bilden sie die moderne »Normfamilie«. Doch sind sie erst aufgrund eines historischen Lernprozesses zu den »Kirks« geworden, die sie nunmehr sind.

In einem breit angelegten Rückblick erfährt der Leser ihre Vorgeschichte: Howard und Barbara entstammen beide religiös geprägten Elternhäusern der Arbeiterklasse im Norden Englands; einem strengen, bis zur Selbstaufgabe gehenden Verhaltenskode unterworfen, sind sie zu Beginn ihres Studiums 1957 in Leeds schüchtern, zurückgezogen, unpolitisch und bleiben auch nach ihrer mehr oder minder zufälligen Heirat 1960 *»conventional nothings«*, *»very private people«*. Langsam jedoch setzt ein Prozeß ein, der die Kirks zu *»Vertrauten des Wandels und der Geschichte«* macht, denn *»die ganze Welt war im Wandel begriffen«*. Sie öffnen sich, beginnen, miteinander in Diskussionen über Gefühle und Sex zu reden, engagieren sich im sozialen Bereich und überwinden somit ihre herkunftsbedingte Selbstverleugnung zugunsten einer neuen, selbstbewußten Setzung des Ich.

Ab 1963, dem *»Jahr sozialer Bewegung«*, steigern sie sich zunehmend in einen Rausch von Sex, Drogen, Demos und persönlicher Befreiung; sie werden kontaktfreudig, aktiv und politisch »radikal«. Ihren eigenen Wandel versucht Howard intellektuell mit seinem bewährten Analyseraster (*»ein bißchen Marx, ein bißchen Freud, ein bißchen Sozialgeschichte«*) zu fassen und deutet ihn als historische Notwendigkeit, als unausweichliche Entwicklung ihrer Geschichte, so daß sie sich gar als Vorreiter der geschichtlichen Entwicklung sehen, die 1968, im *»radikalen Jahr, dem Jahr, in dem das, was die Kirks in den Jahren ihres persönlichen Kampfes gemacht hatten, auf einmal alle zu betreffen schien«*, ihrer privaten Geschichte gesellschaftspolitische Relevanz zuschreibt. Ihr Umzug ein Jahr zuvor aus dem grauen Leeds nach Watermouth, der modernen, dynamischen, jungen Universität mit liberalem Gepräge, revolutionären Zellen und ihrer ganz nach den Plänen des Finnen Kaakinen ausgerichteten Betonarchitektur bestärkt das Gefühl der Kirks, ganz oben auf der Welle einer neuen, alles umwälzenden gesellschaftlichen Entwicklung aktiv mitzuschwimmen. Ihre Ehe selbst wandelt sich ganz gemäß den von Howard als unausweichlich erkannten gesellschaftsgeschichtlichen Regelmechanismen, mit denen er meint, die Wirklichkeit als solche fassen zu können, von einem veralteten Konsensmodell zum wesentlich moderneren Konfliktmodell; Barbara verbringt »Einkaufswochenenden« in London mit Leon, einem Schauspieler, und Howard wendet sich der Sozialpsychologin Flora Beniform zu, die ihr Bett geschickt für Feldstudien zu nutzen weiß. Im Jahr 1972 ist Howard *senior lecturer* für Soziologie, Herausgeber einer soziologischen Taschenbuchreihe und selbst Autor zweier erfolgreicher Bücher, *»The Coming of the New Sex«* und *»The Death of the Bourgeoisie«*, die ebenso die soziologische Dimension seiner persönlichen Entwicklung zum Gegenstand haben wie sein neuestes Projekt, *»The Defeat of Privacy«*, in dem es wiederum um die *»große Botschaft der Kirks«* geht: *»Unsere Aufgabe besteht darin, daß wir uns selbst verwirklichen, indem wir unsere Umwelt verändern.«* Aus dem passiven Erleiden von Geschichte wird deren aktive Gestaltung; die »historische Bedingtheit« (Hegel) des Menschen wird umgedeutet zur persönlichen Bedingtheit der anderen durch Howard Kirk, dem *»history man«*, der seine Umwelt zu seiner Geschichte verurteilt (vgl. das Motto von G. Grass).

Die Handlung von *The History Man* beschränkt sich im wesentlichen auf den Tag der Party (2. 10. 1972) und den Tag danach. Die Strukturierung des Erzählten erfolgt nach gesellschafts- bzw. universitätsspezifischen Interaktionsformen (Party, Seminar, Fachbereichssitzung, Vortrag), durch die die psychologischen und soziologischen Beziehungen der Figuren zueinander im Sinne einer Dialektik von Freiheit und Anpassung dargestellt werden können. Um Howard, der für sich absolute Freiheit und die Entdeckung der »wahren« Wirklichkeit in Anspruch nimmt, gruppieren sich Figuren, die sich in seinem Sinn emanzipieren (Barbara, Felicity Phee, Annie Callendar), Figuren, die sich von ihm emanzipieren (Felicity Phee), Figuren, die zweifeln (Henry Beamish, Barbara), verzweifeln (George

Carmody) und solche, die ihm ebenbürtig sind (Flora Beniform, Professor Marvin). Gemäß den Gegensatzpaaren Aktivität/Passivität, Wandel/Beständigkeit, dynamisch/statisch, revolutionär/bürgerlich sind sie jeweils als Komplementärfiguren zu Howard konzipiert: Henry Beamish, der als passiver, bürgerlicher Tolpatsch während der Party durch ein Fenster fällt und, von den Gastgebern unbemerkt, mit dem Notarzt in ein Krankenhaus gebracht werden muß; Felicity Phee, die sich rücksichtslos in die Privatsphäre eines Mannes drängt, für den es Privatheit eigentlich gar nicht mehr gibt, schließlich aber lediglich zur Haushälterin bei den Kirks »befreit« wird; und George Carmody, der sich dem Absolutheitsanspruch und Anpassungsdruck seines Seminarleiters nicht bedingungslos beugen will, da Howard zwar ein Konflikt-Modell der Gesellschaft, aber ein Konsens-Modell für das Seminar ansetzt. In seinen Rollen als Ehemann, Geliebter und Seminarleiter bleibt Howard ein »*sich selbst verpflichteter Akteur auf der Bühne der Gesellschaft*«, dessen individuelle Freiheit seine Umgebung rücksichtslos in Abhängigkeit zwingt. Gerade im Konflikt mit dem Studenten Carmody gerät die von Professor Marvin vertretene liberale Norm der »*disinterestedness*« ins Wanken. Der von Howard beliebig auf unliebsame Gegner seines Machtanspruchs angewandte Faschismus-Begriff wendet sich in den Faschismus-Definitionen von Professor Marvin *(»die Ablehnung der Duldung unbehinderter Nachforschungen«)* und des jüdischen Emigranten Dr. Zachery, der das nationalsozialistische Deutschland verlassen mußte *(»man war der Auffassung, daß jede intellektuelle Tätigkeit mit einer allgemein anerkannten und gebilligten Ideologie konform sein müsse«)*, insofern gegen ihn, als sich zeigt, daß er Demokratie lediglich als Verfahren (Abstimmung über Carmodys Referat, Einladung des Genetikers Mangel zu einem Gastvortrag), nicht aber ihrem Geist nach praktiziert. Dennoch bleibt Howard obenauf; mit Hilfe der revolutionären Zellen schlägt er Carmodys Protest nieder, er »befreit« Annie Callendar und trägt zur Sprengung des Gastvortrags bei, obwohl Mangel bereits unbemerkt am Vorabend verstorben ist. Das Buch beschließt eine Party zur Feier der Beendigung des *terms*, bei der Howards Frau Barbara, die ähnlich Henry Beamish zu zweifeln beginnt, unbemerkt durch ein Fenster fällt. So wird deutlich, wie in der gelebten Utopie einer kollektiv organisierten Gesellschaft, wie sie die Partys der Kirks vorwegnehmend darstellen, statt Gemeinschaft die Vereinsamung des Individuums entsteht, für das sich niemand mehr verantwortlich fühlt.

Zentrales Stilmittel in *The History Man* ist der Dialog, der entgegen typographischer Konventionen in langen, blockhaften Absätzen zusammengefaßt ist, die »*die handelnden Figuren und ihre Rede zurücktreten lassen*« (Bradbury). Hinter dieser oftmals im Präsens geschriebenen szenischen Darstellungsweise tritt der auktoriale Erzähler zurück, um sich ironisch von seinen Figuren zu distanzieren, die durch Physiognomie, Habitus und insbesondere ihre Redeweise (Verwendung stereotyper Klischees) als fortschrittlich oder altmodisch kenntlich gemacht und als bloße Rollenbündel »*entmenschlicht*« (Friedman) entworfen sind. Die Darstellung der Geschichtsebene ist nicht mehr, wie in den beiden ersten Romanen, linear; die Handlung ist lediglich Ermöglichungsstruktur für weit ausgreifende Deskriptionen gesellschaftlicher und universitärer Institutionen und Lebensformen. Der satirische Angriff des Romans, der viel der satirischen Technik Evelyn WAUGHS verdankt, zielt auf die »im Namen der Freiheit« sich abzeichnenden faschistoiden Tendenzen innerhalb einer Gesellschaft und deren Vertreter, die die Komplexität der Wirklichkeit mit Hilfe einfacher Erklärungsmuster auf ihre persönliche Wahrheit reduzieren wollen, indem sie alles in Frage stellen außer sich selbst. Bradbury zeigt eindringlich, wie unter der Maske des Fortschritts längst überwunden geglaubte Denkmuster zum Vorschein kommen, deren Intoleranz mit Liberalität und moralischem Verantwortungsbewußtsein nichts zu tun hat. A.Mah.

AUSGABEN: Ldn. 1975. – NY 1976. – Ldn. 1977. – NY 1985.

ÜBERSETZUNG: *Der Geschichtsmensch*, A. M. Brock, Bln./Weimar 1980.

VERFILMUNG: England 1981 (Vierteilige Fernsehserie; Regie: Chr. Hampton).

LITERATUR: M. Bradbury, *Putting in the Person: Character and Abstraction in Current Writing and Painting* (in *The Contemporary English Novel*, Hg. M. B., D. Palmer, Ldn. 1979, S. 181–208). – M. Drabble, Rez. (in The New York Times Book Review, 8. 2. 1976). – M. J. Friedman, *M. B.'s »Plot of History«* (in *Essays on the Contemporary British Novel*, Hg. H. Bock, A. Wertheim, Mchn. 1986, S. 213–226). – G. Steiner, *Party Lines* (in The New Yorker, LII/11, 3. 3. 1976). – R. Todd, *M. B.'s »The History Man«: The Novelist as Reluctant Impresario* (in Dutch Quarterly Review of Anglo-American Letters, 2, 1981, S. 162–182). – M. B. (in *Contemporary Novelists*, Hg. J. Vinson, Ldn./NY 1972). – W. Weiß, *Der anglo-amerikanische Universitätsroman*, Darmstadt 1988.

## RAY BRADBURY

\* 28.8.1920 Waukegan / Ill.

LITERATUR ZUM AUTOR:
R. Reilly, *The Artistry of R. B.* (in Extrapolation, 13, 1971, S. 64–74). – S. Dimeo, *Man and Apollo: A Look at Religion in the Science Fantasies of R. B.* (in Journal of Popular Culture, 5, 1972, S. 970–978).

– A. Musumarra, *Il ›carnival‹ cosmico di R. B.* (in Studi Americani, 17, 1971, S. 343–377). – A. T. Sullivan, *R. B. and Fantasy* (in English Journal, 61, 1972, S. 1309–1314). – R. Bradbury, *How Not to Burn a Book; or, 1984 Will Not Arrive* (in Soundings: Collections of the University Library [Univ. of California, Santa Barbara], 7, 1975, Nr. 1, S. 5–32). – W. F. Nolan, *The R. B. Companion*, Detroit 1975 [Einl. R. B.]. – *Voices for the Future: Essays on Major Science Ficition Writers*, Hg. Th. D. Clareson, Bowling Green 1976. – G. E. Slusser, *The B. Chronicles*, San Bernardino 1977. – W. L. Johnson, *R. B.*, NY 1980. – *R. B.*, Hg. M. H. Greenberg u. J. D. Olander, NY 1980. – W. F. Touponce, *R. B. and the Poetics of Reverie*, Ann Arbor 1984.

## FAHRENHEIT 451

(amer.; *Ü: Fahrenheit 451*). Roman von Ray BRADBURY, erschienen 1953. – Zu den Autoren, denen es gelungen ist, die Klischees des technischen Zukunftsromans zu durchbrechen und zu beweisen, daß die literarische Gattung der *science fiction* interessante Entwicklungsmöglichkeiten hat, gehört Ray Bradbury. Er hat mit *Fahrenheit 451* einen Weg fortgesetzt, auf dem Schriftsteller wie H. G. WELLS, Aldous HUXLEY und George ORWELL Marksteine gesetzt haben. Schon in seinen Kurzgeschichtenbänden *The Martian Chronicles* (1950) und *The Illustrated Man* (1951) war deutlich geworden, daß es ihm weniger um die Darstellung des wissenschaftlich-technischen Fortschritts geht als um die Verlorenheit des Individuums in einer technisch perfektionierten Welt.

Die Temperatur Fahrenheit 451 entspricht 232 Grad Celsius, dem Hitzegrad, *»bei dem Bücherpapier Feuer fängt und verbrennt«*. In dem Staatswesen, das der Autor in eine recht nahe Zukunft projiziert, ist die Feuerwehr nicht mehr mit Wasserspritzen, sondern mit Strahlrohren ausgerüstet, die genau diesen Hitzegrad erzeugen. Sie löscht also nicht mehr Brände – sie legt Feuer. Was sie bekämpft und vernichtet, sind die letzten Zeugen individualistischen Denkens und menschlicher Besinnung in einer Welt der Automaten: die Bücher. Solange es in irgendeinem Winkel dieses Staates noch ein Buch gibt, solange noch irgendwo ein Mensch lebt, der sich in die Ideen der großen Denker versenkt, ist die absolute Konformität gefährdet. Der Feuerwehrmann Montag hat seit zwanzig Jahren mitgeholfen, elektronisch aufgespürte Bücherbesitzer zusammen mit ihren versteckten Schätzen und ihren Häusern zu vernichten. Seit aber die Begegnung mit einem noch zu selbständigem Denken erzogenen – inzwischen vom Staat beseitigten – Menschen ihn veranlaßt hat, nach dem »Warum« seiner Tätigkeit zu fragen, ist auch Montag dem System gefährlich geworden. Er entfernt sich in Gedanken immer weiter von der passiven Masse, die von Fernsehwänden und im Ohr getragenen Radiomuscheln pausenlos mit Banalitäten berieselt wird. Ein mechanischer Hund, Symbol der vom Menschen entfesselten und ihm dann entwachsenen Kräfte, soll den Abtrünnigen zur Strecke bringen. Aber – und hier erfährt dieses düstere Zukunftsbild seine einzige, allerdings entscheidende Aufhellung – Montag gelingt es, sich zu einer einsamen Gruppe von Menschen zu retten, die die Schriften der Vergangenheit Wort für Wort im Gedächtnis bewahren, um sie mündlich weiterzugeben zu können. In einem nur wenige Augenblicke dauernden Atomkrieg sehen Montag und die »Büchermenschen« aus der Ferne, wie die Riesenstadt, der sie entflohen sind, zerfällt.

In eindeutig kulturkritischer Absicht hat Bradbury die Auseinandersetzung mit den beängstigenden Aspekten unserer Gegenwart in das Gewand einer Zukunftsvision gekleidet. Seinem Plädoyer für die von allen Seiten bedrohte Freiheit des Denkens stellte er bezeichnenderweise ein Wort von Juan Ramón JIMÉNEZ voran: *»Wenn man dir liniertes Papier gibt, schreibe quer über die Zeilen.«* Das Buch verdankt seine Faszinationskraft nicht zuletzt seiner Sprache: Sie hat auch dort noch einen poetischen Klang, wo die Schauerlichkeit des Beschriebenen ihren Höhepunkt erreicht. – Christopher ISHERWOOD hat Bradbury eine *»sehr große, außergewöhnliche Begabung«* bescheinigt, W. H. AUDEN ihn sogar *»einen großen Dichter«* genannt. G.Ba.

AUSGABEN: NY 1953 [Ill. J. Mugnaini]. – Ldn. 1957. – Ldn. 1976. – NY 1981.

ÜBERSETZUNG: Fahrenheit 451, F. Güttinger, Zürich 1955; ern. 1981 (detebe). – Dass., ders., Ffm. 1956. – Dass., ders. Mchn. 1968; ern. 1984.

VERFILMUNG: England 1966 (Regie: F. Truffaut).

LITERATUR: D. J. Watt, *Hearth of Salamander: Uses of Fire in B.'s »Fahrenheit 451«* (in Notes on Contemporary Literature, 1, 1971, Nr. 2, S. 13/14). – G. R. Guffey, *»Fahrenheit 451« and the ›Cubby-Hole Editors‹ of Ballantine Books* (in *Coordinates: Placing Science Fiction and Fantasy*, Hg. G. E. Slusser u. a., Carbondale 1983, S. 99–106). – J. Zipes, *Mass Degradation of Humanity and Massive Contradictions in B.'s Vision of America in »Fahrenheit 451«* (in *No Place Else: Explorations in Utopian and Dystopian Fiction*, Hg. E. S. Rabkin u. a., Carbondale 1983, S. 182–198). – H. Heuermann, *R. B.: »Fahrenheit 451« (1953)* (in *Die Utopie in der anglo-amerikanischen Literatur: Interpretationen*, Hg. ders., Düsseldorf 1984, S. 259–282). – P. Rønnov-Jessen, *World Classics and Nursery Rhymes: Emblems of Resistance in R. B.'s »Fahrenheit 451 and George Orwell's »1984«* (in *George Orwell and 1984*, Hg. M. Skovmand, Aarhus 1984, S. 59–72).

## THE VELDT

(amer.; *Ü: Das Kinderzimmer*). Kurzgeschichte von Ray BRADBURY, zuerst erschienen 1950 in der

›Saturday Evening Post‹ unter dem Titel *The World the Children Made*, in Buchform 1951 in dem Erzählungsband *The Illustrated Man*. – Das »Veldt« (afrikaans: Steppe) ist eine südafrikanische Landschaft, die sich die etwa zehnjährigen Kinder Wendy und Peter Hadley in ihrem kybernetisch-parapsychologischen Spielzimmer »erschaffen« haben. Dieses Zimmer hat es in sich: Modernster Raum eines supertechnisierten Einfamilienhauses der Zukunft, vermag es auf telepathische Gedankenimpulse seiner Bewohner zu reagieren und auf Wänden und Decke ein Abbild der inneren Realität entstehen zu lassen. Ursprünglicher Zweck dieser Konstruktion: Sie soll es Kindern ermöglichen, neurotische Störungen abzureagieren, bevor diese sich als Charakterstörungen manifestieren. Bei Wendy und Peter scheint jedoch etwas schiefgelaufen zu sein; jedenfalls sind Vater und Mutter besorgt darüber, daß die Kinder – nachdem sie die üblichen Märchensituationen durchgespielt haben – seit geraumer Zeit ein bestimmtes Szenarium bevorzugen: das hitzflimmernde Veldt mit einer Gruppe von Löwen, die gerade irgendein Lebewesen verschlingen. Ein befreundeter Psychologe wird zur Rate gezogen, äußert ernste Befürchtungen über eine seelische Fehlentwicklung der Kinder und nennt dem Vater auch die Ursache: »*Du hast dieses Zimmer und dieses Haus im Gefühlsleben deiner Kinder an deine und deiner Frau Stelle treten lassen. Dieses Zimmer ist ihr Vater und ihre Mutter...*« Ausgelöst worden sei der negative Trend durch die Weigerung des Vaters, die Kinder mit der täglich startenden Rakete nach New York fliegen zu lassen – nachdem er ihnen vorher jeden Wunsch erfüllt hatte. – George Hadley, den der realistische Raubtiergeruch aus dem »Veldt« und die Schreie der fiktiven Opfer bis in sein entlegenes Arbeitszimmer verfolgen, schaltet schließlich den Mechanismus aus, der dem Spielzimmer zu seinem unheimlichen Leben verhilft. Dann aber geben er und seine Frau noch einmal den Bitten der Kinder nach und folgen ihrem Ruf in das »Veldt«. Da fällt die Tür ins Schloß, von draußen klingt Peters Stimme herein – »*Erlaubt nicht, daß sie das Kinderzimmer abschalten!*« –, und auf den Bildwänden nähern sich knurrend die Löwen. Als kurz darauf der Psychologe kommt, sind die Eltern verschwunden.
Bradbury hat mit dieser Story von den entarteten Kindern, die das technische Geschenk ihrer Eltern zu deren Vernichtung benutzen, eine futuristisch verzerrte Fabel des westlichen *way of life* geschaffen. Sie steht ganz in der Tradition des vom Autor verehrten Edgar Allan POE, doch läßt sich nachweisen, daß zu ihren Ahnherren auch Aldous HUXLEY und H. G. WELLS gehören, die ebenfalls vor dem Mißbrauch der Technik als Ersatz für zwischenmenschliche Beziehungen gewarnt haben. Freilich darf man nicht übersehen, daß in Bradburys Kurzgeschichte wiederum nur die Psycho-Technik als Heilmittel genannt wird: Bei täglicher psychologischer Behandlung – so meint der Freund der Eltern – würde er die neurotischen Kinder in spätestens einem Jahr wieder geradegebogen haben. Allerdings läßt der Schluß der Erzählung vermuten, daß auch der Autor diese Methode als Scheinlösung erkannt hat: Nachdem Wendy und Peter die verhaßten – weil zu nachgiebigen, letztlich aber nicht als nachgiebig genug erachteten – Eltern aus dem Weg geräumt haben, bieten sie dem zu spät eingetroffenen Psychologen höflich eine Tasse Tee an. Bradbury ist Pessimist, was die Zukunft der Menschheit angeht, die er als eine ins Absurde gesteigerte Fortentwicklung der heutigen technischen Zivilisation erahnt und in vielen seiner Kurzgeschichten (u. a. in *The Pedestrian* und *Marionettes, Inc.*) warnend darstellt. Wie viele moderne Autoren utopischer Erzählungen traut er aber auch dem zivilisierten Menschen selbst nicht so recht über den Weg: Fast immer siegt das Archaisch-Destruktive, sei es in Gestalt des Infantil-Menschlichen (die Kinder in *The Veldt*), sei es in Gestalt außerirdischer Lebewesen, die als Projektionen kollektiv-unbewußter psychischer Inhalte gesehen werden können (die Marsianer in *The Martian Chronicles*); auch die zweckentfremdete Spielmaschinerie des Hadleyschen Kinderzimmers gehört letzten Endes in diesen chronischen Bereich, wenngleich gesehen durch eine typisch amerikanische Brille. J.v.S.

AUSGABEN: NY 1950 (u. d. T. *The World the Children Made*, in Saturday Evening Post). – Garden City/N. Y. 1951 (in *The Illustrated Man*). – NY 1969 (in *The Illustrated Man*).

ÜBERSETZUNG: *Das Kinderzimmer*, P. Naujack (in *Der illustrierte Mann*, Hg. ders., Zürich 1962). – Dass., ders. (in *Der illustrierte Mann*, Mchn. 1965; Heyne Tb).

VERFILMUNG: Episode in *The Illustrated Man*, USA 1968 (Regie: J. Smight).

LITERATUR: S. Moscowitz, *Seekers of Tomorrow*, Cleveland/NY 1966, S. 352–373.

## MARY ELIZABETH BRADDON

\* 4.10.1837 London
† 4.2.1915 Richmond

### LADY AUDLEY'S SECRET

(engl.; *Lady Audleys Geheimnis*). Roman von Mary Elizabeth BRADDON, erschienen 1861/62. – Zwei Jahre, nachdem Wilkie COLLINS, der Vater des psychologisch untermauerten und sozialkritisch gefärbten Kriminalromans, seinen Thriller *The Woman in White* veröffentlicht hatte, bereicherte M. E Braddon die Gattung des Sensationsromans, wie man diese Art Unterhaltungsliteratur damals nannte, um einen weiteren Bestseller. *Lady Audley's Se-*

*cret*, ein Erstlingsroman, ist kennzeichnend für das Gesamtwerk einer Autorin, deren nahezu achtzig Bücher jahrzehntelang Lesefutter für ein breites Publikum und Aktivposten nicht nur des englischen Leihbüchereigeschäfts waren, deren Begabung, Sensationseffekte im Rahmen einer gut durchdachten Handlung zu präsentieren, aber auch von ernsthaften Kritikern gerühmt wurde und der SHAW folgendes Kompliment zollte: »*Sie war das, was wir heutzutage ›unintellektuell‹ nennen, aber ... ihr Stil nötigt uns Achtung ab, und wir empfinden ihn geradezu als ›klassisch‹*«.

In *Lady Audley's Secret* geht es um einen Fall, in dem pathologischer Ehrgeiz zum Verbrechen führt. Die Titelheldin, eine junge, schöne, geistreiche Frau, und ihr sehr viel älterer Ehemann, der sie förmlich anbetet, erhalten den Besuch ihres Verwandten Robert Audley. Der junge Rechtsanwalt bringt seinen gerade aus Australien zurückgekehrten Freund George Talboys mit, der noch ganz unter dem Eindruck der Nachricht steht, daß seine junge Frau während seiner Abwesenheit gestorben ist. Doch als er Lady Audley gegenübertritt, erkennt er in ihr die Totgeglaubte. Um ihre gesellschaftliche Stellung und ihren Reichtum weiterhin unangefochten genießen zu können, beschließt die Bigamistin, den einzigen Zeugen ihrer Vergangenheit zu beseitigen. Sie bittet George um eine Aussprache, schlägt während eines Spaziergangs mit einem Eisenstab auf ihn ein und wirft ihn in einen Brunnenschacht. Später bemerkt sie zu ihrem Entsetzen, daß Robert das Verschwinden des Freundes mit einem Verbrechen in Zusammenhang bringt und sie mißtrauisch beobachtet. Als dann auch noch der Mann ihrer Zofe, der Trunkenbold Luke Marks, sich als Mitwisser herausstellt und sie erpressen will, sinnt sie darauf, die beiden Männer aus dem Weg zu räumen. Sie sperrt sie in Lukes Haus ein und steckt es in Brand. Aber beide können sich retten, und nun kommt die Wahrheit an den Tag. Um sie vor der Strafe zu retten, läßt Lord Audley seine Frau in ein belgisches Irrenhaus einweisen, wo der behandelnde Arzt den hinter ihrer Kaltblütigkeit schwelenden Wahnsinn erkennt, der schon früher in ihrer Familie aufgetreten war. Bevor die Verbrecherin aus Ehrgeiz tatsächlich in geistige Umnachtung fällt, wendet sich für die anderen Beteiligten alles zum Guten, denn es stellt sich heraus, daß George Talboys von dem mörderischen Schlag nur betäubt war und sich aus dem Brunnenschacht befreien konnte. R.B.

AUSGABEN: Ldn. 1861 (in Robin Goodfellow, 6. 7.–28. 9.; Tl. 1). – Ldn. 1862 (in The Sixpenny Magazine, 3; Forts.). –Ldn. 1862, 3 Bde. – Ldn. 1908 (Nelson's Library, 31). – NY 1949 (in *Murder by Gaslight. Victorian Tales*, Hg. u. Einl. E. Ch. Wagenknecht). – NY 1974. – Ldn. 1985 (Virago). – Harmondsworth 1987 (Penguin).

ÜBERSETZUNGEN: *Lady Audleys Geheimnis*, Büchele, Stg. 1863. – *Lady Audleys Geheimnis*, unter Benutzg. d. Übers. v. Büchele, Ffm. 1975 (FiTb).

DRAMATISIERUNGEN: W. E. Suter, *Lady Audley's Secret* (Urauff.: Ldn., 23. 2. 1863, The Queen's Theatre). – C. H. Hazlewood, *Lady Audley's Secret* (Urauff.: Ldn., 25. 6. 1877, The Olympic Theatre).

VERFILMUNGEN: USA 1912. – USA 1915 (Regie: M. Farnum).

LITERATUR: M. Sadleir, *M. E. B., Born Oct. 4, 1837* (in TLS, 2 10. 1937). – Ders., *Notes on »Lady Audley's Secret«* (ebd., 11. 5. 1940). – M. Summers, *Miss B.* (ebd., 29. 8. 1942, 24. 10. 1942 u. 15. 4. 1944). – F. A. Walbank, *M. E. B.* (in F. A. W., *Queens of the Circulating Library*, Ldn. 1950, S. 121–125). – C. Heywood, *Flaubert, Miss B., and George Moore* (in CL; 12, 1960, S. 151–158). – J. F. Bedell, *Amateur and Professional Detectives in the Fiction of M. E. B.* (in Clues, 4(1), Frühjahr/Sommer 1983, S. 19–34). – E. M. Casey, *»Other People's Prudery«: M. E. B.* (in Tennessee Studies in Literature, 27, 1984, S. 72–82).

## WILLIAM BRADFORD

\* 19.3.1590 Austerfield / Yorkshire (England)
† 9.5.1657 Plymouth

LITERATUR ZUM AUTOR:
J. Shepard, *Governor W. B. and His Son, Major W. B.*, New Britain/Conn. 1900. – A. H. Plumb, *W. B. of Plymouth*, Boston 1920. – B. Smith, *B. of Plymouth*, Philadelphia/NY 1951. – R. J. Daly, *W. B.'s Vision of History* (in AL; 44, 1973, S. 557–569). – P. D. Westbrook, *W. B.*, Boston 1978 (TUSAS). – F. Shuffelton, *W. B.* (in *American Colonial Writers, 1606–1734*, Hg. E. Elliott, Detroit 1984, S. 19–28).

## HISTORY OF PLYMOUTH PLANTATION

(amer.; *Geschichte der Siedlung Plymouth*). Historisches Werk von William BRADFORD; verfaßt in der Zeit von ca. 1630 bis 1651; 1841 teilweise gedruckt (1. Buch) und erst 1856 vollständig erschienen. – Bradfords Buch ist das erste Werk einer in der Literatur der amerikanischen Kolonialzeit auffällig reich vertretenen Gattung. Entsprechend der den Puritanern eigenen Auffassung von Literatur und Geschichte, will der Autor seine Aufzeichnungen nicht nur als nüchterne Chronik verstanden wissen: Er sieht die aus erinnerter eigener Erfahrung beschriebenen Ereignisse (vom ersten Auszug der Puritaner aus England über ihr zwölfjähriges Exil in Holland und ihre epochemachende Ankunft 1620 in Amerika an Bord der »Mayflower« bis zum

Jahr 1647) im Rahmen der weltweiten dramatischen Auseinandersetzung der protestantischen Reformation mit den »*dunklen Kräften des Papstunwesens*« (»*that gross darkness of popery*«). Aus diesem historisch-religiösen Sendungsbewußtsein erwächst dem Autor sein Pathos. Selber einer der Pilgerväter der »Mayflower«, war er, mit nur wenigen Unterbrechungen, von 1621 bis 1656 Gouverneur der Kolonie Plymouth, hoch geschätzt für seine besonnene und allem Machtstreben abgeneigte Amtsführung. In seinen Aufzeichnungen tritt er als Person ganz hinter die Ereignisse zurück, die er, wo es ihm wichtig erscheint, durch Briefe und Verträge dokumentiert. Seinem sicheren, an der *Bibel* geschulten Stilgefühl und seinem angeborenen Sinn für das Handgreifliche, Dramatische ist die Lebendigkeit des Buchs zu verdanken, die nur bisweilen von der minuziösen Schilderung der kommerziellen Probleme und Streitigkeiten der Kolonie und ihrer Handelspartner gedämpft wird. Die ersten Begegnungen und das spätere Paktieren mit den Indianern, die Porträts einiger schwarzer Schafe unter den Einwanderern (unter ihnen Thomas MORTON von Merrymount, Roger WILLIAMS von Rhode Island und – besonders prägnant – der heuchlerische Geistliche Lyford) und die knappe Skizzierung ungewöhnlicher Vorfälle gehören zu den erzählerischen Höhepunkten. Bradfords Sinn für Gerechtigkeit und Toleranz erstreckt sich allerdings nicht auf die Abtrünnigen der eigenen Kirche oder auf die im Grund stets beargwöhnten, weil nicht verstandenen Indianer. Sein exemplarisch-puritanischer Anspruch auf einen »*schlichten Stil, mit besonderem Augenmerk auf die einfache Wahrheit in allen Dingen*« (»*a plain style; with a singular regard unto the simple truth in all things*«) wird jedoch mehr noch als durch Parteinahme von seinem natürlichen Instinkt für Emphase, Sprachmodulationen, eindringliche Schilderung und auch von einem leisen Humor überschritten, so daß seine Prosa Höhepunkte erreicht, auf denen sie der von CLARENDON und MILTON vergleichbar ist.
Die Frage nach dem Zweck von Bradfords Aufzeichnungen ist umstritten. Aus einigen sehr drastischen Details glaubte man entnehmen zu können, daß sie nicht zur Veröffentlichung, sondern nur für die Familie des Autors bestimmt waren, als Zeugnis einer entbehrungsreichen, heroischen Zeit. Dennoch wurden sie anderen Geschichtsschreibern im Manuskript bekannt und von ihnen als Quelle benutzt, so von Nathaniel MORTON für *New Englands Memoriall*, von Thomas PRINCE für *Chronological History of New England* und von Thomas HUTCHINSON für *History of Massachusetts Bay*. Heute wird das Manuskript, dem ein recht abenteuerliches Schicksal beschieden war, im State House in Boston aufbewahrt. Das erste Werk der amerikanischen Geschichtsschreibung ist ein klassisches Werk der amerikanischen Literatur geworden.
K.E.

AUSGABEN: Boston 1841 (*History of Plimouth Colony*, in *Chronicles of the Pilgrim Fathers*, Hg. A. Young; Teilabdr.). – Boston 1856 (*History of Plymouth Plantation*, Hg. Ch. Deane). – Ldn./Boston 1896 [Einl. J. A. Doyle; Faks.]. – Boston 1897, Hg. W. M. Olin; ern. 1928. – NY 1908, Hg. W. T. Davis; ern. 1959. – NY 1952 (*Of Plymouth Plantation*, Hg. u. Einl. S. E. Morison). – NY 1981 (*Of Plymouth Plantation: 1620–1647*, Hg. F. Murphy).

LITERATUR: C. Mather, *Magnalia Christi Americana*, Ldn. 1702. – J. Winsor, *Governor B.'s Ms. »History of Plymouth Plantation« and Its Transmission to Our Times*, Cambridge/Mass. 1881. – G. C. Blaxland, ›*Mayflower*‹ *Essays on the Story of the Pilgrim Fathers as Told in Governor B.'s Ms »History of Plymouth Plantation«*, Ldn. 1896. – J. Griffith, »*Of Plymouth Plantation« as a Mercantile Epic* (in Arizona Quarterly, 28, 1972, S. 231–242). – K. A. Hovey, *The Theology of History in »Of Plymouth Plantation« and Its Predecessors* (in EAL, 10, 1975, S. 47–66). – F. Ogburn, *Style as Structure and Meaning: W. B.'s »Of Plymouth Plantation«*, Diss. Univ. of Cincinnati 1978. – W. P. Wenska, *B.'s Two Histories: Pattern and Paradigm in »Of Plymouth Plantation«* (in EAL, 13, 1978, S. 151–164).

## DAVID BRADLEY

\* 7.9.1950

### THE CHANEYSVILLE INCIDENT

(amer.; *Das Ereignis von Chaneysville*). Roman von David BRADLEY, erschienen 1981. – John Washington, Professor für Geschichte in Philadelphia, kehrt in seinen Heimatort, eine Kleinstadt im westlichen Pennsylvanien, zurück, weil der im Sterben liegende Jack Crawley, langjähriger Freund und Gefährte seines Vaters Moses Washington, ihn zu sich gerufen hat. Für den vermeintlich längst aus der Welt seines Ursprungs herausgetretenen Intellektuellen wird diese Fahrt zu einer Erkundungsreise, die sein ganzes Selbstverständnis als Schwarzer in Amerika berührt: Von Jacks drastischen Erzählungen angeregt, muß er sich erneut mit dem mysteriösen Tod seines Vaters und dessen Rolle in Stadt und Familie auseinandersetzen sowie die Studien seines Vaters zur Geschichte seiner Vorfahren aufgreifen und vervollständigen. John tritt so in mehrfacher Hinsicht das Erbe des Vaters an und muß parallel dazu sein Verhältnis zu seiner Freundin Judith, einer weißen Psychologin mit sklavenhaltenden Vorfahren aus Virginia, klären und ins Reine bringen.
Moses Washington hat als »moonshiner« (illegaler Whiskey-Brenner) sein Vermögen gemacht und Einfluß auf alle Honoratioren des Ortes gewonnen (was in einem Kunden-Dossier dokumentiert und

bei Judge Scott, dem mächtigsten Weißen der Stadt, für John hinterlegt ist). Er hat diesen Einfluß zur stillen Zügelung weißer Macht genutzt, aber auch das Lynchen eines schwarzen Freundes (Josh) nahe Chaneysville verhindert und die Lyncher gezielt aus der Welt geschafft. Mit seiner Frau aus bürgerlichem Haus nicht glücklich geworden, hat Moses sich in Familiengeschichte vertieft, eine afroamerikanische Bibliothek zusammengetragen und dem Sohn gezielte Hinweise auf den Vorfahren C. K. Washington hinterlassen, der als entlaufener Sklave im Norden systematisch für die Befreiung von Sklaven noch vor dem Bürgerkrieg gearbeitet hatte. Einer örtlichen Legende zufolge hat sich C. K. bei Chaneysville mit einer Gruppe entflohener Sklaven (von seiner lange verschollenen Braut aus dem Süden nach Norden geführt) selbst entleibt, als sie sich von Häschern umstellt wußten. Grabsteine markieren den Ort, an dem auch Johns Vater Moses verschollen ist (womöglich in freiwilliger Nachahmung von C. K.s Ende als eine symbolische Rückkehr zur nicht-christlichen, afrikanischen Vorstellung von einer Gemeinschaft der Geister nach dem Tode, deren Stimmen John im Wind zu hören glaubt).

Dieser Spur folgt John in einem in mehrfacher Weise dialogischen Erzählverfahren: Direkten Gesprächen mit Jack, Judith, der Mutter und der Scott-Familie sind innere Dialoge beigeordnet, die Figuren seiner Jugend wachrufen (so den Bruder, der als Athlet von der Gesellschaft bestochen wurde und als ›Kriegsheld‹ sein Ende fand; oder eine schwarze Freundin, die John im Stich gelassen hat). Sie alle provozieren Johns unabgeschlossenen Dialog mit der Geschichte, den er zuerst mit Hilfe eines Zettelkastens wissenschaftlich zu betreiben versucht, bis er, an die Grenzen der faktischen Rekonstruktion von Gruppen- und Familiengeschichte gestoßen, schließlich den imaginativen Sprung zu einer selbstverantworteten Ergänzung der Geschichte wagt. Nachdem der verunsicherte John die Rückkehr nach Philadelphia und zu Judith abrupt verweigert und sich in Imitation von Jack und Vater auf einen einsamen rituellen Jagdausflug begeben hatte (bei dem er das Wild zwar sichtet, aber nicht erlegen kann), wird er von der nachgereisten Judith in Jacks Hütte zur Rede gestellt, beginnt nach langem instinktivem Widerstand sich unverstellter mitzuteilen, gibt auch sein tiefsitzendes Mißtrauen ihr als weißer Frau gegenüber zu, das zu einer Art Gefühlslähmung in ihrer beider Beziehung geführt hat, und nimmt sie schließlich zu einem Besuch der Grabstätte bei Chaneysville mit, der nach nächtlichem Kampieren im tiefen Schnee den entscheidenden Schritt seiner Vorstellungskraft ermöglicht: Die Bestattung der durch Freitod der Gefangennahme entgangenen dreizehn Schwarzen, mit Respekt und Einfühlung vorgenommen, wird von John dem weißen Müller des Ortes zugeschrieben – ein Brückenschlag zwischen Schwarz und Weiß, der auch für Judith (und über sie für den weißen Leser) das Angebot enthält, kraft ihrer Empathie die Erfahrung der Schwarzen (von John über C. K. Washington bis in den gesamten Gang der amerikanischen Geschichte) sich innerlich anzueignen. John kann im selben Maße die Erstarrung seiner Gefühle überwinden, wie die Vorstellungskraft seiner weißen Freundin seine Geschichte (im doppelten Sinn) aufzunehmen bereit ist.

Der utopische Ausblick einer solchen gegenseitigen Therapie zwischen Schwarz und Weiß enthält zweifellos den Wunsch nach Heilung einer zerrissenen nationalen Kultur – eine Tendenz, die sich in der neueren afroamerikanischen Erzählliteratur z. B. auch bei Toni MORRISON vorfindet. In Bradleys Roman wird damit allerdings der Antagonismus zwischen Schwarz und Weiß nicht verdeckt, sondern pointiert herausgehoben: Eine ungewöhnliche Menge schwarzer Gruppengeschichte, z. T. genau verankert in historisch verifizierbarem Material (etwa zur Hilfsorganisation der *Underground Railroad* um William Still und andere Abolitionisten) oder lokaler Stadt- und Siedlungsgeschichte ist in den Text eingearbeitet und fiktional ergänzt, um den moralischen Anspruch des schwarzen Amerikaners auf Land und Institutionen zu verdeutlichen und dem weißen Leser eine Korrektur und Erweiterung seiner Perspektive abzuverlangen. Geschichte hat ein ähnliches Gewicht wie in FAULKNERS Werk, aber sie führt nicht zu einer drückenden Last, sondern zur konstruktiven Befreiung des Bewußtseins der Betroffenen. Im Erzählverfahren Faulkner durchaus verwandt (auch im Einbezug umgangssprachlicher Erzähler – Jacks Darstellung des knapp verhinderten Lynching ist ein zugleich komisches und psychologisch dekuvrierendes Meisterstück), zeigt Bradleys Text große Beweglichkeit zwischen knappen und ausführlichen Szenen, zwischen faktischem und imaginativem Material, zwischen mündlichen und literarischen Diskursformen, und die Verbindung von ironisch-komischen Akzenten mit heroischen Konturen. Nach gründlicher Einübung in gesprochene Idiome über seinen ersten Roman *South Street* (1975), der die Sprachformen der Großstadtstraße virtuos ausschöpfte, hat Bradley sich durch eigene Studien zur amerikanischen und regionalen Geschichte anregen lassen und das Motiv der Grabstätte einer lokalen Legende entnommen (die Bradleys Mutter bei Nachforschungen zur Ortsgeschichte verifizieren konnte). In seinem didaktisch bewußt an die reiche Literatur der *fugitive slave narratives* (Berichte geflohener Sklaven) aus dem 19. Jh. anknüpfenden und die inneren Beziehungen von Geschichte und Fiktion intensiv ausleuchtenden Roman schließt Bradley deutlich an die Einbeziehung schwarzamerikanischer Geschichte bei Autoren wie Toni MORRISON, Ishmael REED und Alex HALEY an, während er mit der Betonung des individuellen Bewußtseins als Arena gesellschaftlich relevanter Veränderungen auch Erzähltraditionen des *mainstream* (Henry JAMES, FAULKNER, Saul BELLOW) aufgreift. K.E.

AUSGABE: NY 1981.

LITERATUR: V. Bourjaily, *Thirteen Runaway Slaves and D. B.* (in NY Times Book Review, 19. 4. 1981). – V. V. Smith, *D. B.* (in *Dictionary of Literary Biography, 33: Afro-American Fiction Writers After 1955*, Detroit 1984, S. 28–33). – M. G. Cooke, *Afro-American Literature in the 20th Century*, New Haven 1984, S. 214–225. – T. Harris, *Exorcising Blackness. Historical and Literary Lynching and Burning Rituals*, Bloomington 1984, S. 162–183. – S. L. Blake u. J. A. Miller, *The Business of Writing: An Interview with D. B.* (in Calalloo, 7, 1984, H. 2, S. 19–39). – M. J. Gliserman, *D. B.'s »The Chaneysville Incident«: The Belly of the Text* (in *American Imago*, 43, 1986, H. 2, S. 97–120). – K. Ensslen, *Fictionalizing History: D. B.'s »The Chaneysville Incident«* (in Callaloo, 11, 1988, H. 2, S. 280–296).


# FRANCIS HERBERT BRADLEY

\* 30.1.1846 Glasbury
† 18.9.1924 Oxford

LITERATUR ZUM AUTOR:
T. Segerstedt, *Value and Reality in B.'s Philosophy*, Lund 1935. – W. F. Lofthouse, *F. H. B.*, Ldn. 1949. – M. T. Antonelli, *La metafisica di B.*, Mailand 1953. – F. Assad-Mikhail, *B. et Heidegger* (in Revue de Métaphysique et de Morale, 75, 1970, S. 151–188).


## APPEARANCE AND REALITY

(engl.; *Ü: Erscheinung und Wirklichkeit*). Philosophisches Hauptwerk von Francis Herbert BRADLEY, erschienen 1893. – Bradley ist der wohl bedeutendste, jedenfalls aber einflußreichste Vertreter jener englischen Philosophenschule des späten 19. Jh.s, die mit einer gewissen Berechtigung »neuhegelianisch« genannt wird. Er hatte schon in *The Principles of Logic*, 1883 *(Prinzipien der Logik)*, weitgehend die destruktiv-kritischen Aspekte seines philosophischen Denkens manifestiert: Gegenüber dem in John Stuart MILL gipfelnden englischen Empirismus hatte er den Nachweis erbracht, daß die traditionelle »Assoziationspsychologie« samt ihrer Voraussetzung – der Annahme »atomischer« seelischer Erlebnisse, die sich in einem (unverstehbaren!) Erinnerungsprozeß »assoziieren« – unhaltbar ist und daß nur Universalien einen philosophisch verstehbaren Zusammenhang des geistigen Lebens etablieren können. Zwischen Vorstellung *(idea)* als erlebtem Vorgang und Vorstellung als zeitlosem Sachverhalt, von dem der Denkvorgang handelt, hatte Bradley scharf unterschieden und damit seinen Beitrag zur Überwindung des Psychologismus geleistet (vgl. dazu FREGE und HUSSERL). Mit diesem und anderen Gedanken hatte er in dem früheren Werk schon Züge seines metaphysischen Systems vorweggenommen, entscheidende Aspekte aber noch nicht befriedigend behandelt, so vor allem die Beziehung zwischen Denken und Wirklichkeit, die in *Appearance and Reality* zum Kardinalthema wird.

Die folgende Skizze kann nur ein simplifizierender Leitfaden durch das umfangreiche und komplizierte Werk sein: »Am Anfang« allen Erlebens finden wir in uns eine *»unmittelbare Erfahrung«*, in der es noch keinen Unterschied zwischen Subjekt und Objekt, zwischen Sein und Gewahr-Sein gibt. Diese Einheit des Fühlens kann noch nicht Erkenntnis genannt werden; sie bleibt zwar durch den ganzen Geistesprozeß hindurch Grundlage oder Hintergrund und soll *»am Ende«* in gewandelter Form die Krönung allen Erkennens sein, sie geht aber zunächst mit dem Anbruch des diskursiven, gegenständlichen, einzelnes bewußt erfassenden Denkens gewissermaßen verloren. Dieses Denken nun führt nach Bradley in all seinen Begriffsbildungen und Operationen zu intellektuell unakzeptablen Widersprüchen, und daher muß die in diesem Denken gegebene Gegenstandswelt bloße Erscheinung, nicht Wirklichkeit, sein. Hierin ein Echo von KANT zu hören, würde irreführen: Der viel elementareren, radikaleren Kritik Bradleys fällt nicht etwa nur irgendeine transzendente Welt, sondern auch – und gerade – alle »Erfahrung« zum Opfer; denn deren einfachste, alltäglichste Denkformen seien widersprüchlich, das heißt »eigentlich« gar nicht vollziehbar. (Beispiel: »Gold ist gelb« könne nicht bedeuten, daß »Gold« und »Gelbheit« identisch seien, denn es gelte ja auch »Gold ist hart«, aber keineswegs »gelb = hart«.) In dieser destruktiven Kritik schon der gewöhnlichsten Aussagen deutet sich bereits Bradleys massivster Einwand gegen die »Denkbarkeit« der gegebenen Welt an: Er hält den Begriff »Beziehung« *(relation)* für unbrauchbar, da er in eine unendliche Wiederholung *(iteration)* hineinführe. (Beispiel: Wenn die Beziehung »a R b« bestehe, so müsse R nun wieder in einer besonderen – anderen – Beziehung zu a und b stehen, und für diese neuen Beziehungen gelte dasselbe – usw. *ad infinitum.)*

Wenn man den naheliegenden Einwand beiseite läßt, daß im ersten Fall die Kopula »ist« einseitig verstanden und im zweiten Fall die »Beziehung« zu einem »Ding« von der Art der bezogenen Glieder selbst vergegenständlicht wird, bleibt bei dieser Betrachtungsweise tatsächlich nicht viel, ja eigentlich nichts in der Welt als »denkbar« übrig. »Wirklich«, das heißt nicht durch Widersprüche denkunmöglich, kann nach Bradley nur das »Absolute« sein: die Wesenheit, die zwingend zu erschließen sei, wenn wir alle »unmöglichen« Denkprozeduren ausschalten; in ihr kehre die ursprüngliche »Einheit« auf höherer Ebene wieder, bereichert – in einer freilich völlig unvorstellbaren Weise – um all die Reichtümer des dazwischenliegenden Weges durch die Diversitäten der gedachten, gewollten und gefühlten Welt. Daß dieses angeblich »intellektuell voll befriedigende« Absolute in einem anderen, vielleicht ernsteren Sinn »undenkbar« ist und schlechterdings auf das »Eine« (oder »Nichts«) der Mystik hinausläuft, hat Bradley in keiner Weise gestört. Daß jedoch seine absurd-kühne Metaphysik bald zu einer heftigen Reaktion bei den späteren englischen Philosophen führte, ist nicht verwunderlich. H.L.

AUSGABEN: Ldn. 1893. – Ldn. 1906. – Ldn. ²1969 (OUP).

ÜBERSETZUNG: *Erscheinung und Wirklichkeit.* Ein metaphysischer Versuch, F. Blaschke, Lpzg. 1928.

LITERATUR: R. Wollheim, *F. H. B.*, Harmondsworth 1959. – H. J. Schüring, *Studie zur Philosophie von F. H. B. Ein Beitrag zur Erforschung der Dialektik,* Meisenheim a. Glan 1963. – Th. S. Eliot, *Knowledge and Experience in the Philosophy of F. H. B.*, Ldn. 1964. – S. K. Saxena, *Studies in the Metaphysics of B.*, Ldn. 1967. – G. L. Vander Veer, *B.'s Metaphysics and the Self*, New Haven/Ldn. 1970. – *The Philosophy of F. H. B.*, Hg. A. Manser, Oxford 1984. – R.-P. Horstmann, *Ontologie und Relationen. Hegel, B., Russel und die Kontroverse über interne und externe Beziehungen*, Königstein/Ts. 1984.

## ANNE BRADSTREET

\* 1612 (?) Northampton / England
† 16.9.1672 North Andover / Mass.

**DAS LYRISCHE WERK** (amer.) von Anne BRADSTREET.
Die ersten Gedichte dieser 1630 im Alter von 18 Jahren mit Eltern und Ehemann nach Amerika ausgewanderten Autorin erschienen 1650 in London unter dem Titel *The Tenth Muse Lately Sprung Up in America (Die zehnte Muse, die kürzlich in Amerika die Welt erblickte)*. Der Titel mit der am westlichen Rande der bekannten Welt, im biblischen Sinne im verheißenen Land entsprungenen »zehnten Muse« weist auf die spätere Sehnsucht nach einer auch kulturell zu realisierenden amerikanischen Unabhängigkeit voraus. Allerdings stammt er – hier der ersten in Amerika entstandenen poetischen Sammlung vorangestellt, die Anne dem Vater widmete, aber zur Lektüre nur im Familien- und Freundeskreis gedacht hatte – von einem Schwager, der die 15 Gedichte ohne ihr Wissen 1647 in London drucken ließ.
Die häufig von Krankheiten heimgesuchte Mutter von acht Kindern schrieb auch in der Folgezeit Gedichte; 18 nach ihrem Tode 1672 im Nachlaß gefundene Texte wurden, zusammen mit nicht notwendig von der Autorin stammenden Überarbeitungen bereits publizierter Titel, 1678 als *Several Poems* in Boston veröffentlicht. Weitere Texte fand man später in einem Manuskript, das außer aphoristischer Prosa eine – in der Handschrift des Sohnes – für die Kinder verfaßte Autobiographie enthält. Dieser Text – eine typisch puritanische »spirituelle Autobiographie« teuflischer Versuchungen und göttlicher Gnade – verschweigt die Existenz der Gedichte, obwohl Schreiben in der literarisch gebildeten Familie der Eltern und des Ehemannes – dessen 1666 verbrannte Bibliothek enthielt ca. 800 Bücher – keineswegs verpönt war. Auch wenn sich vor allem Annes späte Lyrik von der vornehmlich didaktischen Dichtung ihrer Zeitgenossen unterscheidet, dient sie doch auf die gleiche Weise wie die Autobiographie dem Ruhme Gottes.
Die frühen Gedichte orientieren sich formal-stilistisch an europäischen Vorbildern wie SIDNEY, SPENSER, DU BARTAS, und in den aus jeweils vier Büchern bestehenden *Quaternions* breitet sie das bei RALEIGH, CAMDEN u. a. vorgefundene Wissen der Zeit – über Elemente, Körpersäfte, Lebensalter, Jahreszeiten und die vier großen Reiche der Weltgeschichte – in poetischen Bildern und in zuweilen nicht ganz geglückten paarweise reimenden jambischen Pentametern aus. Der im sublimen Stil schreibende Hugenotte Guillaume Du Bartas (1544–1590) ist ihr Vorbild; anderswo preist sie – sich mit einer für sie charakteristischen Geste der Bescheidenheit verneigend – Sir Philip Sidney als einen Verfeinerer *»unserer britischen Sprache«*. Sie schreibt zwar als Frau nach dem Muster von Männern, weiß jedoch etwa im Gedicht über Elisabeth I. mit feiner Ironie die männlichen Vorurteile über die angeblich fehlende weibliche Intelligenz in Frage zu stellen.
Anne Bradstreet war jedoch keine verfrühte Feministin, sondern akzeptierte – wie die datierbaren späteren Texte zeigen – ihre gesellschaftliche Rolle. Diese Gelegenheitsgedichte beschäftigen sich mit kleinen oder gewichtigeren Alltagsdingen: der bevorstehenden Geburt eines Kindes und der Möglichkeit des eigenen Sterbens, dem Tod von Enkeln, der Abwesenheit des Sohnes, der Reise des Ehemannes, mit dem Feuer, das ihr Wirkungszentrum, das Haus, vernichtet hat. Stets sind Vater, Ehemann oder Gott Bezugspunkte ihres Schreibens, das sie mehrfach mit der mühsamen Aufzucht von Kindern vergleicht; göttlich inspiriertes Dichten kennt sie nicht. Ihr Ton ist dabei einfach, bescheiden und doch emotional eindringlich; er verleiht der Sorge um die Kinder, der Liebe zum Ehemann, dem Schicksal eigener Krankheiten beredten Ausdruck. So beschreibt sie in dem traurigen und zugleich in Gott vertrauenden Gedicht über das Feuer, das im Jahre des nicht erwähnten Londoner Brandes von 1666 das eigene Haus in Andover vernichtet, mit einfachen Worten vertraute, nur noch in der Erinnerung vorhandene Gegenstände, evoziert das Bewußtsein persönlichen Verlustes, aber auch himmlischer Heilsgewißheit. Was sie in der Autobiographie betont, gilt auch für die Gedichte: *»Ich habe mit dem, was ihr hier lest, nicht meine Fä-*

higkeiten unter Beweis stellen wollen, sondern die Wahrheit verkünden, nicht mich selbst zeigen, sondern den Ruhm Gottes.«

Während das 17. und 18. Jh. vor allem Anne Bradstreets gelehrte Dichtung schätzte, gilt sie heute wegen der eher persönlichen lyrischen Gedichte als eine Autorin, die nicht nur aus historischen Gründen Literaturwissenschaftler oder vor allem Feministinnen interessiert, die nach der ausführlichen Vorstellung in Conrad AIKENS Anthologie amerikanischer Lyrik von 1929 und John BERRYMANS dialogischer *Homage to Mistress Bradstreet* (1956) wieder verstärkt die Aufmerksamkeit auf diese Autorin gelenkt haben (bezeichnenderweise wird die Harvard Library-Ausgabe der *Works* durch ein Vorwort der Lyrikerin Adrienne RICH eingeleitet).

U.Bö.

AUSGABEN: The Works of A. B., Hg. J. Hensley, Vorw. A. Rich, Cambridge, Mass., 1967. – The Complete Works of A. B., Hg. J. R. MacElrath, Jr. u. A. P. Robb, Boston 1981.

LITERATUR: J. K. Piercy, A. B., NY 1965. – A. Stanford, A. B. The Worldly Puritan. An Introduction to her Poetry, NY 1974. – E. W. White, A. B. ›The Tenth Muse‹, NY 1971. – H.-P. Gernot, Studien zu Umfang u. Bedeutung der biblischen Bezüge im Werk A. B.s, Diss. Saarbrücken 1981. – Critical Essays on A. B., Hg. P. Cowell, Boston 1983.

## KAZYS BRADŪNAS

\* 11.2.1917 Vilkaviškis

**DAS LYRISCHE WERK** (lit.) von Kazys BRADŪNAS.

Die ersten beiden Gedichtbände von K. Bradūnas, *Vilniaus varpai (Die Glocken von Wilna)* und *Pėdos arimuos (Fußspuren im Acker)* erschienen noch während des Zweiten Weltkrieges in Litauen. Als Student hatte der Dichter 1937/1938 in Kaunas die Zeitschrift ›Ateitis‹ (›Die Zukunft‹) redigiert und erste Gedichte in Zeitschriften veröffentlicht, aber erst in der Emigration, zunächst in Deutschland (1944–1949) und danach in den Vereinigten Staaten, ist sein dichterisches Talent richtig zur Entfaltung gekommen. Er gehört bis heute zu den produktivsten Dichtern der litauischen Emigration. In dem Band *Vilniaus varpai* (1943), der ausschließlich Sonette enthält, verherrlicht der junge Dichter die alte litauische Haupt- und Königsstadt, die 1939 wieder an Litauen gekommen war, nachdem sie in der Zeit zwischen den beiden Weltkriegen zu Polen gehört hatte. Der Einzug in Wilna war für ihn ein so bewegendes Ereignis, daß es denen, die daran beteiligt waren, leichtgefallen wäre, »in dieser Stunde zu sterben«. Sie küßten »das Gras des heiligen Weges / In Kriegerkleidung, ein Kindergebet auf den Lippen«. Wilna wird in Gestalt seiner Bauwerke aus verschiedenen Jahrhunderten (Gotik, Barock, Klassizismus) dem Leser vor Augen gestellt, und immer wieder wird seine historische und geistige Bedeutung für die Litauer ins Bewußtsein gerückt. In *Pėdos arimuos* (1944) kommt die Verbundenheit K. Bradūnas' mit der heimatlichen Erde, mit Litauen als einem Land von Bauern, zum Ausdruck. Daß der Verlust der Heimat bei einem derart mit ihr verwurzelten Dichter einen sein ganzes weiteres Leben bestimmenden Eindruck hinterließ, ist nicht verwunderlich. So kreist die Thematik seiner in der Emigration erschienenen Gedichtbände vor allem um Litauen, um das Land, seine Geschichte, um die Repräsentation seines geistigen Lebens (DONELAITIS, M. ČIURLIONIS), um das Los der litauischen Emigranten in der Fremde. Der erste, 1945 in Deutschland erschienene Band *Svetimoji duona (Fremdes Brot)* ist voller Bitterkeit über den soeben erlittenen Verlust. In dem Gedicht *Pravažiuojant (Im Vorüberfahren)* scheint es dem Dichter, als könnte ein Dorf hinter Roggenfeldern seine Heimat sein. Aber es ist ein Irrtum: »*Es scheint so, als ob der Geruch der Erde der gleiche sei / Aus den sonnigen Septembertagen, / Nur ich bin hier – ein Herbstblatt, / Ohne Wipfel, ohne Ast, ohne Wurzeln.*« Kein Dichter der litauischen Emigration hat so eindrucksvoll wie K. Bradūnas die Trauer um das Verlorene und die Sehnsucht nach dem Unwiederbringlichen dichterisch gestaltet. Eine tiefe Religiosität kommt schon in seinem ersten Gedichtband zum Ausdruck. In einer gotischen Kirche in Wilna stehend, weiß der Dichter nicht, »*ob Sterne fallen, / Oder ob Gott in ihn eingeht*«. In späteren Gedichten bezieht Bradūnas auch die eng mit der Natur verbundene Gläubigkeit des alten, heidnischen Litauens mit in seine Dichtung ein. Sie ist ihm eine Vorstufe zum christlichen Glauben. Die Geschichte Litauens und seiner Menschen sieht er durch die Jahrhunderte hindurch als ein Brandopfer auf dem Altar Gottes, einbezogen in das große Mysterium, das im liturgischen Geschehen der Messe Gestalt annimmt. In *Sonatos ir fūgos*, 1967 *(Sonaten und Fugen)* interpretiert Bradūnas in Gedichten Werke des litauischen symbolistischen Malers und Komponisten M. Čiurlionis, in *Pokalbiai su karalium*, 1973 *(Gespräche mit dem König)* führt er im Anschluß an Zitate aus Briefen des litauischen Königs Gediminas (1316–1341) zwölf Gespräche mit dem König über Litauen, sein historisches Schicksal und seine gegenwärtige Lage. In *Prierašai*, 1983 *(Postscripta)* kommentiert er Stellen aus der *Genesis*, dem *Johannes-Evangelium* und einer litauischen Kirchenchronik.

Bradūnas' Bilder sind in der Regel konkret und realisierbar, ihre Symbolik ist klar und durchsichtig; bisweilen tendiert sie zur Allegorie. In einem Zyklus des Bandes *Devynios baladės*, 1955 *(Neun Balladen)* konfrontiert er Strophen im Stil des litauischen Volksliedes mit modernistischen, auf ihn selbst und die Gegenwart bezogenen. In *Sidabrinės kamanos*, 1964 *(Die silbernen Schlitten)* begegnen in Anlehnung an das Volkslied auch lautmalerische

Wortspiele. Bisweilen erinnert der Gebrauch von Abstrakta im Rahmen eines Bildes an BALTRUŠAITIS: »*Ich aber laufe mit den Füßen der Ewigkeit / Auf dem sandigen Pfad des Augenblicks*« (1970); »*Du neigst dich schon zu der erkaltenden Quelle, / Und die besternte Unendlichkeit / Zittert im Ruf deines Herzens*« (1976). In der Mehrzahl seiner Gedichte verwendet Bradūnas traditionelle Vers- und Reimtechniken, wobei er sich allerdings häufig Freiheiten gestattet. Seit etwa 1958 finden sich daneben auch zahlreiche freie, nur teilweise gereimte oder ungereimte, Verse. Bradūnas' Lautinstrumentierung ist zurückhaltend euphonisch. Wiederholungen ganzer Strophen (besonders in den frühen Gedichtbänden) sind ein Mittel suggestiver Einwirkung auf den Leser, die Aussage des Gedichtes zu verinnerlichen.

In der litauischen Literatur der Emigration nimmt Bradūnas eine herausragende, einflußreiche Stellung ein. In Sowjet-Litauen ist er noch weitgehend tabuisiert. 1967 wurden hier einige seiner Gedichte in einer Anthologie mit vaterländischen Gedichten wieder abgedruckt. F.Scho.

AUSGABEN: *Vilniaus varpai*, Kaunas 1943 (2. Aufl. Ludwigsburg 1947). – *Pėdos arimuos*, Kaunas 1944. – *Svetimoji duona*, Mchn. 1945. – *Maras*, Stg. 1947. – *Apeigos*, Mchn. 1948. – *Devynios baladės*, Chicago 1955. – *Morenų ugnys*, Toronto 1958. – *Sidabrinės kamanos*, Chicago 1964. – *Sonatos ir fūgos*, Chicago 1967. – *Donelaičio kapas*, Chicago 1970. – *Pokalbiai su karalium*, Chicago 1973. – *Alkana kelionė*, Chicago 1976. – *Užeigoje prie Vilniaus vieškelio*, Chicago 1981. – *Prierašai*, Chicago 1983.

LITERATUR: R. Šilbajoris *Life as ritual in the poetry of K. B.* (in *Perfection of Exile*, Norman/Okla. 1970).

## MARAS

(lit.; *Die Pest*). Poem von Kazys BRADŪNAS, erschienen 1947. – Der Prolog des mit dem Motto »*Vor Pest, Feuer und Krieg behüte uns, o Herr*« versehenen dreizehnteiligen Poems gibt das Stimmungsbild eines idyllischen Sommerabends wieder: Großmutter und Enkelkind sitzen vor dem Haus und betrachten die untergehende Sonne. Als das Kind die Alte nach der das Feld am Horizont begrenzenden Bodenerhebung fragt, erzählt die Großmutter die Geschichte dieses »Friedhofshügels«, in dem die Opfer der einst im Land wütenden Pest ihre letzte Ruhe gefunden haben.

Der Hauptteil des Poems besteht aus elf Bildern, in denen die vergangenen Ereignisse retrospektiv aufgerollt werden. Das erste, *Der trostlose Frühling*, bringt die Schilderung einer mörderischen Dürre: »*Hitzeatmender Wind rauscht in den Wipfeln der entlaubten Bäume*«, und die Dorfbewohner sammeln sich immer wieder, um den Himmel – vergeblich – nach Regenwolken abzusuchen. In *Der Erste* zeichnet der Dichter das Bild einer Mondnacht, deren Stille durch die Rufe eines Suchtrupps – der alte Blinda ist vermißt – unterbrochen wird. Als die Männer den Alten schließlich tot finden, »*mit einem Gesicht von der Farbe der Erde*« spricht einer das gefürchtete Wort aus: Pest. Unaufhaltsam nimmt von nun an das große Sterben seinen Lauf: *Die Ernte des Todes* beginnt. Der Abschnitt *Das Mädchen* schildert, wie die einzig Überlebende im Dorf, ein junges Mädchen, von der Beerdigung des Bruders in das verwaiste Elternhaus zurückkehrt, das Herdfeuer löscht, die Tracht der Mutter und den Gürtel des Bruders »*wie Erinnerungen*« zu einem Bündel schnürt und sich auf den Weg macht, »*rings um sie die Gespenster des tobenden Todes*«. Nachdem in *Der Bittgang* der verzweifelte Versuch gläubiger Bauern, durch Herabflehen der göttlichen Gnade Errettung aus dem Grauen zu erwirken, geschildert wurde, kehrt der Leser in *Die Mutter* wieder zu dem einsamen Mädchen zurück, das noch immer durch ausgestorbene Dörfer wandert und ein von der Brust seiner toten Mutter gerettetes Kind in den Armen hält. In *Der letzte Gottesdienst* betet ein Pfarrer mit seiner Gemeinde im Angesicht des nahenden Todes. Das achte Bild – *Auf dem Friedhof* – beschreibt, wie das Mädchen das tote Kind begräbt. – Nach dem düsteren Herbst zieht *Der Winter* ein und bedeckt das verödete Land gnädig mit seiner Schneedecke. Im vorletzten Bild – *Die Rückkehr des Soldaten* – wird das umherirrende Mädchen, ungläubig lauschend, auf menschliche Schritte aufmerksam: Es ist ein heimkehrender Soldat, der mit seinem forschen Tritt Leben in die Totenstille bringt. *Zwei Menschen*, das letzte Bild schließlich, gibt eine optimistische Szene wieder: Ein junges Paar, Symbol des Neubeginns, blickt über die Landschaft und malt sich die Zukunft aus. Der Mann will das Brachland in wogende Kornfelder verwandeln, die Frau ihre Tage am Webstuhl verbringen, das Herdfeuer überwachen und ihre Kinder betreuen. – Der Epilog des Poems stellt eine Apotheose der Erde, der heimatlichen Landschaft und des bäuerlichen Lebens dar.

Die Verserzählung, die vor allem in ihren der volkstümlichen Vorstellungswelt entnommenen Bildern den Einfluß von K. DONELAITIS, des großen Epikers des 18. Jh. verrät, spielt – zwei Jahre nach Kriegsende veröffentlicht – thematisch wohl auf die Schrecken des Zweiten Weltkriegs an. Bemerkenswert sind die Schmiegsamkeit der in kurzzeiligen Strophen fließenden Verse (vorwiegend Fünf- und Sechssilber) und die Intensität des schwermütigen, das Grauen zu häufig makabrer Eindringlichkeit steigernden Bilder, wobei zugunsten dieser flächigen Bildhaftigkeit auf psychologische Vertiefung bewußt verzichtet wird. – *Maras* diente Darius Lapinskas als Libretto für seine gleichnamige Oper, die 1967 in Chicago uraufgeführt wurde.

L.Ba.-KLL

AUSGABE: 1947.

VERTONUNG: D. Lapinskas, *Maras*, Urauff.: Chicago 1967 (Oper).

LITERATUR: P. Naujokaitis, *Lietuvių literatūra*, Tübingen 1948. – A. Senn, *Storia della letteratura lituana* (in G. Devoto, *Storia delle letterature baltiche*, Mailand 1957). – J. Būtėnas, *Liet. lit. vadovėlis*, 3 Bde., Wilna 1959.

## ULRICH BRÄKER

\* 22.12.1735 Näbis im Toggenburg / Schweiz
† 11.9.1798 Wattwil / St. Gallen

### LEBENSGESCHICHTE UND NATÜRLICHE EBENTHEUER DES ARMEN MANNES IM TOCKENBURG

Autobiographie von Ulrich BRÄKER, erschienen 1789. – Der Verfasser, ein armer Kleinbauer und Garnhausierer, der nur wenige Wochen eine kümmerliche Dorfschule besuchte, schrieb zwischen 1781 und 1785 die Geschichte seiner Jugend- und Mannesjahre nieder, »*bei schwacher Lampe an Sonntagen oder sonst in freien Augenblicken*«, seinen Nachkommen »*zur Vermahnung*«. Seine Kindheit verbringt er in primitiven Verhältnissen als Hirtenjunge und Tagelöhner. Mit neunzehn Jahren fällt er betrügerischen Werbern in die Hände und muß, nach hartem preußischem Drill, in der Armee Friedrichs des Großen am Siebenjährigen Krieg teilnehmen. Bereits in der ersten Schlacht (1756 bei Lobowitz) desertiert Bräker und gelangt nach abenteuerlichen Irrwegen wieder in seine Schweizer Heimat. Redlich schlägt er sich in den folgenden Jahren des Hungers und Elends als Bauer durch. Versuche, sich im Garnhandel emporzuarbeiten, scheitern. Dem Unwillen einiger standesbewußter Bürger zum Trotz wird der einfache Bauer 1776 in die »Moralische Gesellschaft zu Lichtensteig« aufgenommen, die in wirtschaftlichen und kulturellen Fragen »aufklärend« auf das »Volk« zu wirken versucht. Dort findet Bräker Gelegenheit, sich durch ausgedehnte Lektüre fortzubilden; auch legt er hier das »Samenkorn« für seine spätere »Autorschaft« mit der Preisschrift *Über den Baumwollengewerb und den Kredit*.
Seine Autobiographie hat Bräker »zusammengeflickt« aus den »kuderwelschen Papieren« eines mehr als 4000 Seiten umfassenden Tagebuchs. Die Schriftstellerei wird darin als eine von widrigen Lebensumständen erzwungene Ersatzbeschäftigung definiert: »*Die Welt ist mir zu eng. Da schaff ich mir denn eine neue in meinem Kopf*« (30. 1. 1791). Schreibend überwindet er seine persönlichen, aus der zeitgenössischen Gesellschaftsstruktur resultierenden Leiderfahrungen und erhebt sich so über die Trostlosigkeit des Alltags, gerät aber zugleich durch seinen unstandesgemäßen Bildungsdrang von neuem mit den Anforderungen des praktischen Lebens in Konflikt. Bräkers Neigung zu rechtfertigender Selbstanalyse ist Erbe der pietistischen Tradition, der die breite Entfaltung des autobiographischen Schrifttums im 18. Jh. zu verdanken ist. Werke wie die Selbstbiographie JUNG-STILLINGS und der autobiographische Roman *Anton Reiser* von K. Ph. MORITZ waren Bräker bekannt. Doch bleibt er sich eines Abstandes zwischen dieser »hohen« Literatur und seinem eigenen schriftstellerischen Dilettantismus stets bewußt: »*Wenn ich zumal in irgend einem guten Schriftsteller las, mocht ich mein Geschmier vollends nicht mehr ansehen.*«
Die *Lebensgeschichte des armen Tockenburgers* wurde nicht nur in der Schweiz gelesen; auch der Berliner Friedrich NICOLAI lobte diese »*Szenen aus der schlichten Natur*«. Die Nachwelt jedoch vergaß Bräker; im 20. Jh. wurde er nur zögernd wiederentdeckt – nicht zuletzt dank Hans MAYER, der auf die »*einzigartige Stellung dieses wohl ersten . . . plebejischen Schriftstellers in der Literatur des ausgehenden 18. Jahrhunderts in Deutschland*« hinwies. Durch Bräkers »Kritzeleien und Hirngeburten« wird die Lebenswirklichkeit der unteren Volksklassen, die in der übrigen zeitgenössischen Literatur entweder ausgespart blieb oder idealisiert wurde, erstmals detailliert beschrieben. Gerade der unbeholfene, aber bemühte Umgang Bräkers mit der Sprache verleiht seinen »Bekenntnissen« ein hohes Maß an Spontaneität und darstellender Präzision.   KLL

AUSGABEN: Zürich 1789. – Bln. 1910 [Einl. A. Wilbrandt]. – Basel 1945 (in *Leben u. Schriften*, Hg. u. Einl. S. Voellmy, 3 Bde., 1). – Bln./Weimar 1964 (in *Werke*, Hg. u. Einl. H.-G. Thalheim; ²1966). – Stg. 1965, Hg. u. Nachw. W. Günther (RUB; ern. 1979). – Mchn. 1965 [Nachw. W. Pfeiffer-Belli]. – Zürich 1978, Hg. S. Voellmy u. H. Weder [Vorw. H. Mayer].

LITERATUR: S. Voellmy, *U. B., der arme Mann im Tockenburg*, Zürich 1923. – Ders., *Daniel Girtanner von St. Gallen, U. B. aus dem Toggenburg u. ihr Freundeskreis*, Diss. Basel 1928. – H. Mayer, *Aufklärer u. Plebejer. U. B., der arme Mann im Tockenburg* (in H. M., *Von Lessing bis Thomas Mann*, Pfullingen 1959, S. 110–133). – S. Voellmy, *Lieblingslektüre U. B.s, des armen Mannes im Tockenburg*, Basel/Stg. 1975. – K. Geiger u. a., *Die Tagebücher des Armen Mannes im Toggenburg als Geschichtsquelle*, Flawil 1978. – H. Böning, *U. B. Der Arme Mann aus dem Toggenburg. Leben, Werk und Zeitgeschichte*, Königstein/Ts. 1985.

## JOHN BRAINE

\* 13.4.1922 Bradford / Yorkshire

LITERATUR ZUM AUTOR:
J. D. Hurrell, *Class and Conscience in J. B. and*

Kingsley Amis (in Critique, 2, 1958, S. 39–53). – R. Weimann, *J. B.* (in ZAA, 7, 1959, S. 179–186). – J. W. Lee, *J. B.*, NY 1968 (TEAS). – J. Jain, *The New Philistines: A Study of the Novels of J. B.* (in Rajasthan University Studies in English, 9, 1976, S. 58–69).

## ROOM AT THE TOP

(engl.; Ü: *Der Weg nach oben*). Roman von BRAINE, erschienen 1957. – Der soziale Aufstieg eines ehrgeizigen jungen Mannes aus dem Arbeitermilieu in Industriellenkreise ist Thema des in der Ichform erzählten, kurz nach dem Zweiten Weltkrieg spielenden Romans. Schon früh, unter dem Eindruck der bedrückenden Verhältnisse seiner Kindheit, hat Joe Lampton sich zum Ziel gesetzt, einmal ganz nach oben zu gelangen. Er ist fünfundzwanzig Jahre alt, als er in der kleinen nordenglischen Industriestadt Warley eintrifft, entschlossen, hier seinen Weg zu machen und eines Tages selbst auf dem Hügel über der Stadt, der bevorzugten Wohngegend der Geldaristokratie, zu residieren. Er mietet sich bei den Thompsons ein, die zur besseren Gesellschaft Warleys gehören. Durch sie findet er Zugang zu einer Laienspielgruppe, deren Mitglieder zumeist aus begüterten Familien stammen, und wird, obwohl er nur ein kleiner, wenn auch geschätzter Angestellter bei der Finanzverwaltung ist, in dem exklusiven Kreis freundlich aufgenommen. Hier begegnet er zwei grundverschiedenen Frauen, Susan Brown und Alice Aisgill, die sein Leben entscheidend beeinflussen. Susan zieht ihn durch ihre Jugend und Unbefangenheit, vor allem aber durch ihren Reichtum an, doch fällt es dem Arbeitersohn zunächst schwer, in Gegenwart der Industriellentochter seine Unsicherheit zu überwinden, zumal sein Nebenbuhler Jack Wales ihn immer wieder die gesellschaftliche Kluft empfinden läßt. Bald jedoch gelingt es Joe, Susan gegenüber als verständnisvoller Freund und perfekter Liebhaber aufzutreten und alles zu vermeiden, was an seine bescheidene Herkunft erinnern könnte. Im Gegensatz zur naiven Suan ist Alice, die mit dem wohlhabenden George Aisgill eine sinnentleerte Ehe führt, ein reifer, unkonventioneller Mensch. Joe ist von der zehn Jahre älteren Frau zugleich fasziniert und beunruhigt. Aus der sexuellen Leidenschaft, die beide zusammenführt, wird bald Liebe. Alice akzeptiert Joe, wie er ist; in ihrer Gegenwart fühlt er sich frei von dem Zwang, seine Herkunft verschleiern zu müssen. Ihren Höhepunkt erreicht die Beziehung, als die Liebenden vier idyllische Tage in einem einsamen Haus auf dem Lande verbringen. Hier erkennt Joe, daß er nur mit Alice wirklich glücklich sein kann. Doch kurz danach wird er zu Mr. Brown gerufen. Vor die Wahl zwischen Susan, die schwanger ist, und Alice gestellt, entscheidet er sich für Susan und damit für Karriere, Erfolg und Reichtum. Alice, verzweifelt über die Trennung, steuert in betrunkenem Zustand ihren Wagen gegen eine Mauer. *»Ich habe sie umgebracht«*, bekennt Joe in der Rückschau.

Trotz des zuweilen kolportagehaften Zuschnitts und der recht konventionellen Erzählform zählte *Room at the Top* zu den meistdiskutierten englischen Romanen der fünfziger Jahre. Die Kritik hat den Verfasser den »Angry Young Men« zugeordnet und sein Buch an die Seite von John WAINS *Hurry on Down* (1953) und Kingsley AMIS' *Lucky Jim* (1954) gestellt, dabei aber die unterschiedliche Haltung von Braines Protagonisten nicht immer genügend berücksichtigt. Wains Charles Lumley verachtet die etablierte Gesellschaft, Joe Lampton bejaht sie und paßt sich ihr mit allen Mitteln an. Dabei verliert er immer mehr jene Spontaneität, die seine Beziehung zu Alice geprägt hat, und wird schließlich zur Marionette. Er akzeptiert die Wertbegriffe der Geldaristokratie Warleys, läßt sich von ihren materialistischen Statussymbolen (die im Roman leitmotivische Funktion haben) faszinieren und zahlt den Preis für seinen Aufstieg, denn – so formuliert er es aus einer Distanz von zehn Jahren – *»man ist gezwungen, durch Dreck zu waten, um zu bekommen, was man haben will«*. Der Preis dafür ist Alice, und er ist zu hoch, denn mit ihr stirbt Joes besseres Ich. (Sein Leben »auf dem Hügel« schildert eine 1962 erschienene, schwächere Fortsetzung, *Life at the Top*.)  H.Str.

AUSGABEN: Ldn. 1957. – Boston 1957. – Harmondsworth 1981 (Penguin).

ÜBERSETZUNGEN: *... und nähme doch Schaden an seiner Seele*, H. Schlüter, Bln./Bern/Stg./Wien 1957; ern. ²1959. – *Der Weg nach oben*, ders., Gütersloh 1960. – Dass., ders., Mchn. 1981 (dtv).

VERFILMUNGEN: England 1958 (Regie: J. Clayton). – *Life at the Top*, England 1965 (Regie: T. Kotcheff).

LITERATUR: K. Schlüter, *Soziale Statussymbole u. ihre künstlerische Verwendung in J. B.s Roman »Room at the Top«* (in NSp, N. F. 12, 1963, S. 193–208). – Ders., *Die Kunst des Erzählens in J. B.s Roman »Room at the Top«*, Heidelberg 1965. – S. Laing, *»Room at the Top«: The Morality of Affluence* (in *Popular Fiction and Social Change*, Hg. Ch. Pawling, NY 1984, S. 157–184).

## WILLEM BRAKMAN

*\* 13.6.1922 Den Haag*

LITERATUR ZUM AUTOR:
N. Gregoor, *In gesprek met W. B.* (in Roeping, 1962, Nr. 37, S. 651–665). – T. van Deel, *Het soortelijk gewicht van de verbeelding* (in Tirade, 24, 1980, S. 632–638). – Bulletin, 10, 1981, Nr. 85

[Sondernr. *W. B.*]. – *Het verlangen om er niet te zijn: Beschouwingen over het werk van W. B.*, Hg. J. Diepstraten, Den Haag 1981. – M. Pouw, *P. C. Hooft-prijswinnaar W. B.: De droom verbindt alle dingen* (in NRC-Handelsblad, 8. 5. 1981). – Bibeb, *Interview met W. B.: Ik ben een angstgenie* (in Vrij Nederland, 23. 5. 1981). – De Vlaamse gids, 65, 1981, Nr. 4 [Sondernr. *W. B.*]. – R. van der Paardt, Art. *W. B.* (in *Kritisch lexikon van de Nederlandstalige literatuur na 1945*, Hg. A. Zuiderent u.a., Alphen aan den Rijn u.a., Nlg. Okt. 1983). – T. van Deel, *W. B.* (in *'t Is vol van schatten hier*, Bd. 2, Amsterdam 1986).

## DE OPSTANDELING

(ndl.; *Der Aufständische*). Roman von Willem BRAKMAN, erschienen 1963. – Mit seinem Debutroman *Een winterreis*, 1961 *(Eine Winterreise)* hatte der Arzt Brakman sowohl bei der Kritik als bei den Lesern sehr positive Reaktionen hervorgerufen. Wesentlich weniger begeistert war die Resonanz auf seinen dritten Roman, *De opstandeling*, der, von der Struktur her komplexer, schon einige der für das spätere Werk Brakmans charakteristischen Züge zeigt, ohne formal völlig zu überzeugen.
Hauptfigur ist der noch junge Arzt Walter Stein, der sich nach seiner Ehe mit Paula aus der Großstadt in eine Landpraxis zurückgezogen hat. Der Roman schildert den Versuch Steins, aus den Fesseln einer inzwischen nur noch als langweilig empfundenen Ehe auszubrechen. Bei einem Besuch eines Freundes in der Stadt lernt er Til kennen, eine geheimnisvoll schweigende Frau, die in allem das positive Gegenbild zu Paula zu verkörpern scheint. Es entwickelt sich rasch ein Verhältnis zwischen beiden, Stein verläßt Frau und Kind, unternimmt mit Til eine von Pannen begleitete Reise über Belgien nach Paris und kehrt am Ende des Romans enttäuscht zu seiner Frau zurück, die ihn mit den Worten begrüßt: »*Wie geht es deiner Hure?*« – dem letzten Satz des Romans. – Diese scheinbar triviale Ehebruchsgeschichte, die Brakman mit eher zynischem Humor erzählt, erhält zwei über den Plot an sich hinausreichende symbolische Erweiterungen: Am Anfang der Handlung reflektiert Stein – auch der Name dürfte nicht ohne Symbolwert sein – anläßlich des »Worts zum Sonntag« über die Auferstehung *(opstanding)* des Lazarus, die ihn mit Langeweile erfüllt, weil der dort vollzogene Aufstand gegen das Gesetz des Todes ein befohlener, mechanischer ist. Diese Thematik wird Brakman in seinem nächsten Roman, *De gehoorzame dode*, 1964 *(Der gehorsame Tote)*, einem direkten Bericht über den biblischen Lazarus, erweitern. Der Titel *De opstandeling* erhält noch eine zusätzliche dritte Bedeutungsschicht durch die Verweise auf die Französische Revolution, deren blutige Wirklichkeit Stein schließlich in einer Vision in Paris sehr konkret erlebt. Steins Zustand am Ende des Romans gleicht allerdings eher dem des »lebenden Toten« Lazarus als jenem befreiten neuen Sein, das sein ganz persönlicher Aufstand hätte ermöglichen sollen.
Die Technik der Verschachtelung unterschiedlicher, einander ergänzender und verändernder Bedeutungsebenen wird Brakman später immer virtuoser handhaben, hier sind dann und wann noch ein wenig zu offensichtlich die einzelnen Fugen erkennbar, noch knirscht die Mechanik ein wenig. Die Kritik hat zu Recht auf Simon VESTDIJK (1898–1971) als großes Vorbild hingewiesen: sowohl die Neigung zum antithetischen Formulieren als auch zum betont barocken Satzbau und zu einem leicht vulgären Humor teilt Brakman mit dem Nestor der niederländischen modernen Prosa. Die nächsten Bücher Brakmans fanden nur eine geringe Resonanz und erst als die sogenannten »akademischen« Autoren und ihre Zeitschrift ›De Revisor‹ ihn am Ende der siebziger Jahre neu entdeckten und ihn, als betont konstruierenden Literaten, der »anekdotischen« Richtung um Maarten 't HART (*1944) entgegenstellten, setzte eine erneute intensive Beschäftigung mit dem sehr regelmäßig publizierenden Autor ein, die 1980 in der Vergabe des P. C. Hooft-Preises gipfelte. R.A.Z.

AUSGABE: Amsterdam 1963; ³1982.

LITERATUR: C. Rijnsdorp, *W. B.* (in *De moderne roman in opspraak*, Kampen o. J. [1966], S. 35–41). – W. Brinkman, *Lazarus en Oedipus* (in *Lessen in lezen*, Bd. 1, Den Haag 1967, S. 242–263).

## DE REIS VAN DE DOUANIER NAAR BENTHEIM

(ndl.; *Die Reise des Zöllners nach Bentheim*). Novelle von Willem BRAKMAN, erschienen 1983. – Ein zentrales Thema in Brakmans Œuvre ist das unbehagliche und nie eindeutig festlegbare Verhältnis zwischen Realität und Fiktion. Obwohl seine Prosaarbeiten geradezu mathematisch durchkonstruiert erscheinen, gibt es häufig einen unauflösbaren Rest, der die Konstruktion wenn nicht in Frage stellt so doch ambivalent wirken läßt. Nicht nur die Kritiker, sondern auch der Autor selbst haben daher auf eine Verwandtschaft seiner Romane und Erzählungen mit Traumstrukturen hingewiesen. In einem interpretierenden Essay seiner eigenen Werke (*Een wak in het kroos*, 1983) illustriert Brakman seine Vorgehensweise durch den Vergleich mit einem Traum, der, auch wenn er nicht ganz aufschlüsselbar ist, dennoch »*weiterhin maßlos fasziniert*«. Als Zentrum solcher komplexen Strukturen ist häufig ein nur angedeuteter Kern zu sehen, dessen Erkennen dem Leser erst die Möglichkeit eröffnet, die scheinbar zusammenhangslosen, bizarren Ereignisse miteinander zu verbinden. Schon seit *Glubkes oordeel* (1976) führen Brakman diese theoretischen Überlegungen und Vorlieben in die Bereiche der Phantastik.
Die als Erzählung eines nicht näher genannten Ichs

beginnende virtuose Novelle, die später als der Bericht eines scheinbar traditionellen auktorialen Erzählers weitergeführt zu werden scheint, bis sich auf der letzten Seite das Ich wieder zu Wort meldet und vom Leser als rätselhafte Nebenfigur des Hauptgeschehens erkannt wird, berichtet von nichts anderem als einer Reise über die Grenze. Während eines Sommerurlaubs in Gelderland treffen sich der Lehrer van Kol und der pensionierte namenlose Zöllner des Titels in einem kleinen Hotel und beschließen, von Lochem aus eine Reise nach Bentheim zu unternehmen. Das Motiv der Grenzüberschreitung beherrscht konkret und symbolisch die Novelle, in der Fiktion und Realität ein frivoles Wechselspiel durchzuführen scheinen. Die dritte handlungsbestimmende Figur, ein geheimnisvoller Herr mit perlgrauem Hut, der am Anfang und Ende auftretende Ich-Erzähler, stellt sich schließlich als Gegenspieler des Zöllners heraus: der Einsatz ihres Kampfes ist offenbar die Seele des Lehrers van Kol.

Der verborgene Kern, der Kampf zwischen dem Teuflischen und dem Göttlichen um den Menschen, wird von Brakman durch eine literarische Parallele angedeutet: der Ort Lochem erinnert den Zöllner an den niederländischen Romantiker A. Ch. W. STARING, dessen *Jaromir*-Zyklus zum Teil in Lochem spielt und den Kampf des Priesters Jaromir mit dem Teufel und seine Errettung durch den Erzengel Michael auf eher frivole Weise darstellt. Dem Gedicht sind freilich nicht nur die Grundthematik, sondern auch einzelne bizarre Handlungsmotive wie der Pferdefuß und die Teufelsfolklore entnommen. Einen letzten Hinweis auf die Bedeutung des Gedichts von Staring für die Entschlüsselung der Novelle gibt der vom Ich-Erzähler gesprochene Schlußsatz: »*Herr Zöllner, wir sehen einander wieder!*«, eine Variante des von Jaromir in Teufelsverkleidung am Ende von *Jaromir in Prag* gesprochenen »*Herr Wirt, wir sehen einander wieder!*« Vexierspiele dieser Art, – wer ist nun eigentlich der Teufel, wer der Schutzengel? – und eine zu barocken Satzstrukturen neigende Sprache machen Brakman zu einem mehr gepriesenen als gelesenen Autor, obwohl sein Werk insgesamt nach der Verleihung des P. C. Hooft-Preises (1980) mehr Anklang gefunden hat.   R.A.Z.

AUSGABE: Amsterdam 1983.

## VITALIANO BRANCATI

\* 24.7.1907 Pachino
† 25.9.1954 Turin

LITERATUR ZUM AUTOR:
L. Januzzi, *V. B.* (in *Letteratura italiana. I contemporanei*, Bd. 2, Mailand 1963). – V. Gazzola Stacchini, *La narrativa di V. B.*, Florenz 1970. – E. Lauretta, *Invito alla lettura di V. B.*, Mailand 1973. – P. M. Sipala, *V. B., Introduzione e guida all'opera brancatiana*, Florenz 1978. – G. Amoroso, *V. B.*, Florenz 1978. – G. Catalano, *V. B.* (Critica letteraria, 8, 1980, S. 34–63). – F. Spera, *V. B.*, Mailand 1981. – M. Pomilio, Art. *V. B.* (in Branca, 1, S. 403–405).

## IL BELL'ANTONIO

(ital.; *Ü: Schöner Antonio*), Roman von Vitaliano BRANCATI, erschienen 1949. – Nach Brancatis endgültiger Abkehr von der faschistischen Ideologie, die die literarische Produktion seiner Jugend bestimmt hatte, war sein Werk nach 1934 vor allem von zwei Hauptthemen gekennzeichnet: der Polemik gegen den Faschismus und der Kritik am südländischen *gallismo*, dem gockelhaften Hofieren einer Frau, in dem sich alle Schattierungen südländischer männlicher Eitelkeit spiegeln. Diese Auseinandersetzung ist auch Hauptthema von *Il Bell'Antonio*. Wenngleich der Roman stilistisch hinter *Don Giovanni in Sicilia* (1942) und in seiner satirischen Wirkung hinter *Il vecchio con gli stivali* (1958) zurückbleibt, wird der Name Brancatis vor allem mit *Il Bell'Antonio* assoziiert: Trotz der einfachen Charakterzeichnung entsteht ein in seiner literarischen Übertreibung GOGOL' und PIRANDELLO verpflichtetes parodistisches Sittengemälde, in dem in überaus unterhaltsamer Art und Weise die politische Satire enthalten ist.

Die Handlung beginnt im Jahr 1930 und umspannt die letzten zehn Jahre des faschistischen Regimes. Im Mittelpunkt steht der ungewöhnlich gutaussehende, von Frauen umschwärmte Sizilianer Antonio Magnano, der nach Abschluß seines Jurastudiums mit seinen Gefährten aus der Heimatstadt Catania nach Rom geht, und dort auf Ansehen und Karriere hofft. Die berufliche Karriere, deren Weg nur über erfolgreiches Antichambrieren führt, bleibt allerdings aus; um so deutlicher zeichnet sich statt dessen Antonios Erfolg bei Frauen ab, zu deren absolutem Liebling er bald auserkoren scheint. Sogar bis in seine Heimatstadt Catania dringt sein Ruf als angeblicher Liebhaber der Gräfin K., deren Ehemann zu den politisch einflußreichsten Persönlichkeiten gehört. – Als Antonio bei einem Besuch die von den Eltern auserwählte Braut kennenlernt, ist er von dem devoten Mädchen so fasziniert, daß sofort die Heirat beschlossen wird: eine Ehe zwischen Unbekannten, von den Eltern aus Gründen der Konvenienz arrangiert. Unter Anteilnahme der ganzen Stadt – jedermann bewundert die junge, reiche Barbara, beneidet sie um ihren schönen Ehemann – finden Hochzeit und Flitterwochen des Paares statt. Niemand zweifelt am ungetrübten Glück der beiden, bis nach drei Jahren Gerüchte von einer bevorstehenden Annullierung der Verbindung lautwerden: Die Ehe war nämlich wegen Antonios Impotenz nach drei Jahren noch nicht vollzogen worden. Er hatte sich die kindliche Naivität und Unerfahrenheit seiner Frau zunutze gemacht, um ihr den wahren Sachverhalt zu verbergen und die Ehe in ein platonisches Verhältnis umzuwandeln. Eine Bedienstete entdeckte Antonios Geheimnis und informierte Barbaras Eltern. Nun soll auf deren Betreiben die Ehe annulliert werden – nicht nur, weil sie in den Augen der Kirche ungültig ist, sondern auch, weil sich eine noch günstigere Verbindung anbahnt. Antonio, der größte Frauenheld der Stadt, wird plötzlich zum Objekt der öffentlichen Schande und des Spotts. Er aber reagiert mit Schweigen und enthüllt nur einem Onkel – der einzige unkonventionelle Charakter des Romans ohne provinzielle Züge – sein Geheimnis: nämlich den Ruf des Frauenhelden selbst geschaffen zu haben, um jeden Verdacht von sich als einem »Versager« abzulenken. Antonios Verehrerinnen reagieren indessen anders als erwartet: Gerade wegen seiner stadtbekannten Unfähigkeit wird er nun zum Objekt hemmungsloser Schwärmerei, die Frauen lieben ihn nur um so heftiger und überschütten ihn mit anonymen Briefen. Antonio erlebt diese Umkehrung männlichen Verhaltens als tiefe Demütigung. Der Vater, der den Ehrverlust seines einzigen Sohnes nicht überwinden kann, stirbt siebzigjährig unter dem einsetzenden Bombenhagel des Kriegs in einem Bordell, wo er die eigene Männlichkeit unter Beweis stellen und die Ehre der Familie retten wollte.

So wie der schöne und gutmütige Antonio als Charakter relativ einfach und als Karikatur des *gallismo* dargestellt wird, erscheint sein Freund Edoardo als typischer Mitläufer des Faschismus, der durch Antonios Vermittlung beim Grafen K. zum Bürgermeister Catanias befördert und wegen mangelnden Respekts gegenüber der Partei ebenso wieder abgesetzt wird. Die Dialoge zwischen Antonio, seinem Freund Edoardo, seinem Onkel und dem Vater sind weitgehend von Klischees geprägt und reflektieren die politische Situation lediglich in den zutage tretenden Formen der Anpassung. Der Roman ist voll von Parodien auf männliches Imponiergehabe und politisches Mitläufertum, die allerdings nicht explizit kritisiert, sondern durch satirische Überzeichnung disqualifiziert werden. Auch die Dialektpassagen dienen der Kennzeichnung provinziellen Denkens. Die Auseinandersetzung mit dem Faschismus erscheint daher nicht als offene Kritik, vielmehr ist die faschistische Ideologie als Konglomerat aus männlicher Attitüde und kleinbürgerlichem Provinzialismus dargestellt, die sich gegenseitig bedingen und verstärken.        D.De.

AUSGABEN: Mailand 1949. – Mailand 1955 (in *Opere complete*, 4 Bde., 1955–1963, 1). – Mailand ³1984.

ÜBERSETZUNGEN: *Bell'Antonio*, A. Giachi, Ffm. 1961 (Nachwort G. Antonini; FiBü). – *Schöner Antonio*, dies., Nördlingen 1985.

VERFILMUNG: Italien 1959 (Regie: M. Bolognini).

LITERATUR: E. Cecci, »*Il Bell'Antonio*« di V. B. (in Europeo, 3. 7. 1949). – L. Russo, V. B. (in L. R., *I narratori*, Mailand 1951, S. 301–304). – O. F. Beer, *Der ital. Roman der Nachkriegszeit* (in Universitas, 7, 1952, S. 589–593). – A. Moravia, Vorwort (in V. B., *Paolo il caldo*, Mailand 1955). – C. Bo, Rez. (in L'Illustrazione Italiana, Okt. 1954). – W. Mauro, *Cultura e società nella narrativa meridionale*, Rom 1965. – R. Dombroski, *B. and Fascism: A Profile* (in Italian Quarterly, 49, 1969). – D. Perrone, *B. e il fascismo* (in Problemi, 55, 1979).

## DON GIOVANNI IN SICILIA

(ital.; *Ü: Don Giovanni in Sizilien*). Roman von Vitaliano BRANCATI, erschienen 1942. – Das zentrale Thema des Catanesen Brancati ist – im *Don Giovanni* wie in den meisten seiner Erzählungen – der von ihm speziell auf Sizilien bezogene *gallismo* (*il gallo*: der Hahn), dessen soziale Bedeutung und literarische Gestaltung Leonardo SCIASCIA in *Pirandello und Sizilien* (1961) eingehend untersucht hat. Brancati beschreibt sizilianische *papagalli*: jüngere Männer, deren lüsterne Phantasien allein den Frauen gelten und die sich in naivem Selbstbewußtsein für prädestinierte und perfekte Liebhaber halten. Giovanni Percolla, der »Don Giovanni«, ist – ebenso wie der »Bell'Antonio« (in Brancatis gleichnamigem Roman von 1949) und Paolo Castorini (in *Paolo il caldo*, 1955, zu dem Alberto MORAVIA ein Vorwort schrieb, in dem die Figur des Paolo mit der des Giovanni kritisch verglichen wird) – ein typischer Vertreter dieser »männlichen« Haltung. Er stammt aus der sizilianischen Hafenstadt Catania, wo in einem schwülen Klima der Langeweile und der Melancholie »*die Gespräche über Frauen ein größeres Vergnügen bereiten als die Frauen selbst*«. Nach einem kurzen Intermezzo in Rom glaubt sich Giovanni, ein im Grunde zurückhaltender, ja geradezu ängstlicher Vierzigjähriger, in Mailand endlich am Ziel seiner Wünsche; denn hier sind die Frauen »*nicht übelnehmend und unnahbar*« wie in seiner Heimat, sondern »*dumm, hungrig, aufdringlich*«. In seiner Jugend hat er die Frau als einen »Mythos« betrachtet, als unerreichbares Wunschbild; nun soll es in der neblig-kalten Stadt des Nordens in tausend phantastischen Abenteuern Wirklichkeit für ihn werden. Doch aus dem raffinierten Jäger wird in grotesker Umkehrung das Wild, das seine Potenz immer und überall zur Verfügung stellen soll. Giovannis blendende Erscheinung und sein forciert männliches Auftreten provozieren die Frauen – leider nicht immer die begehrenswertesten. Nicht selten gerät er in Situationen, denen er sich nur allzu gern entzieht. (In *Bell'Antonio* greift Brancati gerade dieses Thema wieder auf, variiert und erweitert es zur tragischen Farce.) Nach außen von sich selbst bis zur Eitelkeit überzeugt, ist dieser seltsame »Don Giovanni« in Wahrheit ein sentimentaler Phantast, der die Wirklichkeit nicht akzeptiert und aktiv mitwirkt an der öffentlichen und theatralischen Inszenierung einer gerade im Süden allen bekannten Lebenslüge.

Deutlich folgt Brancati im *Don Giovanni* der Erzähl- und Darstellungsweise des von ihm hochverehrten Gogol'. Mit dem Russen teilt er den scharfen Blick für das komische Detail, den satirischen Witz, den untrüglichen Instinkt für das Groteske des Alltäglichen und eine behutsam indirekte Ironie, die gerade dadurch zur Geltung kommt, daß sie eine Zuneigung zu seinen Protagonisten zu erkennen gibt und den geschilderten Vorgängen scheinbar zustimmt. Sozialkritik liegt Brancati dabei fern: er schildert das bis in die Großstadt hineinreichende sizilianische Provinzleben als phantasiebegabter Erzähler, und die Kritik stellt ihn unmittelbar neben seine Landsleute Verga und Pirandello.  M. S.

Ausgaben: Mailand 1942. – Mailand 1955 (in *Opere complete*, 4 Bde., 1955–1961, 1). – Mailand 1963; [17]1980. – Mailand 1983.

Übersetzung: *Don Giovanni in Sizilien*, H. Hinterhäuser, Würzburg/Wien 1958. – Dass., ders., Zürich 1987.

Literatur: O. Lombardi, *La Sicilia di B.* (in O. L., *Scrittori del tempo*, Pescara 1948, S. 89–92). – O. Lombardi, *L'acre moralista B.* (in Incidenza, 1, 1960, S. 119–128). – L. Caretti, *Occasioni critiche* (in *Studi in onore di V. Lugli e D. Valeri*, Venedig 1962, S. 205–225). – H. Meter, *B.s »Don Giovanni...« u. die Tradition des passiven Liebhabers im neueren italienischen Roman* (in ASSL, 140, 1988).

## PAOLO IL CALDO

(ital., *Ü: Paolo der Heißblütige*). Romanfragment von Vitaliano Brancati, erschienen 1955. – Den dritten und letzten seiner sizilianischen Don-Giovanni-Romane konnte der Autor nicht vollenden. Vor seinem Tod gab er das Manuskript zur Veröffentlichung frei – mit der Erklärung, in den beiden noch fehlenden Schlußkapiteln hätte der Protagonist, den die endlich gefundene Frau für immer verläßt, von den »Flügeln des Wahnsinns« gestreift werden sollen. Paolo Castorini, der vitalste und impulsivste, aber auch der am deutlichsten introvertierte unter Brancatis Papagalli-Helden, ist kein sentimentaler Phantast, sondern ein dem Leben animalisch verbundener Mann. Seine Biographie bildet den Inhalt des Romans; es sind Episoden, in denen die Entwicklung von erotischen Knabenstreichen bis zur selbstquälerischen sexuellen Besessenheit demonstriert wird. Die Diskrepanz zwischen angeborener Sinnlichkeit und der Sehnsucht nach selbstloser, hingabebereiter Liebe wird zur »verzweifelten Suche nach dem Gleichgewicht zwischen Seele und Körper, zwischen Geist und Materie, zwischen Intelligenz und Sexualität, zwischen Gott und Teufel« (G. Trombatore).

In einem der italienischen Ausgabe vorangestellten Essay hat Alberto Moravia die »Einzigartigkeit« dieses Spätwerks untersucht und besonders darauf hingewiesen, daß sich Brancati während der Jahre dauernden Entstehungszeit des Romans intensiv mit zwei so verschiedenen Autoren wie Stendhal und Proust auseinandergesetzt habe. In der Tat sind die Spuren dieser Lektüre in *Paolo il caldo* ebensowenig zu übersehen wie die Boccaccio-Reminiszenzen und der Einfluß von Brancatis besonders bewundertem Vorbild Gogol'. Ein solcher Eklektizismus mußte natürlich auf Kosten der früher bewiesenen Spontaneität gehen, und tatsächlich verliert sich der Autor im Verlauf der Handlung in überdehnte Reflexionen, die den beabsichtigten erzählerischen Höhepunkten viel Kraft nehmen. In der Absicht, den Individualfall herauszukristallisieren, ihn zu analysieren und an ihm allgemein übliche Verhaltensweisen zu exemplifizieren, läßt jedoch der Autor seinen Helden in ein Chaos vorstoßen, das seine psychische Existenz bedrohen muß. Durch diese apokalyptische Vertiefung wird Brancatis vielbeachtetes Fragment, das die Grenzen der Satire weit überschreitet, trotz mancher Uneinheitlichkeit zu einem Höhepunkt der psychologisch und sozialkritisch orientierten neueren italienischen Literatur.  M.S.

Ausgaben: Mailand 1955 (in *Opere complete*, 4 Bde., 1955–1961, 2). – Mailand [14]1980.

Übersetzung: *Paolo der Heißblütige*, A. Giachi, Freiburg i.B./Olten 1963. – Dass., dies., Zürich 1986 (Vorw. A. Moravia; Nachw. A. Vollenweider; detebe).

Verfilmung: Italien 1973 (Regie: M. Vicario).

Literatur: C. Salinari, Rez. (in Il Contemporaneo, Apr. 1955). – G. C. Virgarelli, Rez. (in FiL, Apr. 1955). – G. Trombatore, Rez. (in L'Unità, 3. 4. 1955). – A. Bocelli, Rez. (in Il Mondo, Sept. 1955). – A. Moravia, Rez. (ebd.). – G. Spagnoletti, *Romanzieri del nostro secolo*, Turin 1957. – E. Cecchi, *Libri nuovi e usati*, Neapel 1958, S. 191–197. – E. Falqui, *»Paolo il caldo«* (in E. F., *Novecento letterario*, Bd. 6, Florenz 1961, S. 400–406). – G. Blöcker, *Literatur als Teilhabe*, Bln. 1966.

# AMBRÓSIO FERNANDES BRANDÃO

\* um 1560 (?)
† um 1630 (?)

## DIÁLOGOS DAS GRANDEZAS DO BRASIL

(portug.; *Gespräche über die Reichtümer Brasiliens*). Streitschrift von Ambrósio Fernandes Brandão, entstanden 1618. – Die *Diálogos* sind das erste ausgesprochen politische Buch, das in Brasilien geschrieben wurde. Es geht Brandão um ein Thema, das noch heute – und nicht nur in Brasilien – Gültigkeit besitzt: um den Hunger und die Armut inmitten des Überflusses. Alviano, ein Skeptiker, mißtrauisch und zurückhaltend, sieht die Not und das Elend um sich her und gibt die Schuld daran der Erde Brasiliens, der »*ruim terra*« («*minderwertiges Land*«). Dem hält Brandônio, zweifellos der Verfasser selbst, entgegen, daß nicht das Land daran schuld sei, wenn seine Möglichkeiten nicht erschöpft würden, sondern die Menschen, die es bewohnen. Diese seien zu träge oder zu unerfahren, die ungeheuren Reichtümer auszunützen, die Brasilien für sie bereithalte. Dann zählt er in einer eindrucksvollen Liste diese Reichtümer auf, alle Früchte des Feldes und der Wälder, alle Bodenschätze, Alvianos Antwort gibt den Anstoß dazu, daß das Buch zu einem politischen Manifest wird: »*Wenn das wahr wäre, dann sollte ich doch meinen, daß die Portugiesen, so lange sie hier sind, diese Geheimnisse schon entdeckt hätten. Aber das haben sie nicht.*« Und nun prangert Brandônio die Kolonisten an, die nach Brasilien kommen, um sich möglichst schnell zu bereichern und möglichst bald mit ihren zusammengerafften Reichtümern in die Heimat zurückzukehren, ohne sich um das Land zu kümmern, das sie schamlos ausgebeutet haben.

Es ist der erste scharfe Protest in der Literatur Brasiliens gegen die imperialistische Ausbeutung eines Kolonialgebiets. Die revolutionären Gedanken Brandãos – den man nicht ohne Grund den ersten Vorkämpfer für Brasiliens Unabhängigkeit genannt hat – sind übersichtlich geordnet; Brandão war ein Meister der klaren, flüssigen, bildkräftigen Prosa. Darüber hinaus sind die *Diálogos* noch heute eine Fundgrube an wertvollen Informationen. – Man hat lange nach dem Verfasser gesucht, bis man herausfand, daß sie von Ambrósio Fernandes Brandão, einem getauften portugiesischen Juden, geschrieben wurden, der 1583 (weitere Lebensdaten sind nicht zu ermitteln) als Steuereinnehmer nach Brasilien kam und bald darauf in Paraíba einige Zuckerplantagen erwarb, wo er einige Jahre später mit der Niederschrift der *Diálogos* begann. H.Fa.

AUSGABEN: 1848–1849 (in *Iris*, Hg. J. Feliciano de Castilho Barreto). – Rio de Janeiro 1930. – Rio 1943, Hg. R. Garcia u. J. Cortesão [m. Einl. u. Komm.]. – Recife 1962, Hg. J. A. Gonsalves de Mello. – São Paulo 1977 [m. Vorw., Einl. u. Anm.].

LITERATUR: *Dicionário das literaturas portuguesa, galega e brasileira*, Hg. J. do Prado Coelho, Porto 1960, S. 212; ³1978, S. 259. – J. A. Gonsalves de Mello, *Estudos pernambucanos*, Recife 1960. – M. Osório Dias Gonçalves, *O Indio do Brasil na literatura portuguesa dos séculos XVI, XVII e XVIII* (in Brasília, 11, 1961, S. 97–209). – *Dicionário de história de Portugal*, Hg. J. Serrão, Lissabon ca. 1961ff., Bd. 1, S. 373–382. – J. V. Serrão, *A historiografia portuguesa*, Bd. 2, Lissabon 1973, S. 337–340. – *Empire in Transition*, Hg. A. Hower u. R. A. Preto-Rodas, Gainesville 1985, S. 33–64.

## IGNÁCIO DE LOYOLA BRANDÃO

\* 31.7.1936 Araraquara / São Paulo

### NÃO VERÁS PAIS NENHUM

(portug.; Ü: *Kein Land wie dieses*). – Roman von Ignácio de Loyola BRANDÃO (Brasilien), erschienen 1982. – Wie schon in früheren Romanen des Autors ist auch hier der Schauplatz die Großstadt São Paulo. In sarkastischem Kontrast zum Titel des Romans, einer Zeile aus einem hymnischen Gedicht auf Brasilien aus der Feder des Parnaß-Dichters Olavo BILAC (1865–1918; »*Kein Land wie dieses siehst du immerdar! / Erstrebe die Größe der Erde, die dich gebar!*«) entwickelt der Autor eine beklemmende Zukunftsvision. Jenseits der Jahrtausendwende ist von der reichen Flora und Fauna Brasiliens nichts mehr geblieben, es ist ausgetrocknet, verwüstet. Internationale Großkonzerne beuten die letzten Reserven aus, sie haben den größten Teil des hochverschuldeten Landes aufgekauft. Die Arbeiter fliehen vor tödlichen Hitzeballen in Richtung São Paulo, das zu einer baum- und strauchlosen Steinwüste verdorrt ist. Sechzig Millionen Menschen drängen sich hier in Hochhäusern, eingepfercht in streng eingeteilte Distrikte. Der Tagesablauf ist für jeden einzelnen derart reglementiert, daß individuelle Lebensgestaltung unmöglich geworden ist. Die Lebensmittel sind synthetisch, das Wasser ist rationiert. Aufmüpfige Bürger können jederzeit mit Hilfe eines die ganze Stadt durchziehenden Luftschachtsystems mit verschiedenen Gasen eingeschüchtert werden. »*Militechner*« und »*Ziviltäre*« sind hirn- und seelenlose, willige Instrumente eines über allem anonym schwebenden »*Systems*«. Menschen mit grauenhaften körperlichen Mißbildungen tauchen immer öfter, immer unübersehbarer im Straßenbild auf. Erinnerungen sind dem Einzelnen versagt, sie sind in einem großen Archiv verwahrt, die Nation ist geschichtslos geworden. Flüsse, Blumen, Bäume, Tiere kann man nur noch in Museen und auf der Leinwand als längst vergangene Kostbarkeiten betrachten.

Im Mittelpunkt dieses unheimlichen Szenariums steht der seiner systemkritischen Haltung wegen vorzeitig pensionierte Geschichtsprofessor Souza. Als er eines Tages ein sich in seiner Handfläche bildendes Loch entdeckt, löst dieses ihm unerklärliche Phänomen eine Reihe von Ereignissen aus. Er weigert sich, das Loch behandeln zu lassen, verliert seinen Arbeitsplatz in einem Büro, wo er täglich Zahlenkolonnen addieren mußte, und, verunsichert durch sein verändertes Verhalten, verläßt ihn eines Tages seine Frau Adelaide. Wichtige Erinnerungen kehren zurück wie das Bild des Großvaters, der Baumriesen fällte, ein für den Enkel einschneidendes Kindheitserlebnis. Souza beginnt mehr und mehr über die eigene Situation nachzudenken und gegen den Alltagsstrom der anderen zu leben. Sein karrierebewußter Neffe bringt Fremde mit, die Souzas Wohnung vereinnahmen, bis dieser selbst verdrängt wird und ausziehen muß. Er irrt durch verschiedene Distrikte, trifft einen alten Kollegen, entdeckt mit ihm makabre Gelände am Rande der Stadt, wird verhaftet und schließlich mit Hunderten von anderen zu den »*Ausgedehnten Markisen*« gebracht, unter denen die Menschen Schutz suchen. Es kommt ein Windhauch auf, es riecht nach Regen, eine kleine Pflanze sprießt aus dem Boden. Ein Hinweis auf Hoffnung? Am Ende steht ein Galilei-Zitat: »*Und sie bewegt sich doch.*«

Im Gegensatz zu dem aus Textsplittern und -fragmenten zusammengesetzten Roman *Zero*, der auch formal das Chaos der Großstadt widerspiegelt, ist dieses Buch, für dessen deutsche Fassung der Autor das Original überarbeitete und kürzte, in mehr als 34 Kapiteln chronologisch erzählt. Die Kapitelüberschriften enthalten bereits Hinweise auf den Inhalt. Brandãos trockene, aus früheren Werken bekannte, lakonische Erzählweise steigert sich hier oft zu Sarkasmus und Zynismus und erlangt, dem unheimlichen Thema angemessen, beklemmende Eindringlichkeit. Erzählt wird der Versuch der eigenen Standortbestimmung eines Intellektuellen, der sich nach übernommener oder verpaßter politischer Verantwortung fragt, in »*fiebriger Intensität*«, wie ein Kritiker in der ›New York Times‹ schrieb. Er habe das Thema gewählt, weil er ein Optimist sei, weil er die Gleichgültigen habe aufrütteln wollen, bekannte der Autor. Als brasilianische Version der Utopie *1984* von G. ORWELL (1903–1950) verweist das Buch weit über die Grenzen Brasiliens hinaus auf ein Thema, das weltweit immer mehr an Aktualität gewinnt.    R.G.M.

AUSGABE: Rio 1982.

ÜBERSETZUNG: *Kein Land wie dieses. Aufzeichnungen aus der Zukunft*, R.-G. Martin, Ffm. 1986 (es).

LITERATUR: H. Brode, Rez. (in FAZ, 29. 4. 1986). – H. Thorau, Rez. (in Die Zeit, 7. 11. 1986).

## ZERO. Romance pré-histórico

(portug.; *Ü: Null. Prähistorischer Roman*). Roman von Ignácio de Loyola BRANDÃO (Brasilien), erschienen 1974. – Die Veröffentlichung des bereits 1971 beendeten Manuskripts von *Zero* wurde in Brasilien zunächst unter dem Vorwand der schwierigen graphischen Gestaltung zurückgewiesen. Nachdem das Mailänder Verlagshaus Feltrinelli das Buch in seiner Reihe ›I Narratori‹ publiziert hatte, in der bereits Werke des Kolumbianers Gabriel GARCÍA MÁRQUEZ veröffentlicht worden waren, erschien eine Besprechung von *Zero* in der brasilianischen Zeitschrift ›Veja‹ mit der Folge, daß das Buch 1975 auch in Brasilien im Druck erschien und bereits 1976 eine zweite Auflage erreichte. Danach wurde der Roman von der Zensur mit dem Hinweis verboten, er verstoße gegen Moral und gute Sitten, womit dem Autor die rechtliche Möglichkeit entzogen wurde, diesen Beschluß anzufechten; bei einem Verbot aus politischen Gründen wäre dies möglich gewesen.

Brandão gehört zu den Vertretern einer politisch engagierten Literatur, die nach dem Staatsstreich der Militärs im Jahre 1964 und den damit verbundenen Repressionen, der Zensur und Unterdrückung oppositioneller Gruppen unter wechselnden Machthabern, erst mit dem Beginn der sogenannten *Apertura* (Öffnung) die Möglichkeit bekamen, die Diktatur und ihre Machtmechanismen literarisch aufzudecken und anzugreifen. Ein Vorläufer Brandãos ist Antônio CALLADO (\*1917) mit seinen Romanen *Quarup* (1967) und *Bar Don Juan* (1971), zu seinen Nachfolgern gehört vor allem Fernando GABEIRA (\*1940) mit seinem regimekritischen Roman *O que é isso, companheiro*, 1979 *(Die Guerilleros sind müde)*. Brandão, der sich selbst zu den Schriftstellern zählt, die für die Mächtigen unbequem sind und sein wollen, beansprucht für sich das Recht einer kritischen Haltung gegenüber einem politischen System, das bewußt auf Unterdrückung und Rückständigkeit seiner Bürger baut, um diese zu willig funktionierenden Mechanismen seiner Ziele zu machen.

In der Hauptfigur José Gonçalves, einem ehemaligen Jurastudenten und »Rattenvertilger«, der sich im Laufe der Erzählung zum Dieb und Killer entwickelt, offenbart sich die ganze Ohnmacht eines durch staatliche Lenkung verformten und in die Opposition gedrängten Individuums. José, ein Intellektueller, immer auf der Suche nach sich selbst, stößt in seinem sozialen, familiären und beruflichen Umfeld immer wieder an die durch den Staat vorgegebenen amtlichen Richtlinien, die sein Dasein bis in die primitivsten Bedürfnisse des Lebens hinein in Normen einzwängen und ihn so zum unmündigen Mitläufer eines Gesellschaftssystems machen, in dem es keine Möglichkeiten einer individuellen Selbstverwirklichung mehr gibt. Symbol der Ausweglosigkeit ist die »Null« – der Kreis, ohne Ausweg, Anfang und Ende zugleich. Seine Frau Rosa lernt José über eine Heiratsvermittlung kennen. Sie arbeitet als Kellnerin und wünscht sich ein geordnetes bürgerliches Familienleben, einen angesehenen Arbeitsplatz für ihren Mann, der erst als Rattenvertilger in einem Vorstadtkino arbeitet und später als Organisator in einem Raritätenpark beschäftigt ist, in dem sich alles physisch Abnorme zur Schau stellt. Die beiden werden einander fremd, zumal sich José gegen den Zwang einer ihn terrorisierenden Staatsgewalt zur Wehr setzt, indem er selber zum Terroristen wird. Seine Lust am Töten ist nicht aus der Sicht des organisierten Verbrechens zu verstehen, sie ist vielmehr eine konsequente Form der Selbstzerstörung: das Auslöschen fremden Lebens entspricht der Wertlosigkeit und Sinnlosigkeit der eigenen Existenz, des Lebens überhaupt. Die Untergrundbewegung, der er sich nur widerwillig anschließt, wird ihm zum erwarteten Verhängnis: Er wird verhaftet, gefoltert und in der Wüste ausgesetzt.

Zero ist ein Anti-Roman, dessen unkonventionelle, chaotische Struktur die gesellschaftskritischen Tendenzen unterstreicht, die den Inhalt des Buches bestimmen. Dabei gelingt es dem Autor dennoch, ein ordnendes System, eine durchlaufende Handlung in den Roman einzubringen. So verwendet Brandão, der während der Zeit des Cinema Novo als Filmkritiker tätig war, in seinem Roman auch filmische Techniken: Überblendungen, abrupte Zeit- und Handlungsschnitte, Anwendung einer Art Leitmotivtechnik zur Wahrung einer erkennbaren Kontinuität des Ablaufs; journalistische Elemente tauchen in Form von Zeitungsnotizen auf; Erklärungen zum Text, die oft einen satirisch-sarkastischen Unterton aufweisen, finden sich als Anmerkungen und Fußnoten. Eingestreute staatliche Bekanntmachungen aus Rundfunk, Fernsehen und Presse verstärken das dokumentarische Element des Buches und vermitteln das plastische Bild einer durch Manipulation gelenkten Gesellschaftsordnung, in der der Bürger immer mehr zum willenlosen Befehlsempfänger degradiert wird.

Brandãos literarische Vorbilder entstammen der konkreten Poesie und dem Modernismo, wie er vor allem durch Oswald de ANDRADE (1890–1954) vertreten wurde. Kulisse des Geschehens in Zero ist, wie auch in anderen Romanen des Autors, die Großstadt São Paulo, nicht namentlich genannt, ebensowenig wie Brasilien, das unter dem Pseudonym »ein Land in Latindia« unschwer zu erkennen ist. Die Großstadt ist für Brandão Brutstätte und Keimzelle der Unterdrückung und Entpersönlichung des Menschen, bevölkert von einer nur auf Konsum und Technologie hin orientierten und beherrschten Gesellschaft. Für Latindia bedeutet dies vor allem auch das konfliktreiche Zusammenleben von rassisch und zivilisatorisch inhomogenen Bevölkerungsgruppen, wobei kultische Vorstellungen indianischer und afrikanischer Herkunft mit Denkformen europäischer Einwanderer und einer importierten westlichen Zivilisation, die in hohem Maße von den technologischen Errungenschaften Nordamerikas bestimmt ist, sich vermischen und aufeinanderprallen. In eine von Computern beherrschte Umwelt werden unterentwickelte und analphabetische Menschen hineinverpflanzt, die auf die moderne Zukunft nicht vorbereitet sind und sich in Mystizismen und barbarische Kulte flüchten. In Zero läßt Brandão einem kultischen Primitivismus breiten Raum, der sich auf seine Art gegen ein entseeltes und gottloses Dasein wehrt, indem er seinen Göttern in einem makabren und bluttriefenden Zeremoniell ein Opfer darbringt. Der Untertitel des Romans, préhistórico, spielt auf diesen Gesellschaftskonflikt an, das Buch selbst aber macht deutlich, daß jene Rückkehr in eine »prähistorische« Vergangenheit heute nicht mehr nachzuvollziehen ist. M.Gr.

AUSGABEN: Mailand 1974 [ital.]. – Rio 1975. – Lissabon 1976. – Rio 1979. – São Paulo [10]1985.

ÜBERSETZUNG: Null. Prähistorischer Roman, C. Meyer-Clason, Ffm. 1979; ern. Ffm. 1982 (st).

LITERATUR: A. Brasil, I. de L. B. (in A. B., A nova literatura, I – o romance, Rio 1973). – E. Melillo Reali, Racconti in un romanzo: l'esperimento di I. de L. B. (in AION, 21, 1979, Nr. 1, S. 37–58). – E. van Steen, I. de L. B. – entrevista (in Viver & escrever, Porto Alegre 1981). – M. Silverman, Moderna ficção brasileira, Rio 1982. – H. Wiesner, Brasilien oder ein Gespräch über Bäume (in SZ, 22. 7. 1982). – R. Bollinger, Rez. (in Dt. Allg. Sonntagsblatt, 10. 10. 1982).

## RAUL GERMANO BRANDÃO

\* 12.3.1867 Foz do Douro
† 5.12.1930 Lissabon

LITERATUR ZUM AUTOR:
C. Branco Chaves, R. B., Lissabon 1934 [ern. 1981 in C. B. C., Crítica inactual, S. 109–120]. – U. Besser, Thematik und Stilistik bei R. B., Diss. Bln. 1948. – T. R. Ferro, R. B. et le symbolisme portugais (in BEP, 13, 1949, S. 210–228). – J. Serrão, R. B.: espanto, absurdo e sonho (in J. S., Temas oitocentistas, Bd. 2, Lissabon 1962, S. 131–147). – V.Ferreira, No limiar de um mundo, R. B. (in O Tempo e o Modo, Lissabon 1967, Nr. 54/55, S. 701–729). – M. Sacramento, Lendo R. B. (in Vértice, 27, 1967, Nr. 287, S.497–517). – J. Sant'Anna Dionísio, O universo de R. B. (in Revista de Guimarães, 77, 1967, Nr. 1/2, S. 200–220). – A. Sobreira, Génio e universo de R. B. (in Brotéria, 84, 1967, Nr. 3, S. 316–325). – O. Lopes, Modo de ler, Porto [3]1970, S. 177–197. – A. M. Minnie, Le thème de la mort dans les œuvres de fiction de R. B., Diss. Nancy 1970 (vgl. Brotéria, 91, 1970, Nr. 12, S. 555–563). – M. Scotti-Rosin, Geschichtsbild, Gesellschaftskritik und Romantechnik R. B.s, Diss. Bochum 1970. – G. de Castilho, Vida e obra de R. B., Lissabon 1979 [m. Bibliogr.]. – Cinquentenário da morte de R. B., 1930–1980, Lissabon 1980 [m. Bibliogr.]. – A. M. Machado, R. B. entre o romantismo e o modernismo, Lissabon 1984 (BB).

## OS POBRES

(portug.; Die Armen). Roman von Raul Germano BRANDÃO, erschienen 1906. – In diesem Werk, das weniger ein Roman als ein großes lyrisches Gedicht in Prosa ist, bringt der »Dichter des Schmerzes«, wie der Erzähler und Dramatiker Brandão genannt wurde, seine Gewissensqual angesichts der unterdrückten und ausgebeuteten Menschheit und sein Mitleid mit den Ausgestoßenen und Entrechteten zum Ausdruck: »*Es gibt Tage, an denen man sich für all das Böse verantwortlich fühlt, das auf der Welt geschieht.*« In poetischen Evokationen beschwört das Buch das tragische Schicksal der vielen, deren Leben nichts anderes als eine ununterbrochene Kette von Leiden ist und denen der Tod Erlösung und Frieden in Gottes Gerechtigkeit bedeutet. Dabei versteht der Dichter ähnlich wie Eça de Queirós (vgl. *Prosas bárbaras*) den Tod pantheistisch als die Rückkehr des Menschen in den ewigen Kreislauf der göttlichen Natur: *Im Gemeinschaftsgrab sind die leidensmüden Leiber [der Armen] das Leben der Erde, sind Baum, Brot, Form, funkelnder Saft.*« In der tragischen Farce des Lebens aber nimmt der Arme in seinem Elend oft groteske Züge an wie »Gebo«, der »Buckelochs«, ein krummer, armseliger Alter mit Hungerödem und weißen, zerzausten Haaren, oder der »Gato-Pingado«, der bezahlte Leichenbegleiter, der von den Tränen lebt, die er für andere weint, bis sein Weinen aus dem ungeheuchelten Schmerz fließt, als er sein Adoptivkind zu Grabe trägt, oder »Gabiru«, die »Wanderratte«, wie er wegen seines Aussehens heißt, ein einsamer, brabbelnder Alter, der glücklich und traurig zugleich vor sich hinlebt. Unter den Prostituierten, die den Männern, die sie gebrauchen, weniger gelten als ein Hund, sind es Luísa, die im Waisenhaus aufwuchs, und »Mouca«, die »Schwerhörige«, schwindsüchtig und von allen verachtet.

Ein Heer der Armen zieht in diesem Buch am Leser vorüber, »*ein ungeordneter Strom des Leids, der die Erde mit Gott verbindet*«. Wie Dostoevskij, von dem er sich stark beeinflußt zeigt, glaubt Brandão an die erlösende Kraft des Schmerzes und der Liebe. Sie machen die Armen zu Brüdern Christi. Die Sozialkritik dieses Dichters äußert sich nicht in Protesten gegen eine bestimmte Gesellschaftsordnung, spricht aber um so eindringlicher aus seinen Visionen der Not und des Leids.  K.H.D.

Ausgaben: Lissabon 1906; [8]1978; ern. 1985.

## Hans Brandenburg

\* 18.10.1885 Barmen
† 8.5.1968 Bingen

**PANKRAZ DER HIRTENBUB. Ein Idyll für Jung und Alt**

Erzählung von Hans Brandenburg, erschienen 1924. – Gegenstand dieses Werks sind die Erlebnisse eines Hirtenjungen im oberbayrischen Landkreis Schongau. Die Idylle umfaßt zwei Sommer und zeigt den Aufstieg des verachteten und verstoßenen elfjährigen Pankraz zum angesehenen Glied der Gemeinde. Der Junge wird zuerst von seinem verwitweten Vater, dem hinkenden Schuster, der mit dem »Teufel im Bunde« stehen soll, herumgestoßen und auch von den Dorfbewohnern seines Vaters wegen schlecht behandelt. Nur die Respektspersonen des Dorfes sorgen für ihn und machen ihn erst zum Gehilfen des Hirten Leonhard und dann zum alleinigen Hirten auf dem Auberg. Anfängliche Schwierigkeiten überwindet er durch seine Tüchtigkeit und Geschicklichkeit und erwirbt bald die Achtung der Dorfbewohner. Der Berg mit all seinen Geheimnissen und Schätzen ist nun sein Reich. Hier schließt er Freundschaft mit den Zigeunern, dem Förster, mit der Schwammerl-Babett und dem Maler, der auf dem Berg Skizzen anfertigt. Am Ende des zweiten Sommers muß er ein letztes großes Abenteuer bestehen. Ein weißes Rind ist ihm entlaufen und sein ganzes Ansehen steht auf dem Spiel. In einer wilden Gewitternacht erreicht die Handlung ihren Höhepunkt. Pankraz sieht bei der Verfolgung des Rinds plötzlich, wie sein Vater von einer Schar Hunde gehetzt wird und in die Waldach stürzt. Vergeblich springt er ihm nach: Mit den Worten »*bete für mich*« stirbt der Schuster. Als der Junge den Leichnam in einer Höhle bergen will, findet er dort das Rind. Mit seinem Schicksal versöhnt, läßt er sich nun von den Dorfbewohnern als Held feiern.

Das Werk ist in doppeltem Sinn eine naive, rückwärtsgewandte Idylle: erstens als Darstellung der Natur, der Voralpenlandschaft in ihrer Schönheit, der Pflanzen und Tiere und zweitens als Darstellung des einfachen, unmittelbaren sinnerfüllten Daseins des Hirten, das nicht nur dem städtischen, sondern auch dem dörflichen Leben entgegengesetzt ist. Die Zeichnungen der Frau des Autors in der Erstausgabe betonen diesen idyllischen Charakter, der in der Welt des Aubergs sinnfälligen Ausdruck findet.

Pankraz selber fungiert als eine Art zeitgenössischer Märchenheld: Er, der Verachtete, gelangt durch Tüchtigkeit und Leistung zu allgemeinem Ansehen, was symbolisch als Integration des Außenseiters und der Natur in die Gesellschaft gemeint ist. Der Stil des Werks ist gekennzeichnet durch Brüche zwischen idyllischer, d. h. naiv epischer Reihung und spannungerregender Schachtelung nach Art des Abenteuerromans und demonstriert im übrigen die Fragwürdigkeit einer Idyllendichtung heute: Naives Fabulieren und subjektiv-reflektierende Erzählhaltung lassen sich nicht miteinander versöhnen, stehen sich unvermittelt gegenüber.  H.Es.

Ausgaben: Lpzg. 1924 [Ill. D. Brandenburg-Polster]. – Bamberg/Wiesbaden 1954, Hg. F. Denk.

Literatur: L. Gorm, *H. B.* (in LE, 33, 1930/31, S. 138–140). – E. Albert, *H. B.* (in *Handbuch der dt. Gegenwartsliteratur*, Hg. H. Kunisch, Mchn. 1965, S. 120 f.). – I. Bonsels, *H. B., ein Dichter* (in Der Karlsruher Bote, 1985, Nr. 80, S. 43–45).

## GEORG BRANDES

eig. Georg Morris Cohen Brandes
\* 4.2.1842 Kopenhagen
† 19.2.1927 Kopenhagen

**LITERATUR ZUM AUTOR:**
P. V. Rubow, *Litterære Studier*, Kopenhagen 1928. – Ders., *G. B. og den kritiske Tradition i det 19. Aarhundrede*, Kopenhagen 1932. – Ders., *G. B.s Briller*, Kopenhagen 1932. – H. Fenger, *G. B.s læreår*, Kopenhagen 1955. – Ders., *Den unge B.*, Kopenhagen 1957. – *Den politiske B.*, Hg. H. Hertel u. S. Møller Kristensen, Kopenhagen 1973. – H. Rue, *Om G. B.*, Kopenhagen 1973. – B. Nolin, *G. B.*, Boston 1976 (TWAS). – *Dansk litteraturhistorie*, Hg. F. J. Billeskov Jansen, Bd. 4, Kopenhagen 1976/77, S. 13–57. – *Dansk Biografisk Leksikon*, 16 Bde., Kopenhagen 1979–1984; 2, S. 454–461. – S. Møller Kristensen, *G. B.*, Kopenhagen 1980. – *The Activist Critic*, Hg. ders. u. H. Hertel, Kopenhagen 1980. – *Dansk litteraturhistorie*, Hg. J. Fjord Jensen, Bd. 6, Kopenhagen 1985, S. 222–239. – J. Knudsen, *G. B. Frigørelsens vej*, Kopenhagen 1985.

**HOVEDSTRØMNINGER I DET NITTENDE AARHUNDREDES LITERATUR. Forelæsninger holdte ved Kjøbenhavns Universitet**

(dän.; Ü: *Hauptströmungen der Literatur des 19. Jh.s*). »Vorlesungen gehalten an der Kopenhagener Universität« 1871–1887 von Georg BRANDES, erschienen 1872–1890. – In der berühmt gewordenen Einleitungsvorlesung vom 3. November 1871 gibt der damalige Privatdozent Brandes eine Übersicht über Plan und Programm des gewaltigen Zyklus, mit dem er »*den Grundriß zu einer Psychologie der ersten Hälfte des 19. Jh.s*« bis 1848 geben will, jenem Jahr, »*das ein europäisches Gewitter, einen historischen Wendepunkt und damit einen vorläufigen Abschluß bezeichnet*«. Wenn man die Haupttendenzen dieser Epoche beobachte, stelle man fest, daß sie alle »*auf einen großen Hauptrhythmus mit seiner Ebbe und Flut*« zu reduzieren seien. Zentraler Gegenstand der Vorlesungsreihe, die, wie Brandes 1923 im Vorwort zur sechsten Auflage hervorhebt, von politischen, nicht literarischen Aspekten ausgeht, ist die Reaktion des 19. Jh.s gegen die Literatur des 18. sowie die Überwindung dieser Reaktion. Da diese Bewegung »*in ihrem Wesen europä-isch*« war, könne sie nur durch vergleichende Literaturbetrachtung verstanden werden. Brandes versucht also, »*gleichzeitig gewisse Hauptbewegungen in der deutschen, französischen und englischen Literatur, die für diesen Zeitraum die wichtigsten sind*« zu verfolgen. Er will »*eine historische Bewegung*« schildern, deren »*sechs verschiedene Literaturgruppen ... den vollständigen Charakter von sechs Akten in einem großen Drama*« haben; Dänemark sei von dieser dynamischen Entwicklung unberührt und »*wie gewöhnlich etwa vierzig Jahre hinter Europa zurück*«, eine Tatsache, die Brandes mit einem »*Zug von Kindlichkeit im Volkscharakter*« erklärt. Der meistzitierte Satz der Einführung, der auch am häufigsten mißverstanden und angegriffen wurde, lautet: »*Daß eine Literatur heutzutage lebt, zeigt sich darin, daß sie Probleme zur Debatte stellt.*« Eine Literatur, die das nicht tue, drohe, »*alle Bedeutung zu verlieren*«. Manchen Schriftstellern des Naturalismus galt dieser Satz als willkommene Bestätigung ihrer literarischen Überzeugung; für die konservativen Kreise dagegen war er ein Anlaß zu heftigster Agitation. Die Vorlesungen von Brandes, der es »*für eine Pflicht und eine Ehre*« hielt, »*dem Glauben an das Recht der freien Forschung und an den endlichen Sieg des freien Gedankens*« zu huldigen, erweckten im ganzen Norden einen Sturm, der wiederum auf den Kontinent zurückwirkte und dessen Folgen mindestens ein Jahrzehnt deutschen Geisteslebens beherrschten.

Die ersten drei Bände der Reihe sollten die europäische Literatur im ersten Viertel des 19. Jh.s und die für diesen Zeitraum charakteristischen Rückschläge gegen die Ideen der Französischen Revolution behandeln, die letzten drei die Wiederkehr der Freiheitsgedanken in der Zeit zwischen 1824 – dem Todesjahr BYRONS im griechischen Freiheitskrieg, das für Brandes den Wendepunkt bildet – und 1848. Der ganze Plan basiert auf einer äußerst subjektiven Auswahl von Schriftstellern, ist also durchaus unwissenschaftlich, entspricht aber um so besser der agitatorischen und polemischen Absicht, die Brandes mit diesen Vorlesungen verfolgte: die noch immer in der romantisch-religiösen Reaktion gegen den Rationalismus des 18. Jh.s befangenen Dänen zu wecken – nicht nur auf dem Gebiet der Literatur, sondern im gesamten geistigen und politischen Leben.

Der erste »Akt« des Dramas, *Emigrantliteraturen (Die Emigrantenliteratur)*, stellt die beginnende Romantik dar: CHATEAUBRIAND, ROUSSEAU, GOETHES *Werther* und vor allem Madame de STAËL, »*deren Gestalt die Gruppe beherrscht*«. Diese Dichter verfechten nach Brandes »*die unbedingte, prinzipelle Reaktion*«, sie halten am Alten fest und verteidigen das Autoritätsprinzip. Brandes behauptet, hier allerdings die »*gesünderen literarischen Schöpfungen*« gesammelt zu haben. Die romantische Betonung von »*Gefühl, Seele, Leidenschaft und Poesie*« gegenüber »*Verstandeskälte, sorgfältiger Berechnung*« und angesichts einer Literatur, die auf »*Regeln und toten Überlieferungen*« aufbaut, wie diejenige, »*die unter dem Kaisertum ihr* mattes und blutloses Leben auf Frankreichs eigenem Boden führte«, sei natürlich und berechtigt. Die Emigrantenliteratur bildet »*mit einem Wort die Ouvertüre zum großen literarischen Schauspiel des Jahrhunderts*«. Revolutionäre und reaktionäre Strömungen sind darin noch ungeschieden. Der zweite Band, *Den romantiske Skole i Tydskland (Die romantische Schule in Deutschland)*, als Vorlesung im Frühjahr 1873 gehalten, beinhaltet einen Angriff gegen die wirklichkeitsfremde, esoterische und amoralische deutsche Romantik und deren Hauptvertreter, die Brüder SCHLEGEL, ferner TIECK, NOVALIS, WACKENRODER u. a. Diese Romantik bedeute in poetischer Hinsicht nichts als »*hysterische Andacht und blauen Dunst*«; im sozialen Bereich habe »*sie nur ein einziges Verhältnis des Privatlebens*« behandelt, nämlich »*das zwischen den Geschlechtern*«, sie habe »*nicht die Menschheit, sondern nur einige aristokratisch begünstigte Künstlernaturen vor Augen*«. Damit greift Brandes gleichzeitig die dänische Romantik an, der er wirklichkeitsfremde Träumereien und ihre – hauptsächlich von GRUNDTVIG geprägte – Religiosität vorwirft. – Der dritte Band, *Reactionen i Frankrig (Die Reaktion in Frankreich)*, Wintersemester 1873, schildert die französische Literatur der zwanziger Jahre, den Triumph der Reaktion und des »Autoritätsprinzips« und deren endgültigen Untergang. Eine der Hauptgestalten in diesem Zusammenhang ist Joseph de MAISTRE.

SHELLEY und BYRON sind die führenden Männer der vierten, in *Naturalismen i England*, 1875 *(Der Naturalismus in England)*, geschilderten Gruppe, und gerade Byron, dessen individualistischen Trotz Brandes verherrlicht, ist es, der »*den Umschwung in dem großen Drama*« herbeiführt. – Der fünfte Band, *Den romantiske Skole i Frankrig*, 1881 *(Die romantische Schule in Frankreich)*, als Vorlesung im Herbst 1879 gehalten, stellt die Neuorientierung in der französischen Literatur dar: Victor HUGO, George SAND, BEYLE, BALZAC, MÉRIMÉE, SAINTE-BEUVE u. a. Brandes unterscheidet drei Richtungen: zum Schönen, zum Wahren und zum Guten hin. Die Tendenz einer *L'art pour l'art*-Dichtung lehnt er ab; den Kampf um das Wahre sieht er in ZOLA und dessen Schule repräsentiert. Ihnen wirft er allerdings vor, sich jeder Schlußfolgerung aus der exakt wahrgenommenen und geschilderten äußeren Wirklichkeit zu enthalten. Nur das Streben nach dem Guten (das für ihn vor allem George Sand verkörpert) bejaht er. Angriffe gegen eine derart entstehende »Tendenzliteratur« seien ungerechtfertigt: »*Was man hier als Tendenz verdammt hat, ist nichts anderes als der Geist des Jahrhunderts, dessen Ideen, und diese Ideen sind auf die Dauer das Lebensblut aller wahren Poesie.*« – Den sechsten Teil und Abschluß der Reihe bildet *Det unge Tyskland*, 1890 *(Das Junge Deutschland)*, als Vorlesung gehalten 1883 und 1887, mit HEINE, »*dem größten Dichter des Zeitalters*«, an der Spitze. Die literarisch-politischen Ziele dieser Dichter entsprachen den Forderungen, die Brandes selbst erhob: Einheit von Literatur und Leben, freie Entfaltungsmöglichkeit des Individuums, Lösung vom Druck der herrschenden Moral und Religion, das Recht auf den »*freien Gedanken*« und auf die »*freie Leidenschaft*«.

In den nahezu zwanzig Jahren, die seit dem Erscheinen des ersten Bandes vergingen, bis der letzte Band veröffentlicht wurde, fiel es Brandes offenbar immer schwerer, sein Werk, das »*den Siegeszug der Humanität quer durch die Nationalitäten und Klassen*« zeigen sollte, nach dem ursprünglichen Plan zu vollenden. Während die ersten drei Bände im wesentlichen ideen- oder kulturtypische Gestalten ohne besonderes individuelles Kolorit präsentieren und die Tendenz der sozialen Befreiung sowie eine utilitaristische Wohlfahrtsmoral überwiegen, beinhalten die letzten drei Bände hauptsächlich detaillierte Verfassermonographien; die Persönlichkeiten treten nun in den Vordergrund. Brandes begann seine Vorlesungen voll Optimismus mit dem Blick auf das Jahr 1848, mußte aber gegen Ende seiner Arbeit erkennen, daß die Reaktion wieder an Boden gewonnen hatte. Gab er sich zu Beginn als Wissenschaftler, der mit Hilfe der historischen und naturwissenschaftlichen Methodik und im Geist des modernen Kritizismus (seine Lehrer waren vor allem TAINE und SAINTE-BEUVE) seine Aufgabe zu lösen trachtet, so bekennt er am Schluß des sechsten Bandes, er habe seine Subjektivität in den Dienst der Idee gestellt, und sucht nun seine persönliche Betrachtungsweise unter dieser gewandelten Voraussetzung zu rechtfertigen: wenn das subjektive Ordnungsprinzip entfalle, dann sei »*die Literatur eines halben Jahrhunderts nur ein Chaos von Hunderttausenden von Werken in einer großen Zahl von Sprachen*«.

Die *Hauptströmungen* – bereits den ersten Band nannte IBSEN (in einem Brief an Brandes vom 4. 4. 1872), »*eines der Bücher, die eine tiefe Kluft zwischen gestern und heute aufreißen*« – sind in einer brillanten, elektrisierenden, ganz und gar unakademischen, eher journalistischen Sprache verfaßt, die auf den mündlichen Vortrag abgestimmt ist. Ihre ätzende Schärfe und elegante Rhetorik stehen ganz im Zeichen der Agitation, wie auch Brandes bei der Untersuchung von Literaturwerken weniger auf ästhetische Kriterien achtet als darauf, welche Tendenz aus ihnen abzuleiten ist. Die durch den bewußt polemischen Ton provozierte Reaktion der herrschenden Kreise zeigte sich, als im März 1872 der Dichter Johannes Carsten HAUCH starb: Georg Brandes war – auch nach dem Willen des Verstorbenen – sein prädestinierter Nachfolger auf dem Kopenhagener Lehrstuhl für Ästhetik, wurde aber nicht berufen. Verbittert ging er daraufhin nach Berlin, bis ihm Freunde aus privaten Mitteln ein Professorengehalt aussetzten, und erst 1902 ernannte ihn der dänische Staat zum Professor ohne die Pflicht, Vorlesungen zu halten. – Wie Henrik STEFFENS – auch er aus dem Ausland zurückgekehrt – eine ganze Generation inspiriert und ihr zum »romantischen Durchbruch« verholfen hatte (vgl. *Digte* von OEHLENSCHLÄGER), so initiierte Brandes, der größte (und am meisten umstrittene) skandinavische Kritiker, 69 Jahre später den »modernen Durchbruch«, und kein zeitgenössischer Schriftsteller konnte sich seinem Bann entziehen. Da der »Brandesianismus« die verschiedensten Interpretationen zuließ, konnte sich jede Bewegung, vom Naturalismus bis zum Impressionismus, sofern sie nur neue Impulse gab, auf ihn berufen, und Namen wie J. P. JACOBSEN, S. SCHANDORPH, H. PONTOPPIDAN, H. DRACHMANN, K. GJELLERUP, Ernst AHLGREN u. v. a. sind untrennbar mit Georg Brandes verbunden. F.J.K.

AUSGABEN: Kopenhagen 1872–1890, 6 Bde. – Kopenhagen 1900 (in *Samlede Skrifter*, 18 Bde., 1899–1910, 2–6). – Kopenhagen 1923/24, 6 Bde. [rev.]. – Kopenhagen 1966/67, 6 Bde. [Anm. I. Jespersen].

ÜBERSETZUNGEN: *Die Hauptströmungen der Literatur des 19. Jh.s. Vorlesungen gehalten an der Kopenhagener Universität*, A. Strodtmann, 4 Bde. Lpzg. 1872–1876. – Dass., ders., 6 Bde., Bln. 1900 bis 1909. – *Hauptströmungen der Literatur des 19. Jh.s*, E. R. Eckert, 2 Bde., Bln. 1924 [nach der rev. Fassg.; unter Zugrundelegung der Übers. v. A. Strodtmann].

LITERATUR: G. Ahlström, *G. B.' »Hovedstrømninger«. En ideologisk undersökning*, Lund. 1937. – Aa. Kabell, *Shelley og G. B. Et Bidrag till »Hovedstrømninger«s Historie* (in OL, 2, 1945, S. 188–215). – H. Fenger, *G. B.' indledningsforelæsning til »Hovedstømninger« 1871. Et forsøg på en rekonstruktion* (in *Festskrift til P. V. Rubow*, Kopenhagen 1956, S. 256–268). – B. Nolin, *Den gode europén. Studier i G. B.' idéutveckling 1871–1893 med speciell hänsyn till hans förhållande till tysk, engelsk, slavisk och fransk litteratur*, Uppsala 1965.

## ROMAN BRANDSTAETTER

\* 3.1.1906 Tarnów
† 28.9.1987 Posen

LITERATUR ZUM AUTOR:
B. Mamoń, *Świat poezji teatralnej, czyli O dramatach B.* (in Tygodnik Powszechny, 31. 10. 1959). – *Słownik Współczesnych Pisarzy Polskich*, Warschau 1963, Bd. 1. – E. Wysińska, *O dramaturgii B.* (in Dialog, 1964, Nr. 7). – S. Stabryła, *Inspiracje autentyczne w liryce R. B.* (in Meander, 1976, Nr. 5/6). – W. Maciąg, *R. B.* (in *Die polnische Gegenwartsliteratur 1939–1976*, München 1979, S. 261–262). – J. Dużyk, *»Streszczajmy się« czyli sztuka krótkiego opowiadania* (in Twórczość, 1980, Nr. 1). – Ders., *Dramat Żyda z »Wesela«* (in Twórczość, 1981, Nr. 6). – L. Eustachiewicz, *R. B.* (in *Literatura Polska*, Warschau 1984, Bd. 1, S. 100–101). – T. Żychiewicz, *Rabbi R. B.* (in Tygodnik Powszechny, 11. 10. 1987, Nr. 41).

## MILCZENIE

(poln.; *Ü: Das Schweigen*). Drama in drei Aufzügen von Roman BRANDSTAETTER, Uraufführung: Warschau, 4. 4. 1957. – Die Handlung dieses zeitbezogenen politischen Familiendramas spielt im Jahre 1951 in Warschau. Die Hauptfigur des Stücks, Ksawery Poniłowski, ist ein zweiundvierzigjähriger Literat, der schon vor dem Krieg Kommunist war, dann als Offizier kämpfte und sich später publizistisch betätigte. In der Stalin-Ära hört er auf zu schreiben, reist statt dessen viel im Land umher, hält Referate und nimmt an Diskussionen teil. Wie die Mehrzahl der Schriftsteller in den fünfziger Jahren paßt er sich den Weisungen der Partei an. Im Grunde sieht er für sich keinen sinnvollen Platz in der Gesellschaft. Mit künstlerischer Sensibilität ausgestattet, fühlt er, daß er *»sich in einem Zug befindet, der ins Nirgendwo führt«*; er beginnt zu trinken. Poniłowski lebt in vierter Ehe mit Irena, einer bigotten Zweiundzwanzigjährigen. Seine Tochter Wanda, die er in die Ehe mitgebracht hat, ist ein engagiertes Mitglied des polnischen Jugendverbands. Die häusliche Atmosphäre ist äußerst gespannt: Wanda haßt ihre Stiefmutter, die fromme Christin, deren schlechtem Einfluß sie die Bewußtseinskrise ihres Vaters, seine Zweifel am stalinistischen System zuschreibt. Wanda will nicht, daß ihr Vater *»jenseits der Barrikade«* steht, und sähe es am liebsten, wenn er wieder zu ihrer Mutter, seiner dritten Frau, zurückkehrte. Der Zufall scheint ihr eine sichere Waffe in die Hand zu spielen. Eines Tages taucht Piotr Niedzicki auf, ein Jugendfreund Poniłowskis, dem Ksawery noch aus der Vorkriegszeit – er war damals als Kommunist Verfolgungen ausgesetzt – viel zu verdanken hat. Niedzicki, den die Polizei sucht, obwohl er unschuldig ist, bittet seinen Freund um Hilfe und Unterschlupf, bis er seine Flucht ins Ausland in die Wege geleitet hat. Nicht ohne Zögern willigt Poniłowski ein. Wanda indes, die das Gespräch der beiden belauscht hat, glaubt, ihre staatsbürgerliche Pflicht als Aktivistin der Jugendorganisation zu erfüllen, indem sie Niedzicki bei der Polizei denunziert. Dabei behauptet sie, ihr Vater habe sie geschickt. Poniłowski, der nun keinen Ausweg mehr sieht, nimmt sich das Leben.

Das Stück, das seinerzeit als Auftakt zum »Tauwetter« im polnischen Theater verstanden wurde, erregte großes Aufsehen und hatte eine lebhafte Polemik zur Folge. Als einer der ersten rechnete Brandstaetter mit der Zeit des Personenkults ab. An der Gestalt Wandas zeigte er, wie Menschen durch ideologische Manipulation zu gewissenlosem Handeln verleitet werden können. Am Beispiel Poniłowskis wird offenbar, in welchem Maß die Künstler unter den stalinistischen Verhältnissen litten und zum Schweigen und zur Aufgabe ihrer

Existenz verurteilt waren. Auch die Randfigur des opportunistischen Staatsanwalts und Hausfreunds der Poniłowskis, Feliks Witowicz, der seine Anpassung an das herrschende Regime in einem verworrenen Monolog pseudometaphysisch zu rechtfertigen sucht, ist ebenso typisch für die stalinistische Zeit wie die knapp, aber scharf gezeichneten Hauptpersonen.  M.D.

AUSGABEN: Warschau 1956 (in Dialog, Nr. 6). – Warschau 1957.

ÜBERSETZUNG: *Das Schweigen*, G. Hagenau (in R. B., *Das Wunder im Theater. Drei Dramen*, Wien 1961).

LITERATUR: Anon., *Rozmowy o dramacie »Milczenie« a tragedia milczenia* (in Dialog, 1956, Nr. 7, S. 86–92). – C. Skołuda, *Za późno czy za wcześnie?* (in Teatr i Film, 1957, Nr. 1, S. 5/6). – A. Stum, *Polemicznie o »Milczeniu«* (in Zycie Literackie 1957, Nr. 5).

## ALOIS BRANDSTETTER

\* 5.12.1938 Pichl / Oberösterreich

### DIE MÜHLE

Roman von Alois BRANDSTETTER, erschienen 1981. – *»Ein Müller und Berufsschullehrer an der Welser Berufsschule schreibt in einem langen Brief an seinen Neffen, dem er die Mühle übergeben hat, sein Leben auf. In diesem testamentarischen Brief spielt neben der Lebensgeschichte des Müllers auch die Geschichte der Müllerei eine große Rolle. Ich lege dabei großen Wert auf das Realien- und Sachkundliche, hoffe aber, daß bei aller Genauigkeit im Technischen (oder gerade durch sie) die eigentümliche zweckfreie Schönheit der Mechanik, ähnlich wie in den ästhetischen Maschinen des Jean Tingueley, sichtbar wird. Das Maschinelle versuche ich durch Humor von der kühlen Rationalität zu erlösen. Neben der Biographie des Meisters beschäftigt mich der Getreide- und Brotmythos.«* So äußert sich der Autor über Anlage und Absicht seines dritten Romans, dem als Beispiel seiner sog. Berufsromane (*Zu Lasten der Briefträger*, 1974, *Die Abtei*, 1977, *Altenehrung*, 1983) die Vorstellung HEIDEGGERS zugrunde liegt, daß der Beruf seinem Träger eine berufsspezifische Weltsicht aufdrängt. Entsprechend sieht der Ich-Erzähler das Leben ausschließlich aus dem Blickwinkel eines Müllers. Er vermacht seinem Neffen weniger eine Mühle als vielmehr die damit zutiefst verknüpfte Weltsicht.

Die Lebensgeschichte des *»Herrn Onkel«*, des ersten und autoritärsten Müllers in diesem Drei-Generationen-Roman, dient dem Ich-Erzähler als Vorwand, sein unerschöpfliches Bildungsgut auszubreiten. Das anfängliche Motiv, das eine Handlung, ein dramatisches Geschehen erwarten ließ, bleibt unausgeführt: Die Streitsucht, die den Onkel in Konflikt mit dem österreichischen Wasserrecht gebracht und seine Einweisung in ein Irrenhaus nach sich gezogen hatte, bleibt erzählerisch bedeutungslos. *»Der Onkel war ein Dramatiker, der Tragik wie der Komik und der vermittelnden Tragikomik fähig, ich dagegen ein eher besonnener (versonnener?) Epiker.«* In dieser Absage an stringentes Erzählen steht der Roman in der Tradition der Moderne. Beschreibungen, Beobachtungen, Erinnerungen, Sachwissen, kulturelles Bildungsgut werden in einer mäandrierenden Bewegung aneinandergefügt. Praktisches Handwerkswissen – Brandstetter ist der Sohn eines Müllers – verbindet sich mit der Gelehrsamkeit eines *Poeta doctus*.

Die Detailbesessenheit, die unter scheinbarer Wahrung der Objektivität aus der realistischen Schilderung eine höchst artifizielle Gegenwelt entwirft, erinnert an die grotesk-satirische »tarockanische« Welt HERZMANOVSKY-ORLANDOS (*Maskenspiel der Genien*, postum 1958). Zugleich entzieht sich der Roman einer gattungsgeschichtlichen Einstufung, wenn der Ich-Erzähler sein Vorgehen ironisiert: *»Mag sein, daß sich mir die Müllerei einmal ähnlich zur fixen Idee auswachsen könnte. Noch aber habe ich die Kontrolle über mich.«*

Wie das Leben des Onkels eine *»Kette von Isolationen und Austritten«* war, so ist die Romanstruktur eine extensive, ziselierte Versammlung des tradierten Bildungsgutes zum Müllereiwesen auf dem Gebiet der Technik, Jurisprudenz, Volkskunde und Mythologie, Kunstgeschichte, Literatur und Musik. Die dem Onkel zugeschriebene Redeweise ist auch für den Roman charakteristisch: *». . . er verließ um eines Ausdruckes oder eines Wortspieles willen die bisherige Richtung seiner Rede.«*

Die unendliche Bemühung um die Überlieferung und vor allem um die Vermittlung traditionellen Wissensgutes enthält eine kritische Komponente, insofern sie einen mißglückten Versuch darstellt. Der Ich-Erzähler scheitert als Fachschullehrer an seinem Bildungsanspruch. Sein Eskapismus macht ihn weltfremd, lächerlich und einsam. Kommunikation findet nur in Zitaten bzw. im Brief an den Neffen statt, wobei sich der Brief durch seine Unlesbarkeit ad absurdum führt. Menschliche Beziehungen sind stereotyp: Die Frau des Ich-Erzählers spielt eine marginale Rolle als Schillersche *»sparsame und fleißige, in allem gute und ehrliche Hausfrau«*. Was als klassischer Bildungsroman angelegt war, der in der Lebensgeschichte dreier Generationen die Summe des Lebens versammeln sollte, erweist sich als monotone Bewegung eines Mühlrads: *»Und so fort, lieber Neffe.«* E.Bro.

AUSGABEN: Salzburg/Wien 1981. – Mchn. 1984 (dtv).

LITERATUR: *A. B.* (in manuskripte, 1978, H. 62, S. 34). – J. Schondorff, Rez. (in Literatur und Kritik, 1981, Nr. 156, S. 366/367). – E. Endres, Rez. (in FAZ, 30. 4. 1981). – E. Halter, Rez. (in Schweizer Monatshefte, 61, 1981, Nr. 7/8, S. 820–822). – L. Harig, Rez. (in SZ, 26. 9. 1981). – J. Strutz, *A. B.* (in KLG, 19. Nlg., 1985).

## KAZIMIERZ BRANDYS

\*27.10.1916 Lodz

LITERATUR ZUM AUTOR:
R. Matuszewski, *K. B.* (in R. M., *Portraits d'écrivains polonais contemporains*, Warschau 1959, S. 249–262). – Ders., *O twórczości K. B.* (in Polonistyka, 14, 1960, S. 2 ff.). – W. Maciąg, *16 pytań*, Krakau 1961, S. 227–244. – J. Ziomek, *K. B.*, Warschau 1964. – W. P. Wiedina, *Sytuacja i charakter* (in Pamiętnik Literacki, 64, 1973, H. 2, S. 189–198). – R. Matuszewski, *K. B. Tęsknota za teraźniejszością* (in Literatura, 9. 10. 1975, S. 4). – A. Milska, *Pisarze polscy*, Warschau 1975, S. 530–535. – B. Owczarek, *Opowiadania i semiotyka. O polskiej nowelistyce współczesnej*, Breslau 1975. – W. Maciąg, *K. B.* (in *Die polnische Gegenwartsliteratur 1939–1976*, Mchn. 1979, S. 220–222). – J. Jackl, *K. B.* (in *Literatura Polska*, Warschau 1984, Bd. 1, S. 101). – J. Trznadel, *Hańba domowa. Rozmowy z pisarzami*, Paris 1986.

## CZŁOWIEK NIE UMIERA

(poln.; *Ü: Der Mensch stirbt nicht*). Roman von Kazimierz BRANDYS, erschienen 1951. – Schauplatz der Handlung ist, wie auch in dem großen Roman *Miasto niepokonane (Die unbesiegte Stadt)*, Warschau. In den August- und Septemberwochen des Jahres 1944 wird die Stadt vom Aufstand der *Armia Krajowa* (Heimatarmee) gegen die Hitler-Okkupanten erschüttert – ein unsinniger Aufstand, der, von der polnischen Exilregierung in London befohlen, in Wahrheit gegen die heranrückende sowjetische Armee und die an ihrer Seite kämpfenden polnischen Truppenteile gerichtet ist. Durch seine Weigerung, einen prominenten Kommunisten zu liquidieren, setzt sich der Held des Romans, der junge Jurist Tolo Szarlej, der Rache der *Armia Krajowa* aus. Er geht in die Illegalität und kämpft bis zum Zusammenbruch des Aufstands als Einzelgänger gegen die Deutschen. Aus dem Zug, der ihn zusammen mit anderen Warschauern zwangsweise zur Arbeit nach Deutschland bringen soll, gelingt ihm die Flucht, auf der er schwer verwundet wird. Den Abzug der deutschen Truppen erlebt er fern von Warschau in einem kleinen Krankenhaus. Sobald er wieder laufen kann, bricht er auf, um in seine Heimatstadt zurückzukehren. Unterwegs begegnet ihm das neue Leben in Gestalt des Jungkommunisten Cezarek, der ihn dazu überredet, als Kraftfahrer im Dienst der kommunistischen Partei seinem Volk beim Wiederaufbau zu helfen. Noch steht Tolos »bürgerliche« Vergangenheit zwischen ihm und der Partei, doch verschiedene dramatische Ereignisse und nicht zuletzt die Kritik und Hilfe des Parteikollektivs lassen ihn erkennen, wo sein Platz im neuen Polen ist. – Ein zweiter Teil des Romans beschreibt die Verhältnisse im Nachkriegspolen des Jahres 1945, den Kampf der Kommunisten gegen die konterrevolutionären Banden und ihre Agitationsarbeit unter Bauern und Arbeitern. An der vordersten Front dieses Kampfes ist Tolo wiederzufinden.

Brandys begann die Arbeit an seinem Roman im Jahre 1949, und es liegt die Vermutung nahe, daß er ihn als polemisches Gegenstück zu ANDRZEJEWSKIS von der KP Polens scharf kritisiertem Buch *Popiół i diament*, 1948 *(Asche und Diamant)*, konzipierte. Brandys nimmt das Thema des »Mannes zwischen den Fronten« wieder auf, stützt es sorgfältig mit historischen Details, durchleuchtet es psychologisch, ergreift Partei und verhilft seinem Helden zu einer Biographie, an der sich leicht die Veränderbarkeit des Menschen guten Willens zum kommunistischen Kämpfer ablesen läßt. Während für Andrzejewskis Held der Tod eine tragische Notwendigkeit war, darf Brandys' Held überleben, weil die Partei ihn und er sie fand – wenn auch nach heftigen inneren und äußeren Konflikten und einer näheren Bekanntschaft mit dem Staatssicherheitsdienst (dem Brandys allen Ernstes eine positive erzieherische Funktion zubilligt). Vier Jahre nach dieser Demonstration des guten Willens in der Ära des Stalinismus schrieb Brandys seine Erzählung *Obrona Grenady (Die Verteidigung Granadas)*, die zusammen mit WAŻYKS *Poemat dla dorosłych (Poem für Erwachsene)* das sogenannte »Tauwetter« in Polen einleitete und zornig die Enttäuschung all derer aussprach, die wie Tolo Szarlej an die Revolution und den Sieg der guten Sache geglaubt hatten. M.Gru.

AUSGABE: Warschau 1951.

ÜBERSETZUNG: *Der Mensch stirbt nicht*, K. Harrer, Bln. 1955.

LITERATUR: W. Adamiecki u. a., *W pracowni pisarza K. B.* (in Sztandar młodych, 1957, Nr. 44, S. 2 ff.). – W. Sadkowski u. a., *Droga K. B.* (in Trybuna ludu, 1957, Nr. 122, S. 4 ff.). – K. Brandys, *Wspomnienia z teraźniejszości*, Warschau 1959. – W. E. Schoeller, Rez. (in SZ, 20/21. 8. 1988).

## LISTY DO PANI Z.

(poln.; *Ü: Briefe an Frau Z.*). Briefsammlung von Kazimierz BRANDYS, erschienen in drei Bänden: Bände 1 und 2 im Jahr 1960 (entstanden 1957/58 und 1959/60), Band 3 (entstanden 1961) 1962 zusammen mit der zweiten Auflage der ersten beiden

Bände. – Der erste Band enthält Briefe aus Italien an Frau Z. in Polen, im zweiten Band schreibt Brandys, nun selbst in Polen, Frau Z. nach Italien, und der dritte Band schließlich enthält Briefe aus Italien und Polen. Ein formales Prinzip ist dieser Aufteilung nicht zu entnehmen. – Brandys ist in diesem Werk wie kein anderer Autor der neueren polnischen Literatur bemüht, die geistige Struktur des polnischen Intellektuellen aufzuzeigen. In der Auseinandersetzung mit der gesellschaftlichen Situation, der Kultur- und Geistesgeschichte Italiens von der Antike bis zur Gegenwart gewinnt Brandys klarere Einsichten in das Wesen Polens. *»Rom ist aus großen menschlichen Erfahrungen gewachsen. Aber auch wir Polen haben unsere Erfahrungen.«* Er führt diesen Vergleich weiter aus und bemerkt, daß eine Entwicklung, die in Rom Jahrhunderte dauerte, von den Polen in Windeseile durchlaufen wurde – *»mein polnischer Stolz, gebraten à la minute«*.

Weiter behandelt Brandys die konkreten Verhältnisse in Polen, wobei etwa der Alkoholismus angeprangert wird als Beweis für ein gestörtes Verhältnis zur Wirklichkeit, eine Flucht in Illusionen, die Brandys, dem sozialistischen Humanisten und rationalen Moralisten, als besonders gefährlich erscheinen müssen. Aber auch andere Dinge geben dem Autor Anlaß zu Betrachtungen: Bei einem Vergleich polnischer mit italienischen Gerichtsprozessen etwa konstatiert Brandys, daß der Druck der öffentlichen Meinung ein unparteiisches Verfahren ebenso verhindern kann wie es unter dem Einfluß administrativer Instanzen gefährdet ist; ebenso finden Filme (z. B. der Western *High Noon*) und das Schicksal seines Hundes, dessen anfängliche Freiheit in Dressur endet, die Aufmerksamkeit des Autors.

Bestimmend ist Brandys' Verhältnis zum Sozialismus, seine Ablehnung des Stalinismus und sein Bestreben, aus der Gegenüberstellung mit Italien für Polen Verbesserungsvorschläge zu gewinnen. Schließlich zieht er das Fazit, daß – trotz der andersgearteten gesellschaftlichen Verhältnisse im Westen und Osten – aus der Bewegung der Massen heraus ein immer stärkerer Angleichungsprozeß zu erwarten sei. – Polen, Hauptthema und Gegenstand dieser Briefsammlung, findet seine Verkörperung in der fiktiven Adressatin, Frau Z., die jedoch nicht zur konkreten Figur ausgestaltet wird. Die Wahl der Briefform entspricht der Behandlungsweise des Themas, die keineswegs klar formulierte Behauptungen oder eindeutige Thesen anstrebt, sondern in essayistischem, ästhetisierendem, manchmal spielerischem, von Ironie und Melancholie durchzogenem Plauderton zu elegant formulierten Überlegungen führt, die durch Anekdoten verschiedenster Herkunft (Zeitungsberichte, Reiseerlebnisse, Erinnerungen, Filme usw.) bereichert werden. Brandys mißt seine Landsleute, die ihm exemplarisch für die Menschheit stehen, mit dem Maß des Humanisten. Sein Mittel für die Humanisierung der Menschheit aber ist der Sozialismus, eine Art Ursozialismus, der sich an den französischen Philosophen des 18. Jh.s orientiert. –

Die literarischen Wurzeln Brandys' liegen in der polnischen psychologischen Literatur der zwanziger und dreißiger Jahre (Stanisław WITKIEWICZ, Witold GOMBROWICZ), die in den späten fünfziger Jahren eine Renaissance erlebte (Neuauflagen von Witkiewicz, Gombrowicz, Bruno SCHULZ, Tadeusz BREZA). Der durchaus konservative Stil der *Listy* läßt an die Brief- und Reiseliteratur des 19. Jh.s denken, während Brandys' Ironie und Zynismus, als wirksames Stilmittel eingesetzt, an HEINE erinnern. M.D.

AUSGABE: Warschau 1960, 2 Bde., [enth. den 1. u. 2. Zyklus; ²1962]. – Warschau 1962 [enth. den 3. Zyklus].

ÜBERSETZUNG: *Briefe an Frau Z. Erinnerungen aus der Gegenwart 1957–1961*, C. Rymarowicz, Bln. 1965. – Dass., ders., Ffm. 1966. – Dass., ders., Bln./DDR 1981.

LITERATUR: B. Bartoszewicz, *Listy z Polski i do Polski* (in Tyg. kult. Orka, 1961, Nr. 2, S. 5). – H. Bereza, *B. do Pani Z.* (in Argumenty, 1961, Nr. 12, S. 5). – Z. Pędziński, *Uroki agnostyka* (in Więź, 1961, Nr. 4, S. 112–117). – H. Bereza, Rez. (in Polish Perspectives, 1962, Nr. 8/9, S. 126/127). – T. Burek, Rez. (in Twórczość, 1962, Nr. 8, S. 110–114). – M. Czerwiński, Rez. (in Przegląd kult., 1962, Nr. 24, S. 6). – Z. Florczak, Rez. (in Nowa kultura, 1962, Nr. 24, S. 1; 11). – A. Klimowicz, Rez. (in Nowe książki, 1962, Nr. 16, S. 2). – S. Żółkiewski, Rez. (in Życie Literackie, 1962, Nr. 34, S. 3/4). – T. Nowakowski, Rez. (in Die Zeit, 9. 6. 1966). – H. Schwab-Felisch, Rez. (in SZ, 17. 11. 1966).

**MIASTO NIEPOKONANE. Opowieść o Warszawie**

(poln.; *Die unbesiegte Stadt. Eine Erzählung über Warschau*). Erzählung von Kazimierz BRANDYS, erschienen 1946. – Das zentrale Thema der weitgehend autobiographischen Erzählung, die keine durchgehende Handlung kennt, sondern sich mosaikartig aus Tagebuchnotizen und dokumentarischen Skizzen zusammensetzt, ist das Schicksal Warschaus, der *»Hauptstadt des Zweiten Weltkriegs«*, während der fünfjährigen deutschen Okkupation. Das Kapitel *W łunach patosu (Im Feuerschein des Pathos)* z. B. handelt vom Warschauer Aufstand des Jahres 1944, *Pierwsza zima (Der erste Winter)* und *Bieżący czas (Laufende Zeit)* schildern charakteristische Erlebnisse und Situationen aus dem Alltag der Kriegsjahre. Soziologisch referierende Fragmente sind dagegen die Abschnitte *Wrzesień (September)* – dort die Beschreibung eines Warschauer Hauses im September 1939, oder *Wiosna na Pogodnej (Frühling in der Pogodna-Straße)* – hier die Schilderung einer Warschauer Wohnung während der Besatzungszeit. Die Erlebnisse der in dem Kapitel *Warszawa (Warschau)* auftretenden Gestalten illustrieren das Schicksal der polnischen Hauptstadt im Krieg und offenbaren zugleich die philosophisch-moralische Tendenz des Erzählers. Der Hausmeister von der Grójecka-Straße legt ein menschliches Verhalten an den Tag, indem er seine Mitbürger vor der SS oder Gestapo warnt; der Jude Zieliński, für den seine Frau in den Tod gegangen ist, zerbricht schließlich unter der Last dieses Opfers und nimmt sich das Leben. Typisch für jene Zeit ist auch der philosophierende Kollaborateur Emil, der, von den Deutschen auf der Straße gefaßt, seine Freunde denunziert und später wegen seiner Zusammenarbeit mit der Besatzungsmacht erschossen wird. Wieviel menschliche Substanz der Krieg zu zerstören vermag, zeigt die Episode des vermeintlichen Gasalarms, in dessen Verlauf sich eine Kluft öffnet zwischen denen, die eine Überlebenschance haben, weil sie eine Gasmaske besitzen, und dem Erzähler, der als einziger ungeschützt ist. Niemand hat den Mut zu helfen. Auf die Frage, ob überhaupt ein Ausweg bestanden hätte, wird keine Antwort gegeben. Durch die groteske Situation – der Alarm stellt sich ja als Täuschung heraus – werden gleichzeitig die Feigheit wie die Kriegsmoral lächerlich gemacht. Die deutschen Okkupanten, denen die Haßgefühle des Erzählers gelten, erscheinen nur als schattenhaft dämonische Randfiguren. Doch wird auch die Charakterlosigkeit auf der polnischen Seite nicht verschwiegen. In *Sprawy warszawskie (Warschauer Angelegenheiten)* geben Polen das Versteck eines Juden der Gestapo preis. Die Hoffnung auf eine Wende des Krieges, die die Bevölkerung nach den Grauen des Ghettos und des Warschauer Aufstands zwischen den Trümmern ihrer Stadt mit einem Sieg der Roten Armee verbindet, schildert das Kapitel *Dniepr*.

Mit dem Schicksal Warschaus sind auf das engste die persönlichen Erlebnisse des Erzählers verknüpft. Der Leser wird Zeuge der grundlosen Verhaftung seines Vaters durch die Nazis, er erfährt, wie der Erzähler mit knapper Not der Verhaftung entgeht, wie er, ohne zu wissen, ein Agent des Kunstfälschers Komisz wird und Falsifikate verkauft, wie er unermüdlich für die Freilassung seines Vaters kämpft. Die Erlebnisse münden in episch breite Beschreibungen, in denen das Geschehen teils grotesk-ironisch, teils realistisch kommentiert wird. Die Diktion ist voller bildhafter Metaphern und Ornamentik, teilweise auch von einem intellektuellen Plauderton durchzogen. Auffällig sind die anthropomorphisierenden Apostrophen der polnischen Hauptstadt, von der öfters wie von einer geliebten Frau gesprochen wird. Brandys' »*historiosophisches Epos*« (M. Promiński), das unter dem Einfluß der polnischen Vorkriegsprosa, etwa Zbigniew UNIŁOWSKIS Roman *Dwadzieścia lat życia*, 1937 *(Zwanzig Jahre des Lebens)*, steht, zählt zu den Vorläufern der durch Autoren wie Zofia NAŁKOWSKA, Tadeusz BOROWSKI und Stanisław WYGODZKI repräsentierten »martyrologischen« Literatur über die Leidenszeit Polens während des Zweiten Weltkriegs. M.D.

AUSGABEN: Warschau 1946. – Warschau 1957. – Warschau 1960.

LITERATUR: J. Dobraczyński, Rez. (in Dziś i Jutro, 1946, Nr. 49). – R. Matuszewski, Rez. (in Wiedza i Życie, 1946, Nr. 7, S. 702/703). – S. Żółkiewski, Rez. (in Kuźnica, 1946, Nr. 46). – M. Promiński, *Powieść o mieście i o sobie* (in Twórczość, 1947, H. 2, S. 130–133). – K. Wyka, *Sprawa Warszawy* (in Odrodzenie, 1947, Nr. 3).

## MIESIĄCE

(poln.; *Monate, teilw. Ü: Warschauer Tagebuch. Die Monate davor. 1978–1981*). Tagebuch in vier Bänden von Kazimierz BRANDYS, erschienen im Exilverlag »Institut Littéraire« in Paris 1981–1987. – Ende der siebziger Jahre griff der Romancier Brandys auf die Form des Tagebuchs zurück und setzte damit die in der polnischen Nachkriegsliteratur u. a. von Witold GOMBROWICZ (1904–1969), Leopold TYRMAND (1920–1985) und Gustaw HERLING-GRUDZIŃSKI (*1919) initiierte Linie fort. Der Exzentrik des ersten, dem Hang zu Pikanterie und gesellschaftlichem Klatsch des zweiten und der Exklusivität des dritten setzte er allerdings seinen eigenen unverwechselbaren Stil entgegen, der seinen *Monaten* vom ersten Band an einen großen Leserkreis garantierte.

Wie bereits im Titel angekündigt, weicht Brandys von dem gattungsüblichen Festhalten der Tageserlebnisse ab und faßt in größeren Kapiteln die Geschehnisse längerer Zeitabschnitte zusammen. Von der Anlage her unterscheidet sich das Werk somit von dem unmittelbar vorausgegangenen Roman *Nierzeczywistość*, 1977 *(Unwirklichkeit)* – nicht aber in der Thematik. Hier wie dort präsentiert Brandys – im Tagebuch direkt, aus eigener, privater Sicht; im Roman, indem er sich hinter einem Intellektuellen versteckt, der auf einer Auslandsreise an einer soziologischen Umfrage teilnimmt – ein wahres thematisches Kaleidoskop: Geschichte, Literatur, Philosophie, Politik und Privatleben vermischen sich zu einem faszinierenden – da stets durch kluge Reflexion, brillante Pointierung und witzig-leise Ironie vertieften – Stoff und lassen einen umfassend gebildeten, belesenen, exakt beobachtenden Menschen und versierten Schriftsteller erkennen.

Im Mittelpunkt dieser gattungssprengenden Bücher steht naturgemäß die sehr ambivalente polnische Wirklichkeit, die Brandys anfangs »von innen«, dann – infolge politischer Ereignisse, die ihm den ungewollten Status eines Exilanten aufgezwungen haben – »von außen« beleuchtet. Das Zeitgeschehen hat für eine geradezu musterhafte Komposition seines Tagebuches gesorgt: Während die beiden ersten Bände (1978–1981) in Warschau entstanden und somit zahlreiche chronikartige Beschreibungen enthalten, wurden die letzten Bände (1982–1987) abwechseln in New York und Paris geschrieben und haben folglich, was den po-

lenbezogenen Teil betrifft, eher einen »Aus zweiter Hand«-Charakter. Eine deutliche politische und literarische Zäsur bildet der vielzitierte Schluß des zweiten Bandes, die Eintragung vom 13. Dezember 1981, die Brandys wenige Tage nach der Ankunft in New York machte: »*Nachricht von der Verhängung des Kriegszustandes in Polen. Alle Verbindungen unterbrochen.*«
Ob inmitten der Warschauer Altstadt, im New Yorker Harlem oder an der Seine, Brandys verblüfft immer wieder durch die Fähigkeit, der banalsten Situation den Beigeschmack eines Abenteuers zu verleihen, dem unattraktivsten Anblick nahezu kosmische Dimensionen abzugewinnen. »*Am meisten faszinieren die scharfsinnigen Folgerungen aus Alltagserlebnissen, Cafés, Läden Warschaus, in den Schriftsteller-Clubs, bei privaten Dichterlesungen*« (F. Niedermayer). Doch diese Abstrahierungsgabe behält Brandys auch in der Fremde. Ob er nach einem Abend mit Milan KUNDERA über die Zukunft Mitteleuropas sinniert oder beim Beobachten eines Pariser Clochards den Sinn der menschlichen Existenz zusammenfaßt – die Treffsicherheit und Präzision der Formulierung verraten stets europäische Kultiviertheit, schriftstellerische Phantasie und menschliche Tiefe.
Mit dem vierten Band legte Brandys 1987 den letzten Teil seines Tagebuches vor. Schon jetzt gesteht ihm mancher Kritiker einen festen Platz in der polnischen Literaturgeschichte zu: »*Ich bin mir heute sicher, daß dieses Tagebuch, das der Verfasser in einem Augenblick zu schreiben begann, als er an seinen schöpferischen Fähigkeiten zweifelte, zu einem Klassiker der polnischen Literatur werden wird. Es wäre zu einfach, wollte man dies den historischen Umständen (mit ihren Elementen einer griechischen Tragödie) zuschreiben. Wenn dieses Buch ein Klassiker wird, dann ist das vor allem das Verdienst von Brandys' Sprache, die nicht eine Spur von Verstellung, falschem Schein und Rhetorik enthält. Auch die Scham der Gefühle und die Zurückhaltung sind in diesem Buch keine Verstellung. Deshalb ist es wahrhaftig enthüllend*« (K. A. Jeleński). M.Ki.

AUSGABEN: Paris 1981 *(Miesiące 1978–1979)*. – Paris 1982 *(Miesiące 1980–1981)*; ²1985. – Paris 1984 *(Miesiące 1982–1984)*. – Paris 1987 *(Miesiące 1985–1987)*.

ÜBERSETZUNG: *Warschauer Tagebuch. Die Monate davor. 1978–1981*, F. Griese, Ffm. 1984 (Bde. 1 u. 2; gek.).

LITERATUR: M. Szybist, Rez. (in Student, 1981, Nr. 8, S. 6–7). – J. Katz Hewetson, Rez. (in Kultura, Paris 1982, Nr. 10/421, S. 142–146). – K. A. Jeleński, *Wie kann man nur Pole sein?* (Nachw. zu K. B. *Warschauer Tagebuch. Die Monate davor. 1978–1981*, Ffm. 1984). – C. Semler, Rez. (in Kommune, 2. 11. 1984). – W. Paul, Rez. (in SZ, 7. 11. 1984). – F. Niedermayer, *Beichten und Bekenntnisse aus Polen. Zu den ungleichen Tagebüchern von Raczyński und B.* (in Deutsche Tagespost, 5. 12. 1984). – M. Zaleski, *O »Miesiącach« K. B.* (in Literatura źle obecna – Rekonesans, Ldn. 1984, S. 221–230). – Y. Karsunke, Rez. (in FRs, 12. 1. 1985). – W. Ross, Rez. (in FAZ, 23. 3. 1985).

## OBRONA GRENADY

(poln.; *Ü: Die Verteidigung Granadas*). Erzählung von Kazimierz BRANDYS, erschienen 1956. – Die aufsässige Erzählung über das aufrechte Ensemble des kleinen sozialistischen Theaters »Granada« bildet einen Markstein in der modernen polnischen Literatur. Zusammen mit A. WAŻYKS *Poemat dla dorosłych*, 1955 *(Poem für Erwachsene)*, leitete sie das polnische »Tauwetter« ein. Bei ihrem Erscheinen heftig diskutiert, spiegelt die Erzählung die Verbitterung der kommunistischen Jugend über die Verkehrungen und Entstellungen der sozialistischen Gesellschaft durch den Stalinismus wider. Insbesondere wendet sie sich gegen die stalinistische Einengung des Begriffs des Sozialistischen Realismus in der Kunst.
Eine Gruppe junger Kommunisten – »*spöttisch, wahrheitsliebend, unfähig, eine Schwäche zu verzeihen*« – gründet im Sommer 1949 in den Ruinen Warschaus ein kleines Theater. Ihr Ziel ist ein Forum revolutionärer Gesellschaftskritik im Sinne MAJAKOVSKIJS, dessen Stück *Banja (Das Schwitzbad)* sie einstudieren. Zwei Funktionäre visitieren das Unternehmen. Das Theater wird dem »Institut zur Organisierung der Kultur« unterstellt, in dessen »*stillen Räumen einige hundert Leute den Plan erfüllen*«. Zugleich werden die Proben des Majakovskij-Stücks abgesetzt. Eine Intervention des Ensembles bei dem verantwortlichen Direktor ist vergeblich. Das Theater muß sich dem »höheren Standpunkt« fügen und »positive Stücke« spielen. Das empfohlene Schauspiel, »Die Stoßbrigade«, ist ein Musterbeispiel stalinistischer Literatur. »*In den Kaffeehäusern spottet man über ›Granada‹. Man müsse im dunklen Anzug zur Premiere gehen, sagten die Leute. Mit der ›Stoßbrigade‹ werde die Kunst beerdigt.*« Die Premiere verläuft programmgemäß: Die Zuschauer klatschen pflichtschuldig, die Presse ergeht sich in Lobeshymnen auf das Stück. Doch das Ensemble gibt nicht auf. Bei der hundersten Aufführung der »Stoßbrigade« hängt im Foyer des Theaters das Plakat: »*Majakovskijs Bad verboten*«. Veränderungen im Personal sind die Folge. Der Kern des Ensembles jedoch hält eisern zusammen. Endlose interne, nächtliche Diskussionen helfen über die schwerste Zeit der reglementierten Kunst hinweg. Ohne behördliche Genehmigung nimmt das Theater nach Stalins Tod die Proben zu Majakovskijs Stück wieder auf.
Die Analyse des mutigen Verhaltens der jungen Leute gibt dem Autor Gelegenheit, den »*Feind in den eigenen Reihen*« zu identifizieren. Formal weist die Erzählung, die sich bereits durch den für Brandys charakteristischen spröden Stil auszeichnet, deutliche Merkmale der zeitgenössischen westeuropäischen Darstellungstechnik auf. J.H.

AUSGABEN: Warschau 1956 (in Twórczość, H. 1).
– Warschau 1963 (in *Opowiadania, 1954–1960*).

ÜBERSETZUNG: *Die Verteidigung Granadas*, W. Bronska-Pampuch, Köln/Bln. 1959. – *Die Verteidigung des Granada*, dies., Ffm. 1966 (es).

LITERATUR: W. Albrecht, *Nad »Obroną Grenady«* (in Nasze Sprawy, 1956, Nr. 10). – A. Kijowski (in Rocznik Liter., 1956, S. 79/80). – S. Lem, *Obrona pisarza* (in Życie Liter., 1956, Nr. 6). – J. J. Lipski, *Na marginesie »Obrony Grenady«* (in Po Prostu, 1956, Nr. 14). – M. Pankowski, *Spowiedź dziecięcia ... Polski Ludowej* (in Kultura, Paris 1956, Nr. 3, S. 70–74). – J. R. Pick, *Umení chytré* (in Kvetu, Prag 1956, Nr. 2, S. 73/74). – B. Czeszko, *Niepotrzebni mogą odejść?* (in Przegl. Kult., 1956, Nr. 9).

# RONDO

(poln.; *Ü: Rondo*). Roman von Kazimierz BRANDYS, erschienen 1982. – In den siebziger Jahren entstanden, konnte *Rondo* erst 1982 publiziert werden, nachdem Brandys infolge einer Protestaktion gegen die Inhaftierung streikender Arbeiter (1976) Schreibverbot erhielt. Die Ich-Erzählung – ursprünglich als Brief an eine Zeitschrift geplant – ist eine ausführliche Stellungnahme zu einem dort erschienenen Artikel unter dem Titel *»Ein Kapitel aus der Geschichte des Kampfes«*. Dessen Autor, Prof. W. Janota, hat darin die Geschichte einer im Mai 1942 gegründeten Untergrundorganisation namens *»Rondo«* nachgezeichnet. Trotz historischer Exaktheit sei der Artikel insofern leicht in Frage zu stellen – schreibt Tom, der Ich-Erzähler –, als *»Rondo«* gar nicht existiert habe; er dagegen fühle sich insofern zur *»Richtigstellung«* berufen, als die mittlerweile legendäre Organisation seiner Phantasie entsprungen sei. Nach dieser recht sachlichen Einleitung nimmt die Erzählung nach und nach die Form eines intimen Tagebuches an, in dem alle mit *»Rondo«* verbundenen Personen und Begebenheiten ins Leben gerufen werden.

Der stets im Mittelpunkt stehende Tom, den das Gerücht begleitet, er sei ein unehelicher Sohn des Marschalls Piłsudski, kommt in den frühen dreißiger Jahren nach Warschau, um Jura zu studieren. Dort lernt er die junge Schauspielerin Tola Mohoczy kennen, in die er sich bald verliebt. Seine Gefühle werden von Tola nachsichtig geduldet und als eine Art Antidoton gegen ihre ebenso wenig erwiderte Leidenschaft zu einem anderen betrachtet. Ihre Gefühle gelten nämlich dem Star des Ensembles, Karol Cezarewicz (alias Cezar), der wiederum seine intrigante und berechnende Frau Iza Rajewska anbetet. Die Faszination, die von diesem ungleichen Trio ausgeht, und vor allem die Liebe zu Tola lassen Tom die Arbeit eines Statisten im Theater aufnehmen. Nach Kriegsausbruch wird das Theater geschlossen. Während Tom schon bald einer Untergrundorganisation beitritt und regelmäßig an deren Aktionen teilnimmt, geriet Tola, die ohnehin zur Hysterie und Exaltiertheit neigt und nun von nahezu krankhafter Opferbereitschaft für das besetzte Vaterland geplagt wird, in zweifelhafte, der Kollaboration mit den Deutschen nicht abgeneigte Konspirationskreise. Um die Sicherheit Tolas aufs äußerste besorgt, erfindet Tom kurzerhand eine Organisation namens *»Rondo«* – der Name, der ihm bei einem Chopin-Konzert eingefallen ist, wird später als *»Reserve-Organisation der Obersten Führung«* entschlüsselt – und bietet Tola die Mitgliedschaft an. Der blitzartige Erfolg seiner Intervention ist beinahe erschreckend. *»Die Leichtigkeit, mit der sie mir glaubte! ... Bei so überspannter Begeisterung, bei derart hysterischer Sehnsucht nach der Selbstverbrennung mußte sie umkommen, ganz gleich, in welche Organisation sie hineingezwungen würde.«* Von nun an ist sie als »Kurier« tätig und wird von Tom mal mit einem Koffer voll alter Bücher in die Provinz geschickt, mal vor Ort »eingesetzt«. Um die Glaubwürdigkeit der Mystifikation zu wahren, wirbt Tom einige neue »Mitglieder« an, u. a. Władek Sznej, seinen ehemaligen Schulkameraden und ewig dozierenden *»advocatus diaboli«*, der von nun an mit dem ihm eigenen wissenschaftlichen Nerv »Informationsmaterial« über die Verhältnisse auf dem Land sammelt. Die Zahl der Eingeweihten wächst ständig, bis die Fiktion zur Wirklichkeit wird. Es kommt zur Gründung neuer *»Rondo«*-Zellen, über die Tom die Kontrolle verliert, gar zu Spaltungen. Auf Tom wird wiederholt Druck ausgeübt, er solle den neuen Abteilungen direkten Zugang zur *»Obersten Führung«* verschaffen. Der Ausbruch des Warschauer Aufstands (1. 8. 1944) setzt schließlich dem für Tom lebensgefährlich gewordenen Spiel ein Ende. Auch sonstige Verwicklungen finden zu diesem Zeitpunkt ihr Finale: Tola, die nach Cezars mysteriösem Tod einen Nervenzusammenbruch erlitten hat, bringt eine Tochter zur Welt, deren Vaterschaft Cezar zugeschrieben wird. Nach dem Krieg wächst das Kind allerdings bei Tom auf, der nach längerer Gefängnishaft in den frühen fünfziger Jahren zum Theater zurückgekehrt ist. Seine in den siebziger Jahren entstandenen Aufzeichnungen beendet er mit der Bitte, nach seinem Tod das Manuskript Prof. Władysław Sznej-Janota, seinem Jugendfreund und dem Autor des umstrittenen Artikels, auszuhändigen.

Hinter Tom, den *»die unerschöpfliche Phantasie und das Fabuliertalent eines versierten Geschichtenerzählers«* (F. J. Görtz) auszeichnet, steht der versierte Geschichtenerzähler Brandys, der alle bekannten Merkmale seiner Prosa – ruhige, realistische Narration, Vorliebe für historiosophische und literaturgeschichtliche Digressionen und Neigung zur philosophisch-existentialistischen Reflexion – diesmal um die Elemente der Trivialliteratur, sowohl des Melodramas als auch des Kriminalromans, bereichert und durch die raffinierte Steigerung der Spannung und die psychologisch glaubwürdige Konstruktion der Liebesbeziehungen seine schriftstellerischen Fähigkeiten auch auf diesen Gebieten unter Beweis stellt. Während die Kritiker sich in interpretatorischen Raffinessen zu überbieten suchten, lieferte Brandys in dem parallel erschienen Tagebuch *Miesiące*, 1981–1987 *(Monate)* seine eigene, simple Interpretation: »*Rondo* ist ein Roman über die Liebe. Während ich ihn schrieb, wollte ich mich vergewissern, daß in unserer zerrütteten Welt Liebe nicht nur möglich ist, sondern daß sie eine zusätzliche Dimension erreichen, ein höheres ›Anstelle‹ bilden kann: Liebe anstelle von Biographie und Weltanschauung. Liebe, die eine Lebensauffassung, eine Religion, eine Bestimmung ersetzt.« Mit ähnlichem Mangel an Koketterie bezeichnet er *Rondo* als seinen besten Roman. M.Ki.

Ausgabe: Warschau 1982.

Übersetzung: *Rondo*, O. Kühl, Darmstadt 1988.

Literatur: A. Nowakowski, Rez. (in Nowe Książki, 1982, Nr. 4, S. 33–34). – C. P. Dutka, *Heroizm bierności w rozrachunkowej prozie K. B.* (in Odra, 1983, Nr. 2, S. 51–56). – J. Górski, Rez. (in Więź, 1983, Nr. 3, S. 139–142). – A. Nasiłowska, Rez. (in Odra, 1983, Nr. 6, S. 102–103). – T. Sobeczko, Rez. (in Miesięcznik Literacki, 1983, Nr. 7, S. 141–142). – F. J. Görtz, Rez. (in FAZ, 3. 2. 1988). – B. Feuchtner, Rez. (in Pflasterstrand, 1988, Nr. 9).

## MARIAN BRANDYS

\* 25.1.1912 Wiesbaden

### KONIEC ŚWIATA SZWOLEŻERÓW

(poln.; *Das Ende der Welt der leichten Reiterei*). Historischer Zyklus in fünf Bänden von Marian Brandys, erschienen 1972–1979. – Dieses breit angelegte Werk ist eine für Brandys typische »Reportage aus der Vergangenheit«, bei der ein durch zahlreiche Zitate aus Briefen, Tagebüchern, Dokumenten u.ä. belegtes Bild nicht nur der Ereignisse selbst und der Gedankenwelt der Helden entsteht, sondern auch des langwierigen Rekonstruktionsprozesses, der zum Wiederaufleben jener längst vergangenen Zeit führt.

Das zentrale Thema dieser monumentalen Geschichtserzählung ist das Schicksal der polnischen Offiziere aus dem legendären Garderegiment der leichten Reiterei, das unter Napoleon manchen Sieg errungen und insbesondere durch seinen heldenhaften Einsatz bei Somosierra Ruhm erlangt hat. Brandys schildert den weiteren Lebensweg dieser napoleonischen Offiziere nach ihrer Rückkehr in die Heimat, die aber seit den Teilungen 1772, 1793 und 1795 durch die Nachbarmächte Preußen, Rußland und Österreich weiterhin ihrer Souveränität beraubt blieb. So kehrten sie zwar als Helden zurück, haben jedoch das Ziel ihrer Wünsche – an der Seite Napoleons die Unabhängigkeit Polens zu erkämpfen – nicht erreicht. Brandys begleitet ihren Werdegang durch die nächsten Jahrzehnte, beginnend mit ihrem Bemühen, einen entsprechenden Platz in der Gesellschaft des auf dem Wiener Kongreß geschaffenen Königreichs Polen zu finden, bis hin zu ihrer Einstellung zum und Haltung während des Aufstandes von 1830/31 sowie ihrem weiteren Schicksal nach der Unterdrückung dieses Aufstandes durch die zaristische Militärmacht, sei es in Polen selbst, sei es in der Emigration. Dabei kommen die unterschiedlichen Auffassungen über die Notwendigkeiten patriotischen Handelns voll zum Tragen. So fühlt sich Wincenty Krasiński durchaus als polnischer Patriot, trotz seiner bedingungslosen Loyalität gegenüber dem Zaren, die Brüder Łubieński sehen nicht nur ihr persönliches Wohlergehen als Familienclan mit erheblichen Ländereien und wirtschaftlichen Unternehmungen, sondern auch das der polnischen Nation in einer Art pragmatischer Anpassung an die politischen Gegebenheiten, Walenty Zwierkowski vertritt dagegen die revolutionäre Haltung.

Bezeichnend sind die Untertitel, die Brandys den einzelnen Bänden seines großen Historienbildes gibt, das sich um die genannten Personen rankt. Im ersten Band, den er *Die ehrwürdigen Veteranen* nennt, werden bereits die auseinanderstrebenden Geisteshaltungen der Hauptpersonen deutlich, so daß allein die gemeinsame Vergangenheit in Napoleons leichter Reiterei ein verbindendes Element darstellt und vorerst zumindest vor gegenseitigen Anfeindungen schützt. Eindrucksvoll ist die Schilderung der sich anbahnenden Tragik in der konfliktbeladenen, zugleich aber von tiefer, kritikloser Zuneigung für den Vater geprägten Beziehung zwischen (der realen historischen Gestalt) Zygmunt Krasiński, dem empfindsamen, genialen Dichter der Romantik, der den aufständischen, Polens Unabhängigkeit fordernden Tendenzen gegenüber durchaus offen ist, und der starken Persönlichkeit seines Vaters Wincenty Krasiński, dem eitlen General und stolzen Aristokraten, der seinen in der leichten Reiterei erworbenen Ruhm und sein hohes Ansehen verspielt, als er aus persönlicher Geltungssucht eine ungewöhnlich weitgehende Loyalität gegenüber dem Zaren an den Tag legt. Die bedächtigen Bemühungen der »*ehrwürdigen Veteranen*« sich im zivilen Leben einzurichten, zugleich aber auch die Enttäuschung über die in Napoleon gesetzten und zerronnenen Hoffnungen zu überwinden, werden durch immer wieder neu aufkommende Ideen der Befreiung vom Joch der Fremdherrschaft unterbrochen. So sind *Die unruhigen Jahre* (2. Band) vor Ausbruch des Aufstandes gekennzeichnet durch wachsende Spannungen im Königreich Polen, die sich hauptsächlich am selbstherrlichen, sich über die Verfassung hinwegsetzenden Vorgehen des Großfürsten Konstantin, eines Bruders des Zaren und Oberbefehlshabers der polnischen Armee und des kaiserlichen Kommissars

Novosilcev entzünden. Die Aufdeckung von Geheimbünden und die Verhaftung und Verurteilung von Walerian Łukasiński sowie die Verfolgung der Dekabristen in Rußland selbst, zu denen lose Verbindungen bestanden und schließlich das Reichstags-Gericht von 1828, vor das die um Polens Unabhängigkeit kämpfenden Verschwörer gestellt wurden und wo Wincenty Krasiński eine fatale Rolle spielte, trugen zu einer weiteren Verschärfung bei. Dennoch war die kämpferische und zur Verschwörung neigende Opposition zahlenmäßig gering. Ihre Bedeutung lag vielmehr darin, daß sie in weiten Kreisen der Bevölkerung Befürworter fand.

So ist es zu verstehen, daß der Funke der *Revolution in Warschau* (3. Band) vom 29. November 1830 rasch übersprang und sich zu einem großen Flächenbrand ausbreitete. Die sich überstürzenden Ereignisse im aufständischen Warschau vom Ende November 1830 bis Ende Januar 1831 sind Thema dieses Bandes, in dem Brandys den Spuren der ehemaligen napoleonischen Chevaulegers sowohl in den Reihen der Anhänger als auch der Skeptiker und schließlich der Gegner des Aufstandes nachgeht. Der eher spontane Aufruhr, der hauptsächlich von der Warschauer Fähnrichschule ausging, entwickelte sich zu einem langwierigen und z.T. auch unrühmlichen Krieg mit der zaristischen Macht. Brandys schildert das politische und militärische Auf und Ab der nächsten Monate, das Schwanken, die Uneinigkeit und die Eifersüchteleien auf Seiten der polnischen Generalität, aber auch Opfermut und Tapferkeit. Nicht von ungefähr betitelt er diesen Teil seines Werkes *Die müden Helden* – den Hauptgrund für das Scheitern des Unabhängigkeitskampfes sieht Brandys nämlich in der Unentschlossenheit und im fehlenden Siegesglauben der militärischen Anführer. Dem endgültigen Scheitern des Aufstandes und den Anfängen der Emigration, die später ihrer großen kulturellen Rolle wegen die »Große Emigration« genannt wurde, zunächst jedoch von Mühen und Plagen, vor allem aber von Auseinandersetzungen über die jüngste Vergangenheit und die nächsten Zukunftsperspektiven gekennzeichnet war, ist der Schlußteil von Brandys' Epos gewidmet. Er benennt ihn *Die Ungöttliche Komödie* nach dem 1833 unter dem Eindruck des Aufstandes entstandenen Hauptwerk Zygmunt Krasińskis über die Krise der Zivilisation als Verfall der Ordnung. Der Werdegang Zygmunt Krasińskis als des bedeutenden Sohnes eines bedeutenden Chevaulegers, in dessen Werk *Das Ende der Welt der leichten Reiterei* gleichsam ihren künstlerischen Schlußakkord findet, begleitet den Leser durch das ganze fünfbändige Epos und bildet in der Darstellung der schweren inneren Konflikte Zygmunt Krasińskis einen Schlüssel zu den Widersprüchlichkeiten dieser Epoche.

Brandys entwirft ein differenziertes und farbiges Bild dieser ereignisreichen Jahre, indem er die Vielschichtigkeit der nationalen, sozialen, wirtschaftlichen, gesellschaftlichen und kulturellen, aber auch ganz schlicht menschlichen Probleme darstellt und dabei versucht, die Motive der handelnden Personen zu ergründen. Denn sein Hauptinteresse gilt den verschiedenen, im Laufe des Lebens eventuellen Wandlungen unterliegenden Haltungen der Menschen, die in solchen Umbruchzeiten besonders deutlich hervortreten. So entsteht ein Mosaik aus Verstrickungen und Intrigen, Größe, Mut und Charakterstärke, aber auch Unfähigkeit und Verzagtheit, aus romantischen Vorstellungen und politischen Zielen. Brandys bricht mit manchen Mythen und Legenden, die sich gerade um den »Novemberaufstand« von 1830 ranken, und bemüht sich, unter Heranziehung umfangreicher Originalaussagen und Dokumentationen ein möglichst objektives Bild zu zeichnen, ohne in die Nüchternheit einer rein wissenschaftlichen Monographie zu verfallen. Zugleich lassen sich aber auch in diesem Werk von Brandys manche aktuellen Bezüge entdecken. Schließlich begann er seine schriftstellerische Laufbahn als Reporter, um sich dann immer mehr auf historische Themen zurückzuziehen, die bezeichnenderweise stets die Zeit des ausgehenden 18. bis zur Mitte des 19. Jh.s betreffen, also einerseits die Zeit der Teilungen Polens, andererseits aber der Umbrüche im politischen Denken und des nationalen Aufbegehrens. Mit diesem Themenkreis beschäftigt sich Brandys beispielsweise in den biographischen Erzählungen *Nieznany książę Poniatowski*, 1960 (*Der unbekannte Fürst Poniatowski*), und *Kłopoty z panią Walewską*, 1969 (Ü: *Maria Walewska, Napoleons große Liebe*), wie auch in *Kozietulski i inni*, 1967 (*Kozietulski und die anderen*), gewissermaßen dem Vorläufer des großen Epos. – Marian Brandys erhielt für dieses Werk 1980 den Preis des polnischen PEN-Clubs.    N.K.

AUSGABE: Warschau 1972–1979, 5 Bde.

LITERATUR: M. Danilewiczowa, Rez. (in Kultura, Paris 1973, Nr. 308, S. 144). – M. Szpakowska, Rez. (in Twórczość, 1974, Nr. 6, S. 81–85). – Dies., Rez. (in Twórczość, 1979, Nr. 10, S. 113–118). – M. Brandys, *Przemówienie na uroczystym zebraniu PEN-Clubu 16.4.1980 z okazji przyznania nagrody* (in Puls, 1981, Nr. 9/10, S. 8–11). – T. Łubieński, Rez. (in Nowy Zapis, 1982, Nr. 1). – J. Wojnowski, *M. B.* (in Literatura Polska, Warschau 1984, Bd. 1, S. 101). – T. Łubieński, *Koniec świata szwoleżerów* (in T. Ł. *Bohaterowie naszych czasów*, Ldn. 1986, S. 90–93).

## HANS CHRISTIAN BRANNER

\* 23.6.1903 Ordrup
† 24.4.1966 Kopenhagen

LITERATUR ZUM AUTOR:
H. B. Fonsmark, *H. Ch. B. En Introduktion*,

Kopenhagen 1951. – J. Vosmar, *H. Ch. B.*, Kopenhagen 1959. – E. Frederiksen, *H. Ch. B. Et kritisk grundrids*, Kopenhagen 1966. – L. Ottosen, *H. Ch. B.s tidlige forfatterskab*, Kopenhagen 1974. – T. L. Markey, *H. Ch. B.*, NY 1975 (TWAS). – *Dansk litteraturhistorie*, Hg. F. J. Billeskov Jansen, Bd. 5, Kopenhagen 1976/77, S. 326–343. – E. Skyum-Nielsen, *Ideologi og æstetik i H. Ch. B.s sene forfatterskab*, Kopenhagen 1980. – N. Egebak, *H. Ch. B.* (in *Danske digtere i det 20. åhundrede* Hg. T. Brostrøm u. M. Winge, Bd. 2, Kopenhagen 1982, S. 357-383).

## ANGST

(dän.: *Angst*). Novelle von Hans Christian BRANNER, erschienen 1947. – Die in Ichform geschriebene Erzählung führt zurück in die Zeit der deutschen Besetzung Dänemarks. Erinnerungen und Träume lassen im Erzähler die Ängste und Erlebnisse wach werden, die sich allmählich von der sehr realen Furcht, verhaftet zu werden, zu einer allgemeinen Lebensangst steigern. Er erinnert sich – gleichsam als erste Stufe –, wie er den Glauben verlor, der ihm in der Besatzungszeit keinen Trost mehr zu geben vermochte. Er gedenkt seines eigentümlichen Verhaltens gegenüber einer Jüdin, die er aus Angst und nacktem Selbsterhaltungstrieb hassen lernte, bis es schließlich in häßlichen Szenen zum Bruch zwischen ihnen kam. Darüber hinaus aber läßt ihn die Angst, von der Polizei geholt zu werden, überhaupt nicht mehr los, ja sie verfolgt ihn bis in die Träume. Ebensosehr bedrückt und peinigt ihn der Gedanke an die Judenverfolgung. Erinnerungen an einzelne Menschen und an die mit ihnen erlebten Episoden, die noch einmal Schlaglichter auf jene schreckliche Vergangenheit werfen – zum Beispiel die Flucht eines Soldaten und dessen Erschießung oder die gemeinsam verbrachte Nacht mit einem lebenshungrigen jungen Mädchen –, beschließen die Novelle.

Branner versucht hier das allgemeinmenschliche Verhalten unter dem Druck der Angst, die letztlich eine Angst vor dem Tod ist, darzustellen. Die einzelnen Episoden sind zu verstehen als Variationen der Angst, und die Person des erzählenden Ichs wird hinter dem sie ganz beherrschenden Gefühl kaum greifbar, sie scheint vielmehr bei jeder neuen Episode eine neue Identität anzunehmen. Das Werk ist deutlich von der Erschütterung geprägt, die das Ende des Krieges brachte. Dem Gefühl des Betäubtseins nach der überstandenen Katastrophe, diesem Alptraum des Nicht-Vergessen-Könnens, wie auch dem bleibenden Bewußtsein des eigenen Versagens hat Branner in seiner klar gebauten Erzählung, deren Stil und Bilder heute etwas übertrieben scheinen mögen, glaubhaften Ausdruck gegeben. A.H.

AUSGABEN: Kopenhagen 1945 (in *Der brænder en Ild*). – Kopenhagen 1947. – Kopenhagen 1953 (in *Bjergene*).

LITERATUR: E. Frederiksen, *H. Ch. B. Et kritisk grundrids*, Kopenhagen 1966, S. 79–84. – T. L. Markey, *H. Ch. B.*, New York 1973, S. 94–99.

## INGEN KENDER NATTEN

(dän.; *Keiner kennt die Nacht*). Roman von Hans Christian BRANNER, erschienen 1955. – Der Roman spielt in Kopenhagen gegen Ende des Zweiten Weltkriegs. Der Kommunist und Widerstandskämpfer Simon wird von der Gestapo verfolgt. Es gelingt ihm, sich in der Villa eines Kriegsgewinnlers, in der gerade eine ausgelassene Party gefeiert wird, zu verstecken. Er trifft dort auf Tomas, den Hausherrn, und dieser will ihm helfen zu fliehen. Ein Speicher am Hafen, in dem sie mit andern Flüchtlingen auf ein Schiff warten, das sie nach Schweden bringen soll, wird für beide zum Ort der Bewährung. Als die Gestapo das Versteck aufspürt, decken Simon und Tomas den andern den Fluchtweg und kommen in den Flammen des in Brand geschossenen Hauses um.

*Ingen kender natten* ist einer der bedeutendsten dänischen Nachkriegsromane und das bohrendste und gedanklich schwierigste Buch über die Besatzungszeit in Dänemark. Daß es dem Autor im Grunde um mehr als eine Deutung der Zeitsituation geht, wird schon durch die symbolhaften Namen der Personen angedeutet. – Im ersten Teil des Romans, der mit der Begegnung von Simon und Tomas abschließt, wechseln Simons Monologe und die Selbstgespräche des abseits von der heiteren Gesellschaft beim Schnaps dahinbrütenden Tomas mit Gesprächen, die dieser mit verschiedenen Partygästen führt; mit dem galanten Doktor Felix diskutiert er über sexuelle Fragen und mit seinem Schwiegervater Gabriel über eine durch Meinungsforschung und Propaganda genormte Nachkriegswelt, deren Gott oder Teufel das allumfassende und allwissende »Register« ist. Diese Diskussion über soziologische und politische Probleme wird von Gedanken Simons begleitet, der in den beiden Männern typische Vertreter der zum Untergang verurteilten Bourgeoisie sieht. – Als Simon, dem peinigend bewußt ist, daß ihm für die Untergrundarbeit die nötige fanatische Härte und Bedenkenlosigkeit fehlt, und Tomas, der mit einer infantil-perversen Frau verheiratet, unter einem sinnlosen Leben und dem Schuldgefühl leidet, seine Mutter indirekt getötet zu haben, weil er nach einem ihrer Selbstmordversuche bewußt zu spät den Arzt verständigte, einander begegnen, erkennen sie sich als »Brüder« – Branner unterstreicht dies noch, indem er sie einander auch äußerlich ähnlich sein läßt –, und damit ist ihre Einsamkeit durchbrochen. Im zweiten Teil des Romans treten die Reflexionen in den Hintergrund, die nun straff geführte Handlung wird direkter und realer, und das Tempo steigert sich ständig. Simon muß Tomas, den er nach Schweden begleiten möchte, vor einem Anschlag seiner kommunistischen Freunde zu retten (sie halten den »Kapitalisten« für gefährlich und wollen ihn liquidieren), und erlebt dabei, daß seine problematische Beziehung zu der masochistisch veranlagten Lydia, der er verfallen ist und die ihn wahrscheinlich an die Deutschen verraten hat, für ihn völlig an Bedeutung verliert. Für Tomas aber bedeutet die Nacht, die er vor der geplanten Überfahrt mit Magda verbringt, der Frau, die die Flüchtlinge mit Essen und Nachrichten aus der Zentrale versorgt, den Durchbruch zum wirklichen Leben. Ihre Liebe ist bei allem Realismus so zart geschildert, daß der Schleier des Unwirklichen, der über diesem kurzen Glück liegt, nicht zerstört wird. Zum erstenmal kann Tomas von seiner Tat, die ja eigentlich keine Tat, sondern – und das ist typisch für ihn – eine Unterlassung war, erzählen und sich gleichzeitig davon freimachen. Die Mauer, die ihn von der Umwelt trennte, ist damit eingerissen, und sterbend beweist er, daß er, so paradox es klingt, zum Leben, zu den anderen zurückgefunden hat, ebenso wie Simon zu sich und zur Tat findet, als er zum erstenmal ohne Skrupel und Schuldkomplex – denn Recht und Unrecht sind diesmal eindeutig – handeln kann.   A.H.-KLL

AUSGABEN: Kopenhagen 1955. – Kopenhagen 1962. – Kopenhagen ⁵1965.

LITERATUR: S. Møller Kristensen, *Digtning og livssyn*, Kopenhagen 1959, S. 180–199; ⁴1970. – H. Rockwell, »*Ingen kender natten*« (in *Poetik*, Bd. 2/3, 1969, S. 76–90). – J. Rosendal, *Om H. Ch. B.s* »*Ingen kender natten*« (in Dansk Udsyn, 88, 1970, Nr. 5, S. 259–267).

## LEGETØJ

(dän.; *Ü: Ein Dutzend Menschen*). Roman von Hans Christian BRANNER, erschienen 1936. – Die Großhandelsfirma »Kejsers Spielwarenversand« ist, wie es der Inhaber, Herman Kejser, anläßlich des fünfzigjährigen Geschäftsjubiläums und des Einzugs in größere Räumlichkeiten ausdrückt, ein »*Staat im Staate, eine Gemeinschaft, in der wir alle Bürger sind*«. In dem zurückliegenden halben Jahrhundert hat sich die Firma von einem zwielichtigen Laden zu einem der führenden Betriebe der Branche in Dänemark entwickelt, und, so Kejser, »*wir alle sind Nummern und Zahlen geworden, Räder in einer großen Maschinerie*«. Kejsers Motto lautet: »*Der einzelne ist nichts, das Geschäft alles!*«
Rund zwanzig Menschen umfaßt dieser kleine Staat, dessen »starker Mann« der machtbesessene Verkaufschef Johan Feddersen ist, der »Hecht«, der überall auftaucht, jeden belauert, die einzelnen gegeneinander aufhetzt, Furcht verbreitet und allmählich mit Gestapomethoden ein Terrorregime errichtet: »*Was aber war der ganze Feddersen ohne seinen Terror, ohne Schrecken und Überrumpelung? – Ein kleiner, frecher Strolch, ein machtkranker Kontorist!*« Alle Angestellten sind nur »Spielzeug« – so der dänische Titel des Romans – in seiner Hand; Mitarbeiter, wie der »Hauptmann« Ingolf Trane, der Prokurist, ein ehemaliger Militär, zwar etwas beschränkt, aber ordnungsliebend und grundanständig, werden von ihm hinausgeekelt. Aber »*Furcht und Terror vermögen wohl eine Herrschaft der Macht zu stützen, Blüte und Frucht kann man damit nicht erzwingen! Auch nicht eine glückliche Zusammenarbeit zwischen Menschen ... An Sicherheit fehlte es und Ruhe, an Kameradschaft und Zusammenarbeit; jeder strebte über den andern hinaus, und alle litten darunter: der Mensch litt Schaden.*« Wenn auch alle unter der ständigen Angst, »*der Boden könnte ihnen unter den Füßen wegsinken*«, ihr Äußerstes leisteten, so gab doch keiner sein Bestes, denn »*das Leben gedeiht nicht unter Terror*«. »Kejsers Spielwarenversand« gerät schließlich in immer größere finanzielle Schwierigkeiten, Frau Feddersen begeht im Verfolgungswahn vor ihrem tyrannischen Mann Selbstmord, und als die Firma vor dem Konkurs steht, inszeniert Feddersen, nachdem er kurz zuvor die Versicherungssumme erhöht hat, einen Brand, der das gesamte Lager vernichtet.
Der einzige Mensch, der in diesem Terrorregime seine Natürlichkeit und eine selbstverständliche Humanität bewahrt, ist die Jüngste in der Firma, die siebzehnjährige Kontoristin Klara Kvistgaard; »*der ganze Staat Kejser mit all seiner Politik und Parteienbildung wurde vor ihr armselig und lächerlich*«. Sie wird die Freundin und Geliebte des Kandidaten Martin Lind, eines verkrachten Medizinstudenten. Sein Vater, ein reicher Großkaufmann, hat ihn der Obhut seines Jugendfreundes Kejser anvertraut; allmählich arriviert Lind in der Firma – vor allem, nachdem sein Vater Kejser finanziell unter die Arme greift. Auch Lind ist ein Spielzeug in Feddersens Politik, aber er wird durch die instinktsichere Weiblichkeit Klaras noch rechtzeitig aus diesem Bann befreit und erkennt, daß ihm nur die Wahl bleibt zwischen ihr und der Firma. Er entscheidet sich für Klara, »*die nicht viele große und kluge Worte sagte und doch ein Ding zum Leben bringen konnte, nur indem sie es in ihre beiden Hände nahm*«, und setzt sein Studium fort.
M. BRØNDSTED hat nachgewiesen, daß sich der Titel des Buchs, *Spielzeug*, beinahe auf alle Personen (mit Ausnahme von Klara und dem Lagerarbeiter Karl Svendsen) beziehen läßt: In ihrem Kampf um Prestige erleiden diese Menschen eine Niederlage und gleiten zurück ins Stadium der Kindheit, wo sie sich mit Spielzeug trösten. Diese Bindung an ihre Kindheit hemmt sie und treibt sie zu Ersatzhandlungen. So schildert Branner mit großem psychologischem (an FREUD orientiertem) Einfühlungsvermögen jeweils entscheidende Eindrücke aus der Kindheit der einzelnen Personen und enthüllt Machtbegehren und Prestigekampf als Auswüchse einer verspäteten oder noch nicht überwundenen Infantilität. Von daher gesehen kann das Buch auch als ein Beitrag zur Psychologie des Dritten Reichs gesehen werden.
Es ist bezeichnend, daß die Psychologie des Kindes für Branner seit seinen Anfängen ein zentrales Thema war – in seinem zweiten Roman, *Barnet leger*

*ved Stranden*, 1937 *(Das Kind spielt am Strand)*, wird das schon am Titel deutlich. Neben dem »Kind im Mann« sind aber auch die anderen Grundthemen, die Branners weiteres Werk bestimmen, bereits hier gegenwärtig: »Leben, Tod und Angst« sowie die Verantwortung des einzelnen innerhalb der Gemeinschaft. Das Buch ist ein uneingeschränktes Bekenntnis zur Humanität: »*Das einzig Sichere in der Welt ist eines Menschen ethischer Wert.*« – Branner schildert die Menschen nicht nur in ihrem beruflichen Leben, sondern auch in ihrem davon zutiefst beeinflußten und abhängigen privaten Alltag. Bei allem Naturalismus in der Darstellung überwiegt ein symbolisches Element; auch die Sprache ist zwar konventionell, besitzt jedoch die unverkennbare Melodik und Rhythmik, die Branners späteres Werk kennzeichnen. F.J.K.

AUSGABEN: Kopenhagen 1936. – Kopenhagen [7]1984.

ÜBERSETZUNG: *Ein Dutzend Menschen*, F. Nothardt, Stg. 1946.

LITERATUR: M. Brøndsted, *Barnet hos H. Ch. B. En dokumentation* (in Edda, 59, 1959, S. 111–160). – J. Borgen, *H. Ch. B.* (in Vinduet, 16, 1962, S. 168–178). – T. L. Markey, *H. Ch. B.: An Encomium* (in Scandinavica, 7, 1968, S. 39–52). – K. E. Poulsen, *H. Ch. B.: »Legetøj« læst som fælleskabsroman med markering af tekstens kompositionelle greb til fortolkning af fælleskaber* (in Kritik, 1972, Nr. 23, S. 60–73). – H. Rømeling, *Den lille mand i 30'ernes litteratur*, Kopenhagen 1974, S. 82–99. – L. Ottosen, *H. Ch. B.s tidlige forfatterskab*, Kopenhagen 1975. – F. Klysner, *Den danske kollektivroman 1924–44*, Kopenhagen 1976, S. 69–95. – *H. Ch. B.s »Legetøj«*, Hg. H. u. A. Quaade, Kopenhagen 1978.

## RYTTEREN

(dän.; Ü: *Der Reiter*). Roman von Hans Christian BRANNER, erschienen 1949. – Die knappe äußere Handlung dieses Romans (E. FREDERIKSEN bezeichnet ihn als Branners »*durchsichtigstes Werk*«) steckt voll symbolischer Mehrdeutigkeit. Zeitlich umfaßt sie in fünf Abschnitten (*Morgen, Mittag, Nachmittag, Abend, Nacht*) die Tageszeiten des 32. Geburtstags der weiblichen Hauptfigur Susanne, der Schauplatz bleibt auf eine Straßenszene und wenige Interieurs in Kopenhagen beschränkt. Ursprünglich als Drama konzipiert, enthüllt der Roman vorwiegend in Dialogen und inneren Monologen die unbewältigten Vorgeschichten von vier Personen und ihre ungeklärten Beziehungen zueinander und zu einem Toten, dem naiven, furchtlosen »Kentaur« und »Reiter« Hubert, der vor Jahren in seiner Reitschule im Beisein der rotmähnigen schönen Susanne beim Sturz vom Pferd tödlich verunglückt ist. Bei seinem einstigen Schulfreund, dem gutmütigen, weichherzigen Arzt Clemens, wohnt nun Susanne, Huberts frühere Geliebte, die an ihrem Geburtstag, von der Erinnerung an den Toten getrieben, die Reitschule besucht. Auch für seinen brutalen, neurotischen Nachfolger Herman, der vergeblich versucht, Susanne durch Vergewaltigung zu unterwerfen, ist Hubert das Vorbild. Unglücklich geliebt wurde Hubert von der schmächtigen Lesbierin Michala, der Susannes zweiter Besuch gilt und die sich vergebens bemüht, sie zum Bleiben zu zwingen. Während Susanne auf diese Weise bei sich und anderen auf die traumatischen Bindungen an Hubert und die psychischen Verstörungen der Kindheit stößt, erlebt Clemens bei einem Verkehrsunfall und zwei Krankenhausbesuchen die Krise, die er als Aufforderung versteht, aus Angst und Schuldbewußtsein die Kraft zur Verantwortung zu schöpfen. Es gelingt ihm indessen erst, sich aus seiner »Clownsrolle« zu befreien, als Susanne am Abend ihre innere Abhängigkeit von dem toten Hubert überwindet und Clemens akzeptiert – als sie beide Schuld und Verantwortung als die unausweichlichen Folgen des menschlichen Sündenfalls begreifen.

In den raffinierten Milieuschilderungen und den brisanten, doppelsinnigen Dialogen dieses Romans kommt die Darstellung eines mythischen und psychoanalytischen Vorgangs zum Ausdruck, dem entspricht das System von Entsprechungen, Bezügen und Parallelen – auch zu den früheren Werken Branners –, das die Erzählung durchzieht. In der Diktion macht sich der Einfluß der Schriften FREUDS geltend, der sich freilich nicht in einer blinden Übernahme von dessen Theorien äußert. – Mit *Rytteren* gelang es Branner, tiefenpsychologische Analysen mit einer neuen humanitären Botschaft, erzählt mit großer sprachlicher Intensität, zu verbinden. Das Buch war gleich nach seinem Erscheinen ein großer Verkaufserfolg; es wurde als die »klassische« Dichtung der dänischen Nachkriegsliteratur empfunden, machte Branner in Skandinavien berühmt und löste eine lang anhaltende öffentliche Kulturdebatte aus; Einwände galten vor allem der Schematisierung der Figuren zu Verkündern einer moralischen Botschaft sowie der Gestalt des Clemens, die ein gefährliches Vorbild sei: So warnte Karen BLIXEN vor der Vermengung von Mythos (der Befreiung von Kentauren) und Mysterium (dem neuen Menschengott). B.Gl.

AUSGABEN: Kopenhagen 1949. – Kopenhagen [11]1967. – Kopenhagen [18]1981.

ÜBERSETZUNG: *Der Reiter*, F. Nothardt, Hbg. 1951 (rororo).

DRAMATISIERUNG: *Rytteren*. Schauspiel in vier Akten; Uraufführung: Stockholm. 4. 5. 1950, Lilla Dramaten; erschienen: Kopenhagen 1968 (in *Tre skuespil. Rytteren. Søskende. Termopylæ*); deutsche Bearb.: *Der Reiter und sein Schatten*, 1952.

LITERATUR: H. Ch. Branner, *Samtale med en klovn* (in Politiken, 1. 1. 1950; ern. in H. Ch. B., *Vand-*

*ring langs Floden*, Kopenhagen 1956). – N. K. Johansen, *»Rytteren« i ny belysning* (in Gads danske Magasin, 1950, S. 97 ff.). – H. B. Fonsmark, *H. Ch. B. En introduktion*, Kopenhagen 1951, S. 29–38. – K. Blixen, *H. Ch. B.: »Rytteren«* (in Bazar, 1, Nr. 1 u. 2, 1952; ern. in K. B., *Essays*, Kopenhagen 1965, S. 185–220). – C. Secher, *Humanismens sande krise. En analyse af H. Ch. B.s »Rytteren«* (in *Analyser af danske romaner*, Bd. 3, Kopenhagen 1977, S. 202–234).

## ET SPIL OM KÆRLIGHEDEN OG DØDEN

(dän.; *Ein Spiel um die Liebe und den Tod*). Hörspiel von Hans Christian BRANNER, erschienen 1960. – Branner ist der erste dänische Autor, der mit der Form des Hörspiels wirklich experimentiert hat. Im *Spiel um die Liebe und den Tod* nimmt er ein altes Thema wieder auf: die Liebe als verwandelnde Macht im Leben des Menschen.

Einem rücksichtslosen Geschäftsmann ist es gelungen, eine angesehene Tageszeitung in seinen Besitz zu bringen, und er feiert dieses Ereignis, indem er eine große Gesellschaft gibt. Die Anwesenheit seiner Frau hat den glänzenden Rahmen des Festes zu garantieren, ein bekannter Humanist und Publizist soll der Transaktion zudem idealistische Motive unterschieben. Während phrasenhafte Festreden das Anrüchige des ganzen Unternehmens zu verschleiern suchen, entwickelt sich zwischen diesen beiden eine Liebesbeziehung. Sie verlassen die Gesellschaft und wollen auf einer Reise durch Europa ein neues Leben anfangen. Aber in ihren Liebesdialog mischen sich die Stimmen des inzwischen erblindeten Geschäftsmannes und der wahnsinnig gewordenen Frau des Publizisten. Um ihre Liebe nicht durch Schuldgefühle zu zerstören, müssen die Liebenden die Vergangenheit in Gegenwart, den Tod in Leben verwandeln: *»Wir haben uns umgesehen, wir haben uns vom Leben dem Tod zugewandt. Nun müssen wir den Tod ertragen und ihn in Leben verwandeln.«*

Branner nutzt die spezifischen Möglichkeiten des Hörspiels, das keine szenische Begrenzung fordert, um seinem romantischen Evangelium der Liebe adäquaten Ausdruck zu verleihen. Die Reise der Liebenden gleicht einer Flucht aus Raum und Zeit. Ihre Liebe erfüllt sich in einem Bereich, in dem das Prinzip dauernder Verwandlung an die Stelle geographischer und historischer Fixierungen getreten ist und die Personen auf keine eindeutige Identität festgelegt sind. Die Sprache des Spiels weist durch ihre Bildhaftigkeit, ihre Ekstatik und Hymnik auf bestimmte Aussageformen moderner Lyrik hin.

A.Br.

AUSGABE: Kopenhagen 1960.

LITERATUR: G. Palm, *Ett spel om kärlek och skuld* (in Vindrosen, 1961, H. 2, S. 222–224). – T. Brostrøm u. J. Kistrup, *Dansk Litteratur Historie*, Bd. 4, Kopenhagen 1966, S. 498–500.

## SEBASTIAN BRANT

\* 1457 Straßburg
† 10.5.1521 Straßburg

LITERATUR ZUM AUTOR:
E.H. Zeydel, *S. B.*, NY 1967. – A. Gendre, *Humanisme et folie chez Sébastien B., Érasme et Rabelais*, Basel/Stg. 1978. – M. Lemmer, Art. *S. B.* (in VL², Sp. 992–1005).

## DAS NARREN SCHYFF

Moralsatire in Reimpaaren von Sebastian BRANT, erschienen 1494. – Das spätmittelalterliche Traditionselemente aus Zeitklage, Ständesatire, moralisierender Lehrdichtung, Totentanz, Schwankdichtung und Fastnachtsbrauchtum integrierende Hauptwerk des humanistisch gebildeten Juristen und Stadtbürgers Brant umfaßt 112 Kapitel, die in der Ausgabe von 1495 um zwei Kapitel, in den darauffolgenden Editionen um eine gegen Raubdrucke gerichtete »Verwahrung« erweitert wurden. Jedem Kapitel ist als Motto ein gnomischer Dreizeiler vorangestellt, der das im folgenden Holzschnitt Dargestellte und den Inhalt des mit einer knappen Überschrift versehenen Textes zusammenfaßt. In der *»vorred in das narren schyff«* deutet der Verfasser sein didaktisches Anliegen an: *»Zů nutz vnd heylsamer ler / vermanung vnd ervolgung der wyßheit / vernunfft vnd gůter sytten: Ouch zů verachtung und straff der narheyt / blintheyt yrrsal und dorheit / aller stät / vnd geschlecht der menschen«* habe er sein Narrenpanoptikum *»mit besunderem flyß ernst und arbeyt / gesamlet«*. Um seiner Zeitsatire eine große Publikumswirkung zu sichern, nutzt er bewußt *»die Stunde des illustrierten Volksbuches«* (H. Rosenfeld) und gibt für die des Lesens Unkundigen oder Unwilligen Holzschnitte bei, die indes weniger der Illustration als der Interpretation seiner Narrensammlung dienen. Zeigt das einprägsame, die Allegorie des Narrenschiffs verdeutlichende Titelbild in seiner unteren Hälfte noch sämtliche Narren zur Einschiffung »Ad Narragoniam« vereint, so werden sie in der Folge zu einer revuehaften Konfrontation mit dem Leser und Beschauer einzeln vorgeführt und in ihrer spezifischen Narrheit angeprangert. Alle von Brant gesammelten Schwächen, Vergehen und Laster sind personifiziert, was seine lehrhafte Tendenz – die unmittelbare Identifikation des Lesers mit dem im Narrenspiegel gezeigten Typus – unterstreicht: *»Den narren spiegel ich diß nenn / In dem ein yeder narr sich kenn / Wer yeder sy wurt er bericht / Wer recht in narren spiegel sicht / Wer sich recht spiegelt / der lert wol / Das er nit wis sich achten sol.«*

Vorbild für die anthropomorphe Verbildlichung abstrakter Narrheit dürfte der Katalog der sieben Todsünden gewesen sein, die man sich bereits im Mittelalter personifiziert vorgestellt hatte: Hoffart,

Wollust, Völlerei, Neid, Trägheit, Geiz und Zorn. Sie finden sich denn auch im *Narrenschiff* als Substrat menschlicher Torheiten, wie schon ein Blick auf einzelne Kapitelüberschriften lehrt: *Vberhebung der hochfart; Von wollust; Von füllen und prassen; Von nid vnd haßß; Von trakeit vnd fulheit*. Daneben stehen, wiederum als Narrheit gedeutet, Verstöße gegen die Zehn Gebote (*Von gottes lestern; Ere vatter und můter; Vom eebruch*; usw.), denen aber der universelle Moralist Brant keineswegs stärkeres Gewicht beimißt als schlichten Alltagstorheiten, wie sie etwa in den Kapiteln *Von nachts hofieren, Zů borg vff nēmen* oder *Von krankē die nit volgē* erscheinen. Sie alle werden mit der gleichen Ausführlichkeit behandelt, damit aber zugleich auch relativiert: Sünde ist Narrheit, und Narrheit ist Sünde. Kardinalfehler des Narren ist nicht seine (ohnedies unvermeidliche) Sündhaftigkeit, sondern seine verstockte Weigerung, sich als Sünder-Narr zu erkennen: »*Eym narr ist wer gesprechen dar / Das er reyn sig von sünden gar / Doch yedem narren das gebrist / Das er nit syn will / das er ist.*« Nur ein einziges Heilmittel hat Brant für eingefleischte Narren parat: Selbsterkenntnis. »*Dann wer sich für ein narren acht / Der ist bald zů eym wisen gmacht.*« Diese Einsicht und damit die Weisheit bei seinem Publikum zu befördern, bedient sich Brant bewußt einer negativen Sittenlehre. Den uneinsichtigen Sünder-Narren führt er fast ausnahmslos ihresgleichen vor: »*Schlym schlem / ein yeder findt sin glich.*« Ganz am Rande wird das Gegenbild der wiederum personifizierten Weisheit entworfen. »*Die ler der wisheit*« lautet: »*Wer mich lieb hat / den lieb ouch ich / Wer mich frü sucht / der fyndt mich / By mir ist richtům / gůt / vnd ere . . . Wer mich findt / der fyndt heil und glück / Der mich hasßt / der verdyrbt gar dick.*« Frau Weisheit vertritt hier ganz im Sinne des *Alten Testaments* Lebensklugheit und gesunden Menschenverstand, sie verkörpert eine im rationalweltlichen Bereich sich bewährende Vernunft, die jedoch in einer Art religiösem Utilitarismus über das irdische Wohl hinaus auch immer auf das jenseitige »*glück und heyl*« bedacht ist. Denn hinter dem Narrenreigen tauchen als ständige Bedrohung der Tod und die nah erwartete Apokalypse auf: »*Die zyt die kumt / es kumt die zyt / Ich vörcht der endkrist sy nit wyt.*« Äußere Indizien für das unmittelbar bevorstehende Weltende sieht Brant im allgemeinen Sittenverfall, im Versinken der Welt in Sünde und Narrheit und im damit verbundenen »*abgang des gloube*«: »*Wer oren hab / der merck vnd hör / Das schifflin schwancket vff dem mer / Wann Christus yetz nit selber wacht / Es ist bald worden vmb vns nacht.*« Als moralisierender Endzeitprediger im großen Narrenhaus dieser Welt ruft Brant zur allgemeinen Buße auf: zur Rückkehr zu der weltklugen, jenseitsgewissen Weisheit der alttestamentarischen Sapientia.

Brant, der sich selbst einen Kompilator nennt, verrät im *Narrenschiff* eine hohe Kunst gelehrten »Ausschreibens«. Als Quellen dienten ihm die Bücher des *Alten Testaments*, vor allem die *Sprüche Salomos, der Prediger Salomo* und die (apokryphe) *Weisheit Salomos. Das Neue Testament* zog er nur in Teilen heran, die klassische römische Literatur (OVID, VERGIL und JUVENAL), die mittelalterliche Gnomik sowie die Dekretalien des römischen Rechts. Sie liefern ihm das virtuos gehandhabte Material zu seinem Narrenkatalog, der sich in ziemlich willkürlicher Anordnung präsentiert und in der Tat zunächst nicht als Buch, sondern als Folge von losen Flugblättern geplant gewesen sein mag. Die mit Motto, Holzschnitt und überwiegend 34- bzw. 94zeiligem Text flugblattgerechte Gliederung der Einzelstücke deutet darauf hin. Die einzelnen Kapitel der enzyklopädisch ausgeweiteten Loseblattfolge sind fast durchgehend nach einem einheitlichen Schema gebaut: Der ausführlichen Darstellung des Narren folgt eine sentenziös gehaltene »*moralische Argumentation*«, der sich eine Kette exemplarischer »*historischer Beweisstücke*« (H.-J. Mähl) anschließt. Die kunstvoll-realistischen Holzschnitte – sie stammen zu mehr als zwei Dritteln höchstwahrscheinlich vom jungen Albrecht Dürer – vervollständigen und interpretieren einen Text, der sich mit seiner stark dialektgefärbten, oft derben, volkstümlich-witzigen Sprache dem Sujet als angemessen erweist.

Die innige Verknüpfung von Illustration und Text trug entscheidend dazu bei, daß das Werk zum größten deutschen Bucherfolg vor GOETHES *Werther* wurde. Allein zu Brants Lebzeiten erschienen noch sechs Originalausgaben und sechs Nachdrucke, bis zum Ende des 16. Jh.s vierzehn weitere Editionen. Die 1497 erschienene lateinische Version *Stultifera navis* des Brant-Schülers Jakob LOCHER, die unter Mitarbeit des Lehrers entstand, machte das *Narrenschiff* zum europäischen Erfolg; sie rafft den Stoff und läßt die Grundlinien klarer hervortreten. 1505 lieferte Jodocus ASCENSIUS eine zweite Übersetzung ins Lateinische. Der ersten Übertragung ins Niederdeutsche *Dat Narrenschypp* durch Hans von GHETELEN (1497) folgten Übersetzungen ins Englisch, Französische, Niederländische und Flämische; 1519 erschien eine weitere niederdeutsche Bearbeitung. Der wortgewaltige Prediger Johann GEILER VON KAISERSBERG legte das Werk einem Zyklus von 146 im Straßburger Münster gehaltenen Predigten zugrunde (1498/1499), die auch deutsch und lateinisch im Druck erschienen. In Kapitel 72 stellt Brant St. Grobian, den neuen Zeitheiligen, vor, dem später Friedrich DEDEKIND in seinem lateinischen *Grobianus* (1549) ein Denkmal setzt (verdeutscht von Kaspar SCHEIDT, 1551). Thomas MURNERS *Narrenschwerung* und *Schelmenzunft* (1512), die ohne das *Narrenschiff* nicht denkbar sind, leiten die von Brant inspirierte Narrenliteratur des 16. und 17. Jh.s ein, zu deren Hauptvertretern außer den bereits Genannten Pamphilius GENGENBACH, Johann FISCHART, Hans SACHS, ABRAHAM A SANCTA CLARA, Johann Michael MOSCHEROSCH und GRIMMELSHAUSEN gehören. C.St.

AUSGABEN: Basel 1494 u. ö. – Straßburg 1512. – Lpzg. 1854, Hg. F. Zarncke [m. Komm.]; ern.

Darmstadt 1973. – Lpzg. 1872, Hg. K. Goedeke (Deutsche Dichter des 16. Jh.s, 7). – Lpzg. 1872, Hg. K. Simrock [nhd. Übers.]; ern. Nendeln 1974. – Lpzg. 1877, Hg. H. A. Junghans; Nachdr. Stg. 1964 (Rev., Anm. u. Nachw. H.-J. Mähl; nhd. Übers.; RUB). – Stg. 1889, Hg. F. Bobertag (DNL). – Straßburg 1913 (Jahresgaben der Gesellsch. f. Elsässische Lit., 1; Nachw. F. Schultz; Faks. d. Erstausg.). – Basel 1913, Hg. H. Koegler [Faks.]. – Tübingen 1962, Hg. M. Lemmer (NdL). – Ffm. 1980 [ Einl. C. Träger; Textfassung u. Erl. E. Pradel].

LITERATUR: Th. Maus, *B., Geiler und Murner. Studien zum »Narrenschiff«, zur »Navicula« und zur »Narrenbeschwörung«*, Diss. Marburg 1914. – M. Wolters, *Beziehungen zwischen Holzschnitt und Text bei S. B. und Thomas Murner*, Diss. Straßburg 1917. – J. Kärnter, *Des Jakob Locher Philomusus »Stultifera Navis« und ihr Verhältnis zum »Narrenschiff« des S. B.*, Diss. Ffm. 1924. – H. H. Eberth, *Die Sprichwörter in S. B.s »Narrenschiff«*, Diss. Bamberg 1933. – F. Genschmer, *The Treatment of the Social Classes in the Satires of B., Murner, and Fischart*, Diss. Univ. of Illinois 1934. – M. Held, *Das Narrenthema in der Satire am Vorabend und in der Frühzeit der Reformation*, Diss. Marburg 1945. – P. Böckmann, *Die Narrensatire als Weg der menschlichen Selbsterkenntnis bei S. B.* (in P. B., *Formgeschichte der deutschen Dichtung*, Bd. 1, Hbg. 1949). – F. Winkler, *Dürer und die Illustrationen zum »Narrenschiff«*, Bln. 1951 (Forschungen zur deutschen Kunstgesch., 36). – B. Könneker, *S. B.: Das »Narrenschiff«. Interpretation*, Mchn. 1966. – U. Gaier, *Studien zu S. B.s »Narrenschiff«*, Tübingen 1966. – Ders., *Satire. Studien zu Neidhart, Wittenwiler, B. und zur satirischen Schreibart*, Tübingen 1967. – K. Singer, *Vanitas u. Memento mori im Narrenschiff des S. B. Motive und Metaphern*, Diss. Würzburg 1967. – G. Baschnagel, *»Narrenschiff« u. »Lob der Torheit«. Zusammenhänge u. Beziehungen*, Ffm. u. a. 1979. – B. Mischler, *Gliederung u. Produktion des »Narrenschiff« (1494) von S. B.*, Bonn 1981. – M. Lemmer, *Studien zur Wirkung von S. B.s »Narrenschiff«*, Diss. Halle 1981. – K. Manger, *Das »Narrenschiff«. Entstehung, Wirkung u. Deutung*, Darmstadt 1983.

## GERD BRANTENBERG

\* 27.10.1941 Oslo

## EGALIAS DØTRE

(norw.; Ü: *Die Töchter Egalias: ein Roman über den Kampf der Geschlechter*). Roman von Gerd BRANTENBERG, erschienen 1977. – Brantenberg setzt sich in diesem Werk ebenso wie in ihren zahlreichen Artikeln in Frauenzeitungen und -zeitschriften mit der Frage nach der Stellung der Frau in der Gesellschaft auseinander. Die Auflehnung gegen die bestehende, die persönlichen Entfaltungsmöglichkeiten einschränkende soziale Ordnung und die Emanzipation (im ursprünglich gemeinten Sinn) sind die zentralen Themen, die sie in diesem Roman auf höchst ironische Weise – auch der in der deutschen Übersetzung hinzugefügte Untertitel ist ironisch zu verstehen – darstellt. In *Egalias døtre* entwickelt die Autorin die Utopie eines Matriarchats – das Gemeinwesen »Egalia« –, das nach denselben Gesetzmäßigkeiten funktioniert wie das Patriarchat. Die Umkehrung der Geschlechterrollen verdeutlicht, daß Macht und Unterdrückung durchaus auch von der anderen Seite ausgeübt werden können, womit die Praxis der traditionellen Rollenverteilung von Mann und Frau auf der Grundlage ihrer »natürlichen« Voraussetzungen als fragwürdiges Vorurteil entlarvt wird. Im Roman wird nun der Rollentausch auch auf der sprachlichen Ebene konsequent vollzogen: alle männlichen Attribute sind durch weibliche ersetzt (*Wibschen* für »Menschen«, *Befrauschung* für »Beherrschung« usw.). Der erste Teil des konventionell gebauten und in einem traditionellen Erzählstil verfaßten Buches besteht aus einer Situationsbeschreibung der in Egalia herrschenden sozialen und rollenspezifischen Verhältnisse, der zweite zeigt den Versuch, diese umzukehren.

Da Männer nicht in der Lage sind, Kinder zu gebären, wird ihnen in Egalia die Rolle der untergeordneten und schwächeren Gesellschaftsgruppe zugeteilt. Ihre Lebensaufgabe besteht darin, von einer Frau das Vaterschaftspatronat angetragen zu bekommen, die gemeinsamen Kinder zu erziehen und dafür zu sorgen, daß die Frau unbehelligt von Alltagsproblemen ihrer Arbeit und ihren Interessen nachgehen kann. Den Eintritt in diese gesellschaftlich vorgegebene Position ermöglicht der im Frühjahr stattfindende Debütantenball, bei dem die jungen »Herrlein«, zum Sexualobjekt degradiert, auf ihre erste Erfüllung als Mann hoffen. Äußeres Zeichen der sexuellen Unterdrückung des Mannes ist, in ironischer Abwandlung, der »PH«. Trotz gewisser liberaler Tendenzen in Egalia wird Männern der Zugang zu Frauenberufen, wie etwa »Seefrau«, verwehrt. Gesellschaftliche Akzeptanz erfahren sie nur in ihrem traditionellen häuslichen Bereich. Durchbrochen wird diese Norm, aus ökonomischen Gründen, nur bei den sozial niederen Schichten. Während die Frauen in einem pompösen Festakt im Gebärpalast ihre Kinder zur Welt bringen, wird die Erziehungs- und Hausarbeit des Mannes sozial gering geachtet.

Nach dieser bissig-satirischen Darstellung des Status quo der egalitischen Gesellschaft schildert der zweite Teil die Konstituierung der »Maskulinistenbewegung«, die sich die Emanzipation des Mannes in der von Frauen bestimmten Gesellschaft zur Aufgabe gemacht hat. Der Protagonist Pretonius Bram, seine Schulfreunde und ihr Lehrer Herrlein Uglemose suchen, indem sie in von Frauen belegte

Bereiche wie etwa die Landarbeit vordringen, gemeinsam nach Lösungen der Männerfragen, nach mehr Selbständigkeit und einer geachteten Stellung in der Gesellschaft – nach Selbstbestimmung. Die Forderung nach Gleichberechtigung der Geschlechter gipfelt schließlich in einer öffentlichen PH-Verbrennung. Eine grundlegende Änderung kann die Maskulinistenbewegung trotz gewisser erzielter Freiräume aber nicht erreichen. Pretonius schreibt schließlich einen utopischen Roman mit dem Titel »Die Söhne der Demokratie« (eine Imitation von *Die Töchter Egalias*, verfaßt in der »normalen«, sexistischen Sprache der Männergesellschaft), den die Frauen in Egalia, über die mangelnde Einsicht des Verfassers in die Notwendigkeit der bestehenden Gesellschaftsordnung spöttelnd, als unvorstellbares, wenn auch in einigen Punkten bedenkenswertes Konstrukt bezeichnen. Am Ende von *Egalias døtre* bleibt die soziale Rollenverteilung der Geschlechter also erhalten.
Die Beschreibung einer Gesellschaft, die – mit anderen Vorzeichen – nach denselben Grundsätzen wie das Patriarchat funktioniert, läßt deutlich werden, daß eine Umkehrung der Rollen nicht wünschenswert sein kann. Die Unterdrückung eines Teils der Gesellschaft durch den anderen, gerechtfertigt durch die sogenannten »natürlichen« Prinzipien, wird von beiden Seiten her als falsch entlarvt. Eine Änderung der sozialen Rollenverteilung scheint nicht durch einen »Kampf der Geschlechter« realisierbar zu sein, sondern fordert andere Mittel und Wege, die Gerd Brantenberg in diesem Roman allerdings nicht aufzeigt.     R.Man.

AUSGABE: Oslo 1977; ³1984.

ÜBERSETZUNG: *Die Töchter Egalias: ein Roman über den Kampf der Geschlechter*, E. Radicke u. W. Sczepan, Bln. 1980; ¹²1984. – Dass., dies., Mchn. 1987.

LITERATUR: Sz, Rez. (in Der Tagesspiegel, 20. 7. 1980). – Chr. Melchinger, Rez. (in FAZ, 11. 8. 1980). – E. Borneman, Rez. (in Der Spiegel, 25. 8. 1980). – A. Ohlig, Rez. (in Stuttgarter Ztg., 4. 10. 1980). – V. Moberg, *A Norwegian Women's Fantasy: G. B.'s »Egalias døtre« as »kvinneskelig utopia«* (in Scandinavian Studies, 57, 1985, S. 325–332).

## PIERRE DE BOURDEILLE, SIEUR DE BRANTÔME

\* Mai 1537 Bourdeille
† 15.7.1614 Brantôme

LITERATUR ZUM AUTOR:
L. Lalanne, *B., sa vie et ses écrits*, Paris 1896. – G. de Piaggi, *Società militare e mondo femmenile nell'opera di B.*, Salerno 1970. – R. D. Cottrell, *B., the Writer and Portraitist of His Age*, Genf 1970. – A. Grimaldi, *B. et le sens de l'histoire*, Paris 1971. – A.-M. Cocula-Vaillières, *B.*, Paris 1986.

## VIES DES DAMES GALANTES

(frz.; *Das Leben der galanten Damen*). Anekdotische Memoiren von Pierre de Bourdeille, Sieur de BRANTÔME, entstanden seit 1589, erschienen 1665. – Brantôme begann seine Schriftstellerei nach einem abenteuernden Leben an diversen Fürstenhöfen und Kriegsschauplätzen Europas. Unmittelbarer Anlaß für die Hinwendung zur Literatur war seine erzwungene Untätigkeit nach einem unglücklichen Sturz vom Pferd. Das Gesamtwerk seiner Memoiren gliedert sich vom Thema her; neben den Bett- und Klatschgeschichten der *dames galantes* schrieb er die weniger frivolen *Vies des dames illustres de France de son temps*, die *Vies des hommes illustres et grands capitaines* sowie ein Buch über denkwürdige Duelle am französischen Hof. Seine Memoiren lagen zunächst nur in Abschriften vor. Der Titel ist ein auf Marktgängigkeit berechneter Buchhändlertitel des 17. Jh.s, unter dem das Werk bekannt wurde.
Die *Vies des dames galantes* enthalten die Elemente einer *chronique scandaleuse* des 16. Jahrhunderts. Namen werden – von den betreffenden Liebhabern abgesehen – nicht genannt. Doch sind die Begleitumstände meist so deutlich geschildert, daß eingeweihte Kreise über die Identität der Beteiligten nicht im Zweifel sein konnten. Brantôme ordnet seine Materie thematisch an: *Über die Damen, die sich in Liebesabenteuer einlassen und ihren Ehegatten Hörner aufsetzen* (I); *Über die Frage, was in der Liebe den größten Lustgewinn verschafft* (II); *Vom Charme schöner Beine* (III); *Von den Reizen der reiferen Jahrgänge* (IV); *Über die Vorliebe der Frauen für tapfere Männer und deren Hang für mutige Frauen* (V); *Von den fatalen Folgen indiskreter Prahlerei* (VI) und *Über die Frage, wer wohl am hitzigsten sei: Ehefrauen, Witwen oder junge Mädchen* (VII).
Brantôme behandelt seine Themen nach dem Motto »Naturalia non sunt turpia«, d. h. mit einer natürlichen Obszönität. In struktureller Hinsicht besteht eine entfernte Ähnlichkeit mit den frühen *Essais* MONTAIGNES: Der Autor stellt eine These auf und belegt sie anhand exemplarischer Begebenheiten. Die Verknüpfung resultiert aus einer Art Analogie- bzw. Kontrastdenken. Eine jede der Anekdoten erfährt durch die nächste ihre Korrektur, sei es, daß der zugrunde gelegte Erfahrungssatz in seiner Verbindlichkeit in Frage gestellt oder auch bestätigt wird. Dahin gehört unter anderem, daß tendenziell gleichartige Liebesabenteuer einen bald komischen, bald tragischen, häufig blutigen Ausgang nehmen.
Brantômes Memoiren waren ursprünglich nur in Form von Manuskripten verbreitet. Erst gegen Ende des 17. Jh.s kam in Leiden die erste Ausgabe her-

aus, der bald weitere folgten. In unserem Jahrhundert scheint Brantôme eine Renaissance zu erleben, zumindest im Hinblick auf die *Vies des dames galantes*. K.Rei.

AUSGABEN: Leiden 1665 *(Mémoires de messire P. de B., sieur de B., contenant les vies des dames galantes de son temps)*. – Leiden 1666 *(Mémoires. Contenant les vies des dames galantes de son temps)*. – Paris 1834 *(Les dames galantes*; Vorw. Ph. Chasles). – Paris 1913 *(Vies des dames galantes,* Hg. u. Komm. B. de Villeneuve). – Paris 1927 *(Les dames galantes,* Hg. u. Komm. M. Rat). – Paris 1928, Hg. u. Komm. H. Longnon. – Paris 1930, Hg. u. Komm. R. Vèze. – Paris 1981 (Folio).

ÜBERSETZUNGEN: *Aus dem Leben galanter Frauen*, L. v. Alvensleben, Grimma 1850. – *Boudoir-Geschichten. Frauenlieb und Leben in Frankreich*, anon., Hbg. 1874. – *Das Leben der galanten Damen*, W. A. Kastner, Lpzg. 1904; ern. 1919. – *Das Leben der galanten Damen*, G. Harsdoerffer, Lpzg. 1905. – Dass., E. Th. Kauer, Bln. 1930. – Dass., J. Wilkat, Mchn. 1966. – Dass., G. Harsdoerffer, Ffm. 1981, 2 Bde. (Insel Tb).

LITERATUR: H. Omont, *Notice sur les manuscrits originaux et autographes des œuvres de B*. ... (in Bibliothèque de l'École des Chartes, 65, 1904, S. 5–53). – H. Loss, *B., prosateur et poète* (in Revue du Seizième Siècle, 19, 1932/33, S. 159–192). – M. Rat, *B. et les dames* (in MdF, 1946, S. 450–458). – V.-L. Saulnier, *B. et J. Du Bellay* (in Bulletin du bibliophile, 1951, S. 107–125). – R. Coupland, *Simile and Metaphor in B.* (in Acta Linguistica, 13, 1961, S. 145–170). – R. Judrin, *»Les dames galantes« de B.* (in NRF, 26, 1965, S. 106–112). – A. Lorian, *Dames illustres, dames galantes et ... formules de raccord* (in Le Français Moderne, 35, 1967, S. 243–269). – P. Morand, *Préface aux »Dames galantes« de B.* (in P. M., *Mon plaisir en littérature*, Paris 1967, S. 24–28). – G. Price, *Influences espagnole, italienne et occitane sur la langue de B.* (in Revue de Linguistique Romane, 31, 1967).

## THOMAS BRASCH

* 19.2.1945 Westow / Yorkshire

LITERATUR ZUM AUTOR:
H. Beth, *Th. B.* (in KLG, 13. Nlg., 1983). – *Th. B.*, Hg. R. Weber u. M. Häßel, Ffm. 1987 (st.).

## MERCEDES

Stück von Thomas BRASCH, Uraufführung: Zürich, 5. 11. 1983, Schauspielhaus. – 1980 hatte Braschs Stück *Lieber Georg* Premiere, das vom kurzen Leben des expressionistischen Dichters Georg HEYM handelt. Noch im selben Jahr erschien der Gedichtband *Der schöne 27. September*, in der Folgezeit inszenierte Brasch die Filme *Engel aus Eisen* (1981) und *Domino* (1982), bevor er sich mit *Mercedes* wieder dem Theater zuwandte. Matthias LANGHOFF führte Regie bei der Uraufführung dieses Stücks, das ursprünglich unter dem Titel *Das Testament* angekündigt war und in dem Brasch die sein Werk dominierende Thematik des jugendlichen Außenseiters mit anarchischem Lebensgefühl in die »No-future«-Generation der achtziger Jahre verlegte.

Hauptpersonen des Stücks sind der junge Arbeitslose Sakko, der früher einmal davon lebte, daß er Autos der Marke Mercedes überführte, und die ehemalige Arzthelferin Oi. Sie begegnen einander auf einer Straße in der *»öden Heide«*, die zum Experimentierfeld ihrer Wünsche und Sehnsüchte wird, da weder die Aussicht, sich als Zeitsoldat beim Militär zu verpflichten, noch der Versuch, aus den Unkräutern am Straßenrand Rauschgift zu destillieren, einen Ausweg aus ihrer Leere versprechen. In verschiedenen Rollenspielen erproben sie die Flucht aus der Wirklichkeit, immer vor dem Hintergrund, einmal einen Mercedes sich leisten zu können, an dem »alles dran« ist – das Symbol für Freiheit und Unabhängigkeit. Die *»Versuchsanordnungen«* führen sie, unter *»Zuhilfenahme der Dichtung«*, in mythische Gebilde, *»unter Zuhilfenahme der Ökonomie«* in den Konsum, *»unter Zuhilfenahme der Politik«* in den Terrorismus. Ein vorbeikommender Mercedesfahrer, selbst eine unbestimmte Gestalt, bankrotter Unternehmer und Selbstmörder in einem, wird von den beiden an einen Mast genagelt; für Opfer wie Täter formuliert die Übertitelung des vorletzten von sechzehn Bildern das *»Gesamtergebnis des Versuchs: Die Unschärfe«*. Sakko wird schließlich beim *»Mercedes zählen«* auf der Straße überfahren: Oi hat ihn in der Annahme, ihm fehle der Mut zum Selbstmord, vor einen Mercedes gestoßen. Als sie an ihrem Tun zu zweifeln beginnt, erscheint der Geist von Sakko, der sie mit einem lakonischen *»Jetzthatershintersich Heuldochnich«* zu trösten versucht.

Mit seiner slanghaften Sprache (*»Son Mercedes wiederdasteht«*) und dem dramaturgischen Kunstgriff, die einzelnen Bilder durch entsprechende Titel zu *»Versuchsanordnungen«* zu erklären, erwies das Stück sich als durchaus publikumswirksam. Die Kritik dagegen, die sich an BECKETTS *Endspiel* oder *Warten auf Godot* erinnert fühlte, reagierte zwiespältig bis ablehnend auf diesen meist als *»zu modisch«* abqualifizierten Versuch, den Zeitgeist der achtziger Jahre auf die Bühne zu bringen. M.Pr.

AUSGABEN: Ffm. 1983. – Ffm. 1984 (in *Spectaculum*, Bd. 38).

LITERATUR: P. v. Becker, Rez. (in Theater heute, 1983, H. 12, S. 19–21). – C. B. Sucher, Rez. (in SZ, 7. 11. 1983).

**ROTTER. Ein Märchen aus Deutschland**

Stück von Thomas BRASCH, Uraufführung: Stuttgart, 21. 12. 1977, Württembergische Staatstheater. – Christof NEL inszenierte die Uraufführung dieses Stücks, das in der DDR begonnen und von Brasch erst nach seiner Übersiedlung nach Westberlin im Jahre 1976 vollendet wurde.
Rotter, der Titelheld, Metzger von Beruf und Nationalsozialist der ersten Stunde, verkörpert das opportunistische Lebensprinzip des deutschen Untertanen. Einem historischen Bilderbogen gleich läßt das Stück Stationen deutscher Geschichte zwischen 1932 und 1965 Revue passieren, gezeichnet aus dem Blickwinkel Rotters, der sich 1945 sofort den Sowjets zur Verfügung stellt, um »*Trümmer hinterm Hauptquartier*« zu räumen, der in der DDR zum »*Held der Arbeit*« avanciert, nachdem er auch während der Unruhen 1953 seine Parteitreue bewiesen hat, bis er schließlich erfährt, daß er für neue Aufbauarbeiten nicht mehr benötigt wird. Brasch verstand das Stück explizit als Studie des Mitläufers, des Pflichterfüllers schlechthin, gesehen als »*verhinderten Woyzeck*«: »*Das Psychogramm dieses Mannes, sein hundemäßiges Herumzerren an den eigenen Eingeweiden, seine plötzliche Kälte, sein ständiges kindisches Bedürfnis nach Liebe, sein lebenslanger Aufenthalt im Schoß (welcher Mutter, Frau, Gesellschaft auch immer) – all dies ist viel wichtiger zu zeigen, als irgendwelche aktuellen Bezüge. Die stellen sich sowieso her.*«
Gegenspieler Rotters ist der anarchistische Verweigerer Lackner, der sich in seiner ungehemmten Lebenslust auf keine Ideologie verpflichten läßt. Er, von Rotter bekämpft und zugleich gesucht, erscheint am Ende jedoch nicht weniger beschädigt als Rotter selbst. Beide enden sterbend in einem Tunnel, der »*ins Leere*« führt, nachdem Rotter, von einem »*Filosofen*« als der »*Neue Mensch*« interpretiert, »*ständig einsatzbereit, ohne hemmende Individualität im bürgerlichen Sinne*«, buchstäblich zerlegt und als Puppe neu zusammengesetzt wurde. Das existentialistische Pathos, das diesem Abgesang auf das Individuum innewohnt, wird gemildert durch die allegorisierenden Elemente des Stücks, durch seine irrealen Traumszenen, durch Zwischenspiele und symbolische Figuren wie den »*alten Kindern.*« Expressionistischer Sprachduktus, zum Fragmentarischen neigende Collagetechnik und der Verzicht auf jegliche psychologisierende Gestaltung, der auch Braschs *Lovely Rita* (1977) und *Lieber Georg* (1980) kennzeichnet, lassen Einflüsse Bertolt BRECHTS und vor allem Heiner MÜLLERS erkennen. M.Pr.

AUSGABE: Ffm. 1978 (*Rotter Und weiter. Ein Tagebuch, Ein Stück, Eine Aufführung;* es).

LITERATUR: P. v. Becker, Rez. (in SZ, 28. 12. 1977). – G. Hensel, Rez. (in FAZ, 23. 12. 1977). – P. Iden, Rez. (in FRs, 25. 12. 1977). – B. Henrichs, Rez. (in Die Zeit, 6. 1. 1978). – H. Schödel, Rez. (in Theater heute, 1978, H. 2, S. 39–43).

**VOR DEN VÄTERN STERBEN DIE SÖHNE**

Prosatext von Thomas BRASCH, erschienen 1977. – Der erste Prosaband des Autors entstand in der DDR, konnte dort aber nicht veröffentlicht werden. Nachdem der Westberliner Rotbuch-Verlag das Manuskript übernommen hatte, signalisierten die Kulturbehörden der DDR dem Autor nach dessen Angaben ein Publikationsverbot; daraufhin übersiedelte Brasch 1976 in den Westen: »*Da ich ... sechs Theaterstücke, über zweihundert Gedichte und zwei Szenarien geschrieben habe und auf dieses Rotbuch ziemlichen Wert lege, mir auch wichtig ist, daß es in dieser Zeit erscheint, habe ich gemeint, daß ich in einem anderen Land einen Anfang machen müßte.*« Die Begleitumstände führten bei der bundesdeutschen Literaturkritik zu einer ungewöhnlich aufmerksamen Aufnahme dieses Prosadebüts, das man als repräsentative Kritik des DDR-Alltags aus dem Blickwinkel der Nachkriegsgeneration deutete.
In lakonischer Manier erzählt der Band, dessen elf Texte in drei Kapitel gegliedert sind, von den scheiternden Versuchen meist jugendlicher Protagonisten, der Enge und Stagnation des DDR-Alltags zu entfliehen. Ein Ausweg aus dem lähmenden Status quo bietet sich aber nicht; weder die Flucht über die Mauer noch die Flucht in die Klischees der westlichen Beat- und Rock'n'Roll-Kultur eröffnet den Akteuren eine Perspektive, ihre individualistischen Lebensentwürfe gegenüber den geltenden Normen durchsetzen zu können. Was bleibt, ist eine amorphe Utopie, tauglich weder zur Auflehnung noch zur Resignation: »*Was ich will, schrie er, diese Nabelschnur durchreißen. Die drückt mir die Kehle ab. Alles anders machen. Ohne Fabriken, ohne Autos, ohne Zensuren, ohne Stechuhren. Ohne Angst. Ohne Polizei.*«
Der Subjektivismus, dem auch die Helden der späteren Texte und Filme von Brasch huldigen, sperrt sich gegen jede Form staatlicher Vereinnahmung, ob in westlicher oder in östlicher Gestalt. Insofern artikuliert Brasch in diesem Band weniger eine Kritik an den Verhältnissen in der DDR, vielmehr interessiert ihn die existentielle Seite des Konflikts, der für ihn eine gewisse Zeitlosigkeit zu haben scheint, wie die eingestreuten mythologischen Parabeln vermuten lassen. Dennoch gewinnt der Generationenkonflikt, der als Leitmotiv den Band beherrscht und bereits im Titel festgehalten ist, seine Brisanz aus der Tatsache, daß hier eine Generation sich zu Wort meldet, die den sozialistischen Staat nicht als historische Alternative zu Faschismus und Kapitalismus erfahren hat, sondern als »*deformierte Realität*« (Heiner MÜLLER), die die Selbstverwirklichung des einzelnen nicht zuläßt – eine Thematik, die nicht nur die ebenfalls 1977 erschienene Textsammlung *Kargo* von Brasch kennzeichnet, sondern charakteristisch ist für die DDR-Literatur der siebziger Jahre insgesamt. Brasch steht hier in einer Reihe mit Autoren wie Kurt BARTSCH, Volker BRAUN, Jürgen FUCHS, Erich LOEST oder Ulrich

PLENZDORF, deren Texte dokumentarisch oder parabelhaft eine kritische Bestandsaufnahme der DDR-Wirklichkeit unternehmen. M.Pr.

AUSGABE: Bln. 1977.

LITERATUR: R. Michaelis, Rez. (in Die Zeit, 7. 1. 1977). – K. Kiwus, Rez. (in FAZ, 29. 1. 1977). – R. Baumgart, Rez. (in SZ, 12. 2. 1977). – W. F. Schoeller, Rez. (in FRs, 12. 2. 1977).

## ROBERT BRASILLACH

\* 31.3.1909 Perpignan
† 6.2.1945 Montrouge

LITERATUR ZUM AUTOR:
J. Isorni, *Le procès de R. B.*, Paris 1946. – P. Vandromme, *R. B., l'homme et l'œuvre*, Paris 1956. – P. Sérant, *Le romantisme fasciste*, Paris 1960. – B. George, *R. B.*, Paris 1968. – C. Ambroise-Colin, *Un procès de l'épuration. R. B.*, Tours 1971. – G. Sthème de Jubécourt, *R. B., critique littéraire*, Lausanne 1972. – F. Garavini, *I sette colori del romanzo*, Rom 1973. – W. R. Tucker, *The Fascist Ego*, Berkeley u. a. 1975. – G. Almirante, *B.*, Rom 1979. – P. D. Tame, *La mystique du fascisme dans l'œuvre de B.*, Paris 1986 [Vorw. M. Bardèche].

### COMME LE TEMPS PASSE ...

(frz.; *Ü: Ein Leben lang*). Roman in sechs Episoden von Robert BRASILLACH, erschienen 1937. – Der Romancier, Essayist und Literaturkritiker Brasillach gehörte zu den herausragendsten intellektuellen Anhängern der faschistischen Rechten in Frankreich. Seit 1931 profilierte er sich als Literaturkritiker der extrem rechten »Action Française« und später als Chefredakteur der Zeitung ›Je suis partout‹, die später zu einem der wichtigsten Organe der Kollaboration wurde. 1937 nahm er am Nürnberger Parteitag der Nazis teil und begeisterte sich für den Nationalsozialismus. 1939 veröffentlichte er seine Version des Spanischen Bürgerkriegs *(Histoire de la guerre d'Espagne)*, ein Werk, in dem er offen für den Falangismus Partei ergriff. Seinen eigenen Weg in den Faschismus beschrieb er in *Notre avantguerre*, 1941 *(Unsere Vorkriegszeit)*. Die frühen Romane *Le voleur d'étincelles*, 1932 *(Der Funkendieb)*, *L'enfant de la nuit*, 1934 *(Kind der Nacht)*, *Le marchand d'oiseaux*, 1936 *(Uns aber liebt Paris)*, die noch wenig von seiner verhängnisvollen politischen Überzeugung spüren lassen, leben von den Kindheitserinnerungen Brasillachs und zeugen von seiner jugendlichen Lebensfreude und gleichzeitigen nostalgischen Sensibilität gegenüber der Flüchtigkeit des Augenblicks.

*Comme le temps passe* erzählt die Geschichte eines Liebes- und Ehepaars, das nach mancherlei Widrigkeiten und Anfechtungen seine wahre Bestimmung in einem gemeinsamen Leben erkennt. In der ersten Episode wird das geschwisterlich enge Verhältnis der Schwesterkinder René und Florence und ihre behütetes, weltabgeschiedenes Leben im Haus einer Tante auf Mallorca beschrieben. Diese paradiesische Zeit endet mit dem Aufbruch des jungen Mannes zum Studium nach Paris. Dort begegnet er Florence wieder, die ihm voller Sehnsucht nachgereist ist. An ihrer beider Zuneigung hat sich nichts geändert, sie heiraten und verbringen ihre Flitterwochen in Spanien (zweite Episode). Die dritte Episode schildert mit großer Zartheit und Kunst das Glück des körperlichen Sichfindens der beiden Liebenden. Die vierte Episode – mit dem Titel *Die Versuchung* – zeigt, wie sich in eine zur Gewohnheit gewordene Ehe langsam die Langeweile einschleicht. Bald läßt es René seiner Frau gegenüber an jener Zärtlichkeit fehlen, die zu Beginn ihres Verhältnisses so selbstverständlich war. Und eines Tages überrascht er sie in den Armen eines ihrer gemeinsamen Freunde, in dem sie in einer flüchtigen und schnell bereuten Gefühlsaufwallung einen Augenblick lang das Bild ihres Mannes wiederzufinden glaubte, den sie einige Jahre zuvor geheiratet hatte. Enttäuscht verläßt René sein Heim. Der Krieg bricht aus, und zwischen den Kämpfen gibt es für René nur gelegentliche flüchtige Freundschaften und Abenteuer: obwohl er unter der Leere seines Lebens leidet, kann er sich nicht zu einer neuen Bindung entschließen (fünfte Episode). Im Grunde warten Florence und er seit ihrer Trennung darauf, einander einmal zu begegnen, doch da keiner von beiden die Initiative zu ergreifen wagt, finden sie erst vierzehn Jahre später, als ihr Sohn bereits erwachsen ist und seinen eigenen Lebensweg gewählt hat, durch einen Zufall wieder zusammen und kommen zu einem jetzt ungetrübten späten Eheglück. Sie erkennen, daß sie sich nicht deshalb entfremdet hatten, weil sie von Natur aus nicht gegen die »böse Welt« gefeit gewesen wären, sondern weil sie auch im Alltag durchaus in ihrer paradiesisch kindlichen Unbewußtheit verharren wollten. Aber um zu dieser Einsicht zu gelangen, mußten sie erst einen weiten und mühevollen Weg durch Verfehlung und Schuld zurücklegen (sechste Episode).
Der Verlauf der Erzählung ist – der Vielschichtigkeit der Handlung entsprechend – mehrfach gebrochen und verschlungen. Der Erzähler, der sich als Freund Renés ausgibt, von dem er die Geschichte des Paares erfahren haben will, fungiert als allwissender Kommentator, der von Anfang an das Ende der verworrenen Wege kennt. Doch obwohl er den chronologischen Fortgang der Geschichte wiederholt unterbricht und die verschiedensten zeitlichen Perspektiven sich überlagern, muß man den Roman als ein straff komponiertes Werk in durchaus konventioneller Technik bezeichnen. – Mit dem Roman *Les sept couleurs*, 1939 *(Sieben Farben)* und seinem weiteren literarischen und journalistischen

Schaffen trat Brasillach dann offen in den Dienst faschistischer und antisemitischer Propaganda. Nach der Befreiung Frankreichs durch die Alliierten wurde der »Schreibtischtäter« Brasillach, im Gegensatz zu anderen führenden faschistischen Intellektuellen (z. B. Céline), nach einem aufsehenerregenden Prozeß als Kollaborateur hingerichtet.

KLL

Ausgaben: Paris 1937. – Paris 1954. – Paris 1963 (in Œuvres complètes, Hg. M. Bardèche, Bd. 2). – Paris 1978. – Paris 1983.

Übersetzung: Ein Leben lang, G. Grote, Mchn. 1938. – Dass., ders., Mchn. 1953. – Dass., ders., Mchn. 1956. – Dass., ders., Stg./Hbg. 1962.

Literatur: C. Filippi, Sur un exemplaire de »Comme il temps passe« (in Cahiers des Amis de B., 16, 1971, S. 56–64). – M. Bardèche, A propos de la réédition de »Comme il temps passe« (ebd., S. 61–70). – »Comme il temps passe« (ebd., 26, 1981; 27, 1982; Slg. verschiedener Beiträge).

## GEORGES BRASSENS

\* 22.10.1921 Sète
† 29.10.1981 Sète

**DAS LYRISCHE WERK** (frz.) von Georges Brassens.
Brassens' »*keineswegs attitüdenhafter Nonkonformismus ist für eine ganze Generation zum Identifikationsangebot geworden*« (D. Rieger). Der anarchistisch orientierte Sohn eines Maurers veröffentlichte 1942 den Gedichtband *A la venvole (Im Windflug)*, dem 1953 der Roman *La tour des miracles (Der Wunderturm)* folgte. Chansons wie *La mauvaise réputation (Der schlechte Ruf)* und *Le gorille (Der Gorilla)* standen 1952 am Beginn einer Publikumskarriere, die 1967 mit dem »Grand Prix de l'Académie Française« auch offiziell gekrönt wurde. Brassens' zumeist in der Ich-Form verfaßten 120 Chansons kreisen um die Themen Liebe, Frau, Freundschaft, Kritik am bürgerlichen Establishment, Individualismus, Sehnsucht nach einer idealisierten Vergangenheit und Tod. Das gesamte Werk ist vom Protest gegen alles Systematisierte und Normierte gekennzeichnet, der dem Lyriker-Sänger bei einem engagierten Publikum nicht nur in Frankreich zu großer Popularität verhalf.
Die selbstgewählte Außenseiterrolle des Poeten bringt bereits *La mauvaise réputation* zur Sprache, eines der berühmtesten Chansons Brassens', das sich mit der bedrohlichen Borniertheit der Bürger auseinandersetzt, die *»was dagegen haben, daß man eine andere Straße nimmt als sie«* (»*Non, les brav'gens n'aiment pas que / L'on suive une autre route qu'eux*«). Auch in *La mauvaise herbe (Das schlechte Kraut)* wendet sich der unverbesserliche Individualist gegen den menschlichen Herdentrieb: »*Les hommes sont faits, nous dit-on, / Pour vivre en band' comm' les moutons. / Moi, j'vis seul, et c'est pas demain / Que je suivrai leur droit chemin*« (»Die Menschen sind gemacht, so sagt man uns / um in einer Herde wie die Schafe zu leben. / Ich aber lebe allein, und auch nicht morgen / werde ich ihren rechten Weg einschlagen«). Brassens, der stets Spontaneität, Menschlichkeit und Natürlichkeit in den Vordergrund stellt, lehnt alle starren Ideologien ab: »*Il est fou de perdre la vi' pour des idé's / Des idé's comme ça, qui viennent et qui font / Trois petits tours, trois petits morts, et puis s'en vont*« (»Es ist verrückt, für Ideen das Leben zu verlieren / Für Ideen, die einfach so kommen und die / Drei Runden machen, drei kleine Tote, und dann wieder verschwinden«). Eine Lobeshymne auf die Solidarität eines einfachen Kohlenhändlers mit dem von der Polizei und allen »*wohlmeinenden Leuten*« Verfolgten singt Brassens im *Chanson pour l'auvergnat (Lied für den Kohlenhändler)*, das in Frankreich zur Schullektüre gehört: »*Toi l'étranger qui sans façon / D'un air malheureux m'as souri / Lorsque les gendarmes m'ont pris / Toi qui n'as pas applaudi quand / Les croquantes et les croquants / Tous les gens bien intentionnés / Riaient de me voir emmener*« (»Du der Fremde der du einfach so / Mir mit unglücklicher Miene zugelächelt hast / Als die Gendarmen mich packten / Du der du nicht einverstanden warst als / Die erbärmlichen Hündinnen und Hunde / All die wohlmeinenden Leute / Sahen wie ich abgeführt wurde und lachten«; Übers. D. Rieger).
Stets gilt die Sympathie des Poeten den verachteten sozialen Randgruppen. So identifiziert er sich in *Stances à un cambrioleur (Stanzen für einen Einbrecher)* mit einem Dieb (»*Si je n'avais pas dû rencontrer le succès / J'aurais, tout comme toi, pu virer malhonnête / Je serais devenu ton complice, qui sait?* – »Wenn mir der Erfolg nicht bestimmt gewesen wäre / Hätte ich wie du unehrenhaft werden können / Vielleicht gar dein Komplize, wer weiß?«) oder beklagt das bittere Los der Straßenmädchen: »*Bien que ces vaches de bourgeois / L'appel'nt des filles de joie / C'est pas tous les jours qu'ell's rigolent ... / Ell'sont méprisées du public / Ell's sont bousculées par les flics / Et menacées de la vérole*« (»Auch wenn diese Bürgerschweine / sie Freudenmädchen nennen / haben sie nicht alle Tage was zu lachen ... / Von den Leuten verachtet / Von den Bullen schikaniert / Und von der Syphilis bedroht«). Jene Ehrbarkeit der Dirnen, die sich mit harter Arbeit ihr Brot verdienen, wird mit der kirchlichen Heuchelei in punkto Sexualität konfrontiert. Während sich der Pfarrer in *Les trompettes de la renommée (Die Trompeten der Prahlerei)* mit der Geliebten des Dichters vergnügt (»*aux genoux d'ma maîtresse / Chantant la mélopée d'une voix qui susurre, / Tandis qu'ell'lui cherchait des poux dans la tonsure*« – »auf dem Schoß meiner Maitresse / Seine Litanei singend / Während sie ihm die Tonsur nach Läusen absuchte«), benutzt die frustrierte Pfarrgehilfin in *Mélanie* die Altarkerzen zu wenig sakralen Zwecken, »*que rigoureusement ma mère m'a défendu*

*de décrire ici!«* (»die zu beschreiben meine Mutter mir strengstens verboten hat!«). Wenn Gott wirklich existiert, das schleudert der Atheist Brassens den Pharisäern in *Le mécréant (Der Ungläubige)* entgegen, so wird er einsehen müssen, »daß ich mich kaum schlechter benehme, als hätte ich den Glauben. / Der Glauben kommt von selbst oder gar nicht« (*»Si l'Éternel existe, en fin de compte, il voit / Que je m'conduis guère plus mal que si j'avais la foi. / La foi viendra d'ell'même ou ell'ne viendra pas«*).

Zur bevorzugten Zielscheibe werden aber auch andere Typen der *gens bien*. Dem Patriotismus der Leute, die *»aus ihren Löchern hervorkriechen, um im Krieg zu sterben«* (*»Ils sortent de leur trou pour mourir à la guerre«*), steht Brassens völlig verständnislos gegenüber und spottet über einen alten Chauvinisten, der lieber stirbt, als die verordnete Arznei einzunehmen: *»Parc' que c'était à un Allemand, o gué! o gué! / Qu'on devait le médicament, o gué! o gué!«* (»Weil's ein Deutscher war, Alarm! Alarm! / Dem man die Medizin verdankte, Alarm! Alarm!«). Es sind die Opfer jenes Chauvinismus', denen das Mitleid des Dichters vorbehalten bleibt, so in *La tondue (Die Geschorene)* dem mißhandelten Deutschenliebchen, dessen Haarpracht *»rechtschaffene Sans-culotten und phrygische Mützen dem Hundescherer auslieferten«* (*»Les braves sans-culottes et les bonnets phrygiens... / Ont livré sa crinière à un tondeur de chien«*). Brassens besonderer Haß aber gilt allen Vertretern des Gesetzes. So wird in *Le gorille (Der Gorilla)* ein junger Richter gerechterweise das Opfer einer Vergewaltigung durch einen entlaufenen Menschenaffen: *»Car le juge, au moment suprême / Criait: ›Maman‹, pleurait beaucoup / Comme l'homme auquel le jour même / Il avait fait trancher le cou«* (»Denn als es soweit war / schrie der Richter ›Mama‹, weinte viel / Wie der Mann dem er am selben Tag / Den Hals abschneiden ließ«). Das anarchistische Chanson *Hécatombe (Blutbad)*, das wie *Le gorille* über Jahre hinweg nicht im französischen Rundfunk gespielt werden durfte, bejubelt wiederum ein Massaker, das die weibliche Landbevölkerung von Brive-la-Gaillarde unter einer Polizistentruppe anrichtete. In der an RABELAIS erinnernden Schilderung erwürgen die *»Mégères gendarmicides«* die Hüter des Gesetzes mit ihren enormen Schenkeln oder erschlagen sie mit ihren gewaltigen Brüsten: *»Ces furies à peine si j'ose / Le dire tellement, c'est bas, / Leur auraient mêm' coupé les choses / Par bonheur ils n'en avaient pas«* (»Diese Furien, kaum trau ichs mich zu sagen / Hätten ihnen sogar die Sachen abgeschnitten / Zu ihrem Glück hatten sie keine«).

Frauen und Liebe sind ein bevorzugtes Thema der Chansons von Brassens. Bukolische Traditionen des Barock zitiert z. B. das Chanson *Dans l'eau de la claire fontaine (Im Wasser der klaren Quelle)*, das die zarte Begegnung mit einem badenden Mädchen schildert, dem der Wind die Kleider fortgeweht hat: *»Avec le pampre de la vigne / Un bout de cotillon lui fis / Mais la belle était si petite / Qu'une seule feuille a suffi / Ell' me tendit ses bras, ses lèvres / Comme pour me remercier / Je les pris avec tant de fièvre / Qu'ell' fut toute déshabillée«* (»Hab zum Unterröckchen des Weines / Ranken zusammengefügt / Doch die Schöne war gar so klein es / Hat ein einziges Blatt schon genügt. / Sie bot mir die Lippen die Arme / Aus lauter Dankbarkeit. / Ich nahm sie und wurde so warme / Daß sie gleich wieder stand ohne Kleid«; Übers. N. Erné). Prosaischer zeigt sich die Liebe dagegen in *Les amours d'antan (Die Liebschaften von einst)*: *»Et les grands sentiments n'étaient pas de rigueur / Je te plais tu me plais viens donc beau militaire / Dans un train de banlieue on partait pour Cythère / On n'était pas tenu mêm' d'apporter son cœur«* (»Die großen Gefühle mußten nicht sein / Ich gefalle Dir Du gefällst mir komm doch schöner Soldat / In einem Vorortzug fuhren wir nach Kythera / Man war nicht einmal verpflichtet sein Herz mitzubringen«; Übers. D. Rieger). Das Chanson ist eine parodistische Verkehrung der berühmten *Ballade des dames du temps jadis (Ballade auf die Frauen von einst)*, die der von Brassens verehrte spätmittelalterliche *poète maudit* François VILLON verfaßt hat und die Brassens im übrigen auch vertonte. Den illustren Damen aus der Geschichte, Legende und Mythologie, denen Villon im Refrain *»Mais où sont les neiges d'antan«* (»Wo ist der Schnee vom vergangenen Jahr«) nachtrauerte, setzt Brassens seine dem eigenen Stand entsprechenden Liebschaften entgegen, unbekümmerte Grisetten, Wäscherinnen und Näherinnen, deren Namen Margot, Fanchon, Mimi, Manon, Nini oder Suzon eine Fülle von literarischen Anspielungen enthalten.

Sind es in *Les amours d'antan* noch die alten Liebeleien, denen der Dichter nostalgisch gedenkt, meditiert er in *Funérailles d'antan (Begräbnisse von einst)* über die vergangene Zeit der pompösen Beerdigungen: *»L'époque des M'as-tu-vu dans mon joli cercueil / Où quitte à tout dépenser jusqu'au dernier écu / Les gens avaient à cœur d'mourir plus haut qu'leur cul«* (»Die Zeit, wo die Toten noch arglos sich gebrüstet, wie schön sie gelegen im Sarg / Wo sie den heimlichsten Groschen bezahlt noch am Schluß / Wollte doch jeder gern sterben auf großem Fuß«; Übers. N. Erné), denen die Gegenwart nichts Gleichwertiges entgegenzusetzen hat. Der Tod selbst hat bei Brassens viele Gesichter, kommt gar in Gestalt einer koketten Verführerin (*»En troussant / Un peu plus haut qu'il n'est décent / Sont suaire«* – »Wobei er sein Leichentuch ein wenig höher schürzte / als anständig war«) und entrückt den Nonkonformisten *»Hors de porté / Des chiens, des loups, des homm's et des / Imbéciles«* (»Außer Reichweite / Der Hunde, Wölfe, der Menschen und der / Idioten«).

Die Chansons Brassens' kennzeichnet ein ständiges Jonglieren mit Zitaten aus der literarischen und folkloristischen Tradition: »Durch ein Spiel mit Anachronismen, Stilbrüchen und in einem fremden Kontext übertragenen Zitaten wahrt Brassens einen in allen Chansons gleichbleibenden ironisch distanzierten Ton« (K. Hölz). Die besondere Leistung des Chansonniers ist dabei in seiner Beherrschung zahlreicher sprachlicher Register zu sehen: »Die Mischung von Argot und ›français populaire‹ mit ›hohem‹ Sprachmaterial (Archaismen, literarische Sprache, Sprachmaterial aus Bereichen wie Mythologie,

Dichtung usw.), die zu einer Art Poetisierung des Argot führt, gehört zu den Kennzeichen der Sprache von Brassens, der dadurch sein Außenseitertum zu belegen versucht« (D. Rieger). W.R.

AUSGABEN: *A la venvole*, Paris 1942. – *La lune écoute aux portes*, Paris 1947. – *La mauvaise réputation*, Paris 1954; ern. 1986. – *G. B. Poésie et chansons*, Hg. A. Bonnafé, Paris 1964; ern. 1987, Hg. ders. u. L. Rioux. – *G. B.*, Hg. J. Brial, Paris 1981.

ÜBERSETZUNGEN: *G. B. Texte*, N. Erné, M. Remané u. G. Semmer, 3 Bde., Ahrensburg 1963–1969 [frz.-dt.]. – D. Rieger (in *Frz. Chansons*, Hg. ders., Stg. 1987, S. 248-263; Komm. S. 397-407; Ausw. von vier Chansons; frz.-dt.; RUB).

SCHALLPLATTEN: *Chansons de G. B., 1952–1976*, 4 Platten, o. J. [ca. 1985].

LITERATUR: J. Charpentreau, *G. B. et la poésie quotidienne de la chanson*, Paris 1961. – A. Bonnafé, *G. B.*, Paris 1963; zul. 1987. – A. Larue, *B. ou la mauvaise herbe*, Paris 1970. – K. Hölz, *Der gelehrte ›polisson de la chanson‹. Zur Anspielungstechnik bei G. B.* (in RJb, 23, 1972, S. 150-177). – W. Raible, *»Le pornographe«* (in W. R., *Moderne Lyrik in Frankreich*, Stg. 1972, S. 155-160). – Ph. Chatel, *B.*, Paris 1972; ern. 1980. – R. Fallet, *B.*, Paris 1973. – *Toute une vie pour une chanson*, Paris 1975 [Interview m. A. Sève]. – L. Hantrais, *Le vocabulaire de G. B.*, Paris 1976. – P. Wierichs, *Die Lyrik G. B.*', Münster 1977. – J. Schulze, *Das Grab am ›Lustort‹. Zu G. B.' Erneuerung der Seeidylle* (in RF, 89, 1977, S. 240-263). – R. Stellberg, *Die Chansons von G. B. und ihr Publikum*, Bern u. a. 1979. – P. Berruer, *B., la marguerite et la chrysanthème*, Paris 1981. – A. Larue, *G. B. Une vie*, Paris 1981 [Vorw. R. Devos]. – M. Barlow, *Chansons B. Analyse thématique*, Paris 1981. – M. Monestier u. P. Barlatier, *B., le livre du souvenir*, Paris 1982.

---

### IOAN ALEXANDRU BRĂTESCU-VOINEȘTI

\* 1.1.1868 Tîrgoviște
† 14.12.1946 Bukarest

LITERATUR ZUM AUTOR:
G. Ibrăileanu, *I. A. B.-V.*, Bukarest 1916. – D. Caracostea, *Poetul B.-V.*, Bukarest 1925. – R. Trandafir u. S. Marin: *I. A. B.-V. Biobibliografie selectivă*, Bukarest 1973. – M. Ionescu, *Întuneric și lumine. Antologie și bibliografie lui B.-V.*, Bukarest 1978.

## CĂLĂTORULUI ÎI ȘADE BINE CU DRUMUL

(rum.; *Dem Wanderer steht das Wandern gut*). Erzählung von Ioan Alexandru BRĂTESCU-VOINEȘTI, erschienen 1908. – Der Titel ist ein rumänisches Sprichwort, dem ungefähr das deutsche »Eile mit Weile« entspricht. – Der Großbauer Pitache Cojescu, rechtschaffen, doch ein eifriger Zecher, verjubelt nach und nach mit seinen Kumpanen beinahe sein ganzes Hab und Gut. Er kommt vorübergehend zur Vernunft und beschließt, sein letztes Geld als Pacht für eine Staatsdomäne anzulegen, um sich ein einigermaßen ruhiges Alter zu sichern. Zusammen mit seinem Freund bricht er zu Fuß auf, um die Domäne zu besichtigen. Aber schon an der ersten größeren Straßenkreuzung machen sie in einer Schenke halt, und obwohl sie ständig davon sprechen, daß »*dem Wanderer das Wandern gut steht*«, lassen sie sich von dem geschäftstüchtigen Wirt nur zu gerne allerhand Leckerbissen und Getränke aufschwatzen, bis sie schließlich wohlig satt und voll des süßen Weines ihr Vorhaben vergessen und glücklich einschlafen.

Brătescu erzählt frisch und humorvoll. Seine kleine Erzählung ist reich an volkstümlichen Redewendungen und Sprichwörtern und besticht durch ihre Einfachheit und Unbeschwertheit. J.M.

AUSGABEN: 1980 (in Viața Românească, 3, 1908, Nr. 7, S. 5–11). – Bukarest 1912 (in *Întuneric și lumină*). – Bukarest 1963 (in *Întuneric și lumină*; Vorw. A. Rusu; ²1971). – Bukarest 1978 (in *Întuneric și lumină*, Hg. M. Ionescu).

LITERATUR: M. Popescu, *Încercare de comparație între »Călătorului îi șade bine cu drumul« de I. B.-V. și »Înzăpeziții« de D. Patrașcu* (in Bul. Inst. d. Lit. 1922, Fasz. 3, Br. 4. Bul. Nr. 17, S. 173–178). – W. Roccato, *B. V. novelliere*, Rom 1939. – D. Caracostea, *Critice literare*, Bd. 1, Bukarest 1943. – D. Micu, *Început de secol. 1900–1916. Curente și scriitorii*, Bukarest 1970, S. 316–329.

## NEAMUL UDREȘTILOR

(rum.; *Das Geschlecht der Udrescu*). Novelle von Ioan Alexandru BRĂTESCU-VOINEȘTI, erschienen 1903. – Der Literaturkritiker Tudor VIANU (1897-1964) hat für die Novellen von Brătescu-Voinești ebenso wie für die Prosaschriften von Barbu DELAVRANCEA (1858–1918), Alexandru VLAHUȚĂ (1858–1919) und Duiliu ZAMFIRESCU (1858–1922) den Oberbegriff des »lyrischen Realismus« geprägt. Gemeinsam ist den genannten Autoren vor allem die Verbindung von objektiver Wirklichkeitsdarstellung und gefühlsbetonter, manchmal verallgemeinernder Reflexion. Es entsteht so das Bild einer Realität, das im Detail zwar exakt, im ganzen aber der subjektiven Perspektive des Autors – meist eine sentimental-idyllische Sicht der Vergangenheit – untergeordnet ist.

Seiner eigenen Aussage zufolge war Brătescu-Voinești mit wenig erfinderischer Phantasie begabt; die Fabeln und die Personen seiner Novellen lassen sich fast immer auf persönliche Erlebnisse und Beobachtungen zurückführen. Der Novelle *Neamul Udreștilor* liegt »*etwas von den Unstimmigkeiten zwischen meinen Eltern, hervorgerufen durch den Ehrgeiz meiner Mutter und die kluge Besonnenheit meines Vaters*« zugrunde. Die Personen dieser Novelle sind keine vielschichtigen Charaktere, sondern Typen, die jeweils von einer dominierenden Leidenschaft beherrscht sind. Diese Tatsache gilt für den Haupthelden Costache Udrescu, der von der Manie besessen ist, den Stammbaum seiner Familie zu rekonstruieren, ebenso wie für seine Schwester Luxița. Costache Udrescu ist der Typus des Bojaren alter Schule, der das Landleben dem mondänen Leben der Hauptstadt vorzieht und der die Habgier der emporgekommenen Pächter und Großbauern schärfstens verurteilt. Trotz des großen Altersunterschiedes heiratet Costache Sașinka Rupinski, eine junge Bojarentochter, die den größten Teil ihres Lebens in der Hauptstadt zugebracht hat. Um der Langeweile zu entgehen, versucht Sașinka – ohne Erfolg – ihren Mann dazu zu bewegen, sich an finanziellen Transaktionen und am politischen Leben zu beteiligen. Sie hingegen konzentriert sich ganz auf die Erziehung ihres Sohnes Raoul. Die Folgen dieses Einflusses bleiben nicht aus: Raoul vernachlässigt sein Studium und führt in Bukarest ein verschwenderisches und ausschweifendes Leben. Nach dem Tod seiner Eltern belastet er das väterliche Anwesen, zu dem er keine innere Beziehung besitzt, mit hohen Schulden. Nach seinem überraschenden Tod muß Luxița, die einzige Überlebende der Familie, ohnmächtig zusehen, wie das Gut in Udreşti an einen griechischen Emporkömmling übergeht.
In dieser Novelle werden die beiden Welten der patriarchalischen Bojaren und der neureichen Großbauern (der sog. *ciocoi*) einander gegenübergestellt, wobei die Sympathie des Autors eindeutig Costache Udrescu, dem Vertreter der traditionellen Rechtschaffenheit, gilt. Großzügigkeit und Gerechtigkeitssinn – das moralische Credo des Autors – haben aber in der neuen, auf Gewinn und Betrug ausgerichteten Gesellschaft keinen Platz mehr.
Eine verwandte Anschauung liegt auch einer anderen bekannten Erzählung des Verfassers zugrunde – der 1912 in dem Sammelband *Întuneric și lumină (Schatten und Licht)* veröffentlichten Novelle *Niculăiță minciuhă (Niculăiță der Lügner)*. Der Held der Erzählung, Nicolae Gropescu, ist ein überdurchschnittlich begabter Bauernjunge; obwohl der Dorflehrer dem Vater rät, seinen Jungen zur weiteren Ausbildung in die Stadt zu schicken, nimmt dieser aus materiellen Erwägungen den Vorschlag nicht an. Niculăiță ist froh, zu Hause bleiben zu dürfen, da er auf diese Weise seiner großen Leidenschaft – der Beobachtung von Leben und Verhaltensweise der Tiere – weiter nachgehen kann. Als er jedoch anderen die Ergebnisse seiner Beobachtungen mitteilen will, stößt er auf Gleichgültigkeit und Unglauben. Am meisten schmerzt es ihn, daß Salomia, das von ihm verehrte Mädchen, ihn »den Lügner« nennt. Durch einen Zufall tritt der latente Konflikt zwischen Niculăiță und seiner Umwelt offen zutage. Er findet einen Geldbeutel, in dem sich eine beträchtliche Summe befindet, und übergibt sie sofort dem Gendarmen. Als der Besitzer bei dem Jungen erscheint, verweist Niculăiță ihn an die Gendarmerie, wo der Vorsteher jedoch leugnet, das Geld erhalten zu haben. Bei der folgenden Untersuchung schenkt man dem »Lügner« Niculăiță keinen Glauben, und er begeht aus Protest gegen diese Ungerechtigkeit Selbstmord. Er ist das Opfer seines Wissensdranges und seiner Ehrlichkeit in einer von Dummheit, Vorurteilen und Habgier bestimmten Welt.
Sein wichtigstes ästhetisches Postulat, die »Wirklichkeitsnähe«, realisiert Brătescu-Voinești vor allem durch die wahrheitsgetreue Wiedergabe des gesprochenen Worts. Durch die Verbindung der direkten Rede mit dem naturalistischen *style indirecte libre* erweist sich der Autor als talentierter Nachfolger Ion Luca CARAGIALES (1852–1912).

G.Sc.

AUSGABEN: *Neamul Udreștilor*: Bukarest 1903. – Jassy 1908 (in *În lumea dreptății*). – *Niculăiță Minciună*: Jassy 1912 (in *Întuneric și lumină*). – Bukarest 1973. – Gesamtausgaben: Bukarest 1943. – Bukarest 1957. – Bukarest 1958 (in *Nuvele și schițe*). – Bukarest 1967. – Bukarest 1978 (in *Întuneric și lumină*).

LITERATUR: C. Caroni-Chilom, *Considerațiuni critice. Bd. 1: Nuvela lui I. A. B.-V.*, Bukarest 1938. – D. Micu, *Istoria literaturii române (1900–1918)*, Bd. 2, Bukarest 1965. – T. Vianu, *Arta prozatorilor români*, Bukarest 1966, S. 7–15. – D. Pillat, *Nuvelistica lui I. A. B.-V.* (in *Studii de istorie a literaturii române. De la C. A. Rosetti la G. Călinescu*, Bukarest 1968).

# ROMAN BRATNY

eig. Roman Mularczyk
\* 5.8.1921 Krakau

LITERATUR ZUM AUTOR:
W. Nawrocki, *B.*, Warschau 1972. – E. Rodé, *Czas równolegly. R. B.* (in Literatura, 21. 8. 1975, S. 4). – Z. Macużanka, *B. w swoim pokoleniu* (in Życie Literackie, Nr. 1069). – Dies., *R. B.*, Warschau 1982. – K. Golbergowa, *Dotrzymać kroku historii* (in Kontrasty, 1983, Nr. 12, S. 38 f.) – K. Koźniewski, *Ten cały B.* (in Życie Warszawy, 12./13. 4. 1986). – Z. Taranienko, *Zwięzłość. Rozmowa z R. B.* (in Z. T., *Rozmowy z pisarzami*,

Warschau 1986). – W. Kondratowicz, *Realizm krytyczny B.* (in Achipelag, 1987, Nr. 4, S. 66–70).

## KOLUMBOWIE, ROCZNIK 20

(poln.; Ü: *Kolumbus Jahrgang 20*). Roman von Roman BRATNY, erschienen 1957. – Obwohl erst zwölf Jahre nach dem Kriegsende und folglich nach etlichen, dieselbe Thematik aufgreifenden Büchern anderer Autoren erschienen, u. a. nach so populären wie ANDRZEJEWSKIS *Popiół i diament*, 1948 (*Asche und Diamant*), und CZESZKOS *Pokolenie*, 1951 (*Lehrjahre der Freiheit*), wurde Bratnys dreiteiliges »*Epos des polnischen Freiheitskampfes gegen die deutsche Besatzungsarmee*« sofort zum literarischen Ereignis des Jahres 1957.

Der ungewöhnliche Erfolg war zum einen auf das Erscheinungsjahr zurückzuführen – 1957 entflammte eine ideologische Diskussion, deren Gegenstand nach wie vor eng mit dem Okkupationsgeschehen zusammenhing –, zum anderen auf Bratnys Fähigkeit, anhand einiger individueller Biographien eine ganze Generation zu porträtieren: die in den fünfziger Jahren längst legendenumwobene junge Generation der Warschauer Intelligenz, die sich trotz unterschiedlicher intellektueller und politischer Tradition durch gemeinsamen Kampf in der ebenfalls bereits legendären »Armia Krajowa« (Heimatarmee) zusammenfand. Bratnys Absicht war es jedoch nicht nur, ein realistisches Bild jener Jahre zu liefern, schon gar nicht, das Verhalten dieser Jugend zu heroisieren – eine Vermutung, die wegen Bratnys AK-Zugehörigkeit (AK ist in Polen die gängige Abkürzung für »Armia Krajowa«) nahelege –, er bemühte sich um eine weit komplexere Schilderung: Die Handlung spielt nämlich in den Jahren 1943–1947, umfaßt also sowohl den entscheidenden Zeitabschnitt der deutschen Okkupation als auch die ersten Nachkriegsjahre, in denen dieselbe heranreifende Generation aus ihrem Konspirations- und Soldatendasein herausgerissen und vor die Notwendigkeit politisch-ideologischer Entscheidungen gestellt wurde.

Der erste Teil *Śmierć po raz pierwszy (Tod zum erstenmal)* führt in das besetzte Warschau. Im Mittelpunkt der Handlung stehen einige Untergrundkämpfer: Kolumb, wegen seiner jüdischen Herkunft auch Makkabäer genannt, seine Schwester Alina, der politisch engagierte und literarisch begabte Jerzy, dessen bester Freund Olek, der geschickte, zum Anführer prädisponierte Zygmunt, Kolumbs Freundin Basia u. a. Sie haben längst alle Regeln der Konspiration zu beherrschen gelernt; illegale Kurse der sogenannten »Fliegenden Universität« und konspirative Treffen junger Dichter gehören ebenso selbstverständlich zu ihrem Alltag wie Sabotage-Aktionen und Attentate auf deutsche Funktionäre. Der Widerstandskampf nimmt immer schärfere Formen an, hat mit der einst ausgeübten »Kleinen Sabotage« – Beschmieren von Wänden, Stinkbomben-Aktionen etc. – nichts mehr zu tun. Was anfangs nach großem Abenteuer aussah, ist nun zum Kampf auf Leben und Tod geworden. Basias Verhaftung durch die Gestapo und ihr Foltertod sind für die ohnehin zu schnell gereiften Zwanzigjährigen eine endgültige, schmerzvolle Zäsur zwischen Kind- und Erwachsensein. – Den Höhepunkt des Kampfes und das zentrale Thema des zweiten Teils *(Śmierć po raz drugi – Tod zum zweitenmal)* bildet der Warschauer Aufstand (ausgebrochen am 1. August 1944). Der verzweifelte Kampf, die brennende Stadt, die täglichen Opfer werden alsbald genauso als selbstverständlich betrachtet wie noch vor einigen Wochen die trotz Okkupation überfüllten Restaurants und Straßencafés. »*Die Granatwerfer eröffneten gerade den Alltag. Auf den Straßen hob das tägliche Treiben mit dem Laufen der Melder und dem Marschieren der Einheiten an. ... Diese ameisenhafte Geschäftigkeit war alles, was man der feindlichen Artillerie entgegenzustellen vermochte.*« Dem Realisten Bratny, der selbst an den Straßenkämpfen beteiligt war, gelang eine der in der polnischen Literatur eindrucksvollsten Schilderungen des Aufstands, zu der infernoähnliche Szenen – Verbrennungen bei lebendigem Leibe, Tod in den mit Exkrementen gefüllten Kanälen, durch die Zivilisten und Kämpfer von einem Stadtviertel zum anderen flohen, Qualen der Verwundeten, die während der ohne Narkose durchgeführten Operationen starben – ebenso gehören wie leise, intime Von-Mensch-zu-Mensch-Begegnungen – Freundschaftsbeweise, erste Liebesbeziehungen.

Während die Kritik den Dokumentarwert dieser beiden Teile einstimmig lobte, wurde der dritte Teil *Życie (Leben)* als weniger gelungen bezeichnet. Die Handlung spielt anfangs in der deutschen Gefangenschaft nach der Kapitulation der Aufständischen und schließlich im befreiten Polen und in Westeuropa nach dem Krieg. Die Wege der ehemaligen Freunde und Waffenbrüder haben sich getrennt: Zygmunt setzt als Anführer eines illegalen Partisanentrupps den Kampf fort, Kolumb ist in der Emigration geblieben, Jerzy nach Polen zurückgekehrt, um als Chefredakteur der Zeitung ›Stimme der Generation‹ und dann des Senders ›Welle der Generation‹ am Aufbau der neuen Gesellschaftsordnung mitzuwirken. Er wird jedoch von seinen ehemaligen, nun politisch anders gesinnten Kampfgenossen umgebracht, bevor ihn Kolumbs Brief erreicht, in dem jener ihm seinen Entschluß mitteilt, nach Polen zurückzukehren, denn, wie er sagt, »*nach dem Damals, nach unserem damaligen großen Abenteuer schmeckt kein privates, persönliches Abenteuer mehr*«. – Wiewohl Bratny zu den meistgelesenen Prosaautoren der polnischen Nachkriegsliteratur gehört, ist *Kolumbus* sein erfolgreichster Roman geblieben; die Bezeichnung »Kolumbus-Generation« ist zum festen Begriff in der polnischen Publizistik und im polnischen Bewußtsein geworden. M.Ki.

AUSGABEN: Warschau 1957. – Warschau [19]1987.

ÜBERSETZUNG: *Kolumbus Jahrgang 20*, V. Cerny, Mchn. 1961.

VERFILMUNG: (TV): Polen 1970 (Regie: J. Morgenstern).

LITERATUR: J. Sławiński, *Powieść o generacji Kolumbów* (in Twórczość, 1957, Nr. 10/11). – W. Bronska-Pampuch, *Literatur in Zimmerlautstärke. Drei polnische Romane der jungen Generation* (in Stuttgarter Zeitung, 27. 10. 1962). – Z. Macużanka, *Świadectwo poświęcenia: »Kolumbowie rocznik 20« R. B.* (in Kultura, 3. 8. 1969). – E. Bluszkowska, *Przeżycie pokoleniowe Kolumbów* (in Przegląd Humanistyczny, 1971, Nr. 4). – S. Melkowski, *Charyzmat Kolumbów (o prozie R. B.)* (in Miesięcznik Literacki, 1972, Nr. 7). – E. Sawicka, *Czekam na »Dzwon dla Kolumbów«* (in Tygodnik Polski, 1983, Nr. 42, S. 10).

## FELIX BRAUN

\* 4.11.1885 Wien
† 29.11.1973 Klosterneuburg bei Wien

LITERATUR ZUM AUTOR:
M. Oppenheimer, *F. B. Un poète autrichien* (in LangMod, 41, 1947).– F. B., *Das Licht der Welt. Geschichte eines Versuchs, als Dichter zu leben*, Wien 1949. – *Österreichische Dichter unserer Zeit. F. B. u. a.* (in Das Parlament, 9, 1959). – *F. B. zum 80. Geburtstag*, Einl. I. Emich, Wien 1966. – V. Suchy, *Das 'Licht der Welt' erlosch für ihn. Gedanken zum Tode F. B.s* (in A. Stifter-Institut, Vierteljahresschrift, 23, 1974, S. 15–22).

## AGNES ALTKIRCHNER

Roman von Felix BRAUN, erschienen 1927. – Felix Braun will in diesem seinem umfangreichsten Werk, dem er später den Titel *Herbst des Reiches* gab, nicht bloß Einzelschicksale darstellen, sondern das Schicksal eines ganzen Volkes in einer Zeitwende: die Auflösung und den Untergang des österreichischen Kaiserreichs. Auf fast tausend Seiten zeichnet er ein Bild des Verfalls der Donaumonarchie, gespiegelt im Leben und Verhalten eines größeren Personenkreises aus verschiedenen Schichten der Wiener Gesellschaft. Es sind oft kaum noch individuelle Gestalten, sondern Repräsentanten bestimmter Lebenshaltungen und Weltanschauungen. Auch Agnes Altkirchner, die Titelfigur, eine ungewöhnlich schöne und anziehende Generalstochter aus alter Familie, ist nicht eigentlich die »Heldin« des Romans; aber sie steht im Mittelpunkt von Ereignissen und Begebenheiten. Die Handlung spielt zwischen 1913 und 1919. Sie beginnt mit dem Vortrag eines Dichters, der den Untergang der gegenwärtigen Welt prophezeit. Im folgenden Jahr bricht der Krieg aus, zunächst von manchen begeistert begrüßt; doch bald breitet sich Ernüchterung aus, und die allgemeine Stimmung verschlechtert sich, je länger der Krieg dauert. An der Front kommt es zu Rückschlägen, in der Heimat wächst die Not, scheinbar feste Ordnungen und moralische Prinzipien lösen sich auf. Schließlich bricht das Kaiserreich zusammen. Österreich wird Republik; allmählich wird das Leben wieder ruhiger, und die Menschen beginnen, sich in den innerlich und äußerlich gewandelten Verhältnissen einzurichten. Derselbe Dichter, der am Beginn des Werks den Untergang vorausgesagt hatte, spricht am Schluß über die irdische und himmlische Liebe. Felix Braun, mit HOFMANNSTHAL befreundet und ein später Vertreter des Wiener Impressionismus, hat in dem Werk zum Teil eigene Erfahrungen und Erlebnisse gestaltet. Trotz aller Melancholie ist der Roman nicht ohne heitere Züge, doch wirkt die Sprache zuweilen etwas unnatürlich und gesucht.

I.v.L.

AUSGABEN: Lpzg. 1927. – Olten/Freiburg i. B. 1957 (*Herbst des Reiches*). – Wien/Hbg. 1965 [Nachwort J. v. Guenther].

LITERATUR: H. Bachmann, *Das Problem der Frau bei Sorge, Hauptmann, Schnitzler, F. B. (»Agnes Altkirchner«) u. a.* (in Jahresberichte für die dt. Lit.gesch., 1929). – G. Mühlberger, *Das epische Werk F. B.s*, Diss. Innsbruck 1972.

## TANTALOS

Verstragödie in fünf Akten von Felix BRAUN, erschienen 1917; Uraufführung: Karlsruhe, 27. 3. 1926, Badisches Landestheater. – In seiner freien Bearbeitung des Tantalusmythos stellte der österreichische Lyriker, Romancier und Dramatiker, wie in seinen zahlreichen anderen Umformungen antiker, biblischer oder mittelalterlicher Stoffe, das Thema des stellvertretenden Opfers in den Mittelpunkt. Auf einem persönlichen Erlebnis basierend – der als »Gnade« empfundenen Befreiung aus privater Krise –, sollte die Dichtung zugleich eine Antwort auf das Ereignis des Ersten Weltkriegs darstellen, so vor allem mit dem am Ende beschworenen Traum einer Menschheitserlösung, die den begrenzten Handlungsraum des Geschehens ins Kosmische ausweitet.

Das Stück spielt in Mykenai, in mythischer Zeit. Während Daidalos und Ikaros bei ihrer Arbeit am Löwentor eine Beglückung im Irdischen erfahren, können ihrem König Tantalos, einem faustischen Menschen, auch der Besitz höchster Macht und der Genuß privaten Glücks keine Befriedigung verschaffen. Er sucht das Unerforschliche zu ergründen und will die olympischen Götter von Angesicht sehen. Alle Warnungen mißachtend, besteigt er kühn den Olymp. Die Großmut der Götter bezeugt sich in einer Botschaft, die Hermes ihm von Zeus überbringt: Als Menschen verkleidet, werden Zeus und Hermes bei einem Gastmahl in Tantalos' Palast zugegen sein. Von seinem bösen Dämon, dem mephistophelischen Barbaros, wird Tantalos zu einer grauenvollen Untat angestiftet: Um ihre Allmacht zu erproben, setzt er den Göttern seinen eigenen Sohn Pelops als Speise vor. Zwar erweckt Zeus Pelops wieder zum Leben, Tantalos aber wird von ihm verflucht und von den Eumeniden durch Arkadien gehetzt. Endlich erkennt Tantalos seine unerhörte Schuld. Er stürzt den spottenden Barbaros ins Meer, doch dem Fluch kann er nicht entgehen, und so muß er Hermes ins Totenreich folgen. Im Tartaros klagt er um den »*erglänzenden / Liebreiz der Frucht, der geflügelten, flüchtigen, / die ich mit Händen doch niemals berühr*«. Von Alkestis geführt, dringt die Königin in das Reich der Schatten vor, um dem geliebten Gatten in seiner Qual beizustehen. Ihre opferbereite Liebe überwindet den Fluch: Mit Tantalos zusammen werden auch die übrigen Verdammten erlöst. Tantalos und seine treue Gemahlin aber leuchten von nun an als Doppelgestirn am Himmel.

Braun, einem Freund RILKES und HOFMANNSTHALS, ging es bei seiner Neubearbeitung des antiken Stoffs vor allem um die psychologische Deutung und Vertiefung des Mythos. So wollte er in den fünf »Erscheinungen«, wie er die Akte der Tragödie nannte, einen »*Bogen des menschlichen Lebens*« spannen und die Stationen einer seelischen Wandlung an Tantalos, dem Melancholiker, Kämpfer und Frevler, schließlich dem Umkehrbereiten, dem Büßenden und Erlösten, vorführen. – Der Mythos um Tantalos wird somit von abendländisch-christlichen Vorstellungen überlagert: Das Element grübelnden Zweifels, der faustischen Gottsuche in einer gottfernen Welt, Melancholie und die tragische Erfahrung einer verspäteten Erkenntnis bestimmen die Konzeption der Tantalos-Figur. Auch an den anderen Gestalten der Dichtung werden menschliche Grundpositionen sichtbar: das Werkethos des pflichtbewußten Herakles, der Schönheitsdurst des Träumers Ikaros, die Erdgebundenheit des Weisen Daidalos. Die Zentralidee einer Erlösung durch Liebe und Selbstopfer – ein vielleicht aus der *Alkestis* des EURIPIDES übernommenes Motiv, das jedoch auch bei GRILLPARZER und RAIMUND vorgebildet war – knüpft sich vor allem an die Gestalt der Königin, die in den letzten beiden Akten des Stücks dominiert. Hier wird auch das dramatische Geschehen zunehmend von Reflexionen und lyrischen Partien durchbrochen. Die feierliche Sprachgebung und das Übergewicht an allegorischen Handlungselementen rücken die Dichtung in die Nähe des christlichen Mysterienspiels spanisch-österreichischer Prägung.          G.O.

AUSGABEN: Lpzg. 1917. – Wien/Lpzg. ²1932. – Salzburg 1955 (in *Ausgewählte Dramen*).

LITERATUR: E. Michael, Rez. (in Das deutsche Drama, 1, 1918, S. 274–278). – J. Bithell, *F. B.'s Selected* Work (in GLL, 11, 1957/58, S. 205–213). – C. de. Baillou, *F. B. Dichter, Dramatiker und Mystiker unserer Zeit* (in Journal of the International Arthur Schnitzler Association, 6, 1967, 3, S. 13–25). – K. P. Dencker, *Literarischer Jugendstil im Drama. Studien zu F. B.*, Wien 1971 [zugl. Diss. Nürnberg 1970]. – S. Aentres, *Mythos als Darstellungsraum der Innerlichkeit. Studien zur Rezeption der Antike im dramatischen Werk F. B. s*, Diss. Wien 1975.

## LILY BRAUN

\* 2.7.1865 Halberstadt
† 8.8.1916 Berlin

## MEMOIREN EINER SOZIALISTIN

Roman von Lily BRAUN, erschienen 1909–1911. – Die Autorin »*eine Gefährtin . . . der Elenden und der Verfolgten*«, wie sie sich selbst bezeichnet, schildert in ihrer zweiteiligen Autobiographie (*Lehrjahre* und *Kampfjahre*), deren Titel bewußt an Malwida von MEYSENBUGS *Memoiren einer Idealistin* (1876) anknüpft, die Stationen ihrer Emanzipation von der gehorsamen preußischen Generalstochter zur Vorkämpferin der Frauenrechtsbewegung und der Sozialdemokratie. Trotz der veränderten Orts- und Personennamen und der Bezeichnung »Roman« zeichnet Lily Braun ein getreues Bild ihres Werdegangs, von dem sie schreibt: »*Alles und Alle sind Stufen, und ich bin noch keine rückwärts gegangen.*« Die Generalstochter Lily von Kretschmann (im Roman: Alix von Kleve), die ihre schriftstellerische Tätigkeit mit Goethe-Studien und Briefsammlungen aus der Weimarer Jugendzeit ihrer liberalen Großmutter Jenny von Gustedt begann, heiratete 1893 gegen den Widerstand ihrer konservativen Familie den gelähmten Professor Georg von Gizycki (Georg von Glyzcinski), einen Dühring-Schüler, der unter dem Einfluß D. HUMES und A. SHAFTESBURYS eine gesellschaftlich orientierte Moralphilosophie lehrte und aus seinen Sympathien für die Sozialdemokratie keinen Hehl machte. Zusammen mit seiner Frau gründete er die »Deutsche Gesellschaft für ethische Kultur«, ein Zweig der angelsächsischen »ethischen Bewegung«, der unter anderen Moritz von Egidy und Wilhelm von Polenz nahestanden. Vom Altruismusgedanken der »ethischen Bewegung« ausgehend, deren Ziel das »größte Glück der größten Anzahl« bildet, findet Lily von Gizycki zur Frauenbewegung, wo sie, entschlossen, Konvention und Tradition zu entlarven (»*Tradition und Konvention sah ich ihrer bunten Gewänder entkleidet als nackte Lügen vor mir . . .*«), in Artikeln und Reden auf die soziale Problematik der Frauenfrage hinweist. Nach dem Tode ihres Mannes befreundet sie sich mit dem sozialdemokratischen Publizisten und späteren Reichstagsabgeordneten Heinrich Braun (Heinrich Brand), den sie nach dessen Scheidung heiratet.

Diese Heirat und ihr Eintritt in die SPD führen zum endgültigen Bruch mit ihrer Familie. Aktiv in der sozialistischen Frauenbewegung tätig, schreibt sie für die von Clara ZETKIN (Wanda Orbin) herausgegebene Zeitschrift ›Die Gleichheit‹ und agitiert auf Kongressen und Versammlungen. In der Auseinandersetzung zwischen den Orthodoxen um BEBEL und Clara Zetkin und dem revisionistischen Flügel um Eduard BERNSTEIN (*Voraussetzungen des Sozialismus*, 1899), auf den Parteitagen von Hannover (1899) und Dresden (1903) steht sie mit ihrem Mann in der Kernfrage der Verelendungstheorie auf seiten der Revisionisten. Von den Publikationsorganen der Partei ausgeschlossen, versucht das Ehepaar zweimal vergeblich, eine eigene Zeitschrift, ›Die Neue Gesellschaft‹ (1905 und 1907), zum Erfolg zu führen. Nach diesen Fehlschlägen sieht Lily Braun in der freien schriftstellerischen Arbeit die einzige Möglichkeit für eine auch in ideeller Hinsicht unabhängige Existenz. Die Memoiren, die in lockerer Form Briefe, Tagebuchaufzeichnungen und Gedichte der Autorin aneinanderreihen und die in ihrer konventionellen Stillage nicht frei von Anklängen an die zeitgenössische Trivialliteratur sind, sind ein aufschlußreiches Zeugnis aus den Gründerjahren der deutschen Sozialdemokratie. Die auf den Parteitagen von Hannover und Dresden noch hinausgezögerte Revision der Marxschen Verelendungstheorie, die erst Jahrzehnte später offizielles Parteiprogramm wurde, wird von Lily Baun, der »*Publizistin des Gefühls*« (Gina Gärtler), vorweggenommen. Hatte sie während einer Englandreise angesichts des Elends der englischen Arbeiter noch geschrieben: »*Hier galt es nicht mehr, Einzelne vor dem Ertrinken zu retten, und Wunden zu verbinden, hier galt nur eines: die alte Welt, die ihre eigenen Kinder ermordete, zu zerstören, um der neuen Platz zu schaffen*«, so entfernte sich in der Folgezeit zusehends von ihrer radikalen revolutionären These. S.Re.

AUSGABEN: Mchn. 1909–1911, 2 Bde. (Bd. 1: *Lehrjahre*; Bd. 2: *Kampfjahre*); ern. 1922. – Bln. 1923 (in *GW*, 5 Bde. 2/3).

LITERATUR: J. Vogelstein, *L. B. Ein Lebensbild*, Bln. 1922. – G. Gärtler, *L. B. eine Publizistin des Gefühls*, Diss. Heidelberg 1935. – D. Borkowski, *Rebellin gegen Preußen. Das Leben der L. B.*, Ffm. 1985.

## VOLKER BRAUN

\* 7.5.1939 Dresden

LITERATUR ZUM AUTOR:
C. u. W. Hartinger, *V. B.* (in *Literatur der DDR in Einzeldarstellungen*, Hg. H. J. Geerdts, Stg. 1972).

– U. Reinhold, *V. B.s Konzept u. Realisierung einer gesellschaftsgestaltenden Dichtung im Sozialismus* (in *Weggenossen. 15 Schriftsteller der DDR*, Ffm. 1975). – *V. B.*, Hg. H. L. Arnold, Mchn. 1977 (Text + Kritik). – J. Rosellini, *V. B.*, Mchn. 1983. – U. Profitlich, *V. B.*, Mchn. 1985.

**DAS LYRISCHE WERK** von Volker BRAUN. Der Lyriker, Dramatiker und Prosaist Volker Braun gehört zu jener Generation von DDR-Schriftstellern, die, in der DDR aufgewachsen, den sozialistischen Staat nicht mehr vorwiegend als rettende Alternative zu NS-Herrschaft und Krieg erlebten, sondern als mühsamen Aufbauprozeß, dessen Entwicklung geprägt ist vom anhaltenden Widerspruch zwischen den Verheißungen der Zukunft und den Zwängen der Gegenwart. Wie Heiner MÜLLER oder Christa WOLF reflektiert Braun in seinen Texten die Antagonismen dieser Entwicklung, thematisiert die Möglichkeiten und Grenzen individueller Selbstverwirklichung wie die Rolle, die Literatur hier als Diskussionsmedium spielen kann: »*Es geht um die arbeitenden, planenden, genießenden Leute in ihrem umfänglichen Kampf mit der Natur, vor allem ihrer eigenen, der sozialistischen Gesellschaft. Denen braucht man nicht mit Parolen kommen, denen braucht man überhaupt nicht kommen.*« Braun zählte zu jenem Kreis junger Lyriker, darunter auch Sarah und Rainer KIRSCH, Wolf BIERMANN, Heinz CZECHOWSKI oder Karl MICKEL, die in den sechziger Jahren provokant gegen kulturpolitische Gängelei auftraten und das kritische Potential des Marxismus, sein Insistieren auf der Frage nach der Befindlichkeit des produktiven Individuums, auf die DDR selbst angewendet wissen wollten: »*Das Politische ist als menschliche Haltung Substanz des heutigen Gedichts, mit dieser Haltung steht oder fällt es: eine wirklich ›arbeitende Subjektivität‹ kommt ohne sie nicht aus.*« Das lyrische Ich, das in den Gedichten Volker Brauns erscheint, ist immer auch das gesellschaftliche Ich der modernen Industriegesellschaft sozialistischer Provenienz; aus diesem bewußt und zugleich distanziert komponierten Spannungsverhältnis gewinnt sein lyrisches Werk, das zum Bedeutendsten der DDR-Literatur gezählt werden muß, seine Qualität: *Provokation für mich* (1965), *Wir und nicht sie* (1970), *Gegen die symmetrische Welt* (1974), *Training des aufrechten Gangs* (1979) sowie *Langsamer knirschender Morgen* (1987).

Die frühen Gedichte Brauns (*Provokation für mich*, 1965) orientieren sich stark an der Lyrik des jungen Bertolt BRECHT; so entsprechen die *Anmerkungen* zu den vier Kapiteln des Bandes den »Anleitungen« der Brechtschen *Hauspostille*. In kraftvollen Bildern und knapper, provozierender Sprache versichert Braun sich des gesellschaftlich-politischen Aufbruchs in der DDR *(Anspruch:* »*Kommt uns nicht mit Fertigem. Wir brauchen Halbfabrikate ... Hier wird Neuland gegraben*«). Formal beeinflußt von dem Pathos der Sprechgedichte MAJAKOVSKIJS, verbindet er die Erfahrung entfremdeter Arbeit mit dem Wissen um die vorläufige, gesellschaftliche

Notwendigkeit dieses Zustands *(Jugendobjekt; Flüche in Krummensee)*; dabei thematisiert er schon früh das Verhältnis zwischen dem Selbstverwirklichungsanspruch des Einzelnen und den Anforderungen des Kollektivs *(Jazz:* »*Jeder spielt sein Bestes aus zum gemeinsamen Thema. / Das ist die Musik der Zukunft: jeder ist ein Schöpfer*«). Ausgesprochen erotische Gedichte verknüpfen das Liebeserlebnis mit sinnlich-konkreter Naturerfahrung.

In dem Gedichtband *Wir und nicht sie* (1970), dessen Titel auf eine Ode KLOPSTOCKS über die Französische Revolution anspielt *(Sie, und nicht wir)*, sieht sich Braun »*sozusagen als Staatsbürger, der das Wagnis der Vergesellschaftung in seinem deutschen Staat der fatalen Verlängerung der Vorgeschichte in dem anderen deutschen Staat*« entgegenhält. Dabei weist er aber jede selbstzufriedene Verherrlichung des bisher Erreichten ebenso zurück *(Lagebericht)* wie die Beschönigung übermenschlicher Arbeitsleistungen und unvollkommener Produktionsbedingungen *(Schwellen:* »*. . . sollte man kein Lob mehr lügen / Diesen Millionen / Die stur wie die Natur / Dulden, im Dreck stolz / Auf den Stationen der rauhen Strecke*«). Stattdessen fordert er dazu auf, das Bestehende zu verändern *(Prometheus:* »*Was glaub ich denn / Wenn nicht an uns? . . . wolln wir / in Vorzimmern warten auf / Die neue Verfügung?*«). Während in der ersten Auflage des Gedichtbandes das lyrische Ich sich bewußt in ein Kollektiv zurücknahm, tritt in der stark veränderten dritten Auflage (1979) eine deutliche Unterscheidung zwischen dem fortschrittlicheren Subjekt und dem noch unentfalteten »Wir« hervor *(Arbeiter, Bauern; Schöneweide)*.

Mit dem Titel seines dritten Gedichtbandes, *Gegen die symmetrische Welt* (1974), greift Braun ein HÖLDERLIN-Zitat auf und wendet sich damit gegen zunehmende Entfremdungserscheinungen in der sozialistischen Industriegesellschaft *(Die Industrie; Unwirsche Antwort)*. Das Ideal einer humanen Gemeinschaft *(Im Ilmtal)* steht im Spannungsfeld zwischen den »hinlänglichen Erfahrungen« des sozialistischen Alltags und den Zwängen der Arbeitswelt sowie den »allgemeinen Erwartungen« eines verwundbaren lyrischen Ichs *(Die Morgendämmerung:* »*Jeder Schritt, den ich noch tu, / reißt mich auf*«). Skepsis gegenüber dem Erreichten und ständiges Hinterfragen sollen die Belange des Einzelnen innerhalb der Gesellschaft sichern *(Allgemeine Erwartung; Der geflügelte Satz)*. Die Bauart der Gedichte wird komplexer, Naturbilder verdeutlichen die Bedeutung des privaten Bereichs für die Gemeinschaft *(Entscheidende Entdeckung:* »*Die Menschen blühn auf einmal aus sich / Wie ein Feld von Mohn, wie ein Feld / von zarten Gedanken, die sich einander zudrehn / und aneinander entfalten*«).

Mit dem Band *Training des aufrechten Gangs* (1979) werden die Gedichte Brauns radikaler und persönlicher. Zerstörte Hoffnungen und das Pochen auf ein Widerspruchsrecht finden ihren Ausdruck in einer an T. S. ELIOT orientierten Montage- und Assoziationstechnik. Der naive Naturgenuß ist nicht mehr möglich *(Material I: Wie herrlich leuchtet mir die Natur:* »*Woher soll ich es nehmen / Wonach ich verlange / aus diesem Sommer? . . . Wie rette ich mich / Vor diesem brausenden Nichts, das aus den Wiesen steigt / Diesem überdrüssigen Licht?*«); Reflexionen offenbaren die Entfremdung von ursprünglichen Verhaltens- und Lebensweisen, das Verhältnis von Mann und Frau ist reduziert auf reine Körperlichkeit *(Material II: Brennende Fragen)*. Der sarkastischen Tonlage mancher Gedichte steht die verzweifelte, auf Ernst BLOCH zurückgreifende Forderung nach dem »aufrechten Gang« des Individuums entgegen *(Höhlengleichnis)*, deren Verwirklichung Braun – in kritischer Selbstreflexion – an historischen Vorbildern demonstriert *(Prozeß Galilei; Bruno; Ist es zu früh. Ist es zu spät)*.

Die Gedichte des bislang letzten Bandes *Langsamer knirschender Morgen* (1987) entstanden bereits in den Jahren 1978 bis 1984; in ihnen bilanziert Braun seine eigenen Hoffnungen und Erfahrungen *(Material V: Burghammer:* »*Hier bin ich durchgegangen / Mit meinem Werkzeug Ab- / Geräumt der glaube*«), wobei er jede taktische Zurückhaltung aufgibt *(Das gebremste Leben:* »*Ein Fremdkörper, ichförmig / Im Verkehrsstau / Im Kopf: Rot . . . Zwei Stempel wegen überhöhter / Ach leck mich*«). Montagen von Bildungsgut und Verweise auf ältere Dichter (GOETHE, EICHENDORFF, KLOPSTOCK, JEAN PAUL, HOMER, HÖLDERLIN) lassen in Verbindung mit der nüchternen Gegenwartssprache spannungsvolle Assoziationsreihen entstehen, mit denen Braun einstige Zukunftserwartungen als immer noch uneingelöst beschreibt. Die globale Bedrohung und Zerstörung der Lebensgrundlagen werden auch als Folge von Pragmatismus und politischen Scheingefechten erkannt *(Gespräch im Garten des Chefs:* »*Wenn die Wahrheit, Asche im Mund / In eure Türen fällt / Werdet ihr sie wissen*«); es bleibt nur noch der individuelle Aufbruch *(Das innerste Afrika)*. Die 164 *Berlinischen Epigramme*, die den Band abschließen, sind eine Auseinandersetzung mit dem Arbeitsalltag und dem Bürokratismus in der DDR, sie reflektieren das Verhältnis zu Frauen, die Werke der Kollegen und den eigenen Schreibprozeß.

Braun, der in seinen ungeduldig-drängenden frühen Gedichten als Sprecher der jungen Generation auftrat, betrachtet seine subjektiven Erfahrungen immer auch als exemplarische. Er dichtet an gegen Erstarrung und Stagnation, sein Sprachgestus ist der des Aufbrechens und Sprengens; dabei läßt er sich nicht festlegen, er verändert und korrigiert das Geschriebene ständig *(Der Bauplatz:* »*Kommt uns / mit Fertigem, sag ich / Der schon anders sprach*«), was ihm von westlicher Seite den Vorwurf des Taktierens eintrug. Sich »*für die vielen Sachen, die zum Menschen gehören*« engagierend, sah er lange Zeit den Sinn seiner konstruktiv-kritischen Gedichte darin, »*auf die offenen Enden unserer Revolution hinzulaufen*«.

Bis Anfang der siebziger Jahre wird Brauns Lyrik geprägt von der Vorstellung, »*die politische Aktivität der Massen zu fördern*«, sein eigentliches Thema ist die Vermittlung zwischen »Ich« und »Wir«. Die an BRECHT geschulte provokant-dialektische Betrachtungsweise und das Aufbrechen sprachlicher Konventionen soll den Leser zur Reflexion seiner eigenen Situation animieren. Nicht selten stellen Ironie und Sarkasmus das Formulierte in Frage und drücken so die Skepsis gegenüber dem scheinbar schon Erreichten aus. Die praktische Wirkungsmöglichkeit der Gedichte wird zunehmend bezweifelt.

In den letzten Lyrikbänden kann die traditionelle Naturmetaphorik, die seit den frühen Gedichten immer auch den Lebens- und Arbeitsraum mit einbezog, der veränderten Wirklichkeit mit ihrer ökologischen und menschheitsbedrohenden Problematik nicht mehr gerecht werden; die bruchstückhafte, montierte Sprache vor allem der *»Material«-* Gedichte resultiert aus dieser desillusionierenden Gegenwartserfahrung *(Material V: Burghammer: »Mitteldeutsches Loch Ausgekohlte Metapher / Keiner Mutter Boden Loser Satz / Aus dem Zusammen FROHE ZUKUNFT / Hang gerissen«)*.

Braun, dessen spätere Dichtung *»eine Wendung vom geschichtlich Abstrakten zum individuell Konkreten innerhalb des Geschichtlichen«* zeigt (Cosentino/ Ertl), wandelt schließlich Louis FÜRNBERGS altes Lied über »Die Partei« ab: *»Die Bleibe, die ich suche, ist kein Staat ... Partei mein Fürst: sie hat uns alles gegeben / Und alles ist noch nicht das Leben. / Das Leben, das ich brauch, wird nicht vergeben« (Das Leben)*.                                                            C.Kn.

AUSGABEN: *Provokation für mich. Gedichte*, Halle 1965 [erw. 1975]. – *Vorläufiges. Gedichte*, Ffm. 1966 [enth. *Provokation für mich* u. weitere 23 Gedichte]. – *Wir und nicht sie. Gedichte*, Halle 1970 [veränd. 1979; Ffm. 1970]. – *Gedichte* (Ausw.), Lpzg. 1972 [erw. 1979]. – *Gegen die symmetrische Welt. Gedichte*, Halle 1974; Ffm. 1977. – *Poesiealbum 115* (Ausw.), Bln./DDR 1977; Mchn. 1977. – *Der Stoff zum Leben. Gedichtzyklus*, Pfaffenweil 1977. – *Training des aufrechten Gangs. Gedichte*, Halle 1979 (enth. *Der Stoff zum Leben*). – *Gedichte* (Ausw.), Ffm. 1979. – *Langsamer knirschender Morgen*, Ffm. 1987.

LITERATUR: M. Jäger, *Vom Wollen u. Wünschen, vom Schreien u. Tun. Die vorläufigen Provokationen des Lyrikers V. B.* (in M. J., *Sozialliteraten*, Düsseldorf 1973). – U. Heukenkamp, *Überantwortete Sinngebung* (in Zs. f. Germanistik, 1982, H. 2, S. 173–188). – C. Cosentino u. W. Ertl, *Zur Lyrik V. B.s*, Königstein/Ts. 1984. – J. Engler, *Mannschaftsraum Kopf. V. B.s Gedicht »Burghammer«* (in *DDR-Literatur '83 im Gespräch*, Hg. S. Rönisch, Bln./Weimar 1984). – G. Wolf, *Die gebrochene Ode oder: Training des aufrechten Gangs. Zur Lyrik V. B.s* (in G. W., *Im deutschen Dichtergarten*, Darmstadt/Neuwied 1985). – K. Corino, Rez. (in Stuttgarter Ztg., 5. 9. 1987). – W. F. Schoeller, Rez. (in SZ, 3./4. 10. 1987). – U. Wittstock, Rez. (in FAZ, 8. 12. 1987). – U. Heukenkamp, Rez. (in Neue Deutsche Literatur, 1988, H. 2, S. 131 bis 136).

## HINZE-KUNZE-ROMAN

Roman von Volker BRAUN, erschienen 1985. – Im Sommer 1981 hatte Braun das Manuskript seines ersten Romans abgeschlossen, doch erscheinen konnte das Buch erst vier Jahre später. Die gesellschaftspolitische Brisanz der Geschichte und die Suspendierung der ästhetischen Norm eines »sozialistischen Realismus« hatten zu kontroversen Auseinandersetzungen innerhalb der DDR-Kulturbürokratie geführt, die ein sofortiges Erscheinen unmöglich machten. Der stellvertretende Kulturminister Klaus Höpcke sorgte dann aber 1985 persönlich mit einer wohlmeinenden Kritik in ›Die Weltbühne‹ für günstigere Rahmenbedingungen. Auch das Nachwort von Dieter SCHLENSTEDT, das der Mitteldeutsche Verlag seiner Ausgabe beifügte (die in Frankfurt a. M. erschienene Ausgabe verzichtet darauf), sollte helfen, die massiven Einwände zu entkräften.

Es gehört zu einem auffälligen Stilelement Brauns, daß er den Erzähler mit Anmerkungen zum eigeEs gehört zu einem auffälligen Stilelement Brauns, daß er den Erzähler mit Anmerkungen zum eigenen Schreibprozeß, Kommentierungen und Relativierungen, die nicht abschwächen, aber ironisieren sollen, selbst zu Wort kommen läßt. Wie in fast allen literarischen Arbeiten Brauns finden sich auch hier Anlehnungen an literarische Vorbilder, darunter Laurence STERNE und JEAN PAUL. Selbst die Reaktionen auf seine satirische Darstellung der DDR-Wirklichkeit nimmt der Autor vorweg, in dem er eine fiktive Frau Prof. Messerle über den Roman *»beck-messern«* läßt. *»Der Autor hat das Werk nicht geplant bzw. den Plan nicht erfüllt. Er ist ein Opfer seiner Triebe, seiner Antriebe, seiner, nun, Sehnsüchte, seiner ... wir kennen das alle, Wunschvorstellungen ... Diese Figuren (schrie sie unvermittelt, unbegreiflicherweise) entwickeln sich einfach nicht!«* Doch die Realität holte Volker Braun ein: Nach Erscheinen des Buches in der DDR veröffentlichte das SED-Organ ›Neues Deutschland‹ eine vernichtende Kritik von Frau Prof. Anneliese Löffler; damit war Brauns Roman offiziös geächtet.

Thema und Stoff hatte Braun bereits 1968 in seinem Schauspiel *Hinze und Kunze* und 1983 in den – formal den BRECHTschen *Geschichten vom Herrn Keuner* und *Flüchtlingsgesprächen* nachempfundenen *Berichten von Hinze und Kunze* verarbeitet, für die Erzählung wählt er die Form der Collage: eine vielschichtige Textstruktur aus Reflexionen, rhetorischen Sprachgesten, Dialogen, essayistischen Einschüben, Zitaten (von Maxi WANDER bis Reiner KUNZE) und ideologiekritischen Sentenzen. Die Satire auf Erscheinungsformen des DDR-Alltags wird exemplarisch am *»Verhältnis zwischen Leitern und Geleiteten, eines geschichtlich überkommenen und nicht selten angenommenen ›Rollenverständisses‹«* (K. Jarmetz) vorgeführt. Die Namen Hinze und Kunze stehen, wie es die Redewendung auch meint, für jedermann, miteinander austauschbar; sie werden aber von Braun in jene Beziehung zueinander gestellt, die seit der Renaissance bis hin zum absurden Theater dazu dient, Herrschaftsverhältnisse zu kennzeichnen: die Beziehung von Herr und Knecht. So stehen für Hinze und Kunze Don Quichotte und Sancho Pansa, DIDEROTS Jacques der Fatalist und sein Herr, BRECHTS Puntila und sein Knecht Matti sowie BECKETTS Lucky und Pozzo aus *Warten auf Godot* Pate. Hinze ist der Chauffeur des Parteifunktionärs Kunze, den er in einem schwarzen Tatra durch die Republik fährt. Beide, Hinze und Kunze, sind Prototypen der DDR-Gesellschaft, die das *»gesellschaftliche Interesse, um dessenwillen«* auch der Autor, der Erzähler des Hinze-Kunze-Romans (hier durchaus gleichzusetzen mit V. Braun) überhaupt schreibt, verbindet; sie erfahren im Text keine Veränderung oder Entwicklung, sondern verbleiben in der Schwebe zwischen abstrakten Kunstfiguren und psychologisch determinierten Charakteren.

Kunze, sein äußeres Erscheinungsbild ist der Beschreibung eines Funktionärs in Franz FÜHMANNS Erzählung *Drei nackte Männer* entnommen, ist ein Vollblut-Politiker der Arbeiterklasse und zugleich ein Erotomane, der sich an jedem Rock vergreift, selbst an Lisa, Hinzes Frau. Das Kind, das sie zur Welt bringt, kann ebenso von Hinze wie auch von Kunze sein, aber es wird keinem der beiden Männern ähneln. Lisa ist die einzige Figur in dem handlungsarmen Roman, die einen Emanzipationsprozeß vollzieht. Hinzes und Kunzes Reise durch die DDR-Wirklichkeit, die sie in ihren Gesprächen kommentieren, erlebt ihren Höhepunkt auf einer Versammlung, auf der Kunze in Emphase verkündet: »Gebt Euch hin! Proletarier vereinigt euch! Es lebe der Frieden, es lebe der Orgasmus in der Welt!« Daraufhin wird Kunze für eine Weile in ein Sanatorium gesteckt, wo er sich von den Anstrengungen seiner gesellschaftlichen *»Selbstverpflichtung«* erholen kann.

Die Satire *Hinze-Kunze-Roman* ist die solidarische Kritik eines Sozialisten am ganz gewöhnlichen Alltag der DDR und am propagandistischen Programm einer Führungselite, die eigentlich die Gleichheit der Menschen zu verwirklichen vorgab, sie aber in der Praxis weder umzusetzen weiß noch, angesichts der Annehmlichkeiten des besser gestellten Lebens, diese Aufgabe als sonderlich dringlich empfindet. R.Di.

AUSGABEN: Halle/Lpzg. 1985 [Nachw. D. Schlenstedt]. – Ffm. 1985 [ohne Nachw.]. – Ffm. 1988 (es).

LITERATUR: S. Hoefert, *Die Faust-Problematik in V. B.s »Hinze und Kunze«* (in Amsterdamer Beiträge zur neuen Germanistik, 1978, H. 7, S. 147–163). – K. Höpcke, Rez. (in Die Weltbühne, 1985, H. 33, S. 1036–1039; vgl. H. 34, S. 1068–1071). – H. Vormweg, Rez. (in SZ, 9. 10. 1985). – H. Hartung, Rez. (in FAZ, 19. 10. 1985). – M. Lüdke, Rez. (in FRs, 23. 11. 1985). – R. Schneider, Rez. (in Der Spiegel, 23. 11. 1985). – S. Cramer, Rez. (in Die Zeit, 13. 12. 1985). – H. Kleinschmidt, Rez. (in Deutschland-Archiv, 1985, H. 12, S. 1258–1262). – H.-P. Klausenitzer, Rez. (ebd., S. 1348–1351). – K. Jarmetz, *Realismus mit Ecken und Kanten* (in Neue Deutsche Literatur, 34, 1986, H. 2, S. 132–139). – U. Heukenkamp, *»Hinze-Kunze-Roman« von V. B.* (in WB, 32, 1986).

## DIE KIPPER

Schauspiel von Volker BRAUN, Uraufführung: Leipzig 3. 4. 1972, Städtische Bühnen. – Braun überarbeitete sein Erstlingsstück mehrmals; eine erste Fassung *(Der totale Mensch)*, an der er seit 1962 arbeitete, blieb unveröffentlicht, 1966 publizierte Braun (in ›Forum‹, H. 18) eine zweite Fassung, betitelt *Kipper Paul Bauch*, bis 1972 die um drei Prosaskizzen ergänzte Spielfassung im Aufbau-Verlag erschien. Ähnlich wie Heiner MÜLLER in seinen Produktionsstücken thematisiert auch Volker Braun die Widersprüche, in denen sich der Aufbau einer sozialistischen Gesellschaft vollzieht. Zwar sind die allgemeinen Produktionsverhältnisse revolutioniert, ist die Ausbeutung des Menschen durch den Menschen abgeschafft, aber die Arbeitsbedingungen für den einzelnen haben sich nicht geändert; entfremdende, zermürbende Arbeit muß weiterhin getan werden. Der provokant formulierte Gegensatz zwischen dem individuellen Anspruch auf Selbstverwirklichung und den Erfordernissen der gesellschaftlichen Produktion führt Braun zur wiederholten Neukonzeption des Stücks, dessen Titeländerungen die dramaturgische Verlagerungen anzeigen: von der Schilderung eines Einzelschicksals *(Kipper Paul Bauch)* zur Geschichte eines Kollektivs, das den Einzelnen in die Pflicht nimmt.

Die stupide und entfremdete Arbeit in einem Tagebergbau veranlaßt den großsprecherischen Paul Bauch, den es bis dahin noch nie lange auf einer Arbeitsstelle gehalten hat, sich nach neuer Arbeit umzusehen. Als er jedoch erfährt, daß die Bedingungen für ihn überall gleich sind, beschließt er zu bleiben und in seiner Brigade nach Änderungsmöglichkeiten zu suchen. Sein Augenmerk ist auf die Erhöhung der Arbeitsleistung gerichtet und so treibt er, mittlerweile Brigadier geworden, nach einer nächtlichen Auseinandersetzung seine Brigade ungestüm zur Normüberfüllung an, wobei es zu einem Unfall kommt, durch den ein Kollege ein Bein verliert. Die Parteisekretärin Reppin, die Bauchs ungestüme, anarchische Kraftanstrengungen bisher toleriert hatte, wird daraufhin strafversetzt, Bauch selbst mit Gefängnis bestraft. Nach seiner Entlassung sieht Bauch sich einer neuen Situation gegenüber; zwar hat er erkannt, daß nicht die Erhöhung der Arbeitsleistung, sondern die Veränderung der Arbeitsqualität die eigentliche Aufgabe ist, aber seine Brigade hat sich von ihm und seinen erneuten, kühnen Rationalisierungsvorschlägen emanzipiert. Die Brigade setzt auf eine schrittweise Verbesserung der Arbeitsbedingungen, Bauch muß sich einordnen oder weiterziehen. Als Antreiber ist er überflüssig geworden, als produktiver Mitarbeiter aber wird er weiterhin benötigt.

Mit der Figur des Paul Bauch zeichnet Braun einen produktiven Helden, der die sozialistische Idee einer Arbeit, in der der Mensch sich voll entfalten und verwirklichen vermag, unmittelbar einzulösen versucht: »*Der einzelne ist ersetzbar, austauschbar. Er ist noch nicht etwas, was nur er ist. Er hat kein Gesicht, er hat nur einen Hebel in der Hand. Nicht er arbeitet, sondern der kleine Teil in ihm, der für den Hebel nötig ist. Der übrige Mensch bleibt noch stumm ... Ich will ganz gebraucht sein.*« Ähnlich wie in den Produktionsstücken Heiner MÜLLERs, und Braun greift dies in seinem Drama *Tinka* (1975) erneut auf, kollidiert dieser Anspruch mit einer Arbeitswelt, die noch nicht weit genug entwickelt ist, die aber auch die Gefahr in sich birgt, bei fortschreitender Rationalisierung (durch »*kybernetische Maschinen*«) die Arbeitsteilung und Vereinzelung des Arbeiters noch zu verstärken. Braun kommentiert hier durchaus skeptisch die Bemühungen der DDR, durch Modernisierung der Wirtschaft Anschluß an das »Weltniveau« zu erlangen und die subjektiven Bedürfnisse der Arbeiter dabei weiterhin zu vernachlässigen, weshalb man dem Stück auch »*subjektiv-idealistischen Voluntarismus*« vorwarf, die Verabsolutierung des Subjekts im Geschichtsprozeß. Dabei läßt Braun keinen Zweifel daran, daß der ungestüme Veränderungs- und Durchsetzungswille seines Paul Bauch nur bedingt ein taugliches Mittel ist, die »*Fabriken und Säle*« so zu verändern, daß die Arbeiter »*Platz haben drin*«. Zwar weckt der Kipper Paul Bauch die Produktivkraft des Kollektivs, aber da er nur seinen individuellen Antrieben folgt, steht er immer auch außerhalb der gemeinsamen Anstrengungen, muß er letztlich durch das Kollektiv diszipliniert werden. Brauns Stück kommt dabei nicht ohne pathetische Beschwörung des Aufbruchwillens des sozialistischen Staates aus: »*Der Staat besteht nur, wenn etwas in ihm vorgeht, und immer Neues ... Das, glaub ich, war's, was mich an dem Land kleben ließ, daß es ein andres wurde, wenn ich in kein anders fortging.*«

R.Di.-KLL

AUSGABEN: Bln./DDR 1972 (in SuF, H. 1). – Ffm. 1972 (in *Spectaculum*, Bd. 16). – Bln./Weimar 1972. – Ffm. 1976; ²1981 (in *Stücke 1*; st). – Bln./DDR 1983 (in *Stücke*; Nachw. K. Schuhmann).

LITERATUR: N. Bauer, Rez. (in FRs, 23. 3. 1972). – G. Cwojdrak, »*Kipper«-Premiere in Leipzig* (in Die Weltbühne, 1972, H. 11, S. 325–327; vgl. 1973, H. 15, S. 466–468). – M. Nössig, *Neue Ansprüche werden angemeldet* (in Theater der Zeit, 1972, H. 6, S. 16–19). – J. Beckelmann, *Das langweiligste Land der Erde* (in FRs, 6. 4. 1973). – H. Czechowski, »*Die Kipper*«. *Sprache, Stil, Struktur* (in WB, 1973, H. 7, S. 130–152). – G. Jaeger, *Faßbarer Fortschritt* (in Theater heute, 1973, H. 10, S. 29). – R. Michaelis, *Die Kipper im Ursprungsland* (in FAZ, 12. 4. 1973).

## UNVOLLENDETE GESCHICHTE

Erzählung von Volker BRAUN, erschienen 1975. – Braun gehört seit Ende der sechziger Jahre neben Christa WOLF und Heiner MÜLLER zu den wichtigsten DDR-Autoren. Bekanntgeworden war der engagierte Sozialist, der mit seiner Literatur nicht »*gegen die bestehende Gesellschaft [ der DDR ], sondern für sie, für ihre immanente Veränderung*« eintritt, vor allem durch Gedichtbände, Essays und Theaterstücke. Unumstritten war sein Werk nie, mit fast jeder neuen literarischen Arbeit löste er heftige Kontroversen in der DDR aus, und häufig verhinderte die repressive Kulturpolitik der DDR-Behörden die Veröffentlichung seiner Texte. So auch im Fall der Erzählung *Unvollendete Geschichte*, die zwar 1975 in der Literaturzeitschrift ›Sinn und Form‹ abgedruckt wurde, aber in Buchform bis heute (1988) nur in der Bundesrepublik erschienen ist und die, oberflächlich betrachtet, einen Familienkonflikt und eine tragische Liebesgeschichte zum Inhalt hat. Brauns Erzählung basiert auf authentischen Ereignissen.

Der Vater, ein hoher Parteifunktionär, verbietet seiner Tochter Karin den Umgang mit ihrem Freund Frank, da gegen ihn Verdacht auf Westkontakte vorliege. Nur zögerlich folgt sie dem väterlichen Verbot: sie sagt sich von Frank los, trifft sich dann aber wieder mit ihm, zieht sogar mit ihm zusammen. Karin wird schwanger und trennt sich schließlich auf massiven Druck des Vaters und ihrer Vorgesetzten in der Zeitungsredaktion, in der sie als Volontärin arbeitet, endgültig von ihm. Frank versteht Karins Verhalten nicht, akzeptiert auch die Trennung nicht. Er unternimmt einen Selbstmordversuch, wird aber gerettet und beide finden wieder zueinander. Sie »*hielten sich bleich aneinander fest. (...) Sie ließen sich nicht los. Hier begannen, während die eine nicht zu Ende war, andere Geschichten.*« – Der Plot dieser einfachen Geschichte erhält vor dem Hintergrund der gesellschaftlichen Verhältnisse im real existierenden Sozialismus eine weitreichende Dimension. Volker Brauns Erzählung über das Liebesglück zweier junger Menschen wird zu einem dialektischen Lehrstück über Mißtrauen und Angst, staatlichen Machtanspruch und individuelles Glück. Der Vater, Repräsentant eines Staates, der keine Rücksicht auf die Bedürfnisse seiner Menschen zu nehmen scheint, und die willfährigen Vertreter des Apparates zwingen Karin, die als ideale Tochter galt, und bei der bisher auch »*alles glatt gegangen*« war, die auf dem Weg war, ein überaus nützliches Mitglied der von ihr bejahten sozialistischen Gesellschaft zu werden, ihre Gefühle zu verraten aufgrund eines bloßen und nie erhärteten Verdachtes gegen ihren Freund Frank, der sich vom »*Rowdy*« zum unauffälligen jungen Mann gewandelt hatte. Aber seine Vergangenheit und seine Freundschaft mit einem »*Republikflüchtigen*« machen ihn weiterhin verdächtig. Karin wird sogar gezwungen, ihren Freund zu denunzieren, indem sie zwei Briefe des in die Bundesrepublik geflüchteten Bekannten den Behörden übergibt.

Die massiv durchgesetzten Sicherheitsinteressen des Staates führen zur Verwirrung der Gefühle, zu irrationalen Handlungen, zur Verunsicherung der eigenen moralischen Maßstäbe. Karins bisherige positive Persönlichkeitsentwicklung, im Sinne einer idealistischen Sozialistin, wird der vorgeblichen Staatsraison geopfert, verbogen. Das staatliche Über-Ich, personifiziert im Vater und seiner rigiden Ideologie (Braun stilisiert die rhetorischen Floskeln der Funktionärssprache), unterwirft sie einer widersinnigen Prüfung und Belastung, der sie nicht standzuhalten vermag. In der Verschränkung zwischen individuellen und gesellschaftlichen Interessenlagen unterliegt die freie Entscheidungsmöglichkeit des einzelnen, die Erfüllung seines privaten Glücksanspruchs. Ein Gesellschaftssystem, das angetreten ist, humanere Lebensbedingungen zu schaffen, desavouiert durch Überreaktionen aufgrund zwanghafter Ängstlichkeit die eigenen Ziele. Brauns Erzählung macht den Widerspruch zwischen postulierten Anforderungen an die Menschen, die für eine bessere Gesellschaftsordnung kämpfen sollen, und die betrübliche, zum Teil neurotische Praxis selbstkritisch deutlich.

Erzählt wird die *Unvollendete Geschichte* aus der Perspektive Karins, auf literarische Experimente verzichtet der Autor. In der Beschreibung von Bewußtseinsirritationen und Desorientierungen, in der Verschränkung von psychischen Zuständen mit realistischen Landschaftsschilderungen erinnern einige Passagen an BÜCHNERS Fragment-Novelle *Lenz* (Ch. W. Koerner), der Auftakt der Erzählung, wie ein »*Crescendo einer anhebenden Ouvertüre*« (H. Beth), läßt an KLEIST denken.   R.Di.

AUSGABEN: Bln./DDR 1975 (in SuF, H. 5). – Ffm. 1977. – Ffm. 1979 (BS).

LITERATUR: H. Beth, *Die Ver(w)irrungen des Zöglings Karin* (in Text + Kritik, Nr. 55, 1977, S. 49–57). – Ch. W. Koerner, *V. B.s »Unvollendete Geschichte«. Erinnerungen an Büchners »Lenz«* (in Basis, Bd. 9, 1979, S. 149–168). – F. Vassen, *Geschichte machen und Geschichte schreiben* (in MDU, 1981, H. 2, S. 207–224). – U. Brandes, *Zitat und Montage in der neueren DDR-Prosa*, Bern 1983, S. 148–172. – S. Stahl, *Der Ausbruch des Subjekts aus gesellschaftlicher Konformität*, Bern 1984.

## RICHARD BRAUTIGAN

\* 30.1.1935 Tacoma / Wash.
† Sept. 1984 Bolinas / Calif.
(aufgefunden 25. 10. 1984)

LITERATUR ZUM AUTOR:
*Bibliographien:*
J. Wanless u. Ch. Kolodziej, *R. B.: A Working Checklist* (in Crit, 16, 1974, S. 41–52). – S. R. Jones, *R. B.: A Bibliography* (in Bulletin of Bibliography, 33, 1976, S. 53–59).
*Gesamtdarstellungen und Studien:*
R. Loewinsohn, *After the (Mimeographed) Revolution* (in Tri-Quarterly, 18, 1970, S. 221–236). – R. Adams, *B. Was Here* (in New York Review of Books, 22. April 1971, S. 24–26). – J. Clayton, *R. B.: The Politics of Woodstock* (in New American Review, 11,1971, S. 56–58). – T. Tanner, *City of Words: American Fiction 1950–1970*, NY 1971, S. 406–415. – T. Malley, *R. B.*, NY 1972. – N. Schmitz, *R. B. and the Modern Pastoral* (in MFS, 19, 1973, S. 109–125). – Crit, 16, 1974, Nr. 1 [Sondernr. *R. B.*]. – Ch. Russell, *The Vault of Language: Self-Reflective Artifice in Contemporary American Fiction* (in MFS, 20, 1974, S. 349–359). – M. Pütz, *The Story of Identity: American Fiction of the Sixties*, Stg. 1979. – M. Chénetier, *R. B.*, Ldn. 1983. – E. H. Foster, *R. B.*, Boston 1983 (TUSAS). – C. Riedel, *»America, more often than not, is only a place in the mind«: Zur dichotomischen Amerikakonzeption bei R. B.*, Ffm. u. a. 1985. – C. Grossmann, *R. B. Pounding at the Gates of American Literature: Untersuchungen zu seiner Lyrik und Prosa*, Heidelberg 1986. – J. Boyer, *R. B.*, Boise/Id. 1987.

## THE TOKYO-MONTANA EXPRESS

(amer.; Ü: *Der Tokio-Montana Express*). Roman von Richard BRAUTIGAN, erschienen 1980. – Nachdem Brautigan mit insgesamt neun Gedichtbänden, einer Kurzgeschichtensammlung (*Revenge of the Lawn: Stories 1962–1970*, 1971) und sechs Romanen, von denen sich die letzten zunehmend in Gattungsparodien erschöpften, nicht an den Erfolg von *Trout Fishing in America* hatte anknüpfen können, griff er sein Erfolgsmuster der phantasievollen Prosacollage nochmals auf. *The Tokyo-Montana Express*, sein vorletztes Werk (der letzte Roman erschien 1982 unter dem Titel *So the Wind Won't Blow It All Away*), vereint 131 heterogene Prosastücke zu einem »Brautigan«, wie der Kritiker R. ADAMS diesen idiosynkratischen Romantyp 1971 benannte. Obwohl *The Tokyo-Montana Express* nicht in gleicher Weise durch überbordende Phantasie, bizarre Vergleiche und gesellschaftskritische Intentionen geprägt ist wie *Trout Fishing in America*, erreicht nur dieser Roman nochmals das Niveau der frühen Werke Brautigans.

*The Tokyo-Montana Express* ist ein eher stilles, meditatives, autobiographisches Buch. Die Gedanken des Ich-Erzählers (wie sein Autor heißt er Richard, auch das Lebensalter, das sich aus der Datierung der Prosastücke erschließen läßt, stimmt überein) kreisen um das Wesen flüchtiger Begegnungen, um Erinnerungen, Naturbeobachtungen, Alter und Tod. Wie im Titel angedeutet, bestimmt der Kulturkontrast von Ost und West thematisch und strukturell den Rhythmus des Buches. Brautigan,

mit einer Japanerin verheiratet, hatte seit 1972 abwechselnd in Japan und auf seiner Ranch in der Nähe von Livingston, Montana, gelebt, die Schauplatz zahlreicher Episoden ist. So verwundert es nicht, daß die östliche Lebensphilosophie des Zen-Buddhismus, die meditative Sicht der Dinge aus der Warte des Beobachters, gerade in den amerikanischen Szenen des Romans dominiert, während die Momentaufnahmen japanischen Lebens von Kommerz, Vermassung, westlicher Disziplin und Intellektualität bestimmt sind. Kürzere Prosavignetten (wie die über Spinnen im Herbst oder das Küchenfenster) haben die lyrische Intensität von Haikus (der kürzesten Gedichtform in der japanischen Poesie), zahlreiche Abschnitte enden mit sprachlichen Pointen oder mit Situationskomik. Der amerikanische Filmkomiker Groucho MARX, dessen Biographie der Erzähler in Tokio liest, steht bei vielen Szenen Pate; seine Art surrealer Komik kommt dem typischen Stil der Frühwerke Brautigans nahe. Die Welt des Films dient durchgängig als Referenzbereich für Vergleiche und Bilder. So erinnert die Art, wie zwei Schneeflocken vom Himmel fallen, den Erzähler »*an die Art, wie Laurel und Hardy immer auf den Hintern knallten*«.
Eine einfühlsame Nachzeichnung des Schicksals des tschechischen Goldsuchers Joseph FRANCL, dessen Tagebuch aus dem Jahr 1854 über seine Erlebnisse im Westen der USA Brautigan 1968 mit einer Einleitung herausgegeben hatte, und eine satirische Miniatur über die Technisierung der Kommunikation im Japan des Jahres 1978 bilden Anfang und Ende von *The Tokyo-Montana Express*. Schlaglichtartig beleuchtet dieser Kontrast die thematische Bandbreite des Buches, aber auch Anfang und Ende des westlichen Zivilisationsprozesses. Zwischen diesen beiden Polen siedelt Brautigan ein buntes Spektrum von erzählerisch autonomen Kurzgeschichten, ironischen Fabeln, Charakterporträts, Epiphanien und Gedankensplittern an. Metafiktionale Einschübe finden sich häufig, sind aber weniger auffällig als in anderen Werken Brautigans. Persönliche Erlebnisse, journalistische Impressionen und bizarre Gedankenspiele münden in die eher melancholische Einsicht, daß letztlich das Individuum im ewigen Kreislauf der Natur eine unwesentliche Rolle spielt. H.Thi.

AUSGABEN: NY 1980. – NY 1981.

ÜBERSETZUNG: *Der Tokio-Montana Express*, G. Ohnemus, Ffm. 1987.

LITERATUR: R. Swigart, Rez. (in American Book Review, 3, 1981, Nr. 3, S. 14). – B. Klähn, *Der Mann aus Montanas Bergen* (in Die Zeit, 25. 3. 1988).

## TROUT FISHING IN AMERICA

(amer.; *Ü: Forellenfischen in Amerika*). Roman von Richard BRAUTIGAN, erschienen 1967. – Nach mehreren Gedichtbänden, die zur Beat-Szene im San Francisco der fünfziger Jahre gehören, allerdings keine große Resonanz fanden, begann Brautigan, Romane zu schreiben. Freilich trifft die Bezeichnung ›Roman‹ das Wesen dieser experimentellen Prosacollagen kaum: Traditionelle Formelemente wie Handlungsführung, Figurencharakterisierung, Situationsdarstellung und Zeitgestaltung sind zurückgedrängt oder durch parodistische und sprachspielerische Verfahren unterminiert. Der erste von insgesamt neun solcher Prosatexte, in der Reihenfolge der Entstehung allerdings der zweite, *A Confederate General from Big Sur*, erschien 1964. Der zweite, *Trout Fishing in America*, 1960–1962 entstanden und 1962 vom New Yorker Verlag Viking Press abgelehnt, erschien 1967 zunächst in San Francisco, dann auch im New Yorker Verlag Dell, und wurde zum Kultbuch der College-Jugend, insbesondere der Gegenkultur im Westen der USA, in den späten sechziger und frühen siebziger Jahren. Als solches löste es Jerome D. SALINGERS *The Catcher in the Rye*, 1951 *(Der Fänger im Roggen)* und Joseph HELLERS *Catch-22*, 1961 *(Der IKS-Haken)* ab. Einige zentrale Kapitel (z. B. *The Cleveland Wrecking Yard*) waren bereits 1963/64 in den Beat-Zeitschriften ›City Lights Journal‹ und ›Evergreen Review‹ in San Francisco erschienen. Die Medien vereinnahmten den Autor, der zeitlebens ein Einzelgänger blieb, schnell als Protagonisten der Hippie-Kultur; aus heutiger Sicht hingegen gehört Brautigan mit seiner phantasievollen, metafiktional geprägten Prosa in den Kreis der postmodernen Erzähler der siebziger und achtziger Jahre, zu dem Donald BARTHELME, Robert COOVER, Thomas PYNCHON u. a. gehören.
Die 47 kurzen Texteinheiten von *Trout Fishing in America*, deren Anordnung auf den ersten Blick beliebig und abstrus erscheint, so als habe Brautigan sie, wie er in einem Interview sagte, »*so schnell wie möglich hingeschrieben*«, erweisen sich bei genauerem Hinsehen als mehrschichtig und widersprüchlich strukturiert. Thematisch durchgängig ist der Gegensatz zwischen dem alten, pastoralen Amerika, das der Ich-Erzähler, ein gesellschaftlicher Aussteiger mit Frau und Kind, beim Forellenfischen im Nordwesten der USA (in Idaho, Montana, Oregon und im Norden Kaliforniens) zu finden hofft, und dem modernen, von Kommerz, Gewalt und Naturentfremdung bestimmten Amerika, das er überall vorfindet. Hinzu kommt als durchgängiges Strukturelement die assoziative Erzählweise mit verblüffenden, bizarren Vergleichen und Metaphern. Zwei größere Gruppen von Textfragmenten, Berichten über Angelerlebnisse in der Handlungsgegenwart (1959–1961) und Kindheitserinnerungen des Erzählers, wechseln einander in rhythmischer Folge ab; unzusammenhängende Anekdoten, Parodien und Collagen bilden den dritten Textteil. Das Ganze wird vom Bewußtsein des Erzählers bestimmt und von seinen phantasievollen Sprachmanipulationen überlagert. »*Amerika ist oft nur im Bewußtsein lokalisiert.*«
Entgegen dem Oberflächeneindruck eines sponta-

nen, anarchischen, gewollt komischen Erzählens ist *Trout Fishing in America* ein voraussetzungs- und anspielungsreiches Buch. Offene und versteckte Parodien beziehen sich auf H. D. THOREAUS *Walden* (1854), wie *Trout Fishing* ein Bericht über halb-primitives Leben in der Natur am Rande der Zivilisation, auf John STEINBECKS *The Grapes of Wrath*, 1939 *(Die Früchte des Zorns)*, Ernest HEMINGWAYS Angelerzählungen in *In Our Time*, 1925 *(In unserer Zeit)*, und *The Sun Also Rises*, 1926 *(Fiesta)*, Nelson ALGRENS naturalistische Prosa und zahlreiche Werke von weiteren Autoren wie Henry MILLER, H. W. LONGFELLOW u. a. Neben die intertextuellen Bezüge treten andere aus der amerikanischen Geschichte und der Alltagskultur: Verbrecherhelden wie Billy the Kid und John Dillinger, zahlreiche Hollywood-Filme, die Erforschung des amerikanischen Nordwestens durch Lewis und Clark (1805), der Nixon-Kennedy-Wahlkampf von 1960. In der Imagination des Erzählers fungieren Leonardo da Vinci als Erfinder einer Angelrute und ein Schafhirte mit Schnurrbart als Adolf Hitler vor Stalingrad. Selbst Jack the Ripper findet, als »Trout Fishing in America« verkleidet, seinen Platz im Panoptikum.

Solche surrealistischen Verbindungen verdeutlichen zum einen die Kritik am pastoralen Mythos: Untergründige Gewalt findet sich auch in den Naturrefugien. Zum anderen zeigt sich in der unkonventionellen Verwendung von Bildern, Figuren und Sprachelementen eine klare semantische Strategie: Um festgefügte Denk- und Sprachstrukturen aufzubrechen, verfährt der Erzähler mit Sprache und Anspielungen bewußt willkürlich. Daraus resultiert die Komik des Antiautoritären. Gelegentlich wird allerdings die Grenze zur rein privaten, intersubjektiv nicht mehr nachvollziehbaren Sprache und Gedankenwelt überschritten. So erscheint die Titelformulierung in den unterschiedlichsten Zusammenhängen und verkümmert dabei bisweilen zur Worthülse. Die quasi-mythischen Personifizierungen des Forellenfischens als Briefschreiber und Gesprächspartner sowie »Trout Fishing in America« als Hotelname und Demonstrationsslogan bleiben noch im Rahmen des logisch Nachvollziehbaren; die Metamorphose Lord Byrons zu »Trout Fishing in America« und die Benutzung der Formel als Attribut einer goldenen Schreibfeder hingegen setzen referentielle Bezüge weitgehend außer Kraft.

Andererseits gelingen Brautigan eindrucksvolle symbolische Konfigurationen. Die Benjamin-Franklin-Statue der Titelfotografie und der Platz in San Francisco, auf dem sie steht, werden leitmotivisch in den Text einbezogen: Franklin als die Verkörperung des Amerikas der Erfolgreichen, Optimistischen, kommerziell Orientierten. Am Fuß des Denkmals aber sitzt in seinem Rollstuhl Trout Fishing in America Shorty, ein Stadtstreicher und Säufer, vor dem die Kinder Angst haben: das Endprodukt des verkommenen pastoralen Traums von Amerika, von Hollywood als exotische Attraktion vermarktet. Die Suche nach dem heilen Amerika, die den Erzähler von diesem städtischen Platz, dem Treffpunkt der Gegenkultur, in die Natur des Nordwestens geführt hatte, endet auf dem Schrottplatz in San Francisco, wo Natur (auch Forellenbäche) scheibchenweise als Abfall verkauft wird. Das Buch selbst endet willkürlich: Der Erzähler setzt einen alten Vorsatz (»*Ich wollte schon immer ein Buch schreiben, das mit dem Wort Mayonnaise aufhört.*«) in die Tat um. H.Thi.

AUSGABEN: San Francisco 1967. – NY 1967. – NY 1969. – Ldn. 1970. – NY 1972; zul. 1984.

ÜBERSETZUNG: *Forellenfischen in Amerika*, G. Ohnemus, Mchn. 1971; ern. Ffm. 1987.

LITERATUR: Th. Hearron, *Escape through Imagination in »Trout Fishing in America«* (in Crit, 16, 1974, Nr. 1, S. 25–31). – D. L. Vanderwerken, *»Trout Fishing in Amerca« and the American Tradition* (ebd., S. 32–40). – K. Bales, *Fishing the Ambivalence* (in Western Humanities Review, 29, 1975, S. 29–42). – B. Hayden, *Echoes of »Walden« in »Trout Fishing in America«* (in Thoreau Quarterly Journal, 8,1976, Nr. 3, S. 21–26). – Ph. C. Kolin, *Food for Thought in R. B.'s »Trout Fishing in America«* (in Studies in Contemporary Satire, 8, 1981, S. 9–20).

## JOACHIM WILHELM VON BRAWE

\* 4.2.1738 Weißenfels
† 7.4.1758 Dresden

## BRUTUS

Drama in fünf Akten von Joachim Wilhelm von BRAWE, erschienen 1768. – Brawe, ein Jugendfreund LESSINGS, war literarisch durchaus dessen Schüler, wie sich vor allem in seiner Empfänglichkeit für englische Einflüsse (YOUNG besonders), seinem Interesse fürs bürgerliche Trauerspiel, aber auch in der äußeren Form seiner Werke zeigt. Der sehr früh verstorbene Dramatiker orientierte sich in seinen beiden einzigen Dramen, *Der Freigeist* und *Brutus*, noch stark an Vorbildern und versuchte, die bekannten und typischen Motive künstlerisch neu zu gestalten. Das in fünffüßigen Jamben geschriebene historische Stück *Brutus* hängt eng zusammen mit einem Entwurf Lessings, *Kleonnis*, ebenfalls ein historischer Stoff, im gleichen Versmaß behandelt. Hauptsächlich diesem damals dem deutschen Publikum noch ungewohnt klingenden Vers ist es wohl zuzuschreiben, daß das Werk 1770 nur einmal aufgeführt wurde. Sowohl im dramatischen Aufbau wie in den Motivierungen weist es manche Fortschritte gegenüber dem *Freigeist* auf. Jedoch bleibt eine große Abhängigkeit von der französischen Schule weiterhin bestehen. Statt den historischen Stoff selbst in Handlung umzusetzen, läßt Brawe ihn weitgehend durch Reden und Erklärungen vortragen. Was der Zuschauer wissen soll, wird auf der Bühne den Vertrauten und Bediensteten erzählt oder in Träumen berichtet.

Publius, ein Samniter und Feind der Römer, hat Marcius, den Sohn des Brutus, gerettet, den der Vater für verloren hält. Er erzieht ihn zum Haß gegen Rom und Brutus und schickt ihn als angeblichen Überläufer ins Lager der Römer. Den Jüngling, der Brutus' Untergang herbeiführen sollte, zieht eine innere Stimme zum Vater, dessen Größe ihn überwältigt. Aber da Publius, den er für seinen Vater hält, seinen Kopf für den des Brutus verpfändet hat und Marcius deshalb vor dem vermeintlichen Vatermord zurückschreckt, fällt er von Brutus ab und verursacht damit die Niederlage des römischen Heeres. Publius enthüllt Brutus, seine Rache auskostend, seinen ganzen teuflischen Plan. In der Schlacht treffen Brutus und Marcius aufeinander, und um seinem Sohn den Frevel des Vatermordes zu ersparen, stürzt Brutus sich in das eigene Schwert. Marcius, der mit größter Selbstüberwindung versucht hatte, nicht zum Vatermörder zu werden, wird um so sicherer zum Opfer des Schicksals, das ihn dazu bestimmt hat, den Tod seines Vaters herbeizuführen. – Dieses tragische Motiv lebt jedoch nur in der Idee des Dramas, zu überzeugen vermag es hier nicht. Auch die Charakterdarstellung ist unreif und formelhaft. H.Ha.

AUSGABEN: Bln. 1768 (in *Trauerspiele*, Hg. K. W. Ramler u. K. G. Lessing). – Bln. 1768 (in *Theater d. Deutschen*, 19 Bde., 7).

LITERATUR: A. Sauer, *J. W. v. B., der Schüler Lessings*, Straßburg 1878. – J. Minor, *Lessings Jugendfreunde*, Stg./Bln. 1883, S. 201–273 (DNL, 72). – ADB, 3, S. 276 f.


**DER FREYGEIST. Ein Trauerspiel in fünf Aufzügen**

von Joachim Wilhelm von BRAWE, erschienen 1758. – Das Stück ging aus einem der ersten deutschen Dramenwettbewerbe hervor, den Friedrich NICOLAI und Moses MENDELSSOHN 1756 anläßlich der Gründung ihrer »Bibliothek der Schönen Wissenschaften und freyen Künste« veranstalteten. Bei Einsendeschluß (Ende Oktober 1757) dieses Preisausschreibens »*für das beste Trauerspiel über eine beliebige Geschichte*«, an dem sich ursprünglich auch LESSING mit seiner *Emilia Galotti* beteiligen wollte, die aber nicht rechtzeitig beendet wurde, lagen drei Werke vor: Johann Friedrich von CRONEGKS *Codrus*, Karl Theodor BREITHAUPTS *Renegat* und der *Freygeist*. Die Wahl der Herausgeber fiel, nach längerem Briefwechsel mit Lessing, der für den *Freigeist* eintrat, dennoch auf Cronegks *Codrus*, den sie, zusammen mit Brawes Stück, auch in der »Bibliothek« veröffentlichten.

Der jugendliche Autor nimmt sich in seinem ersten Bühnenstück, dem lediglich noch die Verstragödie *Brutus* folgte, eines bereits mehrfach gestalteten theatralischen Vorwurfs an, der auf eine zu Beginn des 18. Jh.s zuerst in England zu beobachtende, sich später schnell in Europa verbreitende intellektuelle Modeerscheinung zurückgeht – die Freigeisterei. Der »Freigeist«, den auch Lessing in seiner gleichnamigen Jugendkomödie, KLOPSTOCK, G. W. RABENER, P. WEIDMANN und zahlreiche andere Autoren meist als Figur verwendeten, die »beschämt« oder »bekehrt« wird, ist in Brawes Trauerspiel ein junger Engländer namens Clerdon, ursprünglich leuchtendes Beispiel aller christlichen Tugenden, den ein teuflischer Racheplan seines Nebenbuhles Henley, der Clerdon im Wettstreit um die Gunst Miss Amalias unterlag, in die Netze wollüstiger Ausschweifungen verstrickt hat. Henley hat seinem Rachedurst nicht sofort nachgegeben, sondern Clerdons Freundschaft zu gewinnen versucht, ihn durch »*unendliche Zerstreuungen*« der Religion entfremdet, mit seiner Geliebten entzweit, in Schulden gestürzt und schließlich beschlossen, »*ihm zum Ungeheuer zu erniedrigen*«. Clerdon, der schließlich gezwungen war, London zu verlassen, hält ihn jedoch nach wie vor für seinen Wohltäter.

Das Stück setzt in dem Augenblick ein, als Henley, seines nahen Triumphes sicher, in einem Gasthaus im Norden Englands Amalias Bruder Granville trifft, der mit seiner Schwester auf der Suche nach dem verschollenen Clerdon ist. Henley versucht, den durch eine erste Unterredung mit Granville und die von ihm überbrachte Nachricht, daß sein Vater gestorben sei, tief verstörten Clerdon davon zu überzeugen, daß Granville sein schlimmster Feind sei, dessen Einflüsterungen jene neugewonnene Fähigkeit, »*frei, groß, unpöbelhaft zu denken*«, nur beeinträchtigt und den Rückfall in »*Vorurteile und unüberwindlichen Aberglauben*« begünstigt. Clerdon ist jedoch keineswegs konsequenter Gottesleugner, sondern gehört als willenloses Produkt Henleys zu jenen antiklerikalen Freigeistern, »*die auf das stolze Bekenntnis einer natürlichen Religion trotzen*«. Als Widston, Henleys Diener, Clerdon einen warnenden Brief zukommen läßt, versteht es Henley, Granville als Absender verdächtig zu machen und seinem eigenen Racheplan ihm zu unterstellen. Er rät Clerdon zum Duell mit Granville, um seine verletzte Ehre wiederherzustellen. Tatsächlich führt der aller Vernunft beraubte Clerdon diesen Rat aus und verwundet Granville im Zweikampf tödlich. Der Sterbende enthüllt ihm Henleys Machenschaften, gesteht ihm, daß sein – Clerdons – Vater im Schuldturm gestorben sei, nachdem seine Ausschweifungen ihn ruiniert hätten, und beschwört ihn, »*aufs neue den sanften Gesetzen der Religion zu huldigen*«. Als der verzweifelte Clerdon der ahnungslosen Amalia seine Schuld bekennt, verzeiht auch sie ihm, dem Vorbild des Bruders folgend. Aber Henleys Erfolg ist dennoch vollkommen: Sein von maßlosem Haß diktiertes, triumphierendes Geständnis erniedrigt sein Opfer

so, daß Clerdon in einem Zornausbruch ihn ersticht und sich selbst das Leben nimmt.
Das Stück, das trotz offensichtlicher Mängel an der Begabung des neunzehnjährigen Autors keine Zweifel läßt, verrät deutlich den Einfluß zweier Vorbilder: Edward Youngs *The Revenge*, 1721 *(Die Rache)*, und Lessings *Miß Sara Sampson* (1755). Verdankt Brawe dem Stück Lessings jene Elemente, die den *Freygeist* als eines der ersten deutschen bürgerlichen Trauerspiele anzusehen erlauben – den Verzicht auf die traditionelle Alexandriner-Versifizierung zugunsten der Prosa, das bürgerlich-unheroische Milieu –, so bildet der ausgeklügelte Racheplan Henleys eine Brücke zur älteren Tradition des Intrigenstücks, in der Brawe Young nachfolgte. Der in Clerdon und Henley verkörperte Typus des Freigeistes ist überdies von Vorstellungen geprägt, wie sie namentlich Gellert entwickelte. Ihre Freigeisterei geht aus einer Ablehnung der christlichen Tradition hervor und ist nicht als eigentlich philosophische Position ausgebildet, sondern mit konventionellen Attributen, wie Genußsucht, Verachtung gesellschaftlicher Normen usw., behaftet. Das Stück gehörte bis gegen Ende des 18. Jh.s zu den beliebtesten Repertoirestücken der Theatertruppen.   H.H.H.

Ausgaben: Lpzg. 1758 (in *Anhang zu dem ersten und zweiten Bande der Bibliothek der Schönen Wissenschaften und freyen Künste*, Hg. F. Nicolai u. M. Mendelssohn). – Bln./Lpzg. 1766 (in *Theater der Deutschen*, Bd. 1). – Bln. 1768 (in *Trauerspiele*, Hg. G. E. Lessing). – Lpzg. 1934 (in *Die Anfänge des bürgerlichen Trauerspiels in den fünfziger Jahren*, Hg. F. Brüggemann; DL, R. Aufklärung, 8).

Literatur: A. Sauer, *J. W. v. B., der Schüler Lessings*, Straßburg 1878. – W. Benjamin, *Ursprung des deutschen Trauerspiels*, Bln. 1928; ern. Ffm. 1963. – R. R. Heitner, *German Tragedy in the Age of Enlightenment*, Berkeley 1963.

## BERNARDAS BRAZDŽIONIS

\* 2.2.1907 Stebeikiai

Literatur zum Autor:
J. Ambrazevičius, *Poeto žodis. Brazdžionio ieškotasis ir surastasis* (in J. A., *Lietuvių rašytojai*, Kaunas 1938, S. 293–303). – J. Grinius, *B. poezijos kritiški metmens* (in *Varpai*, Šiauliai 1944, S. 205–215).

**DAS LYRISCHE WERK** (lit.) von Bernardas Brazdžionis.
Brazdžionis gehört zu jenen litauischen Dichtern, die ihre Wirkung zwischen den beiden Weltkriegen, als Litauen eine selbständige Republik war, entfaltet haben. In dieser Zeit erschienen zehn seiner Gedichtbände und, unter dem Pseudonym Vytė Nemunėlis, ein Band mit Gedichten für Kinder (1936), für den ihm der Preis des Roten Kreuzes für Kinderliteratur zuerkannt wurde. (Auch später, in der Emigration, hat Brazdžionis noch zahlreiche Kinderbücher verfaßt.) 1924 war ein erstes Gedicht in einer Zeitschrift erschienen, sein erster Gedichtband *Baltosios dienos (Weiße Tage)* kam 1926 heraus. B. Brazdžionis steht noch ganz in der Tradition des Symbolismus, der in Litauen noch bis zum Beginn der vierziger Jahre wirksam gewesen ist (B. Sruoga, J. Aistis). In der Thematik ist seither eine Abkehr vom Symbolismus festzustellen, aber Bilder und Stilmittel bleiben ihm weiter in hohem Maße verhaftet. Auch der in großen Wellen dahinströmende Rhythmus seiner Verse, ihre, hypnotische Wirkung erreichende, Lautgebung, die den mitunter anzutreffenden Mangel an Logik in der Abfolge der Bilder oder Aussagen vergessen lassen, entstammen dieser Quelle. Brazdžionis hat die Techniken der symbolistischen Dichtung perfektioniert. Seine Verse sind leicht eingängig und strahlen doch stets einen betörenden Zauber aus. Das erklärt die große Beliebtheit, die seine Dichtung sowohl im Litauen der dreißiger und der beginnenden vierziger Jahre wie später in der Emigration erfreute.
Die Thematik der ersten Gedichtbände kreist um die Natur, die immer im Zusammenhang mit Gott und dem Menschen gesehen wird. *(Aušrinės ugnys – Feuer der Morgenröte; Debesėliai – Die kleinen Wolken; Kviečių laukas – Das Weizenfeld)*, und um das Schicksal des Menschen mit seinen Freuden und Leiden *(Likimas – Das Schicksal; Žmonės – Menschen; Žmogus – Der Mensch; Motinai – An die Mutter)*, um christlich-Religiöses *(Agnus Dei, Procesija į Kristų – Prozession zu Christus; Atleisk man, Viešpatie – Vergib mir, Herr)*. Der Gedichtband *Viešpaties žingsniai (Die Schritte des Herrn)* aus dem Jahre 1944 ist ganz dieser Thematik gewidmet. In den Lyrikbänden, die Brazdžionis in der Emigration veröffentlicht hat, stehen Gott, Vaterland, Sehnsucht und Wahrheit im Vordergrund. Der Dichter wird zum Mahner, die Welt möge das Unrecht, das seinem Land angetan ist, nicht vergessen. »*Die Wahrheit geht weinend durch die Welt, / Und durch die Unwahrheit und Ungerechtigkeit hindurch sieht niemand sie.*« Seine Landsleute und er gehen als Pilger durch diese Welt, tragen »*der Freiheit und der Gerechtigkeit Ruf in ihren Herzen, ... den größten Reichtum dieser Erde.*« Aber auch in den späteren Gedichten kommen immer wieder auch die großen allgemeinen Themen, Liebe und Tod, zum Tragen. Unter die Frage *Kas mirsta? (Was stirbt?)* stellt der Dichter den Menschen, die Liebe und das Glück, und seine Antwort lautet: Der Mensch stirbt nicht, »*er schreitet ins Leben, ins Licht. / Und alles welkt in einem fernen Traum dahin. / Und alles wird unter einem anderen Himmel ›neu‹ geboren.*« Die Liebe stirbt nicht, »*nur der Geliebte, ach, nur die Geliebte. / ... Die Liebe aber sucht wieder nach Her-*

zen, / ... Und läßt in der Seele Tausende von Sternen brennen. / Wenn es in der ganzen Welt dunkel geworden ist.«
In Brazdžionis' Bildersprache und Metaphorik spielen Licht und Schatten und besonders die Sonne eine bedeutende Rolle. Die Sonnensymbolik hat er aus der Zeit um die Jahrhundertwende, als sie in der symbolistischen Dichtung (BAL'MONT, J. RAINIS) und in der Kunst (Jugendstil) außerordentlich verbreitet war, in seine Zeit hinübergerettet. Sie findet sich in Gedichten aus der zweiten Hälfte der zwanziger Jahre (*Saulės žiedelis – Die Sonnenblüte*: hier wird Gott als »*von der Sonne umstrahlter Herr*« bezeichnet, und der Dichter vergleicht sich mit einer »*kleinen Sonnenblüte*«) bis in die Mitte der vierziger Jahre (*Lietuvos vardas – Der Name Litauens*; hier heißt es »*– Litauen – sieben goldene Sonnen!*«). Beliebte Stilmittel Brazdžionis' sind die Wiederholung auf allen Ebenen des dichterischen Textes (von Lauten, Wörtern, Versen, Strophen) und die Reihung. Lange Ketten von Wörtern, die den Versen einen fließenden Rhythmus verleihen, nehmen eine nicht enden wollende Vielzahl und Vielfalt von Welt und Gedanken in das Gedicht hinein, Wiederholungen verinnerlichen mit magisch-hypnotischer Kraft das einzig Wesentliche. Brazdžionis' Metrik schwankt zwischen traditionellen Versmaßen und freien Rhythmen im Versuch, dem Strömen der Bilder zu entsprechen.   F.Scho.

AUSGABEN: *Baltosios dienos*, Biržai 1926. – *Verkiantis vergas*, Marijampolė 1928. – *Amžinas žydas*, Kaunas 1931. – *Krintančios žvaigždės*, ebd. 1933. – *Ženklai ir stebuklai*, ebd. 1936. – *Kunigaikščių miestas*, ebd. 1939. – *Šaukiu aš tautą*, ebd. 1941. – *Iš sudužusio laivo*, ebd. 1943. – *Per pasaulį keliauja žmogus*, ebd. 1943. – *Viešpaties žingsniai*, 1944. – *Svetimi kalnai*, Tübingen 1945. – *Šiaurės pašvaistė*, Würzburg 1947. – *Per pasaulį keliauja žmogus*, Stuttgart 1949. – *Didžioji kryžkelė*. Chicago 1953. – *Vidudienio sodai*, Hollywood 1961. – *Pilnatis*, Los Angeles 1970.

LITERATUR: R. Šilbajoris, *B. B. – the Passionate Pilgrim* (in *Perfection of Exile*, Norman/Okla. 1970, S. 302–317). – V. Žilionis, *Kapų ir grabų poezija* (in *Lietuvių literatūros kritika*, Bd. 2, Wilna 1972, S. 762–770).

---

## BERTOLT BRECHT

eig. Eugen Berthold Friedrich Brecht
* 10.2.1898 Augsburg
† 14.8.1956 Berlin / DDR

LITERATUR ZUM AUTOR:
*Bibliographien*:
W. Nubel, *B. B.-Bibliographie* (in SuF, 9, 1957, S. 481–623). – B. B. (Bibliographie). Zum 5. Todestag am 14. August, Bearb. Berliner Stadtbibl., Bln. 1961 [Nachträge: 1968 u. 1971]. – K.-D. Petersen, *B. B.-Bibliographie*, Bad Homburg u. a. 1968. – G. Seidel, *Bibliographie B. B.: Titelverzeichnis Bd. 1: Dt.sprachige Veröffentlichungen aus den Jahren 1913–1972. Werke von B.: Sammlungen, Dramatik*, Bln./Weimar 1975. – St. Bock, *B. B.-Auswahl- u. Ergänzungsbibliographie*, Bochum 1979.
*Zeitschrift*:
B. heute: Jb. der Internationalen B.-Gesellschaft, Hg. R. Grimm u. a., Ffm. 1971 ff. [ab 1974 u. d. T. B.-Jb.]. – B-Journal. Hg. J. Knopf, Ffm. 1984 ff.
*Biographien*:
M. Kesting, *B. B. in Selbstzeugnissen und Bilddokumenten*, Reinbek 1959; zul. 1986 (rm). – A. Bronnen, *Tage mit B. B.*, Mchn. 1960; ern. Darmstadt/Neuwied 1976 (SLu). – W. Hecht u. a., *B. B. Leben und Werk*, Bln. 1963. – *Erinnerungen an B.*, Hg. H. Witt, Lpzg. 1964. – K. Völker, *B.-Chronik. Daten zu Leben und Werk*, Mchn. 1971. – Ders., *B. B. Eine Biographie*, Mchn. 1978 (dtv); ern. Reinbek 1988 (rororo). – E. u. R. Schumacher, *Leben B.s in Wort und Bild*, Bln./DDR 1978; ³1981. – O. F. Best, *B. B.: Weisheit und Überleben*, Ffm. 1982. – R. Hayman, *B. B. Der unbequeme Klassiker*, Mchn. 1983. – W. Mittenzwei, *Das Leben des B. B. oder Der Umgang mit den Welträtseln*, 2 Bde., Ffm. 1987.
*Kommentare*:
E. Marsch, *B.-Kommentar. Zum lyrischen Werk*, Mchn. 1974. – K.-D. Müller, *B.-Kommentar. Die erzählende Prosa*, Mchn. 1979. – K. Völker, *B.-Kommentar zum dramat. Werk*, Mchn. 1983.
*Gesamtdarstellungen und Studien*:
SuF, 1, 1949 u. 9, 1957 [Sonderh. B. B.]. – V. Klotz, *Versuch über das Werk*, Darmstadt 1957. – M. Esslin, *Das Paradox des politischen Dichters*, Ffm. 1962; ³1973. – R. Grimm, *B. B. Die Struktur seines Werkes*, Nürnberg 1959; ⁶1972 [erw.]. – F. H. Crumbach, *Die Struktur des epischen Theaters*, Braunschweig 1960. – R. Grimm, *B. B. und die Weltliteratur*, Nürnberg 1961. – Ders., *B. B.*, Stg. 1961; ³1971 (Slg. Metzler). – H. Mayer, *B. B. und die Tradition*, Pfullingen 1961. – W. Hecht, *B.s Weg zum epischen Theater*, Bln. 1962; ²1976. – H. Hultberg, *Die ästhetischen Anschauungen B.B.s*, Kopenhagen 1962. – P. Witzmann, *Antike Tradition im Werk B. B.s*, Bln. 1964. – K. Rülicke-Weiler, *Die Dramaturgie B. B.s*, Bln. 1966. – H. Rischbieter, *B. B.*, 2 Bde., Velber 1966 (Friedrich's Dramatiker des Welttheaters). – H. Mayer, *Anmerkungen zu B.*, Ffm. ²1967 (es). – W. Benjamin, *Versuche über B.*, Ffm. 1966 (es). – B. Ekmann, *Gesellschaft und Gewissen*, Kopenhagen 1969. – H. Mayer, *B. in der Geschichte*, Ffm. 1971. – Q. Qureshi, *Pessimismus und Fortschrittsglaube bei B. B.*, Köln 1971. – *B. B.*, Hg. H. L. Arnold, 2 Bde., Mchn. 1972 [²1978] und 1973 (Text + Kritik). – F. Buono, *Zur Prosa B.s*, Ffm. 1973. – E. Schumacher, *B., Theater und Gesellschaft im 20. Jh.*, Bln. ³1976. – *B. in der Kritik. Rezensionen*

Hg. M. Wyss, Mchn. 1977. – G. Wagner, *Weill und B. Das musikalische Zeitalter*, Mchn. 1977. – C. Hill, *B. B.*, Mchn. 1978. – L. L. Thomas, *Ordnung und Wert der Unordnung bei B. B.*, Ffm. u. a. 1979. – J. Knopf, *B.-Handbuch*, 2 Bde., Stg. 1980 u. 1984; ²1986. – H. Jhering, *B. hat das dichterische Antlitz Dtld.s verändert. Gesammelte Kritiken zum Theater B.s*, Hg. K. Völker, Mchn. 1980. – K. Völker, *B.-Kommentar zum dramatischen Werk*, Mchn. 1983. – R. Gerz, *B. B. und der Faschismus. Rekonstruktion einer Versuchsreihe*, Bonn 1983. – *B. B. Aspekte seines Werkes, Spuren seiner Wirkung*, Hg. H. Koopmann u. T. Stammen, Mchn. 1983. – U. Führer u. J. Vogt, *B. B.* (in KLG, 16. Nlg., 1984). – *B.s Dramen. Neue Interpretationen*, Hg. W. Hinderer, Stg. 1984. – W. Joost u. a., *B. B.: Epoche – Werk – Wirkung*, Mchn. 1985. – *B. 85. Zur Ästhetik B.s*, Hg. W. Hecht, Bln./DDR 1986. – C. Pietzcker, *»Ich kommandiere mein Herz«. Brechts Herzneurose – Ein Schlüssel zu seinem Leben und Schreiben*, Würzburg 1988.

**DAS LYRISCHE WERK** von Bertolt BRECHT. Brecht, lange Zeit nur als Stückeschreiber rezipiert, hinterließ mit über 2000 Gedichten und drei großen Lyriksammlungen eines der umfangreichsten und gewichtigsten lyrischen Werke der deutschsprachigen Literatur des 20. Jh.s. Anders als die meisten Autoren der Moderne sucht Brecht mit seiner Lyrik von Beginn an nicht den »Ausdruck des Persönlichen«. Er meidet die übliche lyrische Gefühlshaftigkeit, mißachtet Stimmung und prägt keinen einheitlich gestimmten subjektiven Ton aus. Dennoch gewinnen seine Gedichte durch Vielfalt an Motiven, Bildern, Sprache und durch thematischen Reichtum ihre unverwechselbare lyrische Eigenart. Er schrieb Gedichte über Alltägliches, Frivoles, Obszönes und Politisch-Brisantes, nahm aber auch traditionelle Themen der Lyrik auf und brachte sie in neue, überraschende und provozierende Zusammenhänge. Satire und Parodie gehören ebenso zum Erscheinungsbild von Brechts Lyrik wie politisches und humanes Engagement sowie die ihm eigene Freundlichkeit.

Brecht verfügte über alle wesentlichen Formen der Lyrik: er übernahm mit Hexametern und Odenstrophen antike Metren (*Das Manifest; Beim Lesen des Horaz*), dichtete mit Kinderreimen und Knittelversen in volkstümlichen Liedformen (*Kinderlieder; Kriegsfibel*), ahmte mit Sonetten, Balladen klassische Gedichtformen (*Augsburger Sonette*) nach, schrieb in freien Rhythmen (*Deutsche Satiren*), epigrammatische Gedichte (*Deutsche Kriegsfibel*), Erzählgedichte (*Legende von der Entstehung des Buches Taoteking...*) bis hin zur Prosalyrik (*Psalmen*), zu Gedichten in Ein-Wort-Versen (*Vergnügungen*) und Wandinschriften (*Theater*).

Er selbst verstand sich in erster Linie als Liederdichter, und er wollte seine Gedichte in den Köpfen und weniger auf dem Papier wissen: »*auf Zeitungspapier groß gedruckt, fett gedruckt auf Makulationspapier, das zerfällt in drei, vier Jahren, daß die Bände auf den Mist wandern, nachdem man sie sich einverleibt hat*«. Wenn er seine Gedichte nicht selbst vertonte, so schrieb er sie häufig zur Vertonung oder sie wurden auch unabhängig von ihm vertont, u. a. von Franz S. Bruinier (*Erinnerung an die Marie A.*), Kurt Weill (*Songs der Dreigroschenoper*), Hanns Eisler (*Die Ballade vom Wasserrad*), Paul Dessau (*Der Mann-ist-Mann-Song*) und Rudolf Wagner-Régeny (*Lied der Melinda*).

Überblick über die Editionslage

Neben zahlreichen Einzelpublikationen vorwiegend in Zeitungen, weniger in Zeitschriften, publizierte er seine erste Lyriksammlung *Die Hauspostille* (1927) als Liederbuch (mit Notenanhang) sowie weitere Gedichte und kleinere Sammlungen (z. B. *Aus dem Lesebuch für Städtebewohner*, 1927) innerhalb seiner Reihe *Versuche* (ab 1930), in grau eingebundenen, gehefteten Zusammenstellungen von Texten verschiedener Sorten (Lyrik, Drama, Prosa, Aufsätze). Die erfolgreichen *Songs der Dreigroschenoper* erschienen (1928) als Groschenheft im Kleinformat. Die Edition von *Lieder Gedichte Chöre* (Paris 1934), zusammen mit dem Komponisten Hanns Eisler, reagierte bereits auf die politische Situation nach 1933 und war als antifaschistisches Liederbuch unter den Exilierten wirksam. Die weitere Publikation der Lyrik stand ebenfalls im Zeichen des antifaschistischen Kampfes. Einzelgedichte wurden zahlreich in Exilzeitschriften (u. a. in ›Das Wort‹, ›Internationale Literatur‹) gedruckt oder über »Freiheitssender« nach Deutschland ausgestrahlt (*Deutsche Satiren*). Der Versuch, die vorliegenden Lyriksammlungen (*Hauspostille; Aus dem Lesebuch für Städtebewohner; Lieder Gedichte Chöre*) und die neue Sammlung *Gedichte im Exil* 1938 innerhalb der *Gesammelten Werke* im Malik-Verlag (Prag) zu veröffentlichen, scheiterte an der Besetzung der Tschechoslowakei. Die *Gedichte im Exil* wurden als *Svendborger Gedichte* (1939) ausgegliedert und durch Ruth BERLAU in Kopenhagen (als Verlagsort ist London angegeben) herausgegeben. Nach dem Krieg bereitete Brecht eine Ausgabe seiner gesammelten Gedichte im Exil (Aufbau-Verlag, Berlin-Ost) vor, zog jedoch die Druckerlaubnis nach der Fahnenkorrektur zurück 1951 ließ er durch Wieland HERZFELDE die *Hundert Gedichte* (1918–1950) publizieren, einen lyrischen Überblick über Brechts Gedichtproduktion von den Anfängen bis zur Publikationszeit; ein westdeutsches Pendant zu den *Hundert Gedichten* besorgte Peter SUHRKAMP 1956 unter dem Titel *Gedichte und Lieder*. 1955 erschien die *Kriegsfibel* in großer Aufmachung und hoher Auflage, ein Band, der gereimte Vierzeiler mit Fotos als »Fotoepigramme« vereinte und als Abc des Krieges – gegen den Krieg – gedacht war. Außer weiterhin zahlreichen Einzelpublikationen brachte Brecht zu seinen Lebzeiten keine Gedichtsammlung mehr heraus; selbst die berühmt-berüchtigten *Buckower Elegien* (1953) publizierte er lediglich in Auszügen. Nach Brechts Tod edierte die langjährige Mitarbeiterin

Elisabeth HAUPTMANN die Lyrik aus dem Nachlaß (*Gedichte*, 10 Bde., 1960–1976). Sie folgte dem von Brecht vorgegebenen Muster der *Ersten Stücke* (1953), und das heißt dem Prinzip »letzter Hand«, das sie ebenfalls der Lyrik-Edition innerhalb der *Gesammelten Werke* (20 Bände, 1967) zugrunde legte. Die *Gesammelten Werke* wurden 1982 durch zwei Supplementbände *Gedichte aus dem Nachlaß*, herausgegeben von Herta RAMTHUN, ergänzt, und zwar um Gedichte, die von Hauptmann bewußt zurückgehalten bzw. die erst durch die umfassende Bestandsaufnahme von Brechts Nachlaß bekannt geworden waren. Das Prinzip der »letzten Hand« hatte zur Folge, daß Brechts Gedichte und Sammlungen ausschließlich in ihrer jeweils letzten Bearbeitungsstufe durch den Dichter gedruckt wurden. Brechts Arbeitsweise, die Gedichte für neue Anlässe (Neupublikationen, Aufführungen, Rezitationen) umzuschreiben bzw. neu zu ordnen, blieb unkenntlich, ihre historische Wirkung verdeckt. Die Neuedition der Lyrik innerhalb der »*Großen kommentierten Berliner und Frankfurter Ausgabe*« der *Werke* (Herausgeber: Werner HECHT, Jan KNOPF, Werner MITTENZWEI, Klaus-Detlef MÜLLER; ab 1988) folgt deshalb den Erstdrucken und präsentiert die Gedichte als »*work in progress*«. Den zwei Bänden (Band 11 und 12), die erstmals die von Brecht publizierten bzw. zum Druck zusammengestellten Sammlungen vereinen, folgen drei Bände (Band 13–15) mit Einzelgedichten, die die zeitgenössisch wirksamen Fassungen zusammen mit den späteren Bearbeitungen berücksichtigen und um weitere Gedichte aus dem Nachlaß ergänzen.

Das Frühwerk

Brecht begann – von den unselbständigen Schülergedichten abgesehen – als Liederdichter. Vorbilder waren Frank WEDEKIND, François VILLON und Artur RIMBAUD. Die meisten frühen Gedichte entstanden spontan zur Klampfe, häufig zusammen mit Freunden und Freundinnen, bei Streifzügen durch Augsburg oder bei Aufenthalten am nahen Lech. Seine erste Sammlung von acht Gedichten (mit Noten) nannte Brecht *Lieder zur Klampfe von Bert Brecht und seinen Freunden* (1918). Wie sich die sog. »Brecht-Clique« als antibürgerliche Herausforderung verstand, so zeichnete auch die frühe Lyrik der antibürgerliche Gestus aus, Verhöhnung bürgerlicher Lebensweise, Nihilismus, Vitalismus (vor allem in der Gestalt des Baals; *Baals Lied, Choral vom Manne Baal*), Exotik und ungebundener Individualismus sind ihre hervorstechenden Merkmale. Die Gedichte handeln von Empörern, Abenteurern, haben erotische und sexuelle Themen zum Inhalt und geben sich häufig als Parodie, und zwar in Text und Melodie. Selbst das berühmte Gedicht *Erinnerung an die Marie A.*, entstanden als *Sentimentales Lied Nr. 1004* (1920), parodiert einen populären Schlager der Zeit (*Verlor'nes Glück*) und verweist in der Zählung der Erstfassung auf Casanovas bzw. Don Giovannis (1003) Liebschaften. Mit der Sammlung der *Psalmen* (1920) verfaßte Brecht in seinem produktivsten lyrischen Jahr (über 200 Gedichte) herausfordernde Prosagedichte, die das religiöse Vorbild, die *Psalmen Davids*, im erotisch-sexuellen Sinn umdeuten und statt des *Hohenlieds* der Liebe ihren Abgesang im verblassenden Gesicht der Geliebten thematisieren. Den Abschluß der frühen Lyrik bildete das verspätete Erscheinen der *Hauspostille* (1927), die die wichtigsten Gedichte von 1916 bis 1925 vereint.

Gesellschaftskritische Phase

Mitte der zwanziger Jahre näherte sich Brechts Lyrik gesellschaftlicher Thematik, ohne den antibürgerlichen Gestus aufzugeben. Er benutzte in den (1930) als *Lesebuch für Städtebewohner* publizierten Gedichten (entstanden 1926/27) den neusachlichen Ton der Zeit, nicht aber um die »Neue Sachlichkeit« der »großen Städte« zu feiern, sondern um sie als notwendige Voraussetzung für das Verständnis der neuen gesellschaftlichen Realitäten sichtbar werden zu lassen (»*So rede ich doch nur / Wie die Wirklichkeit selber / (Die nüchterne, durch deine besondere Artung unbestechliche / Deiner Schwierigkeiten überdrüssige) / Die du mir nicht zu erkennen scheinst*«). Die »subjektive Gattung« wurde jetzt dazu verwendet, die gesellschaftliche Auslöschung von Individualität zu brandmarken und, auf der Grundlage des »Einverständnisses« mit ihr, zu einem neuen Verständnis des Individuums zu gelangen, das dann auch in der Lage ist, an der Veränderung der Verhältnisse mitzuwirken. Die Wendung zu gesellschaftlicher Thematik verbindet sich bis zur Machtübernahme der Faschisten zunehmend mit politischem Engagement, das zwar mit den Kommunisten gegen den Faschismus sympathisierte, nie aber von Brecht parteipolitisch fixiert wurde. Diese Lyrik stand im Zusammenhang mit den »Lehrstücken« und verstand sich als Eingriff in den politischen Tageskampf. Für die Stücke *Die Maßnahme* und *Die Mutter* sowie für den Film *Kuhle Wampe* schrieb Brecht Kampflieder, in denen das Proletariat als positive geschichtliche Kraft gewürdigt wurde. Lieder wie das *Solidaritätslied* wurde in Hanns Eislers Vertonung zu einem der wichtigsten Lieder der Arbeiterbewegung. Die Uraufführung der *Maßnahme* (1930), bei der 400 Arbeitersänger (drei Chöre) Brechts Lieder sangen, feierte die Presse als »*neue Aera in der Geschichte der proletarischen Sängerbewegung*«.

Antifaschistisches Engagement und dänisches Exil

Während die engagierte Lyrik der Jahre 1927–1931 von revolutionärem Elan getragen war – in der Hoffnung, durch eine proletarische Revolution den Faschismus noch zu verhindern –, begann mit dem Jahr 1932 die antifaschistische Lyrik Brechts, die mit der Etablierung des nationalsozialistischen Staates rechnete und zum gemeinsamen Kampf der Antifaschisten aufrief. Die Exilzeit (ab Februar 1933) vertiefte die Thematik und forderte zugleich eine neue lyrische Sprache. War die frühe Lyrik Brechts weitgehend von festen Formen und durch Metrik geprägt, so setzte mit dem Exil die

Phase der *»reimlosen Lyrik mit unregelmäßigen Rhythmen«* ein. Sie war nicht Ergebnis einer persönlichen Vorliebe des Dichters, sondern Brecht sah sie sich objektiv durch die Zeit aufgezwungen: *»Ausschließlich wegen der zunehmenden Unordnung / [...] / Haben etliche von uns in diesen Jahren beschlossen / Nicht mehr zu reden von Hafenstädten, Schnee auf den Dächern, Frauen / Geruch reifer Äpfel im Keller, Empfindungen des Fleisches / All dem, was den Menschen rund macht und menschlich / Sondern zu reden nur mehr von der Unordnung / Also einseitig zu werden, dürr, verstrickt in die Geschäfte / Der Politik und das trockene ›unwürdige‹ Vokabular / Der dialektischen Ökonomie«.* Hinzu kamen Gedichte, die Inschriftcharakter haben: Kürze, Prägnanz und öffentliche Haltbarkeit zeichnen sie aus (*Deutsche Kriegsfibel*, 1937).

Die Herausforderung war, die *»Schlechte Zeit für Lyrik«* für eine Veränderung der Lyrik zu nutzen; im gleichnamigen Gedicht von 1939 realisierte Brecht das Paradox: Während das Gedicht davon handelt, daß es den blutigen Zeiten nicht angemessen ist, lyrisch zu sprechen, vollzieht es die Absage an Lyrik innerhalb eines Gedichts; ihre Ästhetik ist so zu ändern, daß sie die *»unschönen«* Realitäten zur Sprache bringt, ohne deshalb auf Ästhetik verzichten zu müssen. Brechts politische Lyrik der Exilzeit hat die deutsche Lyrik einschneidend verändert und zugleich ihre Ausdrucksmöglichkeiten um neue Dimensionen erweitert. Brecht integrierte in ihr persönliche Betroffenheit, Zeitthematik, gesellschaftskritisches Engagement und humane Anteilnahme (*An die Nachgeborenen*) zu einer neuen ästhetischen Einheit. Diese Gedichte wurden Vorbild für die Politisierung der Lyrik in den sechziger Jahren, die unter dem Schlagwort *»Veränderung der Lyrik«* (Jürgen THEOBALDY) angetreten war. Eine Summe der Gedichtproduktion der ersten Exilzeit in Dänemark (1933–1939) zog die Sammlung der *Svendborger Gedichte*.

### Die »Sprachwaschung« des Exils (Schweden, Finnland, USA)

Die Gedichte der folgenden Exilstationen (Schweden, Finnland, USA) zeichnete eine weitere *»Sprachwaschung«*, wie Brecht es nannte, aus. Die großen politischen Themen wichen mehr und mehr der Darstellung des *»Kleinen«*, Alltäglichen, Unscheinbaren, aber auch der Natur und verbanden sie mit der Isolation des exilierten Dichters, ohne ihren politischen Charakter zu verlieren. Die Lyrik zielte darauf ab, diese Isolation als aufgezwungenen Zustand bewußt zu machen und in der alltäglichen Erfahrung von Natur und Gegenstandswelt den kriegerischen Weltzustand hindurchscheinen zu lassen. In der *»Steffinschen Sammlung«*, die 1940 die Mitarbeiterin und Freundin Margarete STEFFIN anlegte, herrscht eine provokative Kunst der Kürze vor, die vor allem mit dem Prinzip der unverbundenen Reihung arbeitet. Im amerikanischen Exil (1941–1947) benutzte Brecht für die Charakterisierung seiner Lyrik den Terminus *»basic german«*: *»ich empfinde den Mangel an Ausdruck und Rhythmus [...], aber beim Schreiben (und Korrigieren) widerstrebt mir jedes ungewöhnliche Wort«*. Brecht, der sich im Exil stets als Verbannter fühlte und mit der möglichen Rückkehr nach Deutschland rechnete, verfaßte seine Lyrik aus zunehmender Distanz; sie sei *»wie vom Mars aus geschrieben«*. Auch diese Distanz empfand er nicht als persönliche Reaktion, sondern sah sie als *»Lieferung«* der Stadt an, in der er wohnte. In den *Hollywoodelegien* (1942), die kein lyrisches Ich kennen und es dennoch indirekt zum Inhalt haben – nämlich als negiertes –, formulierte Brecht die *»Klage«* über die totale Entfremdung und Beziehungslosigkeit unter den Menschen: *»Das Dorf Hollywood ist entworfen nach den Vorstellungen, / Die man hierorts vom Himmel hat. Hierorts / Hat man ausgerechnet, daß Gott, / Himmel und Hölle benötigend, nicht zwei / Etablissements zu entwerfen brauchte, sondern / Nur ein einziges, nämlich den Himmel. Dieser / Dient für die Unbemittelten, Erfolglosen / als Hölle.«*

Als eine Herausforderung ganz anderer Art sah Brecht seine Versifizierung des *Kommunistischen Manifests* von MARX und ENGELS an (1945), die das Zentrum des Lehrgedichts *Von der Unnatur der bürgerlichen Verhältnisse* bilden sollte. Die Erneuerung des Pamphlets, das er selbst als Kunstwerk einschätzte, sollte die neuen Inhalte in der *»respektablen Versart«* von *De rerum natura* des LUKREZ präsentieren und so nochmals zum klassischen Kunstwerk erheben. Brecht scheiterte an der Form des Hexameters, dem sich die *»technischen Worte«* des Manifests (z. B. Bourgeoisie, Proletariat) nicht fügen wollten. Dennoch überliefern die Gedichtfragmente einen der großen Versuche – ähnlich wie GOETHES Bestrebungen, das antike Versepos zu erneuern (vgl. die gescheiterte *Achilleis*) –, klassische Formen mit neuem Gehalt zu füllen.

### Nachkriegszeit

Die Lyrik der ersten Nachkriegszeit (noch im USA-Exil) stand wiederum unter dem Kennzeichen der Politisierung. Die Tatsache, daß sich die Deutschen nicht selbst vom Faschismus befreien konnten, die Frontstellung der westlichen Alliierten gegen die Sowjetunion sowie die beginnende Restauration in Westdeutschland, forderten Brechts lyrische Satire erneut heraus. Wie in den *Deutschen Satiren* der *Svendborger Gedichte* (1939) geißelte er nun mit einer gleichnamigen Kleinsammlung die ausbleibenden Veränderungen in Westdeutschland: Die unter der Exilierten weitverbreitete Meinung, daß Deutschland nach dem Krieg nur als sozialistischer Staat weiterexistieren könnte, stellte sich als Illusion heraus. Mit dem *Anachronistischen Zug oder Freiheit und Democracy* (1947) bezichtigt er sein Gastland USA, unter dem falschen Etikett »Democracy« den Faschismus in Westdeutschland zu restaurieren. Das Gedicht schließt formal (gereimte Vierzeiler) an die *Legende vom toten Soldaten* (1918) an, eine Satire auf das wilhelminische Kaiserreich und die Durchhaltekraft seiner Kriegführung, ein Gedicht, das Brecht 1923 auf die schwarze Liste der Nationalsozialisten gebracht und durch mehrere Gerichtsprozesse zu seinem (zweifelhaften) Ruhm als Lyriker beigetragen hatte. Über das Selbstzitat der Form bildete Brecht die von ihm unterstellte Kontinuität der gesellschaftlichen Verhältnisse in Deutschland ästhetisch nach. Eine einzigartige Verbindung von lyrischem Text (gereimte Vierzeiler in Knittelversen) und offizieller Fotografie stellen die sog. Fotoepigramme des Antikriegsbuchs *Kriegsfibel* dar; 1940 im USA-Exil begonnen, wurde es erst 1955 nach vielen Widerständen der DDR-Behörden publiziert und erreichte keine wesentliche Wirkung (sie begann erst in den siebziger Jahren durch mehrere Nachahmungen, z. B. Uwe HERMS, *Brokdorfer Kriegsfibel*, 1977). Die eingängigen Verse, die ohne die Bilder teilweise oberflächlich bis banal wirken, bringen die aus ihrem Kontext gerissenen Fotos buchstäblich zum Sprechen und halten dazu an, ihnen Informationen zu entnehmen, die der politisch ungeschulte Leser in ihnen nicht vermutet.

Brechts »Alterslyrik« in der DDR

Die in der DDR entstandene Lyrik Brechts (1949–1956) suchte zunächst wieder den Adressaten, den die Exillyrik nicht haben konnte, und zwar das »Volk«, dessen »Weisheit« Brecht für den Wiederaufbau und den Aufbau des Sozialismus in Deutschland für unverzichtbar hielt. Das Thema »Frieden« und die Warnung vor neuen Kriegen aufgrund der Teilung Deutschlands ist vorherrschend, bis Brecht erkennen mußte, daß sich die sozialistische DDR weitgehend als Bürokraten- und Funktionärsstaat verwirklichte. Die Folge war wiederum Distanz und Kritik an der Kulturbürokratie sowie ein lyrischer Ton, der von Prägnanz und Weisheit geprägt ist. Die Forschung hat, obwohl Brecht nur 58 Jahre alt geworden ist, von Alterslyrik gesprochen. Typisch sind z. B. das herausfordernde Gedicht *Vergnügungen*, dessen Verse fast ausschließlich aus Enzelworten bestehen und das Epigramm: *»Dauerten wir unendlich / So änderte sich alles / Da wir aber endlich sind / Bleibt vieles beim alten.«* Als letzte große Sammlung entstanden 1953 die nur als Fragment überlieferten *Buckower Elegien*. Sie verbinden einfache Naturbilder mit hintergründiger politischer Thematik, die die Ereignisse und Folgen des 17. Juni 1953 für die DDR zum Inhalt hat. Die vieldeutigen und vielgedeuteten Gedichte behaupten überdies im Zitat antiker Metren (z. B. sapphische Ode) und in der Aufnahme antiker Bilder Dauer und Wirkung von Dichtung *(Beim Lesen des Horaz)*. Sie erfüllen wie ein Großteil seiner Lyrik Brechts Wort: *»Alle großen Gedichte haben den Wert von Dokumenten.«*

Brecht-Forschung

*»Die Stunde der Lyrik Brechts ist (endgültig) gekommen«*, konstatierte Walter HINCK 1978. Obwohl es bereits prominente Urteile über die Lyrik Brechts gab – *»Sie steht im Zentrum des Brecht'schen Œuvres«* (Walter JENS, 1964) –, blieb sie vom Theater lange Zeit überdeckt. Daran änderte auch die klassisch gewordene Darstellung von Klaus SCHUHMANN über den frühen Lyriker Brecht (1964) wenig, die zuerst in der DDR erschien und 1971 in der Bundesrepublik nachgedruckt wurde. Schuhmann stellt die Entwicklungsetappen der Lyrik dar – vom bürgerlichen Voluntarismus und Fatalismus über die Sachlichkeit der zwanziger Jahre bis hin zur sozialistischen Lyrik, die er 1930 einsetzen sieht und als Konsequenz von Brechts Antibürgerlichkeit beschreibt. Es ist kennzeichnend, daß es außer Schuhmanns Buch in der DDR keine großen Forschungsbeiträge zur Lyrik gab und gibt und daß sich die Forschung im Westen zunächst fast ausschließlich mit dem frühen Lyriker beschäftigt, der noch am ehesten dem traditionellem Bild entspricht (Steffen STEFFENSEN, Peter Paul SCHWARZ). Während sich Steffensen hauptsächlich mit der Symbolik der frühen Gedichte beschäftigt, sieht Schwarz Brechts Nihilismus (nach Nietzsche) als Werkzusammenhang der Lyrik von 1914 bis 1922 an. Die erste umfassende Untersuchung der politischen Lyrik legte 1968 Ulla C. LERG-KILL vor, die unter publizistischen Aspekten die propagandistische Lyrik als *»politische Werbung«* beschreibt. Eigene Wege geht Klaus BIRKENHAUER, der die *»objektiv faßbaren Baugesetze der dichterischen Sprache«* in Brechts offenen, vorwärtsdrängenden (*pro-vorsa*-Charakter) Versen erkennt und gegen die traditionelle Geschlossenheit (*in-versus*-Charakter) bürgerlicher Lyrik abgrenzt. Nochmals steht die frühe Lyrik im Zentrum der psychoanalytisch orientierten Studie von Carl PIETZCKER, die für Brechts Entwicklung vom anarchischen Nihilismus zum Marxismus den Vaterverlust verantwortlich macht, für den der junge Brecht Ersatz sucht. Eine erste Gesamtdarstellung legte 1974 Edgar MARSCH mit seinem *Brecht-Kommentar* vor, der auf dem Stand der damaligen Ausgaben die Gedichte in chronologischer Folge vorstellt und mit Sachinformationen versieht. Die späte Lyrik weckt in den siebziger Jahren zunehmend das Interesse der Forschung, allen voran die *Buckower Elegien* (Jürgen LINK, Klaus-Bernd VOLLMAR, Nosratollah RASTEGAR); es handelt sich um Deutungen, die weitgehend assoziativ argumentieren und Brechts poetische Bilder mit traditionellen Symbol-Theorien zu entschlüsseln suchen. Einen Überblick über Brechts Entwicklung als Lyriker gibt Franz Norbert MENNEMEIER (1982) in meist unverbundenen Einzelinterpretationen. Abgesehen von der *Hauspostille* und den *Buckower Elegien* untersucht erstmals Christiane BOHNERT die entscheidende Rolle, die bei Brecht die Einordnung der Gedichte in präzis komponierte Zyklen spielt. Umfassende Darstellungen, die die Ergebnisse Bohnerts berücksichtigen, liegen seit 1984 bzw. 1985 von Jan KNOPF und Klaus-Detlef MÜLLER vor.   J.Kn.

AUSGABEN: *B. B.s Hauspostille. Mit Anleitungen, Gesangsnoten und einem Anhange*, Bln. 1927. – *Die Songs der Dreigroschenoper*, Potsdam 1928. – *Aus dem Lesebuch für Städebewohner* (in B., *Versuche 4–7*, Heft 2, Bln. 1930). – B. B. u. Hanns Eisler: *Lieder Gedichte Chöre. Mit 32 Seiten Notenanhang,*

Paris 1934. – *Svendborger Gedichte*, Ldn. 1939. – *Neue Songs aus der Dreigroschenoper*, Bln. 1949. – *Chinesische Gedichte* (in B., *Versuche 22–24*, Heft 10, Bln. 1950). – *Die Erziehung der Hirse*, Bln. 1951. – B. B. u. Paul Dessau, *Herrnburger Bericht*, Bln. 1951. – *Studien* (in B., *Versuche 25/26/35*, Heft 11, Bln. 1951). – *Hundert Gedichte. 1918–1950*, Hg. W. Herzfelde, Bln. 1951. – *Neue Kinderlieder* (in B., *Versuche. Sonderheft*, Bln. 1953). – *Buckower Elegien* (in B., *Versuche 31*, Heft 13, Bln. 1954). – *Gedichte aus dem Messingkauf* (in B., *Versuche 19*, Heft 14, Bln. 1955). – *Kriegsfibel*, Bln. 1955. – *Gedichte u. Lieder*, Hg. P. Suhrkamp, Bln. 1956. – *Gedichte*, 10 Bde., Ffm. 1960–1976. – *GW*, Hg. Suhrkamp Verlag, E. Hauptmann, 20 Bde., Ffm. 1976, 4 Suppl.-Bde., Ffm. 1982. Hrsg. H. Ramthun. – *B-Liederbuch*, 3 Bde., Hg. F. Hennenberg, Ffm. 1984. Tb. Ffm. 1985. – *Buckower Elegien*, Hg. J. Knopf, 1986. – *W*, Hg. W. Hecht, J. Knopf, W. Mittenzwei, K.-D. Müller ( = »Große kommentierte Berliner u. Frankfurter Ausgabe«), 30 Bde., Bln. u. Ffm. 1988 ff.

LITERATUR: K. Schuhmann, *Der Lyriker B. B. 1913–1933*, Bln. 1964, Mchn. ²1971. – U. C. Lerg-Kill, *Dichterwort und Parteiparole. Propagandistische Lieder und Gedichte B. s*, Bad Homburg u. a. 1968. – P. P. Schwarz, *B.s frühe Lyrik. 1914–1922. Nihilismus als Werkzusammenhang der frühen Lyrik B.s*, Bonn 1971. – K. Birkenhauer, *Die eigenrhythmische Lyrik B.s. Theorie eines kommunikativen Sprachstils*, Tübingen 1971. – S. Steffensen, *B. B.s Gedichte*, Kopenhagen 1972. – E. Marsch, *B.-Kommentar zum lyrischen Werk*, Mchn. 1974. – C. Pietzcker, *Die Lyrik des jungen B. Vom anarchischen Nihilismus zum Marxismus*, Ffm. 1974. – J. Link, *Die Struktur des literarischen Symbols. Theoretische Beiträge am Beispiel der späten Lyrik B.s*, Mchn. 1975. – K.-B. Vollmar, *Ästhetische Strukturen und politische Aufklärung. Ein Versuch, die materialistische Literatur auf den Boden des Textes zu stellen*, Bern u. a. 1976. – N. Rastegar, *Die Symbolik in der späten Lyrik B.s*, Bern u. a. 1978. – *Ausgewählte Gedichte B.s mit Interpretationen*, Hg. W. Hinck, Ffm. 1978. – C. Bohnert, *B.s Lyrik im Kontext. Zyklen und Exil*, Königstein/Ts. 1982. – F. N. Mennemeier, *B. B.s Lyrik. Aspekte, Tendenzen*, Düsseldorf 1982. – E. Licher, *Zur Lyrik B.s. Aspekte ihrer Dialektik und Kommunikativität*, Ffm. u. a. 1984. – J. Knopf, *B.-Handbuch. Lyrik, Prosa, Schriften*, Stg. 1984. – *B. B. Epoche – Werk – Wirkung*, Hg. K.-D. Müller, Mchn. 1985. – A. Dümling, *Laßt euch nicht verführen. B. und die Musik*, Mchn. 1985. – J. Lucchesi u. R. K. Shull, *Musik bei Brecht*, Bln./Ffm. 1988 (mit Diskographie).

## DIE ANTIGONE DES SOPHOKLES nach der Hölderlinschen Übersetzung für die Bühne bearbeitet

Schauspiel ohne Akteinteilung von Bertolt BRECHT, Uraufführung: 15. 2. 1948, Stadttheater Chur. Regie führte Brecht in Zusammenarbeit mit Caspar NEHER, der auch das Bühnenbild entwarf. Die Titelrolle in dieser Auftragsarbeit spielte Helene Weigel, die damit erstmals nach dem Krieg wieder auf der Bühne stand.

Brecht griff auf die *Antigone* des SOPHOKLES (442 v. Chr.) und, einem Rat Nehers folgend, auf die Übersetzung HÖLDERLINS (1804) zurück. Nach *Leben Eduards des Zweiten von England* (1924) ist sie sein »zweiter Versuch, aus gegebenen klassischen Elementen eine erhöhte Bühnensprache zu entwickeln« (Brecht).

Die »historische Entrücktheit« sollte die »*Identifizierung mit der Hauptgestalt*« verhindern, mit den formalen epischen Elementen, »*Verfremdungen*« der »*hellenischen Dramaturgie*«, gedachte Brecht die »*Freiheit der Kalkulation zu retten*« (Brecht/Neher), während ihn an Hölderlins Übersetzung »*erstaunliche Radikalität*«, »*etwas Hegelisches*« und »*schwäbischer Volksgestus*, ›*Volksgrammatik*‹« reizten. Daß die Namen Sophokles und Hölderlin in den Titel hineingenommen werden, deutet nur scheinbar auf eine Anlehnung an vorgefundene, bereits gültige Stoffe und Formen hin. Mit der optischen Gleichschaltung von Quelle und Bearbeitung wird lediglich dem ersten Blick verschleiert, welchen Widerstand die aktuelle Variation dem großen tradierten Vorbild leistet, welche Energien aus der Reibung von »*neuer Spielweise*« und »*antikem Stück*« gewonnen werden sollen.

Auch Brecht läßt Antigone gegen den Befehl des thebanischen Königs Kreon handeln: Sie begräbt, obwohl ihre Schwester Ismene sie warnt und ihr die Mithilfe verweigert, die Leiche ihres Bruders Polyneikes, der zur Strafe für Verrat unbestattet bleiben sollte. Antigone wird zum Tode verurteilt; ihr Verlobter Hämon, Sohn des Kreon, nimmt sich vor ihrer Leiche das Leben. Im Unterschied aber zu Sophokles, der den subjektiv so wenig verschuldeten wie auch lösbaren Konflikt zweier gleichwertiger und nur auf die Spitze getriebener Ordnungsvorstellungen allein im übermächtigen Schicksal aufgehoben sieht, unterlegt Brecht dem Verhalten seiner Personen eine Reihe realpolitischer und gesellschaftlicher Motive.

Der Tyrann Kreon hat das durch Mißwirtschaft in Not geratene Theben in einen Aggressionskrieg gegen das benachbarte Argos getrieben, das dank seiner Erzgruben wohlhabender und rüstungsfähiger ist. Entfaltet sich für Sophokles der Konflikt Antigone – Kreon in einem Freiraum jenseits politischer Pressionen, nämlich erst nach dem von Theben siegreich beendeten Krieg, so setzt Brechts Handlung in der Endphase des Krieges, kurz vor dem vermeintlichen Sieg und der endgültigen Niederlage Thebens ein. Eteokles, der Bruder des Polyneikes, kämpft nicht als Überläufer auf der Seite Argos' gegen die eigene Polis, vielmehr fällt er als Held auf thebanischer Seite, »*zerstampft unterm Gäulehuf*«. Darauf desertiert Polyneikes »*aus unfertiger Schlacht*«, um freilich auf der Flucht von Kreon selbst getötet und »*zerstückt*« zu werden. Kritiker dieser Maßnahme läßt Kreon, auch gegen Feinde im eigenen Lager »unmäßig« vorgehend, erhängen: »*Dieser Einsatz der letzten moralischen Reserven mißlingt und beschleunigt den Untergang, der aber schon aus der Gesamtkonstellation erfolgen muß*« (Brecht). Der Seher Tiresias, vor Beginn des Stückes »*ideologischer Handlanger*«, und der Chor der Alten, der die Willkür Kreons durch Schweigen geduldet hat, stellen sich in der Krise gegen den König. In den letzten Episoden verdichtet und verschärft Brecht die Katastrophenmomente. Er eliminiert den kurzen Auftritt von Kreons Frau Euridice und den Bericht von ihrem Ende. Dafür wird durch Hinweise Kreons »Erstgeborener« Megareus eingeführt (der eigentlich Kreons zweiter Sohn war und der anläßlich einer früheren Belagerung Thebens den Ares durch Selbstopfer beschwichtigt hatte). Bei Brecht ist es ein Sieg des Megareus, auf den Kreon nach dem Zerwürfnis mit Hämon seine letzten Hoffnungen baut. Ein Bote bringt die Nachricht von Megareus' Tod und der in Argos besiegelten Niederlage. Eine Botin – nicht der klassische Bote, denn Theben hat keine Männer mehr – berichtet bald darauf vom Tode Hämons. Der Fall Thebens steht bevor; Kreon will alle Überlebenden in den eigenen Sturz mit hineinziehen. Brecht nimmt eine diametrale Umkehrung von Motivationen im Antigone-Kreon-Konflikt vor. Stellt Sophokles dem staatspolitischen Ordnungsdenken (Kreon) die Berufung auf göttliches Gebot (Antigone) entgegen, so entkräftet Brecht des Kreons Beharren auf einer vorgeblich göttlichen Staatsordnung mit Antigones Erwiderung: »*Göttlich mag sie wohl sein, aber ich wollte doch / Lieber sie menschlich...*« Mit dem Begräbnis ihres Bruders erfüllt Antigone nicht nur eine Pietätspflicht, sie leistet, zugleich zur Nachahmung aufrufend, offenen Widerstand gegen die Gewalt. »*Nach der Vorstellung der Alten ist der Mensch mehr oder weniger blind dem Schicksal ausgeliefert, er hat keine Macht darüber. Diese Vorstellung hat B. B. in seiner Nachdichtung durch die Meinung ersetzt, daß das Schicksal des Menschen der Mensch selber ist*« (Brecht). Wieweit die antike Vorlage diese Aktualisierung erlaubt, steht im Mittelpunkt der wissenschaftlichen Deutungen des Stücks, W. JENS kritisierte 1978 die Bearbeitung als Überinterpretation.

In Brechts reimlosen unregelmäßigen Versen fallen der dynamische Sprachgestus und das archaisierende Kolorit der Hölderlin-Übersetzung keineswegs den Straffungen und Glättungen des Bearbeiters zum Opfer, sie setzen sich vielmehr bis in die nachgedichteten Passagen hinein fort. Hölderlins Wortlaut allerdings bleibt nur in seltenen Fällen wenige Verse lang unangetastet, so im Beginn des Chorliedes »*Ungeheuer ist viel. Doch nichts / Ungeheuerer als der Mensch*«, wo Brecht eine »berühmte Stelle« in einen irritierend neuen und zu neuem Begreifen herausfordernden Zusammenhang stellt.

Das Buch *Antigonemodell 1948* (1949), eine Verbindung von Textausgabe, Dokumentation der Aufführung und Kommentar, enthält in synoptischer Anordnung 81 während der Proben aufgenommene Fotos von Ruth Berlau, die regiebuchartigen Anmerkungen Brechts und die Entwürfe Nehers. Diese Dokumentation wollte Brecht als Gegenmodell zur »*beschädigten Spielweise*« und »›*glänzenden‹ Technik der Goeringtheater*«, zugleich als »*etwas veränderbar Nachahmbares*«, also nicht als dogmatische Fixierung eines Aufführungsstils, verstanden wissen (Brecht/Neher). Das Modellbuch enthält ferner die *Antigone-Legende*, ein die Fabel duplizierendes Gedicht in Hexametern; Brecht teilte es in »Brückenverse« auf und ließ die Schauspieler auf den Churer Proben die den Texteinsätzen parallelen Gedichtpassagen »außerhalb der Rolle« sprechen, damit sie sich die jeweilige Situation und ihre Zusammenhänge vergegenwärtigen konnten. In entsprechender Zuordnung wurden die »Brückenverse« im Modellbuch gleichsam als Bildunterschriften unter die Fotos gedruckt. Wird im Stück die Analogie von Kreon und Hitler, Argos und Stalingrad unmißverständlich hervorgekehrt, so stellt Brecht mit einem in gereimten Knittelversen abgefaßten *Vorspiel* die Aktualität des antik eingekleideten Geschehens vollends sicher: Berlin, April 1945; zwei Schwestern kehren aus dem Luftschutzkeller in ihre Wohnung zurück und entdecken, daß ihr Bruder über Nacht aus dem Krieg zurückgekehrt sein muß, erfahren aber bald darauf, daß er angeblich soeben von der SS als Deserteur aufgehängt wurde. Soll man ihn trotz Bedrohung zu retten versuchen, wenn er doch noch am Leben ist, soll man wenigstens die Leiche bergen? Dieses in Chur aufgeführte *Vorspiel* wurde bei der deutschen Erstaufführung in Greiz (18.11.1951) durch einen *Prolog* ersetzt, den der Darsteller des Tiresias, zwischen den Darstellern der Antigone und des Kreon stehend, zu sprechen hat. Für das Programmheft der Churer Uraufführung schrieb Brecht das Gedicht *Antigone*: »*... Und ließest den Mächtigen / Nichts durch, und glichst dich / Mit den Verwirrern nicht aus, noch je / Vergaßest du Schimpf, und über der Untat wuchs / Ihnen kein Gras. / Salut!*«

K.D.G.

AUSGABEN: Bln. 1949 (*Antigonemodell 1948*, in Versuche, H. 34; rev. m. neuem Prolog 1955; Nachdr. Ffm. 1977). – Bln./Ffm. 1959 (in *Stücke*, 12 Bde., 1956–1959, 11). – Ffm. 1965 (*Die Antigone des Sophokles. Materialien zur »Antigone«*, Hg. W. Hecht; es). – Ffm. 1967 (in *GW in 20 Bdn.*, 6; es).

LITERATUR: H.-J. Bunge, »*Antigone-Modell 1948*« *von B. B. u. C. Neher. Zur Praxis u. Theorie des epischen Theaters B. B.s*, Diss. Greifswald 1957; auch in WZ Greifswald, 7, 1957/58, S. 236 ff. – H. Curjel, *B.s »Antigone«-Inszenierung in Chur 1948* (in H. C., *B. B. Gespräch auf der Probe*, Zürich 1961, S. 9–19). – M. El-Sayed, *B.s »Antigone«-Bearbeitung. Im Vergleich zur »Antigone« des Sophokles u. ihre Bedeutung für das Theater der Vereinigten Arabischen Republik*, Diss. Lpzg. 1970. – J. S. Lasso de la Vega, *De Sófocles a B.*, Barcelona 1970. – W. Mittenzwei, *B.s Verhältnis zur Tradition*, Bln. 1972, S. 222–229. – W. Weisstein, *Imitation, Stylization, and Adaption : The Language of B.'s »Antigone« and Its Relation to Hölderlin's Version of Sophocles* (in GQ, 46, 1973, S. 581–604). – I. Fradkin, *B. B. Weg und Methode*, Lpzg. 1974, S. 279–282. – W. Jens, *Sophokles und B. Dialog* (in W. J., *Zur Antike*, Mchn. ²1978, S. 413–433). – *B.s »Antigone«. Materialien*, Hg. W. Hecht, Ffm. 1986 (st); ern. 1988.

## ARBEITSJOURNAL

Aufzeichnungen von Bertolt BRECHT, erschienen 1973 in zwei Bänden (Bd. 1 die Jahre 1938–1942, Bd. 2 die Jahre 1942–1955 umfassend), herausgegeben von Werner HECHT.
Im Juli 1938 begann Brecht mit Aufzeichnungen für ein »Journal«. Darin sollten festgehalten werden wichtige Phasen seiner Arbeit sowie die politischen und gesellschaftlichen Bedingungen, von denen sie bestimmt waren. 1955, ein Jahr vor Brechts Tod, erfolgte der letzte Eintrag, der das Werk einen Zeitraum von nahezu zwei Jahrzehnten umfassen läßt. In zwei Bänden veröffentlicht, bietet Band I (1938–1942) Notierungen aus Dänemark, Schweden, Finnland und aus dem ersten Jahr des Exils in den USA; Band II (1942–1955) beginnt mit weiteren Aufzeichnungen aus dem amerikanischen Exil und reicht über Eintragungen aus der Schweiz bis zur Zeit in Berlin. Es handelt sich mithin um die Jahre, in denen ein wesentlicher Teil von Brechts Œuvre entstand.
Tragendes Element des *Arbeitsjournals* sind die Geschehnisse, die Brechts Leben, seine Haltung, sein künstlerisches Engagement entscheidend prägen sollten. Nahm der Stückeschreiber in den Aufzeichnungen zunächst vorwiegend Stellung zu Problemen seiner Werke, ihrer Genese und Rezeption, notierte er sich Überlegungen bei der oft geübten Lektüre (LUKREZ, GOETHE, SCHILLER, SHELLEY, MARX, RILKE, TROTZKI, LUKÁCS u. a.), hielt er Eindrücke fest, die Fremde und Bekannte auf ihn machten (FEUCHTWANGER, BECHER, SEGHERS, LANG, KORTNER, CHAPLIN, LAUGHTON, ALBERS, BERGNER, ADORNO u. a.), so erfuhr diese Konzeption eines »Arbeitsjournals« nach Ausbruch des Zweiten Weltkriegs einschneidende Änderung. Nicht nur wurden in zunehmendem Maße auch Reflexionen über politische Ereignisse einbezogen, eine wichtige Funktion gewinnt die Verarbeitung von Dokumentarmaterial. Brecht schnitt aus den Zeitungen und Zeitschriften des Tages charakteristische Berichte, Aufsätze, Notizen, Headlines und Fotografien aus und klebte sie zu den Tagebuchnotierungen. Die solcherart entstandene, die Ereignisse in Europa und in der Welt fassende Collage zwingt Widersprüche ins Bild und bietet eine einzigartige Inventur der Zeit.
Die eingestreuten »privaten« Fotos verstärken zwar den Zeigegestus und vermitteln persönliches Kolorit, vermögen jedoch nicht darüber hinwegzutäuschen, daß »Persönliches« im *Arbeitsjournal* die geistig-künstlerische Biographie und die »äußeren« Lebensumstände Brechts meint. Wenn der Autor sich 1941 notierte: »*Daß die Aufzeichnungen so wenig Privates enthalten, kommt nicht nur davon, daß ich selbst mich für Privates nicht eben sehr interessiere . . . , sondern hauptsächlich davon, daß ich von vorneherein damit rechnete, sie über Grenzen von nicht übersehbarer Anzahl und Qualität bringen zu müssen*«, so sollte diese Erklärung, wie der großzügige Umgang mit Spatien und Leerseiten anzeigt, nicht allzu wörtlich genommen werden. Die Widersprüchlichkeit, die Brechts Theaterkonzeption innewohnt, da sie Überlebensdemonstration dialektisch mit Veränderungsintention verbindet, was dazu führt, daß beides einander neutralisiert, reicht, wie inzwischen bekannt ist, bis in die Lebens-, und das heißt: »*Schreibumstände*« des Autors. Von dieser Widersprüchlichkeit, in der »*Wissensdurst und taktische Feigheit, List und Güte, Sinnlichkeit, Humor und bohrende Hartnäckigkeit*« (R. Grimm) aufeinanderstoßen, und von den »Grundkategorien« für Brechts Leben und Werk: »*Die Liebe zu vielen Frauen, die gemeinsame Produktion . . . ständige Veränderung*« (Jan Knopf), erfährt der Leser, wenn überhaupt, höchstens am Rande.
Das *Arbeitsjournal* ist, wie Brecht schreibt, gerichtet an »*eine versammlung von weltänderern*«, die »*einen bericht über die welt*« entgegennimmt (I, 384). So mag es sich erklären, daß die Eintragungen mit zunehmender Aktualisierung der »*Mühen der Ebenen*« in Ostdeutschland immer kürzer werden und am Ende Leerraum und Aussparung das Bild bestimmen. 1953, ein Jahr der Krise, beschränkt sich auf zehn, 1954 auf fünf, und 1955 bietet schließlich nur mehr drei Eintragungen: Gilt die eine einem Besuch Warschaus, so die andere einer Reise nach Moskau. In einem Hinweis auf SHAKESPEARES *Coriolan* und den Worten »*glückliche Regie*« endet, seinen Charakter als Kommentar zu Brechts literarischem Schaffen bestätigend, das Werk.   O.F.B.

AUSGABE: Ffm. 1973, 2 Bde., Hg. W. Hecht.

## DER AUFHALTSAME AUFSTIEG DES ARTURO UI

Parabelstück von Bertolt BRECHT, verfaßt 1941; Uraufführung: Stuttgart, 10. 11. 1958, Württembergisches Staatstheater. – Bereits in den ersten Jahren seines Exils beschäftigte Brecht sich mit Plänen, den Aufstieg Hitlers und seiner Clique während der Weimarer Zeit satirisch verfremdet darzustellen, um so »*die großen politischen Verbrecher, lebendig oder tot, der Lächerlichkeit*« preiszugeben und »*den üblichen Respekt vor den großen Tötern zu zerstören*«. Durch seine USA-Reise 1935/36 wird Brecht zur Beschäftigung mit den amerikanischen Bandenkriegen inspiriert, aber erst 1941 verbindet er im finnischen Exil das Zeitgeschehen in Deutschland mit den Vorgängen in der amerikanischen Unterwelt zu einer »*Historienfarce*«, wie er selbst im *Arbeitsjournal* das Stück bezeichnet, an dessen Ende nun die Annexion Österreichs 1938 steht. Dabei siedelt Brecht die Geschichte Hitlers nicht in einem vagen amerikanischen Gangstermilieu an; wie H.W. SELIGER 1974 nachweisen konnte, verknüpft Brecht bis in sprachliche und szenische Details hinein die Biographie Hitlers mit der des Chicagoer Gangsters Al Capone. In der Parallelität beider Lebensläufe wird für Brecht nicht nur die kriminelle Dimension des Faschismus darstellbar, sondern auch seine Verflechtung mit der Ökonomie des Kapitalismus; für Brecht stellt der Faschismus die Konsequenz kapitalistischen Wirtschaftens dar.

In einem zweiten Schritt überhöht Brecht die Verfremdung des politischen Geschehens noch dadurch, daß er die Dialoge fast durchweg in fünffüßige, oft auch holpernde Jamben faßt und damit den Gestus der klassischen Tragödie imitiert, auf die sich auch direkte Anspielungen finden, so in einer Parodie der Gartenszene aus GOETHES *Faust I* sowie der Werbeszene aus SHAKESPEARES *Richard III*. Der »hohe Stil«, in dem Brechts Gangster sprechen, ist nicht nur als Reflex auf die Theatralik des deutschen Nationalsozialismus und seiner Propaganda zu sehen, sondern wohl auch als weiterer Hinweis darauf, wie sehr der Faschismus für Brecht eine Fortsetzung des kapitalistischen Konkurrenzkampfes und seiner Ideologie des Selfmademan mit anderen Mitteln ist. Dementsprechend versucht das Stück weniger, die einzelnen Stationen des Aufstiegs Hitlers nachzuzeichnen, sondern vielmehr die Normalität des Geschehens mit den Mitteln der Groteske zu betonen.

Schauplatz ist die Stadt Chicago, in der das Grünzeuggeschäft in eine Absatzkrise geraten ist. Noch lehnen die Herren des Karfioltrusts (Blumenkohlmonopol) das Angebot des Gangsters Uí ab, den Karfiol durch Erpressung – »mit dem Browning« – abzusetzen. Sie hoffen vielmehr, mit Hilfe des einflußreichen, als ehrlich bekannten Politikers Dogsborough (Hindenburg) eine städtische Anleihe zugunsten des Grünzeughandels durchzusetzen, indem sie diesem die Aktienmehrheit an einer Reederei und ein Landhaus schenken. Dogsborough erreicht im Stadthaus die Anleihe zugunsten des Karfioltrusts, ist damit aber politisch erpressbar geworden. Jetzt ergreift Uí seine Chance. Von Dogsborough bisher immer abgewiesen, droht er nun mit dem aufkommenden Skandal um den Kredit und zwingt ihn, sich unter den Schutz seiner Gang zu stellen. Uí und seine Genossen, der demagogische Blumenhändler Givola (Goebbels), der scheinheilige Volksmann Giri (Göring) und der radikale Protz Ernesto Roma (Röhm), Uís »Leutnant«, übernehmen die Macht in Chicagos Grünzeughandel. Einem Kleinhändler, der sich dem Terror der Gang zu entziehen sucht, geht Minuten später der Vorratsspeicher in Flammen auf. Im Prozeß um diesen Speicherbrand beschuldigt eine gekaufte Justiz den unzurechnungsfähigen Arbeitslosen Fish der Tat. Das Stück thematisiert hier den sogenannten Osthilfeskandal um Hindenburg sowie den Reichstagsbrand 1933.

Die Übernahme der Macht lähmt und entzweit für kurze Zeit die Führer der Bande. Roma fordert im Namen seiner Kohorten von Straßenkillern, aber im Gegensatz zu seinen Spießgesellen, den Terror auch auf die großen Unternehmen, zum Beispiel den Karfioltrust, auszudehnen. Uí plant jedoch, seine Herrschaft auf das Gebiet außerhalb Chicagos auszuweiten und sich dazu der Unterstützung des Trusts zu bedienen. Probeweise geht Uí gegen die Stadt Cicero (Österreich) vor, deren Grünzeughandel von dem Zeitungsmann Ignatius Dullfeet (Dollfuß) beherrscht und gegen Uí eingesetzt wird. Mit Täuschungen setzt Uí seinen Plan ins Werk. In einer Garage läßt er Roma und dessen Leute, die ihn zu einem Schlag gegen Giri erwarten, ermorden. Die Bezüge einerseits zum sog. »Röhm-Putsch«, andererseits zum Sankt-Valentins-Massaker vom 14.2. 1929 in Chicago, sind deutlich. Dann arrangiert Uí in Givolas Blumenladen eine Begegnung mit Dullfeet und seiner Frau und erzwingt sich im frivolen Spaziergespräch die Loyalität der Grünzeugpresse von Cicero. Schließlich, nach der Ermordung Dullfeets, erredet er sich auf dessen Beerdigung die Gunst der trauernden Witwe, wodurch er das Karfiolgeschäft Ciceros beherrscht. In der großen Schlußszene verkündet Arturo Uí der Menge der Grünzeughändler aus Chicago und Cicero, daß Dogsborough ihn zum Erben bestimmt habe, stellt sich, unter den Schüssen auf Widerspenstige, der erfolgreichen Wahl und entwirft in hektischer Rede die Vision von der Ausbreitung seiner Macht über den gesamten Kontinent. Der Epilog endet mit den Versen: »*So was hätt einmal fast die Welt regiert! / Die Völker wurden seiner Herr, jedoch / daß keiner uns zu früh da triumphiert – / der Schoß ist fruchtbar noch, aus dem das kroch.*«

Brecht hatte sich lange geweigert, das Stück für die Aufführung freizugeben: »*Hauptsächlich fürchtete er die mangelnde historische Reife des deutschen Publikums*« (M. Wekwerth). Tatsächlich zog das Werk den Vorwurf der Vereinfachung des Phänomens des deutschen Faschismus auf sich, da man Hitlers Aufstieg auf das Klischee einer Gangstergeschichte reduziert sah. Erst die neuere Forschung lenkte das Augenmerk auf Brechts Intention, die Normalität des Faschismus dadurch zu unterstreichen, daß ein nach historischen Fakten gezeichneter und ökonomisch motivierter Gangsterkrieg als Vorlage für die Analyse einer politischen Karriere tauglich ist.

K.B.-M.Pr.

AUSGABEN: Bln./Ffm. 1957 (in *Stücke*, 12 Bde., 1956–1959, 9). – Ffm. 1967 (in *GW in 20 Bdn.*, 4; es). – Bln./Weimar 1973 (in *Werke in 5 Bdn.*, Stücke). – Ffm. 1975 (es). – Ffm. 1978 (in *Die Stücke v. B. B. in einem Bd.*; ³1981).

LITERATUR: J. Goldhahn, *Das Parabelstück bei B. B.*, Rudolfstadt 1961. – H. Kaufmann, *B. B. Geschichtsdrama und Parabelstück*, Bln. 1962. – E. Pfrimmer, *B. et la parodie »Arturo Uí«* (in EG, 26, 1971). – G. Schulz, *Die Schiller-Bearbeitungen B. B.s. Eine Untersuchung literarhistorischer Bezüge im Hinblick auf B.s Traditionsbegriff*, Tübingen

1972. – H.W. Seliger, *Das Amerikabild B. B.s*, Bonn 1974, S. 191–218. – M. Wekwerth, *Schriften. Arbeit mit B.*, Bln. 1975, S. 141–158. – B. Lindner, *B. B.: »Der aufhaltsame Aufstieg des Arturo Ui«*, Mchn. 1982. – *B.s »Aufhaltsamer Aufstieg des Arturo Ui«*, Hg. R. Gerz, Ffm. 1983 (st).

## AUFSTIEG UND FALL DER STADT MAHAGONNY

Oper; Text von Bertolt BRECHT, Musik von Kurt WEILL (1900–1950); Uraufführung: Leipzig 9. 3. 1930, Opernhaus. – Bereits 1927 vertont Kurt Weill Brechts *Mahagonnygesänge* aus der *Hauspostille*; Brecht verfaßt dazu einen Epilog, und das *Songspiel* wird unter dem Titel *Mahagonny* (nachträglich *Das kleine Mahagonny* genannt) am 17. 7. 1927 in Baden-Baden aufgeführt. Die Herkunft des Namens *Mahagonny* ist bis heute umstritten, nach A. BRONNENS Erinnerung erscheint es bei Brecht im Kontext mit den faschistischen Aufmärschen in München, teils werden Bezüge zur *Johannes-Apokalypse* bemüht, in der ein »sündhaftes Land« mit dem Namen »*Magog*« erscheint (Sehm, 1976). Ursprünglich gebrauchte Brecht den Namen »*für eine imaginäre Stätte der Vergnügungen*« noch in einem positiven Sinn (Seliger, 1974), hierin an den anarchischen Gestus seines *Baal*-Stücks anschließend. Die weitere Beschäftigung mit dem Stoff fällt jedoch in die Zeit seines MARX-Studiums, in dessen Verlauf er zu einer grundsätzlichen Kritik der bürgerlichen Gesellschaft und der Rolle der Kunst, ihrer Illusionierung und Verschleierung der tatsächlichen Verhältnisse, gelangt. Brecht erprobt sein daraus resultierendes Konzept des epischen Theaters im Lustspiel *Mann ist Mann* wie in seiner Oper *Mahagonny* erstmals in der Praxis, in seinen *Anmerkungen* zur Oper kontrastiert er formelhaft die herkömmliche, aristotelische Konzeption des Theaters mit seiner aufklärerischen Vorstellung. Für das Operngenre bedeutete dies den Bruch mit jeglicher Tradition; gerade aufgrund ihrer offensichtlichen Irrealität schien die Oper jener distanzierten Betrachtungsweise entgegenzukommen, die Brecht vom Publikum forderte und zugleich sollte der »*Warencharakter des Vergnügens*«, wie er in besonderem Maß der Großen Oper zukam, zum Gegenstand der Oper selbst werden. Musik, Wort und Bild sollten nicht länger zu einer Illusion verschmelzen, sondern sich gegenseitig auslegen, korrigieren, relativieren.

Mahagonny, die »*Goldstadt*«, wird als Stadt des Konsums und des Vergnügens für all jene gegründet, die in der Welt der Arbeit keinen Raum zum Genuß finden. Drei von der Polizei verfolgte Schwindler, Leokadja Begbick, Dreieinigkeitsmoses und Willy der Prokurist, bleiben auf der Flucht nach der Goldküste mit ihrem Lastauto in einer öden Strandgegend stecken. Die Begbick befiehlt, an dieser Stelle eine Stadt Mahagonny zu gründen, ein Eldorado voll »*Gin und Whisky / Mädchen und Knaben*«, in dem sich alle Goldsucher, alle Arbeitenden überhaupt, wie in einem Netz verfangen sollen, nämlich »*weil alles so schlecht ist / Weil keine Ruhe herrscht / Und keine Eintracht / Und weil es nichts gibt / Woran man sich halten kann*«. Kurze Szenen – *Die Nachricht von der Gründung einer Paradiesstadt erreicht die großen Städte* oder *In den nächsten Jahren zogen die Unzufriedenen aller Kontinente der Goldstadt Mahagonny entgegen* – schaffen den Hintergrund, vor dem sich nun die Fabel der Oper, nämlich die Geschichte des einfachen Holzfällers Paul Ackermann, abspielen kann. Paul und seine Kumpane Jakob, Heinrich und Joe sind mit ihren Ersparnissen von Alaska gekommen, um sich hier Glückseligkeit zu leisten; Paul kauft als erstes der Begbick das Straßenmädchen Jenny ab. Aber schnell wird ihm bewußt, daß diese Netzestadt mit ihren geregelten Lastern und ihren zeitlosen Vergnügungen in routinierten Klischees erstarrt. Doch gerade in der Nacht seiner Auflehnung gegen die Verhältnisse von Mahagonny erschüttert ein heraufziehender Hurrikan die Stadt und versetzt sie in Untergangsstimmung. Die Leute erkennen: »*Wir brauchen keinen Hurrikan / Wir brauchen keinen Taifun / Denn was er an Schrecken tun kann / Das können wir selber tun.*« Von dieser Nacht an ist in Mahagonny alles erlaubt. Mahagonny bekommt jetzt erst »Hochbetrieb« und die Begbick ihren Profit. Vier exemplarische Szenen (»*Sittenbilder des 20. Jahrhunderts*«) unter den Bühnentiteln *Essen, Lieben, Kämpfen, Saufen* demonstrieren das Leben im Genuß und seine Folgen. Wenn rundum Hunger herrscht, gilt Jakob das »Essen« als Glückseligkeit: Er frißt sich zu Tod. Das »Lieben« ist ein kurz bemessener Geschäftsvorgang, zu dem die Männer von Mahagonny Schlange stehen. Das »Kämpfen« ist verabredeter, gewinnbringender Mord: Der Kumpan Joe, auf den Paul sein ganzes Geld setzt, wird von dem schweren Dreieinigkeitsmoses im Ring erschlagen. Natürlich gibt es das »Saufen« nicht ohne Geld: Paul, der den Whisky fließen läßt, um mit seinen Gästen auf dem Bartisch traumhaft nach Alaska zurückzusegeln, hat leere Taschen und wird verhaftet; alle, auch Jenny und Heinrich, wenden sich von ihm ab. Vor Gericht (die Begbick ist der Richter, der Ankläger ist Dreieinigkeitsmoses) wird ein Mörder, der noch Geld zum Bestechen besitzt, freigesprochen, aber Paul wird zum Tod verurteilt, wegen Verführung, vor allem aber »*wegen Mangel an Geld / Was das größte Verbrechen ist / Das auf dem Erdenrund vorkommt*«. Vor seiner Hinrichtung resümiert er verblüfft: »*Ich war es, der sagte: Jeder muß sich ein Stück Fleisch herausschneiden, mit jedem Messer. Da war das Fleisch faul und die Freiheit für Geld war keine Freiheit.*« In Mahagonny bricht Teuerung und Unruhe aus. Zuletzt sieht man endlose Demonstrationszüge unter Tafeln wie »*Für den Kampf aller gegen alle*«, »*Für die ungerechte Verteilung der irdischen Güter*«, »*Für den Fortbestand des Goldenen Zeitalters*«. Und Chöre singen: »*Können einem toten Mann nicht helfen*«.

Die Oper, gelesen als »*apokalyptische Vision des kapitalistischen Ethos*« (Sehm, 1976) endet mit dem Sich-Selbst-Verzehren der Genießenden. Genuß,

MARX verweist darauf im *Kapital*, ist stets als Gegenpol zur Produktion zu verstehen, was genossen wird, ist unwiederbringlich verbraucht. Dem widerspricht die Illusion über die Folgenlosigkeit des Genießens, die schließlich durch den Hurrikan zerstört wird, der über die Stadt hereinbricht. In der Folge bejahen die Einwohner von Mahagonny bewußt das destruktive Element des Sich-Auslebens, einzige Ordnungsinstanz bleibt das Geld. Durch die unausweichliche Unterwerfung unter diese Ordnung, durch die alle Beziehungen zwischen den Menschen in jener Weise »verdinglicht« werden, wie G. LUKÁCS dies 1923 in *Geschichte und Klassenbewußtsein* beschrieben hatte, unterscheidet sich Paul Ackermann grundlegend vom Genußmenschen Baal: »*Die schräge infantile Betrachtung, die sich an Indianerbüchern und Seegeschichten nähert, wird zum Mittel der Entzauberung der kapitalistischen Ordnung... In Mahagonny wird Wildwest als das dem Kapitalismus immanente Märchen evident, wie es Kinder in der Aktion des Spieles ergreifen*« (Adorno).
Zugleich spiegelt das Stück, das auf einer weiteren Ebene die biblische Passionsgeschichte parodiert, dem bürgerlichen Opernpublikum dessen Genußhaltung, die von jener Illusion getragen wird, wie sie den Bewohnern Mahagonnys zu Beginn des Stücks zu eigen ist. Die Oper sucht gerade dieses Bedürfnis nach folgenloser Erbauung im Theater zu zerschlagen, eine Absicht, die nicht nur von der Dramaturgie des epischen Theaters getragen wird, sondern auch von der Musik von Kurt Weill, die nach dem pointierten Urteil von ADORNO »*aus Dreiklängen und falschen Tönen zusammengenagelt*« ist. Damit wendet das Stück sich auch unterschwellig gegen die Vertreter der *Neuen Musik*, allen voran Paul HINDEMITH, die neue Formen der Musikrezeption ohne Berücksichtigung des gesellschaftlichen Kontextes erstrebten. Bei seiner Uraufführung rief die Oper einen der größten Theaterskandale der Weimarer Republik hervor. K.B.-M.Pr.

AUSGABEN: Wien 1929. – Bln. 1930 (in *Versuche*, H. 2; enth. auch die Anm. zur Oper; Nachdr. Ffm. 1977). – Ldn. 1938 (in *GW*, Bd. 1). – Bln./Ffm. 1956 (in *Stücke*, 12 Bde., 1956–1959, 3; m. den Anm.). – Ffm. 1967 (in *GW in 20 Bdn.*, 2; es). – Bln./Weimar 1973 (in *Werke in 5 Bdn.*, Stücke). – Ffm. 1978 (in *Die Stücke v. B. B. in einem Bd.*; ³1981).

LITERATUR: K. Pringsheim, »*Mahagonny*« (in Die Weltbühne, 26, 1930, 12, S. 33/34). – H. H. Stukkenschmidt, »*Mahagonny*« (in Die Scene, 20, 1930, 3, S. 75–77). – Th. W. Adorno, »*Mahagonny*« (in Der Scheinwerfer, 3, 13. 4. 1930, S. 12–15). – E. Schumacher, *Die dramatischen Versuche B.s, 1918–1933*, Bln. 1955; Nachdr. 1977. – J. Willett, *The Theatre of B. B. A Study from Eight Aspects*, Ldn. 1959. – A. Bronnen, *Tage mit B. B.*, Wien u. a. 1960. – O. Nomura, *Die Stellung der Anmerkungen zur Oper »Mahagonny« von B. B.* (in Doitsu Bungaku Kenkyu, 10, 1961, S. 31–59). – B. M. Glanert, *B.s Amerikabild in drei seiner Dramen*, Diss. Univ. of Colorado 1961. – P. L. Parmalee, *B.'s America*, Diss. Irvine Univ. 1970. – H. W. Seliger, *Das Amerikabild B. B.s*, Bonn 1974, S. 134–140. – G. Sehm, *Moses, Christus und Paul Ackermann* (in B.-Jb., 1976, S. 83–100). – D. N. Stoffel, »*The Rise and Fall of the City of Mahagonny«: An Interpretive Staging as Applied to University Opera Theater Productions*, Diss. Ohio Univ. 1983. – E. M. Chick, *Dances of the Death. Wedekind, B., Dürrenmatt, and the Satiric Tradition*, Columbia 1984. – *Materialien zu »Aufstieg und Fall der Stadt Mahagonny«*, Hg. F. Hennenberg, Ffm. 1987 (st).

## BAAL

Bühnenstück von Bertolt BRECHT, entstanden 1918/19 in Augsburg, erschienen 1922; Uraufführung: Leipzig 8. 12. 1923, Altes Theater. – Den unmittelbaren Anlaß für die Niederschrift gab Hanns JOHSTS Stück *Der Einsame* (1917), das in expressionistischer Manier das Leben des Dichters Ch. D. GRABBE (1801–1836) behandelt. Gegen das Pathos und die idealistische Erlösungshoffnung dieses Werks wendet sich Brecht, der für seinen *Baal* anfänglich als Titel vorsieht: *Baal frißt! Baal tanzt!! Baal verklärt sich!!!*. Aus den sogenannten *Urbaal* (1918) entsteht 1919 jene Fassung, in »*der die Gestaltung des Baal-Stoffes den stärksten dichterischen Ausdruck findet*« (D. Schmidt, 1976), die den interessierten Verlagen jedoch als zu provokant erscheint. Brecht mildert 1920 die anstößigen Stellen, diese dritte Fassung erscheint 1922, sie bleibt für Brecht jedoch stets unbefriedigend. Er bearbeitet den Stoff erneut 1926 *(Lebenslauf des Mannes Baal)* sowie 1954 für die Ausgabe seiner *Stücke*; jetzt kehrt er zur zweiten Fassung zurück, die er um je ein Gedicht von J. R. BECHER *(Der Dichter meidet strahlende Akkorde)* und von G. HEYM *(Der Baum)* ergänzt. Auf Heyms 1910 entstandenes Gedicht *Der Gott der Stadt* wird die Namengebung des Stücks meist zurückgeführt, daneben erscheint der Name *Baal* im *Alten Testament* als heidnischer Göttername.
Dem Stück ist der *Choral vom großen Baal* vorangestellt, der Baal in 18 Strophen als unersättlich diesseitige, überzeitliche Gestalt mythisiert. Die erste von 24 Szenen zeigt Baal im Speisezimmer des Großkaufmanns und Verlegers Mech (»*Ganze Wälder Zimthölzer schwimmen für mich brasilianische Flüsse abwärts*«), der das Genie Baal groß herausbringen würde, wenn Baal nur wollte. Baal jedoch zeigt sich widerborstig und wird hinausgeworfen. In seiner Dachkammer singt er seinem Freund Johannes das Lob auf die Fleischeslust, in einer Branntweinschenke demütigt er unter der johlenden Zustimmung der Fuhrleute seine Geliebte, die Frau des Unternehmers Mech. Ein Mann namens Ekart tritt auf ihn zu: »*Geh mit mir, Bruder! Zu den Straßen mit hartem Staub: abends wird die Luft violett. Zu den Schnapsschenken von Besoffenen: in die schwarzen Flüsse fallen Weiber, die du ge-

*fällt hast. Zu den Kathedralen mit kleinen Frauen.«* Aber Baal wehrt ab, dazu sei es zu früh. Später erwacht er mit Johanna, der Geliebten seines Freundes Johannes, in seiner Kammer, hält wegwerfende Reden, die Johanna in den Selbstmord treiben, und holt sich mittags zur Abwechslung zwei Schwestern. Er säuft mit Strolchen, liegt mit dem Mädchen Sophie unter Bäumen und bricht im Nachtcafe *»Zur Wolke in der Nacht«* seine obszönen Darbietungen erst ab, als der Chef ihm den kontraktlich vereinbarten Schnaps vorenthält. Vor Holzfällern spielt er sich als Leichenredner auf und entgeht, nachdem er die Arbeiter um den Schnaps ihres eben verunglückten Genossen betrogen hat, nur mit Mühe ihrer Rache. Von nun an zieht Baal mit jenem Mann Ekart durchs Land, der sich ebenso wild und großsprecherisch gebärdet und zweifellos ein Lyriker ist. Sie schlagen sich mit Betrug durch und meditieren über ihren Verfall: *»Du hast ein Gesicht, in dem viel Wind Platz hat. Konkav.«* Sie geraten in Streit wegen eines Fußtritts, den Baal der ihm hörigen Sophie versetzt hat, sie bereden und besingen die Welt und hocken beieinander im *»Grünen Laubdickicht«*, in *»Jungen Haselsträuchern«* und unterm *»Ahorn im Wind«*. Schließlich, nach acht Jahren, sticht Baal, einer Kellnerin wegen, seinen Freund nieder. Landjäger sind auf der Suche nach ihm. In einer Bretterhütte im Wald scheint er als schmutziges Bündel zu sterben, während die Holzfäller unter großem Gelächter (*»Eine Ratte verreckt«*) weggehen. Nach einer Weile kriecht Baal zur Tür hinaus.
Die Figur des Baal, der im Personenverzeichnis als Lyriker gekennzeichnet wird, ist zunächst, was ein Landjäger als Steckbrief formuliert: *»Vor allem: Mörder. Zuvor Varietéschauspieler und Dichter. Dann Karussellbesitzer, Holzfäller, Liebhaber einer Millionärin, Zuchthäusler und Zutreiber.«* Vor allem aber ist Baal von einer anarchischen Asozialität, womit er sich außerhalb der Konventionen der bürgerlichen Gesellschaft und ihrer Vorstellung von Individualität begibt. Baals Beharren, nur er selbst zu sein, bleibt jedoch negativ, weder in der Beziehung zu Frauen noch in der Freundschaft zu Ekart oder in der Zuflucht in eine Natur, deren Wälder bereits von Holzfällern dezimiert werden, kommt er über die Haltung der Verweigerung hinaus. Wieweit Baal, von Brecht selbst als *»der sichausleber und der andreausleber«* (*Arbeitsjournal*, 11. 9. 1938) umschrieben, primär zu deuten ist, als Verkörperung einer letztlich unpolitischen Idee vom anarchischen Subjekt oder als erste Auseinandersetzung Brechts mit der bürgerlichen Gesellschaft und ihrer Scheinmoral, ist in der Forschung durchaus umstritten, wenn auch zunehmend der antibürgerliche Akzent der Figur im Vordergrund gesehen wird: auch deshalb, weil das Stück mit seiner unerhörten Sprache, mit seinem Reichtum an Bildern und Assoziationen die Figuren nicht in ungebrochener Weise sprechen läßt, sondern sie in ein recht distanziertes, beinahe sachliches Verhältnis zueinander setzt.
1954 hat Brecht das Stück noch dahingehend erläutert, daß Baal sich mit seiner Lebenskunst gegen die *»Verwurstung«* seiner Talente wehrt: *»Er ist asozial, aber in einer asozialen Gesellschaft.«* Dieses Moment war von Anfang an mitgesetzt und gehört zum Selbstverständnis des jungen Brecht wie zur Prägung seiner *Baal*-Figur durch die großen *»asozialen«* Vorbilder VILLON, BÜCHNER, VERLAINE und RIMBAUD. K.B.-M.Pr.

AUSGABEN: Mchn. 1920. – Potsdam 1922. – Bln. 1957 (in *Stücke*, 12 Bde., 1956–1959, 1). – Ffm. 1967 (in *GW in 20 Bdn.*, 1; es). – Ffm. 1973 (m. Varianten u. Materialien; es). – Ffm. 1976, Hg. u. Komm. D. Schmidt (drei Fass.; krit.; es). – Ffm. 1978 (in *Die Stücke v. B. B. in einem Bd.*; ³1981).

VERFILMUNG: Großbritannien 1978 (Regie: E. Bennett).

LITERATUR: A. Kerr, *B. B. »Baal«* (in Berliner Tageblatt, 77, 15. 2. 1926). – M. Jacobs, Rez. (in Vossische Ztg. 77, 16. 2. 1926). – D. Schmidt, *»Baal« und der junge B. Eine textkritische Untersuchung zur Entwicklung des Frühwerks*, Stg. 1966. – P. Zeindler, *Der negative Held im Drama. Versuch einer Interpretation am Beispiel von B.s »Baal«*, Diss. Zürich 1969. – G. E. Nelson, *»Baal«. The Foundations of B.'s Style*, Diss. Yale Univ. 1969. – R. Fernau, *Uraufführung von B.s »Baal« am 8. Dez. 1923 im alten Leipziger Stadttheater*, Bln. 1971. – P. Rothstein, *B.s »Baal« und die moderne Aggressionsforschung*, Ann Arbor (Mich.)/Ldn. 1977. – H. Claas, *Die politische Ästhetik B. B.s vom »Baal« zum »Caesar«*, Ffm. 1977.

**BERTOLT BRECHTS HAUSPOSTILLE. Mit Anleitungen, Gesangsnoten und einem Anhange**

Gedichtsammlung von Bertolt BRECHT, erschienen 1926/27. – Wie es für Brechts Arbeitsweise typisch ist, gibt es zwar eine verbindliche Ausgabe seiner ersten großen Sammlung von 1927, sie wurde jedoch bis ins letzte Lebensjahr des Dichters hinein immer wieder geändert und neu zusammengestellt. Ihr Plan geht bis ins Jahr 1922 zurück, als Brecht ein Inhaltsverzeichnis zu einem gleichnamigen Balladenbuch anfertigte und die Publikation im Programmheft der Münchner Kammerspiele zu seinem Stück *Trommeln in der Nacht* ankündigen ließ. 1926 erschien die Sammlung mit dem Titel *Taschenpostille* als Privatdruck in 25 Exemplaren (bei Kiepenheuer in Potsdam), nachdem Brecht über Jahre hinweg die Publikation verzögert und schließlich einen neuen Vertrag mit dem Propyläen-Verlag (Berlin) abgeschlossen hatte, der die *Hauspostille* in zwei Ausgaben 1927 herausbrachte. Die *Taschenpostille* unterscheidet sich in Aufmachung, Textdarbietung (Bibeldruck) und in der Zusammenstellung des Anhangs (*Vom armen Bidi* mit dem zusätzlichen Gedicht *Von seiner Sterblichkeit*) von den Ausgaben der *Hauspostille*. Eine einschneidende Überarbeitung erfuhr die Sammlung, als Brecht 1937 seine *Gesammelten Werke* in vier Bänden für den Malik-Verlag London (Druckort Prag) zusammenstellte. Sie sollte in den 4. Band *(Gesammelte Gedichte)* aufgenommen werden, der jedoch wegen der Vernichtung der Druckstöcke durch die Hitlertruppen bei der Besetzung der Tschechoslowakei nicht mehr realisiert werden konnte. 1951 druckte Peter SUHRKAMP mit Brechts Zustimmung die Ausgabe von 1927 in teilweise veränderter Textgestalt und ohne den *Gesang des Soldaten von der roten Armee* nach, der von Brecht nach den Kritiken der Ausgabe von 1927 verworfen worden war. Ihre letzte Gestalt erhielt die *Hauspostille* 1956, als Brecht die Ausgabe seiner Gesammelten Gedichte vorbereitete.

Die Ausgabe von 1927 ist zu Brechts Lebzeiten nicht mehr gedruckt worden; eine weitere authentische Ausgabe liegt lediglich mit einem Faksimile-Druck von 1970 vor. Die bisher vorliegenden Werkausgaben Brechts hingegen enthalten die Fassung von 1956, die von Elisabeth Hauptmann nach Brechts letzter Zusammenstellung ediert worden ist und mit *Orges Wunschliste* ein Gedicht aus den letzten Schaffensjahren aufgenommen hat. Auch der – als Faksimile-Druck deklarierte – Nachdruck der *Taschenpostille* (Aufbau-Verlag Berlin, 1958) ist nicht mit dem Privatdruck von 1926 identisch (es fehlt *Der Gesang des Soldaten der roten Armee*). Die Neuedition der *Werke* in der »Großen kommentierten Berliner und Frankfurter Ausgabe« (Band 11, 1988) druckt die Fassung von 1927 erstmals wieder ab und gibt mit der Wiedergabe aller übrigen Zusammenstellungen einen Überblick über den Arbeitsprozeß des Dichters an der *Hauspostille*.

Die Gedichte der *Hauspostille* von 1927 entstanden zwischen den Jahren 1916 und 1925; sie umfassen beispielhaft die frühe Lyrik aus der Augsburger *(Das Lied von der Eisenbahntruppe von Fort Donald*, 1916), Münchner *(Von der Kindesmörderin Marie Farrar*, 1922) und ersten Berliner Zeit *(Mahagonnygesänge*, 1924/25). Das Typoskript der *Taschenpostille* schloß Brecht im Oktober 1925 ab; die Überarbeitung für die Ausgabe der *Hauspostille* erfolgte 1926 zusammen mit Elisabeth HAUPTMANN. Brechts Wunsch, die Ausgabe als *»großes leder- und goldgebundenes Buch«* mit Zweispaltendruck zu gestalten, lehnte der Verlag ab.

Vorbild für Anlage und »Gebrauchswert« der Sammlung war Martin LUTHERS *Hauspostille*, die in einer Bearbeitung von Veit DIETRICH seit 1544 nachweisbar ist. »*Postille*« bezeichnete ursprünglich »Erklärung des vorangestellten Bibeltextes« (lat. *»post illa verba texta«*, d. h. »nach den eigentlichen Texten«). Es handelt sich um Predigten und dabei wiederum vor allem um Texte zur moralisch-religiösen Erziehung, also um religiöse Gebrauchstexte. Brecht parodiert sein Vorbild und kehrt dessen religiös-moralischen in einen profan-unmoralischen Sinn um. Das gilt auch für die Anspielungen auf den katholischen Ritus, die die Überschriften der einzelnen »*Lektionen*« aufweisen. So zielen die *Bittgänge (Erste Lektion)* auf die katholischen Gemeinschaftsübungen (Prozessionen) der *»Fürbitte«*, mit denen um gute Ernten, Abwehr von Unheil u. ä. gebetet zu werden pflegt. Brechts Gedichte dagegen gelten Opfern der bürgerlichen Gesellschaft, die zunächst gar nicht wie Opfer aussehen, deren Taten jedoch aus der Ausweglosigkeit und Inhumanität der Gesellschaft resultieren (der Elternmörder Apfelböck, die Kindsmörderin Farrar). Räubern und Mördern gilt die Fürbitte. Die *Exerzitien (Zweite Lektion)* gehen auf IGNATIUS VON LOYOLA zurück; dessen *Exercitia spiritualia* sind die geistlichen Grundbücher des Jesuitenordens, Buß- und Andachtsbücher, die dem sündigen Menschen den Weg zu Gott eröffnen sollen. Brechts lyrische Lebensläufe schildern den Menschen in einem freudlosen Dasein zwischen Geburt und Tod; die *»Freundlichkeit der Welt«* (so ein Gedichttitel) gilt nur mehr dem Besorgen der unmittelbaren Lebensbedürfnisse. Die *Chroniken* der *Dritten Lektion* verwenden – in diesem Zusammenhang – einen (auch) religiös geprägten Begriff. Die *Chronikbücher* des *Alten Testaments* berichten von exemplarischen Taten und Lebensläufen verschiedenster Menschen, die als Offenbarungsgeschichte Gottes gedeutet werden. Brechts *Chroniken* beschreiben die Schicksale »kleiner Leute«, deren Lebensläufe exemplarisch für den ungerechten und inhumanen Weltlauf stehen und die auf Erlösung nicht mehr hoffen können. In dieser Lektion findet sich auch die *Erinnerung an die Marie A.*, die das für den jungen Brecht typische Motiv des verblassenden Gesichts der ehemaligen Geliebten im Bild der Wolke, *»sie war sehr weiß und ungeheuer oben«*, klassisch formuliert hat. Die *Vierte Lektion*, die *Mahagonnygesänge*, bleiben ohne deutlichen Bezug auf ein religiöses Vorbild (möglicherweise ist auf Babylon angespielt). Sie persiflieren in bewußter Primitivität den populären Schlager der frühen zwanziger Jahre (USA-Import) und verweisen mit dem Phantasienamen *»Mahagonny«* auf die drohende, im Vormarsch befindliche Kleinbürgerlichkeit, die Brecht in München bei den ersten Naziaufmärschen kennengelernt hatte. Die *Fünfte Lektion* der *Kleinen Tagzeiten der Abgestorbenen* spielt auf die *»horae canonicae«* an, die kanonischen Stunden, die vor allem im Kloster zur Andacht vorgeschrieben sind und den Menschen Geborgenheit in Gott versprechen. Brechts »Abgestorbene« finden aber nicht mehr zu Gott, sondern sie gehen wieder in die Natur zurück und lösen sich dort für immer auf: *»Dann ward sie Aas in Flüssen mit vielem Aas«* (aus: *Vom ertrunkenen Mädchen*, um 1919). Die berühmte *Legende vom toten Soldaten* (1918), Bestandteil von *Trommeln in der Nacht*, ist kontrapunktisch gesetzt: Die bürgerliche Gesellschaft läßt nicht einmal die Toten ruhen, eine Ruhe, die ihr angeblich heilig ist, und treibt sie erneut ins kriegerische Leben hinaus. Das *Schlußkapitel: Gegen Verführung*, mit dem nach dem vorangestellten Text der *Anleitung zum Gebrauch der einzelnen Lektionen* jede Lektüre der Sammlung abzuschließen ist, warnt vor der Verführung durch jenseitige, reli-

giöse Verheißungen: *»Laßt euch nicht verführen! / Zu Fron und Ausgezehr! / Was kann euch Angst noch rühren? / Ihr sterbt mit allen Tieren / Und es kommt nichts nachher.«*
Im Anhang, *Vom armen B. B.,* setzt sich Brecht selbst ein Denkmal, das sowohl mit der von Caspar Neher stammenden Zeichnung, die dem Band beigegeben ist, als auch mit der Figur des Baal *(Choral vom Manne Baal)* korrespondiert, der Figur, die für den ungebundenen Vitalismus und die negierend-antibürgerliche Haltung Brechts gleichsam archetypisch geworden ist. »Baal« lebt sein Leben in vollen Zügen, indem er sich, aber auch die ihm begegnenden Menschen verbraucht und sich keiner Konvention beugt: *»Unter düstern Sternen in dem Jammertal / Grast Baal weite Felder schmatzend ab. / Sind sie leer, dann trottet singend Baal / In den ewigen Wald zum Schlaf hinab.«*
Das religiöse Vorbild der »Postille«, die Anordnung nach »Lektionen« und »Kapiteln« (die einzelnen Gedichte) sowie die konsequente Zählung der Strophen betonen den Gebrauchscharakter und damit die nicht-lyrische Anlage dieser Sammlung. Brecht verstößt bewußt gegen die zeitgenössischen Muster bürgerlicher Lyrik, die die Gedichte als Ausdruck einer Persönlichkeit verstehen und im Zyklus um ein thematisches Zentrum anordnen. Die Motive (z. B. das »Schiff« nach Rimbauds *Bateau ivre*), die Themen des Abenteurertums (nach François Villon, dem auch ein Gedicht gewidmet ist), des Vitalismus und Anarchismus (nach den französischen *poètes maudits*) sowie die noch nicht politisch begründete Antibürgerlichkeit (nach Frank Wedekinds Moritaten) sind für die Publikationszeit der Sammlung für Brecht nicht mehr typisch; sie stellt einen lyrischen Rückblick auf den frühen Lyriker Brecht dar.
Die zeitgenössische Wirkung des Bandes war von Verwirrung gezeichnet. Die bürgerliche Presse bemängelte Brechts *»zerstörerischen Drang«* und die Heroisierung der Räuberbande, des *»fünften Standes der im Verbrechen von Staatsmoral Befreiten«*, der den romantischen Helden spielte (Bernhard Diebold). Die kommunistische Kritik (Alexander Abusch) hielt den Band innerhalb der bürgerlichen Stagnation für bedeutend, kritisierte aber die *»boheme Verherrlichung von alkoholischen Sensationen«*. Fast allen Gedichten fehle *»jener Schuß Gesinnung, der erst einen Stoff zur wahrhaft lebendigen Gestaltung führen kann«*. Der *Gesang der Soldaten der roten Armee* ist Abusch Beispiel dafür, wie *»schlimm die ›Verwirrung der Gefühle‹ ausarten«* könnte; der Autor habe die *»Methode der Zersetzung des Bürgerlichen«* auf das revolutionäre Rußland übertragen und sei damit offen antibolschewistisch. Brecht eliminierte daraufhin das Gedicht aus der Sammlung. Tucholsky (1928) ist die *Hauspostille* Anlaß festzustellen: Brecht und *»Gottfried Benn scheinen mir die größten lyrischen Begabungen zu sein, die heute in Deutschland leben«*. J.Kn.

Ausgaben: Potsdam 1926 (*Bertolt Brechts Taschenpostille. Mit Anleitungen, Gesangsnoten und einem Anhange*; Neudr. Bln. 1958). – Bln. 1927 (zwei Ausgaben) (*Bertolt Brechts Hauspostille...*; Faks. Ffm. 1970, 2 Bde.). – Bln. 1951. – Ffm. 1960 (in *Gedichte*, 10 Bände, 1960–1976, Bd. 1). – Ffm. 1967 (in *GW* in 20 Bdn., Bd. 8 bzw. in *GW* in 8 Bdn., Bd. 4). – Bln./Ffm. 1988 ff. (in *W* in 30 Bdn., Bd. 11; mit Kommentar).

Literatur: W. Benjamin, *Kommentare zu Gedichten von B.* (in *Gesammelte Schriften*, Bd. II, 2, Ffm. 1977). – A. Schöne, *B. B. »Erinnerung an die Marie A.«* (in *Die deutsche Lyrik*, Hg. B. v. Wiese, Bd. 2, Düsseldorf 1956, S. 485–494). – K. Schuhmann, *Der Lyriker B. B. 1913–1933*, Bln. 1964; Mchn. 1971. – Ders., *B. B.s »Hauspostille«*, Beiheft zur Faksimileausgabe, Ffm. 1970. – C. Pietzcker, *Die Lyrik des jungen Brecht*, Ffm. 1974. – *B. B.s Hauspostille*, Hg. H.-T. Lehmann, H. Lethen, Stg. 1978. – J. Knopf, *Brecht-Handbuch. Lyrik, Prosa, Schriften*, Stg. 1984. – *B. B., Epoche – Werk – Wirkung*, Hg. K.-D. Müller, Mchn. 1985.

## CORIOLAN VON SHAKESPEARE

Bearbeitung von Bertolt Brecht, unter Rückgriff auf die Quellen bei Livius und Plutarch; entstanden 1952/53 in Berlin, unfertig und ohne Bühnenerprobung hinterlassen. Uraufführung: Frankfurt/M., 22. 9. 1962, Schauspielhaus. – Brecht beabsichtigte mit seiner Bearbeitung des *Coriolan* – wie mit anderen Bearbeitungen – *»ein Stück durchleuchteter Geschichte zu behandeln. Und Dialektik zu erleben.«* Die Tragödie Shakespeares, an deren Inszenierung 1925 durch Erich Engel in Berlin Brecht bereits mitgewirkt hatte, mußte ihm dafür besonders geeignet erscheinen, da er in ihr eine fast beispielhaft erhellende Situation des Klassenkampfes im wörtlichen, klassischen Sinn des Wortes »Klasse« vorfand: jenen legendären, durch militärpolitische Vorgänge begünstigten Machtkampf der römischen Plebejer, den die Eroberung ihres Mitbestimmungsrechts, ihre Vertretung durch das Volkstribunat im Senat, krönte. Um diesen Aspekt zu unterstreichen, war es vor allem nötig, die schwächlichen Shakespeareschen Tribunen Sicinius und Brutus zu bewußten Sachwaltern der Plebejer zu entwickeln und die Personen Shakespeares insgesamt mehr oder minder deutlich auf ihre politischen Interessen hin zu interpretieren.

Brechts Stück gibt eine von Shakespeare beträchtlich entfernte Deutung der Vorgänge: Da ein Aufstand der Plebejer droht, werden diesen unter dem Druck der Verhältnisse Tribunen zugestanden, obgleich die Patrizier – voran Cajus Marcius, später Coriolanus genannt – die Unterdrückung der Plebejer vorbereiten. Nur der Einfall der Volsker wendet den aufkommenden Bürgerkrieg ab; der Krieg gegen den äußeren Feind eint die Klassen, da auch die Plebejer in Cajus Marcius, dem unübertrefflichen Feldherrn, ihren einzigen Retter erkennen. Umgekehrt kommt Cajus Marcius nicht ohne die Plebejer aus. Freilich müssen für sie Sieg oder Niederlage gleichermaßen den Verlust ihrer eben errungenen Rechte bedeuten. Doch im Siegestaumel ist die Masse der Plebejer nicht imstande, die Gefahr, die der Machtzuwachs ihres Feldherrn für sie bedeutet, zu begreifen: sie wählen ihn zum Konsul. Erst als er sie verhöhnt und mit ihrer völligen Unterdrückung droht, gelingt es den Tribunen, die Plebejer zur gemeinsamen Wahrnehmung ihrer ursprünglichen Interessen zu bewegen: Mitbestimmung über die Volkserbeute, die Kornkammern und die Gewalt in Rom. Und erst jetzt, mit der Unterstützung der Plebejer, können die Tribunen die Verurteilung Coriolans, die die Voraussetzung für seine Flucht zu den Volskern bedeutet, durchsetzen. Als er schließlich als deren Heerführer zu seiner eigenen grausamen Rache auf Rom marschiert, haben sich die Machtverhältnisse längst verschoben: nunmehr geht, anders als zu Beginn, die Einigung gegen den zwar von außen anrückenden, eigentlich aber inneren Feind von den Plebejern, nicht von den Patriziern aus. Und Coriolan zieht nicht etwa – wie bei Shakespeare – deswegen ab, weil seine Mutter Volumnia ihn mit ihrer Furcht dazu zu bewegen weiß, sondern weil sie ihn mit Argumenten zur Umkehr zwingen muß: »... wisse / Daß du auf ein sehr andres Rom marschierst / Als du verließest. Unersetzlich / Bist du nicht mehr, nur noch die tödliche / Gefahr für alle.« So daß nun bei Brecht – in einer über Shakespeare hinausgehenden Schlußszene – nach seiner Ermordung die Tribunen im Senat einen Antrag auf Ehrung des großen Coriolan einfach zu Fall bringen können: »Antrag: / Daß der Senat fortfahre mit der Sichtung / Der täglichen Geschäfte.« Die erhellende Situation ist beendet, die Gesellschaft hat sich ein Stück bewegt, das Volkstribunat ist durchgesetzt.

Die Bearbeitung von Brechts Coriolan für das Berliner Ensemble von Manfred WEKWERTH und Joachim TENSCHERT, die sich zum Teil auf nachgelassene Notizen des Dichters berufen kann, kehrt in ihrer äußeren Form zu der Folio-Ausgabe des Shakespeareschen Stücks von 1623 zurück, indem sie auf Akteinteilung verzichtet und so »in balladesker Erzählweise die Veränderungen, die schnellen Wechsel der Situation und Vorgänge« zeigt. Die Autoren greifen stärker als Brecht auf den Text Shakespeares zurück, wobei sie die fragmentarische Prosa-Übersetzung von Jakob Michael Reinhold LENZ von 1774/75 und die Prosa-Übersetzung von Johann Joachim ESCHENBURG von 1775 zu Rate zogen. Sie entliehen außerdem Passagen aus Macbeth und Antonius und Cleopatra. Die sieben von Shakespeare übernommenen Schlachtszenen im ersten Akt des Brechtschen Stücks werden in der neuen Bearbeitung straffer gegliedert und durch zwischengeblendete Szenen in Rom unterbrochen. Sie sollen die Schlacht verfremden, indem sie »die politischen Spekulationen mit den Siegen des Helden zeigen, noch bevor die Siege gewiß sind«. Insgesamt ist es die Tendenz dieser Bearbeitung, noch stärker als Brecht die politischen Bestrebungen und Gegensätze der einzelnen Gestalten und Parteien zu betonen und im Zusammenhang damit das bei Brecht nur Angedeutete, oft Weggelassene auszusprechen und handgreiflicher zu machen. Für Günter GRASS war das Stück Anlaß zu einer späten Polemik gegen den Künstler und Marxisten Brecht in seinem »Trauerspiel« Die Plebejer proben den Aufstand (1966).  K.B.-KLL

AUSGABEN: Ffm. 1959 (in Stücke, 12 Bde., 1956–1959, 11). – Ffm. 1965 (Coriolan, in Spectaculum, Bd. 8; veränd. Fassg. des Berliner Ensembles v. M. Wekwerth u. J. Tentschert; m. Anm.). – Ffm. 1967 (in GW in 20 Bdn., 6; es).

LITERATUR: B. Brecht, Das Studium des ersten Auftritts in Sheakespeares »Coriolan« (in Stücke, Bd. 11, Ffm. 1959, S. 382–407). – R. J. Beckley, Some Aspects of B.s Dramatic Technique in the Light of His Adaption of English Plays, Diss. Ldn. 1961. – B. Brecht, Zu »Coriolan von Shakespeare« (in B. B., Schriften zum Theater, Bd. 6, Ffm. 1964, S. 315–319). – Ders., Shakespeare-Aufsätze (in SuF, 16, 1964, S. 165–183). – D. Hoffmeier, Notate zu B.s Bearbeitungen von Shakespeares »Coriolan« zur Bühnenfassung und zur Inszenierung des Berliner Ensembles (in Shakespeare-Jb., 103, 1967, S. 177–195). – R. T. K. Symington, B. und Shakespeare, Bonn 1970. – D. R. McCann, Shakepeare in B.'s Dialectical Theater. A Study of the Coriolanus Adaption, Diss. Berkely Univ. 1970. – M. Brunkhorst, Shakespeares »Coriolanus« in dt. Bearbeitung, Bln./NY 1973, S. 108–119. – M. Wekwerth, Schriften. Arbeit mit B., Bln. 1975, S. 201–218. – D. Suvin, B.'s »Coriolan«, or Stalinism Retracted (in Fiction and Drama in Eastern and Southeastern Europe, Columbus 1980, S. 415–427).

**DIE DREIGROSCHENOPER. Ein Stück mit Musik in einem Vorspiel und acht Bildern nach dem Englischen des John Gay**

Text von Bertolt BRECHT, Musik von Kurt WEILL (1900–1950), Uraufführung: Berlin, 31. 8. 1928, Theater am Schiffbauerdamm (Regie: Erich Engel). – Dem triumphalen Erfolg der Dreigroschenoper verdankt der junge Brecht seinen plötzlichen, zunächst jedoch leicht anrüchigen Ruhm. Inzwischen hat es das Werk zum Welterfolg gebracht. Er beruht auf einem merkwürdigen Widerspruch: auf der kühl und sicher vorauskalkulierten Wirkung der Antibürgerlichkeit und zugleich auf dem Mißverständnis des Publikums, das deren Entschiedenheit und Ernsthaftigkeit nicht zur Kenntnis nimmt. Trotz der revolutionären Gesellschaftstheorie, die hinter dem Stück steht, gerät es wegen seiner gewitzten Fabel, seiner eher zweideutigen als stechenden Schärfe und nicht zuletzt wegen der raffinierten und zündenden Musik immer wieder in die Nähe des Musicals.

Die Anregung zur Dreigroschenoper erhielt Brecht durch John GAYS Beggar's Opera (1728). Er aktualisierte die Vorlage sehr freizügig, erweiterte sie durch Strophen von VILLON und Stoffelemente von KIPLING, experimentierte an dem entstehenden Text mit seiner noch neuen Auffassung vom »epischen Theater« und brachte ihn schließlich in die Form eines Schauspiels mit hauptsächlich kommentierenden Song-Einlagen. Gezeigt wird darin die Existenzkampf, das Debakel und die glückliche Errettung des Londoner Straßenräubers und Geschäftsmanns Macheath, genannt Mackie Messer, den sein Schwiegervater, der Bettlerkönig Peachum, an den Galgen bringen will. Peachum, Besitzer der Firma »Bettlers Freund« (*»mein Geschäft ist es, das menschliche Mitleid zu erwecken«*), beherrscht und kontrolliert die Londoner Bettler. Er organisiert ihren wirkungsvollen Einsatz und kassiert einen großen Teil ihrer Einnahmen. Unglücklicherweise findet Macheath, der seinerseits den Londoner Straßenraub und Einbruch kontrolliert, Gefallen an Peachums Tochter Polly. Und da sie ihn heiß liebt und er ihr eine sichere Existenz bieten kann, schließen sie im Beisein von Mackies Bande und seinem milden Freund Brown, dem Polizeichef von London, den Bund fürs Leben. Für Herrn und Frau Peachum bedeutet das den Ruin: *»Wenn ich meine Tochter, die die letzte Hilfsquelle meines Alters ist, wegschenke, dann stürzt mein Haus ein, und mein letzter Hund läuft weg.«* Sie beschließen, Macheath bei seinem nächsten Besuch im Bordell festnehmen zu lassen. Doch Polly warnt ihn, und obwohl die Krönung der Königin bevorsteht und er sich das Geschäft des Jahres erhofft, flieht er nach schmerzlichem Abschied, geht jedoch zunächst ins Bordell. Inzwischen hat Frau Peachum die Spelunken-Jenny bestochen, Macheath der Polizei auszuliefern. Als er im Bordell erscheint, zeigt Jenny ihn an, und er wird verhaftet. Brown zittert noch um die Rettung seines Freundes (*»er ist ja so leichtsinnig, wie alle großen Männer«*), da wird er schon eingeliefert. Er wird freilich nur nachlässig bewacht, und Lucy, eins seiner Mädchen, befreit ihn. Brown atmet auf. Leider muß Peachum ihm erklären, daß er Mackies Flucht nicht gutheißt und daß seine Bettlerscharen den Krönungszug zu einer Katastrophe machen können. Während er eine große Demonstration des Elends vorbereitet, erscheint Macheath abermals im Bordell, wird abermals von Jenny verraten und von seinem dem Erpresser Peachum hilflos ausgelieferten Freund Brown abermals verhaftet. Er soll nun gehängt werden. Der Versuch, seinen Wärter zu bestechen, scheitert am Geldmangel. Erst unterm Galgen, mit dem Kopf in der Schlinge, wird er gerettet: Ein reitender Bote des Königs verkündet den Befehl, Macheath sofort freizulassen. Gleichzeitig wird er in den erblichen Adelsstand erhoben und mit Schloß und Lebensrente ausgestattet.

Auch dieses Finale – mit dem reitenden Boten auf dem Holzpferd – ist wie das Werk insgesamt durchaus nicht parodistisch. Brecht hat hier zum erstenmal versucht, die bisherige »kulinarische« Oper durch eine Oper des Vorzeigens und Aufdeckens zu ersetzen und in der Fabel und in den trivialen oder märchenhaften Reaktionen seiner Gestalten tiefere gesellschaftliche Beziehungen abzubilden: das Elend als Mittel und als Ergebnis des Warenmarktes, den Bürger als Räuber, den Geschäftsmann als Charaktermaske (*»Was ist der Einbruch in eine Bank gegen die Gründung einer Bank?«*). Brecht meinte daher, die *Dreigroschenoper* befasse sich mit den bürgerlichen Vorstellungen *»nicht nur als Inhalt, indem sie diese darstellt, sondern auch durch die Art, wie sie sie darstellt. Sie ist eine Art Referat über das, was der Zuschauer im Theater vom Leben zu sehen wünscht.«* In dieser Form ist die Theorie offensichtlich aufgegangen. Das Referat wird nicht als Referat erkannt, das Vergnügen entspricht nicht allein der Einsicht in Sachverhalte, sondern oft genug bloß der drastischen Komik des Bühnengeschehens. Der Bürger, den die Geschichte des Räubers Mackie Messer treffen soll, hat diese Geschichte und ihre Maxime *»Erst kommt das Fressen, dann kommt die Moral«* bisher stets genossen.

Vermutlich war Brecht mit der Anlage der Oper bald selbst nicht mehr zufrieden. Denn bereits in dem – nur in einer Prosaskizze veröffentlichten – Drehbuch für den »Dreigroschenfilm« *Die Beule* (1929) verdeutlicht und verschärft er die Fabel der Oper erheblich und greift eine Fülle neuer und aktuellerer Wirklichkeitselemente auf. Der Kampf zwischen Peachum und Macheath entzündet sich jetzt nicht mehr daran, daß Peachum seine Tochter Polly nicht hergeben will, sondern an den geschäftlichen Machtinteressen: der Räuber, der sich soeben eine Bank unterwirft, und der Bettlermagnat geraten unmittelbar auf ihrem Wirkungsfeld, auf Londons Straßen, aneinander. Jetzt operiert auch Peachum nicht mehr mit seinen zurechtgestutzten Bettlergestalten, sondern mit der Aufwiegelung des wirklichen Elends, nämlich der Massen aus den Vorstädten. Und der Bankier Macheath wird jetzt zu guter Letzt nicht durch den reitenden Boten des Königs errettet, sondern durch die reitenden Boten der Vorstädte, durch die aufgewiegelten Massen. Denn kurz vor der Krönung bemerkt Peachum, daß der Aufmarsch, den er vorbereitet hat, auch ihn selbst vernichten würde, und verhindert ihn. Brown, Peachum und Macheath sind sich plötzlich einig: sie haben den gleichen Feind, und gemeinsam erwarten sie die Krönung der Königin. – Dieses Drehbuch wurde allerdings nicht verfilmt. Der von Brecht nicht gebilligte Film *Die Dreigroschenoper* berücksichtigte die neu eingeführten Tendenzen generell nicht. Den Prozeß, den Brecht daraufhin führte und verlor, beschreibt, kommentiert und interpretiert er in der Schrift *Der Dreigroschenprozeß* (1930). K.B.-KLL

AUSGABEN: Wien 1928 [unvollst.; Klavierauszug]. – Wien 1929. – Bln. 1929 (*Die Songs der Dreigroschenoper*). – Bln. 1931 (*Die Dreigroschenoper. Der Dreigroschenfilm. Der Dreigroschenprozeß*, in *Versuche*, H. 3; ern. Ffm. 1959). – Ldn. 1938 (in *GW*, Bd. 1). – Bln./Ffm. 1956 (in *Stücke*, 12 Bde., 1956–1959, 3). – Ffm. 1960 (in *Dreigroschenbuch*, Hg. S. Unseld; ern. 1973, 2 Bde., st). – Ffm. 1967 (in *GW in 20 Bdn.*, 2; es). – Ffm. 1973 (in *Werke in 5 Bdn.*, Stücke). – Ffm. 1974 (es). – Ffm. 1978 (in

*Die Stücke von B. B. in einem Bd.*; ³1981). – Reinbek 1987 (zus. m. I. Strawinsky, *»The Rake's Progress«*; Texte, Materialien, Kommentare; rororo).

VERFILMUNGEN: Deutschland 1930 (Regie: G. W. Pabst). – BRD/Frankreich 1962 (Regie: W. Staudte).

LITERATUR: H. Jhering, *Die Dreigroschenoper* (in Berliner Börsen-Courier, Nr. 410, 1. 9. 1928). – C. Tolksdorf, *J. Gays »Beggar's Opera« u. B.s »Dreigroschenoper«*, Rheinberg 1934. – H. Riege, *Studien zur Satire in B. B.s »Dreigroschenoper«*, Diss. Jena 1956. – E. Bloch, *Lied der Seeräuberjenny in der »Dreigroschenoper«* (in E. B., *Verfremdungen*, Ffm. 1962; auch in E. B., *Lit. Aufsätze*, Ffm. 1965). – W. Benjamin, *B.s »Dreigroschenoper«* (in WB., 12, 1966; auch in *Dt. Literaturkritik der Gegenwart*, Bd. 4/1, Stg. 1971). – R. M. Fischetti, *B. B. Die Gestaltung des Dreigroschen-Stoffes in Stück, Roman u. Film*, Diss. Univ. of Maryland 1971.

Zur Verfilmung: H. Jhering, *»Dreigroschenoper«* (in Berliner Börsen-Courier, Nr. 86, 20. 2. 1931). – S. Kracauer, *Von Caligari bis Hitler*, Hbg. 1958; ern. Ffm. 1985 (stw). – W. Gersch, *Film bei B. B. B.s praktische u. theoretische Auseinandersetzung mit dem Film*, Mchn. 1976.

Zum Prozeß: S. Kracauer, *Der Prozeß um die »Dreigroschenoper«* (in Frankfurter Ztg., 9. 11. 1930). – P. Suhrkamp, *Der Kampf um den »Dreigroschen«-Tonfilm* (in Musik u. Gesellschaft, 1. 11. 1930). – B. Balasz u. H. Jhering (in Die Weltbühne, 10., 17. u. 24. 2. u. 3. 3. 1931). – S. Kracauer, *Ein soziologisches Experiment? Zu B. B.s Versuch »Der Dreigroschenprozeß«* (in Frankfurter Ztg., Lit.blatt, 28. 2. 1932). – D. Wöhrle, *B. B.s »Dreigroschenprozeß« – Selbstverständigung durch Ideologie-Zertrümmerung* (in Sprachkunst, 11, 1980, H. 1).

## DER DREIGROSCHENROMAN

Roman von Bertolt BRECHT, erschienen 1934. – Das bereits in der dänischen Emigration entstandene Werk ist mehr als nur eine epische Fassung der *Dreigroschenoper*, die nun auf die kapitalistischen Verhältnisse zu Beginn des 20. Jh.s übertragen wird. Das Geschehen spielt in der modernen Londoner City, die ursprüngliche Fabel verwandelt sich unter Beibehaltung der Hauptfiguren völlig. Der Akzent liegt nicht mehr in der Darstellung des räuberischen Prinzips, das den bürgerlichen Verhältnissen immanent ist, im Vordergrund steht jetzt die Einsichtnahme in den Zusammenhang von Faschismus und Kapitalismus.

Erzählt wird die Geschichte vom erstaunlichen Aufstieg des Hehlers Macheath zum ehrenwerten Geschäftsmann der Londoner City. Ursprünglich hat Macheath eine Reihe von Läden, die »B-Läden«, gegründet, in denen das Diebesgut der von ihm geführten Bande verkauft wird. Da die Marktgesetze und die Zufälligkeiten des Diebeshandwerks nur schwer zueinander passen, beschließt Macheath, die gestohlenen Waren in Heimarbeit veredeln zu lassen und ihren Bedarf über Bestellungen der Kunden zu ermitteln. Dazu jedoch sind Investitionen nötig, und die Mittel will Macheath durch seine Hochzeit mit Polly, der Tochter Peachums erlangen, des Herrschers über die Londoner Bettler. Unter dem Namen Beckett·tritt Macheath an Polly heran. Damit beginnt der Roman, und auch wenn Peachum seine Tochter benutzen will, um sich aus der finanziellen Abhängigkeit von einem Makler (Coax) zu befreien, so kommt Macheath in dieser Sache zunächst ans Ziel.

Schwieriger gestaltet sich die Umstellung seines Geschäfts. Polly erhält keine Mitgift, und die ND-Bank verweigert Macheath einen Kredit, gibt seine Idee jedoch an einen Konkurrenten, an den Hehler Chreston, weiter. Nun verbündet Macheath sich mit der Commercial Bank, deren Hauptkunde die Aaron-Läden sind. Macheath bietet ihnen die Belieferung mit Billigwaren an, die Bank unterstützt den Plan, und um dem Geschäft einen seriösen Anstrich zu geben, gründet Macheath eine Einkaufsorganisation mit einem verarmten Adligen (Lord Bloomsbury) an der Spitze. Schon scheinen die Aaron-Läden den Sieg über den Konkurrenten Chreston davonzutragen, da stoppt Macheath die Lieferungen und erzwingt damit den Zusammenbruch des Geschäfts. Als Verantwortlichen für das Desaster denunziert er den Leiter der von ihm manipulierten Einkaufsorganisation. – Was zunächst als Niederlage Macheaths aussieht, entpuppt sich als sein erster großer Karriereschritt. Er schickt Polly zur Bank seines Konkurrenten Chreston, die auch die Hausbank ihres Vaters Peachum ist; Polly kündigt an, demnächst ihre Mitgift einfordern zu wollen. Da die Bank jedoch in der Unterstützung Chrestons ihre finanziellen Reserven angreifen mußte, hat Macheath die Bank plötzlich in der Hand. Er steigt zu deren Direktor auf.

Die Haupthandlung um Macheath wird unterschnitten und begleitet vom Kampf Peachums um seine geschäftliche Existenz. Er ist auf ein Betrugsgeschäft des Schiffsmaklers Coax hereingefallen und kann über sein letztes Rettungsmittel, seine Tochter Polly, nicht verfügen, da sie mit Macheath verheiratet ist. Er versucht den ungeliebten Schwiegersohn wegen des angeblichen Mordes an einer ehemaligen Geliebten (Mary Swayer) an den Galgen zu bringen, aber schließlich rettet beide das Geflecht gegenseitiger Abhängigkeit. Als Direktor der Bank muß Macheath seinen Schwiegervater vor dem Ruin retten, dieser wiederum muß Macheath vor Gericht entlasten. Der Schiffsmakler Coax wird ermordet, die Aaron- und Chreston-Läden verschmelzen mit den B-Läden von Macheath zur ABC-Kette, und die von Coax übernommenen Schiffe werden nun als Truppentransporter für den Burenkrieg an die Regierung verkauft. Daß sie alsbald samt den Truppen untergehen, liegt auf der Hand, ein die Geschäfte störender Streik der Dockarbeiter wird mit vereinten Kräften niedergeschlagen. Erst jetzt begegnen sich Macheath und Peachum persönlich, der geschäftliche Erfolg wird vom privaten Glück gekrönt. Auf der Strecke bleibt, neben vielen anderen, der invalide Soldat Fewkoombey; ihm wird der Mord an Macheaths ehemaliger Geliebten untergeschoben, wofür er an den Galgen muß.

Der Roman darf zu den Hauptwerken Brechts gerechnet werden, auch wenn er lange von der Literaturwissenschaft vernachlässigt wurde und nie den Bekanntheitsgrad mancher Theaterstücke erreichte. Es ist nicht nur die Fülle biblischer, mythologischer und literarischer Anspielungen, die bis zum Selbstzitat reichen, die aus diesem Werk einen »*satirischen Roman großen Formats*« (W. Benjamin) machen. Neben der Parodie bürgerlicher Erfolgslegenden sind es vor allem die zeitgenössischen Bezüge zum Nationalsozialismus, die die Brisanz des Romans ausmachen; bereits W. BENJAMIN erkannte die »Führernatur« in der Figur des Macheath, der durch die *ultima ratio* des Mordes zum Retter des Kapitals wird. Er will »*Verantwortung tragen*«, und die Kleinbürger danken es ihm »*mit dem Versprechen, keinerlei Rechenschaft von ihm zu verlangen. Das ist der Grund, aus dem ein Typ wie Macheath in diesen Zeiten unschätzbar ist.*«

Brecht verbindet die Elemente des Kriminalromans mit denen des biographischen Romans, die Klischees einer trivialen Liebesgeschichte mit den ideologischen Sinnsprüchen der Werbesprache (»*Verkäufer sein, ist: Lehrer sein*«) wie der Politik: »*Wer die menschliche Natur kennt, weiß, daß alles Stückwerk sein muß.*« Decouvriert wird eine korrupte Wirklichkeit, an der der Kleinbürger die schöne Fassade und die moralische Tröstung liebt, auch wenn er es ist, der die Kosten dieser Politik zu tragen hat: »*Die kleinen Leute lieben es, ihren Zusammenbruch von hoher Warte aus zu betrachten.*« Die Frage, warum der Nationalsozialismus vor allem in den proletarischen und kleinbürgerlichen Schichten so erfolgreich sein konnte, steht hinter dem Roman, der weder moralisierende noch psychologisierende Erklärungsmuster anbietet, der keine Aufklärung im traditionellen Stil betreibt. Herkömmliche Erzählformen kennt das Werk nicht, und auch wenn die Schilderung vom Ende des Krüppels Fewkoombey mit zum Anrührendsten gehört, was Brecht geschrieben hat, so fehlen insgesamt die Mittel einfühlender Charakterisierung der Figuren und des bewußten Spannungsaufbaus völlig.

Jan KNOPF hat eingehend nachzuweisen versucht, wieweit Brechts Auffassung vom Film und seiner Montagetechnik in diesen Roman eingeht. Wie bei seinen Theaterstücken setzt Brecht auch hier ein Publikum voraus, das eine distanzierte Haltung zum Geschehen einnehmen kann und den Kontrast zwischen den Handlungsabläufen und ihren ideologischen Verhüllungen mit Genuß wahrnimmt, ohne den Roman insgesamt als naturalistische Abbildung der Realität zu lesen. Den Zusammenhang zwischen den literarisch verfremdeten Vorgängen und der Wirklichkeit herzustellen bleibt Aufgabe des Lesers, der Roman ist kein Selbstzweck, auch wenn er diesbezüglichem Ideal des klassischen Kunstwerks durchaus nahekommen könnte, wie Brecht ironisch anmerkt. Die Schimpfwörter, die eine Hure dem Schiffsmakler Coax an den Kopf wirft, würden »*diesem Buch, wenn sie wiedergegeben werden könnten, durch ihre poetische Kraft eine fast unbegrenzte Dauer verleihen*«.   M.Pr.

AUSGABEN: Amsterdam 1934. – Amsterdam 1950. – Köln/Bln. 1950. – Reinbek 1959 (rororo; ern. 1973, 2 Bde.). – Ffm. 1960 (in *Dreigroschenbuch*, Hg. S. Unseld; ern. 1973, 2 Bde.; st). – Ffm. 1965 (in *Prosa*, 5 Bde., 3). – Ffm. 1967 (in *GW in 20 Bdn.*, 12; es). – Bln. 1978.

LITERATUR: H. Riege, *Studien zur Satire in B. B.s »Dreigroschenroman«*, Diss. Jena 1956. – N. Dakowa, *Die erzählende Prosa B.s 1913–1934*, Diss. Lpzg. 1962. – W. Benjamin, *B.s »Dreigroschenroman«* (in W. B., *Versuche über B.*, Ffm. 1966, S. 84–94). – D. Schlenstedt, *Satirisches Modell im »Dreigroschenroman«* (in WB, 14, 1968, S. 74–100). – R. M. Fischetti, *B. B. Die Gestaltung des Dreigroschen-Stoffes in Stück, Roman und Film*, Diss. Univ. of Maryland 1971. – K. Kocks, *B.s literarische Evolution. Untersuchungen zum ästhetisch-ideologischen Bruch in der Dreigroschen-Bearbeitung*, Mchn. 1981. – *B.s Romane. Materialien*, Hg. W. Jeske, Ffm. 1984 (st). – Ders., *B. B.s Poetik des Romans*, Ffm. 1984. – J. Knopf, *B.-Handbuch*, Bd. 2, Stg. 1984, S. 322–369.

## FLÜCHTLINGSGESPRÄCHE

Prosadialog von Bertolt BRECHT, geschrieben 1940/41 in Finnland und 1944 in Amerika, 1961 fragmentarisch aus dem Nachlaß veröffentlicht; szenische Uraufführung: München, 15. 2. 1962, Kammerspiele. – Der Titel des Dialogs ist nicht nur Hinweis auf seinen Inhalt, sondern zugleich auf seine Entstehung: Nach der Flucht aus Schweden und kurz vor der Flucht in die USA konzipiert, beginnt Brecht vor dem Hintergrund seines eigenen Emigrantenschicksals einen tiefsinnig-gewitzten »Dialog über den Weltlauf« zwischen zwei deutschen Flüchtlingen in aussichtsloser Lage, der vor allem um die Merkwürdigkeiten und Widersprüche der gesellschaftlichen Verfassung unter der faschistischen Herrschaft kreist. Der Physiker Ziffel und ein Metallarbeiter, der sich Kalle nennt, beginnen im Bahnhofsrestaurant von Helsinki unter großer Vorsicht ein Gespräch und treffen sich dann ständig zu neuen, immer rückhaltloseren Disputen. Sie folgen dabei keiner strengen Form, sondern wechseln ihre Themen nach Belieben – Themen zumal, die Brecht in seinen anderen Werken mehrfach wiederaufgenommen hat. Es finden sich Berührungen mit manchen Abschnitten aus den *Keunergeschichten*, aus *Mutter Courage*, den *Fünf Schwierigkeiten beim Schreiben der Wahrheit* und anderen Stücken, vor allem aber mit den Reflexionen aus dem *Buch der Wendungen*. Der Dialog ist stilistisch ähnlich knapp und leicht, doppeldeutig zugespitzt

und umgangssprachlich direkt, aber auch ähnlich listig und verzwickt in der Aufdeckung von Widersprüchen.
Die achtzehn Kapitel des Dialogs – die einzelnen Dispute – tragen dem Charakter des Ganzen entsprechend fast durchweg provozierend-angriffslustige Überschriften, wie schon der erste Abschnitt: *Über Pässe / Über die Ebenbürtigkeit von Bier und Zigarre / Über die Ordnungsliebe*. Hier sind sich Ziffel und Kalle darin einig, daß der Paß der edelste Teil des Menschen sei *(»Er kommt auch nicht auf so einfache Weise zustande wie ein Mensch. Ein Mensch kann überall zustandkommen, auf die leichtsinnigste Art und ohne gescheiten Grund, aber ein Paß niemals. Dafür wird er auch anerkannt, wenn er gut ist, während ein Mensch noch so gut sein kann und doch nicht anerkannt wird«)* und daß man die unterschiedslos schlechte Qualität der Nahrungs- und Genußmittel, wie des Biers, der Zigarren und des Kaffees, gegenwärtig nur begrüßen könne angesichts der Tatsache, daß durch die ebenfalls unterschiedslos schlechte Qualität der beiden »führenden Marken« in der Politik, nämlich Hitlers und Mussolinis, *»das Gleichgewicht ... wieder hergestellt«* sei: *»Sie brauchen den Vergleich miteinander nicht zu scheun und können Seit an Seit die ganze Welt herausfordern, keiner von ihnen find einen bessern Freund, und ihre Zusammenkünfte verlaufen harmonisch. Anders, wenn der Kaffee z. B. ein Kaffee und nur das Bier kein Bier wär, möchte die Welt leicht das Bier minderwertig schimpfen, und was dann?«* Zudem seien Schlamperei und Bestechlichkeit jedweder Ordnung vorzuziehen, die doch nur dazu da sei, den Menschen zu bestimmten Verrichtungen zu zwingen, *»nämlich die sinnlosen«*. Kalle sagt zusammenfassend: *»Sie könnens so ausdrücken: Wo nichts am rechten Ort liegt, da ist Unordnung. Wo am rechten Ort nichts liegt, ist Ordnung.«* Darauf Ziffel: *»Ordnung ist heutzutage meistens dort, wo nichts ist. Es ist eine Mangelerscheinung.«* In ganzen Kaskaden solcher vereinfachend zugespitzten Paradoxien werden Freidenkerei, das Überhandnehmen bedeutender Menschen, die Pornographie, die Schwierigkeiten großer Männer, das tragische Schicksal großer Ideen, Ungeziefer, Bildung, Freiheitsliebe und Käse, das Denken als ein Genuß, die Weltherrschaft, aber auch *Dänemark oder der Humor, Lappland oder Selbstbeherrschung und Tapferkeit* und nicht zuletzt die Hegelsche Dialektik *(»Die schärfsten Dialektiker sind die Flüchtlinge!«)* und der Marxismus, die Demokratie und der Sozialismus aufgegriffen und beredet. Am Ende des Fragments stößt Kalle mit Ziffel auf den Sozialismus an als auf einen Zustand, der *»solche anstrengenden Tugenden wie Vaterlandsliebe, Freiheitsdurst, Güte, Selbstlosigkeit«* so unnötig mache *»wie ein Scheißen auf die Heimat, Knechtseligkeit, Roheit und Egoismus«*, den zu erreichen aber *»allerhand nötig sein wird. Nämlich die äußerste Tapferkeit, der tiefste Freiheitsdurst, die größte Selbstlosigkeit und der größte Egoismus.«*   K.B.

AUSGABEN: Bln. 1957 (in SuF, 9; Teildr.). – Bln. 1958 (in Aufbau, 14; Teildr.). – Ffm. 1961; ern. 1975 (BS). – Ffm. 1965 (in *Prosa*, 5 Bde., 2). – Ffm. 1967 (in *GW in 20 Bdn.*, 4; es). – Lpzg. 1973; ²1980 (RUB).

LITERATUR: C. Cases, *B. B.: »Dialoghi di profughi«* (in C. C., *Saggi e note di letteratura tedesca*, Turin 1963, S. 197–205). – H. Motekat, *B. B.s »Flüchtlingsgespräche«* (in OL, 20, 1965). – D. Thiele, *Proletarier und Intellektuelle. B.s »Flüchtlingsgespräche« als Beitrag zur Bündnispolitik* (in WB, 24, 1978).

## FURCHT UND ELEND DES DRITTEN REICHES

24 Szenen von Bertolt BRECHT, entstanden 1935–1938 in der dänischen Emigration unter dem – Heinrich HEINES *Wintermärchen* paraphrasierenden – Titel *Deutschland – ein Greuelmärchen*; stark gekürzt uraufgeführt am 21. 5. 1938 in Paris unter dem Titel *99%* (7 Szenen), nahezu vollständig erstaufgeführt am 7. 6. 1945 in Berkeley/Calif. (17 Szenen) unter dem Titel *The Private Life of the Master Race*.
Brechts Szenenfolge, entworfen für Slatan Dudows proletarische Spieltruppe in Paris, will keine fortlaufende Handlung, keine dramatische Entwicklung darstellen, sondern einen Zustand: die bloße Aufreihung charakteristischer Situationen aus der Zeit des Hitlerregimes soll den widersinnigen, unerträglichen und verabscheuenswerten Zwang abbilden, unter dem die Deutschen in der nationalsozialistischen Diktatur lebten. Dieser Intention des Autors entspricht, daß die Szenen nicht in einem einzigen dichterischen Arbeitsprozeß entstanden sind, sondern – nach Brechts eigener Auskunft – während langjähriger Sammlung und Sichtung von Augenzeugenberichten und Zeitungsnotizen, die Brecht entsprechend seiner Theaterkonzeption gestaltete. Er streute die Schauplätze nach soziologischen und geographischen Gesichtspunkten, um ein repräsentatives Bild des faschistischen Alltags in Deutschland zu erhalten. Vor allem aber spitzte er die Vorfälle auf brutale, enthüllende Verhaltensweisen der Beteiligten zu und verknüpfte schließlich die Szenen durch Titel und Stropheneingänge, die zugleich sarkastische Interpretation sind. So verlieh er dem Werk Bühnenwirksamkeit, ohne zugleich auf die Mittel des epischen Theaters zu verzichten, wie mitunter von Verfechtern des »sozialistischen Realismus« (LUKÁCS, MITTENZWEI) behauptet wurde.
Da ist der Tag der sogenannten Machtergreifung: zwei betrunken randalierende SS-Leute terrorisieren mit der Schießwut brutaler Feiglinge ein Arbeiterviertel *(Volksgemeinschaft)*; da ist der Kleinbürger mit dem horchenden Ohr an der Wohnungstür, voll kläglicher Furcht, als der Nachbar, den er denunziert hat, abgeführt wird *(Der Verrat)*; dann der SA-Mann, der sich vor dem »verdächtigen« Arbeitslosen brüstet, wie er an der Stempelstelle die Querulanten, Andersdenkenden und Gegner provoziert und ans Messer liefert *(Das Kreidekreuz)*;

fünf Häftlinge in einem Konzentrationslager, zerstritten und uneins, dennoch gegen ihre Bewacher zusammenhaltend *(Moorsoldaten)*; dann ihr Bewacher, der aus Furcht vor dem Vorgesetzten grausam wird *(Dienst am Volke)*; die Justiz: der Amtsrichter, dem ein Überfall von SA-Schlägern auf einen jüdischen Juwelier zur Verhandlung übergeben wird und der zu jeder Rechtsbeugung bereit wäre, wenn er nur wüßte, welche gerade verlangt wird *(Rechtsfindung)*; die Medizin: der Chirurg vergißt vor dem Bett des zusammengeschlagenen Arbeiters, nach der Herkunft der Wunden zu fragen *(Die Berufskrankheit)*; dann zwei Physiker, die sich hüten, öffentlich über Einsteins Theorien zu diskutieren, und ihn vorsichtshalber laut verhöhnen *(Physiker)*; die jüdische Frau vor ihrer Flucht: sie spricht von einer kleinen Reise, und ihre Freunde und sogar ihr Mann spielen furchtsam mit *(Die jüdische Frau)*; der Studienrat und seine Frau: sie verlieren die Haltung schon bei dem Verdacht, ihr Sohn könnte sie bespitzeln und anzeigen *(Der Spitzel)*; der auftrumpfende Radioreporter, eingeübte Phrasen hervorsprudelnd *(Die Stunde des Arbeiters)*; die Arbeiterfrau, die es nicht wagt, den Zinksarg mit der Leiche ihres ermordeten Mannes zu öffnen *(Die Kiste)*; der entlassene Häftling, der das Mißtrauen seiner Genossen ertragen muß *(Der Entlassene)*; die alte Frau, die mit zutraulichem Gerede ihre Tochter der Polizei ausliefert *(Winterhilfe)*; der Metzger, der sich aus Angst erhängt *(Der alte Kämpfer)*; der Sterbende, der endlich seine Meinung preisgibt *(Die Bergpredigt)*; der Arbeiter aus der Bombenfabrik, dessen Schwager gerade in Spanien als Flieger gefallen ist *(Arbeitsbeschaffung)*; die kleine Widerstandsgruppe, die am Tag der Volksbefragung, die Hakenkreuzfahne im Fenster, ein Flugblatt entwirft *(Volksbefragung)*.

Die Szenenfolge bildet somit keine poetische Parabel, gibt vielmehr ein Kaleidoskop jener Verhaltensweisen, die im Faschismus auf seiten der Täter wie der Opfer symptomatisch sichtbar werden. Die Darstellung von tatsächlichen Begebenheiten in Form einer »gestentafel« (*Arbeitsjournal*, 15. 8. 1938) war allerdings nur möglich, solange Brecht sich auf die Jahre von 1933 bis 1938 beschränkte und Krieg und Massenmorde nicht mit einbezog. Brechts Szenenfolge gibt, so eindrucksvoll sie im ganzen ist, »Modelle« von unterschiedlicher Prägnanz. Die Bühnenpraxis hat sich stets mit einer Auswahl begnügt, meist mit einer Verknüpfung der großen Szenen *Das Kreidekreuz, Rechtsfindung* und *Der Spitzel* durch einige der anekdotisch kurzen Szenen.

Für die amerikanische Aufführung schrieb Brecht strophische Zwischentexte, die, ähnlich wie die Stropheneingänge zu den verschiedenen Szenen, rein satirisch interpretieren sollen, hier jedoch nicht das vorgeführte Geschehen, sondern das, was dem Furcht und Elend erzeugenden Anfang folgte: den Krieg und die »Endlösung«.                K.B.-KLL

AUSGABEN: Ldn. 1938 [27 Szenen]. – Moskau 1941 [14 Szenen]. – Norfolk/Conn. 1944 (*The Private Life of the Master Race*; 17 Szenen). – NY 1945 [24 Szenen]. – Bln. 1948 [24 Szenen]. – Bln./Ffm. 1957 (in *Stücke*, 12 Bde., 1956–1959, 6). – Ffm. 1967 (in *GW in 20 Bdn*, 3; es). – Bln./Weimar 1973 (in *Werke in 5 Bdn.*, Stücke). – Ffm. 1975 (es). – Ffm. 1978 (in *Die Stücke v. B. B. in einem Bd.*; ³1981). – Bln./Ffm. 1988 (in *W in 30 Bdn.*, 4; mit Komm.).

LITERATUR: W. Benjamin, *B.s Einakter* (in Die Neue Weltbühne, 35, 30. 6. 1938, S. 825–828). – G. Lukács, *Es geht um den Realismus* (in Das Wort, 3, 1938, H. 6; in späteren Nachdr. wurde die B.-Passage eliminiert). – M. Frisch, *Zu B. B.s »Furcht und Elend des Dritten Reiches«* (in Schweizer Annalen, 3. 2. 1947, S. 479–481). – Ders., *»Furcht und Elend des Dritten Reiches«. Szenenfolge von B. B.* (in Theater der Zeit, 2, 1948). – B. Brecht, *Zu »Furcht und Elend des Dritten Reiches«* (in B. B., *Schriften zum Theater*, Bd. 4, Ffm. 1963, S. 110–125). – W. Mittenzwei, *B. B. Von der »Maßnahme« zu »Leben des Galilei«*, Bln./Weimar 1965, S. 193–218. – G. Hartung, *»Furcht und Elend des Dritten Reiches« als Satire* (in Erworbene Tradition, Hg. G. Hartung, Bln./Weimar 1977). – W. Busch, *B. B. »Furcht und Elend des Dritten Reiches«*, Ffm. u. a. 1982. – Ders., *Cäsarismuskritik und epische Historik. Zur Entwicklung der politischen Ästhetik B. B.s 1936–1940*, Ffm./Bern 1982.

## DIE GESCHÄFTE DES HERRN JULIUS CAESAR

Romanfragment in vier Büchern von Bertolt BRECHT, entstanden 1937–1939; zusammenhängend erschienen 1957. – Als die deutsche Bühne dem Emigranten Brecht nicht mehr erreichbar war, wandte er sich neben seiner dramatischen Arbeit auch dem Roman zu. Er tat es, wie er sagte, aus praktischen Gründen, denn er mußte für die Existenz seiner Familie sorgen. 1933/34 entstand der *Dreigroschenroman*; daneben arbeitete er an zwei durch die Beschäftigung mit chinesischer Literatur und Philosophie angeregten Werken, dem *Tui-Roman* und dem *Buch der Wendungen*, die jedoch beide ebenso Fragment blieben wie der 1937 begonnene Roman *Die Geschäfte des Herrn Julius Caesar*. Die Erzählung *Caesar und sein Legionär*, die 1949 in den *Kalendergeschichten* veröffentlicht wurde und stofflich zum Konzept des Romans zu gehören scheint, entstand erst 1942.

Ein fiktiver Berichterstatter will zwanzig Jahre nach Caesars Tod Material für eine Biographie des berühmten Politikers sammeln. Ihm ist Caesars maßlose Geldverschwendung bekannt und er weiß, daß dieser seine Bücher geschrieben hat, »*um uns zu täuschen*«, so daß die Legende bereits »*alles vernebelt*«, wie gleich zu Beginn der Nachforschungen durch den Vergleich einer überlieferten Anekdote mit dem wirklichen Geschehen belegt wird. Dennoch überrascht ihn das Ausmaß des Vabanquespiels, das Caesar getrieben hat und wovon die Erzählungen des ehemaligen Gerichtsvollziehers Mummlius Spicer und das (fiktive) Tagebuch des Sekretärs Rarus einen Eindruck vermitteln. Der Bericht über Caesars Leben ist eine Kompilation der unterschiedlichen Beobachtungen zweier Vertrauter. Er wird zur leidenschaftslos sachlichen Enthüllung eines Systems gewaltiger Korruption, in dem die Position Caesars jeweils von der Höhe seiner Schulden, von den Spekulationen seiner Gläubiger, von allgemeinen Niederträchtigkeiten und schließlich davon abhängt, ob die Bevölkerung sich für dumm verkaufen läßt.

Der Roman, der sich erzählerisch und stilistisch mit dem *Dreigroschenroman* messen kann und der »langsamer wuchs als Hitlers Aufrüstung« (Brief an K. Korsch, April 1938), läßt nichts mehr von der Mühsal der ausgedehnten historischen Studien spüren, die sogar Schriften des »spießigen Mommsen« (Brief an L. Feuchtwanger, November 1937) einschlossen; doch in den gleichzeitigen Tagebuchaufzeichnungen Brechts spiegeln sich Unsicherheit und Zweifel an dem Gelingen seiner Absicht, in poetisch-literarischer Form eine marxistische Geschichtsanalyse zu geben, die gleichzeitig auf die Gegenwart (das Tagebuch nennt Parallelerscheinungen) anwendbar ist. Brecht stand auch bei diesem Werk seine Mitarbeiterin Margarete Steffin zur Seite, deren Tod 1941 das Projekt aber mit zum Scheitern brachte. Daneben zeigte Walter Benjamin Skepsis mit dem Hinweis auf Hegels Aversion gegen die Geschichtsbetrachtung aus der Kammerdienerperspektive, was jedoch wohl als Mißdeutung des Brechtschen Begriffs vom »plebejischen Blick« zu verstehen ist, mit dem zu sehen sich der Dichter bemühte, um *»dem Heldischen auf die Schliche«* zu kommen: »Schon der Titel verrät den Dolch des Brutus; es soll mit dem weltgeschichtlichen Heldenideal überhaupt reiner Tisch gemacht werden.« (E. Niekisch.) Den Entschluß, das Werk Fragment bleiben zu lassen, dürfte Brecht spätestens 1949 gefaßt haben.

Die Beziehung des Romans zu der Schrift *Fünf Schwierigkeiten beim Schreiben der Wahrheit* (1933/34) ist unverkennbar: die Wahl des Stoffes und die Methode seiner Darstellung entsprechen dem fünften Abschnitt über *Die List, die Wahrheit unter vielen zu verbreiten,* die – wie Brecht an dieser Stelle ausführt – darin besteht, an einem der historischen Vergangenheit angehörenden oder sonst unverdächtigen Gegenstand die Wahrheit über die eigene politische Gegenwart zu exemplifizieren. *»Eine vollständige Schilderung aller Umstände und Prozesse, von denen ein Mann betroffen wird, der einen Tabakladen aufmacht, kann ein harter Schlag gegen die Diktatur sein.«* K.B.

Ausgaben: Vgl. B. B., *Caesar und sein Legionär* (in *Kalendergeschichten,* Bln. 1949). – Bln. 1949 (*Zweites Buch: Unser Herr Cäsar,* in SuF, 1; Teildr.). – Bln. 1957 (*Drittes Buch,* ebd., 9; Teildr.). – Bln. 1957. – Reinbek 1964 (rororo). – Ffm. 1965 (in *Prosa,* 5 Bde., 4). – Ffm. 1967 (in *GW in 20 Bdn.,* 13; es). – Ffm. 1974 (es).

Verfilmung: *Geschichtsunterricht,* BRD 1972 (Regie: J. M. Straub).

Literatur: E. Niekisch, *Heldendämmerung. Bemerkungen zu B. B.s Roman »Die Geschäfte des Herrn Julius Caesar«* (in SuF, 1, 1949, S. 170–180). – H. Claas, *Die politische Ästhetik B. B.s vom »Baal« zum »Caesar«,* Ffm. 1977. – W. Busch, *Cäsarismuskritik und epische Historik. Zur Entwicklung der politischen Ästhetik B. B.s 1936–1940,* Ffm./Bern 1982. – W. Jeske, *B. B.s Poetik des Romans,* Ffm. 1984. – *B.s Romane. Materialien,* Hg. ders., Ffm. 1984 (st).

# DIE GESICHTE DER SIMONE MACHARD

Stück von Bertolt Brecht, geschrieben 1940 bis 1943 unter Mitarbeit von Lion Feuchtwanger; Uraufführung: Frankfurt am Main, 8. 3. 1957, Städtische Bühnen. – Am 7. 7. 1940 zeichnete Brecht den Plan eines Stückes, das er *Die Stimmen* nennen wollte, auf: Ein französisches Mädchen träumt, sie sei die Jungfrau von Orleans und erlebe deren Schicksal. Sie gehorcht der Stimme eines Engels und rettet im Traum das Land vor den anrückenden Engländern, wird dann aber vom inneren Feind besiegt, einem mit England sympathisierenden Gericht französischer Geistlicher, das sie zum Tode verurteilt. Der ausgeführte Entwurf des Stückes, das später den Titel *Die Gesichte der Simone Machard* erhielt, lag im Dezember 1941 vor. Als Kern der Fabel notierte Brecht: *»Unsere gesellschaftlichen Zustände sind so, daß in Kriegen zwischen zwei Ländern nicht nur die Beherrschten, sondern auch die herrschenden Schichten der beiden Länder gemeinsame Interessen haben. Der Besitzer und der Räuber stehen Schulter an Schulter gegen diejenigen, welche das Eigentum nicht anerkennen – die Patrioten.«* Das Stück ist also eine in Hinblick auf die Kollaboration der Vichy-Regierung geschriebene Variante zu dem in *Die Rundköpfe und die Spitzköpfe* schon einmal abgehandelten Thema »Reich und Reich gesellt sich gern«. – Durch die Lektüre von Feuchtwangers Buch *Unholdes Frankreich* (1942; 1954 unter dem Titel *Der Teufel in Frankreich* erschienen) angeregt, schlug Brecht dem Freund eine gemeinsame Weiterarbeit vor, die von Oktober 1942 bis Februar 1943 währte und deren Ergebnisse Feuchtwangers Roman *Simone* und Brechts Stück *Die Gesichte der Simone Machard* waren.

Simone Machard, *»eine Halbwüchsige«,* ist Angestellte der Hostellerie »Au Relais«, die *»in der kleinen französischen Stadt Saint-Martin in Mittelfrankreich an einer Hauptstraße von Paris nach dem Süden«* liegt (Regieanweisung). Das Stück beginnt am Abend des 14. 6. 1940. Die Deutschen sind einmarschiert und stehen an der Loire, aber trotz der drohenden Gefahr für Frankreich denkt der Patron der Hostellerie nur daran, seinen eigenen Besitz in Sicherheit zu bringen. In der Nacht des 14. Juni träumt Simone, angeregt durch die Lektüre eines

Buches über Jeanne d'Arc, daß ihr ein Engel erscheint, in dem sie ihren an der Front kämpfenden Bruder André erkennt, und sie, die er »*Johanna, Tochter Frankreichs*« nennt, zur Rettung ihres Landes aufruft. In diesem und drei weiteren Träumen, die sich mit der Wirklichkeit der Hostellerie und des Kriegsgeschehens mischen, erlebt Simone nun den Freiheitskampf und die grausame Verurteilung der Jungfrau von Orleans. Auch in der Wirklichkeit ist Simone von nun an »*im kleinen das schreckliche und erhebende Schicksal der heiligen Johanna*« beschieden *(Zu ›Die Gesichte der Simone Machard‹)*. Sie hindert den Patron und seine beiden Chauffeure, alle Eßvorräte in Sicherheit zu bringen, und verteilt diese an die Flüchtlinge, die in Saint-Martin einquartiert sind. Sie veranlaßt außerdem den Abtransport eines Teils dieser Flüchtlinge auf den beiden Lastwagen der Hostellerie, die der Patron eigentlich zur Rettung seines kostbaren Porzellans benutzen wollte. Als der zurückgekehrte Patron und seine Mutter den inzwischen eingetroffenen Deutschen in einer Ziegelei versteckte Benzinvorräte übergeben wollen, zündet Simone die Ziegelei an. Doch da wird das Mädchen wie die heilige Johanna das Opfer ihrer eigenen Landsleute: am Abend des 22. Juni wird sie auf Veranlassung ihrer Dienstherren, denen an einer reibungslosen Zusammenarbeit mit den Deutschen gelegen ist, »*in den Prügelkasten von Sainte-Ursula*«, eine Besserungsanstalt, gebracht, weil sie die »Brandstiftung« nicht aus patriotischen Motiven, sondern aus Bosheit begangen habe. Bei den Flüchtlingen aber, denen Simone geholfen hat, findet ihr Beispiel Nachahmung: sie zünden die Turnhalle an, in der sie einquartiert waren und die nun für die Deutschen freigemacht werden soll.

Das Schicksal der Jeanne d'Arc hat Brecht dreimal zu literarischer Gestaltung angeregt: der *Simone* ging 1929/30 *Die heilige Johanna der Schlachthöfe* voraus und folgte 1952 *Der Prozeß der Jeanne d'Arc zu Rouen 1431* (nach einem Hörspiel von Anna Seghers). In allen drei Stücken wird deutlich, was sich für Brecht in der Gestalt der heiligen Johanna verkörperte: der unbeirrbare Widerstand des Unterdrückten gegen seine Unterdrücker. In dem Stück *Die Gesichte der Simone Machard* wird dieser Widerstand »*als grundsätzliche Forderung*« formuliert (M. Kesting): »*Simone: Sollen wir auch noch kämpfen, wenn der Feind schon gesiegt hat? / Der Engel: Geht da ein Nachtwind heute? / Simone: Ja. / Der Engel: Steht nicht da ein Baum im Hof? / Simone: Ja, die Pappel. / Der Engel: Rauschen die Blätter, wenn der Wind geht? / Simone: Ja, deutlich. / Der Engel: Dann soll auch gekämpft werden, wenn der Feind gesiegt hat.*« Diese Forderung aber sah Brecht im Jahre 1942 in dem Attentat auf Reinhard Heydrich, Hitlers Statthalter in der Tschechoslowakei, erfüllt. In seinem Filmskript aus demselben Jahr, *Hangmen Also Die (Auch Henker müssen sterben)*, das die Vorgänge um die Ermordung Heydrichs behandelt, gestaltete Brecht den ungebrochenen Widerstandswillen des tschechischen Volkes, der ihm gleichzeitig das konkrete Beispiel lieferte, dessen er zur Fertigstellung seines zunächst beiseite gelegten Stückes bedurfte. Die letzten Worte des Engels an Simone zeigen den engen gedanklichen Zusammenhang der beiden Werke: »*Tochter Frankreichs, fürchte dich nicht. / Keiner wird dauern, der gegen dich ficht. / Die Hand, die dir antut Gewalt, / wird verdorren alsbald.*«  K.B.

Ausgaben: Bln. 1956 (in SuF, 8, H. 5/6). – Bln./Ffm. 1957 (in *Stücke*, 12 Bde., 1956–1959, 9). – Vgl. auch: B. B., *Schriften zum Theater*, Bd. 4, Ffm. 1963, S. 169–175. – Ffm. 1967 (in *GW in 20 Bdn.*, 5; es). – Ffm. 1976 (es). – Ffm. 1978 (in *Die Stücke v. B. B. in einem Bd.*; ³1981).

Verfilmung: DDR 1968 (TV: Regie: M. Karge u. M. Langhoff).

Literatur: L. Feuchtwanger, *Zur Entstehungsgeschichte des Stückes »Simone«* (in Geist und Zeit, 1957, H. 4, S. 6–8; ern. in Neue Dt. Literatur, 5, 1957, H. 6, S. 56–68). – W. Hinck, *Die Dramaturgie des späten B. B.*, Göttingen 1959; ⁶1977 [rev.]. – J. Albers, *»Die Gesichte der Simone Machard«. Eine zarte Träumerei nach Motiven von Marx, Lenin, Schiller* (in B.-Jb., Stg. 1978, S. 66–86). – U. Wedel, *Die Rolle der Frau bei B. B.*, Ffm./Bern 1983.

## DIE GEWEHRE DER FRAU CARRAR

Stück in einem Akt von Bertolt Brecht, Uraufführung: Paris, 16. 10. 1937, Salle Adyar. – Das Werk entstand »*unter Benutzung einer Idee von J. M. Synge*«, die Brecht dem Stück *Riders to the Sea*, 1902 *(Reiter ans Meer)*, des irischen Dramatikers entnahm. Angeregt dazu wurde er von dem zu seinen Mitarbeitern gehörenden Regisseur Slatan Dudow. Dieser wandte sich im September 1936 aus der Pariser Emigration an den in Dänemark lebenden Dichter mit der Aufforderung, etwas zu den spanischen Ereignissen, insbesondere dem Verzweiflungskampf der fast wehrlosen Bergarbeiter in Badajoz, zu schreiben. Brechts Stück, das in der im März 1937 abgeschlossenen ersten Fassung den Titel *Generäle über Bilbao* trug, war die Antwort. Es zeigt die Stunde der Entscheidung für Teresa Carrar, Witwe eines bei einem Aufstand umgekommenen Fischers. Sie will ihre beiden Söhne vom Bürgerkrieg fernhalten und verteidigt ihren Standpunkt mit List und Gewalt, bis Juan, der ältere Sohn, den sie zum Fischen geschickt hat, tot hereingetragen wird. Die Franco-Faschisten haben ihn an seiner Mütze als Arbeiter erkannt und niedergeschossen. Nun ist sie belehrt, gibt die bis dahin hartnäckig verweigerten Gewehre heraus, die ihr Mann versteckt hatte, und geht mit dem fünfzehnjährigen José selbst an die Front.

In seiner *Anmerkung zu »Die Gewehre der Frau Carrar«* bezeichnet Brecht sein Stück als »*aristotelische (Einfühlungs-)Dramatik*«; die Rechtfertigung für dieses Abweichen von seiner Theatertheorie »*des epischen, nicht-aristotelischen, statt auf Einfüh-*

*lung auf Distanz abzielenden Theaters«* (R. Grimm) ist die agitatorische Absicht des Stückes, das weniger belehren als zum Kampf aufrufen will, eine Tendenz, die durch die nachfolgende Bemerkung Brechts deutlich wird: »*Die Nachteile dieser Technik können bis zu einem gewissen Grade ausgeglichen werden, wenn man das Stück zusammen mit einem Dokumentenfilm, der die Vorgänge in Spanien zeigt, oder irgendeiner propagandistischen Veranstaltung aufführt.*«
Für eine Aufführung durch deutsche Emigranten in Schweden im Jahre 1939 schrieb Brecht eine Rahmenhandlung, die dem Stück über Kampf und Niederlage der spanischen Republikaner hinaus Gültigkeit verleiht: Die Posten des südfranzösischen Internierungslagers, denen die Geschichte der Frau Carrar erzählt wird, sollen nicht nur begreifen, daß selbst derjenige nicht verschont wird, der dem Kampf ausweicht, sondern auch, daß Teresa Carrar ihre Entscheidung zu spät gefällt hat, »*daß die Guten nicht besiegt wurden, weil sie gut, sondern weil sie schwach waren*« (*Fünf Schwierigkeiten beim Schreiben der Wahrheit*, 1934). Die Überzeugung, daß auch die »Guten«, die Unterdrückten, ohne materielle Gewalt nicht auskommen, vertrat Brecht schon in seinen vorangegangenen großen politischen Stücken, in der *Heiligen Johanna der Schlachthöfe* und der *Mutter*, und sie spricht auch aus seiner zum II. Internationalen Schriftstellerkongreß zur Verteidigung der Kultur 1937 in Madrid gehaltenen Rede: »*Die Kultur, lange, allzulange nur mit geistigen Waffen verteidigt, angegriffen aber mit materiellen Waffen, selber nicht nur eine geistige, sondern auch und besonders sogar eine materielle Sache, muß auch mit materiellen Waffen verteidigt werden.*« Für Brechts Theaterarbeit wurde die Kopenhagener Inszenierung durch Ruth Berlau (1938), die als erster Versuch einer Modellaufführung gilt, von besonderer Bedeutung. K.B.

AUSGABEN: Ldn. 1937. – Ldn. 1938 (in *GW*, Bd. 2). – Dresden 1952 [Modellmappe versch. Auff.]. – Bln./Ffm. 1957 (in *Stücke*, 12 Bde., 1956–1959, 7). – Lpzg. 1961 (m. Beitr. v. W. Adling u. R. Berlau; RUB). – Ffm. 1967 (in *GW in 20 Bdn.*, 3; es). – Bln./Weimar 1973 (in *Werke in 5 Bdn.*, Stücke). – Ffm. 1978 (in *Die Stücke v. B. B. in einem Bd.*; ³1981). – Ffm. 1980 (es).

LITERATUR: W. Mittenzwei, *B. B.*, Bln. 1962 [enth. Prolog u. Epilog]. – *B.s »Gewehre der Frau Carrar«*, Hg. K. Bohnen, Ffm. 1982 (st). – A. de la Torre Barrón, *Die literarische Widerspiegelung des span. Bürgerkrieges in P. Nerudas »España en el Corazón« und B. B.s »Die Gewehre der Frau Carrar«*, Diss. Bln. 1982. – B. Fenn, *Characterization of Women in the Plays of B. B.*, Ffm./Bern 1982.

## DER GUTE MENSCH VON SEZUAN

Parabelstück von Bertolt BRECHT, unter Mitarbeit von Ruth BERLAU und Margarete STEFFIN entstanden 1930 bis 1942, erschienen 1953; Uraufführung: Zürich, 4. 2. 1943, Schauspielhaus. – Von allen Stücken Brechts hat dieses Werk die komplizierteste Entstehungsgeschichte. Die von ihm selbst angegebene Arbeitszeit, 1938–1940, berücksichtigt nur die wichtigste Periode. Schon in den zwanziger Jahren konzipiert, entstanden 1930 fünf Szenen unter dem Titel *Die Ware Liebe*, eine Arbeit, die Brecht im März 1939 im dänischen Exil wiederaufnahm. Im Mai desselben Jahres beendete er – inzwischen in Schweden – die erste Fassung des Stücks. Im Juli begann er eine neue Fassung, zu der er 1941 die letzten Gedichte schrieb. Aber auch dann, trotz wiederholter gründlicher Überarbeitung, erschien das Werk ihm als »*ein Stück, das ganz fertig sein müßte, und das ist es nicht*« (Arbeitsbuch). Erst 1942 legte Brecht die Arbeit beiseite, für wirklich beendet hielt er sie nie. »*Ohne das Ausprobieren durch eine Aufführung kann kein Stück fertiggestellt werden*« (Arbeitsbuch).
Im *Vorspiel* begegnet Wang, ein obdachloser Wasserverkäufer in der Hauptstadt von Sezuan, drei Göttern, die ausgezogen sind, den guten Menschen zu finden, denn »*seit zweitausend Jahren geht dieses Geschrei, es gehe nicht weiter mit der Welt, so wie sie ist. Niemand auf ihr könne gut bleiben.*« Doch Wangs Suche nach einem Nachtquartier für die Götter bleibt ohne Erfolg: in dieser Gesellschaft zeigen sogar die Armen jene Lüge von Gleichgültigkeit und Selbstsucht gegenüber den anderen, und seien es die »Erleuchteten« selbst, die gemeinhin den Herrschenden zu eigen ist. Erst die Prostituierte Shen Te verzichtet auf den nächsten Kunden, der ihr das unentbehrliche Mietgeld eingebracht hätte, und nimmt die Götter bei sich auf. Als diese sie am nächsten Morgen ermahnen, weiterhin gütig zu bleiben, verweist sie auf ihre finanzielle Notlage und erhält schließlich von den Göttern einen Betrag, der ausreicht, einen kleinen Tabakladen zu erwerben. In ihrer Güte kann Shen Te sich jedoch nicht den um Hilfe flehenden Mitmenschen verschließen. Sie nimmt sie auf und versorgt sie, steht dadurch aber in kurzer Zeit selbst wieder vor dem finanziellen Ruin. In ihrer Not erfindet sie die Rolle des hartherzigen und geschäftstüchtigen Vetters Shui Ta, in dessen Maske sie gegenüber den Bettlern und Gläubigern auftritt und ihre geschäftlichen Interessen skrupellos durchsetzt. Als gutgesonnene Shen Te aber, zur Nächstenliebe nun schon verpflichtet, gerät sie erneut an den Rand ihrer Existenz durch ihre Liebe zu dem arbeitslosen Flieger Yang Sun. Für ihn verkauft sie ihren Laden, damit Yang Sun durch Bestechung in Peking eine Stelle erhalten kann. Aber Yang Sun in seiner Existenznot hat Shen Te nur benutzt, um Geld zu erlangen; er läßt sie mit dem Kind, das sie von ihm erwartet, sitzen. Erneut muß Shen Te ihr verhaßtes Gegen-Ich, den Vetter Shui Ta, zu Hilfe rufen. Dieser gründet in verfallenen Baracken eine Tabakfabrik und zwingt alle, denen Shen Te hilfreich war, dort gegen Hungerlöhne für ihn zu arbeiten. Mit Shui Ta blüht das Geschäft auf. Doch weil Shen Te nicht mehr erscheint, verdächtigen die Leute Shui

Ta, den sie fürchten, das Mädchen ermordet zu haben. Shui Ta wird vor ein Gericht geführt, dessen Richter jene drei Götter sind, die Shen Te einst bei sich aufgenommen hat. Ihnen ergibt der Angeklagte sich als Shen Te zu erkennen: »*Euer einstiger Befehl / gut zu sein und doch zu leben / zerriß mich wie ein Blitz in zwei Hälften ... gut sein zu andern / Und zu mir konnte ich nicht zugleich. / Ach, eure Welt ist schwierig!*« Die Götter wissen keine Antwort auf Shen Tes Klagen und entschwinden auf einer rosa Wolke. Der Schluß des Stücks bleibt offen (»*Wir stehen selbst enttäuscht und sehn betroffen / Den Vorhang zu und alle Fragen offen.*«), ein Spieler wendet sich mit einem Epilog an das Publikum und weist es an, selbst eine Lösung für den »*guten Menschen*« zu suchen: »*Verehrtes Publikum, los, such dir selbst den Schluß! / Es muß ein guter da sein, muß, muß, muß!*«

Mit den Mitteln seines epischen Theaters, mit Songs, die kommentierend den Gang der Handlung unterbrechen, mit Rückblenden und pantomimischem Spiel inszeniert Brecht in diesem Stück ein Experiment zur Beantwortung der Frage, ob ein »guter Mensch« in der gegenwärtigen Welt zu leben imstande ist oder ob diese Welt geändert werden muß. Die Götter verschließen sich den Konsequenzen, die aus dem Scheitern des von ihnen initiierten Experiments erwachsen, an ihrer Stelle wird das Publikum dazu aufgerufen, den Schritt in die entsprechende Praxis zu wagen und die kapitalistische Ordnung, wie sie in »Sezuan« herrscht, aufzuheben. In dem der Suhrkamp-Ausgabe beigefügten alternierenden Epilog wird der Zuschauer direkt aufgefordert, die Stadt »*umzubauen*«; zugleich findet sich dort der Hinweis, daß »*die Provinz Sezuan*« jetzt nicht mehr zu Orten gehöre, »*an denen Menschen von Menschen ausgebeutet werden*«. Diesen Zusatz hielt Brecht für notwendig, nachdem 1949 in China die Kommunisten die Regierung übernommen hatten, obgleich aufgrund der durchgängigen Verfremdungstechnik dem Stück jede unmittelbare Zuordnung so wenig beikommt wie die Frage nach dem tragischen Gehalt. Brecht ahmt mit seinem epischen Theater Wirklichkeit nicht nach, sondern konstruiert sie als Spiel; dementsprechend ist die Doppelrolle der Shen Te auch nicht Ausdruck eines tragischen Konflikts, sondern die Demonstration der alltäglichen Spaltung des bürgerlichen Individuums in eine private Rolle, in der die Welt nach moralischen Kategorien betrachtet werden kann, und in eine öffentliche Rolle, in der allein das Kriterium des wirtschaftlichen Erfolgs entscheidend ist. Daß diese Schizophrenie auch den technischen Fortschritt begleitet, zeigt das Beispiel des Fliegers Yang Sun, der schließlich seine Intelligenz in der Tabakfabrik des Shui Ta als Angesteller des Unternehmers einsetzen darf: »*... was bringen doch Bildung und Intelligenz für große Dinge hervor! Wie will einer ohne sie zu den besseren Leuten gehören?*«

Die Deutung des Werks war lange Zeit von der Frage beherrscht, ob und in welchem Ausmaß in der Geschichte der Shen Te ein tragischer Konflikt behandelt wird. Erst die neuere Forschung (GIESE) konnte einsichtig machen, daß für Brecht gesellschaftlichen Verhältnissen, die von seinem Standpunkt aus überholt sind, letztlich nur noch mit den Mitteln der Komik beizukommen ist. Die Inszenierungen des Stücks legen daher seit den späten sechziger Jahren den Akzent auf die komödiantischen Elemente des Werks. K.B.-M.Pr.

AUSGABEN: Bln. 1953 (in *Versuche*, H. 12; Nachdr. Ffm. 1977). – Bln./Ffm. 1957 (in *Stücke*, 12 Bde., 1956–1959, 8). – Vgl. auch: B. B., *Schriften zum Theater*, Bd. 4, Ffm. 1963, S. 134–140. – Ffm. 1964 (es). – Ffm. 1967 (in *GW in 20 Bdn.*, 4; es). – Bln./Weimar 1973 (in *Werke in 5 Bdn.*, Stücke). – Ffm. 1978 (in *Die Stücke v. B. B. in einem Bd.*; ³1981).

LITERATUR: J. Jusowski, *B. B. und sein »Guter Mensch«* (in SuF, 9, 1957, S. 204–213). – B. Uhse, *Von alter und neuer Weisheit* (ebd., 11, 1959, S. 420 ff.). – W. Hinck, *Die Dramaturgie des späten B.*, Göttingen 1959; ⁶1977 [rev.]. – V. Klotz, *»Der gute Mensch von Sezuan«* (in Das neue Forum, 10, 1960/61, S. 18–28). – F. Lan, *B. B. und Luther. Ein Versuch der Interpretation des »Guten Menschen von Sezuan«* (in Luther-Jb., 29, 1962, S. 92–109). – K. Bräutigam, *B. B.: »Der gute Mensch von Sezuan«. Interpretation*, Mchn. 1966. – *Materialien zu B.: »Der gute Mensch von Sezuan«*, Hg. W. Hecht, Ffm. 1968. – H. Gehrke, *B. B. »Der gute Mensch von Sezuan«, »Leben des Galilei«*, Hollfeld/Ofr. 1973. – P. C. Giese, *Das ›Gesellschaftlich-Komische‹. Zu Komik und Komödie am Beispiel der Stücke und Bearbeitungen B.s*, Stg. 1974. – A. D. White, *B. B.s Great Plays*, NY 1978. – B. Fenn, *Characterization of women in the Plays of B.*, Bern/Ffm. 1982. – R. R. Kath, *Children in the Poetry of B. B.*, Bern/Ffm. 1982. – *B.s »Guter Mensch von Sezuan«*, Hg. J. Knopf, Ffm. 1982 (st). – Ders., *»Der gute Mensch von Sezuan«*, Ffm. 1982. – H.-S. Yim, *B. B. und sein Verhältnis zur chinesischen Philosophie*, Bonn 1984.

## DIE HEILIGE JOHANNA DER SCHLACHTHÖFE

Stück in elf Bildern von Bertolt BRECHT, entstanden 1929/30; Uraufführung: Hamburg, 30. 4. 1959, Schauspielhaus. – Dieser »*dreizehnte Versuch*« Brechts, der unter Mitarbeit von H. BORCHARDT, E. BURRI und E. HAUPTMANN geschrieben wurde, »*soll die heutige Entwicklungsstufe des faustischen Menschen zeigen. Das Stück ist entstanden aus dem Stück ›Happy End‹ von Elisabeth Hauptmann. Es wurden außerdem klassische Vorbilder und Stilelemente verwendet: die Darstellung bestimmter Vorgänge erhielt die ihr historisch zugeordnete Form. So sollen nicht nur die Vorgänge, sondern auch die Art ihrer literarisch-theatralischen Bewältigung ausgestellt werden*« (Vorbemerkung). Außer auf die genannte Quelle griff Brecht (meist parodistisch) auf SCHILLER (*Die Jungfrau von Orleans*), GOETHE

(Schluß von *Faust II*), HÖLDERLIN, SHAW und SINCLAIR *(The Jungle)* zurück. Eigene Vorarbeiten waren neben fachlichen Informationen und dem gleichzeitigen Studium des Marxismus die Entwürfe *Joe Fleischhacker* und *Der Brotladen*.
Von seinen New Yorker Börsenfreunden beraten, verkauft Chicagos Fleischkönig Mauler das Geschäft an seinen Kompagnon unter der Bedingung, den Bankrott des gefährlichsten Konkurrenten herbeizuführen. Die »Schwarzen Strohhüte« der Heilsarmee unter ihrem Leutnant Johanna Dark können das wachsende Elend der ausgesperrten Arbeiter nicht mit Suppen, Gesängen und Reden aufhalten. Johanna wendet sich an Mauler um Hilfe. Er will ihm beweisen, daß die Armen durch ihre Schlechtigkeit ihr Unglück selbst verschulden, aber Johanna erkennt auf dem Schlachthof den Grund für diese Schlechtigkeit: die Armut. Sie zieht mit den Schwarzen Strohhüten in die Viehbörse, um Ordnung zu schaffen. Scheinbar gelingt ihr das, aber Mauler hat den Markt nur gerettet, weil seine New Yorker Freunde ihm inzwischen wieder den Fleischkauf empfohlen haben. Johanna, überall wegen ihrer erfolgreichen Vermittlung gerühmt, begreift zu spät, daß Maulers erneuerte Monopolstellung die Not in kurzer Zeit vergrößern muß. Nun bietet sie den Arbeitslosen ihre rückhaltlose Unterstützung an; doch als der Generalstreik mit dem Aufruf zur Gewalt vorbereitet wird, verrät sie – Opfer falscher Informationen und Anhängerin der Gewaltlosigkeit – ihre Verbündeten. Der Streik wird niedergeschlagen, Sieger ist Mauler. Unter der Last ihrer Schuld bricht Johanna zusammen. Um die Verbreitung ihrer Erfahrungen und Einsichten zu verhindern, beschließen die Fleischhändler, die Sterbende, die den Unterdrückern so gelegen kam, als Märtyrerin der Mildtätigkeit zu kanonisieren. Ihr Schrei »*Es hilft nur Gewalt, wo Gewalt herrscht, und / Es helfen nur Menschen, wo Menschen sind*« geht unter in einem Furioso von Lobreden, Gesang und Musik.
Dieses erste der drei Johanna-Stücke Brechts zeigt – wie auch *Die Gesichte der Simone Machard* (1940–1943) und *Der Prozeß der Jeanne d'Arc zu Rouen 1431* (1952) – den notwendigen Widerstand gegen Ausbeutung und Unterdrückung, zugleich ist es eine umfassende Darstellung der Praxis des Klassenkampfes, weil die Auswirkungen der ökonomischen Verhältnisse in der Weltwirtschaftskrise – vorgeführt an einem auf Kosten der Besitzlosen manipulierten Börsencoup – den unmittelbaren Hintergrund der Fabel abgeben. Dieses politisch kompromißlos engagierte Stück, in dem »*nicht das ›innere Wesen der Religion‹, die Existenz Gottes, der Glaube zur Diskussion*« stehen, sondern »*das Verhalten des religiösen Menschen*« (Anmerkungen), ragt wie das Stück »*Die Mutter*« aus den Experimenten der ›Lehrstück‹-Periode heraus, was die Kühnheit der Explikation zeitgeschichtlicher Probleme, aber auch die Genialität der poetischen Idee und ihrer Ausführung betrifft (vor allem in der Stilisierung realistischer Details durch die Prosadialoge ablösende Blankverse, gereimte und reimlose strophische Partien und durch die Verwendung des Chors). Aber es zeigt trotz der »großen Form« nicht weniger deutlich Brechts Konzeption vom Theater als Vermittler politischer Einsichten und als treibende Kraft zur Veränderung gesellschaftlicher Verhältnisse. Die Methode der nichtaristotelischen Dramaturgie in der Form des Brechtschen epischen Theaters wird über ihre formale und inhaltlich-ideologische Vordergründigkeit hinaus weiterentwickelt und erstmals zur Erhellung gesellschaftlicher Vorgänge verwendet, um »*eine tiefgreifende und zum Handeln ausreichende Erkenntnis der großen gesellschaftlichen Prozesse unserer Zeit zu vermitteln*« (Anmerkungen). Allerdings wird in der neueren Forschung die Zeichnung der ökonomischen Vorgänge als zu schematisch bemängelt. Die Bereitschaft des Zuschauers zur Anwendung revolutionärer Erkenntnisse soll nicht durch Identifikation erreicht, sondern vom Publikum aus dem kritischen – aber dennoch nicht kühlen – Verständnis der paradigmatischen Handlung selbst abgeleitet werden. Diese Absicht konnte Brecht jedoch nicht verwirklichen, denn schon 1931 fand sich in der Weimarer Republik kein Theater bereit, dieses an Zündstoff reiche Stück, das Herbert JHERING noch Ende 1932 mutig als bedeutsamstes Drama des Jahrzehnts bezeichnete, aufzuführen. K.B.-KLL

AUSGABEN: Bln. 1932 (in *Versuche*, H. 5; Nachdr. Ffm. 1977). – Ldn. 1938 (in *GS*, 4 Bde., 1). – Bln./Ffm. 1956 (in *Stücke*, 12 Bde., 1956–1959, 4). – Mchn. 1964, Hg. J. Schondorff (Vorw. P. Demetz; Theater der Jahrhunderte). – Ffm. 1965 (es). – Ffm. 1967 (in *GW in 20 Bdn.*, 2; es). – Ffm. 1971, Hg. G. E. Bahr [Bühnenfassg., Fragmente, Varianten; krit.]. – Bln./Weimar 1973 (in *Werke in 5 Bdn.*, Stücke). – Ffm. 1978 (in *Die Stücke v. B. B. in einem Bd.*; ³1981).

LITERATUR: G. Schulz, *Die Schiller-Bearbeitungen B. B.s. Eine Untersuchung literarhistorischer Bezüge im Hinblick auf B.s Traditionsbegriff*, Tübingen 1972. – H. W. Seliger, *Das Amerikabild B. B.s*, Bonn 1974. – H. P. Hermann, *Wirklichkeit und Ideologie. B.s »Heilige Johanna der Schlachthöfe« als Lehrstück bürgerlicher Praxis im Klassenkampf* (in *B.-Diskussion*, Kronberg/Ts. 1974, S. 52–120). – P. Beyersdorf, *B. B.: »Die Heilige Johanna der Schlachthöfe«, »Der Jasager – Der Neinsager« und andere Lehrstücke. Anmerkungen und Untersuchungen*, Hollfeld/Ofr. 1975. – B. Fenn, *Characterization of Women in the Plays of B. B.*, Ffm./Bern 1982. – *B.s »Heilige Johanna der Schlachthöfe«*, Hg. J. Knopf, Ffm. 1986 (st).

# HERR PUNTILA UND SEIN KNECHT MATTI

»Volksstück« von Bertolt BRECHT, entstanden 1940; Uraufführung: Zürich 5. 6. 1948, Schauspielhaus. – In der finnischen Emigration

(1940/41), in der Brecht außerordentlich produktiv war, die *Flüchtlingsgespräche*, den *Messingkauf* und den *Aufhaltsamen Aufstieg des Arturo Ui* schrieb und den *Guten Menschen von Sezuan* fast fertigstellte, empfing Brecht von Hella WUOLIJOKI, auf deren Gut Marlebäk er und seine Familie vorübergehend Zuflucht gefunden hatten, die Anregung zu diesem Stück. Die Dichterin hatte den Stoff, der auf eine Episode auf dem Gutshof ihres Onkels zurückgeht, bereits in Form einer Erzählung wie einer Komödie gestaltet. Brecht greift die Vorlage auf, befreit sie von allen psychologisierenden Momenten und konzentriert sie mit den Mitteln seines epischen Theaters auf das in ihr aufscheinende Herr-Knecht-Verhältnis. Ist bei Hella Wuolijoki der betrunkene Puntila nur einfach deshalb erträglich, weil er, wieder nüchtern, vor Katzenjammer bösartig wird, so erklärt Brecht Puntilas Verhalten aus dessen gesellschaftlicher Stellung. Nüchtern muß der Gutsbesitzer Puntila ein rücksichtsloser Ausbeuter sein. In Trunkenheit verlieren seine soziale Rolle und seine ausbeuterischen Interessen ihre Wichtigkeit. Dann wird er human. Puntilas soziale Schizophrenie wird gleich zu Handlungsbeginn deutlich: Nach einem zweitägigen Saufgelage sieht Puntila in seinem Chauffeur Matti plötzlich einen »Menschen« und vertraut sich ihm an. Er sorgt sich, weil ihn die bevorstehende Verlobung seiner Tochter Eva mit einem Attaché einen Wald als Mitgift kosten wird, und er fürchtet seine Anfälle von »*totaler, sinnloser Nüchternheit*«; er werde dann »*direkt zurechnungsfähig*«. »*Weißt du, was das bedeutet, Bruder, zurechnungsfähig? Ein zurechnungsfähiger Mensch ist ein Mensch, dem man alles zutrauen kann.*« Um dem zu entgehen, beschließt er weiterzutrinken, verlobt sich in einem Dorf nacheinander mit vier Frauen und heuert anschließend auf dem Gesindemarkt Arbeiter an. Doch zu Hause angelangt wird er wieder »zurechnungsfähig«: Er jagt zuerst die Arbeiter und dann seine »Bräute« davon und ignoriert auch die Wünsche seiner Tochter, die den fischblütigen Attaché nicht leiden kann und lieber den Matti hätte. Erst als Puntila später bei der Verlobungsfeier wieder betrunken ist, wirft er den Attaché vom Hof, gibt seiner Tochter den »menschlichen« Rat, seinen »*Freund Matti*« zu heiraten, und lädt das ganze Gesinde zur Hochzeit ein. Er wird, auf dem Gipfel der Trunkenheit, so menschlich und verständnisvoll, sieht die Welt so richtig – also verkehrt –, daß er sagt: »*Ich bin beinahe ein Kommunist.*« Doch Eva fällt bei Mattis Eheexamen durch, Puntila wird wieder nüchtern, versöhnt sich mit dem Attaché, entläßt den Knecht Surkkala, einen »Roten«, und droht auch Matti die Entlassung an. Schließlich schwört er dem Alkohol ab, vernichtet die letzten Flaschen, indem er sie austrinkt, und fordert – wieder betrunken – Matti auf, in der Bibliothek den Hatelmaberg aus zerschlagenem Mobiliar aufzubauen. Den Berg besteigt er mit Matti und besingt die Landschaft von Tavastland. Die nächste Ernüchterung wartet Matti nicht mehr ab; er verläßt den Hof: »*Es hilft nichts und 's ist schade um die Zähren:/ 's wird Zeit, daß deine Knechte dir den Rücken kehren.*«

Das Stück, das unter Mitarbeit von Margarete STEFFIN entstand, gestaltet einen ähnlichen Tatbestand wie *Der gute Mensch von Sezuan*. In der kapitalistischen Gesellschaft ist der Mensch gezwungen, in einer Bewußtseinsspaltung zu leben, d. h., seine gute Natur zu verleugnen. Wie die gute Dirne Shen Te sich immer wieder in den bösen Vetter Shui Ta verwandeln muß, wird Puntila erst im Suff »*fast ein Mensch*«. Dennoch weist Brecht in den *Anmerkungen zum Volksstück* (1940) darauf hin, daß der *Puntila* »alles andere als ein Tendenzstück« sei; die kritische Distanz des Zuschauers, die im Tendenzstück vernichtet wird, soll erhalten bleiben. »*Entscheidend*« sei, wie Brecht in den *Notizen zur Züricher Erstaufführung* (1948) schreibt, »*die Ausformung des Klassenantagonismus zwischen Puntila und Matti. Die Rolle des Matti muß so besetzt werden, daß eine echte Balance zustande kommt, d. h. daß die geistige Überlegenheit bei ihm liegt.*« Diese geistige Überlegenheit muß Brecht schon deshalb betonen, weil die natürliche Figur des Puntila die sozialkritische Absicht zu überspielen droht, »*ein vielschichtiges und reichhaltiges Manko, das er mit der Figur des Galilei und der Courage in gewisser Weise teilt*« (M. Kesting). – Das Stück, in Prosa verfaßt, als Komödie angelegt und mit spielerischen Brechungen versehen, gehört in den Zusammenhang der Bemühungen Brechts um eine realistische Ästhetik, die den Gegensatz zwischen dem »*wirklichkeitsgetreuen*« und dem »*edlen*« Spiel *(Anmerkungen zum Volksstück)* überwinden soll. Brecht wollte mit einer Mischung von einfachen poetischen Formen, von Ballade, Historie und der Schilderung von Streichen und Abenteuern eine neue Tradition des Volksstücks begründen. K.B.-KLL

AUSGABEN: Bln. 1950 (in *Versuche*, H. 10; Nachdr. Ffm. 1977). – Bln./Ffm. 1957 (in *Stücke*, 12 Bde., 1956–1959, 9; enth. auch Notizen über die Züricher Erstauff.). – Vgl.auch: B. B., *Schriften zum Theater*, Bd. 4, Ffm. 1963, S. 140–162. – Ffm. 1965 (es). – Ffm. 1967 (in *GW in 20 Bdn.*, 4; es). – Bln./Weimar 1973 (in *Werke in 5 Bdn.*, Stücke). – Bln./Weimar 1978 [m. 64 Photos an den Auff. des Berliner Ensembles v. 1949; Nachw. F. Hofmann]. – Ffm. 1978 (in *Die Stücke v. B. B. in einem Bd.*; [3]1981).

VERTONUNG: P. Dessau, *Herr Puntila und sein Knecht Matti* (Text: P. Palitzsch u. M. Wekwerth; Oper; Urauff.: Berlin, 15. 11. 1966, Staatsoper).

VERFILMUNGEN: Österreich 1955 (Regie: A. Cavalcanti). – Finnland/Schweden 1978 (Regie: R. Längbacka).

LITERATUR: P. Rilla, *Literatur, Kritik und Polemik*, Bln. 1950, S. 62–69. – W. Hinck, *Die Dramaturgie des späten B.*, Göttingen 1959; [6]1977 [rev.]. – F. Hennenberg, *Dessau – B. Musikalische Arbeiten*, Bln. 1963. – S. Mews, *B. B. »Herr Puntila und sein*

*Knecht Matti«*, Ffm. 1975. – M. Youssef, *B. in Ägypten. Versuch einer literatursoziologischen Deutung unter besonderer Berücksichtigung der Rezeption des Stückes »Herr Puntila...«*, Bochum 1976. – J. Hermand, *B.: »Herr Puntila...«* (in *Die dt. Komödie*, Hg. W. Hinck, Düsseldorf 1977). – O. Valle, *Das Herr-Knecht-Verhältnis in B.s »Herr Puntila...« als theatralisches und soziales Problem*, Diss. Bln. 1977. – M. N. Deschner, *H. Wuolijkos Punttila-Geschichte. Ein vor-Brechtsches Dokument* (in *B.-Jb.*, Stg. 1978, S. 81–106; m. Text d. Kurzgesch.). – *B.s »Puntila«: öst och väst*, Hg. V. Hagnell, Trondheim 1980. – R. Semran, *Die Komik des Puntila*, Bln. 1981. – R. Kamath, *B.s Lehrstück-Modell als Bruch mit den bürgerlichen Theatertraditionen*, Ffm./Bern 1982. – *»Puntila«*, Hg. H. P. Neureuter, Ffm. 1985 (st).

**IM DICKICHT DER STÄDTE. Der Kampf zweier Männer in der Riesenstadt Chicago**

Stück von Bertolt BRECHT, entstanden 1921 bis 1924; Uraufführung der ersten Fassung: München, 9. 5. 1923, Residenztheater (unter dem Titel *Im Dickicht*); 2. Fassung erschienen 1927. Einige Fragment gebliebene Vorarbeiten entstanden schon 1921 (»*Das Stück vom kalten Chicago*«, »*Im Dickicht*«). – Auf die mannigfachen Anregungen hat Brecht z. T. selbst hingewiesen; er schöpfte sie aus Impressionen vom »Plärrer«, einem Augsburger Jahrmarkt, aus einer Aufführung von SCHILLERS *Räubern* und Leopold Jessners *Othello*-Inszenierung: VERLAINE, RIMBAUDS *Une saison en enfer*, J. V. JENSENS Chicago-Roman *Hjulet*, 1905 (*Das Rad*), und – wahrscheinlich – C. WESTERMANNS *Knabenbriefe* (²1908) sowie G. H. LORIMERS »*Briefe eines Dollar-Königs an seinen Sohn*« (1902) beeindruckten ihn tief, weiterhin Upton SINCLAIR und KIPLING, nach Julius BAB auch HAMSUN und WILBRANDT. Vor allem aber war es der Boxsport »*als eine der ›großen mythischen Vergnügungen der Riesenstädte von jenseits des großen Teiches‹*«, der Brecht zu jener Zeit fesselte. Es sollte in seinem Stück »*ein ›Kampf an sich‹, ein Kampf ohne andere Ursache als den Spaß am Kampf, mit keinem anderen Ziel als der Festlegung des ›besseren Mannes‹ ausgefochten werden*« (*Bei Durchsicht meiner ersten Stücke*, 1954). So sagt es auch der Vorspruch: »*Sie befinden sich im Jahre 1912 in der Stadt Chicago. Sie betrachten den unerklärlichen Ringkampf zweier Menschen... Zerbrechen Sie sich nicht den Kopf über die Motive dieses Kampfes, sondern beteiligen Sie sich an den menschlichen Einsätzen, beurteilen Sie unparteiisch die Kampfform der Gegner und lenken Sie Ihr Interesse auf das Finish.*«

Die Handlung des Stücks, in dem sich laut Brecht »*der Philosoph besser zurecht*[findet] *als der Psychologe*« (*Schriften zum Theater*), gehorcht nicht den gewohnten Gesetzen der Kausalität. Der malaiische Holzhändler Shlink verwickelt ohne ersichtlichen Anlaß den in einer Leihbücherei angestellten George Garga in einen Streit, der die Demolierung des Ladens und die Entlassung Gargas zur Folge hat. Garga nimmt den Kampf auf und vernichtet Shlinks Geschäft. Aber seinen Plan, nach Tahiti zu gehen, um frei zu werden, muß er aufgeben, weil Shlink Gargas Familie in den Kampf mit einbezieht: Es gelingt ihm, zusammen mit seinen Freunden aus der Unterwelt, Gargas Schwester Marie und dessen Freundin Jane zu Prostituierten zu machen. Als Garga Jane dennoch heiratet, zeigt Shlink ihn als nächstes wegen Schiebung an. Garga muß ins Gefängnis, und seine Familie bricht auseinander. Er rächt sich mit einer Gegenanzeige wegen Vergewaltigung seiner Schwester und inszeniert eine Lynchaktion gegen Shlink. Dann aber entflieht er gemeinsam mit ihm. Shlink übergibt Garga seinen wiederaufgebauten Holzhandel und gesteht ihm seine Liebe, doch Garga stößt ihn zurück. Er hat nicht begriffen, daß er und Shlink »*Kameraden sind, Kameraden einer metaphysischen Aktion*«, daß Shlink kämpft, um die Entfremdung der Menschen untereinander zu überwinden. Doch »*die unendliche Vereinzelung des Menschen macht eine Feindschaft zum unerreichbaren Ziel*«. Shlink nimmt Gift, als der Mob vor der Tür steht. Am Ende brennt Garga das Holzgeschäft nieder und geht nach New York: »*Allein sein ist eine gute Sache.*«

Das gedanklich sehr schwer zugängliche Stück sah Arnolt BRONNEN, damals enger Freund Brechts, als die »*Stammesgeschichte der Familie Brecht*« an, »*zusammen mit unverdaut ausgeschiedenen individualistischen Resten*«, die neuere Forschung dagegen sieht Brechts Erfahrung der Großstadt Berlin als thematischen Hintergrund. Herbert JHERING sprach von dem Stück als einem »*neuen dichterischen Weltkörper*«, dessen Sprachgewalt »*seit Jahrzehnten unerhört ist*«. In vielem, vor allem in der eher lyrisch als dramatisch gestalteten Handlung, noch dem genialischen *Baal* (1920) verhaftet, weist es schon auf das epische Theater hin, nicht so sehr wegen der erstmals eingeführten Verfremdung durch ein amerikanisch-exotisches Milieu, womit Brecht »*das Augenmerk am leichtesten auf die eigenartige Handlungsweise großer Menschentypen lenken zu können*« glaubte, sondern vielmehr, weil es, »*dem Inhalt nach eine Kritik, die formale Aufgabe hatte, Theater zu organisieren (das heißt umzuwälzen)*« (*Schriften zum Theater*). Mit diesem Stück hat Brecht einerseits das absurde Theater vorweggenommen, andererseits aber ahnwunden, liest man es als Reflexion über die Lebensformen der modernen Großstadt, über Konkurrenzkampf, Anonymität und Isolation. Fast alle Aufführungen der Jahre 1923–1928 führten zu einem Theaterskandal. Später ist Brecht das Stück »*fremd geworden*« (*Arbeitsjournal*, 30. 1. 1941); 1954 wies er darauf hin, daß »*die Dialektik des Stückes rein idealistischer Art*« sei (*Bei Durchsicht meiner ersten Stücke*, 1954).

K.B.-KLL

AUSGABEN: Bln. 1927 [2. Fassg.]. – Bln./Ffm. 1957 (in *Stücke*, 12 Bde., 1956–1959, 1). – Ffm. 1967 (in *GW in 20 Bdn.*, 1; es). – Ffm. 1970, Hg. u. Komm. G. E. Bahr (Erstfassg.; m. Materialien;

es). – Bln./Weimar 1973 (in *Werke in 5 Bdn.*, Stücke). – Ffm. 1978 (in *Die Stücke v. B. B. in einem Bd.*; ³1981).

LITERATUR: L. Adelt, Rez. (in Berliner Tageblatt, 15. 5. 1923). – A. Kerr, Rez. (in Vossische Ztg., 30. 10. 1924). – J. Bab, *Über den Tag hinaus*, Heidelberg 1960, S. 214–216. – B. M. Glanert, *B. B.s Amerikabild in drei seiner Dramen*, Diss. Univ. of Colorado 1961. – B. Brecht, *Für das Programmheft der Heidelberger Aufführung, 24. 7. 1928* (in B. B., *Schriften zum Theater*, Bd. 1, Ffm. 1963, S. 67–70). – Ders., *Bei Durchsicht meiner ersten Stücke*, (ebd., Bd. 6, Ffm. 1964, S. 390–399). – Ch. R. Lyons, *Two Projections of the Isolation of the Human Soul: B.'s »Im Dickicht der Städte« and Albee's »The Zoo Story«* (in Drama Survey, 4, 1965, S. 121–138). – G. Bahr, *»Im Dickicht der Städte«. Ein Beitrag zur Bestimmung von B. B.s dramatischem Frühstil*, Diss. NY Univ. 1966. – P. L. Parmalee, *B.'s America*, Diss. Irvine Univ. 1970. – G. Schulz, *Die Schiller-Bearbeitungen B. B.s. Eine Untersuchung literar-historischer Bezüge im Hinblick auf B.s Traditionsbegriff*, Tübingen 1972, S. 59–74. – M. Morley, *B. and the Strange Case of Mr. L.* (in GQ, 46, 1973, S. 540–547). – H. W. Seliger, *Das Amerikabild B. B.s*, Bonn 1974.

## DER JASAGER. – DER NEINSAGER.
### Schulopern

Stücke von Bertolt BRECHT, unter Mitarbeit von Elisabeth HAUPTMANN und Kurt WEILL entstanden 1929–1931; Uraufführung der von Brecht später verworfenen ersten Fassung des *Jasagers*, Musik von Kurt Weill: Berlin, 23. 6. 1930, Zentralinstitut für Erziehung und Unterricht (durch die Schüler der Karl-Marx-Oberschule, Neukölln); die zweite Fassung des *Jasagers* erschien 1930 und, zusammen mit *Der Neinsager*, 1931. – Über die Entstehungsgeschichte gibt Peter SZONDI in der von ihm betreuten Neuausgabe (1966) Auskunft. Beiden Stücken liegt das japanische Nō-Stück *Tanikō (Der Wurf ins Tal)* von ZENCHIKU (1405–1468) zugrunde. Dieses handelt von einer rituellen Wallfahrt der buddhistischen Yamabushi-Sekte, der sich ein Knabe anschließt, um für seine kranke Mutter zu beten. Er wird unterwegs jedoch selbst von einer Krankheit befallen und büßt dadurch die zur Fortsetzung der Wallfahrt notwendige Reinheit ein, so daß man ihn nach den Vorschriften des Ritus von einem Felsen ins Tal hinabstürzt. Die englische Übersetzung dieses japanischen Stücks von Arthur WALEY (1921), die jedoch gleichzeitig eine Bearbeitung ist und gerade die für das Rituelle bestimmenden Stellen als nicht übersetzbar fortläßt (das vollständige Stück übersetzte erstmals Johannes SEMBRITZKI 1966 ins Deutsche), wurde 1929 von Elisabeth Hauptmann ins Deutsche übertragen und in dieser Form von Brecht für die erste Fassung seines *Jasagers* übernommen.

Brecht entfernte sich jedoch noch weiter von dem rituellen Gehalt des ursprünglichen Nō-Stücks, indem er es in Einzelzügen säkularisierte. So ist aus der Pilgerfahrt eine Forschungsreise des Lehrers mit seinen Studenten geworden, der Knabe zieht mit, um Medizin für die kranke Mutter zu holen, und nicht die Krankheit des Knaben allein ist Grund für seine Tötung, sondern die Tatsache, daß man ihn über einen steilen Grat, der nur »*mit beiden Händen zufassend an der Felswand*« zu überqueren ist, nicht hinübertransportieren kann. Vor allem aber fügte Brecht aus pädagogischen Gründen seinem für Schüler gedachten Stück den Begriff des »Einverständnisses«, der Bereitschaft, von der eigenen Person absehend das für die Gemeinschaft Wichtige zu erkennen und zu bejahen, hinzu: Schon der Eingangschor spricht von der Notwendigkeit dieses Einverständnisses (denn *»viele sagen ja, und ist doch da kein Einverständnis / Viele werden nicht gefragt, und viele / Sind einverstanden mit Falschem«*), und so wird der Knabe vor seiner Tötung gefragt, ob er wünsche, daß man seinetwegen umkehre, und darauf hingewiesen, daß er dem »großen Brauch« zufolge dieses Angebot ablehnen müsse. Der Knabe unterwirft sich dem Brauch und läßt sich zu Tode stürzen.

Diesem fiktiven Einverständnis jedoch, das durch keine freie Willensentscheidung hervorgerufen, sondern von vornherein durch den Brauch festgelegt und zudem in Anbetracht der Sache, um die es geht und deren Dringlichkeit nicht deutlich wird, unverständlich ist, galt vor allem die Kritik der Schüler, mit denen Brecht im Anschluß an die Uraufführung des *Jasagers* diskutierte. Als Folge dieser Diskussionen entstand der *Neinsager*: Der Knabe erklärt sich nicht einverstanden mit dem, was der »große Brauch« vorschreibt, sondern plädiert dafür, *»in jeder neuen Lage neu nachzudenken«*. *»Was er vorschlägt, ist die Suspension des Mythischen, die Prüfung aller Bräuche auf ihre Vernunft. Methodischer Gebrauch der Ratio soll fortan der einzige Brauch sein. Selten sind im Text eines Marxisten das ungebrochene Pathos und die Zuversicht der Aufklärung so lebendig geworden wie hier...«* (P. Szondi). Gleichzeitig mit dem *Neinsager* schrieb Brecht eine zweite Fassung des *Jasagers*, in der er die ursprüngliche Fabel so abänderte, daß ein Festhalten an dem alten Brauch gerechtfertigt erscheinen konnte. Die Forschungsreise wird zur Hilfsexpedition, um Medizin gegen eine grassierende Seuche zu beschaffen. Nach vergeblichen Versuchen, den erkrankten Knaben übers Gebirge zu tragen, und da die Aktion nicht länger gefährdet werden darf, beschließt man, ihn zurückzulassen. Der Knabe ist einverstanden, aber da er sich fürchtet, allein zu bleiben, bittet er seine Begleiter, ihn ins Tal zu werfen. Erst mit dieser Fassung des *Jasagers* schuf Brecht die Entsprechung zum *Neinsager*: Beide Stücke stellen nun jeweils eine exemplarische Verhaltensweise unter bestimmten veränderten Voraussetzungen dar, subsumiert unter der Frage nach dem »Einverständnis«, ein Problem, das ihn zu jener Zeit besonders beschäftigte, wie das Radiolehrstück *Der*

*Ozeanflug* (ursprünglich: *Der Flug der Lindberghs*), das *Badener Lehrstück vom Einverständnis* (beide 1928/29) und das Lehrstück *Die Maßnahme* (1930) bezeugen. KLL

AUSGABEN: Lpzg. 1930 (*Lehrstück vom Jasager*, in Die Musikpflege, 1, 1930/31, Hg. 1; 1. Fassg.). – Bln. 1931 (*Der Jasager* [1. u. 2. Fassg.] und *Der Neinsager*, in *Versuche*, H. 4; Nachdr. Ffm. 1977). – Wien 1930 [m. Partitur; 1. Fassg.]. – Ldn. 1938 (in *GW*, 2 Bde., 2). – Bln. 1956 (in *Stücke*, 1956–1959, 4). – Ffm. 1966, Hg. P. Szondi (m. den Vorlagen, Fassungen u. Materialien; es). – Ffm. 1967 (in *GW in 20 Bdn.*, 2; es). – Ffm. 1978 (in *Die Stücke v. B. B. in einem Bd.*; ³1981).

LITERATUR: B. Brecht, *Protokolle von Diskussionen über den »Jasager« in der Karl-Marx-Schule, Neukölln* (in *Versuche*, H. 4, Bln. 1931). – E. Schumacher, *Die dramatischen Versuche B. B.s 1918–1933*, Bln. 1955, S. 329–343. – H. Brock, *Dramaturgie der Schuloper*, Diss. Lpzg. 1959. – W. Mittenzwei, *Der Beitrag B. B.s zur sozialistischen Dramatik, 1930–1938*, Diss. Bln. 1960. – R. Steinweg, *Das Lehrstück*, Stg. 1972. – E. Neis, *B. B.: Lehrstücke*, Hollfeld/Ofr. 1976. – W. Pasche, *Die Funktion des Rituellen in B.s Lehrstücken »Der Jasager« und »Der Neinsager«* (in Acta Germanica, 13, 1980, S. 137 bis 150). – *B. B. »Der Jasager« und »Der Neinsager«. Grundlagen und Gedanken*, Bearb. R. Jaretzky, Ffm. 1983. – M. Oba, *B. B. und das Nō-Theater*, Ffm./Bern 1984.

## DER KAUKASISCHE KREIDEKREIS

Stück von Bertolt BRECHT, entstanden 1944/45; Uraufführung (in englischer Sprache): Northfield/Minn., 4. 5. 1948, Carlston College; deutsche Erstaufführung: Berlin, 7. 10. 1954, Theater am Schiffbauerdamm (Musik: Paul Dessau). – In alter, blutiger Zeit werden nach dem Sturz des Großfürsten alle Gouverneure Grusiniens hingerichtet, darunter Georgi Abaschwili. Seine verwöhnte Frau Natella kann mit ihren Kleidern entfliehen, läßt aber ihr Kind zurück, das gleich darauf von den neuen Machthabern gesucht wird. Die Magd Grusche nimmt es auf und bringt es durch alle Gefahren unter vielen Opfern in Sicherheit, wobei sie es liebgewinnt wie ein eigenes. Obwohl sie mit dem Soldaten Simon verlobt ist, heiratet sie, um ein Papier zu haben, einen offenbar todkranken Bauern, der sich jedoch von seinem nur vorgetäuschten Sterbelager erhebt, als der Krieg zu Ende ist. Simon, der hinzukommt, als Grusche vor neuen Verfolgern das Kind als ihr eigenes ausgibt, verläßt sie zornig. Die zurückgekehrte Gouverneursfrau läßt das Kind des reichen Erbes wegen suchen. Es kommt zum Prozeß vor dem ehemaligen Dorfschreiber Azdak, der in den politischen Wirren auf den Richterstuhl gekommen ist und beim Volk als Armeleuterichter gilt. Grusche beansprucht das Kind für sich: *»Es ist meins: ich hab's aufgezogen.«*

Der Azdak entscheidet den Fall mit Hilfe eines Kreidekreises, in den das Kind gestellt wird. *»Die richtige Mutter wird die Kraft haben, das Kind aus dem Kreis zu sich zu ziehen.«* Grusche läßt los, weil sie dem Kind nicht wehtun will. Daran erkennt der Azdak die wirklich Mütterliche, spricht ihr das Kind zu und verjagt die Gouverneursfrau. Bevor er für immer verschwindet – nach einer *»kurzen, goldenen Zeit beinahe der Gerechtigkeit«* –, scheidet er noch Grusche von ihrem Mann, so daß Simon sie heiraten kann.

Die Fabel entstammt einem chinesischen Singspiel des 13. Jh.s, verfaßt von LI HSING-TAU (Li Ssingdau), das Brecht in der Übersetzung durch KLABUND kennenlernte. Anders als in jener relativ freien Übertragung aus dem Jahre 1924 benutzt Brecht die Kreidekreisprobe lediglich als Spielmoment für sein Stück, das Zusammengehörigkeit, Besitz nicht nach biologischen oder tradierten, formal-juristischen Gesichtspunkten beurteilt wissen will, sondern nach dem Maßstab der Produktivität. Grusche, die Magd, nimmt anfänglich das Kind nur »seufzend«, aber je mehr sie durch das Kind in materielle Not gerät, um so stärker wird ihre Einsicht in die gesellschaftlichen Verhältnisse. Daraus resultiert jene Beziehung gegenseitiger Abhängigkeit, durch die Grusche zur Mutter für das Kind werden kann. Am Schluß des Stücks wird diese Lehre aus dem Beispiel Grusches ins Allgemeine ausgeweitet: *»Daß da gehören soll, was da ist, denen, die für es gut sind.«*

Dieser Idee folgte schon die 1940 verfaßte Erzählung *Der Augsburger Kreidekreis*, dem ein fragmentarischer *Odenseer Kreidekreis* (1939) voranging. Aber erst 1944 wurde der Versuch unternommen, eine realistische Grundlage für die neue Auslegung der Legende zu schaffen; der ersten Fassung vom Juni 1944 folgte rasch eine zweite, 1954 nochmals modifizierte Fassung. Brecht verlegte die Handlung in die Sowjetunion, in deren Gesellschaftsstruktur er die Voraussetzung für eine Umfunktionierung der Fabel sah (wobei er das noch Utopische durch die märchenhafte Exotik der kaukasischen Landschaft charakterisierte). Zu diesem Zweck schrieb er den einleitenden – ursprünglich als »Vorspiel« bezeichneten – *Streit um das Tal*, in dem Mitglieder zweier Kolchosen über den Besitz eines Tals diskutieren, das zuletzt denen zugesprochen wird, die es am besten zu nutzen versprechen. Im Anschluß daran spielen die Kolchosbauern das vom Volkssänger Arkadi Tscheidse einstudierte (und von ihm in Liedern kommentierte) Spiel vom Kreidekreis. Sinn dieser Konstruktion ist, zwei sachlich ähnliche Rechtsfindungen einander gegenüberzustellen, um als praktische Lehre zu zeigen, wie in einer sozialistischen Gesellschaftsordnung Konflikte auf vernünftige Weise gelöst werden können – anders als in der Klassengesellschaft, wo sich die Idee sozialer Vernunft nur ausnahmsweise, beim Zusammentreffen glücklicher Zufälle, realisieren läßt. Von lehrhafter Aufdringlichkeit bleibt Brechts didaktische Verfahrensweise frei. Er stellt in ihren Dienst, durchaus im Sinne seiner theoretischen Schriften (vgl. *Kleines Organon für das Theater*), die »unterhaltenden«, auf das »Vergnügen« des Zuschauers zielende Intention seines Theaters, wie sie sich in der märchenhaft-poetischen Durchführung der Kreidekreisfabel und der volkstümlichen Spielfreude etwa der Azdak-Szenen Ausdruck verschafft.

Das Stück, wegen seines politischen Gehalts von Anfang an heftig umstritten, ist ein Schulbeispiel für das epische Theater Brechts und seiner Verfremdungstechnik. Der Sänger tritt, indem er die Szenenfolge exponiert, begleitet und kommentiert, im Stil des epischen Erzählers dem Geschehen gegenüber und ermöglicht so durch Verfremdung jene Distanz zwischen Schauspielern und Publikum, die eine kritische Beurteilung der vorgeführten Verhaltensweisen erlaubt. So wird nacheinander erzählt, was sich gleichzeitig ereignet – zuerst die Geschichte Grusches, dann die des Azdak, ehe in der Gerichtsszene die beiden Handlungsstränge verknüpft werden. Dieses künstliche Auseinanderfalten simultaner Ereignisse beugt der möglichen Einfühlung des Zuschauers in das Spiel vor. Denn tatsächlich soll der Vorgang ja als eine Utopie, die es erst noch zu realisieren gilt, bewußt gemacht werden. Ähnlich verfremdend wirkt, daß das Vorspiel absichtsvoll vom Ganzen des Stücks abgesetzt ist. Die Kolchosbauern, die sich keineswegs mit den erdichteten Gestalten identifizieren und an der kritischen Erläuterung der Verhaltensweisen Grusches teilhaben, nehmen dem Geschehen dadurch jede Selbstverständlichkeit und fordern anstatt zur »Einfühlung« zur »*Reflexion über seinen Sinn*« heraus (A. Wirth). K.B.-KLL

AUSGABEN: Bln. 1949 (in SuF, 1). – Bln./Ffm. 1957 (in *Stücke*, 12 Bde., 1956–1959, 10). – Ffm. 1967 (in *GW in 20 Bdn.*, 5; es). – Bln./Weimar 1973 (in *Werke in 5 Bdn.*, Stücke). – Ffm. 1978 (in *Die Stücke v. B. B. in einem Bd.*; ³1981).

LITERATUR: B. Brecht, Zu »*Der kaukasische Kreidekreis*« (in B. B., *Schriften zum Theater*, Bd. 6, Ffm. 1964, S. 349–377). – A. Hurwicz, *B. inszeniert »Der kaukasische Kreidekreis«*, Velber 1964. – *Materialien zu B.s »Der kaukasische Kreidekreis«*, Hg. W. Hecht, Ffm. 1966 (es). – A. Wirth, *Über die stereometrische Struktur der B.schen Stücke* (in *Episches Theater*, Hg. R. Grimm, Köln/Bln. 1966). – S. Tscharchalaschwili, »*Der kaukasische Kreidekreis«, seine Geschichte und Verfremdungstheorie von B. B.* (in WB, 14, 1968). – P. Leiser, *B. B. »Mutter Courage und ihre Kinder«, »Der kaukasische Kreidekreis«*, Hollfeld/Ofr. 1973. – J. McPh. Ritchie, *B.: »Der kaukasische Kreidekreis«*, Ldn. 1976. – A. Springfield, *B. B. »The Caucasian Chalk Circle« and J.-P. Proudhon's Political Philosophy*, Diss. The American Univ. 1976. – *B.s »Kreidekreis«, ein Revolutionsstück. Eine Interpretation m. Texten aus dem Nachlaß*, Hg. B. N. Weber, Ffm. u. a. 1978. – S. Mews, »*Der kaukasische Kreidekreis«*, Ffm. 1980. – H.-S. Yim, *B. B. und sein Verhältnis zur chinesischen Philosophie*, Bonn 1984.

# KLEINES ORGANON FÜR DAS THEATER

Kritische Schrift zum Theater von Bertolt BRECHT, erschienen 1949 in der Zeitschrift ›Sinn und Form‹. Nachträge des Autors entstanden 1952 bis 1954 aus seinen Erfahrungen in der Theaterarbeit mit dem »Berliner Ensemble«; sie wurden 1960 erstmals veröffentlicht. – Das *Kleine Organon* soll als »Werkzeug« und »Methode« dazu dienen, in der Art von Brechts Berliner Theaterpraxis das »*Theater des wissenschaftlichen Zeitalters*« zu verwirklichen. In 77 Paragraphen bestimmt Brecht die Aufgabe des zeitgemäßen Theaters, wertet danach das bisherige Theater und erläutert seine neue Spielweise der »*Verfremdung*«. – Als Aufgabe und »*nobelste Funktion*« des Theaters sieht Brecht »*Unterhaltung*« und »*Vergnügung*« an. Im Gegensatz aber zu SCHILLERS ethisch bestimmtem Begriff des Vergnügens soll Brechts Theater möglichst »*nahe an die Lehr- und Publikationsstätten*« rücken. Im Unterschied zu seiner früheren radikalen Auffassung des Theaters als Lehrstätte des sozialistischen Aufbaus, vom Hörsaal nur dadurch unterschieden, daß es »*lebende Abbildungen*« herstellt, betont Brecht im *Kleinen Organon* die fruchtbare Verbindung von Lernen und Unterhaltung: »*Hauptthese: daß ein bestimmtes Lernen das wichtigste Vergnügen unseres Zeitalters ist, so daß es in unserm Theater eine große Stellung einnehmen muß.*«

Brechts Verknüpfung von Didaktik und Unterhaltung, seine Intention, »*mit Lehren oder Forschen zu vergnügen*«, gründet in der spezifischen Struktur des gegenwärtigen Zeitalters: »*Unser Zusammenleben als Menschen – und das heißt: unser Leben – ist in einem ganz neuen Umfang von den Wissenschaften bestimmt.*« Diesem Sachverhalt muß das Theater Rechnung tragen. Parallel zu den Naturwissenschaften, die »*eine ungeheure Veränderung und vor allem Veränderlichkeit*« der Natur ermöglicht haben, muß das Theater auf die »*Umwälzung der Gesellschaft*« zielen. Es orientiert sich daher an jener Gesellschaftswissenschaft, die »*vor etwa hundert Jahren ... im Kampf der Beherrschten mit den Herrschenden*« begründet wurde. Das moderne Theater, wie Brecht es fordert, versteht sich demnach als Umsetzung marxistischer Gedankengänge in die Kunst – als ein Mittel zur Befreiung der Unterdrückten und Abhängigen vom Kapitalismus. Von hier aus konstruiert Brecht die schroffe Antithese zum traditionellen Theater, das »*die Struktur der Gesellschaft (abgebildet auf der Bühne) nicht als beeinflußbar durch die Gesellschaft (im Zuschauerraum)*« zeigte. Der Festigung des Bestehenden habe die dramatische Kunst bisher dadurch gedient, daß sie unabänderliche Schicksale dargestellt und zur Steigerung der »*Illusion*« eine »*magische*« Spielweise ausgebildet habe, die den Zuschauer zu »*einer verhältnismäßig neuen Prozedur, nämlich der Einfühlung*« genötigt und somit in einen distanzlosen, unproduktiven »*Zustand der Entrückung*« versetzt hat. Die neue Spielweise, die er fordert, soll dagegen mittels geeigneter Verfremdungen den kritischen Blick des Beobachters schulen, der »*laufend fiktive Montagen an unserem Bau vornehmen*« kann: »*Eine verfremdende Abbildung ist eine solche, die den Gegenstand zwar erkennen, ihm aber doch zugleich fremd erscheinen läßt.*« Dazu dienen Zwischentitel, Songs, Vermeiden der »Illusion« durch Bewußtmachen des »Spiels« und vor allem die gesellschaftskritische Distanz des Schauspielers von der Rolle, die er gleichsam als Lehrbeispiel demonstrieren soll. Brecht weist auf mehrere gestische Verfremdungseffekte (»V-Effekte«) in seinem *Leben des Galilei* hin, die den Verlauf der Fabel in seiner Bedingtheit und Widersprüchlichkeit erhellen. Das gezeigte menschliche Verhalten soll durch diese »*Technik der Verfremdungen des Vertrauten*« als ungewöhnlich und in seinen gesellschaftlichen Ursachen erkennbar dargestellt werden. »*Die echten V-Effekte haben kämpferischen Charakter.*« In strenger politischer Konsequenz schult das Theater den Zuschauer für den Klassenkampf, indem es zeigt, »*daß die zutage getretenen Regeln in diesem Zusammenleben als vorläufige und unvollkommene behandelt sind. In diesem läßt das Theater den Zuschauer produktiv, über das Schauen hinaus.*«

Brechts Versuch, durch verfremdende Spielweise zu marxistisch-politischer Aktivität zu erziehen, schlägt sich auch in der Diktion seiner theoretischen Schrift nieder. In die zwingende, kühle Argumentation drängen sich aggressive Vergleiche, Imperative und schneidende Pointen, die den Leser zur Stellungnahme herausfordern. Bewußt provokatorischen Charakter hat vor allem seine schroffe Scheidung zwischen dem herkömmlichen Theater und dem modernen »epischen Theater«, als dessen wichtigste Programmschrift das *Kleine Organon* gelten darf, auch wenn der vieldiskutierte Begriff hier selber vermieden wird. Eine spätere Anmerkung zum *Kleinen Organon* zeigt, daß Brecht den Begriff sehr weit faßte, so weit, daß er gelegentlich ein Spannungsverhältnis zwischen dem Epischen und dem Dramatischen, zwischen kritischer Distanz und Einfühlung anvisieren konnte. Sein Theater, vermerkt er, strebe »*zu jener wirklich zerreißenden Widersprüchlichkeit zwischen Erleben und Darstellen, Einfühlen und Zeigen, Rechtfertigen und Kritisieren, welche gefordert wird. Und darin zu der Führung des Kritischen.*« Das erinnert an Schillers Vorrede zur *Braut von Messina*, die im Theater Affekt und kritisches Bewußtsein, dramatische Spannung und epischen Abstand zugleich fordert. Mit Schillers Schrift hat das *Kleine Organon* außerdem den für das Theater zentralen, von der Literaturwissenschaft immer wieder unterschlagenen Gedanken gemeinsam: daß die Struktur des dramatischen Kunstwerks bedingt sei erstens durch Zeit und Gesellschaft und zweitens durch die Intention, auf diese Zeit und diese Gesellschaft verändernd einzuwirken.                        P.Sch.-KLL

AUSGABEN: Potsdam 1949 (in SuF, 1). – Ffm. 1957 (in *Schriften zum Theater*, Hg. S. Unseld; BS); zul. 1983. – Ffm. 1960 (suhrkamp-texte; erw.). – Ffm. 1964 (in *Schriften zum Theater*, 7 Bde., 1963/64, 7). – Ffm. 1967 (in *GW in 20 Bdn.*, 16; es). – Bln. 1977 (in *Schriften. Über Theater*).

LITERATUR: Th. Luthardt, *Vergleichende Studien zu B.s »Kleines Organon für das Theater«*, Diss. Jena 1955. – W. Hinck, *Die Dramaturgie des späten B.*, Göttingen 1959; [6]1977 [rev.]. – R. Grimm, *Vom »Novum Organum« zum »Kleinen Organon«. Gedanken zur Verfremdung* (in E. Bloch, *Das Ärgernis B.*, Basel/Stg. 1961, S. 45–70). – D. Glodny-Wiereniski, *Marginalien zu B. B.s »Kleinem Organon«* (in DVLG, 42, 1968. S. 662–676). – M. Voigts, *B.s Theaterkonzeptionen*, Mchn. 1977. – W. H. Sokel, *Figur – Handlung – Perspektive. Die Dramentheorie B. B.s* (in *Dt. Dramentheorien II* Hg. R. Grimm, Wiesbaden [3]1981, S. 208–231). – *B.s Theorie des Theaters. Materialien*, Hg. W. Hecht, Ffm. 1986 (st).

## LEBEN DES GALILEI

Schauspiel in fünfzehn Bildern von Bertolt BRECHT. Die erste Fassung entstand 1938/39 im dänischen Exil; Uraufführung: Zürich, 9. 9. 1943, Schauspielhaus. Die zweite, »amerikanische« Fassung entstand 1945–1947; Uraufführung: Los Angeles, 30. 7. 1947. Die letzte Fassung schrieb Brecht 1954–1956 in Berlin; Uraufführung: Berlin, 15. 1. 1957, Theater am Schiffbauerdamm (Musik: H. Eisler). – Brecht verfaßte das Stück über den italienischen Astronomen und Physiker Galileo GALILEI (1564–1642) mit der Absicht »*das ungeschminkte Bild einer neuen Zeit zu geben – ein anstrengendes Unternehmen, da jedermann überzeugt war, daß unserer eigenen alles zu einer neuen fehlte*« (Anmerkungen). Den Anstoß gab offensichtlich ein Ereignis, das als Vorzeichen einer neuen Zeit gedeutet werden konnte: »*Die Zeitungen hatten die Nachricht von der Spaltung des Uran-Atoms gebracht.*« Ein Vergleich der verschiedenen Fassungen macht deutlich, wie Brecht den historischen Stoff benutzt, um eine aktuelle Problematik zu erhellen. Die Fassungen unterscheiden sich vor allem in der vierzehnten Szene. Sie zeigt den gealterten Galilei, der nach dem Widerruf seiner Lehre als Gefangener der Inquisition zwar zu eigenem Vergnügen forschen, aber nicht publizieren darf. Sein früherer Schüler Andrea Sarti, der Italien verläßt, um in Freiheit arbeiten zu können, besucht den alten Lehrer. In der ersten Fassung stellt sich Galileis Widerruf als kluge List heraus. Augenschwäche vortäuschend, hat er hinter dem Rücken der Kirche heimlich eine Abschrift der *Discorsi* hergestellt und veranlaßt den Schüler, das Manuskript ins Ausland zu bringen. Sarti: »*Sie versteckten die Wahrheit. Vor dem Feind. Auch auf dem Gebiet der Ethik waren sie uns um Jahrhunderte voraus.*« – In der zweiten Fassung stellt sich Galileis Widerruf völlig anders dar. Brecht sagte dazu: »*Das ›atomarische‹ Zeitalter machte sein Debüt in Hiroshima in der Mitte unserer Arbeit. Von heut auf morgen las sich die*

*Biografie des Begründers der neuen Physik anders.«* In einer »mörderischen« Selbstanalyse erkennt Galilei nun: *»Ich hatte als Wissenschaftler eine einzigartige Möglichkeit. In meiner Zeit erreichte die Astronomie die Marktplätze. Unter diesen ganz besonderen Umständen hätte die Standhaftigkeit eines Mannes große Erschütterungen hervorrufen können. Hätte ich widerstanden, hätten die Naturwissenschaftler etwas wie den hippokratischen Eid der Ärzte entwickeln können, das Gelöbnis, ihr Wissen einzig zum Wohle der Menschheit anzuwenden.«* Aber wie auch in der dritten, nach Entwicklung der H-Bombe entstandenen Fassung, die letztlich eine Übertragung der zweiten Fassung ins Deutsche darstellt und in der der Vorwurf gegen den »negativen Helden« noch mehr verschärft ist, bejaht Galilei dennoch die Frage, ob er noch an ein neues Zeitalter glaube – was nicht als Optimismus Brechts, sondern als Aufruf an die eigene Zeit zu verstehen ist.

Das Stück gliedert sich in fünfzehn bzw. vierzehn Szenen, die zwar im ganzen der historischen Chronologie entsprechen, aber doch nicht im Sinne einer Lebenschronik aneinandergereiht sind. Die Bilder folgen in sehr unregelmäßigen Zeitabständen – von einem Tag bis zu mehreren Jahren – aufeinander, gelegentlich bleibt ihr zeitliches Verhältnis zueinander unklar. Das Prinzip ihrer Anordnung ist thematisch bestimmt. Das Stück hebt an mit der Begrüßung des neuen Zeitalters durch Galilei: *»Denn wo der Glaube tausend Jahre gesessen hat, eben da sitzt jetzt der Zweifel.«* Der Neubeginn wird auf eine Formel gebracht, in der sich die das ganze Stück charakterisierende Lust am Widersprüchlichen versteckt: *»Aber jetzt heißt es: da es so ist, bleibt es nicht so.«* Im Gegensatz zu dieser revolutionären, umfassenden Perspektive stehen die beengenden finanziellen Verhältnisse. Galilei löst sie vorübergehend durch einen Schwindel mit einem keineswegs ganz originären Fernrohr. Dann entdeckt er die Jupitermonde und damit einen entscheidenden Beweis für das von Kopernikus theoretisch formulierte Weltsystem. Im Gegensatz zu Galileis wissenschaftlicher Erkenntnisschärfe steht seine politische Blindheit, die indes beide denselben Ursprung haben: den Glauben an die Vernunft. Galilei wechselt aus der Republik Venedig an den Rom hörigen Hof in Florenz, wo die Gelehrten seine Forschungen nicht einmal überprüfen und ihn vor der Inquisition denunzieren. Die folgenden Szenen enthüllen Galilei als ebenso mutigen wie geschickten Verteidiger seiner Lehre gegenüber der kirchlichen Obrigkeit. Obwohl seine Ergebnisse sich bestätigen, wird die neue Lehre auf den Index gesetzt. Nach achtjährigem Schweigen, ermuntert durch die Wahl des Wissenschaftlers Barberini zum Papst (Urban VIII., 1623–1644), nimmt Galilei die verbotenen Untersuchungen wieder auf und zerstört dadurch das Glück seiner Tochter Virginia, die weiter ein unerfülltes Leben an der Seite ihres Vaters verbringen muß. Die neue Lehre findet im Volk Widerhall; in einer burlesken Marktszene zieht ein Bänkelsänger die Moral aus der neuen Wissenschaft: *»Auf stund der Doktor Galilei / Und sprach zur Sonn: Bleib stehn! / Es soll jetzt die creatio dei / Mal andersrum sich drehn. / Jetzt soll sich mal die Herrin, he! / Um ihre Dienstmagd drehn.«* Galilei wird erneut von der Inquisition nach Rom geholt, wo der Papst es zuläßt, daß man ihm mit der Folter droht. Galilei widerruft. Die Szene zeigt nicht den Widerruf selbst, sondern die Erschütterung, die er bei Galileis Schülern hervorruft. In ihrem Aufbau ist die – allerdings besonders dramatische – Szene für das ganze Stück typisch. Zwar löst sich die Spannung des Handlungsablaufs, aber die Gegensätze bleiben unauflösbar: *»Unglücklich das Land, das keine Helden hat«* (Sarti) – *»Nein, unglücklich das Land, das Helden nötig hat«* (Galilei).

Von den späten Dramen Brechts ist *Leben des Galilei* das schwierigste, seine Interpretation und Bewertung sind bis heute heftig umstritten, wobei die westliche Forschung lange dazu neigte, den Konflikt des Galilei zu personalisieren und damit seines gesellschaftlichen Problemgehalts zu entkleiden. Es ergibt sich die merkwürdige Tatsache, daß gerade diejenigen, die das Stück gegen Brechts ausdrückliche Intentionen deuten, es für sein bedeutendstes halten. Ohne Zweifel wollte der Autor aus dem ziemlich frei behandelten historischen Stoff die These gewinnen, Galilei hätte ohne echte Lebensgefahr der Obrigkeit Widerstand leisten können, da er eine Zeitlang stärker gewesen sei als sie. Geleugnet von einem Teil der Forschung wird diese Intention Brechts nicht nur für den historischen Galilei, sondern auch für die Galilei-Figur. Dann würde auch für die Endfassung die Möglichkeit freibleiben, den Widerruf als kluge List zu verstehen. Scheint Galileis unerbittliche Selbstkritik diese Deutung auszuschließen, so ist sie dafür selbst als Widerspruch angelegt: Sie setzt die Kenntnis des weiteren Geschichtsverlaufs voraus, verlagert also eine Gegenwartsperspektive in die historische Figur. Doch gerade diese »falsche« Perspektive verleiht dem Drama seine Aktualität. Für Galilei zu spät, kann die Erkenntnis der Kräfteverhältnisse zwischen Wissenschaftler und Obrigkeit für die eigene Zeit noch fruchtbar werden. Das Stück enthält so die unausgesprochene Prämisse, daß aus der Geschichte gelernt werden könne; mit ihr steht und fällt die These, allerdings nicht das Drama, das im Grunde kein Thesenstück ist. In sich widerspruchsvoll ist die Hauptfigur. Galilei begründet die neue Wahrheit und verrät sie zugleich, beides aus einem anderen Widerspruch. Die sinnlichen, unintellektuellen Züge seiner Forschernatur begründen sowohl seine empirische, allgemeinverständliche Wissenschaftlichkeit wie auch sein soziales Versagen: sein Epikureertum bedingt seine Angst vor der Tortur. Das Stück behandelt aber nicht einen persönlichen Konflikt Galileis, sondern zeigt ein gesellschaftliches Problem. War der Galilei der ersten Fassung von der Überzeugung beseelt, daß wissenschaftlicher Fortschritt letztlich auch den allgemeinen Fortschritt der Menschheit bewirkt, so ist dieser Optimismus in den späteren Fassungen angesichts der Erfindung atomarer Massenvernichtungsmittel gebrochen; Wissenschaft scheint

sich der Unterordnung unter den Staat nicht entziehen zu können.
Auch in formaler Hinsicht entzieht sich das Stück jeder Eindeutigkeit. Seine epische Struktur ist nur schwer durchschaubar. Durchgehend in Prosa geschrieben, fehlen Songs und kommentierende Monologe fast völlig. Die Hauptmomente der von Brecht entwickelten epischen Dramaturgie: Dialektik, Didaktik und Explikation sind im *Leben des Galilei* bereits der Fabel und dem Stoff immanent, sie erscheinen als spezifische Fähigkeiten der Hauptfiguren, gehören zum Gelehrtenmilieu und gehen in die Dialoge ein. So entsteht, thematisch bedingt oder zumindest begünstigt, die für den *Galilei* typische Dialogform: der Disput. Streitgespräche tragen mehr noch als die Fabel die Dramatik des Schauspiels und füllen ganze Szenen (hervorzuheben ist vor allem die achte). Auch das antiaristotelische Element der Brechtschen Theaterform ist in diesem Stück inhaltlich-thematisch gebunden: Das neue, kopernikanische tritt gegen das alte, aristotelische Weltbild auf.
Wie keine andere dramatische Figur ist der Galilei Sprachrohr seines Autors und daher für das Gesamtwerk aufschlußreich. Mit anderen monumentalen »Heldenfiguren« wie der Mutter Courage und dem Schweyk teilt der Galilei die Problematik, daß er die überpersönliche, gesellschaftliche Thematik zugleich sichtbar macht und verdeckt. Nach Brecht haben vor allem Karl ZUCKMAYER (vgl. *Das kalte Licht*, 1955), Heinar KIPPHARDT (vgl. *In der Sache J. Robert Oppenheimer*, 1964), Friedrich DÜRRENMATT (vgl. *Die Physiker*, 1962) die Frage nach der Verantwortung des Wissenschaftlers in einer durch politischen Mißbrauch seiner Erkenntnisse bedrohten Welt neu untersucht. K.N.-KLL

AUSGABEN: Bln. 1955 (in *Versuche*, H. 14; 1. Fassg.; Nachdr. Ffm. 1977). – Bln./Ffm. 1957 (in *Stücke*, 12 Bde; 1956–1959, 8, 3. Fassg.). – NY 1961 (in *Seven Plays*, Hg. E. Bentley; 2. Fassg.). – Ffm. 1967 (in *GW in 20 Bdn.*, 3; es). – Ffm. 1976 (es). – Ffm. 1978 (in *Die Stücke von B. B. in einem Bd.*; ³1981).

VERFILMUNG: Großbritannien/Kanada 1974 (Regie: J. Losey).

LITERATUR: B. Brecht, *Anmerkungen zu »Leben des Galilei«* (in Studien [Beil. zu Theater der Zeit, 1956, H. 11], Nr. 2, S. 3–5). – B. Brecht u. H. Eisler, *Aufbau einer Rolle. 1: Laughtons Galilei 2: B.s Galilei 3: B. »Leben des Galilei« [Text]*, Bln. 1956 (3 Hefte in Mappe; Modellbücher des Berliner Ensembles, 2). – K. Rülicke, *»Leben des Galilei«. Bemerkungen zur Schlußszene* (in SuF, 9, 1957, S. 269–321). – W. Mittenzwei, *B. B. Von der »Maßnahme« zu »Leben des Galilei«*, Bln. 1962, S. 253 ff. – *Materialien zu B.s »Leben des Galilei«*, Hg. W. Hecht, Ffm. 1963 (es). – S. Veca, *B. e la contradizione di Galileo* (in Aut Aut, 1964, Nr. 81, S. 89–101). – D. Wattenberg, *Galileo Galilei. Werk und Tragödie im Umbruch seiner Zeit*; D. Herrmann, *Galilei und B. B.*, Bln. 1964. – E. Schumacher, *Drama u. Geschichte. B. B.s »Leben des Galilei« und andere Stücke*, Bln. 1965; ²1968. – W. Zimmermann. *B.s »Leben des Galilei«. Interpretationen u. didaktische Analyse*, Düsseldorf 1965 (WW, Beih. 12; ern. 1970; erw.). – Ch. R. Lyons, *»The Life of Galileo«. The Focus of Ambiguity in the Villain Hero* (in GR, 41, 1966, S. 57-71). – G. Szczesny, *»Das Leben des Galilei« u. der Fall B. B.*, Ffm./Bln. 1966 (Dichtung u. Wirklichkeit). – H. Kästner, *B.s »Leben des Galilei«. Zur Charakterdarstellung im epischen Theater*, Diss. Mchn. 1968. – H. Gehrke, *B. B. »Der gute Mensch von Sezuan«. »Leben des Galilei«*, Hollfeld/ Ofr. 1973. – P. Deghaye, *Galilée marxiste et le mysticisme astral. Essai sur »La vie de Galilée« de B. B.*, Paris 1977. – P. Beyersdorf, *B. B.s »Leben des Galilei«. Zur Problematik des Stoffes«*, Hollfeld/Ofr., 1977. – A. D. White, *B. B.'s Great Plays*, NY 1978. – *B.s »Leben des Galilei«*, Hg. W. Hecht, Ffm. 1981 (st). – *»Leben des Galilei«. Eine Dokumentation der Aufführungen des Berliner Ensembles 1978*, Bearb. G. Hof, Bln./DDR 1982. – W. Busch, *Cäsarismuskritik und epische Historik. Zur Entwicklung der politischen Ästhetik B. B.s 1936–1940*, Ffm./Bern 1982. – D. Suvin, *To B. and Beyond. Soundings in Modern Dramaturgy*, Brighton 1984. – R. Grimm, *Verfremdung in B. B.s »Leben des Galilei«*, Ffm. 1986.

## LIEDER GEDICHTE CHÖRE. Mit 32 Seiten Notenbeilage

Gedichtsammlung von Bertolt BRECHT und Hanns EISLER, erschienen 1934. – Der Band stellt eine Auftragsarbeit des Exil-Verlegers Willy MÜNZENBERG dar, der nach der »Machtergreifung« der Nationalsozialisten ein wirksames »*antifaschistisches Liederbuch*« herausbringen wollte. Brecht setzte, indem er Hanns Eisler an dessen Realisierung beteiligte, seine erfolgreiche Zusammenarbeit mit dem Komponisten aus der Weimarer Zeit fort. Brecht und Eisler zeichneten gemeinsam als Verfasser, obwohl von Eisler lediglich die Notenbeilage stammte; er hatte jedoch neben Margarete STEFFIN maßgeblich an der Zusammenstellung und Auswahl der Gedichte mitgewirkt, die in Paris beim Verlag Edition Carrefour erschien.
Die Sammlung enthält mit Ausnahme des Kapitels *1933* und des abschließenden aktuellen »Deutschland«-Gedichts (*O Deutschland, bleiche Mutter!*) Gedichte und Lieder aus der Zeit der Weimarer Republik, die bereits als engagiert-kämpferische Lyrik wirksam geworden waren, sowie mit der *Legende vom toten Soldaten* (1918) Brechts erstes großes politisches Lied (in seiner eigenen Vertonung), das ihn 1923 auf die schwarze Liste der Nazis gebracht hatte.
Die Sammlung umfaßt drei Abteilungen und einen satirischen Anhang. In der 1. Abteilung, *1918–1933*, deckt Brecht die Ursachen und Zusammenhänge auf, die die Weimarer Republik in den Faschismus geführt haben; die Kontinuität der

preußisch-militaristischen Tradition und das Fortbestehen der Klassengegensätze in der nur scheinbar demokratischen Republik bilden die Themen. Die 2. Abteilung, *1933*, hat die zur Zeit herrschenden Zustände in Deutschland, die Verfolgung Andersdenkender, Einrichtung von KZs, den politischen Terror sowie den antifaschistischen Widerstand zum Inhalt. Auf die bereits vorhandene Arbeiterbewegung der Weimarer Zeit verweisen die *Lieder und Chöre aus den Stücken »Die Maßnahme« und »Die Mutter«* als 3. Abteilung; sie rufen erneut zur – ausgebliebenen – revolutionären Lösung auf und erinnern an die Möglichkeiten, den Umsturz der herrschenden Verhältnisse im geheimen vorzubereiten. Der Anhang brandmarkt mit dem Amerika-Gedicht *Verschollener Ruhm der Riesenstadt New York* die führende kapitalistische Macht des Westens als innerlich hohl und historisch überlebt. Mit einem weiteren Gedicht (*Lied der Lyriker*) geißelt der Dichter seine Kollegen als intellektuelle Jasager und Schönredner, die durch ihre Literatur mit dazu beigetragen haben, den Faschismus in Deutschland zu etablieren. Das »Deutschland«-Gedicht beschwört eindringlich im Bild der blutbesudelten, bleichen Mutter, auf die mit Fingern gezeigt wird und die ihren blutigen Rock verbirgt, das zerrissene, Furcht und Gespött zugleich verbreitende Deutschland der Zeit.

Die Gedichte und Lieder, meist gereimt und metrisch geregelt, sind beherrscht vom Prinzip der Wiederholung. Brecht nimmt die leitenden Themen Hunger, Klassenkampf und Notwendigkeit des revolutionären Umsturzes auf insistierende Weise immer wieder auf, formuliert aber keine möglichen Alternativen. Die Gedichte wirken leicht einprägsam und appellativ. Mit den *»Hitler-Chorälen«*, die Melodien alter Kirchenlieder folgen, parodiert Brecht erstmals in wirksamer lyrischer Satire den von Hitler erhobenen Anspruch, als selbsternannter »Führer« eine gottgleiche Rolle spielen zu wollen (*»Nun danket alle Gott/Der uns den Hitler sandte...«*).

Die in 3000 Exemplaren verbreitete Sammlung stieß 1934 auf vielfältiges Echo und wurde als antifaschistisches Liederbuch von hohem Gebrauchswert gelobt. Die Kritiken hoben die wirksame Einheit von Poesie und Politik (Klaus MANN) hervor und bescheinigten ihr eine Schönheit, die brauchbaren Werkzeugen eigne; Arnold ZWEIG nannte das Buch sogar *»ein bleibendes Denkmal deutscher Dichtung«*. Die Brecht-Forschung behandelte es bislang nur am Rande; das eindeutige politische Engagement und der Kampfcharakter des Bandes überdeckten die eigentümliche Ästhetik der Gedichte und wiesen ihnen lediglich den Wert lyrischer Propaganda zu. J.Kn.

AUSGABEN: Paris 1934. – Ffm. 1960 (in *Gedichte*, 10 Bde., 1960–1976, 3; mit teilweise späteren Textfassungen). – Ffm. 1967 (in *GW* in 20 Bdn., 8 bzw. in *GW* in 8 Bdn., 4; mit teilweise späteren Textfassungen, ohne die *Legende vom toten Soldaten*). – Bln./Ffm. 1988 ff. (in *W* in 30 Bdn., 11).

LITERATUR: U. C. Lerg-Kill, *Dichterwort und Parteiparole*, Bad Homburg u. a. 1968. – C. Bohnert, *Brechts Lyrik im Kontext*, Königstein/Ts. 1982. – J. Knopf, *B.-Handbuch, Lyrik, Prosa, Schriften*, Stg. 1984.

**MANN IST MANN. Die Verwandlung des Packers Galy Gay in den Militärbaracken von Kilkoa im Jahre neunzehnhundertfünfundzwanzig. Lustspiel in 11 Bildern und mit einem Zwischenspiel für das Foyer ›Das Elefantenkalb‹**

Stück von Bertolt BRECHT, Uraufführung: Darmstadt, 25. 9. 1926, Hessisches Landestheater (Musik: P. Dessau). – Galy Gay, ein Mann, *»der nicht nein sagen kann«*, verläßt eines Morgens seine Hütte, um seiner Frau einen Fisch für das Mittagessen zu besorgen. Für Galy Gay ist das harmlose Unternehmen der Beginn einer Kette von Verwicklungen, aus denen er als ein völlig anderer hervorgehen wird. Unterwegs trifft er die Witwe Leokadja Begbick, Besitzerin einer Kantine auf dem Militärkamp, hilft ihr beim Heimtragen der Einkäufe, hat seinen Fisch schon vergessen und gerät in die Fänge von drei Soldaten der britischen Kolonialarmee Indiens. Sie haben die Gelbherrenpagode ausgeraubt und dabei den vierten Mann ihrer Maschinengewehrabteilung, Jeraiah Jip, zurücklassen müssen, der in einer Pechfalle ein Büschel Haare verloren hat, das sie verraten könnte. Die drei Männer (Uria Shelley, Jesse Mahoney, Polly Baker) überreden Galy Gay dazu, beim Appell für Jip einzuspringen; denn schon ist der brutale Sergeant Charles Fairchild, der »Blutige Fünfer«, hinter den »Verbrechern« her. Die Begbick soll den Sergeanten, *»der bei Regen sehr sinnlich wird«*, ablenken, damit der Trick nicht auffällt. Die Täuschung gelingt. Als die Soldaten Jip nach dem Appell aus der Pagode holen wollen, gibt der Bonze ihn nicht heraus. Er macht mit Jip ein großes Geschäft, indem er den Betrunkenen als einen Gott vorführt und Opfergaben kassiert. Galy Gay, der im Lager geblieben ist, soll die Soldaten retten. Aber er weigert sich. (*»Warum wollen Sie eigentlich nicht Jip sein?«* - *»Weil ich Galy Gay bin.«*)

Aber der Lockung eines Geschäftes – die Soldaten bieten ihm einen Elefanten zum Kauf an – kann Gay doch nicht widerstehen. Der Packer besteht seine erste Probe als Jip: Er verleugnet seine Frau, die ihn sucht. Galy Gays »Ummontierung« hat begonnen. In einem Zwischenspruch, der den Übergang zu der entscheidenden neunten Szene bildet, erläutert die Begbick das bevorstehende Ereignis. *»Herr Bertolt Brecht behauptet: Mann ist Mann. / Und das ist etwas, was jeder behaupten kann. / Aber Herr Bertolt Brecht beweist auch dann / Daß man mit einem Menschen beliebig viel machen kann. / Hier wird heute abend ein Mensch wie ein Auto ummontiert / Ohne daß er irgend etwas dabei verliert.«* Das folgende Bild – inzwischen ist ein Krieg ausgebrochen, *»der vorgesehen war«* – ist in sechs Szenen aufgegliedert, deren Inhalt jeweils am Beginn ausgerufen wird. Sie stellen eine Art Spiel im Spiel dar. Galy Gay wird in den Elefantenhandel verwickelt. Aber das Tier ist nur eine Attrappe. Deshalb wird der Packer wegen Betrugs festgenommen, in eine Latrine geworfen und zum Tode verurteilt, Nun möchte Galy Gay nicht mehr er selbst sein, aber es hilft ihm nichts: Das Erschießungskommando wird aufgestellt. Galy Gay weiß nicht, daß die Gewehre nur Platzpatronen enthalten, er fällt vor Schreck in Ohnmacht. Wieder aufgewacht, bekennt er, Jip zu sein und hält auf sich selbst eine Grabrede. Parallel zu der Ummontierung Gays läuft die Verwandlung Fairchilds in einen Zivilisten und Individualisten. Er kann seinem Geschlechtstrieb nicht widerstehen und wird von den Soldaten verspottet. Die Armee bricht auf. Während der Fahrt (10. Bild) erleidet Gay einen Rückfall. Als er aber sieht, daß der verzweifelte Fairchild sich entmannt, damit seine Sinnlichkeit ihn nicht mehr in Privatabenteuer lockt, begreift Gay endlich, daß man auf seine Persönlichkeit nicht so großen Wert legen sollte. Endgültig hat er sich in Jip verwandelt. Das letzte Bild zeigt ihn als »Kriegsmaschine«. Er erobert die Bergfestung Sir El Dchowr, wobei 7000 Flüchtlinge ums Leben kommen. Der wirkliche Jip taucht wieder auf und wird verleugnet. Beim Übergang über die tibetische Grenze nimmt Galy Gay seinen drei Kameraden die Pässe ab, ein symbolischer Akt, durch den er ihre Individualität löscht. Jetzt hat er Macht über sie.

In der veränderten Fassung von 1931 waren die beiden letzten Szenen gestrichen worden, Brecht hat sie aber später wieder aufgenommen. Die Beschäftigung mit dem Stoff geht auf das Jahr 1919 zurück (*Das war der Bürger Galgei*), unter dem Einfluß der Lektüre KIPLINGS entsteht in den 20er Jahren die Figur des Packers Galy Gay, der einen neuen Menschentypus repräsentiert: »*Ich denke auch, Sie sind gewohnt, einen Menschen, der nicht nein sagen kann, als einen Schwächling zu betrachten, aber dieser Galy Gay ist gar kein Schwächling. Er ist allerdings erst der Stärkste, nachdem er aufgehört hat, eine Privatperson zu sein*« *(Vorrede, 1927)*. Daß er gezwungen werde, sein kostbares Ich aufzugeben, sei »*eine lustige Sache. Denn dieser Galy Gay nimmt eben keinen Schaden, sondern er gewinnt.*« Mit dem Aufkommen des Faschismus problematisiert Brecht die Figur des Packers, er sieht ihn nun, wie auch nach dem Krieg (*Bei Durchsicht meiner Stücke*, 1954), als einen »*sozial negativen Helden*«. Galy Gay erscheint als Opfer seiner Sehnsucht nach dem »*echten sozialen Kollektiv der Arbeiter*«. Durch ein schlechtes Kollektiv wird er verführt. Diese nachträgliche Deutung bleibt dem Stück jedoch äußerlich und findet keine tatsächliche Fundierung; Brecht selbst beschränkte sich darauf, das Werk als Antikriegsstück mit den Mitteln der Groteske zu inszenieren.

In Brechts dramatischem Schaffen bezeichnet *Mann ist Mann* einen entscheidenden Wendepunkt. Der Autor verwendet zum erstenmal die Parabelform wie in den späteren Hauptwerken *Der gute Mensch von Sezuan* (1942) und *Der kaukasische Kreidekreis* (1945). Zum erstenmal begegnet hier auch die für Brechts reife Dramen typische »*stereometrische Struktur*« (A. Wirth), d. h. die Durchführung von Themen und Motiven auf verschiedenen, einander erläuternden Spiel- und Kommentarebenen (Songs, Paraphrasen, Selbstvorstellungen der Figuren: ›*Ich bin die Witwe Begbick, und das ist mein Bierwaggon*‹). Die Sprache erinnert kaum noch an die genialische, metaphernreiche Gebärdung der früheren Stücke (vgl. *Baal; Im Dickicht der Städte*). Verschiedene Stilebenen – z. B. Amtsdeutsch, Luthersprache – werden bewußt imitiert und in Kontrast gebracht. Mögen im einzelnen Elemente des klassischen Lustspiels aufgenommen worden sein, im ganzen wird man das Stück kaum als »klassisch« bezeichnen können (wie Brecht wollte). Die bewußte Klassizität betont eher – als Stilmittel eingesetzt – die neuartige dialektische Dramaturgie, die der Autor hier anwandte.

K.N.-KLL

AUSGABEN: Bln. 1927. – Ldn. 1938 (in *GW*, 2 Bde., 1; die letzten beiden Szenen fehlen). – Bln./Ffm. 1957 (in *Stücke*, 12 Bde., 1956–1959, 2). – Ffm. 1967 (in *GW in 20 Bdn.*, 1; es). – Bln./Weimar 1973 (in *Werke in 5 Bdn.*, Stücke). – Ffm. 1976 (es). – Ffm. 1978 (in *Die Stücke v. B. B. in einem Bd.*; ³1981).

LITERATUR: A. Kerr, Rez. (in Berliner Tageblatt, 27. 9. 1926). – Ders., Rez. (in Berliner Tageblatt, 5. 1. 1928). – J. Bab, *Nachtrag zum Falle B.* (in Die Hilfe, 21. 2. 1931, S. 187–189). – E. Schumacher, *Die dramatischen Versuche B. B.s 1918 bis 1933*, Bln. 1955. – J. Willett, *The Theatre of B. B. A Study from 8 Aspects*, Ldn. 1959 (dt.: *Das Theater B. B.s. Eine Betrachtung*, Reinbek 1964). – B. Brecht, *Zu »Mann ist Mann«* (in B. B., *Schriften zum Theater*, Bd. 2, Ffm. 1963, S. 71–89). – F. Hennenberg, *Dessau-Brecht*, Bln. 1963. – A. Wirth, *Über die stereometrische Figur der B.schen Texte* (in *Episches Theater*, Hg. R. Grimm, Köln/Bln. 1966). – M. Kesting, *Das Groteske vom Verlust der Identität* (in *Das dt. Lustspiel*, Hg. H. Steffen, Bd. 2, Göttingen 1969, S. 180–212). – J. W. Onderdelinden, *B.s »Mann ist Mann«. Lustspiel oder Lehrstück?* (in Neoph, 54, 1970). – P. C. Giese, *Das ›Gesellschaftlich-Komische‹. Zur Komik und Komödie am Beispiel der Stücke und Bearbeitungen B.s*, Stg. 1974. – J. K. Lyon, *B. B. und R. Kipling*, Ffm. 1976, S. 80–97. – *B.s »Mann ist Mann«*, Hg. C. Wege, Ffm. 1982 (st).

## DIE MASSNAHME

Lehrstück in acht Bildern von Bertolt BRECHT mit der Musik von Hanns Eisler (Mitarbeiter S. Dudow), Uraufführung: Berlin, 10. 12. 1930, Großes Schauspielhaus. – Vor einem Parteigericht, dargestellt von einem »Kontrollchor«, rechtfertigen drei kommunistische Agitatoren die Maßnahme, zu der sie sich während eines Propagandaauftrages in China entschlossen haben: die Erschießung eines »Jungen Genossen«. »*Oftmals tat er das Richtige, einige Male das Falsche, aber zuletzt gefährdete er die Bewegung. Er wollte das Richtige und tat das Falsche.*« An vier Modellsituationen wird das Verhalten des Jungen Genossen erläutert. Zuerst soll er bei den Schiffe schleppenden Kulis in Mukden Propaganda treiben, damit sie, die auf dem sumpfigen Boden immer wieder ausrutschen und dafür geschlagen werden, Spezialschuhe für sich fordern. Der Junge Genosse wird von den Agitatoren gewarnt: »*Verfalle aber nicht dem Mitleid.*« Doch gerade das geschieht. Er hilft den Kulis, indem er ihnen Steine unter die Füße schiebt, eine Arbeit, die er nicht lange durchhalten kann. Von den Kulis verlacht, wird er schließlich als Aufhetzer gefaßt und davongejagt. Die Agitatoren müssen ihre Arbeit in Mukden unterbrechen, um nicht die ganze Aktion in Gefahr zu bringen. Beim Flugblattverteilen und bei einer Verhandlung mit einem Waffenhändler verhält er sich erneut unklug. Einmal um der Gerechtigkeit, einmal um der Ehre willen läßt er sich hinreißen und verfehlt seinen Auftrag. In der vierten Situation schließlich zerreißt er die Maske, die ihn tarnt und zettelt vorzeitig einen offenen Aufruhr an, der von der Armee niedergeschlagen wird. Die Agitatoren werden verfolgt und müssen fliehen. Da der Junge Genosse seine Maske abgerissen hat und erkannt worden ist, wissen die Agitatoren keinen anderen Ausweg, als ihn zu töten und in eine Kalkgrube zu werfen: »*Also beschlossen wir: jetzt / Abzuschneiden den eigenen Fuß vom Körper. / Furchtbar ist es, zu töten*«, bitten aber vorher den Jungen Genossen um Einverständnis mit ihrer Maßnahme. Erst jetzt können die Agitatoren ihren Auftrag erfolgreich beenden und der Revolution zum Durchbruch verhelfen. Der Kontrollchor bejaht die Maßnahme und schließt: »*Euer Bericht zeigt uns, wieviel / Nötig ist, die Welt zu verändern: / Zorn und Zähigkeit, Wissen und Empörung / Schnelles Eingreifen, tiefes Bedenken / Kaltes Dulden, endloses Beharren / Begreifen des Einzelnen und begreifen des Ganzen: / Nur belehrt von der Wirklichkeit, können wir / Die Wirklichkeit ändern.*«

Brecht hatte das kurze, knapp gefaßte Stück, von dem fünf Fassungen existieren, nicht für das öffentliche Theater geschrieben – ebensowenig wie die anderen um die gleiche Zeit entstandenen frühen Lehrstücke (vgl. *Der Jasager – Der Neinsager*). »*Die Maßnahme ist kein Theaterstück im üblichen Sinne. Es ist eine Veranstaltung von einem Massenchor und vier Spielern.*« In den Lehrstücken bedient sich Brecht einer unmetaphorischen, gleichsam ausgezehrten Sprache, die ganz auf den didaktischen Zweck abgestellt ist, und er wollte die Kennzeichnung »Lehrstück« nur auf solche Stücke angewendet haben, »*die für die Darstellenden lehrhaft sind. Sie benötigen kein Publikum.*« In einer späteren Anmerkung (1956) sah der Autor den Lehrwert des Stückes dadurch eingeschränkt, daß »*nur der Darsteller des Jungen Genossen daraus lernen kann, und auch nur, wenn er auch einen der Agitatoren dargestellt und im Kontrollchor mitgesungen hat.*«

Brecht lehnte deshalb Aufführungen des Stückes immer wieder ab. – Der Entstehung der *Maßnahme* war ein erstes intensives Studium der marxistischen Lehre vorausgegangen. Deren Prinzipien werden an einem Modellfall der revolutionären Praxis dargelegt – und zwar in der Form einer Untersuchung. In ihrem Ergebnis erscheint die Liquidierung des Jungen Genossen als objektiv richtig, weil aus der Notwendigkeit der Situation begründet. Der eigentliche Fehler des Jungen Genossen liegt nicht in der bloßen Tatsache seines Mitleids oder seines Gerechtigkeitssinns, sondern darin, daß er seinen moralischen Prinzipien ohne Rücksicht auf die Erfordernisse der Situation den Vorrang gibt. Erst durch das Einverständnis – ein Hauptmotiv der frühen Lehrstücke – bringt der Junge Genosse sich auch subjektiv mit der Maßnahme in Einklang und begründet so eine neue revolutionäre Moral. Führt Brecht in den Modellsituationen vor, wie das einseitige Denken des Jungen Genossen die Lösung der revolutionären Aufgabe verhindert, so entfaltet er vor allem in den Formulierungen des Kontrollchors marxistische Grundwidersprüche: »*Wer für den Kommunismus kämpft, der muß kämpfen können und nicht kämpfen; die Wahrheit sagen und die Wahrheit nicht sagen; ... sich in Gefahr begeben und die Gefahr vermeiden; kenntlich sein und unkenntlich sein. Wer für den Kommunismus kämpft, hat von allen Tugenden nur eine: Daß er für den Kommunismus kämpft!*« Der Text zählte von jeher zu den umstrittensten Werken Brechts. Sah man ihn aus bürgerlicher Sicht als unverhüllten Ausdruck der Unmenschlichkeit der kommunistischen Ideologie, so bemängelte man von marxistischer Seite eine undialektische Trennung von Gefühl und Ratio, von Individuum und Kollektiv (A. Kurella, E. Schumacher); R. STEINWEG hat die Kontroversen in seiner kritischen Ausgabe des Stücks dokumentiert und eine Neuorientierung der Diskussion bewirkt, indem er das Stück als eine »*Übungs-Vorlage*« für Schauspieler deutete: »*so handelt es sich nicht um den Text eines sakrosankten Kunstwerks, sondern um ... eine veränderbare Versuchsanordnung, nicht um herkömmliches Theater*«, um ein Beispiel für ein «*sozialistisches Theater der Zukunft*«, das die traditionelle Scheidung von Schauspielern und Publikum nicht mehr kennt und damit zur spielerischen Behandlung gesellschaftlicher Probleme befähigt ist. K.N.-KLL

AUSGABEN: Bln. 1931 (in *Versuche*, H. 4; Nachdr. Ffm. 1977). – Ldn. 1938 (in *GW*, 2 Bde., 2). – Bln. 1955 (in *Stücke für das Theater am Schiffbauerdamm*, Bd. 2). – Bln./Ffm. 1956 (in *Stücke*, 12 Bde., 1956–1959, 4). – Ffm. 1967 (in *GW in 20 Bdn.*, 2; es). – Ffm. 1972 (m. e. Spielanleitung v. R. Steinweg; krit.; es). – Ffm. 1978 (in *Die Stücke v. B. B. in einem Bd.*; ³1981).

LITERATUR: H. Kaufmann, *B. B. Geschichtsdrama u. Parabelstück*, Bln. 1962. – W. Mittenzwei, *B. B. Von der »Maßnahme« zu »Leben des Galilei«*, Bln. 1962; ⁴1977. – B. Brecht, *Anmerkung zur »Maß-*

nahme« (in B. B., *Schriften zum Theater*, Bd. 2, Ffm. 1963, S. 132–140). – R. Grimm, *Ideologische Tragödie und Tragödie der Ideologie* (in *Tragik und Tragödie*, Darmstadt 1971, S. 237–278). – R. Steinweg, *Das Lehrstück*, Stg. 1972. – J. Kaiser, *B.s »Maßnahme« und die linke Angst. Warum ein Lehrstück soviel Verlegenheit und Verlogenheit provozierte* (in NRs, 84, 1973, S. 96–125). – F. X. Kroetz, *Über die »Maßnahme« von B. B.* (in Kürbiskern, 1975, H. 4, S. 99–110). – *B.s Modell der Lehrstücke*, Hg. R. Steinweg, Ffm. 1976 (st). – Ders., *B.s »Die Maßnahme« – Übungstext, nicht Tragödie* (in *Das dt. Drama vom Expressionismus bis zur Gegenwart*, Hg. M. Durzak, Bamberg ³1977).

## MUTTER COURAGE UND IHRE KINDER. Eine Chronik aus dem Dreißigjährigen Krieg

Bühnenstück in zwölf Bildern von Bertolt BRECHT, geschrieben 1939, Uraufführung: Zürich, 19. 4. 1941, Schauspielhaus. Mit ihren beiden Söhnen, dem mutigen Eilif, dem ehrlichen Schweizerkas und mit der stummen Tochter Kattrin zieht die Marketenderin (Landstörtzerin) Anna Fierling, genannt Mutter Courage, durch die Lande, darum besorgt, ihre Kinder durchzubringen, aber auch, am Krieg ihren *»Schnitt zu machen«*. Die literarische Vorlage für die Figur der Courage findet Brecht in einer Ballade aus *Fähnrich Stahls Erzählungen* des schwedisch-finnischen Dichters J. L. RUNEBERG (1804–1877), ihr Name verweist auf GRIMMELSHAUSENS Schelmenroman *Trutz Simplex...*; es lassen sich aber auch Anregungen durch Grimmelshausens *Simplicissimus* nachweisen.

Im Jahre 1624 wird der Courage in Schweden Eilif von Werbern hinterlistig entführt. Zwei Jahre später trifft sie ihn in Polen wieder. Eilifs Auszeichnung wegen einer Heldentat nutzt Mutter Courage zu einem Geschäft; an Pfeifenpieter, den Koch des Feldhauptmanns, schlägt sie einen Kapaun zum Überpreis ab. Drei Jahre später – Schweizerkas ist inzwischen Zahlmeister geworden – gerät die Fierling mit Teilen eines finnischen Regiments in Gefangenschaft der Katholischen. Als der redliche Schweizerkas die Regimentskasse in Sicherheit bringen will, wird er ertappt. Mutter Courage will ihren Wagen, von dem ihre Existenz abhängt, an die Lagerhure Yvette Pottier verpfänden, um Schweizerkas auszulösen. Courage feilscht ein wenig zu lang: Schweizerkas wird erschossen.

Mit dem evangelischen Feldprediger, der sein geistliches Amt verleugnet hat, und Kattrin zieht Anna Fierling nun im Troß des katholischen Heeres. »*1631. Tillys Sieg bei Magdeburg kostet Mutter Courage vier Offiziershemden*«, die sie dem Feldprediger, der Verwundete verbinden will, nur widerwillig überläßt. 1632 ist Tilly gefallen, bei Ingolstadt erlebt Mutter Courage sein Begräbnis. Sie fürchtet, daß Tillys Tod den Krieg beenden könnte (sie hat gerade neue Waren eingekauft). Der geht aber weiter, und bald steht die Courage »*auf der Höhe ihrer geschäftlichen Laufbahn*«. Im selben Jahr bricht für kurze Zeit der Friede aus, als der schwedische König Gustav Adolf bei Lützen fällt. Während Mutter Courage, um Ware abzustoßen, ihren Wagen verlassen hat, werden der Feldprediger und der heruntergekommene Pfeifenpieter Zeuge, wie Eilif, der im Frieden geplündert und geschändet hat (wofür er im Krieg ausgezeichnet wurde), zur Hinrichtung abgeführt wird. Mutter Courage erfährt nichts davon. Mit Pfeifenpieter und Kattrin (sie ist überfallen und entstellt worden) zieht die Marketenderin nun wieder in der Nachhut des protestantischen Heeres. Im frühen Winter 1634 bettelt die Verarmte vor einem Pfarrhaus im Fichtelgebirge um Essen. Pfeifenpieter, der in seiner Heimatstadt Utrecht ein Wirtshaus geerbt hat, will Courage mitnehmen, wenn sie Kattrin zurückläßt. Aber sie willigt nicht ein und zieht mit Kattrin allein weiter. Im Jahre 1636 warnt die stumme Kattrin durch Trommelschläge die schlafende Stadt Halle vor einem Überfall der kaiserlichen Truppen, weniger um die wegen ihrer Geschäfte in der Stadt weilende Mutter zu retten, als aus Mitleid mit den Kindern. Kattrin wird erschossen, aber die Stadt hat ihre Warnung gehört. Mit ihrem zerlumpten Planwagen zieht die heruntergekommene, gealterte Courage allein weiter, in der Hoffnung, Eilif wiederzufinden, von dessen Tod sie nichts weiß, noch immer in Gedanken an ihr Geschäft. »*Ich muß wieder in den Handel kommen.*«

Brecht hat, nachdem das Stück trotz seiner Anspielungen auch auf das Dritte Reich und auf den deutschen Überfall auf Polen als eine Art Niobe-Tragödie mißverstanden worden war, mit wenigen Korrekturen das Bild der Courage als einer »*Hyäne des Schlachtfeldes*« schärfer herausgearbeitet. Dazu trägt vor allem jener Schlußsatz der Courage bei. Sie hat nichts gelernt. Der Marketenderin, die in und mit dem Krieg Geschäfte gemacht hat, ist der Zusammenhang zwischen Krieg und Geschäft (Kapitalismus) im Grunde nicht aufgegangen. Auf den bis heute erhobenen Vorwurf, daß die Uneinsichtigkeit der Courage ihrer sonstigen Lebenstüchtigkeit widerspreche und der Wirkung des Stückes schade, hat Brecht geantwortet, es komme ihm nicht darauf an, die Figur am Ende sehend zu machen, sondern das Publikum solle sehend werden. Mutter Courages beste Fähigkeiten, ihr vitaler Behauptungswille und ihr nüchterner, praktischer Sinn in heiklen, gefährlichen Situationen, sind zugleich ihre Verderbnis. Nach Brechts Aussagen sollte dadurch sichtbar werden, »*daß hier ein entsetzlicher Widerspruch bestand, der einen Menschen vernichtete, ein Widerspruch, der gelöst werden konnte, aber nur von der Gesellschaft selbst*« (*Mutter Courage in zweifacher Art dargestellt*, 1952). Tatsächlich verweist die »Tragik« der Courage auf die gesellschaftlichen Verhältnisse: Die Marketenderin verliert ihre Kinder durch einen Krieg, den sie selbst fördert und dessen Abschaffung sie nicht wünschen kann. Nur einmal verflucht Courage den Krieg, aber nur für einen Augenblick, als Kattrin verunstaltet wird. Auch durch die anderen Hauptfiguren macht Brecht eine intersubjektive, gesellschaftliche Problematik transparent. Alle drei Kinder gehen an ihren Tugenden zugrunde: Eilif an seiner Kühnheit, Schweizerkas an seiner Redlichkeit, Kattrin an ihrer Kinderliebe, ihrem Mitleid für hilflose Kreaturen. Der Krieg fördert ihre Tugenden und läßt sie zugleich »Tugenden zum Tode« werden.

Obwohl die »große Geschichte« des Dreißigjährigen Krieges ganz im Hintergrund bleibt, macht Brecht klar, wie sie die »kleine Geschichte«, die der »kleinen Leute«, bestimmt. Zusammen mit dem im gleichen Jahr entstandenen *Leben des Galilei* zählt die *Mutter Courage* zu den meistgespielten Stücken des »realistischen« Brecht. Nicht wird, wie in den Lehrstücken, ein didaktisches Verhaltensmodell gegeben, und nicht, wie in den Parabelstücken, ein Gleichnis dramatisch entwickelt. In den »realistischen« Dramen wird vielmehr ein historisches Geschehen, sei es ein tatsächliches oder fiktives, als gesellschaftlich bedingtes und daher veränderbares sichtbar gemacht. Die Mittel des epischen Theaters, wie offene Form und Verfremdungseffekt, sind in der *Courage* des »späten« Brecht voll entwickelt. Wie in keinem anderen Stück des Autors stehen Fabel, dramatischer Ablauf und Song in einem Verhältnis gegenseitiger Erhellung. Vor allem die Songs, die Paul Dessau 1946 komponierte, sind nun, gegenüber früheren Werken (wie vor allem A. Wirth und H. Mayer gezeigt haben), vollkommen mit der Struktur und der Themenführung verbunden, wobei ihre Funktion reich variiert wird. Das Courage-Lied durchzieht das ganze Stück, gleichsam als textliche Entsprechung zu dem optischen Motiv des Planwagens, der immer anwesend, bald reich beladen, bald heruntergekommen, die Verhältnisse der Besitzerin spiegelt, diejenigen, die ihn ziehen, zugleich ernährend und versklavend. Das ›Salomon-Lied‹ (9. Szene) gibt ein Beispiel für kontrapunktische Verwendung von Songs. Während der Koch von der Sinnlosigkeit tugendhaften Handelns singt, entschließt sich die Courage zu einer guten Tat: Sie läßt die stumme Kattrin nicht allein. In das *Lied von der Großen Kapitulation* mündet eine ganze Szene. Mutter Courage hat einen aufbegehrenden Soldaten, der aber nur eine »kurze Wut« hat statt einer langen, zu opportunistischem Verzicht auf eine verdiente Belohnung verführt. Der Song faßt zusammen: Die meisten, die aufbegehren wollen, kapitulieren schließlich doch – »*Und vom Dach der Star / Pfeift: wart ein paar Jahr! / Und sie marschiern in der Kapell / Im Gleichschritt, langsam oder schnell / Und blasen ihren kleinen Ton: / Jetzt kommt er schon.*« K.N.-KLL

AUSGABEN: Bln. 1949 (in *Versuche*, H. 9; Nachdr. Ffm. 1977). – Bln./Ffm. 1957 (in *Stücke*, 12 Bde., 1956–1959, 7). – Bln. 1958 (*»Couragemodell 1949«*). – Ffm. 1963 (es). – Ffm. 1967 (in *GW in 20 Bdn.*, 4; es). – Bln./Weimar 1973 (in *Werke in 5 Bdn.*, Stücke). – Ffm. 1978 (in *Die Stücke v. B. B. in einem Bd.*; ³1981). – Ffm. 1981 (Ill. T. Kulisiewicz; BS). – Lund 1981, Hg. J. E. Olsson [hist.-krit.].

VERFILMUNGEN: Deutschland 1956 (Regie: E. Engel u. W. Staudte; Fragm.). – Deutschland 1960 (Regie: P. Palitzsch u. M. Wekwerth). – UdSSR 1986 (Regie: S. Kolossow; nach Motiven aus »*Mutter Courage*«).

LITERATUR: H. Mayer, *Anmerkungen zu einer Szene aus »Mutter Courage«* (in H. M., *Deutsche Literatur u. Weltliteratur*, Bln. 1957, S. 635–641); auch in H. M., *Anmerkungen zu B.*, Ffm. 1965, S. 46–55 (ed. suhrkamp, 143). – A. Wirth, *Über die stereometrische Struktur der B.schen Stücke* (in SuF, 1957, S. 346–387; auch in *Episches Theater*, Hg. R. Grimm, Köln/Bln. 1966). – F. N. Mennemeier, *B. B. »Mutter Courage u. ihre Kinder«* (in *Das deutsche Drama vom Barock bis zur Gegenwart*, Hg. B. v. Wiese, Düsseldorf 1958, S. 383–400). E. Bentley, *The Songs in »Mother Courage«* (in *Varieties of Literary Experience*, Hg. S. Burnshaw, NY 1962, S. 45–74). – B. Brecht, *Zu »Mutter Courage u. ihre Kinder«* (in B. B., *Schriften zum Theater*, Bd. 4, Ffm. 1963, S. 130–134). – F. Hennenberg, *Dessau – B. Musikalische Arbeiten*, Bln. 1963. – *Materialien zu B. B.s »Mutter Courage u. ihre Kinder«*, Hg. W. Hecht, Ffm. 1965 (es). – K.-D. Müller, *Die Funktion der Geschichte im Werk B. B.s Studien zum Verhältnis von Marxismus u. Ästhetik*, Tübingen 1967. – M. L. Kaschnitz, »*Mutter Courage*« (in Insel Almanach auf das Jahr 1977, Ffm. 1977). – H. Dumazeau, *»Mère Courage«. B. Analyse critique*, Paris 1972. – P. Leiser, *B. B.s »Mutter Courage und ihre Kinder«. »Der kaukasische Kreidekreis«*, Hollfeld/Ofr. 1973. – A. Reisinger, *B. B.s »Mutter Courage und ihre Kinder«. Ein Beitrag zur Erkenntnis der ästhetischen Struktur des literarischen Kunstwerks*, Diss. Wien 1974. – G. Eversberg, *B. B., »Mutter Courage und ihre Kinder«. Beispiel für Theorie und Praxis des epischen Theaters*, Hollfeld/Ofr., 1976. – *B.s »Mutter Courage und ihre Kinder«*, Hg. K.-D. Müller, Ffm. 1982 (st). – B. Fenn, *Characterization of Women in the Plays of B. B.*, Ffm./Bern 1982.

## SCHWEYK IM ZWEITEN WELTKRIEG

Stück in acht Bildern von Bertolt BRECHT, entstanden 1941–1944, Uraufführung: Warschau, 15. 1. 1957, Theater der polnischen Armee (Musik: H. Eisler); erschienen 1956. – Brechts Beschäftigung mit dem Schweyk-Stoff reicht zurück ins Jahr 1927, als er zusammen mit Erwin PISCATOR, Felix GASBARRA und Leo LANIA den Roman *Die Abenteuer des braven Soldaten Schwejk während des Weltkrieges* (vgl. *Osudy dobrého vojáka Švejka*, 1921 bis 1923) von Jaroslav HAŠEK dramatisierte, den er als Werk von höchstem literarischem Rang beurteilte. Im Vergleich mit dieser frühen Bearbeitung stellt das 14 Jahre später in der amerikanischen Emigration entstandene Stück den Stoff mit den Mitteln des ›epischen‹ Theaters dar. Fasziniert vom »*echt unpositiven standpunkt des volkes*« in Hašeks Roman, »*das eben das einzige positive selbst ist und daher zu nichts anderem ›positiv‹ stehen kann*« (*Arbeitsjournal* v. 27.5. 1943), entkleidet Brecht die Figur des schlauen Hundefängers von allen folkloristisch-sentimentalen Elementen: »*auf keinen Fall darf schweyk ein listiger hinterfotziger saboteur werden. er ist lediglich der opportunist der winzigen opportunitäten, die ihm geblieben sind.*«

Die acht Bilder des Stücks stellt Brecht in eine grotesk ausgestaltete Rahmenhandlung. Im »*Vorspiel in den höheren Regionen*« sinniert ein überlebensgroß gestalteter Hitler über die Frage, wie der »*kleine Mann*« zu ihm steht, im Nachspiel kommt es in der Schneewüste bei Stalingrad zur »*historischen Begegnung*« zwischen Hitler und Schweyk.

Das erste der sieben, im besetzten Prag des Zweiten Weltkriegs spielenden Bilder zeigt den Schankraum des Wirtshauses »Zum Kelch«. Schweyk wird dort, in seinem Stammlokal, vom Nazispitzel Brettschneider wegen seiner zweideutigen Kommentare zum mißglückten Attentat auf Hitler festgenommen. Im Gestapo-Hauptquartier (zweites Bild) rettet ihn sein Beruf vor der Deportation ins Konzentrationslager: Als Hundefänger scheint Schweyk dem SS-Scharführer Bullinger geeignet, den Spitz des Ministerialrats Vojta, eines mit den Deutschen kollaborierenden Tschechen, zu beschaffen. Inzwischen wartet im »Kelch« (drittes Bild) Schweyks verfressener Freund Baloun auf die ihm von der Wirtin Kopecka in Aussicht gestellte Fleischmahlzeit. Das folgende vierte Bild spielt in den Moldauanlagen; es zeigt Schweyk und Baloun bei dem Versuch, mit Anna, Vojtas Dienstmädchen und deren Freundin Kati anzubandeln, die den Vojtaschen Spitz ausführen. Von einem Menschenfänger wird Schweyk beim Stehlen des begehrten Tiers beobachtet und daraufhin zusammen mit seinem Freund zur Zwangsarbeit verpflichtet. Eine Episode aus dieser Zeit schildert das fünfte Bild: Bei dem Versuch, einem Wachsoldaten Denkhilfen zum Merken einer Zahl zu erklären, die ein Offizier diesem zu behalten befohlen hat, verwirrt Schweyk den Soldaten so sehr, daß der am Ende die Zahl vergessen hat. Wieder im »Kelch« spielt das sechste Bild: Kurz bevor eine SS-Razzia unter Bullingers Führung das Lokal durchsucht, kommt Schweyk mit einem Fleischpaket für Baloun, das den geschlachteten Spitz enthält. Als man es durch Zufall entdeckt, wird Schweyk verhaftet und abgeführt. Das siebte Bild zeigt Schweyk in einer Zelle des Militärgefängnisses, wo er mit einer Gruppe von Simulanten eine verballhornte Fassung des Horst-Wessel-Liedes anstimmt. Der Militärarzt überrascht sie zufällig dabei und schreibt sie daraufhin gesund, so daß alle an die Front geschickt werden. Mehrere Stationen, in denen Träume, Visionen und reale Begegnungen sich vermischen, bilden das abschließende achte Bild, das in der Szenerie der winterlichen Steppe vor Stalingrad spielt. Schweyk trifft dort neben anderen den Bruder des Scharführers Bullinger, einen Feldkuraten, dessen Auto mit dem Feldaltar steckengeblieben ist. Der Pfaffe ist als ein typischer Mitläufer gezeichnet, der zwar momentan einsieht, daß er seinen Beruf verrät; gleichwohl dringt er wenig später gewaltsam in eine Hütte ein und bedroht brutal zwei russische Frauen. Als die ältere der beiden Frauen Schweyk, der sie vor dem Feldkuraten beschützt hat, segnen will, wehrt er das mit der Bemerkung ab, daß er zu einem Hilfsvolk der Nazis gehöre und weiter müsse, ihnen bei Stalingrad zu helfen. In einem Traum erscheint Schweyk wieder der »Kelch«, wo der junge Prochazka und die Wirtin Kopecka mit den Gästen an ihrer Hochzeitstafel sitzen. Die Braut singt das *Lied vom Kelch*, das eine sozialistische Perspektive anklingen läßt. Dem ist die folgende Episode hart entgegengesetzt: ein Panzerwagen mit deutschen Soldaten taucht auf, die das *Deutsche Miserere* singen, ein Lied von der Ausbeutung des Soldaten. Am Ende des achten Bildes begegnet Schweyk einem kleinen Köter, dem er rät, seine eigene resignierte Philosophie des Opportunismus anzunehmen. Im Nachspiel erscheint die Agonie des überlebensgroßen Hitler, nachdem Schweyk ihn über die Auswegslosigkeit der politischen Lage belehrt hat, als furioser Tanz. Das Stück schließt mit einem *Chor aller Spieler*, die, jetzt ohne Masken, das letzte der insgesamt acht auf das Stück verteilten Lieder, *Das Lied von der Moldau*, singen.

Das Stück fand eine überwiegend negative Resonanz bei der Kritik, die Figur des Schweyk erschien unpassend zur Erhellung der Zeit des Faschismus. Bereits H. MAYER aber hatte 1965 darauf hingewiesen, daß Brechts *Schweyk* mit der Vorlage nur noch wenig gemeinsam habe, und H. KNUST vor allem war es, der das Stück als kritische Studie kleinbürgerlichen Verhaltens deutete. Zwischen dem Kleinbürger Hitler, dessen Freßgier auf Völker gerichtet ist, und dem Kleinbürger Baloun, der mangels Macht seine Gefräßigkeit nur im Wirtshaus stillen kann, bestehen zahlreiche Parallelen; Schweyk ist derjenige, der aus der historischen Situation lernt, der am Schluß nicht weiß, ob er auf Hitler »*schießen*« oder »*scheißen*« soll, der aber doch allein steht. Entsprechend unbestimmt bleibt der Schluß des Stücks, an dessen Ende drei Visionen nebeneinander erscheinen, der Traum vom Vergessen des Krieges, die Fortführung der Kleinbürgeridylle oder die Einkreisung Hitlers durch ein Volk, das in Schweyk seinen Repräsentanten besitzen könnte.    KLL

AUSGABEN: Bln. 1956 [Bühnen-Ms.]. - Bln./Ffm. 1957 (in *Stücke*, 12 Bde., 1956–1959, 10). -. Ffm./Bln. 1959 [Musik H. Eisler]. - Ffm. 1965 (es). - Ffm. 1967 (in *GW in 20 Bdn.*, 5; es). - Bln./Weimar 1973 (in *Werke in 5 Bdn.*, Stücke). - Ffm. 1978 (in *Die Stücke v. B. B. in einem Bd.*; ³1981).

LITERATUR: A. Wirth, *Über die stereometrische Struktur der B.schen Stücke* (in SuF, 1957, S. 346–387; auch in *Episches Theater* Hg. R.

Grimm, Köln/Bln. 1966). – H. Mayer, *Texte in der Sklavensprache* (in H. M., *B. und die Tradition*, Mchn. 1965). – D. Frey, *Études brechtiennes. »Schweyk«* (in Études de Lettres, 9, 1966, S. 125–148). – K.-D. Müller, *Die Funktion der Geschichte im Werk B. B.s Studien zum Verhältnis von Marxismus u. Ästhetik*, Tübingen 1967. – Ders., *»Das Große bleibt groß nicht...« Die Korrektur der politischen Theorie durch die literarische Tradition in B. B.s »Schweyk im Zweiten Weltkrieg«* (in WW, 23, 1973). – H. Knust, *Schweyk und kein Ende* (in Germano-Slavica, 1973, Nr. 1). – Ders., *B.s braver Schweyk* (in PMLA, 88, 1973, S. 219–232). – *Materialien zu B. B.s »Schweyk im Zweiten Weltkrieg«*, Hg. ders., Ffm. 1974 (es.).

## SVENDBORGER GEDICHTE

Gedichtsammlung von Bertolt BRECHT, erschienen 1939. – Die Sammlung entstand 1937 unter dem Titel *Gedichte im Exil 1937*, als Brecht Gedichte, die zwischen 1926 und 1937 entstanden waren, in sechs Abteilungen zusammenfügte und sie zusammen mit den vorangegangenen Sammlungen *Hauspostille*, *Aus dem Lesebuch für Städtebewohner* und *Lieder Gedichte Chöre* im 4. Band der *Gesammelten Werke* (Malik-Verlag London, Sitz Prag) sowie als gesonderten Gedichtband publizieren wollte. Obwohl der Satz der Gedichte vorlag und noch korrigiert wurde, konnten die Ausgaben wegen der Besetzung der Tschechoslowakei durch die Hitlertruppen Anfang 1938 nicht mehr realisiert werden (Vernichtung der Druckstöcke). Ruth BERLAU besorgte deshalb eine Einzelausgabe der Gedichte, die teilweise neu zusammengestellt und durch neue ergänzt wurden, in Kopenhagen und gab ihr nach Absprache mit Brecht den neuen Titel, der an dessen Exilort in Dänemark (Fünen) erinnern sollte. Die Ausgabe erschien im Jahre 1939 in einer Auflage von 1000 Exemplaren mit der Angabe des Verlagsortes London und dem Vermerk »Vordruck aus Brecht, ›Gesammelte Werke‹, Band IV«; sie wurde allerdings in Dänemark gedruckt und ausgeliefert.

Die Sammlung umfaßt sechs Abteilungen. Sie wird eröffnet durch die lapidaren Gedichte der *Deutschen Kriegsfibel*, die Brecht bereits 1937 gesondert als Sammlung publiziert hatte (in der Exilzeitschrift ›Das Wort‹, Moskau). In Form von Wandinschriften entlarvt dieses kleine Lehrbuch des Krieges vor dem Krieg die angeblich friedlichen und für die Bevölkerung nützlichen Maßnahmen der Nationalsozialisten als Kriegsvorbereitung; ehe der äußere Krieg ausbrechen wird, herrscht bereits der innere Krieg (sprich: Klassenkampf), der auf das kommende Unheil vorausweist: »*Auf der Mauer stand mit Kreide: / Sie wollen den Krieg. / Der es geschrieben hat / Ist schon gefallen.*« In der zweiten, ohne Überschrift verbliebenen Abteilung versammelt Brecht traditionelle Liedformen, die vom einfachen Lied *(Deutsches Lied)*, über *Kinderlieder (Der Pflaumenbaum)* und Balladen *(Ballade von der »Judenhure« Marie Sanders)* bis zum Kampflied *(Einheitsfrontlied)* reichen.

Das Zentrum der Sammlung bilden die *Chroniken*, die dritte Abteilung, meist längere, erzählende Gedichte, die auf neue Weise die Geschichte nach LENINS Motto »*Wer-Wen?*« befragen, im Sinn von »Wer arbeitet für wen?«. Paradigmatisch gelten die *Fragen des lesenden Arbeiters* dem eigentlichen Subjekt der Geschichte »*Der junge Alexander eroberte Indien. / Er allein? / Cäsar schlug die Gallier. / Hatte er nicht wenigstens einen Koch bei sich?*« Die Gedichte eröffnen die große historische Perspektive, indem sie berühmte Mythen *(Der Schuh des Empedokles)*, Legenden, Weltereignisse mit der Aktualität des Faschismus konfrontieren und das – von den Nazis verführte – Volk als die wesentliche politisch-historische, von der bürgerlichen Geschichtsschreibung aber verleugnete Kraft postulieren. Die *Legende von der Entstehung des Buches Taoteking auf dem Weg des Laotse in die Emigration*, eines der berühmtesten Gedichte Brechts, zeigt in der Gestalt des Zöllners, der dem Weisen seine Weisheit abverlangt, die produktiven Möglichkeiten der »kleinen Leute«. Laotses Einsicht, »*Daß das weiche Wasser in Bewegung / Mit der Zeit den mächtigen Stein besiegt*«, ist auf sie direkt übertragbar.

Die vierte, wiederum nicht mit Titel versehene Abteilung kehrt in die Gegenwart des faschistischen Alltags zurück. Hier sind die »*Appelle*« an den »*Schwankenden*«, die »*Gleichgeschalteten*«, die bildenden Künstler, Ärzte versammelt; diese werden aufgefordert, sich der Vereinnahmung durch die Nazipropaganda zu entziehen und Widerstand nicht als nutzlos anzusehen: Mitläufertum führt entweder zum aktiven Mitmachen oder am Ende doch in den Untergang.

Die *Deutschen Satiren* der fünften Abteilung bildeten wie die *Deutsche Kriegsfibel* zunächst eine gesonderte Sammlung, die auszugsweise in verschiedenen Exilzeitschriften publiziert und über den »Deutschen Freiheitssender« ausgestrahlt wurde. Diese Satiren stellen einen einsamen Höhepunkt der politischen Lyrik in der deutschen Literatur dar. Brecht schrieb sie für das Medium (Radio), das die Nazis zur Verdummung des Volkes benutzten. »*Es handelte sich darum, einzelne Sätze in ferne, künstlich zerstreute Hörerschaft zu werfen. Sie mußten auf die knappste Form gebracht werden, und Unterbrechungen (durch den Störsender) durften nicht allzuviel ausmachen.*« Unter der Verwertung vieler aktueller Daten und vor allem der gängigen Propagandasprüche der Nationalsozialisten stellen die Gedichte die Machthaber und ihre Anmaßungen bloß: »*Um das Lumpensammeln zu propagieren, hat der gewaltige Göring / Sich als den größten Lumpensammler aller Zeiten erklärt und / Um die Lumpen unterzubringen, mitten in der Reichshauptstadt / Einen Palast erbaut / Der selber so groß ist wie eine Stadt*« *(Notwendigkeit der Propaganda)*. Brecht gibt die »*großen politischen Verbrecher*« der Lächerlichkeit preis, »*Denn sie sind vor allem keine großen politischen Verbrecher, sondern die Verüber großer politischer Verbrechen, was etwas ganz anderes ist*«: »*Die*

*Minister verkünden unaufhörlich dem Volk / Wie schwer das Regieren sei. . . . / . . . Ohne den Propagandaminister / Ließe sich kein Weib mehr schwängern. / Ohne den Kriegsminister / Käme niemals ein Krieg«.* Die abschließende sechste Abteilung der Sammlung enthält Brechts klassische Gedichte über das Exil. Sie verbinden die politische Thematik mit der persönlichen Betroffenheit des Exilierten, der sich als *»Vertriebener«, »Verbannter«,* nicht aber als *»Ausgewanderter«* empfindet *(Über die Bezeichnung Emigranten).* Ihren Abschluß bildet Brechts bekanntestes Gedicht, *An die Nachgeborenen:* »*Gingen wir doch, öfter als die Schuhe die Länder wechselnd / Durch die Kriege der Klassen, verzweifelt / Wenn da nur Unrecht war und keine Empörung. // Dabei wissen wir ja: / Auch der Haß gegen die Niedrigkeit / Verzerrt die Züge. / Auch der Zorn über das Unrecht / Macht die Stimme heiser. Ach, wir / Die wir den Boden bereiten wollten für Freundlichkeit / konnten selber nicht freundlich sein. // Ihr aber, wenn es soweit sein wird / Daß der Mensch dem Menschen ein Helfer ist / Gedenkt unsrer / Mit Nachsicht.«*

Brecht schätzte seine lyrische Exilsammlung im Vergleich zur *Hauspostille* als Abstieg und Aufstieg zugleich ein. Es sei (vom bürgerlichen Standpunkt aus) eine erstaunliche Verarmung eingetreten, alles sei einseitiger, weniger »organisch«, kühler, »bewußter«. Er hoffe aber, es würde erkannt, daß diese Literatur, die den »realen Verwüstungen« entspreche, eine neue Qualität aufweist und zugleich eine lyrische Herausforderung darstellt, die die aktuellen Ereignisse nach sich gezogen hatten. In der Tat hat sich mit dieser – für die deutsche Literatur einzigartigen – Lyrik-Sammlung die »Veränderung der Lyrik« vollzogen. Der Ton persönlicher Betroffenheit und der anklagende, entlarvende Gestus der politischen Thematik gehen eine neue ästhetische Verbindung ein, und zwar nach Brechts Überzeugung: *»Über literarische Formen muß man die Realität befragen, nicht die Ästhetik, auch nicht die des Realismus.«*

Die Gedichte hinterließen in der Emigration *»einen bisher ganz unüblichen Widerhall«* (Wieland Herzfelde), ohne daß jedoch konkrete Urteile vorlägen; der beginnende Krieg verhinderte eine öffentliche Wirkung. Lediglich von Walter Benjamin ist durch sein *Tagebuch* überliefert: die Gedichte hätten in ihm eine Gewalt wirken lassen, *»die der des Faschismus gewachsen ist.«*

J.Kn.

Ausgaben: Ldn. 1939. – Ffm. 1961 (in *Gedichte,* 10 Bände, 1960–1976, Bd. 4). – Ffm. 1967 (in *GW* in 20 Bdn., Bd. 9 bzw. in *GW* in 8 Bdn., Bd. 4). – Bln./Ffm. 1988 ff. (in *W* in 30 Bdn.; Bd. 12 mit Kommentar).

Literatur: W. Benjamin, *Tagebuchnotizen* (in *Gesammelte Schriften,* Bd. VI, Ffm. 1985). – S. Schlenstedt, *Die Chroniken in den »Svendborger Gedichten«,* Diss. Bln. 1959. – C. Bohnert, *B.s Lyrik im Kontext,* Königstein 1982. – J. Knopf, *B.-Handbuch,* Stg. 1984. – K.-D. Müller, *B. B. Epoche – Werk – Wirkung,* Mchn. 1985.

## TROMMELN IN DER NACHT

Komödie von Bertolt Brecht, Uraufführung: München, 29. 9. 1922, Kammerspiele; erschienen 1923. – Für das Stück, das zuerst den Titel »Spartakus« hatte, erhielt Brecht von Herbert Jhering den Kleistpreis. Er selbst bezeichnete es als »Drama« und widmete es »Bie Banholzer 1918«. Damit sind die beiden für das Stück konstitutiven Elemente genannt: die Augsburger Heimat und die Novemberrevolution speziell der Spartakus-Aufstand im Januar 1919. Die Kennzeichnung »Komödie« erhält das Stück erst nach 1950, als Brecht es für die Ausgabe der *Stücke* nochmals bearbeitete.

*Trommeln in der Nacht* ist ein schwäbisch-bayerisches Volksstück, das in Berlin spielt. Der sparsam und geschickt eingesetzte Lechrain-Dialekt gibt dem Berliner Milieu augsburgische Farbe. Aber die Heimat ist in anderer Hinsicht wichtig. *Baal,* nur wenig früher entstanden, ist zweifelsohne ein lokales Stück, und die Figur des Baal spiegelt Brechts Emanzipations-Versuch, seinen Kampf gegen die eigene bürgerliche Herkunft, der sich als entschlossen finsteres Boheme-Treiben auf der augsburgischen Szene abspielte. Der Schritt von *Baal* zu *Trommeln in der Nacht* war ein gewaltiger Fortschritt. Brecht ließ damit die rein subjektive Perspektive hinter sich und brachte den Horizont gesellschaftlicher Auseinandersetzungen in sein dramatisches Schaffen ein. Zugleich war es das erste Stück Brechts, das auf dem Theater aufgeführt wurde (Regie: Otto Falckenberg).

Der Heimkehrer Andreas Kragler galt vier Jahre lang als vermißt. Seine Braut Anna hat ihm zuerst die Treue gehalten, dann aber, von den Eltern Balicke gezwungen, dem Drängen des Kriegsgewinnlers Murk nachgegeben. Sie kann ihren Andreas jedoch nicht vergessen. Er bleibt für sie als Schreckgespenst gegenwärtig. Murk dagegen glaubt, mit dem »Hirngespinst« leicht fertig werden zu können. Und für Karl Balicke gibt es ohnehin keine Probleme. Er verschiebt, Inbild des zynischen deutschen Hausvaters, seine Tochter an Murk wie eine Ware. Er weiß schließlich, was Geschäfte sind: *»Der Krieg hat mich auf den berühmten grünen Zweig gebracht! . . . Der Sau Ende ist der Wurst Anfang! Richtig betrachtet, war der Krieg ein Glück für uns! Wir haben das Unsere in Sicherheit, rund, voll, behaglich. Wir können in aller Ruhe Kinderwägen machen. Ohne Hast. Einverstanden?«* Die auf Gewalt gebaute Idylle ist von zwei Seiten gefährdet; durch das »Gespenst« Andreas Kragler und durch das Berliner Proletariat, geführt vom Spartakus, also dem Gespenst des Kommunismus. Kragler taucht plötzlich auf und stört die Verlobungsfeier in der Piccadillybar. Er hat in Afrika gekämpft und verkündet Anna, daß er durchaus noch Leben in sich fühle: *»Ich habe geschwollene Hände, dran sind Schwimmhäute, ich bin nicht fein und die Gläser zerbreche ich beim Trinken. Ich kann nimmer gut reden mit dir. Ich habe eine Negersprache im Hals.«* Der Außenseiter hat etwas Exotisches an sich. Er hat *»die afrikanische Haut um«.* Außenseitertum und

Exotismus spenden ihm Lebenskraft. Aber schon bringt ihn Vater Balicke in Zusammenhang mit Spartakus: »*Ihre dunklen Kumpane! Ihre Genossen...*« Im dritten Akt sind Andreas und Anna auf dem Weg ins Zeitungsviertel, wo gekämpft wird. Schließlich ringt sich Anna dazu durch, Murk zu verlassen. Man befindet sich in der Destille des Schnapshändlers Glubb unter Prostituierten und umsturzfreundlichen Menschen. Der Wirt soll ein Roter sein. Kragler kehrt noch einmal verstärkt das Exotische seines dreckigen Afrika-Abenteuers heraus. Er spricht hier durchaus noch die Sprache des *Baal*. Man erfährt, daß die Kämpfe im Zeitungsviertel heftiger werden, und Kragler kommt aus etwas unklaren Motiven zu dem Entschluß: »*In die Zeitungen mit uns!*« Aber es zeigt sich, daß er nicht kämpfen will. Er optiert für Anna, die zwar ein Kind von Murk im Leib hat, aber dafür kann er endlich heimkehren in »*das große, weiße, breite Bett...*« In der gewalttätigen Idylle der Balickes wird er natürlich nicht glücklich sein. Aber das ist ihm lieber, als den proletarischen Klassenstandpunkt einzunehmen: »*Mein Fleisch soll im Rinnstein verwesen, daß eure Idee in den Himmel kommt? Seid ihr besoffen?*«

Kraglers Optik war seinerzeit auch diejenige Brechts. Noch ist er sich nicht sicher, welchen Weg er in der literarischen und vor allem politischen Auseinandersetzung gehen sollte. Daher ist *Trommeln in der Nacht* nicht in erster Linie ein Heimkehrer- und Revolutionsstück im politischen Sinne. Diese Thematik diente Brecht nur dazu, vorzuführen, wie einem bürgerlichen Literaten zumute ist, der danach trachtet, »*seine Klasse zu verlassen*«. Desillusionierung, teils auch als Spiel im Spiel, wird betrieben. Literatur- und theatergeschichtlich hat das Stück Furore gemacht, da Brecht mit antiillusionistischen Techniken arbeitete – die berühmte Formel: »*Glotzt nicht so romantisch*« – und groteske Spielformen des Volkstheaters, auch durch den Rückgriff auf den von ihm bewunderten Karl VALENTIN, übernahm. P.F.-KLL

AUSGABEN: Mchn. 1923. – Bln./Ffm. 1957 (in *Stücke*, 12 Bde., 1956–1959, 1). – Ffm. 1967 (in *GW in 20 Bdn.*, 5; es). – Bln./Weimar 1973 (in *Werke in 5 Bdn.*, Stücke). – Ffm. 1975 (es). – Ffm. 1978 (in *Die Stücke v. B. B. in einem Bd.*; ³1981).

LITERATUR: J. Bab, B. B. »*Trommeln in der Nacht*« (in J. B., *Über den Tag hinaus. Kritische Betrachtungen*, Hg. H. H. Bergholz, Heidelberg 1960, S. 212–214). – H. Kaufmann, *Drama der Revolution u. des Individualismus. B.s Drama »Trommeln in der Nacht«* (in WB, 8, 1961; auch in H. K., *Analysen, Argumente, Anregungen*, Bln./DDR 1973). – B. Brecht, *Zu »Trommeln in der Nacht«* (in B. B., *Schriften zum Theater*, Bd. 2, Ffm. 1963, S. 50–66). – T. Igarashi, *Über die experimentelle Technik in der Komödie »Trommeln in der Nacht«* (in Doitsu Bungaku, 31, 1963). – P. C. Giese, *Das ›Gesellschaftlich-Komische‹. Zu Komik und Komödie am Beispiel der Stücke und Bearbeitungen B.s*, Stg. 1974,

S. 66–78, 103–109. – D. R. Bathrick, *The Dialectic and the Early B. An Interpretation of »Trommeln in der Nacht«*, Stg. 1975. – K. Feilchenfeldt, *B. B., »Trommeln in der Nacht«*, Mchn. 1976. – H. Mayer, *B., »Drums«, a Dog, and Beckett's »Godot«* (in *Essays on B.*, Hg. S. Mews u. H. Knust, Chapel Hill 1974; erstmals in Theater heute, 13, 1972).

## DAS VERHÖR DES LUKULLUS

Hörspiel von Bertolt BRECHT, Ursendung: Radio Beromünster, 12. 5. 1940 (unter dem Titel *Lukullus vor Gericht*); erschienen 1940. – Brechts Hörspiel erzählt von der Grablegung des römischen Feldherrn Lukullus, der im letzten Jahrhundert vor unserer Zeitrechnung mit seinen Legionen in Asien einfiel und dem römischen Imperium mehrere große Reiche unterwarf. Unter gemischten Reaktionen der Volksmenge vollzieht sich der letzte Weg des großen Feldherrn, dann geht »*das geschäftige Rom ... zurück an die Arbeit*«. Lukullus macht derweil in einer Art Vorzimmer des Hades die verdrießliche Erfahrung, daß sein Name und unsterblicher Ruhm im Reich der Schatten nichts gilt, und wird schließlich vor das Gericht der Unterwelt gerufen. Sein Ruf nach Fürsprechern wie dem gewaltigen Alexander von Makedonien ist vergebens; man erinnert sich seiner nicht »*in den Gefilden der Wohlerinnerten*«. Lukullus beantragt, die Menschen zu vernehmen, die auf dem zu seiner Verherrlichung geschaffenen Grabfries dargestellt sind. Diese Vernehmung jedoch wird zu einem Scherbengericht für den großen Feldherrn. Die Zeugen, einst Unterlegene im Kampf des Lukullus, sprechen von seinen Angriffskriegen und Untaten, von der Zerstörung der Städte und Menschen. Auch das Zeugnis derer, die angeblich mit ihm siegten, unterstützt ihn nicht: Der Feldherr fand Gold, die Legionäre fanden den Tod, die römischen Mütter, für die stellvertretend ein Fischweib auftritt, verloren ihre Söhne, und Käse und Thunfisch wurden nicht billiger. Nur der Koch des Lukullus nennt seinen Herrn »*menschlich*«, denn Lukullus würdigte seine Kunst, ebenso ein Bauer, der den Lukullus für die Einführung des Kirschbaums nach Italien lobt. Nach Anhörung aller Aussagen zieht sich das Gericht zur Beratung zurück.

Ähnlich wie später im *Kaukasischen Kreidekreis* wählt Brecht in dieser Auftragsarbeit für den Schwedischen Rundfunk und den Komponisten Hildung ROSENBERG die Gerichtssituation als Handlungsrahmen. Verhandlungsgegenstand ist der Krieg, personifiziert durch den Feldherrn Lukullus, und Ergebnis der Verhandlung (wenn auch in der ersten Hörspielfassung nicht direkt ausgesprochen, sondern als Konsequenz den Zuschauern nahegelegt) ist die Verurteilung des Krieges in der Person des Lukullus. Die Tatsache, daß Brecht diese Verurteilung in die Unterwelt verlegt hat, ist später u. a. als Beweis für seine Resignation interpretiert worden, für seinen schwindenden Glauben an das reale Stattfinden des großen Gerichts, der sozialistischen Revolution (M. Kesting). Brecht selbst dagegen hat sie als einen doppelten Kunstgriff bezeichnet: zum einen als die notwendige List beim Verbreiten der Wahrheit, wie er sie in den *Fünf Schwierigkeiten beim Schreiben der Wahrheit* verlangt hat, zum anderen als Aufgabe für den Zuschauer, der »*die Aktualität selber entdecken darf und sie um so heftiger und tiefer empfindet« (Schriften zum Theater)*.

Die Gerichtsszene als Handlungsrahmen entspricht in idealer Weise den Forderungen, die Brecht mit der Theorie des »epischen Theaters« verbunden hat. Nicht eine abgeschlossene dramatische Handlung rollt vor dem passiven, bloß rezeptiven Zuschauer ab, sondern eine Situation, deren Voraussetzungen durch Bericht, Rede und Gegenrede rekonstruiert werden. Zeugenaussagen und Plädoyers fordern die aktive Stellungnahme des Zuschauers heraus. Jegliche gespannte Erwartung auf den Ausgang des Prozesses wird schließlich düpiert durch das »offene Ende« des Hörspiels, die Zuschauer sind aufgefordert, die Folgerungen selbst zu ziehen. Dieses »offene Ende«, das die Erkenntnis- und Urteilsfähigkeit der Zuschauer provozieren soll, kehrt bei vielen Stücken und Gedichten wieder, die Brecht in seiner Svendborger Zeit schrieb (z. B. *Der gute Mensch von Sezuan, Der Schneider von Ulm*).

Die »*Entdeckung der Zustände*«, wie Walter BENJAMIN das Prinzip des »epischen Theaters« umschrieben hat, erfolgt in 13 Szenen. Szene 7-13 erzählen das Verhör in der Unterwelt, Szene 1 bis 6 bieten eine Variation dazu: Im Verlauf von Trauerzug und Grablegung sprechen die Lebenden ihr Urteil über Lukullus. Die einzelnen Stellungnahmen und Szenen sind kontrastierend gegeneinandergesetzt, wobei sich der Kontrast nicht im Formalen erschöpft, sondern die konkrete gesellschaftliche Dialektik bezeichnet. Der Ausrufer, die Soldaten und Kaufleute singen von Ruhm und Unsterblichkeit des großen Feldherrn, sie präsentieren die offizielle Version der herrschenden Klasse, die der Chor der Kinder einüben muß: »*In den Lesebüchern / Stehen die Namen der großen Feldherrn. / Ihre Schlachten lernt auswendig / Ihr wunderbares Leben studiert / Wer ihnen nacheifert.*« Die Sklaven und Plebejer, das Volk der Straße dagegen zeigt die Perspektive der »anderen Seite«, der Unterdrückten und Geknechteten: »*Meinen Reus / Der in Asien umkam, kriege / Ich durch all den Rummel nicht zurück.*« Diese Perspektive, die Anti-These zur offiziellen Version, bewirkt zunächst einen Verfremdungseffekt und führt, konsequent weitergetrieben, zur Ent-Heroisierung der Figur des großen Feldherrn. Im Verhör in der Unterwelt schließlich präsentieren die Zeugen, Tote der siegreichen wie der besiegten Armee, dem Feldherrn ihre Rechnung. Eine Anti-These wird eingeführt durch die Aussage von Koch und Bauer, die den Lukullus als Genießer guten Essens (ein Motiv, das an die Baal- und Galilei-Figuren im Werk Brechts erinnert) und Kirschbaumpflanzer loben. Den Zuschauern werden so gleichsam verschiedene Reaktionen und Urteile angeboten, und er wird zur Entscheidung gezwungen: Lukullus als Heros oder Mörder, Kirschbaumpflanzer oder Imperialist (W. Jens). Wie dieses Urteil, die Synthese des dialektischen Prozesses, aussehen muß, ist kaum zweifelhaft.

In der sprachlichen Form des Hörspiels knüpft Brecht an seine frühen Lehrstücke aus den zwanziger Jahren an. Versifizierte Chöre, feierliche Resümees und archaisierende Wendungen erinnern an die griechische Tragödie. Der oratorienartige Charakter des Hörspiels hat Brecht schon früh dazu bewogen, es zu »veropern«, wie Paul DESSAU berichtet hat. 1948 übernahm Dessau diese Aufgabe und überarbeitete gemeinsam mit Brecht den Text. Am 17. 3. 1951 fand auf Veranlassung des Ministeriums für Volksbildung der DDR eine Aufführung in der Deutschen Staatsoper Berlin statt, die auf starke Kritik der SED stieß. Brecht nahm anschließend einige Textveränderungen vor, durch die der Defensivkrieg gerechtfertigt wird, und er gab den offenen Schluß des Stücks auf; in der letzten Szene wird das Verdammungsurteil über Lukullus gesprochen. Der neue Titel hieß dementsprechend *Die Verurteilung des Lukullus*. Die Uraufführung dieser Oper fand am 12. 10. 1951 in der Deutschen Staatsoper Berlin statt, Brecht nahm diese Fassung nicht in seine *Versuche* auf. S.Schu.-KLL

AUSGABEN: Moskau 1940 (in Internationale Literatur, Nr. 3, 1940; diese Ausg. nicht bei Nubel) – Bln. 1951 (in *Versuche*, H. 11; Nachdr. Ffm. 1977). – Bln. 1951 (Fassg. der einmaligen Auff. vom März 1951; Ausg. wurde aus dem Handel gezogen). – Bln. 1951 (u. d. T. *Die Verurteilung des Lukullus*; geänderte Fassg.). – Bln./Ffm. 1957 (in *Stücke*, 12 Bde., 1956-1959, 7). – Lpzg. 1961 (RUB). – Ffm. 1962 (in *Spectaculum. Texte moderner Opern*, Hg. H. H. Stuckenschmidt). – Ffm. 1967 (in *GW in 20 Bdn.*, 4; m. Anm. zur Oper; es). – Bln./Weimar 1973 (in *Werke in 5 Bdn.*, Stücke). – Ffm. 1978 (in *Die Stücke v. B. B. in einem Bd.*; ³1981).

LITERATUR: H. G. Bonte, *Verwandelter B. B. Das Verhör des Lukullus im Rundfunk* (in Die Neue Zeitung, 22. 3. 1949). – P. Köhrer, *Lukullus Sieg über die SED, Befohlener Durchfall der neuesten Brecht-Oper klappte nicht* (in ebd., 21. 3. 1951). – K. Westphal, *»Die Verurteilung des Lukullus« von B. und Dessau* (in Melos, 4. 4. 1951). – H. Enke, *Des Lukullus Weg ins Nichts, Zur westdeutschen Erstaufführung von B.-Dessaus Protokoll in Musik* (in FR, 1. 2. 1952). – W. Friedländer, *Demontierte Kritik* (in FH, 7, 1952, H. 3). – D. Sternberger, *Vorschlag an B. B. zu einer vierten Fassung seines Stückes »Das Verhör des Lukullus«* (in Die Gegenwart, 7, 1952, H. 5). – H. Lindlar, *B.s »Lukullus«* (in Musica, 1959, H. 1). P. Dessau, *Wie es zum »Lukullus« kam* (in *Erinnerungen an B.*, zusammengestellt v. H. Witt, Lpzg. 1964; RUB). – K.-D. Müller, *Die Funktion der Geschichte im Werk B. B.s. Studien zum Verhältnis von Marxismus und Ästhetik*, Tübingen 1967. – H. Mayer, *Die Verurteilung des Lukullus.*

*B. B. und P. Dessau* (in H. M., *Versuche über die Oper*, Ffm. 1981, S. 182–224).

## WILLI BREDEL

\* 2.5.1901 Hamburg
† 27.10.1964 Berlin / DDR

LITERATUR ZUM AUTOR:
*W. B. Dokumente seines Lebens*, Bln./DDR 1961. – M. Reich-Ranicki, *W. B.* (in M. R.-R., *Deutsche Literatur in West u. Ost*, Mchn. 1963, S. 434–442). – L. Bock, *W. B. Leben u. Werk*, Bln./DDR 1964; ⁸1980. – SuF, 17, 1965 [Sonderh. *W. B.*]. – H. Koch, *W. B.*, Einl. zu *B. Ein Lesebuch für unsere Zeit*, Hg. W. Victor, Bln./Weimar 1966; ³1970. – F. J. Raddatz, *Von der Arbeiterkorrespondenz zur Lit. W. B., F. C. Weiskopf* (in F. J. R., *Traditionen u. Tendenzen*, Ffm. 1972, S. 254–278; ern. 1976). – K.-H. Höfer, *W. B.*, Lpzg. 1976. – R. Klettke, *Die literarische Ausprägung internationalistischer Positionen bei W. B.*, Diss. Potsdam 1983.

DIE PRÜFUNG. Roman aus einem Konzentrationslager

Roman von Willi BREDEL, erschienen 1934. – Der ehemalige kommunistische Reichtagsabgeordnete Heinrich Torsten – ein Porträt des Kommunisten Matthias Thesen – wird im Sommer 1933 in Hamburg beim Versuch, für die Partei illegal tätig zu sein, von der Gestapo verhaftet. Trotz schwerer Folterungen verrät er seine antifaschistischen Mitkämpfer nicht. Zur gleichen Zeit wird irrtümlich der jüdische Kaufmann Gottfried Miesicke, ein völlig unpolitischer Mensch, dem Torsten zufällig begegnet war, als mutmaßlicher Mitverschwörer eingeliefert, nach grausamen Mißhandlungen aber nach einigen Wochen entlassen. Torsten verständigt sich mit seinem Zellennachbarn Walter Kreibel, einem »führenden Funktionär«, durch Klopfzeichen; so gelingt es ihm, die psychischen Belastungen der Einzelhaft, in der er sich bis zu seiner Überführung in das Untersuchungsgefängnis befindet, zu ertragen. Kreibel wird später in Gemeinschaftshaft gebracht und dann entlassen. Nach der Rückkehr zu seiner Familie bekennt er sich trotz anfänglichem Zögern unter dem Eindruck eines inzwischen an einem Mitgefangenen vollzogenen Todesurteils erneut zur Untergrundtätigkeit in Deutschland; auch er hat die »Prüfung«, sein Leben weiterhin für die Parteiarbeit einzusetzen, bestanden. Zahlreiche Einzelepisoden aus dem Konzentrationslager, die das Leben sowohl der Inhaftierten (grausame Folterungen und Schikanen, politische Diskussionen mit Gleich- und Andersgesinnten) wie der Wachsoldaten (soziale und politische Herkunft, Korruption, Sadismus) schildern, sind in den lockeren, zeitlich genau abgegrenzten Handlungsablauf (August 1933 bis März 1934) eingefügt.

Dieses in der Gefängniszelle konzipierte und nach Bredels Flucht in vier Wochen im Prager Exil niedergeschriebene, in siebzehn Sprachen übersetzte Buch stellt eine Mischung aus Dokumentation und Fiktion dar, wobei das Dokumentarische, auch stilistisch, überwiegt. Es handelt sich um einen der frühesten und eindringlichsten Versuche, die Greuel der nationalsozialistischen Konzentrationslager literarisch zu gestalten. Dies wird mit unprätentiösen Mitteln (reportagehafter Realismus, der kein physisches und psychisches Detail der geschilderten Bestialitäten verschweigt) erreicht. Um der »dokumentarischen Wahrheit« Genüge zu tun, verwendet der Autor u. a. die authentischen Namen der SS- und Gestapo-Leute. Im Mittelpunkt des Romans steht die Schilderung des »Konzentrationslagers«, die auf den Erlebnissen des Autors während seiner mehrmonatigen Inhaftierung im KZ Fuhlsbüttel beruht. Sie wird von der Einsicht in die totale Verwerflichkeit des Nationalsozialismus sowie von dem Bewußtsein von dessen Überwindbarkeit und schließlicher Vernichtung bestimmt. Die nahezu ungebrochene politisch-geistige Solidarität der Gefangenen sowie das fast elitäre Wissen um die wichtige Rolle der KP im Kampf gegen den Faschismus halfen in entscheidendem Maße, den Terror der SS-Wachmannschaften zu überstehen.

Wenngleich Bredel die Erfolgsaussichten der damaligen innerdeutschen Opposition zweifellos überbewertet hat, legt dieser autobiographische Roman doch beredtes Zeugnis ab für den engagierten Kommunismus des Autors und für die publizistische Funktion der Exil-Literatur, die u. a. darin bestand, das Ausland über den wahren, zutiefst unmenschlichen Charakter des Nationalsozialismus aufzuklären. Unter diesem Aspekt muß auch *Die Prüfung* betrachtet werden, ein Buch, das weniger literarisch-ästhetische (und sicher auch nicht primär parteipolitische) als vielmehr in erster Linie humanitäre Intentionen verfolgt. Daß es in der Bundesrepublik weitgehend unbeachtet blieb, ist symptomatisch für die Einstellung breiter Leserschichten vor allem zur kommunistischen Exilliteratur und zum Phänomen des Nationalsozialismus überhaupt. G.Hz.

AUSGABEN: Prag/Ldn. 1934. – Moskau/Leningrad 1935. – Bln. 1946. – Bln./Weimar 1962 (in *GW in Einzelausg.*, 14. Bde., 1962–1976, 2). – Dortmund 1981 [Nachw. M. Hahn]. – Lpzg. 1981 (RUB).

LITERATUR: F. C. Weiskopf, *Zwei Soldaten* (in Neue Weltbühne, Prag 1935, Nr. 19, S. 580–585). – K. Pallowski, *Überfälliger Hinweis auf eine antifaschistische Arbeiterlit. W. B.s Roman »Die Prüfung«* (in *Antifaschistische Lit.*, Hg. L. Winckler, Bd. 3, Kronberg/Ts. 1979, S. 19–33). – M. Hahn, *»Dokumentarische Wahrheit« erzählend gestalten«.*

W. B.: »Die Prüfung« (in Erfahrung Exil, Hg. S. Bock u. M. Hahn, Bln./Weimar 1979, S. 94–138). – L. Winckler, W. B., Die Prüfung: Oder von den Schwierigkeiten lit. Selbstprüfung (in Faschismuskritik u. Deutschlandbild im Exilroman, Hg. ders. u. C. Fritsch, Bln. 1981, S. 119–131).

## VERWANDTE UND BEKANNTE

Roman-Trilogie von Willi BREDEL, erschienen 1941 (1. Teil: *Die Väter*), 1949 (2. Teil: *Die Söhne*), 1953 (3. Teil: *Die Enkel*). – Als Roman einer Familie konzipiert, schildert diese Trilogie die Entwicklung der deutschen Arbeiterbewegung vom ausgehenden 19. Jh. bis zum Ende der NS-Diktatur. Der erste Teil, *Die Väter*, der die Zeit zwischen Reichsgründung und dem Beginn des Ersten Weltkriegs umfaßt, gruppiert um die Gestalten des Hamburger Metallarbeiters Johann Hardekopf und seiner Familie Episoden aus dem Alltag und der politischen Umwelt eines deutschen Sozialdemokraten. Zusammen mit seinem aus gehobenem bürgerlichem Milieu stammenden Schwiegersohn Carl Brenten setzt sich Hardekopf aktiv für die Ziele der neu erstandenen sozialistischen Bewegung ein (u. a. Aufbau des »Sparvereins ›Maienblüte‹«, Wahlkampfarbeit). Energisch versucht er, kleinbürgerlichem Denken und der politisch-geistigen Verflachung der führenden »Partei- und Gewerkschaftsbürokraten« (etwa in Gestalt Louis Schönhusens oder des Vergnügungsobmanns Paul Papke) entgegenzuwirken. Während Hardekopf, unterstützt von seiner derb-gemütvollen Frau Pauline, bis zum Kriegsausbruch im Jahre 1914 verhältnismäßig ungebrochen seiner sozialistischen Überzeugung lebt (Teilnahme an den Werftarbeiterstreiks), gerät Brenten zusehends in eine resignierend-verzweifelte Vereinsamung: Hardekopfs engere Verwandtschaft, insbesondere seine Söhne Otto (kaiserlicher Beamter), Ludwig (Vegetarier und »Naturfreund«) und Emil (Angehöriger des sog. Lumpenproletariats, Streikbrecher), entfernt sich vollends in Wort und Tat von seiner kämpferischen, sozialistischen Lebenswelt. Kurz vor seinem Tod aber wird Hardekopf in seinem Glauben an die unzerstörbare Kraft der sozialistischen Bewegung irre: Die nationalistische Euphorie des Kriegsbeginns untergräbt die internationale Solidarität der Sozialisten.

Der zweite Teil, *Die Söhne*, führt die Schilderung der bereits in Teil 1 angedeuteten Entwicklung der ersten kommunistischen Ansätze in der sozialistischen Bewegung (Rosa Luxemburg, Karl Liebknecht) etwa bis zum Jahr 1930 fort. Zentrale Figur ist der in der sozialistischen Jugendarbeit tätige Metallarbeiter Walter Brenten, der Sohn Carl Brentens, der autobiographische Züge Willi Bredels trägt. Er versucht aus einer nunmehr revolutionären, antimilitaristischen Grundhaltung heraus, die parteipolitische Strategie der Kriegs- und Nachkriegssozialdemokratie, wie sie sich etwa im Verhalten L. Schönhusens niederschlägt, zu bekämpfen, während sein Vater gleichsam auf eigene Faust vergeblich dem als menschenunwürdig empfundenen Militär- und Kriegsdienst zu entrinnen trachtet. Das Weltkriegsgeschehen, vornehmlich aus der Perspektive der hungernden und kriegsmüden deutschen Zivilbevölkerung gesehen, die revolutionären und konterrevolutionären Aktionen der unmittelbaren Nachkriegszeit, Streiks und Verhaftungen sowie die ersten konkreten Ausformungen des Faschismus in Deutschland bilden die Handlungsschwerpunkte dieses Romans, in dem wiederum die Angehörigen der nunmehr weitverzweigten Familie Hardekopf-Brenten typische Verhaltens- und Denkweisen repräsentieren. Nach längerer Inhaftierung bekennt sich Walter Brenten endgültig zur Kommunistischen Partei und tritt aktiv für sie als Lokalredakteur ein. Er wird wegen publizistischen Hochverrats erneut zu einer längeren Gefängnisstrafe verurteilt.

Der die Trilogie abschließende Roman *Die Enkel* schildert die *Niederlage* (1. Teil) und den *Sieg* (2. Teil) der kommunistischen Bewegung im Kampf mit dem deutschen Faschismus. Er beginnt mit der Darstellung der schulischen Verhältnisse im »neuen« Deutschland, in deren Mittelpunkt die Gestalt des Sohnes Walter Brentens, Victor, steht, der sich auch wieder in jugendlicher Opposition zum herrschenden Regime befindet. Walter Brenten wird von den eigenen Verwandten denunziert und wegen seiner antifaschistischen Widerstandshandlungen in das Hamburger KZ Fuhlsbüttel gebracht, aus dem er Mitte 1934 entfliehen kann. Im Auftrag der Partei geht er ins Exil nach Prag; von dort wird er in das Exilzentrum Paris geschickt und nimmt schließlich aktiv am Kampf gegen Franco in Spanien teil. Verwundet kehrt er nach Paris zurück und gelangt dann nach Moskau, wo ihn der Abschluß des deutsch-sowjetischen Nichtangriffspaktes zunächst ratlos macht. Während eines Erholungsaufenthalts auf der Krim zusammen mit seiner schwedischen Freundin und Genossin Alina überrascht ihn der Überfall Hitlers auf die UdSSR. Es folgen ausführliche, z. T. realistisch-makabre Darstellungen der deutschen Kriegs- und Partisanenhandlungen in Rußland. Walter Brenten ist maßgeblich an den Agitationsarbeiten im Moskauer Rundfunk und in deutschen Kriegsgefangenenlagern beteiligt; nach Kriegsende kehrt er nach Berlin zurück, um am Neuaufbau Deutschlands im sozialistisch-kommunistischen Sinne mitzuwirken. Parallel zu diesen Geschehnissen läuft die Schilderung des Lebens seiner Mutter, Frieda Brenten, der Bredels Mutter Modell gestanden hat, im Deutschland der NS- und Kriegszeit. Der gnadenlose psychische Terror der Gestapo und der Bombenkrieg bestimmen auch ihr Leben. Die Trilogie endet mit dem Vereinigungsparteitag der beiden bisherigen deutschen Arbeiterparteien im Jahr 1946.

Bredel hat die Geschichte des deutschen Sozialismus bzw. Kommunismus und persönliche, familiäre Erfahrungen so miteinander verschränkt, daß man viele authentische Einblicke in die politische Alltagswelt des deutschen Arbeiters und Sozialisten zwischen Reichsgründung und Ende des Zweiten Weltkriegs erhält. Psychologisierungen versagt sich Bredel bewußt, gelegentlich erliegt er der Tendenz zur Stilisierung: Einzelne Figuren drohen zu bloßen Modellen vorbildlichen »sozialistischen« Verhaltens herabzusinken. Die theoretische Zielsetzung – die Veränderung des Bewußtseins des Arbeiters – hat Bredel sicher durch bewußt anspruchslose Stilmittel zu erreichen versucht. Dabei ist er häufig der Gefahr erlegen, mit karikaturistischen Überzeichnungen, melodramatischen Effekten, simplen klischeehaften Metaphern und Parteijargon eine unmittelbare Wirkung zu erzielen. Das mindert aber den politischen Wert des Buches nicht: wie vergleichbare Werke von Anna Seghers, Arnold Zweig oder Hans Marchwitza unter dem Eindruck des deutschen Faschismus eine Epochenbilanz zu zeichnen, die zugleich ein Portrait der deutschen Arbeiterbewegung ist, und die gesellschaftliche Wirklichkeit des Arbeiterrevolutionärs ins Bewußtsein zu rufen, die gern verschwiegen oder reaktionär verfälscht wird.

G.Hz.

Ausgaben: *Die Väter*: Moskau 1941. – Bln. 1955. – *Die Söhne*: Bln. 1949. – Bln. 1955. – *Die Enkel*: Bln. 1953. – Bln. 1955. – Bln./Weimar 1963–1965 (in *GW in Einzelausg.*, 14 Bde., 1962–1976, 4–6). – Dortmund 1981, 4 Bde. [Nachw. R. Booß].

Literatur: A. Abusch, *W. B.s Roman-Trilogie einer proletarischen Familie* (in A. A., *Literatur u. Wirklichkeit*, Bln. 1952, S. 272–283). – R. C. Andrews, *The Novel as a Political Vademecum. W. B.'s »Verwandte u. Bekannte«* (in GLL, 10, 1956/57, S. 131–138). – V. N. Tokmakov, *W. B.s historische Trilogie »Verwandte u. Bekannte«* (in Kunst u. Literatur, 7, 1959, S. 484–509). – M. Beck, *B. »Die Väter«* (in *Der deutschsprachige Roman des 20. Jh.s*, Bln. 1969). – R. Richter, *Kontinuität u. Neuansatz in B.s Literaturkonzept 1945 bis 1949* (in WZ Rostock, 34, 1985, H. 8, S.23–30).

---

### GERBRAND ADRIAENSZOON BREDERO

\* 16.3.1585 Amsterdam
† 23.8.1618 Amsterdam

Literatur zum Autor:
*Biographien*:
J. ten Brink, *G. A. B.*, 3 Bde., Leiden ²1888. – J. Prinsen, *G. A. B.*, Amsterdam 1919. – J. A. N. Knuttel, *B.*, Lochem 1949; ²1968. – G. Stuiveling, *Memoriaal van B. Documentaire van en dichterleven*, Culemborg 1970.
*Gesamtdarstellungen und Studien*:
J. O. S. van der Veen, *Het taaleigen van B.*, Amsterdam 1905. – A. A. Verdenius, *B.s dialectkunst als Hollandse reactie tegen Zuidnederlandse taalhegemonie*, Groningen 1933. – J. P. Naeff, *De waardering van G. A. B.*, Gorinchem 1960; Amsterdam ²1971 (*B. en de kritiek*; erw.). – E. K. Grootes u.a., *Het kan verkeeren*, Amsterdam 1968 [Ausst.Kat.]. – A. G. H. Bachrach u.a., *Rondom B. Een viertal verkenningen*, Culemborg 1970. – J. Mendels, *Medieval Elements in G. A. B.'s Lyrical Poetry* (in Germanic Notes, 3, 1972, Nr. 1). – S. Alpers, *Realism as a Comic Mode: Low-Life Painting seen Through B.'s Eyes* (in Semiolus, 8, 1976, Nr. 3, S. 115–144). – H. Miedema, *Realism as a Comic Mode: The Peasant* (ebd., 9, 1977, Nr. 4, S. 205–219; vgl. Replik v. S. Alpers, ebd., 10, 1978, Nr. 1, S. 46–50). – B. C. Damsteegt, *Het proza van G. A. B.* (in *Spiegel tot Leeuwnhoek*, Hg. ders., Leiden 1981, S. 23–48).

## BOERTIGH, AMOREUS, EN AENDACHTIGH GROOT LIED-BOECK

(ndl.; *Bäuerliches, erotisches und frommes Liederbuch*). Gedichtsammlung von Gerbrand Adriaenszoon Bredero, erschienen 1622. – In seinem ausführlichen Kommentar zur historisch-kritischen Ausgabe des *Lied-boeck* innerhalb der Bredero-Gesamtausgabe hat G. Stuiveling detailliert die komplizierte Editionsgeschichte dieser umfangreichsten Gedichtsammlung des neben Pieter Corneliszoon Hooft (1581–1647) bedeutendsten niederländischen Renaissancedichters dargelegt. Von den ersten drei Ausgaben des *Geestigh Liedt-boekken*, die wahrscheinlich 1616, 1617 und 1618 erschienen sind, konnte bisher kein einziges Exemplar aufgefunden werden. Erst die schon nach dem frühen Tod des Autors erschienene vierte Auflage blieb erhalten. Sie enthält insgesamt 55 Lieder, von denen die wenigen »*frommen Gedichte*« nur einen unwesentlichen Anhang bilden. Die ein Jahr später datierte fünfte Auflage enthält dagegen 200 Lieder, die über drei Hauptabteilungen, »*bäuerlich, erotisch und fromm*«, verteilt sind. Die bäuerliche, erste Abteilung enthält 82, die erotische zweite 79 und der fromme Schlußteil 39 Lieder. Vorreden des Verlegers Cornelis van der Plasse, des Autors selbst und mehrere Widmungsgedichte bilden die Einleitung der üppig aufgemachten, illustrierten Ausgabe, die eindrucksvoll die Popularität des Amsterdamer »Volksdichters« belegt.

Die Gedichte, die zu einer jeweils zusammen mit der Überschrift angegebenen Weise gesungen werden können, lassen durch ihre große metrische und rhythmische Virtuosität, durch ihr mit Dialektausdrücken angereichertes Vokabular und ihre sprachliche Plastizität einen wesentlich komplizierteren Autor erkennen als es das traditionelle Bredero-Bild der älteren Literaturwissenschaft wahrhaben wollte. Zu diesem Bild hatten auch Brederos eigene durchaus ironisch zu nehmende Angaben zu seiner Person – ein Amsterdamer Volksjunge, dem nur ein paar Reste Schulfranzösisch im Kopf herumspuken – beigetragen. Obwohl sich das Mitglied der »Rederijkerskamer« (Meistersingergilde) *D'Eglentier* von den bewußt gelehrten, manierierten Sprachexperimenten und dem Fremdsprachenkult der typischen Rederijkers-Poesie entfernte und eine größere Direktheit, ein stärkeres persönliches Engagement anstrebte und weitgehend verwirklichte, sind besonders in der offensichtlichen Freude am Spiel mit den unterschiedlichsten Vers- und Reimschemata Einflüsse dieser literarischen Strömung zu erkennen. Es ist aber vor allem die unverhüllte Sicht auf die Welt und insbesondere auf das eigene, schonungslos offengelegte Gefühlsleben, die Bredero im 20. Jh. zum beliebtesten Klassiker der niederländischen Literatur gemacht hat.

Der Ton der Liedsammlung bewegt sich, dem Titel entsprechend, zwischen den Extremen der satirischen Bauern- und Saufgedichte des ersten Teils, in dem *Boeren Geselschap*, die anschauliche Schilderung eines in eine Schlägerei ausartenden Bauernfestes einen Höhepunkt darstellt, und der frommen Gottergebenheit des Schlußteils. In seinen erotischen Gedichten schreckt Bredero weder vor unverblümten Kraßheiten *(Koortsigh Lietje)* noch vor eher trivial wirkenden Konventionalitäten zurück. Die vitale Grundhaltung wird durch eine illusionslose Sicht auf die Frau und die Liebe um die resignierte Erkenntnis, die als Leitmotiv in seinem Werk auftritt, erweitert: »*T'Kan verkeren*« (»Es kann sich ändern«). – Die Neigung früherer Kommentatoren, hinter den vielen Liedern, die sich mit Untreue und unglücklicher Liebe beschäftigen, Biographisches nicht nur zu vermuten, sondern auch zu erfinden, hat lange die Sicht auf die wirklichen Qualitäten der Lieder versperrt. R.A.Z.

AUSGABEN: Amsterdam 1622. – Rotterdam 1968 (Hg. u. Einl. A. A. van Rijnbach [Nachdr. d. Ausg. v. 1622]). – Culemborg 1975 (in *De werken van G. A. B.*, Bd. 1, Hg. u. Anm. G. Stuiveling).

LITERATUR: F. H. Matter, *De melodieen van B.'s Liederen* (in *De werken van G. A. B.*, s'Gravenhage 1979). – G. Stuiveling u. a., *G. A. B.s Boertigh, amorens en aendachtigh Groot Lied-Boeck* (in *De werken van G. A. B.*, Leiden 1983).

## DE KLUCHT VAN DE KOE

(ndl.; *Die Posse von der Kuh*). Posse in einem Akt von Gerbrand Adriaenszoon BREDERO, erschienen 1612. – Ein Spitzbube findet Herberge bei einem aufgeblasen-eitlen Bauern und entführt in der Nacht dessen Kuh. Am Morgen ziehen beide auf den Markt nach Amsterdam. Unterwegs holt der Dieb die Kuh aus dem Versteck und gibt vor, sie soeben als Pfand für eine alte Schuld bei einem andern Bauern abgeholt zu haben. Schließlich bringt er den Geprellten so weit, daß dieser seine Kuh sogar für ihn verkauft. Im Wirtshaus »entlehnt« er sich von dem Bummler Joosje noch einen Mantel und läßt dann Joosje und den Bauern mit der unbezahlten Zeche sitzen. Die Betrogenen müssen erkennen, daß sie dem Dieb im Grunde freiwillig ihre Habe überlassen haben und, um sich nicht obendrein zu blamieren, nicht einmal viel Aufhebens machen dürfen. »*Wüßten's die Rederijker, sie machten draus ein Possenspiel.*«

Mit derlei Anspielungen auf die literarische Schule des Rederijker, in deren Tradition der Autor eigentlich selbst steht und deren typisches Versmaß mit unregelmäßiger Silbenzahl bei meist vier starken Hebungen er übernimmt, gelang es Bredero, im Stück selbst den Spielcharakter der Posse ironisch durchscheinen zu lassen, während es für die zeitgenössische Form dieser Gattung bezeichnend ist, daß sich dem Publikum erst in einer moralisierenden Schlußwendung das Bühnenspiel enthüllt. Andererseits geht der Realismus Brederos in der Personencharakterisierung weit über das zu dieser Zeit Gebräuchliche hinaus. Die Selbstdarstellung des Diebs im Eingangsmonolog und seine spätere Verteidigung unter Hinweis auf die »*reichen Messieurs*« an der Amsterdamer Börse zeugen von einem außerordentlichen psychologischen Verständnis für diesen »Beruf« und für den gefährlichen Reiz einer zwielichtigen Verstellungskunst. Jede Replik zeugt für des Dichters lebendige Kenntnis zeitgenössischer Typen; darüber hinaus aber geraten ihm seine Figuren zu individuellen Gestalten mit nuancierter Charakteristik. »*Es ist*«, wie Van RIJNBACHES treffend formuliert, »*als ob man zuerst einen Holzschnitt des 16. Jhs gesehen hätte und danach vor ein lebendiges, farbenprächtiges Gemälde Jan Steens zu stehen käme.*«.

Das schnurrige Thema von Brederos bester Posse wurde im 16. Jh. mehrfach behandelt, u.a. in den *Nouvelles récréations et joyeux devis* (1558) von Bonaventure DES PÉRIERS, in Henri ESTIENNES *Apologie pour Hérodote* (1556) sowie in der Sammlung *Schimpf und Ernst* (1522) des Franziskaners Johannes PAULI, die als Brederos direkte Quelle gelten darf. W.Sch.

AUSGABEN: Amsterdam 1612. – Amsterdam 1638 (in *Verzameld werk*). – Amsterdam 1926 (in *De Kluchten van G. A. B.*, Hg., Einl. u. Anm. A. A. van Rijnbach). – Zwolle 1963, Hg. u. Einl. J. Daan [krit.]. – Culemborg [5]1977. – Zutphen 1964; [4]1982, Hg. A. de Bruyn. – Culemborg 1971, Hg. J. Daan (in *Verzameld werk*, Bd. 2; m. Einl.).

LITERATUR: J. van Vloten, *Het Nederlandsche kluchtspel van de 14e tot de 18e eeuw*, 3 Bde., Harlem [2]1881. – P. H. van Moerkerken, *Het Nederlandsche kluchtspel in de 17e eeuw*, Sneek 1898. – A. A. van Rijnbach, *De kluchten van G. A. B.*, Amsterdam 1926. – A. A. Verdenius, *Aanteekeningen bij B.s Kluchten* (in Tijdschrift voor Nederlandsche taal- en letterkunde, 48, 1929, S. 1–17; 49, 1930, S. 36–46; 298–310). – L. Rens, *B.s kluchten en de bouw ervan* (in Spiegel der letteren, 14, 1972, Nr. 4, S. 298–313).

## DE SPAANSCHE BRABANDER

(ndl.; *Der spanische Brabanter*). Lustspiel in fünf Aufzügen von Gerbrand Adriaenszoon BREDERO, erschienen 1618. – Den Stoff für sein meistgelesenes und meistbewundertes Bühnenstück entnahm der Autor der Sammlung pikarischer Novellen *Lazarillo de Tormes* eines unbekannten spanischen Autors. Gewidmet dem schwedischen Botschafter bei den Generalstaaten, Jacob van Dijck, schildert das Stück den abermaligen Bankrott des Antwerpener Bankrotteurs Jerobino Rodrigo (des ursprünglichen »Kahlen Junkers«) in Amsterdam und des Bettlers Robbeknol, den der »spanische Brabanter« in seine Dienste nimmt: »*Da wir also nun keinen Spanier hatten und weil der gemeine Mann es nicht würde verstanden haben, haben wir diese Namen, die Plätze und die Zeiten und den Spanier in einen Brabanter verändert, deswegen, weil das Völkchen dem aufs Haar gleicht.*«

Wie die meisten Bühnenwerke des Rederijkers – wie ja auch der deutschen Meistersinger – weist Brederos Stück, dessen Moral ist: »*Sieht man auch die Leute, man kennt sie doch noch lange nicht*«, kaum Handlung auf. Der Autor vermochte nicht, den epischen Charakter seiner Vorlage dramaturgisch zu überspielen, und wollte wohl auch nicht auf die aus der Retrospektive erzählten Lebensberichte Jerolimos, Robbeknols und vieler anderer skurriler Typen verzichten, so daß über große Strecken hinweg auf der Bühne lediglich erzählt wird. Einige Szenen auf den Straßen Amsterdams haben keinerlei Handlungsfunktion und geben dem Autor nur Anlaß, allerlei merkwürdige Erscheinungen seines zeitgenössischen Amsterdam zu glossieren und zu kritisieren. Überhaupt ist die Aktualität des Sujets – und darin liegt vor allem der Wert des Stücks – stark akzentuiert. Die im Grunde naturalistische Diktion kommt schon in der Sprache der Akteure zum Ausdruck: Jerolimo spricht sein weiches Antwerps, Robbeknol seinen Gossenjargon, mit friesischen Brocken vermischt, Gierige Geerard, der Hausherr (dem Jerolimo alles Inventar verkauft), die geprellte Kupplerin Byaris – alle bedienen sich ihres eigenen, durchaus realistischen Idioms. Bei dieser lebensnahen Sprache ist es nicht verwunderlich, daß sie immer wieder den Alexandriner sprengt. W.Sch.

AUSGABEN: Amsterdam 1618. – Amsterdam 1890 (in *De werken*, Hg. J. ten Brink u.a., 3 Bde.). – Amsterdam 1921–1929 (in *Werken*, Hg. J. A. N. Knuttel, 3 Bde.). – Amsterdam 1942 (in *Toneelwerk*). – Culemborg 1974 (in *De werken van G. A. B.*, Bd. 6; m. Studie v. C. F. P. Stutterheim u. Bibliogr.). – Utrecht 1985 (in *Blijspelen uit de 17e en 18e eeuw*, Hg. R. van Riet).

ÜBERSETZUNG: *The Spanish Brabanter*, H. D. Brumble III, Binghamton/N.Y. 1982 [engl.].

LITERATUR: G. Kazemier, *De compositie van B.s »Spaansche Brabander«* (in De nieuwe taalgids, 28, 1934, S. 1–16). – Ders., *Versbouw in B.s »Spaansche Brabander«* (in Tijdschrift voor Nederlandse taalen letterkunde, 54, 1935, S. 299ff.). – J. J. Gielen, *G. A. B. en zijn »Spaansche Brabander«* (in De nieuwe taalgids, 29, 1935, S. 385ff.). – Th. H. d'Angremond, »*De Spaansche Brabander«* (in Tijdschrift voor taal en letteren, 24, 1936, S. 276ff.). – A. A. v. Rijnbach, *B.s toneelwerk*, Amsterdam 1942. – E. Oey-de Vita, *Wat is de oudste druk van B.s »Spaanschen Brabander«*? (in Spiegel der letteren, 12, 1969/70, Nr. 4, S. 268–283). – E. K. Grootes, *De varianten in de editie van 1618 van B.s »Spaanschen Brabander«* (in De nieuwe taalgids, 63, 1970, S. 28–32). – C. F. P. Stutterheim, *Robbeknoliana* (ebd., S. 110–127). – B. v. Selm, *G. A. B.s »Spaanschen Brabander« . . . 1616?* (ebd., 67, 1974, S. 53). – H. D. Brumble III, *G. A. B.'s »Spaanschen Brabander«* (in Spektator, 5, 1976, Nr. 10/11, S. 660–667).

## ALFRED EDMUND BREHM

\* 2.2.1829 Renthendorf bei Gera
† 11.11.1884 Renthendorf bei Gera

### ILLUSTRIRTES THIERLEBEN. Eine allgemeine Kunde des Thierreichs

von Alfred Edmund BREHM, erschienen 1864–1869 in sechs Bänden: I. *Die Säugethiere* (Erste Hälfte); II. *Die Säugethiere* (Zweite Hälfte); III. *Die Vögel* (Erste Hälfte); IV. *Die Vögel* (Zweite Hälfte); V. *Die Kriechthiere, Lurche und Fische*; VI. *Das Leben der Insekten, Tausendfüßler und Spinnenthiere* von E. L. TASCHENBERG und *Das Leben der Krebse, Würmer und ungegliederten wirbellosen Thiere* von Oskar SCHMIDT. – Seit dem Erscheinen von DARWINS *On the Origin of Species* (1859) war das Interesse der Öffentlichkeit an biologischen Fragen und an der Tier- und Pflanzenwelt ständig gewachsen. Die zoologische (und botanische) Literatur dieser Zeit behandelte jedoch vorzugsweise anatomische und systematische Fragen und war daher für ein breites Publikum wenig anziehend. Brehm, Sohn des Pfarrers und Amateurornithologen Christian Ludwig Brehm, war von Kindheit an unter Tieren aufgewachsen und von seinem Vater in das naturwissenschaftliche Denken eingeführt worden. Eine mehrjährige Afrikareise vertiefte sein Wissen und machte ihn vertrauter mit dem Leben der Tiere als das sich anschließende Zoologiestudium. Er begann, neben wissenschaftlichen Abhandlungen populäre Reiseberichte, z. B. *Reiseskizzen aus Nordostafrika* 1855 und das *Leben der Vögel* (1861) sowie viele Einzelaufsätze, in der ›Gartenlaube‹ und anderen Zeitschriften zu veröffentlichen. Mehr und mehr bemühte er sich dabei um eine auch für den Laien ver ständliche und reizvolle Schilderung des Tierlebens. Er schreibt selbst darüber: »*In den neueren tierkundlichen Werken wird sonderbarerweise das Leben der Tiere kaum berücksichtigt. Man begnügt sich mit genauen Beschreibungen des Leibes und wendet weitaus die größte Aufmerksamkeit auf dessen Zergliederung. Gewöhnlich erhalten wir nur über das Vorkommen eines Tieres die dürftigsten Nachrichten, während über die Lebensweise, die Sitten, Gewohnheiten, die Nahrung usw. ein tiefstes Stillschweigen herrscht.*« Daß Brehm mit dieser Tradition brach und damit ein echtes Bedürfnis der am Tier interessierten Leser befriedigte, ist wohl die Hauptursache für den Erfolg seines Hauptwerks, das von der 2. Auflage (1876–1879) an den Titel *Brehms Tierleben* führte, zum Volks- und Hausbuch wurde und in zahlreichen Ausgaben – auch im Ausland – bis in die jüngste Zeit weiteste Verbreitung gefunden hat.

Daß Brehm mit seinem *Tierleben* Neuland betrat, erklärt auch die anfänglichen Schwächen seines Werks. Da die zoologische Wissenschaft seiner Zeit außerstande war, ihm für dieses Vorhaben in ausreichendem Umfang gesichertes Tatsachenmaterial zur Verfügung zu stellen, sah Brehm sich neben seinen eigenen, ungewöhnlich genauen Beobachtungen vielfach auf Schilderungen von wissenschaftlich nicht geschulten Jägern, Kolonialbeamten und -offizieren sowie Reisenden angewiesen. Trotzdem gelang es ihm, den weitaus größten Teil der ersten fünf Bände aus eigenem Wissen und Erleben selbst zu schreiben. Nur den letzten Band ließ er von den Zoologieprofessoren Taschenberg und Schmidt verfassen. Der besondere Reiz und damit wohl auch ein wichtiges Element des literarischen Werks von Brehms Tierschilderungen liegt in seiner von genialer Intuition geleiteten Deutung der Tierseele. Diese Deutungen konnte Brehm in der zweiten Auflage noch vertiefen, und auch in der nach Brehms Tod von PECHUEL-LOESCHE herausgegebenen 3. Auflage (1890–1893) und in der von Otto zur STRASSEN besorgten dreizehnbändigen 4. Auflage (1911–1920) blieb diese Konzeption erhalten. Die damals notwendig werdende Anpassung an die Fortschritte der zoologischen Wissenschaft konnte ohne Beeinträchtigung der ursprünglichen Texte durch Erweiterung des Umfangs und Neugliederung der systematischen Reihenfolge erreicht werden. – Auch in der Illustration gingen Brehm und seine Nachfolger neue Wege. Mehr und mehr trat das nach dem Leben gezeichnete und gemalte Tierbild an die Stelle der Phantasiebilder früherer Tierbücher. Unter den zahlreichen Illustratoren des Werks verdienen zwei Namen besonders hervorgehoben zu werden: G. MÜTZEL, dessen großartige Holzschnitte nach dem Leben noch in der vierten Auflage einen hervorragenden Platz unter den Textillustrationen einnahmen, und W. KUHNERT, der weitaus die meisten Farbtafeln der beiden letzten Auflagen gestaltete und als Tiermaler bis heute unerreicht blieb. Die Illustration der vierten Auflage wurde außerdem durch zahlreiche Fotos ergänzt.     D.H.

AUSGABEN: Hildburghausen 1864–1869, 6 Bde. – Lpzg. 1876–1879, 10 Bde. (*B.s Thierleben*). – Lpzg. ³1890–1893 (*B.s Tierleben*, Hg. Pechuel-Loesche, 10 Bde.). – Lpzg./Wien ⁴1911–1920 (*B.s Tierleben*, Hg. O. zur Strassen, 13 Bde.; ill. G. Mützel, W. Kuhnert u.a.). – Mchn. 1960 (*B.s schönste Tiergeschichten*, bearb. Th. Etzel; ill. M. u. B. Grzimek; Ausz.). – Bln. 1964 (*B.s Tierleben*, bearb. W. Bardoff u.a., 4 Bde.; ill. R. Kretschmer, G. Mützel u. T. F. Zimmermann). – Bln. 1966 (*B.s Tierleben*, bearb. W. Bardoff; Ausz.).

LITERATUR: O. Winter, *A. B., der Tierforscher und Tierfreund*, Bln. 1929. – K. Floericke, *Tiervater B. Seine Forschungsreisen*, Stg. ⁸1936. – O. Kleinschmidt, *Der Zauber von »Brehms Tierleben«*, Lpzg. 1952 (Neue Brehmbücherei). – R. Möller, *Forschungsreisender und Volkslehrer – 100 Jahre »Brehms Tierleben«* (in Wissenschaft und Fortschritt, 14, 1964, S. 524f.). – W. Genschorek, *Fremde Länder – wilde Tiere. Das Leben des ›Tiervaters‹ B.*, Lpzg. 1984. – S. Schmitz, *Tiervater B.*, Mchn. 1984; ern. Ffm. 1986 (FiTb).

## JOSEPH BREITBACH

\* 20.9.1903 Koblenz
† 9.5.1980 München

LITERATUR ZUM AUTOR:
M. Durzak, *Versuch über J. B.* (in Akzente, 1974, H. 3, S. 227–241). – *Wechselrede. J. B. zum 75. Geburtstag*, Ffm. 1978. – K. Doerr, *J. B.: Thematische Einführung in sein Werk u. Bibliographie*, Montreal 1978. – K. Korn, *Skeptiker u. Menschenfreund. Zum Tode von J. B.* (in Jb. Dt. Akad. f. Sprache u. Dichtung, Lfg. 1, Heidelberg 1980). – G. Ullrich, *J. B.* (in KLG, 9. Nlg., 1981). – *Erinnerung an J. B.*, Hg. W. Mettmann, Koblenz 1983 (Katalog; m. Bibliogr.).

## BERICHT ÜBER BRUNO

Roman von Joseph BREITBACH, erschienen 1962. – Mit diesem Roman kehrte der Autor, der 1933 in Deutschland Publikationsverbot erhalten hatte, zur deutschen Literatur zurück. Nach seinen ersten Veröffentlichungen – dem Erzählungsband *Rot gegen Rot* (1929) und dem Roman *Die Wandlung der Susanne Dasseldorf* (1932) – hatte Breitbach, der väterlicherseits aus lothringischer Familie stammte, in Paris gelebt und hauptsächlich als Mitarbeiter von Zeitungen und Zeitschriften französisch geschrieben. 1960 war dort auch seine Komödie *La jubilaire* uraufgeführt worden.

Der Roman ist in der Form eines Berichtes abgefaßt, in dem ein Wirtschaftsführer und Politiker sich Rechenschaft gibt über die Entwicklung seines Enkels Bruno Collignon, der seiner Erziehung anvertraut war und durch dessen Machenschaften er soeben als Innenminister gestürzt worden ist. In diesen beiden Hauptfiguren stehen sich zwei durch Herkunft, Entwicklung und Lebenshaltung exemplarische Menschen des 20. Jh.s gegenüber. Bruno, Kind einer gescheiterten Ehe und seinem von ihm getrennten Vater, einem politischen Abenteurer und Gauner, zuerst in Liebe, dann in Verachtung hängend –, wächst im Haus seines Großvaters in einer Atmosphäre von Macht und Verantwortung auf. Aber er geht nicht den ihm anscheinend so sicher vorgezeichneten Weg. Einsamkeit, ungewöhnliche Intelligenz und aggressiver Hochmut bringen ihn bald in Konflikt mit seinem Großvater, der ihn streng, aber im Geist der Vorurteilslosigkeit zu erziehen sucht. Die persönlichen Auseinandersetzungen werden zu politischen Kontroversen, die zunächst individuell erklärbaren Spannungen zwischen den Generationen und gegensätzlichen Charakteren steigern sich zum politischen Machtkampf. Zwei ethische und politische Grundhaltungen – konservativer Liberalismus und revoltierender Terrorismus – treffen aufeinander.

Der Roman – die in weiten Passagen angewandte Aussageform der indirekten Rede erzeugt eine suggestiv wirkende Distanz – ist reich an Spannung und Handlung, die zum Schluß fast kolportagehafte Züge hat, wenn Bruno im Auftrag des sowjetischen Geheimdienstes den Großvater und letztlich die Regierung zu stürzen versucht und damit die Reaktion der Mächtigen heraufbeschwört. Breitbach ist Moralist, und *Bericht über Bruno* ist entstanden aus den Anschauungen und Erfahrungen seines aktiven Lebens in Wirtschaft und Politik, aus seiner Einsicht in die erotischen und moralischen Konstellationen der heutigen Gesellschaft und aus seinem Streben nach größerer Toleranz im Zusammenleben der Menschen. »*Der Sturz des Ministers am Ende und die Brandstifterei Brunos sind Mahnzeichen einer Niederlage des Eros. Die Liebeskräfte, jahrhundertelang unter Kuratel gestellt, rächen sich für die Vernachlässigung und schlagen in Haß um. Die Botschaft, die Breitbach in seinem Roman als Mitlebender und Erbe einer großen Generation weitergibt, lautet, daß es nicht genügt, christlich zu sein, wenn man nicht auch menschlich ist.*« (K. A. Horst) Für die französische Fassung des Romans *(Rapport sur Bruno)* erhielt Breitbach 1965 den »Prix Combat«. KLL

AUSGABEN: Ffm. 1962. – Ffm. 1985 (FiTb.).

LITERATUR: K. M. Michel, *J. B.*, »*Bericht über Bruno*« (in NRs, 74, 1963, S. 131–133). – A. Pierre, *Die Charakterisierung der Figuren in J. B.s Roman »Bericht über Bruno«* (in *Mémoire de la Maîtrise*, Nancy 1968). – M. Durzak, *Der politische Roman als Erziehungsroman ex negativo. J. B.s »Bericht über Bruno«* (in *Gespräche über den Roman*, Ffm. 1976, S. 71–85).

## JOHANN JAKOB BREITINGER

* 1.3.1701 Zürich
† 13.12.1776 Zürich

LITERATUR ZUM AUTOR:
A. Nivelle, *Kunst- u. Dichtungstheorien zwischen Aufklärung u. Klassik*, Bln. 1960. – W. Bender, *J. J. Bodmer u. J. J. B.*, Stg. 1973.

**CRITISCHE ABHANDLUNG VON DER NATUR, DEN ABSICHTEN UND DEM GEBRAUCH DER GLEICHNISSE. Mit Beispielen aus den Schriften der berühmtesten alten und neuen Scribenten erläutert**

Dichtungstheoretische Schrift von Johann Jakob BREITINGER, erschienen 1740. – Die Abhandlung ergänzt die im selben Jahr veröffentlichte *Critische Dichtkunst* Breitingers. Gleichnisse und Bilder sind für ihn das wichtigste Schmuck- und Stilmittel der Dichtung. Ihre Funktion ist seiner Auffassung nach der Funktion der Farbe in der Malerei zu vergleichen – eine Ansicht, die der zeitgenössischen Theorie von der »malenden Dichtkunst« entspricht. Zu den Aufgaben der Gleichnisse gehöre es, »*einen Gedanken in ein helleres Licht zu setzen*«, außerdem präge sich ein durch ein Gleichnis ausgedrückter Gedanke leichter ein. Durch geschickt gewählte Gleichnisse sei es aber auch möglich, »*die besonderen Grade einer Gemüths-Bewegung zu schildern*«. Dabei müsse jedoch das rechte Maß eingehalten werden: »*Die Skribenten sündigen mehr mit Verschwendung als mit Kargheit*«. Als Beispiele führt Breitinger die »*ungereimten Bilder*« vor allem LOHENSTEINS und HOFMANNSWALDAUS an, denen er »*Verderbung des Geschmacks*« vorwirft. Lohensteins Bilder seien »*unbekannt, ausschweifend, ungeschickt und überflüssig*«. Gerühmt dagegen wird HOMERS und VERGILS Geschicklichkeit in der Erfindung und Auswahl ihrer Gleichnisse. Unter den neueren deutschen Dichtern gelten besonders OPITZ und HALLER als vorbildlich. A.Sch.

AUSGABEN: Zürich 1740. – Lpzg. 1935 (in DL, R. Aufklärung, 3; Ausw.) – Stg. 1967 (Faks. der Ausg. v. 1740; Nachw. M. Windfuhr).

LITERATUR: F. Servaes, *Die Poetik Gottscheds u. d. Schweizer*, Straßburg 1887 (QFgV, 60). – Ders., *Die Poetik Bodmers u. B.s*, Diss. Straßburg 1887. – F. Braitmaier, *Geschichte der poetischen Theorie und Kritik von den Diskursen der Maler bis auf Lessing*, 2 Bde., Frauenfeld 1888/89. – S. Bing, *Die Naturnachahmungstheorie bei Gottsched u. d. Schweizern u. ihre Beziehung z. Dichtungstheorie d. Zeit*, Würzburg 1934 [zugl. Diss. Köln]. – T. Wojtowicz, *Die Logik v. J. J. B.*, Paris 1947. [zugl. Diss. Zürich]. – H. Schöffler, *Anruf der Schweizer* (in H. S., *Dt. Geist im 18. Jh.*, Ffm. ²1956). – M. Wächter, *Der wirkungspoetische Aspekt in der deutschen Literaturtheorie von J. J. Bodmer, J. J. B. bis C. F. v. Blanckenburg (1740-1774)*, Diss. Potsdam 1978. – R. Meyer, *Restaurative Innovation. Theologische Tradition u. poetische Freiheit in der Poetik Bodmers u. B.s* (in *Aufklärung u. lit. Öffentlichkeit*, Hg. C. Bürger u. a., Ffm. 1980, S. 39–82; es). – U. Möller, *Rhetorische Überlieferung u. Dichtungstheorie im frühen 18. Jh. Studien zu Gottsched, B. u. G. F. Meier*, Mchn. 1983. – C. Koelb, The »*Schein der Falschheit*« *in B.'s poetics* (in Michigan Germanic Studies, 9, 1983, S. 129–140).

**CRITISCHE DICHTKUNST. Worinnen die Poetische Mahlerey in Absicht auf die Erfindung Im Grunde untersucht und mit Beyspielen aus den berühmtesten Alten und Neuern erläutert wird**

Dichtungstheoretisches Werk von Johann Jakob BREITINGER, zwei Bände, erschienen 1740; der zweite Band, mit einer Vorrede von Johann Jakob BODMER (1698–1783), trägt den Titel *Fortsetzung der Critischen Dichtkunst Worinnen die Poetische Mahlerey in Absicht auf den Ausdruck und die Farben abgehandelt wird.* – Breitinger veröffentlichte sein Werk zehn Jahre nach GOTTSCHEDS *Versuch einer Critischen Dichtkunst vor die Deutschen.* Die Meinungsverschiedenheiten zwischen Gottsched und den Schweizern Bodmer und Breitinger, die später in einen regelrechten »Literaturkrieg« ausarteten, beschränken sich hier jedoch auf verhältnismäßig wenige, allerdings entscheidende Punkte. Der erste Band enthält vor allem kunstphilosophische und dichtungstheoretische Betrachtungen mit zahlreichen nachahmenswerten Beispielen. Erst im zweiten Band geht Breitinger dann konkreter auf Einzelfragen, wie die poetischen Gattungen, Wortwahl und Stil, ein.
In den ersten Kapiteln wird die Theorie von der »malenden Dichtkunst« gerechtfertigt (»*Die Maler und Poeten sind nur in der Ausführung ihres Vorhabens verschieden«).* Ebenso wie Gottsched fordert Breitinger die Nachahmung der Natur und »*der Alten«,* d. h. der antiken Dichter, und vertritt den Standpunkt des HORAZ, daß Dichtung gleichzeitig belehren und unterhalten solle *(prodesse* und *delectare).* Um das Interesse seines Publikums zu erregen, müsse es einem Dichter gelingen, »*gemeinen Dingen das Ansehen der Neuheit beizulegen«.* Während Gottsched der Ansicht ist, daß Dichtung sich vor allem an den menschlichen Verstand wende, will Breitinger, daß sie auch das Gemüt anspricht. Kunst solle »*die Kraft der Gemüter einnehmen und entzücken«.* Dementsprechend tritt er auch ausdrücklich für »das Wunderbare« in der Poesie ein, das Gottsched nach Möglichkeit daraus verbannen will. Nach Auffassung Breitingers ist es am besten, wenn der Dichter geschickt »das Wunderbare« mit »dem Wahrscheinlichen« verbindet: *»Dieses erwirbt seiner Erzählung Glauben, und jenes verleiht ihr eine Kraft, die Aufmerksamkeit des Lesers zu erhalten und*

*eine angenehme Verwunderung zu gebären«.* Entschieden weist er Gottscheds Kritik an der Unwahrscheinlichkeit mancher Vorgänge in den Epen HOMERS zurück und empfiehlt die Verwendung der »*alten Sagen«.* Obwohl sie in »*unseren erleuchteten Zeiten«* nicht mehr glaubhaft seien, könne der Dichter sie immer noch gebrauchen. Denn die »*alte Mythologie ist eine der reichsten und fruchtbarsten Quellen des poetischen Schönen, die dem Poeten eine Menge wunderbarer Bilder in die Hand gibt«.*
Im Gegensatz zu Gottsched, dessen Vorbild der französische Klassizismus war, orientiert sich Breitinger hauptsächlich an der englischen Literatur. Er verteidigt MILTONS *Paradise Lost,* empfiehlt es z. B. bei der Wahl poetischer Bilder als Muster, und ist auch von den Tendenzen der ›Moralischen Wochenschriften‹ ADDISONS (›Tatler‹, ›Spectator‹, ›Guardian‹) beeinflußt. Er und Bodmer gehörten zu den ersten, die für den Irrationalismus der Dichtung KLOPSTOCKS Verständnis zeigten, ihre Anschauungen haben die Entwicklung der deutschen Literatur im 18. Jh. bis hin zum »Sturm und Drang« mitbestimmt, obgleich die neuere Forschung hier Vorbehalte anmeldet, da der Natur- und Phantasiebegriff Breitingers wie BODMERS in starker Abhängigkeit von den spezifischen sozialen und politischen Verhältnissen der Stadt Zürich in der Mitte des 18. Jh.s zu stehen scheint und, wie v. a. R. MEYER in seiner Studie schlüssig nachwies, eine nachhaltige religiöse Bindung aufweist, während sich die norddeutschen Aufklärer, darunter auch Klopstock und LESSING, davon zu befreien suchten. A.Sch.

AUSGABEN: Zürich/Lpzg. 1740, 2 Bde. – Lpzg. 1935 (in DL, R. Aufklärung, 3; Ausw.). – Stg. 1966, Nachw. W. Bender, 2 Bde. [Faks. d. Ausg. 1740]. – Stg. 1980 (in Bodmer/Breitinger, *Schriften zur Literatur*; Ausw., Hg. V. Meid; RUB).

LITERATUR: J. Braeker, *Der erzieherische Gehalt in J. J. B.s »Critischer Dichtkunst«,* St. Gallen 1950 [zugl. Diss. Zürich]. – J. A. Kowalik, *The »Critische Dichtkunst« reconsidered: production, reception, and B.'s neoclassical concept of historical perspective,* Diss. Stanford Univ. 1985. – Vgl. auch *Critische Abhandlung...*

PAAL EMMANUEL BREKKE

* 17.9.1923 Røros

## OG HEKKEN VOKSTE KJEMPEHØY

(norw.; *Und die Hecke wuchs riesenhoch*). Roman von Paal Emmanuel BREKKE, erschienen 1953. – Brekke war während der Okkupation Norwegens als Flüchtling in Schweden mit Lyrik und Prosa in

Berührung gekommen, die aktuelle angstgeprägte Welterfahrung in entsprechend disharmonischen Formen gestaltete. Nach einem unreifen Erstling erschienen 1951 *Aldrende Orfeus (Alternder Orpheus)* und zwei Jahre später *Og hekken vokste kjempehøy*. Danach schrieb Brekke nur noch Lyrik. Mit diesem Œuvre überforderte er zuerst die norwegische Literaturkritik und wurde heftig angegriffen, obwohl etwas ältere Autoren wie Aksel SANDEMOSE und Tarjei VESAAS auch in Norwegen angefangen hatten, die Normen der psychologisch-realistischen *well made novel* zu sprengen.

*Og hekken vokste kjempehøy* verdichtet Kindheits- und Kriegstraumata, Identitätssuche und Schuldkomplexe, erotisch-soziales Versagen, politische Ohnmacht und Künstlerproblematik in einer Darstellung, die immer wieder von der äußeren Realität und wohlgeordnetem Diskurs in desorganisierte innere Monologe, Träume, Erinnerungsbruchstücke und Halluzinationen übergeht. In einem hochspannenden Kriminalroman-plot wird die Thematik in eine Figurenkonstellation und eine Handlung umgesetzt. In drei Tagen bricht der Selbstschutz des Protagonisten – die »Hecke«, die er um sich hat wachsen lassen – schockartig in sich zusammen. Arne Gran, aus dessen zunehmend in Auflösung geratendem Bewußtsein heraus erzählt wird, ist Lehrer, bekannter Skispringer und war während des Krieges Mitglied einer Widerstandsgruppe. Damals haben er und seine Freunde to ihrer eigenen und auf der Seite des Feindes Opfer gefordert und verursacht. Fragen stellen sie erst jetzt: »*Wir haben ja kein Ziel, keine Richtung. / Ein Ziel, eine Richtung. Wie während des Krieges, als alles, was wir taten, einen Sinn hatte, etwas bedeutete. Wir lebten oder starben dafür. Wir! Damals sagtest du wir!* ... *Und nur das Chaos nahmen wir dann mit nach Hause. Und nichts fing neu an.*«

Arne Gran verschanzt sich hinter einer Mauer von Normalität, Korrektheit und Kontaktlosigkeit, um sich der Vergangenheitsbewältigung und der Aufarbeitung der durch die Kriegsereignisse fragmentierten individuellen Entwicklung zu entziehen. Doch seine soziale Maske schützt ihn nicht auf Dauer vor der Frage »*Wer bin ich?*« Sein Halbbruder Morten, der zynisch-böse, verkommene Dichter, provoziert ihn permanent, indem er anstatt weiter wirkungslose Literatur zu produzieren, im Freundeskreis intrigiert, um als »Blitz« zu fungieren. Als der Quälgeist Morten, übel zugerichtet, tot aufgefunden wird, ist Arne Gran gezwungen, einzusehen, daß jeder seiner Freunde die Tat begangen haben könnte. Und er selbst wird derart in die Enge getrieben, daß er sich schließlich für den Mörder hält. Erst das letzte Kapitel, jetzt wechselnd aus der Perspektive der anderen Beteiligten erzählt, klärt den Leser auf. Offen bleibt, ob Arne Gran aus seiner Persönlichkeitsauflösung heraus und zu einer authentischen Identität finden wird. Der Text deutet durch die positiv geschilderten Frauenfiguren an, daß eine von ihnen ihm dabei helfen könnte, wenn er bereit wäre, ein verpflichtendes erotisches Verhältnis mit ihr einzugehen.

Der Roman wurde – mit verkürztem Titel und gestrichener letzter Passage – 1973, zusammen mit *Aldrende Orfeus*, neu aufgelegt. Die Kritik würdigte jetzt Brekkes ambitiöse und raffinierte Verarbeitung der komplexen Thematik und die experimentelle Schreibweise, die streckenweise an James JOYCE erinnert. Gleichzeitig stellte sie aber die Allgemeingültigkeit des von der komplizierten Anlage etwas verschleierten Postulats in Frage, daß wir alle potentielle Mörder seien. Der Roman gibt jedoch einen gültigen Eindruck von der *huis-clos*-Stimmung, der viele europäische Intellektuelle in den fünfziger Jahren, nach Hiroshima und unter McCarthy unterlagen, und die auch andere norwegische Romane geprägt hat. W.Bau.

AUSGABEN: Oslo 1953. – Oslo 1973.

LITERATUR: W. Dahl, *P. B.s romaner* (in Norsk litterær Årbok, Hg. L. Mæhle, Oslo 1967, S. 122–140). – L. Longum, *Morderen i oss selv* (in L. L., *Et speil for oss selv. Menneskesyn og virkelighetsoppfatning i norsk etterkrigsprosa*, Oslo 1968, S. 55–79). – J. E. Vold, *Et essay om P. B.* (in *Her i denne verden. Essays og samtaler*, Oslo 1984, S. 215–239).

---

## JACQUES BREL

*  8.4.1929 Brüssel
† 9.10.1978 Bobigny / Frankreich

**DAS LYRISCHE WERK** (frz.) von Jacques BREL (Belgien).

Der belgische *auteur-compositeur-interprète* gehört im französischen Sprachraum zu der kleinen Gruppe von Sängern, deren literarische Chansons heute auch als Gedichte rezipiert werden. Bereits 1969 wurde Brel in die renommierte Buchreihe *Poètes d'aujourd'hui (Dichter von heute)* aufgenommen; mit der literarischen Qualität seiner Chansons beschäftigen sich seitdem zahlreiche literaturwissenschaftliche Arbeiten. Brel, aus einer Brüsseler Bürgerfamilie stammend, lehnte eine sichere Karriere als Geschäftsmann ab und ging 1953 nach Paris, wo er nach einigen schweren Jahren mit Liedern wie *Quand on n'a que l'amour (Wenn man nur die Liebe hat)* seine ersten großen Erfolge feierte. Länger als ein Jahrzehnt triumphierte Brel dann in zahlreichen Tourneen mit einem umfangreichen Repertoire, bevor er sich 1967 plötzlich von der Bühne zurückzog. Anschließend arbeitete er als Filmschauspieler und, mit geringerem Erfolg, als Regisseur der Filme *Franz* und *Far West*. 1968 schrieb er die musikalische Komödie *L'homme de la Mancha (Der Mann von La Mancha)*, in der er Don Quichotte verkörperte. Die letzten Jahre seines Lebens verbrachte der Chansonnier in der Südsee auf den Marquesas-Inseln, um 1977 seine Anhänger mit einer letzten Platte zu überraschen, die mit neuen Liedern sein erstaunliches Talent noch einmal eindrucksvoll unter Beweis stellte.

Die ersten Chansons zeugen noch von Brels anfänglichem idealistischen Glauben an die Kraft der Liebe: »*Quand on n'a que l'amour / Pour parler au canons / Et rien qu'une chanson / Pour convaincre un tambour ... Nous aurons dans nos mains. / Amis le monde entier*« (»Wenn man nur die Liebe hat / Um zu Kanonen zu sprechen / Und nur ein Lied / Um einen Trommler zu überzeugen ... So wird doch in unseren Händen / Freunde die ganze Welt sein«). Zur gleichen Zeit entwickelt das Chanson *Sur la place (Auf dem Platz)* das symbolistische Tableau eines allein auf einem sonnendurchglühten Platz tanzenden Mädchens, das die Menschen für einen Augenblick der göttlichen Gnade teilhaftig werden läßt: »*Ainsi certain jours paraît / Une flamme à nos yeux / A l'église où j'allais / On l'appelait le Bon Dieu / L'amoureux l'appelle l'amour / Le mendiant la charité / Le soleil l'appelle le jour / Et le brave homme la bonté*« (»Desgleichen erscheint an bestimmten Tagen / Eine Flamme vor unseren Augen / In meiner Kirche / Nannte man sie den Lieben Gott / Der Liebende nennt sie Liebe / Der Bettler Barmherzigkeit / Die Sonne nennt sie Tag / Und der einfache Mann / Die Güte«). Wird die Liebe in diesen ersten Liedern noch als Aufbruch (»*Le grand voyage*«) verstanden, so weicht die anfängliche Hochstimmung bald einem sich in *Le prochain amour (Die nächste Liebe)* zur Obsession steigernden Gefühl des Scheiterns (»*Je sais je sais que ce prochain amour / Sera pour moi la prochaine défaite*« – »Ich weiß ich weiß daß diese nächste Liebe / Für mich die nächste Niederlage sein wird«), das in der Selbsterniedrigung des Mannes in *Ne me quitte pas (Verlaß mich nicht)* gipfelt, der die Abwendung der Geliebten nicht wahrhaben will: »*Laisse moi devenir / L'ombre de ton ombre / L'ombre de ta main / L'ombre de ton chien / Ne me quitte pas ...*« (»Laß mich Schatten Deines Schattens werden / Schatten Deiner Hand / Schatten Deines Hundes / Verlaß mich nicht ...«).

Aus der tief empfundenen Furcht, von einer besitzergreifenden Frau in die Mittelmäßigkeit zurückgestoßen zu werden (»*Tu m'auras gaspillé / A te vouloir bâtir / Un bonheur éternel / Ennuyeux à périr*« – »Bald wirst du mich verschwendet haben / Mit Deinem Wunsch Dir ein ewiges Glück zu bauen / Zum Sterben langweilig«), sind Brels misogyne Ausbrüche wie *Les biches (Die Hirschkühe)* zu deuten. Doch karikiert beispielsweise das Chanson *Les bigotes (Die bigotten Frauen)* nicht nur das absurde Verhalten von Frauen, »*qui préfèrent se ratatiner / De vêpres en vêpres de messe en messes / tout fières d'avoir pu conserver / Le diamant qui dort entre leurs f...s / de bigotes*« (»die es vorziehen / Von Vesper zu Vesper von Messe zu Messe dahinzurunzeln / ganz stolz darauf, daß sie ihn behüten konnten / den Diamanten in ihren bigotten Ä...n«), sondern skizziert exemplarisch die existentielle Bedrohung von Freundschaft und Zärtlichkeit durch Stumpfheit, Bigotterie, Konformismus, Fanatismus und Scheinheiligkeit aller Art.

Auch die berühmte Satire *Les flamandes (Die Fläminnen)* nimmt somit weniger die flämischen Bäuerinnen selbst aufs Korn (»*Si elles dansent c'est parce qu'elles ont vingt ans / Et qu'à vingt ans il faut se fiancer / Se fiancer pour pouvoir se marier / Et se marier pour avoir des enfants*« – »Sie tanzen weil sie zwanzig Jahre alt sind / Und mit zwanzig muß man sich verloben / Sich verloben um heiraten zu können / Und heiraten um Kinder zu kriegen«), sondern warnt, wie viele andere Chansons, vor der allmählichen Sklerose des in der bürgerlichen Gesellschaft gefangenen Menschen. So vermag in *Ces gens là (Leute dieser Art)* die Tochter einer Mutter, die »*zu gern jemand wär / und kriegt nicht raus den Dreh / denn wer zu sein ist schwer mit Null im Portemonnaie*« (»*Qui aimerait bien avoir l'air / Mais qui n'a pas l'air du tout / Faut pas jouer les rich' / quand on n'a pas de sou*«; Übers. W. Brandin), es nicht mehr, mit ihrem Liebhaber, der von einem Haus träumt, das fast nur Fenster hat (»*avec des tas d'fnêtr's / Avec presque pas de murs*«), ihrer erbärmlichen kleinbürgerlichen Familie zu entfliehen (»*Chez ces gens là Monsieur, on ne part pas*« – »Leute dieser Art Monsieur, die gehn nicht fort«).

In die satirische Entlarvung des *embourgeoisement* bezieht Brel stets sich selbst mit ein, verzweifelt in *Vivre debout (Aufrecht leben)* an der Möglichkeit einer aufrechten Haltung des Menschen: »*Voilà qu'on s'agenouille / Alors que notre espoir / Se réduit à prier / Alors qu'il est trop tard / Qu'on ne peut plus gagner / A tous ces rendez-vous / Que nous avons manqués. / Serait-il impossible de vivre debout*« (»Da knien wir nieder / Wo unsre Hoffnung nur noch / Auf ein Gebet hinausläuft / Wo es zu spät ist / Und nichts mehr zu gewinnen ist / Bei all jenen Treffen / Die wir versäumt haben. / Wär's unmöglich denn aufrecht zu leben«; Übers. D. Rieger). Um diesem alltäglichen, schleichenden Dahinsterben (»*à petit pas*«) des Spießers zu entgehen, beschwört Brel immer häufiger den Tod selbst, den wahren Tod in grandiosem Dekor (»*L'âge d'or c'est quand on meurt ... / Qu'on a les yeux enfin ouverts / Mais qu'on ne se regarde plus / Qu'on regarde la lumière*« – »Das goldene Alter ist dann, wenn man stirbt ... / wenn man die Augen endlich offen hat / Aber nicht mehr sich selbst ansieht / Sondern das Licht«), um in *Le dernier repas (Das letzte Mahl)* die letzten Stunden als großes Fest zu feiern, als letzte Revolte, die doch in den letzten Minuten dem Eingeständnis der Schwäche weicht: »*Je sais que j'aurai peur / Une dernière fois*« (»Ich weiß ich werde Angst haben / Ein allerletztes Mal«).

Brels belgische Heimat ist Thema einiger seiner bekanntesten Chansons. So verbindet das wohl poetischste Lied des Chansonniers, *Le plat pays (Das flache Land)*, die Schilderung der flämischen Landschaft unter dem wechselnden Einfluß der vier Jahreszeiten mit der schwankenden Stimmungslage des Poeten, die von extremer Depression (»*Avec des cathédrales pour uniques montagnes / Et de noirs clochers comme mâts de cocagne / Où des diables en pierre décrochent les nuages*« – »Mit Kathedralen als einzigen Bergen / Und schwarzen Glockentürmen gleich Kletterbäumen / Von denen steinerne Teufel die Wol-

*ken abhängen«)* bis hin zu euphorischem Glücksgefühl reicht, vermittelt durch die vom Süden kommende Wärme: »*Quand le vent est au rire quand le vent est au blé / Quand le vent est au sud écoutez-le chanter / Le plat pays qui est le mien*« (»*Wenn der Wind dabei ist zu lachen wenn der Wind im Kornfeld ist / wenn der Wind im Süden ist höret es singen / Das flache Land das meines ist*«; Übers. D. Rieger). Auch in *Marieke*, ein teils in flämischer, teils in französischer Sprache verfaßtes Chanson, korrespondiert die Schwermut des *Plat pays* mit der Gemütsverfassung des Sängers: »*Zonder liefde warme liefde / Sterft der zomer de droeve zomer / En schuurt het zand over mijn land / Mijn platte land mijn Vlaanderland*« (»*Ohne Liebe warme Liebe / stirbt der Sommer der traurige Sommer / und scheuert der Sand über mein Land / Mein flaches Land mein Flanderland*«).
Brels Technik der Kontrastierung und der oft als Crescendo angelegten Variation machen aus vielen Chansons regelrechte Minidramen, deren Wirkung von Musik und Vortrag unterstützt wird. Zwischen den Strophen, die einer Szene oder einem Akt entsprechen, ist die Zeit vergangen, hat sich die Situation verändert. So schildert *Les bourgeois (Die Spießbürger)* in drei nur wenig variierenden Strophen die allmähliche Verspießerung dreier Freunde, die in den ersten zwei Strophen noch Spottlieder auf die Bürger singen (»*Les bourgeois c'est comme les cochons / Plus ça devient vieux plus ça devient bête*« – »*Die Spießbürger sind wie Schweine / Je älter sowas wird, desto blöder wird es*«), in der dritten Strophe aber bei »*Monsieur le Commissaire*« über die nunmehr auf sie selbst – die nun behäbige Notare sind – gesungenen Beleidigungen jammern. Das Chanson *Orly* bringt den verzweifelten Abschied eines Liebespaares inmitten einer völlig teilnahmslosen Menschenmenge auf die Bühne. Das Tableau der *condition humaine* schlechthin entwirft Brel in seinem wohl berühmtesten Chanson *Amsterdam*, dessen expressionistische Schilderung trinkender Seeleute in einem grandiosen Finale explodiert, das die Realität mit den Träumen und Sehnsüchten dieser einfachen Männer mischt: »*Et ils tournent et ils dansent / Comme des soleils crachés / Dans le son déchiré / D'un accordéon rance ... Et quand ils ont bien bu / Se plantent le nez au ciel / Se mouchent dans les étoiles / Et ils pissent comme je pleure / Sur les femmes infidèles*« (»*Und sie drehen sich und tanzen / wie ausgespuckte Sonnen / Zum zerrissenen Klang / eines ranzigen Akkordeons ... / Und wenn sie genug getrunken haben / stecken sie ihre Nasen in den Himmel / schneuzen sich in die Sterne / Und pissen so wie ich weine / Auf die untreuen Frauen*«).
Auch wenn Brels unnachahmlicher Vortragsstil wesentlich zur Popularität seiner Chansons beigetragen hat, wurden seine Lieder in den verschiedensten Sprachen adaptiert und gesungen. Im englischen Sprachraum ist David Bowie zu nennen, der mit der Gitarre *Amsterdam* vortrug, des weiteren Ray Charles, Frank Sinatra und Tom Jones. Auf Niederländisch sangen Liesbeth List und Hermann Van Veen Chansons von Brel, auf Italienisch Angelo Branduardi. Im deutschen Sprachraum gelang es Michael Heltau, mit der Interpretation der überwiegend von Werner SCHNEYDER stammenden, durchwegs gelungenen Nachdichtungen seinen Erfolg als Chansonnier erst zu begründen. W.R.

AUSGABE: *J. B., poésie et chansons*, Hg. J. Clouzet, Paris 1964; ern. 1987, Hg. ders. u. J. Vassal [Ausw.; erw.]. – *Œuvre intégrale*, Paris 1982; ern. 1986.

ÜBERSETZUNGEN: *Der zivilisierte Affe*, H. Riedel, Ahrensburg 1970 [frz.-dt.]. – D. Rieger (in *Französische Chansons*, Hg. ders., Stg. 1987, S. 262–277; Komm. S. 407–414; enth. vier Chansons; RUB).

SCHALLPLATTEN: *Coffret J. B.*, o. J. – *J. B. Intégrale des chansons de 1954 à 1962*, o. J. [ca. 1979]. – *J. B. L'œuvre intégrale*, 14 Platten, 1986.

LITERATUR: F. Pierre, *J. B. Seul mais reconcilié*, Brüssel 1966. – J. Clouzet, *J. B.*, Paris 1969. – H. Timm, *La fille que j'aimerons ... La fille que j'aimera. Über die Subjektivität der Personen in J. B.s Chanson »La Bourrée du Célibataire«* (in NSp, 69, 1971, S. 63–68). – B. Hongre u. P. Lidsky, *Chansons J. B.*, Paris 1976. – M. Monestier, *J. B., le livre du souvenir*, Paris 1978. – C. A. Holdsworth, *Modern Minstrelsy: Miguel Hernández and J. B.*, Bern u. a. 1979. – P. Barlatier, *J. B.*, Paris 1980. – O. Todd, *J. B. – Une vie*, Paris 1984.

## FREDRIKA BREMER

\* 17.8.1801 Tuorla / Finnland
† 31.12.1865 Årsta

LITERATUR ZUR AUTORIN:
S. Adlersparre u. S. Leijonhufvud, *F. B., biografisk studie*, 2 Bde., Stockholm 1896. – A. Werin, *F. B. som berättare. F. B. som liberal filantrop* (in OoB, 1921, S. 277–283; 497–507). – G. Axberger, *Jaget och skuggorna. F. B.-studier*, Stockholm 1951. – E. Ehnmark, *F. B.*, Stockholm 1955. – E. Färnström, *F. B. och Erik Gustaf Geijer*, Stockholm 1964. – G. Qvist, *F. B. och kvinnans emancipation*, Göteborg 1969. – C. Mannheimer, *F. B.* (in *Författarnas Litteratur Historia*, Bd. 1, Stockholm 1977, S. 375–386). – M. Gustafsson, *Vägen ut. Om F. B.* (in *Kvinnornas Litteratur Historia*, Bd. 1, Stockholm 1981, S. 85–106). – *Suppression, Struggle and Success: Studies on Three Representatives of Cultural Life in Sweden: F. B., Andreas Kempe and Linnaeus*, Hg. C.-C. Elert u. G. Eriksson, Stockholm 1982. – K. Carsten Montén, *F. B. in Deutschland, Aufnahme und Kritik*, Neumünster 1981.

## HERTHA ELLER EN SJÄLS HISTORIA

(schwed.; *Hertha oder die Geschichte einer Seele*). Roman in zwei Teilen von Fredrika BREMER, erschienen 1856. – Als literarisches Dokument seiner Entstehungszeit gehört der Roman *Hertha* der schwedischen Literatur- und Kulturgeschichte gleichermaßen an, wenngleich dieses wirkungsästhetisch erfolgreichste Buch Fredrika Bremers in den Augen vieler Kritiker ihr ästhetisch schwächstes Werk ist.

Die Autorin unternimmt hier den Versuch, ihre emanzipatorischen Vorstellungen unter Einbeziehung von Erfahrungen aus einer zweijährigen Reise nach Amerika und England literarisch umzusetzen und programmatisch zu verkünden. Sie setzt sich nicht nur für eine Gleichberechtigung der Geschlechter im Bereich der Erziehung und Ausbildung ein, sondern spricht sich darüber hinaus für den freien Zugang der Frau zu allen Berufen aus, auch zu solchen, die bislang ausschließlich Männern vorbehalten waren. Ihre Utopie sieht eine volle individuelle und soziale Gleichstellung der Frau auf der Basis einer verantwortlichen Mitbestimmung über alle ihre Belange vor. Zum Zeitpunkt des Erscheinens von *Hertha* waren indes erste Schritte zur gesellschaftlichen Besserstellung der Frau bereits eingeleitet worden, so daß der Roman weniger durch konkrete Einflußnahme auf die Gesetzgebung im Einzelfall, als vielmehr längerfristig durch die turbulenten Diskussionen, die er auslöste, gewirkt hat.

Wenn der Roman mehr verspricht als er halten kann, dürfte dies teils daran liegen, daß Fredrika Bremer die allgemeine Problematik auf einen Sonderfall einengt, teils daran, daß die Hauptperson viel zu sehr im Idealtypischen verwurzelt ist, um zur glaubhaften Vorkämpferin der Sache ihrer unterdrückten Geschlechtsgenossinnen werden zu können. Die Gestalt Herthas ist in zwei widerstreitende Individualentwürfe zerfallen. Da ist einerseits die wirklichkeitsbezogene Frau mit ihrem klar umrissenen pädagogischen und emanzipatorischen Auftrag, andererseits die über alle erotischen Niederungen und sexuellen Anfechtungen weit Erhabene, die in ihren Traumerlebnissen mythisch verbrämte, heiter-melancholische Ausflüge in die synchrone europäische Frauenlandschaft macht und das gelebte Leben aus der feierlichen Ferne des Unbeteiligtseins als eine transitorische Station auf dem Weg in die jenseitige Erfüllung zu betrachten scheint.

Hertha wächst in einem kleinen schwedischen Provinzstädtchen als Tochter des eigensinnigen Direktors Falk auf, der sie, ihre jüngere Schwester sowie die übrigen Familienmitglieder unter Berufung auf seine gesetzlichen Rechte als *pater familias* in jeder Weise unterdrückt. In seiner Habgier verweigert er den Töchtern die Auszahlung ihres mütterlichen Erbes und hält sie mit fadenscheinigen Begründungen und ungewissen Vertröstungen in wirtschaftlicher Abhängigkeit. Der jüngeren Tochter Alma verweigert er unter Hinweis auf seine väterliche Fürsorgepflicht und die ungesicherte ökonomische Situation des Ausgewählten eine Neigungsehe – ein Verhalten, das später ihr Siechtum auslöst und ihren frühen Tod verursacht. Als Racheakt gegen den monströsen Egoismus des Direktors steckt Herthas Vetter Rudolph in einer Kurzschlußreaktion das ganze Haus in Brand. Das Feuer greift schnell um sich und legt große Teile der Stadt in Schutt und Asche. Diese Feuersbrunst stellt in symbolisch verschlüsselter Form die verheerenden Folgen der Lieblosigkeit dar, die anschließenden Rettungsaktionen demonstrieren die vielfältigen Möglichkeiten solidarischen Handelns. Der aus dem brennenden Haus gerettete Vater zeigt sich unter dem Einfluß der Ereignisse zunächst etwas schuldbewußter und konzessionsbereiter. Er erklärt sich bereit, Herthas Verlangen nach freier Entfaltung ihrer Fähigkeiten durch die Unterzeichnung einer Mündigkeitserklärung nachzukommen. Doch zögert er die endgültige Entscheidung immer wieder hinaus. Da Hertha es aus Pietät gegenüber ihrem uneinsichtigen Vater unterläßt, ihre Rechte einzuklagen, stellt sich der alte Zustand bald wieder ein. Auch als der junge Ingenieur Yngve Nordin um Herthas Hand anhält, weigert sich der störrische Vater hartnäckig, der Verbindung durch Auszahlung des Erbes eine finanzielle Basis zu geben, und vertröstet die beiden auf eine spätere Zeit.

Nachdem Hertha und Yngve einen innigen Freundschaftspakt geschlossen haben, bricht dieser zu einem längeren Aufenthalt nach Amerika auf; Hertha gründet eine Schule in ihrer Heimatstadt, in der sie vornehmlich junge Mädchen im Geiste ihrer Emanzipationsideen unterrichtet. Nach siebenjähriger Abwesenheit kehrt Yngve auf Herthas Wunsch nach Schweden zurück. Als das Schiff kurz vor der Ankunft in Brand gerät, vollbringt Yngve einige heroische Rettungstaten, bricht aber schließlich ohnmächtig zusammen. Hertha holt den gesundheitlich schwer Angeschlagenen zu sich nach Hause. Um den Todgeweihten pflegen zu können, trotzt sie dem Vater die Einwilligung zur Eheschließung ab und verpflichtet sich als Gegenleistung, auf das mütterliche Erbe zu verzichten. Kurze Zeit nach dem Ableben ihres Mannes stirbt auch Herthas Vater, der, wie sich herausstellt, durch Mißwirtschaft die Hinterbliebenen um ihr ganzes Erbe gebracht hat. Die letzten Monate im Leben Herthas sind von der Sorge um das Wohlergehen ihrer Verwandtschaft sowie um den Fortbestand ihres Lebenswerkes überschattet. Ein gütiges Schicksal fügt es indes, daß der Familie die Folgen bitterster Armut erspart bleiben.

Wenn man *Hertha* als Tendenzroman betrachtet und an dem mißt, was er bewirkt hat, darf man ihn als äußerst gelungen bezeichnen. Die heftige Kritik, auf die das Buch bei seinem Erscheinen stieß und die bis zu persönlichen Verunglimpfungen der Autorin ging, zeigte immerhin, daß der Roman einen wunden Punkt berührt hatte. Wenn das Buch vielleicht auch viel zu sehr auf die Rolle der unverheirateten Frau abhebt, so hat doch die Relevanz der allgemeinen Problemerörterung unter dieser Akzentsetzung keineswegs gelitten. Als psychologisches Werk – die Geschichte einer Seele –, wie ihn die Autorin verstanden wissen wollte, ist der Roman allerdings weitgehend mißlungen. Denn Hertha wird als Figur weder von ihrer Erziehung noch von ihrem Milieu her gedeutet, sondern lediglich als die Verkörperung idealer Tugenden begriffen. Sie ist das seelenlose Konstrukt einer Autorin, das Sprachrohr von deren eigenen frauenpolitischen Ideen. Weder im Verhältnis zu ihrem Vater noch zu Yngve, ihrem künftigen Gatten, wird ein seelischer Konflikt Herthas psychologisch glaubwürdig gestaltet. In ihren sexuellen Berührungsängsten ist sie eine typische Vertreterin viktorianischer Prüderie. Lediglich Geschlechtsgenossinnen gegenüber erlaubt sie sich Gesten inniger körperlicher Zuneigung – möglicherweise Hinweis auf lesbische Neigungen. Wie dem auch sei: Die Autorin beläßt alles im Plakativ-Vordergründigen und begibt sich so der Möglichkeit, beim Leser ein tieferes Verständnis für diese durch äußere Umstände um eine Dimension ihrer Existenz betrogene Frau hervorzurufen. Wenngleich die Verquickung von realistischer Zeitkritik und romantisch-idealistischer Romanhandlung ein mitunter schwer erträgliches Amalgam ergibt, wäre es dennoch falsch, das Werk als gänzlich mißraten zu bezeichnen. Denn aus der Perspektive einer damals gerade entstehenden realistischen Ästhetik betrachtet, als deren Vorkämpferin sich Fredrika Bremer immerhin verstand, muß man feststellen, daß ihr Roman auch innovative Ansätze enthält, z. B. in den Traumszenen sowie in kompositioneller Hinsicht, namentlich in der Art, wie der soziale Hintergrund an einzelnen Personen exemplifiziert ist und als eine Art Chor im Sinne der antiken Tragödie verstanden wird.

K.Bry.

AUSGABEN: Stockholm 1856. – Stockholm 1862–1872 (in *Samlade skrifter i urval*). – Stockholm 1913 (*Hertha. En själs historia, teckning ur det verkliga livet*).

ÜBERSETZUNGEN: *Hertha*, Lpzg. 1856. – Dass., G. Fink (in *Das belletristische Ausland*, Stg. 1857). – Dass., (in *GS*, 50 Bde., Lpzg. 1857–1865, 30–32). – Dass., (in *Romane und Erzählungen*, 24 Bde., Lpzg. 1882, 22–24).

LITERATUR: Rez. (in Magazin für die Literatur des Auslandes, 29. 11. 1856, Nr. 144). – Rez. (in Europa, 1856, Nr. 42). – F. Gegenbaur, Rez. (in Blätter für literarische Unterhaltung, 15. 10. 1857, Nr. 42). – H. Borelius, *Vägen till »Hertha«. F. B.s bild*, Stockholm 1913. – E. Fogelklau, *»Hertha« som figur och tendens*, Stockholm 1913. – G. Wieselgren, *F. B. och verkligheten. Romanen Herthas tillblivelse*, Stockholm 1978. – K. Carsten Montén, *Mytiska mönster i »Hertha«* (in *F. B. ute och hemma*, bearb. B. Holm, Uppsala/Stockholm 1987). – G. Wieselgren, *Romanen Herthas betydelse för myndighetsreformen 1858* (ebd.).

## TECKNINGAR UTUR HVARDAGSLIFVET

(schwed.; *Skizzen aus dem Alltagsleben*). Sammlung von Erzählungen und Romanen von Fredrika BREMER, erschienen 1828–1832. – Im Nachwort zu *Strid och frid*, 1840 *(Streit und Frieden)*, fordert die Verfasserin, der Leser solle nicht »Roman« nennen, was sie »Skizzen« genannt habe, *»die keinen Anspruch machen auf den strengen Zusammenhang und die Entwicklung des Romans«*, er solle die Schriften vielmehr betrachten *»wie Grashalme oder Blumen auf einer Wiese, die im Winde auf getrennten Stielen schaukeln, die aber ihre Wurzeln in demselben Boden haben und sich in dem Licht einer gemeinsamen Sonne entwickeln«*. Damit ist auf Gemeinsamkeiten der meist mehrteiligen und umfangreichen Werke hingewiesen, die seit 1828 unter dem Titel *Teckningar utur hvardagslifvet* veröffentlicht wurden. Die Verfasserin wendet sich bewußt an ein Publikum junger Leserinnen, die *»von Rosenduft und Gefühlen leben«*, um ihnen durch unterhaltende Belehrung Idealbilder fraulicher Selbstverwirklichung in Heim, Ehe oder Beruf zu zeigen. Das lockere Handlungsgefüge umschließt eine Reihe von Situationen, in denen die Hauptpersonen, meist Mädchen oder junge Ehefrauen, in Gesprächen, Briefen oder Tagebuchaufzeichnungen ihre Gefühle schildern und sich über Liebe, christliche Tugend und Moral äußern. In ihrem optimistischen Weltbild, das auf dem Glauben an die Güte des Menschen ruht, ist der Gedanke des Friedens und der Versöhnung das strukturbildende Element. Die Gesellschaftskultur der Aufklärung, die Darstellung von Leidenschaften im Sturm und Drang, die neue Klassik und die Seelenanalyse der Romantik haben das Werk Fredrika Bremers nachhaltig beeinflußt.

Das erste Werk der Reihe, *Axel och Anna eller correspondence emellan tvenne våningaar*, 1828 *(Axel und Anna oder Briefwechsel zwischen zwei Stockwerken)*, wurde trotz des anspruchlosen Inhalts mit Beifall aufgenommen, da sich hier zum ersten Mal in der schwedischen Literatur Ansätze zu einer Beschreibung eines alltäglichen Familienlebens finden. Neben den unbedeutenden Werken *Tvillingarne (Die Zwillinge)*, *Förhoppningar (Hoffnungen)*, *Den ensamma (Die Einsame)* und *Tröstarinnan (Die Trösterin)*, ausnahmslos sentimentale oder frömmelnde Bekenntnisse leidender Menschen, steht als erstes bedeutendes Werk der Roman *Familjen H\*\*\**, (1830–1832). Man hat ihn mit Recht den ersten schwedischen Familienroman genannt, der in der gehobenen Gesellschaftsschicht der damaligen Zeit spielt. Die Haustochter Beate Alltäglich erzählt darin die wechselvollen, romantischen Liebesverwicklungen der Töchter aus dem Hause H\*\*\*, deren Weg zu Glück und Frieden allerdings weder psychologisch glaubwürdig, noch literarisch ganz überzeugend dargestellt ist.

Die folgenden Romane, die unter dem Obertitel *Nya teckningar utur hvardagslifvet (Neue Skizzen...)* seit 1834 erschienen, sind in Stil und Ideengehalt deutlich von GOETHES *Wilhelm Meister*, von SCHLEGEL, SWEDENBORG und JEAN PAUL beeinflußt. Neben *Presidentens döttrar*, 1834 *(Die Töchter des Präsidenten), Hemmet*, 1839 *(Das Heim)*, und *Syskonlif*, 1848 *(Geschwisterleben)*, gilt als bedeutendstes Werk *Grannarna*, 1837 *(Nachbarn)*. In diesem Briefroman schildert die junge Arztfrau Franziska W. einer Freundin das gesellschaftliche Leben im Kreis der Freunde und Verwandten ihres Ehemanns; mit dessen Stiefmutter, der Generalin Mansfelt, schuf die Autorin die psychologisch überzeugendste Gestalt ihrer Romanserie. Haupthandlung ist die Versöhnung zwischen der Generalin und ihrem Sohn Bruno, den sie vor vielen Jahren wegen eines Gelddiebstahls verstoßen hatte.

Fredrika Bremer ist eine typisch nachromantische Autorin, die mit dem Programm einer Beschreibung des Alltäglichen Wirklichkeit darstellen wollte, sich aber in der Handlungsführung und Charakterzeichnung nicht aus der romantischen Tradition lösen konnte. Die literaturgeschichtliche wie sozialpolitische Bedeutung dieser Philanthropin ist dennoch unbestreitbar: Die Entwicklung des realistischen schwedischen Romans und das Problem des Frauenrechts im Beruf wurden durch Fredrika Bremer entscheidend beeinflußt. R.V.

AUSGABEN: Stockholm 1828–1832 *(Teckningar utur hvardagslifvet*, 3 Hefte). – Stockholm 1834–1848 *(Nya teckningar utur hvardagslifvet*, 8 Hefte). – Stockholm 1963 *(Grannarna)*. – Stockholm 1981 *(Familjen H.)*.

ÜBERSETZUNG: *Skizzen aus dem Alltagsleben*, anon., Lpzg. 1841–1848.

LITERATUR: S. Stolpe, *F. B.s första »Teckningar ur vardagslivet«* (in Edda, 25, 1925, S. 21–45). – K. Burström, *F. B.s »Grannarna«* (in Edda, 30, 1930, S. 434–455). – E. Ehnmark, *»Familjen H.« F. B.s första roman I–II* (in Samlaren, 1939, S. 171–213; 1940, S. 19–69). – B. Holm, *F. B. och den borgerliga romanens födelse (Romanens mödrar 1)*, Stockholm 1981. – U. Boëthius, *Subversivt för »unga läsarinnor«* (in BLM, 1981, S. 385–387). – M.-C. Skuncke, *F. B., kornetten Carl och Iphigenia* (in Samlaren, 1984, S.7–34).

## HENRI BREMOND

\* 31.7.1865 Aix-en-Provence
† 17.8.1933 Arthez-d'Assan

LITERATUR ZUM AUTOR:
H. Bordeaux, *H. B.*, Paris 1924. – H. Hogarth, *H. B.*, Ldn. 1950. – F. Hermans, *L'humanisme religieux de l'abbé B., 1865–1933*, Paris 1965. – B. *Actes du Colloque d'Aix, 19.–20. 3. 1966*, Gap 1967. – *Entretiens sur H. B.*, Paris/Den Haag 1967. – C. Moisan, *Les débuts de la critique littéraire d'H. B.*, Paris 1967. – A. Blanchet, *H. B.*, Paris 1975. – A. Savignano, *H. B.*, Perugia 1980.

HISTOIRE LITTÉRAIRE DU SENTIMENT RELIGIEUX EN FRANCE depuis la fin des guerres de religion jusqu'à nos jours

(frz.; *Geschichte der religiösen Empfindung in der französischen Literatur des 17. Jahrhunderts*). Geschichtswerk von Henri BREMOND, erschienen 1916–1933. – Dies ist das (unvollendete) Hauptwerk des Abbé Bremond, eines ehemaligen Jesuiten, der 1904 aus dem Orden austrat, um sich ausschließlich seinen Arbeiten zur Geschichte und Psychologie der christlichen Frömmigkeit zu widmen. Das ursprünglich auf vier Bände geplante Unternehmen sollte zuletzt vierzehn umfassen, von denen elf zustande kamen. Wie die Vorbemerkung zum ersten Band erkennen läßt, war Bremonds Hauptanliegen die Darstellung von Wiedergeburt, Aufstieg und Verfall des mystischen Lebens innerhalb des französischen Katholizismus im 17. Jh. Dabei geht es dem Verfasser weniger um Literatur im engeren Sinne, weshalb die großen Dichter und wortgewaltigen Prediger nur gelegentlich und am Rande behandelt werden, als um das *»religiöse Geheimnis der Herzen«*, die schriftlichen Zeugnisse des inneren geistlichen Lebens der Heiligen und Mystiker dieser Epoche, wie sie in Biographien und Traktaten, als Briefe und Gebete überliefert sind.

Das Werk gliedert sich in die sieben Teile *L'humanisme dévot* (Bd. I), *L'invasion mystique* (II), *La conquête mystique* (III–VI), *La métaphysique des saints* (VII/VIII), *La vie chrétienne sous l'ancien régime* (IX), *La prière et les prières de l'ancien régime* (X) und *Le procès des mystiques* (XI). Teil 1 und 2 behandeln in dem Zeitraum zwischen 1580 und 1660 die Initiatoren dieser Erneuerung der französischen Frömmigkeit aus dem Geist der Mystik: Louis RICHEÔME (1544–1625), François de SALES (1567 bis 1622), seine beiden Nachfolger und Ausleger Étienne BINET (1569–1639) und Jean-Pierre CAMUS (1584–1652), YVES DE PARIS (1590–1678) und den Père JOSEPH (1577–1638). Ihnen folgen in Teil 3 die führenden Geister der Gegenreformation in Frankreich: der Kardinal Pierre de BÉRULLE (1575–1629) und das von ihm gegründete Oratorium, seine Anhänger Charles de CONDREN (1588–1641), Jean-Jacques OLIER (1608–1657) und der Père EUDES (1601–1680); die Jansenisten mit SAINT-CYRAN (1581–1643), Blaise PASCAL (1623–1662) und Pierre NICOLE (1625–1695), dem ersten entschiedenen Anti-Mystiker; Louis LALLEMANT (1587–1635), sein Schüler Jean-Joseph SURIN (1600–1665) und die »Teufel von Loudun«. In Teil 4 ist Band VII vornehmlich der Lehre des *»Meister der Meister«*, des heiligen Franz von Sales, Bérulles und ihrer Nachfolger, gewidmet. Neben die Reformatoren, geistlichen Autoren, Seelenführer und Beichtiger treten die weiblichen Heiligen, Ekstatikerinnen, Beterinnen: Marie de Valence (ca. 1575–1648), Madame Acarie (1566–1618) und der französische Karmel, die bedeutendsten Äbtissinnen wie Marie de Beauvilliers (1574–1657), Marguerite d'Arbouze (1580–1626) und Jeanne de Chantal (1572 bis 1641), die »besessene« Marie des Vallées (1590–1656), außerdem Mère Agnès Arnauld (1593–1671) von Port-Royal und Marie de l'Incarnation (1599–1672). Band VIII beschreibt das Erwachen einer »asketizistischen« Bewegung als Reaktion auf ein Überhandnehmen quietistischer Elemente. Band IX und X liefern ein breit ausgemaltes Bild der Frömmigkeitspraxis jener Epoche: Taufe, Eucharistie, Ehe, Tod, Liturgie und Gebet. In Band XI beginnt Bremond sich der Erörterung und Darstellung eines mehr rationalistischen Moralismus, eines christlichen Stoizismus zuzuwenden, wie ihn vor allem die Jesuiten gegen ein ihrer Meinung nach allzu ausschließlich von den theologischen Tugenden durchformtes Gebetsleben ins Feld führten.

Bremond ist keineswegs nur kühler Historiker, vielmehr, in der Nachfolge Fénelons und Newmans, durchaus Parteigänger der mystischen Frömmigkeit und als Christ Apologet eines absoluten Theozentrismus. Diesem entspricht aufs vollkommenste die Lehre vom *pur amour*, der ausschließlichen Liebe zu Gott um ihrer selbst willen ohne jede Beimischung von Furcht vor Strafe oder von Hoffnung auf Belohnung – eine Lehre, wie sie schon die Mystik des Mittelalters entwickelt und wie sie im 17. Jh. namentlich der Dominikaner Alexandre Piny (1639–1709) in seinen Schriften vertreten hat. Dieser höchsten Form der Gottesliebe entspricht das »lautere Gebet« (*prière pure*) der bedingungslosen Ergebung in den göttlichen Willen, das jungfräuliche Fiat.

Überall, wo Bremond auf das Gebet zu sprechen kommt, überrascht er jedesmal aufs neue durch den nuancierten Reichtum seiner Kenntnisse, seiner Beobachtungen und Erfahrungen. Die Fülle des ausgebreiteten Materials, der Reiz und die erschließende Kraft der zahlreichen Zitate oft aus entlegensten Quellen machen sein Werk, unbeschadet aller kritischen Einwände, die dagegen erhoben worden sind, zu einer Fundgrube für jeden, der die katholische Spiritualität der Gegenreformation in Frankreich im Zusammenhang mit dem Leben der Frommen jener Zeit kennenlernen möchte. F. Ke.

Ausgabe: Paris 1916–1933, 11 Bde.; Nachdr. Paris 1967–1971, 12 Bde.

Übersetzungen: (Ausz.): *Das wesentliche Gebet*, H. Michel, Hg. E. M. Lange, Regensburg 1936; ³1954. – *Falsche u. echte Mystik (Jeanne des Anges u. Marie de l'Incarnation)*, Th. Breme u. A. Goldmann, Hg. E. M. Lange, Regensburg 1955. – *Heiligkeit u. Theologie. Vom Carmel zu Kardinal Bérulles Lehre*, E. Stein u. Th. Breme, Hg. E. M. Lange, Regensburg 1962.

Literatur: G. de Luca, *Don Giuseppe de Luca et l'abbé H. B. (1929–1933). De »Histoire littéraire du sentiment religieux en France« à l'»Archivo italiano per la storia della pietà«*, Rom 1965. – H. Bernard-Maître, *A propos de l'»Histoire littéraire du sentiment religieux en France«. Une correspondance de B. avec Loisy (1924–1929)* (in Revue d'Ascétique et de Mystique, 45, 1969, S. 161–189). – E. Goichot, *B., historien du sentiment religieux*, Paris 1982.

## LA POÉSIE PURE

(frz.; *Die reine Dichtung*). Vortrag von Henri Bremond, erschienen 1925. – Am 24. Oktober 1925 hatte der Abbé Bremond, Mitglied der Académie Française seit 1923 und Verfasser der *Histoire littéraire du sentiment religieux en France* (11 Bde., 1916–1933), vor den fünf Akademien einen kurzen Vortrag gehalten, mit dem er seinerseits in den Streit um die *poésie pure* (1925–1930) in Frankreich eingriff und gegen den Intellektualismus und Neoklassizismus seiner Zeit Stellung nahm. »*Jedes Gedicht*«, so der Hauptgedanke, aus dem sich alles Weitere ableitet, »*verdankt seinen eigentlichen poetischen Charakter der Gegenwart, dem Strahlen, der verändernden und Einheit stiftenden Wirkung einer geheimnisvollen Wirklichkeit, die wir reine Dichtung (poésie pure) nennen. In einem Gedicht ... ist zuerst und vor allen Dingen Unaussprechliches vorhanden, das mit diesem und jenem eng verknüpft ist.*«

Die »*unmittelbare*«, »*spontane*«, und »*zwingende*« Wirkung, die gewisse Verse schon für sich allein, unabhängig vom Kontext auf uns ausüben, unterscheidet die Poesie von der Prosa prinzipiell. Während wir durch den undefinierbaren Charme von Versen in Bann geschlagen werden und bei ihnen verweilen, zwingt gerade die Eindeutigkeit und Klarheit der Prosa zum Weiterlesen, zum vollständigen Erfassen des Sinnes, der Mitteilung, und läßt die magische Klangpotenz der Sprache nicht eigentlich zu Bewußtsein und Wirkung gelangen. Bei der Dichtung dagegen »*ist es nicht immer notwendig, ihren Sinn zu verstehen*«. Der Vergleich zur Musik drängt sich auf (»*Poesie, Musik ist ein und dasselbe*«), aber er drückt nicht das Entscheidende aus, denn wie wohlklingend die Worte auch seien, wir geben uns ihnen letztlich hin, »*nicht, um das Vergnügen auszukosten, das sie uns bereiten, sondern um das geheimnisvolle Fluidum, das sie uns vermitteln, in uns aufzunehmen*«. Genauer: Nicht die Ideen, nicht die Gefühle des Dichters, bewirken die »*magische Transformation*« in uns, sondern der »*état d'âme, der ihn zum Dichter gemacht hat*«. Dichtung ist also ihrem Wesen und Ursprung nach etwas, das im Gegensatz zur Prosa mit der Alltagswelt keine Verbindung eingeht, sondern etwas, das uns, ähnlich der Mystik, auf eine »*mehr als menschliche Gegenwart*« ausrichtet, und, »*wie alle Künste*«, bestrebt ist, »*wieder eins zu werden mit dem Gebet*«. Eine solche Verteidigung der »*glücklichen Dunkelheiten*« in der Poesie vor einem Publikum, dem die Prinzipien Boileaus heilig waren, konnte als Anti-

Akademierede ausgelegt werden. Bremond sah sich gezwungen, den ›Nouvelles Littéraires‹ eine Reihe umfangreicher Erläuterungen, betitelt *Éclaircissements*, vorzulegen. Darin stellt er sich als ebenso wortreicher wie hochmütiger Kritiker seines Zeitgenossen Robert SOUZA dar, eines gründlichen Kenners französischer Dichtungstheorien, der als erster mit wissenschaftlichem Engagement dem Abbé entgegengetreten war (die streitbaren Aufsätze beider Forscher, Bremonds in dreizehn Kapitel gegliederte *Éclaircissements* und Souzas *Un débat sur la poésie*, elf Kapitel umfassend, wurden 1926 zugleich mit Bremonds Akademierede in einem Band unter dem Titel *La poésie pure* veröffentlicht). Souza zieht mit Recht gegen Bremonds antirationalistische Auffassung zu Felde, identifiziert aber voreilig die Inspiration des Lyrikers mit der des Mystikers und des Wissenschaftlers. Wesentliche Mißverständnisse Bremonds werden auch von Souza nicht erhellt. Bremonds Poetik war schon zur Zeit ihres Erscheinens keinesfalls revolutionär, vielmehr ein Extrakt aus theoretischen Äußerungen POES, BAUDELAIRES und MALLARMÉS, die angesichts einer materialistisch gesinnten Welt auf den unantastbaren geistig-künstlerischen Kern der Poesie hingewiesen und vor allem ihr lyrisch-musikalisches Element betont hatten. Bremond verabsolutiert ein Element lyrischer Dichtung, eben das der *poésie pure*, und relativiert alle anderen »poetischen« Bestandteile zu Nebensächlichkeiten. Sosehr der Autor damit Erscheinungsformen der romantischen, aber auch der modernen Lyrik adäquat erfaßt, etwa die sinnfernen, aus der Magie des Klanges lebenden Gebilde eines RIMBAUD, eines VALÉRY oder JIMÉNEZ, sowenig wird er der historischen Formenvielfalt lyrischer Dichtung gerecht: Alle sogenannte Gedankenlyrik, aber auch eine im modernen Gedicht dominierende Tendenz zur Intellektualität und Umgangssprachlichkeit entziehen sich einer Theorie, die prinzipiell die lyrischen Sinnkräfte und Prosaelemente als sekundär verabschiedet, anstatt ihr jeweiliges dialektisches Verhältnis zur *poésie pure* zu bestimmen, zu jenem »Unaussprechlichen«, »Geheimnisvollen«, »Magischen«, das der Abbé Bremond recht willkürlich als religiös, als überweltliche mystische Seligkeit definiert, womit er geradezu zwangsläufig den Widerspruch laizistisch gesinnter Kreise herausforderte.

G.K.

AUSGABEN: Paris 1925. – Paris 1926 (zus. m. R. Souza, *Un débat sur la poésie*).

LITERATUR: Ch. du Bos, *Approximations 7*, Paris 1937. – H. W. Decker, *The Debate on Pure Poetry, 1925-1930. A Critical Survey*, Ann Arbor 1955. – C. Moisan, *H. B. et la poésie pure*, Paris 1967 [Einl. P. Moreau; m. Bibliogr.]. – G. Mounin, *Une rélecture de »La poésie pure«* (in *H. B., 1865-1933*), Aix-en-Provence 1968, S. 145-153. – A. J. Arnold, *La querelle de la »Poésie pure«* (in RHLF, 70, 1970, S. 445-454). – E. Goichot, *»La poésie pure« ou »Emmaüs«* (in TLL, 18, 1980, S. 193-220).

## JOSEF CHAJIM BRENNER

\* 11.9.1881 Novy Młyny / Ukraine
† 2.5.1921 Tel Aviv - Jaffa

LITERATUR ZUM AUTOR:
M. Waxmann, *A History of Jewish Literature*, Bd. 4, NY/Ldn. ²1960, S. 92-105. – G. Shaked, Art. *J. H. B.* (in EJ², 4, Sp. 1347-1351). – G. Ramraz-Ranch, *Y. H. B. veha-sifrüt ha-modernit*, Tel Aviv 1979. – A. Tsemah, *Tnu 'ah bi-Nekudah*, Tel Aviv 1984.

## MISSAWIW LA-NEKUDA

(hebr.; *Um den Punkt herum*). Roman von Josef Chajim BRENNER, erschienen 1902/03. – Wie die meisten späteren Romane und Erzählungen Brenners spiegelt schon dieses Frühwerk den tiefen Pessimismus des Autors. Diese Lebenseinstellung lag zum Teil in seinem Charakter begründet, zum Teil wurde sie genährt durch die traurige Erfahrung einer freudlosen Kindheit und Jugend (Brenner ist in der Ukraine geboren und wurde 1921 in Jaffa bei einem Pogrom von einem Araber ermordet). Der autobiographische Kern der Erzählung ist unschwer zu erkennen. Abramson, der Held der im zaristischen Rußland spielenden Geschichte, bemüht sich, als hebräischer Schriftsteller Anerkennung zu finden. Es gelingt ihm auch tatsächlich, einige Artikel zu publizieren. Da er aber auf seiner vergeblichen Suche nach einer idealen Weltanschauung ständig zwischen Sozialismus, Zionismus und anderen Wunschbildern schwankt, scheitert er schließlich an seiner inneren Haltlosigkeit. Der Selbstmord seines Freundes und die Nachricht von dem Pogrom in einer Nachbarstadt lassen ihn zeitweise wahnsinnig werden.

Auch Brenner hatte sich, wie der Held seiner Erzählung, von der jüdischen Orthodoxie losgesagt und konnte – ein Zweifler an allem Bestehenden wie TOLSTOJ und stets sich selbst ein unerbittlicher Kritiker – kein neues geistiges Fundament finden. Diese innere Heimatlosigkeit kam auch in seinem unsteten Wanderleben zum Ausdruck, das ihn von Land zu Land führte und die verschiedensten Berufe ausüben ließ. – Obwohl der Autor sich in dem Roman als glänzender Stilist erweist, leidet die Darstellung an dem Ballast ideologischer Erörterungen. Bezeichnenderweise läßt der Romanheld seine Freundschaft zu einem Mädchen nur deshalb in die Brüche gehen, weil deren literarische und kulturelle Interessen – sie ist vor allem von der russischen Kultur begeistert – nicht seinen eigenen entsprechen. Doch trotz der Dürftigkeit der Handlung stellt der Roman einen wichtigen Schritt in der Entwicklung der hebräischen Romanliteratur dar. Die Personen wirken lebensechter als etwa bei A. MAPU (1808-1867), dem Begründer des modernen hebräischen Romans. Allerdings ist Brenners Kunst der Menschendarstellung nicht vergleichbar mit der seines jüngeren und von ihm geförderten Schriftstellerkollegen Samuel Josef AGNON. L.Pr.

AUSGABEN: Odessa 1902/03 (in ha-Schiloach). – Tel Aviv 1925.

LITERATUR: A. Friedmann, *J. C. B.*, Bln. 1923. – A. Ben-Or, *Geschichte der zeitgenössischen hebräischen Literatur*, Bd. 2, Tel Aviv 1955, S. 422–429 [hebr.]. – G. Kressel, *Lexikon der hebräischen Literatur*, Bd. 1, Jerusalem 1965, S. 369 [hebr.].

## SCHECHOL WE-CHISCHALON

(hebr.; *Unfruchtbarkeit und Straucheln*). Roman von Josef Chajim BRENNER, erschienen 1920. – Wie in seinen früheren Romanen schildert der Autor auch in diesem, seinem letzten Werk, das Scheitern einer menschlichen Existenz, ohne aber wie sonst den Gang der Handlung durch weltanschauliche Erörterungen zu belasten. Ezekiel, der Held der Erzählung, ist ein aus idealistischen Motiven aus Osteuropa nach Palästina ausgewanderter Chaluz (Pionier). Ein Arbeitsunfall, dann Anfälle von Schwermut zwingen ihn zur Aufgabe seiner Tätigkeit im Kibbuz. Er findet Zuflucht in Jerusalem im Hause seines Onkels Josef Chefez, dessen ältliche Tocher Esther ihm nach Liebe dürstendes Herz schenkt. Er erwidert diese Gefühle nicht, verliebt sich hingegen in Esthers jüngere Schwester Mirjam, deren Zuneigung aber bereits einem anderen gehört. – Trotz aller »Unfruchtbarkeit« und allen »Strauchelns« verliert Ezekiel nicht den Mut zum Leben: »*Heil dem*«, sagt er, »*der für jedes Lächeln dankbar ist, das ihm aus jedem grünen Gras und jedem Stein entgegenglänzt, dankbar für das Gute und auch für das Schlechte, trotzdem es schlecht und schmerzhaft ist, da ja auch es, das Schlechte, ein Teil des Lebens ist.*«
Die seelischen Konflikte sind glaubwürdig dargestellt, ebenso der Hintergrund der Handlung: Jerusalem vor dem Ersten Weltkrieg und dessen jüdische Einwohner, deren Gelehrsamkeit ebenso groß wie ihre Armut war. Einer dieser Gelehrtentypen ist Josef Chefez, der Onkel Ezekiels und Vater von Esther und Mirjam, ein Amateurphilosoph auf ständiger Suche nach dem »*wahren Guten*«. L.Pr.

AUSGABE: NY 1920.

ÜBERSETZUNG: *Breakdown and Bereavement*, H. Halkin, Ldn./Ithaca (N.Y.) 1971 [engl.].

LITERATUR: A. Ben-Or, *Geschichte der zeitgenössischen hebräischen Literatur*, Bd. 2, Tel Aviv 1955, S. 437 ff. [hebr.]. – J. Klausner (in *Hebräische Encyclopädie*, Bd. 9, Jerusalem 1958, S. 879 ff.). – M. Brinker, *On the Ironic Use of the Myth of Job in Y. H. B.'s »Breakdown and Bereavement«* (in *Biblical Patterns in Modern Literature*, Hg. D. H. Hirsch u. N. Aschkenasy, Chico/Calif. 1984, S. 115–126).

# BERNARD VON BRENTANO

\* 15.10.1901 Offenbach am Main
† 29.12.1964 Wiesbaden

## THEODOR CHINDLER. Roman einer deutschen Familie

von Bernard von BRENTANO, erschienen 1936. – Die Titelfigur dieses Romans, Geschichtsprofessor und militanter Katholik, engagiert sich während der Zeit des Kulturkampfes so sehr für die Forderungen des Vatikans gegenüber Bismarck, daß er auf Drängen der preußischen Regierung seine Universität verlassen muß. Um ihn für den Verlust des Lehramts zu entschädigen, wird er von der Zentrumspartei in einer süddeutschen Kleinstadt als Kandidat aufgestellt und in den Reichstag gewählt. Mit dem Ausbruch des Ersten Weltkriegs beginnt die eigentliche Handlung. Chindler gehört zu den wenigen Politikern, die sich nicht völlig vom nationalen Taumel mitreißen lassen. Von Anfang an mißtraut er der Heeresleitung – was ihn mehrfach in Schwierigkeiten mit seinen Fraktionskollegen bringt – und hält auch den allgemein erwarteten Sieg für unwahrscheinlich. Seine Oppositionsrolle erschöpft sich allerdings in cholerischen Ausbrüchen ohne weiterreichende Wirkung: Chindlers Herkunft aus einer klerikalen, kleinbürgerlichmuffigen Umwelt, die er nie verlassen hat, macht verständlich, weshalb er es bei einem mehr irrationalen Unbehagen an den Zeitumständen bewenden läßt und sich nicht darum bemüht, seinen eigenen gesellschaftlichen Standort zu durchschauen, geschweige denn ihn zu artikulieren. Es charakterisiert sein politisches Lavieren, daß er sich nach Kriegsende einer sozialdemokratischen Landesregierung als konservatives Aushängeschild zur Verfügung stellt, obwohl er bis dahin gerade den Anhängern dieser Partei mit einer besonderen, sehr effektbetonten Abneigung begegnet ist. Seine Entscheidung beruht auch weniger auf politischen Erwägungen als vielmehr auf seiner zwanghaften Geltungssucht. Durch die gesellschaftliche Reputation seines neuen Ministeramtes kann er sich wieder Achtung bei seiner Frau verschaffen, mit der er in einen ständigen Machtkampf verstrickt ist.
Brentano beschränkt sich nicht auf die Gestalt des alten Chindler, sondern bezieht auch die Entwicklung der übrigen Familienmitglieder mit ein, um so das Zeitgeschehen in einem breiteren Spektrum darbieten zu können. Die beiden ältesten Söhne kämpfen erfolglos darum, sich aus der autoritären Umklammerung durch die Familie zu befreien. Das Fronterlebnis bringt zwar ihren Idealismus und fanatischen Nationalismus zum Abklingen, öffnet ihnen aber nicht die Augen für die wahren Kriegsgründe. Anstatt ihre Verbitterung in politische Aktivität umzusetzen, bleiben sie in obrigkeitsstaatlichem Denken befangen. Ihre Schwester vollzieht dagegen den Generationskonflikt mit allen Konse-

quenzen, auch in der Politisierung ihres Bewußtseins: Sie bricht aus dem Elternhaus aus, schließt sich einem spartakistischen Aktionskreis an, muß dafür ins Gefängnis, was ihren Vater schwer kompromittiert: Er verstößt sie. Auch die Frau des älteren Sohnes rebelliert gegen moralische und soziale Rückständigkeit; ihre Emanzipationsversuche gehen indessen über verschiedene sexuelle Abenteuer nicht hinaus. Als Inkarnation des Zerstörerischen erscheint schließlich Chindlers Frau. Mit ihrer dumpfen, fast wahnhaften Religiosität lastet sie auf der Familie und hat die Verklemmtheit ihrer Kinder auf dem Gewissen. Als Leiterin des örtlichen katholischen Frauenvereins ist es zudem ihrer eifernden, viktorianischen Sittenstrenge zuzuschreiben, daß die Bevölkerung einen jungen, hochbegabten Homosexuellen zum Selbstmord treibt. Brentano hat diesen gesellschaftskritischen Zeitroman, sein wichtigstes Werk, im Schweizer Exil geschrieben. Es gelingt ihm, ein beklemmendes Bild vom Zusammenbruch der Wilhelminischen Epoche zu vermitteln. In seiner Innenansicht des deutschen Bürgertums deckt er Realitätsverlust, Zynismus und Orientierungslosigkeit als Symptome für dessen fortschreitenden Verfall auf; die individuellen Deformationen erweisen sich als Abbild der gesellschaftlichen Situation einer Klasse. Es fehlt dem Autor freilich die Brillanz, die beißende Ironie und sezierende Optik Heinrich MANNs, dessen *Professor Unrat* ihm als Vorbild gedient hat. P.L.

AUSGABEN: Zürich 1936. – Wiesbaden 1951. – Ffm. 1960. – Ffm. 1979 (st).

LITERATUR: F. C. Weiskopf, Rez. (in Die Neue Weltbühne, 32, 1936, Nr. 17, S. 523–528). – O. Forst de Battaglia, *B. v. B. Zum Tode des großen Schriftstellers* (in Begegnung, 20, 1965, S. 71–74). – T. S. Hansen, *B. v. B.s »Doppelter Salto mortale« im Exil* (in Das Exilerlebnis, Hg. D. G. Daviau u. L. M. Fischer, Columbia, South Carolina 1982, S. 253–264). – U. Hessler, *B. v. B.: Ein deutscher Schriftsteller ohne Deutschland*, Ffm./Bern 1984.

## CLEMENS BRENTANO

\* 9.9.1778 Ehrenbreitstein / Koblenz
† 28.7.1842 Aschaffenburg

LITERATUR ZUM AUTOR:
J. B. Diel u. W. Kreiten, *C. B. Ein Lebensbild nach gedruckten u. ungedruckten Quellen*, 2 Bde., Freiburg i. B. 1877/78. – O. Mallon, *B. Bibliographie (C. B., 1778–1842)*, Bln. 1926; Nachdr. Hildesheim 1965. – W. Pfeiffer-Belli, *C. B. Ein romantisches Dichterleben*, Freiburg i. B. 1947. – W. Migge, *C. B. Leitmotive seiner Existenz*, Pfullingen 1968. – E. Tunner, *C. B. (1778–1842). Imagination et sentiment religieux*, 2 Bde., Paris 1977. – K. Feilchenfeldt, *B. Chronik. Daten zu Leben u. Werk*, Mchn. 1978. – *C. B. 1778–1942*, Hg. D. Lüders, Ffm. 1978 (Ausst.kat.). – *C. B. Beiträge des Kolloquiums im Freien Dt. Hochstift 1978*, Hg. D. Lüders, Tübingen 1980. – J. F. Fetzer, *C. B.*, Boston 1981 (TWAS). – H. Kastinger Riley, *C. B.*, Stg. 1985 (Slg. Metzler).

**DAS LYRISCHE WERK** von Clemens BRENTANO.

Mehr als tausend Gedichte hat Clemens Brentano hinterlassen, knapp ein Drittel nur wurde davon zu seinen Lebzeiten gedruckt. Die in eigenhändigen Manuskripten und Abschriften unter den Freunden kursierenden Texte waren vermutlich zahlreicher als die Drucke, zumal Brentano in den städtischen Salons und den Freundschaftsbünden des frühen 19. Jh.s als ein durch Erfindungsreichtum und satirisch-witziges Talent brillierender Rezitator bekannt und sogar berüchtigt gewesen ist. Einer Sammelausgabe seiner Lyrik hat er sich zeitlebens verweigert, da ihm das Gedicht nur im lyrischen Gespräch (mit der Geliebten, mit den Freunden, mit der Zeit) lebendig und mitteilenswert erschien. Es sollte, den von ihm und Achim von ARNIM gesammelten und »restaurierten« alten deutschen Liedern ähnlich, zersungen und situationsgerecht abgewandelt, in den Herzen und den Ohren jener Menschen klingen, denen es zugedacht war. Das in Brentanos Lyrik somit absolut dominierende Liebesgedicht ist häufig als die individuelle Abwandlung der Handwerker-, Soldaten-, Studenten- und Bauernlieder zu verstehen, die von ihm und Arnim in *Des Knaben Wunderhorn* gesammelt wurden, weil sie von der Kultur der Wanderschaft, von einer mündlich noch lebendigen Tradition zeugten, welche seit dem Ende des 18. Jh.s von der sich ausbreitenden Lesekultur verdrängt wurde. Die Romantik hat – wie es Theodor W. ADORNO nach KIERKEGAARD formulierte – »an jedem Erlebnis die Taufe der Vergessenheit vollzogen und es der Ewigkeit der Erinnerung geweiht«; Untergänge also wurden von Brentano in Poesie verwandelt, Vergessenes wurde in der als ein kollektives Menschheitsgedächtnis verstandenen Poesie über die Jahrhunderte hinweg gerettet. Mit der großen melancholischen Geste, die aus dem 18. Jh. tief in das 19. hineinreicht, hat Brentano versucht, den Abgrund zwischen dem Ich-Ideal und der Wirklichkeit durch vielstrophige, sich fieberhaft, wie von selbst weiterdichtende und oft genug in satirischer Dissonanz abgebrochene Gedichte zu schließen.

Funktion

Als integrativer Teil einer in Poesie und durch Poesie lebenden Existenz sind die meisten Gedichte Brentanos so in Kontexte (das heißt in Briefe, Romane, Erzählungen, Märchen, Deklamations-Dramen, Nachrufe etc.) verflochten, daß sie nicht ohne Funktionsänderung daraus gelöst und gleichsam autonomisiert werden können. Und doch haben schon Brentanos Freunde, seine Schwester Bettine von ARNIM und in großem Ausmaß die Erben seines Nachlasses mit dem Prozeß dieser Autonomisierung begonnen, der zum Bild des Lyrikers Brentano als eines Vorläufers von Surrealismus und Symbolismus ebenso beigetragen hat, wie zu dem verfälschenden Bild des genialen Improvisators, des Autors von Solfeggien und bloßen Wort- und Klangspielen. Seine Gedichte hat Brentano zwar als die erloschenen Denksteine der Liebe gekennzeichnet (*An des Hauses kleiner Türe*, 1817), doch begründet der Glaube, daß aus der erinnernden Beschwörung vergangener Liebe die neue beständige Liebe entstehen könne, die in stets gleicher Grundfigur sich wiederholende »*eigentümliche Periodizität*« (F. W. Wollenberg) dieses lyrischen Werkes. Und abermals ergeben sich dabei Parallelen zur Sammeltätigkeit der »Herzbrüder« Arnim und Brentano; denn im gleichen Maße, in dem die Romantiker Motive, Themen, Requisiten und Formen der Volksüberlieferung in ihre Texte aufgenommen haben, versuchten sie, durch die kunstvolle Konstruktion eines Volksliedtones Gedichte und Lieder der literarischen Moderne ihrer Zeit (der Klassik und der Romantik) im Volke heimisch zu machen. GOETHES Gedichte sollten, nach Arnims Wunsch, dem Volk so vertraut werden, wie es einst das Volksbuch vom Kaiser Oktavianus gewesen sei. Brentano sang daher auf seiner Gitarre (angeblich der ersten in Deutschland hergestellten), oft zu selbstkomponierten Melodien, eigene Lieder, Lieder der Freunde und immer wieder Goethes *König von Thule* mit der charakteristisch abgewandelten Eingangszeile: »*Ich bin ein König in Thule*«.

## Jugendlyrik

Die Jugendlyrik Brentanos, die, nach tastenden und vorlagen-gebundenen Versuchen im Stile SCHILLERS und des Göttinger Hains, mit vollem Klang um 1798/99 einsetzt, endet nach übereinstimmender Forschungsmeinung mit deutlicher Zäsur im Jahre 1803, dem Jahr der Eheschließung mit Sophie Mereau. Ihr Herzstück sind die Gedichte des Werbens um die Liebe Sophies, deren eigener Dichtung ihr Mentor Schiller »*eine gewisse Innigkeit und zuweilen selbst eine Würde des Empfindens*« nicht absprechen konnte. In dieser Begegnung kommt es erstmals in Brentanos Werk zu jenem dialogisch-lyrischen Spiel, das er von nun an immer wieder gesucht und nur selten (bei Bettine, bei Achim von Arnim und Luise Hensel) gefunden hat. Im übersteigerten Enthusiasmus der Entdeckung überständischer Individualität und ihrem Ausdruck, der Liebessprache, als Mittel zur Entdeckung der Tiefenperson, bleibt (auch und gerade im Rollenspiel von Brentanos Lyrik) die spezifisch romantische Geschlechtsrolle erhalten: »*Der Mann liebt die Liebe, die Frau liebt den Mann*« (N. Luhmann). So kristallisieren sich an die Sophien-Gedichte (*Süßer Mai; O Mutter halte dein Kindlein warm*, 1803) jene Lieder an, die erst Bettine in *Clemens Brentano's Frühlingskranz* (1844) in eigenen Bearbeitungen veröffentlichte (u. a. *Es stehet im Abendglanze*, 1803), die Sonette an Minna Reichenbach (1800) und das Echospiel mit der Lyrik Achim von Arnims, in dessen Umkreis die berühmten Gedichte *Der Spinnerin Nachtlied* (1802) und *Der Jäger an den Hirten* (1803) entstanden sind. In der Mehrzahl dieser Gedichte erscheinen »*die unnatürlichen Geschwister Schönheit und Leiden*« (Brentano), weil sich in ihnen die schon von Friedrich SCHLEGEL beschriebene Paradoxie romantischer Erotik durchsetzt: »*die Erfahrung der Steigerung des Sehens, Erlebens, Genießens durch Distanz*« (N. Luhmann). Die Erfahrung erfüllter Liebe und die des Todes, das dem Leben innig Vertraute und das ihm absolut Fremde, sind in dem Experiment vereint, die Extreme der großen Passion auszuloten (*Wie war dein Leben*, 1800; *Verzweiflung an der Liebe in der Liebe*, 1802). So wird die Liebe Objekt einer distanzierenden Sehnsucht, die Geliebte wird fremd und dämonisch. Brentano hat in der Gestalt der Loreley, der verführten und dann verlassenen Frau, die in ihrer trauernden Schönheit von nun an den Männern zum Verhängnis wird, jenen Mythos der Erotik geschaffen, der bis in die Dämonisierung der Femme fatale (in Literatur und bildender Kunst der Wende vom 19. zum 20. Jh.) hinein nachgewirkt hat (*Zu Bacharach am Rheine*, 1800).

## Dirnenpoesie

Brentanos Briefe an Sophie Mereau sind als Prosagedichte zu lesen, da er in Sophie ein »*Traumbild*« liebte und ihren Namen »*wie eine Bannformel...gegen das schwere prosaische Leben*« aussprach. Nach Sophies Tod (1806) aber setzte seine zweite Frau, Auguste Bußmann, Entführung, Hochzeit und die immerwährende Öffentlichkeit des Geschlechterkampfes in dieser Ehe wie einen albernen Roman in Szene, so daß sich der drohende Verlust von Individualität und Identität in Brentanos Lyrik seit 1806 auch im Fluch über die Liebessprache manifestiert, in der Liebesglück und Trauer imaginiert sind. Aus der Banalität seiner Ehe-Hölle floh Brentano zu HÖLDERLIN (*In dir ringelt die Träne*, 1813), zu Philipp Otto RUNGE (*Du Herrlicher*, 1810) und zu BEETHOVEN (*Nachklänge Beethovenscher Musik*, 1814), die ihm das Gefühl gaben, »*daß er das Paradies, das er im entheiligten Irdischen verloren hatte, in der Dichtung wiedererlangen könne*« (W. Rehm). Die Erfahrung dieser Ehe aber vestärkte die Gewißheit von Distanz und Fremdheit der Geschlechter und wandelte das Vertrauen auf die Festigkeit der durch Sprache gegründeten Paradiese in die Entfremdung gegenüber allem Ausdruck und zumal gegenüber der Fülle von Reim und Wohlklang der Poesie. So sind Brentanos Gedichte im Jahrzehnt zwischen 1806 und 1815 von Bildern der Entfremdung erfüllt, in denen die Liebe unter den Gestalten der Sklavin, der Zigeunerin, der Einsiedlerin, der Undine und der Hure erscheint. Die Dirnengedichte dieser Jahre (*Ich träumte hinab*, 1812; *Ich kenn'ein Haus*, 1816), in der Schwebe zwischen der Faszination durch die Sexualität und dem Fluch über den Exzeß der Körperlichkeit und ihre Reizmittel (*Wohlan! so bin ich deiner los*, 1812), beschreiben nicht so sehr die persönliche und die soziale Sexualnot als vielmehr die verführerische Kraft poetischen Sprechens.

## Neupietismus

In steilem Anstieg wiederholt sich die Lebenskurve von Liebeswerben, lyrisch vorweggenommener Erfüllung und Umlenkung der enttäuschten Liebe auf Kunst und Religion in Brentanos Begegnung mit der protestantischen Pfarrerstochter Luise Hensel (im Herbst 1816 in Berlin). Diese Begegnung traf zusammen mit der zeittypischen Krise der Autonomieästhetik und der Entdeckung der Religion als einer Lebensmacht im Umkreis des Berliner Neupietismus und der von Brentano an diesen Kreis vermittelten psychischen Erfahrungen der oberdeutschen Erweckungsbewegung. Die bis zu Theodor FONTANE und Ernst WIECHERT (im Spannungsfeld »innerer Emigration«) nachwirkenden Erweckungsgedichte (des Glaubenswunders in *Die Gottesmauer*, 1816, oder der zinzendorfischen Blutmystik im *Frühlingsschrei eines Knechtes aus der Tiefe*, 1816) entstanden in der Not der Inspirationskrise vor der Begegnung mit Luise Hensel; ihre zart-pietistischen Gebetsgedichte hat Brentano, mit dem entschiedenen Willen zu religiöser und erotischer Überwältigung so überformt, daß Luise Hensel später eine Entmischung der Arbeitsanteile nicht mehr gelungen ist. In der Art eines poetischen Tagebuches entstand zwischen Herbst 1816 und Sommer 1818 ein Strauß erotisch-religiöser Gedichte, in denen die von Brentano erstrebte Konversion Luise Hensels zum Katholizismus schon bald als Zeichen des Liebes-Einverständnisses fungiert (u. a. *Warum er mich verlassen*, 1818). Den Ton der Erweckungslyrik hat Brentano meisterhaft aus barocken Vorlagen (u. a. aus HEERMANN, SPEE, ANGELUS SILESIUS) adaptiert und in der Mischung von erotischer und religiöser Inbrunst fortentwickelt. In diesen Gedichten ist die Bildlichkeit der Elementarmythik (Feuer- und Wassermetaphorik) mit der des *Alten Testaments* verschwistert (u. a. *Ich bin durch die Wüste gezogen*, 1816), mischt sich die Sprache des *Hohen Liedes* mit Zitaten aus der geistlichen Lyrik des NOVALIS, wird der tränenreiche Ton »heiliger Wehmut« vom Überdruß an pietistischer Glaubensergebung gebrochen, so daß Brentano den stärkenden Refrain »*Sang das fromme Mütterlein*« (in *Die Gottesmauer*) bei einem Vortrag satirisch in »*Sang das dumme alte Weib*« verkehrte. Casualgedichte hat Brentano als Gebete maskiert (z. B. *Vor dem ersten Aderlaß, am Tage vor dem Abendmahl*, 1817/18) und Liebeslieder in geistlicher Kontrafaktur der neuen Werkphase anverwandelt (u. a. *Die Erde war gestorben*, 1817). Die Luisen-Lyrik endet mit einem Büchlein, in das Brentano seit Mai 1819, auf Wunsch Luise Hensels, seine Liebeslieder einzutragen (und zu kommentieren) begann; die Abschrift bricht ab, als er in den Stigmata Anna Katharina Emmericks in Dülmen jene Liebeswunden, die er zeitlebens imaginiert hatte (und von denen er sich selbst stigmatisiert glaubte), leibhaftig vor sich sah. Für die Zeitgenossen aber war der Dichter Brentano für nahezu zwanzig Jahre verschollen.

## Münchener Romantik

Die »Lebensaufgabe«, der sich Clemens Brentano im westfälischen Dülmen gegenübersah, aus den Visionen Anna Katharina Emmericks ein großes religiöses Weltepos zu gestalten (in das die romanartige Trilogie eines *Lebens Jesu* eingebettet sein sollte), hat all seine poetischen Kräfte auf die rund 16 000 Manuskriptseiten dieses Prosawerkes gelenkt. Erst als er 1833 in München der Malerin und Kunstsammlerin Emilie Linder begegnete, wiederholte sich letztmals die seit der Sophien-Zeit bekannte Werksituation, entstand (zwischen 1834 und 1837, beginnend mit *Wo schlägt ein Herz* und *Danke, danke, süße Feder*, Januar 1834) nochmals ein poetisches Tagebuch großer erotischer Gedichte. Das Ereignis der Emilien-Lyrik, mit welcher der knapp sechzigjährige Brentano um die Liebe der vierzigjährigen Malerin warb, blieb selbst dem engeren Freundeskreis des Dichters lange Zeit verborgen, so daß es nach Brentanos Tod zu einem makabren Streit zwischen Luise Hensel und Emilie Linder um die Adresse vieler dieser Gedichte kam. Brentano nämlich gestaltete die neuen Liebesgedichte aus Versatzstücken der Frühlyrik (z. B. *In Lieb? – In Lust?* in der für Emilie Linder begonnenen Fortsetzung von Hölderlins *Die Nacht*; eventuell auch *Alhambra. Am Vorabend des Advents*, 1839), besonders häufig aus Vorlagen der Luisen-Lyrik (u. a. *Pilger! all der Blumenschein*, 1817/1834; *Einsam will ich untergehn*, 1817/1834; *O du lieber wilder Regen*, 1817/1834; *Es scheint ein Stern vom Himmel*, 1818/1834) und warb nochmals wie um die Liebe, so auch um das Liebeszeichen der religiösen Konversion. Der nazarenische, das Diminutiv bevorzugende Ton dieser Gedichte verdeutlicht das von Emilie Linder beeinflußte Interesse Brentanos an nazarenischer Malerei im München König Ludwigs I., doch ist der Kern der Emilien-Lyrik – wie die Luisen-Lyrik um die Entdeckung des geistlichen Barockgedichtes – um die Entdeckung der galanten Barockpoesie zentriert, um ihre Themen, Formen und Bilder, so daß als Kennvers dieser emblematisch verschlüsselten Alterslyrik der von ungezählten Interpreten umrätselte Spruch gilt:

»*O Stern und Blume, Geist und Kleid,*
*Lieb, Leid und Zeit und Ewigkeit.*«

Gerade die Altersgedichte Brentanos aber haben (seit WOLFSKEHL) in ihrer litaneiartigen Unabschließbarkeit (z. B. *O Traum der Wüste* aus den unveröffentlichten Teilen der *Marina*-Legende, 1838) und dem prävalenten Entstellungsverfahren (u. a. in *Wenn der lahme Weber träumt, 1837*) die literarische Moderne so fasziniert, daß Hans Magnus ENZENSBERGER das »*erotische Genie*« Brentano zum Ahnherrn der modernen Dichtersprache deklariert hat.

## Modernität

Modern aber ist Brentanos Lyrik nicht nur wegen der darin angewandten poetischen Verfahren, mit denen der Dichter experimentierte, sondern auch deshalb, weil er bewußt ein Dichter der Stadt gewesen ist, der sich poetisch jene von KANT und SCHILLER beschriebene Freiheit des Vernunftsubjekts zugeeignet hat, welche durch die Entfremdung von der Natur, auch des eigenen Leibes, erkauft werden mußte. Daß es bei Brentano Naturgedichte, im Sinne GOETHES und EICHENDORFFS etwa, nicht gibt, daß nahezu alle seine Gedichte aus kulturellem Stoff gebildet wurden, ist nur ein Charakteristikum dieser Modernität. In Brentanos Gedichten sind Mond und Sonne, Wald und Fluß Zitate aus einem literarischen Kosmos, der sich von der Volkstradition über mittelalterliche und frühneuzeitliche Vorlagen bis zur Kunst seiner Gegenwart (zu SCHILLER, GOETHE, HÖLDERLIN, JEAN PAUL, NOVALIS, TIECK, die Brüder SCHLEGEL, ARNIM, GÖRRES etc.) erstreckt und sich in seinen Gedichten tausendfältig spiegelt. Nicht zufällig komponiert Adrian Leverkühn in Thomas MANNs *Doktor Faustus* Brentano-Gesänge; Thomas Mann erschien die Obsession des Künstlers durch Liebe, Kunst und Tod zutiefst der Romantik zugehörig, in welcher sich »*das vollendetste Kunstwerk als synthetisches Produkt von ›äußerster Kalkulation, zugleich rein expressiv‹*« (J. Fetzer) herstellte. So gehört Brentano nicht zu den großen Landschaftsdichtern des 19. Jh.s, die – mit EICHENDORFF beginnend – die verlorene Nähe zur Natur ästhetisch einzuholen versuchten; er gehört zu jenen die literarische Moderne (seit der letzten Jahrhundertwende) prägenden Dichtern, welche die entfremdete Natur nur noch in der Leiblichkeit des Menschen erfahren konnten, diese Leiblichkeit aber poetisch als fremd betonten, weil sie dem Übermaß ästhetischer Kompensation mißtrauten.  W.Fr.

AUSGABEN: *Geistliche Lieder / Weltliche Gedichte* (in GS, Hg. Chr. Brentano, Ffm. 1852, 9 Bde., 1/2; Nachdr. Bern 1970). – *Gedichte*, Hg. W. Frühwald, Reinbek 1968 (nach den Hss. u. Erstdr. ausgewählt; m. Anh. u. Bibliogr.; RKl). – *Werke*, Bd. 1, Hg. W. Frühwald, B. Gajek u. F. Kemp, Mchn. ²1978 [m. Bibliogr.]. – *Gedichte*, Hg. H. Schultz, Aschaffenburg 1979. – *Der andere B.*, Ffm. 1985 [Ausw., Einl. u. Komm. H. Boetius].

LITERATUR: H. Jaeger, *C. B.s Frühlyrik. Chronologie u. Entwicklung*, Ffm. 1926. – R. Guignard, *Chronologie des poésies de C. B. Avec un choix de variantes*, Paris 1933. – E. Staiger, *Die Zeit als Einbildungskraft des Dichters. Untersuchungen zu Gedichten von B., Goethe u. Keller*, Zürich ²1953. – W. Rehm, *B. und Hölderlin* (in W. R., *Begegnungen und Probleme. Studien zur dt. Literaturgeschichte*, Bern 1957, S. 40–88). – H.M. Enzensberger, *B.s Poetik*, Mchn. 1961. – W. Fraenger, *C. B.s Alhambra. Eine Nachprüfung*, Amsterdam ²1964. – W. Killy, *Wandlungen des lyrischen Bildes*, Göttingen ⁴1964. – F. W. Wollenberg, *B.s Jugendlyrik. Studien zur Struktur seiner dichterischen Persönlichkeit*, Diss. Hbg. 1964. – B. Gajek, *Homo Poeta. Zur Kontinuität der Problematik bei C. B.*, Ffm. 1971. – L. Zagari, *›Paradiso‹ artificiale e ›sguardo elegiaco sui flutti‹. La lirica religiosa di B. e la periodizzazione del romanticismo*, Rom 1971. – G. Schaub, *Le Génie Enfant. Die Kategorie des Kindlichen bei C. B.*, Bln./NY 1973. – J. F. Fetzer, *Romantic Orpheus. Profiles of C. B.*, Berkeley u. a. 1974. – K. Feilchenfeldt u. W. Frühwald, *C. B.: Briefe u. Gedichte an Emilie Linder. Ungedruckte Hss. aus dem Nachlaß v. Johannes Baptista Diel SJ* (in FDH, 1976, S. 216–315). – W. Frühwald, *Das Spätwerk C. B.s (1815–1842). Romantik im Zeitalter der Metternich'schen Restauration*, Tübingen 1977. – O. Seidlin, *Von erwachendem Bewußtsein u. vom Sündenfall. B. – Schiller, Kleist, Goethe*, Stg. 1979. – U. Matthias, *Kontextprobleme der Lyrik C. B.s. Eine Studie über die Verseinlagen in »Godwi«*, Ffm./Bern 1982. – N. Luhmann, *Liebe als Passion. Zur Codierung von Intimität*, Ffm. ²1983. – G. Brandstetter, *Erotik u. Religiosität. Eine Studie zur Lyrik von C. B.*, Mchn. 1986. – M. Janz, *Marmorbilder. Weiblichkeit u. Tod bei C. B. u. H. v. Hofmannsthal*, Königstein/Ts. 1986.

## DAS BITTERE LEIDEN UNSERS HERRN JESU CHRISTI. Nach den Betrachtungen der Gottseligen Anna Katharina Emmerich, Augustinerin des Klosters Agnetenberg zu Dülmen, nebst dem Lebensumriß dieser Begnadigten

Bericht von Clemens BRENTANO; anonym erschienen 1833. – Das Werk wird eingeleitet durch einen ausführlichen »Lebensumriß der Erzählerin«, in dem diese geschildert wird als eine Frau von einfachster Herkunft und Bildung, deren visionäre Begabung und grenzenlose Fähigkeit zu mitleidender Hingabe ihr von Jugend an einen dornenvollen Lebensweg wiesen und sie nach harter Klosterzeit für die letzten zwölf Jahre ihres Lebens – sie starb am 9. 2. 1824 – als Stigmatisierte auf ein ununterbrochenes Krankenlager warfen. – Fünf Jahre (1818–1823) verbrachte Brentano nach seiner 1817 erfolgten Rückkehr zur katholischen Kirche in der Umgebung dieser westfälischen Nonne und hielt ihre Visionen in zwölf umfangreichen Tagebuchbänden fest. Das vorliegende Werk ist die im Verlauf von etwa neun Jahren entstandene Bearbeitung eines dieser Bände; es folgt den Passionsvisionen der Emmerick [sic!] vom Frühjahr 1823 und schildert den Leidensweg Jesu vom Gang nach Gethsemane bis zur Grablegung. – Mit der Arbeit an diesen Betrachtungen glaubte der zum »Pilger« gewordene Brentano endlich seinen wahren Beruf gefunden zu haben; er fühlte sich als »Evangelist« und Dolmetscher göttlicher Offenbarung, was ihn jedoch, wie heute als erwiesen gilt, nicht davon abhielt, die Berichte der Emmerick großzügig zu interpolieren und – bewußt oder unbewußt – viel Eigenes hinzuzufügen, aber auch fremde Elemente, etwa von Martin v. KOCHEM, zu übernehmen. Nach zeitgenössischen Quellen betrieb Brentano seine Studien mit großer Aufdringlichkeit, so daß ihm schließlich jene amtliche Kommission, die mit der Untersuchung der Stigmatisierungen beauftragt war, den Umgang mit der Nonne verbot. Die breite Schilderung der Leiden Jesu, des »*liebsten Bräutigams*«, wie der traditionelle mystische Topos lautet, ist von einer kaum überbietbaren Grausamkeit in der Darstellung der erlittenen Martern. Daß die hierbei auftretenden Längen den Leser »*leicht ermüden*«, scheint auch Brentano eingesehen zu haben; um so eindrucksvoller sind dagegen die Szenen am Ölberg sowie Kreuztragung und Kreuzigung – letztere eine *applicatio sensuum* von großer Intensität. Wenn das Werk auch nicht »*den mindesten Anspruch auf den Charakter historischer Wahrheit*« (Brentanos Einleitung) erhebt, so nehmen doch phantasiereiche und detaillierteste Schilderungen der Schauplätze einen weiten Raum ein, während Reflexionen daneben stark zurücktreten. Für die Erzählweise ist eine persönliche, leidenschaftlich bewegte und physisch mitleidende »All-Gegenwart« des Erzählers charakteristisch.

Die Aufzeichnungen waren als dritter Teil einer Trilogie über das Leben Jesu vorgesehen, zu der auch das *Leben der heiligen Jungfrau Maria* (postum 1852) sowie die *Lehrjahre Jesu* gehörten, letztere lagen in einer verstümmelten Fassung erstmalig 1860 vor. *Das bittere Leiden* zählte zu Brentanos erfolgreichsten Schriften, bis 1842 erlebte das Werk sechs Auflagen sowie Übersetzungen. Die Forschung beachtete das Werk, wie Brentanos religiöse Schriften insgesamt, lange Zeit kaum, erst die neueren Arbeiten von B. GAJEK, W. FRÜHWALD und E. TUNNER konnten zeigen, wie sehr der Text geprägt ist von frühen Vorstellungen romantischer Dichtungstheorie und Mythologie, woraus sich auch Brentanos Widerstand gegen rational-wissenschaftliche Untersuchungen der Stigmatisierungen und Visionen der Nonne begründet, die von staatlichen Stellen angestrebt wurden; W. Frühwald deutete das Werk daher auch als »*Satire des Unglaubens und der Staatsallmacht*«. V.H.

AUSGABEN: Sulzbach 1833 [anon.]. – Mchn./Lpzg. 1912 (in *SW*, Hg. C. Schüddekopf, Bd. 14, 1, Hg. ders. u. W. Oehl; hist.-krit.). – Luzern 1946 [Einl. O. Karrer]. – Ffm. 1980 (in *SW u. Briefe*, Bd. 26, Hg. B. Gajek; Frankfurter B.-Ausg.).

LITERATUR: W. Hümpfner, *B.s Glaubwürdigkeit in s. Emmerick-Aufzeichn.*, Würzburg 1923. – F. Röckmann, *Stilkundl. Unters. u. geistesgesch. Einordn. d. »Bitteren Leidens« v. B.*, Diss. Münster 1934. – J. Adam, *C.B.s Emmerick-Erlebnis, Bindung u. Abenteuer*, Freiburg i. B. 1955. – M. Brion, *C.B. et la sœur Emmerich* (in Revue de Paris, 69, Apr. 1962, S. 21–36). – E. Tunner, *Die ›denkende Klasse‹ u. C.B.s Emmerick-Schriften* (in FDH, 1980, S. 259–271). – B. Wacker, *C.B.s »Das bittere Leiden« u. J. Görres' »Athanasius«. Bemerkungen zum Verhältnis von Glaube, Mystik, Politik im frühen politischen Katholizismus* (in *Emmerick u. B. Dokumentation eines Symposions der Bischöflichen Kommission ›Anna Katharina Emmerick‹ Münster 1982*, Dülmen 1983, S. 105–119).

## DIE CHRONIKA DES FAHRENDEN SCHÜLERS

Fragment einer erzählenden Dichtung von Clemens BRENTANO, in einer gekürzten und überarbeiteten Fassung unter dem Titel *Aus der Chronika eines fahrenden Schülers* erschienen 1818. – Das erst im 20. Jh. im elsässischen Trappistenkloster Ölenberg entdeckte Originalmanuskript wurde 1923 erstmals veröffentlicht. Es enthält einen handschriftlichen Vermerk Brentanos: »*Altes erstes Manuskriptfragment von der Chronika des fahrenden Schülers, dessen begonnene Umarbeitung in Sängerfahrt ... steht.*«

»*In dem Jahr, da man zählte nach Christi unsers lieben Herrn Geburt 1358 im lieblichen Monat Mai*« erwacht, am Morgen seines zwanzigsten Geburtstages, Johannes, der bis dahin als bettelnder Schüler durch die Lande gezogen war, in einer völlig neuen Umgebung: am Abend zuvor hatte ihn der Ritter Veltlin von Türlingen als Schreiber in sein Straßburger Haus aufgenommen. Im Lauf dieses Tages nun erzählt Johannes seinem neuen Herrn seine Kindheitsgeschichte, den Anfang der traurigen Liebesgeschichte seiner Mutter, die als einfaches Mädchen einen Ritter liebte, Episoden aus seiner Wanderzeit und die Parabel von dem Wunderspiegel, der seinen Erfinder zur Hoffart verführte und ihn mitsamt der ganzen Stadt ins Verderben riß. Die Erzählungen werden immer wieder unterbrochen: Johannes lernt die drei Töchter des Ritters kennen, und Gespräche über die Kunst sowie erbauliche Betrachtungen sind eingeschoben, in denen leitmotivisch die Reflexion über die Vergänglichkeit des Lebens wiederkehrt. Am Abend liest der Schüler aus einem alten Buch das Märchen *Vom traurigen Untergang zeitlicher Liebe* vor, an dessen Ende der Text abbricht. Im Vorwort seiner Ausgabe von 1818 notiert Brentano, daß die Erzählung mit der Abreise des Schülers und der »*Versorgung*« der Töchter des Ritters enden sollte. Allerdings unterscheidet sich die 1818 veröffentlichte Erzählung von der Urfassung wesentlich: Sie besteht lediglich aus dem Anfang der Rahmenerzählung und der ersten, erweiterten Einlagengeschichte.

1803, kurz nach Vollendung seines »*verwilderten Romans*« Godwi begann Brentano mit der Arbeit an der *Chronika*, die sich – oft unterbrochen – bis 1810 hinzog. Bedeutsamer als manche anderen autobiographischen Bezüge des Werkes ist die »Selbstspiegelung« des Dichters in der Gestalt des »*schönen Bettlers*« im Märchen *Vom traurigen Untergang zeitlicher Liebe*. Dieser unheilvoll schöne Jüngling, unfähig zu »*alle dem, was man so unter den Leuten arbeiten nennt*«, lebt auf einer Klippe, wo der »*Perlengeist*« haust, der alle »*zeitlich*« Liebenden in tödliche Meerestiefe lockt. Selber ein Sohn der Sirene und eines biederen Fischers, »zersang« der »schöne Bettler« die Lockgesänge des Geistes »mit unaussprechlicher Kunst«, so daß er die »Verirrten zum Guten verführte«. Freilich zeichnet er auch die Lieder des Perlengeistes auf, verfällt so selbst der Hoffart und stirbt »in Sünde.« Hier haben geheime Wunschvorstellungen und eine bittere Abrechnung Brentanos mit sich selbst Ausdruck gefunden, und so gibt dieses kostbare, mit Märchenmotiven und Anklängen an die *Offenbarung des Johannes* durchsetzte Prosastück wichtige Hinweise auf sein Selbstverständnis als Dichter: »*Lehrend soll sein ... alle wahre Kunst*« und ruhelos »*schweben*« zwischen »*Himmel und Erde*«.

Der Text schließt damit an SCHLEGELS Konzept der romantischen Universalpoesie an, die das Ganze der Wirklichkeit in der Poesie zu erfassen strebt; neuere Arbeiten zu Brentanos Erzählung konnten zeigen, daß ihre thematische Verschränkung durch eine formale Einheit des Textgefüges von »*streng spiegelbildlicher Symmetrie*« (M. Huber) getragen wird.

Die mittelalterliche Kulisse des Textes hat verfremdende Funktion, Bezüge zu HARTMANN VON AUES *Der arme Heinrich* sowie zur älteren *Limburger* sowie zur *Straßburger Chronik* lassen sie ebenso nachweisen wie Parallelen zum *Godwi* und zu den *Romanzen* Brentanos. Unter den wenigen Verseinlagen findet sich das berühmte, schon 1802 für Sophie Mereau gedichtete Nachtigallenlied: »*Es sang vor langen Jahren / Wohl auch die Nachtigall...*«.

V.H.

AUSGABEN: Bln. 1818 (*Aus der Chronika eines fahrenden Schülers* in *Die Sängerfahrt. Eine Neujahrsausgabe für Freunde der Dichtkunst und Mahlerey*, ges. v. F. Förster, S. 234–258; Faks. Heidelberg o. J. [1970; Nachw. S. Sudhoff]). – Ffm. 1852 (in *GS*, Hg. Chr. Brentano, 9 Bde., 1852–1855, 4; Nachdr. Bern 1970). – Lpzg. 1923 (Urfassung; *Die Chronika des fahrenden Schülers*, Hg. u. Nachw. J. Lefftz). – Mchn. 1963 (in *Werke*, Hg. F. Kemp, 4 Bde., 1963–1968, 2; ³1980). – Stg. 1971 (RUB; Nachw. E. Stopp).

LITERATUR: R. Sprenger, *Zu B.s »Aus der Chronika eines fahrenden Schülers«* (in ZfdU, 17, 1903, S. 315 ff.). – A. Walheim, *B.s »Chronika eines fahrenden Schülers«* (in ZfÖG, 63, 1912, S. 289 ff.). – H. Cardauns, *Wann entstand B.s »Chronica eines fahrenden Schülers«?* (in Hist.-polit. Blätter, 157, 1916). – E. Stopp, *B.'s »Chronika« and Its Revision* (in *Sprache u. Bekenntnis. H. Kunisch zum 70. Geburtstag*, Hg. W. Frühwald u. G. Niggl, Bln. 1971, S. 161–184). – A. Kathan, *Die »Chronika des fahrenden Schülers«. Zum Erzählproblem bei B.* (in LJb, 13, 1972, S. 181–215). – M. Huber, *C.B.: »Die Chronika des fahrenden Schülers«. Eine Analyse der Figurenkonstellation u. der kompositorischen Prinzipien der Urfassung*, Bern 1976. – G. Kluge, *C. B.s Erzählungen aus den Jahren 1810–1818. Beobachtungen zu ihrer Struktur u. Thematik* (in *C. B. Beiträge des Kolloquiums im Freien Dt. Hochstift 1978*, Hg. D. Lüders, Tübingen 1980, S. 102–134).

## DIE DREI NÜSSE

Novelle von Clemens BRENTANO, erschienen 1817. – Man sitzt im Hause des Bürgermeisters Maggi des Abends zu Tisch, der Hausherr selbst, seine beiden kleinen Söhne, deren Erzieher, Hofmeister Möller, und ein durchreisender Alchimist. Als Möller die beiden Knaben, die gerade dabei sind, sich an Nüssen zu überessen, den lateinischen Spruch »*Unica nux prodest, nocet altera, tertia mors est*« (»Eine Nuß nützt, die zweite schadet, die dritte ist der Tod«) übersetzen läßt, wird der Alchimist von Entsetzen ergriffen, fleht die verblüfften Herren an, sein Verbrechen nicht zu verraten, und reist überstürzt ab. – Ein Jahr später ist die Witwe eines Apothekers aus Lyon zu Gast, weist die Nüsse, die ihr angeboten werden, mit Abscheu zurück, erschrickt vor dem Bild, das der jüngste Sohn von der Szene mit dem Alchimisten gezeichnet und mit dem lateinischen Spruch beschriftet hat, und erklärt die rätselhaften Zusammenhänge: Der Alchimist war ihr Mann, der aus Eifersucht einen vermeintlichen Liebhaber seiner ungewöhnlich schönen Frau, tatsächlich aber – so jedenfalls glaubt sie noch zur Stunde ihrer Erzählung – ihren eigenen Bruder getötet hatte, und zwar genau in dem Augenblick, als dieser mit der leidenschaftlich geliebten Schwester zum Abschied drei Nüsse aß und dabei den lateinischen Spruch zitierte. Von Gewissensqualen gepeinigt, hatte sich der Alchimist nach dem Vorfall im Hause des Bürgermeisters dem Gericht gestellt und war am Tatort enthauptet worden. – Als die Witwe ihre Erzählung beendet hat, erblickt der Bürgermeister an ihrer Hand einen Siegelring, an dem er erkennt, daß er seine Schwester vor sich hat: Er selbst ist der wahre Bruder, der als Kind von einer Amme mit jenem anderen versehentlich vertauscht worden war.

Diese straff komponierte Novelle, deren Entstehungszeit wohl um 1815/16 liegt, erfüllt wie kaum sonst die Erzählungen Brentanos die formalen Ansprüche, die man an diese Gattung stellt: Höhepunkt ist die »unerhörte Begebenheit« der aufgedeckten Verwandtschaft (die, gleichsam rückwirkend, den Alchimisten doch zum Mörder des Liebhabers seiner Frau, nicht des Schwagers werden läßt); das Leitmotiv der drei Nüsse verknüpft die Rahmenhandlung und den Bericht der Frau; drei Wendepunkte – das Erschrecken der Frau vor dem Bild, das Auftauchen des Bruders und die Entdeckung des Siegelringes – lenken das Geschehen immer wieder in eine unerwartete neue Richtung.

P.W.W.-KLL

AUSGABEN: Bln. 1817 (in Der Gesellschafter oder Blätter für Geist und Herz). – Bln./Königsberg 1834 [zus. m. *Varinka oder Die rothe Schenke von Dr. Schiff*]. – Ffm. 1852 (in *GS*, Hg. Chr. Brentano, 9 Bde., 1852–1855, 4, S. 275–290; Nachdr.

Bern 1970). – Mchn. 1963 (in *Werke*, Hg. F. Kemp, 4 Bde., 1963–1968, 2; ³1980).

LITERATUR: R. Imelmann, *»Die drei Nüsse« von B.* (in Englische Studien, 62, 1927/28, S. 265–292). – J. A. Mac-Naughton, *B.'s Novellen*, Diss. NY 1964. – G. Kluge *C. B.s Erzählungen aus den Jahren 1810–1818. Beobachtungen zu ihrer Struktur u. Thematik* (in *C. B. Beiträge des Kolloquiums im Freien Dt. Hochstift 1978*, Hg. D. Lüders, Tübingen 1980, S. 102–134).

## ENTWEDER WUNDERBARE GESCHICHTE VON BOGS DEM UHRMACHER, WIE ER ZWAR DAS MENSCHLICHE LEBEN LÄNGST VERLASSEN, NUN ABER DOCH, NACH VIELEN MUSIKALISCHEN LEIDEN ZU WASSER UND ZU LANDE, IN DIE BÜRGERLICHE SCHÜTZENGESELLSCHAFT AUFGENOMMEN ZU WERDEN HOFFNUNG HAT, ODER DIE ÜBER DIE UFER DER BADISCHEN WOCHENSCHRIFT ALS BEILAGE AUSGETRETENE CONZERT-ANZEIGE. Nebst des Herrn Bogs wohlgetroffenem Bildnisse und einem medizinischen Gutachten über dessen Gehirnzustand

Satire von Clemens BRENTANO und Johann Joseph von GÖRRES(1776–1848), erschienen 1807. – Dem letzten Menschen hat man *»den Stuhl vor die Tür gesetzt«* – es gibt auf der Welt nur noch Bürger, und die *»bürgerliche Schützengesellschaft«* lädt ein zur Jagd auf die letzten *»losen Vögel ... Philosophen, Schwärmer, Dichter«*. Gleichzeitig werden alle, die vielleicht noch einen Rest Menschlichkeit besitzen, aufgefordert, diesem gut eingerichteten der Gesellschaft beizutreten. Bogs (der Name ist aus den Anfangs- und Endbuchstaben der Verfassernamen gebildet) reicht hierauf seine *»Selbstbekenntnisse«* ein: von Jugend auf habe er *»selbst ein gut Rad werden«* wollen, *»weil unsere Seele das Metall ist«*. Zur Probe muß er nun ein Konzert besuchen, das seine Phantasie allerdings zu Ausschweifungen hinreißt, die einem Bürger schlecht anstehen. Als nächstes hat er sich einer Untersuchung seines *»Gehirnzustandes«* zu unterziehen: Man entdeckt, daß er zwei Gesichter hat, wie *»eine geprägte Münze«*, und daß es in seinem Kopf von Uhren, Eulen und den unmöglichsten Phantasiegestalten wimmelt. Schließlich entflieht die finstere Hälfte von Bogs, und die harmlose andere Hälfte wird in die Gesellschaft aufgenommen.

Der *Bogs* entstand während eines der glücklichsten Abschnitte im Leben Brentanos: mit Görres lebte er in Heidelberg im Kreise Gleichgesinnter, und ganz unter dem Eindruck von JEAN PAULS *Titan* (1800) schrieben die Freunde ihre tolle Groteske. Wie in der Satire *Der Philister vor, in und nach der Geschichte* (1811) wird auch hier das mangelnde Verständnis für Christian REUTERS *Schelmuffsky* (1696) zu einem Beweis für vertrocknetes Philistertum. Ob der *Bogs* nun gezielt war oder einfach allgemein die gesellschaftlichen Zustände geißeln wollte, den Zorn bürgerlicher Rationalisten vom Schlage eines Johann Heinrich Voss mußte er erregen, und zwar ebenso durch seine hemmungslose Aggressivität wie durch seine zügellose Form. – Obwohl dieser *»treffliche Wahnsinn«* (Justinus Kerner) heute fast vergessen ist, gehört die Satire mit ihren absurd-surrealen Wendungen und mit ihrem selbstironischen Witz zu den originellsten Beispielen romantischer Dichtung. V.H.

AUSGABEN: O. O. [Heidelberg] 1807. – Ffm. 1852 (in *GS*, Hg. Chr. Brentano, 9 Bde., 1852–1855, 5; Nachdr. Bern 1970). – Mchn. 1963 (in *Werke*, Hg. F. Kemp, 4 Bde., 1963–1968, 2; ³1980).

LITERATUR: G. E. Karsten, *Fauststudien – über »Faust« und »Bogs«* (in *Philologische Studien. Fs. f. E. Sievers*, Halle 1910, S. 244 ff.). – K.-G. Hotze, *Die Entwicklung des Menschenbildes in der Dichtung C. B.s*, Diss. Freiburg i. B. 1953. – G. Maas, *Das Leid bei C. B.*, Diss. Freiburg i. B. 1954. – E. Stopp, *Die Kunstform der Tollheit. Zu C. B.s u. J. Görres' »BOGS der Uhrmacher«* (in *C. B. Beiträge des Kolloquiums im Freien Dt. Hochstift 1978*, Hg. D. Lüders, Tübingen 1980, S. 359–376). – J. F. Fetzer, *»Auf Flügeln des Gesanges«. Die musikalische Odyssee von Berglinger, BOGS u. Kreisler als romantische Variation der literarischen Reise-Fiktion* (in *Literatur u. Musik. Ein Handbuch zur Theorie u. Praxis eines komparatistischen Grenzgebietes*, Hg. St. P. Scher, Bln. 1984, S. 258–277).

## GESCHICHTE VOM BRAVEN KASPERL UND DEM SCHÖNEN ANNERL

Novelle von Clemens BRENTANO, erschienen 1817. – Dem Dichter soll die Mutter seiner Freundin Louise Hensel zwei wahre Begebenheiten erzählt haben, die einer Kindestötung und die vom Selbstmord eines Unteroffiziers. Beide Geschichten, die vielleicht aber auch auf Volkslieder zurückgehen (H. Rölleke), sowie Motive aus dem Gedicht *Weltlich Recht (Des Knaben Wunderhorn)* verschmolz Brentano unter dem Leitmotiv der Ehre in seiner Novelle, die er innerhalb von vier Tagen niederschrieb.

Die Ehrsucht nämlich hat das Leben der beiden jungen Menschen zerstört, von denen die steinalte Bäuerin erzählt, als ihr der Dichter in *»einer kühlen Nacht, welche von fernen Gewittern zu uns herwehte«* tröstend Gesellschaft leistet. Die ganz auf das Jenseits gerichtete Frömmigkeit und die Würde der Alten ergreifen den jungen Erzähler derart, daß er es scheut, sich ihr als Schriftsteller vorzustellen – hier äußert sich Brentanos eigene zwiespältige Auffassung vom »Beruf« des Dichters –, sondern behauptet, er sei *»Schreiber«*, worauf ihn die Frau bittet, eine Petition an den Herzog aufzusetzen, da *»zwei Liebende beieinander ruhen sollen«*. Zunächst in dunklen Andeutungen, dann immer klarer und gedrängter, erzählt sie von ihrem Enkel, dem Ulanen Kasper, der ihr Patenkind Annerl liebte und dessen Ehrgefühl so übertrieben war, daß ihn die Großmutter häufig mahnen mußte: »*Gib Gott allein die Ehre!*« Vor wenigen Tagen nun waren ihm, als er auf Urlaub kam, vom eigenen Vater und Stiefbruder Pferd und Felleisen geraubt worden. Aus Pflichtgefühl überlieferte er beide dem Gericht und erschoß sich dann am Grab der Mutter, weil er es nicht ertrug, eines Diebes Sohn zu sein. In seinem Abschiedsbrief bat er um ein ehrliches Begräbnis. – Wie ihm, so wurde auch Annerl die Ehrsucht zum Verhängnis. Sie war, während Kasper im Felde stand, in der Hauptstadt als Magd tätig. Da sie lang nichts von ihm gehört hatte, gab sie schließlich einem adeligen Verführer nach und erstickte, um der Schande zu entgehen, ihr Kind nach der Geburt. Doch den Namen des treulosen Vaters gab sie vor Gericht nicht preis. An diesem Morgen nun soll sie hingerichtet werden. Nachdem die Bäuerin geendet hat, verspricht ihr der erschütterte Dichter, beim Herzog für Annerl »Pardon« zu erflehen, aber die gläubige Alte, die lediglich ein christliches Begräbnis für die beiden Unglücklichen erwirken möchte, hält ihm entgegen: »*Hör' Er, lieber Freund, Gerechtigkeit ist besser als Pardon.*« Trotz der nächtlichen Stunde dringt der Erzähler zum Herzog vor, der unverzüglich einen Offizier, den Grafen Grossinger, mit der Begnadigung zum Richtplatz befiehlt. Doch der Graf kommt zu spät. An Annerls Leichnam bekennt er, selbst der Verführer zu sein, und vergiftet sich wenig später. Tief bewegt entschließt sich der Herzog, seine Geliebte, Grossingers Schwester, zu heiraten. Beim kirchlichen Begräbnis Annerls und Kaspers sinkt die Großmutter, deren letzter Wunsch erfüllt ist, dem Erzähler tot in die Arme. Das Grab wird mit den Allegorien der wahren und der falschen Ehre, der Gerechtigkeit und der Gnade geschmückt, die sich vor dem Kreuz beugen.

Die Ehre, die in individuellem, sozialem und religiösem Bezug gespiegelt erscheint, verbindet als Leitmotiv die drei Erzählungsstränge, deren geheimer Mittelpunkt die Gestalt der frommen Bäuerin ist, da sie allein weiß, daß die wahre Ehre Gott gebührt. Die rahmenartige Einführung, die zuletzt zeitlich mit dem berichteten Geschehen verschmilzt, als der Erzähler, zunächst ebenso uneingeweihter Zuhörer wie der Leser, aus Mitleid in die Handlung eingreift, verstärkt die kunstvolle Dichte der Komposition. Dingsymbole, wie Kränze, Rosen, Schleier, das in Gegenwart der dreijährigen Annerl pendelnde Richtschwert, durchweben die Novelle und deuten, teils versöhnlich, teils magisch-bedrohlich, die Ereignisse. Kennzeichnend für die Spätromantik sind die ausgewogene Mischung realistischer und märchenhafter Elemente und die Einbeziehung der Poesie in das Leben. KIERKEGAARD trifft das Wesen der Erzählung mit den Worten: »*Es geht ... eine ernste Melancholie hindurch, eine Ahnung von der Macht des Bösen ... die jedes Zeitliche seinen Tribut an diese unbeugsame Macht zahlen läßt*« *(Tagebuch,* 1837). KLL

AUSGABEN: Bln. 1817 (in *Gaben der Milde,* Hg. F.W. Gubitz, Bd. 2). – Bln. 1838. – Ffm. 1852 (in *GS,* Hg. Chr. Brentano, 9 Bde., 1852–1855, 4; Nachdr. Bern 1970). – Mchn. 1963 (in *Werke,* Hg. F. Kemp, 4 Bde., 1963–1968, 2; ³1980).

LITERATUR: B. v. WIESE, *C. B.,* »*Geschichte vom braven Kasperl und dem schönen Annerl*« (in B. v. W., *Die deutsche Novelle von Goethe bis Kafka,* Düsseldorf 1956, S. 64–78). – R. ALEWYN, *B.s* »*Geschichte vom braven Kasperl und dem schönen Annerl*« (in *Gestaltprobleme der Dichtung. Fs. f. G. Müller,* Bonn 1957, S. 143–180; ern. in *Interpretationen. Deutsche Erzählungen von Wieland bis Kafka,* Ffm. 1966, S. 101–150; überarb.; FiBü, 721). – H. REHDER, *Von Ehre, Gnade u. Gerechtigkeit. Gedanken zu B.s* »*Geschichte vom braven Kasperl und dem schönen Annerl*« (in *Stoffe, Formen, Strukturen, Studien zur deutschen Literatur. Fs. f. H. H. Borcherdt,* Hg. A. Fuchs u. H. Motekat, Mchn. 1962, S. 315–330). – K. J. HEINISCH, *C. B.:* »*Die Geschichte vom braven Kasperl u. dem schönen Annerl*« (in K. J. H., *Deutsche Romantik. Interpretationen,* Paderborn 1966, S. 64–75). – H. RÖLLEKE, *Quellen zu B.s* »*Geschichte vom braven Kasperl u. dem schönen Annerl*« (in FDH, 1970, S. 244–257). – G. KLUGE, *Vom Perspektivismus des Erzählens. Eine Studie über C. B.s* »*Geschichte vom braven Kasperl u. dem schönen Annerl*« (ebd., 1971, S. 143–197). – P. HORWATH, *Über den Fatalismus in C. B.s* »*Geschichte vom braven Kasperl u. dem schönen Annerl*«. *Zur Psychologie der Novelle* (in GQ, 44, 1971, S. 24–34). – P. P. SCHWARZ, *B.s* »*Geschichte vom braven Kasperl u. dem schönen Annerl*« *im Zusammenhang seiner religiösen Wendung* (in Aurora, 32, 1972, S. 69–83). – M. KAUFFMANN, »*Die Geschichte vom braven Kasperl u. vom schönen Annerl*« *de C. B.* (in Romantisme, 1978, Nr. 20, S. 69–78). – R.-D. KOLL, *Des Dichters Ehre. Bemerkungen zu B.s* »*Geschichte vom braven Kasperl u. dem schönen Annerl*« (in FDH, 1978). – G. KLUGE, *C.B.s Erzählungen aus den Jahren 1810–1818.* (in *C. B. Beiträge des Kolloquiums im Freien Dt. Hochstift 1978,* Hg. D. Lüders, Tübingen 1980). – Ders., *C. B.* »*Geschichte vom braven Kasperl...* «, Mchn. 1979.

**GOCKEL HINKEL GAKELEJA. Mährchen, wieder erzählt**

Märchen von Clemens BRENTANO, erschienen 1838. – Die Urfassung, deren Handschrift erst in den zwanziger Jahren dieses Jahrhunderts aufgefunden und 1923 von K. VIËTOR publiziert wurde, trug den Titel *Gockel und Hinkel;* entstanden um 1815/16, fand das Märchen Eingang in den Zyklus *Italienische Märchen,* die Guido GÖRRES 1846/47 unter dem Titel *Die Märchen des Clemens Brentano* herausgab. Brentano überarbeitete den Text ab 1835 und erweiterte ihn durch die einleitende *Herzliche Zueignung* sowie durch das abschließende *Tagebuch der Ahnfrau.* Das Hauptmotiv des *Gockel* entnahm Brentano der neapolitanischen

Märchensammlung *Pentamerone* (1634–1636) von Giambattista BASILE, daneben finden sich Bezüge zu SCHILLER, HÖLDERLIN, zur *Alektryomantia* (1680) von Johann PRAETORIUS sowie zu eigenen Werken wie der *Chronika des fahrenden Schülers*, der *Gründung Prags* und vor allem zahlreiche Motivparallelen zu *Das Märchen vom Komanditchen*. Die Verseinlagen stammen teilweise aus *Des Knaben Wunderhorn*.

Gockel, einst Hühnerminister des Königs von Gelnhausen, fällt in Ungnade und muß mit seiner Frau Hinkel von Hennegau und der Tochter Gakkeleia im Hühnerstall des verfallenen Familienschloßes wohnen. Biblische Motive, wie die Vertreibung aus dem Paradies, und zeitgeschichtliche Anspielungen, wie die Entlassung des preußischen Reformministers Freiherr vom Stein, werden in dieser Ausgangskonstellation der Handlung deutlich. Gockels einziger Besitz ist, neben dem Huhn Gallina, der Hahn Alektryo, ein Nachkomme jenes Hahnes, der bei der Verleugnung Christi durch Petrus dreimal krähte; er trägt in seinem Kropf den Ring Salomos, wovon Gockel erfährt, als drei Juden ihm aus diesem Grund den Hahn ablisten wollen. Alektryo bittet daraufhin um den Opfertod; er läßt sich enthaupten, und sein Herr zaubert mit dem Ring ein Schloß herbei. Aber durch eine Sünde geht der Ring erneut verloren: Gockel hatte einst seiner Tochter Gackeleia verboten, mit Puppen zu spielen. Da schenkt einer der Juden ihr eines Tages eine lebendige Puppe, eine »*kleine Kunstfigur*«, und schmeichelt ihr dafür den Ring ab. Gokkel fällt mit seiner Familie wieder in Armut, und Gackeleia läuft fort; sie folgt ihrer Puppe durch den Wald. In der Puppe aber ist die Mäuseprinzessin Sissi gefangen, der Gackeleia zur Heimkehr in ihr Reich verhilft. Nun erobern die dankbaren Mäuse für Gackeleia den Ring zurück. Das Mädchen zaubert das Schloß wieder herbei, verwandelt sich selber in eine junge Dame und den kleinen Prinzen Kronovus – einen Königssohn, der ihr einst als Gemahl versprochen war – in einen jungen Mann. Mit ihrer Hochzeit endet das Märchen.

Dem Märchen vorangestellt ist eine »*Herzliche Zueignung*« an Marianne v. Willemer, eine Jugendliebe Brentanos (und GOETHES Suleika), in der er den Motiven und Personen des Märchens autobiographischen Gehalt gibt, abgeschlossen wird es durch *Blätter aus dem Tagebuch der Ahnfrau*. Deren Entstehung verlegt Brentano in das Jahr 1317, aber diese Zeitebene verschmilzt schließlich mit der des Märchens. Der Dichter selbst, das »*Büblein*«, hat mit Hilfe des salomonischen Rings das Tagebuch beendet, in dem die biblischen und zeitgeschichtlichen Bezüge des Märchens aufgehoben werden in einer christlichen Geschichtsphilosophie, die den Weg der Menschheit als Verlust und Wiedergewinnung eines paradiesischen Zustandes zeichnet. Brentano hat damit einen Rahmen geschaffen, »*in dem weltliche (das Märchen) und geistliche (das Tagebuch) Poesie sich als Elemente einer leidvollen ›poetischen Existenz‹ durchdringen*«, woraus eine »*neue Kunstform*«, der »*autobiographisch akzentuierte,*

*märchenhafte Arabesken-Roman*« (Frühwald/Kemp) entstand. Das *Tagebuch* war lange als Indiz für eine Krise Brentanos nach seiner Konversion zum Katholizismus gesehen worden, die neuere Forschung konnte jedoch die strenge symmetrische Komposition dieses Textes und die strukturelle Verwandtschaft mit der *Chronika des fahrenden Schülers* nachweisen. V.H.-KLL

AUSGABEN: Ffm. 1838. – Stg./Tübingen 1847 (in *Die Märchen*, Bd. 2; Urfassg.). – Ffm. 1852 (in *GS*, Hg. Chr. Brentano, 9 Bde., 1852–1855, 5; Nachdr. Bern 1970). – Mchn./Lpzg. 1917 (in *SW*, Hg. C. Schüddekopf, 1909–1917, Bd. 12/1: Urfassg. u. Bd. 12/2, Hg. R. Benz; hist.-krit.). – Mchn. 1965 (in *Werke*, Hg. F. Kemp, 4 Bde., 1963–1968, 3; ²1978).

LITERATUR: W. Schellberg, *Untersuchung des Märchens »Gockel, Hinkel und Gackeleia« und des »Tagebuchs der Ahnfrau« von C. B.*, Diss. Münster 1903. – W. Frühwald, *Das verlorene Paradies. Zur Deutung von C. B.s ›Herzlicher Zueignung‹ des Märchens »Gockel, Hinkel und Gackeleia«* (in LJb, 3, 1962, S. 113–192). – Ch. Holst u. S. Sudhof, *Die Lithographien zur ersten Ausgabe von B.s Märchen »Gockel, Hinkel und Gackeleia«* (ebd., 6, 1965, S. 140–154). – O. Seidlin, *Wirklich nur eine schöne Kunstfigur? Zu B.s »Gockel«-Märchen* (in Texte u. Kontexte, 1973, S. 235–248). – L. O. Frye, *The Art of Narrating a Rooster Hero in B.'s »Das Märchen von Gockel und Hinkel«* (in Euph, 72, 1978, S. 400–420).

## GODWI ODER DAS STEINERNE BILD DER MUTTER. Ein verwilderter Roman von Maria

Roman von Clemens BRENTANO, erschienen in zwei Bänden 1801. – Der Autor bedient sich in diesem 1798 bis 1801 entstandenen Roman einer erzählerischen Technik, die dem von Friedrich SCHLEGEL geforderten romantischen Prinzip der autonomen Subjektivität, der schweifenden Willkür und der Ironie als des »*klaren Bewußtseins der ewigen Agilität, des unendlich vollen Chaos*« (Ideen, Nr. 69, in ›Athenäum‹, 3, 1800) auf bezeichnende Weise entspricht: Der erste Teil des *Godwi* ist als Briefroman angelegt, der zweite gibt dessen Briefsammlung als weitgehend freie Redaktion eines jungen Autors namens Maria aus, der zudem die Bekanntschaft des wichtigsten Briefpartners im ersten Teil, Godwi, macht und mit dessen Hilfe den zweiten fertigzustellen sucht. Die von Maria gewählte lineare, geschlossene Romanform wird erneut durchbrochen, als ihn eine tödliche Krankheit ereilt und Godwi an seiner Stelle das Werk fortsetzt.

Die insgesamt 28, undatierten Briefe des ersten Teils schaffen ein dichtes Netz von oft geheimnisvollen Beziehungen zwischen zahlreichen Personen: Der Roman setzt ein mit einem Brief des jungen Godwi, eines adeligen Kaufmannssohnes, an seinen Jugendfreund Karl Römer, den nüchternbürgerlichen, aber ironisch veranlagten Verwalter der Güter von Godwis Vater. Godwi, dem sein Vater eine größere Reise gestattet hat, berichtet zunächst über seinen Aufenthalt in B., wo er eine reife leidenschaftliche Frau, Molly, kennenlernte, die *»auf die geschmackvollste Art die äußersten letzten Fäden der Sinnlichkeit durch affektierte Menschlichkeit in die Grenzen einer edlen, empfindungsvollen Sittlichkeit«* hinüberzuweben versteht. Nach der Trennung von ihr führt ihn der Zufall in das abgelegene Schloß eines Landjunkers, dessen Tochter, Joduno von Eichenwehen, ein *»gutes natürliches Mädchen«,* ihn vorübergehend als Kontrast zu Molly seelisch anzieht. Sie steht im Briefwechsel mit einem in der Nähe hausenden, Harfe spielenden Einsiedler, Werdo Senne, und dessen Tochter Otilie, ihrer einzigen Vertrauten. Als Godwi, auf Drängen Jodunos, Werdo Senne einen Besuch abstattet und die Bekanntschaft Otiliens macht, entschließt er sich, längere Zeit zu bleiben, zumal ihm Otilie, ein *»reines kunstloses Weib«,* jenen *»einfachen stillen Frieden«* schenkt, *»in dem sich alle Sehnsucht beantwortet«.* Karl Römer unternimmt währenddessen eine Geschäftsreise, die ihn ebenfalls nach B. führt, wo er auf rätselhafte Weise jene Molly – in Wahrheit die seit geraumer Zeit in Deutschland ansässige Lady Hodefield – kennenlernt, die ihn aber bestürzt abweist, als sie seine Herkunft erfährt. Einer ihrer Briefe an Werdo Senne offenbart nämlich, daß Karl Römer ihr Sohn ist, der einem kurzen Verhältnis Mollys mit Godwis Vater entstammt. Die den ersten Teil beschließenden Briefe Römers an Godwi kündigen einen Besuch Jodunos in B. an, den Römer ungeduldig erwartet.

*»Die Begebenheit steht zuletzt wie ein schwankendes Gerüst da, das die Behandlung nicht mehr ertragen kann, und jagt den Lesern Todesangst für sich und sein Interesse ein«* ( *Vorrede* zum zweiten Teil). Diese Befürchtung Marias soll durch seinen Entschluß zerstreut werden, sich alle weiteren Daten der Handlung von Godwi selbst zu beschaffen. Maria trifft also auf dessen Landgut ein und sieht sich dank der Bereitwilligkeit des gealterten, nun abgeklärt-ruhigen Godwi imstande, den im ersten Teil geschürzten Knoten von Personenkonstellationen zu lösen. Die bizarre Tatsache, daß eine Romangestalt ihren Autor über seine schriftstellerischen Mängeln belehrt, macht ähnliche Illusionsbrechungen möglich wie etwa in Tiecks Märchendramen. So führt Godwi etwa Maria zu einigen Örtlichkeiten des ersten Teils (*»Dies ist der Teich, in den ich Seite ... im ersten Band falle«*), tadelt verschiedene Entstellungen seines Biographen (*»Sie*[Otilie] *ist freilich etwas sublime schlecht geraten«*) und steuert endlich aus seinen Papieren die Lebensgeschichten verschiedener Nebenfiguren bei, die als fortlaufende Kommentare in die Handlung eingefügt werden. Der Fortsetzung des Romans überdrüssig, drängt Maria auf ein schnelles Ende: Godwis Bericht stiftet zwischen nahezu allen Figuren enge verwandtschaftliche Beziehungen und klärt so entschlossen die Verwirrungen, eine Art der Auflösung, wie sie im Barockroman und dessen Ausläufern in der Trivialliteratur des späten 18. Jh.s durchaus üblich war. Maria und Godwi schicken – eine doppelte ironische Brechung – erleichtert ihre gesamte Entourage nach Italien: *»An der Spitze flog Eusebio, hinter ihm Franzesko und Otilie, und hinter diesen mein Vater nebst dem alten Joseph, in der Mitte aber Molly von Hodefield, so piramidalisch, wie die Störche fliegen – adieu –! ›Glückliche Reise‹, sagte ich* [Maria], *›kommt um Gottes willen nicht wieder –!‹«.* Nach dieser energischen Bereinigung der Szene erkrankt Maria, und Godwi selbst bemüht sich im Schlußabschnitt um die *»fragmentarische Fortsetzung«*: Seine (zu Beginn des ersten Bandes unternommene) Reise führte ihn zu einem am Rhein gelegenen Schloß, dessen Herrin, die Gräfin von G., *»ein leichtsinniges und fröhliches Weib«,* ihn mit ihrer geradezu heidnischen, ungezügelten, dennoch nicht ins *»Gemeine«* fallenden Sinnlichkeit an sich band. Als sie jedoch ihre junge, zwischen kindlichfrommer Naivität und Verdorbenheit schwankende Tochter Violette, die ihn liebte, durch Godwi in die Mysterien ihrer erotischen Religion einzuführen gedachte, weigerte er sich und floh. Violette glaubte sich verschmäht und wurde zur Dirne, die Godwi nach einem mehrjährigen Italienaufenthalt wiedertraf und erschüttert auf seinem Landgut aufnahm, wo sie bald darauf starb. Ihr Tod wirkte endlich auf die Läuterung Godwis hin, der Violette in einem *»steinernen Bild«* neben dem Grabmal seiner Mutter ein bleibendes Andenken bewahrt. – Ein kurzer Epilog bietet *Einige Nachrichten von den Lebensumständen des verstorbenen Maria* und eine kleine Auswahl seiner Gedichte (darunter ein *An Clemens Brentano* gerichtetes).

Dieser formal vielschichtigste, »verworrenste« aller romantischen Romane verrät zahlreiche Einflüsse, vor allem den des von den Romantikern allgemein bewunderten *Wilhelm Meister,* daneben den von Friedrich Schlegels *Lucinde* und den der Werke Jean Pauls und Tiecks. Wenn Schlegel in seinem für die romantische Literaturtheorie programmatischen *Brief über den Roman* (in *Gespräch über die Poesie*; ›Athenäum‹, 3, 1800) gemäß seinem Ideal einer progressiven Universalpoesie einen Roman fordert, *»gemischt aus Erzählung, Gesang und anderen Formen«,* so entspricht Brentanos Werk, der einzige Roman, den er vollendete, diesem Postulat: Sonette, Kanzone, kleine Singspiele verbinden sich mit volksliedhaften Liedern (darunter so berühmten wie *Ein Fischer saß im Kahne, Zu Bacherach am Rheine, Die Seufzer des Abendwinds wehen*), novellenhafte Erzählungen werden neben Autobiographischem eingeschoben und immer wieder erfolgen Illusionszerstörung und Perspektivenwechsel. Ebenso ironisch gebrochen erscheinen die Personen des Romans, zumeist mit Zügen aus Brentanos Familie und Bekanntenkreis versehen, samt ihren Weltanschauungen, die sie in langen Gesprächen austauschen und die doch den Charakter spielerischer Improvisationen nicht verlieren, die vom Akt des Sich-Austauschens leben, nicht von der Behauptung eines Standpunkts. Leben bedeutet für Godwi »*fühlen und fühlen machen, daß man da sei durch Genuß, den man nimmt und mit sich wiedergibt*«. Die Ausweitung des Ichs, das vage, rastlose Umhertasten im Labyrinth des eigenen Gefühlslebens, das Godwi endlich zu »*jener Art der Ruhe*« führt, »*von der die Erfahrung begleitet wird*«, weist auf jene Einstimmung in das einigende, stets philosophisch zu deutende Prinzip der »Liebe«, die den Zusammenhang alles Seienden herstellt und deren Vergegenwärtigung Schlegel ebenfalls bereits in seinem *Brief über den Roman* gefordert hatte: »*Der Geist der Liebe muß in der romantischen Poesie überall unsichtbar sichtbar schweben.*« Dessen ungeachtet tadelte Schlegel den Roman, da er in seinen Augen »*in das Gebiet der Unsauberkeit*« geraten sei aufgrund der in ihm angedeuteten sexuellen Freizügigkeit, während WIELAND, der das Werk dem Verleger Wilmans empfohlen hatte, »*Gefühl, Wizz, Geist und Raisonnements*« lobte. Der Roman stieß allerdings beim zeitgenössischen Publikum auf wenig Gegenliebe und auch Brentano selbst distanzierte sich später davon, vor allem vom zweiten Teil, den er später ein »*krankes, verkrüppeltes Kind*« nannte. Für die germanistische Forschung ist der Roman ein zentraler Text der Frühromantik, bis heute ist die ihm immanente »*Vielfalt der Beziehungen zu und Beeinflussung durch ältere und zeitgenössische Literatur ... nicht völlig geklärt* (H. M. Kastinger-Riley). H.H.H.-KLL

AUSGABEN: Bremen 1800–1802 [recte 1801], 2 Bde. – Ffm. 1852 (in *GS*, Hg. Chr. Brentano, 9 Bde., 1852–1855, 5; Nachdr. Bern 1970). – Mchn./Lpzg. 1909 (in *SW*, Hg. C. Schüddekopf, 1909–1917, Bd. 5, Hg. H. Amelung; hist.-krit.). – Mchn. 1963 (in *Werke*, Hg. F. Kemp, 4 Bde., 1963–1968, 2; ³1980). – Ffm. 1978 (in *SW u. Briefe*, Bd. 16, Hg. W. Bellmann; Frankfurter B.-Ausg.).

LITERATUR: A. Kerr, »*Godwi*«, *ein Kapitel deutsche Romantik*, Bln. 1898. – M. Thalmann, *Der Trivialroman des 18. Jahrhunderts und der romantische Roman*, Bln. 1923, S. 173–323. – I. Becker, *Morphologische Interpretation von B.s »Godwi«*, Diss. Bonn 1949. – W. Grenzmann, *C. B.s »Godwi«* (in EG, 6, 1951, S. 252–261). – E. E. Reed, *The Union of the Arts in B.'s »Godwi«* (in GR, 29, 1954, S. 102–118). – H. Encke, *Bildsymbolik in »Godwi« von C. B. Eine Strukturanalyse*, Diss. Köln 1958. – R. Nägele, *Die Muttersymbolik bei C. B.*, Winterthur 1959. – Ch. Hunscha, *Stilzwang und Wirklichkeit. Über B.s Briefroman »Godwi«* (in *Romananfänge. Versuch zu einer Poetik des Romans*, Hg. N. Miller, Olten/Freiburg i. B. 1965, S. 135–148). – H. Meixner, *Denkstein u. Bildersaal in C. B.s »Godwi«. Ein Beitrag zur romantischen Allegorie* (in Jb. d. Dt. Schillerges., 11, 1967, S. 435–468). – B. v. Wiese, *B.s »Godwi«. Analyse eines »romantischen« Romans* (in B.v. W., *Von Lessing bis Grabbe. Studien zur dt. Klassik u. Romantik*, Düsseldorf 1968, S. 191 bis 247). – H. D. Hayer, *B.s »Godwi«. Ein Beispiel des frühromantischen Subjektivismus*, Ffm. 1977. – E. C. Grob, *Die verwilderte Rede in B.s »Godwi« u. L. Sternes »Tristram Shandy«*, Bern 1980. – H. C. Eilert, *C. B.: »Godwi«* (in *Romane u. Erzählungen der dt. Romantik*, Hg. P. M. Lützeler, Stg. 1981, S. 125 –140). – M. Brown, »*Godwi*« *u. die Krise der dt. Romantik* (in *Goethezeit. Studien zur Erkenntnis u. Rezeption Goethes u. seiner Zeitgenossen. Fs. für St. Atkins*, Hg. G. Hoffmeister, Bern 1981, S. 301 bis 312). – U. Matthias, *Kontextprobleme der Lyrik C. B.s. Eine Studie über die Verseinlagen im »Godwi«*, Ffm. 1982. – B. Schad, *Quellenanverwandlung beim frühen B. Dargelegt an Liedeinlagen im »Dichterzimmer« des Savignyschen Hofgutes Trages*, Ffm. 1983.

## DIE GRÜNDUNG PRAGS

Ein historisch-romantisches Drama von Clemens BRENTANO, erschienen 1814, vordatiert auf 1815. – Während seines Aufenthalts in Böhmen (August 1811 bis Juli 1813) begeisterte sich der Umwelteinflüssen stets wehrlos ausgelieferte Dichter für die erwachende tschechische Nationalbewegung; deren Anreger, wie der Begründer der slavischen Philologie Josef DOBROVSKY oder der Prager Dichterphilologe Joseph Georg MEINERT, gehörten zu seinem Freundeskreis und bestimmten die Thematik des seit März 1812 entstehenden, im Laufe der nächsten Jahre mehrfach umgearbeiteten Dramas. Auch Wenzeslaus HANKA, dessen Fälschungen eine so bedeutende Rolle bei der Entstehung des tschechischen Nationalismus spielten, lieferte Material für die *Gründung Prags*. So leistete das Drama einen hervorragenden Beitrag zu dem aus romantischem Geist geborenen Nationalmythos einer tschechisch-slavischen Vorzeit.

Brentano stützte sich u. a. auf die *Böhmische Chronica* des Wenzeslaus HAJEK Z LIBOČAN, die, 1541 erschienen, 1596 erstmals ins Deutsche übersetzt wurde, und die Bearbeitung der Libussa-Sage in MUSÄUS' *Volksmärchen der Deutschen*. Als mythologische Quellen dienten dem Dichter Carl Gottlob ANTONS *Erste Linie eines Versuches über der alten Slaven Ursprung, Sitten, Gebräuche etc.* (1783) und Andrey von KAYSSAROWS *Versuch einer slavischen Mythologie* (1804). Das in dem Drama errichtete Pantheon ist demnach – gemäß der Intention Dobrovskys – nicht nationaltschechischer, sondern panslavischer Natur, das Stück auch der russischen Großfürstin Katharina Paulowna, der »*Höchsten slavischen Stamms*«, gewidmet. – Literarische Einflüsse von SHAKESPEARE, CALDERÓN und Zacharias WERNER wurden für zahlreiche Stellen nachgewiesen.

Der Inhalt des Dramas ist so einfach wie verwickelt, je nachdem, ob man der thematischen Grundlinie oder den Motivverschlingungen folgt. Das Stück beginnt, wie Brentano selbst ausführt, »*mit der Wahl Libussens zur Herzogin, umfaßt ihre Verbin-*

*dung mit Przemisl, und schließt mit ihrer Vision von der Prager Stadt«.* Da das Drama als Teil einer Trilogie geplant war, sind die nicht ausgeführten Fortsetzungen, die den »Mägdekrieg« und den Sieg des Christentums behandeln sollten, in den Gestalten von Wlasta, Führerin einer amazonenhaften Mädchenschar, und Trinitas, einer Christin, schon vorentworfen. *»Der ganze Inhalt der vorliegenden Arbeit aber ist die Entstehung eines Staates, der Kampf und Untergang einzelner Leidenschaft gegen die Ordnung und das Gesetz des Ganzen.«* Diese knappe Selbstdeutung (in *Die Entstehung und der Schluß des romantischen Schauspiels »Die Gründung Prags«* in der Zeitschrift ›Kronos‹, Prag 1813) weist auf das zugrundeliegende Strukturprinzip, dem die zeitgebundene Thematik wie die einzelnen Stilformen untergeordnet sind. Das Libussa-Drama gehört zu einer Werkgruppe aus jener Phase innerhalb der dichterischen Entwicklung Brentanos, in welcher er die Harmonie und die Einheit des Seins – nach mehreren vergeblichen Versuchen der Du-Bindung – in der Einsamkeit der *»inneren Welt«*, im Kunstwerk als der Frucht und dem Ausdruck dieser von der Phantasie beherrschten Innenwelt wiederzugewinnen sucht. Der romantische Topos für den Verlust der ursprünglichen und nur im künstlerischen Schaffensprozeß zu regenerierenden Vollkommenheit des menschlichen Seins heißt *»verlorenes Paradies«*; dieser Begriff ist wörtlich und sinngemäß in der *Gründung Prags* zentral. Symbol der Vollkommenheit ist der *»Ring des Glücks«*, dessen Geschichte leitmotivisch das Drama – und in zahlreichen Variationen das Gesamtwerk des Dichters – durchzieht. Libussas Ring, dessen Geschichte selbst ringförmig in die Handlung verflochten ist, führt der Böhmenherzogin den Gatten Primislaus zu; Mann und Frau, *»Kraft und Huld«* sich paarend und durchdringend, vollenden erst die Ganzheit des Seins: *»Erschreckend fühlst du, daß das Weib im Mann, / Der Mann im Weib nur ganz sich fühlen kann.«*

Die Handlung des Dramas vollzieht – auf dem Wege der *»poetischen Construction«* – die Bewegung der Wiedergewinnung des verlorenen Paradieses. Im festen Glauben an die Wahrheit der Phantasie und die Realität aller den Phantasiebildern zugrundeliegenden Ideen sucht Brentano den ihm überlieferten mythologischen Stoff in *»Naturdichtung zurück aufzulösen«*; das bedeutet, daß der Dichter – im Gegensatz zu der historisch begründeten Theorie der Brüder GRIMM über Natur- und Kunstpoesie – versucht, die ursprüngliche, vollkommene Gestalt der nur fragmentarisch überlieferten Mythe durch die Schöpferkraft des eigenen Inneren zu »restaurieren«, um die Harmonie der vom Zwiespalt der Moderne zerrissenen Innenwelt durch Rückführung zu ihrem Ursprung zu vollenden. So werden die biographischen Bezüge des Prologs, der den gesamten inneren Lebenskreis Brentanos von der Jugend bis zum Augenblick des neuen Versuchs einer Einheitsfindung im Libussa-Drama abschreitet, in die Handlung des Dramas selbst übersetzt, wo der Dichter in Libussa und ihrer Gegenspielerin Wlasta die Möglichkeiten des eigenen zerrissenen Innern gestaltet hat. Adäquater Ausdruck einer solchen, das Drama strukturierenden Gesetzlichkeit ist das von Friedrich SCHLEGELS Begriff der *»naturpoetischen Arabeske«* umschriebene Formprinzip, mit dem sich Brentano seit der Arbeit an den *Romanzen vom Rosenkranz* intensiv beschäftigte. Für den mythologischen Stoff ist die Arabeske idealer Ausdruck, da nach Friedrich Schlegel die Organisation der Arabeske, welche die älteste und die ursprünglichste Form der menschlichen Phantasie darstellt, die gleiche ist wie die der Mythologie; die Mythologie ihrerseits symbolisiert die *»schöne Verwirrung«* der Phantasie. All diese Gedankengänge, die Brentano in dem großen Bekenntnisbrief an den Maler Philipp Otto RUNGE vom 21. Januar 1810 in seine Sprache übersetzt hat, werden während der Arbeit an der *Gründung Prags* aktualisiert, da der Dichter Ende 1812 seine Runge-Korrespondenz für des Malers *Hinterlassene Schriften* sichtet. Die Form des Libussa-Dramas ist also die der Natur-Arabeske, der im Äußerlichen jene verwirrende Vielfalt der ineinander verschlungenen Handlungen, Beziehungen und Motive eignet, die von der zeitgenössischen Kritik so hart gerügt wurde. Sie bilden in ihrer Gesamtheit eine *»tiefsinnige Bildersprache«*, die auf den verborgenen Zentralpunkt des Dramas, die Wiedergewinnung des verlorenen Paradieses, verweist.

Brentano hat gewußt, daß sein Drama in der vorliegenden Fassung für eine Aufführung nicht geeignet ist. Die gedruckte und – von insgesamt fünf Bearbeitungen des Dramas – einzige erhaltene Fassung ist *»in gereimtem jambischen Silbenmaße«* geschrieben und damit trotz dem Dementi des Dichters mehr der modischen Form des Deklamationsstückes als dem Theater verpflichtet. Wir wissen, daß das Drama häufig vorgelesen, doch nie aufgeführt worden ist, auch eine eigene Bühnenfassung Brentanos wurde von den Wiener Theatern nicht angenommen. Obwohl das Stück so schon wenige Jahre nach seinem Erscheinen in den *»Wasserfluten der Literatur«* untergegangen war, wirkte es doch befruchtend auf Franz GRILLPARZER, der unter dem Eindruck dieses Dramas seit 1819 ein ähnliches Stück plante und dessen erste Entwürfe zu dem Trauerspiel *Libussa* noch deutlich den Einfluß Brentanos verraten.                        W.Fr.

AUSGABEN: Pest/Lpzg. 1815. – Ffm. 1852 (in *GS*, Hg. Chr. Brentano, 9 Bde., 1852–1855, 6; Nachdr. Bern 1970). – Mchn./Lpzg. 1910 (in *SW*, Hg. C. Schüddekopf, 1909–1917, Bd. 10, Hg. O. Brechler u. A. Sauer). – Mchn. 1966 (in *Werke*, Hg. F. Kemp, 4 Bde., 1963–1968, 4; ²1978). – Ffm. 1980 (in *SW u. Briefe*, Bd. 14, Hg. G. Mayer u. W. Schmitz; Frankfurter B.-Ausg.).

LITERATUR: E. Grigorowitza, *Libussa in der deutschen Literatur*, Bln. 1901. – O. Brechler, *Prag in der deutschen Dichtung. C. B.s Prolog zur »Gründung Prags«* (in Deutsche Arbeit, 9, 1910, S. 282 ff.). – G. Müller, *B.s und Grillparzers Libus-*

*sadichtungen* (in Euph, 24, 1922, S. 617–628). – H. Taeschler, *Die »Gründung Prags«. Interpretation*, Diss. Zürich 1950. – R. Matthaei, *Das Mythische in C. B.s »Die Gründung Prags« und den »Romanzen vom Rosenkranz«*, Diss. Köln 1961. – U. Sponagl, *Schicksal u. Geschichte in C. B.s historisch-romantischem Drama »Die Gründung Prags«*, Diss. Marburg 1972. – E. Tunner, *C. B. (1778–1842). Imagination et sentiment religieux*, Bd. 1, Paris 1977, S. 486–523. – O. Seidlin, *Prag: deutsch-romantisch u. habsburgisch-wienerisch* (in O. S., *Von erwachendem Bewußtsein und vom Sündenfall*, Stg. 1979, S. 93–119). – U. Ricklefs, *Objektive Poesie u. Polarität, Gesetz u. Gnade. B.s »Die Gründung Prags« u. Grillparzers »Libussa«* (in *Germanistik in Erlangen*, Hg. D. Peschel, Erlangen 1983, S. 239–269). – R. Polsakiewicz *Weltgeschichte als Heilsgeschichte. Untersuchungen zur Geschichtsauffassung C. B.s*, Ffm./NY 1986.

## DIE MEHREREN WEHMÜLLER UND UNGARISCHEN NATIONALGESICHTER

Erzählung von Clemens BRENTANO, erschienen 1817. Nach älterer Forschungsmeinung entstand die Erzählung 1811/12 auf den Familiengütern der Brentanos im böhmischen Bukowan, doch schloß G. SCHAUB aus der Erwähnung österreichischer Truppen in Neapel auf eine wahrscheinlichere Entstehungszeit im Sommer oder Herbst 1815. 1814 erschien die in die Erzählung eingelegte Geschichte vom *Kater Mores* in abweichender Fassung als »Anmerkung 83« zu Brentanos Schauspiel *Die Gründung Prags*, erst 1817 wurde die ganze Erzählung in Fortsetzungen in der von Friedrich Wilhelm GUBITZ herausgegebenen Berliner Zeitschrift ›Der Gesellschafter oder Blätter für Geist und Herz‹ gedruckt. Zusammen mit EICHENDORFFS Novelle *Viel Lärmen um Nichts* erschien sie in Buchform erstmals 1833.
Nach HELTMANN diente Brentano als Quelle des geschilderten Zigeunermilieus das nachweislich in seiner Bibliothek befindliche Buch H. M. G. GRELLMANNS, *Die Zigeuner. Ein historischer Versuch über die Lebensart und Verfassung, Sitten und Schicksahle dieses Volks in Europa* (1783). Das »Wehmüller« im Titel spielt vermutlich satirisch auf den von Brentano eifersüchtig beobachteten »W. Müller« (also Wilhelm MÜLLER) an, dessen Liederzyklen später in SCHUBERTS Vertonung berühmt wurden (G. Schaub).
Doch wird der seltsame und viel umrätselte Titel auch in der Rahmenerzählung erklärt. Wehmüller, ein reisender Maler, hat die Kunst des Schnellporträtierens erfunden und die Leute gemalt, »*ehe er sie gesehen*«. Den vorgefertigten Gesichtern fügt er dann jeweils nur noch »*einige persönliche Züge und Ehrennarben oder die Individualität des Schnurrbartes des Käufers unentgeltlich bei*«. Diese Tätigkeit des Malers überträgt Brentano auf die Struktur der Erzählung, indem er in den Binnengeschichten, die

überschrieben sind *Das Pickenick des Katers Mores, Devillers Erzählung von den Hexen auf dem Austerfelsen* und *Baciochis Erzählung vom wilden Jäger*, in motivähnlichen Darstellungen durch die Gestalt des jeweiligen Erzählers den Nationalcharakter des von ihm repräsentierten Volkes porträtiert: im *Kater Mores* den »*einsamen, schauerlichen Charakter*« Kroatiens, in der Erzählung Devilliers den vernunftgläubigen, aufklärerischen Geist des zeitgenössischen Frankreich, in der Geschichte des Feuerwerkers Baciochi den »*eigentümlichen, theatralischen Charakter*« Italiens. In den Binnenerzählungen wird über den artistischen Effekt einer Inhalt-Form-Identität hinaus in dieser Identität die »*höhere poetische Wahrheit*« des Erzählten bewiesen, da die Darstellung jeweils für den Ort, an dem sie spielt, »*scharf, bezeichnend und mythisch*«, deshalb im Sinne romantischer Poetologie »wahr« ist.
Der Titel deutet noch auf eine weitere, für den poetischen Gehalt der Erzählung entscheidende und nur vom Feuerwerk des Witzes überdeckte Kompositionslinie der Handlung. Dem Maler Wehmüller nämlich ergeht es in der Rahmenhandlung der Erzählung ebenso wie den Objekten seiner Kunst. Er muß auf der Suche nach seiner Frau, die im Pestgebiet durch einen Polizeikordon von ihm getrennt ist, erfahren, daß er zwei Doppelgänger hat, die zunächst niemand von ihm selbst unterscheiden kann, die sich aber später als seine verkleidete Frau Tonerl und als sein Rivale in der Kunst des Schnellporträtierens, Froschauer, enthüllen. Während Wehmüller im Wirtshaus an der Grenze darauf wartet, heimlich in das Pestgebiet geführt zu werden, hört er den Erzählungen der Gäste zu. Die ersten beiden Geschichten der Gäste, die sich wechselseitig interpretieren, scheinen völlig in sich abgeschlossen und ohne Bezug zur Rahmenhandlung. Erst in der Erzählung Baciochis von der Liebe des Schmugglerhauptmanns zu der schönen Zigeunerin Mitidika werden Wehmüllers Leiden kontrastiert, wird die Berechtigung seiner Kunst bewiesen, da im Schicksal der getrennten Liebenden das Schicksal Wehmüllers wiederholt ist und die schließliche Vereinigung Mitidikas mit dem Schmugglerhauptmann, als den sich Devillier zu erkennen gibt, auch die Vereinigung Wehmüllers mit seiner Tonerl ermöglicht.
Erst die dritte Geschichte also sprengt die hermetische Abgeschlossenheit der Binnenhandlung und führt in die Rahmenhandlung hinein. Weder dem Schauerlichen, dem Irrationalen, noch dem Aufklärerischen, dem Rationalen, gelingt es, den Pestkordon, der vom Paradies der Harmonie, von der Einheit des Seins trennt, zu überwinden, erst im »Theatralischen«, in der Kunst, kann die verlorene Einheit des Seins wiedergefunden werden. So wird in der symbolischen Zueinanderordnung von Rahmen- und Binnenerzählung Brentanos Maxime belegt, daß in der »poetischen Konstruktion« der Pestkordon zwischen Wirklichem und Wahrem zu überwinden ist, wird mit dem Beweis der inneren Einheit der Erzählung auch der rätselhafte Titel gedeutet. W.Fr.

AUSGABEN: Bln. 1817 (in Der Gesellschafter oder Blätter für Geist und Herz, 1, 1817, Blatt 157-168). - Bln. 1833 [zus. m. J. v. Eichendorff, *Viel Lärmen um Nichts*]. - Ffm. 1852 (in *GS*, Hg. Chr. Brentano, 9 Bde., 1852-1855, 4; Nachdr. Bern 1970). - Mchn. 1963 (in *Werke*, Hg. F. Kemp, 4 Bde., 1963-1968, 2; ³1980). - Stg. 1966 (Nachw. D. Lüders; RUB). - Mchn. 1984 (in *Sämtliche Erzählungen*, Hg. G. Schaub). - Ffm. 1987 (in *SW u. Briefe*, Bd. 19, Hg. G. Kluge; Frankfurter B.-Ausg.).

LITERATUR: E. Schmidt, *B.s ungarische Novelle* (in *Philologiai dolgozatok a magyarnémet érintkezésekről* [Fs. f. G. Heinrich], Hg. R. Gragger, Budapest 1912, S. 107-114). - A. Heltmann, *Rumänische Verse in C. B.s Novelle »Die mehreren Wehmüller und ungarischen Nationalgesichter«* (in Korrespondenzblatt des Vereins für Siebenbürgische Landeskunde, 49, 1926, S. 81-104). - E. Tunner, *C. B. (1778-1842). Imagination et sentiment religieux*, Bd. 1, Paris 1977, S. 524-538. - G. Kluge, *C. B.s Erzählungen aus den Jahren 1810-1818. Beobachtungen zu ihrer Struktur u. Thematik* (in *C. B. Beiträge des Kolloquiums im Freien Dt. Hochstift 1978*, Hg. D. Lüders, Tübingen 1980, S. 102-134). - D. B. Dickens, *B.s Erzählung »Die mehreren Wehmüller und ungarischen Nationalgesichter«: Ein Deutungsversuch* (in GR, 58, 1983, S. 12-20).

## PONCE DE LEON

Lustspiel in fünf Akten von Clemens BRENTANO, entstanden 1801, erschienen 1804. - Anläßlich eines von GOETHE und SCHILLER in den ›Propyläen‹ veranstalteten Preisausschreibens, nach dem das beste »Intrigenstück« prämiert werden sollte, schrieb Brentano 1801 ein Lustspiel *Laßt es euch gefallen*, das von GOETHE als unaufführbar abgelehnt wurde, drei Jahre später als *Ponce de Leon* im Druck erschien und am 18. 2. 1814 in Wien als Theaterfassung unter dem Titel *Valeria oder Vaterlist* im Burgtheater eine mißlungene Uraufführung erlebte.

Die Intrigenkomödie, welche die Rahmenerzählung des *Cabinet des fées* der Madame D'AULNOY zur Vorlage hat, spielt in und bei Sevilla. Don Sarmiento kehrt nach langer Abwesenheit inkognito in seine spanische Heimat zurück, um das Glück seiner Kinder zu fördern. Nur den Schneider Valerio weiht er in seine Pläne ein. Sein Sohn Felix ist in ein Mädchen namens Lucilla verliebt; seine Töchter Isidora und Melanie leben streng bewacht von seiner Schwester Juanna auf einem benachbarten Gut. Felix' Freund Ponce de Leon hat Valeria, der Tochter Valerios, den Kopf verdreht, ohne daß sie ihn wirklich zu fesseln vermag. Auf einem Maskenball fallen die wesentlichen Entscheidungen: Sarmiento rät seinem Sohn, Lucilla zu entführen und auf das Gut seiner Schwestern zu bringen. Ponce sieht am Hals einer Dame das Brustbild eines Mädchens, in das er sich sofort verliebt: Es ist Isidora, die bereits durch die Erzählungen ihres Bruders seine tiefe Neigung erregt hat. Von Sarmiento aufgemuntert, beschließt er, mit seinem Freund Aquilar heimlich die Schwestern zu besuchen. Sarmiento schickt unterdessen zur Vorbereitung der kommenden Ereignisse Valerio und dessen Findelsohn Porporino, der Valeria vergeblich liebt, auf das Gut voraus und ersetzt Juanna durch eine andere Aufseherin: Isabella. - Auf dem Gut finden sich nacheinander alle Verliebten ein: die als Mohrin verkleidete Valeria, Ponce und Aquilar, die sich als von Räubern überfallene Pilger beherbergen lassen, Felix mit der entführten Lucilla. Nach turbulenten Szenen, die von urkomödiantischer Verwirrung bis zu beinah tragischem Mißverständnis alle theatralischen Register zum Klingen bringen und in einem vorgetäuschten Überfall der Familie der Entführten gipfeln, entwirrt sich schließlich das Handlungsknäuel. Sarmiento, der wie ein allwissender Gott über dem Ganzen steht, der Figuren und Geschehnisse genau nach seinem Plan gelenkt hat, klärt vor den versammelten Personen der Handlung alle Verhältnisse auf und führt die Liebenden einander zu: Isidora und Ponce, Melanie und Aquilar, Lucilla und Felix, Valeria, die auf Ponce verzichtet, und Porporino, der sich als Bruder Lucillas und Sohn Sarmientos von Isabella entpuppt.

Trotz seiner eminent theatralischen Situationen, die den Leser förmlich dazu zwingen, die Aktionen auf einer imaginären Bühne an seinem inneren Auge vorbeiziehen zu lassen, scheint sich das Lustspiel wegen seines üppig wuchernden Sprachwitzes von der Bühne zu entfernen. Brentano sagt selbst, er habe die Meinung widerlegen wollen, daß im Deutschen die Möglichkeiten des Wortspiels beschränkt seien, und die Sprache deshalb »*mit sich selbst in jeder Hinsicht spielend*« gehalten. Mit ihr steht es wirklich im Sinne des »Monologs« von NOVALIS »*wie mit den mathematischen Formeln*«: »*Sie machen eine Welt für sich aus. Sie spielen nur mit sich selbst, drücken nichts als ihre wunderbare Natur aus.*« Die Sprache entfaltet ein so intensives Eigenleben gegenüber den dramatischen Vorgängen, daß sich eine in theatralischer Hinsicht problematische Diskrepanz zwischen Sprachtempo und Spieltempo ergibt. Der Wortwitz schlägt immer wieder, namentlich in der Partie des Ponce, in einen hochpoetischen, musikalisch-lyrischen Ton um, der Szenen von überwältigender sprachlicher Schönheit entstehen läßt. Wortspiel und Sprachmusikalität sind die beiden Modi der für Brentano typischen, gleichsam horizontalen Bewegung der Sprache, welche, fast unbekümmert um die vertikale, gegenständliche Ausrichtung der Worte, selig in sich selbst versponnen scheint.

Ponce ist schon sprachlich abgerückt von dem Getümmel der Intrigenhandlung. In seinem Ungenügen an der endlichen Wirklichkeit, das sich in Schwermut, Langeweile und Sehnsucht niederschlägt, ist er eine Verkörperung der romantischen Seelenlage und Lebenshaltung. Er könnte das Wort Raffaels auf sich beziehen, das dieser an Castiglione schrieb: Da es in dieser Welt an schönen

Frauen mangle, so bediene er sich dafür einer gewissen »Idee«, die er in seinem Geiste trage. Auch Ponce ist ein solcher Platoniker, der, wie er selbst sagt, das »Ideal« einer Frau im Herzen trägt, das ihn allein zu fesseln vermag. *»Du liebst nur, was du nicht siehst«*, sagt Felix einmal zu ihm (1, 22); und in der Tat reizen ihn die Frauen nur darum, weil sie ihn – in einer Art platonischer Anamnese – an das Urbild vor seinem geistigen Auge erinnern. So kommt es, daß er nach Valerios Worten *»alle Weiber der Reihe nach in sich vernarrt und sie mit Kälte quält«* (1, 10). Am leidvollsten erfährt das Valeria, die in ihrem Liebesverzicht zu den rührendsten Gestalten des deutschen Lustspiels zählt. Was aber wäre eine Komödie ohne Lösung? Ponce bliebe ein Don Quijote, seine Traumgeliebte eine Dulcinea: eine *femme introuvable*, ließe die Gnade der Poesie nicht sein Ideal aus dem Reich der Träume in die Wirklichkeit hinübertreten. Was in der Realität unheilbar ist: Schwermut und Langeweile, vermag die Komödie zu heilen, und die Sehnsucht gelangt an ihr Ziel, wenn Ponce sein »Ideal« Isidora im Arm hält.

Brentanos Lustspiel ist trotz seines bedeutenden Einflusses auf BÜCHNERS *Leonce und Lena* völlig zu Unrecht vergessen; lediglich einige seiner Lieder *(Ich wollt ein Sträußlein binden, Nach Sevilla)* wurden in der Vertonung durch Luise Reichardt (1779 bis 1826) sehr populär. D.Bo.

AUSGABEN: Göttingen 1804. – Stg. 1901 (*Valeria oder Vaterlist*, Hg. R. Steig, DLD, 105–107). – Ffm. 1852 (in *GS*, Hg. Chr. Brentano, 9 Bde., 1852-1855, 7; Nachdr. Bern 1970). – Mchn. 1966 (in *Werke*, Hg. F. Kemp, 4 Bde., 1963-1968, 4; ²1978). – Stg. 1968 (RUB). – Ffm. 1982 (in *SW u. Briefe*, Bd. 12, Hg. H. Schultz; Frankfurter B.-Ausg.).

LITERATUR: G. Roethe, *B.s »Ponce de Leon«, eine Säkularstudie*, Bln. 1901 (AGG, N. F., 5, 1). – F. Heininger, *B. als Dramatiker*, Breslau 1915. – H. Arntzen, *Das Spiel der Maskierten. B.s »Ponce de Leon«* (in H. A., *Die ernste Komödie. Das dt. Lustspiel von Lessing bis Kleist*, Mchn. 1968, S. 156–168). – W. Hinck, *Triumph der Improvisation. Zu B.s »Ponce de Leon«* (in *Ein Theatermann – Theorie u. Praxis, Fs. zum 70. Geburtstag von R. Badenhausen*, Hg. I. Nohl, Mchn. 1977, S. 121–126). – R. Maurer-Adam, *Deklamatorisches Theater. Dramaturgie u. Inszenierung von C. B.s Lustspiel »Ponce de Leon«* (in Aurora, 40, 1980, S. 71–99).

## DIE RHEINMÄRCHEN

Märchensammlung von Clemens BRENTANO. Teile davon erschienen in ›Iris. Unterhaltungsblatt für Freunde des Schönen und Nützlichen‹ (1826 f.); erste Gesamtausgabe 1846. – Schon 1803 entzückt Brentano seine Freunde als Märchenerzähler. 1805 befaßt er sich eingehend mit Märchenplänen, die alsbald konkrete Gestalt annehmen. Nach dem italienischen Märchenzyklus (entstanden etwa 1805-1811) wendet er sich 1811 dem Zyklus der *Rheinmärchen* zu, der vier thematisch zusammenhängende und motivisch eng miteinander verbundene Einzelmärchen umfaßt: *Das Märchen von dem Rhein und dem Müller Radlauf; Das Märchen von dem Hause Starenberg und den Ahnen des Müllers Radlauf; Das Märchen vom Murmeltier*, das auf die Brüder GRIMM zurückgeht, und *Das Märchen vom Schneider Siebentot auf einen Schlag*. Den *Rheinmärchen* lag ein umfassender Plan zugrunde, hinter dem das Vollendete dann weit zurückblieb.

Aus vielen Quellen fließen dem Dichter Stoffe, Töne, Materialien und Motive zu, die sich seine Phantasie so ingeniös anverwandelt, daß der Eindruck entsteht, als sei alles eigene Erfahrung. Im Rahmenmärchen vom *Müller Radlauf* verwendet Brentano den Sagenkomplex um den Rattenfänger von Hameln, den Bischof Hatto von Mainz und den Binger Mäuseturm, ferner die willkürlich umgeformte Loreley-Sage. Im zweiten großen Märchen vom *Hause Starenberg* wandelt er gleich fünfmal das Hauptmotiv der Melusinen-Sage ab (vgl. den Sammelbeitrag Melusine), die Verbindung eines Sterblichen mit einem Elementargeist und dem dazugehörigen Treuebruch des Mannes, der die Gemahlin, entgegen seinem heiligen Schwur, an einem bestimmten Wochentag in ihrer elementaren Gestalt überrascht und damit die Liebe verrät. Das *Märchen vom Murmeltier* beruht auf dem Volksmärchen von Frau Holle; eine weitere Vorlage ist die Erzählung *Les Nayades* aus dem französischen Feenroman *La jeune Amériquaine et les contes marins* der Madame de VILLENEUVE. Das *Märchen vom Schneider Siebentot* schließlich verbindet in kruder Kombination die verschiedensten Märchen- und Volksbuchmotive: Der Inhalt deckt sich im wesentlichen mit den Märchen vom Däumling und vom Tapferen Schneiderlein; die Geschichte vom Langen Tag und der Langen Nacht ist einem holländischen Volksbuch entnommen, während die zweite Hälfte im wesentlichen der Geschichte *»von einem könig, schneider, risen, einhorn und wilden schwein«* aus dem *Wegkürtzer* (1557) des Martinus MONTANUS folgt.

Die Liebe zum Rhein ist der Grundakkord dieser Märchen, der Strom selbst die Lebensader einer phantastischen Wunderwelt. Sie alle handeln vom »Vater Rhein«, der die Mainzer Kinder in gläsernem Gewahrsam hält, von der Liebe des Müllers Radlauf zu der Prinzessin Ameleya und von den Märchen, die den Flußgott bewegen sollen, die Kinder freizugeben. Im ersten Rahmenmärchen rettet der Müller Radlauf die schöne Prinzessin Ameleya aus den Fluten des Rheins und erwirbt sich damit, einem Versprechen des Königs von Mainz zufolge, die Krone des Landes und die Hand seiner Tochter; der treulose König aber betrügt den Müller um Glück und Herrschaft. Die Strafe folgt auf dem Fuß: Ein Krieg zwischen Mäusen und Menschen bricht los, der König wird mit seinem Hofstaat vertrieben. Aus Rache für die Beleidigung der Königin von Trier und des Prinzen Rattenkahl lockt der Prinz Mauseohr die Kinder von Mainz mit Hilfe einer Zauberpfeife in den Rhein, wo sie ihrer Erlösung harren. Derweil begeht des Müllers Star, ein verzauberter Freier der Prinzessin, Selbstmord, ein Vermächtnis hinterlassend, das seinen Herrn flugs ins zweite große Märchen transponiert, wo der Müller – von Märchenepisode zu Märchenepisode fortschreitend – der Geschichte seiner Ahnen nachspürt, die zugleich die Geschichte des Hauses Starenberg ist. Im Schwarzwald begegnet er nacheinander den seltsamen Käuzen Grubenhansel, Kauzenveitel und Kohlenjockel, seinen Vorfahren, von denen jeder seine eigene märchenhafte Geschichte hat, von der Geschichte des Schäfers Damon bis zur Erzählung der Frau Loreley, allesamt phantastische Variationen des Melusinen-Motivs. Am Ende wird Müller Radlauf, der letzte Fürst von Starenberg, König von Mainz. Damit ist das Prinzip der Verschachtelung aber nicht aufgehoben: Vater Rhein erklärt sich bereit, für jedes wohlerzählte Märchen ein Kind freizulassen – für Brentano Anlaß genug, eine Reihe weiterer Märchen in den weitgespannten Rahmen einzuplanen. Aber nur zwei folgen: Das erste, *Das Märchen vom Murmeltier*, verbindet das Frau-Holle-Thema mit der Loreley-Sage; es erzählt, wie Frau Loreley ein mißhandeltes Mädchen und einen verzauberten Jüngling erlöst und die beiden Liebenden auf den Königsthron setzt, dem sie aber nach einem Jahr der Herrschaft entsagen, um sich als arme Fischer in Mainz niederzulassen. Ihr Kind entsteigt als erstes den Fluten. Das letzte Märchen vom *Schneider Siebentot* ist nur noch insofern dem Ganzen verbunden, als sich nach mancherlei Abenteuern des Schneiders Geschlecht in Mainz ansiedelt; es erzählt von den grotesken Kämpfen der Amsterdamer Schneidergilde um den »Langen Tag«, von einem ungeheuerlichen Riesen, der eigentlich eine zarte Jungfrau ist, von wilden Schweinen, Einhörnern und Königen. Brentanos ausschweifende Erfindungsgabe durchbricht hier alle kompositorischen Schranken.

In den *Rheinmärchen* besteht ein komplexes Bezugssystem zwischen den einzelnen Handlungsbereichen, Figuren und Motiven. Ein Thema entwickelt sich aus dem andern, ein Motiv evoziert das nächste – eine scheinbar endlose Spirale. Schalenförmig wird die weitverzweigte Handlungsvielfalt von einem Rahmen umschlossen, aus dem sich ein neuer Rahmen herausschält, der wiederum den Ansatz für ein weiteres Rahmengeschehen birgt. Brentano durchbricht nur allzuoft die unkomplizierten, linearen Erzählformen des traditionellen Kindermärchens, obwohl er sich andererseits gerade von diesen Formen anregen läßt. Bei ihm schlägt die intendierte Naivität des Kindermärchens leicht in Schein-Naivität um: Ironische Kommentare, Wortspiele, Parodie, Satire und intellektuelle Spiegelfechterei zerstören die kindliche Sphäre des Märchens oder heben sie in der Groteske und der Posse auf, Ausdrucksformen, denen nichtsdestoweniger bei Brentano noch der Schein des Wunderbaren anhaftet. Der Dichter setzt in verschwenderischer Fülle den ganzen Märchenapparat ein: Zauber, Fluch, Verwünschung, Feen, Riesen, Elementargeister und Kobolde. Ahnungen bewahrheiten sich, Träume werden erfüllt. Die Natur verwandelt sich in menschliches Leben, und das menschliche Leben wird wieder Natur in einem unaufhörlichen Prozeß der Verwandlung und Rückverwandlung. Es besteht kaum ein Unterschied zwischen Natur- und Menschenreich, sprechende Tiere und verzauberte Menschen führen ein wundersames, aber jederzeit veständliches Zwiegespräch. Da gibt es Stare fürstlichen Gebüts, Rattenkönige und Mäuseprinzen, Menschen nehmen tierische Gestalt an und heißen Weißmäuschen und Goldfischchen; auch die Natur gibt sich ganz menschlich, was um so mehr erstaunt, als der Mensch sich mitunter höchst unnatürlich benimmt. Die Unschuld wird belohnt, die Sünde bestraft – das märchenhafte Schwarzweiß-Prinzip von Gut und Böse funktioniert reibungslos.

Brentanos Märchengestalten agieren gleichsam auf einer romantisch illuminierten Marionettenbühne; es sind typische Gestalten mit typischen Eigenschaften, wie der Barbier Schräberling, der Schuster Kneiperling oder der Schneider Meckerling. Es wimmelt geradezu von sprechenden Namen und Wortspielen, die Lust an der Pointe reißt den Dichter immer wieder mit sich fort. Die Sprache der *Rheinmärchen* ist von hoher Musikalität. Das Erzählte löst sich in der Wortmelodie auf, im lyrischen Klang. Überall finden sich Klangfiguren und Lautornamente. Daneben setzt der Dichter mit ironischer Verzerrung die Militär-, Kaufmanns-, Hof- und Bürosprache ein, ein Sprachgestus, der mit der Sprache selbst sein Spiel treibt. Bei Brentano liegt das Geheimnisvolle und Wunderbare im Erzählten selbst, nicht in einer magisch-mythischen Dimension dahinter. Das unterscheidet seine Märchen grundsätzlich von den Märchen anderer Romantiker. Sie nehmen im Kanon des romantischen Kunstmärchens eine Sonderstellung ein. Schon Achim von Arnim und die Brüder Grimm bestritten aus unterschiedlichen Gründen ihren ursprünglichen Märchencharakter. Das verspielt Heitere und arabeskenhaft Verschnörkelte paßte weder zum Typus des Volksmärchens noch zu dem des tiefsinnigen Kunstmärchens. Brentano dichtet keine Weltanschauungsmärchen, seinem unphilosophischen Geist ist die mythische Schau von Novalis genauso fremd wie das Abgründig-Hintergründige von Tieck und Hoffmann. Auch geht es Brentano im Gegensatz zu den Brüdern Grimm nicht um das Sammeln und Bewahren volkstümlichen Erzählguts, sondern einzig um die freie Entfaltung seiner schöpferischen Phantasie.

Seine Märchen können nicht symbolisch verstanden werden. Sogar die Metaphern nimmt er wörtlich und zerstört sie dadurch. In den *Rheinmärchen* lösen sich die mythischen Vorgänge in alltäglichen Erklärungen auf, Mythos und Gegenwart verschmelzen in der Komik der Sprache. Um diese Dimension erweitert der Dichter das Instrumentarium des Märchenhaft-Wunderbaren.

M.Ke.

AUSGABEN: Ffm. 1826 (in Iris; Teilvorabdr.; *Wie der Müller Radlauf dem Rhein ein Lied sang und einen Traum hatte*). – Stg./Tübingen 1846 (in *Die Märchen des C. B. Zum Besten der Armen nach dem letzten Willen des Verfassers*, Hg. G. Görres, 2 Bde., 1846/47, 1). – Mchn./Lpzg. 1914 (in *SW*, Hg. C. Schüddekopf, 1909–1917, Bd. 11, Hg. R. Benz; hist.-krit.). – Mchn. 1965 (in *Werke*, Hg. F. Kemp, 4 Bde., 1963–1968, 3; ²1978). – Ffm. 1983 (in *SW u. Briefe*, Bd. 17, Hg. B. Schillbach; Frankfurter B.-Ausg.). – Ffm. 1985 (Insel Tb).

LITERATUR: H. Cardauns, *Die Märchen C. B.s*, Köln 1895 (Vereinsschr. d. Görres-Ges., 3). – O. Bleich, *Entstehung und Quellen der Märchen B.s* (in ASSL, 96, 1896, S. 43–96). – R. Benz, *Märchendichtung der Romantiker*, Gotha 1908. – L. Streit, *Untersuchungen zum Stil der Märchen C. B.s*, Diss. Erlangen 1910. – H. Stephan, *Die Entstehung der Rheinromantik*, Köln 1922. – K. Glöckner, *B. als Märchendichter*, Diss. Köln 1937. – H. Russel, *Die Gestalt des Dichters B., erschlossen aus seinen Märchen*, Diss. Münster 1949. – R. Unkrodt, *C. B. als Märchendichter*, Diss. Marburg 1951. – G. Maas, *Das Leid bei C. B. Eine Studie zum Problem des Dämonischen*, Diss. Freiburg i. B. 1954. – R. Becker, *C. B. und die Welt seiner Märchen*, Diss. Ffm. 1960. – R. Ewald, *Das Bild des Kindes bei C. B.*, Diss. Graz 1966. – K. Hvidtfelt Nielsen, *Vermittlung u. Rahmentechnik. Eine kritische Untersuchung der »Rheinmärchen« B.s* (in Orbis litterarum, 27, 1972, S. 77–101). – M. Braun, *B. u. die Welt der volkstümlichen Überlieferung*, Diss. Würzburg 1972.

## ROMANZEN VOM ROSENKRANZ

Unvollendetes Epos von Clemens BRENTANO, entstanden zwischen 1802 und 1812, erschienen 1852. – von den etwa 24 geplanten Romanzen wurden neunzehn und ein autobiographisches Einleitungsgedicht in Terzinen ausgeführt. Vorangegangen waren die nach spanischem Vorbild geschriebenen Romanzen von A. W. v. SCHLEGEL, Ludwig TIECK (*Die Zeichen im Walde*, 1802) und J. G. HERDER (*Cid*, 1803/04). Das Grundmuster der Strophenform ist der vierfüßige trochäische Vierzeiler, dessen zweite und vierte Zeile reine oder Assonanzen aufweisen, die das Gedicht durchziehen. Brentanos Quellen waren insbesondere GHIRARDACCIS *Historia di Bologna* (1596) und kabbalistische und marianische Literatur des 17. Jh.s.

Die *Romanzen vom Rosenkranz* spielen im Bologna des 13. Jh.s. Der Maler Kosme hat von seiner Frau Rosalaeta drei Söhne: Jacophone, Meliore und Pietro. Er gerät in den Bann böser Mächte und verführt Rosalaetas Schwester, die Nonne Rosatristis, die ihm zu einem Madonnenbild Modell gestanden hat. Aus der Beziehung gehen drei Töchter hervor. Die beiden älteren, Rosarosa (rote Rose) und Rosadora (goldene Rose) wurden ausgesetzt, und mit der Jüngsten, Rosablanka (weiße Rose), bei deren Geburt Rosatristis gestorben ist, lebt Kosme als Büßer von Bologna. Die Halbgeschwister sind über ihre Verwandtschaft im unklaren. Das folgende Geschehen steht nun im Zeichen der Verhinderung einer möglichen Blutschande. Jacopone, der Jurist, und Rosarosa heiraten, entgehen jedoch der Gefahr der Sünde durch die Hilfe des engelhaften Knaben Agnuscastus, Vermittler der guten Mächte, und leben in keuscher Ehe. Meliore, Künstler und Student, liebt Rosadora, die als Biondetta eine berühmte Sängerin geworden ist. Der Gärtner Pietro wiederum ist Rosablanka zugetan, die jedoch eine Neigung zu Meliore hegt. Meliore wird gehaßt von seinem Lehrer, dem dämonischen Arzt und Magier Apone (Apo), der Rosadora-Biondetta selbst begehrt. Um Biondetta zu entführen, setzt Apo, der mit dem Teufel Moles im Bunde ist, das Theater in Brand, in dem sie ihre Abschiedsvorstellung gibt, bevor sie den Nonnenschleier nimmt. Meliore kann Biondetta retten, aber Rosadora, die mit Jacopone der Vorstellung beigewohnt hat, stirbt. An ihrem Sterbebett enthüllt der engelhafte Agnuscastus ihre Verwandtschaft mit Biondetta. Die bösen Mächte, an Biondettas Verderben interessiert, lassen zu, daß Meliore nun von Apo mit einem Degen, der mit Liebesgift präpariert ist, erdolcht wird. Biondetta indes rettet Meliores Leben, indem sie ihm Blut und daher auch das Gift aus der Wunde saugt; dadurch jedoch entflammt sie in Liebe zu ihm, und nur das Bild ihrer Mutter bewahrt sie vor dem Inzest. Den weiteren Nachstellungen Apos kann sich Biondetta nur durch Selbstmord entziehen. In ihren Leichnam schlüpft der Teufel Moles und stiftet, als frech geschmückte falsche Biondetta, zusammen mit Apo Verwirrung in Rosarosas Leichenzug. Beim Anblick der falschen Biondetta wird Meliore ohnmächtig. Rosablanka und Pietro bringen ihn in Sicherheit. Damit schließen die ausgeführten Romanzen. Das Schicksal Rosablankas hat Brentano nicht mehr dargestellt. In dem vollendeten Epos sollten diese Geschehnisse in eine »mythische« Ordnung gebracht werden und, Brentanos eigenen Worten zufolge, *»ein Schicksal und eine Notwendigkeit«* darstellen. Dadurch wären die Romanzen *»ein apokryphisches Gedicht«* geworden, *»in welchem sich eine unendliche Erbschuld, die durch mehrere Geschlechter geht, und noch bei Jesu Leben entspringt durch die Erfindung des katholischen Rosenkranzes löst«*. (Vgl. Brentanos Briefe an Philipp Otto RUNGE.) Unter diesem Aspekt erhalten die Rosennamen ihren symbolischen Bezugspunkt. Denn aus den Prosaentwürfen des Gedichts geht hervor, daß Kosmes Urahnen einst die Heilige Familie ermorden wollten, als diese auf der Flucht nach Ägypten in einer Herberge eingekehrt war. Lilith, die Stammutter des Geschlechts, hatte Maria den unfruchtbaren Rosenstrauch von Jericho überreicht, der in ihren Händen sogleich erblühte und drei Rosen (weiß, rot und golden) trägt. Liliths Bräutigam aber zeigte damals Maria den Ring des Herodes zum Beweis dessen, daß er das Jesuskind ermorden solle, und entwendete dann den Trauring der Gottesmutter. Dieser

Frevel, so prophezeit Maria, werde erst getilgt sein, wenn »*die drei Rosen ... endlich lebendig geworden und das Unglück der Ringe getilgt haben, wenn sie selbst ein Ring geworden*«. Diese Rosenkranzlegende im Epos zu gestalten war die eigentliche Absicht des Dichters. Der Mythos ist zugleich Ausdruck des romantischen Topos vom Verlust einer paradiesischen Einheit. Apo – mit seiner Begierde und bösen Erkenntnislust – verkörpert den Zustand des Verlusts, der die frommen Geschwister um die Erlösung vom Fluch bringen kann. Einem »*modernen christlichen Geklimper*« abgeneigt, setzt Brentano seine Bibelkenntnis mit spürbarer Ironie in Dichtung um, zumal in der Schöpfungsgeschichte Moles'. Die artistische Verwendung von Reim, Assonanz, Binnenreim und Binnenassonanz erzeugt eine Musikalität, die zusammen mit der blühenden Bild- und Wortphantasie eine äußerst sensualistische Sprache schafft. Diese kann sich zu jener kühnen Erotik steigern (XIV. Romanze), die für Brentanos Religiosität stets bezeichnend ist. Die Form der Romanze verdichtet die Sprache; die Vorgänge und Geschehnisse werden in knappe Verse und Strophen gedrängt und sprunghaft fortgesetzt. Dadurch entsteht eine rapide Bewegung, die in eine effektvolle Spannung zum differenzierten Gleichmaß des Rhythmus tritt.

Das Epos, das zwischen Brentanos ästhetischer und religiöser Existenz vermittelt, hat einen nicht eindeutig zu ermittelnden autobiographischen Stellenwert. Ein großes Einleitungsgedicht sollte den Bezug zwischen ihm und den Gestalten der Romanzen als symbolische Reisegeschichte herstellen. Offenbar wollte Brentano eine bestimmte Lebensphase in poetischen Sinnbildern ordnen und in einen mythischen Zusammenhang stellen, zugleich zeichnete er in der Figur der Rosarosa sein »*weibliches Idealbild*«(Kastinger Riley), dessen Attribute neben weiblicher Unterwürfigkeit und Demut vor allem »*Gottesfurcht, Sittsamkeit und Schweigsamkeit*« sind. Als Illustrator der Romanzen wünschte Brentano Philipp Otto Runge, nach dessen Tod verlor er rasch das Interesse an dieser Arbeit. Der Wirkung des Werks setzten nicht nur die moralischen Bedenken früherer Herausgeber Grenzen, sondern auch Brentano selbst, der seine späten Vorbehalte gegen die *Romanzen* in Wendungen wie »*geschminkte Toilettensünden*« zusammenfaßte und sich zu Lebzeiten einem Druck widersetzte, woraus die komplizierte Editionsgeschichte des Werks resultiert; letztlich gehen die Ausgaben auf Johann Friedrich BÖHMER zurück, der im Winter 1825/26 eine Abschrift aus Brentanos Manuskript anfertigte. A.Bh.

AUSGABEN: Ffm. 1852 (in *GS*, Hg. Chr. Brentano, 9 Bde., 1852–1855, 3; Nachdr. Bern 1970). – Mchn. 1968 (in *Werke*, Hg. F. Kemp, 4 Bde., 1963–1968, 1; ²1978).

LITERATUR: G. Müller, *B.s »Romanzen vom Rosenkranz«. Magie u. Mystik in romantischer u. klassischer Prägung*, Diss. Göttingen 1922. – G. Reichardt, *Die innere Form der »Romanzen vom Rosenkranz«*, Diss. Breslau 1934. – H. Bauer, *Die Deutung des seelischen Lebens in C. B.s »Romanzen vom Rosenkranz«*, Diss. Marburg 1947. – M. Clauss, *Struktur u. Funktion der Bildlichkeit in C. B.s »Romanzen vom Rosenkranz«*, Diss. Heidelberg 1958. – J. Nettesheim, *Rosensymbolik in C. B.s »Romanzen vom Rosenkranz«* (in Antaios, 3, 1961/62, S. 357–366). – S. Piringer, *C. B.s »Romanzen vom Rosenkranz« und ihre Beziehungen zur Kabbala*, Diss. Graz 1964. – M. Peter, *Spuren Dantes und anderer italienischer Dichter in C. B.s »Romanzen vom Rosenkranz«* (in Arcadia, 19, 1984, S. 130–152).

## DER SCHIFFBRÜCHIGE GALEERENSKLAVE VOM TODTEN MEER

Romanfragment von Clemens BRENTANO, in vollständiger und textkritischer Ausgabe erstmals erschienen 1949. – Am 24. 10. 1811 berichtet VARNHAGEN VON ENSE, Brentano habe ihm Bruchstücke aus einem Roman vorgelesen, in denen von einer Hure die Rede sei, die geliebt werde, ohne selbst lieben zu können. Für die Entstehungsgeschichte bedeutsam ist in diesem Zusammenhang der biographische Hintergrund, Erlebnisse und Erfahrungen Brentanos, die sich in der existentiellen Situation des Erzählers widerspiegeln. Der Text läßt sich unschwer aus Brentanos Lebensgeschichte dechiffrieren. Im Juli 1811 reist der Dichter mit dem Architekten Schinkel von Berlin aus nach Böhmen, wo er durch Vermittlung Varnhagens die am Prager Theater auftretende Schauspielerin Auguste Brede kennenlernt – nach den erotischen Eskapaden in Berlin eine weitere bittere Erfahrung. Im *Galeerensklaven* versucht sich der Dichter von seinen Erlebnissen zu befreien, indem er sie dichterisch gestaltet. Er verlegt die Schauplätze nach Italien und verändert die Namen: In Bonascopa erkennt man Schinkel wieder, Varnhagen tritt in Gestalt des Implicatore auf, Auguste Brede schließlich lebt in der Schauspielerin Topina D'Avorio weiter. Der Erzähler ist Brentano selbst, dem die Arbeit an der *Chronika des fahrenden Schülers* und den *Romanzen vom Rosenkranz* nicht recht von der Hand gehen will. Die Prager Erlebnisse wiederholen sich in Neapel, während die römischen Abenteuer nach Berlin verweisen. Als zeitlicher Fixpunkt dient die im Roman geschilderte berühmte Himmelserscheinung von 1811, der Komet, den auch GOETHE, JEAN PAUL, Achim von ARNIM und E. T. A. HOFFMANN beschreiben.

In Rom gerät der Erzähler in eine »häßliche Raserei« mit der kleinen Perdita, einer sechzehnjährigen Dirne, schön wie Desdemona und sündig wie Maria Magdalena, eine romantische Philine, verdorben und unschuldig zugleich. Vor den pittoresken Tableaus römischen Lebens spielen sich leidenschaftliche Liebes- und Eifersuchtsszenen ab. Während Brentano einerseits das romantische Sehnsuchtsland Italien höchst lebendig koloriert, führt er andererseits eine Figur ein (TIECKS Schwester

Sophie Bernhardi nachgebildet), in der er den romantischen Hang zum Katholizismus satirisch geißelt: eine deutsche Schriftstellerin, »*die hier viel schuldig und katholisch geworden*«. Im nächsten Abschnitt flieht der gedemütigte Liebhaber nach Neapel, wo er alsbald dem Zauber der schönen Topina erliegt, der elfenbeinernen Maus, deren anmutige Stimme an die verborgensten Stellen seines Herzens rührt. Von den Musen verlassen, erlebt der Erzähler in öffentlichen Musentempeln die Plattheit und Gemeinheit seiner Zeit. Ironische Seitenhiebe fallen auf die abgeschmackte Selbstgefälligkeit des zeitgenössischen Kunstbetriebs.

Der metaphorisch-symbolhafte Titel läßt nur vage Rückschlüsse auf die Thematik und Grundidee des aus wenigen Szenen, zwei Kapitelabschnitten und einem vielstrophigen Lied bestehenden Torsos zu. Im vierten Akt von *Aloys und Imelde* klingt das Motiv von des »*Schicksals zorngepeitschtem Totenmeer*« an, das hier erweitert wird zur leitmotivischen Problematik des im Lebensmeer schiffbrüchigen, von niedrigsten Leidenschaften versklavten Künstlers, einer echt romantischen Problematik, die von SCHLEGEL (Lucinde) bis zu HOFFMANN(Kreisler) reicht. Ein Gedicht wie das bittere »*Wohlan, so bin ich deiner los, du freches lüderliches Weib…*« gestaltet das gleiche Thema: des Menschen dämonisches Verfallensein. Als Künstler und als Mensch scheitert der Erzähler – wie und warum, darüber gibt das Fragment keine Auskunft. Die Metaphern dieses Scheiterns, Schiffbruch, Sklave, Galeere, Totes Meer, sind nur im Titel oder in thematisch analogen Werken greifbar. Die vordergründige Schwerelosigkeit des Erzählens erinnert bisweilen an die Frivolität italienischer Renaissancenovellen, aber bei Brentano verbirgt sich hinter heiterer Maskerade eine tiefere Erlebnisschicht, die ihren vollkommenen dichterischen Ausdruck erst 1816 in der berühmten »*Romanze vom Freudenhaus*« (»*Ich kenn' ein Haus, ein Freudenhaus…*«) fand. M.Ke.

AUSGABEN: Bln. 1949, Hg. u. Nachw. W. Rehm (ADAW, phil.-hist. Kl., 1948, Nr. 4). – Mchn. 1963 (in *Werke*, Hg. F. Kemp, 4 Bde., 1963–1968, 2; ³1980).

LITERATUR: K.-G. Hotze, *Die Entwicklung des Menschenbildes in der Dichtung C. B.s*, Diss. Freiburg i. B. 1953. – G. Maas, *Das Leid bei C. B. Eine Studie zum Problem des Dämonischen*, Diss. Freiburg i. B. 1954.

---

HOWARD BRENTON

\* 13.12.1942 Portsmouth

LITERATUR ZUM AUTOR:
P. Ansorge, *Disrupting the Spectacle. Five Years of Experimental and Fringe Theatre in Britain*, Ldn. 1975. – St. Grant, *Voicing the Protest* (in *Dreams and Deconstructions. Alternative Theatre in Britain*, Hg. S. Craig, Ldn. 1980, S. 117–127). – Interview mit H. B. (in *New Theatre Voices of the Seventies*, Hg. S. Trussler, Ldn. 1981, S. 85–97). – R. Cornish, *H. B.* (in *British Dramatists Since World War II*, Tl. I, Hg. St. Weintraub, Detroit 1982, S. 100–108). – J. Bull, *New British Political Dramatists*, Ldn. 1984. – H. B., *Preface* (in H. B., *Plays I*, Ldn. 1986).

## MAGNIFICENCE

(engl.; *Herrlichkeit*). Stück in acht Szenen von Howard BRENTON, Uraufführung: London 1973, Royal Court Theatre. – Brenton gehört zu jener Generation englischer Dramatiker, die nach den Frustrationen der 67/68er Generation mit veränderten inhaltlichen und formalen Konzeptionen das Theater bewußt zum Vehikel politischer Auseinandersetzung und Aufklärung zu machen suchten. Mit *Magnificence*, einer Auftragsarbeit für das Royal Court Theatre, knüpft Brenton einerseits an seine vielfältigen Erfahrungen mit alternativen Theaterkollektiven an, andererseits aber stellt er sich damit auch in die Tradition des eher etablierten Theaters. Diese unterschiedlichen Anknüpfungspunkte haben in *Magnificence* zu einer auffälligen Mischung unterschiedlicher Gattungskonventionen und Stilebenen geführt, die Brenton programmatisch in den Dienst der »wahren« Darstellung gesellschaftlicher Bedingungen stellt.

So beginnt *Magnificence* mit drei Szenen, die ganz in der Tradition des realistisch-sozialkritischen Dramas der fünfziger und sechziger Jahre zu stehen scheinen: Fünf junge Leute besetzen als Zeichen ihres Protestes gegen Bodenspekulation ein leerstehendes Haus im Londoner East End und richten sich hier notdürftig häuslich ein. Nach zehn Tagen wird das Haus von der Polizei gewaltsam geräumt. Im Handgemenge zwischen der Polizei und Jed verliert die schwangere Mary, das »Hausmütterchen« der Gruppe, ihr Baby. Während Jed ins Gefängnis wandert, bleiben die anderen Besetzer auf freiem Fuß. Am Ende der dritten Szene faßt Jed in einem rhythmisierten epischen Bericht das Ende der Hausbesetzung und die Erfahrungen seiner neunmonatigen Haftstrafe zusammen. Die vierte Szene führt auf völlig leerer Bühne mit Hilfe der Wortkulisse in fast grotesker Verzerrung die Karikatur der offiziellen politischen Würdenträger vor: Alice und Babs, einst ein homosexuelles Freundespaar, treffen sich auf Betreiben des verbitterten und todkranken Babs im Garten des Cambridge College und lassen bei einer Bootsfahrt die farcenhafte Realität mit Karrieredenken und Anpassertum erkennen, die hinter der Fassade offizieller Kabinettspolitik steckt. Nachdem Babs Alice als spezifisch englische Variante eines Faschisten bezeichnet hat, blendet das Licht auf der Bühne ab, und Babs stirbt in den Armen von Alice.

In der fünften bis achten Szene knüpft der Autor am deutlichsten an seine Arbeit mit Agitpropgruppen an (wie dem »Portable Theatre«, für das er die ersten Stücke schrieb): Auf zunächst leerer Bühne erscheinen nach und nach die ehemaligen Hausbesetzer, um Jed nach seiner Entlassung aus dem Gefängnis in Empfang zu nehmen. Mit seinem Auftritt wird die Bühne von rotem Licht, einem Meer von roten Fahnen und revolutionären Liedern überflutet. Noch bevor Jed zu den anderen sprechen kann, erscheint eine Vision Lenins, die Jed zum revolutionären Kampf aufruft. In den nachfolgenden Szenen wird deutlich, daß alle einstigen Hausbesetzer eine Veränderung ihrer ehemaligen politischen Position vollzogen haben: Während Veronica und Cliff verstärkt auf die Kärrnerarbeit ständiger politischer Aufklärung bauen, ist Wills politisches Bewußtsein zur revoluzzerhaften Pose mit allen Versatzstücken pseudopolitischen Schickeriatums wie Ho-Chi-Minh-Sticker und Ché-Guevara-Hemd degeneriert. Jed selbst ist vom »*situationist*«, der durch gewaltfreie Aktionen auf politische Mißstände aufmerksam machen will, zum politisch motivierten Terroristen geworden, der sich den ehemaligen Wohnungsbauminister Alice zum Opfer gewählt hat. Zusammen mit Will sucht er Alice in dessen Garten in Herfordshire auf. Die beiden überwältigen Alice, der gerade bei der urenglischen Beschäftigung der Rasenpflege ist, doch die Sprengstoffmaske versagt. Nachdem Will daraufhin die Flucht ergriffen hat, ist Jed allein mit Alice, der ganz in der Tradition wohlerzogenen *Well-made-play*-Dialogs die Situation durch Konversation zu bewältigen versucht. Auch wenn Jed Alices Plauderein mit einer wütenden Tirade gegen den »*Mr. English Public Man*« beantwortet, scheint er am Ende doch bereit, seinen Mordplan aufzugeben. Doch wie in der schwarzen Komödie kommt die Katastrophe dann, wenn der Zuschauer am wenigsten damit rechnet: Als der resignierte Jed die Sprengstoffmaske zu Boden wirft, explodiert diese doch und tötet beide. Die Szene endet mit einem Epilog Cliffs, der Jed die »Vergeudung« seiner revolutionären Energien vorwirft.

Spätestens am Schluß wird damit auch eine der Dimensionen des Titels besonders klar, der ja zunächst einmal deutlich auf John Skeltons Tudor-Moralität *Magnyfycence* (um 1516) verweist, in der Skelton die Versuchung einer Herrscherfigur durch (politische) Laster und ihre Rettung durch Mäßigung und Standhaftigkeit vorführt, d. h. durch Vermeidung von »Vergeudung«. Dabei betont Skelton (wie Brenton) durch Anspielung auf konkrete zeitgenössische Personen und Ereignisse immer wieder den aktuellen Realitätsbezug seines Spiels. Über diese inhaltlichen Äquivalenzen hinaus findet Skeltons Variation verschiedener Metren und Reimformen ihre Entsprechung in den erwähnten stilistischen Variationen Brentons, und schließlich hat Brentons Titel *Magnificence* weitere Signalfunktionen, denn »Aufsehenerregendes«, »Spektakuläres« findet sich im ganzen Text immer wieder: zum einen auf der Ebene der Figuren in der Dominanz des Gestischen und der »großen« Aktion (Spruchbänder, Graffiti, revolutionäre Embleme, Fahnen, Hausbesetzung, Terroraktion), ein Hang, der die sterbende alte Politikergeneration (Babs, dem Alice eine Vorliebe für »*scenarios*« bescheinigt) mit der jungen Generation verbindet. Gesten bzw. Effekte spielen aber auch auf der Ebene der Inszenierung eine entscheidende Rolle – splitterndes Glas und berstende Türen, Exkremente, die auf die Bühne geworfen werden, die Lenin-Vision, das Meer von roten Fahnen, die Explosion. Diese Betonung des Gestischen und des Spektakulären steht ebenso wie die Episierungstendenz (Rhythmisierung und Stilisierung der Sprache, die Mao-Zitate in der dritten Szene, die Kommentatorfiguren Jed und Cliff, die eher episodische Struktur) in Zusammenhang mit Brentons Wendung gegen das psychologisch-realistische Drama und seinem Plädoyer für das Theater als einem Ort von »*savage insights*«, zu denen die Texte als »*bushfires*« verhelfen sollen. Neben den inszenatorischen Knalleffekten kommt dabei auch der Komik eine wichtige Funktion zu, da sie für Brenton der Ausdruck des die Zuschauer und die Figuren verbindenden Unbehagens ist. Dementsprechend durchziehen auch *Magnificence* komische Effekte, von der teilweise ironischen und selbstironischen Darstellung der Hausbesetzung über die der Farcen- bzw. Music-Hall-Tradition entnommenen komischen Paare (der Polizist und der Gerichtsvollzieher; Alice und Babs) zur grotesken Komik des nichtfunktionierenden Dynamits und zur karikierenden Überzeichnung von Figuren.

Mit dieser Mischung von traditionellen und modernen Motiven und Techniken des Theaters erweist sich *Magnificence* als wichtige Station in der Suche des zeitgenössischen politischen Theaters nach adäquaten Ausdrucksmitteln, die »theatralisch« im besten Sinn des Wortes sind, ohne die politische Botschaft zu vernachlässigen.  H.Qu.

Ausgabe: Ldn. 1973.

Literatur: *Petrol Bombs through the Proscenium Arch* (in Theatre Quarterly, 17, 1975, S. 4–20; Interview mit H. B.). – K. Bartenschlager, *Magnificence* (in *Englische Literatur der Gegenwart*, Hg. R. Lengeler, Düsseldorf 1977, S. 32–43). – C. Itzin, *Stages in the Revolution*, Ldn. 1980. – J. Bull, *New British Political Dramatists*, Ldn. 1984.

## THE ROMANS IN BRITAIN

(engl.; *Die Römer in England*). Drama in zwei Akten von Howard Brenton, Uraufführung: London, 16. 10. 1980, National Theatre. – Brenton hatte mit *Wesley* (1970) und *Scott of the Antarctic*, 1971 *(Scott der Antarktis)* bereits historische Helden auf die Bühne des alternativ-experimentellen Theaters gebracht und andererseits 1972 zusammen mit D. Hare, D. Edgar, S. Wilson u. a. mit 20 in der Gegenwart spielenden Szenen »*der briti-*

schen Öffentlichkeit den Gestank der irischen Probleme« nahebringen wollen *(England's Ireland)*. Aber erst mit *The Romans in Britain* – nach der Bearbeitung von BRECHTS *Leben des Galilei* entstanden – wurde das Publikum in einem strukturell wie gehaltlich irritierenden »Historiendrama für das Heute« mit dem irischen Thema konfrontiert.

Gemeinsam ist den *Caesars Zahn* und *Artus' Grab* betitelten Akten zu zweimal sieben plus einer Szene die Invasionsthematik. Wie die Römer im Jahr 54 v. Chr. auf die Insel vordringen, so unterjochen nach Ende der römischen Herrschaft 515 n. Chr. die Angelsachsen die Kelten und so herrschen schließlich 1980 in Irland die englischen Invasoren. Brenton präsentiert jedoch nicht etwa abgeschlossene historische Momentaufnahmen, sondern reiht mit Hilfe seiner Technik der Diskontinuität Szenen aneinander, die zum einen im Sinne des epischen Theaters Parallelisierungs- bzw. Kontrastfunktion haben und in denen zum anderen der allmähliche (in II, 7 kulminierende) Aufbau eines historischen Bewußtseins stattfindet. Dieses Bewußtsein manifestiert sich, oberflächlich betrachtet, in einer Figur aus der Gegenwartshandlung – dem Engländer Chichester, der privat, zuerst mit Mordabsicht, dann pazifistisch, das Irlandproblem lösen will –, ist jedoch insgesamt erst dem kausale Zusammenhänge und Transzendierungsmöglichkeiten erkennenden Zuschauer zugänglich.

Während in den ersten sechs Szenen anhand von exemplarischen Ausschnitten die Zerstörung der keltisch-matriarchalischen Kultur durch die einfallenden Römer dargestellt wird, deren an Zahnschmerzen leidender Feldherr Caesar zweckrationalistisch auch noch das geringste »*Massaker als Politik*« umzudeuten weiß, transformiert Brenton in der siebten Szene unvermittelt-schockartig Vergangenheit in Gegenwart: Die Sklavin, die sich mit einem Stein *(»Meine Heimat ist jetzt, wo ich einen Stein in der Hand halte«)* ihres kriminellen Begleiters entledigt, wird von den plötzlich in englischen Uniformen und mit modernen Waffen auftretenden Römern erschossen: Caesar – dies die ideologische Legitimation – will mit seinem Feldzug Gewalt auf ein »*annehmbares Niveau*« senken und die Zivilisation retten.

Die ersten fünf Szenen des zweiten Akts spielen dann abwechselnd in der Vergangenheit von 515, kurz vor der letzten Niederlage des legendären Königs Artus gegen die Angelsachsen bei Camulodunum und 1980, als Chichester, aus der Nähe des Ortes stammend, in Irland nach der »*keltischen Ordnung*« der Dinge sucht. Chichester bleibt dabei ständig als Verkörperung der Gegenwartsperspektive und Medium der vom Autor beabsichtigten Analogie für den Zuschauer auf der Bühne anwesend. So wie an drei Stellen des ersten Akts Figuren erschlagen werden, so tötet nun (5. Szene) Cai einen verirrten, tödlich verwundeten englischen Soldaten und wird selbst wenig später von seiner Tochter mit Anklang an den Schluß des ersten Aktes mit einem Stein erschlagen: »*Wir atmen*« den Krieg; und so wird in den folgenden Szenen, wo Vergangenheit und Gegenwart übereinander montiert sind, zunächst eine von der Pest entstellte Anglo-Römerin von ihrem Verwalter in der Nähe des erschlagenen Angelsachsen getötet, und in Szene 7 erschießen dann die IRA-Leute den nunmehr im Bewußtsein der historischen Wahrheit zum Frieden bereiten Chichester: Der Kreislauf der Gewalt scheint sich zwanghaft fortzusetzen.

Nach zweimal sieben Szenen endet das Stück mit einer fünfzehnten Szene, die den Mythos eines »*goldenen Zeitalters, verloren und doch noch bevorstehend*«, verkörpert vielleicht in König Artus, evoziert (von Figuren der mittleren Geschehnisebene mit arturisch klingenden Namen: Morgana, Corda). Deshalb wäre es falsch, dem marxistischen Autor ein zyklisches Geschichtsbild zuzuschreiben. Allerdings verzichtet Brenton trotz der erbarmungslosen Geißelung der britischen Herrschaft in Nordirland mit seinem offenen Schluß auf plakative politische Appelle. – Vor allem wegen einer Szene, in der ein römischer Soldat einen niedergeschlagenen Kelten vergewaltigt, geriet die Aufführung zum öffentlichen Skandal, der in den Leserbriefspalten der Zeitungen und im Unterhaus so sehr angeheizt wurde, daß man eine Subventionskürzung für das National Theatre forderte und der Regisseur von einer Zuschauerorganisation wegen des Verstoßes gegen das Sexual Offences Act von 1956 – allerdings erfolglos – verklagt wurde. U.Bö.

AUSGABE: Ldn. 1980.

LITERATUR: F. Fasse, *Geschichtsdrama als Problem von Literatur. Das Geschichtsdrama bei H. B. u. R. Hochhuth*, Ffm. 1983, S. 151–171. – Ph. Roberts, *H. B.'s »Romans«* (in Critical Quarterly, 23, 1981, S. 5–23). – B. Weiner, *The »Romans in Britain« Controversy* (in Drama Review, 25, 1981).

## WEAPONS OF HAPPINESS

(engl.; *Waffen des Glücks*). Drama in zwei Akten von Howard BRENTON, Uraufführung: London, 14. 7. 1976, National Theatre. – Nach den frühen, seit 1968 für kleinere experimentelle Gruppen (insbesondere das »Portable Theatre«) geschriebenen kürzeren Stücken (im Sinne GROTOWSKIS sind es *Plays for the Poor Theatre [Stücke für das arme Theater]*, 1980), konnte Brenton 1972/73 als Gast der English Stage Company im Royal Court Theatre die Möglichkeiten eines größeren Theaters studieren. Nach *Magnificence*, 1973 (aufgef. im Royal Court Theatre, 1973), *Brassneck*, 1973 (*Messingnacken*, mit David HARE), und *The Churchill Play*, 1974 (*Das Churchill-Spiel*) – beide für das Nottingham Playhouse – war *Weapons of Happiness* eine unter der Regie von David Hare aufgeführte Auftragsarbeit für das National Theatre.

Der Titel – Graffiti-Slogan eines Hausbesetzers in *Magnificence* – stellt erneut die für Brenton zentrale Frage nach dem richtigen Weg zum Sozialismus. Während der Terrorismus in *Magnificence* als falsche Antwort auf gesellschaftliche Unterdrückung und als »Vergeudung« politischer Energie erscheint, stellt in *Weapons of Happiness* der Stalinismus eine derartige »Vergeudung« dar. Protagonist des in der unmittelbaren Gegenwart spielenden Stücks ist der im Londoner Exil lebende Tscheche Joseph Frank (der historische Frank wurde 1952 in Prag gehängt). Nach anfänglichem Zögern schließt er sich am Ende des ersten Akts und nach der Frage nach den »Waffen des Glücks« jüngeren Arbeitern an, die angesichts drohenden Bankrotts und Verkaufs ihre Fabrik besetzen. Im zweiten Akt stürmt die Polizei die Fabrikhalle; die Besetzer entkommen, müssen aber den durch die Prager Ereignisse von 1968 desillusionierten Frank zurücklassen. In der letzten Szene fragen sich die Entflohenen auf einem verlassenen Hof nach dem rechten Weg, der sie zurück in die Stadt führen wird.

*Weapons of Happiness* ist jedoch weder ein realistisches Drama noch ein Agitprop-Stück. Brenton bedient sich vielmehr auch hier seiner teilweise an das jakobäische Drama, teilweise an Brecht anschließenden Technik des epischen Theaters. Nach dem Prinzip der Diskontinuität machen Brüche in der Personendarstellung, der Handlungsentwicklung oder der Zeitgestaltung die einzelnen Szenen zu voneinander abgesetzten »Fenstern«, durch die an zentralen Punkten des Geschehens eine Figurenentwicklung sichtbar wird. So gibt es neben herkömmlichen episierenden Kommentaren des Protagonisten oder einer eingefügten Parabel (Christus und der Großinquisitor; II, 1) optische Verfremdungsverfahren (Beleuchtung) sowie durch unvermittelte Rollenwechsel herbeigeführte Sprünge in die Vergangenheit. Am Ende der unvorbereitet eingeblendeten Szene mit dem Parteisekretär Frank in Moskau (I, 7) erscheint zudem in einer tableauartig interpolierten, pantomimischen Binnensequenz wie geisterhaft Stalin (I, 7); anderswo geht eine harmlose Polizeibefragung im Gegenwartsgeschehen unvermittelt in eine Gefängnisszene über, in der Frank 1952 auf seine erzwungene Selbstbezichtigung im Schauprozeß vorbereitet wird (I, 4). Durch die personale Verzahnung der beiden Zeitebenen in einer Szene veranschaulicht Brenton dann eindringlich die Notwendigkeit historischen Bewußtseins, das den jungen Arbeitern noch fehlt (II, 1). Der Höhepunkt dieser montageartigen Erweiterung der politisch-gesellschaftlichen Dimensionen ist die Fluchtszene (II, 4): nach Franks resignativer Erinnerung an das Prag von 1968 und dem zukunftsgewandten Rat an die Jüngeren, sich nicht zu »vergeuden«, wird Stalin neben einem russischen Panzer eingeblendet, über dessen Geschützrohr der zum Bleiben Entschlossene sterbend seinen Mantel wirft. Obwohl der Stalinismus Frank im Innersten gebrochen hat, lernen die jungen Arbeiter im Laufe des Stücks aus dem lähmenden wie auch produktiven historischen Bewußtsein Franks und seinem Rat, aus dem Überschwang utopischer Selbstsicherheit heraus nicht die kostbare Chance einer wahren »Revolte« zu vertun.

Der Schluß des Stücks, dem Charles Marowitz wegen der karikaturistischen Zeichnung des bankrotten Fabrikbesitzers und seiner Frau sowie des establishmenthörigen Gewerkschaftsfunktionärs fehlende kritische Genauigkeit vorgeworfen hat, läßt die Frage nach der zukunftsgerichteten Praxis offen. Allenfalls gibt der Entschluß der jungen Leute, wieder in die Stadt zurückzukehren (also keine Agrarutopie zu versuchen) sowie ihr Abgang mit ineinander verschränkten Armen und der im letzten Satz vollzogenen Identifizierung des »alten« Mannes als eines (zu ergänzen: wahren) »Kommunisten« die Richtung an, in der das Publikum Brentons nach den adäquaten »Waffen des Glücks« weiterfragen sollte. U.Bö.

Ausgaben: Ldn. 1976; ²1981. – Ldn. 1986 (in *The Plays of the Seventies*, Hg. R. Cornish u. V. Ketels). – Ldn. 1986 (in *Plays I*).

Literatur: G. Schnabl, *Historische Stoffe im neueren politischen Drama Großbritanniens*, Ldn. 1982, S. 185–195.

## andré Breton

* 18.2.1896 Tinchebray / Orne
† 28.9.1966 Paris

Literatur zum Autor:
*Bibliographie:*
M. Sheringham, *A. B., A Bibliography*, Ldn. 1972.
*Biographien:*
S. Alexandrian, *A. B. par lui-même*, Paris 1971. – J. H. Matthews, *A. B. Sketch of an Early Portrait*, Amsterdam 1986.
*Gesamtdarstellungen und Studien:*
J. Gracq, *A. B., quelques aspects de l'écrivain*, Paris 1948. – C. Mauriac, *A. B.*, Paris 1949. – M. Carrouges, *A. B. et les données fondamentales du surréalisme*, Paris 1950; ern. 1967. – J. H. Matthews, *A. B.*, NY/Ldn. 1967. – *A. B. et le mouvement surréaliste*, Paris 1967. – C. Browder, *A. B. Arbiter of Surrealism*, Genf 1967. – C. Duits, *A. B. a-t-il dit passe*, Paris 1969. – P. Audoin, *B.*, Paris 1970. – *A. B.*, Hg. M. Eigeldinger, Neuchâtel 1970. – A. Balakian, *A. B., Magus of Surrealism*, NY 1971. – M. A. Caws, *A. B.*, NY 1971. – E. Lenk, *Der springende Narziß: A. B.s poetischer Materialismus*, Mchn. 1971. – P. Bürger, *Der französische Surrealismus*, Ffm. 1971. – *Les critiques de notre temps et A. B.*, Hg. M. Bonnet, Paris 1974. – G. Durozoi u. B. Lecherbonnier, *A. B., l'écriture surréaliste*, Paris 1974. – M. Bonnet, *B. Naissance de l'aventure surréaliste*, Paris 1975. – G. Legrand, *A. B. et son temps*, Paris 1976. – Ders., *A. B.*, Paris 1977. – E. Batache, *Surréalisme et tradition*, Paris 1978. – M. Hozzel, *Bild und Einheitswirklichkeit im*

Surrealismus, Ffm. u. a. 1980. – A. Vielwahr, *Sous le signe des contradictions: A. B. de 1913 à 1924*, Paris 1980. – U. Vogt, *Le point noir: Politik und Mythos bei A. B.*, Ffm. u. a. 1982. – *Surrealismus*, Hg. P. Bürger, Darmstadt 1982. – P. Plouvier, *Poétique de l'amour chez B.*, Paris 1983. – *Le surréalisme, textes et débats*, Hg. H. Béhar u. M. Carassou, Paris 1984. – M. Asari, *B. et le sacré*, Paris 1986. – J. Pierre, *L'aventure surréaliste autour de B. Catalogue d'exposition de l'Artcurial*, Paris 1986.

## L'AMOUR FOU

(frz.; *Ü: L'Amour fou*). Prosawerk von André BRETON, erschienen 1937. – Dieses aus sieben Stücken unterschiedlichen Charakters zusammengewachsene Buch ist, wie schon *Nadja* (1928), zugleich Essay, Traktat, Bericht und fast Protokoll. In beiden Werken wird eine Kette von Erlebnissen geschildert, die als Bestätigungen der eigenen dichterischen Existenz und ihrer revolutionären Forderungen interpretiert werden. Wie *Nadja* ist auch dieses Buch mit Fotos – von Brassaï, H. C. Bresson, Man Ray; andere nach Kunstwerken von Cézanne, Max Ernst, Alberto Giacometti, Picasso – ausgestattet, die jedoch nicht als Illustrationen, sondern als Dokumentation aufzufassen sind. Im Mittelpunkt steht eine weibliche Gestalt: Jacqueline Lamba, die 1935 Bretons erste Frau wurde.

Die ersten drei Stücke stammen aus dem Jahr 1934 und erschienen zuerst als selbständige Texte in Zeitschriften. Sie behandeln Fragen der surrealistischen Ästhetik (und Praxis) und stellen gleichsam ein theoretisches Vorspiel zu dem mehr erzählerischen Hauptteil des Buches dar. Es geht darum, den Gegenstand, die Begegnung, die Art von Schönheit zu bestimmen, welche als Katalysatoren irrationaler Kräfte den Anspruch erheben dürfen, dem Menschen einen Zugang zu dem aufgrund seiner augenblicklichen (seelischen und gesellschaftlichen) Verfassung nur in Augenblicken ahnbaren Bereich einer größeren Freiheit zu eröffnen. Programmatisch heißt es am Schluß des ersten Stückes: »*La beauté convulsive sera érotique-voilée, explosante-fixe, magique-circonstantielle ou ne sera pas.*« (»Die konvulsivische Schönheit wird erotisch-verhüllt, berstend-starr, magisch und umstandsbedingt sein, oder sie wird nicht sein.«) Der Bereich, den diese dialektische Schönheit erschließen soll, die Überwirklichkeit, die der Dichter meint und für alle Menschen stellvertretend zu erobern sich berufen fühlt, manifestiert sich jedoch, nach Bretons Auffassung, als reine Immanenz, von der jeder Verdacht einer metaphysischen Geltung fernzuhalten ist.

Die folgenden Stücke berichten von der Begegnung mit der jungen Frau, die damals in einer Music-Hall als *ondine* – das heißt: in einem Schwimmakt – auftrat, von einer gemeinsamen Wanderung durch das nächtliche Paris, von einer Exkursion zum Gipfel des Pico del Teide auf Teneriffa und von einem Strandgang bei Lorient (Morbihan). Alle Texte handeln von unscheinbaren oder folgenreichen »Zufällen«, deren Einzelheiten als Zeichen »gelesen« werden: sie offenbaren die Verwandtschaft des Unbewußten mit tieferen, größtenteils noch verborgenen Gesetzen der Welt. Die Entzifferung dieser Zeichen erfolgt nach einer an dem Vorbild der Psychoanalyse entwickelten Methode. So offenbart sich ein früher entstandenes Gedicht Bretons (aus der Sammlung *Clair de terre*, 1923) im Licht der späteren Liebesbegegnung als eine Prophetie; so werden bei einer Verstimmung zwischen den Liebenden die den Betroffenen selber unbewußten, ja unbekannten objektiven Korrelate aufgezeigt. Bisweilen freilich hat man den Eindruck, Breton operiere hier, wie gewisse Okkultisten, mit einer allzu beliebigen Symbolik der Entsprechungen und manche Argumente verdanke er eher einer abergläubisch-magischen Überinterpretation von Beiläufigkeiten, bei der es nicht ganz ohne Pedanterie abgeht.

Den unbestreitbaren dichterischen Höhepunkt des Buches stellt das fünfte Stück dar – die gemeinsame Besteigung des Teide, der Besuch des Botanischen Gartens von Orotava, die ständig wechselnden Ausblicke auf die vulkanische Inselwelt und das Meer, der Eintritt in die Wolkenzone des Gipfels: Verzauberung und Einweihung eines Dichters durch eine, durch *die eine* geliebte Frau, die ihm zum lebendigen Schlüssel seiner Seele und der Welt wird. – Den Epilog bildet ein 1936 während des Spanischen Bürgerkriegs geschriebener Brief Bretons an seine zu Anfang dieses Jahres geborene Tochter Aube. Der Brief ist in die Zukunft gerichtet, als eine Botschaft an die Sechzehnjährige, die sie einmal sein wird, und er schließt mit den Worten: »*Je te souhaite d'être follement aimée.*« (»Ich wünsche dir, wahnsinnig geliebt zu werden.«) F.Ke.

AUSGABEN: Paris 1937. – Paris 1966. – Paris 1976.

ÜBERSETZUNGEN: *L'Amour fou*, F. Kemp, Mchn. 1970. – Dass., ders. Ffm. 1975 (BS).

LITERATUR: J.-L. Bédouin, *A. B.*, Paris 1949; erw. 1960. – M. Carrouges, *A. B. ou Les données fondamentales du surréalisme*, Paris 1950. – A. Breton, *Poésie et autre*, Hg. G. Legrand, Paris 1960. – P. Cornier, »*L'amour fou*«, »*Tournesol*« (in *Interpretationen frz. Gedichte*, Hg. K. Wais, Darmstadt 1970, S. 402–415). – G. Henniger, »*L'amour fou*« (in NDH, 131, 1971, S. 214–218). – V. Crastre, *A. B., trilogie surréaliste*, Paris 1971. – J. A. Boeck, »*L'amour fou*« (in Literatur und Kritik, 7, 1972, S. 563–564). – B. Pompili, *La lettura dell'evento in* »*L'amour fou*« *di B.* (in Si e No, 1, Nov. 1974, S. 240–254). – J. H. Matthews, »*L'amour fou*« *de B.* (in Symposium, 33, 1979, S. 25–40). – P. Plouvier, *Poétique de l'amour chez B.*, Paris 1983.

## LES CHAMPS MAGNÉTIQUES

(frz.; *Ü: Die magnetischen Felder*). Dichtungen in Prosa von André BRETON und Philippe SOUPAULT

(* 1897), erschienen 1920. – Der Surrealismus wird von seinen Gründern, Breton und Soupault, nicht als eine neue Kunstrichtung betrachtet, sondern als ein Erkenntnisweg in die bisher noch nicht systematisch erforschten Gebiete des Traums, des Wahnsinns, der Halluzination, des Wunders, kurz: in die Welt hinter der Fassade der rational zu erfassenden Wirklichkeit. Sein letztes Ziel ist die Versöhnung der beiden bisher feindlichen Sphären zu einem lebendigen Ganzen, im einzelnen Menschen wie im Verhältnis von Individuum und Umwelt. Vielleicht als Reaktion gegen den destruktiven Anarchismus des Dada wird der systematische, wissenschaftlich-experimentelle Charakter der Bewegung besonders hervorgehoben, und so präsentiert sich das erste Werk des Surrealismus, *Les Champs magnétiques*, ausdrücklich als wissenschaftliches Experiment, nicht als avantgardistische Literatur. Dieses Selbst-Mißverständnis beruht auf einer Verkennung der Methoden echter wissenschaftlicher Forschung, deren Werkzeug die logisch folgernde Ratio ist, während der Surrealismus sich ausschließlich des seit alters dem Dichter vorbehaltenen Mediums der bilderschaffenden Intuition bedient. Das Werk der beiden Autoren ist ein vollendetes Beispiel für das Verfahren der »automatischen Niederschrift«, das im *Manifest des Surrealismus* (1924) ausführlich dargestellt wird. Da im Zustand des Traums oder des Wahnsinns die Kontrollfunktionen des Wachbewußtseins außer Kraft gesetzt sind, kann sich das Unbewußte spontan manifestieren, und seine Informationen können in unmittelbarer, automatischer Niederschrift aufgefangen werden. Diese Entdeckung machte André Breton an sich selbst in einem Zustand zwischen Traum und Wachen; die Erfahrung war mit visuellen Erlebnissen verbunden, die ihm als absolut ungewöhnlich und neuartig in der Erinnerung haften blieben. Es lag nun nahe, sich absichtlich in diesen Zustand erhöhter Empfänglichkeit zu versetzen und den spontanen Ablauf der Geschichte unmittelbar zu Papier zu bringen.

Tief beeindruckt vom psychoanalytischen Verfahren FREUDS, versuchte Breton sein eigenes *»gesprochenes Denken«* (pensée parlée) so exakt und unmittelbar wie möglich in einem sehr schnell ablaufenden, durch keine Selbstkritik gehemmten Monolog aufzufangen. (Voraussetzung für das Erreichen eines solchen halbbewußten Zustandes ist natürlich die Ausschaltung aller äußeren Reize). Auf diese Weise, unter dem Diktat des Unbewußten, schrieben Breton und Soupault die *Champs magnétiques* als »erste Anwendung« der oben geschilderten Entdeckung; die Länge jedes einzelnen Kapitels wurde, nach ihrer eigenen Aussage, einzig durch rein äußerliche, zeitliche Faktoren bestimmt, die Stimmungsunterschiede sind nur eine Folge des Tempowechsels. Damit wird die surrealistische Poesie im wesentlichen zu einem Ressort der Psychoanalyse. J.H.K.

AUSGABEN: Paris 1920. – Paris 1971. – Paris 1984, Hg. S. Fauchereau [krit.].

ÜBERSETZUNG: *Die magnetischen Felder*, R. Soupault u. E. Helmlé, Mchn. 1981.

LITERATUR: Paul Souday, *Sur les »Champs magnétiques«* (in Le Temps, 19. 10. 1922). – P. Prigioni, *A. B. et le surréalisme devant la critique (1952–1962)* (in RJb, 13, 1962, S. 119–148). – A. Balakin, *A. B. et l'hermetisme. Des »Champs magnétiques« à »La clef des champs«* (in Cahiers de l'Association Intern. des Études Françaises, 15, 1963, S. 127–139). – L. Aragon, *Un commentaire en marge des »Champs magnétiques«* (in Les Lettres françaises, 1233, 8. 5. 1968). – I. Somville, *»Les champs magnétiques«* (in Et. litt, 1, 1968, S. 422–445). – B. Guilmette, *»Les champs magnétiques« par B. et P. S.* (in Co-Incidences, 4, 1974, S. 32–57). – M. Bonnet, *A. B.*, Paris 1975, S. 160–197. – W. Pabst, *B., »Saisons«* (in *Die moderne frz. Lyrik*, Hg. ders., Bln. 1976, S. 140–160). – G. Boissier, *Insignifiance et sursignifiance* (in *Le génie et la forme. Mélanges J. Mourot*, Nancy 1982, S. 577–587). – J. Grimm, *B., P. S.* (in J. G., *Das avantgardistische Theater Frankreichs 1895 bis 1930*, Mchn. 1982, S. 234–268).

## MANIFESTE DU SURRÉALISME

(frz.; Ü: Manifest des Surrealismus). Programmatische Schrift von André BRETON, erschienen 1924. – Unter den zahlreichen Manifesten, mit denen die französischen Surrealisten auf die Öffentlichkeit zu wirken versuchten oder Streitigkeiten untereinander ausfochten, kommt Bretons Schrift die größte Bedeutung zu. Im Jahr ihres Erscheinens hatten sich die Surrealisten um Breton zu einer geschlossenen Gruppe formiert, die Zeitschrift ›La Révolution Surréaliste‹ und ein »Bureau de Recherches Surréalistes« (Geschäftsstelle für surrealistische Forschungen) gegründet. Bretons Manifest, *»ein kleines, stolzes Buch, gewittrig und von stürmischer Inbrunst«* (P. Waldberg), soll der Bewegung ein theoretisches Fundament geben; der Begriff Surrealismus wird definitiv bestimmt: *»Reiner psychischer Automatismus, in den man sich versetzt, um mündlich, schriftlich oder auf irgendeine sonstige Weise das wirkliche Funktionieren des Denkens zum Ausdruck zu bringen. Diktat des Denkstromes oder Ausschaltung jeglicher Vernunftkontrolle, außerhalb jeglicher ästhetischen oder moralischen Voreingenommenheit.«* Oder – philosophisch formuliert: *»Der Surrealismus beruht auf dem Glauben an die höhere Wirklichkeit gewisser, bis heute vernachlässigter Assoziationsformen, an die Allgewalt des Traums, an das absichtsfreie Spiel des Gedankens. Er zielt auf die endgültige Zerstörung aller anderen psychischen Mechanismen und will sich an ihre Stelle setzen zur Lösung der hauptsächlichen Probleme des Lebens.«*

Damit wird der orthodoxe Surrealismus deutlich abgehoben von den – nach Meinung Bretons und seiner Freunde – bloß destruktiven Absichten des Dadaismus, aus dem die Surrealisten hervorgegangen waren oder mit dem sie zumindest sympathisiert hatten. Der Begriff Surrealismus ist aber auch

ganz anders ausgelegt als bei seinem Erfinder Guillaume APOLLINAIRE (vgl. *Les mamelles de Tirésias*, 1916), der sich in seinem Manifest *Esprit nouveau* (1917) zwar aufgeschlossen gezeigt hatte für die »gewagtesten literarischen Experimente« und Forschungen, sie aber nur als Grundlagen »*für einen neuen Realismus*« anerkennen wollte. Breton und seinen Freunden geht es nicht um eine Erneuerung der Kunst (»*Die Kunst – das ist ja alles ein Schwindel*« – Jacques Vaché), sondern darum, eine Revolution auf dem Gebiet des Geistes herbeizuführen. (»*Ihrer Idee nach zielt jegliche surrealistische Revolution auf das innerste Wesen des Menschen und auf das Reich des Denkens ab*« – aus einer Propagandaschrift, 1925). Breton kämpft insbesondere gegen den herrschenden Rationalismus und will den menschlichen Geist für das Unbewußte und den Traum öffnen. »*Der absolute Rationalismus, der noch in Gebrauch ist, erlaubt lediglich die Berücksichtigung von Fakten, die eng mit unserer Erfahrung verknüpft sind. Die logischen Zwecke hingegen entgehen uns. – Wann werden wir schlafende Logiker, schlafende Philosophen haben?*« Breton legt zwei Methoden dar, mittels derer der Traum und das Unbewußte nutzbar gemacht werden können: den *récit de rêves* (Traumbericht) und die *écriture automatique* (automatisches Schreiben). »*Schreiben Sie rasch nieder, was Ihnen einfällt, und besinnen Sie sich gar nicht auf ein Thema*« (vgl. André Breton und Philippe Soupault, *Les champs magnétiques*, 1920). Auf keinen Fall dürfe der Gedankenstrom, »*ein möglichst munter plätscherndes Monologisieren*«, im Hinblick auf ein literarisches Ergebnis gesteuert werden; trotzdem sollte nicht einfach Unsinn herauskommen (»*Surrealismus ist durchschaute, anerkannte, hingenommene und dann nutzbar gemachte Inspiration*« – Aragon, *Traité du style*, 1928). Vorbilder für den Surrealismus findet Breton bei den deutschen und französischen Romantikern (NOVALIS, Ludwig Achim von ARNIM, NERVAL, LAUTRÉAMONT), bei den Symbolisten (RIMBAUD, MALLARMÉ), vor allem aber in den Forschungen Sigmund FREUDS.
Sechs Jahre später läßt Breton ein zweites Manifest folgen (*Second manifeste du surréalisme*, 1930), das eine intensive Auseinandersetzung mit dem Marxismus enthält, dem sich die Surrealisten – getrieben durch die politischen Ereignisse (Marokkokrieg) – in den vorausgegangenen Jahren genähert hatten. Im gleichen Jahr wird eine Zeitschrift mit dem bezeichnenden Titel ›Le Surréalisme au Service de la Révolution‹ (Der Surrealismus im Dienst der Revolution) gegründet. Der Surrealismus ist inzwischen so stark geworden, daß die im ersten Manifest genannten Vorbilder fallengelassen werden (mit Ausnahme Lautréamonts) und mit nicht ganz konsequenten Mitgliedern der Gruppe kompromißlos abgerechnet werden kann. Breton stellt den Surrealismus als revolutionäre Kraft neben, ja über den Marxismus, der in seiner Beschränkung auf das Soziale hinter dem Ziel des Surrealismus, »*einen kollektiven Mythos*« zu schaffen, zurückbleibe. Ein archimedischer Punkt für eine umfassende Menschheitslösung wird anvisiert: »*Alles deutet darauf hin, daß es einen bestimmten Punkt des Geistes gibt, von dem aus Leben und Tod, Wirkliches und Unwirkliches, Gewesenes und Kommendes, Mitteilbares und Nichtmehr-Mitteilbares, Oben und Unten nicht mehr als Gegensätze und Widersprüche erscheinen.*« In den *Prolégomènes à un troisième manifeste du surréalisme ou non*, 1942 (*Prolegomena zu einem etwaigen Dritten Manifest des Surrealismus*) hat Breton vergeblich noch einmal versucht, der surrealistischen Bewegung, die zwar – entgegen der Intention ihrer Begründer – eine neue Kunst, aber keine Revolution hervorgebracht hatte, neue Impulse zu geben. K.N.

AUSGABEN: Paris 1924 (zus. m. *Poisson soluble*). – Paris 1930 *(Second manifeste du surréalisme)*. – Paris 1942 *(Prolégomènes à un troisième manifeste du surréalisme ou non)*. – Paris 1947 *(Les manifestes du surréalisme)*. – Paris 1963; ern. 1971 [enth. alle 3 Manifeste]. – Paris 1985 (Folio).

ÜBERSETZUNGEN: *Aus dem Manifest des Surrealismus*, C. A. Weber (in *Dichtung und Gegenwart, Frankreich*, Hg. C. A. Weber, Mchn. 1947; Ausz.). – *Schönheit heute*, J. Hübner (in Athena, 2, 1947, H. 6; Ausz.). – *Die Manifeste des Surrealismus*, R. Henry, Reinbek 1968; ern. 1987 (rde).

LITERATUR: P. Souday, Rez. (in Le Temps, 13. 11. 1924). – R. Lalou, Rez. (in Le Journal Littéraire, 29. 11. 1924). – M. Blanchot, *A propos du surréalisme, A. B.* (in Arche, 8, 1945, S. 98–104). – M. Carrouges, *A. B. et les données fondamentales du surréalisme*, Paris 1950. – A. Rousseaux, *A. B. et les principes du surréalisme* (in A. R., *Littérature du 20e siècle*, Paris 1955, S. 67–83). – P. Prigioni, *A. B. et le surréalisme devant la critique (1952–1962)* (in RJb, 13, 1962, S. 119–148). – G. Henniger, *Die Manifeste des Surrealismus* (in NDH, 122, 1969, S. 204–208). – P. Caminade, »*Le manifeste du surréalisme« (1924)* (in P. C., *Image et métaphore*, Paris 1970, S. 26–37). – P. Bürger, *Der französische Surrealismus*, Ffm. 1971. – M. Kesting, *Der Protest gegen die reale Welt. B.s Manifeste des Surrealismus* (in M. K., *Auf der Suche nach der Realität*, Mchn. 1972, S. 248–250). – M. Carassou, *Jacques Vaché et le groupe de Nantes*, Paris 1986.

# NADJA

(frz.; Ü: *Nadja*). Erzählung von André BRETON, erschienen 1928. – Bei einem seiner ziellosen Spaziergänge durch Paris, »*am Ende eines jener untätigen und äußerst verdrießlichen Nachmittage – ich besitze die Kunst, solche zu verbringen*«, begegnet André Breton einer jungen Frau, die ihn so fasziniert, daß er sie anspricht. Zwischen den beiden kommt sogleich eine eigenartige, wie schon lange bestehende Vertrautheit auf. Die kurze, aber äußerst intensive Bekanntschaft bringt eine Folge seltsamer Ereignisse mit sich. Nadja – sie hat diesen Namen gewählt, weil er den Anfang des russischen Wortes für Hoffnung *(nadezda)* enthält – sagt Ereignisse voraus, die auch tatsächlich eintreten, verfügt über eine erstaunliche Intuition; »Zufälle« führen Breton und Nadja immer wieder zusammen, wenn sie sich aus dem Wege gehen oder die verabredeten Rendezvous verfehlen. Auf ihren Streifzügen begegnen sie immer wieder den gleichen Zeichen und Symbolen; so erscheint eine Feuerhand, die Nadja auf das Wesen Bretons bezieht, oder Nadja spricht Gedanken aus, wählt Metaphern, die Breton gerade in Büchern gelesen hat, die Nadja aber nicht kennt. So plötzlich wie Nadja aufgetaucht ist, verliert Breton sie wieder aus den Augen. Später erfährt er, daß sie in eine Irrenanstalt gebracht worden ist. »*Anscheinend hatte sie sich in den Gängen ihres Hotels Überspanntheiten geleistet.*«

Die Begegnung zwischen Breton und Nadja hat tatsächlich stattgefunden. Die surrealistische Erzählung stellt – gemäß den Forderungen, die Breton in seinem *Manifeste du surréalisme* (1924) formuliert hatte – die Ereignisse protokollarisch dar, anstatt sie im Sinne einer Fabel zu verwerten und dichterisch auszugestalten. Die kurze Bekanntschaft, in Tagebuchform geschildert, nimmt nur einen Teil der »Erzählung« ein. Ohne die wunderbaren Begebenheiten und die Gestalt Nadjas zu deuten oder zu interpretieren, versucht Breton, sie durch die Schilderung ähnlicher Begebenheiten, durch Assoziationen (z. B. aus Träumen), zu ergänzen und gedanklich zu klären. Nichts liegt Breton ferner, als den Ereignissen einen Sinn beizulegen, er enthüllt an ihnen vielmehr jene Logik des Wunderbaren, die er und die Surrealisten entdeckt hatten und die sie gegen den herrschenden Rationalismus ins Feld führten. Nadja – die sich selbst als eine »*umherirrende Seele*« bezeichnet – bestätigt durch ihre Existenz Bretons Anschauungen. Sie, die nur ihren Intuitionen folgt, kennt den Schlüssel zu Geheimnissen, die dem Verstandesmenschen verborgen bleiben. »*Auf jeden Fall hoffe ich, daß die Erzählung ... dazu angetan ist, ein paar Männer zu inspirieren, auf die Straße zu eilen, da ihnen, wenn schon nicht die Nichtigkeit, so wenigstens das bedenkliche Ungenügen jeder sogenannten strengen Kalkulation über sich selbst zum Bewußtsein gebracht wurde und daher jeder Handlung, die eine regelmäßige Anstrengung erfordert oder die im voraus überlegt werden kann.*« Aus der Fülle der surrealistischen Entdeckungen ragt Nadja heraus, sie ist die surrealistische Muse schlechthin.

Das Buch, das zu den klassischen Schriften des Surrealismus zählt, erlebte noch im Jahr seines Erscheinens über zwanzig Auflagen. Wie kein anderes Werk zeigt *Nadja* Bretons geistige Stärke. Die Schilderung des Wunderbaren, rational nicht Faßbaren wird ganz und gar freigehalten von Mystifikation, Sensation und Verherrlichung. Obwohl Breton Nadjas »Verrücktheit« emphatisch als ein tieferes Wissen verteidigt, hat er gewußt, daß seine Begegnung mit ihr – die ihn auch schrecklich langweilen konnte – ephemer sein mußte. »*Vom ersten bis zum letzten Tag habe ich Nadja für einen unge-bundenen Geist, für etwas wie eine jener Luftgenien gehalten, die sich durch eine gewisse Magie für einen Augenblick binden können, die man sich aber fraglos nicht unterordnen könnte.*« K.N.

AUSGABEN: Paris 1928. – Paris 1963 [rev.]. – Paris 1972 (Folio).

ÜBERSETZUNG: *Nadja*, M. Hölzer, Pfullingen 1960; ern. 1965 [m. Nachw.]. – Dass., ders., Ffm. 1974 (BS).

LITERATUR: L. Pierre-Quint, Rez. (in Europe Nouvelle, 8. 9. 1928). – B. Crémieux, Rez. (in Les Annales, 15. 9. 1928). – E. Jaloux, Rez. (in NL, 29. 9. 1928). – C. Lynes, *Surrealism and the Novel: B.'s »Nadja«* (in FS, 20, 1966, S. 266–387). – R. Shattuck, *The »Nadja« File* (in Cahiers Dada, 1, 1966, S. 49–56). – G. Steinwachs, *Mythologie des Surrealismus oder die Rückverwandlung von Kultur in Natur. Eine strukturale Analyse von B.s »Nadja«*, Neuwied/Bln. 1971. – V. Crastre, *A. B., trilogie surréaliste*, Paris 1971. – R. A. Jouanny, *»Nadja«*, Paris 1972. – R. Riese-Hubert, *»Nadja« depuis la mort de B.* (in OCrit, 2, 1977, S. 93–102). – G. Raillard, *On signe ici* (in Littérature, 7, Febr. 1977, S. 3–18). – M. Bertrand, *»Nadja«* (in Inf. litt, 31, 1979, S. 82–90; 125–130). – V. Mercurio, *Le roman surréaliste, »Nadja«*, Cagliari 1979. – J. Arrouye, *La photographie dans »Nadja«* (in *Le livre surréaliste*, Hg. H. Béhar, Lausanne 1982). – S. Sarkany, *»Nadja« ou la lecture du monde objectif* (ebd., S. 101–108). – J. P. Clébert, *Traces de »Nadja«* (in RSH, 1981, Nr. 184, S. 79–94). – M. Kroyman, ›*Dechiffrer la femme*‹ (in Lendemains, 7, 1982, S. 168–176). – F. J. Albersmeier, *Collage und Montage im surrealistischen Roman* (in LiLi, 12, 1982, S. 46–63). – J. Chénieux-Gendron, *Le surréalisme et le roman*, Lausanne 1983. – A. Stoll, *Beatrice im Versteck* (in Merkur, 38, 1984, S. 380–391). – R. Navarri, *A. B., »Nadja«*, Paris 1986. – M. Richter, *»Nadja« d'A. B.* (in ZfrzSp, 96, 1986, S. 225–237).

## MANUEL BRETÓN DE LOS HERREROS

\* 18.12.1796 Quel / Logroño
† 8.11.1873 Madrid

LITERATUR ZUM AUTOR:
M. de Molíns, *B. de los H. Recuerdos de su vida y de sus obras*, Madrid 1883. – G. Le Gentil, *Le poète M. B. de los H. et la société espagnole de 1830 à 1860*, Paris 1909. – N. Alonso Cortés, *B. de los H., teatro*, Madrid 1943. – S. N. B. Chaskin, *Social Satire in the Works of M. B. de los H.*, Diss. Univ. of Virginia 1968. – J. A. Corey, *The Comedies of M. B. de los H.*,

Diss. UCLA 1972. – E. Caldera, *La commedia romantica in Spagna*, Pisa 1978. – G. Flynn, *M. B. de los H.*, Boston 1978 (TWAS). – P. Garelli, *B. de los H. la sua »formula cómica«*, Imola 1983.

## MARCELA O ¿Á CUAL DE LOS TRES?

(span.; *Marcella oder Wen von den dreien?*). Verskomödie in drei Akten von Manuel Bretón de los Herreros, Uraufführung: Madrid, 30. 12. 1831, Teatro del Príncipe. – Einziger Schauplatz dieser Komödie, mit der Bretón sich vom Einfluß Moratíns (vgl. *La comedia nueva ...*) zu lösen beginnt, ist das Haus der schönen jungen Witwe Marcella, einer Dame der Madrider Gesellschaft. Hier finden sich abwechselnd drei Verehrer ein: Agapito, ein eitler Geck, der Poet Amadeo, ein ebenso schüchterner wie produktiver Verfasser zarter Verse, und dessen Vetter Martín, Hauptmann der Artillerie, Andalusier, ein polternder, aber unterhaltsamer Gesellschafter. Diese drei bewerben sich, teils direkt, teils indirekt über das Personal oder über Verwandte, um Marcellas Gunst. Da keiner den Mut zu einem offenen Heiratsantrag hat, wählen sie schließlich den schriftlichen Weg und nötigen dadurch die Umworbene zur Entscheidung. Obwohl sie erst 25 Jahre zählt, erweist sich Marcella als eine kluge, erfahrene Frau. Sie bittet die Bewerber zu sich und erteilt jedem von ihnen eine begründete Absage, wobei sie beweist, wie genau sie die drei Herren kennt und durchschaut. Ihrem Onkel Timoteo, der sie gern wieder verheiratet sähe und der ihre Entscheidung nicht versteht, erklärt sie: »*Mit meinem Verblichenen / war ich nicht glücklich. Bevor ich das Haupt / noch einmal unters Joch beuge, / betrachte ich's mir genau ... Gebranntes Kind / scheut das Feuer.*« Und: »*Ich liebe die Freiheit, / auf ihr beruht mein Glück ... Mit allen / spreche ich und mit keinem.*«

Das Stück, das mit Begeisterung aufgenommen wurde, erreicht seine komische Wirkung durch die karikierende Darstellung bestimmter Typen, die sich in erster Linie auf die Sprech- und Ausdrucksweise der Personen bezieht. Der Onkel Timoteo macht sich lächerlich durch seine übertriebene Vorliebe für Synonyme (»*Wie dumm ist dieser junge Mann, / wie töricht, wie beschränkt / und wie begriffsstutzig, wie plump!*«), Agapito durch Galanterien, die hauscharf danebengehen, Amadeo durch unbeholfenes Stottern. Ihn ahmt Marcella nach: »*Eh..., Ah..., Ha... – Wollen Sie mir die Tonleiter beibringen?*« Offenbar verspottet der Autor in Amadeo die romantischen Dichter seiner Zeit, von denen er sich auch im Metrum entfernt. Er wechselt zwischen dem Versmaß der von den Romantikern ausschließlich verwendeten *romances* und dem der *redondillas* und vermeidet im Gegensatz zu den Romantikern den unreinen Reim. – Von der gesellschaftskritischen Absicht, die seinen Stücken nachgesagt wird, ist in dieser Komödie wenig zu spüren, es sei denn, man entdeckt sie in den Schlußworten Marcellas: »*Heiraten will die Ledige, / Daß Freiheit sie erfreu', / jedoch bei einem Ehemann / droht Knechtschaft ihr aufs neu. / In jedem Stand und Lebenskreis / ist unglücklich die Frau; / nur für die freie Witwe ist / das Leben nicht so grau.*«  D.Kös.

Ausgaben: Madrid 1831. – Madrid 1850/51 (in *Obras*). – Logroño 1975, Hg. u. Einl. F. Serrano Puente.

Literatur: S. E. Howell, *Does B.'s »Marcela« stem from »Quijote«?* (in MLN, 53, 1938, S. 195/196). – A. del Campo, *Sobre la »Marcela« de B., 1831* (in Berceo, 2, 1947, S. 41–56). – L. Yravedra, *Las figuras femeninas del teatro de B.* (ebd., S. 17–24).

## ¡MUÉRETE Y VERÁS!

(span.; *Stirb, und du wirst sehen!*). Verskomödie in vier Akten von Manuel Bretón de los Herreros, Uraufführung: Madrid, 27. 4. 1837, Teatro del Príncipe. – Schauplatz dieser Komödie, die zur Zeit des ersten Karlistenkriegs (1833–1839) spielt, ist Saragossa. In Jacinta, die Verlobte des Armeeoffiziers Don Pablo, ist dessen Freund und Kamerad Don Matías verliebt, während Jacintas Schwester, Isabel, heimlich in Liebe zu Don Pablo entbrannt ist. Ewige Treue verspricht Jacinta dem Verlobten, als dieser mit dem Freund in den Krieg zieht. Nach dem Sieg der Armee über die Rebellen kehrt Matías mit der Nachricht vom Heldentod Don Pablos allein nach Hause zurück. Rasch gelingt es ihm, Jacinta zu trösten: Schon am nächsten Tag soll die Hochzeit sein. Da kehrt unbemerkt auch Don Pablo, der in Wirklichkeit nur verwundet war, heim, vernimmt Totengeläut, erfährt, daß es ihm gilt, und belauscht, neugierig geworden, ein Gespräch seiner Freunde. Dabei hört er nicht nur von der bevorstehenden Hochzeit, sondern auch von Isabels Liebe zu ihm. Als am nächsten Tag mit den Unterschriften des Brautpaars und der Zeugen der Trauakt vollzogen ist, ertönt aus dem Nebenzimmer eine Stimme: »*Ein Zeuge fehlt!*« Und herein tritt, während »*ein lebhafter rötlicher Schimmer das Zimmer erfüllt*«, eine weiße Gestalt, Don Pablo, »*der Tote!*« Die Gesellschaft gerät angesichts dieses Ereignisses in Panik und begreift erst allmählich die Wahrheit. Nun rechnet Don Pablo spöttisch mit seinen Freunden ab und verkündet, daß er Isabel heiraten werde.

Wie in den meisten Stücken Bretóns de los Herreros wird auch hier die komische Wirkung in erster Linie durch karikierende Darstellung bestimmter Typen erreicht. Dabei verspottet der Autor, deutlicher noch als in *Marcela o ¿A cual de los tres? (Marcela oder Wen von den Dreien?)*, die romantischen Bühnenerzeugnisse seiner Zeit. So ist die schüchterne, seelenvolle Isabel eine Karikatur der idealistisch verklärten, empfindsamen Frauengestalten der Romantiker, die Schlußszene mit dem rot umlohten Auftritt des angeblichen Gespensts eine Persiflage auf die phantastischen Bühnenerfindungen einiger Zeitgenossen.  D.Kös.

AUSGABEN: Madrid 1840. – Paris 1853 (in *Obras escogidas*). – Madrid 1969, Hg. u. Einl. N. A. Cortés (Clás. Cast.). – Saragossa 1983.

ÜBERSETZUNG: *Stirb und du wirst sehen*, J. Fastenrath (in *Lustspiele*, Dresden/Lpzg. 1897).

LITERATUR: J. M. Asensio, *El teatro de don M. B. de los H.* (in La España Moderna, 97, 1897, S. 79–100). – L. Yravedra, *Las figuras femeninas del teatro de B.* (in Berceo, 2, 1947, S. 17–24). – R. Allen, *The Romantic Element in B.'s »Muérete y verás«* (in HR, 34, 1966, S. 218–227). – A. Goenaga u. J. P. Maguna, *Teatro español del siglo XIX, análisis de obras*, Long Island 1972.

---

KURT BREYSIG

\* 5.7.1866 Posen
† 16.6.1940 Berlin

## DER STUFENBAU DER WELTGESCHICHTE

Geschichtsphilosophisches Werk von Kurt BREYSIG, erschienen 1905, in erweiterter Auflage 1927. – Der Verfasser ging von der quellenkritischen Forschung im Sinne RANKES aus. Die Ergebnisse der damals blühenden Völkerkunde und Archäologie wurden in die Betrachtung einbezogen, die sich zu einer die ganze Menschheit umfassenden Werdenslehre erweiterte, eingefügt in die allgemeine Werdenslehre der Natur. Im Unterschied zu SPENGLER verpönt Breysig die Konsequenz des biologischen Bildes als Wahn, »*daß unsere Völker sich unaufhaltsam ihrem Lebensende näherten*«, die Weltgeschichte habe eine Werdensweise *sui generis*.

Der schmale Band zeichnet das grundsätzliche Geschichtsbild Breysigs. Urzeit, Altertum, Mittelalter und Neuzeit sind psychologische und soziologische Stadien. Diese Stadien gehen in gesetzlicher Abfolge auseinander hervor, doch weisen nicht alle Völker in ihrer Entwicklung alle Stadien auf. Manche, so die »*Naturvölker der heutigen Kulturverteilung*« sind Völker der »*ewigen Urzeit*«. Andere wie Ägypten oder die Inka haben nur die »*Altertumsreiche*« ausgebildet.

Das Altertum setzt mit der Schöpfung des Königtums ein, gekennzeichnet durch steile Erhöhung des einzelnen und demütige Unterwerfung der Untertanen. Stehengebliebene Schichten des Geschlechterbaus – Häuptlinge und Gaufürsten – bilden den Hochadel, daneben formt sich ein Dienstadel. Erobern, beherrschen, verwalten ist die Devise, durchaus systematisch in Assur; Persien ist dem Grundsatz nach das erste Weltreich, das umfangreichste und beständigste schließlich China.

Mittelalter ist in soziologischer Sicht Adelszeit.

Nur drei Kulturen bilden über Urzeit und königlichem Altertumsstaat Mittelalter und Neuzeit trennscharf aus: Griechen, Römer, germanisch-romanische Völker. Den Vorrang der europäischen Geschichte vor der außereuropäischen macht die Tatsache aus, daß ihre alten wie ihre neuen Kulturen jeweils die beiden höchsten Stadien des Prozesses erreicht haben. Eigentliche Auslandskriege sind im Mittelalter selten, desto häufiger die inneren Fehden; die Kriege haben den Charakter abenteuerlicher Expeditionen: der Kampf um Troja, der Erste Kreuzzug. Im Ausgang der Epoche durchdringen sich Natural- und Geldwirtschaft, Adel und Städtewesen im Handel und Gewerbe. Ständekämpfe enden mit Beteiligung der oberen Bürgerschichten an der Macht und Entrechtung des Bauerntums.

Die Neuzeit bringt die »*stärkste Steigerung des Staatsgedankens nach innen wie nach außen*«. Flächenstaaten entstehen und führen unausgesetzt Kriege miteinander. Der Gefühlsreichtum des Mittelalters, der eine ergriffene Baukunst (Dorik, Ionik, Gotik), orphische und christliche Mystik, Versepos und Lyrik hervorbrachte, wird durch Rationalismus abgelöst. Die Reifezeit des geistigen Lebens mit begriffsstarker Erkenntnis (PLATON, KANT) mündet in Aufklärung und Demokratismus. Revolutionen, Imperialismus und Cäsarismus bilden Parallelerscheinungen bei Griechen, Römern, Neueuropäern. Der auszeichnende Wesenszug des germanisch-romanischen Kulturkreises ist aber, daß er immer neue Völker in die europäische Völkerfamilie einbezieht, die wiederum seit Beginn der neuesten Zeit die Tendenz zur Integration eines Weltvölkerkreises erkennen läßt. Kolonisationen sind letztlich nur Durchgangsstadien zur Verselbständigung von Völkern, nach Breysigs Meinung vom spätrömischen Imperialismus dadurch unterschieden, daß die Völker von Rom zwar geeinigt, doch versklavt wurden, während sie in unserer Kultur in lebendiger Arbeitsgemeinschaft eine wahre Geschichte der Menschheit konstituieren.  A.M.K.

AUSGABEN: Bln. 1905 *(Der Stufenbau und die Gesetze der Weltgeschichte)*. – Stg./Bln. 1927 [erw.]. – Bln. 1956.

LITERATUR: F. Schilling, *Werkschau K. B.s* (in *Geist und Gesellschaft. K. B. zum 60. Geburtstag*, Bd. 3, Breslau 1928; m. Bibliogr.). – E. Hering, *Das Werden als Geschichte. K. B. in seinem Werk*, Bln. 1939. – W. Mitscherlich, *Grundgedanken der Geschichtsphilosophie K. B.s u. ihre Systematisierung. Ein Versuch. Dem Freunde zum Gedenken* (in Jahrbücher für Nationalökonomie u. Statistik, 152, 1940, S. 446 bis 460). – M. Krammer, *Kulturgeschichte aus der Aufgabe der Zeit. Betrachtungen aus der Werkstatt eines Historikers*, Bln./Hannover 1949. – G. Breysig, *K. B. Ein Bild des Menschen*, Heidelberg 1967. – V. v. Brocke, *K. B. Geschichtswissenschaft zwischen Historismus und Soziologie*, Lübeck/Hbg. 1971 [Bibliogr. zu. K. B. S. 320–329]. – Ders., *K. B.* (in

*Deutsche Historiker*, Hg. H.-U. Wehler, Bd. 5, Göttingen 1972, S. 95–116; Kl. Vandenhoeck-R.). – H. Blanke, *Diskursgrenzen des Historismus. Die wissenschaftstheoretischen Schriften Lamprechts und B.s und erneuter Paradigmenwechsel der Historie* (in *Zum Strukturwandel des historischen Denkens von der Aufklärung zum Historismus*, Hg. H. W. Blanke u. J. Rüsen, Paderborn 1984, S. 285–304).

## BREYTEN BREYTENBACH

\* 18.9.1939 Bonnievale / Kapprovinz

### END PAPERS

(engl.; *Ü: Schlußakte Südafrika*). Essays von Breyten BREYTENBACH (Südafrika), erschienen 1986. – Breyten Breytenbach ist Lyriker, Maler, Romancier, Essayist. Er hat in seinem Vaterland Südafrika die Lyrikbände *Kouevuur* (1969), *Skryt* (1970) und *Voetskrif* (1976) in seiner Muttersprache Afrikaans veröffentlicht und damit ein neues Kapitel in der Geschichte der Literatur in Afrikaans eröffnet. Er ist international bekannt geworden durch seinen »Fall«, seine Verhaftung und Verurteilung zu neun Jahren Gefängnis wegen terroristischer Konspiration und seinem englisch geschriebenen Bericht *True Confessions of an Albino Terrorist* und das während seiner Einzelhaft geschriebene Romanexperiment *Mouroir*, 1983 *(Mouroir, Spiegelungen eines Romans)*. Seine »*Wahren Bekenntnisse*« hatte Breytenbach abgelegt, um sich von der menschlichen Entwürdigung während seiner Haft freizuschreiben. *End Papers* hat Breytenbach nach seiner Entlassung zusammengestellt, um einen Schlußstrich zu ziehen und die »*Akte Südafrika ein für allemal*« zu schließen. Sein Schreiben suggeriert daher die Funktion und die Dimension eines Exorzismus, mit dem Breytenbach das teuflische System des Rassismus aus sich herausschreibt. Er stellt dem dogmatischen Sendungsbewußtsein, dem religiös-fanatischen Auserwähltsein, der »*entstellten Lehre ihres öden Glaubens*« des weißen Stammes der Afrikaander als Schreibmotivation eine provokante Häresie entgegen; er definiert seine Rolle als Schriftsteller als die eines Häretikers gegen einen bigotten, anachronistischen Glauben.

Die *End Papers* sind Aufsätze, Reden, Essays aus der Zeit vor der Inhaftierung (1967–1974) und nach seiner Freilassung (1983–1985). Über die einschneidende Zäsur seiner Biographie hinweg stellt sich Breytenbach eine durchgängige Frage: die Frage nach der Aufgabe des Schriftstellers, nach der Funktion der Literatur, nach der Freiheit des Denkens und Schreibens angesichts der politischen Situation.

Für Breytenbach, der sicherlich einer der theoretisch-ästhetisch fundiertesten modernen Autoren ist, steht ohne Zweifel fest: »*Kunst um der Kunst willen, Kunst, losgelöst von der Klasse (oder der ethnischen Gruppe oder Gemeinschaft), die sie hervorbringt, Kunst, unabhängig von Politik oder neben ihr existierend, gibt es in der Realität nicht.*« Die Perspektive, vor allem die Unerbittlichkeit im bildlichen Ausdruck Breytenbachs hat sich im Gefängnis gewandelt, aber das Grundsätzliche seiner Analyse bleibt über die Jahre beständig. In *Der gefesselte Geist* (1967) definiert er Kultur als die »*Artikulation der Träume einer Nation, ihrer Hoffnungen, Ängste, Phantasien und Wünsche*«. »*Kultur ist das Mittel, mit dessen Hilfe die Angehörigen einer Nation sich selbst und ihre Landsleute entdecken.*« 1983 in *Schriftsteller und Verantwortung* ordnet Breytenbach die Rangfolge genau umgekehrt, aber die Bestandteile dessen, was Kultur und schriftstellerische Arbeit ausmachen, bleiben dieselben: »*Er*[ *der Schriftsteller*] *ist der unerbittliche Kritiker, der die Sitten, Einstellungen und Mythen seiner Gesellschaft hinterfragt, aber er ist auch Träger der Hoffnungen seines Volkes.*«

Breytenbach betont die besonders exponierte Stellung des Schriftstellers in den »*armen und kolonialisierten Ländern*« – offensichtlich rechnet er Südafrika mit dazu – mit extremen sozialen und wirtschaftlichen Mißständen. Die moralische Pflicht des Autors ist es, die Träume und Hoffnungen des Volkes zu artikulieren; damit gerät er aber automatisch in Konflikt zu den Politikern, selbst dort, wo der Schriftsteller als »*Kulturschaffender*« für den Aufbau einer neuen Gesellschaft herangezogen wird. In Südafrika, »*der eiternden Wunde im Gewissen der Welt*«, wird durch das Stammesdenken des weißen Mannes, durch Apartheid das betont, was die ethnischen Gruppen voneinander trennt. Kultur wird zu Folklore reduziert, die Fortentwicklung von Folklore zu Kultur verhindert, das Banale, das Provinzielle verherrlicht, das Originelle aber verachtet. In dieser Situation kann der weiße Schriftsteller nur »*ein Verräter, eine Geisel oder ein käuflicher Kriecher sein. In der zutiefst polarisierten Umwelt Südafrikas wird er immer von irgendeinem Teil der Bevölkerung getrennt sein, wo er auch stehen mag*«. Breytenbach hat immer wieder beschrieben, daß Apartheid als ein menschenunwürdiges System sich gegen alle Beteiligten wendet, auch gegen die weißen Afrikaander. In dem Aufsatz *Geier-Kultur – Die Entfremdung des weißen Südafrika* bringt er seine Argumentation auf den Punkt, indem er den Buren engstirniges Stammesdenken vorwirft und ihnen allenfalls eine kleinkarierte Stammeskultur zubilligt. Der Stamm der Buren/Afrikaander erwartet, »*daß der Dichter ein Exponent der Stammeswerte ist, nicht ein Dissident. Diese Werte sind ausschließlich Machtwerte*«. Daher sind die kulturellen Äußerungen von Weißen für Weiße durch »*einen sentimentalen Traditionalismus eingeengt*«; es werden einfache Werte verherrlicht, erdverbundene und patriotische Stimmungen wie in der Blut- und Boden-Kunst der Hitler-Zeit, ohne allerdings deren technisches Niveau zu erreichen. Daß bisher

kein einziges in Afrikaans geschriebenes Buch gebannt wurde, wertet Breytenbach als sicheres Indiz für »*die Fäulnis, die die intellektuellen Afrikaander befallen hat*«.
Freiheit als Humanitätsideal, als Endziel, das der Schriftsteller mit seiner Arbeit erstreben und mit realisieren soll, und die Freiheit als Voraussetzung der schriftstellerischen Arbeit, um dieses Ziel überhaupt anvisieren zu können, dies sind die Angelpunkte von Breytenbachs Argumentation. Diese Freiheit ist seine individuelle Freiheit als Agnostiker, sein Freisein von den Eingrenzungen des Stammesdenkens, aber auch seine Freiheit in einem strukturellen Rahmen: »*Die Freiheit des Schriftstellers zeigt sich darin, was mit seinem Produkt geschieht ...; seine Freiheit zeigt sich in dem Verhältnis zwischen ihm und den Menschen, über die und für die er schreibt.*« E.Bre.

Ausgabe: Amsterdam 1986.

Übersetzung: *Schlußakte Südafrika*, M. Müller u. E. Schönfeld, Köln 1986. – Dass., dies., Ffm. 1988 (FiTb).

Literatur: P. P. van der Merve, *B. B. and the Poet Revolutionary* (in Theoria, Pietermaritzburg 1981, Nr. 56, S. 51–72). – J. C. Kannemeyer, *Geskieclenis van die afrikaanse literatuur*, Bd. 2, Pretoria u.a. 1983, S. 462–488. – A. v. Bormann, *Wir sind ein Bastardvolk* (in Die Zeit, 20. 9. 1985). – B. Breytenbach, *Dieses Land ist reif für die Würmer* (ebd.; 2. 5. 1986). – W. F. Schoeller, *Er nennt sich Bastard* (in SZ, 5./6. 7. 1986). – J. Riesz, *Offene Wunde* (in Nürnberger Ztg., 5. 7. 1986).

# DIE HUIS VAN DIE DOWE

(afrs.; *Das Haus des Tauben*). Gedichtsammlung von Breyten Breytenbach, erschienen 1967. – 1961 hatte Breytenbach Südafrika verlassen und sich in Paris niedergelassen. Nachdem er zuerst als Maler und Graphiker bekannt geworden war, veröffentlichte er 1964 seinen ersten Gedichtband, *Die ysterkoei moet sweet*, dem drei Jahre später *Die huis van die dowe* folgte. Der Titel ist zum einen als Hommage an den bewunderten spanischen Maler Goya zu verstehen, der die makabren Gemälde seiner letzten, »schwarzen« Periode als tauber Mann zurückgezogen in *La quinta del sordo* gemalt hat, zum anderen verweist sie auf die Situation des exilierten Künstlers. Exil ist freilich nicht nur das konkrete Exil Breytenbachs nach seiner Heirat mit Hoang Lien Yolande – eine von der damaligen südafrikanischen Gesetzgebung nicht geduldeten »Mischehe« –, sondern bezieht sich auch auf die Lage des Künstlers in der modernen Gesellschaft schlechthin.
Der umfangreiche Band ist in drei Teile gegliedert: *Iß meine Worte, Trostworte*, der erste Teil, umfaßt vor allem Liebesgedichte und ist Yolande gewidmet, deren Körper immer wieder exstatisch und metaphernreich beschrieben wird *(My vrou)* und deren Liebe dem Dichter Stütze und Lebensinhalt bedeutet. Breytenbach gehörte der Gruppe südafrikanischer Dichter an, die in der Zeitschrift ›Sestigers‹ publizierte, und die Vorbilder dieser »experimentellen Lyriker«, das Spätwerk von C. Louis Leipoldt (1880–1947) und N. P. van Wyk Louw (1906–1970), die niederländischen »Vijftigers« und die französischen Surrealisten, sind formal und inhaltlich vor allem für die beiden ersten Teile bestimmend. In den Liebesgedichten, deren unverblümte Sexualität das puritanische Lesepublikum in Breytenbachs Heimat schockierte, ist eine Nähe zu Lodeizen spürbar, während Lucebert und Schierbeekdie gewagte Metaphorik beeinflußt haben dürften. – Im zweiten Teil *(Unsere Monate sind alte Orangen)* wird die Pespektive des Dichters erweitert: nicht nur die geliebte Frau, sondern die ganze sinnlich erfahrene Welt wird zum Thema. Das Haus wird zum Symbol der Geborgenheit und des Glücks *(Die gat in die lug)*, wobei sich allmählich das Gedicht als das einzige wahre Haus des Dichters erweist. Die Schlußgedichte des zweiten Teils beschäftigen sich daher vor allem mit dem Vorgang des Dichtens. – Im dritten Teil *(Weiße Fliegen)* wird der Tonfall bitterer, das sich immer stärker entwickelnde politische Engagement Breytenbachs, das 1975 zu seiner Verhaftung und einer längeren Gefängnisstrafe führen sollte, macht sich bemerkbar. Ein Hinweis auf diese veränderte Sichtweise dürfte auch ein Zitat Pablo Nerudas im ersten Gedicht des dritten Teils sein.
Als zentrales Zeugnis für diese neue Haltung und als eines seiner bedeutendsten Gedichte überhaupt wird gemeinhin *Testament van 'n Rebel* gesehen, dessen Schlußzeilen die nach wie vor optimistische Grundhaltung des Dichters und seinen Glauben an die revolutionäre Kraft des lyrischen Worts belegen: »*Denn so wie ich offenen Auges sterbe, so wird mein rotes Lied nie sterben.*«
Etwa in der Mitte der Sammlung befindet sich das Titelgedicht, das aus einem einzigen Wort besteht und ein überraschendes Gegengewicht zu der ansonsten bildüberwucherten, manchmal ins Pathetische oder in Kitschnähe abrutschenden Sprache Breytenbachs bildet: »*Wieso?*« Die Rezeption der Lyrik Breytenbachs fand außerhalb Südafrikas erst statt, nachdem die Verhaftung des Autors seinen Namen bekanntgemacht hatte. R.A.Z.

Ausgaben: Kapstadt/Pretoria 1967. – Amsterdam 1976.

Übersetzung: *Testament eines Rebellen/Meine Frau*, R. Bussink (in *Kreuz des Südens, schwarzer Brand. Gedichte und Prosa*, Bln. 1977; Nachw. P. Zandee.

Literatur: P. Brink, *Die poesie van B. B.* (in Blokboeke, Pretoria 1971, Nr. 15). – A. P. Brink, *B. B.: Sestiger malgré lui* (in Raster, 6, 1972, Nr. 2). – A. van Dis, *Tien boeken van B. B.* (in De Vlaamse gids, 58, 1974, Nr. 6). – H. C. ten Berghe, *Dichter zon-*

*der taal, schilder zonder ogen* (in De gids, 138, 1975, Nr. 9). – Ders., *Rondom Cold Mountain, een bericht over het werk van B. B.* (in B. B., *Skryt*, Amsterdam ² 1976, S. 59–72). – G. M. Lory, *B. et sa langue* (in B. B., *Feu froid*, Paris 1976). – A. P. Brink, *B. B.* (in *Perspektief en profiel*, Hg. P. J. Nienaber, Johannesburg 1982, S. 711–726).

## THE TRUE CONFESSIONS OF AN ALBINO TERRORIST

(engl; Ü: *Wahre Bekenntnisse eines Albino-Terroristen*). Roman von Breyten BREYTENBACH (Südafrika), erschienen 1984. – Breytenbach gehörte zu der literarischen Bewegung der »Sestigers«, einer Gruppe liberaler, Afrikaans schreibender Autoren. Als Erneuerer von Afrikaans als Literatursprache hat sich Breytenbach internationales Renommee erworben. 1975 reiste er vom französischen Exil illegal in Südafrika ein, um Verbindungen zu Widerstandsgruppen zu knüpfen. Während seines ganzen Aufenthaltes wurde er vom Geheimdienst beschattet, verhaftet und schließlich wegen Hochverrats zu zehn Jahren Gefängnis verurteilt. 1982 ist er auf Drängen der französischen Regierung und des internationalen PEN vorzeitig freigelassen worden. Die sieben Jahre im Gefängnis sind Schreibanlaß und Stoff für die *Bekenntnisse*, die Intention des Buches zielt jedoch über den reinen Gefängnisbericht hinaus auf eine Darstellung der geistigen und moralischen Verfassung Südafrikas insgesamt. Breytenbach liebt seine Heimat und seine Sprache, das Afrikaans der rassistischen Buren, die ihn ins Gefängnis geworfen haben. Dieser Liebe zum Land hat er in seinen Gedichten Ausdruck verliehen, zuletzt auch in *'n Seisoen in die paradys*, 1977 *(Augenblicke im Paradies)*; sie wird auch deutlich in den wenigen Szenen dieses Buches, die außerhalb des Gefängnisses spielen: Bei der Verlegung von Pretoria in das Pollsmoor-Gefängnis in Kapstadt zieht an dem vergitterten Fenster des Gefängnistransporters die großartige Landschaft der Karoo-Wüste vorbei. Der winzige Ausschnitt des Tafelberges, den er von seinem Zellenfenster aus erspähen kann, zeugt von der Naturschönheit seines Landes. Diese Liebe zu Land und Sprache ist wie in Breytenbachs Lyrik durch den Zwiespalt von Anziehung und Abstoßung gekennzeichnet. Diese Schönheit wird erstickt durch die monumentale Häßlichkeit des Gefängnisses, als das sich ihm ganz Südafrika präsentiert. Ebenso ist die potentielle Schönheit der afrikaansen Sprache durch die Apartheidsideologie zu grotesker Häßlichkeit entstellt. Nach sieben Jahren Gefängnis hat Breytenbach für seine Muttersprache keine Verwendung mehr; er schreibt in Englisch.

Der Titel *Wahre Bekenntnisse eines Albino-Terroristen* ruft Assoziationen zu den Glaubenskriegen wach. Breytenbach übernimmt auch in ironischer Perversion die Perspektive der »verkrampften« Afrikaander, um deren eigene Perversion zu entlarven. Er bezeichnet sich als Terroristen und Albino, sieht sich also in krankhafter Abweichung von der Norm des Stammes der Buren. Mit den *Wahren Bekenntnissen* knüpft er an die Tradition der religiösen Erbauungsliteratur an und verweist damit die Auseinandersetzung mit der Apartheid in den Bereich des religiösen Fanatismus. Breytenbachs Gefängnisbericht stellt das Modell der Erbauungsliteratur auf den Kopf. Beide sind in ihrer Handlungsstruktur festgelegt: Sünde, Strafe, Buße, Läuterung, Erlösung einerseits, auf der anderen Seite Verhaftung, Verurteilung, Haft und Entlassung; aber der Gefängnisbericht will keine erhebenden Gefühle erzeugen, sondern Wut und Widerstand. In seinen Geständnissen an den Mr. Investigator, den Großinquisitor der Apartheid, formuliert Breytenbach seine Schreibmotivation: »*Die Hoffnung, daß wenn ich mir all die Ereignisse ins Gedächtnis zurückrufe, es mir dann auch möglich sein wird, sie für immer daraus zu verbannen. Ich hoffe auf Läuterung.*« Breytenbachs Läuterung nach der Buße im Gefängnis, die ihm die Pharisäer der Apartheid auferlegt haben, führt nicht zur Hinwendung zu der Buße fordernden Institution, wie es die echte *Confessio* verlangt, sondern zu ihrer radikalen Ablehnung. Das Schuldbekenntnis, das Breytenbach vor den Buren ablegt, wird verkehrt zu einem vernichtenden Schuldspruch gegen die Buren vor der Weltöffentlichkeit.

In einer langen Parade läßt Breytenbach seine Peiniger – Richter, Polizisten, Geheimdienstler, Anwälte, Wärter, Regierungsbeamte – Revue passieren. Aus den knappen Skizzen, die der Maler Breytenbach entwirft, entsteht ein Panorama der kollektiven Seelenlandschaft des burischen Südafrikas: »*Ich könnte sie bis in alle Ewigkeit beschwören, diese Karikaturen der Menschheit. Sie sind alle Mörder.*« Er macht auch keine Konzessionen mehr an die Position der weißen Liberalen: »*Das Wundermittel, das Weiße gefunden haben, die von Zweifeln und schlechtem Gewissen geplagt werden, ist der Liberalismus: Verachtung hinter einer gönnerhaften Maske.*« In diese Kategorie ordnet er den Herzchirurgen Christiaan Barnard ein, der Breytenbachs Bedürfnis, sich der Öffentlichkeit mitzuteilen, schamlos ausnutzte, um ihn in eine systemkonforme Propagandasendung einzubeziehen.

Hinter diesem Panoptikum von Herren und Knechten des Apartheidregimes macht Breytenbach eine religiöse Phobie, ein pervertiertes Sendungsbewußtsein des »Afrikaanderstammes« aus, die ihn unfähig zur Menschlichkeit und Freiheit macht. Ein calvinistischer Rächergott als oberste moralische Instanz eines Rächerstaates, geführt von einer Kaste selbsternannter Auserwählter, von Makellosen, Gottesfürchtigen, die sich in ihrer Wagenburg umstellt fühlen von gottlosen Kommunisten und heidnischen Kaffern, so stellt sich für Breytenbach Südafrika, das Niemandsland, dar. Einige handverlesene Bibelzitate dienen als Rechtfertigung für die Monstrosität der Apartheid, aber selbst diese Religiosität ist eine Perversion christlichen Empfindens: »*Wenn es eine Lebenskraft gibt, Apartheid richtet sich dagegen ... Apartheid ist eine*

*Mutation von Macht und Habsucht. Keine Religion kann sie rechtfertigen, ausgenommen diese entstellte Lehre, die sich die Afrikaander aus ihrem öden Glauben gezimmert haben. Ihr Gott ist ein grausamer weißer Vernehmungspolizist.«* Innerhalb dieser depressiven sozialpsychologischen Szenerie sucht Breytenbach nach seinem persönlichen Standort, nach den Verwüstungen, die seine Heimat in seiner Seele angerichtet hat, nach der Funktion des Schriftstellers. Schreiben wird für ihn zur Therapie, zu einer letzten Ausflucht, Wahrheit und Wirklichkeit zu fassen, gegen seine Entmenschlichung anzuschreiben. Apartheid richtet sich nicht nur gegen die schwarze Mehrheit, es zerstört auch die moralische Integrität der weißen Minderheit. Es ist ein System, »*das sich gegen alles richtet, was schön und hoffnungsvoll und menschenwürdig ist... eine Absage an die Menschlichkeit... ein System, unter dem zu leben niemand gestattet sein sollte«.*

Breytenbach beschreibt das Gefängnis als ein Haus des Todes, ein Inferno, ein Sodom, als das todbringende Labyrinth des König Minos, wo dem aus perverser Lust zwischen Gott und Mensch gezeugten Tiermenschen Minotaurus Menschenopfer dargebracht werden. Und das Gefängnis ist die Inkarnation des gesamten Landes, Südafrika selbst ist ein einziges riesiges Gefängnis, innerhalb wie außerhalb seiner Zelle. Die Zeichen der Hoffnung sind spärlich. Vögel, die Breytenbach von seinem Zellenfenster aus beobachtet, werden für ihn Zeichen der Freiheit und der Hoffnung. Aber selbst die junge Taube, die aus ihrem Nest in den Gefängnishof fiel, schafft den Flug über die Mauer nicht. Und der Vogel, den Breytenbach in seiner Zelle zähmt, wird von der Katze des Wärters gefressen. Da niemand ohne Hoffnung und Menschenwürde überleben kann, steht der von Breytenbach benutzte Name »Niemandland« für Südafrika. E.Bre.

AUSGABEN: NY 1983; ²1985. – Ldn. 1984. – Emmarentia 1984.

ÜBERSETZUNG: *Wahre Bekenntnisse eines Albino-Terroristen*, D. Haug u. S. Oberlies, Köln 1984. – Dass., dies., Ffm. 1987 (FiTb).

LITERATUR: E. Breitinger, Rez. (in Stuttgarter Ztg., 13. 10. 1984). – M. v. d. Grün, Rez. (in Nürnberger Nachrichten, 28. 11. 1984). – A. Brink, B. B.: *Indrukwekkende bundel* (in Ons erfdeel, 28, 1985, S. 85–91). – C. David, B. B. – Le point de non-retour est atteint (in Nouvel Observateur, 2. 8. 1985, S. 1082/1083). – J. Schmidt, Rez. (in FAZ, 19. 6. 1985). – U. Timm, Rez. (in Der Spiegel, 21. 1. 1985). – S. Roberts, *South African Prison Literature* (in Ariel, 16, Calgary 1985, S. 61–73). – Dies., *B. B.'s Prison Writing* (in Centennial Review East Lansing, 30, 1986, S. 304–313). – J.M. Coetzee, *A Poet in Prison* (in Social Dynamics, 11, 1985, S. 271–275). – J. U. Jacobs, *B. B. and the South African Prison Book* (in Theoria, 58, 1986, S. 95–105).

## TADEUSZ BREZA

* 31.12.1905 Siekierzyńce bei Ostroga
† 19.5.1970 Warschau

LITERATUR ZUM AUTOR:
A. Kijowski, *Kwadratura koła* (in Twórczość, 1960, H. 8, S. 86–91). – S. Kluz, *T. B. charaktery i anegdoty kafkowskim stylem opowiadane* (in Tygodnik Powszechny, 1961, Nr. 10). – T. Drewnowski, *B.*, Warschau 1969. – Ders., *Krytyka i giełda*, Warschau 1969. – J. Pieszczachowicz, *Psychologia i polityka – T. B.* (in J. P., *Prozaicy 20-lecia międzywojennego*, Warschau 1974). – J. Bełkot, *Rozpad i trwanie. O prozie T. B.*, Lodz 1980. – M. Dąbrowski, *T. B.*, Warschau 1982.

## MURY JERYCHA

(poln.; *Ü: Die Mauern von Jericho*). Roman von Tadeusz BREZA, erschienen 1946. – Brezas 1942 entstandenes Werk, weniger ein »politischer Roman« als vielmehr ein »*Roman über die Politik*« (K. Wyka), der in *Niebo i ziemia*, 1949 *(Himmel und Erde)*, eine Fortsetzung fand, versucht die Entwicklung der faschistischen Ideologie und Praxis im Polen der dreißiger Jahre zu analysieren. Den Autor interessieren in erster Linie die psychologischen Hintergründe, die die Faschisierung des Denkens und Handelns begünstigten und forcierten. Da er den Ehrgeiz als psychologisches Grundmotiv menschlichen Handelns betrachtet, sieht er im Elitedenken der Nietzsche-Nachfolge und in hemmungslosem Machthunger die Hauptquellen des Faschismus. In dieser Deutung treten allerdings die sozialen Prozesse und historischen Ideologien als Voraussetzungen der faschistischen Bewegung in den Hintergrund.

Im Bild der Konflikte innerhalb der bürgerlich-intellektuellen Familie Dykiert zeigt der Autor, wie das, was in der älteren Generation als Anpassung an eine autoritäre Gesellschaft gelten konnte, von der radikalisierten Jugend zum Programm erhoben wird. Der alte Rat Dykiert, ein ehemaliger hoher Staatsbeamter – er hat unter der Diktatur Piłsudskis sein Amt verloren, sich aber trotzdem in der zunehmend von faschistischen Zügen geprägte politische Wirklichkeit seines Landes gefügt – ist geneigt, das Angebot des einflußreichen Offiziers Kozic anzunehmen, der versuchen will, den als Kommunisten verhafteten Janek, den Sohn Dykierts, aus dem Gefängnis freizubekommen. Dessen zweiter Sohn Henryk jedoch, der bereits ins ideologische Fahrwasser der faschistischen Bewegung geraten ist, empört sich dagegen, daß man sich für seinen Bruder, den kommunistischen »*Feind*«, der »*Verrat an der Klasse... an der Ordnung*« und »*am Menschen*« begangen habe, einsetzt. Der Vater warnt ihn: »*Wir haben einst selbst genauso wie du geschrien ...: ›Banditen, Auswurf, Verrückte!‹ Aber heute sind sie an der Macht! Sie haben mich aus dem Präsidentenamt verjagt. Sei du lieber auf der Hut!*« Krasseste Verkörperung des faschistisch-elitären Ideals ist Papara, der Führer der »Bewegung«, der erst im letzten Kapitel, umgeben von seiner jungen »Elite«, auftritt. Äußerlich alles andere als der Typ des machtvollen Führers, gleicht er weit mehr einem durchschnittlichen Intellektuellen: Von unscheinbarer Gestalt, mit leiser, unakzentuierter Stimme sprechend, erweist er sich vor allem als erfinderisch im Ausdenken bestialischer »Aktionen«. Das Buch endet damit, daß er ein Judenpogrom anordnet, mit dem er die von seinem eifrigsten Vasallen Dyląg vorgeschlagenen Aktionen zur Einschüchterung der jüdischen Bevölkerung und zur Machtdemonstration der »Bewegung« weit in den Schatten stellt.

In dem Roman, der keine geschlossene, chronologisch aufgebaute Fabel aufweist, werden verschiedene Episoden, Einzelschicksale, Intrigen und innere Konflikte – durch die Thematik des Werks nur locker miteinander verbunden – montageartig aneinandergereiht. Es gibt keine zentrale Gestalt, wenngleich ein Teil der Personen – so der labile Intellektuelle Jelski, der, von Ehrgeiz und Karrieresucht getrieben, in den Sog faschistischer Macht gerät – in mehreren Kapiteln auftritt. – Brezas Bemühen um eine objektive, distanzierte Darstellung äußert sich darin, daß die Ereignisse aus der – stets wechselnden – Perspektive der handelnden Gestalten geschildert werden. Wegen der Fülle oft weitschweifiger innerer Monologe erinnert der Roman stellenweise an einen in Monolog- und Dialogform gekleideten Traktat über individuelle Verhaltensweisen gegenüber der Gesellschaft und der Macht. In seinem *Notatnik literacki*, 1956 *(Literarisches Notizbuch)*, schrieb Breza über sein Werk: »*Mein Ziel war es zu versuchen, die Werte des politischen mit denen des psychologischen Romans zu verbinden. Im psychologischen Roman treten echte Menschen vor einem Lebenshintergrund auf, der ein Marionettentheater ist; im politischen Roman treten vor einem echten Lebenshintergrund Marionetten auf ... Aber warum jene beiden Glieder zusammen? Das politische, weil meine Generation durch und durch politisch gewesen ist. Das psychologische, weil die einfachen Lebensgründe nicht genügt haben, uns aufzuklären.*«

I.v.W.

AUSGABEN: Warschau 1946; ²1947. – Warschau 1961.

ÜBERSETZUNG: *Die Mauern von Jericho*, R. Buschmann, Bln. 1973.

LITERATUR: S. Papée, Rez., Krakau 1948. – T. Drewnowski, *Wyrok zagłady na Jerycho* (in Wieś, 1948, Nr. 7). – Z. Lichniak, *Protest moralisty* (in *Obrachunki z współczesnością*, Warschau 1955, S. 123–133). – A. Mencwel, *Mity na wojnę* (in Współczesność, 1964, Nr. 154). – J. Ziomek, *Powieść polityczna – powieść o polityce* (in *Z problemów li-* teratury polskiej XX wieku, Warschau 1965, Bd. 3, S. 67–84). – W. Maciąg, *Droga pisarska T. B.* (ebd., S. 193–209). – J. Jasieńczyk, *T. B. (»Adam Grywald«, »Mury Jerycha« i »Niebo i ziemia«)* (in Kultura, Nr. 78).

**SPIŻOWA BRAMA. Notatnik rzymski**

(poln.; *Ü: Das eherne Tor. Römische Aufzeichnungen*). Essaysammlung von Tadeusz BREZA, erschienen 1959. – Gegenstand der in die Form des Tagebuchs gefaßten Essays, die während der Tätigkeit des Autors in der Kulturabteilung der polnischen Botschaft in Rom (1955–1958) entstanden, ist der Gesamtkomplex der vatikanischen Institutionen, ihr Mechanismus, ihre Gliederung und ihre Funktion. Die datierten Aufzeichnungen enthalten die Reflexionen eines aufgeschlossenen marxistischen Intellektuellen über Rolle und Macht des Vatikans in historischer und zeitgenössischer Sicht. Sie verraten einen scharfen Einblick in den vatikanischen Verwaltungsapparat und bieten eine Fülle reizvoller Beschreibungen aus dem Leben des Klerus und plastischer Bilder von Mönchen und Priestern, Kirchen und Klöstern. Literar- und kunsthistorische Notizen – etwa die Abschnitte über MALAPARTE oder VERONESE – wechseln mit Rückblicken auf die Geschichte der Päpste und aufschlußreichem zeitgeschichtlichem oder historischem Material über die diplomatischen Beziehungen der Kurie. Das Grundthema der geistreichen Essays ist die Auseinandersetzung zwischen Kommunismus und Christentum. Die gedankliche Tiefe der Erörterung und die Sachlichkeit der Betrachtung fußen auf einem eingehenden Studium des Gegenstands. Trotz einer stellenweise hintergründigen Ironie und trotz sporadischer »Enthüllungen« verrät das respektvolle Vorgehen des Autors seine heimliche Bewunderung für Macht und Größe des Katholizismus. Kleine, doch bedeutsame Details kirchenpolitischer, sozialer und kultureller Natur bereichern unaufdringlich mit bewußt gewählten polemischen Nuancen die unkonventionell-souveräne Darstellung. Unter dem frischen Eindruck persönlicher Erlebnisse und eigener Lektüre entstand eine weit in die Zukunft gerichtete Studie, deren auf die sechziger Jahre bezogenen Prognosen sich allesamt bewahrheitet haben; Breza prophezeite nicht nur die Wahl des Kardinals Montini zum Nachfolger von Johannes XXIII., er sagte auch die Wandlungen und Tendenzen im Vatikan mit verblüffender Treffsicherheit voraus.

M.D.

AUSGABE: Warschau 1959; ²1960; ³1961. ¹¹1980.

ÜBERSETZUNGEN: *Das eherne Tor. Römische Aufzeichnungen*, P. Lachmann, Neuwied u. a. 1962. – *Das Bronzetor. Römische Notizen*, H. Bereska, Bln./Weimar ²1967.

LITERATUR: K. Hartmann, *Neue Strömungen in der polnischen Literatur seit 1956* (in Osteuropa, 9,

1959, S. 605–618). – L. Kuc, *Czy rzeczywiście »Spiżowa brama«* (in Tygodnik Powszechny, 1960, Nr. 31). – W. Senko, *Na marginesie »Spiżowej bramy«* (in Więź, 1960, H. 10). – B. Marczewska, *O wrastaniu form użytkowych w strukturze dzieła literackiego na przykładzie »Spiżowej bramy« T. B.*, Lodz 1968.

## JURIJ BRĚZAN

*9.6.1916 Räckelwitz / Oberlausitz

**LITERATUR ZUM AUTOR:**
Ch. Gundlach, *J. B.* (in *Literatur der DDR*, Hg. H. J. Geerdts, Bd. 1, Stg. 1972; bearb. Bln. 1974; ern. 1976, S. 242–258). – *Betrachtungen zum Werk J. B.s*, Hg. J. Keil, Bautzen 1976. – J. B., *Ansichten und Einsichten. Aus der literarischen Werkstatt*, Hg. R. Drenkow, Bln. 1976. – F. Liebo, *Die Romankonzeption J. B.s*, Diss. Lpzg. 1976. – J. B., *Herkunft und Standort*, Bautzen 1981. – M. Schneikart, *Traditionen der Volksdichtung im Schaffen J. B.s*, Diss. Greifswald 1981. – J. Hauschke, *»Den Enkeln meines Vaters«. Vaterfiguren – ein Aspekt der Poetologie J. B.s* (in Weimarer Beiträge, 32, 1986, 6, S. 937–960).

## KRABAT ODER DIE VERWANDLUNG DER WELT

Roman von Jurij BRĚZAN, erschienen 1976. – Der sorbisch und deutsch schreibende Erzähler, der im Jahrzehnt nach 1945 auch als Lyriker, Dramatiker, Übersetzer und Herausgeber produktiv war, ist unter den Autoren der DDR der bekannteste Vertreter der sorbischen Literatur. Seine Erzählung *Wie die alte Jantschowa mit der Obrigkeit kämpfte* in Brězans erstem deutschsprachigen Buch *Auf dem Rain wächst Korn* (1951) gilt als das erste Werk des Sozialistischen Realismus in der sorbischen Prosa. In der Romantrilogie *Feliks Hanuś*, 1958–1964 *(Ü: Der Gymnasiast; Semester der verlorenen Zeit; Mannesjahre)* verfolgte er die Entwicklung eines im kleinbürgerlichen Denken befangenen jungen Sorben zwischen Weimarer Republik und Nachkriegszeit, der nach manchen Wirrnissen den Weg zur Arbeiterklasse findet. Lange Zeit beschäftigte sich Brězan mit der öfter bearbeiteten sorbischen Volkssage vom Krabat, einem *»wendischen Faust«* (J. Pilk). 1954 übertrug er die von Měrćin NOWAK-NJECHORŃSKI geschaffene Fassung *(Mištr Krabat, dušny serbski kuzlar – Meister Krabat, der gute sorbische Zauberer)* ins Deutsche; 1968 gestaltete er die Sage in der Märchenerzählung *Čorny młyn (Die schwarze Mühle)*, einem literarischen Gleichnis für den tausendjährigen sozialen Kampf des sorbischen Volkes gegen seine Unterdrücker.

Im Roman, der den Höhepunkt im bisherigem Schaffen des Autors darstellt, löst er sich weitgehend vom Sagenstoff. Krabat, Symbol des Strebens nach einem menschenwürdigen Leben und zugleich Inkarnation des sorbischen Volkes, geht durch Raum und Zeit, bewegt sich frei in historischer Realität und mythisch-allegorischen Phantasiewelten. Er, der Müller Jakub Kuschk, sein die Volkspoesie und -weisheit verkörpernder Begleiter, das Mädchen Smjala, für Krabat Objekt der Sehnsucht nach Glück und erotischen Sinnenfreuden, und Wolf Reissenberg, der nach Macht und Besitz strebende Erbfeind Krabats, begegnen sich in allen drei Spielebenen des Romans und erscheinen in zahlreichen historischen und allegorischen Gestalten. Der Roman beginnt historisch in der Entstehungszeit der Sage, als Krabat gegen Ende des Dreißigjährigen Krieges an der Satkula erscheint. Dort ist er schon vor einigen Jahrhunderten auf einem Hügel zwischen sieben Lausitzer Dörfern seßhaft und bald darauf Reissenbergs Untertan geworden. Er lebt hier in den kühnsten Gestalten des Bauerngeschlechts der Serbins fort. Ihr generationslanger, mit Bauernlist geführter Kampf gegen die Feudalherren von Reissenberg – Motiv und Namen gehen auf ein sorbisches Volkslied zurück – bilden die Haupthandlung der historischen Ebene. Der Ursprung der Herr-Knecht-Beziehung wird durch eine plebejische Parodie des biblischen Schöpfungsberichts in der mythologischen Ebene aufgedeckt. Vom übermüdeten Herrgott erhielt bei der Verteilung der Güter Reissenberg gerade das, was ihn zum Herrn, und Krabat das, was ihn zum Knecht machte. Der aufmerksame Luzifer entwendete daraufhin dem Herrgott den Wunderstab der Erkenntnis und gab ihn Krabat, damit er ihn stets an das Land Glücksland erinnern und es ihn suchen lassen sollte. Die geschichtlichen Erfahrungen der Serbins lehren Krabat, daß er das Glücksland nur mit der Beseitigung der Macht der Reissenbergs, mit der sozialen Verwandlung der Welt, finden kann. Nach dem Ersten Weltkrieg stirbt auf natürliche Weise der letzte Sproß der Reissenbergfamilie.

Die in der gegenwartsnahen, utopisch-phantastischen Ebene um den Biogenetiker Jan Serbin kreisende Handlung bringt die Fortsetzung des Kampfes zwischen Krabat und den in Großindustrielle verwandelten Nachfahren Reissenbergs. Jan Serbin hat die Universalformel für die Regenerierung defekter Gene gefunden und reist in Zusammenhang mit seiner Nobelpreisverleihung nach Schweden und darauf zu einem Kongreß nach Italien. Dabei gerät er in eine Jagd nach seiner Formel, die ihm der üble Konzernherr J. F. Coming mit Hilfe des betrügerisch-dienstbaren Wissenschaftlers Lorenco Ceballo ablisten will, um sie zur Manipulierung der Menschen zu mißbrauchen. Im fließenden Wechsel dieser Ebene mit der mythologischen werden in Parabeln, Allegorien, neuerzählten Märchen und antiken Sagen Krabats Entscheidungsmöglichkeiten durchgespielt und mit grotesken, walpurgisnachthaften Szenen die bürgerliche Demokratie und Verfallswelt karikiert. Als Vertreter des humanen Menschen widersteht Serbin-Krabat allen Verführungen und behält seine Entdeckung für sich und nimmt sie mit in die Zukunft. Von den Erfolgen und Gefährdungen ihres Sohnes wissen Handrias und Maria Serbin, ein Philemon-und-Baucis-Paar und Verkörperung integren, tätigen Menschseins. Sie verbringen ihren Lebensabend in dörflich-idyllischer Abgeschiedenheit auf ihrem Hügel und sorgen sich um die Zukunft nicht nur ihres Anwesens, mit dem die örtlichen Instanzen schon ihre Pläne haben. Das Werk findet mit der Heimkehr der schwedischen Fabrikantentochter und Enkelin Sigme Göranson, einer Aussteigerin aus der bürgerlichen Welt, seinen optimistischen Schluß.

Der Roman ist der Versuch einer philosophisch ambitionierten, epischen Weltdarstellung, einer »Epopöe des sorbischen Volkes«. Brězan verknüpft die Krabatsage mit dem faustischen Erkenntnisstreben, dem Herr-und-Knecht-Motiv, der Marxschen Auffassung menschlicher Emanzipation und dem Problem der Verantwortung der Naturwissenschaften und läßt seine Gestalten als Repräsentanten bekannter philosophischer Haltungen und Anschauungen agieren. Moderne Erzähltechniken nutzend, unterbricht er die Erlebnisberichte und lebensphilosophischen Reflexionen seiner Helden durch bunte Legenden, die stellenweise Trivialliterarisches mit einschließen. Die etwas willkürlichen Zusammenstöße der zahlreichen Helden und die Befrachtung des Werkes mit unzähligen literarischen Reminiszenzen, Allusionen, versteckten Zitaten und weithergeholten Motiven erschweren seine Rezeption. Das Bild der sorbischen Geschichte bleibt durch das folkloristische, das Herr-und-Knecht-Modell, auf die vorindustriellen Gesellschaftsverhältnisse beschränkt und spart andererseits die mit der Aufklärung einsetzende, im deutsch- und slavisch-sorbischen Wechselverhältnis sich entwickelnde, auch literarisch-kulturelle, nationalbürgerliche Emanzipation der Sorben aus. Die Stärke dieses »barocken Romanbildes« (H. Nalewski) liegt in seiner reichen und vielgestaltigen Bilderwelt und den oftmals anekdotisch pointierten Geschichten. F.Š.

AUSGABEN: Bln. 1976 [dt.]. – Bautzen 1976 (u. d. T. Krabat in Zhromadźene spisy, Bd. 8, osorb.). – Lpzg. 1984 (RUB). – Bln. 1986 (in AW, Bd. 4).

LITERATUR: L. Hauke u. a., Rez. (in Kritik 76, Halle/S. 1977, S. 29–43). – E. Röhner, Rez. (in WB, 21, 1976, 7, S. 148–154). – L. Heine, Rez. (in SuF, 29, 1977, 3, S. 659–667). – G. Krause, Adaption der sorbischen Krabatsage in der künstlerischen Literatur (in Lětopis A, 25, 1978, 2, S. 183–202; 26, 1979, 2, S. 153–178). – H. Nalewski, Parabel und Reflexion (in H. N., Selbsterfahrung als Welterfahrung, Bln. 1981, S. 66–82). – A. Dranov, »Ja vsegda byl optimistom...« (in J. B., Izbrannoje, Moskau 1987, S. 5–24).

## OTOKAR BŘEZINA

d.i. Václav Jebavý

\* 13.9.1868 Počátky bei Pelhřimov
† 25.3.1929 Jaroměřice an der Rokytná

LITERATUR ZUM AUTOR:
Bibliographien:
A. Veselý, O. B. Osobnost a dílo, Brünn 1928. – J. Brambora, Bibliografie O. B. (in Rozpravy Aventina, 1928/29). – M. Papírník u. A. Zikmundová, Knižnídílo O. B., Prag 1969. – J. Kubíček, O. B. Soupis literatury o jeho životě a díle, Brünn 1971.
Biographien:
K. Čapek, O. B. – Magister divinus (in Lidové noviny, 13. 9. 1928 u. 26. 3. 1929; ern. in Ders., Ratolest a vavřín, Prag 1947, S. 41–44 u. 216–220). – A. Pražák, O. B. (in Bratislava, 3, 1929, Nr. 5, S. 1098–1104; ern. in Ders., Míza stromu, Prag 1940, S. 178–195, ²1949, S. 209–226). – V. Závada, Za O. B., Prag 1929. – J. Deml, Mé svědectví o O. B., Prag 1931. – J. Durych, O. B., Prag 1931. – A. Pospíšilová, O. B. člověk a básník, Olmütz 1936. – A. Pamrová, Mévzpomínky na O. B., Prag 1940. – P. Fraenkl, O. B. (in Stavitel chrámu, Prag 1941 [m. Bibliogr.]).
Gesamtdarstellungen und Studien:
F. X. Šalda, O. B. (in Novina, 1, 1908, S. 545–548; ern. in Ders., České medailóny, Prag 1959, S. 221–230). – S. Zweig, O. B., 1910. – E. Chalupný, Studie o O. B. a jiných zjevech českého umění a filozofie, Prag 1912. – E. Saudek, O poezii O. B., Wien 1912. – F. X. Šalda, Vývoj a integrace v poezii O. B. (in F. X. Š., Duše a dílo, Prag 1912; ern. 1947, S. 131–156). – M. Marten, O. B. (in Akord, 1916). – V. Lesný, Influence of Ancient Indian Philosophy on Czech Poet O. B. (in India and the World, Kalkutta 1933). – F. Vodička, B. a Baudelaire (in Časopis Národního muzea, 1933). – M. L. Hirsch in Poèmes d'O. B., Paris 1935. – V. Lesný, Básnický zápas O. B., Prag 1945. – R. Havel, B. a Schopenhauer (in Listy filologické, 1949). – M. Červenka, Český volný verš devadesátých let, Prag 1963. – Ders., Březinovské úvahy (in Ders., Symboly, písně a mýty, Prag 1966, S. 30–64). – O. Sus, Velký univerzalista (in Host do domu, 1968). – O. Fiala, Studie z novoříšského období O. B., Prag 1969. – J. Zika, O. B., Prag 1970. – J. Hrabák, O. B. (in O. B., Básnické spisy, Prag 1975).

## VĚTRY OD PÓLŮ

(tschech.; Ü: Winde vom Mittag nach Mitternacht). Gedichtzyklus von Otokar BŘEZINA, erschienen 1897. – Die fünf Gedichtsammlungen des Autors bilden einen wesentlichen Bestandteil des in den neunziger Jahren des 19. Jh.s als literarische

Richtung hervortretenden tschechischen Symbolismus. Im Gegensatz zu MACHARS neuer Prosaisierung der Verssprache überwinden die Symbolisten Březina, HLAVÁČEK, S. K. NEUMANN und der junge SOVA den epigonalen Charakter der zeitgenössischen tschechischen Lyrik durch die kühne Bildhaftigkeit ihrer Sprache, die weit divergierende Sprachschichten verbindet, und durch eine neue intensive Musikalität des Verses. Mit der Sprengung des metrischen Kanons leisten sie entscheidende Vorarbeit für den *vers libre* des 20. Jh.s.

Vor allem Březinas Sprache beeindruckt durch ihre Bildkraft, die Gewichtigkeit der Euphonie und der rhythmischen Mittel. Die Eigenständigkeit des Autors innerhalb der Richtung gründet sich auf seine besonderen geistigen Interessen. Er teilt die individuellen, anarchistischen Freiheitsträume der übrigen symbolistischen Dichter nicht, sondern sucht unter dem Einfluß der indischen Philosophie, PLATONS, PLOTINS, der mittelalterlichen Mystik, SCHOPENHAUERS, NIETZSCHES und BERGSONS nach Wegen, kosmische Zusammenhänge und umfassende Problemstellungen dichterisch zu gestalten. Die Verallgemeinerung und Vertiefung seiner Gedichte schreitet von der noch vorwiegend subjektiv pessimistischen Sammlung *Tajemnédálky*, 1895 *(Geheimnisvolle Fernen)*, über die erkenntnistheoretischen Aussagen in *Svítání na západě*, 1896 *(Sonnenaufgang im Westen)*, die ein jenseitigen Leben die Möglichkeit ewiger Freude erblicken, zu dem Zyklus *Větry od pólů* fort, der in zwanzig hymnischen Gedichten ein kosmisches Gefühl der Einheit von Seele, Natur und unendlicher Zeit entfaltet. Das lyrische Ich begreift die Erkenntnis der Dinge als eine Erkenntnis von Schatten und teilt seine mystische Ahnung einer anderen Existenz mit, die im Einklang mit dem beseelten Kosmos ruht. Die lebendigen Kräfte des Alls werden in eindrucksvoller Bildsymbolik besungen (vgl. *Píseň o slunci, zemi, vodách a tajemstvíohně – Lied von der Sonne, der Erde, dem Wasser und dem Geheimnis des Feuers*). Der Autor empfindet in einer allumfassenden Liebe den höchsten Sinn menschlichen Daseins *(Láska – Die Liebe)* und sucht in ihr sowohl das Prinzip der Schöpfung als auch den Schlüssel zur weiteren Erkenntnis der Gesetze des Lebens *(Když z lásky tvé – Wenn aus deiner Liebe . . .)*. Diese hohe Ebene der Gedankenlyrik verbindet Březina in seinen letzten beiden Gedichtsammlungen mit sozialem Pathos, wobei er in *Stavitelé chrámu*, 1899 *(Die Erbauer des Tempels)*, den Fortschritt der Erkenntnis durch die Leistung des genialen Individuums, in *Ruce*, 1901 *(Hände)*, durch Arbeit und Brüderlichkeit verwirklicht sieht.  E. Hög.

AUSGABEN: Prag 1897. – Prag 1913 (in *Básnické spisy*). – Prag 1933 (in *Básnické spisy*, Hg. M. Hýsek, Bd. 1). – Prag 1958 (in *Básně*, Hg. J. Zika, Vorw. J. Janů). – Prag 1975 (in *Básnické spisy*, Hg. B. Štorek).

ÜBERSETZUNG: *Winde vom Mittag nach Mitternacht*, E. Saudek u. Fr. Werfel, Mchn. 1920.

LITERATUR: F. X. Šalda, *Větry od pólů* (in Literární listy, 19, 1897, Nr. 1, S. 7–9); ern. in F. X. Š., *Kritické projevy 3, 1896–1897*, Prag 1950, S. 433–438). – Kj (d. i. F. V. Krejčí), Rez. (in Rozhledy, 1897/98). – O. Fischer, *B. rým* (in *Duše a slovo*, Prag 1929, S. 219–237; ern. O. F., *Duše, slovo, svět*, Prag 1965, S. 148–164). – P. Fraenkl, *O. B., Mládí a přerod*, Prag 1937. – O. Králík, *O. B. 1892–1907, Logika jeho díla*, Prag 1948. – M. Červenka, *B. verš* (in Česká literatura, 13, 1965, Nr. 2, S. 113–146).

## TITO BREZOVAČKI

\* 7. 1. 1757 Zagreb
† 29. 10. 1805 Zagreb

## MATHIAS GRABANTZIAS DIAK

(kroat.; *Matthias, der Teufelsschüler*). Komödie in drei Akten von Tito BREZOVAČKI, Uraufführung: Zagreb 1804. – Zu einer Zeit, da in Binnenkroatien noch die Tradition der lateinischen Jesuitendramen lebendig war und deutsche Wanderbühnen mit ihrem meist zweitrangigen Repertoire (ECKARTSHAUSEN, KOTZEBUE, IFFLAND u. a.) das Theaterleben bestimmten, schreibt der Zagreber Theologe Brezovački die ersten und für lange Zeit einzigen Komödien in kajkavischer Mundart – *Matijaš grabancijaš dijak* (wie der Titel nach der Rechtschreibreform lautet) und *Diogeneš ili Sluga dveh zgubljenneh bratov*, 1804/05 *(Diogenes oder Der Diener zweier verlorener Brüder)* –, die beide heute noch mit Erfolg aufgeführt werden.

Matijaš, der Titelheld der ersten Komödie, tritt in Zagreb als fahrender Scholar auf und erstaunt den Schuster Smolko und den Kürschner Vuksan damit, daß er offenbar von ihren geheimen Betrügereien weiß, so daß sie ihn leichtgläubig für einen Zauberkünstler halten. Um auf einfache Art zu Geld zu kommen, hat sich Smolko zu einem Teufelspakt entschlossen, fragt aber vorher den Studenten um Rat. Matijaš will ihn von seinem Vorhaben abbringen, doch Smolko läßt nicht nach und erfährt schließlich, wie er mit dem Teufel Kontakt aufnehmen könne. Er wartet um Mitternacht bei Neumond auf einer Wegkreuzung inmitten eines magischen Kreises auf das Kommen des Vertragspartners, erhält aber statt des erwarteten Geldes im Dunkeln eine gehörige Tracht Prügel, deren Folgen ihn drei Tage lang ans Bett fesseln. – Der adlige Jurist Jugović, ein Taugenichts und Dummkopf, will Vuksans Tochter heiraten, um mit deren Mitgift seine Schulden zu bezahlen, und Matijaš soll für ihn den Brautwerber spielen. Er willigt ein und gibt Jugović ein »Zaubergras«, damit dieser den Verlauf der Werbung ungesehen beobachten könne; nur müsse er sich völlig bewegungslos an einer Stel-

le ausharren. Vuksan, in das Spiel eingeweiht, bietet sich nun die willkommene Gelegenheit, unverblümt seine Meinung über die Adligen zu äußern und den »unsichtbaren« Jugović zu beschimpfen und zu bespucken. – Der als Kaufmann verkleidete Matijaš trifft Jugović und dessen Freunde in der Schenke. Bei dem Versuch, ihn beim Kartenspiel nach allen Regeln der Kunst zu betrügen, verlieren die Zechkumpane selbst ihr ganzes Geld, müssen aber zu ihrem Erstaunen erleben, wie der Fremde den ganzen Gewinn wieder verschenkt. Zur Strafe und Lehre läßt Matijaš ihnen vorübergehend Esels- und Schweinsköpfe bzw. lange Nasen wachsen. – Weil er seine Schadenfreude so richtig genießen will, läßt Vuksan sich von Matijaš in einen Sack stecken, um aus Jugovićs eigenem Mund den Bericht über das Schenkenerlebnis zu hören. Jugović, von Matijaš über den Inhalt des Sackes informiert, rächt sich für die ihm von Vuksan angetane Kränkung, indem er vorgibt, er wolle den im Sack aufbewahrten »Stockfisch« durch ausgiebiges Schlagen weichmachen. Vuksan muß jedoch nicht nur die Prügel einstecken, sondern sich auch noch der wüsten Beschimpfungen seines Peinigers anhören. – Am Schluß fühlen sich alle Beteiligten von dem Scholaren genarrt und wenden sich gemeinsam gegen Matijaš, der sie aber mit der Begründung zurückweist, er habe ihnen nur den gerechten Lohn für ihr Verhalten zukommen lassen und sie von ihren Lastern heilen wollen.
Nach kroatischem (und ungarischem) Volksglauben versteht man unter *grabancijaš dijak* einen *vagans clericus*, der bereits zwölf Schulen absolviert hat und nun noch die dreizehnte, die »Schwarze Schule«, besuchen muß, um vom *dijak* (lateinkundiger Student) zum Zaubermeister – *grabancijaš* (abgeleitet von ital. *negromanzia*, verkürzt zu *gramanzia*) – aufzurücken. Dieser Zauberkundige wird von Brezovački jedoch im Sinne seiner aufklärerisch-didaktischen Absicht umgedeutet, indem er den aus Unbildung resultierenden Aberglauben des Volkes verspottet und – *ridendo castigare mores* – die Schwächen der zeitgenössischen Gesellschaft aufdeckt. So ergibt sich eine recht derb-effektvolle Situationskomik, die, verstärkt durch die ungekünstelte, mundartliche Diktion, der an traditionellen Elementen der Posse und Fastnachtsspiele reichen Komödie zu ihrer Publikumswirksamkeit verhalf.

B.Gr.

AUSGABEN: Zagreb 1804. – Zagreb 1951 (in *Djela*, Hg. M. Ratković; Stari pisci hrvatski, Bd. 29). – Zagreb 1973 (in *Dramska djela. Pjesme*, Hg. B. Hećimović; Pet stoljeća hrvatske književnosti, Bd. 22).

LITERATUR: S. Batušić, *Komedografija T. B.* (in T. B., *Djela*, Zagreb 1951, S. 9–46). – B. Polić, *Jezik T. B. u djelu »Mathias Grabancijas Dijak«* (in Jezik, 10, 1962, Nr. 2, S. 51–55). – J. Vončina, *Jezično grabancijaštvo T. B.* (in Umjetnost riječi, 1971, Nr. 3). – B. Hećimović, *T. B.* (in T. B., *Dramska djela. Pjesme*, Zagreb 1973, S. 5–33; m. Bibliogr.).

## ROBERT SEYMOUR BRIDGES

\* 23.10.1844 Walmer / Kent
† 21.4.1930 Oxford

LITERATUR ZUM AUTOR:
F. B. Young, *R. B. A Critical Study*, Ldn. 1914; Nachdruck NY 1970. – A. J. Guérard, Jr., *R. B. A Study of Traditionalism in Poetry,* Cambridge/Mass. 1942; ern. NY 1965. – *The Ewelme Collection of R. B.: A Catalogue*, Hg. W. S. Kable, Columbia 1967. – D. E. Stanford, *In the Classic Mode: The Achievement of R. B.*, Newark/Ldn. 1978. – F. Fike, *R. S. B.: A Bibliography of Secondary Sources, 1874–1981* (in Bulletin of Bibliography, 41, Dezember 1984, H. 4; S. 207–215).

## THE TESTAMENT OF BEAUTY

(engl.; *Das Testament der Schönheit*). Epische Dichtung in vier Gesängen von Robert Seymour BRIDGES, erschienen 1929. – Bridges, der neben Gedichten, Dramen (zumeist über Stoffe der Antike) und Prosastücken auch literaturwissenschaftliche Essays verfaßte, 1913 zum *poet laureate* ernannt wurde, zu den engsten Freunden von Gerald Manley HOPKINS und zu den Gründern der »Society for Pure English« zählte, veröffentlichte sein Hauptwerk ein Jahr vor seinem Tod. *The Testament of Beauty* brachte ihm sofort den größten Erfolg seiner Laufbahn, aber innerhalb eines Jahrzehnts wandelte sich die Einschätzung seiner dichterischen Leistung grundlegend: Ein Werk, das der Situation und dem Bewußtsein des modernen Menschen Ausdruck verlieh, beeinflußte immer stärker die Lyrik der Gegenwart: T. S. ELIOTS *The Waste Land* (1922) bezeichnete den Anfang, *The Testament of Beauty* das Ende einer Epoche.
Mit dem ursprünglichen Titel *De hominum natura* bekundete Bridges, daß er LUKREZ *(De rerum natura)* und dessen Ideal des Dichterphilosophen nachstreben wollte. Und so enthält das Werk die Summe seiner weltanschaulichen und ästhetischen Überzeugungen. Die Kunst, so Bridges, schafft das Schöne und dadurch das Gute; sie erweckt »*spiritual emotion in the mind of man*«. Die Evolution des menschlichen Geistes von den primitiven Ursprüngen bis zur Stufe »sokratischer Vervollkommnung« zu dokumentieren, ist die ausdrückliche Absicht des *Testament of Beauty*.
Die vier Gesänge sind wie folgt überschrieben: *Introduction, Selfhood, Breed, Ethick*. Im ersten wird ein kurzer Überblick über die Entwicklung des menschlichen Erkenntnisdrangs gegeben, wobei dieser als Differenzierung der natürlichen Instinkte begriffen wird. Die beiden folgenden Gesänge behandeln die stärksten menschlichen Triebe, *Selfhood* (Selbstbehauptungsinstinkt) und *Breed* (Geschlechtstrieb). In Anlehnung an das Platonische Bild sieht der Dichter diese Triebe von dem Rosse-

lenker *Reason* (Vernunft) geleitet, dessen Pferde *Spirit* und *Appetite* heißen. Auf den Platonischen Dualismus läßt sich Bridges jedoch nicht ein. Aus *Selfhood*, behauptet er, entwickeln sich Großzügigkeit, Güte und das Gefühl der mütterlichen Fürsorge, aus *Breed* die Fähigkeit zur vergeistigten Liebe. Hier bezieht er sich auf eine Aussage George SANTAYANAS (*The Sense of Beauty*, 1896), derzufolge die Liebe zwar animalischen Instinkten entspringe, sich jedoch auf ein ideelles Ziel hin entwickle. Dabei lag Bridges Problem darin, die menschlichen Triebe zu rechtfertigen, ohne sich zu der Rousseauschen Vorstellung vom »glücklichen Naturzustand« zu bekennen. Dieses Problem versucht er in seinem Beitrag zur Ethik zu lösen, einem etwas formlosen Diskurs über den Ursprung des Begriffs des Pflicht, über die Frage, wie man das Vergnügen in Einklang mit einer moralischen Lebensweise bringen könne, über die Bedeutung der Erziehung und schließlich über das ihm besonders wichtige Verhältnis zwischen Schönheit und Vernunft. Dabei kommt er zu dem Schluß, daß das Gefühl für Schönheit zur Quelle menschlichen Glücks werde, wenn es, durch Vernunft gelenkt, zu fruchtbarem Handeln und zur Erkenntnis ewiger Ideen führe. Daß Brdiges der Tugend der Selbstbeherrschung besondere Bedeutung beimißt, erweist ihn als Anhänger der Aristotelischen Ethik. Nicht durch Gesellschaftsvorschriften, sondern durch Einsicht und Bemühung des einzelnen sollten die Triebe in Schach gehalten werden. Diese Vorstellung eines Lebens der Vernunft verbindet Bridges mit einer an der Philosophie SPINOZAS orientierten Kosmologie, die ihn zur Evolutionstheorie DARWINS führt.
Wie der philosophische Gehalt seiner Dichtung sind auch deren Sprache und Form von klassischen Vorbildern geprägt. Bridges' metrische Theorien zeigen, wenngleich er sich dem Einfluß von Hopkins' rhythmischen Experimenten nicht ganz entzog, vor allem seine Affintiät zu SHAKESPEARE, MILTON, SHELLEY und KEATS. Die gelockerten Alexandriner des *Testament of Beauty* sind aus dem »silbischen Vers« Miltons entwickelt. Wie Bridges' klassischer Schönheitsbegriff ein sehr weites Gebiet der menschlichen Erfahrung nicht erfassen konnte, so schloß auch seine Sprache jede Möglichkeit aus, Gedankengut und Sensibilität des 20. Jh.s zum Ausdruck zu bringen. So ging er in die Geschichte der englischen Dichtung als »Der letzte Viktorianer« ein. J.Mo.

AUSGABEN: Oxford 1929; ²1930. – Oxford 1953 (in *Poetical Works*).

LITERATUR: F. O. Elton, *R. B. and »The Testament of Beauty«*, Ldn. 1932. – E. Wright, *Metaphor, Sound and Meaning in R. B.'s »Testament of Beauty«*, Philadelphia 1951. – J.-G. Ritz, *Rhétorique et communication ou l'art de R. B. dans »The Testament of Beauty«* (in H. Greven, *Rhétorique et communication*, Paris 1979, S. 191–205).

## JAMES BRIDIE

d.i. Osborne Henry Mavor
\* 3.1.1888 Glasgow
† 29.1.1951 Edinburgh

LITERATUR ZUM AUTOR:
J. C. Trewin, *The Good-Natured Man: J. B.* (in J. C. T., *Dramatists of Today*, Ldn. 1953, S. 91–101). – W. Bannister, *J. B. and His Theatre. A Study of J. B.'s Personality, His Stage Plays and His Work for the Foundation of a Scottish National Theatre*, Ldn. 1955. – U. Gerber, *J. B.s Dramen*, Bern 1961 (Swiss Studies in English). – H. L. Luyben, *The Dramatic Method of J. B.* (in Educational Theatre Journal, 15, 1963, S. 332–343).

## THE ANATOMIST

(engl.; *Der Anatom*). Schauspiel von James BRIDIE, Uraufführung: Edinburgh, 6.7. 1930, Lyceum Theatre. – Der im Titel genannte Anatom ist Dr. Robert Knox, dessen revolutionäre und weitreichende Entdeckungen auf dem Gebiet der Anatomie erst dadurch ermöglicht wurden, daß ein Grabschänder- und Mörderpaar, Burke und Hare, ihn mit einem Vorrat von Leichen versorgten. Die Haupthandlung des Stücks dreht sich um die Aufdeckung dieses Tatbestands durch Walter Anderson, den Assistenten des berühmten Arztes. Hauptthema ist die Frage, inwieweit der Mensch das Recht hat, sich um der Erforschung der Wahrheit willen außerhalb der Moral zu stellen, und ob die Rettung von Tausenden zukünftiger Leben eine geringe Anzahl von Morden in der Gegenwart entschuldigen und rechtfertigen kann. Knox, wie Burke und Hare eine historische Person, wird als schwer deutbarer Charakter dargestellt: Er ist ein Genie seines Fachs und im Grunde ein Humanist auf der Suche nach der »*Wahrheit, die dem edelsten Wesen der Schöpfung zeigen soll, wie man leben muß*«. Zugleich aber ist er auch grenzenlos arrogant und ein Menschenverächter: Im Traum sieht er sich selbst, wie er, mit zwei Pistolen bewaffnet, die Masse in Schach hält – ein Traum, der im Verlauf des Stücks Wirklichkeit wird. Knox wird durchaus als ein Mann von Mut und Moral gekennzeichnet, der weder vor den Verwicklungen, die sich aus seiner Lebensanschauung ergeben, noch vor den Folgen seiner Mittäterschaft an den Morden zurückschreckt.
Bridie versucht Knox nicht nur so zu zeigen, wie dieser sich selbst sieht, sondern seine Persönlichkeit auch aus den Reaktionen seiner Umwelt deutlich werden zu lassen. Nach dem Muster SHAWS baut er seine Thesen geschickt in eine sehr lebendige Handlung ein. Aber da es ihm an Tiefgang fehlt,

bleibt die Diskussion der Ideen oberflächlich. Eher zum Nachteil des Stücks ist eine Liebesgeschichte eingefügt, die nicht recht in den Gesamtplan passen will. Einige kraftvolle Dialoge und viele zum Nachdenken anregende Passagen erklären seinen beträchtlichen Erfolg bei Kritik und Publikum.

J.v.Ge.

AUSGABEN: Ldn. 1931. – Ldn. 1949.

## DAPHNE LAUREOLA

(engl.; Ü: *Daphne Laureola*). Schauspiel von James BRIDIE, Uraufführung: London, 23. 3. 1949, Wyndham's Theatre; deutsche Erstaufführung: Berlin 1949. – Zentralfigur des Stücks ist Lady Pitts, eine einst geistsprühende Frau mittleren Alters, die in der Rolle der emanzipierten Frau einsam und unglücklich geworden ist. Verständnisvoll hat bisher ihr bejahrter Ehemann, Sir Joseph, versucht, ihr die Geborgenheit zu geben, deren sie so dringend zu bedürfen scheint. Eines Tages betrinkt sich Lady Pitts in einem Restaurant in Soho und lädt sämtliche Anwesenden in ihr Haus ein. Unter ihnen ist Ernest Piaste, ein junger polnischer Emigrant, der sich Hals über Kopf in die Gastgeberin verliebt. In der Folgezeit läßt sich diese die Verehrung des jungen Mannes gefallen, warnt ihn aber gleichzeitig davor, romantische Vorstellungen über sich und andere zu nähren. Erst als sie – nach Sir Josephs Tod – ihren Chauffeur und Hausdiener heiratet, der ihr in seiner Nüchternheit mehr männlichen Schutz zu bieten vermag als der junge Romantiker, gelingt es Piaste, sich von seinen Illusionen zu lösen.

Das schwankende Niveau, das die Kritik Bridie immer wieder vorwarf, beweist er auch in *Daphne Laureola*. Zwei bühnengerechten Akten läßt der Dramatiker einen recht wirren dritten folgen, der den Zuschauer im Zweifel über die eigentliche Absicht des Stücks läßt. Zu diesem Eindruck trägt auch die Anspielung auf die Daphne-Apollo-Mythe bei, deren Zusammenhang mit den Protagonisten des Schauspiels recht vage erscheint. Daß Bridie auch mit *Daphne Laureola* ein Ideendrama im Stil SHAWS im Sinn hatte, geht vor allem aus seinen kritischen Bemerkungen zum Status der modernen Frau hervor. Stärken des Stücks sind die stellenweise brillanten Dialoge und die Bühnenwirksamkeit der weiblichen Hauptfigur. Die berühmte englische Schauspielerin Edith Evans verhalf in dieser Rolle dem Stück zu nachhaltigem Erfolg. J.v.Ge.

AUSGABEN: Ldn. 1949. – Ldn. 1953 (in *Collected Plays*).

ÜBERSETZUNG: *Daphne Laureola. Eine Komödie*, L. Mannheim, Bln. 1950.

LITERATUR: T. C. Worsley, »*Daphne Laureola*« (in The New Statesman and Nation, 2. 2. 1949, S. 323).

## JEAN FERNAND BRIERRE

\* 1909 Jérémie

## PROVINCE

(frz.; *Provinz*). Roman von Jean Fernand BRIERRE (Haiti), erschienen 1935. – Brierre, einer der wichtigsten neueren sozialkritischen Schriftsteller Haitis, wollte in einem vierbändigen Romanwerk, *Les horizons sans ciel (Die Horizonte ohne Himmel)*, das Schicksal seiner Generation während der zwanzigjährigen Besetzung Haitis durch nordamerikanische Truppen zeichnen. Von dem geplanten Zyklus erschien lediglich dieser erste Band, der stark autobiographische Züge trägt, obgleich sich der Autor nur an wenigen Stellen ausdrücklich in das Geschehen einbezieht.

Nach der Schließung aller höheren Schulen in der Provinz durch die amerikanische Besatzungsmacht, kommen aus den Landstädten Haitis die jungen Leute in die Hauptstadt, um, wie es ihnen angeboten wurde, an einer neugegründeten Hochschule Landwirtschaft zu studieren. Brierre schildert am Beispiel von fünf dieser Studenten den verzweifelten Kampf um Studienplätze, Stipendien und Lebensunterhalt. Neben diesem Kampf um das physische Dasein tritt die innere Unsicherheit, die sich aus dem immer wieder heraufbeschworenen Gegensatz zwischen dem häuslich geborgenen Leben auf dem Lande und den Wirren der Hauptstadt ergibt. Von der städtischen Gesellschaft zurückgewiesen und sozial verachtet, bilden die Studenten vom Lande eine eigene kleine Klasse von Ausgestoßenen, die sich in die verschiedensten Ideologien und Weltanschauungen retten: Monral wird Kommunist, Vallade sucht im katholischen Glauben seiner Kindheit Halt, Valmont flüchtet sich in die Dichtung, Viran wird zum Nihilisten und Weltverächter und geht schließlich als Alkoholiker zugrunde. Nur der Opportunist Valladère kann sich behaupten, indem er sich skrupellos nach oben arbeitet.

Im Vordergrund des handlungsarmen Romans stehen die Diskussionen der Freunde, mit denen Brierre das Zeitgeschehen kritisch beleuchtet. Sie werden immer wieder von Szenen des Hungers und der Hoffnungslosigkeit unterbrochen. Das einzige durchgehende Handlungselement bleibt die Liebesepisode zwischen Valmont und Adrienne, einem Mädchen aus der guten Gesellschaft. Das Scheitern dieser Romanze fügt sich in das allgemeine Bild ein: Die Welt der Gescheiterten kann keine Welt sein, in der die Liebe möglich und erfüllbar wäre. Doch sie geht nicht an der Schuld einzelner, sondern an der Ausweglosigkeit der Situation zugrunde. Die Verzweiflung ist schicksalhaft, die einzelnen Personen weder gut noch böse; sie sind nur Marionetten, die ihre Rolle in einem reglementierten gesellschaftlichen Spiel spielen. So endet das Werk in ausweglose Resignation. *Province* ist ein

Vorläufer des späteren haitianischen sozialkritischen Romans, der dann die Überwindung des Elends durch den beispielhaften Einsatz einzelner vorführt (so in den Romanen von Jacques ALEXIS, MORISSEAU-LEROY und den späteren Werken von ROUMAIN, z. B. *Gouverneurs de la rosée*, 1944). Brierres Roman bleibt nur vergleichbar mit den ersten Romanfragmenten von Roumain; doch wie bei diesem wandelte sich später seine Resignation zur marxistischen Weltanschauung. Diese Wandlung hat wohl die Vollendung des Zyklus verhindert. U.F.

AUSGABE: Port-au-Prince 1935; Nachdr. Nendeln 1970.

LITERATUR: A. Viatte, *Histoire de l'Amérique française des origines à 1950*, Paris 1954. – G. R. Coulthard, *Race and Colour in Caribbean Literature*, Ldn. 1962. – R. Fleischmann, *Die haitianische Literatur* (in NSp, 12, 1963, H. 3). – G. Gouraige, *Histoire de la littérature haitienne*, Port-au-Prince 1963. – U. Fleischmann, *Ideologie und Wirklichkeit in der Literatur Haitis*, Bln. 1969. – M. Dorsinville, *Les écrivains haïtiens à Dakar* (in Études littéraires, 13, 1980, Nr. 2, S. 347–356). – M. Dash, *Literature and Ideology in Haiti, 1915–1961*, Ldn. 1981. – L.-F. Hoffmann, *Le roman haïtien. Idéologie et structure*, Sherbrooke 1981. – Ders., *Essays on Haitian Literature*, Washington D. C. 1984 [m. Bibliogr.].

## ANNA BRIGADERE

\* 1.10.1861 Kalnamuiža (Tērvete) / Kurland
† 25.6.1933 Tērvete / Lettland

LITERATUR ZUR AUTORIN:
Z. Mauriņa, *Baltā ceļa gājēja – A. B.* (in Z. M., *Tilti. Izmeklētas esejas. 1934–1947*, Mullsjö 1947). – Dies., *Baltajs ceļš. Studia par Annu Brigaderi*, Chicago 1951. – *Latviešu literatūras vēsture*, Bd. 4, Riga 1957, S. 192–213. – *Istorija latyšskoj literatury*, Bd. 1, Riga 1971, S. 381–391. – *Latviešu pirmspadomju literatūra*, Riga 1980, S. 128–149.

**TRILOĢIJA. DIEVS. DABA. DARBS. – SKARBOS VĒJOS. – AKMEŅU SPROSTĀ**

(lett.; *Trilogie. Gott. Natur. Arbeit. – In rauhen Winden. – Im steinernen Käfig*). Autobiographisches Werk von Anna BRIGADERE, erschienen 1926–1932. – In diesem Alterswerk, das in der Tradition der Kindheits- und Bildungs-Trilogien von L. TOLSTOJ und GOR'KIJ steht, erreicht A. Brigadere, die sich bis dahin mit Kunstmärchen und Erzählungen in der lettischen Literatur einen Namen gemacht hatte, den Höhepunkt ihres Schaffens. Das Werk trägt den Untertitel »*Ein Buch für Junge und Alte*« und erhebt somit auch den Anspruch, ein Jugendbuch zu sein. Diesen Anspruch hat es aufgrund seiner einfachen und klaren Sprache und Komposition eingelöst. In eindringlichen Episoden stellt die Autorin die Kinder- und Jugendjahre, den Reife- und Bildungsweg der kleinen Annele dar, und in ihr weitgehend ihre eigene Kindheit und Jugend. Als Tochter eines Knechts, der sich immer wieder auf anderen Höfen verdingen muß, lernt sie das Leben der einfachen Menschen auf dem Lande in verschiedenen Gegenden Lettlands von Grund auf kennen. Schon mit 13 Jahren muß sie, nach dem Tod ihres Vaters, ihre Schulausbildung abbrechen und sich in Mitau (Jelgava) als Näherin und Verkäuferin ihr Brot verdienen. Der dritte Teil endet mit ihrer Ankunft in Riga, wo das bildungshungrige Mädchen, das keine Gelegenheit zum Lernen versäumt hat, ihre Ausbildung fortsetzen will, um Hauslehrerin zu werden.

Brigadere erzählt alle Vorgänge aus der Perspektive des Kindes und des heranwachsenden jungen Mädchens. Es entsteht ein buntes Panorama des Lebens der sechziger und siebziger Jahre des 19. Jh.s auf dem Lande und in der Kleinstadt mit ihren urtümlichen Lebensgewohnheiten und ihren sozialen Gegensätzen, die durch das Nebeneinander der herrschenden adlig-bürgerlichen Schicht der Deutschbalten, die eine kleine Minderheit bilden, und der lettischen Bauern- und Handwerkerbevölkerung noch verschärft werden, zumal in diesen Jahren allmählich eine nationalbewußte lettische Gebildetenschicht heranwächst. Manches wird freilich unbewußt schon aus dem Blickwinkel der zweiten Hälfte der zwanziger Jahre gesehen. Bestimmend für das gesamte Werk ist eine tiefe Religiosität, durch die schon das Leben der kleinen Annele in ihrem Elternhaus geprägt ist. Alle Probleme, mit denen das heranwachsende Kind sich auseinanderzusetzen hat, werden in der Form von einfachen Fragen behandelt, die von Annele oder den Menschen ihres Lebenskreises gestellt werden. Sie suggerieren dem nachdenklichen Leser einfache und gerechte Lösungen. Trotz aller Schwierigkeiten, Unglücksfälle und Ungerechtigkeiten ist ein freudiges Lebensgefühl vorherrschend, das das junge Mädchen optimistisch in eine helle Zukunft blicken läßt.

In seiner formalen Gestaltung ist das Werk durchgehend dem Realismus verpflichtet. Eine besondere Meisterschaft erreicht die Dichterin in ihren häufig poetischen Vergleichen, die in realistischer Manier auf der gleichen Seinsebene angesiedelt sind, meistens im Bereich der Natur. Als Annele müde ist, »*werden ihre Augen schwer wie Blumen vom Tau*«. Brigaderes *Trilogie* wurde bald nach ihrem Erscheinen zu einem der beliebtesten Bücher, das von jung und alt geschätzt wurde. Auch in Sowjet-Lettland erschien gleich zu Beginn der nachstalinistischen Tauwetterperiode (1957) wieder eine Ausgabe. F.Scho.

AUSGABEN: Riga 1926–1932. – Riga 1957. – Riga 1973.

LITERATUR: A. Upīts, *A. B.s »Dievs, Daba, Darbs«* (in *Kopoti raksti*, Riga 1951, Bd. 17, S. 157–159). – E. Andersone, *Par A. B.s »Trilogiju«* (in A. B., *Trilogija*, Riga 1957, S. 5–11).

---

**JEAN-ANTHELME BRILLAT-SAVARIN**

\* 1.4.1755 Belley
† 2.2.1826 Paris

**PHYSIOLOGIE DU GOÛT ou Méditations de gastronomie transcendante; ouvrage théorique, historique et à l'ordre du jour dédié aux gastronomes Parisiens par un professeur, membre de plusieurs sociétés savantes**

(frz.; *Physiologie des Geschmacks oder Betrachtungen über transzendentale Gastronomie; theoretisches, historisches und zeitgemäßes Werk, allen Pariser Feinschmeckern gewidmet von einem Professor, Mitglied mehrerer gelehrter Gesellschaften*). Gastrosophisches Werk von Jean-Anthelme BRILLAT-SAVARIN, anonym erschienen 1826. – Unter diesem ironisch gemeinten, pedantisch-gespreizten Titel veröffentlichte der Jurist Brillat-Savarin, ein Weltmann, der über Poesie ebenso geistvoll zu plaudern verstand wie über Physik und Chemie, seine in Jahrzehnten gesammelten Beobachtungen auf dem Gebiet der Gourmandise, *»der leidenschaftlichen, begründeten und gewohnheitsmäßigen Vorliebe für Dinge, die dem Geschmackssinn schmeicheln«*. Aphorismen, die durch Witz und Phantasie bestechen und noch heute verbindlich für alle Gourmets sind, leiten die erste umfassende Abhandlung über die Philosophie des Essens und die Psychologie der Feinschmecker ein. Etwas geschwätzig, wie er selbst sagt, ergeht sich Brillat-Savarin sodann in dreißig essayistischen Betrachtungen über Gastronomie, Appetit, Durst und Verdauung; er untersucht Nahrungsmittel, plaudert über Schlaf und Träume, philosophiert über das Ende der Welt. Scharfsinnige Erörterungen, die in der Empfehlung gipfeln, den überlieferten fünf Sinnen den Sex *(le génésique ou amour physique)* als sechsten hinzuzufügen, regen nicht weniger zu amüsiertem Nachdenken an als Betrachtungen über die finanzielle Bedeutung der Truthahnzucht für die ärmere Landbevölkerung. Puterophile Tafelfreuden und Bemerkungen über die aphrodisische Eigenschaft der Trüffel würzen das von BALZAC wegen seines gespickten Humors und seiner Ironie gerühmte literarische Gericht. Der Philosoph der guten Küche tröstet aber auch die Enttäuschten, die es nur zufrieden sein sollen, wenn ihnen wenigstens der Magen treu geblieben ist, er verteilt scharfe Seitenhiebe gegen die Ärzte, denen er zu große Strenge im Umgang mit ihren Patienten vorwirft, und er tadelt die Literaten, die die Pünktlichkeit, die unerläßliche Eigenschaft des Kochs wie der Gäste, stets vermissen lassen und, auf Reputation bedacht, die Gabel nur benützen, um sich dadurch den Tempel der Unsterblichkeit zu öffnen. Viel lieber sieht Brillat-Savarin da die würdevollen Chevaliers und Abbés, Repräsentanten des alten Frankreich, das er selbst 1794 als Emigrant vorübergehend verließ. Das Kapitel über seinen Aufenthalt in den Vereinigten Staaten, wo er nur wenige Gleichgesinnte fand, besteht schlechtweg aus Pünktchen. Mehr als Worte es vermöchten, verleihen sie den Empfindungen des Feinschmeckers Ausdruck, der froh war, den barbarischen Eßgewohnheiten der Neuen Welt zwei Jahre später wieder entfliehen zu können.

Ein philologisches Problem beschäftigte Brillat-Savarin bei den Vorbereitungen zu seiner Arbeit besonders: Wie mit der seinerzeit in den Nachschlagewerken üblichen Verwechslung der Begriffe Feinschmeckerei, Gefräßigkeit und Völlerei aufräumen? Den nuancenreichen Ausführungen der Lexikographen, *»die sonst gewiß höchst schätzbare Herren sein mögen, aber keineswegs liebenswerte Gelehrte sind, die mit Anmut den Flügel eines köstlich zubereiteten Rebhuhns zum Munde führen, und ihn danach mit abgespreiztem kleinem Finger mit einem Glase Laffitte oder Clos Vougeot zu begießen verstehen«*, galt es klare Definitionen gegenüberzustellen. Mit philologischem Spürsinn französiert Brillat-Savarin gastronomische Termini der englischen und spanischen Sprache, prüft, ob Bezeichnungen ausländischer Tafelfreuden sich mit allen Feinheiten der Abgrenzung bereits im Sprachschatz seines Heimatlandes finden, oder gräbt zu diesem Zweck verstaubte Wörter aus. Balzac hat von ihm gesagt: *»Seit dem sechzehnten Jahrhundert haben wir, mit Ausnahme von La Bruyère und La Rochefoucauld keinen Schriftsteller gehabt, der den französischen Ausdruck so kräftig hervorzuheben wußte.«* Die *Physiologie du goût*, die man wegen einiger Pastetenrezepte oft fälschlich in die Reihe der Kochbücher eingereiht hat, gilt neben den gastrosophischen Werken von A. B. L. GRIMOD DE LA REYNIÈRE *(Almanach des gourmands*, 1803–1810) und Alexandre DUMAS Père *(Grand dictionnaire de cuisine*, 1873) als die große französische Apologie der Lebenskunst; sie ist noch heute wegen ihrer reizvollen kulturgeschichtlichen Details ein literarisches Menü für Feinschmecker. G.Se.

AUSGABEN: Paris 1826, 2 Bde.; [4]1834. – Paris 1959, Hg. P. Pia. – Paris 1975 [m. Lektüre v. R. Barthes]. – Paris 1982.

ÜBERSETZUNGEN: *Physiologie des Geschmacks, oder physiologische Anleitung zum Studium der Tafelgenüsse*, C. Vogt, Braunschweig 1865; Nachdr. Lpzg. 1983. – *Physiologie des Geschmacks oder Betrachtungen über transzendentale Gastronomie*, A. Merleker,

Mchn. 1913. – *Physiologie des Geschmacks oder transcendentalgastronomische Betrachtungen*, R. Habs, Lpzg. o. J. [1915] (RUB). – *Physiologie des Geschmacks*, E. Ludwig, Lpzg. 1923. – *Physiologie des Geschmacks oder Betrachtungen über höhere Tafelvergnügen*, H. E. Rübesamen, Mchn. 1962. – *Physiologie des Geschmacks*, A. Dünnwald, Mchn. 1962 [Einf. W. Kiaulehn]. – Dass., E. Ludwig, Ffm. 1979 (Insel Tb).

LITERATUR: H. de Balzac, *Œuvres diverses*, Bd. 3, Paris 1835, S. 231–239. – F. Poppenberg, *Der Philosoph in der Küche* (in LE, 15, 1912/13, S. 1681–1686). – J. Armand-Laroche, *B.-S. et la médecine*, Paris 1931. – M. Des Ombiaux, *La »Physiologie du goût« de B.-S.*, Paris 1938. – Schlehdorn (d. i. F. Everling), *Gourmandise und Gastlichkeit*, Mchn. 1957. – J. Roudaut, *Mythologie gastronomique* (in NRF, 346, 1. 11. 1981, S. 182–191).

## JOHN BRINCKMAN

\* 3.7.1814 Rostock
† 20.9.1870 Güstrow

LITERATUR ZUM AUTOR:
W. Rust, *J. B.s hoch- und niederdt. Dichtungen*, Bln. 1913. – O. Weltzien, *B.-Buch. J. B.s Leben und Schaffen*, Hbg. 1914. – H. Teuchert, *J. B.s Bedeutung für die neuplattdeutsche Literatur* (in NdJb, 51, 1925, S. 104 ff.). – W. Tiedemann, *Die sittliche Idee in J. B.s Werken*, Diss. Rostock 1932. – E. Schulz, *Der volkskundliche Gehalt der plattdeutschen Werke J. B.s*, Diss. Rostock 1937. – P.-C. Paegelow, *Natur u. Landschaft bei K. Groth u. J. B.*, Diss. Rostock 1943. – *Fs. zum 150. Geburtstag von J. B.*, Bearb. H.-J. Klug u. a., Güstrow 1964. – L. Simons, *Vlaamse en nederduitse literatuur in de 19e eeuw*, Bd. 1, Gent 1982, S. 113–120 u. ö.

## DAT BRÜDEN GEIHT ÜM

auch: *Voß un Swinegel* (nd.; *Das Necken geht um*). Erzählung von John BRINCKMAN, erschienen 1854. – Die genaue, mit köstlichem Humor gewürzte Schilderung eines mecklenburgischen Erntefestes bildet den Rahmen für diese als Gegenstück zu dem bekannten Märchen vom Wettlauf zwischen dem Hasen und dem Igel gedachte Erzählung. – Mit aller Vorsicht hat der boshaftschlaue Fuchs den zur Verteidigung zusammengerollten Igel in die mit Wasser angefüllte Mergelkuhle geworfen und ihm so nur die Wahl gelassen zwischen dem sicheren Tod des Ertrinkens und dem reißenden Zugriff des am Ufer lauernden Verfolgers. Allein die Hunde des nahenden Jägers bringen Rettung, treiben den Fuchs in seinen Bau, und als er in höchster Not durch den letzten, noch frei gewähnten Ausgang entweichen will, erwartet ihn dort schon der Igel, versperrt ihm den Weg und besiegelt das Schicksal seines Feindes. So steht am Ende der gerechte Sieg des Schwächeren, des »hausbacknen gesunden Verstandes« (Brinckman) über ausgesuchte Klugheit und raffinierte Bösartigkeit.

Brinckmans erste Erzählung in seiner plattdeutschen Mundart wurde sicherlich von AUERBACH und GROTH, vor allem aber durch den überraschenden Erfolg von REUTERS *Läuschen un Rimels* (1853) angeregt. Indem er die fast zur Manier gewordene gebundene Form aufgab, gelang ihm eine selbständige, ihr unmittelbares Vorbild weit übertreffende Gestaltung des tief in heimatlicher Überlieferung wurzelnden Stoffes. Der im Grunde gutmütige, von steter Sorge um seine zahlreiche Familie erfüllte »Swinegel« ist für Brinckman die Verkörperung eines »*in Norddeutschland mit dem kleinen Finger greifbaren Menschenschlages*«, sein Sieg ist auch der Sieg des nur zu oft noch unterdrückten einfachen Mannes in Dorf und Stadt, dessen Ohr und dessen Herz er mit seinen Erzählungen zu erreichen suchte. Trotz des Verzichts auf die sonst übliche moralische Nutzanwendung steht die optimistische Grundhaltung des Verfassers außerhalb jeden Zweifels. Deutlich begegnet sie uns in dem bei aller Kälte die realistisch gezeichneten nebelverhangenen Herbstmorgens stets spürbaren, durch viele dem Volksmund abgelauschte Redewendungen besonders treffend charakterisierenden Humor. Diese kleine Arbeit zählt noch heute zu den volkstümlichsten niederdeutschen Erzählungen.

H.J.B.

AUSGABEN: Güstrow 1854. – Rostock 1877–1886 (in *Ausgew. Plattdt. Erzählungen*, 3 Bde., 2). – Rostock ³1895 (*Voß un Swinegel*). – Lpzg. 1914 (ebenso in SW, Hg. O. Weltzien, 5 Bde., 4). – Greifswald 1928 (in *Plattdt. Werke*, Hg. J. Becker u. a., 7 Bde., 1924–1934, 3). – Hbg. 1939 (*Voß un Swinegel in AW*, 2 Bde., 1). – Hbg. 1964, Hg. W. Lehmbecker u. H. de Voß (in *Kaspar Ohm un ick*). – Rostock 1976 (in *Werke*, Hg. K. Batt, 2 Bde., 2).

## DE GENERALREDER

(nd.; *Der Generalreeder*). Erzählung von John BRINCKMAN, erschienen 1886. – Das kleine Prosastück enthält den in eine Rahmenhandlung gekleideten Bericht des Kapitäns Martin Heuer über die bemerkenswertesten Stationen seines Lebens. Als junger Schiffsführer in dänischen Diensten zu Geld und Ansehen gelangt, verliert er seine Ersparnisse bald wieder durch eine Fehlspekulation und beginnt in seiner Heimatstadt Rostock noch einmal von vorn. Er gibt ein eigenes Schiff in Auftrag, wird von ehrlichen Freunden unterstützt, von falschen betrogen und gerät an den Rand des Ruins. Doch der rechtschaffene Seemann, noch in größter

Bedrängnis auf Gottes Hilfe vertrauend, wird in letzter Stunde gerettet: das Gute siegt, das Böse geht zugrunde. Es ist Brinckmans unerschütterliche Überzeugung, daß nur derjenige sein Lebensschiff sicher durch alle Stürme in den Hafen steuern wird, der über dem Treiben dieser Welt nicht vergißt, daß Gott unser »Generalreeder« ist: »*De Generalreder hett'n widen Kikut. De sitt baben in de Mars von de Welt, un de verlett keen ihrlich Rostocker Stadtkind, wenn Holland in Not is.*« (»Der Generalreeder hat einen weiten Ausblick. Der sitzt oben im Mastkorb der Welt, und der verläßt kein ehrliches Rostocker Stadtkind, wenn Holland in Not ist.«)

Vor allem der erste Teil der Geschichte überzeugt durch die in sich geschlossene Darstellung. Der Autor erzählt ohne Umschweife und versteht es, auch die Randfiguren, besonders die zwielichtigen Typen, treffend zu charakterisieren. In der seinem eigenen Vater, der schon früh den Seemannstod fand, nachgezeichneten Gestalt des Kapitäns Heuer hat Brinckman das eindrucksvolle Porträt eines tüchtigen, unerschrockenen Seefahrers, ehrlichen Kaufmanns und warmherzigen, hilfsbereiten Menschen geschaffen. Dem zweiten Teil, in dem die gerechte, ein wenig zu deutlich moralisierende Verteilung von Lohn und Strafe erfolgt, fehlt die Einheitlichkeit des ersten: die satirische Schilderung der aristokratischen, dem Brinckmanschen Ideal bürgerlicher Wohlanständigkeit kraß entgegengesetzten Lebewelt ist zwar gelungen, sprengt aber den Rahmen des kleinen Werks, das in echtem, vom Wortschatz der Schiffer durchsetztem Rostocker Plattdeutsch ein getreues Bild vom Leben einer norddeutschen Seehandelsstadt in der ersten Hälfte des 19. Jh.s zeichnet.

Brinckman hat den gleichen Stoff, um zahlreiche Gestalten und Episoden bereichert, noch einmal in dem umfangreichen Romanfragment *Von Anno Toback* behandelt, das in der uns erhaltenen, offenbar kaum durchgearbeiteten Fassung an den *Generalreder* allerdings nicht heranreicht. H.J.B.

AUSGABEN: Rostock 1886 (in *Ausgewählte plattdt. Erzählungen*, 3 Bde., 1877–1886, 3). – Lpzg. 1914 (*Dei General-Reeder*, in *SW*, Hg. O. Weltzien, 5 Bde., 4). – Wismar 1918 (*De Generalreeder*, Hg. W. Schmidt). – Greifswald 1928 (*De Generalreeder*, in *Plattdt. Werke*, 7 Bde., 1828–1934, 4: *Kleine Erzählungen II*, Hg. W. Rust). – Hbg. 1939 (*Dei Generaal-Reder*, in *AW*, Hg. O. Lemcke, 2 Bde., 1). – Rostock 1976 (in *Werke*, Hg. K. Batt, 2 Bde., 1).

## KASPAR-OHM UN ICK. Een Schiemannsgoorn

(nd.; *Kaspar-Ohm und ich. Ein Seemannsgarn*). Erzählungen von John BRINCKMAN, erschienen 1855, in stark erweiterter Fassung 1868. – Aus einer bereits 1855 erschienenen Sammlung kleiner Geschichten und Begebenheiten rund um die Gestalt des derb-biederen Rostocker Kapitäns Kaspar Pött

ist dreizehn Jahre später Brinckmans wohl populärstes Werk entstanden. Unkel Andrees erzählt von den lustigen und übermütigen Streichen seiner Jugend in Rostock zu Beginn des neunzehnten Jahrhunderts, von Freundschaft und erster Liebe und immer wieder von der Begegnung mit Kaspar-Ohm, dem verehrten, geliebten und gefürchteten Seebären, der alle die Züge in sich vereinigt, die Brinckman selbst für die charakteristischen des niederdeutschen Seemanns hält: »*Mut und Gottesfurcht, Tätigkeit und Sparsamkeit, Rechtssinn und Freimütigkeit, aber auch an die Grenze des Rohen streifende Derbheit (sowie) eine gehörige Portion grotesken Eigendünkels und skurrillen Besserwissens.*« Das bis zum Äußersten gesteigerte Selbstbewußtsein Kaspar-Ohms führt ebensosehr zum ständigen Konflikt mit seiner Umgebung, zu einer Fülle kleiner Herausforderungen und Reibereien, wie der unleugbare Widerspruch seiner auf den Meeren und in aller Herren Länder gewonnenen Lebenserfahrung und Lebensklugheit mit dem begrenzten Urteilsvermögen einer in kleinbürgerlicher Enge und Wohlanständigkeit verharrenden Welt.

Die Kritik war häufig geneigt, in dieser barocken, bei aller bramarbasierenden Eigenheit doch herben und knorrigen Gestalt ein großstädtisch-seemännisches Gegenstück zu REUTERS Unkel Bräsig (vgl. *Ut mine Stromtid*) zu sehen. Der Vergleich mag hingehen, sofern er sich auf das Thematisch-Stoffliche beschränkt. Brinckman hat seinen Helden ganz überwiegend von außen gesehen, fast ohne jede psychologische Vertiefung und Verinnerlichung, entgeht dadurch freilich auch der bei Reuter immer wieder spürbaren Gefahr seelischen Überschwangs und weichlicher Sentimentalität. Die köstlichen Erlebnisse des kleinen Andrees und seiner Freunde sind von gesunder Frische und jungenhaftem Übermut, die Episoden um Kaspar-Ohm hingegen voll poltriger Großspurigkeit und grotesker Übertreibung. Beide Bereiche aber fügen sich zu einem getreuen Kulturbild des seemännischen Arbeits- und Lebenswelt, mit der Brinckman durch Herkunft und Tradition eng verbunden war, zu einer »*Familienchronik von Anno Toback*«, und »*dor sitt mennigmal mihr Wiert un Lihr un mihr Witz un Ulk in as in'n ganzen Putscheneller-Kasten un in dat gesamte Theatrum Mundi*« (»darin sitzt manchmal mehr Wert und Lehre und mehr Witz und Ulk als in all dem Kaspertheater und in dem ganzen Theatrum Mundi«). Die Sprache Brinckmans ist (bis an die Grenze des Verständlichen) durchsetzt mit Bildern und Fachausdrücken aus der Welt der Seefahrt; Kaspar-Ohm selber spricht ein mit niederländischen Lauteigentümlichkeiten vermischtes Plattdeutsch, das ebensosehr von prononciert-provozierender Eigenständigkeit wie von gelassener Weltoffenheit zeugt. Diese plastische Charakterisierung des Helden aus den Elementen seiner Sprache verleiht dem Werk, allen kompositorischen Mängeln zum Trotz, bleibenden Wert. H.J.B.

AUSGABEN: Güstrow 1855. – Rostock [2]1868 [erw.]. – Rostock 1877 (in *Ausgewählte plattdeut-*

*sche Erzählungen*, 3 Bde., 1877–1886, 1). – Lpzg. 1901, Hg. H. Bandlow (RUB). – Lpzg. 1914 (in *SW*, Hg. O. Weltzien, 5 Bde., 2). – Greifswald 1928 (in *Plattdeutsche Werke*, Hg. J. Becker u. a., 7 Bde., 1828–1934, 2; krit.). – Hbg. 1964, Hg. W. Lehmbecker u. H. de Voß. – Rostock 1976 (in *Werke*, Hg. K. Batt, 2 Bde., 1).

## VAGEL GRIP

(nd.; *Vogel Greif*). »En Dönkenbok« von John BRINCKMAN, erschienen 1859. – Im Gegensatz zu den eher humoristisch-schwankhaften *Läuschen* seines nur wenige Jahre älteren Landsmanns Fritz REUTERdeutet Brinckmans eigene Charakterisierung seiner niederdeutschen Gedichte als »Dönken« »weit stärker auf das Volkstümlich-Liedhafte hin, sie entsprechen *»dem Volksmund abgelauschten Reimen von knapper Form und scharfgezeichneten Gestalten und Bildern aus dem Leben und der Natur«*(Teuchert). Das Wappentier seiner Heimatstadt Rostock führt als Titelfigur eher in die Irre: Anders als in seinen Prosaarbeiten (vgl. *Kaspar Ohm un ick; De Generalreeder*) ist das von der Nähe zum Wasser geprägte Leben der alten Hafenstadt für Brinckmans Lyrik in keiner Weise bestimmend geworden. Angeregt durch Klaus GROTH hat er vielmehr versucht, ein mecklenburgisches Gegenstück zum *Quickborn* (1851) zu schaffen, ein Bild der Landschaft und der Menschen, im besonderen des dörflichen Lebens seiner Heimat. Jahre der Tätigkeit als Lehrer auf dem flachen Land hat Brinckman genutzt, um die unmittelbaren Äußerungen des mecklenburgischen Volkstums zu studieren. Groths bewußtem Künstlertum setzt er eine ebenso absichtsvolle Direktheit entgegen, den Versuch einer realistischen Schilderung, einer objektiven Darbietung des Gegebenen. Seine Lyrik ist derber, zupackender, näher am Alltag.

Neben fröhlichen, volksliedhaften (auch unmittelbar aus dem Volk genommenen) Kindergedichten stehen frische, unverstellte Liebeslieder, die von der naiven Unbeholfenheit und der Angst junger, zumeist heimlicher Liebe erzählen, von der Verwerflichkeit und dem Verhängnis bloßer Sinnenlust, von der Offenheit und Ehrlichkeit der Liebenden zueinander, von der verlassenen, verstörten, verzweifelten Geliebten. Neben dem berechtigten Stolz des Bauern auf sein eigenes Land, auf sein Haus *»ahm Schimp un Schann'n un Snack – wat hett son'n Junker mir!«* (*»ohne Schimpf und Schande und Gerede – was hat solch Junker mehr!«*) steht die Sorge des Landmanns, wenn der Acker nicht trägt, das Vieh nicht gedeiht. Nicht ohne Blick für soziale Probleme sieht Brinckman auch die Not der Armen und Ausgestoßenen, ihren Hunger, ihr Elend. Dann wird aus unbekümmertem Humor oft bitterer Spott, mit scharfer Ironie geißelt Brinckman Dummheit und Anmaßung der Reichgewordenen: *»Dei Vadder wir Scheper, de Saehn is'n Schap.«* (*»Der Vater war Schäfer, der Sohn ist ein Schaf.«*) Der tätige Mensch gilt ihm mehr als der besitzende, Arme und Reiche müssen einmal den gleichen Weg gehen, über allem Reichtum steht das Glück lebenslanger Liebe und Treue. Auch Brinckmans sicher empfundene Naturbilder vermeiden jede Sentimentalität, seine Sprache bleibt nüchtern, kraftvoll, wirklichkeitsbezogen auch in der Fülle volkstümlicher Redewendungen, in der genauen Sprachmelodie, in der liebevollen Berücksichtigung heimatlicher Besonderheiten: *»Min Seling, min Püting, min Snippesnappesnüting«* (Koseformen).

Mag Brinckmans Bedeutung auch hauptsächlich im Bereich der erzählenden Dichtung liegen (Cordes), so bleibt seine Gedichtsammlung doch das klassische Zeugnis mecklenburgischer Lyrik in niederdeutscher Sprache. Die Popularität des *Vagel Grip* allerdings blieb lange Zeit weit hinter Reuters *Läuschen un Rimels* und hinter vielen bestenfalls zweitrangigen Autoren in der Nachfolge Reuters zurück. H.J.B.

AUSGABEN: Güstrow 1859. – Lpzg. 1905 (in *SW*, Hg. O. Weltzien, 4 Bde., 1). – Wolgast 1924 (in *Plattdeutsche Werke*, 7 Bde., 1, Hg. H. Teuchert; krit.). – Hbg. 1964, Hg. W. Lehmbecker u. H. de Voß (in *Kaspar Ohm un ick*; Ausz.). – Rostock 1976 (in *Werke*, Hg. K. Batt, 2 Bde., 2).

LITERATUR: E. Brandes, *J. B.* (in Die Grenzboten, 56, 1897, S. 117 ff.; 278 ff.). – E. Hamann, *J. B.s »Vagel Grip«* (in Zeitschrift Mecklenburg, 2, 1907, S. 21 ff.) – H. Teuchert, *J. B.s »Vagel Grip«* (in Mitteilungen aus dem Quickborn, 1951, S. 53 ff.).

# TOR ÅGE BRINGSVÆRD

\* 16.11.1939 Skien

## GOBI. BARNDOMMENS MÅNE

(norw.; *Gobi. Der Mond der Kindheit*). Roman von Tor Åge BRINGSVÆRD, erschienen 1985. – Bringsværd nennt seinen Roman *»das erste von mehreren Büchern«* und gibt so zu verstehen, daß es sich um den ersten Teil eines mehrbändig konzipierten Werks handelt. Während das bisherige Schaffen des Autors in erster Linie der phantastischen Literatur und der Science Fiction zuzurechnen ist, wendet er sich mit *Gobi* dem Genre des historischen Romans zu. Dadurch, daß der Autor den Zugang zur Geschichte über Mythen, Märchen und Sagen sucht, bleibt jedoch die Kontinuität seines Schreibens gewahrt, indem er zum Zweck der Gegenwartserhellung mit Vorliebe auf frühe literarische und volkskundliche Überlieferungen zurückgreift. Kein Zufall dürfte es sein, daß die Wende zum historischen Roman mit dem Projekt einer auf mehrere Bände angelegten dichterischen Neufassung der nordischen Mythologie einhergeht.

Die Romanhandlung spielt in der ersten Hälfte des 13. Jh.s. Wolfgang von Godesberg, die Hauptperson des Erzählgeschehens, schließt sich im Jahre 1212 – erst achtjährig – dem Kinderkreuzzug an und macht sich mit 40 000 Gleichgesinnten von Köln auf den Weg nach Jerusalem, um das Heilige Grab von islamischer Herrschaft zu befreien. Der Weg führt am Rhein entlang, über die verschneiten Alpenpässe nach Genua, wo das »Heer«, auf wenige tausend Verwahrloste dezimiert, im Herbst ankommt. Die epische Rekonstruktion der historischen Ereignisse bietet dem Autor Gelegenheit, das ganze politische, klerikale, kulturgeschichtliche und alltägliche Umfeld der Zeit erzählerisch auszuloten sowie ein Bild von den Ängsten, Qualen und vielfachen Bedrohungen der Teilnehmer durch Hunger, Kälte und Krankheit zu entwerfen. Es ist ihm daran gelegen, die unselige Rolle der Kirche bei Planung und Durchführung des Kinderkreuzzuges zu entlarven und auf die alles andere als ehrenhaften Motive der Hintermänner und Drahtzieher aufmerksam zu machen. Die Revokation der einzelnen Etappen des langen Marsches vermittelt ein überaus realistisches Bild von Entbehrungen, Auseinandersetzungen und Übergriffen, von der Hierarchisierung und den Überlebenskämpfen innerhalb des »Heeres« sowie von den Machenschaften und Einmischungen all jener, die den Zug in der Hoffnung auf eigene Beute begleiteten.

Nachdem das in Aussicht gestellte Wunder des zurückweichenden Wassers ausgeblieben ist und die Anführer sich aus dem Staub gemacht haben, geraten Wolfgang und andere Versprengte des Kreuzzuges in die Hände profitsüchtiger Schiffskapitäne, die sie unter dem Vorwand, sie ins Heilige Land übersetzen zu wollen, auf die Sklavenmärkte nach Alexandria verschleppen. Über das weitere Schicksal Wolfgangs im muselmanischen Kulturkreis erfährt der Leser in diesem Band noch wenig. Eine Zeitlang schlägt er sich als Gaukler im Vorderen Orient durch, bis er in mongolische Gefangenschaft gerät. Zum Zeitpunkt der Erzählgegenwart befindet sich der inzwischen 30 Jahre älter gewordene Wolfgang in Tun-huang, einer Oase in der Wüste Gobi, auf der Flucht vor Dschingis-Khan und seinen mongolischen Horden, die ihn u. a. verdächtigen, das Rezept eines Unsterblichkeitselixiers bei sich zu haben, das er aus den Händen seines verstorbenen Protektors Ye Liu Chutsai empfangen haben soll.

Die politischen Wirren des frühen 13. Jh.s dienen dem Autor als Folie für die Darstellung sozialer Gegensätze und kultureller Konfrontationen, die mit denen unserer eigenen Zeit viele Ähnlichkeiten aufweisen. Der alternde Wolfgang blickt von der Wüste Gobi auf sein bewegtes Lebens zurück und zieht Bilanz. Er möchte seine Erlebnisse und Überlegungen der Nachwelt erhalten und die Fäden seines eigenen Lebens ordnen. Mit Tusche vertraut er der Seide Bruchstücke seiner Vergangenheit an, in welche Erfahrungen aus Christentum, Islam und Taoismus einfließen. So entsteht aus der Retrospektive sukzessive ein Bild jener schrecklichen Zeit, in der er und seine Leidensgenossen Opfer skrupelloser »Rattenfänger« wurden. Der Fortgang der Erzählung wird dabei ständig durch retardierende Momente – Reflexionen, Digressionen, Einschübe, Rückblenden etc. – aufgehalten. Durch diese epische Diskontinuität setzen sich die einzelnen Episoden perspektivisch gegeneinander ab und verbinden sich flächenhaft miteinander, wobei Erfahrungen aus einem Kulturraum durch solche aus einem anderen ergänzt und nuanciert werden. Gerade durch das Aufzeigen der kulturell bedingten Interferenzen und Differenzen im Medium sprachlicher Metaphorik und Symbolik weist der Erzähler auf wesentliche Faktoren hin, die Kommunikation beeinträchtigen und Konflikte schüren. Aber auch wenn sich das Leben im Zeichen des Blauen Drachens des Ostens von jenem im Zeichen des Weißen Tigers des Westens in fast allen Belangen unterscheidet und Verständigung erschwert, so ist nach Ansicht des Erzählers Versöhnung dennoch denkbar, wenn man sich auf die taoistische Lehre von *yang* und *yin* besinnt, derzufolge alle Dinge zwei Seiten haben. Wer wie Wolfgang um Ausgleich bemüht ist und die Wiederherstellung der abhanden gekommenen Balance anstrebt, kommt nicht umhin, dieser Bilateralität der Wirklichkeit Rechnung zu tragen.

Bringsværd verbindet – wie in seinen anderen Werken – auch in *Gobi* große Gelehrsamkeit und Kenntnis der mythischen Vorstellungen fremder Kulturen mit äußerster Sensibilität für die Möglichkeiten ihrer Diskursaktualisierung. Darüber hinaus zeichnet sich der Roman nicht zuletzt durch seinen leichten und unbeschwerten Vortrag sowie durch seine subtile Bildsprache aus. Er wurde u. a. mit dem Preis der norwegischen Literaturkritiker für das beste belletristische Werk des Jahres 1985 ausgezeichnet. K.Bry.

AUSGABE: Oslo 1985.

LITERATUR: K. Faldbakken, Rez. (in Dagbladet, 28. 9. 1985). – H. W. Freihow, Rez. (in Morgenbladet, 1. 10. 1985). – J. Stanghelle, Rez. (in Vårt Land, 31. 10. 1985). – H. K. Dahl, Rez. (in Frisprog, 19. 10. 1985). – L. Hambro, Rez. (in Nationen, 16. 10. 1985). – E. Eide, Rez. (in Bergens Tidende, 18. 11. 1985). – St. Sivertsen, Rez. (in Rogalands Avis, 6. 2. 1986).

## ANDRÉ P. BRINK

eig. André Philippus Brink
* 29.5.1935 Vrede / Oranje-Freistaat

LITERATUR ZUM AUTOR:
A. Lindenberg, *A. P. B.* (in *Geskiedenis van die*

*Afrikaanse letterkunde*, Hg. P. J. Nienaber, Johannesburg 1982, S. 674–697). – L. Sarkar, *Schreiben heißt: Gefährlich leben* (in Basler Ztg., 10. 4. 1986). – W. F. Schoeller, *Brisante Themen, konventionelle Manier. Der südafrikanische Schriftsteller A. B.* (in SZ, 10./11. 5. 1986).

## DIE AMBASSADEUR

(afrs.: *Ü: Nicolette und der Botschafter*). Roman von André P. BRINK, erschienen 1963. – Mit dem Roman knüpfte Brink an den eingeschlagenen Weg der Erneuerung der südafrikanischen Prosa und ihrer Öffnung für die Tendenzen der europäischen Moderne an. Das Werk ist inspiriert durch Brinks mehrjährigen Aufenthalt in Paris, dem Handlungsort des Romans, und seine Berührung mit dem französischen Existentialismus.

Eine harmlos beginnende Affäre zwischen dem südafrikanischen Botschaftssekretär Stephen Keyter und der südafrikanischen Nachtclubtänzerin Nicolette entwickelt sich zu einer Dreiecksbeziehung, die die Beteiligten in einen Sog unkontrollierbarer Folgen zieht. Die dritte Figur dieser Konstellation ist der Botschafter Paul van Heerden, dessen Lebenswandel von starrer Disziplin und unerschütterlicher Ordnung geprägt ist. Eines Abends, nachdem sie einen Streit mit Stephen hatte, taucht die ihm unbekannte Nicolette plötzlich in seinem Büro auf. Ihre ihm rätselhafte Erscheinung (inmitten des symbolischen Zentrums seiner geordneten Welt) kündigt einen Bruch der festgefügten Ordnung an. Er fühlt sich angezogen von ihrem fremdartigen Wesen, das ihn gleichsam aus seiner Erstarrung zum Leben erweckt. Seine Gefühle für sie stürzen ihn in ein innerliches Chaos, das seine äußerliche Entsprechung in dem nächtlich pulsierenden Paris findet, das er nun erstmals bewußt wahrnimmt. Die mit dem Labyrinth des Minos verglichene Stadt, in der es ihn vor und nach seinen Besuchen bei Nicolette umtreibt, kontrastiert die Leere seiner bisherigen Existenz. Die Gestaltung der Stadt als Metapher für die unergründliche innere und äußere Welt zeugt von dem Eindruck, den neben JOYCE u. a. insbesondere DURRELLS *The Alexandria Quartett* (1957–1960) bei Brink hinterließ. Der durch van Heerden düpierte Stephen sinnt auf Rache und unterrichtet das Ministerium von der *»sicherheitsgefährdenden Liebschaft des Botschafters«*. Zu spät erkennt er, daß er durch die illoyale Denunziation seine eigene Karriere zerstört. Van Heerden wird von seinem Vorgesetzten eine Frist zur Entkräftung der Anschuldigungen eingeräumt. Indem er aber auf eine mögliche Verteidigung verzichtet, negiert er die bislang akzeptierten Zwänge und Rücksichten des Amtes. Er gibt sich der nie gekannten intensiven Dauer des Moments, der *»unvollendeten Gegenwart«* in der Liebe zu Nicolette hin. Die Zeit als vordem sein Denken und Handeln beherrschender Faktor ist für ihn außer Kraft gesetzt, seine Jugend im gegenwärtigen Erleben aufgehoben. Das Ende bricht über van Heerden genauso unerwartet herein wie der Anfang: Nicolette verschwindet ohne Nachricht, nachdem Stephen sich das Leben genommen hat. Die letzte, eindringliche Sequenz des Romans zeigt van Heerden einsam im dunklen Paris umherirrend, bevor er wieder ins Licht seines Büros eintritt.

Meisterlich versteht es Brink, die die Figuren, insbesondere van Heerden, erfassenden Verwirrungen in der Komposition des Romans zu bannen. In den fünf Kapiteln werden die Vorgänge im Wechsel zwischen Ich- und Er-Form aus fluktuierender Perspektive geschildert, ohne daß eine »zuverlässige« Erzählersicht angeboten würde. Figurenstil und *»stream of consciousness«* akzentuieren die radikal subjektiven Wahrnehmungsweisen der Personen. Die Einheit von Zeit und Raum ist zerbrochen: Gegenwart und Vergangenheit durchdringen sich wechselseitig, Handlungsstränge überlagern einander und gleiche Ereignisse werden mehrfach – aus je anderem Blickwinkel – geschildert. Eine Fülle literarischer Querverweise und Anspielungen auf mythologische und biblische Motive verleihen den Ereignissen schillernde Vieldeutigkeit. So währt die Beziehung Nicolettes und van Heerdens von Weihnachten bis Ostern, und Nicolette wird mit DANTES Beatrice in Verbindung gebracht. Dem Leser wird dadurch eine assoziativ strukturierende Lektüre abverlangt, die ihn in die Dynamik des Geschehens einbezieht.

Der Roman ist teilweise überschwenglich gelobt, von LINDENBERG gar auf eine Stufe mit den Werken von Joyce, JAMES und FAULKNER gestellt worden. Dieser Vergleich ist zwar zu hoch gegriffen, gleichwohl muß der Roman als ein persönliches Meisterwerk Brinks gelten. M.Bah.

AUSGABE: Kapstadt/Pretoria 1963; [7]1984.

ÜBERSETZUNG: *Nicolette und der Botschafter*, I. F. Meier, Hbg. 1966.

## CAESAR

(afrs.; *Caesar*). Drama in fünf Akten von André P. BRINK, erschienen 1961. – Die Handlung des Stücks umfaßt den Zeitraum von Caesars Rückkehr aus Spanien (Sieg über die letzten Anhänger des Pompejus) nach Rom bis zu seiner Ermordung. Der Autor hält sich im wesentlichen an die historischen Tatsachen; eine originelle Interpretation des Stoffes fehlt. – *Caesar*, geschrieben in reimlosen Jamben mit wechselnder Verslänge, ist der erste dramatische Versuch des Autors, mit dem er jedoch – im Unterschied zu seiner Prosa – der afrikaansen Literatur kaum neue Impulse geben konnte, vor allem deshalb nicht, weil er sich in seiner Konzeption stark an den Versdramen *Dias* (1952) und *Germanicus* (1956) von N. P. van Wyk Louw orientierte. Was Brink anstrebte, war die Modernisierung eines historischen Stoffes, der auf den Zuschauer wie ein aktuelles Geschehen wirken soll. Diese Aktualisierung sollte ausschließlich mit den Mitteln der Sprache sinnfällig gemacht werden. Zwar entgeht Brink der Gefahr, die Doppelbedeutung der Vorgänge zu forcieren, doch verfehlen die – oft schwachen, unpoetischen – Verse ihre Wirkung, da sie das Geschehen meist nur referieren und nur selten eine wirklich dramatische Funktion haben. Vorzüge des Stücks, die es über das durchschnittliche Niveau des afrikaansen Dramas hinausheben, sind eine unverkennbare Begabung für die Kontrastierung von Episoden, Charakteren und Stimmungen sowie eine interessante Verwendung moderner Bühnentechniken. P.D.v.d.W.

Ausgabe: Kapstadt 1961.

## 'N DROE WIT SEISOEN

(afrs.; *Ü: Weiße Zeit der Dürre*). Roman von André P. Brink, erschienen 1978. – Die brutale Zerschlagung des Aufstandes von Soweto im Jahr 1976 ist der authentische Hintergrund des Romans.

Eine Rahmenerzählung informiert den Leser darüber, daß die Hauptfigur des Romans, der weiße Lehrer Ben du Toit, bei einem vermutlich fingierten Autounfall getötet wurde. Kurz vor seinem Tod hat er dem Erzähler, einem früheren Kommilitonen und jetzigen Trivialromanautor, die Übersendung von Unterlagen angekündigt, die die kriminellen Machenschaften der Geheimpolizei dokumentieren. Dem Erzähler wird das Paket zugestellt, das der tote Ben noch bei sich trug. Anhand der darin enthaltenen Aufzeichnungen rekonstruiert er aus Bens Perspektive – im Rückgriff auf die Elemente und Effekte eines Thrillers – dessen letztes Lebensjahr. Seine zunehmende Identifikation mit der Hauptfigur wird durch den Wechsel von der Er- zur Ich-Form signalisiert.

Ben wird eingeführt als ein unpolitischer Durchschnittsbürger, der ein unauffälliges, eintöniges Familienleben führt. Nach den Unruhen von Soweto bleibt der Sohn von Gordon, dem schwarzen Putzmann von Bens Schule, verschwunden. Gordon konfrontiert Ben wenig später mit eindeutigen Hinweisen darauf, daß der Junge von der Polizei verschleppt und ermordet wurde. Obwohl Ben – auch aus Bequemlichkeit – der Polizei keine Unrechtmäßigkeiten zutrauen mag, fühlt er sich bei weiteren Nachforschungen moralisch zur Hilfe verpflichtet. Im naiven Vertrauen auf die staatliche Gerechtigkeit glaubt er die Angelegenheit bei einer Gerichtsverhandlung aufklären zu können. Bald jedoch werden Zeugen unter Druck gesetzt oder verschwinden; auch Gordon wird verhaftet, gefoltert und ermordet. Die Polizei droht Ben mit Repressalien, falls er seine Recherchen nicht einstelle. In qualvollen Reflexionen aber wird er sich bewußt, daß es ihm unmöglich ist, zum Unrecht zu schweigen. Er geht der Sache weiter nach, obwohl er wegen seiner Parteinahme für eine schwarze Familie längst in der weißen Gesellschaft geächtet ist, seine Stellung verliert und seine Familie sich von ihm zurückzieht. Nur Melanie Bruwer, eine Zeitungsreporterin, in die er sich verliebt, ihr Vater und der schwarze Taxifahrer Stanley, der ihm vielfältige Vermittlerdienste erweist, unterstützen ihn noch. Je mehr Beweise der Schreckensmethoden der Geheimpolizei Ben zuammenträgt, desto bedrohlicher wird seine Situation. Melanie wird aus Südafrika ausgewiesen, und es mehren sich die Anzeichen, daß man Bens Leben nicht länger schonen wird. Eine Stärke des Romans liegt darin, immer wieder mit wenigen Andeutungen die unheimliche Bedrohung heraufzubeschwören, die von der anonym agierenden Geheimpolizei ausgeht. Die Schilderung des Erzählers endet da, wo der Roman beginnt, die Geschichte allerdings setzt sich über das Ende der Binnenhandlung hinaus fort. Jetzt nämlich muß der Erzähler fürchten, daß die Polizei von seinem Besitz der Unterlagen weiß und er als Mitwisser, der nicht bereit ist zu schweigen, ihr nächstes Opfer sein könnte.

Die politische Appellwirkung des Romans ist von der Kritik einhellig gewürdigt worden, seine literarischen Qualitäten jedoch wurden unterschiedlich eingeschätzt. Insbesondere die konventionelle, zuweilen kitschige Manier des Erzählens ist Brink vorgeworfen worden. Melanies und Bens Romanze erweist sich mit ihren langatmig beschriebenen Sexszenen, die bei Brink mittlerweile zum unvermeidlichen Topos reduziert zu werden drohen, als überflüssiges Beiwerk. Das gilt mit Abstrichen auch für die Figur des alten Bruwer, der als Typus des vertrottelten, unablässig flatulierenden Professors die Handlung um eine vermeintlich komische Komponente bereichern soll. Mit der Figur des unbeteiligten Bürgers aber, der in die Mühlen der Sicherheitspolizei gerät, hat Brink seine literarische Auseinandersetzung mit der Apartheid um eine wichtige Perspektive erweitert. M.Bah.

Ausgabe: Emmarentia 1979.

Übersetzung: *Weiße Zeit der Dürre*, W. Peterich, Köln 1984. – Dass., ders., Mchn. 1986 (Goldm. Tb).

Literatur: W. Schenker, Rez. (in NZZ, 17.5.1984). – G. Kirchner, Rez. (in FAZ, 22.5.1984). – N. Schachtsiek, Rez. (ihn FRs, 18.9.1984).

## KENNIS VAN DIE AAND

(afrs.; *Erkenntnis des Abends*). Roman von André P. Brink, erschienen 1973. – Im Unterschied zu der vorangegangenen, von modernistischen Formexperimenten bestimmten Periode seines Schaffens, griff Brink in *Kennis van die aand* zur Thematisierung der Apartheidsproblematik auf eine eher traditionelle Schreibweise zurück.

Der schwarze Ich-Erzähler Josef Malan schreibt in der Todeszelle seine Lebenserinnerungen nieder, während er auf die Vollstreckung des Urteils wartet, das über ihn wegen vermeintlichen Mordes an seiner weißen Geliebten Jessica verhängt wurde. Seine Retrospektive beginnt mit der Geschichte seiner Vorfahren: einer bedrückend monotonen, zyklisch sich wiederholenden Folge von Geburt in Unfreiheit – Glaube – Liebe – Hoffnung – Unrecht – Verzweiflung und Tod. Wie die Stoffülle des gesamten Romans, der sieben Kapitel zählt, die z. T. nochmals in sieben Abschnitte unterteilt sind, wird die Familiensaga mittels christlicher Symbolik und wiederkehrender biblischer Motive und Zitate zusammengehalten. So tragen Josefs Ahnen als Sklaven allesamt alttestamentarische Namen. Dadurch erfüllt Brink die Schilderung ihres Leids mit immanenter Kritik an der zynischen Verlogenheit des rassistischen Systems, das das Christentum als Mittel und Rechtfertigung der Unterdrückung mißbraucht. Zudem legt er den Finger auf ein Dilemma der schwarzen Bevölkerung, deren mimetische Aneignung christlichen Glaubens eine unfaßbare gottvertrauende Leidensfähigkeit hervorbringt, die auf ihre Weise zur Perpetuierung des Unrechts beiträgt.

Glückliche Umstände ermöglichen dem auf einer Farm aufwachsenden Josef Schulbesuch und Schauspielstudium. Seine Schauspielausbildung vollendet er in England, wo er nach seinen »Lehrjahren« am Beginn einer Theaterkarriere steht. Aber trotz seiner Gewöhnung an europäische Kultur und Lebensform zieht es ihn zurück in die Heimat. In der Entscheidung, sich dort mit den Mitteln der Kunst für eine Veränderung der gesellschaftlichen Verhältnisse einzusetzen, klingt der Gedanke einer »*littérature engagée*« an, dem auch Brink sich verpflichtet fühlt. Zurückgekehrt nach Südafrika, gründet Josef eine Wanderbühne, die mit einem politisch zugespitzten Repertoire übers Land zieht. Das große Echo, das das umherziehende Theater bei den schwarzen Zuschauern auslöst, führt alsbald zur Konfrontation mit der Sicherheitspolizei, die die unliebsame Truppe durch immer schärfere Repressalien zermürbt und schließlich zur Aufgabe zwingt. Jerry, Josefs letzter Mitstreiter, verläßt ihn, um sich dem militanten Widerstand anzuschließen.

Verflochten mit dieser Handlung ist die Liebesgeschichte von Josef und Jessica, deren Darstellung allerdings mehrfach in Sentimentalität abzugleiten droht. Wegen der Apartheidsgesetze müssen die beiden sich heimlich nachts treffen. Nur in der Intensität ihrer Liebesnächte, denen Brink eine mystische Qualität zuschreibt, können sie sich vom Druck der äußeren Umstände befreien. Die permanente Angst vor Entdeckung droht jedoch ihre Liebe zu ersticken. Da Josef es ablehnt, Südafrika zu verlassen, drängt die verzweifelte Jessica auf den gemeinsamen Freitod als letzten Ausweg. Nur vermuten läßt sich, daß Josef Jessica in der letzten gemeinsamen Nacht (Karfreitag) erwürgt. Am Ostertag stellt er sich der Polizei. Die Hoffnung auf einen baldigen Tod und die Wiedervereinigung mit Jessica läßt ihn die – detailliert beschriebenen – Folterungen in der Haft geradezu gelassen ertragen. In der Erduldung der Folter und dem Verzicht, sich im Mordprozeß zu verteidigen, läßt Brink die Parallelen zwischen Josefs Entwicklung und dem Leidensweg Christi kulminieren. Mit der Sinnlosigkeit von Josefs Opfer verfremdet Brink den christlichen Erlösergedanken. Die leitmotivische Formel, die in Analogie zu den Viten der Väter auch Josefs Beschreibung des eigenen Lebens beschließt, indiziert, daß sein Leben der Chronik der Unterdrückung nur ein weiteres Kapitel angefügt hat. Einen möglichen Weg zum Ausbruch aus dem Teufelskreis deutet Brink in Jerrys Entscheidung für den Widerstandskampf an.

In Südafrika war das Werk, das ungeachtet einiger formaler Schwächen als Brinks gelungenster politischer Roman gelten darf, als erster afrikaanser Roman längere Zeit verboten. M.Bah.

AUSGABE: Kapstadt/Pretoria 1973; ²1982.

ÜBERSETZUNG: *Looking on Darkness*, A. B., Ldn. 1974/NY 1975 [engl.].

## LOBOLA VIR DIE LEWE

(afrs.; *Kaufpreis für das Leben*). Roman von André P. BRINK, erschienen 1962. – Thema dieses Romans ist, wie der Titel besagt, der Kaufpreis, den die Menschen für das Leben bezahlen müssen: Es stellt sich heraus, daß jeder bei diesem Handel verliert, da er nicht nur den schicksalhaften Mächten der Umwelt unterliegt, sondern auch ein Opfer seiner eigenen Unzulänglichkeit wird. Der Erzähler, François Raubenheimer, entdeckt, daß er ein Findling ist. Sein jahrelanges Forschen nach seiner Herkunft, das zugleich ein Suchen nach Ursprung und Ziel des Lebens bedeutet, ist vergeblich. Er ist nirgends zu Hause, verirrt sich immer mehr in flüchtigen Liebschaften und vergeudet seine Lebensmöglichkeiten.

Eines Tages lernt er den alten Serfontein kennen, einen Veteranen, der infolge einer Kriegsverletzung impotent ist, dem Leben nichts mehr abgewinnen kann, sich mit Alkohol betäubt und in ziellose Phantastereien flüchtet. Bei ihm begegnet François der selbstlosen Marie, die haltlos ist wie er und nach mehreren enttäuschenden Verhältnissen nur noch dem Augenblick lebt. Im Beisammensein mit François erwacht in Marie jedoch der Wunsch, in einer Ehe mit ihm das Glück Dauer zu verleihen und der Zukunft einen Sinn zu geben. Aber ihr Geliebter scheut die Verantwortung, lehnt den Vorschlag ab und zerstört so ihre letzten Illusionen – wie er zuvor schon die Illusionen Serfonteins zerstört hat, indem er dessen schriftstellerische Versuche als wertlos bezeichnet hat. Marie verfällt allmählich dem Alkohol und nimmt sich schließlich das Leben, als François sie mit Serfontein ertappt und es deswegen zum Streit kommt. Das Gericht glaubt nicht an Selbstmord und verdächtigt François. Da nimmt Serfontein, der in François seinen eigenen früh verstorbenen Sohn zu erkennen

glaubt und ohnehin nichts mehr vom Leben zu erwarten hat, die Schuld auf sich. François aber verfällt immer mehr in eine Geisteskrankheit.
Die alogische Struktur der Erzählung und der achronologische Berichtsstil entsprechen ebenso wie der kaleidoskopartige Wechsel von Erinnerungs- und Phantasiebildern dem zerstörten Geist der Hauptfigur; Rückblicke in die Vergangenheit wechseln ab mit Projektionen in die Zukunft. Zum Schluß sieht sich François stellvertretend für den Menschen der Gegenwart – ein Anspruch, der sich schon in der Gliederung des Romans in vierzehn Kreuzwegstationen andeutet: Der Lebenslauf des Erzählers wird mit einem Kreuzweg verglichen, und dieses Symbol gilt auch für den alten Serfontein, der sich François zuliebe aufopfert; Marie schließlich übernimmt in diesem Zusammenhang die Rolle der biblischen Maria Magdalena.
Zusammen mit Étienne LEROUX' *Sewe Dae by die Silbersteins*, 1962 *(Sieben Tage bei den Silbersteins)*, stellt das Buch einen Höhepunkt der südafrikanischen Romandichtung dar. Noch 1960 hatte es N. P. van Wyk Louw in seiner Schrift *Vernuwing in die Prosa (Erneuerung in der Prosa)* beklagt, daß die afrikaanse Prosa noch nicht einen gleich hohen Rang erreicht habe wie die Lyrik, und dafür den provinziellen Realismus verantwortlich gemacht, der nur in einigen Werken, wie C. J. M. NIENABERS *Keerweer*, 1946 *(Sackgasse)*, und J. S. RABIES *Een-en-twintig*, 1956 *(Einundzwanzig)*, überwunden wurde. Zwar gehen Brink und Leroux durchaus eigene Wege, doch sind sie die eigentlichen Erneuerer des afrikaansen Romans. C.J.M.N.

AUSGABE: Kapstadt 1962.

LITERATUR: E. Lindeberg (in Kriterium, 1, 1963). – R. Antonissen, *Spitsberaad: Kroniek van die Afrikaanse Lettere, 1961–1965*, Kapstadt 1966.

## 'N OOMBLIK IN DIE WIND

(afrs.; *Ü: Stimmen im Wind*). Roman von André P. BRINK, erschienen 1975. – Die Handlung des Romans, den Brink abwechselnd in Afrikaans und Englisch schrieb, ist im Südafrika des 18. Jh.s angesiedelt. In der tragisch endenden Liebe eines schwarzen Sklaven und der Frau eines schwedischen Forschers wird der Gegensatz zwischen »weißer« Zivilisation und schwarzafrikanischer naturverbundenen Lebensform thematisiert. Als Erzähler fungiert ein Schriftsteller, der die von ihm in einem Archiv ausgegrabenen Aufzeichnungen über die 200 Jahre zurückliegenden Erlebnisse von Adam Mantoor und Elisabeth Larsson zu einer Erzählung zusammenfügt. Über weite Strecken der Schilderung zieht er sich gänzlich hinter die Hauptfiguren zurück und läßt beider Bewußtsein abwechselnd im Ich-Bezug das Geschehen reflektieren.
Adam ist aus einem Straflager entflohen und trifft im Urwald auf Elisabeth, die einzige Überlebende einer von ihrem Mann geleiteten kartographischen Expedition. Er nimmt sich der Frau an, die ihn notgedrungen auf seiner weiteren Flucht in die Wildnis begleitet. Was für Elisabeth als landvermessende Expedition begonnen hat, wandelt sich für sie in eine Entdeckungsreise, die ihr die unermeßliche Schönheit der afrikanischen Wildnis, aber auch die eigene innere Natur enthüllt. Je weiter sie sich von der »*deranged social structure*« (wie das Motto von E. CLEAVER es ausdrückt) entfernt, desto mehr kann sie sich von ihren Vorurteilen gegenüber Adam, dem ihr fremd und bedrohlich erscheinenden Naturmenschen, befreien – bis sie schließlich in der Lage ist, ihn vorbehaltlos zu lieben. Ihre gemeinsame Wanderung, deren Länge und Entbehrungsreichtum metaphorisch auf die Beschwerlichkeit von Südafrikas Weg in eine humane Gesellschaft verweist, führt die beiden an eine einsame Küste. Dort, wo sie nackt in einer Höhle leben, erschließt sich ihnen ein paradiesartiges Dasein. Diese Episode ist von Brink in poetischen Tönen, mit vielen Anklängen an die Schöpfungsgeschichte und die Robinsonaden der Weltliteratur ausgemalt. Sein Hang zur Romantisierung und mystischen Verklärung von Liebe und Sexualität verschafft sich hier Geltung, ohne aufgesetzt zu wirken. Als Höhepunkt des »Paradieslebens«, der zugleich der Wendepunkt des Romans ist, erscheint ein Liebesakt auf einem Felsen im Meer. Umgeben von der stürmisch ansteigenden Flut (Symbol des Unbewußten), »*fließen die Körper der beiden ineinander*«. Der Zustand völliger Entgrenzung erweist sich aber als ein »*Augenblick im Wind*«. Als sie die Spuren von Weißen entdecken, verlangt es Elisabeth zurück zum Kap. Nach erfolglosen Versuchen, sie umzustimmen, willigt Adam ein. Der mit großen Anstrengungen verbundene Rückweg, der Adam fast das Leben kostet, kehrt die vorherige Entwicklung um. Obwohl sich Elisabeth innerlich dagegen auflehnt, wird Adam ihr zunehmend fremder. Mit der Rückkehr integriert sie sich allmählich wieder in ihre frühere soziale Identität. Sie beginnt, sich ihrer Nacktheit zu schämen, und wenn sie bei weißen Siedlern rasten, verleugnet sie ihre Liebe zu Adam. Als das Kap in Reichweite ist, läßt sie ihn in einem Versteck zurück, um vorsichtshalber alleine vorzugehen. Am nächsten Tag tauchen Weiße auf – ohne Elisabeth –, nehmen Adam fest und führen ihn der Todesstrafe entgegen. Offen bleibt, ob Elisabeth ihn verraten hat.
Die Beschreibung des Rückweges entspricht in ihrer Länge aus Gründen formaler Symmetrie der des Hinweges, mutet aber gedehnt an und verliert dadurch an Intensität. Der wirkungsvolle Schluß des Romans wirft ein grelles Licht auf die bewußtseinsprägende Macht der Zivilisation. Die Leser zeigten sich besonders beeindruckt von der Figur Elisabeths. LINDENBERG sieht in Elisabeths Befreiungsprozeß eine feministische Dimension des Romans und bezeichnet sie gar als »*die stärkste feministische Figur der südafrikanischen Prosa*«. M.Bah.

AUSGABE: Johannesburg 1975; 41980.

ÜBERSETZUNG: *Stimmen im Wind*, Chr. Agricola, Bln./DDR 1981. – Dass., dies., Mchn., 1981. – Dass., dies., Bergisch Gladbach 1983.

## ROLF DIETER BRINKMANN

\* 16.4.1940 Vechta
† 23.4.1975 London

LITERATUR ZUM AUTOR:
D. Wellershoff, *Destruktion als Befreiungsversuch. Über R. D. B.* (in Akzente, 1976, H. 3, S. 277–286; Repliken dazu in H. 5, S. 475–479). – *R. D. B.*, Hg. H. L. Arnold, Mchn. 1981 (Text + Kritik). – G. W. Lampe, *Ohne Subjektivität. Interpretation zur Lyrik R. B. B.s vor dem Hintergrund der Studentenbewegung der 60er Jahre*, Tübingen 1983. – H. Richter, *Ästhetik der Ambivalenz*, Ffm. u. a. 1983. – O. F. Riewoldt, *R. D. B.* (in KLG, 21. Nlg., 1985). – H. Schenk, *Das Kunstverständnis in den späteren Texten R. D. B.s*, Ffm. u. a. 1986.

### KEINER WEISS MEHR

Roman von Rolf Dieter BRINKMANN, erschienen 1968. – Nach einigen frühen Prosastücken und erster Lyrik ist *Keiner weiß mehr* der erste und einzige Roman des Autors. Vierzehn ausschnitthafte Sequenzen sezieren in mikroskopischen Momentaufnahmen das Leben und Innenleben eines namenlos bleibenden, alternden Pädagogikstudenten mit Frau und Kind am Rand des Existenzminimums, eingekapselt in eine typische Kölner Altbauwohnung in den sechziger Jahren.
Im Zyklus von Sommerende bis Frühlingsanfang werden die Gespräche und Verwicklungen des Protagonisten mit der Außenwelt aus der egomanischen Nahperspektive eines end- und sinnlosen inneren Monologs aufgerollt, in dem jede fremde Äußerung vom eigenen Gemaule nachäffend überholt wird und alles Gegenwärtige sich immer schon melancholisch in Brocken unverdauter Vergangenheit anhäuft: »*Ein riesig angeschwollener Scheißhaufen von Gerede war das alles. Ein zäher Dreck aus Bildern, die an einem kleben bleiben.*« Das formale Zentrum des Romans ist die leitmotivische Verwebung der Bilder, Zitate und Stereotype im gepreßten Atem syntaktischer Perioden; im detailreichen Karussel der ewigen Zerstreuungen, Obsessionen, Varianten und Reprisen, in kleinsten Verschiebungen und Verrückungen werden überschaubare konventionelle Figuren-, Handlungs- und Erzählmuster exzentrisch zerdehnt, unterlaufen oder durch Vulgarismen frontal attackiert. Das in nahezu greifbaren Schichten der Depression und Betäubung verkrustete Zeiterleben der Hauptfigur läßt den Alltag fast nur noch in räumlichen Choreographien aufgehen – mit einem Grundschema: »*Er*« hält sich zumeist allein und abgetrennt im Vorderzimmer der Wohnung auf, am Schreibtisch, erstarrt und verkümmert, inmitten seiner halb gescheiterten, halb schon aufgegebenen Studien- und Schriftstellerpläne. »*Sie*« sorgt für den Familienunterhalt und erduldet seine obszön-aggressiven Demütigungen und hilflosen Wiederversöhnungsversuche. Sie teilt Hinter- und Mittelzimmer mit dem gemeinsamen, »*weder gewollten noch verhinderten*« Kind. Seine Familie verdrängt die beiden alten Untermieter und Freunde Rainer und Gerald, die für »*ihn*« auf ihre Weise je ein Stück vorehelicher Freiheit und männlicher Unabhängigkeit verkörpern. Rainer, der allabendlich aufgedonnerte und sensible Schwule, repräsentiert durch seine Londonaufenthalte die angloamerikanische Pop- und Beat-Subkultur, die in Westdeutschland jedoch nur über Schallplatten rezipiert werden kann. Und doch durchzieht der Rhythmus etwa der Rolling Stones den literarischen Puls des Romans. Der zweite Freund, Gerald, ist ein ewig frühpubertäres Muttersöhnchen mit immer noch korrekten Manieren. In möblierten Zimmern spießt er ausgeschnittene Illustrierten-Mädchen an die Tapetenwände, um seinen keimfreien Onaniephantasien nachzugehen: »*Trockene Frau, nasse Frau, sagte Gerald, trockene Frauen sind besser als nasse Frauen.*«
Artikuliert wird so eine individuelle Randexistenz und ein Protest ohne den politischen und intellektuellen Rückhalt der zeitgleichen Studentenbewegung, ein Stück leibhaften Widerstands ohne Diskussionen, der doch immer schon korrumpiert zu werden droht, eine Rebellion ohne greifbaren Gegner und ohne eigene Identität – in einer Zeit, in der Körper zu erotisierten Reklamebildern, Lebenszusammenhänge zu Kinomythen, die Sprache zum Werbeslogan der Superlative (vom mehrdeutig betonten Romantitel parodiert) und die Innenstädte zu verkehrsfreien Einkaufszonen umgewandelt werden: »*Bilder, die wiederkommen, einzeln, in Teilen, und jedes Teil farbig, in Technicolor eingetaucht, ein stummer, stumm ablaufender Film. Ich kann nicht mehr. Ich will nicht mehr. Weiter.*« Ohnmächtig erscheinen die Ausbruchsversuche: die rastlosen Gänge des mittellosen Protagonisten vorbei an den Schaufenstern der Kölner City mit ihrer damaligen Cord-, Mini- und Block-Absatz-Mode, die Zugfahrt zur Frau an die holländische Küste, die schäbigen Puffbesuche in der Kleinen Brinkgasse Kölns und in Hannover, die finale Selbstbefriedigungsszene – einsam im Christlichen Hospiz-Hotel, in der die bis dahin getrennt exponierten homo- und heterosexuellen Imaginationen zum selbstvergewissernden Akt des ›Ich-komme-also-bin-Ich‹, zur momentan wiedergewonnenen Sensibilität für den abwesenden Anderen zusammenfluten. Der Waren- und Konsumfetischismus der sechziger Jahre, der den Befreiungsanspruch der Beat- und Hippie-Kultur als kommerziellen Sex-Appeal ausbeutete, sickert in den Diskurs des Protagonisten und heizt eine durch die Massenmedien entkörperlichte Sexualität des gefräßigen Blicks an,

der alles libidinös besetzt – bis auf *»seine Frau«*, die zur geschlechtslos *»ausgesparten Stelle«* wird. Der pornographische Grundzug des Romans ist die präzise vermittelte Erfahrung einer männlichen Frigidität der trostlos-kleinen Entladungen, der brutal-aggressiven Machismen und comicartig zugespitzten Tötungs- und Abtreibungsphantasien, gegen die *«sie«* verhalten zu protestieren beginnt. Brinkmanns Roman erscheint heute als Spiegelbild des Lebensgefühls der Beat-Generation und zugleich als Kanalisationssystem voller intendierter Verstopfungen und Sabotagen, welche die *»Kloake«* der westdeutschen sechziger Jahre unerbittlich hochspülen. P.Br.

AUSGABEN: Köln/Bln. 1968. – Reinbek 1970 (rororo).

LITERATUR: M. Reich-Ranicki, Rez. (in Die Zeit, 26. 4. 1968). – K.-H. Bohrer, Rez. (in FAZ, 4. 5. 1968). – G. Fuchs, Rez. (in Der Spiegel, 16. 6. 1968). – H. Vormweg, *Ein Realismus, der über sich hinaus will* (in Merkur, 1968, H. 7).

## ROM, BLICKE

Text-Collage-Album von Rolf Dieter BRINKMANN, verfaßt zu Beginn seines Villa-Massimo-Stipendiums, Rom, Okt. 1972 bis Jan. 1973, postum erschienen 1979. – Nach seinem ersten Roman *Keiner weiß mehr* (1968) legte Brinkmann für einen geplanten zweiten Roman eine umfangreiche Materialsammlung an, die er seit 1971 in einer Serie von scrapbooks strukturierte und ausweitete. *Rom, Blicke* stellt eines der letzten Alben Brinkmanns dar und vereinigt noch zugleich autobiographisch-tagebuchartige Züge, in z. T. überlangen Briefen und Postkartenserien an seine Frau Maleen und befreundete Künstlerkollegen, mit werkstattförmigen Pilotstudien zu dem in Köln begonnenen Romanprojekt städtischer Alltagserkundungen.

Dieser thematischen Verklammerung entspricht formal die Gesamtanlage des dreiteiligen Albums mit 448, in Druck übergeführten Typoskriptseiten. In einer experimentellen Collage stehen Fotos, Kopien, Skizzen, Pläne und andere Materialien gleichberechtigt neben eigenen und fremden Texten (letztere u. a. von G. BRUNO, A. SCHMIDT, H. H. JAHNN, G. BENN, W. S. BURROUGHS und W. REICH), werden die Grenzen zwischen traditionellen Künsten und modernen Medien, zwischen Biographie, Historie und den Gattungen der Literatur überschritten. Die so herausmodellierten fragmentarisch-flexiblen Texte streifen den esoterischen Anspruch moderner autonomer Kunst ab und lassen sich als postmoderne, postalische Einschreibesendungen von einer Reise in die Alltagswelt Roms lesen.

Brinkmann intendiert eine filmische Schreibweise, die nicht mehr retrospektiv auswählt und erzählend gestaltet, sondern zuerst und zunächst unmittelbar-leibhaft die Situationen großstädtischer Umwelterfahrung aufnimmt. Der Autor schreibt in, über und gegen das römische Passantengedränge, die jähen Huptöne der *»stinkenden Blechbuckel von Fiats«* und die Beschallung mit italienischen *»Todesmelodien a la Django und Stirb schnell«* an. So werden seine Notizen zu seismographisch-durchlässigen *»Aufzeichnungen«* einer verwahrlosten und verwüsteten Lebenswelt mit ihrer Zerstückelung und Entleerung sinnlich-körperlicher Wahrnehmung in einem *»Non-Stop-Horror-Film der Sinne und Empfindungen«*. Zugleich artikuliert Brinkmann in einem ekstatischen Diskurs deutscher Flüche und amerikanischer Dirty-Speech-Rhythmen seinen wütenden Widerstand gegen jegliche ideologische Scheinharmonisierung und Glättung dieser Erfahrung. So wettert er gegen die westdeutsche Künstlerkolonie mit ihren *»elenden hirnvergammelten Schwätzern«* samt den dazugehörigen *»Künstler-Fotzen«* und dem *»Familienklüngel«*; er dementiert *»Göthes«* klassische Bildungserwartungen an *»Arkadien«* ebenso wie NIETZSCHES halkyonisch-mediterranen Süden-Mythos als unzeitgemäß angesichts des organisierten Massentourismus; er karikiert comichaft das einstige Zentrum des römischen Imperiums, das Forum und das Kolosseum, als *»Schrotthalde«* und demaskiert die Kulissenpracht des katholischen Kirchenstaates als reklamehafte Jenseitsinszenierung eines todessüchtigen Abendlandes.

Der nicht mehr vom Autor stammende Titel verweist auf die programmatischen Blick-Motive im Text und auf Brinkmanns Ziel, dem einen großen Überblicksauge, den normierten Sprachvorstellungen, manipulierten Reizen und medialen Erstarrungen des Großstadtlebens zu entkommen – durch dialektischen Anschluß des literarischen Schreibraums einerseits an den lebensweltlichen Blickraum, andererseits durch seine umfassende Erweiterung durch Fotografie und Filmtechnik. Der herrschenden *»Armut des Blicks«* sollen authentische, gesteigerte Momente des anderen Sehens, des liebenden Blicks in der tastenden Gegenwart des anderen abgewonnen werden; auf der technisch-poetischen Ebene werden die Blicke inszeniert durch parataktische Materialmontagen, durch gestochene Nahaufnahmen und unentstellte Detailnotizen, die unausgeträumte Kitschimpressionen auflösen, durch filmische Schnitte als schockartige Umwendungen bisheriger Blickmuster und schließlich mittels der situativ bedingten Variation von Dichte, Lesetempo und Rhythmus der Texte entsprechend zu den Filmparametern der Einstellungsdauer und Einzelbildgeschwindigkeit. Die Verklammerung von Blick- und Schriftraum, Reisetempo und Schreibdynamik wird in den Reise- und Stadtplänen manifest, so in den zentralen Karten, in denen die Gänge und Fahrten durch die Stadt eingeschrieben sind – mit den je signifikanten Haltepunkten, die zu Fundorten erster Eindrücke und Notizen werden. Die Stadtpläne geraten so zu Topographien eines kollektiven Gedächtnisses, welches das schreibende Subjekt durch seine Route

aktiviert, um die offiziellen Wertsetzungen der Reiseführer zu unterlaufen.
Gegen den Strich setzt Brinkmann auch die bunten, hier schwarz-weiß reproduzierten Postkartenpanoramen ein. Ihre typisch »schönen« Perspektiven bieten geographisch losgelöste, verallgemeinerte Blickansichten und Kultanweisungen für den Fototourismus, verhindern aber zugleich die auratische Erfahrung des Originals – im Sinne BENJAMINS: »*die Postkarten davon sind beeindruckender*«. Der posthistorische Blick des Autors legt gerade auf den Postkarten der »Ewigen Stadt« die Brüchigkeit und Ausgesogenheit ihrer Monumente bloß, um sie schließlich in den Sog der kulturellen Trivialmythologie und ihrer plakativen Abziehbilder zu ziehen (vom Hitler-H-Bomben-Poster bis zum Pin-up-Hintern). Betont schlicht dagegen hält der Autor seine eigenen »Instamatic«-Abzüge – nicht mit Urlauberporträts vor den Kulissen –, sondern als persönlich gehaltene Bewegungsstudien der Zugreisen, Bildererkundungen im Villenpark, Reportagen einer Demonstration, Einblicke in die vergammelten Gassen und Winkel Roms, in denen Brinkmann auch selbst erscheint. Programmatisch wendet er sich gegen die »*Abwesenheit von Sinnlichkeit und Reiz in der Starre..., die zur totalen Oberfläche gewordene Schönheit hat und... nur noch dazu dienen kann, die Geschicklichkeit des Fotografen ...darzustellen*«; dagegen sucht der Autor in seinen Aufnahmen ruhige oder bewegte Szenen, bei denen »*gerade in der Bewegung die verschwommene Möglichkeit sinnlichen Vollzuges beim Anschauen vom Bewußtsein miterfaßt wird*«.
In selbstkritischen Zweifeln an seinem früheren Werk, in vehementen Auseinandersetzungen mit seiner Frau und mit Hermann Peter PIWITT distanziert sich Brinkmann von den Nützlichkeitsimperativen von Technik, Wissenschaft und Ökonomie ebenso wie von den kollektivistisch-aufklärerischen Gesellschaftskritik der Studentenbewegung. Mit Bezug auf den Paläoanthropologen Rudolf BILZ gibt der Verfasser seiner Position ein immer stärkeres Theorieprofil, projektiert er die literarische und dokumentarische Um-Schreibung der Grenze von Naturrevolution und Kulturgeschichte in einer Archäologie menschlicher Körpergesten, in der Rekonstruktion des verschütteten Austauschs von Subjekt und Umwelt – in dem historischen Augenblick, in dem die traditionelle leibfeindliche Jenseitsorientierung der abendländischen Zivilisation die natürlichen Ressourcen in eine reduzierte »*riesige Schalttafel = Großstadt*« überführt habe. P.Br.

AUSGABE: Reinbek 1979, Hg. J. Manthey u. a.

LITERATUR: H. P. Piwitt, Rez. (in Der Spiegel, 17. 9. 1979). – K. Krolow, Rez. (in Der Tagesspiegel, 23. 9. 1979). – H. Dittberner, Rez. (in FRs, 10. 10. 1979). – P. v. Becker, Rez. (in SZ, 10. 10. 1979). – S. Späth, *Die Entmythologisierung des Alltags* (in *R. D. B.*, Hg. H. L. Arnold, Mchn. 1981, S. 37–49; Text + Kritik).

## STANDPHOTOS. Gedichte 1962–1970

Gedichtband von Rolf Dieter BRINKMANN, erschienen 1980. – Dieser erste Band einer geplanten dreibändigen Lyrikausgabe umfaßt neun Einzelpublikationen, in denen sich Brinkmanns schriftstellerische Entwicklung von frühen lyrischen Versuchen über intermediale Experimente bis hin zu einer subjektiv-autobiographischen Schreibweise jenseits tradierter Gattungen verfolgen läßt.
In der frühen Phase (1962–1967) setzt sich der Autor mit der etablierten westdeutschen Nachkriegsliteratur auseinander. Das Titelgedicht aus *Ihr nennt es Sprache* (1962) demonstriert den unverbindlichen Historismus der zeitgenössischen Kultur von BÖLL bis STOCKHAUSEN. An deren ästhetischen Ansprüchen zwischen Sozialkritik und Sprachalchemie arbeitet sich Brinkmann ab (so in *Beton*) und eröffnet sich einen anderen, verständlicheren Sprachraum mit den Rätseln und Problemen des biographischen Alltags, wie in dem negativen Liebesgedicht *Einem Mädchen ins Album geschrieben*. Die gewonnene Position festigt die Sammlung *Le chant du monde* (1963–1964) mit »*Gedichte schreiben*«: Die alltäglichen Dinge und ihr gelassener Prosarhythmus stellen eine von der Poesie bisher unentdeckte Randzone dar; das »*Schreiben, realistisch gesehen*« erweist sich als alltägliche Situation. Beide Komponenten konvergieren in lakonischen Skizzen, die momentane Gesamteindrücke, wahrgenommene und fotografierte Bilder festhalten oder umschreiben. Die sprachimmanente Bild- und Metaphern-Arbeit wird in Frage gestellt; vielmehr gilt es, die Physiognomie alltäglicher Bildwelten ökonomisch zu versprachlichen. – In *Ohne Neger* (1965) mischen sich unauffällig Reklame- und Schlagerfragmente unter die Verse. – Im folgenden Band *&-Gedichte* (1966) kündigen sich minutiöse syntaktische und semantische Verschiebungsvorgänge an, so im Liebesgedicht »*Innen*« und in »*Gras*«: »*Wie ein Feuer, das/niederbrennt/fast tonlos und leer, ohne sich/fortzubewegen*«. – Die Sammlung *Was fraglich ist wofür* (1967) präsentiert die volle Palette der bisherigen Techniken mit einigen Wiederholungen und betont die bisherige Tendenz zum erzählten Film und zu balladesk kondensierten Comic-Storys.
Die zweite Phase der Gedichte (1968–1969) ist mit Brinkmanns zeitgleichen Projekten, dem Roman *Keiner weiß mehr* (1968), der Herausgabe und Übersetzung amerikanischer Pop-art- und Beat-Texte, der zeitgenössischen Lyrik Frank O'HARAS und Ted BERRIGANS eng verschränkt. In oft verkannter subversiver Adaption der amerikanischen Medienkunst, etwa WARHOLS serieller Pop-art-Produktion, synthetisiert Brinkmann Schrift- und Bildraum miteinander, um die massenkulturelle Stereotypisierung des Konsumalltags kritisch offenzulegen: In *Godzilla* (1968) werden die Gedichte auf farbige Plakatausschnitte der Illustriertenwerbung gedruckt, auf der lächelnde Bikinischönheiten locken. In noch heute provokanter Kombination kommentieren sich die Medien des Pin-up-

Fotos und der pornographischen Graffitis im alptraumhaften Wechselbad der optisch verlockenden, phallisch-glatten »Haut«-Oberflächen und der sich unerfüllt auf ihr austobenden verbalen Direktheiten. Das Natur-Monster Godzilla bedroht in japanischen B-Horror-Filmen die Zivilisation – bei Brinkmann wird es zur ideologischen Wunsch- und Allmachtsprojektion des Kapitalismus. Der Mythos der reißenden Bestie und der hinreißenden Schönen wird hier zur vieldeutigen Chiffre für die Marktsituation zwischen dem monströs-geilen Kauf-Mann-Kunden (»*er*«) und der trivial-ästhetischen Werbung-Weib-Ware (»*sie*«): »*Hier, nimm mich/schluchzte sie, nachdem er sich davon überzeugt hatte/daß es wirklich nur Zahnpasta war*«. – Thematisch und formal erweitert sich der Bild-Schreib-Raum in *Die Piloten* (1968), betitelt nach den leitmotivisch den Text durchziehenden Pilotengedichten, in denen der traditionelle Originalitätsanspruch der Kunst mit dem öffentlichen Werbecharakter der Massenkultur paradox verschränkt wird. In dem von einer Comicmontage dreigeteilten Band wird die Ambivalenz der frisch aus Amerika importierten Alltagsmythen (vom »Weißen Riesen« bis zum Supermarkt) aufgetischt, der Film, seine Stars und seine technisch-ideologische Entwicklung thematisiert und schließlich die subjektive Perspektive der ernüchterten Katerstimmung in den Pausen des medialen Terrors, der drohende Identitätsverlust und individuelle Protest dargestellt.

Der folgende kürzere Band *Standphotos* (1969), welcher der gesamten Sammlung den Titel gibt, wurde ursprünglich auf dicken, transparenten Kunststoffolien mit eingearbeiteten Bildern schwimmender Körper in Braun-Grün-Tönen gedruckt, so daß die Texte direkt zu Privationen filmischen Lichts, zu in die Tiefe verschwimmenden, holographisch eingefrorenen Palimpsesten werden.

Die dritte Phase der lyrischen Produktion Brinkmanns wird mit der letzten Publikation *Gras* (1970) eröffnet. Der Titel spielt nicht nur auf die bewußtseinserweiternde Droge Marihuana an, sondern auch auf die eingangs zitierte botanische Klassifikation von »über 4000 Arten«. *Gras* erschließt somit ein neuartiges, durch keinen starren Gattungsbegriff mehr einzäumbares Territorium »*gemäßigter Zonen*«. Ferner ist der Titel eine Reverenz an Whitmans *Leaves of Grass* (1885) und Frank O'Haras Konzept des lyrischen »personism«, einer minimalistisch-subjektivistischen Textstruktur – durchwirkt von unzensierten Umwelterfahrungen. Das entsprechende Widmungsgedicht Brinkmanns an O'Hara verbindet unprätentiös und sensibel Erzählung und Beobachtung, Reflexion und Autobiographie, Konstruktion und Dokumentation: »*Wir sind nicht entspannt und können nicht zugeben, daß es darauf ankommt, die banalen Ereignisse mit gesteigerter Aufmerksamkeit zu beachten.*« Die neugewonnene Kunst Brinkmanns, das Gedicht dem Alltag zu öffnen und den Alltag im Gedicht zu erretten, wurde zunächst kaum von der Kritik gewürdigt, bereitet aber den späteren, so erfolgreichen Gedichtband *Westwärts 1 & 2. Gedichte 1970–74* sowie das Prosaprojekt der postum erscheinenden Stadterkundungen (*Rom, Blicke*) vor. P.Br.

Ausgabe: Reinbek 1980.

Literatur: B. Urbe, *Lyrik, Fotografie und Massenkultur bei R. D. B.*, Ffm. u. a. 1985.

## WESTWÄRTS 1 & 2

Gedichte aus den Jahren 1970–1974 von Rolf Dieter Brinkmann, erschienen 1975. – In dieser letzten, vom Autor noch vor seinem Londoner Unfalltod besorgten Ausgabe, die vom Publikum und der Kritik sofort mit breiter Zustimmung aufgenommen wurde, knüpft Brinkmann an die bis *Gras* (1970) erreichte Entgrenzung der lyrischen Gattung an durch die Techniken minuziöser Alltagserforschung. Gesprengt wird der enge Zirkel traditioneller Formen zugunsten einer flexiblen, körpernahen Prosa, die Erzählung, Beobachtung, Reflexion und Selbstdokumentation der jeweiligen Schreibsituation integriert – in einer informellen Zeilenkomposition, die nur gelegentlich zu songartigen, rhythmisch freien Strophenformen zurückfindet. In »*W*« gehen die literarischen Erfahrungen der Stadtsondierungsprojekte von Köln und Rom ein (vgl. *Rom, Blicke*). Sie teilen dieser Gedichtsammlung eine autobiographische, mehr noch testamentarische Dimension mit, die durch eine große Reise- und Schreibbewegung markiert wird. Zugleich verrätselt die traumhaft-surreale Anordnung der Gedichte und Materialien die Thematik, Motivik und Situation der Texte in bisher bei Brinkmann unbekanntem Ausmaß.

Das zweiteilige Titelgedicht (1974) thematisiert und dekonstruiert in der Formel »*Westwärts*« den nordamerikanischen Mythos der Eroberung und Besiedlung des Westens, die lineare Fortschrittsidee der »new frontiers«, welche die nordamerikanische Zivilisation und Technologie immer weiter hinausgeschoben hat. In »*Westwärts 1*« scheint die Bewegung nach Westen Realität zu werden – im Flug von Köln über London, New York, Nashville nach Austin/Texas, wo Brinkmann Gast des German Department der Universität ist. Allerdings wird der Nachvollzug der nordamerikanischen Expansionsgeschichte vereitelt; beim Fernseh-Blick durch die »*gläserne Wand*« des Bullauges entleert sich der konkrete Erfahrungs- und Reiseraum des Schreibenden. Im »*Niemandsland*«der Höchstgeschwindigkeiten zerrinnen die nostalgischen Erinnerungen an Pferde und Planwagen, an die Zugtramps von Jack Kerouac, an die High-Way-Trips der Road-Movies. Die technische Vollendung des Reisens bedeutet ihr Ende: Nach Kubricks Filmvision »*2001*«läuft die computergesteuerte Weltraum-Odyssee auf die Liquidierung des menschlichen Leibes hinaus: »*Nun werfen die Rechenmaschi-*

*nen Knochen/in die Luft«*. Angesichts der raum-zeitlichen Deportationen können Schreiben und Erleben keine kohärenten Zusammenhänge, sondern nur noch Lücken, Zersplitterungen und Diskontinuitäten markieren: »*Die nächsten Kapitel wurden überflogen.*« Die Aufhebung der gewöhnlichen topographischen und chronologischen Orientierungen, die Dissoziation der personalen Identität entziehen der Formel »*Westwärts*« ihre wegweisende Kraft: »*Die Wörter/ziehen uns weiter,/westwärts,//wohin? (Wer ist/wer?) Und//die Mythologie der vier Himmels/Richtungen bricht zusammen*«. Dem entspricht die mehrstimmige Textanlage in hörspielartigen, polyphonen Parallelzeilen und -strophen, horizontalen und vertikalen Sprachverästelungen, Brüchen, Spuren, aus Schrift-, Musik- und Filmkultur gleichermaßen stammenden Zitaten, Parenthesen und Echos, in denen auch der Lese- und Rezeptionsprozeß nicht mehr linear »westwärts« wandern kann. Die Aufhebung des biographischen, historischen und textlichen Nacheinanders hinterläßt eine textuelle Collage, ein zeichenhaftes Environment, ein Flugfeld, das von verschiedenen Seiten her überquert werden kann: »*Beobachtung: ich schaute//auf das Flugfeld und hatte plötzlich das Gefühl, ich/hatte keine Vergangenheit mehr*«; eine Anspielung auf *Am Rande des Rollfelds*, Chris Markers Filmremake von H. G. WELLS' Roman *Die Zeitmaschine*. Der Text behandelt so nicht nur inhaltlich den Abbau wegweisender Ordnungen, Richtungen und Sinnbezüge in einer technisch kontrollierten Umwelt, er artikuliert selbst den Prozeß der Entropie, der Entleerung, des Verfalls und der Einebnung lebensweltlicher Strukturen, indem er semantische Identitäten und syntaktische Relationen auflöst – um zu einer »*Variation ohne ein Thema*« zu werden.

Konsequent kehrt Brinkmann in *Westwärts 2* die Reisebewegung um in die zitathafte Rückkehr ins »*traurige, alte Europa...*«, das mit RIMBAUD und NIETZSCHE zur »*Hölle*« des spätzeitlichen Nihilismus wird, zum gespenstischen »*Ballsaal des lebendigen Todes*«, in dem Poesie »*nichts mit Gedichten zu tun*« hat, sondern zum »*wüsten, alltäglichen Alptraum*« neigt. Dem textuellen Feld-Modell entspricht die strenge Anordnung der – im Unterschied zu *Rom, Blicke* – rein privaten Schwarz-Weiß-Aufnahmen in 24 Tafeln zu je sechs Bildern. Auf ihnen dominieren zunächst die schwarzen Gegenlichtsilhouetten alter texanischer Eichen, die dann zunehmend von zivilisatorischen Schnappschüssen abgelöst werden, mit plötzlichen, irritierenden Verkehrssignalen wie »*one way, exit, don't walk*«. Die motivischen Konfrontationen belegen die Einheit städtischer und ländlicher Umweltzerstörung; erst auf den zweiten Blick unterscheidet man die verschiedenen geographischen Regionen voneinander: Chicago, Texas, Köln, Rom und Vechtaer Moorlandschaft drohen zu einem einzigen Bild des Verfalls zu verschmelzen. Brinkmanns vielstimmiger Diskurs notiert dies und stemmt sich zugleich dagegen, so in »*Roma di Notte*«, in seinen Erinnerungen an Vechta, im »*Politischen Gedicht 13. Nov. 74, BRD*«, das die innenpolitische Hysterie im »*Todesterritorium Westdeutschland*« während der Terroristenprozesse nachzeichnet.

Die regelmäßigeren Strophenbilder verdichten die polyphonen Textfelder in einlinige Assoziations- und Motivströme (so in »*Gedicht*«, in Passagen der »*Rolltreppen*«, in »*Hymne auf einen italienischen Platz*« sowie in den »*Populären Songs*«); oder sie artikulieren ruhigere, kontemplative Passagen mit körpernah empfundenen meditativen Augenblicken einer wieder zu sich gekommenen lyrischen Subjektivität, wie in »*Westwärts 1*«, «*Einer jener klassischen/schwarzen Tangos in Köln*«, »*Improvisation*« oder »*Canneloni in Olevano*«.   P.Br.

AUSGABE: Reinbek 1975.

LITERATUR: N. Born, Rez. (in Nationalzeitung [Basel], 17. 5. 1975). – J. Theobaldy, Rez. (in FRs, 24. 5. 1975). – M. Hamburger, Rez. (in Times Literary Supplement, 6. 6. 1975). – K. Krolow, Rez. (in Darmstädter Echo, 6. 8. 1975). – J. P. Wallmann, Rez. (in NDH, 1975, H. 147). – S. Späth, *Rettungsversuche aus dem Todesterritorium*, Ffm. u. a., 1986.

## GEORG BRITTING

\* 17.12.1891 Regensburg
† 27.4.1964 München

LITERATUR ZUM AUTOR:
M. Andres, *Der Prosastil G. B.s*, Diss. Bonn 1947. – C. Hohoff, *G. B.* (in Merkur, 10, 1956, S. 379–400). – D. Bode, *G. B. Geschichte seines Werkes*, Stg. 1962 [Vorw. F. Sengle]. – E. R. Hauschka u. a., *G. B.*, Regensburg 1966 [m. Bibliogr.]. – *G. B. Der Dichter und sein Werk*, Mchn. 1967, Bearb. K. Dachs u. a. [Vorw. C. Hohoff]. – *Interpretationen zu G. B. Beiträge eines Arbeitskreises*, Hg. R. Hirschenauer u. A. Weber, Mchn. 1974. – W. J. Bekh, *Welt am Donaustrom. G. B.* (in W. J. B., *Dichter der Heimat*, Regensburg 1984, S. 147–165). – *G. B. 1891–1964. Zum Erscheinen einer neuen fünfbändigen Werkausgabe*, Hg. W. Schmitz, Mchn. 1987 [darin Beitr. v. C. Hohoff, W. Höllerer, H. Piontek, W. Schmitz, H. Ziegler, W. Haefs].

**DAS LYRISCHE WERK** von Georg BRITTING. Die frühen, 1911–1918 überwiegend in Familienzeitschriften veröffentlichten Gedichte von Georg Britting sind kaum mehr als Stilübungen, in Form und Motivik vor allem Richard DEHMEL und Detlev von LILIENCRON verpflichtet. Seit 1919 bemühte sich der noch in der Regensburger Provinz lebende Dichter, unter dem Eindruck der expressionistischen Literaturrevolution, um einen neuen lyrischen Ton und zeitgemäße Motive. Zunächst allerdings experimentierte er noch – zu einem Zeitpunkt, als er in den Feuilletons der überregionalen Zeitungen und Zeitschriften Fuß zu fassen begann und, nach der Übersiedlung nach München 1921, ambitioniert auch auf die Berliner Literatenszene blickte. Von 1919 bis Mitte der zwanziger Jahre verfaßte Britting neben Natur- und christliche Motive aufnehmenden Legendengedichten sowie manchen Friedrich NIETZSCHE und Rainer Maria RILKE nachempfundenen Gedichten auch Lyrik im ironischen Stil der Neuen Sachlichkeit sowie in BRECHT'scher *Hauspostillen*-Manier *(Atelierszene; Bäckerladenballade; Moritat; Vorfall im Café)*.

Der 1930 publizierte erste schmale Gedichtband, mit dem Ertrag aus etwa zehn Jahren, schied bereits alle Zeitgedichte und literatenhaft-ironisierenden Verse aus und zeigte den Dichter auf dem Weg zu einer spezifischen Naturlyrik, die in Bildlichkeit und Motivik von einem süddeutschen Expressionismus beeinflußt war, wie ihn Heinrich LAUTENSACK und, weniger ausgeprägt, Gottfried KÖLWEL verkörperten. Daneben waren und blieben Georg HEYM und Georg TRAKL für den Lyriker Britting von großer Bedeutung. – Den Durchbruch als Lyriker brachte der 1935 veröffentlichte Band *Der irdische Tag*, der Gedichte von etwa 1922 bis 1935 versammelte. Der 1939 erschienene Band *Rabe, Roß und Hahn* bestätigte dann neben Wilhelm LEHMANN Brittings Rang als Naturlyriker in den dreißiger Jahren. Die Gliederung folgt jeweils dem jahreszeitlichen Rhythmus; eigens hervorgehoben wurden im *Irdischen Tag* die Abschnitte *Regenlieder* und *Gedichte vom Strom* (anknüpfend an die Lyrik- und Prosasammlung *Die kleine Welt am Strom*), in *Rabe, Roß und Hahn* Abschnitte unter dem Titel des Gedichtbandes sowie *Der alte Mond*: damit sind die motivischen Schwerpunkte von Brittings Lyrik genannt. Das Motto zum *Irdischen Tag* kennzeichnet das Naturverständnis und die Intention des Dichters: Es geht Britting darum, daß das Göttliche »abgespiegelt« werde »hier unten« (»*Wessen der andre auch ist*«). In diesen naturmagischen Versen tritt das Subjekt, das nicht selten sogar hinter der Natur verschwindet, zurück; freilich in der Weise, daß es um ein »*Sich-messen mit den Dingen*« geht (W. Höllerer). Ich-Aussage und Reflexion sind in der Lyrik des *Irdischen Tags* weitgehend ausgespart. Beschworen wird, im Kult des Kleinen und Kleinsten, der Flora und der Fauna, eine scheinbar verselbständigte Dingwelt mit ihren herrschenden Naturgesetzen *(Raubritter; Sommer)*. Die einen eigenen Motivkomplex bildenden, die Kirche und ihre Symbolwelt thematisierenden Gedichte (*Geistliche Stadt* u. a.) sowie die Legendengedichte (*Die Kapelle* u. a.) demonstrieren eine bisweilen antimetaphysische Haltung, die aber von naiv-volkstümlichen Frömmigkeitsformen des Katholizismus fasziniert bleibt.

Der programmatisch-antiheroischen Naturapologie korrespondiert eine Vielzahl von Stileigentümlichkeiten, die sinnliche Anschaulichkeit vermitteln. Britting setzt in seiner Naturlyrik alle rhythmisch dynamisierenden und lautlich wirkungssteigernden Mittel ein (»*Morgenroter, abendroter / Vetter: Saug am Ziegenschlauch, / Daß ein bitterheller, fetter / Wein dir salbt den Bauch!*«, heißt es in *Rausch*). Alliterationen und Assonanzen, Laut- und Farbenmalerei, oft auch Neologismen und ungewöhnliche, sinnsteigernde Komposita (»*maussilbrigzart*«; »*schindelschuppig*«; »*speckschwartenbraun*«; »*trompetengelb*«) sowie Inversionen prägen eine Lyrik, in der die aus der Sprache lebende Anverwandlung von Natur vorherrscht. Wenn auch der Gegenstandsbereich relativ eng auf den Naturraum beschränkt ist, so gilt doch: Das zum Realen tendierende Bild geht in einem prägnanten Sinnbild auf. Natur wird von Britting fast immer bildmagisch beschworen; er ist der »*bildzeigende Lyriker*«, dem es um das »*Sichtbarmachen des Unsichtbaren*« (Gädke) geht (»*Leere den Weinkrug! / Schau der Flamme goldnes Gesicht! / Weißt du es nicht? / Kein Bild ist Betrug*«).

Die Gedichte aus *Rabe, Roß und Hahn* lassen allerdings auch einige bezeichnende Veränderungen erkennen. Nun wird wieder ein lyrisches Subjekt vernehmlich, zugleich werden die rhythmische und bildliche Dynamik und sprachliche Expressivität langsam zurückgenommen. Dem entspricht ein erhöhter Sprachduktus, der von der nachhaltigen Rezeption antiker und klassischer Lyrikmuster herrührt *(Das Roß; Alle drei)*. Indiz für diese Entwicklung ist auch die auffallende Neigung zu langen Prosagedichten *(Der Berg, Die Brombeerenschlucht, Wintermorgen am Fluß)*. Vollends als Wendepunkt kann das Gedicht *Was hat, Achill* gelten, bereits 1938 geschrieben, 1940 im ›Inneren Reich‹ abgedruckt; ein »Penthesilea«-Gedicht, das Gottfried BENN »*großartig*« nannte. In diesem, thematisch an KLEISTS Drama orientierten Gedicht in freien Rhythmen und Versen von strenger metrischer Struktur durchdringt sich das »*Klassisch-Antike*« »*mit süddeutschem Kolorit*« (A. v. Schirnding). Damit läßt sich das Gedicht nicht dem gängigen Traditionalismus der Lyrik um 1940 subsumieren. Britting akzentuiert hier noch einmal, in sprachlich reduktionistischer und zugleich dramatisierender Gestaltung sein magisches und von Nietzsche beeinflußtes Weltbild.

In der Folgezeit differenziert sich Brittings Lyrik formal und motivisch spürbar aus. Er beginnt sich Anfang der vierziger Jahre eingehend mit antiken Metren zu beschäftigen und schreibt – vor allem dann in den fünfziger Jahren – einige bedeutende Gedichte in sapphischer und alkäischer Odenform *(Jägerglück; Das weiße Bett)*. Einen neuen Motivkomplex verkörpern die äußerlich der Anakreontik verpflichteten Weingedichte (*Lob des Weines*, 1944, erw. 1950). Sie erschöpfen sich jedoch nicht in Geselligkeitspoesie, auch wenn sie Ausdruck einer bewußt zeitfernen Geselligkeit vor dem autobiographischen Hintergrund des Münchner Dichterstammtischs »Unter den Fischen« sind; vielmehr exponieren sie jenseits der tradierten Topoi einen bekenntnishaft-persönlichen Ton, der sie zu einer Selbstaussprache des Autor-Ichs werden läßt.

Seit Anfang der vierziger Jahre bilden schließlich Totentanz-Gedichte einen zweiten neuen Motivkomplex, der mit der Veröffentlichung von 63 Sonetten in der Sammlung *Die Begegnung* (1947) seinen Abschluß findet. In seinen streng gebauten Sonetten artikuliert Britting eine Antwort auf die neuerlichen Schrecken der Zeitgeschichte. In ihnen drückt sich das subjektive Lebensgefühl eines Skeptikers und Anti-Metaphysikers *(Der Tod als Jägerknecht)* aus. Die von der Sonettform ausgehende Erstarrung und Einengung seiner Sprachphantasie jedoch spürend, vollzog Britting bald wieder eine Kehrtwendung hin zu den Realien der Natur. Die 1951 publizierte Sammlung *Unter hohen Bäumen* bietet wiederum einen Querschnitt durch das lyrische Œuvre seit den zwanziger Jahren; einige Gedichte erschienen nun allerdings in überarbeiteten Fassungen (u. a. *Was hat, Achill*). Die Sammlung leitet die Phase der Altersdichtung ein, in der sich stärkere Traditionsbezüge auf GOETHE und HÖLDERLIN geltend machen. Zugleich knüpft Britting noch einmal an den Nachexpressionismus der zwanziger Jahre an (im Vor- und Umfeld der Zeitschriftengründung ›Akzente‹ durch Walter HÖLLERER, als dessen früher Mentor Britting gelten kann), wodurch die späte Lyrik eine neue Qualität gewinnt. Der letzte, diese Entwicklung dokumentierende Lyrikband erschien, obschon 1955 im Manuskript vorliegend, erst postum 1965 – von der literarischen Öffentlichkeit kaum mehr beachtet. Hier variiert Britting noch einmal die chrakteristischen Themen und Motive seiner Lyrik in formaler Weiterentwicklung. Neben die wiederum jahreszeitlich gruppierte Naturlyrik treten nunmehr stärker poetische Reiseeindrücke (wie zum Teil schon Ende der dreißiger Jahre), die der Dichter vor allem in Italien gewonnen hat *(Venedig; Die Katzen Neapels; Markt in Verona)*.

Brittings Lyrik erreicht mit den Gedichten des *Unverstörten Kalenders*, in differenzierten Strophenformen und in oftmals reimlosen oder »freier« gereimten Versen, auch ohne alle Manierismen, einen späten Höhepunkt. Für diese, »vertiefte Wirklichkeit«(D. Bode) gestaltenden Gedichte gilt erst recht, was W. Höllerer schon 1952 über die Lyrik Brittings schrieb: »Daß durch das *»Gegeneinander von menschlichem Anspruch und überwältigender Naturmacht, Spiel und ernster Bekräftigung (...) ein Wechselbezug zwischen Menschlichem und Unmenschlichem zustande«* kommt, *»dramatische Bewegung, die aus dem Verborgenen wirkt und sich bis in Wortwahl und Rhythmus erstreckt.«*So bilden »Schmerz und Entzücken« den Erfahrungshintergrund für diese Gedichte. Der Utopie vom »*unbeschädigten Dasein*« *(Die Ratten)* antwortet die gereifte skeptische Lebensphilosophie des Dichters. Die bildlich-symbolische Durchdringung gelingt in diesen Gedichten, die von polyphonen Stilelementen charakterisiert sind, vollkommen. In einer gleichsam dialektischen Bewegung bringt das zentrale Gedicht *Die Trommel dröhnt* Brittings Weltverständnis auf den Begriff: In der Verknüpfung von Naturidylle und Untergangsmotivik wird die Empfindung einer nahenden Apokalyse scheinbar stoisch, unabweisbar drohend gestaltet. *»Die Zeit betrügt nicht«*, heißt es nun, und die Schlußwendung lautet sibyllinisch: *»Lächelnd berechnet der Wirt die Zeche.«*

W.Hae.

AUSGABEN: *Gedichte*, Dresden 1930. – *Der irdische Tag*, Mchn. 1935; ern. 1948. – *Rabe, Roß und Hahn*, Mchn. 1939. – *Der alte Mond*, Mchn. 1941. – *Anfang und Ende*, Hbg. 1944. – *Lob des Weines* Hbg. 1944 [m. Ill. v. M. Unold; 3. erw. Aufl. Mchn. 1950]. – *Die Begegnung*, Mchn. 1947. – *Unter hohen Bäumen*, Mchn. 1951. – *Der unverstörte Kalender*. Aus dem Nachlaß, Hg. I. Britting u. F. Podszus, Mchn. 1965. – *Gedichte 1919–1939 / Gedichte 1940–1951* (in *GA in Einzelbdn.*, Bd. 1 u. 2, Mchn. 1957). – *SW*, Bd. 1, Hg. W. Schmitz, Mchn. 1987 [enth. auch Gedichte aus dem Zeitraum 1911–1930, die später nicht mehr publiziert wurden].

LITERATUR: L. Gädke, *Der bildzeigende Lyriker* (in *Das Innere Reich*, 11, 1944/1945, S. 42–50). – U. Jaspersen, *Die Gedichte G. B.s im Raum der modernen Lyrik*, Diss. Münster 1944. – C. Hohoff, *Antike Strophen in der Lyrik G. B.s* (in C. H. *Geist und Ursprung. Zur modernen Literatur*, Mchn. 1954, S. 175–185). – U. Jaspersen, *G. B.: »Grüne Donauebene« / »Sommergefühl«* (in *Die deutsche Lyrik*, Hg. B. v. Wiese, Bd. 2, Düsseldorf 1956, S. 471–484). – Anon., *Der Lyriker G. B. Ein kritischer Dialog* (in NDH, 5, 1958, S. 251–260). – D. Schug, *Die Naturlyrik G. B.s und Wilhelm Lehmanns*, Diss. Erlangen 1963. – H. E. Holthusen, *G. B. in seiner Zeit* (in *Das große G.-B.-Buch*, Hg. I. Schuldt-Britting, Mchn. 1977, S. 349–368). – C. Hohoff, *Unter den Fischen. Erinnerungen an Männer, Mädchen und Bücher, 1934–1939*, Wiesbaden/Mchn. 1982. – A. v. Schirnding, *»Ein Mann begegnet seinem Tod«. Zu G. B.s Gedicht »Was hat, Achill«* (in *Vom Naturalismus bis zur Jahrhundertwende. Gedichte und Interpretationen*, Bd. 5, Hg. H. Hartung, Stg. 1983, S. 394–404). – W. Schmitz, *»Die kleine Welt am Strom«* (in *Handbuch der Literatur in Bayern*, Hg. A. Weber, Regensburg 1987, S. 493–501).

## DER BEKRÄNZTE WEIHER

Erzählung von Georg BRITTING, erschienen 1937. – Die Zeit der von einer fiktiven Erzählerin in der Ichform geschilderten Begebenheit – von einer Handlung im eigentlichen Sinne kann kaum gesprochen werden – ist der Erste Weltkrieg, der Schauplatz die dem Dichter von Kindheit an vertraute bayrische Vorgebirgslandschaft, der geistige Hintergrund (doch nicht der Dichtung als solcher) die Jugendbewegung mit ihren Wanderbünden, *»ein wenig verschwärmten Sinnes, unklarer Gefühle* *übervoll das Herz«*. Eine Wandervogelschar ehrt einen gefallenen jungen Kameraden, der in einem russischen Fluß umkam und nicht mehr aufgefunden wurde, durch eine Totenfeier: An einem Vorfrühlingstag in der Karwoche wird ein selbstverfertigtes Floß mit einem Blütenkranz inmitten eines Waldweihers, als stellvertretendem Grab, verankert. Am Ostersonntag soll der Kranz durch einen frischen ersetzt werden. Ein von Rußland her wehender Ostwind hat jedoch inzwischen den Spiegel des Weihers in Eis verwandelt und den Kranz unverwelkt erhalten, ein Zeichen zugleich für die Annahme der Weihegabe durch den Toten und seine geheimnisvolle Gegenwart, die sich in einem aus dem Kranz auffliegenden Vogelschwarm bestätigt. Eine Ordnung, die zerstört schien, ist wiederhergestellt. Dieses Erlebnis löst in den jungen Menschen einen Taumel der Freude, *»trunkene Heiterkeit«* aus. So endet die Erzählung in der Stimmung eines Satyrspiels, das der Tragödie folgt und an das man durch das faunisch-übermütige Gebaren eines Buckligen um so mehr erinnert wird.

Die Welt der Erzählung ist eine Welt der Sinne, vornehmlich des Auges. *(»Und ich sah ihm mit Augen, diesen Wind...«)*. Sie wird nicht vom Intellekt interpretiert. Sie wird anschauend in Bildern erfaßt, die nicht Gleichnis für ein transzendentes Dahinter, sondern in ihrer Identität von Erscheinung und Sinn poetische Repräsentanz der Wirklichkeit selbst sind. So *ist* der Weiher mit dem *»glotzäugigen, dicken Stulpmaulfisch«* Grab, Verwesung und Tod, *sind* die aus dem eisstarren Kranz aufstiebenden Vögel Leben, Rückkehr ins Licht. Moralische Wertungen, Um- und Abwertungen sind dieser Welt ebenso fremd wie die Kritik sozialer Mißstände oder weltanschauliche Polemik. Es wird keine Anklage gegen den Krieg erhoben, doch auch die Glorifizierung des Gefallenen als ritterlicher Held wird rückblickend von der Erzählerin als wirklichkeitsblinde Schwärmerei gutmütig belächelt. Es geht weder um die Exemplifizierung von Ideen noch um psychologische Analyse, sondern um das Sichtbarmachen von zeitlosen Kräften, die in verborgener Dramatik die Fülle der Welt im Gleichgewicht halten. Dem Grundcharakter der Erzählung entspricht ein strömend bewegter Stil. Die Sätze, häufig durch *und* verbunden, werden durch Wiederholungen, Einschübe, Wortverdichtungen (der Tote, *»der im Grünfädengespinst fischmaulbenagt verdarb«*) dynamisch gestaut. Nicht geistreiche Pointierung, sondern musikalische Rhythmik bestimmen ihren Duktus. In einer Zeit des Mißtrauens gegen die inneren und äußeren Wirklichkeiten leuchtet aus dem kleinen Werk ein Glanz antikisch anmutender Weltgewißheit.                G.He.

AUSGABEN: Mchn. 1937. – Mchn. 1957 (in *Erzählungen*). – Mchn. 1959 (in *GA in Einzelbdn.*, 8 Bde., 1957–1967, 4). – Mchn. 1987 (in *SW*, Bd. 3/2, Hg. W. Schmitz; m. Komm. v. W. Haefs).

LITERATUR: C. Hohoff, *Der bekänzte Weiher* (in Das Innere Reich, 4, 1937/1938, S. 1370–1372). –
W. E. Süskind, *Der bekränzte Weiher* (in Die Literatur, 1937/1938, S. 174/175).

## DIE KLEINE WELT AM STROM

Sammlung von Gedichten und Prosatexten von Georg BRITTING, erschienen 1933. – In regelmäßigem Wechsel enthält die schmale Sammlung acht Gedichte und sieben Erzählungen bzw. kürzere Prosatexte. Die meisten Texte waren seit etwa 1922 entstanden und bereits in Zeitschriften, zwei Erzählungen auch in dem Prosaband *Michael und das Fräulein* (1927) in abweichenden frühen Fassungen gedruckt worden. Britting nahm nun eine themenspezifische Zusammenstellung vor. Alle Prosatexte und Gedichte rekurrieren auf die Herkunft des Dichters, die Stadt Regensburg und die Donaulandschaft jener Region. Mit dem Titel des Bändchens wurde bewußt Bezug genommen auf Josef ACHMANNS Holzschnittfolge über Regensburg, *Die kleine Stadt*, die in der von Britting gemeinsam mit Achmann herausgegebenen expressionistischen Zeitschrift ›Die Sichel‹ 1919 erschienen war.

*Die kleine Welt am Strom* beginnt und endet jeweils mit einem programmatischen Gedicht. Die Sammlung wird mit dem in der Gestalt des Fisches mythologisierten Bild der Donau eröffnet (*»Der große Strom kam breit hergeflossen / Wie ein großer, silberner Fisch. Wälder warn seine Flossen«*), worin ein magisch-bannender, mythischer und damit geschichtsloser Raum geschaffen wird. Was jedoch im *Strom*-Gedicht die Grenzen transzendierende Schöpfung bedeutete, bleibt im letzten Gedicht der Sammlung, *Die kleine Welt in Bayern*, das über die Enge der Provinz hinausweist, nur sehnsuchtsvolles Spiel des menschlichen Subjekts, bleibt bloßes Begehren in den objektiven Grenzen der kleinen Welt (*»Liegt ein Kerl im Moose, / Schlägt die Augen auf, und im kleinen Stern / Sammelt er alles, den Kirchturm, die Felswand, den Himmel und sein Begehrn / Geht darüber und über den Himmel hinaus ins Große und Grenzenlose«*). Die Mythisierung im Eingangsgedicht wird freilich schon in der nachfolgenden Geschichte *Der Franzose und das Ferkel* ironisch kommentiert: Erst die »*reflektierend-urteilende, zurückblickende Erzählung vermag nun zu begreifen, daß ein wahres irdisches Paradies verloren ging«* (W. Schmitz). Nur Poesie kann den mythisierenden Gestus rechtfertigen (vgl. *Das lyrische Werk*). Diese Erinnerung (später bekannter geworden u. d. T. *Das Ferkelgedicht*) ist zugleich ein poetologisch-programmatischer Text über die verwandelnde Macht der Sprache.

Ein ambivalentes Bild des Verhältnisses von Vergangenheit und Gegenwart, von (scheinbarer) Idylle und »Realität« zeichnen die weiteren Prosatexte des Bändchens. Auf die anekdotische Erinnerung an einen stinkenden Hirten (*Der unflätige Hirte*) folgt die aktualisierte Variante des klassischen Themas vom Brudermord, in bildlich-archaisierender Gestaltung, die Kindheit dem Naturgesetz und dem dämonischen Kampf auf Leben und Tod gleichsetzt *(Brudermord im Altwasser)*. In der Erzählung *Hochwasser* dagegen bannt ein Liebhaber die lebensbedrohende Gefahr, die ihm durch Hochwasser und durch den eifersüchtigen Ehemann der Geliebten erwächst, durch seinen militärischen Habitus und die Ausstrahlung seiner militärischen Pose – wohl auch eine ironische Reminiszenz an ästhetizistische Erzählkonstellationen in der Literatur der Jahrhundertwende.

Die zwei Ich-Erzählungen *Fischfrevel an der Donau* und *Lästerliche Tat* gestalten Jugenderinnerungen Brittings. Während es in der ersten um die Unfähigkeit des Knaben geht, den in der Donau gefangenen Fisch durch die Tötung endgültig zu besiegen – er zertritt ihn schließlich aus Verzweiflung –, evoziert die zweite über einen Jungenstreich in der Regensburger Domkapelle (das mehrmalige Auslöschen des »ewigen Lichtes«) noch einmal das Thema der verlorenen Kindheit (abschließend wird der Wandervogel-Refrain *»Schön ist die Jugend, / Sie kommt nicht mehr zurück«* zitiert). In der letzten Geschichte *Das Haus zur Heiligen Dreifaltigkeit*, einer moritatenhaft stilisierten Groteske über einen erfinderischen Schweinezüchter, der nach persönlichem Ehrverlust durch den aufgedeckten Diebstahl einer seiner Töchter sich selbst umbringt und damit auch die übrigen Familienmitglieder in den Selbstmord treibt, wird ein – freilich ironisiertes – negatives Gegenbild zur idealisierten »Welt von gestern« entworfen, die durch den Einbruch zivilisatorischen Fortschritts vernichtet wird.

So scheint hinter fiktionalisierten Kindheitserinnerungen und Donaulandschaftserfahrungen eine vielfach gebrochene Idylle auf. Es geht nicht um Verklärung des verlorenen Kindheitsparadieses und des Landschaftsraumes, wie sie in der Literatur der dreißiger Jahre – im Gegenzug zu kritischen Literarisierungen in den zwanziger Jahren – verbreitet war. Allerdings bot sich den Lesern die Möglichkeit, über die Brüche hinwegzulesen und sich in jenem, durch die Nichtthematisierung von realer Zeitgeschichte entstehenden »Fluchtraum« einzurichten: typische Ambivalenz von Werken der sogenannten Inneren Emigration, denen es am präzisen Gegenbild ermangeln mußte. So war es möglich, daß das Bändchen zu Brittings erfolgreichster Veröffentlichung wurde.

*Die kleine Welt am Strom* bedeutete aber nicht nur eine Rettung der Provinz gegenüber ihren Verächtern, sondern auch gegenüber ihren falschen Apologeten. Brittings Gedichte und Erzählungen von Kindheit und Landschaft sind der ideologisch-dumpfen Heimattümelei »völkischer« Autoren und deren heroisierend-martialischem Sprachgestus entgegengesetzt. Stilistisch stehen die Erzählungen und kürzeren Prosatexte am Ende der nachexpressionistischen Stilperiode Brittings. An sie erinnern aber noch zentrale rhetorische Figuren und Bilder, die bisweilen vertrackte, zu verbdominierten Inversionen neigende Syntax sowie das aus dem bildkünstlerischen Bereich anverwandelte Paradigma von Naturbeschreibungen nach dem Vorbild der Donauschulmeister (u. a. A. ALTDORFER) des frühen 16. Jahrhunderts. W.Hae.

AUSGABEN: Mchn. 1933. – Mchn. 1952 (das Gedicht *Geistliche Stadt* wurde gegen *Am Fluß* ausgetauscht; ern. Stg. 1980, Hg. D. Bode). – Mchn. 1987 (Neudr. d. Erstausg. in *SW*, Bd. 3, 2, *Erzählungen und kleine Prosa 1930–1940*, Hg. W. Haefs).

LITERATUR: E. Dünninger, *Welt am Strom – G. B. und die Donaulandschaft* (in *Bayerische Literaturgeschichte in ausgewählten Beispielen*, Hg. E. u. D. Kiesselbach, Bd. 2, Mch. 1967, S. 366–377). – W. Schmitz, *»Die kleine Welt am Strom«. G. B., ein Dichter aus Regensburg* (in *Handbuch der Literatur in Bayern*, Hg. A. Weber, Regensburg 1987, S. 493–501). – W. Haefs, Kommentar (in *SW*, Bd. 3, 2, S. 437–453). – W. Haefs u. W. Schmitz, *G. B., Stifter und die Donauschule. Zum literarischen Wandel vom Expressionismus zur ›Inneren Emigration‹* (in Literatur in Bayern, 1988, Nr. 13/14).

## LEBENSLAUF EINES DICKEN MANNES, DER HAMLET HIESS

Roman von Georg BRITTING, erschienen 1932. – Der Roman bietet keinen fortlaufenden Geschehenszusammenhang, sondern entsteht aus einer Reihe von acht in sich abgeschlossenen, nur locker aufeinander bezogenen Episoden, deren einziges Kontinuum die Person des *»fetten Dänenprinzen«*, eine eigenwillige Verfremdung der Hamlet-Gestalt SHAKESPEARES, bildet. Ophelia, *»das weißgekleidete Mädchen mit dem honiggelben Haupt«*, ertränkt sich im Weiher neben dem Landhaus, weil ihr Gemahl Hamlet sie vernachlässigt: *»Seit der Geburt des Kindes, mein Prinz, hast du mich nicht mehr berührt« (Das Landhaus)*. – Die Begegnung zwischen Hamlet und den Hofdamen vollzieht sich nach den steifen Gepflogenheiten des höfischen Lebens wie ein Maskenspiel, das die Lebensskepsis Hamlets ständig nährt *(Die Hofdamen)*. – Die Kapitel *Im Feldlager, hinten* und *Im Feldlager, vorn* zeigen Hamlet als innerlich distanzierten, aber erfolgreichen Feldherrn. In der Schlacht um Arngeb und Sönheim gibt der Prinz den von ihm gegen die Norweger geführten Truppen, ohne eigentlich zu wissen, warum, den Befehl zum Angriff von der Venskaschanze aus: *»... lächelnd kam ihm die Erkenntnis, daß er genug leiste, wenn er nur entscheide, gleichviel wie, wenn er nur befehle, gleichviel was.«* Herr von Xanxres, *»der Hering, der magere, mit der Großvaternase im Knabengesicht«*, Hamlets ständiger Begleiter und einziger Freund, fällt in der Schlacht. – Bei dem zu Ehren des heimkehrenden Siegers stattfindenden Festbankett rächt Hamlet den Mord an seinem Vater auf seine Weise: Indem er den verhaßten Stiefvater zum pausenlosen Mithalten zwingt, frißt und säuft er ihn zu Tode *(Der Sieger Hamlet)*. – Der Mordplan, den die haßbebende Mutter gegen den nunmehrigen König Hamlet schmiedet, scheitert an dessen Sohn: Er weigert sich, seinen Vater umzubringen. Auch der jetzige Prinz Hamlet wird an einer Frau schuldig: Greta, seine Geliebte, nimmt sich aus ähnlichen Motiven das Leben wie seinerzeit seine Mutter Ophelia *(Salat gegen die Hitze)*. – Das Erscheinen der Hofdame Klara, der ehemaligen Verlobten seines gefallenen Freundes Xanxres, verschärft Hamlets Pessimismus gegenüber dem Leben. Klara ist in Begleitung eines neuen Bräutigams und bringt Hamlet damit die Hinfälligkeit aller Liebe und aller Leidenschaft, ja des Daseins überhaupt zum Bewußtsein. Resigniert verzichtet er darauf, stellvertretend für seinen Vater an Polonius und der Königinmutter Rache zu nehmen *(Punsch gegen die Kälte)*. – Beide Hamlets, Vater und Sohn, *»streunende Katzen, die sie waren, streifend unermüdlich durch Zeit und Kälte«*, scheitern zuletzt am Leben. Hamlet überträgt die Regierung dem Polonius und der alten, aber immer noch vitalen Königinmutter und zieht sich mit seinem Sohn in ein Kloster zurück, hinter *»eine lange, weiße Mauer, eine feste, beständige Steinmauer, rund herum, voll Sicherheit und Stärke rundherum«* (Hinter der weißen Mauer).

Trotz der weitgehenden Geschlossenheit der einzelnen Episoden – die erste, *Das Landhaus*, entstand schon 1925 als eigenständige Kurzgeschichte – bildet das Romanganze ein beklemmend engmaschiges Wirklichkeitsgeflecht. Die streng durchgehaltene Distanzhaltung des Erzählers und der angestrengte Berichtsstil mit seinen endlosen parataktischen Reihungen geben dem Roman seine zugleich faszinierende und bedrohliche Kälte. Das Gefühl der Bedrohung wird durch die typisch spätexpressionistische Wirklichkeitswiedergabe noch verstärkt; die Dinge und die äußerst farbenreichen Landschaften erscheinen dynamisiert, werden zum Ausdruck der heimlichen Magie alles Realen. Sie gewinnen ein ans Dämonische grenzendes Eigenleben, das sie für die Menschen zum feindlich drohenden Gegenüber macht: *»Dann hatte das Zimmer eine Stimme und summte hell und gleichmäßig hoch wie ein großes, gelbes, schwarzgepunktetes Insekt. Das Zimmer, das Zimmerinsekt, die zimmerige Fliege hatte keine Flügel ... Und bebend und brausend flog die gelbe Riesenfliege in den goldströmenden Abendhimmel hinaus.«* Die Elementarkraft der ans Animalische grenzenden Vitalität, bedrängend gegenwärtig in der ungebrochenen Lebensfreude der Frauen, vor allem der Königin, macht den beiden Hamlets ihre Entfremdung vom Leben nur noch deutlicher bewußt. Konsequenter Ausdruck dieser Erfahrung ist ihre Flucht in die Geborgenheit eines Klosters, *»in dem viele kleine wohlgewachsene Zellen sich befinden, und jeder weiß, daß eine für ihn da ist, und in der Zelle für ihn ein Bett und im Bett keine Frau, weit und breit und nirgends eine Frau«*. K.U.

AUSGABEN: Mchn. 1932. – Mchn. 1961 (in *GA in Einzelbdn.*, 8 Bde., 1957–1967, 6). – Mchn. 1989 (in *SW*, Bd. 3/1, Hg. W. Schmitz).

LITERATUR: J. Kreft, *Hamlet – Don Juan – Faustus. Interpretationen*, Diss. Bonn 1955. – K. Rausch,
*Der gestaltbildende Vorgang des sprachlichen Werdens in G. B.s Roman »Lebenslauf eines dicken Mannes, der Hamlet hieß«*, Diss. Bonn 1956.

## DAS TREUE EHEWEIB

Erzählung von Georg BRITTING, erschienen 1933.
– Unter Verzicht auf motivierende psychologische Kommentare läßt Britting die »Treue« einer Frau aus einer vieldeutigen Zwangshandlung hervorgehen. Marias Verhältnis mit dem Türken Achmed, das zuerst nur Mißbilligung im Dorf und den stummen Zorn ihres Ehemannes Peter erregt, fordert schließlich einen Entscheidungskampf heraus, als der gehörnte Gatte das Paar in flagranti ertappt. Es ist ein ungleicher Kampf: Peter dringt mit dem Beil auf Achmed ein, der sich nur mit einem Hocker verteidigen kann. Eine unerwartete Wendung nimmt der Zweikampf, als Maria, bisher unbeteiligt, dem ohnehin unterlegenen Achmed nicht nur den Fluchtweg versperrt, sondern ihm dazu noch hinterrücks einen Messerstich beibringt. Vereint mit ihrem Mann bringt sie den Geliebten um – und stellt so ihre eheliche »Treue« unter Beweis.
Die Novelle lebt aus der Spannung zwischen der betont sachlichen Darstellung einer spannungsgeladenen Personenkonstellation und der dramatischen Vergenwärtigung des offen hervorbrechenden Konflikts. Die Vorgeschichte der Liebschaft, die Eifersucht des Ehemanns, die Entstehung einer unerträglichen Situation – das alles wird wie beiläufig vermittelt und sparsam kommentiert, doch steigert sich gerade dadurch die Spannung. Auffallende Häufung von Adjektiven, elliptische Satzkonstruktionen und syntaktische Verschiebungen vermitteln dann die Unausweichlichkeit des Konflikts und den Zwang, unter dem Maria handelt. Unreflektiert wie ihre Beziehung zu Achmed – sie, die Frau des *»kurzgeschorenen Christen«*, ist fasziniert von der »schwarzen Locke« des Türken – ist auch ihre Beihilfe zum Mord: *»Sie hatte sich von etwas befreit, was ein Zwang für sie gewesen war, und so spürte sie wohl eine gewisse Genugtuung.«* U.Ba.

AUSGABEN: Mchn. 1933. – Mchn. 1958 (in *GA in Einzelbdn.*, 8 Bde., 1957–1967, 3). – Mchn. 1987 (in *SW*, Bd. 3/2, Hg. W. Schmitz, m. Komm. v. W. Haefs).

---

VALERIJ JAKOVLEVIČ **BRJUSOV**

\* 13.12.1873 Moskau
† 9.10.1924 Moskau

LITERATUR ZUM AUTOR:
*Bibliographie:*
È. S. Danieljan, *Bibliografija V. J. B. 1884–1973*, Hg. K. D. Muratova, Erevan 1976.

*Gesamtdarstellungen und Studien:*
G. Lelevič, *V. J. B.*, Moskau 1926. – K. Močul'skij, *V. B.*, Paris 1962. – A. Schmidt, *V. B.s Beitrag zur Literaturtheorie*, Mchn. 1963. – D. E. Maksimov, *B. Poézija i pozicija*, Leningrad 1969. – V. Žirmunskij, *V. B. i nasledie Puškina*, Den Haag 1970. – R. Zaym, *Die historischen Romane V. J. B.s*, Diss. Wien 1973. – N. St. Burlakov, *V. B. Očerk tvorčestva*, Moskau 1975. – M. P. Rice, *V. B. and the Rise of Russian Symbolism*, Ann Arbor 1975 [enth. Bibliogr.]. – D. B. Arthur, *Love, Death and World's End. Themes in B.'s Prose*, Diss. Univ. of Texas 1976 [enth. Bibliogr.]. – J. D. Grossmann, *V. B. and the Riddle of Russian Decadence*, Berkeley u. a. 1985

## ALTAR' POBEDY

(russ.; *Ü: Der Siegesaltar*). Historischer Roman von Valerij Ja. BRJUSOV, erschienen 1911. – Der Roman gehört wie sein Pendant *Ognennyj angel (Der feurige Engel)* zum epischen Spätwerk des Autors, in dem er der von MEREŽKOVSKIJ *(Julian Apostata)* und Vjačeslav IVANOV um die Jahrhundertwende erweckten Vorliebe für antike Stoffe huldigt. Er erzählt die Abenteuer eines naiven heidnischen Galliers Decimus Iunius Norbanes (ein fingierter Zeitgenosse der Rhetoren SYMMACHUS und AUSONIUS, 4. Jh. n. Chr.), der in Rom Rhetorik studieren will. Aus Liebe zu einer machthungrigen Kurtisane verstrickt er sich in die wirre spätrömische Innenpolitik (zur Zeit, als der Imperator Gratian den mythischen »Siegesaltar« aus dem Senat entfernen läßt). Er verliert seinen idealistischen Glauben an Roms Größe und Zukunft und verläßt die Stadt schließlich – zwar ohne seinen Plan, ein Rhetor zu werden, verwirklicht zu haben, doch als gereifter Mann, der Einsichten in den Lauf der Geschichte gewonnen hat: »*Alter Brennus! wiederhole deine stolzen Worte vor dem vernichteten Rom! Wehe den Besiegten! Das Kreuz ist auf die eine Waagschale gefallen, und alles Gold der Welt reicht nicht aus, es aufzuwiegen.*«
An Stellen wie dieser wird der ideelle Kern des Romans sichtbar: der Antagonismus von Christentum (Ambrosius: »*Laß das Imperium untergehen! Auf seinen Trümmern werde ich ein anderes, ewiges, unerschütterliches errichten.*«) und sterbendem Kult der olympischen Götter. Mit seinem Überfluß an Zitaten aus antiken Autoren (und seinen umfänglichen Anmerkungen) folgt das Werk – gestützt hauptsächlich auf die Briefe des Symmachus – formal jenen »Professorenromanen«, die möglichst getreue historische Genre- und Sittenbilder wiedergeben wollen. Dieser Absicht ist auch die Sprache unterworfen, die als ein latinisiertes Russisch bezeichnet werden kann; ihre Ausdrucksmöglichkeiten erschöpfen sich in der ausgefeilten Formulierung geistreicher Aphorismen. W.Sch.

AUSGABEN: Moskau 1911. – Petersburg 1913/14 (in *Poln. sobr. soč.*). – Moskau 1926 (in *Izbrann. proizved.*, Bd. 1–3). – Mchn. 1969 (Hg. D. Tschižewskij; Nachdr. der Bde. 12 u. 13 der Gesamtausgabe der Werke B.s, St. Petersburg 1913).

ÜBERSETZUNG: *Der Siegesaltar, Roman aus dem 4. Jh.*, N. Strasser, Mchn. 1913.

## KON' BLED

(russ.; *Ü: Das fahle Pferd*). Lyrisches Poem von Valerij Ja. BRJUSOV, erschienen 1904. – In diesem, unter dem Einfluß VERHAERENS entstandenen visionären Poem, das den Höhepunkt der urbanistischen Schaffensphase des Lyrikers, Erzählers und Dramatikers Brjusov bildet, findet der Kulturpessimismus der russischen Symbolisten einen erregenden Ausdruck. Das »fahle Pferd« der *Apokalypse* (6, 8) – ein seinerzeit sehr beliebtes Motiv – taucht im hektischen Verkehr der Häuserschlucht einer utopischen Riesenstadt auf, im Licht »*der von den Priestern der Wissenschaft geschaffenen Monde*«, und wird als göttliches Zeichen allein von einer Hure und einem Irren erkannt – zwei Menschen, die der nach einer Sekunde der Erstarrung weiterflutende Verkehr überrollt und deren warnende Schreie »*wie unnütze Worte aus vergessenen Zeilen*« ungehört verhallen.
Die Faszination dieses Poems, das BLOK zu mehreren Nachfolgegedichten – *Gorod*, 1906 *(Die Stadt)*; *Nečajannaja radost'*, 1907 *(Unerwartete Freude)*, u. a. – anregte und BELYJ wie SOLOV'ËV (nach Aussage Brjusovs) »*von den Stühlen riß*«, geht weniger von seinem Inhalt oder visionären Gehalt (Motiv und Stoff sind bei Brjusov wie bei den anderen Symbolisten häufig anzutreffen), als vielmehr von seiner formalen Vollendung aus. Zur Feierlichkeit der zwölfzeiligen Odenstrophe gesellt sich ein eigenartiger Synkopenrhythmus, der den russischen Wortakzent derart mit dem Trochäus koppelt, daß dieser sich ständig in daktylische und hyperdaktylische Verse aufzulösen trachtet. Die daraus resultierende immanente Spannung verleiht dem Poem eine Brisanz, die indes nie die Sprachstruktur zu zerreißen droht. Die formale Virtuosität Brjusovs, die in *Kon' bled* in seltener Reinheit zum Ausdruck kommt, findet – wenn überhaupt – allenfalls in der Poesie Aleksandr Bloks eine ebenbürtige Entsprechung. W.Sch.

AUSGABEN: Moskau 1904 (in Novyj put', Nr. 5). – Petersburg 1913/14 (in *Poln. sobr. soč.*, 4 Bde.). – Leningrad 1959 (in *Stichotvorenija*, Einl. V. M. Sajanov). – Leningrad 1961 (in *Stichotvorenija i poémy*, Einl. D. S. Maksimov). – Moskau 1982 (in *Izbrannoe*).

ÜBERSETZUNG: *Das fahle Pferd*, W. E. Groeger (in V. B. u. K. Bal'mont, *Gedichte*, Bln. 1921).

LITERATUR: A. Blok, *Vlijanie »Konja bleda« V.* (in A. B., *Sobr. stichotvor.*, Bd. 2, Moskau 1912, S. 155).

## OGNENNYJ ANGEL

(russ.; *Ü: Der feurige Engel*). Historischer Roman von Valerij Ja. BRJUSOV, erschienen 1908. – Hinter dem lyrischen Werk des berühmtesten russischen Symbolisten, dessen künstlerischer Weg vom idealistischen Mystizismus der bourgeoisen russischen Dekadenzliteratur zum fortschrittlichen, den Zielen der russischen Revolution verpflichteten Realismus führte, tritt sein Prosaschaffen, darunter vor allem die historischen Romane *Ognennyj angel* und *Altar' pobedy*, 1911 *(Der Siegesaltar)*, fast gänzlich zurück. Der erste dieser Romane, eine »*wahrhaftige Erzählung, in der vom Teufel berichtet wird, der mehr als einmal einer Jungfrau in Gestalt eines lichten Geistes begegnet ist, um sie zu mannigfaltigen sündigen Handlungen zu verleiten*«, spielt zur Zeit der Reformation in Köln. In Stil und Komposition von Wilhelm MEINHOLDS reaktionärem Hexenroman *Maria Schweidler, die Bernsteinhexe* (1843) beeinflußt, gibt sich der Roman als Aufzeichnung des moselfränkischen Abenteurers Ruprecht über seine Erfahrungen mit der exaltierten Renata aus, die, im Besitz hypnotischer Kräfte, fremde Menschen in ihren Bann zu ziehen vermag. Renata jagt ihrer visionären Jugendliebe, dem feurigen Engel Madiel nach, den sie in dem Grafen Heinrich verkörpert glaubt. Für ihre manische Suche bedient sie sich Ruprechts, der ihr hörig ist. Sie schickt ihn auf den Hexensabbat, läßt ihn Dämonen beschwören, weist ihn jedoch in einer Phase der Depression von sich. Renata endet in religiösem Wahn. Ruprecht begegnet ihr als Schreiber der Inquisition in einem Klarissinnenkloster wieder, wo ihr der Hexenprozeß gemacht wird *(»Mag ihre Gestalt auch noch so verführerisch sein, nie wieder, auch in den schwierigsten Lagen meines Lebens, werde ich meine Zuflucht zu der von der Kirche verurteilten Zauberei nehmen«)*. Renata stirbt in den Armen des verzweifelten Ruprecht.

Abgesehen von gelegentlichen skeptischen Bemerkungen Ruprechts über die Religionspolitik seiner Zeit *(»Ich weiß nicht, ob es wahr ist, daß die Beschäftigung mit der Theologie das Hirn erweicht«)* bleibt der Roman inhaltlich schwach. Ermüdende, in affektierter Sprache vorgetragene Liebesszenen wechseln mit sachkundigen Einführungen in die »schwarze Magie«. Trotz einer Vielzahl von Zitaten und Quellenangaben bietet der Roman kein abgerundetes Geistesbild der Zeit, da Ruprecht nur Astrologen, gauklerische Mystiker u. ä. zu Wort kommen läßt, dagegen das *»leere Gerede der Theologen und Scholastiker«* übergeht. Im Panorama sensationeller Ausgefallenheiten fehlt selbst die Gestalt des Doktor Faustus nicht, der zusammen mit Mephistopheles die Bekanntschaft des Ruprecht macht. Die Kompilation von Motiven der Faustsage, des Goetheschen *Faust* und eigenen Einfällen des Autors ergibt eine Reihe literarisch bedenklicher Passagen. Um so höher jedoch steht der Stil des Werks. Lexik und Syntax sind sorgfältigst abgewogen, die zahlreichen Vergleiche überzeugen durch Treffsicherheit und Originalität. W.Sch.

AUSGABEN: Moskau 1908, 2 Bde. – Mchn. 1971 (Nachdr. der rev. Ausg. Moskau 1909). – Moskau 1986 (in *Izbrannaja Proza*).

ÜBERSETZUNG: *Der feurige Engel. Erzählung aus dem 16. Jh.*, R. v. Walter, Mchn. 1910. – *Der Feurige Engel*, ders., Bln. 1981.

VERTONUNG: S. S. Prokofiev, *Ognennyj angel* (Text: V. J. Brjusov; Oper; Urauff.: Paris, 14. 6. 1928; vollst. Venedig 1955).

LITERATUR: A. Belyj, Rez. (in Vesy, 1909, S. 91ff.). – S. D. Abramovič, *Voprosy istorizma v romane V. Ja. B. Ognennyj Angel* (in Voprosy Russkoj Literatury, 1973, 2, S. 88–94). – B. Flickinger, *V. B. Dichtung als Magie. Kritische Analyse des »Feurigen Engels«*, Mchn. 1976. – J. T. Baer, *Symbolism and Stylized Prose in Russia and Poland: V. B.'s Ognennyj Angel and W. Berent's Żywe Kamienie* (in American Contributions to the 9th International Congress of Slavists, Kiew, Sept. 1983, Hg. P. Debreczeny, Columbus 1983, II, S. 19–38).

## RESPUBLIKA JUŽNOGO KRESTA. Stat'ja iz special'nogo izdanija Severoevropejskoj večernej gazety

(russ.; *Ü: Die Republik des Südkreuzes. Ein Artikel der Spezialnummer des Nordeuropäischen Abendblattes*). Erzählung von Valerij Ja. BRJUSOV, erschienen 1905. – Die »Republik des Südkreuzes« wird von Brjusov als das utopische Modell eines zivilisatorisch hochgezüchteten, totalitären Wohlfahrtsstaates in der Antarktis dargestellt, der es aufgrund seiner ergiebigen Stahlvorkommen zu ungeheurem Reichtum und internationalem Ansehen gebracht hat. In der Hauptstadt, der sogenannten »Sternenstadt« (einer gewaltigen zeltartigen Konstruktion mit künstlicher Beleuchtung und Klimaregulation, die direkt am Südpol errichtet ist), treten plötzlich Fälle einer mentalen Krankheit auf, der »Mania contradicens«, die sich zunächst im permanenten Widerspruchsbedürfnis des Patienten äußert, später zum Wahnsinn und schließlich zum Tod führt. Infolge der epidemisch um sich greifenden Krankheit nehmen die Zustände in der Sternenstadt chaotische Formen an, bis schließlich eine allgemeine Massenflucht einsetzt. Auch die Regierung verläßt die Hauptstadt, nachdem sie einen provisorischen Stadtkommandanten eingesetzt hat, der eine Zeitlang vergeblich versucht, Ruhe und Ordnung wiederherzustellen. Die Furcht vor dem Untergang löst unter den Einwohnern der Sternenstadt das Bedürfnis nach orgiastischem Lebensgenuß, nach Sadismus und Brutalität aus. Mit Vergewaltigung, Mord, Raub, Menschenfresserei und Totschlag richtet sich das Volk in einem Bacchanal der Grausamkeiten und sexuellen Exzesse selbst zugrunde, bis schließlich nur noch einige tausend Menschen der ehemaligen Millionenstadt übrig bleiben, die von den später eingesetzten Rettungskolonnen der Regierung wie wilde Tiere eingefangen werden müssen.

In seinen frühen Erzählungen umreißt Brjusov immer wieder elementarste Möglichkeiten menschlichen Verhaltens jenseits der Zivilisation. Selten ist ihm dieser Versuch so konsequent gelungen wie in der *Republik des Südkreuzes*. Die »Mania contradicens« symbolisiert den jedem Individuum immanenten Trieb zur Anarchie, zur Destruktion, der sich in letzter Konsequenz als Selbstvernichtungstrieb erweist. Wie Belyj und Blok geht auch Brjusov bei seiner Zivilisationskritik von Nietzsches Kategorie des Dionysischen aus, das die »*dünne, obgleich jahrtausendealte Rinde*« der Kultur durchbricht. – Die für Brjusovs Erzählungen typische Herausgeberfiktion präsentiert die dramatischen Ereignisse in einem kühl distanzierten, nicht selten ironischen Berichtstil. Der Diskurs des Erzählers steht somit für jene apollinische Kultur, die durch die Fabel in Frage gestellt wird. Auf diese Weise wird der Text selbst zum Modell einer zwischen Chaos und Ordnung, Triebnatur und Vernunftzensur gespaltenen Welt. A.Gu.

Ausgaben: Moskau 1905 (in Vesy, Nr. 1/2). – Petersburg 1913/14 (in *Poln. sobr. soč.*). – Mchn. 1970 (in *Rasskazy i povesti*, Hg. D. Tschižewskij). – Moskau 1983 (in *Povesti i rasskazy*).

Übersetzung: *Die Republik des Südkreuzes*, J. v. Guenther, Mchn. 1908 [u. a. Erzählungen]. – Dass., ders., Hbg./Mchn. 1964.

## TERTIA VIGILIA

(russ.; *Die dritte Nachtwache*). Gedichtsammlung von Valerij Ja. Brjusov, erschienen 1900. – Mit seinem dritten Gedichtband erreichte Brjusov den Höhepunkt seines literarischen Ruhms. Bereits die vorausgegangenen Zyklen *Chefs d'œuvre* (1894–1896) und *Me eum esse* (1896/97) zeigten seine Vorliebe für exotische Sujets, die sich bewußt gegen das positivistische Programm der sozialengagierten Literatur des ausgehenden 19. Jh.s abgrenzen und in der Tradition Lermontovs, Nadsons und der französischen Parnassiens stehen. *Tertia vigilia* zeigt deren Einfluß vor allem in der Beschwörung historischer und mythischer Helden (Alexander, Moses, Napoleon, Dante, Skythen usw.), denen sich das lyrische Ich anverwandelt. Die Attribute des Ich – Größe, Einsamkeit, grenzenloser Egoismus – sind Waffen im Kampf gegen eine Welt materieller Determinierung, die das ästhetizistische Weltgefühl des Décadent zu überwinden trachtet. Die symbolistische Suche nach dem Wesen der Dinge, den »*Schlüsseln der Geheimnisse*«, führt aus »dem Gefängnis« der Kausalität und der trivialen Erscheinungen in die Welt des Wunderbaren: »*Auf allen Wegen kommen wir zum Wunderbaren, denn diese Welt ist nur der Schatten einer anderen.*« Das Streben nach dieser Welt entspricht der vom Symbolismus postulierten Erkenntnisleistung der Poesie: Dichtung und Wissenschaft sind unterschiedliche Ausdrucksformen zweier an sich identischer Erkenntnisweisen.

Die Vorstellung vom *poeta vates* (»*Der Künstler kann nichts anderes als Prophet sein.*«) trägt ebenso romantische Züge wie der Gedanke der doppelten Unendlichkeit, der, bereits in Tjutčevs Gedicht *Lebed' (Der Schwan)* vorweggenommen, von besonderer Bedeutung für Belyjs Theurgie ist. Im Gegensatz zu Belyj, Blok und Vj. Ivanov weist Brjusov allerdings jede religiöse Funktion der im Symbol zur Erscheinung gebrachten Welt von sich und insistiert auf deren rein ästhetischem Charakter. In der theurgischen Poetik sieht er den Versuch, die eben erlangte Freiheit der Kunst von allen kunstfremden Bedingungen rückgängig zu machen. A.Gu.

Ausgaben: Moskau 1900. – Leningrad 1961. – Moskau 1982 (in *Izbrannoe*).

## URBI ET ORBI

(russ.; *Urbi et orbi*). Gedichtzyklus von Valerij Ja. Brjusov, erschienen 1903. – Mit den Gedichtbänden *Tertia vigilia*, 1900 *(Die dritte Nachtwache)*, und *Urbi et orbi* beginnt die zweite und fruchtbarste Schaffensperiode des Autors. Gegenüber den vorangegangenen Gedichtzyklen läßt sich in *Urbi et orbi* eine Abnahme der den französischen Parnassiens verpflichteten exotischen Sujets feststellen. Bleiben Thematik und Tenor der meisten Gedichte den literarischen und weltanschaulichen Tendenzen des Fin de siècle verpflichtet, so verzichtet Brjusov nunmehr doch weitgehend auf plakative Nachahmungen des französischen Symbolismus.

Die Sammlung ist gegliedert nach überwiegend klassischen Genretiteln (Balladen, Oden, Elegien, Sonette usw.) und nicht nach Themen. Schon hieran wird deutlich, daß das virtuose Spiel mit der Form eindeutigen Vorrang hat vor den insgesamt recht konventionellen Sujets und Motiven, die nahtlos an Brjusovs vorausgegangene Lyrik anknüpfen (Einsamkeit, Traum, Erinnerung, Zeit und Ewigkeit usf.). Hier, wie auch in *Tertia vigilia* überwiegt der *ennui de vivre* als Grunderfahrung des lyrischen Ich, des Décadent und Flaneurs, für den die Welt nur als ästhetisches Phänomen gerechtfertigt ist. – Andererseits gibt es, gerade in dem Gedicht *L'ennui de vivre*, Ansätze zu einer selbstkritischen Reflexion dieses Ästhetizismus. Hieraus erklärt sich denn auch das Vordringen urbaner Motive (vgl. das »*urbi*« im Titel der Sammlung), so u. a. in dem Gedicht *Kamenščik (Der Maurer)*, das später zu einem populären Lied der russischen Arbeiterbewegung werden sollte. A.Gu.

Ausgaben: Moskau 1903. – Leningrad 1961 (in *Stichotvorenija i poėmy*, Hg. D. E. Maksimov u. M. I. Dikman). – Moskau 1982 (in *Izbrannoe*).

## ZEMLJA

(russ.; *Ü: Erduntergang*). Drama in fünf Akten und neun Szenen von Valerij Ja. BRJUSOV, erschienen 1905, Uraufführung: Leningrad 1922, Bol'šoj Dramatičeskij Teatr (Regie: Petrov). – Die utopische Tragödie steigert den Urbanismus des Autors, seinen visionären Motivkreis des »*von Schornsteinpalisaden unerbittlich Umschlossenseins*« zur Apokalypse des menschlichen Geschlechts. Seit Jahrhunderten lebt die Menschheit in einem die Erde umspannenden hundertstöckigen Riesengebäude. Nach der »erbauenden« und der »hütenden« Phase ist sie in das dritte, »zerstörende« Stadium der Natur eingetreten. Auf drei Millionen zusammengeschmolzen, dem lebenspendenden Erdgeist (*»Was ist die Menschheit, was ihre Wissenschaft, ihre Kunst anders als Ausdruck des Erdgeistes?«*) unwiederbringlich entfremdet, ist die Menschheit vom Untergang bedroht, da die vollautomatisierte Mechanik der Weltstadt auszusetzen droht und von den Lebenden nicht mehr repariert werden kann. Nevatl, der auf seinen Erkundungsfahrten im hundertsten Stockwerk den Sonnenaufgang entdeckt hat, will die Menschen »*der Natur zurückgeben*«, in der Hoffnung, daß »*die große Mutter sie umgebäre*«. Der »Weise« dagegen weiß, daß es jenseits des Stadtdaches keine Atmosphäre mehr gibt. Um die Menschheit vor der Schmach des langsamen Dahinsterbens zu retten, stimmt er jedoch Nevatl und den wieder hoffenden Menschen zu und öffnet die Kuppel über den letzten bewohnbaren Sälen: »*Entzünden wir den Begräbnisscheiterhaufen! Die höchste Pflicht, welche das Schicksal dem Menschen auferlegt, ist diejenige Henker zu sein.*« Brjusovs Drama ist die Frucht eines antinietzscheanischen Kulturpessimismus (*»Von dem unsere Vorfahren träumten, der Übermensch kam nicht*«) und zugleich die dezidierte Absage an den Versuch, der Sterilität des Fin de siècle durch die Flucht »zurück zur Natur« zu entkommen. W.Sch.

AUSGABEN: Moskau 1905 (in *Severnye cvety Assirijskie*). – Petersburg 1914 (in *Polnoe sobranie sočinenij i perevodov*, 25 Bde., 1913/14, 15).

ÜBERSETZUNG: *Erduntergang*, H. Guenther, Mchn. 1909.

## IVANA BRLIĆ-MAŽURANIĆ

\* 18.4.1874 Ogulin
† 21.9.1938 Zagreb

## PRIČE IZ DAVNINE

(kroat.; *Ü: Aus Urväterzeiten, Märchen aus kroatischer Urzeit*). Novellensammlung von Ivana Brlić-Mažuranić, erschienen 1916. – Ivana Brlić-Mažuranić, die 1937 als erste Frau in die Jugoslavische Akademie der Wissenschaften und Künste in Zagreb gewählt wurde, hat sich in verschiedenen literarischen Gattungen versucht: Sie verfaßte lyrische Gedichte, Märchen und Fabeln, Skizzen, kürzere und längere Erzählungen und einen Roman. Größten Erfolg errang sie mit der umfangreichen Erzählung *Čudnovate zgode i nezgode šegrta Hlapića* (*Ü: Die verschwundenen Stiefel*, 1959), vor allem aber mit ihrer Märchensammlung *Priče iz davnine*, einem Buch, das Publikum und Kritik gleichermaßen begeisterte und ihr als »kroatischem Andersen« zweimal die Kandidatur für den Nobelpreis eintrug (1931 und 1938).

Der Stoff für die acht Erzählungen »*aus der Urzeit*« ist den beiden im slavischen Kulturkreis äußerst fruchtbaren Bereichen der Mythologie und des nationalen Erzählgutes entnommen. Die literarischen Geschöpfe der Autorin tragen so geheimnisvoll raunende und zugleich vieldeutige Namen wie Svarožić, Bjesomar, Zora-djevojka, Domaći, Neumijko, Mokoš, doch haben sie mit den Feen, Seejungfrauen und Riesen aus dem nationalen Mythen- und Sagenschatz nur diese Äußerlichkeit gemeinsam. An den Abenteuern und Schicksalen der Märchenhelden wird der Leser Zeuge unbeirrbarer Wahrheitsliebe (*Kako je Potjeh tražio istinu – Wie Potjeh die Wahrheit suchte*), unverbrüchlicher Treue (*Ribar Palunko i njegova žena – Fischer Palunko und seine Frau*), grenzenloser Mutterliebe (*Šuma Striborova – Der Striborwald*) oder alles überwindender Unschuld (*Brat Jaglenac i sestrica Rutvica – Brüderchen Jaglenac und Schwesterchen Rutvica*), d. h. elementarer ethischer Handlungsmotive, die aber keineswegs als didaktische Tendenz aufgesetzt wirken, sondern integrierte Kompositionselemente sind. Dem Mythischen verpflichtet sind auch die sprachliche Stilisierung mit ihren vielen spruchhaften atropäischen Formeln und beschwörenden Wendungen oder die Einbeziehung der im Volksglauben mit magischer Bedeutung versehenen Zahlen 3, 7 und 9 in die Erzählstruktur der Märchen.

Der Reiz dieser einfach und klar strukturierten, dabei sprachlich betont rhythmisch und dynamisch gestalteten Erzählungen liegt in ihrer starken Bildhaftigkeit. Zweifellos ebnen Visualität und Anschaulichkeit dieser Sprache des Herzens und des Gefühls den direkten Zugang zu naiv-kindlichem Vorstellungsvermögen und Begreifen. Mit ihrer besonderen Gabe, das Visuale ins Worthafte umzusetzen, stößt Ivana Brlić-Mažuranić in neue Bereiche des Imaginären vor, das aus einer überquellenden, biegsamen Sprache schöpft. Sprachlich-bildlicher Einfallsreichtum und virtuose Handhabung der Lautqualitäten des Kroatischen waren für die nationalgesinnte Dichterin auch Mittel im Kampf gegen die drohende politische und kulturelle Überfremdung ihrer Heimat. K.D.O.

AUSGABEN: Zagreb 1916. – Zagreb 1942. – Zagreb 1968 (in I. B.-M., A. Milčinović, Z. Marković, *Izabrana djela*, Hg. M. Šicel; Pet stoljeća hrvatske književnosti, Bd. 73).

ÜBERSETZUNG: *Aus Urväterzeiten. Märchen aus kroatischer Urzeit*, C. Lucerna, Salzburg 1933. – Dass., ders., Graz/Zagreb 1984 [Ausw. dt.-kroat.].

LITERATUR: A. B. Šimić, *»Priče iz davnine«* (in Obzor, 1917, Nr. 54). – F. Bučar, *Hrvatski Andersen* (in Hrvatska revija, 1930, Nr. 5). – A. Barac, *Umjetnost I. B.-M.* (in I. B.-M, *Priče iz davnine*, Zagreb 1942). – M. Šicel, *I. B.-M.* (in I. B.-M., A. Milčinović, Z. Marković, *Izabrana djela*, Zagreb 1968, S. 3–20; m. Bibliogr.). – *I. B.-M.*, Zagreb 1970. – N. Mihanović, *I. B.-M.*, Novi Sad 1971, S. 5–84.

## HERMANN BROCH

\* 1.11.1886 Wien
† 30.5.1951 New Haven / Conn.

LITERATUR ZUM AUTOR:
*Biographien*:
M. Durzak, *H. B. in Selbstzeugnissen u. Bilddokumenten*, Reinbek 1966 (rm, 118). – G. Schiavoni, *H. B.*. Firenze 1976. – E. Schlant, *H. B.*, Boston 1978. – R. Thieberger (Hg.), *H. B. u. seine Zeit*, Bern, Ffm., Las Vegas 1980. – *Spiegelungen. Denkbilder zur Biographie B.s*, Hg. K. Mack, W. Hofer, Wien 1984. – P. M. Lützeler, *H. B. Eine Biographie*, Ffm. 1985.
*Gesamtdarstellungen und Studien*:
E. v. Kahler, *Die Philosophie von H. B.*, Tübingen 1962. – M. Durzak, *H. B.*, Stg. 1967 (Slg. Metzler). – K. Menges, *Kritische Studien zur Wertphilosophie H. B.s*, Tübingen 1970. – P. Lopdell, *Epische Struktur u. innere Erfahrung im Werk H. B.s*, Diss. Göttingen 1970. – A. Tinturier, *Form u. Inhalt bei B., Freud u. Kafka*, Diss. Zürich 1970. – H. Krapoth, *Dichtung u. Philosophie. Eine Studie zum Werk H. B.s*, Bonn 1971. – M. Mian, *H. B.s View of Art, Literature and Language*, Diss. Toronto, 1971. – *H. B. Perspektiven der Forschung*, Hg. M. Durzak, Mchn. 1972. – K. E. Seitz, *Das Phänomen der Angst im Werk H. B.s*, Diss. Washington Univ. 1972. – S. Schmid, *Der Begriff »Ordnung« im Werk von H. B.*, Diss. Salzburg 1974. – W. Freese, K. Menges, *B.-Forschung. Überlegungen zur Methode u. Problematik eines literarischen Rezeptionsvorgangs*, Mchn./Salzburg 1977. – M. Durzak, *H. B. Dichtung u. Erkenntnis. Studien zum dichterischen Werk*, Stg. 1978. – J. Strelka (Hg.), *B. heute*, Bern u. Mchn. 1978. – H. D. Osterle, *Produktive Irrtümer in der Brochforschung* (in Modern Austrian Literature, 13, 1980, H. 4). – B. E. Walter, *H. B. Autonomie u. Einsamkeitsproblematik*, Bonn. 1980. – S. Schmid-Bortenschlager, *Dynamik u. Stagnation.*

*H. B.s ästhetische Ordnung des politischen Chaos*, Stg. 1980. – *H. B. Werk u. Wirkung*, Hg. E. Kiss, Bonn 1985.

## BRIEFE 1913–1951

von Hermann BROCH, erschienen 1981. – Hermann Broch war einer der großen Briefschreiber unseres Jahrhunderts. Der Umfang seiner Korrespondenz entsprach der Vielzahl seiner Freundschaften. Erich von KAHLER nannte ihn einen brüderlichen Menschen, und als solcher hatte Broch das Bedürfnis, seiner Verbindung, Neigung, Liebe in immer neuen Botschaften Ausdruck zu geben. Zwar klagte der Dichter ein Leben lang über die Last, die ihm die ständig wachsende Korrespondenz auferlegte, doch war er enttäuscht, ließ einmal ein Antwortsignal auf seine Mitteilungen ungebührlich lange auf sich warten. Die Briefwechsel wuchsen sich zu Verstrickungen aus, denen sich Broch jedoch weder entziehen mochte noch konnte – sie waren eine Passion mit all ihren Folgen. Zuweilen sprach er von der *»mörderischen Korrespondenz«*, und das war, genau besehen, keine Übertreibung. Das Laokoon-Bild drängt sich auf, die Vorstellung von einem, der mit ihn umzingelnden Botschaften einen aussichtslosen Kampf bis zur völligen Erschöpfung führt. Wie jede Leidenschaft, hatte auch die des Korrespondierens nicht lediglich eine fatale, sondern auch eine beglückende Seite. Nicht nur, daß Kommunikation über Länder und Kontinente hinweg dem Autor ein Bedürfnis war, nicht nur, daß die Bezeugung von Freundschaft für Broch das mit sich brachte, was er gern *»Ich-Erweiterung«* nannte; in den Briefen entwarf und kommentierte er auch nach Herzenslust seine zahlreichen dichterischen, wissenschaftlichen und essayistischen Projekte.

Diese Projekt- und Kommentierungsbriefe sind zum größten Teil veröffentlicht worden, teils in der Broch-Brody-Korrespondenz, teils in den drei Briefbänden der *Kommentierten Werkausgabe Hermann Broch*. Weitgehend unpubliziert sind dagegen die Liebesbriefe an seine erste Frau Franziska von Rothermann, an seine Geliebte Ea von Allesch, an Freundinnen wie Jean Starr Untermeyer, Fanny Colby Rogers oder Ruth Norden und an Brochs zweite Gattin Anne Marie Meier-Graefe. Diese Briefe befinden sich in den Broch-Archiven der Yale University in New Haven/USA bzw. des Deutschen Literaturarchivs in Marbach und in Privatbesitz. Auch die sehr persönliche Korrespondenz mit Brochs Sohn Hermann Friedrich Broch de Rothermann wird – nur zum Teil publiziert – an der Yale University aufbewahrt.

Die Entscheidung, Schriftsteller zu werden, traf Broch erst 1927/28. Die frühen Briefe zeugen von seinen ausgesprochen philosophischen Neigungen. Das SCHOPENHAUER- und KANT-Studium ist belegt durch die Briefe 1913/14 mit Ludwig von FICKER, dem Herausgeber der expressionistischen Zeitschrift »Der Brenner«. Die Briefe an Ea von Allesch aus dem Jahr 1920 dokumentieren sein engagiertes Interesse an den Werttheorien der Neukantianer, und der Korrespondenz der Jahre 1925 bis 1927 ist seine Passion für die Mathematik (Mengenlehre) zu entnehmen und bekundet seine kritische Auseinandersetzung mit dem Neopositivismus des Wiener Kreises.

Drei große Verlegerbriefwechsel erhellen Entstehung und Intention der Romane Brochs: Die Korrespondenz mit Daniel Brody, Leiter des Rhein-Verlags in München, später Zürich, befindet sich im Deutschen Literaturarchiv in Marbach und ist weitgehend veröffentlicht. Minutiös läßt sich an Hand dieses Briefwechsels die Genesis der Romantrilogie *Die Schlafwandler* rekonstruieren, und sie gibt ferner Aufschluß über die Absichten, die den Romanen *Die Unbekannte Größe* und *Die Verzauberung* zugrundelagen. Die Briefe im amerikanischen Exil an Kurt WOLFF, der in seinem Pantheon Books Verlag in New York 1945 den Roman *Der Tod des Vergil* auf Deutsch und auf Englisch herausgab, bilden einen Kommentar zu diesem wohl ehrgeizigsten Buchprojekt des Autors. Diese Briefe befinden sich in der Kurt Wolff Sammlung an der Yale University. Die komplizierte Entstehung des »Romans in elf Erzählungen« *Die Schuldlosen* spiegelt sich in dem Briefwechsel mit Willi Weismann aus München, der 1950 das Buch verlegte. Diese Korrespondenz wird zum Teil im Deutschen Literaturarchiv in Marbach, zum Teil im Broch Archiv der Yale University aufbewahrt. Die Briefwechsel mit seinen Verlegern Kurt Wolff und Willi Weismann wurden nur partiell veröffentlicht.

Sein Leben lang hat Broch auch brieflich seine politischen Ansichten geäußert. So war es 1918, als er Franz BLEI eine ernüchternde Stellungnahme zur allgemeinen revolutionären Begeisterung im offenen Brief *Die Straße* mitteilte; das wiederholte sich 1937 in dem ausführlichen Schreiben an Jacques Maritain in Sachen seiner antifaschistischen »Völkerbund-Resolution«; so war es 1946/47 in den an Volkmar von Zühlsdorff gerichteten Briefen, wo Broch sich für eine demokratische Neuordnung Deutschlands einsetzte und dafür plädierte, daß die Männer und Frauen des Widerstands gegen Hitler verantwortliche politische Positionen übernehmen müßten; und nicht anders war es noch 1949, als Broch Bodo UHSE, damals Redakteur der ostdeutschen Zeitschrift »Aufbau«, seine Sicht des Ost-West-Konflikts auseinandersetzte. In all diesen Stellungnahmen bezieht Broch im Namen der Menschenrechte Stellung gegen Diktaturen von links und rechts und setzt sich für die demokratische Mitte ein. P.M.L.

AUSGABEN: *Briefe von 1929 bis 1951*, Zürich 1957 (in *Gesammelte Werke*, Bd. 8, Hg. R. Pick). – *Die unbekannte Größe und Frühe Schriften. Mit den Briefen an Willa Muir* (in *Gesammelte Werke*, Bd. 10, Hg. E. Schönwiese u. E. W. Herd). – *H. B. – Daniel Brody: Briefwechsel 1930–1951*, Hg. B. Hack u. M. Kleiß, Ffm. 1971. – *Briefe 1913–1951*, Ffm. 1981, Hg. P. M. Lützeler (*Kommentierte Werkausgabe*, Bde. 13/1–3). – *Briefe über Deutschland 1945–1949. Die Korrespondenz mit Volkmar von Zühlsdorff*, Hg. ders., Ffm. 1986.

LITERATUR: K. A. Horst, *Der Briefschreiber B.* (in Merkur 11, 1957, H. 11, S. 1091–1093). – Th. Koch, *Briefe H. B.s* (in *Dichter wider Willen: H. B.*, Hg. E. Kahler, Zürich 1958, S. 57–79). – W. Hoffmann, *Der Briefwechsel zwischen Elisabeth Langgässer und H. B.* (in LJb, N, F. 5, 1964, S. 297–305). – G. Brude-Firnau, *H. B. – Dr. Daniel Brody. Korrespondenz 1930–1933*, Diss. Yale Univ. 1968. – H. G. Göpfert, *Zum Briefwechsel zwischen H. B. und Daniel Brody* (in H. G. G., *Vom Autor zum Leser*, Mchn. 1977, S. 192–202). – St. J. Schuyler, *Kurt Wolff and H. B.: Publisher and Author in Exile*, Diss. Harvard Univ. 1984.

## DIE ENTSÜHNUNG

Trauerspiel in drei Akten und einem Epilog von Hermann BROCH, entstanden 1932–1933, erschienen 1972 in englischer Übersetzung; eine vollständige deutsche Ausgabe lag erst 1979 vor. – Die Thematik des Stücks, die Industriegesellschaft in der Krisenzeit der dreißiger Jahre, bildete zunächst den Ausgangspunkt des nie verwirklichten *Filsmann*-Romans, den Broch 1932 konzipiert hatte. Er dramatisierte bis 1933 den Stoff in vier Fassungen, wovon er die zweite Fassung mit dem Titel *Die Totenklage* überschrieb; der Buchausgabe liegt die dritte Fassung zugrunde, die vierte Fassung wurde, mit Kürzungen durch den Autor, am 15. 3. 1934 am Schauspielhaus Zürich uraufgeführt u. d. T. ... *denn sie wissen nicht, was sie tun*, wobei der Epilog, *Die Totenklage*, gegen den Willen des Autors gestrichen wurde. Am 30. 5. 1961 sendete der Österreichische Rundfunk eine stark gekürzte Hörspielfassung nach dem Bühnenmanuskript.

Die Handlung des Hörspiels beschränkt sich auf wenige Tage. Vater und Sohn Filsmann, Besitzer eines Industriekonzerns, suchen durch Aussperrung der Arbeiter und Lohnkürzung der Krise ihres Unternehmens Herr zu werden. Weder sich selbst noch ihren Bankiers können sie jedoch verheimlichen, in welch ungünstiger wirtschaftlicher Lage sie sich befinden. Während Friedrich Filsmann, der Gründer der Firma, trotzdem starr an alten Praktiken festhalten will, durchschaut sein Sohn Herbert, der Erbe, die Brüchigkeit seines beruflichen und auch seines privaten Lebens. Er erkennt, daß die Werke nur durch die von einem Finanzmagnaten betriebene Fusion mit anderen Firmen gerettet werden können, und weiß, daß ein gesichertes Verhältnis zur Welt für ihn unerreichbar geworden ist. Seine Frau schwankt zwischen der großbürgerlichen Welt ihrer Ehe und einer neuen Bindung an den Freikorpsführer Roßhaupt, der inmitten der Ungewißheit seiner politischen Pläne ihre Liebe als festen Halt sucht. Beide Männer, Roßhaupt und Herbert Filsmann, fliehen schließlich aus ihrer Problematik in den Selbstmord. Ebenso unsicher und verwirrt ist die Haltung der Arbeiter. Sie fühlen sich wirtschaftlich und gesellschaftlich ausgestoßen und sind es auch. Nur der Arbeitslose Woritzki flüchtet in die Aggression und erschießt den Vorsitzenden des Betriebsrats.

Die alle Personen des Dramas überragenden Gestalten sind, obwohl sie in die Handlung nicht unmittelbar eingreifen, die Mütter: die alte Frau Filsmann und die Mutter des ermordeten Rychner. Der Titel der Züricher Uraufführung ... *denn sie wissen nicht, was sie tun* steht symbolisch für die fast hilflos destruktive Haltung der Männer, denen die Sinnlosigkeit ihres Tuns zwar bewußt ist, die aber nur in Mord und Selbstmord einen Ausweg finden. Einer Lösung nahe kommen nur die Mütter. Brochs eigene Überzeugung ist am deutlichsten in der Haltung einer Nebenfigur, des Redakteurs Hassel, spürbar, der, skeptisch und reflektierend, rein intellektuell erkennt, was die Mütter intuitiv erfassen: *»Solange Kinder zur Welt kommen, werden die Frauen die Verantwortung haben ... wird es keine Schande sein, in die Einfachheit der Liebe zu flüchten.«* Dank einer ihnen innewohnenden und von ihnen ausstrahlenden Sicherheit besitzen die Mütter etwas Bergendes und sind keineswegs nur passiv, geduldig leidend, sondern sehr entschieden und überlegen, in einem emotionalen Sinn wissend. Allein ihrer Liebe, die nicht nur Leid, sondern auch den Verzicht auf Rache einschließt, könnte es gelingen, die zerbrochene Gesellschaft wieder zusammenzufügen. In den Worten der Mutter des Gemordeten drückt sich Brochs Lebenshoffnung aus: *»Ich muß immer dran denken ... ich muß immer dran denken ... der andre ... der hat ja auch eine Mutter ... wenn sie ihn nur nicht finden. Wenn sie ihn bloß nicht finden! Du lieber Gott ... Köpfen! ... und seine Mutter sitzt zuhaus' ... und weiß, jetzt geschieht's ... und er war doch ihr Kind! ... da hab ich's doch noch besser, besser als jene Frau.«*

Broch stellt die Ereignisse und Vorgänge auf der Bühne nicht »naturalistisch« dar. In seinen Aufzeichnungen über das moderne Drama hebt er hervor, daß sein Stück *»auf naturalistischer Basis errichtet, dennoch zum Stildrama führt. Man könnte es einen architekturierten Naturalismus nennen.«* Ähnlich wie in seinen Romanen bildet sich auch hier die Auflösung der Werte in der Form der Dichtung ab. Die von den Männern bestimmten Szenen mit ihrer Aggressivität und mit ihren nervösen und hektischen, immer ausweglosen Diskussionen sind dramaturgisch breit angelegt, ihre Sprache besteht vorwiegend aus Andeutungen und halben, nicht zu Ende geführten Sätzen. Die Szenen der Mütter dagegen sind knappe, lebendige »Bilder«, in denen die lyrisch-emotionale Sprache, vor allem im chorisch angelegten Epilog, über die konkrete Situation ins Metaphysische weist. Aufgabe der *Entsühnung* war es, schreibt Broch, *»aus der sozialen und wirtschaftlichen Problematik die übergeordnete göttlich-humane zu entwickeln«.* Broch hat sich am Ende seines Lebens abfällig über sein Trauerspiel geäußert und sich jeder Aufführung widersetzt; auch seine 1934 entstandene Komödie *Aus der Luft ge-* *griffen oder Die Geschäfte des Baron Laborde* gelangte erst 1983 am Wiener Burgtheater zur Uraufführung.   G.Wi.-KLL

AUSGABEN: Wien 1961 (Hörspielfassung). – NY 1972 (engl. in *German Dramas Between the Wars*, Hg. G. E. Wellwarth). – Ffm. 1979 (in *Kommentierte Werkausgabe*, Hg. P. M. Lützeler, Bd. 7: *Dramen*).

LITERATUR: E. Schürer, B.s *»Die Entsühnung«* u. *das Drama der Neuen Sachlichkeit* (in Modern Austrian Lit., 13, 1980, Nr. 4, S. 77–98). – P. M. Lützeler, *H. B. als Dramatiker* (in NZZ, 16. 3. 1984).

## MASSENPSYCHOLOGIE

Unvollendete Studien zur Massenpsychologie und Politik von Hermann BROCH, erschienen 1959. – Mit Ausnahme eines frühen Versuchs, *Die Straße* (1918), sind die seinerzeit ungedruckt oder bruchstückhaft gebliebenen Texte zur Massenpsychologie meist in der Zeit zwischen 1939 und 1943, die letzten Abschnitte jedoch erst 1948, entstanden. Die Studien erweisen sich vielfach als theoretische Grundlegung für Brochs politische Arbeiten, die in der Mehrzahl nach dem Zweiten Weltkrieg entstanden sind. – Die Erfahrung des Nationalsozialismus und des Stalinismus haben Brochs Interesse für die Massenpsychologie als ein Interesse an der Demagogie, der Staatsanbetung und ihren Opfern bestimmt. Ebenso wie Broch sahen sich auch noch andere Emigranten durch die historische und politische Lage zu intensiven Analysen des Totalitarismus und seiner Psychologie, zur Reflexion über die Zukunft einer bedrohten Demokratie gezwungen – so Hans KOHN, Franz BORKENAU oder Elias CANETTI (*Masse und Macht*, 1960).

Brochs Studien bestechen weniger durch Originalität – die meisten seiner Begriffe und Gesichtspunkte finden sich bereits in früher publizierten Untersuchungen – als durch ihre suggestive Darstellung, durch eine poetische Rhetorik, die besonders in *Geschichtsgesetz und Willensfreiheit* auffallend hervortritt. Broch gelang keine konsequente Systematisierung seiner Einsichten, zumal er voreilige Kategorisierungen und Vereinfachungen scheute. Seine Denkposition ist nur aus einer Vielzahl von Einzelaussagen zu erschließen. Bei der Diskussion der tieferen Ursachen des Massenwahns wagt er überdies nur Annahmen und selten Behauptungen. Bei seinen wiederholten Ansätzen, das Verhalten der sogenannten Masse zu beschreiben, häufen sich Doppelwertungen bestimmter Vorgänge oder Stichworte. Broch selbst verhehlt nicht, daß seine Gedankenführung über weite Strecken hin tastend und unsicher ist. Drei wichtige Thesen seiner stark geschichtstheoretisch begründeten *Massenpsychologie* sollen im folgenden umrissen und ihre Entsprechungen zu mutmaßlichen Vorlagen angedeutet werden:

1. Broch erklärt die Bildung der Massen und des

Massenwahns mit dem Verlust des zentralen Wertes, des Glaubens (wie auch Sigmund FREUD, *Massenpsychologie und Ich-Analyse*, 1921): Die als wankelmütig, lenkbar und verführbar beschriebene Masse tritt während einer historischen Krise in den Blickpunkt (wie bei Gustave LE BON, *Psychologie der Massen*, 1895). Andererseits nimmt Broch Anlagen im Menschen an, die diesen immer wieder zu solchem Hordenverhalten bewegen (dies ausführlicher und spekulativer bei Freud). Der Massenwahn ist also für Broch eine zyklisch auftretende Erscheinung, die wohl gemildert, nicht aber verhindert werden kann.

2. Broch behandelt zwar die Massenphänomene individualpsychologisch (wie dies – allerdings kritischer – auch Freud tut), er sieht jedoch einen Widerspruch zwischen Individuum und Masse: dem Individuum kommt eine hohe Lebensqualität zu, der Masse eine niedere. Der vom Massenwahn erfaßte einzelne kann nicht zur Verantwortung gezogen werden. Die Mechanik von Ekstase und Panik in der Masse – zwei seit Le Bon viel verwendete Begriffe der Massenanalyse – erläutert Broch am Erleben und Erleiden des einzelnen. Vereinsamung und Vermassung stellen seiner Ansicht nach beide einen Zustand reduzierter Menschlichkeit dar, in dem der Mensch politischer Willkür ausgeliefert ist. Im Gegensatz zu Theodor GEIGER (*Die Masse und ihre Aktion*, 1926) wird das politisch Positive der Massenbildung bei Broch nicht sichtbar. Er behandelt den psychischen Zustand der Masse als krankhafte Abweichung von einer nicht genauer definierten Normalität (die Beschreibung der Masse als pathologisch findet sich auch bei Freud sowie bei ORTEGA Y GASSET, *Der Aufstand der Massen*, 1930, und Wilhelm RÖPKE, *Die Gesellschaftskrisis der Gegenwart*, 1942). Aufgrund seiner persönlichen Erfahrung glaubt er, der Bauer sei eher vor Massenbildungen geschützt als der Städter – obwohl sein in den dreißiger Jahren entstandener »Bergroman« *(Der Versucher)* gerade den Ausbruch des Massenwahns in einer bäuerlichen Umwelt beschreibt.

3. Obwohl Broch das rationale Denken als wichtigstes Gegenmittel zum Massenwahn schätzt, sieht er die wissenschaftliche und technische Rationalität keineswegs nur positiv. Auch Wissenschaft und Technik können im Dienst eines totalitären Regimes zur Unterdrückung und Emotionalisierung des Menschen beitragen. Andererseits faßt Broch die Irrationalität, das halbbewußte »Dämmern«, das Träumen und Schlafwandeln (Freud vergleicht den Massenwahn mit der Hypnose, nicht mit dem Traum) als naturhafte Lebensform auf – obwohl sie die Voraussetzung des Massenwahns ist. Daher ist für Broch die oft mit dem Tierischen verglichene »dämmernde« Existenz ebenso Erfüllung und Gefährdung wie der prometheische Höhenflug der Ratio.

Brochs politische Forderungen versuchen einen Weg aus diesem Geflecht der Doppelwertungen von Rationalität und Irrationalität, Vereinzelung und Vermassung zu weisen: Gegen die irrationale Beeinflussung der totalitär dressierten Masse hilft keine Vernunft (ähnlich bei Karl MANNHEIM, *Mensch und Gesellschaft im Zeitalter des Umbaus*, 1935), sondern nur eine ebenso irrationale Bekehrung und Erziehung. Dem Totalitarismus widersteht keine liberale Demokratie, die um der Freiheit des einzelnen willen sich auch ihren Feinden gegenüber offen und tolerant verhält (als warnendes Beispiel wird die Weimarer Republik angeführt). Nur eine totale, ihr System intolerant verteidigende Demokratie wird überleben. Die Abwehr der Versklavung in allen ihren Formen wird zur vornehmsten Pflicht der von Broch gewünschten Politik. – Die Broch-Forschung hat sich lange Zeit darauf beschränkt, die *Massenpsychologie* lediglich zu referieren; zum Beispiel untersucht Ernestine SCHLANT in ihrer übersichtlichen Darstellung ausdrücklich nicht die Selbständigkeit von Brochs System. Scharfe Kritik an der gefühlsbestimmten und unlogischen Gedankenführung bei Broch übt Karl MENGES, der jedoch in einer oft dogmatischen Abkanzelung des Sprachgebrauchs stecken bleibt und Brochs Skepsis den eigenen Studien gegenüber außer acht läßt; auch wenn die Polemik MENGES kaum Zustimmung in der Forschung fand, so heben neuere Studien (BARNOUW, VENZLAFF) zu Brochs *Massenpsychologie* doch die Gebundenheit des Autors an die philosophischen, kulturpessimistisch-metaphysischen Strömungen seiner Zeit hervor. KLL

AUSGABEN: Zürich 1959 (in *GW*, Hg. W. Rothe, 10 Bde., 1952–1961, 9). – Ffm. 1979 (*Kommentierte Werkausgabe*, Hg. P. M. Lützeler, 17 Bde., 1974–1981, 12: *Massenwahntheorie*).

LITERATUR: W. Rothe, *H. B. als politischer Denker* (in Zs. für Politik, 5, 1958, 4, S. 329–341). – K. Loewenstein, *Juden in der modernen Massenwelt. Das jüdische Motiv in H. B.s »Massenpsychologie«* (in Bulletin des Leo-Baeck-Instituts, 2, 1960, S. 157–176). – R. A. Kann, *H. B. und die Geschichtsphilosophie* (in Historica. Studien zum geschichtlichen Denken und Forschen, Wien 1965, S. 37–50). – J. Hardin, *H. B.s Theories on Mass Psychology and »Der Versucher«* (in GQ, 47, 1974, S. 24–33). – D. Barnouw, *Massenpsychologie als Metaphysik. Zu B.s Begriff eines Irdisch-Absoluten* (in Musil-Forum, 3, 1977, S. 159–191; ebd., 4, 1978, S. 213–233, 407–410). – H. Venzlaff, *H. B. Ekstase u. Masse. Untersuchungen u. Assoziationen zur politischen Mystik des 20. Jh.s*, Bonn 1981.

## DIE SCHLAFWANDLER

Romantrilogie von Hermann BROCH, erschienen 1931/32. – Dieser erste große literarische Versuch des Autors entstand in einer verhältnismäßig späten Lebensphase. Das Werk ist in historische »Querschnitte«, jeweils im Abstand einer halben Generation, untergliedert (1888, 1903, 1918), die einem vom Autor für konsequent erachteten Verlauf von der »Romantik« über die »Anarchie« zur »Sachlichkeit« entsprechen. In diese Abschnitte gliedert sich der von Broch hervorgehobene geschichtliche Zerfall verpflichtender Werte, ohne die das Handeln der Menschen bewußtlos und zerstörerisch zu werden droht.

Erster Teil *(Pasenow oder die Romantik)*: »*Der Protagonist des ersten Teiles, Pasenow, als adeliger Offizier im vorhinein einer irrealen Tradition verhaftet, feinfühlig, aber im Gestrüpp der überkommenen Fiktionen beschränkt und festgehalten, ist sich vage der Aufgabe bewußt, seinem Leben einen Sinn zu geben.*« Nach einem Techtelmechtel mit dem Animiermädchen Ruzena – einer von beiden Partnern ziemlich hilflos erlebten Liebesaffäre – kehrt der junge Joachim von Pasenow in seine Kreise zurück und ehelicht Elisabeth Baddensen, eine junge Adlige, die er zum Keuschheitsidol christlich-puritanischer Prägung stilisiert. Körperliche und seelische Liebe bedeuten für ihn die Flucht aus einem gleichgültigen Leben in eine verwirrende oder pseudoharmonische Welt. Die Leere der Tradition versteckt sich hinter einem gespenstisch verhärteten Ritual: dem Ritual der Umgangsformen, der Religionsausübung, der sozialen Selbstversicherung, der Brautwerbung. Die Uniform dient als Zeichen einer starren Fassade vor einem bedrohlich anarchischen Leben. Ein defektes Weltverhältnis zwingt zur Selbsttäuschung des Bewußtseins, das sich unerschütterlich heile Weltbilder erfindet (in Brochs Sprachgebrauch: »Romantik«). Von der Familiengeschichte im *Pasenow*-Teil fühlten sich seinerzeit manche Leser an Thomas Mann, vom brandenburgischen Gutsherrn- und berlinischen Großstadt-Milieu an Fontane erinnert, Assoziationen, die auch Brochs ausführlich beschreibender und delikat einfühlender Stil hervorruft.

Zweiter Teil *(Esch oder die Anarchie)*: Der Buchhalter Esch, von Schüben der Libido und einer empfindlichen Sorge um den »*Buchungsfehler in dieser Welt*« vorangetrieben, wünscht eine unverbrüchliche Ordnung zu schaffen und gleichzeitig dem gesellschaftlichen Druck zu entkommen. Soziale Ungerechtigkeit, die einer Varieté-Künstlerin und einem sozialistischen Agitator widerfährt, läßt ihn wahnhaft den Urheber allen Übels im Industriellen Bertrand sehen, einer schon außerhalb der Klassengegensätze stehenden Hamlet-Gestalt, die heiter oder leidvoll resignierend bereits im *Pasenow*-Teil aufgetreten war und den Freunden des Autors als besonders porträtähnlich galt. Bertrand – so sollte der gesamte Roman ursprünglich überschrieben werden – ist ein »*Vorläufer der neuen Zeit... Seine inneren Versuche, zur neuen Lebensform zu gelangen, schlagen aber fehl... Er weiß, daß erst das Nichts kommen muß.*« Die Lebenssphäre der Arbeiter, Angestellten, des schäbigen Schaugewerbes – der Roman spielt zwischen Köln und Mannheim in einer Zone kapitalistischer Industrialisierung – grenzt gegen die mystische Sphäre, in der Esch Bertrand und auffälligerweise auch seine eigene Zukunft ansiedelt. Eschs Fahrt zur Villa Bertrands – ein erzählerischer Höhepunkt der Trilogie – wird zu einer magisch vermittelten Traumreise. Nach Bertrands Selbstmord, einer äußeren Folge des Gesprächs zwischen den beiden Antipoden, findet der Held in die Ehe mit einer älteren Schankwirtin, Mutter Hentjen. Doch das neue Leben mißlingt: sowohl die Auswanderung nach Amerika als auch die mystische Übersteigerung seiner Heirat. Mehr noch als im *Pasenow* fällt auf, wie Broch offenbar eine zeittypische Geschlechts- und »Minne«-Mystik als Quasi-Religion bloßstellt. Pasenow und Esch gleichen sich im »Schlafwandeln«, einem als Daseinsform beschriebenen Zustand zwischen Nicht-Mehr und Noch-Nicht, in dem sich beide mit Scheinwerten einrichten – den Ersatzbefriedigungen des Religiösen oder Erotischen. Dieser Vorgang wird, dem Eschs Charakter entsprechend, ungleich heftiger und hektischer erzählt als im ersten Teil.

Dritter Teil *(Huguenau oder die Sachlichkeit)*: Huguenau »*hat mit der Werttradition nichts mehr zu tun*«. Als Geschäftsmann und »*Kind seiner Zeit*« kennt er nur noch egozentrische Antriebe – und »erkennt« selbst diese nicht. Andere vom Wertverlust geprägte Menschen treiben in eine Isolation, die in Wahnsinn oder Tod endet. Pasenow verliert den Verstand – ein »Romantiker«-Ende; Esch wird von Huguenau ermordet – ein »Anarchisten«-Ende. Der Erste Weltkrieg erscheint als Kulmination des Wertezerfalls und als Wende.

Der Autor verbindet in dem weitaus umfangreichsten dritten Teil die wichtigsten früheren Erzählstränge mit neu hinzukommenden Lebensläufen. Die *Geschichte des Heilsarmeemädchens in Berlin* trägt ein Ich-Erzähler vor, dessen Geisteshaltung derjenigen Bertrands verwandt ist – vor allem in der Resignation des analysierenden, aber passiven Betrachters. Zwischen dem Heilsarmeemädchen Marie und dem Juden Nuchem entsteht eine unerfüllbare Liebe, in der beiden nur ein fragwürdig gewordener Glaube bleibt. – Der junge Leutnant Jaretzki sucht im Delirium des Trinkens seine Kriegserlebnisse zu betäuben und macht die elementare Vereinsamung der Frauen und Männer für den Krieg, die Katastrophe verantwortlich. Bedeutsam scheint, daß ihm ein Arm abgenommen wird – der amputierte, »einarmige« Mensch als Gleichnisfigur der Zeit. Hannah Wendling erfährt eine ähnliche Reduzierung ihres Lebens: Die junge Frau verliert die Beziehung zu ihrem Mann, zu ihrer Ehe, zu ihrer Umwelt; sie verarmt zum nur noch geschlechtlich empfindenden und darin verwaisten Wesen, dessen vitalitätslähmende Isolation schließlich zum Tode führt. Der verschüttet gewesene Maurer und Landwehrmann Gödicke wird langsam wieder zum Leben erweckt und muß sich von neuem seine Welt bauen, ein Gerüst für sein Ich schaffen.

Um in einer Art erzählter Fuge das zersplitterte Wertsystem zu Kriegsende nicht nur kaleidoskopisch zu schildern, sondern auch zu deuten, fügt Broch historisch-logische Exkurse unter dem Titel *Zerfall der Werte* ein. Die Gruppierung all dieser Erzählkomponenten um das utopisch wirkende Ideal einer Glaubens-Gemeinde (ein Paulus-Zitat wird bedeutsames Leitmotiv), das kontrastreiche Nebeneinander vieler Stilebenen und Darstellungsformen (sokratische Dialoge, Sonette, Prosaparabeln) sowie das ständig veränderte Arrangement von mehr als hundert Motiven ermöglichen es dem Leser, diesen Roman wie einen Mikrokosmos kennenzulernen: Gerade darin zeigt sich die auch von Broch selbst konstatierte Nachbarschaft der Trilogie zu James JOYCES *Ulysses*.

Problematisch erscheint dabei, daß der Schluß harmonisiert, indem er die vielfachen Wert- und Unwertorientierungen, die verschiedenen Erzählansätze zusammenführt und beinahe zur Deckung bringt. Die Neigung zu künstlerischer Vereinheitlichung und abgeschlossener Architektur nimmt immer wieder Gestalt an: Allein die Virtuosität der Wiederholungen, Anspielungen und Entsprechungen erweckt im Sprachlichen so etwas wie jenes »Mysterium der Einheit«, nach dem sich die meisten Romanfiguren sehnen. Unabhängig von der Anpassung des Stils an »Romantik«, »Anarchie« oder «Sachlichkeit« drängt sich oft ein verzückter Predigtton vor, der eine gewisse Ekstase beim Leser erzwingen will. Der Erzähler durchschaut das irdisch und historisch Bedingte all der Gedanken, Worte, Taten seiner Helden und distanziert sich von ihnen mit deutlicher Ironie. Dabei scheint diese Überlegenheit meist nur ein Effekt des geschichtlichen Abstands, nicht immer der Erkenntnishöhe zu sein. Eine intensive Psychologie verschmilzt Außen und Innen, Ausdruck und Antrieb, liefert ferner sehr detaillierte »*Materialien zum Charakteraufbau*«. Endlich bildet diese sehr präzise Psychologie auch die Basis für die weit auseinander strebenden Tendenzen: Artistik und Untergangsvision, Geschichtsverständnis und Dogmenkritik, Darstellung des traumhaften und des scheinbar »vernünftigen« Geschehens. – In den *Schlafwandlern* setzte Broch seine langjährige theoretische Beschäftigung mit dem »Wertzerfall« fort. Man kann seine geschichtsphilosophische Auffassung, alle Krisen oder katastrophalen Ereignisse der neuesten Zeit seien auf die Demontage einer religiösen Wertordnung zurückzuführen, als zeitbedingt perspektivisch und monokausal werten. Wegen des einseitig analysierten Selbstverständnisses der Epoche, das für heutige Begriffe seinen Appellcharakter verloren und gegen den Dokumentarcharakter eingetauscht hat, aber auch wegen der erheblichen erkenntnistheoretischen Mitarbeit, die dem Leser abverlangt wird, blieb dem Roman Popularität versagt.
T. Koe.

AUSGABEN: Mchn./Zürich 1931 *(Pasenow oder die Romantik 1888* und *Esch oder die Anarchie 1903)*. – Mchn./Zürich 1932 *(Huguenau oder die Sachlichkeit 1918)*. – Zürich 1952 (in *GW*, 10 Bde., 1952 bis 1961, 1). – Ffm. 1963. – Ffm. 1978 (in *Kommentierte Werkausgabe*, Hg. P. M. Lützeler, 17 Bde., 1974–1981, 1).

LITERATUR: P. Fechter, *»Pasenow oder die Romantik«* (in Dt. Allgemeine Ztg., 14. 1. 1931). – H. Hesse, *»Die Schlafwandler«* (in NZZ, 15. 6. 1932). – E. Muir, *H. B. »The Sleepwalkers«*, Boston 1932. – R. Brinkmann, *Romanform u. Werttheorie bei H. B. Strukturprobleme moderner Dichtung* (in DVLG, 31, 1957, S. 169–197). – L. v. Borcke, *Das Romanwerk H. B.s*, Diss. Bonn 1957. – K. R. Mandelkow, *H. B.s Romantrilogie »Die Schlafwandler«. Gestaltung u. Reflexion im modernen dt. Roman*, Diss. Hbg. 1958; ern. Heidelberg 1962. – J. Strelka, *Musil, B. u. die Entwicklung des modernen Romans*, Wien 1959. – R. Thieberger, *H. B.s Novellenroman u. seine Vorgeschichte* (in DVLG, 36, 1962, S. 562 bis 582). – R. Geißler, *H. B. »Die Schlafwandler«. Romantrilogie* (in R. G., *Möglichkeiten des modernen Romans*, Ffm. 1965, S. 102–160). – L. Kreutzer, *Erkenntnistheorie und Prophetie. H. B.s Romantrilogie »Die Schlafwandler«*, Tübingen 1966. – D. Cohn, *»The Sleepwalkers«*, Den Haag 1966. – T. Koebner, *Die mythische Dimension in H. B.s Romantrilogie »Die Schlafwandler«*, Mchn. 1967. – T. Ziolkowki, *»The Sleepwalkers«* (in *Dimensions of the Modern Novel*, Princeton 1969); dt. *Strukturen des modernen Romans*, Mchn. 1972. – G. Brude-Firnau (Hg.), *Materialien zu H. B.s »Die Schlafwandler«*, Ffm. 1972. – H. Reinhardt, *Erweiterter Naturalismus. Untersuchungen zum Konstruktionsverfahren in H. B.s Romantrilogie »Die Schlafwandler«*, Köln, Mchn. 1973. – K. Schachter, *Symbol and symbolism in H. B.s »Die Schlafwandler«*, Diss. NY 1973. – P. M. Lützeler, *H. B. Ethik u. Politik*, Mchn. 1973. – M. A. Bernheim, *The Monastery and the Fortress: B.s »Die Schlafwandler« and the Rehumanisation of Modern Art*, Diss. Rutgers Univ., State Univ. of New Jersey 1974. – K. R. Mandelkow, *H. B.s Romantrilogie »Die Schlafwandler«. Gestaltung und Reflexion im modernen deutschen Roman*, Heidelberg ²1975. – H. Grimrath, *H. B. »Die Schlafwandler«. Die Heilsarmee-Geschichte, der Zerfall der Werte u. ihr Zusammenhang mit den erzählerischen Partien des Romans*, Bonn 1977. – R. Pütz, *Die Figur des Schlafwandlers bei H. B.*, Diss. Bln. 1976. – A. Bertschinger, *H. B.s »Pasenow«, ein künstlicher Fontane-Roman?*, Zürich/Mchn. 1982. – S. Storey Gannaway, *Secular Apocalyptic in the Novel Between the Wars*, Diss. Vanderbilt Univ. 1983.

## DIE SCHULDLOSEN

»Roman in elf Erzählungen« von Hermann BROCH, erschienen 1950. – Dieses kuriose Buch entstand als letztes abgeschlossenes Werk Brochs im amerikanischen Exil und darf als »Notlösung« betrachtet werden. Der Autor faßte ältere Erzählungen und Gedichte aus der Zeit des Ersten Weltkriegs und der dreißiger Jahre mit neu geschriebenen zu einem uneinheitlich wirkenden Komplex zusammen.

Die Teilung in drei Zeitphasen – 1913, 1923, 1933 – vermittelt den Eindruck konsequenter historischer Entwicklung zum »Dritten Reich« und gemahnt ebenso an Brochs Erstling *Die Schlafwand-*

*ler* wie die fugenartige Verknüpfung und Führung verschiedener Erzählstränge. Die Deutung des Zeitgeistes geht rasch in eine Anklage der »Schuldlosen« über, der Nur-Beobachter und Gleichgültigen, die nach Brochs Auffassung den Faschismus gerade deshalb mitverschuldet haben, weil sie versäumt haben, ihn abzuwenden. Die Verklärung der »Erkenntnistat« findet sich schon in Brochs *Tod des Vergil*: Auch diesmal wird sie an den Rand des Menschenmöglichen geschoben, vom Helden erst kurz vor seinem Tod für möglich gehalten oder einer übermenschlichen Figur, dem sog. Imker oder Großvater, überantwortet. Denn ihm soll wie Moses – ein in diesen Erzählungen oft verwendetes Motiv – auf der Grenze zwischen Diesseits und Jenseits der Blick ins »Gelobte Land« gewährt worden sein. Die Anklage der Gleichgültigen wird zur Klage über ein irrational regierendes Geschick, dem kein normaler Sterblicher entgehen kann. Die Frage »Was sollen wir tun?« – seit den *Schlafwandlern* in allen Werken Brochs die am dringlichsten gestellte Frage – bleibt auch hier unbeantwortet.

Der Roman resümiert also das Schaffen Brochs mit Ausnahme zweier Aspekte: Die 1933 entstandenen »Tierkreiserzählungen« sind augenscheinlich Arbeiten unter dem Einfluß FREUDS und KAFKAS. Vier von ihnen werden zum Kristallisationskern des neuen Buches. Der stellenweise betont bildferne, abstrakte, skizzierende »Altersstil« erfordert vom Leser exerzitienhaftes Epigrammstudium und erhellt die Doppelwertigkeit der Abstraktion: Sie soll einerseits Vorrecht des Altersstils, andererseits aber – wie dieser Roman zeigen möchte – Vorstufe zum verbrecherischen Denken der »Schuldlosen«-Schuldigen sein. Die »Stimmen« der jeweiligen Zeit, zum Teil schon 1913 gedichtete Strophen, leiten die drei Erzählgruppen ein und korrespondieren der einleitenden *Parabel von der Stimme*, einem an Martin BUBERS Chassidim-Erzählungen erinnernden Text. Die *Vorgeschichten* (1913) wollen die *»Jugend sichten«*, die *Geschichten* (1923) *»unser aller Versäumnis berichten«*. Der junge A. oder Andreas – die Initiale signalisiert KAFKA, der Name selbst HOFMANNSTHAL, dessen Titelheld im Romanfragment *Andreas oder die Vereinigten* einen ähnlichen Charakter offenbart – findet Einlaß in ein neues Heim, das von drei Frauen bewohnt wird: Diesem Vorgang liegt das mythische Muster der Rückkehr des »verlorenen Sohns« zugrunde. Das *»traumhafte, fast geisterhafte Element«* der äußerlich banalen Geschichte – ursprünglich eine Tierkreis-Erzählung – hat Broch einmal als *»geheimnistuerisch«* bezeichnet, ein zweifellos allzu abwertendes Urteil, obwohl es den Erzählcharakter genau trifft. Jede Handlung, Geste oder Erscheinung, ob Dreieck, Regen oder Regenbogen, gilt als bedeutungsvolles Zeichen. Der Held bewegt sich gleichsam in einem dicht gefügten Netz idealer und mythischer Bezüge. Als Beispiel virtuoser Steigerung gleichnishaften Erzählens gehört *Der verlorene Sohn* zu den eindrucksvollsten Prosawerken Brochs und moderner deutschsprachiger Literatur überhaupt.

Der Ton eines eher gelangweilten Mystagogen bestimmt dagegen die 1949 in großer Eile entstandenen Erzählungen. Die *Erzählung der Magd Zerline* handelt von einem Don Juan mit dem nur leicht verschlüsselten Namen Juna. Broch adaptiert aus dem *Don Giovanni* vor allem die Motive der Mitträterschaft und der auch den Mittätern drohenden Strafe. In der Tierkreiserzählung *Eine leichte Enttäuschung*, dem Zentrum des Werks, begegnet A. nach einer Wanderung durch ein unbekanntes Haus seiner künftigen Geliebten, dem Mädchen Melitta. Sein Spaziergang durch Höfe, Treppenhäuser, dunkle Räume erweckt eine Fülle von Assoziationen an Labyrinthsymbole, Initiationszeremonielle und Protokolle neurotischer Träume. Die Vieldeutigkeit der erzählten Details, die kunstvoll natürlich wirkende Verbindung entlegener Bedeutungen, Sinnschichten und Empfindungen muten dem Leser engagiertes Rätselraten zu. Nachdem A. am Selbstmord seiner Geliebten mitschuldig geworden ist, seine Hauswirtin zur Quasi-Mutter erkoren hat, um mit ihr in idyllische Einsamkeit zu fliehen, und eine abschreckende, sozusagen erotische Erfahrung mit deren Tochter ihm alle Liebestätigkeit vergällt hat – wird ihm in der *Nachgeschichte Steinerner Gast* Gelegenheit gegeben, Gerichtstag über das eigene Ich zu halten und sich umzubringen. Ein Läuterungsprozeß, kurzfristig genug, ist allein ihm vorbehalten. Dieser Roman kennt nur Auserwählte und bei den anderen kein Erbarmen. Ihre soziale und erotische Frustration schlägt um in faschistischen Terror. – Dem Roman blieb der Erfolg beim Leser wie bei der Kritik versagt, zu Lebzeiten Brochs erschien lediglich die Rez. von K. A. HORST in der Zeitschrift ›Merkur‹, der weniger die Zeitkritik des Werks als Brochs Variation des Dreieck-Motivs hervorhob. »Für mich«, so konnte Broch darauf nicht entgegnen, »war und ist das Grundsymbol der ›Schuldlosen‹ das Nichts-Erlebnis, die leere Zeit, das leere Auge und ebendarum der Allblick der Blindheit, und ich kann daher all die Dreieckskonstellationen, die sich notwendig und unbewußt daraus ergeben haben, bloß als Beweis für die Richtigkeit der alten Dreiecksumrahmung des Gottesauges anerkennen. Es sind eben archetypische Vorgänge.«

T.Koe.-KLL

AUSGABEN: Mchn. 1950. – Zürich 1954 (in *GW*, 10 Bde., 1952–1961, 3). – Mchn. 1965 (dtv; Einl. H. J. Weigand). – Ffm. 1974 (*Kommentierte Werkausgabe*, Hg. P. M. Lützeler, 17 Bde., 1974–1981, 5).

LITERATUR: K. H. Horst, Rez, (in Merkur 6, 1951). – S. L. Cassirer, *The Short Stories of »Die Schuldlosen«*, Diss. of. Yale Univ. New Haven/Conn. 1957. – J. Strelka, *Musil, B. u. die Entwicklung des modernen Romans*, Wien 1959. – R. Thieberger, *H. B.s Novellenroman u. seine Vorgeschichte* (in DVLG, 36, 1962, S. 562 bis 582). – G. Utermöhlen, *H. B.s Novellenzyklus »Die Schuldlosen«*, Diss. Heidelberg 1965. – H. Knipe, *Die Doppelfunktion des Irrationalen in H. B.s Roman »Die*

Schuldlosen«, Ffm./Bern 1978. – S. J. Brandenburg, *The quest for redemption in H. B.s »Die Schuldlosen«*, Diss. Univ. of Mass. 1979. – B. Wolter, *H. B.s »Die Schuldlosen«, Anspruch u. Wirklichkeit eines politischen Romans*, Diss. Paderborn 1979. – I. W. Schmidt, *H. B.s Novellas*, Diss. Case Western Reserve Univ. 1980.

## DER TOD DES VERGIL

»Romandichtung« von Hermann BROCH, entstanden 1939–1945, erschienen in deutscher und englischer Sprache 1945. – Der Roman geht auf eine kürzere Erzählung von 1935 zurück *(Die Heimkehr des Vergil)*, die Broch aus Interesse für das Thema »Literatur am Ende einer Kultur« niederschrieb. Parallelen zwischen Vergils Zeit und der Gegenwart schienen offenkundig: »*Bürgertum, Diktatur und ein Absterben der alten religiösen Formen.*« Brochs Roman erkundet die Situation des Dichters in einer spätzeitlichen Gesellschaft, fragt nach dessen Aufgabe und Legitimität, spricht endlich dem Ästhetischen alles Daseinsrecht ab, da es vor einer Welt nicht bestehen könne, die tätige Hilfe und keine Gedichte brauche.

Dichtung begriffen als Ablenkung von den eigentlichen Problemen – dieses Verdikt wird dem Roman zum Thema. Um die Alternative Schön – Nützlich kreist Vergils Denken in den letzten achtzehn Stunden seines Lebens: Der nahe Tod verlangt eine Entscheidung. Die Überschriften der vier ungleich langen Kapitel deuten auf einen Kreislauf durch die vier Elemente der antiken Philosophie, der einen Kreislauf des Sterbenden durch sein vergangenes Leben bis zum Ursprung zurück spiegelt. *Wasser – Die Ankunft*: Die Flotte des Augustus landet in Brundisium; auf jenem Schiffe liegt der kranke Vergil. Durch die am Hafen wartende Menge, das »Massentier«, muß sich seine Sänfte durchkämpfen; ein Knabe gesellt sich ihm zu; der Weg führt sie eine Elendsgasse mit »heulenden Weibern« hinauf zum kaiserlichen Palast, wo Vergil in einen abgelegenen Raum gebettet wird. Der Weg durch proletarische Massen und Großstadtelend entzaubert jäh die vornehme Isolierung des Dichters, in der er seine Reinheit kultiviert hat. – *Feuer – Der Abstieg*: In der folgenden Nacht zwingen die Fieberphantasien und die Kritik an seinem Leben Vergil zu einer Höllenwanderung in der Nachfolge Orpheus', Äneas' und DANTES (obwohl Broch den Hinweis auf die *Göttliche Komödie* ungern vernahm). Vergil glaubt, zur Sühne seines verfehlten, nur schöngeistigen Lebens die *Aeneis*, sein dichterisches Hauptwerk, opfern zu müssen. Als er, durch fratzenhafte Schreckensvisionen erregt, schließlich vom Fenster aus drei lemurenhafte Betrunkene beobachtet, deren Streit fast mit einem Mord zu enden scheint, als er hilflos wie vor einer Bühne vertierte Existenz sich darstellen sieht, verdammt er alle Schönheit für den Zuschauer als Skandalon, als »*Grausamkeit des ungezügelten Spiels, das im Sinnbild Unendlichkeitsgenuß verspricht*«. Wahre Schöpfung sei ethische Unterscheidung – und nicht Kunst um ihrer selbst willen. – *Erde – Die Erwartung*: Nach einem kurzen, traumlosen Schlaf erhält Vergil am nächsten Tag Besuch von seinen Freunden, denen er genausowenig wie dem behandelnden Hofarzt seinen Entschluß begreiflich machen kann, die *Aeneis* zu verbrennen. Der Opferwille der Nacht ist als rigorose Einstellung geblieben, die besondere Deutung aber verblaßt. Erst in einem, durch Mißverständnisse erschwerten Dialog mit seinem Freund, dem Cäsar Augustus, erkennt Vergil, daß zum Opfer auch Demut gehört, die wirkliche »*Erkenntnistat*« eine Tat der Liebe sein muß: Er überläßt das Werk der Nachwelt. Sogar im Wachsein dringen Träume in Vergils Bewußtsein. »*Hingehalten in die Zeit*« fließen Erinnerungen, Gegenwärtiges und historisch Zukünftiges ineinander. Er halluziniert ein arkadisches Paradies, in dem er der einstigen Geliebten Plotia begegnet. Der seltsam unirdische, nur Vergil sichtbare Knabe Lysanias (der Leidenlösende) huscht als »Jugendbildnis« des Dichters durch den realen Raum. Sinnfigur einer frommen Gerechtigkeit ist ein Sklave, der Vergil dazu drängt, sich, den Künstler, als »*falschen Heilbringer*« zu verstehen und den richtigen dafür in einem Kinde zu erwarten – Anspielung auf die vierte *Ekloge* des historischen Vergil, die im Mittelalter als Christus-Ankündigung verstanden wurde. Die Symbolik der Vater-Mutter-Kind-Archetypen und des androgynen Urwesens weist Broch als Kenner der Tiefenpsychologie, der Platonischen Philosophie und jener Mystik aus, die dem Menschen eine messianische Qualität zubilligt. (Der gern zu den »Müttern« hinabsteigende Broch hat es im antiken Milieu spürbar leichter, überzeugend zu wirken, als im zeitgenössischen seiner übrigen Romane). Während Vergil sein Testament diktiert, verliert das Tagesbewußtsein an Einfluß. In seiner Vorstellung durchmißt er den Weg, den man ihn gebracht hat, in umgekehrter Richtung. Er fühlt sich aus dem Haus, die Elendsgasse hinab zum Hafen getragen. – In *Äther – die Heimkehr* stößt er in einem Boot vom Ufer ab und läßt bei seiner Fahrt übers »unendliche« Meer alles Menschliche hinter sich. Der Knabe Lysanias, anfangs Lenkerfigur wie der mythische Hermes, scheint mit Plotia zu verschmelzen, mit ihr wiederum Vergil. Die Rückkehr setzt sich in einer umgekehrten Genesis fort: Tag für Tag der Schöpfungswoche wird aufgehoben. Ein beobachtendes Auge bleibt irgendwie bewahrt, während »er« sich ins Tierische, Pflanzliche verwandelt, Stein wird, flüssiges Licht, Kristall, dunkle Strahlung. Am Ziel dieser Erweiterung des Ichs in den Kosmos erfolgt ein Umschlag: Das Bewußtsein des Sterbenden wird »umgewendet«, er erschaut das Bild der Mutter mit dem Kind (christliches Sinnbild, Verheißung eines Messiaskindes oder seiner eigenen Wiedergeburt?). Ein Brausen erfaßt Vergil, in dem nach alttestamentarischem Vorbild das Wort Gottes zu hören sei – wenn auch nicht für den Leser, da dies bereits »*jenseits der Sprache*« geschieht.

Der innere Monolog des Vergilschen Bewußtseins – durch das ganze Werk hindurch ziemlich streng gewahrt – steigert sich in diesem Schlußkapitel zu unerhörter Ausdruckskraft. Die »*unendliche Annäherung an die Grenze*« des Lebens führt auch an die Grenze der Kunst. Aber gerade in der Spannung, die zwischen selbstvergessener, rhythmisch pulsierender, syntaktisch aufgelöster Sprache und jenem »Einfall« entsteht, den Sterbenden eine umgekehrte Genesis »durchleben« zu lassen, die mystische Selbstentgrenzung in mythischen Bildern oder mathematischen Modellen (Kreis, vieldimensionaler Raum) zu veranschaulichen, liegt der artistische Wert dieses Romans. Nicht immer ist die Sprache der ungeheuren visionären Anstrengung gewachsen. Wenn Broch versucht, der Gedankenflucht in der nächtlichen Zerknirschungs-»Orgie« des Feuer-Kapitels mit seismogrammartig »lebenswahren«, überlangen, litaneihaften Sätzen auf der Spur zu bleiben, versperren die rhetorische Aufschwemmung von Abstrakta und Konkreta, die Stereotypie der Beschwörungsformeln jedes nachprüfende Lesen. Broch selbst war sich dessen bewußt: »*Ich weiß auch, wo die hypnotische Konzentration abgerissen ist, um wieder dem Literarisch-Pathetischen Platz zu machen. Wäre sie nicht abgerissen, so wäre ich wahrscheinlich ganz konkret gestorben...*« Es bietet sich die paradox klingende Feststellung an, daß hier die Entlarvung der autarken Schönheit meist sehr »schön« erzählt wird. Die Erfahrung eines häßlichen Lebens hebt sich von der eines euphorischen Todes ab. Vor dem qualvoll widersprüchlichen Dasein rettet ein »schönes« Sterben, das alle Widersprüche und wohl auch alle Entscheidungen für das nützliche »Leben« aufhebt. Vergil hat gerade noch zur Erkenntnis und zu einer Erkenntnistat Zeit – die *Aeneis* den Überlebenden zu schenken. Die Lösung dieses Konflikts so nahe an einer Wende, die alle Konflikte zunichte macht, hat aber nur geringen Beispielwert, geschweige denn didaktigen Überzeugungskraft. Die Wirkung dieses ungewöhnlichen Buches geht von einer anderen Tatsache aus: »*Nur wenige Werke der Weltliteratur haben es gewagt, sich – wohlgemerkt mit rein dichterischen Mitteln – so nahe an das Todesphänomen heranzupirschen*« (Broch).

Die »*Schwierigkeiten beim Lesen von Hermann Broch*«(M. Durzak) haben auch bei diesem Werk zu einer Fülle von fachwissenschaftlichen Detailuntersuchungen geführt. Werkimmanente Arbeiten zur Sprache und Bildlichkeit des Romans heben einerseits seinen avantgardistisch-sprachkritischen Anspruch hervor (STEPHAN, LUBE), kritisieren aber auch ein Abgleiten in Manierismus oder verweisen auf Grenzen sprachlicher Ausdrucksfähigkeit (KÖHNE, WOLFRAM). Neben literaturpsychologischen Ansätzen, meist unter dem Einfluß C. G. JUNGS, zu archetypischen Strukturen, Figuren und Attributen (JAFFE, MEINERT) stehen zunehmend literaturtheoretisch fundierte Arbeiten zur Symbolwelt Brochs (WINKEL). Die Gestalt des Seelengeleiters Lysanias wurde verschiedentlich mit dem bei Thomas MANN bestimmenden Hermes-Motiv (vgl. *Der Tod in Venedig*) verglichen, wie allgemein die Vielzahl mythologischer Verweise komparatistische Analysen dazu verlockt hat, das Buch als ebenso eindrucksvolle wie problematische Reproduktion archaischer Denk- und Ausdrucksweisen zu sehen (WEIGAND, HINDERER). Die Broch-Forschung erfuhr in den siebziger Jahren insgesamt eine Polarisierung durch die Arbeiten von W. FREESE und K. MENGES, die ideologiekritisch Brochs Werte- und Erkenntnistheorie untersuchten und nicht nur auf angebliche »*faschistoide Elemente*« in den theoretischen Kompilationen Brochs hinwiesen, sondern auch der gängigen Broch-Forschung ein affirmatives Verhalten gegenüber dem Werk vorhielten, teils durch die Beschränkung auf werkimmanente Detailstudien, teils durch unproblematisierte Vorgabe der von Broch umfangreich geleisteten Selbstkommentierung seines Werks, wobei vor allem DURZAK und LÜTZELER durch die Vielzahl ihrer Arbeiten zu Broch zwangsläufig im Mittelpunkt der Kritik standen. Produktiv im Sinne der Annäherung an das Werk wirkte diese Polemik nicht, bis heute ist es der Broch-Forschung nicht gelungen, dem Leser jene Handreichung zu geben, die ihm die »*Möglichkeit des überschaubaren Eindringens*« (Durzak) in das komplexe Gefüge dieses Romans erleichtert. T.Koe.-KLL

AUSGABEN: NY 1945. – Zürich 1947. – Zürich 1952 (in *GW*, 10 Bde., 1952–1961, 3). – Zürich $^5$1962. – Mchn. 1965 (dtv). – Ffm. 1976 (in *Kommentierte Werkausgabe*, Hg. P.M. Lützeler, 17 Bde., 1974–1981, 4).

LITERATUR: F. Martini, *H. B. »Der Tod des Vergil«* (in F. M., *Das Wagnis der Sprache* Stg. 1954, S. 413 bis 464). – A. Jaffe, *H. B.: »Der Tod des Vergil«* (in *Studien zur analytischen Psychologie C. G. Jungs. Fs. zum 80. Geburtstag*, Bd. 2, Zürich 1955, S. 283–343). – H. Broch, *Bemerkungen zum »Tod des Vergil«* (in H. B., *Essays*, Bd. 1, Zürich 1955, S. 265–275; *GW*, Bd. 6). – C. v. Faber du Faur, *Der Seelenführer in H.B.s »Tod des Vergil«* (in *Wächter u. Hüter. Fs. für H.J. Weigand zum 17. Nov. 1957*, New Haven/Conn. 1957, S. 147–161). – D. Stephan, *Der innere Monolog in H.B.s »Tod des Vergil«*, Diss. Mainz 1957. – W. E. Wolfram, *Der Stil H.B.s. Eine Untersuchung zum »Tod des Vergil«*, Diss. Freiburg i.B. 1958. – A. Köhne, *Stilzerfall u. Problematik des Ich. Stilkritische Studie zur Sprache von H.B.s Roman »Der Tod des Vergil«*, Diss. Bonn 1959. – D. Stephan, *Th. Manns »Tod in Venedig« u. B.s »Vergil«* (in *Schweizer Monatshefte*, 40, 1960, S. 76–83). – W. Hinderer, *Die ›Todeserkenntnis‹ in H.B.s »Tod des Vergil«*, Diss. Mchn. 1961. – D. Meinert, *Die Darstellung der Dimensionen menschlicher Existenz in B.s »Tod des Vergil«*, Bern/ Mchn. 1962. – A. Fuchs, *Zur Sprachbehandlung in H. B.s »Tod des Vergil«* (in *Bulletin de Faculté des Lettres de Strasbourg*, 41, 1962/63, S. 379–382). – Ders., *B. »Der Tod des Vergil«* (in *Der deutsche Roman. Vom Barock bis zur Gegenwart*, Hg. B. v. Wiese, Bd. 2, Düsseldorf

1962, S. 326–360). – G. Wienold, *Die Organisation eines Romans. H. B.s »Der Tod des Vergil«* (in ZfdPh, 86, 1967, S. 571–593). – T. Collmann, *Zeit u. Geschichte in H. B.s Roman »Der Tod des Vergil«*, Bonn 1967. – W. Kraft, *H. B.s »Tod des Vergil«* (in *Rebellen des Geistes*, Stg. 1968). – W. Baumann, *The Idea of Fate in H. B.s »Tod des Vergil«* (in MLQ, 29, 1968, S. 196–206). – M. Durzak, *H. B.s Vergil-Roman u. seine Vorstufen* (in LJB, 9, 1968, S. 285–317). – K. Menges, *Kritische Studien zur Wertphilosophie H. B.s*, Tübingen 1970. – K. Heydemann, *Die Stilebenen in H. B.s »Der Tod des Vergil«*, Wien 1972. – G. Dahl, *H. B.: »Der Tod des Vergil«. Eine psychoanalytische Studie* (in *Psychoanalytische Textinterpretation*, Hg. J. Cremerius, Hbg. 1974, S. 71–127). – P. M. Lützeler (Hg.), *Materialien zu H. B. »Der Tod des Vergil«*, Ffm. 1976. – J.-P. Bier, *H. B. et »La Mort de Virgile«*, Paris 1974. – J. Kahle, *Anfang u. Kindheit – die Korrelate von Mythos u. Poiesis in H. B.s »Tod des Vergil«*, Diss. Aachen 1976. – J. Knowlton, *»Spätzeit« u. »Spätzeitlichkeit« in H. B.s Roman »Der Tod des Vergil«*, Diss. Graz 1975. – M. A. Winkel, *Denkerische u. dichterische Erkenntnis als Einheit. Eine Untersuchung zur Symbolik in H. B.s »Tod des Vergil«*, Ffm./Bern 1980. – C. M. Duebbert, *Zeitgeschichtliche Perspektiven in der Lit. Studien zu H. B.s »Die Verzauberung« u. »Der Tod des Vergil«*, Diss. Washington Univ. 1982. – B. Lube, *Sprache und Metaphorik in H. B.s Roman »Der Tod des Vergil«*, Ffm./Bern 1986.

## DIE VERZAUBERUNG

Roman von Hermann BROCH, erschienen 1953 unter dem Titel *Der Versucher*. – Bereits während der Arbeit an der *Schlafwandler*-Trilogie plante Broch eine Fortsetzung, die in seinen Briefen der Jahre 1930–34 als *»Filsmann«*-Roman aufscheint, in einer süddeutschen Kleinstadt spielen sollte, jedoch nicht verwirklicht wurde. Im Oktober 1934 kam es zu einer grundlegenden Neukonzeption, und am 23. 1. 1935 benachrichtigt Broch seinen Verleger Daniel BRODY, er habe die *»richtige Form«* für seinen neuen, ursprünglich als Trilogie geplanten Roman gefunden. Der erste Entwurf für das Werk, bereits 1935 entstanden, ging verloren, die heute bekannte erste Fassung des Romans entstand zwischen dem 12. 7. 1935 und dem 16. 1. 1936. Die zweite Fassung, 1936 begonnen, blieb Fragment, und erst 1951, kurz vor seinem Tod, scheint Broch, worüber die Forschung lange unschlüssig war, offenbar mit der dritten Fassung des Romans begonnen zu haben, die er jedoch nur bis zum Beginn des fünften Kapitels vorantreiben konnte. Die drei Fassungen unterscheiden sich, worauf T. B. SHOCKEY 1971 erneut hinwies, vor allem durch den zunehmenden Grad an Abstrahierung voneinander; die Fabel des Romans blieb unverändert. Die ohnehin komplizierte Entstehungsgeschichte wird zusätzlich verwirrt durch die verschiedenen Titel, die Broch den Fassungen gab. In einem Brief vom 16. 1. 1936 erwähnt er erstmals den Titel *Die Verzauberung*, nachdem er lange Zeit das Werk als seinen *Gebirgsroman* oder *Bauernroman* bezeichnet hatte. Der Titel *Bergroman* taucht seit 1940 bevorzugt wieder auf, nach dem Krieg (14. 11. 1946) erscheint die Bezeichnung *Demeter* für die gesamte Trilogie, zu der sich das Werk ausweiten sollte, ohne daß es jemals dazu kam. F. STÖSSINGER publizierte 1953 den Roman erstmals, kompilierte dazu jedoch alle drei Fassungen und wählte den Titel *Der Versucher*. Mittlerweile darf die Verfahrensweise der *Broch-Werkausgabe* als verbindlich angesehen werden, die 1976 die erste, vollständige Fassung u. d. T. *Die Verzauberung* edierte, das Fragment der dritten Fassung u. d. T. *Demeter* und alle drei Fassungen unter der Kennzeichnung *Bergroman* zusammenfaßte.

Zum Befremden vieler seiner Leser ließ Broch die Handlung im Bauernmilieu spielen, in einem abgelegenen Alpental mit zwei rivalisierenden Dorfgemeinschaften, deren Idiom er ungemein treffend wiederzugeben verstand. Daß Broch nachweislich Anleihen bei der einschlägigen Heimatliteratur à la Rosegger gemacht hat, wirkt ebenfalls befremdlich, ein Eindruck, der auch durch das Argument nicht völlig entkräftet wird, ins fragwürdige Lokalkolorit hülle sich hier das dichterisch kühne Experiment, die Psyche der Masse wie in einer Retorte auf Reaktionen hin zu untersuchen (vgl. dazu Brochs späte Studien zur Massenpsychologie). Der Ich-Erzähler stellt sich als alternder Mann vor, der in der Mitte seines Lebens eine erfolgreiche Karriere als Kliniker abgebrochen hat, um in der »Gebirgseinsamkeit« als Landarzt zu wirken. Die Natur sieht er als Heiligtum, die Landschaft evoziert kosmische All-Gefühle in ihm, eine entgrenzende Empfindung, die sich auf den Leser überträgt, da Wortschatz, Rhythmik und Nuancierung der Veduten eine künstlerische Klarheit erreichen, wie man sie nur von Landschaftsschilderungen JEAN PAULS oder Adalbert STIFTERS her kennt. Die Tempelruhe dieses Lebens, das so überraschend »positiv« mit der Natur mitschwingt, wird eines Frühlingstages von einem Eindringling, dem »Versucher«, gestört: Der für schön geltende Marius Ratti kehrt in der Art eines phrasenreichen Wanderpredigers sein albernes, wenngleich unheimliches Sendungsbewußtsein hervor. Seine Ideen von Männergemeinschaft, Keuschheit und Opferwillen artikulieren verborgene Bedürfnisse nach Selbsterhöhung und verdrängte Besitzwünsche. Unverkennbar ist in diesem »Scharlatan«, »Hypnotiseur« und »Menschenfänger« der Demagoge Hitler, in der für den Rückfall ins Inhumane so anfälligen Dorfgemeinde das Deutschland der dreißiger Jahre getroffen. Marius entgegen tritt das von ihm so philiströs bekämpfte »Weiberwissen«, verkörpert in Mutter Gisson, einer alten Bäuerin mit sprechendem Namen: Gisson ist ein Anagramm von Gnosis, Gottesschau.

Die weitere Handlung stellt zum einen die Dörfler vor die Wahl, Mutter Gisson oder Marius, Weisheit oder Wahnwitz, »Demeter oder die Verzauberung« zu verlieren, und konkretisiert zum anderen den Demeter-Persephone-Hades-Mythos. Als der Scharlatan Marius das Gerücht ausstreut, im Berg sei Gold zu finden, werden die Menschen von Gold- und Erlösungsfieber gepackt. Im Herbst kommt es bei einem Fest heidnisch-mythischen Ursprungs, einer Bergkirchweih, zum Durchbruch der den ganzen heißen Sommer über angestauten Unruhe: Angeblich um die Erde zu versöhnen und den unterirdischen Mächten (Hades) zu opfern, begeht man einen Ritualmord an einem jungen Mädchen (Persephone). Der Regenerationsmythos einer frühzeitlichen Ackerbaukultur muß, wird er Jahrtausende später nachvollzogen, zum Mord, die Eruption unterdrückter Triebe im archaisierenden Kultus zum Massenwahn führen. In der Anlage des Schlusses unterscheiden sich die diversen Fassungen besonders deutlich: Ursprünglich stirbt auch Mutter Gisson wenig später und gibt zum Abschied ihr Wissen an ein junges Mädchen weiter, deren künftigem Kind sich eine halb reale, halb symbolische Messias-Hoffnung zukehrt. In der pessimistischeren Nachkriegs-Fassung soll auch Mutter Gisson dem »Toben« der Bergkirchweih zum Opfer fallen. Marius verläßt nicht mehr spurlos das Tal, sondern bleibt als Sieger in der Gemeinde.

Broch selbst bezeichnete im Januar 1936 das Werk als einen »*religiösen Roman*« und sah im Faschismus eine Reaktion auf den Zerfall übergreifender, verbindlicher Werte in der Moderne, was er auch als religiöse Krise deutete. Auch wenn die Forschung über die politischen Akzentuierungen der verschiedenen Fassungen durchaus geteilter Meinung ist, so stimmt man bezüglich der Intention Brochs überein, daß das Werk ein Modell für das Entstehen von Faschismus zu entwerfen sucht. Bezeichnenderweise kommt Ratti aus Italien, wo der Faschismus zuerst an die Macht kam, der Name verweist auf den »Rattenfänger« Hitler, aber auch auf jenen Papst Achille Ratti, der 1933 das Konkordat mit Hitler schloß. So überzeugend und eindrucksvoll der Zusammenbruch des Menschlichen erzählt wird, so verschwommen gerät der »gute« Mythos von Mutter Gisson. Denn auch der Handlungsverlauf betont vor allem das Negative der hier allerdings »unkritischen« Vergegenwärtigung einer Mythologie. Der einfältige Erbauungsstil dieser eher karikaturistisch ins Überdimensionale gesteigerten Mutterfigur – »*Das Wirklichste in der Welt ist das Herz, dadrein wohnt jeder Baum und jede Blume*« – verweist auf den fragwürdigsten Aspekt dieses Romans, der wohl auch unter dem Eindruck der Zivilisationskritik KLAGES' zu sehen ist: den Gedanken, Irrationalismus durch Irrationalismus auszutreiben. Da auch der Dorfarzt sich verblenden läßt, entsteht überdies der Eindruck, dieses atavistische Verhalten von Menschen des technischen Zeitalters sei als unvermeidliche Fügung der Geschichte hinzunehmen. Dieser Eindruck mag ein Resultat der »Versuchsbedingungen« sein, welche die Fabel mit Ausnahme weniger eingestreuter märchenhafter oder biographischer Erinnerungen in einen vor der übrigen Welt hermetisch abgeschlossenen Raum verbannen. Dieser Fatalismus mag endlich sogar der Grund gewesen sein, aus dem Broch sein Werk, zumal den Schluß der frühen Konzeption, ablehnend beurteilte und an seiner Vollendung nicht sonderlich interessiert schien. Vielleicht hat erst das Erscheinen von Thomas MANNS *Doktor Faustus* Brochs Interesse an dem thematisch analogen Bergroman neu entfacht, wie beide Werke auch einzigartig in dem Versuch sind, den Faschismus mit »*symbolisch-parabelhaften Erzählmitteln*« (P. M. Lützeler) zu deuten.

T.Koe.-KLL

AUSGABEN: Zürich 1953 (in *GW*, 10 Bde., 1952 bis 1961; Bd. 4, Hg. u. Nachw. F. Stössinger). – Reinbek 1960, Hg. F. Stössinger (rororo; ern. 1965). – Ffm. 1967 (*Demeter*; 3. Fassg.; Bibl. Suhrkamp, 199). – Ffm. 1969 (*Bergroman*, alle 3 Fassungen, textkrit., Hg. F. Kress, H. A. Maier; 4 Bde.). – Ffm. 1976 (*Die Verzauberung*, in Kommentierte Werkausgabe, Hg. P.M. Lützeler, 17 Bde., 1974–1981, 3).

LITERATUR: F. Kress, *Kritische Ausgabe des Vorwortes u. des 1. Kapitels der drei Originalfassungen von H. B.s Bergroman nebst Herkunftsnachweis*, Diss. Univ. of Connecticut 1966 (vgl. Diss. Abstracts, 27, 1966/67, S. 3442 A). – M. Winkler, *Mythos u. Zeitgeschehen in H. B.s Roman »Der Versucher«*, Diss. Univ. of Colorado 1966 (vgl. Diss. Abstracts, 28, 1967/68, S. 1091/1092 A). – J.N. Hardin, *»Der Versucher« and H. B.s Attitude toward Positivism* (in GQ, 39, 1966, S. 29–41). – D. Meinert, *H. B.: »Der Versucher«. Versuchung u. Erlösung im Bannkreis mystischen Erlebens* (in Sprachkunst als Weltgestaltung. Fs. für Herber Seidler, Hg. A. Haslinger, Salzburg/Mchn. 1966, S. 140–232). – M. Durzak, *Zur Entstehungsgeschichte u. zu den verschiedenen Fassungen von H. B.s Nachlaßroman* (in ZfdPh, 86, 1967, S. 594–627). – G. Wienold, *H. B.s Bergroman u. seine Fassungen. Formprobleme der Überarbeitung. Mit bisher ungedruckten Quellen* (in DVLG, 42, 1968, S. 773–804). – M. Winkler, *Die Funktion der Erzählungen in H. B.s Roman »Der Versucher«* (in Seminar, 4, 1968, S. 81–99). – B. Loos, *Mythos Zeit u. Tod. Zum Verhältnis von Kunsttheorie u. dichterischer Praxis in H. B.s »Bergroman«*, Ffm. 1971. – T. Baird Shockey, *Variations in Style and Content in H. B.'s »Bergroman« as Shown by an Analysis of the Two Versions of the Foreword and the Three Versions of the First Chapter*, Diss. Univ. of Connecticut 1971. – P. S. P. Bennett, *The Motif of Seeing and the Symbol of the Eye in H. B.'s »Bergroman«*, Diss. Univ. of California, Berkeley 1970. – T. J. Casey, *Questioning B.'s »Der Versucher«* (in DVLG, 47, 1973, S. 467–507). – P. M. Lützeler, *H. B.s »Die Verzauberung« im Kontext von Faschismuskritik und Exilroman* (in Broch heute, Hg. J. Strelka, Bern/Mchn. 1978, S. 51–76). – *Brochs Verzauberung*, Hg. P. M. Lützeler, Ffm. 1983 (st).

## BAZON BROCK

* 2.6.1936 Stolp / Pommern

**ÄSTHETIK ALS VERMITTLUNG. Arbeitsbiographie eines Generalisten**

Kunsttheoretische Schriften und Dokumentationen der künstlerischen Aktionen von Bazon BROCK aus dem Zeitraum von 1957 bis 1977, herausgegeben von Karla FOHRBECK 1977. – Brock versteht sich als »Generalist« und Kulturvermittler. Um diesem selbstgewählten Anspruch gerecht zu werden, setzt er die Vielfalt seiner Rollen als Hochschulprofessor, Theoretiker, Theatermann, Happening-Künstler, Ausstellungsorganisator und Schriftsteller ein. Er konzipiert und realisiert intellektuelle Performances und multimedial verfahrende »Fallbearbeitungen«, inszeniert gleichermaßen Lehrveranstaltungen und Ausstellungseröffnungen, äußert sich zur kulturpolitischen Tagesdiskussion wie zu persönlichen Lebensereignissen, provoziert durch Aktionen des Straßentheaters und belehrt Kunstinteressierte durch Schulungen. Die Ergebnisse dieser Aktivitäten, Vorträge, Essays, Flugblätter, Aktionsdokumentationen, Photographien, Gedichte, Satiren und Pamphlete wurden in dieser Edition unter dem »*Gesichtspunkt der beruflichen Einheit von Person und Werk*« zusammengetragen. Damit soll zum einen die schillernde Subjektivität des Verfassers in ihrer umfassenden Entwicklung nachvollziehbar werden, zum anderen wird die in Facetten partikularer Verständnisse aufgesplitterte Rezeption verwiesen auf den Gesamtzusammenhang der bislang getrennt erschienenen Texte und Fragmente.

Die fünf Hauptkapitel der Edition machen die thematischen Schwerpunkte der Arbeit Brocks deutlich: »*1. Ästhetik als Vermittlung – Schöpfung und Arbeit, 2. Ästhetik der Bilder – Besucherschulung, 3. Ästhetik der Alltagswelt – Konsumentenschulung, 4. Ästhetik der Aktionen – Lebensschulung, 5. Ästhetik der Worte – Das Problem des Anfangs.*«

Brock definiert: »*Ästhetik als Lehre von der Bedingtheit unserer Wahrnehmungen und Urteile und der Verwendung dieser Urteile in der Kommunikation ist also Lehre von der Aufhebung dieser Bedingtheit insofern, als wir uns aus bloßem mechanischen oder zwanghaften Produzieren unbegründeter Urteile befreien können.*« Diese Aufklärungs- und Emanzipationsfunktion will die Ästhetik Brocks mit Hilfe von differenzierten Entautomatisierungsstrategien erreichen. Das freie Urteil ist jedoch nicht Selbstzweck: »*Die Urteilsbegründungen werden also nicht in normativer oder theoretischer Hinsicht gegeben, sondern als ein Instrument des Handelns.*« Damit ist ästhetisches Handeln von anderen Formen der gesellschaftlichen Praxis nicht mehr kategorial, sondern nur graduell verschieden; die neue Ästhetik löst sich von der Begründungspflicht bestimmter, im Medium der Kunst zu leistender Transport- und Illustrationsfunktionen weltanschaulicher Inhalte oder normativ vorgegebener Regeln (z. B. des »Schönen«) ebenso wie von der Rehabilitationsaufgabe dessen, was der neuzeitliche Rationalisierungsprozeß als »sinnlich«, »unvernünftig« oder »funktionslos« exkommuniziert hat. Für Brock geht es auch nicht darum, »formalavantgardistisch« einen Bereich des »aufblitzenden« ganz Anderen, des »schrecklich Erhabenen« oder des »verführerisch Geheimnisvollen« zu retten. Er hält diese Versuche, womit er gegen die ästhetischen Ansätze von Th. W. ADORNO, K. H. BOHRER und J. BAUDRILLARD polemisiert, für unwirksam oder irrational. Dementsprechend wird für Brock Kunst nicht mehr vom autonomen, den Sinnzusammenhang in sich tragenden Werk repräsentiert, das im Kult erhöht und zu Entlastungs- oder Kompensationszwecken dem einsamen Genuß freigegeben wird. Er funktionalisiert die Künste zu Produktionsmitteln, deren Bedeutung ihnen erst durch ihren Gebrauch zuwächst, etwa als Kulturtechnik zur Bewältigung der Lebenspraxis: »*Im Kulturbereich heißt das vor allem, die in Kunst, Musik, Literatur entwickelten Wahrnehmungsformen, Vergegenständlichungsformen, Inszenierungen von geschlossenen Handlungen in konstruierten Spielräumen, in die Alltagswelt zu übertragen.*« Diese Operationalisierung, Transformation und Übertragung erfolgt jedoch weder durch den Künstler selbst, der die Kunst als solche weiterentwickeln soll, noch unmittelbar durch die Aktivität des Rezipienten. Zwischen den Regionen der Künste, der fachwissenschaftlichen Disziplinen und dem massenkulturell geprägten Alltagsleben der einzelnen eröffnet sich eine Zone, in der die professionelle Vermittlung zwischen den angegebenen Bereichen geleistet werden soll. Der Abbau der Berührungsängste, die Weitergabe von Impulsen und Spezialkenntnissen, Techniken und Strategien zwischen den Bereichen erfordert den Beruf des Generalisten, zu dem allein eine im höchsten Maße kompetente und »*entfaltete Persönlichkeit*« berufen ist. Brock versteht sich selbst als ein solcher, die Tradition »*des platonischen Dialogführers, des Hofnarren des Mittelalters wie auch des uomo universale der italienischen Renaissance*« im Rahmen eines Projekts der Moderne weiterführender Kulturvermittler.

Durch die Wissenschaften gewinnt der Künstler an Problembewußtsein, umgekehrt kann der experimentierende Wissenschaftler auf künstlerische Verfahren zurückgreifen. Indem die Ästhetik so aus ihrer traditionellen Ohnmacht herausgeführt wird, ist sie zugleich ein Mittel der Abschaffung gesellschaftlicher Unfreiheiten. Die ästhetische Vermittlungspraxis soll die verhärteten Strukturen und Mechanismen des »*Konditionierungsgerüsts Umwelt*«, die Bedingtheiten unserer sozialen Wahrnehmung und die Einfallslosigkeit unserer Handlungsweisen veranschaulichen, analytisch und reflexiv verflüssigen und innovativ überwinden helfen.

Ein großer Teil der Faszination geht von den Passagen des Buches aus, in denen Brock darstellt, wie er sein Programm in konkreten Fallstudien und Environments realisiert hat. Ein solches entautomatisierendes Einholen der eigenen Lebensbedingungen ermöglicht den Erwerb und »verpflichtet« zum Entwurf eines individuell-autonomen Daseins und Designs, das sich die Kompromisse des demokratischen Zusammenlebens leisten kann, ohne emotional auf Übereinstimmung angewiesen oder Profilierungszwängen ausgeliefert zu sein. In ihrer Abweichungsfähigkeit und Differenzierungswilligkeit ist diese Form der Identität offen für das ihr Andere, Nichtidentische. Sie unterwirft sich nicht den gängigen Identitätseinhaltungszwängen, sondern mobilisiert »*in sich den Gedanken ans immer Andere, ans Ausgelassene, ans Fremde*«; sie ist vielfältig und doch zu einer Lebensgeschichte integrierbar, experimentierend, aber nicht ziellos; bei aller Sensibilität bleibt sie entscheidungsfähig. Ist dies erreicht, dann hat der Vermittler seine Aufgabe erfüllt. Sie lautet: »*Verhaltenssteuerung im Sinne einer* ›*Anleitung zu sich selbst*‹«. – Die Bedeutung der Arbeit Brocks liegt darin, daß hier begrifflich Konzepte entworfen werden, die Intentionen und Methoden der Avantgarde aufgreifen, mit dem Handlungsrepertoire der alteuropäischen Tradition vermitteln und ihre Visualisierung oder ihre Verwirklichung als Lebenskunst vorbereiten.     G.Hei.

AUSGABEN: Köln 1977.

LITERATUR: G. Jappe, Rez. (in Die ZEIT, 9. 9. 1977). – W. Rainer, Rez. (in Stuttgarter Ztg., 11. 10. 1977). – H. Heißenbüttel, Rez. (in Deutsche Zeitung – Christ und Welt, 14. 10. 1977). – P. Gorsen, Rez. (in FAZ, 17. 12. 1977). – G. Nabakowski, Rez. (in Vorwärts, 23. 2. 1978).

## BARTHOLD HEINRICH BROCKES

\* 22.9.1680 Hamburg
† 16.1.1747 Hamburg

LITERATUR ZUM AUTOR:
O. Janssen, *Naturempfindung und Naturgefühl bei B. H. B.*, Diss. Bonn 1907. – A. Schmidt, »*Nichts ist mir zu klein*« (in A. S., *Die Ritter vom Geist*, Stg. 1965, S. 57–89; ern. in A. S., *Nachrichten von Büchern und Menschen*, Ffm. 1971, S. 7–27; FiTb). – *B. H. B. Dichter und Ratsherr in Hamburg. Neue Forschungen zu Persönlichkeit und Wirkung*, Hg. H.-D. Loose, Hbg. 1980 [m. Bibliogr.]. – I. Knodt, *B. H. B. Ein Dichter der Frühaufklärung*, Koblenz 1981 [Ausst. Kat.]. – U.-K. Ketelsen, *B. H. B.* (in *Dt. Dichter des 17. Jh.s*, Hg. H. Steinhagen u. B. v. Wiese, Bln. 1984, S. 839–851).

**IRDISCHES VERGNÜGEN IN GOTT** bestehend in verschiedenen aus der Natur und Sitten-Lehre hergenommenen Gedichten

Gedichtsammlung von Barthold Heinrich BROCKES, erschienen in neun Bänden 1721–1748. – Das Werk des Hamburger Dichters umfaßt neun Teile, von denen einige neben den eigenen Gedichten auch Übersetzungen bringen: der erste Teil elf Fabeln von Antoine de LA MOTTE-HOUDART (1672–1731); der zweite moralisierende Prosastücke aus dem Englischen und Französischen; der dritte die umfangreiche *Übersetzung von Grund-Sätzen der Weltweisheit des Herrn Abts Genest*, im siebten Teil stehen Übersetzungen der *Night Thoughts* von YOUNG, der achte enthält im Anhang eine kleine Prosaerzählung von einem Schiffbrüchigen, der, auf eine paradiesische Insel verschlagen, die Weisheit Gottes in der Schöpfungsordnung erfährt. Der neunte Teil bringt im Anhang Aphorismen.

Durchgehender Grundzug der Sammlung, deren spätere Bände den Einfluß des *Essay on Man* von Alexander POPE und der *Seasons* von James THOMSON erkennen lassen (beides Werke, die Brockes übersetzt hatte), ist die Veranschaulichung und Verherrlichung der vollkommenen Schönheit und Zweckmäßigkeit der Natur und damit zugleich auch ihres Schöpfers; sinnenhaftes Aufnehmen der Dinge und ihre beschauliche Betrachtung ergeben einen »*vernünftigen und begreiflichen Gottesdienst*«: »*Wer also jederzeit mit fröhlichem Gemüt / In allen Dingen Gott als gegenwärtig sieht, / Wird sich, wenn Seel und Leib sich durch die Sinne freuen, / Dem großen Geber ja zu widerstreben scheuen.*« Gottes Existenz ist durch die Schöpfungsordnung bestätigt; Brockes erstrebt einen teleologischen Gottesbeweis mittels einer endlosen Reihe sich thematisch ständig wiederholender Gedichte: Ein naives Gottes- und Weltbild steht dahinter, geprägt von dem pietistisch-gläubigen Gefühl der Geborgenheit in der »besten aller Welten« und dem charakteristischen Optimismus der Aufklärungszeit, der die Akzente bei der Betrachtung der Natur vor allem auf deren Nutzen für den Menschen legte. Folgerichtig erscheinen Tugend und Glück als ethische Leitwerte, die durch rechte Lebensführung erwerbbar sind. Für den Menschen ist Selbstbescheidung die angemessene Haltung, und es ist nur »vernünftig«, sie angesichts der übewältigenden Größe des umgebenden Kosmos einzunehmen. Theodizee und Idylle umgrenzen demnach Absicht und Form des Werks.

Die einzelnen Gedichte nehmen einfache Naturbeobachtungen zum Ausgang für weitschweifige (oft über hundert Strophen lange) Reflexionen: *Frühe Knospen an einem Birnbaum, Gras, Dreyerley Violen, Die kleine Fliege, Wasser*; es finden sich Gedichte über den Tagesablauf, die Jahreszeiten und viele Neujahrsgedichte. Oft entzünden sich die Gedanken des Verfassers auch an den banalsten Dingen; Betrachtungen über den Schnupftabak etwa führen zu der Erkenntnis, daß auch der Mensch nur Staub

sei. Besonders in den späteren Gedichten verliert sich der Autor in heute kaum mehr nachvollziehbaren teleologischen Spitzfindigkeiten. Von Bedeutung für die Zeit jedoch war der neue Ansatz: die Hinwendung des Dichters zum unmittelbar Geschauten, zur sinnlich erfahrbaren Realität, die eine übersinnliche Offenbarung überflüssig erscheinen ließ. Trotz aller stilistischer Kuriositäten und Schnörkel gelingen Brockes in den ersten Teilen des Zyklus Schilderungen von bis dahin selten gekannter Anschaulichkeit: »*Es schien, als wär ein Schnee gefallen; / Ein jeder, auch der kleinste Ast / Trug gleichsam eine rechte Last / Von zierlich weißen runden Ballen. / Es ist kein Schwan so weiß, da nämlich jedes Blatt, / Indem daselbst des Mondes sanftes Licht / Selbst durch die zarten Blätter bricht, / Sogar den Schatten weiß und sonder Schwärze hat. / Unmöglich, dacht ich, kann auf Erden / Was weißers aufgefunden werden*« (*Kirschblüte bei Nacht*).
In dem Zyklus finden sich die verschiedensten Verstypen: monotone Reihungen achthebiger Langzeilen, meist paarweise gereimt; vierhebige Verse in zum Teil strophischer Gliederung; Alexandriner; *Sing-Gedichte* und dialogisch angelegte Strophen; einige Gedichte sind *Aria* oder *Arioso* überschrieben. – Das *Irdische Vergnügen in Gott* wurde in der ersten Hälfte des 18. Jh.s vielfach neu aufgelegt, vor allem die ersten Bände; 1738 erschien, von WILCKENS und HAGEDORN besorgt, eine Auswahl aus dem schier unübersehbaren Zyklus. M.Br.

AUSGABEN: Hbg. 1721–1748, 9 Tle. – Hbg. 1738 (*Auszug der vornehmsten Gedichte, aus dem von Herrn B. H. B. in fünf Teilen herausgegebenen Irdischen Vergnügen in Gott*, Hg. F. v. Hagedorn u. M. A. Wilckens; Lpzg. ²1763). – Zwickau 1824 [Ausw.]. – Braunschweig 1917 (*Der Schöpfungsgarten*, Hg. R. V. Delius; Ausw.). – Hannover 1920, Hg. W. Fraenger [Ausw.]. – Hbg. 1947 (*Spuren der Gottheit*, Hg. W. Krogmann; Ausw.). – Stg. 1965 [Faks. der Ausg. 1738; Nachw. D. Bode]. – Weimar 1975 [Ausw.; m.e. Essay v. E. Haufe]. – Hbg. 1982 Hg. u. Einl. G. Guntermann [Ausw.].

LITERATUR: F. v. Manikowski, *Die Welt- u. Lebensanschauung in dem »Irdischen Vergnügen in Gott« von B. H. B.*, Diss. Greifswald 1914. – H. W. Pfund, *Studien zu Wort u. Stil bei B.*, NY/Lancaster 1935. – F. Diamant, *Die Naturdichtung von Pope, B. u. Haller*, Diss. Wien 1937. – H. M. Wolff, *B.'s Religion* (in PMLA, 62, 1947, S. 1124–1152). – F. Löffelholz, *Wirklichkeitserlebnis u. Gottesvorstellung in B. H. B.s »Irdisches Vergnügen in Gott«*, Diss. Ffm. 1955. – I. Kupffer, *Das »Irdische Vergnügen in Gott« von B. H. B. Eine Untersuchung zu Wesen u. Entwicklung der Naturlyrik*, Diss. Göttingen 1956. – E. M. Friese Apitz, *The Poetic Development of B. H. B. in His »Irdisches Vergnügen in Gott«*, Diss. Johns Hopkins Univ. 1971. – H. P. Fry, *Aspects of Tradition in B. H. B. »Irdisches Vergnügen in Gott«, 1721*, Diss. Univ. of North Carolina at Chapel Hill 1975. – G. Guntermann, *B. H. B. »Irdisches Vergnügen in Gott« und die Geschichte seiner Rezeption in der deutschen Germanistik*, Bonn 1980.

## MAX BROD

\* 27.5.1884 Prag
† 20.12.1968 Tel Aviv

LITERATUR ZUM AUTOR:
K. Schümann, *M. B. Versuch einer Deutung* (in: Ders., *Im Bannkreis von Gesicht u. Wirken*, Mchn. 1959, S. 9–50). – *M. B. Ein Gedenkbuch. 1884–1968*, Tel Aviv 1969 [m. Bibliogr.]. – B. W. Wessling, *M. B. Ein Porträt*, Stg. u. a. 1969. – M. Pazi, *M. B. Werk u. Persönlichkeit*, Bonn 1970. – W. Kayser, H. Gronemeyer u. a., *M. B.*, Hbg. 1972. – M. B. *Streitbares Leben. Autobiographie 1884–1968*, Ffm. 1979. – A. M. Dorn, *Leiden als Gottesproblem im Werk von M. B.*, Diss. Mchn. 1979; ern. Freiburg u. a. 1981.

## TYCHO BRAHES WEG ZU GOTT

Roman von Max BROD, erschienen 1916. – Der als Wortführer des Prager Literaturkreises geltende Max Brod, Freund und Nachlaßverwalter Franz KAFKAS, führte in seinen historischen Romanen *Tycho Brahes Weg zu Gott, Reubeni, Fürst der Juden* (1925), und *Galilei in Gefangenschaft* (1948) die Tradition psychologisch-realistischer Erzählkunst fort.
Kaum ist KEPLERS erstes kosmographisches Werk *Prodromus* bekannt geworden, da bemüht sich Tycho Brahe – »*der Phönix der Astronomie*« – um die Freundschaft des jungen Gelehrten, der endlich seiner Einladung auf Schloß Benatek folgt. Die Auseinandersetzung zwischen den beiden »Riesengeistern« beginnt, eine Auseinandersetzung, die nicht nur persönliche Spannungen, die sich aus der Verschiedenheit der Charaktere ergeben, sondern auch die Polarität zweier Weltbilder, des alten ptolemäischen und des neuen kopernikanischen, widerspiegelt. Obwohl Tycho Brahe Kopernikus verehrt, kann er sich nicht so radikal wie Kepler von dem ptolemäischen Weltbild trennen. Kepler hingegen, als reiner Wissenschaftler lebensfern und gefühlskalt, zeigt kaum Verständnis für Tycho Brahes theologisches Problem, »*das Gesetz Gottes in all diesem Wust von irdischem Unglück zu erkennen und mich mit diesem Gesetz zu vereinigen*«. Darüber hinaus belasten Intrigen der Umwelt und familiäre Auseinandersetzungen das freundschaftliche Verhältnis der beiden Gelehrten. Ohne Groll entläßt Tycho Brahe den Schüler, dessen Berufung zu seinem Nachfolger er erfolgreich bei Kaiser Ru-

dolph II. betreibt, denn wichtig ist ihm nur die Suche nach der göttlichen Wahrheit. Nach seiner Übersiedlung nach Prag öffnet ihm der berühmte Rabbi Löwe die Augen für die göttlichen Weltgesetze. Dem vom Tode Gezeichneten offenbart sich die göttliche Wahrheit, das Ziel seines lebenslangen Suchens. In einer Vision des gestirnten Himmels erkennt Tycho Brahe den »*wahren Lauf der Sterne, der mehr war als astronomisches Wissen, nämlich eine offenbare Darstellung des göttlichen Gesetzes und der Weltordnung, ein höchster Zusammenhang, die begriffene Einheit des Geschaffenen, niedergelegt in flammenden Zeichen*«. Sein Weg zu Gott ist beendet, er stirbt im Bewußtsein der Vollendung seines Systems »*des wahrhaften theatrum astronomicum*«. Max Brod, der »*letzte Verteidiger der Seele*«, wie er sich selbst einmal nannte, stellt Kepler und Tycho Brahe nicht nur als authentische historische Individuen, sondern zugleich auch als Repräsentanten konträrer Weltbilder dar. Sinnlich und transparent gestaltet Brods Sprache Tychho Brahes barocke Gottessehnsucht und die geistige Landschaft Prags. Die beiden historischen Figuren agieren als »*symbolische Typen der Weltbetrachtung*« (Stefan Zweig); Brods Gottesbegriff als Inbegriff aller Vollkommenheit mit dem Anspruch an die Menschen, »*Gott beim Erschaffen des Guten zu helfen*«, an der Vollendung der Welt tätig mitzuschaffen, wie er in *Diesseits und Jenseits* (1947) und *Das Unzerstörbare* (1968) formuliert wird, findet hier eine frühe Gestaltung. Er ist der teleologische Fixpunkt dieses Romans einer »*diesseitigen Gottsuche*«, der die historisch-realistische Erzählebene transzendiert. C.P.S.

AUSGABEN: Lpzg. 1916. – Ffm. 1978 (Nachw. S. Zweig).

LITERATUR: P. Raabe, *Die frühen Werke M. B.s* (in Literatur u. Kritik, 67, H. 11, S. 39–49). – E. Rosen, *B.s Brahe: Facts vs fiction* (in Sudhoffs Archiv, 66, 1982, S. 70–78).

---

JOSEPH BRODSKY

eig. Iosif Aleksandrovič Brodskij

* 24.5.1940 Leningrad

LITERATUR ZUM AUTOR:
M. Nikoloč, *Dve poėmy I. B.* (in Delo, 1970, 16, S. 982–1002). – A.-M. Brumm, *The Muse in Exile: Conversations with the Russian Poet J. B.* (in Mosaic, 1974, 8, S. 229–246). – W. Kasack, *I. B.* (in Osteuropa, 1977, 3, S. 180–188). – H. Gifford, *The Language of Loneliness* (in Times Literary Supplement, 11. 8. 1978, S. 902-903). – J. E. Knox, *J. B.s Affinity with Osip Mandel'shtam.* *Cultural Links with the Past*, Diss. Univ. of Texas, Austin 1978 [enth. Bibliogr.]. – F. D. Reeve, *On J. B.* (in The American Poetry Review, 1981, 10, S. 36 f.). – *Poetika B.*, Hg. L. V. Losev, Tenafly 1986. – B. Ashoff, *Gespräch mit J. B.* (in Die Zeit, 30. 10. 1987). – H. Bienek, *Die Freiheit, wie ein Dichter zu leben. Über Leben und Schreiben des J. B.* (ebd.). – E. Wolffheim, »*Unser Allerheiligstes ist die Sprache.*« Zur Übergabe des Nobelpreises für Literatur an J. B. am 10. Dezember (in NZZ, 4. 12. 1987).

**DAS LYRISCHE WERK** (russ.) von JOSEPH BRODSKY.

»*Als einem virtuosen Erneuerer der poetischen Sprache*« wurde Brodsky 1987 der Nobelpreis für Literatur verliehen. Der russische Lyriker lebt seit 1972 im amerikanischen Exil und schreibt nunmehr in beiden Sprachen: neben Gedichten auf Russisch autobiographische Prosa, wie *Less than One* (1986; auszugsweise dt. Ü: *Erinnerungen an Leningrad*), in Englisch.

Brodsky war in der Sowjetunion als Lyriker nur über Manuskriptabschriften bekannt, seine metaphysisch geprägten Gedichte blieben unveröffentlicht. Er betätigte sich auch als Übersetzer polnischer, serbokroatischer und englischer Poesie. Seine Arbeit wurde 1964 von einem Leningrader Gericht als »Parasitentum« gebrandmarkt. Das Urteil in dem auf der Diffamierung staatlich nicht kontrollierter künstlerischer Arbeit aufgebauten Prozeß lautete auf fünf Jahre »Arbeitseinsatz« im weiten Nordosten der Sowjetunion. (Die Gerichtsverhandlung wurde im Westen bekannt durch die Mitschrift der Schriftstellerin Frida VIGDOROVA.) Auf internen – unter anderem setzten sich A. ACHMATOVA, K. PAUSTOVSKIJ und D. ŠOSTAKOVIČ für ihn ein – wie internationalen Protest hin wurde das Urteil nach eineinhalb Jahren aufgehoben; 1972 mußte Brodsky die Sowjetunion verlassen.

Brodsky schrieb keineswegs politische Lyrik, die Anstoß hätte erregen können, hatte aber auch nichts mit dem offiziell geforderten und geförderten sozialistischen Realismus gemein. Seine Lyrik ist von großer Sprachgewalt, er schreibt mit einem für ihn charakteristischen »*langen ›epischen‹ Atem*« (Holthusen), metaphernreich und formal sehr vielseitig. Seine großen Gedichtsammlungen erschienen, zum Teil schon vor seiner Exilierung, in den USA: *Stichotvorenija i poėmy*, 1965 *(Gedichte und Poeme)*, *Ostanovka v pustyne*, 1970 *(Haltestelle in der Wüste)*, *Konec prekrasnoj epochi*, 1977 *(Das Ende einer schönen Epoche)*, *Čast' reči*, 1977 *(Redeteil)*, *Rimskie elegii*, 1982 *(Römische Elegien)*, *Novye stansy k Avguste. Stichi k M. B. 1962–1982*, 1983 *(Neue Stanzen an Auguste. Gedichte für M. B. 1962–1982)*, *Urania*, 1987, *(Urania)*. Brodsyks ästhetisches Bekenntnis, daß Gedichte Erfahrungen seien, auch Erfahrungen mit dem Tod, formuliert er in der Federico GARCIA LORCA gewidmeten Definition der Poesie und sagt damit auch viel über seine Thematik aus: Brodskys Lyrik reflektiert über den Zustand der Welt. Die intensiv fragenden, den

Zweifel vor jede Antwort stellenden metaphysischen Gedichte setzen sich mit der Vergänglichkeit, der Ungeborgenheit des Menschen, der Funktion der Zeit auseinander. Immer stehen die Lebenden im Bann des Todes – auch dort, wo er in seinen Vorformen, der Trennung und dem Schlaf, erscheint. Selbst die Dinge gehören ihm an: Zerstört, zerborsten liegen sie ganz wörtlich als Ruinenstadt wie Königsberg (*Einem alten Architekten in Rom*, 1964; Originaltitel in Deutsch). Sie werden aber auch vorübergehend durch die Macht der dichterischen Sprache aus der Banalität ihrer Alltagserscheinungen gelöst, wie in *Bol'šaja elegija Džonu Donnu*, 1963 *(Große Elegie auf John Donne)*. Wenn der Tod die Stimme ihres Dichters, hier des englischen Metaphysikers John DONNE (1572–1631), zum Schweigen bringt, verlieren auch die Dinge ihre poetische Wertigkeit. Der Tod des Wortmächtigen bringt auch sein Werkmaterial – die Sprache – zum Verstummen: »*John Donne schlief ein. Es schlafen die Gedichte,/ und alle Bilder, Rhythmen, starke, schwache,/ sind unauffindbar. Laster, Sehnsucht, Sünden,/ sie ruhen lautlos gleich in ihren Silben./ Ein Vers ist zu dem andern wie ein Bruder/... Die Zeilen schlafen tief. Des Jambus strenge Wölbung./ Trochäen schlafen, wie die Wächter, links und rechts./... Alles schlief ein. Die Bücherstapel schlafen./ Die Wörterflüsse, zugedeckt vom Eise des Vergessens./ Es schlafen alle Reden, ihre ganze Wahrheit.*«

In dem Gedicht *Glagoly*, um 1962 *(Die Verben)*, geht Brodsky noch einen Schritt weiter. Die Gedichte, die Strophen, alles Geschriebene lösen sich in einzelne Wörter auf. Dabei fällt auf, daß Brodskys Sprache weitgehend auf Substantiven und Verben aufgebaut ist. Die Verben, das Rückgrat der Sprache, führen ein absolutes Eigenleben: »*Um mich scharen sich schweigsame Verben,/... hungrige Verben, nackte Verben,/ taube Verben, Hauptverben./... Jeden Morgen gehen sie an die Arbeit,/ mischen Zement, schleppen Steine herbei,/ sie bauen eine Stadt, doch es wird nie eine Stadt sein,/ sie bauen ein Denkmal ihrer Einsamkeit.*« Indem sich die Wörter ihm entziehen, entziehen sie dem Dichter auch seine bisherige Wirklichkeit. Sie lassen ihn sprachlos, es sei denn, er schriebe stammelnd, unter Verzicht auf die Syntax. Aber das Verstummen der Sprache leitet ihn an, eine erweiterte Realität zu sehen. Die Eindrücke, die, hungrig nach Gestaltung, über den Dichter herstürzen, kosten ihn seine Lebenskraft, wenn er nicht mehr fähig ist, kreativ mit ihnen umzugehen. Er kann nur schöpferisch sein, wenn die Sprache an Ich und Welt gebunden bleibt. Isoliert von seinen Wörtern, mithin seiner Sprache, bleibt der Dichter in seinem Verhältnis zur Welt deutlich verunsichert zurück.

Schon in den Gedichten der sechziger Jahre, etwa *Byl černyj nebosvod...*, 1964 *(Wir sahen damals abends dieses Roß...)*, *Einem alten Architekten in Rom* (1964), *Stichi na smert' T. S. Eliota*, 1965 *(Verse auf den Tod T. S. Eliots)*, oder *Ostanovka v pustyne*, 1966 *(Haltestelle in der Wüste)*, finden sich die Schlüsselwörter, die den Zugang zu Brodskys Lyrik öffnen: Trennung, Schlaf, Nacht, Dunkelheit, Schwärze, Kälte, Einsamkeit, Wehmut, Trübsal, Öde. Sie alle führen auf das eine hin: Tod. Ihnen stehen nur wenige »helle« Wörter gegenüber: Lampe, Licht, (heimatlicher) Herd, Vögel und Falter. Die »dunklen« Wörter bleiben am ehesten in der Naturlyrik ausgespart.

Groß ist Brodskys Fundus an Bildern. Für die metaphorische Umschreibung beispielsweise des Todes bedient er sich eines anscheinend unausschöpflichen Vorrats. Der Tod ist nicht nur »*jener Bursche, der mit langer Sense geht*« (*Cholmy*, 1970 – *Die Hügel*), auch als »*Frau Tod*« tritt er auf *(Stichi na smert' T. S. Eliota)*; es gibt nichts, das ihn nicht im Kern enthielte: »*Der Tod ist in jedem Worte,/ im Schößling, in Dotter und Brot...*« (*Cholmy*). Eines der schönsten Bilder für den Tod findet Brodsky im Gleichnis des schwarzen Pferdes *(Byl černyj nebosvod...)*. Wie ein moderner Maler (in den *Rimskie elegii – Römische Elegien*, Nr. XI, bezieht er sich auf den russischen Maler Kasimir Malevič und dessen »*Weißes Quadrat auf weißem Grund*«) sucht der Dichter als Gleichnis des Todes alle Nuancen von Schwarz auszuloten. Das schwarze Roß ist das Nichts. Es ängstigt die Menschen an der Geborgenheit des Lagerfeuers, weil es einen Reiter sucht und einen von ihnen in sein Nichts, das heißt in den Tod, hineinziehen will. Das Nichts aber ist jener Ort, an dem Trauer, Melancholie und Glaube nicht mehr gelten.

Brodsky setzt oft auf die Rezeption der Antike und des Christentums durch die Moderne. Die Anverwandlung und Umformung zeitloser Thematik finden sich beispielsweise in der metaphysischen Versdichtung *Isaak i Avraam*, 1965 *(Isaak und Abraham)*, oder in *Enej i Didona* (später *Didona i Enej* 1969 – *Aeneas und Dido*). Hinter *Odyssej Telemaky*, 1972 *(Odysseus an Telemach)*, stehen, gebrochen durch den Hinweis auf FREUDS Ödipuskomplex-Theorie, die traditionellen Ratschläge eines Vaters an seinen Sohn, einem in der *Bibel* wie in der Spätantike beliebten Topos. Auch mit direkten und indirekten Zitaten spielt Brodsky vielfach. Er verweist nicht nur auf die russische Literatur (zum Beispiel auf PUŠKIN und PASTERNAK, Achmatova und MANDEL'ŠTAM). Auch GOETHE, LENAU, DANTE werden zitiert, vor allem aber die englischsprachigen metaphysischen Dichter wie DONNE, BLAKE, KYNASTON, ELIOT, AUDEN und Wallace STEVENS, dem er in *Einem alten Architekten in Rom* mit der Anspielung auf dessen *To an Old Philosopher in Rome* huldigt. Brodsky bezeichnet sich selbst als »*Architekturfetischisten*«, entsprechend gern beschreibt er Interieurs und architektonische Details, die zugleich eine Hommage sind an Städte, die er liebt, wie Venedig, Florenz, Rom.

Die Vielfalt traditioneller poetischer Formen beherrscht er souverän: Sonnett, Stanze, Elegie, Romanze, Ballade. *Bol'šaja elegija Džonu Donnu* ist in vierzeiligen gereimten Jamben, *Plač* (*Die Wehklage* aus dem Zyklus *Šestvie – Prozession*) in gereimten Trochäen geschrieben; Anapäst *(Posvjaščenie Gleby Gorbovskomy – Zueignung an Gleb Gorbovskij)* und Daktylos stehen ihm gleichfalls zu Gebote. In *Mek-*

*sikanskij divertisment (Mexikanisches Divertimento)* adaptiert er spanische Versformen. Gleichermaßen finden sich strophen- und reimlose Gedichte, wobei vielfach das Enjambement bevorzugt wird. Auch direkte und indirekte Rede, sogar als Frage und Antwort, sind Bauformen seiner Lyrik. Mit dem Stilmittel der poetischen Montage stellt Brodsky durch mehrere, scheinbar willkürlich untereinandergesetzte Bilder Analogien her, die aus Träumen stammen könnten, so unreal, beinah bizarr wirken sie. Die Montage so disparater Dinge aber vermittelt ein Bild von der Widersprüchlichkeit des Lebens. Der Erfahrenswert solcher Zeilen und Strophen dominiert, auch dort, wo rationale Zusammenhänge scheinbar nicht auszumachen sind. G.Wi.

AUSGABEN: *Stichotvorenija i poèmy*, NY 1965. – *Ostanovka v pustyne*, NY 1970. – *Konec prekrasnoj epochi*, Ann Arbor 1977. – *Čast' reči*, Ann Arbor 1977. – *Rimskie elegii*, NY 1982. – *Novye stansy k Avguste. Stichi k M. B. 1962–1982*, Ann Arbor 1983. – *Mramor*, Ann Arbor 1984. – *Urania*, Ann Arbor 1987.

ÜBERSETZUNGEN: *Ausgewählte Gedichte*, H. Ost u. A. Kaempfe, Esslingen 1966; ern. Ffm. 1987 (u. d. T. *Gedichte*; FiTb). – *Jalta gewidmet*, J. Masner (in Kontinent, 1976, 4). – *Wiegenlied vom Kabeljau-Kap*, G. v. Olsowsky (in Kontinent, 1976, 5). – *Teil einer Rede – Lyrischer Zyklus. Litauisches Divertimento*, N. N. (in Kontinent, 1977, 6). – *In England. Briefe aus der Ming-Dynastie. Plato weiterführend*, G. v. Olsowsky (in Kontinent, 1977, 8). – *Einem alten Architekten in Rom*, K. Dedecius u. a., Mchn. 1978; ern. 1986 (Slg. Piper). – *Römische Elegien*, F. Ph. Ingold, Mchn. 1985.

## OSTANOVKA V PUSTYNE

(russ.; *Haltestelle in der Wüste*). Gedichte und Poeme von Joseph BRODSKY, erschienen 1970. – Der Sammelband mit einundsiebzig Gedichten und Poemen aus den Jahren 1961–1969 ist in sechs ungleich lange Teile gegliedert. Dem Band sind vier Übersetzungen Brodskys von Gedichten John DONNES beigefügt.
Allein die Titel – jeder dritte entspricht dem unmittelbaren Textbeginn – deuten auf weite thematische Vielfalt. Die ersten drei Abschnitte des Bandes mit den Titeln *Hügel, Anno Domini, Die Fontäne* sind den kleineren lyrischen Gattungen gewidmet. Im vierten Teil, *Poeme*, findet sich das Gedicht, das der ganzen Sammlung den Titel gibt: *Haltestelle in der Wüste*. Besonders im umfangreichen, durch ständige Gesprächssituationen dramatisierten Poem *Gorbunov und Gorčakov* (Teil 5; vierzehn Abschnitte mit jeweils zehn zehnsilbigen Zehnzeilern) fügt Brodsky auch äußere, zeitgenössische Wirklichkeit ein, nähert sich aber nie der üblichen Einlinigkeit des sozialistischen Realismus. Politische Aussagen fehlen fast völlig. (So ist der von der Staatsanwaltschaft während der Gerichtsverhandlung im Februar 1964 erhobene Vorwurf, Brodskys Verse seien prononciert »*antisowjetisch wie auch pornographisch*« zumindest aus diesem Sammelband nicht zu belegen.) Ebensowenig findet man reine Natur- und Liebeslyrik.
Die tiefgründigen, oft schwer faßbaren Inhalte offenbaren weitreichende Kenntnisse verschiedener Kulturbereiche; der angelsächsischen Poesie, der *Bibel*, der antiken und mittelalterlichen Literatur, des europäischen Symbolismus. Doch weder in der frühen romantisch-elegischen Stimmung (*Weihnachtsromanze*, 1962) noch im religiös-metaphysischen (*Isaak und Abraham*, 1963; *Verse auf den Tod T. S. Eliots*, 1965) oder pragmatisch-philosophischen Gehalt (*Weissagung*, 1965; *Haltestelle in der Wüste*, 1966) Brodyscher Gedichte zeigt sich eine deutliche Abhängigkeit von Vorbildern. Schon die ausgesuchte, anspruchsvolle Lexik bekundet Streben nach Originalität. Beim Versuch einer Charakteristik drängen sich Leitwörter, iterierende Bilder und Symbole auf: Schwermut, Sehnsucht (*toska*), Fremdheit, Einsamkeit; Schatten (*ten'*), Trugbild, Erscheinung (*prizrak*). Auch die häufig begegnenden Begriffe *cholmy* (Hügel) und *skakat'* (springen) beleben die überwiegend elegisch-getragene Grundstimmung nur wenig, stehen doch »schwarz« (häufigste Farbbezeichnung), »Dunkelheit«, »Tod« und – atmosphärisch vorherrschend – »kalter Regen« oft in unmittelbarer Nähe (vgl. *Du springst in die Finsternis...*, 1962).
Von EVTUŠENKOS Sturm und Drang ist hier nichts zu spüren. Eine Vielzahl von Vergleichsformen bestimmt die Länge der meist zögernd-verhalten, gelegentlich zähflüssig sich reihenden Verse. Neben traditionellen Metren finden sich rhythmisch-originelle Versuche mit ungleichsilbigen, vielfüßigen Zeilen bei im allgemeinen genau eingehaltenem, gelegentlich recht abwechslungsreichem Reimschema. Das makkaronistische Poem *Zwei Stunden im Reservoir* (1965) mit seinen deutsch-russischen Form- und Wortspielen ist hierfür ein Beispiel.
In vielleicht bewußter Abgrenzung gegen die Formexperimente zeitgenössischer Lyriker entspricht die überwiegend konventionelle formale Gestaltung der seriösen inhaltlichen Harmonie unter dem Motto des Sammelbandes (vom Herausgeber eingefügt?):

»*... Men must endure
Their going hence, even as their coming hither.
Ripeness ist all.*«
(*King Lear*, 5,2)

Die zukunftsoffenen Standortfragen in den Schlußversen des Titelpoems weisen nur scheinbar über SHAKESPEARES Reifeforderung hinaus – produktive Lebensweisheit oder resignierende Schicksalsergebenheit? –:

»*... Wohin sind wir geraten?
... Was liegt dort vor uns?
Wartet auf uns nun nicht eine andere Epoche?
Und wenn's so ist, worin liegt unsere gemeinsame Pflicht?
Und was müssen wir ihr opfern?*«

In der Sowjetunion sind Brodskys Dichtungen bis auf sehr wenige Ausnahmen in literarischen Almanachen und Selbstdruckausgaben nicht erschienen.
K L L

Ausgabe: NY 1970.

Übersetzung: *Haltestelle in der Wüste*, S. List (Ausw. in *Einem alten Architekten in Rom*, Mchn. 1978).

Literatur: F. P. Künzel, Rez. (in SZ, 15. 6. 1973). – C. Proffer, *A Stop in the Madhouse: B.s Gorbunov i Gorćakov* (in Russian Literature Triquarterly, 1971, 1, S. 342–351). – R. D. Sylvester, *The Poem as Scapegoat: An Introduction to J. B.'s »Halt in the Wilderness«* (in Texas Studies in Literature and Language, 1975, 17, S. 303–325).

## SÁNDOR BRODY

\* 23.7.1863 Eger
† 12.8.1924 Budapest

Literatur zum Autor:
A. Földes, *B. S.*, Budapest 1964. – F. Juhász, *B. S.*, Budapest 1971. – I. Sőtér, *B. S.* (in I. S., Félkör, Budapest 1979, S. 576–589). – A. Laczkó, *B. S. alkotási és vallomásai tükrében*, Budapest 1982.

### A DADA

(ung.; *Ü: Die Amme*). Drama in drei Akten von Sándor Bródy, Uraufführung: Budapest, 19. 1. 1902, Vigszínház. – Dieses naturalistische, von der melodramatischen Handlung her jedoch noch recht schauerlich-romantisch anmutende Drama erregte großes Aufsehen, da es auf der Bühne in drastischer Offenheit Verhältnisse zeigte, die in Ungarn vor Bródy noch kein Autor dargestellt hatte (so mußte die Hauptdarstellerin der Uraufführung erst einmal in ein ungarisches Dorf fahren, um sich eine Vorstellung von ihrer Rolle zu verschaffen). – Die Handlung nimmt im Haus eines armen ungarischen Bauern ihren Anfang. Das blutjunge Bauernmädchen Erzsébet wird von seinem Stiefvater gequält, weil es ein uneheliches Kind bekommen hat. Der Verführer, der Offizier Viktor Nagy, kann und will sich nicht um Erzsébet kümmern. Da sie aber ihrer Schande wegen nicht länger im Dorf leben kann, bringt Nagy sie als Amme bei einer Advokatenfamilie in Budapest unter; was sie verdient, muß sie ihrem Stiefvater abliefern. Das Kind, das Erzsébet betreuen soll, stammt, wie sie bald erfährt, aus Viktors Verhältnis mit der Frau des Advokaten, der diese Liaison duldet. Als der Advokat, den Erzsébet noch für ehrlich gehalten hatte, ihre Liebe kaufen will, wird sie von seiner Frau hinaus in die Winternacht gejagt. Verzweifelt sucht sie in einem Dienstbotenquartier ein Unterkommen, wird aber auch von dem Mann der Quartiergeberin, einem Polizisten, belästigt. Obwohl Péter, ein junger Mann aus ihrem Heimatdorf, der sie liebt und sie heiraten möchte, ihr Schutz bieten könnte, erträgt sie das Leben nicht länger; sie nimmt Gift und stirbt. An ihrem Totenbett versammeln sich die für diese Tragödie Verantwortlichen, denen Péter haßerfüllt zuruft: »*Das Verderben ist in eurer Art und das Gift der Sünde in eurer Moral ... Ihr seid die selbstherrlichen Reichen, nicht einmal Bösewichter.*« Die pathetisch düstere Atmosphäre, die allen Szenen dieses Stücks eigen ist, verfehlte zwar ihre Schockwirkung auf die Zuschauer nicht, doch war dies wohl mehr ein Überraschungseffekt. Bródys Sozialkritik ist nicht fundiert und durchdringt an keiner Stelle die Oberfläche. Bühneneffekte, die eher unbeholfen wirken, verflachen die Thematik; die Sprache wirkt steif, der Dialog gekünstelt. Trotzdem konnte das Stück – auch nach Móricz' *Sárarany (Gold im Kote)* und dem technisch perfekten *Liliom* Molnárs – bei seiner Wiederaufführung im Jahre 1918 ein revolutionäres Ereignis werden.
T.P.I.

Ausgaben: Budapest o. J. [1902] (in Müvei, Bd. 9). – Budapest 1917. – Budapest 1957 (in *Válogatott szinmüvek*, Hg. Geréb Brodyné). – Budapest 1964 (in *Szinház. Drámák*).

Übersetzung: *Die Amme*, anon., Lpzg. o. J. [ca. 1904].

Literatur: F. Herczeg, *B. S. szinpadi sikere* (in Új Idök, Budapest 1902). – Anon., *A dada* (in Hét, Budapest 1902). – Anon., *A dada* (in Nyugat, Budapest 1908). – V. Deák, *B. S. drámái* (in Magyar Kultúra, Budapest 1915). – A. Schöpflin, *A magyar irodalom története a XX, században*, Budapest 1937. – P. Nagy, *B. S.*, (in P. N., *Drámai arcélek*, Budapest 1978, S. 7–39).

## KAZIMIERZ BRODZIŃSKI

\* 8.3.1791 Królówka bei Bochnia
† 10.10.1835 Dresden

### O KLASYCZNOŚCI I ROMANTYCZNOŚCI, TUDZIEŻ O DUCHU POEZJI POLSKIEJ

(poln.; *Über Klassizismus und Romantik sowie über den Geist der polnischen Dichtung*). Literaturtheoretische Abhandlung von Kazimierz Brodziński, erschienen 1818. – Nachdem Mme. de Staëls Schrift *De l'Allemagne*, 1810 *(Über Deutschland)*, das polnische Interesse für die deutsche Romantik geweckt hatte, erschienen in Polen in zunehmender Zahl Abhandlungen, die sich gegen die klassizistische Ästhetik und damit gegen die am französischen Vorbild orientierte, inhaltlose, stilistisch uniforme, höfischer Kultur nachempfundene klassizistische Dichtung richteten. Den Höhepunkt der Abrechnung mit dem Klassizismus bildet die literaturtheoretische Programmschrift Brodzińskis, die für die moderne polnische Literaturwissenschaft das Ende der Epoche der Aufklärung und des Klassizismus und den Beginn der polnischen Romantik markiert. Die Abhandlung löste eine lang andauernde literarische Polemik aus und hatte zur Folge, daß in Wilna die Romantik zur maßgeblichen Richtung der polnischen Literatur proklamiert wurde.

Brodzińskis Ausführungen basieren auf der gründlichen Kenntnis der klassischen Antike sowie der französischen und deutschen Literatur, vor allem GOETHES. Der Autor stützt sich in erster Linie auf die theoretischen Schriften HERDERS und der Brüder SCHLEGEL, die es ihm ermöglichen, grundlegende Phänomene der Weltliteratur zu behandeln. Außerdem sieht Brodziński seine These von der Relativität klassizistischer Maßstäbe bestätigt, für die ihm Literaturen wie die altindische oder die hebräische den Beweis liefern. Brodziński, der selbst Nachdichtungen serbischer, schottischer, skandinavischer und orientalischer Volkslieder verfaßte, vertrat die Ansicht, daß wahre Originalität allein in der Volksdichtung zu finden sei. Er ermunterte die Dichter seiner Zeit, in ihren Werken Geschichte und Gegenwart des eigenen Volkes vorrangig zu behandeln. Seines Erachtens verbürgen nicht »*klassische Schloßruinen und felsige Schluchten, sondern wogende Getreidefelder des eigenen Landes, die Ziegelbauten seiner Städte, die Psalmen seiner Priester*« die Originalität der polnischen Literatur. Diese Konzeption führt in Brodzińskis eigenem Werk zu einer elegischen, von ländlichen und patriotischen Motiven geprägten Dichtung (vor allen *Wiesław*, 1820), die er dem aufklärerischen Klassizismus eines KOŹMIAN als überlegen, weil romantisch und volksnah, gegenüberstellt. »Romantisch« ist für diesen Vorläufer und Bahnbrecher der polnischen Romantik alles Naive, Ursprüngliche, Unverfälschte und Enthusiastische, »klassisch« dagegen alles Berechnete, Verstandesmäßige, nur auf die künstlerische Form Abzielende. Während der Klassizismus von einheitlichen, für alle Völker gleichermaßen gültigen Regeln ausgeht, betont Brodziński – wie Herder, die Brüder Schlegel und Mme. de Staël –, daß jedes Volk in jeder Epoche seiner Entwicklung eine eigene Kunst hervorbringt: »*In der Dichtung spiegelt sich jedes Jahrhundert und jedes Volk!*« Er fordert, nicht die Franzosen und Deutschen nachzuahmen, sondern eine spezifisch polnische Literatur zu schaffen: »*Wir wollen kein Echo des Auslands sein ... wir werden dorthin gehen, wohin uns das Heimische führt ...*« Dennoch sucht Brodziński den totalen Bruch mit dem Klassizismus zu vermeiden. Sein vermittelnder Standpunkt tritt namentlich in seinen späteren Arbeiten zutage, die die Forderung nach einer eigenständigen polnischen Literatur erheben, deren Inhalt romantisch, deren Form aber klassizistisch sein soll (*O wdzięku naturalności*, 1819 – *Vom Reiz des Natürlichen*; *Listy o literaturze polskiej*, 1820 – *Briefe über polnische Literatur*; *O krytyce*, 1830 – *Über Kritik*; *O egzaltacji i entuzjaźmie*, 1830 – *Über Exaltation und Enthusiasmus*). Dieser Kompromiß stellte weder die Anhänger der Romantik noch die der Gegenseite zufrieden. Die Jugend warf Brodziński »*unerträglichen Opportunismus*« vor, während Jan ŚNIADECKI, der Wortführer der Klassizisten, im ›Wilnaer Tageblatt‹ eine heftige Polemik gegen Brodziński führte und dessen Schriften als »*Umsturzversuch im eigenen Lager*« kritisierte. Hatte Brodziński – er selber bezeichnete sich als »*das bescheidene Glöcklein einer Dorfkirche, welches nur das eine Verdienst besitzt, daß es am frühesten vor dem ersten Tagesschimmer die Literatur zur Morgenandacht weckt*« – der polnischen romantischen Literatur zum ersten Durchbruch verholfen, so gelang Adam MICKIEWICZ mit der programmatischen Ballade *Romantyczność*, 1822 (*Romantik*), und MOCHNACKI mit seinen literaturtheoretischen Artikeln und Manifesten wenig später die entscheidende Wende. Beide schlossen sich weitgehend den Thesen Brodzińskis an, setzten jedoch durch die Betonung historischer, politischer und sozialer Implikationen radikalere Akzente und lenkten die romantische Dichtung durch die Verbindung mit dem nationalen Befreiungskampf in eine entschieden revolutionäre Richtung.   M.D.

AUSGABEN: Warschau 1818 (im Pamiętnik Warszawski, Bd. 10/11). – Lemberg 1818/19 (in Rozmaitości, 1818, Nr. 15, 18, 21; 1819, Nr. 13, 15/6, 23/4, 26, 28, 31). – Wilna 1842 (in *Dzieła*, Hg. C. D. Chodźko, 10 Bde., 1842–1844, 5). – Posen 1873 (in *Pisma*, Hg. J. I. Kraszewski, 8 Bde., 1872–1874, 3). – Warschau 1934 (in *Pisma zebrane*, 2 Bde., 1). – Breslau 1964 (in *Dzieła*, Hg. S. Pigoń).

LITERATUR: A. Chlebowska, *O życiu i pismach K. B.*, Warschau 1898; [2]1913. – B. Gubrynowicz, *K. B. Życie i dzieła, I (1791–1821)*, Lemberg 1917. – Z. Ciechanowska, *Materiały i notatki do twórczości K. B.* (in Zeszyty Nauk. Uniw. Jagiel., Nr. 5, Filologia H. 1, 1955). – Z. J. Nowak, *Nad pismami estetycznokrytycznymi K. B.* (in Sprawozdania z posiedzeń PAN, Oddz. w Krakowie, 1962, H. 1). – C. Z. Zgorzelski, *Ze studiów nad tekstami B.* (in Pamiętnik Literacki, 49, 1958, 3). – R. Skręt, *K. B. jako historyk literatury*, Warschau 1962. – Z. Libera, *K. B.* (in *Z dziejów polonistyki warszawskiej*, Warschau 1964). – A. Witkowska, *K. B.*, Warschau 1968. – A. Siomkajłówna, *O filozofii epigramatów K. B.* (in Pamiętnik Literacki, 64, 1973, H. 4, S. 69–93). – M. Jakóbiec-Semkowowa, *K. B. i słowiańska pieśń ludowa*, Warschau 1975. – M. Adamik u. a., *Recepcja literatury niemieckiej u K. B.*, Breslau 1979. – I. Bittner, *B. – historiozof*, Breslau 1981.

| REINDER BROLSMA |
|---|

\* 23.5.1882 Stiens
† 23.11.1953 Leeuwarden

## GROUN EN MINSKEN

(westfries.; *Boden und Menschen*). Roman von Reinder BROLSMA, erschienen 1940. – Biedere Eheleute haben einen kleinen Bauernhof erworben, den sie in aufopfernder Arbeit zu vergrößern suchen. So genügsam, fleißig und gottergeben wie sie selbst scheint auch ihr Sohn Daniel, die Hauptfigur des Romans; doch als er durch ein Los ein schönes Pferd gewinnt, muß – so glauben die Eltern – der Teufel in ihn gefahren sein. Anstatt mit den Eltern am Sonntag zur Kirche zu fahren, beschäftigt er sich nur noch mit dem Pferd, das er um keinen Preis der Welt verkaufen will. Nach des Vaters Tod übernimmt er den Hof und gibt als mitleidloser Herr, der das Geld, das die armen Kätner dem Verstorbenen schuldeten, durch den Gerichtsvollzieher eintreiben läßt. Seine junge Frau muß wie ein Knecht arbeiten, nicht anders die heranwachsenden Töchter, die schon bald eine Stellung fern vom Elternhaus suchen. Sein Sohn, der dem Vater nacheifert, wird in keiner Weise geschont, bis er nach einer schweren Erkältung stirbt. Dem Glauben der Kindheit entfremdet, verwehrt Daniel einem frommen Nachbarn, bei dem Sterbenden zu beten, und läßt auch keinen Geistlichen beim Begräbnis zu. Seine Frau hält es in dem öde gewordenen Haus, in dem der Name des Toten nicht genannt werden darf, nicht länger aus und sucht sich eine Stellung in der Stadt. Erst jetzt fragt sich Daniel, wie er denn eigentlich gelebt habe: als Mensch oder als wildes Tier?
In diesem stärksten und zugleich düstersten seiner Romane zeigt sich Bolsma als äußerst genauer Beobachter des Bauernlebens. Selbst Nebenfiguren treten scharf umrissen hervor, und in ihrer kleinen Welt, in der die einfachen Landleute verbissen oder gelassen um die nackte Existenz oder um das Glück eines geringen Besitztums kämpfen, wird auch noch das Alltägliche und anscheinend Belanglose durch die Erzählkunst des Autors zum bedeutungsvollen Ereignis. Y.P.

AUSGABE: Snits 1940; ³1943.

LITERATUR: J. Piebenga (in It Heitelân, 1941, S. 82/83). – S. van der Schaaf, *B., folksskriuwer nije styl* (ebd., 1952, S. 96–98). – A. Wadman, *Kritysk konfoai*, Drachten 1951, S. 72–81. – E. B. Folkertsma, *B. mids syn. folk* (in De Tsjerne, 1953, S. 378–381). – J. Piebenga, *Koarte skiednis fan de Fryske skriftekennisse*, Drachten ²1957, S. 214–218. – G. fan der Maer, »*Groen en minsken*« (in Troetwaer, 1981, Nr. 1). – Ders., *De skriuwer B. en syn* »*Groun en minsken*« (in Miscellania Frisica, Hg. N. R. Århammar u.a., Assen 1984, S. 447–456). –

Tr. Riemersma, *Proza van het platteland. Een onderzoek naar normen en waarden in het grotere proza van 1855–1945*, Bolsward 1984.

| RICHARD BROME |
|---|

\* um 1590
† 1652 London (?)

LITERATUR ZUM AUTOR:
H. F. Allen, *A Study of the Comedies of R. B., Especially as Representative of Dramatic Decadence*, Diss. Stanford 1912. – C. E. Andrews, *R. B. A Study of His Life and Works*, New Haven 1913. – J. L. Davis, *R. B.'s Neglected Contribution to Comic Theory* (in StPh, 40, 1943, S. 520–528). – E. Cook, *The Plays of R. B.* (in Bulletin Boston Public Library, 22, 1947, S. 285–301). – R. H. Jefferson, *Some Aspects of R. B.'s Comedies of Manners. A Reinterpretation*, Diss. Univ. of Wisconsin 1955. – R. J. Kaufmann, *R. B., Caroline Playwright*, NY 1961. – R. W. Ingram, *The Musical Art of R. B.'s Comedies* (in Renaissance Drama, 7, 1976, S. 219–252). – C. M. Shaw, *R. B.*, Boston 1980 (TEAS).

## THE CITY WIT, OR THE WOMAN WEARS THE BREECHES

(engl.; *Der Klügste in der Stadt oder Die Frau hat die Hosen an*). Komödie in fünf Akten von Richard BROME, Uraufführung: 1628; erschienen 1653. – Das Stück ist offensichtlich unter dem Einfluß von Ben JONSONS *comedies of humours* entstanden, in denen menschliche Charaktereigenschaften personifiziert – als *humours* – auf der Bühne erscheinen, weist aber auch Merkmale der *comedy of manners* (Sittenkomödie) auf, die sich allerdings erst zur Zeit der Restauration voll entfalten sollte. In Bromes anspruchsloser kleiner Komödie geht es eher um lose miteinander verknüpfte drollige Verwechslungen als um eine folgerichtig entwickelte Intrige. Der Kaufmann Crasy, dem Verwandte und Freunde erst das Geld aus der Tasche gestohlen haben und den sie dann schnöde fallenlassen und auch noch verspotten, beschließt, sich an jedem einzelnen von ihnen zu rächen. Unter verschiedenen raffinierten Verkleidungen rechnet er mit den Parasiten ab. In der Maske eines lahmen, doch wild mit dem Säbel drohenden Soldaten, leert er die Taschen des feigen, ständig in lateinischen Zitaten schwelgenden Schulmeisters Sarpego. Seiner eigenen Frau Josina, einer widerspenstigen Schönen, die es mit der ehelichen Treue nicht sehr genau nimmt, stellt er sich als berühmter Arzt vor und verspricht, ihren Reizen zu ewiger Dauer zu verhelfen. Als Höfling Holywater nimmt er seiner gerissenen, rechthaberischen Schwiegermutter, Mrs. Sneakup, die ihm einst gestohlenen Juwelen wieder ab. Crasys Lehrling Jeremy verkleidet sich als junge Witwe, der Toby Sneakup, Josinas Bruder, nichtsahnend den Hof macht, wobei er reichlich Geld und Geschenke herbeischaffen muß. Tobys Hochzeit mit der angeblichen Witwe ist die Krönung des Rachewerks. Nun rechnet Crasy, wieder im Besitz seines Reichtums, in seiner wahren Gestalt mit jedem einzelnen ab, und die »Braut« gibt sich als Mann zu erkennen (daher der Untertitel der Komödie). Schließlich verzeiht der kluge Crasy seiner Frau, die selbstverständlich behauptet, ihn in allen Verkleidungen erkannt zu haben.

Dem Stück sind ein konventioneller Prolog (aus Lyrik und Prosa gemischt) und ein Epilog von zwölf Zeilen (jambische Tetrameter) beigefügt. Die Sprache ist derb, die Anspielungen sind oft vulgär. Die cholerische, keifende Schwiegermutter und der strohdumme alte Sneakup sind neben dem Lateinverehrer Sarpego die gelungensten »*humours*«. R.B.

Ausgaben: Ldn. 1653 (in *Five New Playes*, Hg. A. Brome). – Ldn. 1873 (in *The Dramatic Works*, Hg. I. Pearson, Bd. 1). – Boston 1947 (in *Plays*).


A JOVIALL CREW, or The Merry Beggars

(engl.; *Ein ausgelassenes Völkchen oder Die fröhlichen Bettler*). Komödie von Richard Brome, Uraufführung: London 1641, Cock-pit in Drury Lane. – Im Vorwort zu dieser Bettlerkomödie, dem letzten Stück des Autors und dem letzten, das vor der Schließung der Londoner Theater durch die Cromwell-Regierung aufgeführt wurde, begegnet Brome der bitteren Erkenntnis, daß er, wie die meisten Literaten seiner Zeit, von einem reichen Mäzen abhängig war, mit Humor: »*Da die Zeitläufte dafür sorgen, daß wir alle zu Bettlern werden, wollen wir selbst dafür sorgen, daß wir fröhlich sind.*« Seine intrigenreiche Komödie, deren burlesker Charakter von Lied- und Tanzeinlagen unterstrichen wird, exemplifiziert diese Einstellung. Seit er die Prophezeiung einer Zigeunerin vernommen hat, lebt der reiche, gutherzige Landedelmann Oldrents in dem Wahn, seine Töchter Rachel und Meriel müßten einst in Armut sterben. Während ihm diese Vorstellung die »*schwarze Galle*« hochtreibt und ihn zum Melancholiker macht, genießt sein junger, freiheitsliebender Verwalter Springlove Jahr für Jahr, wenn es Frühling wird, im Verein mit Bettlern und Vagabunden ein unbeschwertes Leben. Im Winter kehrt er dann zu seinem Herrn zurück, von dem er stets wie ein Sohn aufgenommen wird (und dessen natürlicher Sohn er, wie sich später herausstellt, ist). Mit ihren Freiern Vincent und Hilliard hecken Oldrents' Töchter einen Plan aus, wie sie den Vater von seiner Schwermut heilen könnten. Zunächst kommen sie der schlimmen Prophezeiung dadurch zuvor, daß sie mit Springloves Hilfe zu den Bettlern »emigrieren«. Zum allgemeinen Durcheinander trägt auch die Nichte des Richters Clack bei, die zusammen mit dessen Sekretär ihrem herrischen Onkel und ihrem albernpompösen Bräutigam Talboy entflieht und ebenfalls an der Bettlermaskerade Gefallen findet. Schließlich führen, in einer Spiel-im-Spiel-Szene, echte und falsche Bettler dem alten Oldrents die Tücken der Wahrsagerei so drastisch vor Augen, daß er seine Torheit einsieht und bereut. Am glücklichen Ende gibt es eine dreifache Hochzeit.

*A Joviall Crew* ist der *comedy of humours* von Bromes Freund und Lehrer Ben Jonson eng verwandt. Die Milieuskizzen aus der Welt der Armen geben dem Stück einen über die Bloßstellung grillenhafter Charaktere hinausgehenden gesellschaftskritischen Akzent: Mit der Geschichte vom reichen Gutsherrn, der sich ausgerechnet von den Bettlern eine Lektion erteilen lassen muß, weist Brome darauf hin, daß den in starren Konventionen befangenen Besitzenden eine Regeneration aus dem natürlicheren Lebensgefühl der Besitzlosen not tut. – Das Stück blieb vor allem wegen der realistischen Komik der Bettlerszenen auch nach Wiedereröffnung der Theater im Jahr 1660 ungewöhnlich populär und war noch im 18. Jh. als *ballad-opera* auf den Spielplänen zu finden. R.B.

Ausgaben: Ldn. 1652. – Ldn. 1708. – Ldn. 1744 (in *Collection of Old Plays*, Hg. R. Dodsley, Bd. 6). – Ldn. 1873, (in *The Dramatic Works*, Hg. J. Pearson, 3 Bde., 3). – 1943, Hg., Einl. u. Glossar G. A. Floyd [Diss. Univ. of Iowa].

Vertonung: E. Roome, M. Concanen u. W. Yonge, *The Jovial Crew. A Comic Opera* (Urauff.: Dublin 1732).

Literatur: J. W. Crowther, *The Literary History of R. B.'s »A Joviall Crew«* (in *Studies in English Renaissance Literature*, Hg. W. F. McNeir, Baton Rouge 1962, S. 132–148).


LOUIS BROMFIELD

\* 27.12.1896 Mansfield / Oh.
† 18.3.1956 Columbus / Oh.

Literatur zum Autor:
G. Zisper, *Die Schilderung der Frau in den Romanen von L. B.*, Wien 1951. – M. Brown, *L. B. and His Books: An Evaluation*, Ldn. 1956; ern. Fair Lawn/N.J. 1957. – D. D. Anderson, *L. B.*, NY 1964 (TUSAS). – D. D. Anderson, *The Search for a Living Past* (in *Sherwood Anderson: Centennial Studies*, Hg. H. H. Campbell u. Ch. E. Modlin, Troy/NY 1976, S. 212–223). – D. D. Anderson, *L. B.'s Myth of the Ohio Frontier* (in The Old Northwest: A Journal of Regional Life and Letters,

6, 1980, S. 63–74). – R. W. Hatton, *L. B. Revisited* (in Ohioana Quarterly, 23, 1980, S. 48–54).

## THE GREEN BAY TREE

(amer.; *Ü: Das Leben der Lily Shane*). Roman von Louis BROMFIELD, erschienen 1924. – Der erste Roman des sehr produktiven Autors spielt in der Zeit von etwa 1890 bis kurz nach Ende des Ersten Weltkriegs. Am Beispiel dreier Frauen wird der Zwiespalt zwischen halbaristokratischen, halbfeudalen Traditionen und der durch die Industrialisierung geschaffenen neuen sozialen Wirklichkeit geschildert. Die alte Ordnung repräsentiert Julia Shane, deren Mann in einer kleinen Stadt des amerikanischen Mittelwestens ein Stahlwerk aufgebaut und sich eine Art Imperium geschaffen hat. Nach seinem Tod hält sie zäh an ihrem Lebensstil fest, während sich ihre Töchter Lily und Irene nicht mehr der alten noch nicht der neuen Ordnung zugehörig fühlen. Auf die Unerfülltheit ihres Lebens reagieren beide auf völlig verschiedene Weise. Lily, die eigentliche Hauptfigur des Buches, ist schön, intelligent und nicht gewillt, sich den Konventionen zu beugen. Obwohl sie ein Kind von ihm erwartet, weigert sie sich, den Gouverneur ihres Heimatstaates zu heiraten. Sie bringt ihren Sohn in Frankreich zur Welt, wo sie in der Pariser Gesellschaft und in der Boheme ihr unkonventionelles Leben fortsetzt. Als sie nach dem Tod der Mutter nach Amerika zurückkehrt, hat sich die Kluft zwischen ihr und der Schwester vertieft. Irene, die ihren Wunsch, Nonne zu werden, nicht verwirklichen durfte, kompensiert ihre Daseinsangst, ihre Mißgunst und ihren Selbsthaß in einem »heiligmäßigen« Leben als Wohltäterin der ausländischen Stahlarbeiter. Während sie einen Streik finanziert, ist Lily ausschließlich an dem sehr vitalen Arbeiterführer Krylenko interessiert. Als dieser jedoch nach dem Scheitern des Streiks seine Aktivität in ein anderes Industriegebiet verlegt, kehrt Lily nach Frankreich zurück, wo sie schließlich einen Minister heiratet. Irene zieht sich ins Kloster zurück. Der Roman zeigt bereits die geschickte Mischung aus Gesellschaftskritik, realistischer Beobachtung und gefühlsbetonter, aber spannender Schilderung menschlicher Konflikte, die Bromfield zu einem der meistgelesenen und -übersetzten amerikanischen Unterhaltungsschriftsteller gemacht hat. In seinen drei folgenden Romanen, in denen auch wieder Personen aus *The Green Bay Tree* auftreten, hat er das Thema Tradition und Fortschritt weiter ausgeführt: *Possession*, 1925 *(Die Besessenen)*, *Early Autumn*, 1926 *(Olivia Pentland)*, und *A Good Woman*, 1927 *(Welch eine Frau)*. J.v.Ge.

AUSGABEN: NY 1924. – Ldn. 1953. – NY 1957 (in B. Galaxy).

ÜBERSETZUNG: *Das Leben der Lily Shane*, L. Humm-Sernau, Bern/Stg. 1954. – Dass., dies., Bergisch Gladbach 1975.

DRAMATISIERUNG: L. B., *The House of Women*, 1927 [Bühnenms.].

LITERATUR: D. D. Anderson, *›Shane's Castle‹: Myth and Reality in L. B.'s Fiction* (in Northwest Ohio Quarterly, 42, 1970, S. 38–46).

## THE RAINS CAME

(amer.; *Ü: Der große Regen*). Roman von Louis BROMFIELD, erschienen 1937. – Dieses erfolgreichste Werk Bromfields spielt 1936 in der fiktiven indischen Provinz Ranchipur. Vor dem Hintergrund der Monsun- und Regenzeit mit ihren katastrophalen Auswirkungen läßt der Autor ein großes Aufgebot an Personen verschiedenster Nationalitäten und Bevölkerungsschichten agieren, versucht er, einen Querschnitt durch die soziale und kulturelle Vielfalt Indiens zu geben. Das die Handlung bestimmende Ereignis ist der Ausbruch des Monsunregens, der zur Überschwemmung des Landes und zur Zerstörung des Staudamms führt, der Bevölkerung Elend, Seuchen und Tod bringt und die langen zivilisatorischen Bemühungen zunichte macht. Andererseits stellt diese Katastrophe die Menschen vor die Wahl zwischen erneuter aufopferungsvoller Arbeit oder Resignation. Einige bis dahin verantwortungslose Europäer entscheiden sich, dem Vorbild der selbstlosen Missionarsfamilien Simon und Smiley folgend, für den Weg der Bewährung, der für einige von ihnen die innere Erneuerung bringt. Der Intellektuelle Tom Ransome etwa, aus Enttäuschung über die westliche Welt fast zum Trinker geworden, findet in hingebungsvollem Einsatz einen neuen Lebenssinn, und auch Lady Heston, aus Langeweile und Genußsucht in zahllose Liebesaffären verstrickt, erlebt eine Wandlung: Angespornt durch das Beispiel des indischen Arztes Safka, der sie auch als Mann anzieht, opfert sie sich im Krankendienst auf und findet dabei den Tod. Dr. Safka aber widmet sich weiter dem Wiederaufbau des Landes.

Das Buch wurde sofort nach seinem Erscheinen zum internationalen Bestseller und erlebte immer neue Auflagen. Wie die meisten Romane Bromfields zeichnet es sich durch soliden Handlungsaufbau und spannenden Erzählstil aus. Die Darstellung der wirtschaftlichen, sozialen, politischen und religiösen Probleme Indiens, das der Autor bereits hatte, befriedigt dagegen ebensowenig wie die Charakterzeichnung, die meist ähnlich klischeehaft wirkt wie die Schwarz-Weiß-Moral. J.v.Ge.

AUSGABEN: NY/Ldn. 1937. – Ldn. 1940. – San Diego 1976.

ÜBERSETZUNGEN: *Der große Regen*, H. Kaempfer, Bln. 1939. – Dass., R. Frank, Stg./Bern 1956; ern. Ffm./Wien 1960. – Dass., ders., Bergisch Gladbach 1981.

VERFILMUNGEN: USA 1939 (Regie: C. Brown). – *The Rains of Ranchipur*, USA 1955 (Regie: J. Negulesco).

LITERATUR: M. Derrenbacher, *L. B. A Bibliography* (in Bulletin of Bibliography and Dramatic, 17, 1942, S. 141–145). – D. Davidson, *Irony. Edith Wharton, L. B.* (in D. D., *The Spyglass. Views and Reviews*, Hg. J. T. Fain, Nashville/Tenn. 1963).

## WŁADYSŁAW BRONIEWSKI

\* 17.12.1897 Płock
† 10.2.1962 Warschau

LITERATUR ZUM AUTOR:
R. Matuszewski, *O B. trochę inaczej* (in *R. M., Doświadczenia i mity*, Warschau 1964). –
F. Lichodziejewska, *W. B.*, Warschau 1966. –
*W. B. w piątą rocznicę śmierci*, Warschau 1967. –
E. Rechtsiegel, *Die poetische Funktion der Wortverbindungen in der Sprache W. B.*, Bln. 1968.
– T. Bujnicki, *Poezja W. B.*, Krakau 1970. – Poezja, 1972, Nr. 5 (Sondernr.). – T. Bujnicki, *W. B..*, Warschau 1972, ²1974. – F. Lichodziejewska, *Twórczość W. B. Monografia bibliograficzna*, Warschau 1973. – S. Kędzierski, *Wiersze W. B.*, Warschau 1974. – J. Z. Jakubowski, *W. B..*, Warschau ²1975. – *W. B. w poezji polskiej. Materiały z międzynarodowej sesji naukowej zorganizowanej z okazji 75 rocznicy urodzin W. B. przez Insytut Badań Literackich PAN 15.-16. 12. 1972 w Warszawie*, Warschau 1976. – R. Sulima, *Poezja W. B. wobec tradycji ludowej i twórczość W. B. a tradycje poezji robotniczej* (in *R. S., Folklor i literatura*, Warschau 1976). – A. Sandauer, *Od romantyzmu do poezji proletariackiej. Rzecz o przedwojennej poezji W. B..* (in *A. S., Poeci czterech pokoleń*, Krakau 1977). – *To ja – dąb. Wspomnienia i eseje o W. B.*, Hg. W. Balicki, Warschau 1978. – *Od bliskich i dalekich. Korespondencja do W. B. 1915–1930*, Hg. F. Lichodziejewska, 2 Bde., Warschau 1981.

## DRZEWO ROZPACZAJĄCE

(poln.; *Der verzweifelnde Baum*). Gedichtzyklus von Władysław BRONIEWSKI, erschienen 1945. – Dieser proletarische Dichter ist der bedeutendste Vertreter der polnischen revolutionären Lyrik (*»Wir schreiben nicht von uns persönlich. Wir arbeiten am Wort«*). Er gestaltet in diesem zwischen 1941 und 1945 in Palästina entstandenen Zyklus das Erleben einer Katastrophe, die ihn von seiner Heimat Polen trennte, von der Klasse, für die allein er dichten wollte, die ihn isolierte und auf sich selbst verwies. Heimweh ist denn auch eines der bestimmenden Themen des Zyklus, dem das ergreifende Gedicht *Der verzweifelnde Baum* den Titel gab. Das Heimweh gibt dem ins Exil verbannten Polen jedoch nicht nur Verse der Verzweiflung ein, in denen sich das persönliche Leid und Betroffensein des Dichters widerspiegeln. Die räumliche Entfernung rückt ihm die Leiden seines vom faschistischen Krieg zerschlagenen Vaterlands nur um so näher, und sie entzünden in ihm Haß, der zuweilen Schwermut und Resignation übertönt und ihn Rachedrohungen sprechen läßt: *»Die erste Bombe werfe ich auf Berlin, für den bewaffneten Überfall auf meine Heimat«* (*Homo sapiens*); *»Bomben auf Hamm und Essen, auf Berlin und Köln, jeder spring ich mit meinem Herzen am Fallschirm nach«* (*War Pictorial News*). Andere Verse stehen ganz im Zeichen der Hoffnung auf Rückkehr nach Polen, so das reflektierende Gedicht *Po co żyjemy* (*Wozu leben wir*). Die Erinnerung an die Heimat läßt ihn jedoch nicht nur des Kampfes der polnischen Einheiten (*Monte Cassino*), der in den Konzentrationslagern ermordeten Brüder und Schwestern (*Ciała – Körper*) oder der Zerstörung Warschaus (*63*) gedenken; auch den Schmerz des Liebenden, der die Geliebte in der fernen Heimat verlor, ruft sie wieder wach (*List bez adresu – Brief ohne Adresse*).

Im Gegensatz zu den in dem Zyklus *Nadzieja* (*Hoffnung*) vereinten Gedichten der späten Schaffensperiode Broniewskis, die zum Teil schon in freien Rhythmen geschrieben sind, ist dieser Zyklus (gleich den Gedichten aus der Vorkriegszeit, vgl. *Krzyk ostateczny*) vornehmlich in gereimten Verskomplexen verfaßt. Bevorzugt wird die vier- bis fünfzeilige Strophe (etwa nach dem Reimschema *ab-ab*). Wie in allen anderen Werken Broniewskis ist auch in diesem Zyklus die Skala der Stimmungen und des Ausdrucks sehr breit. Je nach Thematik des Gedichts wechseln unruhige, militante und zarte Verse miteinander ab.

Broniewskis Dichtung, in der Zeit zwischen den beiden Kriegen thematisch vorwiegend dem Kampf der polnischen Arbeiterklasse, nach dem Zweiten Weltkrieg dem sozialistischen Aufbau Polens gewidmet, gewinnt während der Emigrationszeit starke persönliche Akzente. Es fehlt das abstrakte, klassenkämpferische Pathos, das seine Vorkriegsgedichte kennzeichnet (charakteristisch dafür der 1926 erschienene Zyklus *Dym nad miastem – Qualm über der Stadt*, in dem sich die Aufforderung an die Revolutionäre findet, *»den Kopf wie eine Fahne hoch zu tragen und mit der von Kugeln zerrissenen Brust zu leuchten«*). Was die stürmisch zupakkenden, ideologischen Gedichte des von MAJAKOVSKIJ beeinflußten proletarischen Dichters verdeckten, tritt jetzt um so mehr in den Vordergrund: eine romantische, Schmerz, Trauer und Hoffnung in sich tragende Schwermut, der Broniewski erst wieder in seinen späten, kurz vor seinem Tod geschriebenen, von Resignation gezeichneten Gedichten Ausdruck verleiht. M.D.

AUSGABEN: Ldn. 1945. – Krakau 1946. – Warschau 1950. – Warschau 1972 (in *Wiersze i poematy*).

LITERATUR: S. Lichański, *A walczącym bojowy znak* (in Wieś, 1946, Nr. 44). – K. Kuliczkowska (in Twórczość, 1947, H. 7/8, S. 129–133). – R. Matuszewski, *W kręgu nostalgii i dobrej wiary* (in Kuźnica, 1946, Nr. 39; auch in R. M., *Literatura po wojnie*, 1948, S. 156–159). – H. Vogler, *Pieśń i karabin* (in Odrodzenie, 1947, Nr. 9). – J. Zagórski, *Polski Malraux* (in Tygodnik Powszechny, 1947, Nr. 9).

## KRZYK OSTATECZNY

(poln.; *Der letzte Aufschrei*). Gedichtzyklus von Władysław BRONIEWSKI, erschienen 1939. – Das Titelgedicht der am Vorabend des Zweiten Weltkriegs entstandenen Sammlung beschwört in einer prophetischen Vision kommenden Unheils die vier apokalyptischen Reiter, die über die *»erblindete Zivilisation«* herfallen, sie verwüsten und in Flammen setzen. (*»Wehe euch Babylons, die ihr der Macht eurer Wolkenkratzer vertraut.«*) Inmitten der totalen Vernichtung ertönt der verzweifelte Hilfeschrei des Dichters nach Freiheit, die in den Wirren einer haßerfüllten Zeit verloren zu gehen droht. Im Zeichen aktueller politischer Ereignisse – der Spanische Bürgerkrieg (*»Die Faschisten, sie greifen an, das rote Madrid kämpft Mann an Mann. Erhobene Fäuste. Ehre und Dynamit, No pasaran«*) oder der Kampf der Arbeiter um gerechtere Lebensbedingungen – steht die Mehrzahl der Gedichte dieser Sammlung. Im Unterschied zu *Drzewo rozpaczające*, 1945 (*Der verzweifelnde Baum*), dem während der Emigration in Palästina entstandenen, ganz aus der subjektiven Leidenserfahrung gestalteten Zyklus, stellt *Krzyk ostateczny* trotz einiger betont persönlich gehaltener Gedichte oder ganz vom Zeitgeschehen abgelöster, lyrischer Naturbilder in erster Linie ein Manifest proletarischer Poesie mit starkem klassenkämpferischem Akzent dar.
Broniewski fühlte sich der Tradition der polnischen Romantik und ihrem politischen Engagement verpflichtet. Unter dem Einfluß der ästhetischen Revolution der Futuristen und vor allem MAJAKOVSKIJS sucht er formal neue Wege; er verwendet den tonischen Vers und bereichert seine poetische Sprache durch umgangssprachliche Ausdrücke. Der vorwärtsdrängende Rhythmus seiner Verse erzeugt eine starke, sich dem Leser spontan mitteilende emotionale Wirkung. M.D.

AUSGABEN: Warschau 1939. – Warschau 1946. – Warschau 1950. – Warschau 1956 (in *Wiersze zebrane*, 2 Bde.). – Warschau 1972 (in *Wiersze i poematy*).

LITERATUR: T. Bujnicki, *Róże i płonące lasy* (in Słowo, 1939, Nr. 150). – M. Czuchnowski, *Płomienne pióro* (in Czarno na białym, 1939, Nr. 15). – J. Łobodowski, *List do W. B. Zamiast recenzji z tomu »Krzyk ostateczny«* (in Myśl Pol., 1939, Nr. 3). – A. Sandauer, *Ostatni romantyk* (in Nowy Dziennik, 1939, Nr. 49). – K. W. Zawodziński, *Poeta dziś aktualny* (in Wiad. Lit., 1939, Nr. 23). – R. Matuszewski, *Poezja W. B. w latach 1939–1954* (in Pam. lit., 1954, S. 477–503). – Ders., *O poezji W. B.*, Warschau 1955.

## TRZY SALWY. Biuletyn poetycki

(poln.; *Drei Salven. Ein poetisches Bulletin*). Gedichte von Władysław BRONIEWSKI, Stanisław Ryszard STANDE (1897–1937) und Witold WANDURSKI (1891–1934), erschienen 1925. – Gegenstand der von der Kritik als *»proletarische Poesie«* (Sandauer) bezeichneten Lyrik ist, dem Luxus- und Traummilieu der Unternehmer, Spitzel und Dichter scharf entgegengesetzt, die Welt der Arbeiter, des Unbekannten Soldaten, des Invaliden, des Handwerkers und des Funktionärs: *»Verdrängt ins feuchte Kellerloch, stirbt vor Hunger der arbeitslose Weber, während der Fabrikbesitzer im Blitzexpreß Wien – Nizza Sandwiches ißt und zufrieden rülpst.«* Die in traditionellen gereimten Versen wie in rhythmischer Prosa eingefangene Wirklichkeit ist kontrastreich naturalistisch geschildert. Ihre Darstellung steht im Widerspruch zur traditionellen Form der polnischen Lyrik und zielt in ihrem Enthüllungsgestus auf gesellschaftliche Veränderung, die – gemeinsam mit dem Werktätigen – in erster Linie die Dichter zu leisten haben: *»Ihr macht noch immer Gedichte wie Maniküre und verhängt über die Kloaken-Städte ein seidenes Zelt, während Sinclair mit seiner Feder wie mit einer Spitzhacke dreinschlägt und Dynamit legt.«* Nicht DICKENS noch CONRAD – Upton SINCLAIR heißt das neue Vorbild der Dichter. Das Banner ist die »Rote Fahne« mit dem Spruchband: *»Europa muß desinfiziert werden mit Rauchwolken, denn allein das Feuer bringt Heilung!«* Lyrik ist ein wesentliches Medium im Kampf des Proletariats und hat den gleichen Effekt zu erzielen wie die Salven der Aufständischen. Diese Funktion der Lyrik umschreibt eine Proklamation der Autoren, die dem Gedichtband gleichsam als Motto voransteht: *»Nicht über uns schreiben wir. Wir sind Arbeiter des Wortes. Wir müssen aussprechen, was andere Menschen dieser Werkstatt nicht auszusprechen vermögen. In dem unbarmherzigen Kampf des Proletariats gegen die Bourgeoisie stehen wir entschieden auf der linken Seite der Barrikaden. Zorn, Glaube an den Sieg und Freude, die Freude am Kampf, zwingen uns zum Schreiben. Mögen unsere Worte wie Salven in die Straßen der City fahren und widerhallen in den Fabrikvierteln. Wir kämpfen für eine neue Gesellschaftsordnung. Und dieser Kampf ist der höchste Inhalt unseres Schaffens.«* Vor dem Hintergrund der zeitgenössischen Krise der polnischen Lyrik wirkte die im Reportagestil gehaltene, parteiliche Dichtung mit dem erklärten Ziel revolutionärer Gesellschaftsveränderung in der Tat wie eine »dreifache Salve«.

E.J.K.

AUSGABEN: Warschau 1925. – Warschau ²1956.

LITERATUR: R. Matuszewski, *25 lat poezji W. Broniewskiego* (in Twórczość, 1950, H. 11, S. 102–129). – J. Putrament, *25-lecie twórczości poety-rewolucjonisty* (in Wieś, 1950, Nr. 40). – F. Lichodziejewska, *Poezja W. Broniewskiego* (in Polonistyka, 1953, Nr. 4). K. [K. Koźniewski], *Trzy salwy towarzysza B.* (in Polityka, 1957, Nr. 43/44). – J. Zahradnik, *Satyra na komunizm* (in Słowo Polskie, 1925, Nr. 299). – A. P. [A. Polewka] (in Gazeta Literacka, 1926, Nr. 2) – W. Dąbrowski, *Echo salw* (in Walka Młodych, 1957, Nr. 1). – A. Słucki (in Twórczość, 1957, H. 3, S. 124–127). – J. Wyka, *Nieugaszony ogień* (in Nowiny Literackie i Wydawnicze, 1957, Nr. 3).

## ARNOLT BRONNEN

\* 19.8.1895 Wien
† 12.10.1959 Berlin

LITERATUR ZUM AUTOR:
K. Schröter, *A. B. Protokollant seiner Epoche* (in K. S., *Lit. u. Zeitgeschichte*, Mainz 1970, S. 111–139). – E. Klingner, *A. B. Werk u. Wirkung. Eine Personalbiographie*, Hildesheim 1974. – K. E. Toepfer, *Ideology Impersonated: Dialogue, Nudity, and a Rhetoric of Authenticity in the Weimar Plays of A. B.*, Diss. Los Angeles 1983. – U. Münch, *Weg u. Werk A. B.s. Wandlungen seines Denkens*, Ffm. u. a. 1985.

## OSTPOLZUG

Schauspiel in neun Bildern von Arnolt BRONNEN, Uraufführung: Berlin, 29. 1. 1926, Staatstheater. – In diesem Ein-Personen-Stück experimentiert Bronnen, wie zuvor schon in *Anarchie in Sillian* (1924), nach seiner expressionistischen und neonaturalistischen Periode (*Vatermord*, 1920; *Die Geburt der Jugend*, 1922) mit neuen antipsychologischen Ausdrucksformen. Er greift BRECHTS Stichwort vom »epischen Theater« auf: »*Also müßte das wahre epische Drama nur eine dramatische Person kennen. Wer aber war ... das Ich des Dramas? Ich sah mich selben [sic!] in meiner Zerspaltenheit, in meiner dauernden Dialektik, die jeden Gedanken zerteilte und jedes Gefühl in seine Komponenten auflöste*« (*A. Bronnen gibt zu Protokoll*, 1954). Dieses Ich läßt Bronnen in neun Bildern als Alexander den Großen sprechen und agieren, und zwar nicht nur im 4. Jh. v. Chr., sondern auch im 20. Jh., als Forscher und Pionier, dessen Bezwingung des Mount Everest zum Sinnbild menschlicher Leistung und Selbstüberwindung wird: »*Licht fällt auf den Mount Everest. Ich nenne ihm, mehr scherzhaft, den Ostpol, da sich meine kleine Welt um seine Größe dreht. Nordpol, Südpol sind vergessen.*« Das Drama selbst muß als eine Etappe auf dem Weg Bronnens zu seinem persönlichen »Ostpol«, der Vollendung als Künstler, aufgefaßt werden. Der unerschütterliche Glaube an die menschliche Willenskraft bestimmt das vielfach maneriert wirkende Pathos seiner Sprache, das durch eine mit Lichteffekten arbeitende Szenenregie noch gesteigert wird. Im letzten Bild (»*Triumph der Möglichkeit*«) erreicht Alexander-Bronnen, der faustische Mensch, den Gipfel und damit den Sieg über seine Endlichkeit und Begrenztheit: »*Manche Wünsche werden Jahrtausende alt / Aber unaufhaltsam wachsen die Organe ins Unsichtbare hinein / Und der Gewinn der Unsterblichkeit ist nahe.*« Diese leidenschaftliche Suche nach der eigenen Bestimmung und der pathetische Glaube an die großen Möglichkeiten des Menschen haben Bronnen auf seinen politischen Umwegen von der extremen Linken zur Rechten (1929 mit dem Roman *O. S.* [d. i. Oberschlesien]) und wieder zurück zum Kommunismus nicht verlassen. Bronnen war allerdings kein Opportunist im üblichen Sinne: »*Er war ein Mitläufer, aber von ganz eigener Art: er lief mit denen mit, die dagegen waren*« (Rühle).

C.Cob.

AUSGABEN: Bln. 1926. – Kronberg 1977 (in *Stükke*; Nachw. H. Mayer).

LITERATUR: H. Jhering, Rez. (in Berliner Börsen-Courier, 30./31. 1. 1926).

## VATERMORD

Schauspiel von Arnolt BRONNEN, erschienen 1920; Uraufführung: Berlin, 14. 5. 1922, Deutsches Theater (Regieanweisungen): Bertolt BRECHT). – Ein Seelenverwandter von WEDEKINDS Moritz Stiefel (vgl. *Frühlings Erwachen*, 1891) und MUSILS Törleß (vgl. *Die Verwirrungen des Zöglings Törleß*, 1906), hatte Bronnen schon als siebzehnjähriger Gymnasiast seine Pubertätsnöte und anarchischen Freiheitsträume in *Das Recht auf Jugend* (1912) dramatisch formuliert. Auf dieses siebenaktige Schauspiel, das im Vorabdruck in der von Gustav WYNEKEN herausgegebenen und zu Beginn des Ersten Weltkriegs von der Zensur verbotenen Zeitschrift ›Der Anfang‹ erschienen war, sowie auf eine überarbeitete Fassung mit dem Titel *Die Geburt der Jugend* (entstanden 1914) greift das Schauspiel *Vatermord* zurück, wobei sich allerdings die pauschal gegen die autoritäre Gesellschaft der Erwachsenen gerichtete Verachtung und Zerstörungswut zum freudianisch symbolisierten Vaterhaß reduzierten.

In ohnmächtiger Verzweiflung begehrt der Gymnasiast Walter gegen die geradezu modellhafte Dumpfheit seiner kleinbürgerlichen Familie auf, die denn auch den sprechenden Namen »Fessel« trägt: Der Vater Ignaz Fessel, »*ein kleiner Büro-Angestellter, Sozialdemokrat Wiener Prägung, der sich zwar hier und da erinnert, daß er ein Proletarier ist, der aber die kleinbürgerliche Subalternität längst zur Maxime seines Daseins gemacht hat«*; die unterdrückte, vergeblich zu vermitteln suchende Mutter, deren unbefriedigtes sexuelles Verlangen nach der inzestuösen Ersatzliebe zum pubertär triebhaften Sohn drängt; die jüngeren Geschwister Rolf und Olga, die in kindlich grausamem Egoismus das Verhalten des jähzornigen und herrschsüchtigen Vaters gegenüber dem älteren Bruder imitieren; der verdorbene Freund Edmund schließlich, der Walter mit homoerotischen Spielen quält. Aus diesem deprimierenden Milieu kleinbürgerlichen *»Muffs«* (E. Bloch) sucht Walter vergeblich auszubrechen. Er will sich um einen Studienplatz an einer Landwirtschaftsschule bewerben, *»Farmer oder Bauer auch«* werden, bedarf aber dazu der Zustimmung des Vaters, die dieser ihm natürlich verweigert, da er dann auf seine Herrschaft über den Sohn wie auf seine projizierten Wunschträume *(»Daß du Rechtsanwalt wirst / Und für die Arbeiter eintrittst / Und dein Blut rächst«)* verzichten müßte. Der haßerfüllte Kampf zwischen Vater und Sohn, schwankend zwischen herrischen Demütigungen und sklavischen Selbsterniedrigungen, zwischen brutalen Prügelszenen und hündischen Versöhnungsversuchen, gipfelt in der archaischen Paarung von Mutter und Sohn, Verführung und Vergewaltigung in einem, deren orgiastischer Höhepunkt die Ermordung des Vaters ist. Ekstatisch stammelt Walter sein neues, entfesseltes Lebensgefühl in den Zuschauerraum: *»Niemand vor mir niemand neben mir niemand über mir der Vater tot / Himmel ich spring dir auf ich flieg / Es drängt zittert stöhnt klagt muß auf schwillt quillt sprengt fliegt muß auf muß auf / Ich / Ich blühe«.*

Thematisch HASENCLEVERS prototypischem expressionistischen Drama *Der Sohn* (1914) verwandt, hat sich Bronners Schauspiel dennoch weitgehend gelöst vom rhetorischen Pathos expressionistischer Dramatik. Die ohnmächtige Wut und dumpfe Verzweiflung der Protagonisten ist sprachlich umgesetzt in ein interpunktionsloses, mit Interjektionen und vulgärsprachlichen Floskeln angereichertes Stammeln und Keuchen. Das Aufbegehren des Sohnes gegen den kleinbürgerlichen Vater erweist sich dabei eher als psychopathologischer denn als sozialkritisch akzentuierter Konflikt; zugleich aber werden hier irrationale Energien freigesetzt, deren faschistoide Tendenzen in der unerträglichen Blut-und-Boden-Mystik der als Epilog zu *Vatermord* konzipierten Neufassung der *Geburt der Jugend* (Uraufführung: Berlin, 13. 2. 1925, Lessingtheater) voll zur Geltung kommen – dem Vorspiel zu Bronners fataler Wendung zum Nationalsozialismus. M.Schm.

AUSGABEN: Bln. 1920. – Emsdetten/Westf. 1954 (Dramen der Zeit, 9). – Kronberg 1977 (in *Stücke*; Nachw. H. Mayer). – Bremen 1982 (Hg. F. Peschke, Mitarb. I. Riederer; m. Kritiken u. Fotodokumentation). – Mchn. 1985 (Hg. F. Peschke, Mitarb. I. Riederer; Fassungen von 1915 u. 1922).

## FRANZ XAVER BRONNER

\* 23.12.1758 Höchstädt / Donau
† 11.8.1850 Aarau

LITERATUR ZUM AUTOR:
J. Widmer, *F. X. B.*, Diss. Zürich 1901. – F. X. Thalhofer, *J. M. Sailer u. F. X. B.* (in Archiv f. d. Geschichte des Hochstifts Augsburg, 1, 1909–1911, S. 387–451). – E. Gebele, *F. X. B.* (in: Ders., *Lebensbilder aus dem Bayerischen Schwaben*, Bd. 4, Mchn. 1955). – H. Radspieler, *F. X. B. Leben u. Werk bis 1794. Ein Beitrag zur Geschichte der süddeutschen Aufklärung*, Günzburg 1963 [zugl. Diss. Nürnberg/Erlangen].

## LEBEN VON IHM SELBST BESCHRIEBEN

Lebenserinnerungen von Franx Xaver BRONNER, erschienen 1795–1797. – Als Kind eines armen Ziegelbrenners in Höchstädt im bayerischen Schwaben geboren, fand F. X. Bronner, vornehmlich seiner musikalischen Begabung wegen, 1769 mit zehn Jahren Aufnahme in das Jesuitengymnasium zu Dillingen und anschließend in das zur Heranbildung von Priestern bestimmte, ebenfalls von Jesuiten geleitete Studienseminar in Neuburg an der Donau. Völlig mittellos, sah er sich 1776 nach Absolvierung der obersten Klasse veranlaßt, in das Benediktinerkloster zu Donauwörth einzutreten. In diesem von einem weltaufgeschlossenen Abt regierten Konvent konnte Bronner seine Studien fortsetzen; dort schrieb er auch, in der Nachfolge des von ihm hochbewunderten Salomon GESSNER (1730–1788), seine frühesten Fischergedichte, Idyllen in Prosa, deren erste Sammlung 1786 in Zürich erschien. 1782 wurde Bronner auf das Lyzeum in Eichstätt geschickt, um sich dort in den Naturwissenschaften, in Mathematik und Mechanik zu vervollkommnen. Eine unschuldige Liebschaft und sein Beitritt zu der von dem Ingolstädter Professor und Illuminaten Adam WEISHAUPT in Eichstätt gegründeten Loge »Zu den Plejaden« bewirkten bei Bronner einen so tiefgreifenden Geistesumschwung, daß er, mehr und mehr *»zum Selbstdenken gereizt«*, in schwere Gewissenskonflikte geriet. Er empfing zwar noch die Priesterweihe, entschloß sich aber, nach Donauwörth zurückgekehrt, im August 1785 zur Flucht aus ihm verhaßt gewordenen Mönchsstand. Es gelang ihm, nach Zürich zu entkommen und dort auch einen Broterwerb zu finden. Statt sich jedoch *»ohne heuchlerische Verstellung«*, seinen *»freien religiösen Grundsätzen gemäß, arm aber redlich durch die Welt zu bringen«*, entschloß er sich 1786 zur Rückkehr in die Heimat, wo er, in der Hoffnung auf eine Pfarrstelle, als Sekretär des Weihbischofs und kurfürstlichen Statthalters für das Hochstift Augsburg eine Anstellung fand – der er sich 1793 durch eine abermalige Flucht nach Zürich entzog. Nachdem ein abenteuerlicher Versuch, in dem von der Französischen Revolution beherrschten Elsaß eine Stelle als konstitutioneller Geistlicher zu erhalten, scheiterte, trat er 1794 in die Redaktion der ›Zürcher Zeitung‹ ein und durchlief weiterhin eine ehrenwerte Laufbahn als helvetischer Beamter, Professor, Bibliothekar und Staatsarchivar.

Die Wechselfälle seines Lebens bis zur endgültigen Niederlassung in der Schweiz hat Bronner in seinen Memoiren berichtet: eingehend, mit allen Peripetien und selbst trivialen Begleitumständen. Trotz mancher empfindsamen Beimischung ist er ein frischer, unbefangener, anschaulicher Erzähler. Sehr reizvoll vor allem sind die Erinnerungen an seine Kindheit, ebenso die Natur- und Reiseschilderungen. Ein unterhaltsames, aufschlußreiches Dokument über die Zustände in dem katholischen Süden Deutschlands vor der Säkularisation, bieten seine Aufzeichnungen zugleich das psychologisch wie geistesgeschichtlich merkwürdige Zeugnis eines Menschen, der, um den Prozeß seiner langwierigen Selbstwerdung abzuschließen, sich gedrungen fühlt, sein ganzes bisheriges Leben durch Darstellung von sich abzurücken. F.Ke.

AUSGABEN: Zürich 1795–1797, 3 Bde.; ²1810. – Stg. 1912 (u. d. T. *Ein Mönchsleben aus der empfindsamen Zeit*, Hg. u. Einl. O. Lang; gek.).

LITERATUR: Th. Klaiber, *Die deutsche Selbstbiographie*, Stg. 1921, S. 90/91.

## ANNE BRONTË

\* 17.1.1820 Thornton / Yorkshire
† 28.5.1849 Scarborough / Yorkshire

### AGNES GREY

(engl.; *Agnes Grey*). Roman von Anne BRONTË, erschienen 1847. – Die Leidensgeschichte einer intelligenten und charaktervollen, doch armen Pfarrerstochter: Agnes' Vater, ein einfacher Landpfarrer, verliert sein kleines Vermögen, und die Familie sieht sich gezwungen, die knappen Geldmittel durch zusätzliche Einkünfte zu ergänzen. Mary, die ältere Tochter, malt Aquarelle zum Verkauf; Agnes, erst achtzehnjährig, erwirkt von ihren Eltern die Erlaubnis, sich bei einer reichen Familie als Erzieherin zu verdingen. Im stolzen Gefühl, eine gute, von den Eltern vermittelte Allgemeinbildung zu besitzen, und in dem naiven Glauben, alle jungen Menschen hätten eine empfindsame Seele wie sie selbst, glaubt sie sich dieser Aufgabe gewachsen, erlebt jedoch in den beiden Stellungen, die sie annimmt, nur Enttäuschungen. »Miss Grey« führt das Schattendasein einer verkannten schönen Seele, die sich jedoch bei aller frommen Demut ihres eigenen Wertes unter all den geist- und seelenlosen Geschöpfen durchaus bewußt bleibt: »*Unerschütterliche Festigkeit, aufopfernder Eifer, unermüdliche Ausdauer, nie aussetzende Wachsamkeit waren gerade die Eigenschaften gewesen, auf die ich im geheimen stolz gewesen war. Auf sie stützte sich meine Hoffnung, mit der Zeit alle Schwierigkeiten zu überwinden und schließlich erfolgreich zu sein.*« Schließlich taucht in Gestalt des Vikars Eduard Weston der Mann auf, der innere Werte höher schätzt als äußere Schönheit, und der nun für Agnes zum Gegenstand scheuer, doch inbrünstiger Verehrung wird. Eine etwas übertriebene Rücksichtnahme hindert ihn jedoch daran, ihr deutliche Beweise seiner Zuneigung zu geben, so daß sie lange Zeit in banger Ungewißheit schmachten und ihn schließlich verloren glauben muß, als sie beim Tod ihres Vaters unerwartet heimgerufen wird.

In einer fremden Stadt gründet sie nun zusammen mit ihrer Mutter eine kleine Privatschule – die Schwester hat sich inzwischen mit einem Pfarrer verheiratet –, wo sie nach Jahr und Tag, ganz zufällig, Mr. Weston wiedertrifft, welcher seinerseits ganz zufällig in der Nachbargemeinde ein einträgliches Pfarramt versieht und verzweifelt nach »Miss Grey« gesucht hat. Eindrucksvoll kontrastiert mit dem harmonischen Eheglück, das die prinzipientreue Agnes nun erwartet, wird das mitleiderregende Schicksal ihres früheren Schützlings Rosalie Murray, jetzt Lady Ashby, den reichen, aber alten und verkommenen Ehemann und böse Schwiegermutter Agnes bei einem kurzen Besuch kennengelernt hat.

Der gefällig geschriebene Roman trägt autobiographische Züge: Anne Brontë hatte selber Erfahrungen als Erzieherin gesammelt. Deshalb sind auch die Szenen aus diesem Milieu die lebhaftesten und realistischsten. Anne hatte das Buch in einer Art Wettbewerb mit ihren Schwestern Charlotte und Emily geschrieben, welche im gleichen Jahr (1847) die Welterfolge *Jane Eyre (Jane Eyre)* und *Wuthering Heights (Sturmhöhe)* veröffentlichten. Anne, die Jüngste, schrieb auch Gedichte, die gemeinsam mit denen ihrer Geschwister veröffentlicht wurden. A.L.

AUSGABEN: Ldn. 1847 (unter Pseud. Acton Bell in *Wuthering Heights*, Bd. 3, v. Ellis Bell; d. i. Emily Brontë). – Ldn. 1949 (in *The Works of the Sisters B.*, 6 Bde., Hg. P. Bentley). – Ldn./NY 1956. – Ldn. 1966. – Ldn. 1969 (Folio Society). – Ldn. 1985 (Everyman). – Ldn. 1986.

ÜBERSETZUNGEN: *Agnes Grey*, anon., Lpzg. 1851. – Dass., E. v. Arx, Ffm. 1988 (Insel Tb).

LITERATUR: W. Gérin, *A. B.*, Ldn. 1959; ern. 1975. – W. H. Stevenson, *E. and A. B.*, NY 1968. – J. Le Guern, *A. B. (1820–1849). La vie et l'œuvre*, 2 Bde., Lille 1977. – A. Easson, *A. B. and the Glow-Worms* (in Nassau Review, 26, 1979, S. 299/300). – Vgl. auch Literaturangaben bei Charlotte Brontë.

## CHARLOTTE BRONTË

\* 21.4.1816 Thornton / Yorkshire
† 31.3.1855 Haworth / Yorkshire

**LITERATUR ZUR AUTORIN:**

*Bibliographien:*
J. Parkinson, *Ch. B.: A Bibliography of 19th Century Criticism* (in Bull. of Bibliography, 35, 1978, S. 73–83). – *A B. Bibliography*, Hg. G. A. Yablon u. J. R. Turner, Ldn./Westport (Calif.) 1978. – A. Passel, *Ch. and E. B.: An Annotated Bibliography*, NY 1979. – Ch. Alexander, *A Bibliography of the Manuscripts of Ch. B.*, Haworth 1982.
*Biographien:*
E. V. Gaskell, *The Life of Ch. B.*, Ldn. 1857; Nachdr. Harmondsworth 1975, Hg. A. Shelston. – M. Peters, *Unquiet Soul: A Biography of Ch. B.*, Ldn./NY 1975. – *Die B.-Schwestern. Leben und Werk in Daten und Bildern*, Hg. E. Maletzke u. Chr. Schütz, Ffm. 1986 (Insel Tb). – E. Maletzke, *Das Leben der Brontës. Eine Biographie*, Ffm. 1988.
*Gesamtdarstellungen und Studien:*
R. B. Martin, *The Accent of Persuasion. Ch. B.'s Novels*, Ldn. 1966. – *Critics on Ch. and E. B.*, Ldn. 1968. – W. Gérin, *Ch. B.: The Evolution of Genius*, Oxford 1969 (OUP). – *The B.s: A Collection of Critical Essays*, Hg. J. Gregor, Englewood Cliffs/N.J. 1970. – T. Eagleton, *Class, Power and Ch. B.* (in Critical Quarterly, 14, 1972, S. 225–235). – Ch. Burkhart, *Ch. B.: A Psychosexual Study of Her Novels*, Ldn. 1973. – T. Winnifrith, *The B.s and Their Background*, Ldn. 1973; ern. 1977. – H. Moglen, *Ch. B.: The Self Conceived*, NY/Toronto 1976. – M. H. Blom, *Ch. B.*, Boston 1977 (TEAS). – T. Winnifrith, *The B.s*, NY 1977. – C. A. Linder, *Romantic Imagery in the Novels of Ch. B.*, NY 1978. – P. Bentley, *The B.s and Their World*, NY 1979. – A. Maack, *Die literaturkritische u. literarische Rezeption von Leben u. Werk der B.-Sisters* (in LWU, 13, 1980, S. 201–219). – R. L. Wilson, *The B.s*, NY 1980. – B. u. G. L. Evans, *Everyman's Companion to the B.s*, Ldn./Melbourne 1982; ern. 1985 [Tb.]. – Ch. Alexander, *The Early Writings of Ch. B.*, Ldn. 1983. – D. Burton, *The hidden B.s*, Brighton 1987.

### JANE EYRE. An Autobiography

(engl.; *Jane Eyre. Eine Autobiographie*). Roman von Charlotte BRONTË, erschienen 1847 unter dem Pseudonym Currer Bell. – Der Erfolg des ersten gedruckten Romans Charlotte Brontës – ihr vorher entstandener Roman *The Professor* wurde vom Verleger abgelehnt und erschien erst 1857 – war so durchschlagend, daß das im selben Jahr veröffentlichte, weit inspiriertere und kraftvollere Buch von Charlottes Schwester Emily, *Wuthering Heights (Sturmhöhe)*, beim zeitgenössischen Publikum so gut wie unbeachtet blieb. Und obgleich spätere Romane der Autorin, vor allem *Villette*, in mancher Hinsicht ausgereifter sind, ist die Geschichte der Jane Eyre ihr populärstes Werk geblieben.

Die Titelheldin und Ich-Erzählerin erlebt, früh verwaist und arm, im Haus ihrer Tante eine leidvolle Kindheit. Von Mrs. Reed und deren Kindern nur widerwillig geduldet, ständigen Schikanen ausgesetzt, vereinsamt sie immer mehr. Als sie schließlich gegen die schlechte Behandlung rebelliert, schickt man sie nach Lowood, einer karitativen Anstalt, zugleich Waisenhaus und Schule. Trotz des streng geregelten, entbehrungsreichen Lebens ist Jane gern in Lowood, wo sie Freundschaft und Verständnis findet und sich später sogar als Lehrerin betätigt. (Die sehr eindringlichen Lowood-Kapitel gehen auf die Erlebnisse der Autorin in der Schule von Cowan Bridge, einer Anstalt für Pfarrerstöchter, zurück.) Mit achtzehn Jahren nimmt Jane eine Stellung als Hauslehrerin auf Thornfield Hall an, wo sie Adele, die uneheliche Tochter des Hausherrn, betreut. Zu ihm, dem düsteren, jähzornigen Edward Rochester, fühlt sie sich bald hingezogen, hält aber in dem Bewußtsein, weder schön noch vornehm zu sein, ihre Neigung für hoffnungslos. Doch von Janes Aufrichtigkeit, Intelligenz und Mut tief beeindruckt, macht Rochester ihr eines Tages einen Heiratsantrag. Beglückt verlobt das Mädchen sich ihm an, doch in der Nacht vor der Hochzeit entdeckt es das furchtbare Geheimnis Rochesters: Er hält im oberen Stockwerk des Hauses seine seit Jahren tobsüchtige Frau verborgen, von deren Anwesenheit nur noch der sie in Schach haltende Diener gewußt hat, obwohl die Gänge manchmal vom Gelächter der Wahnsinnigen widerhallen und diese einmal sogar einen Mordanschlag auf Rochester unternommen hat. Die Entdeckung, daß der geliebte Mann Bigamie begehen wollte, stürzt Jane Eyre in Verzweiflung. Als er ihr vorschlägt, trotz allem mit ihm zusammenzuleben, da nur ihre Liebe ihn retten könne, flieht sie. Nach langem Umherirren findet sie, halb verhungert, im Heidehaus der Geschwister Rivers Zuflucht. Als sie kurz danach das beträchtliche Vermögen eines im Ausland verstorbenen Onkels erhält, teilt sie es großmütig mit ihren Gastgebern, die sich als mit ihr verwandt entpuppt haben. Obwohl sie Rochester noch immer leidenschaftlich liebt, ist sie nahe daran, ihren Vetter, St. John Rivers, zu heiraten, der als Missionar nach Indien gehen will. Doch eines Abends glaubt sie Rochesters Stimme verzweifelt ihren Namen rufen zu hören. Sie eilt nach Thornfield Hall, findet das Haus niedergebrannt und erfährt, daß die Irre Feuer gelegt hat und bei einem Sturz vom Dach umgekommen ist. Nun bekennt sie sich zu Rochester, der, schwer verwundet und erblindet, ihrer Pflege bedarf. Sie wird seine Frau und lebt mit ihm, der seine Sehkraft zum Teil zurückgewinnt, und seiner Tochter in bescheidenem Glück.

Daß dieser Roman trotz seiner – in der Zusammenfassung noch absurder wirkenden – Unwahrscheinlichkeiten, seiner sensationell-melodramatischen Elemente und der bei der Schauerromantik gemachten Anleihen einen bedeutenden Platz unter den romantischen Erzählwerken der englischen Literatur einnimmt, verdankt er sich der Figur der Titelheldin. Ähnlich wie die Heldinnen Emily und Anne Brontës hat Jane Eyre mit den üblichen Frauengestalten der zeitgenössischen Romanliteratur kaum mehr etwas gemeinsam, sie ist vielmehr eine Projektion von Charlotte Brontës eigener Individualität; kein sanftes, liebliches Aschenbrödel, das geduldig auf seinen Prinzen wartet, sondern ein äußerlich unscheinbares, herbes Mädchen, in dem sich eine oft penetrant wirkende Selbstgerechtigkeit und die Fähigkeit zu echter Leidenschaft die Waage halten. Der protestantische moralische Rigorismus – der, wie man weiß, auch der Autorin eigen war – weist Jane Eyre im Konflikt zwischen Liebe und persönlicher Integrität (einem der großen Themen Ch. Brontës) den Weg, der ihr die Selbstachtung erhält. Der Ausgang des Romans, versöhnlich zwar, aber keineswegs ein Happy-End, steht im Einklang mit der konsequent durchgehaltenen Bezogenheit aller Ereignisse und Gestalten auf den eigenständigen Charakter Jane Eyres. Die Verstümmelungen Rochesters (im Gegensatz zu Jane ein theatralischer Typ aus dem Arsenal des Schreckensromans) nehmen dem Schluß nicht nur das platt Märchenhafte, durch sie wird auch das Verhältnis zwischen »dominierendem« Mann und »schwacher« Frau umgekehrt: Wie er sich einst zu der armen Gouvernante Jane Eyre, so läßt diese sich am Ende zu dem hilflosen Rochester herab – auch dies ein für Charlotte Brontë kennzeichnendes Thema. – Der Roman wurde in alle Weltsprachen übersetzt, immer wieder neu aufgelegt, dramatisiert und verfilmt. J.Dr.-KLL

AUSGABEN: Ldn. 1847, 3 Bde. – Lpzg. 1848, 2 Bde. – Ldn. 1902 [Einl. W. R. Nicoll]. – Oxford 1931, Hg. T. J. Wise u. J. A. Symington, 2 Bde. (*The Shakespeare Head Brontë*). – Ldn. 1965. – NY 1971 (Norton's Critical Editions). – Ldn. 1973 (OUP). – Oxford 1980 (OUP). – Ldn. 1981 (Bantam). – Ldn. 1987 (Bantam).

ÜBERSETZUNGEN: *Johanna Eyre*, E. Susemihl, 3 Tle., Bln. 1848. – *Jane Eyre, die Waise von Lowood*, anon., Stg. 1864; [7]1912. – *Jane Eyre*, B. Tucholsky, Lpzg. 1927. – Dass., P. Meister-Calvino, Zürich 1945 [Nachw. M. Hottinger]; [11]1985. – Dass., B. Schindler, Lpzg. 1958; [4]1963. – Dass., G. v. Sondheimer u. E. v. Arx (in *Sturmhöhe. Trilogie*, Freiburg i.B./Olten 1958; Nachw. L. Rinser). – Dass., E. v. Arx, Mchn. 1969. – Dass., dies., Ffm./Bln. 1981 (Ullst. Tb). – *Jane Eyre. Eine Autobiographie*, B. Schindler, Zürich 1988 (detebe).

DRAMATISIERUNGEN: J. Brougham, *Jane Eyre, or The Secrets of Thornfield Manor*(Urauff.: Ldn., 27. 1. 1848, Old Vic). – Ch. Birch-Pfeiffer, *Die Waise aus Lowood* (Urauff.: Wien? 1855). – W. G. Wills, *Jane Eyre*(Urauff.: Ldn., 23. 12. 1882, Globe).

VERFILMUNGEN: Italien 1910 (Regie: M. Caserini). – USA 1910. – USA 1918 (Regie: E. Jose). – USA 1921 (Regie: H. Ballin). – USA 1934 (Regie: Ch. Cabanne). – USA 1944 (Regie: R. Stevenson). – USA 1956 (Regie: J. Mason). – USA 1970 (Regie: D. Mann).

LITERATUR: K. Tillotson, »Jane Eyre« (in K. T., *Novels of the Eighteen-Forties*, Oxford 1954, S. 257–313). – B. Hardy, »Jane Eyre«, Oxford 1964. – R. B. Martin, *The Accents of Persuasion, Ch. B.'s Novels*, Ldn. 1966, S. 57–108. – J. Beaty, »Jane Eyre« and Genre (in Genre, 10, 1977, S. 619–654). – A. El-Ayouty, *A Structural Study of »Jane Eyre«* (in Journal of English, 8, 1980, S. 109–125). – J. Politi, »Jane Eyre« Class-ified(in Literature and History, 8, 1982, Nr. 1, S. 56–66). – M. Homans, *Dreaming of Children: Literalization in »Jane Eyre« and »Wuthering Heights«* (in *The Female Gothic*, Hg. J. E. Fleenor, Montreal 1983). – J. H. Freeman, *Speech and Silence in »Jane Eyre«* (in SEL, 24, 1984, S. 683–700). – J. C. Oates, *Romance and Anti-Romance; From B.'s »Jane Eyre« to Rhys' »Wide Sargasso Sea«* (in Virginia Quarterly Review, 61, 1985, Nr. 1, S. 44–58).

## LEGENDS OF ANGRIA

(engl.; *Erzählungen aus Angria*). Teile eines Zyklus von Kurzromanen, Erzählungen und Gedichten von Charlotte und Patrick Branwell BRONTË, unter diesem Titel erstmals veröffentlicht 1933. – Im Juni 1826 begannen die Geschwister Brontë mit der Niederschrift von Phantasiegeschichten um zwölf Holzsoldaten, die ihr Vater ihnen eines Tages mitgebracht hatte. Obwohl im Anfangsstadium dieses Gedankenspiels auch Emily und Anne Brontë mitdichteten, sind nur Aufzeichnungen von Charlotte und Branwell erhalten.
Die frühesten überlieferten Manuskripte stammen aus dem Jahr 1829, als Form und Thema der Geschichten sich bereits klar abzeichneten. Die Kinder nannten die zunächst nur lose, dann immer enger miteinander verknüpften Stücke *The Young Men's Play* und bezogen sich damit auf die zwölf jungen Abenteurer, die sie als erste an der Küste Westafrikas landen, das Land erobern und die große phantastische »Glass Town« gründen ließen. Die Gesellschaft dieser »Glasstadt« und ihre bedeutendsten Persönlichkeiten beschreibt die dreizehnjährige Charlotte in den Porträtskizzen *Characters of the Celebrated Men of the Present Time* unter ihrem »angrianischen« Pseudonym »Captain Tree« (später nennt sie sich meist »Lord Charles Albert Florian Wellesley« oder »Charles Townshend«). Darin erscheinen bereits einige Hauptfiguren des ganzen Zyklus, vor allem ein fiktiver Herzog von Wellington und seine beiden Söhne, Arthur Wellesley, Marquis von Douro, und Charles Wellesley, ein

Schriftsteller, mit dem Charlotte sich besonders gern identifiziert. In den Gestalten von »Captain Bud« und »Young Soult, the Rhymer« zeichnet sie ironische Porträts ihres Bruders Branwell, dessen Schwäche für schlechte Verse und großspurige politische Phantasien sie aufs Korn nimmt. Ende 1831, als in den Aufzeichnungen der Name »Glass Town« immer öfter durch »Verdopolis« ersetzt wird, die verdopolitanische Föderation von fünf Provinzen schon genau beschrieben ist, die Beziehungen zwischen den Personen und die Staatsverhältnisse im wesentlichen festgelegt sind, kommt Charlotte ins Internat. Die Kinder beschließen zunächst, ihre Traumwelt nicht weiter auszuphantasieren, kehren aber bald zu dem faszinierenden Spiel zurück: Emily und Anne gründen ihr eigenes Phantasiereich »Gondal« (vgl. *Gondal-Poems*), während die inzwischen heimgekehrte Charlotte gemeinsam mit Branwell von August 1832 an »Verdopolis« weiter ausmalt. Allmählich wird Arthur Wellesley zur dominierenden Gestalt. Die zahlreichen Manuskripte des Jahres 1834 beschreiben, wie er durch das Parlament mit dem von ihm eroberten östlichen Gebiet der Föderation betraut wird und wie dort ein neuer Staat entsteht. Wellesley nennt ihn »Angria«, unterteilt ihn in sieben Provinzen, gründet eine Hauptstadt und nennt sich nun pompös »Arthur Augustus Adrian Wellesley, Herzog von Zamorna und König von Angria«. Die Manuskripte der folgenden Jahre berichten von sozialen und politischen Entwicklungen sowie von den privaten Beziehungen angrianischer Aristokraten. Die Aufsässigkeit und die Intrigen von Percy, Herzog von Northangerland (die jungen Brontës kannten ihren SHAKESPEARE und waren offenbar auch mit Jane AUSTEN vertraut), stürzen Angria in einen langen, blutigen Bürgerkrieg, dessen politische Seite Branwell beschreibt, während Charlotte sich mehr mit den Liebesabenteuern und den Familienangelegenheiten ihrer beiden byronischen Überhelden, Arthur und Percy, befaßt. Zwischen 1836 und 1839 zeigen Charlottes Geschichten eine zunehmende Neigung zu realistischerer Darstellung, die Branwells werden dagegen immer langatmiger und trockener. 1839 nimmt Charlotte in einem Akt höchster Selbstdisziplinierung in dem Prosastück *A Farewell to Angria* formell Abschied von ihren erfundenen Königreichen, deren Bewohner und Geschichten sie sich, wie wir aus vielen Äußerungen wissen, mit einer an Süchtigkeit grenzenden Begeisterung fünfzehn Jahre hindurch ausgedacht hatte: *»Es ist kein einfaches Ding, aus meiner Phantasie jene Bildnisse zu verbannen, die sie so lange erfüllt haben. Sie waren meine Freunde und vertrauten Bekannten, und ich könnte dir ohne Mühe die Gesichter, die Stimmen, die Taten derer beschreiben, die meine Gedanken bei Tage bevölkerten und die nicht selten des Nachts sich in meine Träume stahlen...«* In den literarischen Gedankenspielen um die »Glass-Town«-Konföderation, Verdopolis und Angria, diese *»gläsern-glühenden Groß-Reiche«* (Arno SCHMIDT), lebte sich die Phantasie der in ländlicher Einsamkeit aufwachsenden, hochbegabten und schon früh sehr belesenen Kinder aus; diese Welt bevölkerten sie mit insgesamt fast 640 Charakteren, in diese Welt projizierten sie ihre Erfahrungen und ihre Meinungsverschiedenheiten, ihr politisches Wissen (in verschiedenen Abwandlungen ist die Gestalt des damals sehr verehrten Herzogs von Wellington fast immer bei Charlotte und Branwell präsent; auch ist die industrielle Seite der angrianischen Welt nicht denkbar ohne die Kenntnisse der Brontë-Kinder über die Industrialisierung und die Ludditen-Aufstände in Yorkshire) und ihre romantischen Vorstellungen von Liebe und Leidenschaft. Sprachstil, Charakterzeichnungen und Landschaftsbeschreibungen zeigen deutlich die Anlehnung an Sir Charles MORELLS orientalisierende Erzählungen *Tales of the Genii* (1764), an MACPHERSON (*»Ossian«*) und, ab 1831, an Walter SCOTT und vor allem Lord BYRON. Der Dialog ist lebhaft und psychologisch reizvoll, Aufbau und Einzelheiten der Handlung sind bizarr-einfallsreich. Zwar ist die künstlerische Abrundung vieler Geschichten mangelhaft; zu tadeln sind *»Instabilität des narrativen Focus, Schwanken zwischen Realismus und Romanze, aufgeblasene Sprache neben grobem Realismus, Schwelgerei in Szenen aus dem vornehmen Leben«* (Tom WINNIFRITH), aber meist besitzen die Geschichten einen Charme, eine Frische und eine Faszinationskraft, die bisweilen die der späteren realistischen Romane Charlotte Brontës übertrifft. – Die über 100 mit winzigen Schriftzeichen gefüllten, mit kleinen Porträts, Titelblattentwürfen und Landschaftsskizzen ausgeschmückten Manuskriptheftchen und Einzelblätter waren viele Jahrzehnte lang verschollen, wurden dann von dem Philologen Clement SHORTER im Besitz von Charlottes verwitwetem Mann Arthur Nicholls entdeckt und ab den zwanziger Jahren unseres Jahrhunderts nach und nach publiziert; erst in den dreißiger Jahren begann man sie dann als Teile eines von den Brontës lebenslang fast völlig geheimgehaltenen Zyklus zu verstehen. Wie Emily an den *Gondal-Gedichten*, so hat Charlotte sich an den *Angria*-Erzählungen, diesen Resultaten ihrer enthusiastischen »scribblemania«, geschult und Charaktere und Handlungen entworfen, die zum Teil, der romantischen Phantastik entkleidet, später in ihren Romanen wieder auftauchen. Nicht zuletzt ist der ganze Angria-Komplex auch hochinteressant unter dem Gesichtspunkt der Psychologie literarischen Schöpfertums; die Erzählungen der Kinder sind schlagende Belege für jene psychoanalytischen Theorien der literarischen Phantasie, die Sigmund FREUD in *Der Dichter und das Phantasieren* (1908) und sein Kollege Hanns SACHS in der Untersuchung *Gemeinsame Tagträume* (1924) formulierten; die Texte stellen eine *»Korrektur der unbefriedigenden Wirklichkeit«* (S. Freud) dar und erstrahlen von dem Wunsch und der Lust, die eigene Person – als fremde maskiert – im Spiegel des Tagtraums schön und geliebt zu erblicken. J.Dr.

AUSGABEN: Ldn. 1925 (*The Twelve Adventurers*, Hg. C. K. Shorter). – Ldn. 1931 (*The Spell. An Ex-*

*travaganza*, Hg. G. E. MacLean). – New Haven/Ldn. 1933 (*Legends of Angria. Compiled from the Early Writings of Ch. B.*, Hg. F. E. Ratchford u. W. C. De Vane; ern. 1937). – Oxford 1936–1938 (in *The Miscellaneous and Unpublished Writings of Ch. and P. B. B.*, 2 Bde.; *The Shakespeare Head Brontë*). – Ldn./Glasgow 1954 u. ö. (*Tales from Angria*, in *A Selection of Works by Ch. B.*, Hg. Ph. Bentley).

ÜBERSETZUNG: *Erzählungen aus Angria*, M. Walter u. J. Drews, Ffm. 1987.

LITERATUR: F. E. Ratchford, *Ch. B.'s Angrian Cycle of Stories* (in PMLA, 42, 1928, S. 494–501). – D. Du Maurier, *Die dämonische Welt des B. B.*, Zürich/Stg. 1961. – A. Schmidt, *»Angria« u. »Gondal«. Der Traum der taubengrauen Schwestern* (in Jahresring 65/66, 1965, S. 7–37).

## SHIRLEY

(engl.; *Shirley*). Roman von Charlotte BRONTË, erschienen 1849. – Schauplatz des Romans ist die Heimat der Autorin, der Distrikt West Riding in der Grafschaft Yorkshire; den historischen Hintergrund bilden die maschinenstürmerischen Ludditen-Aufstände und die damit verbundene Krise des englischen Frühkapitalismus um 1812. Robert Gérard Moore, ein zielstrebiger junger Unternehmer halb belgischer Herkunft, will zur Steigerung der Produktion in seiner Tuchfabrik neue Maschinen installieren. Es kommt zum Aufstand der um ihre Existenz bangenden Arbeiter: Sie zerstören die Maschinen während des Transports, drohen Moores Fabrik anzuzünden und verüben schließlich einen Mordanschlag auf ihn, der jedoch fehlschlägt. Um seine durch die allgemeine politisch-ökonomische Situation (Kontinentalsperre, Napoleonische Kriege) bedingten Schwierigkeiten zu überwinden, bewirbt sich Moore um die reiche, kluge, für ihre Zeit erstaunlich selbständig denkende und handelnde Gutsherrin Shirley Keeldar, obwohl er in Wirklichkeit die sanfte Caroline Helstone liebt. Shirley durchschaut Robert und weist ihn ab, Caroline erfährt davon und erkrankt vor Kummer. Ihre Versuche, nach der Genesung aus ihrer finanziellen und familiären Abhängigkeit auszubrechen, scheitern am Widerstand ihres engherzig-herrischen Onkels, des Ortspfarrers, und an den gesellschaftlichen Konventionen. Moores Bruder Louis, ein armer, äußerlich wenig attraktiver Hauslehrer, erringt schließlich die Hand der eigenwilligen Shirley, während Robert die ihm treu gebliebene Caroline heiratet und, durch die politische Entwicklung seiner Absatzschwierigkeiten enthoben, zu einem für die Epoche charakteristischen sozialen Kompromiß bereit ist: Durch eine rücksichtsvollere Verwirklichung seiner Modernisierungspläne soll die schlimmste Not von den Arbeitern abgewendet werden.

Obwohl die Autorin zu Beginn des Romans den zeitgeschichtlichen Rahmen präzis und objektiv absteckt, verlagert sie im folgenden den Akzent immer mehr von den gesellschaftlichen Problemen auf die privaten Schicksale, ohne deren soziale Bedingtheit wirklich sinnfällig zu machen. Dennoch kommt auch im persönlichen Bereich ein übergeordnetes Thema zum Tragen: das Thema von Beherrschung und Unterwerfung, doppelt dargestellt in der für Charlotte Brontë typischen *master-pupil-relationship* der beiden Liebesbeziehungen. Trotz deutlicher Ähnlichkeiten (vor allem in der Charakterzeichnung) mit *Jane Eyre* und *Villette*, läßt *Shirley* im ganzen die dort so überzeugende Darstellung von seelischer Verfassung und äußerer Situation der weiblichen Hauptfiguren vermissen. Dieser Eindruck wird verstärkt durch die oft gestelzt wirkende Sprache, die umständlichen didaktischen Kommentare und den objektivierenden Erzählstil, der sich im Vergleich mit der Ich-Erzählung in den anderen Romanen Charlotte Brontës als weniger geeignet erweist, die Spannung zwischen subjektiver Empfindung und erstarrter Konvention nuanciert wiederzugeben. J.Dr.

AUSGABEN: Ldn. 1849. – Ldn. 1872 (in *Life and Works of Ch. B. and Her Sisters*, 7 Bde., 1872/73, 2; ern. 1899–1903). – Ldn. 1908 (Everyman's Library; ern. 1935). – Edinburgh 1911, 2 Bde.; ern. 1924. – Ldn. 1962 (Everyman's Library). – Harmondsworth 1974 (Penguin). – Oxford 1981 (OUP).

ÜBERSETZUNGEN: *Shirley*, anon., 3 Bde., Bln. 1849. – Dass., W. E. Drugulin, 5 Tle., Grimma 1850. – Dass., Ch. F. Grieb, 3 Tle. (in *Werke*, Bd. 1, Stg. 1851). – Dass., J. Reiher u. H. Wolf, Weimar 1967.

LITERATUR: A. Briggs, *Private and Social Themes in »Shirley«* (in B. Society Transactions, 13, 1958, S. 203–219). – I. Holgate, *The Structure of »Shirley«* (ebd., 14, 1962, S. 27–35). – H. J. Rosengarten, *Ch. B.'s »Shirley« and the »Leeds Mercury«* (in SEL, 16, 1976, S. 591–600). – R. Belkin, *Rejects of the Marketplace: Old Maids in Ch. B.'s »Shirley«* (in International Journal of Women's Studies, 4, 1981, Nr. 1, S. 50–66).

## VILLETTE

(engl.; *Villette*). Roman von Charlotte BRONTË, erschienen 1853. Wie Charlotte Brontës 1846 verfaßter, postum (1857) veröffentlichter Erstlingsroman *The Professor* beruht auch *Villette* auf den Erlebnissen der Autorin als Lehrerin in einer Privatschule in Brüssel (1842–1844), wo sie unglücklich in den Lehrer Constantin Heger verliebt war. Verglichen mit dem Titelhelden des ersten Romans, William Crimsworth, der der idealisierte Protagonist einer ans Märchenhafte grenzenden Liebesgeschichte ist, erscheint die Zentralfigur des späteren Werks schärfer konturiert und weit realistischer gezeichnet. – Die unscheinbare, arme und auf sich selbst gestellte Lucy Snowe ist die Ich-Erzählerin des Romans. Sie wächst im Haus ihrer Patentante auf, wo deren Sohn John Graham Bretton und die elfenhaft zarte, altkluge Paulina Home ihre Spielgefährten sind. Nachdem sie einige Jahre bei anderen Verwandten verbracht hat, reist sie nach Villette, der »*großen Hauptstadt des Königreiches Labassecours*« (gemeint ist Brüssel) und findet dort dank einer (recht unglaubhaften) Verkettung von Zufällen sofort eine Stellung als Gouvernante im Mädchenpensionat von Mme. Beck. Bei dieser tüchtigen, aber stets auf ihren Vorteil bedachten, kaltherzigen Frau kann sie sich so gut behaupten, daß sie von ihr schließlich als Englischlehrerin angestellt wird. Nur mit Mühe unterdrückt Lucy ihre aufkeimende Liebe zu Dr. John, dem jungen Schularzt, in dem sie erst nach geraumer Zeit den Sohn ihrer Patentante wiedererkennt. Durch ihre Natur ebenso wie durch die Verhältnisse zum »*Zuschauer des Lebens*« bestimmt, beobachtet sie seine Leidenschaft für ihre fröhliche, aber oberflächliche Landsmännin Ginevra Fanshawe, die Mme. Becks Schule besucht, und später seine Zuneigung zu der ebenfalls nach Villette übersiedelten Paulina, die er bald darauf heiratet. Erst als sich Lucy, die stets »*allein, undurchdringlich und prosaisch*« geblieben ist, allmählich ihrer Liebe zu einem Kollegen, dem eigenwilligen, leicht aufbrausenden, im Grund aber gutherzigen Literaturprofessor Paul Emanuel, bewußt wird, fällt der erste Lichtstrahl in ihr trist-eintöniges Leben. Emanuel bringt ihr wachsende Verehrung und Zuneigung entgegen und betraut sie, als er aus familiären Gründen nach Westindien reisen muß, mit der Leitung einer neugegründeten kleinen Schule. Es bleibt offen, ob er nach drei Jahren wohlbehalten zurückkehren und Lucy, die durch ihn einen Platz im Leben gefunden hat, heiraten wird.

Die Isolierung Lucy Snowes wird verstärkt durch die puritanischen Vorurteile, die sie gegenüber ihrer katholischen Umgebung in Villette hegt, und, wie sie selbst erkennt, durch die »*ihr angeborene grausame innere Distanziertheit*«, die ihr andrerseits hilft, sich zu behaupten. Am beklemmendsten drückt sich ihre Einsamkeit in der Beichte aus, die sie, die Protestantin, vor einem katholischen Geistlichen ablegt. In Lucys Steifheit, Humorlosigkeit und rigoroser Beachtung der konventionellen Moral dürften Charakterzüge der Autorin zu erkennen sein, deren Gehemmtheit und Mangel an Gespür für das Natürliche sich z. B. zu Beginn des Romans in der fast kitschig-süßlichen Beschreibung Paulinas und später in Lucys Reaktion auf Pauls Vorschlag, bei einer Schulaufführung eine Hosenrolle zu übernehmen, verraten. Die Vorzüge des Romans liegen in der konsequent durchgehaltenen Erzählperspektive, die die bekenntnishafte Enthüllung von Lucys Charakter ermöglicht, in den ingeniösen Porträts der skrupellosen Mme. Beck und des resoluten M. Emanuel, in der präzisen Schilderung des Alltags im Pensionat und nicht zuletzt in der glaubhaften Darstellung der intellektuellen Liebesfähigkeit durchaus unromantischer Charaktere. 　　　　　　　　　　　　　　J.Dr.

AUSGABEN: Ldn. 1853, 3 Bde. – Oxford 1873 (in *The Life and Works of Ch. Brontë and Her Sisters*, 7 Bde., 1872–1873, 3). – Ldn. 1909. – Ldn. 1961. – Ldn. 1967 [Ill. C. Hutton]. – Ldn. 1979 (Pan). – Harmondsworth 1979 (Penguin). – Oxford 1984. – Ldn. 1987 (Bantam).

ÜBERSETZUNGEN: *Villette*, A. Diezmann, Bln. 1853, 3 Bde. – Dass., Ch. F. Grieb, Stg. 1853–1858, 2 Bde. – Dass., P. Meister-Calvino, Zürich 1947; ern. 1957. – Dass., Ch. Agricola, Mchn. 1972; ern. Ffm./Bln. 1987 (Ullst. Tb). – Dass., dies., Lpzg. 1973. – Dass., I. Leisi, Zürich 1984; ²1986. – Dass., Ch. Agricola, Ffm./Bln. 1987 (Ullst. Tb).

LITERATUR: Ch. Burkhart, *The Nuns of »Villette«* (in Victorian Newsletter, 44, 1973, S. 8–13). – J. F. Blackall, *Point of View in »Villette«* (in Journal of Narrative Technique, 6, 1976, S. 14–28). – B. J. Baines, *»Villette«, a Feminist Novel* (in Victorians Institute Journal, 5, 1976, S. 51–59). – J. Carlisle, *The Face in the Mirror: »Villette« and the Conventions of Autobiography* (in Journal of English Literary History, 46, 1979, S. 262–289). – S. Foster, *»A Suggestive Book«: A Source for »Villette«* (in Études Anglaises, 35, 1982, S. 177–184). – R. B. Heilman, *Tulip-Hood, Streaks, and Other Strange Bedfellows: Style in »Villette«* (in Studies in the Novel, 14, 1982, S. 223–247).

## EMILY JANE BRONTË

\* 30.7.1818 Thornton / Yorkshire
† 19.12.1848 Haworth / Yorkshire

LITERATUR ZUR AUTORIN:
M. Spark u. D. Stanford, *E. B.: Her Life and Work*, Ldn. 1953; ⁴1966. – W. H. Stevenson, *E. and A. B.*, NY 1968. – J. Hewish, *E. B.: A Critical and Biographical Study*, Ldn. 1969. – M. Allott, *E. B.*, Ldn. 1970. – W. Gérin, *E. B.: A Biography*, Oxford 1972; ern. 1978 (OUP). – *E. B.*, Hg. J.-P. Petit, Harmondsworth 1973. – A. Passel, *Ch. and E. B.: An Annotated Bibliography*, NY 1979. – S. Davies, *E. B. The Artist as a Free Woman*, Manchester 1983. – *E. B. Criticism 1900–1982. An Annotated Checklist*, Hg. J. M. Barclay, Westport/Calif. 1984. – Vgl. auch Literaturangaben bei Charlotte Brontë.

## GONDAL POEMS

(engl.; *Gondal-Gedichte*). Fragment eines Gedichtzyklus von Emily Jane BRONTË, erstmals geschlossen erschienen 1938. – Aus der großen dichterischen Tagtraumphantasie vom »Land Gondal« sind rund 230 Gedichte erhalten. Sie entstanden zwischen 1836 und 1848, als Emily Brontë und ihre Schwester Anne in der ländlichen Abgeschlossenheit des väterlichen Pfarrhauses in Haworth/Yorkshire an der Fortsetzung ihrer zum Teil schon in der Kindheit begonnenen tagtraumartigen Erzählungen arbeiteten. Mit dem Ausphantasieren der Geschichte des märchenhaften Königreichs Gondal begannen die beiden allerdings schon 1831, als ihre Schwester Charlotte das Haus verließ, um zur Schule zu gehen. Da ihr Bruder Patrick Branwell die *Angria*-Geschichten (vgl. *Legends of Angria*) nicht zu ihrer Zufriedenheit weiterführte, erdachten sich die Schwestern ein eigenes neues Königreich. Erst 1836 scheint dann Emily Brontë mit dem Schreiben von Gedichten begonnen zu haben, die in die Welt von Gondal gehören.

Gondal ist eine Insel im nördlichen Pazifik, berg- und seenreich wie Yorkshire und mit einem ähnlich rauhen und stürmischen Klima. In seiner politischen Struktur ist Gondal ein Bund von Königreichen mit verschiedenen, zum Teil miteinander verfeindeten Herrscherhäusern. Die Einwohner sind hart, leidenschaftlich und patriotisch gesinnt. Gondalische Seeleute entdecken später auf ihren Fahrten Gaaldine, eine Insel im südlichen Pazifik, auf der dann ebenfalls Kämpfe ausbrechen, vor allem zwischen Julius von Brenzaida, dem König von Almedore, und seinen Nachbarn im Königreich Zalona, dessen Herrscher aus dem Hause Exina stammen.

Aus den erhaltenen Gedichten können heute wenigstens die hier angedeuteten Umrisse der *Gondal*-Phantasien erschlossen werden. Die Gedichte selbst dürfen nicht als unmittelbares persönliches Bekenntnis Emily Brontës gesehen werden; die meisten, vielleicht sogar alle Gedichte haben vielmehr – wenn sie sich auch gelegentlich auf Stimmungen und Erlebnisse der Verfasserin beziehen lassen mögen – ihren genauen Stellenwert innerhalb der fiktiven Welt von Gondal und sind nur unter diesem Aspekt richtig zu verstehen. Ein großer Teil der Gedichte ist Rollen-Lyrik, andere sind Aussagen bestimmter Figuren aus der Gondal-Welt oder betreffen Ereignisse aus der Geschichte des Königreichs. »*Will the day be bright or cloudy ...*« zum Beispiel handelt von den Omen bei der Geburt von Augusta Geraldine Almeda, der späteren Königin von Gondal, »*From the evening fireside now ...*« von dem eingekerkerten Arthur Gleneden, einem Gondal-Helden. Die meisten Gedichte verraten schon im Titel durch exotische Namen oder durch Initialen ihre Zugehörigkeit zum *Gondal*-Zyklus (*Song by J. Brenzaida*, *F. de Samara to A. G. A.* usw.). Die Namen der Hauptpersonen und wichtigsten Orte kennen wir aus einer Liste, die Anne Brontë zusammengestellt hat. – Viele Gedichte beziehen sich auf die Gaaldinischen Kämpfe zwischen den Häusern Brenzaida und Exina. Insgesamt sind die *Gondal Poems* das Gegenstück zu den *Legends of Angria*, jenem Komplex von Geschichten, die die vier Geschwister Brontë, später aber vor allem Charlotte, ausfabulierten. Während von Charlotte nur wenige Gedichte über Angria, und von Anne ebenfalls nur wenige über Gondal vorliegen, gehören fast alle Gedichte Emilys in die Fabelwelt von Gondal oder reflektieren ihr Verhältnis zu diesem Traumreich. Bedeutung kommt ihnen sowohl als dem uns überkommenen Fragment des großen literarischen Phantasiegebildes von Gondal zu wie als dichterischem Ausdruck jener wilden, düsteren Phantastik und Leidenschaftlichkeit, die auch die Atmosphäre von Emily Brontës Roman *Wuthering Heights*, 1847 *(Sturmhöhe)*, bestimmen.

Die Gedichte haben in den letzten Jahren wachsendes Interesse bei der Forschung gefunden und gelten als höchst aufschlußreiches Beispiel dafür, wie die Dichterin, der die Möglichkeit persönlicher Erfahrung versagt blieb, die Spannweite ihres Einfühlungs- und Vorstellungsvermögens erprobte und zum Ausdruck brachte. J.Dr.

AUSGABEN: Ldn. 1910 (in *The Complete Works*, Hg. C. Shorter, 2 Bde., 1; unvollst.). – Oxford 1938, Hg. H. Brown u. J. Mott. – NY 1941 (*The Complete Poems*, Hg. C. W. Hatfield; ern. 1961; m. Einl. v. F. E. Ratchford). – Ldn. 1949 (in *The Works of the Sisters B.*, Hg. P. Bentley). – Austin/Tex. 1955 (*Gondal's Queen. A Novel in Verse*, Hg. u. Einl. F. E. Ratchford; Nachdr. 1964).

ÜBERSETZUNG: *Gedichte/Poems*, E. Ort, 2 Bde., Ffm. 1987 [m. Einl.; dt.-engl.].

LITERATUR: H. M. Dodds, *Gondalland* (in MLR, 18, 1923, S. 9–21). – Ders., *A Second Visit to Gondalland* (ebd., 21, 1926, S. 373–379). – F. E. Ratchford, *Two Poems by E. B., with the Gondal Background of Her Poems and Novels*, Austin/Tex. 1934. – W. D. Paden, *An Investigation of »Gondal«*, NY 1958. – L. P. Hartley, *E. B. in Gondal and Gaaldine* (in B. Society Transactions, 1965, S. 1–15). – A. Schmidt, *»Angria« und »Gondal«. Der Traum der taubengrauen Schwestern* (in Jahresring 65/66, 1965, S. 7–37). – Ch. Gallant, *The Archetypal Feminine in E. B.'s Poetry* (in Women's Studies, 7, 1980, Nr. 1/2, S. 79–94).

# WUTHERING HEIGHTS

(engl.; *Sturmhöhe*). Roman von Emily Jane BRONTË, erschienen unter dem Pseudonym »Ellis Bell« 1847. – Emily Brontës einziger Roman, entstanden in der Einsamkeit des Pfarrhauses von Haworth, Yorkshire, ist unter den Werken der viktorianischen Erzähler eine singuläre Erscheinung. Bei dem Versuch, literarische Einflüsse aufzuzeigen, ist Vorsicht geboten, so naheliegend es auch sein mag, die düstere, unheilvolle Stimmung von *Wuthering Heights* mit der Atmosphäre der Schauerromantik oder den von dämonischer Leidenschaft getriebenen Protagonisten Emily Brontës mit Gestalten

Lord BYRONS und SHELLEYS zu vergleichen. Unmittelbare Quellen für den Roman, der in einigen Zügen an E. T. A. HOFFMANNS Novelle *Das Majorat* (1817) erinnert, sind allerdings nicht nachzuweisen.

Der gütige Mr. Earnshaw, Besitzer des auf einer sturmumtosten Anhöhe in den wilden Ödflächen Yorkshires gelegenen Gutshofes Wuthering Heights – an sich schon eine außergewöhnliche Schauplatzwahl, die auf die für die Viktorianer schockierende Betonung des Elementaren vorverweist –, zieht zusammen mit seinen Kindern Catherine (Cathy) und Hindley einen Findling auf, den er aus den Elendsquartieren Liverpools mitgebracht und »Heathcliff« getauft hat. Schon der Name verweist den Leser auf den Umstand, daß es Emily Brontë hier weniger um die Darstellung des sozialen Elends der Kinder in den Industriestädten als vielmehr um die Diskussion elementarer Kräfte geht. Während Catherine und der alte Earnshaw echte Zuneigung für den fremden Jungen mit seinem schroffen Wesen und aufbrausenden Temperament empfinden, verfolgt ihn Hindley bald mit eifersüchtigem Haß. Als er ihn nach dem Tod des Vaters grausam schikaniert und demütigt, versucht Catherine, die sich immer stärker ihrer Wesensverwandtschaft mit dem Adoptivbruder bewußt wird, Heathcliff in Schutz zu nehmen. Einige Jahre später tritt mit dem reichen, kultivierten Edgar Linton ein junger Mann in ihr Leben, der so verschieden von Heathcliff ist wie die heitere, gepflegte Atmosphäre von Thrushcross Grange, des im Tal gelegenen Herrenhauses der Lintons, von der Düsterkeit Wuthering Heights'. Als Cathy in einem Augenblick der Unbeherrschtheit und Selbsttäuschung der Haushälterin Ellen (Nellie) Dean erklärt, sie halte Heathcliff, obwohl sie ihn liebe, für ihrer nicht würdig, verläßt der zufällig Zeuge dieser Bemerkung gewordene Heathcliff aus Zorn über diesen Verrat elementarster Beziehungen Wuthering Heights. Nach Jahren kehrt er als reicher Mann zurück, findet Catherine (die lange vergeblich auf Nachricht von ihm gewartet hat) als Edgar Lintons Frau wieder und sinnt von nun an nur noch auf Rache. Er korrumpiert Hindley Earnshaw durch Alkohol und Glücksspiel, um alleiniger Herr von Wuthering Heights zu werden, und reduziert ihn damit auf das Niveau, auf dem er sich selbst angeblich früher befand. Gleichzeitig führt er einen erbarmungslosen Kampf gegen die Lintons und um Thrushcross Grange. Er stürzt Catherine in einen verzweifelten Konflikt zwischen Liebe und Treue, macht Edgars unreifer Schwester Isabella den Hof, entführt sie mit ihrem Einverständnis, zwingt sie auf diese Weise zur Heirat mit sich und behandelt sie dann so unmenschlich, daß sie aus Wuthering Heights flieht. Nach einer von Heathcliff erzwungenen Aussprache in Thrushcross Grange verliert Catherine den letzten Lebenswillen; sie stirbt im Bewußtsein, Verrat an ihrer Liebe begangen zu haben. Doch in und für Heathcliff lebt sie weiter, als Idee und als Vision, die ihn bis zu seinem Ende heimsuchen wird.

Als eine neue Generation heranwächst, macht er auch sie zum Instrument und Opfer seiner Rache. Er verheiratet seinen und Isabellas kränklichen Sohn Linton mit Catherines und Edgars Tochter Cathy. Wie diese ein Ebenbild ihrer schönen, leidenschaftlichen Mutter, aber frei von deren egoistischen und unberechenbaren Zügen ist, so gleicht Linton in seiner Grausamkeit und seinem Menschenhaß Heathcliff, ohne dessen Energie und Gefühlskraft zu besitzen. Emily Brontë führt auf diese Weise die positiven und negativen Möglichkeiten der beiden Seinsextreme vor, die sie mit den Schauplätzen Wuthering Heights und Thrushcross Grange bezeichnet hat. Als der Sohn – kurz nach dem Tod seines Vaters – stirbt, ist Heathcliff auch Herr von Thrushcross Grange. Doch sein Dämon treibt ihn nun auch zur Rache an Hindley Earnshaws Sohn Hareton, den er auf Wuthering Heights aufwachsen läßt, um ihn ebenso grausam zu demütigen, wie einst Hindley ihn selbst gedemütigt hat. Daß Hareton dadurch zwar hart und verstockt, nicht aber böse wird, deutet darauf, daß das Satanische in Heathcliff nicht in den Qualen, die andere ihm zufügten, seinen Ursprung hat, sondern von Anfang an in ihm angelegt war. Bevor Heathcliff auch das Leben Cathys und Haretons (deren Liebe die unheilvollen Kräfte besiegen wird) zerstören kann, stirbt er unter mysteriösen Umständen: Die tote Geliebte hat ihn zu sich geholt.

Die Struktur des nicht chronologisch erzählten Romans, dessen Geschehen aus der Perspektive zweier Randfiguren dargestellt ist, mutet unzeitgemäß und modern an. Nelly Dean, die treue, biedere Haushälterin der Earnshaws, die die Ereignisse von Anfang an miterlebt hat, wird von Mr. Lockwood, der als Mieter von Thrushcross Grange kurz vor Heathcliffs Ende zufällig Zeuge ihm rätselhafter Vorgänge wird, um eine Erklärung gebeten und erzählt ihm alles, was bis zu diesem Zeitpunkt geschehen ist. Als Lockwood nach Heathcliffs Tod von einer Reise zurückkehrt, erfährt er, wiederum von Nelly Dean, was sich in der Zwischenzeit ereignet hat. Daß beider Standpunkt von traditionell-christlichen Moralbegriffen und praktischer Vernunft bestimmt ist, erweist sich als genialer Kunstgriff der Autorin: Die Diskrepanz zwischen dieser Haltung und den mit elementarer Gewalt hervorbrechenden Leidenschaften, die zu der geschilderten Tragödie geführt haben, unterstreicht, daß diese Leidenschaften sich konventionellen moralischen Maßstäben entziehen.

Die Veröffentlichung von *Wuthering Heights* löste in weiten Kreisen Empörung aus. Besonders die deutliche Betonung der erotisch-sexuellen Ebene auch bei den weiblichen Figuren erregte den Unwillen des Publikums, als die wahre Identität der Autorin bekannt wurde. Nicht einmal Charlotte BRONTË wagte es, für das Buch der Schwester voll einzustehen. Erst Ende des 19. Jh.s begann man, die Bedeutung des Werks zu erkennen, das seine Zeit überragt und heute zu den großen Beispielen englischer Romankunst gezählt wird. W.Kl.

AUSGABEN: Ldn. 1847, 3 Bde. – Ldn. 1850, Hg. Ch. Brontë. – NY 1926, Hg. E. Macaulay. – Ldn. 1910/1911 (in *The Complete Works*, Hg. C. K. Shorter u. W. R. Nicoll, 2 Bde.). – NY/Ldn. 1963. – NY 1974 (Bantam). – Oxford 1981 (OUP). – Harmondsworth 1984 (Penguin).

ÜBERSETZUNGEN: *Wutheringhöhe*, anon., Grimma 1851. – *Der Sturmheidhof*, G. Etzel, Lpzg. 1908. – *Die Sturmhöhe*, G. Rambach, Lpzg. 1938; ern. 1968. – *Liebe und Haß auf Wuthering Heights*, G. v. Sondheimer, Zürich 1945; ern. Mchn. 1971. – *Umwitterte Höhen*, A. Wolfenstein, Ffm. 1950. – *Catherine Linton*, M. Fabian, Köln/Bln. 1951. – *Sturmhöhe*, G. v. Sondheimer u. E. v. Arx, Freiburg i.B./Olten 1958. – *Die Sturmhöhe*, G. Rambach, Ffm. 1975; zul. 1985 (Insel Tb). – *Sturmhöhe*, S. Lang, Zürich 6 1987.

VERFILMUNGEN: USA 1939 (Regie: W. Wyler). – *Abismos de pasión*, Mexiko 1953 (Regie: L. Buñuel). – England 1970 (Regie: R. Fuest).

LITERATUR: V. Woolf, *»Jane Eyre« and »Wuthering Heights«* (in V. W., *The Common Reader*, NY 1925, S. 219–228). – W. S. Maugham, *»Wuthering Heights«* (in W. S. M., *Great Novelists and Their Novels*, Philadelphia 1948). – *»Wuthering Heights«. An Anthology of Criticism*, Hg. A. Everitt, Ldn. 1967. – *Twentieth Century Interpretations of »Wuthering Heights«: A Collection of Critical Essays*, Hg. Th. A. Vogler, Englewood Cliffs/N.J. 1968. – P. Diskin, *Some Sources of »Wuthering Heights«* (in NQ, 24, 1977, S. 354–361). – C. Jacobs, *»Wuthering Heights«: At the Threshold of Interpretation* (in Boundary, 7, 1979, S. 49–71). – T. McCarthy, *The Incompetent Narrator of »Wuthering Heights«* (in MLQ, 42, 1981, Nr. 1, S. 48–64). – J. C. Oates, *The Magnanimity of »Wuthering Heights«* (in Critical Inquiry, 9, 1982, S. 435–449). – E. Ort, *Kritischer Vergleich zweier deutscher Übersetzungen von E. B.s »Wuthering Heights«*, Bern 1982. – T. Tanner, *Passion, Narrative, and Identity in »Wuthering Heights« and »Jane Eyre«* (in Teaching the Text, Hg. S. Kappeler u. N. Bryson, Ldn. 1983).

## PETER BROOK

\* 21.3.1925 London

### THE EMPTY SPACE

(engl.; Ü: *Der leere Raum*). Theatertheoretische Schrift von Peter BROOK, erschienen 1968. – Mit diesem Theorieentwurf reagierte der Leiter der »Royal Shakespeare Company« und bekannte Shakespeare-Regisseur auf die Aporien des konventionellen Theaters und bezog sich dabei vor allem auf Antonin ARTAUDS »Theater der Grausamkeit« (vgl. *Le théâtre et son double*, 1938). Schon 1963/64 hatte Brook gemeinsam mit Charles MAROWITZ eine »theatre of cruelty season« an der London Academy of Music and Dramatic Art geleitet, in der er versucht hatte, Artauds Theorie in praktische Theaterarbeit umzusetzen. Artaud geht in seinem »Theater der Grausamkeit« vom Theater als einer okkulten Veranstaltung und einem Fest der Sinne aus, bei dem magisches Ritual und die Bewußtmachung psychischer Vorgänge an die Stelle von intellektuellem Rationalismus treten. Damit notwendigerweise verbunden ist für Artaud der Verzicht auf fertige Textvorlagen und die Kombination verschiedenster Zeichensysteme wie Sprache, Mimik, Gestik, Tanz, Musik, Beleuchtung etc. Eigentlicher Schöpfer der Werke wird damit der Regisseur, während der Schauspieler als »Athlet des Herzens« physische Bewegung als Abbild einer inneren Bewegung sichtbar macht.

In Anlehnung an diese Vorstellungen entwirft Brook aus seiner Kritik an einem »*deadly theatre*« und in Reaktion auf die Erneuerungsbewegungen im Bereich des »*rough theatre*« und des »*holy theatre*« sein Idealkonzept eines »*immediate theatre*«. Das »*deadly theatre*« ist für Brook eng mit dem kommerziellen Theater verbunden, aber nicht auf dieses beschränkt. In bezug auf die Texte ist es durch den mangelnden Bezug auf die Gegenwart, die Reduktion von Handlung und Personal auf stereotype Muster und die Beschränkung auf die Darstellung entweder von Außenwelt oder psychologisierend gedeuteter Innenwelt gekennzeichnet, wobei sich die Autoren mehr als Literaten denn als Theaterleute verstehen. Auch den Schauspielern und Regisseuren fehlt ein origineller Zugang zu Texten, sie bleiben auf konventionelle Gesten und Figureninterpretation beschränkt. Dies führt dazu, daß das Publikum ohne wirkliches Interesse am Stück bleibt. Demgegenüber pflegt das »*holy theatre*« als Theater des »*Invisible-Made-Visible*« Poesie, ästhetische Schönheit und Magie. Grundformen dieses Theaters der Rituale sieht Brook im haitianischen Voodoo-Kult oder in der Peking-Oper. Dabei dient der Schauspieler als »*pool*«, der durch verschiedene »*wordless languages*« unter Einbeziehung von »*silences*« und durch einen hohen Grad an Konzentration und emotionalen Reserven zu einer »*true expression*« innerer Vorgänge gelangt und diese dem Zuschauer vermittelt. Als Vertreter dieses Theaters nennt der Autor BECKETT, GROTOWSKY und ARTAUD, merkt aber kritisch zu ihnen an, daß sich ihr Theater auf die Darstellung und Bewußtmachung des Innenlebens beschränke und daß der Zweck dieser Bewußtmachung nie kritisch hinterfragt werde. Entgegengesetzt dazu trifft das »*rough theatre*« der Vorwurf, es beschränke sich ausschließlich auf die Darstellung der Außenwelt und verzichte völlig auf emotionale Beteiligung des Schauspielers und des Zuschauers. Das »*rough theatre*« entspricht für Brook in etwa dem Bereich des »Volkstheaters« (worunter für ihn aber auch Volksbelustigungen wie die Bärenhatz oder karnevaleske Satiren fallen) und ist vor allem durch den Verzicht auf stilistische Einheit, auf Logik der Handlungsentwicklung und auf bühnentechnische Perfektion gekennzeichnet.

Das »*immediate theatre*« als Brooks Idealform vereint in sich Momente des »*holy*« und des »*rough theatre*« und macht dadurch das Theater zur »*arena for living confrontation*«. Ziel des Theaters ist eine Katharsis beim Zuschauer, die sich nicht nur auf den Bereich der Emotionen, sondern auf den ganzen Menschen bezieht, also sich nicht einseitig auf Innen- *oder* Außenwelt, auf emotionale Identifikation *oder* rationales Analysieren politischer Zusammenhänge, auf gehobene Sprache und ritualistischen Gebrauch *oder* Umgangssprache beschränkt. Theater erscheint als aktives Zusammenspiel von Text, Schauspieler, Regisseur und Publikum, wobei das Repertoire durchaus nicht auf moderne Stücke beschränkt sein muß, sondern sich im Gegenteil auch und gerade »Klassiker« wie SHAKESPEARE auf diese Weise inszenieren lassen (wie Brook selbst immer wieder gezeigt hat). Allen Texten soll aber ein Bezug zur Gegenwart gemeinsam sein, wobei der Stilwechsel in der Inszenierung als Mittel der Verfremdung eingesetzt werden kann. Der Schauspieler soll sowohl intellektuelle Distanz zu seiner Rolle als auch emotionales Engagement beim Spielen zeigen und in der Probenarbeit – die als aktiver Gruppenprozeß verstanden wird – durch Improvisation zu einer Erweiterung des traditionellen Gestenbestandes und durch entsprechende Übungen zur Durchbrechung des traditionellen Rollenverständnisses gelangen. Auch nach den Proben soll die Rolle nie wirklich »fest« sein, sondern ständig durch die Einbeziehung des jeweiligen Publikums neu gestaltet werden. Das Publikum soll also durch intensiven Schauspielstil aktiviert werden und damit einerseits auf die Schauspieler zurückwirken, andererseits aber auch Rückwirkungen des Theaters auf sein Alltagsleben feststellen. Dabei ist sich Brook aber selbst der Problematik bewußt, das »richtige« Publikum für diese Theaterkonzeption zu finden. Eine zentrale Rolle kommt dem Regisseur zu, der fester Orientierungspunkt für die Schauspieler ist und durch die Probenarbeit als »*visible thinking aloud*« seine Interpretation der Texte verwirklicht. Damit erweist sich *The Empty Space* letztlich als die Theorie eines Regietheaters, in dem die Schauspieler und der Text in erster Linie künstlerisches Gestaltungsmittel für starke Regisseurpersönlichkeiten sind. Davon abgesehen erwies sich Brooks Theorie und ihre Verdeutlichung in seinen eigenen Inszenierungen als außerordentlich anregend sowohl für Theaterpraktiker als auch für Dramatiker nicht nur in Großbritannien. H.Qu.

AUSGABEN: NY 1968. – Harmondsworth 1972 u. ö.

ÜBERSETZUNG: *Der leere Raum. Möglichkeiten des heutigen Theaters*, W. Hasenclever, Reinbek 1973; ern. Mchn. 1975 (dtv).

LITERATUR: *A Theatrical Casebook*, Hg. D. Williams, Ldn. 1988.

## HENRY BROOKE

\* um 1703 Rantavan / Cavan
† 10.10.1783 Dublin

**THE FOOL OF QUALITY, or: The History of Henry Earl of Moreland**

(engl.; *Der Narr von Rang oder Die Geschichte des Grafen Heinrich von Moreland*). Roman in fünf Bänden von Henry BROOKE, erschienen 1765 bis 1770. – Sieht man von Sara FIELDINGS Roman *The Governess* (1749) ab, so darf Brookes Werk als der erste englische Bildungsroman gelten. Offenbar hat ROUSSEAUS Erziehungroman *Émile* (1762) dem Verfasser als Vorbild gedient. Sein Held Harry, Graf von Moreland, wird die Émile fern von den Gefahren der Stadt und der korrupten Gesellschaft zu einem idealen Jüngling erzogen. Wie Émile ist auch er von Natur aus gut und edel, auch ihm steht ein treuer Lehrer zur Seite, der ihn gütig leitet und der das unbegrenzte Vertrauen rechtfertigt, das sein Schüler in ihn setzt. Und schließlich findet auch Harry nach Jahren des Lernens und der praktischen Erfahrungen eine ideale Lebensgefährtin. – Der Haupttitel des Romans ist ironisch gemeint: Harrys Mutter, die in unnatürlicher Verblendung nur ihren älteren Sohn Richard liebt und den jüngeren von einer Pflegemutter erziehen läßt, ist davon überzeugt, ihr Zweitgeborener sei ein Narr. Harrys Vollkommenheit macht ihn zu einer konstruiert wirkenden Figur. Er weist als Kind dieselben moralischen Qualitäten auf wie als Mann. Von einer inneren Entwicklung kann bei einem solch statischen Charakter kaum die Rede sein. Darin unterscheidet sich Brookes Roman von RICHARDSONS *novels of character*, zu deren Heroinen, sei es Pamela, sei es Clarissa, der tugendhafte Harry Moreland auf den ersten Blick das männliche Gegenstück zu bilden scheint.

Strukturell wirkt der Roman wie eine einzige Folge von Abschweifungen. Ganze Kapitel befassen sich mit den Lebensgeschichten neu hinzutretender Personen, ohne daß der Held auch nur erwähnt würde. Jede dieser Geschichten dient allein dem Zweck, das Lieblingsthema des Autors, die Nachteile des Lebens in der Stadt und die Vorzüge des ländlichen Daseins, zu illustrieren, und jede verfolgt eine lehrhafte Absicht. Mit seiner Abneigung gegen die städtische Zivilisation steht Brooke seinen Zeitgenossen Thomas GRAY und Oliver GOLDSMITH nahe. Die Gegenseite bildeten die Neoklassiker POPE, SWIFT, ADDISON, STEELE und Dr. JOHNSON, die das Landleben fade fanden. –

Brooke verbreitet sich in dem Roman über seine (zum großen Teil von Rousseau beeinflußten) Meinungen zu den veschiedensten Themen: Regierung, Revolutionen, Krieg, Theater, Umgangsformen, Prügelstrafe, Laster und Tugenden – ja sogar über die Pflege des Kleinkinds, was bei ihm, der selbst Vater von zweiundzwanzig legitimen Kindern war, sicher nicht allzu verwunderlich ist. Wirken schon die seltsamen Zufälle, erstaunlichen Wiedersehen, Kindesentführungen und Überfälle, von denen die Handlung strotzt, heute eher auf die Lachmuskeln als auf die Tränendrüsen, so ist für den modernen Leser der exaltierte, süßliche Stil stellenweise von geradezu umwerfender Komik: »*Sich auf einem Knie aufrichtend, erhob er seine Hände gen Himmel und lenkte seine Augen auf ihre strahlende Erscheinung. – ›Übermächtige Kraft der Schönheit‹, rief er, ›oh, möge die Sonne jeden Tag auf meine seelenbetörende Abenaide scheinen und sie mit Freundschaft, Liebe, Freude und den Knien von bewundernden Tausenden umgeben!‹«*

Brookes Zeitgenosse John WESLEY, der Begründer des Methodismus, schätzte den Roman so sehr, daß er ihn 1781 in gekürzter Fassung speziell für den Gebrauch seiner Glaubensbrüder herausgab.

R.B.

AUSGABEN: Dublin 1765, Bd. 1. – Dublin 1766, Bd. 2. – Ldn. 1-21767–1770, 5 Bde. – Ldn. 1776, 4 Bde. [rev. Fassg.]. – Ldn. 1777, 5 Bde. [rev. Fassg.]. – Ldn. 1859, Hg. C. Kingsley, 2 Bde. – Ldn./NY 1909, 2 Bde. – NY/Ldn. 1979.

LITERATUR: M. Philippe, »*The Fool of Quality*«, Diss. Jena 1920. – H. M. Scurr, *H. B.*, Minneapolis 1927. – H. Högl, *H. B.s Roman »The Fool of Quality« und sein Verhältnis zu den großen Romanschriftstellern des 18. Jahrhunderts*, Diss. Erlangen 1930. – E. Gillet, »*The Fool of Quality*« (in London Mercury, 30, 1934). – R. Eddy, *H. B.: Spiritual Alchemy and the Fool as Sage* (in Studies in Mystical Literature, 1(4), Sommer 1981, S. 299–326).

---

CLEANTH BROOKS

\* 16.10.1906 Murray / Ky.

THE WELL WROUGHT URN: Studies in the Structure of Poetry

(engl.: *Die wohlgeformte Urne; Untersuchungen zur Struktur der Dichtung*). Literaturkritisches Werk von Cleanth BROOKS, erschienen 1947. – In dieser Sammlung von zehn Musterinterpretationen, die durch ein zusammenfassendes Schlußkapitel abgerundet werden – außerdem enthält das Werk noch einen Anhang von zwei Essays über kontroverse Probleme der Literaturkritik –, wendet sich der wohl einflußreichste Vertreter des »New Criticism« gegen die »*Irrlehre der Paraphrase*«, d. h. gegen den oft geübten Brauch, Dichtung durch Paraphrase auf ihren Prosagehalt zu reduzieren, und bemüht sich darüber hinaus um eine positive Bestimmung der Eigengesetzlichkeit sprachlicher Kunstwerke. Seine aus theoretischen Ansätzen T. S. ELIOTS, I. A. RICHARDS' und W. EMPSONS entwickelte Dichtungskonzeption besagt, auf ihre knappste Formel gebracht, »*daß Paradoxie die Sprache der Poesie ist*«. Durch die (strukturell zu verstehende) Analogie zum Drama – »*etwas, das durch Konflikt zu seiner Lösung gelangt, das den Konflikt in sein eigentliches Dasein einbezieht*« – erläutert Brooks diese vor dem Hintergrund traditioneller Poetik selbst paradox anmutende Formulierung, von der er jedoch glaubt, daß sie »*einige wesentliche Züge der Poesie erhellen könnte, die leicht übersehen werden*«. In engem Zusammenhang hiermit steht ein weiterer Schlüsselbegriff, den Brooks abweichend vom allgemeinen Sprachgebrauch wie auch von der rhetorischen Theorie der Tropen als »*terminus technicus der dichterischen Struktur bzw. des dichterischen Aktes*« (U. Halfmann) verstanden wissen will: »*Ironie ist die Anerkennung der Inkongruenzen, mit denen es die Dichtung zu tun hat. Sie bestätigt ... die leichten Bedeutungsverschiebungen, die der Dichter ständig vornimmt, indem er das Wort auf seinen genauen Stellenwert im Kontext abstimmt. Sie registriert die Spannungen, die zwischen den disparaten Elementen eines Gedichts auftreten, denen eine Einheit aufgezwungen wird.*« Diese durchaus moderne, auf das Dissonante und Vieldimensionale gerichtete kritische Perspektive verbindet Brooks mit einer sich von den poetologischen Erkenntnissen Samuel T. COLERIDGES herleitenden »organischen« Auffassung vom Kunstwerk, die den alten Dualismus von Form und Inhalt ebenso ausschließt wie die Vorstellung, daß es »an sich poetische« Einzelkomponenten gibt.

Brooks' besondere Stärke liegt auf dem Gebiet der konkreten Text- und Strukturanalyse. Um sich nicht dem Vorwurf einer einseitig auf seine theoretischen Prämissen zugeschnittenen Textauswahl auszusetzen, hat der Autor repräsentative Werke aller wichtigen Epochen der englischen Literatur seit SHAKESPEARE herangezogen, »*die zu ihrer Zeit beliebt waren und noch heute von den meisten Kritikern geschätzt werden*«. Zwei Beispiele eines als kompliziert geltenden Lyrikstils, DONNES *The Canonization* and YEATS' *Among School Children*, fungieren dabei als Klammer für die übrigen, z. T. recht heterogenen Texte, die »*allerdings so gelesen werden sollten, wie man Donne und die Modernen zu lesen gelernt hat*«. (Mit dieser Forderung verknüpft Brooks ein antirelativistisches Erkenntnisziel: In Frage steht, »*worin sich die Meisterwerke gleichen, und nicht so sehr, wodurch sich Gedichte aus verschiedenen Epochen unterscheiden*«.) Zur Charakterisierung der komplexen Bildsprache des Donne-Gedichts bemerkt der Autor einleitend: »*Die fundamentale Metapher, die dem Gedicht zugrunde liegt (und im Titel reflektiert wird), schließt eine Art Paradoxon ein.*

*Denn der Dichter spricht kühn von der profanen Liebe, als sei sie gottgeweiht. Das Gedicht ist demnach eine Parodie christlicher Heiligkeit; doch es ist eine äußerst ernste Parodie, von einer Art, die der moderne Mensch, gewöhnt an ein leichtes Ja oder Nein, kaum verstehen kann.«* Im einzelnen bemüht sich Brooks um den Nachweis, daß die Strategie, mit deren Hilfe Donne den Leser des Gedichts veranlaßt, die abschließende Paradoxie zu akzeptieren, keine *»Perversion«*, sondern eine *»Ausweitung der normalen poetischen Sprache«* darstellt.

Besteht bei Donne für den Kritiker die Schwierigkeit gelegentlich darin, aufzuzeigen, daß seine immer deutlich ausgeprägten Bilderketten eine imaginative Einheit bilden, so findet er in Shakespeares Stil der Reifezeit einen anderen Typus der Bildsprache: *»Bei Shakespeare kann die Schwierigkeit sehr wohl darin bestehen, die Existenz der Ketten überhaupt zu beweisen.«* Brooks' Essay über einige Bildmotive in *Macbeth (The Naked Babe and the Cloak of Manliness)*, illustriert auf mustergültige Weise die Ergiebigkeit einer »werkimmanenten«, funktionalen Betrachtungsweise (Kenneth BURKE empfiehlt ihn daher jedem Shakespeare-Leser als Pflichtlektüre). Ausgehend von den Vorarbeiten, die C. SPURGEON in ihrem Buch *Shakespeare's Imagery* (1935) geleistet hat, aber zugleich das Unzureichende einer bloßen Klassifizierung und Katalogisierung der Bilder Shakespeares bemängelnd, untersucht der Autor die Wechselbeziehungen zwischen den einzelnen Bildmotiven sowie ihre funktionellen Bezüge zur Gesamtstruktur des Textes, wobei bislang unregistrierte spannungsvolle Ironien und paradoxe Bildverknüpfungen sichtbar werden.

Demgegenüber ist der analytische Ertrag der folgenden Studien uneinheitlich: relativ gering in den Essays über MILTONS allegorisches Diptychon *L'Allegro – Il Penseroso* und GRAYS *Elegy Written in an Country Churchyard*, größer in den Interpretationen von HERRICKS *Corinna's Going a-Maying*, POPES *Rape of the Lock* und WORDSWORTHS *Ode Intimations of Immortality*. Eine Schwierigkeit besonderer Art bietet für den Interpreten KEATS' *Ode on a Grecian Urn*, da das Gedicht in einer abstrakten, sentenzenhaften Aussage kulminiert, über deren Deutung und Bewertung die Meinungen stark auseinandergehen. Brooks versteht die Ode als eine *»Parabel über das Wesen der Dichtung und der Kunst im allgemeinen«*, warnt jedoch davor, jene dem Wortlaut nach mehrdeutige Stelle *(»Beauty is truth, truth beauty...«)* aus dem Gesamtkontext herauszulösen und allein nach philosophischen Kriterien zu beurteilen. Im Gegensatz zu T. S. Eliot, der sie als unverständlich oder unwahr verwirft, bemüht sich Brooks um den Nachweis, daß sie *»dramatisch wohl vorbereitet«* und damit ästhetisch gerechtfertigt ist. – Als besonders gelungen muß schließlich Brooks' Analyse von TENNYSONS Gedicht *Tears, Idle Tears* angesehen werden, die einer Ehrenrettung dieses zu seinen Lebzeiten hochberühmten und heute vielfach unterbewerteten englischen Lyrikers gleichkommt.

In seiner Rezension von *The Well Wrought Urn* faßt Empson seinen Gesamteindruck in die Worte: *»Offensichtlich eignen sich einige Gedichte besser für Brooks' Methode als die anderen, aber ich glaube, daß es sich bei ihnen wirklich um die besseren Gedichte handelt.«* Hierin kann man eine indirekte Bestätigung der Auffassung Brooks' sehen, seine Methode lasse sich zur Begründung und Korrektur von Werturteilen verwenden. Gerade diesen Anspruch aber haben die Vertreter einer mehr soziologisch-historisch orientierten Literaturbetrachtung in Frage gestellt: *»Ist eine wertende Kunstkritik auf der Grundlage einer rein deskriptiv-analytischen Interpretation überhaupt möglich?«* (R. Weimann) H.En.

AUSGABEN: NY 1947. – Ldn. 1949. – Ldn. ²1960. – Ldn. 1968 [rev.].

ÜBERSETZUNG (Ausz.): *Paradoxie im Gedicht. Zur Struktur der Lyrik*, R. Dornbacher, Ffm. 1965.

LITERATUR: W. Empson, *The Darling in an Urn* (in SR, 55, 1947, S. 691–697; vgl. C. Brooks, ebd., S. 697–699). – R. Hecht, *Paradox and C. B.* (in Bard Review, 2, 1947, S. 47–51). – A. B. Strauss, *The Poetic Theory of C. B.* (in Centenary Review, 1, 1949, S. 10–22). – R. S. Crane, *The Critical Monism of C. B.* (in *Critics and Criticism. Ancient and Modern*, Hg. R. S. Crane, Chicago/Ldn. 1952, S. 83–107). – Ch. V. Hartung, *A ›Tough-Minded‹ Critic – C. B.* (in Univ. of Kansas Review, 23, 1952, S. 181–189). – J. E. Hardy, *The Achievement of C. B.* (in *Southern Renascence*, Hg. L. D. Rubin u. R. D. Jacobs, Baltimore 1953, S. 413–426). – M. Krieger, *The New Apologists for Poetry*, Minneapolis 1956; Nachdr. Westport/Conn. 1977. – R. Foster, *The New Romantics: A Reappraisal of the New Criticism*, Bloomington 1962. – R. Weimann, *New Criticism u. die Entwicklung bürgerlicher Literaturwissenschaft*, Halle 1962; Mchn. ²1974 [rev. u. erg.]. – H.-H. Rudnick, *Das Verhältnis von logischer u. ästhetischer Sprachform bei den New Critics u. das Problem der literarischen Wertung*, Diss. Freiburg i. B. 1965. – K. Burke, *Formalist Criticism: Its Principle and Limits* (in Texas Quarterly, 9, 1966, S. 242–268; dt.: *Formalistische Kritik: ihre Prinzipien u. Grenzen*, in E. Olson u. a., *Über Formalismus. Diskussion eines ästhetischen Begriffs*, Ffm. 1966, S. 55–92; gek.). – R. Weimann, *Past Significance and Present Meaning in Literary History* (in New History, 1, 1969, S. 91–109). – B. K. Bundy, *J. Tynjanov and C. B. A comparative Study in Russian Formalism and Anglo-American New Criticism*, Ann Arbor/Mich. 1970. – U. Halfmann, *Der amerikanische New Criticism*, Ffm. 1971, S. 64–77 [m. Bibliogr.]. – A. Behrmann, *Der anglo-amerikanische New Criticism* (in *Zur Kritik literaturwiss. Methodologie*, Hg. V. Žmegač u. Z. Škreb, Ffm. 1973, S. 169–198). – R. Lüthe, *New Criticism und idealistische Kunstphilosophie*, Bonn 1975. – F. Lentricchia, *After the New Criticism*, Chicago 1980. – *Contemporary Literary Criticism*, Bd. 24, 1983, S. 101–117.

## GWENDOLYN BROOKS

*7.6.1917 Topeka / Kans.

**DAS LYRISCHE WERK** (amer.) von Gwendolyn BROOKS.
Neben Richard WRIGHT, James BALDWIN und Ralph ELLISON gehört Gwendolyn Brooks zu den wenigen schwarzen Autoren, die zwischen dem kurzzeitig gestiegenen Interesse an afro-amerikanischer Kultur in den zwanziger Jahren, der sogenannten *Harlem Renaissance*, und dem radikalen, vorrangig auf die Mitglieder der schwarzen Gemeinde gerichteten *Black Arts Movement* der sechziger Jahre bei einem nennenswerten Teil des gesamtamerikanischen Lesepublikums Beachtung fanden. 1950 erhielt sie für ihren Gedichtband *Annie Allen* als erster Afro-Amerikaner überhaupt den Pulitzer-Preis für Literatur.
Laut ihrer Autobiographie *Report from Part One* (1971) begann Gwendolyn Brooks bereits im Alter von sieben Jahren Verse zu dichten. Unterstützt wurde sie hierin vor allem durch ihre energische und kenntnisreiche Mutter (»*You are going to be the lady Paul Laurence Dunbar*«), einer ehemaligen Lehrerin, der sie auch ein späteres, ermutigendes Zusammentreffen mit James Weldon JOHNSON und Langston HUGHES verdankt. Beide erkennen die ausgesprochene Begabung der Sechzehnjährigen und Johnson rät ihr zur sorgfältigen Lektüre moderner Lyriker wie T. S. ELIOT, Ezra POUND und E. E. CUMMINGS. Nach ihrer Graduierung am Wilson Junior College, 1936, heiratet sie Henry L. BLAKELY, der ihre dichterischen Ambitionen teilt und gemeinsam mit ihr einen *writer's workshop* besucht, den die liberale weiße Schriftstellerin und Lektorin des Magazins ›Poetry‹, Inez Cunningham STARK, in der Southside Chicagos, wo Gwendolyn Brooks bis heute lebt, eingerichtet hat.
Wie schon Langston Hughes findet auch sie Anregung und Stoff in der bunten Vielfalt ihrer schwarzen Umgebung (»*I lived in a small second-floor apartment at the corner, and I could look first on one side and then on the other. There was my material*«), die sie in ungeschminkten, vignettenhaften Versen von Anwohnern (*The Mother; The Preacher; Hunchback Girl*) und charakteristischen Plätzen (*Southeast Corner; The Vacant Lot*) in ihrer ersten Buchveröffentlichung, *A Street in Bronzeville* (1945), einzufangen versucht. Den Schlußteil des Bandes bilden 12 reimlose Sonette, zusammengefaßt unter der Überschrift *Gay Chaps at the Bar*, die sich mit dem Trauma des Weltkriegs und seinen Folgen für die amerikanische Gesellschaft sowie für die Beziehungen von Weißen und Schwarzen auseinandersetzen. Wirkungsvoll enttarnt Brooks in *The White Troops Had Their Orders But The Negroes Looked Like Men* den jahrtausendealten »negativen Mythos« um die dunkle Hautfarbe, der sich in der Zwangsgemeinschaft einer Armee angesichts gemeinsam durchlebter Gefahr als irrelevant und haltlos erweist: »*These Negroes looked like men. Besides, it taxed/Time and the temper to remember those/Congenital iniquities that cause/Disfavor of the darkness. Such as boxed/Their feelings properly, complete to tags-/A box for dark men and a box for Other-/Would often find the contents had been scrambled.*« Obwohl *A Street in Bronzeville* sicher nicht zuletzt wegen der integrationistischen Grundtendenz, dem verhaltenen Appell an das Gewissen des weißen Amerikas und der Hoffnung auf Frieden und menschliche Einsicht (siehe das Schlußgedicht *The Progress*) von den Kritikern überwiegend positiv beurteilt wurde, gibt es bereits hier Anzeichen, die auf die Radikalisierung ihrer Dichtung gegen Ende der sechziger Jahre hindeuten. So heißt es in der ersten Strophe von *Negro Hero*: »*I had to kick their law into their teeth in order to save them./..., I do not worry about a few/Chipped teeth.*« Ähnliches gilt für die Bandbreite der poetischen Stilmittel. Schon *A Street in Bronzeville* vereinigt traditionelle metrische Strukturen wie Ballade, Sonett und Blankvers mit ungereimter, freier Versdichtung oder dem Experiment mit spezifisch afroamerikanischen Formen, etwa dem Reimschema des Blues in *Queen of the Blues*, die dann zunehmend das spätere Werk von Gwendolyn Brooks beherrschen.
Eine Eigenschöpfung der Dichterin, die Sonett-Ballade, die die strenge strophische Form des Shakespeare-Sonetts mit der freieren Metrik und den volkstümlichen Inhalten der Ballade verknüpft, findet sich in *Annie Allen* (1949), ihrem preisgekrönten, zweiten Gedichtband. Nach *Notes from the Childhood and Girlhood*, in unregelmäßigen, freien Versen abgefaßt, folgt die *Anniad*, ein 43strophiges, aus überwiegend paarweise reimenden Siebenzeilern komponiertes »heroisches« Gedicht, das von den Träumen, Eroberungen und Enttäuschungen der nunmehr erwachsenen Annie erzählt. Die sich unwillkürlich einstellende Konnotation des klassischen Vorbilds im Titel *(Iliad)* erreicht zwar das von der Autorin in einem Interview mit Herausgeber George STAVROS bekundete Ziel der Aufwertung eines an sich »alltäglichen« Schicksals, bewirkt aber zugleich eine Verlagerung im kulturellen Bezugsrahmen des Gedichts und damit *de facto* die Verengung der Perspektive auf einen vorrangig euroamerikanischen Adressaten. Diese Einschätzung scheint auch mit der an WHITMAN orientierten Haltung eines allamerikanischen, demokratischen Barden zu korrespondieren (»*One wants a teller in a time like this*«), die Gwendolyn Brooks im dritten Teil des Buches *(Womanhood)* einnimmt. Hier dient sich das lyrische Ich ungeachtet der historischen Tatsachen einer zerrütteten Nation (»*Admit me to our mutual estate*«) als Erretter und Helfer aus »gemeinsam« verursachter Not an: »*... Rise/Let us combine. There are no magics or elves/Or timely godmothers to guide us. We are lost, must/Wizard a track through our own screaming weed.*«
In *The Bean Eaters* (1960) – nach dem kurzen, autobiographischen Roman *Maud Martha* (1953) und *Bronzeville Boys and Girls* (1956), einem Kinderbuch, ihre dritte Gedichtsammlung – läßt sich

dann allerdings wieder eine Umorientierung der lyrischen Perspektive feststellen. Wie schon in *A Street in Bronzeville* rückt Gwendolyn Brooks hier die Menschen des schwarzen Gettos (die »Bohnenesser« des Titels), ihre Verzweiflung und Ausweglosigkeit ebenso wie ihre Exzentrik, ihren Mut und ihre Würde ins Blickfeld und versucht, auf die herrschende soziale Ungerechtigkeit, die mangelnde Schulbildung und notorische Armut der Schwarzen als vorderste Hindernisse auf dem Weg einer friedlichen Lösung des Rassenproblems aufmerksam zu machen. Eines der bekanntesten Gedichte des Buches ist *We Real Cool*, ein fiktives Manifest arbeitsloser Jugendlicher am Billardtisch: »*We real cool. We/Left school. We/ – Lurk late. We/ Strike straight. We/ – Sing sin. We/Thin gin. We/ – Jazz June. We/Die soon.*« Ungeachtet des Aufbegehrens und deutlich spürbaren sozialen Protests dieser Gedichte – die vorwiegend in freien Versen und nur gelegentlichen, bewußt gesetzten Reimen abgefaßt sind – zeichnet sich aber auch die pessimistische Einsicht ab, daß wirkliche Freiheit und Gleichberechtigung für die Schwarzen in den USA letztlich unerreichbar bleiben.

Das Jahr 1967 markiert einen Wendepunkt im Leben und Werk von Gwendolyn Brooks. Nach ihrer Teilnahme an der »Fisk University Writers' Conference« in Nashville machte sie sich die radikalen Positionen des »Black Arts Movement« zu eigen, eines neuen »schwarzen« Selbstbewußtseins, das sich an der charismatischen Figur des »Black Muslim«-Führers MALCOLM X entzündet hatte und eine Abkehr von den ästhetischen Kriterien und den Inhalten der dominanten weißen Kultur bewirkte. So unterscheidet sich ihr nächstes Buch, *In the Mecca* (1968), von den früheren Gedichtsammlungen nicht nur durch eine deutlich sparsamere, leichter zugängliche sprachliche Gestaltung, sondern auch in der nüchternen, direkten Darstellung dessen, was der schwarze Dichter Don L. LEE »*her epic of black humanity*« genannt hat. Das Titelgedicht verfolgt die verzweifelte Suche einer Mutter nach ihrer – schließlich vergewaltigt und ermordet aufgefundenen – Tochter. Schauplatz ist *The Mecca*, ein heruntergekommener Wohnblock im Süden Chicagos *(Mies van de Rohe retires from grace)*, dessen Bewohner teilweise in Apathie verfallen sind oder gänzlich auf den eigenen Überlebenskampf konzentriert, teilweise aber auch auf gewaltsamen Widerstand und Rache sinnend gezeichnet sind. Way-Out Morgan, der die Maxime »*Death-to-the-Hordes-of-the-White-Men*« über sein Bett geschrieben hat und auf den Tag der Abrechnung wartet, weist unmißverständlich auf die Realität des offenen Kampfes und der Straßenschlachten voraus, die Titel und Inhalt der ein Jahr später erscheinenden Gedichte *Riot* (1969) bestimmen werden. Glaubte Gwendolyn Brooks in *Riders to the Blood-Red Wrath* noch an die Erneuerung der amerikanischen Gesellschaft durch eine Rückbesinnung auf politische und ethische Ideale *(»Democracy and Christianity/Recommence with me«)*, so erscheint dieser Weg in *In the Mecca* endgültig verbaut:

»*Norton considers Belsen and Dachau,/regrets all old unkindnesses and harms./... The Lord was their shepherd./Yet did they want.*«

Von nun an lenkt die Dichterin ihre Energie auf die Stärkung eines genuin afro-amerikanischen Nationalbewußtseins und beschwört die magische Kraft einer von allen Schwarzen geteilten Leidens- und Lebenserfahrung: »*Blackness/is a going to essences and to unifyings./»MY NAME IS AFRICA!«/Well, every fella's a Foreign Country./This Foreign speaks to You.*« (*Family Pictures*, 1970). Ihre vorläufig letzten Gedichte, *Beckonings* (1975), sind ein Vermächtnis an die jüngere, nachfolgende Generation. Sie sind zugleich Aufruf zum Weitermachen als auch Warnung vor Anpassung und blindem Aktionismus: »*black boys/beware the easy griefs/that fool and fuel nothing. ... Make of my Faith an engine./ Make of my Faith/a Black Star. I am Beckoning.*« – *In the Mecca* war das letzte ihrer Bücher, das Gwendolyn Brooks von Harper & Row, dem bekannten, »weißen« Verlagshaus, herausgeben ließ. *Riot, Family Pictures, Aloneness* (1971), wieder ein Kinderbuch, ihre Autobiographie *Report from Part One* und *Beckonings* sind bei der ausschließlich von Schwarzen geführten Broadside Press in Detroit erschienen. Der Entschluß, zugunsten eines schwarzen Unternehmens auf Renommee und erheblich höhere Tantiemen zu verzichten sowie die jahrelange Zusammenarbeit mit den Blackstone Rangers, einer jugendlichen »street gang«, zeugen von der Konsequenz, mit der sich die Autorin auf die Bedürfnisse und Belange ihrer afroamerikanischen Leser konzentriert. Wie einer ihrer Schüler gesagt hat, »*she became the doer and not just the sayer.*«

K.Ben.

AUSGABEN: *A Street in Bronzeville*, NY 1945. – *Annie Allen*, NY 1949. – *The Bean Eaters*, NY 1960. – *Selected Poems*, NY 1963. – *In the Mecca: Poems*, NY 1968. – *Riot*, Detroit 1969. – *Family Pictures*, Detroit 1970. – *The World of G. B.*, NY 1971. – *Beckonings*, Detroit 1975.

LITERATUR: A. P. Davis, *G. B.: Poet of the Unheroic* (in CLA, 7, Dez. 1963). – L. Bird, *G. B.: Educator Extraordinaire* (in Discourse, 12, Frühjahr 1969). – G. Stavros, *An Interview With G. B.* (in ConL, 11, Winter 1970). – G. Kent, *The Poetry of G. B.* (in Black World, 20, Sept. 1971). – C. F. Hudson, *Racial Themes in the Poetry of G. B.* (in CLA, 17, Sept. 1973). – H. Hansell, *G. B.'s »In the Mecca« : A Rebirth Into Blackness* (in Negro American Literature Forum, 8, Sommer 1974). – H. L. Mahony, *Selected Checklist of Material By and About G. B.* (ebd.). – B. B. Sims, *B.'s »We Real Cool«* (in Explicator, 58, April 1976). – D. H. Melham, *G. B.: The Heroic Voice of Prophecy* (in Studies in Black Literature, 8, Frühjahr 1977). – H. B. Shaw, *G. B.*, Boston 1980 (TUSAS). – M. J. S. Schuchat, *G. E. B. : A Janus Poet*, Diss. Texas Woman's Univ. 1982 (vgl. Diss. Abstracts, 43, 1983, S. 2994A). – G. M. Williams, *G. B.'s Way With the Sonnet* (in CLA, 26, 1982,

S. 215–240). – M. F. Moore, *Characters in the Works of G. B.*, Diss. Emory Univ. 1983 (vgl. Diss. Abstracts, 44, 1984, S. 3686A).

## HANS ADOLPH BRORSON

\* 20.6.1694 Randerup / Nordschleswig
† 3.6.1764 Ribe

**DAS LYRISCHE WERK** (dän.) von Hans Adolph BRORSON.
Neben Enevold EWALD gilt Brorson als der bedeutendste Vertreter des dänischen Pietismus. Darüber hinaus wird ihm als Kirchenliederdichter und Lyriker eine zentrale Rolle in der dänischen Literaturgeschichte zugewiesen, u. a. aufgrund seiner Vorbereitung der KLOPSTOCK-Aufnahme im Norden. Ersten Kontakt mit der pietistischen Erweckung erhielt er durch den älteren Bruder Nicolai Brorson (1690–1757), der zusammen mit dem weiteren Bruder Broder Brorson (1692–1778; Bischof von Ålborg 1737) zum engeren Kreis um Enevold Ewald (1696–1754; Vater von Johannes EWALD) gehörte. Die um 1718 einsetzende Erweckungsbewegung in Nordschleswig, besonders in den westlichen Gebieten um Tønder (Tondern) mit den traditionell engen Handelsbeziehungen zu Deutschland, wurde getragen von jungen Pfarrerssöhnen, die aus Kiel, Jena und Halle zurückkehrten. Bereits mit der Ausgabe von *En nye Psalme-Bog (Ein neues Psalmenbuch)* durch Bertel Christian ÆGIDIUS im Jahr 1717 wurde die Grundlage für den dänischsprachigen Kirchengesang geschaffen (bis dahin war deutsch gesungen worden). Daß sich der dänische Psalm dann endgültig durchsetzte, war vor allem das Verdienst Brorsons, der nach theologischem Examen (1721) und Übernahme des Kirchspiels Randerup 1729 als dritter und dänischer Pfarrer nach Tønder berufen wurde, wo die Zusammenarbeit mit dem deutschen pietistischen Propst und Psalmendichter J. H. SCHRADER begann.
Brorson übersetzte zunächst einzelne Lieder aus dessen Sammlung *Vollständiges Gesangbuch* (1731; sog. »Tonderisches Gesangbuch«), veröffentlichte dann 1732 eine Reihe eigener Stücke in dem Heft *Nogle Jule-Psalmer (Einige Weihnachtspsalmen)*, denen in den Jahren 1733–1735 weitere dänische Kirchenlieder in den sogenannten *Tønderhæfterne (Die Tonderhefte)* folgten. Erweitert um einige neue Lieder wurden diese Texte von Brorson 1739 unter dem Titel *Troens Rare Klenodie (Das seltene Kleinod des Glaubens)* gesammelt veröffentlicht. Dieses Buch, das Übersetzungen von 192 deutschen Kirchenliedern des Barock und des Pietismus und 82 Originallieder enthält, wurde das wichtigste Erbauungsbuch des dänischen Pietismus und erlebte innerhalb weniger Jahre mehrere Auflagen.

Nach Ernennung zum Stiftspropst 1737 und zum Bischof von Ribe 1741 versiegte das literarische Schaffen Brorsons zunächst; lediglich die *Visitatsberetninger (Visitationsberichte)* seiner Reisen im Bistum bezeugen seine weitere religiöse Entwicklung, die u. a. von der Parteinahme für die Herrnhuter-Bewegung und der Teilnahme an den scharfen Auseinandersetzungen im Kampf um PONTOPPIDANS Katechismuserklärungen (1742–1748), die von der orthodoxen Kirche angegriffen wurden, gekennzeichnet ist.
Brorsons dichterische Bedeutung gründet sich vor allem auf die kleine, 1765 postum erschienene und von der zeitgenössischen Öffentlichkeit kaum beachtete Liedersammlung *Svane-Sang (Schwanengesang)*. Diese kurz vor dem Tod des Autors entstandenen, für den engeren Freundeskreis und zur eigenen Erbauung für das gemeinsame Singen mit der Familie gedichteten Lieder zeichnen sich gegenüber dem Frühwerk vor allem durch die Lösung vom überlieferten Psalmenstil und durch gänzlichen Verzicht auf priesterliche Bekehrungsintention aus. Nach der Wiederentdeckung Brorsons, die, von der Romantik vorbereitet, in der zweiten Hälfte des 19. Jh.s erfolgte, wurden gerade die Originaldichtungen aus *Svanesang* wegen ihrer subjektiven Innerlichkeit und artistischen Meisterschaft gerühmt, und es wurde ihnen als erstem Zeugnis individueller Orginalität in der dänischen Literatur große literarhistorische Bedeutung beigemessen.
Tatsächlich war Brorson mit seiner unmittelbar an das Gefühl gerichteten Lyrik vor Klopstock der einzige Dichter in Dänemark, der mit der Subjektivierung der Sprache in den Kirchenliedern und später in der eher persönlichen Dichtung des *Svanesang* die Abwendung von der Verstandestheologie der Orthodoxie und vom überindividuellen Menschenbild und der rhetorischen Dichtungsauffassung des Barock vorbereitete und vollzog. In *Troens Rare Klenodie* ist der Nachklang des deutschen pietistischen Kirchenliedes jedoch noch deutlich zu spüren: barocke und rationalistische Stilelemente der Kirchenlieddichtung des 17. Jh.s, die sich in der Sammlung, von der unpathetische Einfachheit, Wärme, Herzlichkeit und eine weiche, oft schwärmerische Gefühlsseligkeit ausgeht, oft fremd ausnehmen. Deutlich wird hier auch der Einfluß Thomas KINGOS (1634–1703), dessen Psalmen in ihrer kunstfertigen Komposition Vorbild waren. Im Stil seiner Lieder hingegen kehrt Brorson zurück zum Ton der Volksweise. Während Kingo das tägliche Leben breit und kräftig ausmalt, bestechen Brorsons Lieder in ihrer Reimvielfalt und dem Reichtum und der Innerlichkeit ihres Inhalts durch Schlichtheit des Ausdrucks.
Der große Anteil von Übersetzungen in *Troens Rare Klenodie* darf nicht als Minderung der dichterischen Originalität Brorsons gewertet werden. Die innovatorischen, geistes- und stilgeschichtlich interessanten Aspekte dieser Leistung werden vor allem an den Übertragungen von Liedern Johann Schefflers (ANGELUS SILESIUS, 1624–1677) erkennbar. Die in dessen *Geistlichen Hirtenliedern*

(1657; Erweiterung unter dem Titel *Heilige Seelenlust*, 1668) begonnene Auflösung der ursprünglich erlebnismäßigen und systematischen Zusammenhänge der neuplatonischen und Bernhardinischen Mystik ist in den zehn Scheffler-Übersetzungen Brorsons, die in *Troens Rare Klenodie* der Zahl nach nur von den Übersetzungen der Lieder Paul GERHARDTS (14) und Christian Friedrich RICHTERS (12) übertroffen werden, endgültig durch die Umwandlung der Reste mystischer Terminologie in Ausdrücke individualisierter Bußfrömmigkeit vollzogen. So in Psalm Nr. 20 (Original: »*Die Psyche opffert dem Jesulein*«), wo u. a. auch aufgrund des addierenden Übersetzungsverfahrens (Wort für Wort) sowie der sprachbedingten Änderungen die Umformung und Weiterentwicklung deutlich ist: Die Betonung der persönlichen religiösen Erfahrung wird durch verstärkte Emotionalisierung und Erotisierung (»*min søde skat*« – »*mein süsser Schatz*« und »*med mit kys og favne-tag*« – »*mit meinem Kuß und meiner Umarmung*«) erzielt und äußert sich in der Verwendung von Bildern aus dem *Hohenlied* (»*min drue*« – »*meine Traube*« und »*min søde rosenmund*« – »*mein süsser Rosenmund*«), die den sinnlichen Charakter der erotischen, religiösen Sprache unterstreichen. Die rhetorische Prägnanz der einzelnen Strophen im Original wird durch die syntaktisch-rhythmische und klangliche Auflockerung der Übersetzung in eine weichere, gefühlsmäßige Fluktuation aufgelöst und der sinnlich-konkrete Charakter der Sprache so hervorgehoben. Neben dieser deutlich hervortretenden Tendenz zeigt sich der Hang zu einer Abkehr von der verbalen Dynamik (gehäuftes Auftreten von verbalen Präfixbildungen) und der nominalen Abstrakta der Sprache des deutschen Pietismus zugunsten von konkretisierenden Simplexverben und Komposita. In Brorsons eigenen Gedichten (vor allem in *Svanesang*) ist diese Tendenz fortgeführt und verstärkt.

Daß *Troens Rare Klenodie* an die ursprünglich sehr radikale Erweckungsbewegung in Nordschleswig (Ewald) anknüpft, ist an der Gesamtkomposition erkennbar, die ganz von der psychologischen Bekehrungsstrategie geprägt ist. Entgegen dem traditionellen Aufbau der Psalmensammlung in Themengruppen (Kingo), wendet Brorson ein Ordnungsprinzip an, das in sieben Hauptgruppen den Gang des persönlichen Glaubenslebens als Durchbruch in der »*Wiedergeburt*« des Gläubigen darstellt. In dramatischer Weise sind so die äußeren Gegensätze der Bekehrung, Verdammnis und Erlösung zusammengefaßt. Der religiöse Inhalt bleibt von vielfältigen Themen und Motiven bestimmt, so z. B. der Jesusliebe (»*Den yndigste Rose*« – »*Die lieblichste Rose*«; Nr. 10) oder dem ethischen Kampf des Christenlebens (»*O Sjæl, hvor blev de gode Ord*« – »*O Seele, wo blieben die guten Worte*«; Nr. 144).

Das Spätwerk Brorsons ist thematisch ganz von der persönlichen Hingabe und der Erwartung des Todes bestimmt. Die durchgängig kürzer gehaltenen Verse dieser Alterslyrik werden geprägt von einem vertrauensvollen Erlösungsbewußtsein, die Erotik des *Hohenliedes* und der Überschwang der sensualistischen Metaphorik sind in *Svanesang* verschwunden. Das Liebesgefühl kommt nun in der Grundstimmung der oft dialogisch gehaltenen Strophen zum Ausdruck: Die Seele ist an Jesu Stelle die Leidende, der Erlöser ist der Tröstende. Unklar bleibt die Stellung der einzelnen Gedichte im Gesamtwerk. Die vom Sohn Broder Brorson besorgte Erstausgabe bietet wenig Anhaltspunkte für eine bewußte Gliederung, auch der Zeitraum ihrer Entstehung liegt im dunkeln. Das Vorwort weist lediglich auf die letzten Jahre des von schwerer Krankheit gezeichneten Dichters hin. Wahrscheinlicher ist aber wohl die Existenz eines Manuskriptbestands, der in Form von zwei bereits vorliegenden Sammlungen oder Heften sowie einzelnen Gedichten, die kurz vor dem Tod des Dichters entstanden sind, existiert hatte. Deutlich hebt sich daraus die von den Liedern Nr. 44, *Her vil ties* (*Hier muß geschwiegen werden*), und Nr. 69, *Den store hvide Flok vi see* (*Die große weiße Schar wir sehen*) umrahmte Gruppe von Liedern hervor, die von seltenem literarischen Rang sind und die Himmelssehnsucht, das Verlangen nach der Vereinigung mit Jesus und die Ungeduld über das Festgehaltenwerden im Erdenleben in der Form der Naturlyrik zum Ausdruck bringen. Im Spiel zwischen dem strengen Spätwinter und dem keimenden Frühling, das sich in *Her vil ties*, dem wohl schönsten Naturgedicht in Brorsons Werk, zu einem ganzheitlichen Naturbild zusammenschließt, überschreitet er bereits deutlich die festgelegte Typologie der allegorischen Dichtkunst. In der gedämpften Melodie, in der der Rhythmus sich ständig nur schwach in den Halbversen erhebt, kommt die Kraftlosigkeit des Alters, aber auch die gefühlsstarke Befreiungssehnsucht zum Ausdruck. Die Quelle für die seltene lyrische Aneignung des Bildes sind die beiden sprichwörtlichen Formeln der zweiten Strophe, die mit der trochäischen Eröffnung »*Trange Tider langsom skrider*« (»*Schwere Zeiten langsam schreiten*«) den tristen Anschlag und mit der daktylischen Fortsetzung »*Dagene længes, Vinteren strænges*« (»*Die Tage werden länger, der Winter wird strenger*«) das Gefühl der Ungeduld vermitteln.

Obwohl *Troens Rare Klenodie* allein zu Brorsons Lebzeiten sieben Auflagen erlebte und er bei den Zeitgenossen in ebenso hohem Ansehen wie Kingo stand, kam es erst spät zur Aufnahme seiner Lieder in die Kirchenpsalmenbücher (Roskilde Konvent 1855). Die Brorson-Renaissance im 19. Jh. wurde entscheidend von der Schrift eines Nachfahren des Dichters, *Nogle af salig Biskop H. A. Brorsons Psalmer*, 1823 (*Einige von des seligen Bischofs H. A. Brorson Psalmen*) bestimmt. Besonders hervorgehoben wird vom Herausgeber der poetische Wert der die Psalmen noch übertreffenden Lieder aus *Svanesang*. Am wichtigsten jedoch für die Wiederentdeckung des Dichters war die Entwicklung des Grundtvigianismus, die 1830 zur ersten gesammelten Textausgabe führte. *Psalmer og aandelige Sange af Hans Adolph Brorson* (*Psalmen und geistliche Lie-*

*der)* faßte *Troens Rare Klenodie* und *Svanesang* zusammen und erschien in zehn Auflagen. Besondere Aufnahme und Wirkung erlebten vor allem die Stücke aus *Svanesang* in Norwegen.    W. Hau.

AUSGABEN: *Nogle Jule-Psalmer*, Tondern 1732. – *Troens Rare Klenodie*, Kopenhagen 1739. – *Svane-Sang*, Kopenhagen 1765. – A. W. Brorson, *Nogle af salig Biskop H. A. B.s Psalmer*, Kopenhagen 1823. – J. A. L. Holm, *Psalmer og aandelige Sange af H. A. B.*, Kopenhagen 1830. – *Samlede Skrifter*, Hg. L. J. Koch, 3 Bde., Kopenhagen 1951–1953.

LITERATUR: A. D. Jørgensen, *H. A. B.*, Kopenhagen 1887. – L. J. Koch, *H. A. B. og hans Psalmer*, Kopenhagen 1918. – Ders., *Salmedigteren B.*, Kopenhagen 1931. – Ders., *B.-Studier*, Kopenhagen 1936. – H. Brix, *B.* (in H. B., *Tonen fra Himlen*, Kopenhagen 1912). – Ders., *H. A. B.: »Svane-Sang«* (in H. B., *Analyser og Problemer I*, Kopenhagen 1933). – S. Arndal, *H. A. B. und die barocken und pietistischen Lieder in Deutschland*, Mchn. 1979.

## JOAN BROSSA

\* 19.1.1919 Barcelona

**DAS LYRISCHE WERK** (kat.) von JOAN BROSSA.
Der neben J. V. FOIX (1894–1987) bedeutendste katalanische Avantgardedichter des 20. Jh.s hat bis heute mehr als 80 Gedichtbände publiziert. Die ersten dieser Sammlungen entstanden bereits 1941; wegen der Franco-Diktatur, die die katalanische Sprache und Kultur massiv unterdrückte, blieb Brossas Werk zunächst der Öffentlichkeit weitgehend verschlossen. Erst ab 1970 erschienen – wenn auch anfangs noch durch die Zensur behindert, deren amtlichen Jargon Brossa in dem Poem *Escamoteig franquista de cinq poemes (Frankistisches Verschwindenlassen von fünf Gedichten)* entlarvt – mit *Poesia rasa*, 1970 *(Essentielische Prosa)*, *Poemes de seny i cabell*, 1977 *(Gedichte von Verstand und Haar)*, *Rua de llibres*, 1980 *(Reihe von Büchern)*, und *Ball de sang*, 1982 *(Tanz von Blut)*, vier Sammelbände, die 35 Gedichtbände aus den Jahren 1941–1970 zugänglich machten. Zusammen mit den Einzelausgaben steht damit ein dichterisches Œuvre vor uns, dessen Bedeutung über den katalanischen Sprachraum weit hinausgeht.
Brossas Lyrik wurzelt einerseits im katalanischen Surrealismus und Avantgardismus (besonders J. V. Foix und J. SALVAT-PAPASSEIT, 1894–1924, sowie der Maler Joan Miró), verdankt andererseits aber einen wesentlichen Teil ihrer Inspiration dem katalanischen Alltagsleben bzw. Elementen volkstümlicher Festkultur. Foix hatte Brossa, der aus einer Handwerkerfamilie stammte, sowohl mit Texten der europäischen Avantgarde als auch mit klassischen Formen bekanntgemacht. So verwandte Brossa in seiner ersten, surrealistischen Phase (bis 1949) schon das Sonett als lyrische Ausdrucksform. Brossas Freundschaft mit Antoni Tàpies und anderen katalanischen Malern führte 1948 zur Gründung der Gruppe »Dau al Set« (Würfel mit sieben Augen), der ersten künstlerisch-literarischen Avantgardebewegung, die sich im Frankismus hervorwagte. Der Einfluß aus dem Bereich populärer Bühnendarbietung auf Brossa läßt sich am Namen des italienischen Verwandlungskünstlers Leopoldo Frègoli (1867–1936) festmachen, der in den zwanziger Jahren das Publikum in Barcelona begeistert und eine bleibende Erinnerung hinterlassen hatte. Brossa faßt Dichten als einen Akt der Magie, der Verwandlung, der Manipulation (jede Benutzung von Sprache beinhaltet immer eine Verwandlung von Realität) und sogar des Zauberns und der Fingerfertigkeit auf: *»I arrenca un plor callat / tot tapant-se la cara amb les mans. / Era pastor?«* (»Und bricht in stilles Weinen aus, / das Gesicht in den Händen verbergend. / War er Hirte?«). Verbale Bruchstücke aus dem Alltag werden zu dichterischen *Ready-mades*; Worte werden aus ihrer Dienerfunktion als Stellvertreter eines gemeinten Objekts erlöst zur Freiheit einer selbständigen Existenz: *Entreacte:* »*Els mots corren a canviar-se / de vestit. Baixen els telons...«* (*Zwischenakt:* »*Die Worte beeilen sich, das Kostüm / zu wechseln. Die Vorhänge fallen...«*). Einzelzeilen eines Gedichts erwachen zu physischem Dasein als Objekt: *Poema amb fons negre:* »*A la dreta del poema, un sofà / marró. Al mig del poema, / Pierrot estirat damunt els versos«* (*Gedicht mit schwarzem Hintergrund:* »*Rechts vom Gedicht ein braunes / Sofa. In der Mitte des Gedichts / Pierrot ausgestreckt auf den Versen«*). Ganze Poeme können als kunstvoll gefaltetes Blatt real fliegen: *Poema:* »*És cert / que no tinc diners / i és patent que la major part de / monedes són de xocolata; / però si agafeu aquest full, / el doblegueu pel llarg / en dos rectangles, / després en quatre, / feu llavors un plec / oblic amb els quatre / papers i el separeu / en dos gruixos, / obtindreu / un ocell que mourà / les ales«* (*Gedicht:* »*Es ist wahr, / daß ich kein Geld besitze, / und deutlich, daß die Mehrzahl der Münzen / aus Schokolade besteht; wenn ihr jedoch dieses Blatt nehmt / und es der Länge nach faltet / und auf ein halbes Rechteck zunächst / und dann auf ein viertel / und nun längs der Diagonale / die vier Papiere zusammenlegt / und sie, jeweils doppelt, / auseinanderzieht, / dann bekommt ihr / einen Vogel, / der seine Flügel bewegt«*). Und Gedichte reflektieren sich selbst, denken über sich selbst nach: *Poema:* »*La boira ha tapat el sol. / Us proposo aquest / poema. Vós mateix / en sou el lliure i necessari / intèrpret«* (*Gedicht:* »*Der Nebel hat die Sonne verdeckt. / Ich schlage Ihnen dieses / Gedicht vor. Sie selbst / sind der freie und notwendige / Interpret«*).
Nicht nur Verwandlungskunst und Magie, auch Spielanweisungen und Spiele, Zirkus und Theater, Collage und Reklame nimmt Brossa in die Gattung

Gedicht mit hinein und es erscheint ganz folgerichtig, daß ein gerader Weg von Brossas Dichtung zum *poema visual,* dem visuellen Gedicht, und schließlich zum *poema objecte,* d. h. dem (nicht mehr verbal vermittelten) Objektgedicht führt. Brossas Dichtung mündet in die bildende Kunst und folgt damit einer Maxime seiner dichterischen Aktivität: der Einschmelzung und Einebnung von Gattungsgrenzen. Brossa hat sich in alle Bereiche der Dichtung begeben und alle Wege ausgeschritten, um das bisher Erreichte zu transzendieren; auch in den traditionellen Formen: Das Sonett hat er bis zu den virtuosesten Experimenten geführt; auch mehrere Odenbücher stammen aus seiner Feder. Im letzten Jahrzehnt hat er besonders Arnaut DANIELS altprovenzalische Form der Sextine gepflegt und ist bis zur Computer-Sextine vorgestoßen. Brossas berühmteste Sextine ist die auf dem Mount Everest 1985 von katalanischen Bergsteigern niedergelegte, eigens hierfür geschriebene Komposition. In das Konzept, alle Kunst als Dichtung zu begreifen, ordnet sich nicht zuletzt des Dichters eigenes Leben ein. Brossa hat nie einen anderen Beruf gehabt als den des Dichters. Er betätigt sich auch nicht als Essayist oder als Intellektueller. So wie Picasso in der Konzentration auf ein Metier, so hat auch Brossa in einer einzigen Berufung seinen ganzen Reichtum an Kreativität entfaltet. Brossa hat sich, als katalanischer Dichter, notwendigerweise auch immer als politischer Dichter betrachtet. Doch ist er nie der Meinung gewesen, daß politische Dichtung notwendigerweise den Verzicht auf avantgardistische Form bedeutet und »realistisch« sein müßte, so zum Beispiel im *Sonet a Jordi Carbonell, torturat recentment per exigir el dret a parlar català (Sonett für Jordi Carbonell, der kürzlich gefoltert wurde, weil er auf dem Recht, katalanisch zu sprechen, bestand):* »*Jordi i capalt, tot sol davant la fera, / des del seu cau li escups a la guerrera; / el sol, que es fa pomera, no s'allunya / i a l'alba entra al senyal de Catalunya. / La teva estrella nostra presonera / estén al bat de l'aire la bandera*« (»*Erhobenen Hauptes, vor der Bestie ganz allein, / bespeist du ihre Uniformen in der Gruft; / die Sonne wird ein Apfelbaum und bleibt bei dir, / im Morgengrauen tritt sie ins Zeichen Kataloniens ein. / Sie halten deinen, unseren Stern gefangen hier, / frei flattert seine Fahne in der Luft*«). 1979 erschien seine *Antologia de poemes de revolta 1943-1978 (Antologie von Gedichten der Revolte).*
Seit Ende der siebziger Jahre genießt Brossa in seinem Land ein außergewöhnliches Prestige, auch und gerade wegen seiner nach allen Seiten hin unabhängigen und individualistischen Haltung. 1988 erhielt er, zusammen mit Octavio PAZ und Rafael ALBERTI, von der Unesco den Picasso-Preis.

T.D.S.

AUSGABEN: *Em va fer Joan Brossa,* Barcelona 1951 [Einl. J. Cabral de Melo]. - *El pa a la barca,* Barcelona 1963 [Ill. A. Tàpies]. - *Novel·la,* Barcelona 1965 [Ill. A. Tàpies]. - *Nocturn matinal,* Barcelona 1970 [Ill. A. Tàpies]. - *Poesia rasa,* Barcelona 1970

[Einl. M. Sacristan]. - *Càntir de càntics,* Barcelona 1972. - *Poems from the Catalan [by J. B.],* Barcelona 1973 [Einf. A. Terry]. - *La barba del cranc,* Barcelona 1974. - *Cappare,* Barcelona 1977. - *Poemes de seny i cabell,* Barcelona 1977 [Vorw. A. Terry]. - *Antologia de poemes de revolta (1943-1978),* Barcelona 1979. - *Rua de llibres,* Barcelona 1980. - *Antologia poètica (1941-1978),* Barcelona 1980 [Einl. P. Gimferrer]. - *Vint-i-set sextines i un sonet,* Barcelona 1981 [Nachw. J. Romeu i Figueras]. - *Ball de sang,* Barcelona 1982. - *Askatasuna,* Barcelona 1983 [Einl. X. Rubert de Ventós]. - *Viatge per la sextina (1976-1986),* Barcelona 1987.

ÜBERSETZUNGEN: In *Katalanische Lyrik im zwanzigsten Jahrhundert,* Mainz 1970. - *Ich will deutlich sprechen. Gedichte aus Katalonien* (in Akzente, 21, 1974). - *Katalanische Lyrik des 20. Jahrhunderts* (in Park, 7, 1978). - *Ein Schiff aus Wasser,* Köln 1981. - In *Ein Spiel von Spiegeln. Katalanische Lyrik des 20. Jahrhunderts,* Lpzg./Mchn. 1987 [m. 10 Zeichnungen von A. Tàpies].

LITERATUR: P. Gimferrer, *Introducción a J. B.* (in Insula, 254, 1968, S. 4 f.). - Ders., *»Poesia rasa« de J. B.* (in *Guia de literatura catalana contemporània,* Barcelona 1973, S. 433-440). - J. Marco, *La poesía de J. B.* (in *Nueva literatura en España y América,* Barcelona 1972, S. 236-243). - M. Ll. Borràs, *J. B., el món de primera mà* (in *J. B. o les paraules son les coses,* Barcelona 1986, S. 21-26). - E. Bou, *J. B.* (in *Història de la literatura catalana,* Hg. M. de Riquer, J. Molas u. A. Comas, Barcelona 1987, Bd. 10, S. 348-360). - G. Bordons, *Introducció a la poesia de J. B.,* Barcelona 1988. - *J. B. 1951-1988,* Mchn. 1988 [Ausstellungskatalog; Vorw. T. D. Stegmann].

## POESIA ESCÈNICA

(kat.; *Szenische Poesie*). Gesamtausgabe der dramatischen Werke von Joan BROSSA aus den Jahren 1945 bis 1978, erschienen in sechs Bänden 1973 bis 1983. - 323 Theaterstücke, Minidramen und selbständige Szenen des bedeutendsten katalanischen Dramatikers der Gegenwart sind zum größten Teil erstmalig in dieser sechsbändigen Ausgabe erschienen. Die Mehrzahl von ihnen ist noch nie aufgeführt worden, da bis zum Tode des spanischen Diktators Franco (1975) kaum eine Möglichkeit öffentlicher Entfaltung für ein katalanisches Theater bestand. Zu den umfangreichsten von Brossas dramatischen Werken oder Werkgruppen gehören: *Muntanya humana,* 1952 (*Menschlicher Berg*; sozialkritisches Werk), *Normes de mascarada,* 1948-1954 (*Normen für eine Maskerade*; 49 Ballette), *Or i sal,* 1959 (*Gold und Salz*; Sozialkritik), *Postteatre. Accions espectacle,* 1946-1962 (*Posttheater. Dramatische Aktionen*; 68 Mitspielstücke), *El gran fracaroli,* 1944-1964 (*Der große Fracaroli*; Zaubervorstellung zusammen mit Clowns, Bauchredner, chinesischem Schattenspiel,

Verwandlungsshow usw.), *Troupe*, 1964 (*Truppe*; 19 Ballette), *Fregolisme o monòlegs de transformació*, 1965/66 (*Fregolismus oder Verwandlungsmonologe*; 30 kürzere Theaterstücke für einen einzigen Schauspieler, der mehrere Rollen zu spielen hat), *Striptease i teatre irregular*, 1966/67 (*Striptease und irreguläres Theater*; 72 Szenenfolgen oder Szenen, in denen der Striptease verfremdet oder ganz von ähnlich strukturiertem Bühnengeschehen überlagert wird) und *Accions musicals*, 1962–1978 (*Musikalische Aktionen*; 6 dramatische Aktionen als Verfremdung der Gattung Konzert).

Ähnlich wie in seiner dichterischen Produktion hat Brossa in seinen dramatischen Werken (die er als Fortsetzung des lyrischen Dichtens mit anderen Mitteln ansieht und deshalb »szenische Poesie« nennt) alle Möglichkeiten der Gattung ausgelotet und sie entschieden zu anderen (besonders nichtliterarischen) Gattungen hin geöffnet: zum Spiel und Gesellschaftsspiel, zur Zeremonie, zum Worträtsel, zur Pantomime, zum Ballett, zum Konzert, zur musikalischen Aktion, zum Zirkus, zur Zaubervorstellung, zum Verwandlungsspektakel im Sinne Frègolis, zum Striptease, aber auch zum Minidrama als konkreter Poesie oder zu Mitspielstücken für das Publikum. Vom abendfüllenden Theaterstück bis zur letzten Reduktion auf das einzeilige, wort- und schauspielerlose Theaterstück *Sord-mut*, 1947 (*Taubstumm*), hat Brossa alle auf die Bühne projizierbaren Experimente durchdacht und kann damit als einer der kreativsten Theaterautoren der Gegenwart angesehen werden. Frühe, in eine realistische oder melodramatische Tradition kritisch integrierte Stücke, stehen zunehmend Experimenten gegenüber, die den Bereich des Theaters auf alle denkbaren Spielformen ausweiten. Einige Beispiele mögen Brossas Stücke charakterisieren: »Die Bühne – dunkel. Ein Scheinwerfer erleuchtet langsam von rechts nach links eine Reihe von sechs unbeweglichen Frauen, die so aussehen, als wäre es immer wieder dieselbe, jedoch mit einem Kleidungsstück weniger. Wenn der Scheinwerfer bei der letzten ankommt, gehen die Lichter der Bühne an. Roter Hintergrund. Die Frauen gehen im Gänsemarsch nach links ab. Die dritte ist eine Wachsfigur. Es tritt ein Diener von rechts auf die Bühne und geht wieder, mit der Puppe auf der Schulter. Vorhang« (Ein Striptease). – »Essen in einem Restaurant. Zwei als Kellner gekleidete Jungen bringen die Vorspeise. – Pause – Zwei jüngere Kellner bringen den ersten Gang. – Pause – Zwei ältere Kellner bringen den zweiten Gang. – Pause – Zwei alte Kellner bringen den Nachtisch und den Kaffee« (*Sechzehnte dramatische Aktion*).

Die Quellen von Brossas dramatischem Universum sind der katalanische, speziell barceloninische Arbeiter- und Handwerkeralltag und zugleich die Kritik an Kirche, Militär und Bourgeoisie. Der Autor schöpft aus den populären Festen, Riten und Traditionen bis hin zur Welt der Märchen, des Aberglaubens und der kollektiven Ängste. Volkstheater und Zirkus sind immer wieder Referenzpunkte; für Brossa ist das Leben nichts Narratives, sondern etwas Dramatisches: »*La vida és un circ, no una novel·la*« (»Das Leben ist ein Zirkus, nicht ein Roman«) läßt er den Alten in *El rellotger* (*Der Uhrmacher*) sagen. Und dieser Lebenszirkus ist Poesie: *poesia escènica*. T.D.S.

AUSGABEN: *La jugada, El bell lloc* (in *Homenaje a J. B., Esc. Art Dramàtic Adrià Gual*, Barcelona 1962). – *Calç i rajoles*, Barcelona 1962. – *Or i sal*, Barcelona 1963 [Vorw. A. Puig]. – *Teatre de J. B. – Gran guinyol, Aquí al bosc – La xarxa ...*, Barcelona [ca. 1963–1980]. – *El gran Fracaroli, Sord-mut, Ahmosis I, Amenofis IV, Tutenkhamon* (in Estudios escénicos, 16, 1973). – *Accions musicals*, Barcelona 1975. – *Teatre [Teatre de carrer, Or i sal]*, Barcelona 1981. – *Teatre complet I–VI. Poesia escènica 1945–1978*, 6 Bde., Barcelona 1973–1983 [Vorw. X. Fàbregas; m. Bibliogr. der dram. Werke].

ÜBERSETZUNGEN: *Der wilde Kopf*, Köln 1975 [Bühnenms.]. – *Postteatre* (in Theater heute, 2, 1979, S. 2 f.).

LITERATUR: J. Coca, *J. B. o el pedestal son les sabates*, Barcelona 1971. – Ders., *Sis notes* (in Estudios escénicos, 16, 1973, S. 49–57). – J. Fuster, *L'aportació cinematogràfica de J. B.* (ebd., S. 70–76). – S. Gasch, *Frègoli, B. i el music-hall* (ebd., S. 38–47). – Zum 60. Geburtstag des katalanischen Dramatikers J. B. (in Theater heute, 2, 1979, S. 1–3). – *J. B. Strip-tease i teatro irregular* (in Pipirijaina, 12, 1980, S. 1–19).

## CHARLES DE BROSSES

\* 7.2.1709 Dijon
† 7.5.1777 Paris

### LETTRES HISTORIQUES ET CRITIQUES SUR L'ITALIE

(frz.; *Briefe aus Italien*). Reiseberichte von Charles de BROSSES, entstanden 1739 und 1740, erschienen 1796. – De Brosses, in der Literaturgeschichte des 18. Jh.s vornehmlich durch eine – beiderseits – mit Vehemenz und Sarkasmus geführte Auseinandersetzung mit VOLTAIRE bekannt, die ihn dann die Aufnahme in die Académie française kostete, kommt aus dem Provinzadel der Bourgogne. Nach der Rückkehr von seiner Bildungsreise nach Italien, die Anlaß zu den *Lettres historiques et critiques* gab, war er zunächst Conseiller, dann Präsident am Obersten Gerichtshof von Dijon.

Die Reise, die de Brosses zusammen mit einigen Freunden unternahm, führte ihn rhoneabwärts nach Avignon, dann an der Riviera entlang nach Genua. In Oberitalien besuchte er die bedeutendsten Städte, u. a. Mailand, Verona, Vicenza, Padua und Venedig. Über Ferrara und Bologna gelangte er sodann nach Florenz, besuchte Pistoia, Lucca, Pisa und reiste über Siena weiter nach Rom und Neapel. Die Rückreise führte ihn quer durch Umbrien zur adriatischen Küste und an der alten *via Flaminia* entlang nach Hause.

Die *Lettres historiques et critiques* sind ein Reisebericht für Freunde; in 55 Briefen schildert der Autor seine Eindrücke von der jeweiligen Etappe, wobei kleine Erlebnisse, Informationen über Land und Leute oder lokale Sehenswürdigkeiten mit demselben wachen Interesse wahrgenommen werden. – De Brosses ist vorwiegend heiter gestimmt, wißbegierig und kultiviert, ohne jedes Pathos, bisweilen leicht ironisch, ein amüsanter Erzähler mit einem Blick für komische Situationen. Dabei erweist er sich als kompetenter Kenner der Antike – beachtlich seine Schilderungen der römischen Skulpturen oder der Funde auf dem Boden der alten Vesuvstädte – und als ein Kunstliebhaber von Format. STENDHAL hat ihn hoch geschätzt: »*Le style qui me plaît le plus est celui de de Brosses qui dit beaucoup et des choses très fortes, en peu de mots et très clairement, avec grâce, sans pédanterie*«, äußert er im *Journal* von 1815. Die gelehrten Arbeiten de Brosses' sind heute freilich vergessen. K.Rei.

AUSGABEN: Paris 1796, Hg. Sérieys. – Paris 1836 (*L'Italie il y a cent ans, ou Lettres écrites à quelques amis, en 1739 et 1740*, Hg. M. R. Colomb). – Paris 1958. – Paris 1969 (*Lettres familières sur l'Italie*, Hg. P. A. Weber). – Grenoble 1971 (*Journal du voyage en Italie, Lettres familières*, Hg. R. Colomb). – Paris 1986, 2 Bde. (*Lettres d'Italie*, Hg. F. d'Agay).

LITERATUR: Y. Bezard, *Comment le président de B. a écrit ses »Lettres d'Italie«*, Paris 1922. – G. de Socio, *Le président de B. et l'Italie. Étude historique, littéraire*, Paris/Rom 1923. – M. Duchet, *Aspects de la littérature française de voyages au 18e siècle* (in Cahiers du Sud, 62, 1966, S. 1–16). – R. Pianori, *B. tra finzione e realità. La lettera da Padova*, Padua 1971. – L. Norci-Cagiano, *Le »Lettres familières« di B. in Italia* (in Micromégas, 2/3, Sept.–Dez. 1975, S. 121–150). – H. Harder, *Le président de B. et le voyage en Italie*, Genf 1981. – *Actes du Colloque de B. ... Dijon 1977*, Genf 1981. – P. Ligas, *B. ou les singularités d'un journal de voyage* (in Voyageurs français à Vérone, Genf 1984, S. 97–112).

## ABE BROUWER

*18.9.1901 Bergumerheide

## DE GOUDEN SWIPE

(westfries.; *Die goldene Peitsche*). Roman von Abe BROUWER, erschienen 1941. – Der Marschbauer Douwe Ates Wallinga kümmert sich mehr um seine Rennpferde als um den väterlichen Hof. Als seine Frau ein Kind erwartet, scheint sich dies zu ändern, doch bald darauf verfällt er wieder seiner alten Leidenschaft. Beim großen Preis um die »Goldene Peitsche« verliert sein Traber. Als ihn sein Nachbar Wilco Hearema öffentlich verhöhnt, verlangt er Genugtuung und bleibt Sieger bei dem Ringen, das sie an einem nebligen Nachmittag austragen. Großmütig lädt Douwe Wilco zu einem Versöhnungsfest ein und schenkt ihm eines seiner Rennpferde. Doch Wilco wird nur zum Schein ein Freund des Hauses. Er kann die Niederlage nicht verwinden und sinnt auf Rache; er will Douwes Untergang. Als dieser endlich mit »Prinz« die »Goldene Peitsche« gewinnt, sagen die Zuschauer: »*Prinz gewinnt, aber Douwe verliert.*« Denn jeder weiß, daß er völlig verschuldet ist. Wilco übernimmt schließlich die Hypotheken, doch der eigentliche Preis, von dem Douwe freilich nichts ahnt, ist dessen Frau.

Ate, ihr Sohn, entdeckt das Geheimnis der Mutter, die selbst unter ihrem Ehebruch leidet. Als er aufgebracht die beiden Männer zur Rede stellt, werden Douwe endlich die Augen geöffnet. In blinder Wut schlägt er die »Goldene Peitsche« entzwei, allerdings nicht auf Wilco, sondern auf seinem Sohn. Nachdem die schwerkranke Frau ihm die Wahrheit gestanden hat, verkauft er seine Rennpferde bis auf eines und löst die Hypotheken ab. Nach dem Tod seiner Frau entzweit er sich mit Ate, der heiraten möchte und – als er den Hof eines Onkels erbt – den Vater verläßt. Nun ist Douwe allein; noch einmal will er die »Goldene Peitsche« gewinnen. Da taucht, wie ein Spuk, ein schwarzes Rennpferd auf, das sämtliche Preise gewinnt, allerdings nie gegen Douwes Pferd läuft. Durch eine Zeitungsannonce fordert Douwe den unbekannten Eigentümer heraus, der auf dem gleichen Weg antwortet: »Mr. X.«, das geheimnisvolle Pferd, werde sich am großen Rennen beteiligen. »Mr. X.« wird Sieger, und als Eigentümer gibt sich Ate dem Vater zu erkennen. Jetzt steht einer Versöhnung zwischen Vater und Sohn nichts mehr im Wege.

Die Höhepunkte des Werks sind die spannenden Rennszenen, vor allem die des Schlußkapitels. Obgleich dieser Bauernroman sich kaum vom Klischee seines Genres abhebt und in der psychologischen Profilierung der Personen wenig zu überzeugen vermag, wurde er doch zu einem beachtlichen Publikumserfolg und in mehrere Sprachen übersetzt.
Y.P.

AUSGABEN: Bolsward 1941. – Bolsward [7]1948.

LITERATUR: D. Kalma, Rez. (in It Fryske Folk, 1941, S. 101/102). – J. Piebenga, Rez. (in It Heitelân, 1941, S. 249/250). – A. Wadman, *Kritysk konfoai*, Drachten 1951, S. 39–48. – J. Piepenga, *Koarte skiednis fan de Fryske skriftekennisse*, Drachten [2]1957. – Tr. Riemersma, *Proza va het platteland. Een onderzoek naar normen en waarden in het grotere Friese proza van 1855–1945*, Bolsward 1984.

## JEROEN BROUWERS

\* 30.4.1944 Batavia (Jakarta)

LITERATUR ZUM AUTOR:
M. Ferguson, *J. B.* (in Het Vaderland, 11. 5. 1968). – A. Nuis, *Een bromvlieg onder glas* (in A. N., *Boeken*, Amsterdam 1978, S. 71–76). – Bzzlletin, 11, 1982, Nr. 98 [Sondernr. *J. B.*]. – J. Goedegebuure, *Tegendraadse schoonheid; over het werk J. B.*, Amsterdam 1982. – J. Diepstraten, *De literaire wereld van J. B.*, Den Haag 1985.

## BEZONKEN ROOD

(ndl.; *Ü: Versunkenes Rot*), Roman von Jeroen BROUWERS, erschienen 1981. – Brouwers meistübersetzter Roman ist – mit Einschränkungen – der Schlüsselroman für die beiden früheren Werke *Zonsopgangen over zee* (1977) und *Het verzonkene* (1979), auf die schon der Titel anspielt.
Der Tod der Mutter wird zum Ausgangspunkt für autobiographische Rückblenden auf zwei prägende Abschnitte seiner Kindheit, die beide als Zeiten der Gefangenschaft dargestellt sind: zwei Jahre im japanischen Internierungslager während des Zweiten Weltkriegs und – nach der Rückkehr in die Niederlande – die »nachgeholte« sechsjährige Erziehung in katholischen Internaten. Brouwers erhebt den Anspruch, die Zustände im Lager Tjideng erstmals wahrheitsgemäß, ohne Verharmlosungen zu beschreiben und zieht zur scheinbaren Untermauerung sogar Zitate heran – die Kontroverse, vor allem mit dem ebenfalls internierten Autor Kousbroek, zeigt jedoch, daß es ihm dabei weniger um eine historische als vielmehr um eine psychologische und deshalb literarisch-überhöhte Wahrheit geht. Das Lagerleben steht für die Einheit von Mutter und Sohn; Hunger und Folter, Tod und Krankheit von Angehörigen verstärken die Bindung lediglich; die Internierung wird so zur »glücklichen« Kindheit. Die Internatsjahre dagegen bringen eine zunehmende – nicht allein räumliche – Trennung; der Junge bleibt allein hinter dem Gitter des Internatszauns, hinter das ihn nun die Mutter selbst gebracht hat. Entsprechend reagiert der Sohn auf ihren Tod, der nur noch äußerlicher Abschluß des längst erlittenen Verlustes ist; er weigert sich, in irgendeiner Weise an der Beerdigung beteiligt zu werden, denn »*irgendwann verschwand ich aus ihrem Leben, und sie verschwand aus dem meinen*«.
*Bezonken rood*, eine vieldeutige Metapher, die Brouwers stets in Zusammenhang mit dem weiblichen Genital gebraucht, heißt damit hier vor allem »*erledigte Mutterbeziehung*«; er wendet sich entsprechend in den folgenden Werken verstärkt einem neuen Thema zu, dem Selbstmord. Das Verlust-Trauma und die damit verbundenen Racheimpulse werden – besonders deutlich in den eingeschobenen Episoden einer flüchtigen Liebesbeziehung – zum Schlüssel für Brouwers' charakteristisches Schwanken zwischen sadistischen Phantasien und Zärtlichkeit: nur von der leidenden (eingeschlossenen) Frau ist Liebe zu erwarten und diese Liebe wiederum verdient alle Zuwendung des Mannes. Die Ablehnung seiner Romanfiguren gegenüber der eigenen Person erscheint somit als verinnerlichte Ablehnung durch die Mutter. Die Wiederkehr der immer gleichen Motive wird psychologisch begründet; es sind die Bilder, die das ganze Leben ausmachen – ursprünglich mit der Mutterbeziehung verbundene »Gedächtnisfotos«. W.F.

AUSGABE: Amsterdam 1981.

ÜBERSETZUNG: *Versunkenes Rot*, G. Weil, Zürich 1984.

LITERATUR: C. Peeters, *Kleuter in het rijk van Pandora* (in Vrij Nederland, 21. 11. 1981). – R. Kousbroek, *Het Oostindisch kampsyndroom, de bomvrije schuilkelder van J. B.* (in NRC Handelsblad, 8. 1. 1982). – C. Offermans, *Een nieuwe stap naar de onsterfelijkheid* (in Groene Amsterdammer, 13. 1. 1982). – M. de Vos, *Waar of niet waar. »Bezonken rood« in discussie* (in Bzzlletin, 1982, Nr. 98, S. 45–48). – J. de Maere, *»Bezonken road«: Een onvergetelijk boek* (in Dietsche warande en Belfort, 127, 1982, S. 457–462). – J. Paardekooper, *J. B.: »Bezonken rood«*, Apeldoorn 1984.

## ZONSOPGANGEN BOVEN ZEE

(ndl.; *Sonnenaufgänge über dem Meer*). Roman von Jeroen BROUWERS, erschienen 1977. – Mit seinem zweiten Roman setzt der Autor nach dem handwerklich geprägten Frühwerk die mit der Novelle *Zonder trommels en trompetten*, 1973 *(Ohne Pauken und Trompeten)* eingeleitete Phase der für ihn charakteristischen Schreibweise fort. Diese Phase ist einerseits durch kontinuierliche Wiederverwendung der gleichen – autobiographischen – Motive aus den Problemkreisen Vereinsamung, Frau und Mutter, andererseits durch strenge, an Strukturen aus Musik und katholischem Ritus orientierte Komposition – einer von Brouwers in zahlreichen Polemiken propagierten neuen Ästhetik – gekennzeichnet.
Erzählzeit und -raum sind in *Zonsopgangen boven zee* auf ein Minimum reduziert: Ein Mann und eine erheblich jüngere Frau bleiben auf dem Weg zu deren Wohnung, den *Sonnenaufgängen über dem Meer*, die als Postkartensammlung über dem Bett hängen, vorübergehend im Aufzug eingeschlossen. Die Erzählperspektive ist ausschließlich auf den Mann konzentriert, selbst Äußerungen der Frau werden nur dann wiedergegeben, wenn sie für diesen von Bedeutung sind. In inneren Monologen wird eine Entwicklung von seinem Wunsch, sich höflich zurückzuziehen, über zunehmende aggressive Phantasien zu einer – für den nach einer unver-

arbeiteten Scheidung in seiner Identität verunsicherten Mann – neuen Möglichkeit der Zuneigung geschildert. Diese Entwicklung aber ist wiederum elliptisch konzipiert: ursprünglich sollte der Roman als Lose-Blatt-Sammlung, die dem Leser ermöglicht, Beginn und Ende selbst zu definieren, erscheinen. Den utopischen Charakter des gemeinsamen Ziels symbolisieren die Sonnen*auf*gänge in einem Land, in dem die Sonne über dem Meer *unter*geht.

*Zonsopgangen boven zee* läßt sich damit als moderner, von psychischen Widersprüchen geprägter Liebesroman verstehen; vorrangig handelt es sich aber um ein Sprachkunstwerk, in dem jedes Detail symbolträchtig ist: schon die Krawatte des Erzählers steht gleichzeitig für seine psychische Selbsteinengung, für Autoaggression und die unendliche Wiederholungsschleife der dargestellten Beziehung. Handlung und Motive bleiben der strukturellen Konzeption untergeordnet: *»Was ich mache ist Feuerwerk, kunstvolle Gaukelei was die Technik betrifft«* (Brouwers). W.F.

AUSGABE: Amsterdam 1977.

LITERATUR: T. v. Deel, *Een lift als doodsbed en wieg* (in Trouw, 19. 11. 1977). – J. Goedegebuure, *Een boek van haat en van hoop* (in Tirade, 1977, Nr. 231, S. 712–715). – L. Deflo, *J. B.: »Zonsopgangen boven zee«* (in Ons erfdeel, 1979, Nr. 3, S. 427–429). – T. v. Deel, *Orpheus in de lift* (in T. v. D., *Bij het schrijven*, Amsterdam 1979, S. 105–125). – A. M. Musschoot, *»Zonsopgangen boven zee«, Het boek van een obsessie* (in Bzzlletin, 1982, Nr. 98, S. 13–18). – W. Breedveldt, *Wat wordt mij doorgeseind? Over de motieven in »Zonsopgangen boven zee«* (ebd., S. 19–22). – J. Diepstraten, *»Zonsopgangen boven zee« mag als een grafsteen op mij komen liggen* (ebd., S. 52–58).

## CHARLES BROCKDEN BROWN

\* 17.1.1771 Philadelphia
† 22.2.1810 Philadelphia

LITERATUR ZUM AUTOR:
*Bibliographien*:
P. Witherington, *Ch. B. B.: A Bibliographical Essay* (in EAL, 9, 1974, S. 164–187). – P. L. Parker, *Ch. B. B.: A Reference Guide*, Boston 1980.
*Forschungsbericht*:
B. Christophersen, *›Father of the American Novel‹: B. B. in the 80's* (in Western Humanities Review, 39, 1985, Nr. 1, S. 77–85).
*Biographien*:
H. R. Warfel, *Ch. B. B.: American Gothic Novelist*, Gainesville 1949. – D. L. Clark, *Ch. B. B.: Pioneer Voice of America*, NY 1966. – W. Dunlap, *The Life of Ch. B. B.*, Philadelphia 1851; ern. Ldn. 1822 [u. d. T. *Memoirs of Ch. B. B., the American Novelist*]. –P. Allen, *The Late Ch. B. B.*, Hg. R. E. Hemenway u. J. Katz, Columbia 1976.
*Gesamtdarstellungen und Studien*:
M. S. Vilas, *Ch. B. B.: A Study of Early American Fiction*, Burlington 1904, ern. 1970. – D. A. Ringe, *Ch. B. B.*, NY 1966 (TUSAS). – L. R. Wiley, *The Sources and Influence of the Novels of Ch. B. B.*, NY 1950. – A. G. Kimball, *Rational Fictions: A Study of Ch. B. B.*, McMinnville 1968. – A. Weber, *Ch. B. B.s Theorie der Geschichtsschreibung und des Romans* (in *Geschichte und Fiktion: Amerikanische Prosa im 19. Jahrhundert*, Hg. A. Weber u. H. Grandel, Göttingen 1971, S. 15–41). – M. D. Bell, *›The Double-Tongued Deceiver‹: Sincerity and Duplicity in the Novels of Ch. B. B.* (in EAL, 9, 1974, S. 143–163). – W. Hedges, *Ch. B. B. and the Culture of Contradictions* (ebd., S. 107–142). – J. Cleman, *Ambiguous Evil: A Study of Villains and Heroes in Ch. B. B.'s Major Novels* (ebd., 10, 1975, S. 190–219). – N. S. Grabo, *The Coincidental Art of Ch. B. B.*, Chapel Hill 1981. – *Critical Essays on Ch. B. B.*, Hg. B. Rosenthal, Boston 1981. – A. Axelrod, *Ch. B. B.: An American Tale*, Austin 1983. – F. Fleischmann, *A Right View of the Subject: Feminism in the Works of Ch. B. B. and John Neal*, Erlangen 1983. – B. Rosenthal, *Ch. B. B.* (in *American Writers of the Early Republic*, Hg. E. Elliott, Detroit 1985, S. 69–81). – K. Martens, *Die antinomische Imagination: Studien zu einer amerikanischen Tradition (Ch. B. B., Edgar Allan Poe, Herman Melville)*, Ffm. u. a. 1986.

## ARTHUR MERVYN, OR: MEMOIRS OF THE YEAR 1793

(amer.; *Arthur Mervin oder Denkwürdigkeiten aus dem Jahre 1793*). Roman von Charles Brockden BROWN, erschienen 1799. – Mit *Arthur Mervyn* vollendete Brown im Sommer 1799 unter größter seelischer und physischer Belastung eine Phase hektisch-fruchtbaren Schaffens, aus der im Lauf von anderthalb Jahren auch die Romane *Wieland, or The Transformation* (Wieland oder Die Verwandlung), *Ormond, or The Secret Witnees* (Ormond oder Der heimliche Zeuge) und *Edgar Huntly, or Memoirs of a Sleepwalker* (Edgar Huntley oder Der Nachtwandler) hervorgegangen waren. Eindrücke während der Fleckfieberepidemie des Sommers 1793 in Philadelphia, die gefährliche Erkrankung des Autors selbst und der Verlust eines Freundes durch diese Seuche haben ihren Niederschlag in dem Roman gefunden, der in seiner ausgewogenen Verbindung der Elemente von realistischem, psychologischem und sentimentalem, von Schauer- und Thesenroman wohl den Höhepunkt in Browns Schaffen darstellt.

Vor allem aber ist *Arthur Mervyn* von Bedeutung als einer der frühen Bildungsromane der amerikanischen Literatur. Er erzählt die Geschichte eines Jungen von achtzehn Jahren, der – aus der heimatlichen Hütte vertrieben – vom Lande in die Stadt zieht und dort in ein Netz von Zufällen, von menschlichen und gesellschaftlichen Verwirrungen gerät, sich aber mit seinem natürlichen Sinn für das Rechte durchsetzt und zu Erfolg und Ansehen gelangt. – Mit Defoescher Genauigkeit zeichnet Brown die Landschaft um Philadelphia und die Stadt selbst aus der Sicht des naiven und unerfahrenen Arthur: eine Art Labyrinth mit gewaltigen Häusern, mit Straßen, Gassen und Höfen, mit den in verlassenen Räumen sterbenden Opfern der Seuche, den betrunkenen Totengräbern, den grauenerregenden Zuständen im Hospital und den zwischen Angst und wilder Lebensgier taumelnden Überlebenden. Brown zeigt den Menschen in seiner Abhängigkeit von Geld und Handel, enthüllt die zweifelhaften und bedenkenlosen Methoden wirtschaftlichen und finanziellen Gewinnstrebens, findet Gelegenheit zu sozialer Kritik an den Schuldgesetzen und den Zuständen im Schuldgefängnis und kommentiert die medizinischen Forschungen und Theorien über die Entstehung und Verbreitung von Seuchen. Er läßt seine Charaktere über die neuen Ideen jener Epoche debattieren: die Emanzipation der Frau, das Wesen der Gesellschaft, die Toleranz gegenüber Juden und ledigen Müttern – philosophische Ideen der Aufklärung, die er nach dem Vorbild des Romans *Caleb Williams* (1794) von dem englischen Philosophen William GODWIN in seinen Büchern verarbeitete. Aber weder realistische Beschreibung noch ideologische Tendenz oder sozialer Protest sind für Browns Werk charakteristisch: Statt zur realistisch-kritischen Sittenschilderung der *novel* tendiert er zu den symbolischen Strukturen der *romance*. Pest und Schuldgefängnis, Hospital und Finanzintrige, Krankheit und Tod sind ihm Metaphern für die chaotische, irrationale, böse und zugleich unerhört reiche Welt, in der der Mensch lebt.

In diese Welt gestellt, muß der reine Tor Arthur Mervyn erfahren, daß die Sinne und logisches Denken – Grundlage der zu Browns Zeit verbindlichen Erkenntnistheorie John LOCKES – nicht ausreichen, um hinter die Fassade der Erscheinungen zu dringen, um Ursachen und Motive zu erkennen, um zu sehen, daß die Welt irrational, die Wahrheit relativ und die Konsequenzen von Handeln unberechenbar sind.

Brown führt hier nahe an einen nihilistischen Skeptizismus heran, an eine radikale Seinsverzweiflung – aber er stellt ihnen als Archimedischen Punkt seines Universums die Integrität des individuellen Bewußtseins gegenüber. Aus allen Bewährungsproben geht Mervyns Tugend siegreich hervor – und wird sogar belohnt: mit der Hand einer begehrenswerten Frau und der Aussicht auf sicheren Reichtum. Und das ist der zweite, für die amerikanische Tradition charakteristische Aspekt dieses Bildungsromans: *Arthur Mervyn* gehört zu jenen Erfolgsstories, die von FRANKLINS *Autobiography* bis zu den Werken Horatio ALGERS reichen und in denen ein armer, aber prinzipienfester Mann durch Fleiß und Tugendhaftigkeit zu Ansehen und Wohlstand gelangt. Arthur Mervyn erscheint als der Prototyp des amerikanischen Helden, der auszieht, das Leben kennenzulernen, aber durch die Treue zu seinen Grundsätzen daran gehindert wird. In seiner Gestalt hat Brown ein Problem aufgeworfen, das die amerikanischen Schriftsteller auf lange Sicht beschäftigen sollte: Wie kann der Mensch Adam bleiben nach der Vertreibung aus dem Paradies?

M.Ch.-KLL

AUSGABEN: Philadelphia 1799 [Bd. 1]. – NY 1800 [Bd. 2]. – NY 1962, Hg. W. Berthoff (*Rinchart Ed.*). – NY 1963 (in *Novels*, Bd. 2/3). – Kent 1980, Hg. S. J. Krause u. S. W. Reid.

ÜBERSETZUNG: *Arthur Mervin oder Die Pest in Philadelphia. Denkwürdigkeiten aus dem Jahre 1793*, anon., Lpzg. 1858.

LITERATUR: W. B. Berthoff, *Adeventures of the Young Man: An Approach to C. B. B.* (in American Quarterly, 9, 1957, S. 421–434). – T. Riese, *D. engl. Erbe in d. amerik. Lit. Studien z. Entstehungsgesch. d. amerik. Selbstbewußtseins im Zeitalter Washingtons u. Jeffersons*, Bochum 1958. – K. Bernard, *»Arthur Mervyn«: The Ordeal of Innocence* (in Texas Studies in Litrature and Language, 6, 1965, S. 441–459). – P. Brancaccio, *Studied Ambiguities: »Arthur Mervyn« and the Problem of the Unreliable Narrator* (in AL; 42, 1970, S. 18–27). – J. H. Justus, *Arthur Mervyn, American* (ebd., S. 304–324). – W. C. Nelson, *A Method for Madness: The Symbolic Patterns in »Arthur Mervyn«* (in West Virginia Univ. Philological Papers, 22, 1975, S. 29–50). – P. J. McAlexander, *»Arthur Mervyn«: and the Sentimental Love Tradition* (in Studies in the Literary Imagination, 9, 1976, Nr. 2, S. 31–41). – J. R. Russo, *The Chameleon of Convenient Vice: A Study of the Narrative of »Arthur Mervyn«* (in Studies in the Novel, 11, 1979, S. 381–405). – G. M. Spangler, *Ch. B. B.'s »Arthur Mervyn«: A Portrait of the Young American Artist* (in AL; 52, 1981, S. 578–592). – R. S. Levine, *Arthur Mervyns Revolutions* (in Studies in American Ficiton, 12, 1984, Nr. 2, S. 145–160). – S. Samuels, *Plague and Politics in 1793: »Arthur Mervyn«* (in Criticism, 27, 1985, Nr. 3, S. 225–246).

# EDGAR HUNTLY, OR: MEMOIRS OF A SLEEP-WALKER

(amer.; *Edgar Huntly oder Memoiren eines Schlafwandlers*). Briefroman von Charles Brockden BROWN, erschienen 1799/1800. – Unter den widrigsten Umständen – Geldsorgen, Erkrankung am gelben Fieber, Spannungen mit dem Elternhaus – legte Brown in einer Reihe von erzählenden Werken den Grundstein zu einer Romankunst, die bewußt versuchte, amerikanisch zu sein. Er unternahm den Versuch, Motive und Techniken des in England verbreiteten empfindsamen Romans und des Schreckensromans in Amerika heimisch zu machen; von William GODWIN, dem revolutionären englischen Gesellschaftstheoretiker, beeinflußt, gab er seinen Romanen neben der psychologischen eine ideologische Problematik, indem er sich in ihnen mit Ideen der französischen Aufklärung und Revolution – Atheismus, Sensualismus, Materialismus – auseinandersetzte. Sein Werk spiegelt wie kein zweites seiner Zeit den Konflikt zwischen traditionellen ethischen und religiösen Werten und der modernen psychologisch-physiologischen Auffassung des Menschen, zwischen dem Gehorsam gegenüber den hergebrachten Ordnungen und der anarchischen Freiheit des selbstbewußten Individuums.

Brown, ohne Erfahrung in der Konstruktion von Romanen und zu hastig, verliert häufig die Kontrolle über seine Form; beim Versuch, in *Edgar Huntly* mehrere Lebensgeschichten nebeneinander zu entwickeln, verwirren sich die Fäden der Erzählung mehr als einmal. Immerhin lassen sich zwei parallel laufende Haupthandlungen unterscheiden: die Geschichte Clithero Ednys und die Abenteuer des Erzählers, Edgar Huntly. Clithero wird durch die Wahnvorstellung, vom Schicksal zum Mord an der geliebten Gönnerin auserwählt zu sein, Huntly durch seine Veranlagung zum Somnambulismus in eine Serie sensationeller Abenteuer gestürzt. Huntly muß sich aus einem unterirdischen Labyrinth befreien, einen Zweikampf mit einem Panther bestehen, eine blutdürstige Indianerbande besiegen und sich aus einer unbekannten Wildnis herausfinden. Brown erhöht und steigert die Spannung noch, indem er weder dem Leser noch Huntly selbst den Grund für diese verzweifelte Situation mitteilt. So scheinen zunächst manche Ereignisse die Folge des Eingriffs übernatürlicher, irrationaler Mächte zu sein, bis am Schluß die abnorme psychische Veranlagung alles Unerklärliche venünftig motiviert. Dieses Panoptikum von Pathologie, Indianermassakern, Mord und Empfindsamkeit wäre grotesk zu nennen, wollte man realistische Maßstäbe anlegen. Aber Brown kümmert sich wenig um die Abschilderung einer der Beobachtung zugänglichen sozialen oder gegenständlichen Wirklichkeit (obwohl er einige Beispiele glänzender naturalistischer Beschreibungskunst gibt). Sein Ziel ist die Auslotung des menschlichen Bewußtseins. Zu diesem Zweck erfindet er eine Reihe von extremen Situationen, die die Vernunft des Menschen einer Bewährungsprobe unterwerfen. Er konstruiert den Modellfall einer Welt, in der gewohnte Denkmuster versagen, in der das Gesetz der Kausalität nicht mehr zu gelten scheint. Die Wildnis, in der sich Huntly plötzlich findet, wird zum konkreten Abbild dieser ausweglosen, verfremdeten Wirklichkeit: Klüfte, Abstürze, Höhlenlabyrinthe, entfesselte Elementargewalten lassen sie als einen Abgrund – eines der Schlüsselwörter Browns – erscheinen.

In drei Motivketten macht der Autor seine Thematik, das Verhältnis von Welt und Bewußtsein, deutlich: in dem Motiv von Vernichtung und Verzweiflung *(destruction and despair)*, im Wissensmotiv *(discovery, curiosity)* und im Schicksalsthema *(destiny)*. Die erste Reaktion seiner Figuren auf die unerkennbar gewordene Welt ist Verzweiflung, Entsetzen, Angst, Panik. Diesen Zustand zu meistern, ist die eigentliche Aufgabe des Menschen in Browns Universum: praktischer Verstand, scharfsinniges Überlegen, genaue Analyse als Kontrolle der eigenen Empfindungen führen aus der labyrinthischen Welt, aus dem Strudel der Unwissenheit heraus, angespannteste Bewußtseinstätigkeit überwindet psychischen Schock und bannt die abgründige Gefahr des Wahnsinns. Browns Schicksalsbegriff ist zwiespältig: Einerseits fühlt sich der in eine fremde Welt verschlagene Mensch einem unbegreiflichen Geschehen ausgeliefert und glaubt, unter dem Zwang eines Fluches zu handeln; andererseits klärt Brown, ganz wie seine Vorläuferin Ann RADCLIFFE, alles vermeintlich Übernatürliche am Ende auf rationale, natürliche Weise auf – aber nur, um den Menschen einem nicht weniger furchtbaren, wenn auch nicht mehr metaphysisch orientierten Schicksal auszuliefern: den Abgründen seiner eigenen Seele, Wahnsinn, Somnambulismus, Besessenheit von einer fixen Idee. Hier liegt denn auch Browns Fortschritt gegenüber dem traditionellen Schauerroman *(tale of terror)* und dessen schematischer Psychologie, die Empfindungen des Entsetzens, der Angst von der Einwirkung eines äußeren, dem Subjekt gegenüberstehenden Objekts abhängig machte. Brown hat diese Psychologie des Terrors vertieft und verfeinert, indem er sie verinnerlichte: Die Seele des Menschen selbst wird zur unheimlichen Größe, das Bewußtsein enthüllt seine Nachtseiten.

In seinem programmatischen Vorwort lehnt Brown die Verwendung der üblichen Requisiten der »*Gothic tale*« ausdrücklich ab und fordert die Anpassung an amerikanische Zustände und moderne, »wissenschaftliche« Erkenntnisse: So ersetzte er Burgen und Schlösser durch die Wilnis seiner Heimat bei Philadelphia, Kerkerverliese und unterirdische Gänge durch eine Höhle, Raubüberfälle durch Indianerkämpfe, Aberglauben und Gespensterfurcht durch Psychopathologie. Er rebellierte also ganz bewußt gegen die bloße Nachahmung des englischen Romans und legte damit den Grundstein zu einer unabhängigen amerikanischen Erzählkunst. Die Bedeutung seiner Romankunst zeigt sich in ihrer Wirkung: Unter den englischen Autoren beeinflußte er BYRON und SHELLEY, vor allem aber Mary SHELLEYS *Frankenstein* (1818), ebenfalls eine Erzählung von *discovery and destruction*; bei den Amerikanern wurde er von R. H. DANA, Sr. nachgeahmt, sein wahrer Erbe aber ist POE. Sowohl im Motiv wie in der psychologischen Durchdringung besteht eine enge Beziehung zwischen der Szene von Huntlys Erwachen in der Höhle und dem Erwachen des Helden in *The Pit and the Pendulum (Die Grube und das Pendel)*; das Thema von *discovery and destruction* wird von Poe in *Manuscript Found in a Bottle (Das Manuskript in der Flasche)* und in *The Narrative of Arthur Gordon Pym (Die denkwürdigen Erlebnisse des Arthur Gor-*

*don Pym)* weiterentwickelt, die ironische Erzählweise Browns in Clitheros Bericht wird in Poe in *Berenice* und in *The Black Cat (Die schwarze Katze)* zur Vollendung geführt: Dort wie hier berichtet ein Geisteskranker mit einem Übermaß an Logik und Klarheit von seinen Verbrechen. M.Ch.

AUSGABEN: Philadelphia 1799 [Bd. 1 u. 2]. – Philadelphia 1800 [Bd. 3]. – NY 1928 [Einl. D. L. Clark]. – Washington/NY 1963 (in *Novels*, Bd. 4). – New Haven 1973, Hg. D. Stineback. – Kent 1984, Hg. S. J. Krause u. S. W. Reid. – Kent 1987.

ÜBERSETZUNG: *Edgar Huntley oder Der Nachtwandler*, anon., 3 Bde., Lpzg. 1857.

LITERATUR: K. Bernard, *»Edgar Huntly«: Ch. B. B.'s Unsolved Murder* (in Library Chronicle, 33, 1967, S. 30–53). – Ph. R. Hughes, *Archetypal Patterns in »Edgar Huntly«* (in Studies in the Novel, 5, 1973, S. 176–190). – L. S. Person, *›My Good Mamma‹: Women in »Edgar Huntly« and »Arthur Mervyn«* (in Studies in American Fiction, 9, 1981, Nr. 1, S. 33–46). – S.W. Reid u. J.F. Caccamo, *The States and Issues of B.'s »Edgar Huntly«* (in Papers of the Bibliographical Society of America, 75, 1981, Nr. 3, S. 326–339). – G. Toles, *Charting the Hidden Landscape: »Edgar Huntly«* (in EAL, 16, 1981, Nr. 2, S. 133–153). – S. J. Krause, *»Edgar Huntly« and the American Nightmare* (in Studies in the Novel, 13, 1981, S. 294–302). – J. F. Slater, *»The Sleepwalker and the Great Awakening: B.'s »Edgar Huntly« and Jonathan Edwards* (in Papers on Language and Literature, 19, 1983, Nr. 2, S. 199–217). – D. Berthold, *Ch. B. B., »Edgar Huntly«, and the Origins of the American Picturesque* (in The William and Mary Quarterly, 41, 1984, Nr. 1, S. 62–84).

## ORMOND, OR, THE SECRET WITNESS

(amer.; *Ormond oder Der heimliche Zeuge*). Roman von Charles Brockden BROWN, erschienen 1799. – Beeindruckt vom Verlauf der Französischen Revolution und von dem radikalen Rationalismus der Enzyklopädisten und William GODWINS, schrieb Brown zwischen 1798 und 1800 eine Reihe von philosophischen Schauerromanen, darunter auch *Ormond*.

Die Heldin, Constantia Dudley, durch den Bankrott ihres Vaters in tiefste Armut gestürzt, gerät in den Bann Ormonds, einer geheimnisvollen Persönlichkeit der gehobenen Gesellschaft Philadelphias. Von ihrem Wesen beeindruckt, befreit Ormond sie zunächst aus ihrer Notlage, bemüht sich dann, sie für eine freie Verbindung und notfalls für die Ehe zu gewinnen, versucht, nachdem sie ihn abgewiesen hat, sie zu vergewaltigen und wird dabei von dem seine Ehre verteidigenden Mädchen ermordet. – Brown verwendet die in Samuel RICHARDSONS *Clarissa* (1748) entwickelte Handlungskonvention des von einem Freigeist verfolgten tugendhaften Mädchens, die affektiv betonten Mittel des Schauerromans und die sehr schematisch gezeichneten Charaktere, um Möglichkeiten und Grenzen des revolutionären Rationalismus zu debattieren. Constantia Dudleys von allen metaphysischen Bindungen befreite Vernunft muß sich in vielen »schauerlichen« Situationen bewähren; der Sturz aus dem Wohlstand in äußerste wirtschaftliche Not, der Anblick grausiger Sterbeszenen während einer Pestseuche in Philadelphia und die Nachstellungen Ormonds sind Prüfungen, in denen sich ihre moralische Integrität und die Stärke ihres Bewußtseins gegen den aggressiven Druck der Umwelt und der widrigen Umstände behaupten. Brown verwendet die Figur als Demonstrationsfall dafür, daß »Glück« nicht von den Umständen, vom Millieu, also letzlich von der Gesellschaft abhängig ist, sondern von der inneren Freiheit des Geistes. Mit diesem Argument wendet er sich vom Standpunkt einer idealistischen Ethik gegen die revolutionären Ideen seiner Zeit.

Die Titelgestalt ist Browns Porträt des vollkommenen Rationalisten, der in seinen persönlichen Lebensformen von den Vorurteilen der Gesellschaft empanzipiert ist, der eine Veränderung des Loses der Menschheit nur noch von einem Umsturz des gesamten Systems, nicht von philanthropischen Reformen erwartet und der als utopischer Weltbeglücker die Gründung einer idealen neuen Gesellschaft in einem abgelegenen Landstrich plant. Brown enthüllt jedoch die perverse Dialektik dieser aufklärerischen Gesinnung: Ormonds unkonventionelles Verhalten erscheint als Aufrichtigkeit, ist zugleich aber Maske eines Intriganten und Ausdruck eines Rücksichtslosen; seine Ideen, obwohl in Übereinstimmung mit den Prinzipien der Vernunft, sind Ausgeburt eines von Macht berauschten Gehirns, eines monomanischen Egoismus und führen zum Terror – symbolisch konkretisiert in Ormonds Angriff auf Constantia, als diese sich seiner Verführung zur selbstherrlichen, das Vorurteil der Sittengesetze abwerfenden Freiheit der Vernunft versagt. M.Ch.

AUSGABEN: NY 1799. – Philadelphia 1887 (in *Novels*, 6 Bde., 6; Nachdr. Port Washington/NY 1963). – NY 1937, Hg. E. Marchand (American Fiction Series; m. Vorw. u. Bibliogr.; Nachdr. NY 1962). – Kent 1982 Hg. S. J. Krause u. a.

LITERATUR: E. Sickels, *Shelley and the Novels of C. B. B.* (in PMLA, 45, 1930, S. 1116–1128). – S. J. Krause, *»Ormond«: Seduction in a New Key* (in AL; 44, 1973, S. 570–584). – C. W. Nelson, *A Just Reading of Ch. B. B.'s »Ormond«* (in EAL, 8, 1973, S. 163–178). – P. C. Rodgers, *B.'s »Ormond«: The Fruits of Improvisation* (in American Quarterly, 26, 1974, S. 4–22). – S. J. Krause, *»Ormond«: How Rapidly and How Well ›Composed, Arranged and Delivered‹* (in EAL, 13, 1978, S. 238–249). – J. R. Russo, *The Tangled Web of Deception and Imposture in Ch. B. B.'s »Ormond«* (ebd., 14, 1979,

S. 205–227). – R. S. Levine, *Villainy and the Fear of Conspiracy in Ch. B. B.'s »Ormond«* (ebd., 15, 1980, S. 124–140). – M. Patrick, *Ch. B. B.'s »Ormond«: A Psychological Portrait of Constantia Dudley* (in Journal of Evolutionary Psychology, 5, 1984, Nr. 12, S. 112–128). – J. C. Tutor, *Disappointed Expectations: Artistic Strategy in »Ormond«* (in Publications of the Mississippi Philological Association, 1985, S. 67–80).

## WIELAND, OR THE TRANSFORMATION. An American Tale

(amer.; *Wieland oder Die Verwandlung. Eine amerikanische Erzählung*). Roman von Charles Brockden BROWN, erschienen 1798. – Browns erster Roman, als Briefbericht einer Erzählerin angelegt, ist nicht nur ein labyrinthisches Buch, sondern auch eine Einführung in das Labyrinth des menschlichen Bewußtseins. In der Nähe Philadelphias leben Wieland und seine Schwester Clara (die Ich-Erzählerin) mit Freunden und Angehörigen in idyllischer Abgeschiedenheit. Wieland, zur Schwermut neigend, sucht selbstquälerisch nach religiöser Gewißheit und hofft auf ein Zeichen von Gott. Clara huldigt einer rousseauistisch-romantischen Gefühlsreligion und verbindet – entsprechend Browns Idealvorstellung von der empanzipierten Frau – Empfindsamkeit mit Verstandesbildung. Pleyel, Wielands Schwager und Claras Geliebter, repräsentiert in diesem Kreis von Schwärmern den aufgeklärten Skeptiker, den Anhänger einer empiristischen Erkenntnislehre.

In dieses weltanschaulich-ideologisch belastete Dreieck tritt Carwin, ein geheimnisumwitterter Fremder, von dem sich Clara unerklärlich stark angezogen fühlt. Seine Gestalt ist ungeschlacht, verführerisch hingegen sind seine Beredsamkeit und sein Geist, der alle herkömmlichen Prinzipien in Zweifel zieht. (Er erinnert an Schedoni aus Ann RADCLIFFES *The Italian*, 1797, und weist auf den Byronischen Helden voraus.) Plötzlich wird die Harmonie dieser »pädagogischen Provinz« zerstört: Unbekannte Stimmen sprechen Warnungen aus und planen einen Mordanschlag auf Clara; Carwin entpuppt sich scheinbar als Verführer. In einer Vision meint Wieland die Stimme Gottes zu vernehmen, die ihm befiehlt, zum Zeichen seines absoluten Gehorsams Frau und Kinder zu ermorden und so die irdische der himmlischen Liebe zu opfern. Im Wahn vollzieht Wieland diesen Befehl. Zunächst von Selbstgerechtigkeit erfüllt, endet er in Verzweiflung und Selbstmord.

Brown hat hier einen Fall verwendet, der sich damals tatsächlich ereignet und beträchtliches Aufsehen erregt hatte, doch ging es ihm weniger darum, die Sensationslust der Leser zu befriedigen als Kritik an einer bestimmten Form der Religiosität zu üben. In Wieland verbinden sich unheilvoll die Lehre des radikalen antinomischen Protestantismus von der unmittelbaren Verbindung des einzelnen mit Gott (der Autor entstammte selbst einer Quäkerfamilie) und dem Kalvinismus eigene Verlangen nach einer äußeren Bestätigung des Erwähltseins durch Gott. Die Vorgeschichte Wielands macht dies noch deutlicher: Sein Vater hatte sich nach seiner Konversion in einen mystischen, aller Konfessionalität abholden Sektierer verwandelt und war, nach fehlgeschlagenen Missionierungsversuchen bei den Indianern, in Schwermut verfallen, weil ihm offenbar die Kraft fehlte, einen ähnlichen Gehorsamsbeweis zu erbringen wie später sein Sohn. Brown betont diese verhängnisvolle und unerklärliche Schicksalsverkettung: Wieland und Clara erinnern sich immer wieder mit Schaudern an den mysteriösen Tod des Vaters, der bei lebendigem Leib verbrannte. Gottesurteil oder Selbstverbrennung?

Nach dem klassischen Muster der Tragödie wird also Glück durch ein plötzlich hereinbrechendes Verhängnis zerstört. Browns Schicksalsvorstellung bleibt allerdings vage: Einerseits rührt sie an die Frage der Theodizee, anderseits an die des tragischen Generationenerbes. Von viel größerer Bedeutung ist jedoch, daß Brown am Ende des 18. Jh.s und noch vor CHATEAUBRIANDS *René* (1802) das Wesen des Tragischen in der Vernichtung des Unschuldigen sieht; vollends »modern« ist, daß er die vernichtenden Kräfte aus dem Inneren des Menschen aufsteigen läßt. Ihn interessiert, wie seine Gestalten auf diesen Einbruch des Schrecklichen und Irrationalen in ihre befriedete Welt reagieren. Das Irrationale begegnet hier als das scheinbar Übernatürliche: einerseits in den Halluzinationen Wielands, anderseits in den körperlosen, bald drohenden, bald warnenden Stimmen des Bauchredners Carwin, die von den Betroffenen nicht als solche erkannt werden. Mit ähnlichen aus der Situation heraus unbegreiflichen, am Ende aber rational erklärbaren Phänomenen hatte schon Mrs. Radcliffe in *The Mysteries of Udolpho* (1794) Schockwirkungen erzielt. Aber während sie diese Technik spielerisch-mechanisch handhabte, um die Handlung voranzutreiben oder zu verzögern, sind bei Brown Schrecken und Entsetzen Instrumente zur Durchleuchtung des Bewußtseins seiner Personen in einer plötzlich fremd gewordenen, logisch nicht mehr faßbaren Welt. – Wielands Gotteshörigkeit wird am Schluß des Romans als Phantom seiner Einbildungskraft entlarvt, sein Glaube als Verstoß gegen Wahrheit, Vernunft und Menschlichkeit erkannt. Der nach dem Absoluten Suchende ist der Narr eines psychischen Mechanismus. Wielands Leben und Person werden durch die zunehmende religiöse Psychose von innen heraus zerstört, das Unbewußte überwältigt den bewußten Menschen und sein rational geordnetes Verhältnis zur Welt.

Browns psychologisches Interesse wird an der Gestalt Claras besonders deutlich. Ihre Funktion als Ich-Erzählerin ermöglicht es dem Autor, sich der besten Errungenschaften RICHARDSONS und des Schauerromans zu bedienen und in introspektiver Form Seelenzustände zu analysieren. So ist nicht der von außen beschriebene Wieland, sondern Clara die eigentliche Hauptperson des Buches; auf jeden Fall stellt sie eine Art Gegenbild zu Wieland dar, und nur wenn man diese Polarität erkennt, läßt sich Browns Leistung ermessen. Im Gegensatz zum Bruder wird sie durch die seelischen Belastungen nicht in den Abgrund des Wahnsinns gerissen, widersteht sie dem Irrationalen, bewahrt sie die Integrität ihres Bewußtseins. Die Dialektik von Gefährdung und Errettung macht Brown durch seine Erzähltechnik deutlich: Inmitten der verwirrendsten Vorgänge registriert und analysiert Clara minuziös ihre seelischen Reaktionen und bemüht sich, die unerhörte Situation zu meistern, indem sie einen dem Verstand einsichtigen Zusammenhang zu konstruieren sucht. Zwar kommt auch sie zu falschen Ergebnissen, zwar scheint es ein vernichtender Schluß, daß Erkenntnis weder dem Gläubigen (Wieland) noch dem Empiriker (Pleyel) noch dem Intuition und Denkdisziplin verbindenden Menschen (Clara) möglich ist, aber Browns Darstellung der um Klarheit ringenden Clara deutet darauf hin, daß ein Bewußtsein wie ihres sich letztlich gegen eine zerrüttete, »unerkennbar« gewordene Welt behaupten wird.

Mögen die sensationell aufgezäumten, eines Kolportageromans würdigen Szenen noch so unglaubhaft und konstruiert wirken, mögen Ereignisfolge, Spannung und Effekt noch so eindeutig auf einer Täuschung des Lesers beruhen – für Brown eröffnet sich durch diese Technik die Möglichkeit, die Auswirkung von Schocksituationen auf das menschliche Bewußtsein zu untersuchen. Für das Gelingen dieser Absicht spricht die Tatsache, daß die Entlarvung des Schuldigen als Bauchredner keineswegs lächerlich oder grotesk wirkt, sondern als schriller Höhepunkt des grausig-makabren Geschehens erscheint.

Die Spannungen und grellen Kontraste in der Romanwelt Browns weisen auf seine Stellung zwischen einer konservativen Tradition des 18. Jh.s und der Französischen Revolution, zwischen Aufklärung und Romantik hin. Diese Zwischenstellung begründet aber zugleich seine Rolle als Initiator einer Tradition, die ihren ersten Höhepunkt im zweiten Viertel des 19. Jh.s erreichte: Mit seiner psychologischen Schauer- und Schicksalserzählung wirkte er auf POES rationalistisch-analytische Psychodramen, für HAWTHORNES Schwanken zwischen Agnostizismus und puritanischem Erbe wie auch für seine Technik der Doppeldeutigkeit finden sich bei ihm Ansätze, MELVILLES Verzweiflung angesichts der Rätselhaftigkeit des Universums und der Erkenntnisohnmacht des Menschen sind bei ihm vorgeprägt. Erwähnt sei ferner, daß SHELLEY und BYRON seine Romane gelesen und gelobt haben. Wichtiger jedoch war Browns Einfluß auf die Form des amerikanischen Romans. Seine Absage an den englischen Sittenroman des 18. Jh.s, sein Verzicht auf realistische Rahmen und *vraisemblance* zeigen eine – für seine Nachfolger charakteristische – Vorliebe für die *romance* gegenüber den *novel*: für psychologische statt soziale Problematik, für Demonstration statt Darstellung, für allegorisch-symbolische Typisierung und Abbreviatur anstelle der Abschilderung einer gesellschaftlichen und konkret gesehenen Wirklichkeit. M.Ch.

AUSGABEN: NY 1798. – NY 1926, Hg. u. Vorw. F. L. Patee; ern. 1969. – Port Washington/N. Y. 1963 (in *Novels*, Bd. 1). – Kent 1978, Hg. S. J. Krause u. S. W. Reid.

ÜBERSETZUNG: *Wieland oder die Verwandlung*, F. Polakovics, Mchn. 1973. – Dass., ders., Mchn. 1977 (Nachw. N. Miller; dtv).

LITERATUR: L. Ziff, A Reading of »Wieland« (in PMLA, 77, 1962, S. 51–57). – W. M. Manly, *The Importance of Point of View in B. B.'s »Wieland«* (in AL; 35, 1963, S. 321–331). – S. Garrow, *Character Transformations in »Wieland«* (in The Southern Quarterly, 4, 1966, S. 308–318). – J. Katz, *Analytical Bibliography and Literary History: The Writing and Printing of »Wieland«* (in Proof, 1, 1971, S. 8–34). – D. Ketterer, *The Transformed World of Ch. B. B.'s »Wieland«* (in D. K., *New Worlds for Old: The Apocalyptic Imagination, Science Fiction, and American Literature*, Bloomington 1974, S. 167–181). – J. A. Soldati, *The Americanization of Faust: A Study of Ch. B. B.'s »Wieland«* (in Emerson Society Quarterly, 74, 1974, S. 1–14). – W. Franklin, *Tragedy and Comedy in B.'s »Wieland«* (in Novel, 8, 1975, S. 147–163). – S. J. Krause, *Romanticism in »Wieland«. B. and the Reconciliation of Opposites* (in *Artful Thunder: Versions of the Romantic Tradition in American Literature in Honor of H. P. Vincent*, Hg. R. J. DeMott u. a., Kent 1975, S. 13–24). – J. V. Ridgely, *The Empty World of »Wieland«* (in *Individual and Community: Variations on a Theme in American Fiction*, Hg. K. H. Baldwin u. D. K. Kirby, Durham 1975, S. 3–16). – M. D. Butler, *Ch. B. B.'s »Wieland«: Method and Meaning* (in Studies in American Fiction, 4, 1976, S. 127–142). – A. C. Bredahl, *Transformation in »Wieland«* (in EAL; 12, 1977, S. 177–192). – M. T. Gilmore, *Calvinism and Gothicism: The Example of B.'s »Wieland«* (in Studies in the Novel, 9, 1977, S. 107–118). – M. Seltzer, *Saying Makes It So: Language and Event in B.'s »Wieland«* (in EAL, 13, 1978, S. 81–91). – S. R. Yarbrough, *The Tragedy of Isolation: Fictional Technique and Environmentalism in »Wieland«* (in Studies in American Fiction, 8, 1980, S. 98–105). – C. S. Jordan, *On Rereading »Wieland«: ›The Folly of Precipitate Conclusions‹* (in EAL, 16, 1981, S. 154–174). – J. R. Russo, *›The Chimeras of the Brain‹: Clara's Narrative in »Wieland«* (ebd., S. 60–88). – W. Hesford, *Do You Know the Author? The Question of Authorship in »Wieland«* (ebd., 17, 1982, S. 239–248). – E. S. Fussell, *»Wieland«: A Literary and Historical Reading* (ebd., 18, 1983, S. 171–186). – M. S. Patrick, *Romantic Iconography in »Wieland«* (in South Atlantic Review, 49, 1984, S. 65–74). – R. F. Weldon, *Ch. B. B.'s »Wieland«: A Family Tragedy* (in Studies in American Fiction, 12, 1984, S. 1–11). – B. R. Voloshin, *»Wieland«: ›Accounting for Appearances‹* (in New England Quarterly, 59, 1986).

CLAUDE BROWN

* 23. 2. 1937

MANCHILD IN THE PROMISED LAND

(amer.; Ü: *Im gelobten Land. Eine Jugend in Harlem*). Autobiographie von Claude Brown, erschienen 1965. – Als Sohn von Eltern, die zu jenen Schwarzen gehörten, die während der Depression der dreißiger Jahre im Zuge der großen Binnenwanderung aus dem Süden der USA in die nördlichen Großstädte strömten, aber »*im Geist die Baumwollfelder ihrer Heimat nie verlassen zu haben schienen*«, erlebt Claude Brown eine Jugend, die exemplarisch ist für die Erfahrungen der ersten ausschließlich in den Slums des Nordens aufgewachsenen Generation von Afroamerikanern. Dem Druck der hoffnungslosen sozialen und wirtschaftlichen Verhältnisse in der Familie und der aufgrund mangelnder Lernmotivation ebenfalls hoffnungslosen Situation in der Schule weichen die Jugendlichen frühzeitig aus: Sie flüchten sich in den kollektiven Statuskampf der Straße. Schon bei Zehn-, Elf- und Zwölfjährigen sind Erfolg bei Schlägereien, Raubzügen und Einbrüchen, sexuelle Neugier und Einübung in Treppenhäusern und auf den Dächern der Wohnblocks bestimmend für Ansehen und Ehrgeiz. Das Gefühl, ständig gegen die bürgerliche Ordnung aufbegehren zu müssen, ist berauschend, der Zwang, immer von neuem die eigene Angst und Schwäche überwinden zu müssen, um von der *gang* anerkannt zu werden, hält die schwarzen Jugendlichen in Bewegung. Das Risiko, von der Polizei erwischt zu werden, erhöht das Ansehen im Slum-Dschungel.

Claude Brown wird, nach einem frühen Zwischenspiel in einer psychiatrischen Klinik, schon mit elf Jahren in die Erziehungsanstalt Wiltwyck eingewiesen, wo er zweieinhalb Jahre verbringt, zum ersten Mal ohne Angst leben kann und von einigen verständnisvollen Lehrern entscheidende Impulse empfängt. Nach der Heimkehr jedoch verfällt er aufgrund seiner emotionalen Bindung an die warmherzige Mutter, zwei Schwestern und einen jüngeren Bruder sofort wieder dem alten Milieu. Von neuem gerät er in den Sog der Straße, und bis 1953 schickt man ihn dreimal ins Fürsorgeheim Warwick (er nennt es ein »verkapptes Jugendgefängnis«), in dem der Konformitätszwang und die Kumpanei der Straße sich in verschärfter Form fortsetzen.

In diesen Jahren verschlechtern sich auch die Zustände in Harlem drastisch. Von *reefers* (Marihuanazigaretten) ist man zu *horse* (Heroin in Pulverform) übergegangen, und ab 1955 breitet sich der Gebrauch von *shit* (injiziertes Heroin) wie eine mörderische Seuche aus. Der Rauschgiftkonsum wird zur neuen Sozialisationsform des Ghettos, Süchtigkeit und illegaler Handel lösen eine Flut neuer Delikte aus. Claude Brown sieht viele seiner Freunde ins Zuchthaus wandern und erlebt, wie andere sich als Killer aufspielen. Ihm selbst gelingt es, seinen Kokainkonsum unter Kontrolle zu halten, aber er handelt mit Rauschgift. Als er eines Tages ausgeraubt wird, bleibt es ihm nur durch einen glücklichen Zufall erspart, um seines Ansehens willen den Dieb niederzuknallen. Da er weder zum Killer werden noch im Gefängnis landen will, sucht er sich außerhalb Harlems Arbeit und beginnt Abendkurse zu besuchen. In der anbrechenden Ära der Selbstbesinnung der Schwarzen wählt er nicht, wie eine seiner Schwestern, die Zuflucht zur Religion, auch nicht den Anschluß an eine politische Bewegung (etwa die Afrika-Fanatiker der »Kopten« unter Father Ford oder die Black Muslims, deren rasche Ausbreitung er ab 1955 in Harlem beobachtet), sondern versucht durch eine nachgeholte Schulbildung von Harlems psychologischen Zwangsmechanismen loszukommen. Er entdeckt die Welt der Musik und beschäftigt sich intensiv mit Jazz und Klavierspiel. In dem Maße, wie er inneren Halt findet – nach dem High-School-Abschluß besteht er die Aufnahmeprüfung für die Columbia-Universität –, gewinnt Harlem für ihn neues Interesse. Als einer, der den Verhältnissen dort nicht mehr hilflos ausgeliefert ist, beobachtet er das Schicksal seiner Jugendfreunde, die Zerrüttung seines Elternhauses, den Verfall seines heroinsüchtigen Bruders, dem er verzweifelt zu helfen versucht und der erst im Gefängnis zur Besinnung kommt. Daß Claudes Liebesbeziehung zu einem jüdischen Mädchen von dessen Eltern jäh beendet wird, trägt entscheidend dazu bei, daß er sich wieder zu Harlem bekennt – *seinem* Harlem, das er nun nicht mehr aus der Perspektive des naiv-jungenhaften Betroffenen schildert, sondern aus der des scharfsichtigen Beobachters am Beispiel zahlreicher Einzelschicksale analysiert.

Browns Buch ist die persönlichste und eindringlichste Darstellung der sozialen Verhältnisse, die zwischen 1945 und 1960 im schwarzen Stadtteil Harlem herrschten. Allerdings fällt auf, daß der Autor dort, wo seine Harlemer Erfahrungen Schlüsse auf den Zustand der gesamten amerikanischen Gesellschaft erlauben, Zurückhaltung übt. Obwohl der Chronist Brown auch aus der zum Schluß erreichten Distanz weder den Sprachgestus Harlems (mit allen sich darin ausdrückenden Werturteilen) noch die innere Verbundenheit mit den Erniedrigten und Beleidigten des Ghettos aufgibt, begreift er (hierin ganz anders als z. B. Malcolm X) seine Selbstbefreiung durch nachgeholte Bildung doch nie als einen über seine Person hinausweisenden, gesellschaftlich relevanten Prozeß, scheint er sich der politischen Implikationen seiner Anpassung an bürgerliche Leitvorstellungen (Erfolgsideologie, individualistische Konfliktbewältigung, repressive Sexualmoral) nicht bewußt zu sein. Der mit äußerster Anstrengung dem Selbstzerstörungssog des Ghettos Entronnene zieht keine militante oder defätistische Bilanz, stellt auch keine Überlegungen über seine künftige Existenz an, sondern – und darin erweist sich der absolut authentische, aber auch zu kritischer Reflexion herausfordernde Charakter seines Lebensberichts – analysiert mit wachsender Gefaßtheit und Objektivität die inneren und äußeren Bedingungen, unter denen er aufwuchs – in einem Harlem, mit dem er das Bild einer Vorhölle Amerikas und der westlichen Welt heraufbeschwört. K.E.

AUSGABEN: NY 1965. – Ldn. 1966. – NY 1971.

ÜBERSETZUNG: *Im gelobten Land. Eine Jugend in Harlem*, E. Nosbüsch, Mchn. 1966.

LITERATUR: H. A. Baker, *The Environment as Enemy in a Black Autobiography: »Manchild in the Promised Land«* (in Phylon, 32, 1971, S. 53–59). – R. M. Goldman u. W. D. Crano, *»Black Boy« and »Manchild in the Promised Land«: Content Analysis in the Study of Value Change over Time* (in Journal of Black Studies, 7, 1976, S. 169–180).

## DEE BROWN

\* 1908 Louisiana

### BURY MY HEART AT WOUNDED KNEE

(amer.; *Ü: Begrabt mein Herz an der Biegung des Flusses*). Dokumentarischer Bericht von Dee BROWN, erschienen 1970. – Brown schildert in seinem Bericht die entscheidenden Etappen des Überlebenskampfes der Indianer im Westen der USA in den Jahren zwischen 1860 und 1890, als mit dem Massaker am Wounded Knee/South Dakota (28. 12. 1890) an den Minneconjou-Sioux der Untergang der indianischen Kultur endgültig besiegelt war. Der Untertitel, *An Indian History of the American West*, signalisiert die Differenz zur herkömmlichen amerikanischen Geschichtsschreibung: *Bury My Heart at Wounded Knee* demaskiert die Mythen, die sich um die Erschließung des Wilden Westens ranken, und beschreibt die Situation an der »frontier« aus der Perspektive der Indianer. Das Resultat ist eine erschütternde Bestandsaufnahme des Völkermords an den Indianern, die die Legenden des »weißen Mannes« über die »Erschließung« des Westens Lügen straft.
Weit davon entfernt, dem Klischee vom »edlen Wilden« zu folgen, zeigt Brown die menschliche Würde und die bildhafte, mythische Vernunft der Indianer. Seine Geschichtsreportage belegt den Friedenswillen der Indianer und entkräftet, indem sie deren ethische Normen und Handlungsweisen plausibel macht, das Vorurteil von der unberechenbaren, barbarischen »Rothaut«, dem Schlächter der Weißen. Als Grundlage dienten Brown Verhandlungsprotokolle und andere Regierungsdokumente, teilweise auch Interviews mit Indianerführern.

Unter Anknüpfung an Methoden der »oral history« (Geschichtsschreibung aufgrund mündlicher Überlieferung) verwendet Brown an vielen Stellen Originalzitate von Indianern und verstärkt so den Eindruck des Authentischen. Dennoch ist *Bury My Heart at Wounded Knee* kein reiner Dokumentarbericht. Wie in anderen Büchern des Autors über den Westen, z. B. *The Gentle Tamers – Women of the Old West*, 1958 *(Ü: Pulverdampf war ihr Parfum)*, und *Hear That Lonesome Whistle Blow*, 1977 *(Ü: Das Feuerroß erreicht das Große Wasser im Westen)*, sind journalistischer Tatsachenbericht und Geschichtserzählung so eng miteinander verknüpft, daß das Werk an einigen Stellen Züge eines Abenteuerromans annimmt.
In 19 Kapiteln berichtet Brown in chronologischer Reihenfolge von der Vertreibung, Zwangsumsiedlung, Ermordung und militärischen Unterwerfung der bedeutendsten Stämme des Westens, angefangen bei den Navajos und Apachen im Südwesten der USA über die Prärie-Indianer der Great Plains (Arapahos, Cheyennes, Comanchen, Kiowas, Sioux) bis zu den Modocs im Norden Kaliforniens, den Nez Percés im Staat Washington, den Poncas in Missouri und den Utes und Paiutes in Colorado und Utah. Den Kapiteln sind kurze Abschnitte mit telegrammartigen Nachrichten über zeitgenössische Ereignisse aus Politik, Kultur und Wissenschaft vorangestellt, die den weltgeschichtlichen Kontext der Indianerkriege verdeutlichen.
Große Namen wie Sitting Bull, Red Cloud oder Geronimo und selbst Triumphe wie der Sieg der vereinigten Sioux über General Custer am Little Big Horn (25. 6. 1876) verblassen angesichts des allgemeinen Elends der Indianer, das Browns Bericht sichtbar macht. Über weite Strecken liest sich das Buch wie eine Illustration der amerikanischen Redensart: »Nur ein toter Indianer ist ein guter Indianer.« Der Befehl, den General James Carleton im September 1862 seinen Soldaten im Kampf gegen die Navajos mit auf den Weg gab, steht paradigmatisch für das Vorgehen der US-Armee bei der »Befriedung« des Westens: *»Mit den Indianern sind weder Verhandlungen noch irgendwelche Gespräche zu führen. Die Männer sind umzubringen, wann und wo immer sie angetroffen werden. Die Frauen und Kinder ... können gefangengenommen werden.«*
Es ist Browns Verdienst, mit dem Bestsellererfolg von *Bury My Heart at Wounded Knee* die »sozialen Kosten« der Besiedlung des Westens und den Zynismus der Indianerpolitik dokumentiert und erneut ins öffentliche Bewußtsein gehoben zu haben. Aufbauend auf einem gestiegenen Interesse an den ethnischen Minoritäten des eigenen Landes, vermittelte das Buch zu Beginn der siebziger Jahre einem breiten Publikum die Einsicht, daß die Indianer des Westens Opfer der Ideologie von der Überlegenheit der weißen Rasse (»Manifest Destiny«) wurden. *Bury My Heart at Wounded Knee*, in vieler Hinsicht das Sachbuch-Äquivalent zu Thomas BERGERS *Little Big Man* (1964), ist ein Klassiker des »human documentary«, eine parteinehmende, mitfühlende Dokumentation weißen Rassen-

wahns, krankhaften, unersättlichen Landhungers und gezielten Vertragsbruchs. P.Hs.

AUSGABEN: NY 1970. – Houndmills/Hants. 1980.

ÜBERSETZUNG: *Begrabt mein Herz an der Biegung des Flusses*, H. Degner, Hbg. 1972.

LITERATUR: E. H. Spicer, *A Short History of the Indians of the United States*, NY 1969. – S. von Nostitz, *Die Vernichtung des roten Mannes*, Düsseldorf 1970. – *Die Wunden der Freiheit: Der Kampf der Indianer gegen die weiße Eroberung und Unterdrückung – Selbstzeugnisse, Dokumente, Kommentare*, Hg. C. Biegert, Reinbek 1980. – F. P. Prucha, *Indian Policy in the United States*, Lincoln 1981. – B. Georgi, *Der Indianer in der amerikanischen Literatur*, Köln 1982.

---

### GEORGE DOUGLAS BROWN

\* 26.1.1869 Ochiltree / Schottland
† 28.8.1902 London

## THE HOUSE WITH THE GREEN SHUTTERS

(engl.; *Das Haus mit den grünen Fensterläden*). Roman von George Douglas BROWN, erschienen 1901. – In seinem einzigen Roman entwarf der Autor ein schonungslos-unkonventionelles Bild schottischen Provinzlebens gegen Ende des 19. Jh.s. Das im Titel erwähnte Haus steht in der Kleinstadt Barbie und symbolisiert die zunächst unangefochtene, im Verlauf der Ereignisse schwindende und schließlich tragisch gebrochene Macht seines Eigentümers, des wegen seiner Herrschsucht verhaßten Fuhrunternehmers und Händlers John Gourlay. Daß dieser diktatorische Geschäftsmann und Familientyrann seine Machtposition überschätzt hat, wird ihm selbst erst klar, als nichts mehr zu retten ist. Sein Niedergang beginnt mit der Ankunft James Wilsons in Barbie, der ihm nicht nur als Kolonialwarenhändler Konkurrenz macht, sondern mit unseriösen Geschäftsmethoden auch seine Monopolstellung im Transportwesen untergräbt. Sein Prestige sucht Gourlay dadurch zurückzugewinnen, daß er seinen sensiblen, komplexbeladenen Sohn zum Studium nach Edinburgh schickt. Aber zur Schadenfreude der gehässigen Mitbürger wird der junge Gourley, der sich immer mehr dem Trunk ergibt, von der Universität verwiesen. Unausweichlich führt nun der Generationenkonflikt zur Katastrophe: Der Sohn tötet den Vater und begeht dann Selbstmord. Auch seine durch das glücklose Familienleben seelisch und körperlich zerrüttete Mutter und seine nicht minder labile Schwester nehmen sich das Leben.

Haß, Angst und Neid kennzeichnen das Leben der Gourlays wie das der bürgerlichen Provinzgesellschaft von Barbie, die als eine Ansammlung von Feiglingen, Kriechern, verleumderischen Intriganten und boshaften Schwätzern geschildert wird. In seiner Mischung aus realistischer Darstellung und galliger Satire steht der Roman in scharfem Gegensatz zu der sentimentalen Verklärung schottischen Kleinstadtlebens bei Erzählern der sogenannten »Kailyard School«, etwa bei J. M. BARRIE und Ian MACLAREN. (Wie diese schrieb auch Douglas Dialoge im schottischen Idiom.) Strukturell lehnt sich der Roman an die griechische Tragödie an.

J.v.Ge.-KLL

AUSGABEN: Ldn. 1901. – Ldn./NY 1923. – Ldn. 1947 (Hg. J. T. Low).

LITERATUR: C. Lennox, *G. D. B. A Memoir. And Reminiscences of B. by A. Melrose*, Ldn. 1903. – E. Muir, *Latitudes*, Ldn. 1924, S. 31–46. – E. Gosse, »*The House with the Green Shutters*« (in E. G., *Silhouettes*, Ldn. 1925, S. 337–344). – J. D. Scott, *Novelist Philosophers – R. L. Stevenson and G. D. B.* (in Horizon, 13, 1946, S. 299–310). – J. Veitch, *G. D. B.*, Ldn. 1952. – I. C. Smith, »*The House With the Green Shutters*« (in Studies in Scottish Literature, 7, 1969, S. 3–10). – J. D. McClure, *Dialect in »The House with the Green Shutters«* (ebd., 9, 1971/72, S. 148–163). – I. Campbell, *G. D. B.'s Kailyard Novel* (ebd., 12, 1974, S. 62–73). – A. McCleery, *The Composition of »The House With the Green Shutters«* (in Bibliotheck, 12, 1984, S. 36–45).

---

### STERLING ALLEN BROWN

\* 1.5.1901 Washington, D.C.

**DAS LYRISCHE WERK** (amer.) von Sterling Allen BROWN.
Das Erscheinen von Browns Gedichtband *Southern Road (Straße des Südens)* im Jahre 1932 war ein Meilenstein in der Geschichte afroamerikanischer Dichtung, der ein neues Verständnis für Lyrik und Literatur der schwarzen Minderheit in den USA entscheidend mitprägte. Das meisterhafte Erstlingswerk des bis dahin hauptsächlich durch Buchrezensionen in Erscheinung getretenen Autors etablierte mit ungewöhnlich souveränem Zugriff die mündliche Tradition der Gruppe im doppelten Sinn – nämlich sowohl als historisch tiefverwurzelte Folklore wie als lebendige Umgangssprache *(black vernacular speech)* – auch für die gebundene Form als unumgängliches Fundament einer kritisch bewußten und gesellschaftlich streitfähigen Gruppenliteratur. Brown gab damit dem in den zwanziger Jahren durch günstigere Aufnahme

schwarzer Kulturformen *(Jazz Age, Harlem Renaissance)* deutlich erweiterten Ausdruckspotential der schwarzamerikanischen Literatur eine auf spätere Haltungen vorausweisende, selbstbewußte Grundtendenz. Anders als schwarze Mundart-Dichter vor ihm (die wie Paul L. DUNBAR und seine zahlreichen Nachahmer sich entweder den von weißen Schriftstellern des alten und neuen Südens geprägten Dialekt-Konventionen anpaßten und nur maskiert und leise eigene Anliegen in sie einschleusen konnten, oder wie James Weldon JOHNSON und andere Lyriker der *Harlem Renaissance* die Annäherung an literaturfähige Formen durch Glättung und Minimierung umgangssprachlicher Elemente suchten), gab Brown dem *vernacular* noch entschlossener als Langston HUGHES (der sich seit etwa 1925 um eine adäquate Verwendung spezifisch schwarzer Ausdrucksformen in Lyrik und Prosa bemühte) sein ganzes expressives und gegennormatives Gewicht, wie dies in lebendig tradierter Folklore und Alltagssprache der schwarzen Minderheit in deren Binnenkommunikation kontinuierlich bewahrt worden ist. Wo auch bei Hughes von weißen Konventionen gesteuerte Formen (etwa die exotisierend-modische Sicht auf schwarze Musik und Milieus) anfangs noch dominierte, setzte Brown gruppeneigene Sehweisen und Ausdrucksmittel in seinen Texten bewußt in den Vordergrund. Auf diese Weise überwand er mühelos die auf zwei Tonlagen, nämlich Pathos und Humor, festgelegte Beschränkung dialektsprachiger Texte älterer Provenienz, die J. W. Johnson im Vorwort von 1922 zur seinerzeit bahnbrechenden Anthologie *The Book of American Negro Poetry* mit Bedauern konstatiert hatte. In seiner Neuauflage dieser Anthologie von 1931 hatten neben Beiträgen von Hughes vor allem auch Browns Gedichte Johnson zu einer Änderung seiner Einschätzung von *Negro dialect* bewogen, und so war es kein Zufall, wenn Johnson im kurzen Vorwort zu *Southern Road* den »künstlichen, unechten Sentimenten« der Minstrel-Dialekt-Tradition und ihrem »übertriebenen sonnigen Optimismus« (»*its artificial and false sentiments, its exaggerated geniality and optimism*«) die »gewöhnliche, unverwechselbare, lebendige Sprache des Negers in gewissen Phrasen des« wirklichen Lebens« (»*the common, racy, living speech of the Negro in certain phases of* real *life*«) als Durchbruch zu einer neuen Auffassung von mündlicher Tradition entgegenstellte und Browns ausdruckssteigernde Aneignung der *folk poetry* (Volksdichtung) hervorhob.

Statt des verharmlosenden Humors der älteren Dialektdichtung machte Johnson für *Southern Road* eine für den amerikanischen Schwarzen charakteristische Form von subtiler Ironie geltend, die zum Lachen sowohl über sich selbst wie über den Weißen auffordert. Humor hat in diesem Sinn stabilisierende und therapeutische Funktion nach innen, zur eigenen Gruppe hin, ohne sein Abwehrpotential nach außen zu verleugnen. Die Stärke von Browns Dichtung in *Southern Road* liegt gerade in der Übernahme und Nachschöpfung dieses kollektiv verankerten Lebensgefühls, das die Zelebrierung eigener Kultur und die Zurückweisung destruktiver weißer Normen gleichzeitig erlaubt – eine Doppelkodierung, die das Überleben und die Selbstachtung der schwarzen Minderheit in Amerika garantiert hat.

*Southern Road* setzt mit dem ersten von vier Teilen kraftvoll mit einigen Texten vom Typ der *blues ballad* ein, der als Browns ureigene Erfindung eine wirksame Verbindung seiner Vorliebe für narrative Dichtung (in der von Brown besonders geschätzten Tradition amerikanischer Lyriker wie Edwin A. ROBINSON, Robert FROST und Carl SANDBURG) und seiner Hochschätzung festgeprägter Formen wie Ballade, Blues, Worksong und der kollektiv tradierten Sprachformen und -wendungen, die aus ihnen stammen, unter Beweis stellt. Wie das Gros der Texte des ganzen Bandes verwenden *Odyssey of Big Boy (Big Boys Odyssee)* und *Long Gone (Längst vorüber)* als Eingangsgedichte einen unbekümmert drastischen und bildkräftigen *black vernacular*, während *Maumee Ruth* als drittes Gedicht sprachliche und bildhafte Verdichtungen des *vernacular* in die Hochsprache übernimmt und dieser somit eine Annäherung in Gestus und Rhythmus an die Volkssprache abverlangt. Die gegenseitige Durchdringung von *vernacular* und Hochsprache bei expressivem Übergewicht für den ersteren ist in einer größeren Zahl von Texten in *Southern Road* anzutreffen, begleitet von variablem Zeilen- und Strophenbau gerade der nichtdialektgefaßten Textteile. Besonders eindrucksvoll ist das Kraftfeld des *vernacular* im Schlußgedicht des ersten Teils, *Strong Men (Starke Männer)*, zur Wirkung gebracht, wo das Sandburg-Motto im Titel kurz anzitiert und umgangssprachlich als Refrain variiert wird, bevor es mit jazzähnlicher Insistenz und verkürzter Wiederholung das Spiritual-Leitmotiv des ersten Teils (»Road So Rocky« – »Weg so steinig«) wirkungsvoll mit dem Versprechen wachsender innerer und äußerer Kraft für die schwarze Gemeinschaft beschließt.

Anfangs nur vereinzelt finden sich rein hochsprachliche Gedichte, bis sie in den kurzen Teilen 3 und 4 des Bandes schließlich überwiegen, zunächst noch sehr variabel in der Form (vom einfachen Aphorismus und Lied bis zu typographisch auskalkulierten freien Versen), im Schlußteil dann überwiegend in der strengen Sonettform gehalten (und oft an Claude McKAY erinnernd). Obwohl technisch versiert und sprachlich einfallsreich, haftet den hochsprachlichen Gedichten doch häufig das Echo literarischer Vorbilder oder ein Hang zu privaterer Mitteilung an. Ihre volle konnotative Kraft entfaltet Browns Dichtung erst in der Berührung mit und dem Nachschöpfen der *oral tradition* der eigenen Gruppenkultur, sei es im Einbringen und Variieren fester Formen wie Worksong (*Southern Road*), Blues (*Memphis Blues; New St. Louis Blues; Tin Roof Blues – Blechdach-Blues*) oder Ballade (*Long Gone; Johnny Thomas; Slim Greer*-Gedichte), sei es im Aufgreifen repräsentativer Figuren aus dem kollektiven Gedächtnis der Gruppe (*Ma Rain-*

*ey; Bessie;* Slim, Jack Johnson in *Strange Legacies – Merkwürdige Hinterlassenschaften; Frankie and Johnnie*), oder auch im Neusetzen von Namen für das typische Schicksal der Namenlosen (Daniel in *Dark of the Moon – Mondlose Nacht; Ruminations of Luke Johnson – Luke Johnsons Grübeleien; Johnny Thomas; Mose*). Die gestische, tonale und situative Exuberanz von volkspoetischen Formen und Umgangssprache ohne diese Vehikel in einen normalsprachlichen Text einzubringen gelang Brown in *Southern Road* nur vereinzelt, so etwa in *Sporting Beasley (Lebemann Beasley)*, in dem die hochsprachliche Anverwandlung typischer Sehweisen und expressiver Haltungen des *black folk* in virtuoser und adäquater Weise geleistet wird (während z. B. im folgenden Gedicht *Cabaret* noch das modischtheatralische Spotlighting der *Harlem Renaissance* den Ton setzt, allerdings durch ironische Aufladung des Gegensatzes schwarzer Unterhalter – weißer Zuschauer zur Demaskierung von Stereotypen eingesetzt). Jean WAGNER spricht zu Recht von einer »tragischen Sicht« auf die Lage der Schwarzen in Browns Dichtung, die weder auf Religion noch auf afrikanisches Erbe und auch nicht auf das Versprechen des *New Negro* der *Harlem Renaissance* baut, sondern in »mannhafter Verzweiflung« und stoischer Klarsicht Vergangenheit und Gegenwart zusammenfaßt. Ländlicher Ursprung und Raum sind dem kritisch-urbanen Dichter Brown überall gegenwärtig und aus seiner Sicht nicht wegdenkbar.

Bis auf vereinzelte Texte in Zeitschriften und Anthologien gelang es Brown nach *Southern Road* kaum, sich für seine Dichtung Gehör zu verschaffen. Sein zweiter Gedichtband, *No Hiding Place (Kein Platz zum Verstecken)*, wurde einige Jahre nach *Southern Road* vom selben Verlag aus unersichtlichen Gründen abgelehnt. Erst 1975 erschien ein schmaler Band beim schwarzen Verlag der Broadside Press, *The Last Ride of Wild Bill and Eleven Narrative Poems (Des wilden Bill letzte Fahrt und elf erzählende Gedichte)*, der die Balladenform bevorzugte und den besonders beliebten *Slim-Greer*-Gedichten von 1932 zwei weitere Texte hinzufügte (mit *Slim in Hell – Slim in der Hölle* vielleicht die gelungenste Erfindung eines Typus, der Humor und sardonische Gesellschaftskritik wirkungsvoll verbindet). Bis auf diese *Slim-Greer*-Gedichte wurden alle Texte aus *The Last Ride* und das gesamte *No Hiding Place* erst 1980 in der Ausgabe *The Collected Poems of Sterling A. Brown*, von Michael HARPER zusammen mit einem Neuabdruck von *Southern Road* herausgegeben, einem breiteren Publikum zugänglich gemacht.

Bei dezidiert antirassistischer Perspektive verweigern auch die Texte der neuen Bücher sich politischen wie intellektualistischen Heilsrezepten in gleichem Maße. Während der schmale Band *The Last Ride* besonders im langen Titelgedicht Erwartungen und Gesten des *black folk* humorvoll und stoisch in der balladenhaften Auseinandersetzung der Polizei mit dem typischen schwarzen *hustler* (Anschaffer) als Lebenskünstler und Volkshelden in der Rolle des *numbers runner* (illegaler Lotterievertreiber) lebhaft dramatisiert, wächst in der vielfältig unterteilten Sammlung *No Hiding Place* deutlich das Potential an gesellschaftskritischen Themen, ohne daß Brown hierbei je die Haltung einer expliziten Protestliteratur einnähme. Seine Gedichte artikulieren vielmehr auch in hochsprachlicher Form die doppelte Sicht und gefilterte Wahrnehmung eines mit der Geschichte und Folklore der Gruppe zutiefst vertrauten, unabhängigen kritischen Geistes. *Remembering Nat Turner (Im Andenken an Nat Turner)* etwa verbindet Klarsicht für die Selbstentmündigung der ortsansässigen Schwarzen, die Nat Turner vergessen haben und eine Gedenktafel sich nur als Brennholz aneignen konnten, mit Empathie für ihre gedrückte Lage und mit dramatisierter Kritik an weißen Vorstellungen, die markant einige der Hauptzüge der um William STYRONS Roman *The Confessions of Nat Turner* (1967) entbrannten Diskussion der siebziger Jahre vorwegnehmen. Der Refrain von *Old Lem (Der alte Lem)* ist nicht zufällig als geflügeltes Wort zur Kennzeichnung der fortbestehenden Machtungleichheit und der ständigen Gewaltandrohung für den Schwarzen in Amerika in die mündliche Tradition der Gruppe zurückgeflossen (»*They don't come by ones / They don't come by twos / But they come by tens.« – Sie kommen nicht einzeln / Sie kommen nicht zu zweit / Sondern sie kommen zu zehnt.*). *Real Mammy Song (Echtes Ammenlied)* und *Master and Man (Herr und Mann)* sind nur zwei unter vielen Texten, die Browns untrüglichen Sinn für die Kontinuität der Lebensbedingungen schwarzer Amerikaner unter Beweis stellen und damit die thematische und kulturelle Sättigung mit gruppenspezifischen Verweisen (Stephen HENDERSON) auch neuerer schwarzer Lyrik einholen. Bei Zunahme der auktorialen Stimme in hochsprachlicher Form bleiben Perspektive, innerer Impetus und Bezugnahme auf kollektive Quellen der schwarzen Kultur in *The Collected Poems* der Grundhaltung von Browns erstem Band durchaus vergleichbar.

Sterling Brown hat die besondere Mischung aus analytischem Scharfblick für historische und gesellschaftliche Konstanten und lebendiger Identifikation mit der Volkskultur der eigenen Gruppe neben seiner Dichtung auch einer eindrucksvollen Reihe kritischer Schriften mitgeteilt, unter denen seine bahnbrechenden Essays zur Volksliteratur in der Anthologie *The Negro Caravan*, 1941 *(Die Neger-Karawane)*, die 1969 in einem Band wiederaufgelegten Studien *The Negro in American Fiction* und *Negro Poetry and Drama* (beide 1937) sowie die Aufsätze *The Negro Character As Seen by White Authors* (1933) und *A Century of Negro Portraiture in American Literature* (1966) als Beiträge zur Stereotypenforschung besonders hervorstechen. Seine Dichtung und die Kompetenz seines literatur- und kulturkritischen Urteils haben bis in jüngste Zeit, auch auf dem Weg über langjährige Lehrtätigkeit an der Howard University in Washington D.C., gerade jüngere Dichter und Kritiker vielfältig beeinflußt und angeregt, so wie schon Browns Mitarbeit an der systematischen Erfassung afroamerikanischer Musik und Folklore im Rahmen des Federal Writers' Project der Roosevelt-Administration von 1936 bis 1940 wichtige Kriterien miteingebracht hatte. Die in den letzten Jahrzehnten rasch gestiegene Wertschätzung seiner Lyrik holt historisch verspätet seine ungebrochene Präsenz als kritische Stimme ein. K.E.

AUSGABEN: *Southern Road*, NY 1932; Nachdr. Boston 1974. – *The Last Ride of Wild Bill and Eleven Narrative Poems*, Detroit 1975. – *The Collected Poems of S. A. B.*, Hg. M. S. Harper, NY 1980.

LITERATUR: E. Clay, *S. B.: American Peoples' Poet* (in International Literature, 2, Juni 1934, S. 117–122). – S. Henderson, *A Strong Man Called S. B.* (in Black World XIX, Sept. 1970, S. 5–12). – Ders., *Understanding the New Black Poetry: Black Speech and Black Music as Poetic References*, NY 1973. – Ders., *S. B.: A Living Legend* (in New Directions: The Howard University Magazine, 1, 1974, S. 5–11). – J. Wagner, *Black Poets of the United States: From Paul Laurence Dunbar to Langston Hughes*, Urbana/Ill. 1973. – Ch. H. Rowell, *S. A. B. and the Afro-American Folk Tradition* (in Studies in the Literary Imagination, 7, 1974, S. 131–152). – E. B. Redmond, *Drumvoices. The Mission of Afro-American Poetry. A Critical History*, Garden City/N.Y. 1974, S. 226–232. – A. P. Davis, *From the Dark Tower. Afro-American Writers 1900–1960*, Washington/D.C. 1974, S. 125–135. – S. Stuckey, *Introduction* (in The Collected Poems of S. A. B., NY 1980, S. 3–15). – *S. B. Special Number* (in Callaloo, 1982, H. 1/2; darin u. a. R. G. O'Meally, *An Annotated Bibliography of the Works of S. B.*). – J. V. Gabbin, *S. A. B. Building the Black Aesthetic Tradition*, Westport/Conn. 1985.

---

## WILLIAM HILL BROWN

\* 1.12.1765 Boston
† 2.9.1793 Murfreesboro/N.C.

### THE POWER OF SYMPATHY; OR, THE TRIUMPH OF NATURE FOUNDED IN TRUTH

(amer.; *Die Macht der Sympathie oder Der Triumph von Natur und Wahrheit*). Roman von William Hill BROWN, erschienen 1789. – Der Briefroman erschien anonym und wurde lange Zeit der wie Brown aus Boston stammenden Dichterin Sarah Wentworth MORTON (1759–1846) zugeschrieben. Er gilt als der erste amerikanische – d. h. in Amerika von einem Amerikaner geschriebene – Roman. Sein Thema entspricht dem Zeitgeschmack: ein gerade noch verhinderter Inzest zwischen Halbgeschwistern (mit Betonung der Schuld des gemeinsamen Vaters), die daraufhin sterben (das Mädchen durch Schock und Trauer, der Mann durch Selbstmord). Nebenhandlungen schildern den Freitod eines jungen Mädchens, das von seinem Schwager verführt wurde (eine Parallele zu dem Skandal, den der Mann jener Mrs. Morton heraufbeschworen hatte, als er deren Schwester verführte; ihretwegen wurde der Roman – offenbar mit Einwilligung Browns – aus dem Verkehr gezogen) sowie die Entführung eines jungen, kurz vor der Hochzeit stehenden Mädchens durch einen Verbrecher (der Verlobte begeht ebenfalls Selbstmord). Im Zentrum der Handlung steht eine Mrs. Holmes, die vor dem Hintergrund ihres Gartens Belleview eine sentimentalisch-aufgeklärte Lebensanschauung repräsentiert, den utopischen Traum »vernünftiger« Liebe träumt und das Ideal der Frauenbildung verficht. Die »Moral« des Buches (daß die Folgen der Verführung, die die Rolle der Erbsünde einnimmt, tödlich sind) war notwendig, um die von ihm angesprochene zeitgenössische (vorwiegend weibliche) Leserschaft, der die Lektüre eines Romans noch höchst suspekt war, zu »entschuldigen«. Die implizite Kritik an den bürgerlichen Konventionen und die Betonung des Naturgefühls (s. Untertitel) gehen in dem Schwall moralisierender Sentimentalität fast unter.

*The Power of Sympathy* steht somit in der Tradition des sentimentalen Briefromans des 18. Jh.s, wie er vor allem von Samuel RICHARDSON geschrieben wurde. Auch der Einfluß von GOETHES *Die Leiden des jungen Werthers* (1774) ist deutlich spürbar; man findet dieses Buch neben der Leiche des in der Haupthandlung auftretenden Halbbruders. Das Thema von der mannigfachen Anfechtungen ausgesetzten Unschuld, die Verbindung des Sensationellen mit dem Didaktischen, der Anspruch der Authentizität der Ereignisse zur Rechtfertigung des Romangenres (verbunden mit dem Versuch, aus einem allgemein bekannten Skandal literarisches Kapital zu schlagen) machen den Roman allenfalls historisch interessant. Wenig später perfektionierte Browns Namensvetter Charles Brockden BROWN das Genre mit *Ormond* (1799). K.J.P.

AUSGABEN: Boston 1789, 2 Bde. – Boston 1894, 2 Bde. – NY 1937, 2 Bde. [Einl. M. Ellis; Faks.]. – Boston 1961 [Einl. H. Brown]. – Columbus 1969, Hg. W. S. Kable. – New Haven 1970, Hg. H. Foster u. W. S. Osborne.

LITERATUR: M. Ellis, *The Author of the First American Novel* (in AL, 4, 1933, S. 359–368). – T. McDowell, *The First American Novel* (in American Review, 2, 1933, S. 73–81). – R. Walser, *The North Carolina Sojourn of the First American Novelist* (in North Carolina Historical Review, 28, 1951, S. 138–155). – Ders., *More about the First American Novel* (in AL, 24, 1952, S. 352–357). – L. A. Fiedler, *Love and Death in the American Novel*, NY ²1966, S. 116–125 (dt.: *Liebe, Sexualität u.*

*Tod*, Bln. 1964, S. 100–104). –J. R. Byers, *Further Verification of the Authorship of »The Powers of Sympathy«* (in AL; 43, 1971, S. 421–427). – R. D. Arner, *Sentiment and Sensibility: The Role of Emotion in W. H. B.'s »The Power of Sympathy«* (in South Atlantic Bulletin, 1, 1973, S. 121–132). – C. N. Davidson, *»The Power of Sympathy« Reconsidered: W. H. B. as Literary Craftsman* (in EAL, 10, 1975, S. 14–29). – Ph. Young, *›First American Novel‹: »The Power of Sympathy«, in Place* (in College Literature, 11, 1984, Nr. 2, S. 115–124).

## WILLIAM WELLS BROWN

\* 1814/16 Lexington / Ky.
† 6.11.1884 Boston

### CLOTEL, OR THE PRESIDENT'S DAUGHTER. A Narrative of Slave Life in the United States

(amer.; *Clotelle oder Die Präsidententochter*). Roman von William Wells BROWN, erschienen 1853. – *Clotel* ist die früheste der insgesamt vier, von Brown unter wechselnden Titeln veröffentlichten Romanversionen über das Schicksal einer vermeintlichen Mischlingstochter Thomas JEFFERSONS – ehemaliger Präsident und Hauptverfasser der Unabhängigkeitserklärung der USA – und gilt als das erste, nachweisbare Beispiel dieser literarischen Form, das einem schwarzamerikanischen Autor zugeschrieben werden kann (*Miralda, or The Beautiful Quadroon*, 1860/61 als Fortsetzungsroman in einer Zeitschrift; 1864 als *Clotelle: A Tale of the Southern States* und 1867 als *Clotelle, or the Colored Heroine. A Tale of the Southern States*). Wie schon das ein Jahr zuvor erschienene *Uncle Tom's Cabin* von Harriet Beecher STOWE, dessen überwältigender Erfolg die Fiktionalisierung der Sklaverei aus der Sicht eines Betroffenen nahelegte, ist auch *Clotel*, thematisch und formal, den um die Mitte des 19. Jh.s in großer Zahl entstandenen *fugitive slave narratives* verpflichtet. Im Gegensatz jedoch zu der in Neuengland geborenen weißen Autorin verfügte Brown über eigene, intime Kenntnisse seines Gegenstandes. Bis zum 20. Lebensjahr selbst Sklave eines reichen Farmers in Missouri war ihm nach mehreren fehlgeschlagenen Versuchen 1834 schließlich die Flucht in den Norden gelungen. Als Fährschiffer auf dem an Kanada angrenzenden Eriesee hatte er dann nicht nur Gelegenheit, sich äußerst erfolgreich in der sogenannten *underground railroad* – einer Fluchthilfeorganisation zur Durchschleusung entlaufener Sklaven ins sichere Kanada – zu engagieren, sondern konnte mittels der zahllosen mündlichen Schilderungen seiner früheren Leidensgenossen, *»who, in return for the assistance they received, made me the depository of their suffering and wrongs«*, wie Brown mit Hinweis auf die verwendeten Quellen am Ende von *Clotel* anmerkt, auch ein relativ umfassendes und differenziertes Bild von den Verhältnissen im sklavenhaltenden Süden gewinnen. Auffällig ist, daß der Autor seine eigene Lebens- und Fluchtbeschreibung, die 1847 als *Narrative of Williams Wells Brown, A Fugitive Slave, Written By Himself* vom Anti-Slavery Office in Boston herausgegeben worden war und mit vier Neuauflagen und über 10 000 verkauften Exemplaren zu den Bestsellern der *slave narratives* gehörte, dem Roman, gekürzt und durch die auktoriale Perspektive formal der späteren Erzählsituation angepaßt, vorangestellt hat. Dies erklärt sich zum einen daraus, daß im politisch aufgeheizten Klima der Vorkriegsjahre jede Äußerung über die Sklaverei unweigerlich in Beweisdruck geraten mußte – so sah sich etwa auch Harriet Beecher Stowe gezwungen, dem Vorwurf der Parteilichkeit durch eine nachgereichte Quellensammlung (*A Key to Uncle Tom's Cabin*, 1853) zu begegnen – und daher die Dokumentation persönlicher Erfahrung, zusätzlich durch beigefügte, briefliche »Affidavits« weißer Sympathisanten verifiziert, ein geeignetes Mittel war, sich vor böswilligen Angriffen zu schützen. Zum anderen spiegelt sich in der offenen Vernetzung von Autobiographie und Fiktion aber bereits jene Kollektivität, die bis heute ein wesentliches Merkmal afroamerikanischer Literatur geblieben ist: Der Autor gibt sich durch gezielte Signale als Teilhaber spezifisch »schwarzer« Erfahrung zu erkennen und arbeitet so universalistischen, dem sozio-kulturellen Umfeld des Textes entrückten Interpretationsversuchen entgegen.
Clotel, die uneheliche, fast weiße Tochter Thomas Jeffersons und Titelheldin des Romans (Brown bezieht sich hier auf ein zeitgenössisches Gerücht, das hartnäckig die Existenz einer Mischlingstochter des früheren Präsidenten behauptete), wird zusammen mit ihrer jüngeren Schwester Althesa und Currer, ihrer Mutter, auf dem Sklavenmarkt in Richmond, Va., zum Kauf angeboten. Horatio Green, der Clotel kurze Zeit zuvor auf einem »negro ball«, eine Veranstaltung, die vor allem von Mulattinnen und abenteuerlustigen Weißen besucht wurde, kennengelernt und sich entschlossen hatte, sie freizukaufen und mit ihr zusammenzuleben, ersteigert das sechzehnjährige Mädchen. Currer und Althesa dagegen fallen an einen Zwischenhändler und werden nach New Orleans verschleppt. Doch als sich auf halbem Weg, in Natchez, ein Methodistenpfarrer für Currer interessiert und sie als Hausmädchen erwirbt, ist sie gezwungen, trotz heftigen Widerstands, auch von ihrer anderen Tochter Abschied zu nehmen. Zwischen den sich hieraus ergebenden, von nun an eigenständigen Erzählsträngen – dem jeweiligen Schicksal der drei Frauen – wechselt der Roman dann in unregelmäßigen Abständen und scheinbar wahllos hin und her. – Die hübsche, ebenfalls hellhäutige Althesa hat das Glück, in New Orleans bei einer freundlichen, aufgeschlossenen Familie unterzukommen. Dort lernt sie den jungen Arzt Henry Morton kennen, der sie bald darauf

auslöst und zu seiner Frau macht. Derart gefestigt beginnt Althesa sofort, die Freilassung ihrer zurückgebliebenen Mutter zu betreiben. Doch Reverend Peck, der ungern auf seine beste Haushälterin verzichten will, zeigt sich nicht verhandlungsbereit. Currer bleibt weiterhin versklavt und stirbt einige Jahre später – ironischerweise kurz nachdem die rebellische, radikalchristliche Tochter des inzwischen verstorbenen Reverend die Freilassung aller ihrer Sklaven verfügt hat –, ohne ihre beiden Töchter, von denen sie damals getrennt worden war, noch einmal wiedergesehen zu haben.

Auch Clotel bemüht sich vergeblich, Kontakt zur ihrer Familie aufzunehmen. Da Horatio Green ihr eine feste Bindung aus politischem Opportunismus jedoch wider Erwarten verweigert und sich bald darauf mit der unattraktiven, aber einflußreichen Tochter eines wohlhabenden Bürgers vermählt, droht ihr und Mary, einem gemeinsamen Kind aus der unglücklichen Beziehung, erneut die Sklaverei. Kaum hat die eifersüchtige Mrs. Green von der früheren Liebe ihres Gatten erfahren, besteht sie darauf, daß Clotel verkauft, ihre uneheliche Tochter aber, zur Demütigung Horatios, im eigenen Haushalt beschäftigt wird. Als Clotel nach einer abenteuerlichen Flucht trotz des hohen Risikos versucht, getarnt nach Richmond zurückzukehren und ihr Kind zu befreien, wird sie in Washington festgesetzt – bezeichnenderweise der Regierungssitz ihres leiblichen Vaters – und begeht verzweifelt Selbstmord. Am Ende, Althesa und Henry Morton sind inzwischen einer in New Orleans wütenden Epidemie zum Opfer gefallen und ihre beiden Töchter, nach dem Tode der Eltern gewinnbringend als »grand-daughters of Thomas Jefferson« verkauft, durch den ungewohnten, schutzlosen Status ebenfalls in den Freitod getrieben, gelingt es lediglich Mary, sich aus der Knechtschaft der Sklaverei zu befreien und mit Hilfe eines französischen Offiziers nach Europa zu entkommen.

Die offensichtliche Schwachstelle des Textes ist seine sprunghafte, auffallend unkoordinierte Erzählweise sowie der häufige und kaum noch nachvollziehbare Perspektivenwechsel. Doch wie der Autor in einem engagierten Vorwort, in zahlreichen, eingestreuten Appellen an den Leser und einer scharfzüngigen, bitter-ironischen »Zusammenfassung« am Ende des Romans deutlich macht, versteht er Clotel in erste Linie als Streitschrift, als Instrument im Kampf für die Aufhebung der Sklaverei. Um eine optimale Breitenwirkung zu erzielen, schreckt er deshalb weder davor zurück, wahllos auf gängige literarische Konventionen, etwa des sentimentalen bzw. des Schauerromans, oder auf populistische Formen wie Satire und Burleske zurückzugreifen, noch sich die immer stärker divergierenden Handlungsstränge zunutze zu machen, um ein möglichst totales, das unmenschliche System in seinen unterschiedlichsten Erscheinungsformen entlarvendes Panorama zu erzielen. Anders als in Uncle Tom's Cabin, wo die Schwarzen lediglich als hyperbolische Projektionen, als Zerrbilder der sie umgebenden Weißen in Erscheinung treten, begegnen uns in Clotel Afroamerikaner, die ihre weißen Gegenspieler nicht nur in menschlicher, moralischer und oft intellektueller Hinsicht übertreffen, sondern auch zu gemeinsamem Widerstand und heroischer, bewaffneter Gegenwehr – wie die Verweise auf den Aufständischen Nat Turner belegen – bereit sind.

K.Ben.

AUSGABEN: Ldn. 1853. – Boston/NY 1864 (Clotelle, a Tale of the Southern States; Faks. Philadelphia 1955; Einl. M. Whiteman). – Boston 1867 (Clotelle, or the Colored Heroine; Faks. Salem o.J.). – Salem 1969. – Coral Gables o.J. (Clotelle, or the Colored Heroine). – Seaucas/N.J. o.J.

LITERATUR: J. Brown, Biography of an American Bondman, by his Daughter, Boston 1956. – W. E. Farrison, W. W. B.: Author and Reformer, Chicago 1969. – J. N. Heermance, W. W. B. and Clotelle: A Portrait of the Artist in the First Negro Novel, Hamden/Conn. 1969. – W. E. Farrison, Clotel Thomas Jefferson, and Sally Hemmings (in CLA, 17, 1973, S. 147–174). – C. W. Ellison u. E. W. Metcalf Jr., W. W. B. and Martin Delany: A Reference Guide, Boston 1978. – K. Herzog, W. W. B.'s »Clotel«: From Victimization to Vision and Action (in K. H., Women, Ethnics and Exotics, Knoxville 1983, S. 121–144). – R. O. Lewis, Literary Conventions in the Novels of W. W. B. (in CLA, 29, 1984, S. 129–156).

---

### SIR THOMAS BROWNE

\* 19.10.1605 London
† 11.10.1652 Norwich

LITERATUR ZUM AUTOR:
D. K. Ziegler, In Divided and Distinguished Worlds: Religion and Rhetoric in the Writings of B., Cambridge/Mass. 1944. – E. S. Merton, Science and the Imagination of B., NY 1949. – J. S. Finch, Sir Th. B. A Doctor's Life of Science and Faith, NY 1950. – W. P. Dunn, Sir Th. B. A Study in Religions Philosophy, Minneapolis ²1950. – M. Bottrall, Every Man a Phoenix. Studies in Seventeenth Century Autobiography, Ldn. 1958. – P. Green, Sir Th. B., Ldn. 1959. – J. Bennett, Sir Th. B. A Man of Achievement in Literature, Cambridge 1962. – F. L. Huntley, Sir Th. B. A Biographical and Critical Study, Ann Arbor/Mich. 1962. – L. Nathanson, The Strategy of Truth. A Study of Sir Th. B., Chicago/Ldn. 1967. – G. Keynes, A Bibliography of Sir Th. B., Oxford 1968. – Sir Th. B. and Robert Burton: A Reference Guide, Hg. D. G. Donovan u.a., Boston 1981. – Approaches to Sir Th. B.: The Ann Arbor Tercentenary Essays, Hg. C. A. Patrides, Columbia 1982.

## HYDRIOTAPHIA, URNE-BURIALL, OR, A DISCOURSE OF THE SEPULCHRALL URNES LATELY FOUND IN NORFOLK

(engl.; *Hydriotaphia, Urnenbestattung oder Eine Abhandlung über die kürzlich in Norfolk gefundenen Graburnen*). Prosaschrift von Sir Thomas BROWNE, erschienen 1658 (zusammen mit *The Garden of Cyrus*, einer Abhandlung über die Gartenkunst). – Für Browne, den Arzt mit theologischen Neigungen, dessen »*Studium Leben und Tod betraf*« und der »*täglich Beispiele unserer Sterblichkeit vor Augen hatte*«, waren die in seiner Nachbarschaft entdeckten alten Graburnen ein willkommener Anlaß zur Meditation. In der Beschreibung von Bestattungsriten und -gebräuchen bei alten und jungen Völkern konnte er einen großen Schatz von Gelehrsamkeit ausbreiten; aber schon in diesem bunten Register überwiegt die Imagination alle Pedanterie, spürt man, daß es dem Verfasser nicht um Äußerlichkeiten geht, sondern um das Paradox der vergeblichen Versuche des Menschen, in der Erinnerung anderer fortzuleben. Seine eigentlichen Themen, die sich in der Schrift immer deutlicher herausschälen, sind die Macht der Zeit und des Vergessens, die Eitelkeit der Welt und ihrer Monumente, das Gewicht des Todes und seine Würde und Transzendierung im christlichen Glauben – traditionelle Themen der Renaissance, hier aber mit einer Sprachkraft und imaginativen Verdichtung vorgetragen, die sich nur mit der *Bibel* vergleichen lassen, sich bis zum Schluß hin steigern und in den mystischen Worten gipfeln: »*Life is a pure flame, and we live by an invisible Sun within us.*« (»*Leben ist eine reine Flamme, und wir existieren aus einer unsichtbaren Sonne, die in uns ist.*«)

Browne war kein Philosoph, sein Denken war unsystematisch, aber auch unabhängig bis zur Eigenwilligkeit. Dieser große Dilettant auf philosophischem, theologischem, antiquarischem und selbst naturwissenschaftlichem Gebiet (der in seiner *Pseudodoxia Epidemica* von 1647 – auch als *Vulgar Errors* bekannt – ebenso viele Vorurteile übernahm wie widerlegte und dessen Zeugnis zur Verbrennung zweier Hexen führte) erreichte erst als Prosakünstler sein volles Maß. Er dachte förmlich in Bildern, und das rückt ihn in die Nähe der *metaphysical poets*, denen er wesensverwandter war als irgendeinem Denker. Mit Vorliebe – und mit Leichtigkeit – anglisierte er lateinische Wörter, und die englische Sprache verdankt ihm viele Neuprägungen (z.B. das Wort *electricity*). Diese Vorliebe wirkt sich, dank Brownes untrüglichem Klangempfinden, nie belastend auf seine Sprache aus: Angelsächsisches und lateinisches Wortgut halten sich überall die Waage und fließen zusammen zu einer Sprache, wie sie klanglich abgewogener und sonorer in der englischen Literatur nicht zu vernehmen ist. Oft scheint der Klang der Hauptmotor der vorgetragenen Gedanken zu sein. Browne schreibt mit dem Instinkt eines Predigers, die *Bibel* war sein großer Lehrmeister. Seine Sätze sind immer beherrscht und fest gefügt, oft von kühner, modern anmutender Knappheit, reich an Paradoxen, geballt und gedrängt (»*Oblivion is not to be hired*«), dann wieder weit ausholend und von rhapsodischem Schwung (»*But the iniquity of oblivion blindely scattereth her poppy, and deals with the memory of men without distinction to merit of perpetuity*«), immer aber abwechslungsreich im Rhythmus. Der Reichtum an Kadenzen, der volle Ton und die subtilen, abgemessenen Rhythmen dieser musikalischen Prosa – Eigenschaften, die ihr in der englischen Literatur einen sehr hohen und eigenständigen Rang sichern – erreichen besonders gegen Ende der *Hydriotaphia* eine in Brownes gesamtem Werk wohl einzigartige Fülle und Prägnanz. K.E.

AUSGABEN: Ldn. 1658 (mit *The Garden of Cyrus*). – Ldn. 1927. – Ldn./NY 1929 (in *The Works*, Hg. G. Kaynes, 6 Bde., 1928–1931, 4). – Ldn. 1932, Hg. J. Carter. – Cambridge 1958 (*Urne Buriall and The Garden of Cyrus*, Hg. ders.). – Oxford 1972 (in *Religio Medici; Hydriotaphia; and, the Garden of Cyrus*, Hg. R. H. A. Robbins).

LITERATUR: G. Williamson, *The Purple of »Urne Burial«* (in MPh, 62, 1964, S. 110–117). – W. R. Davis, »*Urne Buriall«: A Descent into the Underworld* (in Studies in the Literary Imagination, 10, 1977, S. 73–87).

## RELIGIO MEDICI

(engl.; *Die Religion eines Arztes*). Philosophisch-religiöses Bekenntnisbuch von Sir Thomas BROWNE, entstanden um 1635, erste authentische Ausgabe 1643. – Während seiner medizinischen Studien auf dem Kontinent (1630–1633) verstärkten sich in der liberalen Atmosphäre der gemischt konfessionellen Stadt Montpellier Brownes durch die Naturwissenschaft geweckte Zweifel an der Religion in einem Maße, das ihn hart an den Rand des Unglaubens brachte. Da Browne den Boden des Christentums aber nicht verlassen wollte, fand er nach mancherlei seelischen Depressionen die Lösung seines Dilemmas im Fideismus, wie ihn der italienische Philosoph POMPONAZZI verkündet hatte. Diese Lehre, der auch MONTAIGNE, PICO DELLA MIRANDOLA und PASCAL nahestanden, suchte den Skeptizismus des Intellektuellen mit dem kirchlichen Dogma zu versöhnen, indem sie Glauben und Wissen auf zwei verschiedene Ebenen projizierte, zwischen denen es keinerlei logische Verbindung gab. Auf solcher Basis konnte Browne als Christ glauben, was ihm als Wissenschaftler absurd erschien. Diese Polarität durchzieht seitdem alle seine philosophischen und religiösen Überzeugungen, die er nach seiner Heimkehr im geistigen Rechenschaftsbericht der *Religio Medici* schriftlich fixierte. Die Niederschrift, ursprünglich als rein private Aufzeichnung gedacht, wurde 1642 durch die Indiskretion eines Freundes in verzerrter Form abgedruckt, worauf sich Browne zu einer authentischen Ausgabe veranlaßt sah.

In seiner endgültigen Gestalt besteht das Buch aus zwei Teilen zu sechzig bzw. fünfzehn Prosasektionen von durchschnittlich einer Seite Länge, durchsetzt von drei Gebeten in Versform sowie mehreren Zitaten. Nach dem Motto des als Paradox gedachten Titels soll gezeigt werden, daß auch der Wissenschaftler Religion besitzen kann. In den ersten Kapiteln bekennt sich Browne deshalb nachdrücklich zur Anglikanischen Kirche und weist den Vorwurf des Atheismus zurück, der in einer Zeit religiösen Fanatikertums angesichts von Bemerkungen wie der folgenden nahelag: »*Nie konnte ich jemand wegen seiner abweichenden Glaubensüberzeugung hassen oder ihm dafür zürnen, daß er meinem Urteil widersprach, von dem ich vielleicht schon wenige Tage später selbst abgerückt bin.*« Solch tolerante Gesinnung spricht aus allen seinen Überlegungen, die sich nacheinander mit den wichtigsten Problemen der zeitgenössischen Philosophie und Religion befassen: mit den Wundern der *Bibel* ebenso wie mit Hexerei, Geistern und Orakeln; mit der Unsterblichkeit der Seele und Auferstehung des Leibes, den Mysterien der Schöpfung, Dreieinigkeit, göttlichen Vorsehung und der letzten Dinge; dem Wirken der Natur; dem Verhältnis von Vernunft, Glauben und Leidenschaft; und schließlich (im zweiten Teil) mit der Nächstenliebe. Browne gibt sich in all diesen Fragen als unbedenklicher Eklektiker, der aus dem antiken und modernen Geistesschatz das heraussucht und in sein System integriert, was ihm gut dünkt. Für die sachlichen Schnitzer, die ihm dabei unterlaufen, entschuldigt er sich bereits im Vorwort: »*Kein einziges gutes Buch stand mir zur Verfügung, um meine Phantasie anzuregen oder mein Gedächtnis zu stützen.*« Hermetisch mystische, stoische und manichäische Gedankengänge, dazu insbesondere seine Lieblingsdoktrin der Platonischen Ideenlehre – all das dient nach Belieben einer höchst persönlichen Interpretation des Universums, die mit Brownes offiziell erklärtem Anglikanismus schwer in Einklang zu bringen ist. Die Empörung orthodoxer Dogmatiker über das Buch erscheint angesichts dieser geistigen Freizügigkeit nur allzu verständlich.

Gerade in dieser souveränen weltanschaulichen Haltung aber, die in einer Zeit engstirnigen Sektierertums Toleranz und Nächstenliebe als entscheidende Leitwerte herausstellte, liegt die epochale Bedeutung der *Religio Medici*, die schon aufgeklärte Zeitgenossen teilweise erkannten. Pepys berichtet, daß das Werk bereits zu seiner Zeit neben Osbornes zynischem *Advice to a Son* und Butlers *Hudibras* zu den drei wegen ihres *wit* am höchsten geschätzten Büchern zählte. Noch während des 17. Jh.s wurde es mehrfach ins Lateinische, Holländische und Französische übersetzt, sowie auf vielfältige Weise imitiert. Mit der offiziellen Lehre der englischen Kirche konnte es freilich nie in Einklang gebracht werden, und so ist es kein Zufall, daß es auf dem Kontinent, dessen Ideen es ja weitgehend entstammte, ein weitaus stärkeres Echo fand als in England. Heute schätzen wir das phantasiereiche und gelehrt-amüsante Buch vornehmlich als originelles autobiographisches Dokument einer hochinteressanten Persönlichkeit, als Aufzeichnung echten mystischen Erlebens und geistigen Ringens in einer Epoche ideellen Umbruchs, als ein Fanal der Geistesfreiheit aus den dunklen Tagen der Religionskriege, vor allem aber als beachtliches literarisches Kunstwerk, dessen höchstpersönliche und wuchtige Prosa im Vergleich zum trockenen Gelehrtenstil der Zeit lebensvoll und geradezu modern anmutet. Browne wurde offenbar deshalb zu einem der Pioniere eines neuen, befreiten englischen Prosastils, weil er im innersten Herzen mehr Dichter als Philosoph war, vergleichbar den großen *metaphysical poets*, deren symbolische Intensität und unmittelbare Visionskraft er im Bereich der Prosa in Passagen von frappanter Eindruckskraft umsetzt. Aber auch seine philosophische Botschaft ist keineswegs unbedeutend. Altes und neues Gedankengut verschmelzen bei diesem kritischen Denker zu einer neuartigen Einheit, in der sich die geistige Umbruchsituation zwischen Barock und Aufklärung exemplarisch spiegelt. Und gerade durch ihre Verbindung mit Brownes lebendiger und individueller Sprache reift diese Botschaft zu einer Aussage, die uns heute noch unmittelbar anspricht. Nicht zu Unrecht hat man Browne den englischen Montaigne genannt, er ist dessen Geistesverwandter ebenso wie der Pascals. W. Fü.

AUSGABEN: Ldn. 1642 [nichtautor.]. – Ldn. 1643 [autor.]. – Ldn. 1736 [Anm. Th. Keck]. – Ldn. 1874, Hg., Einl. u. Anm. W. P. Smith. – Ldn./NY 1928 (in *Works*, Hg. G. Keynes, 6 Bde., 1928–1931, 1). – Cambridge 1955, Hg. u. Einl. J.-J. Denonain. – Cagliari 1958, Hg., Einl. u. Anm. V. Sanna. – Oxford 1964, Hg. L. C. Martin. – NY 1966, Hg. F. L. Huntley. – Oxford 1972 (in *Religio Medici; Hydriotyphia; and, the Garden of Cyrus*, Hg. R. H. A. Robbins).

ÜBERSETZUNGEN: *Des berühmten Thomas Brownes Religion eines Arztes*, G. Venzky, Prenzlau/Lpzg. 1746. – *Religio Medici: ein Versuch über d. Vereinbarkeit von Vernunft u. Glauben* (1642), W. v. Koppenfels, Bln. 1978.

LITERATUR: C. Williams, *A Bibliography of the »Religio Medici«*, Norwich 1905–1907. – W. Schonack, *Sir Th. B.s »Religio Medici«. Ein verschollenes Denkmal des englischen Deismus*, Tübingen 1911. – J. N. Wise, *Sir Th. B.'s »Religio Medici« and Two Seventeenth-Century Critics*, Columbia 1973. – F. Ardolino, *The Saving Hand of God: The Significance of the Emblematic Frontispiece of the »Religio Medici«* (in English Language Notes 15, 1977, S. 19–23). – A. D. Hall, *Epistle, Meditation, and Sir Th. B.'s »Religio Medici«* (in PMLA, 94, 1979, S. 234–246). – A Favre, *Sir Th. B.: »Religio Medici«: Bibliographie sélective et critique* (in Bulletin de la Société d'Études Anglo-Américaines des XVIIe et XVIIIe Siècles, 9, 1979, S. 11–31). – W. v. Koppenfels, *Sir Th. B., Georg Venzky und die Grenzen des »geschickten Übersetzers«: Zur Übertragung der*

»Religio Medici« (1746) (in Arcadia, 14, 1979, S. 237–253). – J. F. S. Post, *B.'s Revisions of »Religio Medici«* (in Studies in English Literature, 25, 1985, S. 145–163).

LITERATUR: V. Woolf, *»Aurora Leigh«* (in TLS, 2. 7. 1931). – C. Castan, *Structural Problems and the Poetry of »Aurora Leigh«* (in Bollingen Series Notes, 7, 1977, S. 73–81). – G. B. Taplin, *»Aurora Leigh«: A Rehearing* (in Studies in B. and His Circle, 7(1), 1979, S. 7–23). – D. Rosenblum, *Face to Face: E. B. B.'s »Aurora Leigh« and Nineteenth Century Poetry* (in Victorian Studies, 26(3), Frühjahr 1983, S. 321–338).

## ELIZABETH BARRETT BROWNING

\* 6.3.1806 Coxhoe Hall / Durham
† 29.6.1861 Florenz

LITERATUR ZUR AUTORIN:
G. B. Taplin, *The Life of E. B. B.*, Hamden/Conn. 1970. – V. L. Radley, *E. B. B.*, NY 1972 (TEAS). – *An E. B. B. Concordance*, Hg. G. W. Hudson, Detroit 1973. – W. S. Peterson, *Robert and E. B.: An Annotated Bibliography, 1951–1970*, NY 1974. – Ders., *R. and E. B.: An Annotated Bibliography for 1972* (in B. Institute Studies, 2, 1974, S. 181–200; weitere Sekundärlit. in den folgenden Jgg.).

## AURORA LEIGH

(engl.; *Aurora Leigh*). Versroman von Elizabeth Barret BROWNING, erschienen 1857. – Die Autorin gestaltet die Lebensgeschichte der Aurora Leigh, einer »*edlen Frau*«. Die wissenshungrige und der Poesie zugetane Waise wird von einer Tante erzogen, bei der sie sich wenig glücklich fühlt. Sie begegnet dort oft ihrem reichen Vetter Romney Leigh, einem Mann, der von philanthropischen Plänen und Ideen erfüllt, aber arrogant und dogmatisch ist. Er macht ihr einen Heiratsantrag. Aurora weist ihn zurück, verletzt durch die Art, in der Romney ihr seine Liebe erklärt und zu verstehen gibt, daß er die »Gehilfin«, nicht die Geliebte in ihr suche. Sie begibt sich nach London, wo sie sich ihren Lebensunterhalt mit schriftstellerischer Tätigkeit verdient. Romney macht Marian Erle einen Antrag, der armen Tochter eines Landstreichers, die er aus dem Elend herausgeholt hat; aber auch diese Heirat kommt nicht zustande. Alle seine philanthropischen Vorhaben werden schließlich vom Schicksal zunichte gemacht, sein Schloß wird durch Feuer zerstört, er selbst erblindet. In diesem Augenblick willigt Aurora ein, seine Frau und echte Lebensgefährtin zu werden. – Der in Blankversen geschriebene Roman dient als Illustration philosophischer, sittlicher und sozialer Vorstellungen der Autorin. Auffallend ist der Einfluß von Robert BROWNING: Hunderte von Versen seines *Paracelsus* sind hier paraphrasiert. KLL

AUSGABEN: Ldn. 1857. – Ldn. 1905. – NY 1919 (in *Complete Poetical Works*). – Ldn. 1978.

ÜBERSETZUNG: *Aurora Leigh*, A. v. Zedlitz u. Neukirch, Dresden 1907.

## SONNETS FROM THE PORTUGUESE

(engl.; *Sonette aus dem Portugiesischen*). Zyklus von 44 Sonetten von Elizabeth Barrett BROWNING (1806–1861), erschienen 1850. – Die Autorin äußerte einmal den Wunsch, wegen ihrer Gedichte und nicht wegen ihrer Lebensgeschichte berühmt zu werden und zu bleiben; tatsächlich aber trug ihr ungewöhnliches persönliches Schicksal viel zu ihrer Berühmtheit und der besonderen Beliebtheit der *Sonnets from the Portuguese* bei. 1845 lernte Elizabeth Barrett, die seit ihrem fünfzehnten Lebensjahr an den Folgen einer Wirbelsäulenverletzung litt, sehr zurückgezogen lebte und keine privaten Glückserwartungen hegte, den sechs Jahre jüngeren, bereits berühmten Robert BROWNING kennen. Aus der Bewunderung, die beide als Dichter füreinander empfanden und die den Anstoß zu einem Briefwechsel gab, wurde bald Freundschaft und Liebe. Da der früh verwitwete Mr. Barrett seinen Kindern die Ehe untersagt hatte, wurde Elizabeths heimliche Heirat mit Browning und die Flucht der beiden nach Italien (1846) als Sensation empfunden.
Die während des Jahres vor der Heirat entstandenen Sonette sind Dokumente der erwachenden und bald völlig von ihrem Denken und Fühlen Besitz ergreifenden Liebe Elizabeth Barretts. Die Aufeinanderfolge der Gedichte entspricht ganz dieser inneren Entwicklung: Aus anfänglichen Zweifeln, selbstquälerischer Vergegenwärtigung der eigenen Schwächen und dem Gefühl der »Unwürdigkeit« findet die Dichterin zu einer demütigen und dankbaren Bereitschaft für das unerwartete Geschenk der Liebe und schließlich zum Glauben an die gemeinsame Zukunft. Als Ausdruck einer überwältigenden inneren Erfahrung haben die Sonette höchst persönlichen Charakter. Zunächst nur für den Mann bestimmt, dem sie ihre Entstehung verdankten, und auch ihm erst drei Jahre nach ihrer Vollendung überreicht, wurden sie erst nach wiederholtem Ersuchen Brownings veröffentlicht. Auch dann noch sollte der Titel des Zyklus den wahren Sachverhalt verhüllen und den Eindruck erwecken, es handle sich um eine Übertragung von Liebesgedichten an den portugiesischen Dichter CAMÕES aus dem 16. Jh. (Für die Brownings hatte der Titel eine besondere Bedeutung, da er sich darauf bezog, daß der Dichter seine Frau mit dem portugiesischen Mädchen aus ihrem Gedicht *Catarina to Camoens* zu vergleichen pflegte.) Aber dieser Fiktion widersprach der leicht zu entschlüsselnde Be-

zug auf die persönliche Situation der Verfasserin. Gespräche, Passagen aus Briefen, kleine Geschenke regten sie immer von neuem zu dem Versuch an, ihre Liebe in Worte zu fassen. Gelegentlich mündet die private Ausage ins Überpersönliche und wird zum Bekenntnis der liebenden Frau schlechthin (14. Sonett: »*If thou must love me, let it be for nought / Except for love's sake only...*« – »*Wenn du mich lieben mußt, so soll es nur / der Liebe wegen sein...*«; 43. Sonett: »*How do I love thee? Let me count the ways. / I love thee to the depth and breadth and height / My soul can reach, when feeling out of sight / for the ends of Being and ideal Grace...*« – »*Wie ich dich liebe? Laß mich zählen wie. / Ich liebe dich so tief, so hoch, so weit, / als meine Seele blindlings reicht, wenn sie / ihr Dasein abfühlt und die Ewigkeit...*«). Da die Liebende sich ganz der Erforschung ihres eigenen Gefühls widmet, bleibt die Gestalt des Geliebten eine etwas vage, als »*Gast von Königinnen*«, «*erlauchter Sänger*«, »*fürstlicher Geber*«, »*Überwinder*« und »*Meister*« apostrophierte Idealfigur. Konkretere Bilder verwendet die Dichterin bei der Offenlegung ihrer Empfindungen, bei der das geistige Erlebnis absoluten Vorrang vor dem sinnlichen hat; es sind Bilder aus ihrer Kindheit, aus ihrer durch die Krankheit eingeengten Umgebung, aus ihrer umfangreichen Lektüre, aus Natur und Religion. Die Höhen und Tiefen durchmessende Erfahrung spiegelt sich im Wechsel zwischen einer poetisch überhöhten und einer fast alltäglichen Sprache, die Unmittelbarkeit des Erlebens in oft bruchstückhaften Sätzen und im häufigen Gebrauch der direkten Anrede, des Ausrufs, der Frage, der Hervorhebung bestimmter Wortgruppen und der Versbrechung. Die Zwanglosigkeit der Diktion steht in reizvollem Spannungsverhältnis zur Formstrenge des Petrarkischen Sonetts *(abba abba cdc dcd)* – ein Charakteristikum, das Rilke in seiner berühmten Übertragung der *Sonnets from the Portuguese* noch verstärkte. W.Ph.

Ausgaben: Ldn. 1850 (in *Poems*, 2 Bde., 2). – NY 1900 (in *The Complete Works*, Hg., Einl. u. Anm. Ch. Porter u. H. A. Clarke, 6 Bde., 3). – NY 1919 (in *Complete Poetical Works*, 2 Bde.; Einl. L. Whiting). – NY 1933 [Einl. u. Anm. dies.]. – NY 1950, Hg. u. Einl. F. Ratchford [Anm. D. Fulton]. – Westwood/N. J. 1961. – Ldn. 1962 [Einl. D. Hewlett]. – Kansas City/Mo. 1967, Hg. N. Holmes. – Barre 1977. – Albuquerque 1987.

Übersetzungen: *Sonette aus dem Portugiesischen*, R.M. Rilke, Lpzg. 1908; ern. 1919 (IB, 252). – *Portugiesische Sonette*, H. Böhm, Mchn. 1911 [m. Einl.]; ern. 1923 (Kunstwart Bücherei, 2; veränd.). – *Sonette aus dem Portugiesischen*, H. W. v. Herwarth, Mchn. 1920. – *Die Sonette aus dem Portugiesischen und andere Sonette*, H. Scheu-Riesz, Bln. ²1921.

Literatur: R. B. Heilman, *E. B. B.'s »Sonnets from the Portuguese«* (in The Explicator, 4, 1945, Nr. 3). – C.M. Kay, *An Analysis of Sonnet 6 in »Sonnets from the Portuguese«* (in Concerning Poetry, 4, 1971, S. 17–21). – S. Zimmerman, *»Sonnets from the Portuguese«: A Negative and a Positive Context* (in Mary Wollstonecraft Newsl., 2, 1973, S. 7–20). – D. Mermin, *The Female Poet and the Embarrassed Reader: E. B. B.'s »Sonnets from the Portuguese«* (in JELH, 48, H. 2, Sommer 1981, S.351–367).

## ROBERT BROWNING

\* 7.5.1812 Camberwell / London
† 12.12.1889 Venedig

Literatur zum Autor:
*Bibliographien*:
R. E. Freeman, *A Checklist of Publications (July–December 1973; January–July 1974)* (in Studies in B. and His Circle, 2(1), 1974, S. 71–77/2(2), 1974, S. 49–54). – Ders., *A Checklist of Publications (July 1974–December 1974)* (ebd., 3(1), 1975, S. 102–107/3(2), 1975, S. 137–142). – W. S. Peterson, *R. and E. B.: An Annotated Bibliography, 1951–1970*, NY 1974. – Ders., *R. und E. B.: An Annotated Bibliography for 1972* (in B. Institute Studies, 2 ff., 1974 ff.; enth. eine jährlich fortgeführte B.-Bibliographie).
*Zeitschriften*:
B. Newsletter. – Studies in B. and His Circle, 1973 ff.
*Biographie*:
J. Maynard, *B.'s Youth*, Cambridge/Mass. 1976.
*Gesamtdarstellungen und Studien*:
W. C. De Vane, *A B. Handbook*, NY ²1955. – D. Kenmare, *An End to Darkness. A New Approach to R. B. and His Work*, Ldn. 1962. – *B. A Collection of Critical Essays*, Hg. P. West, Englewood Cliffs 1963. – *R. B.: A Collection of Critical Essays*, Hg. P. Drew, Ldn./Boston 1966. – I. M. Williams, *B.*, Ldn. 1967. – L. Burrows, *B. the Poet: An Introductory Study*, Nedlands 1969. – C. Tracy, *B.'s Mind and Art*, NY 1970. – P. Drew, *The Poetry of B.: A Critical Introduction*, Ldn. 1970. – *B.: The Critical Heritage*, Hg. B. Litzinger u. D. Smalley, NY/Ldn. 1970. – D. S. Hair, *B.'s Experiments with Genre*, Edinburgh/Toronto 1972. – R. B. Pearsall, *R. B.*, NY 1974 (TEAS). – C. de L. Ryals, *B.'s Later Poetry: 1871–1889*, Ithaca 1975. – Ch. L. Rivers, *R. B.'s Theory of the Poet, 1833–1841*, Salzburg 1976.

## ANDREA DEL SARTO

(engl.; *Andrea del Sarto*). Dramatischer Monolog von Robert Browning, erschienen 1855. – Das Gedicht hat, wie viele andere dieser Zeit – der Dichter lebte mit seiner Frau Elizabeth Barrett-Browning bis zu ihrem Tod (1861) in Florenz –

die Problematik des Künstlers, hier des florentinischen Malers del Sarto (1486–1531), zum Gegenstand. Dieser »*dramatische Monolog*« – einer der wichtigeren und längeren des Autors – zeigt den gealterten »*Maler ohne Fehl*« im Selbstgespräch vor seiner um vieles jüngeren Frau Lucrezia. Scheinbar in lockerer Aneinanderreihung, in Wirklichkeit aber einer klaren Konzeption folgend, strebt er dem »Augenblick der Wahrheit« zu, der Selbstenthüllung des Innersten: Die schöne Lucrezia ist ein seelenloses Geschöpf, ihr Lächeln käuflich – und dieser Moment mit ihr, das abendliche Fiesole vor dem Fenster, erscheint Andrea auf einmal als Sinnbild seines ganzes Werkes: gedämpft, fehlerlos und ernüchternd. Der Rückblick auf Werk und Vergangenheit zeigt ihm Stunden des Triumphs und des Ruhmes, aber nie der Ekstase, des wahren Lichts, der Beseelung. Woran mag es gelegen haben? Vielleicht, wenn sie ihn nicht vom Hofe von François weggedrängt hätte, wenn sie ihn befeuert hätte . . .? Doch das sind müßige Fragen: wenn es Lucrezia glücklicher gemacht hat, will auch er sich zufriedengeben. – Es ist Nacht geworden, zum zweitenmal lächelt Lucrezia, um die Erlaubnis zu erwirken, zu ihrem »Vetter« zu gehen. Andrea hat die Tragweite der Entscheidung, die er als Künstler getroffen hat, erkannt und heißt sie gut.

Die perspektivische Technik des dramatischen Monologs erlaubt Browning hier die wirksame Behandlung eines im Grunde trockenen, didaktischen Themas: des Zusammenhanges zwischen Moral und Kunst. Andrea hat sich zu bedingungslos für das Leben entschieden, um in seiner Kunst mehr als Fehlerlosigkeit zu erreichen. Er ist, in der einzigen Metapher des 267zeiligen Gedichts, eine »*blinde Fledermaus in ihrer Scheune*«, und allenfalls in einem erträumten Jenseits wird er die vier, von Engeln ausgemessenen Mauern des Neuen Jerusalem jemals erblicken. Der genau vorgegebene szenische Rahmen verleiht diesem Thema ein Pathos, das selbst die sehr nachdrücklich vorgetragenen Wahrsprüche über die Gerechtigkeit Gottes und die Harmonie der Welt zu überstrahlen vermag. C.E.

AUSGABEN: Ldn. 1855 (in *Men and Women*, 2 Bde., 2). – New Jersey 1906. – Oxford 1911 (in *Men and Women*, Hg. C. Hadow). – NY 1919 (in *Complete Poetical Works*, 2 Bde., Hg. A. Birell). – Florenz 1923. – Ldn. 1972 (OUP, in *Men and Women*). – Ldn. 1975 (in *Men and Women, and Other Poems*). – Ldn. 1984 (in *Men and Women, and Other Poems*).

LITERATUR: B. Melchiori, *B.'s »Andrea del Sarto«: A French Source in De Musset* (in Victorian Poetry, 4, 1966, S. 132–136). – P. A. Cundiff, *»Andrea del Sarto«* (in Tennessee Studies in Literature, 13, 1968, S. 27–38). – E. Bieman, *An Eros Manqué: B.'s »Andrea del Sarto«* (in Studies in English Literature, 10, 1970, S. 651–668). – *B. – »Men and Women« and Other Poems: A Casebook*, Hg. J. R. Watson, Ldn. 1974. – S. C. Brennan, *Andrea's Twilight Piece: Structure and Meaning in »Andrea del Sarto«* (in Studies in B. and His Circle, 5, 1977, 1, S. 34–50). – A. C. Dooley, *Andrea, Raphael, and the Moment of »Andrea del Sarto«* (in MPh, 81, Aug. 1983, 1, S. 38–46).

## BISHOP BLOUGRAM'S APOLOGY

(engl.; *Bischof Blougrams Apologie*). Dramatischer Monolog in rund 950 Zeilen von Robert BROWNING, erschienen 1855. – Der katholische Bischof Blougram, ein fiktiver Zeitgenosse Brownings, rechtfertigt sein Leben vor einem gleichfalls fiktiven Literaten namens Gigadibs. Die Szene ist, wie in allen »dramatischen Monologen« Brownings, fixiert – die beiden sitzen abends nach einem großen Diner noch beim Wein – und wird in gewissen Abständen dem Leser in die Erinnerung zurückgerufen; doch ist sie weniger als gewöhnlich ausgeführt, wie auch Blougram nicht eigentlich als Figur gezeichnet wird und in seiner überlangen Rede die Konturen zu verlieren droht.

Der Bischof verspricht sich von dem abendlichen Gespräch das »*Aufdämmern der Wahrheit*«; er beginnt damit, seine skeptische, überlegene, irdisch-praktische Einstellung zur Welt gegen den Anspruch zu verteidigen, den Gigadibs Anwesenheit an ihn stellt: den einer festen Glaubensentscheidung, eines bedingungslosen Lebens. Die nun folgende, im Grund ganz theoretische Erörterung des Glaubensproblems, mit dem sich Blougram – wie seine ganze Zeit – auseinandersetzt, erhält zwar immer wieder Antrieb aus der gespannten Gesprächssituation zwischen den beiden Partnern, bleibt aber trotzdem überaus befrachtet: Glaube und Unglaube verhielten sich wie das Schwarz und Weiß eines Schachbretts; entgehen könne man keinem von beiden; der Glaube sei wie ein Weg, der, von fern gesehen, ganz gerade zum Gipfel zu führen scheine, aus der Nähe gesehen sich für den Wanderer aber immer wieder verliere; sein Zweck sei vielleicht nur, diesem Wanderer den Blick zu schärfen; die Grenzlinie des Glaubens einzuhalten sei das einzig Angemessene für einen Geist, der seine Würde bewahren wolle; es sei damit, wie mit der Welt selbst: sie ist, wie sie ist, und nicht so, wie wir sie gern hätten; und sei sei so, wie sie sei – eine merkwürdige Wendung – nicht, um Gott zu offenbaren, sondern um seine unerträgliche Seinsfülle vor den schwachen Menschenaugen zu verdecken. An ihren Gegebenheiten müsse man sich orientieren, in ihr einrichten wie in einer Schiffskabine und in diesem Sinn »praktisch« handeln; unbedingt Kritik führe jeden immer nur weiter ins Nichts; besser, sich einer fest ausgeprägten Glaubensform anvertrauen, als sich in unbesonnen-absoluten Ansprüchen versteigen, bis man der Welt, und die Welt einem selbst, nichts mehr zu sagen habe.

Es handelt sich bei diesem Werk offensichtlich um ein Zeitgedicht; Browning nimmt zu der aktuellen Kontroverse des »Oxford Movement« sympathisierend, doch kritisch Stellung, indem er die innere Lage eines klugen, auf der Höhe der Zeit stehenden, prominenten Katholiken mit Hilfe eines »dramatischen Monologs« als in sich schlüssig aufzeigt, eine Lage, die den Intellektuellen seiner Zeit, einem Mr. Gigadibs etwa, weithin unverständlich bleiben mußte. Doch die für diese Form geforderte Distanzierung gelingt Browning nicht ganz. Das Thema breitet sich gleichsam selbsttätig immer weiter aus und sprengt die Form; zu offensichtlich ergreift er Partei, wobei ihm der Widersacher des Bischofs zur komischen Figur gerät, zu einem unbedeutenden, siebengescheiten Habenichts. Am Schluß des überlangen Gedichts ist er daher gezwungen, Blougrams Rechtfertigung noch einmal nachdrücklich zu relativieren: auch Blougram habe nur halb geglaubt, was er da alles gesagt habe, er habe viele richtige Dinge zu oft beim falschen Namen genannt; etwas an seinem Vergleich zwischen dem Leben und einer Schiffsreise habe ihn nicht ruhen lassen, und er habe sich schließlich, eine Woche später, mit einer Gruppe von Siedlern nach Australien eingeschifft. – Es muß dahingestellt bleiben, ob das Thema damit doch noch bezwungen wird; jedenfalls fällt von hier aus ein erhellendes Licht auf die Tatsache, daß Browning es für notwendig hielt, den vielen anderen und geglückteren dramatischen Monologen seines Werks ein sehr genau gefaßtes historisches Gewand zu geben. C.E.

AUSGABEN: Ldn. 1855 (in *Men and Women*, 2 Bde., 1). – Oxford 1911 (in *Men and Women*, Hg. G. Hadow). – NY ²1919 (in *Complete Poetical Works*, 2 Bde., Hg. A. Birell). – Ldn. 1931. – Ldn. 1972 (OUP, in *Men and Women*). – Ldn. 1975 (in *Men and Women, and Other Poems*). – Salzburg 1976 (*A Critical Edition of R.B.'s »Bishop Blougram's Apology«*). – Ldn. 1984 (in *Men and Women, and Other Poems*).

LITERATUR: R. Weinberg – Goldsmith, *The Relation of B.'s Poetry to Religions Controversy, 1833–1868*, Diss. Univ. of North Carolina 1959. – D. R. Ewbank, *Bishop Blougram's Argument* (in Victorian Poetry, 10, 1972, S. 257–263). – A. Shapiro, *A New (Old) Reading of »Bishop Blougram's Apology«: The Problem of the Dramatic Monologue* (ebd., S. 243–256). – B. – *»Men and Women« and Other Poems: A Casebook*, Hg. J. R. Watson, Ldn. 1974. – M. J. O'Neal, *Miltonic Allusions in »Bishop Blougram's Apology«* (in Victorian Poetry, 15, 1977, S. 177–182). – M. Belcher, *B.'s Only Allusion to Pugin: The Opening Lines of »Bishop Blougram's Apology«* (ebd., 21, Sommer 1983, 2, S. 171–183).

## THE BISHOP ORDERS HIS TOMB AT SAINT PRAXED'S CHURCH

(engl.; *Der Bischof bestellt sein Grabmal in der St.-Praxedes-Kirche*). Dramatischer Monolog von Robert BROWNING, erschienen 1845. – Der Bischof hält die letzte Rede auf dem Totenbett nicht vor geistlichen Zuhörern, sondern vor den Söhnen seiner toten Geliebten, und über durchaus weltliche Dinge. In der Rückschau auf sein Leben (eine typische Situation Browningscher Figuren) erweist sich als seine einzige Leidenschaft eine wilde Ruhmsucht und Prunkliebe, die ihn noch in seinen letzten Stunden an nichts anderes denken läßt als an die prächtige Ausstattung seines künftigen Grabmals. Ihm gelten seine letzten Wünsche und Ängste, wie seine einzige Sehnsucht dem schönen Körper seiner toten Geliebten gilt; ins Grab will er einen kopfgroßen Jadeklumpen mitnehmen, dessen Versteck er als das große (und leere) Geheimnis seines Lebens preisgibt. Als Gegenfigur ist sein Rivale »Old Gandolf« eingeführt, der nur eine Gruft aus »Speckstein« mit einer Inschrift in schlechtem Latein besitzt; wie im Leben will ihn der Bischof auch noch im Tod, und damit auf immer, übertrumpfen. Aus der Perspektive dieses Besessenen ist das ganze Gedicht konzipiert; der Autor selbst enthält sich jeder Deutung und jedes Urteils. Er verwendet in beispielhafter Form die Technik des *dramatic monologue*. Die marolische Aussage, um die es Browning auch hier geht, wird nur im Kontrast deutlich. Der leidenschaftliche, gleichsam in Szene gesetzte Vortrag des Sprechers macht das Gedicht mitreißend lebendig, verhindert so den Eindruck einer dürren Deskription des Bösen und macht gleichzeitig klar, über welch weitreichendes historisches Wissen und über welchen Formenreichtum Browning verfügt. C.E.

AUSGABEN: Ldn. 1845 (in Hood's Magazine, 18. 2. 1845). – Ldn. 1845 (in *Bells and Pomegranates*, Nr. 7: *Dramatic Romances and Lyrics*). – NY ²1919 (in *Complete Poetical Works*, 2 Bde., Hg. A. Birell). – Ldn. 1960 (in *Poems*, Hg. Smalley). – Athens 1973 (Ohio U. P., in *The Complete Works of R. B., with Variant Readings and Annotations*, 5 Bde., 1969–1981, 4).

LITERATUR: R. A. Greenberg, *Ruskin, Pugin, and the Contemporary Context of »The Bishop Orders His Tomb«* (in PMLA, 84, 1969, S. 1588–1594). – V. F. Grillo, *B.'s Cuckold of St. Praxed's?* (in Victorian Poetry, 11, 1973, S. 66–68). – B. – *»Men and Women« and Other Poems: A Casebook*, Hg. J. R. Watson, Ldn. 1974. – J. W. Binns, *B., Tully and Ulpian: A Note on »The Bishop Orders His Tomb at Saint Praxed's Church«* (in Studies in B. and His Circle, 6, 1978, 1, S. 66–70). – A. C. Dooley, *An Echo of Wesley in »the Bishop Orders His Tomb«* (ebd., 8, 1980, 1, S. 54–55).

## CHILDE ROLAND TO THE DARK TOWER CAME

(engl.; *Herr Roland kam zum finstern Turm*). Erzählendes Gedicht in 34 sechszeiligen Strophen von Robert BROWNING, erschienen 1855. – Der Titel des Gedichtes ist die Anfangszeile eines Liedes aus SHAKESPEARES *King Lear* (3, 4), das Edgar, als Wahnsinniger auftretend, vor dem König singt; Reminiszenzen an Edgars vorausgehende Selbstdarstellung durchziehen das Gedicht, das jedoch im ganzen eine originale Schöpfung Robert Brownings bleibt. – Der Knappe Roland erzählt darin die Geschichte seiner Suche nach dem »dunklen Turm«. Eine schlimme, verwachsene Gestalt weist ihm mit schadenfrohem Eifer den Weg. Roland zieht, von bösen Ahnungen erfüllt, ohne Stolz und Freude dahin, froh einzig darüber, daß die Fahrt bald zu Ende sein wird. Er hat auf ihr so viele Leiden ertragen müssen, daß es ihm fast am liebsten wäre zu scheitern wie alle seine Vorgänger. Sein Weg führt ihn durch eine öde, grauenerfüllte Landschaft. Eine lahme, blinde, wie von Rost befallene Mähre, die verloren am Wegrand steht, erfüllt ihn mit Schmerz und Haß; seine eigene Seele ist trostlos wie diese Kreatur. Freundliche Erinnerungen steigen in ihm auf, doch nur, um sich alsbald in Bilder von Verrat und Tod zu verwandeln. Roland überquert einen Fluß, in dem Ertrunkene auf seinen Tritt zu lauern scheinen, gerät auf ein wie von irren, vergifteten Tieren zertrampeltes Ufer; eine zerborstene Maschine, die einem Marterinstrument gleicht, steht am Weg. Plötzlich tauchen Berge auf, und es ist, als sei eine Falle zugeschlagen. Roland ist angelangt: Vor ihm steht der gedrungene, runde Turm, »*blind wie des Narren Herz, ... ohne Gegenstück in der ganzen Welt*«. Im letzten Tageslicht, verworrenes Tosen im Ohr, vor sich in einer Flammenwand die Gestalten aller vor ihm Gescheiterten, setzt er das Horn an und verkündet der Welt seine Ankunft.

Entgegen Brownings ausdrücklicher Warnung hat das Gedicht seine Kritiker immer wieder zu allegorischen Deutungen verlockt: mit Liebe, Tod, Wissenschaft, sogar mit der Vivisektion ist der »Turm« gleichgesetzt worden. Damit wird in das Gedicht hineingelegt, was der Autor gerade, oft mit sichtlicher Anstrengung, fernzuhalten suchte. Nicht nur bleiben Rolands Motiv und sein Schicksal nach der Ankunft ausgespart; es fehlt überhaupt alles Verstandesmäßige, alle Voraussetzungen einer rationalen Wirklichkeit: Der Turm ist ein weiter nicht benennbares Ängstigendes, das auf Roland, seinen Bezwinger und zugleich sein Opfer, einen dunklen Zwang ausübt. Das Gedicht wirkt gerade durch seine leergelassene Mitte, die von einem Kreis genau gesehener Schreckenszeichen umdrängt wird. Es ist eines der größten visionären Gedichte der viktorianischen Literatur. C.E.

AUSGABEN: Ldn. 1855 (in *Men and Women*, 2 Bde., 1). – Ldn. 1899. – NY 1912 (in *Complete Works*, 12 Bde., Hg., Einl. u. Anm. Ch. Porter u. H. A. Clarke). – Mchn. 1935 (in Corona, S. 582–589). – Ldn./NY 1963, Hg., Einl. u. Anm. F. B. Pinion. – Ldn. 1972 (OUP, in *Men and Women*). – Ldn. 1975 (in *Men and Women, and Other Poems*). – Ldn. 1984 (in *Men and Women, and Other Poems*).

ÜBERSETZUNG: *Herr Roland kam zum finstern Turm*, E. Ruete (in *Ausgew. Gedichte*, Bremen 1894).

LITERATUR: L. M. Thompson, *Biblical Influence in »Childe Roland to the Dark Tower Came«* (in Papers on Language and Literature, 3, 1967, S. 339–353). – H. Bloom, *B.'s »Childe Roland«: All Things Deformed and Broken* (in Prose, 1, 1970, S. 29–44). – P. Raisor, *The Failure of B.'s »Childe Roland«* (in Tennessee Studies in Literature, 17, 1972, S. 99–110). – L. M. Thompson, *»Childe Roland to the Dark Tower Came« and the Gothic Tradition in Literature* (in B. Newsl., 9, 1973, S. 17–22). – *B. – »Men and Women« and Other Poems: A Casebook*, Hg. J. R. Watson, Ldn. 1974. – M. L. D'Avanzo, *»Childe Roland to the Dark Tower Came«: The Shelleyan and Shakespearean Context* (in Studies in English Literature, 17, 1977, S. 695–708). – F. Glaysher, *At the Dark Tower* (in Studies Childe Roland to ... 2 in B. and His Circle, 12, Frühjahr-Herbst 1984, S. 34–40).

## AN EPISTLE, CONTAINING THE STRANGE MEDICAL EXPERIENCE OF KARSHISH, THE ARAB PHYSICIAN

(engl.; *Ein Brief über die seltsame medizinische Erfahrung von Karshish, dem arabischen Arzt*). Blankversstück von Robert BROWNING, erschienen 1855. – Das im Titel angekündigte »seltsame Erlebnis«, das der arabische Wundarzt in einem Brief an seinen Lehrer beschreibt, ist seine Begegnung mit Lazarus, viele Jahre nach dessen Wiedererweckung. Das Stück erweckt anfangs den Eindruck, als ob es sich geradezu aufdringlich um ein überzeugendes Lokal- und Zeitkolorit bemühe, doch erweist sich die Einkleidung in orientalische Unterwürfigkeitsformeln, Arzneilisten und Heilmethoden alsbald als Kunstgriff: Karshish, der Skeptiker und Intellektuelle, bringt es kaum über sich, von der beunruhigenden Begegnung zu erzählen, und nur stockend, über viele Einschübe und scherzende Warnungen hinweg, gelangt er erst am Schluß zu den »merkwürdigen« Feststellungen über Lazarus: Dieser sei ein Mann, der anscheinend von einem begabten Heilkundigen aus Nazareth von der Epilepsie geheilt worden sei und der seither die Welt mit ganz neuen Augen betrachte, immer wieder auf seine angebliche Erweckung zu sprechen komme und auf deren Bewirker, der später der Zauberei angeklagt und hingerichtet worden sei. Und der nun, so behauptet er (neuer Einschub), sei kein anderer gewesen als Gott selbst, der aus Liebe Menschengestalt angenommen habe.

Durch die äußere Form des »Berichts im Bericht« und der skeptischen Retardierung gelingt Browning die Darstellung der christlichen Heilslehre auch in literarischer Hinsicht durchaus überzeugend. Er verbindet damit ein zweites, seinem Herzen viel näheres Thema: Ein gutes Drittel der etwa dreihundert Zeilen langen Blankversdichtung beschreibt Lazarus als den Menschen im Stand der Unschuld und Begnadung. Er sieht die Welt mit immer neuen Augen als ein einziges glückliches Wunder und begreift sie bis in ihre tiefsten geistigen Gründe. Viel mehr als die großen Weisheiten, die ihn gleichgültig lassen, erfüllt ihn der Anblick des Kleinsten und Einfachsten mit einer »unerträumten Entzückung«; er »hält den Faden des Lebens«. Die Beschreibung des Lazarus gerät damit deutlich zu einem idealen Selbstporträt, wie die Einsicht von der einzigen Wahrheitsträchtigkeit des Kleinen zu einem idealen, nie (und auch in diesem Gedicht nicht) erfüllten realistischen Programm Brownings. C.E.

AUSGABEN: Ldn. 1855 (in *Men and Women*, 2 Bde., 1). – Oxford 1911 (in *Men and Women*, Hg. C. Hadow). – NY 1912 (in *The Complete Works*, Hg. C. Porter u. H. A. Clarke, 12 Bde., 5). – NY 1915 (in *The Complete Poetical Works*, Hg. A. Birell).

ÜBERSETZUNG: *An Epistle of Karshish*, R. Kraushaar (in NRs, 48, 1937).

LITERATUR: J. A. Lomax, *Karshish and Cleon* (in Sewanee Review, 19. Okt. 1911). – W. L. Guerin, *Irony and Tension in B.'s »Karshish«* (in Victorian Poetry,1 , 1963, S. 132–139). – J. Solimine Jr., *A Note on B.'s »An Epistle from Karshish«* (in Studies in B. and His Circle, 6(1), 1978, S. 73–75). – J. A. Dupras, *»Writing First of All« in B.'s »An Epistle... of Karshish«* (ebd., 7(2), 1979, S. 7–16). – Ders., *»An Epistle... of Karshish« and Froment's Lazarus Triptych: The Uffizi Connection* (ebd., 9(2), Herbst 1981, S. 50–56). – M. J. Berens, *B.'s Karshish: An Unwitting Gospeller* (ebd., 12, Frühjahr–Herbst 1984, S. 41–53).

## FIFINE AT THE FAIR

(engl.; *Fifine auf dem Jahrmarkt*). Verserzählung von Robert BROWNING, erschienen 1872. – Thema der 2500 paarweise gereimte Alexandriner umfassenden Dichtung ist die Unbeständigkeit der Liebe, über die ein moderner Don Juan in selbstenthüllendem Monolog meditiert. In Pornic, einer Kleinstadt an der bretonischen Küste, ist Jahrmarkt. Eine Zigeunerin namens Fifine, Urbild derber Sinnlichkeit, zieht Don Juan in ihren Bann. Bei ihrem Anblick stellt er sich die Frage, wie es sein kann, daß Elvire, das »unkörperliche« Wesen, die einzige Frau ist, die er in Wahrheit liebt. Er glaubt, den Grund dafür darin zu finden, daß er ihrer, im Gegensatz zu Fifine, niemals wirklich habhaft werden kann, daß sie sich ihm entzieht wie der Geist selbst. Die verschiedenartige Verlockung, die von den zwei Frauen ausgeht, wird ihm zum Symbol des menschlichen Status überhaupt. Die reiche Antithetik, in der dessen zwei Pole dargelegt werden, findet ihre formale Entsprechung in den kunstreich gepaarten Alexandrinern. Meer und Schmetterling, Rose und Lilie, zwei Bilder von Doré und Raffael verdeutlichen den Gegensatz symbolisch. Seine eigene Situation schildert Don Juan in einer Parabel; er vergleicht sich mit einem Mann im Wasser, der nur atmen kann, solange er geduldig bis zur Nase eingetaucht verharrt; sobald er sich daraus erheben will, schlägt ihm das Meer über dem Kopf zusammen. Weitgespannte metaphysische Spekulationen über das Wesen von Leib und Geist, Mann und Weib, schließen sich an. Der Jahrmarkt wird zur Welt mit ihren «*Schaubuden der Geschichte, der Moral und der Kunst*«. Bei ihrem Anblick wird Don Juan seiner tiefen Liebe zu Elvire und ihrer Überlegenheit über alle anderen Frauen aufs neue inne. Doch dann wird ihm heimlich ein Briefchen von Fifine zugesteckt – und mit einer Lüge auf den Lippen läßt er Elvire allein.

Die heutige Bedeutung dieser Verserzählung liegt wohl weniger in den autobiographischen Aufschlüssen, die von der neuren Forschung recht deutlich nachgewiesen wurden, und erst recht nicht in der zeitgenössischen Kontroverse um ROSSETTIS *Jenny* und BUCHANANS *The Fleshly School of Poetry*, in die Browning mit seinem Gedicht wahrscheinlich bewußt eingreifen wollte. Auch die Grundthematik des Werks spricht heute kaum mehr an, wiewohl es bei seinem Erscheinen gerade dadurch großes Aufsehen und zahlreiche Angriffe ausgelöst hat, die sich gegen seine »Unmoral und Schlüpfrigkeit« richteten. Das Besondere liegt vielmehr in Don Juans »*Hunger, das zu sein und kennen, was ich bin*« und in seiner Grundüberzeugung, daß man nicht das für wahr halten sollte, was eigentlich »*sein sollte*«, sondern das, »*was wir finden*«, also in der Relativierung aller seiner Spekulationen auf die momentane Erfahrung und ihren unumstößlichen Wirklichkeitsgrund. C.E.

AUSGABEN: Ldn. 1872. – NY 1912 (in *The Complete Works*, Hg. C. Porter u. H. A. Clarke, 12 Bde., 7). – NY 1915 (in *The Complete Poetical Works*, 2 Bde., Hg. A. Birell).

LITERATUR: P. de Reul, *»Fifine à la foire« ou Le Don Juan de B.* (in Revue de l'Univ. de Bruxelles, 32, 1926/27, S. 478–493). – W. C. De Vane, *The Harlot and the Thoughtful Young Man, a Study of the Relation between Rossetti's »Jenny« and B.'s »Fifine at the Fair«* (ebd., 29, 1932, S. 463–484). – W. O. Raymond, *B.'s Dark Mood: a Study of »Fifine at the Fair«* (ebd., 31. Okt. 1934, S. 578–599; auch in W. O. R., *The Infinite Moment*, Toronto 1950). – C. Crawford Watkins, *The »Abstruser Themes« of B.'s »Fifine at the Fair«* (in PMLA, 74, 1959, S. 426–437). – C. K. Columbus, *»Fifine at the Fair«: A Masque of Sexuality and Death Seeking Figures of Expression* ( in Studies in B. and His Circle, 2(1), 1974, S. 21–38). – L. Passarella, *Carnaval and Carnival: Notes on B.'s »Fifine at the Fair«* (ebd., 5(2), 1977, S. 38–48). – S. B. Southwell, *Quest for Eros: B. and »Fifine«*, Lexington 1980.

## THE FLIGHT OF THE DUCHESS

(engl.; *Die Flucht der Herzogin*). Verserzählung von Robert BROWNING, erschienen 1845. – Die in leichtem Sprechton vorgetragene, etwa 900 unregelmäßig gereimte jambische Zeilen umfassende Erzählung wird einem Jäger in den Mund gelegt. Vor Jahren hat sich sein Herr, der Herzog, mit einer lebensfrohen jungen Frau vermählt. Unter dem kalten, das Mittelalter nachahmenden Zeremoniell und der lieblosen Behandlung durch den Herzog und seine tyrannische Mutter leidend, verliert die Herzogin bald allen Lebensmut. Einer Jagd nach altem Brauch, die ihr Gatte veranstaltet, fühlt sie sich nicht gewachsen. Der darob erboste Herzog zieht aus und trifft eine unheimliche alte Zigeunerin, die er dazu ausersieht, seiner Frau Schauermärchen von unbotmäßigen Ehefrauen zu erzählen und ihr damit eine Lehre zu erteilen. Zusammen mit dem Jäger zieht die Zigeunerin ins Schloß. Dort begibt sich Merkwürdiges: Gleichsam unter einem Bann stehend, beobachtet der Jäger, wie sich die Zigeunerin in eine Königin verwandelt, der die Herzogin vertraut zu Füßen sitzt und aus deren Augen ihr Blick »*das reine Wasser des Lebens*« zu trinken scheint. Die Zigeunerkönigin spricht der Herzogin von der Rückkehr zu ihrem Volk, von Wiedergeburt, von der Liebe als dem Sinn der Welt, von glücklicher Zukunft. Als der Jäger dieser »Verhexung« Einhalt gebieten will, tritt ihm die Herzogin wunderbar verschönt entgegen. In fast anbetender Ergebenheit sattelt er das Pferd, auf dem seine Herrin mit der Zigeunerin auf Nimmerwiedersehen davonreitet. Einst, nach dem Tod des Herzogs, wird der Jäger zum Wanderstab greifen, um in der Fremde ihr weiteres Schicksal in Erfahrung zu bringen.

Die Verserzählung hat einen biographischen Hintergrund: Browning wollte damit, ursprünglich sogar noch in deutlicherer Form, seiner späteren Frau, Elizabeth BARRETT, die Öde ihrer steifen Umgebung und das Glück eines Ausbruchs verdeutlichen. Die Dichtung wirkt auch heute noch wie ein Märchen von einer Flucht ins Glück, das einer tieferen allegorischen Deutung nicht bedarf. Einer solchen widerspräche es auch, daß Browning die Handlung ausdrücklich an ein fernes Einst und Nirgends verlegt hat, daß der Ton leicht und unterhaltsam ist und daß der bisweilen übermütige Reim die traurigen und unheimlichen Elemente der Erzählung freundlich überspielt. Zusammen mit der feinen Ironie, mit der die Mittelalter-Mode der vierziger Jahre belächelt wird, und der naiv-bilderreichen Sprache tragen diese Züge, weit mehr als der anspruchslose Symbolsinn, zur Wirkung dieser liebenswürdigen Dichtung bei. C.E.

AUSGABEN: Ldn. 1845 (in Hood's Magazine; unvollst.). – Ldn. 1845 (in *Bells and Pomegranates*, 8 Bd.), 7: *Dramatic Romances and Lyrics*). – NY 1912 (in *The Complete Works*, Hg. C. Porter u. H. A. Clarke, 12 Bde., 4). – NY 1915 (in *The Complete Poetical Works*, 2 Bde., Hg. A. Birell).

LITERATUR: S. E. Y., *B.'s »Flight of the Duchess«* (in NQ, 28. 6. 1941, S. 462). – F. M. Smith, *More Light on E. Barrett and B.'s »Flight of the Duchess«* (in StPh, 39, 1942, S. 102–117; 693–695). – E. Nitchie, *B.'s »Duchess«* (in Essays in Criticism, 3, 1954).

## FRA LIPPO LIPPI

(engl.; *Bruder Lippo Lippi*). Dramatischer Monolog von Robert BROWNING, erschienen 1855. – Die 400 Blankverse des Gedichts enthalten das künstlerische Credo der Titelfigur, des florentinischen Malers des *quattrocento*, Filippo Lippi, dessen Leben Giorgio VASARI (1511–1574) beschrieben hat. Browning übernimmt im wesentlichen das dort entworfene Bild, setzt jedoch durch eine spannende äußere Situation und eine klärende Rückschau auf das Leben des Malers dramatische Akzente.

Lippi wird in seiner Mönchskutte umherstreunend von der Nachtwache aufgegriffen, die eine Erklärung fordert. Er berichtet, wie er in seiner Zelle sitzen und Dutzendheilige malen mußte, während es sich draußen regte mit leisem Gelächter und Gesang. Im Vertrauen auf seinen mächtigen Beschützer Cosimo de'Medici hat er sich für ein paar Stunden dem Klosterzwang entzogen. Seit er ein Knabe war, hat er unter diesem Zwang gelebt, und als er begann, so zu malen, wie es ihm richtig schien, fragte man ihn: »*Wo bleibt die Frömmigkeit, die Seele? In deinen Bildern ist jede Erbse wie eine Erbse!*«. Soll man, so fragt Lippi, die Wirklichkeit so schlecht zeichnen, daß der Beschauer gezwungen ist, dahinter etwas anderes, nämlich die »Seele« zu suchen? Der Vorschrift seines Priors, die Seele zu malen, da Arme und Beine nicht so wichtig seien, setzt er seine eigene Wahrheit entgegen: Gerade sie müßten gemalt werden, »*wie sie sind*«; denn nur, wenn man die Werke Gottes getreulich nachzeichne, könne man hoffen, jemals etwas von seinem Geist einzufangen. Ja, erst gemalt zeigten sie sich plötzlich in ihrer ganzen Bedeutsamkeit und Eigenart. Es sei falsch, im Leben wie in der Kunst, sich vom Leben abzutrennen: Wie soll man malen, wenn man immer eingeschlossen lebt? – Die Nachtwache akzeptiert diese Erklärung und entläßt Lippi. Er eilt in der Morgendämmerung ins Kloster zurück.

Die Streitbarkeit und Ironie, mit der dieser Zwist vorgetragen wird, ist leicht erklärt: Browning hat in dieser Form seine eigene Position im Realismusstreit des 19. Jh.s bezogen und begründet, eine Position, die ihn nicht nur in Gegensatz zum Idealismus insbesondere Matthew ARNOLDS, sondern zu fast der gesamten herrschenden Kunsttheorie seiner Zeit brachte. Ein neuer Realismus mag inzwischen verdeckt haben, wieweit diese Stellungnahme berechtigt war, die Browning durch die geschichtliche Einkleidung seines dramatischen Monologs ausdrücklich als eine historisch-relative deklarierte. C.E.

AUSGABEN: Ldn. 1855 (in *Men and Women*, 2 Bde., 1). – Oxford 1911 (in *Men and Women*, Hg. G. Hadow). – NY 1912 (in *The Complete*

*Works*, Hg. C. Porter u. H. A. Clarke, 12 Bde., 5). – NY 1915 (in *Complete Poetical Works*, Hg. A. Birell, 2 Bde.). – Florenz 1923.

LITERATUR: G. Omans, *B.'s »Fra Lippo Lippi«: A Transcendentalist Monk* (in Victorian Poetry, 7, 1969, S. 129–145). – W. Leisang, *»Fra Lippo Lippi«: A Picture-Poem* (in Bollingen Series Notes, 3(3), 1973, S. 20–32). – D. Healy, *»Fra Lippo Lippi« and »Andrea del Sarto« as Complementary Poems* (in Studies in B. and His Circle, 12, Frühjahr–Herbst 1984, S. 54–75).

## THE INN ALBUM

(engl.; *Das Gästebuch*). Verserzählung von Robert BROWNING, erschienen 1875. – Der Stoff der in acht Kapitel unterteilten und ca. 3000 Blankverse umfassenden Dichtung geht auf eine damals etwa dreißig Jahre zurückliegende Begebenheit zurück, von der Charles C. F. GREVILLE in den *Greville Memoirs* (1874) berichtet hatte und die Browning für seine Zwecke vielfach abänderte. Er macht daraus eine geometrische Übung der Selbstenthüllung dreier Personen, denen er keine Namen gibt, um ihren Modellcharakter deutlich werden zu lassen. – Der Pakt der Verdorbenheit, der zwei Freunde (den »Älteren«, einem dem Spiel und Lebensgenuß ergebenen, blasierten Roué, und den »Jüngeren«, seinen Adepten) verbindet, beginnt nach einer durchspielten Nacht brüchig zu werden. Der Ältere enthüllt dem Freund schließlich, wie sein unaufhaltsamer Abstieg begann: mit der Liebe zu einem schönen, verwaisten Mädchen, das er verführt und verraten hat. Den Jüngeren wiederum hat eine nicht erhörte Liebe auf die schiefe Bahn gebracht. Die dritte Hauptfigur, eine Frau, erweist sich – nach kunstvoller Retardierung der Lösung – als entscheidende Gestalt in beider Leben. Sie war dem Älteren tief verfallen, hat daher den Jüngeren nicht erhört und sich schließlich in eine Ehe mit einem betagten Geistlichen geflüchtet. Eine neuerliche, diesmal ernstgemeinte Liebeserklärung des Älteren weist sie höhnisch und verbittert zurück. Der Jüngere wird Zeuge dieser Szene und wittert abgekartetes Spiel. Es wird ihm mit böser Intrige erwidert: Als Entgelt für seine Spielschuld will der Ältere dem Freund Erhörung verschaffen, indem er der Frau droht, ihren Ehemann über ihre Vergangenheit aufzuklären. Doch die zwei im Grund rein gebliebenen Seelen finden, wenn auch auf tragische Weise, aus dem Gestrüpp der Verstellungen heraus: Der Jüngere ersticht aus Rache den teuflischen Rivalen, die Frau gibt sich selbst den Tod.

Die in der Zusammenfassung banal wirkende Handlung ist sehr kunstvoll geführt. Browning hat lange daran gedacht, den Stoff zu dramatisieren, eine Absicht, die sich noch immer in der szenischen Spannung, den Überraschungsmomenten und der gewahrten Einheit von Zeit und Ort verrät. Stilistisch ist die Melodramatik des Stoffs dadurch gebrochen, daß immer wieder Anleihen an die typischen poetischen Ergüsse im Gästebuch eines Gasthauses gemacht werden, das sowohl als Requisit der Erzählung dient, wie auch, im weiteren Sinn, diese selbst enthalten soll. Nach vielen Versuchen hat Browning zwar auf dem unglücklichen Ausgang beharrt, gleichzeitig aber die Katastrophe fast unsichtbar gemacht; der Leser muß sie aus den zwei Zeilen *»Doch ne trucidet coram populo / Juvenis senem ! Ganz wie Horaz es vorschreibt!«* erraten. Der tragische Konflikt ist also nicht Selbstzweck, sondern allein Mittel und notwendiger Kontext für das »Hervortreten der Wahrheit«, um das es Browning immer geht, das ihm aber in diesem Spätwerk nur noch von extremen *»Versuchsbedingungen«* garantiert zu werden scheint, wie denn auch die dabei gewonnenen Einsichten in die menschliche Seele eine oft schon an die Dekadenz gemahnende Wendung ins Dunkle und Pathologische genommen haben.

C.E.

AUSGABEN: Ldn. 1875. – NY 1910 (in *The Complete Works*, Hg. u. Einl. Ch. Porter u. H. A. Clarke, 12 Bde., 10). – Ldn. 1912 (in *The Works*, Hg. u. Einl. F. G. Kenyon, 10 Bde., 8; Centenary Edition). – NY 1915 (in *The Complete Poetical Works*, Hg. A.Birell, 2 Bde.; ²1919).

ÜBERSETZUNG: *Das Fremdenbuch*, E. Leo, Hbg. 1877.

LITERATUR: A. C. Bradley, Rez. (in Macmillian's Magazine, Febr. 1876). – H. James, *On a Drama of Mr. B.* (H. J., *Views and Reviews*, Boston 1908, S. 41–47). – J. T. Foster, *B.'s »The Inn Album«* (in Explicator, 10, 1051, Item 18). – Ch. C. Watkins, *R. B.'s »The Inn Album« and the Periodicals* (in Victorian Periodicals Newsletter, 6(3–4), 1973, S. 11–17). – A. B. Crowder, *»The Inn Album«: A Record of 1875* (in B. Institute Studies, 2, 1974, S. 43–64). – Ders., *Stages in the Composition of »The Inn Album«* (in B. Institute Studies, 5, 1977, S. 37–74). – Ders., *B.'s Contemporaries and »The Inn Album«* (in Studies in B. and His Circle, 12, Frühjahr–Herbst 1984, S. 120–133).

## PARACELSUS

(engl.; *Paracelsus*). Dramatisches Gedicht in ca. 4000 Blankversen und fünf Büchern von Robert BROWNING, erschienen 1835. – Obgleich in späteren Ausgaben vielfach verändert, bezeugt dieses Werk die frühe Größe seines Verfassers, dem es den ersten literarischen Ruhm eintrug. Mit großer Freizügigkeit gegenüber den historischen Quellen beschreibt Browning das Leben von Paracelsus als das eines genialisch-faustischen Menschen, indem er fünf entscheidende Augenblicke herausgreift; sie sind symmetrisch überschrieben: *Paracelsus Aspires – Paracelsus Attains – Paracelsus – Paracelsus Aspires – Paracelsus Attains*.

Die Exposition von Paracelsus' Wesen geschieht bei seinem Abschied von lieben Freunden und vertrauter Umgebung: Er fühlt Gottes Auftrag »*zu wissen*« und versteht ihn nicht als ein in festen akademischen Bahnen zu erreichendes Ziel, sondern als Abenteuer, Einsatz, auf ihn zukommendes Weltmoment. Sein Vertrauter Festus warnt ihn vor der Einsamkeit und Unmenschlichkeit seines Vorhabens. Er behält recht: Als Paracelsus neun Jahre später auf seinen Weg zurückblickt (2. Buch), erkennt er eine Wüste des Wissens und die Verödung eines einst lebendigen Herzens. Aprile, der Geist eines Dichters der romantisch-unendlichen Liebe zu den Menschen und der Schöpfung, tritt auf und beklagt Paracelsus als einen, der, wenn auch aus anderem Grund, scheitern wird wie er selbst. Das dritte Buch zeigt Paracelsus auf der Höhe des Ruhms und gleichzeitig der Resignation. Er hatte einen Weg zu Gott gesucht und hat nichts erreicht, als höchstens hie und da »*die Bahn des Gedankens zu verbreitern*«. Erst die Katrastrophe weckt neue Kräfte in ihm (4. Buch). Von der Universität verstoßen, als Quacksalber verschrien, trägt er Festus, dem Freund in der Not, mit wilden und kühnen Worten sein neues Ziel vor: Sich lossagend von der Askese des Denkens, verschreibt er sich den Freuden der Sinne und des Weins. Es ist die Zeit seiner größten Erniedrigung, in die ihn das Gesetz seiner Seele geführt hat und in der er zugleich ihrer Unsterblichkeit innewird. Das fünfte Buch zeigt ihn auf dem Totenlager. Er hält den herbeigeeilten Festus für Aprile, um den seine Gedanken unablässig kreisen, bis jener ihn in einer weitausholenden Rede doch noch zu sich selbst bringt. Sich mit letzter Kraft erhebend, verkündet er die wissende Liebe (nicht die unwirksam-übermenschliche Aprîles) als Ziel seines Weges zu Gott, weil Gott selbst der Welt in wissender Liebe begegne. Paracelsus endet mit einer liebenden Beschwörung der Weltschönheit, als deren auf sie zurückstrahlenden Brennpunkt er den Menschen preist.

Mit *Paracelsus* entwirft Browning den Weg einer großen Seele und die Auflösung der Antithese von »Liebe« und »Wissen«, das das Gedicht deutlicher datiert als sein historisches Gewand: Es wird darin ein Problem der Romantik weiterverfolgt – und in der Gestalt der Aprile (der für SHELLEY und vor allem für seinen *Alastor* steht) sogar zitiert –, das Browning hier einer ersten, jugendlichen und doch großen Lösung zuführt. Dem Vorwort von 1835 zufolge wollte er nicht äußere Ereignisse als »Maschinerie« der Empfindungen einführen, sondern die Entwicklung Paracelsus' ganz von innen heraus darstellen. Das geschah, besonders in den ersten beiden, wenig dramatisch konzipierten Büchern, mit einer Folgerichtigkeit, die das Gedicht oft der Gefahr der Sacharmut aussetzen. Doch gelang es Browning im weiteren Verlauf immer besser, zu konkreten »Auslösesituationen« zurückzufinden, in denen sich die Seele Paracelsus' überzeugend öffnen und aussprechen kann: zu jenem Kunstgriff also, der Browning fortan vor aller falschen Abstraktion bewahrte und zur Meisterschaft des »dramatischen Monologs« führte, die sein eigentliches Verdienst geblieben ist. C.E.

AUSGABEN: Ldn. 1835. – Ldn. 1868 (in *The Poetical Works*, 6 Bde., 1). – Ldn. 1888 (in *The Poetical Works*, 17 Bde., 1888–1894, 2). – Ldn. 1899, Hg. G. L. Dickinson – NY 1911, Ch. P. Denison. – NY 1912 (in *The Complete Works*, Hg. C. Porter u. H. A. Clarke, 12 Bde., 1). – Ldn./NY 1957 (in *Poetical Works*).

ÜBERSETZUNG: *Paracelsus*, F. P. Greve, Lpzg. 1904.

LITERATUR: E. Goldschmidt, *Der Gedankengehalt von R. B.s »Paracelsus«* (in Engl. Studien, 68, 1933, S. 87–93)., – E. R. Spencer, *»Paracelsus«* (in Kadelphian Review, 13, 1934, S. 179–189). – F. S. Boas, *B.'s Paracelsus* (in Quarterly Review, 265, 1935, S. 280–295). – C. Schröer, *Germanisch-gotische Wesensbezüge in der Paracelsusgestalt* (in Neuphil. Monatsschr., 6, 1935, S. 351–361). – B. Fox, *Revision in »Paracelsus«* (in MLN, 55, 1940, S. 195–197). – M. D. Hawthorne, *»Paracelsus« Once Again: A Study in Imagery* (in B. Institute Studies, 3, 1975, S. 41–59).

**THE PIED PIPER OF HAMELIN. A Child's Story**

(engl.; *Der Rattenfänger von Hameln. Eine Kindergeschichte*). Verserzählung von Robert BROWNING, erschienen 1842. – Vorwiegend einer alten englischen Quelle folgend (Richard VERSTEGENS *Restitution of Decayed Intelligence in Antiquities*, 1605), erzählt das aus fünfzehn gemischten Strophen von unterschiedlicher Länge (4–48 Zeilen) bestehende Gedicht die berühmte Geschichte des Rattenfängers, der die Stadt Hameln von der Rattenplage befreit, um seinen Lohn geprellt wird, zur Strafe alle Kinder der Stadt mit betörenden Pfeifenspiel hinter sich herlockt und mit ihnen im Koppelberg verschwindet.

Browning erfüllt diese Fabel mit der ganzen Kraft seiner Sprache und szenischen Phantasie. Er schildert die Frechheit der Ratten, die sogar »*der Köchin die Suppe aus dem Schöpflöffel schlecken*«, und das laute Schimpfen des Volks vor dem Rathaus, in dem der behäbige Bürgermeister, »*mit Augen glanzlos und trocken wie eine schon zu lang geöffnete Auster*«, sich mit dem konsternierten Magistrat berät. Der Rattenfänger wird vorgestellt, wie er, eine seltsame, bartlose, exotische Gestalt, stechenden Blicks seine Dienste für tausend Gulden anbietet. Es folgt der Zug der Ratten zur Weser, deren Fluten – in Entsprechung zu dem später auftretenden Kind, das als einziges übriggeblieben ist – nur eine einzige Ratte entkommt, die (hauptsächlich um des Reimes willen) als »*feist wie Julius Caesar*« beschrieben wird und von der verlockenden Wirkung jener Musik berichtet: »*Wie ein praller Zuckersack schien sie zu sagen: ›Bohr mich an!‹*« Das Unheil nimmt seinen Lauf: Gebannt müssen die Erwachsenen zusehen, wie der Kinderzug im Berg verschwindet. Nur ein Kind bleibt lahmend zurück und beklagt sich bitter darüber, daß es nun niemals das vom Rattenfänger verheißene farbenfroh-fröhliche Paradies erblicken wird. Für immer behält die Stadt den schwarzen Tag im Gedächtnis. Die Sage aber, so schließt die Erzählung, weiß von einem seltsamen Völkchen weit hinter den Bergen in Siebenbürgen, das von einem »*unterirdischen Gefängnis*« im Braunschweigischen berichtet, dem seine Vorfahren auf unerfindliche Weise entronnen sein sollen.

Browning hat die zuerst in der Sammlung *Dramatic Lyrics* veröffentlichte Dichtung später in die *Dramatic Romances* (1863) aufgenommen und neben *The Flight of the Duchess* gestellt – zu Recht, denn beiden Werken ist die Lust am Fabulieren ebenso gemeinsam wie der ohne Feierlichkeit adaptierte mittelalterliche Stoff und die virtuose Sprachführung: Die gleichlautenden Reime des *Pied Piper* überpurzeln und drängeln sich wie der Ratten- und Kinderzug selbst. Das ursprünglich für den kleinen kranken »W. M.« (William Macready) verfaßte Gedicht ist zu einem der beliebtesten Lesebuchstücke der englischen Literatur geworden. C.E.

AUSGABEN: Ldn. 1842 (in *Dramatic Lyrics*, Bells and Pomegranates, 3). – Boston/NY 1892 (in *The Poetic and Dramatic Works*, 6 Bde., 1891–1899, 2; *Riverside Ed.*). – Ldn. 1912; ern. NY 1966 (in *The Works*, Hg. u. Einl. F. G. Kenyon, 10 Bde., 3). – Ldn. 1944. – Ldn. 1967 [Ill. A. Howard]. – Ldn. 1976.

ÜBERSETZUNG: *Der Rattenfänger von Hameln*, M. Schweikler, Mchn. 1893.

LITERATUR: S. Wheeler, *B.'s »Pied Piper«* (in The Times Literary Supplement, 8. 9. 1921). – A. Dickson, *B.'s Sources for »The Pied Piper of Hamelin«* (in StPh, 23, 1926, S. 327–332). – F. Hale, *»The Pied Piper of Hamelin«* (in The Great Teacher, 60, 1943, S. 44–47). – W. Franke, *B.'s »Pied Piper of Hamelin«: Two Levels of Meaning* (in Ariel: A Review of International English Literature, 2(4), 1971, S. 90–97).

## PIPPA PASSES. A Drama

(engl.; *Pippa geht vorüber. Ein Drama*). Szenische Verserzählung von Robert BROWNING, erschienen 1841. – Das Werk, dessen Handlung Browning bis auf wenige Einzelanleihen frei erfunden hat, ist im Wechsel zwischen Lied- und Reimstücken, Blankversen und Prosa geschrieben und umfaßt rund 1700 Zeilen. Ein Vorspiel zeigt die junge Seidenspinnerin Pippa, ein gutes, einfältiges, lebensfrohes Mädchen, in ihrem Heimatort Asolo bei Venedig am Neujahrsmorgen. Es ist ihr einziger Urlaubstag, und sie will ihn dazu verwenden, für kurze Zeit ihre armselige Existenz zu vergessen und sich spielerisch in die Lage jener vier Menschen zu versetzen, die sie für die glücklichsten in ganz Asolo hält: der reichen, schönen Ottima beim Rendezvous mit ihrem Liebhaber Sebald; des Bildhauers Jules bei seiner Hochzeit mit Phene; der Mutter Luigis beim Zusammensein mit ihrem liebenden Sohn; und Monsignors, eines aus Rom zu Besuch weilenden Bischofs, bei seinen heiligen Gottesbetrachtungen. Die Protagonisten dieser vierstufigen »Liebesleiter« werden nun in Einzelszenen – *Morgen, Mittag, Abend, Nacht* – vorgestellt. Sie alle führen in Wirklichkeit ein ganz anderes Leben, als die unschuldige Pippa vermutet, bei allen aber bewirkt ein Lied, das sie im Vorübergehen singt, Einkehr und Selbstfindung.

Das Liebespaar hat den greisenhaften Ehemann Ottimas ermordet. Als Pippa vorbeigeht, ist es, als fiele der schöne Schleier der Sinnlichkeit von beiden ab, häßlich und schuldbedrückt stehen sie vor den Trümmern ihres Lebens. – Jules' Brautwahl erweist sich als böse Intrige mißgünstiger Kunststudenten, die ihn durch gefälschte Breife glauben machten, Phene sei eine hochkultivierte junge Dame; in Wirklichkeit ist sie ein naives, liebebedürftiges Mädchen aus dem Volk. Schon will er mit ihr brechen, da stimmt Pippas Lied ihn um, und er beschließt, mit Phene ein neues, einfaches Leben zu beginnen. – Auch Luigi wir durch Pippa zu seinem wahren Auftrag berufen: entgegen den Warnungen der Mutter sein Leben für die Freiheit seines Landes einzusetzen und ein Attentat auf den Kaiser von Österreich zu unternehmen. – Der Bischof schließlich ist keineswegs in religiöse Betrachtungen vertieft, sondern streitet mit einem korrupten Verwalter um die Güter, die sein verbrecherischer Bruder hinterlassen hat. Pippa selbst droht ein Opfer dieses Streits zu werden, als sich herausstellt, daß sie die Nichte des Bischofs ist, die dieser vom Verwalter getötet glaubte. Doch nach ihrem Lied läßt Monsignor den Mord an Pippa bereiten Mann gefesselt abführen. – Ein Epilog zeigt Pippa beim Schlafengehen. Sie fragt sich, wie nahe sie den Figuren ihres Spiels wohl gekommen sei, und gelangt zu dem Schluß, daß vor Gott jeder Dienst gleich ist, daß alle Menschen »Marionetten Gottes« sind und keiner an erster oder letzter Stelle steht. Das vom Verfasser als »Drama« bezeichnete Werk kann trotz seiner formalen und sprachlichen Kunstfertigkeit nicht zu Brownings Meisterleistungen gezählt werden. In den vorgeführten Szenen vollzieht sich der Wechsel zum Melodramatischen allzu abrupt, die plötzliche Wendung zum Guten wirkt unglaubhaft, die damit verfolgte erbauliche Absicht penetrant. Das Böse im Menschen wie das Wirken Gottes in der Welt hat Browning andernorts erfahrungsnäher dargestellt. Trotzdem erfreute sich das Werk zu Lebzeiten des Dichters größter Beliebtheit. Pippas Lieder wurden vertont, und die Schlußzeilen des ersten – »*God's in his heaven –/ All's right with the world!*« – sind geradezu ein Etikett des viktorianischen Optimismus geworden. Gerhart HAUPTMANN ließ sich von dem Stück zu seinem Drama *Und Pippa tanzt* (1906) anregen. Daß Browning selbst *Pippa* als sein Lieblingswerk bezeichnete, ist insofern verständlich und gerechtfertigt, als er sich damit zum ersten Mal sowohl vom engen Rahmen des Bühnendramas wie auch von der weitschweifigen historischen Paraphrase löste und zu einer szenischen Personendarstellung gelangte, die auf seine großen »dramatischen Monologe« vorausweist. C.E.

AUSGABEN: Ldn. 1841 (in Bells and Pomegranates, 1). – Boston/NY 1899 (in *The Poetic and Dramatic Works*, 6 Bde., 1891–1899, 1; *Riverside Ed.*). – Ldn. 1912; ern. NY 1966 (in *The Works*, Hg. u. Einl. F. G. Kenyon, 10 Bde., 2). – Ldn. 1938 (in *English Poetical Autographs*, Hg. D. Flower u. A. N. L. Munly; Faks.). – NY 1947, Hg. J. E. Baker.

ÜBERSETZUNG: *Pippa geht vorüber*, H. v. Heiseler, Lpzg. 1903. – Dass., ders., Lpzg. 1914 (IB, 148).

VERFILMUNG: USA 1909 (Regie: D. W. Griffith).

VERTONUNGEN: vgl. L. N: Broughton, C. S. Northup u. R. Pearsall, *R. B. A Bibliography, 1830–1950*, Ithaca/NY 1953, S. 397–399.

LITERATUR: W. Barbe, *»Pippa Passes« and the Parable of the Sower*, NY 1925., – M. Gabriel, *Neglected Aspects of the Jules-Phene Episode in »Pippa Passes«* (in Papers of Michigan Academy of Science, Arts and Letters, 12, 1929, S. 281–291). – J.-M. Purcell, *The Dramatic Failure of »Pippa Passes«* (in StPh, 36, 1939, S. 77–87). – J. M. Ariail, *Is »Pippa Passes« a Dramatic Failure?* (in StPh, 37, 1940, S. 120–129). – F. E. Faverty, *The Source of the Jules-Phene Episode in »Pippa Passes«* (in StPh, 38, 1941, S. 97–195). – M. P. Garrett, *Language and Design in »Pippa Passes«* (in Victorian Poetry, 13(1), 1975, S. 47–60). – A. Sengupta, *»Pippa Passes« Reconsidered* (in Studies in Nineteenth Century Literature, Hg. J. Hogg, Salzburg 1981, S. 70–84). – T. E. Fish, *»Action in Character«: The Epiphanies of »Pippa Passes«* (in Studies in English Literature, 25(4), Herbst 1985, S. 845–864).

## THE RING AND THE BOOK

(engl.; *Der Ring und das Buch*). Erzählendes Gedicht in zwölf Büchern von Robert BROWNING, erschienen 1868/69. – Das Hauptwerk Brownings, an dem er über vier Jahre gearbeitet hat, ist am ehesten als »Roman in Monologen« zu beschreiben. Trotz der aufs erste abschreckenden Form und Länge (rund 21 000 Blankversszeilen) ist es überaus lesbar geblieben und hat den Dichter, besonders nach dem großen Erfolg seiner *Dramatic Monologues*, als gleichrangig mit TENNYSON etabliert. In der zeitgenössischen Kritik findet sich, neben hymnischen Vergleichen mit SHAKESPEARE, freilich auch heftige Ablehnung des *»verworrenen und anstößigen«* Stoffes.
Er entstammt einer Sammlung von Prozeßurkunden aus dem Jahr 1698, auf die Browning in Italien gestoßen war. In Florenz war ein gewisser Graf Guido Franceschini der Ermordung seiner angeblich ehebrecherischen Frau Pompilia angeklagt und hingerichtet worden. Browning folgt seiner Quelle recht getreu, doch will er sie mit dem *»Amalgam der Vorstellungskraft«* durchdringen, bis sie sich zum *»Ring der Wahrheit«* schließen läßt: Das Ereignis liegt weit zurück – ist seine Wahrheit denn nicht für immer verschüttet? Wo liegt sie verborgen in dem Gewebe widersprüchlicher Meinungen, Gerüchte, Geständnisse, Verhöre? Kunstvoll breitet der Dichter im ersten Buch die Vielfalt dieser Verwicklungen und Wirrnisse vor dem Leser aus: Der Stein ist im Wasser verschwunden, nur noch die immer schwächer werdenden konzentrischen Wellenkreise können von ihm zeugen (1, 839). Wird der Ring seines Buches nicht ein *»Ring ohne Sinnspruch«* (1, 1390) werden? In den folgenden elf Büchern wird die Geschichte in ihrer ganzen Komplexität aufgerollt. Zehn Stimmen verschiedenster Temperamente und Seelenlagen sprechen, gedämpft durch die Jahrhunderte, immer wieder vom gleichen, ergreifen Partei für Guido (2) und gegen ihn (3); Guido verteidigt sich (4); der angebliche Liebhaber Pompilias, der Kanonikus Giuseppe Caponsacchi, kommt zu Wort (5); Pompilia spricht auf ihrem Totenbett (6); Guido wird vor Gericht verteidigt (7) und angeklagt (8); der Papst, dem schließlich die Entscheidung zufällt, versucht auf seine Art, den Hergang zu rekapitulieren, bevor er den Angeklagten verurteilt (9); noch einmal, am Vorabend seiner Hinrichtung, tut sich Guido kund (10); und zum Schluß spiegelt sich das Ereignis in den Stimmen und dem leichtfertigen Urteil einiger Zuschauer bei der Hinrichtung. So verdunkeln sich im Lauf der verschiedenen Enthüllungen die wirklichen Vorgänge immer mehr: Waren die Liebesbriefe Pompilias und Giuseppes echt? Beruhte die Behauptung, daß Pompilia gar nicht schreiben konnte, auf Wahrheit? War der Verfasser ihr Mann, der sie haßte, weil er sich um ihre Mitgift betrogen sah und ihre demütige Ergebenheit nicht mehr ertragen konnte? Hat er ähnliches nur gestanden, weil er gefoltert wurde? Und hat Pompilia ihn denn nicht von Anfang an verabscheut, ihn öffentlich der Roheit und des Geizes geziehen und ihn zum Gespött gemacht? Die Verwirrung löst sich nur halb. Zwar überzeugt die Aufrichtigkeit Caponsacchis, zwar klingen Pompilias Aussagen glaubhaft, doch alsbald verhüllt sich die faktische Gerechtigkeit wieder in den Quisquilien des Prozesses, und es bleibt Zufall, daß die höhere Gerechtigkeit siegt. Browning führt seine Kunst des »dramatischen Monologs«, die sich in anderen Gedichten oft ans einzelne verlor, in diesem zu einem imponierenden Ganzen zusammengefügten Werk zur Vollendung. Zwar widersteht er nicht der Versuchung, dem »Ring« seines Buches schließlich doch einen recht deutlichen »Sinnspruch« einzuschreiben, doch hat sich die eigentliche Wahrheitsfindung im ständigen Umkreisen der Wahrheit vollzogen. Mit diesem Kunstgriff der wechselnden, auf ein geheimes Zentrum weisenden Perspektiven ebenso wie

durch das Pathos einer wiedergefundenen Vergangenheit weist *The Ring and the Book* weit über das hinaus, was das Publikum, und vielleicht auch der Autor selbst, so gern in das Werk hineingelesen hat.

C.E.

AUSGABEN: Ldn. 1868/69, 4 Bde. – Ldn. 1889 (in *Poetical Works*, 17 Bde., 1889–1894, 8–10). – Ldn. 1912 (in *The Works*, Einl. F. G. Kenyon, 10 Bde., 5/6; Centenary Ed.; ern. NY 1966). – NY 1927, Hg. u. Einl. M. J. Moses, Anm. Ch. Porter u. H. A. Clarke. – NY 1932 (Everyman's Library, 502). – NY 1957, Hg., Einl. u. Anm. F. B. Pinion (The Scholar's Library). – Ldn./NY 1962 (in *Poems and Plays*, 4 Bde., 3). – Harmondsworth 1971 (Penguin). – Harmondsworth 1981 (Penguin). – New Haven/Ldn. 1981.

ÜBERSETZUNG: *Der Ring und das Buch*, C. v. Keyserlingk, Lpzg. 1927.

LITERATUR: A. K. Cook, *A Commentary upon B.'s »The Ring and the Book«*, NY 1920. – J. E. Shaw, ›*The Donna Angelicata*‹ *in »The Ring and the Book«* (in PMLA, 41, 1926, S. 55–81). – W. O. Raymond, *B.'s First Mention of the Documentary Sources of »The Ring and the Book«* (in MLN, 43, 1928, S. 445–450). – F. E. Faverty, *The Absconded Abbot in »The Ring and the Book«* (in StPh, 36, 1939, S. 88–104). – C. M. Smith, *Proverb Lore in »The Ring and the Book«* (in PMLA, 56, 1941, S. 219–229). – P. A. Cundiff, *The Dating of B.'s Conception of the Plan of »The Ring and the Book«* (in StPh, 38, 1941, S. 543–551). – P. E. Beichner, *Fra Celestino's Affidavit and »The Ring and the Book«* (in MLN, 58, 1943, S. 335–340). – B. R. McElderry Jr., *The Narrative Structure of B.'s »The Ring and the Book«* (in Research Studies of the State College of Washington, 11, 1943, S. 193–233). – P. A. Cundiff, *The Clarity of B.'s Ring Metaphor* (in PMLA, 68, 1948, S. 1276–1282). – M. R. Sullivan, *B.'s Voices in »The Ring and the Book«: A Study in Method and Meaning*, Toronto 1969. – C. K. Columbus, *»The Ring and the Book«: A Masque for the Making of Meaning* (in PQ, 53, 1974, S. 237–255). – E. A. Khattab, *The Critical Reception of B.'s »The Ring and the Book« 1868–1889 and 1951–1968*, Salzburg 1977. – S. Lonoff, *Multiple Narratives and Relative Truths: A Study of »The Ring and the Book«, »The Woman in White«, and »The Moonstone«* (in B. Institute Studies, 10, 1982, S. 143–161). – S. Blalock, *B.'s »The Ring and the Book«: »A Novel Country«* (ebd., 11, 1983, S. 39–50).

## SORDELLO

(engl.; *Sordello*). Episches Gedicht in sechs Büchern von Robert BROWNING, erschienen 1840. – Das aus knapp 3000 *heroic couplets*, paarweise gereimten jambischen Pentametern, bestehende Werk erwies sich bei seinem Erscheinen als eklatanter Mißerfolg, der Brownings Ruhm lange Zeit überschattete. Daß die Kritik vor allem die Dunkelheit und den verworrenen Aufbau der Dichtung bemängelte, erscheint nach wie vor berechtigt. Der Versuch einer Zusammenfassung läßt sich nur unternehmen, wenn man Brownings Vorwort zu der leicht veränderten Fassung von 1863 beherzigt, in dem er erklärt, das sehr verwickelte und ausführliche Zeitgemälde der Kämpfe zwischen Guelfen und Ghibellinen habe ihm nur als Hintergrund für sein eigentliches Thema, die »*Geschichte einer Seele*«, gedient.

Die Titelfigur ist ein Troubadour aus dem Norditalien des 13. Jh.s, dessen Name aus DANTES *Divina Commedia* bekannt ist. Die Stationen seiner Laufbahn werden dramatisch sehr geschickt versetzt dargestellt: Sie beginnt im Schloß Goito unweit von Mantua, wo Sordello in der »Königsklasse« der Poeten inmitten einer paradiesischen Natur aufwächst. Die Liebe zu Palma da Romana, der Schloßherrin, entreißt ihn diesem romantisch-naturpoetischen Dasein. Bei einem Sängerwettstreit in Mantua begründet er mit einem ihm von seiner Leidenschaft eingegebenen ekstatischen Gesang seinen Ruhm. Doch bald wird das Dichten zum täglichen Geschäft, der Ruhm zur Mühsal. In Sordello »*trennt sich der Mensch vom Dichter*«. Er vermag dem Leitbild seines Lebens nicht mehr zu folgen: Er ist Apoll mit der Leier, aber ohne Bogen. Es folgt eine Zeit des inneren Zwiespalts, der Erniedrigung. Selbst die Rückkehr in das Naturidyll von Goito befreit ihn nicht aus diesem Dilemma, sondern bewirkt nur, daß er sich noch dringlicher aufgerufen fühlt, »*zu leben, zu sehen!*«. Von Bewunderung für die *vita activa* eines ferrarischen Feldhauptmanns erfüllt, träumt er einen großen politisch-dichterischen Traum von einem neuen Rom, den er jedoch bald als trügerisch erkennt: Mit hochfliegenden Ideen ist der Welt nicht gedient. Der Höhepunkt seines Lebens naht. Mit einem leidenschaftlichen, weit ausholenden Aufruf vermag er den ghibellinischen Condottiere Tausello Salinguerra zu gewinnen. »*Der Dichter muß der Erde wahrer König sein!*« Überwältigt händigt ihm Salinguerra die Insignien der Macht aus. Die Aufklärung eines über Sordellos Herkunft waltenden Geheimnisses macht ihn dann auch zu ihrem rechtmäßigen Erben. Doch die Begrenztheit des politisch Erreichbaren und die Versuchung, die Macht zur Selbsterfüllung zu mißbrauchen, stürzen ihn in einen Zwiespalt, dem er nicht standhält. Im Aufruhr seiner widerstreitenden Gefühle stirbt er, nachdem er – ein letzter Sieg – die kaiserlichen Abzeichen am Boden zertreten hat.

Die innere Zerrissenheit des Werks hat zum Teil äußere Ursachen: Die Arbeit daran zog sich über einen Zeitraum von sieben Jahren hin, und zudem war der Autor durch das Erscheinen eines Werks gleichen Titels und ähnlichen Inhalts von W. BUSK gezwungen, nachträglich umfangreiche Änderungen vorzunehmen. Des weiteren hat sein – in die Zukunft weisendes – Experimentieren mit poetischen Techniken wie dem abrupten Wechsel der Perspektiven und Zeitebenen den verwirrenden

Eindruck verstärkt. Der eigentliche Grund für den »*grandiosen Fehlschlag*« ist freilich darin zu suchen, daß der Dichter mit diesem Werk zuviel auf einmal erreichen wollte. *Sordello* spiegelt nicht nur Brownings schwierige Auseinandersetzung mit der Romantik und besonders der Gestalt SHELLEYS wider, sondern versucht auch, ein Grundproblem gewaltsam zu lösen, das ihn auch in dem Blankversdrama *A Soul's Tragedy* (1846) und noch in der späten Monologdichtung *Prince Hohenstiel-Schwangau* (1871) beschäftigt hat: die durch nichts zu überwindende Trennung zwischen Leben und Kunst, das Dilemma zwischen Gedanken und Tat.  C.E.

AUSGABEN: Ldn. 1840. – Ldn. 1868 (in *The Poetical Works*, 6 Bde., 2). – Boston/NY 1887 (in *The Poetic and Dramatic Works*, 6 Bde., 1; *Riverside Ed.*). – Ldn. 1888 (in *The Poetical Works*, 17 Bde., 1888–1894, 1). – Ldn. 1912 (in *Poems; Oxford Ed.*). – NY 1912 (in *The Complete Works*; Einl. u. Anm. Ch. Porter u. H. A. Clarke, 12 Bde., 2). – Ldn./Boston 1912; ern. NY 1966 (in *The Works*, Einl. F. G. Kenyon, 10 Bde., 1; *Centenary Ed.*). – Ldn./NY 1924 (in *Poems and Plays*).

LITERATUR: H. Brocher, *La jeunesse de B. et le poème de »Sordello«*, Genua 1930. – W. C. De Vane, *Sordello's Story Retold* (in StPh, 27, 1930, S. 1–24). – H. Heuer, *Zum Formproblem in B.s »Sordello«* (in Englische Studien, 67, 1933, S. 350–370). – S. W. Holmes, *Sources of B.'s »Sordello«* (in StPh, 34, 1937, S. 467–496). – Ders., *B.'s »Sordello« and Jung* (in PMLA; 56, 1941, S. 758–796). – A. P. Johnson, *»Sordello«: Apollo, Bacchus, and the Pattern of Italian History* (in Victorian Poetry, 7, 1969, S. 321–338). – E. S. Guralnick, *Archimagical Fireworks: The Function of Light-Imagery in »Sordello«* (in Victorian Poetry, 13, 1975, H. 2, S. 111–127). – J. Grube, *»Sordello«, B.'s Christian Epic* (in English Studies in Canada, 4, 1978, S. 413–429). – A. J. Chaffe, *Dialogue and Dialectic in B.'s »Sordello«* (in Texas Studies in Literature and Language, 23(1), Frühjahr 1981, S. 52–77). – Ch. Froula, *B.'s »Sordello« and the Parables of Modernist Poetics* (in Journal of English Literary History, 52(4), Winter 1985, S. 965–992).

---

## HEÐIN BRÚ

d.i. Hans Jacob Jacobsen
* 17.8.1901 Skálávik / Insel Sandoy

LITERATUR ZUM AUTOR:
H. Brønner, *H. B.: Faroese Novelist* (in American-Scandinavian Review, 59, 1971/72, Nr. 4). – Ders., *Three Faroese Novelists*, NY 1973 [m. Bibliogr.]. – A. Dahl, *Bokmenntasoga II (1876–1939)*, Tórshavn 1981, S. 118–122.

## FASTATØKUR

(fär.; etwa: *In festem Griff*). Roman von Heðin BRÚ, erschienen 1935. – Der Bauernsohn Høgni glaubt, sein Bruder Sjúrður habe das Mädchen Gunnvá verführt, das für ihn Mittelpunkt einer kindlichen Traumwelt war. Aus Verbitterung darüber und um seiner ewig keifenden, bigotten und sich selbst bemitleidenden Mutter zu entgehen, die ihn für einen Waschlappen hält, aus dem nie ein Mann werden könne, heuert er auf einem Fischerboot an. Zwar wird er sich während der monatelangen Fangfahrt vor Island seiner Fähigkeiten und Kräfte bewußt, doch das Gefühl erlittenen Unrechts und die Enttäuschung über die rohe Zerstörung seiner Phantasiewelt verwindet er nicht. Aus Trotz verlobt er sich mit dem Ladenmädchen Elin. Als er aber erfährt, daß Sjúrður in Wirklichkeit Gunnvá nicht für sich gewinnen konnte und den Betrug nur vorgetäuscht hat, muß sich Høgni entscheiden, entweder Unrecht zu tun und Elin zu verlassen oder einem romantisch-edelmütigen Pflichtbewußtsein nachzugeben und bei ihr zu bleiben. Schließlich kehrt Høgni auf den Hof und zu Gunnvá zurück.

Inhaltlich ist das Buch eine Fortsetzung des 1930 veröffentlichten Romans *Lognbrá*, zeigt aber in noch stärkerem Maß, wie eindringlich Brú eigenwillige Charaktere zu zeichnen und durch exakte Darstellung alltäglicher Ereignisse ein anschauliches, keineswegs idealisiertes Bild vom Leben auf den Färöern zu geben vermag. – Die, wie öfter bei Brú, einfache, in der Verkürzung klischeehaft anmutende Handlung ist nur locker zusammengefügt; beinahe die Hälfte des Buches spielt auf dem kleinen Segelschiff während der Fangfahrt. In der Schilderung des Lebens an Bord und der primitiven Fangmethoden verwendet der Autor, der in seiner Jugend selbst als Fischer zur See gefahren ist, seine genauen Kenntnisse. Hier wie in den Szenen auf einem alten Bauernhof vermeidet er jede romantisierende Verklärung des »einfachen Lebens« ebenso wie eine Verherrlichung der fortschrittsgläubigen neuen Zeit. Sein in späteren Arbeiten stark hervortretendes soziologisches Interesse ist auch in *Fastatøkur* schon spürbar, aber das Alte und das Neue bilden noch keinen Gegensatz, wie etwa dann in dem Roman *Feðgar á ferð*, sondern die alte patriarchalische Sozialordnung ist noch völlig intakt und stellt nur den Hintergrund, nicht den Gegenstand des Romans dar.

Auf die selbstverständliche Vertrautheit mit alten Überlieferungen deuten bereits die Namen hin: Høgni, Sjúrður und Guðrún (Høgnis Mutter) sind dem *Sjúrðar kvæði* entnommen, in dem der Nibelungenstoff auf den Färöern bis heute lebendig geblieben ist, ohne daß aber Brú damit irgendeinen symbolischen Zusammenhang andeuten wollte. Zahlreiche Zitate aus färöischen Langballaden (vgl. *Føroya kvæði*) zeigen, wie eng das Alltagsleben mit dieser Literaturform verbunden ist; sie sind nicht als literarische Anspielungen aufzufassen, sondern dienen der Verdeutlichung der Situation durch den Hinweis auf eine ähnliche, als modellhaft empfundene in der alten Balladendichtung.

K.S.

AUSGABEN: Tórshavn 1935. – Tórshavn 1965 [Privatdr.].

ÜBERSETZUNG: *Høgni (Fastatøkur* und *Lognbrá*), I. Hoffmeyer Bruzelius. Kopenhagen 1940 [dän.].

## FEÐGAR Á FERÐ

(fär.; Ü: *Des armen Mannes Ehre*). Roman von Heðin BRÚ, erschienen 1940. – Die Voraussetzung und den Hintergrund des Romans bilden die einschneidenden wirtschaftlichen und sozialen Umwälzungen auf den Färöern, vor allem zu Beginn des 20. Jh.s, durch die in kurzer Zeit die alte, festgefügte Ordnung gelockert und damit auch das Verhältnis der Menschen zueinander sowie ihre Einstellung zu Besitz und Arbeit verändert wurden. Brú wollte aber keinen sozialkritischen Roman schreiben; *Feðgar á ferð* ist vielmehr eine auf genauer Beobachtung beruhende und psychologisch differenzierte Studie eines alten Mannes, dessen ethisches Wertsystem ganz traditionell ist und dem das Verhalten der Jüngeren vielfach unbegreiflich erscheint.

Der arme Häusler Ketil lebt mit seiner Frau und seinem letzten noch unverheirateten Sohn Kálvur in einem winzigen Dorf, unberührt von den Veränderungen rings um ihn, die er kaum zur Kenntnis nimmt. Da macht ein geringfügiger Anlaß die Diskrepanz zu seiner Umwelt plötzlich sichtbar: er hat nach einer Grindjagd unbedacht zuviel Grindwalfleisch gekauft und fürchtet, die Schuld nicht zur festgesetzten Frist bezahlen zu können. Die Jüngeren sehen in dem kleinen Betrag nur eine Lappalie, und seine verheirateten Söhne machen sich einer so unbedeutenden Summe wegen keine Sorgen, obwohl sie auch nicht in der Lage sind, dem Vater zu helfen. Ketil aber denkt nicht daran, um Zahlungsaufschub zu bitten; für ihn ist jede Schuld, auch die kleinste, etwa Unehrenhaftes und unerträglich. Seine Versuche, sich das fehlende Geld zu erarbeiten, scheitern jedoch an den beengten Verhältnissen und den unzulänglichen Mitteln. Es gibt für ihn kaum andere Möglichkeiten als Wolle zu spinnen oder Fische zu fangen, beides aber bringt nur geringen Ertrag. Das alte Idealbild des »Mannes aus eigener Kraft« wird nun, mit den Anforderungen einer neuen Zeit konfrontiert und in die Enge eines färöischen Dorfes übertragen, zu einer rührenden Farce: nach seinen erfolglosen Anstrengungen bleibt dem Alten am Ende nur noch der Ausweg, seinen einzigen Besitz, eine Kuh, zu verkaufen.

Außer Ketil sind auch einige Dorforiginale sehr anschaulich und treffsicher gezeichnet, z. B. der bigotte, erbauliche Sentenzen verstreuende und dabei diebische Nachbar Klávus, Ketils dummer und ängstlicher Sohn Kálvur und Lias Berint, der wie Ketil ganz der alten Zeit angehört. Überdies enthält der Roman eine ausgezeichnete, nicht nur literarisch interessante Beschreibung einer (noch heute in sehr urtümlicher Weise ausgeführten) Jagd auf Grindwale. – Brú nimmt die dörflichen Lebensverhältnisse zum Anlaß, um durch leicht karikierende Darstellung den Ernst des Themas aufzulockern. Dadurch, wie auch durch die elegante, bewegliche Diktion, den verhalten ironischen Ton und eine Neigung zu gelegentlicher Untertreibung ist der kleine Roman zu einem der besten färöischen Prosastücke überhaupt geworden.

K.S.

AUSGABEN: Tórshavn 1940. – Tórshavn 1951.

ÜBERSETZUNG: *Des armen Mannes Ehre*, A. Anderau, Zürich 1966.

## LOGNBRÁ

(fär.; *Lognbrá*.) Roman von Heðin BRÚ, erschienen 1930. – Der Titel des Romans ist, da ein adäquates deutsches Wort nicht existiert, unübersetzbar; *lognbrá* bezeichnet das merkwürdige Phänomen, daß bei stillem, klarem Wetter und ganz ruhiger See alle Dinge in der Landschaft größer, deutlicher und viel nähergerückt erscheinen. Hier steht der Ausdruck symbolisch für die Erlebniswelt des Kindes, das einzelne Ereignisse und Gestalten zwar außerordentlich klar, aber nicht in den gleichen Proportionen wie die Erwachsenen wahrnimmt. Als scharfer Beobachter schildert Brú in einer Reihe locker aneinandergereihter Episoden, in denen die äußeren Begebenheiten, die Vorstellungen des Kindes und Natureindrücke zu einer Einheit verschmelzen, die Kindheit und Jugend des färöischen Bauernjungen Høgni.

Ausgelöst wird das Geschehen durch ein scheinbar unbedeutendes Erlebnis des fünfjährigen Høgni: Als er gerade beim Spielen ist, kommt ein fremdes kleines Mädchen, das nicht mehr nach Haus findet, und Høgni zeigt ihm den Weg. Gunnvá, so heißt dieses Mädchen, wächst zwar auf einer anderen Insel auf und läßt sich viele Jahre nicht mehr in dem Dorf sehen, doch wird sie für Høgni zur Verkörperung einer wunderbaren Phantasiewelt, in die er sich immer mehr hineinträumt und die in ihrer grenzenlosen Weite einen krassen Gegensatz zu seinen engen häuslichen Verhältnissen bildet. Seine Mutter, Guðrún, lebt in ihrem kleinlichen Alltagsbereich ständig zwischen Selbstmitleid, zänkischer Aggressivität, Bigotterie und Aberglauben; in ihrem Verhältnis zu Høgni schwankt sie zwischen übertriebenem Mitleid, Verzärtelung und übersteigerter Strenge, die in gleicher Weise aus ihrer Unfähigkeit resultieren, sich in die Mentalität eines Kindes einzuleben und dessen Gedanken zu begreifen. Der Vater, Sakir, etwas idealisiert als Prototyp eines färöischen Bauern gezeichnet, hat zwar erstaunliches psychologisches Gespür und versteht sehr gut, weshalb der Junge zu Träumen seine Zuflucht nimmt, doch versucht er nicht, ihn in die Realität zurückzuführen. Selbst als Høgni, fast erwachsen, schon mehrmals für längere Zeit auf Fischfang ausgefahren ist, bleibt er seiner Traumwelt verhaftet. Nach einer solchen Fahrt trifft er auch wieder mit Gunnvá zusammen, muß jedoch später erfahren, daß sein Bruder Sjúrður sie verführt hat und sie ein Kind von ihm erwartet. Jetzt kann er der Wirklichkeit nicht mehr entfliehen – seine Kinderträume sind zerstört. Er heuert auf einem Fischerboot an, mit der Absicht, nie wieder nach Hause zurückzukehren.

In dem 1935 erschienenen Roman *Fastatøkur* hat Brú die Handlung weitergeführt; dort ist es gerade die harte Arbeit, die nüchterne Realität, in der kein Platz mehr für Träume ist, die Høgni reifen läßt und schließlich auch zu Gunnvá zurückführt. – *Lognbrá* ist Brús Erstlingsroman und einer der ersten Romane in färöischer Sprache überhaupt. Obgleich das Buch weder an sprachlicher Klarheit noch an sicherer Charakterisierungskunst spätere Arbeiten erreicht, ist es doch beachtenswert, wie dieser Autor mittels der Landschaftsschilderung diffizile seelische Vorgänge verdeutlicht. K.S.

AUSGABEN: Tórshavn 1930. – Tórshavn 1964 [Privatdr.].

ÜBERSETZUNG: *Høgni* (*Fastatøkur* und *Lognbrá*), I. Hoffmeyer Bruzelius, Kopenhagen 1940 [dän.].

FERDINAND BRUCKNER

d.i. Theodor Tagger
\* 26.8.1891 Wien
† 5.12.1958 Berlin

LITERATUR ZUM AUTOR:
A. Kantorowicz, *Deutsche Schicksale. Neue Porträts*, Bln. 1949,S. 186–193. – E. Rieder-Laska, *F. B. Leben u. Werk des österreichischen Dramatikers bis zum Jahr 1949*, Diss. Wien 1950. – O. Mann, *Exkurs über F. B.* (in O. M., *Deutsche Lit. im 20. Jh.*, Bd. 1, Heidelberg 1961, S. 152–178). – W. H. Speidel, *Tragik u. Tragödie in der dichterischen Entwicklung F. B.s*, Diss. Univ. of Kansas 1963 (vgl. Diss. Abstracts, 25, 1964/65, S. 1926/1927). – H. Vogelsang, *Österreichische Dramatik des 20. Jh.s*, Wien/Stg. 1963. – C. Lehfeldt, *Der Dramatiker F. B.*, Göppingen 1975. – W. H. Speidel, *Freiheit u. Macht in den Dramen F. B.s vor, in u. nach dem Exil* (in *Das Exilerlebnis*, Hg. D. G. Gaviau u. L. M. Fischer, Columbia/S.C. 1982, S. 231–241). – D. Engelhardt, *F. B. als Kritiker seiner Zeit*, Diss. Aachen 1984. – K. Hörner, *Möglichkeiten u. Grenzen der Simultandramatik: unter der bes. Berücksichtigung der Simultandramen F. B.s*, Ffm. u. a. 1986.

ELISABETH VON ENGLAND

Schauspiel in fünf Akten von Ferdinand BRUCKNER, Uraufführung: Berlin 1. 11. 1930, Deutsches Theater; gleichzeitig in Bremen, Hamburg und Leipzig. – Historischer Hintergrund des Dramas sind die Machtkämpfe zwischen England und Spanien, die 1588 mit dem Untergang der Armada siegreich für England endeten. Mit diesem politischen Geschehen hat Bruckner Elisabeths Beziehungen zu dem Grafen Essex, dessen mißlungenen Anschlag auf die Königin und seine Hinrichtung im Jahre 1601 verknüpft. Die historischen Zeitbezüge sind jedoch innerhalb des gesamten Handlungsablaufs nicht immer deutlich (z. B. wird der Aufstand des Grafen Essex vor die Ereignisse um 1588 verlegt).

Die alternde Königin liebt den jungen, ehrgeizigen Essex, der bei ihr für seinen Freund, den genialen und gelehrten Francis Bacon, die Stellung des Kronanwalts erbittet. Elisabeth gefällt es, die Bitte abzuschlagen, und der in seiner Eitelkeit gekränkte Essex läßt sich von Bacon und einer Gruppe junger Adliger zum Staatsstreich gegen die Königin anstiften. Doch der skrupellose Bacon, der *»jedem gefährlich wird, dem er gefällt«*, verrät den geplanten Aufstand und zieht als Retter der Königin und Ankläger der Rebellen nun doch in den Kronrat ein. Elisabeth, über Essex' Verrat tief gekränkt, ringt sich dazu durch, sein Todesurteil zu unterschreiben und wird, von Reue, Liebe und Haß gequält, Zeugin seiner Hinrichtung. Noch unter dem Eindruck der bitteren Enttäuschung und aus einem dumpfen Rachebedürfnis heraus erklärt sich die Königin zum Krieg gegen den einstigen Schwager und abgewiesenen Bewerber, Philipp von Spanien, bereit. Sie, der ihr *»kleines England«* genügt und die nicht nach Weltmacht strebt, hat sich lange gegen diesen Krieg gesträubt, nicht nur, weil er für sie unnötiges Blutvergießen bedeutet, sondern auch aus Abwehr gegen die Berührung mit einer gegnerischen Macht, deren imperialistischer Geist, stärker als je der militärische Sieg, auch den überlegenen Gegner erfassen und in eine Politik treiben wird, der Elisabeth sich nicht gewachsen fühlt und die sie nicht will. – In England und in Spanien rüstet man nun zum Krieg: Während der englische Kronrat über die nötige Geldbewilligung berät, betet Philipp mit seinen Räten; während Elisabeth ihre große Rechtfertigungsrede vor den Lords hält, verkündet Philipp seine religiöse Sendung. Die spanische Armada und die englische Flotte laufen aus, von beiden Höfen mit Segenswünschen und Fürbitten begleitet. Das Glück beschert England den Sieg. Der Niedergang Spaniens wird durch den Tod Philipps endgültig besiegelt, und so bleibt Elisabeth als Siegerin zurück. Doch der Krieg hat, die Ahnungen der Königin erfüllend, den Geist des Imperialismus über das Land gebracht; Kronrat und Parlament blicken auf den jungen schottischen König Jakob als den zukünftigen »*kriegerischen*« Herrscher einer »*vereinigten, großen, stolzen und gefürchteten Nation*«, indes die vereinsamte Königin – dieses nach Bacons Worten »*anbetungswürdige Herz*«, das die »*stürmische Jugend*« nicht mehr versteht – von ihrem »*kleinen England*« Abschied nehmen muß.

Mit diesem Schauspiel setzt der Autor das 1928 in seinem Stück *Die Verbrecher* begonnene Experiment mit der Simultanbühne fort. So ergibt sich für das historische Drama die Möglichkeit, »*den Kampf der ringenden Mächte räumlich und zeitlich zusammenzufassen und die Bühne ... zum Abbild des Erdballs selber, nicht nur eines jeweils isolierten Ausschnitts zu machen*« (P. Fechter). Während in den *Verbrechern* sieben gleichzeitig ablaufende Spielhandlungen dargestellt werden, sind in *Elisabeth von England* die Parallelszenen auf zwei reduziert: der englische und der spanische Hof, Elisabeth und Philipp stehen nebeneinander auf der Bühne, sie sind als Gegenspieler dramaturgisch aufeinander bezogen, und im Kontrast der beiden Welten – hier nüchtern-kaufmännische »Vernunft«, dort ekstatisches Sendungsbewußtsein – wird deutlich, was sie verbindet: das Walten eines »*dunklen politischen Daimonions*« (P. Fechter), das zur Macht treibt. – Der Autor selbst sah das Schauspiel als erstes Stück eines dreiteiligen Zyklus (mit *Timon und das Gold*, 1932 und *Die Marquise von O...*, 1933). KLL

AUSGABEN: Bln. 1930. – Bln. 1932. – Bln./Wien 1948 (in *Dramatische Werke*, 2 Bde., 2). – Köln/Bln. 1956 (in *Schauspiele nach historischen Stoffen*). – Stg. 1960; ern. 1966. (Nachw. F. Schwiefert; RUB).

LITERATUR: A. Weber-Ebenhof, *B.s Elisabeth-Drama im Lichte der historischen u. dramaturgischen Wissenschaft*, Ffm. 1931. – H. Meise, *Die Gestalt der Königin Elisabeth in der deutschen Literatur*, Diss. Greifswald 1941. – H. Scher, *British Queens in German Drama: Elisabeth and Mary in Plays by Schiller, B. and Hildesheimer* (in *Theatrum mundi*, Hg. E. R. Haymes, Mchn. 1980, S. 159–174).

## KRANKHEIT DER JUGEND

Schauspiel in drei Akten von Ferdinand BRUCKNER, Uraufführung: Hamburg, 17. 10. 1926, Kammerspiele. – Die Handlung dieses Zeitdramas, das die soziale und moralische Situation der Jugend nach dem Ersten Weltkrieg zum Thema hat und im Wien des Jahres 1923 spielt, entwickelt sich aus der mißglückten Promotionsfeier für die Medizinstudentin Marie im ersten Akt: Irene, eine Studienkollegin, erobert Petrell, Maries engsten Freund, wobei die übrigen Personen teils fördernd, teils hindernd eingreifen. Der zweite Akt zeigt den Versuch Maries, in einer neuen Liebe – Partnerin ist eine lesbische Intellektuelle, die Gräfin Desiree – wieder Halt zu finden. Ihre Auseinandersetzungen mit Irene und Petrell verraten aber, daß sie ihren Verlust nicht verwunden hat. Mit dem Tod Desirees und Maries endet der dritte Akt. Freder, der ewige Student, hat Desiree Gift verschafft und tötet Marie auf ihren Wunsch im Rausch. Mit dem Schicksal dieser Personen verflicht Bruckner das des Zimmermädchens Lucy. Freder, dem Lucy hörig ist, stiftet sie zum Diebstahl an und macht sie zur Dirne.

Aus dem Verfall der bürgerlichen Werte im Ersten Weltkrieg erklärt sich die »Krankheit« dieser Jugend, ihre Haltlosigkeit. Sie wird an den passiven Personen des Stücks, die jedem fremden Einfluß unterliegen, ebenso evident wie an den aktiven, deren Handeln kein Ziel hat. Die Welt der zunächst ernsthaft auf den Arztberuf zusteuernden Marie bricht zusammen, als Petrell sie verläßt. Sie erliegt kurz darauf der Werbung Desirees, die sie eben noch zurückgewiesen hatte, und dann der Anziehungskraft Freders, ehe sie, am Sinn des Lebens verzweifelnd, den Tod sucht. Freder, Verkörperung des aktiven Typs, nimmt jede Gelegenheit wahr, in das Leben der andern verantwortungslos einzugreifen. Mit Lucy etwa veranstaltet er, nach seinen eigenen Worten, nur ein »*interessantes Experiment*«, wobei es ihm nicht um verpflichtende Erkenntnis geht, sondern um das Gefühl seiner Macht. Zu der vom Macht- oder Sexualtrieb bestimmten Existenz – hier wird der außerordentliche Einfluß der simplifizierten Theorien NIETZSCHES bzw. FREUDS auf die Nachkriegsjugend greifbar – gibt es keine konstruktive Alternative. Irene und Petrell, die den bürgerlichen Weg einschlagen werden, dürfen nicht als positive Gegenfiguren verstanden werden. Ihre Karriere setzt nicht nur das Unrecht an Marie voraus, sondern bedeutet zugleich Flucht in eine risikolose Sicherheit.

Mit der zeitgemäßen Thematik des Schauspiels kontrastiert seine herkömmliche Darbietungsform, die an das österreichische Gesellschaftsdrama eines Arthur SCHNITZLER denken läßt. Die psychologisch erklärbare Handlung spielt durchgehend im Zimmer Maries und konstituiert sich aus einheitlichen, abgeschlossenen Ereignissen; die Sprache der Personen, die keine Monologe zu halten haben, zeigt nur noch Nachklänge des frühexpressionistischen Pathos. Dennoch wurde die Aufführung zu einer der Theatersensationen der zwanziger Jahre, ein Erfolg, den der Autor 1928 mit *Die Verbrecher* wiederholen konnte, diesmal szenisch innovativ durch den Einsatz der Simultanbühne. – Nach dem Zweiten Weltkrieg fügte der Autor das Stück mit den Dramen *Die Verbrecher* und *Die Rassen* zum Zyklus *Jugend zweier Kriege* zusammen.

H.Es.-KLL

AUSGABEN: Bln. 1928. – Bln./Wien 1947 (in *Jugend zweier Kriege*). – Bln./Wien 1948 (in *Dramatische Werke*, 2 Bde., 1).

LITERATUR: P. Fechter, M. Hochdorf, O. Schabbel, Rez. (in *Theater für die Republik 1917–1933*,

*Im Spiegel der Kritik*, Hg. G. Rühle, Ffm. 1967, S. 735–741).

## DIE RASSEN

Schauspiel in drei Akten von Ferdinand BRUCKNER, Uraufführung: Zürich, 30. 11. 1933, Schauspielhaus. – Der österreichische Dramatiker, der von 1923–1927 Leiter des Berliner Renaissance-Theaters war und mit seinen Schauspielen *Krankheit der Jugend* (1926) und *Elisabeth von England* (1930) auch internationale Erfolge errang, emigrierte unmittelbar nach Hitlers Machtergreifung. Von Zeitungsberichten über erste Judenverfolgungen zutiefst beunruhigt, schrieb der Autor in wenigen Wochen sein Stück *Die Rassen* nieder, das er als erste Antwort auf die Vorgänge in Deutschland verstanden wissen wollte.

Die Handlung spielt in einer kleinen deutschen Universitätsstadt im Frühjahr 1933. Karlanner, ein Medizinstudent, der Helene, die Tochter des jüdischen Großindustriellen Marx liebt und heiraten möchte, schließt sich nach anfänglichem Zögern, unter dem Einfluß seines Jugendfreundes Tessow, dem Nationalsozialismus an. Er läßt sich zunächst vom allgemeinen Taumel mitreißen, übernimmt kritiklos faschistisches Ideengut, vor allem den Rassismus-Gedanken, und löst deshalb seine Verlobung. Später, nachdem er sich bei einigen Aktionen gegen Juden hervorgetan hat, kommt er wieder zur Besinnung und rettet seine frühere Freundin, die er wegen ihres Widerstands gegen das neue Regime festnehmen soll; sie kann, dank seiner Warnung, rechtzeitig ins Ausland fliehen. Karlanner wird von seinen Parteigenossen liquidiert.

Wie schon in seinen früheren Dramen besticht Bruckner durch psychologisches Einfühlungsvermögen: Die innere Wandlung Karlanners wirkt durchaus glaubhaft. Als Meister der Dialektik reduziert der Autor die Handlung zudem ganz auf den Dialog. Seine Kritik gilt einerseits der in Deutschland weitverbreiteten Intellektfeindlichkeit, dem Hang zum Irrationalen, andererseits der nicht minder von Vorurteilen bestimmten Haltung des konservativen Judentums. Helene und der alte Marx stehen sich als Antagonisten gegenüber; die kritisch-aufgeklärte, liberal denkende Tochter bekämpft ihren Vater, einen Deutschnationalen, der glaubt, sich mit den Nazis arrangieren zu können, an Juden begangene Untaten deckt, ja selbst rassische Vorurteile übernimmt, indem er die Ostjuden als minderwertig abqualifiziert. Auf seiten der Nationalsozialisten finden sich verführte Idealisten mit verstiegenen Reichsideen, wie Karlanner und Tessow, bei denen aber bald eine Ernüchterung einsetzt. Der verkrachte Student Rosloh verkörpert den Typ des zynischen Taktikers, der als Nazi Karriere macht. Einige Episoden des Stückes sind wirklichen Ereignissen nachgebildet: Der Münchner Rechtsanwalt Siegel, den man mit abgeschnittenen Hosen und dem Schild »*Ich bin ein Jude*« durch die Straßen geführt hatte, figuriert in Gestalt des jüdischen Studenten Siegelmann. Die Uraufführung im Zürcher Schauspielhaus, bei der Ernst Ginsberg diese Rolle verkörperte, wurde in Anwesenheit zahlreicher Emigranten, darunter TH. MANN, F. WERFEL, A. Moissi, E. Deutsch, zu einer eindrucksvollen Demonstration des »anderen Deutschland«. P.L.

AUSGABEN: Paris 1933 (in Thalia). – Paris 1933. – Zürich 1933. – Bln./Wien 1947 (in *Jugend zweier Kriege*). – Wien 1947 (in *Dramatische Werke*, 2 Bde., 1947/48, 2). – Ffm./Bln. 1980 (in G. Rühle, *Zeit und Theater*, Bd. 6; m. Komm.; Ullst.Tb).

LITERATUR: L. Marcuse, Rez. (in Das neue Tagebuch, Paris, 13. 1. 1934, S. 43–44). – C. Riess, *Sein oder Nichtsein. Zürcher Schauspielhaus. Der Roman eines Theaters*, Zürich 1963.

## DIE VERBRECHER

Schauspiel in drei Akten von Ferdinand BRUCKNER, Uraufführung: Berlin, 23. 10. 1928, Deutsches Theater. – Dieses zeitkritische Drama zeigt den Umschlag der traditionellen Rechtsprechung in blanke Ungerechtigkeit nach den gesellschaftlichen Veränderungen des Ersten Weltkriegs. In einem Berliner Mietshaus werden von zufällig beieinander wohnenden Personen einerseits Verbrechen begangen, die ungesühnt bleiben, andererseits machen sich einige dieser Menschen aus Not kleiner Vergehen schuldig und werden von der Justiz hart bestraft. Der erste Akt berichtet von den betreffenden Handlungen, der zweite zeigt die Reaktion des Gerichts darauf und der dritte wiederum die Folgen davon. Straflos bleiben: Frau Wieg, die anvertrauten Schmuck veruntreut hat; ihr Sohn Ottfried, der junge Männer zur Homosexualität verführt; der Erpresser Schimmelweis; der skrupellose Josef Berlessen, der seine Dienstmädchen mißbraucht; vor allem aber die Köchin Ernestine Puschek, die erst eine Kindesunterschiebung plant und dann die Wirtin Karla Kudelka, die Geliebte ihres Freundes, des Kellners Gustav Tunichtgut, umbringt und den Verdacht auf ihn lenkt. Bestraft werden hingegen: Tunichtgut wegen angeblichen Raubmordes an der Kudelka zum Tode; die Sekretärin Olga Nagerle zu langjährigem Zuchthaus, weil sie in einem Anfall von Verzweiflung ihr Kind umbringt, das sie nicht ernähren kann; der von Ottfried verführte Frank Berlessen wegen eines Meineides, den er zugunsten von Schimmelweis geschworen hat, und (mit Bewährung) schließlich Alfred Fischau, der aus Liebe zu Frau Berlessen Geld veruntreute, es aber wieder zurückgab. Die Verurteilten kämpfen darum, mit dem Gefühl der Schande fertigzuwerden. Der Freund Olgas, der Student Kummerer, aber schreibt ein Buch: »Es gibt keine Verbrecher«, worin er den Justizurteilen jede moralische Berechtigung abspricht.

Vor dem Hintergrund der Inflationszeit bietet das Stück eine soziale Zeitdiagnose am Beispiel der

Rechtsprechung. Gezeigt wird, wie diese zum Sinnbild des Unrechts verkommt und zugleich ständig einer reaktionären Moralauffassung unbewußt zum Opfer fällt. So hält man Tunichtgut aller Verbrechen für fähig, weil er mehrere Liebschaften hat. Unterschwellig wird der Zusammenhang zwischen der kapitalistischen Gesellschaftsordnung und den geltenden Normen deutlich. Alle Verbrechen geschehen aus Geldmangel oder Geldgier; straflos bleiben die, die Geld haben oder es sich zu verschaffen wissen. – Bühnentechnisch wirkte das Stück bahnbrechend, da Bruckner damit die Möglichkeiten der Simultanbühne wiederentdeckte. Sie setzt sich aus drei Stockwerken zu je ein bis drei Zimmern zusammen, die nacheinander erleuchtet werden und den Schauplatz für eine Szene bilden. Dieses Nebeneinander von Räumen, Personen und Handlungen gestattet die adäquate Darstellung kollektiver gesellschaftlicher Vorgänge. Verbunden ist damit eine filmisch anmutende Technik des Auf- und Abblendens von Szenen. In der Sprache sind Errungenschaften des Expressionismus verwertet. Auf ihn verweisen die Parataxe des einfachen Dialogs und die absurden Züge des Aneinandervorbeiredens und Mißverstehens.   H.Es.

AUSGABEN: Bln. 1929. – Bln./Wien 1947 (in *Jugend zweier Kriege*). – Bln./Wien 1948 (in *Dramatische Werke*, 2 Bde., 1). – Ffm./Bln. 1980 (in G. Rühle, *Zeit und Theater*, Bd. 3/4; m. Komm.; Ullst.Tb).

LITERATUR: H. Schlien, *F. B.s dramatisches Werk* (in F. B., *Heroische Komödien*, Emsdetten 1955, S. 5–10; Vorw.).

## CASPAR BRÜLOW

lat. Brulovius

* 18.9.1585 Falkenberg, Kreis Pyritz / Pommern
† 14.7.1627 Straßburg

LITERATUR ZUM AUTOR:
J. Janke, *Über den gekrönten Straßburger Dichter C. B. aus Pyritz*, Progr. Pyritz 1880. – M. Sommerfeld, *Das Straßburger Akademietheater und die Wende von der Renaissance zum Barock* (in ELJb, 12, 1933, S. 109–134). – G. Skopnik, *Das Straßburger Schultheater, sein Spielplan und seine Bühne*, Ffm. 1935. – H. Schaefer, *Höfische Spuren im protestantischen Schuldrama um 1600*, Diss. Mchn. 1935. – RL², 2, S. 667–669.

## ANDROMEDA

(nlat.; *Andromeda*). Schuldrama in fünf Akten von Caspar BRÜLOW, erschienen 1611; Uraufführung: Straßburg 1613. – Brülows Schüler sollten sich in der Anwendung der lateinischen Sprache üben, gleichzeitig aber auch moralisch belehrt werden. Der vollständige Titel des Stücks (deutsch von Isaac FRÖREISEN, 1612) lautet daher: *Andromeda. Eine Schöne und lehrhaffte Tragoedia ...: Darinn vorgebildet, wie aller Frevel, Gottlosigkeit und Hoffart gestrafft wird.* – Der Stoff des Dramas wurde dem griechischen Mythos entnommen: Kassiopeia, die Gemahlin des Königs Kepheus von Äthiopien, rühmt sich, schöner zu sein als die Meeresgöttinnen, die Nereiden. Zur Strafe für diese Vermessenheit sendet Neptun ein riesiges Meerungeheuer, das Menschen und Vieh verschlingt. Ein Orakelspruch verheißt Rettung, wenn Kepheus seine Tochter Andromeda dem Untier zum Fraß aussetzt. So wird Andromeda an einen Felsen geschmiedet. Perseus, der von Polydektes, dem König von Seriphos, ausgeschickt worden ist, das Haupt der Medusa zu holen, und nach vollbrachter Tat auf dem Flügelroß Pegasus vorüberfliegt, entdeckt die Unglückliche. Er tötet den Drachen und erhält Andromeda zur Frau. Ihr Verlobter, Phineus, will seine älteren Rechte geltend machen. Doch Perseus hält ihm das Gorgonenhaupt entgegen und läßt ihn zu Stein erstarren.
Brülow nutzt jede Gelegenheit zu theatralischen Effekten, die ihm die Handlung bietet. Die geschickte Szenenführung und die teilweise höchst dramatisch-lebhaften Dialoge zeugen von großem dramaturgischen Können. Regieanweisungen erübrigen sich, da Auftritte, Bewegungen und Gestik der Personen sich unmittelbar aus dem Text ergeben. Am Ende jedes Aktes wird in einem Chorlied die Handlung erläutert und kommentiert. Ein Epilog verkündet noch einmal die moralische Lehre, die schon im Titel vorweggenommen ist.   R.Rr.

AUSGABE: Straßburg 1611.

ÜBERSETZUNG: *Andromeda. Eine Schöne und lehrhaffte Tragoedia fürnemlich aus dem Poeten Ovidio genommen: Darinn vorgebildet, wie aller Frevel, Gottlosigkeit und Hoffart gestrafft wird*, M. I. Fröreisen, Göttingen 1612.

## IULIUS CAESAR. Tragoedia ex Plutarcho, Appiano, Suetonio, D. Cassio etc. concinnata et adversus omnem temerariam seditionem atque tyrannidem conscripta

(nlat.; *Iulius Caesar. Tragödie, aus Plutarch, Appian, Sueton, D. Cassius usw. zusammengefügt und gegen jeden wilden Aufruhr sowie gegen die Tyrannis geschrieben*). Schuldrama in fünf Akten von Caspar BRÜLOW, erschienen 1616. – Brülows Stück, dem derselbe Stoff wie SHAKESPEARES *Julius Caesar* zugrunde liegt, will – wie es in der Vorrede heißt – »auf öffentlichem Schauplatz« zeigen, wie »*das Böse gestraft, die Unwissenheit gehaßt, hinwieder das Gute belohnt und die Weisheit geliebet worden*«.

Als Sieger im Bürgerkrieg kehrt Caesar nach Rom zurück, und die Senatoren huldigen ihm. Bald aber reift in Brutus der Plan, den allzu mächtigen Imperator zu töten. Nach vollbrachter Tat erscheint den Verschwörern Brutus und Cassius der Geist Caesars und beschuldigt sie des Mordes; beide begehen aus Angst und Verzweiflung Selbstmord. Auch Porcia, die Gemahlin des Brutus, tötet sich; sie verschluckt glühende Kohlen. – Der Schauplatz wechselt, Cleopatra und Antonius treten auf. Antonius, der der schönen Königin von Ägypten verfallen ist und ihr das römische Reich zu Füßen legen will, wird von Octavian besiegt und nimmt sich das Leben. Octavianus, der laut einer Weissagung dazu ausersehen ist, den Tod Caesars zu rächen, preist die Gerechtigkeit und Macht Jupiters und wird als Retter des römischen Reichs gerühmt.

Das Stück ist – wie Brülows *Andromeda* – in Knittelversen geschrieben. Jeder Akt wird von kommentierenden Chorgesängen beschlossen. Die Handlung weist, der Bildungsfunktion des »Schuldramas« entsprechend, stark didaktische Züge auf: König Romulus erzählt zu Beginn die Geschichte Roms, und Caesar schildert in ausführlicher Breite seine Ruhmestaten – Passagen, in denen die Absicht des Gymnasiallehrers Brülow, seinen Schülern in dieser Form die lateinische Sprache und den historischen Unterrichtsstoff nahezubringen, besonders deutlich zum Ausdruck kommt. KLL

Ausgabe: Straßburg 1616.

Übersetzung: *Gajus Julius Caesar oder Tragoedia vom Caesare wider Aufruhr und Tyranney also geschrieben, daß sie die vornehmsten Historien von Erbauung der Stadt Rom bis auf Regierung Octaviani Augusti kürzlich erzähle*, J. Gerson, Straßburg 1616.

## MOYSES. Tragicomoedia

(nlat.; *Moses*). Schuldrama in fünf Akten von Caspar Brülow, erschienen 1621. – Die Handlung des Dramas hält sich eng an die biblische Geschichte vom Leben des Moses, von der Unterdrückung der Israeliten durch die Pharaonen und vom Auszug des jüdischen Volks aus Ägypten. Moses und sein Sohn Aaron vernehmen aus dem brennenden Dornbusch die Stimme Gottes, der ihnen seine Weisungen zur Führung der Israeliten gibt. Bei der Erfüllung dieser Aufgabe haben sie allerdings zahlreiche Widerstände zu überwinden. Auf der Bühne gezeigt werden die Verkündigung der zehn Gebote, die Anbetung des goldenen Kalbs, der Zug durchs Rote Meer, die Vernichtung der ägyptischen Verfolger und die mannigfachen Versuchungen des Volkes durch den Teufel und seine Helfershelfer. Das Stück endet mit dem Tod des Moses, der zuvor seinen Diener Josua beauftragt hat, das jüdische Volk nach Kanaan hineinzuführen. Die Umstände seines Todes werden in Form eines Berichtes vorgeführt: Gott selbst hat Moses hinweggeführt und begraben.

Das Stück wirkt allein durch die Dynamik des biblischen Stoffs, nicht kraft der Gestaltung durch den Verfasser; dieser sorgt nur für einen möglichst aufwendigen, glanzvollen Ablauf der Handlung. Doch können die große Zahl der handelnden Personen, die Auftritte des Teufels und der personifizierten sieben Todsünden, die auf der Bühne gezeigten Martern und Strafen die dramaturgische Durchformung des Stoffs nicht ersetzen. Bemerkenswert ist auch hier (wie in Brülows *Iulius Caesar* und in seiner *Andromeda*), daß der Chor am Schluß eines jeden Aktes in Form eines Kommentars die Meinung und die belehrende Absicht des Autors erläutert. Das entspricht ganz dem *Prologus*, in dem Brülow die Hoffnung äußert, daß der Zuschauer »*viel schöne und nützliche Lehren wird nehmen und behalten können, welche im gemeinen menschlichen Leben wohl und füglich zu gebrauchen sein werden*«. KLL

Ausgabe: Straßburg 1621.

Übersetzung: *Moyses, oder Eine Tragicomoedia von dem Leben und Geschichten Moysis, besonders von der Ausführung des Israelischen Volks aus der Dienstbarkeit Aegypti*, J. K: Merchio, Ulm 1641.

Literatur: B. Lafond, *Die religiöse Polemik im »Moses« von C. B.* (in Daphnis, 9, 1980, S. 711 bis 718).

## JOCHEM VAN BRUGGEN

\* 29.9.1881 Groede / Holland
† 22.5.1957 Magaliesburg

## AMPIE

(afrs.; *Ampie*). Romantrilogie von Jochem van Bruggen, bestehend aus den Teilen: *Die Natuurkind*, 1924 *(Das Naturkind)*, *Die Meisiekind*, 1928 *(Das Mädchen)*, und *Die Kind*, 1942 *(Das Kind)*. – Das Erscheinen von *Ampie die Natuurkind* bezeichnet einen sehr bedeutungsvollen Wendepunkt in der afrikaansen Prosakunst; hier verschiebt sich der Akzent von einer spannenden Handlung und dem Romantisch-Abenteuerlichen zu einer psychologischen Darstellungsweise. *Ampie* ist zwar nicht das erste Prosawerk realistischer Richtung in Afrikaans, aber es überragte seinerzeit die anderen zeitgenössischen Werke qualitativ so weit, daß es viele Epigonen fand. Die Kritik bezeichnete die Hauptgestalt, Ampie Nortjé, als der »*erste lebendige Mensch*« in der afrikaansen Romankunst.

Ampie ist ein typischer Vertreter der sozial Entwurzelten seiner Zeit: ein hilfsbedürftiger Junge aus verwahrlostem Elternhaus, ein »*armer Weißer*« – wie man die auf das Existenzniveau der Eingeborenen abgesunkenen Weißen nennt – in den Pubertätsjahren. Seine Eltern leben primitiv und elend. Ampie selbst ist das konsequente Produkt von Vererbung und Umwelt. Er kommt zu einem verständnisvollen, menschenfreundlichen Arbeitgeber, dem Farmer Kasper Booysen, der sich bemüht, Ampies Bildungsniveau etwas zu heben. Dieser Versuch führt zu allerlei höchst erheiternden Szenen: so wollte Ampie z. B. Kasper Booysen verlassen, um anderswo mehr Geld zu verdienen, teilt jedoch eines Morgens »Ohm Kasper« folgende Überlegung mit: »*... daß Ohm Tys mir erzählt hat von zwanzigtausend Leuten, die ohne Arbeit in Johannesburg herumlaufen. Ich schätze, Ohm, wenn ich auch dahin gehe, wie mein Plan war, dann sind da einundzwanzigtausend ohne Arbeit. – Da werd ich mal lieber hier beim Ohm bleiben.*«

Der Optimismus und die humorvolle Perspektive des Romans überdecken zwar nicht das tatsächlich geschilderte Elend, aber sie relativieren es, denn schlechtes Erbgut und Milieu vermögen nicht aus Ampie ein lediglich bedauernswertes Geschöpf zu machen, sondern gerade in der Beschränkung seines Geistes und seiner äußeren Bedingungen liegt auch der Schlüssel zu seinem Anteil am Glück. Es handelt sich jedoch nicht um die Aufzeichnung einer Entwicklung, vielmehr bleibt das Naturkind immer der dumme, zurückgebliebene Junge, es wächst nur sein Gefühl des eigenen Werts: nach der Heirat mit Annekie (Teil 2) und in der Zeit seiner Vaterschaft (Teil 3). Ein Zeichen dieses zunehmenden Selbstgefühls ist auch der Entschluß, einen Weg zu den Diamantminen zu suchen *(Das Kind)*. Da Ampie jedoch letztlich den Zugang zur Welt der anderen nicht finden kann, kehrt er schließlich zurück zu Booysen, der ihm auch jetzt wieder weiterhilft.

Der Reiz der *Ampie*-Trilogie liegt hauptsächlich in der liebevollen Darstellung des »Helden« und den situationskomischen Szenen. Eine besondere Technik van Bruggens besteht in der direkten Mitteilung seelischer Zustände durch die »inneren Monologe« Ampies, d. h. wenn dieser in seiner Sprach- und auf seiner Bewußtseinsebene laut denkt. Dies gilt besonders für den ersten Teil der Trilogie. – *Die Natuurkind*, das lange Zeit eine Art Volksbuch war, bleibt van Bruggens Meisterwerk. 1930 hat der Autor es für die Bühne bearbeitet. G.S.N.

AUSGABEN: Amsterdam 1924 u. 1928 *(Ampie I u. II)*. – Kapstadt 1942 *(Ampie III)*. – Kapstadt 1942 (Kwarteeu-Serie).

DRAMATISIERUNG: *Ampie*, Pretoria 1930.

LITERATUR: J. Haantjes, *J. van B.* (in *Afrikaans proza*, Amsterdam 1930). – P. C. Schoonees, *Die prosa van die Tweede Afrikaanse Beweging*, Pretoria/Kapstadt 1939. – P. J. Nienaber, *Afrikaanse skrywers aan die woord*, Johannesburg 1947. – A. P. Grové, *J. van B. as »realis«* (in *Oordeel en vooroordeel*, Kapstadt 1958). – J. C. Kannemeyer, *J. v. B.*, Kapstadt 1965. – J. P. Smuts, *Karakterisering in die Afrikaanse roman*, Kapstadt 1975, S. 102–107. – J. C. Kannemeyer, *J. van B. en die realisme* (in *Geskiedenis van die Afrikaanse literatuur I*, Kapstadt/Pretoria 1978). – C. J. M. Nienaber, *J. van B.* (in *Perspektief en profiel*, Hg. P. J. Nienaber, Johannesburg [5]1982).

# LEONARDO BRUNI

auch Leonardo Aretino
\* um 1370 Arezzo
† 9.3.1444 Florenz

## HISTORIARUM FLORENTINI POPULI LIBRI XII

(nlat.; *Geschichte des florentinischen Volkes in zwölf Büchern*). Darstellung der Geschichte der Stadt Florenz von ihrer Gründung bis zum Jahr 1402 von Leonardo BRUNI. – Nach seiner Rückkehr vom Konzil zu Konstanz (1415) nahm der aus Arezzo stammende Humanist und Staatsmann seinen schon von Jugend auf gehegten Plan in Angriff, in einem großangelegten Werk die ruhmreiche Vergangenheit der toskanischen Hauptstadt darzustellen und der Nachwelt zu überliefern. Nach einem Jahr hatte er das erste Buch fertiggestellt und erhielt dafür das Bürgerrecht der Stadt verliehen.

Da aus der frühen Zeit nur wenige Nachrichten über die Lokalgeschichte aufzutreiben waren, behandelt Bruni, nach einem kurzen Bericht über die Stadtgründung (80 v. Chr.), die Vorgeschichte ganz Italiens. Größere Abschnitte widmet er der römischen Republik und der Zeit der Völkerwanderung. Bereits hier tritt deutlich seine demokratisch-guelfische Einstellung hervor: Die römische Kaiserzeit wird mit wenigen abfälligen Worten abgetan. Auch das frühe Mittelalter ist nur sehr knapp besprochen; eingehender wird die Darstellung erst bei dem Stauferkaiser Friedrich II., mit dessen Tod das erste Buch endet. Vom zweiten Buch an beschränkt sich der Autor auf die Lokalgeschichte. Ausführlich schildert er in der Art des LIVIUS die ständigen Kämpfe der Stadt mit den Städten und Staaten der Nachbarschaft und die ununterbrochen sich wandelnden politischen Verhältnisse.

Bruni hat sein Hauptwerk, an dem er bis zu seinem Tod arbeitete, nicht vollenden können; mit dem Tod Giovan Galeazzos von Mailand (1402) bricht die Erzählung ab. – Die *Historia Florentina* ist ein frühes Beispiel moderner Geschichtsschreibung. Der Autor, der durch seine Stellung Einblick in die alten Quellen hatte, hat den Stoff gut ausgewählt und gegliedert und sich um objektive und kritische Darstellung bemüht. Da in seinen Augen die Republik Florenz ihre Größe vor allem den Kriegen verdankt, die zur Erweiterung ihres Machtbereichs beitrugen und die Tyrannenherrschaft von ihren Mauern fernhielten, kommt jedoch bei der Darstellung der inneren Zwistigkeiten und der tieferen Ursache für die Kriege zu kurz. Brunis Zeitgenosse Poggio BRACCIOLINI verfaßte 1454-1459 eine *Historiae florentini populi* in acht Büchern, die sich auf die Militärgeschichte der Stadt zwischen 1350 und 1445 beschränkt. Bemerkenswert sind die klassische Sprache – Bruni war ein Meister des Griechischen wie des Lateinischen und hat zahlreiche antike Autoren in seine Muttersprache übersetzt – und der kunstvolle Aufbau des Ganzen, aus dem die lebendig gestalteten Reden besonders hervorragen. Entsprechend war die Resonanz: Das Geschichtswerk wurde mit größter Begeisterung aufgenommen. Der Verleihung des Bürgerrechts folgte 1439, nach Fertigstellung der ersten neun Bücher, die Ehrenbürgerschaft und damit die Befreiung von Steuern und Abgaben für den Autor und seine Kinder. Nach seinem Tode wurde er als einer der großen Florentiner in S. Croce beigesetzt: Das berühmte Grabmal von Bernardo Rosselino zeigt ihn auf dem Totenbett mit einem Exemplar der *Historia* in der Hand.                                M.Ze.

AUSGABEN: Vinegia 1476 (*Historia del popolo fiorentino*, ital. Übers. v. D. Acciaioli). – Straßburg 1610. – Città di Castello/Bologna 1914-1926, Hg. E. Santini u. C. Di Pierro (m. Einl.; Rerum Italicarum scriptores). – Vaduz 1969 (*Humanistisch-philosophische Schriften*, Hg. u. Anm. H. Baron; Neudr. d. Ausg. 1928).

LITERATUR: G. G. Gervinus, *Geschichte der florentinischen Historiographie bis zum 16. Jh.* (in G. G. G., *Historische Schriften*, Bd. 1, Wien 1871). – G. Voigt, *Die Wiederbelebung des class. Altertums*. Bd. 1, Bln. 1880, S. 309-315. – E. Santini, *L. B. e i suoi »Historiarum Florentini populi libri XII«* (in Annali della R. Scuola Superiore Pisa, 22, 1910. S. 1-173). – Ders., *La fortuna della »Storia fiorentina« di L. B. nel rinascimento* (in Studi Storici, 20, 1911, S. 177-195). – F. Beck, *Studien zu L. B.*, Bln./Lpzg. 1912. – E. Fueter, *Geschichte der neueren Historiographie*, Bd. 1/1, Mchn./Bln. ²1936. S. 16-22. – N. Rubinstein, *The Beginning of Political Thought in Florence* (in Journal of the Warburg Institute, 5, 1942). – B. L. Ullman, *L. B. and Humanistic Historiography* (in Medievalia et Humanistica, 4, 1946, S. 43-61). – H. Baron, *Humanistic and Political Literature in Florence and Venice*, Ldn. 1955, S. 69-184. – Ders., *From Petrach to L. B.*, Ldn. 1968, S. 107-201. – H. Harth, *L. B.'s Selbstverständnis als Übersetzer* (in AfKg, 50, 1968, S. 41-63). – J. E. Seigel, *L. B. and the New Aristotle* (in Rhetoric and Philosophy in Renaissance Humanism, Princeton 1968, S. 99-136). – N. S. Struever, *The Language of History in the Renaissance*, Princeton 1970. – H. B. Gerl, *Philosophie u. Philologie*, Mchn. 1981. – P. Rigo, Art. *L.B.* (in Branca, 1, S. 410-415).

## GIORDANO BRUNO

eig. Filippo Bruno

\* 1548 Nola bei Neapel
† 17.2.1600 Rom

LITERATUR ZUM AUTOR:
*Bibliographie:*
V. Salvestrini, *Bibliografia di G. B. (1582-1950)*, Hg. L. Firpo, Florenz ²1958.
*Biographien:*
D. Berti, *Vita di G. B. da Nola*, Florenz 1868. – V. Spampanato, *Vita di G. B. con documenti editi e inediti*, Messina 1921. – G. Aquilecchia, *G. B.*, Rom 1971. – J. Kirchhoff, *G. B. in Selbstzeugnissen u. Bilddokumenten*, Reinbek 1980 (rm).
*Gesamtdarstellungen und Studien:*
G. Gentile, *B. e il pensiero del rinascimento*, Florenz 1920; ern. 1940. – A. Guzzo, *I dialoghi del B.*, Turin 1932. – L. Firpo, *Il processo di G. B.*, Neapel 1949. – I. L. Horowitz, *The Renaissance Philosophy of G. B.*, NY 1952. – N. Badaloni, *La filosofia di G. B.*, Florenz 1955. – E. Namer, *La pensée de G. B. et la signification dans la nouvelle image du monde*, Paris 1959. – P.-H. Michel, *La cosmologie de G. B.*, Paris 1962. – F. A. Yates, *G. B. and the Hermetic Tradition*, Chicago 1964. – K. Huber, *Einheit u. Vielfalt in Denken u. Sprache G. B.s*, Winterthur 1965. – H. Védrine, *La conception de la nature chez G. B.*, Paris 1967. – H.-U. Schmidt, *Zum Problem des Heros bei G. B.*, Bonn 1968. – A. Groce, *G. B. Der Ketzer von Nola*, Wien 1970. – H. Grunewald, *Die Religionsphilosophie des Nikolaus Cusanus u. die Konzeption einer Religionsphilosopie bei G. B.*, Marburg 1970. – G. Galli, *La vita e il pensiero di G. B.*, Mailand 1973. – H. Blumenberg, *Aspekte der Epochenschwelle, Cusaner u. Nolaner*, Ffm. 1976 (stw). – F. B. Stern, *G. B.*, Meisenheim a. Gl. 1977. – A. Ingegno, *Cosmologia e filosofia nel pensiero di G. B.*, Florenz 1978. – M. Ciliberto, *Lessico di G. B.*, 2 Bde., Rom 1979. – J. Brockmeier, *Die Naturtheorie G. B.s*, Ffm./NY 1980. – P. R. Blum, *Aristoteles bei G. B. Studien zur philosophischen Rezeption*, Mchn. 1980. – *G. B. ieri e oggi*, Hg. G. Gentile, Foggia 1982. – M. Sladek, *Fragmente einer hermetischen Philosophie in der Naturphilosophie der Neuzeit: historisch-kritischer Beitrag zur hermeneutisch-alchimistischen Raum- und Naturphilosophie bei G. B., Henry More u. Goethe*, Ffm. u. a. 1984. – A. Ingegno, *La sommersa nave della religione: studio sulla polemica anticristiana del B.*, Neapel 1985. – G. Bárberi Squarotti, Art. *G. B.* (in Branca, 1, S. 415-527).

## CANDELAIO

(ital.; *Der Kerzenmacher*). Komödie in fünf Akten von Giordano BRUNO, erschienen 1582. – Das Stück *Candelaio* vollendete der Autor während seines ersten Aufenthalts in Paris. Bruno profiliert sich darin als scharfer und gewitzter Gesellschaftskritiker. In seinen drei Hauptcharakteren typisiert er drei der Laster seiner Umwelt; er erzielt nicht nur Lacher auf Kosten seiner karikierten Personen, sondern zeigt auch, daß diese allein zu ihrem eigenen Schaden ihrem jeweiligen Laster frönen: Ihr Verhalten ist nicht nur aus moralischen, sondern auch aus Gründen der Vernunft anfechtbar. Alle drei »Helden« des Stücks fallen in ihrer Leichtgläubigkeit der Gerissenheit und den Gaunereien der Halbwelt in ihrer Umgebung zum Opfer.

Der lüsterne Alte, Bonifacio, möchte sich sein Verlangen nach den Umarmungen des Freudenmädchens Vittoria erfüllen, möglichst jedoch ohne den üblichen Dirnenlohn zu zahlen. Deshalb ergreift er gierig das Angebot Scaramurès, ihm durch Magie zu einem Stelldichein mit Vittoria zu verhelfen. Bonifacios verärgerte Frau ist bereit, an dem Betrug mitzuwirken und erwartet ihn, der sich auf Vorschlag des Magiers wie der Maler Gioan Bernardo gekleidet hat, in der Aufmachung der schönen Vittoria am vereinbarten Treffpunkt. Bonifacio wird nicht nur in seiner Erwartung betrogen, sondern bezieht außerdem noch Prügel vom Pöbel der Straße; und in Vergeltung seiner beabsichtigten Untreue betrügt ihn seine Frau schließlich noch mit dem echten Bernardo. – Bartolomeo, der Geizhals des Stücks, läßt sich durch Habgier dazu verleiten, den größten Teil seines Vermögens einem Alchimisten auszuhändigen, der ihm versprochen hatte, es durch seine Künste zu vermehren. Nachdem er herausgefunden hat, daß seine sechshundert Scudi zugleich mit dem Alchimisten verschwunden sind, fällt er noch zusätzlich den Straßenrüpeln zum Opfer, die ihm die kümmerlichen Reste seines Vermögens auch noch abnehmen. – Die ätzende Karikierung des schulmeisterlichen Philisters Manfurio ist vielleicht am charakteristischsten für Bruno, der öfter in Aufzeichnungen und Korrespondenz seine Verachtung für traditionelle akademische Verhaltensweisen durchscheinen läßt. Der pedantische Gelehrte Manfurio wird von seinem scheinbaren Gönner Signor Ottaviano gründlich ausgenützt und schändlich betrogen, und schließlich auch noch vom Straßengesindel verprügelt. Wie um herauszustreichen, daß diese demütigenden Erlebnisse nur durch seine weltfremde Belesenheit über ihn hereinbrechen konnten, und daß solch abstraktes Wissen kein Ersatz für gediegene Weltklugheit und Lebensweisheit sein kann, läßt Bruno am Schluß des Stücks den Manfurio für seine Gelehrsamkeit und Selbstlosigkeit auch noch um Beifall bei den Zuschauern bitten. Bruno illustriert an dieser Figur, wie die Umformung des humanistischen Ideals der klassischen Bildung in den akademischen Manierismus seiner Zeit die ursprüngliche Vitalität des Humanismus praktisch in eine Haltung unbelehrbarer Dummheit verwandelte.

Der *Candelaio* gehört in die Gattung der *commedia erudita*, die sich neben der *commedia popolare* im 16. Jh. in Italien entwickelt hatte. Giordano Bruno gilt aber als einer der ersten Dramatiker, die sich nicht länger sklavisch an die Normen der aristotelischen Dramaturgie hielten. Er beachtete zwar weiter die Regel für die Einheit von Zeit und Ort und siedelte das gesamte Stück in einer einzigen Straße von Neapel an, aber in seiner Themenwahl für die Dialoge sowie in ihrer Abfassung im Prosastil wich er klar von den Vorschriften der antiken Komödie ab. Seine Themen entnahm er zeitgenössischen Novellen, und ihre sprachliche Gestaltung erinnert an die Derbheit und verbreitete Obszönität des volkstümlichen Theaters in Neapel. Sein Bruch mit der vornehmen Zurückhaltung des höfischen Theaters beeinflußte spätere Lustspieldichter, und selbst große Bühnenautoren wie MOLIÈRE im 17. und GOLDONI im 18. Jh. betrachteten ihn als ein Vorbild. H.Sta.

AUSGABEN: Paris 1582. – Straßburg 1912, Hg. E. Sicardi [m. Einl.]. – Bari 1923, Hg. V. Spampanato [m. Einl.]. – Mailand/Neapel 1956 (in *Opere di G. B. e di T. Campanella*, Hg. A. Guzzo u. R. Amerio; m. Einl.). – Mailand 1967, Hg. N. Borsellino (in *Commedie del Cinquecento*, Bd. 2; m. Korr. am Text). – Mailand 1976, Hg. I. Guerrini Angrisani. – Turin ⁵1981, Hg. G. Bárberi Squarotti.

LITERATUR: V. Imbriani, *Natanar II*, Bologna 1875. – A. Baccelli, *»Il Candelaio« di G. B.*, Rom 1901. – R. Tissoni, *Saggio di commento stilistico al »Candelaio«. Dedicatoria alla Signora Morgana* (in GLI, 137, 1960, S. 41–60). – S. Ferrone, *»Il candelaio«: scienza e letteratura* (in Italianistica, 2, 1973). – L. Sanguineta White, *›In tristitia hilaris in hilaritate tristis‹ : Armonia nei contrasti* (in Quaderni d'Italianistica, 5, 1984, S. 190–203).

## LA CENA DE LE CENERI. Descritta in cinque dialogi, per quattro interlocutori, con tre considerationi, circa doi suggetti

(ital.; *Das Aschermittwochsmahl. Beschrieben in fünf Dialogen zwischen vier Gesprächspartnern mit drei Betrachtungen über zwei Themen*). Naturphilosophische Schrift von Giordano BRUNO, erschienen 1584. – Diese Schrift wurde zusammen mit *De la causa, principio et uno* und *De l'infinito, universo e mondi* in London veröffentlicht und stellt Brunos kosmologische Vorstellungen in italienischer Sprache vor. Die Trilogie wird ergänzt durch seine lateinischen Studien *De triplici minimo et mensura, De monade, numero et figura* und *De innumerabilibus, immenso et infigurabili* (alle drei sind 1591 in Frankfurt am Main erschienen). Die lateinischen Werke sind in Hexametern abgefaßt und wurden vom Autor durch erläuternde Prosatexte abgerundet.

Der sarkastische Ton von *La cena de le ceneri*, der an die Derbheiten des *Candelaio* erinnert, darf nicht darüber hinwegtäuschen, daß sich der Autor hier durchaus des Ernstes und der Bedeutung seiner Thematik bewußt ist. Die satirische Grundstimmung dürfte vornehmlich auf seine Erfahrung in Oxford zurückzuführen sein, wo Bruno an Disputationen teilnahm und sich einen Lehrauftrag erhoffte; statt dessen wurde er offenbar durch den dort vorherrschenden, und in seinen Augen borniertenAristotelismus enttäuscht. Zu den Seitenhieben auf den Manierismus der zeitgenössischen Humanisten tritt in diesen Dialogen die scharfe Kritik am aristotelischen Weltbild der etablierten Wissenschaft; einzelne Oxforder Akademiker scheint er in dieser Schrift karikiert zu haben, in der es ihm vor allem um die überzeugende Demonstration der grundsätzlichen Überlegenheit des kopernikanischen Weltbildes gegenüber den konventionellen aristotelischen Anschauungen geht. Aber selbst das Modell des Kopernikus erscheint Bruno noch nicht radikal genug; seine ausschließliche Orientierung an mathematischen Gesetzmäßigkeiten stellt für ihn eine ungerechtfertigte Verkürzung des Naturverständnisses dar und kommt einer Einschränkung des göttlichen Schöpfungswerks gleich.

Das Aufgreifen neuplatonischen Gedankenguts, eine naheliegende Konsequenz aus seiner Kritik am aristotelischen Traditionalismus, ermöglicht dem Autor eine Darstellung des Universums, die den Gedanken seiner Unendlichkeit mit der Vorstellung seiner grundlegenden Einheit in Einklang bringt. Nach ihm kann sich die Vollkommenheit und unmeßbare Größe Gottes nur in einer unendlichen Schöpfung zum Ausdruck bringen, die natürlich nicht weiter in dem überlieferten Modell konzentrischer Kreise bzw. Sphären gültig beschrieben werden kann. Damit wird letztlich eine Unterscheidung zwischen Himmel und Erde zu einer rhetorischen Metapher, die nicht länger einer Trennungslinie in der objektiven Gestalt des Kosmos entspricht. Das Universum ist vielmehr von durchgängiger und einheitlicher Natur; mit anderen Worten, alle Dinge haben teil an der universalen, einen Natur des Alls. Eine unverzichtbare Folge dieser Weltsicht ist, wie auch Bruno selbst aufweist, daß die Erde zu einem »Himmelskörper« unter anderen wird, also kugelförmig und in kontinuierlicher Bewegung ist wie diese. – Es ist unübersehbar, daß es Bruno nicht nur um eine Verteidigung der gegenüber Ptolemäus verbesserten Kalkulationsmethode des Kopernikus für die astronomischen Phänomene geht, sondern zugleich um eine angemessene Korrektur menschlicher Welt- und Selbsteinschätzung. H.Sta.

AUSGABEN: Venedig [recte Ldn.] 1584; Nachdr. Ann Arbor/Mich. 1974. – Turin 1955, Hg. G. Aquilecchia [krit.]. – Florenz 1958 (in *Dialoghi italiani: dialoghi metafisici e dialoghi morali*, Hg. G. Aquilecchia; Anm. G. Gentile; krit.; Nachdr. ²1985, Hg. G. Gentile). – Bologna 1969, Hg. G. Magnano.

ÜBERSETZUNGEN: *Das Aschermittwochmahl*, L. Kuhlenbeck (in *GW*, Hg. L. Kuhlenbeck, Bd. 1, Lpzg. 1904). – Dass., F. Fellmann, Ffm. 1969

[Einl. H. Blumenberg]. – Dass., ders., Ffm. 1981 (Insel Tb).

LITERATUR: G. Aquilecchia, *La lezione definitiva della »Cena de le ceneri« di G. B.* (in Rendiconti dell'Accademia dei Lincei, 8, 3, 1950, S. 207–243). – R. Tissoni, *Sulla redazione definitiva della »Cena de le ceneri«* (in GLI, 136, 1959, S. 558–563). – R. Tissoni, *Appunti per uno studio sulla prosa della dimostrazione scientifica nella »Cena de le ceneri« di G. B.* (in RF, 37, 1961, S. 347–388). – J. Roger, *Science et littérature a l'âge baroque* (in *Letteratura e scienza nella storia della cultura italiana*, Palermo 1978, S. 81–101). – E. A. Gosselin, *Doctor B.'s Solar Medicine* (in Sixteenth Century Journal, 15, 1984, S. 209–224).

## DE GL'HEROICI FURORI

(ital.; *Von den heroischen Leidenschaften*). Erkenntnistheoretische Studie von Giordano BRUNO, erschienen 1585. – Bruno behandelt in dieser Schrift nicht nur Prinzipien des Erkennens, sondern auch die ethische Grundhaltung eines Philosophen, worauf er letztlich in der Wahl seines Titels anspielt. Die Publikationsumstände des Buchs machen deutlich, in welch ungesicherter Position der Autor sich befand: Er widmete die Schrift dem Poeten und Humanisten Sir Philip SIDNEY (1554–1586), der – selbst von Adel – gute Beziehungen in den Kreisen des Elisabethanischen Hofes hatte, aber sein Verleger in London, J. Charlewood, hielt es für nötig, den Band unter dem fiktiven Imprint *Antonio Baio, Parigi* drucken zu lassen. Das Werk ist in zwei Teile von jeweils fünf Dialogen gegliedert. Ausgangspunkt jedes der Dialoge ist ein Gedicht, entweder von Bruno selbst oder von Luigi TANSILLO (1510–1568), das in den Gesprächen auf seinen philosophischen Gehalt untersucht wird. Diese Versstücke, auch Brunos eigene, waren in ihrem ursprünglichen Kontext offenbar selbständige Liebesgedichte, die erst hier auf ihren allgemeinen Wahrheitsgehalt hin analysiert werden. Ein solches Unterfangen steht im Einklang mit der zeitgenössischen Wertschätzung von Poesie, in der Dichtung auf einer vergleichbaren Ebene mit Prophetie gesehen wird. Dies beruht auf der Vorstellung, daß die sprachliche Meisterschaft des Dichters in der Benutzung von Analogien und Metaphern zugleich ein Hinweis auf seine Erkenntnisleistung und Einsicht in die Geheimnisse der Natur ist.

In der ersten Gruppe von Dialogen entfaltet der Autor sein besonderes Modell einer Weiterentwicklung des neo-platonischen Weltbildes, während er in der zweiten die psychologischen und perzeptorischen Fähigkeiten und Beschränkungen des menschlichen Erkennens behandelt. Darstellung und Argumentation im ersten Teil des Werks folgen den kosmologischen Vorstellungen, die Bruno in seinen früheren Schriften entworfen hat. In seiner Ausfaltung des Gedankens der Spiegelung

Gottes im Universum kommt er hier allerdings dem Pantheismus so nahe, daß seine Gedankenführung von einigen Philosophen der Aufklärung, etwa von F. W. J. von SCHELLING (1775–1854), zum Ausgangspunkt für eine pantheistische Welterklärung genommen wurde. In seinem Bemühen, die Möglichkeit von Wahrheitserkenntnis durch den Menschen zu erklären, hatte Bruno die Metapher vom Spiegelbild nämlich zu dem Bild ausgefaltet, daß Gottes Licht das Universum erfüllt und alle Dinge durchdringt und so vermittelt über die Sinneswahrnehmung dem menschlichen Geist zugänglich wird. Damit erscheint die ursprünglich festgehaltene Unterscheidung zwischen Original und Abbild, nämlich Gott und Universum, vollständig aufgehoben. Offen bleibt allerdings die Frage, ob dies von Bruno beabsichtigt ist, oder ob er die Lichtmetapher für eine jener unzulänglichen Analogien und Ausdrucksformen ansieht, die niedere Intelligenzen zur Hilfe nehmen müssen, um ihre Einsichten festzuhalten und mitzuteilen.

Die Behandlung der neun Sphären des Universums mit den in ihnen und über ihnen angesiedelten Intelligenzen im zweiten Teil des Werks scheint eher auf die letztere Ansicht hinzudeuten. In der Betrachtung des harmonischen Zusammenwirkens der Sphären und Intelligenzen in Abhängigkeit von der höchsten Intelligenz, Gott, kommen gerade jene Unterscheidungen wieder zu ihrem Recht, ohne als Schwächungen oder gar Auflösungsmomente der umfassenden Einheit in Erscheinung zu treten. Die Mannigfaltigkeit der Phänomene ist vielmehr gerade Ausdruck der Schaffenskraft des einen und Einheit verbürgenden Gottes. Er ist der natürliche Grund, der in der vom Menschen wahrgenommenen Natur widergespiegelt wird (*natura naturans*; die »Natur hervorbringende Natur«).

Mit der Betonung der Einheit des Universums werden letztlich die traditionellen hierarchischen Vorstellungen von der Struktur des Alls hinfällig, und damit verlieren die einzelnen Elemente der Seinsordnung ihren festgefügten, gesicherten Platz. Auch der Mensch selbst ist von diesem Positions- bzw. Identitätsverlust betroffen; er muß sich seinen Platz darin selbst entwerfen und erobern. »Natürliche« Neugier und Wißbegierde des Menschen erweisen sich als unzulänglich, um diese Leistung zu erbringen. Er muß sie entfalten und läutern zu »heroischen Leidenschaften«, die ihn befähigen, seine unreflektierte Identität als Subjekt der Beobachtung und Erfahrung aufzugeben und sich mutig in das Licht Gottes zu stürzen, in der Kenntnis, daß dieses seine Subjektivität aufzehren muß. Erst durch diese Aufgabe seiner selbst in der Vereinigung mit dem unermeßlichen Geist Gottes kann er seine wahre Identität als gestaltende Kraft und gestalteter Bestandteil des Universums ergreifen. Die sprachliche Form der Darstellung darf uns nicht darüber hinwegtäuschen, daß es Bruno hier nicht um die Entfaltung einer religiösen Weltvorstellung, sondern um die höchste Form des Erkenntnisprozesses, letztlich um die Basis von Erkennen überhaupt geht. H.Sta.

AUSGABEN: Paris [recte Ldn.] 1585; Nachdr. Ann Arbor/Mich. 1974. – Mailand 1864 (*Gli eroici furori*). – Turin 1928, Hg., Vorw., Anm. F. Flora [krit.]. – Turin 1949 (in *Scritti scelti*, Hg. L. Firpo; unvollst.). – Paris 1954 (*Des fureurs héroïques*, Hg. u. frz. Übers. P.-H. Michel). – Florenz ³1958 (in *Dialoghi italiani: dialoghi metafisici e dialoghi morali*, Hg. G. Aquilecchia; Anm. G. Gentile; krit.; Nachdr. ²1985, Hg. G. Gentile). – Bologna o. J.

ÜBERSETZUNG: *Eroici furori oder Zwiegespräche vom Helden und Schwärmer*, L. Kuhlenbeck, Lpzg. 1898. – Dass., ders. (in *GW*, Bd. 5, Lpzg. 1907).

LITERATUR: L. Kuhlenbeck, *G. B. Seine Lehre von Gott, von der Unsterblichkeit der Seele und von der Willensfreiheit*, Bln. 1913. – A. Sarno, »Gli eroici furori« di G. B. come un canzoniere d'amore (in A. S., *Pensiero e poesia*, *Saggi raccolti di B. Croce*, Bari 1943, S. 5–27). – R. C. Melzi, *Gli »Eroici furori« di G. B. e le idee dei romantici italiani* (in Italica, 27, 1950, S. 18–24). – A. Renaudet, *Les »Fureurs héroïques« de G. B.* (in RDM, Jan./Febr. 1955, S. 308–322). – J. C. Nelson, *The Renaissance Theory of Love. The Context of G. B.'s »Eroici furori«*, NY 1958. – F. A. Yates, *The Emblematic Conceit in G. B.'s »De gli eroici furori« and the Elizabethan Sonnet Sequences* (in F. A. Y., *Lull and B.: Collected Essays*, Ldn./Boston 1982, S. 180–209).

## DE LA CAUSA, PRINCIPIO, ET UNO

(ital.; *Von der Ursache, dem Urgrund und dem Einen*). Philosophisch-kosmologisches Werk von Giordano BRUNO, erschienen 1584. – In Verbindung mit *La cena de le ceneri* und *De l'infinito, universo e mondi* bietet diese Schrift eine umfassende Darstellung von Brunos Kosmologie in italienischer Sprache. Auch hier benutzt er als Darstellungstechnik die Form des Dialogs; die fünf Dialoge des Werks ranken sich als Kommentare um lyrische Passagen, die den jeweiligen thematischen Ausgangspunkt bilden.

Mit seiner harschen Kritik sowohl an ARISTOTELES als auch an PLATON distanziert sich der Autor hier deutlich von etablierten philosophischen Traditionen; er wirft beiden Klassikern vor, daß sie aus Eitelkeit originelle Hypothesen mehr schätzten als die Wahrheit, ja er unterstellt sogar ziemlich unverblümt, daß sie dies wider besseres Wissen taten. Ihr zentraler Fehler in Brunos Augen liegt in der Dichotomie ihrer Welterklärung, in dem von ihnen behaupteten Gegensatz zwischen Geist und Körper bzw. Form und Materie. Dies hatte zur Gegenüberstellung einer idealen und vollkommenen Wirklichkeit (Transzendenz) und der natürlichen Wirklichkeit (Wahrnehmungswelt) geführt. Bruno gesteht zwar zu, daß sich Wirklichkeit nicht auf die Welt der Sinneserfahrung allein beschränkt, aber er lehnt zugleich auch den Gedanken einer davon unterschiedenen, transzendenten Welt des Geistes ab: Das Universum ist nicht länger ein aus verschiedenen Elementen zusammengesetztes Objekt, sondern eine einheitliche Substanz, die selbst und allein das Gestaltungsprinzip der in ihm enthaltenen und von ihm durchdrungenen Erscheinungsformen darstellt. Die Welt wird also in der Sicht des Autors nicht mehr von ihren äußerlichen, transzendenten Kräften beeinflußt, sondern ist von innen her, aus der ihr eigenen Vitalität bestimmt.

Eine der Konsequenzen der Ablehnung einer additiven Vorstellung vom Universum, die von Bruno nicht nur akzeptiert, sondern besonders unterstrichen wurde, ist die Idee der räumlichen Unendlichkeit des Alls, dessen Beschreibung als Kugel zu einer bloßen Metapher wird, die nicht länger eine Analogie der Wirklichkeit ist. Während sich die Kugel nämlich gerade durch ihre begrenzende Oberfläche definiert, die in jedem ihrer Punkte vom Zentrum des Kugelkörpers gleich weit entfernt ist, kann das Universum nur noch unzulänglich im Bilde der Kugel begriffen werden, weil sein Durchmesser nach allen Richtungen unendlich ist; mit anderen Worten, das Universum hat keine Oberfläche, es ist kein Körper im üblichen Verständnis. Außerhalb des Universums ist nichts, Nicht-Sein.

In einer solchen Vorstellung vom All ist folgerichtig auch kein Platz mehr für einen Gott, der seiner Schöpfung äußerlich ist, ihr beobachtend gegenübersteht. Bruno ist sich dieser Konsequenz offensichtlich bewußt, verweigert sich aber den Ausweg in eine pantheistische Weltsicht. Er gebraucht die Metapher des Spiegelbildes, um den Gegensatz zwischen Welt und Gott zu überbrücken, ohne beide in eins fallen zu lassen. Jemand, der in einen Spiegel blickt, erkennt sich vollkommen in seinem Spiegelbild wieder, bleibt sich aber trotzdem bewußt, daß dieses nicht er selbst ist. In ähnlicher Weise muß das Universum als Spiegelbild Gottes verstanden werden: Es ist weder ein Objekt außerhalb oder im Gegensatz zu ihm, noch ist es einfach identisch mit Gott. Geist und Natur in ihrer Vollkommenheit, Gott und Universum, sind für Bruno eine unauflösbare Einheit. H.Sta.

AUSGABEN: Venedig [recte Ldn.] 1584; Nachdr. Ann Arbor/Mich. 1974. – Florenz 1958 (in *Dialoghi italiani: dialoghi metafisici e dialoghi morali*, Hg. G. Aquilecchia; Anm. G. Gentile; krit.; Nachdr. ²1985, Hg. G. Gentile). – Turin 1973, Hg. G. Aquilecchia. – Mailand 1985, Hg. A. Guzzo.

ÜBERSETZUNGEN: in T. A. Rixner u. T. Siber, *Leben und Lehrmeinungen berühmter Physiker*, Sulzbach 1824, Heft 5. – *Von der Ursache, dem Prinzip und dem Einen*, A. Lasson, Bln. 1872; Lpzg. ⁴1923; ern. Hbg. ⁶1983, Hg. P. R. Blum; [verb.]. – *Von der Ursache, dem Anfangsgrund und dem Einen*, L. Kuhlenbeck (in *GW*, Bd. 4, Lpzg. 1906). – *Von der Ursache, dem Prinzip und dem Einen*, P. Seliger, Lpzg. 1909 (RUB). – Dass., ders., bearb. v. E. G. Schmidt, Lpzg. 1984 (RUB). – *Über die Ursache, das Prinzip und das Eine*, Ph. Rippel, Stg. 1986 (RUB).

LITERATUR: F. W. J. Schelling, *B. oder Über das natürliche und göttliche Prinzip der Dinge*, Bln. 1802. – L. Kuhlbeck, *G. B. Seine Lehre von Gott, von der Unsterblichkeit der Seele und von der Willensfreiheit*, Bln. 1913. – L. Guisso, *Panteismo e magia in G. B.* (in Annali della Faccoltà di Lettere, Filosofia e Magistero Univ. di Cagliari, 1948, S. 249–306). – S. Greenberg, *The Infinite in G. B. With a Translation of His Dialogue »Concerning the Cause, Principle, and One«*, NY 1950; Nachdr. 1978.

## DE L'INFINITO UNIVERSO ET MONDI

(ital.; *Vom Unendlichen, dem All und den Welten*). Philosophische Schrift von Giordano BRUNO, erschienen 1584. – Die Schrift besteht aus einem Einleitungsbrief, drei Sonetten und fünf Dialogen. Thematisch in Einklang mit *La cena de le ceneri* und *De la causa, principio et uno* aus demselben Jahr gibt dieses Werk am direktesten Auskunft über die Beweggründe und persönlichen Erwartungen, die Bruno mit seinem Wirken verbindet. In *De innumerabilibus, immenso et infigurabili* (1591), seiner letzten großen lateinischen Studie, hat er die Fragestellung noch einmal in ähnlich direkter Weise aufgegriffen.

Im einführenden Brief vergleicht sich der Autor mit Dädalus, der in der Nachahmung des Vogelfluges die Grenzen menschlicher Fähigkeiten zu überwinden suchte. Er selbst will die Schranken menschlichen Erkennens aufbrechen und den Erfahrungsraum des Menschen erweitern. Der Weg dazu begann in historischer Perspektive mit der Aufhebung der Religion in Wissenschaft. Dies darf allerdings nicht als die Ersetzung einer statischen Betrachtungsweise durch eine andere mißdeutet werden, sondern ist lediglich ein exemplarischer Fall der kontinuierlichen Modifikation und Erweiterung des Erkenntnisbereichs von Philosophie. Ebenso ist es ungerechtfertigt, Teilbereiche des Wissens als Sonderzweige von Wissenschaft auszugrenzen oder spezifische Erkenntnismethoden voneinander zu isolieren. Vielmehr ist es unverzichtbar, ihre gegenseitige Abhängigkeit im Auge zu behalten und die Rückwirkungen von Modifikationen und Fortschritten in einzelnen Feldern auf die grundlegende Einheit des Erkenntnisprozesses und auf das philosophische Weltbild insgesamt ständig neu zu analysieren.

Die zögernde und eingeschränkte Rezeption des Kopernikanischen Systems nimmt Bruno zum Anlaß für seine Forderung. Aufbauend auf die Lehre des Kopernikus entwirft er ein Weltbild, das den Rahmen einer kosmologischen Sonderlehre sprengt. Unsere Welt, Sonne, Erde, Mond und Planeten, ist lediglich eine besondere Konstellation unter zahllosen ähnlichen Konstellationen der Himmelskörper, die das unendliche Universum erfüllen. Das Universum muß, aller Argumentation des Aristoteles und seiner Imitatoren zum Trotz, als unendlich gedacht und entworfen werden, sowohl hinsichtlich seiner Ausdehnung als auch der in ihm enthaltenen Körper. Einzig eine solche Sicht des Alls kann nach Bruno eine angemessene Spiegelung der absoluten Unermeßlichkeit Gottes darstellen, der es als Natur hervorgebracht hat und in Einheit erhält. Das harmonische Zusammenspiel der »*unzähligen Individuen*« im Universum ist eine besonders treffende Vergegenständlichung der Größe und Einheit und schrankenlosen Schöpfungskraft Gottes.

Die traditionellen Vorstellungen von Himmel und Erde, oben und unten in einem hierarchisch geordneten Kosmos haben in Brunos Entwurf keine Berechtigung mehr: Die Erde selbst ist zum Himmelskörper geworden. Er betrachtet dieses Aufbrechen des menschlichen Erkenntnishorizonts als eine fruchtbare Verunsicherung überlieferter Denkgebäude. Deshalb widersetzt er sich auch vehement und mit satirischer Schärfe allen Versuchen einer Verharmlosung der sogenannten »kopernikanischen Wende«.

Die Lehre des Kopernikus ist für den Autor nicht ein isolierter Fortschritt im Bereich der Astronomie, etwa eine verbesserte und zuverlässigere Methode der Berechnung von Planetenbewegungen, und auch nicht lediglich eine Verlagerung des Zentrums des Universums von der Erde zur Sonne, ein Wechsel vom geo- zum heliozentrischen System. Indem Bruno dieses neue kosmologische Modell mit dem Übergang von einer mythisch-religiösen Welterklärung zur wissenschaftlichen Welterforschung im klassischen Griechenland in Beziehung setzt, deutet er darauf hin, daß die daraus zu ziehenden Schlüsse über den Bereich der Astronomie als Fachwissenschaft hinausgreifen. Die Lehre des Kopernikus macht deutlich, daß das auf Aristoteles zurückgehende parzellierende Konzept von Einzelwissenschaften mit ihren jeweils besonderen Methoden der Erkenntnisgewinnung unzulänglich ist: Die materielle Welt ist nicht Außenwelt in jenem absoluten Sinn, den dieses Konzept unterstellt. Bruno zeigt am Modell des Kopernikus, daß unreflektierte Beobachtung und Erfahrung trügerisch ist. Von der Erde aus, dem natürlichen Beobachtungsstandpunkt des Menschen, erscheint das All notwendig geozentrisch; erst wenn der Mensch unter Zuhilfenahme seiner spekulativen Fähigkeiten die Welt neu entwirft, kann er auch aus der nun reflektierten Beobachtung rechtfertigen, daß das heliozentrische System seine Welt angemessener beschreibt. Damit ist sie aber nicht länger Außenwelt schlechthin, sondern in einem besonderen Sinne seine Welt, und er muß konsequenterweise anerkennen, daß in Gottes Universum neben seiner Welt viele andere gleichrangige Welten existieren. Seine Selbstaufgabe als beobachtendes Subjekt, wie sie der Autor in *De gl'heroici furori* beschreibt, eröffnet ihm allerdings den erkennenden Zugriff auf den unendlichen Weltraum, in den seine Welt eingebettet ist. In diesem Sinne bricht Brunos Philosophie die Erkenntnisschranken des Menschen in ähnlicher Weise auf, wie Dädalus die Grenzen der physischen Fähigkeiten des Menschen durchbrochen hatte. H.Sta.

AUSGABEN: Venedig [recte Ldn.] 1584; Nachdr. Ann Arbor/Mich. 1974. – Florenz 1958 (in *Dialoghi italiani: dialoghi metafisici e dialoghi morali*, Hg. G. Aquilecchia, Anm. G. Gentile; krit.; Nachdr. ²1985, Hg. G. Gentile).

ÜBERSETZUNGEN: in T. A. Rixner u. T. Siber, *Leben und Lehrmeinungen berühmter Physiker*, H. 5, Sulzbach 1824. – *Zwiegespräche vom unendlichen All und den Weiten*, L. Kuhlenbeck (in *GW*, Bd. 3, Lpzg. 1904; Nachdr. Darmstadt 1983).

LITERATUR: L. Kuhlenbeck, *G. B. Seine Lehre von Gott, von der Unsterblichkeit der Seele und von der Willensfreiheit*, Bln. 1913. – G. Saitta, *Introduzione alla filosofia di G. B.* (in Giornale Critico della Filosofia Italiana, 29, 1950, S. 12–29). – D. W. Singer, *G. B. His Life and Thought. With Annotated Translation of His Work »On the Infinite Universe«*, NY 1950; ²1968. – L. A. Breiner, *Analogical Argument in B.'s »De l'infinito«* (in MLN, 93, 1978, S. 22–35). – M. Campanini, *L'infinito e la filosofia naturale di G. B.* (in Acme, 33, 1980, S. 339–369). – A. Deregibus, *B. e Spinoza. La realtà dell'infinito e il problema della sua unità*, Bd. 1, Turin 1981.

**SPACCIO DE LA BESTIA TRIONFANTE, proposto da Giove, effettuato dal Conseglio, revelato da Mercurio, recitato da Sofia, udito da Saulino, registrato dal Nolano**

(ital.; *Die Vertreibung der triumphierenden Bestie, vorgeschlagen von Zeus, durchgeführt vom Rate der Götter, offenbart von Merkur, berichtet von Sofia, gehört von Saulin, aufgeschrieben vom Nolaner*). Moralphilosophisches Werk von Giordano BRUNO, erschienen 1584 in London. – Die Schrift enthält drei Dialoge mit je drei Abschnitten, die auf einer doppelten Bühne spielen: im Himmel zwischen Zeus und dem Rate der Götter einerseits, auf der Erde zwischen Sofia und Saulin andererseits. Hier tritt gelegentlich auch Merkur auf. Es geht den Göttern um die Vertreibung der Mächte aus dem Himmel, die in den Sternbildern symbolisiert sind und die in der griechischen und römischen Mythologie ihren Ursprung haben. Ihnen wird negativer Einfluß auf Götter und Menschen zugeschrieben. Künftig sollen daher Tugenden ihren Platz einnehmen.

Das ganze Werk ist eine Allegorie und soll als solche verstanden werden. Es ist bezeichnend für die Grundeinstellung der Renaissance-Philosophie, die das Wissen um die Unzulänglichkeit des menschlichen Erkenntnisvermögens in Symbolen und Allegorien ausdrückt, für die der Bilderreichtum der antiken Mythen- und Geisteswelt eine ergiebige Fundgrube war. Diese Bildhaftigkeit ist charakteristisch für die gesamte Kultur der Renaissance. Statt in abstrakten Begriffen vollzieht sich der Ausdruck der Gedanken in Personifikationen (Sofia als Personifikation der Philosophie) und Bildern. Im *Spaccio* mit seinen die Geduld des heutigen Lesers bis zum Überdruß strapazierenden

Bildern erreicht dieses Prinzip seinen formalen Höhepunkt.
Thema ist die Grundlegung einer Moralphilosophie. Die Reform im Makrokosmos dient als Sinnbild einer Reform im Mikrokosmos. Die Reform des Himmels, von der Sofia dem Saulin berichtet, hinter welcher Figur sich vermutlich der Autor verbirgt, verweist auf die eigentlich gemeinte, innere Reform und Bewußtseinsänderung, die sich im Menschen selbst vollziehen soll. Die Dialoge sind deutlich von der christlichen Ethik geprägt. Bruno deutet in seinem Kampf gegen die abergläubische Astrologie die Sternbilder zu Sinnbildern menschlicher Fähigkeiten und Eigenschaften um. Die fatalistische Passivität gegenüber dem Einfluß kosmischer Mächte wird durch deren »Vertreibung« aufgehoben zugunsten der eigenen menschlichen Initiative. Der Gegensatz zwischen *virtù* und *fortuna* (Schicksal), der für das Denken und die Weltanschauung der Renaissance einen charakteristischen Topos bildet und der im höfischen Festspiel ebenso begegnet wie in politischen Traktaten und künstlerischen Darstellungen, erscheint bei Bruno unter einem neuen Aspekt. Vergeblich bemüht sich *fortuna* um einen Platz in seinem System; er wird der Tugend zuerkannt, die *»domitrice della fortuna«* (Bezwingerin des Schicksals) ist. Hier manifestiert sich der Autonomieanspruch des Menschen. Eine Leidenschaft hat sich entzündet, die thematisiert werden wird in Brunos Schrift *De gli eroici furori*, für die die Dialoge des *Spaccio* das Präludium sind.

H.U.Sch.

AUSGABEN: Paris [recte Ldn.] 1584; Nachdr. Ann Arbor/Mich. 1974. – Bari 1908 (in *Opere italiane*, Hg. G. Gentile, 2 Bde., 1907/08, 2; ern. 1925). – Lanciano 1920, Hg. G. Papini, 2 Bde. – Florenz ³1958 (in *Dialoghi italiani: dialoghi metafisici e dialoghi morali*, Hg. G. Aquilecchia; Anm. G. Gentile; krit.; Nachdr. ²1985, Hg. G. Gentile). – Mailand 1985.

ÜBERSETZUNGEN: *Reformation des Himmels*, L. Kuhlenbeck, Lpzg. 1889; ern. 1899. – *Die Vertreibung der triumphierenden Bestie*, L. Kuhlenbeck (in *GW*, Bd. 2, Lpzg. 1904). – Dass., P. Seliger, Bln. 1904.

LITERATUR: E. B. Hartung, *Grundlinien einer Ethik bei G. B., besonders nach dessen Schrift »Lo spaccio de la bestia trionfante«*, Lpzg. 1878. – V. Spampanato, *Lo »Spaccio de la bestia trionfante« con alcuni antecedenti*, Portici 1902. – L. Kuhlenbeck, *G. B., seine Lehre von Gott, von der Unsterblichkeit der Seele u. von der Willensfreiheit*, Bln.-Schöneberg 1913. – A. Sarno, *Lo »Spaccio della bestia trionfante« di G. B.* (in Giornale Critico della Filosofia Italiana, 3, 1922, S. 113–123). – L. Olschki, *G. B.* (in DVLG, 2, 1924, S. 1–78; auch Bari 1927). – E. Cassirer, *Individuum u. Kosmos in der Philosophie der Renaissance*, Lpzg./Bln. 1927, S. 49–76; 130–201. – M. Ciardo, *G. B. tra l'umanesimo e lo storicismo*, Bd. 1, Bologna 1960. – A. Ingegno, *Ermetismo e oroscopo delle regioni nello »Spaccio« bruniano* (in Rinascimento, 7, 1967).

## MARIE JOSEPH BRUSSE

\* 26.6.1873 Amsterdam
† 6.1.1941 Schoorl

**BOEFJE. Naar het leven verteld**

(ndl.; *Spitzbube. Nach dem Leben erzählt*). Sozialkritische Reportage von Marie Joseph BRUSSE, erschienen 1903. – Brusse schildert seine Bekanntschaft mit dem Gassenjungen Jan Rovers, dessen Lebensweg zwischen dem zehnten und vierzehnten Jahr er als Beauftragter der Vereinigung »Pro Juventute« verfolgte. – Zu Hause in einem Armeleuteviertel von seiner hysterischen Mutter falsch behandelt, von seinem gutmütigen Vater verhätschelt, treibt sich Jan mit seinem gleichaltrigen Freund Pukkie Tag und Nacht zwischen Rotterdam und Schiedam herum, zu trotzig, um zur Schule zu gehen, zu ungebärdig, um eine Lehre anzufangen, doch trotz seiner vielen Missetaten und seiner notorischen Lügen liebenswert in seiner Jungenhaftigkeit. Als er sich zu einem Einbruchsdiebstahl hinreißen läßt, wird er nach längerer Untersuchungshaft vor Gericht gestellt. Brusse interveniert, und Jan wird nicht verurteilt, sondern in die Obhut eines katholischen Ordens in Limburg gegeben, wo er zu einem ordentlichen Menschen heranwächst: »*So verschwand dieser fröhliche Greifvogel Spitzbube aus der Stadt, wo er fliegen und leben gelernt hatte ... Doch bevor er verschickt wurde, um etwas Braves zu lernen, wurde er erst gefangen und in einen Käfig gesteckt; denn eines Vögelchens Freiheitsliebe ... und eines Vögelchens Diebeslust müssen eingeschüchtert werden, will sich ein nun zahmes Vögelchen artig dressieren lassen.*«

Als Anhänger des europäischen Naturalismus bediente sich der Autor zumeist einer ungekünstelten, ja oft sehr derben Sprache, schob jedoch stilisierte Passagen als reizvolle Unterbrechungen ein. Sein tiefes Einfühlungsvermögen in die Psyche der Kinder und Jugendlichen bewog ihn dazu, ihren Jargon sehr häufig auch dort zu verwenden, wo er eigentlich als objektiver Referent berichtet. Diese lebensechte Wiedergabe und der warmherzige Humor machen die Reportage zu einer genußreichen Lektüre, die die eigentliche Absicht – Werbung für die Ideen der Pro-Juventute-Bewegung – vergessen läßt. »*Spitzbube, das Stück um Stück eine Erfahrung erzählt, ist eine Darstellung voll sprachlicher Phantasie, ein echt liebenswertes Kunstwerk von sehr persönlichem Humor.*« (de Meester)

W.Sch.

AUSGABEN: Rotterdam 1903. – Rotterdam 1957 [Ill. H. Meijer].

LITERATUR: P. H. Muller u. D. Kramer *Bibliographie van B.s werk* (in Opwaartse Wegen, 7, 1929/30, S. 379–384). – A. Richardo (in Groot Nederland, 1941, S. 172–176; m. Bibliogr.). – G. Stuiveling, *Een eeuw Nederlandse letteren*, Amsterdam 1957, S. 176. – J. C. Brandt-Corstius, *Geschiedenis van de Nederlandse literatuur*, Utrecht 1959, S. 250. – Ders. u. K. Jonckheere, *De literatuur in de moderne tijd*, Amsterdam 1959. – Anon., *Dag Boefje-dag tomaat* (in Communistische notities, April/Mai 1972, Nr. 37, S. 8/9).

## DENNIS VINCENT BRUTUS

\* 28.11.1924 Salisbury (heute Harare)

### A SIMPLE LUST. Selected Poems

(engl.; *Eine einfache Lust. Ausgewählte Gedichte*). Gedichtsammlung von Dennis Vincent BRUTUS (Rhodesien, heute Simbabwe), erschienen 1973. – Der Band vereinigt Brutus' Frühwerk: *Sirens Knuckles Boots* (1963), *Letters to Martha* (1968), *Poems from Algiers* (1970) sowie *Thoughts Abroad* (1970 unter dem Pseudonym John Bruin).
Die Gedichte von *Sirens* hat Brutus als »*Briefe an bestimmten Personen in der Form von Gedichten*« beschrieben. Obwohl nicht für den Druck bestimmt, wurden sie von U. Beier in Nigeria veröffentlicht, als der Autor wegen seiner Aktivitäten als Präsident des Südafrikanischen Nicht-Rassischen Olympischen Komitees im Gefängnis von Robben Island einsaß. Sie wurden auch Gegenstand eines Verhörs. Die an seine Schwägerin adressierten *Letters to Martha* befassen sich mit den Haftbedingungen, während die Bände *Poems* und *Thoughts* jene Gedichte enthalten, die er im darauffolgenden Exil schrieb. Der Sammelband markiert also wichtige Stadien im Leben des Verfassers, er gewährt aber auch Einblick in die Entwicklung seines lyrischen Stils.
Die subtile Mischung von Liebeslyrik und politischer Aussage, die für Brutus' frühe Gedichte kennzeichnend ist, zeigt sich schon im Eröffnungsgedicht von *Sirens*. Der Lyriker stellt sich als »Troubadour« des Mittelalters dar, der kämpfend, liebend und singend durchs Land zieht. Die Geliebte, um die er mit den Waffen der Liebe, Humor und Dichtung wirbt und für die er alles riskiert, ist keine Frau, sondern sein Land. Seine Beziehung zu Südafrika gestaltet sich als Liebesaffäre, sein lyrisches Mittel ist die Metaphorik von Leidenschaft und sexueller Eroberung. Ähnlich vielschichtig das Gedicht *At a Funeral*: Der Dichter beklagt den Tod einer frühverstorbenen schwarzen Ärztin, deren Schicksal zum Gleichnis für die Lage aller Schwarzen Südafrikas wird; die Sinnlosigkeit ihres Opfers, die frustrierten Hoffnungen, die mit ihr begraben werden, bieten den Anlaß, zum Aufstand gegen Unterdrückung aufzurufen, da »*Not Death but death's-head tyranny scythes our ground*«.
Für das Frühwerk des Dichters waren die Einflüsse von DONNE, SHAKESPEARE, HOPKINS, ELIOT und JOYCE wesentlich. Den englischen Metaphysikern verdankt er seine ausgeprägte Vorliebe für manierierte gedankliche Spielereien; den Ton der Shakespearschen Sonnette hört man in Zeilen wie »*It is the constant image of your face*« oder »*A common hate enriched our love and us*«. Typisch für die frühe Lyrik Brutus' ist eine wortschöpferische Überladenheit des Stils, etwa in Adjektiv-Prägungen wie »*passion-keen*« oder »*sweat-tear-sodden*« oder im Gebrauch von Substantiven als Verben wie »*Sharpevilled*« oder »*quixoting*«.
Während der Einzelhaft auf Robben Island unterzog Brutus seine eigene frühe Lyrik einer weitgehenden Kritik. Infolgedessen wird die sprachliche Dichte seiner Ausdrucksweise nun (etwa in *Erosion*) zugunsten eines wesentlich einfacheren Stils aufgegeben. Ergebnis dieses Prozesses sind die *Letters to Martha*. Diese Gedichte formulieren mit äußerster Präzision und Direktheit die Erlebnisse und Empfindungen des Dichters während der Haft. Manche beschreiben Gewalttätigkeit, Brutalität und sexuelle Erniedrigung, andere versuchen die Haltung des Inhaftierten zu Fragen der Religion, der Kunst und der zwischenmenschlichen Beziehungen neu zu bestimmen. Sie überzeugen durch die Ehrlichkeit ihrer Aussage, durch ihr Plädoyer für die Menschlichkeit. Exemplarisch die Standortbestimmung des Dichters im 1971 geschriebenen Schluß- und Titelgedicht der Sammlung *A simple lust is all my woe*: die einfache Lust ist der menschliche Drang nach Freiheit, die Funktion des Dichters ist das Artikulieren der Leiden und Hoffnungen der Entrechteten, der Enteigneten.
Die Lyrik von Dennis Brutus ist umstritten. Sowohl seine politische Haltung als auch seine stilistische Entwicklung sind heftig kritisiert worden. Außer Zweifel steht allerdings seine Bedeutung in der Literatur Südafrikas. Brutus wurde aber 1962 gebannt; danach wurde er in Südafrika totgeschwiegen, seine Werke waren nicht zugänglich, jedes Gesuch, auch nur einzelne seiner Gedichte zu drucken, wurde abgelehnt. C. GARDNERS in Südafrika gehaltener Vortrag *Brutus and Shakespeare* ein rühmenswerter Versuch, die Zensurbestimmungen zu umgehen – konnte dort nicht erscheinen. Erst 1988 wurden seine Werke in Südafrika wieder zugelassen. G.V.D.

AUSGABE: Ldn. 1973.

LITERATUR: D. Abasiekong, *Poetry Pure and Applied: Rabearivelo and B.* (in Transition, 1965, Nr. 23, S. 45–48). – C. Pieterse u. D. Duerden, *African Writers Talking*, Ldn. 1972, S. 53–61. – C. J. Driver, *The View From Makana Island: Some Recent Prison Books From South Africa* (in Journal of Southern African Studies, 2, 1975, S. 109–119). – B. Tejani, *Can the Prisoner Make a Poet?* (in African

Literature Today, 6, 1973, S. 130–144). – R. N. Egudu, *Picture of Pain: The Poetry of D. B.* (in *Aspects of South African Literature*, Hg. C. Heywood, Ldn./NY 1976, S. 131–143). – W. E. Thompson, *D. B.: An Interview* (in Ufahamu, 12, 1983, Nr. 2, S. 69–77). – J. Alvarez-Péreyre, *The Poetry of Commitment in South Africa*, Ldn. 1984, S. 130–145, – C. Gardner, *B. and Shakespeare* (in Research in African Literatures, 15, 1984, Nr. 3, S. 334–364). – T. Ojaide, *The Troubadour: The Poet's Persona in the Poetry of D. B.* (In Ariel, 17, Calgary 1986, Nr. 1, S. 55–69).

## GÜNTER DE BRUYN

\* 1.11.1926 Berlin

**LITERATUR ZUM AUTOR:**
S. Töpelmann, *Zu de B.s Erzählweise* (in WB, 1968, 6, S. 1184–1207). – L. Kusche, *Spezies carminativae* (in L. K., *Liebes- und andere Erklärungen*, Bln./Weimar 1972, S. 43–47). – M. Menge, *Briefe von Frauen* (in Die Zeit, 16. 11. 1973). – B. Allenstein, *G. de B.* (in KlG, 2. Nlg., 1979).

## BURIDANS ESEL

Roman von Günter de BRUYN, erschienen 1968. – Mit seinem zweiten Roman nach *Der Hohlweg* (1963) beginnt de Bruyn seine ironischen Schilderungen des DDR-Alltags, in denen das pathetische Ideal der sozialistischen Persönlichkeit und Lebenskünste des Kleinbürgers einander trefflich ergänzen. »Buridans Esel«, der zwischen zwei Heuhaufen verhungert (eine auf den mittelalterlichen Philosophen J. BURIDAN zurückgehende Metapher für die Unfähigkeit, sich zwischen zwei gleichartigen Möglichkeiten zu entscheiden), wird zum Gleichnis für die Situation des Bibliothekars Karl Erp, »*ein(es) saturierte(n) Wohlstandskommunist(en), dem zu Haus und Auto noch die Geliebte fehlt*«. Diese findet der bis dahin in geordneten Verhältnissen lebende Familienvater schließlich in der jungen Bibliothekspraktikantin Broder, die noch politische Ansprüche und Ziele hat. Die sich anbahnende Ehe- und Midlife-Krise des Vierzigjährigen wird manifest, als Erp sein Haus an der Spree verläßt, die Scheidung einreicht und zu dem jungen Mädchen zieht: Berliner Hinterhof, Altbauzimmer im vierten Stock, Toilette auf der Etage. Die Wohnverhältnisse rufen alsbald Zweifel an seinem Verhalten in ihm wach, und als Fräulein Broder nach bestandenem Examen eine Bibliotheksstelle auf dem Lande annehmen will, um dort tatsächlich die von Erp so oft beschworene Kulturrevolution zu verwirklichen, kapituliert dieser und kehrt in sein eigenes Heim zurück. Seine Frau aber hat sich unterdessen aus seiner Vormundschaft befreit und lebt ihr eigenes Leben. »*Zwei Frauen machen ihren Weg, ein Mann bleibt auf der Strecke*«, so lautet die Kurzfassung von de Bruyns Roman, in dem der Anspruch des Parteigenossen Erp, sein Leben gemäß seinen sozialistischen Idealen zu leben, vor den Reizen der kleinbürgerlichen Idylle, vor den Verlockungen von Wohlstand und Bequemlichkeit scheitert. Gelernt hat er aus dieser Affäre nichts. »*Glaub mir: bald bin ich wieder der alte*«, so versucht er nach seiner Rückkehr ins traute Heim seine Frau zu trösten. » ›*Eben*‹, *sagte Elisabeth, was er nicht begriff (und vorläufig auch nicht erklärt bekam).*« Die beiden Frauen verwirklichen jene persönliche Emanzipation, von der Erp nur träumt, und die zugleich auch gesellschaftliche Konsequenzen hat. Während Fräulein Broder sich nicht von dem verlockenden Angebot einer Stelle in Berlin korrumpieren läßt und sich für die notwendige politische Arbeit auf dem Land entscheidet, gelingt es Erps Frau Elisabeth, sich aus der dienenden Rolle der Ehefrau zu befreien und sich auch beruflich selbständig zu machen. Erp dagegen verharrt im Zustand entschuldigender Rechtfertigung.

De Bruyns Roman, im selben Jahr wie Christa WOLFS *Nachdenken über Christa T.* erschienen, zeichnet ein ironisch-kritisches Bild des DDR-Alltags aus der Perspektive jener Generation, die das Gegebene nicht mehr an den politischen Kämpfen der Vergangenheit mißt, sondern an den Freiräumen und Entwicklungschancen des einzelnen. Der Roman steht damit in einer Reihe mit Werken, die seit Brigitte REIMANNS *Ankunft im Alltag* (1961) eine meist skeptisch verlaufende Bestandsaufnahme der DDR-Gegenwart unternehmen und zu deren bekanntesten Beispielen die Texte von Christa Wolf und Ulrich PLENZDORF (*Die neuen Leiden des jungen W.*, 1972) zählen. Stets auch reflektieren diese Texte, und der Roman de Bruyns lebt von literarischen Anspielungen und Zitaten, die Rolle und die Wirkungsmöglichkeit von Literatur in der modernen Gesellschaft wie auch die kulturpolitischen Leitlinien zum literarischen Erbe, worauf die DDR-Autoren verpflichtet werden; ein Thema, das de Bruyn zehn Jahre später in seinem Roman *Märkische Forschungen* erneut aufgreift. KLL

AUSGABEN: Halle 1968. – Mchn. 1969. – Ffm. 1977 (FiTb).

DRAMATISIERUNG: U. Plenzdorf, 1975.

VERFILMUNG: DDR 1978/1979 (Drehbuch: U. Plenzdorf).

LITERATUR: E. Simons, Rez. (in Neues Deutschland, 15. 1. 1969). – S. Brandt, Rez. (in Die Zeit, 16. 1. 1969). – H. Scheffel, Rez. (in FAZ, 22. 11. 1969). – M. Reso, *Karl Erp und die Heuhaufen* (in SuF 1969, H. 3, S. 751–764). – P. Gugisch, *Eine gewöhnliche Geschichte* (in NDL 1969, H. 12, S. 138–144). – E. u. H. Kaufmann, *Glück ohne Ruh* (in dies., *Erwartung und Angebot*, Bln./DDR 1976, S. 151–155).

## MÄRKISCHE FORSCHUNGEN. Erzählung für Freunde der Literaturgeschichte

Roman von Günter de BRUYN, erschienen 1978. – Bereits in seinem Roman *Preisverleihung* (1972) setzte sich de Bruyn äußerst kritisch mit dem offiziellen Literaturbetrieb in der DDR auseinander. Eine Literaturwissenschaft, die sich parteipolitischen Kriterien unterwirft, wird nicht nur inhaltlich fragwürdig, sondern fordert auch von ihren Interpreten fortwährende Selbstverleugnung.

Während einer Autopanne in der Mark begegnen sich der berühmte Geschichtsprofessor Menzel und der Dorfschullehrer Pötsch. Beide entdecken ihr gemeinsames Interesse an dem aus dieser Gegend stammenden Dichter Max von Schwedenow. Während der Dorfschullehrer als detailbesessener Literaturforscher an einer Biographie des vergessenen Dichters aus dem 19. Jh. arbeitet, geht es dem Professor mehr um die große politische Linie des in seinen Augen revolutionären Dichters. *»Stand Menzel gleichsam auf einem Aussichtsturm und schaute durch ein Fernrohr in die Weite, so Pötsch, mit Lupe auf platter Erde, wo jede Hecke ihm den Blick verstellte. Sein Wissen war begrenzt, doch innerhalb der Grenzen universal.«* Professor Menzel, der kurz vor der Veröffentlichung seines Werkes über Schwedenow steht, versucht nun, nicht nur Pötschs Wissen, sondern auch dessen Begeisterung für seine Zwecke auszunützen. Er glaubt, in dem naiven *»Hobby-Historiker«* jemanden gefunden zu haben, *»der Frondienste freudig leistet und bei dem Verehrung kritisches Urteil unterdrückt.«*

Mit der Aussicht auf eine Stelle an seinem Institut zieht er Pötsch in seinen Bann, der sich in seiner wissenschaftlichen Arbeit endlich ernstgenommen sieht und sich der Anerkennung des Professors würdig erweisen will. Stolz überreicht er Menzel zu dessen 50. Geburtstag einen Aufsatz über Schwedenow, der jedoch alle bisherigen Forschungsergebnisse des Professors zunichte macht. Denn Pötsch hat herausgefunden, daß der vermeintlich revolutionäre Dichter Schwedenow nur das literarische Pseudonym eines aktiven Verfechters der Restauration war. *»Gesichert habe ich mir in der Geschichte der Geschichtsschreibung einen Ehrenplatz, indem ich Schwedenow auf einen setzte. Ich habe graues Haar gekriegt, dabei, und nun kommst du aus deinem Dorf daher und machst mir (ich glaube dir ja: in aller Unschuld) das kaputt. Dir muß doch klar sein, daß mir jedes Mittel recht ist, dich daran zu hindern.«* In der Tat läßt Menzel bis hin zu subtilsten Erpressungsversuchen kein Mittel aus, Pötsch an der Publikation seiner Arbeit zu hindern. Doch trotz aller Einschüchterungsversuche vertritt Pötsch während seines ersten und zugleich letzten öffentlichen Auftritts seine Thesen, die jedoch im Wortschwall des Professors und dem Tosen eines Gewitters untergehen. *»Böse war es nicht gemeint, nur ernst, sehr ernst,«* so verteidigt Professor Menzel seine rhetorische Entwertung von Pötschs Forschungsergebnissen und bringt ihrer beider Positionen abschließend auf einen Punkt: *»Dir geht's um ein Phantom, das du, wie ich dich kenne, Wahrheit nennst. Mir geht es um viel mehr: um Sein oder Nichtsein in Wissenschaft und Nachwelt.«*

De Bruyns Parodie auf die Wissenschaft (nicht nur in der DDR), die sich ihre Ergebnisse von der Politik und den persönlichen Interessen von Institutsvorstehern vorschreiben läßt, spielt im Stil von Jean PAUL mit den detailfreudig geschilderten Grotesken des Alltags und den Erwartungen des Lesers. Wie Irmtraud MORGNER oder Fritz Rudolf FRIES sieht sich auch de Bruyn in der Tradition dieses Autors, über den er drei Jahre zuvor eine Biographie verfaßt hatte (*Das Leben des Jean Paul Friedrich Richter*, 1975) und der in den DDR-Literaturgeschichten nach dem Verdikt von Georg LUKÁCS zunächst der *»Verklärung der kleinbürgerlich-spießerhaften deutschen Misere«* für schuldig befunden, dann aber als verborgener Jakobiner (W. HARICH) rehabilitiert wurde. KLL

AUSGABEN: Halle/Lpzg. 1978. – Ffm. 1979. – Ffm. 1981 (FiTb).

LITERATUR: K. Corino, Rez. (in Deutsche Zeitung, 16. 3. 1979). – M. Jäger, Rez. (in Deutsches Allgem. Sonntagsblatt, 15. 4. 1979). – N. Marggraf, Rez. (in FRs, 12. 5. 1979). – W. Werth, Rez. (in SZ, 23. 5. 1979).

## NEUE HERRLICHKEIT

Roman von Günter de BRUYN, erschienen 1984. – In der *»Neuen Herrlichkeit«*, einem staatlichen Ferienheim auf dem märkischen Land, will Viktor Kösling, Sohn eines prominenten Vaters und für die Diplomatenlaufbahn bestimmt, seine Doktorarbeit schreiben, bevor berufsbedingte Auslandsaufenthalte ihn voll beanspruchen. Das Haus, abgelegen und ein wenig verkommen, böte Ungestörtheit, wenn Kösling sich nicht mehr für die Bewohner als für seine Arbeit interessierte. Besonders hinderlich für die Konzentration auf sein Thema *»Die Außenpolitik der preußischen Regierung während der Französischen Revolution – unter besonderer Berücksichtigung des Einflusses der Handwerker- und Bauernunruhen in den Provinzen«* ist sein Interesse an dem lispelnden Stubenmädchen Thilde.

Die Idylle auf dem Land ist nur eine vermeintliche. Solange das Haus von Schnee eingeschlossen ist, herrscht unter dem Eindruck des Notstandes zwar Harmonie, doch als die Verbindung zur Außenwelt wieder hergestellt ist, brechen die Konflikte in dem komplizierten Beziehungsgeflecht der agierenden Personen offen aus.

Statt *»Neuer Herrlichkeit«* herrscht *»Neue Traurigkeit«*, de Bruyns Anleihe – und Hommage – an die *»Große Gereiztheit«* unter den Akteuren in Thomas MANNs Zauberberg-Sanatorium. Der Heimleiter wird undurchsichtiger Machenschaften wegen verhaftet. Thildes Großmutter, an Arteriosklerose leidend, sorgt durch ihre Ruhelosigkeit für Aufregung, Sebastian, Gärtner und Hausknecht, macht gegen Kösling ältere Rechte auf Thilde geltend. Eine Prominentenwitwe verschafft sich Aufregung, indem sie brieflich ein platonisches Verhältnis zu Kösling inszeniert. Kösling selbst ist vordergründig entschlossen, Thilde zu heiraten. Das aber verhindert seine ehrgeizige Mutter, die sogar ihren geschiedenen Gatten, den berühmten Kösling, zum Eingreifen bewegt. Das Ehepaar, das nur die Sorge um den immer noch unmündig gehaltenen Sohn verbindet, ist sich einig, daß Thildes gar zu proletarische Herkunft eine Heirat mit ihrem Sohn verbietet. Offiziell können die Köslings zu einem unanfechtbaren Argument Zuflucht nehmen. Die Mutter des Mädchens befindet sich nämlich seit Jahren im Westen des geteilten Landes, und »*Westverwandtschaft*« würde die diplomatische Karriere des Sohnes ruinieren. Viktor Kösling reagiert wie immer so, wie man es von ihm verlangt – darin allein liegt seine große Begabung: »*Um Erwartungen zu entsprechen, braucht er nur deren Kenntnis; wenn er die hat, ist er bald, was er soll.*«

Die Tage der »*Neuen Traurigkeit*« lassen die Heimbewohner über ihre unterschiedlichen Lebensvorstellungen reflektieren: Bewerten die einen den Wunsch nach Veränderung, Kreativität und Ehrgeiz als Ausdruck ihrer Selbstwerdung, so sehen die anderen darin nur die Unzufriedenheit mit dem gegenwärtigen Sein und beteuern den Vorzug der Genügsamkeit. De Bruyns Männer können sich zwar sensibel auf ihre Umwelt einstellen, kritische Distanz zu sich selbst finden sie aber nie. Viktor Kösling hat sowenig wie Karl Erp in *Buridans Esel* (1968) die Fähigkeit, aus Lebenserfahrungen so viel zu lernen, daß er sich ändern könnte. Beide zeigen sich ihrer Liebesgeschichte, die Mut und Durchsetzungsvermögen, vor allem aber »Stabilität des Gefühls« erfordern würde, nicht gewachsen. Kösling nimmt schmerzlichen Abschied von Thilde, ganz unglücklich über die Abreise ist er dennoch nicht.

De Bruyn versteht sich darauf, falsche Idyllen aufzudecken und den ironischen Blick auf unangebrachte Selbstsicherheit zu lenken. Nach dem Exodus der DDR-Autoren in den späten siebziger Jahren gehört er zu den wenigen Schriftstellern dieses Landes, die in der Lage sind, Alltagsverhalten und Alltagsverhältnisse der DDR souverän mit dem offiziellen, harmoniesüchtigen Ideal der »*entfalteten sozialistischen Persönlichkeit*« zu kontrastieren. KLL

AUSGABEN: Ffm. 1984; ³1986. – Halle 1985.

## PREISVERLEIHUNG

Roman von Günter de BRUYN, erschienen 1972. – Der Roman schildert einen Tag im Leben des Dr. Theo Overbeck, Assistent am Germanistischen Institut, der sich verpflichtet hat, die Laudatio auf den preisgekrönten Roman seines ehemaligen Freundes Paul Schuster zu halten. Die Aufgabe ist heikel, nicht nur, weil seine Freundschaft zu Schuster in die Brüche ging, als er dessen Freundin heiratete, sondern vor allem, weil er an dem Werk nichts findet, was er loben könnte: ein »*hochgelobter Ladenhüter und preisgekrönter Staubfänger*«, eine opportunistische Anpassung an die herrschende Parteilinie. Overbeck sucht zunächst Zuflucht bei seinem Vorgesetzten, Professor Liebscher, der ihm jedoch »*Subjektivismus*« vorwirft. So fügt sich Overbeck in das scheinbar Unvermeidliche, seine Laudatio jedoch gerät zur Farce, da er weder seine Kritik an dem Roman noch dessen Lob formulieren kann. Erst als seine Frau Irene durch ihre einstündige Verspätung den Vortrag stört, findet er zu einem Ende. Wider Willen hat er die Zwänge und Tabus seiner beruflichen Existenz erkannt, bewußt greift er nun die Tabus seiner Ehe an: die materiellen Ansprüche, die mit Bedacht gewahrte familiäre Harmonie, das Eingeständnis, daß Schuster der Vater ihres Kindes ist.

Wie in *Buridans Esel* (1968) und später in *Märkische Forschungen* (1978) parodiert de Bruyn auch hier die Mechanismen des Kultur- und Literaturbetriebs in der DDR, und verbindet diesen thematischen Strang mit der für ihn typischen, detailfreudigen Darstellung individueller Lebenswelten. Das »*gewaltsame Erfassenwollen sozialer Totalität*«, hatte der Autor rückblickend über seinen ersten Roman *Der Hohlweg* geurteilt, sei ein »*Holzweg*«; Entfremdung, kleinbürgerliche und politische Zwänge, die Defizite eines Sozialismus, der letztlich an den Bedürfnissen der Menschen sich orientieren sollte – diese Tendenzen sieht de Bruyn schärfer und zugleich differenzierter in den privaten Lebensumständen seiner Helden abgebildet, die er mit ironischer Anteilnahme zeichnet. M.Pr.

AUSGABEN: Halle 1972. – Ffm. 1982 (FiTb).

LITERATUR: F. J. Raddatz, Rez. (in Die Zeit, 12. 10. 1973). – J. Engler, *G. de B.: »Preisverleihung«* in (WB, 1973, H. 4, S. 153–161). – R. Melchert, *Literaturexkurse in einem Roman* (in SuF, 1973, H. 6, S. 1307–1313). – M. Reich-Ranicki, *G. de B.s zwei verschiedene Schuhe* (in Merkur, 1973, H. 12). – H. Scheffel, Rez. (in FAZ, 2. 3. 1974).

## WILLIAM CULLEN BRYANT

\* 3.11.1794 Cummington / Mass.
† 12.6.1878 New York

**DAS LYRISCHE WERK** (amer.) von William Cullen BRYANT.
Der im ländlichen Massachusetts in einer orthodox-kalvinistischen Familie als Sohn eines Arztes

mit literarischen Interessen aufgewachsene Bryant begann sehr früh zu lesen, vor allem englische Autoren des 18. Jahrhunderts. Im Anschluß an die Lektüre der *Ilias*-Übersetzung des in der Neuen Welt noch immer äußerst populären Klassizisten A. POPE verfaßte er die bereits 1808 gedruckte politische Satire auf Th. JEFFERSON, *The Embargo*. Auch die wenig später begonnenen und seit 1817 in der ›North American Review‹ erschienenen Dichtungen zeigen noch den Einfluß englischer Vorbilder (der sog. Friedhofspoesie, dann auch W. WORDSWORTHS). Aber Bryant, der durch das ohne sein Wissen vom Vater der ›North American Review‹ zum Abdruck übergebene Gedicht *Thanatopsis*, 1817 *(Todesschau)* sehr früh berühmt wurde, forderte gleichzeitig eine auch kulturell unabhängige, von europäischen Formtraditionen sich lösende, genuin amerikanische Poesie.

Wichtiges dichtungstheoretisches Dokument sind neben Essays die vier New Yorker Vorlesungen von 1826: *Lectures on Poetry*. Bryant lehnt die durch die breit rezipierte schottische Commonsense-Philosophie vertretene Auffassung von der Vorbildhaftigkeit der zu imitierenden klassischen Autoren ab. Dichtung ist für ihn eine (romantisch) expressive Kunstform, die nicht-ikonische, arbiträre Zeichen verwendet und im Sinne der Assoziationsphilosophie suggestive Wirkungen im Leser hervorrufen soll: eine »*Kunst, die die Symbole des Denkens auf solche Weise auswählt und anordnet, daß die Imagination auf die mächtigste und wunderbarste Weise erregt wird*«. Andererseits lehnt Bryant alles das, was bei den englischen »metaphysischen Dichtern« (DONNE, HERBERT) »*das Verstehen erschwert und ermüdet*«, ab. Er fordert selbst – in Entsprechung zum puritanischen »*plain style*«-Ideal (»*einfacher Stil*«) als auch zu Wordsworths Konzept der »*common language of men*« (»*gemeinsamen Sprache aller Menschen*«) – eine »durchsichtige« Sprache. Allerdings ist sein wie die Malerei der sog. Hudson-River-School u. a. seines Freundes Thomas COLE an der Wiedergabe sinnlicher Beobachtung orientierter Stil, der sich früh vom klassizistischen Formalismus abkehrt und nicht mehr in heroische Reimpaare à la Pope, sondern in flexible Blankverse gegossen ist, für modernen Geschmack kaum mehr kolloquial und macht eher einen gestelzten Eindruck.

Kennzeichen der Bryantschen Gedichte ist zudem der mehr oder minder organisch aus den poetischen Beobachtungen erwachsende moralisierende Ton, dessen Grundlage die Dichotomie geschichtslos sich erneuernder Natur hier und menschlicher Erfahrung von Krieg, Leid, Vergänglichkeit dort ist. Aus der Begegnung mit dieser um 1820 noch weitgehend unberührten Natur empfängt der Mensch, dem sich wenigstens temporär ein idyllisch-pastoraler Fluchtraum eröffnet, Lehre und Trost. So gewinnt Bryant in *The Yellow Violet (Das gelbe Veilchen)* aus der Erfahrung, daß er an der zuvor als frühen Boten des Frühlings gepriesenen Blume im Mai achtlos vorübergeht, die Einsicht, der reich Gewordene dürfe nicht den härter Getroffenen vernachlässigen. In dem von M. ARNOLD bewunderten Gedicht *To a Waterfowl (An einen Wasservogel)* mit seinen chiastisch angeordneten drei- bzw. fünfhebigen Zeilen (3-5-5-3) und dem rhythmisch vermittelten Eindruck des Gleitens schöpft er aus dem sicheren Flug des Tieres die Hoffnung, daß auch Gott ihm selbst den Weg weisen werde. In *Inscription for the Entrance to a Wood (Inschrift für den Eingang zu einem Wald)* sieht er das menschliche Leben durch »*Leid, Verbrechen und Sorgen*« verdüstert, die »*Herz krank*« machen: Aber die Natur bietet Ruhe und Regeneration.

Bryant, der seinen Bruder einmal wegen eines Gedichts über die »*unamerikanische*« Feldlerche (Gegenstand eines berühmten Gedichts von P. B. SHELLEY) gescholten hat, fordert allerdings, der amerikanische Dichter müsse sich mit der nationalen Natur beschäftigen, so wie er es selbst u. a. in dem nationalistischen Blankversgedicht *The Prairies* tut. Er preist die »*Gärten der Einsamkeit*«, für die »*die Sprache Englands keinen Namen hat*«, und er versucht die ehemals von Erdhügelbauern und Indianern geprägte Frühgeschichte der weiten Prärien suggestiv zu evozieren. Zum Schluß entwirft er dann die Vision einer neuen Kolonisierung durch die Weißen.

Der politisch liberale, für den Freihandel und gegen die Sklaverei eintretende Bryant, dessen intellektuelle Energie sich schon seit den dreißiger Jahren dem Journalismus und der Redaktion seiner ›New York Evening Post‹ zuwendet, ist nicht nur der Dichter der Natur und des Todes, sondern auch des Fortschritts. Das zeigt sich in der poetischen Stellungnahme für die griechischen Patrioten der zwanziger Jahre *(The Greek Boy; Der griechische Junge)*, im häufig anthologisierten *The Antiquity of Freedom (Das hohe Alter der Freiheit*, 1842), in *The Death of Lincoln (Der Tod Lincolns*, 1865) oder *The Death of Slavery (Der Tod der Sklaverei*, 1866).

Berühmt geworden ist Bryant jedoch bereits in frühen Jahren durch das mehrfach überarbeitete Gedicht *Thanatopsis*, für das er Anregungen aus H. K. WHITE und aus R. BLAIRS Gedicht *The Grave* (1743), aber auch persönliche Erfahrungen verarbeitet hat. Diesen Text, in dem es um die rechte Haltung gegenüber dem Tod geht, hatte Bryant bereits mit ca. 16 Jahren begonnen; der Herausgeber R. H. DANA wollte nicht glauben, daß er von einem amerikanischen Dichter stammte. Auch hier wieder rät Bryant, angesichts der menschlichen Todesgewißheit auf die Stimme der mütterlichen Natur zu lauschen. Er dramatisiert in durchaus eindringlichen Versen eine Haltung, die als »*Loslösung von kalvinistischer Rechtgläubigkeit*« und als »*stoische Religiosität*« bezeichnet worden ist (Lubbers).

Der New Yorker Naturdichter Bryant, der nur gelegentlich den Preis der Großstadt anstimmen mochte, stürzte bei der Enthüllung eines Mahnmals für den italienischen Freiheitskämpfer G. Mazzini zu Tode. WHITMAN nannte ihn im Nachruf den »*Barden des Flusses und des Waldes*«, dessen Ansehen allerdings zu Beginn der Moderne

– H. MONROE griff ihn 1915 in den einflußreichen Zeitschriften ›Poetry‹ und ›The Dial‹ heftig an – rapide gesunken ist. Auch heute noch kreidet man ihm »*Mangel an gedanklicher Komplexität*« an, attestiert ihm aber andererseits doch ein sicheres Gefühl für dichterische Form (G. Arms). U.Bö.

AUSGABEN: *The Poetical Works*, 2 Bde., Hg. P. Godwin, NY 1883. – *Representative Selections*, Hg. T. McDowell, NY 1935. – *Selections from his Poetry and Prose*, Hg. S. Sillen, 1945, repr. NY 1966.

LITERATUR: P. Godwin, *A Biography of W. C. B.*, NY 1883. – T. McDowell, B.s Practice in Composition and Revision (in PMLA, 52, 1937, S. 474–502). – A. F. McLean, Jr., *W. C. B.*, NY 1964. – A. B. Donovan, *W. C. B.:* ›Father‹ *of American Song* (in New England Quarterly, 41, 1968, S. 505–520). – W. J. Free, *W. C. B. on Nationalism, Imitation and Originality in Poetry* (in Studies in Philology, 66, 1969, S. 672–687). – Ph. H. Brown, *W. C. B.*, NY 1971. – K. Lubbers, W. C. B., »Thanatopsis« (in *Die amerikanische Lyrik*, Hg. K. Lubbers, Düsseldorf 1974, S. 77–87). – J. T. Phair, *A Bibliography of W. C. B. and His Critics 1808–1972*, Troy, N.Y. 1975. – *W. C. B. and His America*, Hg. S. Brodweis, NY 1983.

## NIKEPHOROS BRYENNIOS

\* 1080 (?)
† 1136/37 (?)

### HYLĒ HISTORIAS

(griech.-byzant.; *Geschichtsstoff*). Historisches Werk von Nikephoros BYRENNIOS. – Nach seiner Vermählung mit der Kaisertochter ANNA KOMNENE stieg Byrennios am Hof von Konstantinopel zu hohen Würden auf. Er verteidigte 1097 das Reich gegen das abendländische Kreuzfahrerheer und 1116 mit einem glänzenden Sieg über die Seldschuken des Sultanats Ikonion. Sein auf Drängen der Kaiserin Eirene entstandes Geschichtswerk bietet für die Ereignisse der inneren und äußeren Geschichte des oströmischen Reichs in den Jahren 1070–1079 eine detaillierte Schilderung, die freilich in erster Linie den Aufstieg des Kaisers Alexios I. Komnenos verherrlichen sollte. In dieser Tendenz ist schon das ganz der Glorifizierung des Komnenen-Geschlechts gewidmete Vorwort geschrieben. In den darauffolgenden, insgesamt vier hinterlassenen Büchern spiegelt sich die krisenhafte Unruhe der überaus turbulenten Zeit, die der Herrschaft der Komnenen-Dynastie vorherging. Dem Charakter des Werks entsprechend werden die Aufstände der Adelsparteien, die zahlreichen Intrigen und der stets wachsende, von den Türken ausgeübte äußere Druck auf das Reich aus der Retrospektive des emporkommenden Herrscherhauses geschildert. Die chronologische Anordnung des Stoffs wird öfters zugunsten einer mehr lokal orientierten Darstellungsweise durchbrochen.
Die Schrift bildet, obgleich sie ein Torso geblieben ist, für jenen Zeitraum eine Hauptquelle. Denn Byrennios konnte sich auf amtliche Dokumente des kaiserlichen Hofs ebenso wie auf teils noch im vollem Wortlaut erhaltene Geschichtsdarstellungen anderer Historiker sowie auf mündliche Berichte stützten. Er bemüht sich in der überaus farbigen und lebhaften Schilderung um einen sorgfältigen attizistischen Stil, für den vor allem THUKYDIDES und XENOPHON als Vorbild gedient haben. P.W.

AUSGABEN: Paris 1662/63 (*Hyle historias. Nichephori Caes. Bryennii commentarii de rebus byzantinis*, Hg. P. Possinus, 2 Bde.; m. lat. Übers.). – Venedig 1729. – Bonn 1836 (*Nicephori Bryennii commentarii* Hg. A. Meineke; m. lat. Übers.). – MG, 127, S. 23–216. – Brüssel 1975, Hg. P. Gautier (*Nicephori Bryennii Historiarum libri quattuor*; m. frz. Übers.).

ÜBERSETZUNG: *Les quatre livres des Histoires*, H. Grégoire (in Byzantion, 23, 1953, S. 469–530; 25–27, 1955–1957, S. 881–926; frz.; m. Komm.).

LITERATUR: J. Seger, *Byzantinische Historiker des 10. und 11. Jh.s, eine philologisch-historische Untersuchung*, Diss. Mchn. 1888. – S. Wittek-De Jongh, *Le césar Nicéphore B., l'historien et ses ascendants* (in Byzantion, 23, 1953, S. 463–468). – A. Carile, *Il* ›Cesare‹ *Niceforo Briennio* (in Aevum, 42, 1968, S. 429–454). – Hunger, Bd. 1, S. 394–400. – I. Karayannopulos u. G. Weiß, *Quellenkunde zur Geschichte von Byzanz (324–1453)*, Wiesbaden 1982.

## JANKA BRYL'

\* 4.8.1917 Odessa / Ukraine

LITERATUR ZUM AUTOR:
A. Adamovič, Stanaŭlenne talentu (in Belaruskaja literatura, 1961, S. 183–212). – S. Majchrovič, *J. B.*, Minsk 1961. – J. Kane, *J. B.*, Moskau 1964. – S. Stankevič, Belaruskaja padsav. literatura peršaj palaviny 60-tych hadoŭ (in Zapisy, 1966, 4, S. 101–105). – L. Huseva, *J. B.*, Minsk 1968. – *Störche über den Sümpfen*, Hg. N. Randow, Bln./DDR 1971, S. 485–486. – V. Vitka, *Zapavetnaja laboratoryja pis'mennika* (in Polymja, 1971, 2, S. 230–237). – J. Jahoŭdzik, *Škola majstra* (in Literatura i mastactva, 30. 7. 1982). – R. Stankevič, *Radasc' dalučennja* (in Literatura i mastactva, 12.3.1982). – M. Tyčyna, *Svet-naš dom*

(in Polymja, 1983, 9, S. 204–215). – U. Kalesnik, *Usë Ljudskoe* (in Polymja, 1987, 6, S. 193–213). – J. Kane, »*Adhuknecca ŭ sercy čužy bol'*« (in Maladosc', 1987, 7, S. 147–159).

## NA BYSTRANCY

(wruth.; *An der Bystranka*). Erzählung von Janka BRYL', erschienen 1954. – Bryl's *Na Bystrancy* entstand im Jahre 1953, gleich nach Stalins Tod. Diese über hundert Seiten lange Erzählung schildert das Kolchosleben in Weißruthenien Anfang der fünfziger Jahre.
Der Philologiestudent und junge Schriftsteller Klimënak besucht im Dorf Lazoviči seinen Freund Nahorny, dessen Vater Leiter der Mühle ist. Eines Tages, als er den alten Nahorny in der Mühle vertritt, stößt Klimënak auf eine Gruppe Kolchosbauern, die über ihr bettelarmes Leben klagen und ihre Unzufriedenheit mit dem Sowjetregime äußern. Er hört von der Unbill, der die Dörfler ausgesetzt sind, und erkennt, daß die Arbeit in den Kolchosen niemals Wohlstand erzeugen kann. Aržanec beschwert sich über Brotmangel und allgemeine bittere Not, und der Kolchoswächter, ein Invalide, klagt über freudloses Leben. Die Kolchosbauern erhielten nur 200 g Brot pro Arbeitseinheit und er selbst bewache das große Kolchosland, damit niemand aus ihm Nutzen ziehen könne. Die Bäuerin Pachadzen'ka sagt, daß man viel arbeite, aber im Herbst nichts habe. Sie ruft: »*Möge uns der Himmel vor einem Leben wie in unserer Kolchose bewahren.*« Aržanec und der greise Wächter stellen bitter fest, jeder sowjetische Beamte sehe auf die Kolchosbauern herab und verziehe bei ihrem Anblick verächtlich den Mund. Mjakiš, ein weiterer Bauer aus der räsonierenden Gruppe, verbeugt sich sogar demütig vor einem Studenten, als sei dieser ein Sowjetbeamter. Klimënak erinnert sich, daß man sich im Minsker Studentenmilieu hinter vorgehaltener Hand von Erdhütten und von Frauen, die vor die Pflüge gespannt werden, erzählte und daß die mutigsten unter seinen Kommilitonen die Lehrbeauftragten mokant fragten, wie die jetzigen »*Nachkriegsschwierigkeiten*« vor dem Kriege geheißen hätten. Je länger Klimënak den Bauern zuhört, desto größer ist seine Empörung über die Lügen der zweitrangigen Literaten, die immer nur Positives über das Kolchosleben berichten und echte Schriftsteller verdrängen. Gleichzeitig bedauert er, daß er darüber, was die Bauern untereinander sagen, nicht schreiben kann.
Bryl's Kolchosbauern sind lebendige, psychologisch gut getroffene Gestalten. Sie treten durch ihre Erinnerungen, innere Monologe und Dialoge hervor (Majchrovič). Bryl's Erzählung überzeugt durch ihren poetischen, emotionellen, epithetareichen Stil. Seine echte, klangvolle Volkssprache, ist eine Bereicherung für die weißruthenische Literatur. – Die Erzählung ist das markanteste antistalinistische Dokument der weißruthenischen Literatur. 1955 mußte Bryl' sein Werk überarbeiten, die Kritik an der Kolchose mildern. Trotz der Überarbeitung wurde bis zum 20. Parteitag von der Kritik behauptet, die Erzählung sei ein verlogenes Werk, ein Pasquill gegen die sowjetische Wirklichkeit und habe einen fehlerhaften Ideengehalt. Sie wurde wegen der »*entstellten Darstellung sowjetischen Lebens*« (Astapenka) stark kritisiert.  A.Gaj.

AUSGABEN: Minsk 1954 (in Polymja, 6). – Minsk 1955. – Minsk 1960 (in *Zbor tvoraŭ*, 2 Bde., 2). – Minsk 1968 (in *Zbor tvoraŭ*, 4 Bde., 2). – Minsk 1980 (in *Zbor tvoraŭ*, 5 Bde., 2).

LITERATUR: U. Bojka, *Praŭda žyccja* (in Belarus', 1956, 8, S. 30). – U. Hlybinny, *Vierzig Jahre weißruthenischer Kultur unter den Sowjets*, Mchn. 1959, S. 103–104. – *Belaruskaja saveckaja proza*, Hg. V. Barysenka u. a., Minsk 1971, S. 258–261. – S. Andrajuk, *Tradycyi i sučasnasc'*, Minsk, 1981, S. 98–100. – *Historyja bel. sav. literatury 1941–1980*, Hg. M. Lazaruk u. a., Minsk 1983, S. 375–379.

## PTUŠKI I HNËZDY

(wruth.; *Ü: Vögel und Nester*). Roman von Janka BRYL', erschienen 1963. – Bryl's großer, teilweise autobiographischer Roman weist eine neuartige Anlage auf, ein gelungenes Geflecht epischer und lyrischer Elemente. 1964 gab ihm Bryl' allerdings eine andere, etwas schlechtere Fassung (Asipenka). Bei späteren Ausgaben wurde der Text zuweilen verfälscht (Tank).
Runevič – ein literarisches *alter ego* des Autors –, ein ehemaliger polnischer Soldat weißruthenischer Herkunft, beschwört während seiner Gefangenschaft im Zweiten Weltkrieg in Deutschland seine glückliche Jugend im Dorf Pasynki herauf. Die eigentliche Handlung, die von diesen idyllischen Erinnerungen immer wieder unterbrochen wird, ist nicht frei von prosowjetischen Propagandatönen. Und so besucht Runevič die sowjetische Vertretung in Berlin, wo er die »*geliebte, wunderbare russische Sprache*« hört und voll Freude Lenins Porträt betrachtet. In der Oberpfalz lebt er mit Gefangenen aus verschiedenen Ländern zusammen, die alle glauben, daß die UdSSR sie befreien werde. Krušyna, ein anderer weißruthenischer Gefangener, hält die UdSSR für ein Land mit der vernünftigsten und hoffnungsvollsten Staatsordnung. Runevič geht in seinen prosowjetischen Sympathien so weit, daß er die vor den Sowjets nach Deutschland geflohenen Weißruthenen als faschistisches Gesindel bezeichnet. In den Augen der sowjetischen Kritik ist Bryl' der erste sowjetische Autor, der »*den Faschismus in seiner Höhle*« schildert und sein »*häusliches, friedliches Gesicht*« zeigt (Kavalenka). Seine deutschen Protagonisten bringen dem Führer fanatische Bewunderung entgegen und begegnen ihren Vorgesetzten mit blindem Gehorsam. Beispiele dafür sind die Familie des Bauern Kamrath, die ihre arische Abstammung betont und Runevič ver-

höhnt, der grausame Kommandant der Strafkompanie Schrank und der »*hundsgemeine und gehässige*« Gutsverwalter Stunder. Runevič sieht überall in Deutschland Zynismus und Unmoral und kommt zu der Überzeugung, daß die Deutschen nach Unterjochung der ganzen Welt streben.
Und doch enthält das Werk patriotische Akzente und ungewöhnlich ehrliche, undogmatische Aussagen über Deutschland. Der Autor bezeichnet die Weißruthenen, die in der Gefangenschaft Heimweh haben, als »*zäh und mutig*«. Sein Held Runevič bekennt sich offen zur weißruthenischen Sprache und erinnert daran, daß die Kommunisten Cimoch und Suraha, obwohl sie seinerzeit in Polen Stalin gerühmt hatten, in der UdSSR liquidiert wurden. Ähnlich erging es Runevičs Bruder Sjarhej. Ungewöhnlichen Mut beweisen auch seine Nachbarn, die trotz indoktrinierender Ansprachen im Minsker Sender –»*Stalin ist unser Vater, unsere Sonne*« – laut sagen, Stalin sei ein Tyrann. Der Roman erinnert schließlich an die Geheimabmachung zwischen Stalin und Hitler – 1940 wendet sich ein deutscher Wachmann an die gefangenen Weißruthenen mit den Worten: »*Stalin und Hitler sind sich einig, die ganze Welt wird kaputtgehen*«. Manche Gefangene bekommen Post aus der Heimat, in der ihre Angehörigen in verschlüsselter Sprache ihre Misere unter den Sowjets schildern. Ein Weißruthene erzählt, seine Frau sei zum Leben in einer Kolchose gezwungen worden. Runevičs Bruder Tolja schreibt ihm, er solle nicht zurückkommen. Runevič will trotzdem nach Hause, hat aber Angst, weil seine Ansichten von den offiziell herrschenden abweichen.
Das Leben in der Gefangenschaft ist hart: Während die französischen Gefangenen, die von ihrer Regierung waggonweise mit Konserven und Schokolade versorgt werden, »*geradezu wie Großmagnaten*« leben, sind die Weißruthenen auf die tatenlose sowjetische Vertretung angewiesen, die nur mehrfache Ausfüllung von Fragebögen verlangt, statt zu versuchen, die Lebensbedingungen der Gefangenen zu verbessern. Der Angriff der Deutschen auf die UdSSR ruft unter den Weißruthenen Freude hervor. Das Leben der Gefangenen wird behaglicher. Runevič und Mazol' mieten ein sauberes Zimmer und lassen sich von einer deutschen Haushälterin verwöhnen; der Gefangene Cjaren' kauft sich neue Kleidung und eine Uhr; Runevič organisiert für seine Landsleute Unterricht in Weißruthenisch. Als die Deutschen seine Heimat besetzen, flieht er nach Hause. Auf dem Heimweg schenken ihm deutsche Bauern Brot und Speck. In seinem Dorf jedoch wird Runevič mit der Grausamkeit deutscher Soldaten konfrontiert, die Frauen und Kinder erschießen. Er schließt sich russischen Partisanen an, obwohl sie Pferde stehlen und dadurch in Runevičs Augen eher Ablehnung als Sympathie verdienen.
Der Roman weicht von dem dogmatischen sozialistischen Realismus ab, deshalb wurde er wegen der »*Entstellung der Wirklichkeit*« kritisiert wie auch dafür, daß Runevič jedem Menschen wohlwollend gegenübersteht (Burjan). Runevičs ausgeprägtes Nationalgefühl (Dzjubajla) empört viele Kritiker. Sie tadeln ihn ob seines Mangels an Klassenbewußtsein (Kalesnik) und dafür, daß er kein Kommunist ist (Hercovič). Der Roman wird oft verschwiegen. A.Gaj.

Ausgaben: Minsk 1963 (in Polymja, 11–12). – Minsk 1964. – Minsk 1968 (in *Zbor tvoraŭ*, 4 Bde., 3). – Minsk 1980 (in *Zbor tvoraŭ*, 5 Bde., 3).

Übersetzung: *Vögel und Nester*, J.-J. Grimm, Bln./DDR 1968.

Literatur: P. Dzjubajla, *Usimi farbami* (in Polymja, 1964, 4, S. 175–176). – U. Jurevič, *Adyseja pakut i zmahannja* (in Polymja, 1965, 2, S. 156–170). – V. Kavalenka, *Daver*, Minsk 1967, S. 57–59 u. 103–116. – *Bel. sav. proza*, Hg. V. Barysenka u. a., Minsk 1971, S. 316–317. – P. Dzjubajla, *Prablemy stylju ŭ sučasnaj bel. proze*, Minsk 1973, S. 131–141 u. 157–169. – S. Stankevič, *Belorussian Literature* (in *Discordant Voices*, Hg. G. Luckyj, Oakville/Ontario 1975, S. 32). – A. McMillan, *A History of Byelorussian Literature*, Gießen 1977, S. 316. – *Historyja bel. sav. litaratury*, Hg. M. Lazaruk u. a., Minsk 1983, S. 381–383. – A. Sjamënava, *Charastvo zjamli i neba* (in Polymja, 1981, 4, S. 222–224). – A. Adamovič, *Vojna i derevnja v sovremennoj literature*, Minsk 1982, S. 34–42.

## ERNEST BRYLL

\* 1.3.1935 Warschau

Literatur zum Autor:
J. Błoński, *Kassandra na etacie* (in J. B., *Odmarsz*, Krakau 1968, ²1978). – J. Kwiatkowski, *Zgrabna niezgrabność* (in J. K., *Remont pegazów*, Warschau 1969). – A. Lam, *Płynąć, zabić* (in A. L., *Pamiętnik krytyczny*, Krakau 1970). – A. Sandauer, *E. B. – klasa, naród, pokolenie* (in A. S., *Poeci czterech pokoleń*, Krakau 1977).

## OJCIEC

(poln.; *Der Vater*). Roman von Ernest Bryll, erschienen 1964. – Das Thema des 1964 in Polen zum literarischen Ereignis gewordenen Romans ist der Konflikt zwischen den überkommenen Traditionen der polnischen Bauernschaft und den wirtschaftlichen und gesellschaftlichen Umwälzungen auf dem Dorf unter den Bedingungen der sozialistischen Gesellschaft nach dem Zweiten Weltkrieg. Ausgetragen wird dieser Konflikt in den Auseinandersetzungen um die polnische Bodenreform. Der

Erzähler des Romans, der Sohn des Großbauern Zaremba, sucht sich ein Bild von Charakter und Gestalt des Vaters zu machen, dessen Leben und Handeln zwischen den Leitlinien des Sozialismus und des eingeborenen bäuerlichen Instinkts verlief. Als bekannter Sozialist und radikaler Volksparteiler wird der Vater von der Regierung in sein heimatliches Dorf geschickt, um die Bodenreform durchzuführen. Er weiß jedoch den Auftrag der Regierung dazu auszunutzen, sich in den Besitz eines Großteils des ehemaligen Herrenhofes und des besten Forstes zu bringen: Er wird zum Großbauern, zum Kulak, der in scharfen ökonomischen und gesellschaftlichen Gegensatz zur Mehrheit der übrigen Dorfbewohner gerät. »*Seine Wolfsnatur hat sich in ihm geregt*«, kommentieren die Kampfgefährten.

Brylls Roman knüpft an die literarischen Traditionen des 19. Jh.s an. Sein Interesse gilt der sozialpsychologischen Seite des Sujets. Vor allem in den folkloristischen Momenten des Romans, die dem Werk bald lyrische, bald dramatische, bald auch humoristische Akzente verleihen, macht sich das Erbe des nachromantischen polnischen Bauernromans geltend. M.D.

Ausgabe: Warschau 1964.

Literatur: H. Bereza, Rez. (in Nowe Książki, 1964, Nr. 18, S. 826–827). – A. Bukowska, Rez. (in Współczesność, 1964, Nr. 20, S. 9). – Z. Macużanka, Rez. (in Kultura, 1964, Nr. 48, S. 10). – E. Treger, Rez. (in Trybuna Mazowiecka, 1964, Nr. 284, S. 4).

## Jan Brzękowski

* 18.12.1903 Wiśnicz Nowy bei Bochnia
† 3.8.1983 Paris

Literatur zum Autor:
M. Giergielewicz, *Twórczość poetycka* (in *Literatura polska na obczyźnie 1940–1960*, Hg. T. Terlecki, Ldn. 1964, Bd. 1, S. 23–131). – A. K. Waśkiewicz, *Rygory wyobraźni wyzwolonej. O metarealizmie J. B.* (in Pamiętnik Literacki, 1972, H. 3). – W. P. Szymański, *Nadrealista mimo woli. Poezja J. B.* (in W. P. S., *Neosymbolizm*, Krakau 1973). – A. Płauszewski, *Teoria poetycka J. B.* (in Prace Polonistyczne, 31, 1975). – M. Danilewicz-Zielińska, *Szkice o literaturze emigracyjnej*, Paris 1978.

### ODYSEJE

(poln.; *Odysseen*). Gedichtzyklus von Jan Brzękowski, erschienen 1948. – Der Autor gehörte in den zwanziger und Anfang der dreißiger Jahre zu den führenden Dichtern und Theoretikern der polnischen und französischen Avantgarde, die sich durch ihre technisch-urbanistische Thematik, ihr Streben nach maximaler gedanklicher und sprachlicher Kondensation sowie durch ihre Vorliebe für ungewohnte Bild- und Wortassoziationen auszeichnete. Brzękowskis wichtigste Gedichtbände aus jener frühen Epoche sind *Tętno*, 1925 *(Der Pulsschlag)*, *Na katodzie*, 1928 *(Auf der Kathode)*, *W drugiej osobie*, 1933 *(In der zweiten Person)*, und *Zaciśnięte dookoła ust*, 1936 *(Um den Mund verengt)*. Das Nachkriegsschaffen des Dichters, zu dem neben den *Odyseje* die Gedichtzyklen *Les murs de silence*, 1956 *(Die Mauern des Schweigens)*, und *Przyszłość nieotwarta*, 1959 *(Ungeöffnete Zukunft)*, gehören, unterscheidet sich wesentlich von seinen avantgardistischen früheren Werken.

Die *Odyseje*, z. T. während des Zweiten Weltkriegs geschrieben, nähern sich der Richtung des sog. polnischen Katastrophismus – repräsentiert durch Dichter wie Czesław Miłosz und Józef Czechowicz. Die Gedichte dieses Zyklus handeln von Themen wie Krieg, Vergänglichkeit, Sehnsucht nach der Heimat usw. Es sind Gedichte von mythischer Bildhaftigkeit, überrealistisch, doch nicht naiv, sondern psychologisch motiviert, indem der Dichter sie aus einer konkreten Vorstellung oder Erinnerung entfaltet. Die in ihnen zum Ausdruck gebrachte philosophische Problematik der Vergänglichkeit und Dauer verbindet sich mit Erinnerungen aus der Kindheit oder Kriegserlebnissen. Das Gedicht *Kiermasz (Die Kirmes)* ist eine kurze Zusammenfassung der Menschheitsgeschichte und ihrer Mythen, Summe der Träume, der Lektüre und der Lebenserfahrung des Dichters. Sehnsucht nach der Heimat drückt sich in dem nach einem Ort in Polen benannten Gedicht *Bukowiec* aus, dessen Schlußverse lauten: »*Das Reh behaart und weich fließt langsam im Dunkeln / und hält den Mond im Maul.*« Von der früheren Faszination der sprachlichen Technik ist nur noch der Glaube an die dichterische Benennung geblieben. In *Słowa (Worte)* heißt es: »*Worte glätten Stille, Worte entfalten Ruhm, Worte füllen das schwangere Morgen und das volle Morgen, das aufgequollen ist mitten im keimenden Farnkraut und verwirrten Träumen.*« J.Kz.

Ausgabe: Paris 1948.

## Stanisław Brzozowski

* 28.6.1878 Maziarnia bei Lublin
† 30.4.1911 Florenz

Literatur zum Autor:
B. Suchodolski, *S. B. rozwój ideologii*, Warschau 1933. – K. Wyka, *S. B., dyskusja o Fryderyku*

*Nietzschem*, Krakau 1936. – A. Stawar, *O B. i inne szkice*, Warschau 1961. – Cz. Miłosz, *Człowiek wśród skorpionów. Studium o S. B.*, Paris 1962. – W. Roszewski, *B. jako krytyk współczesnej myśli filozoficznej* (in *Z problemów literatury polskiej XX wieku*, Bd. 1, *Młoda Polska*, Warschau 1965). – Twórczość, 1966, Nr. 6 (Sondernr.). – K. Wyka, *Łowy na kryteria*, Kraków 1967. – B. Cywiński, *Rodowody niepokornych*, Warschau 1971. – P. Trzebuchowski, *Filozofia pracy S. B.*, Warschau 1971. – K. Wyka, *Filozofia czynu i pracy u Jerzego Sorela i S. B.*, Warschau 1972. – B. Cywiński, *Narodowe i ludzkie myśli B.* (in Więź, 1972, Nr. 4). – A. Werner, *B. – krytyk i powieściopisarz* (in Teksty, 1972, H. 2). – A. Walicki, *S. B. and the Russian »Neomarxists« at the Beginning of the Twentieth Century*, Montreal 1973. – A. Mencwel, *Socjologia kultury i filozofia w myśli S. B.* (in Studia filozoficzne, 1973, H. 2, S. 113–126). – M. Grygorowicz, *Rola krytyki w kształtowaniu koncepcji powieściopisarstwa S. B.* (in Litteraria, 1973, Nr. 5, S. 97–135). – J. Z. Maciejewski, *W kłębowisku przeciwieństw. Obraz idei w prozie narracyjnej S. B.*, Warschau 1974. – *Wokół myśli S. B.*, Hg. A. Walicki u. R. Zimand, Krakau 1974. – E. Sowa, *Teoria twórczości S. B.* (in Studia filozoficzne, 1975, H. 6, S. 59–75). – A. Walicki, *S. B. i Edward Abramowski* (in Studia filozoficzne, 1975, H. 5, S. 21–55). – E. Sowa, *Pojęcie pracy w filozofii S. B.*, Krakau 1976. – M. Stepień, *Spór o spuściznę po S. B. w latach 1918–1939*, Krakau 1976. – A. Mencwel, *S. B. – kształtowanie myśli krytycznej*, Warschau 1976. – A. Walicki, *S. B. – drogi myśli*, Warschau 1977. – W. Mackiewicz, *B.*, Warschau 1979. – L. Jazukiewicz-Osełkowska, *Fiodor Dostojewski w twórczości S. B. i Stefana Żeromskiego, Studium porównawcze*, Warschau 1980. – M. Wyka, *B. i jego powieści*, Krakau 1981. – A. Chmielecki, *Teoria wiedzy S. B.*, Warschau 1984.

**LEGENDA MŁODEJ POLSKI. Studia o strukturze duszy kulturalnej**

(poln.; *Die Legende des »Jungen Polen«. Studien über die Struktur der kulturellen Seele*). Kulturhistorische Abhandlung von Stanisław BRZOZOWSKI, erschienen 1910. – Brzozowskis Arbeit entstand in der Endphase der 1890–1918 in der polnischen Literatur und Kunst vorherrschenden neoromantischen Bewegung des »Jungen Polen« (Młoda Polska). Sie ist zugleich Höhepunkt einer leidenschaftlichen Selbstkritik der Bewegung (BOY ŻELEŃSKI, NOWACZYŃSKI, STAFF, LEŚMIAN) und Abschluß der polnischen Neoromantik. Bereits während der Blütezeit der Bewegung hatten die Ereignisse der Revolution von 1905 die in WYSPIAŃSKIS Dramen *Wesele*, 1901 *(Die Hochzeit)*, und *Wyzwolenie*, 1903 *(Die Befreiung)*, sowie in ŻEROMSKIS Romanen *Ludzie bezdomni*, 1900 *(Die Heimatlosen)*, und *Popioły*, 1902/03 *(In Schutt und Asche)*, vorbereitete Erkenntnis gefördert, daß das Programm des »Jungen Polen«, das durch den Bruch mit der realistischen Kunst und eine für die Romantik charakteristische sozialpatriotische Orientierung gekennzeichnet war, den sozialen Forderungen und Problemen der Zeit nicht entsprach. Die verstärkte Berücksichtigung sozialpolitischer Themen in MICIŃSKIS *Kniaź Potemkin*, 1906 *(Fürst Potemkin)*, Żeromskis *Róża*, 1909 *(Die Rose)*, und BERENTS *Ozimina*, 1911 *(Wintersaat)*, vermochte nicht zu verhindern, daß die Kritik an Ziel und Programm des »Jungen Polen« zu einer leidenschaftlichen Abrechnung führte, deren Wortführer der aus den Reihen der Bewegung hervorgegangene Brzozowski war.

In fünfzehn Kapiteln, die die Ideenlosigkeit, die soziale Unfruchtbarkeit und das L'art pour l'art des »Jungen Polen« verurteilen und sich für eine sozial engagierte Literatur einsetzen, enthält seine Abhandlung eine scharfe Kritik der zeitgenössischen Kultur, deren Krise durch ihre Entfremdung vom sozialen Leben und ihren Widerstand gegen den technischen und ökonomischen Fortschritt der Menschheit bedingt ist. Die Ursache für diese Entwicklung sieht der Autor im gesellschaftlichen und geistigen Konformismus der polnischen Intelligenz, die durch die dekadenten, ästhetisierenden Tendenzen der modernistisch ausgerichteten Literatur den Bezug zur Wirklichkeit verloren hat. Voraussetzung einer *»schöpferischen, positiven Lebensanschauung«* ist die *»Idee der Arbeit«*, aus der Brzozowski die Forderung nach dem sozialen Charakter des Kunstwerks ableitet. Wesentlich ist nicht die Gestaltung, sondern der Inhalt des literarischen Werks.

Die Intention des Buches, das der Autor als Kritik des zeitgenössischen gesellschaftlichen Systems schlechthin verstanden wissen will, kommt am deutlichsten im zweiten Kapitel *Kryzys romantyzmu (Die Krise der Romantik)* zum Ausdruck. Es begreift die aus der Romantik hervorgegangene Bewegung des »Jungen Polen« als Auflehnung gegen den eigenen geistesgeschichtlichen Ursprung, wirft ihr jedoch zugleich *»psychische Armut«* als *»Folge der inneren Leere des polnischen – romantischen – Status quo«* vor. Bei aller Kritik gilt die Romantik dem Autor als Ursprung der *»polnischen Selbstbestimmung«*. Brzozowski sieht ihr Wesen in dem Streben, eine dem Willen unterworfene Welt zu schaffen, und hebt das Bemühen der Romantiker hervor, eine aktive Rolle bei der *»Gestaltung des Lebens der Menschheit«* zu spielen. Der Autor selbst knüpft in seinen philosophischen und kulturtheoretischen Arbeiten, die vielfach das Ziel verfolgen, eine eigenständige polnische Philosophie zu schaffen, immer wieder an das Gedankengut der Romantik an (*Wstęp do filozofii*, 1906 – *Einleitung in die Philosophie; Współczesna powieść polska*, 1906 – *Der zeitgenössische polnische Roman; Kultura i życie*, 1907 – *Kultur und Leben; Idee*, 1910 – *Ideen; Głosy wśród nocy*, 1912 – *Stimmen in der Nacht; Filozofia romantyzmu polskiego*, 1924 – *Die Philosophie der polnischen Romantik* usf.).

Ausführlich behandelt Brzozowski den von der jungpolnischen Bewegung wiederentdeckten Cyprian Kamil NORWID. Gleich Brzozowski, der unter der Parole eines »*rückhaltlosen Individualismus*« debütierte und in seiner »*Philosophie der Arbeit und Freiheit*« – auch »*Philosophie der Tat und Arbeit*« – die These von der »*äußeren Abhängigkeit der Wirklichkeit vom menschlichen Handeln*« vertrat, äußerte der extrem individualistische und intellektuelle Norwid die Ansicht, die Welt sei ein »*sozialsubjektives Gebilde*«, in dem der Mensch nicht durch den reinen Gedanken, sondern durch die Arbeit mit der Wirklichkeit in Berührung komme. Die Kunst spiele nicht die Rolle von »*Spiel und Wissenschaft*«, sondern die einer »*Fahne auf dem Turm menschlicher Arbeit*«. Weitere Beispiele einer von den Fesseln formaler Auswüchse und der herrschenden »*Ideen- und Geschichtslosigkeit*« befreiten Kunst erblickt der Autor in den Dramen Wyspiańskis, der Prosa REYMONTS, den Dichtungen ORKANS und MICIŃSKIS sowie im religiösen Werk KASPROWICZS.

Der geistesgeschichtliche Horizont der Abhandlung umspannt die gesamte zeitgenössische westeuropäische Kultur. Der Autor formuliert sein Urteil über Naturalismus, Dekadenz und Symbolismus und setzt sich mit WHITMAN, CARLYLE, CARDUCCI, VICO, LEOPARDI, ZOLA, FLAUBERT, BAUDELAIRE, ENGELS, SOREL u. a. auseinander. Brzozowski stützt seine Argumentation auf die Theorie der sozialen Evolution und den unter der polnischen Intelligenz der Zeit verbreiteten Marxismus, berücksichtigt jedoch zugleich die Mahnungen der revisionistischen Kritiker des Marxismus (Sorel u. a.), die, um Ethik und Ästhetik künftiger Generationen besorgt, dafür plädierten, die Religion in den Marxismus zu integrieren. Überdies verrät seine Abhandlung den Einfluß des Irrationalismus BERGSONS, BOUTROUXS' u. a. Das Interesse des Autors für das menschliche Individuum und für das, was diesem nützt, ist dem Pragmatismus verpflichtet. Der scharfe, kämpferisch moralisierende Ton, den die Abhandlung mit anderen Werken des Autors teilt, provozierte eine anhaltende Polemik. Gleichwohl übte Brzozowskis Philosophie und Literaturtheorie auf die polnische Intelligenz zwischen den beiden Weltkriegen einen nachhaltigen Einfluß aus, der auch heute noch zur Auseinandersetzung mit den Ansichten des Autors zwingt.

M.D.

AUSGABEN: Lemberg 1910. – Warschau 1937 (in *Dzieła wszystkie*, 1936–1938, Bd. 8).

LITERATUR: L. Kulczycki, *W poszukiwaniu nowego światopoglądu* (in Prawda, 1910, Nr. 33–37). – B. Biegeleisen, *O Legendzie* (in Widnokręgi, 1910). – J. Bełcikowski, *»Legenda Młodej Polski«. Refleksje ogólne z powodu książki S. B.* (in Świat, 1910, Nr. 20). – B. Chlebowski, *Książka B.* (in Książka, 1910, S. 49–55; auch in B. Ch., *Pisma*, Bd. 4, Warschau 1914). – J. Kodisowa, *»Legenda Młodej Polski« i katolicyzm* (in Prawda, 1910, Nr. 9). – J. Spytkowski, *S. B., estetyk-krytyk*, Krakau 1939. – W. Nałkowski, *Krytyka »Legendy Młodej Polski«* (in Epoka, 1939, Nr. 13; zul. in Nowa Kultura, 1951, Nr. 3). – M. Piwińska, *Legenda romantyczna i szydercy*, Warschau 1973. – C. Rowiński, *S. B. »Legenda Młodej Polski« na tle epoki*, Breslau 1975.

---

## MARTIN BUBER

\* 8.2.1878 Wien
† 13.6.1965 Jerusalem

LITERATUR ZUM AUTOR:
*Bibliographien:*
M. Catanne, *A Bibliography of M. B.'s Works (1895–1957)*, Jerusalem 1961. – *Bibliographie 1897–1930* u. *1930–1958* (in H. Kohn, *M. B.*, v. R. Weltsch ergänzte Neuauflage, Köln ²1961, S. 379–403 u. 480–484). – M. S. Friedman, *Bibliographie (1897–1962)* (in *M. B.*, Hg. P. A. Schilpp u. M. S. Friedman, Stg. 1963, S. 640–660).
*Biographien:*
M. B., *Autobiographische Fragmente* (in *M. B.*, Hg. P. A. Schilpp u. M. S. Friedman, Stg. 1963, S. 1–34). – G. Müller, *M. B., der Religionsphilosoph, der Zionist, der Sprachdenker* (in Zeitwende – Die Neue Furche, 9, 1965, S. 595–606). – G. Wehr, *M. B. in Selbstzeugnisse und Bilddokumente*, Reinbek bei Hmb. 1968; ern. 1986 (rm). – G. Schaeder, *M. B. Ein biographischer Abriß* (in *M. B. Briefwechsel I*, Hg. G. Schaeder, Heidelberg 1972, S. 19–141). – G. Wehr, *Der deutsche Jude M. B. Eine Biographie*, Mchn 1977. – M. S. Friedman, *M. B.'s Life and Work*, NY 1981–1983.
*Gesamtdarstellungen und Studien:*
W. Goldstein, *Die Botschaft M. B.s*, Jerusalem 1956. – H. U. v. Balthasar, *Einsame Zwiesprache. M. B. und das Christentum*, Köln/Olten 1958. – M. L. Diamond, *M. B. Jewish Existentialist*, NY 1960. – H. Kohn, *M. B. Sein Werk und seine Zeit. Ein Beitrag zur Geistesgeschichte Mitteleuropas 1880–1930*, mit einem Nachwort v. R. Weltsch: *1930–1960*, Köln ²1961. – E. Biser, *M. B.* (in Hochland, 55, 1962/63, S. 217–234). – *M. B.*, Hg. P. A. Schilpp u. M. S. Friedman, Stg. 1963. – A. Anzenbacher, *Die Philosophie M. B.s*, Wien 1965. – Sch. Ben-Chorin, *Zwiesprache mit B.*, Mchn. 1966. – W. Kraft, *Gespräche mit M. B.*, Mchn. 1966. – G. Schaeder, *M. B. – Hebräischer Humanismus*, Göttingen 1966. – B. Casper, *Das dialogische Denken. Eine Untersuchung der religionsphilosophischen Bedeutung Fr. Rosenzweigs, F. Ebners u. M. B.s*, Freiburg u. a. 1967. – L. Wachinger, *Der Glaubensbegriff M. B.s*, Mchn. 1970. – C. Schütz, *Verborgenheit Gottes. M. B.s Werk – Eine Gesamtdarstellung*, Zürich/Köln 1975. – R. Bielander, *M. B.s Rede von Gott. Versuch einer*

*philosophischen Würdigung des religiösen Denkens,* Bern/Ffm. 1975. – W. P. Eckert, H. L. Goldschmidt, L. Wachinger, *M. B.s Ringen um Wirklichkeit,* Stg. 1977. – G. Wehr, *Der deutsche Jude M. B.,* Mchn. 1977. – R. Moser, *Gotteserfahrung bei M. B.,* Heidelberg 1979. – *Dialog mit M. B.,* Hg. W. Licharz, Ffm. 1982. – H. Oberparleiter, *M. B. und die Philosophie. Die Auseinandersetzung M. B.s mit der wissenschaftlichen Philosophie,* Ffm. 1983. – *M. B. – Bilanz seines Denkens,* Hg. J. Bloch u. H. Gordon, Freiburg 1983. – D. Becker, *Karl Barth und M. B. – Denker in dialogischer Nachbarschaft? Zur Bedeutung M. B.s für die Anthropologie Karl Barths,* Göttingen 1986. – J. M. Oesterreicher, *The Unfinished Dialogue. M. B. and the Christian Way,* NY 1986. – M. Weinrich, *Grenzgänger. M. B.s Anstöße zum Weitergehen,* Mchn. 1987.

## DIE ERZÄHLUNGEN DER CHASSIDIM

Jüdische Anekdoten, gesammelt und aufgeschrieben von Martin BUBER, erschienen 1949. – Schon früh hat Buber damit begonnen, chassidisches Erzählgut zu sammeln und anfangs in freier, später in immer strengerer Form wiederzugeben. *Die Erzählungen der Chassidim* dürften eine in der Formulierung endgültige Auswahlsammlung sein, die alles Wesentliche aus der gewaltigen Fülle des Materials enthält. In der umfangreichen Einleitung erläutert Buber das Wesen und die historische Entwicklung des Chassidismus, einer religiösen Erneuerungsbewegung innerhalb des osteuropäischen Judentums, die er als Bewährung der Glaubenssubstanz nach dem Zusammenbruch verschiedener messianischer Hoffnungen im 17. Jh. bezeichnet. Als bedeutsamster Zug des Chassidismus wird das – schon in der Kabbala entwickelte – Bewußtsein bezeichnet, daß Gott in allen Dingen, allen Vorgängen des Lebens gegenwärtig sei. Die freudige Bejahung des Daseins, die sich hieraus ergibt, führt zu jener ursprünglich frommen Begeisterung, die es auch dem ungelehrten Chassid ermöglicht, sein ganzes Leben auf Gott zu konzentrieren.
Die »Erzählungen« entstammen durchweg der Volksliteratur, in der jene »legendären Anekdoten«, die sich die Chassidim von den Taten und Aussprüchen ihrer geistigen Führer, der Zaddikim, überlieferten, meist recht unbeholfen und oft auch entstellt festgehalten wurden. Beginnend mit ISRAEL BEN ELISER, genannt Baal-Schem-Tow (1700 bis 1770), dem Stifter des Chassidismus, zeichnet Buber das Bild der bedeutendsten Zaddikim, indem er aus den tradierten Anekdoten jeweils die charakteristischsten auswählt und sie in eine Ordnung bringt, die sowohl den historischen Persönlichkeiten und ihren mannigfaltigen Beziehungen untereinander gerecht wird als auch die in ihrer Bedeutung oft schwer verständlichen »Erzählungen« zu umfassenden Sinneinheiten gruppiert. Gleichzeitig nahm Buber eine kräftige Umformung des Materials vor und stellte die im ursprünglichen chassidischen Erzählen angelegte, in den späteren schriftlichen Fixierungen aber selten rein verwirklichte Form der pointierten Anekdote wieder her. Nicht zuletzt dank seiner konzentrierten, in ihrer schlichten Bildhaftigkeit fast archaisch anmutenden Sprache ist das Werk von großer Geschlossenheit und dichterischer Kraft.
Das Charakteristische dieser meist nur wenige Zeilen umfassenden »*heiligen Anekdoten*« ist, daß eine sinnbildliche Begebenheit in einer Sentenz des weisen Zaddik gipfelt, so daß sich »*in dem einen Vorgang der Sinn des Daseins*« ausspricht (Einleitung). Bezeichnend für das chassidische Denken ist eben diese intensive Wechselbeziehung zwischen Vorgang und Deutung, zwischen Außen und Innen, Leib und Seele. Als Beispiel für die poetische Transparenz dieser scheinbar so einfachen Gebilde sei eine Anekdote aus dem Bereich der Schule von Pżysha (19.Jh.) angeführt: »*Als er in Danzig war, ging Rabbi Bunam einmal am Abend in den Volksgarten. Da brannten viele Lichter, und Jünglinge und Mädchen lustwandelten in hellen Gewändern. Das sind die Kerzen des Versöhnungstages, sprach er zu sich, und das sind die Sterbekittel der Beter.*« V.H.

AUSGABEN: Zürich 1949. – Mchn./Heidelberg 1963 (in *Werke,* 3 Bde., 1962–1964, 3).

LITERATUR: M. Susman, *Die Botschaft der chassidischen Mystik an unsere Zeit* (in Der Jude. Sonderheft, Bln. 1928, S. 140–147). – L. Gulkowitsch, *Der Chassidismus als kulturphilosophisches Problem* (in *Acta et Commentationes Universitatis Tartuensis,* Tartu 1940). – F. Heckerling, *Vom Chassidismus zur ›Dialogischen Existenz‹* (in Wort u. Wahrheit, 4, 1949, S. 156–158). – M. Buber, *Hinweise. Gesammelte Essays,* Zürich 1953. – R. Pannwitz, *Der Chassidismus* (in *Beiträge zu einer europäischen Kultur,* Nürnberg 1954, S. 151–171). – G. Scholem, *Die jüdische Mystik in ihren Hauptströmungen,* Ffm. 1957. – R. Wernshauser, *Die chassidische Botschaft nach M. B.* (in NDH, 4, 1957/58, S. 963–973). – H. Kohn, *M. B. Sein Werk und seine Zeit,* Köln ²1961. – G. Scholem, *Von der mystischen Gestalt der Kabbala,* Zürich 1962. – Ders., *M. B.s Deutung des Chassidismus* (in Ders., *Judaica,* Ffm. 1963, S. 165–206). – M. B., *Werke,* Bd. 3: *Schriften zum Chassidismus,* Mchn.-Heidelberg 1963 [darin bes.: *Vom Leben der Chassidim (1908), Der Weg des Menschen nach chassidischer Lehre (1948), Die chassidische Botschaft (1952), Mein Weg zum Chassidismus (1918), Christus, Chassidismus, Gnosis (1954), Der Chassidismus und der abendländische Mensch (1956), Zur Darstellung des Chassidismus (1963), Noch einiges zur Darstellung des Chassidismus (1963)*]. – A. Mandel, *La voie du chassidisme,* Paris 1963. – J. E. Seiffert, *Das Erzieherische in M. B.s chassidischen Anekdoten,* Diss. Freiburg 1963. – R. Schatz-Uffenheimer, *Die Stellung des Menschen zu Gott und Welt in B.s Darstellung des Chassidismus* (in *M. B.,* Hg. P. A. Schilpp u. M. S. Friedman, Stg. 1963, S. 275–302). – G. Wehr, *Der Chassidismus,* Freiburg i. B. 1978.

## GOG U-MAGOG

(hebr.; Ü: *Gog und Magog*). Eine Chronik von Martin BUBER, erschienen 1943, in deutscher Fassung 1949. – Wie Buber in seinem Nachwort berichtet, geriet er bei seinem lebenslangen Sammeln chassidischer Erzählungen (vgl. *Erzählungen der Chassidim*) schon früh »*an einen gewaltigen Komplex von Geschichten, die inhaltlich zusammenhängen; sie bildeten geradezu einen großen Zyklus, wenn sie auch offenkundig von zwei verschiedenen, einander entgegengesetzten Tendenzen aus erzählt waren*«. Diese Geschichten haben einen historischen Kern. Zur Zeit der Napoleonischen Eroberungszüge versuchten einige Zaddikim (Gerechte, Bewährte; die Führer der chassidischen Gemeinden), »*durch theurgische Handlungen (die sogenannte praktische Kabbala) Napoleon zum ezechielischen ›Gog des Landes Magog‹ zu machen, auf dessen Kriege, wie einige eschatologische Texte verkünden, das Kommen des Messias folgen soll, und andere Zaddikim haben diesen Versuchen die Mahnung entgegengestellt, nicht durch äußere Gebärden, sondern allein durch die Umkehr des ganzen Menschen sei der Anbruch der Erlösung zu bereiten*«. Bubers intensivem Eindringen in die alten Texte enthüllte sich diese Auseinandersetzung immer deutlicher als der Kampf zwischen zwei überragenden Persönlichkeiten; die eine war Jaakob Jizchak, genannt der »Seher von Lublin«, weil er die Gabe hatte, mit seinem Blick weite Zeiten und Räume zu durchdringen, die andere sein Schüler gleichen Namens, zur Unterscheidung einfach »der Jude«, später, als er in Pžysha eine eigene Gemeinde führte, »der heilige Jude« genannt. Wie diese beiden Frommen durch ihre gegensätzliche Auslegung des Auftrags, Gottes Reich in der Welt zu verwirklichen, einander zum Schicksal wurden, so sehr, daß sie, im Feuer dieser Auseinandersetzung verbrannt, im gleichen Jahr starben, das ist das Grundthema, das dieser »Chronik« – auf den ersten Blick nichts anderes als eine Aneinanderreihung chassidischer Anekdoten, Legenden und Erzählungen, in denen Wesen und Leben der beiden Gegner ihre Spur hinterlassen haben – ihre verborgene Dramatik und heimliche Spannung gibt.

Der ersten Begegnung des Sehers mit dem jungen Mann, der seinen Namen trägt und in dem er sofort denjenigen zu erkennen glaubt, der nach seinem Tod einmal sein Werk fortsetzen soll, folgt der schmerzhafte Prozeß, in dem beide sich ihrer Gegnerschaft bewußt werden, und schließlich die Einsicht des großen Rabbi, daß er gescheitert ist und daß er in Wirklichkeit den »Juden« von der ersten bis zur letzten Stunde geliebt hat – nicht genug geliebt, wie ihm Bunam, der Freund des Juden, nach dessen Tod zu verstehen gibt. Denn die Liebe des Sehers ist ständig von manchmal nur mühsam beherrschtem Haß auf den einstigen Schüler bedroht, der durch sein schweigendes, manchmal aber auch ausdrückliches Abrücken von den magischen Praktiken, mit denen jener das Kommen des Messias zu beschleunigen sucht, des großen Rabbi Lehre, ja sein Verhältnis zu Gott in Frage stellt, obwohl der »heilige Jude« sich nie vermessen hätte, das zu tun. Vielmehr bleibt er dem Lehrer, »*dem vom Himmel große Macht verliehen worden ist*« und durch den er geworden ist, was er ist, zeitlebens so treu ergeben, daß er gehorcht, als der Lubliner, ratlos nach allen Fehlschlägen, ihm zumutet, er solle sterben und ihm vom Himmel Kunde bringen.

Buber gestaltete diesen gewaltigen Stoff weder zum Roman noch zum Drama. Die Ehrfurcht vor der geschilderten Wirklichkeit verbot ihm offenbar jeden schöpferischen Zugriff, der über die Rekonstruktion und Verdeutlichung der in der chassidischen Überlieferung sich andeutenden Zusammenhänge hinausgegangen wäre. Die typische Erzählweise der chassidischen Geschichten, die Verknüpfung von äußerer Begebenheit und innerem Sinn, der sich im erzählten Vorgang ganz konkret enthüllt, hat Buber zu konzentriertester Eindringlichkeit entwickelt. Die Form der legendären Anekdote, die, wie er einmal definiert hat, in dem erzählten Vorgang »*den Sinn des Daseins ausspricht*«, ist der prägnante Ausdruck des Glaubens an die Sinnerfülltheit, Sinnträchtigkeit auch des einfachsten Geschehens. Wenn zum Beispiel einem Bauern der Heuwagen umgestürzt ist, und es kommt ein anderer Chassid des Wegs, so ist es dem ersten ganz selbstverständlich, daß der andere ihm geschickt wurde, um ihm zu helfen, und daß er infolgedessen auch die Kraft haben muß, den Wagen zu heben: »*›Meinst du etwa gar‹, fragte ich, ›dein Wagen sei gestürzt, damit ich dir helfen könne?‹ – ›Was denn sonst, Bruder?‹ sagte er.*«

Buber verwahrt sich im Nachwort gegen die Meinung, *Gog und Magog* enthalte seine Lehre; er habe keine Lehre. »*Ich habe nur die Funktion, auf solche Wirklichkeiten hinzuweisen.*« Auf den ersten Blick scheint für die »Wirklichkeit«, die Buber in diesem Werk schildert: Frömmigkeit in ihrer reinsten und entschiedensten Gestalt, in der Welt kein Raum mehr zu sein. Doch der chassidische Glaube, daß hier und jetzt dem Menschen aufgetragen sei, sich und die Welt vom Übel zu erlösen, ist modernen Heilslehren eigentümlich nahe, auch wenn das, wozu diese erlösen wollen, nicht mehr Göttlichkeit, sondern Menschlichkeit genannt wird. G.Ue.

AUSGABE: Jerusalem 1943.

ÜBERSETZUNG: *Gog und Magog. Eine Chronik*, M. Buber, Heidelberg 1949; ern. Heidelberg/Mchn. 1963 (in *Werke*, Bd. 3; ³1978).

LITERATUR: M. v. der Gröben, *Wende ohne Ende der Zeit* (in Merkur, 4, 1950, S. 1329–1333). – K. Kerényi, *M. B. als Klassiker* (in NSRs, 20, 1952, 2, S. 96–99). – G. Scholem, *Die jüdische Mystik in ihren Hauptströmungen*, Ffm. 1957. – F. v. Hammerstein, *Das Messiasproblem bei M. B.*, Stg. 1958. – M. S. Friedman, *M. B. The Life of Dialogue*, NY ²1960. – M. L. Diamond, *M. B. Jewish Existentialist*, NY 1960.– M. B. *Werke*, Bd. 3, Mchn.-Heidelberg 1963 [darin bes.: *Die jüdische Mystik (1909)* u. *Abfolge der Zaddikim (1963)*]. – Ders., *Der Jude und sein Judentum. Gesammelte Aufsätze und Reden*, Köln 1963. – G. Scholem, *M. B.s Deutung des Chassidismus* (in Ders., *Judaica*, Ffm. 1963, S. 165–206). – J. Taubes, *M. B. und die Geschichtsphilosophie* (in *M. B.*, Hg. P. A. Schilpp u. M. S. Friedman, Stg. 1963, S. 398–413). – W. Kaufmann, *B.s religiöse Bedeutung* (ebd., S. 180–207). – H. Bergmann, *M. B. und die Mystik* (ebd., S. 265–274). – U. Hedinger, *Das Bedrängen des Endes. Reflexionen zu M. B.s Chronik »Gog und Magog«* (in Theolog. Zs., 22, 1966, S. 266–278). – G. Scholem, *M. B.s Auffassung des Judentums* (in ders., *Judaica II*, Ffm. 1970, S. 133–192). – G. Wehr, *Der Chassidismus. Mysterium und spirituelle Lebenspraxis*, Freiburg 1978. – R. Moser, *Gotteserfahrung bei M. B.*, Heidelberg 1979. – D. L. Berry, *Mutuality. The Vision of M. B.*, Albany 1985.

## ICH UND DU

Philosophisches Werk von Martin BUBER, entworfen 1916, erste Niederschrift 1919, endgültige Fassung erschienen 1923. – Buber versucht mit dieser bekanntesten seiner Schriften über das »dialogische Prinzip« die Überzeugung, von der sein gesamtes Werk kündet, »*Alles wirkliche Leben ist Begegnung*«, philosophisch zu begründen. Er beschreibt zunächst das zwiefältige Verhältnis des Ich zur Welt, das sich in den Wortpaaren Ich-Du und Ich-Es ausdrückt. Während aus der Begegnung Ich-Es die »Erfahrung« entspringt, stiftet das *»Grundwort Ich-Du ... die Welt der Beziehung«*, deren drei Sphären das Leben mit der Natur, das Leben mit den Menschen, das Leben mit den geistigen Wesenheiten sind. Beziehung ist für Buber ein Apriori: Das Hingewiesensein auf den anderen ist dem Menschen eingeboren. Solange er die Welt nur wahrnimmt, ist sie für ihn nichts als Gegenstand, zwar zuverlässig und unentbehrlich, aber doch »*urfremd«*. Erst wenn er jedem Ding als einer Wesenheit begegnet, zu jedem er oder du sagt, der er sich gibt, sagt die Welt Du zu ihm und gibt sich ihm. *»Ohne Es kann der Mensch nicht leben. Aber wer mit ihm allein lebt, ist nicht der Mensch.«* Erst durch die Beziehung zu einem Du wird er zu einem Ich. Der Weg des einzelnen Menschen wie der Menschheit führt über die immer reicher erschlossene Erfahrung der Welt und die immer vielfältigeren Möglichkeiten, von diesen Gegebenheiten, dem Es, Gebrauch zu machen, nur zu leicht zu einer »*Minderung der Beziehungskraft des Menschen – der Kraft, vermöge deren allein der Mensch im Geist leben kann«*. Geist aber ist für Buber Wort, *»Geist ist nicht im Ich, sondern zwischen Ich und Du.«* Nur durch diese Beziehung werden Eigenwesen zu Personen. Nur als Person hat der Mensch teil an der Wirklichkeit des Seins. *»Nach seinem Ichsagen – danach, was er meint, wenn er Ich sagt – entscheidet sich, wohin ein Mensch gehört und wohin seine Fahrt geht. Das Wort ›Ich‹ ist das wahre Schibboleth* [Erkennungszeichen, Losungswort] *der Menschheit.«* Bubers Definition eines »*Herrn des Zeitalters«*, der »*offenbar die Dimension des Du nicht kennt«*, wirkt bestürzend prophetisch: *»Das dämonische Du, dem keiner Du werden kann ... schicksalhaft ragend in Schicksalszeiten, dem alles zuglüht und der selbst in einem kalten Feuer steht, von dem keine Beziehung führt ...«.* Der Mensch, der kein Du kennt, kennt im Grunde auch kein Ich: »*Ich bin die Uhr, die besteht und sich nicht kennt«*, sagte Napoleon von sich selbst. Das Ich aber *»ist wie zu jeder auch zur höchsten Beziehung unerläßlich«*. Auch für die Beziehung zum Ewigen, zu Gott, gilt, daß sie nur zwischen Ich und Du geschehen kann. Für Buber gibt es keinen Dualismus zwischen Gott und Welt, »... *all die Welt mit im Du begreifen, der Welt ihr Recht und ihre Wahrheit geben, nichts neben Gott, aber auch alles in ihm fassen, das ist vollkommene Beziehung«*.

Hier ist eine Einsicht ausgesprochen, die Buber aus dem intensiven Umgang mit den Zeugnissen chassidischer Frömmigkeit aufging, welche zu sammeln er ein Leben lang nicht müde wurde. Die in seinen philosophischen Schriften, besonders in *Ich und Du*, in einer eigentümlichen Mischung aus begrifflicher Abstraktion und sprachlicher Expressivität beschriebene *»dialogische Existenz«* hat denn auch in den einfachen und bewegenden Bildern seiner *Erzählungen der Chassidim* und seines Romans *Gog und Magog* am überzeugendsten Gestalt gewonnen. M.A.-KLL

AUSGABEN: Lpzg. 1923. – Bln. 1936. – Heidelberg 1962 (in *Das dialogische Prinzip*). – Mchn./Heidelberg 1962 (in *Werke*, 3 Bde., 1). – Köln 1966.

LITERATUR: M. S. Friedman, *M. B. The Life of Dialogue*, NY ²1960. – W. Faber, *Das dialogische Prinzip M. B.s und das erzieherische Verhältnis*, Ratingen 1962. – M. B., *Werke*, Bd. 1: *Schriften zur Philosophie*, Mchn.-Heidelberg 1962 [darin bes.: *Elemente des Zwischenmenschlichen (1954)* u. *Zur Geschichte des dialogischen Prinzips (1954)*]. – M. Theunissen, *B.s negative Ontologie des Zwischen* (in PhJb 1964, S. 319–330). – Ders., *Der Andere. Studien zur Sozialontologie der Gegenwart*, Bln. 1965. – W. Grünfeld, *Der Begegnungscharakter der Wirklichkeit in Philosophie und Pädagogik M. B.s*, Ratingen 1965. – A. Babolin, *Essere e alterità in M. B.*, Padua 1965. – C. Frankenstein, *Du und Nicht-Ich. Zu M. B.s Theorie des Dialogs* (in Stimmen der Zeit, 11, 1966, S. 356–370). – R. Wimmer, *Die Dialogik des Menschen nach M. B.* (ebd., S. 126–144). – J. Bloch, *Die Aporie des Du. Probleme der Dialogik M. B.s*, Heidelberg 1977. – R. Horwitz, *B.s Way to I and Thou*, Heidelberg 1978. – P. R. Mendes-Flohr, *Von der Mystik zum Dialog. M. B.s geistige Entwicklung bis hin zum »Ich und Du«*, Königstein 1979. – A. S. Kohanski, *M. B.s Philosophy of Interhuman Relation*, Rutherford 1982. – I. Dilger, *Das dialogische Prinzip bei M. B.*, Ffm. 1983. – A. Marciano, *Au commencement est la relation. La philosophie du ›je‹ et tu‹ de M. B.*, Paris 1984. – R. C. Arnett, *Communication and Community. Implications of M. B.s Dialogue*, Carbondale/Ill. 1986.

## LADISLAV BUBLÍK

* 14.5.1924 Bzęnęc bei Hodonín

**PÁTEŘ. Z deníku neznámého brigádníka**

(tschech.; *Rückgrat. Aus dem Tagebuch eines unbekannten Brigademitglieds*). Novelle von Ladislav BUBLÍK, erschienen 1963. – Im Mittelpunkt der Novelle steht der junge Kommunist Karel Kratochvíl, Bautechniker eines Chemieunternehmens, Arbeiterkorrespondent und Propagandist, der im Zusammenhang mit der Verhaftung des Betriebsdirektors und aufgrund einer Denunziation in Ungnade fällt und »zur Bewährung« nach Kunčice bei Ostrau zum Aufbau eines Stahlwerks geschickt wird. Seine Frau Anka begleitet ihn dorthin, verläßt ihn aber, nachdem sie eine Fehlgeburt gehabt hat. Kratochvíl wird anfangs zu den schwersten und schmutzigsten Arbeiten abkommandiert. In einer Abwässergrube, »Sing-Sing« genannt, wird ihm klar, »daß die Arbeit nicht immer eine Ehre ist. Daß sie auch Erniedrigung sein kann. Und zwar auch beim Aufbau des Sozialismus. Wenn man unnütze Arbeit tut.« Allmählich lebt sich Kratochvíl jedoch in das Kollektiv ein und wird Vorarbeiter einer Stoßbrigade. Die Erkenntnis, daß die meisten seiner Gefährten unter der rauhen Schale ein gutes Herz haben, bestärkt ihn in seinem Haß gegen die stalinistischen Bürokraten, die den guten Willen und den Idealismus der Arbeiter mißbrauchen, eine Atmosphäre des Argwohns, des Terrors und der Demagogie schaffen. Kratochvíls Rebellion erreicht ihren Kulminationspunkt, als er erfährt, daß sein Freund, der Vorarbeiter Nevěřil (von *nevěřit*: nicht glauben), Selbstmord verübt hat, weil er wegen einer kritischen Äußerung angezeigt worden ist. »*Hat man uns nicht mit einem Knebel den Mund gestopft, hat man uns nicht in eine Zwangsjacke der Furcht gesteckt – der Furcht vor Mißtrauen, vor Veruntreuung, vor Verrat?... Hier fragt keiner, ob du Rückgrat hast und was für eins, doch man erkennt's, wenn du's beugst...*« empört sich Kratochvíl. Trotz seiner Zweifel entscheidet er sich aber schließlich dafür, in Kunčice zu bleiben. Er wird Vorarbeiter an einem der neuen Hochöfen, und auch seine Frau kehrt zu ihm zurück.

Die weitgehend autobiographische Novelle ist insofern kontrapunktisch aufgebaut, als einerseits der Enthusiasmus der Menschen gepriesen wird, die sich von der Romantik und dem Elan des Pionierlebens mitreißen lassen, andererseits aber gezeigt wird, wie man diese naive romantische Begeisterung mißbraucht. Bublík hat als einer der ersten tschechischen Autoren schonungslos die vom dogmatisch-bürokratischen System bemäntelte Kluft zwischen den objektiven wirtschaftlichen und politischen Realitäten und dem Wunschbild der idealistischen Pioniere des sozialistischen Aufbaus aufgedeckt. Die engagierte Novelle ist nicht zuletzt als bedeutsames Zeitdokument bemerkenswert. J.V.

AUSGABE: Ostrau 1963

VERFILMUNG: *Úplně vyřízený chlap* (ČSSR 1965).

LITERATUR: O. Rafaj, *Páteř nové české prózy* (in Červený květ, 1963, Nr. 6, S. 186). – M. Drozda, *O minulosti, která neminula* (in Plamen, Nr. 7, 1963, S. 113/114). – M. Jungmann, *Návrat směřující k budoucnosti* (in Literární noviny, 12, 1963). – M. Suchomel, *Co se všechno mění* (in Host do domu, 10, 1963). – *Slovo má L. B.* (in Nová svoboda, 25.10.1964). – J. Žalman, *Páteř bez páteře* (zur Verfilmung; in Film a doba, 11, 1965).

## NIKOLAJ IVANOVIČ BUCHARIN

* 9.10.1888 Moskau
† 15.3.1938 Moskau

**LITERATUR ZUM AUTOR:**
St. F. Cohen, *B. and Russian Bolshevism, 1888–1927*, Phil. Diss. Columbia Univ. 1969. – Ders., *B. and the Bolshevik Revolution. A Political Biography, 1888–1938*, NY 1973 [enth. Bibliogr.]. – Ü. Stehr, *Vom Kapitalismus zum Kommunismus. B.s Beitrag zur Entwicklung einer sozialistischen Theorie und Gesellschaft*, Düsseldorf 1973. – W. Süss, *N. I. B.: Gesellschaftliches Gleichgewicht und proletarische Revolution*, Bln. 1976 [enth. Bibliogr.]. – R. Medvedev, *N. B. The Last Years*, NY/Ldn. 1980 [Übers. A. D. Briggs].

**POÈZIJA, POÈTIKA I ZADAČI POÈTIČESKOGO TVORČESTVA V SSSR**

(russ.; *Poesie, Poetik und die Aufgaben des dichterischen Schaffens in der UdSSR*). Literaturtheoretische Abhandlung von Nikolaj I. BUCHARIN, erschienen 1934. – Nach den Fünfjahrplanbeschlüssen von 1927 und der Auflösung der literarischen Einzelgruppierungen zugunsten eines zentralen sowjetischen Schriftstellerverbandes im Jahre 1932 war der 1. Sowjetische Schriftstellerkongreß im Jahre 1934 das bedeutendste Ereignis der sowjetischen Literaturpolitik bis zum Ende der Stalin-Ära. Hier wurde nicht nur eine kritische Bestandsaufnahme der sowjetischen Literatur seit 1917 gemacht, sondern auch versucht, die künftigen Aufgaben der Sowjetliteratur zu bestimmen. Das umfangreiche Referat Bucharins, das, auf dem Kongreß in gekürzter Fassung vorgetragen, im gleichen Jahr in voller Länge in der ›Literaturnaja gazeta‹ erschien, war neben den Beiträgen GOR'KIJS und RADEKS einer der wichtigsten Beiträge des Kongresses. Bucharin, der über detaillierte Kenntnisse nicht nur der sowjetischen, sondern der gesamten europäischen Literatur und Ästhetik verfügte, setzt sich vor allem kritisch mit Problemen der Poetik und der russischen Gegenwartslyrik auseinander. Die sowjetische Literatur, stellt Bucharin fest, habe mit den Errungenschaften der gesellschaftlichen Entwicklung nicht Schritt gehalten; sie sei über das Stadium vor dem 1. Fünfjahresplan nicht hinausgekommen. Die sozialistische Literatur müsse mehr sein als nur mechanische Reproduktion von Aufbauprojekten oder bloße Paraphrasierung von Zeitungsartikeln. Vielmehr müsse der Objektivitätsbegriff in der Kunst neu überdacht werden. Wissenschaftliche und künstlerische Objektivität seien unterschiedliche Erkenntnisformen, meint Bucharin unter Berufung auf A. POTEBNJA. Trotzdem könne aus dem grundlegenden Gegensatz zwischen Wissenschaft und Kunst nicht auf den Primat des Gefühls in der Dichtkunst geschlossen werden. Denken und Fühlen konstituierten dialektisch die Einheit der Kunst. Künstlerische Objektivität wird durch die Kondensierung vielfältiger sensorischer und rationaler Erfahrungen erreicht. Begrifflichkeit und Bildlichkeit durchdringen sich im Kunstwerk.

Bucharin kritisiert zwar die Theorie der »Formalen Schule« und ihren primär von ästhetischen Kategorien bestimmten Ansatz, hält aber ihre detaillierten Arbeiten zu Problemen der künstlerischen Form für beispielhaft. Zwar sollten formale Untersuchungen von den soziologischen Voraussetzungen und Implikationen der poetischen Diktion ausgehen, doch müsse deshalb nicht jede Detailanalyse von neuem auf die sozio-ökonomische Basis zurückgreifen. Zudem haben die Formalisten nach Bucharins Ansicht eine Möglichkeit gefunden, wie das kulturelle Erbe der Vergangenheit neu gesichtet werden könne. Ein Überblick über die wichtigsten Strömungen und Vertreter der sowjetischen Lyrik ergibt ein vernichtendes Urteil über die proletarischen Autoren (besonders D. BEDNYJ und die »Komsomoldichter«), andererseits ein hohes Lob für avantgardistische Dichter wie besonders MAJAKOVSKIJ und PASTERNAK. In dieser Neubewertung macht sich der nach 1932 eingeschlagene Kurs auf technische Meisterschaft auch im Bereich der literarischen Produktion geltend. – Die Ovationen, die Bucharin bereitet werden, bezeugen die ungebrochene Popularität des »*Lieblings der Partei*« (Lenin). Dennoch sollte dies einer seiner letzten großen Auftritte sein. Dreieinhalb Jahre später wurde Bucharin wegen »Hochverrats« zum Tode verurteilt und hingerichtet. A.Gu.

AUSGABE: Moskau 1934 (in Literaturnaja gazeta, 28. 8.).

ÜBERSETZUNG: *Dichtung, Poetik und die Aufgaben des künstlerischen Schaffens in der UdSSR* (in H.-J. Schmitt u. G. Schramm, *Sozialistische Realismuskonzeptionen*, Ffm. 1974; Ausz.).

LITERATUR: H. Borland, *Soviet Literary Theory and Practice during the First Five-Years-Plan*, NY 1950. – E. Brown, *The Proletarian Episode in Russian Literature, 1928–1932*, NY 1953. – G. Struve, *B. zieht die Bilanz* (in G. S., *Geschichte der Sowjetliteratur*, Mchn. o. J., S. 326–328). – H. Ermolaev, *Soviet Literary Theories 1917–1934*, Berkeley 1963.

ANDREAS HEINRICH BUCHHOLTZ

\* 25.11.1607 Schöningen (Braunschweig)
† 20.5.1671 Braunschweig

DES CHRISTLICHEN TEUTSCHEN GROSSFÜRSTEN HERCULES UND DER BÖHMISCHEN KÖNIGLICHEN FRÄULEIN VALISKA WUNDER-GESCHICHTE

Roman von Andreas Heinrich BUCHHOLTZ, erschienen 1659/60. – Der Roman, »*in acht Bücher und zween Teile abgefasset und allen Gott- und Tugendliebenden Seelen zur Christ- und ehrlichen Ergezlichkeit ans Licht gestellet*«, schildert eine in das dritte nachchristliche Jahrhundert zurückverlegte ritterliche Welt. Es wird erzählt, wie der junge Herkules, Sohn Heinrichs, des »Großfürsten der Deutschen«, von Räubern überfallen und entführt und von seinem Jugendfreund Ladisla befreit wird. Die Errettung Valiskas, der Schwester Ladislas, durch Herkules, die Entführung Klaras, einer Schwester des Herkules, und ihre Befreiung durch ihren Geliebten sowie eine kaum übersehbare Fülle von Abenteuern, Kämpfen mit Räubern und Kriegstaten bilden die weitere Romanhandlung.

Die Ereignisse sind ebenso wie die Hauptpersonen frei erfunden und willkürlich in den geschichtlichen Rahmen hineingestellt. Aber der Autor will gar keine historischen Begebenheiten darstellen, sondern eine »*Wundergeschichte*« erzählen. Die Erlebnisse der Romanfiguren, die Gefahren, die sie bestehen, und die Taten, die sie vollbringen, sollen den Leser unterhalten und erbauen, die eingefügten Diskurse über zahlreiche Wissensgebiete sollen ihn belehren. Die Schicksale der Hauptpersonen werden jeweils einzeln geschildert, doch laufen die verschiedenen Handlungsstränge immer wieder zusammen. Alle Romanfiguren schweifen ständig umher und vergessen dabei fast völlig das Ziel ihrer Reise; es geht ihnen allein darum, bei jeder Gelegenheit ihre ritterliche Tugend zu bewähren. Selbstverständlich besiegt der Gute immer den Bösen, triumphiert stets die christliche Moral. Diese Vereinfachung hemmt sowohl eine individuelle Darstellung der Charaktere als auch die freie Entfaltung der Handlung. Der Autor wollte mit seinem Werk den »schändlichen« Roman *Amadis* verdrängen, der seit 1569, von Frankreich her, in Deutschland weite Verbreitung gefunden hatte. Doch sind sowohl der »Heldentypus« als auch die Erzähltechnik bei Buchholtz dieselben geblieben.

C.P.

AUSGABEN: Braunschweig 1659 [1. Teil, 8 Bücher]. – Braunschweig 1660 [2. Teil]. – Braunschweig 1676, 2 Bde. – Braunschweig 1781–1783 [umgearb.]. – Bern/Ffm. 1973–1979, Hg. u. Einl. U. Maché, 4 Bde. [Faks. d. Ausg. v. 1659].

LITERATUR: L. Cholevius, *Über Herkules u. Valiskas Wundergeschichten v. A. H. B.*, Königsberg 1864. – Ders., *Die bedeutendsten Romane d. 17. Jh.s*, Lpzg. 1866. – F. Bobertag, *Gesch. d. dt. Romans*, Bln. 1876. – F. Stoffler, *Die Romane des A. H. B.*, Diss. Marburg 1918. – U. Maché, *Die Überwindung des Amadisromans durch A. H. B.* (in ZfdPh, 85, 1966, S. 542–559). – I. Springer-Strand, *Barockroman u. Erbauungslit. Studien zum Herkulesroman von A. H. B.*, Bern/Ffm. 1975; ern. Ann Arbor (Mich.)/Ldn. 1977. – U. Maché, *Die Wallensteinepisode in A. H. B.' Herkuliskus* (in Daphnis, 4, 1975, S. 189–197).

## PEARL (SYDENSTRICKER) BUCK

\* 26.6.1892 Hillsboro / W.Va.
† 6.3.1973 Danby / Vt.

LITERATUR ZUM AUTOR:
P. Bentley, *The Art of P. S. B.* (in English Journal, 24, 1935, S. 791–800). – A. Henchoz, *A Permanent Element in P. S. B.'s Novels* (in ES, 25, 1943, S. 97–103). – C. Spencer, *The Exile's Daughter: A Biography of P. S. B.*, NY 1944. – O. Cargill, *Intellectual America. Ideas on the March*, NY 1948, S. 146–154. – J. Gray, *P. B.* (in J. G., *Halbgötter auf der literarischen Bühne*, Mchn. 1950, S. 42–50). – V. J. Brenni, *P. B.: A Selected Bibliography* (in Bulletin of Bibliography, 22, 1957, S. 65–69; 94–96). – P. A. Doyle, *P. S. B.*, NY 1965 [m. Bibliogr.]. – G. A. Cevasco, *The Image of the Chinese Family in P. B.'s Novels* (in Chinese Culture, 6, 1966, S. 107–109). – P. A. Doyle, *P. B.'s Short Stories* (in English Journal, 55, 1966, S. 62–68). – J. Lindsey, *A Study of P. S. B.*, NY 1966. – G. H. Cevasco, *P. B. and the Chinese Novel* (in Asian Studies, 5, Dez. 1967, S. 437–450). – D. W. Thompson, *P. B.* (in *American Winners of the Nobel Literary Price*, Hg. W. G. French und W. E. Kidd, Norman 1968, S. 85–110). – T. F. Harris, *P. S. B.: A Biography*, 2 Bde., NY 1969. – L. S. Zinn, *The Works of P. S. B.: A Bibliography* (in Bulletin of Bibliography, 36, Okt.–Dez. 1979, S. 194–208).

## EAST WIND – WEST WIND

(amer.; *Ü: Ostwind – Westwind*). Roman von Pearl S. BUCK, erschienen 1930. – Als eine in den strengen Traditionen ihrer Ahnen erzogene Chinesin in der Ehe plötzlich mit dem Ideengut der Neuen Welt konfrontiert wird, ergeben sich schwierige Probleme. Ihr Mann, der nach abgeschlossenem Medizinstudium in den Vereinigten Staaten wieder in die Heimat zurückgekehrt ist, strebt nach Befreiung von den Fesseln der alten Sitten und Gebräuche, des Aberglaubens, der tausend Tabus. Zwar hat er es noch zugelassen, daß ihm die Ehefrau von der Familie ausgewählt wurde. In der Ehe jedoch ist er bemüht, seine Frau aus der sklavischen Unterordnung zu befreien und zu echter Partnerschaft zu erziehen. – Kwei-Ian, die ihre Geschichte in Form von tagebuchartigen Aufzeichnungen einer imaginären Freundin anvertraut, begegnet diesen Bestrebungen zunächst mit angstvoller Verständnislosigkeit. Erst durch das Schicksal ihres Bruders, der eine Amerikanerin heiratet, aus der Familie ausgestoßen wird und sich gezwungen sieht, neue, eigene Wege zu finden, um ein fruchtbares Zusammenleben zwischen Angehörigen so verschiedener Welten möglich zu machen, werden ihr die Augen geöffnet. Sie versteht nun ihr eigenes Dilemma als eine Folge der Begegnung zwischen Ost und West.

Der erste Roman, den Pearl S. Buck nach mehreren Novellen veröffentlicht hat, bezeichnet den Beginn einer schriftstellerischen Laufbahn, die im Jahr 1938 mit der Verleihung des Nobelpreises ihre Krönung erfuhr. Die meisten der im schlichten Erzählstil geschriebenen Werke der Autorin vermitteln ein anschauliches Bild vom damaligen Leben in China, wo Pearl S. Buck als Tochter eines Missionars aufgewachsen ist und wohin sie später zurückgekehrt ist. Einer tiefergreifenden, gesellschaftskritischen Analyse weicht die Autorin freilich zumeist aus. Ihre Menschen sind bei allem Naturalismus der Darstellung häufig allzu gefühlsbetont, aus gewollt optimistischer Sicht gezeichnet. Immer wieder behandelt sie die Beziehungen der Geschlechter, insbesondere das Problem der Gleichberechtigung der Frau. Diese Thematik und ihr unterhaltsamer, flüssiger Stil sicherten ihren Romanen vor allem unter der weiblichen Leserschaft bis heute weite Verbreitung. M.A.-KLL

AUSGABEN: NY 1930. – Ldn. 1948. – NY 1973.

ÜBERSETZUNG: *Ostwind-Westwind*, R. Hoffmann, Wien 1934; ern. 1962. – Dass., ders. u. A. Polzer, Wien/Hbg. 1984 (zus. mit *Die Mutter; Die erste Frau*). – Dass., ders., Mchn. 1981; zul. 1985 (Heyne Tb). – Dass., ders., Wien u. a. 1985.

LITERATUR: P. S. Buck, *The Writing of »East Wind, West Wind«* (in Colophon, 12, 1932, Art. 6, S. 1–4).

## THE HOUSE OF EARTH

(amer.; *Ü: Das Haus der Erde*). Romantrilogie von Pearl S. BUCK, bestehend aus den Bänden *The Good Earth*, *Sons* und *A House Divided*, erschienen

1931–1935. – Die Autorin, die selbst lange in China gelebt hat, schildert in dieser etwa drei Jahrzehnte umspannenden Romanfolge den Lebenskampf chinesischer Bauern und den wachsenden Einfluß der westlichen Zivilisation auf die uralten Traditionen Chinas. – *The Good Earth (Die gute Erde)* erzählt vom Leben des Bauern Wang Lung und seiner Frau O-lan, einer ehemaligen Sklavin im Haus des reichen Grundbesitzers Hwang. Beide arbeiten hart, um dem Elend ihres Standes zu entrinnen, und ihre Geduld, ihr Familiensinn und ihr unerschütterlicher Glaube an die wohltätige Kraft der Muttererde helfen ihnen, Mißernten, Hungersnot, Überschwemmungen und Seuchen zu überstehen. Als sie dennoch eines Tages, dem Hungertod nahe, ihre Felder verlassen müssen, scheinen sie endgültig zu Bettlern geworden. Doch dann gelingt es ihnen, aus den Revolutionswirren und dem Untergang des Hauses Hwang Nutzen zu ziehen: Sie erwerben Land, das sie bald nicht mehr allein bewirtschaften können, und gelangen zu Wohlstand. Bald genügt Wang Lung die schlichte O-lan, die Mutter seiner fünf Kinder, nicht mehr, und er nimmt die junge, schöne Lotus, ein Teehausmädchen, als zweite Frau in sein Haus. O-lan fügt sich in ihr Schicksal und bleibt bis zu ihrem Tod die treue Dienerin ihres Mannes. Auch nachdem Überschwemmungen und Heuschreckenschwärme die Felder ringsum verwüstet haben, kann Wang Lung seinen Besitz weiter mehren. Als er den Zenit seines Lebens überschritten und seine Söhne verheiratet hat, zieht er sich mit seiner geistesgestörten Tochter und mit Pfisichblüte, einer jungen Sklavin, in sein altes Lehmhaus zurück. Voller Bitterkeit erkennt er, daß seinen Söhnen die Erdverbundenheit echter Bauern fehlt und daß sie ihr Gelübde, das Land nie zu verkaufen, nicht halten werden. Sie gehören einer revolutionären Generation an, die nach Verwirklichung eigener Pläne und neuer Ideen strebt und wenig Sinn für die Bewahrung ehrwürdiger Traditionen hat. Der Gesinnungswandel und das Generationenproblem innerhalb der Familie Wang Lungs ist kennzeichnend für den Umbruch, der sich zu Beginn des 20. Jh.s in China angebahnt hat.

Mit einer dem Klangbild der chinesischen Sprache angenäherten Diktion und einer archaisierenden Syntax erzielt die Verfasserin eine Einfachheit und Einprägsamkeit der Aussage, die man oft »biblisch« genannt hat. Während man in der westlichen Hemisphäre ihre Schilderung chinesischen Lebens als wahrheitsgetreu bezeichnete und ihrem Versuch, mit diesem Roman zur Überbrückung ost-westlicher Gegensätze beizutragen, hohes Lob zollte, erhoben sich auf chinesischer Seite Stimmen, die ihr grobe Mißdeutungen und Oberflächlichkeit bei der Behandlung ihres Themas vorwarfen. Selbst wenn die Kritik an der zu stark vom amerikanischen Lebensgefühl bestimmten Romantisierung der Beziehungen zwischen den Geschlechtern und an der mangelnden Beachtung der für das menschliche Zusammenleben in China so entscheidenden konfuzianischen Weltanschauung bereichtigt erscheint, steht außer Zweifel, daß Pearl S. Buck mit diesem ihrem besten Roman weite Leserkreise erstmals an die Alltagsprobleme des fernöstlichen Landes herangeführt hat. Für ihre »*kraftvollen und wahrhaft epischen Schilderungen des bäuerlichen Lebens in China*« erhielt die Autorin 1938 den Nobelpreis für Literatur.

In *Sons (Söhne)* werden die Schicksale der Söhne Wang Lungs weiterverfolgt. Nach dem Tod des Vaters teilen die drei den Besitz auf. Wang der Ältere führt das müßige Leben eines »Grundherren«, Wang der Jüngere ist ein gerissener Geschäftemacher und Wang der Jüngste, Offizier eines Revolutionsheers im Süden des Landes, verwendet sein Erbteil, um seine ehrgeizigen militärischen Pläne zu realisieren. Ungehindert von der schwachen Regierung, erobert er, den man seiner Grausamkeit wegen »Wang der Tiger« nennt, mit seiner eigenen Armee zwei Provinzen. Überall, wo sein Heer einfällt, zittern die Reichen, die Armen dagegen lernen auch seine Wohltätigkeit kennen. Privates Glück wird ihm nicht zuteil: Nicht nur seine drei Frauen enttäuschen ihn, auch sein einziger Sohn, den er zum Soldaten erziehen will, erweist sich in seinen Augen als Versager, da in ihm die Liebe zur Erde und zum bäuerlichen Leben durchbricht. Schließlich gesteht Wang der Tiger dem alten General, unter dem er einst diente, daß er in Wahrheit nicht der ruhmreiche Nationalheld ist, als der er überall bewundert wird, sondern nur sein Räuberhauptmann, der sein Leben nicht der sozialen Revolution, sondern der Befriedigung persönlicher Wünsche gewidmet hat.

In diesem Roman, dem das in der chinesischen Erzähltradition immer wieder auftauchende Motiv vom wohltätigen Kriegsherrn, einer Art Robin-Hood-Gestalt, zugrunde liegt, hat Pearl S. Buck der in kurzen Spannungsbögen verlaufenden Handlung nur wenig Lokalkolorit gegeben. Die Protagonisten bewegen sich in einer fast märchenhaft-unwirklichen Welt, ein Eindruck, den der forciert legendenhafte Stil noch verstärkt.

Im Mittelpunkt des dritten Romans, *A House Divided (Das geteilte Haus)*, steht Yuan, der Sohn Wangs des Tigers. Im Haus seiner Stiefmutter, die die »gelehrte Frau« genannt wird, lernt er das städtische Leben und die vom Westen beeinflußten modernen Erziehungsmethoden kennen. In Auflehnung gegen seinen Vater, der eine Frau für ihn ausgesucht hat, schließt er sich einer revolutionären Gruppe an, wird verhaftet, kann dann aber in die USA entfliehen. Dort lernt er während seines landwirtschaftlichen Studiums die Schwierigkeiten des Andersrassigen unter Weißen kennen, findet aber auch echte Freunde. Bei seiner Rückkehr nach China sind die Revolutionswirren auf ihrem Höhepunkt. Yuans völlig verschuldeter Vater stirbt, nachdem Umstürzler ihn schwer mißhandelt haben. Er selbst und Mei-ling, die modern erzogene Pflegetochter seiner Stiefmutter, finden zueinander und sind bereit, an einem Fortschritt, der die echten alten Werte respektiert, mitzuarbeiten. Durch die Erweiterung des geographischen Rahmens über China hinaus hat die Autorin in diesem Teil der Trilogie ein Problem einbezogen, das ihr stets am Herzen lag, das verständnisvolle Zusammenleben und die Gleichberechtigung der Rassen. Die Geschlossenheit und Aussagekraft von *The Good Earth* erreicht allerdings auch dieser Roman nicht. M.A.-KLL

AUSGABEN: NY 1931; ern. Ldn. 1964 *(The Good Earth)*. – NY 1932 *(Sons)*. – NY 1935; ern. 1948 *(A House Divided)*. – NY 1939 *(The House of Earth)*. – NY 1949; ern. 1965 *(The Good Earth)*. – NY 1965 *(The Good Earth)*. – NY 1980 *(The Good Earth)*. – NY 1983 *(The Good Earth)*. – Norwood o. J. *(Sons)*.

ÜBERSETZUNGEN: *Die gute Erde*: E. Simon, Basel 1933. – Ders. u. B. Wagenseil, Mchn. u. a. 1970 (in *Stürme aus Ost und West)*. – E. Simon, Mchn. 1973 (Goldm. Tb). – R. Remmers, Ffm./Bln. 1986 (Ullst. Tb). – *Söhne*: R. Hoffmann, Wien 1933. – Ders. Reinbek 1956; zul. 1978 (rororo). – Ders., Mchn. 1980 (Heyne Tb). – *Das geteilte Haus*: R. Hoffmann, Wien 1935. – Ders., Reinbek 1962 (rororo). – Ders., Mchn. 1975; zul. 1985 (Heyne Tb). – *Das Haus der Erde* [Trilogie]: E. Simon u. R. Hoffmann, Wien 1950. – E. Simon, Mchn. 1983 (Heyne Tb).

DRAMATISIERUNG: O. u. D. Davis, *The Good Earth* (Urauff.: NY, 17. 10. 1932).

VERFILMUNG: USA 1937 (Regie: S. Franklin).

LITERATUR: E. S. Bogardus, *Culture Distance in »A House Divided«* (in Sociology and Social Research, Mai 1936, S. 473–477). – H. S. Canby, *»The Good Earth«: P. B. and the Nobel Prize* (in Saturday Review of Literature, 19, 19. 11. 1938, S. 8). – M. Cowley, *Wang Lung's Children* (in New Republic, 99, 10. 5. 1939, S. 24/375). – C. van Doren, *The American Novel 1789–1939*, NY ²1940.


## THE PATRIOT

(amer.; Ü: *Land der Hoffnung, Land der Trauer*). Roman von Pearl S. BUCK, erschienen 1939. – Vor dem Hintergrund des japanisch-chinesischen Konflikts schildert der Roman den Schicksalsweg der beiden Söhne des einflußreichen Bankiers Wu, die, für chinesische Verhältnisse fortschrittlich erzogen, in Schanghai aufgewachsen sind. Der ältere, Ai-ko, launenhaft und tückisch, nur um sein persönliches Wohlergehen besorgt, entwickelt sich zum skrupellosen Kapitalisten und schließlich zum Verräter am nationalen Gedanken. Für den idealistischen Ai-wan dagegen, die Titelfigur des Romans, wird die Begegnung mit dem Studenten En-lan, einem kommunistischen Revolutionär bäuerlicher Herkunft, zum bestimmenden Erlebnis. Zusammen mit ihm und anderen Studenten agitiert er bei der armen, apathischen Bevölkerung, um Tschiangkaischek, dem Mann, von dem er sich die Wiedergeburt Chinas erhofft, dem Führer der republikanischen Volkspartei (Kuo-min-tang), den Weg zu ebnen. Doch nach dem Einzug in Schanghai läßt Tschiangkaischek mit Rücksicht auf seine kapitalistischen Geldgeber seine kommunistischen Anhänger fallen, und Ai-wan flieht vor der drohenden Todesstrafe nach Japan. Ehrlich bemüht, Kultur und Lebensart seines Gastlandes verstehen zu lernen, führt er in Nagasaki mit Tama, der Tochter eines Geschäftsfreunds seines Vaters, eine glückliche Ehe, doch als die japanisch-chinesische Auseinandersetzung ihrem Höhepunkt zusteuert, besinnt er sich seiner patriotischen Pflicht, kehrt allein nach Schanghai zurück und stellt sich erneut Tschiangkaischek zur Verfügung. Von diesem als Emissär zu den kommunistischen Truppen gesandt, trifft er En-lan, den er für tot gehalten hat, als deren Führer wieder. Er kann ihn dazu bewegen, sich mit seinen Genossen am Krieg gegen die japanischen Besatzer zu beteiligen. Während des gemeinsamen Kampfes erkennt Ai-wan, daß er sich in Zukunft für Befreiung und Wiederaufbau seines Vaterlands, für die nationalchinesische Idee und nicht, wie En-lan, für die Weltrevolutuion einsetzen wird.

Pearl S. Buck gelang es in diesem – in der westlichen Hemisphäre sehr erfolgreichen – Roman, die politische und wirtschaftliche Situation Chinas in der kritischen Periode von 1926 bis 1937, die Entwicklung der nationalen Bewegung und die in ihr wirksamen autoritären Tendenzen, an einem Einzelschicksal sinnfällig zu machen. Den literarischen Rang von *The Good Earth* (vgl. Trilogie *The House of Earth*) erreicht das Buch allerdings bei weitem nicht. KLL

AUSGABEN: NY 1939. – Ldn. 1939. – NY 1963.

ÜBERSETZUNGEN: *Land der Hoffnung, Land der Trauer*, W. Gerull-Kardas, Zürich 1940. – *Land der Trauer, Land der Hoffnung*, ders., Wien 1949. – *Land der Hoffnung, Land der Trauer*, Bln./Darmstadt 1952. – Dass., ders., Mchn. 1974. – Dass., ders., Reinbek 1977; zul. 1980 (rororo). – Dass., ders., Mchn./Wien 1987.


### HENRY THOMAS BUCKLE

\* 24.11.1821 Lee / Cty. Kent
† 29.5.1862 Damaskus

## HISTORY OF CIVILIZATION IN ENGLAND

(engl.; *Geschichte der Zivilisation in England*). Kulturhistorisches Werk in zwei Bänden von Henry Thomas BUCKLE, erschienen 1857–1861. – Der Titel des unvollendet gebliebenen Werks ist insofern

irreführend, als der frühverstorbene Autor ursprünglich offenbar den ehrgeizigen Plan hatte, eine Kulturgeschichte Westeuropas seit dem Mittelalter zu schreiben. Der Geschichte der Zivilisation in England sollte, wie schon die zwanzig ausgeführten Kapitel erkennen lassen, die Entwicklung der nach Buckles Auffassung nicht zuletzt klimatisch bedingten kulturellen Eigenheiten verschiedener Nationen gegenübergestellt werden. Auf die Erörterung methodologischer Grundsatzfragen im ersten Drittel des Werks folgt die Kulturschichte Frankreichs von der Mitte des 16. Jh.s bis zur Französischen Revolution (Kap. 8–14); dann wird die Geistesgeschichte Spaniens vom 5. Jh. bis ca. 1850 in großen Zügen skizziert (Kap. 15) und schließlich die Entwicklung Schottlands vom Ende des 14. bis zum Ende des 19. Jh.s (Kap. 16–20) dargestellt. Lediglich im siebten Kapitel, *Outline of the history of the English intellect*, umreißt Buckle die englische Geistesgeschichte von der Mitte des 16. bis zum Ende des 18. Jh.s. Für die postum erschienene dreibändige Neuauflage von 1866 wurde deshalb ein erweiterter Titel, *History of Civilization in France and England, Spain and Scotland*, gewählt. Der Versuch des Autodidakten Buckle – er hatte aus gesundheitlichen Rücksichten keine Schule oder Universität besucht –, Geschichtsforschung wie eine naturwissenschaftliche Disziplin zu betreiben, gipfelt in einigen allgemein gehaltenen, historisch leider nur schwer belegbaren Thesen zu Beginn des fünften Kapitels: 1. »*Der Fortschritt des Menschengeschlechts beruht auf dem Erfolg, mit dem die Gesetzmäßigkeit der Erscheinungen erforscht und ... deren Kenntnis verbreitet wird.*« 2. »*Bevor eine solche Forschung beginnen kann, muß sich ein Geist des Skeptizismus erzeugen.*« 3. »*Derartige Entdeckungen stärken den Einfluß intellektueller Wahrheiten und verringern den Einfluß sittlicher Wahrheiten* [Dogmen].« 4. Der große Gegner dieser Entwicklung ist der von Staat und Kirche demonstrierte »*Geist der Abschirmung und Bevormundung*« (»*protective spirit*«). – Religion, Literatur und Gesetzgebung sind für Buckle nicht zivilisationsschaffend, sondern werden – obschon sie den Zustand der Menschheit beeinflussen – »*in noch stärkerem Maße von eben diesem Zustand modifiziert*« (Beginn von Kap. 6). Am Schluß von Kapitel 20 beschwört Buckle – in fast biblischer Diktion – die Historiker, ähnlich radikal zu denken wie die Philosophen. Falls sie die Allwissenheit des Schöpfers unterstellten – wie er, der Autor, es tue –, dürften sie nicht mit ihrer aus dem »*protective spirit*« geborenen Prämisse einer angeblich zu Recht dogmatisch moralisierenden Regierung »*eben jenes verleumden, das sie zu verteidigen bekennen*«. Denn das Festhalten an irrationalen Herrschafts- und Denkformen bedeute, daß entweder »*die Allwissenheit Gottes betrogen oder seine Allmacht zunichte gemacht worden sei*«.
Buckles Zeitgenossen J. A. Froude und J. G. Droysen waren die streitbarsten Gegner dieser Historiographie, die dem Geist der Zeit Rechnung trug und in Comte, Mill, Macaulay und den frühen Werken Darwins und Spencers ihre ideellen Vorbilder hatte. Egon Friedell verwarf den – heute wieder sehr ernst genommenen – Positivismus Buckles, der nach seiner Ansicht »*mit geschwätziger Naivität den Fortschritt des europäischen Geistes in wissenschaftlichem Aberglauben feiert*«, bestaunte aber zugleich dieses nach vierzehnjähriger Vorarbeit entstandene »*riesige Warenhaus von historischen Materialien*«. – Trotz seines umfangreichen wissenschaftlichen Apparats (über 1200 Fußnoten, eine Bibliographie von ca. 850 Titeln) ist das Werk keineswegs ein schwer lesbares oder archivalisches Kompendium. Nicht zuletzt die glänzende, anspielungsreiche Prosa Buckles verhalf seinen Thesen im ausgehenden 19. Jh. zu außergewöhnlicher Resonanz. Allein in Deutschland erschienen bis 1870 zwei Übersetzungen. R.G.

Ausgaben: Ldn. 1857–1861, 2 Bde. – Lpzg. 1865, 5 Bde. – Ldn. 1866 (*History of Civilization in France and England, Spain and Scotland* 3 Bde.). – Ldn./ NY 1903/04, 3 Bde.; ²1925–1931. – NY 1913 [Einl. A. Brisbane]. – NY 1964.

Übersetzungen: *Geschichte der Zivilisation in England*, A. Ruge, 2 Bde., Lpzg./Heidelberg 1860–1862, Lpzg. ⁷1901. – Dass., I. H. Ritter, 5 Bde., Bln. 1870. – Dass., ders., 5 Bde., Lpzg. 1900.

Literatur: J. G. Droysen, *Erhebung der Geschichte zum Rang einer Wissenschaft* (in HZ, 9, 1863, S. 1–22; ern. in J. G. D., *Historik*, Mchn. ³1964). – J. A. Froude, *On the Science of History* (in Proceedings of the Royal Institution of Great Britain, 4, 1864, S. 180–199). – L. Étienne, *Le positivisme dans l'histoire. »History of Civilization in England«* (in RDM, 74, 1868, S. 375–408). – A. H. Huth, *The Life and Writings of H. Th. B.*, 2 Bde., Ldn. 1880 (m. Bibliogr.; dt.: *H. Th. B.s Leben und Wirken*, Lpzg./Heidelberg 1881; Ausz.). – J. Robertson, *B. and His Critics*, Ldn. 1895. – F. Fränkel, *B. u. seine Geschichtsphilosophie*, Bern 1906. – A. Lottenburger, *Die Geschichtsphilosophie H. Th. B.s*, Diss. Mchn. 1912. – E. Friedell, *Kulturgeschichte der Neuzeit*, Mchn. 1931; ern. 1960, S. 1151/1152. – G. S. Aubyn, *A Victorian Eminence. The Life and Works of H. Th. B.*, Ldn. 1958, S. 113–157. – A. Codazzi, *Hippolyte Taine e il progetto filosofico di una storiografia scientifica*, Florenz 1985.

## LEOPOLD BUCZKOWSKI

* 15.11.1905 Nakwasza / Ostgalizien

Literatur zum Autor:
S. Lichańska, *Proza L. B.* (in *Literatura i krytyka*, Warschau 1956). – W. Maciąg, *L. B.* (in W. M. *16*

*pytań. Portrety polskich prozaików współczesnych*, Krakau 1961). – Ders., *Zabawa na cmentarzu* (in *Opinie i wróżby*, Krakau 1962). – H. Bereza, *Możny powinowaty* (in H. B., *Związki naturalne*, Warschau 1972). – K. Wyka, *Książki o wsi* (in K. W., *Pogranicze powieści*, 2. erw. Ausg., Warschau 1974). – B. Owczarek, *L. B. Narracja jako gra* (in B. O., *Opowiadanie i semiotyka*, Breslau 1975). – A. Falkiewicz, *Dezercja L. B.* (in Twórczość, 1977, Nr. 1). – R. Nycz, *L. B.* (in Teksty, 1977, Nr. 3; 1978, Nr. 1 u. 4). – Z. Trziszka, *Zmagania z diabłem – powieścią* (in Z. T., *Mój pisarz*, Warschau 1979).

## CZARNY POTOK

(poln.; *Ü: Die schwarze Flut*). Roman von Leopold BUCZKOWSKI, erschienen 1954 als erster Teil einer geplanten Trilogie. – Ein Partisanenroman, der die Leiden der im ostgalizischen Grenzgebiet lebenden Juden widerspiegelt. Die Geschehnisse sind nicht chronologisch angeordnet und ohne kausalen Zusammenhang aneinandergereiht. Der Verfasser verfolgt damit eine bestimmte Absicht: *»Hätte Buczkowski die Ereignisse logisch angeordnet, würde sich der Leser außerhalb der Tragödie befinden und sie so betrachten, wie ein Zuschauer auf die Bühne blickt. Der Zuschauer sieht mehr als die Personen des Dramas. Buczkowski will ihn aber zwingen, nur soviel zu sehen wie sie selber. Nicht, um den Mechanismus zu beherrschen, sondern um die Katastrophe mitzuerleben.«* (J. Błoński) – Erzähler ist der Jude Heindl, ein dem Tode entronnener Partisan. Schauplatz ist die Gegend um Brody in den Rokitnosümpfen, die vor allem während des Zweiten Weltkriegs zu den gefährlichsten Gebieten Polens gehörte. Die Ausrottung der jüdischen Bevölkerung und die Verwüstung der polnischen Dörfer durch deutsche Einsatzkommandos und ukrainische Faschisten hat zu einem grausamen Guerillakrieg geführt, der für den einzelnen – Heindl – nicht mehr überschaubar ist. Für ihn – und für den Leser – löst sich das Geschehen in scheinbar zusammenhangslose Episoden und Bilder auf, wie er sie auf seinen Wanderungen erlebt oder sieht: seine Flucht zu Freunden, die Zusammenstöße mit Polen, Ukrainern, Deutschen, der Irrweg des Fieberkranken durch die Sümpfe, die brennenden Dörfer, gnadenlose Abrechnungen mit Verrätern, durch die Wälder ziehende Juden, Vergewaltigungen, Partisanen im Angriff und in der Verteidigung, eltern- und heimatlose Kinder, Gestapoleute bei der Verübung ihrer sogenannten »Heldentaten«, lebensgefährliche Beschaffung von Medikamenten und Waffen, zerstörte Synagogen und Kirchen, Befreiung von Gefangenen, katholische Priester mit geladenem Revolver, Zwietracht in den einzelnen Partisanengruppen durch Eifersucht und Geltungsdrang, Operationen ohne Narkose, hoffnungsloses Elend und nagender Hunger, auf Kiew vormarschierende deutsche Truppen, Ungeziefer und Verwahrlosung, Morde aus Irrtum oder durch Zufall, rücksichtslose Selbstbehauptung, überall Spitzel und Zuträger, wüste Gelage und einsames Sterben. Heindls bruchstückhafte Erlebnisberichte fügen sich zu einem Ganzen, das die über das jüdische Volk hereingebrochene Katastrophe sichtbar werden läßt und – nach der eigentlichen Intention des Verfassers – den Leser zu einem Mitleidenden macht.

So unheimlich und verdüstert wie diese Welt ist auch die Atmosphäre des Romans: Kurzbelichtete Momentaufnahmen, bald grell aufflammend, bald in graues Zwielicht getaucht, huschen in schneller Folge am Auge des Lesers vorbei; der knappe, ganz auf Aussage und Stimmung bedachte spröde Stil ist dem Inhalt angepaßt: Das Gewicht des Erlebten scheint die Möglichkeit einer glättenden Stilisierung ausgeschlossen zu haben. J.H.

AUSGABE: Warschau 1954.

ÜBERSETZUNG: *Die schwarze Flut*, J. Hahn, Bln. 1964.

LITERATUR: J. Prager (in Życie literackie, 1955, Nr. 9). – J. Błoński (in Przegląd kulturalny, 1956, Nr. 22). – D. Bula, *»Czarny potok« L. B. Struktura tekstu* (in Język artystyczny, Hg. A. Wilkoń u. H. Wróbel, Kattowitz 1981, Bd. 2).

## DORYCKI KRUŻGANEK

(poln.; *Der dorische Kreuzgang*). Roman von Leopold BUCZKOWSKI, erschienen 1957. – Der Roman ist nach architektonischem Plan gebaut. Gleich einem düsteren dorischen Kreuzgang umgibt eine in der Gegenwart spielende Handlung (Polen im Jahr 1943 unter der deutschen Besatzung) das unerforschliche Bauwerk einer Vergangenheit, die »Friedenszeit« hieß: In einem ostpolnischen Städtchen versucht der deutsche SS-Major Osnabrick, skrupelloser Faschist und zugleich begeisterter Kunstliebhaber, den Mord am Kommandanten der Hilfspolizei aufzuklären. Die zeitraubenden Verhöre, in die viele Personen verwickelt werden, führen zunächst in eine von Krieg, Mord und Verbrechen heimgesuchte Gegenwart. Unzählige Episoden aus den Verhören, meist nicht miteinander verbunden, sondern als Einzelbilder in schneller Folge hintereinandergesetzt, zeigen heimatlose jüdische Kinder, die sich in den Wäldern verborgen halten, den Terror der deutschen Besatzung, polnische Partisanen, die töten, um selbst nicht getötet zu werden, wobei sich oft persönliche Motive (Mord aus Rache) und solche des Widerstandes (Erschießung eines Kollaborateurs oder Verräters) unentwirrbar ineinander verschlingen. Obwohl sich Osnabrick raffinierter psychologischer Verhörmethoden bedient, gelingt es ihm nicht, den Mord aufzuklären. Das Ergebnis aller Verhöre stellt ihn zusätzlich vor ein zweites Rätsel: das Verschwinden des legendären Diamanten der Judengemeinde (»Kahał«), mit dessen Hilfe die polnische Widerstandsbewegung das Leben jüdischer Kinder zu retten sucht. Osnabrick leitet neue Untersuchungen ein, doch auch sie fördern nur unverständliche Einzelbilder, dunkle Andeutungen und Erinnerungsfragmente zutage, die in eine »Friedenszeit« genannte Vergangenheit zurückführen und damit in die dämmerige, faszinierend fremdartige Welt der irgendwo in Wolhynien oder Podolien gelegenen polnischen Kleinstadt, deren Atmosphäre von den hier zusammentreffenden verschiedensten östlichen Nationalitätengruppen und ihrer unterschiedlichen Religionszugehörigkeit geprägt wird. Wie im Geschehen der Gegenwart, so verschlingen sich auch hier in der Vergangenheit unentwirrbar die Fäden zu einem gordischen Knoten, was jede Wahrheitsfindung ausschließt.

Buczkowskis Erzähltechnik, die Ereignisse unlogisch zusammenzustellen, erinnert an seinen Roman *Czarny potok (Die schwarze Flut)*, mit dem das Buch auch inhaltlich verknüpft ist. Dadurch entsteht scheinbar ein Chaos von Überraschungen, das den Leser höchste Konzentration abfordert, ihn aber zum unmittelbar Miterlebenden macht: Er beobachtet nicht mehr (mit der Möglichkeit zur Reflexion), sondern ist selbst Mitspieler. – Die Sprache Buczkowskis ist spröde, bedacht auf Wiedergabe der spezifischen Atmosphäre und die knappe Aussage. Die inneren Monologe, Ich-Erzählungen und Dialoge sind gefärbt von der Umgangssprache und den Idiomen Ostpolens in den Grenzgebieten Wolhynien und Podolien. M.D.-KLL

AUSGABE: Warschau 1957.

LITERATUR: L. M. Bartelski, »*Dorycki kruźganek*« (in Nowe książki, 1957, S. 1224–1226). – Z. Dolecki, »*Dorycki kruźganek*« (in Orka, 25, 1957, 4).

## PIERWSZA ŚWIETNOŚĆ

(poln.; *Die erste Herrlichkeit*). Roman von Leopold BUCZKOWSKI, erschienen 1966. – Buczkowskis Romane *Czarny potok*, 1946 *(Die schwarze Flut)*, *Dorycki kruźganek*, 1957 *(Der dorische Kreuzgang)*, und *Pierwsza świetność* sind Variationen ein und desselben Themas: der unvorstellbaren Schrecken des Kriegs im 20. Jh. Alle drei Werke spielen zur Zeit des Zweiten Weltkriegs in Wolhynien und Podolien, wo sich seit Menschengedenken Völker, Sprachen und Kulturen mischen. Sind die ersten beiden Titel durch gemeinsame Gestalten miteinander verbunden, so führt das dritte Buch neue Personen, Motive und insbesondere neue Aussageformen ein. Die bizarren Visionen des Tötens im Kriege nehmen hier phantastische Züge an, die Darstellung überschreitet die Grenze zum Mythologischen. Erinnerungen an den polnischen Partisanenkampf verlieren ihren realen Bezug, werden Impression und fragmentarische Andeutung in assoziativer Reihung. Der Roman beginnt mit einem Zitat aus einem Gerichtsprotokoll: »*Und weiter gefragt, antwortete er...*«.

Refrainartig durchzieht diese Formel den gesamten Text, um den Eintritt neuer Motive oder den Wechsel der Erzählhaltung zwischen Ich-, Du- und Er-Form anzuzeigen. Sie erinnert den Leser unablässig daran, daß er Zeuge eines Gerichtsverfahrens ist, das der Erzähler gegen sich und seine Zeit eingeleitet hat. Charakteristikum des Prozesses ist die Vertauschbarkeit der Rollen: des Erzählers, des Staatsanwalts, der Zeugen und der Zeit. Austauschbar sind die streitenden Parteien, die Henker und ihre Opfer. Der Erzähler selbst ist bald Ankläger, bald Angeklagter.

Der Prozeßbericht geschieht in Erinnerungen und Rückblenden aus der Erzählgegenwart in die Vergangenheit, die das Grauen des Krieges, der im Roman nur »*drei heiße Sommertage*« dauert, authentisch wachrufen sollen. Aus einem bunten Panorama unverbunden aufeinanderfolgender Bilder schält sich das Hauptmotiv des Buches heraus: die Suche nach Dydona (Dido), der legendären Gründerin Karthagos. Im Altertum Patronin der nordafrikanischen Stadt und Sinnbild jugendlicher Kraft, schreitet sie nun durch die brennenden Ruinen des ostpolnischen Städtchens Bełżec, Symbol eines Marktfleckens, in dem 1941 eine dreiviertel Million Juden von den Deutschen ermordet wurde. Als unbekanntes Mädchen huscht sie durch die Straßen, verbirgt sich in den Trümmern, betreut Waisenkinder und vermag sich stets den Schüssen der Gendarmerie zu entziehen. Es bleibt ungesagt, wer Dydona in Wirklichkeit ist – eines der getöteten und vergewaltigten Mädchen, welche die Phantasie des Erzählers heimsuchen oder – in wechselnder Gestalt – Muncio Kindel, Hesia, Muzajka oder ein anderes der vom Krieg betroffenen Kinder. Wie Dydona bleiben die übrigen Gestalten des Romans ungreifbar, fast anonym. Der »Chef«, der »geheime Premier«, die »Korrespondentin«, die »Mutter«, der »andere«, die »Spitzel«, »ich«, »du«, »er« usf. sind ihre Namen. Nur wenige von ihnen werden vom Autor näher bezeichnet. Sie alle markieren lediglich Stationen des Krieges, der Katastrophe, des Todes und der Vernichtung. Nicht allein die Unbekannte mit dem Namen Dydona, alle Motive finden ihre literarische Parallele in der antiken Mythologie, so auch die vergewaltigten Mädchen, die in Papiersäcken auf ihren Totengräber warten: »*Das Einwickeln von Mädchen in Zeitungspapier ist eine seltsame Erfahrung, bedeutend schwieriger zu ertragen als unter den noch unkomplizierten Bedingungen des damaligen Lebens der Tod des Scylos für die Griechen.*«

Buczkowski arbeitet mit Kontrasten. Von Hause Maler, hantiert er mit dem Wort wie mit dem Pinsel. Häufig stellt er Worte allein ihrer kontrastierenden Semantik oder Lautform wegen nebeneinander, ein anderes Mal konfrontiert er gattungsmäßig differierende Textstücke. Gern reichert er seine Erzählung mit ausgefallenen Bezeichnungen, etwa mit der Aufzählung längst vergessener Berufe oder Gegenstände an. Durch den raschen Wechsel der Erzählweise erzielt der Autor Eindringlichkeit und Plastizität. Nachdrücklich distanziert er sich von der herkömmlichen Behandlung seines Gegenstandes vor allem im zeitgenössischen Film und Theater. Unter dem Titel *Ein Archiv alter Akten* veranschaulicht eine metaphorische Szene des Romans, wie menschliches Leben und menschlicher Tod von Pseudowissenschaftlern und -philosophen zu Statistik und leblosem Dokument gemacht werden können. Buczkowskis Roman bemüht sich, die Distanz zu durchbrechen, die es gestattet, über das grausamste Verbrechen »schöne« Filme zu drehen. In der modernen polnischen Literatur ist das Buch ohne Beispiel. Von hohem literarischem Anspruch, verlangt es einen gebildeten, mit der Moderne vertrauten Leser. Form und Erzähltechnik des Buches erweisen sich als folgerichtige Weiterentwicklung der in den früheren Werken Buczkowskis verstreuten modernistischen Ansätze. M.D.

AUSGABE: Warschau 1966. [Vorw. H. Kirchner].

LITERATUR: A. Bukowska (in Współczesność, 1967, Nr. 5, S. 3). – J. Z. Słojewski (in Kultura, 1967, Nr. 12, S. 9). – J. Wilhelmi (ebd. 1967, Nr. 11, S. 3).

## ION BUDAI-DELEANU

eig. Ion Budai
\* 6.1.1760 (?) Cigmău
† 24.8.1820 Lvov (Lemberg)

**LITERATUR ZUM AUTOR**:
G. Jucan, *I. B.-D. Contribuţii bibliografice*, Bukarest 1964. – L. Protopescu, *Noi contribuţii la biografia lui I. B.-D.*, Bukarest 1967. – I. E. Petrescu, *I. B.-D. şi eposul comic* Cluj 1974. – M. Vaida, *I. B.-D.*, Bukarest 1977. – R. Chiriacescu, *I. B.-D.*, Bukarest 1980. – E. Sorohan, *Introducere în opera lui I. B.-D.*, Bukarest 1984.

### ŢIGANIADA sau Tabăra ţiganilor

(rum.; *Die Zigeuneriade oder Das Zigeunerlager*) Komisch-satirisches Heldenepos in zwölf Gesängen von Ion BUDAI-DELEANU, erschienen 1875–1877 in einer ersten Variante und 1925 in der zweiten, endgültigen Fassung. – Budai-Deleanu ist nicht nur einer der bedeutendsten Vertreter der unter dem Namen »Şcoala Ardeleană« (Die transsylvanische Schule) bekannten rumänischen Aufklärungsbewegung des 18. Jh.s, sondern – unter dem Pseudonym »Leonachi Dianeu«, einem Anagramm seines Namens Ionachi Deleanu – der Verfasser eines der wichtigsten und eigenartigsten Werke der rumänischen Literatur. Budai-Deleanu verfaßte das Epos wahrscheinlich zwischen 1792 und 1795 (Al. Piru); um 1800 war die erste Variante fertiggestellt, 1812 lag die zweite, von ihm als definitive Fassung angesehene Version vor. Der Autor änderte den Schluß seines Epos und entfernte die Episode um Becicherec Iştoc de Uram Haza, die er dem Poem *Trei Viteji (Drei Helden)* eingliederte.

Es ist bemerkenswert, daß Budai Deleanu bei seinem im Vorwort ausgesprochenen Vorhaben, mit diesem Werk den Grundstein für die moderne rumänische Nationalliteratur zu legen, nicht die rein heroische, sondern die komische Form des Epos gewählt hat. Die Erklärung ist in der zwiespältigen Geisteshaltung des Autors zu suchen, der einerseits von seiner klassischen Bildung und seinen humanistischen Idealen, andererseits von der kritischen Vernunft der Aufklärung geprägt war. Zwar beklagt er das Fehlen eines rumänischen Heldenepos, doch sein von VOLTAIRE, DIDEROT und MONTESQUIEU geprägtes Weltbild ist anti-heroisch. Wie beispielsweise den Dichtern der »Pléiade« geht es ihm um die Schaffung einer der klassischen Dichtung gleichwertigen Nationalliteratur und -sprache; der Inhalt des Epos ist jedoch eine realistische Darstellung und kritische Deutung der Zeitumstände. In der Widmungsepistel an seinen Freund Petru Maior (Anagramm: Mitru Perea) unterstreicht Budai-Deleanu den allegorischen Charakter seines Epos: Mit den »Zigeunern« seien *»all jene gemeint, die so handeln, wie es die Zigeuner einst taten«*: Die Rumänen im engeren Sinne und die gesamte Menschheit im weiteren Sinne.

Den Hintergrund für die *»Mock heroic«*-Handlung bildet der von dem Fürsten Vlad Ţepeş angeführte Freiheitskampf der Rumänen gegen die türkische Herrschaft. Um zu verhindern, daß die Türken die im Lande lebenden Zigeuner als Spitzel verwenden, schenkt Vlad diesen die Freiheit, gibt ihnen Waffen und weist ihnen einen Lagerplatz an. In den Kampf zwischen Christen und Türken greifen jedoch auch die himmlischen Heerscharen und die teuflischen Mächte ein (*»merveilleux chrétien«*). Um den Marsch der Zigeuner zu ihrem Lager aufzuhalten, raubt Satana (eine weibliche Teufelsgestalt) Romica, die Verlobte des Zigeuners Parpangel. Wie sein literarisches Vorbild, ARIOSTS Orlando, irrt Parpangel auf der Suche nach Romica ziellos umher, findet und verliert sie wieder und besteht allerlei phantastische Abenteuer. In der Zwischenzeit stellt Vlad Ţepeş die Tapferkeit seiner Zigeunertruppe auf die Probe: In Begleitung einiger als Türken verkleideter Soldaten greift der ebenfalls verkleidete Fürst die Zigeuner an, die sich sofort kampflos ergeben und Vlad an die vermeintlichen Türken verraten. Schließlich gelingt es Vlad dank der tatkräftigen Unterstützung durch die streitbaren Heiligen, die Türken zu besiegen. Die Zigeuner kämpfen indessen verbissen gegen eine Büffelherde und stoßen dabei auf die Vorräte der vor Vlad flüchtenden Türken. Vor der Übermacht der Heiligen flüchtet sich Satana in ein Kloster, wo sie größte Verwirrung unter den Mönchen stiftet. Parpangel heiratet Romica; bei der Hochzeitsfeier erzählt

er von seiner Reise durch die Hölle und durch das Paradies. Die Zigeuner beschließen, einen eigenen Staat zu gründen, können sich jedoch über die zu wählende Staatsform nicht einigen. Es kommt zu einer blutigen Schlacht zwischen den Parteien, die Überlebenden zerstreuen sich.
Die erste Variante des Epos schließt pessimistisch: Vlad verliert den Thron wegen der Intrigen seiner Bojaren und geht ins Exil. Am Schluß der zweiten Variante bekundet das Volk seinen Willen, unter Vlads Führung weiterzukämpfen, um entweder die Freiheit zu erringen oder zu sterben.
Das wichtigste Mittel zur Erzielung komischer Effekte ist der Gegensatz zwischen »hohem Stil« und dem unheroischen Inhalt. Budai-Deleanu verwendet bewußt das gesamte Arsenal der für die klassischen Epen charakteristischen Stilmittel: eine kunstvolle Strophenform (Sestine mit dem Reimschema *ab ab cc*), Musenanrufung, Personifikation, Schlachtbeschreibungen, epische Wiederholungen, Epitheta. – Eine weitere, sehr subtile komische Wirkung erzielt der Autor durch dem Text beigefügte Fußnoten und Kommentare, die er verschiedenen Personen – u. a. seinem Freund Mitru Perea, einem arroganten Besserwisser, einem Theologen, einem ungebildeten Leser usw. – in den Mund legt. Das aufklärerische Gedankengut – Rationalismus, Fortschrittsgläubigkeit, Antiklerikalismus und Antidogmatismus verleiht dem Epos eine kritische, oft beißend satirische Note.
*Tiganiada* ist wirklich, wie Budai-Deleanu in dem Widmungsbrief behauptet, eine *»originelle rumänische Schöpfung«*, es handelt sich aber gleichzeitig um eine Art »Summa« komischer Epen, von der antiken *Batrachomyomachia (Froschmäusekrieg)* über Ariosts *Orlando furioso*, TASSONIS *La secchia rapita (Der geraubte Eimer)*, CASTIS *Gli animali parlanti* bis zu BLUMAUERS Aeneis-Travestie. Innerhalb der rumänischen Literatur gibt es einzig eine Parallele zu Dimitrie CANTEMIRS (1673–1723) allegorischem Roman *Istoria ieroglifică (Die hieroglyphische Geschichte)*. Obwohl Literaturhistoriker wie Aron und Ovid DENSUŞIANU die Bedeutung des Werkes bereits nach dem Erscheinen der ersten Variante erkannten und würdigten, war es erst der Forschung des 20. Jh.s vorbehalten, die wahre, über seine Zeit hinausragende Größe dieses Epos zu erkennen.Doch auch heute ist das Studium der philosophischen und literarischen Quellen, seiner stilistischen Merkmale und seiner künstlerischen Realisierung noch nicht abgeschlossen. A.Ga.

AUSGABEN: Jassy 1875–1877, Hg. T. Codrescu. – Bukarest 1925, Hg. Gh. Cardas [endg. Fassg.]. – Bukarest 1958. – Bukarest 1962; ²1965. – Bukarest 1969. – Bukarest 1973. – Bukarest 1974/1975 (in *Opere*, Bd. 1 u. 2).

LITERATUR: A. Densuşianu, *O musă cenuşăreasă* (in *Cercetări literare*, Jassy 1881). – D. Popovici, *Doctrina literară a »Tiganiadei« lui I. B. D.* (in Studii Literare, 4, 1948). – R. del Conte, *Limiti e caratteri dell'influenza italiana nella »Tiganiada« di I. B. D.*

(in *Omagiu lui I. Iordan*, Bukarest 1958, S. 195 bis 202). – L. Gáldi, *Incă odată despre metrul »Tiganiadei«* (in Limba Română, 8. 1959, Nr. s, S. 59-67). – P. Cornea, *I. B. D., un scriitor de renaştere timpurie într-o renaştere întîrziată* (in *Studii de literatură română modernă*, Bukarest 1962, S. 5–78). – Al. Piru, *Literatura română premodernă*, Bukarest 1964, S. 86–134. – S. Bratu, *Locul Tiganiadei în istoria ideologiei noastre literare* (in Limbă şi literatură, 13, 1967, S. 35-54). – M. Gregorian, *Versiunile Tiganiadei lui I. B.-D.*, Bukarest 1967. – A. Gh. Olteanu, *Forme ale comicului în »Tiganiada« de I. B.-D.* (in Limbă şi literatură, 1, 1977, S. 189–199).


MILE BUDAK

* 30.8.1889 Sv. Rok bei Lovinac
† 1945 Kroatien

**OGNJIŠTE. Roman iz ličkoga seljačkog života** (kroat.; *Ü: Herdfeuer*). »Roman über das bäuerliche Leben der Lika« von Mile BUDAK, erschienen 1938. – Die soziale Schichtung der Völker Jugoslaviens begünstigt auch in der kroatischen Erzählergeneration der Moderne den Fortbestand der seit ŠENOA künstlerisch reflektierten Schilderung des Dorfmilieus, wobei die Bauerndichtung regional gefächert ist; stellt I. KOZARAC z. B. das slavonische Dorfleben, D. ŠIMUNOVIĆ das der dalmatinischen Zagora und F. HORVAT-KIŠ die Bauern der binnenkroatischen Zagora dar, so hat der Schriftsteller und nationalkroatische Politiker Budak das bäuerliche Leben der Lika, des an das Velebit-Gebirge grenzenden abgeschiedenen Karstgebiets, zum konstanten und in unterschiedlichen Konstellationen immer wieder variierten Thema seines literarischen Werks gewählt.
Gegenstand des umfangreichen Romans, der verfilmt und zweimal für die Bühne bearbeitet wurde, ist die den südslavischen Völkern eigene Institution der Großfamilie, der *zadruga*, in der Geschwister und Söhne eines »Hausvaters« mit allen ihren Nachkommen auf einem Gehöft in ungeteilter Eigentums- und Wirtschaftsgemeinschaft leben. Diese besondere Struktur des Familienlebens, dessen ideelles und reales Zentrum das Herdfeuer als Symbol der Einheit und Tradition ist *(»... dieser Funke war ihre gemeinsame Seele, ihr ewiges Blut, ihr ununterbrochenes Leben«)*, schildert Budak durch drei Generationen am Beispiel zweier miteinander versippter Großfamilien. Das harmonische, in hergebrachten Formen verlaufende Zusammenleben der einen Zadruga wird zerstört durch die unselige Leidenschaft des Hausvaters Blažić zu seiner Schwiegertochter Anera, die Gemeinschaft der anderen Familie endet mit der Teilung des Herdfeuers, weil nur durch diese Verzweiflungstat das Zusammen-

leben der Brüder Lukan und Zekan samt dessen zänkischer Frau auch weiterhin unter einem Dach ermöglicht werden kann. Der Tod des älteren Zekan macht es dem neuen Hausvorstand der Zadruga, Lukan, zur Pflicht, durch einen Erben für die Wahrung des Besitzes und das Weiterbrennen des Herdes in der Familie zu sorgen; der Fortbestand der Sippe scheint in Frage gestellt, als Lukans Frau, seine Kinder und Enkel sterben. Schließlich willigt Anera, deren Mann im Ersten Weltkrieg gefallen ist, in eine Heirat. Noch vor der Geburt des ersehnten männlichen Erben aber verliert Lukan auch seine junge Frau. Sie wird von Blažić bei dem Versuch, sich seiner Zudringlichkeiten zu erwehren, umgebracht.

Daß der bäuerliche Likaner unter den primitiven, harten Lebensumständen nicht resigniert und verzweifelt *(»Aus seiner Haut und aus der Lika kann keiner!«)*, ist seiner starken Bindung an die »heimatliche Scholle« und vor allem der naiven Religiosität zu verdanken. Neben der Tradition sind es jene Kräfte, aus denen die Normen für das Zusammenleben des einzelnen und der Gemeinschaft bezogen werden. Sogar Blažić, der aus dieser festgefügten Ordnung ausbricht, erkennt sie letztlich an, auch wenn er sich von ihr lossagt. – Budaks künstlerisch anspruchslose realistische Erzählweise und einfache, mit Ikavismen und religiösen Termini durchsetzte Sprache, seine idealisierende Sicht und Schwarzweiß-Zeichnung schmälern nicht sein Verdienst, ein kulturgeschichtlich überaus interessantes Bild des Likaner Bauern und seiner heute schon nicht mehr existenten Lebensform in der Zadruga gezeichnet zu haben.

Mile Budak, laut BARAC der meistgelesene kroatische Schriftsteller seiner Zeit, wurde 1945, nachdem der nationalkroatische Ustaša-Staat zerschlagen war und die kommunistische Regierung Tito die Macht übernommen hatte, unter der Beschuldigung, Kriegsverbrechen begangen zu haben, hingerichtet. Wegen seiner profaschistischen politischen Einstellung wird Budak von der heutigen jugoslawischen Literaturkritik nicht zur Kenntnis genommen. B.Gr.

AUSGABEN: Zagreb 1938, 4 Bde.

ÜBERSETZUNG: *Herdfeuer*, F. Hille, Bln. u. a. 1943.

DRAMATISIERUNG: V. Rabadan, Zagreb 1941 (Uraufführung: Wien, 11. 3. 1943; Übers. I. v. Alpi-Rauch, Bearb. O. Burger).

LITERATUR: A. Petravić, *Budakov roman »Ognjište«* (in Novo doba, 23, 1938, Nr. 300, S. 9–10). – B. Novaković, *Roman ličkog sela* (in Srpski književni glasnik, 1939, Nr. 56, S. 298–300). – A. Barac, *M. B.* (in *Hrvatska enciklopedija*, Bd. 3, Zagreb 1942). – F. Sulke, *Der kroatische Dichter M. B.* (in Neues Wiener Tagblatt, 6. 3. 1943). – *B. M.* (in *Lexikon der Weltliteratur im 20. Jh.*, Bd. 1, 1960, S. 280 f.).

# BUDDHAGHOSA

5. Jh. Indien und Sri Lanka

LITERATUR ZUM AUTOR:
B. C. Law, *The Life and Work of Buddhaghosa*, Kalkutta 1923. – E. W. Adikaram, *Early History of Buddhism in Ceylon*, Colombo 1946, S. 1–42. – C. E. Godakumbura, *Sinhalese Literature*, Colombo 1955, S. 43ff. – A. P. Buddhadatta, *Corrections of Geiger's »Mahāvaṃsa« etc.*, Ambalangoda 1957, S. 142ff. u. 169ff. – B. C. Law, *B.* (in *Encyclopaedia of Buddhism*, Bd. 3, Colombo 1973, S. 404–417). – K. R. Norman, *Pāli Literature*, Wiesbaden 1983, S. 120–130.

## VISUDDHIMAGGA

(pāli; *Der Weg der Läuterung*). Buddhistisches Werk von BUDDHAGHOSA. – Buddhaghosa, der bedeutendste der großen Kommentatoren der Pāli-Literatur, war auch Verfasser dieser umfangreichsten systematischen Darstellung des buddhistischen Lehrgebäudes nach der Tradition der Theravāda-Schule in der älteren Periode. Das Werk ist in 23 Kapitel eingeteilt, die sich mit allen wichtigen Aspekten des Erlösungsweges und seinen theoretischen Grundlagen befassen; die Abschnitte sind in drei Hauptteilen zusammengefaßt: Sittlichkeit, Meditation und Wissen. Der Titel des Werks bezieht sich auf das Schema der sieben Stufen der Läuterung *(visuddhi)*, die an zwei Stellen des Pāli-Kanons angeführt werden. Hauptteil 1 handelt von der ersten Stufe *(Läuterung der Sittlichkeit)*, Hauptteil 2 von der zweiten Stufe *(Läuterung des Geistes)*; und Hauptteil 3 befaßt sich mit den restlichen fünf Stufen *(Läuterung der Erkenntnis, Überwindung des Zweifels* usw.). Das ganze Werk ist formal unter den folgenden Vers aus dem *Samyutta-Nikāya (Sammlung der nach Gruppen geordneten Texte* im buddhistischen Pāli-Kanon) als Leitwort gestellt: *»Der weise Mann, der, sittlich fest, / Den Geist entfaltet und das Wissen, / Der eifrige, besonn'ne Mönch: / Er mag dies Dickicht wohl entwirr'n«* (Ü: nach Nyānatiloka).

Obwohl in der Grundanlage und auch in der Anordnung einzelner Abschnitte noch auf die überlieferte Form der kommentariellen Erklärung zurückgegriffen wird, ist das Werk als Ganzes streng systematisch aufgebaut. Der Autor beweist hier seine meisterliche Beherrschung des schon Jahrhunderte vorher zur Kirchensprache erstarrten Pāli. Außerdem ist das Werk eines der hervorragendsten Zeugnisse der mönchischen Gelehrsamkeit jener Periode: Es zeigt Buddhaghosas umfassende Kenntnis aller Texte des Pāli-Kanons. Die Lehrdarlegung wird häufig durch Heiligenlegenden und Gleichnisse belebt. Unter diesen erzählenden Abschnitten sind religionsgeschichtlich höchst bemerkenswerte Stücke, z. B. der Bericht vom Kampf des großen

Buddha-Jüngers Moggallāna mit dem dämonischen Drachen Nandopananda.
Der aus dem Dorf Moraṇḍakheṭaka in Indien gebürtige Verfasser, der buddhistische Ordensältere Buddhaghosa, hatte einige Zeit in Mayūrarūpapattana und in Kāñcipura verbracht. Der ceylonesische Gelehrte A. P. BUDDHADATTA hat als wahrscheinlich erwiesen, daß Moraṇḍakheṭaka im heutigen Andhra Pradesh zu suchen ist; Kāñcipura in Tamilnad ist noch viel später als Zentrum des Pāli-Buddhismus belegt und war zu Buddhaghosas Zeiten einer der Mittelpunkte buddhistischer Gelehrsamkeit. Die im *Mahāvamsa* des MAHĀNĀMA (6. Jh.) enthaltene Mitteilung, daß Buddhaghosa aus der Gegend von Gayā in Bihar stamme, ist mit Sicherheit unrichtig. Auch wissen wir, daß Buddhaghosa im 5. Jh. längere Zeit in Ceylon lebte und arbeitete. Er legte seinen Werken die als besonders getreu geltende Lehrüberlieferung des Mahāvihāra-Ordens in der Hauptstadt Anurādhapura zugrunde. Einige Stellen in seinen Schriften lassen jedoch erkennen, daß er auch mit der Überlieferung des vor allem in Nordindien verbreiteten Ordens der Mūlasarvāstivādin vertraut war. Die genauen biographischen Angaben über ihn, die spätere Werke überliefern, sind vermutlich erst später erfunden worden, jedenfalls lassen sie sich nicht als historisch erweisen.
Der *Visuddhimagga* ist kein ganz originelles Werk, sondern eine – wenn auch gründliche – Umarbeitung eines älteren Werkes, nämlich des *Vimuttimagga (Weg der Erlösung)* von UPATISSA. Letzteres wurde von dem aus Fu-nan (Kambodscha) stammenden Mönch SAṄGHAPĀLA im Jahr 505 n. Chr. ins Chinesische übersetzt und ist im chinesischen buddhistischen Kanon erhalten geblieben; das Kapitel *Dhutaṅganiddesa (Abschnitt von den asketischen Praktiken)* liegt außerdem in einer tibetischen Übersetzung vor. Vor kurzem wurde überdies in Ceylon die Handschrift eines Auszugs aus dem Urtext des *Vimuttimagga* in Pāli entdeckt; es handelt sich um eine Art Inhaltsangabe. Bisher ist es nicht möglich gewesen, Heimat und Lebenszeit des Upatissa mit Sicherheit festzustellen. Es ist lediglich bekannt, daß sein Werk *Vimuttimagga* älter ist als Buddhaghosas *Visuddhimagga* und daß er selbst zu einer anderen Untersekte des Theravāda-Buddhismus gehörte, nämlich zu der in Ceylon beheimateten, aber möglicherweise seinerzeit auch in Südindien verbreiteten Abhayagiri- oder Dhammaruci-Schule.
Buddhaghosa hat somit das ältere Werk nicht nur nach literarischen und systematischen Prinzipien umgestaltet, sondern ihm auch einen anderen – wenn auch nur in Einzelheiten abweichenden – dogmatischen Standpunkt zugrunde gelegt. Buddhaghosas Werk ist bis heute das dogmatisch-systematische Hauptkompendium der später im gesamten Bereich des Pāli-Buddhismus maßgeblich gewordenen Mahāvihāra-Schule geblieben. Zusammen mit Buddhaghosas Kommentaren hat es die weitere Entwicklung des Pāli als Kirchensprache der südlichen Buddhisten entscheidend beeinflußt. – Die ausführliche singhalesische Paraphrase des Werkes, die der ceylonesische König PARĀKRAMABĀHU II. (1236–1269) verfaßte, gilt zu Recht als eines der bedeutendsten gelehrten Kompendien der mittelalterlichen Mönchsgelehrsamkeit Ceylons. H.Bt.

AUSGABEN: Ldn. 1920/21, Hg. C. A. F. Rhys Davids, 2 Bde. – Cambridge/Mass. 1950, Hg. H. C. Warren und Dharmananda Kosambi.

ÜBERSETZUNGEN: *Visuddhi-Magga oder Der Weg zur Reinheit*, Nyānatiloka, Konstanz 1952. – *The Path of Purification*, Ñāṇamoli, Colombo 1956 [engl.].

LITERATUR: P. V. Bapat, *Vimuttimagga and Visuddhimagga, a Comparative Study*, Puna 1937. – *Vimuktimārga Dhutaṅganirdeśa*, Hg. G. H. S. Sasaki, Kioto 1958. – *The Path of Freedom by Arahant Upatissa, Translated by N. R. M. Ehara, Soma and Kheminda*, Colombo 1961. – P. V. Bapat, *Vimuktimārga Dhutaguṇa-Nirdeśa, a Tibetan Text Edited and Translated*, Ldn. 1964. –U. Dhammaratana, *Guide through the Visuddhimagga*, Varanasi 1964.

---

# GEORG BÜCHNER

\* 17.10.1813 Goddelau bei Darmstadt
† 19.2.1837 Zürich

LITERATUR ZUM AUTOR:
*Bibliographien*:
W. Schlick, *Das G.-B.-Schrifttum bis 1965. Eine internationale Bibliographie*, Hildesheim 1968. – G. P. Knapp, *Kommentierte Bibliographie zu G. B.* (in *G. B. I/II*, Hg. H. L. Arnold, Mchn. 1979; [2]1982, S. 426–455). – G. B. Jb., Ffm. 1981 ff. [m. fortlaufender Bibliogr.].
*Biographien*:
K. E. Franzos, *G. B.* (in *G. B., SW u. handschriftlicher Nachlaß*, Ffm. 1879); ern. in *Der widerständige Klassiker. Einleitungen zu B.*, Hg. B. Dedner, Ffm. 1988. – H. Mayer, *G. B. u. seine Zeit*, Wiesbaden 1946; ern. Ffm. 1972; [4]1980. – K. Viëtor, *G. B. Politik, Dichtung, Wissenschaft*, Bern 1949. – E. Johann, *G. B. in Selbstzeugnissen u. Bilddokumenten*, Reinbek 1958; [15]1981 (rm). – M. Beese, *G. B.*, Lpzg. 1983.
*Gesamtdarstellungen und Studien*:
K. Viëtor, *G. B. als Politiker*, Bern/Lpzg. 1939; [2]1950. – P. Westra, *G. B. dans ses rapports avec ses contemporains*, Rotterdam 1946. – G. Baumann, *G. B. Die dramatische Ausdruckswelt*, Göttingen 1961; [2]1976. – *G. B.*, Hg. W. Martens, Darmstadt 1965; [3]1973 (WdF). – O. Döhner, *G. B.s Naturauffassung*, Diss. Marburg 1967. – E. Kobel, *G. B. Das dichterische Werk*, Bln. 1974. –

*Materialien zur Rezeptions- und Wirkungsgeschichte G. B.s,* Hg. D. Goltschnigg, Kronberg/Ts. 1974. – Ders., *Rezeptions- und Wirkungsgeschichte G. B.s,* Kronberg/Ts. 1975. – G. Jancke *G. B. Genese u. Aktualität seines Werkes. Einführung in das Gesamtwerk,* Kronberg/Ts. 1975; ³1979. – C. Ueding, *Denken, Sprechen, Handeln. Aufklärung u. Aufklärungskritik im Werk G. B.s,* Bern 1976. – M. B. Benn, *The Drama of Revolt. A Critical Study of G. B.,* Cambridge u. a. 1976; ²1979. – W. Hinderer, *B.-Kommentar zum dichterischen Werk,* Mchn. 1977. – J. Thorn-Prikker, *Revolutionär ohne Revolution. Interpretation der Werke G. B.s,* Stg. 1978. – W. Wittkowski, *G. B. Persönlichkeit, Weltbild, Werk,* Heidelberg 1978. – *G. B. I/II,* Hg. H. L. Arnold, Mchn. 1979; 1982 (Text u. Kritik). – *G. B. III,* Hg. ders., Mchn. 1981 (dass.). – F. Sengle, *G. B. (1813–1837)* (in F. S., *Biedermeierzeit. Dt. Literatur im Spannungsfeld zwischen Restauration u. Revolution 1815–1848,* Bd. 3, Stg. 1980, S. 265–331). – J. Hilton, *G. B.,* Ldn./Basingstoke 1982. – *Internationales G. B. Symposium* (Referate in G. B. Jb., 2, 1982 u. G. B. Jb., 3, 1983). – H. Poschmann, *G. B. Dichtung der Revolution u. Revolution der Dichtung,* Bln./Weimar 1983. – G. P. Knapp, *G. B.,* Stg. ²1984 (Slg. Metzler). – J.-C. Hauschild, *G. B. Studien u. neue Quellen zu Leben, Werk u. Wirkung,* Königstein/Ts. 1985. – *G. B. Leben, Werk, Zeit,* Marburg 1985; ³1987 [Katalog zur Marburger Ausstellung 1984]. – *G. B. Revolutionär, Dichter, Wissenschaftler 1813–1837,* Basel/Ffm. 1987 [Katalog zur Darmstädter Ausstellung 1987].

**DANTONS TOD. Ein Drama**

Schauspiel in vier Akten von Georg Büchner, erschienen 1835; Uraufführung: Berlin, 5. 1. 1902, Belle-Alliance-Theater und Neue Freie Volksbühne. – Als Medizinstudent in Gießen »studierte« Büchner Anfang 1834 die Geschichte der Französischen Revolution. Als Quelle diente ihm vor allem die Darstellung des liberalen französischen Historikers L. A. Thiers (*Histoire de la Révolution Française,* 1823–1827), der den Sturz des Ancien régime und die Kämpfe bis zum Staatsstreich Napoleons als zwangsläufige Folge der Auseinandersetzungen zwischen Aristokratie und Bürgertum deutete. Er gilt zusammen mit F. A. M. Mignet als Begründer einer »fatalistischen Schule« in der Geschichtsschreibung, Büchners Äußerung über den »gräßlichen Fatalismus der Geschichte« im Brief an seine Braut (vermutlich erst nach dem 10. 3. 1834 verfaßt) reflektiert diese Lektüre und die Ohnmacht des einzelnen gegenüber den Zwängen der Verhältnisse: »*Der einzelne nur Schaum auf der Welle, die Größe ein bloßer Zufall, die Herrschaft des Genies ein Puppenspiel, ein lächerliches Ringen gegen ein ehernes Gesetz...*« Zwischen Oktober 1834 und Januar 1835 entleiht Büchner sich aus der Großherzoglichen Hofbibliothek Darmstadt weitere historische Werke, u. a. L. S. Merciers *Le nouveau Paris* (1799), sowie Biographien und Memoirenliteratur, die er sowohl in den politischen Diskussionen der Darmstädter »Gesellschaft der Menschenrechte« benutzte, wie auch für das Drama exzerpierte. Rund ein Sechstel des Dramentextes, meist Reden, Charakterisierungen und Situationsbeschreibungen, ist wörtlich den Quellen entnommen, v. a. den Werken Thiers' und der umfangreichen, populären Heftchenreihe *Unsere Zeit, oder geschichtliche Übersicht der merkwürdigsten Ereignisse von 1789–1830,* die Carl Strahlheim herausgab und die zur »liebsten Lektüre« von Büchners Vater gehörte; neben weiteren historischen Randquellen lassen sich literarische Einflüsse vor allem durch Shakespeare, Grabbe und auch, was die Gestaltung der Volksszenen betrifft, durch Goethe nachweisen.

Eigener Angabe zufolge schrieb Büchner das Drama »*in höchstens fünf Wochen*« nieder und schickte es am 21. 2. 1835 an den Frankfurter Verleger Sauerländer und dessen Redakteur Karl Gutzkow, der es zunächst gekürzt und mit Tilgung oder Abschwächung sexueller »Eindeutigkeiten« in dem belletristischen Tagblatt ›Phönix‹ veröffentlichte: »*Es tobte eine wilde Sansculottenlust in der Dichtung; die Erklärung der Menschenrechte wandelte darin auf und ab, nackt und nur mit Rosen bekränzt*«, schreibt Gutzkow 1837 in seinem Nachruf auf Büchner. Er war sich der Verstümmelung des Textes durch die Präventivzensur bewußt: »*Der* ›ächte Danton‹ *von Büchner ist* ›nicht‹ *erschienen.*« Im Juli 1835 – Büchner war wegen seiner Mitautorschaft am *Hessischen Landboten* nach Straßburg geflüchtet – erschien die ebenfalls stark zensierte Buchausgabe, der der Redakteur Eduard Duller noch den politisch kalkulierten, von Büchner als »abgeschmackt« bezeichneten Untertitel *Dramatische Bilder aus Frankreichs Schreckensherrschaft* hinzugefügt hatte.

Das Drama schildert in vier Akten die letzten beiden Wochen vor der Hinrichtung Dantons am 5. 4. 1794 in Paris. Die Vorgeschichte erschließt sich im Text aus den Erinnerungen Dantons, der zusammen mit Robespierre zu den führenden Köpfen der Revolution gehörte und 1792 für die »Septembermorde« an klerikalen und royalistischen Abgeordneten und Häftlingen verantwortlich zeichnete. In der Folgezeit kommt es zu Fraktionskämpfen zwischen den Anhängern Dantons und den Jakobinern, denen Robespierre und St. Just vorstehen. Die Handlung setzt ein, als die Kämpfe zugunsten der Jakobiner so gut wie entschieden sind. In der Anlage des Stücks weicht Büchner allerdings von der Chronologie der Ereignisse mitunter ab, wie er insgesamt das Quellenmaterial den dramaturgischen Erfordernissen des Stücks unterordnet, um die Konturen der historischen Situation und die ihr innewohnende Tendenz um so deutlicher herauszuarbeiten zu können.

Im ersten Akt lädt Robespierre das hungernde Volk, das nach Verschärfung des Terrors schreit, mit dem Versprechen in den Jakobinerclub, »*ein Blutgericht über unsere Feinde (zu) halten*«. Im Club hält Robespierre eine (historisch etwas früher anzusetzende) Rede, in der er die Herrschaft des Schreckens als »*Waffe der Republik*« und der Tugend legitimiert. Von dieser Rede wird Danton berichtet, und er läßt sich dazu bewegen, am folgenden Tag Robespierre aufzusuchen. Während Danton für das Ende der Terreur plädiert *(»ich sehe keinen Grund, der uns länger zum Töten zwänge«)*, ist für Robespierre die Revolution noch nicht abgeschlossen: »*Die soziale Revolution ist noch nicht fertig, wer eine Revolution zur Hälfte vollendet, gräbt sich selbst sein Grab.*« Weniger die politische Auseinandersetzung als vielmehr Dantons unverhüllte Verachtung der von Robespierre zur Schau getragenen Tugendhaftigkeit (*»Ist denn nichts in dir, was dir nicht manchmal, ganz leise, heimlich sagte du lügst, du lügst!«*) bestimmen das Gespräch. Robespierre gerät in Zweifel über sein Vorgehen, als St. Just ihn aus seinen Gedanken reißt: Sie verabreden die Verhaftung Dantons.

Der zweite Akt setzt mit einem neuen Tag ein. Danton muß feststellen, daß seine Ächtung durch Robespierre bereits über den Club hinausgedrungen ist. Vergebens drängen ihn seine Freunde, zu handeln oder wenigstens zu fliehen; Danton bleibt untätig, teils aus Lebensekel *(». . . ich müßte schreien, das ist mir der Mühe zuviel, das Leben ist nicht die Arbeit wert, die man sich macht, es zu erhalten«)*, teils weil er auf sein Ansehen beim Volk vertraut: »*Sie werden's nicht wagen.*« In der sechsten Szene sind die Bürgersoldaten schon vor seinem Haus, in der letzten Szene wird seine bereits vollzogene Verhaftung im Konvent beraten und von Robespierre politisch, von St. Just geschichtsphilosophisch begründet: Die Revolution »*zerstückt die Menschheit, um sie zu verjüngen.*«

Der dritte Akt greift zunächst zeitlich zurück: Die verhafteten Dantonisten werden ins Gefängnis eingeliefert. Die sich anschließende Gerichtsverhandlung (die sich tatsächlich über mehrere Tage hingezogen hat) wird in einer raschen Szenenfolge zusammengefaßt. Ankläger und Präsident des Revolutionstribunals besprechen die Auswahl »*zuverlässiger*« Geschworener, Danton wird vor dem Tribunal verhört, unter einem Vorwand aber schließlich von der Verhandlung ausgeschlossen. Die Stimmung unter den Zuhörern, die Danton noch einmal zu seinen Gunsten beeinflussen konnte, schlägt endgültig gegen ihn um. Die Verurteilung Dantons und seiner Gefährten ist zu Beginn des vierten Akts bereits verkündet; in der Conciergerie warten die Gefangenen auf den Tod. Julie, die Frau Dantons, begeht Selbstmord (auch dies eine Abweichung von der Historie), nach der Guillotinierung der Männer sucht auch Lucile, die Frau von Camille Desmoulins, den Tod. Sie, die nicht begreift, daß angesichts der Ungeheuerlichkeit einer Hinrichtung »*Alles*« scheinbar unbeteiligt weitergeht (*». . da ist noch Alles wie sonst, die Häuser, die Gasse, der Wind geht, die Wolken ziehen. – Wir müssen's wohl leiden«*), spricht ihr eigenes Todesurteil mit dem Ausruf: »*Es lebe der König!*«

Obgleich die Entwicklung der Geschehnisse die Äußerungen und Reflexionen der Figuren beherrscht, tritt die Aktion so weit hinter die Reflexionen der Akteure zurück, daß Gutzkow bemängeln konnte, es fehle dem Stück die Handlung, verstanden als Darstellung einer Intrige. Das Außergewöhnliche von Büchners Stück, das, worin es sich von der Literatur der Klassik und Romantik abhebt und worin es seine Modernität gewinnt, ist der Verzicht, hinter der Welt der Erscheinungen, Zufälle und Willkürlichkeiten ein System transzendentaler Ordnung entstehen zu lassen und die 32 Szenen des Dramas auf die herkömmliche, auf Einfühlung und Spannungsaufbau abzielende Entwicklung einer Fabel auszurichten. So intrigenhaft die Vernichtung der Dantonisten betrieben wird, so wenig setzt sich letztlich der intrigante Wille durch; es dominiert, in fast modern-episierender Weise, der Zwang der Verhältnisse: »*Wir haben nicht die Revolution gemacht, sondern die Revolution hat uns gemacht*«, konstatiert Danton. Und ein dritter politischer Faktor erscheint gleichsam als Voraussetzung und Ziel der politischen Akteure: Die dem Genuß huldigenden Anhänger Dantons und die radikalen Tugendwächter der Partei Robespierres stehen dem hungernden Volk gegenüber. Die Revolution müsse, um erfolgreich zu sein, »*von der ungebildeten und armen Klasse aufgefressen werden*«, hatte Büchner einst an Gutzkow geschrieben, aber die Französische Revolution kommt nicht an diesen Punkt. Zwar sind diejenigen, die oben sitzen, vom Willen beseelt, denen, die unten Hunger leiden, zu helfen (»*Ihr Hunger hurt und bettelt«*), aber der Wille bleibt uneingelöst. Die Revolution verzehrt sich selbst, ohne eine Änderung der Verhältnisse herbeizuführen; die radikale Forderung eines Sansculotten: »*Die Guillotine ist zu langsam. Wir brauchen einen Platzregen*« kann Robespierre ohne Mühe verwenden, um seine politischen Widersacher auszuschalten. So tritt zur Diskrepanz zwischen Volk und Führern der Widerstreit der politischen Fraktionen hinzu. Zwischen ihnen wird der Kampf ausgetragen, mit dessen Darstellung Büchner entscheidende politische und philosophische Themen seiner Zeit (HEINE/BÖRNE-Debatte) auf ihre Widersprüche hin herausarbeitet: Dem rigiden Idealismus der Jakobiner widersetzt sich der Materialismus der Dantonisten. Aber weder die Jakobiner noch die Dantonisten können die materiellen Voraussetzungen für ihre Ziele herbeiführen. Unter dem Eindruck des zweiten Bandes von Heines *Salon* akzentuiert Büchner die Haltung der Dantonisten noch durch das Moment sinnlicher Emanzipation. Der Gegensatz von Arm und Reich erweitert sich zum moralischen Antagonismus, zu Genuß und Bildung zugelassen oder davon ausgeschlossen zu sein, wie Dantons Gefährte Lacroix konstatiert: »*Und außerdem Danton, sind wir lasterhaft, wie Robespierre sagt, d. h. wir genießen, und das Volk ist tugendhaft, d. h. es genießt nicht, weil ihm die Arbeit die Genußorgane stumpf macht, es besäuft sich nicht, weil kein Geld hat, und es geht nicht ins Bordell, weil es nach Käs und Hering aus dem Hals stinkt und die Mädel davor einen Ekel haben . . . Man nennt *uns Spitzbuben und ... es ist, unter uns gesagt, so halbwegs was Wahres dran.«* Die Dantonisten sind, als Privilegierte, die Statthalter jenes Glücksanspruchs, der dem Volk verheißen wird; aber da sie das Glück vorwegnehmen und als ein Vorrecht genießen, verraten sie zugleich den Anspruch jener, für die ihr Programm einstehen will.

Die Realität, die Büchner auf die Bühne bringt, hat wenig zu tun mit dem Ideal klassischer Harmonie; so hart er sein Quellenmaterial und die politischen Thesen aneinandermontiert, so heterogen die Stilebenen sind, die er kontrastiert, so gebrochen erscheinen seine Figuren, allen voran Danton. Sein Hedonismus hat seine Grenze am Ekel vor der Welt, er entzieht sich dem immergleichen Zwang zur Selbsterhaltung: *»Ja wahrhaftig, es war mir zuletzt langweilig. Immer im nämlichen Rock herumzulaufen und die nämlichen Falten zu ziehen ... S'ist nicht zum Aushalten.«* Je nachhaltiger die Akteure an die Grenzen ihrer Handlungsmöglichkeiten stoßen, je mehr die Dinge ihrem Willen entgleiten, um so stärker schließen die Revolutionäre von ihrer Situation auf die Gnadenlosigkeit des Geschichtsablaufs, auf die Mitleidslosigkeit der Schöpfung. *»Sind wir nicht Nachtwandler...?«*, sinniert Robespierre, und Danton klagt *»Was ist das, was in uns hurt, lügt, stiehlt und mordet? Puppen sind wir von unbekannten Gewalten am Draht gezogen; nichts, nichts wir selbst!«* Die Zweifel am Sinn des eigenen Tuns finden ihr Pendant im Bild einer Welt, die für das Leiden der Menschen keinen Trost kennt; die Gespräche der Gefangenen kreisen um die «letzten Dinge», um den Tod, den *»Riß in der Schöpfung«* (wohl eine Anspielung auf FEUERBACHS 1830 anonym veröffentlichte Schrift *Gedanken eines Denkers über Tod und Unsterblichkeit*), und um Gott. Während Camille die Umrisse eines materialistischen Weltbildes formuliert (*»... wir Alle sind Schurken und Engel, Dummköpfe und Genies und zwar das Alles in Einem ... Schlafen, Verdaun, Kinder machen das treiben Alle, die übrigen Dinge sind nur Variationen aus verschiedenen Tonarten über das nämliche Thema«*), kann Danton sich aus der Sinnsuche nicht lösen: *»Die Welt ist das Chaos. Das Nichts ist der zu gebärende Weltgott.«*

Utopische Entwürfe kennt das Stück kaum. Natur ist nur selten präsent, die Erfahrung von Schönheit meist mit der Ahnung des Todes verbunden. Sexualität erscheint von der ersten Szene an im Drama; den Hungernden ist sie aufgezwungen in Form der Prostitution, als Mittel zum Überleben, die Köpfe der Revolution gebrauchen sie zum Zeitvertreib. In einer der Grisetten jedoch, in Marion, wird Sexualität zur Utopie eines Lebens, das sich im Sinne *»erotische(r) Ich- und Besitzlosigkeit«* (B. Ullman) revolutioniert: *»Ich bin immer nur Eins. Ein ununterbrochnes Sehnen und Fassen, eine Glut, ein Strom. Meine Mutter ist vor Gram gestorben, die Leute weisen mit Fingern auf mich. Das ist dumm. Es läuft auf eins hinaus, an was man Freude hat, an Leibern, Christusbildern, Blumen oder Kinderspielsachen, es ist das nämliche Gefühl, wer am Meisten genießt, betet am Meisten.«* Im Drama schwingt, in einem elegischen Tonfall, eine Ebene der Zärtlichkeit und des Mitleidens mit gegenüber einer Wirklichkeit, die diese Empfindungen in vergebliche Tröstungen verwandelt.

Es waren vor allem diese leidvollen Bilder der Revolution, die, neben den sexuellen Anzüglichkeiten, die Rezeption des Stückes im 19. Jh. prägten: Das Drama führe *»so gräßlich-wahre Bilder jener wilden Schreckenszeit vor«*, urteilte der Literaturhistoriker Joseph KEHREIN 1840, *»daß einem dabei grauset«*. Noch im 20. Jh. wurde der Text als antirevolutionäre, nihilistische *»Tragödie des heldischen Pessimismus«* (K. VIËTOR) gedeutet, als unterschwellig doch religiös-transzendentales Drama (W. MARTENS, W. WITTKOWSKI) oder auch als Ausdruck politischer Resignation (R. PEACOCK). Dabei versuchte man fälschlicherweise den Autor mit den Aussagen einer seiner Figuren zu identifizieren, bevorzugt mit Danton, der an der Revolution leidet, oder auch mit Robespierre. G. LUKÁCS vor allem war es, der Büchners politisches Ideal auf Seiten der Jakobiner verkörpert sah. So unbestritten heute die revolutionäre Appellfunktion des Textes ist, so zweifelsfrei ist auch, daß Büchners Haltung nicht auf die einer seiner Figuren zu reduzieren ist. Daneben steht als dritte politische Kraft das Volk; so negativ es in seinem ziellosen Drang nach Gewalt, in seiner bewußtlosen Nachäffung politischer Parolen gezeichnet ist, so gewiß gehört Büchners Sympathie diesem Volk (*»Die Staatsform muß ein durchsichtiges Gewand seyn, das sich dicht an dem Leib des Volkes schmiegt ... Die Gestalt mag nun schön oder häßlich seyn, sie hat einmal das Recht zu seyn wie sie ist...«*), aber er teilt augenscheinlich auch die Lebenslust der Anhänger Dantons wie den revolutionären Willen der Jakobiner. Die Thesen, mit denen sich die Akteure in diesem diskursiven Spiel begegnen, dementieren sich nicht in einem absoluten Sinne, sondern im Hinblick auf die konkrete Situation, wie auch Büchners Kritik einer in dem Sinne gescheiterten Revolution, daß sie eben dem Elend der Besitzlosen kein Ende bereitet hat, nicht als generelle Absage an die Notwendigkeit einer Revolution zu lesen ist. Büchner selbst kommentiert in seinem Brief von 28. 7. 1835: *»Der Dichter ist kein Lehrer der Moral, er erfindet und schafft Gestalten, er macht vergangene Zeiten wieder aufleben, und die Leute mögen dann daraus lernen, so gut, wie aus dem Studium der Geschichte und der Beobachtung dessen, was im menschlichen Leben um sie herum vorgeht.«* Der Text, für das Theater letztlich erst im 20. Jh. entdeckt, beeinflußte nachhaltig die später entstandenen dramatischen Gestaltungen der Revolution, darunter Aleksej TOLSTOJS *Smert' Dantona* (1919) sowie Romain ROLLANDS *Danton* (1900) und *Robespierre* (1939).  KLL

AUSGABEN: Ffm. 1835 (in Phönix, Frühlingszeitung f. Dtschld., März/April, unvollst., Hg. K. Gutzkow); ern. Ffm. 1971 (in *Athenäum Reprints. Die Zeitschriften des Jungen Dtschld.*, Hg. A. Estermann); ern. Ffm. 1987 (in *GW. Erstdr. u. Erstausg. in Faks.*, Hg. Th. M. Mayer, 10 Bde., 3). –

Ffm. 1835, Hg. K. Gutzkow; ern. Darmstadt 1981 (in *Dantons Tod. Faks. d. Erstausg. von 1835 mit B.s Korrekturen (Darmst. Exempl.)*, Hg. E. Zimmermann); ern. Ffm. 1987 (in *GW. Erstdr. u. Erstausg. in Faks.*, Hg. Th. M.Mayer, 10 Bde., 4). – Ffm. 1850 (in *Nachgelassene Schriften*, Hg. L. Büchner). – Ffm. 1879 (in *SW u. handschriftlicher Nachlaß*, Hg. K. E. Franzos). – NY 1886. – Bln. 1909 (in *GS*, Hg. P. Landau, 2 Bde., 1). – Lpzg. 1922 (in *SW u. Briefe. GA*, Hg. F. Bergemann; krit.). – Ffm. 1968 (in *Werke u. Briefe. GA*, Hg. ders.; 11. korr. Aufl.). – Paris 1953 (in *G. B.: La Mort de Danton. Publiée avec le texte des sources et des corrections manuscrites de l'auteur*, Hg. R. Thieberger). – Hbg. [dann Mchn.]. 1967 ff. (in *SW u. Briefe. Hist. krit. Ausg.*, Hg. W. R. Lehmann, 2 Bde., 1; Hamburger Ausg.). – Ffm. 1980, Hg. Th. M. Mayer (krit.; m. Quellenang., in *G. B.: Dantons Tod. Die Trauerbeit im Schönen*, Hg. P. v. Becker; ²1985 u. d. T.: *G. B.: Dantons Tod. Krit. Studienausg. d. Orig. m. Quellen, Aufsätzen u. Materialien*; verb.).

LITERATUR: A. Landsberg, *G. B.s »Dantons Tod«*, Diss. Bln. 1900. – A. Jaspers, *G. B.s Trauerspiel »Dantons Tod«*, Diss. Marburg 1918. – K. Viëtor, *Die Quellen von B.s Drama »Dantons Tod«* (in Euph, 34, 1933, S. 357–379). – W. Höllerer, *B.s »Dantons Tod«* (in *Das dt. Drama. Vom Barock bis zur Gegenwart*, Hg. B. v. Wiese, Bd. 2, Düsseldorf 1958, S. 65–88). – W. Martens, *Ideologie u. Verzweiflung. Religiöse Motive in B.s Revolutionsdrama* (in Euph, 54, 1960, S. 83–108). – P. Szondi, *»Dantons Tod«* (in NRs, 71, 1960, S. 652–657; ern. in P. S., *Versuch über das Tragische*, Ffm. 1961). – A. Beck, *Unbekannte französische Quellen von »Dantons Tod« von G. B.* (in FDH, 23, 1963, S. 489–538; ern. in A. B., *Forschung u. Deutung. Ausgewählte Aufsätze zur Literatur*, Hg. U. Fülleborn, Ffm./Bonn 1966, S. 346–393). – W. Viehweg, *B.s »Dantons Tod« auf dem dt. Theater*, Mchn. 1964. – R. Peacock, *Eine Bemerkung zu den Dramen G. B.s* (in *G. B.*, Hg. W. Martens, Darmstadt 1965). – Th. M. Mayer, *Zur Revision der Quellen von »Dantons Tod« von G. B.* (in Studi Germanici, 7, 1969, S. 287–336; 9, 1971, S. 223–233). – B. Zöllner, *B.s Drama »Dantons Tod« u. das Menschen- u. Geschichtsbild in den Revolutionsgeschichten von Thiers u. Mignet*, Diss. Kiel 1972. – F. Helbig, *Das Geschichtsdrama G. B.s Zitatprobleme u. hist. Wahrheit in »Dantons Tod«*, Bern/Ffm. 1973. – T. M. Holmes, *The Ideology of the Moderates in B.s »Dantons Tod«* (in GLL, 27, 1973/74, S. 93–100). – P. Michelsen, *Die Präsenz des Endes in G. B.s »Dantons Tod«* (in DVLG, 52, 1978, S. 476–495). – R. Galle, *Natur der Freiheit u. Freiheit der Natur als tragischer Widerspruch in »Dantons Tod«* (in Deutschunterricht, 31, 1979, H. 2, S. 107–121). – A. Behrmann u. J. Wohlleben, *B.: »Dantons Tod«. Eine Dramenanalyse*, Stg. 1980. – H. Adler, *G. B.: »Dantons Tod«* (in *Dt. Dramen. Interpretationen zu Werken von der Aufklärung bis zur Gegenwart*, Bd. 1, Hg. H. Müller-Michaels, Königstein/Ts. 1981, S. 145–169). – V. Bohn, *»Bei diesem genialen Cynismus wird dem Leser zuletzt ganz krankhaft pestartig zu Muthe«. Überlegungen zur Früh- und Spätrezeption von »Dantons Tod«* (in *G. B. III*, Hg. H. L. Arnold, Mchn. 1981, S. 104–130). – K. Eibl, *»Ergo todtgeschlagen«. Erkenntnisgrenzen u. Gewalt in B.s »Dantons Tod« u. »Woyzeck«* (in Euph, 75, 1981, S. 411–429). – C. Ueding, *»Dantons Tod« – Drama der unmenschlichen Geschichte* (in *Geschichte als Schauspiel*, Hg. W. Hinck, Ffm. 1981, S. 210–226). – T. Elm, *G. B.: Individuum u. Geschichte in »Dantons Tod«* (in *Zur Geschichtlichkeit der Moderne. Der Begriff der literarischen Moderne in Theorie u. Deutung*, Hg. T. E. u. G. Hemmerich, Mchn. 1982, S. 167–184). – D. James, *G. B.s »Dantons Tod«: A Reappraisal*, Ldn., 1982. – W. H. Rey, *G. B.s »Dantons Tod«. Revolutionstragödie u. Mysterienspiel*, Bern u. a. 1982. – R. Grimm, *»Dantons Tod« – ein Gegenentwurf zu Goethes »Egmont«?* (in GRM, N. F. 33, 1983, S. 424–457). – G. Knapp, *G. B.: »Dantons Tod«*, Ffm. 1983. – C. Heiß, *Die Rezeption von »Dantons Tod« durch die deutsch-amerikanische Arbeiterbewegung im 19. Jh.* (in G. B. Jb., 4, 1984, S. 248–263). – B. Dedner, *Legitimationen des Schreckens in G. B.s Revolutionsdrama* (in Jb. d. dt. Schillergesellschaft, 29, 1985, S. 343–380). – I. Nagel, *Verheißungen des Terrors. Vom Ursprung der Rede des Saint-Just in »Dantons Tod«* (in I. N., *Gedankengänge als Lebensläufe. Versuche über das 18. Jh.*, Mchn./Wien 1987, S. 107–133). – H. Wender, *G. B.s Bild der Großen Revolution. Zu den Quellen von »Dantons Tod«*, Ffm. 1988.

# DER HESSISCHE LANDBOTE.
## Erste Botschaft

Sozialrevolutionäre Flugschrift von Georg BÜCHNER und Friedrich Ludwig WEIDIG (1791–1837). Die achtseitige Schrift erschien in rund 1000 Exemplaren, anonym und mit der fingierten Ortsangabe »Darmstadt« in Offenbach gedruckt, »*im Juli 1834*«. – Chronologisch und thematisch zwischen den Flugschriften deutscher »Jakobiner« wie Karl CLAUER oder Georg Friedrich REBMANN und dem *Kommunistischen Manifest* von K. MARX und F. ENGELS stehend, markiert *Der Hessische Landbote* den Höhepunkt der revolutionären Publizistik im deutschen Vormärz. Über die beiden, mit etwa gleichen Textanteilen vertretenen Verfasser lassen sich unmittelbare Einflüsse näher umgrenzen: Büchner, der 1831–1833 in Straßburg studiert und die neuen Klassengegensätze zwischen Arm und Reich in der französischen Julimonarchie kennengelernt hatte (Aufstände der Lyoner Seidenweber 1831 und Anfang 1834), übernahm wesentliche Positionen des konspirativen frühkommunistischen Neobabouvismus, wie er u. a. von Auguste BLANQUI (1805–1881) sowie in der »Société des Droits de l'homme et du citoyen« seit 1832/33 vertreten wurde und bereits die Flugschriften exilierter deutscher Republikaner und Handwerksgesellen in Paris um 1833/1834 beeinflußt hatte. Weidig, protestantischer Theologe und Rektor der Lateinschule in Butzbach bei Gießen, seit 1814 Kopf der Oppositionellen in Oberhessen, stand in der romantisch-volkstümlichen Tradition der nationalen und burschenschaftlichen Bewegung; er vereinte, ohne die taktische Unterstützung konstitutioneller Bestrebungen jemals aufzugeben, die beiden schon bei dem Gießener Radikalen Karl FOLLEN (1796–1840) um 1818 ausgeprägten Positionen von aufklärender Volksagitation und unmittelbarer revolutionärer Gewaltanwendung; und durch ihn gingen, in einer besonderen, revolutionseschatologischen Richtung abgewandelt, Vorbilder früherer Flugschriften der hessen-darmstädtischen »Unbedingten« (so Wilhelm SCHULZ' *Frag- und Antwortbüchlein über Allerlei, was im deutschen Vaterlande besonders Not tut*, 1819) und der südwestdeutschen, vor allem der Frankfurter Republikaner, wie sie seit der Zeit um das Hambacher Fest (1832) und nach dem Frankfurter Wachensturm vom April 1833 verbreitet wurden, in den Text ein.

Entstehung, Druck und Verbreitung des *Hessischen Landboten* wurden von mehreren organisatorischen Voraussetzungen bestimmt. Büchner kam als Medizinstudent im Oktober 1833 nach Gießen, wo der revolutionäre Kern der Burschenschaft, zu dem einige seiner Darmstädter Schulfreunde zählten, durch Verhaftungen nach dem Wachensturm zerschlagen war. Um Anfang 1834 lernte Büchner Weidig kennen, der diesen gescheiterten Versuch, durch eine bewaffnete Aktion am Sitz des Bundestags eine allgemeine Aufstandsbewegung auszulösen, in Oberhessen sowie als Emissär zu anderen Gruppen maßgeblich mitgeplant hatte und danach verstärkt die Auffassung vertrat, man müsse das *»Landvolk« »belehren, in welchem Zustande es lebe und in welchem es leben könnte«*, um es zum Aufstand *»gegen seine Regierungen«* zu bewegen. Nach Freilassung der Gießener Inhaftierten Anfang März 1834 überzeugte Büchner die gescheiterten Wachenstürmer – politisch erfahrene Studenten und Handwerker – von der Strategie einer Agitation der *»niederen Volksklassen«*, was *»vor der Hand nur durch Flugschriften«* möglich sei, die von konspirativen Vereinigungen gedruckt und verbreitet werden sollten. Nach dem Muster der französischen »Société des Droits de l'homme et du citoyen« gründete er daher mit den Entlassenen eine Gießener (im April 1834 auch eine Darmstädter) Sektion der »Gesellschaft der Menschenrechte«, in der egalitaristische und frühkommunistische Gesellschaftstheorien diskutiert wurden (*»Alles Vermögen ist Gemeingut«*, *»Gütergemeinschaft«*). Noch im März legte Büchner den Sektionären seinen Entwurf einer ersten Flugschrift an die hessischen Bauern, Tagelöhner und Handwerker vor. Da nur Weidig über Beziehungen zu einer geheimen Druckerei verfügte, hatte Büchner auch mit diesem die Abfassung der Flugschrift abgesprochen und von ihm die als Quelle benützte Statistik des Großherzogtums Hessen (von G. W. J. WAGNER, 1831) entliehen. Weidig lehnte es dann jedoch ab, Büchners Entwurf unverändert drucken zu lassen, weil er befürchtete, die heftigen Angriffe *»gegen die Reichen«* und Liberalen würden die konstitutionellen Kräfte unnötig brüskieren und auch im bäuerlichen Bereich die Einheit der Opposition gegen das restaurative System gefährden. Andererseits muß Weidig von der agitatorischen Kraft der Vorlage so beeindruckt gewesen sein, daß er mit seiner Bearbeitungskonzeption im Mai/Juni 1834 unter süddeutschen Republikanern zwischen Marburg und Mannheim erfolgreich für eine neue publizistische Offensive warb, mit der die seit dem Wachensturm unterbrochene überregionale Zusammenarbeit wiederaufgenommen werden sollte: neben einem republikanischen Exilorgan für *»die Gebildeteren«* sollten in den einzelnen süddeutschen Ländern nach dem Vorbild des *Landboten* Flugschriften zur sozialen Volksagitation erscheinen, die an den speziellen Verhältnissen ansetzten. Bei einem Treffen mit kurhessischen Oppositionellen auf der Badenburg (3. Juli) konnte Weidig diese Pläne wie auch – gegen Büchners Widerstand – seine Redaktion des *Landboten*-Entwurfs durchsetzen und die geheime Verbreitung der Schrift koordinieren. Erst danach ging der von Weidig stark bearbeitete Text in Druck.

Von Weidig stammen Titel und *»Vorbericht«*, er setzte an die Stelle ausdrücklicher Angriffe gegen die *»Reichen«* solche gegen *»die Vornehmen«*, milderte und strich gegen die *»liberale Partei«* gerichtete Passagen, fügte zahlreiche Bibelzitate und -bezüge ein und schrieb die zweite Hälfte des Textes völlig neu.

Büchners Appell hatte sich an den »materiellen Interessen« der hessischen Land- und Stadtarmen orientiert – häufig von feudalen Zwängen und vorindustriellem Pauperismus zugleich gedrückte Doppelerwerbstätige mit Arbeitstagen bis über 18 Stunden. Diesen müsse man »*zeigen und vorrechnen, daß sie einem Staate angehören, dessen Lasten sie größtenteils tragen müssen, während andere den Vorteil davon beziehen«*; *»daß die Gesetze, welche über ihr Leben und Eigentum verfügen, in den Händen des Adels, der Reichen und der Staatsdiener sich befinden usw.«* (Verhöraussage A. Beckers). Entsprechend rechnete Büchners Entwurf in den von Weidig respektierten Teilen an Hand der im einzelnen bezifferten Staatseinnahmen (*»der Blutzehnte, der von dem Leib des Volkes genommen wird«*) und -ausgaben absatzweise und mit schneidender Rhetorik der prinzipiellen Zumutungen den Status quo vor: Die Ausgaben für die Justiz bringen dem Volk *»einen Wust von Gesetzen, zusammengehäuft aus willkürlichen Verordnungen aller Jahrhunderte«*; *»Das Gesetz ist das Eigentum einer unbedeutenden Klasse von [Reichen] und Gelehrten, die sich durch ihr eignes Machwerk die Herrschaft zuspricht. Diese Gerechtigkeit ist nur ein Mittel, euch in Ordnung zu halten, damit man euch bequemer schinde«*. Mit den Ausgaben für das Finanzministerium *»werden die Finanzräte, Obereinnehmer, Steuerboten, die Untererheber besoldet. Dafür wird der Ertrag eurer Äcker berechnet und eure Köpfe gezählt. Der Boden unter*

*euren Füßen, der Bissen zwischen euren Zähnen ist besteuert.«* Für die Militärkosten *»kriegen eure Söhne einen bunten Rock auf den Leib, ein Gewehr oder eine Trommel auf die Schulter«*, sie müssen *»den Tyrannen schwören und Wache halten an ihren Palästen«.* Die Soldaten *»sind die gesetzlichen Mörder, welche die gesetzlichen Räuber schützen«.* Der Staat mit seinen Organen erscheint als eine durch die Ideologie des Gottesgnadentums gestützte ›Maschine‹ zur ›Auspressung‹ und Unterdrückung der *»Bauern und Bürger«*, diese *»werden zu Ackergäulen und Pflugstieren gemacht, damit sie in Ordnung leben. In Ordnung leben heißt hungern und geschunden werden.«* Ebenso krasse Bilder porträtieren den *»langen Sonntag«* der reichen und adeligen Müßiggänger: *»sie haben feiste Gesichter und reden eine eigne Sprache«; »Die Töchter des Volks sind ihre Mägde und Huren, die Söhne des Volks ihre Lakaien und Soldaten. Geht einmal nach Darmstadt und seht, wie die Herren sich für euer Geld dort lustig machen, und erzählt dann euern hungernden Weibern und Kindern, daß ihr Brot an fremden Bäuchen herrlich angeschlagen sei, erzählt ihnen von den schönen Kleidern, die in ihrem Schweiß gefärbt, und von den zierlichen Bändern, die aus den Schwielen ihrer Hände geschnitten sind.«* Obgleich diese sozialrevolutionäre Substanz einschließlich der aus der Französischen Revolution stammenden, überschreibenden Parole *»Friede den Hütten! Krieg den Palästen!«* auch im gedruckten Text, den Weidig als der maßgebliche Bearbeiter in letzter Instanz verantwortet, jedenfalls nicht wesentlich angetastet scheint, war Büchner *»über die Veränderungen« »außerordentlich aufgebracht«.* Da ihm *»gerade das, worauf er das meiste Gewicht gelegt habe und wodurch alles andere gleichsam legitimiert werde«*, von Weidig *»durchgestrichen«* worden sei, wollte er die Flugschrift *»nicht mehr als die seinige anerkennen«* (A. Becker).
Weidigs Textanteile am *Hessischen Landboten* sind als eine relativ homogene Schicht von Anprangerungen einzelner Mißstände bzw. Personen, vor allem aber von ausgedehnten revolutionstheologischen Begründungen erkennbar. Nannte es Büchner, wie die französischen Neobabouvisten, generell einen *»Diebstahl«*, was *»von Staats wegen unter dem Namen von Abgabe und Steuern jeden Tag an eurem Eigentum«* abgezogen werde, und waren für ihn die Beamten nur abhängige *»Werkzeuge«*, so durchsetzte Weidig diese Systembeschreibung mit Attacken gegen besonders willkürliche Übergriffe und *»meineidige«, »feige«, ›heuchlerische‹ oder ›verräterische‹ »Persönlichkeiten«.* War für Büchner der Volkswiderstand profan legitimiert und aussichtsreich aufgrund des Mißverhältnisses zwischen 10 000 *»Pressern«* und 700 000 abhängigen Produzenten, so überhöhte Weidig den Widerstand mit geschichtstheologischen Ausführungen zu einer eschatologischen Notwendigkeit nach triadischem Muster: Nach Weidigs Auffassung wurde ein ursprünglich harmonischer Zustand im *»herrlichsten Reich«* der *»freien Voreltern«* zerstört durch sündhaften Abfall der *»Deutschen von Gott und von der Freiheit«* bzw. *»von der Freiheit und Gleichheit [ihrer] Voreltern«* zum *»Götzendienste«* der Fürstenherrschaft; die von Gott zur Strafe verordnete *»Teufels-Obrigkeit«*, der herrschende Zustand von *»Knechtschaft«* und *»Dienstbarkeit«* könne mit der Hilfe des *»Herrn«* erst dann überwunden werden, wenn das deutsche Volk sich *»bekehre von dem Irrtum [seines] Wandels«.* Dann werde Gott das in *»Trümmern«* liegende *»Reich« »zu seinem Freistaat verjüngen«*, und Deutschland werde als ein erneuertes, nunmehr republikanisches *»Paradies« »mit einer vom Volk gewählten Obrigkeit wieder auferstehn.«* Enge Verfugungen eschatologischer Bibelzitate (Ephes. 6; Jes. 27; Ezechiel 37) untermauern Weidigs heilsgeschichtliche Lesung der deutschen Geschichte, die er auch auf die Französische Revolution von 1789 und die Beziehungen zwischen Deutschland und Frankreich von den Revolutionskriegen über Napoleon bis nach der Julirevolution von 1830 übertrug (der entsprechende längere Exkurs Weidigs ersetzte wahrscheinlich einen im Entwurf Büchners gegen die *»liberale Partei«* gerichteten Abschnitt und seine Verwerfung der Herrschaft *»eine[s] Geldaristokratismus wie i[m] Frankreich«* der Julimonarchie als mögliches Ergebnis einer konstitutionell abgefangenen bürgerlichen Revolution in Deutschland).
Wenn sich auf diese Weise im gedruckten Text blanquistische Sozialrevolution und Revolutionstheologie, frühkommunistische Bourgeoiskritik und romantischer Antikapitalismus noch überlagern, dann läßt Büchners dezidierte Ablehnung des Drucks zumindest allgemeine Schlüsse zu auf die von Weidig mit freier Hand gestrichenen *(»legitimierenden«)* Passagen: es ist zwar unwahrscheinlich, daß Büchners Entwurf Ziele wie die *»Gütergemeinschaft«* ausdrücklich formulierte, doch so eng Büchner mit der Vorstellung einer vor allem fiskalischen Ausbeutung Theorien der französischen Frühkommunisten übernommen hatte, so weit dürfte er ihnen, wie im übrigen seine Briefe belegen, auch in der Strategie eines autonomen Widerstandes der subbürgerlichen Schichten gegen die Allianz von Adel bzw. konstitutioneller Monarchie, Bürokratie und Reichen (*»Krieg zwischen Arm und Reich«*, Blanqui 1832) gefolgt sein, den Büchner nach Beispielen des deutschen Bauernkriegs, der französischen Camisardenaufstände des 18. Jahrhunderts, der spanischen Guerilla gegen die napoleonische Fremdherrschaft und der polnischen Kämpfe gegen den Zarismus 1830/1831 als eine Guerilla im Inneren definierte: *»Soll jemals die Revolution auf eine durchgreifende Art ausgeführt werden, so kann und darf das bloß durch die große Masse des Volkes geschehen, durch deren Überzahl und Gewicht die Soldaten gleichsam erdrückt werden müssen«* (Büchner nach dem Zeugnis A. Beckers). Damit war fraglos auch im Ziel jener subsidiär-philanthropische Ausgleich aufgegeben, der in Weidigs Konzeption eines *»Freistaates«* zwischen den verschiedenen *»Ständen«* als *»Gliedern Eines Leibes«* herrschen sollte.
Nachdem ein Freund Büchners, der am 1. August 1834 einen Teil der *Landboten*-Auflage vom

Druckort Offenbach nach Gießen transportierte, denunziert und verhaftet worden war, verhinderten ausgedehnte polizeiliche Untersuchungen das Erscheinen weiterer »Botschaften« des *Hessischen Landboten* ebenso wie die von Weidig vorgeschlagenen Flugschriften in anderen Ländern. Dennoch wurden die etwa 800 nicht beschlagnahmten Exemplare des *Landboten* ab Mitte August von Mitgliedern des Weidig-Kreises und Büchners »Gesellschaft« in Oberhessen verbreitet. Hierzu erhaltene Akten bestätigen nicht, »*daß die Bauern die meisten gefundenen Flugschriften auf die Polizei abgeliefert hätten*«, wie Becker 1837 in seinen Verhören vermutlich zur eigenen Entlastung vom Delikt des erfolgreichen »Hochverrats« vorgegeben hatte und von der Forschung häufig auch mit biographischen Schlußfolgerungen für den Autor von *Dantons Tod* zitiert wurde. Becker selbst bezeichnete nach seiner Haftentlassung den *Landboten* als einzige »*deutsche politische* [...] *Flugschrift, die zum Verständnis und Herz des Volkes gelangt*« sei. Auch Weidig soll »*Bauern gesprochen haben*«, »*auf welche der Landbote einen ungewöhnlichen Eindruck gemacht habe.*« Nur dies kann den inzwischen als Pfarrer strafversetzten Weidig im Herbst 1834 auch veranlaßt haben, eine zweite Auflage des *Hessischen Landboten* in Marburg drucken zu lassen, deren Veränderungen im wesentlichen auf Leopold Eichelberg zurückgehen, der bereits im Sommer auf der Badenburg an den Diskussionen über die erste Auflage beteiligt war.

Büchner ging im September 1834 von Gießen nach Darmstadt, wo er die dortige »Gesellschaft der Menschenrechte« reorganisierte und durch den geplanten Kauf einer eigenen Druckerpresse die Flugschriftenagitation ohne fremde Redaktionseinflüsse fortsetzen wollte. Sich verdichtende polizeiliche Erkenntnisse über seine Mitautorschaft am *Hessischen Landboten* zwangen ihn Anfang März 1835 zur Flucht nach Straßburg. Weidig wurde am 24. April 1835 verhaftet und starb wenige Tage nach Büchner am 23. 2. 1837 nach einem angeblichen Selbstmordversuch unter im einzelnen ungeklärten, jedoch durch Folter und zumindest unterlassene Hilfeleistung verursachten Umständen im Darmstädter Gefängnis. T.M.M.

AUSGABEN: Darmstadt [d. i. Offenbach] Juli 1834. – Darmstadt [d. i. Marburg] Nov. 1834 [2. veränd. Aufl., Mitverf. L. Eichelberg]; ern. Marburg 1973 [Faks. d. beiden Erstdr.; Nachw. E. G. Franz]; ern. Ffm. 1987 (in *GW, Erstdr. u. Erstausg. in Faks.*, Hg. Th. M. Mayer, 10 Bde., 1 u. 2); ern. Darmstadt 1987 (in F. L. Weidig, *GS*, Hg. H.-J. Müller). – Ffm. 1879 (in *G. B., SW u. handschriftlicher Nachlaß*, Hg. K. E. Franzos). – Mchn. 1896, Hg. E. David. – Bln. 1909 (in *GS*, Hg. P. Landau, 2 Bde., 2). – Lpzg. 1922 (in *SW u. Briefe. GA*, Hg. F. Bergemann). – Ffm. 1968 (in *Werke u. Briefe. GA*, Hg. ders.; 11. korr. Aufl.). – Lpzg. 1947 [Einl. u. Anm. ders.]. – Ffm. 1965; ern. 1974 [Komm. H. M. Enzensberger]. – Hbg. [dann Mchn.] 1967 ff. (in *SW u. Briefe. Hist. krit. Ausg.*, Hg. W. R. Lehmann, 2 Bde., 2; Paralleldr. beider Ausg.; Hamburger Ausg.). – Mchn./Wien 1976 (in *G. B./F. L. Weidig: Der Hessische Landbote. Texte, Materialien, Kommentar*, Hg. G. Schaub). – Mchn. 1980 (in *Werke u. Briefe*; Komm. ders.). – Ffm. 1987 (in *Insel-Almanach auf das Jahr 1987. G. B.*, Hg. Th. M. Mayer; enth. nur die vermutl. von B. stammenden Passagen, S. 44–49).

LITERATUR: F. Noellner, *Actenmäßige Darlegung des wegen Hochverraths eingeleiteten gerichtlichen Verfahrens gegen Pfarrer D. F. L. Weidig...*, Darmstadt 1844. – W. Diehl, *Minnigerode's Verhaftung und G. B.s Flucht* (in Hessische Chronik, 9, 1920, S. 5–18). – K. Immelt, *Der »Hessische Landbote« u. seine Bedeutung für die revolutionäre Bewegung des Vormärz im Großherzogtum Hessen-Darmstadt* (in Mitt. d. Oberhessischen Geschichtsvereins, N. F., 52, 1967, S. 13–77). – V. Klotz, *Agitationsvorgang u. Wirkprozedur in B.s »Hessischem Landboten«* (in *Literaturwissenschaft u. Geschichtsphilosophie. Fs. für W. Emrich*, Hg. H. Arntzen u. a., Bln./NY 1975, S. 388–405). – H.-J. Ruckhäberle, *Flugschriftenliteratur im historischen Umkreis G. B.s*, Kronberg/Ts. 1975. – R. Saviane, *Libertà e necessità. »Der Hessische Landbote« di G. B.* (in AION, 19, 1976, S. 7–119). – G. Schaub, *Statistik u. Agitation. Eine neue Quelle zu B.s »Hessischem Landboten«* (in *Geist u. Zeichen. Fs. für A. Henkel*, Hg. H. Anton u. a., Heidelberg 1977, S. 351–375). – Th. M. Mayer, *B. u. Weidig – Frühkommunismus u. revolutionäre Demokratie. Zur Textverteilung des »Hessischen Landboten«* (in *G. B. I/II*, Hg. H. L. Arnold, Mchn. 1979; ²1982, S. 16–298). – Th. M. Mayer, *Die Verbreitung u. Wirkung des »Hessischen Landboten«* (in *G. B. Jb.*, 1, 1981, S. 68–111). – *Untersuchungsberichte zur republikanischen Bewegung in Hessen 1831–1834*, Hg. R. Görisch u. Th. M. Mayer, Ffm. 1982. – J. W. Fritz, *Carl Preller, der Drucker des »Hessischen Landboten«. Vom Kampf des Republikaners im Vormärz*, Offenbach 1984. – T. M. Holmes, *Druckfehler und Leidensmetaphern als Fingerzeige zur Autorschaft einer »Landboten«-Stelle* (in *G. B. Jb.*, 5, 1985, S. 11–17). – *G. B. Leben, Werk, Zeit*, Marburg 1985; ³1987, S. 97–168. – *G. B. Revolutionär, Dichter, Wissenschaftler 1813–1837*, Basel/Ffm. 1987, S. 156–217. – F. L. Weidig, *Gesammelte Schriften*, Hg. H.-J. Müller, Darmstadt 1987.

# LENZ

Erzählung von Georg BÜCHNER, erschienen 1839. – Büchner hinterließ bei seinem Tod den Text vermutlich ohne Titel. Seine Braut Minna Jaeglé fertigte eine Abschrift an, die sie im September 1837 an Karl GUTZKOW sandte; die Veröffentlichung erfolgte im Januar 1839 in Fortsetzungen in der Zeitschrift ›Telegraph für Deutschland‹ unter dem Titel *Lenz. Eine Reliquie von Georg Büchner*. Ob Gutzkow in den Text eingriff, ist ungewiß; Büchners Bruder Ludwig BÜCHNER (1824–1899) benutzte diese Fassung als Vorlage für die Edition des Werkes in den *Nachgelassenen Schriften* (1850). Da das handschriftliche Original des Textes verschollen ist, bleibt Gutzkows Erstdruck der *»einzige authentische Textzeuge«* (Gersch).

Seit Frühjahr 1835 beschäftigte sich Büchner mit dieser Erzählung, deren wesentliche Quelle der Bericht des Pfarrers, Sozialreformers und Pädagogen Johann Friedrich Oberlin (1740-1826) bildet, in dem der Aufenthalt des Schriftstellers Jakob Michael Reinhold LENZ (1751-1792) in Waldersbach (bei Büchner *»Waldbach«*) im vogesischen Steintal festgehalten ist; Lenz erscheint dort zwischen dem 20. 1. und dem 8. 2. 1778 mit allen Anzeichen einer psychotischen Erkrankung; aufgrund einer deutlichen Verschlechterung seines Zustandes läßt ihn Oberlin schließlich nach Straßburg bringen. Oberlins Bericht erhielt Büchner in einer Abschrift durch seine Straßburger Freunde August (1808-1884) und Adolf Stoeber (1810-1892). August Stoeber veröffentlichte 1831 einen Aufsatz *Der Dichter Lenz* im ›Morgenblatt für gebildete Stände‹, sein Vater, Daniel Ehrenfried Stoeber (1779-1835), publizierte 1831 eine umfangreiche Oberlin-Biographie *(Vie de J. F. Oberlin)*, und der Vater von Büchners Braut Minna, Johann Jakob Jaeglé (1763-1837), war es, der beim Tode Oberlins 1826 eine der Totenreden gehalten hatte. Weitere Einzelheiten entnahm Büchner GOETHES Lenz-Porträt in *Dichtung und Wahrheit*. Während Goethe in distanzierter Form sich an diesen *»merkwürdigen Menschen«* erinnert und *»mehr in Resultaten«* spricht, als zu schildern, sucht Büchner, wie er im Oktober 1835 an seine Eltern schreibt, eine Vergegenwärtigung des *»unglücklichen Poeten«*. Die Einarbeitung der Oberlin-Quelle in den Text ist durch einen Perspektivwechsel gekennzeichnet; Oberlins beobachtend-registrierende Sicht auf das Verhalten von Lenz ersetzt Büchner durch den Blick auf die Innenwelt, auf die Wahrnehmungsform des Kranken. Zwar hält er an der durch Oberlin überlieferten Chronologie der Ereignisse weitgehend fest, die Zeitangaben werden aufgelöst in das subjektive Zeitempfinden von Lenz. Naturbeschreibungen und -erfahrungen sind fast vollständig aus der Hand Büchners, ebenso die den Text prägende Auseinandersetzung mit dem Christentum sowie das sogenannte *»Kunstgespräch«*, das Lenz mit Christoph KAUFMANN führt, einem befreundeten Dichter, der sich kurz im Steintal aufhält. Büchner entwirft so ein umfassendes, detailreiches Psychogramm von Lenz, dessen Dichte, Expressivität und Genauigkeit in der deutschen Literatur ohne Vorbild ist.

Die Natureindrücke auf Lenzens Weg *»durchs Gebirg«* konzipiert Büchner als Reflex wechselnder Bewußtseinszustände. Grau erstarrte, von feuchter Kälte beherrschte Landschaftsformen korrespondieren mit der Empfindung von Gleichgültigkeit; dynamische, lichtdurchflutete und von Bewegung geprägte Naturbilder weisen auf die Teilnahme des Wanderers am Spiel der Naturkräfte hin. Das Erleben bedrohender Enge der Welt findet seine Entsprechung im Bedürfnis nach grenzenloser Ausdehnung des Subjekts ins Unendliche des Universums: *»Es war ihm alles so klein, so nahe, so naß, er hätte die Erde hinter den Ofen setzen mögen ... er meinte, er müsse den Sturm in sich ziehen, alles in sich fassen, er dehnte sich aus und lag über der Erde, er wühlte sich in das All hinein...«* Kurze, prädikatlose Hauptsätze stehen neben weit ausholenden, mühsam zu Ende gefügten Perioden; die Satzverbindungen sind brüchig, absolut gesetzte, außer allem syntaktischen Zusammenhang stehende Appositionen dominieren. Die mit der Dunkelheit einsetzende Angst, die Lenz auf der *»Höhe des Gebirgs«* überkommt, die Empfindung von Einsamkeit und Gejagtsein angesichts der Verschmelzung aller Landschaftskonturen, durchzieht leitmotivisch ebenso den Text wie die Auflösung des Zeitkontinuums in zusammenhanglose *»Augenblicke«*. Als Lenz das Dorf Waldbach erreicht, beruhigt er sich. Er wird freundlich von der Pfarrersfamilie aufgenommen, fühlt sich an glückliche Kindheitstage erinnert. Allein im *»Zimmer im Schulhause«* befällt ihn erneut eine *»unnennbare Angst«*, *»er war sich selbst ein Traum«*. Instinktiv beginnt er, sich zu kasteien, der selbstzugefügte Schmerz durch den Sturz ins kalte Brunnenwasser bringt ihn wieder zu Bewußtsein.

Unterwegs mit Oberlin, bessert sich sein Zustand in den nächsten Tagen. Er genießt die Nähe des pragmatischen Seelsorgers, empfindet Übereinstimmung zwischen Natur und den in Armut lebenden Bewohnern des Steintales, die *»mächtige Ruhe«* wird ihm zum Idealzustand. Doch mit einsetzender Dunkelheit überfallen ihn wieder Angstzustände, die Ahnung einer unabwendbaren Erkrankung verstärkt sich. Dem Vorbild Oberlins und der Talbewohner folgend, versucht Lenz die Natur als Offenbarung Gottes zu erkennen und zu fühlen, um sich damit gegen die durch die Finsternis und die Eindrücke einer *»verschmolzenen«* Natur ausgelösten Ängste zu behaupten; das unmittelbare, pantheistisch gewendete Naturerleben wird zur letzten Möglichkeit einer Selbsttherapie. Die Bibel lesend, für Oberlin predigend, beruhigt sich Lenz; er empfindet Befriedigung, *»Schlaf«* zu bringen und *»Leiden gen Himmel«* zu leiten. Die Illusion der Leidensgemeinschaft mit den gläubigen, unaufgeklärten Kirchgängern verschafft ihm für Augenblicke ein *»süßes Gefühl unendlichen Wohls«*, das jedoch rasch in Verzweiflung und Selbstmitleid über seine Einsamkeit und sein Leid umschlägt: *»... es war ihm, als müsse er sich auflösen, er konnte kein Ende finden der Wollust; endlich dämmerte es in ihm, er empfand ein leises tiefes Mitleid in sich selbst ...«* Nur noch einmal, als Christoph Kaufmann zu Besuch kommt, spricht Lenz gelöst und konzentriert. Dieses Gespräch über Kunst wird zu einem der zentralen Momente der Erzählung. Die ästhetischen Ansichten, die Lenz äußert, sind jene, die sich auch in *Dantons Tod* und in *Leonce und Lena* finden. Leidenschaftlich wird die Abstraktheit des Idealismus als *»schmählichste Verachtung der menschlichen Natur«* angeprangert und die Forderung nach einer realistischen, nichtnormativen Kunst dagegen gesetzt: »*Ich verlange in allem Leben, Möglichkeit des Daseins, und dann ist's gut; wir haben dann nicht zu fragen, ob es schön, ob es häßlich ist, das Gefühl, daß was geschaffen sei, Leben habe, stehe über diesen beiden, und sei das einzige Kriterium in Kunstsachen.*« Nur bei Goethe, SHAKESPEARE und im Volkslied fänden sich Beispiele solcher Kunst. Büchners Kunstauffassung ergänzt seine politische Kritik an den Verhältnissen seiner Zeit, gewinnt eine egalitär-demokratische Tendenz, und markiert zugleich die Grenzen der Kunst, die den Defiziten der Wirklichkeit, dem Leiden der Menschen lediglich den Wunsch nach Änderung entgegensetzen kann. In der Kunst kann Lenz seine Identität gewinnen, nicht aber in der Wirklichkeit. Er bricht das Gespräch ab, als Kaufmann ihn auffordert, zu seinem Vater zurückzukehren. Der Aufentalth in Steintal sei die einzige Möglichkeit, sich vor der »*Tollheit*« zu retten, in die ihn das bürgerliche Leben treiben würde; tatsächlich aber steigert sich nach dieser Unterredung seine Krankheit zunehmend. Kaufmann und Oberlin brechen zu einer Reise in die Schweiz auf, Lenz begleitet sie ein Stück auf dem Weg. Als er umkehrt, übernachtet er unterwegs in Fouday bei Leuten, in deren Hütte ein todkrankes Mädchen im Fieber liegt. Das Bild des Mädchens verfolgt ihn bis Waldbach; bald glaubt er seine Mutter darin zu erkennen, bald Friederike Brion, mit der er sich nach Goethes Weggang aus Straßburg verlobt hatte. Als er hört, im Dorf Fonday sei ein Mädchen gestorben, eilt er, »*wie ein Büßender*«, »*das Gesicht mit Asche beschmiert*«, hin und sucht vergebens, in einer Nachahmung Christi, es wieder zum Leben zu erwecken. Die Erfahrung seiner Ohnmacht treibt ihn zu wilden Gotteslästerungen: »*Es war ihm, als könne er eine ungeheure Faust hinauf in den Himmel ballen und Gott herbeireißen und zwischen seinen Wolken schleifen; als könnte er die Welt mit den Zähnen zermalmen und sie dem Schöpfer ins Gesicht speien.*« Die sich steigernde Psychose ist verbunden mit einer anhaltenden Kritik am Christentum. Die nebelhaft verschwindende, titanenhafte Landschaft im Mondlicht erlebt Lenz nur noch als »*dumm*« und »*einfältig*«, als Personifikation eines Gottes, der dem Leiden teilnahmslos beiwohnt. Leere, Kälte, Apathie wechseln in seinem Bewußtsein mit »*wahnsinniger Lust*« an der Selbstqual. Oberlin, aus der Schweiz zurückgekehrt, verweist ihn an Gott, um von Lenz die radikale Absage an jenes Heilsversprechen zu erhalten, das die Religion vorgibt: »*Aber ich, wär' ich allmächtig, sehen Sie ... ich könnte das Leiden nicht ertragen...*« Die Verzweiflungszustände, die Lenz nun »*bei Tage*« überkommen, übertreffen an Intensität die der Nacht. Er ist nur noch in kurzen Momenten bei klarem Bewußtsein, die Ruhe, die er »*aus der Nähe Oberlins und aus der Stille des Tals geschöpft hatte, war weg; die Welt, die er hatte nutzen wollen, hatte einen ungeheuern Riß*«. Nach einem erneuten Selbstmordversuch läßt Oberlin ihn nach Straßburg transportieren, Lenz reagiert darauf nur noch mit Apathie und Leere: »*Sein Dasein war ihm eine notwendige Last. – So lebte er hin.*«

*Lenz* galt lange als Fragment, teils, weil die Erzählung Lücken aufweist, teils, weil sie, wie man mit Blick auf ihr abruptes Ende konstatierte, »*in eine radikale Auflösung und Aufhebung jeden Sinnes hineinläuft*« (B. v. Wiese). Eng damit verbunden ist die immer wieder geltend gemachte These vom nihilistischen Büchner: Das Schicksal des Dichters Lenz, der in der historischen Realität schließlich in Moskau verkam, repräsentiere »*die Tiefe, die letzte Tiefe des Nichts, zu der Büchners Helden alle hinabstürzen*« (K. Viëtor). Neuere Arbeiten haben demgegenüber betont, daß der Text nicht als Fragment, sondern in dieser Form als abgeschlossen zu betrachten sei (E. Kritsch-Neuse), wie auch die auffällige Tendenz in der herkömmlichen Forschung zur »*Verharmlosung*« (J. Thorn-Prikker) und Entpolitisierung Büchners zunehmend kritisiert wird. Die sich steigernden Wahnzustände von Lenz, seine Erfahrung von Einsamkeit, Isolation und Entfremdung haben ihre Voraussetzung in einem »*Leiden an der Unmöglichkeit verändernden Eingreifens überhaupt*« (C. Ueding); erschien dies in *Dantons Tod* vergegenwärtigt in den politischen Revolutionären, so konturiert Büchner hier diese Ohnmacht aus der subjektiven Sicht des bürgerlichen Intellektuellen. Nicht nur wird Lenzens Psychose damit entmoralisiert (Oberlin hatte in seinen Aufzeichnungen vor allem einen unsittlichen Lebenswandel als Grund für dessen Erkrankung angeführt), sondern auch eine politisch motivierte Kritik am Christentum formuliert, die mit ihren Verweisen auf das Jenseits die Verhältnisse im Diesseits unangetastet läßt. Daher dürfte wohl Lenzens Wahnsinn weniger auf einen Glaubensverlust zurückzuführen sein, vielmehr hat Büchner »*die Rolle des wahnsinnigen Lenz*« benutzt, »*um dem Zweifel an Gott so kräftig Ausdruck zu verleihen, wie dies auf dem direkten Weg damals kein Schriftsteller durfte, ohne ins Gefängnis zu kommen.*« (F. Sengle) Insgesamt, so resümiert J. THORN-PRIKKER seinen Überblick über die Forschungsliteratur zu dieser Erzählung, zeige sich auch hier die im Falle Büchner so auffällige Tendenz der Wissenschaft, das Werk innerhalb der »*Grenzen der bürgerlichen Welt*« zu deuten, »*die dieses selber sprengen will*«. Den Versuch einer Aktualisierung der Büchnerschen Figur unternahm 1973 Peter SCHNEIDER mit seiner im Kontext der bundesdeutschen Studentenbewegung entstandenen Erzählung *Lenz*.

D.Bar.-KLL

AUSGABEN: Hbg. 1839 (in Telegraph für Deutschland, Hg. K. Gutzkow), ern. Ffm. 1987 (in *GW. Erstdr. u. Erstausg. in Faks.*, Hg. Th. M. Mayer, 10 Bde., 8). – Lpzg. 1942 (in *Mosaik. Novellen und Skizzen*, Hg. K. Gutzkow). – Ffm. 1850 (in *Nachgelassene Schriften*, Hg. L. Büchner). – Ffm. 1879 (in *SW u. handschriftlicher Nachlaß*, Hg. K. E. Franzos). – Bln. 1909 (in *GS*, Hg. P. Landau, 2 Bde., 1). – Lpzg. 1922 (in *SW u. Briefe. GA*, Hg. F. Bergemann). – Ffm. 1968 (in *Werke u. Briefe. GA*, Hg. ders.; 11. korr. Aufl.). – Hbg. [dann Mchn.] 1967 ff. (in *SW u. Briefe. Hist. krit. Ausg.*,

Hg. W. R. Lehmann, 2 Bde., 1; m. d. Text d. Oberlin-Berichts; Hamburger Ausg.). – Stg. 1984, Hg. H. Gersch [m. d. Text d. Oberlin-Berichts u. Ausz. aus Goethes *Dichtung und Wahrheit*].

VERTONUNG: W. Rihm, *Jakob Lenz* (Text: M. Fröhling; Kammeroper; Urauff.: Hbg. 8. 3. 1979, Staatsoper).

VERFILMUNGEN: BRD 1971 (Regie: G. Moorse). – USA 1981 (Regie: A. Rockwell).

LITERATUR: K. Viëtor, *»Lenz«. Erzählung von G. B.* (in GRM, 25, 1937, S. 2–15). – G. Baumann, *G. B.: »Lenz«. Seine Struktur u. der Reflex des Dramatischen* (in Euph, 52, 1958, S. 153–173). – B. v. Wiese, *G. B. »Lenz«* (in B. v. W., *Die dt. Novelle von Goethe bis Kafka. Interpretationen*, Bd. 2, Düsseldorf ³1963, S. 104–126). – G. Irle, *B.s »Lenz«. Eine frühe Schizophreniestudie* (in G. I., *Der psychiatrische Roman*, Stg. 1965, S. 73–83). – H. P. Pütz, *B.s »Lenz« u. seine Quelle. Bericht u. Erzählung* (in ZfdPh, 84, 1965, S. 1–22; Sonderh.). – H. P. Herrmann, *»Den 20. Jänner ging Lenz durchs Gebirg«. Zur Textgestalt von G. B.s nachgelassener Erzählung* (ebd., 85, 1966, S. 251–267). – P. Hasubek, *»Ruhe« u. »Bewegung«. Versuch einer Stilanalyse von G. B.s »Lenz«* (in GRM, N. F. 19, 1969, S. 33–59). – E. Kritsch-Neuse, *B.s »Lenz«. Zur Struktur der Novelle* (in GQ, 43, 1970, S. 199–209). – H. Fischer, *G. B.s »Lenz«. Zur Struktur der Novelle* (in *G. B. Untersuchungen u. Materialien*, Hg. ders., Bonn 1972, S. 18–40). – D. Goltschnigg, *B.s »Lenz«, Hofmannsthals »Andreas« u. Trakls »Traum und Umnachtung«. Eine literaturpsychologische Wirkungsanalyse* (in Sprachkunst, 5, 1974, S. 231–243). – H. Anz, *»Leiden sei all mein Gewinnst«. Zur Aufnahme u. Kritik christlicher Leidenstheologie bei G. B.* (in Text & Kontext, 4, 1976, S. 57–72). – J.-F. Oberlin, *Herr L. . . . . . Edition des bisher unveröffentlichten Manuskripts. Ein Beitrag zur Lenz- und Büchner-Forschung*, Hg. H. Dedert u. a. (in Revue des langues vivantes, 42, 1976, S. 357–385). – R. Pascal, *B.'s »Lenz« – Style and Message* (in Oxford German Studies, 9, 1978, S. 68–83). – J. Thorn-Prikker, *»Ach die Wissenschaft, die Wissenschaft!« Bericht über die Forschungsliteratur zu B.s »Lenz«* (in *G. B. III*, Hg. H. L. Arnold, Mchn. 1981, S. 180–193). – G. Großklaus, *Haus u. Natur. G. B.s »Lenz«: Zum Verlust des sozialen Ortes* (in Recherches Germaniques, 12, 1982, S. 68–77). – J. Kahl, *»Der Fels des Atheismus«. Epikurs u. G. B.s Kritik an der Theodizee* (in G. B. Jb., 2, 1982, S. 99–125). – H. Gersch, *G. B.s Lenz-Entwurf* (in *G. B. Jb.*, 3, 1983, S. 14–25). – W. Hinderer, *G. B.: »Lenz« (1839)* (in *Romane u. Erzählungen zwischen Romantik u. Realismus. Neue Interpretationen*, Hg. P. M. Lützeler, Stg. 1983, S. 268–294). – R. Thieberger, *Lenz lesend* (in G. B. Jb., 3, 1983, S. 43–75). – Th. M. Mayer, *Bemerkungen zur Textkritik von B.s »Lenz«* (ebd., 5, 1985, S. 184–197). – G. Schaub, *G. B.: »Lenz«*, Stg. 1987.

## LEONCE UND LENA

Lustspiel von Georg BÜCHNER, erschienen 1838; Uraufführung: München, 31. 5. 1895, Intimes Theater. – Das Stück entstand für eine Anfang 1836 angezeigte »Preisaufgabe«, in der die Cotta'sche Buchhandlung 300 Gulden für das beste Lustspiel ausgesetzt hatte. Büchners Manuskript traf jedoch zu spät ein, und er erhielt die Sendung ungeöffnet zurück. Ob der Autor den Text noch weiter bearbeitete, ist nicht eindeutig zu klären. Das Originalmanuskript ging verloren, Karl GUTZKOW, der 1838 das Stück als Teildruck im ›Telegraph für Deutschland‹ veröffentlichte, lag eine verschollene Abschrift des Originals aus der Hand Wilhelmine Jaeglés vor. In den *Nachgelassenen Schriften* gab Ludwig BÜCHNER 1850 eine von ihm redigierte Fassung heraus, die wahrscheinlich auf das verschollene Originalmanuskript des Autors zurückgeht. Neben diesen Ausgaben haben sich drei Entwurfsbruchstücke Büchners erhalten, namentlich ein umfangreicheres der ersten Szene. Somit ist die Komödie nur als ein von zwei Herausgebern unabhängig voneinander gefilterter Text überliefert, der in vielleicht geringem, aber nicht mehr genau erschließbarem Maß vom Original abweichen dürfte.

Das Stück präsentiert sich als kunstvolles Kaleidoskop literarischer Anspielungen und Zitate; bereits Gutzkow fühlte sich an C. BRENTANOS *Ponce de Leon* erinnert, stärker hat wohl SHAKESPEARES *As you like it (Wie es Euch gefällt)* auf die Handlungsstruktur eingewirkt, daneben sind Einflüsse aus Werken von A. v. CHAMISSO, V. ALFIERI, A. de MUSSET, Th. GAUTIER und L. TIECK erkennbar.

Der Handlungsgang des Stückes parodiert das gängige Schema der Komödie. Leonce, Prinz des Reiches »Popo« und Lena, Prinzessin des Reiches »Pipi«, sind einander verlobt, ohne sich zu kennen. Unabhängig voneinander beschließen sie, vor der Hochzeit zu fliehen. Im zweiten Akt treffen und verlieben sie sich, im dritten Akt lassen sie sich am Hofe Popo verheiraten, um sich erst danach als Prinz und Prinzessin zu erkennen. Büchner bemüht sich nicht, das Geschehen aus der Psychologie seiner Figuren zu entwickeln, wie auch die Handlung nicht den herkömmlichen Gesetzen des dramatischen Aufbaus folgt; spannungserzeugende Irrungen und Wirrungen fehlen oder werden ironisch zitiert, auch die Tatsache, daß am Ende der Zuschauer vor den Figuren um deren jeweilige Identität weiß, bleibt ohne dramaturgische Konsequenz, da das Stück insgesamt jedweder Einfühlung des Zuschauers in die Akteure entgegenarbeitet. Die einzelnen Momente der Handlung – der Entschluß zur Flucht, die Begegnung der Flüchtenden und die Entscheidung, sich zu verheiraten – werden nicht entwickelt, sondern setzen abrupt ein. Leonce verkündet spontan seine Absicht, nach Italien zu gehen und dort als »Lazzaroni«, als Faulpelz, zu leben. Lena läßt sich von der plötzlichen Idee ihrer Gouvernante leiten, den Hof zu verlassen. Lenas erster Satz ist Anlaß für Leonce, sich in sie zu verlieben, und auch die Ehe wird ad hoc geschlossen. Der Gang der Handlung ist determiniert, und konsequenterweise erscheinen die Titelhelden auf den Hochzeitsfeierlichkeiten als »Marionetten«, als Automaten: »*Nichts als Kunst und Mechanismus, nichts als Pappendeckel und Uhrfedern!*«

Dem Stück, lange Zeit als »*Rückfall in die bloße Literaturkomödie der Romantik*« (F. Gundolf) oder als »*romantisch-ironisches Zwischenspiel*« (H. Mayer) mißdeutet, ist eine satirisch-subversive Tendenz zu eigen, die neben der Ästhetik der Romantik und der idealistischen Philosophie vor allem auf den Spätabsolutismus des 19. Jh.s zielt; die Form der Komödie ermöglicht dem Autor unter den Augen der Zensur eine verdeckte »*Fortführung des Krieges zwischen den ›leeren‹ und den vergoldeten Bäuchen*« (H. Plard). Für Prinz Leonce besitzt das Leben keinen Sinn, »*Langeweile*« grassiert und jede menschliche Tätigkeitsform gerät ihm zur Parodie: »*Ich habe alle Hände voll zu tun, ich weiß mir vor Arbeit nicht zu helfen. Sehen Sie, erst habe ich auf den Stein hier dreihundert fünf und sechzig Mal hintereinander zu spucken. Haben Sie das noch nicht probiert? Tun Sie es, es gewährt eine ganz eigene Unterhaltung.*« Nur in absurd-melancholischer Form, wobei die Seitenhiebe auf die Unendlichkeitssehnsüchte der Romantiker nicht fehlen dürfen, vermag er an einer Welt zu leiden, in der die einen zu unmenschlichem Müßiggang, die andern zu unmenschlicher Arbeit verdammt sind. In Valerio findet Leonce einen Gleichgesinnten, der ebenfalls »*noch Jungfrau in der Arbeit*« ist und »*eine ungeheure Ausdauer in der Faulheit*« besitzt, nicht ohne die Widerstände zu registrieren – schließlich ist er in einem Entwurfsbruchstück des Textes ein Deserteur, den die Polizei verfolgt –, die seinem subjektiven Entwurf von der Welt entgegenstehen: »*Es ist ein Jammer. Man kann keinen Kirchturm herunterspringen, ohne den Hals zu brechen.*« Während Leonce und Valerio sich weigern, ein »*nützliches Mitglied der menschlichen Gesellschaft*« zu werden (»*Lieber möchte ich meine Demission als Mensch geben.*«), ist König Peter vom Willen beherrscht, durch Denken der Welt beizukommen: »*Der Mensch muß denken und ich muß für meine Untertanen denken, denn sie denken nicht, sie denken nicht. – Die Substanz ist das ›an sich‹, das bin ich ... Jetzt kommen meine Attribute, Modifikationen, Affektionen und Akzidenzien, wo ist mein Hemd, meine Hose? Halt, pfui! der freie Wille steht da vorn ganz offen. Wo ist die Moral, wo sind meine Manschetten?*« Der deduktive Schematismus der idealistischen Systeme, die die Welt aus einem Axiom zu generieren suchen, gerät in seiner Beliebigkeit und Folgenlosigkeit gegenüber der menschlichen Praxis zur Groteske. Die Staatsräte, um ihre Meinung befragt, antworten im Chor zur Zufriedenheit ihres Herrn: »*Ja, vielleicht ist es so, vielleicht ist es aber auch nicht so.*«

Unter der Maske des Lustspiels verbirgt sich die bittere Kritik an den politischen und sozialen Verhältnissen, die sich in wenigen Szenen auch unverhüllt zeigt, so, wenn der Lehrer mit den ausgehungerten Bauern das Jubelgeschrei für die Hochzeitsfeierlichkeiten probt; umgekehrt wird das Personal der höfischen Welt als Ensemble von Marionetten vorgeführt, allen voran Leonce und Lena, aber auch hier ist die Satire gebrochen. Der melancholische Gestus der Hofgesellschaft, der die Atmosphäre des gesamten Stücks bestimmt, resultiert aus dem Leiden an einem Leben, das zum leeren Ritual erstarrt ist. Leonce steht der Zuneigung der Mätresse Rosetta – eine Schwester der Marion aus *Dantons Tod* – teilnahmslos gegenüber, Emotionalität und Spontaneität sind einem lethargischen Weltschmerz gewichen, dem alles gleich wird: »*... ich habe Langeweile, weil ich dich liebe. Aber ich liebe meine Langeweile wie dich. Ihr seid eins. O dolce far niente, ich träume über deinen Augen, wie an wunderheimlichen tiefen Quellen, das Kosen deiner Lippen schläfert mich ein, wie Wellenrauschen.*« Dem Klischee romantischer Bilder entrinnt Leonce so wenig wie Lena (»*Ich brauche Tau und Nachtluft, wie die Blumen.*«). Büchners höhnische Abrechnung mit dem Zeitgeist und der politischen Welt findet ihren Höhepunkt nach der Hochzeit von Leonce und Lena. König Peter zieht sich in den Ruhestand zurück, denn er muß viel »*denken, ungestört denken*«, und Leonce übernimmt die Regierung, um die Hochzeitsfeier sofort abzubrechen und die Wiederholung für den nächsten Tag anzukünden: »*... morgen fangen wir in aller Ruhe und Gemütlichkeit den Spaß noch einmal von vorne an.*« Die Unveränderlichkeit der Verhältnisse wird zementiert, unvermerkt aber zugleich in ein utopisches Bild verwandelt. Denn Lena will sich weder mit Militär noch mit Diplomaten umgeben, auch ein Theater reizt sie nicht, und Leonce schlägt vor, das Leben von Grund auf zu revolutionieren: »*... wir lassen alle Uhren zerschlagen, alle Kalender verbieten und zählen Stunden und Monden nur nach der Blumenuhr, nur nach Blüte und Frucht. Und dann umstellen wir das Ländchen mit Brennspiegeln, daß es keinen Winter mehr gibt und wir ... das ganze Jahr zwischen Rosen und Veilchen, zwischen Orangen und Lorbeern stecken.*« Und damit niemand diesen Zustand wieder zerstören kann, will der zukünftige Staatsminister Valerio ein »*Dekret*« erlassen, »*daß jeder der sich rühmt sein Brot im Schweiße seines Angesichts zu essen, für verrückt und der menschlichen Gesellschaft gefährlich erklärt wird und dann legen wir uns in den Schatten und bitten Gott um Makkaroni, Melonen und Feigen, um musikalische Kehlen, klassische Leiber und eine kommode Religion!*« Dieser Schluß des Stücks, Gegenstand zahlreicher und divergenter Auslegungen, hält sich nicht an das Bilderverbot über den Zustand der befreiten Gesellschaft und gerät deshalb notwendig zum phantastischen Bild. Aber in ihm hält Büchner der Revolution stärker die Treue als alle entsagungsvolle Theorie.   D.Bar.-KLL

AUSGABEN: Hbg. 1838 (in Telegraph für Deutschland, Nr. 76–80); ern. Ffm. 1987 (in *GW. Erstdr. u. Erstausg. in Faks.* Hg. Th. M. Mayer, 10 Bde., 7). – Lpzg. 1842 (in *Mosaik, Novellen u. Skizzen*, Hg. K. Gutzkow). – Ffm. 1850 (in *Nachgelassene*

*Schriften*, Hg. L. Büchner). – Ffm. 1879 (in *SW u. handschriftlicher Nachlaß*, Hg. K. E. Franzos). – Bln. 1909 (in *GW. Nebst einer Auswahl seiner Briefe*; Einl. W. Hausenstein). – Lpzg. 1922 (in *Werke u. Briefe. GA*, Hg. F. Bergemann; krit.; Ffm. ⁸1962). – Mchn. 1948 (in *GW*, Hg. K. Edschmid; erw. u. rev. Mchn. u. a., 1963). – Stg. 1962 (*Woyzeck – Leonce u. Lena*, Hg. u. Nachw. O. C. A. Zur Nedden; RUB). – Hbg. [dann Mchn.] 1967 ff. (in *SW u. Briefe. Hist. krit. Ausg.*, Hg. W. R. Lehmann, 2 Bde., 1; Hamburger Ausg.). – Ffm. 1982 [III. K. Walser; Nachw. J. Schröder]. – Ffm. 1987 (in *Kritische Studienausg., Beiträge zu Text und Quellen*, Hg. B. Dedner, Textedition v. Th. M. Mayer).

VERTONUNGEN: J. Weismann, *Leonce und Lena* (Text: ders.; Oper; Urauff.: Freiburg i. B. 1925). – W. Eisenmann, *Leonce und Lena* (Bühnenmusik; Teilauff.: Internationale Musiktage Braunwald 1950). – P. Dessau, *Leonce und Lena* (Text: Th. Körner; Oper; Urauff.: Bln./DDR 24. 11. 1979).

LITERATUR: A. Renker, *G. B. und das Lustspiel der Romantik. Eine Studie über »Leonce und Lena«*, Bln. 1924. – F. Gundolf, *G. B. Ein Vortrag* (in Zs. f. Deutschkunde, 43, 1929, S. 1–12). – H. Plard, *A propos de »Leonce und Lena«. Musset et B.* (in EG, 9, 1954, S. 26–36; dt. in *G. B.*, Hg. W. Martens, Darmstadt 1965, S. 289–304). – G. Beckers, *G. B.s »Leonce und Lena«. Ein Lustspiel der Langeweile*, Heidelberg 1961. – J. Schröder, *G. B.s »Leonce und Lena«. Eine verkehrte Komödie*, Mchn. 1966. – H. Mayer, *Prinz Leonce und Doktor Faust* (in H. M., *Zur dt. Klassik und Romantik*, Pfullingen 1963, S. 306–314). – P. Mosler, *G. B.s »Leonce u. Lena«. Langeweile als gesellschaftliche Bewußtseinsform*, Bonn 1974. – L. Wawryzyn, *B. s »Leonce und Lena« als subversive Kunst* (in *Demokratisch-revolutionäre Literatur in Dtld.: Vormärz*, Hg. G. Mattenklott u. K. Scherpe, Kronberg/Ts. 1974, S. 85–115). – M. B. Benn, *The Drama of Revolt. A Critical Study of G. B.*, Cambridge 1976, S. 157–185. – H. Poschmann, *B.s »Leonce und Lena«. Komödie des status quo* (in G. B. Jb. 1, 1981, S. 112–159). – W. Proß, *Was wird er damit machen? oder »Spero poder sfogar la doppia brama, De saziar la mia fame, e la mia fama.«* (ebd., S. 252–256). – J. Hermand, *Der Streit um »Leonce und Lena«* (ebd., 3, 1983, S. 98–117). – L. Völker, *Die Sprache der Melancholie in B.s »Leonce und Lena«* (ebd., S. 118–137). – Th. M. Mayer, *Vorläufige Bermerkungen zur Textkritik von »Leonce und Lena«* (in *G. B. »Leonce und Lena«. Kritische Studienausgabe, Beiträge zu Text und Quellen*, Hg. B. Dedner, Ffm. 1987, S. 89–153). – B. Dedner, *Bildsysteme und Gattungsunterschiede in »Leonce und Lena«, »Dantons Tod« und »Lenz«* (ebd. S. 157–218). – J. J. Berns, *Zeremoniellkritik und Prinzensatire. Traditionen der politischen Ästhetik des Lustspiels »Leonce und Lena«* (ebd. S. 219–274). – E. T. Voss, *Arkadien in B.s »Leonce und Lena«* (ebd. S. 275–436).

## WOYZECK

In Bruchstücken hinterlassenes Drama von Georg BÜCHNER, erschienen 1878; Uraufführung: München, 8. 11. 1913, Residenztheater. – Das Drama ist in drei handschriftlichen Fragmenten überliefert; die älteste Fassung, die zwei Szenenfolgen (in der Forschung als H1 und H2 unterschieden) enthält, dürfte wohl im Herbst 1836 entstanden sein. Büchner gibt in seinen Briefen des Jahres 1836 nur spärliche Hinweise, die sich zudem auch auf *Leonce und Lena* oder auf das verschollene Drama *Pietro Aretino* beziehen lassen. Das zweite handschriftliche Fragment (H3) enthält lediglich zwei Szenen, der wohl jüngste Entwurf (H4) wird gemeinhin als »vorläufige Reinschrift« (W. R. Lehmann) betrachtet. Bereits der erste Herausgeber des Textes, Karl Emil FRANZOS, hatte mit der Entzifferung der schwer lesbaren Handschrift Büchners seine Probleme, die sich bereits in der Titelgebung ankündigen: *Wozzeck. Ein Trauerspiel-Fragment*. Franzos unterliefen zahlreiche Lesefehler; nach Gutdünken ließ er aus oder dichtete er phantasiereich hinzu und orientierte sich in der Anordnung der Szenen – wie die meisten Herausgeber nach ihm – an der klassischen Poetik. Wenn noch immer in zahlreichen zeitgenössischen Ausgaben am Anfang der Rasierszene steht und gegen Ende die durch nichts gerechtfertigte Annahme, daß Woyzeck im Teich »ertrinkt«, so geht das auf Franzos und den ästhetischen Bewußtseinsstand des späten 19. Jh.s zurück. Die wissenschaftliche und im eigentlichen Sinne textkritische Auseinandersetzung mit *Woyzeck* begann erst 1920 mit Georg WITKOWSKI, dem es nicht um einen spielbaren Text ging, sondern ausschließlich um die Entzifferung der Fragmente. Fritz BERGEMANN gelang es in seiner grundlegenden und verdienstvollen Ausgabe von 1922, die Textverhältnisse weiter zu klären und zu verbessern. Seit 1926 bietet Bergemann in seinen Insel-Ausgaben einen spielbaren Text, wobei allerdings die verschiedenen Entstehungsstufen miteinander vermengt und charakteristische Arrangements von Franzos übernommen werden. Dieses Herstellungsverfahren stieß in den sechziger Jahren auf Kritik, die historisch-kritische Büchner-Ausgabe von Werner R. LEHMANN (Hamburger Ausgabe, 1967) versuchte eine textkritische Erschließung des Textes, der zum Teil davon abweichende Editionen von Egon KRAUSE (1969) und Lothar BORNSCHEUER (1972, mit einer Synopse der verschiedenen kritischen Lesarten) folgten.

*Woyzeck* gehört zu den meistgelesenen und -gespielten Texten der dramatischen Weltliteratur des 19. Jh.s. Das Stück führt die Szenentechnik des Sturm-und-Drang-Theaters weiter und begründet zusammen mit *Dantons Tod* und einigen Dramen GRABBES neue form- und themengeschichtliche Traditionszusammenhänge. Wie kein anderes Werk des 19. Jh.s hat es auf die Dichtungsgeschichte des 20. Jh.s eingewirkt; es inspirierte Alban Berg zu seiner *Wozzeck*-Oper (1923) und regte Naturalisten wie Expressionisten zu schöpferischer Auseinandersetzung mit Büchner an. HAUPTMANN, WEDEKIND und HEYM verehrten im Autor des *Woyzeck* ihr Vorbild und den Vorläufer eigener Bestrebungen. Auch RILKE und HOFMANNSTHAL sahen in diesem Werk »*eines der höchsten Produkte*«, »*ein Schauspiel ohnegleichen*«. BRECHTS frühe Dramen, besonders *Baal*, aber auch Max FRISCHS *Andorra* sind eindrucksvolle Zeugnisse einer künstlerischen Büchner-Rezeption, die vom *Woyzeck* ausgeht. In der Geschichte des deutschen Dramas rangiert das rätselhafte Fragment zugleich als vehementer Beginn des sozialen Dramas. In einem keineswegs wohlmeinenden Aperçu scheint schon Gottfried KELLER auf einen solchen Zusammenhang hinweisen zu wollen, indem er Büchner in die Nähe von ZOLA rückt. Das ist zwar übertrieben und akzentuiert nur die Abneigung Kellers gegenüber dieser »Art von Realistik«. Unbestreitbar bleibt jedoch, daß mit dem Woyzeck ein neuer Menschentyp in die Welt des Dramas eindringt; Büchner rechnet ihn der sozialen Kategorie »*der Geringsten unter den Menschen*« zu, damit wird die schon vom bürgerlichen Trauerspiel nicht mehr anerkannte Ständeklausel suspendiert. In *Leonce und Lena* werden herrscherliche Personen zum Gegenstand der Ironie, der Parodie, der karikierenden Komödie und zum Objekt der Satire. Im *Woyzeck* wird einer, der bis dahin allenfalls in der Burleske seinen Platz hätte finden können, zur zentralen Gestalt einer erschütternden Tragödie. Was Büchner schon in einer antiidealistischen Passage seines *Danton* gedanklich durchspielte, im *Woyzeck* geschieht es: »*die erbärmliche Wirklichkeit*« wird Gegenstand einer auf Erkenntnis dringenden Poesie.

Den Stoff fand Büchner in den beiden gerichtsmedizinischen Gutachten, die der Königlich Sächsische Hofrat Dr. Clarus im Zusammenhang mit dem Leipziger Mordfall Woyzeck anzufertigen hatte. Die Beiträge, die sich mit dem »Gemüthszustand« (1821) und der »Zurechnungsfähigkeit« (1823) des Mörders befassen, lernte Büchner aus der ›Zeitschrift für Staatsarzneikunde‹ kennen, zu deren Mitarbeitern auch sein Vater gehörte. Diese Beiträge haben als Büchners Hauptquellen zu gelten. Sie berichten detailliert über den Hergang der Tat und das Leben des 41jährigen Inquisiten. Zur Tatzeit war der ehemalige Perückenmacher, Diener und Soldat Woyzeck Gelegenheitsarbeiter, der zuletzt so wenig Geld besaß, daß er im Freien kampieren mußte. Am Abend des 21. Juni 1821 stach er mit einer abgebrochenen Degenklinge die 46jährige Baaderswitwe Woost im Hausgang ihrer Wohnung nieder. Als Motiv galt Eifersucht. Drei Jahre nach der Tat, am 27. August 1824, wurde er in seiner Geburtsstadt Leipzig öffentlich durch das Schwert hingerichtet. Der Fall erregte Aufsehen und löste in der Wissenschaft einen heftigen Streit aus, der sich an der damals vieldiskutierten Frage nach der Zurechnungsfähigkeit und den methodischen Möglichkeiten ihrer Beantwortung entzündete. Es gibt verläßliche Anhaltspunkte dafür, daß Büchner das gesamte Material kannte; als Sekundärquellen dienten ihm wohl die Prozesse gegen Daniel Schmolling und Johann Dieß, die 1817 in Berlin und 1830 in Darmstadt ebenfalls aus Eifersucht töteten. Es kam ihm darauf an, aus den Dokumentationen zitierbare Einzelheiten zu gewinnen, die für den Realitätsbezug der Poesie und die dunkle Poesie dieses Realitätsbezuges einstehen konnten. Wie schon in *Lenz* mustert er die psychiatrischen Befunde, die Inhalte der Halluzinationen und Phantasmagorien, die sich aufs engste mit der Bilder und Vorstellungswelt der *Bibel*, des pietistischen Erbauungsbuches, des Märchens, des Sprichwortes, Rätsels und des Aberglaubens verbinden. Die Vorgänge verlegt Büchner in die ihm vertraute, geliebte und verhaßte hessische Welt, indem er die Personen seines Stücks, Woyzeck, Marie, Andres, die Großmutter und die Kinder eine mundartlich kolorierte Sprache sprechen läßt. Daß Woyzeck nicht nur als betrogener Liebhaber und als der mißbrauchte Mensch, sondern auch als der Mörder das Interesse Büchners fand, steht außer Frage. Wie das einsam und sinnlos gewordene Leben des armen Woyzeck im Drama hätte zu Ende gehen sollen, wird ungewiß bleiben. Es gibt genügend Hinweise dafür, daß es Büchner selbst noch nicht gewußt hat, so wie er sich an zahlreichen Stellen auch darüber im unklaren blieb, wie er die einzelnen Figuren des Dramas akzentuieren und benennen sollte; in den ersten Phasen der Textentstehung heißt der Held »Louis« und seine Geliebte »Margreth«, auch »Woyzecke« genannt, später dann heißen sie »Franz« und »Louise«, wobei nicht übersehen werden darf, daß gelegentlich auch der Familienname »Woyzeck« schon auftaucht, der in der überlieferten Endstufe dann ebenso dominiert wie der Vorname »Marie«.

Unter den Handschriften zum Stück findet sich ein Manuskript, das in der künstlerischen Ausarbeitung besonders weit gediehen ist. Diese Handschrift H4 enthält die letzte, beste und vom Autor halbwegs autorisierte Fassung. Von den 17 Szenen, die H4 überliefert, gehen 14 aus den Entwürfen der Handschriften H1 und H2 hervor. Daß es sich bei H1 und H2 um Vorstufen zu H4 handelt, ergibt sich daraus, daß Büchner alle Szenenentwürfe, die von ihm für H4 verwertet wurden, in H1 und H2 durchgestrichen hat. Nach übereinstimmender Auffassung der modernen Textkritik sind Wortlaut und Szenenfolge von H4 unbedingt zu respektieren; es darf nicht auf etwas zurückgegriffen werden, was Büchner augenfällig verworfen hat. Die Vorzüge von H4 werden freilich dadurch beeinträchtigt, daß auch diese Handschrift lückenhaftes Fragment geblieben ist. H4 führt nur bis zu jener Kasernenszene, in der Woyzeck »*in seinen Sachen*« kramt und seine Habseligkeiten verteilt. Es fehlt also der Schluß mit der Mordtat und dem, was sich weiter daraus ergibt; es fehlen einige Zwischenpartien, die Büchner lediglich durch Szenenüberschriften, nicht abgeschlossene Szenenentwürfe und unbeschriebene, zur Auffüllung vorgesehene Räume markiert. Die Tatsache, daß die entsprechenden Parallelstellen in H1 und H2 nicht durchgestrichen sind, deutet darauf hin, daß Büchner auf dieser Grundlage hatte weiterarbeiten und zu einer neuen Form gelangen wollen. Die entstehungsgeschichtlichen Befunde sind insofern nicht unerheblich, als sie Hinweise für die Interpretation und die Herstellung einer, wenn auch nicht endgültigen, Spielfassung bieten. Die Beschreibung ist der erste Schritt zur Interpretation.

H1 beginnt damit, daß die Konfliktsituationen skizziert werden, die sich aus äußeren Ereignissen und inneren Motivationen ergeben: Hierzu zählt als Grundvoraussetzung, daß die weibliche Hauptfigur ihren Verführer kennenlernt; daß der Verführer, aufgrund seiner Stellung in der militärischen Hierarchie über Louis (Woyzeck) verfügen und ihn fortschicken kann, was zur Folge hat, daß Margreth sich ihm zuwendet. Dies Ereignis löst in Louis Unruhe, Angst und Eifersucht aus; er wird mißtrauisch, geht ins Wirtshaus und überrascht die beiden beim Tanz. Damit kommt das nun rasch zum Ende, zum Mord hinführende Eifersuchtsdrama in Gang, wobei Büchner schon auf dieser Stufe, etwa in der Szene *Freies Feld* (H1, 6), charakteristische Motivelemente bereitstellt, die das zwanghaft Determinierte seines Tuns deutlich machen sollen; der Mord wird nicht als Tat gedeutet, sondern als ein Ereignis, für das Woyzeck als freier Verursacher nicht in Betracht kommt. – Im Mittelpunkt dieser balladesken Szenenfolge, die bereits alles Wesentliche enthält, steht die Erzählung der Großmutter, jene berühmte Märchenkontrafaktur, deren Aufgabe es ist, den Vorgang des Woyzeck-Dramas zu kommentieren. Die Kontrafaktur bezieht sich auf die fromme Märchenlegende *Die Sterntaler* und auf das Märchen *Die sieben Raben* der Brüder GRIMM. Im Unterschied zu den Kindern der Grimmschen Märchen findet das Kind, von dem die Großmutter erzählt, selbst im Himmel nur Enttäuschung und Marter – eine Vorstellung, an der auch in H4 festgehalten wird: »*Unseins ist doch einmal unseelig in der und der andern Welt, ich glaub' wenn wir in Himmel kämen so müßten wir donnern helfen.*«

Die Motiv- und Themenelemente werden von Büchner sorgfältig verteilt und kunstvoll miteinander verbunden. Die Handschrift H2 mit ihren neun Szenen nimmt Bezug auf diese Problematik; es wird die Absicht deutlich, H1 zu erweitern und zu ergänzen. Das Neue, das mit Hilfe dieser szenischen Zusätze hineingebracht wird, ist die Thematik des sozialen Dramas. Damit erhält Woyzecks Verlust der Wirklichkeit, der Prozeß seiner Selbstentfremdung, eine zusätzliche Motivation, die über das hinausgeht, was H1 mit der Eifersuchtshandlung erreichen konnte. Es spielen hier besonders die burlesken und karikaturistischen Szenen eine Rolle, in denen der Hauptmann und der Doktor auftreten.

Dieser sozial- und bewußtseinskritische Zug, an dem auch H4 ganz entschieden festhält, wird noch weiter vorangetrieben und radikalisiert in der auf einem losen Blatt (H3) überlieferten Szene *Der Hof des Professors*. Dieser Szene kommt eine Schlüsselfunktion zu. Sie muß im Zusammenhang gesehen werden mit den physiologischen Experimenten, die an Woyzeck vorgenommen werden, indem man ihn systematisch mit Erbsen traktiert. In der Einzelszene aus H3 kollabiert Woyzeck. Der Doktor erläutert diesen Sachverhalt: »*Meine Herrn ... sehn Sie, der Mensch, seit einem Vierteljahr ißt er nichts als Erbsen, beachten sie die Wirkung, fühlen Sie einmal was ein ungleicher Puls, da und die Augen.*« Und an anderer Stelle, im Hinblick auf das »*seit ein paar Tagen*« ausfallende Haar: »*ja die Erbsen, meine Herren*«. – »*Beachten Sie die Wirkung*«: das könnte als Motto über der Standessatire der Hauptmann- und Doktorszenen stehen. Der Hauptmann und der Doktor, dieser gräßlich in die Karikatur getriebene Robespierre, der von einer wissenschaftlichen Revolution träumt, für den der Mensch nur einen Zweck, aber keinen Sinn hat, sie charakterisieren und dekuvrieren sich gegenseitig; sie stellen sich bloß in dem, was sie sagen, in dem, was sie tun und ganz besonders in dem, was sie Woyzeck antun. »*Beachten Sie die Wirkung*«: das könnte als Motto über dem ganzen Drama stehen. Es kommt Büchner ganz ersichtlich darauf an, erst unvermittelt Wirkungen zu zeigen, Wirkungen kommentarlos zu demonstrieren, ehe er die Ursachen dieser Wirkungen im Gesellschaftlichen und Zwischenmenschlichen expliziert und erkennbar werden läßt. Der Leser sieht sich schon in der ersten Szene von H4 und H2 (*Freies Feld. Die Stadt in der Ferne*) rätselhaften Wahnzuständen gegenübergestellt, die ihm Fragen abnötigen; Fragen, die der dramatische Text in seinem Fortgang verständlich machen will. Dieses Kompositionsprinzip beachtet Büchner in *Dantons Tod*, im *Lenz*, in *Leonce und Lena* und im *Woyzeck*. Woyzeck hat keinen einzelnen Gegner. Er hat deren unzählige. Sein Gegner ist die Welt. Ehe er unterliegt, wird er systematisch depotenziert: physiologisch verstümmelt. Dieses Geschäft besorgt ausgerechnet der, der im Namen der Revolution und der Freiheit die Freiheit abschafft, indem er sie unmöglich macht – der Doktor. Die Physiologie als Universalmetapher des Schicksals und der zerstörenden Gegnerschaft: In der Geschichte der Dramenmotive ist das ein neuer Einfall. Der intermittierende Wahnsinn, dem Woyzeck endlich erliegt und der seine Zurechnungsfähigkeit aufhebt, wird gedeutet als Antwort auf das Unverständliche eines Schicksals, das ihn in zahllosen Formen trifft. Es widerfährt ihm von der Geliebten, der verführenden Verführten, die nicht anders kann, weil auch sie getrieben wird; es trifft ihn in der balladesken Gestalt des Tambours, der immer wieder als Sexualkreatur gesehen wird, als »brünstiger Stier« und »bärtiger Löwe«; es begegnet ihm sogar in der schuldlosen Ahnungslosigkeit des eigenen Kindes, das sich von ihm abwendet, so daß am Ende nur noch übrigbleibt, was das Märchen der Großmutter thematisch antizipiert: Erstarrung und Einsamkeit.

Die Textgestaltung des *Woyzeck* ist noch immer Gegenstand wissenschaftlicher Kontroversen. Der philologische Umgang mit diesem Stück hat Möglichkeiten und Grenzen. Die Möglichkeiten würden ungenutzt bleiben, wenn man das Textmaterial lediglich als ein historisches, gelehrt-antiquarisches Präparat behandelte und dabei übersähe, daß die Philologie außerstande ist, einen Prozeß rückgängig zu machen, der seit 1879 eine unbestreitbare Realität ist. Ehe der *Woyzeck* ein philologisches Problem wurde, war er ein ästhetisches. Im Kulturbewußtsein existierte er als ein spielbares und aufführbares Textstück. Und es hieße die philologische Entmythologisierung des Textes entschieden zu weit treiben, wollte man die aufeinander zustrebenden Textstücke der verschiedenen Entwicklungsstufen auf alle Zeit auseinanderreißen. Die Grenzen des philologischen Umgangs werden indes unstatthaft überschritten, wenn man glaubt, aus dem fragmentarisch überlieferten Material eine sakrosankte Lese- oder Bühnenfassung herstellen zu können. Nach Lage der Dinge und der Überlieferungsgeschichte wird es wohl immer mehrere vertretbare und plausible Lösungen geben; denn wir kennen nicht nur eine Intention Büchners, sondern mehrere, nämlich die Intentionen seiner einzelnen, nie zu Ende gebrachten Fassungen, die sich bruchlos nie ineinanderfügen lassen. W.R.L.-KLL

AUSGABEN: Wien 1875 (in Neue Freie Presse; Nov., unvollst., Hg. K. E. Franzos). – Bln. 1878 (in Mehr Licht! Eine dt. Wochenschrift f. Literatur u. Kunst, Hg. ders.); ern. Ffm. 1987 (in *GW. Erstdr. u. Erstausg. in Faks.*, Hg. Th. M. Mayer, 10 Bde., 10). – Ffm 1879 (in *SW u. handschriftlicher Nachlaß*, Hg. K. E. Fanzos). – Bln. 1909 (in *GS*, Hg. P. Landau, 2 Bde., 2). – Lpzg. 1920, Hg. G. Witkowski [krit.]. – Lpzg. 1922 (in *SW u. Briefe. GA*, Hg. F. Bergemann; krit.). – Lpzg. $^2$1926 (in *Werke u. Briefe*, Hg. F. Bergemann). – Ffm./Bln. 1962, Hg. H. Mayer. – Bln./Weimar 1964 (in *Werke*, Hg. H. Poschmann; $^6$1984). – Hbg. [dann Mchn.] 1967 ff. (in *SW u. Briefe. Hist. krit. Ausg.*, Hg. W. R. Lehmann, 2 Bde., 1; Hamburger Ausg.). – Ffm. 1969, Hg. E. Krause [krit.]. – Manchester 1971 (*Dantons Tod and Woyzeck*, Hg. M. Jacobs; m. Komm.). – Stg. 1972, Hg. L. Bornscheuer [krit.]. – Lpzg./Wiesbaden 1981 (Faks.-Ausg. d. Hss.; Bearb. G. Schmid; m. Transkription u. Komm.). – Lpzg. 1984/Ffm. 1985, Hg. H. Poschmann [m. Komm.].

VERTONUNGEN: A. Berg, *Wozzeck* (Oper; Urauff.: Bln., 14. 12. 1925, Staatsoper). – K. Pfister, *Wozzeck* (Opernballade; Urauff.: Mchn. 1949).

VERFILMUNGEN: Deutschland 1947 (Regie: G. C. Klaren). – Deutschland 1978 (Regie: W. Herzog).

LITERATUR: L. Marcuse, *G. B. u. seine drei besten Bühnenwerke*, Bln. 1921. – H. van Dam, *Zu G. B.s »Woyzeck«* (in Akzente, 1, 1954, S. 82–99). – G. L. Fink, *Volkslied u. Verseinlage in den Dramen B.s* (in DVLG, 35, 1961, S. 558–593). – F. H. Mautner, *Wortgewebe, Sinngefüge u. Idee in B.s »Woyzeck«* (ebd., S. 521–557). – B. v. Wiese, *G. B. Die Tragödie des Nihilismus* (in *Die dt. Tragödie von Lessing bis Hebbel*, Hg. B. v. W., Hbg. $^5$1961). – H. Elema, *Der verstümmelte »Woyzeck«* (in NPh, 49, 1965, S. 131–156). – K. Völker, *Woyzeck u. die Natur* (in Revue des langues vivantes, 23, 1966, S. 611–632). – B. Ullman, *Die sozialkritische Problematik im Werk G. B.s u. ihre Entfaltung im »Woyzeck«*, Diss. Stockholm 1970. – W. R. Lehmann, *Repliken. Beiträge zu einem Streitgespräch über den »Woyzeck«* (in Euph, 65, 1971, S. 58–83). – L. Bornscheuer, *Neue Beurteilung der »Woyzeck«-Hss.* (in GRM, N. F., 22, 1972, S. 113–123). – Ders., *G. B.: Woyzeck*, Stg. 1972. – M. Patterson, *Contradictions Concerning Time in B.'s »Woyzeck«* (in GLL, 32, 1978/79, S. 115–121). – A. Meier, *G. B.: »Woyzeck«*, Mchn. 1980. – H. Wetzel, *Die Entwicklung Woyzecks in B.s Entwürfen* (in Euph, 74, 1980, S. 375–396). – K. Eibl, *Ergo todtgeschlagen. Erkenntnisgrenzen u. Gewalt in B.s »Dantons Tod« u. »Woyzeck«* (ebd., 75, 1981, S. 411–429). – *G. B. »Woyzeck«. Materialien u. Arbeitsvorschläge*, Bearb. K. Schuster, Bamberg 1981. – H. G. Werner, *B.s »Woyzeck«. Dichtungssprache als Analyseobjekt* (in WB, 27, 1981, H. 12, S. 72–99). – I. Oesterle, *Verbale Präsenz u. poetische Rücknahme des literarischen Schauers. Nachweise zur ästhetischen Vermitteltheit des Fatalismusproblems in G. B.s »Woyzeck«* (in G. B. Jb., 3, 1983, S. 168–199). – A. Glück, *Der »ökonomische Tod«: Armut u. Arbeit in G. B.s »Woyzeck«* (ebd., 4, 1984, S. 167–226). – A. Glück, *Militär u. Justiz in G. B.s »Woyzeck«* (ebd., S. 227–247). – Ders., *»Herrschende Ideen«: Die Rolle der Ideologie, Indoktrination u. Desorientierung in G. B.s »Woyzeck«* (ebd., 5, 1985, S. 52–138). – Ders., *Der Menschenversuch: Die Rolle der Wissenschaft in G. B.s »Woyzeck«* (ebd., S. 139–182). – G. Reuchlein, *Das Problem der Zurechnungsfähigkeit bei E. T. A. Hoffmann u. G. B. Zum Verhältnis von Literatur, Psychiatrie u. Justiz im frühen 19. Jh.*, Ffm. u. a. 1985. – G. Schmid, *Zur Faksimileausgabe v. B.s »Woyzeck«* (in Impulse, 8, Bln./Weimar 1985, S. 280–295).

## LUDWIG BÜCHNER

\* 28.3.1824 Darmstadt
† 30.4.1899 Darmstadt

### KRAFT UND STOFF

Philosophisches Werk von Ludwig BÜCHNER, erschienen 1855. – Das Buch, das bald nach Erscheinen in viele Sprachen übersetzt und bis ins 20. Jh. immer wieder aufgelegt wurde, war das meistgelesene Werk der vulgärmaterialistischen Literatur aus der zweiten Hälfte des 19. Jh.s Der Autor, ein jüngerer Bruder Georg BÜCHNERS, versucht hier, alle Fragen der Philosophie und Theologie vom empirischen Standpunkt aus mit Hilfe des um

1850 vorliegenden kärglichen Tatsachenmaterials der organischen Chemie und Gehirnphysiologie zu beantworten. In seiner Terminologie geht er von dem Grundsatz aus: »*Was klar gedacht ist, kann auch klar und ohne Umschweife gesagt werden*«, und polemisiert damit in naiver Weise gegen jede philosophische Fachsprache, ohne jedoch selbst zu einer ausreichenden Klärung der Begriffe zu gelangen. »*Wer in diesen Dingen*«, charakterisiert Friedrich Albert LANGE das Büchnersche Bestreben, »*mit bloßem Auge weiter sieht, findet durch Büchners Brille alles unklar; wer dagegen äußerst kurzsichtig ist, glaubt durch dieses Medium sehr klar zu sehen.*« Das z.B. seine Definition der Grundbegriffe »Kraft« und »Stoff«, die nach Auffassung des Autors einerseits unzertrennlich und wesensgleich, andererseits aber doch voneinander sehr verschieden, »*ja in gewissem Sinne einander geradezu negierend*« seien, auf einen spiritualistischen Dualismus hinausläuft, nimmt der den Dualismus bekämpfende Büchner nicht zur Kenntnis. In monotoner Weise werden metaphysische und theologische Probleme auf simple materialistische Aussagen zurückgeführt. »*Der Gedanke, der Geist, die Seele ... ist der zu einer Einheit verwachsene Komplex verschiedenartiger Kräfte, der Effekt eines Zusammenwirkens vieler mit Kräften oder Eigenschaften begabten Stoffe.*« Probleme, auf die Büchner sein triviales System nicht anwenden kann, werden entweder als unsinnige Fragestellungen abgetan, oder es wird die Lösung – z. B. des Problems, wie Materie bewußt werden, wie Denken vermittelst des Gehirns stattfinden kann – dem Fortschritt der Wissenschaft überlassen.

Charakteristisch ist, daß die zugrunde liegende »fortschrittliche« Haltung dieses aufs äußerste popularisierten Materialismus sich oft nicht nur völlig zeitgebunden und vorurteilsvoll äußert, sondern sogar ausgesprochen intolerante und inhumane Züge zeigt; so wenn in einem auf zeitgenössischer anthropologischer »Wissenschaft« zweifelhaftester Art basierenden Abschnitt monströse Rassentheorien vorgebracht werden, nach denen etwa die Neger in der Entwicklung der Menschheit nahe bei den Gorillas einzustufen sind. Werturteile moralischer Art werden allenthalben gefällt, aber einen Versuch, Ethik auf der gegebenen Kraft-Stoff-Basis zu begründen, sucht man vergebens. – Das Buch ist als Zeitdokument interessant; sein Erfolg zeigt, wie sehr man um die Mitte des 19. Jh.s der dekadenten, blutlosen Ausläufer des »idealistischen« Philosophierens überdrüssig war, so daß selbst die naivsten Argumentationen von einem »antiphilosophischen« Lager her als Befreiung empfunden wurden. H.L.

AUSGABEN: Ffm. 1855. – Stg. 1933. Hg. W. Bölsche (KTA).

LITERATUR: J. Frauenstädt, *Der Materialismus. Seine Wahrheit u. sein Irrthum. Eine Erwiderung auf L. B. s »Kraft u. Stoff«*, Lpzg. 1856. – P. A. R. Janet, *Le matérialisme contemporain en Allemagne. Examen du système du Dr. B.*, Paris 1864 (dt. *Der Materialismus unserer Zeit in Deutschland. Prüfung des Dr. B. schen Systems*, Lpzg. 1866). – F. A. Lange, *Geschichte des Materialismus u. Kritik seiner Bedeutung in der Gegenwart*, 2 Bde., Iserlohn 1866; Lpzg. [10]1921. – A. Drews, *Die deutsche Spekulation seit Kant*, Bd. 2, Bln. 1893, S. 267ff. – F. Mauthner, *Der Atheismus u. seine Geschichte im Abendlande*, Bd. 4, Stg./Bln. 1923, S. 225–227. – P. Berglar, *Der neue Hamlet. L. B. in seiner Zeit*, Darmstadt 1978. – A. Negri, *Trittico materialistico. Georg Büchner, Jakob Moleschott, L. B.*, Rom 1981.

## GOTTFRIED AUGUST BÜRGER

\* 31.12.1747 Molmersweide / Harz
† 8.6.1794 Göttingen

LITERATUR ZUM AUTOR:
W. v. Wurzbach, *G. A. B. Sein Leben und seine Werke*, Lpzg. 1900. – W. A. Little, *G. A. B.*, NY 1974. – G. Kluge, *G. A. B.* (in *Deutsche Dichter des 18. Jh.s*, Hg. B. v. Wiese, Bln. 1977, S. 594–618). – H. Kinder, *B.s Liebe*, Ffm. 1981. – H. J.-Ketzer, *Untersuchungen zur Herausbildung der ästhetischen Auffassungen G. A. B.s*, Diss. Lpzg. 1983.

**DAS LYRISCHE WERK** von Gottfried August BÜRGER.
Gemeinsamer Charakterzug aller lyrischen Dichtungen Bürgers ist die Volkstümlichkeit. Sie ist auch dominierendes Thema in Bürgers poetologischen Überlegungen, und sie kennzeichnet die Wirkung seiner Gedichte. In der Schrift *Aus Daniel Wunderlichs Buch* (1776) – darin besonders der Abschnitt *Herzensausguß über Volkspoesie* – und im Fragment *Von der Popularität der Poesie* (1784) hat er das Postulat der Volkstümlichkeit der Poesie begründet: »*Alle Poesie soll volkstümlich sein, denn das ist das Siegel ihrer Vollkommenheit.*« Der Dichter als Sprecher der Nation hat die Empfindungen und Vorstellungen, die Wünsche und Phantasien des Volkes auszudrücken. Unter der Bezeichnung »Volk« verstand Bürger nicht nur die unteren Schichten, vielmehr alle Stände innerhalb einer Nation. Diese Auffassung, die sich eng an J. G. HERDERS National- und Volkslied-Konzeption anlehnt, wendet sich gegen jede artifizielle, elitäre oder gelehrte Dichtkunst. Die Poesie ist »*Lehrerin der Menschen*«, ihre Stoffe entstammen der kollektiven Phantasie, ihre Darstellung muß sich an der Unmittelbarkeit, dem prägnanten Ausdruck, der Kürze und Verständlichkeit, der leichten Faßlichkeit orientieren, wobei das Natürliche der Maßstab ist. Für die zumeist im ›Göttinger Musenalmanach‹ erschienenen Lieder und Balladen ist überdies wichtig, daß sie durch ihre kollektive Rezeption gemeinschaftsbildend wirken. In der Vorrede zur zweiten Ausgabe seiner Gedichte von 1789 (Erst-

ausgabe 1778) hat Bürger die Grundsätze, die ihn geleitet haben, zusammengefaßt. Es sind dies sein Streben nach »*Klarheit, Bestimmtheit, Abrundung, Ordnung und Zusammenklang der Gedanken und Bilder; nach Wahrheit, Natur und Einfalt der Empfindungen; nach den eigentümlichsten und treffendsten, nicht eben aus der toten Schrift –, sondern mitten aus der lebendigsten Mundsprache aufgegriffenen Ausdrucke derselben; nach der pünktlichsten grammatischen Richtigkeit, nach einem leichten ungezwungenen, wohlklingenden Reim- und Versbau.*« SCHILLER hat in seiner Rezension *Über Bürgers Gedichte* (1791), die vor allem eine Abrechnung mit dem Sturm und Drang, mit seiner eigenen literarischen Vergangenheit und eine Vorbereitung der Konzeption der »Ästhetischen Erziehung« war, Bürger scharf kritisiert. Er tadelt den subjektiven und privaten Charakter einer solchen volkstümlichen Lyrik, die sich nur an die »*Fassungskraft des großen Haufens*« halte und nicht die Idealisierung und Allgemeinheit von Verhältnissen zum poetischen Zweck habe. Insbesondere lehnt er die Sinnlichkeit, die Ausschweifungen der Begierde bei Bürger ab (»*sinnlicher, oft gemeinsinnlicher Charakter*«). Da Bürger oft der unmittelbaren Eingebung folge, verhindere er in seinem Gedicht die »*Harmonie des Ganzen*«; er verliere sich ans Beliebige, anstatt das Individuelle ins Menschheitliche »*hinaufzuläutern*«, um so das Idealschöne zu verwirklichen. Schiller intendierte eine Revolutionierung der Denkart mittels ästhetischer Erziehung, für die Lyrik ein Ausdrucksmittel des Erhabenen und Idealischen war. Bürger ging es dagegen um die Emanzipation der Sinnlichkeit und um eine Rechtfertigung des Authentischen; jedes Verallgemeinern und Idealisieren lehnte er als Schematismus ab. Er wollte Spontaneität und Unmittelbarkeit für die Dichtung retten und blieb damit der Sturm-und-Drang-Periode, allerdings unter Einbezug rationalistischer und anakreontischer Elemente, verhaftet. Bürger verfaßte eine Anti-Kritik, in der er einige Vorwürfe Schillers akzeptierte, jedoch vom Grundsatz der »Popularität« nicht abwich.
Zwei Themenkreise dominieren in Bürgers Lyrik: Politik und Erotik. In den politischen und sozialrevolutionären Dichtungen greift er den Absolutismus und vor allem die Aristokratie an, die durch Anmaßung und Willkür die Rechte anderer, insbesondere der Bauern, verletzte. Als Amtmann im Bezirk Altengleichen bei Göttingen hatte der Jurist Bürger in den Jahren 1772 bis 1784 einschlägige Erfahrungen sammeln können. Im Gedicht *Der Bauer. An seinen durchlauchtigen Tyrannen* (1773) läßt er einen Bauern den Fürsten anklagen *(»Wer bist du, Fürst«)*, der – ähnlich wie der Wild- und Rheingraf in der Ballade *Der wilde Jäger* – ohne Rücksicht auf die bestellten Felder und die Arbeit des Landmannes seinem Jagdvergnügen nachgeht und die Ernte verdirbt *(»Das Brot, du Fürst, ist mein«)*. Er bestreitet ihm schließlich seine Legitimation: »*Ha! du wärst Obrigkeit von Gott? / Gott spendet Segen aus; du raubst! / Du nicht von Gott, Tyrann!*«

In *Die Tode* (1792/1793) geht es Bürger um die Opfer seiner Landsleute im Namen des Vaterlandes im Zusammenhang mit den Interventionskriegen gegen das revolutionäre Frankreich. Dem ehrenvollen Opfertod für »*Tugend, Menschenrecht und Menschenfreiheit*« stellt er die sinnlosen Qualen für eine borniert Majestät und elende Tyrannen gegenüber: »*Für blanke Majestät und weiter nichts verbluten, / Wer das für groß, für schön und rührend hält, der irrt. [...] Sich für Tyrannen gar hinab zur Hölle balgen, / Das ist der Tod, der nur der Hölle wohlgefällt.*« Ähnlich ist die Thematik in *Für wen, du gutes deutsches Volk* (1793).
In der Ballade *Des Pfarrers Tochter von Taubenhain* (1781) steht eine typische Sturm-und-Drang-Figur im Zentrum: die Kindsmörderin. Als Tochter eines puritanisch strengen Vaters ist sie den Versprechungen und Verführungskünsten eines wollüstigen Junkers erlegen und tötet in Geistesverwirrung ihr Kind. Dabei wird das einfältige Vertrauen eines liebenden Mädchens gegen Standesunterschiede, aristokratischen Libertinismus und zynisches Begehren sarkastisch ausgespielt. Neben der Natur, die gegen die erstarrten Konventionen von Gesellschaft und Moral aufgerufen wird, fungiert die Liebe als Urkraft, Schöpferenergie *(Elemente, Das neue Leben)*, als elementares Ausgeliefertsein an Genuß und Verlust *(Gegenliebe, Der Liebeskranke)*; sie wird pantheistisch *(Seufzer eines Ungeliebten)* oder verklärend *(Die Umarmung)* als Glückserfahrung und Objekt der Trauer thematisiert *(Mollys Abschied, Trauerstille)*.
In der frühen Lyrik Bürgers herrschen das Liebesthema als Fest der Sinne in der Manier hedonistischer Studentenpoesie in häufig mythologischer Einkleidung und der Ton heiterer Frivolität vor *(Nachtfeier der Venus)*. Daneben entstehen anakreontische Tändeleien *(Lust am Liebchen, Hummellied, Das Herz)*, bis schließlich der empfindsame Liebeston angeschlagen wird. Leidenschaft, Affekt, die zerstörerische Wirkung einer verbotenen Liebe und die Trauer über den Verlust des geliebten Wesens bestimmen die *Molly*-Gedichte. Sie sind Zeugnisse der Liebe zu Auguste, genannt Molly, der Schwester seiner ersten Frau Dorette Leonhart, die Bürger nach Dorettes Tod (1784) heiratete, aber bereits nach zwei Jahren verlor. Bürger berief sich auf ein Naturrecht der Liebe in dem Sonett *Naturrecht:* »*Was wehrt es denn mir Menschensatzung, bloß / Aus blödem Wahn, in Mollys Wonneschoß, / Von Lieb' und Lust bezwungen, hinzufallen?*« Das Liebesverhältnis zu beiden Frauen und ihr als skandalös empfundenes Zusammenleben glich der Figuration des *Grafen Gleichen* und seiner Frauen sowie der *Stella*-Konstellation bei SWIFT und GOETHE. Aus der delikaten Beziehung und Ehe (1790–1792) mit Elise Hahn, die Bürger per Gedicht zur Heirat aufgefordert hatte *(An den Dichter Bürger*, 1789), sind ebenfalls einige lyrische Zeilen *(An das Schwabenmädchen ..Y..)*, vor allem jedoch eine Anzahl bemerkenswerter Briefe hervorgegangen.
Vor allen anderen Dichtungen blieb der Name

Bürgers mit der Kunstballade *Lenore*, im Balladenjahr 1773 entstanden, verbunden. Durch die Verschmelzung von sozialem Thema (Elend des Krieges, Verzweiflung und Schicksal der Frauen) und Naturmagie, durch die Mischung von Dramatik, Schauerlichem, Lautmalerischem und Religionsskepsis wurde *Lenore* zum Prototyp deutschsprachiger Balladenkunst und damit gattungsnormierend. Außerdem hat Bürger politische *(Des Pfarrers Tochter von Taubenhain)*, satirische (*Der Raubgraf*, 1773), komische (*Frau Schnips, Der Kaiser und der Abt*, 1785) und didaktische Balladen (*Das Lied vom braven Mann*, 1777) geschrieben.
Persönliche Erfahrungen und Erlebnisse, Bilder aus den historischen Weltläuften hatten neben dem Bänkelsang, der Sammlung Thomas PERCYS (*Reliques of Ancient English Poetry*, 1765) und dem Göttinger Hain (dessen empfindsamer Ton, weniger das Pathos der Tugend) auf Bürgers Phantasie gewirkt. Er ist in vieler Hinsicht ein Nachfahre des Barockdichters Johann Christian GÜNTHER (1695–1723).   H.Ba.

AUSGABEN: Göttingen 1778; ²1789. – Lpzg./Wien 1891 (*Gedichte*, Hg. A. E. Berger). – Lpzg. 1902; ²1924 (in *SW*, Hg. W. v. Wurzbach, 4 Bde., 1/2). – Bln. u. a. 1909; ²1914 (*Gedichte*, Hg. E. Consentius, 2 Tle.). – Stg. 1961 (*Gedichte*, Hg. J. Hermand; RUB).

LITERATUR: L. Kaim-Kloock, *G. A. B. Zum Problem der Volkstümlichkeit in der Lyrik*, Bln. 1963. – W. Hink, *Die dt. Ballade von Bürger bis Brecht*, Gött. 1978. – G. Köpf, *F. Schillers »Über Bürgers Gedichte«. Historizität als Norm einer Theorie des Lesers* (in Jb. d. Wiener Goethevereins, 81–83, 1977–1979, S. 263–273). – A. Höger, *»Und etwas anders noch ...« Galanterie und Sinnlichkeit in den Gedichten G. A. B.s* (in Text und Kontext, 9, 1981, S. 250–270). – H. Laufhütte, *Vom Gebrauch des Schaurigen als Provokation zur Erkenntnis. G. A. B.s »Des Pfarrers Tochter von Taubenhain«* (in *Gedichte und Interpretationen*, Bd. 2, Stg. 1983, S. 386 bis 410). – M. Woodmansee, *Die poetologische Debatte um B.s »Lenore«* (in *Verlorene Klassik?*, Hg. W. Wittkowski, Tübingen 1986, S. 237–254).

**WUNDERBARE REISEN ZU WASSER UND LANDE, FELDZÜGE UND LUSTIGE ABENTHEUER DES FREYHERRN VON MÜNCHHAUSEN, wie er dieselben bey der Flasche im Cirkel seiner Freunde selbst zu erzählen pflegt**
Sammlung phantastischer Lügengeschichten, herausgegeben von Gottfried August BÜRGER, erschienen 1786. – Der *Münchhausen* gehört zur Reihe jener Werke, bei denen die Erzähltradition gegenüber der selbständigen Leistung eines einzelnen Autors an Bedeutung überwiegt. Entsprechend offen für Bearbeitungen und Erweiterungen ist die einzelne Überlieferungsstufe, die keinen vom Autor »signierten« geschlossenen Werkcharakter hat: Die Überlieferungs- und Wirkungsgeschichte ist hier noch mehr als beim »autonomen Kunstwerk« das Wesen des Werks selbst. Die Tradition der Lügengeschichten reicht bis in das klassische Altertum (PLUTARCH, LUKIAN), das talmudische Judentum und das frühe orientalische Erzählgut *(Sindbad)* zurück. Die humanistischen Fazetiensammlungen wie die Schwanksammlungen des 15. und 16. Jh.s pflegen erneut die Gattungstradition, die in der Spätzeit der deutschen Aufklärung wiederum als publikumswirksame Unterströmung zutage tritt. Kristallisationspunkt für das Überlieferungsgut ist hier die historische Figur des Barons Karl Friedrich Hieronymus von Münchhausen (1720–1797), in dessen Fabuliertalent sich die gesellige Erzählkultur vor der Französischen Revolution mit den literarischen und volkstümlichen Überlieferungen verbindet.
Auf beinahe zwanzig Jahre Hof- und Militärdienst (Braunschweig, Rußland, zwei Türkenkriege 1740 und 1741) zurückblickend, gibt der »Lügenbaron« im kleinen Kreis seiner Freunde seine abenteuerlichen und phantastischen Geschichten zum besten. Er tut dies nicht nur aus Spaß an der Sache, sondern bezeichnenderweise auch mit der Absicht, durch bewußte Übertreibungen, Aufschneidereien und Prahlereien, die Anspruch auf Wahrheit erheben, zu entlarven. Münchhausen scheute die literarische Öffentlichkeit und war erbost, als sein Name als Gattungsetikett im Teil einer Sammlung von 16 Lügengeschichten auftauchte *(M-h-s-nsche Geschichten)*, die ein anonym gebliebener Autor 1781 im achten Teil des bei Mylius in Berlin erscheinenden *Vade Mecum für lustige Leute* veröffentlichte. 1783 folgten im neunten Teil zwei weitere Geschichten. Rudolf Erich RASPE (1739–1794), eine abenteuerliche Vermittlergestalt zwischen England und Deutschland, der die Hauptlast der deutschen Übersetzung von Georg FORSTERS *A Voyage Round the World* getragen hatte, übersetzt die *M-h-s-nschen Geschichten* ins Englische, erweitert sie und gibt sie zum ersten Mal nunmehr in Buchform 1785 anonym unter dem Titel *Baron Munchhausens Narrative of His Marvellous Travels and Campaigns in Russia* heraus. In kürzester Zeit folgen vier weitere Auflagen, wobei Raspe im Hinblick auf das wachsende Interesse des englischen Publikums die Sammlung durch eine Reihe von Schiffs- und Seeabenteuern erweitert. In dieser Gestalt lernte Bürger – wohl durch Vermittlung des jungen Lord Lisburne, den er in sein Haus aufgenommen hatte – die englische Ausgabe kennen. Er übersetzte sie ins Deutsche, bearbeitete seine Vorlage frei, wobei ihm wahrscheinlich LICHTENBERG zur Seite stand, und erweiterte sie in der ersten Auflage um acht, in der zweiten Auflage (1788) um weitere fünf Geschichten. Wie in den beiden vorangehenden Fällen bleibt der Herausgeber und Bearbeiter ungenannt; Bürgers Ausgabe ist auch keineswegs die letzte in der Reihe der »Münchhauseniaden«: Schon 1789 folgen drei Bändchen von H. Th. L. SCHNORR, das erste unter dem Titel *Nachtrag zu*

den *wunderbaren Reisen*. Bemerkenswert für die veränderte Zeitlage ist *Der Lügenkaiser* (1833) von L. v. ALVENSLEBEN, wo Münchhausen II (jun.) im Mittelpunkt steht. – Von diesen Bearbeitungen ist die selbständige literarische Gestaltung des Münchhausen-Stoffes zu trennen: die Romane von IMMERMANN (1839), SCHEERBART (1906) und Carl HAENSEL (1933) sowie die Schauspiele von F. KEIM (1899), Friedrich LIENHARD (1900), Herbert EULENBERG (1900) und Hanns von GUMPPENBERG (1901).

Die um Münchhausen gruppierten Geschichten, die ihm mit wenigen Ausnahmen auch selbst in den Mund gelegt werden, teilen sich seit Raspe in Land- und Seeabenteuer. Während letztere die ganze Welt und Überwelt umfassen und ihre Abkunft von der meist satirisch ausgerichteten Reiseliteratur der Zeit und ihre Beziehung zu den zeitgenössischen wissenschaftlichen Reisebeschreibungen trotz des sich überschlagenden phantastischen Charakters nicht leugnen, geben sich die Landabenteuer konservativer: In ihnen bleibt der räumliche Hintergrund auf die Heimat, Rußland und die Türkei beschränkt, vom Standpunkt des Landjunkers wird gegen die barocke wie die moderne Gelehrsamkeit (KANT), ebenso aber auch gegen die französischen Schöngeister polemisiert. Die feudalen Ideale sind Jagd, Lustpartien und Türkenkrieg, entsprechend obenan steht die Wertschätzung von Essen und Trinken, Pferden und Hunden; auffallend selten kommt Erotisches zur Sprache. Münchhausen, der »Übermensch im Kleinen« (W. Rehm), meistert, nie verlegen, die schwierigsten Situationen, indem er »das Ohngefähr«, den Zufall, »durch Tapferkeit und Gegenwart des Geistes zu seinem Vorteil lenkt«. Natürlich ist es die frappierende Phantasie des Erzählers, die eine Art Negativbild der späteren technischen Projektionen (Mondfahrten) ist, die mittels prahlender Übertreibung alle bestehenden Schwierigkeiten überspringt und den Hörer stets neu in erstaunte Verlegenheit versetzt. Dabei fehlen gerade im ersten Teil weder die Anreden an die gesellige Runde noch die sentenziösen »practischen Betrachtungen«, die sich des Einverständnisses der Zuhörer versichern wollen. Freilich wird dieses gesellige Spiel mit Fiktionen – nicht allein in den Vorreden, sondern auch durch die pädagogischen Absichten des historischen Münchhausen selbst – durchbrochen, wenn mit dem »langen Messer«, das eine solche Geschichte darstellt, die »verschrobenen Köpfe« und der »dreiste Haberecht« mit beinahe sokratischer Ironie »aus ihrem ruhigen Schlupfwinkel hervorgekitzelt und blank gestellt« werden. Das Verdienst von Bürgers Bearbeitung liegt in der Einreihung einiger der bekanntesten Münchhausen-Geschichten (*Fang der Enten mit einer Leine mit Speckstücken und anschließende Luftfahrt; Münchhausen reißt sich nebst seinem Pferde selbst an seinem Haarzopfe aus einem Moraste; Der Ritt auf der Kanonenkugel*, u. a.), in der sprachlichen Nuancierung der Lügensprache und der Schaffung eines literarisch verwertbaren Orts- und Zeitkolorits.  V.Ho.

AUSGABEN: Ldn. [recte Göttingen] 1786. – Bln. 1958 u. Darmstadt 1959 (*Wunderbare Reisen zu Wasser und zu Lande des Freyherrn von Münchhausen*; Faks. der 1. Ausg.). – Hbg. 1966 (*Münchhausens wunderbare Reisen. Die phantastischen Geschichten des Lügenbarons u. seiner Nachfolger*, Hg. u. Nachw. E. Wackermann; Faks. der 2. Ausg.; m. den Weiterführungen von T. L. Schnorr u. L. v. Alvensleben). – Stg. 1969, Hg. J. Ruttmann. – Wiesbaden 1975 [Nachw. W. Stubbe]. – Ffm. 1976 (Insel Tb). – Zürich 1978 [Nachw. M. Lüthi].

VERFILMUNGEN: *Les hallucinations du Baron de Münchhausen*, Frankreich 1911 (Regie: G. Méliès). – *Le avventure del Barone di Münchhausen*, Italien 1914. – *Münchhausen*, Deutschland 1942/1943 (Regie: J. v. Baky). – *Baron Prásil*, Tschechoslowakei 1961 (Regie: K. Zeman). – BRD 1988 (Regie: T. Gilliam).

LITERATUR: C. Müller-Fraureuth, *Die deutschen Lügendichtungen bis auf Münchhausen dargestellt*, Halle 1881. – F. v. Zobeltitz (in Zs. für Bücherfreunde, 1, 1898, S. 247–254). – W. Schweizer, *Die Wandlungen Münchhausens in der deutschen Literatur bis zu Immermann*, Lpzg. 1921. – W. Rehm, *Münchhauseniade* (in RL, Bd. 2, Bln. 1928, S. 423 f.). – J. Carswell, *The Romantic Rogue: Being the Singular Life and Adventure of R. E. Raspe – Creator of Baron Munchhausen*, NY 1950. – H. Weinrich, *Linguistik der Lüge. Kann Sprache die Gedanken verbergen?* Heidelberg 1966. – Ders., *Das Zeichen des Jonas. Über das sehr Große und das sehr Kleine in der Literatur* (in Merkur, 20, 1966, S. 737–747). – E. Wackermann; *Münchhausiana. Bibliogr. der Münchhausen-Ausgaben*, Stg. 1969. – W. R. Schweizer, *Münchhausen und Münchhausiaden. Werden und Schicksale einer deutsch-englischen Burleske*, Bern/Mchn. 1969. – P. Jung, *Strukturtypen der Komik* (in Deutschunterricht, 25, 1973, H. 1, S. 44–66). – E. Wackermann, *Frühe illegale Münchhausen-Ausgaben* (in Philobiblon, 23, 1979, S. 266–278). – R. P. Dawson, *R. E. Raspe and the Munchhausen Tales* (in Lessing Yearbook, 16, 1984, S. 205–220).

## ANTONIO BUERO VALLEJO

* 29.9.1916 Guadalajara

LITERATUR ZUM AUTOR:
J. R. Cortina, *El arte dramático de A. B. V.*, Madrid 1969. – R. Müller, *A. B. V. Studien zum spanischen Nachkriegstheater*, Diss. Köln 1970. – J. W. Kronik, *A. B. V. A Bibliography (1949–1970)* (in Hispania, 54, 1971, Nr. 4, S. 856–868). – J. Roeple, *A. B. V: The First Fifteen Years*, NY 1972. R. Doménech, *El teatro de B. V. Una*

*meditación española*, Madrid 1973. – M. T. Halsey, *A. B. V.*, NY 1973 (TWAS). – J. Mathias, *B. V.*, Madrid 1975. – J. Verdú de Gregorio, *La luz y la oscuridad en el teatro de B. V.*, Barcelona 1977. – C. González-Cobos Dávila, *A. B. V. El hombre y su obra*, Salamanca 1979 [m. Bibliogr.]. – M. Ruggeri Marchetti, *Il teatro di B. V. o il processo verso la verità*, Rom 1981. – L. Iglesias Feijoo, *La trayectoría dramática de A. B. V.*, Santiago de Compostela 1982. – *Estudios sobre B. V.*, Hg. M. de Paco, Murcia 1984. – W. Floeck, *A. B. V.* (in KLRG, 5. Lfg., 1987).

## HISTORIA DE UNA ESCALERA

(span.; *Geschichte einer Treppe*). Schauspiel in drei Akten von Antonio BUERO VALLEJO, Uraufführung: Madrid, 14. 10. 1949, Teatro Español. – Mit diesem Stück, das 1949 den »Premio Lope de Vega« erhielt, gelang dem Autor der Durchbruch auf der spanischen Bühne. – Auf den Treppen eines schäbigen Madrider Mietshauses treffen sich die Bewohner des fünften Stocks, diskutieren, klatschen übereinander, streiten; hier entstehen Freundschaften und Feindschaften. Im Mittelpunkt der in kleine und kleinste Szenen zergliederten Handlung stehen die Kinder: Urbano, ein einfacher, gutmütiger Bursche, der mit beiden Beinen fest auf der Erde steht, seine Schwestern Rosa und Trini; die zielbewußte Elvira, die von ihrem wohlhabenden Vater verwöhnt wird und alles daransetzt, den arbeitsscheuen Phantasten Fernando zu heiraten; schließlich das ungleiche Geschwisterpaar Carmina und Pepe – das naive, ein wenig schüchterne Mädchen und der großmäulige Windbeutel und Weiberheld. Sie alle glauben mit leichtherzigem Optimismus an Fortschritt und Aufstieg, haben den Kopf voller großer Pläne und lachen oder murren über die Kleinmütigkeit der Eltern. Aber die Zeit vergeht – zwischen dem ersten und dem dritten Akt liegen dreißig Jahre –, und es hat sich nichts geändert. Immer noch leben sie in den gleichen schäbigen Wohnungen, verbittert und müde geworden; von ihren Plänen ist nichts übrig geblieben, Energie und Lebensmut haben sich im Kampf mit Alltagswidrigkeiten, in Streitereien mit den Nachbarn verbraucht. Ihre Eltern sind gestorben, ihre Kinder stehen dort, wo sie einst standen, und der hoffnungslose Kreislauf beginnt von neuem. Die Worte, mit denen der junge Fernando am Ende des Stücks seiner Carmina eine glückliche Zukunft ausmalt, sind fast genau die gleichen, mit denen sein Vater vor dreißig Jahren der Mutter Carminas goldene Berge versprochen hat.
Buero Vallejo hält sich in dem tief pessimistischen Stück gleich weit entfernt von naturalistischer Milieuschilderung wie von betonter Sozialkritik, obgleich der Stoff beide Möglichkeiten nahelegt. Sein eigentliches Thema ist die Zeit, das unaufhaltsame Dahinfließen und Verrinnen des Lebens. Fernando spricht es im ersten Akt aus: »Ich habe Angst vor der Zeit! Das ist es, was mir Kummer macht. Zusehen, wie die Tage, die Jahre vergehen – ohne daß sich etwas ändert... Es wäre schrecklich, so weiterzumachen! Treppauf, treppab, auf einer Treppe, die nirgendwo hinführt.« Der Autor begnügt sich damit, die Umstände dieser Alltagstragödien zu registrieren – in den kurzen Momenten ihres Auftretens gibt er ein präzises Bild von jeder seiner Gestalten, ohne zu typisieren oder zu karikieren –, nach der Schuld fragt er nicht. Weder die Gesellschaft noch die Zeitumstände macht er verantwortlich, allenfalls den Charakter des einzelnen, seine Bequemlichkeit, seine Kurzsichtigkeit, sein Unvermögen, aus dem Wirbel in die Strömung zu gelangen. Das Stück wurde mit großem Erfolg bei Publikum und Kritik aufgeführt und ist gleichsam zu einem klassischen Theaterstück der spanischen Nachkriegszeit geworden, für viele Kritiker beginnt mit ihm sogar ein neuer Abschnitt in der modernen Theatergeschichte. Der »*Neorealismo*« Buero Vallejos setzt sich deutlich von Zensur und Konformismus der Franco-Epoche ab. Als neorealistisch definiert der Autor selbst eine Form des Theaters, deren Grundelemente schon in *Historia de una escalera* vorhanden sind: Dialoge ohne Gemeinplätze und leere Phraseologie, lebensnahe und bescheidene Schauplätze der Handlung, psychologisch glaubhafte Situationen und Konflikte, klare Handlungsführung ohne gekünstelte Verwicklungen und Unwahrscheinlichkeiten, direkte, den Zuschauer ansprechende Aussagen. A.F.R.

AUSGABEN: Barcelona 1950 [m. Einl.]. – NY 1955, Hg. J. Sánchez. – Ldn. 1963, Hg. H. Lester u. J. A. Zabalbeascoa. – Madrid 1982 (Austral). – Madrid 1985, Hg. u. Einl. R. Doménech.

LITERATUR: A. de Hoyo, *Sobre la »Historia de una escalera«* (in Insula, 47, 1950). – J. R. Castellano, *Un nuevo comediógrafo español, A. B. V* (in Hispania, 37, 1954, S. 17–25). – W. L. Shelnutt, *Symbolism in B.'s »Historia de una escalera«* (in Hispania, 42, 1959, S. 61–65). – R. Benítez Claros, *B. V. y la condición humana* (in Nuestro Tiempo, 107, 1963, S. 581–593). – F. Anderson, *The Ironic Structure of »Historia de una escalera«* (in KRQ, 18, 1971, S. 223–236). – R. L. Nicholas, *The Tragic Stages of A. B. V.*, Chapel Hill 1972. – M. de Paco Moya, *»Historia de una escalera« 25 años más tarde* (in Estudios literarios dedicados al Prof. M. Baquero Goyanes Murcia 1974, S. 375–398). – W. Asholt, *A.B.V. »Historia de una escalera«* (in Das span. Theater, Hg. V. Roloff u. H. Wentzlaff-Eggebert, Düsseldorf 1988, S. 406–419).

## LAS MENINAS

(span.; *Die Mädchen*). Schauspiel in zwei Akten von Antonio BUERO VALLEJO, Uraufführung: Madrid, 9. 12. 1960, Teatro Español. – Wie auch in seinem 1970 entstandenen historischen Stück *El sueño de la razón (Der Traum der Vernunft)*, wo der späte Goya im Mittelpunkt der Handlung steht, ist in diesem historischen Drama ein Maler, diesmal Velázquez, die Hauptfigur. Den geschichtlichen Hintergrund bildet das Spanien Philipps IV.; Ort der Handlung ist die Hauptstadt Madrid im Jahr 1656. In diesem Jahr malte Velázquez am Hof des Königs sein berühmtes Gemälde *Las meninas*, welchem der Autor nicht nur den Titel, sondern auch die Hauptfiguren entlehnt, die er nun als *dramatis personae* agieren läßt und dabei neue Zusammenhänge konstruiert.

So wird im ersten Akt ein engmaschiges Intrigennetz um den spanischen Hofmaler gesponnen. Das Unheil beginnt damit, daß Velázquez' prüde Ehefrau Doña Juana ihrem der Inquisition nahestehenden Vetter José Nieto das vom Maler selbst strikt geheimgehaltene Bildnis einer Venus zeigt. Unter dem Vorwand, dessen Seelenheil retten zu wollen, denunziert Nieto, der auf Velázquez' Amt als Kammerherr des Königs spekuliert, den Maler daraufhin an die Inquisition. Darüber hinaus wirft der Hofmaler Nardi, einer der vielen Neider seiner Kunst, Velázquez vor, in seinen Bildern Hof und König nicht genügend zu würdigen. Auch in ein erotisches Ränkespiel wird der Maler verwickelt: Doña Marcela, die Anstandsdame der Infantinnen, ist in Velázquez verliebt, wird von diesem aber immer wieder zurückgewiesen. Erbost beschuldigt die Gekränkte ihn vor dem König einer Affäre mit der Infantin Maria Teresa, die ein enges freundschaftliches Vertrauen zu dem Maler hegt, in dem sie den einzigen ehrlichen Charakter am Hof ihres Vaters zu erkennen glaubt. Zu allem Überfluß gerät Velázquez nun auch noch auf politischer Ebene in die allgemeine Schußlinie, hat er doch den fast blinden Pedro in sein Haus aufgenommen. Mit diesem ehemaligen Sträfling, der an mehreren Volksaufständen beteiligt war, fühlt sich der Maler in seiner Liebe zu Freiheit und Wahrheit eng verbunden und sieht in ihm seinen einzigen Freund. Pedro ist auch der einzige, der den wahren Charakter von Velázquez' Kunst erkennt und schon im Entwurf zum Bild *Las Meninas* das Wesentliche sieht: »*ein ruhiges Bild, das jedoch die ganze Schwermut Spaniens in sich trägt*«. – Im zweiten Akt spitzt sich die Lage zu. Velázquez wird vor den König geführt und vernommen, wobei er erfahren muß, daß Pedro bei einem Festnahmeversuch tödlich gestürzt ist. Mit seinem Freund ist für Velázquez ein Symbol der Wahrheit gestorben, und er scheut sich nicht, seiner Verzweiflung vor dem König Ausdruck zu verleihen.

Das Stück *Las meninas* verdeutlicht in exemplarischer Weise ein grundsätzliches Anliegen Buero Vallejos, das auch in weiteren historischen Stücken wie *Un soñador para un pueblo*, 1959 *(Ein Träumer für ein Volk)*, *La detonación*, 1978 *(Der lautlose Schuß)* eine große Rolle spielt: nämlich dem Publikum den Gegensatz von Wahrheit und politischer Heuchelei vor Augen zu führen. Auf theoretischer Ebene geschieht dies durch die thesenhafte Kontrastierung von Licht und Schatten, Bedecktheit und Nacktheit, Blindsein und Nicht-Sehen-Wollen; im Drama verkörpern die Paarungen Velázquez – König, König – Maria Teresa, Maria Teresa – Doña Juana die jeweils gegensätzlichen Positionen. Velázquez selbst wird als einsamer Außenseiter gezeichnet, der sich auf der Suche nach der verborgenen »nackten« Wahrheit befindet, und der das Licht nicht nur als malerisches Element sucht: Er ist der Künstler, der Intellektuelle, der sich gegen die unterdrückende Obrigkeit stellt und das Volk als den Adressaten seiner Kunst sieht. Die Rekonstruktion der Vergangenheit dient Buero Vallejo stets dazu, ein besseres Verständnis der Gegenwart zu ermöglichen: »*Das historische Drama erhellt unsere Gegenwart, wenn es sich nicht darauf reduziert, ein Trick zur Umgehung der Zensur zu sein, und wenn es uns die lebendige Beziehung zwischen dem, was geschehen ist, und dem, was uns zustößt, besser verstehen und empfinden läßt.*« Die Parallelen zur historischen Situation der spanischen Nachkriegszeit werden vor allem in der Figur des Künstler-Vermittlers sichtbar. Auch Buero Vallejo spiegelt sich in seiner Rolle als Schriftsteller und Interpret von Gegenwartsgeschichte in der Figur des Malers Velázquez.

C.F.L.

AUSGABEN: Madrid 1961. – NY 1963, Hg., Einl. u. Anm. J. Rodríguez-Castellano. – Madrid 1972.

LITERATUR: J. Diamante, *Cuatro escenografías de la temporada 60/61. II:* »*Las meninas*« (in Primer acto, 1961, Nr. 25, S. 3–5). – R. Vazquez Zamora, »*Las meninas*« *de B. V., en el español* (in Insula, 16, 1961, Nr. 170, S. 15). – G. Videla, »*Las meninas*« *en el teatro de A. B. V.* (in Cuadernos de filología, 1969, Nr. 3, S. 121–134). – H. Carrasco M., *El problema del destinatario en* »*Las meninas*« *de B. V.* (in Estudios filológicos, 15, 1980, S. 59–72). – D. Perri, »*Las meninas*«. *The Artist in Search of a Spectator* (in Estreno, 1, 1985, S. 25–29).

## GESUALDO BUFALINO

\* 15.11.1920 Comiso

### DICERIA DELL'UNTORE

(ital.; *Geschwätz des Seuchenverbreiters*). Roman von Gesualdo BUFALINO, erschienen 1981. – Dieses erste veröffentlichte Werk des von Leonardo SCIASCIA kurz zuvor entdeckten Autors aus der sizilianischen Provinz schildert aus der Perspektive eines aus dem Krieg zurückgekehrten Ich-Erzählers, der zur Generation seines Schöpfers gehört, eine »Lehrzeit des Todes« in einem Tuberkuloselazarett in der schwer zerstörten sizilianischen Metropole Palermo im Jahre 1946. Die Ereignisse dieses Aufenthalts werden, so die Romanfiktion, im Jahre 1971 aus der Erinnerung des längst Genesenen aufgezeichnet, was der realen Abfassungszeit nicht allzu fern liegen dürfte. Nach Aussage des Autors, der sich lange als unzeitgemäß und als »*Eindringling*« empfand, fällt sie jedenfalls in die Epoche der »*neorealistischen Vergletscherung*« der italienischen Prosa, zu der Bufalinos, von barocker Üppigkeit des Ausdrucks geprägter, bilderreicher Stil in deutlichem Gegensatz steht.

Eine einleitende Traumvision, die den Leser in die Unterwelt der Abgeschiedenen hineinzieht, öffnet sich auf die »Rocca«, die zum Lazarett umgewandelte Festung oberhalb Palermos, Bufalinos sizilianischen »Zauberberg«, wie zahlreiche Berührungspunkte mit Thomas Manns großem Roman beweisen. Dort oben herrscht der Arzt Mariano Grifeo Cardona di Canicarao, eine »*Mischung aus Virchow und Charcot*«, der große Skeptiker und mit diabolischen Zügen ausgestattete Lästerer (jedoch auch Hahnrei) über die Scharen der ihm zum Sterben anvertrauten Patienten. Als etwas blasse Gegenfigur steht dieser dämonischen Erscheinung der Priester Vittorio gegenüber, der in der Selbstaufopferung den höchsten Lebenssinn sucht. Zwischen beide tritt der neu ins Hospital eingewiesene Ich-Erzähler, der diesen Ort des Todes als Bedrohung, aber auch als Lockung erlebt. Vom »Gran Magro«, dem Arzt, zum bevorzugten Diskussionspartner erwählt, stürzt er den Priester in tiefste Glaubenszweifel, die erst nach dessen Tod aus dem nachgelassenen Tagebuch deutlich werden. Die entscheidende Wendung für den Erzähler vollzieht sich anläßlich eines vom Gran Magro inszenierten Variété-Spektakels, bei dem auch die ehemalige Ballerina an der Scala, Marta, jetzt Patientin in der Frauenabteilung, auftritt. Zwischen dem Erzähler und dieser »*seraphischen*« Erscheinung aus dem Reiche des Todes entspinnt sich gegen den ausdrücklichen Willen des Gran Magro eine Liebesbeziehung, die sich vor dem Hintergrund des halbzerstörten Palermo, zwischen amerikanischer Besatzung, Schwarzmarkt und Bauernaufständen, bis zum Fluchtversuch steigert, der für Marta mit einem Blutsturz und dem Tod endet. In den Erinnerungsdialogen mit Marta beginnt sich die geheimnisumwitterte Lebensgeschichte dieser Frau abzuzeichnen, deren Konturen jedoch sogleich wieder zu verschwimmen beginnen: Sie ist Jüdin, wie nach ihrem Tod aus ihren Dokumenten bekannt wird, und war während des Krieges Geliebte oder aber erpreßtes Opfer eines deutschen Offiziers. In der Eifersucht des Gran Magro zeichnet sich auch eine abgebrochene Beziehung zwischen ihm und der Frau ab. In jedem Fall läßt sich das »*Gewimmel*« des Lebens vom Erzähler nicht klar erfassen und auch Martas Gestalt verharrt unentschieden zwischen den Rollen des Opfers und der Sirene. Der letzte Fluchtversuch mit Marta markiert zugleich für den Erzähler den Beginn der Rückkehr ins Leben. Seine Genesung wird begleitet vom Tod der Gefährten und des Gran Magro, dessen Dokumente über Marta und dessen konfuse und obszön-lästerliche Tagebücher er verbrennt. Im Rückblick erscheint die Rocca, die der Erzähler zwischen »*Enttäuschung*« und »*Hoffnung*« verläßt, als großes Todessymbol; »*bleiches Columbarium aus Stein, zwischen den Wurzeln der Kletterpflanzen auf ewig gestrandeter Schiffsbauch mit seiner Ladung Ertrunkener*«. Diese Reise ins Reich des Todes thematisiert im barocken Sinn das Ausgeliefertsein des Lebens an die Vergänglichkeit, dargestellt durch die allgegenwärtige, stets fortschreitende, den Körper zersetzende Krankheit. Dem Erzähler zwingt die tägliche Erfahrung des Todes die Frage nach dem Sinn dieses Geschehens auf. Zwar versucht er zunächst, sich im humanistischen Sinne einzureden, mit »*seinem Blut das Blut, das die Dinge beschmutzte, abzuwaschen*«, doch entlarvt er selbst diesen Sinngebungsversuch als Vorwand, zerfließt sein Bericht zum »*Geschwätz*«, erweist er sich selbst als Auserwählter, sondern als ein »*Seuchenverbreiter*« unter vielen, den nur der statistisch bedingte Zufall der Heilung wieder ins Leben zurückentläßt, zu dem er, von Schuldgefühlen gegenüber den verstorbenen Mitkranken erfüllt, keinen Bezug mehr finden kann. – Der Roman fasziniert vor allem durch das ihn durchziehende kunstvolle Geflecht literarischer Anspielungen und durch seine stark lyrisch verdichtete, zuweilen ins Spielerisch-Virtuose hinübergleitende Sprache. R.Schw.

Ausgaben: Palermo 1981; ⁹1986.

Literatur: *A colloquio con G. B.*, Hg. L. Ritter-Santini u. a. (in Italienisch, 12, Nov. 1984, S. 2–11).

## GEORGES-LOUIS LECLERC, COMTE DE BUFFON

\* 7.9.1707 Schloß Montbard / Burgund
† 15.4.1788 Paris

**Literatur zum Autor:**
L. Hanks, *B. avant »L'Histoire naturelle«*, Paris 1966. – O. E. Fellows u. S. F. Milliken, *B.*, NY 1972. – Y. Gaillard, *B., biographie imaginaire et réelle*, Paris 1977. – P. Gascar, *B.*, Paris 1983.

## DISCOURS PRONONCÉ DANS L'ACADÉMIE FRANÇOISE LE SAMEDI 25 AOÛT 1753

oder: *Discours sur le style* (frz.; *Rede, gehalten in der Französischen Akademie am Samstag, den 25. August 1753* oder: *Rede über den Stil*) von Georges-Louis Leclerc, Comte de Buffon, erschienen 1753. – Diese »*einzige von der Nachwelt nicht vergessene Antrittsrede*« (Barbey d'Aurevilly) hielt Buffon an Stelle der sonst üblichen Lobrede auf den verstorbenen Vorgänger (in diesem Fall J. J. Languet de Gergy, Erzbischof von Sens) anläßlich seiner

Aufnahme in die Académie française, in die er – eine seltene Auszeichnung – ohne offizielle Kandidatur berufen worden war. Die Rede liefert keine eigentliche Stilistik, eher »*Gedanken über den Stil*«, wie Buffon eingangs mit rhetorischer Bescheidenheit sagt, »*die ich Ihnen* (d. h. denen der übrigen Académiciens) *Schriften entnommen habe*«, Versuche also, das Wesen des Stils zu ergründen und zu definieren.

Zunächst stellt Buffon fest, daß die Macht des Wortes über die Menschen tatsächlich existiert; er unterscheidet aber dann zwischen der Macht einer Beredsamkeit, die nur auf physisch-mechanischer Ebene durch »*heftigen Ton, ... ausdrucksvolle Gesten, schnelle und wohlklingende Worte*« auf die »*Menge*« wirkt, und einer »*wahren Beredsamkeit*« für ein intelligentes Publikum, die »*auf die Seele wirken und das Herz berühren soll, indem sie zum Verstande spricht*« (»*Il faut agir sur l'âme et toucher le cœur en parlant à l'esprit*«). Den Stil definiert Buffon als »*die Ordnung und die Bewegung, die man in die eigenen Gedanken bringt*«. Bevor also die Ordnung der Darstellung erarbeitet wird, muß eine feste Ordnung, ein klarer Plan im Denken selbst vorliegen. Ein solcher gedanklicher Grundriß ist zwar »*noch nicht der Stil selbst, aber er ist dessen Fundament. Er hält ihn, leitet ihn, regelt seine Bewegung und gibt ihm Gesetze; ohne dies verirrt sich der beste Schriftsteller*«. Implizit kritisiert Buffon hier hastig geschriebene Gedanken, etwa in der Art Blaise Pascals (*Pensées*). Er tadelt weiterhin Werke, die nicht einem klaren gedanklichen Aufbau folgen und aus einem Guß, sondern »*aus Stücken zusammengesetzt*« sind, wobei er Montesquieus *Esprit des lois* meint, ebenso wie er sich gegen jene Autoren wendet, die »*schreiben, wie sie sprechen*«: hier hat man eine kritische Anspielung auf Diderot sehen wollen. Wie es auch im einzelnen um die direkte Kritik an den Zeitgenossen steht, sicher ist zumindest, daß Buffon dem Kult um die *brillance*, den *esprit*, die gepflegt-spielerische Konversationskultur der Frühaufklärung distanziert gegenübersteht und in Geist und Orientierung dem vergangenen Jahrhundert, der majestätischen Würde und strengen Rationalität eines Boileau, Bossuet oder Fénélon näher steht. Stil resultiert für ihn aus einer klaren, gegliederten Architektur der Gedanken, ein Werk muß sich einheitlich und geschlossen sein – ähnlich den Werken der Natur, deren Vollendung darin besteht, daß sie jeweils »*ein Ganzes*« sind, nach einem »*ewigen Plan*« errichtet. Die Gesetze des Stils sind für Buffon analog zu den Naturgesetzen zu sehen, die in ihrer Ewigkeit und Vernünftigkeit das »*Siegel Gottes*« (»*L'empreinte divine*«) in der Schöpfung darstellen. Wenn der Mensch, der selbst nicht aus Nichts schaffen kann, »*die Natur in Vorgehensweise und Arbeit nachahmt, wenn er sich durch geistige Schau zu den erhabensten Wahrheiten erhebt, wenn er sie eint, verbindet, zu einem Ganzen formt, [und] mittels des Denkens zu einem System, dann wird er auf unerschütterlichen Fundamenten unsterbliche Denkmäler errichten*«.

Mit dem Plan, mit der Ordnung steht und fällt das Werk. Ein guter Plan, dem sich die Gedanken unterordnen – und leicht und angenehm fließt der Stil, kann er jene Wärme gewinnen, die den Inhalt er wirklich vermittelt. Alle gesuchte, auf raschen Effekt abzielende Brillanz, jedes zu fein gesponnene Argument, jeder Pomp und jede Pedanterie sind der wahren Beredsamkeit entgegengesetzt. Gravität und Hoheit, die Ideale von Buffons stilistischer Ästhetik, gewinnt man aus Mißtrauen gegenüber »*allem, was nur glänzend ist*« und aus dem Überzeugtsein von dem, was vermittelt werden soll – sofern diese innere Überzeugung nicht zu »*zu viel Begeisterung*« führt. Die Qualität des Stils entscheidet über die Akzeptanz des Inhalts, das Weiterleben des Werkes. Der beste Inhalt vergeht nutzlos, wenn nicht ein guter Stil ihn trägt. Hier liegt die Verantwortung des Autors: Gegenstände, Kenntnisse und Fakten liegen außerhalb seines Wirkungsbereiches – kann ein Autor etwas nicht sagen, so sagt es dann vielleicht ein anderer. Nur im Stil prägt sich die Person des Autors seinem Werk auf, überliefert sie sich der Nachwelt: »*Diese Dinge*« [d. h. die Inhalte] »*liegen außerhalb des Menschen, der Stil ist der Mensch selbst*« (»*Ces choses sont hors de l'homme, le style est l'homme même*«); dieser oft zitierte und oft fehlinterpretierte Satz heißt ebendies, und ist nicht zu verstehen im Sinne von Senecas »*Oratio vultus animae*« (»*Die Rede ist das Angesicht der Seele*«). Guter Stil trägt »*eine unendliche Zahl von Wahrheiten*« in sich, alles, was er an »*geistigen Schönheiten*« (»*beautés intellectuelles*«) zum eigentlichen Gegenstand beiträgt, ist genauso nützlich und vielleicht sogar kostbarer als der eigentliche Gegenstand des Textes selbst.

Schließlich spricht Buffon noch kurz von den verschiedenen, den einzelnen Gegenständen (Geschichte, Wissenschaft, Philosophie, Dichtung) angemessenen Stilebenen im Sinne der »*bienséances*« und schließt mit einem Lob auf König Ludwig XV., bis er sich im Schlußsatz der »*trauernden Religion*« zuwendet, um so noch kurz, aber prägnant, den Tod seines bischöflichen Vorgängers in die Rede einzubeziehen.

Lange war Buffons Antrittsrede ein Klassiker französischer Stiltheorie und gleichzeitig ein Lehrbeispiel besten Stils: Schüler lernten die Rede auswendig, ahmten ihren sprachlichen Duktus nach. Als jedoch im Laufe des 19. Jh.s im Gefolge der Romantik der Sinn für die Ästhetik klassischer Perioden und »erhabener« Rhetorik verlorenging, büßte auch diese Rede ihren paradigmatischen Charakter ein. Für spätere Zeiten behält sie jedoch ihren Wert als Dokument dessen, was für Frankreichs klassische Epoche »guter Stil« war – eine Epoche, deren Regeln und Maßstäbe schon an Autorität zu verlieren begannen, als sich ihr rhetorisches Ideal noch einmal in knapper, schlichter und kraftvoller Klarheit in diesem *Discours* des großen Naturforschers formulieren konnte.  C.Dr.

Ausgaben: Paris 1753. – Paris 1877. – Paris 1939 (in *Morceaux choisis*). – Rom 1967, Hg. u. Einl. P. Battista. – Paris 1975.

LITERATUR: E. Krantz, B. (in E. K., *Essai sur l'esthétique de Descartes*, Paris 1882, S. 342–359). – J. Strohl, B. (in J. S., *Tableau de la littérature française*, Paris 1939, ²1962, S. 250–261). – R. G. Saisselin, *B., Style and Gentlemen* (in Journal of Aesthetics and Art Criticism, 16, 1957/1958, S. 357 bis 361). – M. Rat, B. (in M. R., *Grammairiens et amateurs du beau language*, Paris 1963, S. 144–150). – D. Bouverot, *Et si nous relisons B. »Le style est l'homme même«* (in *Mélanges P. Larthomas*, Paris 1985, S. 61–66).

## HISTOIRE NATURELLE GÉNÉRALE ET PARTICULIÈRE

(frz.; *Allgemeine und besondere Naturgeschichte*). Naturwissenschaftliche Enzyklopädie von Georges-Louis Leclerc, Comte de BUFFON, fortgeführt von Bernard-Germain-Étienne LACÉPÈDE DE LAVILLE, erschienen 1749–1803. – Buffon, Verwalter des Königlichen Gartens in Paris, verfaßte das Werk zusammen mit mehreren Mitarbeitern. Im ersten Teil (15 Bände, 1749–1767), der u. a. die methodologischen Grundsätze, eine neue Erdentstehungstheorie und eine Naturgeschichte des Menschen und der Vierfüßler enthält, übertrug der Verfasser die anatomische Beschreibung der Lebewesen seinem Assistenten Loius-Jean-Marie DAUBENTON, während er selbst sich auf die Darstellung allgemeiner Zusammenhänge und Theorien konzentrierte. Diese Abteilung wurde durch sieben Supplementbände (1774–1789) ergänzt; im fünften findet sich die berühmte Abhandlung *Époques de la nature*, 1778 *(Die Epochen der Natur)*. Die *Histoire naturelle des oiseaux*, 9 Bde., 1770–1783 *(Naturgeschichte der Vögel)*, wurde von GUÉNEAU DE MONTBEILLIARD, Abbé BEXON und SONNINI DE MANONCOURT verfaßt und von Buffon redigiert. An den fünf Bänden über die Mineralien (1783–1788) hat u. a. auch FAUJAS DE SAINT-FOND mitgearbeitet. Nach dem Tod Buffons setzte Lacépède das Werk fort und fügte die *Histoire naturelle des quadrupèdes ovipares et des serpents*, 2 Bde., 1788/1789 *(Naturgeschichte der eierlegenden Vierbeiner und Schlangen)*, *Histoire naturelle des poissons*, 5 Bde., 1798–1803 *(Naturgeschichte der Fische)*, und die einbändige *Histoire naturelle des cétacés*, 1804 *(Naturgeschichte der Wale)*, hinzu. Die gesamte Ausgabe ist mit hervorragenden kolorierten Kupferstichen ausgestattet.
Am Anfang dieser Enzyklopädie entwickelt Buffon seine Theorie über die Entstehung und Fortentwicklung der Lebewesen. Er geht dabei von einem vorgegebenen idealen Gesamtplan aus und führt das Leben auf »organische Moleküle« zurück, die von einem noch undifferenzierten lebenden Wesen *(être vivant)* ausgehen und die niederen biologischen Arten durch Urzeugung, die höheren durch Befruchtung hervorgebracht haben. – In seiner Erdentstehungstheorie versucht er zu zeigen, daß die Erde aus einem durch den Aufprall eines Kometen von der Sonne gelösten Teil entstanden sei, während die Beschaffenheit der Erdrinde durch eine Synthese des Leibnizschen Vulkanismus und des Neptunismus unter Berücksichtigung der neuesten paläontologischen Entdeckungen erklärt wird. In der anschließenden *Histoire naturelle de l'homme (Naturgeschichte des Menschen)* vertritt Buffon ganz im Gegensatz zu den Materialisten und Skeptikern seiner Zeit den Gedanken, daß die von der anorganischen Welt zum Pflanzen- und Tierreich führende Kette durch das Denken, die Sprache und die Möglichkeit des Menschen, Fortschritte zu machen, unterbrochen werde. Dieser Teil enthält manche irrige Thesen über die Menschenrassen, die Ursachen des Todes und die Degeneration, doch ist er einer der ersten Versuche einer wissenschaftlichen Anthropologie. – Der Beschreibung der Tiere wird eine Hypothese von der Mutation der lebenden Arten vorangestellt, die später LAMARCK und GEOFFROY SAINT-HILAIRE weiterentwickelt haben. Die folgende Behandlung der verschiedenen Tiere und Mineralien beschränkt sich meist auf Äußerliches und verrät einen Anthropozentrismus, der fast schon an den Vorsehungsglauben in den *Études de la nature* von BERNARDIN DE SAINT-PIERRE erinnert. Dennoch waren gerade diese Teile bei den Zeitgenossen besonders beliebt. Von der Veröffentlichung der ersten Bände an war der *Histoire naturelle* ein großer Erfolg beschieden. Sie erschien den Lesern ähnlich wie DIDEROTS *Encyclopédie* als ein Monument der modernen Wissenschaft, zumal in beiden Werken breite Wissensgebiete in leicht verständlicher und anschaulicher Art behandelt wurden. Der *Histoire naturelle* kommt vor allem das Verdienst zu, daß sie in der Naturwissenschaft die beobachtende Methode durchzusetzen vermochte, die in der Folgezeit zu umwälzenden Erkenntnissen geführt hat. Charakteristisch für das Werk ist die eigenartige Mischung von genialen, zukunftweisenden Vermutungen, die erst in den folgenden Jahrzehnten, u. a. durch CUVIER, bestätigt wurden, und absurden Hypothesen, die in erster Linie darauf zurückzuführen sind, daß Buffon einerseits wichtige zeitgenössische Untersuchungen unberücksichtigt ließ und andererseits die reiche praktische Erfahrung, wie sie etwa DARWIN besaß, durch ein am Schreibtisch erworbenes Wissen ersetzen mußte. Schließlich zeichnet sich das Werk durch stilistische Noblesse und Klarheit der Disposition aus. KLL

AUSGABEN: Paris 1749–1804, 44 Bde. – Paris ²1819 bis 1822 (in *Œuvres complètes*, Hg. B.-G.-É. Lacépède, 33 Bde., 4–27; Ausw.). – Paris 1946–1948 [Ausw.]. – Paris 1962 *(Les époques de la nature*, Hg. J. Roger; krit.; Ausw.). – Paris 1975 [Ausw.]. – Paris 1984 (Ausw.; Folio).

ÜBERSETZUNGEN: *Allgemeine Historie der Natur nach allen ihren besonderen Theilen abgehandelt, nebst einer Beschreibung der Naturalienkammer des Königs von Frankreich*, anon., 11 Bde., Hbg./Lpzg. 1750–1781 [Vorw. A. v. Haller; Ausz.]. – *Naturgeschichte der Vögel*, F. H. W. Martini u. B. Ch. Otto, 37 Bde. u. 2 Suppl.-Bde., Bln. 1772–1829. – *Naturgeschichte der vierfüßigen Thiere*, F. H. W. Martini u. B. Ch. Otto, 23 Bde., Bln. 1772–1801. – *Epochen der Natur*, J. F. Hackmann, 2 Bde., Petersburg 1781. – *Naturgeschichte der Mineralien*, D. Wünsch, Lpzg./Ffm. 1784. – *Naturgeschichte des Menschen*, F. W. v. Ulmenstein, 2 Bde., Bln. 1805–1807. – *SW*, H. J. Schaltenbrandt, 9 Bde., Köln 1836–1840 [Ausw.].

LITERATUR: E. Höhne, *Der Stil B.s. Eine stilistische Untersuchung der »Histoire naturelle, générale et particulière«*, Marburg 1914. – L. Roule, *B. et la description de la nature*, Paris 1924. – H. Daudin, *Les naturalistes français et les méthodes: B., Daubenton et la classification* (in H. D., *De Linné à Jussieu, méthodes de la classification et idée de série en botanique et en zoologie (1740–1790)*, Paris o. J. [1926], S. 117–144). – E. Nordenskiöld, *B.* (in E. N., *The History of Biology*, NY 1928, S. 219–229). – J. Strohl, *B.* (in NRF, 44, 1935, S. 837–851). – O. Fellows, *B.'s Place in the Enlightenment* (in Studies on Voltaire and the Eighteenth Century, 25, 1963, S. 603–629). – S. F. Milliken, *The Lyricism of the Intellect. B.'s »Époques de la nature«* (in Diderot Studies, 6, 1964, S. 293–303). – M. Duchet, *L'anthropologie de B.* (in M. D., *Anthropologie et histoire au siècle des lumières*, Paris 1971, S. 229–280). – P. R. Sloan, *The Idea of Racial Degeneracy in B.'s »Histoire naturelle«* (in *Racism in the Eighteenth Century*, Hg. H. E. Pagliaro, Cleveland 1973, S. 293–321). – E. Anderson, *La collaboration de Sonnini de Manoncourt à »L'histoire naturelle« de B.* (in StV, 120, 1974, S. 329–358). – W. Lepenies, *Von der Naturgeschichte zur Geschichte der Natur* (in Schweizer Monatshefte, 58, 1978, S. 787–795).

## TARIK BUĞRA

* 2.7.1918 Akşehir

LITERATUR ZUM AUTOR:
T. Alangu, *Cumhuriyetten sonra hikaye ve roman*, Bd. 3, Istanbul 1965, S. 797–824. – T. B., *Kurtuluş savaşı: Niçin ve nasıl* (in Türk dili, 34, 1976, H. 298, S. 113–116). – B. Necatigil, *Edebiyatımızda isimler sözlüğü*, Istanbul 1977, S. 69/70. – *T. B. ve Türk edebiyatının dünü ve bugünü (T. B. ile bir konuşma)* (in Suffe kültür sanat yıllığı, 1982, S. 265–270). – O. Önertoy, *Türk romanı ve öyküsü*, Ankara 1984, S. 147–151.

## İBİŞ'İN RÜYASI

(ntürk.; *Traum des İbiş*). Roman von Tarik BUĞRA, erschienen 1970. Dem vor allem durch sein mehrbändiges, den Türkischen Unabhängigkeitskrieg von 1919–1923 zum Thema nehmendes Romanwerk *Küçük Ağa* bekanntgewordenen Autor gelang mit *İbiş'in rüyası* eine manchmal etwas sentimentale, aber doch eindrückliche Liebesgeschichte. Das Buch nimmt im Werk des konservativ-national gesinnten Autors eine Sonderstellung ein, weil es auf politische Frontstellung verzichtet.

Buğra erzählt die auf einem realen Vorbild beruhende Geschichte des Volksschauspielers Nahit (in Wirklichkeit Naşit), der als alter Mann auf sein Leben zurückblickt. Dieser Rückblick erscheint als Traum, als *»Traum des İbiş«*, wie auch ein Stück des traditionellen, volkstümlichen türkischen Theaters heißt. Die Figur des İbiş ist eine der festen Rollen der türkischen Volkskomödie *(tuluat)*, die der *Commedia dell'arte* Italiens vergleichbar ist. Nahit allerdings, der es bis zum Theaterbesitzer gebracht hat, versucht, neben dieser traditionellen Gattung auch europäische Stücke durchzusetzen.

Vor diesem Hintergrund konzentriert sich der Roman auf die Liebesgeschichte zwischen Nahit und Hatice, einer jungen Frau, die in sein Theater eintritt, um ihre Mutter und sich ernähren zu können. Durch Nahit gefördert, hat sie bald Erfolg. Ihr Talent, mehr noch ihr sehr weibliches, aber entschlossenes Wesen bezaubert den körperlich häßlichen Theaterbesitzer; Hatice hingegen kann seiner Güte, Klugheit und Zurückhaltung nicht widerstehen. Buğra entwickelt die etwas kitschige Geschichte einer großen Liebe, die an einem alten Freund Nahits, Sadi, scheitern soll. Dieser neidet dem Theaterbesitzer seinen Erfolg. Eine frühere Ehe Nahits hatte er durch eine Intrige zum Scheitern gebracht; und auch die Liebe zwischen Hatice und Nahit soll sein Opfer werden. Die zwischen den beiden aufkeimende Eifersucht wird von ihm ausgenutzt, Hatice und Nahit trennen sich, nachdem Nahit seinen Rivalen vor dem Publikum seines Theaters lächerlich gemacht hat. Hatice wird Selbstmord begehen, Nahit sein Theater schließen.

Buğra legt bei der Gestaltung seiner Erzählung vor allem auf die Dialoge großen Wert. In ihnen gelingt es ihm meisterhaft, die Figuren, vor allem die beiden Protagonisten des Romans, zu charakterisieren. Die sprachliche Genauigkeit, mit der er sie dem Leser vor Augen führt, macht die Qualität des Buches aus. Dabei verzichtet der Autor auf die in der neuesten türkischen Literatur so beliebten Rückgriffe auf dialektale Wendungen und umgangssprachliche Verstöße gegen die Grammatik. Einprägsamkeit erhalten die Dialoge vor allem durch leitmotivisch verwandte Elemente, die auch zwischen weit voneinander entfernten Passagen Beziehungen deutlich werden lassen. So ist Buğras Dialog eine Kunstform, wie sich ja der Autor überhaupt vom »gewöhnlichen« Realismus z. B. eines ORHAN KEMAL (1914–1970) absetzt. Das Gesagte wird Teil einer inneren Geschichte seiner Figuren, vor allem Nahits, dessen »Traum« (bzw. Erinnerung) über den längsten Teil des Buches den auktorialen Erzähler ersetzt. Der Roman ist also im strengen Sinne subjektivistisch.

Das Sujet dürfte Buğra der Erzählkunst Sait Faik ABASIYANIKS (1906–1954) entnommen haben, der bereits 1951 in seinem Kurzroman *Kumpanya* (Kompanie) das Scheitern einer Schauspieltruppe wegen einer neuen Schauspielerin gestaltet hatte. Buğra fehlt allerdings die spielerische, fast burleske Ader Sait Faiks, das Ungenügen und Scheitern seiner Figuren hat tragischen Charakter. Dies macht auch die Parallele, die er zwischen ihrem persönlichen Mißerfolg und dem Niedergang des türkischen Volkstheaters zieht, glaubhafter, als es in dem Kurzroman Sait Faiks sein konnte. Besonderen Erfolg hatte *İbiş'in rüyası* wegen einer von Buğra selbst vorgenommenen Adaption für das Theater und eine spätere Fernsehfassung, in der der Schauspieler Münir Özkul die Rolle des Nahit übernahm. Die der Beliebtheit des historischen Naşit entsprechende Popularität dieses Schauspielers trug zur Wirkung des Buches erheblich bei. C.K.N.

AUSGABEN: Ankara 1970. – Ankara/Istanbul 1972; ern. 1977.

VERFILMUNG: Türkei 1979 (TV; Regie: S. Gültekin).

DRAMATISIERUNG: Istanbul 1972.

LITERATUR: G. Aylan, Rez. (in Yeni dergi, 9, 1973, H. 101, S. 55–57). – A. Uçman, Art. *»İbiş'in rüyası«* (in Türk dili ve edebiyatı ansiklopedisi, Bd. 1, Istanbul 1977, S. 316/317). – B. Ercilasun, Rez. (in Töre, 1981, H. 116/117, S. 30–33).

## KÜÇÜK AĞA

(ntürk.; *Der kleine Ağa*). Roman von Tarık BUĞRA, Vorabdruck in ›Yeni İstanbul‹ 1962–1964, als Buch erschienen 1964. – Eine Fortsetzung bzw. ein Gegenstück dazu bildet der 1966 veröffentlichte Roman *Küçük Ağa Ankara'da* (*Der kleine Ağa in Ankara*). Beide Werke behandeln dasselbe Thema, den türkischen Unabhängigkeitskrieg (1920 bis 1923), unter verschiedenen Aspekten. Während in *Küçük Ağa* das Volk – aktiv und passiv – als der eigentliche Träger des Kampfs erscheint, wird in *Küçük Ağa Ankara'da* der Blick auf die politischen Führer des neuen Staats gelenkt, deren Werk der Autor sehr kritisch beurteilt. Ein dritter Band der *Küçük Ağa*-Reihe erschien 1976 mit dem Titel *Firavun imanı* (*Der Pharaonenglaube*).

Der »kleine Ağa« ist, lange bevor er diesen Beinamen erhält, als Stambuler Geistlicher zunächst ein unbedingter Anhänger des Sultans, in dem er vor allem den Kalifen, das geistliche Oberhaupt der islamischen Welt, verehrt. In Akşehir, wo der »Hodscha« im Auftrag der englandhörigen Regierung gegen die Bewegung der »Nationalen Streitkräfte« Mustafa Kemal Paşas agitieren soll, machen ihn seine Jugend, sein Wissen und seine Beredsamkeit bald zu einer der beliebtesten und angesehensten Persönlichkeiten der Stadt. Alle Versuche der provisorischen Regierung in Ankara, ihn auf ihre Seite zu ziehen, schlagen fehl. Als die Partisanen den Befehl erhalten, ihn zu töten, wird er gewarnt und findet Unterschlupf im Gebirge bei einem gewissen Çakır Saraylı. Dieser entpuppt sich indes als ein Räuber, der in der Maske des Rebellen das arme Volk ausplündert. Aber gerade an diesem Beispiel lernt der junge Mann – jetzt nicht mehr »der Stambuler Hodscha«, sondern »der kleine Ağa« genannt – sehr bald die wirkliche Volksbewegung verstehen und bekehrt sich zu ihren Zielen. Mit eigenen Anhängern aus der Gefolgschaft des Çakır Saraylı sammelt er Bundesgenossen unter den Yörüken (Wanderhirten) und will sich, zusammen mit der Führern der bis dahin zerstreut kämpfenden Guerillahaufen, den »Nationalen Streitkräften« anschließen. Dabei ist jedoch der Widerstand mächtiger Beys zu überwinden, die um ihre Unabhängigkeit besorgt sind; an ihrer Spitze der kampferprobte Çerkez Etem, der anfangs begeistert bei der Sache war, sich aber jetzt weigert, seine Krieger in die Westfront einzugliedern. Der kleine Ağa hat inzwischen Kontakt mit der Volksregierung aufgenommen und arbeitet in ihrem Auftrag. Außer seinem Mittelsmann Salih kennt niemand seine Herkunft. Die Leute von Akşehir glauben, ihr Hodscha sei nach Istanbul zurückgekehrt; einige haben sich schon zu den Nationalisten geschlagen. Doch der kleine Ağa gewinnt schnell das Vertrauen des Çerkez Etem und wird in dessen Gefolge aufgenommen. Als er erfährt, daß der Bey sich gegen Ankara wenden will, erklärt er sich loyal und kann unter Lebensgefahr die Folgen des Verrats abfangen. Schließlich begibt er sich selbst nach Ankara, um dort weiter zu wirken. Inzwischen ist sein (in seiner Abwesenheit geborener) Sohn herangewachsen; seine Frau ist an Schwindsucht gestorben. Als er eines Tags wieder nach Akşehir kommt, erkennt ihn keiner mehr: Diesen »kleinen Ağa«, ohne Bart, in Pelzmütze, Reithosen und Jägerrock, verbindet kaum noch etwas mit dem demütigen »Stambuler Hodscha« von einst, der so viele beeindruckt hatte. Stilistisch bemüht sich der Autor um größte Einfachheit. Milieuschilderung – vor allem die Beschreibung der anatolischen Kleinstadt im Krieg – und Personendarstellung, ihre Einfügung in den Handlungsablauf und die in beiden Büchern durchgehaltene Atmosphäre erweisen Tarık Buğra als überzeugenden Romancier.

Dem Autor gelingt es, das Ausmaß der geistigen Krise zu verdeutlichen, in deren Verlauf aus dem Hodscha, für den Vaterland, Nation und Religion eins waren und der nur die Fahne des Propheten im »Heiligen Krieg« kannte, ein Rebell gegen den Kalifen wird. Es gelingt vor allem deshalb, weil der Autor diesen inneren Wandlungsprozeß nicht isoliert betrachtet, sondern stets auch dessen Abhängigkeit von den allgemeinen Zeitverhältnissen im Auge behält. Seit Halide Edib ADIVAR (1884–1964) und Yakup Kadri KARAOSMANOĞLU (1889–1974) ist die Literatur über den Unabhängigkeitskrieg beinahe zu einem eigenen Genre geworden. Tarık Buğra sieht das Thema unter einem neuen Blickwinkel. Seiner Meinung nach haben die Sackgassen, in denen die Entwicklung der Türkei immer wieder steckenzubleiben droht, ihren Ursprung in eben jenem Kampf und Sieg, mit dem man zuviel gewonnen glaubte. So leistet seine Analyse einen beachtenswerten Beitrag zur türkischen »Vergangenheitsbewältigung«. B.At.

AUSGABEN: Istanbul 1962–1964 (in Yeni İstanbul). – Istanbul 1964. – Istanbul 1966 *(Küçük Ağa Ankara'da)*. – Istanbul 1968; ern. 1974 (zus. m. *Küçük Ağa Ankara'da*).

VERFILMUNG: Türkei 1984 (Regie: Y. Çakmaklı).

LITERATUR: A. Uçman, Art. *T. B.* (in *Türk dili ve edebiyatı ansiklopedisi*, Bd. 1, Istanbul 1977, S. 469–471). – F. Naci, *100 soruda Türkiye' de roman ve toplumsal değişme*, Istanbul 1981, S. 164–171 u. S. 172–176. – Ş. Ataş, *Kurtuluş savaşı'nı yapan iki insan tipinin hikayesi:»Küçük Ağa«* (in Milli kültür, 1983, H. 43, S. 12–14). – M. N. Bingöl, Rez. (in Türk edebiyatı, 1984, H. 128, S. 13/14). – »*Küçük Ağa« üzerine tartışma* (in Varlık, 51, 1984, H. 922, S. 30–33). – »*Küçük Ağa« üzerine görüşler* (in Boğaziçi, 1984, H. 23, S. 35–40). – A. Hatipoğlu, »*Küçük Ağa« isimli televizyon dizisi üzerine* (in Sanat olayı, 1984, H. 22).

## ABŪ ʿABDALLĀH MUḤAMMAD IBN ISMĀʿĪL AL-BUḪĀRĪ

\* 21.7.810 Buchara
† 31.8.870 Ḥartank bei Samarkand

## AṢ-ṢAḤĪḤ

(arab.; *Das Gesunde*). Traditionssammlung von Abū ʿAbdallāh Muḥammad Ibn Ismāʿīl AL-BUḪĀRĪ. – Die beiden Hauptformen der Traditionssammlungen, die vom 9. Jh. an zusammengestellt wurden, um die *sunna* (Überlieferung über Leben, Wirken und Aussprüche des Propheten) aus einer Fülle von kursierenden Aussprüchen und Überlieferungen zu sichten, waren *musnad* und *muṣannaf*. Die »Muṣannaf«-Werke, die das Material nach dem Inhalt geordnet präsentieren, waren bald den »Musnad«-Werken, die die Traditionen nach dem *isnād* (Überliefererkette) ordneten (vgl. IBN ḤANBAL, *al-Musnad*), in ihrer Bedeutung überlegen. Im 13. Jh. waren sechs »Muṣannaf«-Traditionssammlungen endgültig als kanonisch anerkannt: außer al-Buḫārīs *Ṣaḥīḥ* die Sammlungen von MUSLIM (†875), ABŪ DĀWŪD (†888), AN-NASĀʾĪ (†915), AT-TIRMIḎĪ (†892) und IBN MĀǦA (†886); doch übertraf al-Buḫārīs Werk die andern an Ansehen und Bedeutung. Den Titel *aṣ-Ṣaḥīḥ (Das Gesunde)* bzw. *al-Ǧāmiʿ aṣ-ṣaḥīḥ (Die gesunde, umfassende Sammlung)* erhielt es aufgrund der strengen Prüfung, der al-Buḫārī die von ihm gesammelten Traditionen unterwarf. Strengste Sorgfalt bei *isnād* (Tradentenkette) und *matn* (Text), den beiden Bestandteilen eines *ḥadīṯ* (überlieferte Nachricht über Verhalten und Entscheidungen des Propheten), war das Prinzip, dem al-Buḫārī folgte, als er aus einer Unmenge von Traditionen, die er in Erfahrung brachte, nur jene in seine Sammlung aufnahm, die das Prädikat *ṣaḥīḥ* (»gesund«, d. h. durch eine lückenlose Kette glaubwürdiger Tradenten überliefert) verdienten.

Al-Buḫārī ordnete die Traditionen, die er in seine Sammlung aufnehmen wollte, nicht nach Gutdünken, sondern richtete sich nach einem Schema, das er den Kapiteleinteilungen der »Fiqh«-Bücher (islamische juristische Werke) entnahm. Um dieses Kapitel-Schema möglichst vollständig zu gestalten, versuchte er, zu jedem der betreffenden Kapitel »gesunde« Traditionen ((*ḥawādīṯ*, Plural von *ḥadīṯ*) zu zitieren. Dies gelang ihm jedoch nicht immer, da er von seinen strengen Bedingungen bezüglich eines *ḥadīṯ* in keinem Fall abwich. Sobald der Inhalt eines *ḥadīṯ* für mehrere Kapitel in Betracht kam, hat al-Buḫārī ihn an allen betreffenden Stellen angeführt. Der Autor führt außerdem jeweils die *Qurʾān*-Stellen an, auf die Bezug genommen wird, und fügt häufig eigene Erklärungen bei. Ein solches systematisches und übersichtliches Werk war vorzüglich für den praktischen Gebrauch geeignet; denn neben Traditionen, die Fragen des Ritus, der Rechtsentscheidung oder des täglichen Lebens behandeln, enthält *aṣ-Ṣaḥīḥ* Traditionen über dogmatische Fragen (z. B. *Qurʾān*-Exegese) sowie zur Geschichte des Frühislam. – Der Textüberlieferung des *Ṣaḥīḥ* nahmen sich alsbald vier Schüler des Autors an, dessen Werk zunächst nur in wenigen Rezensionen im Umlauf war. In den folgenden Jahrhunderten verwilderte jedoch der ursprüngliche Text so stark, daß eine kritische Überarbeitung des Materials geboten war. Im 13. Jh. unterzog sich besonders Šarafaddīn AL-YŪNĪNĪ (†1303) dieser Aufgabe und stellte mit Hilfe des Grammatikers Ǧamāladdīn IBN MĀLIK (†1273) den Text her, der auch die Grundlage für moderne Ausgaben bildet.

Zum *Ṣaḥīḥ* des Buḫārī wurden zahlreiche Kommentare verfaßt. Der berühmteste stammt von Aḥmad Ibn Muḥammad AL-QASTALLĀNĪ (†1517) und hat den Titel *Iršād as-sārī fī šarḥ al-Buḫārī (Die Leitung des nächtlich Reisenden betreffend den Kommentar des Buḫārī)*. S.Gr.

AUSGABEN: Leiden 1862–1908 (*Le recueil des traditions musulmanes par Abou Abdallah ibn Ismail al-Bokhari*, Hg. L. Krehl u. Th. W. Juynboll, 4 Bde.). – Kairo 1873, 8 Bde. – Kairo o. J. [1950], 9 Bde.

ÜBERSETZUNGEN (frz.): *Les traditions islamiques*, O. Houdas u. W. Marçais, 4 Bde., Paris 1903 bis 1914. – *L'authentique tradition musulmane*, G. H. Bousquet, Paris 1964 [Ausw.; m. Einl. u. Anm.].

LITERATUR: L. Krehl, *Über den »Sahīh« des Buchári* (in ZDMG, 4, 1850, S. 1–32). – I. Goldziher, *Muhammedanische Studien II*, S. 234–245, Halle 1890; Nachdr. Hildesheim 1961. – J. Fück, *Beiträge zur Überlieferungsgeschichte von Buḫārīs Traditionssammlung* (in ZDMG, 92, 1938, S. 60–87).

LITERATUR: Th. Nöldeke, *Die Beduinen als Betrüger ihrer Gläubiger* (in Th. N., *Beiträge zur Kenntniss der Poesie der Alten Araber*, Hannover 1864, S. 183–199). – S. Achtar, B., Diss. Paris 1953. – A. Gamal, *The Basis of Selection in the Ḥamāsa Collections* (in Journal of Arabic Literature 7, 1976).

## ABŪ 'UBĀDA AL-WALĪD IBN 'UBAID AL-BUḤTURĪ

\* 821 Maubiġ oder Ḫurdufna / Syrien
† 897 Maubiġ oder Aleppo

### (KITĀB) AL-ḤAMĀSA

(arab.; *Das Buch der Tapferkeit*). Anthologie, zusammengestellt von dem Hofdichter Abū 'Ubāda al-Walīd Ibn 'Ubaid AL-BUḤTURĪ. – Als Gegenstück zu dem *Kitāb al-Ḥamāsa* von ABŪ TAMMĀM, das schon kurze Zeit nach seinem Entstehen weite Verbreitung fand und sich großer Beliebtheit erfreute, sammelte al-Buḥturī, der jüngere Zeit- und Stammesgenosse des Abū Tammām unter demselben Titel einen großen Schatz hauptsächlich vorislamischer Dichtung. Wie in der Anthologie seines Vorgängers stehen auch bei ihm die Gedichte und Verse, die die alten beduinischen Tugenden zum Thema haben, an erster Stelle. Danach folgen 173 kürzere, manchmal sehr kurze Kapitel zu mannigfachen Themen. Die alte, funktionsbezogene Einteilung der Dichtung (vgl. Abū Tammām, *Kitāb al-Ḥamāsa*) ist völlig aufgegeben. Al-Buḥturī unterteilt seine Anthologie in thematisch eng begrenzte Kapitel, die er häufig nach Gegensatzpaaren zusammenstellt. Die extrem weitgehende Spezifizierung führt zum einen zu thematischen Überschneidungen, zum anderen dazu, daß die für das betreffende Thema in Frage kommenden Stücke meist sehr kurze Fragmente sind, bisweilen aus nur einem Vers bestehen.
Al-Buḥturī, der selber ein von seinen Zeitgenossen sehr geschätzter Dichter war, beweist in der Zusammenstellung seiner Anthologie sowohl große literarische Kenntnis und bemerkenswerten Sachverstand – insgesamt kommen über 500 Dichter zu Wort – als auch Verständnis für den Geschmack seiner Zeit mit ihrer Vorliebe für kürzere Gedichte. Doch mag gerade diese Rücksicht auf den Zeitgeschmack, dem zuliebe al-Buḥturī die alte Dichtung häufig allzu sehr zerstückelte, mit dafür verantwortlich sein, daß al-Buḥturīs *Ḥamāsa* trotz aller Wertschätzung, die sie genoß, weit geringere Verbreitung fand als ihr Vorbild. S.Gr.

AUSGABEN: Beirut 1909/10 (La Ḥamāsa de Buḥturī, Hg. L. Cheikho, S. J., in Mélanges de la Faculté Orientale, 3, fasc. 2, 1909, S. 556–712; 4, 1910, S. 1–196). – Kairo 1929.

## BUKHARI

16./17. Jh.

### TADJ-AS-SALATIN

auch: *Makhota segala radja-radja* (mal.; *Die Krone aller Könige*). Fürstenspiegel von BUKHARI, entstanden 1603. – Das Werk ist wie das *Bustan-as-Salatin (Der Lustgarten der Könige)* von NŪRUDDĪN AR-RĀNĪRĪ (vgl. dort) der malaiischen Fürstenspiegelliteratur zuzurechnen. In 24 Kapiteln werden das Wesen aller Dinge, der Charakter guter und schlechter Herrscher und ihrer Untertanen, ihre Pflichten sowie die Wissenschaft der Physiognomik abgehandelt. Das Werk, das eindeutig auf bisher noch nicht identifizierten persischen Vorlagen beruht, erfreute sich jahrhundertelang besonderer Aufmerksamkeit unter den malaiischen Herrschern und Gelehrten. – Durch die enge Anlehnung an die über Indien in den malaiischen Raum gelangten persischen Texte wirkt die Sprache des *Tadj-as-salatin* oft unbeholfen. – Die eingeflochtenen Verse sind nach persischer Metrik gebildet. U.K.

AUSGABE: Djakarta 1827, Hg. P. P. Roorda van Eysinga [m. ndl. Übers.].

ÜBERSETZUNGEN: *Makota radja-radja*, A. Marre, Paris 1878 [frz.]. – In *Malaiische Weisheit u. Geschichte*, H. Overbeck, Jena 1927 [Ausz.].

LITERATUR: R. Winstedt, *A History of Classical Malay Literature* (in JMRAS, 31, 1958, S. 114–116). – C. Hooykaas, *Perintis Sastra*, Kuala Lumpur 1965, S. 152–154. – L. F. Brakel, *Persian Influence on Malay Literature* (in Abr-Nahrain, 9, 1970, S. 1–16).

## IVAN BUKOVČAN

\* 15.9.1921 Banská Bystrica
† 25.5.1975 Preßburg

LITERATUR ZUM AUTOR:
Z. Rampák, *Vývinová problematika I. B.* (in Slovenská literatúra, 23, 1976, S. 621–643). –

R. Mrlian, *Zápas o socialistické divadlo*, Preßburg 1976, S. 230–235, 243–247 u. 271–277. – Z. Rampák, *Tvorba I. B.*, Preßburg 1978. – M. Pišút u. a., *Dejiny slovenskej literatúry*, Preßburg 1984, S. 848–849.

## DIABLOVA NEVESTA

(slovak.; *Die Teufelsbraut*). Lustspiel von Ivan BUKOVČAN, Uraufführung 1957 in Preßburg. – Die Handlung der Komödie spielt in dem slowakischen Städtchen Trnava (Tyrnau) gegen Mitte des 18. Jh.s, also zur Regierungszeit der Kaiserin Maria Theresia. Die eitle Frau des Bürgermeisters von Trnava begehrt, sich als Madonna gemalt zu sehen, damit ihr Porträt die Kirche schmücke: »*Mein Bild über dem Altar wird ein Schloß sein, das die unreinen Zungen der Verleumder verriegelt.*« Ihr Liebhaber, der ehrgeizige Stadtrichter, beauftragt den Maler Peter, ihr diesen Wunsch zu erfüllen. Kurz vor Vollendung des Bildes jedoch schlägt dem Maler das Gewissen: »*Die Trnavaer Madonna... Sie werden die Unmoral sehen, fein als Frömmigkeit adjustiert, den Stolz als Demut dargestellt, das Laster in den Farben der Tugend: Nur hereinspaziert – Sie sehen ein buhlerisches Dämchen im jungfräulichen Gewand einer Heiligen!*« Er vernichtet das Porträt und wählt die schlichte Magd Dobrotka (»Gutherzchen«), die von der Bürgermeisterin soeben aus dem Haus gejagt wurde, zum neuen Modell. Als ihre frühere Herrin erfährt, daß Peter Dobrotka als Madonna malt, bringt der Zorn sie fast um den Verstand. Unverzüglich hetzt sie den Stadtrichter auf, Maßnahmen zu ergreifen, und tatsächlich findet dieser heraus, daß Dobrotkas Mutter vor Jahren als Hexe verbrannt wurde. Kurzerhand inszeniert er einen neuen Hexenprozeß, in dem das Mädchen zum Feuertod verurteilt wird; dem Gottesfrevler Peter dagegen soll die rechte Hand abgeschlagen werden. Ehe aber das Urteil vollstreckt werden kann, geschieht ein großes Wunder: Auf dem Richtpfahl flammt plötzlich das – wenn auch verkehrtherum stehende – Herz Jesu auf, und angesichts dieses Zeichens göttlicher Gnade wird den beiden Delinquenten die Freiheit geschenkt. Obwohl sich später herausstellt, daß das Wunder mit Hilfe einer Laterna magica von Peters Freunden bewirkt wurde, glaubt die ganze Stadt weiterhin an die göttliche Erscheinung, ja, Pater Dominik will sogar einen Traktat schreiben: »*Über gewisse spezifische Merkmale der Gnade des verkehrtherum stehenden Herzens. Auf diese Himmelserscheinung gründe ich eine ganze Literatur. Die Kunde vom Wunder von Trnava wird durch die ganze Welt gehen.*«
Die auf slowakischen Bühnen erfolgreiche Komödie zeigt die formale Fertigkeit des bislang vorwiegend als Filmdramaturg und Drehbuchautor hervorgetretenen Schriftstellers, der sein Thema witzig und geistreich zu behandeln weiß. In der Zeichnung der Charaktere allerdings verfällt der Autor mitunter einer nahezu schematischen, gedankenlosen Schwarzweißmalerei, die einmal auf seine Anlehnung an die historischen Volksstücke des 19. Jh.s, zum anderen wohl auch auf gewisse Tendenzen des sozialistischen Realismus zurückzuführen ist. Daß es der *Diablova nevesta* nicht gelang, das Genre des Volksstücks neu zu beleben, ist auf ihren Inhalt zurückzuführen, der – zumindest in der Darstellung Bukovčans – keinen Bezug zur Gegenwart und zu den sie bewegenden Problemen hat. D.Pe.-KLL

AUSGABEN: Turč. Sv. Martin 1957. – Prag 1960 [tschech.].

VERFILMUNG: *Posledná bosorka*, Tschechoslowakei, 1957 (Regie: V. Bahna).

LITERATUR: A. Noskovič, Rez. (in Pravda, Preßburg, 24. 4. 1957). – M. Procházka, *O novinkách slovenských dramatikû* (in Rudé právo, 1957, 48, S. 6).

## VLADIMIR BUKOVSKIJ

\* 30.12.1942 Belebej / Baschkirien

## I VOZVRAŠČAETSJA VETER

(russ.; *Ü: Wind vor dem Eisgang*). Autobiographie von Vladimir BUKOVSKIJ, erschienen 1978. – Bald nach dem Austausch als politischer Gefangener gegen den chilenischen KP-Führer Luis Corlovan am 18. 12. 1976 schrieb Bukovskij seine Erinnerungen, die im selben Jahr russisch und deutsch veröffentlicht wurden. Bukovskij war zu diesem Zeitpunkt einer der bekanntesten sowjetischen Menschenrechtskämpfer, jede erneute Verhaftung und manche Protestaktion im GULag war im Westen registriert und kommentiert worden. Den Mißbrauch der Psychiatrie gegen Menschen, die die sowjetische Politik kritisch durchdachten, hatte Bukovskij bereits mit seinem ersten Buch *Opposition – eine neue Geisteskrankheit in der Sowjetunion* (1972) gebrandmarkt und der Weltöffentlichkeit erfolgreich ins Bewußtsein gebracht.
*I vozvraščaetsja veter* umfaßt sein ganzes Leben bis zum Augenblick der zwangsweisen Abschiebung über die Schweiz in die USA. Es mischen sich Berichte über das Selbsterlebte, die mit Dialogen literarisch lebendig angereichert sind, und ausführliche essayistische Reflexionen. Bukovskij bezieht Kindheit und Studium mit ein, damit den ersten kindlichen Glauben an Stalin und das sozialistische System, aber auch das Erkennen der Lüge, den Bruch, das Suchen nach Wahrheit. Der Schwerpunkt liegt in der Darstellung der GULagjahre. Seit 1963, als Bukovskij erstmals verhaftet wurde, ging sein qualvoller Weg durch 35 Gefängnispsychiatrien, und nur knapp drei Jahre lebte er zwi-

schen den Haftzeiten in einer gefährdeten Freiheit. Immer reflektiert Bukovskij über das Geschehen und über sich selbst, zeigt Verständnis für jene, die ihn als Vertreter der Staatsmacht verhafteten, verhörten, verurteilten, medizinisch untersuchten – er hat ein analytisches Buch ohne Haß geschrieben. Es wird deutlich, daß hier ein Mann von höchster Selbstdisziplin, Selbstkontrolle und Intelligenz dem sowjetischen System legalen Widerstand geleistet hat, indem er nach gründlichem Studium der rechtlichen Möglichkeiten, die einem Sowjetbürger zustehen, gegen die Rechts- und Verfassungsbrüche der anderen Seite anging, gegen Untersuchungsführer, Staatsanwälte, Wachpersonal und Ärzte, und wie er Mitgefangene bei diesem legalen Kampf unterstützte. Er selbst war in der Lage, den ausgeklügelten Methoden zur Entwürdigung und seelischen Schädigung des Menschen standzuhalten, doch drängt sich bei der Lektüre dieser Erinnerungen die Frage nach den Opfern auf.

Das Buch ist weitgehend für den Leser im Westen geschrieben, will nicht nur die Wahrheit des Durchlebten festhalten – wie Solženicyn –, sondern unmittelbar zur Unterstützung des Kampfes um die Menschenrechte aufrufen und dem Westen seine Mitverantwortung für das Unrecht in der Sowjetunion bewußt machen. Der offene Lebensbericht Bukovskijs ist als Beitrag zur Verbesserung der Zustände in seiner Heimat gedacht, die er nicht hatte verlassen wollen. W.Ka.

Ausgabe: NY 1978.

Übersetzung: *Wind vor dem Eisgang*, B. Nielsen-Stokkeby, Bln. 1978.

Literatur: W. Strauss, *Menschliches Antlitz ohne Sozialismus* (in Criticon, 51, 1979, S. 42). – F. Bondy, *Ein schlechter Hasser* (in Die Zeit, 2. 2. 1979). – K. Pomerancev, Rez. (in Russkaja mysl', 3. 5. 1979, S. 5). – B. Heimrich, *Papillon aus dem GULag* (in FAZ, 15. 5. 1979).

## Charles Bukowski

* 16.8.1920 Andernach / Deutschland

Literatur zum Autor:
H. Fox, *Ch. B. A Biographical Study*, Somerville/Mass. 1968. – J. Sherman, *B. Friendship, Fame, and Bestial Myth*, Augusta/Ga. 1982. – A. Fogel, *Ch. B. A Comprehensive Checklist (1946–1982)*, Miami 1982. – *BUK, Von und Über Ch. B.*, Hg. R. Wehlen u. A. D. Winans, Augsburg 1983. – Review of Contemporary Fiction, 1985 (Sondernr. *Ch. B.*).

DAS LYRISCHE WERK von Charles Bukowski.
In der amerikanischen Literatur nach dem Zweiten Weltkrieg gilt Charles Bukowski als (a-)literarisches Phänomen par excellence, als eigenwilliges Unikum, das sich weder einordnen noch kategorisieren läßt, als schreibender Außenseiter, der meist nur Insidern bekannt und vertraut ist, den Literaturwissenschaftler jedoch weitgehend als »unliterarischen« Autor klassifizieren und ablehnen. Trotz und wegen dieser ambivalenten Haltung seinem Werk gegenüber hat Bukowski in knapp dreißig Jahren literarischen Schaffens durch zahlreiche Einzelveröffentlichungen in amerikanischen »Little Magazines« der Undergroundszene und durch mehr als sechzig Bücher mit einer Gesamtauflage von mehr als fünf Millionen weltweit – darunter vier Romane, sechs Kurzgeschichten- und 45 Lyriksammlungen – ein großes Lesepublikum für sich gewinnen können.

Nach einem bescheidenen Erfolg mit kurzen Prosatexten in der zweiten Hälfte der vierziger Jahre – mit einer Ausnahme sind die fünf Kurzgeschichten alle in der Literaturzeitschrift ›Matrix‹ erschienen – erhielt Bukowski regelmäßig Absagen von Herausgebern und Verlegern. Er brachte die Frustrationen des Milieus, aus dem er stammte, die Unterdrückung und Verzweiflung des Individuums ohne Beschönigungen hart und überdeutlich zum Ausdruck. Seine Arbeiten wurden jedoch als literarisch nicht akzeptabel zurückgewiesen und verpönt. Entmutigt hörte Bukowski zunächst auf zu schreiben und lebte in heruntergekommenen Absteigen oder auf den Straßen von Los Angeles, wechselte ständig seine Partnerinnen und seine Arbeitsplätze und verlor sich in einem alkoholischen Rausch, der, wie er selbst behauptet, ein Jahrzehnt anhielt. Erst nachdem er im Jahre 1955 lebensbedrohlich erkrankt war, gewann das Schreiben für ihn eine neue Bedeutung, doch wie er selbst berichtet, »kamen plötzlich Gedichte heraus«. Die Faszination um Jack Kerouac und die Beat Generation sowie die zunehmende Bedeutung der Untergrundpresse boten Bukowski neue Möglichkeiten der Veröffentlichung, und ab 1956 erschienen seine stark autobiographisch geprägten Gedichte, zuerst sporadisch, dann immer häufiger, in kurzlebigen, heute vergessenen Kleinperiodika. Darüber hinaus entdeckte die Ingroup der Alternativ-Verleger Bukowski für sich; 1959 veröffentlichte die Hearse Press in Eureka, Kalifornien, seinen kaum dreißig Seiten umfassenden ersten Lyrikband *Flower, Fist and Bestial Wail (Blume, Faust und bestialischer Schrei)*. Gemessen an dem Bukowski kennzeichnenden direkten Stil, schildern die meisten Gedichte dieser Sammlung in ruhiger und gedämpfter Sprache die verzweifelte Lage eines pessimistischen Außenseiters, den die Komplexität und die Widersinnigkeit des Lebens abstößt, der jeden haßt, und den alles irritiert. Das in einem Gedichte einundzwanzigmal wiederholte Wort »nichts« verdeutlicht, daß ihm keiner und er keinem etwas zu sagen hat. Thematisch beschäftigt sich Bukowski in der Sammlung mit der Ahnung vom Untergang der Menschheit, mit dem Älterwerden und Sterben sowie der teils romantischen, teils nostalgischen Sehnsucht nach einem Goldenen Zeitalter der Unschuld und Einfachheit. Hinter der Fassade des aggressiven, eisernen Mannes offenbart sich so ein sentimentales und empfindsames Gemüt. Andere Gedichte derselben Sammlung sind insofern typischer für Bukowski, als er hier jeden Urtrieb der Sexualität und jede Körperfunktion kraß, detailliert, obszön und vulgär beschreibt.

Nach zwei weiteren Lyriksammlungen mit ähnlicher Thematik, in denen Borodin, Chopin, DOSTOEVSKIJ und Hugo Wolf als mißverstandene Außenseiter erwähnt werden, wurde Bukowski 1962 von der Underground-Literaturzeitschrift ›The Outsider‹ zum »Outsider of the Year« (Außenseiter des Jahres) ernannt. In den rasch aufeinanderfolgenden Buchveröffentlichungen der Folgezeit änderte sich der Grundtenor der Gedichte; der resignative Charakter der Texte verschwand zusehends. Bukowski fühlte sich aufgrund der bessere materiellen Bedingungen immer sicherer und akzeptierte allmählich das miserable Los seiner Herkunft. Sprachlich äußerte sich diese veränderte Einstellung in der nachlassenden Verwendung der Modalverben »können« und »sollen«.

In seiner achten Lyriksammlung *Crucifix in a Deathhand*, 1965 *(Kruzifix in einer Todeshand)* verfolgen Bukowski die Vergangenheit und seine Selbstzweifel immer noch, aber er kann sie jetzt mit Distanz betrachten und entdeckt allmählich sein Gespür für Witz und Ironie. Im selben Jahr wagt er es, wieder Prosa zu schreiben. In *Confessions of a Man Insane Enough to Live with Beasts (Geständnisse eines Mannes, verrückt genug, mit Bestien zu leben)* und *All the Assholes in the World and Mine (Alle Arschlöcher der Welt und meins)*, die als hektografierte Billigproduktionen erscheinen, greift Bukowski alte Themen wieder auf, würzt sie jedoch mit einer Prise Humor, der an die Marx Brothers oder Chaplin erinnert und gibt sich so selbst (oder sein *alter ego* Puchinski, Vorläufer des Antihelden Henry Chinaski in Bukowskis vier Romanen) als Zielscheibe dem Spott preis. Diesen an Selbstironie grenzenden Sinn für Humor überträgt Bukowski auf seine Lyrik. Obwohl er sich ständig als Verlierer ausgibt, sieht er der Zukunft nun optimistisch entgegen und stilisiert sein Außenseitertum. Verlieren ist erlaubt; es muß aber gelernt und gekonnt sein. Diese Weltanschauung, die nach Bukowski mit Hilfe von Alkohol und Sex gehegt und gepflegt werden muß, wenn man überleben will, ist auch für die weiteren Lyrikbände charakteristisch, von der 1968 erschienenen Sammlung *At Terror Street and Agony Way (Ecke Terrorstraße und Agonie Weg)* bis heute. Spätestens in dem Band *Love Is A Dog From Hell: Poems 1974–1977 (Liebe ist ein Hund aus der Hölle)* erhalten Bukowskis Gedichte einen melancholischen Akzent. Das plötzlich aufgeflammte Interesse an ihm nimmt langsam wieder ab, um auf ein normales Maß zurückzufallen. Zudem schwinden aufgrund seines exzessiven Lebensstils allmählich seine schöpferischen und körperlichen Kräfte. Um die Augen seiner Geliebten, seiner Mitmenschen auf sich zu richten, um sich von ihnen wieder bestätigt zu fühlen, muß er sich sogar vor ihnen kastrieren *(The Days Run Away Like Wild Horses Over the Hills*, 1978, *Die Tage laufen davon wie wilde Pferde über die Hügel)*.

In den siebziger Jahren taucht in der Lyrik Bukowskis ein neues Thema auf: das Leben als Schriftsteller. Wiederum aus einer autobiographischen Perspektive beschreibt er die Lage des literarisch arrivierten und etablierten Außenseiters, der, da er seinem Leser aus der Seele sprechen muß, um weiterhin Erfolg zu haben, mit dem gespaltenen Verhältnis zu sich selbst zurechtkommt. Der Erfolg seines Mißerfolgs steigt dem Außenseiter in den Kopf, er kritisiert seine Bewunderer, überschüttet seine Leser mit Obszönitäten, weil sie ihn zwingen, literarisch in einer Welt zu leben, die er längst verlassen hat. Dieses Zwitterdasein kostet er andererseits jedoch aus, indem er sich während seiner Lesungen betrinkt, danach seine weiblichen Groupies empfängt, und alle diese Erlebnisse als Stoffe für weitere Lyriksammlungen benutzt. Wiederum befindet sich der Außenseiter in einem (diesmal zu seinen Gunsten gezogenen) Teufelskreis.

Bukowskis Gedichte bestehen aus kurzen, leicht verständlichen Sätzen, die keinen Regeln des Reims oder Rhythmus unterliegen. Er schreibt und beschreibt, ohne sich zu verstellen oder die Sprache der Gosse zu beschönigen.

Trotz seines weltweiten Erfolgs hat Bukowski nie etwas bei einem großen Verlag veröffentlicht. Er, *»der Vertreter einer heruntergekommenen, schäbigen, verfallenen, rostenden, verschwindenden, untergehenden amerikanischen Wirklichkeit«* (H. Fox), spricht die Insider an, die sich, wie Bukowski selbst, als Außenseiter betrachten und sich selbst im ständigen Kampf mit ihrer Umwelt befinden.    C.A.G.

AUSGABEN: *Longshot Poems for Broke Players*, NY 1961. – *It Catches My Heart in Its Hands: new and Selected Poems 1955–1963*, New Orleans 1963. – *Crucifix in a Deathhand: New Poems 1963–65*, New Orleans 1965. – *Poems Written Before Jumping Out of an 8-Story Window*, Berkeley 1968. – *Burning in Water, Drowning in Flame: Selected Poems 1955–1973*, Los Angeles 1974. – *Love Is A Dog From Hell: Poems 1974–1977*, Santa Barbara 1977. – *Play the Piano Drunk Like a Percussion Instrument until the Fingers Begin to Bleed a Bit*, Santa Barbara 1979. – *Dangling in the Tournefortia*, Santa Barbara 1981. – *War All the Time: Poems 1981–1984*, Santa Barbara 1984. – *You Get So Alone At Times That It Just Makes Sense*, Santa Rosa 1986.

ÜBERSETZUNGEN: *Gedichte, die einer schrieb, bevor er im 8. Stockwerk aus dem Fenster sprang*, C. Weissner, Augsburg 1974. – *Gedichte vom südlichen Ende der Couch*, ders., Mchn. 1984. – *Nicht mit sechzig, Honey*, ders., Mchn. 1986. – *Die letzte Generation: Gedichte 1981–84*, ders., Köln, 1988.

## POST OFFICE

(amer.; Ü: *Der Mann mit der Ledertasche*). Roman von Charles BUKOWSKI, erschienen 1971. – Obwohl Bukowski wegen seiner inzwischen 45 Lyriksammlungen meist als Lyriker gilt, ist er in Deutschland vor allem als Erzähler populär. Zwischen 1959 und 1970 veröffentlichte er 24 Gedichtbände, aber nur eine Kurzgeschichtensammlung: 1969 erschien *Notes of a Dirty Old Man* (*Aufzeichnungen eines Außenseiters*), eine Auswahl seiner Kolumnen für die Untergrund-Zeitschriften ›Open City‹ und ›Free Press‹. Der programmatische Titel hebt Bukowskis Lieblingspose hervor. Dabei ist die Frage, ob der Autor die Rolle des „dreckigen alten Lüstlings" nur spielt oder ob sie der Wahrheit entspricht, angesichts von Bukowskis Credo der absoluten, literarisch unverstellten Wahrhaftigkeit von Empfinden und Darstellung nicht belanglos, sondern für die kritische Bewertung seines lyrischen und erzählerischen Gesamtwerks zentral. Ironisches Rollenspiel verträgt sich schlecht mit einem kompromißlosen Naturalismus. Und doch retten allein Humor und unerwartete ironische Wendungen Bukowskis Texte vor der Banalität einer kruden Darstellung des Außenseiteralltags am Rande der Gesellschaft. Nur so nutzen sich Bekenntnispose und Tabubrüche nicht ab, nur so bleibt dem nicht primär voyeuristischen Leser Langeweile erspart.

Wie Bukowskis Gedichte werden auch die nach 1971 erschienenen Prosawerke (darunter vier Romane und mehrere Kurzgeschichtenbände, die alle in deutscher Sprache vorliegen) von Thematik und Persona des Außenseiters beherrscht. In allen Romanen (auf *Post Office* folgten 1975 *Factotum*, 1978 *Women, Das Liebesleben der Hyäne*, und 1982 *Ham on Rye, Das Schlimmste kommt noch oder Fast eine Jugend*) trägt der kompromißlos unangepaßte, pessimistische, autobiographische Protagonist den Namen Henry Chinaski. *Post Office* erschien wie die meisten anderen Bücher Bukowskis im kalifornischen Alternativ-Verlag Black Sparrow Press und wurde sofort zum Bestseller des Verlages und der Untergrund-Szene: Innerhalb von fünf Jahren gab es sieben Auflagen und weltweite Übersetzungen des Buches.

Verschiedene der in sechs Romankapiteln zusammengefaßten kürzeren Prosastücke waren bereits in Untergrund-Zeitschriften erschienen. Die lose episodische Struktur des Romans erklärt sich jedoch nicht nur aus der Entstehungsgeschichte, sondern ist thematisch bedingt. Der Außenseiter Chinaski, der die Arbeit bei der Post nur als Job, als Mittel zum Zweck sehen kann, um in erster Linie seinen Alkohol- und Zigarettenkonsum und dann natürlich auch seinen sonstigen Lebensunterhalt zu finanzieren, ist und bleibt im gesamten Romanverlauf ein Einzelgänger. Am Anfang kommt er in der Vorweihnachtszeit, wenn *»fast jeder«* genommen wird, zur Post; am Ende quittiert er nach elf Jahren und unzähligen Auseinandersetzungen mit seinem Chef den Dienst, um einen Roman zu schreiben. *Post Office* ist dieser Roman, ohne daß, wie sonst im modernen und postmodernen Roman üblich, durch dieses Motiv eine metafiktionale Struktur begründet würde. Neben den Begebenheiten aus dem Alltag des Postboten tritt die Darstellung von Henrys permanentem Vollrausch und seinen zahlreichen Versuchen, auf sexuellem Gebiet etwas dauerhaftere Beziehungen anzuknüpfen. Doch auch am Ende der Affären mit seinen z. T. wenig attraktiven, aber unsentimental aufrichtigen Partnerinnen steht die Erkenntnis, daß es Liebe, Verständnis und Kompromißbereitschaft als Basis haltbarer Beziehungen auch oder gerade unter Außenseitern nicht gibt. In Bukowskis existentialistischer Welt kann man nur als Einzelgänger überleben. Illusionslos und gelassen teilt Chinaski diese Einsicht mit seinem Autor, der wie er lange bei der Post arbeitete, ehe er sich das Dasein als freier Schriftsteller leisten konnte. Daß Henry trotz Trunkenheit und Unfähigkeit, trotz obszöner Ausfälle gegen Chefs und Kunden seine Stelle bei der Post nicht verliert, sondern den Zeitpunkt seines Gehens selbst bestimmen kann, ist eine der zahlreichen versteckten Ironien des Buches: Die Institution Post wird so ohne literarischen Aufwand Zielscheibe satirischen Spotts, und die Grundsituation ermöglicht Henry seine Rolle als quasi-pikarischer Held. 　　　　　　　　　　　　　　　H. Thi.

AUSGABEN: Santa Barbara 1971. – London 1974.

ÜBERSETZUNG: *Der Mann mit der Ledertasche*, H. Hermann, Köln 1974.

## MIODRAG BULATOVIĆ

\* 20.2.1930 Okladi / Bijelo Polje

LITERATUR ZUM AUTOR:
D. M. Jeremić, *M. B.* (in ders., *Prsti nevernog Tome*, Belgrad 1965, S. 298–320). – M. Bobrownicka, *Proza M. B.* (in Rocznik Komisji Historycznoliterackiej PAN Kraków, 3, 1965, S. 165–185). – E. D. Goy, *The Novels and Stories by M. B.* (in Review, 7, 1968, S. 584–617). – V. D. Mihailovich, *The Eerie World of M. B.* (in SEEJ, 12, 1968, S. 323–329). – R. Tautović, *M. B.* (in ders., *Savremeni crnogorski pisci. Kritički ogledi*, Cetinje 1970). – P. Palavestra, *Čudnovati svet M. B.* (in *Savremena proza*, Belgrad 1973). – R. Vučković, *Tragikomični i marionetski svet M. B.* (in ders., *Problemi, pisci i dela*, Sarajevo 1974). – M. B., »Nikada meni nije davano koliko mi je uzimano...« (in Nin, 34, 1983, 1694, S. 37–39) [Interview]. – G. Antić, *Realnost i fantastika u prozi M. B.* (in Stremljenja, 24, 1984, 3, S. 77–98). – A. Ilić, *Creating the Night* (in Relations, 3, 1985, S. 43–53).

## CRVENI PETAO LETI PREMA NEBU

(serb.; *Ü: Der rote Hahn fliegt himmelwärts*). Roman von Miodrag BULATOVIĆ (Montenegro), erschienen 1959. – Ein montenegrinisches Dorf, ein Fluß, ein staubiger Weg und ein muselmanischer Friedhof sind die Kulissen, vor denen ein Spiel ohne Handlung abläuft. An einem glühend heißen Spätsommertag kommen Jovan und Petar, zwei hungrige Vagabunden, des Wegs. Ein dreißigjähriger, lungenkranker Mann namens Muharem hält einen roten Hahn in den Armen. Zwei betrunkene Totengräber, ein Christ und ein Mohammedaner, tragen eine Frauenleiche. Den Kontrapunkt zu dieser Szene bildet eine Bauernhochzeit. Auf dem kantigen Kopf der Braut welken die Kränze, und wie diese welkt auch ihre Hoffnung, Frau und Mutter zu werden: Der Bräutigam, letzter, degenerierter Sproß eines vormals reichen und mächtigen muselmanischen Stammes, spielt zur Enttäuschung seines Onkels Ilija, der sich von dieser Verbindung eine Auffrischung des Geschlechts erhofft hat, lieber mit Katzen und kleinen Fischen. Was sich an diesem Sommernachmittag abspielt, ist die Konfrontation von Not und Vergeudung, Leid und Ausgelassenheit, Gut und Böse, Liebe und Haß. Im Mittelpunkt steht das Streben des weisen Muharem nach dem einen Ziel, »*ein Mensch zu werden*«, wie überhaupt die schmerzhafte, alle Figuren verbindende Sehnsucht, Mensch zu sein oder zu werden, das zentrale Thema des Romans ist. Muharem, der sich mit seinem roten Hahn der Hochzeitsgesellschaft genähert hat, erkennt in der Braut die Frau, die er heimlich liebt. Die Hochzeitsgäste verspotten und quälen den häßlichen Weisen und nehmen ihm schließlich den prächtigen roten Hahn weg, das einzige Wesen, das ein wenig Liebe in sein Leben gebracht hat. Der Pachtherr, der Muharem zuvor ebenfalls gepeinigt hat (und der sich am Ende als dessen Vater entpuppt), gelangt zu spät zu der Einsicht, daß er den Unglücklichen vor den Schlägen der betrunkenen Gäste retten und damit den Fortbestand seines Geschlechts sichern müßte. Er erleidet einen Herzanfall und kann dem Sohn nicht mehr verständlich machen, daß er sich schuldig fühlt. Zu immer derberen Späßen aufgelegt, flößen die Bauern dem Hahn Alkohol ein und schießen auf ihn. Federn und Blut des Hahns färben den Himmel rot. Die Schüsse treiben ihn höher und höher, ein blutroter Punkt fliegt himmelwärts und verliert sich am Horizont. Im Gespräch zwischen den philosophierenden Landstreichern wird der rote Hahn zum Symbol des menschlichen Herzens, das über alle Verfolgungen triumphiert. Im Bewußtsein dieses unzerstörbaren Besitzes stolpern die beiden, noch immer von Hunger geplagt, weiter, »*bis zum See und zurück, und dann das gleiche noch einmal*«, als seien dieser Kalvarienweg und dieser Hunger die einzige Bestätigung ihrer menschlichen Würde. – Das geplante Begräbnis findet nicht statt: Die Leichenträger sind so betrunken, um das Grab zu finden. Bis zuletzt von der Sehnsucht erfüllt, »*ein Mensch zu werden*«, stirbt Muharem.

Dieser Roman über die schuldbeladene menschliche Seele, die unaufhörlich einen Dialog mit ihren tiefsten Leidenschaften führt, hat im Gegensatz zu anderen Büchern des Autors keinen politischen Charakter. Es ist das Werk eines visionären Dichters, der den engen Umkreis des erzählten Geschehens zum Mikrokosmos werden läßt. Er zeigt die Fähigkeit zum Leiden als Bestätigung wahren Menschentums, das Leiden selbst als die Erlösung im Diesseits, als ein Mittel, um das Böse aus dem eigenen Herzen zu tilgen, und die Erniedrigung als einen Weg zu menschlicher Würde. Bulatovićs Roman ist eine Folge lyrischer, episch verknüpfter Bilder und Situationen. Das äußere Geschehen ist realistisch geschildert, wobei die Brutalität einzelner Szenen in bewußtem Gegensatz zur heimlichen Sehnsucht der Menschen nach Verständnis und Liebe steht. Auch der Humor Bulatovićs entspringt solchen starken Kontrasten. J.Kr.

AUSGABEN: Zagreb 1959. – Belgrad 1963. – Belgrad 1983; ern. 1984; ern. 1986 (in *Sabrana dela*, Hg. P. Džadžić u. a., 7 Bde., 3).

ÜBERSETZUNG: *Der rote Hahn fliegt himmelwärts*, M. Vukić u. H. Piwitt, Reinbek 1960. – Dass., dies., Reinbek 1967. – Dass., dies., München 1978.

LITERATUR: D. Stojadinović, *M. B.* »*Crveni petao leti prema nebu*« (in Stremljenja, 1, 1960, 2, S. 99–106). – J. Vasić, *M. B.* »*Crveni petao leti prema nebu*« (in Gledišta, 2, 1960, S. 56–59). – M. I. Bandić, *Zatočnici patnje, ognja i drumova. M. B., Vuk i zvono. Crveni petao leti prema nebu* (in Književnost, 15, 30, 1960, 4, S. 314–323). – S. Korać, »*Crveni petao leti prema nebu*« ili roman o čovjekovom jadu *M. B.* (in Izraz, 29, 58, 1985, 11, S. 344–357).

## VUK I ZVONO

(serb.; *Ü: Wolf und Glocke*). Roman von Miodrag BULATOVIĆ (Montenegro), erschienen 1958. – Der erste Roman des Autors, »*eine Geschichte vom Feuer, von Gefangenen und noch einigen anderen Menschen*«, fügt eine Reihe motivisch ineinanderfließender Erzählungen zu einem aus fragmentarischen Erlebnisfetzen von brutaler Intensität zusammengesetzten Komplex, in dem sich am Beispiel des Zweiten Weltkriegs mit krasser Eindringlichkeit die unmenschliche und widernatürliche Grausamkeit des Krieges offenbart. Die Erzählungen haben einen konkreten Ausgangspunkt: Sie alle kreisen um den Ausbruch eines Feuers in einer montenegrinischen Kleinstadt. Symbol des Chaos und des Weltenbrandes, durchzieht diese Katastrophe leitmotivisch den Roman. Rauch und Flammen umhüllen den Auftritt seiner Helden, eine elenden, hungernden Schar von Bettlern, Bauern, Kindern, Dieben und Soldaten, die von den Zeitumständen auf die »Bettlerstraße« geworfen und in den Tod getrieben wird. Menschen sterben, Häuser

brennen, Kirchen werden mit ihrem Glöckner, Moscheen mit ihrem Hodža vernichtet, Freie und Gefangene gehen ihren nicht von ihnen selbst gewählten Weg, Soldaten marschieren – trotz unterschiedlicher Hoheitsabzeichen eine einheitliche Horde von Plünderern, Brandstiftern und Gewalttätern. Die letzte Erzählung des Romans berichtet die Episode, die dem Werk den Titel gab: Der Wolf ist in eine Schafherde eingebrochen. Vom Blut der Tiere trunken, kann er den Verfolgern nicht mehr entkommen. Der Bauer hängt ihm eine Glocke um und hetzt die Hunde auf ihn. Die Angst vor der Glocke treibt das Tier zur Raserei und endlich in den Tod. Es bleibt von ihm allein die Glocke: ein gräßlicher Eindruck für den Hütejungen, der dem Geschehen mit Entsetzen folgt. Der Erzähler begegnet den Opfern der Grausamkeiten mit tiefem Mitleid. Mit Anteilnahme erzählt er die Geschichte eines lahmen Waisenknaben, dem Deserteure der Armee den liebsten Besitz, ein junges Böcklein, nehmen. In ohnmächtigem Schmerz begräbt das Kind den Schwanz des getöteten Tieres, in der Hoffnung, daraus werde ein neues Böcklein wachsen. Andere Kinder sind ähnlich katastrophalen psychischen Belastungen ausgesetzt: Ein Junge erwürgt aus Mitleid einen sterbenden Rebellen, ein anderer stirbt als Dieb, weil er aus Hunger ein Stück Brot gestohlen hat. Symbolische Visionen und bedrückende Alpträume lösen einander in der zwanglosen Abfolge der Kindheitserinnerungen des Erzählers ab. Die Hektik, mit der sie aufeinanderfolgen, ist in der atemlosen Dynamik der Sprache des Werks nachgebildet, die von der Kritik treffend als »lodernd« charakterisiert worden ist.
Bulatovićs Roman setzt ein die Grenzen des Autobiographischen und der nationalen Relevanz überschreitendes Fanal. Es schließt mit der Mahnung: »*Wenn die entzweiten Brüder sich wieder versöhnt haben, wenn diese die Hölle und diese Komödie zu Ende gegangen sind, wenn dieser Brand einer gewissen Ruhe und Heiterkeit gewichen ist, dann werden die Menschen aufpassen müssen, wer hinfort ihre Stadt betritt.*« Der erste Roman des meistübersetzten jugoslawischen Schriftstellers der Gegenwart wurde mit dem Preis des serbischen Schriftstellerverbandes ausgezeichnet. J.Kr.

AUSGABEN: Zagreb 1958. – Titograd 1964. – Titograd 1965. – Belgrad 1983; ern. 1984; ern. 1986 (in *Sabrana dela*, Hg. P. Džadžić u. a., 7 Bde. 2).

ÜBERSETZUNG: *Wolf und Glocke*, E. Schag, Mchn. 1962.

LITERATUR: R. Tautović, *M. B. »Vuk i zvono«* (in Savremenik, 12, 1958, S. 576–584). – S. Velmar-Janković, *U neobičnom svetu. Povodom knjige M. B., Vuk i zvono* (in Književnost, 14, 28, 1, 1959, S. 64–73). – M. I. Bandić, *Zatočnici patnje, ognja i drumova. M. B., Vuk i zvono. Crveni petao leti prema nebu* (in Književnost, 15, 30, 1960, 4, S. 314–323). – P. Džadžić, *M. B.: Vuk i zvono* (in ders., *Kritike i ogledi*, Belgrad 1973). – Z. Gavrilović, *M. B.: Vuk i zvono* (in ders., *Neizvesnosti. Ogledi i kritike 1952–1985*, Belgrad 1985, S. 254–255).

## MICHAIL AFANAS'EVIČ BULGAKOV

\* 14.5.1891 Kiew
† 10.3.1940 Moskau

LITERATUR ZUM AUTOR:
*Bibliographien*:
Y. Hamant, *Bibliographie de Mihail Bulgakov*, Paris 1970. – E. Proffer, *An International Bibliography of Works by and about M. B.*, Ann Arbor 1976.
*Biographien*:
A. Wright, *M. B. Life and Interpretations*, Toronto 1978. – E. Proffer, *Bulgakov: Life and Work*, Ann Arbor 1984.
*Gesamtdarstellungen und Studien*:
E. Proffer, *The Major Works of M. B.*, Diss. Indiana 1971. – J. Woodward, *Narrative Tempo in the Later Stories of B.* (in WdS, 1971, 16, S. 383–396). – V. Levin, *Das Groteske in M. B.s Prosa*, Mchn. 1975. – K. Rudnitsky, *B.s Plays* (in Russian Literature Triquarterly, 1976, 15, S. 123–166). – N. Galichenko, *Humour, Satire and Fantastic Elements in M. B.s Early Prose*, Montreal 1977. – L. Ershov, *M. B. as Playwright*, Diss. Stanford Univ. 1981.

## BELAJA GVARDIJA

(russ.; *Ü: Die weiße Garde*). Roman von Michail A. BULGAKOV, erschienen 1966. – Auszüge des Romans wurden bereits 1924 in ›Rossija‹, der Zeitschrift der Smenovechovcy (einer Bewegung innerhalb der nach 1918 emigrierten russischen Intelligenz, die für eine Zusammenarbeit mit der Sowjetmacht eintrat) veröffentlicht. Die zeitgenössische sowjetische Kritik mißverstand sie als eine »*Apotheose des weißen* [d.h. antibolschewistischen] *Offiziers*«. Diese Fehlinterpretation wurde von der antisowjetischen Emigration unterstützt, welche die Fragmente in Buchform herausgab und sich vor allem an der vermeintlichen Sensation des Inhalts interessiert zeigte, den literarischen Wert des Buches dagegen für »*nicht sehr groß*« (G. Struve) hielt. Eine werkbezogene Interpretation des Inhalts und eine adäquate Analyse der künstlerischen Form des Romans ist erst seit der Veröffentlichung des vollständigen Textes im Jahre 1966 möglich. Doch gelangten zuvor schon wichtige Motive des Romans durch seine Dramatisierung (1926) unter dem Untertitel des Werks, *Dni Turbinych* (*Die Tage der Geschwister Turbin*; vgl. dort), in das Bewußtsein der literarischen Öffentlichkeit: Trotz anfänglich heftiger Kritik und zeitweiligem Verbot behauptete sich das Stück – u. a. auf persönliche Empfehlung

Stalins – lange auf den Spielplänen der sowjetischen Theater. Ein enger thematischer Zusammenhang besteht auch zu Bulgakovs Drama *Beg*, 1928 *(Die Flucht)*, das in den sechziger Jahren verfilmt wurde und erneut Diskussionen in der Sowjetunion auslöste.

Die Handlung des Romans konzentriert sich auf die Darstellung des russischen Intellektuellen während der Bürgerkriegszeit, dessen Erziehung von konservativen Idealen bestimmt war. Die Geschwister Turbin – der Facharzt für Geschlechtskrankheiten und spätere Militärarzt Aleksej, der kriegsfreiwillige Junker Nikolka und Elena, die Gattin des baltischen Oberst Tal'berg – sind aufrechte Verfechter einer monarchistisch-patriotischen Idee. Die von Bulgakov mit offenkundiger Sympathie gezeichneten Weißen erleben im Kiew des Jahres 1918/19, wie ihre idealistischen Ehr- und Vaterlandsbegriffe entlarvt und zerstört werden. Der Prozeß des inneren Zusammenbruchs – ihm gegenüber ist die historische Kapitulation der Stadt eher Kulisse und Symbol – wird in Bulgakovs Darstellung von Tönen der Tragik und Trauer, aber auch der Ironie begleitet. Mit Recht spricht R. SCHRÖDER von Figuren, die an Don Quijote erinnern. Das gilt insbesondere für den Junker Nikolka Turbin und sein Idol, den Oberst Naj-Tur, der sein Leben für seine Junker opfert und Nikolka vor einem sinnlosen »Heldentod« rettet. Gegenstück zu den aufrichtig idealistisch gezeichneten weißen Offizieren ist vor allem Sergej Tal'berg, der seine Truppe und auch seine Gattin Elena in dem von den Banden Petljuras bedrohten Kiew zurückläßt und mit Hilfe seiner Beziehungen zum Stab der deutschen Okkupationstruppen ins Ausland flieht. Tal'berg nimmt das Verhalten der meisten weißen Stabsoffiziere vorweg, die nach dem Verrat des Hetmans Skoropadskij, einer Marionette der deutschen Besatzungsmacht, ihre Truppen im Stich lassen und sie der Vernichtung durch die Banden des ukrainischen Nationalisten preisgeben. Allein der patriarchalisch-väterlich geschilderte Oberst Malyšev löst seine Division rechtzeitig auf. Immer deutlicher zeichnet sich im letzten Teil des Romans die heranrückende Kraft der revolutionären Massen ab, mit deren Sieg die *»weiße Operette«* ihr Ende findet. Von den Weißen wird der Sieg der Roten als historische Notwendigkeit, als einzige Möglichkeit akzeptiert, die *»Einheit Rußlands«* zu bewahren. Einer ihrer Kommandeure bekennt vor dem Tod: *»Ich kann die Bolschewiki gut verstehen.«* Elena verlobt sich mit Šervinskij, einem Sympathisanten der Roten.

Künstlerisch zählt Bulgakovs Roman zu den interessantesten Leistungen der frühen Sowjetliteratur, zumal er die Traditionen der russischen Klassik in höchst eigenständiger Weise mit zeitgenössischen Prosaexperimenten zu vereinen vermag. Einerseits verweisen Zitate, Gestalten und Motive auf die klassische Literatur (Nikolka auf Petja Rostov, ganze Szenen auf die Schlacht von Borodino aus TOLSTOJS *Vojna i mir*, 1868/69), andererseits findet eine literarische Auseinandersetzung mit dieser Tradition statt, die von wesentlichen Elementen der experimentellen Prosa bestimmt wird, ohne jedoch ihrem Trend zur *vnesjužetnost'* (Sujetlosigkeit) zu verfallen. Der Bürgerkrieg wird weder in Bruchstücken wie bei PIL'NJAK noch in Massenbildern wie bei MALYŠKIN oder VESËLYJ, sondern in der Art eines formengeschichtlich neuartigen »Familienromans« (Schröder) gezeigt. Aus der experimentellen Prosa sind vor allem Montageformen übernommen, die jedoch in eher integrierter Weise verarbeitet sind: Bruchstücke der Wirklichkeit (teils in den Text verwoben, teils herausgehoben), Konfrontationen von grotesken und phantastischen Szenen mit realistischen Passagen, die Vermischung unterschiedlicher Stilebenen und Sprachen (auffällig vor allem die Dialoge mit russisch-ukrainischer Mischsprache) usf. Die auktoriale Ebene ist äußerst reduziert, selbst die sogenannten *»geschichtsphilosophischen«* Passagen sind stilisiert (*skaz* und stilistische Vorbilder der altrussischen Dichtung) oder erscheinen ironisch-distanziert.

H.J.S.

AUSGABEN: Moskau 1924 (in Rossija; Ausz.). – Moskau 1973 (in *Romany*). – Moskau 1983 (in *Izbrannaja Proza*).

ÜBERSETZUNG: *Die weiße Garde*, L. Robiné, Bln. 1969. – Dass., ders., Neuwied 1980.

DRAMATISIERUNG: M. A. Bulgakov, *Dni Turbinych*, Moskau 1926 (dt.: *Die Geschwister Turbin*, K. Rosenberg, Bln. 1928).

LITERATUR: R. Schröder, *B.s Roman »Die weiße Garde« – Der Zerfall einer Familie als weltgeschichtliches Ereignis* (in M. B., *Die weiße Garde*, Bln. 1969, S. 323–354). – S. Pollak, *Dwie powieści – dwa dramaty* (in S. P., *Srebrny wiek i później*, Warschau 1971, S. 160–175). – A. Drawicz, *Ale jak żyć? Jak żyć?: Biała Gwardia M. B.* (in Twórczość, 1975, 31, S. 73–86). – S. Schultze, *The Epigraphs in »White Guard«* (in Russian Literary Triquarterly, 15, 1976, S. 213–218). – M. Fieseler, *Stilistische und motivische Untersuchungen zu M. B.s Romanen »Belaja Gvardija« und »Master i Margarita«*, Hildesheim 1982.

# D'JAVOLIADA

(russ.; *Ü: Teufelsspuk*). Phantastische Erzählung von Michail A. BULGAKOV, erschienen 1925. – Die *»Erzählung davon, wie Zwillinge einen Prokuristen zugrunde richten«* folgt der – in Rußland besonders reichen – Tradition, Kritik an der Gesellschaft in den Zerrspiegel der Groteske oder absurden Fabulierens zu projizieren (vgl. GOGOL'S *Nos – Nase* und *Zapiski sumasšedšego – Aufzeichnungen eines Verrückten* oder DOSTOEVSKIJS *Dvojnik – Der Doppelgänger*).

Der kleine Prokurist Korotkov aus der Hauptzentralversorgungsstelle für Streichholzmaterialien verwechselt den Namen des neuen Direktors Kal'soner mit dem ähnlich lautenden Wort für »Unterhosen« (*kal'sony*) und wird daraufhin entlassen. Besessen von dem Zwang, den Beleidigten über den Irrtum aufzuklären, hetzt er hinter ihm her. Doch narrt ihn die scheinbare Doppelexistenz des gnomenhaften Kal'soner, der ihm einmal im Hochhaus des Centrosnab (Zentralversorgungsamt) »*bläulich glattrasiert*« und dann wieder mit einem »*langen assyrischen Lockenbart*« begegnet. Korotkov begreift nicht, daß es sich um Zwillinge handelt. Von Begegnung zu Begegnung wird er konfuser, zumal ihm seine Ausweispapiere gestohlen werden, und zwar von einem gewissen Kolobkov, für den man ihn grotekserweise nun selbst hält. Schließlich beginnen sich seine Eindrücke völlig zu verwirren. Er sieht den bärtigen Kal'soner sich in einen Kater verwandeln, und die Bürokraten in den Zimmerfluchten des Centrosnab-Gebäudes erscheinen ihm als spukhafte Marionetten bei närrisch pervertierten Büroarbeiten. Seine Erklärungen diesen Beamten gegenüber werden immer verworrener: »*Die Dokumente gestohlen, und ein Kater erschien. Er hat kein Recht dazu. Ich hab mich im Leben nie gestritten, das sind Streichhölzer. Zu verfolgen hat er das Recht nicht. Ich sehe nicht, daß er Kal'soner ist. Die Dokumente hat man mir gestohl...*« Ein letzter absurder Amoklauf Korotkovs – aus seiner Sicht und in ebenso absurder Prosa geschildert – endet auf dem Dach des Centrosnab: »*Schon sah Korotkov die vorgestreckten Hände, schon entsprang Kal'soners Mund eine Flamme. Ein Abgrund von Sonne lockte Korotkov derart, daß er sich seines Geistes bemächtigte. Mit einem durchdringenden Siegesschrei sprang er ab und flog hinaus nach droben.*«

Die Satire auf die Sowjetbürokatie hat der Autor derart vermummt und skurril verfremdet, daß die zeitgenössische Kritik das Werk zwar kategorisch ablehnte, faktische ideologische Bedenken jedoch nicht vorzubringen wußte. Bulgakov übt weder objektiv (d. h., indem er als Stoff spezielle Mißstände wählte) noch subjektiv (d. h. durch tendenziöse Anprangerung) Kritik an der sowjetischen Gesellschaft. Er übt sie allein mit Hilfe der Form, indem er das Spukhafte das Reale durchdringen, Wirkliches unwirklich werden läßt. Dies zeigt sich vor allem in der Vermischung und schließlichen Nivellierung der zwei verschiedenen Erzählebenen. Zuletzt steht der Leser vor der Frage: Ist das Absurde so real wie das Reale, oder ist das Reale so absurd wie das Absurde?

W.Sch.

AUSGABEN: Moskau 1925. – Moskau 1926 (in *Rasskazy*). – NY 1952 (in *Sbornik rasskazov*). – Ann Arbor 1982/83 (in *Sobr. soč.*, 10 Bde., 3).

ÜBERSETZUNG: *Teufelsspuk*, A. Jais (in *Meistererzählungen*, Mchn. 1979).

LITERATUR: J. Biedermann, *Formen des Komischen in M. A. B.s Erzählung »D'javoliada«* (in *Festschrift für Heinz Wissemann*, Ffm. u.a. 1977, S. 21–36).

## DNI TURBINYCH

(russ., Ü: *Die Tage der Geschwister Turbin*). Schauspiel in vier Akten von Michail A. BULGAKOV, Uraufführung: Moskau 1926, Künstlertheater. – Das Stück ist die dramatisierte Fassung des 1924 in der unabhängigen Zeitschrift ›Rossija‹ abgedruckten Romans *Belaja gvardija* (*Die weiße Garde*; vgl. dort), der von der sowjetischen Kritik abgelehnt wurde und in Rußland erst 1966 erscheinen konnte. Roman wie Schauspiel geben ein Bild vom Zusammenbruch der (zaristischen) Weißen Garde in den Jahren 1918/19.

Das baldige Verbot des Schauspiels ist darauf zurückzuführen, daß Bulgakov die Feinde des Bolschewismus zwar nicht heroisierte, aber objektiv darstellte und ihnen in den Gestalten der drei Geschwister Turbin ein menschlich ergreifendes Denkmal setzte. Der Älteste ist der dreißigjährige Artillerieoberst Aleksej Turbin, Befehl hat, die Stadt Kiew (im Auftrag des von den Deutschen unterstützten, später im Stich gelassenen Hetmans Skoropadskij) gegen die Banden Petljuras sowie gegen die Bolschewisten zu verteidigen. Noch vor dem Angriff Petljuras ziehen die Deutschen ihre Hilfe zurück, der Hetman flieht, und Aleksej erfüllt seine letzte Pflicht, die ihm sein Gewissen diktiert: er rettet das Leben der ihm anvertrauten Soldaten. Er selbst geht in den Tod. Seinem Bruder Nikolka, einem Nachfahren des kühnen jungen Romantikers Petja Rostov aus TOLSTOJS *Vojna i mir* (*Krieg und Frieden*), gelingt im letzten Moment eine halsbrecherische Flucht in das Haus seiner Schwester Elena. Schon vor ihm hatten sich die mit der Familie befreundeten weißgardistischen Offiziere auf Befehl Aleksejs dort in Sicherheit bringen können. Der Abzug der Petljura-Banden vor den heranziehenden Bolschewisten bringt de Kämpfern der Weißen Garde zu der Einsicht, daß ihre Zeit vorbei ist und nur noch die Rote Garde die Macht und die Kraft hat, Rußland zu einen und ihm den Frieden zu bringen. Das Stück endet mit dem Abgesang Nikolkas auf die zaristische Vergangenheit.

Obwohl auch in Bulgakovs Darstellung der Weißen Garde die negativen Charaktere nicht fehlen (z. B. Elenas Mann, Oberst im Generalstab, der seine Frau verläßt und feige nach Deutschland flieht), bleibt der Gesamteindruck positiv: die Geschwister Turbin und ihre Freunde sind keine Klassenfeinde (wie etwa das geldhortende Kleinbürgerehepaar im Hause der Turbins), sondern leidenschaftliche Patrioten, deren menschliche Schwächen verschwindend klein sind im Vergleich zu ihrer von Kultur und Adel geprägten Haltung. In PASTERNAKS *Doktor Živago* (1957) wird man ähnlichen Charakteren und Bildern begegnen.

M.Gru.

AUSGABEN: Moskau 1926. – Moskau 1955. – Letchworth 1970. – Moskau 1986 (in *P'esy*).

ÜBERSETZUNGEN: *Die Tage der Geschwister Turbin*, K. Rosenberg, Bln. 1928. – *Die Tage der Turbins*, Th. Reschke (in *Stücke*, Bln./DDR 1982).

LITERATUR: E. Proffer, *An Unpublished Scene from the Original Days of the Turbins (White Guard)* (in *Russian Literature Triquarterly*, 1973, 7, S. 475 bis 479). – V. Levin, »*Belyj Dom*« – *eine Parodie auf M. A. B.s Drama »Dni Turbinych«* (in WdS, 1981, 26, S. 326–337). – G. Lenhoff, *Chronological Error and Irony in B.'s »Days of the Turbins«* (in *Russian Literature and American Critics: In Honor of Deming B. Brown*, Hg. K. N. Brostrom, Ann Arbor 1984, S. 149–160).

## KABALA SVJATOŠ (MOL'ER)

(russ.; *Ü: Die Kabale der Scheinheiligen (Molière)*). Drama in vier Akten von Michail A. BULGAKOV, Uraufführung: Moskau, 5. 2. 1936; erschienen 1962. – MOLIÈRE gehört zu den Dichtern der Weltliteratur, die für Bulgakov von besonderer Bedeutung waren, und zwar nicht nur aufgrund seines Ranges als Dramatiker, sondern auch wegen seines problematischen Verhältnisses zu Staat und Geistlichkeit, das Bulgakovs Stück besonders betont. Bulgakov hat *Le bourgeois gentilhomme (Der Bürger als Edelmann)* als Spiel im Spiel für die russische Bühne bearbeitet, ist selbst als Schauspieler in Molière-Stücken aufgetreten und hat neben *Kabala svjatoš* (1933) einen biographischen Roman über Molière (*Žizn' gospodina de Mol'era* – *Ü: Das Leben des Herrn de Molière*) abgeschlossen, dessen Erscheinen von GOR'KIJ verhindert und erst in der Folge des »Tauwetters« möglich wurde (1962). Im Gegensatz zu dem Theaterstück, wo Bulgakov den dramatischen Erfordernissen entsprechend die Chronologie der überlieferten Ereignisse verändert und erfundene Figuren einführt, hält sich die Biographie strenger an die historischen Tatsachen. Letztere sind freilich durch einen fingierten Ich-Erzähler perspektivisch (oft ironisch) gebrochen – im *Prolog* etwa tritt diese Erzählerfigur in einen Dialog mit der Hebamme, die Molière auf die Welt brachte. Diese Tendenz zum Romanhaften und eine Reihe von Anspielungen auf die Gegenwart haben mit zur Ablehnung des Buches beigetragen.

Für sein Molière-Stück hat Bulgakov einen Zeitraum von mehreren Jahren zugrundegelegt, um das Schicksal des Dramatikers und Theaterdirektors vom Höhepunkt seiner Karriere (1. Akt) bis zu seinem Tod (4. Akt) darstellen zu können. Das Spiel setzt ein mit einer triumphalen Aufführung von Molières Theatertruppe vor den Augen Ludwigs XIV. (wobei der Zuschauer des Bulgakov-Stückes von hinten auf die fiktive Bühne von Molières Theater blickt), der den Dichter anschließend auszeichnet. Doch werden auch bereits mögliche Gefahren und Konflikte angedeutet: Molière beabsichtigt, die sehr viel jüngere Armande zu heiraten, die angeblich die Schwester, in Wirklichkeit aber die Tochter seiner langjährigen Geliebten Madeleine ist, möglicherweise – dies bleibt bis zuletzt offen – sogar seine eigene. Der Schauspieler und Chronist des Theaters La Grange versucht vergeblich, Armande von der Heirat abzuhalten.

Im Mittelpunkt des zweiten Akts steht der vorläufig nicht offen ausgetragene Konflikt zwischen Molière und der Geistlichkeit, die sich durch die Komödie *Tartuffe* beleidigt sieht und deren Autor als Antichrist anklagt. Die Versuche des Erzbischofs, auf den König Einfluß zu nehmen, scheitern zunächst. Molière steht nach wie vor in der Gunst Ludwigs XIV., sein *Tartuffe* wird zur Aufführung bei Hofe freigegeben. Die folgende Szene in Molières Wohnung zeigt, wie dieser in einem cholerischen Eifersuchtsanfall seinen Adoptivsohn Moyron davonjagt, weil er Armande (inzwischen Molières Frau) den Hof macht. Zwar bereut Molière gleich darauf sein Handeln, doch der tief verletzte Moyron rächt sich, indem er das Geheimnis von Armandes Identität an den Erzbischof und die mit ihm verbündete Geheimorganisation »*Kabale der Heiligen Schrift*« verrät (3. Akt). In der folgenden Szene nimmt der Erzbischof Madeleine, die sich infolge ihrer Schuldgefühle in eine Art religiösen Wahn gesteigert hat, die Beichte ab, die Moyrons Aussage bestätigt. Er hat nun die Mittel, um beim König gegen Molière vorzugehen, hetzt aber darüber hinaus noch einen berüchtigten Duellanten gegen Molière auf. Der König, der sich seiner Abhängigkeit von der Kirche wohl bewußt ist, straft Molière, indem er ihm das Patronat entzieht und den *Tartuffe* verbietet. Das Duell jedoch findet nicht in der gewünschten Weise statt, da Molière schwer krank und geistig verwirrt und somit wehrlos ist. Der Akt endet mit einem grotesk-komischen Streit zwischen dem Erzbischof und dem Duellanten.

Doch auch ohne Duell ist Molière durch das Urteil des Königs vernichtet. Bei einer letzten Aufführung des *Malade imaginaire (Der eingebildete Kranke)* im Palais Royal (4. Akt) dringen Musketiere in den Zuschauerraum ein und ermorden einen Türwächter. Molière erleidet einen Herzanfall und stirbt. Die Aufzeichnungen La Granges über den Grund für Molières Tod beenden das Stück: »*Was war die Ursache? Was? Wie soll ich das aufschreiben? Die Ursache waren die Ungnade des Königs und die schwarze Kabale! So schreibe ich's hin!*«.

Über das Zentralproblem »Künstler und Staat« hinaus bietet Bulgakov hier eine tiefe Charakteranalyse des Theatergenies, die er mit unterschiedlichen Mitteln erreicht. So wird Molière in korrespondierender und kontrastierender Gegenüberstellung mit anderen Figuren dargestellt, so wird das Theater nicht als solches, sondern auch als sein Lebensraum und Lebensinhalt vorgeführt, so wird mehrmals seine Ähnlichkeit mit den von ihm selbst erschaffenen Charaktertypen (Sganarelle, Argan) hervorgehoben, erscheinen diese als Konstituenten seiner Identität, so enthüllt sich sein wechselhaftes Temperament vor allem in den Auseinandersetzungen mit dem Faktotum Bouton, die einen großen Anteil am Komischen innerhalb der dramatischen Handlung ausmachen. – Bulgakov selbst erlebte *Kabala svjatoš* nur kurze Zeit auf der Bühne (1936). Neben theaterinternen Auseinandersetzungen waren hierfür die trotz des Ausweichens in die Historie allzu deutlichen Gegenwartsbezüge – etwa die ausdrückliche Verurteilung von Denunziantentum und Tyrannei – verantwortlich. F.G.

AUSGABEN: Moskau 1962 (in *P'esy*). – Moskau 1965 (in *Dramy i komedii*).

ÜBERSETZUNG: *Die Kabale der Scheinheiligen (Molière)*, Th. Reschke, Bln./DDR 1970.

LITERATUR: O. Litovskij, Rez. (in Sovetskoe iskusstvo, 11. 2. 1936). – K. Rudnickij, *Mol'er, »Tartjuf« i B.* (in Nauka i religija, 1972, 1, S. 84–90). – N. Zajcev, *Mol'er na scene i za kulisami* (in Leningradskaja pravda, 17. 2. 1973). – I. Nowikowa, *Molière-Stück von M. B.* (Inszenierung, Textanalyse) (in Hamburger Beiträge für Russischlehrer, 1981, 20, S.206–261). – E. Proffer, *B. Life and Work*, Ann Arbor 1984, S. 421–444.

## MASTER I MARGARITA

(russ.; *Ü: Der Meister und Margarita*). Roman von Michail A. BULGAKOV, entstanden 1940, erschienen 1966/67. – Zu den geistigen Ahnherren des Satirikers Bulgakov (GOGOL' vor allem, auch A. REMIZOV) tritt im »Meister«-Roman GOETHE hinzu, der faustisch-phantastische Goethe. Das Motto, das Bulgakov seinem Leser mitgibt, enthält nicht nur den Hinweis auf die »Vorlage«, sondern zugleich auch eine Wertung; es lautet: *»Nun gut, wer bist du denn? – Ein Teil von jener Kraft, die stets das Böse will und stets das Gute schafft.«*
So geschieht's. Der Teufel erscheint leibhaftig im Moskau der dreißiger Jahre und stellt es, tatkräftig unterstützt von seinen Zauberlehrlingen, nach allen Regeln der Schwarzen Kunst auf den Kopf. Er foppt, blamiert und schädigt alle, bis auf zwei Gerechte: den Meister und Autor eines unveröffentlichten Romans, zu Beginn des großen Spuks in der Irrenanstalt einquartiert, und Margarita, seine ehemalige Geliebte; sonst bevölkern die Sowjetkapitale in Bulgakovs Sicht nur kleine, schäbige, schmierige Betrüger und Spekulanten, neugierige Hauswarte, korrupte Gastwirte und mittelmäßige Schriftsteller. Sie alle haben unter den Anschlägen des Satans zu leiden, und ehe, wie der Epilog referiert, die Wogen der Unruhe allmählich geglättet und alle passiv an den Vorfällen Beteiligten in die Provinz versetzt werden, haben Bulgakovs Teufel das Gute geschafft: den Meister wieder mit Margarita vereint und in die ewige Ruhe einer nur zaghaft ironisierten Biedermeieridylle überführt.
Das an Episoden überreiche Geschehen spielt sich auf drei Ebenen ab, die der Erzähler auf recht einfache Weise koordiniert, nämlich nach dem alten Prinzip der »Simultaneität«. – Mehr oder weniger unvermittelt ins Moskauer Geschehen hineingeschnitten werden drei Kapitel aus dem Roman im Roman: der vom Meister verfremdeten Passionsgeschichte – diese Teile spielen in Jerusalem zur Zeit der Kreuzigung Christi und handeln in verschlüsselter Form das ab, was Bulgakov aus der Gegenwart seiner Erzählung verbannt: die Politik und ihre Mechanismen, Macht und Ohnmacht der Unterdrücker und ihre Angst vor den Unterdrückten, die, wie z. B. Christus gegenüber Pilatus, ketzerische Ideen äußern: *»Ich habe ... gesagt, daß von jeder Staatsmacht den Menschen Gewalt geschehe.«*
Wenn zum Schluß Matthäus dem Meister-Roman ent- und eine Moskauer Dachterrasse in Bulgakovs Roman besteigt, um dem Teufel Gottes Willen bezüglich Meister und Margarita zu übermitteln, so vollzieht sich dies auf der dritten Spielebene: der Sphäre mystischer Phantastik, die bestimmt wird durch das Gesetz; der Teufel kann alles, dem Teufel kann keiner etwas anhaben (ausgenommen, ganz zum Schluß, der liebe Gott). Nach diesem Gesetz finden in und um Moskau all die »sonderbaren«, vom Autor auch als solche angekündigten Teufelsspäße, Verwechslungsszenen und Expeditionen ins Gespensterliche statt; nach diesem Gesetz können die burlesken Spießgesellen des Teufels in Bulgakovs Moskau schalten und walten, wie immer sie wollen.
Die Absicht Bulgakovs liegt klar zutage. Der Meister und Margarita sollen im Verein mit den dunklen Mächten einen Satire, zum andern den mystisch-philosophischen Gedanken plausibel machen, Gott der Herr werde seine Gerechten in jener Welt erkennen. Dieser Wunschtraum mag angesichts der Bulgakovschen Biographie nicht ohne tragische Note sein (daß sich in diesem humorigsatirischen Zwitter autobiographische Züge aller Art spiegeln, ist offenkundig), er nimmt der Satire selbst nicht nur die nötige Vehemenz, sondern verwandelt sie in ein aufwendiges Patt zwischen Liebe und Versöhnung hier und Ohrfeigen dort. Doch nicht allein diese Grundideen, die sich quasi gegenseitig aufheben, vermitteln den Eindruck, Bulgakovs Satire ziele zu kurz. Großen Anteil daran hat der über Gebühr bemühte Mechanismus des Phantastischen: Zahlreiche Szenen sind – ähnlich darin dem Roman im Roman – derjenigen Welt schlicht enthoben, die Bulgakov satirisch treffen will. Die vorgegebene Unverletzbarkeit der Teufel bewirkt nicht nur, daß sich eine ganze Reihe von z. T. recht plumpen Pointen, lange bevor sie ausgesprochen werden, erkennen lassen, sondern vor allem, daß sich die Satire nicht aus sich selbst, von innen: aus der Logik des Moskauer Alltags heraus entwickelt. Das Chaos über Moskau und Stalins Alltagsbürokratie bricht von außen herein, und man weiß: Wenn Bulgakovs Teufel sich trollen, bleibt, bis auf ein paar personelle Änderungen, alles beim alten. Die Teufel provozieren Reaktionen, und Reaktion scheint auch das Motiv für Bulgakovs »Satire« zu sein, Wunschtraum eines Ohnmächtigen: fliegen können, unsichtbar sein, und dann wehe ihnen – ungestraft den Varietéadministrator Varenucha ohrfeigen zu können: *»Sehr, sehr angenehm, antwortete der kateraritige Dickwanst piepsend, holte plötzlich aus und versetzte Varenucha eine Ohrfeige, daß diesem die Mütze vom Kopf flog und spurlos in der Klosettöffnung verschwand.«* P.U.

AUSGABEN: Moskau 1966/67 (in Moskva, 10, H. 11; 11, H. 1). – Paris 1967. – Moskau 1983 (in *Izbrannoe*). – Ffm. 1986.

ÜBERSETZUNG: *Der Meister und Margarita*, Th. Reschke, Bln./Neuwied 1968. – Dass., ders., Graz 1982. – Dass., ders., Bln./Weimar 1983. – Dass., ders., Mchn. ⁷1986.

LITERATUR: P. Urban, Rez. (in Die Zeit, 3. 5. 1968). – Dies., Rez. (ebd., 27. 4. 1968). – M. v. Zitzewitz, Rez. (in Die Welt, 15. 6. 1967). – R. Beermann, *B.s »Meister u. Margarita« und die Wertordnung* (in Osteuropa, 20, 1970, S. 176 bis 183). – E. Ericson, *The Satanic Incarnation: Parody in B.'s »The Master and Margarita«* (in Russian Review, 33, 1974, S. 20–36). – C. A. Palmer, *B.s »Master and Margarita«. Theme, Manner, Antecedents*, Diss. Yale Univ. 1974. – E. Mahlow, *B.'s »The Master and Margarita«. The Text as a Cipher*, NY 1975. – M. Čudakova, *Tvorčeskaja istorija romana M. B. »Master i Margarita«* (in Voprosy Literatury, 1976, 20, S. 218–253). – Sh. Gutry, *An Approach to »The Master and Margarita« through the Creative Prose and the Letters of M. A. B.*, Diss. Princeton Univ. 1976. – L. Milne, *»The Master and Margarita«. A Comedy of Victory*, Birmingham 1977. – B. Sharratt, *M. B.s »The Master and Margarita«. An Analysis of Structure*, Toronto 1977. – E. Wedel, *Zur Doppelromanstruktur von M. B.s »Master i Margarita«* (in Symposium Slavicum, 1977, S. 183–195). – H. Riggenbach, *M. B.s Roman »Master i Margarita«. Stil und Gestalt*, Bern 1979. – Barbara Zelinsky, *M. B., »Der Meister und Margarita«* (in *Der russische Roman*, Hg. Bodo Zelinsky, Düsseldorf 1979, S. 330–354). – G. Èlbaum, *Analiz judejskich glav »Mastera i Margarity«*, Ann Arbor 1981. – A. Chedrova, *Christianskie aspekty romana M. A. B. »Master i Margarita«* (in Novyj Žurnal, 1985, 160, S. 175–183). – B. Zelinsky, *Die Faust-Rezeption in B.s »Der Meister und Margarita«* (in *Faust-Rezeption in Russland und in der Sowjetunion*, Hg. G. Mahal, Knittlingen 1983).

**POCHOŽDENIJA ČIČIKOVA. Poèma v desjati punktach s prologom i èpilogom**

(russ.; *Ü: Tschitschikows Abenteuer*). Erzählung von Michail A. BULGAKOV, erschienen 1925. – Die scharfe Satire (Untertitel: *Ein Poem in zehn Punkten mit Prolog und Epilog*) auf die sowjetische Wirklichkeit der NEP-Periode versetzt die Helden des Gogolschen »Poems« *Mërtvye duši*, 1842 *(Tote Seelen)* – es erschien unter dem von der Zensur vorgeschriebenen Titel *Pochoždenija Čičikova ili Mërtvye duši (Die Abenteuer Čičikovs oder Tote Seelen)* – aus der zaristischen Feudalgesellschaft in die ersten Jahre nach der Oktoberrevolution. Der Gauner Čičikov findet sich in der sowjetischen Realität mühelos zurecht. Mit genügend Selbstbewußtsein ausgestattet, weiß er das Beamtentum einzuschüchtern und sich auf ungesetzliche Weise zum »Trillionär« zu entwickeln. Seine amtliche Registrierung scheitert an den unergründlichen Praktiken der Administration. Selbst als Čičikovs Personalbogen aus einem Papierkorb hervorgekramt wird, erweist sich die sowjetische Beamtenschaft als unfähig, den Gauner unschädlich zu machen. Schließlich sieht sich der Autor gezwungen, selbst einzugreifen. Er entlarvt den Verbrecher und findet beim Sezieren von Čičikovs Magen zusammengestohlenes Volkseigentum in Form eines Diamantenschatzes vor. Nach seinen Wünschen hinsichtlich einer Belohnung gefragt, äußert der Autor: »›Eine Hose ... ein Pfund Zucker ... eine 25-Watt-Birne ...‹ Doch plötzlich erinnerte ich mich, daß ein ordentlicher Literat uneigennützig zu sein hat. Ich stockte und murmelte ...: ›Nichts außer den gebundenen Werken Gogol's in der Art, wie ich sie unlängst auf dem Trödlermarkt verkauft habe.‹«

Die anekdotisch erzählte Geschichte ist, zu Beginn der Stalinzeit erschienen, eine der letzten umfassenden Satiren auf die sowjetische Gesellschaft. Der Autor hat seine Gogol'-Travestie in die Form eines Traums gekleidet, der im Epilog in ein bitteres Erwachen mündet: »Schließlich wurde ich wach. Und da war nichts: kein Čičikov, kein Nozdrëv und vor allem kein Gogol' ... Ach, dachte ich bei mir und begann mich anzuziehen, und wieder zog an mir das Leben in seiner ganzen Alltäglichkeit vorbei.« W.Sch.

AUSGABEN: Moskau 1925 (in *D'javoliada*). – Moskau 1926 (in *Rasskazy*). – NY 1952 (in *Sbornik rasskazov*). – Letchworth 1979.

ÜBERSETZUNG: *Tschitschikows Abenteuer*, A. Jais (in *Meistererzählungen*, Mchn. 1979).

LITERATUR: D. Furhop, *M. B.s Erzählung »Pochoždenija Čičikova«* (in *Russische Autoren des 19. Jh.s*, Hg. P. Tretjakow u. E. Lübcke, Hbg. 1982, S. 11–15).

**POSLEDNIE DNI**

(russ.; *Ü: Die letzten Tage*). Drama in vier Akten von Michail A. BULGAKOV, Uraufführung: Moskau, 10. 4. 1943; erschienen 1955. – Das Stück über Aleksandr PUŠKIN war bereits 1934/1935 geschrieben worden, konnte aber erst in den Jahren 1943–1948 gespielt werden. Seine Veröffentlichung gehört zu den frühesten literarischen Ereignissen der »Tauwetter«-Jahre. Bulgakov zeigt das Netz der Intrigen um Puškin während der letzten Tage vor seinem Tod im Duell (10. 2. 1837), er zeigt nicht den Dichter selbst – die Zentralfigur tritt nicht in Erscheinung – sondern läßt ihn durch die Aussagen anderer über ihn, deren Beziehung zu ihm sowie durch Zitate aus seinen Dichtungen indirekt präsent sein. Die Gefährdung des schöpferischen Genies durch die autoritäre Staatsmacht, die für den unterdrückten Schriftsteller Bulgakov in den dreißiger Jahren zu einem beherrschenden Thema geworden war, ist hier – wohl im Hinblick

auf bessere Publikations- bzw. Aufführungsmöglichkeiten – ins Historische transponiert.
Die Handlung umfaßt vier Akte, die durch Ortswechsel in Szenen untergliedert sind. Zunächst wird Puškins häusliche Situation vorgeführt, seine Geldnot, die Oberflächlichkeit seiner schönen Frau Natal'ja, ihre Gleichgültigkeit ihm und seiner literarischen Arbeit gegenüber sowie ihre leichtsinnige Beziehung zu dem Sohn des niederländischen Gesandten, d'Anthès-Heeckeren. Natal'jas Schwester Aleksandra, die mehr Verständnis und Zuneigung für Puškin aufbringt, beschwört sie, mit ihm aufs Land zu fahren, um den Gläubigern und den anonymen Briefen, in denen Puškin als Hahnrei beschimpft wird, zu entgehen, doch Natal'ja möchte das prächtige Leben der Salons und Bälle sowie die Rendezvous mit d'Anthès nicht aufgeben. Mittelpunkt des zweiten Akts ist der Ball bei der Fürstin Voroncova, die neben dem Dichter Vasilij ŽUKOVSKIJ zu den wenigen Freunden Puškins gehört. Sein gefährlichster Feind ist der Fürst Dolgorukov, auf den auch die anonymen Briefe zurückgehen. Zar Nikolaj I., der Sympathien für Natal'ja hegt, ist über Puškin verärgert, weil dieser in seinen Schriften den Machtmißbrauch des Herrschers anklagt, mit Aufrührern sympathisiert und die ihm verliehene Uniform nicht trägt – ein Akt offener Mißachtung. Als der Zar in der folgenden Szene bei der Geheimpolizei, von einem bevorstehenden Duell zwischen Puškin und d'Anthès erfährt, befiehlt er, dies zu verhindern, die Duellanten aber nach dem Gesetz zu bestrafen. Der Chef der Geheimpolizei Benckendorff, der im Duelltod Puškins die einfachere Lösung sieht, erteilt dagegen geheime Anordnung, die Soldaten mit dem Verhaftungsauftrag an einen falschen Ort zu schicken. Puškins Beleidigungsbrief an den alten Heeckeren, mit dem er das Duell provozieren will, erreicht diesen, als d'Anthès noch von einer Flucht mit Natal'ja spricht. Das Duell findet am folgenden Tag statt, d'Anthès wird nur leicht verletzt, Puškin aber tödlich.
Nach Puškins Tod versammelt sich vor seinem Haus eine riesige Menschenmenge. Es kommt zu Demonstrationen von Studenten und Offizieren, die den Dichter als Opfer der Staatsmacht sehen: »*Der Untergang des großen Bürgers konnte geschehen, weil die unumschränkte Macht im Lande von Unwürdigen ausgeübt wird, die das Volk wie Sklaven behandeln...*«. Um einen Aufruhr zu vermeiden, läßt man Puškins Leichnam bei Nacht und Nebel aus der Stadt bringen. Der Uhrmacher Bitkov, der Puškin für die Geheimpolizei bespitzelt hat, kommentiert die nächtliche Unternehmung so: »*Wenn sie ihn dort verscharrt haben, wird auch meine Seele endlich Ruhe finden. (...) Er geht in seine ferne Ruhestatt, und ich geh in Urlaub.*« Mit der »*fernen Ruhestatt*« spielt er auf ein Gedicht Puškins an, das er auswendig gelernt hat und in dem der Dichter die Sehnsucht nach einem Ort der Ruhe und der Freiheit ausdrückt. Seine Petersburger Wohnung war keineswegs dieser Ort (das zeigt das Eindringen des Spitzels und des Nebenbuhlers, das zeigt schließlich die Versiegelung seines Arbeitszimmers durch die Polizei nach seinem Tod), im Leben blieb er für ihn unerreichbar. Das Stück endet, wie es anfing, mit einem Zitat aus *Winterabend*, jenem Gedicht, das mit Schneetreiben und Sturmgeheul nicht nur im Einklang mit der zeitlichen Situierung des Geschehens steht, sondern auch die hoffnungslose Atmosphäre der letzten Tage Puškins heraufbeschwört.
Die Darstellung Puškins, ohne ihn auftreten zu lassen, gelingt nicht zuletzt dank einer derart organischen Verbindung des Zitats mit der Handlung, mit der Raumgestaltung und den Figurenperspektiven. Der Grund dafür, daß Bulgakov seine Hauptfigur nicht auf die Bühne bringt, dürfte nicht allein im Respekt vor der Größe der historischen Person liegen; es zeigt sich darin auch, daß der Künstler im Spiel der Mächtigen keine aktive Rolle einnimmt, daß über sein Leben oder Sterben verhandelt wird, ohne daß er selbst zum Handeln kommt. F.G.

AUSGABEN: Moskau 1955 (in *Dni Turbinych. Poslednie dni (A. S. Puškin)*). – Moskau 1962 (in *P'esy*).

ÜBERSETZUNGEN: *Die letzten Tage*, P. Hamm, Bln. 1948. – Dass., Th. Reschke, Bln./DDR 1970.

LITERATUR: R. Schröder, *Eine Reise in die vierte Dimension – sieben dramatische Kapitel aus B.s »Roman mit der Geschichte«* (in M. B., *Stücke I*, Bln./DDR 1982, S. 457–481). – E. Proffer, *B. Life and Work*, Ann Arbor 1984, S. 445–458. – N. Thun, *B.s Puschkinstück ohne Puschkin* (in N. T., *Puschkinbilder*, Bln./Weimar 1984, S. 19–60).

## SOBAČ'E SERDCE

(russ.; *Ü: Hundeherz*). Novelle *(povest')* von Michail A. BULGAKOV, entstanden 1925, veröffentlicht 1968 in einer in Frankfurt a.M. erscheinenden russischen Exilzeitschrift; erst 1987 in der Sowjetunion publiziert; dort erschien in demselben Jahr auch eine dramatisierte Fassung. – Bulgakovs satirische Novelle steht in der Tradition klassischer Tierdichtung (ÄSOP, KRYLOV, LA FONTAINE), die soziale Mißstände enthüllt und menschliche Verhaltensweisen verspottet. Russische Vorläufer sind u. a. TOLSTOJS *Cholstomer*, 1885 (Der Leinwandmesser), ČECHOVS *Kaštanka* (1887), KUPRINS *Sobač'e sčast'e*, 1897 (Hundeglück), FEDINS *P'esi duši*, 1925 (Hundeseelen), und ZAMJATINS *Glaza*, 1922 (Die Augen).
Im Zentrum der in Moskau zu Beginn der zwanziger Jahre spielenden Handlung steht der sympathische geniale Chirurg Professor Filip Filippovič Preobraženskij, noch ganz dem Geist und Lebensstil der Zarenzeit zugewandt, der den Straßenhund Šarik bei sich aufnimmt, um ihm die menschlichen Organe eines Verbrechers einzupflanzen. Der neu entstandene Tiermensch Poligraf Poligrafovič Šarikov, ein Homunkulus ohne Geschichte, Verant-

wortung und soziale Einbindung, entpuppt sich als gefährlicher Widerling: er flucht, säuft, stiehlt, belästigt Frauen, tötet. – Als er Preobraženskijs Assistenten Bormental' mit der Pistole bedroht, wird er überwältigt und durch eine Operation in einen Hund zurückverwandelt.

Bulgakovs typische Mehrschichtigkeit zeigt sich auch in dieser unterhaltsam-bissigen Allegorie, in der der Autor sozialkritische, medizinische, autobiographische und phantastische Elemente verknüpft. Mit pointierten antisowjetischen Äußerungen drückt Bulgakov seine tiefe Skepsis gegenüber der politischen Entwicklung nach 1917 aus, deckt Mißstände der NEP-Zeit auf und führt das Revolutionsideal von dem zur Macht gelangten »neuen Menschen« proletarischer Herkunft *ad absurdum*. Der zum kommunistischen Genossen verwandelte Tiermensch ist trotz der Umwandlung charakterlich ein »Straßenköter« geblieben und wird daher zur Bedrohung für die Umwelt. In satirisch-grotesker Gestaltung zeigt der Autor die Reduzierung des Menschen auf die Stufe des Tieres und die Aufwertung des Hundes auf die Ebene des Menschen. Durch die Technik des inneren Monologs wird Šarik, der Hund, psychologisch überzeugend als ein Wesen mit den menschlichen Qualitäten des moralischen Bewußtseins, des Humors und der philosophischen Reflexion charakterisiert.

Der mit einem Magier, Priester *(žrec)* und GOETHES Faust verglichene Preobraženskij – das Faustmotiv spielt in Bulgakovs Roman *Master i Margarita* eine bedeutende Rolle – ist das *alter ego* des schreibenden Arztes Bulgakov. Der Autor, der in dieser Parabel Goethes Homunkulus-Motiv umkehrt, warnt vor dem willkürlichen Eingreifen des Menschen in die natürliche Ordnung der Dinge und setzt damit die Tradition von H. G. WELLS' Antiutopie *The Island of Dr. Moreau* (1896) fort. Die Beziehung »Künstler und Gesellschaft« zieht sich durch Bulgakovs Gesamtwerk. *»Hundeherz« ist die schonungslose Selbstanalyse eines Schriftstellers der inneren Emigration, in der Komik, Tragik und Resignation beklemmend miteinander verschränkt sind«* (J. Rühle). Der heruntergekommene, aber freie Straßenhund Šarik steht symbolisch für den unabhängigen Schriftsteller, während der tierische Šarikov die Inkarnation des von Ideologie und Zensur umfunktionierten und gleichgeschalteten, »vielschreibenden« Literaturfunktionärs ist – Šarikovs Vor- und Vatersname (»Poligraf Poligrafovič«) implizieren diese Bedeutungsebene.

Der Vielschichtigkeit der Deutungsmöglichkeiten entspricht die Vielfalt der stilistischen Kunstgriffe. Durch die Verflechtung von Polyperspektivität – die Handlung wird abwechselnd aus Šariks und Bormental's Perspektive, sowie der Sicht eines allwissenden Er-Erzählers beleuchtet – mit innerem Monolog, Personifizierung, Aufwertung, Reduzierung, Paradoxie, Kontrast, Alogismus, Anspielung, Verfremdung, Vulgarismen, Tiermetaphorik, grotesker Gestaltung, der Einbeziehung der phantastischen Schicht in die reale u.s.f. schafft Bulgakov auch formal eine mehrschichtige Ebene,

die er in *Master i Margarita* zur Vervollkommnung führt.  W.Schr.

AUSGABEN: Ffm. 1968 (in Grani, 69, S. 3–85). – Paris 1969. – Moskau 1987 (in Znamja, 6, S. 76–135).

ÜBERSETZUNG: *Hundeherz*, G. Drohla, Neuwied 1971. – Dass., dies., Neuwied [10]1985.

LITERATUR: J. Rühle, *B.s frühe Prophetien* (in Die Welt der Literatur, 19. 9. 1968, S. 24). – P. Urban, *Herr und Hund. Der neue Roman von M. B.* (in FAZ, 5. 10. 1968). – N. Struve, *Sobač'e serdce* (in Russkaja mysl', 22. 5. 1969, S. 6). – E. Kanak, *M. B. »Sobač'e serdce«* (in Novyj žurnal, 1969, 91, S. 301–302). – D. L. Burgin *B.'s Early Tragedy of the Scientist-Creator: An Interpretation of »The Heart of a Dog«* (in SEEJ, 22, 1978, Nr. 4, S. 494–508). – H. Goscilo, *Point of View in B.'s »Heart of a Dog«* (in Russian Literature Triquarterly, 15, 1978, S. 281–291). – Chr. Rydel, *B. and H. G. Wells* (ebd., S. 306–310). – V. Lakšin, *M. B., Sobač'e serdce* (in Znamja, 1987, H. 6, S. 73–76). – M. Čudakova, *Posleslovie zu: M. B., Sobač'e serdce* (ebd., S. 135–141). – Ja. Ajzenštat, *Podlinnaja istorija o tom, kak sudili M. B. K izdaniju v Sovetskom Sojuze povesti ›Sobač'e serdce‹* (in Russkaja mysl', 27. 7. 1987, S. 11). – S. Dedjulin, *Novinki i »novinki« M. B.* (ebd., 21. 8. 1987, S. 12).

---

## OLAF BULL

\* 10.11.1883 Oslo
† 23.6.1932 Oslo

**DAS LYRISCHE WERK** (norw.) von Olaf BULL.

Seit seiner Debütsammlung *Digte*, 1909 *(Gedichte)*, galt Olaf Bull als herausragendes Talent; mit den später folgenden Bänden *Nye Digte*, 1913 *(Neue Gedichte)*, *Digte og Noveller*, 1916 *(Gedichte und Novellen)*, *Stjernerne*, 1924 *(Die Sterne)*, *Metope* (1927), *De hundrede aar*, 1928 *(Die Jahrhunderte)*, *Oinos og Eros*, 1930 *(Oinos und Eros)*, *Oslo-hus*, 1931 *(Oslo-Haus)*, und *Ignis ardens* (1932) konnte er sich als moderner Klassiker etablieren.

Olaf Bulls erster Gedichtband, *Digte* (1909), löste bei der Kritik eine einhellig positive, fast überschwengliche Reaktion aus: Hier habe man es nicht mit einem vielversprechenden Versuch zu tun, sondern mit Poesie, die *»ihren Platz an der Seite jedweden lyrischen Werkes der Weltliteratur einfordern könne«* (Carl Nærup, ›Verdens Gang‹, Nr. 346, 1909). Diese Wertschätzung bezog sich auf Gedichte, deren innovatorisches Potential ganz auf der inhaltlichen Seite lag. Bull schaffte es, die traditionell eher voneinander getrennten lyrischen Untergattungen der Natur-, der Liebes- und der Gedankenlyrik unaufdringlich zu einer organischen Einheit zu verschmelzen. Besonders kennzeichnend für das Erstlingswerk sind die Frühlingsgedichte. Bull feiert darin die noch vor dem kalendarischen Frühling in Erscheinung tretenden ersten Anzeichen neu aufkeimenden Lebens. Typisch für ihn ist, daß der Zugriff über die präzise Registrierung sinnlicher Wahrnehmungen erfolgt: Ein plötzlich intensiveres Licht, das auf einen Gegenstand fällt, ein noch kaum wahrnehmbarer würziger Duft sensibilisieren die Sinne und leiten über zur erwartungsvollen Antizipation von Entwicklung und Reife, und schließlich mündet das Gedicht in grundsätzlichen Reflexionen existentieller Fragen. Auf die anschauliche Folie der biologischen Dynamik werden gleichgerichtete emotive und kognitive Bewegungen projiziert. Diese Überblendungstechnik resultiert häufig in metapoetischen Aussagen; so endet z. B. das Gedicht *Über den Frühling* nach den resümierenden Versen: »*Du bærer jo livet i dig – / som sommeren aldi gjør –*« (»*Du trägst doch das Leben in dir – / wie nie der Sommer es tut –*«) mit dem ekstatischen Ausruf: »*Å kunne min stemning gi deg / et dikt, som aldri dør!*« (»*Oh könnte meine Stimmung dir / ein Gedicht geben, das niemals stirbt!*«). Bereits dieses Verlangen ist, was Bull anläßlich seiner letzten Sammlung »*Bergsonismus in Versen*« nannte: Der Versuch, den »*élan vital*« durch Kunst dauerhaft zu fixieren (»*la durée*«). Stärker noch als in den expliziten Rekursen auf die Dichterrolle tritt Bulls Selbstverständnis in der oben angedeuteten induktiven Anlage der einzelnen Gedichte zutage. Neben der Orientierung an wissenschaftlichen Verfahrensweisen – Bull hat die (natur)wissenschaftlichen Strömungen seiner Zeit (z. B. EINSTEIN) mit Gewinn rezipiert – sah er vor allem in Denkern wie NIETZSCHE und dem Zeitgenossen BERGSON Vorbilder für die Möglichkeit, Natur und Welterkenntnis in poetischer Form Ausdruck zu geben. Bull setzte darauf, seiner Lyrik allein durch eine neue Sicht der Dinge zur Wirkung zu verhelfen. Auf ungewohnte Bilder oder kühne Metaphern hat er verzichtet; statt sich als formaler Neuerer zu versuchen, beschränkte sich Bull, generell am Ideal klassischer Strenge orientiert, auf die souveräne Ausreizung des vorhandenen Formeninventars.

Dem im Debütband erarbeiteten Muster folgte Bull auch in den drei sich anschließenden Sammlungen, *Nye Digte* (1913), *Digte og noveller* (1916) und *Stjernerne* (1924). Zwar nimmt die Anzahl der in einer entspannteren, bisweilen humoristischen Tonlage abgefaßten Texte zu, doch gleichzeitig finden sich Beispiele, in denen eine eher pessimistische Weltsicht überwiegt. In Bulls tendenziell antimetaphysischer Betrachtungsweise führt darin die Kontrastierung von äußerer und innerer Wirklichkeit zu desillusionierenden Ergebnissen. Idyllische Reservate gibt es dort nur innerhalb der Phantasie. So etwa in *Gobelin* (in *Nye Digte*), wo die Betrachtung eines bestickten Kissenbezugs den Vater dazu veranlaßt, sein Kind in eine autonome, märchenhafte Welt zu entführen. Doch die Verzauberung hält nicht an. Auch dieses Gedicht kehrt aus der Überhöhung zurück auf den banalen Anlaß, und negiert die Möglichkeit einer fortwährenden Verklärung. Daß Bull immerhin 15 Jahre benötigte, um drei, insgesamt nur 68 Gedichte umfassende Bände zu veröffentlichen, die sich formal und inhaltlich nahezu bruchlos an das Erstlingswerk anschließen, deutet auf die große Sorgfalt und kritische Selbstkontrolle, die seine Arbeit auszeichnet.

Erst mit dem Titelgedicht des vierten Bandes, *Metope*, ist ihm noch eine qualitative Steigerung gelungen. Das ganze Gedicht ist gemäß dem aus der dorischen Tempelarchitektur entlehnten Titel komponiert und in einer daran angelehnten Bildlichkeit setzt Bull programmatisch ein: »*Dig vil jeg ømt i rytmer nagle fast! / Dig vil jed dypt og blivende bevare / i digtets evige, unge alabast!*« (»*Dich will ich liebevoll in Rhythmen festnageln! / Dich will ich tief und dauernd bewahren / im ewigen, jungen Alabaster des Gedichts!*«). In dem sich entwickelnden Dialog mit dem angesprochenen Du, das konkrete Züge trägt, aber auch die abstrakte ›Geliebte‹ ist, wird unter Einbeziehung der Motivkomplexe Natur, Tod und Zeit der Konflikt zwischen Liebe und Kunst abgehandelt. Bull erreicht dabei unter metapoetischen Vorzeichen eine so außerordentliche Einheit in der Kombination von Sensualismus und Reflexion, in der Symbiose von Natur- und Liebesthematik, daß *Metope* häufig als das beste je in norwegischer Sprache geschriebene Gedicht bezeichnet worden ist.

Das folgende *De hundrede aar* (1928) verfaßte Bull anläßlich eines akademischen Jubiläums, und *Oslohus* (1931) ist zur Grundsteinlegung des Osloer Rathauses entstanden. Doch auch hier hat Bull formstreng und -sicher sinnlich-konkrete und abstrakte Elemente so ausbalanciert, daß diesen Texten ihre Zweckgebundenheit kaum anzumerken ist. Andere Auftragsarbeiten, wie der *Prolog zu ›Ein Volksfeind‹* (von IBSEN) in *Oinos og Eros* (1930) oder die Titelkantate der Sammlung *Ignis ardens* (1932) fügen sich ebenfalls harmonisch in das Œuvre. Nicht zuletzt aufgrund dieser gleichbleibend hohen Qualität seiner Produktion hat Bull bis heute eine kaum angefochtene Stellung als wohl bedeutendster norwegischer Lyriker der ersten Hälfte des 20. Jh.s inne.

Erst in den späten sechziger bis frühen siebziger Jahren hat es vermehrt auch kritische Einwände gegeben. Bull wurde formaler Konservatismus und fehlendes gesellschaftliches Engagement vorgeworfen: Wenn Bulls Verdienst nicht zuletzt darin liegen soll, die norwegische Lyrik dieses Jahrhunderts an weltliterarisches Niveau angeschlossen zu haben, zeigt da eine genauere Betrachtung der zeitgleichen zentraleuropäischen, vor allem französischen Lyrik, aus der er ja seine wesentlichen Anregungen bezog, nicht eher ein gewisses Epigonentum und seine relative Provinzialität? Oder: Wie relevant und (un)verbindlich ist Bulls Lyrik, zu deren wichtigsten Anliegen doch die Darstellung von Zeitempfinden und die Problematisierung von

Überzeitlichkeit gehört, wenn sich z. B. ein solch einschneidendes geschichtliches Ereignis wie der Weltkrieg in nur einem einzigen Gedicht, in *Sommerens forlis* (*Der Verlust des Sommers* in *Digte og noveller*), erkennbar niederschlägt? Seine eherne Stellung als Klassiker ist durch derlei – ihrerseits zeitgebundene – Fragen zwar nicht erschüttert worden, wohl aber haben sie gezeigt, daß auch Bulls Werk bereits Patina angesetzt hat. S.We.

AUSGABEN: *Digte*, Kristiania 1909. – *Nye Digte*, Kristiania 1913. – *Digte og Noveller*, Kristiania 1916. – *Stjernerne*, Kristiania 1924. – *Metope*, Oslo 1927. – *De hundrede aar*, Oslo 1928. – *Oinos og Eros*, Oslo 1930. – *Oslo-hus*, Oslo 1931. – *Ignis ardens*, Oslo 1932. – *Samlede Digte*, Oslo 1934.

LITERATUR: P. Houm, *O. B. om liv og kunst. Utdrag av etterlatte papirer* (in Samtiden, 1940, S. 288–297 u. 349–358). – Th. Holm, *Omkring dødsmotivet i O.B.s diktning* (ebd., 1951, S. 448–461). – T. Greiff, *O. B. – taper og seirer*, Oslo 1952. – *O. B.*, Hg. Det norske Studentersamfunds Kulturutvalg, Oslo 1954. – E. Ofstad, *O. B.s lyrikk*, Oslo 1955. – E. A. Wyller, *Tidsproblemet hos O. B.*, Oslo 1959. – Å. H. Lervik, *O. B.s dikt »Ordene«* (in Edda, H. 3, 1973, S. 129–137). – J. Fr. Marstrander, *O. B.s dikt »Sommerens forlis«* (ebd., H. 2, 1984, S. 105–117). – Susanne Bull, *Ni år. Mit liv med O. B.*, Oslo 1974. – Jan Erik Vold, *Ømt i rytmer nagle fast?* (in J. E. V., *Det norske syndromet*, Oslo 1980, S. 71–98). – G. Johannesen, *Tre kapitler om O. B.* [Diss., Ausz.] (in *En bok om Georg Johannesen*, Hg. J. F. Grøgaard u. a., Oslo 1981, S. 111–173). – *O. B. Ekko og regnbue. Notater fra en dikters verksted*, Hg. F. Lassen, Oslo 1987.

## HEINRICH BULLINGER

\* 18.7.1504 Bremgarten / Aargau
† 17.9.1575 Zürich

### EIN SCHOEN SPIL VON DER GESCHICHT DER EDLEN RÖMERIN LUCRETIAE unnd wie der Tyrannisch küng Tarquinius Superbus von Rhom vertriben / und sunderlich von der standthafftigkeit Junij Bruti / des Ersten Consuls zů Rhom

Drama in zwei Akten von Heinrich BULLINGER erste Aufführung: Basel, 2. 3. 1533. – Als Vorlagen für seine um 1526 entstandene Dramatisierung des um die gleiche Zeit auch von Hans SACHS bearbeiteten Lucretia-Stoffs dienten Bullinger die ersten beiden Bücher *Ab urbe condita* des Titus LIVIUS sowie Buch 4 und 5 der *Antiquitates Romanae* des DIONYSIOS aus Halikarnassos. Der dort zum Teil ins Sagenhafte gewendete Übergang von der Monarchie zur Republik, der Sturz und die Vertreibung der Tarquinier durch Brutus, gibt – nicht ohne deutliche Parallelen zur Geschichte der Schweiz – Das Modell ab für die Institution einer Verfassung eidgenössischen Zuschnitts. Die dem vergleichsweise kurzen ersten Akt vorbehaltene Lucretia-Tragödie wird, als lediglich auslösendes Moment, zum Vorwand für eine ausführliche Darlegung der politischen Bestrebungen des geistlichen und politischen Nachfolgers Zwinglis in Zürich: Er »*will hiermit kurtz an han gezeygt, / Worüff der gwallt soll syn geneygt: / Uff gmeynen nutz und dapfferkeit, / Uff Fryheit und gerechtigkeit, / Das er soll syn standthafft, ein man, / Der keyn person nit sähe an*«. Der erste Akt schildert in einem exemplarischen Fall, »*wie es under eynem volck stande, das Tyrannen zů Regenté hat*«.

Lucretia, die tugendhafte Frau des Tarquinius Collatinus, wird von Sextus, dem leichtfertigen Sohn des Königs Tarquinius Superbus, vergewaltigt. Von ihrem Vorsatz, die ihr angetane Schmach mit Selbstmord zu sühnen, läßt sie sich auch nicht durch Freunde und Verwandte abbringen: »*Lucretia, du vyl reynes wyb! / Sgmüt sünd allein und nit der lyb.*« Nachdem sie sich erdolcht hat, schwören Collatinus, ihr Vater Lucretius und Brutus dem König und seinem ganzen Geschlecht Rache. Mit Hilfe des von Brutus in einer flammenden Anklagerede gegen den »*blůtgen hund*« Tarquinius Superbus und den gesamten Adel aufgebrachten Volkes vertreiben sie die Tarquinier aus Rom. – Die für die junge Republik entstehenden Gefahren und ihre tatkräftige, bis zur Selbstverleugnung gehende Bekämpfung durch den »*Burgermeyster*« Brutus liefern den Inhalt für den umfangreichen zweiten Akt. Brutus läßt das Volk auf eine neue Verfassung schwören, welche die Abschaffung der Monarchie, die Einführung des jährlich wechselnden Konsulats (»*ein zydtlang fürstohn und dannethin ein zydt syn underthon, nimpt hin die stöltze und machet gmeynsam*«), eine radikale Einschränkung staatlicher Repräsentation und schließlich die Berufung eines die Konsuln kontrollierenden Rats der Weisesten aus allen Zünften vorsieht. Ihre erste Probe muß die republikanische Bürgerschaft alsbald bestehen: Gesandte des vertriebenen Königs erscheinen und tragen seinen Wunsch vor, nach Rom zurückzukehren, »*on gwallt, on pracht, Burger allein*«. Nach demokratischer Rede und Gegenrede wird sein Ansinnen zurückgewiesen: Er erhält lediglich das königliche Vermögen mit der Auflage ständigen Exils. Eine unterdessen von seinen Legaten angezettelte Verschwörung zum Sturz der Republik wird entdeckt. Beteiligt daran sind, neben angesehenen, aber korrupten Bürgern, auch die beiden jungen Söhne des Brutus. Der Vater läßt sie um des Prinzips willen enthaupten, nachdem sie sich in einer ergreifenden Bußrede schuldig bekannt haben: »*O hüetent üch vor frembdem Gelt / Deshalben ich bin fürgestellt. / Wer Goben nimpt, der ist nit fry, / Gelt nemen macht Verräterei.*«

Bullingers lehrhaftes und zeitkritisches Historienspiel hält sich im ganzen eng an seine Quellen, transponiert die dort geschilderten Verhältnisse jedoch bis ins Detail ins Schweizerische. Die Zeichnung der Hauptpersonen verrät psychologisches Einfühlungsvermögen, die von Prosastellen unterbrochenen Reimpaarverse wirken flüssig und ausgewogen. C.St.

AUSGABEN: Basel 1533. – Straßburg 1550. – Zürich 1890 (in *Schweiz. Schauspiel des 16. Jh.s*, Hg. u. Bearb. J. Baechtold; Schriften der Stiftung v. Schnyder v. Wartensee, 1).

LITERATUR: S. Hess, *Lebensgeschichte M. H. B.'s, Antistes der Kirche Zürich*, 2 Bde., Zürich 1829. – G. v. Schulthess-Rechberg, *H. B., der Nachfolger Zwinglis*, Halle 1904 (in Schriften d. Vereins f. Reformationsgesch., 82). – K. Hirth, *H. B.'s Spiel von »Lucretia und Brutus« 1533*, Diss. Marburg 1919. – W. Muschg, *H. B.'s »Spiel von Lucretia und Brutus«* (in Sonntagsbl. d. Basler Nachrichten, 1939, Nr. 35). – O. Farner, *H. B.'s »Lucretia und Brutus«* (in NZZ, 26. 11. 1939). – R. Pfister, *B.-Forschung* (in ARG, 51, 1960, S. 90–97). – H. Hartmann, *Zwei dt. »Lucretia«-Dramen d. 16. Jh.s. Ein Vergleich* (in WB, 14, 1968, S. 1303–1319). – J. Wayne Baker, *H. B. and the Convenant*, Athens/Oh. 1980.

## ED BULLINS

\* 2.7.1935 Philadelphia

LITERATUR ZUM AUTOR:
W. Sollers, *E. B.* (in *Das amerikanische Drama der Gegenwart*, Hg. H. Grabes, Kronberg 1976, S. 201–222). – R. L. Tener, *Pandora's Box: A Study of E. B.'Dramas* (in CLA, 19, 1976, S. 533–544). – S. J. Bernstein, *The Strands Entwined: A New Direction in American Drama*, Boston 1980, S. 61–86. – P. Bruck, *E. B.: The Quest and Failure of an Ethnic Community Theatre* (in *Essays on Contemporary American Drama*, Hg. H. Bock u. A. Wertheim, Mchn. 1981, S. 123–140). – R. Cohn, *New American Dramatists: 1960–1980*, Ldn. 1982, S. 102–108. – G. Fabre, *Drumbeats, Masks and Metaphor. Contemporary Afro-American Theatre*, Cambridge/Mass. 1983.

## THE ELECTRONIC NIGGER

(amer.; *Der elektronische Nigger*). Tragikomödie in einem Akt von Ed BULLINS, Uraufführung: New York, 26. 3. 1968, American Place Theatre. – Mit *The Electronic Nigger* gelangte Bullins erstmals zu nationaler Bekanntheit und erzielte den Durchbruch als schwarzer Dramatiker. Das Drama gehört neben seinem Erstlingsstück *How Do You Do* (1965) zu denjenigen Bühnenwerken des Autors, die das Leben der schwarzen Mittelschicht satirisch darstellen und mit Stereotypen und Klischees ein bissig-übermütiges Spiel treiben. Mit der gelungenen Satire auf den Typus des schwarzen Möchtegern-Intellektuellen übt Bullins ebenso wie Leroi JONES (\* 1934) – dieser jedoch in aggressivem, haßerfülltem Ton – Kritik am falschen Bewußtsein der sich an den Werten der weißen Gesellschaft orientierenden Schwarzen. Wie so oft bei Bullins ist die Handlung banal; das eigentliche thematische Zentrum bildet die »kulturelle Gehirnwäsche«. Die Sprache ist dabei Gradmesser für das authentische schwarze Bewußtsein bzw. für die Entfremdung der Charaktere. In *The Electronic Nigger* bedient Bullins sich des akademischen »elaborierten Kodes«, um das von weißen Normen infizierte schwarze Bewußtsein in der Groteskheit seines Entfremdungszustandes deutlich zu machen.

Den Rahmen des Stücks bildet ein Kurs über *creative writing* an einem kalifornischen College. Ray Jones, der schwarze Kursleiter, hat sämtliche Merkmale des schwarzen Idioms abgelegt und bedient sich der ausgefeilten Sprache der weißen Akademikerschicht, die von seinem ältesten Kursteilnehmer, Mr. Carpentier, in lächerlich-grotesker Weise übersteigert wird: Mit affektiertem Akzent, zumeist falsch verwendeten Fremdwörtern und umständlich-geschraubten Satzkonstruktionen monopolisiert Carpentier die Diskussion im Kurs. Während der Unmut unter den anderen Kursteilnehmern wächst, schildert er selbstgefällig seine Erfolge und Pläne als Schriftsteller, gibt sich als vehementer Vorreiter der neuen Gattung des »Soziodramas« und doziert über Nekrophilie bei Jugendlichen. Als Jones während der immer mehr außer Kontrolle geratenden Diskussion den Standpunkt vertritt, der schwarze Schriftsteller müsse zur Schaffung eines schwarzen Bewußtseins beitragen und die kulturelle und soziale Tyrannei der weißen Gesellschaft beseitigen, zeigt sich Carpentier vollends als seiner Rasse entfremdet: Er bezeichnet diesen Standpunkt verächtlich als »schwarzen Chauvinismus«, rückt den schwarzen Nationalismus in die Nähe von Faschismus und intellektueller Barbarei und leugnet seine eigene schwarze Hautfarbe. Schließlich verselbständigen sich seine Ausführungen, er wird zu einem Sprechautomaten und verläßt, nachdem der resignierte Jones sich zurückgezogen hat, mit einigen ihm ehrfürchtig folgenden Studenten und mechanisch wie eine Krähe krächzend den Raum.

Carpentier, der »Electronic Nigger«, ist ein für Bullins typischer eindimensionaler Charakter, der unter Handlungszwang steht und seinem eigenen Wesen entfremdet worden ist. An ihm will Bullins mit den analytischen Mitteln der Satire den psychisch verderblichen Einfluß der weißen Welt aufzeigen, die den Afro-Amerikanern ein eigenes kulturelles Selbstverständnis verweigert und sie durch den Zwang zur Assimilation zu fremdbestimmten »Automaten« werden läßt. Das Theater ist für Bullins ein sowohl politisch als auch kulturell wirksames Kommunikationsmedium, das diese Gehirnwäsche rückgängig machen und über die kathartische Freisetzung von Energien beim Anblick schwarzer Realität auf der Bühne letztlich zur Herausbildung eines schwarzen Nationalbewußtseins bei den Zuschauern führen soll. In diesem Sinne war Bullins seit 1965 tätig als »Kulturminister« der Black Panther-Bewegung, als Herausgeber zahlreicher Anthologien afro-amerikanischer Literatur sowie der Zeitschrift ›Black Theatre‹ und als Gründer und maßgeblicher Dramatiker des schwarzen New Lafayette Theater in Harlem. J. Ass.

AUSGABEN: NY 1969 (in *Five Plays*). – Ldn. 1970.

LITERATUR: F. Jotterand, *Un Grand Auteur: E. B.* (in *Le nouveau théâtre américain*, Paris 1970, S. 203–207). – J. R. Giles, *Tenderness in Brutality: The Plays of E. B.* (in Player Magazine, Okt./Nov. 1972, S. 32 f.). – L. Grant, *The New LaFayette Theatre. Anatomy of a Community Art Institution* (in Drama Review, 16, 1972, S. 46–55). – S. Clarke, *A Black Radical: On the Art of E. B.* (in Plays and Players, März 1973, S. 62 f.). – G. Smitherman, *E. B./Stage One: Everybody Wants to Know Why I Sing the Blues* (in Black World, 23, 1974, S. 4–13).

## THE TAKING OF MISS JANIE

(amer.; *Die Vergewaltigung von Miss Janie*). Drama in einem Akt von Ed BULLINS, Uraufführung: New York, März 1975, Woodie King's New Federal Theater. – Mit *The Taking of Miss Janie* griff Bullins die Boheme- und Partygesellschaft seines früheren Dramas *The Pig Pen* (1970) erneut auf und schrieb eine erfolgreiche Fortsetzung, die ihm den ›Obie Award‹ und den ›New York Drama Critics' Award‹ für das beste Stück der Theatersaison 1974/75 einbrachte. Stand im Mittelpunkt von *The Pig Pen* eine Party am Vorabend der Ermordung von Malcolm X, so blicken die Charaktere in *The Taking of Miss Janie* aus der Perspektive von 1975 auf die sechziger Jahre zurück. Namen wie Kennedy, Martin Luther King und Malcolm X verweisen dabei auf die in der Zwischenzeit zerstörten Hoffnungen und Bestrebungen.

Die dramatische Handlung selbst kreist um die gestörte Beziehung zwischen der weißen Studentin Janie und ihrem schwarzen Freund Monty, die Bullins, zusammen mit den Beziehungen der anderen sieben Charaktere, als ein Mittel benutzt, um das Verhältnis zwischen Schwarz und Weiß in Amerika zu analysieren. Das Drama, das in zwölf jeweils vom Monolog einer Person dominierte Abschnitte zerfällt, setzt kurz nach der Vergewaltigung Janies ein – die von Monty in zynischer Anspielung auf das frühere Verhältnis von Sklave zu Sklavenhalter stets nur mit »Miss Janie« angesprochen wird – und bewegt sich dann in mehreren Rückblenden von den Anfängen der Beziehung, die von Janie nur als idealisierte, platonische Freundschaft zu dem jungen schwarzen Dichter intendiert ist. Bullins zeichnet mit Janie eine etwas naiv-liberale Weiße, die Kontakt zu Schwarzen zwar ›chic‹ findet, diese aber weder versteht noch voll akzeptiert. Nacheinander enthüllt in den folgenden Abschnitten jede Person in Monolog und Dialog ihre Vorurteile, ihre Sicht der anderen Personen und ihre Beziehungsprobleme: Rick, der haßerfüllte schwarze Nationalist; Lonnie, Janies hohler und komplexbehafteter weißer Freund; Len, der kühl analysierende Intellektuelle, der mit der weißen Sharon eine (augenscheinlich) dauerhafte Ehe eingeht; der engstirnige und heuchlerische jüdische Rassist Mort Silverstein; Flossy, eine illusionslose, sinnliche Farbige, die mit Monty ein Verhältnis eingeht. Obgleich stets eine Party den Rahmen dieser Selbstenthüllungen abgibt, ist der zeitliche Bezug immer wieder unklar, vermischen sich Rückblenden und Vorausblicke der Charaktere und wird auch immer wieder das Publikum selbst angesprochen. Im letzten Abschnitt kehrt das Drama zur Ausgangssituation zurück: Prolog und Epilog verschmelzen, als Monty die Beziehung zu Janie durch eine zweite Vergewaltigung endgültig zerstört.

Bullins' Drama wurde zumeist als »*eine brutale Satire über aufgegebene Ideale und eine nie stattgefundene Revolution*« (Ch. M. Young) interpretiert, die von einer pessimistischen Grundstimmung getragen wird. Obgleich die glückliche Beziehung von Sharon und Len einen Hoffnungsschimmer im Rassenkonflikt anzudeuten scheint, erlaubt im allgemeinen die Außenseiterposition dem Schwarzen nur ein von Gewalt und Demütigungszwang bestimmtes Verhältnis zu weißen Partnern. Bullins stellt mit seinen Personen aber nicht nur die gespannten Rassenbeziehungen in Amerika dar, sondern er zeigt im Versagen individueller, typenhaft gezeichneter Charaktere auch das Panorama des Versagens einer gesamten Generation, deren Träume versandet und deren Ideale faulen Kompromissen geopfert worden sind. Das Grundthema der gestörten Beziehungen findet seine formale Widerspiegelung in der Auflösung klarer Strukturen: Die Kreisbewegung des Stücks, das Verschwimmen zeitlicher Abgrenzungen, die episodisch-assoziative Handlungsstruktur und das Nebeneinander von Monolog und Dialog ergeben ein Drama, das mit Mitteln des realistischen, surrealistischen und absurden Theaters in einer Aneinanderreihung von Impressionen die von Widersprüchen, Täuschung und Selbsttäuschung gekennzeichnete rassische Situation Amerikas in den sechziger Jahren einzufangen versucht. J. Ass.

AUSGABEN: NY 1975 (in *The Best Plays of 1974–1975*, Hg. O. L. Guerney Jr.).

LITERATUR: M. Gussow, *Stage: B.'»Taking of Miss Janie«* (in New York Times, 18. 3. 1975). – W. Kerr, *A Blurred Picture of a Decade* (ebd., 11. 5. 1975). – Ch. M. Young, *Is Rape a Symbol of Race Relations?* (ebd., 18. 5. 1975). – R. G. Scharine, *E. B. Was Steve Benson (But Who Is He Now?)* (in

Black American Literature Forum, 13, 1979, S. 103–109). – W. D. E. Andrews, *Theater of Black Reality: The Blues Drama of E. B.* (in Southwest Review, 65, 1980, S. 178–190).

---

**RUDOLF BULTMANN**

\* 20.8.1884 Wiefelstede
† 30.7.1976 Marburg

LITERATUR ZUM AUTOR:
*Bibliographien:*
E. Dinkler, *Bibliographie der Werke B.s* (in R. B., *Exegetica, Aufsätze zur Erforsch. des Neuen Testamentes,* Hg. E. Dinkler, Tübingen 1967, S. 483–507). – Ders., Ergänzung dieser *Bibliographie für die Jahre 1967–1974* (in Theolog. Rs, 39, 1975, S. 91–93). – M. Kwiran, *Index to Literature on Barth, Bonhoeffer and B.* (Section III: R. B.), Basel 1977 (Theolog. Zs., Sonderbd. 7).
*Forschungsberichte:*
H. W. Bartsch, *Der gegenwärtige Stand der Entmythologisierungsdebatte* (in *Kerygma und Mythos,* Bd. 1, Hg. ders., Hbg. 1954, S. 227–301). – W. G. Kümmel, *Das Problem des geschichtlichen Jesus in der gegenwärtigen Forschungslage* (in *Der hist. Jesus u. der kerygm. Christus,* Hg. H. Ristow u. K. Matthiae, Bln. 1960, S. 39–53). – E. Lohse, *Die Frage nach dem historischen Jesus in der gegenwärtigen neutestamentlichen Forschung* (in ThLz, 1962, S. 161–174). – G. Bornkamm, *Die Theologie R. B.s in der neueren Diskussion* (in Theol. Rs., 29, 1963, S. 33–141).
*Gesamtdarstellungen und Studien:*
*Kerygma und Mythos,* 6 Bde., Hg. H. W. Bartsch, Hbg. 1948–1961. – K. Barth, *R. B. Ein Versuch, ihn zu verstehen,* Zürich ²1953. – H. Fries, *Das Anliegen B.s im Lichte der katholischen Theologie* (in Catholica, 10, 1954, S. 1–14). – O. Schnübbe, *Der Existenzbegriff in der Theologie R. B.s,* Göttingen 1959. – *Der historische Jesus und der kerygmatische Christus,* Hg. H. Ristow und K. Matthiae, Bln. 1960. – F. Theunis, *Offenbarung und Glaube bei R. B.,* Hbg. 1960. – G. Ebeling, *Theologie und Verkündigung. Ein Gespräch mit R. B.,* Tübingen 1962. – G. Hasenhüttl, *Der Glaubensvollzug. Eine Begegnung mit R. B. aus katholischem Glaubensverständnis,* Essen 1963 [m. Bibliogr.]. – W. Schmithals, *Die Theologie R. B.s. Eine Einführung,* Tübingen 1966. – F. Peerlinck, *R. B. als Prediger. Verkündigung als Vollzug seiner Theologie,* Hbg. 1970. – D. Sölle, *Politische Theologie. Auseinandersetzung mit R. B.,* Stg. 1971. – M. Boutin, *Relationalität als Verstehensprinzip bei R. B.,* Mchn. 1974. – B. Dieckmann, *»Welt« und »Entweltlichung« in der Theologie R. B.,* Mchn. u. a. 1977. – W. Stegemann, *Der Denkweg R. B.s,* Stg. 1978. – H. E. Tödt, *R. B.s Ethik der Existenztheologie,* Gütersloh 1978. – H. Fries, *R. B.* (in *Klassiker der Theologie,* Bd. 2, Hg. ders. u. G. Kretschmar, Mchn. 1983, S. 297–317). – *R. B.s Werk und Wirkung,* Hg. B. Jaspert, Darmstadt 1984. – E. Jüngel, *Glauben und Verstehen. Zum Theologiebegriff R. B.s,* Heidelberg 1985. – *R. B. - 100 Jahre. Oldenburger Vorträge,* Hg. Stadt Oldenburg/Kulturdezernat, Oldenburg 1985. – J. M. Millás, *Die Sünde in der Theologie R. B.s,* Ffm. 1987.

**NEUES TESTAMENT UND MYTHOLOGIE. Das Problem der Entmythologisierung der neutestamentlichen Verkündigung**

Theologischer Aufsatz von Rudolf BULTMANN, erschienen 1941. – Die im Untertitel formulierte Fragestellung der Untersuchung ist nicht nur ein Problem der modernen Theologie, sondern ergibt sich schon seit der Ablösung des antiken mythischen Weltbilds und des entsprechenden Menschenverständnisses durch das naturwissenschaftlich orientierte Selbstverständnis des neuzeitlichen Menschen. Bultmann nennt es ein Armutszeugnis der Theologie, daß diese Frage noch immer nicht zufriedenstellend beantwortet sei.
Im ersten Teil des Aufsatzes zeigt er zunächst in antithetischem Verfahren, daß eine Wiederherstellung des mythischen Weltbilds als Voraussetzung zum Verstehen des *Neuen Testaments* unmöglich ist und daß das Heilsgeschehen (Sendung, Tod und Auferstehung Jesu), das im *Neuen Testament* in den Denkformen des mythischen Weltbilds beschrieben wird, für den neuzeitlichen Menschen unverständlich bleiben muß. Die Aufgabe besteht also in der Entmythologisierung der neutestamentlichen Verkündigung. Gegen frühere Versuche dieser Art, wie sie seit der Aufklärung durch die liberale Theologie, insbesondere die religionsgeschichtliche Schule, unternommen wurden, wendet Bultmann ein, daß sie auf eine *»Eliminierung«* der Mythologie zugunsten religiöser und sittlicher Gedanken Jesu hinausliefen, während der richtige Weg in der *»existentialen Interpretation«* der Mythologie zu suchen sei; denn Thema des *Neuen Testaments* sei nicht die Lehre Jesu, sondern die Person Jesu als das entscheidende Heilsereignis. Sachlich sei dies gefordert sowohl durch das Wesen des Mythos, der nicht kosmologisch, sondern anthropologisch interpretiert sein wolle, als auch durch das *Neue Testament* selbst, in dem sich verschiedene, teilweise widersprüchliche Vorstellungen einer dualistischen Mythologie, jüdischer Apokalyptik und des gnostischen Erlösermythos finden.
Im zweiten, längeren Teil des Aufsatzes bietet Bultmann in Grundzügen eine solche entmythologisierende existentiale Interpretation der neutestamentlichen Verkündigung. Das neutestamentliche Verständnis christlicher Existenz beschreibt er als *»Entweltlichung«* des Menschen, als Abkehr vom Sichtbaren zum Unsichtbaren und damit als Frei-

werden von der »Welt« als der Welt der Vergänglichkeit und des Todes. In Auseinandersetzung mit der Existenzphilosophie (JASPERS, HEIDEGGER, Wilhelm KAMLAH), die das Selbstverständnis des Menschen ähnlich beschreibt, weist Bultmann zunächst darauf hin, daß faktische Voraussetzung dieser Philosophie die neutestamentliche Verkündigung sei, wie sie etwa durch LUTHER und KIERKEGAARD vermittelt worden ist. Der wesentlichste Unterschied sei freilich, daß die Philosophie irrtümlich meine, es genüge der Aufweis der Natur des Menschen, dem die in Freiheit vollzogene Verwirklichung folgen werde; demgegenüber behaupte das *Neue Testament*, daß diese Freiheit nicht in der Natur des Menschen liege, sondern daß es zu ihrer Verwirklichung einer Tat Gottes bedürfe, daß sie dem Menschen geschenkt werden müsse. Diese Tat Gottes sei das Christusgeschehen, dessen mythologische Beschreibung im *Neuen Testament* den Sinn habe, »die Bedeutsamkeit der historischen Gestalt Jesu und seiner Geschichte ... zum Ausdruck zu bringen«. So sei das Kreuz nicht richtig verstanden, wenn man es lediglich als historisches Ereignis ansehe, sondern nur, wenn es vom einzelnen ins eigene Leben übernommen und nachvollzogen werde. Die Auferstehung Jesu sei nicht als beglaubigendes Mirakel gemeint, sondern sie bedeute, daß im Kreuz auch der eigene Tod und die eigene Vergänglichkeit überwunden seien. Kreuz und Auferstehung seien so nur dem Glauben zugänglich, der »verstehendes Ja« zu der Verkündigung von diesem Heilsereignis sei.

Dieser Aufsatz entfachte eine Diskussion, die über kirchliche und nationale Grenzen hinausging und bis heute nicht beendet ist. Vorgeworfen wurde Bultmann einerseits, er löse die Theologie in (Existenz-)Philosophie auf, andererseits, er habe inkonsequenterweise diesen Schritt nicht getan. Für Bultmann selbst ist dieser Aufsatz im Zusammenhang seiner Bemühung um die Hermeneutik zu sehen, die von frühen Aufsätzen an sowohl systematisch als auch exegetisch (vor allem in seinem Kommentar *Das Evangelium des Johannes*, 1941, und in der *Theologie des Neuen Testaments*, 1948–1951) sein Werk durchzieht. Entmythologisierung wird für ihn der neutestamentlichen Verkündigung nur als existentiale Interpretation gerecht, weil diese vom *Neuen Testament* selbst gefordert sei. Sein Ansatzpunkt liegt also nicht so sehr bei den Verstehensmöglichkeiten des modernen Menschen als vielmehr in der analysierenden Erschließung der Texte des *Neuen Testaments*. D.L.

AUSGABEN: Mchn. 1941 (in R. B., *Offenbarung u. Heilsgeschehen*; Nachdr. Mchn. 1985, Hg. E. Jüngel). – Tübingen 1948 (in R. B., *Kerygma u. Mythos*, Hg. W. Bartsch, 6 Bde., 1948–1964, 1; 4 1960).

LITERATUR: *Entmythologisierung. Eine Auseinandersetzung zwischen J. Schniewind, R. B. u. K. Barth*, Stg. 1949. – *Ein Wort lutherischer Theologie zur Entmythologisierung. Beiträge zur Auseinandersetzung mit dem theologischen Programm R. B.s*, Hg. E. Kinder, Mchn. 1952. – F. Gogarten, *Entmythologisierung u. Kirche*, Stg. 1953. – K. Jaspers u. R. Bultmann, *Die Frage der Entmythologisierung*, Mchn. 1954. – H. Ott, *Geschichte u. Heilsgeschehen in der Theologie R. B.s*, Tübingen 1955. – J. Körner, *Eschatologie u. Geschiche*, Hbg. 1957. – B. H. Throckmorton, *The New Testament and Mythology*, Philadelphia 1959. – G. Noller, *Sein u. Existenz. Die Überwindung des Subjekt-Objektschemas in der Philosophie Heideggers u. in der Theologie der Entmythologisierung*, Mchn. 1962. – F. Vonessen, *Mythos u. Wahrheit. B.s Entmythologisierung u. die Philosophie der Mythologie*, Einsiedeln 1964. – F. Hohmeier, *Das Schriftverständnis in der Theologie R. B.s*, Bln.-Hbg. 1964. – F. Flückiger, *Existenz und Glaube. Kritische Betrachtung zur existentialen Interpretation*, Wuppertal 1966. – R. Marlé, *B. et l'interprétation du Nouveau Testament*, Paris ²1966. – Th. Lorenzmeier, *Exegese und Hermeneutik. Eine vergleichende Darstellung der Theologie R. B.s, H. Brauns u. G. Ebelings*, Hbg. 1968. – W. Löser, *Dimensionen der Auslegung des Neuen Testaments. Zum Gespräch H. Schliers mit R. B.* (in Theologie und Philosophie, 57, 1982, S. 481–497). – W. Nethöfel, *Strukturen existentialer Interpretation. B.s Johanneskommentar im Wechsel theologischer Paradigmen*, Göttingen 1983. – B. Dieckmann, *Die theologischen Hintergründe von B.s Bildfeindschaft* (in Catholica, 32, 1978, S. 270–298). – B. Jaspert, *Sackgassen im Streit mit R. B. Hermeneutische Probleme der B.-Rezeption ...*, St. Ottilien 1985.

## EDWARD GEORGE BULWER-LYTTON

\* 25.5.1803 London
† 18.1.1873 Torquay

LITERATUR ZUM AUTOR:
V. A. Lytton, *The Life of E. B., First Lord L., by His Grandson*, 2 Bde., Ldn. 1913; ern. 1948. – J. I. Fradin, *The Novels of B.-L.*, Diss. Columbia Univ. 1956 (vgl. Diss. Abstracts, 16, 1955/56, S. 2148 f.). – S. B. Liljegren, *B.-L.'s Novels and Isis Unveiled*, Cambridge/Mass. 1957. – R. Blake, *B.-L.* (in Cornhill Magazine, 1973, Nr. 1077, S. 67–76). – A. C. Christensen, *E. B.-L.: The Fiction of New Regions*, Athens/Ga. 1976. – C. Dahl, *E. B.-L.* (in *Victorian Fiction: A Second Guide to Research*, Hg. G. H. Ford, NY 1978). – J. L. Campbell, *E. B.-L.*, Boston 1986 (TEAS).

## THE COMING RACE

(engl.; *Das kommende Geschlecht*). Roman von Edward George BULWER-LYTTON, erschienen 1871. –

Der Roman gilt als eine der ersten wichtigen Stationen in der Entwicklung der Gattung der Utopie *(Eutopie)* bzw. der Anti-Utopie *(Dystopie)* als deren negatives Gegenstück.
Bulwer-Lytton, der noch in den dreißiger Jahren als Vertreter der Liberalen im Parlament gesessen hatte, unterstützte seit der Mitte des Jahrhunderts verstärkt Disraeli und die konservativen »Tories«, als deren Vertreter er schließlich 1852 erneut ins Unterhaus einzog. Fünf Jahre vor Erscheinen von *The Coming Race* wurde er schließlich für seine Verdienste um die Konservativen geadelt, und diese auf die Bewahrung tradierter gesellschaftlicher und politischer Normen und Werte gerichtete Grundhaltung und die daraus resultierende Skepsis gegenüber gesellschaftlichen Veränderungen ist dem vor dem Hintergrund des Aufstandes der Pariser Kommune (März – Mai 1871) entstandenen Roman auch deutlich eingeschrieben.
Ausgangspunkt der Handlung ist eine Gesellschaft, in der die sozialreformerischen Forderungen, die die politische Diskussion der Entstehungszeit bestimmten – Verbesserung des Gesundheitswesens, allgemeiner Wohlstand, allgemeine persönliche Freiheit, Gleichstellung von Mann und Frau –, bereits verwirklicht wurden.
Der Erzähler in Bulwer-Lyttons phantastischem Zukunftsroman befindet sich plötzlich – nach einem Bergwerksunglück – in einer unterirdischen Welt, deren Zivilisation derjenigen auf der Erdoberfläche in jeder Hinsicht überlegen ist. Die etwas dürftige Handlung schildert hauptsächlich die seltsamen Abenteuer, in die der Erzähler durch die von ihm nicht erwiderte Zuneigung eines Mädchens dieser Superrasse verwickelt wird, bevor er wieder an die Oberwelt gelangt. Den Hauptteil des Romans nimmt die detaillierte Beschreibung der Errungenschaften der »Vril-Kultur« ein, eines utopischen Staatswesens, in dem es weder Krieg noch Verbrechen, weder Armut noch Standesunterschiede gibt. Dank der Entdeckung des »Vril«, eines Energiespenders, der alle Naturkräfte enthält und selbst von Kindern zu jedem beliebigen Zweck benutzt werden kann, ist die technische Perfektion des Lebens und die Zufriedenheit aller erreicht; doch als Folge dieser Entdeckung sind Eigenschaften wie Mut und künstlerische Schaffensfreude fast ganz verlorengegangen. So ist z. B. die Malerei, die in früheren Notzeiten eine Periode höchster Vollendung erlebt hatte, im Vril-Staat inzwischen völlig aufgegeben worden.
Ausgehend von der Vorstellung von Kampf und Wettstreit als einem anthropologischen Grundprinzip, muß für Bulwer-Lytton die Verwirklichung der gesellschaftlichen Harmonie in allgemeiner Frustration der einzelnen Mitglieder der Gesellschaft münden. (So schrieb der Autor auch 1871 in einem Brief an seinen Sohn über die sozialistischen Grundideen: »*The realisation of these ideas would produce a society which we should find extremely dull, and in which the current equality would prohibit all greatness.*« – »Die Verwirklichung dieser Ideen brächte eine Gesellschaft hervor, die uns außerordentlich geistlos erschiene und in der die allgemeine Egalität jegliche Größe unterbinden würde.«) Die Anti-Utopie erscheint hier also in einem starken Maße als Vehikel für eine sozialpolitisch konservative Satire auf die zeitgenössischen Demokratisierungsbestrebungen. Demokratie erscheint als die Herrschaft der politischen und philosophischen Ignoranz, und die Emanzipation der Frau wird gleichgesetzt mit einem Freibrief für schrankenlose Unmoral.
In der Überzeichnung seines amerikanischen Erzählers Tish, der wie Swifts Gulliver die Errungenschaften seines eigenen Landes in naiver Weise gegenüber der utopischen Gesellschaft preist, karikiert Bulwer-Lytton aus konservativ-britischer Sicht gleichzeitig auch die demokratische »Gleichmacherei« der USA. Tish ist die einzige etwas differenzierter gezeichnete Figur in diesem Roman, dem es mehr um politische Reformideen bzw. deren satirische Kritik aus konservativer Sicht als um die Entwicklung einer strukturierten Handlung mit subtil gezeichneten Figuren geht.
Während *The Coming Race* bei den zeitgenössischen Lesern und Literaturkritikern großen Anklang fand (allein in seinem ersten Erscheinungsjahr erlebte der Roman fünf Auflagen), wird das Werk heute weniger auf Grund seiner ästhetischen Bedeutung als im Hinblick auf die Entwicklung der Gattung des utopischen Romans und seiner traditionellen Versatzstücke – wie etwa Erzählerfigur, Reisemotiv, Evolutionsgedanke, Vorstellung vom »Übermenschen«, etc. – rezipiert. KLL

Ausgaben: Edinburgh/Ldn. 1871 [anon.]. – Boston 1892 (in *Novels*, 32 Bde., 1891/92, 30; *Knebworth Limited Ed.*). – Ldn. 1895–1898 (in *Novels*, 29 Bde.; *New Knebworth Ed.*). – Ldn. 1928. – Quakertown/Pa. 1973 *(Knebworth Ed.)*.

Übersetzungen: *Das Geschlecht der Zukunft*, J. Piorkowska, Lpzg. 1874. – Dass., anon., Lpzg. 1907. – *Vril oder Eine Menschheit der Zukunft*, G. Wachsmuth, Dornach 1958; ³1981. – *Das kommende Geschlecht*, M. Walter, Ffm. 1980 (st).

Literatur: A. Petri, *»The Coming Race« von B.-L. Eine Quellenuntersuchung*, Progr. Schmölln 1908. – R. Gerber, *Utopian Fantasy. A Study of English Utopian Fiction since the End of the 19th Century*, Ldn. 1955. – R. Demaria, *From B.-L. to George Orwell: The Utopian Novel in England 1870-1950*, Diss. Columbia Univ. NY 1959 (vgl. Diss. Abstracts, 20, 1959, S. 667). – S. B. Liljegren, *Studies on the Origin and Early Tradition of English Utopian Fiction*, Uppsala 1961. – G. Wagner, *A Forgotten Satire: B.-L.'s »The Coming Race«* (in NCF, 19, 1965, S. 379–385). – R. L. Wolff, *Strange Stories and Other Explorations in Victorian Fiction*, Boston 1971. – W. Schepelmann, *Die engl. Utopie im Übergang. Von B.-L. bis H. G. Wells*, Wien 1975. – E. M. Eigner, *The Metaphysical Novel in England and America: Dickens, B., Hawthorne, Melville*, Berkeley 1978. – B. G. Kepper, *»The Coming Race«: Hell? or*

*Paradise Foretasted?* (in *No Place Else: Explorations in Utopian and Dystopian Fiction*, Hg. E. S. Rabkin u. a., Carbondale/Ill. 1983, S. 11–32). – D. Suvin, *The Extraordinary Voyage, the Future War, and B.'s »The Coming Race«: Three Sub-Genres of British Science Fiction, 1871–1885* (in Literature and History, 10, 1984, S. 231–248).

## THE LAST DAYS OF POMPEII

(engl.; *Die letzten Tage von Pompeji*). Roman von Edward George BULWER-LYTTON, erschienen 1834. – Ist *Rienzi* (1835) eher dem Genre des historischen Romans zuzurechnen, so gehört *The Last Days of Pompeii* eher zur Gattung der »historischen Romanzen«. Im Rahmen einer melodramatisch zugespitzten Handlung gibt Bulwer-Lytton einen panoramaartigen Querschnitt durch das Leben im Pompeji des Jahres 79 n. Chr., kurz vor Ausbruch des Vesuvs. Der junge, reiche Grieche Glaukus liebt die schöne Ione, das Mündel des Isis-Priesters Arcabes, der das Mädchen ganz in seine Gewalt bekommen will. Seine Ränke werden von der blinden Sklavin Nydia durchkreuzt, die Glaukus seiner Braut geschenkt hat und die ihren einstigen Herrn leidenschaftlich liebt. Arcabes läßt Glaukus einen wahnerzeugenden Trank verabreichen, bezichtigt den scheinbar Irren des Mordes an Iones Bruder Apäcides (den er selbst getötet hat, da er sich von ihm durchschaut sah) und setzt Nydia und Ione gefangen. Glaukus soll in der Arena den Löwen vorgeworfen werden, doch Nydia, der es gelungen ist, zu entkommen, alarmiert seine Freunde. In letzter Minute wird der Grieche gerettet, doch obwohl sich ein Augenzeuge des Mordes findet, scheint Arcabes die Oberhand zu behalten. Da bricht der Vesuv aus. In der Dunkelheit, die sich über Pompeji senkt, findet sich nur noch die blinde Nydia zurecht. Sicher führt sie Glaukus und seine Freunde durch die allgemeine Panik zu der gefangenen Ione und geleitet sie dann aus der Stadt. In der Nacht stürzt sie sich vom rettenden Schiff: Sie erträgt es nicht, das Glück der Liebenden miterleben zu müssen. Arcabes kommt im Aschenregen um, das Brautpaar gelangt glücklich nach Griechenland.

Das rasch zu einem Bestseller gewordene Buch entstammt der Tradition des nachromantischen Geschichtsromans, jenem breiten Strom populärhistorischer Erzählungen, deren oft pedantische Detail- und Milieutreue das viktorianische Publikum entzückte. Zu dem Roman soll Bulwer-Lytton in Mailand durch ein Bild angeregt worden sein, auf dem ein Kind vor dem Hintergrund des untergehenden Pompeji den Todeskampf eines Vogels beobachtet. In Neapel widmete er sich dann historischen und topographischen Studien, und als er Anfang 1834 nach England zurückkehrte, war das Buch bereits zu drei Vierteln geschrieben. Es galt bei seinem Erscheinen als literarische Sensation und gehörte jahrzehntelang zur Pflichtlektüre bildungsbeflissener Pompejireisender. Man bewunderte vor allem die gelehrte Akribie des Autors und seine Fähigkeit zu historischer Rekonstruktion. Der literarische Wert des Romans steht freilich in keinem Verhältnis zu der großen Beliebtheit, deren er sich noch heute erfreut. Ein buntes Mosaik gelehrter Details wird stets Kulisse bleiben, wenn es nicht von adäquaten und glaubhaften Charakteren belebt wird, und dieser Pompeji-Roman gelangt kaum über eine klischeehafte und unrealistische Charakterzeichnung hinaus. In einer antiken Umgebung agieren Zeitgenossen des Autors, die sich häufig in schwülstiger Rhetorik ergehen. Auch wenn romanzenhafte, sensationelle oder spektakuläre Elemente teilweise im Vordergrund stehen, hebt sich Bulwer-Lytton doch insofern von anderen SCOTT-Nachfolgern ab, als er seine farbenprächtigen Milieuschilderungen geschickt mit der zielsicher voranschreitenden Handlung verknüpft und nicht zum Selbstzweck werden läßt. Daß die Gesamtwirkung des Buches größtenteils auf dem sensationell Spektakulären beruht, daß es seiner ganzen Art nach einem geschickt gemachten Drehbuch näher steht als anspruchsvoller Erzählkunst, hat seine Entwicklung zum populären Klassiker nicht verhindern können.   KLL

AUSGABEN: Ldn. 1834, 3 Bde. – Ldn. 1835, 3 Bde. [rev. v. Verf.]. – Boston 1891 (in *Novels*, 32 Bde., 1891/92, 5/6; *Knebworth Limited Ed.*). – Boston/NY 1898 (in *Novels and Romances*, 40 Bde., 1895–1898, 33; *Limited Ed.*). – Ldn./NY 1912 (Everyman's Library; zul. 1979). – Ldn./Glasgow 1953 [Einl. L. Cooper].

ÜBERSETZUNGEN: *Die letzten Tage von Pompeji*, J. Sporschil, Lpzg. 1834. – Dass., F. Notter (in *Sämmtliche Romane*, Bd. 25–30, Stg. 1845). – Dass., R. Münchgesang, Reutlingen 1930. – Dass., R. M. Baring, Mchn./Zürich 1954; ern. 1967. – Dass., H. Gerstner, Würzburg 1979; ⁵1987. – Dass., F. Notter, Ffm. 1980 (Insel Tb).

VERTONUNG: V. de Joncières, *Le dernier jour de Pompei* (Text: Ch. Nuitter u. A. Beaumont; Oper; Urauff.: Paris, 21. 9. 1869, Théâtre Lyrique).

VERFILMUNGEN: *Gli ultimi giorni di Pompei*, Italien 1908 (Regie: L. Maggi). – Dass., Italien 1913 (Regie: M. Caserini). – Dass., Italien 1913 (Regie: E. Vidali). – Dass., Italien 1926 (Regie: A. Palermi u. C. Gallone). – USA 1935 (Regie: E. B. Schoedsack). – *Les derniers jours de Pompeii*, Frankreich/Italien 1948 (Regie: M. L'Herbier). – *Die letzten Tage von Pompeji*, Deutschland/Italien/Spanien 1960 (Regie: M. Bonnard).

LITERATUR: J. Müller, *B.s Roman »The Last Days of Pompeii«*, Diss. Rostock 1907. – E. Zimmermann, *Entstehungsgeschichte u. Komposition von B.s »The Last Days of Pompeii«*, Diss. Königsberg 1914. – H. Seifert, *B.s Verhältnis zur Geschichte*, Diss. Mchn. 1935. – C. Dahl, *B.-L. and the School of Catastrophe* (in PQ, 32, 1953, S. 428–442). –

M. Lloyd, *B.-L. and the Idealising Principle* (in English Miscellany, 7, 1956, S. 25–39). – L. Stephen, *The Late Lord Lytton as a Novelist* (in L. S., *Men, Books, and Mountains*, Ldn. 1956, S. 112–127). – C. Dahl, *Recreations of Pompeii* (in Archeology, 9, 1956, S. 182–191). – J. C. Simmons, *B. and Vesuvius: The Topicality of »The Last Days of Pompeii«* (in NCF, 24, 1969, S. 103–105).

## PELHAM, OR THE ADVENTURES OF A GENTLEMAN

(engl.; *Pelham oder Die Abenteuer eines Gentleman*). Roman von Edward George BULWER-LYTTON, erschienen 1828. – Dieser zweite Roman des Autors wird von vielen Kritikern für sein bestes Werk gehalten. Henry Pelham, der Ich-Erzähler und Held des Buchs, ist ein eitler, redegewandter, immer mit exquisitem Geschmack gekleideter Dandy, ein aristokratischer Müßiggänger, der aber dennoch über soziale Probleme nachdenkt und sich in der Politik zu engagieren beginnt. Er verliebt sich in die schöne Ellen Glanville, freundet sich mit ihrem Bruder, Sir Reginald, an und wird durch ihn in eine Affäre verwickelt, in der zwei undurchsichtige Gestalten, der notorische Spieler Sir John Tirrel und dessen Kumpan Thornton (für den der damals berühmte Schwerverbrecher Thurtell Modell gestanden hat), eine Rolle spielen. Tirrel hatte einst die Geliebte Sir Reginalds vergewaltigt und sie dadurch in Wahnsinn und Tod getrieben. Als Sir Reginald erfährt, daß Tirrel, den er tot glaubte, noch lebt, fiebert er danach, seine alten Rachepläne so schnell wie möglich in die Tat umzusetzen. Kurz darauf findet Pelham bei einem nächtlichen Ritt Tirrels Leiche; obwohl alle Indizien gegen seinen Freund sprechen, glaubt Pelham nicht an dessen Schuld, stellt auf eigene Faust Nachforschungen an, die ihn in die Londoner Unterwelt führen, und kann schließlich Thornton den Raubmord an Tirrel nachweisen. Sir Reginald, den er damit vor dem Galgen gerettet hat, stirbt bald darauf; aus dem witzigen Salonlöwen Pelham aber ist am Ende ein reifer Mann geworden, der Ellen heiraten wird und eine aussichtsreiche politische Karriere beginnen kann.

Bulwer-Lytton hatte den Roman als übermütige Satire auf die Oberschicht Londons und ihr politisches Intrigenspiel angelegt und die Gestalt Sir Reginalds als ironische Variation des bei der zeitgenössischen Leserschaft so beliebten byronischen Heldentyps konzipiert. Unter Vermischung von Elementen der verschiedensten Romanformen wie Bildungs- und Entwicklungsroman, zeitgenössischem Gesellschaftsroman (*»silver fork novel«*), sozialkritischem Roman (der Einfluß von Pierce EGANS *Life in London* (1820/21), in dem das Leben der Unterschichten im Mittelpunkt steht, ist unverkennbar) und Elementen des Melodramas entwirft Bulwer-Lytton ein satirisches Bild der Londoner »besseren Gesellschaft« und ihres gesellschaftlichen und politischen Intrigenspiels. In die Zeichnung von Sir Reginald, des durch ein tragisches Geschick umgetriebenen, sich in Haß verzehrenden und von einer romantisch-düsteren Aura umgebenen Adeligen und dessen zur fixen Idee gewordenen Racheplänen fließen daneben auch deutlich Momente des *»gothic novel«* ein, des Schauerromans im Stil Ann RADCLIFFES. Gleichzeitig verweist die Kombination von Elementen der Kriminalgeschichte und des sozialkritischen Romans zurück auf William GODWINS *Caleb Williams* (1794), dessen psychologische Grundsituation Bulwer-Lytton 1832 auch in *Eugene Aram* (1832) wieder aufgriff, wo die psychische Situation des Protagonisten – eines erst viele Jahre nach der Tat erkannten Mörders – einfühlsam nachzuzeichnen versucht wird.

Während *Pelham* heute wegen seiner stark schablonenhaften Handlungs- und Figurenzeichnung und seiner streckenweise ebenso schematisierten Sprache kaum mehr beachtet wird, war dem Roman beim zeitgenössischen Publikum ebenso wie bei der viktorianischen Literaturkritik ein großer Erfolg beschieden. KLL

AUSGABEN: Ldn. 1828, 3 Bde. – Boston 1891 (in *Novels*, 32 Bde., 1891/92, 4; *Knebworth Limited Ed.*). – Boston/NY 1897 (in *Novels and Romances*, 40 Bde., 1896–1898, 10/11; *Limited Ed.*). – Ldn. 1898, Hg. u. Einl. W. M. Kent.

ÜBERSETZUNGEN: *Pelham oder die Begegnisse eines Weltmannes*, C. Richard, Aachen 1833. – *Pelham oder die Abenteuer eines Weltmannes*, G. N. Bärmann, Lpzg. 1833. – *Pelham oder Abenteuer eines Gentleman*, F. Kottenkamp (in *Sämmtliche Romane*, Bd. 1/2, Stg. 1838). – *Pelham oder Begegnisse eines Weltmannes*, C. Richard, Lpzg. 1904 (RUB).

LITERATUR: M. T. H. Sadler, *B. A Panorama. Edward and Rosina*, Ldn. 1931. – M. W. Rosa, *The Silver Fork School: Novels of Fashion Preceding »Vanity Fair«*, NY 1936. – F. Schubel, *B.-L.s »Pelham«* (in F. S., *Die ›Fashionable Novels‹*, Uppsala 1950, S. 194–207). – L. Stephen, *The Late Lord L. as a Novelist* (in L. S., *Men, Books, and Mountains*, Ldn. 1956, S. 112–127). – K. Hollingworth, *The Newgate Novel, 1830–1847: B., Ainsworth, Dickens, and Thackeray*, Detroit 1963. – *»Pelham, or the Adventures of a Gentleman«*, Hg. J. J. McGann, Lincoln/Nebr. 1972. – P. W. Graham, *Pelham as Paragon: B.'s Ideal Aristocrat* (in Victorians Institute Journal, 9, 1980/81, S. 71–81). – Ders., *B. the Moralist* (in Dickens Studies Annual, 9, 1981, S. 143–161).

## RIENZI, OR THE LAST OF THE TRIBUNES

(engl.; *Rienzi oder Der letzte der Tribunen*). Roman von Edward George BULWER-LYTTON, erschienen 1835. – Zusammen mit Romanen wie *The Last of the Barons* (1843), *Harold, or The Last of the Saxon Kings* (1848) und dem noch heute weitverbreiteten *The Last Days of Pompeii* (1834) gehört *Rienzi* zu jenen romantisch-historischen Erzählwerken, die Bulwer-Lytton unter dem Einfluß Walter SCOTTS schrieb. Fast gleichzeitig mit dem Pompeji-Roman während eines Aufenthalts in Rom und Neapel entstanden, schildert das Alessandro MANZONI gewidmete Buch Aufstieg und Sturz des Volkstribunen Cola di Rienzi, der 1347 in Rom eine Republik nach altrömischem Vorbild errichten wollte. Schon sieben Monate nach der Volkserhebung wird er als Ketzer exkommuniziert und zur Abdankung gezwungen; die Aristokratie (vor allem die Familien Colonna, Orsini und Savelli), deren Herrschaft er hatte brechen wollen, bekämpft ihn, das Volk läßt ihn im Stich, er wird verbannt, ist aber noch im Exil von Adel und Klerus gefürchtet. Nach sieben Jahren kehrt er, von der Kirche zum Senator ernannt, nach Rom zurück und versucht ein zweites Mal, seine idealistischen Reformpläne zu verwirklichen, fällt aber schon nach wenigen Monaten einem Mordanschlag zum Opfer.

Anders als Scott griff Bulwer-Lytton für die Zeichnung seiner Protagonisten auf historisch verbürgte Gestalten zurück und bemühte sich auch bei der Darstellung der Einzelereignisse um möglichst weitgehende Faktentreue, die einhergehen sollte mit einer (zum Teil recht spekulativen) Beschreibung der Psychologie der handelnden historischen Figuren. Im Gegensatz zum stark von Th. CARLYLE beeinflußten dominierenden Geschichtsbild des 19. Jh.s jedoch erscheint Geschichte bei Bulwer-Lytton nicht ausschließlich als das Werk einzelner »großer Männer«; die Gestalt Rienzis wird vielmehr eingebettet in den – ästhetisch nicht sehr überzeugend ausgeführten – Versuch der Analyse der gesellschaftlich dominanten Kräfte im Italien des 14. Jh.s. Rienzi selbst erscheint als eine Art politischer »Unzeitgemäßer«, der letztlich daran scheitert, daß seine politischen Vorstellungen den gesellschaftlichen und politischen Gegebenheiten weit vorauseilen.

Wie schon in *Eugene Aram* (1832) fließen auch in *Rienzi* Elemente des »gotischen« Schauerromans und der Romane der sog. »Newgate School«, die sich – zum Teil sensationslüstern, zum Teil aber auch deutlich sozialkritisch motiviert – um eine psychologisch plausible, häufig ins Sentimentale abgleitende, Darstellung von Straffälligen bemühte, in den Text ein. So wird z. B. in einer von mehreren Nebenhandlungen die Geschichte einer späten grausamen Rache nach Art eines Schauerromans erzählt, und der Condottiere Walter de Montreal, ein Gegenspieler Rienzis, wirkt wie ein aus dem historisierenden England zur Zeit Bulwer-Lyttons ins Italien des 14. Jh.s versetzter äußerst edelmütiger Bandit.

Diese zum Teil doch stark schematisierte Zeichnung der Figuren und die wenig originelle und ästhetisch wenig befriedigende Sprachgestaltung Bulwer-Lyttons führte dazu, daß der bei den Zeitgenossen sehr erfolgreiche Roman heute kaum noch rezipiert wird, im Gegensatz zu Richard WAGNERS gleichnamiger Oper, die unmittelbar auf Bulwer-Lyttons Vorlage beruht. KLL

AUSGABEN: Ldn. 1835, 3 Bde. – Philadelphia 1882, 2 Bde. – Boston 1891 (in *Novels*, 32 Bde., 1891/92, 19/20; *Knebworth Limited Ed.*). – Boston/NY 1898 (in *Novels and Romances*, 40, 1896–1898, 34/35; *Limited Ed.*). – Ldn./Glasgow 1908 [Ill. W. H. C. Groome]. – Ldn./NY 1911 (Einl. E. H. Blakely; Everyman's Library). – Ldn. 1926.

ÜBERSETZUNGEN: *Rienzi, der letzte Tribun*, G. N. Bärmann (in Romane, Tl. 35–38, Lpzg. 1836). – Dass., G. Pfizer (in Sämmtliche Romane, Bd. 49–55, Stg. 1836). – Dass., O. v. Czarnowski, Lpzg. o. J. (um 1920; RUB). – Dass., G. Pfizer, Bearb. K. Quenzel, Lpzg. 1921. – Dass., H. Schulz, Wien/Heidelberg 1954.

VERTONUNG: R. Wagner, *Rienzi, der Letzte der Tribunen* (Oper; Urauff.: Dresden, 20. 10. 1842, Hofoper).

LITERATUR: A. Warncke, *Miss Mitfords u. B.s englische Rienzibearbeitungen im Verhältnis zu ihren Quellen u. zueinander*, Diss. Rostock 1904. – E. G. Bell, *Introduction to the Prose Romances, Plays and Comedies of E. B.*, Chicago 1914. – M. Sadleir, *B. A Panorama*, Ldn. 1931. – H. Seifert, *B.s Verhältnis zur Geschichte*, Diss. Mchn. 1935. – M. Lloyd, *B.-L. and the Idealising Principle* (in English Miscellany, 7, 1956, S. 25–39). – G. T. Fairlough, *B.-L. and Macaulay* (in NphM, 63, 1962, S. 68–73). – A. Brown, *Metaphysics and Melodrama: B.'s »Rienzi«* (in NCF, 36, 1981, S. 261–276).

**WHAT WILL HE DO WITH IT? By Pisistratus Caxton**

(engl.; *Was wird er damit machen? Nachrichten aus dem Leben eines Lords*). Roman von Edward George BULWER-LYTTON, zuerst in Fortsetzungen erschienen 1857/58 in ›Blackwood's Magazine‹. – Das Werk ist – nach *The Caxtons. A Family Picture*, 1849 (*Die Caxtons. Ein Familienbild*), und *My Novel*, 1853 (*Mein Roman*) – der dritte und abschließende Teil eines lose durch die Erzählerfigur des Pisistratus Caxton verbundenen Romanzyklus, der aus der leicht exzentrischen und distanzierten Perspektive der Caxtons ein weitgespanntes Panorama des englischen Lebens in den frühen Jahren der Queen Victoria entwirft. Repräsentierendes Abbild und satirisches Zerrbild in einem, ist *What Will He Do with It?* sicher der ehrgeizigste Versuch Bulwer-Lyttons, auf dem Feld des *Zeit*romans mit DICKENS und THACKERAY zu rivalisieren.

Anders als der sozialkritisch engagierte »Humorist« Dickens oder der detailbesessene Beobachter Thackeray sieht Bulwer-Lytton die Darstellung der Gegenwart im Roman als intellektuelles und formales Problem, dem es durch eine ausgeklügelte Konstruktion zu begegnen gilt. Das abstrakte Konstruktionsmodell bleibt – der Absicht des Autors entsprechend – im fertigen Roman jederzeit erkennbar, das Kalkül beherrscht die Vergegenwärtigung der Charaktere und Vorgänge, den gleichmäßigen Duktus der Beschreibung und das kunstvolle Spiel der Eingangs-Motti, die zu den auffälligsten Merkmalen dieses Romans zählen. Die Titelfrage: »Was wird er damit machen?«, die als Schicksalsfrage an alle Figuren der verwickelten Handlung gerichtet wird, formuliert das Thema: Bewährung oder Scheitern im Leben und in der Gesellschaft, das sich dann, aufgefächert nach Stand und Milieu, in der Romanhandlung konkretisiert.

Der »Schurke ohne Herz und Gewissen«, von dem die finsteren Intrigen und Widrigkeiten ausgehen, ist Jasper Losely, Spieler, Dieb und Erpresser aus gutem Hause, der in der Vorgeschichte die schöne, aber gewissenlose Tochter des erfolgreichen Parlamentariers und reichen Grundbesitzers Guy Darrell verführt und in der Hoffnung auf ihr Erbe geheiratet hat. Durch einen raffinierten Trick gelingt es ihm wenig später, die bevorstehende zweite Ehe Darrells mit der jungen Caroline Lyndsay zu verhindern: Das Mädchen heiratet aus Enttäuschung über einen vermeintlichen Treubruch Darrells den Marquis von Montfort, und Darrell selbst bricht seine Karriere ab und zieht sich auf sein Gut Fawley zurück. Obwohl Jaspers Rechnung nur zum Teil aufgeht – Guy Darrell ist zu keiner Aussöhnung bereit –, ist durch seine Machenschaften die für alle Beteiligten vergiftete Ausgangssituation für die ein gutes Dutzend Jahre später einsetzende Romanhandlung gegeben. Hier durchkreuzen und überlagern sich vor allem die Geschicke dreier ungleicher Liebespaare: Lionel Haughton, Guy Darrells armer Vetter, liebt die junge Sophie, die als Schauspielerin an der Seite ihres Großvaters, Gentleman Waife, von Jahrmarkt zu Jahrmarkt zieht (ein Motiv, in dem unschwer das Vorbild von GOETHES Mignon und dem Harfner aus *Wilhelm Meisters Lehrjahre* zu erkennen ist). Dieser Großvater ist niemand anders als Jasper Loselys Vater, der die Schuld an einem von seinem Sohn verübten Diebstahl auf sich genommen und sich nach Verurteilung, Strafverbüßung und gesellschaftlicher Ächtung in der Rolle des vagabundierenden Schauspielers verborgen hat. Sophie wird fälschlich als seine Enkelin ausgegeben, da es Jasper auf diese Weise möglich ist, nach dem frühen Tod seiner Frau weiterhin Geld von Guy Darrell zu erpressen. Für Lionel und Sophie bleibt die Situation hoffnungslos, bis sich am Ende des Romans die wirkliche Herkunft des Mädchens aufklärt.

Das zweite Paar bilden Darrell und Lady Caroline Montfort, zwischen denen über den frühen Tod des Marquis von Montfort hinaus Stolz und Mißtrauen als Trennmauern bestehen bleiben. Auch hier bringt erst das letzte Kapitel das kaum noch erwartete Happy-End. Bleibt noch die aus Haß und Liebe gefügte Bindung zwischen Jasper Losely und Arabella Fossett, der unheimlichen »Frau in Eisgrau«, die aus dem Hintergrund über Jasper und seine Untaten wacht. Von ihm mißbraucht und dann verlassen, verwendet die einstige Erzieherin im Hause Darrell ihren Scharfsinn und ihre Energie darauf, ihren Liebhaber an sich zu fesseln; sie hintertreibt seine Anschläge, beschützt und bevormundet ihn, bis er schließlich als Todkranker wehrlos und gelähmt in ihre Arme sinkt. Die Gestaltung dieser skurril-entsetzlichen Liebesbeziehung bis hin zu ihrem melodramatischen Finale ist sicher die stärkste Leistung des Erzählers Bulwer-Lytton in diesem Werk und ist hinsichtlich ihres psychologischen Spürsinns und der kritischen Durchleuchtung der Gesellschaftskonvention beispiellos im viktorianischen Roman: »*Das ist eine der fantastischsten Scenen aller Literatur, als die Arabella-Zicke den grau-geword'nen Kopf über ihren, vom Schlag gelähmten Jasper-Bullen bücken kann: endlich!: ENDLICH MEIN!!! Und ihm, dem schon rücklings Liegenden in Charons Kahn, wieder noch graut: vor der unerbittlichen Retterin!*« (Arno Schmidt). Um die Protagonisten und ihre Begebenheiten gruppiert sich eine Vielzahl von Nebenpersonen und Statisten, wird ein weitgespanntes und doch engmaschiges Netz von Beziehungen geknüpft, beides mit dem deutlichen Ehrgeiz, den Roman zu einem vollgültigen Spiegelbild der Epoche zu machen. Die »Nachrichten aus dem Leben eines Lords« werden zu einem Panorama des englischen Landlebens im 19. Jahrhundert und zu einem Gesellschaftsroman erweitert, der alle Sphären und Schichten des zeitgenössischen England erfassen soll. Dabei muß sich Bulwer-Lytton allerdings häufig recht unglaubwürdiger Figurenkonstellationen und Handlungsinterferenzen bedienen.

Während der Roman beim zeitgenössischen Publikum sehr erfolgreich war, steht die heutige Literaturkritik (von einer kurzen, von Arno SCHMIDTS Neuübersetzung ausgelösten (deutschen) »Bulwer-Euphorie« in den siebziger Jahren abgesehen) dem Text wegen seiner Neigung zur dramatischen Situationsüberhöhung und seiner sehr ausgeprägten auktorialen Präsenz bei der Zeichnung der Figuren und Situationen eher skeptisch gegenüber, auch wenn der früher erhobene Vorwurf des bloßen Epigonentums längst einer höheren Wertschätzung der Darstellungskunst Bulwer-Lyttons gewichen ist. KLL

AUSGABEN: Edinburgh/Ldn. 1857/58 (in Blackwood's Magazine). – Ldn. 1859, 4 Bde. – Boston 1891 (in *Novels*, 32 Bde., 1891/92, 13/14; *Knebworth Limited Ed.*). – Boston/Ldn. 1897 (in *Novels and Romances*, 40 Bde., 1896–1898, 7–9; *Limited Ed.*).

ÜBERSETZUNGEN: *Was wird er damit machen? Pisistratus Caxton*, C. Kolb (in *Sämmtliche Romane*, Bd. 97–105, Stg. 1858/59). – *Was wird er damit machen? Nachrichten aus dem Leben eines Lords*, A. Schmidt, Stg. 1971. – Dass., ders., 2 Bde., Mchn. 1975 (dtv).

LITERATUR: A. Schmidt, *Der Triton mit dem Sonnenschirm. Großbritannische Gemütsergetzungen*, Karlsruhe 1969; Stg. ²1971; Nachdr. Ffm. 1985.

# IVAN BUNIĆ VUČIĆ

auch Ivan Bunić-Vučićević
* 1591 Dubrovnik
† 6.3.1658 Dubrovnik

**DAS LYRISCHE WERK** (kroat.) von IVAN BUNIĆ VUČIĆ.
Von der Anzahl der überlieferten Texte her ist das Lyrikwerk Ivan Bunić Vučićs nur schmal. Außer seinem Hauptwerk *Plandovanja (Müßiggänge)*, das seinen Ruf als zweitgrößter (nach Ivan GUNDULIĆ) Dichter des kroatischen Barock im 17. Jh. begründete, sind von ihm noch fünf Hirtengespräche *(Razgovori pastirski)*, eine kleine Sammlung geistlicher Lieder *(Pjesni duhovne)*, darunter auch Psalmenübersetzungen, einige Gelegenheitsgedichte (kroat. und lat.) und der religiöse Monolog *Mandalijena pokornica (Die Büßerin Magdalena)* überliefert. Zu seinen Lebzeiten ist nur die *Mandalijena* im Druck erschienen, ein geistlicher Reue- und Bußgesang nach einem der beliebtesten Bekehrungsmotive der europäischen Barockdichtung, hier wohl nach dem Vorbild ähnlicher religiöser Poeme italienischer Autoren der Zeit (Luigi TANSILLO und Erasmo VALVASONE) konzipert. Bunićs übrige Gedichte kursierten in zahlreichen Abschriften unterschiedlicher Zuverlässigkeit. Als vollständigste Sammlung seiner Werke gilt eine 1784 entstandene und in Janjina auf der Halbinsel Pelješac gefundene Handschrift, die auch der Akademie-Ausgabe von 1971 zugrunde liegt.
*Plandovanja* ist ein jugendlich heiteres, lebensprühendes Liebesliederbuch von rund siebzig Gedichten heterogenster Art und Gestaltung. Seine überwiegend kurzen lyrischen Miniaturen weisen die unterschiedlichsten metrischen und strophischen Baumuster auf, die von großem artistischem Können zeugen und eine ganze Palette von Manierismen des aus Italien einfließenden preziösen Stils ergeben. Die Formen- und Metaphernsprache Bunićs ist allerdings verhaltener, unaufdringlicher als bei seinen italienischen Vorbildern. Thematisch kreist Bunićs weltliche Lyrik um drei Grundfragen: wie den rechten Ausdruck für seine Liebe finden, wie die Geliebte erobern und wie unerwiderte Gefühle verwinden. Die sinnliche Komponente seines lyrischen Ausdrucks steht dabei sichtlich unter dem Einfluß marinistischer Rhetorik (vor allem der *Canzonette amorose* des italienischen Concettisten Gabriella CHIABRERA) und variiert eine bereits überlebte und banalisierte arkadisch-pastorale Welt unendlicher Küsse, Umarmungen und Liebeswahne. Seinen Einfallsreichtum offenbart Bunić hier jedoch im Erfinden neuer, ungewohnter Metaphern, mit denen er die Schönheit der Angebeteten besingt und den enggezogenen Kreis stereotyper Lobpreisungen und Dutzendvergleiche durchbricht. Seine Fragilitätsmetaphern gemahnen an alttestamentliche Bilder, das Leben des Menschen gleicht »*dem Wind, der Flamme, dem Schatten, dem Traum, dem Nebel, dem Nichts*«. Obwohl er sich der Vergänglichkeit von Liebe und Jugend bewußt ist, sieht er in der Schönheit keine der Tugend gestellte Falle, sondern ein Geschenk der Natur, das der Mensch – zum Genuß geschaffen – dankbar annehmen soll: »*Innerhalb der barocken Welt, der Welt der Leiden und des Pessimismus, wie sie sich vorwiegend im Werke von Bunićs Zeitgenossen Gundulić spiegelt, steht hier in den »Plandovanja«, im milden mittäglichen Schatten, in dem das Vieh ruht, ein Gegenpol auf. Die Erkenntnis von der Vergänglichkeit und Eitelkeit der Welt hat nicht zu Verzweiflung, sondern zu liebenswürdiger Melancholie geführt. Hieraus erwachsen Gelöstheit, Gelassenheit und bezaubernde Heiterkeit*« (R. Lachmann). K.D.O.

AUSGABEN: *Mandalijena pokornica*, Ancona 1630. – *Plandovanja*, Dubrovnik 1849. – *Iz »Plandovanje Dživa Bunića Vučićevića«*, Hg. B. Drechsler (in Građa, Bd. 8, 1915, S. 229–246). – *Gedichte* [Faks. der Ausg. Dubrovnik 1849], Mchn. 1965 (Slavische Propyläen, Bd. 4). – *Djela Dživa Bunića Vučića*, Hg. M. Ratković, Zagreb 1971 (Stari pisci hrvatski, Bd. 35). – *Plandovanja. Pjesni razlike. Mandalijena pokornica*, Hg. F. Švelec, Zagreb 1975 (Pet stoljeća hrvatske književnosti, Bd. 14).

LITERATUR: F. Kulišić, *Dživo Bunić Vučićević. Literarhistorischer Beitrag zur lyrischen Poesie des 17. Jhs. in Ragusa*, Wien 1909. – Ders., *Dživo Bunić Vučićević*, Dubrovnik 1911. – D. Pavlović, *Ivan Bunić, dubrovački pesnik 17. veka (život)* (in Prilozi, 19, 1940, S. 35–59). – Ders., *Marinizam u ljubavnoj lirici Ivana Bunića* (in *Iz književne in kulturne istorije Dubrovnika*, Sarajevo 1955, S. 106–126). – D. Tschižewskij, *Neue Lesefrüchte II, Nr. 14–15* (ZslPh, Bd. 25, 1956). – R. Lachmann, Einleitung z. Ausg. Mchn. 1965. – M. Tomasović, *Bunićeve pozajmice i parafraze Petrarkinih stihova* (in Dometi, 1974, Nr. 4). – F. Švelec, *I. B. V.* (in I. B. V., *Plandovanja. Pjesni razlike. Mandalijena pokornica*, Zagreb 1975, S. 3–26; m. Bibliogr.). – D. Fališevac, *I. B. V.*, Zagreb 1987.

# IVAN ALEKSEEVIČ BUNIN

* 22.10.1870 Voronež
† 8.11.1953 Paris

LITERATUR ZUM AUTOR:
*Biographie:*
V. N. Muromceva-Bunina, *Žizn' B.*, Paris 1958.
*Gesamtdarstellungen und Studien:*
J. D. Bažinov, *Stanovlenie realizma v proze B.*, Moskau 1960. – I. D. Sterlina, *I. A. B.*, Lipeck 1960. – V. N. Afanas'ev, *I. A. B. Očerk tvorčestva*, Moskau 1966. – V. Michajlov, *I. A. B.*, Moskau

1967. – B. Kirchner, *Die Lebensanschauung I. A. B.s nach seinem Prosawerk*, Tübingen 1968. – A. A. Volkov, *Proza I. B.*, Moskau 1969. – A. Elbel, *Die Erzählungen I. B.s 1890–1917. Eine systematische Studie über Form und Gehalt*, Gießen 1975. – V. Nefedov, *Poėzija I. B. a. Etjudy*, Minsk 1975. – N. Cvetanovič, *Description in the Prose Works of I. A. B.*, Diss. Ohio State Univ. 1976. – O. Michajlov, *Strogij talant. Žizn'. Sud'ba. Tvorčestvo*, Moskau 1976. – N. M. Kučerovskij, *I. B. i ego proza (1887–1917)*, Tula 1980. – J. Woodward, *I. B. A Study of His Fiction*, Chapel Hill 1980 [enth. Bibliogr.].

## ANTONOVSKIE JABLOKI

(russ.; *Ü: Die Antonsäpfel*). Erzählung von Ivan A. BUNIN, erschienen 1900. – Eine der ersten Prosaarbeiten des jungen Lyrikers und späteren Nobelpreisträgers, der hier wehmütig altrussisches Dorfleben beschreibt, Frühling, Sommer und Ernteherbst (*»Sind die Antonsäpfel saftig – dann gibt's ein gutes Jahr ... Und sind die Äpfel geraten, ist's auch sonst um die Bauern nicht schlecht bestellt«*) und die spätherbstlich wilde Jagdzeit, die der dämmrigen Öde des Winters vorausgeht. Analog zum jahreszeitlichen Ablauf – von der Fülle zur Verkargung – vollzieht sich die Entwicklung der das russische Landleben repräsentierenden Gesellschaftsklasse des Kleinadels. Sie geht ihrem Ende entgegen. Neues meldet sich nicht an; der Verfall bleibt konstant. – Wie ČECHOV achtet Bunin auf die sorgfältig genaue Beschreibung des Details, in dem das Ganze sicht- und spürbar gemacht wird. Als Lyriker aber setzt er die empfangenen Eindrücke um in sinnfällige Bilder, erfüllt von Farben und Gerüchen. Ein Bild geht aus dem anderen hervor; einer Empfindung, einer Reflexion ordnen sich in ihren Stimmungsgehalten gleichwertige Assoziationsreihen zu (*»Wenn du in das Haus hineinkommst, nimmst du vor allem den Apfelduft wahr und dann erst den Geruch der Mahagonimöbel und der getrockneten Lindenblüten, die seit Juni auf den Fensterbrettern liegen ...«*). Wenn auch die Atmosphäre wehmütiger Erinnerung dieser in der Ichform vorgetragenen Novelle den Leser unwillkürlich an die späten Erzählungen TURGENEVS denken läßt, so ist Bunin doch nicht als Nachfahre dieses Meisters verfeinerter lyrischer Stimmung zu sehen. Viel stärker war der Einfluß TOLSTOJS (vor allem von dessen Erinnerungen *Detstvo*, 1852), aus denen er sogar stilistische Wendungen fast wörtlich übernahm (*»Und wieder sehe ich mich in dem weiträumigen Gutshaus ... unter den vielen Menschen ...«*). Auch späterhin blieb ihm Tolstoj das große Vorbild, dessen Erzählung *Smert' Ivana Il'iča (Der Tod des Ivan Il'ič)* er thematisch mit der Novelle *Gospodin iz San Francisko (Der Herr aus San Francisko)* Gleichwertiges zur Seite stellte. M. Gru.

AUSGABEN: Moskau 1900 (in *Žizn*, T. 10). – Moskau 1956 (in *Sobr. soč.*, 5 Bde., 1, Hg. L. V. Niku-lin; krit.). – Moskau 1982 (in *Sočinenija*, 3 Bde., 1). – Moskau 1984 (in *Povesti i rasskazy*).

ÜBERSETZUNGEN: *Die Antonower Äpfel*, G. v. Polonskij (in *Erzählungen*, Mchn. 1903). – *Die Antonsäpfel*, O. Schwechheimer u. W. Richter-Ruhland, Mchn. 1960 (GGT). – *Antonäpfel*, E. Ahrndt (in *Antonäpfel: Erzählungen 1892–1911*, Bln. 1982).

LITERATUR: J. D. Bažinov, *Rasskaz I. A. B. »Antonovskie Jabloki«. K stoletiju so dnja roždenija I. A. B.* (in Voprosy Russkoj Literatury, 1970, 2 (14), S. 22–27).

## ČAŠA ŽIZNI

(russ.; *Ü: Der Kelch des Lebens*). Erzählung von Ivan A. BUNIN, erschienen 1913. – Der Titel deutet an, was den Menschen in dieser pessimistischen Erzählung Bunins mangelt: der Inhalt nämlich, der diesen Kelch füllt und dem Leben Sinn und Zweck geben könnte. Es sind ganz alltägliche, in der Darstellung Bunins allerdings höchst absonderliche Existenzen, die dem Leser vorgeführt werden: der Provinzstutzer, der aus Ehrgeiz, nicht aus Liebe heiratet, seine Frau in dreißigjähriger Ehe zugrunde richtet, ein Vermögen erwuchert und den Rest seines Lebens mit der Abfassung seines Testaments und grotesken Tänzen zu wilder Grammophonmusik verbringt; seine fett und häßlich gewordene Frau, welche nach seinem Tode unerwartet seine Alleinerbin wird, mit dem seit langem ersehnten persönlichen Reichtum aber nichts mehr anfangen kann: der letzte Tropfen im *»Kelch des Lebens«* beschert ihr nur noch einen obszönen sexuellen Traum, ehe sie, in der Gosse zertreten, das Zeitliche segnet; der religiöse Phantast, der alten Weibern die Köpfe verdreht und schließlich selbst so irr wird, daß er seine Tage damit verbringt, an die Wand seiner Klause zu spucken und dort den *»Speichel mit den Apfelsinen, die ihm seine Verehrerinnen geschenkt hatten«*, zu verreiben; der abgewirtschaftete adlige Trinker, dem Wachtelschießen letzter Lebensinhalt ist; der pensionierte Lehrer, der den *»Kelch«* seines Lebens *»fest in den Händen«* hält, indem er seinen Körper abhärtet, wie ein Vieh frißt und sein Skelett gegen eine Lebensrente an die Universität verkauft; und schließlich – als Hauptfigur – der geistliche Vater Kyr, äußerlich so imposant wie Probst Tuberosov (in LESKOVS *Soborjane – Klerisei*), doch innerlich vom Ehrgeiz zerfressen wie der Provinzstutzer, der ihm die Frau abjagte: um sich, dem Rivalen und der Frau, die ihn verschmähte, seine Fähigkeiten zu beweisen, ringt er verbissen um die geistliche Macht in der Provinzstadt. Als er sein Ziel endlich erreicht hat und der Rivale gestorben ist, ergibt er sich gänzlich dem Trunk. Die Quelle seines Lebens, der Haß, ist versiegt.

Das Absurde – seit GOGOL' in der russischen Literatur als Wirklichkeit begriffen, da es eine Realität des Lebens widerspiegelt – tritt bei Bunin nicht so sehr im Stofflichen oder in der Psychologie der Charaktere hervor. Er beschreibt vielmehr alltägliche Zustände in der auskalkulierten Sprache eines als Schaubudenbesitzer Maskierten, der – nicht ohne Ironie und mit humorigem Sinn für makabre Ausgelassenheit – die Lebensläufe seiner Puppen einem wissenschaftlich interessierten Publikum vorträgt. Die Bühne, auf der die Puppen agieren, ist die russische Provinzstadt Streleck, die für ganz Rußland steht (ebenso wollte SALTYKOV-ŠČEDRIN sein Taschkent in *Gospoda Taškentcy*, GOR'KIJ sein Okurov in *Gorodok Okurov*, SERAFIMOVIČ sein Kotelnikovo in *Gorod v stepi*, SOLOGUB die Stadt seines »Kleinen Dämons« in *Melkij bes* verstanden wissen). Daß in diesem Stück die hellen Farben fehlen, ist angesichts dieser düsteren, verwüsteten Bühne nicht verwunderlich. Und wehmütige Stimmungsmalerei, wie sie noch in den *Antonovskie jabloki (Antonsäpfel)* beispielsweise anzutreffen ist, dieser frühen Prosaerzählung des jungen Lyrikers Bunin, kann nicht mehr erwartet werden: einen solchen Verfall zu protokollieren, dazu bedurfte es der distanzierten Haltung des die Zeiterscheinungen überblickenden, Typisches auswählenden, kühl über sein Erzählmodell gebietenden Dichters.

M.Gru.

AUSGABEN: Moskau 1913 (in Vestnik Evropy). – Moskau 1956 (in *Sobr. soč.*, 5 Bde., 3; Einl. L. Nikulin). – Moskau 1982 (in *Sočinenija*, 3 Bde., 1). – Moskau 1984 (in *Povesti i rasskazy*).

ÜBERSETZUNGEN: *Der Kelch des Lebens*, J. König (in *Dunkle Alleen*, Stg. 1959). – Dass., O. Schwechheimer u. W. Richter-Ruhland (in *Ein Herr aus San Franzisko*, Mchn. 1960; GGT). – Dass., J. König (in *Dunkle Alleen*, Mchn. 1986).

LITERATUR: G. Meyer, *Attitude to Death and Skeleton, Shown in B.'s »Čaša žizni«* (in Vozroždenie, 52, 1956, S. 58–64).

# DEREVNJA

(russ.; *Ü: Das Dorf*). Roman von Ivan A. BUNIN, erschienen 1910. – Das erste längere Prosawerk des 1933 mit dem Nobelpreis ausgezeichneten Autors erregte bei seinem Erscheinen erhebliches Aufsehen. Es zeichnet ein Bild Rußlands, das von den schwelenden sozialen Konflikten vor der Oktoberrevolution bestimmt wird. Anders als A. BELYJS thematisch verwandte Romantrilogie *Vostok ili zapad (Osten oder Westen)*, verzichtet der Roman auf jede Dynamik in Handlung und Stil. Einige sparsame Skizzen deuten das Leben der Brüder Tichon und Kuz'ma Krasov in Umrissen an. Tichon, ein kleiner Trödler, dem es durch geschickte Manipulationen und zum Teil zweifelhafte Geschäftsmethoden gelingt, die Besitzungen verarmter Grundbesitzer aufzukaufen, wird von der allgemein herrschenden Unruhe und Nervosität angesteckt. Seiner Veranlagung nach alles andere als ein sensibler Charakter, gerät er, dessen Hoffnung auf einen Erben seines Hofs durch eine kinderlose Ehe enttäuscht wurde, in eine schwere Lebenskrise, aus der er keinen anderen Ausweg findet, als sich resigniert von seinem Gut Durnovka zurückzuziehen. Kuz'ma Krasov ist eine von Grund auf andere Natur. Als naiver, begeisterungsfähiger Mensch, dessen Hoffnung auf eine literarische Karriere sich nicht erfüllt, träumt er anfangs von einer Erneuerung Rußlands durch eine Wiederbelebung der glorreichen Vergangenheit; später wird er Anarchist, resigniert aber schließlich ebenso wie sein Bruder.

Die Haupthandlung des Romans tritt hinter einer Fülle detaillierter Schilderungen von mitunter novellenhaft ausgestalteten Einzelsituationen zurück, die, überwiegend als Dialogszenen angelegt, ein Prisma subjektiv erlebter Wirklichkeitselemente ergeben. Subjektive und objektive Realität durchdringen einander. Der spannungsvollen historischen Wirklichkeit entspricht die Sensibilisierung der Helden. Auf eine Wertung der historischen Ereignisse verzichtet der Autor. Die Notwendigkeit einer gesellschaftlichen Veränderung wird zwar anerkannt, doch bleibt zugleich das quälende Bewußtsein, daß der Preis dafür in dem Verlust einer zwar fragwürdig gewordenen, aber dennoch festen Wertordnung besteht. Die Retro- und Introspektiven der Romanhelden zeigen die Flucht vor der Brutalität der Geschichte in kindliches Heimweh und zwanghafte Religiosität.

Stilistisch greift Bunin auf die Prosa der »Narodniki« und die volkstümlichen Erzählungen L. N. TOLSTOJS zurück. Die Brechung der Erzählperspektive und die Montage leitmotivisch verknüpfter Handlungseinheiten lassen das Geschehen zu einer Realität zweiten Grades werden, zu einer *»realistischen Symbolisation«* seiner selbst (P. B. Zavelin).

A.Gu.

AUSGABEN: Petersburg 1910 (in Sovremennyj mir, Nr. 3). – Moskau 1910. – Bln. 1934 (in *Sobr. soč.*, 11 Bde., 1934–1936, 2). – Moskau 1956. – Moskau 1965 (in *Sobr. soč.*, Hg. A. S. Mjasnikov u. a., 9 Bde., 1965–1967, 3). – Moskau 1982 (in *Sočinenija*, 3 Bde., 1). – Moskau 1984 (in *Povesti i rasskazy*).

ÜBERSETZUNG: *Das Dorf*, A. Luther, Bln. 1936. – Dass., ders., Mchn. 1976.

LITERATUR: P. B. Zavelin, *Idejno-chudožestvennaja problematika i stil' povesti I. A. B. »Derevnja«*, Irkutsk 1965. – A. Ninov, *»Derevnja« B. i russkaja literatura* (in Voprosy Literatury, 1970, 14, S. 58–78). – N. I. Volynskaja, *Dialog v povesti I. A. B. »Derevnja«* (in Filolog. Nauki, 1976, 18, S. 95–99). – Th. Marullo, *I. B.s »Derevnja«: The Demythologization of the Peasant* (in Russian Language Journal, 109, 1977, S. 79–100). – M. L. Surpin, *Dinastija krasovych. Ešče raz o »Derevne« I. A. B.* (in Filolog. Nauki, 3, 1984, S. 18–24).

## GOSPODIN IZ SAN FRANCISKO

(russ.; Ü: *Der Herr aus San Francisco*). Erzählung von Ivan A. BUNIN, erschienen 1915. – Der Herr aus San Francisco, dessen Namen, wie es heißt, sich »*weder in Neapel noch auf Capri jemand gemerkt hat*«, befindet sich mit Frau und Tochter auf einer Vergnügungsreise in die Alte Welt. 58 Jahre alt, reich und bei bester Gesundheit, hat der »Mister« nur noch den einen Wunsch, das zu tun, was er sich bislang als harter Businessman versagen mußte: das Leben in vollen Zügen zu genießen. Was er sich darunter vorstellt, sind ein in Ruhe geordneter Tageslauf, gewürzt vom Genuß üppiger Tafelfreuden und der devoten Untertänigkeit der Bedienenden, die gelassene Besichtigung der Sehenswürdigkeiten Europas und der ausgiebige Besuch bestimmter Etablissements, in denen Frivolitäten auszukosten und die Umarmungen schöner Frauen zu kaufen sind. Alles läßt sich vorzüglich an bis auf das Wetter – das einzige, was nicht käuflich ist. Also entschließt sich der Mister, das verregnete Neapel zu verlassen und mit der Familie auf dem sonnigen Capri Station zu machen. Die Fahrt dorthin auf einem kleinen Dampfer verläuft stürmisch: »*Der Mister... lag auf dem Rücken und brachte die Zähne nicht auseinander. Sein Gesicht sah fahl aus, und der Schnurrbart war völlig weiß geworden; heftige Kopfschmerzen plagten ihn. In der letzten Zeit hatte er wegen des schlechten Wetters abends zu sehr dem Alkohol zugesprochen und zu oft die ›lebendigen Bilder‹ in gewissen Lokalen bewundert.*« Auf Capri angelangt, von den dienstbaren Geistern des Luxushotels untertänigst empfangen und sogleich in die besten Zimmer geleitet, gewinnt der Mister schnell sein Selbstvertrauen zurück und bereitet sich unverzüglich auf das Dinner vor, erregt von den bevorstehenden Genüssen des Gaumens und einem in Erwägung gezogenen Abenteuer mit einer rasanten italienischen Tarantella-Tänzerin. Während er sich umzieht, befällt ihn ein merkwürdiges Schwindelgefühl, und kurz darauf kommt es, im Lesezimmer, zur Katastrophe: »*... der Hals straffte sich, die Augen quollen aus den Höhlen ... Ein wildes Röcheln entrang sich seiner Brust, der Unterkiefer sank herab, die Goldkronen in seinem Mund blitzten auf, zuckend fiel der Kopf seitwärts auf eine Schulter ... und der sich in einem verzweifelten Kampf aufbäumende Körper sackte ... auf dem Fußboden zusammen.*« Obwohl sich der Vorfall kaum mehr vor den übrigen Gästen verheimlichen läßt, wird der sterbende Mister schleunigst in einem der entlegensten und elendesten Zimmer verborgen. Frau und Tochter finden nur noch einen Toten vor, den die Hotelleitung am frühen Morgen in eine längliche Sodawasserkiste verpacken und zum Hafen befördern läßt. »*Nachdem sein Leichnam vielen Erniedrigungen und mancher Rücksichtslosigkeit ausgesetzt gewesen war*«, kehrt der tote Herr aus San Francisco, tief unten im Laderaum des Ozeandampfers verstaut, in die Neue Welt zurück.
Die Novelle, ein bedeutendes Gegenstück zu TOLSTOJS *Smert' Ivana Il'iča* (*Der Tod des Ivan Il'ič*), stellt einen der Höhepunkte in Bunins Erzählwerk dar. Eine kühl komponierte Paraphrase auf das vom Autor immer wieder neu gestaltete Untergangs- und Todesthema, bildet sie eine gespenstische Welt des Scheinlebens ab, in der der Mensch, seines Lebensinhalts beraubt, den Tod flieht und ihn zugleich sucht: im Maße, wie der vom Erzähler in der Namenlosigkeit belassene »Herr aus San Francisco« seine Kräfte im »Lebensgenuß« strapaziert, verringert er die Tage seines Lebens. Er weiß, daß er nur noch ein Scheinleben führt (»*Oh, wie furchtbar ist das alles!*«), doch gerade deshalb ist er bemüht, den Schein durch immer größere physische Ausschweifungen aufrechtzuerhalten. Erst der Tod, gegen den er sich mit aller ihm noch verbliebenen Energie aufbäumt, verschafft ihm endlich die Ruhe, »*nach der er sich schon lange gesehnt hatte*«. Was jedoch der Lebende sich noch mit Geld erkaufen konnte – Freundlichkeit und Respekt –, dem Toten wird es verweigert: unerträglich zynisch in jener Szene, da der posierende italienische Diener das knarrende »*Yes, come in*« des Herrn aus San Francisco grotesk imitiert, belohnt vom kreischenden Gelächter der Stubenmädchen. Kurze Szenen wie diese wirken gleichsam wie Positionslichter, die die »Vergnügungsreise« in dem fahlen, kalten Licht erscheinen lassen, das die Wahrheit beklemmend enthüllt.
M.Gru.

AUSGABEN: Moskau 1915 (in *Slovo*, 5, 1915). – Leningrad 1926. – Moskau 1956 (in *Sobr. soč.*, 5 Bde., 3). – Moskau 1982 (in *Sočinenija*, 3 Bde., 2). – Moskau 1984 (in *Povesti i rasskazy*).

ÜBERSETZUNGEN: *Der Herr aus San Francisco*. K. Rosenberg, Bln. 1922. – Dass., O. Schwechheimer u. W. Richter-Ruhland, Mchn. 1960 (GGT). – Dass., G. Schwarz, Bln. 1976.

LITERATUR: E. Huth, *An Intensive Reading of B.'s »The Gentleman from San Francisco«*, Middletown 1942. – V. N. Atanas'ev, *I. A. B. v rabote nad rasskazom »Gospodin iz San Francisko«* (in *Izvestija Akademii Nauk S. S. R., Otdelenie literatury i jazyka*, 24, 1965, S. 7–17). – A. Kara-Sokol, *Struktura i kompozicija proizvedenija B. »Gospodin iz San Francisko«* (in *Proceedings: Pacific Northwest Conference on Foreign Languages*, Hg. W. C. Kraft, Oregon State Univ. 1971, S. 104–111). – Chr. Scholle, *»Der Herr aus San Francisco«* (in *Die Russische Novelle*, Hg. B. Zelinsky, Düsseldorf 1982, S. 151–160).

## IOANN RYDALEC

(russ.; *Ioann der Greiner*). Erzählung von Ivan A. BUNIN, erschienen 1913. – Die kurze Erzählung spielt in der Abgeschiedenheit eines russischen Dorfs, wo sich allwöchentlich ein grauenerregendes Geschehen wiederholt. Vom Herrenhaus herüber hört man die wilden Schreie Ivan Rjabinins, des Dorfirren, der seinen Herrn und Besitzer, den reichen und frivolen Fürsten Grešnyj (»Sündig«), unflätig beschimpft. Auf seinen immer wieder in krankhafter Heftigkeit hervorgestoßenen Wunsch *Gib mir Freude« eilen die Stallknechte herbei und prügeln ihn, bis er nur noch winselt. »Ioann den Greiner« nennen ihn deshalb die Leute im Dorf, die dem armen, geistig zerstörten Menschen eine scheue Verehrung entgegenbringen. Für sie ist Ivan Rjabinin ein »Jurodivyj«, einer der Gottesnarren, die in der mystischen Frömmigkeit des einfachen russischen Menschen von der Glorie der Gottesnähe umgeben sind. Wie ein Wunder mutet es an, daß nach des Fürsten letztem Willen der Gequälte und der Peiniger nebeneinander begraben werden. Gleichmütig fahren die Reisenden des Kaukasusexpreß an der Stätte vorüber, die für die Bewohner der umliegenden Dörfer längst ein Wallfahrtsort geworden ist, auch wenn ihn die Kirche nie sanktioniert hat.

Die Erzählung rief bei ihrem Erscheinen Erschrecken und Abscheu hervor. Man fühlte sich abgestoßen von den Auswüchsen einer ekstatischen Religiosität und warf dem Autor vor, er habe das Bild einer rückständigen russischen Wirklichkeit entwerfen wollen. Bunin mußte ausdrücklich versichern, daß die Geschichte *ganz und gar erfunden«* sei. Die zeitgenössische Kritik setzte in der Bewertung der ironischen, illusionslosen Schilderungen Bunins falsche Akzente. Sie glaubte ein Engagement dort zu spüren, wo der leidenschaftslose Blick des Autors menschliche Begebenheiten ohne Hoffnung auf Besserung und ohne Mitgefühl betrachtete. Die Anteilnahme dieses *»besten Stilisten der Gegenwart«* (Gor'kij) erwachte erst mit der Gestaltung seines Stoffs, und sie galt vor allem der Eleganz und Ausgewogenheit seines klassischen Stils.

W.Sch.

AUSGABEN: Moskau 1913 (in Vestnik Evropy). – Petersburg 1915 (in *Poln. sobr. soč.*, 6 Bde., 6). – Moskau 1956 (in *Sobr. soč.*, 5 Bde., 3). – Moskau 1982 (in *Sočinenija*, 3 Bde., 1). – Moskau 1984 (in *Povesti i rasskazy*).

## SUCHODOL

(russ.; *Ü: Ssuchodol*). Erzählung von IVAN A. BUNIN, erschienen 1912. – Die Chronik der letzten Generationen des Adelsgeschlechts der Chruščëvs, die zur Zeit der russischen »Bauernbefreiung« (1861) in Suchodol, dem Stammsitz der Familie spielt, beschließt die »Adelselegien« des Autors aus der Zeit nach der Jahrhundertwende. Die Erzählung überwindet die wehmütige Idealisierung der dahinsterbenden Adelskultur in Bunins Frühwerk (vgl. *Antonovskie jabloki*, 1900 – *Die Antonsäpfel*) und läßt unter der nach wie vor attraktiven Oberfläche des Gutsherrenmilieus überaus kritische, realistische Töne anklingen, welche die Morbidität des russischen Adels und die Fundierung seiner elitären Standeskultur auf der brutalen Herrschaft über leibeigene Bauern und Bedienstete mit krasser und ungeschminkter Deutlichkeit offenbaren. *»Wie ein junger Pope, der in seinem Glauben an Gott wankend geworden ist, hat Bunin in ›Suchodol‹ seinem dahingeschwundenen Stande die Totenmesse gelesen«*, urteilt MAKSIM GOR'KIJ.

Im Mittelpunkt der Erzählung steht das Schicksal der Dienstmagd Natalja. Die Fabel ihrer Geschichte ist einfach: In früher Jugend verlor Natalja beide Eltern. Der Vater wurde zum Militärdienst gepreßt, die Mutter starb vor Angst, als der Hagel das ihr anvertraute herrschaftliche Federvieh erschlug. Als Mündel der Familie Chruščëv verliebt sich Natalja in den Sohn der Herrschaft und entwendet ihm als Unterpfand ihrer Sehnsucht einen silbernen Spiegel. Der Geliebte selbst entdeckt den Diebstahl, befiehlt, Natalja das Haar zu scheren, und verbannt die durch dieses Urteil Entehrte auf ein abgelegenes Gehöft. Nach zwei Jahren kehrt Natalja nach Suchodol zurück, um ihrer Herrschaft fortan unter Verzicht auf jedes persönliche Glück zu dienen.

Epische Dimension erhält das Schicksal Nataljas durch seine Verflochtenheit mit der Geschichte des Gutsherrengeschlechts. Nach dem Tod seiner Frau schwachsinnig geworden, verbringt Pëtr Kirrilyč, das Haupt der Familie, seine Tage damit, die gesamten Möbel im Gutshaus umzustellen und Geldstücke in den Fugen des altersschwachen Gebäudes zu verstecken. Fünfundvierzig Jahre alt, wird er von seinem unehelichen Sohn Gervas'ka, der im Hause die Rolle des Lakaien spielt, im Zorn erschlagen. Auch seine Tochter Tonja verliert den Verstand, nachdem sie dem Liebeswerben Vojtkevičs, eines Kriegskameraden des Bruders, eine ungewollte Absage erteilt hat. Die Söhne, Pëtr und Arkadij, greifen in ihrem permanenten Streit um Verwaltung und ökonomische Nutzung des Familienbesitzes nicht selten zu *»Messer und Gewehr«.* Pëtr gerät unter die Hufe seines Pferdes und wird zertreten, als er betrunken von einer Geliebten heimkehrt. Arkadij verläßt das Elternhaus im Streit. Seither führen Tonja, Natalja und Klavdija Markovna, die Witwe Pëtrs, ein einsames, von Aberglauben und unbestimmter Furcht überschattetes Leben auf dem verwaisten Herrensitz. Ausdruck ihrer Existenzangst ist ihre symbolträchtige Furcht vor Feuer und Gewitter, die sich leitmotivisch durch die Erzählung zieht. In religiösen Wahn umgeschlagene sexuelle Sehnsucht macht Tonja zur gewaltsamen Liebe eines entlaufenen Mönches gefügig, der für kurze Zeit Unterkunft im Hause findet. Aus abergläubisch-fatalistischer Unterwerfung unter die Vorzeichen unheilvoller Träume gibt auch Natalja seinen Wünschen nach. Ihr Kind verliert sie, als sie in panischer Furcht aus dem durch Blitzschlag oder Brandstiftung entflammten Gutshaus stürzt.

Bunins Chronik der Familie Chruščëv ist bis ins Detail geprägt durch die eigene Familiengeschichte des Autors. Suchodol ist das kaum verhüllte Abbild des Buninschen Stammsitzes Kamenka. Bunins Großvater Nikolaj ist das Urbild des ältesten Chruščëv, seine Tante Varvara der Prototyp Tonjas, sein Vater das charakteristische Ebenbild Arkadijs. Mit dem Gesamtwerk des Autors teilt die Erzählung ihre überaus komplizierte Erzählstruktur. Vordergründig treten als Erzähler die Kinder Arkadijs auf. Sie selbst erfahren die Geschichte Suchodols jedoch aus dem Munde der eigentlichen Erzählerin Natalja. Natalja berichtet ihnen das Schicksal des Familiensitzes zweimal: einmal als Erzieherin ihrer Jugend, zum anderen anläßlich der Versöhnung der Familie bei der Rückkehr Arkadijs nach Suchodol. In den fragmentarischen Erzählungen ihrer Erzieherin, denen sie eine kindlichem Fassungsvermögen gemäße Deutung zu geben versuchen, begegnet den jugendlichen Erzählern Suchodol als fernes Traumland kindlicher Phantasie. Viele Momente der späteren Erzählung nimmt die Novelle hier unverbunden aus der Perspektive kindlicher Verständnislosigkeit vorweg, in der die heimliche Faszination des Gutsherrenmilieus über die Einsicht in seine atavistische Realität dominiert. Den vollen Sinnzusammenhang des Geschehens stellt erst der Bericht Nataljas im Hauptteil der Erzählung her. Doch auch hier ist die erzählte Wirklichkeit zweifach gebrochen. Zum einen erscheint sie unter dem eingeengten Gesichtswinkel der leibeigenen Dienstmagd. Zum anderen wird sie nicht durch den unmittelbaren Bericht Nataljas, sondern in der Nacherzählung ihrer Worte durch die vordergründigen Erzähler wiedergegeben.

Bunin hat die 1911 vollendete Novelle für spätere Veröffentlichungen mehrfach überarbeitet. Das Werk bestätigte den mit der Erzählung *Derevnja*, 1910 *(Das Dorf)*, errungenen Erfolg des Autors, den Gor'kij den »*besten Stilisten der Gegenwart*« nannte. C.K.

AUSGABEN: Petersburg 1912 (in Vestnik Evropy, Nr. 4). - Moskau 1912. - Moskau 1965 (in *Sobr. soč.*, Hg. A. S. Mjasnikov u. a., 9 Bde., 1965-1967, 3). - Moskau 1982 (in *Sočinenija*, 3 Bde., 1). - Moskau 1984 (in *Povesti i rasskazy*).

ÜBERSETZUNG: *Ssuchodol*, E. Schleicher, Mchn. 1966.

LITERATUR: S. Adrianov, Rez. (in Vestnik Evropy, 6, 1912, Nr. 11). - R. Grigor'ev, *I. A. B. »Suchodol« i drugie rasskazy* (in Sovremennik, Petersburg 1913, 7, Nr. 3). - B. Scherr, *Time, Space and Causality in the World of B.'s »Sukhodol«* (in *Proceedings of the Pacific Northwest Conference on Foreign Languages*, 27, 1976, S. 141-145). - Th. Marullo, *B.'s »Dry Valley«: The Russian Novel in Transition from Realism to Modernism* (in FMLS, 1978, 14, S. 193-207). - A. Ninov, *Smert' i roždenie čeloveka: I. B. i M. Gor'kij v 1911-1912 godach* (in Voprosy Literatury, 1984, 12, S. 100-133).

## TËMNYE ALLEI

(russ.; *Ü: Dunkle Alleen*). Erzählung von Ivan A. BUNIN, erschienen 1943. - An einem grauen Herbsttag begegnet ein reisender Offizier in der schönen, reifen Wirtin einer Poststation seiner Jugendliebe Nadežda wieder, der er vor dreißig Jahren verliebte Gedichte über »Dunkle Alleen« vorgetragen hatte. Zwar hat der Offizier die Episode längst aus seinen Erinnerungen getilgt (»*Alles vergeht... Die Liebe, die Jugend – alles, alles*«), aber er muß nun erfahren, daß Nadežda ausschließlich dieser Liebe gelebt hat, die - unerfüllt und von ihm verraten – zu ihrem Lebensinhalt wurde. Noch heute hat Nadežda seinen Treuebruch nicht verwunden noch verziehen, doch »*Tote trägt man nicht wieder vom Friedhof heim*«. An der Sinnlosigkeit des Lebens resignierend, bekennt der Offizier Nadežda sein verlorenes Dasein. Die Frau, die er geheiratet hat, nachdem er Nadežda verlassen hatte, betrog ihn, der Sohn, den er über alles liebte, mißriet. »*Doch das ist im übrigen eine abgeschmackte, alltägliche Geschichte.*« Geblieben ist ihm allein die nun wieder lebendig gewordene Erinnerung an den »*schönsten Augenblick seines Lebens*« und die beunruhigende Frage: »*Was wäre geworden, wenn ich sie nicht verlassen hätte?*«

Die Titelgeschichte der Erzählsammlung, die Bunin für das »*in künstlerischer Hinsicht vollendetste*« seiner Bücher hielt, entstand nach den Worten des Autors unter dem Eindruck der Lektüre von N. P. OGARËVS thematisch verwandtem Gedicht *Obyknovennaja povest'*, 1843 *(Eine gewöhnliche Geschichte)*. Wie alle in der Emigration entstandenen Erzählungen des »Neuklassikers« Bunin (Stender-Petersen) der Tradition der großen russischen Erzähler (PUŠKIN, TURGENEV, TOLSTOJ, ČECHOV) verpflichtet, teilt die Erzählung mit den übrigen Texten des Bands die düster-pessimistische, vom Gedanken an den Tod überschattete Gestaltung der Liebesthematik. »*Wie ein Verliebter um den sprachlichen Ausdruck*« kreisend (Stender-Petersen), schafft Bunin, den Maksim GOR'KIJ 1912 als den »*besten Stilisten der Gegenwart*« empfahl, in wohlgeformten, in ihrer Präzision mathematischen Formeln vergleichbaren Sätzen eine artifizielle Prosa von distanzierter Herbheit. M.Gru.

AUSGABEN: NY 1943. - Moskau 1956 (in *Sobr. soč.*, Hg. L. V. Nikulin u. a., 5 Bde., 4; m. Einl.). - Moskau 1961 (in *Povesti. Rasskazy. Vospominanija*, Hg. P. L. Vjačeslavov; Einf. K. Paustovskij). - Moskau 1966 (in *Sobr. soč.*, Hg. A. S. Mjasnikov u. a., 9 Bde., 1965-1967, 7). - Moskau 1978 (in *Rasskazy*).

ÜBERSETZUNGEN: *Dunkle Alleen*, I. Koenig (in *Dunkle Alleen. Ausgewählte Meistererzählungen*, Stg. 1959; Einf. J. Holthusen). - Dass., E. Ahrndt (in *Dunkle Alleen: Erzählungen 1920-53*, Bln./Weimar 1985).

LITERATUR: I. A. Figurovskij, *O sintaksise prozy B.: Sintaksičeskaja dominanta »Tëmnych allej«* (in Russkaja Reč', 1970, 5, S. 63-66). - L. Foster, *O kompozicii Tëmnych allej B.* (in Russian Literature, 1975, 9, S. 55-65).

## ŽIZN' ARSEN'EVA

(russ.; Ü: *Im Anbruch der Tage. Arsjenjews Leben*). Autobiographischer Roman von Ivan A. BUNIN, erschienen 1927–1939. – Das bedeutendste Erzählwerk des nach der Oktoberrevolution nach Frankreich emigrierten und 1933 mit dem Nobelpreis ausgezeichneten Schriftstellers steht in der Tradition der russischen Memoirenliteratur des 19. Jh.s. Der Roman, der Dichtung und Wahrheit ineinanderfließen läßt, weist keine einheitliche Handlung auf. Im Rückblick des fiktiven Erzählers Aleksej Arsen'ev schildert er die Jugendzeit des Autors im vorrevolutionären Rußland.

Der erste Teil des Werks beschreibt den dichterischen Werdegang des Helden, der zweite den tragischen Konflikt seiner Liebe und seiner künstlerischen Berufung. Das Schwergewicht der Erzählung liegt auf der eingehenden Beschreibung einzelner Erlebnisse, Gestalten und Gefühle. Über den autobiographischen Bericht hinaus zeichnet der Roman ein detailliertes Bild der sozialen Verhältnisse, vorab der Lage des Kleinadels in der zaristischen Gesellschaft. Notwendig verklärt die Erinnerung des Emigranten eine Zeit, die dem gesellschaftlichen Umbruch zutrieb und die soziale Frage zum Hauptthema der russischen Literatur erhob. Als Sproß einer ehedem angesehenen, dem Ruin verfallenden Adelsfamilie, einem Leben der Unsicherheit und Ungeborgenheit ausgesetzt und in der Gegenwart der Vergangenheit zugewandt, erlebt der Autor die Veränderung der Verhältnisse resigniert als unabänderliches persönliches Schicksal. »*Das Schicksal eines jeden Menschen wird vom Zufall gestaltet, in Abhängigkeit von seiner Umgebung. So gestaltete sich auch das Schicksal meiner Jugend, das maßgebend für mein späteres Leben werden sollte.*«

Man ist geneigt, dieses Schicksal als das Produkt des Untergangs einer Klasse zu deuten, die den Ästhetizismus eines Jahrhunderts aufgespeichert hatte, sich PUŠKIN und LERMONTOV verbunden fühlte und ihren idealistischen Freiheitsdrang auf Kosten ihrer materiellen Sicherheit über die Zeiten zu retten suchte. Notwendige gesellschaftliche Entwicklung erscheint dem Betroffenen als Auswirkung jenes Selbstzerstörungstriebs, dem TURGENEV in seinem *Stepnoj korol' Lir*, 1870 *(Ein König Lear der Steppe)*, Ausdruck verlieh. »*Und in allem, allem war der Tod; er schlich sich unaufhaltsam in das ewig-liebliche, ziellose Leben ein! ... Im Leben der meisten spielt er wohl eine geringe Rolle. Dagegen gibt es Menschen, die ihr Leben lang unter seinem Zeichen stehen, seit der frühesten Kindheit ein geschärftes Gefühl für den Tod haben, meist wohl dank eines gleich starken Lebensgefühls.*«

Eine poetische Sprache, die ihre Treffsicherheit im charakterisierenden Attribut erweist, verbindet das Werk mit Turgenevs *Stichotvorenija v proze*, 1883 *(Gedichte in Prosa)*. In Bunins Roman »*durchdringt das lyrische Element die Erzählung von Anfang bis Ende, um ihren ganzen materiellen Gehalt in sich aufzulösen*« (Weidlé). M.Gru.

AUSGABEN: Paris 1927 (in Rossija, Nr. 9; enth. Buch 1, Kap. 4). – Paris 1928/29 (in Poslednie novosti, Nr. 2475: Buch 1, Kap. 3–4; Nr. 2481: Buch 1, Kap. 19; Nr. 2538: Buch 2, Kap. 7–9; Nr. 2573: Buch 2, Kap. 15–22; Nr. 2801: Buch 3, Kap. 6–7; Nr. 2811: Buch 3, Kap. 10–12; Nr. 2965: Buch 4, Kap. 4–10; Nr. 3116: Buch 4, Kap. 13–15). – Paris 1928/29 (in Sovremennye zapiski, 34/35; 37, 40; enth. Buch 1–4). – Paris 1930 [Buch 1–4]. – Paris 1932/33 (in Poslednie novosti, Nr. 4295, 4316, 4330: Buch 5, Kap. 1–9). – Paris 1933 (in Sovremennye zapiski, 52/53: Buch 5, Kap. 2–21). – Bln. 1936 (in *Sobr. soč.*, 11 Bde., 1934–1936, 11). – Paris 1937 (in Illjustrirovannaja Rossija, 2. Jan.: Buch 5, Kap. 24–31). – Paris 1938/39 (in Poslednie novosti, Nr. 6481: Buch 5, Kap. 25–27; Nr. 6488: Buch 5, Kap. 29). – Brüssel 1939 [Buch 5]. – NY 1952 [vollst.]. – Moskau 1961 (in Moskva, Nr. 7, 8, 11; Buch 1–4). – Moskau 1961 (in *Povesti. Rasskazy. Vospominanija*). – Moskau 1966 (in *Sobr. soč.*, 9 Bde., Hg. A. S. Mjasnikov u. a., 1965–1967, 6). – Gor'kij 1986 (in *Žizn' Arsen'eva. Rasskazy*).

ÜBERSETZUNGEN: *Im Anbruch der Tage. Arsjenjews Leben*, J. Steinberg u. R. Candreia, Bln. 1934 [Buch 1–4]. – *Das Leben Arsenjews*, G. Schwarz, Bln./Weimar 1979. – Dass., ders., Mchn./Wien 1980.

LITERATUR: R. Bowie, *An Intensive Study of B.'s »The Life of Arsen'ev«*, Diss. Vanderbilt Univ. 1971. – S. Antonov, *Ot pervogo lica*... (Rasskazy o pisateljach, knigach i slovach); stat'ja tret'ja: *I. B., Žizn' Arsen'eva* (in Novyj Mir, 1973, 49, S. 243–264). – A.F. Zweers, *A.A.s Spiritual Freedom: Major Themes and Literary Devices in I. B.s »The Life of A.«* (in *Crisis and Commitment: Studies in German and Russian Literature in Honour of J. W. Dyck*, Hg. J. Whiton, Waterloo 1983, S. 247–255).

---

### KARL BUNJE

*\* 8.11.1897 Neuenburg bei Ammerland*
*† 1985*

**DE ETAPPENHAS. En lustig Spill in veer Törns**

(nd.; *Der Etappenhase*). Komödie in vier Akten von Karl BUNJE, Uraufführung: Brake (Oldenburg), Mai 1935. – Die Handlung spielt zur Zeit des Ersten Weltkriegs in Flandern und setzt sich aus mehreren ineinander verflochtenen Handlungssträngen zusammen: 1. Der Leutnantsbursche Hein Lammers »besorgt« für seine mit ihm für kurze Zeit von der Front in die Etappe verlegten Kameraden einen Hasen, soll ihn aber wieder hergeben, da sich herausstellt, daß der Braten für den Oberst bestimmt gewesen ist. Hein brät jedoch für den Obersten die Hauskatze und für seine Kameraden den richtigen Hasen. 2. Hein Lammers bemüht sich darum, daß Ummo Ummen, ein Familienvater mit schon erwachsenen Kindern, vom Frontdienst abgelöst wird; er erreicht, daß sich statt seiner der junge Etappensoldat Ferdinand an die Front meldet. 3. Ferdinand läßt versehentlich den neu eingetroffenen Mantel des Obersten ansengen und wirft ihn in einen Kanal, bevor der Oberst von der Ankunft des Pakets etwas erfährt. Dieser Tatbestand wird schließlich aufgedeckt. 4. Marie, ein flämisches Mädchen, wehrt sich beharrlich gegen die Werbung Ferdinands und findet zuletzt zum Frontsoldaten Gerd. – Diese einzelnen Teile der Handlung sind äußerst wirkungsvoll miteinander verknüpft. Den Höhepunkt bildet eine »Gerichtsverhandlung« mit Hein Lammers als Richter; Ferdinand ist angeklagt, die Katze ertränkt zu haben, und läßt sich für dieses Delikt auch verurteilen, während die Katze in Wahrheit vom »Richter« Hein Lammers in der Bratröhre geschmort wird.

Sprachlich ist bemerkenswert, daß neben dem Landserplattdeutsch auch ein geziertes Plattdeutsch zur Charakterisierung verwendet wird. Außerdem spielt ein Volkslied in flämischer Sprache eine wichtige Rolle. – Der Erste Weltkrieg ist zwar notwendiger Handlungshintergrund, aber das Problem des Krieges ist nicht Gegenstand der Komödie. Im Mittelpunkt stehen vielmehr die sturmbewährten Frontsoldaten, die mit den Ordnungen der Etappe in Konflikt geraten, in der die Drückeberger Vorrechte genießen. Dank dem Humor und der Pfiffigkeit von Hein Lammers wird der Konflikt heiter gelöst, werden Gaben und Lasten nach gerechter Ordnung verteilt. – Vor dem Zweiten Weltkrieg hatte der *Ettapenhas* – auch in Hochdeutscher Übersetzung und als Film – großen Erfolg. Besonders beliebt waren Bearbeitungen in kölnischer und oberbayrischer Mundart. Die jeweils umbenannte Hauptfigur (München: Heini Lampl, Köln: Tünn Lammers) wurde so populär, daß Entrüstung laut wurde, als Hein Lammers in der Filmfassung nicht als Bayer bzw. Rheinländer auftrat. U.B.

AUSGABEN: Verden 1935. – Hochdeutsche Fassung: *Der Etappenhase*, K. Bunje, Verden 1936.

VERFILMUNG: Deutschland 1937 (Regie: J. Stökkel).

LITERATUR: K. Bunje, *Der »Etappenhas« in Niederdeutschland* (in Niederdeutsche Welt, 12, 1937).

## IN'N MAHLGANG

(nd.; *Im Mahlgang*). Drama in drei Akten von Karl BUNJE, erschienen 1953. – Der Bauer und Mühlenbesitzer Dirk Nordenbrook ist der mächtigste Mann im Dorf, sein Wort galt lange Zeit als Recht und absolutes Gebot. Durch harte Arbeit im Dienst der Gemeinde hat er sich diese Stellung erworben. Seine zähe Energie und Leistungskraft erfüllen ihn mit Stolz. Nur um seine Familie hat er sich bei alledem wenig gekümmert, seine Frau ist hart und bitter geworden, sein Sohn, der den Hof übernommen hat, will auf den Rat des Vaters nicht mehr hören. Das Chaos im eigenen Haus steht in krassem Gegensatz zu jener dauerhaften Ordnung, die Dirk in der Gemeinde aufrichten will. Aber auch seinen Dorfgenossen ist er zu groß geworden, sie wollen und können seine Vormachtstellung nicht mehr ertragen. Mit Verleumdungen und Verdächtigungen suchen sie ihn dort zu treffen, wo er am leichtesten verwundbar ist: in seiner Freundschaft zu Hanna Hellmers, der Witwe seines gefallenen Freundes. Bei ihr findet er Erholung nach der Unrast des Tages und Ruhe und Frieden nach häuslichem Streit. Als er, um ein von seinem Vater begangenes Unrecht wiedergutzumachen, seine Mühle auf Hannas Sohn überschreiben lassen will, bricht der Sturm los. Doch auch jetzt läßt Dirk sich noch nicht von seinem Weg abbringen und setzt das, was er als recht erkannt hat, durch. Als er sich aber vor aller Öffentlichkeit zu Hanna Hellmers bekennen und ein neues Leben beginnen will, weist diese ihn zurück, obgleich sie ihn liebt: Sie erkennt, daß auch Dirk Schuld an seiner häuslichen Misere trägt, weil sie die Verzweiflung seiner Frau sieht, die neben ihm ein einsames und hartes Leben führen muß. An Hannas Entscheidung aber zerbricht der starke Dirk Nordenbrook, er sucht im Mahlgang der Mühle den Tod.

Bunje interessiert vor allem die problematische Stellung des einzelnen zu Familie und Gemeinschaft. Verdienst und Versagen seines Helden leiten sich aus seinem Charakter her, dessen Kraft und Fülle, aber auch Härte und Kälte Bunje so überzeugend darzustellen weiß wie die Gestalt der Ehefrau, die, nach einem Leben ohne Vertrauen und Zärtlichkeit, ihr tief verwundetes Herz hinter Schroffheit und Stumpfheit verbirgt. Die reichlich idealisierte Hanna Hellmers wirkt neben ihr dagegen eher blaß. Die Bedeutung der Mühle wird immer wieder betont, ihr weit ausholender Flügelschlag ist Symbol für die ständige Gefährdung des Lebens: »*Wenn du nich uppaßt, denn frett de Möhl di noch mit Huut un Haar.*« In der drückenden Schwüle des Sommers ragt sie, von keinem Windhauch getrieben, als Zeichen des Todes in den Himmel: »*As een gewaltig Dodenkrüz up't Graff, so draiht ehr Flögel na den Heven rup.*«

Der ohne Abschweifung mit beeindruckender Zielstrebigkeit angelegte und dramaturgisch geschickt durchgeführte Handlungsablauf und die sicher gestalteten Dialoge zeigen den erfahrenen Bühnenautor; die Konzeption des tragischen Schlusses wie seine symbolhafte Ausdeutung bezeugen zudem den nachhaltigen Einfluß Hermann BOSSDORFS (vgl. *Bahnmeester Dod*). H.J.B.

AUSGABEN: Verden 1953. – Hochdeutsche Fassung: *Im Mahlgang*, K. Bunje, Verden 1954.

## JOHN BUNYAN

* 28.11.1628 Elstow / Bedford
† 31.8.1688 London

**LITERATUR ZUM AUTOR:**
*Bibliographien*:
R. L. Greaves, *An Annotated Bibliography of J. B. Studies*, Pittsburgh 1972. – J. F. Forrest u. R. L. Greaves, *J. B. A Reference Guide*, Boston 1982.
*Biographien*:
J. Brown, *J. B. His Life, Times and Work*, London 1885; rev. F. M. Harrison, London 1928; Nachdr. Hamden/Conn. 1969, St. Clair Shores/Mich. 1971. – G. O. Griffith, *J. B.*, London 1927; Nachdr. Philadelphia 1973. – G. B. Harrison, *J. B.: A Study in Personality*, London 1928; Nachdr. Hamden/Conn. 1967. – O. E. Winslow, *J. B.*, New York 1961.
*Gesamtdarstellungen und Studien*:
J. B. Grier, *Studies in the English of J. B.*, Philadelphia 1872; Nachdr. New York 1973. – J. B. Wharey, *A Study of the Sources of B.'s Allegories: With Special Reference to Deguileville's »Pilgrimage of Man«*, Baltimore 1904; Nachdr. Staten Island/NY 1964. – G. Thiel, *B.s Stellung innerhalb der religiösen Strömungen seiner Zeit*, Diss. Breslau 1931. – W. Y. Tindall, *J. B.: Mechanick Preacher*, NY 1934; Nachdr. 1964. – Ders., *J. B.: Maker of Myths*, London 1937; Nachdr. Clifton/NY 1969. – H. Talon, *J. B., l'homme et l'œuvre*, Paris 1948; engl. Übers.: B. Wall, *J. B. The Man and His Works*, London 1951; Nachdr. Philadelphia 1973. – A. Sann, *B. in Deutschland*, Gießen 1951. – R. Sharrock, *J. B.*, London 1954; rev. 1968. – R. L. Greaves, *J. B.*, Grand Rapids/Mich. 1969. – C. Hill, *The World Turned Upside Down. Radical Ideas During the English Revolution*, London 1972. – M. Furlong, *Puritan's Progress. A Study of J. B.*, London 1975. – C. W. Baird, *J. B. A Study in Narrative Technique*, Port Washington/NY 1977. – *The J. B. Lectures 1978. To Mark the 350th Anniversary of the Birth of J. B. and the Tercentenary of the Publication of »The Pilgrim's Progress«*, Bedford 1978. – E. B. Batson, *J. B. Allegory and Imagination*, London 1984. – A. H. Hawkins, *Archetypes of Conversion: The Autobiographies of Augustine, B. and Merton*, Lewisburg 1985.

**GRACE ABOUNDING TO THE CHIEF OF SINNERS; or, a brief and faithful Relation of the exceeding Mercy of God in Christ to his poor Servant John Bunyan**

(engl.; *Überreiche Gnade für den größten der Sünder, oder Eine kurze, wahrheitsgetreue Schilderung der unermeßlichen Barmherzigkeit, die Gott in Christus seinem armen Diener John Bunyan erwies*). »Geistige Autobiographie« von John BUNYAN, erschienen 1666. – Bunyan verfaßte diese Selbstdarstellung im Gefängnis, wo er von 1660–1672 festgehalten wurde, weil er ohne Lizenz gepredigt hatte und aus puritanischem Glaubenseifer nicht versprechen wollte, in Zukunft das Predigen zu unterlassen.

Als Schilderung seiner religiösen Erweckung und des allmählichen Hineinwachsens in die nonkonformistisch-puritanische Bedford-Gemeinde (eine liberale Baptistengruppe), deren verehrtes und berühmtes Haupt Bunyan später wurde, enthält die Autobiographie nur sehr wenige Hinweise auf den äußeren Lebenslauf des Autors. Man erfährt, daß er den Beruf seines Vaters, eines Kesselflickers, wählte, als junger Mann ein wildes Leben führte (von seinen Verirrungen erwähnt er allerdings nur den Hang zum Fluchen – jedem Puritaner ein Greuel und unter Cromwell ein strafbares Vergehen – und seine Vorliebe für das Glockenläuten, ein zu jener Zeit bei den Puritanern ebenfalls verpöntes Sonntagsvergnügen), daß seine erste Frau, deren Name unbekannt geblieben ist, zwei religiöse Bücher mit in die Ehe brachte (Lewis BAYLYS *The Practice of Piety* und Arthur DENTS *The Plain Man's Pathway to Heaven*, von denen das letztere einen nachweisbaren Einfluß auf Bunyans didaktischen Stil ausgeübt hat), und daß er nach Jahren geistiger Verzweiflung und seelischer Erschütterungen schließlich in seinem Glauben Frieden fand und ihn als Laienprediger zu verbreiten begann. Das eigentliche Thema seiner Selbstdarstellung ist diese innere Krise.

Sie beginnt mit dem elementaren Erschrecken vor der Sünde und ihren im Mosaischen Gesetz ausgemalten Folgen und trägt alle Züge einer modern anmutenden, nachkartesianischen Daseinsangst, die schon bei dem Knaben zu schrecklichen Träumen und Halluzinationen geführt hatte. Unerklärlich wie alle echten und tiefgreifenden religiösen Erfahrungen manifestiert sich diese Krise bei Bunyan als ein konkreter Kampf, den der personifizierte Einflüsterer, der Teufel, und das biblische Wort Gottes um die Seele des erwachenden Menschen austragen, wobei die Bibelworte ebenso oft mit der Eigenmacht des Unterbewußten aus der zerrissenen Seele selbst aufzutauchen scheinen wie sich durch suchend bemühte Lektüre einstellen. Ein urplötzlich in seiner ganzen Bedeutung erfaßtes Bibelwort kann so zum Äquivalent einer seelischen Höllenfahrt oder eines sich auftuenden Himmels werden. Bunyans Verzweiflung erreicht ihren Höhepunkt, als er in seinem Herzen dem Gedanken nachgibt: »*Let him go, if he will*« (»*Laß Christus fahren, wenn er es will*«), mit dem er sein christliches Geburtsrecht verkauft zu haben meint, und erst nach einem langen Seelenkampf, in dem er zwischen niederschmetternden und hoffnungseinflößenden Bibelworten hin- und hergerissen ist, kann er sich wieder zu erlösender Zuversicht und zur Erwartung der Gnade Gottes durchringen. In einer Vision vom Einzug der Auserwählten in das himmlische Jerusalem klingt sein Bekenntnis aus.

Seine seelische Veranlagung führt Bunyan zu der von Quäkern und extremen Puritanern verfochtenen radikalen Bibelgläubigkeit, die auch isolierte Bibelworte auf die Verfassung der Individualseele bezieht und in ihrem Vertrauen auf den Text der *Heiligen Schrift* an Idolatrie grenzt. Doch werden in diesem religiösen Bekenntnis die Bibelworte eng mit spezifischen Gefühlen verbunden, und, fern jeder Abstraktion oder Pedanterie, so intensiv erlebt wie Wachträume. Die zerstörende oder rettende Kraft von Worten und Gedanken ist aber gleichzeitig kennzeichnend für die ständig geübte Selbsterforschung und Gewissensprüfung, die im Protestantismus und speziell im Puritanismus bereits zur Tradition geworden waren und als Voraussetzung einer inneren Bekehrung betrachtet wurden, deren kein Erlösungswilliger entraten konnte.

Bunyans Selbstdarstellung ist schonungslos, direkt und intensiv – das gibt ihr eine eigene Glut und naive Unmittelbarkeit und hebt sie weit über alle anderen Werke dieser Art hinaus. Dabei handelt es sich nicht etwa um eine mystische Suche nach der Vereinigung mit Gott, sondern um das Streben nach Glaubens- und Heilsgewißheit in einer konkreten Gemeinde. Dieses Streben stellt sich nicht in metaphysischen Umschreibungen dar; es ist ein dramatischer innerer Kampf von einer Dinglichkeit, die manchmal schon an die festen Umrisse von Bunyans großer Allegorie der christlichen Seele *(The Pilgrim's Progress)* erinnert. Ihr entspricht auch der Sprachstil: Bunyan geht nie über das Irdisch-Handgreifliche hinaus, er hält sich an den *plain style* nach dem Vorbild der *Bibel*; seine Bilder sind konkret, rustikal. Einfachheit und Energie kennzeichnen seine Prosa, Unbedingtheit und Ungebrochenheit sind Ausprägungen seiner inneren Erfahrungen.

In den meisten neueren Ausgaben schließt sich der Autobiographie Bunyans Bericht über seine Inhaftierung und Vernehmung an *(A Relation of Mr. Bunyan's Imprisonment)*, der im Manuskript erhalten war und erst 1765 veröffentlicht wurde. Er stellt gedanklich und chronologisch einen passenden Abschluß der Autobiographie dar, einerseits, weil er die Prüfungen durch das weltliche Gericht als unvergleichlich leichter darstellt als die durch den Teufel und damit den Gläubigen ein aufmunterndes Beispiel für Standhaftigkeit gibt, und andererseits, weil die neugewonnene Festigkeit und Unerschütterlichkeit des quasi Neugeborenen in deutlichem Kontrast zu seiner früheren Zerrissenheit setzt. Dieser Entwicklung entsprechend ist auch der Stil des Berichts ruhiger und gefaßter. – Ein zweiter Anhang, in dem Bunyans weiteres Leben geschildert wird *(A Continuation of Mr. Bunyan's Life)*, ist eine Zufügung von fremder Hand aus dem Jahr 1692. K.E.

AUSGABEN: Ldn. 1666. – Ldn. 1688 [verb. u. verm.]. – Ldn. 1692–1768 (in *The Works*, Hg. E. Chandler u. J. Wilson, 5 Bde.). – Ldn. 1859 (in *The Works*, Hg. H. Stebbing); Nachdr. 1970. – Ldn. 1905 [Einl. H. Morley]. – Cambridge 1907, Hg. J. Brown. – Ldn./NY/Toronto 1928 (Everyman's Library). – Oxford 1962, Hg. R. Sharrock.

ÜBERSETZUNGEN: *Die Gnade Gottes Welche sich erstrecket auf die größten Sünder. Das ist: Eine ausführliche Erzählung von dem ersten Zug des Autores und seinem ferneren Fortgang in der Gnade*, anon., Hbg. 1698. – *Die überschwängliche Gnade an dem größten der Sünder*, A. Henrich, Hbg. 1864.

LITERATUR: J. T. McNeil, *Books of Faith and Power*, NY 1947. – V. Brittain, *In the Steps of B.: An Excursion into Puritan England*, Ldn. 1950. – G. R. Cragg, *Puritanism under the Great Persecution*, Cambridge 1957. – M. Bottrall, *Everyman a Phoenix. Studies in Seventeenth Century Autobiography*, Ldn. 1958. – R. S. Beal, »*Grace abounding*...«: *J. B.'s Pauline Epistle* (in SEL, 21, 1981, S. 147–160).

**THE LIFE AND DEATH OF MR. BADMAN, Presented to the World in a Familiar Dialogue Between Mr. Wiseman, and Mr. Attentive**

(engl.; *Leben und Sterben des Mr. Badman, der Welt dargeboten in einem vertraulichen Gespräch zwischen Mr. Wiseman und Mr. Attentive*). Didaktisches Werk von John BUNYAN, erschienen 1680. – Trotz des allegorisch anmutenden Titels hat dieses Werk mit Bunyans großer Allegorie der christlichen Seele (*The Pilgrim's Progress*) nicht viel gemeinsam. Mr. Badmans Lebensweg und Charakter sind ganz von außen gesehen und werden zudem indirekt, im Verlauf eines Dialogs, geschildert. Daß der Fluchtpunkt dieses Lebenslaufs die Verdammnis ist, wird gleich am Anfang klar, und auch das moralische Urteil über den exemplarischen Bösewicht steht von vornherein fest. Da Badman außerdem nicht so sehr als ethisch-psychologischer Prototyp vorgestellt wird, sondern vor allem in seinen spezifischen sozialen Beziehungen zur Umwelt, kommen einige der nach christlicher Auffassung gravierendsten Sünden (besonders die intellektueller Prägung) überhaupt nicht zur Geltung. Badmans Biographie dient einfach als abschreckendes soziales Beispiel und als Anlaß zu biblisch belegten moralischen Erörterungen.

Der Lebenslauf als solcher ist interessant genug. Obwohl Badman vorbildliche Eltern hat, zeigt sich seine inhärente Schlechtigkeit schon frühzeitig in dem unbezähmbaren Trieb zum Lügen, Stehlen, Fluchen und in der Abneigung gegen alles Fromme. Der hilflose Vater gibt den Sohn zu einem gottesfürchtigen Handwerker in die Lehre, doch bei Badman verfängt kein gutes Beispiel. Er sucht mit Fleiß schlechte Gesellschaft und fügt seinen anderen Lastern das Huren, Saufen und Bestehlen des eigenen Meisters hinzu. Schließlich wählt er einen Lehrherrn nach seinem Sinn, unter dessen Einfluß seine korrupte Natur den letzten Schliff erhält. Nach abgeschlossener Lehre überredet er seinen Vater, ihm ein eigenes Geschäft einzurichten, wo er fortan nach Herzenslust und zum Vorteil seiner Spießgesellen treibt, was ihm beliebt. Am Rand des Ruins, saniert er sich durch die Heirat mit einem reichen, religiös gesinnten Mädchen, das er durch vollendet geheucheltes Interesse an Religion und Ehrbarkeit gewinnt und dann durch seinen bedenkenlosen Rückfall langsam in den Tod treibt. Als er abermals durch Verschwendung in finanzielle Not geraten ist, rettet ihn ein Scheinbankrott, aus dem er ein gutes Geschäft macht. Betrug im Großen und Kleinen ist ihm nun zur täglichen Gepflogenheit geworden – falsche Gewichte, schlechte Waren, Wucherpreise, wo immer solche Praktiken gefahrlos angewandt werden können. Im Interesse seines Geschäfts ist Badman zu einem Meister der Verstellung geworden, und aus dem gleichen Grund wagt er auch nicht, etwas gegen illegale, nonkonformistische Gruppen zu unternehmen, so gern er dies auch täte. Während einer schweren Krankheit wird er zum ersten und letzten Mal reumütig. Als er wieder eine Frau nimmt, gerät er an eine Hure, die ihm an Schlechtigkeit nicht nachsteht. Beide haben nach fünfzehn Jahren alles vertan. Lasterhaft bis ins Mark, stirbt Badman ohne jede Reue, aber auch ohne ein Zeichen von Angst und Verzweiflung, »so still wie ein Lamm«.

Badmans Leben ist, auch wenn es vom theologischen Standpunkt aus nicht die vollständige Progression eines Sünders darstellt, ein interessantes und lebendiges abschreckendes Beispiel aus dem kommerziellen Leben einer Kleinstadt. Bunyan nimmt hier manches aus DEFOES Panorama vorweg, auch in der minuziösen Milieu- und Situationsschilderung, besitzt allerdings nicht dessen gründliche Vertrautheit mit der säkularisierten protestantischen Geschäftswelt. (An vielen Einzelheiten erkennt man, daß Bunyans Denken sich nur im Rahmen einer ländlich-dörflichen Gemeinschaft bewegte.) Entscheidend geschwächt aber wird dieses Genrestück durch die unbeholfene, stockende Erzählstruktur. Unablässig unterbrechen die Gesprächspartner Wiseman (Klug) und Attentive (Aufmerksam) einander, um für die gerade diskutierten moralischen Probleme nach biblischen Bekräftigungen zu suchen, die sich dann gewöhnlich gleich bündelweise in pedantischer Aufzählung einstellen. Bisweilen treten an die Stelle der Zitate wirkliche Ereignisse, die vor allem dem Zweck dienen, die Seele des Lesers mit Schrecken zu erfüllen – sie gehören in die umfangreiche literarische Gattung der furchteinflößenden Predigten oder der Sammlungen von Gottesurteilen. Hier kommt Bunyan deutlich dem Bedürfnis nach volkstümlichen moralischen Exempeln entgegen. Auch die dramatische Gliederung des Stoffes ist nicht immer glücklich; sie scheint mehr dem Wunsch nach gemächlicher (und leicht selbstgefälliger) Ausbreitung als irgendeinem Kompositionsplan zu entsprechen. So mischen sich in dieser Dialogbiographie Nüchtern-Didaktisches und Kraftvoll-Schilderndes, und es ist vor allem die auf den Roman des 18. Jh.s vorausweisende realistische Darstellung des englischen Alltags, die die Aufmerksamkeit des heutigen Lesers verdient. K.E.

AUSGABEN: Ldn. 1680. – Glasgow 1853 (in *The Works*, Hg. G. Offor, 3 Bde.). – Ldn. 1859/60 (in *The Entire Works*, Hg. H. Stebbing, 4 Bde.). – Cambridge 1905 (*The Life and Death of Mr. Badman and The Holy War*, Hg. J. Brown; Cambridge English Classics). – Ldn./Toronto/NY 1928 (*Grace Abounding to the Chief of Sinners. The Life and Death of Mr. Badman*, Einl. G. B. Harrison; Everyman's Library, ern. 1953). – Ldn. 1929 [Einl. B. Dobrée].

ÜBERSETZUNG: *Mr. Quaats Leben und Sterben oder Eines Gottlosen Reise nach dem ewigen Verderben. Vorstellend den ganzen Zustand einer unwiedergeborenen Seele durch unterschiedliche dazu dienende Geschichte*, J. L. M. C. [d.i. J. Lange], Hbg. 1685; ern. 1767.

LITERATUR: E. Regel, »*The Life and Death of Mr. Badman*«. *A Kind of Novel*, Halle 1903. – J. B. Wharey, *B.'s »Mr. Badman«* (in MLN, 36, 1921, S. 65–79). – Ders., *B.'s »Mr. Badman« and the Picaresque Novel* (in Univ. of Texas Studies in English, 4, 1924, S. 49–61). – B. Dobrée, *Variety of Ways*, Oxford 1932, S. 36–45. – S. W. Sachs, *Der typisch-puritanische Ideengehalt in B.s »Life and Death of Mr. Badman«*, Diss. Lpzg. 1936. – M. Hussey, »*The Life and Death of Mr. Badman*« (in Congregational Quarterly, 28, 1950, S. 359–366).

**THE PILGRIM'S PROGRESS FROM THIS WORLD, TO THAT WHICH IS TO COME: Delivered under the Similitude of a Dream Wherein is Discovered, The manner of his setting out, His Dangerous Journey; And safe Arrival at the Desired Countrey**

(engl.; *Des Pilgers Reise von dieser zur zukünftigen Welt, dargestellt unter dem Sinn-Bild eines Traumes, worin sein Aufbruch, seine gefahrvolle Reise und sichere Ankunft im erhofften Land enthüllt werden*). Erbauungsbuch von John BUNYAN, erschienen 1678 (1. Teil) und 1684 (2. Teil). – Der erste, die Reise des Pilgers »Christian« behandelnde Teil ist nach der Abfassung von *Grace Abounding*, höchstwahrscheinlich in den letzten Jahren der wegen Übertretung des Predigtverbots über Bunyan verhängten, von 1661–1672 dauernden Gefängnishaft in Bedford entstanden und während einer zweiten Haft im Jahr 1677 vollendet worden. Der zweite, an imaginativer Kraft dem ersten nicht gleichrangige Teil schildert die Reise der Ehefrau des Pilgers, »Christiana«, und ihrer Kinder.

Obwohl Motive der mittelalterlichen Erzählkunst und – über die puritanische Erbauungsliteratur, etwa Arthur DENTS *The Plain Man's Path-Way to Heaven* (1601) – vor allem der mittelalterlichen Volkspredigt auf Bunyan eingewirkt haben, stellt *The Pilgrim's Progress* ein von »visionärer Kraft« und »energischem Glauben« (R. L. Stevenson) gekennzeichnetes eigenständiges Kunstwerk dar, in dem die in Bunyans Autobiographie *Grace Abounding* berichteten individuellen geistlichen Erfahrungen paradigmatisch verdichtet und zu-

gleich zu einem »typischen« Ausdruck der Glaubens- und Lebenshaltung des englischen Puritanismus überhöht sind. Der Gehalt dieser dichterischen »Allegorie« ist – wie Bunyan in der dem Werk vorangestellten *Apologie* betont – das schlichte biblische Zeugnis (nach der *Authorized Version* von 1611, der sogenannten *King James Bible*). Bunyans Traumvision vom Aufbruch und dem durch viele Fährnisse und Anfechtungen führenden Weg des Pilgers Christian schildert in dramatisch bewegten Szenen und Dialogen die vom Puritanismus (besonders der »Pilgerväter«) bestandene Kampfsituation des Christenlebens. Von der Flucht aus der »Stadt der Zerstörung« bis zum Eingang in die »Stadt Gottes« vollzieht sich die Pilgerschaft im kompromißlosen Glauben an Gottes Verheißungen. Die Gefährdung des Pilgers veranschaulicht Bunyan an Stationen des Reisewegs, wie z. B. dem »Sumpf der Verzagtheit«, dem »Jahrmarkt der Eitelkeiten«, der »Burg des Zweifels« oder dem »Fluß des Todes«, sowie an einer Anzahl von Personifikationen menschlicher Verhaltensweisen, etwa an »Halsstarrig«, »Weltklug« oder dem »Riesen Verzweiflung«. Lebhafte Schilderungen der englischen Landschaft und des Alltagslebens unterstreichen die Verbindung zur zeitgenössischen Wirklichkeit.
Bunyan, der mit diesem Buch, *»einem der großen klassischen Werke Englands«* (J. W. Mackail), über Jahrhunderte einem breiten englischen Publikum den Ernst der puritanischen Glaubenshaltung nahebrachte, verdankt seine alle literarischen Richtungen überdauernde Lebendigkeit neben der (von den englischen Romantikern SOUTHEY und COLERIDGE, den Historikern MACAULAY und FROUDE, aber auch von SHAW und CHESTERTON gerühmten) dichterischen Gestaltungskraft vor allem der Volkstümlichkeit seiner Prosa. Durch seinen Realismus und seine moralische Tendenz wurde er einer der Vorläufer des bürgerlichen englischen Romans. In Deutschland fand er, vor allem mit *The Pilgrim's Progress*, durch den Halleschen Pietismus und die Erweckungsbewegung Eingang. – Als Erbauungsbuch, das frühere durch Lebensnähe und konkrete Anschaulichkeit übertrifft, übt *The Pilgrim's Progress*, eines der am meisten übersetzten Werke der Weltliteratur, in der christlichen Ökumene bis heute eine bedeutende Wirkung aus. Seine bildhaft-allegorische, undogmatische und zugleich den individuellen Glaubensweg archetypisch überhöhende, auf die Wesensfindung des Menschen gerichtete Gestaltung des traditionellen Themas der Pilgerschaft hat auch außerhalb der Konfessionen Beachtung gefunden, etwa im Bereich der Schule C. G. JUNGS (E. Harding). – Im Zuge der mit der Aufklärung einsetzenden Modifikation des *Progress*-Motivs wurde Bunyans streng eschatologische Haltung zu einer auf eine innerweltliche Evolution gerichteten *»idea of progress«* umgeformt. E.H.P.

AUSGABEN: Ldn. 1678 [Tl. 1]. – Ldn. 1684 [Tl. 2]. – Ldn. 1752. – Philadelphia 1853 (in *The Allegorical Works*, 3 Bde., 1). – Oxford ²1900, Hg. E. Venables u. rev. v. M. Peacock. – Oxford 1929, Hg. J. B. Wharey; ern. Ldn. 1960 [rev. v. R. Sharrock]. – Ldn./NY/ Toronto 1966, Hg. u. Einl. R. Sharrock (zus. m. *Grace Abounding to the Chief of Sinners*). – Boston 1969, Hg. u. Einl. J. Thorpe.

ÜBERSETZUNGEN: *Eines Christen Reise nach der Seeligen Ewigkeit / Welche unter unterschiedlichen artigen Sinnen-Bildern Den gantzer Zustand einer Bußfertigen und Gottsuchenden Seelen vorstellet*, J. Lange, Hbg. 1685. – *Die Reise der Christin*, Ch. M. Seidel, Hbg. 1713. – *Des Christen Wallfahrt nach der himmlischen Stadt*, F. H. Ranke, Erlangen 1832; ern. 1858. – *Die Pilgerreise aus dieser Welt in die Zukünftige*, F. Ahlfeld, Lpzg. 1853. – *Pilgerreise zur seligen Ewigkeit*, Wuppertal 1868. – *Die Pilgerreise*, L. Haarbeck, Neukirchen 1928. – *Pilgerreise zur seligen Ewigkeit*, Lahr-Dinglingen 1946. – Dass., Meiringen/Schweiz 1946. – *Pilgerreise*, H.-G. Noack, Konstanz 1968 [Ill. H. Deininger].

BEARBEITUNGEN: E. A. MacDonald, *Stories from the Pilgrim's Progress*, Ldn. 1901 [m. Ill.]. – G. Kathell, *Pilgrim's Progress in Verse*, Ldn. 1926. – R. Fuller, *The Story of the Pilgrim's Progress*, Ldn. 1951/52 [m. Ill.]. – G. Murray, *The Pilgrim's Progress*, Ldn. 1955 [Ill. R. Jacques].

DRAMATISIERUNGEN: W. Stephens, *The Pilgrim's Progress. A Sacred Drama in Four Acts*, Ldn. 1914. – G. W. Taylor, *The Pilgrim's Progress. A Dramatic Impression, in Fourteen Scenes*, Ldn. 1935. – E. Priestley, *Christian's Pilgrimage. A Play in Three Acts*, Ldn. 1937. – R. Bennett, *The Pilgrim's Progress. A Complete Dramatization*, Ldn. 1949.

LITERATUR: G. Wehrsig, *J. B.s »Pilgrim's Progress« als Erziehungsbuch*, Diss. Breslau 1934. – D. Gibson, *On the Genesis of »Pilgrim's Progress«* (in MPh, 32, 1935, S. 365–382). – R. Sharrock, *Spiritual Autobiography in »The Pilgrim's Progress«* (in RESt, 24, 1948, S. 102–120). – M. Schmidt, *Eigenart u. Bedeutung der Eschatologie im englischen Puritanismus* (in Theologia Viatorum, 4, 1952, S. 205–266). – W. Nigg, *Des Pilgers Wiederkehr*, Zürich/Stg. 1954, S. 29ff. – E. Pältz, *J. B. Ein Pilgrim Gottes*, Gießen/Basel 1956. – M. E. Harding, *Selbsterfahrung. Eine psychologische Deutung von B.s Pilgerreise*, Zürich 1957. – J. Blondel, *Allégorie et réalisme dans »The Pilgrim's Progress« de J. B.*, Paris 1959. – R. M. Frye, *God, Man, and Satan. Patterns of Christian Thought and Life in »Paradise Lost«, »Pilgrim's Progress«, and the Great Theologians*, Princeton 1960. – W. Iser, *B.s »Pilgrim's Progress«. Die kalvinistische Heilsgewißheit u. die Form des Romans* (in *Medium Aevum Vivum. Festschr. für W. Bulst*, Heidelberg 1960, S. 279–304). – P. G. Buchloh, *Vom »Pilgrim's Progress« zum »Pilgrim's Regress«* (in *Die Idee des Fortschritts*, Hg. E. Burck, Mchn. 1963, S. 153–178; 228–236). – B. Haferkamp, *B. als Künstler. Stilkritische Studien zu seinem Hauptwerk »The Pilgrim's Progress«*, Tübingen

1963. – E. Wolff, *Welt als ›Wildnis‹ u. Weltallegorese: J. B.* (in E. W., *Der englische Roman im 18. Jh. Wesen u. Formen*, Göttingen 1964). – R. Sharrock, *J. B. »The Pilgrim's Progress«*, Ldn. 1966. – U. M. Kaufmann, *»The Pilgrim's Progress« and Traditions in Puritan Meditation*, New Haven/Ldn. 1966. – S. E. Fish, *Progress in »The Pilgrim's Progress«* (in ELR 1, 1971, S. 261–293). – *B.: »The Pilgrim's Progress«. A Casebook*, Hg. R. Sharrock, London 1976. – *»The Pilgrim's Progress«. Critical and Historical Views*, Hg. V. Newey, Totowa 1980. – C. van Dyke, *The Fiction of Truth: Structures of Meaning in Narrative and Dramatic Allegory*, Ithaca 1985.

## MICHELANGELO BUONARROTI

eig. Michelagniolo di Ludovico Buonarroti Simoni

\* 6.3.1475 Caprese
† 18.2.1564 Rom

**RIME**

(ital.; *Gedichte*). Lyrische Dichtungen des Michelangelo BUONARROTI; in Auswahl erstmals 1623 veröffentlicht. – Die rund 300 hinterlassenen Texte sind zum größten Teil zwischen 1530 und 1550 in Rom entstanden, wo Michelangelo sich 1534 endgültig niederließ. Unterstützt durch Freunde (Luigi del RICCIO, †1546, und Donato GIANNOTTI) plante er 1545/46 eine Veröffentlichung, die dann aber doch nicht zustande kam. Die 89 für die Publikation ausgewählten Gedichte sind in Reinschriften erhalten, die Michelangelo selbst durchgesehen und korrigiert hat. Von den übrigen Gedichten liegen vielfach mehrere Fassungen vor, die auf Skizzenblättern, Rechnungen oder Briefen notiert sind. Auf der Rückseite eines Briefentwurfs finden sich auch die letzten fragmentarischen poetischen Aufzeichnungen aus dem Jahr 1560. Obwohl Michelangelo sich selbst in erster Linie als Bildhauer und Maler verstand und seine Gedichte nur nebenbei verfaßte, dürfen diese als einer der Höhepunkt der italienischen Lyrik des Cinquecento gelten.

Wie alle lyrische Dichtung der Zeit ist auch diejenige Michelangelos von ihrer stofflichen Grundlage her vorwiegend Liebesdichtung. Das gilt für die eher uneinheitlichen frühen Gedichte ebenso wie für die seit 1530 entstandenen, in denen sich bald fest Themenkomplexe abzuzeichnen beginnen. So ist ein umfangreicher »Zyklus« von Sonetten und Madrigalen an eine »donna crudele« gerichtet, dessen oft betonte Konventionalität vor allem darin besteht, daß er die petrarkistische Situation des unglücklich Liebenden als Grundmuster übernimmt. Eine weitere Gruppe von Gedichten variiert im Gefolge des Florentiner Neuplatonismus die spirituelle Auffassung der Liebe als eines Verlangens nach der göttlichen Schönheit, das durch deren irdisches Abbild geweckt und gefördert wird. Die Adressaten dieser Gedichte sind Tommaso Cavalieri, ein junger Römer, den Michelangelo 1532 kennengelernt hatte (auch dieser homoerotische Zug steht in platonischer Tradition), und seit etwa 1538 Vittoria COLONNA, Marchesa di Pescara und selbst Verfasserin von petrarkisierenden und religiösen Gedichten; oft ist aber der Adressat eines Textes nicht eindeutig feststellbar, gelegentlich sind auch bei späteren Überarbeitungen durch einfachen Wechsel der Anrede Gedichte neu adressiert worden. Hinweise auf bestimmte äußere Situationen einer möglichen Liebes-»Geschichte«, die schon im herkömmlichen Petrarkismus selten sind, fehlen ohnehin; von der schönen Gestalt der oder des Geliebten finden nur die strahlenden und trügerisch versprechenden Augen besondere Erwähnung. Michelangelo übernimmt von PETRARCA die monologisch-egozentrische Haltung, geht aber über dessen elegische Selbstaussagen und Darstellung der Verwirrung des Liebenden noch hinaus, indem er seinen spannungsvollen Zustand zwischen der Faszination durch die sinnenhafte Schönheit und den Ansprüchen des platonischen Liebesideals, zwischen der immer neuen Erfahrung der Macht Amors und – in den späteren Gedichten – der Sorge um sein Seelenheil beständig reflektiert. Immer wiederkehrende Motive dieser »Selbstdeutungen« (H. Friedrich) sind seine Häßlichkeit im Gegensatz zur Schönheit des bzw. der Geliebten, seine Unfähigkeit, diese Schönheit zu begreifen und hinlänglich zu lieben, eine Schönheit, die den Wunsch in ihm weckt, ganz schauendes Auge zu sein (Sonett *Ben posson gli ochi mie' presso e lontano*).

In einer Reihe von Gedichten finden auch Michelangelos künstlerische Tätigkeit und seine um den Begriff des *concetto* kreisenden Reflexionen über diese ihren Niederschlag. So vergleicht er den unauslöschlichen Eindruck der »Herrin« in der Seele des Liebenden mit dem Entwurf des Bildhauers oder Malers auf Stein oder Papier (ein Bild, in dem das *dipingere nella mente* der Stilnovisten neu belebt wird), oder er setzt die Läuterung durch die Liebe neben das Behauen des Steins und das »Wegschlagen« *(levare)* des »Überflüssigen« *(il superchio)* durch den Bildhauer. Zu ungewöhnlichem Ruhm (u. a. durch eine Vorlesung Benedetto VARCHIS in der Florentiner Akademie) gelangte schon zu seinen Lebzeiten das Sonett *Non ha l'ottimo artista alcun concetto*, das eine Parallele zieht zwischen dem Marmor, der jede vom Künstler zu entwerfende und zu verwirklichende Form *(concetto)* bereits enthält, und der geliebten Frau, aus der die »Kunst« des Liebenden unter allen Möglichkeiten nur den Tod zu gewinnen weiß (ähnlich auch das Sonett *Sicome nella penna e nell'inchiostro* an Cavalieri).

Eine Analogie zur bildhauerischen Thematik in der Medici-Kapelle bieten die vier Sonette auf die Nacht; ihr ungewöhnlichster Zug ist das der gängigen Lichtmetaphorik zuwiderlaufende Lob der

Dunkelheit und die Preisung der Nacht als eines Abbilds des Todes. Tod und Alter beherrschen überhaupt Michelangelos Dichtung. Das Thema der den Alternden treffenden Liebe, das man als seine Entdeckung ansehen darf, wird mit der traditionellen Klage über das Alter und die entschwundene Zeit (etwa im Sonett *Tornami al tempo, allor che lenta e sciolta*) und mit der Vorstellung des nahen Todes verbunden, den Michelangelo mehr und mehr an die Stelle des metaphorischen »Todes« im üblichen petrarkistischen Sinne oder im Sinne FICINOS (Tod als Bild für die Selbstaufgabe des Liebenden im Geliebten) setzt. Im Madrigal *Tanto di se promecte* tritt der Gedanke an den Tod zwischen den Liebenden und die geliebte Frau und zerstört das möglich scheinende Liebesglück, das in sonstiger petrarkisierender Dichtung die Dame versagt. In den späten Gedichten wird der Todesgedanke durch die christliche Metapher des »zweiten« Todes ergänzt *(Giunto è gia 'l corso della vita mia* und *Carico d'anni e di pechati pieno)*. Mit der Todes- und Altersthematik nutzt Michelangelo die seelischen Haltungen und die Sprachmuster der petrarkistischen Dichtung für ein allgemeineres, mit dem Bereich Liebe nur noch lose zusammenhängendes Thema. In den Bahnen des Petrarkismus bewegen sich auch die letzten Gedichte, die mit zunehmender Eindringlichkeit religiöse Themen behandeln: Abkehr von der Welt und von Amor, Bitten um Gnade und Glauben, Hoffnung auf Erlösung.

Unter den metrischen Formen bevorzugt Michelangelo Sonett und Madrigal; in geringerem Maße verwendet er auch Capitolo und Stanzen; selten sind Canzone und Sestine (je zwei). Außer einer Folge von 50 Epitaphien, die er auf den Tod von del Riccios Neffen Cecchino Bracci verfaßt hat und in denen er den epigrammatischen Vierzeiler verwendet, hat Michelangelo noch etwa ebenso viele Gedichtfragmente hinterlassen, fast ausschließlich Sonette, denen der letzte Vers oder das letzte Terzett fehlen oder von denen überhaupt nur die Quartette bzw. die Terzette existieren. Abgesehen von wenigen mitten im Satz oder im Gedanken abbrechenden Stücken enthält der größte Teil dieser Fragmente eine abgeschlossene Aussage. Michelangelos Notizen weisen in einigen Fällen stilistische Korrekturen auf, lassen aber nicht erkennen, daß er versucht hätte, die vorgeschriebene metrische Form doch noch auszufüllen. Dieses ungewöhnliche Verfahren hat eine gewisse Parallele in seinen unvollendeten Skulpturen, deren Ausarbeitung bis zu dem Punkt gelangt ist, an dem die Idee des Künstlers, das *concetto*, erkennbar wird. Während für die Nichtvollendung der Skulpturen die unterschiedlichsten Erklärungen gegeben worden sind (so beispielsweise von Herbert von EINEM), sind die Sonette offenbar einfach deshalb nicht vollendet, weil Michelangelo auf stoffliche Füllung verzichtet, wenn der poetische Einfall aufgebraucht ist. Dem Kunstverständnis seiner Zeit entsprechend hat er jedoch auch von den inhaltlich vollständigen Gedichtfragmenten keines in die zur Publikation bestimmte Auswahl aufgenommen.

Die poetische Sprache Michelangelos weist, zumal in seiner reifen Lyrik, eine komplizierte, stark hypotaktische, dazu oft verkürzte und verschränkte Syntax auf. Das Vokabular ist unanschaulich und metaphernarm; die wenigen vorkommenden Bilder sind ungewöhnlich (die Verbindung Feuer – Stein), drastisch (das Bild des hinkenden Amor für die einseitige Liebe) oder in ihrer Anschaulichkeit durch die Reflexion gebrochen. Die – wie Vergleiche von mehreren Fassungen eines Gedichts zeigen – bewußte Suche nach der sprachlichen Schwierigkeit stellt eine Abkehr vom zeitgenössischen bembistischen Stilideal der Petrarca-Imitatio und eine Rückwendung zur älteren literarischen Tradition vor allem der Sestine (etwa in DANTES *Rime petrose*) dar. Auch für den burlesk-realistischen Stil finden sich vereinzelt Beispiele, so das frühe Sonett über die Ausmalung der Sixtinischen Kapelle *I' o gia facto un gozo in questo stento* und das späte Alterscapitolo *I' sto rinchiuso come la midolla*.

Eine 1623 von Michelangelo BUONARROTI il Giovane, einem Urneffen Michelangelos, veröffentlichte stark überarbeitete Auswahl der Gedichte fand wenig Beachtung. Ebenso nahm Michelangelos Lyrik in Anthologien und Darstellungen der italienischen Literatur lange nur einen Platz am Rande ein. Selbst nach den auf Cesare GUASTIS erste vollständige Ausgabe (1863) folgenden kritischen Editionen von C. FREY (1897) und von E. N. GIRARDI (1960), die Einblick in Michelangelos Arbeitsweise und sein poetisches Konzept geben, sprach man noch im 20. Jh. von seinem literarischen »Dilettantismus« (B. Croce); auch ist bis heute die Bewertung des schwierigen begrifflichen Stils kontrovers. Dennoch haben Gewalt und Reichtum der Gedanken zu allen Zeiten die Leser der Gedichte fasziniert, die Zeitgenossen (Pietro ARETINO, Francesco BERNI) so gut wie Ugo FOSCOLO, der den Dichter Michelangelo zu Beginn des 19. Jh.s wiederentdeckte, Thomas MANN ebenso wie RILKE, der einen großen Teil der Gedichte ins Deutsche übertragen hat. E.S.W.

AUSGABEN: Florenz 1623, Hg. M. Buonarroti il Giovane [Ausw.]. – Florenz 1863, Hg. C. Guasti. – Bln. 1897 (*Die Dichtungen des M. B.*, Hg. C. Frey; krit.; ern. 1964; Vorw. H. Friedrich). – Mailand 1924 (*Scelta di rime*, Hg. u. Komm. F. Rizzi). – Mailand 1954, Hg. G. R. Ceriello. – Bari 1960, Hg. E. N. Girardi [krit. mit Paraphrasen]. – Mailand 1975, Hg. G. Testori u. E. Barelli.

ÜBERSETZUNGEN: *Gedichte*, H. Thode, Bln. 1914. – *M.-Übertragungen*, R. M. Rilke (in R. M. R., *GW*, Bd. 6, Lpzg. 1927); *Dichtungen*, ders., Lpzg. 1936 (IB); ern. Wiesbaden 1957. – *Dichtungen*, M. Kommerell, Ffm. 1931. – *Sonette*, E. Redslob, Bln./Ffm. 1948; Heidelberg ²1964 [ital.-dt.]. – *Sonette*, K. Kleinschmidt, Bremen 1964 [ital.-dt.]. – *Zeichnungen und Dichtungen*, R. M. Rilke, Hg. K. Keller, Ffm. 1975 (m. Essay v. Th. Mann; Insel Tb). – *Hundert Gedichte*, F. Rauhut, Würzburg 1981 [Ausw.; ital.-dt.; m. Bibliogr.].

LITERATUR: H. Grimm, *Das Leben M.s*, 2 Bde., Hannover 1860–1863; ern. Lpzg. 1940. – H. Thode, *M. u. das Ende der Renaissance*, 3 Bde., Bln. 1902–1913. – B. Croce, *La lirica cinquecentesca* (in B. C., *Poesia popolare e poesia d'arte*, Bari 1932; ²1946, S. 391–400). – G. G. Ferrero, *Il petrarchismo del Bembo e le »Rime« di M.*, Turin 1935. – H. Sckommodau, *Die Dichtungen M.s* (in RF, 52, 1942, S. 49–104). – G. Contini, *Una lettura su M.* (in G. C., *Esercizi di lettura*, Florenz 1947, S. 323–346). – U. Foscolo, *M. (1822)* (in *Edizione nazionale delle opere di U. F.*, Bd. 10: *Saggi e discorsi critici*, Florenz 1953, S. 447–459). – H. v. Einem, *M.*, Stg. 1959, S. 163–172. – R. J. Clements, *M. as a Baroque Poet* (in PMLA, 76, 1961, S. 182–192). – Th. Mann, *Die Erotik M.s (1950)* (in Th. M., *Altes u. Neues*, Ffm. 1961, S. 232–242). – H. Friedrich, *Epochen der italienischen Lyrik*, Ffm. 1964, S. 329–412. – E. N. Girardi, *Studi sulle rime di M.*, Mailand 1964. – F. Rauhut, *M. als Dichter* (in *M. B.*, Würzburg 1964, S. 191–214). – W. Binni, *M. scrittore*, Rom 1965. – R. J. Clements, *The Poetry of M.*, Ldn. 1965. – G. Zamboni, *M. als Dichter*, Basel/Stg. 1965. – W. Th. Elwert, *M. u. die italienische Lyrik der Hochrenaissance* (in W. Th. E., *Aufsätze zur italienischen Lyrik*, Wiesbaden o. J. [1967], S. 45–76). – E. N. Girardi, *Studi su M. scrittore*, Florenz 1974. – E. Montale, *M. poeta*, Bologna 1976. – J. Wilde, *M.*, Oxford 1978. – U. Bosco, Art. *M. B.* (in Branca, 1, S. 430–434).

## MICHELANGELO BUONARROTI IL GIOVANE

\* 4.11.1568 Florenz
† 11.1.1646 Florenz

LITERATUR ZUM AUTOR:
S. Pabisch, *»La Fiera« und »La Tancia« des M. B. il Giovane und ihr kulturhistorischer Wert*, Diss. Innsbruck 1950. – C. Varese, *M. B. il Giovane tra ideologia, letteratura e teatro* (in L'Albero, 17, 1973, Nr. 49, S. 3–16). – Art. *M. B. il Giovane* (in *Dizionario biografico degli italiani*, Bd. 15; m. Bibliogr.). – B. Maier, Art. *M. B. il Giovane* (in Branca, 1, S. 434/435).

### LA FIERA

(ital.; *Der Jahrmarkt*). Verskomödie von Michelangelo BUONARROTI il Giovane, Uraufführung der ersten Fassung: 11. 2. 1619, am Florentiner Hof; erschienen 1726. – Das Theaterstück *La fiera* von Buonarroti, einem Großneffen des weitaus berühmteren Malers und Bildhauers gleichen Namens, ist sehr handlungsarm. Wie der Titel besagt, geht es dabei um einen Jahrmarkt, der in einer imaginären Stadt Pandora (die aber eindeutig für Florenz steht) stattfindet. Ort der Handlung ist jedoch nicht der Markt selbst (nach Ansicht des Autors hätte sich das Menschengewühl auf der Bühne nicht gut ausgemacht), sondern ein in der Nähe des Markts liegender Platz mit dem Palast des Stadtverwalters, den Gefängnissen und dem Hospital. Dort, wo sich nur die Auswirkungen des Treibens auf dem Markt zeigen, spielen die Ereignisse des Stückes. Dabei sind drei Handlungsstränge zu unterscheiden: zum einen Szenen mit allegorischen Figuren (der Handel, der Eigennutz usw.), dann Szenen mit wirklichen Figuren (der Stadtverwalter und seine Frau, der Richter, Arzt, Notar, eine schwangere Frau und ihre Tochter usw.) und schließlich Szenen des städtischen Lebens in Verbindung mit dem Markt (die Soldaten, die jungen Mädchen etc.).

In einer Inhaltsangabe der 1619 aufgeführten Urfassung schildert der Autor die lose Abfolge der Szenen, in denen im Wechsel allegorische und reale Figuren auftreten. Nach einem Chor von Soldaten erscheint der Handel auf der Bühne und fordert zum Besuch der Messe auf. Ihm gesellen sich sogleich einige weitere allegorische Figuren hinzu (Armut, Sparsamkeit etc.), die ihre Hilfe anbieten. Alsdann tritt neu eingesetzte Stadtverwalter mit seinen Beamten auf, die er zu Redlichkeit und Gerechtigkeit ermahnt. Als erste Amtshandlung inspiziert der Podestà die Gefängnisse, wo ihm einige Gefangene vorgeführt werden, danach erfolgt ein Besuch im Hospital, bei dem die Kranken ihre Leiden schildern (u. a. ein Geschlechtskranker). Während sich der Podestà nun auf den Jahrmarkt begibt, sammeln sich allerlei Neugierige auf dem Platz, um ebenfalls zum Markt zu gehen: die Gemahlin des Podestà mit ihrem Gefolge, eine Gruppe junger Mädchen, ein Marktschreier u. a. Da erscheint der Eigennutz, begleitet von Raffgier und Betrug, und will Unfrieden stiften, was auch tatsächlich gelingt. Bald beklagen sich die Kaufleute über den schlechten Gang der Geschäfte. Zudem wird berichtet, daß die Frau des Podestà und ihre Begleitung von Gaunern überfallen worden seien. Alles droht aus den Fugen zu geraten, doch die guten Kräfte in Gestalt des Handels, der Sparsamkeit usw. sammeln sich und setzen sich zur Wehr: Sie vertreiben den Eigennutz und seine Spießgesellen, so daß die Frauen und das junge Volk wieder friedlich den Jahrmarkt genießen können.

*La fiera* ist als Buonarrotis Haupt- und Lebenswerk zu betrachten: an dem Stück, von dem uns in der Zwischenzeit drei verschiedene komplette Fassungen und mehrere Vorstudien vorliegen, hat der Autor mehr als 35 Jahre lang gearbeitet. Der bis vor kurzem einzigen bekannten Fassung, der Druckfassung von 1726, die über 30000 Verszeilen umfaßt und in fünf *giornate* (Tage) mit je fünf Akten eingeteilt ist (wobei der Autor übrigens die Absicht hatte, noch zwei bis vier weitere *giornate* hinzuzufügen) steht nun die von U. LIMENTANI entdeckte und herausgegebene Urfassung gegenüber, die mit

Sicherheit der Aufführung von 1619 zugrunde lag: mit ihren 3642 Verszeilen entspricht sie – mit den Musik- und Tanzszenen, die eingeschoben waren – einer Aufführungsdauer von dreieinhalb Stunden, wie aus dem einzigen erhaltenen zeitgenössischen Bericht über das Schauspiel, dem Tagebuch von TINGHI, zu entnehmen ist. Obgleich Buonarroti schreibt, er habe das Stück »in Eile« für ein höfisches Karnevalsfest geschrieben, geht aus seinen Notizen eindeutig hervor, daß er sich schon 1604 mit dem Stoff befaßt hat; dabei war er sich zunächst offenbar darüber im klaren, in welche literarische Form (narrativ oder dramatisch) er das Material bringen sollte. Die von Limentani herausgegebene Urfassung weist keine Einteilung in Akte und Szenen auf und ist durch eine relative Nähe zur gesprochenen Sprache gekennzeichnet; über eine ebenfalls erhaltene Zwischenstufe, die bereits in Akte und Szenen gegliedert ist, gelangte Buonarroti schließlich zu einer sehr elaborierten dritten Fassung in einem stark literarisierten Stil (z. B. Verwendung von zahlreichen archaischen Wörtern, Hispanismen u. ä.). Diesen Text, der der späteren, von dem Sprachforscher A. M. SALVINI herausgegebenen Druckfassung von 1726 entspricht, betrachtet der Autor zwar noch nicht als abgeschlossen, wollte ihn aber dennoch veröffentlichen, was ihm allerdings nicht gelang.

Die Trennung in eine Bühnenfassung und in eine Druckfassung war für die damalige Zeit durchaus nicht ungewöhnlich, wie entsprechende Abschnitte aus dem um 1630 entstandenen, anonymen Regiehandbuch *Il corago o vero alcune osservazioni per metter bene in scena le composizioni drammatiche* (*Der Regisseur oder Einige Bemerkungen, wie man dramatische Werke gut auf die Bühne bringt*) beweisen, wo dieses Verfahren als Ideallösung für das Gelingen einer Inszenierung, der ein literarischer Text zugrunde liegt, empfohlen wird. Abgesehen von der unterschiedlichen Sprachgestaltung der Urfassung und der späteren für den Druck bestimmten Fassung, fällt beim Vergleich auf, daß für die damalige Zeit gefährliche Ansichten, etwa die Parteinahme für seinen Freund Galileo GALILEI und für das kopernikanische Weltbild, in der zur Veröffentlichung bestimmten Version gemildert oder gar gestrichen wurden. Unter den etwa hundert Darstellern der Uraufführung waren zahlreiche Mitglieder der »Academia degli Incostanti«, zwei berühmte Komponisten der Zeit, Marco da Gagliano und die mit dem Autor liierte Sängerin Francesca Caccini, verfaßten die Musik. Das Stück weckte indes nicht einhellige Begeisterung. Die hauptsächlichen Kritikpunkte werden aus einem Brief deutlich, in dem sich Buonarroti gegen die erhobenen Vorwürfe verteidigt. Ärgernis erregten demnach vor allem als anstößig empfundene Elemente im verbalen sowie im inhaltlichen Bereich (Verwendung von doppeldeutigen Wörtern u. ä., bzw. das Auftreten einer Hochschwangeren usw.).

Auch wenn der Autor äußerte, er habe mit *La fiera* etwas »völlig Neuartiges« schaffen wollen, so hat er doch verschiedene Vorbilder verwendet, u. a. sein eigenes, für den Hof geschriebenes und 1615 dort aufgeführtes Unterhaltungsstück *Il passatempo* (*Der Zeitvertreib*). Im übrigen läßt sich – so B. PORCELLI – *La fiera* nicht aus der Theatertradition des 16. Jh.s ableiten, sondern stellt eine Mischform dar, in der Elemente der Jahrmarktssphäre mit höfischen Tanzformen verbunden und zahlreiche andere literarische Kurzformen untergebracht werden. In diesem Sinne ist das Stück als eine Art Sammelbecken für verschiedene literarisch verwertbare Materialien anzusehen. Der Autor selbst betrachtete sein Stück in erster Linie als eine Satire, die den Zuschauer im Sinne des HORAZ sowohl erfreuen als auch belehren und ihm zugleich ein Gesamtbild der Gesellschaft vorführen sollte, wie dies auch in den etwas früher erschienenen Werken von T. GARZONI (z. B. *La piazza universale di tutte le professioni del mondo*, 1584 – *Gesamtdarstellung aller Berufe dieser Welt*) geschieht.

Porcelli sieht in *La fiera* einen Nachhall der damals heftig diskutierten Frage, ob Adlige im Handel tätig sein sollen oder nicht. Der Niedergang von typisch florentinischen Industriezweigen, wie Woll- und Seidenverarbeitung, den eine falsche Wirtschaftspolitik des Großherzogs herbeigeführt hatte, sowie das ökonomische Desinteresse des Adels, der sein Geld nur wieder in Landbesitz investierte und in einem aufwendigen höfischen Lebensstil verbrauchte, waren von zahlreichen ausländischen Besuchern kritisiert worden. In Buonarrotis *La fiera* wird die drohende Katastrophe nur durch das unerwartete Eingreifen der positiven allegorischen Figuren als *deus ex machina* verhindert; im übrigen ist sein Stück in der Endfassung nur von dem nostalgischen Empfinden für die verlorenen Werte einer vergangenen Zeit erfüllt. K.Hr.

AUSGABEN: Florenz 1726, Hg. A. M. Salvini. – Florenz 1860, Hg. P. Fanfani. – Florenz 1984, Hg. U. Limentani [krit.; nach der Urfssg. von 1619; m. Bibliogr.].

LITERATUR: C. Varese, *Scena, linguaggio e ideologia nella »Fiera« di M. B. il Giovane* (in RLI, 85, Sept./Dez. 1981, S. 442–459). – O. Pelosi, *La »Fiera« come gran teatro del mondo. M. B. il Giovane fra tradizione accademica e prospettiva barocca*, Salerno 1983. – B. Porcelli, *Il movente cittadino nella elaborazione della »Fiera« di M. B. il Giovane* (in Studi e problemi di critica testuale, 1984, Nr. 29, S. 53–84). – B. M. Fratellini, *Appunti per un'analisi della commedia »La fiera« di M. B.* (in *Barocco romano e barocco italiano*, Hg. M. Fagiolo, Rom 1985, S. 51–62).

## LA TANCIA

(ital.; *Tancia*). Bäuerliche Verskomödie in fünf Akten von Michelangelo BUONARROTI il Giovane, Uraufführung: Florenz, 25. 5. 1611. – Ort der Handlung ist ein Dorf in der Toskana. Der junge Bauer Ciapino ist in das Mädchen Tancia verliebt.

Da er kein Gehör bei ihr findet, bittet er seinen Freund Cecco, als Vermittler aufzutreten, auch weil inzwischen in dem feinen Städter Pietro ein Nebenbuhler aufgetaucht ist. Bei seinem Gespräch mit Tancia bemerkt Cecco jedoch deren Abneigung gegen Ciapino und begreift, daß das Mädchen ihm selbst zugetan ist; außerdem spürt er, daß auch ihm Tancia nicht gleichgültig ist. Aus der aufkeimenden Eifersucht heraus belauscht er Tancia und Pietro und hört, wie sie den Städter abweist. Dieser beschließt daraufhin, offiziell um sie anzuhalten; in ihrer Verzweiflung über die Entscheidung ihres Vaters, sie mit Pietro zu verheiraten, gesteht Tancia Cecco offen ihre Liebe und wird ohnmächtig. Der hinzukommende Pietro verjagt Cecco und holt Frauen herbei, die die Bewußtlose nach Hause tragen und mit allerlei Manipulationen und magischen Sprüchen behandeln. Danach berichtet Cecco seinem Freund Ciapino von der Erfolglosigkeit seines Gesprächs mit Tancia und bekennt, daß er nun selbst Feuer gefangen habe.

Nach einem kurzen Streit verfallen die beiden wegen der Auswegslosigkeit ihrer Liebe zu Tancia in tiefe Melancholie und beschließen, gemeinsam ihrem Leben ein Ende zu setzen. Währenddessen ist es Tancias Vater Giovanni, der von sozialem Aufstieg träumt, gelungen, die Tochter zur Einwilligung in die Ehe mit Pietro zu überreden. Der fährt in die Stadt, um seinen Verwandten seine Heiratsabsichten mitzuteilen. Vorher beauftragt er noch seinen Diener, Ciapino und Cecco zu verprügeln, um den beiden ländlichen Nebenbuhlern einen Denkzettel zu verpassen. Die beiden waren von einem alten Bauern an der Ausführung ihrer Selbstmordabsichten gehindert worden; er hatte sie dann bei sich zu Hause üppig bewirtet, so daß sie schließlich volltrunken von dannen zogen. In diesem Zustand fallen sie Pietros Diener in die Hände; auf der Flucht vor seinen Schlägen stürzen beide in einen Steinbruch, worauf sich im Dorf die Nachricht von ihrem Tode verbreitet. Pietro wird des Mordes an ihnen beschuldigt und eingesperrt; Tancia und ihre Freundin Cosa, die Ciapino liebt, trauern um die vermeintlichen Toten. Doch da treten die beiden wieder gesund und munter auf, und Tancia kommt noch zu ihrem Cecco, da Pietro von seinen Verwandten nur unter der Bedingung aus dem Gefängnis geholt worden war, daß er auf sein Landmädchen ohne Mitgift verzichtet und sich standesgemäß verheiratet.

Laut dem Untertitel der anonym erschienenen Erstausgabe ist Buonarrotis *Tancia* eine *commedia rusticale*. Es handelt sich dabei um ein in Norditalien und vor allem in der Toskana verbreitetes Genre, in dem das ländliche Milieu geschildert und die entsprechende Sprache literarisch rekonstruiert wird; die *commedia rusticale* ist aber eine von städtischen Literaten gepflegte Form, in der der Bauer in seiner vermeintlichen Derbheit, seiner Naivität und Ignoranz meist parodistisch dargestellt wird. Als Quellen scheinen Buonarroti vor allem Francesco BERNIS *La Catrina* (1516, erschienen 1567) und verschiedene Stücke von Niccoló CAMPANI (nach einer seiner Figuren auch »Strascino« genannt) gedient zu haben. Zur *Tancia* gehört noch ein Prolog, der Fèsola, der Personifikation des Ortes Fiesole oberhalb von Florenz, in den Mund gelegt ist und eine Huldigung an den vermutlich auch bei der Uraufführung anwesenden Großherzog Cosimo II. Medici und seine Frau Maria Magdalena von Österreich enthält. Außerdem umfaßt die Komödie noch vier musikalische Zwischenspiele, in denen jeweils eine mit dem Landleben verbundene Gruppe (Jäger, Fischer und Schnitter) singend und tanzend auftreten. Das musikalische Element, ein Indiz für die enge Verbindung zwischen literarischem Theater und Melodrama in der damaligen Zeit, nimmt auch im eigentlichen Stück viel Raum ein: mehrfach tanzen die Personen, tragen Lieder vor u. ä. Als Bühnentext weist die Komödie einige dramaturgische Schwächen auf: So enthält sie zahlreiche Monologe und lange monologisierende Redepartien innerhalb der Dialoge; wesentliche Handlungselemente werden nur referiert und nicht auf der Bühne gespielt.

Worum es dem Autor offenbar in erster Linie ging, war die Vorführung von sprachlichen Materialien, und hierin ist seine Komödie als eine der gelungensten des Genres zu betrachten. Typisch für die Gattung im allgemeinen – und auch bei Buonarroti anzutreffen – ist die Vorliebe für bestimmte lexikalische Bereiche, etwa die Wortlisten, in denen alltägliche Gebrauchsgegenstände, Kleidungsstücke aus der bäuerlichen Erfahrungswelt, Nahrungsmittel, Pflanzennamen etc. aneinandergereiht werden. Ebenso typisch ist das ständige Evozieren von Landschaftsbezeichnungen (Namen von Bächen, Hügeln u. ä.), das Nennen von vielen nicht im Stück auftretenden Personen sowie die Verwendung von sprachlichem Material, das der bäuerlich-niedrigen Stilebene angehört, aber doch gewählt ist und – ebenso wie die bewußte Verstümmelung und Verdrehung von Wörtern – die parodistische Wirkung verstärken soll. Charakteristisch für Buonarroti ist dagegen der ständige Gebrauch von zeitgenössischem Wortmaterial und von einprägsamen, ausdrucksstarken Sprachmitteln, wie volkstümlichen Redewendungen und Metaphern, was der *Tancia* ihre »*Frische im Ausdruck*« (Poggi Salani) verleiht. Im übrigen bleibt Buonarroti jedoch ganz der Gattung verhaftet; darüber hinaus weist er sich durch seine Suche nach Raritäten im lexikalischen Bereich (ein Hang, der auch in der *Fiera* zu beobachten ist) zugleich als Barockdichter aus und verfällt dabei einer von ihm selbst an anderen kritisierten Manier.

Auch was den Inhalt angeht, steht der Autor ganz in der Tradition der *commedia rusticale*, wie etwa in der Beschreibung weiblicher Schönheit durch inadäquate Vergleichsmomente wie wohlschmeckende Speisen, Heilmittel u. ä., in der Übersetzung von Motiven der hohen Liebesdichtung in die derbe, bäuerliche Terminologie und in der ungewollt komischen Gleichsetzung von Mensch und Tier (»*wir sind sechs Leute, die Rindviecher nicht mitgerechnet*«). Bei Buonarroti kommt es aber nie zu einer politischen Stellungnahme zugunsten des Bauern, wie etwa bei RUZZANTE, einem Autor, den Buonarroti offensichtlich kannte. *La Tancia* nimmt in der Entwicklung des Genres in vieler Hinsicht eine Mittelstellung ein: Bei den Nachfolgern tritt das karikierende Moment in der Verwendung des Dialekts und in der Darstellung des bäuerlichen Milieus noch stärker in den Vordergrund. K.Hr.

AUSGABEN: Florenz 1612. – Florenz 1726, Hg. A. M. Salvini [m. Anm.]. – Florenz 1860, Hg. P. Fanfani [m. Anm.]. – Mailand/Neapel 1956, Hg. L. Fassò. – Turin 1976, Hg. ders.

VERTONUNG: J. Melani, *La Tancia ovvero Il potestà di Colognole*, Florenz 1657 (Libretto G. A. Moniglia).

LITERATUR: F. Croce, Rez. der Ausg. von 1956 (in RLI, 60, 1956, S. 318–330). – T. Poggi Salani, *Il lessico della »Tancia« di M. B., il Giovane*, Florenz 1969 [m. Bibliogr.].

## SEVİM BURAK

\* 29.6.1931 Istanbul
† 31.12.1983 Istanbul

## YANIK SARAYLAR

(ntürk.; *Verbrannte Schlösser*). Novellensammlung von Sevim BURAK, entstanden 1961–1964, erschienen 1965. – Die erste Buchveröffentlichung der seit 1953 gelegentlich in Literaturzeitschriften schreibenden Autorin, die sich überwiegend autodidaktisch gebildet hat – bis 1961 war sie in verschiedenen praktischen Berufen tätig –, fand starke Beachtung und wurde als eigenwilliger Beitrag zur avantgardistischen Prosa lebhaft diskutiert. Der Band enthält sechs Erzählungen: *Sedef kakmalı Ev (Das perlmuttereingelegte Haus), Pencere (Das Fenster), Yanık Saraylar (Verbrannte Schlösser), Büyük Kuş (Der große Vogel), Ah Ya Rab Yehova (O Herr Jehova), İki Şarkı (Zwei Lieder)*. – In allen diesen Stücken stehen weibliche Schicksale im Vordergrund; in einer durchlaufenden Konfrontation von Traumwelt und Lebensrealität dominieren die Äußerungen des Unterbewußtseins. Dabei begnügt sich die Verfasserin nicht mit der Anwendung psychoanalytischer Erkenntnis auf herkömmliche Erzählmethoden, sondern sie entwickelt, in einer aus formalen und stilistischen Brechungen bestehenden, gleichsam psychogrammatischen Sprache – Erinnerungsfetzen, willkürliche Assoziationen, Tagebuchfragmente – eine in den meisten Fällen durchaus adäquate Technik.
Neben der Titelerzählung – Motiv der Trauer in einer deklassierten Familie um das unwiederbringli-

chen Glanz und die Geborgenheit von einst – hat das umfangreichste Stück des Bandes, *Ah Ya Rab Yehova*, besonderen Rang. Hier ist schon das Thema – die illegitime Liebesverbindung der Jüdin Zembul mit dem Muslim Bilâl – deshalb bemerkenswert, weil es in dieser Konsequenz bisher in der türkischen Literatur kaum je verarbeitet wurde. Die Erzählung geht von der Grabinschrift Zembuls aus und setzt sich in den trocken-alltäglichen Tagebuchnotizen ihres Geliebten Bilâl fort. Eine tragische Fabel wird zunächst versachlicht, mit Beiläufigkeiten verfremdet; der dramatische Ausgang (der dem Tode nahe Bilâl setzt das Haus in Brand; er selbst, die im Wochenbett liegende Zembul und das Kind der beiden kommen um) erhält dadurch eine um so stärkere Wirkung. H.W.Br.

AUSGABE: Istanbul 1965.

LITERATUR: M. Seyda (in Yeditepe, Mai 1965, H. 109). – M. Belge, Rez. (in Yeni dergi, Okt. 1965, H. 12). – T. Alangu (in Varlık yıllığı, 1966). – S. B. (Selbstdarstellung in Yeni ufuklar, April 1966, H. 167). – A. Sülüklüpaşalar (in Türk dili, Okt. 1968, H. 205). – B. Necatigil, *Edebiyatımızda isimler sözlüğü*, Istanbul [6]1970, S. 82/83. – Ders., *Edebiyatımızda eserler sözlüğü*, Istanbul 1971, S. 334/335. – *S. B. ile söyleşi. Konuşan: Y. İlksavaş* (in Hürriyet gösteri, 2, 1982, H. 18, S. 10 f.).

## CARL JACOB BURCKHARDT

\* 19.9.1891 Basel
† 3.3.1974 Vinzel / Kanton Waadt

## RICHELIEU

Historische Monographie in vier Bänden von Carl Jacob BURCKHARDT, erschienen 1935–1967. – Für dieses Werk ist entscheidend, daß den Autor im Leben, in der Politik wie in der Geschichte zu allererst die Menschen interessieren und daß ihm Begegnungen mit Zeitgenossen oder historischen Gestalten gleichermaßen von hohem Wert sind. Wesen und Leistung des französischen Staatsmannes Armand-Jean du Plessis, Herzog von Richelieu (1585 bis 1642) ergründete Burckhardt weder nur als Fachhistoriker noch von rein literarischer Sicht aus. Beide Sehweisen verbinden sich in einer Fülle von Bildnissen, die den vielsagenden Porträts des Lieblingsmalers des Kardinals, Philippe de Champaigne, vergleichbar sind. Diese Gestalten werden oft bis ins feinste Detail charakterisiert oder mit einem einzigen Satz vergegenwärtigt, etwa als so anziehendes Wesen wie Henriette, die Gattin Karls I. von England, die Intrigantin Marie de Rohan mit all ihren gefährlichen Machenschaften, die unglückliche Königin Anna von Österreich oder die von P. P. Rubens verherrlichte Königinmutter Maria Medici, die dem Inhaber des ärmsten französischen Bistums den Aufstieg ermöglichte, aber auf Betreiben des »*undankbarsten aller Menschen*« ins Exil gehen mußte und in Köln starb. Meisterhaft durchleuchtet Burckhardt auch die schwer faßbare Figur Ludwigs XIII. und dessen schwankendes Verhältnis zu Richelieu, den hinterhältigen Gaston von Orleans oder blendende Erscheinungen wie Bassompierre, der eine Schlacht als Ballett betrachtete. Nicht minder leibhaftig treten dem Leser die wenigen Helfer des Kardinals entgegen, der verläßliche Marschall Schomberg, die »Graue Eminenz« Père Joseph, der begabteste unter den zahlreichen Geheimagenten Richelieus. Ebenso einfühlsam wie gerecht differenzierend werden die anderen Akteure der Handlung gezeichnet: die starken Persönlichkeiten der Hugenotten und des rebellischen Adels, Richelieus protestantische Verbündete, Gustav Adolf, Oxenstierna, der »felsige« Bernhard von Weimar, den der Kardinal für die französische Sache zu gewinnen verstand. Gleichermaßen lebendig erscheinen seine Gegner, der Herzog von Lothringen, Maximilian I. von Bayern oder Olivares, der das Spiel gegen einen so gefährlichen Gegner verlieren mußte und den Niedergang der spanischen Weltmacht und den Aufstieg Frankreichs nicht zu verhindern vermochte. Schließlich der Kardinal selbst: eine dämonische, zum Maßlosen neigende Natur, die dennoch gezügelt bleibt um des einen Ziels willen, einen einigen, starken Staat zu schaffen, gemäß den Leitworten des klassischen Zeitalters: *raison, science, génie*. Einsam vollbrachte er unter Leiden und mit der Methodik eines DESCARTES sein Lebenswerk. In diesem Hinfälligen lebte eine kaum faßbare Wachheit des Geistes, eine unbeugsame Willenskraft, die niemanden, auch sich selber nicht schonte und die gegen irrationale Versuchungen völlig gefeit war.

Der erste Band (*Der Aufstieg zur Macht*, 1935) stellt in biographischer Form den Aufstieg Richelieus zum allmächtigen Minister (1624) dar. Demgemäß stehen die dramatischen innenpolitischen Auseinandersetzungen im Vordergrund, die im »Tag der Geprellten« gipfeln. Doch tauchen schon die außenpolitischen Probleme auf: die Intervention Englands zugunsten der Hugenotten während der hinreißend geschilderten Belagerung ihrer Hochburg La Rochelle (1628), die Mantuanische Nachfolge, die lebenswichtige Frage der Alpenpässe, der Verbindungswege der Habsburger zwischen Wien und Madrid. Im zweiten und dritten Band (*Behauptung der Macht und kalter Krieg*, 1965; *Großmachtpolitik und Tod des Kardinals*, 1966) mußte die biographische Form aufgegeben werden angesichts der sich immer weiter öffnenden Horizonte der von Richelieu verfolgten Politik. Dabei ist zu betonen, daß der Kardinal mehr als Fortsetzer schon lange vorhandener Tendenzen denn als Neuerer erscheint. Aber er hat sie mit unerhörtem Scharfblick und Willensaufwand aktiviert und zusammengefaßt, ohne Rücksicht darauf, daß er vieles zerstören mußte, um auf den Trümmern ein widerstandsfähigeres Gebäude zu errichten. Seine Politik ist nicht verständlich ohne ein Zurückgreifen in die lange Vergangenheit, handle es sich um die Beziehungen Frankreichs zu England, dem Römisch-Deutschen Reich, Lothringen oder Spanien. Zum Erstaunlichsten gehört der »verdeckte Krieg« gegen Habsburg, den der Kardinal jahrelang mit unglaublicher Kunst führt, bis er genötigt ist, die französischen Waffen einzusetzen. Es fällt jedoch ein versöhnliches Licht auf seine Härte, wenn er in seinen letzten Stunden fühlen läßt, daß auch in ihm ein menschliches Herz schlägt.

Burckhardt betont ausdrücklich, er habe keine neuen Quellenforschungen angestellt, da die französische Wissenschaft schon alles Dokumentarische ausgewertet habe. Er beschränkt sich in der Hauptsache auf eine kritische Durchleuchtung der Briefe des Kardinals, dessen *Maximes d'état* (ersch. 1764), das *Testament politique* (ersch. 1667) und die von 1600 bis 1638 reichenden *Mémoires* (ersch. 1823). Dabei bewährt sich seine ungewöhnliche intuitive Begabung, die Kraft eines scharfen Beobachters und hervorragenden Darstellers. So ist ein Werk *sui generis* entstanden, das sogar als Modell für die Behandlung derart umfassender Themen bezeichnet worden ist. Der unverwechselbare Rhythmus und die Anschaulichkeit der Prosa, das Gleichgewicht von Einfühlungsvermögen und Distanz bezeugen die Gestaltungskraft Burckhardts, der beweist, daß die Passion für das Historische wesentlich zur Erhellung der Gegenwart beitragen kann.

Der erste Band ist in einem Zug niedergeschrieben und hat nichts von seiner Frische verloren. Es dauerte mehr als dreißig Jahre, bis das ganze Werk vollendet war, weil der Autor durch andere Aufgaben abgezogen worden war. Dafür sind dem Ganzen noch die persönlichen Erfahrungen und die Weisheit des Alters zugute gekommen.  H.R.

AUSGABEN: Mchn. 1935. – Mchn. 1967 (Bd. 1: *Richelieu. Der Aufstieg zur Macht*, 1935; Bd. 2: *Richelieu. Behauptung der Macht und kalter Krieg*, 1965; Bd. 3: *Richelieu. Großmachtpolitik und Tod des Kardinals*, 1966; Bd. 4: *Register*, 1967). – Mchn. 1978 (in *GW*, Bd. 1; enth. nur den ersten Bd. des Werks).

LITERATUR: W. Schmid, *C. J. B.*, Bln. 1960 (Köpfe des 20. Jh.s, 19). – *Dauer im Wandel. Festschrift zum 70. Geburtstag von C. J. B.*, Hg. H. Rinn u. M. Rychner, Mchn. 1961. – M. Gräfin Dönhoff, Rez. (in Die Zeit, 8. 9. 1961). – S. v. Massenbach, Rez. (in FAZ, 21. 12. 1965). – E. Horst, Rez. (in Christ und Welt, 26. 6. 1967). – Th. Eschenburg, Rez. (in Die Zeit, 10. 2. 1967). – W. Grembruch, Rez. (in HZ, 206, 1968). – Å. Kromnow, Rez. (in Historisk Tidskrift, 88, 1968). – H. Mäyer, Rez. (in Der siebente Tag, 27. 1. 1968). – F. Wagner, Rez. (in German Studies. Philosophy and History, 1, 1968, H. 1). – A Mirgeler, *C. J. B.'s »Richelieu«* (in Hochland, 61, 1969, H. 3, S. 244–257). – I. Metzger-Buddenberg, *Verzeichnis des schriftlichen Nachlasses von C. J. B. 1891–1974*, Basel 1978. – E. W. Blättler, *Worte müssen leise Zeichen bleiben. Wege zum Verständnis des literar. Schaffens von C. J. B.*, Bern/ Ffm. 1979 [m. Bibliogr. zu C. J. B.].

## JACOB BURCKHARDT

\* 25.5.1818 Basel
† 8.8.1897 Basel

LITERATUR ZUM AUTOR:
*Bibliographie:*
Laufendes Verzeichnis der Neuerscheinungen: vor 1937 im ›Basler Jahrbuch‹, nach 1937 in der ›Basler Zs. für Geschichte und Altertumskunde‹.
*Biographien:*
W. Rehm, *J. B.*, Lpzg. 1930. – W. Kaegi, *J. B. Eine Biographie*, 7 Teile in 8 Bdn., Basel 1947–1982.
*Gesamtdarstellungen und Studien:*
E. Colmi, *Wandlungen in der Auffassung J. B.s*, Diss. Köln 1936. – K. Löwith, *J. B. Der Mensch inmitten der Geschichte*, Luzern 1936; ern. Stg. 1966. – S. Christ, *J. B. und die Poesie der Italiener*, Diss. Basel 1940. – A. v. Martin, *Nietzsche und B. Zwei geistige Welten im Dialog*, Mchn. 4 1947. – E. Salin, *B. und Nietzsche*, Heidelberg 2 1948. – J. Gantner, *Schönheit und Grenzen der klassischen Form. B., Croce, Wölfflin. 3 Vorträge*, Wien 1949. – W. Greischel, *J. B. als Kunstbetrachter* (in *Festgabe für A. Fuchs*, Paderborn 1950, S. 249–273). – J. Engel, *J. B.s Weltbild. Versuch einer Umrißzeichnung seiner geistigen Gestalt*, Diss. Köln 1951. – E. W. Zeeden, *J. B. Die Persönlichkeit und geistige Gestalt in Urteil und Erinnerung der Zeitgenossen* (in DVLG, 26, 1952, S. 237–257). – W. Andreas, *J. B. auf der Höhe des Lebens. Betrachtungen zu seinen klassischen Werken und zum Problem seiner Biographie* (in ZRG, 11, 1959, S. 132–152). – J. Wenzel, *J. B. in der Krise seiner Zeit*, Bln. 1967. – J. Janko, *J. B. als Schriftsteller*, Zürich/Rom [Univ. Diss.] 1968. – K. Christ, *J. B.* (in K. Ch., *Von Gibbon zu Rostovtzeff*, Darmstadt 1972, S. 119–158). – J. Rüsen, *J. B.* (in *Deutsche Historiker*, Hg. H.-U. Wehler, Bd. 3, Göttingen 1972, S. 7–28). – W. Hardtwig, *Geschichtsschreibung zwischen Alteuropa u. moderner Welt. J. B. in seiner Zeit*, Göttingen 1974. – J. Kuczynski, *Die Muse und der Historiker. Studien über J. B., H. Taine, Henry Adams*, Bln. 1974. – H. Schlaffer, *J. B. oder das Asyl der Kulturgeschichte* (in Hannelore u. H. S., *Studien zum ästhetischen Historismus*, Ffm. 1975, S. 72–111). – E. M. Janssen, *J. B.-Studien*, Assen 1979. – V. Papathanassiou, *Kulturwissenschaftliche Ansätze in den Werken von J. B.*, Diss. Saarbrücken 1981. – W. Schlink, *J. B. und die Kunsterwartung im Vormärz*, Wiesbaden 1982. – W. Hardtwig, *J. B. Wissenschaft als gesellschaftliche Arbeit und als Askese* (in *Geschichte und politisches Handeln. Studien zu*

*europäischen Denkern der Neuzeit, Th. Schieder zum Gedächtnis*, Hg. P. Alter u. a., Stg. 1985). – D. Jähnig, *Kunstgeschichtliche Betrachtungen. J. B.s Typologie der Künste*, Bd. 1, Tübingen 1984. – Y. Maikuma, *Der Begriff der Kultur bei Warburg, Nietzsche und B.*, Königstein/Ts. 1985. – J. Rüsen, *J. B. Political Standpoint and Historical Insight on the Border of Postmodernism* (in History and Theory, 24, 1985, S. 235–246).

**DER CICERONE. Eine Anleitung zum Genuss der Kunstwerke Italiens**

Kunstgeschichtliches Werk von Jacob BURCKHARDT, erschienen 1855. – Das in wenigen Jahren entstandene Buch, eine topographisch geordnete Kunstgeschichte Italiens bis ins 18. Jh., fixiert spontan die aktuellen Reiseeindrücke des Autors. Damit knüpft der *Cicerone* an das kleine Buch Burckhardts von 1842, *Die Kunstwerke der belgischen Städte* an, das in Form romantischer Reisebriefe persönliche Erlebnisse vor den Kunstwerken wiedergab.

Der *Cicerone* gliedert sich in drei Teile, die jeweils der Architektur, Plastik und Malerei gewidmet und ihrerseits wieder nach Stilepochen in Kapitel unterteilt sind. Bei diesem kunsthistorischen Standardwerk ist die eigenartige Titelwahl bis heute ungeklärt. Oft als Reiseführer tituliert, handelt es sich in Wirklichkeit beim *Cicerone* um die erste Gesamtdarstellung der Kunst Italiens unter Einbeziehung aller Epochen seit der Antike, einschließlich des damals noch wenig geschätzten Manierismus und einer ersten Rechtfertigung des Barock. Das Material ist nach der frühesten und bis heute maßgebenden Periodengliederung strukturiert. Daß spätere Bearbeiter dieses Werk zum »Reisehandbuch« degradierten, hat seinen Grund sicher auch darin, daß Burckhardt Kunstgeschichte »erfahrbar« gemacht hat, mit inspirierter Einfühlungsgabe immer nur vor und an den Originalen konzipierte, und das in einer lebendigen, nuancierten Sprache, selbst auf die vom Autor selbst erkannte Gefahr hin, als unwissenschaftlich verdammt zu werden.

Hier werden bereits jene Grundgedanken des »Typus« (ständig aufgegriffene »Ideenbilder«, die trotz geschichtlicher Modifizierungen traditionsstiftend wirken), des »Problems der Entwicklung« und der »Idee von der großen Künstlerpersönlichkeit« geprägt, die in den späteren Arbeiten Burckhardts wieder zum Tragen kommen sollten. Gerade der souverän gefaßte Begriff des »Typus« eröffnete die Möglichkeit, von den herrschenden Normen des Klassizismus zumindest teilweise abzurücken und unterschiedlichsten Epochen gerecht zu werden. Darauf konnte dann Burckhardts vergleichende Kunstgeschichte nach Gattungen aufbauen, die freilich stets auch durchsetzt ist von der Beschäftigung mit dem großen Einzelwerk und der überragenden Künstlerindividualität. Die Fachwissenschaft hat häufig die ohne Zweifel vorhandenen wissenschaftlichen Mängel des Buchs beschönigt, indem sie es zum literarischen Kunstwerk erhob, diese Eigenschaft aber andererseits auch zum Alibi nahm, um eine echte Auseinandersetzung zu vermeiden. Darin drückt sich die »Notsituation« aus, innerhalb dominant stilgeschichtlicher und ikonographischer Wertungen einer angeblich rein subjektiv geprägten und übergreifend kulturwissenschaftlich orientierten Vorgehensweise ihr Recht zukommen zu lassen. Daß Burckhardt die Neuauflagen des *Cicerone* aber wechselnden Bearbeitern hinterließ, zeigt, daß der Autor selbst sein Werk als übersubjektiven Wissenschaftsbeitrag verstand. Was man ihm so oft unter dem Stichwort »Subjektivismus« ankreidete, ist häufig nur sein eingewurzeltes Mißtrauen, aus geschichtlichen Phänomenen eine immanente prozessuale Notwendigkeit herauszulesen. Burckhardt erklärt bestimmte Entwicklungen aus der Konstellation vieler und zunächst oft heterogener Faktoren. Seinem Agnostizismus in bezug auf »letzte Ursachen« steht eine selten wieder erreichte Fülle und Weite der Materialien, Fragen und Gesichtspunkte gegenüber, die durchaus konkrete Wechselwirkungen sichtbar machen.

Entgegen anderslautenden Aussagen findet sich im *Cicerone* eine »Entdeckung« und erste Rechtfertigung des Barock, die später die Basis abgeben sollte für H. WÖLFFLINS Systematik dieses Stils. Burckhardts weitgehende Ablehnung einer apriorischen oder metaphysischen Vorstellung innerhalb der Geschichtsforschung wird heute wieder neu geschätzt. Einer stetigen Entwicklung stehen auch Störungen gegenüber – Höherentwicklung wird im Grunde nicht teleologisch gesehen, sondern als Lösungsversuch bestimmter Aufgaben, die die Kunst innerhalb der Gesellschaft sich selber stellt, ein Gedanke, der dann z. B. von E. H. GOMBRICH wieder aufgegriffen wurde. Selbstverständlich wird ein solch innovativ weit ausholendes Werk gewisse Mängel im Detail aufweisen, und es behandelt einzelne Epochen unter Prämissen, die wir heute anders setzen. Doch all das kann kein Argument gegen das Buch sein! Neben der Fülle wichtigster fachlicher Anregungen sind hervorzuheben die Betonung der Sprache als Aneignungs- und Vermittlungsmedium, der Mut zur Popularität im besten Sinn und zur Stellungnahme über anscheinend objektive Sachverhalte hinaus. N.W.

AUSGABEN: Basel 1855. – Lpzg. 1907, Hg. W. Bode [Neudr. d. Erstausg.]. – Basel/Stg. 1933 (in *GW*, 14 Bde., 1929–1934, Bd. 3/4, Hg. H. Wölfflin). – Stg. 1953 (KTA; ⁴1964). – Basel 1978 (in GW, 10 Bde., 9/10).

LITERATUR: W. Waetzoldt, *J. B. als Kunsthistoriker*, Lpzg. 1940. – H. Wölfflin, *J. B.* (in H. W., *Kleine Schriften*, Basel 1946). – R. D. Hohl, *J. B.s Arbeit am »Cicerone«* (in Die Sammlung, 10, 1955). – H. Kauffmann, *J. B.s »Cicerone«* (in Jb. d. Berliner Museen, 3, 1961, S. 94–116). – H. A. Enno van Gelder, *J. B.s denkbeelden ovur Kunst en Kunstenaars* (in Mededelingen der Koninklijke Nederl. Akad., Afd. Letterkunde, 25, 1962, S. 357–416). – N. Huse, *Anmerkungen zu B.s »Kunstgeschichte nach Aufgaben«* (in *Fs. W. Braunfels*, Tübingen 1977, S. 157–166).

## GRIECHISCHE KULTURGESCHICHTE

Historisches Werk in vier Bänden von Jacob BURCKHARDT, postum erschienen 1898–1902. Die erste Hälfte der Ausgabe basiert auf einer vom Verfasser selbst angefertigten Reinschrift, die zweite auf losen, für die Vorlesung bestimmten Blättern und der Nachschrift eines Schülers. – Bei Erscheinen der Untersuchung kritisierten hervorragende Fachgelehrte zunächst scharf, daß der Verfasser die damals neuesten Ergebnisse der Forschung nicht berücksichtigt und für seine Darstellung auch solche antiken Schriftsteller herangezogen hatte, die als »Schwindelautoren« entlarvt worden waren. Die damals neuesten Ergebnisse der Forschung sind jedoch unterdessen durch noch neuere überholt, während das Werk Burckhardts von seiner einzigartigen Bedeutung, die ganz auf der eigentümlichen Sehweise und Fragestellung des Verfassers beruht, nichts eingebüßt hat.

Es war von Anfang an die Absicht des Autors, nicht eine Geschichte der Ereignisse und Fakten zu geben, sondern eine Darstellung der Eigenschaften und Kräfte, aus denen diese Ereignisse und Fakten hervorgegangen waren. Für die Erkenntnis dessen, was die Menschen zu einer bestimmten Zeit gedacht und geglaubt, wie sie übereinander geurteilt hatten und womit sie ihre Einbildungskraft zu beschäftigen liebten, waren die »Schwindelautoren« nicht weniger nützlich als der ernsthaften Schriftsteller und die gewissenhaft Fakten, Gerücht und Legende scheidenden Historiker. Wenn z. B. Burckhardt im letzten Teil des Werks nacheinander den »heroischen Menschen«, den »agonalen und kolonialen Menschen« der griechischen Frühzeit sowie den Menschen des 5., des 4. Jhs und der Zeit des sog. Hellenismus schildert, so kommt der »heroische Mensch«, der nur in der dichterischen Verklärung durch das Epos bekannt ist, in eine Reihe mit dem Menschen des 5.–2. Jh.s zu stehen, den wir aus den mannigfachsten direkten Lebensäußerungen kennen: vom Standpunkt einer »realistischen« Geschichtsschreibung aus ein unverzeihlicher Fehler. Aber gerade daraus ergibt sich eine Geschichte griechischen Weltverständnisses im Ablauf der Jahrhunderte, wie sie sich in dieser Lebendigkeit auf keine andere Weise hätte erreichen lassen.

Dabei ist diese Geschichtsdarstellung in einer anderen Hinsicht keineswegs unrealistisch: Burckhardt war einer der ersten, die der idealisierenden Auffassung des antiken Griechentums, wie sie seit der Renaissance und dem Humanismus vorherrschte, ein wirklichkeitsnäheres Bild des griechischen Altertums entgegenzustellen wagten. Er hat die Schattenseiten des hellenischen Lebens schonungslos erhellt und sich nicht gescheut, auch das, was an den zu Idealgestalten gewordenen großen Persönlichkeiten, wie Perikles und Alkibiades, aber auch PLATON, bedenklich erschien, ans Licht zu ziehen. Eben dadurch wollte er das Einzigartige an den Griechen, wie er es sah, um so deutlicher hervortreten lassen: »*Was sie taten und litten, das taten sie frei und anders als alle früheren Völker. Sie erscheinen original und spontan und bewußt da, wo bei allen anderen ein mehr oder minder dumpfes Müssen herrscht.*«

Was Burckhardt vor allem anderen interessierte, war offenbar, analog zu seinem berühmten früheren Werk, der *Kultur der Renaissance in Italien*, der griechische Staat. Von ihm handelt nach einem kurzen Kapitel über den griechischen Mythos der erste, fast ein Viertel des Ganzen umfassende Abschnitt. Darauf folgt eine umfangreiche Darstellung der griechischen Religion in allen ihren Aspekten, wobei weder die höchsten Spekulationen der Philosophen noch der primitive Aberglaube des täglichen Lebens vernachlässigt werden. Die erste Hälfte schließt mit einer »Gesamtbilanz des griechischen Lebens«, die in gewisser Weise einen Abschluß darstellt. – Der zweite Teil beginnt mit einem langen Abschnitt über die bildenden Künste und die soziale Stellung und Wertschätzung des Künstlers im Altertum sowie über Musik und Dichtung, um dann zur Redekunst, zur Philosophie und zur Wissenschaft überzugehen, wobei jedoch charakteristischerweise ein Kapitel über »die freie Persönlichkeit« eingeschaltet ist. Den Abschluß des Ganzen bildet die bereits erwähnte umfängliche Schilderung des »griechischen Menschen« im Ablauf der Jahrhunderte.

Eine solche Anordnung führt naturgemäß zu Wiederholungen: Der im ersten Kapitel behandelte Mythos erscheint auch im Zusammenhang der griechischen Religion und spielt außerdem bei Betrachtung der griechischen Dichtung eine ganz zentrale Rolle. Ebenso bestehen enge Beziehungen zwischen dem Abschnitt über die Entwicklung des griechischen Staats und dem Passus über den griechischen Menschen, dessen Eigenart naturgemäß in den verschiedenen Epochen sehr stark auch durch seine Stellung zum Staat bestimmt war. Ebenso wird immer wieder eine »Gesamtbilanz« des griechischen Lebens gezogen. Trotzdem wirken diese Wiederholungen nie ermüdend, da die Dinge unter immer wieder anderen Gesichtspunkten betrachtet werden. Gewiß weiß man heute, z. B. aufgrund des genauen Studiums der auf Papyrus erhaltenen Handelskorrespondenzen und Abrechnungen von griechischen Geschäftsleuten in Ägypten, über manche Aspekte des griechischen Lebens mehr und Genaueres als zur Zeit Burckhardts. Dennoch ist wohl bis heute niemandem ein eindringlicheres Bild des Lebens der Griechen im Altertum gelungen als Burckhardt. K.v.F.

AUSGABEN: Bln./Stg. 1898–1902, Hg. J. Oeri, 4 Bde. – Basel/Stg. 1930/31 (in *GW*, 14 Bde., 1929–1934; Bd. 8–11, Hg. F. Staehelin u. S. Merian). – Basel 1956/57, 4 Bde. – Mchn. 1977, 4 Bde. (dtv; Einf. W. Kaegi).

LITERATUR: C. Neumann, *Griechische Kulturgeschichte in der Auffassung J. B.s* (in HZ, 85, 1900, S. 385–452). – R. Stadelmann, *J. B.s »Griechische Kulturgeschichte«* (in Die Antike, 7, 1931, S. 49–69). – W. E. Mühlmann, *Biologische Gesichtspunkte in J. B.s »Griechischer Kulturgeschichte«* (in AfKg, 24, 1934). – W. Kaegi, *B. und Droysen* (in *Fs. für G. Ritter zu seinem 60. Geburtstag*, Tübingen 1950). – E. Flaig, *Angeschaute Geschichte. Untersuchung der Struktur von J. B.s »Griechischer Kulturgeschichte«*, Rheinfelden 1987.

## DIE KULTUR DER RENAISSANCE IN ITALIEN

Kulturgeschichtliches Werk von Jacob BURCKHARDT, erschienen 1859. – Dieser Versuch galt zu Lebzeiten des Verfassers neben dem *Cicerone* als Hauptwerk Jacob Burckhardts und wird heute noch als die klassische Darstellung betrachtet, von welcher die wissenschaftliche Diskussion der Probleme vielfach ihren Ausgang nimmt. Der literarische Rang dieses Buchs ist dadurch bestimmt, daß es als ein Modell kulturhistorischer Darstellung erscheint, dessen Gedankenführung und Sprache als vorbildlich gelten. Kaum ein anderes Werk hat die Forderung einer von den politischen Fakten und Vorgängen gelösten kulturhistorischen Schilderung, die VOLTAIRE erhoben und begründet hatte, so vollendet erfüllt wie dieses Werk. Sein Thema – die italienische Renaissance – hat eine lange Vorgeschichte, innerhalb deren Burckhardt am ehesten bei GOETHE angeknüpft hat, der mit seiner 1803 erschienenen Übersetzung der *Vita Benvenuto CELLINIS* den biographischen Modellfall für den »Menschen der Renaissance« geschaffen und im Anhang zu dieser Übersetzung eine Skizze zu einer kulturgeschichtlichen Darstellung gegeben hat. Der Titelbegriff »Renaissance« wurzelt in der französischen Geschichtsschreibung; während er bereits an seinem Werk arbeitete, übernahm Burckhardt von MICHELET, dessen Band *La renaissance* innerhalb seiner *Histoire de France* im Jahr 1855 erschien, zwei Stichworte, nach denen er einen seiner wichtigsten Abschnitte gestaltete: *Die Entdeckung der Welt und des Menschen*.

Die Grundfrage, die Burckhardt beantworten wollte, war diejenige nach der Entstehung des modernen Menschen, d. h. die Frage nach der Ablösung des individuellen Bewußtseins, insbesondere des modernen Europäers, von dem kollektiv gebundenen Bewußtsein des mittelalterlichen Menschen. In einem gewissen Sinn hat er dieses Thema später in seinem vollen chronologischen Umfang entwickelt in einer Reihe von Vorlesungen, die vom 13. Jh. bis zum Abschluß der Französischen Revolution führen und aus denen nur Fragmente gedruckt werden konnten. Im eigentlich kulturhistorischen Sinn ist indessen nur der Zeitraum vom 14. bis zum 16. Jh. für Italien ausgeführt worden. Das Buch von 1859 behandelt also nur die Ursprungsphase des modernen Bewußtseins und diese nur für Italien. Überdies hat Burckhardt einen Hauptbereich der Kultur geopfert: die Kunst. Ursprünglich hatte er Kunst- und Kulturgeschichte miteinander verschmelzen wollen. Auf diesen Plan verzichtete er im Sommer 1858, um die gewaltigen Materialien, die er in den vorausgehenden Jahren, hauptsächlich während seines Zürcher Aufenthaltes von 1855 bis 1858, gesammelt hatte, wenigstens in einer verkürzten Form zusammenfassen zu können. Die kunstgeschichtliche Seite des Problems, die lange für ihn zentral gewesen war, hat er schließlich nur in einem Teilaspekt behandelt: als *Geschichte der Baukunst*, die innerhalb eines von Franz KUGLER begründeten und von Wilhelm LÜBKE fortgeführten Handbuchs über diesen Gegenstand 1867 erschien.

Trotz dieser merkwürdigen Entstehungsgeschichte, die einen mehrstufigen fortschreitenden Verzicht auf umfassendere Gestaltung darstellt, wirkte das Buch bei seinem Erscheinen als geschlossenes Ganzes, als ein Werk aus einem Guß – als ein Kunstwerk. Es entfaltet in einer Folge von sechs großen Kapiteln die Hauptaspekte einer als Einheit aufgefaßten Kultur: das staatliche Leben mit seinem Nebeneinander von Republiken und Signorien, die Entwicklung des Individuums im Sinn der modernen Persönlichkeit, die Wiedererweckung des Altertums und die Formen des Humanismus, schließlich die äußere Entdeckung der Welt und des Menschen im geographischen, naturwissenschaftlichen, landschaftlichen und biographischen Sinn, endlich die Geselligkeit und die Feste und zum Schluß das sittliche und religiöse Leben.

Schon zu Lebzeiten Burckhardts erschienen zahlreiche Übersetzungen, in jüngster Zeit auch in außereuropäischen Sprachen. Das Original ist von Burckhardt nur in den beiden ersten Auflagen, 1859 und 1869, selbst herausgegeben worden. Dann folgten zehn Auflagen in der Überarbeitung und Erweiterung von Ludwig GEIGER. Walter GOETZ hat 1922 den Urtext wiederhergestellt, und 1930 erschienen im Rahmen der Gesamtausgabe der Werke Burckhardts auch die Anmerkungen wieder in der ursprünglichen Gestalt, das Ganze in kritischer Edition. Heute liest man das Werk nur noch in der Urform, weil nicht mehr der Stand der Einzelforschung zur Zeit Burckhardts, sondern die Grundfragen, die er gestellt hat, wichtig geblieben sind. W.Kg.

AUSGABEN: Basel 1860 [recte 1859]. – Lpzg. 1869. – Lpzg. ³1877/78, Hg. L. Geiger, 2 Bde. – Stg. ¹³1922, Hg. W. Goetz; ¹⁰1976 (KTA). – Stg. 1930 (in *GA*, 14 Bde., 1929–1933, 5, Hg. W. Kaegi). – Stg. 1960, Hg. W. Rehm (m. Einf.; ern. 1987; RUB). – Basel 1978 (in *GW*, 10 Bde., 3). – Stg. 1985, Hg. H. Hoffmann [Nachdr. d. Erstausg.].

LITERATUR: W. Rehm, *Das Werden des Renaissancebildes in der deutschen Dichtung vom Rationalismus bis zum Realismus*, Mchn. 1924. – J. Huizinga, *Das Problem der Renaissance* (in J. H., *Wege der Kulturgeschichte*, Mchn. 1930). – W. Waetzoldt, *J. B. als Kunsthistoriker*, Lpzg. 1940. – W. K. Ferguson, *The Renaissance in Historical Thought. Five Centuries of Interpretation*, Cambridge/Mass. 1948, S. 179–252. – *J. B. and the Renaissance 100 Years After. Papers of the Central Renaissance Conference at the Univ. of Kansas*, Hg. H. Baron, Kansas 1960. – D. Cantimori, *Umanesimo, rinascimento, riforma dal B. al Garin* (in D. C., *Studi di storia*, Turin 1965, S. 279–553). – E. M. Janssen, *J. B. und die Renaissance*, Assen 1970.

## WELTGESCHICHTLICHE BETRACHTUNGEN

Geschichtstheoretisches Werk von Jacob BURCKHARDT, postum herausgegeben 1905 von Jacob OERI. – Das Buch geht in seinen ersten Anfängen auf Vorlesungen *(Einleitung in das Studium der Geschichte)* der Jahre 1851 und 1854 zurück. Diese wurden 1868/69, 1870/71 und 1872/73 unter dem Titel *Über das Studium der Geschichte* für ein breiteres Publikum erweitert. Davon hat der Verfasser wiederum Teile zu Einzelvorträgen *Über das Individuen und das Allgemeine* bzw. *Über historische Größe* und *Über Glück und Unglück in der Weltgeschichte* ausgearbeitet. – Dieser dreifache Ursprung ist dem Werk in seiner jetzigen Gestalt noch anzumerken. Der erste Teil des ersten Kapitels enthält einen Überblick über das Ganze und eine Auseinandersetzung mit der Geschichtsphilosophie, sein zweiter Teil dagegen Ratschläge zur Lektüre historischer Quellen. Den Kern des Werks bilden die drei Kapitel über die drei historischen »Potenzen«: den Staat, die Religion und die Kultur, über ihre sechs aufeinander bezogenen Bedingtheiten und über die historischen Krisen, woran sich dann als Ergänzung die zu Sondervorträgen ausgearbeiteten Kapitel über historische Größe und über Glück und Unglück in der Weltgeschichte anschließen.

Sehr charakteristisch ist Burckhardts Auseinandersetzung mit der Philosophie. Wenn diese *»wirklich dem großen allgemeinen Lebensrätsel auf den Leib geht«*, stehe sie hoch über der Geschichte. Aber Geschichtsphilosophie sei eine *contradictio in adiecto*, ein Kentaur: Denn Sache der Geschichte sei Koordinieren, der Philosophie Subordinieren. Das folgende zeigt jedoch, daß Burckhardts Abneigung jener Geschichtsphilosophie gilt, welche, wie diejenige HEGELS und MARX', dahin tendiert, einen Gesamtablauf der Geschichte zu konstruieren, an dessen Ende eine »Erfüllung aller Zeit« steht. Was er ihr gegenüberstellt, ist keineswegs eine bloße Rekonstruktion historischer Fakten oder selbst ihrer kausalen Verknüpfung, sondern *»eine Erkenntnis der wahren Sachlage unseres Erdentreibens, des sich Wiederholenden, Konstanten, Typischen«* des Menschlichen, wie sich ihm im geschichtlichen Leben in mannigfaltiger Weise offenbart, also in gewisser Weise eine andere Art der Geschichtsphilosophie oder zum mindesten eine philosophische Anthropologie auf historischer Basis. Ihr Sinn findet seinen prägnantesten Ausdruck in dem berühmten

Wort: »*Wir wollen nicht sowohl klug (für ein anderes Mal), sondern weise (für immer) werden.*«

Im Kernstück des Werks ist zunächst von der Entstehung der drei »Potenzen« die Rede. Staat und Religion haben nach einer Periode des Entstehens und Wachsens beide die Tendenz, sich zu fixieren und Anspruch auf Dauer zu erheben, während die Kultur sich ohne Unterlaß kontinuierlich wandelt. Aufschlußreich gerade für unsere Zeit ist, was Burckhardt über die Gefahren sagt, die sich aus dem Einwirken der drei Potenzen aufeinander ergeben: Religion und Staat können sich, wie bei den alten Griechen, weitgehend unabhängig voneinander entwickeln. Aber die Religion, bzw. »das Kirchentum«, kann sich durch den Staat, der auf dem Machtsein beruht, anstecken lassen und versuchen, den Staat zu ihrem Instrument zu machen, wodurch Kirche und Staat sich gegenseitig korrumpieren – eine Korruption, die nur durch ihre erneute Trennung geheilt werden kann. Förderung der Kultur durch den Staat erscheint als wünschenswert, kann aber zur völligen Bevormundung des kulturellen Lebens durch den Staat führen, die jede Initiative tötet. Dies aber hat wiederum zur Folge, daß »*man alles vom Staat erwartet, ihm alles aufbürdet*« und schließlich umgekehrt »*die Kultur dem Staat seine Programme macht, ihn zum Verwirklicher des Sittlichen und zum allgemeinen Helfer machen will und damit seinen Begriff auf das Stärkste ändert*«.

Das Kapitel über die Krisen handelt zunächst von den Kriegen. In seinem Zentrum stehen jedoch die inneren Krisen, die da auftreten, wo die durch die Erstarrung von Religionen, staatlichen Einrichtungen und gesellschaftlichen Ordnungen hervorgerufenen Unzulänglichkeiten durch einen gewaltsamen revolutionären Ausbruch beseitigt werden. »*Die Anfänge*« solcher Krisen, sagt Burckhardt, »*pflegen einen idealen Glanz zu haben, weil die Emporstrebenden den eigentlichen Anfang machen.*« Aber bald darauf »*beginnt das brillante Narrenspiel der Hoffnung, diesmal für ganze große Schichten eines Volkes in kolossalem Maßstab. Auch in den Massen vermischt sich der Protest gegen das Vergangene mit einem glänzenden Phantasiegebilde der Zukunft...*«. Aber am Ende steht die große Ernüchterung: »*Mit der größten Geduld läßt man sich auch die erbärmlichsten Regierungen gefallen und sich alles dasjenige bieten, worüber noch wenige Zeit vorher Alles in die Luft gesprengt wäre.*« »*Die höchste Wut besteht gegen alle Emigranten. Man achtet es wie einen Raub, wenn sich jemand der Mißhandlung und dem Mord entzogen hat.*« – Das Kapitel über die historische Größe sucht nach einem Kriterium für diese und findet es in der Einzigkeit und Unersetzlichkeit einer Leistung, die eher auf dem Gebiet der Kunst als auf dem des Handelns mit Sicherheit zu bestimmen ist: »*Sprichwörtlich heißt es ›Kein Mensch ist unersetzlich‹. Aber die wenigen, die es doch sind, die sind groß.*« Daneben aber stehen Betrachtungen über Täuschungen hinsichtlich historischer Größe: »*Ferner entdecken wir in uns ein Gefühl der unechtesten Art: ein Bedürfnis der Unterwürfigkeit, ein Be-*dürfnis, uns an einem für groß gehaltenen Eindruck zu berauschen.*« »*Ganze Völker können auf solche Weise ihre Erniedrigung rechtfertigen, auf die Gefahr hin, daß andere Völker und Kulturen ihnen später nachweisen, daß sie falsche Götzen angebetet haben.*« – Das letzte Kapitel handelt zunächst von den sehr verschiedenen Bedeutungen des Wortes »Glück« in der Anwendung auf ganze Völker und Epochen. Es mag im Ansatz zeitbedingt sein, wenn Burckhardt davon ausgeht, daß in der »Gegenwart« (Burckhardts) die Sekurität über alles geschätzt werde und niemand mehr ohne sie leben könne, daß man daher auch das »Glück« anderer Zeiten nach der bestehenden Sekurität abzuschätzen geneigt sei. Dem hält der Autor entgegen: »*Die Zeit des Perikles in Athen war vollends ein Zustand, dessen Mitleben sich jeder ruhige und besonnene Bürger unserer Tage verbitten würde..., selbst wenn er zu den Freien und Vollbürgern gehörte.*« »*Und dennoch muß ein Gefühl des Daseins in den damaligen Athenern gelebt haben, das keine Sekurität der Welt aufwiegen könnte.*«

Kurze Inhaltsangaben und Zitate können kein adäquates Bild geben von der Fülle der Einsichten und der fast prophetisch anmutenden Weitsicht des Verfassers. In der Euphorie des Beginns unseres Jahrhunderts konnte die Frage gestellt werden, ob ein Buch veröffentlicht werden sollte, dessen pessimistische Auffassung der historischen Entwicklung sich als völlig falsch erwiesen habe. Doch haben die folgenden Jahrzehnte bis in die Gegenwart herein gezeigt, in wie ungeheurem Maße sich die Prognosen Burckhardts bewahrheitet haben.

K.v.F.

AUSGABEN: Bln./Stg. 1905, Hg. J. Oeri. – Stg. 1929 (in *GA*, 14 Bde., 1929–1934, 7, Hg. A. Oeri u. E. Dürr). – Bern 1941, Hg. u. Einl. W. Kaegi. – Tübingen 1949, Hg. R. Stadelmann [hist.-krit.]. – Basel/Stg. 1970; ern. Mchn. 1978 (dtv; Nachw. W. Kaegi. – Basel 1978 (in *GW*, 10 Bde., 4). – Stg. 1979, Hg. R. Marx (KTA). – Mchn. 1982; ern. 1987 (*Über das Studium der Geschichte. Der Text der »Weltgeschichtlichen Betrachtungen«. Auf Grund der Vorarbeiten von E. Ziegler nach den Handschriften*, Hg. P. Ganz; ²1987).

LITERATUR: K. Joel, *J. B. als Geschichtsphilosoph*, Basel 1918. – R. Winner, *Weltanschauung und Geschichtsauffassung J. B.s*, Lpzg. 1929 (ND Hildesheim 1971). – E. Fueter, *Geschichte der neueren Historiographie*, Mchn./Bln. 1936. – H. Bächtold, *Die Entstehung von J. B.s »Weltgeschichtlichen Betrachtungen«* (in H. B., *GS*, Aarau 1939, S. 318–335). – O. Seel, *J. B. und die europäische Krise*, Stg. 1948. – E. W. Zeeden, *Über Methoden, Sinn und Grenze der Geschichtsschreibung in der Auffassung J. B.s*, Freiburg i. B. 1948. – R. Stadelmann, *J. B.s »Weltgeschichtliche Betrachtungen«* (in HZ, 169, 1949, S. 31–72). – Th. Schieder, *Die historischen Krisen im Geschichtsdenken J. B.s* (in Th. Sch., *Begegnungen mit der Geschichte*, Göttingen 1962). – E. Heftrich, *Hegel und J. B. Zur Krise des geschichtlichen Bewußt-*

*seins*, Ffm. 1967. – E. Schulin, *J. B.s Geschichte der Neuzeit* (in *Das Historisch-politische Buch*, 22, 1974, S. 97 ff.). – E. Ziegler, *J. B.s Vorlesung über die Geschichte des Revolutionszeitalters in den Nachschriften seiner Zuhörer. Rekonstruktion des gesprochenen Wortlautes*, Basel/Stg. 1974. – J. Rüsen, *Die Uhr, der die Stunde schlägt. Geschichte als Prozeß der Kultur bei J. B.* (in *Historische Prozesse*, Hg. K. G. Faber u. C. Meier, Mchn. 1978). – H. Ritzenhofen, *Kontinuität und Krise. J. B.s ästhetische Geschichtskonzeption*, Diss. Köln 1979. – E. Schulin, *Das alte und neue Problem der Weltgeschichte als Kulturgeschichte* (in Saeculum, 1982, H. 2, S. 161–173). – Ders., *B.s Potenzen- und Sturmlehre. Zu seiner Vorlesung über das Studium der Geschichte*, Heidelberg 1983.

## HERMANN BURGER

\* 10.7.1942 Burg / Schweiz

**LITERATUR ZUM AUTOR:**
G. Zeltner, *H. B.* (in *Das Ich ohne Gewähr. Gegenwartsautoren aus der Schweiz*, Ffm. 1980, S. 175–196). – E. Pulver, *H. B.* (in KLG, 16. Nlg., 1987).

## DIABELLI

Erzählungsband von Hermann BURGER, erschienen 1979. – Der zweite Erzählband des Autors nach *Bork* (1970) enthält neben der Titelgeschichte die Erzählungen *Der Orchesterdiener* und *Zentgraf im Gebirg oder das Erdbeben zu Soglio*. Wie bereits im Roman *Schilten* (1976) richtet sich auch hier jeweils ein Erzähler in Briefform an einen hierarchisch höherstehenden Adressaten. Die Texte sind damit in einer angeblich nichtliterarischen Situation verankert, die Kommunikationssituation bleibt einseitig, Adressaten kommen nicht zu Wort. Eingeschränkte Kommunikationsfähigkeit und -bereitschaft ist ein gemeinsames Merkmal der Sprecher: Dem Großaufwand ihrer produktiven Sprachtätigkeit tritt eine Minimalisierung ihrer rezeptiven Tätigkeit gegenüber. Zeichenhaft hierfür steht in der ersten Erzählung, *Der Orchesterdiener*, die Taubheit Schramms, der sich in einem ausufernden Bewerbungsschreiben für die Stelle eines Orchesterdieners empfiehlt. Noch weiter eingeschränkt ist das Kommunikationsverhalten der Titelfigur in *Zentgraf im Gebirg*: Zentgrafs Mitteilungsbedürfnis erschöpft sich im Auftrag an seinen Privatsekretär, ein Protokoll seiner letzten Lebenstage anzufertigen. Soweit er diktiert, stammen die Sätze größtenteils nicht von ihm selbst, sondern aus einem Buch über Sterben und Tod. Sein Sprechen ist eine Reproduktion von literarischer Sprache, nach seinem Tod nochmals reproduziert und kommentiert im Erzählakt seines Sekretärs. Hinweise auf den Lebenslauf der Erzählerfigur enthält nur die im Zentrum stehende Geschichte mit dem vollständigen Titel *Diabelli, Prestidigitateur – Eine Abschiedsvolte für Baron Kesselring*. Die Erzählzeit ist wie in den beiden anderen Texten in der Gegenwart angesiedelt, aber nicht genauer bestimmt. Der gealterte Zauberkünstler Diabelli erklärt und rechtfertigt gegenüber seinem Mäzen Kesselring den unwiderruflichen Abbruch seiner Karriere und jeder weiteren Tätigkeit als Zauberer. Dabei reflektiert er rückblickend die Ausgangspunkte seiner Künstlerlaufbahn und darüber, warum gerade diese Laufbahn für ihn selbst in einer Katastrophe enden mußte. An den Anfang seiner Zauberei stellt Diabelli eine emotionale Mangelsituation: Die Mutter stirbt bei seiner Geburt; an ihre Stelle tritt eine harte Stiefmutter. Ein Vater wird gar nicht erwähnt. Die so stilisierte Elternlosigkeit liefert das Einzelkind den lieblosen Erziehungsinstanzen Stiefmutter und Schule aus. Liebe und Aufmerksamkeit scheinen dem Schüler nur durch Tricks erzwingbar. Die Elternlosigkeit bewirkt außerdem seine zwanghafte Idee, sich selbst immer wieder neu erzeugen zu müssen. Mit seiner Originalitätssucht und dem Druck, seine defekte Gefühlswelt zu kompensieren, steigt er zur Berühmtheit auf und bindet ein weltweites bewunderndes Publikum an sich.

Als Zauberer perfektioniert Diabelli, darin ganz Künstler, die scheinbare Erzeugung unmöglicher Wirklichkeiten. Er erzwingt sich Bewunderung durch Täuschung und Manipulation, er verfügt im Dienst seiner Kunst über das Publikum und letzlich auch über sich als Person: Er simuliert Handlungen, täuscht Identitäten vor und präsentiert Scheinleben als Leben. Im Zentrum seiner Kunst steht die Ablenkung; die Uneigentlichkeit von Handlungen und Sprache verdeckt eine eigentliche Absicht. Daher ist die Hinwendung zum Publikum immer nur eine scheinbare, an die Stelle von Kommunikation tritt ein bloßes Sichbestätigen. Und schließlich trägt das tabuisierte Mehrwissen des Zauberers zu seiner völligen Isolation bei, die von extremem Narzißmus und von Autoerotik begleitet wird. Die Menge von Pseudoidentitäten läßt eine echte oder als echt empfundene Identität nicht mehr zu: »Habe illudiert und illudiert und dabei mein Selbst verjuxst.« Andere Namen als die angenommenen Pseudonyme tauchen nicht mehr auf, zum Schluß distanziert sich das Erzähler-Ich von Diabelli. Auslöser und Zweck der literarischen Äußerung liegen hier wie in den beiden anderen Erzählungen des Bandes scheinbar außerhalb der Kunst. Die Sprache als Mittel wird aber im Verlauf des Sprechens selbst zum Zweck, der Erzählakt zum zentralen Thema. S.I.

AUSGABEN: Ffm. 1979.

VERFILMUNG: *Variationen nach Diabelli*, Schweiz 1979 (TV; Regie: F. van der Koij).

LITERATUR: P. Pawlik, Rez. (in Badische Zeitung, 26. 5. 1979). – H. Schafroth, Rez. (in SZ, 26. 9. 1979). – P. Ruedi, Rez. (in Weltwoche, 5. 12. 1979). – G. Zeltner, *H. B.* (in *Das Ich ohne Gewähr. Gegenwartsautoren aus der Schweiz*, Ffm. 1980, S. 175–196). – H. B., *Diabelli* (in *Die allmähliche Verfertigung der Idee beim Schreiben. Frankfurter Poetikvorlesung*, Ffm. 1986, S. 53–71).

## DIE KÜNSTLICHE MUTTER

Roman von Hermann BURGER, erschienen 1982. – Seit dem Roman *Schilten* (1976) ist das Thema der Konstituierung und Gefährdung personaler Identität zentral für die Texte Burgers. War in *Schilten* die Hauptfigur durch ihre berufliche Situation in eine sich verschärfende Entfremdungssituation geraten, so resultieren in *Die künstliche Mutter* die Identitätsprobleme aus der Lebensgeschichte des Erzähler-Ichs.

Wolfram Schöllkopf, Protagonist der Handlung, ist vierzigjähriger Privatdozent für Deutsche Literatur mit dem Nebenfach Glaziologie (Eis- und Gletscherkunde). Die Erzählung setzt mit seiner Entlassung an der Universität Zürich im Mai 1982 ein; in Rückblenden und Erinnerungen vergegenwärtigt er seine Kindheit und Jugend, um schließlich vehement den Ausbruch aus den Zwängen seines Lebens zu betreiben. Schöllkopf wächst in einem Klima von Prüderie und religös-sexuellen Tabus auf. Das Sexualitätsverbot flößt ihm schon bald Angst- und Schuldgefühle ein, er leidet unter dem Fehlen mütterlicher Zärtlichkeit wie unter der Eifersucht auf die ihm vorgezogene jüngere Schwester. An seinem zwanzigsten Geburtstag läßt sich die Mutter von ihm das Versprechen geben, auf Onanie zu verzichten und Geschlechtsverkehr nur in der Ehe zu pflegen. Die Befreiung von den mütterlichen Geboten mißlingt, als vier Jahre später eine Liebesbeziehung scheitert; die Geliebte ist bereits verlobt und begeht, als Ausweg aus dem Dreiecksverhältnis, Selbstmord.

Schöllkopfs psychisches Leiden wird nunmehr auch physisch existenzbestimmend. Er leidet an vergeblich behandelten Genitalschmerzen (*»Unterleibsmigräne«*) und Impotenz; als er aufgrund einer Intrige seine Stellung an der Universität verliert, bleibt allein die Identität als Patient; ein Herzanfall verschärft seine Lage noch. Heilung sucht er schließlich in einer unterirdischen Stollenklinik im Innern des St. Gotthard, in der eine als *»Künstliche Mutter«* bezeichnete Therapie angewandt wird, eine speziell auf seinen Fall zugeschnittene pseudomedizinische Behandlung mit Inhalationskur, Psychoanalyse-Imitat und erotischer Betreuung durch *»Heilmannequins«*. Die Behandlung bleibt erfolglos, bis Schöllkopf schließlich selbst die Initiative ergreift. Unter dem Pseudonym Armando gewinnt er die Hamburger Fernsehsprecherin Dagmar Dom als *»Wahlschwester«*. Die Gewißheit über die künstliche Schwester-Geliebte, mit der er einen Geschwistervertrag abschließt, erfüllt seinen lebenslangen Wunsch nach einer Bindung, die weder familiär noch erotisch im herkömmlichen Sinne ist, und eröffnet ihm die Welt literarischer Betätigung. Geheilt vom Mutterkomplex verläßt er die Gotthard-Klinik und erlebt in Lugano die letzte Stufe der Auflösung seiner Identität: Er stirbt nach zwei euphorischen, schmerzfreien Sommermonaten.

Die dargestellte Welt ebenso wie die Darstellung der Welt sind geprägt von Schöllkopfs Mutter- und Frauenproblem. Es wird zur Metapher für seine Bedrohtheit und Liebessehnsucht überhaupt, für seine Haßliebe gegenüber dem Weiblichen und Mütterlichen, das er in allen Lebensbereichen zu erkennen glaubt. So erfährt und beschreibt er auch seine ehemalige Universität, die *»Alma Mater Helvetiae«* und sein Heimatland Schweiz als Bastionen verlogener Mütterlichkeit. Nationale Männlichkeitsmythen und Militarismus bilden dazu nur die Kehrseite und werden mit bitterem Spott bedacht. Insofern verbindet sich in Burgers Roman die individuelle Bewältigung eines Identitätsproblems ursächlich mit der vernichtenden Kritik an öffentlichen Zuständen und Verhaltensweisen.

Auf diesem Weg dokumentiert Schöllkopf mit seinem *»Kurbericht zuhanden der Außenwelt«* eine völlige Abkehr von seiner bisherigen Umwelt. Er weicht in eine zunehmend künstliche Innenwelt und Identität aus; sprachliche Kreativität und Selbstthematisierung in Sprache bleiben ihm als eigentliche, aber auch letzte Entfaltungsmöglichkeit. Im ständigen Wechsel von Perspektiven und Erzählweisen, mit großem sprachlichen Erfindungsreichtum und starken Abweichungen vom normalsprachlichen Standard erreicht er zwar eine künstlerische Selbstbestimmung, verliert aber jede gesellschaftliche Einbindung. Mehr und mehr nimmt er Bezug auf literarisch vorgeprägte, also bereits künstliche Wirklichkeiten. Und sein Erzählen erfüllt auch die Aufgabe einer Abschiedsrede an die *»Hinterbliebenen im Unterland«*. Das abschließende Tagebuch des geheilten, in narzißtischem Rausch nur noch mit sich selbst sprechenden Schöllkopf alias Armando beendet schließlich eine übergeordnete Stimme »Buch« als verselbständigtes Erzählprinzip. S.I.

AUSGABEN: Ffm. 1982. – Ffm. 1986 (FiTb).

LITERATUR: M. Reich-Ranicki, Rez. (in FAZ, 5. 10. 1982). – A. Krättli, *Dr. Infausti Wehklag und großes Fluchen* (in Schweizer Monatshefte 1982, H. 12, S. 1057–1063). – W. F. Schoeller, Rez. (in SZ. 1. 12. 1982). – B. v. Matt, *H. B.s Roman »Die künstliche Mutter«* (in B. v. M., *Lesarten*, Zürich 1982, S. 175–180). – W. Schmitz, *Labor des Zeitlosen* (in Deutsche Bücher, H. 2, Amsterdam 1984).

## SCHILTEN. Schulbericht zuhanden der Inspektorenkonferenz

Roman von Hermann BURGER, erschienen 1976. – Burger veröffentlichte seinen ersten Roman nach langer Entstehungszeit sechs Jahre nach dem 1970 erschienenen Erzählungsband *Bork* und wurde damit erstmals einem breiteren Lesepublikum bekannt. In die Arbeitsphase nach *Bork* fällt außerdem Burgers Promotion über Paul Celan (1974). *Schilten* ist der überdimensionale Briefmonolog des Dorfschullehrers Peter Stirner, der nach jahrelangem Ausbleiben des Schulinspektors selbst den fälligen Schulbericht anfertigt und an eine imaginäre Inspektorenkonferenz adressiert.

Aus dem Bericht geht hervor, daß der zum Erzählzeitpunkt (1971/72) dreißigjährige Stirner seit zehn Jahren unter dem Pseudonym Armin Schildknecht in dem abgeschiedenen aargauischen Bergdorf Schilten als Volksschullehrer tätig ist. Der an sein Schul- und Wohnhaus angrenzende Friedhof beeinträchtigt den Schulbetrieb durch die Mitbenützung von schulischen Einrichtungen: In der Turnhalle finden Totenfeiern statt, das Schulhaustelefon läutet fast ausschließlich in Friedhofsangelegenheiten, der Hausmeister ist hauptamtlich Friedhofsgärtner und Totengräber. Die zahlreichen Verschränkungen von Schul- und Friedhofsbetrieb nimmt Schildknecht zum Anlaß, die Friedhofs- und Todesproblematik zum Hauptgegenstand seines Unterrichts zu machen. In Verteidigung gegen die auf die Schule übergreifende Friedhofspraxis ersetzt er die Heimatkunde durch Todeskunde, erteilt »Nacht- und Nebelunterricht« und protokolliert mit den Schülern jeden Vorgang auf dem Friedhof in einem Journal: Durch sprachlich-theoretische Aufarbeitung des zunächst ja nur räumlich vorgegebenen Zusammenhangs von Schule und Friedhof versucht er, dessen Einfluß zu kontrollieren und abzuwenden. Seine eigenwilligen Methoden bringen ihm ein Disziplinarverfahren der Schulaufsichtsbehörde ein, das jahrelang unentschieden bleibt. Der Konflikt wird nicht beseitigt, sondern verewigt und universalisiert.

Indem er seine gesamte Welt aus dem extremen Blickwinkel der Friedhofserfahrung deutet, bereitet Stirner alias Schildknecht die Verwirklichung seines Lebensplanes vor: Er benutzt das Medium des Schulberichts für sein zentrales und mit Besessenheit verfolgtes Ziel, allen (vermeintlich) äußeren Bedrohungen seiner Existenz die unanfechtbare schriftliche Identität Armin Schildknechts entgegenzusetzen. Sein Erfinden einer Identität im Schreiben schließt die Möglichkeit ein, sich ihrer auch wieder zu entledigen und sie als tot oder verschollen zu erklären. So wird sein Bericht zum Lebensinhalt und Lebenswerk, und das Konstrukt einer Identität gerät in ausschließliche Abhängigkeit vom Akt des Schreibens. Er bedient sich der Schüler als Gehilfen seines Werks, indem er ihnen erste Varianten in ihre Hefte diktiert. Zu jeder Tages- und Nachtzeit haben sie hierfür anzutreten. Seine Korrekturen verbessern somit immer nur eigenen Text und legen die Endfassung fest, die sich in zwanzig Hefte gliedert. Dem autoritären Diktat seines Identitätsentwurfs und Weltmodells liegt sein allgemeines Konzept von Schule und Unterricht zugrunde: Die Schüler lernen für den Lehrer.

Oberstes Lernziel ist eine plausible Zeugenschaft im Falle einer endgültigen Verschollenheit des trostlos Einsamen. Wie in *Schilten*, so fungieren auch in späteren Texten als Auslöser für das Schreiben der Mangel an Sozialbindungen und das Geltungsbedürfnis der Figuren, Mehrdeutigkeit und Unfreiwilligkeit ihrer Identitätszustände, Bekämpfung der Todespräsenz und Anspruch auf künstlerisches Überdauern. Für Schildknecht gilt in besonderem Maße die völlige Ablehnung faktischer Partnererotik; der erotische Lebensbereich ist reduziert auf Gerüchte, auf entsprechende Phantasiegehalte und sprachliche Analogien bei der Beschreibung nicht-erotischer Sachverhalte.

Der großangelegte Identitätsentwurf Schildknechts gipfelt im Erlebnis der eigenen Totenfeier, die in Wirklichkeit nur die Entlassungsfeier Stirners aus dem Schuldienst ist. Mit dieser mehrschichtigen Eliminierung trennt sich Stirner von seinem Pseudonym Schildknecht und dessen Identität und bringt ihn so zum Schweigen. Aus dem kurzen Nachwort des Inspektors ist der Hinweis erschließbar, daß Stirner die lange anvisierte Verschollenheitserklärung für Schildknecht tatsächlich erwirkt und die hohe Lebensversicherungsprämie kassiert hat. Über diesem Lebenswerk hat er allerdings den Verstand verloren. S.I.

Ausgaben: Zürich 1976. – Ffm. 1979.

Verfilmung: Schweiz 1978 (Regie: B. Kuert).

Literatur: E. Pulver, Rez. (in Schweizer Monatshefte, H. 8/1976). – L. Baier, Rez. (in FAZ, 7. 12. 1976). – *Schauplatz als Motiv. Materialien zu H. B.s Roman »Schilten«*, Zürich/Mchn. 1979. – R. Ingold, *Der Erzähler in H. B.s »Schilten«*, Bern 1984. – H. B., »Schilten« (in H. B., *Die allmähliche Verfertigung der Gedanken beim Schreiben. Frankfurter Poetikvorlesung*, Ffm. 1986, S. 25–52).

## ANTHONY BURGESS

eig. John Anthony Burgess Wilson
* 25.2.1917 Manchester

Literatur zum Autor:
R. K. Morris, *The Consolation of Ambiguity: An Essay on the Novels of A. B.*, Columbia 1971. – A. A. DeVitis, *A. B.*, NY 1972 (TEAS). – P. Boytinck, *A. B.: An Enumerative Checklist*, Norwood 1973; ²1977. – J. Brewer, *A. B.: A Bibliography*, Ldn./Metuchen (N.J.) 1980. – S. Coale, *A. B.*, NY 1981. – MFS, 27, 1981, Nr. 3 [Sondernr. A. B.]. – P. Boytinck, *A. B.: An Annotated Bibliography and Reference Guide*, NY u. a. 1985. – M. Ghosh-Schellhorn, *A. B.: A Study*

in Character, Ffm. u. a. 1986. – Critical Essays on A. B., Hg. G. Aggeler, Boston 1986. – A. B., Hg. u. Einl. H. Bloom, NY u. a. 1987. – W. Winkler, A. B. (in KLFG, 12. Nlg., 1987).

## A CLOCKWORK ORANGE

(engl.; Ü: Uhrwerk Orange). Roman von Anthony BURGESS, erschienen 1962. – *A Clockwork Orange* ist ein moralphilosophisch-politischer Roman im Spannungsfeld zwischen Individuum und Gesellschaft. Die sprachliche Gestaltung dieses Bestsellers gilt aufgrund der Verwendung des aus Cockney und Russisch künstlich geschaffenen Teenagerslangs »Nadsat« als didaktisch unübertroffene Provokation.
Im Zentrum des ersten Teils (Kap. 1–7) steht die Geschichte von Alex, dem fünfzehnjährigen Protagonisten, und seinen »*droogs*«, die als gewalttätige Bande die nächtliche Großstadt mit brutalen Raubüberfällen und Vergewaltigungen, mit Körperverletzung und Totschlag in Schrecken versetzen. Die folgende Inhaftierung vermittelt Alex nun selbst die Erfahrung polizeilicher Gewalt und setzt seinem pathologischen Verlangen nach Lust durch Gewaltanwendung und durch Berieselung mit Musik von Beethoven und Mozart vorläufig ein Ende. Wie schon der erste Teil des Romans, so beginnen auch die beiden folgenden mit der bezeichnenden Frage – die ursprünglich vom Gefängniskaplan stammt –: »*What's it going to be then, eh?*«
Der fünfzehnjährige Gewalttäter, bislang Herr über unschuldige Menschen, wird nun seinerseits das Opfer einer Gesellschaft, die ihn mittels audiovisueller und chemischer Medikation gewaltsam zu resozialisieren versucht. Dieser Mittelteil (Kap. 8–14) endet nach der ›erfolgreichen‹ Konditionierung durch die »*Ludovico-Technik*« mit der Entlassung des Delinquenten. Wenn auch der Innenminister diesen Erfolg im Wahlkampf als Trumpfkarte auszuspielen versteht, so bringt doch wenigstens der Gefängnisgeistliche die moralische Fragwürdigkeit dieser Konditionierung zum Guten deutlich zur Sprache, wenn er dem Arzt Dr. Brodsky entgegenhält: »*Wahlmöglichkeit ... Er hat keine wirkliche Wahlmöglichkeit..., oder? Eigenliebe, Angst vor physischem Schmerz trieben ihn zu jenem grotesken Akt der Selbsterniedrigung. Die Verstellung war klar zu erkennen. Er hört auf, ein Übeltäter zu sein. Er hört auf, ein Wesen zu sein, das moralischer Wahlfreiheit fähig ist.*« – »*Ludovico's technique*« besteht darin, daß Alex, an einen Stuhl gefesselt, gezwungen wird, sich Filme von unglaublicher Brutalität, wie sie von Japanern und Nazis im Zweiten Weltkrieg ausgeübt wurde, anzuschauen. Während früher Gewalt bei Alex höchste Lustgefühle erzeugte, verursacht sie nun unerträglichen Ekel und Kopfschmerz. Beethovens *Fünfte* wird wie jede andere Art von klassischer Musik, die er vordem so sehr schätzte, zur Ursache für unendlichen Schmerz, weil sie mit gewaltverherrlichenden Filmen gekoppelt ist.

Im dritten Teil (Kap. 15–21) muß der entlassene und ›geheilte‹ Alex zunächst feststellen, daß seine Eltern ihn abgeschrieben und sein Zimmer vermietet haben und daß ehemalige Mitkämpfer und Opfer sich an ihm zu rächen trachten, so daß sich die Situation aus dem ersten Teil nunmehr umgekehrt hat und der konditionierte Alex nun selbst hilflos der Gewalt ausgeliefert ist. Die Methode zur gesellschaftlichen Konditionierung soll zudem am Beispiel Alex' öffentlich demonstriert werden; doch statt sich als politischer Märtyrer mißbrauchen zu lassen, verübt Alex einen Suizidversuch, so daß die Regierung sich gezwungen sieht, zur Beruhigung der Öffentlichkeit Maßnahmen zu einer Rekonditionierung von Alex einzuleiten.
Die amerikanische Fassung und auch Kubricks Filmversion enden hier, d. h. mit dem 20. Kapitel. Dies entspricht jedoch nicht der Intention des Autors; vielmehr soll auch der dritte Teil des Romans – wie in der englischen Ausgabe – sieben Kapitel aufweisen: Im 21. Kapitel sitzt Alex mit neuen Freunden in der bekannten Korova Milchbar, verläßt diese aber und wandert nachdenklich durch die Straßen. Gewalttätigkeit verabscheut er jetzt genauso wie ein früherer, inzwischen verheirateter Kumpan aus der Bande, den er zufällig in der Stadt trifft. Auch Alex sehnt sich nun nach einer bürgerlichen Existenz, nach Familie und Geborgenheit. In der Tat beabsichtigt er, seinen künftigen Sohn über den wirklichen Gang der Welt zu belehren, obwohl er bezweifelt, daß er ihn vor Fehlhandlungen wird bewahren können. Alex' Wandlung macht so aus einer dystopischen Satire einen Entwicklungsroman, eine Befreiungsgeschichte, die im Rahmen der dem Werk zugrundeliegenden Geschichtsphilosophie von Augustinismus und Pelagianismus den exemplarischen Charakter vom Wandlungs- und Reifungsprozeß des jugendlichen Menschen hervortreten läßt: Alex ist jeglichen Zwanges enthoben und reformiert sich aus Einsicht.
Der Protagonist erkennt die Jugend als »*clockwork humanity*«, als eine Zeit fremdbestimmter Mechanismen. In dieser »augustinischen« Phase besitzt der Mensch noch kein Verständnis seiner selbst; erst im reiferen Alter können mit Beginn der »pelagianischen« Phase Bewußtheit und Autonomie folgen. Jetzt, mit seinem Eintritt in das Stadium der Freiheit gibt Alex paradoxerweise seiner Überzeugung Ausdruck, daß sich die Phase der Unfreiheit trotz allen pädagogischen Bemühens im Leben seines Sohnes wiederholen wird. Individualgeschichte und Weltgeschichte durchlaufen so mit dem ständigen Wechsel der zwei opponierenden Prinzipien Determinismus und Freiheit entweder zyklisch oder gleichzeitig ihre augustinischen und pelagianischen Phasen.
Grundlage der Burgess'schen Geschichtsphilosophie, die von einem Zyklusmodell (»*Pelphase – Interphase – Gusphase*«) ausgeht, ist die manichäische Vorstellung vom ewigen Kampf der Prinzipien Gut und Böse. Dieser kosmische Konflikt spiegelt sich u. a. auch in allen irdischen Auseinandersetzungen zwischen den politischen Ideologien des

Ostens und Westens. Entsprechend dem manichäischen Dualismus unterscheidet Burgess daher zwei Staatsformen: den politischen Konservativismus und den politischen Liberalismus. Der konservative Staatsgedanke geht vom erbsündlich belasteten Menschen, von der Notwendigkeit der Gnade und der Pflicht zur Disziplinierung seitens des Staates aus; der liberale Staat dagegen setzt die Perfektibilität des Menschen, seine Fähigkeit zur Selbsterlösung und die rational bestimmte Wahl des Guten voraus. Diese Fehlannahme, daß nämlich der Mensch grundsätzlich vervollkommnungsfähig sei, führt immer wieder zu einem Wechsel der Phasen, führt zu Gewalttätigkeiten und zu Eingriffen des Staates.

Der Romantitel *Uhrwerk Mensch* kennzeichnet die Situation des heutigen Menschen, der so vielfältigen gesellschaftlichen und kommerziellen Einflüssen und Manipulationen ausgesetzt ist, daß er sich ihnen wie fremdbestimmten Prinzipien und Gesetzen willenlos zu unterwerfen scheint oder sich brutal gegen sie auflehnt. In einem Interview hat Burgess darauf hingewiesen, daß er mit diesem Roman auf die Gefahren von Überlegungen mit dem Ziel der Auslöschung von Kriminalität durch moderne Techniken hinweisen wolle. Er ist fest von der permanenten Bedrängnis durch das Böse, freilich noch mehr von der ethischen Forderung, die Willensfreiheit des Menschen auch angesichts seiner Sündenfälligkeit verteidigen zu müssen, überzeugt. Trotzdem geht es ihm in diesem Roman nicht an erster Stelle um eine Wesensanalyse des Menschen, sondern vielmehr um eine Analyse der maschinenähnlich funktionierenden »Clockwork-Orange-Welt« des modernen Staates, wie sie insbesondere anhand von »Ludovico's Technique« im zweiten Teil des Romans vor Augen geführt wird.

Die Verwendung der Kunstsprache Nadsat soll nach der Absicht des Erfinders sowohl verfremden wie abschrecken, das Bewußtsein von der Einheit der Menschheit (angesichts der Teddy Boys in London und in Leningrad) fördern und den Leser mit Beginn der Lektüre einem Lern- und Konditionierungsprozeß unterwerfen, der dem von Alex nicht unähnlich ist. In seiner Auseinandersetzung mit George Orwell *(1985)* hat Burgess einen wesentlichen Aspekt seines weltanschaulichen Credos formuliert: »*Die Freiheit des Menschen beginnt erst lebendig zu werden, wenn er die Natur dieses Geschenkes versteht.*«

*A Clockwork Orange* ist ein didaktisch konzipierter Ideenroman über die Willensfreiheit, über das Verhältnis von Individuum und Gesellschaft, über die sechziger Jahre, über Probleme des Heranwachsens und Reifens, ein Werk, das Burgess selbst innerhalb seines Gesamtœuvres nicht zu hoch veranschlagt, das dennoch weltberühmt geworden ist durch die Verfilmung von Stanley Kubrick (mit der der Autor wegen des darin unberücksichtigt gebliebenen Schlußkapitels jedoch nie einverstanden war). W.Ar.

AUSGABEN: Ldn. 1962. – NY 1963.

ÜBERSETZUNG: *Uhrwerk Orange*, W. Brumm, Mchn. 1972; 21 1985 (Heyne Tb); ern. 1987.

VERFILMUNG: USA 1971 (Regie: St. Kubrick).

DRAMATISIERUNG: *Clockwork Orange – Ein Spiel mit Musik* (Urauff.: Bonn, 28. 5. 1988, Schauspielhaus).

LITERATUR: R. Evans, *Nadsat: The Argot and Its Implications in A. B.'s »A Clockwork Orange«* (in Journal of Modern Literature, 1, 1971, S. 406–410). – J. Cullinan, *A. B.'s »A Clockwork Orange«: Two Versions* (in English Language Notes, 9, 1972, S. 287–292). – N. D. Isaacs, *Unstuck in Time: »Clockwork Orange« and »Slaughterhouse Five«* (in Literature-Film Quarterly, 1, 1973, S. 122–131). – J. Stinson, *The Manichee World of A. B.* (in Renascence, 26, 1973, S. 37–47). – G. Aggeler, *Pelagius and Augustine in the Novels of A. B.* (in English Studies, 55, 1974, S. 43–55). – Th. Elsaesser, *Screen Violence: Emotional Structure and Ideological Function in »A Clockwork Orange«* (in Approaches to Popular Culture, Hg. C. W. E. Bigsby, Ldn. 1976, S. 171–200). – E. Petix, *Linguistics, Mechanics and Metaphysics in A. B.'s »Clockwork Orange«* (in Old Lines, New Forces, Hg. R. K. Roberts, New Jersey 1976, S. 38–52). – R. Rabinovitz, *Mechanism versus Organism: A. B.'s »A Clockwork Orange«* (in MFS, 24, 1978/79, S. 538–541). – G. Aggeler, *A. B.: The Artist as Novelist*, Univ. of Alabama Press 1979. – R. Rabinovitz, *Ethical Values in A. B.'s »A Clockwork Orange«* (in Studies in the Novel, 11, 1979, S. 43–50). – L. E. Sheldon, *Newspeak and Nadsat: The Disintegration of Language in »1984« and »A Clockwork Orange«* (in Studies in Contemporary Satire, 6, 1979, S. 7–13). – A. Sirka, *Überlegungen zum phantastischen Film am Bsp. von Stanley Kubricks »A Clockwork Orange«* (in Phantastik in Literatur u. Kunst, Hg. Chr. W. Thomsen u. J. M. Fischer, Darmstadt 1980, S. 492–513). – P. E. Ray, *Alex Before and After: A New Approach to B.'s »A Clockwork Orange«* (in MFS, 27, 1981, S. 479–487). – D. Petzold, *Der Moralist als Provokateur: A. B.s Erfolgsroman »A Clockwork Orange«* (in Anglistik u. Englischunterricht, 19, 1983, S. 7–20). – G. Hanselmann, *Die Zukunftsromane von A. B.*, Pfaffenweiler 1985.

# EARTHLY POWERS

(engl.; Ü: *Der Fürst der Phantome*). Roman von Anthony BURGESS, erschienen 1980. – Mit *Earthly Powers* hat Anthony Burgess den seit 1971 angekündigten »Jahrhundertroman« vorgelegt, in dem er lebenspräll den Kampf zwischen Gut und Böse als das Ringen zwischen dem »augustinischen« Schriftsteller Kenneth Marchal Toomey und dem »pelagianischen« Priester Carlo Campanati darstellt. Dieser hatte unter dem Namen Gregor den Papstthron bestiegen und über ihn soll Toomey als naher Verwandter zur Eröffnung des Heiligsprechungsprozesses im Auftrag der Kirche eine Biographie verfassen, in der es vor allem auf die für eine Kanonisierung erforderliche Bezeugung eines Wunders ankommt. Toomey ist der einzige, der die Heilung des an Hirnhautentzündung erkrankten Kindes in Chicago miterlebt hat, und als homosexueller Katholik und Rationalist wäre er sicherlich der glaubwürdigste Zeuge dieses thaumaturgischen Vorgangs.

Der Titel dieser sechs Jahrzehnte umfassenden Chronik der bedeutsamsten geschichtlichen, gesellschaftlichen und kulturellen Ereignisse des 20. Jh.s lautete ursprünglich *The Affairs of Men*, dann *The Prince of the Powers of the Air* und schließlich *Earthly Powers*. Der vorletzte Titel ist dem *Leviathan* von HOBBES entnommen, aus dessen 4. Teil *(Of the Kingdom of Darknesse)* die für das Romanthema wie auch für die Genese des Titels entscheidende Stelle zitiert ist: »*Neben den herrschaftlichen Mächten, göttlichen und menschlichen, ... erwähnt die Hl. Schrift noch eine andere Macht, nämlich die der Herrscher der Dunkelheit dieser Welt, das Königreich Satans, und die Herrschaft Beelzebubs über die Dämonen, d. h. über Phantome, die in der Luft erscheinen: Aus diesem Grunde heißt Satan auch der Fürst der Mächte in den Lüften.*« Der Kampf mit diesen Mächten, die schon im Romantitel anklingen, ist zentraler Problembereich des Werks.

Der Roman beginnt mit dem erinnerungswürdigen Satz: »*Es war der Nachmittag meines 81. Geburtstages, und ich lag mit meinem Buhlknaben im Bett, als Ali meldete, der Erzbischof sei gekommen, um mich zu besuchen.*« – Romananfängen eignet Signalwirkung. Gleich eingangs wird der Leser darüber ins Bild gesetzt, daß es sich beim Ich-Erzähler Toomey um einen wohlhabenden homophilen Greis handelt, der bei seinen lustvollen Geburtstagsfreuden von einem Kirchenmann gestört wird. Damit sind die aus anderen Burgess-Romanen wie *A Clockwork Orange* und *The Wanting Seed* bekannten Oppositionen des manichäischen Weltbildes ebenso evoziert wie die Themen freier Wille, Schuld und Scham; seit 60 Jahren leidet der Protagonist, der mit seinem feisten Sekretär und Liebhaber Geoffrey Enright im sonnigen Malta lebt, an sich selbst und an der Sexualmoral der katholischen Kirche. Seine Lebensgeschichte vermittelt einen tiefen Einblick in die Psyche der Romanfiguren, entwirft aber auch ein farbenprächtiges Porträt des 20. Jh.s.

In Erscheinung und Lebensumständen hat Burgess seinen Protagonisten Ken Toomey – einen Erfolgsautor, der zwar Millionenauflagen erzielt hat, dem aber dauerhafter Ruhm bisher versagt blieb, wenn er sich auch aufgrund der erbetenen Hagiographie künftigen Ruhm erhofft – dem gleichfalls homosexuellen englischen Schriftsteller W. S. MAUGHAM nachgebildet, was man zahlreichen Zitaten und Parallelen entnehmen kann. So schlägt etwa Maughams Diskussion über die Psychologie des Homosexuellen im allgemeinen und die Bezugnahme auf El Greco im besonderen ein Thema an, das in *Earthly Powers* das große Dilemma des katholischen Protagonisten ausmacht und von diesem unter der Problemstellung der durch die abnorme Naturanlage bedingten Beschränkung der künstlerischen Vision erörtert wird. Der Homosexuelle vermag das Leben offenbar nicht in seiner Gesamtheit zu sehen. Wenn das Gewicht der naturgegebenen Veranlagung so groß ist und die katholische Erziehung ihren Einfluß spürbar geltend macht, kann es dann noch eine freie Willensentscheidung geben? Viele solcher moralphilosophischen Fragestellungen kommen im Roman zur Sprache. Dabei geht Toomey als Augustinist von der Gefallenheit der menschlichen Natur aus und stellt gerade aus seiner gleichgeschlechtlich abnormen, sozusagen ›fremdbestimmten‹ Perspektive gegen den pelagianisch orientierten Theologen Carlo Campanati, der das Böse als ein äußeres und damit durch rituelle Beschwörungen und Exorzismen heilbares Phänomen betrachtet, die These von der Unfreiheit des Willens auf. Beide sind Außenseiter, doch scheint Campanati der extremere zu sein, da er selbst noch als Papst die Auffassung vertritt, der Mensch sei nicht eigentlich böse, man müsse nur dem Mönch Pelagius mit seiner Vernunfttheologie mehr Glauben schenken. Sogar Concetta Campanati bezeichnet ihren Stiefsohn als »*nicht mehr ganz orthodox*«. Und zum Entsetzen des Katholiken Toomey hat sich Carlo Campanati nun auch noch seinem Modell, dem Konzilspapst Johannes XXIII., folgend »*der furchtbaren ökumenischen Strategie*« verschrieben.

Wie Stephen in J. JOYCES *Portrait of the Artist* Kirche und Heimat in jungen Jahren verließ, so ist auch Toomey angesichts der drohenden Verdammung des unbußfertigen Sünders und der bevorstehenden Höllenstrafen schon früh aus der Kirche ausgetreten und hat an dem dualistischen Gottesbild des richtenden Christus in der Sixtinischen Kapelle einerseits und dem des Jesus an der Seite seines Lieblingsjüngers andererseits immer schwer getragen. Und trotz allem »*bittet der Mensch nicht um Alpträume, bittet er nicht darum, böse zu sein. Will er unter keinen Umständen seine eigene Zügellosigkeit*« (*EP*, S. 43). Der Homosexuelle leidet darunter, daß er Jäger und Opfer zugleich ist, daß es kein Entrinnen vor der Schuld gibt, daß die abnorme unverbesserliche Natur Schicksal bleibt. Nicht aber der Konflikt zwischen Augustinismus und Pelagianismus sei das Problem (so M. Ghosh-Schellhorn), sondern die Rechtfertigung einer von der Natur abweichenden Verirrung, die man nicht hingehen lassen kann. Bei der Beurteilung des nazistischen Menschenbildes scheint aber wiederum die für Burgess typische Dichotomie im Spiele zu sein, wenn Toomey die Triumphe des Bösen der angeborenen Schlechtigkeit des Menschen, Campanati sie aber dem Teufel als einer außermenschlichen Macht anlastet. »*Ich wünschte, Carlo wäre dort bei mir*«, sagt Toomey bei seinem Besuch in Buchenwald, »*um den reifen Gorgonzola des angeborenen Bösen im Menschen zu riechen*«.

»*Tumi*« heißt auf arabisch Geschichtenerzähler.

Damit ist der Leser der Chronik vorgewarnt und wundert sich nicht, wenn in diesem Roman als einer Art zentralen Bewußtseins seiner Zeit metafiktionale Fragen wie die nach der Faktizität von Fiktion und der Fiktionalität von Fakten erörtert werden. Toomey spürt selbst die Diskrepanz zwischen Erlebnis, Erinnerung und Schreibprozeß, zumal wenn es sich um solch ein übersinnliches Phänomen wie das Wunder handelt. Und wenn dann Romanfiguren schließlich über sich selbst und über den Roman, in dem sie figurieren, Überlegungen anstellen, dann wird sich jeder Leser der poetologischen Selbstreflexivität des Textes bewußt. Im narrativen Rollenspiel lernt er nicht nur Toomeys Neufassung der Genesis *(A Way Back to Eden)* kennen – hier erscheint der Mensch in seinem homosexuellen, unsterblichen Glück, das infolge des Sündenfalles in Zweigeschlechtlichkeit, Sterblichkeit und Tod verwandelt wurde und denen er durch Rückkehr nach Eden zu entrinnen hofft –, sondern auch einen der ersten Campanati-Biographen mit Namen Howard Tucker, dem ein Kapitel – und zwar dasjenige über die Bekehrung des SS-Offiziers Liebeneiner durch Carlo Campanati – entlehnt ist: *»Der aufmerksame Leser wird im voraufgehenden Kapitel die Hand von Toomey bemerkt haben ... Ich mag ein schlechter Schriftsteller sein, aber ich bin besser als Howard Tucker, wenn es ums Fabrizieren oder Lügen geht. Da ich nicht an verifizierbare Tatsachen gebunden bin, wie seine Art von Schriftsteller es ist, kann ich mich der freien Phantasie hingeben, die sich häufig als die Wahrheit herausstellt. Was in meiner Chronik wichtig ist: Carlo hat den guten Kampf gekämpft und nicht ich.«*

Auch in diesem Roman ist Burgess der wortgewaltige Rhetoriker und Jongleur, der die Welt als Rätsel und das Jahrhundert als Puzzle politischer Entwicklungen (Entkolonisierung, Faschismus, Nazismus, Zweiter Weltkrieg, KZs, Erstarkung der Schwellenländer, Vietnamkrieg usw.) ebenso mit Witz und Ironie entwirft, wie er die geistigen Begegnungen mit Schriftstellern von der Statur eines James JOYCE, Ezra POUND, RILKE, KIPLING und HEMINGWAY, aber auch mit Größen der Demimonde und mit Vertretern der Kirche nonchalant zu arrangieren weiß. Neben dem personellen und thematischen Spektrum vermag auch die Geographie der Schauplätze aus den Tagen von Toomeys aktiver Schriftstellerei zu beeindrucken: London, Paris, New York; Monte Carlo und Hollywood, Rom und Marrakesch, Tanger und Malaya. Doch bei aller, teilweise schockierenden Offenheit *in eroticis*, bei aller pathetischen Komik und verzweifelten Brutalität geht es Burgess um moralische Fragestellungen, die zwar aufgrund der Perspektive des Ich-Erzählers vor allem den homosexuellen Toomey mit allen Widersprüchen und Paradoxien eines Sonderfalls menschlicher Existenz bedrängen, die freilich auch Carlo Campanati, den moralisch blinden, wenngleich in den Augen des Lesers wegen seines Ehrgeizes und Stolzes angreifbaren Monsignore betreffen; man hat deshalb von Carlos faustischer Identität gesprochen (G. Aggeler). Es geht in dieser Chronik jedoch auch um literaturtheoretische und -ästhetische Erörterungen, die den innovativen Reiz zeitgenössischer Romanschriftstellerei ausmachen. Die Handlungs-, Themen- und Problemfülle des zeitkritisch getönten, aufgrund seiner Wortspiele und gelehrten Zitate, seiner Parodien und Anekdoten bestechenden Großromans wird für den Leser und Interpreten noch geraume Zeit eine Herausforderung darstellen. W.Ar.

AUSGABEN: Ldn. 1980. – NY 1980. – Harmondsworth 1981 (Penguin). – NY 1981.

ÜBERSETZUNG: *Der Fürst der Phantome*, W. Krege, Stg. 1984; ern. 1987.

LITERATUR: D. Caute, *The World and the Word* (in The New Statesman, 24. 10. 1980). – F. King, *Life and Times* (in Spectator, 25. 10. 1980). – R. Koenig, *The Unearthly Powers of A. B.* (in Saturday Review, Dez. 1980, S. 37). – G. Waser, *Das Ringen zweier Mächte* (in NZZ, 1./2. 5. 1981). – G. Aggeler, *Faust in the Labyrinth: B.'s »Earthly Powers«* (in MFS, 27, 1981, S. 517–531). – C. Baranger, *Quelques aspects des modes d'écriture dans »Earthly Powers« d'A. B. et dans »Darkness Visible« de William Golding* (in Études Anglaises, 36, 1983, S. 154–167).

## 1985

(engl.; Ü: *1985*). Roman von Anthony BURGESS, erschienen 1978. – Diese Auseinandersetzung mit George ORWELLS klassischer negativer Utopie *1984* erschien bereits einige Jahre vor dem ominösen Datum. Burgess' aus einem interpretatorischen Essay und einer darauf aufbauenden alternativen Anti-Utopie bestehendes Werk ist aber kein Produkt der im Jahre 1984 kulminierenden Orwell-Welle, sondern führt die bereits in *A Clockwork Orange* vorhandenen Tendenzen fort.

Im ersten, *1984* betitelten Teil fragt Burgess in teilweise sokratisch-dialogischer Form, teilweise in essayistischer Manier nach Orwells konzeptionellen Ansatzpunkten und der Genese seines Klassikers. Richtig sieht er, daß der Sozialist Orwell nicht nur die Londoner Nachkriegsatmosphäre der wirtschaftlichen Sparmaßnahmen in seine Fiktion einbrachte, sondern sich im wesentlichen mit der Totalitarismusanfälligkeit der englischen, Stalin seiner Meinung nach verharmlosenden Linksintellektuellen auseinandersetzte. Andererseits glaubte Orwell – im Unterschied zu Burgess – an die Möglichkeiten einer totalen Manipulierbarkeit des Menschen; dies ist der eigentliche Ausgangspunkt seiner als Warnung gedachten Antiutopie. Insofern handelt es beim sog. »Ingsoc-System« in *1984* (English Socialism = englischer Sozialismus) aus Orwells Perspektive keineswegs um eine *»nicht realisierbare Vorstellung vom Totalitarismus«*, wie Burgess meint.

Burgess geht wie schon in *A Clockwork Orange* vom Konzept einer »*uneinnehmbaren Zitadelle im menschlichen Kopf*« aus, wo die Werte des Individualismus überdauern können. Insofern sieht er, zumal seiner Meinung nach nicht der Staat an sich, sondern Minoritäten (wie etwa in England die Gewerkschaften) immer dominanter werden, nicht die Gefahr zunehmend mächtigerer »*Kakotopien*« und »*Großer Brüder*«. Da er sich in die »*hebräisch-hellenistisch-christlich-humanistische Tradition*« einordnet, fordert er nicht nur – in Kritik am anarchistischen Anti-Etatismus à la BAKUNIN – ein durch Tradition und Erziehung zu bewahrendes historisches Bewußtsein, sondern vor allem auch die »*moralische Freiheit der Wahl*« zwischen Gut und Böse und die Möglichkeit spielerischen Erlernens von Liebe.

Im zweiten, *1985* betitelten Teil des Buches erzählt Burgess die Geschichte des ehemaligen Geschichtslehrers Bev Jones, der Orwells Winston Smith entspricht. Wegen eines Streiks der Feuerwehr brennt in diesem Staat der nahen Zukunft, die von den Trade Unions und den in England investierenden arabischen Ölstaaten dominiert wird, das Krankenhaus ab, in dem Jones' Ehefrau liegt. Der danach märtyrergleich gegen das ungerechte System »TUClands« (*Trade Union Congress* = Gewerkschaftskongress) kämpfende Jones, der nicht mehr arbeiten darf, schließt sich zunächst einer anarchistischen Bande von Jugendlichen an, die er in Geschichte unterrichtet. Nach einem Ladendiebstahl wird Jones zur Rehabilitation nach Crawford Manor geschickt, das – so suggeriert Burgess – seiner jahrhundertealten, der englischen Oberschicht anvertrauten Kulturtradition nicht mehr gerecht wird: Es dient jetzt als Umerziehungscamp zur Reintegration der Insassen in die Konsumgesellschaft. Die neue Welt der »Gleichmacherei«, die Burgess verschiedentlich mit der vom Satiriker A. POPE in *The Dunciad* für die heraufkommende bürgerliche Gesellschaft des 18. Jh.s diagnostizierten »*dullness*« (Stumpfheit) assoziiert, erlaubt allerdings durchaus innere Freiheit, vorausgesetzt, das Individuum unterwirft sich den Marktgesetzen. Demgegenüber fordern Jones (und Burgess), innere und äußere Wirklichkeit müßten eine Einheit darstellen (eine Position, die Edward BOND zwei Jahre später in seinem Drama *The Worlds – Die Welten* aus marxistischer Sicht mit den gleichen Begriffen neu formuliert). Nachdem Jones, innerlich nicht manipulierbar, Crawford Manor wieder verlassen hat, schließt er sich vorübergehend der »Free-Britons-Bewegung« des Colonel Lawrence an, ehe er erkennt, daß dahinter eine fundamentalistische islamische Interessengruppe steht. Ein Generalstreik bringt dann jedoch wieder die alten Herrscher an die Macht. Jones, den man in eine Anstalt für Geistesgestörte einliefert, unterrichtet dort Geschichte, geht zum Schluß allerdings resignativ in den selbstgewählten Tod am elektrischen Zaun. In einem abschließenden, interviewartigen Epilog diskutiert der Autor zwar die Frage nach der Zukunft auch der Nordamerikaner, gibt sich jedoch –

mit einem Zitat aus G. B. SHAWS *Back to Methuselah (Zurück zu Methusalem)* – wachsam und optimistisch. Burgess ist von manchen Kritikern u. a. wegen seiner als simplizistisch bezeichneten »Tory-Rhetorik« gescholten worden; andererseits hat J. J. STINSON auf das keineswegs starre Ideengebäude eines manichäistisch konzipierten »*Duoversums*« verwiesen. Burgess bestehe letztlich nur auf dem »*Recht des Menschen auf Einsamkeit, Exzentrik, Rebellion, Genie*«; freilich geht er auch von der als ganz natürlich gesehenen (geistig-moralischen) »*Überlegenheit des einen Menschen über den anderen*« aus.                                          U.Bö.

AUSGABEN: Ldn. 1978. – Ldn. 1980.

ÜBERSETZUNG: *1985*, W. Brumm, Mchn. 1982; ³1984 (Heyne Tb).

LITERATUR: R. Kuczkowski, *Burgessian Utopia* (in New York Arts Journal, 12, 1978, S. 27 f.). – D. Rieff, *Future Shock* (in The New Leader, 20. 11. 1978, S. 17 f.). – B. Schulte-Middelich, »*1984 is not going to be like that all«: A. B.s Alternative in »1985«* (in Literatur in Wissenschaft u. Unterricht, 17, 1984, S. 211–231). – J. J. Stinson, »*Better to be hot or cold«: »1985« and the Dynamic of the Manichaean Duoverse* (in MFS, 27, 1981, 505–516). – A. Whellens, *A. B.'s »1985«* (in Studi dell'Istituto Linguistico, 5, 1982, S. 223–244). – G. Hanselmann, *Die Zukunftsromane von A. B.*, Pfaffenweiler 1985.

## EMIL FRANTIŠEK BURIAN

\* 11.6.1904 Pilsen
† 9.8.1959 Prag

LITERATUR ZUM AUTOR:
J. Maŕánek, *Profil E. F. B.*, Prag 1926/27. – O. Stibor, *Ke genezi české divadelní avantgardy* (in U Blok, 1937). – J. Mukařovský, *D 34 – D 48 ve vývoji českého divadla* (in Umělecký měsíčník D 48, 1948, Nr. 10; ern. in ders., *Studie z estetiky*, Prag 1966). – *Armádní umělecké divadlo k padesátinám E. F. B.*, Prag 1954 [m. Bibliogr.]. – Z. Kočová, *Kronika Armádního uměleckého divadla*, Prag 1955. – V. Semrád, *E. F. B.* (in Tvorba, 24, 1959, Nr. 33, S. 770–771). – V. Řezáč, *E. F. B.* (in V. Řezáč, O pravdě umění a pravdě života, Prag 1960, S. 50–52). – A. Scherl, *E. F. B. dramatik* (in Česká literatura, 8, 1960, Nr. 3, S. 267–297). – A. Dvořák, *Trojice nejodvážnějších. Jindřich Honzl – E. F. B. – Jiří Frejka*, Prag 1961. – A. Scherl, *E. F. B. divadelník* (1923–1941) (in M. Obst u. A. S., *K dějinám české divadelní avantgardy*, Prag 1962, S. 147–308). – B. Srba, *Poetické divadlo E. F. B.*, Prag 1971. – *Soupis zvukových záznamů díla*

E. F. B., Prag 1977. – A. M. Píša in *Divadelní avantgarda*, Prag 1978. – B. Srba, *Inscenační tvorba E. F. B.*, Prag 1980.

## VÍTĚZOVÉ

(tschech.; *Die Sieger*). Roman von Emil František BURIAN, erschienen 1955; 1965 als Teil von *Trosečníci z Cap Arcony (Die Schiffbrüchigen von Cap Arcona)*. – In den letzten Kriegstagen des Jahres 1945 befinden sich fünf tschechische politische Gefangene in der Gegend von Lübeck auf der Flucht. Der bereits einmarschierten englischen Armee begegnen sie mit Mißtrauen und sprechen das Wort »Sieger« nur mit Bitterkeit aus. Sie gehören zu den wenigen Überlebenden eines englischen Bombenangriffs ausgerechnet auf die Schiffe, die – mit 20 000 Häftlingen des KZ Neuengamme beladen – vor der holsteinischen Küste ankerten. – Das Lagertagebuch des Prager Studenten Jaroslav Mašek teilt rückblickend mit, wie Uneinigkeit unter den Häftlingen den geplanten Aufstand so lange hinauszögerte, daß die SS ungehindert das ganze Lager auf die Schiffe evakuieren konnte. – Während des bewegten und gefährlichen Fluchtweges entstehen Solidarität und Freundschaft innerhalb der Gruppe. Schrittweise überwindet jeder einzelne das Häftlingsdasein; lang unterdrückte Gefühle und Hoffnungen beginnen sich wieder zu entfalten. In Rückblenden, Träumen und inneren Monologen gewinnen die verschiedenen Charaktere und ihre Biographien Gestalt: Neben den nachdenklichen Mašek tritt der träumerisch veranlagte Uhrmacher Tonda Rejfíř, der als Gefangener die Bombenproduktion sabotierte, und der kranke Maurer Eman Fojt, der sich in den Minuten der Bewußtlosigkeit an seine Kindheit erinnert.
Der Schlosser und Schmied Václav Reček hängt besonders an seinem Bruder Karel; die Nachricht, Karel sei umgekommen, löst eine Flut schmerzlicher Erinnerungen in ihm aus. Ein hartes Leben hatte das Findelkind Vladimír Tomeš; schon als Lehrling wurde er in soziale Konflikte hineingerissen und wuchs über die Arbeiterbewegung in den illegalen Widerstand hinein. Nur zeitweilig schließt sich der reiche Bauer Rhon, ebenfalls ein überlebender Häftling, der Gruppe an. Als er versucht, allein weiterzukommen, wird er von einem SS-Mann erschossen. Schließlich lesen die fünf die von ihren Erlebnissen auf dem Schiff schwer gezeichnete Pariser Arbeiterin Jeanette auf. Mit dem Aufenthalt der Helden im Lager ehemaliger französischer Kriegsgefangener spricht der Autor die schwierigen Probleme in der Zeit des Übergangs vom Krieg zum Frieden an. Trotz des freundlichen Empfangs, den die Soldaten ihrer Landsmännin bereiten, kann sich Jeanette nur durch die Flucht vor ihren verwilderten Sitten retten. Deutlich spiegelt sich die Nachkriegsentwicklung in der Schilderung eines polnischen Auffanglagers, wo die Differenzen zwischen Nationalisten und Sozialisten sich zu offener Feindschaft steigern.

Burians Darstellungsweise ist deutlich vom modernen Drama beeinflußt. Die Romanhandlung wird in selbständige Episoden gegliedert, die ihrerseits wieder durch Rückblenden unterbrochen werden. Dem Buch kommt Burians Theatererfahrung – er war Autor, Musiker, Dramaturg und Regisseur in einer Person – zugute, die bis in die dreißiger Jahre zurückreicht. Als Leiter des avantgardistischen Theaters »D 34« hatte er eine Reihe literarischer Stoffe dramatisiert und inszeniert. Sehr berühmt wurde die »Montage« *Vojna (Krieg)*, uraufgeführt 1935, in der Burian einer pazifistischen Handlung Texte der Folklore unterlegte, die er auch selbst vertonte. E. Hög.

AUSGABE: Prag 1955.

LITERATUR: M. Petříček, *Příběh z posledních hodin války* (in Literární noviny, 4, 1955, Nr. 53, S. 5). – S. Machonin, *Abychom nezapomněli* (in Rudé právo, 27. 2. 1956). – R. Kalčík, *Lidé na prahu svobody* (in Hlas revoluce, 9, 1956, Nr. 1, S. 4). – Zd. Karešová, *»Vítězové«* (in Československý voják, 1956, Nr. 14, S. 32).

## EDMUND BURKE

\* 12.1.1729 Dublin
† 9.7.1797 Beaconsfield

LITERATUR ZUM AUTOR:
Ph. Magnus, *E. B.*, Ldn. 1937; NY ²1973. – *The Relevance of E. B.*, Hg. P. J. Stanlis, NY 1964. – W. B. Todd, *A Bibliography of E. B.*, Ldn. 1964. – W. v. Wyss, *E. B. Denker, Redner und Warner*, Mchn. 1966. – G. W. Chapman, *E. B. The Practical Imagination*, Cambridge/Mass. 1967. – A. P. Miller, *E. B., a Biography*, NY 1976. – I. Kramnick, *The Rage of E. B. Portrait of an Ambivalent Conservative*, NY 1977. – C. B. Macpherson, *B.*, Oxford 1980. – G. Fasel, *E. B.*, Boston 1983.

## A PHILOSOPHICAL ENQUIRY INTO THE ORIGIN OF OUR IDEAS OF THE SUBLIME AND BEAUTIFUL

(engl.; *Untersuchung über den Ursprung unserer Ideen vom Erhabenen und Schönen*). Ästhetisches Werk von Edmund BURKE, erschienen 1757, von der zweiten Auflage an (1759) durch ein Vorwort und ein Einführungskapitel *On Taste (Über den Geschmack)* ergänzt. – Burke, der spätere Polemiker gegen die Französische Revolution (vgl. *Reflections on the Revolution in France*, 1790), stellt sich mit dieser Jugendschrift in die Reihe der Nachfolger John LOCKES (vgl. *An Essay Concerning Human*

*Understanding*, 1690), die sich insbesondere um die Klärung moral und kunstphilosophischer Probleme bemühten. Dank der Klarheit des Aufbaus sowie der sprachlichen Gestaltung und Ausdruckskraft zählt das Buch zu den Meisterwerken englischer Prosa. Es machte den Autor rasch bekannt und beeinflußte die Ästhetik der deutschen Klassik und des Idealismus ebenso erheblich wie die *Reflections* das politische Denken der deutschen Romantik.

Zunächst versucht Burke zu zeigen, daß die Grundlagen des Geschmacks für alle Menschen dieselben und – da ausschließlich auf den Sinnen und der Einbildungskraft beruhend – vom Verstand unabhängig sind; alle bei einzelnen Menschen auftretenden Geschmacksunterschiede sind lediglich auf eine verschieden scharfe Ausprägung von Sensibilität und Urteilskraft zurückzuführen. Damit wendet sich Burke vor allem gegen die einflußreiche Theorie seines Vorgängers HUTCHESON (s. *An Inquiry into the Original of Our Ideas of Beauty and Virtue*), wonach der Geschmack eine besondere Fähigkeit des Gemüts, »*eine Art Instinkt*« oder sechster Sinn ist. – Die beiden großen Kategorien der Ästhetik nennt Burke im ersten Hauptteil das »Schöne« und das »Erhabene«. Diese Begriffe, die seit PSEUDO-LONGINOS (vgl. *Peri hypsus*) bis zu SHAFTESBURY nebeneinandergestellt worden waren, faßt Burke nun erstmals als entgegengesetzte Grundphänomene – ein Gegensatz, den zu überbrücken später LESSING, HERDER, SCHILLER, SOLGER und HEGEL bestrebt waren. Zugleich versucht der Verfasser die von der Moralphilosophie herausgearbeitete Haupteinteilung seelischer Motive mit seiner Ästhetik zu verknüpfen, indem er dem Erhabenen den Selbsterhaltungstrieb und dem Schönen den Gesellschaftstrieb zuordnet: Erscheint die Selbsterhaltung gefährdet, so führt dies zunächst zu Schrecken und Schmerz; erweist sich dann aber, daß die Selbsterhaltung nicht ernsthaft beeinträchtigt ist, so geht der Schmerz in »Frohsein« *(delight)* über und erzeugt die Idee des Erhabenen. Andrerseits führt der auf die Gesellschaft bezogene Trieb, die Liebe, unmittelbar zu »Vergnügen« *(pleasure)*. Ist die Liebe mit Begierde gemischt, so enthält das Vergnügen eine Beimischung von Schmerz; das begierdefreie Vergnügen aber erzeugt die Idee des Schönen. – Im zweiten und dritten Hauptteil wird gezeigt, welche objektiven Qualitäten den Eindruck des Erhabenen und Schönen erwecken: Erhaben ist das Riesige, Unendliche (bei KANT das »Mathematisch-Erhabene«) und Mächtige (bei Kant das »Dynamisch-Erhabene«); schön ist das Kleine, das Glatte, das allmählich ineinander Übergehende. – Wie diese Qualitäten zu den ästhetischen Grunderlebnissen führen, wird im dritten Hauptteil erörtert. Auffallend ist dabei die physiologische Erklärung solcher Erlebnisse im Sinne eines weit mehr als bei Locke ausgeprägten mechanistisch-sensualistischen Materialismus: Die Erhabenheit eines Dings erregt in uns Schrecken durch Anspannung bestimmter Körperfasern, die Schönheit Vergnügen durch Entspannung dieser Fasern.

Ebenso bemerkenswert ist, daß Burke bei der Erörterung der alten Streitfrage, ob die Kunst neben der Lust auch der Nützlichkeit dienen solle, den Bereich der Kunst eindeutig auf den der Lust begrenzt.

Der folgenreichste Gedanke der Schrift war die Hervorhebung des ästhetischen Grundgegensatzes. Er bildet in modifizierter Form das Aufbauprinzip der zwei bedeutendsten ästhetischen Systeme des deutschen Idealismus: Kants *Kritik der Urteilskraft* enthält die beiden Teile der *Analytik des Schönen* und der *Analytik des Erhabenen*, und die Hegelsche *Ästhetik* geht in Ihrem Ansatz von diesem systematischen Gegensatz aus, wenngleich Hegel das Burkesche System durch die Dimension des Historischen erweitert, indem er auf die erhaben-symbolische die schön-klassische Kunstform folgen läßt. Folgenreich war ferner, daß Burke das ästhetische Bewußtsein einerseits scharf vom moralischen abgrenzte und andererseits – wirkungsvoller als Hutcheson – aus dem Zusammenhang von Begierde und Nützlichkeit löste (Kants »*interesseloses Wohlgefallen*«). Schließlich enthält Burkes Polemik gegen das Horazische »*Ut pictura poesis*« eine Vorwegnahme – vielleicht sogar eine Anregung einiger Grundgedanken von Lessings *Laokoon*. F.B.

AUSGABEN: Ldn. 1757. – Ldn. 1792 (in *The Works*, 8 Bde. 1792–1827, 1). – Ldn. 1906 (in *The Works*, Hg. W. Willis u. a., 6 Bde., 1906/07, 1). – Ldn./NY 1958, Hg. u. Einl. J. T. Boulton.

ÜBERSETZUNGEN: *Philosophische Untersuchungen über den Ursprung unserer Begriffe vom Erhabenen und Schönen*, Ch. Garve, Riga 1773. – *Vom Erhabenen und Schönen*, F. Bassenge, Bln. 1956 [m. Einl.]. – *Philosophische Untersuchungen über den Ursprung unserer Ideen vom Erhabenen und Schönen*, ders., Hg. W. Strube, Hbg. 1980.

LITERATUR: G. Candrea, *Der Begriff des Erhabenen bei B. u. Kant*. Diss. Straßburg 1894. – F. Braune, *E. B. in Deutschland*, Heidelberg 1917. – A. Quinton, *B. on the Sublime and Beautiful* (in Philosophy, 36, 1961, S. 71–73). – P. J. Stanlis, *B and the Sensibility of Rousseau* (in Thought, 36, 1961, S. 246–276). – G. Morpurgo Tagliabue, *La nozione di gusto nel XVIII seculo: E. B.* (in Acme, 15, 1962, S. 97–120).

**REFLECTIONS ON THE REVOLUTION IN FRANCE, AND ON THE PROCEEDINGS IN CERTAIN SOCIETIES IN LONDON RELATIVE TO THAT EVENT. In a Letter Intended to Have Been Sent to a Gentleman in Paris**

(engl.; *Betrachtungen über die Französische Revolution und über die Reaktion gewisser Londoner Kreise auf dieses Ereignis. In Form eines ursprünglich für einen Herrn in Paris bestimmten Briefes*). Politisch-staatstheoretische Schrift von Edmund BURKE, eschienen 1790. – Der Autor wählte die Form eines (sich unversehens zu einer ausführlichen Abhandlung ausweitenden) Briefes, um seine Ideen in persönlichem, engagiertem Ton und unter wirksamer Verwendung einer Vielzahl von rhetorischen Kunstgriffen vortragen zu können. Die Warnung seiner Landsleute vor den Übeln der Französischen Revolution bildet den Rahmen, die Furcht vor der Infizierung Englands mit revolutionärem Gedankengut den Anlaß der Abhandlung, in der Burke nicht nur den Ablauf der Ereignisse schildert und deren geistige und soziale Hintergründe sowie rechtliche Voraussetzungen darlegt, sondern auch eine philosophische Analyse versucht und staatstheoretische Grundsätze entwickelt.

Im wesentlichen stellt er als politischen Anschauungen der Aufklärung – Menschenrechte, Gesellschaftsvertrag, Reform aufgrund rationaler Erwägungen und abstrakter Prinzipien – die Überzeugung entgegen, daß Staatsverfassung und Gesellschaftsordnung organisch gewachsene Gebilde seien und einen unantastbaren Vertrag zwischen Toten, Lebenden und Ungeborenen darstellten und daß die Tradition die Verkörperung der Weisheit von Jahrhunderten und daher den Erkenntnissen fehlbarer Individuen ebenso wie dem wechselhaften angeblichen Willen der Nation tausendfach überlegen sei. Die Verletzung des organisch Gewachsenen, dessen Ersetzung durch künstliche Konstruktionen unter Berufung auf die »menschliche Vernunft« müsse unaufhaltsam zu Chaos und Tyrannei führen. Dabei bestreitet Burke nicht das Recht zur Revolution als solcher; aber sie müsse einer absoluten Notwendigkeit entspringen (in Frankreich sei das nicht der Fall gewesen), das Bestehende verbessern, statt es zu zerstören, und sich an konkreten Gegebenheiten statt an abstrakten Ideen orientieren. Dieser Forderung und seinem Mißtrauen gegenüber der Vernunft (zumal seiner Gegner) entsprechend, hat Burke seine konservative Staatsanschauung nicht als eine zweckfreie Philosophie, sondern durchaus pragmatisch zur Unterstützung seiner jeweiligen Position in den politischen Kontroversen der Zeit entwickelt. Entgegen einem verbreiteten Irrtum entstanden zwar seine *Reflections*, nicht aber seine politischen Theorien unter dem Eindruck der Französischen Revolution. Diese entsprangen seinem erbitterten Widerstand gegen jegliche Form der Demokratisierung – auch der friedlichen – und waren in den Grundzügen schon vor 1789 voll ausgebildet. – Als das meistbeachtete Manifest der konservativen Seite in der Kontroverse über die Französische Revolution erlebten die *Reflections* in England eine einzigartige Verbreitung, wurden von den Gegnern revolutionärer Kräfte auf dem Kontinent aufgegrifffen und machten Burke zu einem Wegbereiter der romantischen Geschichtsauffassung sowie des Historismus und zum bis heute gern zitierten Stammvater des modernen Konservatismus. W.J.H.

AUSGABEN: Ldn. 1790. – Ldn. 1899 (in *The Works*, 12 Bde., 3; Nachdr. in 6 Bdn., Hildesheim/NY 1975). – Ldn./NY 1910. –Ldn. 1935. – Chicago 1955 (Einl. R. Kirk; Gateway Ed.). – NY 1955, Hg. u. Einl. T. H. D. Mahoney. – NY 1959, Hg. W. B. Todd. – Ldn./NY 1960 (Einl. A. J. Griev). – New Rochelle/NY 1966 [Einl. R. Kirk]. – Oxford 1981ff. (in *The Writings and Speeches of E. B.*).

ÜBERSETZUNGEN: *Betrachtungen über die Französische Revolution*, F. v. Gentz, Wien 1793. – Dass., A. Maier, Lpzg./Bln. 1931 (Teubners Quellensammlung für den Geschichtsunterricht, 3). – Dass., F. Gentz, Ffm. 1967 (Theorie 1/8; Bearb. u. Nachw. L. Iser; Einl. D. Henrich). – Dass., ders. u. R. Schnabel, Zürich 1987.

LITERATUR: F. Meusel, *E. B. u. die Französische Revolution. Zur Entstehung historisch-politischen Denkens, zumal in England*, Bln. 1913. – F. v. Oppenheimer, *Montaigne. E. B. u. die Französische Revolution*, Wien 1928. – T. W. Copeland, *Monsieur Dupont* (in T. W. C., *Our Eminent Friend E. B. Six Essays*, New Haven/Ldn. 1949). – W. B. Todd, *The Bibliographical History of B.'s »Reflections«* (in Library, 6, 1951, S. 100–108). – J. T. Boulton, *The »Reflections«. B.'s Preliminary Draft and Methods of Composition* (in Durham Univ. Journal, 45, 1953, S. 114–119). – L. Gottschalk, *Reflections on B.'s »Reflections«* (in Proceedings of the American Philosophical Society, 100, 1956, S. 417–429). – J. T. Boulton, *Exposition and Proof. The Apostrophe in B.'s »Reflections«* (in Nottingham Renaissance and Modern Studies, 2, 1958, S. 38–69). – P. J. Stanlis, *E. B. and the Natural Law*, Ann Arbor/Mich. 1958; ern. 1965. – *The Philosophy of E. B.*, Hg. I. L. Bredvold u. R. G. Ross, Ldn. 1960. – D. Hilger, *E. B. u. seine Kritik der Französischen Revolution*, Stg. 1960. – H.G. Schumann, *E.B.s Anschauungen vom Gleichgewicht in Staat und Staatensystem. Mit einer E. B.-Bibliographie*, Diss. Marburg 1960; ern. Meisenheim/Glan 1964. – J. P. Stanlis, *The Basis of B.'s Political Conservatism* (in Modern Age, 5, 1961, S. 263–274). – C. B. Cone, *B. and the European Social Order* (in Thought, 39, 1964, S. 273–288). – J. MacCunn, *The Political Philosophy of B.*, NY 1965. – F. Schneider, *Das Rechts- und Staatsdenken E. B.'s*, Bonn 1965. – R. A. Smith, *B.'s Crusade against the French Revolution. Principles and Prejudices* (in B. Newsletter, 7, 1966, S. 552–569). – L. Werkmeister, *Theodore Gomperz' Reflections on B.'s »Reflections on the Revolution in France«* (ebd., S. 574–583). – B. T. Wilkins. *The Problem of B.'s Political Philosophy*, Oxford 1967. – C. W. Parkin, *The Moral Basis of B.'s Political Thought*, NY 1968. – F. O'Gorman, *E. B. His Political Philosophy*, Ldn. 1973. – R. S. Norris, *The Counterrevolutionary Imagination. E.B. and the French Revolution 1789–1797*, Diss. NY 1976. – M. Freeman, *E. B. and the Critique of Political Radicalism*, Chicago 1980. – D. D. Murphey, *Burkean Conservatism and Classical Liberalism*, Washington 1982. – Th. Chaimowitz, *Freiheit und Gleichgewicht im Denken Montesquieus und B.'s*, Wien 1985. – F. P. Lock, *B.'s »Reflections on the Revolution in France«*, Ldn. 1985.

### KENNETH BURKE

* 5.5.1897 Pittsburgh / Pa.

LITERATUR ZUM AUTOR:
J. C. Ransom, *An Address to K. B.* (in KR, 4, 1942, S. 219–237). – S. E. Hyman, *K. B. and the Criticism of Symbolic Action* (in *The Armed Vision: A Study in the Methods of Modern Literary Criticism*, Hg. ders., NY 1948; ern. 1955, S. 327–386). – W. H. Rueckert, *K. B. and the Drama of Human Relations*, Minneapolis 1963. – *Critical Responses to K. B.*, Hg. ders., Minneapolis 1969. – M. E. Brown, *K. B.*, Minneapolis 1969. – A. P. Frank, *K. B.*, NY 1969. – F. R. Jameson, *The Symbolic Interference, or K. B. and Ideological Analysis* (in Critical Inquiry, 4, 1978, S. 507–523). – *American Writing Today*, Hg. R. Kostelanetz, Washington 1982. – C. R. Kimberling, *K. B.'s Dramatism and Popular Arts*, Bowling Green 1982. – Ders., *K. B.* (in Rhetorical Society Quarterly, 15, 1985, Nr. 3/4).


## THE PHILOSOPHY OF LITERARY FORM. Studies in Symbolic Action

(amer.; *Ü: Dichtung als symbolische Handlung. Eine Theorie der Literatur*), Essays von Kenneth BURKE, erschienen 1941. – Die Aufsätze spiegeln verschiedene Tendenzen der amerikanischen Literaturkritik zu Ende der dreißiger Jahre wider. Einer bestimmten literarkritischen Schule ist Burke nicht eindeutig zuzurechnen, weder der marxistischen noch der an FREUD orientierten, und auch nicht dem »New Criticism«, dessen Siegeszug Anfang der vierziger Jahre in den USA begann; aber er hat von allen diesen Schulen gelernt und hat versucht, die verschiedenen Konzeptionen zu einer ausgewogenen Synthese zu bringen. Vom »New Criticism« unterscheidet sich Burkes Theorie dadurch, daß er sich nicht isoliert für die Infrastruktur, das Bildgefüge der Dichtung interessiert, sondern sie als in einer bestimmten Situation entstanden und mit einem bestimmten Ziel, einer *»Strategie«*, geschrieben begreift. Ein literarisches Kunstwerk gilt ihm als etwas, das im Gesellschafts- und Lebenskontext dessen, der es geschrieben hat, verstanden werden muß, als eine *»symbolische Handlung«* des Verfassers. Das Epitheton »symbolisch« meint dabei nicht, daß alle Kunst symbolisch im Sinne der symbolischen Schule oder gar eines generellen Symbolismus sei, sondern will andeuten, daß in Wortkunstwerken stellvertretend für erträumte oder ersehnte, religiöse, politische, psychologische und andere Vorgänge Handlungen in sprachlichen Zeichen, in Symbolen dargestellt werden, die die dichterisch sublimierten Entsprechungen zur Wirklichkeit bilden. Insbesondere der sich opfernde oder den Umständen zum Opfer fallende Held der Tragödie ist für Burke die symbolische Figur *par excellence*, die stellvertretend für den Autor oder den Zuschauer quasi rituell eine Läuterung erfährt, eine Wandlung durchmacht oder stirbt. Jede Dichtung ist ihrer sozialen Funktion nach der Versuch einer Situationsbenennung und -bewältigung, deren Tendenz und implizite Deutung der Welt einerseits bedingt ist durch die sozialen und persönlichen Lebensumstände (*»context of situation«*), andrerseits die Absichten (*»strategy«*) des Autors. Dichtung muß nach Burke auf drei Ebenen verstanden werden: Als *»Traum«*, der – verdichtet, verschoben, zensiert – das Unbewußte des Autors in Symbolen (Metaphern, Bildern, wiederkehrenden Themen) widerspiegelt; als *»Gebet«*, d. h. als Versuch, mit einem oder mehreren anderen zu kommunizieren, und als (realistische) »Kennzeichnung« einer Situation. Diese Elemente, zusammengefügt im Kunstwerk, erfahren eine *»Transformation, Transzendierung, Transsubstantiation«*, die ihnen Symbolqualität gibt.

Nicht nur durch sein Interesse an der sozialen Funktion von Dichtung, auch mit seiner Berücksichtigung des schöpferischen Aktes der Umsetzung von Persönlichem in Allgemeines geht Burke über den »New Criticism« hinaus, der ausschließlich die *»Arbeit eng am spezifischen Text«* (C. Brooks) propagierte. Viele instruktive Beispiele entnimmt Burke dem *Ancient Mariner* und anderen Gedichten COLERIDGES, an denen er der Umsetzung von Privatem in Dichterisch-Symbolisches nachspürt. Unter den Aufsätzen des Bandes, die sich mit weiteren Aspekten seiner Literaturtheorie beschäftigen, ragen zwei besonders hervor: In *Freud und die Literaturkritik* geht Burke den Fragen nach, ob die Freudsche Terminologie auch für die Interpretation von Dichtung brauchbar ist und worin das Gemeinsame und das Trennende von »neurotischer Handlung« und »dichterischer Handlung« liegt. In dem Essay *Die Rhetorik in Hitlers »Mein Kampf«* wendet er seine Methode auf einen politischen Text an, untersucht dessen Funktion als – wenn auch verworrene – Situationsbeschreibung, als Rezept für die Bewältigung einer Situation und als *»Medizin«*, wobei er zu Resultaten gelangt, die für den Zeitpunkt der Entstehung des Essays erstaunlich präzis sind.

Bei aller Brillanz einzelner Analysen ist Burkes Symbolbegriff doch recht ungenau, seine Methode oft eklektizistisch und summarisch. Insbesondere bleibt die Beschreibung der sozialen Bedingungen und Funktionen literarischer Werke sehr vage und wirkt, gemessen an den bei LUKÁCS, BENJAMIN, ADORNO oder Ian WATT erreichten Differenzierungen literatursoziologischer Methodik, grobschlächtig und nicht konsequent durchdacht. J.Dr.

AUSGABEN: Baton Rouge/Louisiana 1941; ern. 1967. – NY 1957. Berkeley 1974.

ÜBERSETZUNGEN: *Dichtung als symbolische Handlung. Eine Theorie der Literatur*, G. Rebing, Ffm. 1966 (es). – *Die Rhetorik in Hitlers »Mein Kampf« u. a. Essays...*, ders., Ffm. 1967 (es).

LITERATUR: G. Knox, *Critical Moments. K. B.'s Categories and Critiques*, Seattle/Washington 1957. – W. E. Cain, *The K. B. Problem* (in Review, 1981, Nr. 3, S. 63–73). – C. W. Lewis, *Identifications and Divisions: K. B. and the Yale Critics* (in Southern Review, 48, 1986, Nr. 1).

## JEHUDA BURLA

\* 11.9.1886 Jerusalem
† 7.11.1969 Tel Aviv - Jaffa

**TOM WA-MERI. Sippurej Damesek**

(hebr.; *Frömmigkeit und Auflehnung. Erzählungen aus Damaskus*). Sammlung von Erzählungen über das Leben der Damaszener Juden von Jehuda BURLA, erschienen 1951. – Burla, als Sproß einer alteingesessenen Rabbinerfamilie geboren, ist der erste bedeutende sephardische (jüdisch-orientalische) Schriftsteller der modernen hebräischen Literatur und zugleich der erste, der seine Erzählungen im Milieu der sephardischen Juden spielen läßt. Die im vorliegenden Band vereinigten Erzählungen spielen im ersten Drittel unseres Jahrhunderts in Damaskus – zu einer Zeit also, als das muslimisch-jüdische Zusammenleben noch nicht durch die Ereignisse in Palästina gestört war. Die Konflikte in den Erzählungen entstehen auch nie aus einem Gegensatz zwischen Juden und Muslimen, sondern in allen Fällen – bei Juden und Muslimen gleichermaßen – durch den Gegensatz zwischen der überkommenen »Frömmigkeit« und einer aus Europa übernommenen, von religiöser Bindung freien Lebensauffassung, die oft zur »Auflehnung« gegen althergebrachte Konventionen führt.
Die umfangreichste dieser Erzählungen trägt den Titel *Naftulej adam (Ringen eines Menschen)*. Sie schildert die heimlichen Abenteuer eines in glückloser Ehe lebenden jüdischen Kaufmanns namens Rachmu. Die Romanze mit einer auf eigenen Wunsch von ihrem Mann geschiedenen muslimischen Frau wird für beide zur großen Liebe. Das kurze Glück nimmt ein jähes Ende, als die Verwandten des früheren Gatten in einer »Strafaktion« Rachmu blenden und die junge Frau vor Kummer fast wahnsinnig wird und sich in einem Fluß ertränkt. Rachmu bleibt als ein zweiter Hiob zurück, doch ohne dessen Frömmigkeit und Schicksalsergebenheit: In seiner Verbitterung findet er Trost in einer Art nihilistischer Lebensphilosophie der sexuellen Hemmungslosigkeit, was beim Leser aber eher Mitleid als Entrüstung hervorzurufen geeignet ist. – Liegt dieser Erzählung eine glücklose Ehe zugrunde, so handelt die Erzählung *Wittur (Verzicht)* von einer kinderlosen Ehe, die infolge der für orientalische Verhältnisse »modernen« Einstellung des Mannes Bestand hat und glücklich verläuft, während

im allgemeinen kinderlose Ehen oft geschieden werden. – In der Erzählung *Etnan (Buhlerlohn)* schildert der Autor ein kleines, typisch orientalisches Volksfest mit Musik und Tanz, das eine wohlhabende jüdische Frau im Hof ihres Hauses veranstaltet und an dem Juden und Muslimen teilnehmen. Der Anlaß ist die Übergabe einer *Thora*-Rolle, die die Frau einer Synagoge gestiftet hat. Die plötzlich zur Schau gestellte Frömmigkeit der Frau erscheint freilich merkwürdig angesichts ihres zwielichtigen Gewerbes, das in früheren Zeiten die Annahme eines Geschenks von ihrer Hand unmöglich gemacht hätte. L.Pr.

AUSGABEN: Jerusalem 1929 (*Naftulej adam*). – Tel Aviv 1951. – Tel Aviv 1963 (*Naftulej adam* in *GW*, Bd. 2).

LITERATUR: A. Ben-Or, *Geschichte der zeitgenössischen hebräischen Literatur*, Bd. 2, Tel Aviv 1955, S. 83ff. [hebr.]. – M. Waxman, *A History of Jewish Literature*, Bd. 4, NY/Ldn. ²1960, S. 189–194. – C. Leviant, Art. *J. B.* (in EJ², 4, Sp. 1524–1526).

## DAVID DAVIDOVIČ BURLJUK

\* 21.7.1882 Semirotoščina bei Char'kov
† 16.1.1967 Southampton / N.Y.

LITERATUR ZUM AUTOR:
R. Jakobson, *Novejšaja russkaja poezija*, Prag 1921. – K. Čukovskij, *Futuristy*, Moskau 1922. – G. Lehrmann, *De Marinetti a Maiakovski*, Diss. Fribourg 1942. – V. Markov, *Mysli o russkom futurizme* (in Novyj Žurnal, 38, 1954). – D. Tschiževskij, *Anfänge des russischen Futurismus*, Heidelberg 1963. – F. Ingold, *Die einzige Kunst der Gegenwart: Eine vergessene Deklaration von D. D. B.* (in *Schweizerische Beiträge zum VII. Internationalen Slawistenkongress in Warschau, August 1973*, Hg. P. Brag u. a., Luzern 1973). – H. Ladurner, *D. D. B.s Leben und Schaffen 1908–1920* (in WSLA, 1978, 1).

**POŠČEČINA OBŠČESTVENNOMU VKUSU**

(russ.; *Ü: Eine Ohrfeige dem allgemeinen Geschmack*). Manifest der russischen Kubo-Futuristen, unterzeichnet von David BURLJUK, Aleksandr (eig. Aleksej) KRUČĚNYCH (\*1886), Vladimir V. MAJAKOVSKIJ (1893–1930) und Velemir (Viktor V.) CHLEBNIKOV (1885–1922), erschienen 1912 in dem gleichnamigen Almanach. – Zum Unterschied von dem als »evolutionäre« Richtung der russischen Lyrik zu apostrophierenden Akmeismus (vgl. *Nasledie simvolizma*...), der bei aller »Opposition« gegen die Ästhetik des Symbolismus letzten

Endes doch dessen Erbe antrat, bedeutete der russische Futurismus, der sich, ideologisch völlig unabhängig, parallel zu dem 1909 von MARINETTI propagierten italienischen Futurismus entwickelte, eine radikale Absage an alle überkommenen literarischen Autoritäten, eine Herausforderung an das Bürgertum und seine Traditionen. Von den zahlreichen Gruppen des russischen Futurismus (den Moskauer Kubo-Futuristen, seit 1911 auch als »Gileja«-Gruppe bekannt; den Petersburger Ego-Futuristen mit F. SEVERJANIN und V. ŠERŠENEVIČ an der Spitze: Einige Vertreter dieser kurzlebigen Gruppe, die nur dem Namen nach futuristisch war, stießen später zu den sogenannten Imaginisten, denen sich auch S. ESENIN kurzfristig zugesellte; *Mezonin Poezii – Mezzanin der Dichtung; Centrifuga – Die Zentrifuge* usf.) verdienen vor allem die Kubo-Futuristen – ihr Name deutet ihre Verbundenheit mit den Malern des Kubismus an – literarisches Interesse. Im gleichen Jahr, als Chlebnikov mit seinem berühmten Gedicht *Zakljatie smechom*, 1910 *(Gelächterbeschwörung)*, die futuristische Lyrik initiierte, brachte die bereits seit 1908/09 existierende Gruppe, deren Mitglieder sich inoffiziell *budetljane*, Menschen der Zukunft, nannten, als erste gemeinsame Publikation den auf Tapetenpapier gedruckten Almanach *Sadok sudej I (Ein Käfig für Kritiker)* heraus.

Zwei Jahre später, nachdem sich der zunächst aus David Burljuk, Velemir Chlebnikov, Vasilij KAMENSKIJ (1884–1961), Elena GURO (1877–1913) und Benedikt LIVŠIC (1886–1939) bestehenden »Gileja«-Gruppe der Worttheoretiker Kručënych und der junge Kunstschüler und angehende Dichter Majakovskij angeschlossen hatten, schockierten die Kubo-Futuristen die Öffentlichkeit durch ihr kompromißlos gegen die Vergangenheit gerichtetes Manifest mit dem bezeichnenden Titel *Eine Ohrfeige dem allgemeinen Geschmack*. In diesem wütenden rhetorischen Ausbruch werden nicht nur die als degenerierte Epigonen denunzierten Symbolisten, sondern auch die Realisten *(»Werft Puškin, Dostoevskij, Tolstoj usw. usf. vom Dampfer der Gegenwart!«)* verhöhnt: *»Aus Wolkenkratzerhöhe blicken wir auf ihre Nichtigkeit!«* Von *»unversöhnlichem Haß auf die bisher übliche Sprache«* erfüllt, *»befehlen«* die Futuristen der verachteten Öffentlichkeit, das Recht des Dichters auf eine Revolutionierung des poetischen Wortschatzes, vor allem die Schaffung von Neologismen, zu *»respektieren«*. Und *»sollten bis heute in unseren Zeilen die schmutzigen Zeichen eures ›Gesunden Menschenverstands‹ und ›Guten Geschmacks‹ übriggeblieben sein, so hebt auf ihnen doch schon zum ersten Mal das Wetterleuchten der Neuen kommenden Schönheit des Eigenwertigen (Sich selbst genügenden) Wortes«*. Mit dieser Betonung des dichterischen Worts als Selbstzweck (statt eines Mittels zu Kommunikationszwecken) war nicht nur der Schlachtruf des *samovitoe slovo* geboren, sondern auch die prinzipielle Frage einer neuen Dichtersprache aufgeworfen, ein Problem, das die Futuristen in den Mittelpunkt weiterer Manifeste (des titellosen Manifests in *Sadok sudej II*, 1913; des Manifests *Slovo kak takovoe – Das Wort als solches* u. a.), aber auch ihrer dichterischen Praxis stellten. Ausgehend von dem Primat der Form vor dem Inhalt, vom Wort-Zeichen als einer von seiner semantischen Bedeutung weitgehend emanzipierten Wesenheit, strebten die frühen russischen Futuristen (im Gegensatz zu den italienischen Futuristen, die die Hauptbetonung auf den Stoff, auf eine das industrielle Zeitalter erfassende Thematik legten) eine *»metalogische«*, sinnüberschreitende Sprache *(»zaumnyj jazyk«)* an, die in Kručënych, Chlebnikov und Kamenskij ihre extremsten Verfechter fand. Gemeinsam war den russischen »Wort-Konstrukteuren«, daß sie eine jargonnahe, »entpoetisierte«, neologismenreiche und grammatische Normen mißachtende Sprache bevorzugten und in bahnbrechender Weise mit Versstruktur und Bildmaterial *(»realisierten Metaphern«)* experimentierten. Nach der von den bourgeoisiefeindlichen Dichtern begrüßten Oktoberrevolution wandelte der russische Futurismus sein Gesicht und wurde zunehmend ideologisiert, wobei seine Anhänger revolutionäre Formen mit gesellschaftlich-revolutionärem Inhalt zu verbinden suchten. In der neofuturistischen Ästhetik der »LEF«-Gruppe (Linke Front) schließlich, zu der Majakovskij, N. ASEEV und S. TRET'JAKOV zählten und der B. PASTERNAK nahestand, *»gingen leidenschaftliches Interesse am Wort, am formalen Experiment, und das pragmatische Schlagwort vom ›sozialen Auftrag‹ eine Verbindung ein«* (V. Erlich).

Die Bedeutung der futuristischen Bewegung (die nach Majakovskijs Tod endete) für die Entwicklung der russischen Lyrik zeigt sich nicht zuletzt darin, daß sich die gesamte zeitgenössische russische Dichtung mit der neuen Richtung auseinandersetzte und daß ganze Gruppen (wie die Konstruktivisten) unter dem Einfluß ihrer Ideen standen. Zu einem gültigen ästhetischen System entwickelten sich die flammenden künstlerischen Glaubensbekenntnisse der Futuristen jedoch nie (auch wenn Majakovskij und Chlebnikov in späteren kritischen Aufsätzen ihre Einsichten präzisierten). Eine neue Poetik zu erarbeiten, die literarische Revolution theoretisch zu erhärten, sollte der professionellen Literaturwissenschaft – den russischen Formalisten – vorbehalten bleiben. D.Bu.

AUSGABEN: Moskau 1912 (in dem Almanach *Poščëčina obščestvennomu vkusu*). – Moskau 1929 (in *Literaturnye manifesty ot simvolizma k Oktjabrju. Sbornik materialov*, Hg. N. L. Brodskij u.a.). – Mchn. 1967 (in *Manifesty i programmy russkich futuristov. Die Manifeste und Programmschriften der russischen Futuristen*; Vorw. V. Markov; Slavische Propyläen, 27).

ÜBERSETZUNG: *Eine Ohrfeige dem allgemeinen Geschmack*, F. Hitzer (in Kürbiskern, 4, 1967, S. 18).

LITERATUR: V. Erlich, *Russian Formalism. History – Doctrine*, Den Haag 1955 (dt.: *Russischer Formalismus*, Mchn. 1964, S. 46–57; ern. Ffm. 1987). –

Z. Mathauser, *Umění poezie. V. Majakovskij a jeho doba*, Prag 1964. – Ders., *Logika nelogičnosti* (in *Problémy literárnej avantgardy*, Hg. Slovenská akadémia vied, Preßburg 1968, S. 143 ff.).

## HEINRICH BURMESTER

\* 10.11.1839 Niendorf an der Stecknitz
† 24.4.1889 Boitzenburg

### HARTEN LEINA. En Speigel vör Land un Lüd

(nd.; *Harten Leina. Ein Spiegel für Land und Leute*). Roman von Heinrich BURMESTER, erschienen 1884. – »Harten Leina« ist in Norddeutschland als Bezeichnung der Herz-Dame des Kartenspiels wie auch als Bezeichnung der Geliebten ein fester Begriff, der hier als Eigenname der Hauptperson, Lena Harten, einen Doppelsinn bekommt. – Die Liebesgeschichte zwischen Fritz Knickrehm, Adoptivsohn eines tüchtigen, originellen lauenburgischen Bauern, und seiner »Herz-Dame« Lena, einer stark idealisierten, herzensguten Tochter aus der Familie des dumm-stolzen Bauernvogtes, bildet den einen Handlungsstrang. Ein unglücklicher Liebeshandel aus der Jugendzeit der Eltern erscheint als unüberwindliches Hindernis, Krankheit und Verleumdung bilden eine schwere Belastung, und eine unschuldig erlittene, geduldig ertragene lange Haft wegen angeblicher Brandstiftung auf dem Nachbarhof stellt die jungen Leute vor der Erfüllung ihres Glücks auf eine harte Probe. – Das Schicksal des rechtschaffenen, ehrlichen und kompromißlosen Dorfschulmeisters Schulz bildet den zweiten Handlungsstrang, der mit dem ersten nicht enger verflochten ist, sondern nur in der gleichen Umwelt abläuft. Hier ist viel Autobiographisches aus dem schweren Berufsweg des Verfassers eingeflossen und zu einem aufschlußreichen Kulturbild seines Standes verarbeitet.

Hintergrund der beiden Handlungen ist die in vielen individuellen Einzelzügen gut beobachtete, vielfältig bunte Dorfwelt. Das Leben in der Kate, auch dem großen Hof, in der Schule oder im Pfarrhaus, die Schilderung kleiner Rechtshändel zwischen den Nachbardörfern und der Neckereien unter den Dorfbewohnern, die humoristisch-satirische Zeichnung der Schul- und Kirchenvisitation beim Dorfpfarrer, das Miterleben der Dorffeste und der Familienfeiern und die Streiflichter, die auf das Soldatendasein, auf das städtische Leben und auf die Technik fallen – all das trägt, vereint mit der treffsicheren Charakterisierung der Dorfbewohner, zur Erfüllung des vom Dichter gesetzten Vorsatzes bei, »*ein Stück wirklichen Volkslebens, einen Volksspiegel darzustellen*«. Zwar leiden der Fortgang der Handlung und die dichterische Einheitlichkeit des Werks unter der weitschweifigen, gern bei Einzelheiten verweilenden Schilderung – einem typischen Zug des niederdeutschen Erzählers; aber gerade die bunte Vielfalt des in unverkennbarer, durchaus bodenständiger Laut- und Wortprägung Dargestellten vermittelt einen objektiven Eindruck des unbeschönigten, an heiteren und tragischen Ereignissen reichen Dorflebens gegen Ende des 19. Jh.s. So haben die für den Literaturkritiker negativen Züge für den Sprachforscher und Kulturhistoriker fast Quellenwert. In manchem Fritz REUTER, dem beherrschenden Vorbild der zeitgenössischen Mundartdichtung, verpflichtet, aber dennoch von unverwechselbarer Eigenart, hat dieser Heimatroman seinen Platz behauptet, das Werk eines fast vergessenen Dichters, dessen scharf beobachtendes Auge sich keine falsche Bauernromantik vorgaukeln ließ. W.L.

AUSGABEN: Bln. 1884, 2 Bde. [Einl. K. Th. Gaedertz]. – Bln. 1891 [Einl. ders.].

LITERATUR: K. Th. Gaedertz, *Was ich am Wege fand*, Lpzg. 1902, S. 137 ff. – H. Langhans, *Ein fast vergessener Dichter unseres Lauenburger Landes* (in Lauenburgische Heimat, 4, 1928, S. 77 ff.; 117 ff.). – H. Bollow, *Angelinus Beuthien u. die deutsche Dorfgeschichte*, Diss. Hbg. 1931. – O. Scharnweber, *Ist H. B. zu Unrecht vergessen?* (in Lauenburgische Heimat, N. F., 1957, 18, S. 1 ff.; 19, S. 27 ff.).

## FRANCES HODGSON BURNETT

\* 24.11.1849 Manchester
† 29.10.1924 Plandrome Park / Long Island

### LITTLE LORD FAUNTLEROY

(amer.; *Ü: Der kleine Lord*). Roman von Frances Hodgson BURNETT, erschienen 1886. – Der junge Titelheld lebt mit seiner Mutter – »Liebste« nennt er sie zärtlich, wie es sein verstorbener Vater zu tun pflegte – im New York der achtziger Jahre des vorigen Jahrhunderts und heißt mit bürgerlichem Namen Cedric Errol. Mit seinen hübschen blauen Augen, seinen langen blonden Locken und seinem höflichen, verständigen Benehmen ist er der Liebling der ganzen Nachbarschaft. Zu seinen Freunden zählen unter anderem der bärbeißige Kolonialwarenhändler Mr. Hobbs und der Schuhputzer Dick. Cedrics Vater war das jüngste Kind des englischen Grafen von Dorincourt, eines eigensinnigen, intoleranten Herrn, der alles Bürgerliche, speziell aber alles Amerikanische, haßt und nicht gezögert hatte, seinen Sohn zu verstoßen, als dieser eine Amerikanerin heiratete und in die USA auswanderte, wo er kurz darauf starb. Als auch seine beiden älteren, liederlichen Söhne der Tod ereilt, bleibt dem alten Grafen nichts anderes übrig, als den Rechtsanwalt Havisham nach New York zu schikken, um herauszufinden, ob sein bürgerliches Enkelkind für den erlauchten Titel eines Lord Fauntleroy überhaupt in Frage kommt. Mr. Havisham ist von dem adretten »kleinen Lord« genauso entzückt wie alle andern und lernt Mrs. Errol als eine liebenswürdige und gebildete Frau kennen, die selbst den übertriebenen Ansprüchen der Dorincourts genügt. Mutter und Sohn werden vom Großvater nach England geholt, aber während Cedric im Schloß wohnen darf, muß seine Mutter mit einem Haus in der Nähe vorliebnehmen. Dafür, daß dieser unnatürliche Zustand nicht lange anhält, sorgt der kleine Lord, der mit seinem zuversichtlichen Charme aus dem alten Griesgram im Handumdrehen einen großherzigen und duldsamen Menschen macht. Für Pächter und Bediente, die bis dahin gräflicher Willkür ausgeliefert waren, brechen bessere Zeiten an, und da Cedrics Mutter sich überdies in selbstloser Weise der Armen und Kranken im Dorf annimmt, herrscht allenthalben Glück und Zufriedenheit. Ein schändlicher Plan, den kleinen Lord um sein Erbe zu bringen, wird mit Hilfe von Dick und Mr. Hobbs vereitelt, die eigens nach England kommen, um den Betrug aufzudecken. Nun steht der Anerkennung Cedrics und seiner Mutter nichts mehr im Wege.

Indem sie ihren kleinen Helden – mehr die sentimentale Verkörperung einer schönen Idee als ein Kind aus Fleisch und Blut – die Brücke zwischen amerikanisch-demokratischer und englisch-aristokratischer Lebensweise schlagen ließ, verlieh die Autorin den Wunschvorstellungen vieler ihrer Landsleute Ausdruck. Daß die nach dem Motto »Das Gute siegt, das Böse unterliegt« konstruierte Handlung lediglich ein Aufguß altbewährter romantischer Märchenmotive ist und ein sehr verschwommenes, unreflektiertes Bild von den sozialen Verhältnissen der Zeit gibt, konnte den Siegeszug des vielfach übersetzten Jugendbuchs nicht verhindern. Sogar in der Kindermode setzte sich damals der »Lord-Fauntleroy-Stil« durch.   J.v.Ge.

AUSGABEN: NY 1886. – Ldn./NY 1936 [Ill. R. Birch]. – Ldn./NY 1962 [Ill. H. Toothill]. – Totowa/N. J. 1975. – Cutchoque/N. Y. 1977; ern. 1981. – NY 1987.

ÜBERSETZUNGEN: *Der kleine Lord*, E. Becher, Stg. 1889. – Dass., L. Koch, Lpzg. 1890. – Dass., B. Rhein, Bln. 1922. – Dass., H. Schrimpf, Baden-Baden 1947. – Dass., K. Lerbs u. R. Lerbs-Lienau, Hbg. 1949. – Dass., L. Stuart, Mchn./Zürich 1955; ern. 1969 [Ill. M. u. R. Koser-Michaels]. – Dass., R. Reichardt u. H. Weber, Mchn. 1971. – Dass., I. Paar, Wien/Heidelberg 1973. – Dass., G. L. Haas-Bertram, Bergisch-Gladbach 1981. – Dass., H. Rumler, Wuppertal 1984.

VERFILMUNGEN: USA 1921 (Regie: E. Green u. J. Pickford). – USA 1935 (Regie: J. Cromwell).

VERTONUNG: H. W. Henze, *Der kleine Lord* (Text: I. Bachmann nach W. Hauff; Komische Oper; Bln. 1965).

LITERATUR: A. B. Maurice, *F. H. B.'s »Little Lord Fauntleroy«* (in Bookman, 34, Sept. 1911, S. 35–45). – V. Burnett, *The Romantick Lady: F. H. B. The Life Story of an Imagination*, NY/Ldn. 1927. – C. L. Hind, *F. H. B.* (in C. L. H., *More Authors and I*, Ldn. 1933, S. 53–57). – M. Laski, *Mrs. Ewing, Mrs. Molesworth, and Mrs. F. H. B.*, Ldn. 1950 [m. Bibliogr.]. – R. L. White, *»Little Lord Fauntleroy« as Hero* (in *Challenges in American Culture*, Hg. R. B. Browne u. a., Bowling Green 1970, S. 209–216). – Ph. Bixler, *The Oral-Formulaic Training of a Popular Fiction Writer: F. H. B.* (in Journal of Popular Culture, 15, 1982, S. 42–52). – Dies., *Continuity and Change in popular Entertainment* (in *Children's Novels and the Movies*, Hg. D. Street, NY 1983, S. 69–80).

## WILLIAM RILEY BURNETT

\* 25.11.1899 Springfield / Oh.
† 25.4.1982 Santa Monica / Calif.

### THE ASPHALT JUNGLE

(amer.; *Ü: Asphalt-Dschungel*). Roman von William Riley BURNETT, erschienen 1949. – Ein Verbrecher mit Organisationstalent und einer Vorliebe für detaillierte Vorausplanung beginnt nach Verbüßung einer Gefängnisstrafe mit der Ausarbeitung des Planes für einen Millionenraub im Juweliergeschäft einer Stadt des amerikanischen Mittelwestens. Sorgfältig organisiert Riemenschneider, der pedantische, harmlos aussehende Meisterdieb, die Finanzierung des Unternehmens und wählt mit derselben Umsicht seine Helfershelfer aus. Aber obwohl der Plan geradezu »wissenschaftlich« bis in alle Einzelheiten ausgearbeitet ist, scheitert er an einer Reihe von Zufällen, an Habgier und Verrat unter den Beteiligten und nicht zuletzt am Einsatz der Polizei, die allerdings nicht nur gegen Verbrecher, sondern auch gegen Korruption in den eigenen Reihen zu kämpfen hat. – Mag Burnett in diesem Thriller von Niveau zwar nicht den beißend-moralisierenden Ton treffen, der Raymond CHANDLERS Kriminalromanen ihre besondere Note gibt, so machen doch sein gedämpfter Realismus und seine treffsichere Charakterzeichnung Romane wie *Asphalt Jungle* und *Little Caesar*, 1929 *(Der kleine Caesar)*, fast zu Klassikern ihrer Gattung. Überdies bewegen sich Burnetts Figuren nicht in einem Vakuum, sondern sind glaubhafte Produkte ihres Milieus: der Elends- und Nachtklubviertel einer modernen Großstadt – eben des gewalttätigen und amoralischen »Asphalt-Dschungels«. Die Verfilmung des Buchs durch den amerikanischen Regisseur John Huston ist berühmt geworden.

J.v.Ge.

AUSGABEN: NY 1949. – NY o. J. (Pocket Books). – Ldn. 1950. – NY 1984, Hg. O. Penzler.

ÜBERSETZUNGEN: *Asphalt-Dschungel*, G. Kahn-Ackermann, Mchn. 1963. – Dass., W. Bengs, Zürich 1987 (detebe).

VERFILMUNG: USA 1950 (Regie: J. Huston).

LITERATUR: A. Marple, *Off the Cuff* (in Writer, 66, Juli 1953, S. 216). – G. Seldes, *Foreword* (in W. R. B., *Little Caesar*, NY 1958, S. 7–11). – H. Hatcher, *Creating the Modern American Novel*, NY 1965, S. 247 f.

---

## FRANCES BURNEY

eig. Frances d'Arblay
* 13.6.1752 King's Lynn
† 6.1.1840 London

LITERATUR ZUR AUTORIN:
F. B. Thorne, *F. B. Some Aspects of Her Writings*, Diss. Univ. of Illinois 1941. – D. Cecil, *Essays on the 18th Century Presented to D. N. Smith*, Oxford 1948. – E. Hahn, *Degree of Prudery*, NY 1950. – H. R. Harris, *Realism in the Fiction of F. B.*, Diss. Univ. of Southern California 1957. – H. L. German, *F. B. and the Late Eighteenth-Century Novel*, Diss. Ohio State Univ. (vgl. Diss. Abstracts, 18, 1958, S. 2127). – J. Hemlow, *The History of F. B.*, Oxford 1958. – E. White, *F. B., Novelist. A Study in Technique*, Hamden/Conn. 1960. – W. Gérin, *The Young F. B.*, Ldn./NY 1961. – M. E. Adelstein, *F. B.*, NY 1968 (TEAS). – P. Voss-Clesly, *Tendencies of Character Depiction in the Domestic Novels of B., Edgeworth, and Austen: A Consideration of Subjective and Objective World*, 3 Bde., Salzburg 1979. – S. Kilpatrick, *F. B.*, Briarcliff Manor/N.Y. 1981. – D. D. Devlin, *The Novels and Journals of F. B.*, Ldn. 1986.

## CAMILLA, OR A PICTURE OF YOUTH

(engl.; *Camilla oder Ein Bildnis der Jugend*). Roman von Frances BURNEY, erschienen 1796. – Dieser dritte der vier Romane »Fanny« Burneys befaßt sich mit einem Thema, das die Autorin auch in anderen Werken behandelt hat: mit dem Eintritt eines tugendhaften und klugen, aber unerfahrenen jungen Mädchens in die Welt der Erwachsenen. Er zeigt, wie Camilla, die Tochter eines Landpfarrers, aus Mangel an Lebenserfahrung zum Opfer von Intrigen, Zufällen und Mißverständnissen wird, die ihre Hoffnung auf eine Vereinigung mit Edgar, den sie liebt, immer wieder zerstören. Die manchmal greifbar nahe glückliche Lösung rückt immer wieder in unabsehbare Ferne. Die dürftige Struktur der Haupthandlung wird noch weiter geschwächt durch parallellaufende Nebenhandlungen und eingeschobene Episoden, deren Verknüpfung mit dem Hauptgeschehen oft sehr lose ist. Auch stellt die Unwahrscheinlichkeit der geschilderten Zufallssituationen mitunter allzu hohe Anforderungen an die Gutgläubigkeit des Lesers. Die Erzähltechnik des Romans ist gegenüber den Frühwerken Frances Burneys, in denen die Personen sich in den jeweiligen Situationen selbst charakterisieren, unlebendiger. Zu Beginn des fünfbändigen Romans führt die Autorin die Personen und Ereignisse in farblosen, äußerlichen Beschreibungen vor, erst im zweiten Teil kehrt sie wieder zu der in den Frühwerken angewandten, dramatischen Darstellung von Einzelszenen zurück. In den Romanen *Evelina* (1778) und *Cecilia* (1782) sieht der Leser die Charaktere und Ereignisse fast immer mit den Augen der Hauptheldinnen. In *Camilla* dagegen gewährt die allwissende Autorin Einblick in die Gedanken und Gefühle der Personen, gibt eigene Kommentare oder unterbricht die Erzählung, um den Leser auf den moralischen Gehalt des Berichteten aufmerksam zu machen.

E.F.

AUSGABEN: Ldn. 1796, 5 Bde.; Nachdr. Portway 1966. – Ldn. 1840. – Oxford 1972, Hg. E. A. u. L. D. Bloom. – Oxford 1983, Hg. dies. (OUP).

ÜBERSETZUNG: *Kamilla oder ein Gemälde der Jugend*, D. J. R. Forster, Bln./Stettin 1798.

LITERATUR: L. D. Bloom, *F. B.'s »Camilla«: The Author as an Editor* (in Bull. of Research in the Humanities, 82, 1979, S. 367–393). – M. G. Brown, *F. B.'s Three Eighteenth-Century Romances: »Evelina«, »Cecilia«, and »Camilla«*, Diss. Univ. of North Carolina at Greensboro 1980 (vgl. Diss. Abstracts, 42, 1981, S. 710A).

## EVELINA, OR THE HISTORY OF A YOUNG LADY'S ENTRANCE INTO THE WORLD

(engl.; *Evelina oder Die Geschichte vom Eintritt einer jungen Dame in die Welt*). Roman von Frances BURNEY, anonym erschienen 1778. – Der erste und zugleich bedeutendste Roman der zwar nicht erstrangigen, aber für die englische Literatur des 18. Jh.s signifikanten Autorin ist wie Samuel RICHARDSONS *Clarissa* in Briefform verfaßt. Er schildert die Erlebnisse der schönen, noch unerfahrenen siebzehnjährigen Titelheldin, die zum erstenmal in ihrem Leben das Heim ihres Vormundes verläßt, um die »Saison« in London zu verbringen. Die Handlung baut sich vornehmlich aus schon damals traditionellen Motiven auf: skandalumwitterte Herkunft, Kampf um das Erbe, die von einem lasterhaften Adligen verfolgte Unschuld u. ä. Die Stärke des Romans – und seine Neuartigkeit – liegt in seiner sozialkritisch-satirischen Einstellung zur Gesellschaft. Wohl zum erstenmal treten hier in einem Roman Begriffe wie »Klasse« und »Snobismus« auf. Ein für Richardsons Werk bezeichnendes Element, die Analyse der emotionalen Handlungsimpulse und des moralischen Aspekts der gesellschaftlichen Formen, zeigt sich auch in Evelinas Nachdenken über ihre eigene Verliebtheit und in den Zweifeln, der Verblüffung und dem Unbehagen, mit denen sie auf den Sitten- und Moralkodex der Londoner Gesellschaft reagiert. Ein weiteres Element der Erzählung leitet sich von Tobias SMOLLETT her, aus dessen Charakterarsenal die Autorin, mit allerdings wenig glücklichem Ergebnis, die Gestalt eines komischen, ungehobelten und philisterhaft– selbstzufriedenen Marineoffiziers entlehnt hat. Das bedeutendste Vorbild hat sie jedoch in Henry FIELDING (1707–1754) gefunden. Zwar ist Evelinas begrenzte Welt der Tea-Parties, Bälle, Theatervorstellungen und Landhausgesellschaften, deren Hauptinteresse sich auf Liebesaffären und Heiraten konzentriert, weit entfernt von Fieldings weitgespanntem Lebenspanorama, doch wird sein Geist immer dort spürbar, wo die Autorin durch die erstaunlich präzise Wiedergabe von Gebärden und Sprachrhythmen jede Art von Vulgarität, Angeberei und affektierter Selbstzufriedenheit geißelt. Alberne junge Aristokraten wie Lord Lovel, ein Mann bar aller geistigen oder körperlichen Vorzüge, der sich jedoch für die faszinierendste Erscheinung der Welt hält, werden ebenso schneidend bloßgestellt wie die neureichen Bourgeois, die verzweifelt versuchen, das kultivierte Benehmen der Aristokraten nachzuäffen.

Als Satire auf die Sitten, Gebräuche und die scharf abgegrenzte Rangordnung der Gesellschaft ist der Roman ein geglücktes Werk. Literarhistorisch bildet er das Bindeglied zwischen Fielding und Jane AUSTEN (1775–1817). Evelina ist zwar ganz als konventionelles junges Mädchen seiner Zeit und seines Milieus dargestellt, verbindet jedoch auf sehr reizvolle Art die Schüchternheit und Naivität einer Siebzehnjährigen mit einem natürlichen Sinn für das Lächerliche. – Daß das Buch sofort großen Erfolg hatte, ist wohl nicht allein seinen literarischen Qualitäten zuzuschreiben, sondern auch auf sozialgeschichtliche Gründe zurückzuführen: das Bürgertum hatte seine Stellung innerhalb der Gesellschaft so weit gefestigt, daß es nun Zugang fordern konnte zu den Lebensbereichen, die bisher einzig der Aristokratie vorbehalten waren. J.v.Ge.

AUSGABEN: Ldn. 1778, 3 Bde. – Ldn. 1911 (Everyman's Library; Nachdr. 1967). – Oxford 1930, Hg. F. D. Mackinnon. – Ldn./Oxford 1968, Hg. E. A. Bloom. – Oxford 1982, Hg. ders. (OUP).

ÜBERSETZUNG: *Evelina oder Eines jungen Frauenzimmers Eintritt in die Welt*, anon., Lpzg. 1779.

LITERATUR: K. Danz, *F. B.s »Evelina« und das Aufkommen der Frauenromane*, Diss. Bln. 1925. – W. H. Graham, »Evelina« (in Contemporary Review, 171, 1947). – E. Montague u. L. L. Martz, *F. B.'s »Evelina«* (in *The Age of Johnson, Essays Presented to C. B. Tinker*, New Haven 1949). – J. S. Speakman, *Wit, Humor and Sensibility in »Evelina«, »Belinda« and »Northanger Abbey«*, Diss. Univ. of California, Davis 1972 (vgl. Diss. Abstracts, 34, 1973, S. 791/792A). – W. S. Glock, *Appearance and Reality: The Education of Evelina* (in Essays in Literature, 2, 1975, S. 32–41). – J. B. Vopat, *»Evelina«: Life as Art – Notes Toward Becoming a Reformer on the Stage of Life* (ebd., S. 42–52). – S. Staves, *»Evelina«; Or female Difficulties* (in MPh, 73, 1976, S. 368–381). – D. M. Jeffery, *Manners, Morals, Magic, and »Evelina«* (in Enlightenment Essays, 9, 1978, S. 35–47). – M. G. Brown, *F. B.'s Three Eighteenth-Century Romances: »Evelina«, »Cecilia«, and »Camilla«*, Diss. Univ. of North Carolina 1980 (vgl. Diss. Abstracts, 42, 1981, S. 710A).

## JAMES BURNHAM

* 22.11.1905 Chicago

### THE MANAGERIAL REVOLUTION: What Is Happening in the World

(amer.; *Ü: Das Regime der Manager*). Soziologisch-prognostisches Werk von James BURNHAM, erschienen 1941. – Unter dem Eindruck der Weltwirtschaftskrise, des »New Deal«, des Aufstiegs von Bolschewismus und Faschismus, des Hitler-Stalin-Pakts und des beginnenden Zweiten Weltkriegs entstanden, bietet die allgemein-verständliche, unsystematisch angelegte, unbekümmert vereinfachende Schrift eine umfassende Theorie zur Deutung der allgemeinen Weltentwicklung. Die Bedeutung dieser Theorie liegt eher in ihrem (von der öffentlichen Beachtung unterstrichenen) zeitdokumentarischen Charakter als in ihrem wissenschaftlichen Erkenntniswert. Sie gewinnt ihren besonderen Charakter durch die Verknüpfung der erwähnten Phänomene mit der bereits früher von verschiedenen Autoren konstatierten Tendenz zur Trennung von Kapital und Management in der Großindustrie des 20. Jh.s.

Der Kapitalismus sei am Ende, so schließt der ursprünglich trotzkistisch orientierte New Yorker Universitätsprofessor Burnham aus den wirtschaftlichen Krisenerscheinungen der Periode seit dem Ersten Weltkrieg, und werde in *»längstens zwei Jahrzehnten«* verschwinden. An seine Stelle werde nicht der Sozialismus treten, ebensowenig wie sich etwa die Sowjetunion zum Kapitalismus hin entwickle; die Zukunft gehöre statt dessen auf der ganzen Welt der »Manager-Gesellschaft«. Der Erfolg der »Revolution der Manager« sei unvermeidlich, weil die Probleme des Kapitalismus unlösbar seien und die Herrschaft der Manager wegen deren Schlüsselrolle in der modernen Wirtschaft die der Kapitalisten ebenso notwendig ablöse, wie zuvor die Kapitalisten an die Stelle der Feudalherren getreten seien. Diese neue Gesellschaft werde gekennzeichnet durch Eigentumsrechte des Staates an den Produktionsmitteln, Planwirtschaft statt Marktwirtschaft, Konzentration der politischen und wirtschaftlichen Macht in der Hand der Manager als der herrschenden Klasse, eine Ideologie der sozialen Disziplin und das Fehlen von parlamentarischen Institutionen, aber Gewährung eines *»gewissen Grades von Demokratie«* (als ungefährliches Ventil für Unzufriedenheit) durch die allmächtige Exekutive. International würden sich um die Kerne USA, Deutschland und Japan durch gewaltsame Unterwerfung und Annexion drei Supermächte bilden. Auch im Fall der – unwahrscheinlichen – Niederlage Deutschlands im Krieg sei ein Wiedererstehen europäischer Nationalstaaten undenkbar; Rußland werde in seinen europäischen und seinen asiatischen Teil zerbrechen und den beiden angrenzenden Supermächten zugeschlagen. – Die Revolution der Manager, so Burnhams feste Überzeugung, habe bereits begonnen. Der »New Deal« bilde einen noch schwachen Anfang, im nationalsozialistischen Deutschland sei sie in vollem Gange, und die Sowjetunion sei der endgültigen Managergesellschaft am nächsten.

Burnhams Theorie weist neben einigen – wenig originellen – inzwischen bestätigten Elementen fatale Schwächen auf (etwa die unzulässige Gleichsetzung von gesellschaftlicher Unentbehrlichkeit und politischer Macht oder von faschistischer und stalinistischer Wirtschaftsordnung), die schon 1941 von Kritikern wie z. B. C. Wright Mills erkannt wurden; der wachsende zeitliche Abstand macht vollends deutlich, wie riskant prognostische Spekulationen sind, bei denen die Kühnheit der Idee die Zahl der verifizierbaren Daten und die Schärfe der Analyse weit übertrifft. Burnham ließ sich nicht belehren: in *The Coming Defeat of Communism*, 1950 *(Die Strategie des kalten Krieges)*, erklärte er die Niederlage des Weltkommunismus im kalten Krieg ungeachtet der Umkehrung seiner ursprünglichen Position mit gewohnter Selbstsicherheit für »unvermeidlich«.                W.J.H.

Ausgaben: NY 1941. – Bloomington 1960.

Übersetzung: *Das Regime der Manager*, H. Lindemann, Stg. 1949.

Literatur: J. Kuczynski, *Die Revolution der Direktoren und andere gefährliche Gespinste der bürgerlichen Ideologie*, Bln. 1949. – H. Gross, *Manager von Morgen. Partnerschaft als Wirtschaftsreform der Zukunft*, Düsseldorf 1950. – S. T. Francis, *Power und History. The Political Thought of J. B.*, Lanham 1984.

## ANDREAS BURNIER

d.i. Catharina Irma Dessaur
* 3.7.1931 Den Haag

## HET JONGENSUUR

(ndl.; *Die Jungenstunde*). Roman von Andreas Burnier, erschienen 1969. – Wie der Roman *Een tevreden lach (Ein zufriedenes Lachen)*, mit dem die unter einem männlichen Pseudonym veröffentlichende Autorin 1965 debütierte, ist auch Burniers zweites Werk autobiographisch geprägt. Wegen ihrer jüdischen Abstammung mußte sie während der deutschen Besatzung der Niederlande bei mehr als zehn verschiedenen Familien untertauchen. Ihre Erlebnisse aus der Zeit sind – wie auch ihre Erfahrungen und Probleme im Umgang mit der eigenen Homosexualität – in den Roman eingeflossen, in dem die Ich-Erzählerin, das jüdische Mädchen Simone, fragmentarisch ihre Odyssee während der Jahre 1940–1945 schildert. Die sechs Kapitel des Romans, die den sechs Jahren entsprechen, sind in umgekehrter Chronologie angeordnet. Analog dazu schließt das Werk mit einem *»voorbericht«*.

Die Beschränkung der Erzählung auf Momentaufnahmen und Erinnerungsfetzen bewirkt, daß die geschilderten Situationen und Bewußtseinszustände an symbolischer Bedeutung und Eindringlichkeit gewinnen. So gelingt es Burnier, aus wenigen Facetten das beklemmende Bild einer Heranwachsenden entstehen zu lassen, die aller für ihre Identität bedeutsamen Beziehungen beraubt wird. Der Leidensweg Simones zeigt, daß die Unterdrückung, der sie aufgrund ihres Geschlechts ausgesetzt ist, ähnlich schwer wiegt wie die Verfolgung durch die Nazis. Seit ihrer frühen Kindheit empfindet Simone das Bedürfnis, ein Junge zu sein. Im liberalen Elternhaus wird ihr gestattet, sich vornehmlich Jungeninteressen zu widmen und sich wie ein Junge zu kleiden. Der Krieg reißt ihre Familie auseinander, und Simone muß bei anderen Familien untertauchen. Besonders in den ländlichen Familien mit calvinistischem Hintergrund ist sie gezwungen, sich den strengen Rollenerwartungen zu fügen. Einzigen Trost bietet ihr die eigene Phantasie. Ein wiederkehrendes Motiv in ihren Tagträumereien ist der Wunsch nach einer Zeitreise in die antike Vergangenheit.

Die herbeigesehnte Vertreibung der deutschen Besatzer wird für Simone zu einer desillusionierenden Erfahrung, denn sie bringt keine Befreiung von den Zwängen der sexistischen Gesellschaft. Das wird Simone schmerzlich bewußt, als sie am Befreiungstag mitansehen muß, wie einige *»Besatzerdirnen«* öffentlich kahlgeschoren werden, während männliche Kollaborateure ungeschoren davonkommen. Zurückgekehrt zu ihren Eltern, muß sie feststellen, daß mit der erfolgten sexuellen Reifung die früheren Freiheiten unwiderruflich verloren

sind. In verschiedenen Variationen taucht das Motiv des Ausgeschlossenseins auf, so in einem eher nebensächlichen Ereignis nach der Befreiung: in einem Schwimmbad wird sie während der für Jungen vorbehaltenen Schwimmzeit, der *»jongensuur«*, als Mädchen erkannt und muß das Bad verlassen.
Durch die Umkehrung der Chronologie stellt Burnier den herkömmlichen Entwicklungsroman auf den Kopf. Je jünger Simone im Fortschreiten der Erzählung wird, desto freier und umfassender kann sie ihre Individualität entfalten. Mit dieser Paradoxie betont Burnier wirkungsvoll die Absurdität einer an Geschlechterrollen gebundenen Sozialisation. Zugleich versinnbildlicht die Anti-Chronologie die Utopie einer gesellschaftlichen Entwicklung hin zu einer archaischen Gesellschaftsform ohne kulturell ausgeprägte Geschlechterzwänge. Der Sehnsucht nach einem solchen gesellschaftlichen Zustand korrespondieren Simones Tagträume von einer Reise in die Vergangenheit. Der *»voorbericht«* erscheint im Blick auf solche Sehnsüchte doppeldeutig. Das in ihm beschworene Endzeitszenario – nach einer apokalyptischen Schlacht bietet die Erde ein Bild der Leblosigkeit und Stille – könnte das Ende aller Träume andeuten, birgt aber in sich auch die Vorstellung eines Urzustandes.
Während die stringent durchgehaltene Form des Romans bewundert wurde – einige Kritiker sahen in dem Werk Burniers Durchbruch als moderne Erzählerin – blieb seine feministische Gesellschaftskritik umstritten. M.Bah.

AUSGABE: Amsterdam 1969; ⁵1979.

LITERATUR: K. Fens, *A. B. keert tijd en rollen om* (in Volkskrant, 31. 5. 1969). – J. Kruithof, *Een ontevreden lach* (in Raam, 1970, Nr. 62, S. 51–53). – H. Paardekooper-Van Buuren: *»Het jongensuur« door de zandloper* (in Nieuw Vlaams tijdschrift, 23, 1970, Nr. 10, S. 1001–1019). – P. H. Dubois, *A. B., of op zoek naar identiteit* (in De Vlaamse gids, 53, 1975, Nr. 5, S. 36–41). – T. Voss u. S. Bakker, *A. B.*, Nijmegen/Brügge 1980.

---

## ALAN BURNS

\* 29.12.1929 London

**DREAMERIKA! A surrealist fantasy**

(engl.; *Dreamerika! Eine surrealistische Phantasie*). Roman von Alan BURNS, erschienen 1972. – Zur Entstehungsgeschichte dieses Buches berichtete der Autor selbst, er benötige als Grundlage seiner Werke stets »Rohmaterial«. Beim Ordnen seines Schreibtisches habe er plötzlich die Möglichkeit erkannt, unter Zuhilfenahme der Zeitungsausschnitte aus seinem eigenen Roman *Babel* (1969) eine visuelle Collage herzustellen (G. Gordon). Wie er selbst später (1981) meinte, sei es damals noch sein Ziel gewesen, eine Veränderung der Gesellschaft im Sinne des Marxismus herbeizuführen.
Den Handlungsvorwurf von *Dreamerika!* bildet ein Ausschnitt aus der schicksalhaften Familiengeschichte der Kennedys. Die ersten sieben der neun Kapitel sind ausschließlich dieser Familie gewidmet. Dabei liegt das Hauptgewicht auf den Figuren Jack (John F.) und Bobby (Robert F.) Kennedy; ihnen sind je zwei Kapitel gewidmet. Die narrative Sequenz ergibt allerdings keine zusammenhängende Geschichte; sie besteht vielmehr aus dem auf das geschichtliche Ereignis bezogenen auktorialen Kommentar, der seinerseits von den als Faksimile gedruckten Zeitungsausschnitten (Überschriften und Berichten), die den Grad der Ambiguität des Textes durch die ursprünglich nicht intendierte, neue Kontextualisierung wesentlich erhöhen, unterbrochen wird. Auf diese Weise werden die geschichtlichen Tatsachen zu einer phantastischen Geschichte umgeformt.
Im ersten Kapitel geht es um den finanziellen und gesellschaftlichen Aufstieg, aber auch um den Tod des Vaters Joe (Joseph P.) Kennedy, der den Clan begründete. Ausführlich wird der Leser zudem über die dunklen Seiten und die Unglücksfälle im Leben von dessen Kindern unterrichtet: Rosemary ist geistesgestört, Joseph findet bei einem Flugzeugabsturz den Tod, das Schiff des zweitältesten Sohnes Jack wird von einem Zerstörer versenkt, Kathleens Flugzeug stürzt ab und sie stirbt an den Folgen. Das zweite Kapitel berichtet von der Präsidentschaft und der Ermordung John F. Kennedys, der bei einer Wahlversammlung in Dallas am 22. 11. 1963 im offenen Wagen erschossen wurde. Das dritte Kapitel befaßt sich mit der Suche nach den Mördern und den Hintermännern des Attentats, während das folgende Kapitel mit Johns Beisetzung und den Studentenunruhen der sechziger Jahre den Übergang zur Geschichte Bobby Kennedys bildet, der dem Familienmythos der Kennedys entsprechend für das Präsidentenamt kandidiert. Bei der Skizzierung des Verhältnisses zu seiner Mutter werden Bobby homosexuelle Neigungen unterstellt. Auch ihm haftet der Makel des Versagers an; er wird nämlich in Los Angeles von einem Mann namens Sirhan getötet. Skandalträchtig ist auch das von Überfluß und Luxus gekennzeichnete Leben Edward Kennedys, dessen Signum der von ihm bei Chappaquiddick verschuldete Unfall ist, bei dem seine Freundin Mary Jo Kopechne ums Leben kam (6. Kap.). Im folgenden Kapitel bildet Jackie Kennedys wohlberechnete Heirat mit dem Milliardär Aristoteles Onassis den Gegenstand, während sich die beiden letzten Kapitel mehr und mehr von den Kennedys entfernen. Zwar erscheint noch Bobbys Sohn Joe für einen Moment, es weitet sich der Blick aber auf die Morde von Charles Manson an der hochschwangeren Schauspielerin und Ehefrau des Regisseurs Roman Polanski, Sharon

Tate, und ihren Freunden und die Hippiebewegung, deren Geschick durch eine feindliche Einstellung der Gesellschaft und die Suche nach neuen Formen des Zusammenlebens gekennzeichnet ist. Der Roman endet mit einer apokalyptischen Vision, einem vieldeutigen Konstellationsschema der Gestirne und einer Zustandsbeschreibung des Planeten Erde nach einer atomaren Katastrophe.

Der Interpret geht nicht fehl, wenn er in *Dreamerika!* die Entlarvung des Kennedymythos erkennt und den Roman als Satire auf die amerikanische Gesellschaft versteht, eine Satire, die hier aus marxistischer Sicht als Kritik am Kapitalismus mit seiner Rücksichtslosigkeit (Joe K.) und Brutalität (der Fall Kopechne) sowie als Kritik am Imperialismus (Kubakrise und Vietnamkrieg) vorgetragen wird. Was aber ins Auge springt, ist vor allem die formale Gestaltung dieses zum »konkreten« Roman zu rechnenden und als Metafiktion zu bezeichnenden Textes, der sich als Mischung aus Zeitungsüberschriften von unterschiedlicher Länge, Form und Größe, aus locker assoziierten Episoden, Bildern und Photos präsentiert. Die Zufälligkeit des erwähnten Materialfundes auf dem Schreibtisch des Autors und die bedeutungsvolle Komposition durch Rekontextualisierung führt zu Text- und Bildsequenzen, die als visuelle Collage oder, wie es Burns im Untertitel tut, als »surrealistische Phantasie« bezeichnet werden können. Üblicherweise versteht man unter »*fantasy*« ein Abrücken von der Realität. Wenn man die dokumentarischen Fakten kennt, wird man sich ihrer entlarvenden und satirisch gemeinten Verdrehung und Verfälschung bewußt. Die Technik des »*debunking*« bedient sich dieser Mittel ebenso wie der Übertreibung und der Verfremdung bekannter Fakten und Zusammenhänge. Die offensichtlichen Verdrehungen und Insinuationen bei der Schilderung der Karriere des Clan-Vaters Joe P., bei der Darstellung des Zwischenfalls mit dem Torpedoboot, bei der Erwähnung der »*speech-writers*« und dem Bericht sowohl über den Hergang beim Attentat auf Jack Kennedy wie auch über die Ereignisse bei Chappaquiddick usw. mögen sicherlich auch mit dem Phänomen Humor und der Infragestellung des dokumentarischen Realismus zu tun haben, wie Burns in einem Interview feststellte (G. Gordon), aber insgesamt zielen sie über das Beispiel der Kennedys hinaus auf die Unzulänglichkeiten und Mißstände der amerikanischen ebenso wie der westlichen Industriegesellschaften mit ihrem Materialismus und ihrer Profitgier, mit Umweltzerstörung und Rüstungswettlauf, mit ihrer permanenten Identitätskrise und religiösen Orientierungslosigkeit. In dieses Bild paßt auch die radikale Abwendung der Jugend von der Gesellschaft und ihre Suche nach etwas Neuem, was Arbeitslosigkeit, Kriegsgefahr und kosmische Katastrophen ausschließt.

Das Deckblatt des achten Kapitels von *Dreamerika!* kann dies beispielhaft illustrieren; es trägt den Titel *The Young* und beginnt in der Texttype des Buches mit dem Satz: »*There are no heroes…*« Dabei hat der Zeitungsausschnitt mit der Titelüberschrift die Form eines Magneten, der »*profit*« und »*SOUL?*«, die je zur Hälfte mit »*SHOOTING*« bzw. »*DOOMED*« überklebt sind, anzieht. Im Mittelfeld dazwischen sind die Begriffe »*WASTE*«, »*Identity*«, »*revolution*« und »*boom*« angesiedelt, während die erste Zeile auf der Seite ein mit »*outer space*« überdecktes großes »*MAO*« aufweist und die Schlußzeile der Seite mit den Phrasen »*THE RISK*« und »*THE END OF THE WORLD*« gestaltet ist. Der Text, in Querrichtung gelesen und ergänzt von unten nach oben, besagt, daß jedes Jahr mehr und mehr Studenten um die besten Stellen in der Industrie konkurrieren. (Damit ist ein Großteil der Seite lediglich inhaltlich wiedergegeben, aber nicht visuell verdeutlicht.) Der Autor versucht auf diese Weise, eine Jugend vorzustellen, die im Zwiespalt zwischen materialistischer und religiöser Orientierung und angesichts des mörderischen kapitalistischen Konkurrenzkampfes zeitweilig für die kommunistische Lösung aus dem Dilemma optiert, aber auf der Suche nach der eigenen Identität zwischen florierender Wegwerfgesellschaft und Revolution auf dem eigenen Risiko sitzen bleibt und sich dem Ende der Welt gegenübersieht, das nur noch eine Frage der Zeit zu sein scheint.

N. H. Reeve sieht in seiner Untersuchung des Romans in der ungemütlichen Anstrengung bei der Lektüre eine Metapher für das Unbehagen des Gegenstandes: Unterbrechungen in der Erzählung zeugen von den Verzerrungen, die sich auf der Ebene von »wahrheitsgetreuen« Behauptungen abspielen. Die Burnsschen Versionen, die teilweise neben den faktographischen herlaufen oder sie überlagern, sind zweifellos auf Entmythologisierung angelegt. Aber die Zeitungsausschnitte, die mitunter gar als Sprechblasentexte benutzt werden und wirkungsvoll die Herabsetzung der menschlichen Würde verdeutlichen, schaffen wie die Sprache der Medien und des Journalismus mit ihrer unendlichen Wiederholbarkeit aus ihren Figuren selbst wieder Mythen, weshalb Reeve diesen Text im Vergleich zu den drei voraufgehenden Romanen *Europe after the Rain* (1965), *Celebrations* (1967) und *Babel* (1969) als gedankentiefer und beunruhigender einschätzt. Bei der Frage: »*Wahrheit über Tatsachen oder Fiktion*« scheint sich Burns selbst nicht so ganz sicher zu sein. Er ist sich aber über seine Absicht im klaren, schockieren, extrem gestalten und seine Verachtung für die traditionelle Literatur ausdrücken zu wollen. Dies entspricht ebenso den Forderungen der Surrealisten wie die, sich gegen die Herrschaft der Logik aufzulehnen und die Erfahrungen des Unbewußten und des Traums auszuschöpfen. In diesem Roman wollte Burns denn auch aus dem Unbewußten schreiben (und zwar über seine Obsessionen: Familie und Tod) und aus dem vorgefundenen Material ein Mosaik gestalten. *Dreamerika!* (= Traum-erika!) beginnt mit dem Tod eines Einzelnen, handelt vom Schicksal einer todgeweihten Familie und endet mit der Vision einer durch Atombomben zerstörten Welt.

»*Ich möchte eher einem Maler gleichen als einem Schriftsteller. Setz Bilder nebeneinander und laß sie von etwas Ungewissem und Ruhelosem erzählen«*, meint Burns (P. Kitchen). Die in den Romantext integrierten Überschriften haben verschiedene Funktionen; sie deuten voraus, kommentieren, verschärfen, fassen zusammen, sie sind aber häufig auch einfach Bestandteil des Buchtextes und schaffen in den meisten Fällen neue Assoziationsmöglichkeiten. So erzielt Burns eine bildtypische Simultaneität. Die Bildcollage des ersten Kapitels kennzeichnet in der Kombination Wolkenkratzer und Schriftzug *»More Power than Any King«* eindrucksvoll den Aufstieg Joe Kennedys zu wirtschaftlicher Macht. Ähnlich ist es bei der Abbildung des Meeres mit den zwei Brückenpfeilern, den Autoreifen, der unteren Hälfte einer Mannsgestalt mit dem Schriftzug *»The Man Who Cracked«* (6. Kap.). Die hier in allen Fällen verwendeten visuellen Techniken stellen einen Appell an das Unterbewußtsein des Lesers dar, der auf assoziative Weise zu völlig neuen, eben surrealistischen »Bildern« geführt und so aktiv an der Konstitution und Interpretation des Textes beteiligt wird.   W.Ar.

AUSGABEN: Ldn. 1972.

LITERATUR: *Beyond the Words*, Hg. G. Gordon, Ldn. 1975. – N. H. Reeve, *Reflections on ›Fictionality‹* (in Stratford-upon-Avon Studies, 18, 1979, S. 114–123). – A. Burns u. C. Sugnet, *The Imagination on Trial. British and American Writers Discuss Their Working Methods*, Ldn. 1981, S. 161–168.

### JOHN HORNE BURNS

\* 7.10.1916 Andover / Mass.
† 10.8.1953 Livorno / Italien

**THE GALLERY**

(amer.; *Ü: Die Galerie*, auch *Etappe Napoli*). Roman von John Horne BURNS, erschienen 1947. – »*In Neapel gibt es eine Passage, Galleria Umberto genannt. Ein jeder, der im August 1944 in Neapel war, fand früher oder später den Weg dorthin und wurde gleichsam zum Bild an der Wand einer Galerie.*« Durch diese Galerie wandert der Autor, und die Porträts von Italienern und Amerikanern fügen sich ihm zusammen zu dem Bild jenes Neapels, das er als Angehöriger der Invasionsarmee in den Jahren 1943/44 erlebt hat. Sein Buch – das keine Romanhandlung im eigentlichen Sinn besitzt – besteht aus neun Charakterskizzen, die verbunden sind durch acht Zwischenkapitel, in denen Burns eigene Erlebnisse und Impressionen aus der Zeit wiedergibt, in der die amerikanischen Truppen von Nordafrika aus Italien eroberten. Wie Mussorgskij in seinem Klavierwerk »Bilder einer Ausstellung« nennt Burns in seinem Roman die Zwischenstücke »Promenaden«.

Hauptthema der *Gallery* ist nicht der Krieg, sondern die Konfrontation der siegreichen Amerikaner mit den geschlagenen und »befreiten« Italienern, die »Entdeckung« des alten Europa durch die Söldner der Neuen Welt, die Begegnung zwischen Zivilisation und Kultur, die fast magische Anziehungskraft, die Europa auf den Amerikaner ausübt – jenes Thema also, das seit Henry JAMES immer wieder in der Literatur der Vereinigten Staaten auftaucht. »*Aber der Amerikaner in mir, der starb*«, bekennt der Erzähler bereits, als er auf dem Truppentransporter den Atlantik überquert. Der Ort, an dem amerikanische Soldaten lernen, »*daß nicht alles in dieser Welt amerikanisch, und daß nicht alles Amerikanische gut ist*«, ist das Neapel, das von jeher das romantische Ziel Italienreisender war, sondern eine vom Krieg geschlagene Stadt, deren Einwohner hungern, in der der Schwarzhandel blüht, in der sich Mädchen aller Schichten für PX-Rationen an die *americani liberatori* verkaufen, in der die Homosexualität freie Bahn hat und in der Kinder Kuppelei treiben. »*Ein gut Teil vom Zusammenbruch der modernen Welt war hier zu sehen*« – und dennoch stellen viele der Besatzungssoldaten mit Staunen fest, daß noch der armseligste Neapolitaner sich die Empfindung für die »*Süße des Lebens*« und die Fähigkeit, die Liebe zu lieben, bewahrt hat. So erobert sich die Stadt ihre Eroberer.

Burns' Porträts sind von unterschiedlicher Stimmung und Qualität. Da sind leicht sentimental gefärbte Charakterskizzen, in denen die Verlorenheit junger Amerikaner geschildert wird, denen das Kriegserlebnis den Boden unter den Füßen wegzieht; menschlich bewegende Darstellungen italienischer Frauen; mehr oder weniger scharfe Satiren auf das amerikanische Sendungsbewußtsein, die Haltung von Militärgeistlichen und die überorganisierte Armeebürokratie; das fast unerträglich realistische Porträt eines an Syphilis erkrankten Sergeanten; und schließlich die Charakterstudie eines jüdischen Leutnants, in der die Auswirkungen des amerikanischen Minderheitenproblems auf das Leben in der Armee ähnlich beleuchtet werden wie in den später erschienenen Kriegsromanen von Norman MAILER und James JONES.

Daß Burns' Absicht, seine Galerie mit Sinnbildern »*für sehr viele Menschen dieser Erde*« zu füllen, nicht restlos gelungen scheint, mag an der Besessenheit liegen, mit der der knapp Dreißigjährige unmittelbar nach dem eigenen Kriegserlebnis seiner Desillusionierung als Amerikaner Ausdruck verleihen wollte. Andererseits ist es wohl gerade diese Besessenheit, die ihn befähigte, große Teile seines Bekenntnisromans in einer mitreißenden Sprache zu schreiben, deren atemloses Sich-Überstürzen, deren Neigung zu extremen Formulierungen und eigenwilligen Metaphern an Thomas WOLFE erinnern. – Sein Buch, einer der ersten amerikanischen Kriegsromane nach 1945, behauptet noch heute seinen Platz neben den bedeutenden Erzählwerken über den Zweiten Weltkrieg.   G.Ba.

AUSGABEN: NY/Ldn. 1947. – Ldn. 1970. – NY 1984.

ÜBERSETZUNGEN: *Die Galerie*, G. Birkenfeld, Karlsruhe 1951. – *Etappe Napoli*, ders., Karlsruhe 1959. – Dass., ders., Wien 1961. – Dass., ders., Zürich 1961.

LITERATUR: Anon., Rez. (in Saturday Review of Literature, 14. 2. 1948). – J. W. Aldridge, *After the Lost Generation: A Critical Study of the Writers of Two Wars*, NY u. a. 1951, S. 140–146. – E. M. Valk, *Baraka, a Reminiscence in Memory of J. H. B.* (in Literary Review, 3, 1959, S. 280–286). – M. Bradbury, *The Modern American Novel*, Oxford 1983. – F. R. Karl, *American Fictions 1940–1980*, NY 1983. – W. Höbling, *Fiktionen vom Krieg im neuen amerikanischen Roman*, Tübingen 1987.

## ROBERT BURNS

\* 25.1.1759 Alloway bei Ayr
† 21.7.1796 Dumfries

LITERATUR ZUM AUTOR:
*Bibliographie*:
J. W. Egerer, *A Bibliography of R. B.*, Edinburgh/Ldn. 1964.
*Biographien*:
H. Hecht, *R. B. Leben u. Wirken des schottischen Volksdichters*, Heidelberg 1919; ²1936. – J. G. Lockhart, *The Life of R. B.*, Edinburgh 1828; Neudr. Ldn. o. J. (Everyman's Library).
*Gesamtdarstellungen und Studien*:
J. B. Reid, *A Complete Word and Phrase Concordance to the Poems and Songs of R. B.*, Glasgow 1889; Nachdr. NY 1967. – D. Daiches, *R. B.*, Ldn. u.a. 1952; ²1966 [rev.]. – M. Lindsay, *R. B. The Man, His Work, the Legend*, Ldn. 1954; ²1968. – C. Keith, *The Russet Coat. A Critical Study of B.'s Poetry and Its Background*, Ldn. 1956. – R. Reitemeier, *Geschichte d. englisch-schottischen B.-Kritik 1786–1955*, Diss. Göttingen 1957. – M. Lindsay, *The B. Encyclopedia*, Ldn. 1959. – Th. Crawford, *B. A Study of the Poems and Songs*, Edinburgh/Ldn. 1960. – A. Dent, *R. B. in His Time*, Edinburgh/Ldn. 1966. – L. M. Angus-Butterworth, *R. B. and the 18th Century Revival in Scottish Vernacular Poetry*, Aberdeen 1969. – R. T. Fitzhugh, *R. B.: The Man and the Poet*, Ldn. 1971. – G. Irving, *The Wit of R. B.*, Ldn. 1972. – D. A. Low, *R. B.: The Critical Heritage*, Ldn. 1974. – *Critical Essays on R. B.*, Hg. ders., Ldn. 1975. – C. Ericson-Roos, *The Songs of R. B. A Study of the Unity of Poetry and Music*, Stockholm 1977. – H. Schwinning, *Dichtung u. Radikalismus in der Epoche 1780–1806: Studien zu Blake, Wordsworth u. B.*, Ffm. 1979. – H. J. Kupper, *R. B. im dt. Sprachraum*, Bern 1979. – D. Strauss, *Die erotischen Dichtungen von R. B.*, Diss. Ffm. 1981. – *The Art of R. B.*, Hg. R. D. S. Jack u. A. Noble, Ldn. 1982. – M. E. Brown, *B. and Tradition*, Ldn. 1984.

## DAS LYRISCHE WERK (engl.) von ROBERT BURNS.

Der bedeutendste Vertreter der Renaissance der schottischen Dichtung im 18. Jh. ist einer der wenigen Dialektdichter – er schrieb in der nördlichsten englischen Mundart, dem Lowlands Scots –, die weltliterarische Bedeutung erreichten. Seine Vorläufer sind u. a. der Lieder- und Balladensammler und -dichter Allan RAMSAY (*The Tea-Table Miscellany*, 1724–1737) und Robert FERGUSSON (*Poems*, 1773), dessen anschauliche, detailverliebte Dialektgedichte über das schottische Landleben einen großen Einfluß auf ihn ausübten. Burns, Sohn eines Kleinbauern *(cotter)* und Autodidakt, hatte längere Zeit vergeblich versucht, ein Auskommen in der Landwirtschaft zu finden, als ihn die Veröffentlichung seines Gedichtbuches *Poems, chiefly in the Scottish Dialect* (1786) – die sog. Kilmarnock Edition – mit einem Mal zum berühmten Mann machte. Er wurde in den Salons der Gebildeten und Vornehmen in Edinburgh als Naturgenie und Volksdichter bewundert, als Verkörperung des zeitgenössischen Ideals des Originalgenies, als »Heaven-taught ploughman«, wie es Henry MACKENZIE ausdrückte. Burns hat zu diesem Mythos des naturbegabten Volksdichters, der, vom Pflügen heimgekehrt, seine Gefühle sich unmittelbar in lyrischen Versen ausströmen läßt, selber beigetragen. In seinem poetologischen Gedicht *Epistle to John Lapraik, An Old Scotch Bard* stellt er sich als das Gegenbild des *poeta doctus*, des gelehrten Dichters, hin: er beanspruche keine Bildung (»hae to Learning nae pretence«), er brauche nur die Inspiration durch die Natur (»ae spark o' Nature's fire«), um das Herz anzurühren. Als naiver Volksdichter wurde Burns bis weit ins 19. Jh. gefeiert, und der mit seinem Namen verbundene Mythos wird noch heute touristisch und kommerziell ausgenützt.

Burns' Ruhm beruht auf seinen Liedern, die, aus der mündlichen und schriftlichen Tradition schöpfend, die Merkmale der Sangbarkeit, der Gefühlsunmittelbarkeit und Spontaneität in einzigartiger Reinheit aufweisen. Berühmt ist das Liebeslied *A red red Rose* (»O my Luve's like a red, red rose«, 1794), in dem Burns Bilder, Motive, ja ganze Strophen aus zersungenen, d.h. fragmentarischen und entstellten Texten der Tradition übernommen und zu einer Einheit verschmolzen, gewissermaßen »zusammengesungen«, hat. Burns leistete für das Volkslied, was Sir Walter SCOTT einige Jahre später für die Volksballade tun sollte. Er steuerte nahezu 200 Lieder zu James JOHNSONS *The Scots Musical Museum* (1787–1803) bei, der wichtigsten schottischen Volksliedersammlung der Zeit. Seine Liedkunst besteht darin, elementare Gefühle und Themen wie Liebe, Freundschaft, Abschied, Trauer, Heimatgefühl und Trinkfreude in schlichten, von volkstümlichen Wendungen und Bildern geprägten Versen auszudrücken, in denen sich die melodische Fülle der Sprache in Übereinstimmung mit der Emotionalität des Tons befindet. Solche Lieder sind z. B. *I love my Jean* (»*Of a' the airts*«, 1788), *John Anderson my Jo* (1790), *My heart's in the Highlands* (1790) und *Auld lang syne* (1788). Burns stellt den anspruchsvollen, aus der Antike überkommenen Gattungen der Ode, der Ekloge und der Pastoraldichtung des Klassizismus das Lied als eine einfache, urtümliche Gattung gegenüber, in der sich die Einheit von Wort und Melodie wie von selbst ergibt.

In der Bettlerkantate *Love and Liberty* (1784/85), meist als *The Jolly Beggars* zitiert, legt Burns in einen narrativ-rezitativen Rahmen Lieder von in einer Kneipe zechenden Landstreichern und ihren Gefährtinnen ein und wechselt wirkungsvoll zwischen dem Scots-Englisch (der schottischen Variante der englischen Hochsprache) und dem kolloquialen Braid Scots (der Mundart von Ayrshire). Einem prahlerischen Soldatenlied folgt das Lied eines ehemaligen Soldatenliebchens, das in unbekümmerter Sinnenlust und trunkenem Frohsinn von ihrer Liebe zu diversen »*soger laddies*« (›Soldatenburschen‹) singt. Nach weiteren Liedern klingt das Gedicht mit einem anarchischen Trinklied aus, dessen Refrain eine übermütige Zurückweisung gesellschaftlicher Institutionen darstellt: »*A fig for those by law protected! / LIBERTY's a glorious feast! / Courts for Cowards were erected, / Churches built to please the Priest.*« Diese vitalen bacchantischen Verse atmen den Geist der einige Jahre nach ihrer Entstehung ausbrechenden Französischen Revolution, die Burns zuerst begrüßte, um sich später von ihr abzuwenden.

Eine berühmte, patriotisch gefärbte Darstellung des schottischen Milieus liefert *The Cotter's Saturday Night* (1784/85), ein Genre-Bild in SPENSER-Strophen, das den Abend in einer ärmlichen Hütte von der Rückkehr des Landmannes über das gemeinsame Essen bis zur Andachtsstunde und dem Rückzug zur Nachtruhe in genauer Detailschilderung, aber auch in zunehmend verklärender Weise darstellt. Die Schlußstrophen polarisieren das sinnentleerte Zeremoniell der kirchlichen Institution (»*poor Religion's pride*«, »*the pomp of method and of arts*«) und die Frömmigkeit der häuslichen Andacht, wo die Sprache der Seele noch ertönt, und des weiteren die Leerheit und Verlogenheit der fürstlichen und vornehmen Welt und die Ehrlichkeit und den natürlichen Adel des einfachen Bauern: »*The Cottage leaves the Palace far behind.*«
Eine Gattung, in der neuerdings Burns' eigentliche Leistung gesehen wird, ist die Verssatire. Die wichtigste Technik der Satiren ist die Verwendung einer *persona*, eines fiktiven Sprechers, der die von Burns kritisierte und attackierte Position in übersteigerter, deren Unhaltbarkeit und Verlogenheit offenbarender Form artikuliert. In den *kirk satires*, die die etablierte presbyterianische Kirche Schottlands kritisieren, ist der Sprecher meist ein Vertreter oder Anhänger der orthodoxen Glaubenspraxis der Presbyterialkirche, oder in den politischen Stücken läßt Burns ironisch die (in Wahrheit angegriffenen) Whigs oder hartherzigen Landsitzer zu Wort kommen. Genial gewährt uns Burns in *Holy Willie's Prayer* (1784/85) Einblick in das Innere eines Pharisäers und macht dessen Erwähltheitsdünkel und Entrüstungsmoral und die Selbstgerechtigkeit, Verlogenheit, Scheinheiligkeit und Gehässigkeit seiner Argumentation eindringlich deutlich. Ähnlich wirkungsvoll ist der Gebrauch der satirischen *persona* in den stärker im Dialekt geschriebenen Stücken *The Holy Fair* (1784/85), *The Twa Herds* (1784/85) und *The Ordination* (1786).

Anders als die klassizistische Satire, die sich der hohen Politik und den generalisierten Schwächen der Menschen zuwendet, bezieht sich Burns in seinen *kirk satires* auf den eng lokalisierten Bezirk der Gemeinde, in der Heuchelei, Perfidie und Hartherzigkeit herrschen. Einen vergleichbaren Wandel markiert seine Naturlyrik, in der an die Stelle der arkadischen Requisiten der klassizistischen Pastoraldichtung die kleine, niedere Kreatur tritt, etwa die Feldmaus in *To a Mouse, On turning her up in her Nest, with the Plough, November, 1785*, wo sich – wie früher in der Episode von Uncle Toby und der Fliege in Laurence STERNES *Tristram Shandy* – der Philanthropismus des 18. Jh.s auf das kleine Tier erstreckt, dem ein Höchstmaß von liebevoller Zuwendung zuteil wird. Zartere, innigere Dialektdichtung ist nicht möglich.

Als glänzender Humorist zeigt sich Burns in dem narrativen Gedicht *Tam o' Shanter* (vgl. dort), das von Tams Begegnung mit einer Hexenschar nach einem durchzechten Abend am Markttag in Ayr und der sich anschließenden wilden Verfolgungsjagd erzählt, in der sich Tam gerade noch vor den Hexen über den Fluß Doon retten kann. Einen besonderen Reiz dieses Gedichts macht die ironische Unterminierung des didaktischen Erzählerkommentars aus, vor allem des moralisierenden Schlusses. In dieser liebevoll-verschmitzten, ironischen Komposition bleibt der antikalvinistische Satiriker Burns spürbar. Die Didaxe ist ironisch, von Sympathie für den Helden getragen. W.G.M.

AUSGABEN: *Poems, Chiefly in the Scottish Dialect*, Kilmarnock 1786 [Nachdr. Osnabrück 1973]; Edinburgh ²1787; ³1793; ⁴1794. – *The Works*, Hg. J. Currie, Ldn. 1800, 4 Bde. – Dass., Hg. A. Cunningham, Ldn. 1834, 8 Bde. – Dass., Hg. W. S. Douglas, Edinburg 1877–1879, 6 Bde. – *The Poetry*, Hg. W. E. Henley u. T. E. Henderson, Edinburgh 1896, 4 Bde. – *The Poetical Works*, Hg. J. L. Robertson, Ldn. 1896. – *The Life and Works*, Hg. R. Chambers, Edinburgh 1951, 4 Bde. – *The Poems and Songs*, Hg. J. Kinsley, Oxford 1968, 3 Bde.

ÜBERSETZUNGEN: *Gedichte*, P. Kaufmann, Stg./Tübingen 1839. – Dass., W. Gerhard, Lpzg. 1840. – *Lieder und Balladen*, H. J. Heintze, Braunschweig 1840. – *Gedichte*, ders., Lpzg. 1859. – *Lieder*, G. Pertz, Lpzg./Heidelberg 1859. – *Lieder und Balladen*, A. v. Winterfeld, Bln. 1860. – Dass., K. Bartsch, 2 Bde., Hildburghausen 1865. – Dass.,

L. G. Silbergleit, Lpzg. 1869 (RUB). – *Lieder*, A. Corrodi, Winterthur 1870; ern. Zürich 1971. – *B.-Album*, A. Kissner, Lpzg./Winterthur 1877. – *Gedichte in Auswahl*, G. Legerlotz, Lpzg. 1889.

Vertonungen: [in dt. Übers.] von R. Franz, K. Goldmark, A. Jensen, F. Kücken, C. Loewe, F. Mendelssohn-Bartholdy, C. Reinecke, A. Schibler, R. Schumann u.a.

## TAM O'SHANTER

(engl.; *Tam o'Shanter*). Verserzählung von Robert Burns, erschienen 1793. – Das 224 Verszeilen umfassende Werk gilt als künstlerischer Höhepunkt im Schaffen des frühverstorbenen Lyrikers, dessen Bedeutung für die Weltliteratur von der Kritik erst sehr spät entdeckt wurde. Die fast kultische Verehrung, die ihm in seiner schottischen Heimat als dem Verfasser gefühlvoller Liebeslieder schon zu Lebzeiten zuteil wurde, hat seine hervorragendsten Leistungen, die Verssatiren, lange Zeit in den Hintergrund gedrängt. Burns selbst hat viel zur Verkennung seiner wahren Begabung beigetragen, als er während seines Aufenthalts in den vornehmen Edinburgher Literatenkreisen (1786) die Rolle des naiv-sentimentalen Barden spielte, der, vom Pflügen heimgekehrt, zur Feder greift und als *man of feeling* (im Sinne Henry Mackenzies) ungeformte Erlebnis- und Dialektdichtung verfaßt. *Tam o'Shanter* entstand nach diesem für ihn zutiefst deprimierenden Erlebnis und vereinigt in sich alle Vorzüge seiner früheren Werke, die von der Tradition des Volksliedes, der Straßenballade und der übersinnlichen Erzählung geprägt sind. Der Konflikt zwischen Vernunft und Leidenschaft, Gesellschaft und Moral, kalvinistischem Dogmatismus und sinnlicher Lebensfreude bestimmt dabei nicht nur den Inhalt, sondern auch dessen sprachliche Gestaltung. Wie schon in *The Jolly Beggars* stehen die beiden Sprachebenen des Gedichts – das mundartliche Idiom von Ayrshire und die schottische Variante der englischen Hochsprache – für zwei völlig verschiedene Gefühlswelten: Im kolloquialen Scots wird der anarchischen Sinnenlust und dem unbändigen Drang nach Befreiung von Unterdrückung jeglicher Art Ausdruck verliehen, während das Scots-English vor allem in philiströsen Moralpredigten satirisch verwandt wird. Wohl sind in *Tam o'Shanter* politisch subversive Ideen, wie sie z.B. in den Gedichten *Man Was Made to Mourn* und *Love and Liberty* zu finden sind, zugunsten eines weitgehend versöhnlichen Humors ausgeklammert, doch bringt der Wechsel des Sprachstils die ständige Spannung zwischen puritanischer Konvention und individueller Freizügigkeit zu Bewußtsein.

Nach dem wöchentlichen Markt in Ayr verbringt der Bauer Tam trotz der Ermahnungen des fiktiven Erzählers, doch endlich zu seiner Frau nach Garrick heimzukehren, den ganzen Abend in der Taverne, wo er mit Freunden zecht und singt und mit der Wirtin ein Liebesgetändel beginnt. Die trunkene Atmosphäre dieser stürmischen Nacht faßt der Dichter in eine an klanglichen und rhythmischen Echos reiche Sprache. Die triumphierende Klimax des ersten Abschnitts (»*Kings may be blest, but Tam was glorious, / O'er a' the ills o' life victorious!*«) erinnert an Burns' frühere antimonarchische Häresien und spiegelt deutlich seinen Glauben an die Überlegenheit des freien und einfachen Mannes über alle angeblich gottgewollten Ordnungen wider. Plötzlich jedoch ertönt inmitten dieser Ausgelassenheit die kalte, unpersönliche Stimme des Erzählers und beschwört sentenzenhaft die Vergänglichkeit aller Vergnügungen. Tam reitet halb betrunken auf seiner Stute heimwärts, vorbei am Friedhof von Kirk-Alloway, wo sich Teufel, Hexen und Zauberer zum Sabbat versammelt haben. Dem Dichter gelingt hier eine komisch-satirische Behandlung des Übernatürlichen, die trotz der realistischen Grundtendenz das Element der Angst und des abergläubischen Entsetzens nicht zu kurz kommen läßt. Was zunächst als bloßes Hirngespinst des betrunkenen Bauern verstanden werden könnte, wird im Folgenden jeder rationalen Erklärung entzogen: Die Hexe Nannie reißt der flüchtenden Stute in dem Moment den Schwanz ab, als Tam auf dem Rücken des Pferdes bereits die rettende Linie – die Mitte des Flusses – übersprungen hat. Die Ermahnung des Erzählers, die Bauern sollten sich immer dann, wenn es sie nach Alkohol und Dirnen gelüstete, der Geschichte Tams und seiner verstümmelten Stute erinnern, ist der ironische Ausklang einer vielschichtigen Erzählung, die sich nur vordergründig auf eine so einfache Formel bringen läßt.

Die latente Verbindung zwischen Übersinnlichem und irdischer Sinnenfreude, zwischen Teufelsmagie und Dichtkunst sowie zahlreiche soziale und sexuelle Bezüge machen *Tam o'Shanter* zu einem Meisterwerk der vielschichtigen Gesellschafts- und Sittenschilderung. Auch in formaler Hinsicht wird diese Verserzählung von keinem anderen Gedicht Burns' übertroffen: Bei aller Verschiedenheit der »Stimmlagen« stellt sie dank der Harmonie von Erzählton, Versmaß (achtsilbige Reimpaare) und Versschmuck (zahlreiche Alliterationen), dem genau kalkulierten Tempo- und Perspektivenwechsel und der bis ins kleinste Detail durchkomponierten Bildwelt eine künstlerische Einheit dar, wie sie innerhalb der Gattung der Verserzählung erst wieder in Byrons *Mazeppa* (1819) erreicht wurde. J.N.S.

Ausgaben: Edinburgh 1793 (in *Poems, Chiefly in the Scottish Dialect*, 2 Bde.). – Glasgow 1795 *(Alloway Kirk; or Tam o'Shanter. A Tale)*. – Edinburgh 1877–1879 (in *The Works*, Hg. W. S. Douglas, 6 Bde., 2; krit.). – Ldn. 1884 [Ill. G. Cruikshank]. – Ldn. 1896 (in *The Poetical Works*, Hg. J. L. Robertson; m. Anm. u. Glossar). – Perth 1924. – Warlingham 1934 [Ill. I. Macnab]. – St. Catharines/Ont. 1947 [Bearb. C. E. Powell]. – Edinburgh/Ldn. 1958 (in *Poetical Works*, Hg. W. Wallace). – Milngavie 1959. – Oxford 1968 (in *The Poems and Songs*, Hg. J. Kinsley, 3 Bde., 2).

ÜBERSETZUNGEN: *Tam o'Shanter*, Ph. Kaufmann (in *Gedichte*, Stg./Tübingen 1839). – Dass., W. Gerhard (in *Gedichte*, Lpzg. 1840). – Dass., A. v. Winterfeld (in *Lieder und Balladen*, Bln. 1860). – Dass., K. Bartsch (in *Lieder u. Balladen*, Bln. 1865; ern. Lpzg. o.J. [1900]). – Dass., L. G. Silbergleit (in *Lieder und Balladen*, Lpzg. 1869; RUB).

LITERATUR: A. H. Maclaine, *B.' Use of Parody in »Tam o'Shanter«* (in Criticism, 1, 1959, S. 308–316). – Th. Crawford, *B. A Study of the Poems and Songs*, Edinburgh/Ldn. 1960, S. 220–236. – R. Morton, *Narrative Irony in R.B.' »Tam o'Shanter«* (in MLQ, 22, 1961, S. 12–20). – M. L. Mackenzie, kenzie, *A New Dimension for »Tam o'Shanter«* (in Studies in Scottish Literature, 1, 1963, S. 87–92). – R. Bentman, *R. B.' Use of Scottish Diction* (in *From Sensibility to Romanticism. Essays Presented to F. A. Pottle*, NY 1965, S. 239–258). – J. Kinsley, *A Note on »Tam o'Shanter«* (in English, Magazine of the English Association, 16, 1967, S. 213–217).

## WILLIAM SEWARD BURROUGHS

\* 5.2.1914 St. Louis / Miss.

LITERATUR ZUM AUTOR:
I. Hassan, *The Subtracting Machine: The Work of W. B.* (in Crit, 6, 1963, S. 4–23). –
C. Knickerbocker, *W. B.: An Interview* (in Paris Review, 9, 1965, S. 12–49; repr. in *Writer at Work*, 3, NY 1967, S. 141–147). – T. Tanner, *City of Words: American Fiction 1950–1970*, NY 1971, S. 109–140. – J. Vernon, *The Garden and the Map: Schizophrenia in Twentieth Century Literature and Culture*, Urbana 1973, S. 85–109. – Miles Associates, *A Descriptive Catalogue of the W. B. Archive*, Ldn. 1973. – M. B. Goodman, *W. B.: An Annotated Bibliography of His Works and Criticism*, NY 1975. – P. Mikriamos, *W. B.*, Paris 1975. – W. Burroughs, jr., *Life With Father* (in ders., *Kentucky Ham*, NY 1973). – W. L. Stull, *The Quest and the Question: Cosmology and Myth in the Work of W. B., 1953–1960* (in TCL, 24, Sommer 1978). – E. Mottram, *W. B.: The Algebra of Need*, Ldn. 1977. – J. Maynard u. B. Miles, *W. B.: A Bibliography*, 1953–1973, Charlottesville 1978. – J. Tytell, *Propheten der Apokalypse: W. B.; Jack Kerouac; Allen Ginsberg*, Wien u. a. 1979. – J. Skerl, *W. B.: Pop Artist* (in Sphinx, 11, 1980, S. 1–15). – V. Bockris, *With W. B.: A Report From the Bunker*, NY 1981. – M. Skau, *The Central Verbal System: The Prose of W. B.* (in Style, 15, 1981, S. 401–414). – F. R. Karl, *American Fictions 1940–1980*, NY 1983, passim. – J. Ploog, *Straßen des Zufalls: W. B. und eine Literatur der 80er Jahre*, Bern 1983. – J. Skerl, *W. S. B.*, Boston 1986 (TUSAS).

## THE NAKED LUNCH

(amer.; *Ü: The Naked Lunch*). Roman von William Seward BURROUGHS, erschienen 1959; Teile daraus wurden bereits 1953 unter dem Titel *Junkie* und dem Pseudonym »William Lee« veröffentlicht; in veränderter Fassung erschien das Buch später unter dem Titel *Dead Fingers Talk*. – Die Bezeichnung »Roman« für dieses Erstlingswerk des Autors ist irreführend. Die Diskontinuität der Aufzeichnungen – »*man kann bei jedem Absatz zu lesen beginnen*« (Bourroughs) – rührt daher, daß sie weitgehend unter Rauschgifteinfluß, im Delirium und während verschiedener Entziehungskuren, denen sich Burroughs unterzog, entstanden sind: *»Ich kann mich nicht genau an die Niederschrift der Notizen erinnern, die jetzt unter dem Titel ›The Naked Lunch‹ veröffentlicht worden sind.«*
Der Verfasser berichtet von seinen Erfahrungen als Rauschgiftsüchtiger in den USA und Mittelamerika, von den verschiedenen Suchtzuständen und den Alpträumen während der Entziehung; Reales und Halluziniertes, Erlebtes und im Rausch Phantasiertes gehen dabei häufig ineinander über. Das zweite große Thema des Buches ist die Homosexualität, die in den Fieberträumen des oder der Süchtigen eine wichtige Rolle spielt. Die Welt der *addicts*, das Verhalten der Käufer, Verteiler und Rezeptschmierer, der Polizisten und FBI-Agenten, die Jagd nach *junk* (»Stoff«), die Furcht vor Verhaftung und die daraus resultierenden kriminellen Handlungen, grotesk ausphantasiert, bis zum Töten und Getötetwerden reichende Gewalttätigkeiten und homosexuelle Orgien werden in zahlreichen, abrupt aufeinanderfolgenden, nur selten mit Überschriften versehenen Abschnitten geschildert, in einer Sprache, deren wegwerfende, oft zugleich eiskalt grausam und komisch wirkende Härte und Knappheit durch die mit größter Selbstverständlichkeit verwendeten krassen einschlägigen Slang-Ausdrücke unterstrichen werden. So entsteht ein Bild von der Entstellung der Welt durch den Blick des Süchtigen. Burroughs' weit über die Freizügigkeit Henry MILLERS hinausgehende Mißachtung aller gesellschaftlichen und sexuellen Tabus ebenso wie seine monströsen Figuren – darunter verbrecherische Ärzte und erfolgreiche Rauschgiftschmuggler – und seine Phantasien von totalitären Staatswesen, mysteriösen Handelstrusts und seltsamen politischen Parteien schockieren und desorientieren den Leser bisweilen völlig. Die Bedeutung mancher Passagen erschließt sich wohl nur dem, der über die spezifischen Halluzinationen informiert ist, die durch gewisse Grade der Intoxikation und durch bestimmte Rauschgifte verursacht werden; so ist z. B. das Auftauchen unmenschlicher Ärzte in den Phantasien des Patienten typisch für bestimmte Phasen der Entziehungskur.
Dennoch ist dies ein moralisches Buch. Nicht nur hat Burroughs einige Passagen als »*Traktat gegen die Todesstrafe*« geschrieben, die er als einen »*obszönen, barbarischen und abstoßenden Anachronismus*« bezeichnet, sondern er will sein Buch auch aus-

drücklich als ein »*Wort an die Klugen*«, als eine Warnung verstanden wissen, da er selbst den »*Rauschgiftvirus für das öffentliche Gesundheitsproblem Nr. 1 in der heutigen Welt*« hält. Ohne unmittelbar didaktisch zu sein, erzielt seine Darstellung von Schmutz und Elend des Süchtigendaseins eine eindringliche und abstoßende Wirkung, so daß er damit nicht nur die literarischen »*Erfahrungsbereiche erweitern*« konnte, sondern zugleich eines der großen authentischen Dokumente des Befangenseins in einem Zustand menschenunwürdiger Willensunfreiheit und der Befreiung aus dieser Lebenskrise lieferte.

Beträchtlichen Einfluß auf die amerikanische Literatur der sechziger Jahre, vor allem auf die »Beat«-Schriftsteller, übte sein Buch auch deshalb aus, weil es die USA mit deutlich satirischer Tendenz aus der nicht repräsentativen, quasi inoffiziellen Perspektive der *outlaws* und *misfits* schildert und damit ein Gegenbild zur angeblichen Harmlosigkeit und sterilen, hygienesüchtigen Wohlanständigkeit des *American way of life* darstellt.

*The Naked Lunch*, dessen Titel von Jack KEROUAC angeregt wurde und sich auf »*einen gefrorenen Moment*« bezieht, »*in dem jeder sieht, was auf den Zinken der Gabel steckt*« (Burroughs), wurde von führenden Kritikern, darunter Mary MCCARTHY, Walter ALLEN und Norman MAILER, enthusiastisch begrüßt und von der Zensur bekämpft; erst 1962 konnte es in den USA erscheinen. Burroughs, von dem sein englischer Verleger (J. Calder) sagte, er habe den Mut, »*jene Gebiete des Innern zu erforschen, aus denen Phänomene wie Auschwitz aufstiegen*«, behandelte auch in seinen späteren Romanen *Soft Machine* (1961), *The Ticket That Exploded* (1962) und *Nova Express* (1963) psychische Grenzsituationen: Zwänge, Halluzinationen und Alpträume sadistischer medizinisch-psychologischer Experimente. J.Dr.

AUSGABEN: Paris u. NY 1959 (zuerst 1953 u. d. T. *Junkie* u. d. Pseud. W. Lee). – NY 1962. – Ldn. 1963 (u. d. T. *Dead Fingers Talk*). – Ldn. 1964. – NY 1964 *(Junkie)*. – Ldn. 1966 (dass.). – NY 1969. – NY 1977 *(Junky)*. – NY 1984.

ÜBERSETZUNGEN: *The Naked Lunch*, K. u. P. Behrens, Wiesbaden 1962; ern. 1969. – *Junkie*, K. Behrens, Wiesbaden 1963. – *The Naked Lunch*, K. u. P. Behrens, Ffm. u. a. 1971 (Ullst. Tb). – *Junkie*, K. Behrens, Ffm. u. a. 1972 (Ullst. Tb). – *The Naked Lunch. Junkie*, C. Weissner (in *W. B.*, Bd. 1, Ffm. 1978; ungek.).

LITERATUR: M. McCarthy, *B.' »Naked Lunch«* (in Encounter, 20, 1963, S. 92–98). – W. D. McConnell, *W. B. and the Literature of Addiction* (in Massachusetts Review, 8, 1967, S. 665–680). – M. McCarthy, *The Writing on the Wall and Other Essays*, NY 1970, S. 42–53. – A. Seltzer, *Chaos in the Novel: The Novel in Chaos*; NY 1974. – M. Bliss, *The Orchestration of Chaos: Verbal Technique in W. B.'s »Naked Lunch«* (in enclitic, 1, 1977, S. 59–69). – A. C. Hilfer, *Mariner and Wedding Guest in W. B.'s »Naked Lunch«* (in Criticism, 22, 1980, S. 252–265). – M. B. Goodman, *Contemporary Literary Censorship: The Case History of B.'s »Naked Lunch«*, Metuchen/NY 1981. – A. Weinstein, *Freedom and Control in the Erotic Novel: The Classical »Liaisons Dangereuses« Versus the Surrealist »Naked Lunch«* (in Dada/Surrealism, 10/11, 1982, S. 29–38). – T. Main, *On »Naked Lunch« and Just Desserts* (in Chicago Review, 33, 1983, H. 3, S. 81–83). – B. L. Estrin, *The Revelatory Connection: Inspired Poetry and »Naked Lunch«* (in RCF, 4, 1984, H. 1, S. 58–64). – A. Johnston, *The Biopathy: W. B.'s »Junky« and »Naked Lunch« and Reichian Theory* (ebd., S. 107–120).

## THE WILD BOYS

(amer.; Ü: *Die wilden Boys*). Roman von William Seward BURROUGHS, erschienen 1971. – Nach der stark experimentell ausgerichteten, von der konsequenten Anwendung sogenannter *cut-up-* und *fold-in*-Techniken und der Ausformulierung des pessimistischen Nova-Mythos geprägten ersten Phase im Romanwerk W. S. Burroughs, die vier seiner ersten Romane verklammert, beginnt mit dem 1969 fertiggestellten Text *The Wild Boys* thematisch wie auch erzähltechnisch insofern ein neuer Abschnitt, als der Autor zum einen durch die Verwendung aus den Bereichen des Films, der »pulp fiction« und des Comics übernommener einfacher narrativer Strukturen sich wieder stärker dem Erzählen von Geschichten zuwendet *(»ich komme jetzt wieder dahin zurück, ganz konventionelle, einfache narrative Texte zu schreiben, wobei ich aber das, was ich aus der cut-up- und anderen Techniken gelernt habe, mit Blick auf das Problem konventionellen Schreibens dennoch anwende«)* und zum anderen sich an die Schaffung eines neuen Diskursuniversums macht, das für die bis 1981 entstandenen Texte maßgeblichen Stellenwert besitzt.

Im Gegensatz zu den früheren Romanen, in denen es eher um die Abbildung psychischer Erfahrungen ging, wird nun über die erzählerische Kreation alternativer Welten im Leser Erfahrung auf eine Weise geschaffen, der »*eher eine performative als eine mimetische Kunsttheorie*« (J. Skerl) zugrunde liegt. Trotz des Angebots narrativer Elemente, die im wesentlichen auch ein Zugeständnis an die Lesbarkeit des Textes sind, verfolgt Burroughs, dem es vor allem um den Nachweis der von Machtinteressen geleiteten, manipulativen Beeinflussung und Kontrolle von Sichtweisen und Bewußtseinsstrukturen geht, eine Ästhetik der die Linearität des narrativen Texts durch Schnittechniken und kontrollierte Neukombination auf der Achse der Syntagmatik radikal unterlaufenden Provokation. Das Verfahren der Fragmentarisierung dient dabei der Destabilisierung des seit ARISTOTELES die westlichen Kulturen prägenden Logozentrismus und somit der Unterminierung der Sprache als einem zentralen Träger der Erhaltung von Macht: »*Das Wort, so wie es die Zeitungen benutzen, ist natürlich eines der einflußreichsten Kontrollinstrumente – genauso wie die Bilder (...). Wenn man sich nun daran macht, sie zu zerschneiden und neu zu kombinieren, zerstört man das Kontrollsystem.*«

Im Sinne der Auseinandersetzung mit Abhängigkeits- und Machtstrukturen modellieren die 18 Sektionen des Romans *The Wild Boys* zentrale, die westlichen Zivilisationen bestimmende Dualismen (sozial: Ordnung vs. Chaos; biologisch: Frau vs. Mann; zeitlich: Vergangenheit vs. Zukunft; politisch: Westen vs. Osten; moralisch: gut vs. böse; ontologisch: Realität vs. Fiktion), die als unsere Weltsicht unterschwellig manipulierende entscheidende Darstellungsformen des westlichen »Virus« im Textverlauf insofern dekonstruiert werden, als ihre ideologischen und metaphysischen Prämissen hinterfragt und umgewertet werden. Burroughs mischt dabei sowohl autobiographische Elemente, die in den Sequenzen um die Figur des Audrey Carsons im St. Louis der zwanziger Jahre ihren Ausdruck finden, als auch Science-Fiction-Elemente, deren wesentliche Funktion in der Ausformulierung des *Wild-Boys*-Mythos zu sehen ist. Der Auflösung der Grenze zwischen Realität und Fiktion, die auch zentraler Gegenstand der metapoetischen Teile in den »*Penny Arcade Peep Show*«-Sequenzen ist, entspricht die Auflösung der zeitlichen Begrenzungen von Vergangenheit und Zukunft und die Pluralisierung des Konzepts des Ortes. Die dargestellte Welt zerfällt dabei in zwei Lager: Der westlichen Welt, an deren Spitze die USA stehen und die den Formeln gesellschaftlicher Ordnung (Nation, Familie), biologischer (Abhängigkeit von der Frau als Mutter) und zeitlicher Determiniertheit (Geburt und Tod) verpflichtet ist, steht die Antwort der »wilden Boys« gegenüber, deren Horden frühzeitlich anmutender Jäger und Krieger die so definierten herrschenden Machtstrukturen im Sinne eines anarchischen, trieb- und instinktgeleiteten, kollektiv ausgerichteten und durch das Ritual gelenkten gesellschaftlichen Gegenentwurfs überwinden.

»*Durch die Fiktionalisierung seines eigenen Ichs der Vergangenheit und die Verschmelzung dieses Ichs mit einer anderen Fiktion (...) unternimmt Burroughs, der Autor, den Versuch, der Fesselung durch die Zeit, den Körper und die Gesellschaft zu entrinnen*« (J. Skerl).

Die Geschichte des Verhältnisses der beiden Gesellschaftskonzeptionen beginnt 1969 mit der zufälligen, von der Werbebranche mit einem Photo eines kalt lächelnden Jungen in Gang gebrachten Entstehung des BOY-Mythos im Umkreis von Jugendbanden in Marrakesch, der alsbald eine ungeahnte Eigendynamik gewinnt: »*Der BOY wurde zur heißesten Nummer in der Werbebranche. Dieses enigmatische Lächeln auf dem zarten jungen Gesicht (...). Aber der BOY wurde zu heiß. Wir bekamen ihn nicht mehr unter Kontrolle.*« Die Faszination, die der BOY auf die Jugendlichen der westlichen Welt ausübt, läßt schnell den Ruf nach einem starken Mann laut werden, der radikal ihre Liquidation betreibt, die jedoch damit endet, daß sich die wenigen Überlebenden in den Untergrund flüchten und von dort einen Guerilla-Krieg zu führen beginnen. Die erste schwere Auseinandersetzung tritt ein mit dem Kreuzzug der Amerikaner gegen die »wilden Boys« unter der Leitung des dem borniertes amerikanischen Mittelstand entstammenden und seinen Normen verpflichteten Generals Lewis Greenfield im Jahre 1976. »*Überall in Amerika lassen Jungs wie Johnny ihr Land und ihr großes amerikanisches Erbe im Stich und werfen sich, verlockt von den Versprechungen Moskaus, einem Leben von Drogen und Laster in die Arme. Ich sage Ihnen – wo immer Anarchie, Laster und Verderbtheit ihre geblähten Schlangenhälse recken, bereit zum Angriff auf alles, was uns heilig ist, da ist es ein Angriff auf das Herz Amerikas!*« Die naiv an dem Glauben, als willkommene Befreier begrüßt zu werden, festhaltende amerikanische Armee wird von den »wilden Boys« unmerklich unterwandert und durch den Einsatz sich virenartig verbreitender Beeinflussungsmechanismen (Niesen, Lachen, Schluckauf) auf eine Weise kampfunfähig gemacht, daß sie in der entscheidenden Schlacht entwürdigend dezimiert wird. Im Jahr 1988 zeigt die westliche Welt durch die Auseinandersetzung mit diesem ihre wahre Ideologie freilegenden Gegner bereits ein ganz anderes Gesicht: »*Unter dem Vorwand, einen verheerenden Drogenmißbrauch bekämpfen zu müssen, hat sich in der ganzen westlichen Welt Polizeistaaten etabliert. Denken, Fühlen und Verhalten der Bevölkerung werden (...) präzise vorprogrammiert und gesteuert, und dies ermöglicht es den Polizeistaaten, eine demokratische Fassade zu wahren und alle Gegner des Kontrollapparats als Kriminelle, Perverse und Drogensüchtige zu denunzieren.*« Gleichwohl erscheinen im Jahr 1989 die »wilden Boys« zumindest in bestimmten Gebieten der Welt (Marokko, Süd- und Mittelamerika) in der stärkeren Position. Die anderen, dem Text vor- bzw. zwischengeschalteten Sektionen modellieren in analogisierbarer Weise die im *Wild-Boys*-Mythos ausformulierten thematischen Komplexe.

Erzähltechnisch gesehen erweist sich die Montage-Technik des Films als das dominierende, durch zahlreiche Lexeme aus diesem Bereich explizit gestützte Verfahren, das die Verwischung der Grenzen von Ort, Zeit und Fiktion dem Leser zumindest ansatzweise plausibel zu machen vermag. Die textuelle Methode der Kombination von narrativen Fragmenten, der Sequenzbildung mithilfe immer wiederkehrender thematischer Einheiten, der Juxtaposition örtlich und zeitlich disparater Teile findet ihre Entsprechung zum einen in der Versetzung von Figuren über die bislang im traditionellen Roman gültigen Grenzen des Ortes, der Zeit und der modellierten fiktiven Welt (die Figur als Beobachter einer projizierten Fiktion wird zum Handelnden innerhalb dieser Fiktion bzw. umgekehrt) und zum anderen in der Pluralisierung des Ich-Erzählers, der dem Leser als verläßliche Dekodierungsinstanz und Normfigur nicht mehr zur Seite steht. Die Konzepte »klassischen« Erzählens (Ort, Zeit,

Figur, Handlung) werden so auf allen textuellen Ebenen aufgelöst.

Mit *The Wild Boys* schreibt Burroughs, der sowohl JOYCE, PROUST, G. STEIN als auch CASTANEDA, FOWLES, Quellen des Okkultismus und indianischer Mythen sowie der *beat generation* verpflichtet ist, vehement gegen die Jahrtausende bestehende Manipulation des westlichen Menschen durch eine vermeintlich transparente Sprache an, wobei er, angeregt durch die Jugendbewegungen der späten sechziger Jahre, zum erstenmal neben tief pessimistisch geprägten dystopischen Elementen auch Ansätze zum Entwurf alternativer positiver »Lebensformen« sichtbar werden läßt. Die dekonstruktive Verdeutlichung der die westliche Welt dominierenden und fesselnden Oppositionen wird in diesem im Untertitel als »*Buch der Toten*« bezeichneten Roman in einen Ansatz zur Überwindung herrschender Machtstrukturen überführt. Die extensive Beschreibung sadomasochistischer homosexueller Praktiken muß dabei als Möglichkeit interpretiert werden, das Anliegen der Unterminierung des herrschenden Diskurses vor der Gefahr der medientypischen Einverleibung und Reduktion der Provokation auf die Ebene bloßen Amüsements zu retten. Der in seinem Änderungswillen moralische Grundansatz macht *The Wild Boys* zu einem leidenschaftlichen Plädoyer gegen den Totalitarismus geschlossener Sinnsysteme. A.Mah.

AUSGABEN: NY 1971. – Ldn. 1972. – Ldn. 1973. – NY 1981 (in *Three Novels*).

ÜBERSETZUNG: *Die wilden Boys*, C. Weissner (in *W. B.*, Bd. 2, Ffm. 1980).

LITERATUR: D. Odier, *The Job. Interview with W. B.*, Ldn. 1970. – J. Hendin, Rez. (in Saturday Review, 30. 10. 1971). – A. Kazin, Rez. (in New York Times Book Review, 12. 12. 1971). – G. Cordesse, *The Science-Fiction of W. B.* (in Caliban, 2, 1975, S. 33–43). – J. Tytell, *Naked Angels: The Lives and Literature of the Beat Generation*, NY 1976. – M. Skau, *The Central Verbal System: The Prose of W. B.* (in Style, 15, 1981, S. 401–414).

---

## HERMANN BURTE

d.i. Hermann Strübe
* 15.2.1879 Maulburg bei Lörrach
† 21.3.1960 Lörrach

LITERATUR ZUM AUTOR:
H. Knudsen, *Der Dichter B.*, Konstanz/Lpzg. 1918. – *H. B. 80 Jahre*, Hg. F. Burda, Offenburg 1959. – D. Slark, *Literarisches Kaleidoskop*, Darmstadt 1982, S. 15–19.

## KATTE

Historisches Schauspiel in fünf Akten von Hermann BURTE, Uraufführung: Dresden, 6. 11. 1914, Hoftheater. – Das mit eindrucksvoller Knappheit geschriebene Stück, in dem Burte den überhitzten, verschwommen-mystischen Stil seines Romans *Wiltfeber, der ewig Deutsche* (1912) weitgehend vermeidet, behandelt die Vorgänge um den Versuch des Kronprinzen Friedrich von Preußen – nachmals Friedrich der Große –, der unerträglichen Tyrannei seines Vaters gemeinsam mit dem Freund Katte zu entfliehen. Im Mittelpunkt des Stücks steht jedoch nicht wie bei den meisten der zeitgenössischen Bearbeitungen des gleichen Ereignisses (Emil LUDWIG, *Friedrich, Kronprinz von Preußen*, 1914; Joachim von der GOLTZ, *Vater und Sohn*, 1923), die Auseinandersetzung zwischen Vater und Sohn, sondern das Verhältnis Kattes zu König und Staat.

Der dem Kronprinzen bedingungslos ergebene Freund bereitet zwar die Flucht Friedrichs vor, zu der dieser eine gemeinsame Reise mit dem Vater an den Rhein benutzen will, entschließt sich aber, als Friedrichs Plan mißlingt, selbst nicht zu fliehen, sondern in Berlin zu bleiben und sich schützend vor den Kronprinzen zu stellen. Katte wird verhaftet, von einem Kriegsgericht zunächst zu lebenslänglicher Festungshaft, vom König selbst aber, der sich streng an das »*geschriebene Gesetz*« hält, wegen Hochverrats zum Tode verurteilt (Katte soll gesagt werden, »*daß es seiner Majestät leid täte, es wäre aber besser, daß er stürbe, als daß die Justiz aus der Welt käme.*«) – ein Urteil, das er, der sich als ein »*Bauopfer für den preußischen Staat*« betrachtet, willig annimmt, denn »*ich sterbe gern für einen Herrn, den ich liebe, und habe den Trost, ihm durch einen willigen Tod einen Beweis meiner Anhänglichkeit zu geben*«. In Küstrin wird Katte im Gefängnishof unter den Augen des Kronprinzen, der auf Befehl seines Vaters der Hinrichtung seines engsten Freundes vom Zellenfenster aus beiwohnen muß, enthauptet. Der weihevolle Schein, in dem diese brutale, ja sadistische Anordnung sich dem Zuschauer nach dem Willen des Dichters darstellen soll – »*Mein Sohn soll die Bitternis des Todes auskosten, ohne ihn zu erleiden. Das wird ihn läutern und endlich sein besseres Ich ans Licht bringen*« –, beleuchtet die weltanschauliche Tendenz des Stücks, das die dem zutiefst zweideutigen Phänomen »Preußentum« innewohnende Unmenschlichkeit verherrlichend »vertieft«. Burtes Held erscheint so durch die bewußte Zuspitzung der dem Stück zugrunde liegenden Moralprinzipien als »*unschuldig vor der Welt, doch nicht vor Gott*«. Burte, der bereits 1912 in seinem Roman *Wiltfeber* Staatsverherrlichung und völkisches Sendungsbewußtsein propagiert hatte, sah schließlich in den Nationalsozialisten die Vollstrecker seiner Träume von einer germanisch-preußischen »Volksgemeinschaft«. KLL

AUSGABEN: Lpzg. 1914. – Lpzg. 1922. – Bln. 1940.

## ROBERT BURTON

Pseud. Democritus Junior
* 8.2.1577 Lindley Hall
† 25.1.1640 Oxford

**LITERATUR ZUM AUTOR:**
*Bibliographie*:
D. Donovan, M. G. H. Herman, A. E. Imbrie, *Sir Thomas Browne and R. B.: A Reference Guide*, Boston 1981.
*Biographien*:
J. R. Simon, *R. B. (1577–1640) et »L'Anatomie de la Mélancholie«*, Paris 1964. – R. L. Nochimson, *Studies in the Life of R. B.* (in Yearbook of English Studies, 4, 1974, S. 85–111).
*Gesamtdarstellungen und Studien*:
H. J. Gottlieb, *R. B.'s Knowledge of English Poetry*, NY 1933. – W. R. Mueller, *The Anatomy of R. B.'s England*, Berkeley 1952. – M. O'Connell, *R. B.*, Boston 1986.

## THE ANATOMY OF MELANCHOLY, WHAT IT IS

(engl.; *Die Anatomie der Melancholie*). Pseudomedizinische Abhandlung in drei Bänden von Robert BURTON, erschienen 1621. – Melancholie ist die Modekrankheit in den ersten Jahrzehnten des 17. Jh.s, und Burton bekennt, er habe sein Buch nur geschrieben, um sich selber seine melancholischen Anwandlungen zu erleichtern. Er scheint jedoch ein humorvoller Pessimist gewesen zu sein, und es mutet fast ironisch an, daß sein Buch über die Melancholie einer der Unterhaltungsschlager in der englischen Literatur geworden ist.
Hervorstechendstes Merkmal des umfangreichen Werkes ist die Überfülle an Zitaten und Paraphrasen aus den Werken der griechischen und lateinischen Klassiker, aus der Bibel und den Kirchenvätern, wie auch aus den Werken der Elisabethanischen Zeit. Diese im 20. Jh. etwas befremdliche Methode war zur damaligen Zeit ein Zeichen von Wissenschaftlichkeit, und das Werk ist insofern noch ein Produkt mittelalterlicher Denkweise, als es statt einer Beweisführung das Zitat einer »Autorität« als Beleg für die Richtigkeit seiner Aussagen verwendet. Es finden sich jedoch auch schon Ansätze modernen deduktiven Argumentierens, und das Buch wird deshalb als eine Brücke zwischen mittelalterlich-scholastischem und modern-empirischem Denken bezeichnet. Sein streng systematischer Aufbau wird gelegentlich durch lange Einschübe unterbrochen, die ausdrücklich als Abschweifungen *(digressions)* bezeichnet werden. Diese sind jedoch durchaus ins Ganze eingeplant und sprengen nicht, sondern erweitern nur die gesamte Anlage, die im Ergebnis nicht nur eine Analyse der Melancholie, sondern eigentlich ein umfassender Kommentar zur menschlichen Natur geworden ist. Den drei Bänden entsprechen drei Hauptteile *(partitions)* mit folgenden Themenkreisen: 1. Definition, Ursachen, Symptome und Diagnose der Melancholie; 2. Behandlung und Heilung der Melancholie; 3. Melancholie der Liebe, der Religiosität. Diese drei Hauptteile gliedert der Autor in Abschnitte *(sections)*, Glieder *(members)* und Unterabschnitte *(subsections)* und fügt dazwischen auch noch seine Digressionen ein. Alle Titel und Untertitel werden vor Beginn eines Hauptteils synoptisch dargestellt. Die Unterabteilungen sind, obwohl organisch aus dem Thema entwickelt, doch z. T. selbständige und sogar kühne Essays. So darf man in der *»Digression on Air«* (Über die Luft) einen ersten Versuch über Klimakunde sehen, und der ganze Abschnitt über *»Religious Melancholy«* (Religiöse Melancholie) eröffnete der damaligen Zeit neue Perspektiven, ebenso wie die psychologischen Betrachtungen über *»Sex«* und über *»Romantic Love«*. Besonders modern muten die Kapitel über *»Jealousy«* (Eifersucht) an. Obwohl das Buch vom Geist der überreichlich zitierten Autoren durchdrungen ist, ist seine Originalität unbezweifelbar. Burton macht sich darin zum Anwalt wirtschaftlicher, politischer und sozialer Fortschrittsideen. Sein Blick erfaßt ungefähr jede denkbare menschliche Eigenart und Interessenrichtung, er streift Vergangenheit und Zukunft und richtet sich mit ironischer Schärfe auch auf die eigene Gegenwart. Burton schreibt flüssig und im Gesprächston, in seinen Erklärungen und Ermahnungen wirkt er nie pastoral – obwohl er das Amt eines anglikanischen Geistlichen ausübte –, er zitiert gewandt und oft mit launigen Wendungen, ohne doch selbstgefällig brillieren zu wollen. Mit Hilfe gelegentlich eingeflochtener Geschichten und Anekdoten wird die Gefahr der Monotonie gebannt.
Das Werk wurde sofort zur Modelektüre, man betrachtete es als Bildungsquelle, vor allem aber seinen Autor als glänzenden Unterhalter zu einer Zeit, in der es praktisch noch keine Romane oder sonstige Unterhaltungsliteratur gab. Das war auch der Grund für die vielen Neuausgaben des Werkes, die zu Lebzeiten und nach dem Tod des Autors veranstaltet wurden. Die Urteile von T. E. BROWN und Charles LAMB ausgenommen, erhielt Burton von jeher kaum negative Kritiken. Besonders im 18. Jh. haben Schriftsteller und ehrgeizige Vertreter der guten Gesellschaft aus seinem ungeheuren Wissenskompendium und Zitatenschatz geschöpft. STERNE *(Tristram Shandy)* und MILTON *(Il Penseroso)* verdanken Burton methodische und stoffliche Anregung. Die Romantiker entdeckten ihn neu; BYRON empfahl das Buch an MOORE, über LAMB gelangte es zu KEATS *(Lamia)* und seinen Freunden.
A.L.

AUSGABEN: Oxford 1621. – Oxford 1924. – Oxford 1628. – Oxford 1632 [erw.]. – Oxford 1638. – Oxford 1651/52 [vom Autor jeweils vermehrte u. korrig. Ausg.]. – Oxford 1660. – Oxford 1676. – Oxford/Ldn. 1800. – NY 1927–1930, Hg. F. Dell

u. P. Jordan-Smith, 3 Bde. – Ldn./NY 1932 (Everyman's Library, Hg. H. Jackson).

Übersetzungen: *Schwermut der Liebe*; P. Gan, Zürich 1952. – *Anatomie der Melancholie*; U. Horstmann, Mchn. 1988. – *Die Anatomie der Melancholie*, W. v. Koppenfels, Mainz 1988.

Literatur: P. Jordan-Smith, *A Study of R. B.'s »The Anatomy of Melancholy«*, Ldn. 1931 [mit Bibliogr.]. – J. L. Miller, *A Discussion of B.'s »Anatomy«* (in Annals of Medical History, New Ser., 8, 1936). – B. Evans u. C. J. Mohr, *The Psychiatry of B.*, NY 1944. – S. Rubenstein, *B.'s »Anatomy«* (in Notes and Queries, 23. 9. 1944). – J. M. Patrick, *R.B.'s Utopianism* (in PQ, 27. 10. 1948). – S. Prawer, *B.'s Anatomy ...«* (in Cambridge Journal, 1, 1948). – L. Babb, *The Elizabethan Malady. A Study of Melancholia in English Literature from 1580 to 1642*, East Lansing 1951. – L. Babb, *Sanity in Bedlam, a Study of R. B.'s »Anatomy ...«*, East Lansing 1959. – R. A. Fox, *The Tangled Chain: The Structure of Disorder in the »Anatomy of Melancholy«*, Berkeley 1976. – M. Heusser, *Eine Anatomie der Melancholie* (in NZZ, 16. 9. 1988).

## WILHELM BUSCH

\* 15.4.1832 Wiedensahl / Hannover
† 9.1.1908 Mechtshausen bei Seesen / Harz

Literatur zum Autor:
R. Dangers, *W. B., sein Leben u. sein Werk*, Bln. 1930. – M. Döring, *Humor u. Pessimismus bei W. B.*, Diss. Mchn. 1948. – H. Bernhardt, *Die Stellung W. B.s in der Lit. des 19. Jh.s*, Diss. Marburg 1950. – C. Lumpe, *Das Groteske im Werk W. B.s*, Diss. Göttingen 1953. – W. Kayser, *Das Groteske, seine Gestaltung in Malerei u. Dichtung*, Oldenburg 1957. – Ders., *W. B.s grotesker Humor*, Göttingen 1958. – F. Bohne, *W. B. Leben, Werk, Schicksal*, Zürich/Stg. 1958. – T. Müller, *Die sprach- u. formkünstlerische Leistung W. B.s u. ihr dichtungsgeschichtlicher Zusammenhang*, Diss. Marburg 1959. – J. Kraus, *W. B. in Selbstzeugnissen u. Bilddokumenten*, Reinbek 1970. – P. Bonati, *Die Darstellung des Bösen im Werk W. B.s*, Bern 1973. – H. Heissenbüttel, *Der fliegende Frosch u. das unverhoffte Krokodil*, Wiesbaden 1976. – W. Pape, *W. B.*, Stg. 1977. – G. Ueding, *W. B. Das 19. Jh. en miniature*, Ffm. 1977. – P. Rades, *Hintergründiges in den Bildergeschichten W. B.s*, Köln 1977. – G. Ueding, *B.s geheimes Lustrevier. Affektbilder u. Seelengeschichten des dt. Bürgertums im 19. Jh.*, Ffm. u. a. 1982. – U. Beer, *»... gottlos u. beneidenswert«. W. B. u. seine Psychologie*, Mchn. 1982. – D. P. Lotze, *W. B. Leben u. Werk*, Stg./Zürich 1982. – U. Mihr, *W. B.: Der Protestant, der trotzdem lacht. Philosophischer Protestantismus als Grundlage des lit. Werks*, Tübingen 1983. – P. Haage, *W. B. Ein weises Leben*, Ffm. 1984 (FiTb).

## EDUARDS TRAUM

Phantastische Erzählung von Wilhelm Busch, erschienen 1891. – Nachdem Busch 1886 die erste Fassung seiner Autobiographie *Was mich betrifft* veröffentlicht hatte, schloß er im Dezember 1890 sein zweites und umfangreicheres Prosawerk über die Traumreisen des seltsamen Helden Eduard als »denkender Punkt« ab. In einem Brief vom Dezember 1893 schrieb er über das Werk: »... *ein kleiner Scherz, nicht ohne Fleiß, denk ich, durchdacht, zur Unterhaltung für wenige, die an so was Vergnügen finden. Die Probleme sind eingewickelt und wollen nicht losgemacht sein ... Persönliche Anspielungen mögen schwerlich zu finden sein.«*

Vielfältig jedoch sind die ironischen Anspielungen auf Zeiterscheinungen und die zeitlos humoristischen Bezüge. Der Pantoffelheld Eduard schrumpft im Ehebett zu einem schwerelosen Punkt zusammen und durchstreift phantastische Reiche und Dimensionen. Im Gebiet der Zahlen, in dem sich oft »*die Nullen so wichtig dünken*«, setzt er sich durch anzügliche Reden dem Gezeter allzeit streitsüchtiger Gesellen aus. Im »Reich der Ebene«, das von zweidimensionalen Wesen bevölkert wird, erkennt er: »*Einer durchschaut den anderen: und doch reden diese Leute, die sich durch und durch kennen, die nicht so viel Eingeweide haben wie ein ausgepustetes Sperlingsei, von dem edlen Drang ihres Innern und sagen sich darüber die schönsten Flattusen.«* Im »Reich der Köpfe«, der Intelligenzen, enthüllt sich ein Barbier beim »Schaumschlagen« als Literat. Intime Einsichten in das menschliche Schicksal gewinnt Eduard, als er die Häuser der Reihe nach wie eine Fliege durchstreift. In der Großstadt beobachtet er die Wissenschaft, »*die Besengilde, die gelehrte, die den Kehricht zusammenfittich vor den Hinterthüren der Jahrtausende*«. Vom Museum, der »*Verpflegungsanstalt für bejahrte Gemälde*«, bis zum entlassenen Politiker – an allen Erscheinungen der verkehrten Welt entzünden sich Eduards kauzige Bemerkungen. Nach einem Ausflug in den Weltenraum kehrt er zur Erde zurück und findet einen Einsiedler, der ihm die Zusammenhänge der Welt erläutert; doch immer bleibt ein unerklärbarer Rest. Auf dem Weg zu einer »Bergstadt« trifft er die »Vier guten Vorsätze« mit Namen: Willich, Wolltich, Wennaber und Wohlgemuth. Wo der Weg beschwerlich wird, bleiben sie nacheinander auf der Strecke und vergnügen sich lieber im Wirtshaus. Ein Schloß in der Ferne bezeichnet den Ursprungsort des Menschen. Dorthin, zur »Bergstadt«, zieht es den Träumenden. Doch vergeblich sucht Eduard Einlaß zu finden, der Teufel bedrängt ihn – und er erwacht.

Buschs späte Erzählung *Eduards Traum* gilt als seine »vollkommenste Groteske« (W. Kayser). Im Ausmaß der Verzerrung der Welt wird eine tiefe Resignation und Bitterkeit deutlich. Die Geschichte bleibt ohne Lösung. Der Traumwirklichkeit entspricht die paradoxe Erzählweise, die Realität und phantastische Erfindung unvermittelt gegenüberstellt, Dinge verlebendigt und Menschen verdinglicht. Die Aufhebung von Zeit und Raum und der fragmentarische Bilderstil weisen auf die surrealistische Prosa und die absurde Kurzgeschichte voraus. W.F.S.

AUSGABEN: Mchn. 1891. – Mchn. 1943 (in *GW*, Hg. O. Nöldeke, 6 Bde., 5; ³1955). – Mchn. 1948 [65. Aufl.]. – Wiesbaden, Bln. 1960 (*GA*, hist.-krit., Hg. F. Bohne; 4 Bde.). – Zürich 1977 (in *Schöne Studienausg. in 7 Bdn.*, Hg. F. Bohne, 7). – Herrsching 1978 (in *GW in 6 Bdn.*, Hg., Einl. H. Werner).

LITERATUR: M. Mézár, *Das Groteske in Eduards Traum* (in W. B. Jb., 1973, S. 23–25). – E. De Smedt, *Ideologiekritik in W. B.s Eduards Traum* (in Germanist. Mitteilungen, 1976, H. 4, S. 55–69).

## DIE FROMME HELENE

Bildergeschichte von Wilhelm BUSCH, erschienen 1872. – In siebzehn Kurzkapiteln läßt Busch das Leben der schlimm-frommen Helene vorüberziehen. Er stellt dies Leben nicht so dar, wie es sich der deutsche Bildungsbürger seiner Zeit, beeinflußt vom deutschen Bildungsroman, vorgestellt haben mag: als organische sinnvolle Entwicklung der Persönlichkeit, als Reifungsprozeß. Helene ist zeitlebens Gefangene des immergleichen Widerspruchs zwischen kleinbürgerlicher Moral und unbeherrschbaren Triebregungen. Diesen Widerspruch entlarvt Busch in satirischen Variationen.

»*Helene!«* – *sprach der Onkel Nolte* / »*Was ich schon immer sagen wollte! / Ich warne dich als Mensch und Christ: / Oh, hüte dich vor allem Bösen! / Es macht Pläsier, wenn man es ist, / Es macht Verdruß, wenn man's gewesen!«* Kein Wunder, daß Helene, halb Kind noch, gegen diese Altersweisheit aufbegehrt. Sie näht zunächst einmal Hals und Ärmel des Nolteschen Nachthemds zu: es macht ihr »Pläsier«, daß sie auf diese Weise den Onkel in seiner Intimsphäre herausfordert und daß der sanfte Onkel, mit Hals und Kopf unselig im Nachthemd verstrickt, zornentbrannt um sich schlägt und das Schlafzimmer verwüstet. Stets wird die Aufdeckung der Intim- und der Triebsphäre bei Busch von der Katastrophe begleitet, ein Zeichen dafür, daß Tugend und Ordnung des Kleinbürgers nur Fassaden sind, hinter denen die Triebe heimtückisch revoltieren. So beobachtet Helene, nun halb erwachsen, allzu lange durch das Schlüsselloch die morgendliche Waschung des Vetters Franz, und fällt, aus Furcht ertappt zu werden, die Treppe hinunter, abermals in der Familie Unheil anrichtend. So versetzt Franz dem Onkel und der Tante Nolte einen tödlichen Schreck, weil ein Frosch, den er in Noltes Tabaksdose gesteckt hat, plötzlich auf den Frühstückstisch springt, dort Unordnung stiftet und zuletzt gar schamloser Tat sich unterfängt: »*Er hupft in Tante ihren Schoß.*« Noch deutlicher als der Vers reißt hier der Zeichenstift des Autors einen Bereich auf, den Tante und Onkel längst zugunsten der Tugend verleugnen. Für diese Triebverdrängung bezahlen sie mit Aggressionen: Weil Lene nachts die Decke des Ehepaars wegzieht, geraten sich Onkel und Tante in die Haare, die Tante zieht sogar drohend die Hausschlüssel unterm Nachthemd hervor: »*Und der Schlüsselbund erklirrt, / Bis der Onkel flüchtig wird.*«

Nach diesem Vorfall ist Helenens Bleibens auf dem Lande nicht länger. Sie muß fort und harrt des Mannes, der sie zur Gattin machen wird. Inzwischen legt sie Proben der Erziehungskunst ab, die Onkel und Tante ihr angedeihen ließen. Unerfüllte Triebe lenkt sie flugs in Angriffswut um. Einen Kater, der das bürgerliche Interieur, die Stätte der Ordnung und des wohlgefälligen Scheins, durcheinander gebracht hat, hält sie zwischen Tür und Angel fest. Wie vordem der Frosch als Sexualsymbol figurierte, so jetzt der Katerschwanz, des »*Schweifs behaarte Rute«*, den Lene rachelüstern in Brand steckt. Später wird diese Funktion ein Regenschirm übernehmen, mit dem ein Kutscher attackiert wird, der einen Pilgerzug von Jungfrauen aufgehalten hat. An der Pilgerfahrt hat auch Helene teilgenommen, weil die mit dem Unternehmer Schmöck (»G. J. C. Schmöck und Kompanie«) endlich eingegangene Ehe kinderlos zu bleiben droht – Schmöck scheint, wie die Hochzeitsnacht vermuten ließ, einseitig dem Essen und Trinken zugeneigt. Abhilfe verspricht hier die Wallfahrt zu einem heiligen Ort der Fruchtbarkeit. Daß bei dieser Gelegenheit der »heilige« Pater Franz, ehemals Vetter Franz, interveniert, kommt Helene sehr zustatten. Nach bestimmter Zeit bringt sie Zwillinge zur Welt, während Schmöck just am Freudentag an einer Fischgräte zugrunde geht. Das ist das Fanal zum bösen Kehraus: Der Pater Franz, den die Heiligkeit nicht vor Ausschweifungen beim Küchenpersonal schützt, wird von einem eifersüchtigen Hausdiener erschlagen; Helene, die zur Buße und Askese sich entschlossen hat, wird Opfer ihrer letzten Liebe: der zum Likör. Der reglementierte, von der Moral verfolgte Trieb läßt sich nicht beherrschen, unsublimiert und deformiert drängt er an die Oberfläche, sei es in Gestalt der Aggression, der Lüsternheit oder der Verfallenheit an den Alkohol. Es macht den psychoanalytischen Rang Buschs aus, daß er den Streit zwischen dem moralischen Über-Ich und der aufsässigen Triebwelt unbeschönigt darstellt. Dabei wird die Satire gelegentlich bis zur grausamen Groteske verschärft. Seinen künstlerischen Rang verdankt er der Darstellung einer reizvollen Spannung zwischen Vers und Bild: An den Höhepunkten der Geschichten sagt sein Zeichenstift, was das Wort bloß andeutet oder verschweigt, zuweilen verdeckt. Der lakonische, trockene, rhythmisch kaum differenzierte Vers erhält durch das Bild eine mehrdeutige, sinnliche Dimension, die Buschs Geschichten vor Monotonie schützt. Daß die erschreckenden Katastrophenfälle bloß dem Amüsement des Lesers zu dienen hätten, ist ein Mißverständnis, das Busch selber nie entschieden abgewehrt hat; es zeugt davon, mit welcher Geschmeidigkeit sich das kleinbürgerliche Bewußtsein gegen schockierende Einsichten in das Unbewußte absichert und sie zur goldenen Politur des Humors verklärt. G.Sa.

AUSGABEN: Heidelberg 1872. – Mchn. 1947. – Hbg. 1957 (rororo). – Mchn. 1958. – Mchn. 1968. – Hannover 1972 (Faks. d. Hss., Hg. F. Bohne). – Zürich 1977 (in *Schöne Studienausgabe in 7 Bdn.*, Hg. F. Bohne, 3). – Ffm. 1983 (in *Sämtliche Bilderbogen*, Nachw. G. Ueding).

VERFILMUNG: Deutschland 1965 (Regie: A. v. Ambesser).

LITERATUR: H. Cremer, *Die Bildergeschichten W. B.s*, Düsseldorf 1937. – F. Bohne, *W. B. u. seine »Fromme Helene«* (in W. B., *»Die fromme Helene«*, Hbg. 1957, S. 118–129). – R. Malter, *Le moulin comme machine imaginaire* (in Les Etudes Philosophiques, 1985, S. 113–124).

## KRITIK DES HERZENS

Gedichtsammlung von Wilhelm BUSCH, erschienen 1874. – Als Verfasser von Bildergeschichten, nicht als Lyriker ist Busch populär geworden. Das ästhetische Vergnügen, das sein erfinderischer, an überraschenden Einfällen reicher Zeichenstift dem Beschauer bereitet, gewährt der Lyriker Busch nur mehr durch die treffsicheren Wortwitze, die meistens das Ende eines Gedichts markieren. Diese Schlußpointen haben dieselbe Funktion wie die Bildergeschichten: sie entzaubern die bürgerliche Moral- und Tugendlehre und machen fraglos geltende Konventionen verdächtig.

Als die geheime treibende Kraft anerkannter Verhaltensweisen durchschaut Busch die Eigenliebe, die Lust an der Selbstbespiegelung nicht nur im Streben nach Ehre, Ruhm und Prestige, sondern paradoxerweise auch im Mitgefühl oder in der Selbstkritik. Darin ist er einem anderen Moralisten seiner Zeit, Friedrich NIETZSCHE, verwandt. Mag der Narzißmus noch dahingehen, wenn er sich unkonventionell und vital, unbekümmert um herrschende Normen äußert, so wird er Busch verhaßt, wenn er sich mit wachsendem Alter im Erfolgsstreben und in pharisäischer Ordentlichkeit darstellt, begleitet von scheinheilig verklärtem Triebverzicht. Daß die Stürmer und Dränger von einst mit so unverfrorener Spießigkeit sich im Bestehenden einrichten, mag Busch ihnen nicht verzeihen. In seiner ganzen Öde erscheint das Bestehende ihm, dem Junggesellen, in der Ehe, wo die anfängliche Passion und Gefühlsstärke verraten wird an den Alltag, den eine unsinnige Moral regiert. An ihrer Stelle wünscht er sich eine freiere, redlichere Sinnlichkeit – und dafür plädiert er in ungeschminkten Versen, die den lesenden Kleinbürger seiner Zeit empört haben. Doch seine Kritik, die sich an bestehenden Verhältnissen entzündet, überschreitet deren Grenzen nicht: das eitle, verstockte Privatinteresse erscheint ihm als naturgegeben, als menschliche Eigenschaft, nicht als Ausdruck einer veränderbaren gesellschaftlichen Ordnung. Daher rührt der resignative Unterton mancher Gedichte, ihre zuweilen melancholische und pessimistische Nachdenklichkeit.

Wenn dieser Gedichtsammlung kein Erfolg beschieden war, so lag das zum Teil daran, daß sie den Lyrik-Vorstellungen des zeitgenössischen Publikums nicht entsprach: Dem beliebten romantischen Gefühlston stand Buschs prosaische, trockene Sprache mit ihrer lakonischen Kürze so fern wie nur möglich. Die poetische Innigkeit einiger weniger Gedichte gegen Schluß der Sammlung blieb eine Ausnahme. Buschs desillusionierender Witz erinnert gelegentlich an HEINE, seine betonte Sachlichkeit und aufklärende Nüchternheit an moderne Lyrik-Tendenzen. Seine Schranke sind jedoch die zahlreichen sorglosen, klappernden Reime und die undifferenzierte rhythmische Regelmäßigkeit, die alle metrische Vielfalt durchdringt: Erscheint in den Bildergeschichten der simple glatte Rhythmus dank der Spannung zwischen Vers und Zeichnung als raffinierte Naivität, so verleiht er Buschs Lyrik bei fortschreitender Lektüre ein fast eintöniges Gleichmaß. G.Sa.

AUSGABEN: Heidelberg 1874. – Mchn. 1948. – Mchn. 1958. – Mchn. 1959 [zus. m. *Schein und Sein; Zu guter Letzt*]. – Mchn. 1969. – Zürich 1974 (in *Gedichte*, Hg. F. Bohne). – Zürich 1977 (in *Schöne Studienausgabe in 7 Bdn.*, Hg. F. Bohne, 1).

LITERATUR: P. Marxer, *W. B. als Dichter*, Zürich 1967. – R. Lorenz, *Humor u. Satire in W. B.s Lyrik* (in Jb. d. W. B.-Ges., 1969, S. 17–26).

## MAX UND MORITZ. Eine Bubengeschichte in sieben Streichen

Satirische Verserzählung mit Bildern von Wilhelm BUSCH, erschienen 1865. – Für *»eine Art kleiner Kinder-Epopöe«* hatte Busch seine populärste Verserzählung ausgegeben. Die Erwachsenen, arglos dem Schein vertrauend, haben ihn bis heute beim Wort genommen. Buschs Verse, unverwechselbar durch ihre lakonische Kürze und entwaffnende Logik, mühelos erlernbar dank ihres geschwinden glatten Rhythmus und ihrer saloppen Reime, sind zugeschnitten auf die Auffassungsgabe von Kindern. Ihrem Gedächtnis prägen sich die sieben Fabeln ohne Umschweife ein – ihre Knappheit und die schlagende Lustigkeit ihrer Pointen sind ohne Beispiel in der Geschichte der komischen Verserzählung. Buschs kritischer Impetus aber richtet sich gegen die Erwachsenen. Deren Kleinbürgertum ist Busch zuwider. Er fährt ihm in die Parade durch die

Bosheiten von Max und Moritz, Bosheiten, die nur die aggressive – satirisch überzogene – Reaktion auf Beschränktheit und tristes Reglement der Älteren sind.

Auf die Erzieher z. B. – einer von ihnen ist der Lehrer Lämpel – sind die Verse gemünzt: »*Nicht allein am Schreiben, Lesen, / Übt sich ein vernünftig Wesen; / Nicht allein in Rechnungssachen / Soll der Mensch sich Mühe machen; / Sondern auch der Weisheit Lehren / Muß man mit Vergnügen hören.*« Das Vergnügen, das die Kinder sich nicht selbst bereiten dürfen, wird ihnen anbefohlen – für Weisheiten von wahrhaft freudloser Borniertheit: »*Ach!*« – *spricht er –, ›die größte Freud, / ist doch die Zufriedenheit!*‹« Gemessen am Schaden, den Buschs Erzieher anrichten könnten, ist die respektlose Attacke auf die Pfeife des Lehrers Lämpel eine *quantité négligeable*. Ähnlich steht es um den Streich gegen die Witwe Bolte. Deren Lebensinhalt – drei Hühner und ein Hahn – ist ein wahrhaft menschenunwürdiger, wert, daß ihm der Garaus gemacht wird – das komisch pointierte Pathos des Erzählers läßt daran keinen Zweifel: »*Fließet aus dem Aug', ihr Tränen! / All mein Hoffen, all mein Sehnen, / Meines Lebens schönster Traum / Hängt an diesem Apfelbaum.*« Im romantischen Vokabular richtet Busch einen ganz unromantischen und phantasielosen, auf die Hühnerzucht heruntergekommenen »Lebenszweck«. Der ist, im Falle des Schneiders Böck, verschränkt mit jenem kleinbürgerlichen Langmut, der alle Repressionen geduldig erträgt und Zivilcourage nur noch am nichtigsten Objekt – am Spitznamen (»*Ziegenböck / Meck, meck, Meck*«) – bewähren kann: »*Alles konnte Böck ertragen, / Ohne nur ein Wort zu sagen; / Aber wenn er dies erfuhr, / Ging's ihm wider die Natur.*« Daß der Schneider – auf der Jagd nach den Spitzbuben – ins Wasser fällt, mag sehr grausam aussehen; in der Tat hat Buschs schadenfroher Bildwitz einen Zug ins Sadistische, Indiz für seinen produktiven Haß und für seine Lust an der Provokation. Er läßt aber dieser Lust nicht die Zügel schießen, sondern distanziert sie, künstlerisch, durch Überspitzung ins Irreale, Groteske: So kunstvoll, daß zwar nicht das Gespann der Übeltäter, wohl aber der leichtgewichtige Schneider dem beschädigten Steg zum Opfer fällt, läßt sich keine Brücke ansägen, und so maßgerecht und stilvoll wie die Hühner der Witwe Bolte hängt sich keine Haustiergruppe auf.

Der Vers ist, wie oft bei Busch, das komische Echo dieser surrealen Bildformen: »*Jedes legt noch schnell ein Ei, / Und dann kommt der Tod herbei.*« So erhebt sich Busch über jede trockene und tantenhafte Kritik dank einer Phantasie, die am intensivsten seine Bilderreihen durchfliegt. Seine fortgeschrittene Sprachskepsis ließ den Vers nur noch als Parodisten des verbrauchten Lyrismus der Zeit gelten, als resümierenden Sekundanten und epigrammatisch spitzen Kommentator des vielsagenden Bildes: Eine mit »epischem« Vergnügen und umständlichem Behagen ausmalende Porträtkunst verleiht eine einzigartige, zugleich anheimelnd-idyllische und boshaft makabre Aura der prosaischen Hausbakkenheit und Biederkeit von Spießern, deren Anstand Mangel an Gelegenheit ist, deren verdrängte Affekte und zu kurz gekommenen Triebe sich an Lausbuben rigoros schadlos halten. Gelang es dem Bäcker nicht, das auf Brezeln begierige Paar zu Brot zu verbacken, so ertappt sie schließlich der Bauer Mecke beim Säckeaufschneiden, übergibt sie, auf dem normalen Geschäftsweg, dem Müller, der sie unverzüglich, mit triumphaler Bosheit, verschrotet – »*Her damit!*« *Und in den Trichter / Schüttelt er die Bösewichter*« – zur gesegneten Mahlzeit seines Federviehs und zum Wohl sämtlicher Mitmenschen. Der Kleinbürger, unsanft am Lebensnerv berührt, ersehnt nichts so sehr als Ruhe und Ordnung um jeden Preis: »*Als man dies im Dorf erfuhr, / War von Trauer keine Spur ... Kurz, im ganzen Ort bemerkt / Ging ein freudiges Gebrumm: / ›Gott sei Dank! Nun ist's vorbei / Mit der Übeltäterei!*‹«

Die ironische Verserzählung, nach HEINE in die Niederungen des kunstgewerblichen Spaßes und der abgespannten Unterhaltung sinkend, wurde zum letztenmal durch Busch in den Rang eines Kunstwerks gehoben. Kein Gegenbeweis ist die Popularität von *Max und Moritz*, die auf einem Mißverständnis beruht. Die Gesamtauflage zählt inzwischen nach Millionen, das Werk – es wurde bereits 1878 dramatisiert – ist in viele Sprachen, sogar ins Lateinische, übersetzt; eine Ausgabe in Blindenschrift liegt vor, und zustande gekommen sind auch Verfilmungen, in die jedoch wenig von der spezifischen Atmosphäre der Erzählung eingegangen ist.

G.Sa.

AUSGABEN: Mchn. 1865; [39]1897. – Mchn. 1923 (in *GW*, 2 Bde., 1). – Mchn. 1955 (in *GA*, Hg. O. Nöldeke, 6 Bde., 2). – Hbg. 1959 (in *Werke*, Hg. F. Bohne, 4 Bde.; hist.-krit.). – Mchn. 1961 (in *Das große Wilhelm Busch Hausbuch*; m. Würdigung v. C. Elwenspoek). – Hannover 1962 [Faks. d. Ausg. v. 1865; Nachw. F. Bohne]. – Mchn. 1968 (in *Wilhelm Busch Album*; Jubiläumsausg.). – Zürich 1974, Hg. F. Bohne. – Zürich 1977 (in *Schöne Studienausgabe in 7 Bdn.*, Hg. F. Bohne, 2).

VERTONUNGEN: J. G. Mraczek, *Max und Moritz*, sinf. Burleske, o. O. 1912. – N. Schultze, dass., Tanzspiel m. Gesang, Hbg. 1938. – H. Sutermeister, dass., burleske Tanzszenen, Bern 1951.

VERFILMUNGEN: Deutschland 1956 (Regie: N. Schultze). – Österreich 1968 (Regie: V. Hudecek).

LITERATUR: H. Müller-Suur, »*Max und Moritz*« *unmoralisch? Der Humor von W. B. u. die kindliche Psyche* (in Jb. der W. Busch-Gesellsch., 1949, S. 36–41). – W. Huder, »*Max und Moritz*« *oder die boshafte Heiterkeit* (in W. Busch-Jb., 1964/65, S. 32–38). – F. Bohne (Bearb.), *Kat. d. Ausstellung Hundert Jahre Max und Moritz*, Hannover 1965. – Y. Gilli, »*Max und Moritz*« *de B., Contribution à une étude de texte* (in Recherches en linguistique étrangère, Paris 1973, S. 95–116).

## HERMANNUS BUSCHIUS PASIPHILUS

Hermann von der Büschen, Hermann von dem Busche
* 1468 Sassenberg
† April 1534 Dülmen

### VALLUM HUMANITATIS

(nlat.; *Schutzwehr des Humanismus*). Schrift zur Verteidigung der humanistischen Bildung von Hermann BUSCHIUS PASIPHILUS, erschienen 1518. – Zu den markantesten Persönlichkeiten des deutschen Humanismus in seiner Blütezeit zählt der Lehrer der Poetik und Eloquenz Buschius, der wie kurz vor ihm Conrad CELTIS als humanistischer Wanderapostel mutig und gewandt die Ideale der neuen Bildung gegen den scholastischen Unterrichtsbetrieb verteidigte. Um die Berechtigung der humanistischen Studien zu erweisen, verfaßte er auch diese kurze Verteidigungsschrift, die er dem Schutzherrn der Humanisten, Hermann Neuenahr (Hermannus Novaquila), widmete.

Mit einer für ihn, den sonst so unsteten Humanisten, auffallenden Ruhe und Sachlichkeit – dazu hatte ihn ERASMUS VON ROTTERDAM eindringlich ermahnt – versucht der Autor, die Ansichten der Humanisten in einem System zusammenzufassen. Jedem der acht Teile, in die sich das Werk gliedert, ist eine These vorangestellt; diese These wird dann mit historischen Belegen – beispielsweise Taten griechischer und römischer Staatsmänner, die der humanistischen Bildung viel zu verdanken hatten –, untermauert und mit logischen Gründen erwiesen. Überzeugend erbringt Buschius dabei den Nachweis, daß das Studium der Wissenschaften und der Künste, vor allem der Dichtkunst und der Beredsamkeit, keineswegs für die Jugend schädlich ist – wie von den Anhängern der scholastischen Methode behauptet wurde –, sondern sich im Gegenteil auf Gemüt und Verstand nur günstig und förderlich auswirkt. – Obwohl die Apologie der neuen Ideale wohlgelungen erscheint, fand sie nicht das verdiente Ansehen. Gerade als sie zu wirken begann, lenkte LUTHER die Aufmerksamkeit der gebildeten Kreise auf sich. Der Autor war darüber indes keineswegs betroffen: Denn wie viele andere seiner Mitstreiter und Gesinnungsgenossen sah er in Luther einen Vorkämpfer auch der Bemühungen zu einer Reformierung des scholastischen Unterrichtsbetriebs. M. Ze.

AUSGABEN: Köln 1518.

LITERATUR: H. Detmer, *Beitr. zur Bibliogr. des H. Buschius* (in Westdeutsche Zs. für Geschichte u. Kunst, 2, 1883, S. 308–319). – H. J. Liessem, *Hermann von dem Busche, sein Leben u. seine Schriften* (in Progr. des Kaiser-Wilhelms-Gymnasiums, Köln 1884–1889; 1907–1909). – H. Weirich, *Hermann von dem Busche, ein Vertreter des niederrheinisch-westfälischen Humanismus*, Diss. Heidelberg 1923. – F. Hermanns, *Der Humanist Hermann von dem Busch* (in Dülmener Heimatblätter, 4, 1955). – H. O. Burger, *Renaissance, Humanismus, Reformation*, Bad Homburg u. a. 1969, S. 323 ff.; 388 ff.; 443 ff. – *Die Schriften der Münsterischen Täufer und ihrer Gegner, 1. Teil: Die Schriften Bernhard Rothmanns*, Bearb. R. Stupperich, Münster 1970, S. 94–119.

## ŠARAFADDĪN MUḤAMMAD IBN SAʿĪD AL-BŪṢĪRĪ

* 7.3.1212 Būṣīr oder Dalāṣ / Ägypten
† zwischen 1294 und 1297 Alexandria

### QAṢĪDAT AL-BURDA

(arab.; *Die Mantel-Qaside*), eigentlicher Titel: *Al-Kawākib ad-durrīya fī madḥ ḫair al-barīya* (*Funkelnde Sterne zum Lob des Besten der Schöpfung*). Lobgedicht auf den Propheten Muḥammad von Šarafaddīn AL-BŪṢĪRĪ. – Die *Mantel-Qaside* ist das berühmteste der Gedichte, die al-Būṣīrī zum Lob des Propheten Muḥammad verfaßt hat. Der Qasidenform entsprechend beginnt al-Būṣīrī mit der Liebesklage. In den folgenden Versen warnt er vor den Gelüsten der Seele und davor, nur zu reden, aber nicht entsprechend zu handeln. Er bereut, daß er das Gute empfahl, aber selber nicht ausführte, daß er nichts über die religiösen Pflichten Hinausgehende getan habe und dem Vorbild des Propheten Muḥammad nicht genügend gefolgt sei. Damit leitet al-Būṣīrī zum panegyrischen Teil der Qaside über. Er rühmt Muḥammad als den Edelsten der ganzen Schöpfung, den höchsten aller Propheten, preist ihn als leuchtende Sonne, als Edelstein, als an Schönheit gleich einer Blume oder dem Vollmond. – Muḥammads Geburt und Auftreten, seine Wunderwirkungen und der *Qurʾān*, Muḥammads nächtliche Reise nach Jerusalem und Himmelfahrt sind die Themen der Verse 59–117. Die Verse 118–139 behandeln Muḥammads Krieg gegen die Heiden. – Im letzten Teil der Qaside bittet al-Būṣīrī um Vergebung wegen seiner Sünden. Er fleht Muḥammad als den Edelsten der Schöpfung, zu dem allein er seine Zuflucht nehmen könne, durch dessen Fürbitten er hofft, Gottes Barmherzigkeit zu erlangen. Die beiden letzten Verse der *Burda* sind allgemeine Schlußfloskeln, ähnlich denen am Ende von Prosawerken. Das Metrum der *Qaṣīdat al-burda* (167 Verse) ist »*basīṭ*«, der Reim »-*mī*«. Die Bedeutung des Gedichts und seine große Popularität beruhen weniger auf literarischen Kriterien, als vielmehr auf der Wunderkraft, die ihm seit jeher zugeschrieben wurde. Sowohl die ganze Qaside als auch ihre einzelnen Verse gelten bis auf den heutigen Tag als heilkräftig und finden als Amulette Verwendung. Der Glaube an die Heilkraft der Qaside sowie deren Bezeichnung als *Mantel-Qaside* haben ihren Ursprung in einer Überlieferung, nach der al-Būṣīrī selber von einer Lähmung geheilt worden war: Nachdem er Gott um Heilung angefleht und diese Qaside rezitiert hatte, sei er eingeschlafen und habe geträumt, Muḥammad habe seine gelähmte Körperhälfte berührt und seinen Mantel *(burda)* darüber gelegt. Beim Aufwachen sei er gesund gewesen.

Al-Būṣīrīs *Burda* wird auch *al-burda aṭ-ṯāniya (die zweite Burda)* genannt, da bereits das ebenfalls sehr berühmte Lobgedicht auf Muḥammad *Bānat Suʿād (Suʿād ist fortgezogen)* von Kaʿb ibn Zuhair (7. Jh.) als *»al-Burda«* bekannt war. Zur *Qaṣīdat al-burda* von al-Būṣīrī wurden über 90 Kommentare in arabischer, persischer, türkischer und berberischer Sprache verfaßt, außerdem gibt es zahlreiche Übersetzungen sowie mehrere Nachahmungen, zu deren bekanntesten die von Bahāʾaddīn AL-ʿĀMILĪ (17. Jh.) gehört. S.Gr.

AUSGABEN: Leiden 1761 (*Carmen mysticum Borda dictum*, Hg. J. Uri; m. lat. Übers.). – Bulak 1844. – Wien 1860 (*Die Burda*, Hg. C. A. Ralfs; m. dt. Übers.; Vorw. W. Behrnauer, 2 Tle.; krit.).

ÜBERSETZUNGEN: *Funkelnde Wandelsterne zum Lobe des Besten der Geschöpfe*, V. Edler v. Rosenzweig, Wien 1824. – *La Bordah*, R. Basset, Paris 1894 [frz.].

LITERATUR: I. Goldziher, »La bordah« (in Revue de l'Histoire des Religions, 31, 1895, S. 304–311). – E. Gabrieli, *Al-Burdatain*, Florenz 1901. – GAL, Bd. I, S. 264 f.; Suppl. I, S. 467–470 (Ausführliche Bibliographie).

## FERRUCCIO BUSONI

\* 1.4.1866 Empoli
† 27.7.1924 Berlin

LITERATUR ZUM AUTOR:
H. Krellmann, *Studien zu den Bearbeitungen von F. B.*, Regensburg 1966. – H. H. Stuckenschmidt, *F. B. Zeittafel eines Europäers*, Zürich 1967. – H. Kosnick, *B. – Gestaltung durch Gestalt*, Regensburg 1981.

## DOKTOR FAUST

Dichtung für Musik in zwei Vorspielen, einem Zwischenspiel und drei Hauptbildern von Ferruccio BUSONI (Italien), Uraufführung: Dresden, 21. 5. 1925, Staatsoper. Die Musik wurde erst nach Busonis Tod von seinem Schüler Philipp JARNACH ergänzt. – Wie der »Dichter« vor Beginn des ersten Vorspiels *»vor dem Vorhang an die Zuschauer«* in einem gesprochenen Prolog mitteilt, griff Busoni bei der Gestaltung des Opernstoffs nicht auf GOETHES *Faust*, sondern auf das Volksbuch *Historia von D. Johann Fausten* (1587) und die seit 1746 bekannten Puppenspiele zurück: »So stellt mein Spiel sich wohl lebendig dar, / doch bleibt sein Puppenursprung offenbar.« Er verarbeitete zudem Motive aus Christopher MARLOWES *Tragicall History of D. Faustus* (1604) und unterlegte seine Faust-Gestalt mit autobiographischen Zügen.

Die Handlung beginnt in Fausts Studierzimmer in Wittenberg. Faust ist mit einem *»werdenden chemischen Vorgang«* beschäftigt, als ihm sein Famulus Wagner drei Studenten aus Krakau meldet, die ihm das Buch *Clavis Astartis magica*, einen Schlüssel und die Eigentumsurkunde überreichen wollen (erstes Vorspiel). Mit Hilfe dieser Gegenstände beschwört Faust um Mitternacht Luzifer und seine Diener. Als letzte von sechs Stimmen erscheint Mephistopheles. Er verspricht Faust *»die unbedingte Erfüllung jeden Wunsches«*, wenn dieser ihm als Gegenleistung danach auf immer diene. Faust unterzeichnet den Vertrag mit seinem Blut unter dem hereindringenden Geläut der Osterglocken zusammen (zweites Vorspiel). Das Zwischenspiel zeigt eine *»uralte romanische Kapelle im Münster«*. Ein Soldat, der Bruder Gretchens, Fausts ehemaliger Geliebten, erbittet von Gott Rache an Faust. Auf Geheiß Fausts tötet Mephisto mit Hilfe eines hinzukommenden Leutnants den Soldaten.

Das erste Bild des Hauptteils spielt im herzoglichen Park zu Parma. Man feiert die Hochzeit des Herzogspaars. Auf dem Höhepunkt des Festes tritt Faust als Zauberer auf. Er läßt vor den Augen der staunenden Gäste (und gegen den ausdrücklichen Willen des Herzogs) Liebespaare aus der Bibel erscheinen: die Königin von Saba und Salomon, Samson und Dalila, Salome und Johannes. So gelingt es Faust, die Herzogin in seinen Bann zu ziehen. Sie muß Faust, der einem Giftanschlag des Herzogs durch die Warnung Mephistos entgeht, zwanghaft folgen: »Er ruft mich / wie mit tausend Stimmen, / er zieht mich / wie mit tausend Armen.« – Im zweiten Bild – Ort der Handlung ist nun wieder Wittenberg – diskutieren in einer Studentenschenke ein Philosoph, ein Theologe, ein Jurist und ein Naturgelehrter anhand eines parodistisch gemeinten Beispiels – eines zerbrochenen Tellers – ihre jeweiligen Gedankensysteme. Sie fragen Faust um Rat, und dieser verweist auf Luther. Der Name spaltet die Studentenschaft sofort in zwei Lager, die in einem »Sängerwettstreit« – die Katholischen singen das *Te Deum*, die Protestanten intonieren *Ein feste Burg* – gegeneinander antreten. Der Tumult löst sich schließlich auf, und Faust soll nun von seinen Liebesabenteuern berichten. Faust erzählt von der Herzogin, als plötzlich der als Kurier verkleidete Mephisto die Szene betritt. Er übergibt Faust als *»letztes Gedenken«* an die Herzogin ein totes Kind, das sich jedoch als Strohbündel erweist, das verbrannt wird. Die Studenten verlassen die Bühne. In dem aufsteigenden Rauch erscheint Helena. Faust versucht »*das Ideal*« zu halten, doch »*zerfließt die Erscheinung in Nichts*«. Die drei Studenten treten erneut auf und fordern von dem resignierten Faust das Buch zurück. Sie verkünden ihm, daß er um Mitternacht sterben werde. – Letztes Bild: Auf der verschneiten Straße vor Fausts einstigem Haus in Wittenberg feiern die Studenten den neuen Rector Magnificus, Fausts ehemaligen Famulus Wagner. Faust kommt hinzu. Während ein Chor aus dem Innern der Kirche den Tag des Gerichts beschwört, entdeckt Faust auf den Stufen des Hauses eine Bettlerin, die ein Kind im Arm hält. Er will ihr sein letztes Hab und Gut überlassen, als er in der vermeintlichen Bettlerin plötzlich die Herzogin erkennt, die ihm das Kind übergibt. Mit dem Kind im Arm betet Faust vor einem Kruzifix, das Mephisto indes in Helena verwandelt. In einem letzten Gebet erbittet Faust – »*ein ewiger Wille!*« –, sein Sohn möge vollenden, was er versäumt hat. Faust stirbt, doch an jener Stelle, wo das Kind lag, steht ein Jüngling mit einem blühenden Zweig in der Hand auf, der in die Stadt hineinschreitet.

Busoni hatte seine »experimentelle« Kompositionsperiode, deren Gipfelwerk das *Nocturne Symphonique* (1912/13) darstellt, mit der Partitur zu dem theatralischen Capriccio in einem Akt *Arlechino* (Uraufführung 1917) beendet. Seither verschrieb sich der Komponist seiner Idee der »*Jungen Klassizität*«. Danach soll sich das musikalische Kunstwerk vor allem durch eine souveräne Beherrschung der Form auszeichnen, sich der höchstentwickelten Polyphonie bedienen und dem Subjektivismus entsagen, um so dem Ideal der absoluten Musik möglichst nahezukommen.

Deutlich wird dieser Formwille vor allem dort, wo Busoni zwei musikalische Schichten übereinanderlagert, z. B. im Doppelchor der Studenten (*Te Deum* und *Ein feste Burg*) und in der Szene im Münster, in der sich Sakral- und Militärmusik miteinander mischen. In seiner bedeutenden theoretischen Schrift *Entwurf einer neuen Ästhetik der Tonkunst* (1907) hatte Busoni bereits in bewußter Abgrenzung zum Verismus der italienischen Oper gefordert, die Musik dürfe auf keinen Fall die Ereignisse auf der Bühne wiederholen oder kommentieren. »*Es sollte die Oper des Übernatürlichen oder des Unnatürlichen, als der allein ihr zufallenden Region der Erscheinungen und der Empfindungen, sich bemächtigen und dergestalt eine Scheinwelt schaffen, die das Leben entweder in einen Zauberspiegel oder einen Lachspiegel reflektiert; die bewußt das geben will, was in dem wirklichen Leben nicht zu finden ist.*« U.Pr.

AUSGABEN: Potsdam 1920. – Wiesbaden 1954.

LITERATUR: F. Busoni, *Über die Möglichkeiten der Oper u. über die Partitur des »Doktor Faustus«*, Lpzg. 1926. – G. Guerrini u. P. Fragapani, *Il »Dottor Faust« di B.*, Florenz 1942.

# ENTWURF EINER NEUEN ÄSTHETIK DER TONKUNST

Musiktheoretische Schrift von Ferruccio BUSONI (Italien), erschienen 1907. – In seiner Abhandlung *Vom Musikalisch-Schönen* (1854) ging der Kritiker Eduard HANSLICK mit Philosophen wie SCHELLING, SCHLEGEL und SCHOPENHAUER, die das Phänomen der Musik nur metaphysisch deuten wollten, scharf ins Gericht. Neuen ästhetischen Theorien stand nun der Weg offen, unter ihnen Busonis hochpoetischem, »*dem Musiker in Worten, Rainer Maria Rilke*« gewidmetem *Entwurf*, der erst später ins Italienische übersetzt wurde.

»*Mit scheinbarer Unbefangenheit aufgestellt*«, gesteht der Autor einleitend, sei doch »*das Problem auf Menschenalter hinaus nicht lösbar*«; denn die Musik sei, im Gegensatz zu den »*alten und reifen Künsten*«, der Architektur, Plastik, Dichtung und Malerei, »*das Kind, das zwar gehen gelernt hat, aber noch geführt werden muß, ... eine jungfräuliche Kunst, die noch nichts erlebt und gelitten hat*«. Da sich die kaum vierhundert Jahre alte abendländische Musik »*im allerersten Stadium einer noch unabsehbaren Entwicklung*« befinde, sei es völlig absurd, sich auf Traditionen zu berufen und ihr Prinzipien, Normen, Regeln und Gesetze vorzuschreiben. Zu gravierenden Irrtümern müsse der Terminus »absolute Musik« führen: dieser setze die freie Entwicklung eines Formspiels »*ohne dichterisches Programm voraus, wobei die Form die wichtigste Rolle abgibt*«. Aber gerade diese Form beschneide die Flügel der Musik, die erst dort, wo sie wirklich »absolut« ist, »*den göttlichen Vorrang erhielt zu schweben und von den Bedingungen der Materie frei zu sein*«. Den akademisch falsch verstandenen Begriff »absolute Musik« ersetzt Busoni durch »*Ur-Musik*«, jenen Begriff, dem Bach und Beethoven, wenngleich nur vorahnend und nur in einzelnen Werken, am nächsten gekommen seien. Dem Komponisten gestattet er zwar, »*menschliche Gemütszustände schwingen zu lassen*«, warnt ihn aber gleichzeitig davor, dem tonmalenden Prinzip allein zu vertrauen, das zwangsläufig »*eine begrenzte, primitive Kunst*« hervorbringe. Dementsprechend sei auch die Opernmusik gefährdet: Anstatt das Unausgesprochene darzustellen, das in der Seele der auf der Bühne agierenden Personen vor sich geht, beschränken sich die Komponisten (der Romantik) weitgehend darauf, sichtbare Vorgänge auch musikalisch wiederzugeben. Mit dieser Feststellung rechtfertigt Busoni den in seinen eigenen Opern (vgl. *Doktor Faust*) praktizierten Versuch, Libretto und musikalischen Ablauf, beide weitgehend selbständig, einander parallel zuzuordnen. Der im damaligen Konzertleben gefeierte Pianist Busoni befaßt sich auch mit den Problemen von Interpretation und Transposition, beide eng zusammenhängend mit der Notation, die als nicht gerade geglückte Kompromißlösung bezeichnet wird. (Die ihm vorschwebende neue Notenschrift hat er in seinem 1910 veröffentlichten *Versuch einer organischen Klavier-Notenschrift* speziell erläutert.) Interessant sind seine

Bemerkungen über die Bedeutung des Begriffs »musikalisch« im Deutschen. Dieser Begriff könne keine Eigenschaft bezeichnen und sei deshalb in Italien, »*wo der Sinn für musikalische Freuden allgemein ist*«, unbekannt (»musikalisch sein« heiße im Italienischen »etwas von Musik verstehen«). Abschließend zitiert Busoni Friedrich NIETZSCHE, der in *Jenseits von Gut und Böse* (1886) vor der deutschen Musik, da sie »*den Geschmack zurückverdirbt*«, warnt und dem eine »*übereuropäische*« Musik vorschwebt, »*die noch vor den braunen Sonnuntergängen der Wüste recht behält*«. Busoni appelliert an das Gewissen der Zukunft und fordert die Befreiung der Musik von allen »*architektonischen, akustischen und ästhetischen Dogmen*«, damit sie – nicht mehr zur »Tonkunst« herabgewürdigt – die ihrem Wesen entsprechende »*reine Erfindung und Empfindung*« sein möge.
Hans PFITZNER erklärt in *Futuristengefahr* (1917), Busonis Ästhetik erwecke den Eindruck, »*daß in der Musik, solange die Welt steht, noch nichts geleistet*« worden sei. Deshalb könne er mit dem Inhalt der Busonischen Ästhetik »*nicht sympathisieren*« und müsse diese als »*Prophezeiungen und Träume von noch nicht vorhandenen Entwicklungen*« bezeichnen. Busoni, der weder »*eine greifbare These*« noch »*ein ästhetisches Gesetz*« biete, fordere geradezu, »*daß unsere Musik Selbstmord begehe*«. Im Gegensatz dazu steht die Reaktion Arnold SCHÖNBERGs, dessen Anmerkungen (zuerst veröffentlicht in der Ausgabe des *Entwurfs* von 1974) eine intensive und produktive Auseinandersetzung mit den Ideen Busonis bezeugen. M.S.-KLL

AUSGABEN: Triest 1907. – Lpzg. 1916 (erw.; IB); Neudr. Ffm. 1974, Hg. H. H. Stuckenschmidt (Anm. A. Schönberg; BS). – Wiesbaden 1954 (IB). – Mailand o. J. [1954] (in *Scritti e pensieri sulla musica*, Hg. L. Dallapiccola u. G. M. Gatti; ital.: *Saggio di una nuova estetica musicale*). – Hbg. 1973 [Text nach d. Fassg. v. 1916].

LITERATUR: H. Pfitzner, *Futuristengefahr. Bei Gelegenheit von B.s Ästhetik*, Mchn. 1917. – G. Selden-Goth, *F. B.*, Leipzig/Wien/Zürich 1922, S. 133–147. – G. Pannain, *Musicisti dei tempi nuovi*, Mailand ²1954, S. 47 ff.

### ROGER DE BUSSY-RABUTIN

eig. Roger de Rabutin, Comte de Bussy
\* 13.4.1618 Épiry bei Autun
† 9.4.1693 Autun

LITERATUR ZUM AUTOR:
E. Gérard-Gailly, *Un académicien grandseigneur et libertin au 17e siècle. B.-R., sa vie, ses œuvres et ses amis*, Paris 1909. – A. Dinar, *B.-R., l'incorrigible*, Paris 1948. – J. Orieux, *B.-R., Le libertin galant homme*, Paris 1958; ²1969. – C. Rouben, *B.-R. épistolier*, Paris 1974. – F.-A. Mertens, *B.-R., mémorialiste et épistolier*, Paris 1984.

## HISTOIRE AMOUREUSE DES GAULES

(frz.; *Liebeschronik der Gallier*). Roman von Roger de BUSSY-RABUTIN, erschienen 1665. – Als imposanter Kriegs und Salonheld ganz ein Kind seiner Zeit, schrieb Bussy-Rabutin diese *chronique scandaleuse* vom Hof Ludwigs XIV. ursprünglich nur zur Unterhaltung der Madame de Montglat, die nach seiner Verbannung aus Paris das wenig abwechslungsreiche Leben auf seinem burgundischen Stammschloß mit ihm teilte. Er übernahm das Handlungsschema des *Satyricon*-Romans von PETRONIUS ARBITER und flocht allen Gesellschaftsklatsch, alle Liebesaffären und Kabalen, von denen er Kenntnis hatte oder die sich erdenken ließen, mit ein. Dabei scheute er sich weder, die wirklichen Namen zu nennen, noch Moral zu predigen, obwohl ihm die Rolle des Tugendwächters denkbar schlecht anstand. Wenn es auch wahr sein mag, daß die erste Buchausgabe der *Histoire amoureuse* ohne Wissen des Verfassers erschien – und zwar im gleichen Jahr, als er unter die »Unsterblichen« in die Académie française gewählt wurde –, so hatte er doch nichts dagegen, daß Abschriften seines Manuskripts in den Adelskreisen kursierten und bei den Nichtbetroffenen schadenfrohe Heiterkeit erregten. Besonders Madame de SÉVIGNÉ, seine Kusine, mußte sich durch seine frechen Verleumdungen verletzt fühlen, doch da sie selbst eine spitze Feder führte, zahlte sie ihm die Bosheiten in literarischer Form heim. Der König aber, über dessen Liaison mit Louise La Vallière der respektlose Chronist ebenfalls zu spotten gewagt hatte, ließ ihn für sechzehn Monate in der Bastille gefangensetzen und verbannte ihn danach wieder auf seinen Landsitz. Der Autor nutzte die unfreiwillige Muße einer langen weiteren Verbannung dazu, die *Liebeschronik* zu erweitern. Unter verschiedenen Titeln (u. a. *La France galante, Amours des dames illustres de nostre siècle*) und mit unterschiedlich zusammengestelltem Inhalt erschien sie später im In- und Ausland in immer neuen Ausgaben und hohen Auflagen. – Obwohl nicht nur mit Sarkasmus, sondern auch mit Esprit geschrieben, fehlt dem Werk doch der Schwung und die Beobachtungsgabe, die seinen Zeitgenossen TALLEMANT DES RÉAUX und dessen *Historiettes* auszeichnen. KLL

AUSGABEN: Lüttich 1665. – o. O. 1666 *(Histoire amoureuse de France avec les Maximes d'amour)*. – Köln 1688 *(La France galante ou Histoires amoureuses de la cour sous le règne de Louis XIV*, 2 Bde.). – Paris 1868, Hg. Ch.-A. Sainte-Beuve, 2 Bde. – Paris 1930, Hg. G. Mongrédien, 2 Bde. – Paris 1961, Hg. F. Cleirens. – Paris 1966 (10/18). – Paris 1967 (GF).

ÜBERSETZUNGEN: *Histoire amoureuse des Gaules oder Kurtzweilige Liebes-Geschichten fürnehmer Stands-Personen am Königl. Hoff zu Pariss*, anon., Lpzg. 1666. – *Geheime Liebschaften von Pariser Hofdamen*, F. W. Bruckbräu, Stg. 1828.

LITERATUR: G. Garaud, *Les pseudonymes dans »L'histoire amoureuse des Gaules«* (in RF, 80, 1968, S. 510–520). – C. Rouben, *Histoire et géographie galante au grand siècle* (in DSS, 93, 1971, S. 55–73). – C. Garaud, *La déclaration de l'amour au 17e siècle* (in Degré second, 1, Juli 1977, S. 13–35). – D. Steland, *Literarische Schöpfung als Einbruch in die soziale Ordnung* (in RZL, 6, 1982, S. 286–303).

## CALIXTO BUSTAMANTE CARLOS INCA

d.i. Alonso Carrió de la Vandera
\* 1706 (?) Gijón
† 17.1.1783 Lima

LITERATUR ZUM AUTOR:
P. R. Vargas Ugarte, *Don A. C. de la V., autor del »Lazarillo de ciegos caminantes« y visitador de Correos* (in Revista Historica, 26, Lima 1962/63, S. 77–112). – J. M. Pérez de Castro, *El viaje a América de C. de la V. con otros aportaciones bio-bibliográficas* (in Archivum, 15, Oviedo, 1965, S. 358–379). – J. M. Tabarnera, *A. C. de la V., »Concolorcorvo«, autor de »El Lazarillo de ciegos caminantes«* (in Boletín del Instituto de Estudios Asturianos, 108, 1983, S. 179–220).

**EL LAZARILLO DE CIEGOS CAMINANTES DESDE BUENOS AIRES HASTA LIMA, CON SUS ITINERARIOS, SEGUN LA MAS PUNTUAL OBSERVACION, CON ALGUNAS NOTICIAS UTILES A LOS NUEVOS COMERCIANTES QUE TRATAN EN MULAS, Y OTRAS HISTORICAS**

(span.; *Reiseführer für Blinde, die von Buenos Aires nach Lima wandern, mit genau ausgearbeiteten Reiserouten, samt einigen nützlichen Anmerkungen für die neuen Maultierhändler und anderen Geschichten*). Reisebericht, laut Titelblatt der ersten bekannten Ausgabe verfaßt von Calixto BUSTAMANTE CARLOS INCA, alias Concolorcorvo, und erschienen 1774/76. – Es ist fast sicher, daß sich hinter dem kunstvollen Doppelpseudonym der gebürtige Spanier Alonso CARRIÓ DE LA VANDERA verbirgt, ein Beamter, der mit der Inspektion und Reorganisation der Landpostverbindungen zwischen Buenos Aires und Lima beauftragt war, und daß Bustamante, der den Reisebericht angeblich aus den Erinnerungen des Postbeamten zusammengestellt hat, den Autor zwar auf seiner Reise begleitete, aber mit der Abfassung des *Lazarillo* nichts zu tun hatte. Tatsächlich wurde dieses Buch auch nicht 1773 in Gijón, sondern zwischen 1774 und 1776 in Lima gedruckt – ohne Lizenz. Offensichtlich fürchtete der Autor Schwierigkeiten mit seinen Vorgesetzten, falls die Veröffentlichung seiner zum Teil recht boshaften Bemerkungen über den Stand der Kolonialverwaltung mit seinem Namen verknüpft würde.

Die Bezeichnung »Reiseführer« ist nicht ungeeignet für dieses gattungsmäßig schwer einzuordnende Werk, wird ihm aber nur zum Teil gerecht. Zwar ist der äußere Aufbau der eines Reisehandbuchs – in den ersten 10 Kapiteln wird der Weg von Montevideo bis Chichas, in den übrigen 24 die Strecke von Chichas bis Lima beschrieben –, doch geht der Autor auch auf die Lebensweise der verschiedenen Bevölkerungsgruppen ein, auf ihre Spiele und Vergnügungen, auf Aberglauben und religiöse Bräuche, auf Handel, Jahrmärkte, Arbeitsmethoden in Landwirtschaft und Bergbau, auf Lage und architektonische Besonderheiten der Städte. Dazwischen erzählt er von den abenteuerlichen Begebenheiten der langen Reise und schildert Menschen, denen er begegnet ist; er streut auch lehrreiche Hinweise und praktische Ratschläge aller Art ein und macht kritische Anmerkungen zu Fehlern und Mißständen im spanischen Kolonialsystem, während er allerdings die Eroberungs- und Kolonialpolitik der Spanier im großen und ganzen entschieden verteidigt.

Einige Kritiker sehen in diesem Werk das erste Beispiel der erzählenden Literatur Hispanoamerikas, eine Vorform des Romans. Vermag der buntgemischte Inhalt das Interesse des Lesers zu wecken, so erheben Sprache und Darstellungsweise diesen Reisebericht zum Kunstwerk. Der sehr belesene Autor, dem die Werke der griechischen und lateinischen Klassik ebenso vertraut waren wie die der spanischen Literatur (CERVANTES, QUEVEDO, GRACIÁN, FEIJÓO), hat einen scharfen Blick für die Wirklichkeit, die ihn umgibt, und schildert sie ohne literarische Verbrämung; an anderen Stellen kehrt die satirisch pointierte Sprache der Schelmenromane hier mit persönlichen Nuancen wieder, bald ironisch-vieldeutig, bald mit dreister Unverblümtheit.

Das Selbstporträt des Ich-Erzählers Concolorcorvo (im Vorwort) trifft ganz den Ton des *pícaro*: »Ich bin reinblütiger Indianer – wenn meine Mutter sich nicht einen Seitensprung hat zuschulden kommen lassen, für den ich nicht einstehen kann ... Ich möchte der kirchlichen Immunität teilhaftig werden und erwäge darum ernstlich, mich um die Stelle eines Hundefängers am Dom von Cuzco zu bewerben.«   A.F.R.

AUSGABEN: Gijón 1773 [recte Lima zw. 1774 und 1776]. – Buenos Aires 1908, Hg. M. Leguizamón. – Madrid 1959, Hg. J. Pérez de Tudela (BAE, 122). – Madrid 1983, Hg. u. Einl. A. Lorente Medina [krit.].

LITERATUR: F. F. Monjardín, *Quién fué el autor del »Lazarillo de ciegos caminantes«?*, Buenos Aires 1928. – W. B. L. Bose, »*El lazarillo de ciegos y caminantes« y su problema histórico*, La Plata 1941. – J. J. Real Díaz, *D. Alonso Carrió de la Vandera, autor del »Lazarillo de ciegos y caminantes«* (in Anuario de Estudios Americanos, 13, 1956, S. 387–416). – A. Tamayo-Vargas, *Concolorcorvo sería Fray C. San Joseph Tupac Inga?* (in Revista Iberoamericana, 24, 1959, S. 333–356). – M. Bataillon, *Introducción a Concolorcorvo y a su itinerario de Buenos Aires a Lima* (in Cuadernos Americanos, 19, 1960, Nr. 3, S. 197–216). – S. Horl, *A. C. de la V. »El Lazarillo...« Ein polemischer Reisebericht* (in *Fs. f. H.-K. Schmeider*, Hg. J. M. Navarro u. a., Hbg. 1975, S. 387–403). – E. Carilla, *El libro de los misterios: »El Lazarillo...«*, Madrid 1976. – E. Pupo-Walker, *Notas para una caracterización formal de »El Lazarillo de ciegos caminantes«* (in Anuario de la Literatura Hispanoamericana, 8, 1980, S. 187–220). – R. Ocasio, »*El Lazarillo...«. Una organización social del mundo* (in CA, 4, 1985, S. 170–183).

# BU-STON

eig. Bu-ston Rin-chen-grub
\* 1290
† 1364 Źa-lu

## CHOS-'BYUŃ

(tib.; *Geschichte des Buddhismus*) von BU-STON, verfaßt im Jahre 1322. Der ausführliche Titel lautet: *bDe-bar gśegs-pa'i bstan-pa'i gsal byed chos-kyi 'byuń gnas gsuń rab rin-po-che'i mdzod* (*Die Geschichte des Buddhismus, welche die Lehre des Sugata* [Buddha] *klarmacht, ein Schatz der kostbaren Verkündigung*). – Dieses Werk des großen lamaistischen Gelehrten ist der berühmteste historische Text der tibetischen Literatur, Vorbild zahlreicher »Geschichten des Buddhismus« aus späteren Jahrhunderten.

Das erste Buch des Werkes gibt eine systematische Darstellung der buddhistischen Literatur. Es beginnt mit der Erörterung des religiösen Verdienstes, das man sich durch Studium und Verkündigung der Lehre erwirbt, wobei die höhere Bedeutung der Texte des *Mahāyāna*, des »großen Fahrzeuges«, besonders hervorgehoben wird (vgl. die *Reden Buddhas*). Es folgt eine terminologisch-etymologische Darlegung der wichtigsten Begriffe aus der buddhistischen Literatur – wie *dharma* (Lehre), *pravacana* (Verkündigung des Buddha), *pitaka* (Korb; Sammelbezeichnung für die drei Abteilungen des Kanons) –, danach eine Untersuchung der Unterschiede in den Lehren von *Hīnayāna*, *Mahāyāna* und *Tantras* sowie schließlich eine Aufzählung der *śāstras* (exegetische Lehrbücher und Kommentare). Zuletzt legt Bu-ston die Regeln dar, nach denen die Lehre studiert und gelehrt werden soll, wobei seine Ausführungen über die Psychologie des Lernenden besonders bemerkenswert erscheinen.

Der eigentlichen Geschichte ist das zweite Buch gewidmet. Es beginnt mit einer Skizze von Buddhas Leben, der sich eine Darstellung der drei Konzilien der alten Überlieferung sowie des (fiktiven) *Mahāyāna*-Konzils anschließt. Auf eine Reihe von Prophezeiungen über die Dauer der buddhistischen Lehre in der Welt folgen die Biographien berühmter Meister des indischen Buddhismus (z. B. NĀGĀRJUNA, ĀRYADEVA, CANDRAKĪRTI, ASAŃGA, VASUBANDHU, DIGNĀGA, DHARMAKĪRTI, ŚĀNTIDEVA u. a.). Ein besonders interessantes Kapitel bringt Überlieferungen über die verlorenen Teile des Kanons. Der Geschichte des Buddhismus in Tibet sind nur einige wenige, allerdings bedeutsame Seiten gewidmet. Die Darstellung gliedert sich in zwei Abschnitte: frühere Verbreitung (*sńa dar*) im 7.–9. Jh. und spätere Verbreitung (*phyi dar*) seit etwa dem Jahre 1000. Die politische Geschichte Tibets findet dabei nur soweit Berücksichtigung, als die religiöse Aktivität der Könige und Großen der Welt in Frage steht.

Das dritte Buch bringt einen wichtigen Katalog der kanonischen Übersetzungsliteratur Tibets, der vor allem deswegen von Bedeutung ist, weil Bu-ston selbst an der Sammlung und Ordnung des *bKa'-gyur* und *bsTan-'gyur* beteiligt war.     H.H.

AUSGABEN: New Delhi 1971 (in *Collected Works*, Hg. L. Chandra, Bd. 24). – o. O. [Ch'ing-hai] 1988.

ÜBERSETZUNGEN: *History of Buddhism*, Tl. 1 u. 2, Hg. E. Obermiller (in *Materialien zur Kunde des Buddhismus*, Bd. 18/19, Heidelberg 1931 f.).

LITERATUR: D. S. Ruegg, *The Life of B. R.*, Rom 1966. – A. I. Vostrikov, *Tibetan Historical Literature*, Kalkutta 1970, S. 140 ff. – S. Nishioka, »*Putun bukkyōshi« mokuroku bu sakuin* (in *Proceedings of the Seminar of Cultural Exchange of the Univ. of Tokyo*, 4–6, 1980–1983).

# JOSEPH BUTLER

\* 18.5.1692 Wantage / Berkshire
† 16.6.1752 Bath

## THE ANALOGY OF RELIGION TO THE CONSTITUTION AND COURSE OF NATURE

(engl.; *Die Analogie zwischen der Religion und der Struktur und Wirkungsweise der Natur*). Religiösphilosophisches Werk von Joseph BUTLER, erschienen 1736. – *The Analogy of Religion* ist neben der zehn Jahre vorher publizierten Sammlung von fünfzehn moralphilosophischen Predigten *»über die menschliche Natur« (Fifteen Sermons)* das einzige größere, zusammenhängende Werk dieses interessanten Denkers. Bischof Butler erlangte für die Geschichte der Ethik Bedeutung sowohl durch seine scharfe Unterscheidung zwischen dem Begriff des moralisch Guten und den Gesichtspunkten von Glückseligkeit und Nützlichkeit als auch durch seine Inthronisation des Gewissens.

Im vorliegenden Werk versucht der in mancher Hinsicht zu den Vorläufern der Kantschen Ethik gehörende Autor die *»Wahrheit der Religion«* mit Hilfe zahlreicher Wahrscheinlichkeitsschlüsse zu stützen (nicht etwa zu »beweisen«!), die alle dem Schema »Analogie« entnommen sind. Es ist seine These, daß alles, was in der natürlichen (und der gesellschaftlichen) Welt geschieht, eine mehr oder minder strikte Strukturgleichheit mit den Doktrinen der (christlichen) Religion aufweist. Diese These wird in der ersten Hälfte des Buchs an der »natürlichen« Religion erprobt, in der zweiten an der »geoffenbarten«. Dabei vermag im ersten Teil manches einzuleuchten, und zwar aus dem (Butler unbewußten) Grund, daß ja die bis auf die Stoiker zurückgehende natürliche Religion ihrerseits auf einer »vernünftigen« Interpretation eben der natürlichen Welt beruht. Mag so Butlers These fast an Tautologie grenzen, so läßt sie doch in Einzelheiten – wenn er die Wahrscheinlichkeit »künftigen Lebens« mit Fällen des Fortexistierens nach Änderungen, Beschädigungen und Katastrophen innerhalb unseres Lebens begründet – reichlich Raum für wenig überzeugende oder falsche Schlüsse.

Prinzipiell viel bedenklicher wird Butlers Argumentation begreiflicherweise in der zweiten, den »Offenbarungswahrheiten« gewidmeten Hälfte des Buchs. Wie – um nur ein Beispiel zu geben – hier etwa die »Mittlerrolle« Christi zwischen Gott und Mensch mit Hilfe des Hinweises plausibel gemacht wird, daß ja in der Welt alles durch »Vermittlung« geschehe, scheint nur zu beweisen, wie selbst ein scharfsinniger und auf anderen Gebieten verdientermaßen einflußreicher Denker nicht immer den Fallstricken entgehen kann, die apologetisches Argumentieren der intellektuellen Redlichkeit legt.

H.L.

AUSGABEN: Ldn. 1736. – Ldn. $^2$1736 [rev. v. Autor]. – Oxford 1896 (in *Works*, 3 Bde., 1). – Ldn. 1900 (in *Works*, 2 Bde. Hg. J. H. Bernard). – Ldn. 1907, Hg. W. E. Gladstone.

ÜBERSETZUNG: *Bestätigung der natürlichen u. geoffenbarten Religion*, J. J. Spalding, Lpzg. 1779.

LITERATUR: H. S. Holland, *The Optimism of B.'s »Analogy«*, Oxford 1908. – W. H. Reither, *Ethics of J. B.*, Diss. Columbus (USA) 1931. – S. S. Tomkins, *Conscience, Self-Love and Benevolence in the System of Bishop B.*, Philadelphia 1934. – E. C. Mossner, *Bishop B. and the Age of Reason*, Ldn. 1936. – W. J. Norton, *B., Moralist and Divine*, New Brunswick 1940. – P. A. Carlsson, *B.'s Ethics*, Ldn. 1964. – A. Jeffner, *B. and Hume on Religion. A Comparative Analysis*, Stockholm 1966. – J. Ramsey, *J. B. 1692–1752. Author of the »Analogy of Religion«. Some Features of his Life and Death*, Ldn. 1969. – A. Babolin, *J. B.*, Padua 1973. – T. A. Roberts, *The Concept of Benevolence. Aspects of 18th-Century Moral Philosophy*, Ldn. 1973. – B. v. Eckardt, *Ethik der Selbstliebe. J. B.s Theorie der menschlichen Natur*, Heidelberg 1980. – T. Penelhum, *B.*, Ldn. 1985.

## SAMUEL BUTLER (D.Ä.)

\* 3.2.1612 Strensham / Worcester
† 29.9.1680 London

LITERATUR ZUM AUTOR:
J. Veldkamp, *S. B.: The Author of »Hudibras«*, Hilversum 1923. – P. M. Scott, *S. B. and Seventeenth Century Thought*, Diss. Indiana Univ. 1974. – G. Wasserman, *Samuel »Hudibras« Butler*, Boston 1976. – *S. B., Prose Observations*, Hg. H. de Quehen, Oxford 1979. – G. Wasserman, *S. B. and the Earl of Rochester. A Reference Guide*, Boston 1986.

## HUDIBRAS

(engl.; *Hudibras*). Verssatire von Samuel BUTLER d. Ä., in drei Teilen zu je drei Gesängen erschienen 1663–1678. – Auf diesem in achthebigen Reimpaaren verfaßten Werk, das man trotz des Fehlens einer durchgehenden Handlung oft als »heroikomisches Epos« bezeichnet hat, beruht Butlers literarischer Nachruhm. Mit Ausnahme des ersten Teils, den der Dichter nach eigener Aussage bereits während des Bürgerkriegs und in den Jahren des Commonwealth unter Cromwell geschrieben hat, entstand die Satire in der Restaurationsperiode, als nach dem bigotten Regime der Puritaner Lebensfreude, Witz und Humor auch in der Literatur wieder zu ihrem Recht kamen. Der *Hudibras* ist nicht nur die schärfste und derbste Verspottung des Puritanismus jener Zeit, er gilt auch trotz vieler formaler und stilistischer Schwächen als die gelungenste englische Burleske überhaupt. Als Vorbilder dienten dem Verfasser CERVANTES und ARIOST, bei ihrer Nachahmung beschränkte er sich jedoch auf Äußerlichkeiten. Das hohe Ideal der Ritterschaft, dem Don Quijote nachjagt, ersetzt Butler kurzerhand durch den politischen und religiösen Fanatismus der verschiedenen puritanischen Sekten, den bei aller Verstiegenheit edelmütigen und leidensfähigen spanischen Ritter selbst durch den nur auf seinen eigenen Vorteil bedachten, vulgären, zyni-

schen, mit seiner Belesenheit protzenden Sir Hudibras. (Den Namen seines Titelhelden entnahm er dem zweiten Buch von SPENSERS *Faerie Queene*, in dem es von dem dort auftretenden Hudibras heißt, er sei ein robuster Mann, der sich weniger durch gute Taten als durch unbesonnene Abenteuer einen Namen gemacht habe.)
Hudibras, ein Presbyterianer, und sein Knappe Ralph, der auf der Seite der Independenten steht, reiten auf ihren klapprigen Pferden auf Abenteuer aus. Zuerst stoßen die beiden, die ständig politische und religiöse Meinungsverschiedenheiten austragen, auf eine Gruppe von Bauern, die gerade unterwegs zur Kirchweih ist, wo eine Bärenhetze, ein damals beliebter, aber den Puritanern verbotener Zeitvertreib, veranstaltet werden soll. Gereizt von Hudibras' anfangs salbungsvollen, dann ordinären Vorwürfen, attackieren die Landleute die beiden Reiter, die zwar zuerst im Vorteil sind, schließlich aber überwältigt und im nahen Dorf in den Block gelegt werden (1. Teil). Dort erhält Hudibras den Besuch einer Witwe, der er ihres Geldes wegen den Hof macht. Als sie höhnisch verlangt, er solle sich auspeitschen lassen, um ihre Gunst zu erringen, willigt er ein, überlegt sich dann aber, unterstützt von Ralph, wie er sein Versprechen brechen könnte. Als der Knappe es ablehnt, sich statt seines Herrn züchtigen zu lassen, kommt es zu einem wüsten Streit, schließlich aber entrinnen beide gemeinsam der drohenden Gefahr (2. Teil, Gesang 1 und 2). Nun befragt Hudibras den Astrologen Sidrophel, was die Sterne über seine Chancen bei der reichen Witwe sagen. Er bewundert Sidrophels Weisheit; als sich dann aber herausstellt, daß sie nichts als Scharlatanerie ist, schlägt er den Sterndeuter nieder, hält ihn für tot, plündert ihn aus und flieht zur Witwe, in der Hoffnung, daß Ralph, den er heuchlerisch zur Wache geschickt hat, dort für den Mörder gehalten wird (2. Teil, Gesang 3). Im Haus der Witwe versucht er, diese mit lügnerischen Berichten über die Leiden, die er ihretwegen ertragen habe, zu beeindrucken, doch auch Ralph erscheint und enthüllt die Wahrheit. Als die Begehrte ihre Dienerschaft in teuflischer Verkleidung auf Hudibras losläßt, glaubt dieser, Sidrophel habe Geister auf ihn gehetzt, und gesteht der Witwe seine Habgier (3. Teil, Gesang 1). Der folgende Gesang handelt nicht von Hudibras, sondern gibt eine satirische Darstellung der Revolution und der republikanischen Regierung. Im letzten Gesang erscheint der fahrende Ritter beim Advokaten, der ihm rät, die Witwe durch Liebesbriefe zu einer kompromittierenden Antwort zu provozieren. Mit der spöttischen Erwiderung der Frau auf Hudibras' gefühlvolle Epistel bricht das Werk ab.
In *Lives of the English Poets* (1779–1781) schreibt Dr. Samuel JOHNSON, Butler habe seine Satire nicht vollendet, da sie ihm finanziell nichts eingebracht habe. Das ist um so erstaunlicher, als die derben, stellenweise obszönen Angriffe auf die Republikaner Cromwellscher Prägung (deren Humorlosigkeit der Natur Butlers so konträr war, daß er ihren Verdiensten keine Gerechtigkeit widerfahren ließ) nach der Restauration der Stuarts in Hofkreisen sehr positiv aufgenommen wurden. Karl II. soll oft aus dem *Hudibras* zitiert und dem Verfasser, der selbst kein ausgesprochener Royalist war, sogar ein Sonderhonorar gewährt haben. Freilich faßte man damals das von Knittelversen strotzende Werk eher als Pamphlet denn als Dichtung auf, um so mehr, als man in zahlreichen Figuren unschwer eigene Zeitgenossen lächerlich gemacht fand. So hat Butler z.B. in der Titelfigur seinen einstigen Arbeitgeber, Sir Samuel Luke, einen von Cromwells leitenden Beamten, parodiert und in der Gestalt des Astrologen den eitlen Hofmann Sir Paul Neal, der sich unsterblich blamiert hatte, als er behauptete, mit seinem Teleskop einen Elefanten im Mond entdeckt zu haben, während er in Wirklichkeit nur die Umrisse einer Maus gesehen hatte, die in sein Instrument gekrochen war. (Diesen Vorfall behandelte Butler auch in seinem satirischen, gegen die wissenschaftlichen und philosophischen Ambitionen der Hofgesellschaft gerichteten, postum erschienenen Gedicht *The Elephant in the Moon*.)
Das Werk, dem die große Konzeption fehlt und dessen oft forciert wirkendes Reimgeklingel nicht selten monoton anmutet (eine Schwäche, die bereits Butlers Zeitgenosse Samuel PEPYS erkannte), ist literarhistorisch als satirisches Zeitbild bedeutungsvoll geblieben. Lebendig erhalten haben sich viele seiner epigrammatischen Reimpaare, die im englischen Sprachbereich fleißig gebraucht werden und sich in jedem Zitatenschatz finden, etwa die folgenden: »Besides 'tis known he could speak Greek / As naturally as pigs squeak« (»Wie Säue grunzen, so natürlich / sprach er das Griechisch, klar und zierlich«) und »He that complies against his will / Is of his own opinion still« (»Wer andern zustimmt gegen seinen Willen / hat seine eigne Meinung doch im Stillen«).
KLL

AUSGABEN: Ldn. 1663 (*Hudribras* [sic!]. *The First Part Written in the Time of the Late Wars*, anon.). – Ldn. 1664 (*Hudibras. The Second Part*, anon.). – Ldn. 1674 (*Hudibras. The First and Second Parts*; verb. u. erw.). – Ldn. 1678 (*Hudibras. The Third and Last Part*). – Ldn. 1684. – Ldn. 1726 [Ill. W. Hogarth]. – Cambridge 1905 (in *The Collected Works*, hg. A. R. Waller, 3 Bde., 1905–1928, 1). – Oxford 1967. – Oxford 1973.

ÜBERSETZUNGEN: *Hudibras, ein satyrisches Gedicht wider die Schwärmer*, J. J. Bodmer, Zürich 1765 [unvollst.]. – *Hudibras, ein satyrisches Gedicht wider die Schwermer u. Independenten zur Zeit Carls des Ersten*, J. H. Waser, Hbg./Lpzg. 1765. – *Hudibras*, D. W. Soltau, Riga 1787. – Dass., J. Eiselen, Freiburg i.B. 1845.

LITERATUR: H. Craig, »*Hudibras. Part I*«, *and the Politics of 1647* (in Manly Anniversary Studies, Chicago 1923). – S. Büeler, *J. H. Waser als Übersetzer des »Hudibras« von S. B.*, Diss. Fribourg 1939. – E. A. Richards, »*Hudibras*« *in the Burlesque Tradition*, NY 1937. – B. Boyce, *News from Hell: Satiric*

*Communication with the Nether World in English Writing of the Seventeenth and Eighteenth Centuries* (in PMLA, 58, 1943, S. 402–437). – J. H. Wilson, *The Court Wits of the Restoration*, Princeton/N.J. 1948. – I. Jack, *Augustan Satire, Intention and Idiom in English Poetry, 1660–1750*, Oxford 1950. – E. D. Leyburn, »*Hudibras*« Considered as Satiric Allegory (in Huntington Library Quarterly, 16, 1953, S. 141–160). – W. S. Miller, *The Allegory in Part I of »Hudibras«* (in Huntington Library Quarterly, 1958, S. 323–343). – C. W. Daves, *An Annotated Edition of the Characters of S. B. (1612–1680) with Textual, Critical, and Historical Introduction*, Diss. Univ. Minnesota 1965. – N. H. Nelson, *A Study of »Hudibras«: Satiric Theme and Form*, Diss. Univ. of Wisconsin 1971. – D. E. Mortland, *A Critical Study of Hudibrastic Satire in America, 1708–1806*, Diss. Univ. of Oklahoma 1971. – J. P. Neel, ›*A Kind of Mungral Breed*‹: *The Allusive Method in B.'s »Hudibras«*, Diss. Univ. of Tennessee 1975.

## SAMUEL BUTLER (D.J.)

\* 4.12.1835 Langar / Nottingham
† 18.6.1902 London

LITERATUR ZUM AUTOR:
*Biographien*:
J. F. Harris, *S. B. The Man and His Work*, London 1916. – C. E. M. Joad, *S. B. 1835–1902*, London 1924. – M. Garnett, *S. B. and His Family Relations*, London 1926. – P. N. Furbank, *S. B. (1835–1902)*, Cambridge 1948; Nachdr. Hamden/Conn. 1971.
*Gesamtdarstellungen und Studien*:
G. Pestalozzi, *S. B. der Jüngere, 1835–1902. Versuch einer Darstellung seiner Gedankenwelt*, Zürich 1914. – G. Cannan, *S. B. A Critical Study*, Ldn. 1915. – W. G. Bekker, *A Historical and Critical Review of S. B.'s Literary Works*, Rotterdam 1925; Nachdr. NY 1964. – K. W. P. Meissner, *S. B. der Jüngere. Eine Studie zur Kultur des ausgehenden Viktorianismus*, Lpzg. 1931. – C. G. Stillman, *S. B.: A Mid-Victorian Modern*, NY 1932. – R. F. Rattray, *S. B.: A Chronicle and an Introduction*, NY 1935; Nachdr. NY 1974. – H. Böttger, *S. B.s satirische Romane und ihre literarische Bedeutung*, Diss. Marburg 1936. – M. Muggeridge, *The Earnest Atheist: A Study of S. B.*, Ldn. 1936. – P. Henderson, *S. B.: The Incarnate Bachelor*, Ldn. 1953. – L. E. Holt, *S. B.*, NY 1964. – U. C. Knoepflmacher, *Religious Humanism and the Victorian Novel: George Eliot, Walter Pater, and S. B.*, Princeton/N.J. 1965. – R. M. Gounelas, *Some Influences on the Work of S. B. (1835–1902)*, Diss. Oxford 1977. – T. L. Jeffers, *S. B. Revalued*, Ldn. 1981. – R. Norrman, *S. B. and the Meaning of Chiasms*, NY 1986.

## EREWHON, OR OVER THE RANGE

(engl.; *Erewhon oder Jenseits der Berge*). Roman von Samuel BUTLER d.J., erschienen 1872. Erewhon (ein Anagramm des Wortes *nowhere*: nirgendwo) ist der Name des fiktiven Landes, das, in einigen Zügen an die Lombardei, aber mehr noch an Neuseeland (wo Butler einige Jahre gelebt hatte) erinnernd, den Hintergrund für diese berühmte Satire auf das Viktorianische England bildet.

Das Handlungsgerüst des Werkes liefern die Entdeckungsreise des Romanhelden George Higgs und seine Flucht aus Erewhon, das er am Ende des Romans zusammen mit einer Bewohnerin des Landes in einem Ballon verläßt. Innerhalb dieser Rahmenhandlung bilden Butlers Angriffe auf fast alle Lebensbereiche der zeitgenössischen Gesellschaft und auf deren fadenscheiniges Wertsystem den eigentlichen Inhalt des Buches. Mit seiner mörderischen Kritik an den Wertmaßstäben seiner Zeitgenossen will Butler zu Besinnung und Wahrhaftigkeit aufrufen. Dem heutigen Leser erscheinen seine Gedanken über die Wechselbeziehungen zwischen Krankheit und Verbrechen, Religion und Geschäft ebenso wie seine Stellungnahme zu Erziehungsproblemen und zu den Auswirkungen der Technisierung auf den sozialen Bereich in vieler Hinsicht prophetisch. Er führt die engstirnige Einstellung der Viktorianer zu diesen Problemen ad absurdum, indem er ihre Prinzipien von den »Erewhoniern« konsequent im umgekehrten Sinn anwenden läßt. Verbrecher werden hier mit der Rücksichtnahme behandelt, die sonst nur Kranken entgegengebracht wird; Krankheit und persönliches Mißschick werden hingegen als Zeichen der Unmoral gewertet und vom Gesetz streng bestraft; kirchliche Institutionen machen sich das Geschäftsgebaren von Banken zu eigen, während man den Geldhandel mit jener Mischung aus Respekt und Indifferenz betreibt, die man sonst der Kirche gegenüber an den Tag legt. Mit seiner Beschreibung der Geburtenregelung in Erewhon attackiert Butler die ihm besonders verhaßte elterliche Tyrannei: in seinem fiktiven Staat gilt der Grundsatz, daß Kinder besser ungeboren bleiben sollten, da sie ihren Eltern lediglich Unannehmlichkeiten bereiten und daher letzten Endes an der ihnen zuteil werdenden schlechten Behandlung und Gleichgültigkeit selbst schuld sein würden. Weitere Abschnitte des Buches befassen sich mit dem Fortschritt der Technik, der in Erewhon durch die Abschaffung aller Maschinen, die den Menschen zu unterjochen drohen, ein Ende findet, und mit dem Erziehungswesen, das mit der Einrichtung von »Hochschulen der Unvernunft« glänzend parodiert wird.

Wie SWIFT in *Gulliver's Travels* bedient sich Butler einer utopischen Welt, um bestehende Zustände schärfstens zu kritisieren, wie Swift ordnet auch er Handlungsablauf und Charakterzeichnung der satirischen Absicht völlig unter. Butlers rebellische Ideen lagen damals quasi in der Luft: auch BULWER-LYTTON vertrat in seinem 1871 erschienenen Roman *The Coming Race* (den Butler noch nicht kannte, als er *Erewhon* schrieb) ähnliche Auffassungen, ohne freilich Butlers literarischen Rang zu erreichen. *Erewhon* gilt als klassisches Werk der Viktorianischen Ära, sein Autor als einer der scharfsinnigsten Schriftsteller seiner Zeit.

1901 erschien eine Fortsetzung unter dem Titel *Erewhon Revisited (Wiedersehen mit Erewhon)*. George Higgs kehrt zwanzig Jahre später nach Erewhon zurück und stellt fest, daß die Bewohner seine Flucht im Ballon für ein Wunder gehalten und zum Ausgangspunkt einer neuen Religion gemacht haben. Das Wiedererscheinen Higgs', der als Hauptgottheit verehrt wird, paßt jedoch einigen gelehrten Klerikern nicht ins Konzept, da sie den neuen Glauben zu höchst weltlichen und kommerziellen Zwecken ausnutzen. Mit schwachen Anklängen an Dostoevskijs Erzählung vom Großinquisitor (*Die Brüder Karamazov*) versucht Butler glaubhaft zu machen, daß bei einer Wiederkehr Gottes zur Erde vor allem die Kleriker ihn verleugnen würden. – In diesem Roman haben Butlers »Erewhonier« zwar britische Institutionen übernommen, deren Sinn und Zweck jedoch ins genaue Gegenteil verkehrt. Kinder werden geschlagen, damit sie lügen lernen. Zöglinge in Erziehungsanstalten werden »deformiert« statt »reformiert« usw. Hauptangriffsziel sind jene, die im Namen des Christentums Furcht und Unwissenheit ihrer Anhänger ausnutzen. J.v.Ge.

Ausgaben: Ldn. 1872 [anon.]. – Ldn. 1872 [rev.]. – Ldn. 1923 (in *The Shrewsbury Ed. of the Works*, Hg. H. F. Jones u. A. T. Bartholomew, 20 Bde., 1922–1926, 2). – NY 1934, Hg. A. Huxley. – Ldn./NY 1959 (gem. m. *Erewhon Revisited*). – NY 1961.
*Erewhon Revisited*: Ldn. 1901. – Ldn./NY 1926 (in *The Shrewsbury Ed. of the Works*, Hg. H. F. Jones u. A. T. Bartholomew, 20 Bde., 1922–1926, 16). – Ldn./NY 1959 (gem. m. *Erewhon*).

Übersetzungen: *Ergindwon oder Jenseits der Berge*, anon., Lpzg. 1879. – *Jenseits der Berge oder Merkwürdige Reise ins Land Aipotu*, H. E. Herlitschka, Wien 1928. – *Erewhon*, F. Güttinger, Zürich 1961.

Literatur: F. Krog, *B.s »Erewhon«: eine Utopie* (in Anglia, 60, 1936). – L. E. Holt, *S. B.'s Revisions of »Erewhon«* (in Papers of the Bibliographical Society of America, 38, 1944, S. 22–38). – E. A. Opitz, *S. B., Author of »Erewhon«* (in Contemporary Review, 1948, Nr. 990, S. 365–369). – J. Humphrey, *B. S.: Author of »Erewhon«* (in Colby Library Quarterly, Ser. 2, 1949, S. 141–145). – J. Jones, *The Cradle of »Erewhon«: S. B. in New Zealand*, Austin 1959. – H. P. Breuer, *The Source of Morality in B.'s »Erewhon«* (in Victorian Studies 16, 1973, S. 317–328). – D. Petzold, *›This Blessed Inconsistency‹: Bemerkungen zu den Paradoxien in S. B.'s »Erewhon«* (in GRM 27, 1977, S. 185–201). – *»Erewhon« or over the Range*, Hg. H. P. Breuer u. D. F. Howard, Newark 1981.

## THE WAY OF ALL FLESH

(engl.; *Der Weg allen Fleisches*). Roman von Samuel Butler d. J., erschienen 1903. – Kurz nach Veröffentlichung seiner satirischen Utopie *Erewhon* (1872) begann Butler auf Drängen seiner Geistesfreundin Eliza Mary Ann Savage einen autobiographischen Roman, an dem er, unterstützt von Miss Savages Rat und Kritik, mit Unterbrechungen bis 1884 arbeitete. Unzufrieden mit dem Geleisteten, plante er eine spätere Überarbeitung, zu der es jedoch nie kam. Auf dem Totenbett gab er seinem Nachlaßverwalter die Erlaubnis, das ursprüngliche Manuskript zu veröffentlichen. Unter Rückgriff auf Butlers ursprünglichen Arbeitstitel edierte 1964 D. F. Howard das Werk neu unter dem vollen Titel *Ernest Pontifex, or The Way of All Flesh. A Story of English Domestic Life*.

In Form eines fiktiven Augenzeugenberichts behandelt das Buch ein Lieblingsthema Butlers: die Spannungen und Probleme viktorianischen Familienlebens, exemplifiziert an einem tiefgreifenden und systemtypischen Vater-Sohn-Konflikt. Als langjähriger Freund der Familie Pontifex schildert der gereifte und distanzierte Erzähler Edward Overton zunächst rückblickend die Schicksale dreier Generationen dieser Familie: vom Dorfzimmermann John Pontifex über dessen Sohn George, einen selbstherrlichen Verleger religiöser Schriften, bis zu Johns Enkel Theobald, der in das Amt des Geistlichen und in eine konventionelle Ehe mit der biederen Pfarrerstochter Christina Allaby gedrängt wird. Das herrische Wesen seines Vaters steigert sich bei Theobald zu offenem Despotismus: Sein Sohn Ernest, der Hauptheld der Geschichte, wird von frühester Kindheit an so rigoros nach puritanischen Grundsätzen erzogen, daß er dem Vater lebenslang entfremdet bleibt. Wie Theobald wird Ernest gegen seinen Willen für die geistliche Laufbahn bestimmt, die er nach freudlosen Jahren an der Roughborough School des pedantischen Dr. Skinner und einem Studium in Cambridge als Hilfsgeistlicher in London beginnt. Dort kommt es zur unvermeidlichen Katastrophe: Unter dem Einfluß seines leichtfertigen Kollegen Pryer verliert Ernest nicht nur seine gesamten Ersparnisse, sondern auch das letzte, das ihm an orthodox-religiöser Überzeugung geblieben war. Als er sich in einer Stunde des Aufbegehrens Miss Maitland, einer vermeintlichen Prostituierten, nähert, wird er wegen Beleidigung verklagt und zu sechs Monaten Gefängnis verurteilt. Bar aller Mittel und Illusionen, verzichtet er danach bewußt auf alle sozialen Ambitionen: Er heiratet Ellen, das frühere Dienstmädchen seiner Familie, und versucht, sich als Schneider eine neue Existenz aufzubauen. Bescheidene geschäftliche Erfolge werden rasch überschattet von der Trunksucht Ellens, die ihm inzwischen zwei Kinder geschenkt hat und der er zeitweise fast hörig ist. Erst als er erfährt, daß Ellen bereits mit dem früheren Kutscher der Familie Pontifex verheiratet ist, gelingt es ihm, sich endgültig von ihr zu lösen. Zu seiner Überraschung erhält er an seinem

28. Geburtstag von Overton ein Vermögen ausbezahlt, für das eine ihm von seiner verständnisvollen Tante Alethea hinterlassene Summe den Grundstock gelegt hat. Zum ersten Mal in seinem Leben ist Ernest wirklich unabhängig; er beschließt, sich in Zukunft ganz der Literatur zu widmen.

Trotz unverkennbar autobiographischer Parallelen sind die Figuren und Geschehnisse dieses Romans mehr als bloße Projektionen persönlicher Erfahrungen Butlers. Des öfteren vereinigt der Autor Züge mehrerer realer Vorbilder in einer Romanfigur bzw. zerlegt *ein* historisches Modell in verschiedene fiktionale Gestalten. So werden Charakteristika seines Vaters (dessen wahrer Natur das fiktionale Abbild nicht immer gerecht wird) in George und Theobald Pontifex erkennbar. Butler selbst wird in zwei Altersstufen gleichzeitig verkörpert durch Ernest und den Erzähler Overton; seine beiden Schwestern verfließen im Roman zu einer einzigen, wenig sympatischen Gestalt; Alethea stellt eine Synthese aus Butlers Mutter und Miss Savage dar; seinen australischen Freund Charles Paine Pauli spaltet Butler in eine positive (Towneley) und eine negative (Pryer) Komponente. Es gelangt also weniger das Selbsterlebte und Individuelle als das Typische und Exemplarische zur Darstellung. Dem gleichen Bestreben entspringen auch die allegorischen Züge des Buches. Sie zeigen sich in den »sprechenden« Namen der Figuren und Institutionen (Pontifex, Roughborough u. ä.), vor allem aber in den komplementären Kontrastpaaren, die verschiedene Daseins- und Empfindungsweisen veranschaulichen sollen. Hierzu gehören neben dem Persönlichkeits-Duo Overton/Ernest (der gereifte und der jugendlich naive Held) vor allem polare Typen wie Miss Snow/Miss Maitland (Hure und Jungfrau), Pryer/Mr. Hawke (High und Low Church), Towneley/Mr. Shaw (Ober und Unterklasse), John Pontifex/George und Theobald Pontifex (idealer und fragwürdiger Familienvater).

Steht der Roman durch diese Darstellungsweise in der großen Tradition englischer Allegorie im Stil SPENSERS und BUNYANS, so bricht er andererseits im Gehaltlichen mit allen traditionellen Glaubens- und Wertvorstellungen. Butlers Engagement für den Darwinismus und sein offener Bruch mit konventionellen Orthodoxien mußten das viktorianische Publikum ebenso schockieren wie die unverhohlene Kritik an dem pseudoidyllischen Wunschbild der heilen Welt patriarchalischen Familienlebens. Gerade diese Illusionslosigkeit und der scharfe Blick für die Brüchigkeit epochentypischer Ideale machen diesen Roman, den G. B. SHAW als »*eines der großen Bücher der Welt*« pries (Brief an H. Salt vom 2. 8. 1903) für den heutigen Leser zu einem der aufschlußreichsten zeitkritischen Dokumente des ausgehenden Viktorianismus. Lebendig geblieben sind auch die witzig-geistvolle Art bestimmter Formulierungen, das überzeugende emanzipatorische Engagement des Autors sowie treffend gezeichnete Nebenfiguren wie etwa Ernests Londoner Wirtin Mrs. Jupp, die in ihrer humorvollen Cockney-Art an Gestalten von DICKENS erinnert. Darüber hinaus sind formale Neuerungen der Erzähltechnik von zukunftweisender Bedeutung: Als einer der ersten englischen Erzähler dringt Butler tief in das Innere seiner Gestalten vor, durchleuchtet ihre verborgenen Regungen und Motive, wobei er wiederholt zu einer Bewußtseinsdarstellung findet, die bisweilen (etwa in Kapitel 29) an die Leistung eines Édouard DUJARDIN oder Henry JAMES denken läßt. Nicht zuletzt durch diesen Darstellungsstil erregte der Roman das Interesse des jungen JOYCE, dessen *Portrait of the Artist as a Young Man* (1916) manche Ähnlichkeiten mit *The Way of All Flesh* aufweist. Butlers Buch reiht sich damit würdig in den großen Strom des englischen Bildungs- und Entwicklungsromans ein. Obwohl als künstlerische Gesamtleistung durchaus kein Meisterwerk, kann es aufgrund seiner erzähltechnischen wie ideologischen Pionierleistung als einer der wichtigsten englischen Romane des 19. Jh.s gelten. W.Fü.

AUSGABEN: Ldn. 1903, Hg. R. A. Streatfeild. – NY 1916 [Vorw. W. L. Phelps]. – Ldn. 1936 [Essay G. B. Shaw]. – NY 1950, Hg. W. Y. Tindall. – NY 1957, Hg. L. B. Salomon. – Boston/Ldn. 1964 (*Ernest Pontifex, or The Way of All Flesh*, Hg., Einl. u. Anm. D. F. Howard). – Harmondsworth 1979.

ÜBERSETZUNGEN: *Der Weg des Fleisches*, H. E. Herlitschka, 2 Bde., Wien 1929. – *Der Weg allen Fleisches*, H. Findeisen, Bln. 1960.

LITERATUR: M. P. Willcocks, *S. B. and »The Way of All Flesh«* (in English Review, 39, 1924). – C. A. Bissell, *A Study of »The Way of All Flesh«* (in Nineteenth Century Studies, Hg. H. Davis u.a., Ithaca 1940). – G. D. H. Cole, *S. B. and »The Way of All Flesh«*, Ldn. 1947. – I. D. Lind, *»The Way of All Flesh« and «A Portrait of the Artist as a Young Man»* (in Victorian Newsletter, 13, 1956). – D. F. Howard, *Significance of Autobiography in »The Way of All Flesh«* (ebd., 17, 1960). – W. H. Marshall, *»The Way of All Flesh«: the Dual Function of Edward Overton* (in Univ. of Texas Studies in Language and Literature, 4, 1962). – C. Jolicœur, *Christian Mythology and Narrative Structure in B.'s »The Way of All Flesh«* (in Cahiers Victoriennes et Edouardiennes, 16, 1982, S. 125–137). – J. B. Rosenman, *Evangelicalism in »The Way of All Flesh«* (in College Language Association Journal, 26, 1982).

## MICHEL BUTOR

* 14.9.1926 Mons-en-Baroeil

LITERATUR ZUM AUTOR:
R. M. Alberés, *M. B.*, Paris 1964. – J. Roudaut, *M. B. ou le livre futur*, Paris 1964. – L. S. Roudiez,

M. B., NY/Ldn. 1965. – G. Charbonnier, *Entretiens avec M. B.*, Paris 1967. – G. Raillard, *M. B.*, Paris 1968. – *M. B.*, Aix-en-Provence 1969. – F. Wolfzettel, *M. B. und der Kollektivroman*, Heidelberg 1969. – Ders., *M. B.* (in *Frz. Literatur der Gegenwart in Einzeldarstellungen*, Hg. W. D. Lange, Stg. 1971, S. 402–427). – L. Dällenbach, *Le livre et ses miroirs dans l'œuvre romanesque de B.*, Paris 1972. – J. Ricardou, *Le Nouveau Roman*, Paris 1973. – F. Aubral, *M. B.*, Paris 1973. – *B. Colloque de Cérisy*, Hg. G. Raillard, Paris 1973. – M. C. Spencer, *M. B.*, NY 1974. – G. Thiele, *Die Romane M. B.s*, Heidelberg 1975. – A. Helbo, *M. B., vers une littérature du signe*, Brüssel 1975. – B. Dauer, *Wirklichkeitsflucht und Entfremdung*, Heidelberg 1976. – P. MacWilliams, *The Narratives of M. B.*, Athens/Ohio 1978. – B. Mason, *M. B., A Checklist*, Ldn. 1979. – M. Lydon, *Perpetuum mobile*, Edmonton 1980. – M. Zobel-Finger, *M. B.* (in KLRG). – O. Onikepe, *Le temps mythique dans l'œuvre de B.*, Diss. Grenoble-III 1982. – Œuvres et Critiques, 10, 1985, Nr. 2 [Sondernr. *M. B.*].

## DEGRÉS

(frz.; *Ü: Stufen*). Roman von Michel BUTOR, erschienen 1960. – Wie in seinem früheren Roman *L'emploi du temps*, 1956 *(Der Zeitplan)*, gilt auch in *Degrés* alles Interesse des Autors der Fixierung eines träge und unaufhaltsam verrinnenden Zeitstroms, der in verschiedenen *»Graden der Geschichtlichkeit«* und in verschiedenen Graden der Präsenz ins Bewußtsein eines Erzählers dringt, der einen bestimmten Augenblick als Brennpunkt inmitten eines Feldes von Vorstellungen und Wahrscheinlichkeiten wählt, *»auf diese Weise ein wenig Licht bringend in die gewaltige Wirrnis, in der wir uns bewegen, ein wenig Licht, das auf diesen Augenblick fällt, ihn sichtbar und beobachtbar macht, sich in ihm widerspiegelt und ein wenig die dunkle Gegenwart erleuchtet«.*
Der Erzähler des Buches, Pierre Vernier, Lehrer für Geschichte und Geographie an einem Pariser Gymnasium, faßt den Plan, den zeitlichen Verlauf des eben beginnenden Schuljahres in möglichst genauen Aufzeichnungen über eine seiner Klassen, eine Sekunda mit etwa dreißig Schülern, abzubilden. Um das für ihn vorerst noch anonyme Kollektiv aufzuschlüsseln, geht er zunächst den verwandtschaftlichen Beziehungen nach, die einen Teil der Schüler mit ihren Lehrern verbinden. Es gelingt ihm, sein Personenreservoir in mehreren, nach dem Grad der Verwandtschaft an Bedeutung abgestuften Dreiergruppen zusammenzufassen, deren wichtigste aus ihm selbst, seinem Schwager Henri Jouret, der die Klasse in Französisch, Griechisch und Latein unterrichtet, und ihrer beider Neffen Pierre Eller besteht. Eine zweite Gruppe bilden der Englischlehrer René Bailly und seine beiden Neffen Alain Mouron und Michel Daval, während sich alle anderen Gruppen nur auf Grund ganz entfernter Verwandtschaftsverhältnisse oder Namensgleichheiten konstruieren lassen. Um innerhalb dieses Materials einen festen Bezugspunkt zu setzen, stellt er seinen Neffen Pierre Eller ins Zentrum dieser Aufzeichnungen, einer *»enormen wirbelnden Masse von Informationen«*, die *»sich an dich wenden, Pierre... in deren Innerem du dich wie in einem strudelnden schmutzigen Fluß bewegst und von dem du davongetragen wirst, ohne es zu wissen, der über dich hinweggeht, sich verliert, sich widerspricht, der über uns alle hinweggeht, über alle deine Kameraden und alle deine Lehrer, die voneinander nichts wissen, der zwischen uns und rings um uns vorbeiströmt«.*
Die Aufzeichnungen setzen an einem bestimmten Zeitpunkt ein, einer Unterrichtsstunde am 12. Oktober 1954, deren Thema die Entdeckung und Eroberung Amerikas ist. Sie werden nur unter großen Schwierigkeiten fortgeführt, da sich herausstellt, daß die Vielzahl der erforderlichen Auskünfte und Fakten und die Unmöglichkeit, die Bewegungen der Individuen außerhalb der Gruppe, die sie als Schulklasse bilden, zu koordinieren, den Abstand zwischen jener als *»unbewegliche Erzählgegenwart«* gesetzten Anfangsstunde und dem Zeitpunkt ihrer Fixierung unaufhaltsam vergrößern. Der *»mehr und mehr verzerrte Kalender dieses Berichts«* wird in zunehmenden Maße mit Einschüben, Parenthesen und Vorausnahmen früherer oder späterer Phasen durchsetzt, in denen aus den Tagesläufen der wichtigsten Lehrer und Schüler, ihren Familienverhältnissen, Ferienbeschäftigungen, Stundenplänen und aus dem Unterrichtsstoff, wie ihn die Lehrpläne vorschreiben, die Totalität der Lebensäußerungen innerhalb eines bestimmten Realitätsausschnittes rekonstruiert werden soll. Zudem findet die ungeheure Akribie, die der Erzähler an die Erforschung geringfügigster Details wendet, ihre Grenzen am Horizont seiner Erfahrungsmöglichkeiten.
Als das Unternehmen zu stocken beginnt, versichert er sich in Pierre Eller eines Helfers, den seine kameradschaftliche Vertrautheit mit den meisten seiner Mitschüler befähigt, weitere Lücken und Hohlräume auszufüllen. Der zweite Teil des Buches wird von ihm erzählt, und zwar in direkter Umkehrung des zu Beginn eingeführten Anredeverhältnisses: war die Ich-Du-Beziehung des ersten Teils noch aus der realen Lehrer-Schüler-Konstellation verständlich zu machen, so erhöht der zweite Teil des Werks den Grad der Fiktivität und der Brechung, in den sich der Erzähler (Eller) – als von einem anderen Erzähler abgeleitetes Medium – zur Masse des Erzählbaren versetzt sieht, einem Text gegenüber, *»den ich fortsetze, oder vielmehr den du fortsetzt, indem du dich meiner bedienst, denn in Wirklichkeit schreibe nicht ich, sondern schreibst du, ... du bemühst dich, die Dinge von meinem Standpunkt aus zu sehen, dir vorzustellen, was ich wissen könnte, ... mir Auskünfte gebend, die du besitzt«.* Die Mitarbeit Pierre Ellers wird jedoch vereitelt, als seine Mitschüler an seiner *»Spionagearbeit«*, von der sie annehmen müssen, daß sie gegen sie gerichtet ist, Anstoß nehmen. Pierre Eller bricht alle Bezie-

hungen zu seinem Onkel ab. Da Vernier zudem gegen Ende des Schuljahres erkrankt – die Aufzeichnungen haben, von wenigen Vorwegnahmen abgesehen, noch kaum den Zeitraum von zwei Monaten erfaßt –, übernimmt sein Schwager Henri Jouret, wie Eller geeignet, »*in der Konjugation dieses Werkes mit der ersten Person bezeichnet zu werden*«, die Rolle des Mitarbeiters. Wie im ersten Teil beziehen sich alle Aussagen dieses dritten Abschnittes auf Pierre Eller, wenn sie auch hauptsächlich um Vernier kreisen, der auf den beiden vorangehenden »Stufen« nicht selber »Objekt« werden konnte. Aber auch Jourets Anstrengungen bleiben erfolglos. Erst der Schlußteil seines Berichts läßt ein mythisches Modell deutlich werden, auf das die Gesamtheit der angehäuften Fakten, Informationen und Protokolle sich auszurichten scheint: »*Es* [das Werk] *ist eine Ruine; bei der Errichtung dieses Turmes, von dem aus man hätte Amerika sehen sollen, hat sich etwas gebildet, das ihm hat explodieren lassen; ... deshalb ist das einzige, was ich angesichts dieser Trümmer eines Bewußtseins, angesichts der Andeutung einer zukünftigen Musik zu tun vermag, sie ein wenig abzustützen.*« Es ist das Bild des babylonischen Turmbaus, der, obwohl durch die Arbeit und die Erkenntnisse von Generationen aufeinandergetürmt, dennoch Fragment bleibt.

Wenn auch das Thema des Romans – eine Schulklasse mit festumrissenem »Stundenplan« – dem Problem der Zeit, wie es Butor auffaßt, von sich aus entgegenkommt, scheint der Autor doch mit diesem Werk an einem vorläufigen Grenzpunkt seiner Entwicklung angelangt zu sein. Der quälenden Wiederkehr des Immergleichen – in Pierre Ellers Bericht finden sich häufige Hinweise darauf, daß im folgenden Schuljahr (1955) der von seiner Krankheit genesene Vernier seinem jüngeren Bruder Jacques denselben Lehrstoff vorzutragen hat – glaubt Butor nur durch eine totale Inventarisierung aller als »Fakten« erreichbaren Phänomene beikommen zu können. Dabei wird die lineare Konzeption des Romans zugunsten einer »*polyphonen Schreibweise*« fallengelassen, die der Autor theoretisch aus der Tatsache ableitet, daß der klassisch-bürgerliche Begriff des Individuums, das im Roman des 18. und 19. Jh.s sich seinen Weg zumeist im Widerstand gegen eine feindliche Welt bahnen mußte, als überwundene historische Kategorie aufgegeben werden und der Roman sich statt dessen der größeren kollektiven Beziehungen, der Gruppen und Verbände annehmen müsse, in die das Individuum heute von vornherein integriert sei.

H.H.H.

AUSGABEN: Paris 1960. – Paris 1978.

ÜBERSETZUNG: Stufen, H. Scheffel, Ffm. o. J. [1964].

LITERATUR: H. Chapier, »Degrés« (in Synthèses, 14, 1959/60, 163–166, S. 439–441). – A. Loranquin, M. B. »Degrés« (in Bulletin des Lettres, 22, 1960, 216, S. 96–100). – G. Luccioni, »Degrés« et »Répertoire« (in Esprit, 28, 1960, S. 910–912). – O. de Magny, Une mésaventure didactique (in Les Lettres Nouvelles, 8, 1960, S. 83–86). – J. Ricardou, B. ou Le roman et ses degrés (in NRF, 15, 1960, S. 1157–1161). – Ph. Sénart, »Degrés« (in MdF, 339, 1960, S. 102–106). – J.-L. Seylaz, La tentative romanesque de B., de l'»Emploi du temps« à »Degrés« (in Études de Lettres, 3, 1960, S. 209–221). – G. Zeltner-Neukomm, M. B. von »Degrés« aus gesehen (in Du, Mai 1960, S. 47ff.). – Dies., Das didaktische Gedicht (in G. Z.-N., Das Wagnis des französischen Gegenwartsromans. Die neue Welterfahrung in der Literatur, Hbg. 1960, S. 109–120; rde). – P. Deguise, B. et le nouveau roman (in FR, 35, 1961/62, S. 155–162). – L. Spitzer, Quelques aspects de la technique des romans de B. (in Archivum Linguisticum, 14, 1962, S. 49–76). – G. Raillard, De quelques éléments baroques dans le roman de B. (in CAIEF, 14, 1962, S. 179–194). – G. Blöcker, »Stufen« (in G. B., Literatur als Teilhabe, Bln. 1966, S. 103–107). – F. Wolfzettel, B. und der Kollektivroman, Heidelberg 1969. – J. R. Walters, B.'s Use of Literary Texts in »Degrés« (in PMLA, 88, 1973, S. 311–320). – M. Sicard, »Degrés« (in NRF, 1978, Nr. 302, S. 117–118). – N. Iversen, Le beau sauvage dans »Degrés« (in RRo, 15, 1980, S. 185–202). – F. Wolfzettel, Der gnoseologische ›Kollektivroman‹ bei B. »Degrés« (in Nouveau Roman, Hg. W. Wehle, Darmstadt 1980, S. 223–244). – A. Waite, B.'s »Degrés« (in AJFS, 21, 1984, S. 180–193). – M. Mrozowicki, »Degrés« ou les dégradations de la structure mensongère (in Kwartalnik Neofilologiczny, 32, 1985, S. 441–461). – P. V. Zima, Der Tod des Erzählers. B.s »Degrés« zwischen Rationalismus und Empirismus (in P. V. Z., Roman und Ideologie, Mchn. 1986).

## L'EMPLOI DU TEMPS

(frz.; Ü: Der Zeitplan). Roman von Michel BUTOR, erschienen 1956. – Wie das Portrait d'un inconnu (1948) von Nathalie SARRAUTE und Les gommes (1953) von ROBBE-GRILLET trägt auch dieses Buch Züge des Kriminalromans. Butors Roman beschreibt den Versuch eines jungen Franzosen, Jacques Revel, sich mit einer englischen Industriestadt namens Bleston vertraut zu machen, in der er ein Jahr hindurch als Auslandskorrespondent arbeitet, um seine Sprachkenntnisse zu verbessern. Über der dumpfen, dunstverhangenen Stadt, die sich seinen Anstrengungen, eine genaue Vorstellung von ihr zu gewinnen, zäh widersetzt, liegt eine unbestimmte Aura von Verdacht und Mord. Ein sonntäglicher Ausflug in die ländliche Peripherie schlägt fehl: »*Von diesem Tage an hatte ich begriffen, daß Bleston keine Stadt ist, die durch einen Gürtel von Befestigungsanlagen oder Alleen eindeutig begrenzt ist und sich klar von dem Hintergrund der Felder und Wiesen abhebt, sondern daß sie wie eine Lampe im Nebel das Zentrum eines Hofes ist, dessen diffuse Fransen sich mit denen anderer Städte vermischen.*« Auf den Fenstern einer alten Kathedrale, die Revel häufig besucht, hat ein französischer Maler den biblischen Brudermord und Bleston als eine Gründung Kains dargestellt. Ein mutmaßlicher Brudermord der jüngsten Vergangenheit, der in einem zufällig gekauften Kriminalroman mit dem doppeldeutigen Titel »Der Mord von Bleston« behandelt wird, spielt auch in allen Unterhaltungen mit den wenigen Menschen eine Rolle, die Revel durch die Vermittlung seines Arbeitskollegen Jenkins kennenlernt. Merkwürdige Übereinstimmungen mit wahren Begebenheiten, von denen die Schwestern Rose und Anne erzählen, bringen ihn auf eine Fährte: er versucht die Hintergründe der Kriminalgeschichte zu ergründen und hält sich dabei für einen Bundesgenossen des Autors, dessen Bekanntschaft er wenig später macht. In seinen retrospektiven Aufzeichnungen untersucht Revel mit größter Akribie jedes Wort, jede Geste, jede Formulierung und jeden Vorfall, um Licht in das vermeintliche Dunkel zu bringen. Ein ungeklärter Unfall des Kriminalschriftstellers erscheint ihm als Mordversuch, die Kathedrale von Bleston als Gegenverschwörer. Alle konkreten Anhaltspunkte erweisen sich jedoch als nichtig und führen lediglich in die Irre. Anhand geringfügiger Begebenheiten des Alltags entspinnt sich ein leidenschaftlich geführter Kampf zwischen Revel und dieser Stadt, die nicht als Bürgerschaft, sondern als *genius loci*, als mythisches Labyrinth in Erscheinung tritt, zu dem ihm der Schlüssel fehlt. Revel verbrennt endlich die Stadt *in effigie* und löst durch diesen magischen Akt eine Reihe mysteriöser Brandstiftungen aus. Umgekehrt erscheint sein Schicksal in dieser Stadt als Emanation ihrer Rache. Im Verlauf dieses Zweikampfes enthüllt sich langsam das Antlitz der Stadt, deren letztes Geheimnis der junge Franzose als unbestimmten Todestrieb und als Wunsch 'nach Erlösung deutet. Ohne ein greifbares Ergebnis tritt er schließlich die Rückreise an.

Die Technik dieses Romans, der als eines der konsequentesten Modelle des französischen *nouveau roman* gelten muß, ergibt sich aus der besonderen Behandlung der Zeit. Der Roman ist als Tagebuch in Ichform geschrieben. Jede der objektivierten Erinnerungen aber ist vielschichtig. Geschehendes überlagert Geschehenes, spätere Erkenntnisse und Einsichten vermischen sich mit früheren. Butor trennt durch fortlaufende Zeitangaben die Dimension des erzählten Geschehens und die des Erzählens, die ja selbst wiederum die Ebene eines neuen Geschehens ist, bezieht sie aus diesem Abstand aufeinander und läßt sie sich gegenseitig verschränken. Er führt die Erzählung, deren Niederschrift er Revel sieben Monate nach seiner Ankunft in Bleston beginnen läßt, bis zum Zeitpunkt seiner Abreise, in dem Erzähltes und Erzählung als Gleichzeitigkeit zusammentreten, so daß die Ereignisse dieses einen Jahres objektiv und subjektiv als Ganzes erscheinen – als Versuch, die Überlagerungen der Erinnerung aufzulösen und so einem Geschehen als Geschehenem auf die Spur zu kommen, eine zwingende Modifikation des Proustschen Motivs der »Suche nach der verlorenen Zeit«. KLL

AUSGABEN: Paris 1956. – Paris 1966 (10/18).

ÜBERSETZUNG: *Der Zeitplan*, H. Scheffel, Mchn. 1960. – Dass., ders., Mchn. 1964 (dtv).

LITERATUR: O. de Magny, *Sur »L'emploi du temps«* (in Monde Nouveau, 11, 106, Dez. 1956, S. 99–106). – J.-L. Seylaz, *La tentative romanesque de B. de »L'emploi du temps« à »Degrés«* (in Études de Lettres, März 1960, S. 209–221). – K. A. Horst, *Der philosophische Robinson* (in FAZ, 1. 10. 1960). – H. Scheffel, *Theseus im Labyrinth. Zu B.'s Roman »Der Zeitplan«* (in Der Monat, 146, Nov. 1960, S. 76–83). – R. Hartung, *Mythologische Abwege: »L'emploi du temps«* (NDH, 1960/61, S. 1030–1032). – L. Spitzer, *Quelques aspects de la technique des romans de M. B.* (in Archivum Linguisticum, 13, 1961, S. 171–195; 14, 1962, S. 49–76). – P. Bürger, *Zeit als Struktur und Schicksal* (in NSp, 1963, S. 269–275). – M. C. Spencer, *The Unfinished Cathedral. B.'s »Emploi du temps«* (in EFL, 6, 1969, S. 81–101). – J. Wilhelm, *Die Exploration der Stadt Bleston* (in Beiträge zur vergleichenden Literaturgeschichte, Fs. K. Wais, Hg. J. Hösle, Tübingen 1972, S. 389–394). – M. A. Grant, *M. B., »L'emploi du temps«*, Ldn. 1973. – D. Meakin u. E. Dand, *Alchemy and Optimism in B.'s »L'emploi du temps«* (in FMLS, 15, 1979, S. 264–278). – M. L. Ryan, *B.'s »Emploi du temps«* (in EsCr, 21, 1981, S. 60–69). – E. Jongeneel, *Un meurtrier en cause* (in Neophilologus, 64, 1980, S. 358–373). – L. Martens, *Empty Center and Open End* (in PMLA, 96, 1981, S. 49–63). – J. Chocheyras, *Le désir et ses masques*, Grenoble 1981. – J. Gloyne, *The Integrated Quest. Its Structure and Role in »L'emploi du temps«* (in AFJS, 22, 1986).

## LA MODIFICATION

(frz.; Ü: *Paris–Rom oder Die Modifikation*). Roman von Michel BUTOR, erschienen 1957. – Der Autor, neben A. ROBBE-GRILLET, N. SARRAUTE, R. PINGET u. a. einer der Protagonisten des französischen *nouveau roman*, setzt mit diesem Werk eine Tendenz fort, die schon seine ersten beiden Romane *Passage de Milan* (1954) und *L'emploi du temps* (1956) erkennen ließen und die sich in *Degrés* (1960) weiter verstärkte: die Tendenz zu einer Inventarisierung begrenzter Wirklichkeitsbereiche, die, zugleich geschlossen und offen (die Mietskaserne, die Schule, die Stadt), Substrate der kollektiven Lebensformen sind, die Butor als grundlegend für die zeitgenössische antiindividualistische Welterfahrung erachtet. In *La modification* zeigt sich dies gleichsam objektiviert: »*Es war absolut nötig, daß die Erzählung vom Standpunkt eines Menschen her geschah. Da es sich um eine Bewußtwerdung handelte, sollte der Mensch nicht Ich sagen. Ich benötigte einen inneren Monolog unterhalb der Oberfläche dessen, was dieser Mensch selber sagen kann, in einer Zwischenperson zwischen der ersten und dritten Person*« (Butor in ›Le Figaro Littéraire‹, 7. 12. 1957).

»Dieser Mensch« Léon Delmont, ein fünfundvierzigjähriger Geschäftsmann in Paris, Direktor der französischen Vertretung der italienischen Schreibmaschinenfirma Scabelli, der gewöhnlich einmal monatlich zu beruflichen Konferenzen mit seinen Vorgesetzten nach Rom reist, spricht von sich in der Form des *vous*: »*Du bist allein im Abteil mit den beiden jungen Eheleuten, die hier nicht aussteigen, die weiterfahren bis Syrakus.*« In einer bürgerlich-konventionellen, materiell gesicherten, aber zunehmend verödenden Ehe mit seiner Frau Henriette und vier Kindern lebend, unternimmt er seine regelmäßigen Rom-Reisen schließlich um so bereitwilliger, als seine römische Geliebte, Cécile Darcella, eine junge, in Italien aufgewachsene Französin, ihn die feindselige Gleichgültigkeit seiner Familie vergessen läßt. Nach einer Frist von nahezu zwei Jahren, während der das verschwiegene Verhältnis ihn einen Berg von Notlügen, Feigheit und wachsender Entfremdung aufzutürmen zwingt, entschließt er sich, für Cécile, die nach Paris zurückzukehren wünscht, eine Stellung zu suchen, mit ihr zusammenzuleben und sich von seiner Familie zu trennen. Eine außerhalb der regelmäßigen Geschäftsbesuche ohne Wissen Céciles unternommene Rom-Reise soll sie von dieser Entscheidung unterrichten und die lange verzögerten Konsequenzen endlich verwirklichen. Die mehr als zwanzigstündige Bahnfahrt wird zum zeitlichen Rahmen des Werkes, zum Rahmen für eine zunächst noch kontrollierte, im weiteren Verlauf der Reise sich jedoch überstürzende Flut von quälenden, zwanghaft wiederkehrenden und einander überlagernden Erinnerungen, schließlich zum Epitaph des ursprünglichen gewaltsamen Entschlusses, »*der nun ... langsam verwelkt und verdorrt, der sich weiter verwandelt, ohne daß du dieser jammervollen Auflösung Einhalt zu gebieten vermöchtest*«. Er muß, resignierend, erkennen, daß er Cécile nicht um ihrer selbst willen liebt, sondern »*nur in dem Maße, in dem sie für [ihn] das Gesicht Roms, seine Stimme und seine Verlockung ist*«. Er wird – das ist die »Veränderung«, die sich vollzieht – ein Zusammentreffen mit ihr vermeiden und die Leere, die dreitägige Frist bis zur Abreise, mit der Niederschrift eines Berichts füllen, der diesem schmerzlichsten Abschnitt seines Abenteuers Form geben soll.

»*Du mußt deine Aufmerksamkeit auf die Dinge lenken, die deine Augen sehen, den Türgriff, das Gepäcknetz mit den Koffern, die Photographie mit der Gebirgslandschaft ... auf all das, um der inneren Bewegung, dem gefährlichen Aufrühren und Wiederkäuen von Erinnerungen ein Ende zu setzen.*« Aus dieser Intention entwickelt sich ein labyrinthisches Nebeneinander von exakt und asketisch beschriebener Objektwelt (das Eisenbahnabteil, die wechselnden Passagiere, vorbeiziehende Bahnhöfe und Landschaften) und frei beweglicher Erinnerungswelt, die dennoch in zwanghaften Kreisen immer erneut auf frühere, ähnliche Reisen, nach Rom oder Paris, mit Henriette oder Cécile, fixiert ist und in der die Stadt Rom, zunächst nur vordergründiges Ziel, immer mehr zum mythischen Symbol der Undurchdringlichkeit wird: zum Bild einer Verlockung – der Liebe zu Cécile –, »*die nicht ein Weg ist, der zu einem Ziel führt, sondern die dazu bestimmt ist, sich im Sand unseres Alterns zu verlieren*«. KLL

AUSGABEN: Paris 1957. – Paris 1962. – Paris 1980.

ÜBERSETZUNG: *Paris–Rom oder Die Modifikation*, H. Scheffel, Mchn. 1958. – Dass., ders., Ffm. 1973.

LITERATUR: H. M. Enzensberger, Rez. (in NDH, 5, 1958/59, S. 845f.). – G. Krause, *B.s Roman »La modification«* (in G. K., *Tendenzen im französischen Romanschaffen des 20. Jh.s*, Ffm. 1962, S. 53–67). – G. Zeltner-Neukomm, *Die eigenmächtige Sprache. Zur Poetik des ›nouveau roman‹*, Olten/Freiburg i. B. 1965, S. 73–96. – M. Leiris, *Le réalisme mythologique de B.* (in M. L., *Brisées*, Paris 1966, S. 215–238). – L. Pollmann, *»La modification«* (in *Der moderne frz. Roman*, Hg. W. Pabst, Bln. 1968, S. 294–309). – F. van Rossum-Guyon, *Critique du roman. Essai sur »La modification« de B.*, Paris 1971. – B. Lalande, *»La modification« de B.*, Paris 1972. – G. Steinberg, *Zur erlebten Rede in B.s »La modification«* (in Vox Romanica, 31, 1972, S. 334–364). – G. Hilty, *Imagination reflexa* (ebd., 32, 1973, S. 40–59). – G. Piaggi, *Saggi su »La modification« di B.*, Neapel 1973. – P. Quéreel, *»La modification« de B.*, Paris 1973. – J. Beyer, *»La modification«* (in *Der frz. Roman*, Hg. K. Heitmann, Düsseldorf 1975, S. 298–323, 357–359). – M. Bambeck, *B., »La modification«* (in LJb, 21, 1980, S. 321–343). – Ders., *Der Rommythos in B.s Roman »La modification«* (in GRM, 61, 1980, S. 336–349). – L. Oppenheim, *Intentionality and Intersubjectivity*, Lexington 1980. – S. G. Kellman, *»La modification« and Beyond* (in S. G. K., *The Self-Begetting Novel*, NY 1980, S. 49–76). – W. Hübner, *Vergils »Aeneis« in B.s Roman »La modification«* (in Würzburger Jbb. für die Altertumswissenschaft, N. F., 8, 1982, S. 171–182). – M. Bellot-Antony, *»La modification« de B. ou le lecteur inclus dans l'œuvre* (in *Le lecteur et la lecture dans l'œuvre*, Clermont-Ferrand 1982, S. 43–56). – K. Wais, *Erstarrung und Bewegung* (in K. W., *Europäische Literatur im Vergleich*, Tübingen 1983, S. 323–350). – D. Strand, *The Role of Dreams in B.s »La modification«* (in KRQ, 32, 1985, S. 91–100).

---

## ENRICO ANNIBALE BUTTI

\* 19.2.1868 Mailand
† 29.11.1912 Mailand

## LUCIFERO

(ital.; *Lucifer*). Drama in vier Akten von Enrico Annibale BUTTI, Uraufführung: Mailand, 11.12.

1900, Teatro Manzoni. – Das Stück war ursprünglich als Teil einer Bühnentetralogie konzipiert; von geplanten vier Dramen wurden allerdings nur drei – *La corsa al piacere*, 1900 *(Die Jagd nach dem Vergnügen)*, *Lucifero* und *Una tempesta*, 1903 *(Ein Sturm)* – unter dem zusammenfassenden Titel *Gli atei (Die Atheisten)* geschrieben.

Der analytischen Technik seines Vorbildes H. IBSEN folgend, versucht Butti durch die schrittweise Aufdeckung der individuellen Vergangenheit der Personen deren gegenwärtige Handlungsweise zu erklären und durchschaubar zu machen. Die Hauptfigur des Dramas ist der Lehrer und ehemalige Geistliche Alessandro Alberini, der sich im Lauf seines Lebens vom Geistlichen zum skrupellosen Atheisten gewandelt hat. Als Studienrat lebt Alberini nun in der norditalienischen Provinz, wo man ihn aufgrund seines alle Ideale und positiven Inhalte negierenden Weltbildes mit Mißtrauen beobachtet. Seine Schüler verspotten ihn mit dem Namen »Luzifer«. Luzifers Erziehung macht aus den beiden eigenen Kindern Guido und Irene ähnliche Egozentriker, die in ihrer materialistischen Lebensauffassung völlig frei von Skrupeln sind. Guido, ebenfalls Lehrer, versteht es, seine Jugendfreundin Mathilde dem Einfluß ihrer Eltern zu entziehen, die sich der Verbindung mit Luzifers Sohn widersetzen. Als Mathilde ihm in die Stadt folgt, wo er eine Anstellung als Lehrer findet, erkrankt sie schwer und stirbt bald darauf, trotz aller ärztlichen Rettungsversuche, an den Folgen ihrer Krankheit. Guido, der sich am Tod Mathildes mitschuldig fühlt, sieht darin das Urteil einer höheren Instanz, und bekennt sich fortan zum Christentum, das bei ihm allerdings merkwürdig konfus und inhaltslos wirkt. Als auch Luzifers Tochter Irene dem vom Vater vorgezeichneten, alle Ideale mißachtenden Weg folgt und schließlich in der Korruption endet, erkennt er erschüttert das völlige Scheitern seines Weltbildes. Im tiefen Bewußtsein seiner Schuld muß er sich eingestehen, daß sein negativer Einfluß nicht nur für das Leben der eigenen Kinder schädlich, sondern auch von Nachteil für alle anderen war, auf die er als Lehrer Einfluß hatte.

In der Charakterisierung Alberinis lassen sich zahlreiche Parallelen zu Ibsens Pfarrer Brand im gleichnamigen Stück erkennen; beide leben als kompromißlose Weltverbesserer den selbstzerstörerischen Weg bis zum eigenen Untergang. Auch wenn in Buttis Stück eine die Antithese repräsentierende Gegenfigur fehlt, zählt es zu den wichtigsten Zeugnissen des italienischen Naturalismus.    D.De.

AUSGABE: Mailand 1901.

ÜBERSETZUNG: *Lucifer*, O. E. Hartleben u. O. Pilz, Bln. 1904.

LITERATUR: E. Flori, *Il teatro di E. A. B.*, Mailand/Parma 1902. – M. Bernardi Romani, *Studio critico dell'opera di E. A. B.*, Rom 1920. – A. Gandolfo, *E. A. B.*, Palermo 1929. – B. Croce, *La letteratura della nuova Italia*, Bd. 6, Bari 1940, S. 223–234).

## ANTON BUTTIGIEG

\* 19.2.1912 Qala / Gozo

### EJJEW NIDHKU FTIT!

(malt.; *Laßt uns lachen!*). Epigrammsammlung von Anton BUTTIGIEG, erschienen 1962. – Mit den in diesem Buch enthaltenen Epigrammen und Gedichten hat sich der Autor, der durch seine bereits früher veröffentlichten Gedichtbände *Mill-gallarija ta' żghożiti*, 1945 (*Vom Söller meiner Jugend*), und *Fanali bil-lejl*, 1949 (*Leuchtzeichen in der Nacht*), bekannt geworden ist, einer etwas leichteren, um nicht zu sagen leichtfertigeren Art der Dichtung zugewandt. Allerdings entfaltet Buttigieg dabei eine mit soviel treffsicherem Witz und feinsinnigem Humor verbundene Begabung für geschliffene Diktion und scharfsinnige Aperçus, daß sein Erfolg nicht überrascht: seine Epigrammdichtung zeichnet sich ebenso durch die für diese Gattung charakteristische Knappheit und Konzentration in der Form wie durch Klarheit und Eleganz des Stils aus.

Die meisten Epigramme sind kurze, aus elfsilbigen Versen bestehende Vierzeiler mit dem Reimschema *abcd*. In einem vier Vierzeiler umfassenden Prolog gibt der Verfasser in humorvollen, wohlgefügten Versen die Absicht kund, sein Predigergewand abzulegen und – eingedenk der trefflichen Narrengestalten, deren Witz uns in vielen Dramen SHAKESPEARES erfreut – das Narrenkleid des Spaßmachers anzuziehen. Zugleich weist er darauf hin, daß er mit seinen Epigrammen weder verletzen noch beleidigen, sondern lediglich zeigen will, daß in jedem von uns in gewisser Weise eine Art Hanswurst verborgen ist.

Auf den Prolog folgen fünf Gruppen von Epigrammen, jeweils beschlossen durch ein oder zwei längere Gedichte. Die erste Gruppe besteht aus 29 in scherzhaftem Ton gehaltenen Vierzeilern. So erzählt z.B. das erste Epigramm, wie Dante und Shakespeare im Jenseits sich in einer Schenke treffen, und berichtet von ihren großen Erfolgen als Dichter und ihrem völligen Versagen als Ehemänner. Die meisten anderen Epigramme dieser Gruppe leben von witzigen Anspielungen auf lokale Gegebenheiten in Malta.

Die zweite Gruppe besteht aus zwölf Epigrammen allegorischen Inhalts. In den 28 Epigrammen der dritten Gruppe wendet sich der Autor auf amüsante, aber scharfzüngige Weise gegen die Schwächen der Frauen, während er in den sechzehn Epigrammen der vierten Gruppe erbarmungslos die Fehler des männlichen Geschlechts bloßstellt. Die aus zwölf Epigrammen bestehende fünfte Gruppe handelt von Richtern und Geistlichen, wobei jedoch nicht unerwähnt bleiben darf, daß der Autor, selbst als Rechtsanwalt tätig, dem Stand des Priesters wie dem des Richters die größte Hochachtung entgegenbringt.

Die Sammlung wird vervollständigt durch 28 sarkastische Gedichte, in denen zahlreiche allgemeinmenschliche Schwächen gegeißelt werden, und eine Gruppe von fünfzehn »Limericks«. In diesen zeigt sich der Autor ganz offensichtlich von den »Nonsense-Versen« des englischen Malers und Dichters Edward LEAR beeinflußt, der als der eigentliche Schöpfer des Limerick gilt (vgl. *A. Book of Nonsense*). Buttigieg ist der einzige, der solche Gedichte in maltesischer Sprache verfaßt hat. J.A.

AUSGABE: Valletta 1962.

## JOHANNES BUTZBACH

\* 1478 Miltenberg
† 29.12.1516 Maria Laach

### (H)ODOEPORICON

(nlat.; *Wanderbüchlein*). Autobiographisches Werk in drei Büchern von Johannes BUTZBACH, entstanden im Frühjahr 1506. – Der Lebensbericht des mit 23 Jahren in das Kloster Maria Laach in der Eifel eingetretenen Benediktiners Butzbach – latinisiert nannte er sich Piemontanus – ist in der Form eines ausführlichen Briefs an den Halbbruder Philipp Drunck gehalten, einen Lateinschüler im westfälischen Münster. Daß der Autor für seine Erzählung das Lateinische, die Sprache der Gebildeten, und nicht, wie der Bruder erbat, die deutsche Mundart wählte, hat seinen guten Grund: »*Damit du nun desto schneller und mit mehr Lust und Liebe dich der lateinischen Sprache bedienen lernst, worin ja gerade, wie du nicht vergessen darfst, der Zweck deines dortigen Aufenthalts besteht, so ziehe es ich vor, die erbetene Erzählung in meinem einfachen, kunstlosen und rauhen Latein dir zu geben, anstatt, deiner Bitte gemäß, sie in unserer oberdeutschen Muttersprache abzufassen. Ohnehin weißt du auch, daß ich die letztere fast vergessen habe, wenigstens sie nicht so rein, wie unsere Landsleute, mehr sprechen kann, da ich von Kindheit an in verschiedenen fremden Gegenden gewohnt habe. Zudem erachte ich, wenn du bald ein guter Lateiner werden willst, es für nützlich, daß du mehr im Lesen, Schreiben und besonders auch im Sprechen des Lateinischen dich übest als des Deutschen, sollte auch dein Latein vorerst noch weniger gut ausfallen. Denn schon das Sprichwort sagt: Wer in die Schul ist gangen ein, / Der sprech nit anders als Latein!*« Und dann erzählt Butzbach dem Bruder in ungeschminkter Realistik von seinem harten, unsteten Wanderleben, das ihn von seiner Heimatstadt Miltenberg über Franken und Bayern nach Böhmen führte, berichtet, was er als *scuto* (ABC-Schütze) von seinem *beanus* (älterer Schüler), der ihn als Bettelbuben anstellte, zu leiden hatte, wie er sich erst als Wirtshausknecht und dann als Diener bei adligen Herrn aus Böhmen verdingen mußte, wie es ihm schließlich gelang, über Nürnberg nach Hause zu entfliehen, wo man ihn zu einem Schneider in die Lehre gab. Das Schneiderhandwerk brachte ihm Glück: Er wurde Klosterschneider im rheinischen Kloster Johannisberg und konnte durch Vermittlung seines Abtes in die berühmte Lateinschule des Alexander HEGIUS zu Deventer aufgenommen werden, von wo ihn sein Lebensweg nach mühevollen Jahren entsagungsreichen Studierens schließlich nach Laach führte. Das alles schildert er im Rückblick nicht ohne Humor und Erleichterung, doch ohne etwas zu beschönigen: So entsteht ein – keineswegs romantisch verklärtes – Bild der nicht eben erfreulichen sozialen Verhältnisse jener Zeit. Das Talent des Schriftstellers äußert sich dabei ebenso in der wachen Beobachtung charakteristischer sozialer Details wie in seinem Sinn für Naturschönheiten und geographische Besonderheiten. Das verführt ihn gelegentlich zu ausgesprochenen Exkursen, so der Geschichte von dem grausamen Grafen im ersten Buch (1, 18–20), der Darstellung von Sprache, Sitte und religiösen Gebräuchen der hussitischen Böhmen in Buch 2 (Kap. 7–16), dem Preis der Schule zu Deventer und des Klosters zu Laach in Buch 3 (12/13; 22/23).
Butzbachs *Hodoeporicon* gilt als die literarhistorisch und soziologisch bedeutendste Autobiographie jener Zeit. Zugleich ist sie auch der urwüchsigste und lebendigste Vertreter der Gattung »Wanderbüchlein fahrender Scholaren«, aus der noch die Autobiographie des frühen Zwinglianers Thomas PLATTER (1499–1582) genannt sei. Gedruckt worden ist das *Hodoeporicon* freilich weder zu Lebzeiten des Autors noch später: Die Originalhandschrift liegt in der Bonner Universitätsbibliothek. Das Andenken an Butzbach, dessen zahlreiche andere Werke heute allzu zeitgebunden erscheinen, hält lediglich die 1869 erschienene deutsche Übersetzung von D. J. BECKER wach. KLL

ÜBERSETZUNG: *Chronica eines fahrenden Schülers oder Wanderbüchlein*, D. J. Becker, Regensburg 1869; ern. Lpzg. 1912. – *Wanderbüchlein des J. B.*, Hg. L. Hoffmann, Graz 1984.

LITERATUR: G. Klingenstein, *J. B., ein fahrender Schüler aus Franken* (in Frankenland, 1, 1914, S. 39–43). – M Franc, *Das »Odoeporicon« des J. B.*, Diss. Wien 1944. – De Boor, 4/1, 1970, S. 674 f.

## CYRIEL BUYSSE

\* 20.9.1859 Nevele bei Gent
† 25.7.1932 Deurle bei Gent

LITERATUR ZUM AUTOR:
D. B. Steyns, *De Vlaamsche schrijver C. B. Zijne wereld en zijne kunst*, Amsterdam 1911. – A.

Mussche, *C. B. Een studie*, Gent 1929. – A. Vermeylen, *De Vlaamsche letteren van Gezelle tot heden*, Amsterdam 1938. – R. Minne, *C. B.*, Brüssel 1958. – A. van Elslander, *C. B., uit zijn leven en zijn werk*, 2 Bde., Antwerpen 1960/61. – M. Galle, *C. B.*, Brügge 1966 [m. Bibliogr.]. – *Boeketje B.*, Hg. K. Jonckheere, Brüssel 1974. – A. Deprez, *Een idylle in de late negentiende eeuw : Rosa Rooses' brieven aan C. B.*, Gent 1982. – Mededelingen van het C. B. – Genootschap, Gent 1985 ff.

## 'T BOLLEKEN

(fläm.; *Das Bällchen*). Roman von Cyriel BUYSSE, erschienen 1906. – Wie die meisten Bücher Buysses befaßt sich auch dieses mit sozialen Fragen seiner Zeit. – In einem kleinen Dorf lebt Nonkelken, der angesehene Schloßherr, der seine Tage vor allem in Kneipen verbringt, gewissermaßen planmäßig nach ausgeklügeltem Programm – eine für den Morgen, eine für den Nachmittag. Der Rest des Tages ist dem Trinken zu Hause, dem Essen und den »Mädchen« gewidmet, wie es dem Stand Nonkelkens entspricht. Mit allen Dorfbewohnern ist er gut Freund, alle schätzen ihn. Unannehmlichkeiten, etwa die Schwangerschaft eines Mädchens, werden stets »diskret« geregelt. Eines Tages jedoch muß Nonkelken den Preis für dieses Leben bezahlen: er spürt plötzlich ein Bällchen in der Kehle, das Zeichen des nahen Todes. »*Der Alkohol und die Frauen*« – sagt der Arzt. Und Nonkelken stirbt an seinem »Bällchen«. Der Erbe, der das große Vermögen übernimmt, hat es weniger leicht als der Onkel. Er hat sein Studium nicht beendet, und es gelingt ihm auch nicht, sich wie dieser ein seinem Stande entsprechendes Ansehen zu erwerben. Er steht zwischen den Klassen: einerseits kann er eine Baronin nicht zur Frau bekommen, andererseits aber auch die einfachen Mädchen nicht abschieben, wenn es not tut. Er wird vielmehr von einem solchen Mädchen geheiratet. Sein Versuch, sie zu erziehen, mißlingt ebenso wie der Versuch, sich im öffentlichen Leben einen Platz zu schaffen. Da wendet er sich endgültig der sozialen Klasse seiner Frau zu: er trinkt, aber mit weniger Eleganz als Nonkelken, in Kneipen und in der Küche des eigenen Schlosses. Und eines Tages stirbt auch er am Alkohol, und wenn nicht an den Frauen, so doch an der eigenen Frau. Nonkelken hatte sich seinem Leben gewachsen gezeigt, der Neffe nicht.
Das Buch führt in die differenzierte soziale Schichtung des ländlichen Flandern ein. Ganz schlicht berichtend enthüllt Buysse die falsche Fassade der sogenannten »angesehenen Gesellschaft«, die eher noch die Eleganz des moralisch Fragwürdigen goutiert, als daß sie den ehrlichen, aber »nicht gekonnten« Versuch zu würdigen wüßte, aus einer niederen in eine höhere gesellschaftliche Klasse aufzusteigen. Dabei verfährt der Autor nicht einseitig: er zeigt mit demselben Realismus, wie wenig Mühe sich diese niedere Klasse gibt, den Forderungen, die man an sie stellt, gerecht zu werden.

In einfacher Sprache charakterisiert Buysse mit wenigen Strichen seine Figuren. Soziale Zustände und Milieueinwirkung werden deutlich, ohne daß er dabei ins Tendenziöse abgleitet. Einflüsse der französischen Naturalisten, vor allem ZOLAS, sind deutlich spürbar. M.Ba.

AUSGABEN: Bussum 1906. – Amsterdam 1959. – Brüssel 1974 (in *Verzameld werk*, Bd. 2).

## HET GEZIN VAN PAEMEL

(fläm.; *Die Familie van Paemel*). Schauspiel in vier Akten von Cyriel BUYSSE, erschienen 1903. – Das erschütternde Bühnenstück schildert in den schwärzesten Farben die Verelendung eines flämischen Pächterhofs um die Jahrhundertwende. Die Mitglieder der Familie van Paemel reagieren unterschiedlich auf Vorfälle in Gent, wo »*die Menschen in Streik getreten sind, weil sie nicht genug zum Leben verdienen, während die reichen Fabrikanten und Proprietäre nicht wissen, was sie mit dem Geld tun sollen, das die armen Arbeiter für sie verdienen*«. Eduard, ein Sozialist, und Cordule ergreifen Partei für die Arbeiter; ihr Vater aber hält an seinem Obrigkeitsglauben unerschütterlich fest und jagt Eduard aus dem Haus, als dieser den jüngeren Bruder Kamiel, der soeben eingezogen wird, bittet, nicht auf seine »*hungernden Brüder*« zu schießen. Auch sein eigenes Geschick belehrt den alten Starrkopf keines Besseren, obwohl das Unglück ihn in jeder Form trifft: Kamiel desertiert und muß nach Amerika flüchten, der junge Baron Maurice schwängert die jüngste Tochter Romanie, die sich dadurch gefügig macht, daß er mit der Vertreibung der Familie vom Hof droht, Eduard landet als Streikführer im Gefängnis, und der Hof ist trotz aller Mühen nicht zu halten: »*Der Herr Baron ist von meiner Arbeit reich geworden, und ich bin durch meine Arbeit ruiniert.*« Erst als der prächtige Hochzeitszug des jungen Pachtherrn an seinem kümmerlichen Altersdomizil vorbeizieht und Eduard sich verabschiedet, um gleichfalls nach Amerika auszuwandern, vergibt der alte van Paemel seinen »mißratenen« Söhnen. Drohend verkündet der Autor durch Eduard: »*Die Zeit ist nicht mehr fern, wo solche Dinge nicht mehr geschehen werden. Die Stunde der Rache wird bald kommen.*«
Schon das Nebeneinander von Belzelander Mundart (bei den van Paemels) und französischer Sprache (bei der Freiherrnfamilie) kennzeichnet das Drama als typisch naturalistisch. Wie in HAUPTMANNS Schauspiel *Die Weber*, dem der Verfasser Anregungen verdankt, ist das nackte Elend der eigentliche Held und die Familie van Paemel nur ein exemplarischer Fall. So entstand ein glaubhaftes Bild von der Enteignung der Bauern in Flandern. Aus diesem Rahmen fällt lediglich der zweite Aufzug, in dem Baron de Villermont und seine Familie die van Paemels wegen der Kündigung des Pachtvertrags aufsuchen. Hier zeichnete der Autor das Getue der Herrschaften allzu grotesk und ging da-

mit über den Rahmen einer naturalistischen Dokumentation hinaus. W.Sch.

AUSGABEN: Gent o. J. [1903]. – Brüssel 1979 (in *Verzameld werk*, Bd. 6).

## HET LEVEN VAN ROZEKE VAN DALEN

(fläm.; *Ü: Rose van Dalen*). Roman von Cyriel BUYSSE, erschienen 1905. – Thema dieser naturalistischen Frauenbiographie, die der Autor in den Grundzügen bei seiner Tante Virginie LOVELING (1836–1923) entlehnt zu haben scheint, ist ein lebenslanges Dreiecksverhältnis, das die Beteiligten unter dem Zwang eines blinden Schicksals zermürbt. Dem gutmütigen, schüchternen Knecht Alfons gelingt es, das Mädchen Rose heimzuführen. Sie ist ihm schon seit langem wohlgesonnen und hat nur darauf gewartet, daß er sich ihr erklärt, schon damit sie sich der Zudringlichkeiten des brutalen Roßknechts Smul besser erwehren kann. Die Ehe wird glücklich, und bald können Alfons und Rose dank einer gütigen Gönnerin unter Zuhilfenahme eigener Ersparnisse eine kleine Landwirtschaft erwerben. Doch dann erkrankt Alfons an Schwindsucht, und trotz Roses Widerstand muß man Smul ins Haus nehmen, der bald auf dem Hof den Tyrannen spielt. Als Alfons stirbt, ist Rose mit ihren drei Kindern schutzlos dem Wüstling ausgeliefert. Betrunken, wie so oft, macht er sie sich eines Sonntags im Stall mit Gewalt gefügig, und schließlich willigt sie, seelisch gebrochen, ein, Smul zu heiraten, obwohl sie Alfons auf dem Sterbebett das Gegenteil versprochen hat. Roses zweite Ehe wird eine Hölle. Schon frohlockt sie, als man Smul eines Tages halbtot heimbringt, doch bleibt er, wenn auch als Krüppel, am Leben, ergibt sich nunmehr ganz dem Trunk und zerstört so auch noch die wirtschaftlichen Grundlagen der Familie. Eines Tages zieht man ihn tot aus dem Fluß. Jetzt erst beginnt die gealterte Frau aufzuleben. Ein geruhsamer, gleichförmiger Alltag schenkt ihr endlich das Glück, das sie immer gesucht hat.

Diese Reduktion des Glücksbegriffs auf eine Norm, der nur Leid und Duldertum als mögliche Alternative gegenüberstehen, entspricht der sozialkritischen Anschauung Buysses, die auch sein ganzes übriges Schaffen kennzeichnet. Seinen Helden, hier Rose van Dalen, wird selbst die Zufriedenheit des Alltags vorenthalten, die damit zum heißersehnten Wunschtraum wird. Glück über die Alltäglichkeit hinaus wird bestenfalls »von oben« gewährt, wie in der Huld der Baronin Anna, die in ihrer Außergewöhnlichkeit für Rose ein fast sakrales Element der Hoffnung darstellt. Gerade an Anna jedoch, die ebenfalls in ihrer Ehe Schiffbruch erleidet, zeigt der Autor, daß das Glück nicht vom gesellschaftlichen Status des einzelnen abhängt. Sein Naturalismus, der die Möglichkeiten dieser Richtung ganz ausschöpft, ist weder sozialistisch wie bei GOR'KIJ noch positivistisch wie bei ZOLA, sondern rein pragmatisch determiniert. W.Sch.

AUSGABEN: Bussum 1905. – Amsterdam 1942. – Brüssel 1974 (in *Verzameld werk*, Bd. 2).

ÜBERSETZUNG: *Rose van Dalen*, G. Gärtner, Lpzg. 1918.

## TANTES

(fläm.; *Tanten*). Roman von Cyriel BUYSSE, erschienen 1924. – Schauplatz des Werks ist das zeitgenössische Flandern. Der verwitwete Herr Dufour hat einen Sohn, Max, und drei Töchter, Adrienne, Edmée und Clara. Die ganze Familie wird von den drei Tanten Clémence, Estelle und Victoire, Schwestern von Herrn Dufour, tyrannisiert. Diese Tanten sind prüde und bigotte alte Jungfern, die dank ihres vielen Geldes, das die Kinder einst erben werden, über diese eine fast diktatorische Macht ausüben. So kommt auch die Heirat zwischen Max Dufour und der reichen Marie nur zustande, weil die Tanten sie billigen; für die drei Mädchen bestehen indessen in der einsamen Gegend, in der sie leben, wenig Aussichten, einen passenden Mann zu finden. – In gewissem Sinn wiederholt sich nun in der jungen Generation die Tragödie der Tanten, denn Clémence und Victoire ist es damals gelungen, den Heiratsplan Estelles zu zerstören: Adrienne verliebt sich heimlich in Raymond, den lebenslustigen Freund von Max, doch verbieten ihre beiden Schwestern sowie die Tanten jeglichen Kontakt zwischen den Geliebten. Die streng religiöse Erziehung und ein Gespräch mit dem Beichtvater bewirken, daß das Mädchen schließlich dem Wahnsinn verfällt. Der Tod von Tante Victoire ist für Raymond das Signal, mit Adrienne zu fliehen, doch es ist schon zu spät: Das Mädchen muß in eine Irrenanstalt eingeliefert werden. Nach einem Besuch bei ihrer Schwester begreift Clara, die Älteste, die tragische Situation und wirft den Tanten Unmenschlichkeit vor. Doch Max, sich immer noch der Machtposition der Tanten bewußt, beeilt sich, den Frieden wiederherzustellen, um das Erbe zu sichern.

Seiner sozialen Problematik nach gehört dieser Roman neben *Uleken* (1926) und *De Schandpaal* (1928) zu den typischen Nachkriegsromanen des Autors; während er in früheren Werken vorwiegend Sozialkritik geübt und drastisch die Armut und Not der flämischen Bevölkerung aufgezeigt hat, schlägt er jetzt einen humorvolleren, fast ironischen Ton an. Obwohl weniger mit dem eigentlichen Volk verwachsen als STREUVELS, hat Buysse doch immer einen untrüglichen Blick für die Zustände in seiner Heimat. In einer prägnanten Sprache schildert er die oft unglücklichen sozialen Verhältnisse, wie sie sowohl vor wie nach dem Ersten Weltkrieg in Flandern herrschten; dazu gehört auch das Sprachenproblem: Im Milieu der Bourgeoisie wird französisch gesprochen, in dem des einfachen Mannes flämisch. Als Naturalist steht der Autor zwar unter dem Einfluß von ZOLA und MAUPASSANT, sein Stil hat jedoch nicht jene Schwerfälligkeit, die bisweilen die Schriften seiner zeitgenössischen Landsleute kennzeichnet. Wesentliche Anregungen zu seinem schriftstellerischen Schaffen verdankte Buysse seiner Tante, der Erzählerin Virginie LOVELING (1836–1923).  J.Vi.

AUSGABEN: Gent 1924. – Amsterdam 1937. – Brüssel 1974 (in *Verzameld werk*, Bd. 3).

## ALEXANDER BUZO

\* 23.7.1944 Sydney

### NORM AND AHMED

(engl.; *Norm und Ahmed*). Drama von Alexander BUZO (Australien), erschienen 1969, Erstaufführung: Sydney, 9. 4. 1968, Old Tote Theatre. – Der realistische Einakter, zugleich Buzos erster Bühnenerfolg, ist bis heute ein kleiner Klassiker geblieben. Er vereinigt das seit Gründung der Strafkolonie bekannte Thema der Entfremdung der Exilierten und Emigrierten gegenüber dem Inselkontinent mit dem aktuellen Problem der Einstellung moderner Australier zur Immigration aus dem asiatischen Raum bzw. der Frage nach der Rolle Australiens im asiatischen Kontext. Die Verbindung dieser beiden Themen ist neu. Die Wirklichkeit gesellschaftlicher Gewalt mag in den sechziger und siebziger Jahren bedrängender gewesen sein; als brisantes Thema erweist sie sich in Gesellschaften mit einem hohen Anteil an Immigranten und Asylanten allemal.

Der Arbeiter Norm Gallagher, ein typischer Australier mittleren Alters, und Ahmed, ein Student aus Pakistan, treffen sich gegen Mitternacht zufällig in der Stadt. Norm hatte verzweifelt auf einen Menschen gewartet, den er in ein Gespräch verwickeln könnte. Als Ahmed sich nähert, bittet er ihn um Feuer. Als dieser sich unverzüglich anschickt weiterzugehen, gibt Norm sich beleidigt und hält ihn mit Fragen und Beschwichtigungen zurück: Ahmed könne sich hier sicher fühlen, er selbst werde ihm nichts zuleide tun, er sei kein Säufer oder »Homo«. Norm bedeutet dem asiatischen Studenten dann freilich auch unmißverständlich, daß seine zurückhaltende, ja ängstlich abweisende Art für ihn eine Beleidigung darstelle. Auf die Frage, ob er Australien möge, hatte Ahmed gemeint, daß es durchaus nicht einfach sei, sich in einer fremden Welt zurechtzufinden und einer neuen Umgebung anzupassen. Nach einer kurzen Erörterung der Vor- und Nachteile Australiens berichtet Norm dann von seinen Afrikaerfahrungen bei Tobruk und demonstriert emotionalisiert und handgreiflich, wie er einen deutschen Kriegsgefangenen, der einen Fluchtversuch gemacht hatte, niedergestreckt und dann doch den Vorgesetzten überstellt habe.

Weitere Erwähnungen physischer Gewalt (etwa beim Sport oder in der Auseinandersetzung von Norms gewerkschaftsbegeistertem Vater mit dem Chef der Firma) bereiten das brutale Ende der Begegnung vor. Zwar alterniert Norms aggressive Verteidigungshaltung mit guten Ratschlägen an Ahmed (z. B. dem, sich als nicht-schwarzer, weil olivfarbener Akademiker in Australien, das Freundschaft mit seinen asiatischen Nachbarn suche, niederzulassen, zumal er auch ein so gutes Englisch spreche), doch der australische *Norm*-albürger (Mitglied der Kriegerkameradschaft, ad-hoc-Verteidiger von Polizei und Autorität, Ex-Fußballer und Vater eines am MIT [Massachusetts Institute of Technology] studierenden Sohnes) ist im Tiefsten von Xenophobie und Rassismus befallen und fühlt sich – nach dem Tod seiner Frau noch einsamer geworden – letztlich unausgesöhnt mit dem Land, in dem er lebt, und dem jungen Pakistani, der die Geschichte seines Landes studiert und ein besseres Englisch spricht als er, unterlegen; deshalb reagiert er nach der anscheinend gemeinschaftsstiftenden Unterhaltung bei der Verabschiedung mit überraschenden Schlägen in die Magengrube und weiteren Tätlichkeiten, die den Fremden unter dem Fluchseufzer »*Fuckin' boong*« (»*Verdammter Fremdling*«) in die Gosse befördern. Diese Schlußzeile erregte bei der Erstaufführung und später öffentliches Ärgernis. L. REES hat die damaligen Reaktionen zusammengestellt.

Buzo wählt als Hauptfigur einen »digger« (wie in Australien die Landser genannt werden), der stolz ist auf sein Land, sich aber nicht die Mühe macht, es zu verstehen; der angesichts von Bedrohung selbst die Polizei und die sonst verachteten Autoritäten verteidigt; der sich in einem unverstandenen Kontinent an bourgeoise Sicherheiten wie Familie, Besitz und Rassismus klammert, um so seine Einsamkeit bestehen zu können (D. CARROLL). Während es ihm in Tobruk noch möglich war, die eigentliche Entscheidung den Vorgesetzten zu überlassen, muß er hier in dem Gespräch mit dem Pakistani selbst zu einem Urteil kommen. Dabei erweist sich das Vorurteil für den freien weißen Australier als verläßliches Kriterium, dem er sich jenseits eigener Überlegung anvertrauen kann (K. BRISBANE). »*Schockierend*« wurde das Ende deshalb genannt (R. ARNOLD), weil die vermutete kathartische Wirkung von Norms Sprachgebung (er wechselt im Stück die Register und spürt die Entfremdung und wachsende Spannung gegenüber dem ausdrucksgewandten Fremden) sich erst einstellt, als er sie mit physischer Gewalt koppelt. – Nach T. L. STURMS tentativer Deutung werden naturalistische Charakterisierung und Dialogführung in diesem Stück durch die Kulisse wirksam unterstützt: Die Baustelle mit dem weißen Schutzzaun könne man als Symbol der australischen Gesellschaft, die noch im Werden begriffen ist, verstehen und Norm, der vor der Baustelle auf- und abgeht, als den selbsternannten Wächter, der mögliche Eindringlinge (wie z. B. Ahmed) fernzuhalten sucht. Auf oberflächliche Ähnlichkeiten des Stücks mit E. ALBEES *Zoo*

*Story* sowie auf Einflüsse H. PINTERS auf die frühen Stücke von Buzo hat V. Duigan (›National Times‹, 29. 1. - 3. 2. 1973) hingewiesen.
Hauptangriffspunkt Buzos ist sowohl die Selbstgefälligkeit und Egalitätsduselei des australischen Durchschnittsbürgers wie auch die Oberflächlichkeit der australientypischen Philosophie der »mateship« (der Kameraderie) mit ihren homosexuellen Untertönen, die hier in ihr Gegenteil verkehrt wird. Norm hat wie viele Australier Angst vor zu vielen Asiaten im eigenen Land und präsentiert sich deshalb mit seinen komischen Absurditäten im Dialog und den Haltungswidersprüchen im Charakter als eine Karikatur des australischen Männerbildes (FITZPATRICK): Wie der Zugereiste, so ist auch der Einheimische letztlich Fremder im eigenen Land. Das darf man als die Tragik dieses fast handlungslosen Stücks ansehen. - Als Testfall und Wasserscheide der literarischen Zensur erzielte *Norm and Ahmed* zusätzlich eine »skandalöse« Berühmtheit; historisch betrachtet, gehört es zu den Stücken, die den Durchbruch der »Neuen Welle« des australischen Theaters herbeigeführt haben. W.Ar.

AUSGABEN: Clayton 1969 (in Komos, 2, Nr. 2). - Sydney 1973; ²1978 (in *Three Plays*; Vorw. K. Brisbane).

LITERATUR: L. Rees, »*Norm and Ahmed*«. *The Police and the Courts* (in *The Making of Australian Drama*, Hg. ders., Sydney 1973, S. 489–491; ²1981). - R. Arnold, *Aggressive Vernacular: Williamson, B. and the Australian Tradition* (in Southerly, 35, 1975, Nr. 3, S. 343–358). - T. L. Sturm, *A. B.: An Imagist With a Personal Style of Surrealism* (ebd. u. in *Contemporary Australian Literature*, Hg. P. Holloway, Sydney 1981, S. 323–339). - P. Fitzpatrick, *After »The Doll«*, Ldn. 1979, S. 101/102. - L. T. Sturm, *A. B.'s »Rooted« and »Norm and Ahmed«. A Critical Introduction*, Sydney 1980. - J. MacCallum, *Coping With Hydrophobia: A. B.'s Moral World* (in Meanjin, 1980, Nr. 39, S. 60–69). - W. Arens, *Das australische Drama nach 1955* (in *Drama im Commonwealth*, Hg. G. Stilz, Tübingen 1981, S. 23–25). - D. Carroll, *Australian Contemporary Drama 1909–1982*, NY u.a. 1985.

## GJON BUZUKU

\* Anfang 16. Jh. Nordwestalbanien
† wahrscheinlich 2. Hälfte 16. Jh. Italien

**MESHARI**

(alb.; *Meßbuch*). Übersetzung liturgischer Texte von Gjon BUZUKU, erschienen 1555. - Das einzige Exemplar dieser ältesten erhaltenen größeren Schrift in albanischer Sprache befindet sich in der Vatikanischen Bibliothek. 1740 wurde das *Meshari* in der Bibliothek der Kongregation »De propaganda fide« aufgefunden, war dann wieder verschollen und wurde dort erst 1910 neu entdeckt. Da die ersten Seiten fehlen, ist der Druckort bisher unbekannt. Wahrscheinlich wurde die Übersetzung von der Kirche nicht zugelassen, weil für die Liturgie im katholischen Nordalbanien wie im benachbarten Dalmatien ausschließlich das Lateinische vorgesehen war. Aus dem Kolophon geht hervor, daß der geistliche Verfasser vom 20. März 1554 bis 5. Januar 1555 an seinem Werk arbeitete.
Es enthält außer der Liturgie für die Sonn- und Feiertage das kleine Marienoffizium, sieben Bußpsalmen, Wechselgebete, die Totenmesse und den Taufritus mit Glaubensunterweisungen. Das etwa 200 Seiten starke, reich illuminierte Liturgiebuch beruht auf einer offenkundig wohlausgebildeten Schrifttradition des Albanischen, die durch den Einbruch der Türken in der zweiten Hälfte des 15. Jh.s jäh unterbrochen wurde. Aus dieser Literaturperiode ist kein weiteres Denkmal erhalten.
Die aus den *Evangelien* übersetzten Stücke, vor allem die Gleichnisse, haben hohen literarischen Rang. Es handelt sich nicht einfach um wörtliche Übertragungen, sondern um geschickt der albanischen Denk- und Redeweise angepaßte Texte. Sprachlich gibt das *Meshari* einen Entwicklungsstand des Albanischen wieder, in dem die heutigen Unterschiede zwischen den beiden Hauptdialekten noch nicht allzu ausgeprägt waren, weist aber auch zahlreiche morphologische Eigentümlichkeiten des Toskischen auf. Bei den Bestrebungen, eine einheitliche Literatursprache zu schaffen, stützt man sich heute auf Sprachformen des *Meshari*.
M.Cam.

AUSGABEN: o.O. 1555. - Rom 1958 (N. Ressuli, *Il »Messale« di Giovanni Buzuku*; Studi e testi, 99). - Tirana 1968 (E. Çabej, *Meshari i G. B.*, 2 Bde.).

LITERATUR: E. Çabej, *G. B.* (in Buletin për shkencat shoqërore, 1, 1955, S. 9–23). - M. Camaj, *Il »Messale« di G. B. Contributi linguistici allo studio della genesi*, Rom 1960. - K. Ashta, *Leksiku i plotë i veprës se G. B.* (in Revistë shkencore, 1964–1966).

## DINO BUZZATI

eig. Dino Buzzati-Traverso

\* 16.10.1906 Belluno
† 28.1.1972 Mailand

LITERATUR ZUM AUTOR:
Ch. Boulay, *Situation de l'homme dans l'œuvre de D. B.* (in Études Italiennes, 6, 1959, S. 294–324).

– F. Gianfranceschi, *D. B.*, Turin 1967. – C. Marabini, *D. B.* (in NAn, 500, 1967, S. 337–377). – E. Kanduth, *Wesenszüge der modernen italienischen Erzählliteratur. Gehalte und Gestaltungen bei B., Piovene und Moravia*, Heidelberg 1968. – A. Arslan Veronese, *Invito alla lettura di B.*, Mailand 1974. – U. Stempel, *Realität des Phantastischen. Untersuchungen zu den Erzählungen D. B.s*, Ffm./Bern 1977. – J. Crotti, *B.*, Florenz 1977. – B. Baumann, *D. B. Untersuchungen zur Thematik in seinem Erzählwerk*, Heidelberg 1980. – A. Frasson, *D. B.*, Camposanpiero 1982. – A. Montenovesi, *D. B.*, Paris 1984.

## UN AMORE

(ital.; *Ü: Amore*). Roman von Dino BUZZATI, erschienen 1963. – Die im Titel genannte *amore* ist die Liebe eines fast fünfzigjährigen angesehenen Architekten zu einer noch jugendlichen Prostituierten. Schauplatz ist das amoralische, hektische Mailand im wirtschaftlichen Aufschwung der Gegenwart. Jahrzehntelang hat der Architekt auf diese Erfüllung seines Lebens gewartet, die ihn für kurze Zeit – eben für die Handlungsdauer des Romans – die stete Gegenwart des Todes vergessen läßt. Das kleine Flittchen belügt und betrügt ihn nach Strich und Faden, aber er will es nicht wahrhaben und steht ebenso fest zu ihr, wie in Buzzatis Hauptwerk *Il deserto dei Tartari*, 1940 (*Die Tatarenwüste*), der Offizier Drogo zu seinem zwar als absurd erkannten, jedoch gewissenhaft erfüllten Dienst. Alles, was ihn mit dem Mädchen verbindet, erlebt er wie in einem festlichen Rausch, und doch analysiert er es gleichzeitig aus einer gewissen Distanz. Er stellt lieber seine konventionellen Moralbegriffe als sein Gefühl in Frage, bis plötzlich – völlig unmotiviert – die große Leidenschaft erloschen ist. Wieder wirft der »*große Schwarze Turm*« – eine jener großartigen, an KAFKA erinnernden Visionen – den beängstigenden Schatten über sein Leben, über das Haus, über die Stadt. Wieder endet – wie in der *Tatarenwüste* – die Hingabe in der großen »Ent-Täuschung«, in der Erkenntnis des Todes als des mystischen Befreiers und der einzig gültigen Realität. Er wirft einen letzten Blick auf das neben ihm schlafende Mädchen, und »*für den Bruchteil einer Sekunde ist sie hoch über alle hinausgehoben, ist sie das Schönste, was es gibt, das Kostbarste und Wichtigste auf dieser Welt. Aber die Stadt schläft, die Straßen sind ausgestorben, keiner, und nicht einmal er selber, wird die Augen aufheben, um sie anzuschauen.*«
*Un amore* wird als Buzzatis Abkehr von der Welt seiner großen »metaphysischen Fabeln« und als Hinwendung zu einem »mutigen Realismus« bezeichnet. Wenn man bei diesem Autor aber überhaupt von »Realismus« sprechen kann, dann nur hinsichtlich der Verlagerung des Handlungsablaufs aus dem imaginären in den realen Raum, die sachlich und prägnant gezeichnete Großstadt. Unverändert aber bleibt Buzzatis Thema: der reine Idealismus, das mutige Standhalten, die Selbstbehauptung gegenüber dem Absurden im Sinn von CAMUS. Damit ist *Un amore* nichts anderes als eine neue Variante seines Grundmotivs, eine Parallele zu *Il deserto dei Tartari* und *I sette messaggieri*, 1942 (*Die sieben Boten*). M.S.

AUSGABEN: Mailand 1963 (in *Opere*, Bd. 4). – Mailand 1976. – Mailand [18]1983.

ÜBERSETZUNG: *Amore*, I. Parigi, Wien 1964; ern. Mchn./Esslingen 1966. – Dass., dies., Reinbek 1967 (rororo).

VERFILMUNGEN: Italien/Frankreich 1965 (Regie: G. Vernuccio).

LITERATUR: A. Bosi, *Um Kafka italiano?* (in SLESP, 11. 7. 1964). – A. Arslan, *D. B.: costanza di motivi e coerenza di sviluppi dal »Deserto dei Tartari« a »Un amore«* (in Annali dell'Istituto universitario di Lingue Moderne, 5, Ravenna 1981).

## BARNABÒ DELLE MONTAGNE

(ital.; *Ü: Die Männer vom Gravetal*). Roman von Dino BUZZATI, erschienen 1933. – Das Buch erzählt vom harten, einsamen Leben italienischer Waldhüter in einer abgelegenen Gebirgsgegend in Südtirol, nahe der Landesgrenze. Zu ihren Aufgaben gehört die Bewachung der *polveriera*, eines in die Felsen eingebauten Munitionsmagazins, das hier für den Grenzschutz angelegt wurde. Die Gegend wird von Schmugglern und Banditen von diesseits und jenseits der Grenze heimgesucht. Einer der Aufseher, Del Colle, wird von Unbekannten erschlagen, ein anderer, Darrìo, ist bei der Verfolgung verdächtiger Spuren im Gebirge abgestürzt. Nachdem ihre Kameraden die Fahndung nach den Mördern bereits aufgegeben haben, dringen die beiden Jüngsten, Barnabò und Bertòn, eines Tages weit ins Gebirge vor. Bertòn hat nachts oben in den Felsen den Schein eines Feuers erspäht. Nun träumen die beiden davon, die Banditen gefangen ins Tal zu führen. Als sie gegen Abend unverrichteterdings zur Hütte zurückkehren, erkennen sie von weitem, daß die Banditen dabei sind, die *polveriera* zu plündern, die sie, Barnabò und Bertòn hätten bewachen sollen. Bertòn eilt seinen Kameraden zu Hilfe. Barnabò aber versteckt sich, von Furcht befallen, hinter einem Felsblock. Abends wird er zur Rechenschaft gezogen und schließlich entlassen, nicht weil er sich aus Furcht dem Kampf ferngehalten hat – das weiß nur Bertòn – sondern weil er seinen Wachtposten vor der *polveriera* verlassen hat. Drunten in der Ebene findet Barnabò als Knecht Arbeit auf dem Hof eines Verwandten. In der Trennung von seinen geliebten Bergen sieht er die gerechte Strafe für seine Feigheit. Eines Tages besucht ihn Bertòn, der seinen Dienst in den Bergen aufgekündigt hat, um in die Fremde zu ziehen. In ein paar Jahren will er zurückkehren, und sie werden zusammen ihre einstigen Kameraden besuchen.

So sieht denn Barnabò nach langer Zeit endlich seine Berge wieder. Vieles hat sich geändert. Die *polveriera* besteht nicht mehr, die Forsthüter leben jetzt unten im Tal. Barnabò erhält das Angebot, als Wärter allein droben in der alten Hütte zu hausen, und willigt ein, denn immer noch träumt er davon, im Kampf mit den Banditen sein einstiges Versagen wiedergutzumachen. Tag für Tag erwartet er nun, das Gewehr im Anschlag, bei der verlassenen *polveriera* die Übeltäter, die bei ihrem letzten Erscheinen gedroht haben, wiederzukommen. Als ihm aber eines Tages tatsächlich die Gelegenheit zur Rache gegeben ist, als unmittelbar vor seinem Gewehrlauf seine Gegner erscheinen, erstaunt und empört darüber, das Magazin leer zu finden, da verzichtet Barnabò darauf, ein Held zu werden – weil er aus ihren Worten, ihren Gesichtern und Gesten erkennt, daß sie Menschen sind wie seine Kameraden und er.

Inhalt und Form dieses Werks entsprechen nur wenig dem traditionellen Roman. Buzzati begnügt sich damit, eine »Geschichte« zu erzählen. Sein hauptsächliches Kunstmittel ist dabei die Konzentration auf das Wesentliche in Stoff und Sprache. Die Landschaft wird mit wenigen, stereotyp wiederholten Worten weniger beschrieben als beschworen. Das Rätselhafte, sprachlich nicht zu Identifizierende behält dadurch ungewöhnlich großen Spielraum. Elementar, archaisch wie die Landschaft wirken auch die Menschen. Ihre Gefühlsäußerungen sind auf die einfachsten Formen von Freude und Schmerz, Mut und Furcht, Stolz und Scham beschränkt. Die Welt ist in ihrer Vorstellung ein Kampfplatz von guten und bösen Mächten, und der Triumph des Guten in Barnabòs Verzicht auf die Rache ist das Motiv, das den entscheidenden Anlaß des Erzählens bildet. *Barnabò delle montagne* wirkt realistisch im Vergleich mit Buzzatis späteren, vorwiegend parabolisch-phantasmagorischen Werken. Dennoch offenbart sich bereits hier das Talent des Autors, die Wirklichkeit *»im Augenblick beängstigender Erwartung zu fassen, an ihrer äußersten Grenze, die notgedrungen immer eine Grenze des Schreckens ist«* (Giuliano Gramigna). Diese Eigenart unter anderen hat Buzzati den literarischen Ruf eines »italienischen Kafka« eingetragen.

C.H.

AUSGABEN: Mailand/Rom 1933. – Mailand 1950. – Mailand 1979.

ÜBERSETZUNG: *Die Männer vom Gravetal*, A. L. Erné, Bln. 1935.

LITERATUR: A. Bocelli, »*Barnabò delle montagne*« di *D. B.* (in NAn, 16. 5. 1933). – E. Bigi, *Romanzi e racconti de D. B.* (in *Saggi di umanesimo cristiano*, Bd. 3, Pavia 1950, S. 26–31). – M. Brion, *Trois écrivains italiens nouveaux: Elio Vittorini, Vasco Pratolini, D. B.* (in RDM, 9, 1950, S. 530–539).

## IL DESERTO DEI TARTARI

(ital.; Ü: *Die Tatarenwüste*). Roman von Dino BUZZATI, erschienen 1940. – Der junge Leutnant Giovanni Drogo wird in die abgelegene, halb zerfallene »Festung« im rauhen und teilweise noch unerforschten Bergland an der Landesgrenze abkommandiert. Jenseits der Festung, im Norden, erstreckt sich die »Tatarenwüste«, aus der man stets einen »Tatarenüberfall« erwartet hat und immer noch erwartet, obwohl eigentlich niemand mehr ernsthaft damit rechnet. Trotzdem wird der Wachdienst in der Festung nach einem komplizierten, ja absurden Reglement ausgeübt. Auch Drogo glaubt bald nicht mehr an den Überfall aus dem Norden, aber er webt mit an der Legende einer akuten Gefahr, an die man ihn selbst nach seinem Eintreffen auf der Festung glauben ließ, denn er hat inzwischen erkannt, daß nur stete Bereitschaft und kompromißlose Pflichterfüllung das Leben auf diesem verlorenen Posten erträglich machen. Eines Tages jedoch regt es sich in der Wüste, und bald kann man sogar mit bloßem Auge Gestalten erkennen. Aber dann stellt sich heraus, daß sich etwas ganz Harmloses abspielt: Landvermesser sind drüben am Werk, um die Grenzlinie zu revidieren. Und so geht das eintönige Leben weiter, *»das Ungewohnte wird Eigentum«*; Drogo avanciert im Laufe der Jahre zum Hauptmann und schließlich zum Major. Einmal kehrt er auf Urlaub in die »Stadt« zurück, aber nichts vermag ihn dort zu fesseln; er hat die Beziehung zu allem verloren, was außerhalb des Festungsbereichs liegt. Und als seine innere Widerstandskraft allmählich erschlafft, als er krank in seiner Kammer liegt, ereignet sich das nicht mehr Geglaubte, ja schließlich Unvorstellbare, dem doch jeder Soldat und jeder Offizier entgegengelebt hat: aus der Wüste heraus stürmen die Tataren gegen die Festung an. Drogo kann sich an der Verteidigung nicht beteiligen: Einsam und verlassen – *»er genoß den bitteren Geschmack des Verzichts«* – sieht er dem Tod als der einzigen und wahren Realität des Lebens entgegen.

Mit diesem seinem bedeutendsten Werk, das in fast alle europäischen Sprachen übersetzt wurde, schrieb Buzzati eine in ihren hintergründigen Bildern und phantastischen Visionen an KAFKA gemahnende, ergreifende Parabel des durch Hoffnung und Illusion um seinen Sinn betrogenen Lebens. Die Handlung ist in eine surrealistische Vorstellungswelt verlegt. Keiner der Soldaten weiß genau, wo die Festung liegt, wie lange er dort Dienst zu leisten hat, ob und durch wen die Grenze überhaupt bedroht ist. Um diese undurchschaubare Situation ertragen zu können, belügt jeder sich selbst und den Kameraden mit »Parolen«, die über die Sinnlosigkeit hinwegtäuschen sollen. In Wirklichkeit ent-täuscht erst der Tod und befreit aus diesem Labyrinth. Buzzati zeichnet – ähnlich wie CAMUS – ein Heldentum, das sich erschöpft, ohne seinen wahren Gegner gekannt zu haben. Thematisch erinnert der Roman stark an Buzzatis *Sette messaggeri*, 1942 (*Die sieben Boten*); auch sprachlich ist er von derselben faszinierenden Eindringlichkeit, deren schwermütige Bilder den Leser in ihren Bann ziehen. KLL

AUSGABEN: Mailand 1940. – Mailand 1946. – Mailand 1966. – Mailand 15 1984, Hg. A. Sala.

ÜBERSETZUNGEN: *Im vergessenen Fort*, R. Hoffmann, Bln./Wien 1942. – *Die Festung*, P. Eckstein, Mchn. 1954. – *Die Tatarenwüste*, P. Eckstein u. W. Lipsius, Ffm./Bln. 1977 (Ullst. Tb).

VERFILMUNG: Italien/Frankreich/BRD 1976 (Regie: V. Zurlini).

LITERATUR: P. Pancrazi, »*Il deserto dei tartari*« (in P. P., *Scrittori d'oggi*, Serie 4, Bari 1946, S. 166–170). – P. B. Castiglione, *D. B.* (in Italica, 39, 1957, S. 195–201). – R. Bertacchini, *Il favoloso B.* (in Letterature Moderne, 10, 1960, S. 321–333). – G.-P. Biasin, *The Secret Fears of Men. D. B.* (in Italian Quarterly, 6, 1962, S. 78–93). – F. Livi, »*Le désert des Tartares*«, *B.*, Paris 1973. – A. Arslan, *D. B.* (in Annali dell'Istituto universitario di Lingue Moderne, 5, Ravenna 1981). – *Lectures de »Le désert des Tartares« de D. B.*, Paris 1981. – *Analyses et réflexions sur »Le désert des Tartares« de D. B.*, Paris 1981.

## PAURA NELLA SCALA

(ital.; *Ü: Panik in der Scala*). Novelle von Dino BUZZATI, erschienen 1949. – Der Erfinder dieser grotesken und zugleich bezaubernden Parabel macht sich hier gleichsam zum Sonderberichterstatter (der er in der Tat beim Mailänder ›Corriere della Sera‹ war) und berichtet von einem Galaabend in dem weltberühmten Opernthetater, der natürlich nie stattgefunden hat und der doch unter den wiedergegebenen Begleitumständen durchaus stattgefunden haben könnte und jederzeit stattfinden könnte. Im Mai, kurz vor dem Abschluß der Mailänder Opernspielzeit, wird die Premiere einer neuen Oper des politisch umstrittenen Komponisten Pierre Großkopf angesetzt. Alles, was eine gesellschaftliche Rolle spielt oder spielen will, ist anwesend, agiert auf dem Foyer-Theater. Doch an diesem Abend machen sich hinter der lässig zur Schau getragenen Maske plötzlich Unsicherheit und Besorgnis breit. Von einem politischen Handstreich munkelt man, von einem bevorstehenden Umsturz der bestehenden Ordnung, von dem drohenden Versuch, die Lüge durch Wahrheit und Korruption durch Gerechtigkeit ersetzen zu wollen. Die Angst verstärkt sich, als man in einer der goldfunkelnden Logen drei unbekannte Männer entdeckt. Unruhig erregte Pausengespräche steigern sich nach dem Schlußapplaus, als die Gesellschaft sich im Foyer zu dem üblichen Empfang versammelt, zur offenen Angst, die man hinter nichtssagender Konversation zu verbergen sucht. Die Panik bricht herein, als sich mit Windeseile Gerüchte verbreiten: Polizeiabsperrungen, anmarschierendes Militär, Revolution. Hysterie und Verfolgungswahn nehmen überhand. Schließlich werden alle Lichter gelöscht, die schweren Portieren an den Fenstern zugezogen, die Türen fest verschlossen. Im Schein einiger flackernder Kerzen wird der Festsaal zum Nachtasyl. Das Establishment findet sich mit der demütigenden Lage der Eingeschlossenen ab, die Lage der Privilegierten wird zur Ausnahmesituation, Glanz und Prunk lassen sich widerstandslos in den Sog der Weltuntergangsstimmung ziehen. Beim Morgengrauen indessen steht fest: Draußen beginnt der Alltag mit den ersten Radfahrern, Gemüsekarren, Straßenkehrern und Straßenbahnen. Die Nacht der Angst und des Schreckens endet in der müde registrierten Erkenntnis, man sei noch einmal davongekommen.

Ohne tatsächlich spätere Angriffe auf fragwürdig gewordene Gesellschaft vorauszuahnen oder prophezeien zu wollen, greift Buzzati die Realität an ihrer Grenze auf, die für ihn eine Grenze des Schreckens ist. Er paraphrasiert in seinem Gleichnis die biblische Erzählung von dem Besuch der göttlichen Boten in Sodom und Gomorrha, ist es doch die Anwesenheit der drei Fremden, die vage Ahnungen und abenteuerliche Gerüchte zum Augenblick der Wahrheit werden läßt. Die Infragestellung selbstgewählter Normen und selbstgeschaffener Ordnungen, die Aufforderung, hinter allem Subjektiven das Verbindliche und damit Objektive der *conditio humana* zu erkennen, hat hier im Schaffen des Autors einen Höhepunkt erreicht.

M.S.

AUSGABEN: Mailand/Verona 1949. – Mailand 1984 (zus. m. *Sette messaggeri* u. *Il crollo della Baliverna*, 3 Bde.).

ÜBERSETZUNGEN: *Panik in der Scala*, F. Jaffé, Stg. 1952; 2 1964. – E. Sander (in *Die Versuchung des Domenico. Erzählungen*, Freiburg i.B. 1964).

LITERATUR: E. Bigi, *Romanzi e racconti di D. B.* (in Saggi di Umanesimo Cristiano, 3, 1950, S. 26–31). – P. Borrani Castiglione, *D. B.* (in Italica, 34, 1957, S. 195–201). – R. Bertacchini, *Il favoloso B.* (in Letterature Moderne, 10, 1960, S. 321–333). – G. P. Biasin, *The Secret Fears of Men: D. B.* (in Italian Quarterly, 6, 1962).

## I SETTE MESSAGGERI

(ital.; *Ü: Die sieben Boten*). Erzählung von Dino BUZZATI, erschienen 1942. – Im Gegensatz zu den anderen größeren Literaturen bleibt in Italien die neuere Kunstprosa vornehmlich auf die Kurzform beschränkt, die einerseits der ins 14. Jh. zurückweisenden novellistischen Tradition verhaftet ist, andererseits wiederum dem plastischen Erzählvermögen speziell dieses Volkes gerecht wird. So haben die Erzähler des 20. Jh.s, von BILENCHI bis zu MORAVIA, PAVESE und CALVINO, ihr Bestes unzweifelhaft in den *racconti* ihrer ansehnlichen Sammlungen gegeben. Bei Buzzati gründen diese Erzählungen in der grüblerischen Mentalität eines Dichters, den das heimatliche Grenzland geformt hat und der die venezianisch-slawische *tristezza* in die bezwingenden Bilder seiner »metaphysischen Fabeln« bannte. Darum handeln seine *racconti* immer wieder vom Tod als jenem magischen Übergang, der jede schicksalhafte Fesselung sprengt. Auch *I sette messaggeri*, Titelnovelle einer seiner Sammlungen, ist nach dem System der anderen *racconti* Buzzatis angelegt: Von der präzisen Topographie ausgehend, in der Zahlen eine besondere Rolle spielen, verdichtet sich die für das Innen stehende äußere Situation, wird beängstigend, drückend, qualvoll, ohne daß sich ein Ausweg aus dem Dilemma abzeichnet. So ist der Held dieser Erzählung, der in der Ichform berichtende Königssohn, schon zu Beginn seiner abenteuerlich-kühnen Expedition zum Scheitern verurteilt. Vor acht Jahren war er ausgezogen, um seines Vaters Reich zu durchforschen, von den Freunden wegen dieser Verschwendung der besten Lebensjahre verlacht. Sieben Boten hatte er mitgenommen, denen die Verbindung mit der Hauptstadt obliegt. Schließlich ist er vierzig Jahre alt geworden, ohne die Reichsgrenze erreicht zu haben. Noch ein einziges Mal will er einen Boten aussenden, den letzten, der ihm verblieb. Denn erst während des Ritts hat er die vertrackten mathematischen Gesetze erkannt, denen zufolge die bisherige Dauer der Reise mit der Zahl fünf zu multiplizieren ist, um zu wissen, wann der Bote zurückkehren werde. So bleibt es offen, ob dieser Getreue, der nun aufbricht, seinen Herrn je wiedersehen wird. Trotzdem erhält er den Auftrag, »*der unendlich fernen Stadt meine nutzlose Botschaft zu überbringen*« – nutzlos, da der Mann, der seines Reiches Grenzen aufsuchen wollte, nunmehr erkannt hat: »*Es gibt keine Grenze*«.  M.S.

AUSGABEN: Mailand 1942. – Mailand 1958 (in *Sessanta racconti*; ⁶1982). – Mailand 1984 (zus. m. *Paura nella Scala* u. *Il crollo della Baliverna*, 3 Bde.).

ÜBERSETZUNGEN: *Die sieben Boten*, A. L. und N. Erné, Mchn. 1957. – *Das Haus mit den sieben Stockwerken*, dies., Mchn. 1966; ern. 1984. – Dass., dies., Ffm./Bln. 1986 (Ullst.Tb).

## PAOLO BUZZI

* 1874 Mailand
† 1956 Mailand

L'ESILIO

(ital.; *Die Verbannung*). Prosadichtung in drei Bänden von Paolo BUZZI, erschienen 1906. – Das Werk erschien zuerst in der von F. T. MARINETTI und S. BENELLI herausgegebenen Zeitschrift ›Poesia‹, deren ersten Preis es bei einem Wettbewerb erhalten hatte, und erregte großes Aufsehen.

Das mit 1200 Seiten sehr umfangreiche Prosawerk ist in drei Teile gegliedert: *Dem Blitz entgegen, Auf den Flügeln des Sturmwinds*, und *Dem Donner entgegen*. Thema des Romans ist das Schicksal des stark autobiographische Züge tragenden Dichters Ignazio Lanfranchi, dem Repräsentanten einer Welt, die dem neuen Jahrhundert mit Erwartung aber auch mit Angst entgegen sieht. In dieser Zeit des Übergangs will dieser sich in einem dreißig- bis vierzigbändigen Werk mit allen Problemen seiner Epoche, von der National- bis zur Welt- und Menschheitsgeschichte, auseinandersetzen. Zur überaus aussagekräftigen Darstellung einer Epoche wird *L'esilio* in den faszinierenden, einprägsamen Bildern, in denen Buzzi den hektischen Trubel des Mailänder Großstadtlebens einer ländlichen Lebensweise in der Brianza, seiner Heimat, gegenübergestellt. In manchen Motiven, wie etwa der Rückkehr des von der Stadt tief enttäuschten Mädchens auf den heimatlichen Hof, nimmt Buzzi bereits Themen der Nachkriegsliteratur vorweg.

Trotz gewisser Längen finden sich in *L'esilio* Ansätze neuer poetischer Ausdrucksformen, aus deren Weiterentwicklung der Gedichtband *Aeroplani*, 1909 (*Flugzeuge*) entstand. Vier Jahre später gehörte Buzzi, der bereits nach dem Erscheinen von *L'esilio* von G. APOLLINAIRE als »*Entdecker neuer Ausdrucksmöglichkeiten und kühner ästhetischer Werte*« gefeiert wurde, zu den Begründern des Futurismus. Als Vorbilder des Romans, der anhand eines Einzelschicksals das Bild einer Epoche darstellen wollte, gelten *Le confessioni di un ottuagenario*, 1867 (*Die Bekenntnisse eines Achtzigjährigen*) von Ippolito NIEVO, und, was den Bezug zur Lombardei betrifft, Giuseppe ROVANI in seinem Roman *Cento anni* (1857/58).  D.De.

AUSGABE: Mailand 1906.

LITERATUR: *Omaggio a P. B.*, Mailand 1958. – M. Buzzi, *Bibliografia generale die P. B.*, Mailand 1959. – G. Rogante Blandino, *P. B.: Dal mito classico all'esordio futurista* (in Letteratura italiana contemporanea, 2, 1981, Nr. 4, S. 7–33). – M. Morini u. G. Pignatori, *P. B. Futurismo. Scritti, carteggi, testimonianze*, Mailand 1983.

## VASIL' BYKAŬ

* 19.6.1924 Bytschki / Lepeler Bezirk

LITERATUR ZUM AUTOR:
S. Hoppe, *Zu den neueren Erzählungen V. B.s* (in ZfSl, 1974, 5, S. 667–680). – S. Stankevič,

*Pis'mennicki profil' V. B.* (in Belarus, 1974, 208). – Dzivasil, *V. B. na usesajuznym pis'mennickim forume* (in Belarus, 1975, 216). – C. Frioux, *La vision tragique de V. B.* (in Le Monde, 28. 2. 1975). – V. Buran, *V. B.*, Minsk 1976. – J. Gutschke, *Das höchste Maß an eigener Verantwortung* (in Neues Deutschland, 11. 8. 1976). – J. Müller-Udeis, *Die nichtrussischen Literaturen der UdSSR* (in Osteuropa, 1976, S. 172). – O. Orechwa, *B. Search for Moral Imperative* (in Zapisy, 1976, 14, S. 51–58). – R. Hager, *Nachwort* (in V. B., *Ausgewählte Novellen*, Lpzg. 1978, S. 431–440). – L. Lazarev, *V. B.*, Moskau 1979. – J. Dedkov, *V. B.*, Moskau 1980. – L. Debüser, *Wie soll der Mensch ein Mensch sein, wie?* (in V. B., *Romane & Novellen*, 2 Bde., Köln 1985, 2, S. 577–599). – D. Buhaëŭ, *V. B.*, Minsk 1987.

## AL'PIJSKAJA BALLADA

(russ.; *Ü: Alpenballade*). Erzählung von Vasil' Bykaŭ, erschienen 1963. – In einem in den Alpen gelegenen österreichischen Werk bringen fünf Kriegsgefangene – darunter der Ukrainer Ivan – nach einem nächtlichen Bombenangriff einen Blindgänger zur Explosion, um sich einen Weg in die Freiheit zu bahnen. In dem nach der Detonation entstandenen Chaos können tatsächlich mehrere KZ-Häftlinge und Gefangene entfliehen. Barfuß und in Häftlingskleidung erreicht Ivan die höhere Waldregion und trifft hier auf die junge italienische Kommunistin Giulia, der ebenfalls die Flucht gelungen ist. Ivan reagiert abwehrend auf ihren Versuch, sich ihm anzuschließen. Er ist überzeugt, daß in einer solchen Situation nur jeder für sich allein durchkommen kann. Verhallende Schüsse und Hundegebell deuten darauf hin, daß die anderen Entflohenen schon aufgespürt wurden. Auf dem Weg zu Giulias Ziel, dem Versteck der italienischen Partisanen bei Triest, orientieren sich die beiden einzig an der Himmelsrichtung. In einer drei Tage währenden Flucht, immer weiter und höher in die Bergregion hinein, entwickelt sich zwischen Ivan und Giulia eine Liebesbeziehung. Trotz Erschöpfung, Hunger und Verzweiflung über ihre aussichtslose Lage schmieden sie Zukunftspläne. Ein durch die Wälder irrender deutscher Soldat führt schließlich eine SS-Streife auf ihre Spur. Fest entschlossen, sich nicht wieder gefangennehmen zu lassen, wollen sie sterben. Im letzten Moment wirft Ivan, der nicht fähig ist, Giulia zu erschießen, das Mädchen in eine Schneemulde in dem vor ihnen liegenden tiefen Abgrund. Einen Augenblick später wird er von den Wolfshunden der SS getötet. – In einem Epilog schreibt Giulia achtzehn Jahre später an Ivans Angehörige in seinem Heimatdorf und schildert ihnen jene drei miteinander gelebten Tage. Die Schneeverwehungen im Abgrund hatten ihr das Leben gerettet. Ivans Vermächtnis sind der gemeinsame, nun fast erwachsene Sohn und ihre, Giulias, Arbeit für den Frieden in der Welt, der sie sich mit Hingabe widmet.

Geprägt von der Erfahrung des Krieges, ist Bykaŭs Werk eine permanente Auseinandersetzung mit der Realität jener Zeit. Dem üblichen Darstellungsklischee zum Trotz, macht er es sich zur Aufgabe, die andere Seite des Soldatendaseins – Feigheit, Verrat, Denunziantentum – zu zeigen und sie psychologisch zu begründen. *Al'pijskaja ballada* weicht von diesem Sujet ab. Mit der lyrischen Liebesgeschichte fließt in die dramatisch zugespitzte Handlung eine Illusion des Friedens ein. Wie immer bei Bykaŭ befindet sich der Held jedoch in einer Situation, in der es letztlich um Leben oder Tod geht, und in der sich seine moralischen Qualitäten erweisen müssen. G.Wi.

AUSGABE: Moskau 1963 (in Novyj mir). – Moskau 1964. – Moskau 1975 (in *Povesti*). – Moskau 1978 (in *Al'pijskaja ballada. Sotnikov*).

ÜBERSETZUNG: *Alpenballade. Geschichte einer Liebe*, D. Pommerenke, Bln./DDR 1970; ²1982.

LITERATUR: V. A. Buran, *V. B. Narys tvorčasci*, Minsk, 1976, S. 120–136. – N. N. Shneidman, *Soviet Literature in the 1970s*, Toronto 1979, S. 51.

## MËRTVYM NE BALIC'

(wruth.; *Ü: Die Toten haben keine Schmerzen*). Roman von Vasil' Bykaŭ, erschienen 1965, in russischer Sprache 1966. – In seinem von der offiziellen sowjetischen Kritik heftig angegriffenen Werk – nicht nur der Autor, auch der Verlag wurden gemaßregelt – setzt sich Bykaŭ mit dem anmaßenden Verhalten höherer sowjetischer Offiziere gegenüber den einfachen Soldaten im Zweiten Weltkrieg auseinander und verfolgt ihren Lebensweg über die stalinistische Zeit hinaus, um zu konstatieren, daß gewisse Verhaltensmuster bis in die Gegenwart hinein überdauert haben.

Der Autor erzählt auf zwei Ebenen: Der in der Gegenwart, also im Poststalinismus, spielende Part schildert die Begegnung des Ich-Erzählers Vasilevič, eines Kriegsinvaliden, mit einem Mann, den er für seinen ehemaligen Vorgesetzten an der Front, Stabsoffizier Sachno, hält. Er fällt ihm auf, weil er sich in einer Schlange von Menschen, die auf ein Hotelzimmer warten, als einziger rücksichtslos und überheblich verhält. Beide finden keine Unterkunft und begegnen sich zufällig in einem Restaurant wieder. Im Verlauf ihres Gesprächs erweist sich, daß das auffallende Verhalten des Fremden kein Zufall war. Vasilevič erfragt den Lebenslauf des Mannes, um sicherzugehen, daß er nicht mit Sachno identisch ist. Dabei stellt sich heraus, daß Gorbatjuk – so der Name des Doppelgängers – während des Krieges Vorsitzender eines Kriegsgerichts war und aufgrund eines von Stalin gegebenen Befehls mehrere Soldaten, die in deutsche Gefangenschaft geraten waren, dann aber entflohen und in die russischen Linien zurückkehrten, als Verräter verurteilte. Auch wenn viele dieser Verurteilten inzwischen rehabilitiert wurden, verteidigt Gorbatjuk vehement die damaligen Entscheidungen des Gerichts. Er ist Stalinist geblieben, und durch seinen jetzigen Beruf als Rechtsberater übt er weiterhin einen gewissen Einfluß in der Gesellschaft aus. Wie sehr er die damalige Haltung auf die Gegenwart projiziert, beweist er deutlich, indem er jugendliche Restaurantbesucher autoritär behandelt und einen Streit mit ihnen provoziert. Im Gegensatz zu jenen verurteilten Soldaten müssen sie ihn allerdings nicht direkt fürchten. Unannehmlichkeiten bereitet er ihnen indessen doch, als er veranlaßt, daß die Polizei eingreift. Je lauter und ungenierter Gorbatjuk seine Ansichten äußert, desto mehr erinnert er Vasilevič an den ehemaligen Stabsoffizier Sachno.

Die zweite Erzählebene bilden Vasilevičs Kriegserinnerungen, in denen die stillen Helden, die hilflosen einfachen Soldaten mit den säbelrasselnden, hochmütigen Offizieren konfrontiert werden. Der Ich-Erzähler gehört zu einer kleinen Gruppe Verwundeter, die versucht, ihre Vorgesetzten vor einem Angriff der Deutschen zu warnen. Die Information erscheint den Offizieren jedoch so unglaubwürdig, daß niemand sie beachtet. Als die deutsche Attacke tatsächlich stattfindet, werden die Verwundeten von Sachno geopfert. Sich selbst schonend, schickt er sie, quasi als Versuchskaninchen, durch ein Minenfeld. Einem Schwerverwundeten gebietet er, sich zu erschießen, damit er nicht etwa in deutsche Gefangenschaft gerate. Doch als sein eigenes Leben auf dem Spiel steht, läßt Sachno sich sofort gefangennehmen und biedert sich den Deutschen sogar an. – Bykaŭs Sensibilität und Gerechtigkeitssinn werden an einer ungewöhnlichen Nebenfigur deutlich: an einem deutschen Gefangenen, den die kleine Abteilung mitführt. Er ist zwar nicht freiwillig zu den Russen übergelaufen, bleibt aber nach seiner Gefangennahme selbst dann bei ihnen, als sich eine Gelegenheit bietet, zu den Deutschen zurückzukehren. In Bykaŭs Schilderung ist er weniger ein antifaschistischer Held als ein Mann, der spürt, daß er nicht auf der richtigen Seite gekämpft hat. Erst als die sowjetische Gruppe ihrerseits von den Deutschen gefangengenommen wird, bleibt er bei seinen Landsleuten. Als er von ihnen den Auftrag erhält, den schwerverwundeten Vasilevič zu erschießen, beweist er seine Tapferkeit und Menschlichkeit, indem er im entscheidenden Moment bewußt ungenau zielt und damit Vasilevičs Leben rettet.

Bykaŭs Kriegsschilderung gleicht dem Danteschen Inferno. Er zeigt die russische Front in Auflösung und aus zweierlei Gründen zu keiner organisierten Verteidigung fähig: einerseits weil die Deutschen in dieser Phase des Krieges die Übermacht haben, andererseits weil höhere sowjetische Offiziere versagen. Menschen wie Vasilevič sind Opfer und Zeugen dieses Verhaltens und müssen entsetzt erkennen, daß sich der Typ Sachno auch in der Nachkriegsgesellschaft erfolgreich durchgesetzt hat. – Der Roman war die Antwort Bykaŭs auf die russische Kriegsprosa, die der Roten Armee ausschließlich Heldentaten und geradezu übermenschlichen Mut zuschrieb, und wurde folglich von der sowjetischen Presse heftig angegriffen. Man warf dem Werk unter anderem vor, es sei eine »lästerliche« Verzerrung der Wahrheit, voll »grober« Falschheiten und Abscheulichkeiten; es verleumde die Rote Armee, predige Pazifismus und abstrakten Humanismus und enthalte schwerwiegende ideologische Fehler. Der Roman durfte nicht mehr aufgelegt werden. G.Wi.

AUSGABEN: Minsk 1965 (in Maladosc', 7–8). – Moskau 1966 (russ.; in Novyj mir). – Minsk 1989.

ÜBERSETZUNG: *Die Toten haben keine Schmerzen*, R. Ulbrich, Bln. 1967.

LITERATUR: A. Zaleski, *Sprava V. B.* (in Bac'kaŭščyna, 1966, 2, S. 5). – V. Buran, *Talent surovy i dobry* (in Polymja, 1967, 8, S. 206). – P. Dzjubajla, *Nevyčerpnaja tema* (in Polymja, 1970, 5, S. 233). – N. Gubko, *Tvorčeskaja sila pamjati* (in Zvezda, 1975, 6, S. 193–194). – J. Lecka, *vychavaŭčaja rola litaratury*, Minsk 1980, S.131f.

### GEORGE GORDON LORD BYRON

eig. George Gordon Noël, 6th Baron Byron

\* 22.1.1788 London
† 19.4.1824 Missolunghi / Griechenland

LITERATUR ZUM AUTOR:
*Bibliographien und Forschungsberichte*:
T. J. Wise, *A Bibliography of the Writings in Verse and Prose of George Gordon Noel, Baron B.*, Ldn. 1933; Nachdr. 1965 u. 1972. – O. J. Santucho u. C. T. Goode, *George Gordon, Lord B.: A Comprehensive Bibliography of Secondary Materials in English, 1807–1974*, Metuchen/N. J. 1977. – F. L. Randolph, *Studies for a B. Bibiliography*, Lititz/Pa. 1979.
*Zeitschrift*:
Byron Journal, Ldn. 1973 ff.
*Biographien*:
L. A. Marchand, *B.: A Biography*, 3 Bde., NY 1957. – L. A. Marchand, *B. A Portrait*, Ldn. 1971. – E. Longford, *B.*, Ldn. 1976. – A. Maurois, *Lord B. Don Juan oder das Leben B.s*, Mchn. 1979. – H. Müller, *Lord B. in Selbstzeugnissen und Bilddokumenten*, Reinbek 1981 (rm).
*Gesamtdarstellungen und Studien*:
S. C. Chew, *The Dramas of Lord B.: A Critical Study*, Göttingen/Baltimore 1915; Nachdr. 1970. – M. Praz, *The Romantic Agony*, Ldn. 1933. – W. J. Calvert, *B. Romantic Paradox*, Chapel Hill 1935; Nachdr. NY 1962. – G. Wilson, *B.'s Dramatic*

*Prose*, Nottingham 1953. – A. Rutherford, *B.: A. Critical Study*, Stanford 1961. – B. Dobrée, *B.'s Dramas*, Nottingham 1962. – W. H. Marshall, *The Structure of B.'s Major Poems*, Philadelphia/Oxford 1962; Nachdr. 1974. – P. L. Thorslev, Jr., *The Byronic Hero: Types and Prototypes*, Minneapolis 1962. – *B. A Collection of Critical Essays*, Hg. P. West, Englewood Cliffs/N. J. 1963. – M. K. Joseph, *B. the Poet*, Ldn. 1964. – L. A. Marchand, *B.'s Poetry: A Critical Introduction*, Ldn./Boston 1965. – G. Wilson Knight, *B. and Shakespeare*, Ldn. 1967. – J. J. McGann, *Fiery Dust. B.'s Poetic Development*, Chicago/Ldn. 1968. – M. G. Cooke, *The Blind Man Traces the Circle: On the Patterns and Philosophy of B.'s Poetry*, Princeton 1969. – *B.: The Critical Heritage*, Hg. A. Rutherford, Ldn. 1970. – J. D. Jump, *B.*, Ldn. 1972. – F. Rainwater, *Lord B. A Study of the Development of His Philosophy, with Special Emphasis upon the Dramas*, Folcroft/Pa. 1973. – B. Blackstone, *B.*, Ldn. 1975. – J. W. Ehrstine, *The Metaphysics of B.: A Reading of the Plays*, Den Haag 1976. – *B. A Symposium*, Hg. J. D. Jump, Ldn. 1976. – T. Cooper, *B. and the Bible. A Compendium of Biblical Usage in the Poetry of Lord B.*, Metuchen/N. J. 1979. – *B.: Poetry and Politics. Seventh International B. Symposium, Salzburg 1980*, Hg. J. Hogg, Salzburg 1981. – *B.'s Political and Cultural Influence in Nineteenth Century Europe. A Symposium*, Hg. P. G. Trueblood, Ldn. 1981. – Ph. W. Martin, *B.*, Cambridge 1982. – F. Raphael, *B.*, Ldn. 1982. – G. Hoffmeister, *B. und der Europäische Byronismus*, Darmstadt 1983 (EdF). – *B. Symposium Mannheim 1982*, Hg. W. Huber u. R. Schöwerling, Paderborn 1983. – F. L. Beaty, *B. the Satirist*, Northern Illinois Univ. Press 1985. – Studies in Romanticism, 24, 1985 [Sonderbd. *B.*]. – *B. The Oxford Authors*, Hg. J. J. McGann, Oxford/NY 1986.

## BEPPO. A Venetian Story

(engl. *Beppo. Eine venezianische Geschichte*). Satire in Versen von George Gordon Lord BYRON, erschienen 1818. – Der Kaufmann Beppo ist auf einer Seereise verschollen. Seine Frau Laura nimmt einen *cavaliere servente*, einen »Ersatzgatten«, mit dem »*so leichte Ketten sie verbinden, daß es die Mühe nicht lohnt, sie zu brechen*«. Sie braucht ihn angeblich zu ihrem Schutz und bleibt in dieser öffentlich sanktionierten Heuchelei ein ehrenwertes Mitglied der Gesellschaft. Auf einem Maskenball erscheint sie als geübte Meisterin subtiler gesellschaftlicher *médisance*. Ein Türke verfolgt sie auffallend hartnäckig mit seinen Blicken, und als sie kurz vor dem für übernächtige Schönheiten so ungünstigen Morgenlicht mit ihrem Grafen und zeitweiligen Gatten sich nach Hause zurückkehrt, erwartet sie dort aufs neue der Türke und entpuppt sich prompt als ihr wahrer Gatte. Mit weltmännischer Gelassenheit bittet ihn der Graf ins Haus, um einen Skandal zu vermeiden; Laura überfällt ihn mit einer Reihe von raffiniert ablenkenden Fragen und erfährt, daß er einst von Piraten gefangen wurde, sich ihnen anschloß, reich wurde und durch geschickte Manöver als exotischer Kaufmann in seine Heimat zurückkehrte, wo er jetzt Haus, Weib, Religion und Namen zurückfordert. Der Graf borgt ihm seine Kleider für einen Tag und bleibt von Stund an der Freund des neugetauften und geehrten Bürgers. Die abgerundete kleine Satire ist knapp in ihrer Konzentration und doch reich an Abschweifungen vielfältigster, den Gang der Handlung aufs witzigste belebender Art, an ironischen oder auch selbstverliebten Reflexionen über Byrons eigene Schreibmanier, in der Sprache improvisierend, spielerisch und immer kolloquial und dadurch besonders scharf treffend. Über religiöse und soziale Scheinheiligkeit, frivole Sitten und Beschäftigungen gießt Byron seinen erfrischenden Sarkasmus, wobei die Satire einen gut Teil ihrer Wirkung aus den ständigen Vergleichen zwischen Italien und England, aus unversehens und treffsicher geführten Seitenhieben gewinnt, die Byrons satirisches Talent in seiner ganzen Beweglichkeit, Kompromißlosigkeit und Beobachtungsschärfe zeigen. Damit ist *Beppo* – eine Versatire im Stil von PULCI und CASTI in deren englischer Vermittlung durch J. H. FRERE (*Whistlecraft*, 1813) – ein brillanter Vorläufer von Byrons *Don Juan* (dessen *ottava rima* hier schon verwendet wird), ihm zwar an Spannweite nicht zu vergleichen, dafür aber in der Geschlossenheit seiner Anlage überlegen. K.E.

AUSGABEN: Ldn. 1818. – Boston/NY 1905 (in *Complete Poetical Works*, Hg. P. E. More). – Oxford 1945, Hg. F. Page. – Oxford 1980 ff. (in *Complete Poetical Works*, Hg. J. J. McGann).

ÜBERSETZUNGEN: *Beppo*, G. N. Bärman (in *SW*, Hg. J. V. Adrian, Bd. 4, Ffm. 1837). – Dass., W. Schäffer (in *Werke*, Hg. F. Brie, Bd. 2, Lpzg./Wien 1912). – Dass., O. Gildemeister, bearb. S. Schmitz (in *SW*, Hg. S. Schmitz, Bd. 1, Mchn. 1977).

LITERATUR: C. M. Fuess, *Lord B. as a Satirist in Verse*, NY 1912 [Nachdr. NY 1964 u. 1974]. – R. Escarpit, *B. et Venise* (in *Venezia nelle letterature moderne*, Atti del primo congresso dell'Assoc. intern. di letteratura comparata, 25.–30. 9. 1955, Hg. C. Pellegrini, Venedig/Rom 1961).

## CAIN. A Mystery

(engl.; *Kain. Ein Mysterium*). Drama in Blankversen von George Gordon Lord BYRON, erschienen 1821. – Byron formt in diesem Drama die Geschichte von Kain und Abel um (die ihn seit frühester Jugend beschäftigte), zwar – wie er im Vorwort betont – ohne der *Bibel* direkt zu widersprechen, aber doch in bilderstürmerischem Geist. Sein Kain kann sich nicht damit abfinden, daß durch den Sündenfall Erkenntnis und Leben des Menschen schuldhaft geworden sind, daß wegen der Schwäche seiner Eltern auch er und seine Geschwister zum Tod verdammt sind und daß Gott die Ursache von Leiden sein soll. Er fühlt sich von den Grenzen, die ihm als Mensch gesetzt sind, eingeengt und ist nicht bereit, Gott in blinder Unterwürfigkeit zu verehren. Luzifer, der ihm als gefallener Erzengel erscheint – in seinem entschlossenen intellektuellen Widerstand gegen Gott MILTONS Satan ähnlich (obgleich nicht ebenso menschlich-leidend verstanden) und in seiner gelegentlichen Ironie GOETHES Mephisto verwandt –, bestätigt Kain in seiner Auflehnung, fordert ihn auf, seinem eigenen Verstand zu vertrauen, und bewegt ihn dazu, ihm, Luzifer, zu folgen. Er führt ihn durch »*den Abgrund des Raums*« in die Welten der Sterne, wo er ihm die Erde als bloßen Lichtpunkt zeigt und von den mehrmals untergegangenen und wiedererstandenen Welten spricht (hier bezieht sich Byron auf CUVIERS Theorie). Dann geleitet er ihn durch den Hades, den die Menschen dereinst bevölkern sollen; er erklärt ihm die Welt aus manichäischer Sicht (wobei sich Byron von BAYLES *Dictionnaire* anregen ließ) und nährt, ohne Kain im eigentlichen Sinn zu verführen, mit subtilen Argumenten dessen innere Unzufriedenheit mit dem ihm von Gott auferlegten Los, das ihm als Erniedrigung des Geistes erscheint. Kains geistige Unruhe macht es ihm unmöglich, die Haltung seiner ganz den nächstliegenden Aufgaben zugewandten Schwester und Frau Adah oder die orthodoxe Demut seines Bruders Abel zu teilen. Als dieser ihn zum gemeinsamen Opfer auffordert, fügt er sich nur ihm zuliebe, ohne innere Bereitschaft, weigert sich dann aber, das von Gott nicht angenommene Opfer zu wiederholen. Abels fanatischem Drängen kann er sich allein durch den fatalen Schlag erwehren – eine Tat, deren Konsequenzen er nicht geahnt hat, da auf der jungen Erde noch keiner den Tod erlebte. Bei Byron erschlägt Kain also den Bruder nicht aus Eifersucht (in diesem Punkt weicht das Drama am stärksten von der *Bibel* ab), sondern in tragischer Auflehnung gegen einen doktrinären Glauben. Er begeht eine Untat, die seiner wahren Natur im Grund fremd ist, und bringt damit das in die Welt, was er von nun an am meisten haßt: den Tod. Ironischerweise wird Kain am schonungslosesten von Eva, die einst zuerst vom Baum der Erkenntnis essen wollte, verflucht, während Adam ihn nur verbannt (»*Sein Geist sei nun sein Fluch*«) und mit seiner Familie in die Ferne schickt. Der Engel des Herrn drückt Kain das Mal auf die Stirn, das ihn vor einem plötzlichen, von ihm nun als Befreiung ersehnten Tod bewahren wird.

In dem Gedankendrama *Cain* verlieh Byron seinem religiösen Skeptizismus, seinem furchtlosen Eintreten für intellektuelle Freiheit und seiner Auflehnung gegen eine bequeme Konformität den dichterisch überzeugendsten Ausdruck. Der titanischen Auflehnung des archetypischen Rebellen Luzifer besonders gegen patriarchalische Dominanz steht das dramatische Argument vom Defizit an Körperlichkeit und Liebe entgegen, die für den Menschen Kain lebensnotwendig bleiben. Die psychologische (mehr als kosmologische) Fundierung des Werks kreist um die Grenzen menschlicher Erkenntnis, so wie das kurze Zeit später entstandene Drama *Heaven and Earth* die Unzulänglichkeit menschlicher Liebe thematisiert. In seiner argumentativen Grundtendenz ist *Cain* eine Rechtfertigung des ruhelosen Menschen vor Gott. K.E.

AUSGABEN: Ldn. 1821. – Ldn. 1924. – Boston/NY 1905 (in *Complete Poetical Works*, Hg. P. E. More). – Oxford 1945, Hg. F. Page.

ÜBERSETZUNGEN: *Cain*, G. Parthey, Bln. 1831. – Dass., O. Gildemeister, Freiburg i. B. 1942. – *Kain*, A. Seubert, bearb. S. Schmitz (in *SW*, Hg. S. Schmitz, Bd. 3, Mchn. 1978).

LITERATUR: J. W. v. Goethe, *Lord B.s »Cain«* (in Kunst und Altertum, 5, 1824). – A. Schaffner, *Lord B.s »Cain« und seine Quellen*, Straßburg 1880. – E. W. Marjarum, *B. as Skeptic and Believer*, Princeton 1938. – T. G. Steffan, *Lord B.'s »Cain«: Twelve Essays and a Text with Variants and Annotations*, Austin 1968. – W. Z. Hirst, *B.'s Lapse into Orthodoxy : An Unorthodox Reasing of »Cain«* (in Keats-Shelley-Journal, 29, 1980, S. 151–172). – P. A. Cantor, *B.'s »Cain«: A Romantic Version of the Fall* (in KR, N. S., 2, 1980, Nr. 3, S. 50–71).

## CHILDE HAROLD'S PILGRIMAGE

(engl.; *Junker Harolds Pilgerfahrt*). Episches Gedicht von George Gordon Lord BYRON, erschienen 1812 (Canto 1, 2), 1816 (Canto 3) und 1818 (Canto 4). – Die 1809 während eines ersten Aufenthalts auf dem Kontinent begonnene Dichtung ist im Grunde des Autors eigenes poetisches Reisetagebuch. Ihr Protagonist Harold, dessen Identität mit dem erzählenden Dichter im Verlauf des Epos immer deutlicher hervortritt, verkörpert den Typ des jugendlich-romantischen Helden: vom Leben desillusioniert, übersättigt und misanthropisch, wird er von Unzufriedenheit und innerer Unrast zur Flucht ins Abenteuer des Reisens getrieben. Die kurze Charakterisierung der Gestalt in den Anfangsstrophen des Epos enthüllt einen noch adoleszenten Weltüberdruß, der die tiefe Dämonie des Weltschmerzes, wie sie sich in *Lara* (1814) oder *Manfred* (1817) offenbart, erst ahnen läßt. Das weite, farbkräftige Panorama der ersten beiden Cantos – von der Sensibilität eines vorwiegend rezeptiven, leicht beeindruckbaren Dichters aufgenommen – umfaßt Portugal, Spanien, die Ionischen Inseln, Albanien und Griechenland. Byron sieht Landschaft und Städte mit dem Auge des Malers: in Portugal fesselt ihn der reizvolle Kontrast von pittoresker Verkommenheit und grandioser Schönheit, in Albanien der wilde Zauber eines stark orientalisch geprägten Milieus. Er vergegenwärtigt persönliche Erlebnisse – wie etwa den Stierkampf in Spanien – mit dramatischer Unmittelbarkeit, feiert in leidenschaftlich-radikalem Aufruf zur Freiheit den Kampf der Spanier gegen Napoleon und macht sich in pathetischer Klage über das von den Türken unterjochte Griechenland zum Sprecher seiner ganzen Generation. – Canto 3 schildert die zweite Reise des Autors, die ihn durch Belgien führt – der ganz unheroisch nachempfundene *Eve of Waterloo (Vorabend von Waterloo)* ist eines der ansprechendsten Bilder dieser Fahrt –, zum Rhein und nach Genf, wo er SHELLEY trifft. Byrons Naturgefühl vertieft sich – vielleicht unter Shelleys Einfluß –, wird unmittelbarer und erinnert in vielen Zügen an das Naturerleben ROUSSEAUS in *La Nouvelle Héloïse (Die neue Héloïse)* und *Les rêveries du promeneur solitaire (Träumereien des einsamen Wanderers)*. – Hier und im Schlußteil ist der Dichter aktiver und auf dem Weg zu souveräner Aneignung der dargestellten Welt. – Canto 4, trotz etwas lückenhafter Struktur in mancher Beziehung die Krönung des Werkes, beschwört in feierlich-gewichtiger, zuweilen auch überschüssig-rhetorischer Sprache die ruhmvolle Vergangenheit der Städte und Kulturen Italiens, deren Geschichte dem Dichter Anlaß zu elegischen Meditationen über das Schicksal des Menschen gibt. Das Augenmerk für Stadtlandschaften (besonders die für Venedig und Rom) führt zu vertieften Überlegungen über Aufstieg und Niedergang zeitlicher Macht, zur Rolle von Nemesis und Gerechtigkeit, Knechtschaft und Freiheit in der Geschichte, die in der Besingung und imaginativen Belebung des römischen Kolosseums gipfeln.

Das in Spenser-Stanzen verfaßte Gedicht ist trotz mancher gedanklicher und sprachlicher Konventionalität bedeutend als Ausdruck eines leidenschaftlichen Geistes, der rasch von Begeisterung zu Melancholie, von philosophischer Betrachtung zu scharfer Polemik wechselnd, immer kraftvoll, großzügig und beweglich bleibt. Kompositionsakt und biographische Erfahrung werden so eng parallel geführt, daß dem Gedicht daraus ein unverwechselbar existentieller Charakter zuwächst. Das poetische Verfahren des Dichters, zwischen Erzähltext und Drama anzusiedeln, resultiert in einer ungewöhnlichen Unmittelbarkeit der Wahrnehmungen und Gemütsbewegungen, in einer schrittweisen Erfassung von Vorgängen und Eindrücken, die neben dem dichtenden Subjekt auch den Leser quasi direkt auf den Schauplatz und in den vergegenwärtigten Strom der Handlung versetzen. Horizonterweiterung im Sinne der Aneignung fremder Kultur, Landschaft und Geschichte und weiterlaufende Pilgerschaft als geistige Grundhaltung bilden Anstoß und Fluchtpunkt der Erzählstruktur, in der sich das Selbstverständnis des Dichters lebendig artikuliert. – Das Werk machte Byron nach dessen eigenen Worten über Nacht berühmt; denn in der einsamkeitstrunkenen Schwermut, der zvilisationsmüden Natursehnsucht des Helden der ersten beiden Cantos, die einer bewußteren Reflexion von Geschichte und ihren Belastungen wie Versprechungen im Schlußteil Raum geben, erkannte die Jugend Europas ihr eigenes tiefstes Gefühl wieder; in dem aus alten Bindungen gelösten, rastlos suchenden, von romantischem Freiheitspathos beseelten Bewußtsein des Weltenwanderers sah sie eigene Bedürfnisse gespiegelt und als Appell zu starker gefühlsmäßiger Identifikation verkörpert. K.E.-KLL

AUSGABEN: Ldn. 1812 *(Cantos 1/2)*. – Ldn. 1816 *(Canto 3)*. – Ldn. 1818 *(Canto 4)*. – Ldn. 1819, 2 Bde. – Boston/NY 1905 (in *The Complete Poetical Works*, Hg. P. E. More). – Oxford 1980 ff. (in *Complete Poetical Works*, Hg. J. J. McGann).

ÜBERSETZUNGEN: *Ritter Harold's Pilgerfahrt*, v. Zedlitz, Stg./Tübingen 1836. – *Ritter Harolds Pilgerfahrt*, F. Dobbert, Lpzg. 1893. – *Harolds Pilgerfahrt*, O. Gildemeister, Lpzg o. J. (RUB). – *Childe Harold's Pilgerfahrt*, ders., bearb. S. Schmitz (in *SW*, Hg. S. Schmitz, Bd. 1, Mchn. 1977).

VERTONUNG: H. Berlioz, *Harold en Italie*, 1834 (Symphonie).

LITERATUR: H. Maier, *Die Entstehungsgeschichte von B.s »Childe Harold's Pilgrimage«*, Cantos 1, 2, Bln. 1911. – O. E. Moll, *Der Stil von B.s »Childe Harold's Pilgrimage«*, Bln. 1911. – W. Pafford, *B. and the Mind of Man: »Childe Harold« and »Manfred«*, Boston 1962. – J. J. McGann, *Fiery Dust. B.'s Poetic Development*, Chicago/Ldn. 1968, S. 31–138. – P. M. Ball, *»Childe Harold's Pilgrimage«, Cantos III and IV, and the »Vision of Judgement«*, Oxford 1968. – J. D. Jump, *B.: »Childe Harold's Pilgrimage« and »Don Juan«. A Casebook*, Ldn. 1973. – L. A. Marchand, *»Childe Harold's« Monitors: The Strange Friendship of B. and Francis Hodgson* (in *The Evidence of the Imagination: Studies of Interactions between Life and Art in English Romantic Literature*, Hg. D. H. Reimann u. a., NY 1978). – J. A. Hodgson, *The Structures of »Childe Harold III«* (in Studies in Romanticism, 18, 1979, S. 363–382). – M. Vicario, *The Implications of Form in »Childe Harold's Pilgrimage«* (in Keats-Shelley-Journal, 33, 1984, S. 103–129).

## THE CORSAIR

(engl.; *Der Korsar*). Verserzählung von George Gordon Lord BYRON, erschienen 1814. – Der Titelheld Conrad, in seiner Jugend von den Menschen enttäuscht und betrogen, ist zu einem misanthropischen Piratenführer geworden, der der ganzen Welt den Krieg erklärt hat und nur noch seiner Frau Medora ungetrübte Gefühle entgegenbringt. Als er von einem seiner Raubzüge in der Ägäis heimkehrt, erfährt er, daß der türkische Pascha Seyd eine Expedition gegen ihn plant, und beschließt, ihm zuvorzukommen. Als Derwisch verkleidet, schleicht er sich beim Pascha ein, muß seine Maske jedoch wegen des verfrühten Überfalls seiner Piraten auf die Schiffe der Türken fallen lassen. Der Überraschungsangriff hat nicht den erwarteten Erfolg; nachdem Conrad mit ritterlicher Geste während des Gefechts die Haremsfrauen geschont und Gulnare, die Lieblingsfrau des Paschas, eigenhändig gerettet hat, wird er schließlich besiegt und gefangengenommen. Gulnare verliebt sich leidenschaftlich in Conrad, der ihre Gefühle nicht erwidert. Als er es ablehnt, den Pascha im Schlaf zu töten, begeht sie selbst den Mord, verhilft Conrad zur Flucht und folgt ihm ergeben auf die Pirateninsel. Dort muß Conrad entdecken, daß seine Frau ihn für tot hielt und aus Gram darüber gestorben ist. Er verschwindet zur selben Stunde spurlos von der Insel. (Wie Byron selbst bestätigt, taucht die Gestalt Conrads in der Verserzählung *Lara* unter dem Namen des Titelhelden wieder auf). Der Korsar Conrad erweist sich in seinen charakteristischen Zügen als typischer Byronischer Held, wie der Dichter ihn bereits in den ersten beiden Cantos seiner Verserzählung *Childe Harold's Pilgrimage* geprägt, mit autobiographischen Zügen ausgestattet und einer Reihe von Verserzählungen mit meist orientalischem Hintergrund eingefügt hat. Wie diese eine freimütig eingestandene Gelegenheitsdichtung, beeindruckt *The Corsair* trotz seiner Melodramatik und wenig originellen Effekte vor allem durch den aus der eigenen seelischen Lage des Autors zu verstehenden Charakter des Protagonisten (mit dem symptomatischen Muster gleichzeitiger Abhängigkeit und Ablehnung gegenüber Frauen, an deren widerstrebenden Merkmalen zwischen Mutter- und Maitressenrolle sich das zerrissene Bewußtsein des Helden unter der harten äußeren Maske wundreibt), sowie durch Byrons kraftvolle Verwendung der *heroic couplets* (langer Reimpaare) und seinen Instinkt für publikumswirksame dramatische Darstellung. K.E.

AUSGABEN: Ldn. 1814. – Ldn. 1867. – Ldn. 1898 bis 1904 (in *Poetical Works*, Hg. E. H. Coleridge, 7 Bde.). – Boston/NY 1905 (in *The Complete Poetical Works*, Hg. P. E. More). – Oxford 1945, Hg. F. Page. – Oxford 1980 ff. (in *Complete Poetical Works*, Hg. J. J. McGann).

ÜBERSETZUNGEN: *Der Korsar*, F. L. v. Tschirsky, Bln. 1816. – Dass., O. Gildemeister (in *Werke*, Bd. 1, Bln. 1866). – Dass., W. Schäffer (in *Werke*, Hg. F. Brie, Bd. 2, Lpzg./Wien 1912). – Dass., O. Gildemeister, bearb. S. Schmitz (in *SW*, Hg. S. Schmitz, Bd. 1, Mchn. 1977).

LITERATUR: H. Uhde, *Zur Poetik von B.s »Corsair«*, Lpzg. 1907. – H. S. L. Wiener, *B. and the East* (in *The 19th Century Studies in Honour of C. S. Northup*, Ithaca/NY 1940).

## DON JUAN

(engl.; *Don Juan*). Satirisches Epos von George Gordon Lord BYRON, erschienen 1819–1824. – Das sechzehn Cantos umfassende unvollendete Epos ist das Haupt- und Meisterwerk des Dichters, nach GOETHES Worten sein *»eigenster Gesang«*. – Ein ausgedehntes, in vielen Farben schillerndes satirisches Panorama, das man sich in den verschiedensten Richtungen erweitert vorstellen könnte, enthält es romantische Episoden von exotischer Buntheit, Naturbetrachtungen, philosophische Reflexionen, erotische Abenteuer und Bilder idealer Liebe; nur der eigentliche Byronische Held fehlt darin. An seine Stelle tritt, in der (Selbstenthüllung und Distanzierung gleichermaßen erlaubenden) Maske Don Juans, der skeptisch-scharfsichtige, sarkastische, leidenschaftliche und freischweifende Dichter, dem bei aller vernichtenden Ironie und Satire die klare Vorstellung von wahrem Menschentum als Maßstab dient und dessen Haltung somit keineswegs rein destruktiver Natur ist (wie ihm häufig vorgeworfen wurde). – Die Handlung folgt in locker verknüpften Episoden dem Schicksal Don Juans. Nur in den ersten drei Cantos sind Satire und Fabel aufs engste verquickt, ihnen kommt daher auch der höchste dichterische Rang zu. Juan, ein spanischer Edelmann, Sohn der bigott-scheinheiligen Donna Inez, wird in jungen Jahren von der in ihrer Ehe unerfüllt gebliebenen und gelangweilten Julia verführt (eine Szene, die mit psychologischer Raffinesse und größter Unmittelbarkeit geschildert ist); er wird in einer hochburlesken – von Byrons Zeitgenossen als skandalös empfundenen – Schlafzimmerszene von Julias Gatten entdeckt und muß Spanien verlassen. Ein Sturm bringt sein Schiff zum Scheitern. In einigen höchst realistischen Szenen, die dem Dichter den Vorwurf des Sadismus eingetragen haben, schildert Byron, wie die hungernden Schiffbrüchigen erst Juans Hund und dann seinen Lehrer verzehren und wie einige daran zugrunde gehen (An dieser wie an vielen anderen Stellen – z. B. bei der Beschreibung des Sklavenmarkts und der Eroberung von Ismail – beweist Byron einen an VOLTAIRE erinnernden Mut zum Realismus.) Juan wird im geborstenen Boot ans Ufer einer griechischen Insel getragen, wo Haidée, ein Naturkind, die Tochter des Piraten Lambro, ihn schlafend am Strand findet. Sie pflegt ihn gesund, schenkt ihm ihre Liebe (die Byron zur idealen Liebe romantisiert) und heiratet ihn; beim Hochzeitsfest werden sie vom totgeglaubten Vater überrascht, der unbarmherzig Juan fesselt und dem Meer ausliefert. Haidée (dies ist eine der ergreifendsten und poetischsten Passagen des Epos) zwingt im stummen Widerstand gegen den Vater und in verzweifelter Sehnsucht nach Juan ihren Tod herbei. Juan wird von Seeräubern aufgefunden, als Sklave verkauft und erlebt eine Reihe von phantastischen Abenteuern in einem Harem. Mit dem üppigen Lokalkolorit dieser Szenen (Cantos 4–6) zollt der Dichter der von ihm selbst geweckten Vorliebe der Zeit für orientalische Dekors Tribut. In den folgenden Cantos nimmt die direkte polemische Satire immer breiteren Raum ein. Unvermittelt taucht Juan bei der Eroberung Ismails durch die Russen wieder auf (eine ätzende Demaskierung von Krieg und Heroismus), dann als Gesandter bei Katharina der Großen, die ihn zu ihrem Geliebten macht (für Byron Anlaß zu einer Satire auf Könige und sonstige Potentaten, aber auch für das Aufdecken der inneren Verwandschaft von Krieg und Sexualität oder Lust), schließlich als geheimer Gesandter in England, in der aristokratischen Gesellschaft Londons. Hier, wo der Dichter zu einer Gesellschaftssatire auf sein eigenes Land ansetzt, bricht das Gedicht ab.

Das Werk ist einzigartig in seiner Beweglichkeit und reich an eigenwilligen Abschweifungen, bisweilen auch mit Längen, aber grundsätzlich erfrischend experimentell in der Verwendung einer episodischen Struktur, die sich im England-Schlußteil zu romanartigen ›Kapiteln‹ verfestigt (McGann). Die Skala der Byron zur Verfügung stehenden Ausdrucksnuancen reicht vom Kolloquialstil in melodiöser Lyrik, vom detailgetreuen Bericht zum dithyrambischen oder elegischen Hymnus. Der Grundtenor des Gedichts verbindet in schöpferisch besonders ergiebiger Spannung die Darstellung erfahrener Welt mit dem meditativen, selbstanalytischen Impetus Byronscher Dichtung und ermöglicht dem lyrischen Ich häufiger als in anderen Gedichten den Schritt über charakteristische Verdrängungsreflexe hinaus zu einer beginnenden Verarbeitung innerer Konflikte. Byrons beharrliche Bemühung um ein öffentliches Selbstbild, in *Childe Harold's Pilgrimage* noch als Synthese angestrebt, führt in *Don Juan* zu dramatischer Verkleidung und Fragmentierung mit dem Ziel kritischer und humorbesetzter Rekonstruktion der Person des Dichters, deren Wertnormen unter intensivem Einbezug des Lesers erörtert und revidiert werden. (Manning). Die für die Geschichte der europäischen Literatur beispielgebende poetische Wirkung des Werkes (vgl. etwa HEINE und PUŠKIN) beruht über Gefühlslage, Anspielungs- und Ideenreichtum hinaus nicht zuletzt auch auf der virtuosen, souveränen Verwendung der geschmeidigen OTTAVARIMA-Strophe (exponierendes Sextett und pointierendes Schlußcouplet) und dem in seinem Erfindungsreichtum immer wieder überraschenden, in der englischen Literatur unerreicht gebliebenen Arsenal an kühnen, geistreichen Reimen.

K.E.

AUSGABEN: Ldn. 1819 [Cantos I, II; anon.]. – Ldn. 1821 [Cantos III–V; anon.]. – Ldn. 1823 [Cantos VI–VIII; anon.]. – Ldn. 1823 [Cantos IX–XI; anon]. – Ldn. 1823 [Cantos XII–XIV; anon.]. – Ldn. 1824 [Cantos XV, XVI; anon.]. – Ldn. 1824 [vollst.]. – Boston/NY 1905 (in *The Complete Poetical Works*, Hg. P. E. More). – Austin 1957, Hg. T. G. Steffan u. W. W. Pratt, 4 Bde. [krit.]. – Oxford 1980 ff. (in *Complete Poetical Works*, Hg. J. J. McGann). – Harmondsworth 1982, Hg. T. G. Steffan u. a. [rev.].

ÜBERSETZUNGEN: *Don Juan*, G. N. Bärmann (in *SW*, Hg. J. V. Adrian, Bd. 6, Ffm. 1837). – Dass., A. Böttger (in *SW*, Bd. 4, Lpzg. 1841). – Dass., O. Gildemeister, 2 Bde., Bremen 1845. – Dass., ders. (in *SW*, Bd. 5/6, Bln. 1865). – Dass., W. Schäffer, 2 Bde., Hildburghausen 1867; ern. Lpzg./Wien ca. 1900. – Dass., W. Schäffer, A. Böttger u. R. Im-melmann (in *Werke*, Bd. 2/3, Hg. F. Brie, Lpzg./Wien 1912). – Dass., O. Gildemeister, bearb. S. Schmitz (in *SW*, Hg. S. Schmitz, Bd. 2, Mchn. 1977).

LITERATUR: P. G. Trueblood, *The Flowering of B.'s Genius. Studies on B.'s »Don Juan«*, Stanford/Calif. 1945; Nachdr. NY 1962. – E. F. Boyd, *B.'s »Don Juan«*, New Brunswick 1945; Nachdr. Ldn. 1958. – L. Weinstein, *The Metamorphoses of »Don Juan«*, Ldn. 1959. – G. M. Ridenour, *The Style of »Don Juan«*, New Haven/Conn. 1960; Nachdr. Hamden/Conn. 1969. – A. Horn, *B.'s »Don Juan« and the Eighteenth Century English Novel*, Bern 1962. – J. D. Jump, *B.'s »Don Juan«: Poem of Hold-All?*, Swansea 1968. – *Twentieth Century Interpretations of »Don Juan«. A Collection of Critical Essays*, Hg. E. E. Bostetter, Englewood Cliffs/N. J. 1969. – J. D. Jump, *B.: »Childe Harold's Pilgrimage« and »Don Juan«. A Casebook*, Ldn. 1973. – J. J. McGann, *»Don Juan« in Context*, Ldn. 1976. – *The Constance B. Symposium 1977*, Hg. J. Hogg, Salzburg 1978. – *New Light on B.*, Hg. ders., Salzburg 1978. – P. J. Manning, *B. and His Fictions*, Detroit 1978, S. 177–263. – G. Blaicher, *Vorurteil und literarischer Stil. Zur Interaktion von Autor und zeitgenössischem Lesepublikum in B.s »Don Juan«*, Mchn. 1979. – J. Cunningham, *The Politics of B.'s Comedy in »Don Juan«*, Salzburg 1982. – B. Beatty, *B.'s »Don Juan«*, Ldn. 1985.

## THE GIAOUR. A Fragment of a Turkish Tale

(engl.; *Der Giaur. Ein Fragment einer türkischen Erzählung*). Verserzählung von George Gordon Lord BYRON, erschienen 1813. – Das formal sich an Samuel ROGERS' *The Voyage of Columbus*, 1810 (*Die Reise des Columbus'*) anlehnende Werk in der Tradition von Sir Walter SCOTTS Versromanzen erlebte in sieben Monaten acht Auflagen und wurde von Byron noch im Veröffentlichungsjahr von 685 auf 1334 Verse erweitert. In geschickter Imitation mündlicher Erzählweise (der Byron während seines zweijährigen Orientaufenthalts häufiger begegnet war) spielt das Gedicht bewußt mit der aus der kollektiven Überlieferung begründeten Fragmentierung der Handlung und mit einem nicht persönlich-biographisch, sondern vielmehr ästhetisch-poetisch gesetzten Erzähler (Barden) mit häufigem Rollenwechsel – ein Verfahren, in dem sich das vom Dichter später bevorzugte Prinzip der Selbstdramatisierung des Erzählers bereits ankündigt.

Inhaltlich greift das Werk eine Begebenheit auf, die sich unter der Türkenherrschaft in Albanien ereignet haben soll. Der aus Venedig stammende Titelheld (das türkische Wort *giaour* ist eine verächtliche Bezeichnung für Nichtmohammedaner, insbesondere für Christen) verliert seine Geliebte, die Sklavin Leila: Ihr Herr, der vornehme Türke Hassan, hat ihre Untreue entdeckt und läßt sie bei lebendigem Leib ins Meer versenken. Der Giaour rächt ihren Tod, indem er Hassan, der sich gerade auf dem Ritt zu einer neuen Geliebten befindet, überfällt und im Kampf erschlägt. Danach irrt er ruhelos umher, bis er in einem Kloster aufgenommen wird.

Die orientalische Erzählung ist vor allem wegen der eigenartigen Fragmentierung des Stoffes bemerkenswert. Einer Apostrophe an Griechenland (*»O schönes Land, wo Frühlingspracht / die sel'gen Inseln stets umlacht«*) folgt die bruchstückhafte Schilderung einiger Szenen durch einen Fischer, die direkte Beschreibung des Kampfes und schließlich, als klärende Synopsis, die Beichte des Giaour im Kloster. Ursprünglich eine »*edle Seele*«, trägt er die »*ungenannte dunkle Tat*« als »*Kainsmal*« auf dem bleichen, schmerzzerfurchten Gesicht, als Ausdruck einer inneren »*Wunde, die keine Zeit heilen kann*«. Der Verlust der Geliebten hat ihn (nach den leidenschaftlichen, schonungslosen Worten seiner eigenen Beichte) in die »*blattlose Wüste seines Geistes*« verbannt und »*vor dem Gesicht der Natur schaudernd zurückschrecken*« lassen. Doch bleibt er, bis zum Schluß von Reue ungebeugt, in seiner hoffnungslosen Verzweiflung unverändert stolz und verlangt von seinem Beichtvater nur das namen- und gedächtnislose Grab des Ausgestoßenen.

Der Giaour, dem der Dichter einige Züge des düsteren Mönchs Schedoni aus Anne RADCLIFFES Inquisitionsroman *The Italian* (1797) gegeben hat, gehört in die Reihe der verschiedenen Verkörperungen des Byronischen Helden von Childe Harold bis Manfred. K.E.

AUSGABEN: Ldn. 1813. – Ldn. 1844. – Ldn. 1905 (in *Poetical Works*, Hg. E. H. Coleridge; ern. 1931). – Ldn. 1901 (in *The Works. Poetry*, Hg. E. H. Coleridge, 7 Bde., 1898–1904, 3). – Boston/NY 1905 (in *The Complete Poetical Works*, Hg. P. E. More). – Ldn. 1963 (in *Poems*, Hg. V. de Sola Pinto, 3 Bde., 2). – Oxford 1980 ff. (in *Complete Poetical Works*, Hg. J. J. McGann).

ÜBERSETZUNGEN: *Der Gjaur. Bruchstücke einer türkischen Erzählung*, M. L. W. v. Schöller, Bln. 1819. – *Der Giaur. Fragment einer türkischen Geschichte*, A. Neidhardt, Halle 1903. – *Der Giaur*, O. Gildemeister, bearb. S. Schmitz (in *SW*, Hg. S. Schmitz, Bd. 1, Mchn. 1977).

LITERATUR: S. C. Chew, »*Childe Harold's Pilgrimage« and Other Romantic Poems*, NY 1931. – W. H. Marshall, *The Accretive Structure of B.'s »The Giaour«* (in MLN, 76, 1961). – J. J. McGann, *Fiery Dust. B.'s Poetic Development*, Chicago/Ldn. 1968, S. 141–164. – D. P. Watkins, *Social Relations in B.'s »The Giaour«* (in ELH, 52, 1985, S. 873–892).

# HEAVEN AND EARTH. A Mystery

(engl.; *Himmel und Erde. Ein Mysterium*). Versdrama in drei Szenen von George Gordon Lord BYRON, erschienen 1823. – Das Thema von der Vereinigung der Engel und der Menschentöchter stammt aus *Genesis* 6, 2 (*»Da sahen die Kinder Gottes nach den Töchtern der Menschen, wie sie schön waren, und nahmen zu Weibern, welche sie wollten«*) und aus dem apokryphen *Henoch-Buch*. Einen ähnlichen Stoff behandelte fast gleichzeitig der Dichter, Freund und Biograph Byrons, Thomas MOORE, in seinem Gedicht *The Loves of the Angels*.

In Byrons romantisch-dramatischer Dichtung lieben die Erzengel Azaziel und Samasia zwei Nachfahrinnen Kains, die sanfte Anah und die stolze Aholibamah. Die Liebe Irads und Japhets, der Söhne Noahs, zu den beiden Schwestern bleibt unerwidert. Am Tag vor der Sintflut versucht Japhet vergeblich, auch für Anah die Rettung zu erwirken, und ist bereit, sein Leben für ihres zu geben. Doch seine leidenschaftliche Frage, ob es gerecht sei, daß mit Ausnahme der Familie Noahs alle Menschen vernichtet werden sollen, wird von dem doktrinären, blind gehorsamen Noah mit dem Hinweis auf Gottes Dekret abgetan. An den Höhlen des Kaukasus vernimmt Japhet das Triumphieren der Dämonen über den Untergang der Welt und wird Zeuge, wie die beiden Erzengel, von Raphael aufgefordert, in ihre Sphären zurückzukehren, sich dem Befehl Gottes widersetzen und mit den Menschentöchtern in den Weltraum fliegen, um sie vor dem Strafgericht zu retten. Die Szene endet mit dem Hereinbrechen der Flut, der die Menschen zu entkommen suchen, wobei die meisten Gott und sein Werk verfluchen und nur einer ihn trotz allem preist. »*Warum muß ich überleben, wenn alle untergehen?*« fragt Japhet, als er von einem sicheren Felsen aus die Arche heranschwimmen sieht.

In einem zweiten Teil wollte Byron ursprünglich den Untergang der abgefallenen Engel und ihrer Menschenfrauen zeigen, entschied sich dann aber wohlweislich gegen eine so eindeutige Stellungnahme und ließ das Werk Fragment bleiben. – Die Chöre der Geister und der Sterblichen nehmen in dieser Dichtung breiten Raum ein und verleihen ihr einen mehr lyrischen als dramatischen Charakter. Ihr leise anklingender Protest ist nur ein schwacher Abglanz der eindringlichen Argumentation und des kraftvollen Skeptizismus des kurz zuvor erschienen Gedankendramas *Cain*, das man motivisch in manchem als antithetisches Pendant (McGann) verstehen kann (etwa in der Betonung von Liebe gegenüber Wissen oder in der inneren Bezugnahme von Weltanfang und Weltende mit deren metaphysischen und epistemologischen Implikationen). Die Zurückhaltung, die Byron sich bei der Behandlung seines Themas auferlegte, veranlaßte GOETHE, der *Heaven and Earth* als Dichtung bewunderte, zu der Bemerkung, das Werk könnte von einem Bischof verfaßt sein. K.E.

AUSGABEN: Ldn. 1823 (in The Liberal, 2). – Ldn. 1823 [anon.]. – Ldn. 1824 [anon.]. – Ldn. 1901 (in *The Works. Poetry*, Hg. E. H. Coleridge, 7 Bde., 1898–1904, 5). – Boston/NY 1905 (in *The Complete Poetical Works*, Hg. P. E. More). – Oxford 1945, Hg. F. Page.

ÜBERSETZUNGEN: *Himmel u. Erde. Ein Mysterium*, J. V. Adrian (in *SW*, Bd. 9, Ffm. 1837). – Dass., O. Gildemeister (in *Werke*, Bd. 3, Bln. 1865). – Dass., W. Grüzmacher (in *Werke*, Hg. F. Brie, Bd. 4, Wien 1912). – Dass., A. Seubert, bearb. S. Schmitz (in *SW*, Hg. S. Schmitz, Bd. 3, Mchn. 1978).

LITERATUR: M. Eimer, *Das apokryphe »Buch Henoch« und B.s Mysterien* (in Englische Studien, 44, 1911/1912, S. 18–31). – H. R. Stevens, *B. and the Bible*, Diss. Univ. of Pennsylvania (vgl. Diss. Abstracts, 25, 1964/1965, S. 5286/5287). – J. J. McGann, *Fiery Dust. B.'s Poetic Development*, Chicago/Ldn. 1968, S. 245–264.

## HEBREW MELODIES

(engl.; *Hebräische Melodien*). Gedichtzyklus von George Gordon Lord BYRON, erschienen 1815. – Die Gedichtsammlung entstand in Zusammenarbeit mit Isaac NATHAN, einem jüdischen Musiker, der – nach einer Absage von Sir Walter SCOTT – Byron um Gedichte für angeblich ›sehr alte jüdische Melodien aus der Zeit vor der Zerstörung des Tempels‹ gebeten hatte. Mit ihrem Titel und Thema stehen die Gedichte in der modischen Tradition der »National Melodies«, die von Byrons Freund, dem irischen Dichter Thomas MOORE (1779–1852), gerade mit seinen *Irish Melodies* (1808–1834) initiiert worden war. Innerhalb von Byrons Gesamtwerk schließen die *Hebrew Melodies* an die nicht-satirischen Gedichte der Frühzeit wie etwa die Sammlung *Hours of Idleness* von 1807 *(Stunden der Muße)* an. Die zeitgenössische Kritik war gespalten; zum Teil bestimmten religiöse, d. h. stark antisemitische Vorurteile die Reaktion. Im deutschsprachigen Raum fanden die *Hebrew Melodies* sehr schnell Aufnahme und Verbreitung durch die überaus zahlreichen Übersetzungen und Neuvertonungen (beginnend mit Carl LOEWE).
Seine Inspiration bezog Byron, wie er selbst bekannte, *»teilweise aus dem Buch Hiob etc. und teilweise aus meiner eigenen Phantasie«*. Tatsächlich stehen den 17 Gedichten, die biblische Motive und Themen verarbeiten, 13 Gedichte gegenüber, die als freie Kompositionen z. T. auf rein persönlichen Erfahrungen Byrons basieren. Die Gedichte der letzteren Gruppe sind größtenteils romantisch-schwermütigen Inhalts und kreisen um Themen wie ideale, unerreichbare Schönheit (z. B. *She Walks in Beauty / In ihrer Schönheit wandelt sie . . .*) und die Vergänglichkeit des Irdischen (›*All Is Vanity*,‹ *Saith the Preacher / ›Alles ist eitel‹, sagt der Prediger*). Andere Gedichte sind lyrische Meditationen über Glück und Verlust (z. B. *Sun of the Sleepless / Sonne der Schlummerlosen . . .*) oder über das Leben im Jenseits (*If That High World / Wenn Lieb in jenen Welten blüht*).
Ein Schwerpunkt der auf biblischen Quellen basierenden Gedichte ist das Thema der babylonischen Gefangenschaft der Juden. Im Kontext der Biographie Byrons, der sich in seinem politischen Handeln stets für unterdrückte Völker (Griechen, Iren) einsetzte, gewinnen einige der Lieder mit ihren Klagen über Exil und Fremdherrschaft den Charakter brisanter politischer Allegorien. Dies machen besonders deutlich *The Wild Gazelle (Die Berggazell . . .)* und *On Jordan's Banks (Am Jordanufer . . .)* sowie die auf Psalm 137 sich beziehenden Gedichte *By the Rivers of Babylon We Sat Down and Wept (An den Wassern von Babylon saßen wir weinend . . .)* und *Oh! Weep for Those (Weint um die Weinenden)*. Anhand der tragischen Geschichte des israelitischen Königs Saul und des Babyloniers Belsazar demonstriert Byron den Fall des vermessenen Tyrannen, für ihn zugleich ein Abbild menschlichen Sündenfalls und des Verlustes von Unschuld. *My Soul Is Dark (In mir ist Nacht . . .), Saul (Saul)* und *Song of Saul (Sauls Gesang vor seiner letzten Schlacht)* verweisen auf das 1. Buch Samuel, während der auch von Heinrich HEINE her bekannte Stoff von Belsazars Untergang in *To Belshazar (An Belsazar)* und *Vision of Belshazar (Belsazars Gesicht)* auf das Buch Daniel zurückgeht. Auch wenn sie wegen ihrer Kürze nicht eigentlich Balladen genannt werden können, dramatisieren diese Gedichte auf freie und doch prägnante Weise die entscheidenden Situationen aus den jeweiligen biblischen Geschichten (vgl. auch *Jephtha's Daughter – Jephthas Tochter)*.
Alle Gedichte der Sammlung umfassen jeweils meistens nicht mehr als drei oder vier sechs- bis achtzeilige Strophen einfachen Reimschemas. Die Frage nach der ursprünglichen Intention – ob die *Hebrew Melodies* als *Regency songs*, als romantische Kunstlieder oder als mit ›wildem Pathos‹ angereicherte Synagogengesänge aufzufassen sind – wird sich erst wieder nach einer Neuedition der Erstausgabe mit den Notationen Isaac Nathans, die in Vorbereitung ist, angemessen beurteilen lassen.   W. H.

AUSGABEN: Ldn. 1815. – Ldn./NY 1900 (in *The Works. Poetry*, Hg. E. H. Coleridge, 7 Bde., 1898–1904, 3). – Boston/NY 1905 (in *The Complete Poetical Works*, Hg. P. E. More). – Ldn. 1963 (in *Poems*, Hg. V. de Sola Pinto, 3 Bde., 1). – Ldn. ³1970 (in *Poetical Works*, Hg. F. Page; rev. Aufl., Hg. J. Jump; OUP). – Ldn. 1972 (in Th. L. Ashton, *B.'s »Hebrew Melodies«*; krit.). – Oxford 1980 ff. (in *The Complete Poetical Works*, Hg. J. J. McGann, Bd. 3).

ÜBERSETZUNGEN: *Hebräische Gesänge*, Fr. Theremin, Bln. 1820. – *Israelische Gesänge*, C. L. Kannegießer (in *SW*, Hg. J. V. Adrian, 11. Theil, Ffm. 1830). – *Israelitische Gesänge*, E. Ortlepp (in *SW*, Stg. 1839, Bd. 2). – *Hebräische Melodien*, O. Gildemeister (in *Werke*, Bd. 3–4, Bln. 1865). – *Hebräische Melodien*, A. Seubert (in *SW*, Lpzg. 1874, Bd. 3). – Dass., O. Gildemeister, bearb. S. Schmitz (in *SW*, Hg. S. Schmitz, Bd. 2, Mchn. 1977).

VERTONUNGEN: F. Busoni, C. Loewe, F. Mendelssohn, M. Mussorgskij, I. Nathan, F. Nietzsche,

R. Schumann, H. Wolf u. a. (vgl. B. N. S. Gooch and D. S. Thatcher, *Musical Settings of British Romantic Literature*, Bd. 1, NY/Ldn. 1982, S. 481–600).

LITERATUR: I. Nathan, *Fugitive Pieces and Reminiscences of Lord B.*, Ldn. 1829. – K. A. Beutler, *Über Lord B.s »Hebrew Melodies«*, Diss. Lpzg. 1912. – J. Slater, *B.'s »Hebrew Melodies«* (in StPh 49, 1952, S. 75–94). – M. G. Cooke, *The Blind Man Traces the Circle: On the Patterns and Philosophy of B.'s Poetry*, Princeton 1969, S. 26–37. – Th. L. Ashton, *B.'s »Hebrew Melodies«*, Ldn. 1972. – F. W. Shilstone, *The Lyric Collection as Genre: B.'s »Hebrew Melodies«* (in Concerning Poetry, 12, 1979, Nr. 1, S. 45–52). – F. Burwick, *Identity and Tradition in the »Hebrew Melodies«* (in *English Romanticism: The Paderborn Symposium*, Hg. R. Breuer u. a., Essen 1985, S. 123–137). – P. Douglass, *Isaac Nathan's Settings for »Hebrew Melodies«* (in *English Romanticism: The Paderborn Symposium*, Essen 1985, S. 139–151). – Ders., *»Hebrew Melodies« as Songs* (in B. Journal, 1986, S. 12–21). – W. Bernhart, *Examples of B.'s Impact on 19th Century German and Austrian Music* (in B. Journal, 1987, S. 38–54).

# LARA

(engl.; *Lara*). Verserzählung in zwei Cantos von George Gordon Lord BYRON, erschienen 1814. – Hinter dem Namen des Feudalherrn Lara verbirgt sich der Titelheld aus der ebenfalls 1814 erschienenen Verserzählung *The Corsair*, jener Conrad, der aus Misanthropie zum Piraten und Schrecken aller Türken in der griechischen Inselwelt geworden und der nach dem Tod der geliebten Frau spurlos von seiner Felseninsel verschwunden war. Unter seinem wirklichen Namen ist er nun auf seine heimatlichen Besitzungen zurückgekehrt (bei dem nicht näher beschriebenen Land soll es sich nach Meinung mancher Interpreten um Spanien handeln), ein verschlossener, hochmütiger Mann, der nie über seine Vergangenheit spricht. Er hat den ihm bedingungslos ergebenen Pagen Kaled mitgebracht (in dem der Leser unschwer jene Gulnare erkennt, der Conrad einst das Leben gerettet hat und die ihm in leidenschaftlicher, doch unerwiderter Liebe aus dem Harem gefolgt ist). Mit seinem Schweigen, so scheint es seinen Untergebenen, hütet Graf Lara ein Geheimnis, das jene Jahre betrifft, in denen er *»auf der Flucht vor dem Nachdenken«* war. Aber obwohl er ständig eine *»eingefleischte Verachtung für alle«* an den Tag legt, übt der düstere Mann auf seine Umgebung eine unwiderstehliche Anziehungskraft aus. Während eines von dem Edelmann Otho veranstalteten Festes bricht ein Gast, Sir Ezzelin, beim Anblick Laras plötzlich in erstaunte Rufe aus, fragt ihn erregt, ob er ihn nicht erkenne, und beginnt, ihm vergangene Taten vorzuwerfen. Bevor es zu einer Auseinandersetzung kommt, verlangt der Gastgeber, die beiden sollten, um das Fest nicht zu stören, ihren Streit am folgenden Tag ausfechten. Mit einem seltsamen gefahrverheißenden Lächeln verläßt Lara die Gesellschaft. Tags darauf erscheint Ezzelin nicht zur festgesetzten Stunde, und man sucht vergeblich nach ihm. An seiner Stelle kämpft Otho mit Lara, wird besiegt und nur mit Mühe vor der wild aufflammenden, satanischen Mordlust des Gegners bewahrt. Nun rüsten Otho und seine Freunde zum Krieg gegen Lara, der in wachsender Bedrängnis mit den unzufriedenen Leibeigenen, die er im Grund verachtet, gemeinsame Sache macht. Er scheint zunächst zu siegen, kann dann aber die entfesselten Bauern nicht mehr zügeln. Diese werden rasch in die Enge getrieben, Lara wird tödlich verwundet und von Kaled bis zum letzten Atemzug umsorgt. Als er stirbt, fällt der Page in Ohnmacht, wird als Frau entlarvt und erklärt später, niemals über Laras Vergangenheit sprechen zu wollen. Aus dem Bericht eines Bauern geht hervor, daß Sir Ezzelin in jener Nacht ermordet und von einem Reiter mit verhülltem Gesicht im nahen Fluß versenkt wurde.

Die in *heroic couplets* verfaßte, von melodramatischer Aktion und mittelalterlicher Staffage in der Art von Walter SCOTT strotzende Verserzählung markiert eine weitere Stufe in der Entwicklung des Byronschen Heldentyps. Interessant ist sie vor allem wegen des im ersten Canto (Strophen 17–19) enthaltenen Seelenporträts Laras, das als Selbstporträt des Dichters und als klassische Kennzeichnung des *Byronic hero* gilt. Byron schildert darin, ins Düstere gesteigert, seine eigene stolze, leidenschaftliche Natur, hinter deren Freiheitsanspruch sich innere Zerrissenheit und ungelöste Gefühlsverdrängung verbergen, seine Menschenverachtung und Einsamkeit, aber auch die faszinierende Wirkung seiner Persönlichkeit auf alle, die mit ihm in Berührung kamen.  K.E.

AUSGABEN: Ldn. 1814. – Ldn. 1900 (in *The Works. Poetry*, Hg. E. H. Coleridge, 7 Bde., 1898–1904, 3). – Boston 1905 (in *The Complete Poetical Works*, Hg. P. E. More). – Oxford 1945, Hg. F. Page. – Ldn. 1963 (in *Poems*, Hg. V. de Sola Pinto, 3 Bde., 2). – Oxford 1980 ff. (in *Complete Poetical Works*, Hg. J. J. McGann).

ÜBERSETZUNGEN: *Lara*, J. V. Adrian, Ffm. 1819. – Dass., G. Pfizer (in *Dichtungen*, Bd. 1, Stg. 1836). – Dass., P. v. Haugwitz (in *SW*, Hg. J. V. Adrian, Bd. 4, Ffm. 1837). – Dass., O. Gildemeister (in *Werke*, Bd. 1, Bln. 1864). – Dass., A. Neidhardt (in *SW*, Bd. 2, Bln. 1865; ern. 1892). – Dass., A. Seubert, Lpzg. 1888 (RUB). – Dass., A. Strodtmann (in *Werke*, Hg. F. Brie, Bd. 2, Lpzg./Wien 1912). – Dass., O. Gildemeister, bearb. S. Schmitz (in *SW*, Hg. S. Schmitz, Bd. 1, Mchn. 1977).

LITERATUR: H. S. L. Wiener, *B. and the East* (in *Nineteenth-Century Studies*, Hg. H. Davies, W. C. De Vane u. R. C. Bald, Ithaca/NY 1940, S. 89 bis

129). – C. Lefevre, *Lord B.'s Fiery Convert of Revenge* (in StPh, 49, 1952, S. 468–487). – M. Praz, *Liebe, Tod u. Teufel. Die schwarze Romantik*, Mchn. 1963. – L. S. Goldberg, *Center und Circumference in B.'s »Lara«* (in SEL, 26, 1986, S. 655–673).

## MANFRED. A Dramatic Poem

(engl. *Manfred*). »Dramatisches Gedicht« in drei Akten von George Gordon Lord BYRON, erschienen 1817; Uraufführung: London, 29. 10. 1834, Covent Garden Theatre. – Gepeinigt von einer geheimnisvollen Schuld, haust der in magischen Künsten erfahrene Titelheld in seinem mittelalterlich-düsteren Alpenschloß. Zu mitternächtlicher Stunde hält er Zwiesprache mit sieben Geistern, die er sich dienstbar gemacht hat, die jedoch seine Sehnsucht nach Seelenfrieden und Vergebung, nach Versöhnung mit sich selbst nicht erfüllen können. Statt dessen gaukeln sie ihm die Vision einer reizenden Frauengestalt vor, die er zu erkennen glaubt, die sich aber in Nichts auflöst, als er sie umfangen will. Nur ihre Stimme dringt zu ihm und verflucht ihn zur Ruhelosigkeit und zum Leiden an sich selbst: *»Du selbst sollst deine Hölle sein!«* – Zu Beginn des zweiten Akts weilt Manfred auf dem Gipfel der Jungfrau (Byron konzipierte das Werk während eines längeren Aufenthalts in der Schweiz) und vergleicht die majestätische, leuchtende Gebirgswelt mit der düsteren, öden Landschaft seiner Seele. Zwar ist er tief in die Geheimnisse der Natur eingedrungen, die Schönheit der Natur aber läßt ihn kalt, die Erde, so fühlt er, ist *»nicht für ihn gemacht«*. Mit sich und der Welt zerfallen will er sich in die Tiefe stürzen – da hält ihn ein Gamsjäger im letzten Moment zurück und lädt ihn in seine Hütte ein. Dort ist den wirren Äußerungen Manfreds andeutungsweise zu entnehmen, daß sein Schuldbewußtsein durch ein weit zurückliegendes inzestuöses Liebesverhältnis ausgelöst wurde. (Man hat darin einen autobiographischen Hinweis auf die Beziehungen Byrons zu seiner Stiefschwester sehen wollen.) In der Szene, in der die Alpenhexe erscheint, beschreibt sich Manfred als einen von Jugend an Gezeichneten, von der Gesellschaft Isolierten und seinen Mitmenschen Entfremdeten. Die Alpenhexe bietet ihre Dienste an, doch Manfred will nur mit Geistern seiner Magie im Bunde sein. Es gelingt ihm, den höchsten erreichbaren Geisterfürsten, Arimanes, zu beschwören, der, im Rahmen einer großen Geisterzeremonie, Nemesis die Erlaubnis gibt, Astarte erscheinen zu lassen, die Frau, um derentwillen Manfred schon auf Erden Höllenqualen erleidet, weil er sie einst durch seine sündhafte Liebe befleckt hat. Sie gibt ihm Kunde von seinem in naher Zukunft bevorstehenden Tod, weicht aber seiner inbrünstigen Bitte um Vergebung aus.
Im dritten Akt versucht ein alter Abt vergeblich, die Seele des sterbenden Manfred zu retten und ihn zur orthodoxen Religion zurückzuführen. Aber auch den Dämonen, die ihm seine Seele abverlangen, erteilt Manfred – im Unterschied zu Faust – ein klare Absage: *»Hinweg! Ich sterbe so, wie ich gelebt – allein.«* Noch im Tod umgibt ihn die Aura des tragisch an sich selbst scheiternden romantischen Helden.

Obwohl er das Werk in Szenen und Akte einteilte, Dialog und Blankvers verwandte, wußte Byron von vornherein, daß es für die Bühne ungeeignet war. In der Kombination verschiedener Dichtungsarten – in einem Brief an seinen Freund und Verleger John Murray spricht Byron von *»einer Art Gedicht in Dialogform (Blankversen) oder einem Drama«* – manifestiert sich das für den Romantiker kennzeichnende Streben nach gattungsübergreifender poetischer Universalität.

Mit *Manfred* begann Byrons späte Schaffensperiode, für die er selbst den Begriff *mental theatre* (Gedankentheater) prägte. Den Namen des Titelhelden entlieh er Horace WALPOLES *The Castle of Otranto* (1765), und auch andere Motive deuten, ebenso wie die mit allen Attributen einer fiktiven Gotik ausgestattete Szenerie, auf den Einfluß der Schauerromantik (BECKFORD, M. G. LEWIS). Auch der Einfluß von GOETHES *Faust* ist unverkennbar, wenngleich Byron selbst dies energisch bestritt, um dem Vorwurf des Plagiats zu begegnen, im Vorwurf, der ihm zu Unrecht gemacht wurde; denn nicht seine Hybris, nicht sein Streben nach absolutem Wissen wird Manfred zum Verhängnis, sondern seine selbstverschuldete innere Zerrissenheit. Die spezifisch romantische Tragik dieser Gestalt erwächst aus dem Zwiespalt zwischen subjektiver Unbedingtheit und der Determiniertheit durch Sünde und Schuld, aus der Antinomie von Denken und Fühlen.

In Deutschland, wo Byron während des ganzen 19. Jh.s der meistgelesene und bewunderte englische Romantiker blieb, äußerte sich Goethe anerkennend über das Werk, und GRABBE ließ sich von dem Titelhelden Manfred zu einigen seiner überdimensionalen, ekstatischen Dramengestalten inspirieren. KLL

AUSGABEN: Ldn. 1817. – Ldn. 1901 (in *The Works. Poetry*, Hg. E. H. Coleridge, 7 Bde., 1898–1904, 4). – Oxford 1945, Hg. F. Page. – Ldn. 1963 (in *Poems*, Hg. V. de Sola Pinto, 3 Bde., 2). – Oxford 1980 ff. (in *Complete Poetical Works*, Hg. J. J. McGann).

ÜBERSETZUNGEN: *Manfred*, A. Wagner, Lpzg. 1819. – Dass., J. V. Adrian (in *SW* Bd. 8, Ffm. 1837). – Dass., A. Neidhardt (in *SW*, Bd. 3, Bln. 1865). – Dass., W. Grüzmacher (in *Werke*, Hg. F. Brie, Bd. 4, Wien/Lpzg. 1912). – Dass., A. Seubert, bearb. S. Schmitz (in *SW*, Hg. S. Schmitz, Bd. 3, Mchn. 1978).

VERTONUNGEN: L. T. Lacombe, *Manfred*, Paris 1847. – R. Schumann, *Manfred* (Ouvertüre, op. 115; Urauff.: Weimar, 13. 6. 1852, Hoftheater). – P. I. Čajkovskij, *Manfred* (Symphonie, op. 58; Urauff.: Moskau, 23. 3. 1886).

LITERATUR: B. Evans, »*Manfred's*« *Remorse and Dramatic Tradition* (in PMLA, 62, 1947). – W. A. Neville, *The Quintessence of Byronism: A Study of* »*Manfred*«, Diss. Univ. of Lehigh 1962 (vgl. Diss. Abstracts, 22, 1961/1962, S. 3650). – W. Pafford, *B. and the Mind of Man: »Childe Harold III–IV« and »Manfred«* (in Studies in Romanticism, 1, 1962, S. 105–127). – G. E. Morakoff, *A Critical Study of B.'s »Manfred«*, Diss. Univ. of Illinois 1963 (vgl. Diss. Abstracts, 24, 1964/1965, S. 4193/4194). – J. P. Mellon, *B.'s »Manfred«: A Study of Sources and Ideas*, Diss. Univ. of Pittsburgh 1964 (vgl. Diss. Abstracts, 26, 1965/1966, S. 1633/1634). – A. Büchi, *B.'s »Manfred« und die historischen Dramen*, Bern 1972. – D. Eggenschwiler, *The Tragic and Comic Rhythms of »Manfred«* (in Studies in Romanticism, 13, 1974, S. 63–77). – J. Twitchell, *The Supernatural Structure of B.'s »Manfred«* (in SEL, 15, 1976, S. 610–614).

## MARINO FALIERO, DOGE OF VENICE

(engl.; *Marino Faliero, Doge von Venedig*). Historische Tragödie in fünf Akten von GEORGE GORDON LORD BYRON, Uraufführung: London 1821, Drury Lane Theatre. – Ein Jahr, nachdem er zum Dogen von Venedig gewählt wurde, wird Marino Faliero durch den Patrizier Michele Steno in aller Öffentlichkeit bösartig verleumdet. Er fordert die strenge Bestrafung des Ehrabschneiders, doch das Urteil des Rats der Vierzig fällt so mild aus, daß der Doge es als Begünstigung des Angeklagten und seines Standes auffassen muß. Nun erst kommen ihm die vielen Demütigungen, die ihm die allmächtigen Patrizier zugefügt haben, voll zu Bewußtsein. Als der von einem Adligen mißhandelte Bürger Israel Bertuccio an ihn herantritt, erklärt er sich bereit, Führer einer Verschwörung zu werden, die Venedig von der »Patrizierpest« befreien soll. Auch die Bedenken seiner Frau, die ihn bittet, der Verleumdung keine Beachtung zu schenken, können ihn nicht davon abhalten, sich zu nächtlicher Stunde mit den Verschwörern zu treffen. Diese akzeptieren ihn erst nach heftigen Diskussionen, da er für sie die verhaßte Oberschicht repräsentiert. Und er selbst muß erst die dem Aristokraten angeborene Verachtung für das Volk überwinden, bevor er sich endgültig gegen die Staatstreue und für den Staatsstreich entscheidet. Das Komplott scheitert jedoch, weil einer der Beteiligten seinen Freund, einen Patrizier, so ungeschickt davor warnt, an dem für den Aufstand festgesetzten Tag das Haus zu verlassen, daß dieser Verdacht schöpft und ihm die Wahrheit entlockt. Er alarmiert seine Standesgenossen und verhindert in letzter Minute, daß der Doge die Glocken von St. Markus läuten läßt und damit seinen Mitverschworenen das Zeichen zum Aufruhr gibt. Marino Faliero legt ein Geständnis ab und wird an derselben Stelle geköpft, an der er einst zum Dogen eingesetzt worden war. Vor der Hinrichtung prophezeit er in leidenschaftlichen Worten den Untergang Venedigs.

Die Anregung zu diesem Werk erhielt Byron während eines längeren Aufenthalts in Venedig; Berichte über Persönlichkeit und Schicksal des Dogen Marino Faliero fand er in alten Stadtchroniken. Die im Jahr 1335 spielende Handlung ist auf den Zeitraum von zwei Tagen konzentriert. Darin drückt sich das für Byrons Drama insgesamt charakteristische Bemühen um eine neoklassizistisch geschlossene Form aus, in der psychologische und politische Konflikte eng verschränkt werden und der psychologischen Neubesetzung von historischem Material Vorschub leisten. »*Ich möchte ein regelhaftes englisches Drama schaffen – ob für die Bühne oder nicht, ist nicht meine Sorge –, und zwar ein Gedankentheater [mental theatre]*«. Die Sympathie des Dichters für die gegen die Oligarchie tyrannischer Adliger Kämpfenden (ein Thema, das Byron auch in seiner zweiten, künstlerisch schwächeren venezianischen Tragödie *The Two Foscari*, 1821, behandelt hat) und die Darstellung ihrer überschwenglichen Freiheitsbegeisterung (der vor allem der aufgepfropft wirkende fünfte Akt gewidmet ist) stehen im Einklang mit Byrons leidenschaftlichem Engagement gegen reaktionäre nachnapoleonische Regierungen und für den Freiheitskampf verschiedener Völker Europas zu Beginn des 19. Jh.s, einem Engagement, das er während des Griechenaufstands 1824, als er nach einer Überfahrt im offenen Boot an Sumpffieber erkrankte, mit dem Leben bezahlte.

K.E.-KLL

AUSGABEN: Ldn. 1821. – Ldn. 1901 (in *The Works*, Hg. E. H. Coleridge, 7 Bde., 1898–1904, 4). – Oxford 1945, Hg. F. Page. – Ldn. 1963 (in *Poems*, Hg. V. de Sola Pinto, 3 Bde., 2).

ÜBERSETZUNGEN: *Marino Faliero*, G. v. Hardt, Paderborn 1827. – Dass., J. V. Adrian (in *SW*, Bd. 8, Ffm. 1837). – Dass., anon. (in *SW*, Bd. 4, Bln. 1865). – Dass., A. Fitger, Oldenburg 1886. – Dass., A. Seubert, bearb. S. Schmitz (in *SW*, Hg. S. Schmitz, Bd. 3, Mchn. 1978).

VERTONUNGEN: G. Donizetti, *Marino Faliero* (Text: Bidera; Oper; Urauff.: Paris, Théâtre Italien, 12. 3. 1835). – F. v. Holstein, dass., o. O. 1881.

LITERATUR: H. Schiff, *Über Lord B.s »Marino Faliero« u. seine anderen geschichtlichen Dramen*, Marburg 1910. – L. King, *The Influence of Shakespeare on B.'s »Marino Faliero«* (in Texas Univ. Studies, 1931, Nr. 11, S. 48–55). – G. Foà, *Lord B., Poeta and Carbonaro*, Florenz 1935. – E. D. H. Johnson, *A Political Interpretation of B.'s »Marino Faliero«* (in MLQ, 3, 1942, S. 417–425). – R. Escarpit, *B. and Venice* (in *Venezia nelle letterature moderne*, Hg. C. Pellegrini, Venedig/Rom 1961; Atti del primo congresso dell'Assoz. Internaz. di letteratura comparata, 25. – 30. 9. 1955). – D. M. Hassler, »*Marino Faliero«, the Byronic Hero and »Don Juan«* (in Keats-Shelley-Journal, 14, 1965, S. 55–64). – P. J. Manning, *B. and His Fictions*, Detroit 1978,

S. 109–122. – J. S. Gatton, *Lord B.'s Historical Tragedies: A Study in Form*, Diss. Univ. of Kentucky 1981 (vgl. Diss. Abstracts, 43, 1982, S. 451/452A). – P. J. Skerry, *Concentric Structures in »Marino Faliero«* (in Keats-Shelley-Journal, 32, 1983, S. 81–107).

## MAZEPPA

(engl.; *Mazeppa*). Verserzählung von George Gordon Lord BYRON, erschienen 1819. – Der Inhalt des Werks geht auf eine Stelle in der *Histoire de Charles XII* von VOLTAIRE zurück. Nach der verlorenen Schlacht von Poltawa (1709) muß der verwundete, abgekämpfte Schwedenkönig Karl XII. um sein Leben reiten, verfolgt von den Soldaten Peters des Großen. Zu seinen Begleitern zählt der hochbetagte Ukrainerfürst Mazeppa, ein Edelmann polnischen Geblüts, der die Partei Karls XII. gegen den Zaren ergriffen hat und seine Bundesgenossen nun in die weite ukrainische Steppe führen will, wo ihm keine Gefahr mehr droht. Während einer Rast erzählt Mazeppa ein Erlebnis aus seiner Jugend, das dem gejagten, mit seinem Schicksal hadernden Monarchen Trost und neuen Lebensmut spenden soll.
Als Zwanzigjähriger ist Mazeppa Page am Hof des Polenkönigs Johann Casimir. Er verliebt sich in die junge Frau eines ältlichen Grafen und wird leidenschaftlich wiedergeliebt. Als der Ehemann die beiden bei einem nächtlichen Schäferstündchen ertappt, nimmt er grausame Rache: Er läßt den Liebhaber seiner Frau nackt auf einem wilden Steppenhengst festbinden und diesen mit Peitschenhieben davonjagen. Damit beginnt ein wahrer Höllenritt, bei dem Mazeppa hundertfache Qualen und Todesängste durchleidet. In rasendem Galopp geht es über Ebenen, durch Wälder, Flüsse und Sümpfe, die Wirklichkeit entgleitet Mazeppa, dehnt sich ins Kosmische aus: »*We sped like meteors through the sky.*« Das entfesselte Tier rast unaufhaltsam weiter, bis es die heimatliche Steppe erreicht hat. Dann bricht es tot zusammen. Kosaken finden den zerschundenen, dem Tode nahen Mazeppa, pflegen ihn gesund und machen ihn zu ihrem Hetman. Mit einem gewaltigen Reiterheer übt er Vergeltung an seinem Peiniger. – Am Schluß faßt Mazeppa die Lehre seiner Erzählung zusammen: »*Let none despond, let none despair!*« (»Keiner verzage, keiner verzweifle!«) – doch der, dem sie gilt, liegt schon seit einer Stunde in tiefem Schlaf.
In der ironischen Schlußpointe deutet sich die Distanz an, die der Dichter gegenüber seinem Erzähler wahrt, auch wenn dessen dramatisches Jugenderlebnis nur der Ausdruck von Byrons eigener Daseinsproblematik ist. Das Bild des von elementaren, unkontrollierbaren Kräften fortgerissenen, Gefühl für Zeit und Raum verlierenden Ichs bezweckt nicht die Verherrlichung der romantischen Subjektivität, sondern macht deren Gefährdung und Ambivalenz bewußt. Es beleuchtet eine wesentliche Seite des Byronischen Helden: seine absolute Einsamkeit und die daraus resultierende Weltangst, letzte Phase jenes Weltschmerzes, der zum Lebensgefühl einer ganzen Epoche wurde. – Das Werk ist überwiegend in kurzen Reimpaaren (vierfüßige Jamben) verfaßt, die gelegentlich mit Kreuzreimen *(abab)* alternieren. Kurze prägnante Verben, Stabreim und Lautmalerei verstärken die dramatische Wirkung, die in der Beschreibung des Ritts ihren Höhepunkt erreicht. KLL

AUSGABEN: Ldn. 1819. – Ldn. 1901 (in *The Works. Poetry*, Hg. E. H. Coleridge, 7 Bde., 1898–1904, 4). – Boston/NY 1905 (in *The Complete Poetical Works*, Hg. P. E. More). – Oxford 1945, Hg. F. Page. – Ldn. 1963 (in *Poems*, Hg. V. de Sola Pinto, 3 Bde., 1). – Oxford 1980 ff. (in *Complete Poetical Works*, Hg. J. J. McGann).

ÜBERSETZUNGEN: *Mazeppa*, O. L. B. Wolff (in *SW*, Bd. 4, Ffm. 1837). – Dass., W. Grüzmacher (in *SW*, Bd. 3, Bln. 1865). – Dass., anon. (in *Werke*, Hg. F. Brie, Bd. 2, Wien/Lpzg. 1912). – Dass., O. Gildemeister, bearb. S. Schmitz (in *SW*, Hg. S. Schmitz, Bd. 1, Mchn. 1977).

LITERATUR: D. Englaender, *Lord B.'s »Mazeppa«*, Bln. 1897. – W. J. Calvert, *B. Romantic Paradox*, Chapel Hill 1935; ern. NY 1962. – W. H. Marshall, *A Reading of B.'s »Mazeppa«* (in MLN, 76, 1961, S. 120–124). – J. Sadowska-Guillon, *»Mazeppa«, héros romantique. Le Thème dans les littératures anglaise, française, polonaise et russe* (in LR, 36, 1982, S. 125–147; 235–249; 317–341).

## THE PRISONER OF CHILLON

(engl.; *Der Gefangene von Chillon*). Verserzählung von George Gordon Lord BYRON, erschienen 1816. – Zu diesem dramatischen Monolog wurde der Dichter durch einen Besuch der Zwingburg Chillon am Genfer See (Teil einer Segeltour mit dem Dichter SHELLEY) angeregt, wo er den Kerker besichtigte, in dem der Republikaner François Bonnivard (1493–1570), der Genf von der Herrschaft des Herzogs von Savoyen befreien wollte, den größten Teil seiner sechsjährigen Gefangenschaft verbracht hatte. Der Name des Freiheitshelden, über dessen Leben Byron zur Zeit der Entstehung des Werks wenig wußte, erscheint nur im vorangestellten, aber später verfaßten *Sonnet on Chillon*; der »Gefangene« des eigentlichen Gedichts ist ein weitgehend fiktiver Charakter.
Der Ich-Erzähler, vorzeitig ergraut und gebeugt, erinnert sich seiner Leidenszeit in Chillon. Zusammen mit seinen beiden Brüdern hatte man ihn an die Steinpfeiler des unterirdischen Verlieses gekettet. Sie konnten einander nicht sehen, aber er, der Älteste, sprach ihnen Trost zu, bis die schreckliche Stille, der Hunger und die hoffnungslose Sehnsucht nach Freiheit ihre Stimmen ermatten und verstummen ließ, bis das »*lebendige Grab unter dem Spiegel des Sees*« den beiden anderen zum wirklichen

Grab wurde. Die Sinne des Überlebenden erschlaffen, die Einsamkeit lähmt ihn: »*Unter Steinen stand ich, ein Stein.*« Da bricht ein Vogellied wie ein Lichtstrahl in sein Dunkel. Sein Bewußtsein klärt sich, und durch einen Mauerspalt erblickt er den blaugefiederten Sänger, der ihm einen glücklichen Augenblick lang wie ein »*Gast aus dem Paradies*«, wie die zu ihm zurückgekehrte Seele des Bruders erscheint. Eines Tages werden seine Wächter freundlicher und erlauben ihm, sich im Verlies zu bewegen und durch ein vergittertes Fenster einen Blick auf die ewig schöne Berg- und Seelandschaft zu werfen. Als er, der längst jeden Zeitbegriff verloren hat, schließlich freigelassen wird, fragt er nicht warum, weiß er nicht, wozu: Der Kerker ist ihm zur »*zweiten Heimat*« geworden, zur »*Einsiedelei*«, die ganz sein eigen ist. Mit einem Seufzer nimmt er eher unwillig eine Freiheit auf sich, mit der er als Verkörperung eines schon im Leben Abgestorbenen eigentlich nichts mehr anzufangen weiß. – Im Gegensatz zu der thematisch verwandten Aussage von Canto III in *Childe Harold's Pilgrimage* oder auch von *The Lament of Tasso* (1817), die auf die Unbeugsamkeit des menschlichen Geistes hinausläuft, artikuliert *The Prisoner of Chillon* die Grenzen der schöpferischen Energien des Menschen in seiner nicht unendlich belastbaren physischen Existenz. – In der rund vierhundert Zeilen umfassenden Verserzählung beweist Byron große psychologische Einfühlung und ein feines Gespür für Stimmungsnuancen, das ihn WORDSWORTH naherückt (den er in jenen Jahren durch Shelley kennen- und schätzengelernt hatte). In seiner Geschlossenheit, der Konzentration auf das Bewußtsein des Gefangenen, dem Verzicht auf Freiheitsapotheosen und anderen »Byronismen«, wie sie sich in vielen Werken dieser frühen Schaffensphase finden, und in der Flexibilität von Versmaß und Reimschema stellt der *Prisoner of Chillon* innerhalb der nichtsatirischen Dichtung Byrons einen Höhepunkt dar.

K.E.-KLL

AUSGABEN: Ldn. 1816. – Ldn. 1901 (in *The Works. Poetry*, Hg. E. H. Coleridge, 7 Bde., 1898–1904, 4). – Oxford 1945, Hg. F. Page. – Ldn. 1963 (in *Poems*, Hg. V. de Sola Pinto, 3 Bde., 1) – Oxford 1980 ff. (in *Complete Poetical Works*, Hg. J. J. McGann).

ÜBERSETZUNGEN: *Der Gefangene von Chillon*, P. v. Haugwitz, Breslau 1821. – Dass., A. Böttger (in *SW*, Bd. 2, Lpzg. 1839). – Dass., W. Schäffer (in *Dichtungen von Lord B.*, Bd. 1, Hildburghausen 1865). – Dass., A. Neidhardt (in *SW*, Bd. 3, Bln. 1892). – Dass., O. Gildemeister, bearb. S. Schmitz (in *SW*, Hg. S. Schmitz, Bd. 1, Mchn. 1977).

LITERATUR: G. C. Wood, *Nature and Narrative in B.'s »The Prisoner of Chillon«* (in Keats-Shelley-Journal, 24, 1975, S. 108–117). – B. G. Tandon, *»The Prisoner of Chillon«: A Study in Imagery* (in *Studies in the Romantics 2*, Hg. J. Hogg, Salzburg 1981, S. 83–98).

## SARDANAPALUS

(engl.; *Sardanapal*). Blankverstragödie in fünf Akten von George Gordon Lord BYRON, erschienen 1821; Uraufführung: Brüssel, 13. 1. 1834, Théâtre Royal. – Sein drittes klassizistisches Drama (nach *Marino Faliero* und *The Two Foscaris*) widmete Byron dem verehrten GOETHE. Als Quelle diente ihm das zweite Buch der *Bibliothekē historikē* des DIODOROS aus Agyrion (Diodorus Siculus), doch veränderte er den Charakter des dort als gewissenloser Wüstling beschriebenen Assyrerkönigs und verlieh ihm Züge, die seinem eigenen Wesen entsprachen. Sein Sardanapalus ist ein das blutige Kriegshandwerk zutiefst verabscheuender Ästhet, der sich ganz dem Lebensgenuß hingibt und auch sein Volk glücklich sehen will. Salamenes, sein Schwager und Berater, warnt ihn vor dem drohenden Zerfall des Reiches und vor Aufrührern, erhält daraufhin zwar weitgehende Vollmachten, kann den Herrscher aber weder zu Erprobungsfeldzügen noch zu inneren Sicherheitsmaßnahmen bewegen. Er mißtraut vor allem Arbaces, dem Statthalter in Medien, der, angespornt von einer Prophezeiung des chaldäischen Baalpriesters Beleses, tatsächlich nach dem Thron strebt. Einem Anschlag der beiden auf Sardanapalus kommt Salamenes durch ihre Verhaftung zuvor, der König jedoch läßt es großmütig bei ihrer Verbannung bewenden. Aber anstatt Ninive zu verlassen, sammelt Arbaces seine Truppen und die zum Aufstand bereiten Satrapen zum Angriff auf den Palast. Beim nächtlichen Fest, an der Seite seiner Geliebten, der jonischen Sklavin Myrrha, und umschmeichelt von seinen Höflingen, erhält Sardanapalus die Nachricht, und angesichts der Gefahr wird er sich mit einem Mal seiner Verantwortung bewußt. Er ruft nach Waffen und stürzt sich dem Feind entgegen. Der Kampf, gespiegelt in den Ängsten und Hoffnungen Myrrhas, bleibt lange unentschieden. Sardanapalus, von den Königstreuen bereits als Sieger gefeiert, selbst aber in dieser Rolle unglücklich, bereitet in einer Kampfpause die Flucht seiner Anhänger, seiner Gattin Zarina und seiner Kinder vor. Als die Schlacht erneut aufflammt und der Sieg der Rebellen nicht mehr aufzuhalten ist, als Salamenes fällt und die Hoffnung auf anrückende Verbündete zerrinnt, befiehlt der schwer verwundete König, um seinen Thron einen Scheiterhaufen zu errichten, und entzieht sich dem eindringenden Feind durch den Flammentod, in den Myrrha ihm folgt.

Sardanapalus, die komplexeste Bühnenfigur des Dichters, durchläuft im Unterschied zu den anderen, eher statischen Charakteren der Byronischen Dramen eine psychologisch differenzierte Entwicklung. Daß Byron sein eigenes Schwanken zwischen genießerischer Hingabe an das Leben und persönlichem Einsatz für die Menschenwürde in diese Gestalt projiziert hat, verleiht ihr Lebensnähe. Aus der Konzeption dieser gegen ihre Natur heroisch handelnden Zentralfigur erklärt sich wohl auch das zu starke Gefälle zwischen der allgemeinen Tonlage des Werkes (dekorativer, an Metaphern und Archaismen reicher Stil) und der unpathetischen Ausdrucksweise Sardanapalus', der z. B. auf die bewundernden Worte, der Tag der Schlacht sei zum ehrenvollsten seines Lebens geworden, gelassen erwidert, er sei auch der anstrengendste gewesen. – In ihrer formalen Geschlossenheit nimmt diese Charaktertragödie im historischen Gewand einen hervorragenden Platz unter den dramatischen Versuchen der englischen Romantiker ein.

KLL

AUSGABEN: Ldn. 1821. – Ldn. 1901 (in *The Works. Poetry*, Hg. E. H. Colcridge, 7 Bde., 1898–1904, 5). – Boston 1905 (in *The Complete Poetical Works*, Hg. P. E. More). – Oxford 1945, Hg. F. Page.

ÜBERSETZUNGEN: *Sardanapal*, A. Werner (in *SW*, Hg. J. V. Adrian, Bd. 10, Ffm. 1837). – Dass., A. Böttger (in *SW*, Bd. 2, Lpzg. 1839). – Dass., ders. (in *SW*, Bd. 6, Lpzg. 6 1864; verb.). – Dass., A. Neidhardt (in *SW*, Bd. 4, Bln. 1865; ern. 1892). – Dass., F. Brie (in *Werke*, Hg. ders., Bd. 4, Lpzg./Wien 1912). – Dass., A. Seubert, bearb. S. Schmitz (in *SW*, Hg. S. Schmitz, Bd. 3, Mchn. 1978).

BEARBEITUNGEN: M. Zerbst, *Sardanapal*, Jena 1888. – J. Kainz, *Lord Byron's Sardanapal*, Bln. 1897.

VERTONUNGEN: H. Berlioz, *La dernière nuit de Sardanapale* (Text: J.-F. Gail; Kantate; Grand Prix de Rome, 21. 8. 1830; franz. Erstauff.: Paris, 30. 10. 1830). – H. Becque u. V. de Jonciéres, *Sardanapale, opéra en trois actes imité de Lord Byron* (Oper; Urauff.: Paris, 8. 2. 1867., Théâtre Lyrique). – M. P. F. S. Berton, *Sardanapale. Opéra en trois actes d'après Byron*, Paris 1882.

LITERATUR: H. Nieschlag, *Über Lord B.s »Sardanapalus«*, Diss. Halle 1900. – H. Schiff, *Über Lord B.s »Marino Faliero« u. seine geschichtlichen Dramen*, Marburg 1910. – E. M. Butler, *B. and Goethe. Analysis of a Passion*, London 1956. – J. R. Bartholomew, *B.'s »Sardanapalus«. A Manuscript Edition*, Diss. Univ. of Texas 1964 (vgl. Diss. Abstracts, 26, 1965/1966, S. 363). – M. J. Howell, *»Sardanapalus«* (in B. Journal, 2, 1974, S. 42–53). – H. Oppel, *G. G. Lord B.: »Sardanapalus«* (in *Das Englische Drama im 18. und 19. Jahrhundert: Interpretationen*, Hg. H. Kosok, Bln. 1976, S. 170–183). – C. J. Clancy, *Death and Love in B.'s »Sardanapalus«* (in B. Journal, 10, 1982, S. 42–53).

## THE VISION OF JUDGMENT

(engl.; *Die Vision vom Gericht*). Verssatire von George Gordon Lord BYRON, erschienen 1822. – Die Satire, im kunstvollen Metrum der *ottava rima* verfaßt, richtet sich gegen die Verherrlichung König Georgs III. († 1820) in dem 1821 veröffentlichten, in pompöse Hexameter gefaßten Gedicht *The Vision of Judgment* von Robert SOUTHEY, der im Vorwort des Werkes heftig gegen die Dichtungen Byrons polemisiert hatte. Dieser wiederum schätzte den älteren Romantiker nicht nur in seiner Eigenschaft als *poeta laureatus* gering, sondern verachtete ihn auch als moralischen und politischen Renegaten und Speichellecker und zieh ihn – in dieser Satire – der Geschichtsfälschung.

Einer ätzenden Attacke im Vorwort läßt Byron eine komische Schilderung des Torhüters Petrus und der Zustände im Himmel folgen, wobei er die Maschinerie von Southeys Himmel parodiert. Ein ernster Ton klingt bei dem kurzen Seitenblick auf die vom himmlischen Historiographen aufgezeichnete blutige Chronik der letzten Jahre (insbesondere der Schlacht von Waterloo) an. Dann wird unversehens und ohne jedes Aufheben Georg III. eingeführt (eine Travestie seines pompösen Auftritts bei Southey) und kurz darauf ein – im Gegensatz zu Southeys grotesk-allegorischem – heroisch-miltonischer Satan, der dem Erzengel Michael als Ebenbürtiger gegenübertritt und seinen Anspruch auf die Seele des Königs geltend macht. Er klagt Georg III. als Feind jeder Art von Freiheit und als Unterdrücker anderer Nationen (z. B. Amerikas) an, dessen Verantwortung für eine »*blutgetränkte*« Regierungszeit durch seine »*neutralen privaten Tugenden*« nur noch unterstrichen werde. Als Satan die Zeugen der Anklage, unter ihnen John Wilkes und Junius vorführen läßt, wird der Prozeß plötzlich durch die Ankunft Southeys unterbrochen, den der Teufel Asmodeus aus dem Lake District heraufgeschleppt hat. Er gibt sich selbst der Lächerlichkeit preis, indem er – froh, ein Publikum gefunden zu haben – einige seiner »*stockenden Hexameter*« zitiert, seine Werke anpreist, sich erbietet, Michaels oder auch Satans Biographie zu schreiben, und schließlich beginnt, seine eigene *Vision* vorzulesen. Sofort bricht die ganze Versammlung in Schmerzensgeheul aus und sucht das Weite. Georg III. macht sich das Durcheinander zunutze und schlüpft unbemerkt in den Himmel. So umgeht Byron geschickt die Verkündung des Urteils über den Monarchen und gibt zugleich der Satire einen wirkungsvoll burlesken Abschluß. – In seinem moralkritischen Engagement, seinem scharfen Witz und seiner thematischen und formalen Geschlossenheit zeigt das Werk »*alle Vorzüge und keine der Schwächen des ›Don Juan‹*« (A. Rutherford) und gilt als bestes unter Byrons satirischen Gedichten, die mittels einer beweglichen, dramatisierend-erzählenden Grundstruktur einen eindrucksvoll offenen Horizont mit der gezielten Ausrichtung des satirischen Impulses gegen jede Form von *philistinism (Pharisäertum)* verbinden.

K.E.

AUSGABEN: Ldn. 1822 (in The Liberal, 15. 10). – Ldn. 1822. – Ldn. 1822 [zus. m. R. Southey, *The Vision of Judgment*]. – Ldn. 1901 (in *The Works. Poetry*, Hg. E. H. Coleridge, 7 Bde., 1898–1904, 4). – Oxford 1945, Hg. F. Page. – Ldn. 1958., Hg. F. B. Pinion [m. Anm. u. Einf.]. – Ldn. 1963 (in *Poems*, Hg. V. de Sola Pinto, 3 Bde., 1).

ÜBERSETZUNGEN: *Die Vision des Gerichtes* (in *SW*, Bd. 6, Stg. 1845). – Dass. (in *SW*, Bd. 5, Bln. 1865; ²1892). – Dass., O. Gildemeister, bearb. S. Schmitz (in *SW*, Hg. S. Schmitz, Bd. 1, Mchn. 1977).

LITERATUR: C. M. Fuess, *Lord B. as a Satirist in Verse*, NY 1912; ern. 1964 u. 1974. – C. L. Cline, *B. and Southey: A Suppressed Rejoinder* (in Keats-Shelley-Journal, 3, 1954, S. 27–38). – G. Carnall, *Robert Southey and His Age*, Oxford 1960. – J. D. Jump, *B.'s »Vision of Judgment«* (in Bulletin of the John Rylands Library, 51, 1968, S. 122–136). – B. Blackstone, *B.: A Survey*, Ldn. 1975, S. 270 bis 286. – S. Peterfreund, *The Politics of Neutral Space in B.'s »Vision of Judgment«* (in MLQ, 40, 1979).

# PËTR JAKOVLEVIČ ČAADAEV

\* 7.6.1794 Nižnij Novgorod
† 26.4.1856 Moskau

LITERATUR ZUM AUTOR:
M. O. Geršenzon, *P. J. Č. Žizn' i myšlenie*, St. Petersburg 1908; Nachdr. Den Haag/Paris 1968. – M. Winkler, *P. I. Č. Ein Beitrag zur russischen Geistesgeschichte des 19. Jh.s*, Bln. 1927. – E. A. Moskov, *The Russian Philosopher Chaadayev, His Ideas and His Epoch*, NY 1937. – P. S. Škurinov, *Mirovozzrenie Č.*, Moskau 1958. – Ders., *P. J. Č. Žizn', dejatel'nost', mirovozzrenie*, Moskau 1960. – R. McNally, *Č. and His Friends. An Intellectual History of P. Č. and His Russian Contemporaries*, Talahassee 1971. – G. Cook, *P. J. Č. and the Rise of Russian Cultural Criticism, 1800–1830*, Diss. Duke Univ. 1972. – R. Tempest, *P. J. Chaadayev, His Impact and Influence on Russian Society and Thought between 1812 and 1856*, Diss. Oxford 1981.

## APOLOGIE D'UN FOU

(frz.; *Apologie eines Irrsinnigen*). Streitschrift des Philosophen Pëtr J. ČAADAEV (Rußland), erschienen 1836. – Nach Veröffentlichung seiner *Filosofičeskie pis'ma*, 1836 *(Philosophische Briefe)*, offiziell für verrückt erklärt, nahm Čaadaev, der geistige Vater der russischen Okzidentalisten, eine gemäßigtere Haltung in der Bewertung von Rußlands Geschichte ein, zum Teil eine Konzession aufgrund seiner kaum beneidenswerten gesellschaftlichen Situation, zum anderen Teil zurückzuführen auf neue Einsichten in der Beurteilung der historischen Rolle Peters des Großen. *(»Er fand eine tabula rasa Rußland vor, ein unbeschriebenes Blatt, und mit seiner mächtigen Hand schrieb er darauf die Worte: Europa und der Westen.«)* Mithin ist des Autors These von der »*barbarischen Vergangenheit*« Rußlands, die es seinem Byzantinismus verdanke und die nur mittels einer Patenschaft des Westens und der römischen Kirche überwunden werden könne, nachträglich auf die vorpetrinische Periode eingeschränkt. Sein geschichtsphilosophisches Fundament, das die »nationale Eitelkeit« so erzürnt hatte, wurde also nicht wesentlich verändert. Ein bedeutsamer Unterschied zu den früheren Ideen Čaadaevs kommt jedoch in seiner neuen Auffassung von Rußlands zukünftigem Weg zum Ausdruck. Einzig in der *Apologie* postuliert Čaadaev einen – wahrscheinlich aus Abscheu vor den antiklerikalen Tendenzen der Julirevolution entwickelten – russischen Missionsauftrag, wobei er die Definition Rußlands als einer »*historisch leeren Stelle*« recht dialektisch ausnützt: Da Rußland nicht »*unter dem Druck der Vergangenheit*« stehe, trete es den neuen Ideen »*wie ein jungfräulicher Geist*« entgegen und sei »*in manchem Prozeß, der vor den Tribunalen des menschlichen Geistes und der menschlichen Gesellschaft geführt werden wird, durch den Lauf der Dinge selbst gewissermaßen zum eigentlichen Richter bestellt*«. An diese Gedankengänge knüpft die Ideologie der Slavophilen an: Aber auch in den übrigen Schriften »*braucht man bei Čaadaev nur die Worte ›Rußland‹ und ›Europa‹, ›Orthodoxie‹ und ›Katholizismus‹ ihre Plätze wechseln zu lassen, so hat man ein Glaubensbekenntnis, das sich von dem slavophilen kaum unterscheidet*« (A. Luther). W.Sch.

AUSGABEN: Paris 1836. – Kasan 1906 (*Apologija sumasšedšego*; erste russ. Ausg., Übers. v. S. M. Jur'ev u. B. P. Denike). – Moskau 1913 (in *Soč. i pis'ma*, Hg. M. Geršenzon, 2 Bde., 1913/14, 1: *Apologija d'un fou*). – Ann Arbor 1978 (in *Filosofičeskie pis'ma. Apologija sumasšedšego*, Hg. M. Geršenzon).

ÜBERSETZUNG: *Apologie eines Irrsinnigen*, E. Hurwicz (in *Schriften u. Briefe*, Mchn. 1921).

LITERATUR: M. Geršenzon, *P. J. Č. Žizn'i myšlenie*, Petersburg 1908, S. 280–296. – D. V. Filosofov, »*Apologija sumasšedšego*« (in D. V. F., *Slova i zizn'*, Petersburg 1909, S. 236–244). – R. F. Kullė, *K 90-j godovščine »sumasšestvija« P. J. Č.* (in *Vestnik znanija*, 1926, S. 1187–1190). – V. Il'inskij, »*Apologija sumasšedšego*« *Č. v interpretacijach N. G. Černyševskogo* (in *N. G. Černyševskij*, Saratov 1928, S. 46–49). – R. Tempest, *Madman or Criminal: Government Attitudes in P. Č. in 1836* (in *Slavonic Review*, 43 (2), 1984, S. 281–287).

## FILOSOFIČESKIE PIS'MA

(russ.; *Philosophische Briefe*). Acht Traktate von Pëtr J. ČAADAEV, erschienen (nur der erste) 1836. – Die Briefe, 1829 begonnen, hatten ursprünglich privaten Charakter und waren an Ekaterina D. Panova gerichtet. In der Folgezeit jedoch arbeitete der Verfasser die darin vertretenen Thesen zu einem in sich geschlossenen Gedankengebäude aus und bestimmte die Briefe zur Veröffentlichung. Allerdings wurde zu seinen Lebzeiten nur der erste der im Original französisch geschriebenen Briefe veröffentlicht. Der sechste und siebte Brief erschienen 1862 in den *Œuvres choisies*, die restlichen wurden erst in den dreißiger Jahren unseres Jh.s aufgefunden.

Daß der erste *Philosophische Brief* überhaupt gedruckt werden konnte (in NADEŽDINS Zeitschrift ›Teleskop‹, die gleich darauf verboten wurde; den Herausgeber verbannte der Zar in die Provinz), verdankte sein Verfasser einer später schwer geahndeten Nachlässigkeit des Zensors Boldyrev. Čaadaev selbst wurde nach der Veröffentlichung vom Zaren Nikolaus I. öffentlich für verrückt erklärt und bei lebenslänglichem Publikationsverbot – unter »medizinisch-polizeiliche Aufsicht« gestellt. »*Noch nie, seit man in Rußland zu lesen und schreiben versteht, hat irgendein literarisches oder wissenschaftliches Ereignis, nicht einmal der Tod Puškins, einen so ungeheuren Eindruck gemacht und eine so weite Wirkung hervorgerufen, und keines ist mit solcher Schnelligkeit und mit solchem Lärm verbreitet worden ... Es gab keinen Esel, der es nicht für seine heilige und willkommene Pflicht und Schuldigkeit gehalten hätte, dem Löwen der geschichtsphilosophischen Kritik mit seinem Huf in den Rücken zu treten.«* (Lavrenov) Diese für den Verfasser katastrophale Wirkung des Briefs erklärt sich aus Čaadaevs Rußlandkritik, die allerdings vernichtend ist. Er vergleicht sein Land mit dem europäischen Westen, in dem das Reich Gottes in gewissem Maße verwirklicht sei, weil nur die römisch-katholische Kirche das Erbe Jesu Christi treu bewahrt habe. Demgegenüber sei Rußland wegen der *»Schwäche seiner Glaubensüberzeugung und der Unvollkommenheit seines Dogmas ... eine Lücke in der moralischen Weltordnung«*. Čaadaev wirft den Russen vor, daß sie unter dem Einfluß von Byzanz die Verbindung mit der ursprünglichen christlichen (römischen) Tradition völlig verloren hätten. Außerdem sieht er weder in den Petrinischen Reformen noch in der Imitation der französischen Kultur etwas Positives und fordert abschließend, daß in Rußland *»die ganze Erziehung des Menschengeschlechts von vorn beginnen«* müsse. Čaadaev geht in seinem Denken davon aus, daß Philosophie und Religion eins seien. So beruft er sich in allen Betrachtungen seiner *Philosophischen Briefe* auf die »christliche Vernunft«, die er vor allem an Joseph de Maistre (1753–1821), dem Hauptvertreter des politischen Klerikalismus, bewundert, den Čaadaev als sardinischen Gesandten zu Petersburg wohl gekannt haben mag. Die grimmige Kritik des Russen speziell an der griechischen Antike (*»Homer ist uns der Ahriman der Welt«*; Ahriman: der von Uranfang bestehende Geist des Bösen), an der ganzen vorchristlichen Epoche im allgemeinen (*»Alles verderbt, blutüberströmt, lügenhaft«*) und an der Reformation (*»Die Reformation hat die Welt von neuem in die Uneinigkeit des Heidentums zurückversetzt«*) stützt sich im wesentlichen auf den französischen Legitimisten Vicomte de Bonald (1754–1840). Sein philosophisches System schließlich geht in der Hauptsache auf Schelling zurück und basiert auf der Annahme der Identität des »Göttlich-Idealen« mit dem »Geschichtlich-Realen«. Das Motto *»Adveniat regnum tuum«* (*»Zu uns komme dein Reich«*) unterstreicht die patriotisch-seelsorgerische Tendenz der Philosophie Čaadaevs.       W. Sch.

Ausgaben: Moskau 1836 (in Teleskop, Nr. 15; Brief I). – Paris/Lpzg. 1862 (in *Œuvres choisies*, Hg. I. S. Gagarin; enth. Brief I, VI, VII; frz.). – Moskau 1913/14 (in *Soč. i pis'ma*, Hg. M. Geršenzon, 2 Bde.; enth. Brief I, VI, VII; frz. u. russ.). – Moskau 1935 (*Neizdannye filos. pis'ma*, Hg. D. Šachovskoj; Brief II, III, IV, V, VIII; Literaturnoe nasledstvo, 22–24).

Übersetzungen: *Philosophische Briefe*, E. Hurwicz (in *Schriften und Briefe*, Mchn. 1921; enth. Brief I, VI, VII). – Dass., N. v. Bubnoff (in *Östl.* *Christentum. Dokumente*, Hg. H. Ehrenberg, Bd. 1, Mchn. 1925, S. 1–87; enth. Brief I, VI, VII). – Dass., H. Falk (in H. F., *Das Weltbild P. J. Tschaadajews nach seinen acht philos. Briefen*, Mchn. 1954; enth. Brief II, III, IV, V, VIII).

Literatur: Ch. Quénet, *Tschaadaev et les »Lettres philosophiques«. Contribution à l'étude du mouvement des idées en Russie*, Paris 1931. – V. Asmus, *O novych filosofič. pis'mach P. J. Č.*, Moskau 1935 (Literaturnoe nasledstvo, 22–24, S. 1–6). – V. Solov'ëv, *Č. i ego filos. pis'ma* (in Pod znamenem marksizma, 1938, 1, S. 83ff.). – B. Zenkofsky, *Istorija russk. filosofii*, Bd. 1, Paris 1948–1950, S. 166–172 (frz.: *Histoire de la philosophie russe*, Bd. 1, Paris 1953, S. 158–192). – B. Schultze, *Die Sozialprinzipien in der russ. Religionsphilosophie* (in Zs. f. kath. Theologie, 73, 1951, S. 385 ff.). – A. Tamborra, *P. J. C., lettere filosofiche sequite dall'apologia di un pazzo e da una lettera a Schelling*, Bari 1950. – H. Falk, *Das Weltbild P. J. Tschaadaevs nach seinen acht philosoph. Briefen. Ein Beitrag zur russ. Geistesgeschichte des 19. Jh.s*, Mchn. 1954. – P. S. Škurinov, *Filosofskie vzgljady P. J. Č.* (in P. S. Š., *P. J. Č. Zizn', dejatel'nost', mirovozzrenie*, Moskau 1960, S. 44–92). – R. T. MacNally, *The Significance of Chaadayev's Weltanschauung* (in Russian Review, 23, 1964, S. 352–361).

# Eduardo Caballero Calderón

\* 6.3.1910 Bogotá

Literatur zum Autor:
G. D. Carrillo, *La novelística de E. C. C. (1936–1965)*, Diss. Univ. of Illinois 1969. – M. B. Almeida, *Núcleos temáticos en la narrativa de E. C. C.*, Diss., Univ. of Missouri 1970. – L. Pérez Botero, *Tres imágenes del hombre en la novela* (in Revista de Letras 3, 1971, S. 129–144). – E. Porras Collantes, *Construcción del carácter en la narrativa de E. C. C.* (in Thesaurus 32, 1977, S. 273–315). – H. G. Neglia, *Dos aspectos de lo heroico en la literatura hispanoamericana del siglo XX* (in Revista Interamericana de Bibliografía 33, 1983, S. 231–236).

## EL BUEN SALVAJE

(span.; *Der gute Wilde*). Roman von Eduardo Caballero Calderón (Kolumbien), erschienen 1966. – In diesem 1965 mit dem »Premio Nadal« ausgezeichneten Werk wendet sich der kolumbianische Autor nach *El Cristo de espaldas*, 1952 *(Christus kehrt den Rücken)*, und *Siervo sin tierra*, 1955 *(Sklave ohne Land)*, einer neuen literarischen Thematik und Technik zu und nimmt dabei Anregungen des französischen *nouveau roman* auf. In der offenen Form eines Tagesbuchs, das vierzehn Faszikel von unterschiedlichem Umfang enthält, bietet er gleichsam den Roman eines Romans. Der Tagebuchschreiber ist ein seit Jahren in Paris in ärmlichen Verhältnissen lebender Student aus einem südamerikanischen Land, der besessen ist von dem Willen, einen Roman zu schreiben, der die gängigen literatischen Erzeugnisse in den Schatten stellt. Dieses Werk soll künstlerischer Ersatz sein für die ursprünglich geplante Doktorarbeit »Über die psychologische Wirklichkeit des Hispanoamerikaners außerhalb seines natürlichen Lebensraumes«. Dem jungen Schriftsteller gelingt es zwar, seine künstlerische Kreativität zu steigern, er wird jedoch zum Alkoholiker. Vor dem endgültigen Zerfall seiner Persönlichkeit rettet ihn schließlich die Rückkehr in seine Heimat, die ihm durch eine Geldzuwendung ermöglicht wird.

Das Tagebuch ist die Reflexion des Schriftstellers, der auf der Suche ist nach einer romanhaften Logik, die sich von der »Aktualität« des Lebens abhebt. Immer neue Ansätze, Themen, Bilder, Gedanken, Gesprächsentwürfe, Personen werden in »romanartigen Halluzinationen« als Möglichkeiten aufgegriffen und fragmentarisch skizziert. Daraus läßt sich nicht nur die Genesis des Werks, sondern allmählich auch die komplexe psychische Realität des namenlos bleibenden schreibenden Ich rekonstruieren. Autobiographie und Romanfiktion, phantastische Theatralik und Romanwirklichkeit fließen ineinander. Die Tagebücher sind Evasion und imaginäre Entwicklung im Blick auf den werdenden Roman. Als Monolog des Autors und als Dialog zwischen Realität und schöpferischer Phantasie geben sie Caballero Calderón zugleich, auf verschiedenen Ebenen gespiegelt, Gelegenheit zu aphoristischen Einschüben, zu Marginalien über das Schicksal Lateinamerikas aus der Pariser Perspektive, die eine mögliche Neudefinition des spanisch-amerikanischen Gesellschaftsromans umkreisen. D.B.

AUSGABE: Barcelona 1966; ern. 1972.

LITERATUR: Boletín cultural y bibliográfico, 12, 1969 (Sondernr.) – J. Campos, Rez. (in Insula, 21, 1966, Nr. 234, S. 11). – P. Werrie, Rez. (in La Table Ronde, Nr. 222–223, 1966, S. 137–143). – S. Carrillo u. D. Germán, *»El buen salvaje« de C. C.* (in Thesaurus 28, 1973, S. 195–223).

## EL CRISTO DE ESPALDAS

(span.; *Christus kehrt den Rücken*). Roman von Eduardo CABALLERO CALDERÓN (Kolumbien), erschienen 1952. – Seit Jahren herrscht in Kolumbien ein Zustand latenten, aber blutigen Bürgerkriegs – man nennt ihn »La Violencia« (Gewalttätigkeit). Caballero Calderóns Roman, eine der ersten literarischen Gestaltungen dieses Auflösungsprozesses, hat die Auseinandersetzung eines Christen mit der Violencia zum Thema. Ein junger Priester voller Ideale tritt sein neues Amt in einem Dorf an. Die von Konservativen und Liberalen seit langem mit Fanatismus geführten politischen Kämpfe haben es in einen Ort des Schreckens verwandelt, und nachts, »*wenn bloß ein Pferd auf den Straßen trabt, erwachen die Schlafenden und denken an Blut, Asche und Tod*«. Politische Aktion und Verbrechen sind nicht mehr zu unterscheiden. Der Dorfgewaltige, ein reicher Gutsbesitzer, ist ermordet worden. Man beschuldigt den Sohn des Ermordeten. Nur der Priester weiß, daß der wahre Täter der Küster des Ortes ist; er ist jedoch an das Beichtgeheimnis gebunden. Vergebens versucht der Seelsorger zwischen den sich bekämpfenden Parteien zu vermitteln. Er predigt Liebe, Versöhnung und gegenseitiges Verständnis, erreicht aber nur, daß er von allen gehaßt wird. Der politisch engagierte Bischof beordert ihn in das Seminar zurück und drückt seinen Unwillen über den jungen Idealisten aus mit den Worten, die dem Roman den Titel gegeben haben: »*Christus hat ihm den Rücken gekehrt.*« Der junge Priester aber erfährt gerade im Umgang mit seinen Vorgesetzten, vor allem mit dem machiavellistischen Bischof, seinem eigentlichen Gegenspieler, daß es die Menschen sind, die Christus den Rücken gekehrt haben, und daß das Wort des Evangeliums nicht weniger korrumpiert worden ist als die politischen Praktiken.

Im Unterschied zum modernen Priesterroman, etwa Graham GREENES' *The Power and the Glory*, 1940 *(Die Kraft und die Herrlichkeit)* und Georges BERNANOS' *Journal d'un curé de campagne*, 1930 *(Tagebuch eines Landpfarrers)* behandelt Caballero Calderóns Werk nicht den existentiellen Konflikt, in den das Priesteramt den sich seiner Fragwürdigkeit bewußten Diener Gottes stürzt. Der Held ist von Anfang an ein mit allen christlichen Tugenden begabter Mensch. Psychologisch ist darum diese ideale Figur wenig interessant und ebenso konventionell wie die verweltlichten Priester, die der Autor in anderen Werken mit Vorliebe schildert. Viel diskutiert wurde Caballero Calderóns Roman vor allem wegen seiner indirekten Kritik an der fatalen Anfälligkeit der Vertreter der Kirche für die reaktionäre Ideologie der Konservativen. Im Scheitern des jungen Priesters offenbart sich somit gleichzeitig das Versagen des offiziellen Christentums.

A.F.R.-KLL

AUSGABEN: Buenos Aires 1952. – Bogotá 1958. – Bogotá 1961. – Guayaquil/Quito 1974.

LITERATUR: R. Gutiérrez Girardot, *Dos temas en la literatura hispanoamericana* (in CHA, 9, 1952). – I. Piedrahita, *Examen de la novela colombiana contemporánea* (in Universidad Pontificia Bolivariana, 20, 1954, S. 112–127). – A. Curcio Altamar, *Evolución de la novela en Colombia*, Bogotá 1957. – *Diccionario de literatura latinoamericana. Colombia*, Washington 1959. – D. McGrady, *La novela histórica en Colombia 1844–1959*, Austin/Tex. 1962.

## JOSÉ CABANIS

* 24.3.1922 Toulouse

### LE BONHEUR DU JOUR

(frz.; *Ü: Schlage doch, gewünschte Stunde*). Roman von José Cabanis, erschienen 1960. – Viele der oft autobiographisch gefärbten Romane des mehrfach preisgekrönten Autors wie *L'âge ingrat*, 1952 *(Das undankbare Alter)*, *L'auberge fameuse*, 1953 *(Das berühmte Wirtshaus)*, *Juliette Bonviolle*, 1954 *(Juliette Bonviolle)*, *Le fils*, 1956 *(Der Sohn)* und *Les mariages de raison*, 1958 *(Die Vernunftehen)*, analysieren psychologische Konflikte, die vor allem durch das Generationenproblem und die Enge des Provinzlebens hervorgerufen werden; moralische Probleme, denen sich in *Le bonheur du jour* auch ein erfolgloser Künstler zu stellen hat.

Mit einem Erbstück fällt einem jungen Mann überraschend die literarische Hinterlassenschaft seines Onkels zu, dessen menschenfeindliche, wortkarge Art ihn als Kind immer erschreckt hatte. Jetzt, bei der Lektüre der vergilbten Manuskripte und Notizen, steigt Onkel Octaves widerspruchsvolles Bild und das einer längst vergangenen Zeit auf. Dem Neffen bleibt vieles rätselhaft, aber es reizt ihn, den Spuren dieses Lebens und seinen eigenen Erinnerungen nachzugehen. Und langsam läßt Cabanis aus dem Mosaik kleiner Ereignisse die Geschichte eines verkannten Genies, eines mißverstandenen und mit sich unzufriedenen Schriftstellers erstehen. Der sensible Außenseiter und Hagestolz las und liebte Proust und erhielt einen anerkennenden Händedruck von Valéry, der behauptete, von niemandem je so gut verstanden worden zu sein wie gerade von Octave. Er war ein Eigenbrötler, der wohl wußte, daß er nicht in die Reihen der Großen aufsteigen würde, der resigniert aufgab und sein eigenes Leben wie das seiner sanftmütigen Frau zerstörte. Die Quintessenz des Versuchs, aus bruchstückhaften Erinnerungen und vergilbten Papieren das Bild eines Menschenlebens zusammenzufügen, ist die Erkenntnis des Neffen, *»daß man eines Tages völlig verschwinden wird«*. Jede Art von Hinterlassenschaft, ob großer oder kleiner Geist, ist dem Tode anheimgegeben. Der Neffe fühlt, wie das Gewesene ihm entgleitet, *»wie seine Gestalt verschwimmt und entschwindet«*.

Cabanis schrieb hier – wie schon in früheren Romanen – eine Elegie auf die Vergänglichkeit des Lebens, über die auch die Erinnerung nur für kurze Zeit Macht besitzt, eine Elegie auf den einsamen Menschen, dessen Woher und Wohin ein Rätsel bleibt. Die Personen erscheinen seltsam nebelhaft, alles ist blaß skizziert, doch trotz der Schattenhaftigkeit dieser Welt zwingen der melancholische Betrachtungen den Leser in ihren Bann. Die Thematik von *Le bonheur du jour* – 1961 mit dem »Prix des Critiques« ausgezeichnet – setzen die Romane *La bataille de Toulouse*, 1966 *(Gabrielle oder Die Schlacht von Toulouse)* und *Les jardins d'Espagne*, 1969 *(Spanische Gärten)*, fort. E.He.-KLL

Ausgaben: Paris 1960. – Paris 1972 (in *Le bonheur du temps*; Folio). – Genf 1984 (in *Œuvres complètes*).

Übersetzung: *Schlage doch, gewünschte Stunde*, K. Hocke, Hbg. 1962. – Dass., ders. (in *Die Gärten der Nacht*, Reinbek 1971).

Literatur: Ph. Sénart, *Chemins critiques*, Paris 1966. – J. C. Joye, *L'œuvre romanesque de J. C.*, Delémont 1978 [m. Bibliogr.].

## PIERRE-JEAN-GEORGES CABANIS

* 5.6.1757 Cosnac
† 5.5.1808 Rueil

### RAPPORTS DU PHYSIQUE ET DU MORAL DE L'HOMME

(frz.; *Beziehungen zwischen dem Physischen und dem Moralischen im Menschen*). Philosophisches Hauptwerk von Pierre-Jean-Georges Cabanis, zunächst größtenteils in Vorlesungen am Institut National des Sciences et Arts vorgetragen; erste Teile erschienen ab 1798 in den *Mémoires* der Classe des Sciences Morales et Politiques; die vollständige Buchausgabe folgte 1802. – Die *Rapports* stellen im Rahmen des von A. L. C. Destutt de Tracy (1754–1836) aufgestellten und als »Ideologie« bezeichneten Programms einer sensualistischen »Wissenschaft der Ideen« deren physiologische Grundlegung dar. Cabanis geht davon aus, daß die Bedürfnisse und Fähigkeiten des Menschen unmittelbar von seiner physischen Organisation abhängen und daß die physische Natur des Menschen somit seine geistigen Fähigkeiten, die gesellschaftlichen Verhältnisse, die symbolische Kommunikation und die Grundsätze der individuellen und öffentlichen Moral bestimmt. Medizin und Psychologie haben eine parallele Aufgabe bei der Ausarbeitung einer »*Wissenschaft vom Menschen*« (die Cabanis in einer terminologischen Übernahme aus dem Deutschen auch schon als »*Anthropologie*« bezeichnet), indem sie die wechselseitige Bezogenheit seiner physischen und geistigen Natur erforschen. Sie legen so den Grund nicht nur für die theoretische, sondern auch für die praktische Philosophie in der Kenntnis der psycho-physischen menschlichen Natur. Ein Absehen vom Studium der Physis führt dagegen zu »*vagen metaphysischen Hypothesen*«, die Cabanis aus seiner Untersuchung ganz herauslassen will.

Methodisch geht Cabanis vom sensualistischen *cogito* aus: »*Ohne Sinnlichkeit wüßten wir nichts von der Gegenwart der äußeren Gegenstände, könnten wir unsere eigene Existenz nicht wahrnehmen oder vielmehr würden wir gar nicht existieren. Sobald wir empfinden, sind wir«.* Die Methode der Beobachtung und der Analyse übernimmt Cabanis von der empiristischen Philosophie BACONS, LOCKES und insbesondere CONDILLACS. Er stimmt der These zu, daß alle Vorstellungen aus der Sinnlichkeit stammen. Gegenüber den bloß theoretischen Analysen der Philosophen bzw. gegenüber Condillacs Beschränkung der Sensualität auf die Verarbeitung ausschließlich äußerer Reize, legen Cabanis' medizinisch-psychologische Analysen aber den Grund zu einer integralen Sicht der menschlichen Sinnlichkeit und erweitern wesentlich die Rolle des »Körperlichen«. Cabanis stellt die Bedeutung des Nervensystems, der inneren Organe und ihrer autogenen Reize, des Instinkts, der unbewußten Empfindungen, der vorgeburtlichen »Erfahrung«, der Aktivität im Schlaf, der Begierden und Leidenschaften für das geistige und affektive Leben heraus und analysiert die Auswirkungen von Krankheiten und Delirium. Er erweitert so die Basis der älteren Anthropologie der Aufklärung und bietet mit seiner Betonung innerer, von äußeren Antrieben unabhängiger Reize und unbewußter Empfindungen, Ansatzpunkte für die »spiritualistische« Philosophie von F. P. MAINE DE BIRAN (1766–1824). Andererseits steht Cabanis in Kontinuität zur materialistischen Anthropologie des 18. Jh.s, indem er wie sie gegenüber dem Leib-Seele-Dualismus eine monistische Interpretation des menschlichen Wesens bietet, wobei sein »Materialismus« allerdings vitalistisch konzipiert ist und sich gegen Schluß der *Rapports* zu einer kosmologischen Theorie ausweitet, die von der Erziehungskraft der Materie bis zu Instinkt und Sympathie ein einziges organisierendes Prinzip entdeckt, *eine »Grundordnung des Universums«*.

Die im Vorwort angezeigte Endabsicht der Gedanken ist eine exakt-wissenschaftliche Moral- und Gesellschaftstheorie auf Basis der *»bleibenden und allgemeinen Natur des Menschen«*, die ihr Prinzip *»aus dem Gebiete der Physis«* nehmen würde, die *»ein bloßer Teil der allgemeinen Naturgeschichte des Menschen«* wäre; inhaltlich zielt Cabanis eine liberal-utilitaristische Theorie an. Sie ist ebenso wie die leitende Bestimmung des Gesunden und Normalen, eines *»wohltemperierten Idealbürgers«* (M. S. Staum), eher angedeutet und nur aus den weiteren medizinischen und politischen Schriften und Aktivitäten des Autors zu konkretisieren.

Cabanis führt in den *Rapports* seine sensualistische Anthropologie in zwölf Abhandlungen mit umfänglichem physiologischen Material durch. Die Grundlagen werden in den beiden Kapiteln einer *Physiologischen Geschichte der menschlichen Empfindungen* ausgearbeitet. In den folgenden Abschnitten werden die Einflüsse der Lebensalter, des Geschlechts, der Krankheiten, der Lebensordnung und des Klimas auf das menschliche Sein und Werden skizziert. Die antike Lehre von den Temperamenten übernimmt Cabanis in modifizierter Form und ergänzt sie in der zwölften Abhandlung mit einer Betrachtung über die erworbenen Charaktereigenschaften. Die umfängliche zehnte Abhandlung zeigt auf, *»wie die sogenannte tote Natur mit der lebendigen durch eine ununterbrochene Kette verbunden ist«* und entwickelt Ansätze einer transformistischen Theorie des Lebens sowie die schon genannten kosmologischen Spekulationen. Die elfte Abhandlung behandelt die Rückwirkung der Gehirntätigkeit auf die Organe in physiologischer Hinsicht. Vereinzelte plakative Behauptungen in den *Rapports* wie der berühmte Vergleich der Tätigkeit des Gehirns beim *»Denkgeschäft«* mit der des Magens und der Därme beim Verdauen müssen im Rahmen seiner Naturphilosophie als bloße Andeutung der physiologischen Seite des Vorgangs, der *in sich »unseren Untersuchungen entzogen ist«*, gedeutet werden. Diese Vermeidung einer Wesensaussage ist im Rahmen der phänomenistischen Methodologie von Cabanis zu sehen, die von der Beobachtung ausgeht, Ähnlichkeit und Sukzession der Phänomene feststellt, Kausalitätsaussagen auf diese Verhältnisse beschränkt und von hier zu »allgemeinen Tatsachen« vorzudringen sucht, die ihrerseits keine weiteren Ursache-Aussagen erlauben, wie z. B. eben die Fähigkeit zu empfinden selbst, die eine letzte Realität ist, zu der man beim Studium des Lebensphänomens gelangen kann.

Die in den *Rapports* vorgelegte Synthese ist in ihren Einzelheiten nicht originell und bezieht sich vielfach auf Vorgänger. Sie beerbt die sensualistische Philosophie, steht im Rahmen der Arbeiten des Kreises der »Ideologen«, übernimmt die monistische »natürliche« Betrachtung des Menschen von LA METTRIE bis DIDEROT, rezipiert kritisch die Medizin seiner Zeit (A. v. HALLER, G. E. STAHL und die Schule von Montpellier) und greift auf antike medizinische (Hippokrates) wie philosophische (Stoa) Gedanken zurück. Die eigenständige Leistung von Cabanis liegt in der Ausarbeitung einer Anthropologie, die den Übergang vom aufklärerischen Wissenschaftsideal zum Denken des konkreten Ich in der Romantik, vom *»esprit éclairé«* zur *»âme sensible«* (G. Gusdorf) ermöglichte. Sie greift vor auf Ideen, die Psychosomatik, Philosophie wie Psychologie des Unbewußten und Phänomenologie des Leibphänomens erst viel später aufnahem. Die Philosophie der Restauration bzw. der Eklektizismus V. COUSINS wandten sich gegen den Materialismus von Cabanis. A.R.

AUSGABEN: Paris 1802, 2 Bde. – Paris 1824 (in *Œuvres complètes*, 5 Bde., 3/4). – Paris 1844; Nachdr. Genf 1980. – Paris 1956 (in *Œuvres philosophiques*, Hg. C. Lehec u. J. Cazeneuve, 2 Bde., 1; krit.).

ÜBERSETZUNG: *Über die Verbindung des Physischen und Moralischen in dem Menschen*, L. Jacob, 2 Bde., Halle/Lpzg. 1804 [leicht gek.].

LITERATUR: E. Schiff, *P. J. G. C., der Arzt und Philosoph*, Diss. Bln. 1886. – F. Picavet, *Les idéologues*,

Paris 1891. – G. Misch, *Zur Entstehung des frz. Positivismus* (in AGPh, 14, 1900/01, S. 1–39, 156 bis 209). – H. Gouhier, *Les conversions de Maine de Biran*, Paris 1948, S. 110–121. – S. Moravia, *Beobachtende Vernunft: Philosophie und Anthropologie in der Aufklärung*, Mchn. 1973. – Ders., *Il pensiero degli idéologues: Scienza e filosofia in Francia (1780–1815)*, Florenz 1974. – G. Gusdorf, *Les sciences humaines et la pensée occidentale VIII: La conscience révolutionnaire, Les idéologues*, Paris 1978. – M. S. Staum, *C.: Enlightenment and Medical Philosophy in the French Revolution*, Princeton 1980 [m. Bibliogr.]. – D. Leduc-Fayette, *C. et La Mettrie* (in EP, 1982, S. 63–78). – J. Lefranc, *Schopenhauer lecteur de C.* (in Revue de métaphysique et de morale, 88, 1983, S. 549–557).

## JAMES BRANCH CABELL

\* 14.4.1879 Richmond
† 5.5.1958 Richmond

LITERATUR ZUM AUTOR:
*Bibliographien:*
F. J. Brewer, *J. B. C.: A Bibliography of His Writings, Biography and Criticism*, NY 1957; ern. 1971. – M. Duke, *J. B. C.: A Reference Guide*, Boston 1979.
*Zeitschriften:*
*Kalki: Studies in J. B. C.*, Alexandria/Va. 1965 ff. – *Cabellian*, Lynbrook/N.Y. 1968ff.
*Forschungsbericht:*
D. B. Schlegel, *C. and His Critics* (in *The Dilemma of the Southern Writer*, Hg. R. K. Meeker, Farmville 1961, S. 119–142).
*Gesamtdarstellungen und Studien:*
H. Walpole, *The Art of J. B. C.*, NY 1920; ern. 1970. – C. v. Doren, *J. B. C.*, NY 1925. – H. L. Mencken, *J. B. C.*, NY 1927. – L. D. Rubin Jr., *No Place on Earth: Ellen Glasgow, J. B. C. and Richmond-in-Virginia*, Austin 1959. – J. L. Davis, *J. B. C.*, NY 1962 (TUSAS). – D. Tarrant, *J. B. C.: The Dream and the Reality*, Norman 1967. – R. H. Canary, *C.'s Dark Comedies* (in Mississippi Quarterly, 21, 1968, S. 83–92). – E. E. MacDonald, *C.'s Hero: Cosmic Rebel* (in Southern Literary Journal, 2, 1969, S. 22–42). – L. Untermeyer, *J. B. C.: The Man and His Masks*, Richmond 1970. – W. L. Godshalk, *C. and Barth: Our Comic Athletes* (in *The Comic Imagination in American Literature*, Hg. L. D. Rubin Jr., New Brunswick 1973, S. 275–283). – D. B. Schlegel, *J. B. C.: The Richmond Iconoclast*, NY 1974. – M. Duke, *The Baroque Waste Land of J. B. C.* (in *The Twenties: Fiction, Poetry, Drama*, Hg. W. French, Deland 1975, S. 75–86). – W. L. Godshalk, *In Quest of C.: Five Exploratory Essays*, NY 1975. – R. Warner, *The Illusion of Diabolism in the Cabellian Hero* (in Novel, 8, 1975, S. 241–245). – R. H. Canary, *The C. Scene*, NY 1976. – E. J. Hinz u. J. J. Teunissen, *Life beyond Life: C.'s Theory and Practice of Romance* (in Genre, 10, 1977, S. 299–327). – *J. B. C.: Centennial Essays*, Hg. M. T. Inge u. E. E. MacDonald, Baton Rouge 1983.

## THE CREAM OF THE JEST

(amer.; *Die Quintessenz des Scherzes*). Roman von James Branch CABELL, erschienen 1917. – Felix Kennaston ist ein erfolgreicher, äußerlich nicht besonders attraktiver Romanschriftsteller mittleren Alters; sein Leben verläuft in langweiligen Konventionen, und auch seine Ehe ist inhaltslos und eintönig geworden. Er versucht der öden Wirklichkeit dadurch zu entfliehen, daß er sich immer stärker mit einem seiner Romanhelden, dem Büroschreiber Horvendile, identifiziert. Dieser liebt die bezaubernde Ettarre, den Inbegriff des Begehrenswert-Weiblichen. Kennaston-Horvendiles Abenteuer spielen sich in einer Welt zwischen Phantasie und trister Realität ab. Mit Hilfe des wunderkräftigen »Siegels von Scoteia« kann Felix seine Traumreisen über das Reich seiner eigenen Erfindung hinaus in die historische Vergangenheit ausdehnen: gemeinsam mit Ettarre trifft er geschichtliche Persönlichkeiten, wie Pontius Pilatus, Tiberius, Cromwell und Ludwig XIV. Oft geschieht dies im Augenblick entscheidender historischer Ereignisse, die Cabell mit einer für ihn charakteristischen Ironie und dichterischen Freiheit rekonstruiert. Sachkenntnis, Humor und Phantasie des Autors tragen bei zum Gelingen dieser sehr persönlichen faszinierenden Variation eines der ältesten literarischen Themen: dem Kontrast zwischen Vorstellung und Wirklichkeit. Geschickt spielt Cabell in der Zeichnung des Doppelcharakters Kennaston-Horvendile Psychologie gegen Magie, Geschichte gegen Mythologie aus; die Grenzen zwischen Realität und Illusion verwischen sich so unmerklich, daß der Leser es als durchaus logisch empfindet, wenn die Gestalt der wunderbaren Ettarre sich schließlich als eine Verkörperung dessen herausstellt, was Kennaston einst in seiner eigenen Frau zu sehen glaubte. Auch jenes geheimnisvolle Siegel findet eine prosaische Erklärung: Es war nichts anderes als der Deckel eines Cremetiegels seiner Frau.
Die schneidende Ironie des Autors bewahrt die Handlung davor, ins Wunderlich-Kuriose abzugleiten. Trotz seiner literarischen Qualität erreichte dieses Buch nicht die Popularität von Cabells zwei Jahre später erschienenem Roman *Jurgen* (*Jürgen*). J.v.Ge.

AUSGABEN: NY 1917. – NY 1930. – New Haven 1973. – NY 1979.

LITERATUR: R. D. Bullock, »*The Cream of the Jest*« (in NQ, Aug. 1935, S. 115). – E. W. Parks, »*Cream of the Jest*« (in MFS, 2, Mai 1956, S. 68–70). –

W. L. Godshalk, *C.'s »Cream of the Jest« and Recent American Fiction* (in Southern Literary Journal, 5, 1973, Nr. 2, S. 18–31). – J. M. Flora, *From Virginia to Poictesme: The Early Novels of J. B. C.* (in Mississippi Quarterly, 32, 1979, S. 219–239). – L. A. Fiedler, *The Return of J. B. C.; or, the Cream of the Cream of Jest* (in *J. B. C.: Centennial Essays*, Hg. M. T. Inge u. E. E. MacDonald, Baton Rouge 1983, S. 131–141).

### JURGEN. A Comedy of Justice

(amer.; Ü: *Jürgen. Eine Komödie um die Gerechtigkeit*). Roman von James Branch CABELL, erschienen 1919. – In einer Zeit, als der Naturalismus Dreiserscher Prägung und der neue Realismus einer Willa CATHER, einer Ellen GLASGOW, eines Sherwood ANDERSON (sein *Winesburg, Ohio* erschien im selben Jahr wie *Jurgen*) und anderer die Richtung der amerikanischen Literatur bestimmten, erdachte der Südstaatler Cabell ein Phantasiereich fern der ihn umgebenden Wirklichkeit, destilliert aus den verschiedensten literarischen Traditionen, vor allem aus der Mythologie des klassischen Altertums und den großen Sagenkreisen des europäischen Mittelalters. Er nannte dieses Reich »Poictesme« (vermutlich eine der altfranzösischen Schreibweise entsprechende Zusammenziehung von »Poitiers« und »Angoulême«) und lokalisierte es an der französischen Mittelmeerküste zur Zeit des hohen Mittelalters. Achtzehn seiner Romane – oder richtiger: *romances* – spielen in oder stehen in Beziehung zu Poictesme und kreisen um die Schicksale des mythischen Landesherrn Dom Manuel und seiner Nachfahren. Die als Einleitung zu dieser Romanfolge (ursprünglich vorgesehener Übertitel: *Biographie of the Life of Manuel*) konzipierte literarkritische Studie *Beyond Life* (1919) enthält die Hauptthemen des ganzen Zyklus. »Ritterliche Abenteuer auszuspinnen«, schrieb Cabell in dieser Studie, *»ist die wahre Aufgabe eines Menschen, der als einziger unter seinesgleichen mit der Wirklichkeit, in der er lebt, nichts anzufangen weiß.«* Kein Wunder, daß viele seiner Kritiker ihn der Flucht in den Ästhetizismus ziehen. Aber obwohl Cabell selbst immer wieder betonte, seine Geschichten seien nur zum Zeitvertreib der Leser gedacht und verfolgten keine moralische Absicht, drängen sich symbolische und allegorische Bezüge zu der Wirklichkeit auf, in der er als Nachkomme einer traditionsreichen Familie Virginias lebte, zu einer Umwelt, deren Unfähigkeit, echte Ritterlichkeit zu bewahren, deren sentimentale Illusionen und fatale Kleinbürgerromantik er mit viel Witz und Ironie aufs Korn nahm.

Das zentrale Thema seines bekanntesten Werks, *Jurgen*, ist denn auch die Desillusionierung. Der Autor gibt vor, eine wenig bekannte, nur in Bruchstücken überlieferte Legende nachzuerzählen. Ein riesiger mythologischer Apparat wird in Bewegung gesetzt, um die »Ent-täuschung« eines Menschen zu schildern, der jenseits von Raum und Zeit nach jener höheren Gerechtigkeit sucht, die, wie er glaubt, den Lauf der Welt bestimmt. Der fünfzigjährige Jurgen, Pfandleiher in Poictesme, nach einer ausschweifenden Jugend in kleinbürgerlicher, seinen literarischen Ambitionen unzuträglicher Ehe mit der streitlustigen Adelais (genannt »Dame Lisa«) lebend, begegnet eines Abends auf dem Nachhauseweg einem Mönch, der sich gerade über die Bosheit des Teufels ausläßt. Jurgen verteidigt den »Fürsten der Dunkelheit« und wird kurz darauf von einem »schwarzen Herrn« angesprochen, der ihm dafür dankt und ihm eine Belohnung verspricht. Daheim sucht Jurgen vergeblich nach seiner Frau und findet sich rasch mit ihrem Verschwinden ab, das er in Zusammenhang mit dem Versprechen des Fremden bringt. Doch als Verwandte ihm berichten, sie hätten Lisa auf der Heide entdeckt, wo sie in einer Höhle hause, fühlt er sich verpflichtet, sie zurückzuholen.

Von dem Augenblick an, als er in jener Höhle nicht seine Frau, sondern den Zentauren Nessus findet und von diesem erfährt, daß nur »Koshchei the Deathless« ihm Lisa zurückgeben könne, sieht sich Jurgen in die Welt seiner Illusionen versetzt. Nessus trägt ihn in Märchenreiche, in denen ihm die Erfüllung seiner poetischen und erotischen Wunschträume geboten wird, nachdem er »Mutter Sereda« (deren Aufgabe es ist, alle Farben des Lebens auszubleichen und ins Grau der Mittelmäßigkeit zu verwandeln) seine Verjüngung abgelistet hat. Enttäuscht vom Anblick seiner gealterten Jugendgeliebten Dorothy la Désirée, beginnt er ein amouröses Abenteuer mit Guenevere, heiratet nach deren Vermählung mit König Arthur die geile »Dame vom See« Anaitis, die ihn schließlich langweilt, verbindet sich mit der Nymphe Chloris und gelangt dann an den Hof der schönen Helena. Als sich auch dort der Konformismus breitmacht, besucht Jurgen die Hölle, die, wie er von »Großvater Satan« erfährt, von Koshchei nur geschaffen wurde, weil das Gewissen der Menschen danach verlangt hat. Obwohl Jurgen dort eine glückliche Verbindung mit dem Vampir Florimel eingegangen ist, verläßt er die Hölle, enttäuscht von der dort herrschenden »aufgeklärten Demokratie«, und begibt sich in den Himmel. Als er feststellen muß, daß Koshchei diesen nur geschaffen hat, um die frommen Vorstellungen seiner, Jurgens, Großmutter zu befriedigen, kehrt er ernüchtert auf die Heide zurück, wo Mutter Sereda ihm das Lebensalter zurückgibt, das seiner Lebenserfahrung entspricht. Und nun stößt er wieder auf den »schwarzen Herrn«, der ihm auf die Frage, ob er Koshchei sei, antwortet: *»So etwas ähnliches. Koshchei, oder Ardnari, oder Ptha, oder Jaldalaoth, oder Abraxas – wie immer man mich hier nennt, es läuft alles auf dasselbe hinaus. Meinen wahren Namen hast du noch nie gehört...«* Er erklärt Jurgen, er habe die Dinge geschaffen, *»wie sie sind«*, und kenne den Begriff »Gerechtigkeit« nicht – auch dies sei nur eine Einbildung der Menschen. Unzufrieden damit, daß Jurgen mit der Welt seiner Träume nicht schöpferisch umzugehen wußte, zeigt er ihm noch einmal die

Frauengestalten, die diese Träume verkörpern, doch Jurgen wählt die Realität und kehrt zu seiner keifenden Frau und in seine unromantische bürgerliche Existenz zurück.

Die phantastische Odyssee Jurgens ist in einer stilisierten, zu Archaismen neigenden, häufig ausgeklügelt wirkenden, aber rhythmisch ausgewogenen Sprache erzählt. Das Labyrinth der mythologischen, theologischen, kultur- und moralphilosophischen Bezüge ist kaum zu entwirren. Zu dem anfangs überwältigenden, dann freilich rasch abklingenden Erfolg des Buchs hat der – mißlungene – Versuch der New Yorker »Gesellschaft zur Unterdrückung des Lasters«, es als obszön verbieten zu lassen, nicht wenig beigetragen. Von der amerikanischen Literaturkritik wurde der Autor des *Jurgen* immer wieder entweder begeistert gelobt (u. a. von PARRINGTON, MENCKEN, S. LEWIS, VAN DOREN und E. WILSON) oder als Scharlatan, L'art-pour-l'art-Literat, unbedeutendes Talent bezeichnet (u. a. von LEWISOHN, FADIMAN, HICKS, McCORMICK). Alfred KAZIN, der zu denen gehörte, die Idee und Durchführung des Werks mit kühler Sachlichkeit bewerteten, vertrat die Meinung, Cabell habe seinen Lesern genau das gegeben, was sie haben wollten: »*Einen Hauch von Leben ohne die trostlose Alltäglichkeit des Lebens; einen unbeschwerlichen Weg zur Erfahrung; eine Seelenmaskerade, die es einem erlaubt, sich über die Illusionen der großen Masse lustig zu machen und gleichzeitig den eigenen freien Lauf zu lassen.*« KLL

AUSGABEN: NY 1919. – NY 1928 (in *The Works*, 18 Bde., 1927–1930, 6). – NY 1932 [Einl. H. Walpole]. – Ldn. 1949. – Mattituck/N.Y. o. J. – Magnolia/Mass. o. J.

ÜBERSETZUNGEN: *Jürgen. Eine Komödie um die Gerechtigkeit*, K. Lerbs, Lpzg. 1928. – *Jürgen: eine Gerechtigkeitskomödie*, W. Brumm, Mchn. 1981 (Heyne Tb).

LITERATUR: G. Holt, *»Jurgen« and the Law*, NY 1923. – R. Michaud, *J. B. C. and the Escape to Poictesme* (in R. M., *The American Novel Today*, Boston 1928, S. 200–237). – G. W. Allen, *Jurgen and Faust* (in SR, 39, 1931, S. 485–492). – A. Kazin, *On Native Grounds*, NY 1942, S. 227–238. – E. Wilson, *The J. B. C. Case Reopened* (in The New Yorker, 21.4. 1956, S. 129–156). – A. R. Wells, *Jesting Moses. A Study in Cabellian Comedy*, Gainesville 1962, S. 108–118. – J. M. Flora, *»Jurgen« in the Classroom* (in Cabellian, 1, 1968, Nr. 1, S. 31–33). – J. Rothman, *Jurgen, the Rabelaisian Babitt* (ebd., S. 35–40). – J. R. Brussel, *The First Fifty Years of »Jurgen«* (ebd., 1, 1969, Nr. 2, S. 74). – E. Welch, *»Beyond Life« and »Jurgen«: The Demiurge* (ebd., 2, 1970, Nr. 2, S. 48–53). – D. Pizer, *The 1920s Fiction of J. B. C.: An Essay in Appreciation* (in Southern Quarterly, 23, 1985, Nr. 2, S. 55–74). – J. D. Riemer, *The Innovative Fantasies of J. B. C.* (ebd., S. 75–86).

## ÉTIENNE CABET

\* 1.1.1788 Dijon
† 9.11.1856 St. Louis / Mo.

### VOYAGE ET AVENTURES DE LORD W. CARISDALL EN ICARIE

(frz.; *Reise und Abenteuer von Lord W. Carisdall in Ikarien*). Utopischer Roman von Étienne CABET, erschienen 1840. – Cabet, Anwalt, Politiker, Verfasser einer *Histoire de la révolution de 1830* und Herausgeber des republikanischen ›Le Populaire‹ (1833–1835), schrieb das Buch in London, wohin er vor politischer Verfolgung geflohen war. Als er 1839 nach Paris zurückkehrte, hatte sich die Haltung des ehemaligen Republikaners mit sozialistischen Neigungen erheblich radikalisiert, und das mitgebrachte Manuskript stellte sein neues Glaubensbekenntnis dar. Die Romanhandlung – ein junger Engländer besucht 1836 das ferne, erst kürzlich entdeckte Ikarien, lernt Land, Leute und speziell eine Ikarierin kennen und lieben, kehrt schließlich nach Europa zurück und überläßt sein Tagebuch einem Freund zur Veröffentlichung – ist lediglich Mittel zu dem Zweck, ein »*gesellschaftliches, politisches und philosophisches System*« in möglichst verständlicher und lebendiger Weise darzustellen und dem Werk mehr Leser zu gewinnen, als eine trockene Abhandlung erwarten könnte.

Im ersten der beiden Hauptteile des Buches führt der Erzähler den Leser in eine »*große Nation im Zustand der Gütergemeinschaft*« und beschreibt – so Cabet im Vorwort – »*den Überfluß und den Reichtum, die Eleganz und die Pracht, die Ordnung und die Einheit, die Einträchtigkeit und die Brüderlichkeit, die Tugend und das Glück, welche das unfehlbare Ergebnis der Gütergemeinschaft sind*«. In Ikarien sind Privateigentum, Geld und jegliche Standesunterschiede abgeschafft. Der Staat, aufgrund des allgemeinen und gleichen Wahlrechts (für Männer) demokratisch regiert, sorgt für Produktion und Verteilung aller Güter. Jeder Bürger unterliegt der Arbeitspflicht, auch die Frauen, aber diese der Hausarbeit wegen nur halbtags. Dafür wird er von der Gemeinschaft ernährt (in der Betriebskantine und mit Lieferung frei Haus), bekleidet (im ganzen Land uniform nach Alter, Familienstand, Tätigkeit) und untergebracht (in Häusern, die überall gleich gebaut und gleich möbliert sind und nur in der Größe je nach Kopfzahl der Familie variieren). Annehmlichkeiten, die nicht Gegenstände des täglichen Bedarfs sind, stehen den Bürgern turnusmäßig zu, so etwa Theaterkarten und auch Reitpferde alle zehn Tage. Massenproduktion, systematische Förderung der Technik und die Beseitigung unproduktiver Tätigkeiten (Berufsarmee, Dienstboten) bieten jedermann einen hohen Lebensstandard, während zusammen mit Armut, Geld und Besitzstreben auch Verbrechen und Laster verschwunden sind.

Bis ins kleinste Detail ist in Ikarien alles ideal, das heißt zum höchsten Wohl des Menschen und nach den besten Erkenntnissen der Wissenschaft geregelt. Sieht man von einigen aktuell anmutenden Punkten ab (so etwa Fehlen des Individualverkehrs und großzügige öffentliche Verkehrsmittel, natürlich mit Nulltarif), lesen sich lange Passagen wie Kataloge der (in Ikarien abgestellten) Mißstände und Mängel im städtischen Leben des frühen 19. Jh.s. So zeichnen sich die ikarischen Städte dadurch aus, daß Fußgänger nicht durch vorüberfahrende Wagen beschmutzt werden, Abfall nicht aus dem Fenster geschüttet wird und man keine Straßenmädchen, Betrunkene und Bettler sieht, wohl aber überall öffentliche Bedürfnisanstalten, die »*ebenso elegant wie sauber und bequem*« sind. Im Gegensatz zu anderen zeitgenössischen »kommunistischen« Zielvorstellungen zeigt sich Cabet der Religion gegenüber tolerant und will auch die Städte nicht niederreißen; vor allem behält er die Familie bei, ja, er stärkt sie durch Ehezwang, Erziehung und einen strengen Moralkodex.

Der zweite Teil des Buches, der sich nur noch mühsam in die Romanhandlung fügt, bietet eine Rechtfertigung der Gütergemeinschaft aus Weltgeschichte und Philosophen-Zitaten, längere Debatten über ihr Für und Wider und als wichtigstes eine *Geschichte Ikariens* als Modell für die Art und Weise, wie eine kommunistische Gesellschaft zu schaffen sei. Nicht durch Gewalt und Revolution könne und solle der Zustand der Gütergemeinschaft herbeigeführt werden, sondern ausschließlich durch Propaganda und Überzeugung. Revolutionen, das zeige die Geschichte, seien stets durch die Restauration bedroht, und vor allem seien die Reichen Menschen und Brüder wie die Armen auch; sie irrten nur durch die Schuld der Institutionen und dürften dafür nicht bestraft werden. Es sei eine Übergangszeit von 30 oder 50 Jahren erforderlich, in der niemand seines Besitzes beraubt würde.

Cabet, der seit 1841 wieder einen (inzwischen kommunistischen) ›Populaire‹ herausgab, gewann mit seinem Buch in den vierziger Jahren erheblichen Einfluß bei den kommunistisch orientierten Gruppen in Paris. MARX und ENGELS sprachen ihn in einem erhalten gebliebenen Brief vom März 1848, in dem sie um die Veröffentlichung einer Erklärung im ›Populaire‹ baten, von Kommunist zu Kommunist an. Im *Kommunistischen Manifest* allerdings fällt Cabet unter die Rubrik des »*kritisch-utopistischen Sozialismus und Kommunismus*«, dessen Schriften zwar »*höchst wertvolles Material zur Aufklärung der Arbeiter geliefert*« hätten, aber mittlerweile überholt seien, weil sie die Notwendigkeit des Klassenkampfes leugneten. Cabets »ikarischer Kommunismus« war für die weitere Entwicklung der sozialistischen Theorie von geringer Bedeutung. Er selbst ging 1848 mit einer Gruppe von Getreuen in die USA, um dort eine ikarische Kolonie aufzubauen, die zwar den Tod des Gründers überdauerte, aber dann das Schicksal aller ähnlichen Projekte jener Zeit erlitt: Mit oder ohne Streit zerfielen und verschwanden sie. W.J.H.

AUSGABEN: Paris 1840. – Paris ²1842; Nachdr. Genf 1970 *(Voyage en Icarie)*. – Paris ⁵1848. – Paris 1971 (in *Œuvres*, Bd. 1; Vorw. H. Desroche). – Genf 1979.

ÜBERSETZUNGEN: *Die Reise nach Ikarien*, F. v. Wendel-Hippler [d. i. H. Everbeck], Lpzg. 1847; ern. Magdeburg/Lpzg. 1894. – *Grundsätze und Lehren der Gütergemeinschaft, Auswahl aus Voyage en Icarie* (in *Der Frühsozialismus*, Hg. Th. Ramm, Stg. 1955). – *Reise nach Ikarien*, F. v. Wendel-Hippler, Bln. 1979.

LITERATUR: A. Shaw, *Icaria, a Chapter in the History of Communism*, NY 1884 (dt.: *Ikaria. Ein Beitrag zur Geschichte des Kommunismus*, Stg. 1886). – H. Lux, *E. C. und der ikarische Kommunismus*, Stg. 1894. – J. Prudhommeaux, *Icarie et son fondateur, E. C.*, Paris 1907. – S. A. Piotrowsky, *E. C. and the »Voyage in Icaria«*, Diss. Washington 1935; Nachdr. Westport/Conn. 1975. – P. Angrand, *E. C. et la république de 1848*, Paris 1948. – Th. Ramm, »*Die Reise nach Ikarien*« (in Th. R., *Die großen Sozialisten*, Stg. 1955, S. 458–474). – F. Vial, *A French Communist Experiment in the USA, C. at Navvoo, Illinois* (in The American Society Legion of Honor Magazine, 28, 1957, S. 135 ff.). – Ch. H. Johnson, *Utopian Communism in France. C. and the Icarians, 1839–1951*, Ithaca/Ldn. 1974. – S. Alexandrian, *Le communisme icarien* (in S. A., *Le socialisme romantique*, Paris 1979, S. 277–325). – R. Tumminelli, *E. C.*, Mailand 1981. – E. Mosele, *Alla ricerca di Icaria* (in SLF, 11, 1985, S. 224–244).

## GEORGE WASHINGTON CABLE

\* 12.10.1844 New Orleans
† 31.1.1925 St. Petersburg / Fla.

LITERATUR ZUM AUTOR:
L. C. L. Biklé, *G. W. C.: His Life and Letters*, NY 1928. – G. Th. Pugh, *G. W. C.: A Biographical and Critical Study*, Nashville 1947. – K. Ekström, *G. W. C.: A Study of His Early Life and Work*, Uppsala/Cambridge 1950; ern. NY 1966. – G. Cardwell, *Twins of Genius*, East Lansing 1953. – Ph. Butcher, *G. W. C.: The Northampton Years*, NY 1959. – A. Turner, *Mark Twain and G. W. C.: The Record of a Literary Friendship*, Lansing 1960. – Ph. Butcher, *G. W. C.*, NY 1962 (TUSAS). – A. Turner, *G. W. C.: A Biography*, Baton Rouge 1966. – L. D. Rubin Jr., *G. W. C.: The Life and Times of a Southern Heretic*, NY 1969. – A. Turner, *G. W. C.*, Austin 1969. – *Critical Essays on G. W. C.*, Hg. A. Turner, Boston 1980. – W. H. Roberson, *G. W. C.: An Annotated Bibliography*, Metuchen/Ldn. 1982.

## THE GRANDISSIMES.
A Story of Creole Life

(amer.; Ü: *Die Grandissimes. Eine Erzählung aus dem creolischen Leben*). Roman von George Washington CABLE, erschienen 1880. – Der junge deutschstämmige Amerikaner Frowenfeld, der sich zur Zeit des Ankaufs von Französisch-Louisiana durch die Vereinigten Staaten (1803) als Apotheker in New Orleans niederläßt, wird vom alten Dr. Keene, von dessen Freund Honoré Grandissime und von einem seiner Angestellten, einem anderen Angehörigen der weitverzweigten Familie Grandissime, allmählich mit den Verhältnissen und der Mentalität der kreolischen Gesellschaft vertraut gemacht. Er lernt immer neue und immer überraschendere Aspekte des Lebens im kreolischen New Orleans kennen. Die Grandissimes liegen in Fehde mit einer anderen aristokratischen Familie, den De Grapions, und vor einiger Zeit ist dieser Rivalität ein De Grapion im Duell zum Opfer gefallen. Seine Witwe, Aurore, und seine Tochter, Clotilde, fristen seitdem in New Orleans ein ärmliches Dasein. Honoré Grandissime, in wirtschaftlicher und geistiger Hinsicht das Haupt seines Familienclans, ein Mann, der die edelsten Züge kreolischer Wesensart in sich vereint und deren romantisch-leidenschaftlichen Übersteigerungen sehr kritisch gegenübersteht, hat sich auf einem Karnevalsball in Aurore verliebt, der er im stillen wieder zu ihrem unrechtmäßig verlorenen Besitz verhelfen will. Der Wortführer der aggressiveren, in Rassenfragen fanatisch intoleranten Fraktion der Grandissimes ist der hochnäsige Schwätzer Agricola Fusilier, der im Duell Aurores Mann getötet hat. Ihm gilt der tiefe Haß Palmyres, einer einstigen Negersklavin, deren Mann, Bras-Coupé, er schweres Unrecht zugefügt hat. (Wie Cable selbst berichtet, kristallisiert sich der Roman um die schon vorher abgeschlossene Erzählung von Bras-Coupé, dem gigantischen afrikanischen Stammesfürsten, der aus der Sklaverei ausbricht, sich in den Sümpfen Louisianas verbirgt, die Ländereien seines weißen Herrn mit einem Fluch belegt und verdorren läßt – ein Rebell von natürlichem Adel, der bei einem wilden Tanz schließlich gefaßt, mit durchschnittenen Sehnen aber ungebeugtem Stolz dahinsiecht.) Palmyre setzt alle ihre Wodu-Künste ein, um Agricola Fusilier zu vernichten, doch ihn ereilt sein Schicksal, als er bei einem Angriff auf Honorés Halbbruder, der Negerblut in den Adern hat, erstochen wird. Eine neue Epoche und der Untergang einer unvermischten Kreolenkultur kündigen sich an, als Honoré seinen bisher geächteten Halbbruder in sein Geschäft aufnimmt und Aurore für sich gewinnt, während Clotilde sich mit Frowenfeld verbindet.

Das ungemein vielfältige, mit virtuosen Verkürzungen und perspektivischen Rückblenden kaleidoskopisch dargebotene Sittenbild zeichnet sich durch das präzise Lokalkolorit (phonetisch wiedergegebener kreolischer Dialekt) und die Verläßlichkeit der soziologischen und politischen Details aus. Die sentimentale Verzuckerung einiger Figuren, besonders der Frauen, steht in seltsamem Kontrast zu dem eigenwillig abrupten, oft sarkastischen und immer sehr farbkräftigen und plastischen Erzählstil des Romans. Glanzvolle, groteske und gewalttätige Elemente vereinen sich in diesem Panorama einer versunkenen Splitterkultur, deren psychologische und soziopolitische Aspekte viele Parallelen zur Problematik des gesamten Südens der USA aufweisen. Dem kraftvollen sozialen und historischen Realismus des Werkes gereichen zwar einige romantische und rhetorische Auswüchse zum Nachteil, doch hat Cable in keinem anderen Buch über sein Lieblingsthema (die bedrohte kreolische Kultur seiner Heimatstadt New Orleans) die gleiche erzählerische Konzentration erreicht. Für die Entwicklung der *Local color*-Literatur über den amerikanischen Süden waren dieser Roman und Cables ein Jahr zuvor erschienener Kurzgeschichtenband *Old Creole Days* von großer Bedeutung. Der 1884 mit seiner Familie nach Massachusetts umgesiedelte Cable blieb zeit seines Lebens ein leidenschaftlicher Verfechter der politischen und sozialen Erneuerung des Südens, was er mit einem aufsehenerregenden Essay zur *Strafgefangenenarbeit* (1884), einer Vortragsreise zusammen mit Mark TWAIN im selben Jahr und schließlich mit den politischen Streitschriften *The Silent South* (1885) und *The Negro Question* (1890) eindrucksvoll unter Beweis stellte. K.E.

AUSGABEN: NY 1880. – NY 1916. – NY 1957 [Einf. N. Arvin]. – St. Claire Shores o. J. (in *Collected Works*). – Mattituck N.Y. o. J.

ÜBERSETZUNGEN: *Die Grandissimes. Eine Erzählung aus dem creolischen Leben*, E. Pfänder, Bln. 1881. – *Die Grandissimes: Eine Erzählung aus dem tiefen Süden*, E. Schnack, Zürich 1976 [Nachw. H.-J. Lang].

LITERATUR: R. Chase, *C. and His »Grandissimes«* (in KR, 18, 1956, S. 373–383). – E. Wilson, *The Ordeal of G. W. C.* (in The New Yorker, 33, 9. 11. 1957, S. 172–216). – P. Butcher, *C. to Boyesen on »The Grandissimes«* (in AL, 40, 1968, S. 391–394). – L. D. Rubin Jr., *The Division of the Heart: C.'s »The Grandissimes«* (in Southern Literary Journal, 1, 1969, Nr. 2, S. 24–47). – W. Evans, *French-English Literary Dialect in »The Grandissimes«* (in American Speech, 46, 1971, S. 210 bis 222). – E. Howell, *G. W. C.'s Creoles: Art and Reform in »The Grandissimes«* (in Mississippi Quarterly, 26, 1973, S. 43–53). – M. L. Campbell, *The Negro in C.'s »The Grandissimes«* (ebd., 27, 1974, S. 165–178). – J. Cleman, *The Art of Local Color in G. W. C.'s »The Grandissimes«* (in AL, 47, 1975, S. 396–410). – W. B. Clark, *C. and the Theme of Miscegenation in »Old Creole Days« and »The Grandissimes«* (in Mississippi Quarterly, 30, 1977, S. 597–609). – *Centennial Essays: G. W. C.'s »The Grandissimes«*, Hg. T. J. Richardson (in Southern Quarterly, 18, 1980, Nr. 4; Sondernr.). – R. O. Stephens, *C.'s »The Grandissimes« and the*

*Comedy of Manners* (in AL, 51, 1980, S. 507–519). – W. W. Evans, *Naming Day in Old New Orleans: Charactonyms and Colloquialisms in G. W. C.'s »The Grandissimes«* (in Names, 30, 1982, Nr. 3, S. 183–191). – R. O. Stephens, *C. and Turgenev: Learning How to Write a Modern Novel* (in Studies in the Novel, 15, 1983, S. 237–248).

S. 15–36). – A. Fernández Spencer, *Nueva poesía dominicana*, Madrid 1953. – M. Ugarte, *C., un poeta de América*, Buenos Aires [2]1955. – H. Martins, *M. del C., hóspede do mundo* (in Revista do Livro 3, 1958, S. 207–213). – G. Figueira, *Letras antillanas, M. del C.* (in Revista Nacional, 7, Montevideo 1962, S. 124–130). – L. Díaz Márquez, *Función mitopoética y contexto generacional en la lírica de F. Manrique y M. del C.* (in Horizontes, 24, 1981, Nr. 48, S. 5–23).

## MANUEL DEL CABRAL

\* 7.3.1907 Santiago de los Caballeros

### COMPADRE MON

(span.; *Gevatter Mon*). Episch-lyrische Dichtung von Manuel del CABRAL (Dominik. Republik), erschienen 1943. – Die dichterische Gestaltung des Mythos um die legendäre Figur des gerechtigkeitsliebenden, gesetzesflüchtigen Compadre Mon umfaßt drei Teile. Die teils in freien Rhythmen, teils in gebundener Rede mit verschiedenen Vers- und Strophenformen gehaltene Dichtung beginnt mit des Dichters *Brief an Mon* und dreißig Gedichten; sie beschreiben die Heimat des Helden, singen seinen Ruhm und setzen ihn in Beziehung zur Erde, mit der er wesenhaft verbunden ist. Compadre Mon ist Symbol der Antilleninsel und des Volkes der Dominikaner. So eröffnet Mon selbst den zweiten Teil der Dichtung mit einer Identifikation seines Ich und der heimatlichen Erde: »... *die Insel bin ich.*« Als Symbol erlangt er Leben, spricht er, greift er zur Gitarre, um die Erde und den Menschen zu besingen, Freiheit und Gerechtigkeit zu rühmen, Willkür und Unterdrückung anzuklagen. In Kurzgedichten oder Gesängen werden individuelle und typische Gestalten angerufen oder erinnert. Die beiden ersten Teile sind überwiegend lyrischen Charakters, anders der dritte, in welchem Mon von seiner Flucht aus der Heimat, von seinem Exil in Haiti, von seiner Rückkehr und seiner erneuten Flucht erzählt.
Politische, soziale, rassische, antiimperialistische Tendenzen gehen auf in der allgemeinmenschlichen Sphäre des Gedichts. Die Ursprünglichkeit der Bilder, ihrerseits Ausdruck der Erdverbundenheit des dominikanischen Dichters, verleiht dem Ganzen eine außerordentliche Plastizität. Über das Lokale hinausgehend, ist der Dichtung ein starker *criollismo* eigen, der den Dichter zum Sprecher des Subkontinents macht und die legendäre Gestalt des Compadre Mon in einen weiteren Raum stellt.

H.Mo.

AUSGABEN: Buenos Aires 1943; [4]1957. – Santo Domingo 1976 (in *Obra poética completa*).

LITERATUR: A. Quijano, *Poesía en la República Dominicana* (in Revista Iberoamericana, 11, 1946,

## GUILLERMO CABRERA INFANTE

\* 22.4.1929 Gibara

LITERATUR ZUM AUTOR:
J. Ortega u. a., *G. C. I.*, Madrid 1974. – J. Ríos, *G. C. I.*, Madrid 1974. – R. D. Souza, *Major Cuban Novelists: Innovations and Traditions*, Columbia/Mo. 1976. – R. M. Pereda, *G. C. I.*, Madrid 1979. – A. Riccio, *G. C. I.* (in Belfagor, 34, 1979, S. 513–525). – J. D. Alvarez-Borland, *Discontinuidad y ruptura en G. C. I.*, Gaithersburg/Md. 1982. – A. L. Nelson, *C. I. in the Menippean Tradition*, Newark/Del. 1983.

### TRES TRISTES TIGRES

(span.; *Ü: Drei traurige Tiger*). Roman von Guillermo CABRERA INFANTE (Kuba), erschienen 1967. – Das 1964 unter dem vorläufigen Titel *Vista del amanecer desde el Trópico* mit dem »Premio Biblioteca Breve«, einem Preis für den besten Roman in spanischer Sprache, ausgezeichnete, bedeutendste Werk des seit 1965 zuerst in Madrid und heute in London im Exil lebenden Kubaners konnte – in überarbeiteter Fassung – erst drei Jahre später veröffentlicht werden. Mittels einer für den Leser zunächst verwirrenden Collage-Technik und unter Ausnutzung einer Unzahl von Diskursverfahren fängt der Autor in acht Kapiteln samt Prolog und Epilog sowie zwei davon losgelösten, in Einschüben wiederkehrenden Erzählsträngen wie in einem Kaleidoskop die Atmosphäre des Nachtlebens von Havanna kurz vor der kommunistischen Revolution (1959) ein; auf dem Hintergrund dieses bunten Chaos wird durch das Spiel mit der Sprache zugleich ein Metadiskurs über die Authentizität sowie Bedeutungs- und Ausdrucksmöglichkeiten von Sprache geführt.
Furios-expressionistische Ouvertüre des Romans ist der Prolog in Form einer aus spanischen und englischen Satzfetzen amalgamierten Ansage des Conférenciers in einem vorwiegend von Amerikanern und einheimischen Bohemiens frequentierten Nightclub von Havanna, bei der bereits einige der Protagonisten des Werks eingeführt werden; zen-

tral ist schon hier die Thematisierung einer trügerischen Sprache in einer auf Effekte und Künstlichkeit gestimmten Umgebung, deren Folklore nur Touristen für authentisch halten können. Obgleich sich im Laufe der Lektüre die Zusammenhänge zwischen den einzelnen Episoden und Erzählsträngen erschließen, undeutlich oder offen Gebliebenes sich zum Teil klärt, läßt der Roman die Rekonstruktion einer geschlossenen Geschichte nicht zu. Die acht Kapitel schildern bruchstückhaft die nächtlichen Unternehmungen der vier (die »drei« im Titel ist irreführend: er geht auf einen bekannten Zungenbrecher zurück und verdankt sich dessen sprachspielerischem Charakter) untereinander befreundeten Hauptfiguren: des Werbefotografen Códac, des Bongotrommerls Eribó, des Fernsehschauspielers Arsenio Cué und des Schriftstellers und Journalisten Silvestre. Ihre beruflichen Probleme, ihr intellektuelles Gehabe und ihre erotischen Abenteuer werden vorwiegend in der Form des Dialogs oder der Ich-Erzählung dargestellt. Dabei tritt die Bedeutung der Details vor deren Zusammenwirken zurück: Zentral ist der Eindruck einer ungeordneten, fragmentarisierten Welt, einer Gesellschaft im Umbruch, deren Mitglieder sich ihres prekären Status bewußt sind und vielleicht gerade deshalb in den Tag bzw. in die Nacht hineinleben. Die Entfremdung der Figuren drückt sich nicht zuletzt auch in ihren Berufen aus: Die Tätigkeit eines Fotografen, eines Schauspielers, eines Schriftstellers resultiert gewissermaßen per se in manipulierter Wirklichkeit, die durch ihre Vermittlung über die Massenmedien den Anspruch auf Glaubwürdigkeit einbüßt.

Um natürlicher und echter zu schreiben, rückt Cabrera Infante die gesprochene Sprache in den Vordergrund; die Figuren artikulieren sich nicht in der Schriftsprache, sondern in ihrem Alltagskubanisch – auch wenn dieses sich bei näherem Hinsehen zum Teil als Erfindung des Autors entpuppt. Dennoch ist die Sprache Träger der Wahrheit und zugleich Verräter an ihr; ihr Janusgesicht wird das ganze Werk hindurch problematisiert. Dies zeigt sich besonders deutlich an dem fünften männlichen Protagonisten: Bustrofedón ist der Beschäftigung mit Sprach- und Zahlenspielen verfallen. Er tritt als Figur nie auf, sein Einfluß auf die mit geistreichen Wortspielen gespickten Gespräche seiner Freunde, denen es weniger auf die Aussage als auf den Witz ankommt, ist jedoch immer präsent. Der von ihm bestrittene Teil des Romans besteht aus einer Tonbandaufzeichnung, die er bei seinem Tod (er stirbt ironischerweise an einem Gehirntumor) gleichsam als Vermächtnis hinterläßt. Dort parodiert er in äußerst gelungenen Pastiches, die die Ermordung Trotzkis beschreiben, meisterhaft die Stile acht verschiedener kubanischer Schriftsteller und Übersetzer und führt aufgrund der durch den Perspektivenwechsel sich ergebenden Veränderungen den Wahrheitsgehalt von Sprache *ad absurdum*. Ähnlich wie durch den Tod Bustrofedóns wird das Vertrauen in Sprache etwa auch durch das Kapitel *Los Visitantes* in Frage gestellt: Ankunft und erste »Abenteuer« des US-amerikanischen Ehepaars Campbell werden in vier verschiedenen Versionen berichtet, die sich gegenseitig als unzuverlässig entlarven. Der ursprünglichen Fassung Mr. Campbells folgt eine die Heuchelei ihres Gatten dekuvrierende Variante Mrs. Campbells, beide erscheinen dann in einer »Übersetzung« in »besseres« Spanisch.

Neben den männlichen Protagonisten, deren Perspektive das Werk eindeutig dominiert, treten vor allem zwei weibliche Figuren in Erscheinung: In den mit der Ordnungszahlen von *primera* bis *oncena* überschriebenen Einschüben versucht eine nicht eindeutig identifizierte Frau anscheinend in psychoanalytischen Sitzungen das Trauma einer Vergewaltigung in der Kindheit zu verarbeiten. Die unter der Überschrift *Ella cantaba boleros* wiederkehrende Erzählung Silvestres feiert La Estrella, eine übermäßig beleibte, durch ihren unvergleichlichen Gesang aber zugleich unwiderstehliche Mulattin. Ihre naive Ursprünglichkeit macht sie zur einzigen unverfälschten Figur des Romans, die dann konsequenterweise auch sterben muß. – Mit ihrer Mischung aus stilistischer Brillanz, Sprachwitz und -komik wurde diese in Kuba bis heute verbotene Inszenierung einer dekadenten und dabei ungemein faszinierenden Welt von der internationalen Kritik sogleich begeistert aufgenommen. Das Werk gilt heute als eine der größten Leistungen der lateinamerikanischen Literatur; es kann dem Vergleich mit Cabrera Infantes großen Vorbildern – Petronius' *Satyricon* und James Joyce' *Ulysses* – durchaus standhalten. M.Ho.

Ausgaben: Barcelona 1967. – Barcelona 1983.

Übersetzung: *Drei traurige Tiger*, W. Böhringer, Ffm. 1987.

Literatur: E. Rodríguez Monegal, *Estructura y significaciones en »Tres Tristes Tigres«* (in Sur, 1969, Nr. 320, S. 38–51). – E. Guillermo u. J. A. Hernández, *»Tres tristes tigres«* (in PSA, 65, 1972, S. 25–68). – R. Guibert, *G. C. I.: Conversación sobre »Tres tristes tigres«. Una entrevista* (in RI, 37, 1971, S. 537–554). – J. Matas, *Orden y visión en »Tres tristes tigres«* (ebd., 40, 1974, S. 87–104). – W. L. Siemens, *Heilsgeschichte and the Structure of »Tres tristes tigres«*, (in KRQ, 22, 1975, S. 77–90). – Ders., *Women as Cosmic Phenomenon in »Tres tristes tigres«* (in Journal of Spanish Studies in the Twentieth Century, 3, 1975, S. 199–209). – S. J. Levine, *La escritura como traducción en »Tres tristes tigres« y »Cobra«* (in RI, 41, 1975, S. 57–67). – A. MacAdam, *»Tres tristes tigres«: El vasto fragmento* (ebd., S. 549–556). – J. Goytisolo, *Lectura cervantina de »Tres tristes tigres«* (ebd., 42, 1976, S. 1–18). – J. Tittler, *Intertextual Distance in »Tres tristes tigres«* (in MLN, 93, 1978, S. 285–296). – W. L. Siemens, *Mirror and Metamorphosis: Lewis Caroll's Presence in »Tres tristes tigres«* (in Hispania, 62, 1979, S. 297–303). – S. Merrim, *A Secret Idiom: The Grammar and Role of Language in »Tres* *tristes tigres«* (in LALR, 8, 1980, Nr. 10, S. 96–117). – E. Volek, *»Tres tristes tigres« en la jaula verbal: Las antinomias dialécticas y la tentativa de lo absoluto en la novela de G. C. I.* (in RI, 47, 1981, S. 175–183). – A. L. Nelson, *»Tres tristes tigres« y el cine* (in KRQ, 29, 1982, S. 391–404). – Ders., *El doble, el recuerdo y la muerte: Elementos de fugacidad en la narrativa de G. C. I.* (in RI, 49, 1983, S. 509–521). – J. Goytisolo, *A Cervantine Reading of »Three Trapped Tigers«* (in The Review of Contemporary Fiction, 4, 1984, S. 20–34). – S. Merrim, *Logos and the Word: The Novel of Language and Linguistic Motivation in »Grande Sertão: Veredas« and »Tres tristes tigres«*, Bern u. a. 1983. – W. Schütte, Rez. (in FRs, 7. 10. 1987). – W. Eitel, Rez. (in Basler Ztg., 7. 10. 1987). – R. Baumgart, Rez. (in Die Zeit, 9. 10. 1987). – J. Drews, Rez. (in SZ, 12. 11. 1987). – H. Loetscher, Rez. (in NZZ, 27. 11. 1987).

## JOSÉ DE CADALSO Y VÁZQUEZ

\* 8.10.1741 Cádiz
† 26.2.1782 Gibraltar

LITERATUR ZUM AUTOR:
N. Glendinning, *Vida y obra de C.*, Madrid 1962. – F. Ximénez de Sandoval, *Vida y muerte de un poeta soldado*, Madrid 1967. – R. P. Sebold, *Colonel Don J. C.*, NY 1971 (TWAS). – Ders., *C.: El primer romántico »europeo« de España*, Madrid 1974. – J. K. Edwards, *Tres imágenes de J. C.: el crítico, el moralista, el creador*, Sevilla 1976. – D. E. Schurlknight, *C.: Tensión vital, tensión literaria* (in REH, 3, 1979, S. 429–437). – A. Castro Díaz, *El hombre de la »Mente anochecida« de Young a C.* (in CHA, 1980, Nr. 356, S. 371–391). – CHA, 1982, Nr. 389 [Sondernr.: *Homenaje a J. C.*]. – *Coloquio internacional sobre J. C. en Bologna*, Abano Terme 1986.

## CARTAS MARRUECAS

(span.; *Briefe aus Marokko*). Werk von José de CADALSO Y VÁZQUEZ, zwischen 1768 und 1774 geschrieben, unvollendet geblieben und 1793 postum erschienen. – Die Korrespondenten des fingierten Briefwechsels, der dem Muster von MONTESQUIEUS *Lettres persanes* folgt, sind die Marokkaner Gazel Ben-Aly, der im Gefolge des marokkanischen Botschafters nach Madrid gekommen ist, und Ben-Beley, sein ehemaliger Lehrer. Von dem Spanier Nuño Núñez in die Salons und literarischen Kreise der Hauptstadt eingeführt, macht sich Gazel mit der Geschichte Spaniens und den Lebensbedingungen auf der Halbinsel vertraut. Indem Nuño seinen Freund über den Charakter, über die Sitten und Gebräuche seiner Landsleute unterrichtet, lehrt er ihn aber auch erkennen, was darin Fassade oder Imitation des Französischen ist. Gazels Briefe geben getreu alle diese Lehren und seine eigenen Beobachtungen wieder. An anderer Stelle behandelt er das Thema der Moral unter allgemeineren Aspekten. In Nuños, Gazels und seines Lehrers Ansichten spiegeln sich wie in einem Prisma die verschiedenen Gesichtspunkte, unter denen der Autor das Phänomen der spanischen Dekadenz einer kritischen Analyse unterzieht. Sein lebendiger Sinn für nationale Traditionen verleitet Cadalso aber nicht zu einer Verherrlichung des Spanischen; andererseits steht er auch fremden Einflüssen skeptisch gegenüber. Er plädiert für einen »wohlverstandenen«, auf geschichtliches Wissen gegründeten Patriotismus (Briefe 16, 21, 44 u. a.) und bezeichnet den Nationalcharakter als eine farbige Vielheit aus verschiedenen regionalen Eigenschaften (Briefe 21, 26). Er prangert den Adelsstolz und die soziale Ungerechtigkeit an und beklagt das niedrige Niveau der spanischen Wissenschaft. Als aufgeschlossener und großzügiger Geist kämpft Cadalso gegen jede Form der Abstraktion. Er polemisiert gegen den französischen Rationalismus (Brief 77) und empfiehlt seinen Landsleuten, damit auch Spanien am Fortschritt der Zivilisation teilnehme: *»Widmen wir uns den positiven Wissenschaften, damit die Ausländer uns nicht Barbaren nennen.«* M.Ca.-KLL

AUSGABEN: Madrid 1793. – Madrid 1944, Hg. F. Sáinz de Robles. – Madrid 1950 (Hg. u. Einl. J. A. Tamayo y Rubio; Clás.Cast.). – Madrid 1984 (Austral). – Madrid 1985, Hg. u. Einl. J. Arce (Cátedra). – Madrid 1986, Hg. u. Einl. M. Camarero Gea (Castalia).

LITERATUR: W. Mulertt, *Die Stellung der Marokkanischen Briefe innerhalb der Aufklärungsliteratur*, Halle 1937. – A. Güntzel, *Die »Cartas marruecas« des Don J. de C.*, St. Gallen 1938. – P. Laborde, *C. et Montesquieu* (in Revue des Langues Romanes, 71, 1952, S. 171 ff.). – G. Adolfini, *Le »Cartas marruecas« di J. de C. e la cultura spagnuola della seconda metà del settecento* (in Filologia Romanza, 3, 1956, S. 30–83). – N. Glendinning, *New Light on the Circulation of C.'s »Cartas marruecas« before Its First Printing* (in HR, 28, 1960, S. 136–149). – J. B. Hughes, *J. C. y las »Cartas marruecas«*, Madrid 1969. – K.-J. Bremer, *Montesquieus »Lettres persanes« und C.s »Cartas marruecas« Eine Gegenüberstellung von zwei pseudo-orientalischen Briefsatiren*, Heidelberg 1971. – H.-J. Lope, *Die »Cartas marruecas« von J. C. Eine Untersuchung zur spanischen Literatur des 18. Jhs.*, Ffm. 1973. – H. Lomné, *C. e la diversité des provinces dans les »Cartas marruecas«* (in Ibéria, 1, 1977, S. 173–186). – H.-J. Lope, *»Pongamos la fecha desde hoy...« Geschichte und Geschichtsschreibungen in den »Cartas marruecas« von J. C.* (in *Aufsätze zur Literaturgeschichte in Frankreich, Belgien und Spanien*, Hg. H.-J. Lope, Ffm. u. a. 1985, S. 157–178).

## LOS ERUDITOS A LA VIOLETA O CURSO COMPLETO DE TODAS LAS CIENCIAS, DIVIDIDO EN SIETE LECCIONES PARA LOS SIETE DIAS DE LA SEMANA

(span.; *Die Schöngeister oder Vollständiger Kursus über alle Wissenschaften, eingeteilt in sieben Vorlesungen für die sieben Tage der Woche*). Satire von José de CADALSO Y VÁZQUEZ, erschienen 1772. – Wie in *Cartas marruecas* wehrt sich Cadalso auch in diesem Werk gegen die gedankliche Oberflächlichkeit, gegen sprachlichen Schwulst bei Ideenmangel und das pedantische Getue der Großsprecher. Wörtlich rechtfertigt er sein Vorhaben wie folgt: »*Wollte im vergangenen Jahrhundert jemand als Wissender gelten, so mußte er das gesellige Leben meiden, viel rauchen, immer schlechte Laune vortäuschen, wenig sprechen und mit aufgeblähtem Wortschwall über die einfachsten Dinge schwadronieren.*« In seiner Zeit, fährt Cadalso fort, habe sich die Situation geändert, aber nicht zum Besseren, denn »*um glaubhaft zu machen, daß man ein Wissender ist, genügt es, Französisch halbwegs zu verstehen, öffentliche Vergnügungen zu frequentieren, die Alten zu beschimpfen und selbst über die tiefsinnigsten Dinge drauflosschwatzen*«. Diese Situation habe ihn veranlaßt, die heutigen dünkelhaften Ignoranten zu kritisieren und ihnen in sieben Lektionen, je einer für jeden Wochentag, das unerläßliche Minimum auf allen Gebieten des Wissens zu vermitteln, so am Montag: »*Allgemeine Idee der Wissenschaften*«; Dienstag: »*Poetik und Theoretik*«; Mittwoch: »*Alte und neue Philosophie*«; Donnerstag: »*Natur- und Völkerrecht*«; Freitag: »*Theologie*«; Sonnabend: »*Mathematische Wissenschaften*«; und am Sonntag: »*Allerlei Wissenswertes*«. In ironischem Ton, der vom Vorwort zu *Don Quijote* von CERVANTES inspiriert ist, macht sich der Autor so über das Halbwissen lustig, das auf einigen allgemeinen Formeln beruht, und die scheinbar klassische Bildung, die sich auf einige Namen beschränkt und auf eine flüchtige Bekanntschaft mit den berühmtesten römischen Dichtern des römischen Zeitalters. Im Französischen genügen den Schöngeistern einige Kenntnisse der Theaterkritik, im Italienischen begnügt man sich mit PETRARCA, TASSO und GUARINI, im Spanischen mit den klassischen Dichtern BOSCÁN, GARCILASO, LUIS DE LEÓN, HERRERA, und im Englischen mit SHAKESPEARE und MILTON.

Mit diesem Werk – neben *Cartas marruecas* – reiht sich Cadalso in die Zahl der Schriftsteller und Gelehrten ein, die als Träger der spanischen Aufklärung eine Erneuerung der Literatur, der Wissenschaften und des gesamten Geisteslebens anstrebten und nach Überwindung der Übel trachteten, die B. J. FEIJOO Y MONTENEGRO in seinen Werken *Teatro critico universal* (1726–1740) und *Cartas eruditas y curiosas* (1742–1751) als Pionier der Aufklärung in Spanien bekämpft hatte: Aberglauben, konformistische Haltung, Wundersucht, Mißachtung der Naturwissenschaften, Rückständigkeit im Bildungs- und Erziehungswesen. Die von den spanischen Aufklärern des 18. Jh.s ausgegangenen geistigen Impulse versanken im politischen Chaos des 19. Jh.s, lebten jedoch in der Kritik von M. J. de LARRA (1809–1837) wieder auf und fanden ein fernes Echo in den Erneuerungsbestrebungen der »Generation von 98«. – Cadalso hat später dieses Werk mit *Suplemento al papel intitulado ‹Los eruditos a la violeta›* vervollständigt. Im selben Stil schrieb er auch die Satire *Los militares a la violeta*. A.F.R.

AUSGABEN: Madrid 1772 [m. Erg.]. – Madrid 1772 [erw.]. – Madrid 1781. – Madrid 1928 (Vorw. R. Miquel y Planas; Pequeña colección del bibliófilo). – Madrid 1944, Hg. F. Sáinz Robles. – Sevilla 1982.

LITERATUR: J. M. de Cossío, »*Los eruditos a la violeta*« *de C*. (in Boletín de la Biblioteca Menéndez Pelayo, 8, 1926, S. 232 f.). – E. Lunardi, *La crisi del 700. J. C.*, Genua 1948. – L. A. de Cuenca, *Una lectura de »Los eruditos a la violeta«* (in CHA, 1982, Nr. 389, S. 279–290).

# FEDOR CÁDRA

* 18.4.1926 Nové Mesto nad Váhom

LITERATUR ZUM AUTOR:
M. Kováč, *Poznajme súčasnú slovenskú literatúru*, Martin 1961, S. 228 f. – J. Mišianik u. a., *Dejiny slovenskej literatúry*, Preßburg 1962, S. 733. – P. Števček, *Nová slovenská literatura*, Prag 1964, S. 138. – *Slovensko. Kultúra*, Hg. K. Rosenbaum u. a., 2. Bd., Preßburg 1980, S. 764. – M. Pišút u. a., *Dejiny slovenskej literatúry*, Preßburg 1984.

## JEDINÝ DEŇ ŽIVOTA

(slovak.; *Ein Tag des Lebens*). Roman von Fedor CÁDRA, erschienen 1959. – Schauplatz der auf einen einzigen Tag konzentrierten Handlung ist eine slovakische Kleinstadt zur Zeit des Aufstands gegen das von Hitler gestützte Tiso-Regime. Das Geschehen kreist um einen schwerverwundeten Partisanen, den jüdischen Professor Ortiáš-Tausz. Mit der Schilderung der unterschiedlichen Reaktionen seiner Mitbürger in dem Augenblick, als rasche Hilfe not tut, stößt der Autor zu einem Problem vor, das nicht nur in Zeiten der Diktatur zum Prüfstein echter Humanität wird. Varoň zum Beispiel, der Chefarzt des Krankenhauses, entschließt sich erst nach einigem Zögern, dem Verwundeten zu helfen, tut dann aber alles Menschenmögliche, um ihn zu retten. Viera Maturová, die Frau des Ortsarztes, setzt sich, freilich vor allem aus privaten Gründen, sofort für Ortiáš ein und kommt dabei auf tragische Weise ums Leben. Ihr Mann dagegen verweigert seinen Beistand, weil er noch immer auf

Ortiáš, den einstigen Freund seiner Frau, eifersüchtig ist. Jolana, Krankenschwester und Angehörige einer Widerstandsgruppe, organisiert spontan eine Rettungsaktion. Mlčúch, prominenter Funktionär des klerofaschistischen Regimes, erweist sich als ein Opportunist, der es mit beiden Lagern der politisch gespaltenen slowakischen Gesellschaft nicht verderben will. Der Denunziant Večera schließlich kennt nur das Ziel, sich durch schmutzige Handlangerdienste für die Machthaber hervorzutun, um Karriere zu machen.

Aus dieser Scheidung der Geister und Charaktere entwickelt Cádra eine spannungsgeladene Handlung. Zwar gelingt es nicht, Ortiáš zu retten, doch ist am Schluß denen, die sich für ihren leidenden Mitmenschen eingesetzt haben, aus dem Solidaritätsgefühl neue moralische Kraft erwachsen. – Der Roman gehört zu den Werken der modernen slovakischen Literatur, die sich bewußt von der Schwarzweißzeichnung jener Jahre der Unterdrückung abwenden. Er beweist das Verständnis seines Autors für die Komplexität der zwischenmenschlichen Beziehungen und des individuellen Gewissens ebenso wie seine Fähigkeit, einen nach dramatischer Konzentration drängenden Stoff erzählerisch zu bewältigen. J. Le.

AUSGABE: Preßburg 1959

LITERATUR: Š. Drug, *Aranžérsky úspech* (in Kultúrny život, 1959, Nr. 46, S. 4). – J. Kot, *Jediný deň života* (in Slovenské poh1'ady, 1959, Nr. 12, S. 1321–1324). – J. Poliak, *Debut rozporov* (in Mladá tvorba, 1959, Nr. 11). – M. Gregorová, *Jeden z mnohých ťažkých dní* (in Práca, 12. 1. 1960).

## CAESAR

Gaius Iulius Caesar
\* 13.7.100 v.Chr. Rom
† 15.3.44 v.Chr. Rom

LITERATUR ZUM AUTOR:
*Bibliographien und Forschungsberichte*:
M. Rambaud, *Rapports sur César* (in Actes du congrès G. Budé Lyon 1958, Paris 1960, S. 205–238). – J. H. Collins, *A Selective survey of C. Scholarship since 1935* (in Classical Weekly, 57, 1963/64, S. 45–51; 81–88). – *C.*, Hg. D. Rasmussen, Darmstadt 1967; ³1980 (WdF). – J. Kroymann, *C. und das Corpus Caesarianum in der neueren Forschung (1945-1970)* (in ANRW, 1/3, 1973, S. 447–487). – H. Gesche, *C.*, Darmstadt 1975 (EdF).
*Biographien*:
H. Oppermann, *J. C. in Selbstzeugnissen und Bilddokumenten*, Reinbek 1968 (rm). –
H. Eberhard, *J. C. Eine Biographie*, Düsseldorf 1980. – Chr. Meier, *Die Ohnmacht des allmächtigen Diktators C.*, Ffm. 1980 (es). – Ders., *C.*, Bln. 1982.
*Gesamtdarstellungen und Studien*:
H. Oppermann, *C., Wegbereiter Europas*, Göttingen 1958. – M. Gelzer, *C. Der Politiker und Staatsmann*, Wiesbaden ⁶1960; Nachdr. 1983. – R. Warner, *Imperial C.*, Ldn. 1960. – M. Rambaud, *L'art de la déformation historique dans les »Commentaires« de César* Paris ²1966 [m. Bibliogr.]. – O. Seel *C. – Studien*, Stg. 1967. – M. Grant, *J. C.*, Ldn./NY 1969. – St. Weinstock, *Divus Julius*, Oxford 1971. – W. Richter, *C. als Darsteller seiner Taten*, Heidelberg 1977. – S. L. Utčenko, *C.*, Bln. 1982. – A. Alföldi, *Caesariana. Ges. Aufsätze zur Geschichte C.s u. seiner Zeit*, Bonn 1984. – *Présence de César. Hommage au doyen M. Rambaud. Actes du Colloque de Paris*, Paris 1985. – W. Dahlheim, *J. C. Die Ehre des Kriegers u. der Untergang der Römischen Republik*, Mchn. 1987.

## COMMENTARII DE BELLO CIVILI

(lat.; *Aufzeichnungen über den Bürgerkrieg*). Geschichtswerk in drei Büchern von CAESAR, entstanden etwa 45 v. Chr. – *Die Kommentarien* schildern die Anfänge des römischen Bürgerkriegs, der im Jahre 49 mit der Auseinandersetzung zwischen Caesar und Pompeius begann und sich bis zum Sieg des Octavian (Augustus) über Antonius in der Schlacht bei Actium (31 v. Chr.) hinzog. – Zwar hatte Caesar vor Jahren, als der eben aus Kleinasien zurückgekehrte Pompeius für sein Vorgehen im Osten beim Senat nicht genug Unterstützung fand, Pompeius zu einem Bündnis gegen die Optimatenpartei zu veranlassen gewußt; der Bankier Crassus gab dem Pakt mit der erforderlichen finanziellen Rückendeckung den ausgleichenden Halt (1. Triumvirat, 60 v. Chr.). Als jedoch Crassus im Kampf gegen die Parther gefallen war (53 v. Chr.), verloren die Abmachungen ihre Bedeutung. Es zeigte sich, daß bei der Schwäche der Senatsregierung nur die Waffen darüber entscheiden konnten, wer von den beiden selbstbewußten und machthungrigen Politikern die Alleinherrschaft gewinnen sollte. Mit der Darstellung der Situation im Januar des Jahres 49 setzt der Bericht Caesars ein: Pompeius lehnt Caesars ultimativen Vorschlag, sie beide sollten ihre Truppen, die ihnen zum Schutz ihrer Provinzen zur Verfügung standen, entlassen, im Namen des Senats ab. Daraufhin überschreitet Caesar provokativ den Rubico, der Gallia cisalpina von Italien trennte: »Der Würfel ist gefallen« (»Iacta alea est«). Italien fällt – bis auf Corfinium – Caesar beinahe kampflos zu: Fast alle Angehörigen der Nobilität fliehen mit Pompeius bis nach Brundisium und weiter nach Dyrrhachium. In Abänderung seines strategischen Planes versucht Caesar nun, Pompeius von seiner Nachschubquelle Spanien abzuschneiden; er erobert die Provinz seines Gegners trotz heftigen Widerstands der Legaten Afranius und Petreius (1. Buch). Doch erleidet auch er empfindliche Niederlagen: Curio, einer seiner tüchtigsten Offiziere, geht mit einem großen Teil der Legion in Afrika zugrunde (2. Buch). Nur durch ein kühnes Unternehmen rettet er schließlich seine Sache. Es gelingt ihm, an der thessalischen Küste zu landen und Pompeius bei Pharsalus in Makedonien vollständig zu besiegen. Auf der Flucht nach Ägypten, von wo aus er den nunmehr fast aussichtslosen Kampf weiterzuführen gedachte, wird Pompeius von Häschern des Königs Ptolemaios Auletes meuchlings umgebracht (3. Buch). – An diesem Punkt brechen die *Kommentarien* ab. Es ist anzunehmen, daß Caesar auch die Bezwingung der Söhne des Pompeius (45 v. Chr.) noch darstellen wollte, aber durch den Tod daran gehindert worden ist. Auch stilistische Nachlässigkeiten – besonders am Schluß des dritten Buches – lassen vermuten, daß Caesar etwa im Jahre 45 das Werk, seiner Gewohnheit entsprechend, in einem Zuge zu schreiben begonnen hat, ohne es vollenden oder nochmals überarbeiten zu können.

Gerade die Unfertigkeit regte mehrfach Nachahmer an, die Schilderung chronologisch weiterzuführen *(Commentarii de bello Alexandrino, Africano, Hispaniensi)*, ähnlich wie der Offizier Aulus HIRTIUS beabsichtigte, mit dem achten Buch der *Commentarii de bello Gallico* eine Verbindung zwischen den beiden authentischen Berichten zu schaffen. So ist es nicht verwunderlich, daß das *Bellum civile* weniger eine formal-stilistische als eine historisch-politische Interpretation nahelegt, zumal die *Briefe* CICEROS eine fast bis auf den Tag genaue Rekonstruktion des Geschehens erlauben. Dabei gewinnt man den Eindruck, als habe Caesar manche scheinbar eindeutigen Fakten bewußt ins Unklare verkehrt. Waren zum Beispiel seine Bemühungen um einen versöhnlichen Ausgleich vor Beginn des Krieges wirklich ernst gemeint, da er doch schon während der Verhandlungen mit dem Senat – in deren Verlauf er in der Frage des Verzichts auf persönliche Truppenkontingente immer größere Zugeständnisse machte – seine Legionen nach Italien marschieren ließ (1, 8)? Oder wollte er, dem es in jedem Fall auf eine endgültige Entscheidung ankam, nur seinem Gegner die Schuld am Kriegsausbruch zuschieben? Sicher spielten machtpolitische Erwägungen bei den Entschlüssen Caesars die ausschlaggebende Rolle. Aber nicht von ihnen allein wurde sein Handeln bestimmt: Es sei nur an sein Verhalten gegenüber den Besiegten erinnert. Nach der Eroberung Cofiniums begnadigte er wider aller Erwarten und Anraten Lucius Domitius Ahenobarbus, der die Stadt erbittert verteidigt hatte (1, 15 ff.); ebenso milde verfuhr er nach der Schlacht bei Pharsalus, so daß der Pompeianer Marcus Iunius Brutus sogar zu ihm übertrat. Die *clementia Caesaris*, die »Milde Caesars«, wurde zu einem geflügelten Wort (vgl. etwa *Bellum Africanum*, 88b; *Bellum Hispaniense*, 17), denn sie stach scharf von der Haltung früherer und späterer Feldherrn ab: Man denke bloß an die Proskriptionen des Sulla, 82 v. Chr., und die des Octavian, 43 v. Chr., denen Cicero zum Opfer fiel. Auch Caesar mußte wissen, daß er seine Feinde durch Nachsicht nicht endgültig zu Freunden gewinnen konnte: Ahenobarbus kämpfte sofort nach der Begnadigung von Massilia aus weiter gegen ihn (1, 36), und Brutus leitete ein paar Jahre später die Verschwörung. Wie wären solche im machtpolitischen Sinne durchaus unklugen Maßnahmen bei einem Mann zu verstehen, der einzig und allein aus herrschsüchtigen Motiven heraus handelte? Die Beispiele zeigen, daß der Politiker und Feldherr nicht als ein »einschichtiger« Charakter zu verstehen ist. Seine oft bewunderte Genialität beruhte keineswegs nur auf der Fähigkeit zu scharfem Kalkül. Mindestens ebenso entscheidend waren seine spontanen Entschlüsse, seine oft geradezu waghalsigen Aktionen: Der Sieg von Pharsalus war nicht nur das Resultat taktisch berechnender Strategie, sondern in gleicher Weise ein Erfolg der persönlichen Kühnheit und des wagemutigen Einsatzes des Feldherrn. Das bedeutet: Stets – auch in der literarischen Fixierung – ist bei Caesar mit einem großen Maß an spontaner, ganz dem Augenblick entspringender Beurteilung zu rechnen. Entsprechend dürfte auch dort, wo die Fakten bisweilen recht eigenwillig interpretiert werden, nicht etwa der Wunsch nach einer historischen »Sprachregelung« im Hintergrund stehen (die sich Caesar in seiner Stellung hätte durchaus erlauben können): Verantwortlich dafür ist vielmehr die im Grunde bei Caesar allzeit entscheidende höchst individuelle, genauer sogar: absolut egozentrische Perspektive.

B.M.

AUSGABEN: Rom 1469 (in *Opera*, Hg. Joh. Andreas, Bischof v. Aleria). – Oxford 1901 (*Libri III de bello civili*, Hg. R. Du Pontet; mehrere Nachdr.). –Ldn./Cambridge (Mass.) 1914 (*The Civil Wars*, Hg. A. G. Peskett; m. engl. Übers.; Loeb; mehrere Nachdr.). – Paris 1947–1954 (*La guerre civile*, Hg. P. Fabre, 2 Bde.; m. frz. Übers.; Bd. 1: ⁴1954). – Lpzg. ²1950 (in *Commentarii*, Hg. A. Klotz, Bd. 2; Nachdr. zul. 1964). – Paris 1962 (*De bello civili*, Hg. M. Rambaud; m. Einl. u. Komm.; nur Buch 1). – Bln. ¹⁵1965, Komm. v. F. Kraner, F. Hofmann u. H. Meusel, Hg. H. Oppermann. – Lpzg. 1969 (*Commentarium rerum gestarum*, Bd. 2, Hg. W. Trillitzsch).

ÜBERSETZUNGEN: *Julius der erst Römisch Keyser von seinen Kriegen*, M. Philesius [Ringmann], Straßburg 1507. – *Der Bürgerkrieg*, G. Dorminger, Mchn. ²1962 [lat.-dt.] – Dass., H. Simon, Bremen 1964 (Slg. Dieterich). – Dass., M. Deissmann-Merten, Stg. 1971 (RUB).

LITERATUR: T. Mommsen, *Die Rechtsfrage zwischen C. und dem Senat* (in Abh. der hist.-phil. Ges. in Breslau, 1, 1857, S. 1–58; ern. in T. M., *GS*, Bd. 4, Bln. 1906, S. 92–145). – A. v. Göler, *C.s gallischer Krieg und Theile seines Bürgerkriegs*, 2 Bde., Tübingen ²1880. – E. Meyer, *C.s Monarchie und das Principat des Pompeius*, Stg./Bln. ³1922;

Nachdr. Darmstadt 1963. – K. Barwick, *C.s »Bellum Civile«. Tendenz, Abfassungszeit und Stil*, Bln. 1951 (Berichte u. Verh. d. Sächs. Ak. d. Wiss. Lpzg., phil.-hist. Kl., 99, 1). – W. Lehmann, *Die Methode der Propaganda in C.s Schriften unter besonderer Berücksichtigung der Commentarien vom Bürgerkrieg*, Diss. Marburg 1951. – A. La Penna, *Tendenze e arte del »Bellum civile« di Cesare* (in Maia, 5, 1952, S. 191–233). – K. Abel, *Zur Datierung von C.s »Bellum civile«* (in MH, 15, 1958, S. 56–74). – O. Leggewie, *Clementia Caesaris* (in Gymn, 65, 1958, S. 17–36). – M. Ruch, *César, le »Commentarius« et la propagande autour de l'année 45* (in Bull. de l'Association G. Budé, 1959, S. 501 bis 515). – M. Gelzer, *C., der Politiker und Staatsmann*, Wiesbaden 1960. – F. E. Adcock, *C. als Schriftsteller*, Göttingen o. J. [ca. 1960]. – D. Rasmussen, *C.s »Commentarii«*, Göttingen 1963. – V. Brown, *The Textual Transmission of C.'s »Civil War«*, Leiden 1972 (Mnemosyne Suppl.). – A. Bachofen, *C.s und Lucans »Bellum civile«. Ein Inhaltsvergleich*, Diss. Zürich 1972. – L. Raditsa, *J. C. and His Writings* (in ANRW, 1/3, 1973, S. 417–456). – K. Raaflaub, *Dignitatis Contentio. Studien zur Motivation und politischen Taktik im Bürgerkrieg zwischen C. und Pompeius*, Mchn. 1974.

## COMMENTARII DE BELLO GALLICO

(lat.; *Aufzeichnungen über den Gallischen Krieg*). Geschichtswerk von CAESAR, entstanden im Winter 52/51 v. Chr. – Dieser erste – und in vieler Hinsicht bedeutendere – der beiden authentischen Kriegsberichte Caesars behandelt in acht Büchern die Ereignisse der Jahre 58–50. Als Verfasser des achten Buches gibt sich jedoch Aulus HIRTIUS zu erkennen (8, 2), der den Bericht über den Gallischen Krieg mit dem über die Anfänge des Bürgerkriegs in den *Commentarii de bello civili* verbinden wollte. Hirtius' Autorschaft wird darin sichtbar, daß er vom Gliederungsprinzip Caesars abweicht: Er berichtet in seinem Buch über die Vorgänge nicht nur eines, sondern zweier Jahre und wertet schon auf diese Weise sein Kapitel zu einer Art Anhang ab, der die Geschlossenheit des Caesarianischen Teils nur um so deutlicher hervorhebt.

Mit einem aggressiven Krieg gegen die Helvetier und einige germanische Stämme im Süden (Buch 1; 58 v. Chr.), gegen die Belger (Buch 2; 57 v. Chr.) und andere Völkerschaften im Norden (Buch 3; 56 v. Chr.) scheint das Land erobert zu sein. Caesar kann es wagen, Expeditionen nach Britannien zu unternehmen und den Rhein zu überschreiten (Buch 4; 55 v. Chr.). Während dieser weitgespannten Aktionen brechen jedoch Revolten aus. Sie beginnen im Norden und kosten Caesar anfangs eineinhalb Legionen (Buch 5; Winter 54/53), für die er in Strafzügen blutige Rache nimmt (Buch 6; 53 v. Chr.). Aber die Aufstände erreichen ihren Höhepunkt erst in der Auseinandersetzung mit dem Arverner Vercingetorix, der den Freiheitskampf gegen die Römer proklamiert und zum alleinigen Anführer der Gallier gewählt wird. Gegen diese vereinigte Macht unterliegt Caesar bei Gergovia; erst bei Alesia gelingt ihm der endgültige Sieg (Buch 7; 52 v. Chr.). Dieser Erfolg ist so überwältigend, daß Caesar die noch folgenden Unruhen gar nicht mehr für erwähnenswert hält. In der Tat öffnete sich Gallien seitdem den politischen, wirtschaftlichen und kulturellen Einflüssen Roms – ein Vorgang, der für die europäische Geschichte, insbesondere für das Verhältnis zwischen Frankreich und Deutschland, entscheidende Folgen haben sollte.

Schon der konzentrierte äußere Aufbau des Werkes – Buch 1–3: vorläufige zügige Eroberung, Buch 4: Stichexpeditionen in angrenzende Gebiete, Buch 5–7: endgültige Befriedung – läßt etwas von der Eigenart Caesars erkennen. Der Feldherr schrieb den Bericht im Winter 52/51 in einem Augenblick höchster politischer Anspannung in einem Zug nieder. Die vorangegangenen Monate hatten die Wahl des Pompeius zum alleinigen Konsul gebracht: Der einstige Freund drohte zum Gegner im Ringen um die Führungsposition in Rom zu werden. Dennoch hat Caesar in wenigen Wochen ein Meisterwerk lateinischer Sprache geschaffen, in dem die wesentlichen Merkmale der sogenannten »Goldenen Latinität« sich auf kleinstem Raum ausgeprägt finden. Bereits die Zeitgenossen priesen seine *elegantia*, die geschmackvolle und feinsinnige Auswahl der Worte, und wenn CICEROS unübertroffenes Urteil über die *Kommentarien* lautet, sie seien *»nüchtern, zutreffend und anmutig«* (*»nudi enim sunt, recti et venusti«*, Brutus 262), so kennzeichnet er eben damit die für Caesar charakteristische Spannung zwischen nackter Faktizität und müheloser Stilbeherrschung. Lange Zeit – besonders im vorigen Jahrhundert – ließ man nur den ersten Faktor gelten: Man erforschte aufgrund der geographischen und ethnologischen Angaben die gallische und germanische Vorgeschichte, für die die Exkurse im *Bellum Gallicum* (besonders 6, 11–28) neben der *Germania* des TACITUS die hervorragende Quelle bilden; Napoleon III. rekonstruierte aufs exakteste die Feldzüge und Schlachten. Hierbei stieß man aber – notwendigerweise – auf Ungenauigkeiten, Widersprüche, ja Fälschungen, die zu erklären so lange unmöglich war, wie man die Schrift (zwar ihrem Titel *Aufzeichnungen, Notizen*, nicht aber ihrem Wesen entsprechend) ausschließlich für einen nackten Tatsachenbericht nahm.

Die Frage, ob Caesar historische Fakten, wie etwa den Angriffskrieg gegen die Helvetier, das völkerrechtswidrige Vorgehen gegen die Ubier und Tenkterer oder auch die eigenmächtige Aushebung von mindestens vier Legionen absichtlich zu seinen Gunsten verunkralt habe, kann nur eine präzise Stilanalyse beantworten. Sie allerdings vermag schon an Hand eines einzigen Satzes die Elemente Caesarianischen Denkens und Handelns anzudeuten. Das sei an einem Beispiel exemplifiziert: »*His nuntiis acceptis Galba, cum neque opus hibernorum munitionesque plene essent perfectae neque de frumento reliquoque commeatu satis esset provisum, quod deditione facta obsidibusque acceptis nihil de bello timendum existimaverat, consilio celeriter convocato sententias exquirere coepit.«* (3, 3, 1. – »*Auf diese Nachrichten hin berief Galba schnell einen Kriegsrat und fing an, die Meinungen zu erforschen; denn der Bau des Winterlagers und seine Befestigungen waren noch nicht ganz fertig, und auch für Getreide und die übrige Verpflegung war nicht genügend vorgesorgt, hatte er doch geglaubt, nach vollzogener Unterwerfung und dem Empfang der Geiseln brauche er keineswegs mehr einen Kriegsausbruch zu fürchten.«*) Die Periode knüpft sachlich an das vorher Gesagte an (*»His nuntiis acceptis«*). Unmittelbar danach steht das neue Subjekt (*»Galba«*); das zugehörige Verb schließt sich jedoch nicht, wie zu erwarten wäre, sogleich an, sondern folgt erst am Ende des ganzen Gefüges (*»exquirere coepit«*). Zuvor werden in Nebensätzen (*»cum ... esset provisum«* und *»quod ... existimaverat«*) die Gründe für das im Verb ausgedrückte Handeln aufgedeckt. Durch diese Stellung erhält die Aktion selbst den Anschein logischer Notwendigkeit. Bei dieser Art der Periodisierung, die sich stark von dem gefälligeren Stil Ciceros unterscheidet, springt eine nüchterne, willensbetonte Zielstrebigkeit in die Augen, zumal die Triebkräfte des Handelns meist Wahrnehmungen und Erwägungen sind. Den räumlichen und zeitlichen Gegebenheiten ist der Intellekt des Akteurs, und zwar der Caesars wie der seines jeweiligen Gegners, übergeordnet. Er richtet sich in seiner klaren Sachgebundenheit nur auf die für die momentanen Überlegungen wichtigen Faktoren, alles andere beachtet er nicht.

Damit wird die Frage nach einem absichtlich tendenziösen Gehalt der Darstellung hinfällig: Von bewußter Verfälschung der Tatsachen kann keine Rede sein – in genialisch-spontaner Unbekümmertheit beurteilt Caesar die jeweiligen Situationen souverän von seinem ganz persönlichen Standpunkt aus, nicht beschönigend oder umdeutend, sondern so, wie sie ihm selbst im Augenblick erscheinen. Das Zitat vermag noch etwas anders deutlich zu machen: Die nur Caesar eigentümliche Klassizität der Sprache, die bei äußerster Sparsamkeit des Vokabulars – der Wortschatz beschränkt sich auf 1200–1300 Begriffe – eine überlegene, wahrhaft »elegante« Treffsicherheit gewinnt. Diese raffinierte »klassische« Einfachheit (die das Werk sehr zu Unrecht zur Schullektüre für die Unterstufe hat werden lassen) mutet um so erstaunlicher an, als Caesar sich den literarischen Strömungen der Zeit keineswegs verschloß, sondern, im Gegenteil, sich mit einer eigenen Schrift *(De analogia)* sogar aktiv an der aktuellen Diskussion über das Problem des richtigen Stils beteiligt hat.          B.M.

AUSGABEN: Rom 1469 (in *Opera*, Hg. Joh. Andreas, Bischof v. Aleria). – Oxford 1900 (*Libri VII de bello Gallico*, Hg. R. Du Pontet; Nachdr. zul. 1962). – Ldn./Cambridge (Mass.) 1917 (*The Gallic War*, Hg. J. H. Edwards; m. engl. Übers.; Loeb; mehrere Nachdr.). – Lpzg. [5]1957 (in *Commentarii*, Hg. A. Klotz, Bd. 1). – Lpzg. 1961; [2]1968 (in *Commentarii rerum gestarum*, Hg. O. Seel, Bd. 1). – Bln. [20]1964–1967, Komm. v. F. Kraner, W. Dittenberger u. H. Meusel, Hg. H. Oppermann, 3 Bde. [m. Bibliogr.]. – Lpzg. 1987 (*C. Julii Commentarii rerum gestarum*, Bd. 1, Hg. W. Hering).

ÜBERSETZUNGEN: *Julius der erst Römisch Keyser von seinen Kriegen*, Philesius [Ringmann], Straßburg 1507. – *Der gallische Krieg*, V. Stegemann, Bremen 1956 (Slg. Dieterich). – Dass., G. Dorminger, Mchn. 1962; [6]1980 [lat.-dt.]. – Dass., M. Deissmann-Merten, Stg. 1986 (RUB).

LITERATUR: A. v. Göler, *C.s gallischer Krieg und Theile seines Bürgerkriegs*, 2 Bde., Tübingen [2]1880. – T. R. Holmes, *C.s Feldzüge in Gallien und Britannien*, Lpzg./Bln. 1913. – K. Deichgräber, *Elegantia Caesaris* (in Gymn, 57, 1950, S. 112–123). – U. Knoche, *C.s »Commentarii«, ihr Gegenstand und ihre Absicht* (ebd., 58, 1951, S. 139–160). – K. Barwick, *Kleine Studien zu C.s »Bellum Gallicum«* (in RhMus, 98, 1955, S. 41–72). – O. Matthies, *Entstehungszeit und Abfassungsart von C.s »Bellum Gallicum«*, Diss. Bln. 1955. – G. Walser, *C. und die Germanen. Studien zur politischen Tendenz römischer Feldzugsberichte*, Wiesbaden 1956. – M. Gelzer, *C., der Politiker und Staatsmann*, Wiesbaden [6]1960 – F. E. Adcock, *C. als Schriftsteller*, Göttingen o. J. [ca. 1960]. – D. Rasmussen, *C.s »Commentarii«*, Göttingen 1963. – D. Timpe, *C.s »Gallischer Krieg« u. das Problem des römischen Imperialismus* (in Historia, 14, 1965, S. 385–403). – J. Szidat, *C.s diplomatische Tätigkeit im gallischen Krieg*, Wiesbaden 1970. – L. Raditsa, *C. and His Writings* (in ANRW, 1/3, 1973, S. 417–456). – U. Maier, *C.s Feldzüge in Gallien (58–51 v. Chr.) in ihrem Zusammenhang mit der stadtrömischen Politik*, Bonn 1978.

## CAESARIUS VON HEISTERBACH

\* um 1180 Köln (?)
† nach 1240

### DIALOGUS MAGNUS VISIONUM ATQUE MIRACULORUM

(mlat.; *Großer Dialog von den Gesichten und Wundern*). Schrift von CAESARIUS VON HEISTERBACH, entstanden 1219–1223. – Der in Köln geborene Caesarius war seit 1199 Mönch der Zisterzienserabtei in Heisterbach bei Königswinter, wo er vor allem als Predigtschriftsteller, Historiker und Erzähler wirkte. Sein *Dialogus miraculorum* stellt ein Zwiegespräch dar zwischen einem Mönch und einem Novizen, der durch die Erzählungen des Mönches in die Welt eingeführt werden soll. Caesarius schreibt vom streng kirchlichen Standpunkt seiner Zeit aus und führt dem Leser alle damals herrschenden Vorstellungen und Meinungen vor. So stehen neben historischen Tatsachen Gesichte, Träume und Prophezeiungen wie auch Sagen und Erzählungen aus dem Bereich der Mythologie. Der 746 Kapitel umfassende *Dialogus* ist eingeteilt in zwei Bücher zu je sechs *distinctiones*, von denen die ersten sechs *(De conversione, De contritione, De confessione, De tentatione, De daemonibus, De simplicitate)* eine recht systematische Ordnung aufweisen, die aber in den letzten sechs *(De Sancta Maria, De diversis versionibus, De corpore Christi, De miraculis morientibus, De praemio mortuorum)* aufgegeben ist. Alle Erzählungen dienen dem kirchlichen Gedanken und der Verherrlichung des Ordenslebens – vor allem des Zisterzienserordens – gegenüber dem unersprießlichen Treiben der Welt. Besonders im ersten Buch macht sich Caesarius zum Anwalt der Unterdrückten und deckt die Schäden und Mängel der weltlichen und geistlichen Herren auf. An diese kritische Einstellung knüpfen sich Berichte von der Berufung zum Klosterleben, von Reue und Beichte. – Der zweite Teil schildert die Wunder und das Wirken der Jungfrau Maria.

Als der bayerische Hofdichter Johann HARTLIEB etwa 250 Jahre später das Werk des Caesarius ins Deutsche übertrug, widmete er sich nur diesem zweiten Teil, während er den ersten unübersetzt ließ (möglicherweise weil die Erzählungen zum Teil an Personen vom Rhein geknüpft waren, denen man im Süden nur wenig Interesse entgegenbrachte). Dennoch sind es gerade die Schilderungen der inneren und äußeren Verhältnisse des Zisterzienserordens, die den besonderen Quellenwert des Werkes für die deutsche Kulturgeschichte im 12. Jh. ausmachen. Es ist anzunehmen, daß Caesarius zu vielen der von ihm übermittelten Berichte durch sein Amt als Prior von Heisterbach kam. Mit seiner Naivität gegenüber historischen Tatsachen und seinem Hang zum Geisterglauben unterscheidet er sich kaum von anderen mittelalterlichen Novellisten; doch ist zu bedenken, daß er weniger um der historischen Vorgänge willen erzählt als zu erbaulichen Zwecken. C.P.

AUSGABEN: Köln 1481. – Köln/Bonn/Brüssel 1851, Hg. J. Strange, 2 Bde.; Nachdr. 1966.

ÜBERSETZUNGEN: *Wunderbare und denkwürdige Geschichten*, A. Kaufmann, 2 Tle., Köln 1888 bis 1892 (Annalen d. Hist. Vereins f. d. Niederrhein, 47; 53). – *Geschichten*, E. Müller-Holm, Bln. 1910 [Ausw.]. – *Wunderbare Geschichten*, R. Weiglin, Mchn. 1925 [Ausw.]. – *Hundert auserlesene, wunderbare und merkwürdige Geschichten*, O. Hellinghaus, Aachen 1925 [Ausw.]. – *J. Hartliebs Übersetzung des »Dialogus miraculorum« aus d. einzigen Ldn.er Hs.*, Hg. K. Drescher, Bln. 1929. – *Wunderbare und denkwürdige Geschichten*, L. Hoevel, bearb. nach d. Übers. v. E. Müller-Holm, Köln 1968 [Ausw.]. – *Die wundersamen Geschichten des C. v. H.*, I. u. J. Schneider, Bln. 1972. – In *Geschichten aus dem MA*, H. Hesse u. J. G. Th. Graesse, Ffm. 1976.

LITERATUR: A. Kaufmann, *C. v. H. Ein Beitrag z. Kult.gesch. d. 12. u. 13. Jh.s*, Köln 1850; ²1862. – A. W. Wijbrand, De *»Dialogus miraculorum« van C. v. H.* (in W. Moll, *Studien en bijdragen op't gebied der historischen theologie*, Bd. 2, Amsterdam 1872, S. 1–116). – A. E. Schönbach, *C. v. H. Studien z. Erzählliteratur d. MA*, Wien 1901–1909 (Sitzg.berichte d. Wiener Akademie d. Wiss.). – H. Harder, *Die sittl. Begriffe im »Dialogus miraculorum« d. C. v. H.*, Diss. Halle 1916. – P. Schmidt, *D. Teufel- u. Dämonenglaube i. d. Erzählungen d. C. v. H.*, Diss. Basel 1926. – M. Hain, *Lebendige Volkssage im »Dialogus miraculorum« des C. v. H.* (in Archiv f. mittelrheinische Kulturgeschichte, 2, 1950, S. 130–140). – F. Wagner, *Studien zu C. v. H.* (in Analecta Cisterciensia, 29, 1973, S. 79–95). – K. Langosch, *C. v. H.* (in VL², 1, Sp. 1152–1168). – B. P. McGuire, *Friends and Tales in the Cloister: Oral Sources in C.'s of H. »Dialogus miraculorum*« (in Analecta Cisterciensia, 36, 1980, S. 167–245).

## ROGER CAILLOIS

* 3.3.1913 Reims
† 21.12.1978 Paris

LITERATUR ZUM AUTOR:
A. Bosquet, *R. C.*, Paris 1971. – *L'univers de R. C.*, Vichy 1975. – *R. C., Centre Pompidou*, Hg. R. C. u. a., Paris/Aix-en-Provence 1981. – D. Autié, *Approches de C.*, Toulouse 1983.

**BABEL. Orgueil, confusion et ruine de la littérature**

(frz.; *Babel. Hochmut, Verwirrung und Ruin der Literatur*). Literaturkritische Essays in drei Büchern von Roger CAILLOIS, erschienen 1948. – Orientiert an der französischen Klassik, verdammt der Antiromantiker Caillois, ähnlich wie MAURRAS, LASSERRE und BENDA, die Unklarheiten und Exzentrizitäten, die sich in neuester Zeit in die französische Sprache und Literatur eingeschlichen haben. Wie Maurras haßt er die drei großen »R«: Reformation, Revolution und Romantik. In den Abhandlungen vergleicht er die Situation der modernen Gesellschaft und Literatur mit dem alttestamentlichen Turmbau zu Babel, dessen Einsturz eine göttliche Strafaktion bedeutete, welche die Sprache und mit ihr die geschlossene Gesellschaftsordnung der biblischen Menschheit zerstörte. Die Sprachverwirrung, die erst durch die Fleischwerdung des göttlichen Wortes in Jesus Christus und durch das Pfingstwunder der Ausgießung des Heiligen Geistes wieder aufgehoben werden konnte, bedeutete zugleich die Verwirrung in ethischer, moralischer und gesellschaftlicher Beziehung. Babel gilt in der christlichen Theologie deshalb als geschichtlicher Beginn einer Zersplitterung der Menschheit in Völker, Sprachgruppen und Weltanschauungen, und Caillois glaubt, in der modernen Literatur jenen babylonischen Hochmut wiederzuerkennen, der sich kundtut in Disharmonie und dem Niedergang künstlerischer Moral. Er wirft der modernen Literatur vor, sie habe sich nach dem »Sündenfall der Romantik« der klassischen Formstrenge entledigt und sich der Improvisation anvertraut, sie habe den Zufall zum Prinzip erhoben und begnüge sich mit eitler Verzauberung und surrealer Magie. Diesem Formzerfall müsse wieder Ordnung, Strenge und vor allem die Selbstbeherrschung der Klassik entgegengestellt werden. Caillois versucht in seiner Kritik, eine normative Ästhetik geltend zu machen, weil er Dichtung ausschließlich unter dem Aspekt einer moralischen Neuordnung der Menschheit beurteilt. Seine literarischen Urteile sind begründet in einer Sozialethik, die er als Mitarbeiter des »Collège de Sociologie« für sich entwickelt hat. Caillois nennt die Menschen der Gegenwart »*Wesen der Dämmerung*«; er untersucht unsere zerrissene und inkohärente Gesellschaft in der Hoffnung auf eine »*organisch*«, kohärente Gesellschaft, in der es endlich wieder zu einer allumfassenden menschlichen Gemeinschaft kommen kann. Der Verfall der Sprache und der modernen Literatur gilt Caillois auch als untrüglicher Beweis für den totalen Zerfall moralischer Ordnung und den Niedergang der künstlerischen Form. Moralische Haltung und dichterische Formkraft scheinen ihm so untrennbar verbunden, daß er Literatur mit ethischen Kategorien und moralische Verhältnisse mit Kategorien der künstlerischen Formgebung beurteilen zu können glaubt. Die bedeutsame Einsicht, daß moralische und literarische Zielsetzungen im *engagement* des Dichters zusammenfallen, erscheint bei Caillois als direkter Appell an die Dichter, Verantwortung zu übernehmen und moralische Hilfestellung zu geben. Caillois beschränkt seine Angriffe auf die allgemein bekannten Mißstände in der neueren Literatur. Dabei bemüht er sich seinerseits um eine vorbildlich klare und schöne Sprache. Der eindringliche Ernst, mit dem er um die moralische und gleichzeitig ästhetische Aufwertung der Gegenwart ringt, macht Caillois vergleichbar mit Matthew Arnold, dem englischen Literaturkritiker, dessen *Culture and Anarchy* fast hundert Jahre früher als ähnliche Mahnung erschien. R.B.

Ausgaben: Paris 1948. – Paris 1978.

Literatur: A. Rousseaux, *Littérature de »Babel«* (in Figaro Litéraire, 1948, 120). – F. Meyer, *Zur Diagnose d. zeitgen. Lit. in Frankreich* (in Trivium, 1949, S. 70–74).

# PIERRES

(frz.; Ü: Steine). Poetische Betrachtungen von Roger Caillois, erschienen 1965; fortgesetzt mit *L'écriture des pierres*, 1970 *(Die Schrift der Steine)*, und *Pierres réfléchies*, 1975 *(Gedanken über Steine)*. – Auf sehr verschiedenen Gebieten, der Literatur, der bildenden Kunst, der Ethnographie, der Mineralogie, haben Roger Caillois früh schon gewisse Phänomene der Abweichung, des Irregulären, des Phantastischen beschäftigt. So hat er dem Spiel, der Maske, den Monstren eigene Untersuchungen gewidmet. Fasziniert hat ihn dabei vor allem das fast allenthalben zu beobachtende Zusammenwirken zweier Prinzipien, die einander auf den ersten Blick auszuschalten scheinen. Sie tragen mancherlei Namen: Ordnung und Chaos, Gesetz und Zufall, Regelmäßigkeit und Dissymetrie. Als wäre die Welt zugleich ein Schachbrett und ein Dorngestrüpp. Der Kosmos ist geordnet, seine Elemente sind gezählt; die möglichen Kombinationen sind unendlich, die Grenzen zwischen Materie und Geist nur schwer bestimmbar und unaufhörlicher Korrekturen bedürftig. Überall erblickt Caillois »*abenteuerliche Zusammenhänge*« und Entsprechungen zwischen den Kräften, die das Weltall hervorgebracht haben und erhalten. Unter diesen Kräften gilt sein besonderes Interesse denjenigen, die in allem Lebendigen, ja auch im Bereich des Anorganischen auffälligen Überschuß verursacht haben oder haben könnten: den verwirrenden Reichtum der »*nutzlosen*« Schmuckformen, die harmonischen Manifestationen des Schönen, die Unwahrscheinlichkeiten des Bizarren. Gibt es Natur- und Lebensgesetze, die hier zum Ausdruck drängen? Und wie lassen sie sich denken? Muß man zu ihrer Erkenntnis nicht jenes menschliche Vermögen alogischer Sinnstiftung bemühen, dem schon die Romantiker und, als deren Erben und Erneuerer, die Surrealisten eine führende Rolle zugeschrieben haben: die Einbildungskraft? Ist sie nicht an jeder Erkenntnis, Erfindung, Entdeckung beteiligt? Aber sie träumt auch, sie »*phantasiert*«. Was sie träumt, was sie »*sieht*«, mag sich unter Umständen als Projektion, als Phantasma herausstellen. Dennoch scheint es Caillois nicht abwegig, in der Art, wie sie prozediert, ein Analogon zu geheimen Verfahrensweisen der stofflichen Natur zu sehen.

Welche Faktoren waren an der Entstehung der Mineralien, wie wir sie vor uns haben, beteiligt? Caillois nennt deren drei: Ablagerung und Abnutzung in langen Zeiträumen; jähe Koagulation oder Zersprengung unter dem Einfluß von Katastrophen; stetiges oder rasches Wachstum nach geometrischen Gesetzen. Jeder Prozeß erzeugt andere Formen: Schichtungen, Knollenartiges, kantige Kristalle. Sie schließen einander aus, wirken einander entgegen und kooperieren doch. Welt ist in der Vielfalt ihrer Hervorbringungen ein Wider- und ein Zusammenspiel. Die Anschauung dieser gleichsam zeitlosen Konkretionen, die aus der Anschauung sich sättigende Meditation grenzt gelegentlich an mystische Entrückung.

Ausgelöst wurde Caillois' Beschäftigung mit den Steinen durch gewisse Überlegungen zur gegenstandslosen Malerei, in der er eine Verwandtschaft zu jenen Naturformen zu erkennen glaubte, denen man immer schon einen bild- oder zeichenhaften Charakter zugeschrieben hat. Hierzu gehören die »schönen Steine« der Chinesen, mit denen die Sammler einen wahren Kult trieben; die von Natur bebilderten Steine, von denen bei PLINIUS und in den orphischen Lithika die Rede ist; als beliebte Kuriositäten die »figurierten Steine« wie der Landschaftsachat oder der Florentinische Ruinenmarmor. Andere Steine sehen aus, als wären sie mit Schriftzeichen eines unbekannten Alphabets bedeckt. Darf man sie nicht »lesen«, als bildeten sich in diesen bereits Strukturen ab, die in den menschlichen Schriftzügen wiederkehren? Müssen wir nicht, je mehr die Wissenschaften sich vereinzeln, »diagonale Wissenschaften« imaginieren, um diese hilflos gefährliche Einkapselung zu sprengen? Caillois sieht in seinen essayistischen Erwägungen und Umkreisungen der Mineralien »reglose Ausflüge«, bei denen sich dem aufmerksamen Sinn etwas offenbart, das sich vielleicht als »Fundamentalsyntax des Universums« bezeichnen ließe. Ihre größte Dichte gewinnen diese Betrachtungen in fast rein beschreibenden Texten, bei denen es auf eine höchste Genauigkeit der Veranschaulichung eines kaum beschreibbaren Gegenstandes abgesehen ist; mit Hilfe eines hochdifferenzierten Vokabulars und eines Erfindungsreichtums der suggestiven Satzführung, die diese Exerzitien der Deskription zu echten *poèmes en prose* machen. F.Ke.

AUSGABEN: Paris 1966. – Paris 1970 *(L'écriture des pierres)*. – Paris 1975 *(Pierres réfléchies)*.

ÜBERSETZUNG: *Steine*, L. Klünner, Mchn. 1983.

LITERATUR: M. Schneider, Rez. (in NRF, 1966, Nr. 28). – C. Elsch, Rez. (in Revue de Paris, 73, Dez. 1966). – A. Bay, Rez. (in NL, 3. 11. 1966). – G. Rohou, Rez. (in NRF, 1967, Nr. 29). – É. Noulet, Rez. (in Critique, 24, 1968). – E. Droguet, Rez. (ebd., 26, 1970). – NRF, 1. 9. 1979, Nr. 320 [Beitr. von J. M. G. Le Clézio, H. Meschonnic, G. Quinsat, H. J. Schubnel u. J. Starobinski]. – Sud, 11, 1981 [Beitr. von P. Boisdeffre, M. Dugué u. J. Schlanger].

---

JAMES MALLAHAN CAIN

\* 1.7.1892 Annapolis / Md.
† 27.10.1977 University Park / Md.

LITERATUR ZUM AUTOR:
W. M. Frohock, *J. M. C.: Tabloid Tragedy* (in
W. M. F., *The Novel of Violence in America*,

*1920–1950*, Dallas 1950). – E. R. Hagemann u. P. A. Durham, *J. M. C.: A Selected Checklist* (in Bulletin of Bibliography, 23, 1960, S. 57–61). – D. Madden, *J. M. C. and the Tough Guy Novelists of the 30s* (in *The Thirties: Fiction, Poetry, Drama*, Hg. W. French, Deland 1967, S. 63–71). – J. C. Oates, *Man Under Sentence of Death: The Novels of J. M. C.* (in *Tough Guy Writers of the Thirties*, Hg. D. Madden, Carbondale / Ill. 1968, S. 110–128). – D. Madden, *J. M. C.*, NY 1970 (TUSAS). – T. S. Reck, *J. M. C.'s Los Angeles Novels* (in Colorado Quarterly, 22, 1974, S. 375–387). – J. Carr, *An Interview with J. M. C.* (in Armchair Detective, 16, 1983, S. 4–21). – R. L. Root, *Hard-Boiled Tragedy: J. M. C.'s Classical Design* (in Clues, 5, 1984, Nr. 2, S. 48–57). – *60 Years of Journalism by J. M. C.*, Hg. R. Hoopes, Bowling Green 1986.

## THE POSTMAN ALWAYS RINGS TWICE

(amer.; *Ü: Wenn der Postmann zweimal klingelt*). Roman von James Mallahan CAIN, erschienen 1934. – In zahlreichen Filmen und Romanen der dreißiger Jahre dominierte als Heldentypus der »tough guy«, der harte Mann. Die Privatdetektive amerikanischer Kriminalautoren wie Dashiell HAMMETT und Raymond CHANDLER und einige proletarische Helden des deutschen Schriftstellers Bruno TRAVEN gehören ebenso zu den »tough guys« wie die meisten Romanhelden John O'HARAS oder James M. Cains. Naturalistische Milieuzeichnung, die amoralische Grundeinstellung des Helden und ein handlungsbetonter, lakonisch-ironischer Stil kennzeichnen den typischen »tough guy«-Roman oder -Film (z. B. Gangsterfilme). Drei literarische Werke ragen qualitativ heraus und entfalteten ein besonders reiches Nachleben auch als Filmklassiker: Hammetts *The Maltese Falcon* (1929), Cains *The Postman Always Rings Twice* und Chandlers *The Big Sleep* (1939). Anders als Hammett und Chandler erlag Cain später in den meisten seiner Romane über Verbrechen und Verbrecher der Gefahr der Selbstwiederholung. Gegenüber der trivialisierten Erfolgsformel des *Postman* haben als eigenständige Werke am ehesten noch die Romane *Serenade* (1937), *Mildred Pierce* (1941) und *The Butterfly*, 1947 *(Blutiger Schmetterling)*, Bestand. Fast immer geht es bei Cain um ein rücksichtsloses, triebbestimmtes Verbrechen: Ein Liebespaar erzwingt die Erfüllung seiner Wünsche, isoliert sich von der Gesellschaft und ihren Normen und verfängt sich dann weniger in den Fußangeln der Gesetze und ihrer Hüter als vielmehr in unerwarteten Folgen des eigenen Tuns.

Frank Chambers, ein junger, gutaussehender Vagabund, kommt zufällig in die an einer kalifornischen Autostraße gelegene Tankstelle des griechischen Einwanderers Nick Papadakis. Nachdem er in dem dazugehörigen Lokal Nicks Frau begegnet ist, läßt er sich als Gehilfe anstellen. Er und die in ihrer Ehe unzufriedene Cora verfallen einander und beschließen, Nick aus dem Weg zu räumen. Erst ihr zweiter Mordversuch, ein fingierter Autounfall, ist erfolgreich. Der Polizei gelingt es beinahe, die beiden zu überführen, aber ein gerissener Anwalt erwirkt ihren Freispruch. Sie führen Nicks Betrieb weiter, doch ihre Hoffnung auf ein glückliches Zusammenleben erweist sich als trügerisch: Schuldgefühle und die Verschiedenheit ihrer Temperamente belasten ihre Liebe. Als Frank Cora betrügt und beide sich zudem gegen Erpresser wehren müssen, werden die Spannungen fast unerträglich; aber als Cora ein Kind erwartet, bekennt sich das Paar zueinander. Das Schicksal schlägt zu, als Frank seine Frau zur Entbindung fährt. Er verliert die Gewalt über seinen Wagen, Cora wird bei dem Unfall getötet, und das Gericht, das diesmal an Mord glaubt, verurteilt Frank. In der Todeszelle schreibt er seine und Coras Geschichte nieder.

Der karge, journalistisch inspirierte Stakkatostil des Romans verrät den Einfluß HEMINGWAYS und, in geringerem Maße, Hammetts. In der Entwicklung, die der harte Kriminalroman amerikanischer Prägung von Hammetts psychologisch untermauerten, realistischen Detektivgeschichten bis zu den sadistischen Parodien Mickey SPILLANES durchlief, ist *The Postman Always Rings Twice* eine wichtige Station. Die unsentimentale, dialogreiche Ich-Erzählung des *Postman* kommt stellenweise dem existentialistischen Realismus nahe. Albert CAMUS empfing von Cains Roman Anregungen zu seiner Erzählung *L'Etranger* (1942). J.v.Ge.-H.Thi.

AUSGABEN: NY 1934. – Ldn. 1934. – NY 1945. – Harmondsworth 1952. – NY 1969 (in *Three Novels*; Einl. T. Wolfe). – NY 1981. – Ldn. 1985 (in *The Five Great Novels of J. M. C.*).

ÜBERSETZUNGEN: *Die Rechnung ohne den Wirt*, H. Spiel u. P. de Mendelssohn, Ffm. 1957. – Dass., dies., Reinbek 1969 (rororo). – Dass., dies., Mchn. 1978. – *Wenn der Postmann zweimal klingelt*, dies., Mchn. 1981.

DRAMATISIERUNG: J. M. Cain, *The Postman Always Rings Twice* (Urauff.: NY 1936, Lyceum Theatre).

VERFILMUNGEN: *Le Dernier Tourant*, Frankreich 1939 (Regie: P. Chenal). – *Ossessione*, Italien 1939 (Regie: L. Visconti). – USA 1946 (Regie: T. Garnett). – USA 1981 (Regie: B. Rafelson).

LITERATUR: D. Madden, *J. M. C.'s »The Postman Always Rings Twice« and Albert Camus' »The Stranger«* (in Papers on Language and Literature, 6, 1970, S. 407–419). – J. P. Telotte, *Visconti's »Ossessione« and the Open World of Neorealism* (in New Orleans Review, 10, 1983, Nr. 2/3, S. 61–68). – D. Fine, *Beginning in the Thirties: The Los Angeles Fiction of J. M. C. and Horace McCoy* (in *Los Angeles in Fiction: A Collection of Original Essays*, Hg. ders., Albuquerque 1984, S. 43–66). – A. Graham, *The Phantom Self: J. M.C.'s Haunted American in the Early Neorealism of Visconti and An-* *tonioni* (in Film Criticism, 9, 1984, Nr. 1, S. 47–62). – G. De Santis, *Visconti's Interpretation of C.'s Setting in »Ossessione«* (ebd., 10, 1985, Nr. 3, S. 23–32). – R. G. Porfirio, *Whatever Happened to the »Film Noir«? »The Postman Always Rings Twice« (1946–1981)* (in Literature/Film Quarterly, 13, 1985, Nr. 2, S. 102–111).

## JÁN ČAJAK

\* 19.12.1863 Liptovský Ján
† 29.5.1944 Petrovec / Jugoslawien

LITERATUR ZUM AUTOR:
J. V. Ormis, *Súpis prác J. Č.* (in Zborník Matice slovenskej, 15, 1937, S. 529–540). – A. Mráz, *Die Literatur der Slowaken*, Bln. 1943, S. 147. – Ders., *J. Č. a jeho literárna tvorba* (in J. Č., *Poviedky*, Preßburg 1954, S. 7–22). – J. Mišianik u. a., *Dejiny slovenskej literatúry*, Preßburg 1962, S. 456–457. – J. Kmeť, *Pohlady a portréty*, Petrovec 1963, S. 37–58. – A. Šimkovič, *Dielo J. Č.*, Preßburg 1964. – J. Števček, *Esej o slovenskom románe*, Preßburg 1979, S. 207–223.

## RODINA ROVESNÝCH

(slovak.; *Die Familie Rovesný*). Roman von Ján ČAJAK, erschienen 1909. – Das Hauptwerk des Autors, das seiner antimagyarischen Einstellung wegen zunächst unter dem Pseudonym »Aliquis« erschien, ist der Prototyp des slowakischen pessimistischen Familienromans, eines Genres, das von Svetozár HURBAN VAJANSKÝ (1847–1916) über Martin RÁZUS (1888–1937) bis in die Moderne Nachahmung gefunden hat. Im Mittelpunkt der Handlung steht das Schicksal der Familie des reichen, gutmütigen, doch schwächlichen Geschäftsmannes Rovesný. Im Hause herrscht die Gattin des Kaufmanns, die nach gesellschaftlichem Glanz und Ansehen strebt und, in der Ehe in ihren Hoffnungen enttäuscht, ihr Ziel über ihre Kinder Vladimír und Elenka zu erreichen sucht. Ihr Traum zerbricht an der inneren Fäulnis und Zerrüttung der zeitgenössischen Gesellschaft, welche die Familienmitglieder längst korrumpiert hat. Vladimír, der sich in der Hauptstadt der eigenen Heimat entfremdet hat, bricht sein Studium ab und heiratet die durchtriebene Ilona Kopány, mit deren Hilfe er eine Anstellung bei der Schulaufsichtsbehörde zu erlangen weiß. Die Ehe endet tragisch mit dem Selbstmord Vladimírs. Elenka erliegt aus naiver Leichtgläubigkeit der Werbung Viktor Klenovskýs, eines leichtlebigen Freundes des Bruders. Klenovský heiratet Elenka in der Hoffnung auf das Erbe der Rovesnýs. Nachdem er es vertan und einen Griff in die Kasse seiner Behörde gewagt hat, entflieht er über Nacht

mit der Frau seines Schwagers nach Amerika. Elenkas Jugendfreund Janko Čvíkot, der Gehilfe des Vaters, verläßt das Geschäft, um sich als Kommis des Kaufmanns Strelecký an der Seite von dessen Verwandter Boženka zu einem einflußreichen, nationalbewußten Geschäftsmann zu entwickeln.
In seiner Person verleiht der Autor der national-liberalistischen Anschauung der Zeit von der Notwendigkeit der Förderung und Stärkung des einheimischen Kapitals und der nationalen Bourgeoisie als Gegengewicht gegen die ungarische Überfremdung Ausdruck. Der positiven Gestalt des fähigen Geschäftsmanns stellt Čajak den heimat- und volksverbundenen Lehrer Pavel Poničan zur Seite, dessen Charakter zahlreiche autobiographische Züge aufweist. In den Verfolgungen denen Poničan durch den nationalen Renegaten Vladimír Rovesný ausgesetzt ist, zeichnet Čajak ein realistisches Bild der nationalen Unterdrückung des slowakischen Volkes. Mit seiner ganzen pädagogischen Kraft sucht Poničan, der die gesellschaftlichen, wirtschaftspolitischen und literarischen Anschauungen des Autors ausspricht, der Magyarophilie und der mit ihr verbundenen Ämter- und Gesinnungskorruption entgegenzutreten. Wie der Autor muß er ins österreichische Mähren emigrieren.
Den Verfall der Familie Rovesný begründet der Roman weniger mit sozialen als mit nationalen Ursachen. In das Sujet sind zahlreiche Gedanken der slowakischen Unabhängigkeitsbewegung verwoben, die der Autor auch in außerliterarischen Veröffentlichungen vertrat. Die volkserzieherische Tendenz der Werke Čajaks kommt auch in diesem Roman zum Ausdruck, der in seinem Bemühen um einen objektiven Realismus dem Schaffen Martin KUKUČÍNs nahesteht. W.Sch.

AUSGABEN: Budapest 1909. – Lipt. Sv. Mikuláš 1948 (in *Sobrané spisy*, 5 Bde., 1/2). – Preßburg 1983 [Hg. A. Šimkovič].

LITERATUR: A. Mráz, *Realistický prozaik J. Č.*, Preßburg/Martin 1944. – Ders., *J. Č.* (in J. Č., *Z povinnosti*, Preßburg 1956, S. 9–22). – P. Mazák, *Slovenský román v období literárneho realizmu*, Preßburg 1975, S. 97–106.

## ALEKSANDRS ČAKS

d.i. Aleksandrs Čadarainis
\* 27.10.1901 Riga
† 8.2.1950 Riga

LITERATUR ZUM AUTOR:
*Redzu un dzirdu Aleksandru Čaku. (Atmiņas)*, Riga 1970. – *Istorija latyšskoj literatury*, Bd. 2, Riga 1971, S. 369–384. – J. Rudzītis, *Lieluma ābola kodējs. Aleksandrs Čaks laikmetu maiņās* (in J. R., *Starp provinci un Eiropu*, Västerås 1971, S. 223–234). – J. Anerauds, *Aleksandrs Čaks* (in *Fünfzig Begegnungen*, Riga 1973, S. 60–63). – I. Bērsons, *Padomju Latvijas rakstnieki*, Riga 1976, S. 89–96. – *Ceļā uz Čaku. Apceres, pārskati*, Riga 1981. – M. Gutmane, *A. Č.* (in Trajekt, 5/1985).

**DAS LYRISCHE WERK** (lett.) von Aleksandrs ČAKS.
Die ersten Gedichte von Aleksandrs Čaks, die seit 1925 in lettischen Zeitschriften und avantgardistischen Sammelbänden erschienen, wiesen ihren Autor als Vertreter einer dem russischen Futurismus (V. MAJAKOVSKIJ) und dem deutschen Expressionismus (G. BENN) wie auch E. KÄSTNER nahestehenden engagiert-sozialkritischen Richtung aus, der sich aber im Gegensatz zum konformistischen Majakovskij der zwanziger Jahre als oppositioneller Bohemien immer stärker in eine Außenseiterposition hineinmanövrierte. Seine kompromißlose Haltung gegenüber der etablierten Gesellschaft, die ihn bisweilen in arge finanzielle Schwierigkeiten brachte, war ihm offenbar eine Quelle, aus der er die Kraft für die Schaffung ausdrucksstarker und durch ihre Ehrlichkeit und Aufrichtigkeit bestechender poetischer Texte schöpfte, denn nachdem er sich 1945, nach der Einverleibung der Republik Lettland in die Sowjetunion, dem totalitären Regime zur Verfügung gestellt hatte, sind seine Gedichte zwar noch formal gekonnt, inhaltlich aber bis zur Abgeschmacktheit trivial. 1932 und 1937 faßte Čaks sein lyrisches Werk in zwei Gedichtbänden zusammen: *Mana paradīze (Mein Paradies)* und *Iedomu spoguļi (Die Spiegel ›meiner‹ Phantasiegebilde)*. 1948 erschienen zwei weitere Gedichtbände (*Zem čelas zvaigznes – Unter dem edlen Stern* und *Patrioti – Die Patrioten*); 1951, schon postum, kam der Band *Cīņai un darbam (Dem Kampf und der Arbeit)* heraus. Frühe, unveröffentlichte Gedichte aus den Jahren 1923–1930 wurden erstmalig unter dem Titel *Es un šīs laiks (Ich und diese Zeit)* – unter dem gleichen Titel war 1928 eine kleine Gedichtsammlung von Čaks erschienen – im ersten Band seiner Werkausgabe in 5 Bänden im Jahre 1971 publiziert. Seit 1930 veröffentlichte Čaks auch zahlreiche kleinere und größere Versepen und Versdramen. Auch als Verfasser von Erzählungen und kleinen Prosastücken machte er sich einen Namen.
Čaks' Thematik ist außerordentlich vielseitig. Sie reicht von Bildern aus der Stadt mit ihrem hektischen Getriebe, aber auch aus der Natur, über Darstellungen des Innenlebens des leidenden, hassenden und spottenden Dichters und sozialkritische Ausfälle gegen die etablierte Gesellschaft bis hin zu philosophischen Betrachtungen in der Form von Sinnsprüchen über das Wesen des Menschen. In der Regel nehmen Bildfolge oder Handlungsverlauf in Čaks' Gedichten eine ganz unerwartete, häufig schockierende Wendung. So erscheint am Schluß des Gedichts *Sniegs pilsētā (Schnee in der*

*Stadt)*, in dem geschildert wird, wie der weiße Schleier eines sanften Schneefalls alles Leben in der Stadt zudeckt und ihren Lärm dämpft, in einem Toreinang plötzlich ein lächelnder Hausmeister als »*Henker des Schnees*«. Romantische Klischees werden schonungslos dekuvriert. So ist in dem Gedicht *Aicinājums (Einladung)* »*der Mond – gelb wie Butter*«, und der Vergleich wird sogar noch in eine realisierte Metapher überführt: »*Schade, daß ich nicht Messer und Brot bei mir habe, aber wer würde auch schon ›von so weit‹ sich Butter holen?*« Aber im gleichen Gedicht wird als Gegenbild zur – ironisierend zitierten – romantischen Mondnacht im Zimmer des Dichters in intimer Innenraum geschaffen, in dem Poesie als reines Spiel der Phantasie wieder möglich ist, und der Dichter kann zu seiner Gefährtin sagen: »*Auf deinen Lippen wird sich der Vogel der Stille niedergelassen haben. In meinen Augen wirst du sitzen wie in einem Schoß.*« Das Nebeneinander von kritischen, schockierenden Elementen und zarten poetischen Empfindungen ist ein Wesenszug der Dichtung Čaks', der sich durch sein ganzes Werk hindurchzieht, denn er stellt die Möglichkeit echter, tiefer Beziehungen zum anderen Menschen nicht etwa in Frage, sondern will sie von allem Unechten und Heuchlerischen befreien und, indem er sie durch eine Kontrastierung mit abgegriffenen Klischeevorstellungen verfremdet, eine neue Grundlage für sie schaffen.

Besonders in seinen sozialkritischen Texten scheut Čaks vor beißendem Spott und antiästhetischen Bildern nicht zurück. So schildert er in *Ko gribēja viņš ar to sacīt? (Was wollte er damit sagen?)* im einzelnen den Leichnam eines auf der Treppe eines vornehmen Hauses zusammengebrochenen Bewohners eines Nachtasyls (»*Um den Nabel herum, wo die Hosen aufhören, war scheußlich mageres und blau-bräunliches Fleisch zu sehen*«), dessen Beinstümpfe »*wie drohende Kanonenrohre sich gegen die ›ihn umgebende‹ Menge und die reichen Fenster*« richten. Čaks versteht es auch, alte, traditionelle Themen in neuer Weise zu gestalten, sie der modernen, technischen Welt anzuverwandeln, so z. B. in *Es un vilciens (Ich und der Zug)* die alles wieder in Bewegung setzende Rolle des Dichters in der Gesellschaft. Die Vorstellung von einer gegenseitigen Durchdringung von Mensch und scheinbar toter Umwelt führt in einigen Gedichten aus der zweiten Hälfte der dreißiger Jahre zu einer mystischen Weltauffassung, die sich in ihren Bildern einer Symbolik zuwendet, die durch ironische Elemente allerdings gebrochen erscheint. So werden in *Nams, jumts un skurstepi (Ein Haus, ein Dach und Schornsteine)* drei Schornsteine, die »*wie unheimliche Uhus auf dem Nacken eines Daches hocken*« zu Tier, Mensch, Natur und Ewigkeit verbindenden Wesen, die schweigend alles um sie herum beobachten und hören, in sich aufnehmen. Bis in die vierziger Jahre schrieb Čaks seine Gedichte häufig in reimlosen freien Versen. Die verschiedenen langen Verse weisen bisweilen aber ein traditionelles Versmaß auf. So bestehen alle, ganz verschieden lange, Abschnitte des oben erwähnten *Ko gribēja viņš ar to sacīt*, die wie Prosastücke gedruckt sind, aus Amphibrachen. Daneben verwendet Čaks von Anfang an auch traditionelle Versmaße, Reimtechnik und Strophengliederung. Die späteren Gedichte sind in ihrer Mehrzahl so gestaltet. Die Lautinstrumentierung der Gedichte ist zurückhaltend euphonisch. Es begegnen aber auch kakophonische Elemente und bewußt stolpernde Rhythmen.

Während Čaks im literarischen Leben der Lettischen Republik eine bedeutende Rolle spielte, war er trotz seiner Anpassungsversuche in Sowjet-Lettland bis in die Tauwetterperiode hinein tabuisiert. Erst seit Ende der sechziger Jahre wird er wieder in angemessener Weise gewürdigt und von einem größeren Leserkreis rezipiert. F.Scho.

AUSGABEN: *Es un sīs laiks*, Riga 1928. – *Sirds uz trotuāra*, Riga 1928. – *Apaš frakā*, Riga 1929. – *Pasaules krogs*, Riga 1929. – *Poēma par ormani*, Riga 1930. – *Umurkumurs*, Riga 1931. – *Mana paradīze*, Riga 1932. – *Mūžības skartie*, Riga 1937–1939. – *Iedomu spoguļi*, Riga 1938. – *Patrioti*, Riga 1948. – *Zem cēlas zvaigznes*, Riga 1948. – *Mūžības skartie*, Stockholm 1950. – *Augstā krastā*, Lübeck 1950. – *Cīņai un darbam*, Riga 1951. – *Mana Paradīze*, Stockholm 1951. – *Mana mīlestība*, Brooklyn 1958. – *Atzīšanās*, Melbourne 1958. – *Mana Rīga*, Brooklyn 1961. – *Izlase*, 2 Bde., Riga 1961. – *Raksti*, 5 Bde., Riga 1971–1976. – *Debesu dāvana*, Riga 1980. – *Kremlī pie Ļeņina*, Riga 1980. – *Rīga. 30. gadi*, Riga 1985.

ÜBERSETZUNGEN: *A Century of Latvian Poetry*, W. K. Matthews, Ldn. 1957, S. 106–112. – *Selected Poems*, R. Spirsa, Riga 1979. – *Im Kreml bei Lenin*, V. Bisenieks (in *Kremlī pie Ļeņina*, Riga 1980, S. 67–78). – *Gedichte*, M. Gūtmane u. M. P. Hein (in *Trajekt* 5/1985, S. 266–279).

LITERATUR: V. Nevskij, *O poèzii Aleksandra Čaka* (in A. Č., *Lestnicy*, Riga 1964, S. 7–17). – Ders., *Ob Aleksandre Čake i ego poèzii* (in A. Č., *Serdce na trotuare*, Moskau 1966, S. 5–14). – A. Būmanis, *Aleksandra Čaka dzejas sākumi* (in *Varavīksne*, 1967, S. 191–201). – Ders., *Tēlainība Aleksandra Čaka dzejā* (in *Varavīksne*, 1969, S. 205–214).

---

## GEORGIUS CALAMINUS

eig. Georg Röhrig

* 23.4.1547 Silberberg / Schlesien
† 11.12.1595/97 Linz

**HELIS. Tragœdia sacra**

(nlat.; *Helis. Geistliche Tragödie*). Tragödie von Georgius CALAMINUS, Uraufführung: Straßburg

1591. – Der begabte schlesische Dichter und Lehrer griff in diesem Stück, der Sitte seiner Zeit entsprechend, einen alttestamentlichen Stoff – aus dem ersten Buch *Samuel*, Kap. 2 – auf: die Erzählung vom Priester und Richter Helis (Eli) und seinen ungeratenen Söhnen. Das ganz nach dem Muster einer griechischen Tragödie gebaute Stück beginnt mit einer längeren prologartigen Rede des Propheten Messaia. Dieser Eröffnungsprolog dient, ebenso wie der anschließende Dialog zwischen Samuel und dem Chor (im Dienst des Tempels stehender Frauen) über den besorgniserregenden Krieg der Israeliten mit den Philistern, der Exposition der Handlung. Mit dem Auftritt von Hophnis und Pinehas, den Söhnen des Helis, wird zum erstenmal das Grundthema angeschlagen: Samuel macht ihnen heftige Vorwürfe wegen ihres schlechten Lebenswandels. Ein Bote berichtet, daß die Israeliten eine Niederlage erlitten haben; es sei der Wunsch der Ältesten, Helis' Söhne möchten mit der Bundeslade in den Krieg ziehen. Begeistert greifen die beiden den Vorschlag auf und überreden ihren Vater, dem Plan zuzustimmen; vergebens bemühen sich ihre Mutter und Hophnis' Frau Mara, sie zurückzuhalten. Doch es war, wie der Prophet Messsaia kundtut, ein schweres Vergehen des Priesters Helis, den Kriegern die Bundeslade mitzugeben. Helis werde, versichert ihm der Prophet, für seine Nachgiebigkeit und für die schlechte Erziehung seiner Söhne noch büßen müssen. – Die rechte Kindererziehung ist auch das Thema des folgenden Gesprächs zwischen Messaia und Samuel, der nach Helis das Hohepriesteramt erhalten soll. Überraschend schnell tritt das von dem Propheten angekündigte Unheil ein: ein Bote stürzt herein und überbringt Helis die Nachricht vom Tod seiner Söhne und vom Verlust der Bundeslade. Der Priester fällt daraufhin tot vom Stuhl; auch Hophnis' Frau Mara, die in den Wehen liegt, stirbt. Ein kurzes Chorlied, das noch einmal die Folgen falscher Kindererziehung zusammenfaßt, beendet das Stück.

Obwohl der Dichter bereits 1578 die Akademie in Straßburg, wo er seine ersten Erfolge als Dramatiker errang, mit einem pädagogischen Amt in Linz vertauscht hatte, ließ er auch den *Helis* an jener großen Pflegestätte des neulateinischen Schuldramas uraufführen. Das Stück erfüllte alle Forderungen, die damals an einen protestantischen Dramatiker gestellt wurden: man sah seine Aufgabe nicht in der kunstvollen Bearbeitung des Stoffs, sondern in der religiösen, moralischen und historischen Belehrung. In diesem Sinne sollte der *Helis* ein warnendes Exempel allzu nachsichtiger Kindererziehung und sträflichen Ungehorsams bieten. M.Ze.

Ausgabe: Straßburg 1591.

Literatur: G. Skopnik, *Das Straßburger Schultheater, sein Spielplan, seine Bühne*, Ffm. 1935. – H. Slaby, *Magister G. C. u. sein Freundeskreis* (in Historisches Jb. der Stadt Linz, 1958, S. 73–139). – RL, 2, S. 667–671.

## FERNANDO CALDERÓN

\* 26.7.1809 Guadalajara
† 18.1.1845 Ojocaliente

## A NINGUNA DE LAS TRES

(span.; *Keine von den Dreien*). Verskomödie in zwei Akten von Fernando CALDERÓN (Mexiko). – Der auch in der Politik erfolgreiche Begründer des mexikanischen Theaters der Romantik gibt mit dieser nach 1831 entstandenen Charakterkomödie eine Replik auf das zuvor in Madrid begeistert aufgenommene Lustspiel *Marcela, ó ¿ cuál de los tres? (Marcella oder Wen von den dreien?)* von Manuel BRETÓN DE LOS HERREROS. Er übt darin mit karikaturenhafter Überzeichnung der Typen Kritik an der fehlgerichteten Erziehung junger Mädchen und an affektierter Fremdtümelei.

Der in seiner Vergangenheitsfixierung ebenso selbstzufriedene wie unbeholfene Timoteo und seine ungebildete Frau Serapia möchten – an Timoteos Namenstag – ihre drei Töchter unter die Haube bringen. Während sich die lesewütige Leonor mit den berühmtesten unglücklich Liebenden der Literatur schmachtend identifiziert, blättert die ihrer Schönheit wegen eingebildete Maria nur in modischen Journalen und läßt sich von Verehrern zum Tanz führen. Clara dagegen ist ein sittsames, gelehrtes Fräulein; sie spricht lateinisch und interessiert sich sogar für Politik und Geschichte. Ihr wird Antonio, ein vernünftig und »*sehr mexikanisch*« denkender junger Mann zugedacht. Der Schwätzer Carlos kritisiert verächtlich das im Vergleich zu Europa so rückständige Mexiko und schmeichelt mit seinen französierenden Manieren der eitlen Maria. Juan, der besonnene Sohn eines verstorbenen Freundes von Timoteo, soll Leonor erhalten. – Im 2. Akt der vorwiegend in Achtsilbern geschriebenen Komödie treibt Carlos ein Doppelspiel, indem er einerseits Leonor exaltiert umwirbt und sich andererseits über die leichtfertige Maria lustig macht. In dem wortkargen Juan entsteht indessen der im Titel angesprochene Konflikt: Juan kann sich für keine der drei Töchter entscheiden, es sei denn, Leonor würde sich wesentlich ändern.

Die um 1830 in Mexiko spielende, einfach gebaute und durch ihre sprachlichen Mittel wirksame Komödie behandelt in humorvoller Weise das Generationsproblem und gibt dem erstarkenden mexikanischen Nationalgefühl verhalten Ausdruck, wenn mit einem gesellschaftskritischen Einschlag vor der angeblich fortschrittlichen Europagläubigkeit einer in Wirklichkeit halbgebildeten literarisch-politischen Avantgarde gewarnt wird. D.B.

Ausgaben: Zacatecas 1882 (in *Obras completas*, 2 Bde.). – Mexiko 1944. – Mexiko 1972.

Literatur: F. Monterde, *La vida y el teatro del poeta romántico F. C.*, Lima 1972.

## PEDRO CALDERÓN DE LA BARCA

\* 17.1.1600 Madrid
† 25.5.1681 Madrid

LITERATUR ZUM AUTOR:
*Bibliographien:*
E. M. Wilson, *An Early List of C.'s Comedias* (in MPh, 40, 1962, S. 95–102). – *C. de la B.-Studies, 1951–1969. A Critical Survey and Annotated Bibliography*, Hg. J. H. Parker u. A. M. Fox, Toronto 1971. – K. u. R. Reichenberger, *Bibliographisches Handbuch der C.-Forschung*, 2 Bde., Kassel 1979–1981. – J. Simon Díaz, *Manual de Bibliografía Española*, Madrid 1980, S. 246–264.
*Forschungsberichte:*
H. Flasche, *Stand u. Aufgaben der C.-Forschung* (in DVLG, 32, 1958, S. 613–643). – J. M. Diéz Borque, *Análisis crítico del status de los estudios calderonianos (1951–1981)* (in *Colloquium Calderonianum Internationale. Atti*, Hg. G. De Gennaro, L'Aquila 1983, S. 141–190). –
H. Flasche, *Itinerario de la investigación calderoniana durante los últimos decenios* (ebd., S. 1–34). – M. Tietz, *Stimmen zu C. in Spanien u. Dtld.* (in *C. 1600–1681*, Hg. G. Denzler u. a., Bamberg 1983, S. 47–66).
*Kongreßberichte:*
*Hacia C. / Archivum Calderonianum*, Hg.
H. Flasche, Bln./Wiesbaden 1970 ff. – *P. C. de la B. (1600–1681): Beiträge zu Werk u. Wirkung*, Hg. T. Heydenreich, Erlangen 1982. – *Approaches to the Theatre of C.*, Hg. M. D. McGaha, Washington D. C. 1982. – *Actas del Congreso Internacional sobre C. y el teatro español del Siglo de oro*, Hg. L. García Lorenzo, 3 Bde., Madrid 1983. – *P. C. de la B.: Vorträge anläßlich der Jahrestagung der Görresgesellschaft 1978*, Hg. T. Berchem, Bln. 1983. – *C. 1600–1681. Bamberger Vorträge zum 300. Todesjahr*, Hg. G. Denzler u. a., Bamberg 1983. – *Colloquium Calderonianum Internationale. Atti*, Hg. G. De Gennaro, L'Aquila 1983.
*Biographien:*
A. de los Ríos y Ríos, *Biografía del celebre poeta don P. C. de la B.*, Torrelavega 1883. – C. Pérez Pastor, *Documentos para la biografía de don P. C. de la B.*, Madrid 1905. – H. Lund, *P. C. de la B. A Biography*, Edinburgh 1963. – A. Valbuena Briones, *Revisión biográfica de C. de la B.* (in Arbor, 1976, Nr. 365, S. 17–31). – J. Alcalá Zamora, *El siglo de C.* (in Historia, 16, 1981, S. 44–52).
*Gesamtdarstellungen und Studien:*
M. Menéndez Pelayo, *C. y su teatro*, Santander 1881. – E. Cotarelo y Mori, *Ensayo sobre la vida y obras de D. P. C. de la B.*, Madrid 1924. – M. V. Depta, *P. C. de la B.*, Lpzg. 1925. – A. Valbuena Prat, *C.*, Barcelona 1941. – A. A. Parker, *The Allegorical Drama of C. An Introduction to the autos sacramentales*, Oxford 1943 (span.: *Los autos sacramentales de C.*, Barcelona 1983). – D. Alonso, *La correlación en la estructura del teatro calderoniano* (in D. Alonso u. C. Bousono, *Seis calas de la expresión literaria española*, Madrid 1951, S. 109–175). – E. Frutos Cortés, *La filosofía de C. en sus autos sacramentales*, Saragossa 1952; ern. 1981. – H. Friedrich, *Der fremde C.*, Freiburg i. B. 1955. – A. E. Sloman, *The Dramatic Craftsmanship of C.*, Oxford 1958. – M. Sauvage, *C. dramaturge*, Paris 1959. – W. Brüggemann, *Spanisches Theater u. dt. Romantik*, Münster 1964. – *Critical Essays on the Theatre of C.*, Hg. B. W. Wardropper, NY 1965. – E. W. Hesse, *C. de la B.*, NY 1967. – *C. de la B.*, Hg. H. Flasche, Darmstadt 1971. –
E. Honig, *C. and the Seizures of Honor*, Cambridge/Mass. 1972. – *The Textual Criticism of C.'s Comedias*, Hg. E. M. Wilson u. D. W. Cruickshank, Ldn. 1973. – M. Franzbach, *Untersuchungen zum Theater C.s in der europäischen Literatur vor der Romantik*, Mchn. 1974. –
M. Durán u. R. Gonzáles Echevarría, *C. y la crítica: Historia y antología*, Madrid 1976. – J. V. Bryans, *C. de la B.: Imagery, Rhetoric and Drama*, Ldn. 1977. – A. Valbuena Briones, *C. y la comedia nueva*, Madrid 1977. – G. Edwards, *The Prison and the Labyrinth: Studies in Calderonian Tragedy*, Cardiff 1978. – J. E. Maraniss, *On C.*, Columbia 1978. – S. Neumeister, *Mythos u. Repräsentation. Die mythologischen Festspiele C.s*, Mchn. 1978. –
H. Flasche, *Über C. Studien aus den Jahren 1958–1980*, Wiesbaden 1980. – B. L. Mujica, *C.'s Characters: An Existential Point of View*, Barcelona 1980. – N. Sorg, *P. C. de la B.*, Salzburg 1980. – *Konkordanz zu C.*, Hg. H. Flasche u. G. Hofmann, 5 Bde., Hildesheim/NY 1980–1983. – M. Tietz, *Zur Vermittlung religiöser Inhalte an Laien im Theater C.s. Die ›autos sacramentales‹ und der ›vulgo ignorante‹* (in RF, 93, 1981, S. 319–334). – R. W. Tyler u. S. D. Elizondo, *The Characters, Plots and Settings of C.'s ›comedias‹*. Lincoln/Nebr. 1981. – S. Neumeister, *C. in Dtld.*, Bln. 1981 [Ausst. Kat.]. – D. J. Hildner, *Reason and the Passions in the Comedias of C.*, Amsterdam 1982. – C. Morón Arroyo, *C. Pensamiento y teatro*, Santander 1982. –
R. Ter Horst, *C.: The Secular Plays*, Lexington/Ky. 1982. – D. Briesemeister, *C. de la B.* (in *Exempla historica. Die Konstituierung der neuzeitlichen Welt*, Bd. 30, Ffm. 1984, S. 79–101). – A. J. Cascardi, *The Limits of Illusion: A Critical Essay on C.*, Cambridge 1984. – F. Ruiz Ramón, *C. y la tragedia*, Madrid 1984. – M. Engelbert, *C.* (in *Das Spanische Theater*, Hg. K. Pörtl, Darmstadt 1985, S. 240–279). – *C. and the Baroque Tradition*, Hg. K. Levy u. J. Ara, Waterloo 1985. – W. Matzat, *Die ausweglose Komödie – Ehrenkodex u. Situationskomik in C.s ›comedia de capa y espada‹* (in RF, 98, 1986, S. 58–80). – S. Hernández-Araico, *Ironía y tragedia en C.*, Potomac/Md. 1986.

## EL ALCALDE DE ZALAMEA

(span.; *Der Richter von Zalamea*). Versdrama in drei Akten von Pedro CALDERÓN DE LA BARCA, entstanden um 1640, möglicherweise schon vor 1636. – Bei der Einquartierung durchziehender Soldaten nimmt der reiche Bauer Pedro Crespo den Hauptmann Alvaro de Ataide auf. Dieser mißbraucht die Gastfreundschaft und vergewaltigt Pedros Tochter. Gerade an diesem Tag ist Don Crespo zum Alkalden ernannt worden. Zunächst versucht er, nicht als Richter, sondern als Mensch (*»como un hombre no más«*) den Hauptmann anzusprechen und bittet ihn kniefällig, die Ehre seiner Tochter wiederherzustellen, indem er sie heiratet. Als er damit nur Hohn und Spott erntet, benutzt er seine Amtsgewalt und läßt den Hauptmann ohne Rücksicht auf dessen adelige Geburt und militärischen Rang, der ihn der Militärgerichtsbarkeit unterstellt, ins Gefängnis werfen. Er weigert sich auch, ihn dem nach Zalamea zurückkehrenden General auszuliefern, weil er selbst eine unmittelbare Wiederherstellung der verletzten Ordnung herbeiführen will. Erbost befiehlt der General seinen Soldaten, das Dorf anzuzünden. Da erscheint der König, dem der Fall vorgetragen wird. Er gibt Crespo recht, fordert jedoch die Herausgabe des Gefangenen. Doch dieser ist schon tot: Der Alkalde hatte ihn aus Furcht vor dem Eingreifen der Soldaten hängen lassen. Nach kurzem Bedenken heißt der König Crespos Vorgehen gut und verlängert sein Richteramt auf Lebenszeit.

Die berichtete Begebenheit geht zurück auf ein Ereignis, das sich während des Portugalfeldzuges (1580/81) unter Philipp II. in Zalamea zugetragen hatte. Vermutlich hat Calderón auch eigene, im katalanischen Feldzug gesammelte Erfahrungen verarbeitet, und wahrscheinlich kannte er Lope de Vegas gleichnamiges Stück. Erst Calderón jedoch gelang es, durch Reduzierung (wenn auch Beibehaltung) der komödienhaften Züge die Intrige zu vereinfachen, den Konflikt dramatisch zuzuspitzen, die Handlung auf die Hauptfiguren und die dem Protagonisten Lopes an menschlicher und dramatischer Kraft weit überlegene Gestalt des Richters als den beherrschenden Mittelpunkt zu konzentrieren und die einzelnen Szenen harmonisch auszubalancieren. *»Mit großer intellektueller Kraft vermag der Verfasser die durcheinandergewirbelten Bilder sprachlich in einer genauen..., durch Wiederholungsfiguren gegliederten, dem Syllogismus angenäherten Satzstruktur zu bändigen«* (H. Friedrich). Im Unterschied zu seinen anderen Werken, in denen meist allegorische Figuren oder Vertreter höheren Standes als Hauptpersonen auf der Bühne stehen, läßt Calderón hier Vertreter aller Stände wirklichkeitsnah und lebendig agieren. Man könnte den *Alcalde* geradezu ein Meisterwerk Lopes nennen, das von Calderón realisiert worden ist. Angehörige der Armee vom gemeinen Soldaten und der Marketenderin über den Sergeanten und den Hauptmann bis zum General vereinigen sich mit der Familie Crespos und vielen Sekundärfiguren zu einem innerhalb seines dramatischen Werkes einzigartigen Bild der spanischen Stände, deren niedere der Dichter hier nicht nur für darstellungswürdig hält, sondern als wahrhaft aristokratischer Ehrbegriffe und Handlungsweisen fähig schildert. Dennoch glaubte man zu Unrecht, daß in diesem Stück bereits Sozialkritik geübt und eine »demokratische Gesellschaft« vorweggenommen worden sei. Wenn Crespo, der bäuerliche Zivilrichter, auf den Einwand des Königs, der Hauptmann könne nur von einem Kriegsgericht verurteilt werden, antwortet: »*Die Gerechtigkeit des Reiches / hat nur einen Körper zwar, / aber der hat viele Hände: / Sagt, was tut's, wenn diese Hand / einen umbringt, der den Tod / von der anderen empfangen?*« und der König bestätigt: »*Rechtlich war der Tod erkannt, / und nichts tut ein Fehl im Kleinern, / wenn man nur den Hauptpunkt traf*«, so scheint das ein Sieg natürlichen Rechtsempfindens über die Willkür der privilegierten Stände und Crespo ein Bild unabhängigen Bauernstolzes im absolutistischen Spanien des 17. Jhs. zu sein. Doch abgesehen davon, daß es unter den spanischen Habsburgern keinen freien Bauernstand gab, ist die Unbedingtheit, mit der Crespo dem Recht Geltung verschafft, eher als Vollzug einer »*gottgegebenen Veranstaltung*« (Voßler) zu werten; denn Crespo rächt nicht seine eigene verletzte Ehre, sondern die willkürliche Übertretung einer von Gott gesetzten Ordnung, und in gewisser Weise vertritt er als Richter Gott selbst.  I.F.-KLL

AUSGABEN: Madrid 1651 (in *El mejor de los meiores libro que ha salido de comedias nuevas*). – Madrid 1959 (in *Obras completas*, Hg. A. Valbuena Briones, 3 Bde., 1959–1967, 1; m. Anm.; ern. 1969). – Madrid 1960, Hg. A. Cortinas (Clás.Cast; m. Anm.). – Oxford 1966, Hg. P. N. Dunn. – Madrid 1976, Hg. J. M. Diéz Borque [m. Anm.]. – Barcelona 1982, Hg. D. Yndurain [m. Anm.].

ÜBERSETZUNGEN: *Der Richter von Zalamea*, J. D. Gries (in *Schauspiele*, 7 Bde., Bln. 1815–1829; 5, 1822). – *Der Schultheiß von Zalamea*, O. Graf von der Malsburg (in *Schauspiele*, 6 Bde., Lpzg. 1819–1825, 5). – *Der Richter von Zalamea*, W. v. Wurzbach (in *AW*, 10 Bde., Lpzg. 1910, 7). – *Der Schulze von Zalamea*, O. Frh. v. Taube, Lpzg. 1923 (IB). – *Der Richter von Zalamea*, E. Gürster (in *Ausgew. Schauspiele*, Mchn. 1928; einzeln: Mchn. 1931). – Dass., W. v. Scholz (in W. v. S., *Welttheater*, Lpzg. 1942; einzeln: Mchn. 1954; ern. in *Spanisches Welttheater*, Mchn. 1961). – Dass., J. D. Gries, Hg. W. Tschulik, Mchn. 1958. – Dass., ders. (in *Dramen*, Mchn. 1963; Nachw. E. Schramm). – Dass., E. Gürster, Stg. 1981.

BEARBEITUNGEN: G. Stephanie, *Der Oberamtmann u. die Soldaten* (in G. S., *Sämtliche Lustspiele*, Wien 1787, Bd. 6). – F. L. Schröder, *Amtmann Graumann oder Die Begebenheiten auf dem Marsch*, Hannover 1781. – O. Döpke, *Der Richter von Zalamea*, bearb. nach d. Übers. v. J. D. Gries, Bln. 1981.

VERFILMUNGEN: *Der Richter von Zalamea*, Deutschland 1956 (Regie: M. Hellberg). – *La leyenda del Alcalde de Zalamea*, Spanien 1972 (Regie: M. Camus).

LITERATUR: A. Günther, *C.s »Alcalde de Zalamea« in der dt. Lit.* (in Zs. f. frz. u. engl. Unterricht, 26, 1927, S. 445–457). – W. Küchler, *C.s Comedia »El alcalde de Zalamea« als Drama der Persönlichkeit* (in ASSL, 190, 1953/54, S. 306–313). – C. A. Soons, *Caracteres e imágenes en »El alcalde de Zalamea«* (in RF, 72, 1960, S. 104–107). – W. O. Casanova, *Honor, patrimonio del alma y opinión social, patrimonio de casta en »El alcalde de Zalamea«* (in Hispanófila, 33, 1968, S. 17–33). – M. Franzbach, *P. C. de la B. »Der Richter von Zalamea«*, Mchn. 1971. – A. A. Parker, *La estructura dramática de »El alcalde de Zalamea«* (in *Homenaje a Casalduero*, Madrid 1972, S. 411–418). – P. Halkhoree, *C. de la B.: »El alcalde de Zalamea«*, Ldn. 1972. – V. B. Bickert, *C.s »El alcalde de Zalamea« als soziales Drama*, Ffm. 1977. – A. Valbuena Briones, *Una interpretación de »El alcalde de Zalamea«* (in Arbor, 1978, Nr. 385, S. 25–39). – P. L. Smith, *C's Mayor* (in RF, 92, 1980, S. 100–117). – G. Edwards, *The Closed World of »El alcalde de Zalamea«* (in *Critical Perspectives on C. de la B.*, Hg. F. A. de Armas u. a., Lincoln/Nebr. 1981, S. 53–67). – C. Morón Arroyo, *»La vida es sueño« y »El alcalde de Zalamea«: Para una sociología del texto calderoniano* (in IR, 14, 1981, S. 27–41). – R. Ter Horst, *The Poetics of Honour in C.'s »El alcalde de Zalamea«* (in MLN, 96, 1981, S. 286–315). – D. J. Hill, *»El alcalde de Zalamea«: A Chronological Annotated Bibliography* (in Hispania, 66, 1983, S. 48–63). – H. W. Sullivan, *»El alcalde de Zalamea« de C. en el teatro europeo de la segunda mitad del siglo XVIII* (in *Actas del Congreso Internacional sobre C. y el teatro español de Siglo de oro*, Hg. L. García Lorenzo, Bd. 3, Madrid 1983, S. 1471–1477). – D. Yndurain, *»El alcalde de Zalamea«, historia, ideología, literatura* (in Edad de oro, 5, 1986, S. 299–311).

## A SECRETO AGRAVIO SECRETA VENGANZA

(span.; *Auf heimliche Kränkung heimliche Vergeltung*). Drama in drei Akten von Pedro CALDERÓN DE LA BARCA, erstaufgeführt 1636, gedruckt 1637 im zweiten Teil einer Ausgabe seiner Dramen, die von seinem Bruder Don José besorgt wurde. – Der portugiesische Edelmann Don Lope erwartet seine junge Gemahlin, die ihm durch Vertrag bereits angetraut ist. Sie hatte sich nur auf die falsche Nachricht vom Tod ihres Geliebten, Don Luis, hin zu dieser Ehe entschlossen. Don Luis, der in Flandern von der Verlobung gehört und versucht hatte, die Heirat zu verhindern, kommt zu spät: Die Ehe ist bereits vollzogen, die Gattin ist trotz ihrer Liebe zu Luis nun ihrem Mann treu ergeben (Akt 1). – Auf langes Drängen hin läßt sich Doña Leonor schließlich doch auf eine Unterredung mit ihrem früheren Geliebten ein, die aber von einem Freund, Juan, der sich verpflichtet fühlt, über die Ehre Don Lopes zu wachen, gestört wird. Zufällig kommt auch Don Lope nach Hause. Er scheint zwar der Erklärung des Rivalen Glauben zu schenken, aber seine Eifersucht ist geweckt, seine früheren Verdächtigungen sind nun gerechtfertigt. Sein heimlicher Argwohn führt ihn zu *»heimlicher Vergeltung«*, denn offene Rache würde sein Ansehen noch mehr schädigen. (Akt 2) – Eine Gelegenheit für die Ausführung seines Racheplanes bietet sich Lope bald: Leonor hat während der Abwesenheit ihres Gatten Luis zu einer Zusammenkunft ins Haus bestellt. Doch der Zufall führt die beiden Rivalen am Strand zusammen, sie fahren gemeinsam aufs Meer. Ohne jeden Zeugen findet Don Luis den Tod; doch erst der Tod Leonors stellt Lopes Ehre wieder ganz her. Der herbeigeeilte König, der Vertreter des Rechts, dem Juan die wahre Ursache des »Unglücksfalles« andeutet, erkennt die Haltung Don Lopes dadurch an, daß er schweigt und dessen Taten nicht rechtlich verfolgt.

Dem Drama liegt eine wahre Begebenheit aus dem Jahr 1578 zugrunde. Das gleiche Thema taucht auch bei TIRSO und LOPE (z. B. in seiner Novelle *La más prudente venganza – Die vorsichtigste Rache*) auf. Mit den Stücken *El médico de su honra (Der Arzt seiner Ehre)* und *El pintor de su deshonra (Der Maler seiner Schande)* gehört es in die Gruppe der Ehren- und Eifersuchtsdramen. Sie alle behandeln das gleiche Thema: den im Äußeren erstarrten Ehrbegriff des barocken Spanien, den Widerspruch zwischen den Vorschriften des Ehrenkodex und dem menschlichen Empfinden. Die peinlich genaue Einhaltung des Kodex bestimmt die ganze Haltung des Dramas, während die Kritik an den herrschenden Zuständen, nur versteckt und nur für den aufmerksamen Zuschauer erkennbar, als Reflexion in den Monologen auftaucht. Persönliche Gefühle treten in dem Stück ganz in den Hintergrund, es wird nicht einmal erwähnt, ob Don Lope seine Frau liebte oder nicht. Die Ehre, die sich vor der Öffentlichkeit in der Anerkennung absoluter Wertgesetze manifestiert, bestimmt allein sein Denken und Tun.                    B.W.

AUSGABEN: Madrid 1637 (in *La segunda parte...*). – Madrid 1956 (in *Dramas de honor*, Hg. A. Valbuena Briones; m. Einl.; Clás.Cast). – Madrid 1959 (in *Obras completas*, Hg. ders., 3 Bde.; 1959–1967, 1; m. Einl; zul. 1969).

ÜBERSETZUNGEN: *Für heimliche Beleidigung heimliche Rache*, A. Martin (in *Schauspiele C.s*, 3 Bde., Lpzg. 1844, 1). – *Die stumme Rache*, J. G. Seidl (in GS, Wien 1877–1881; Bd. 5; Prosabearbeitung).

LITERATUR: J. M. de Cossío, *El celoso prudente y »A secreto agravio, secreta venganza«* (in Boletín de la Biblioteca Menéndez Pelayo, 5, 1923, S. 62–69). – S. H. Eoff, *The Sources of C.'s »A secreto agravio, secreta venganza«* (in MPh, 28, 1930/31, S. 297 bis 311). – J. M. de Cossío, *La secreta venganza en Lope, Tirso y C.* (in Fénix, 1, 1935, S. 501–515). – E. M. Wilson, *La discreción de Don Lope de Almeida* (in Clavileño, 11, 1951, S. 1–10). – E. Honig, *C.'s »Secret Vengeance«: Dehumanizing Honor* (in *Homenaje a W. L. Fichter*, Hg. A. Kossof u. J. Amor de

Vázquez, Madrid 1971, S. 295–306). – B. K. Mujica, *C.'s Don Lope de Amleida: A Kafkian Character*, Madrid 1971. – W. Holzinger, *Ideology, Imagery and the Literalization of Metapher in »A secreto agravio, secreta venganza«* (in BHS, 54, 1977, S. 203–214). – A. K. Paterson, *C.'s »A secreto agravio, secreta venganza«: A Theatre of the Passions* (in MLR, 79, 1984, S. 589–608). – A. I. Watson, *C.'s King Sebastian: Fool or Hero* (in BHS, 61, 1984, S. 407–418). – T. E. May, *The Folly and the Wit of Secret Vengeance: C.'s »A secreto agravio, secreta venganza«* (in T. E. M., *Wit of the Golden Age*, Kassel 1986, S. 213–222).

## LA BANDA Y LA FLOR

(span.; *Schärpe und Blume*). Schauspiel in drei Akten von Pedro CALDERÓN DE LA BARCA geschrieben zwischen März und Juli 1632, gedruckt 1668. – *La banda y la flor* ist eines der zahlreichen Mantel-und-Degen-Stücke *(de capa y espada)* von Calderón, so benannt nach den traditionsgemäß zu diesem Dramentyp gehörenden Requisiten ihres Haupthelden, des draufgängerischen und von den Frauen umworbenen Galans. Verkleidung, Verwechslung und Täuschung, heimliche Stelldicheins und Duelle, Eifersucht der Betrogenen und das nach Rache für die verlorene Unschuld seiner Töchter drängende Ehrgefühl des reichen Bürgers sind die stereotypen Situationen und Handlungsmotive dieser Dramengattung. Ebenfalls zum Repertoire gehört die burleske Travestierung der Haupthandlung in der komischen Nebenhandlung des *gracioso* oder Spaßmachers sowie das Happy-End, zu dem der Autor die bis an den Rand des Tragischen zugespitzte Problematik mit einem nicht immer ganz überzeugenden Kunstgriff zu führen hat.
*La banda y la flor* entbehrt keines dieser typischen Handlungsmotive. Der Titel nennt die Requisiten, mit denen die Verwirrung beginnt. Zwei aufeinander eifersüchtige Schwestern, Clori und Lísida, haben ihrem gemeinsamen Geliebten, dem Galan Enrique, ohne sich ihm zu erkennen zu geben, als Zeichen ihrer Gunst eine Schärpe und eine Blume überreicht. Nun weiß der Arme nicht, welches Geschenk er von wem erhalten hat. Doch seine Lage soll noch verwirrter werden: Enriques Herr, der Herzog von Florenz, umwirbt Clori, wird jedoch von ihr zurückgewiesen und brennt darauf, den Namen des ihm unbekannten Rivalen zu erfahren. Deshalb bittet er seinen Günstling Enrique, das Vertrauen Nises, der Kusine Cloris, zu gewinnen, um auf diesem Weg den Namen des verhaßten Konkurrenten auszukundschaften. Doch bald muß er erfahren, daß Enrique selbst der Geliebte Cloris ist. Der Galan, verfolgt von den Racheplänen des Herzogs, den Duellforderungen des Vaters der beiden Schwestern sowie des sich betrogen fühlenden Verehrers von Nise, entkommt dem Tod erst im letzten Moment dank eines glücklichen *dénouement*, welches die drei Liebespaare ordnungsgemäß und einträchtig auf der Bühne vereint.

In der Typisierung der Handlungsmotive und Figuren zeigt *La banda y la flor* wie viele Dramen jener Zeit die charakteristischen Dekadenzerscheinungen und die Tendenz zur Parodie solcher Literaturperioden, in denen die routinemäßige Beherrschung der aus einer vorhergehenden Glanzzeit übernommenen literarischen Formen die individuelle Gestaltungskraft des einzelnen Künstlers zu überwuchern droht. E.F.

AUSGABEN: Madrid 1668 (in *Parte treinta de comedias escogidas*). – Madrid 1960 (in *Obras completas*, Hg. A. Valbuena Briones, 3 Bde., 1959–1967, 2; m. Einl.; ern. 1973).

ÜBERSETZUNG: *Die Schärpe und die Blume*, A. W. Schlegel (in *Schauspiele*, Bd. 1, Bln. 1803).

VERTONUNG: *Liebe u. Eifersucht*, E. T. A. Hoffmann (Oper), Hg. F. Schnapp, Mchn. 1970.

LITERATUR: A. W. Atkinson, *La comedia de capa y espada* (in Bull. of Spanish Studies, 4, 1927, S. 80–89). – W. Brüggemann, *Spanisches Theater u. deutsche Romantik*, Bd. 1, Münster 1964, S. 222 bis 225 u. ö. – J. J. Putman, *Studien over C. en zijne geschriften*, Utrecht 1980, S. 115–153.

## CASA CON DOS PUERTAS, MALA ES DE GUARDAR

(span.; *Ein Haus mit zwei Türen ist schwer zu bewachen*). Versdrama in drei Akten von Pedro CALDERÓN DE LA BARCA, geschrieben 1629, gedruckt 1632. – Marcela wird von Lisardo, Laura von Felix, Marcelas Bruder, geliebt. Da Lauras Haus zwei Türen hat, bittet Marcela sie, den Nebeneingang für die Rendezvous mit ihrem Galan benutzen zu dürfen. Lauras zögernde Einwilligung hat turbulente Verwirrungen und Mißverständnisse zur Folge, die sich erst im letzten Akt zur Zufriedenheit aller Beteiligten und des Publikums auflösen.
Calderón schrieb dieses Werk in demselben Jahr wie seine Komödie *La dama duende (Dame Kobold)*, mit der zusammen es den Höhepunkt seiner »Mantel-und-Degen-Stücke« *(Comedias de capa y espada)* darstellt, »*deren Figuren einfache Bürger sind, irgendein Don Juan, ein Don Diego, etc. und in denen die Handlung aus Duellen und Eifersüchteleien besteht, aus Versteckspielen des Liebhabers und aus der Maskierung der Dame: die landläufigen Begebenheiten des Liebeshandels*« (F. de Bances). Verglichen mit den Dramen Lope de VEGAS, dem Meister dieses Genres, zeichnet sich Calderóns Stück durch seinen straffen Aufbau aus, wenn auch einige Längen in den Erzählungen der handelnden Figuren sich retardierend auf die Szenefolge auswirken. Calderón treibt ein ausgelassenes Verwechslungsspiel mit herkömmlichen Figuren, wie dem gutmütigen ritterlichen Liebhaber und der schönen, jungen und ebenso verliebten Dame, ein Spiel, in dem traditionelle Motive wie Liebe und Eifersucht zu

unentwirrbar scheinenden Situationen führen. – In der letzten Zeit hat die Calderón-Forschung die Frage aufgeworfen, ob die Degen-und-Mantel-Stücke nur zur Belustigung und Unterhaltung zu dienen hatten, oder ob sie auch einen ernsten Zweck verfolgten, da gerade Calderón die Handlung oft in die Nähe des Tragischen führt. G. N. BÄRMANN, der deutsche Übersetzer von *Casa con dos puertas*, bietet eine bemerkenswerte Beurteilung dieses Stücks an. Calderóns «*Tragödien haben die Tendenz einer gesunden, für jedes Volk passenden Moral; in seinen Komödien ist die Komik keusch – höchst wohltätig also für das deutsche Volk*». A.F.R.

AUSGABEN: Madrid 1632 (in *Primera parte de comedias*). – Madrid 1960 (in *Obras completas*, Hg. A. Valbuena Briones, 3 Bde., 1959–1967, 2; m. Anm.; ern. 1973). – Barcelona 1984, Hg. J. Romera Castillo [m. Anm.].

ÜBERSETZUNGEN: *Ein Haus, das zwei Eingänge hat, ist hart zu bewahren*, anon., 1753. – *Das Haus mit zwey Thüren*, G. N. Bärmann, Altona 1821. – *Die Liebe im Eckhause*, A. Cosmar, Lpzg. o. J. (RUB).

LITERATUR: V. A. Atkinson, *La comedia de capa y espada* (in Bull. of Spanish Studies, 4, 1927). – J. E. Varey, »*Casa con dos puertas*«: *Towards a Definition of C.'s View of Comedy* (in MLR, 67, 1972, S. 83–94). – E. Forastieri-Braschi, *Secuencias de capa y espada: escondidos y tapadas en »Casa con dos puertas«* (in *Actas del Congreso Internacional sobre C. y el teatro español del Siglo de oro*, Hg. L. García Lorenzo, Bd. 1, Madrid 1983, S. 433–449). – J. E. Varey, *Catalina de Acosta and Her Effigy: Vv. 1865–68 and the Date of C.'s »Casa con dos puertas«* (in Ibéria, Hg. R. W. Goertz, Calgary 1985, S. 107–115).

## LA CENA DEL REY BALTASAR

(span.; *Das Nachtmahl des Königs Balthasar*). *Auto sacramental* von Pedro CALDERÓN DE LA BARCA geschrieben wahrscheinlich 1632, gedruckt 1664. – Die Überlieferung des Stücks ist nicht völlig gesichert, die Begleitmusik ist verlorengegangen. – Der heidnische König Belsazar tritt als Gemahl der Welteitelkeit auf und ist im Begriff, sich auch noch mit der »Götzenliebe« zu verbinden. Am Morgen des geplanten Festes entwirft er seinen beiden Buhlen ein prächtiges Gemälde seiner Macht, seines Reiches und seiner künftigen verwegenen Vorhaben. Der Prophet Daniel erscheint und warnt Belsazar vor dem Zorn Gottes. Der Tod naht als Höfling (*galán*) mit Degen und Dolch, in einem mit Totenköpfen übersäten Mantel, und antwortet auf Daniels Frage nach einem, der den gotteslästerlichen Stolze des Königs Belsazar rächen werde: »*Wer... übernimmt das Rächeramt für diese Beleidigung? Ich.*« Daniel erschrickt und fragt den *galán* nach seinem Namen. Darauf gibt dieser sich als Tod zu erkennen. Er beauftragt den »Gedanken«, Belsazar zu warnen. Dann sucht er den König, der sich im Garten mit seinen Buhlen vergnügt, ein zweites Mal auf und liest ihm aus einem *libro de memorias* Worte vor, die ihn zur Umkehr und Demut bewegen sollen. Schließlich überläßt er dem König ein Blatt des Buches, auf dem dieser liest: »*Du warst Staub und zu Staub sollst du werden.*« (»*Polvo fuiste, y polvo eres, y polvo has de ser.*«) Belsazar wird nachdenklich, doch die leichtfertigen Frauen zerstreuen seine Bedenken. Die »Eitelkeit« entreißt ihm das Memorial und vernichtet es. Nun beschließt der Tod, Belsazar das Leben zu nehmen; denn auch der »Gedanke«, der als *gracioso* (Narr) auftritt, kann – weil er von Natur wankelmütig und unfähig zur Erkenntnis des Guten ist – Belsazar nicht zur Selbstbesinnung bringen. Der König wird vom Tod in Schlaf versenkt. Nachdem »Welteitelkeit« und »Götzenliebe« ihn verlassen haben, spricht der Tod im Traum zu ihm. Am Schluß dieses langen Monologs (geschrieben im Lieblingsversmaß Calderóns, den *décimas*, die durch den Sigismundmonolog in *La vida es sueño – Das Leben ein Traum* so berühmt geworden sind) zieht der Tod das Schwert. Da stürzt Daniel herbei und hält ihn zurück: Er darf keinen Menschen ohne die Vollmacht Gottes töten. So entfernt sich der Tod noch einmal, und Belsazar sieht im Traum ein ehernes Reiterstandbild: »Götzenliebe« hält das Roß am Zügel. Ein Turm erscheint ihm, auf dessen Zinne »Welteitelkeit« steht. Das Standbild ruft Belsazar an und droht ihm mit dem Zorn des lebendigen Gottes, falls er sich nicht von seinen Götzen losreiße. Statt des träumenden Königs antworten seine beiden Buhlen: Sie wünschen sich ein rauschendes Fest. Als der König erwacht, befiehlt er, ein glänzendes Bankett vorzubereiten, und läßt die heiligen Tempelgefäße der Juden – Sinnbild des Kelches im Altarsakrament, zu dessen Ehre das *auto sacramental* aufgeführt wurde – als Zechbecher herbeischaffen. Mitten im Taumel des Festes erscheint unter Blitz und Donner an der Wand die rätselvolle Inschrift: »*Mene, tekel, u'pharsin*«, die niemand, nicht einmal der »Gedanke«, zu deuten vermag. Jetzt wird der König von Angst gepackt, er läßt Daniel rufen, der Tod und Gericht verkündet. Der verkleidete Tod tritt auf und reicht dem König den Becher. Belsazar verbrennt innerlich am Gift der Sünde. Noch will er das Schwert gegen den Tod ziehen – da streckt dieser ihn schon nieder. Des Königs gotteslästerlicher Stolz wird also mit zweifachem Tod, dem der Seele und dem des Leibes, bestraft. Daniel weist angesichts dieses tödlichen Mahles auf das wahre Gnadenmahl, das Altarsakrament, hin. Der Tisch des Banketts verwandelt sich in einen Altar, der Pokal in einen Kelch.

Alle *autos sacramentales* von Calderón sind im Grunde Allegorien: Theologie, Metaphysik, die Beziehung des Menschen zu den christlichen Heilstatsachen werden anhand von Stoffen dargestellt, die entweder dem *Alten* oder dem *Neuen Testament*, der Heiligenlegende oder der antiken Mythologie entnommen sind, oder aber aus eigenen *comedias* des Dichters stammen. So ist König Belsazar der Mensch, der seine freie Willensentscheidung zu Schlechtem verwendet, der den Hauptsünden *idolatría* und *vanidad* verfällt und der Stimme Gottes (die durch Daniel zu ihm spricht) kein Gehör schenkt. Gleichzeitig aber treten König und Prophet als konkrete historische Personen auf (und wurden vom Zuschauer auch als solche verstanden). Ihre Wirkung auf das Publikum muß vor allem durch die großartige Rolle des Todes verstärkt worden sein, der bei Calderón zwar Sinnbild der Sünde, des Abfalls von Gott, zugleich aber auch konkrete Wirklichkeit ist, eine Macht, die jeden Menschen berührt: »... *wie die Sonne, die erhellt, / bin ich Schatten, der verdunkelt, / wie das Leben sie der Welt / bin ich dieser Erde Tod, / komme, wie die Sonne geht, / denn es haben Licht und Schatten / stets auf Erden gleiches Recht* ...«. – Calderóns *autos* sind geistliche Lehrstücke, in denen die Effekte des Barocktheaters voll zur Wirkung kommen; da der Dichter ihnen alle Schönheit der Welt verleiht, packt und erschüttert er um so stärker, wenn er diese Welt gleichzeitig als *engaño* – als Täuschung und Schein – enthüllt und den Zuschauer über das *desengaño* – die Enttäuschung am bloß Weltlichen – zur Erfüllung im Geistlichen hinführt. I.F.

AUSGABEN: Madrid 1664 (in *Navidad, y Corpus Cristi*..., anon.). – Madrid 1957, Hg. A. Valbuena Prat (Clás.Cast). – Madrid 1967 (in *Obras completas*, Hg. A. Valbuena Briones, 3 Bde., 1959–1967, 3; m. Anm.; ern. 1987). – Bln./NY 1971, Hg. G. Hofmann [m.Anm.].

ÜBERSETZUNGEN: *Balthasars Nachtmahl*, J. v. Eichendorff (in *Geistliche Schauspiele*, Bd. 1, Stg./Tübingen 1846; ern. in *Dramen*, Mchn. 1963). – *Das Festmahl des Belsazar*, L. Braunfels (in *Dramen aus und nach dem Spanischen*, Bd. 2, Ffm. 1856).

BEARBEITUNG: R. Schneider, *Das Spiel vom Menschen. Belsazar*, Graz 1949 [m. Einl.].

LITERATUR: A. A. Parker, *The Allegorical Drama of C.*, Oxford 1943, S. 156–196. – E. Frutos Cortés, *La voluntad y el libre arbitrio en los Autos sacramentales de C.* (in Universidad, 25, 1948, S. 3–26). – L. K. Hulse, *Edición crítica y estudio de »La cena del rey Baltasar« de C. de la B.*, Diss. Univ. of Cincinnati 1973 (vgl. Diss. Abstracts, 34, 1974, S. 5177A). – J. O. Valencia, *Pathos y tabu en el teatro bíblico del siglo de oro*, Madrid 1977, S. 55–61. – J. E. Varey, *The staging of C.'s »La cena del rey Baltasar«* (in *Aureum Saeculum Hispanum*, Hg. K. H. Körner, Wiesbaden 1983, S. 299–311).

## LA CISMA DE INGLATERRA

(span.; *Das Schisma Englands*). Historisches Drama von Pedro CALDERÓN DE LA BARCA, erstaufgeführt 1627, erschienen 1684. In diesem ersten erhaltenen datierten Druck wird ein früherer, vermutlich undatierter Druck erwähnt. – Das Stück beginnt mit einer allegorischen Szene: König Heinrich VIII. ist eingeschlafen, gerade als er in seiner gegen Luther gerichteten Rechtfertigung der Sakramente die Ehe abhandelt. Im Traum erscheint ihm eine schöne Frau, die verheißt: »*Ich werde alles auslöschen, was du da schreibst.*« Bald darauf erkennt er die Traumgestalt in Anna Boleyn wieder, einer Hofdame seiner Gemahlin Katharina von Aragon, und verliebt sich in sie. Da die Hofdame nicht seine Mätresse werden will, schlägt Kardinal Wolsey die Auflösung der königlichen Ehe vor und beseitigt damit das Hindernis, das Annas Ehrgeiz und der Begierde des Königs im Wege steht. Bald aber ereilt die beiden Intriganten die Strafe: Anna Boleyn läßt den ihr unbequem gewordenen Kardinal verbannen, und der König läßt Anna, nachdem er sie bei einem Rendezvous mit ihrem früheren Geliebten ertappt hat, enthaupten.

Dieses Stück ist einer der wenigen Versuche des Autors, Ereignisse zu dramatisieren, die sich außerhalb Spaniens abspielten. SHAKESPEARE, der allein, oder zusammen mit J. FLETCHER *The famous history of the life of King Henry the Eight* (entstanden 1612/13, gedruckt 1623) verfaßt hat, gestaltet den englischen König als eine einfache, lasterhafte Theaterfigur neben der in weiblicher Würde und menschlicher Größe strahlenden Katharina von Aragon. Bei Calderón dagegen, der den Stoff der *Historia del cisma de Inglaterra* (1588) des Jesuiten Pedro de RIBADENEYRA entnimmt, tritt Heinrich VIII. als tragische Figur auf: willensschwach und triebhaft, aber nicht verworfen, verstrickt in Schuld und Sünde unter dem Einfluß des tückischen Kardinals Wolsey und der verführerischen Schönheit der Anna Boleyn. In *La cisma de Inglaterra* ist der König vorwiegend »*ein Mensch mit wachen Gewissen. Bei seinem Handeln unterliegt er nach vielen vorangegangenen Zweifeln doch dem Bösen, nachdem eine unüberwindliche Schwäche seinen Verstand vernebelt hat. Nicht Fleischeslust, sondern Liebe ist der Antrieb seines sündhaften Tuns*« (A. A. Parker). A.F.R.

AUSGABEN: Madrid 1684 (in *Octava parte de comedias*). – Madrid 1959 (in *Obras completas*, Hg. A. Valbuena Briones, 3 Bde., 1959–1967, 1; m. Anm.; ern. 1969). – Madrid 1981, Hg. F. Ruiz Ramón (m. Anm.; Castalia).

ÜBERSETZUNGEN: *Das Schisma von England*, F. Lorinser (in *C.s größte Dramen religiösen Inhalts*, Freiburg i. B. 1875, Bd. 2). – *Die Kirchenspaltung von England*, W. Becker, Paderborn 1922.

LITERATUR: M. Schütt, *Die Quelle von C.s »Cisma de Inglaterra«* (in Shakespeare-Jb., 61, 1925, S. 94–107). – A. A. Parker, *Henry VIII in Shakespeare and C.* (in MLR, 43, 1948, S. 327–352). – M. Cabantous, *Le schisme d'Angleterre vu par C.* (in LNL, 62, 1968, S. 43–58). – M. F. Bacigalupo, *C.'s »La cisma de Inglaterra« and Spanish Seventeenth-Century Political Thought* (in Symposium, 28, 1974, S. 212–227). – D. Lauria, *La poética di C.*

de la B. ne »*La cisma de Inglaterra*«, Catania 1976. – G. R. Shivers, *La unidad dramática en »La cisma de Inglaterra« de P. C. de la B.* (in *Perspectivas de la comedia*, Hg. A. V. Ebersole, Valencia 1978, S. 133 bis 143). – S. L. Fischer, *Reader-Response Criticism and the Comedia: Creation of Meaning in C.'s »La cisma de Inglaterra«* (in Bull. of the Comediantes, 31, 1979, S. 109–125). – J. Loftis, *Henry VIII and C.'s »La cisma de Inglaterra«* (in CL, 34, 1982, S. 208–222). – F. Ruiz Ramón, *Funciones dramáticas del hado en »La cisma de Inglaterra«* (in *Approaches to the Theatre of C.*, Hg. M. D. McGaha, Washington 1982, S. 119–128). – G. Mastrangelo Latini, *»La cisma de Inglaterra«* (in *Colloquium Calderonianum Internationale. Atti*, Hg. G. De Gennaro, L'Aquila 1981, S. 279–287). – A. Paredes, *Nuevamente la cuestión del metateatro: »La cisma de Inglaterra«* (in *Actas del Congreso Internacional sobre C. y el teatro español del Siglo de oro*, Hg. L. García Lorenzo, Bd. 1, Madrid 1983, S. 541 bis 548). – F. Ruiz Ramón, *En torno a un monólogo de Enrique VIII en »La cisma de Inglaterra«* (ebd., S. 629–637). – J. Küpper, *»La cisma de Inglaterra« y la concepción calderoniana de la historia* (in *Hacia C. Octavo Coloquio Anglogermano, 1987*).

## LA DAMA DUENDE

(span.; *Die Dame Kobold*). »Mantel- und Degenkomödie« von Pedro CALDERÓN DE LA BARCA, Uraufführung: Madrid 1629. – Der Stoff ist einem gleichnamigen, heute verlorenen Stück von TIRSO DE MOLINA entnommen: Die junge lebenslustige Witwe Doña Angela ist wieder einmal ihren sie streng bewachenden Brüdern entwischt und geht tiefverschleiert allein spazieren. Als sie merkt, daß ihr Bruder Luis ihr folgt, bittet sie einen ihr entgegenkommenden Edelmann, den Verfolger aufzuhalten, damit sie unerkannt nach Hause zurückgelangen kann. Der spanische Ehrenkodex verlangt, daß ein Mann dem Wunsch einer Dame wie einem Befehl nachkomme; so muß Don Manuel sich unter einem nichtigen Vorwand mit Don Luis duellieren. Als Don Juan, der zweite Bruder, herbeieilt, erkennt er in dem Gegner seines Bruders einen alten Freund und bittet ihn als Gast in sein Haus. So logiert Don Manuel, ohne es zu wissen, Tür an Tür mit der Frau, für die er sich geschlagen hat, von ihr nur durch einen drehbaren Schrank getrennt, der der »Dame Kobold« erlaubt, immer neue Späße und Neckereien auszuhecken. Sie läßt für Manuel Briefe hinterlegen und versteckt Geschenke in seinem Zimmer. Der junge Mann, dessen Antwortbillets auf die gleiche geheimnisvolle Weise verschwinden, findet an der kapriziösen Korrespondenz großen Gefallen, müht sich jedoch vergeblich, das Geheimnis des »Kobolds« zu lüften. Erst nach zahlreichen Mißverständnissen kommt durch die Brüder Angelas der wahre Sachverhalt an den Tag, und gemäß dem Sprichwort, daß sich liebe, was sich neckt, heiraten die »Dame Kobold« und Don Manuel.

*La dama duende* ist eine Komödie von bezaubernder Anmut und Leichtigkeit, in der Art der Lustspiele des späteren GOLDONI. Mit geradezu mathematischer Präzision folgen einander die Verwicklungen, und die witzigen Einfälle der Titelfigur lassen den Zuschauer leicht vergessen, daß dem irrlichternden Treiben viel Phantastisches und Unwirkliches anhaftet. Freilich: Selbst in diesem ausgelassenen Intrigenspiel ist allenthalben der spanische – und Calderónsche – Pessimismus des *desengaño* spürbar: die Überzeugung von Scheinhaftigkeit und Unsicherheit alles Irdischen. Die Koboldstreiche der unternehmenslustigen Angela lassen Manuel und seinen Diener buchstäblich an der Wirklichkeit zweifeln. Im finsteren Zimmer, unsichtbar für Manuel, raunt Angela diesem zu: »Gönnet, daß sich Eurem Sinn / Als ein Rätselbild erscheine, / Denn nicht bin ich, was ich scheine, / und nicht schein' ich, was ich bin.« Er fragt zurück: »Bist ein Blendwerk oder Schatten, / Weib, das mich zu Tode quält?«, und wenig später ruft er aus: »O wie häuft in dieser Irrung / sich Verwirrung auf Verwirrung!« Daß das Leben ein Traum, ein Schatten, eine Täuschung ist – immer wiederkehrendes Hauptthema der Dramen Calderóns –, wird in *La dama duende* auf anmutigste Weise veranschaulicht. I.F.

AUSGABEN: Madrid 1636 (in *Primera parte de comedias*). – Halle 1952, Hg. H. Koch (Slg. romanischer Übungstexte). – Madrid 1960 (in *Obras completas*, Hg. A. Valbuena Briones, 3 Bde., 1959 bis 1969, 2; ern. 1973). – Madrid 1962, Hg. ders. (Clás.Cast). – Madrid 1983, Hg. ders. (Cátedra).

ÜBERSETZUNGEN: *Die Dame Kobold*, J. D. Gries (in *Schauspiele*, Bd. 5, Bln. 1822). – *Dame Kobold*, H. v. Hofmannsthal, Bln. 1920 [Bearb.; ern. in H. v.H., *Dramen I*, Ffm. 1953; ern. 1964]. – Dass., H. Schlegel, Stg. 1958, ern. 1981 (RUB). – Dass., J. D. Gries (in *Dramen*, Mchn. 1963; Nachw. E. Schramm). – Dass., A. C. Artmann, Wien 1969.

VERTONUNGEN: *Dame Kobold*, J. Raft, Weimar/Bln. 1870 (Text: P. Reber; Oper). – Dass., F. v. Weingartner, Wien 1916. – Dass., G. Wimberger, 1964 (Text nach H. v. Hofmannsthal; Oper).

LITERATUR: E. Günthner, *C. und seine Werke*, Bd. 2, Freiburg i. B. 1888, S. 2–15. – J. B. Dalbor, *»La dama duende« de C. y »The Parson's Wedding« de Killigrew* (in Hispanófila, 2, 1958, S. 41–50). – E. Honig, *Flickers of Incest on the Face of Honor, C.'s »Phantom Lady«* (in Tulane Drama Review, 6, 1962, S. 69–105). – B. K. Mujica, *Tragic Elements in C.: »La dama duende«* (in KRQ, 16, 1969, S. 303–328). – O. G. Schindler, *C.s »Dame Kobold« aus dem Stegreif* (in Maske u. Kothurn, 15, 1969, S. 325–341). – G. Fucilla, *»La dama duende« and »La viuda valenciana«* (in Bull. of the Comediantes, 22, 1970, S. 29–32). – R. Ter Horst, *The Ruling Temper of C.'s »La dama duende«* (ebd., 27, 1975, S. 68–75). – A. Valbuena Briones, *La técnica dramática y el efecto cómico en »La dama duende«* (in Arbor, 1975, Nr. 349, S. 15–26). – M. D. Stroud, *Social-Comic Anagnorisis in »La dama duende«* (in Bull. of the Comediantes, 29, 1977, S. 96–102). – D. J. Hildner, *Sobre la interpretación tragedizante de »La dama duende«* (in *Perspectivas de la comedia*, Hg. A. V. Ebersole, Bd. 2, Valencia 1979, S. 121–125). – S. L. Fischer, *The Invisible Partner: A Jungian Approach to C.'s »La dama duende«* (in RCEH, 1983, Nr. 2, S. 231–247). – A. Holmberg, *Variaciones sobre el tema del honor en »La dama duende« de C.* (in *Actas del Congreso Internacional sobre C. y el teatro español del Siglo de oro*, Hg. L. García Lorenzo, Bd. 2, Madrid 1983, S. 913–923). – A. Pacheco-Bertholet, *La tercera jornada de »La dama duende« de P. C. de la B.* (in Criticón, 21, 1983, S. 49–91). – A. Schizzano-Mandel, *El fantasma en »La dama duende«: una estructuración dinámica de contenidos* (in *Actas del Congreso Internacional sobre C. y el teatro español del Siglo de oro*, Hg. L. García Lorenzo, Bd. 1, Madrid 1983, S. 639–648). – J. E. Varey, *»La dama duende« de C.: símbolos y escenografía* (ebd., S. 165–183). – K. Reichenberger, *Unrechtes Handeln u. angemessene Reaktion: Zum Thema der patria potestas in C.s comedias de capa y espada* (in *Theatrum Mundi Hispanicum*, Hg. S. Neumeister u. K.-L. Selig, Tübingen 1986, S. 167–173).

## LA DEVOCIÓN DE LA CRUZ

(span.; *Die Andacht zum Kreuz*). Schauspiel in drei Akten von Pedro CALDERÓN DE LA BARCA, entstanden zwischen 1625 und 1630, erschienen 1634. – Eusebio liebt Julia zum Leidwesen ihres Vaters, des alten Patriziers Curcio aus Siena, der gegen eine Ehe der beiden ist. In einem Duell tötet Eusebio den Bruder Julias; er muß fliehen und versammelt eine Räuberbande um sich, während Julia ins Kloster gesteckt wird. Als Eusebio sie rauben will, schrickt er im letzen Augenblick vor einem Kreuz in ihrer Zelle zurück. Trotzdem flieht das Mädchen und tritt in Männerkleidung der Bande bei. Inzwischen ist Curcio, immer auf Rache für die seinem Hause zugefügte doppelte Unbill bedacht, Eusebio auf die Spur gekommen; Eusebio stirbt nach kurzem Kampf an einer früheren Duellwunde, wird aber vom Priester Alberto durch göttliche Gnade für so lange ins Leben zurückgerufen, als er dazu braucht, seine Sünden zu beichten, um so gerettet aus dieser Welt zu gehen. Julia kehrt ins Kloster zurück; das Kreuz erhebt sich als Symbol der göttlichen Vergebung über Eusebios Grab.

Dieses von einigen Kritikern in die Jugendzeit Calderóns datierte Stück behandelt als zentrales Thema die Gnade, die selbst dem größten Sünder zuteil wird, wenn er seine Schuld einsieht und bereut. Die abenteuerliche Handlung dient nur der möglichst eindrucksvollen Kontrastierung von Gnade und Schuld. Calderón geht dabei weit über die Nachahmung eines ähnlichen Dramas von MIRA DE AMESCUA, *El esclavo del demonio (Der Teufelssklave)*, hinaus. Dramatisch spitzt sich die Handlung zu: Eusebios Verstrickung führt von Beleidigung zu Mord, Entführung und schließlich seinem eigenen Tod. Während die äußere Handlung durchaus originell gestaltet ist, ist das Thema des göttlichen Charisma in der spanischen Dramatik des *siglo de oro* weit verbreitet. Ein Muster dieser Gattung des religiösen Theaters ist der fast gleichzeitig (1635) erschienene *El condenado por desconfiado (Der wegen Mißtrauens Verurteilte)* von TIRSO DE MOLINA, in dem der Verbrecher Enrico durch rechtzeitige Beichte der Gnade teilhaftig wird, während der kleingläubige Eremit Paulo der Verdammnis anheimfällt. Ebenso wie Tirsos Stück legt *La devoción de la cruz* die Vermutung nahe, der Autor habe ein Schulbeispiel für die Willenslehre Luis de MOLINAS geben wollen, für die vor allem Calderóns Fronleichnamsspiele Zeugnis ablegen. M.Fr.

AUSGABEN: Huesca 1634 (in *Parte veinte y ocho de comedias de varios autores*). – Madrid 1953, Hg., Einl. A. Valbuena Briones (Clás.Cast). – Madrid 1959 (in *Obras completas*, Hg. ders., 3 Bde., 1959–1967, 1; m. Einl; ern. 1969). – Madrid 1963, Hg. ders.

ÜBERSETZUNGEN: *Die Andacht zum Kreuz*, A. W. v. Schlegel (in *Spanisches Theater*, Bd. 1, Bln. 1803). – Dass., H. Rüttger, Bonn 1952.
BEARBEITUNGEN: Anon., *La cruz en la sepultura*, Hg. H. C. Heaton, NY 1948. – A. Camus, *La dévotion à la croix*, Paris 1953 (dt.: *Die Liebe zum Kreuz*, G. Meister, Reinbek 1970).
LITERATUR: L. Tailhade, *»La devoción de la cruz« de C.* (in La España Moderna, 242, 1909, S. 76–92). – O. Rank, *Das Inzest-Motiv in Dichtung und Sage. Grundzüge einer Psychologie des dichterischen Schaffens*, Lpzg./Wien ²1929. – R. Silva, *The Religious Dramas of C.*, (in *Spanish Golden Age Poetry and Drama*, Hg. E. A. Peers, Liverpool 1946, S. 119 bis 205). – W. J. Entwistle, *C.'s »La devoción de la cruz«* (in BHi, 50, 1948, S. 472–482). – E. Honig, *C.'s Strange Mercy Play* (in Massachusetts Review, 3, 1961, S. 80–107). – S. L. Hardy, *Goethe, C. und die romantische Theorie des Dramas*, Heidelberg 1965. – M. G. Martínez, *En torno a »La devoción de la cruz« de C. de la B.* (in Humanitas, 10, Monterrey 1969, S. 343–370). – E. W. Hesse, *The Alienation Problem in C.'s »La devoción de la cruz«* (in REH, 7, 1973, S. 361–381). – E. J. Neugaard, *A New Possible Source for C.'s »La devoción de la cruz«* (in Bull. of the Comediantes, 25, 1973, S. 1–3). – J. E. Varey, *Imágines, símbolos y escenografía en »La devoción de la cruz«* (in *Hacia C. Segundo Coloquio Anglogermano*, Bln./NY 1973, S. 155–170). – R. Sloane, *The Strangeness of »La devoción de la cruz«* in (BHS, 54, 1977, S. 297–310). – A. Hillach, *Sakramentale Emblematik bei C.* (in *Emblem u. Emblemrezeption*, Hg. S. Penkert, Darmstadt 1978, S. 194 bis 206). – A. Rodríguez López-Vázquez, *La significación política del incesto en el teatro de C.* (in *Actes du XIIIe Congrès de la Société des Hispanistes Français*, Bd. 1, Tours 1978, S. 107–117). – G. Mariscal, *Icono-*

grafía y técnica emblemática en C.: »*La devoción de la cruz*« (In RCEH, 1981, Nr. 3, S. 339–354). – E. H. Friedman, *The Other Side of the Metaphor: An Approach to* »*La devoción de la cruz*« (in *Approaches to the Theatre of C.*, Hg. M. D. McGaha, Washington D. C. 1982, S. 129–141). – I. Benabu, »*La devoción de la cruz*« *y su ›felice‹ fin* (in *Hacia C. Octava Coloquio Anglogermano 1987*). – A. Cardona Castro, *Temas literarias coincidentes en C. y Schiller:* »*La devoción de la cruz*« *y* »*Die Räuber*« (ebd.).

## LOS DOS AMANTES DEL CIELO

(span.; *Die beiden Liebenden des Himmels*). Religiöses Drama von Pedro CALDERÓN DE LA BARCA, geschrieben um 1640, erschienen 1682. – Das Drama spielt in Rom zur Zeit der Christenverfolgung. Crisanto, den Sohn des Senators Polemio, befällt bei der Lektüre des Johannes-Evangeliums eine tiefe Traurigkeit. Der besorgte Vater bittet seinen Neffen Claudio, diese Melancholie zu vertreiben. Durch seine Vermittlung begegnet Crisanto der spröden Daria, die sich als Jüngerin der Göttin Diana ausgibt, und verliebt sich in sie. Aber die Liebe kann Crisanto nicht von seinen Fragen erlösen. Er sucht den weisen Eremiten Carpóforo auf, um sich von ihm in der Heiligen Schrift unterweisen zu lassen. Als jener ihn gerade in das Geheimnis der Dreieinigkeit eingeführt hat, erscheint eine Gruppe von Christenverfolgern, die Crisanto gefangennehmen. Carpóforo kann der Gefangennahme nur durch ein Wunder entgehen. Polemio kommt hinzu, und es gelingt ihm, seinen Sohn aus den Händen der Schergen zu retten, indem er ihn im eigenen Haus einsperren läßt. Zwischen Vaterliebe und Staatspflicht schwankend, entscheidet er sich gegen seine Pflicht, versucht aber alles, um Crisanto von dem behexenden Einfluß christlicher Ideen zu befreien. Ein weiser Arzt – Carpóforo – bietet dazu seine Dienste an: Unerkannt nutzt der Weise die Gelegenheit, seinen Schützling im Glauben zu festigen. Als Carpóforo den Märtyrertod stirbt, bekennt sich Crisanto öffentlich zum Christentum. Daría, der er in Liebe zugeneigt war, folgt seinem Beispiel. Durch das Eingreifen eines Löwen, der traditionellen Christus-Allegorie, entgehen sie auf wunderbare Weise dem Märtyrertod und verbergen sich, einander vor Gott ihre große Liebe bekennend, in einer Höhle, aus der himmlische Musik ertönt.

Das Drama, das die Absicht der christlichen Erbauung deutlich spürbar werden läßt, hat dennoch dramatische Spannung und vermochte auch die Schaulust des barocken Menschen zu befriedigen. Viele der lehrhaften Dialoge sind in Szene gesetzte Bibelexegese. Wie spielerisch »konzeptistisch« Calderón andererseits versucht, christliche und antike Gedankenwelt zu versöhnen, zeigt folgendes Beispiel: Daría bekennt, sie könne nur einen Mann lieben, der aus Liebe für sie sterbe, und fährt, männerfeindlich wie Diana, fort: »*Also gehe mir nicht nach,* denn du bist ja noch nicht aus Liebe gestorben.« Dieses Argument wird gegen sie gekehrt mit dem Hinweis, daß ja Christus für sie gestorben sei, und wird somit zu einem Hauptgrund für ihre Bekehrung.

B.v.B.-KLL

AUSGABEN: Madrid 1682 (in *Verdadera quinta parte de las comedias*). – Madrid 1959 (in *Obras completas*, Hg. A. Valbuena Briones, 3 Bde., 1959–1967, 1; m. Einl.; ern. 1969).

ÜBERSETZUNGEN: *Chrysanthus und Daria*, A. F. v. Schack (in *Spanisches Theater*, Bd. 2, Stg. 1845). – *Die zwei Liebenden des Himmels*, F. Lorinser (in *C.s größte Dramen religiösen Inhalts*, Bd. 7, Freiburg i. B. 1875/76). – *Monolog des Chrysantus*, G. Hutzler, Nürnberg 1947 [Ausz.].

LITERATUR: E. Günthner, *C. u. seine Werke*, Bd. 1, Freiburg i. B. 1888, S. 49–61. – J. Wille, *C.s Spiel der Erlösung*, Mchn. 1932. – L. E. Weir, *The Ideas Embodied in the Religious Drama of C.*, Univ. of Nebraska 1940. – R. Silva, *The Religious Dramas of C.* (in *Spanish Golden Age Poetry and Drama*, Liverpool 1946, S. 119–205). – M. Kommerell, *Beiträge zu einem deutschen C.*; Bd. 1, Ffm. 1946. – B. W. Wardropper, *Las comedias religiosas de C.* (in *Actas del Congreso Internacional sobre C. y el teatro español del Siglo de oro*, Hg. L. Garcá Lorenzo, Bd. 1, Madrid 1983, S. 185–198). – Ders., *Time, Anachronism and Eternity in C.'s Martyr Play* »*Los dos amantes del cielo*« (in *Estudios sobre C. y el teatro español de la edad de oro*, Hg. A. Porqueras-Mayo u. J. C. de Torres, Barcelona 1988).

## ECO Y NARCISO

(span.; *Echo und Narcissus*). Drama in drei Akten von Pedro CALDERÓN DE LA BARCA, entstanden um 1661, erschienen 1672. – Schauplatz des Dramas sind die Wälder und Fluren Arkadiens. Singende, tanzende Schäfer und Schäferinnen, unter ihnen die beiden Rivalen Silvio (Sylvius) und Febo (Phoebus), feiern Eco, die »*himmlisch schöne Göttin der Wälder*« (»*divina y hermosa deidad de las selvas*«). In der nahen Bergwildnis haust Liríope mit ihrem schönen Sohn Narciso in einer Höhle. In einem packenden Monolog erzählt sie ihr Schicksal: ihre Entführung durch Céfiro (Zephyrus), den Gott des Windes, und ihre Gefangenschaft in der von dem blinden Seher Tiresias bewachten Höhle. Dort zieht sie ihren Sohn in Einsamkeit und Unwissenheit auf, um ihn vor den Gefahren zu schützen, die Tiresias vor seiner Geburt prophezeit hat. Dieser Weissagung gemäß werden eine Stimme und eine Schönheit Narciso in Lebensgefahr bringen. Angelockt vom Wohlklang der Musik und von Ecos Stimme verlangt Narciso in einem bilder- und gleichnisreichen Monolog von seiner Mutter die Freiheit, diese »*Gabe, die selbst ein Vogel oder ein Raubtier seinen Jungen gewährt, das Vermächtnis des*

*Himmels an jeden Erdenbürger«.* Die Begegnung zwischen Eco und Narciso entfacht in beiden sogleich das Feuer der Liebe. Doch eingedenk der Warnung seiner Mutter weist der Jüngling Ecos Liebesgeständnis zurück und flieht in die Wälder. Im kristallklaren Wasser eines Baches erblickt er sein Spiegelbild, in das er sich leidenschaftlich verliebt. Um ihren Sohn von der Bezauberung durch Ecos Stimme und Schönheit zu befreien, flößt Liríope der Nymphe ein Gift ein, das ihre Zunge so lähmt, daß sie nur die letzten Silben der Wörter wiederholen kann, die sie von anderen hört. Doch alle Bemühungen der Mutter, ihren Sohn zu retten, bleiben vergeblich: Es sind die eigene Schönheit und das Echo der eigenen Stimme, die Narciso zum Verhängnis werden. Unter dem Dröhnen eines Erdbebens fällt er tot zu Boden, eine Narzisse sprießt aus der Erde, und Eco verwandelt sich in Luft.

Den Stoff seines Dramas entnahm der Dichter dem vor allem durch Ovids *Metamorphosen* (III, 341–510) bekanntgewordenen griechischen Mythos von Echo und Narcissus. Calderóns Fassung, die in einigen Einzelheiten von Ovid abweicht, entstand gegen Ende seiner (etwa 1635 einsetzenden) zweiten Schaffensperiode, in der sein Realismus immer mehr hinter einem barocken Symbolismus zurücktrat. Die realistischen Elemente des Dramas – etwa die sarkastischen Bemerkungen des Bauernburschen Batos über die Galanterie der Männer und die Modetorheiten der Frauen – werden überwuchert von der Metaphorik des barocken Sprachstils. Der Wechsel von kunstvoll-rhetorischen Monologen, dramatischen Dialogen, lyrischen, tänzerischen und musikalischen Sequenzen verleihen dem Stück opernhaften Charakter. Dem poetischen Zauber arkadischen Schäferlebens, der Zartheit und Aufrichtigkeit der ersten Begegnung zwischen Eco und Narciso und der tragischen Verblendung des Helden verhilft Calderóns Sprachkunst zu beredtem Ausdruck. K.St.

AUSGABEN: Madrid 1672 (in *Quarta parte de comedias*). – Madrid 1959 (in *Obras completas*, Hg. A. Valbuena Briones, 3 Bde., 1959–1969, 1; m. Einl.; ern. 1969). – Paris 1963, Hg. C. V. Aubrun (Chefs-d'œuvre des lettres hispaniques).

ÜBERSETZUNG: *Echo und Narcissus*, E. F. G. O. v. der Malsburg (in *Schauspiele*, Bd. 3, Lpzg. 1819–1825).

LITERATUR: W. Brüggemann, *Romantisches in C.s comedia mitológica »Eco y Narciso«* (in Ges. Aufsätze zur Kulturgeschichte Spaniens, 13, 1958, S. 239 bis 258). – P. Groult, *Sur »Eco y Narciso« de C.* (in LR, 16, 1962, S. 103–113). – E. Cros, *Paganisme et christianisme dans »Eco y Narciso«* (in RLaR, 75, 1962, S. 39–74). – E. W. Hesse, *Estructura e interpretación de una comedia de C.: »Eco y Narciso«* (in Boletín de la Biblioteca Menéndez y Pelayo, 39, 1963, S. 57–72). – C. V. Aubrun, *»Eco y Narciso«* (in *Homenaje a W. L. Fichter*, Hg. A. Kossof u. J. Amor y Vázquez, Madrid 1971, S. 47–58). – W. R. Blue, *Dualities in C.'s »Eco y Narciso«* (in RHM, 39, 1976/77, S. 109–118). – S. Neumeister, *Mythos u. Repräsentation. Die mythologischen Festspiele C.s*, Mchn. 1978. – E. Lorenz, *Narziss – menschlich und göttlich: Der Narziss-Stoff bei P. C. de la B. und Sor Juan Inés de la Cruz* (in RJb, 30, 1979, S. 283–297). – S. H. Lipmann, *Sobre las interpolaciones en el »Eco y Narciso« de 1674* (in Segismundo, 14, 1979/80, S. 181–193). – E. W. Hesse, *C.'s »Eco y Narciso« and the Split Personality* (in E. W.H., *Theology, Sex and the Comedia*, Potomac/Md. 1982, S. 53–61). – Ders., *El fenómeno del doble en la comedia de C.* (in Segismundo, 16, 1982, S. 79–94). – D. Dipuccio, *Ambigous Voices and Beauties in C.'s »Eco y Narciso« and Their Tragic Consequences* (in Bull. of the Comediantes, 37, 1985, S. 129–144).

## EL GRAN TEATRO DEL MUNDO

(span.; *Das große Welttheater*). Allegorisches religiöses Schauspiel *(auto sacramental)* von Pedro CALDERÓN DE LA BARCA, vor 1641 erstmals aufgeführt, erschienen 1655. – Neben *La cena del rey Baltasar (Das Nachtmahl des Königs Balthasar)* ist *Das große Welttheater* das bedeutendste der Fronleichnamsspiele Calderóns. Der Dichter, der diesem für das spanische Theater charakteristischen Genre die gültige Form gegeben hat, greift hier den bereits in der Antike (PLATON, SENECA, EPIKTET) bekannten Topos von Leben als Spiel und der Welt als Bühne auf.

»Liebe den Nächsten wie dich selbst und tue recht, denn Gott ist Gott.« Unter diesem Motto soll, nach den Worten der »Gnade«, das Lebensspiel stehen. Der »Autor« – Gott – beruft die »Welt« zum Regisseur des Stückes. Seinen wunderbaren Anfangsmonolog schrieb Calderón im heroischen Stil der spanischen *silvas*: »*Hermosa compostura / de esa varia inferior arquitectura, / que entre sombras y lejos / a esta celeste usurpas los reflejos, / cuando con flores bellas / el número compite a sus estrellas, / siendo con resplandores / humano cielo de caducas flores...*« (»Anmutige Konturen / der aus der Tiefe dämmernden Naturen, / die zwischen Licht und Nächten / des Himmels Abglanz sich erobern möchten / und die Gestirne überfunkeln / mit ihren schönen Blumen, die verdunkeln, / eh sie noch kaum erglühten, / ein irdischer Himmel schnell verwehter Blüten...«; Ü: Eichendorff). Dann ruft er die Spieler auf und teilt ihnen ihre Rollen zu: »König«, »Reicher«, »Bauer«, »Schönheit«, »Weisheit«, »Bettler« und »Kind«. Wie sie sie ausfüllen, bleibt ihnen überlassen, sie müssen improvisieren – der Wille des Menschen ist frei. Die »Welt« überreicht ihnen die Requisiten ihres Standes, und das Spiel beginnt. Jeder Spieler betritt die Bühne durch dieselbe Tür, die Wiege, und verläßt sie, nachdem er seine Rolle gespielt hat, durch eine zweite, das Grab. Der König erweist sich als hoffärtig, der Reiche als unbarmherzig, die Schönheit als eitel, der Bauer als faul. Nur der Bettler und die Weisheit spielen Gott zur Ehre. Dann nimmt die »Welt« jedem Spieler die geliehenen Insignien wieder ab und öffnet ihm die Augen, um ihn selbst erkennen zu lassen, ob er seine Rolle erfüllt oder verfehlt hat – nach dem *engaño*, der Täuschung des Spiels, bewirkt sie den *desengaño*, die »Ent-Täuschung«. Den Spielern, die der Illusion verfallen sind, die das *obrar bien*, das Recht-Tun, nicht begriffen haben, droht nach dem Ende des Spiels – dem leiblichen Tod – der ewige Tod der Verdammnis. In den getragenen *octavas reales* der »Welt« kündet sich der Ernst dieser Scheidung der Geister an: »*Kurz war das Schauspiel, aber wann verwehen / nicht rasch des Lebens Spiele, kaum erklungen, / wo alles nur ein Kommen ist und Gehen, / das keinen überrascht, der's recht durchdrungen? / Verödet schon seh' ich die Bühne stehen, / zu ihrem Urstoff, dem sie sich entrungen, / kehrt nun die Form, die jeder angenommen, / Staub, scheiden sie, da sie als Staub gekommen.*« – Nach dieser irdischen Szenerie öffnet sich auf einer erhöhten Bühne die himmlische: Der »Autor«, Gott, wird mit Kelch und Hostie sichtbar. Den Bettler und die Weisheit zieht er zu sich empor, die Reuigen werden dem Purgatorium, der reuelose Reiche aber der Verdammnis überwiesen. Das Stück klingt aus in dem von Spielern und Zuschauern gemeinsam gesungenen *Tantum ergo*, dem Lobpreis auf die Eucharistie: Christus ist der Mittler, der dem Gläubigen die helfende Gnade schenkt, die den freien Willen des Menschen zum Gehorsam leitet.

Beruht die Grundidee des Stücks – die Welt als Bühne, das Leben als Spiel – auf Calderóns Beschäftigung mit den eingangs erwähnten Autoren der Antike, so zeigt sich in der theologischen Tendenz der Einfluß der Jesuiten (Calderón hatte am Madrider Jesuitenkolleg studiert). Luis de MOLINA hatte mit seinen Schriften Anlaß zu dem »Gnadenstreit« gegeben, in dem es vor allem um die Frage ging, wie die Freiheit des menschlichen Willens mit dem Wirken der göttlichen Gnade vereinbar sei. Während die Thomisten behaupteten, der menschliche Wille sei abhängig von der göttlichen Gnade, vertraten die Molinisten (unter ihnen vor allem viele Jesuiten) die Ansicht, daß der Wille frei sei und die Gnade nur die Funktion einer Helferin habe. Diese Lehre schließt sich Calderón an. Seine Spieler improvisieren ihr Leben, die Gestalt der Gnade übernimmt gleichsam die Rolle des Souffleurs, indem sie den Spielern in entscheidenden Augenblicken das Motto des Stücks zuruft: »*Liebe den Nächsten wie dich selbst und tue recht, denn Gott ist Gott!*« *Das große Welttheater* gehört im deutschen Sprachraum durch die Einsiedler Aufführungen in der Übersetzung EICHENDORFFS und durch die Salzburger Festspiele, für die Hugo von HOFMANNSTHAL es neu bearbeitete, zu den bekanntesten *autos sacramentales*. I.F.

AUSGABEN: Madrid 1655 (in *Autos sacramentales con cuatro comedias*...). – Madrid 1717 (in *Autos sacramentales*, Hg. P. de Pando y Mier, 6 Bde., 1). – Madrid 1952 (in *Obras completas*, Hg. A. Valbuena Briones, 3 Bde., 1959–1969, 3; m. Einl.; ern. 1987). – Madrid 1957 [Einl. u. Anm. J. L. Aguirre Sirera]. – Madrid 1981, Hg. D. Ynduráin [m. Anm.]. – Madrid 1983, Hg. E. Frutos Cortés.

ÜBERSETZUNGEN: *Das große Welttheater*, J. v. Eichendorff (in *Geistliche Spiele*, Stg. 1846, Bd. 1). – Dass., ders., Stg. 1954 (RUB; Nachw. F. Schalk); ern. 1981. – Dass., H. Urs v. Balthasar, Einsiedeln 1959 (Sigillum). – Dass., J. v. Eichendorff (in *Dramen*, Mchn. 1963). – Dass., H.-G. Kübel u. W. Franke, Zürich 1981 [Vorw. G. Siebenmann].

BEARBEITUNG: H. v. Hofmannsthal, *Das Salzburger Große Welttheater*, Lpzg. 1922 (Urauff.: 12. 8. 1922, Collegienkirche Salzburg).

LITERATUR: G. Cirot, »*El gran teatro del mundo*« (in BHi, 43, 1941, S. 265–305). – M. Kommerell, *Beiträge zu einem deutschen C.*, Bd. 1, Ffm. 1946. – A. Vilanova, *El tema del »Gran teatro del mundo«* (in Boletín de la Academia de Buenas Letras de Barcelona, 23, 1950, S. 153–188). – S. Bartina Grassiot, *La Biblia y C.*, Barcelona 1958. – E. Maclachlan, *C.'s »El gran teatro del mundo« and the Counter-Reformation in Spain* (in *Scritti vari dedicati a M. Parenti*, Florenz 1960, S. 181–190). – E. Schwarz, *Hofmannsthal u. C.*, Den Haag 1962. – L. C. Pérez, *Preceptiva dramática en »El gran teatro del mundo«* (in Hispanófila, 30, 1967, S. 1–6). – N. D. Shergold, *»El gran teatro del mundo« y sus problemas escenográficos* (in *Hacia C. Coloquio Anglogermano*, Bln. 1970, S. 77–84). – R. L. Fiore, *C.'s »El gran teatro del mundo«. An Ethical Interpretation* (in HR, 40, 1972, S. 40–52). – D. Ynduráin, *El gran teatro de C. y el mundo del XVII* (in Segismundo, 10, 1974, S. 17–72). – R. D. F. Pring-Mill, *La estructura de »El gran teatro del mundo«* (in *Hacia C. Tercer Coloquio Anglogermano*, Bln. 1976, S. 47–74). – R. W. Felkel, *»El gran teatro del mundo« of P. C. de la B. and the Centrality of Grace* (in Bull. of the Comediantes, 31, 1979, S. 127–134). – A. M. Gracía, *»El gran teatro del mundo«: estructura y personajes* (in *Hacia C. Cuatro Coloquio Anglogermano*, Bln./NY 1979, S. 17–29). – K. Reichenberger, *C.s Welttheater und die autos sacramentales* (in *Theatrum Mundi*, Hg. F. Link u. G. Niggl, Bln. 1981, S. 161–175). – A. Hillach, *Das spanische Fronleichnamsspiel zwischen Theologie u. humaner Selbstfeier. Ein geschichtsphilosophischer Versuch über C.* (in *P. C. de la B. (1600–1981)*, Hg. T. Heydenreich, Erlangen 1982, S. 45–61). – F. Carillo, *Contexto y ley natural en »El gran teatro del mundo«* (in *Acta del Congreso Internacional sobre C. y el teatro español del Siglo de oro*, Hg. L. García Lorenzo, Bd. 2, Madrid 1983, S. 679–686). – M. Sito Alba, *Mimética en C. »El gran teatro del mundo«* (in *Colloquium Calderonianum Internationale. Atti*, Hg. G. de Gennaro, L'Aquila 1983, S. 35–62). – N. D. Shergold, *C. and Theatrum Mundi* (in J. M. Vaccaro u. J. Jaquot, *Art du spectacle et histoire des idées*, Tours 1984, S. 163–175). – M. Tietze, »*El gran teatro del mundo*«(in *Das spanische Theater*, Hg. V. Roloff u. H. Wentzlaff-Eggebert, Düsseldorf 1988).

# GUÁRDATE DEL AGUA MANSA

(span.; *Hüte dich vor stillem Wasser*). Verskomödie in drei Akten von Pedro CALDERÓN DE LA BARCA, erschienen 1657. – Die erste Fassung unter dem Titel *El agua mansa* wurde wahrscheinlich um 1644 geschrieben. Diese zweite Fassung entstand wahrscheinlich um 1650, denn im ersten Akt wird der festliche Empfang Maria Annas von Österreich erwähnt, die 1649 die zweite Gemahlin Philipps IV. von Spanien wurde. Während Calderón in seinen anderen Sittenkomödien komplizierte Intrigen bevorzugt, entwickelt sich das Geschehen hier geradlinig, ohne daß nebensächliche Episoden den Ablauf der Haupthandlung stören.

Don Alonso ist als reicher Mann aus Amerika nach Madrid zurückgekehrt und hat seine beiden hübschen Töchter zu sich geholt, die in Alcalá im Kloster erzogen worden sind, Clara, die ältere, ist sanft und bescheiden, sie will wenig von der Welt und erst recht nichts – so scheint es – von den Männern wissen und sehnt sich nach dem Kloster zurück. Eugenia dagegen ist ein anspruchsvolles, lebenslustiges Geschöpf, dessen Temperamentsausbrüche »*selbst einem Heiligen Verdruß machen würden*«. Als der geplagte Vater überdies erfährt, daß sie verliebte Verse schreibt und erhält, bemüht er sich, die Tochter möglichst rasch unter die Haube zu bringen, ehe Schlimmeres geschieht. Einen Ehemann hat er ihr schon ausgesucht: den Vetter Toribio Cuadradillos. Er kommt aus den Bergen Asturiens und ist also – den Vorstellungen des kultivierten Madrider Publikums entsprechend – der Inbegriff des dummen Bauerntölpels. Doch größere Chancen haben offensichtlich Don Pedro, der Eugenia aus Alcalá nach Madrid gefolgt ist, und vor allem Don Juan, dem sie längst geneigt ist. – Die Verwicklungen beginnen, als sich der leichtherzig-zynische Don Félix, der mit den beiden Liebhabern befreundet ist, ernsthaft in Clara verliebt, sie jedoch durch ein Mißverständnis für Eugenia hält. Als loyaler Freund seiner Freunde versucht er, seine Gefühle zu unterdrücken und die Chancen der beiden bei dem Mädchen zu erkunden. Clara, deren Scheu und Klostersehnsucht beim Anblick Don Félix' wie fortgeblasen sind, hütet sich, das Mißverständnis aufzuklären. Voll Eifersucht auf ihre umworbene Schwester macht sie sich mit größter Raffinesse daran, deren Erfolge zu übertrumpfen, so daß Félix bald in ihrem Netz gefangen ist, während Eugenia in ihren Liebesangelegenheiten keinen Schritt weiterkommt und es so aussieht, als sollte sie leer ausgehen. Doch sie erhält zu guter Letzt ihren Don Juan, und so zeigt die Schlußszene zwei glückliche Paare, während Don Pedro sich mit Haltung zurückzieht und Don Toribio froh ist, unbeweibt in seine Berge heimkehren zu können.

Das plötzliche Erwachen des weiblichen Instinkts bei Clara, die Entschlossenheit, mit der sie sich in den Kampf um den Mann stürzt, und die tiefe Befriedigung, die sie empfindet, als ihre List zum Erfolg führt, verraten Calderóns genaue Kenntnis der traditionellen Topoi über die weibliche Psyche.

*Guárdate del agua mansa* ist eines seiner ausgeglichensten Stücke. Harmonisch verbindet es Elemente des Intrigenstücks mit denen der Charakterkomödie; hinzu kommen possenhafte Motive, die sich aus der Gestalt des Vetters aus der Provinz ergeben. Alles in diesem Stück ist echt; Situationen und Charakterzeichnungen sind gut beobachtete Wirklichkeit.
A.F.R.

AUSGABEN: 1657 (in *Comedias nuevas escogidas, octava parte*). – Madrid 1684 (in *Octava parte de comedias*). – Madrid 1960 (in *Obras completas*, Hg. A. Valbuena Briones, 3 Bde., 1959–1967, 2; m. Einl.; ern. 1973). – Barcelona 1981 [Faks.-Ausg. d. ersten Fassg.]. – Kassel 1988, Hg., Einl. u. Anm. I. Arellano [erste u. zweite Fassg.].

ÜBERSETZUNGEN: *Hüte dich vor stillem Wasser*, J. D. Gries (in *Schauspiele*, Bd. 6, Bln. 1824). – *Hüte dich vor'm stillen Wasser*, M. Rapp (in *Spanisches Theater*, Bd. 6, Hildburghausen 1870).

LITERATUR: A. W. Atkinson, *La comedia de capa y espada* (in Bull. of Spanish Studies, 4, 1927, S. 80–89). – M. Kommerell, *Beiträge zu einem deutschen C.*, Bd. 1, Ffm. 1946. – D. Herreras, *Fuentes españoleas de »La escuela de los maridos« de Molière*, Malaga 1967. – L. E. F. de Orduna, *Un manuscrito de C. y los editores* (in Incipit, 2, 1982, S. 107–116). – I. Arellano, *Las dos versiones de una comedia de C.: »El agua mansa« y »Guárdate del agua mansa«* (in Criticón, 35, 1986, S. 99–118). – K. Reichenberger, *Unrechtes Handeln u. angemessene Reaktion: Zum Thema der patria potestas in C.s comedias de capa y espada* (in *Theatrum Mundum Hispanicum*, Hg. S. Neumeister u. K.-L. Selig, Tübingen 1986, S. 167–173).

# LA HIJA DEL AIRE

(span.; *Die Tochter der Luft*). Schauspiel in zwei Teilen zu je drei Akten von Pedro CALDERÓN DE LA BARCA, Uraufführung: Madrid 1653. – Calderón übernimmt hier einen bereits vorgeformten Stoff; das Leben der halb legendären Königin Semiramis war in Spanien u. a. schon von Cristóbal de VIRUÉS und Lope de VEGA behandelt worden. Die überlieferten Tatsachen interessieren ihn wenig, auch auf die Entwicklung von Charakteren, auf Zusammenstoß und Widerspiel der Temperamente kommt es ihm nicht in erster Linie an. Er stellt das Leben der Heldin, einer Frau, die Geschichte macht, als ein sich zwangsläufig vollziehendes Geschehen dar. Semiramis ist die Verkörperung der unveredelten Natur. Ethische Begriffe sind ihr fremd, sie erfährt keine Läuterung, bleibt ohne Bewußtsein von Schuld, ohne den Willen zur Einsicht, ohne Verlangen nach Gnade und damit ohne Freiheit. Für den christlichen Dramatiker Calderón heißt das: Sie bleibt heillos, ihr Leben steht unter einem Verhängnis. Ihr Aufstieg zur Gemahlin des Königs von Assyrien, zur Herrscherin von Babylon, und ihr würde-

loses Ende haben nichts mit antiker Tragödie gemein. Calderón sieht ihren Weg als Schicksal einer großangelegten, aber egoistisch in Herrsch- und Ruhmsucht verstrickten, zu Liebe und Leid unfähigen und stark typisierten weiblichen Gestalt.
Als Kind einer verführten Nymphe, die den Zorn der Artemis auf sich geladen hat, steht Semiramis von Anfang an unter einem Unstern. Auch sie wird von der Göttin verfolgt; nur die Vögel, die der Aphrodite heilig sind, schützen sie (daher ihr Name »Tochter der Luft«). Ein Priester Aphrodites hält sie in einer Höhle verborgen, um die Verbrechen, die sie nach einer Weissagung begehen soll, zu verhindern. Doch der siegreiche Feldherr Menon findet sie und verliebt sich in sie. Auch der König Ninus verfällt ihr. Semiramis entscheidet sich für Ninus, für den höheren Ruhm, den größeren Glanz. Sie erkennt, welche Macht Schönheit bedeutet, und nutzt diese ihre verliehene Gabe bedenkenlos aus, um ihre Triebe zu befriedigen: Sie will herrschen, genießen, siegen, grenzenlose Macht besitzen. Dankbarkeit, Güte und Mitleid werden ihr immer fremder. Alle ihr hörigen Männer reißt sie in den Sog dieser Triebhaftigkeit mit hinein. Ninus vergißt sein Menon gegebenes Ehrenwort; er läßt ihn, den Nebenbuhler, blenden. Semiramis vergiftet Ninus. Sie besiegt Lidorus, den König von Lydien, und läßt ihn wie einen Hund an die Tür ihres Palastes ketten. Um ihre Herrschaft nicht mit ihrem Sohn Ninyas teilen zu müssen, setzt sie ihn gefangen und gibt sich – sie ist ihm sehr ähnlich – selbst für ihren Sohn aus. Als Ninyas eilt sie in eine Schlacht gegen den Sohn des von ihr gedemütigten Königs Lidorus, der seinen Vater befreien will. Sie wird besiegt und fällt. Sterbend hält sie in der Verwirrung ihres gequälten Gewissens einen von ihr grausam betrogenen Diener (es ist die Rolle des *gracioso* in diesem Stück), der die von Pfeilen durchbohrte Fürstin auffindet, für die gespenstische Verkörperung der von ihr betrogenen und vernichteten Männer. Sie erleidet den schrecklichen Tod eines Menschen, der nur sich selbst geliebt hat und kein anderes Gesetz als sich selbst kannte:
»Ich bin ein Weib, das stöhnt.
Ich lebe nicht, es wäre denn gekrönt.
›Ich herrsche‹ heißt für mich: ›Ich bin.‹
Ich bin nicht ich, wenn nicht als Königin,
Ich sage ›Despotie‹
Statt ›Ehre‹. Ehrlos ohne sie ...«
Zwischen den beiden Teilen der Handlung liegen zwanzig Jahre. Diese Zäsur ist ein kluger dramaturgischer Einfall Calderóns, obwohl dessen Autorschaft für den zweiten Teil umstritten ist (vgl. C. H. ROSE). Damit wird nicht nur die Gefahr epischer Längen vermieden, die im Drama bei der Entfaltung eines ganzen Menschenschicksals naheliegt; die Zeit selbst wird zur wirksamen Akteurin: Sie läßt die Anlagen der Heldin reifen. – GOETHE erkannte und rühmte die große dramatische Dichte des Stücks (in *Über Kunst und Altertum*). Hugo von HOFMANNSTHAL beschäftigte sich lange damit, wie die Fragmente *Semiramis* (1908/09) und *Die beiden Götter* (1917/18) bezeugen.          I.F.

AUSGABEN: Saragossa 1650 (in *Parte cuarenta y dos de comedia de diferentes autores*; enth. Tl. 2). – Madrid 1664 (in *Tercera parte de las comedias*; enth. Tl. 1 u. 2). – Madrid 1959 (in *Obras completas*, Hg. A. Valbuena Briones, 3 Bde., 1959–1967; 1; m. Einl.; ern. 1969). – Ldn. 1970, Hg. G. Edwards. – Madrid 1987, Hg. F. Ruiz Ramón.

ÜBERSETZUNGEN: *Die Tochter der Luft*, J. D. Gries (in *Schauspiel*, Bd. 4, Bln. 1821). – Dass., M. Kommerell, Lpzg. 1941.

LITERATUR: M. Kommerell, *Beiträge zu einem deutschen C.*, Bd. 1, Ffm. 1946. – E. Schwarz, *Hofmannsthal u. C.*, Cambridge/Mass. 1962. – S. L. Hardy, *Goethe, C. und die romantische Theorie des Dramas*, Heidelberg 1965. – G. Edwards, *C.'s »La hija del aire« in the Light of His Sources* (in BHS, 43, 1966, S. 177–196). – Ders., *C.'s »La hija del aire« and the Classical Type of Tragedy* (in BHS, 44, 1967, S. 161–194). – J. G. Fucilla, *Lope and C.'s »La hija del aire«* (in Bull. of the Comediantes, 27, 1975, S. 90–93). – F. Meregalli, *J. W. v. Goethe y »La hija del aire« de C.* (in Segismundo, 23/24, 1976). – E. Cingano, *Annotazioni su »La hija del aire« di Don P. C. de la B.* (in Filologia Moderna, 1, 1976, S. 103–142). – S. L. Fischer, *The Psychological Stages of Feminine Development in »La hija del aire«: A Jungian Point of View* (in Bull. of the Comediantes, 34, 1982, S. 137–158). – E. W. Hesse, *C.'s Semiramis: A Personality Profile* (in E. W. H., *Theology, Sex and the Comedia*, Potomac/Madrid 1982, S. 95–111). – S. H. Lipmann, *The Duality and Dilusion of C.'s Semiramis* (in BHS, 59, 1982, S. 42–57). – G. Chiappini, *La parola e il silenzio, la visione e le tenebre della cecità nei personaggi de »La hija del aire« (I parte) di P. C. de la B.* (in *Colloquium Calderonianum Internationale. Atti*, Hg. G. De Gennaro, L'Aquila 1983, S. 195–237). – A. Hermenegildo, *La responsabilidad del tirano: Virués y C. frente a la leyenda de Semiramis* (in *Actas del Congreso Internacional sobre C. y el teatro español del Siglo de oro*, Hg. L. García Lorenzo, Bd. 2, Madrid 1983, S. 897–911). – S. Hernández-Araico, *Texto y espectáculo en »La hija del aire«* (in *Proceedings of the Second Annual Golden Age Drama Symposium*, El Paso 1983, S. 43–61). – C. H. Rose, *¿Quién escribió la »Segunda Parte de La hija del aire«? ¿C. o Enríquez Gómez?* (in *Actas del Congreso Internacional sobre C. y el teatro español del Siglo de oro*, Hg. L. García Lorenzo, Bd. 1, Mailand 1983, S. 603–615). – D. Cruickshank, *The Second Part of »La hija del aire«* (in BHS, 61, 1984, S. 286–294). – S. Hernández Araico, *La Semíramis calderoniana como compendio de estereotipos femeninos* (in Ibero, 1985, Nr. 22).

# EL MÁGICO PRODIGIOSO

(span.; *Der wundertätige Magus*). Schauspiel von Pedro CALDERÓN DE LA BARCA, geschrieben zur Fronleichnamsfeier 1637, in zweiter Fassung erschienen 1663. – In diesem Stück verbinden sich verschiedene Stoffkreise: die der *Legenda aurea* entnommenen Lebensbeschreibungen der heiligen Märtyrer Cyprianus und Justina und die spanische Version der Faustsage. Das Motiv des Teufelspakts erschien bereits vor Calderón in Stücken von MIRA DE AMESCUA, Guillén de CASTRO, RUIZ DE ALARCÓN und Lope de VEGA.

Bei Calderón heißt der Wahrheitssucher Cyprianus. Er ist ein in Antiochia lebender heidnischer Gelehrter, der sich wie Faust bemüht, den philosophischen Gottesbegriff mit lebendiger Erfahrung zu erfüllen. Ihm erscheint als Diskussionspartner *el demonio*, der Teufel, der vergeblich versucht, ihn im gelehrten Disput zu schlagen. Um Cyprianus auf andere Weise beizukommen, läßt er ihm zwei junge Adlige begegnen, die sich um der schönen Christin Justina willen, deren Tugend der Teufel zu bezwingen sucht, duellieren wollen. Cyprianus legt sich ins Mittel und verspricht, die Gefühle des Mädchens für jeden der beiden vorsichtig zu erkunden. Dabei verliebt er sich, dem Plan des Teufels entsprechend, selbst in Justina, wird jedoch, ebenso wie die beiden anderen, von ihr abgewiesen. Nun entfesselt der Teufel einen Sturm und fingiert einen Schiffsuntergang. Als Cyprianus zum Strand eilt, um zu helfen, findet er dort als einzigen »Überlebenden« einen Fremden, dem er seine Dienste anbietet. Zum Dank will ihn dieser in die Geheimnisse der Magie einweihen. Bereitwillig geht Cyprianus, der auf diese Weise Justinas Gunst zu erzwingen hofft, auf das Anerbieten ein und schließt mit dem Teufel – denn kein anderer als dieser ist der Fremde – einen Pakt auf ein Jahr. Als er danach versucht, mit Hilfe der erworbenen magischen Fähigkeiten Justinas Gegenwart zu beschwören, erscheint zwar eine verhüllte Gestalt, doch als er sie entschleiert, starrt ihm ein Totengerippe entgegen. Die Christin Justina stellte den sinnlichen Verlokkungen ihren freien Willen entgegen, an ihm prallt jede dämonische Magie ab. Als der Teufel die Einhaltung des Paktes, nämlich die Seele Cyprianus' fordert, erklärt dieser die Verschreibung für hinfällig, da sie ihm nur ein Phantom Justinas verschaffen konnte. Vom Teufel verlangt er Aufklärung über die Kraft, die stärker war als das magische Experiment. Es ist der Gott der Christen. Nun ruft Cyprianus diesen Beistand gegen den Dämon an und wird Christ. Da er den neuen Glauben überall verkündet, läßt der heidnische Statthalter ihn zusammen mit Justina festnehmen. Beide sterben den Märtyrertod durch Enthauptung. Der Teufel muß die Rettung und Seligkeit der beiden verkünden: »*Leider leben die beiden, / Aufgestiegen zu den Sphären / Des heiligen göttlichen Throns, / in einem besseren Reich. / Dies ist die Wahrheit, und ich / Spreche sie aus, weil Gott selbst / Mich dazu zwingt.*«

Auch bei Calderón ist also der Teufel zum Schluß der Verlierer. Aber nicht den witzigen Possenreißer der Faustsage beschwört der Dichter hier, sondern einen Teufel von furchtbarer Majestät, der noch deutlich das Adelszeichen des gefallenen Engels trägt. Die moderne Faust-Problematik Goethe-scher Prägung ist angesichts dieses Teufels undenkbar. Die Macht des Bösen, die er demonstriert, besiegt der Mensch nur, wenn er sich in der Klarheit vernünftiger Einsicht durch einen Willensakt unwiderruflich bindet, wenn er seine Freiheit im Gehorsam zur höheren Ehre des geoffenbarten Glaubens erkennt. – In Deutschland wurde das Stück von LESSING, HERDER, GOETHE und den Romantikern hoch geschätzt. SHELLEY übertrug Teile davon ins Englische. Darüber hinaus wurde es, oft mehrmals, in alle europäischen Sprachen übersetzt.

I.F.

AUSGABEN: Madrid 1663 (in *Parte veinte de comedias varias*; 2. Fassg.). – Heilbronn 1877, Hg. A. Morel-Fatio. – Madrid 1959 (in *Obras completas*, Hg. A. Valbuena Briones, 3 Bde., 1959–1967, 2; m. Einl.; ern. 1969). – Madrid 1966, Hg. A. Valbuena Prat (Clás.Cast; m. Einl.). – Chapel Hill/N. C. 1973, Hg. A. V. Ebersole [1. Fassg.; m. Einl. u. Anm.]. – Madrid 1985, Hg. B. W. Wardropper [m. Einl., Anm. u. engl. Übers.].

ÜBERSETZUNGEN: *Der wundertätige Magus*, J. D. Gries (in *Schauspiele*, Bd. 2, Bln. 1816). – *Der wundertätige Magier*, E. Gürster, Stg. 1962. – *Der wundertätige Magus*, J. D. Gries (in *Dramen*, Mchn. 1963). – *Der seltsame Magier*, T. Krapf, Luzern 1967.

VERTONUNG: J. G. Rheinberger, *Der wundertätige Magus* (Bühnenmusik, 1864).

LITERATUR: A. Valbuena Prat, *La ideología y el arte de »El mágico prodigioso«*, Segovia 1930. – H. C. Heaton, *C. and »El mágico prodigioso«* (in HR, 19, 1951, S. 11–36; 93–103). – A. E. Sloman, *»El mágico prodigioso«* (ebd., 20, 1952, S. 212–222). – Ch. Dédéyan, *Un sujet parallèle: »El mágico prodigioso« et »Faust«* (in Ch. D., *Le thème de Faust dans la littérature européenne*, Bd. 1, Paris 1954, S. 145–226). – A. A. Parker, *The Theology of the Devil in the Drama of C.*, Ldn. 1958. – T. E. May, *The Symbolism of »El mágico prodigioso«* (in RomR, 54, 1963, S. 95–112). – M. Franzbach, *Die ›Lustige Person‹ (Gracioso) auf der Spanischen Bühne u. ihre Funktion, dargelegt an C.s »El mágico prodigioso«* (in NSp, 14, 1965, S. 61–72). – A. A. Parker, *The Role of the ›Gracioso‹ in »El mágico prodigioso«* (in *Litterae Hispaniae et Lusitanae*, Hg. H. Flasche, Mchn. 1968, S. 317–330). – R. González Echevarría, *En torno al tema de »El mágico prodigioso«* (in REH, 3, 1969, S. 207–220). – P. B. Ballesteros, *C.s erste Fassung von »El mágico prodigioso« u. das Doktor-Faustus-Spiel der englischen Komödianten*, Bln. 1972. – C. V. Aubrun, *»El mágico prodigioso«. Sa signification et sa structure* (in *Studia Iberica*, Hg. K. H. Körner, Bern 1973, S. 35–46). – A. Rothe, *C., »Der wundertätige Zauberer« u. das Publikum* (in *Prismata*, Fs. *B. Hanssler*, Mchn. 1974, S. 205–229). – A. Rodríguez López-Vázquez, *C. y Fausto: ideología y mito en el barroco* (in A. R. L.-V., *Tres estudios sobre C.*, Rennes 1978, S. 2–86). –

R. Sugranyes, *Complexidad temática y contrapunto en el teatro barroco: Los graciosos en »El mágico prodigioso«* (in CHA, 1980, Nr. 355, S. 112–123). – E. W. Hesse, *C.'s »El mágico prodigioso« and the Role of the Devil* (in E. W. H., *Theology, Sex and the Comedia*, Potomac/Md., 1982, S. 38–52). – B. W. Wardropper, *La ironía en »El mágico prodigioso«* (in *Actas del cuarto Congreso Internacional de hispanistas*, Bd. 2, Salamanca 1982, S. 819–825). – N. D. Shergold, *C.'s »El mágico prodigioso«: The Role of Lelio and Floro* (in BHS, 61, 1984, S. 391–398).

## EL MAYOR MONSTRUO DEL MUNDO

(span.; *Das größte Scheusal der Welt*). Schauspiel von Pedro CALDERÓN DE LA BARCA, entstanden vor 1635, erschienen 1637, später von Calderón überarbeitet, auch unter dem Titel *El mayor monstruo los çelos*. – Der Stoff ist der *Geschichte des jüdischen Volkes* von FLAVIUS IOSEPHUS (37 – um 100) entnommen, auf die auch Friedrich HEBBELS Tragödie *Herodes und Mariamne* (1849) zurückgeht. Mariamne, der Gattin des Tetrarchen von Jerusalem, Herodes, wird prophezeit, daß ihr ein gewaltsamer Tod durch »*das größte Scheusal*« bevorstehe und daß dieses töten werde, was ihm das Liebste sei. Gegen ihre Befürchtung, die Prophezeiung könne sich auf ihn beziehen, wehrt sich Herodes leidenschaftlich, aber mit seinem Dolch, dem möglichen Werkzeug der Bluttat, den er beteuernd von sich wirft, tötet er unabsichtlich einen seiner Vertrauten. So waltet von Anfang an ein Verhängnis über Herodes, und auf die Erfüllung dieses Verhängnisses hin ist das Stück, das zu den *comedias heroicas* Calderóns gerechnet wird, angelegt. Jedoch ist das Schicksal, das hier unabwendbar waltet, keine alles Leben beherrschende Macht, kein unbegreiflicher göttlicher Wille und am allerwenigsten unerforschlicher Ratschluß und Vorsehung Gottes im christlichen Sinn. Das Verhängnis wohnt vielmehr in der Brust des Menschen Herodes selbst und ist nichts als die durch keine vernünftige Einsicht gebändigte, durch den eigenen freien Willen nicht überwundene Maßlosigkeit seiner egoistischen Liebe zu Mariamne. Maßlos ist diese Liebe in dem Versprechen, für die Gattin die ganze Welt zu erobern, maßlos aber vor allem in ihrer Eifersucht: Vor dem Aufbruch zu einem Feldzug gegen Oktavian, den späteren Kaiser Augustus, beauftragt Herodes für den Fall seines Todes seinen Schwager, Mariamne umzubringen, damit sie keines anderen Frau werden könne. Als Mariamne von diesem Auftrag erfährt, ist ihre Liebe zu Herodes dahin. Zwar bittet sie Oktavian um die Freilassung ihres Gatten, schließt sich dann aber in ihren Gemächern ein und sinnt auf Rache. In der Annahme, die Königin werde von Herodes bedroht, dringt Oktavian, der sich in ihr Bild verliebt hat, nachts ins Schloß ein. Der Dolch, den Herodes gegen den vermeintlichen Nebenbuhler zückt, trifft versehentlich die Gattin. Die Absicht dieses Stücks wird deutlich, wenn man es mit anderen Werken Calderóns, etwa mit *El médico de su honra (Der Arzt seiner Ehre)* vergleicht. In *El mayor monstruo del mundo* offenbart der Dichter die Kehr- und Nachtseite seines neuscholastischen Welt- und Menschenbildes, indem er zeigt, was aus dem Menschen wird, wenn er sein Handeln nicht objektiven, in vernünftiger Einsicht erkannten und anerkannten Wertmaßstäben unterwirft, sondern sich von unreflektierter, egoistischer Leidenschaft treiben läßt. In der Maßlosigkeit seines Gefühls wird Herodes unmenschlich, wird, wie die Eifersucht, die ihn beherrscht, selbst zum »größten Scheusal«. I.F.-KLL

AUSGABEN: Madrid 1637 (in *Segunda parte de comedias*). – Madison 1955 (*El mayor monstruo los çelos*, Hg. E. W. Hesse; m. Anm.; krit.). – Madrid 1959 (in *Obras completas*, Hg. A. Valbuena Briones, 3 Bde., 1959–1967, 1; m. Einl.; ern. 1969).

ÜBERSETZUNGEN: *Herodes, der Kindermörder*, J. Klaj, Nürnberg 1645. – *Herodes der Große*, Bearb. F. Rückert, Ffm. 1844. – *Herodes und Mariamne*, Bearb. F. Hebbel, Wien 1850. – *Eifersucht, das größte Scheusal*, J. D. Gries (in *Schauspiele*, Bd. 3, Bln. 1818). – Dass., Hg. W. v. Wurzbach (in *AW*, Bd. 4, Lpzg. 1910).

LITERATUR: H. C. Heaton, *On the »Segunda Parte« of C.* (in HR, 5, 1937, S. 208–224). – P. Berens, *C.s Schicksaltragödie* (in RF, 39, 1926, S. 1–66). – M. J. Valency, *The Tragedies of Herod and Mariamne*, NY 1940. – E. W. Hesse, *The Publication of C.'s Plays in the Seventeenth Century* (in PQ, 27, 1948, S. 37–51). – Ders., *El arte calderoniano en »El mayor monstruo los çelos«* (in Clavileño, 7, 1956, S. 18–30). – A. A. Parker, *Prediction and Its Dramatic Function in »El mayor monstruo del mundo«* (in *Studies in Spanish Literature presented to E. M. Wilson*, Hg. R. O. Jones, Ldn. 1973, S. 173–192). – E. R. Sabin, *The Identities of the Monster in C.'s »El mayor monstruo del mundo«* (in Hispania, 56, 1973, S. 269–275). – R. Chang-Rodríguez u. E. Jean Martín, *Tema e imágines en »El mayor monstruo del mundo«* (in MLN, 90, 1975, S. 278–282). – Dies., *Función temática de la historia de Antonio y Cleopatra en »El mayor monstruo del mundo»* (in PSA, 81, 1976, S. 41–46). – W. R. Blue, *Los imágines en »El mayor monstruo del mundo« de C. de la B.* (in Hispania, 61, 1978, S. 888–893). – J. M. Ruano de la Haza, *The Meaning of the Plot of C.'s »El mayor monstruo del mundo«* (in BHS, 61, 1981, S. 229–240). – F. Ruiz Ramón, *La ambigüedad del vaticinio en »El mayor monstruo del mundo«* (in *Hacia C. Sexto Coloquio Anglogermano*, Wiesbaden 1983, S. 96–105).

## EL MÉDICO DE SU HONRA

(span.; *Der Arzt seiner Ehre*). Versdrama in drei Akten von Pedro CALDERÓN DE LA BARCA, geschrieben vor 1635, möglicherweise schon 1628/29, erschienen 1637. – Eines der zahlreichen

Schauspiele Calderóns, in denen die Sühne verletzter Ehre das bewegende Motiv ist und die, wie Karl Vossler schreibt, »*kaum mehr genießbar sind*«, weil in ihnen ein starrer übertriebener, gnadenloser Ehrbegriff herrscht, der uns heute veraltet scheint. Veraltet ist jedoch nur die historisch-gesellschaftliche Erscheinungsform, nicht der geistige Kern dieses Ehrbegriffs. Bei Calderón, dessen Devise war: »*Gut und Leben für den König / Setzet ein, jedoch die Ehre / Ist das Erbteil unserer Seele, / Und die Seele ist ganz Gottes*«, geht es letzten Endes um diesen ewigen, göttlichen Kern. Nach den gesellschaftlichen Konventionen der Zeit, denen Calderón sich zutiefst verbunden fühlte, war die Ehre ein Ding »*aus so zerbrechlichem Stoff, / Daß sie an einer einzigen Handlung zerbricht, / Und daß ein Luftzug sie befleckt*«. Das bedeutet: Ehre ist in erster Linie eine Sache des äußeren Anscheins. Wo der Anschein gegen ihn spricht, ist die Ehre des Menschen verletzt. In diesem Sinn genügt der bloße Verdacht, Doña Mencía könne ehebrüchig geworden sein, um den Gatten, Don Alfonso Gutierre, zu grausamer, mit kühler Berechnung ausgeklügelter Rache zu bewegen, die der Autor zweifellos ebenso gutheißt, wie sie im Stück selbst nachträglich vom König gebilligt wird. Folgendes ereignet sich: Der Infant Don Enrique, Halbbruder des Königs Don Pedro, des Grausamen, von Kastilien, stürzt auf der Jagd und wird in das Haus des Don Alfonso Gutierre gebracht, in dessen Gattin, Doña Mencía, er seine Jugendliebe wiedererkennt. Als er entdeckt, daß sein Gastgeber ihr Gatte ist, läßt er sich unverzüglich von diesem in die Hauptstadt zurückbegleiten. Als Don Alfonso wegen eines Ehrenhandels dort festgehalten wird, sucht der Infant Doña Mencía gegen ihren Willen von neuem auf und läßt, als der Gatte unvermutet heimkehrt, in der Eile der Flucht seinen Dolch zurück. Don Alfonso sieht darin den Beweis für die Verletzung seiner Ehre. Als es ihm gelingt, der schlafenden Gattin einige Worte zu entlocken, wird sein Verdacht zur Gewißheit. Fest entschlossen, Rache zu nehmen, überrascht er Doña Mencía dabei, wie sie dem Infanten schreibt, er möge sie um ihrer Ehre willen nicht mehr besuchen. Don Alfonso entreißt ihr den Brief, und ohne ihr Gelegenheit zur Erklärung zu geben, ohne die Möglichkeit, sie könne unschuldig sein, überhaupt zu erwägen, schreitet er zur Ausführung seines Plans. Er zwingt einen Wundarzt, der schlafenden Frau mit eben dem Dolch, den er gefunden hat, die Adern zu öffnen und sie verbluten zu lassen. Währenddessen steht er vor der Tür, und bestätigt sich selbst die Richtigkeit seines Handelns: »*Fué bien*« (»*Es war richtig*«), sagt er. »*Ich bin meiner Ehre Arzt, / Ihr will ich das Leben erhalten / Durch einen Aderlaß; denn jede / Wird wiederhergestellt durch Blut.*«

Der Schematismus des Handelns, der aus diesen Worten spricht, mag uns heute marionettenhaft und unmenschlich vorkommen. Tatsächlich erwecken diese Menschen den Anschein, als würden sie nicht von innen heraus, sondern von außen bewegt. Nicht Gefühle und Leidenschaften sind die Antriebe ihres Tuns. Don Alfonso ist kein Othello. Mit Verwunderung stellen wir fest, daß er im Grunde nicht einmal eifersüchtig ist und daß ihn die Rache, die er vollzieht, seelisch nicht belastet, sondern befreit. Leichten Herzens fügt er sich danach der Weisung des Königs, Leonor, der er früher einmal den Hof gemacht hat, zu heiraten. Ein solches Verhalten ist nur vor dem Hintergrund einer Gesellschaft verständlich, für welche die Ehre, neben dem Gehorsam im Glauben und der Treue zum König, an der Spitze einer objektiven Wertordnung stand, an die der einzelne, je nach seiner gesellschaftlichen Stellung, unauflöslich gebunden war. Am Maßstab dieser Wertordnung ist gerade die nur gefühlsbedingte, blind leidenschaftliche Handlung unmenschlich – in *El mayor monstruo los çelos* macht Calderón das deutlich. Nur in dem Maße, in dem der Mensch in Übereinstimmung mit der objektiven Wertordnung handelt und aus ihr sein Tun zu rechtfertigen vermag, erfüllt er seine Bestimmung als Mensch.

Es ist das rationalistische neuscholastische Welt- und Menschenbild der Gegenreformation, das die Dramatik des Jesuitenzöglings Calderón vor allem in den *comedias heroicas*, zu denen dieses Stück gehört, bis in den Gang des Dialogs und die sprachlichen Ausdrucksformen hinein bestimmt. Bereichert durch die Stilmittel des in Wortspielen, überraschenden Paradoxien und Sinnvertauschungen schwelgenden *conceptismo* gleicht der Dialog Calderóns vielfach einer scholastischen, dialektisch geführten Disputation und gewinnt gerade dadurch seine mitreißende dramatische Kraft. *El médico de su honra* ist dafür ein eindrucksvolles Beispiel. F.I.

Ausgaben: Madrid 1637. – Madrid 1956, Hg. A. Valbuena Briones (CC). – Madrid 1959 (in *Obras completas*, Hg. ders., 3 Bde.; 1959–1967, 1; m. Einl.; ern. 1969). – Oxford 1961, Hg. C. A. Jones [m. Einl.]. – Madrid 1981, Hg. u. Einl. D. Cruickshank (Castalia).

Übersetzungen: *Der Arzt seiner Ehre*, J. D. Gries (in *Schauspiele*, Bd. 8, Bln. 1840). – Dass., Hg. W. v. Wurzbach (in *AW*, Bd. 6, Lpzg. 1910). – Dass., J. D. Gries (in *Spanisches Theater*, Mchn. 1963).

Literatur: K. Vossler, *C.* (in K. V., *Südliche Romania*, Mchn./Bln. 1940). – B. W. Wardropper, *Poetry and Drama in C.'s »El médico de su honra«* (in RomR, 49, 1958, S. 3–11). – E. Honig, *The Seizures of Honor in C.* (in KR, 23, 1961, S. 426 bis 447). – A. J. Watson, *Peter the Cruel or Peter the Just? A Reappraisal of the Role Played by King Peter in C.'s »El médico de su honra«* (in RJb, 14, 1963, S. 322–346). – D. Rogers, *»Tienen los celos pasos de ladrones«. Silence in C.'s »El médico de su honra«* (in HR, 33, 1965, S. 273–289). – D. W. Cruickshank, *»Pongo mi mano en sangre bañada a la puerta«: Adultry in »El médico de su honra«* (in *Studies in Spanish Literature of the Golden Age presented to E. M. Wilson*, Hg. R. O. Jones, Ldn. 1973,

S. 45–62). – T. O. Connor, *The Interplay of Prudence and Imprudence in »El médico de su honra«* (in RJb, 24, 1973, S. 303–322). – E. W. Hesse, *Honor and Behavioural Patterns in »El médico de su honra«* (in RF, 88, 1976, S. 1–15). – Ders., *A Psychological Approach to »El médico de su honra«* (in RJb, 28, 1977, S. 326–340). – J. Bryans, *System and Structure in C.'s »El médico de su honra«* (in RCEH, 1981, Nr. 3, S. 271–291). – D. W. Cruickshank, *The Metaphorical Criptojudaismo of C.'s Gutierre* (in BHS, 59, 1982, S. 33–41). – D. Fox, *»El médico de su honra«: Political Considerations* (in Hispania, 65, 1982, S. 28–38). – A. J. Cascardi, *Morality and Theatricality in C.'s »El médico de su honra«* (in KRQ, 32, 1985, S. 165–176). – F. de Blas, *El paralelismo: estructura y lenguaje en »El médico de su honra« de C.* (in Bull. of the Comediantes, 37, 1985, S. 209–224). – D. Briesemeister, *Traducciones y refundiciones de »El médico de su honra«* (in *Hacia C. Octava Coloquio Anglogermano, 1987*). – P. Juan i Tous, *»El médico de su honra«* (in *Das spanische Theater*, Hg. V. Roloff u. H. Wentzlaff-Eggebert, Düsseldorf 1988, S. 163–178).

## LA NIÑA DE GÓMEZ ARIAS

(span.; *Das Liebchen des Gómez Arias*). Versdrama in drei Akten von Pedro CALDERÓN DE LA BARCA, entstanden vermutlich vor 1651, erschienen 1672. – Den geschichtlichen Hintergrund dieses Stücks, das inhaltlich auf einen gleichnamigen Entwurf von Luis VÉLEZ DE GUEVARAS (1579–1644) zurückgeht, bildet der Aufstand der spanischen Mauren im Jahre 1501. Der Geliebte der Doña Beatriz, Gómez Arias, eine dem Don Juan von TIRSO DE MOLINA (vgl. *El burlador de Sevilla...*) verwandte Gestalt, hat nach einem Duell Granada verlassen und verliebt sich in Dorotea, die ihm ins Gebirge folgt, um der Ehe mit einem ungeliebten Mann, die ihr Vater wünscht, zu entgehen. Aber Gómez Arias, seiner neuen Eroberung alsbald überdrüssig, verläßt sie. Dorotea fällt in die Hände der aufständischen Mauren, wird jedoch von dem Vater der Doña Beatriz, dem Befehlshaber der königlichen Truppen, befreit und in sein Haus nach Granada gebracht. Dort begegnet sie ihrem Vater, der sie, um ihre Ehre wiederherzustellen, umbringen will. Doch Gómez Arias, der hinzukommt und sie in der Dunkelheit mit Beatriz, zu der er zurückkehren will, verwechselt, befreit sie, verkauft sie aber, als er seinen Irrtum erkennt, als Sklavin an die Mauren. Als dies die Königin Isabel bei ihrem Einzug in Granada erfährt, befiehlt sie zur Befreiung Doroteas den Sturm auf das von den Aufständischen besetzte Benameji und die Ergreifung des ruchlosen Gómez Arias, von dem sich inzwischen auch Beatriz endgültig abgewandt hat. Den Gefangenen verurteilt die Königin zur Eheschließung mit Dorotea (um deren Ehre wiederherzustellen); als Sühne für die Verletzung der königlichen Ehre muß Gómez Arias den Tod erleiden.
Im Mittelpunkt des Stücks von Calderón steht nicht wie bei Tirso de Molina die Gestalt des Verführers, sondern die der Verführten. Doch dient letzten Endes auch sie nur der Demonstration einer höheren Wahrheit. Durch den Verkauf Doroteas an die Mauren hat Gómez Arias nicht nur die menschliche, sondern auch die göttliche Ehre verletzt. Diese Untat sühnt allein der Tod. Wie in anderen Stücken Calderóns stellt auch hier die königliche Autorität die gestörte göttliche Ordnung wieder her. Ebenso wie die Königin Isabel den gegen die christliche Staatsordnung gerichteten Aufstand der Mauren niederschlägt, bestraft sie den Verstoß des Gómez auf Erden. Nur diese Auffassung erklärt die dem heutigen Betrachter des Stücks ganz unglaubwürdig erscheinende Szene, in der Cañerí, der Anführer der Mauren, beim bloßen Anblick der Königin entseelt zu Boden sinkt. D.Kös.

AUSGABEN: Madrid 1672 (in *Quarta parte de comedias nuevas*). – Madrid 1956, Hg. A. Valbuena Briones (in *Dramas de honor*; Clás.Cast). – Madrid 1959 (in *Obras completas*, Hg. ders., 3 Bde., 1959–1967, 1; m. Einl.; ern. 1969).

ÜBERSETZUNG: *Die Tochter des Gomez Arias*, J. D. Gries (in *Schauspiele*, Bd. 8, Bln. 1840). – *Des Gomez Arias Liebchen*, ders. (in *AW*, Hg. W. v. Wurzbach, Bd. 6, Lpzg. 1910).

LITERATUR: R. Rozzell, *L. Vélez de Guevara »La niña de Gómez Arias«*, Granada 1959. – A. F. Cao, *La mujer y el mito de don Juan en C.: »La niña de Gómez Arias«* (in *Actas del Congreso Internacional sobre C. y el teatro español del Siglo de oro*, Hg. L. García Lorenzo, Bd. 2, Madrid 1983, S. 839–854).

## EL PINTOR DE SU DESHONRA

(span.; *Der Maler seiner Schande*). Versdrama in drei Akten von Pedro CALDERÓN DE LA BARCA, erschienen 1650. – Ein Ehepaar, Juan Roca und Serafina, kehrt bei einem Gastfreund ein, in dessen Sohn die Frau ihren totgeglaubten ehemaligen Geliebten, Don Álvaro, wiedererkennt. Serafina bezwingt jedoch ihre Gefühle, und die Begegnung bleibt zunächst ohne Folgen. Im zweiten Akt malt der dilettierende Ehemann seine Frau. Da schleicht, als Matrose verkleidet, Don Álvaro herein und bestürmt Serafina mit seiner Liebe – vergeblich. Doch der Mann, der die Begegnung beobachtet hat, schöpft Verdacht. Trotzdem zwingt er während eines Maskenfestes seine Frau, wie es die Sitte vorschreibt, mit Álvaro, der wieder verkleidet auftritt, zu tanzen. Ein Brand bricht aus, und in der rasch entstehenden Panik gelingt es dem Ehemann, die ohnmächtige Serafina aus dem Haus an das Ufer des Meeres zu tragen. Dort vertraut er sie einem Matrosen an und wendet sich wieder zurück, um andere retten zu helfen. Der Matrose – es ist Álvaro – entführt Serafina übers Meer und hält sie dann in einem Jagdschloß gefangen, wo er sie immer wieder, doch vergeblich bedrängt. Inzwischen zieht in dem Wunsch, seine verletzte Ehre zu rächen, der Ehemann als ärmlicher Maler durchs Land. Ein Prinz beauftragt ihn, er solle am Fenster eines Gartensaales des nahegelegenen Jagdschlosses ungesehen eine schöne Dame malen. Erst nach einiger Zeit erkennt der Maler in der auf einer Gartenbank ruhenden weiblichen Gestalt die eigene Gattin, der der Prinz auf Álvaros Besitz begegnet war und von der er sich ein Bild wünscht, weil er sie liebt. Zu der schlafenden Serafina tritt Álvaro, den sie erwachend dankbar begrüßt, weil er sie aus einem schrecklichen Traum aufgeweckt hat: Ihr war, als werde sie von ihrem Gatten ermordet. Doch im gleichen Augenblick geht dieser Traum in Erfüllung: Der Ehemann streckt Álvaro und Serafina durch Pistolenschüsse nieder. Die Väter der Ermordeten billigen die furchtbare Tat.

Was an diesem Geschehen Calderón allein interessierte, war das Problem der Ehrverletzung und die Wiederherstellung verletzter Ehre. Keines der darin enthaltenen psychologischen Momente wird von ihm entwickelt, das Innenleben der Frau, die von Anfang an ihre Neigung gesteht, läßt er im dunkeln. Ihn beschäftigt der Stoff von ganz anderen Gesichtspunkten aus: An bestimmten bildhaften Situationen soll das Verhältnis des besonderen Falles zum Grundsätzlichen anschaulich werden. So ist z. B. die Tatsache, daß der Ehemann malt, nicht so sehr als Vorwand, die Gattin zu finden, gemeint, sondern als Möglichkeit, sich zu verbergen aus Scham über die Schmach der Ehrverletzung. Aber das Malen, das verbergen sollte, enthüllt gerade die Schmach. Und wenn nun die Pistole an die Stelle des Pinsels tritt, so ist dies wie ein zur Situation gewordener *concepto* GÓNGORAS (vgl. *Fábula de Polifemo y Galatea*): Sie trifft realiter, was der Pinsel als Abbild »trifft«. Oder die Rolle des Zufalls: Der Ehemann erreicht sein Ziel, die Wiederherstellung seiner Ehre, nicht durch planvolles Handeln, sondern durch Zufall; ein Nebenbuhler beauftragt den, der seiner Leidenschaft im Wege ist. Aber nur scheinbar ist dieser Zufall absurd; er erweist sich als Fügung, insofern die Ehre des Menschen »*Erbteil unserer Seele, und die Seele Gottes*« ist. – Deshalb steht die Ehre an der Spitze der Wertskala im klassischen Zeitalter Spaniens und muß als formale Vorschrift verteidigt werden (vgl. *El médico de su honra*). Nur unter diesem Aspekt ist der Handlungsablauf in *El pintor de su deshonra* begreiflich und ist es zu verstehen, wenn in dem gleichnamigen *Auto sacramental* Calderóns Gott selbst als Rächer seiner Ehre auftritt.   A.F.R.

AUSGABEN: Saragossa 1650 (in *Comedias de diferentes autores*, parte 42; 1. dat. Ausg.). – Madrid 1956 (in *Dramas de honor*, Hg. A. Valbuena Briones, Bd. 2; Clás. Cast). – Madrid 1959 (in *Obras completas*, Hg. A. Valbuena Briones, 3 Bde., 1959–1967, 1; m. Einl.; ern. 1969). – Madrid 1969, Hg. M. Ruiz Lagos.

ÜBERSETZUNGEN: *Der Maler seiner Schande*, G. N. Bärmann u. C. Richard (in G. N. B. u. C. R., *Die Schauspiele des berühmten castilianischen Dichters Don P. C. de la B.*, Bd. 3, Zwickau 1827). – *Der Maler seiner Schmach*, W. Schmidt (in *Schauspiele*, Bln. 1850; 1. Erg.-Bd. der achtbändigen Ausgabe 1840/41).

LITERATUR: A. I. Watson, »*El pintor de su deshonra*« *and the Neo-Aristotelian Theory of Tragedy* (in BHS, 40, 1963, S. 17–34). – C. A. Soons, *El problema de los juicios estéticos.* »*El pintor de su deshonra*« (in RF, 76, 1964, S. 155–162). – H. Bauer, *Der Judex Pictorius C.s: Untersuchungen zu seiner Malermetaphorik*, Hbg. 1969. – A. K. Paterson, *The Comic and Tragic Melancholy of Juan Roca: A Study of C.'s* »*El pintor de su deshonra*« (in FMLS, 5, 1969, S. 244–261). – E. M. Wilson, *Hacía una interpretación de* »*El pintor de su deshonra*« (in Ábaco, 3, 1970, S. 49–85). – R. Sloane, *Diversion in C.'s* »*El pintor de su deshonra*« (in MLN, 91, 1976, S. 247–263). – M. Vitse, *Segismundo y Serafina*, Toulouse 1980. – C. Colahan, *Art and Imagination in C.'s* »*El pintor de su deshonra*« (in Bull. of the Comediantes, 33, 1981, S. 73–80). – C. Morón Arroyo, »*El pintor de su deshonra*«: *hacia un modelo de sociología literaria* (in *Colloquium Calderonianum Internationale. Atti*, Hg. G. De Gennaro, L'Aquila 1983, S. 355–364). – F. Ruiz Ramón, *El espacio del miedo en la tragedia de honor calderoniano* (in Criticón, 23, 1983, S. 197–213).

## EL PRÍNCIPE CONSTANTE

(span.; *Der standhafte Prinz*). Versdrama in drei Akten von Pedro CALDERÓN DE LA BARCA, geschrieben vor Ostern 1629, erschienen 1636. – Diesem Stück Calderóns liegt folgende geschichtliche Begebenheit zugrunde: Im Jahre 1437 gewährten die Mauren einem vor Tanger liegenden portugiesischen Heer unter dem Oberbefehl Heinrichs des Seefahrers freien Abzug gegen das Versprechen der Herausgabe Ceutas, das die Portugiesen rund zwanzig Jahre vorher erobert hatten. Als Sicherheit für die Erfüllung des Vertrags lieferte Heinrich den Mauren seinen Bruder Ferdinand als Geisel aus. Auf einer eigens einberufenen Versammlung der portugiesischen *cortes* (Landstände) sprach sich die Mehrheit des Adels und des Klerus, an ihrer Spitze Heinrich, gegen die Rückgabe Ceutas aus. Ferdinand blieb in den Händen der Mauren und starb nach Jahren grausamer Gefangenschaft 1443 den Märtyrertod; 1470 wurde er seliggesprochen. Erst im folgenden Jahr gaben die Mauren, nachdem König Alfons V. (reg. 1438–1481) Tanger erobert hatte, den Leichnam Ferdinands an Portugal zurück.

Diesen Sachverhalt, der schon früher, in einem Lope de VEGA zugeschriebenen Stück *La fortuna adversa del infante don Fernando de Portugal (Das widrige Schicksal des Infanten Ferdinand von Portugal)* dramatisch behandelt worden war, hat Calderón in entschiedener Weise verändert. Aus dem leidenden Dulder wurde ein handelnder, sein Schicksal selbst herbeiführender, kraftvoller christlicher Held. Als Heerführer der Christen schlägt er die Vorhut der Mauren, läßt jedoch den gefangenen General Muley Bagr großzügig frei, als dieser ihm sein heimliches Liebesverhältnis mit Fénix, der Tochter des Sultans, gesteht. Von diesem in der entscheidenden Schlacht zwischen Christen und Mauren besiegt und zum Gefangenen gemacht, wird Ferdinand zunächst wie ein hochstehender Gast behandelt, den man zur Jagd einlädt und dem man Aufmerksamkeiten erweist. Denn der Sultan hofft, im Austausch gegen Ferdinand, den Königssohn und Großmeister des Ordens von Aviz, die Rückgabe Ceutas zu erreichen. Entsprechend scheinen Ferdinands Gedanken ganz auf seine Befreiung gerichtet. In seiner Botschaft an den königlichen Bruder, in der er diesem des Sultans Auslösevorschlag unterbreitet, heißt es allerdings: *»Que haga como cristiano«*, er möge handeln als Christ – ein doppeldeutiger Rat, da es christliche Pflicht sowohl wäre, dem Bruder zu helfen, als auch Ceuta nicht auszuliefern. Nach dem Tod des »aus Gram« früh verstorbenen Bruders tritt Ferdinands wahre Meinung zutage. König Eduard (reg. 1433–1438) hat auf dem Sterbebett testamentarisch die Herausgabe Ceutas verfügt. Doch Ferdinand zerreißt die Vollmacht, die seine Befreiung bedeutet hätte, und bekundet in einem leidenschaftlichen Monolog seinen Willen, sich selbst für die Erhaltung Ceutas zu opfern. *»Sollten etwa«*, so fragt er, *»seine Kirchen zu Ställen / und die Altäre zu Viehtrögen werden?«* So weigert er sich, dem Sultan die Stadt herauszugeben: *»Denn Gott gehört sie, nicht mir.«* Aller Würden und Vorrechte beraubt und zum Sklaven erniedrigt, kann weder die Fürsprache des dankbaren Muley und der Sultanstochter Fénix noch ein hohes Lösegeld, das König Alfons V. in einer persönlichen Unterredung dem Sultan anbietet, das Schicksal Ferdinands wenden. Zum Skelett abgemagert sieht man ihn bettelnd auf einem Misthaufen sitzen, und er stirbt, bevor König Alfons mit Heeresmacht zu seiner Befreiung eintrifft. Doch sein Geist führt die Truppen zum Sieg: Muley und der mit dem Sultan verbündete Tarudante sowie Fénix werden gefangen und gegen Ferdinands Leichnam ausgetauscht. Damit erfüllt sich eine alte Prophezeiung, die Fénix einst im Traum zuteil geworden war, wonach ihre Schönheit der Preis für einen Toten sein sollte.

Man hat diesem Stück Calderóns eine psychologische Deutung zu geben versucht, in den stolzen Worten Ferdinands *»Vielleicht bin ich mehr wert«* beispielsweise die *»Gereiztheit des enttäuschten Liebhabers«* (Spitzer) sehen wollen. Solche Deutungen übersehen, daß Ferdinand die beispielhafte Verkörperung christlicher Glaubensgewißheit und Standhaftigkeit darstellt. Aus freiem Willen zu »handeln als Christ« und auch durch die Widrigkeiten des Geschicks in dem einmal gefaßten Entschluß, nicht wankend zu werden, ist das von SENECA und dem Stoizismus beeinflußte Ideal des christlichen Helden, das in diesem Stück sinnfällig werden soll. Vorausdeutend beschwört Ferdinand seinen Mitgefangenen die Wandelbarkeit des Schicksals: *»Wüste Gottheit voller Tücke, Heute Leich' und gestern Blume, kann es nie sich gleich verweilen, Und so wird es anders wenden Euren Stand«* (Ü: Schlegel). Als der Beständige überwindet Ferdinand diese Unbeständigkeit des Glücks und der Welt und ist am Ende auf höherer Ebene wieder derjenige, der er war: siegreicher Feldherr. Deshalb ist er »mehr wert« als Fénix, die als Nichtchristin ausgeliefert an das Schicksal bleibt, in ihrer Passivität verharrt. Nicht sie, sondern Ferdinand ist der wahre »Phönix«, der die eigentliche, die »seelische Schönheit« besitzt und siegreich aufersteht. In solchen allegorisch-symbolischen Anspielungen und Bezügen liegt die Bedeutung des Stücks, das dadurch eine Mittelstellung zwischen *comedia* (Schaustück) und *auto sacramental* (Mysterienspiel) einnimmt. GOETHE und die Romantiker schätzten es hoch, SCHOPENHAUER sah in ihm den Prototyp der modernen christlichen Tragödie. Im Jahre 1809 von August Wilhelm von SCHLEGEL übersetzt, erlebte es 1811 durch Goethe seine deutsche Erstaufführung am großherzoglichen Hoftheater in Weimar. D.Kös.

AUSGABEN: Madrid 1636 (in *Primera parte de comedias*). – Cambridge 1957, Hg. A. A. Parker. – Madrid 1959 (in *Obras completas*, Hg. A. Valbuena Briones, 3 Bde., 1959–1967, 1; m. Einl.; ern. 1969). – Mexiko 1963, Hg. J. Bergamín. – Cambridge 1968, Hg. A. A. Parker. – Madrid 1975, Hg. A. Porqueras-Mayo (Clás.Cast).

ÜBERSETZUNGEN: *Der standhafte Prinz*, A. W. v. Schlegel (in *Spanisches Theater*, Bd. 2, Bln. 1809; ern. Mchn. 1961; GGT). – *Don Fernando, Infant von Portugal oder dem Dulder Sieg*, C. A. Mämminger, Sulzbach 1820. – *Der große Prinz von Fez*, F. Lorinser (in *C.s größte Dramen religiösen Inhalts*, Bd. 2, Freiburg i. B. 1875). – *Der standhafte Prinz*, O. v. Taube, Mchn. 1946.

LITERATUR: A. E. Sloman, *The Sources of C.'s »Principe constante«. With a Critical Edition of its Immediate Source »La fortuna adversa del infante don Fernando de Portugal«*, Oxford 1950. – W. Kayser, *Zur Struktur des »Standhaften Prinzen«* (in *Gestaltprobleme der Dichtung*, Hg. R. Alewyn, H.-E. Hass und C. Heselhaus, Bonn 1957, S. 67–82). – B. W. Wardropper, *Christian and Moor in C.'s »El principe constante«* (in MLR, 53, 1958, S. 512–520). – L. Spitzer, *Die Figur der Fénix in C.s »Standhaftem Prinzen«* (in RJb, 10, 1959, S. 305–355). – Y. Gulsoy u. J. H. Parker, *»El principe constante«, drama barroco de la contrarreforma* (in Hispanófila, 3, 1960, S. 15–23). – E. M. Wilson, *Fray Hortensio Paravicino's Protest against »El principe constante«* (in Ibéria, 6, 1961, S. 245–266). – W. Brüggemann, *Spanisches Theater und deutsche Romantik*, Bd. 1, Münster 1964. – R. W. Truman, *The Theme of Justice in C.'s »Principe constante«* (in MLR, 59, 1964, S. 43–52). – S. L. Hardy, *Goethe, C. und die romantische Theorie des Dramas*, Heidelberg 1965.

– W. Brüggemann, *Johannes Schulzes Schrift »Über den standhaften Prinzen« des Don P. C. de la B. (1811)* (in *Spanische Forschungen*, 24, 1968, S. 397–418). – R. Sloane, *Action and Role in »El príncipe constante«* (in *MLN*, 85, 1970, S. 167 bis 183). – R. Ter Horst, *The Economic Parable of Time in C.'s »El príncipe constante«* (in *RJb*, 23, 1972, S. 294–306). – A. A. Parker, *Christian Values and Drama: »El príncipe constante«* (in *Studia Iberica*, Hg. K.-H. Körner, Bern 1973, S. 441–457). – W. M. Whitby, *C.'s »El príncipe constante«: Structure and Ending* (in *Approaches to the Theatre of C.*, Hg. M. D. McGaha, Washington D.C. 1982, S. 143–156). – S. L. Fischer, *Aspectos psicológicos de la clarividencia y del martirio en »El príncipe constante«* (in *Homenaje a R. MacCurdy*, Albuquerque/Madrid 1983, S. 135–149). – J. A. Parr, *»El príncipe constante« and the Issue of Christian Tragedy* (in *Studies in Honor of W. C. MacCrary*, Hg. R. Fiore u. a., Lincoln/Nebr. 1986, S. 165–175).

## LA VIDA ES SUEÑO

(span.; *Das Leben ein Traum*). Versdrama in drei Akten von Pedro CALDERÓN DE LA BARCA, entstanden 1634/35. – Auf Befehl seines Vaters Basilio vegetiert der polnische Königssohn Segismundo seit seiner Geburt unter Aufsicht des Vertrauten Clotaldo in einem geheimen Turmverlies dahin, weil ein ungünstiges Horoskop dem sternkundigen Basilio bedeutet hatte, sein Sohn werde einst ein grausamer Herrscher sein und ihn, den eigenen Vater demütigen. Rosaura, eine junge Moskowiterin, ist in Männerkleidung mit ihrem Diener Clarín ihrem treulosen Liebhaber Astolfo nach Polen gefolgt und wird ungewollt Zeugin von Segismundos Freiheitsklage. Clotaldo kommt hinzu und verhaftet Rosaura, um sie nach geltendem Befehl vor den König zu führen. Ein von dem vermeintlichen Jüngling mitgeführtes Schwert gibt Clotaldo die verzweifelte Gewißheit, daß er sein eigenes Kind aus Loyalität zum König der Hinrichtung überantworten muß. Doch Basilio hat inzwischen öffentlich von der Existenz seines Sohnes berichtet und den Plan gefaßt, ihn kurze Zeit probeweise regieren zu lassen, bevor er endgültig die Erbansprüche seines Neffen Astolfo und seiner Nichte Estrella anerkennt. Gelingt es Segismundo, durch Mut und Klugheit kraft seines freien Willens die Sterne Lügen zu strafen, so soll er in seine Rechte als Thronfolger eingesetzt werden. – Segismundo wird eingeschläfert und in den Palast gebracht, wo er sich nach seinem Erwachen gegen alle aufbrausend und unbeherrscht zeigt. Auch vor Rosaura, die in ihm eine tiefe Neigung weckt und ihm jetzt als Kammerfräulein Estrellas in Frauenkleidern begegnet, kann er Herrschsucht und geschlechtliche Begier nicht zügeln. Während Rosaura, auf die Wiederherstellung ihrer Ehre bedacht, die sich anbahnende Heirat zwischen Astolfo und Estrella durch eine List zu verhindern weiß, wird Segismundo erneut eingeschläfert und in den Turm zurückgebracht. Als er nach vorgetäuschtem und tatsächlichem Traum erwacht, bestärkt Clotaldo den an der Wirklichkeit des Daseins Zweifelnden in dem Glauben, das Palasterlebnis sei nur Traum gewesen, und überzeugt ihn davon, daß es auch im Traum einzig auf das »gut Handeln« ankomme.

Der dritte Akt beginnt damit, daß Segismundo von einer aufrührerischen Menge, die den angestammten Thronfolger verlangt, aus dem Turm befreit wird. Zögernd zuerst und verunsichert durch die vorangegangenen Erfahrungen, aber eingedenk der Mahnung Clotaldos an die Bedeutung des »gut Handelns«, läßt sich Segismundo erneut auf das Wagnis des Lebens ein und zieht gegen den Vater und Astolfo in den Kampf. Rosaura wendet sich in ihrer Verzweiflung an Segismundo und fordert ihn auf, gemeinsam für seine Rechte und die Rächung oder Wiedergutmachung ihrer Schmach zu streiten. Diese dritte Begegnung mit der schutzlosen Rosaura ist für Segismundo einerseits eine letzte und schwerste Bewährungsprobe im inneren Zwiestreit zwischen seinem ungezügelten Aggressions- und Geschlechtstrieb und dem sittlichen Gebot des »gut Handelns«; zum anderen wird Rosaura für ihn zur Garantin seiner eigenen Identität und der wiedergewonnenen Wirklichkeit, weil nur sie ihm sowohl bei seiner ersten Gefangenschaft wie auch danach im Palast und jetzt nach seiner erneuten Befreiung begegnet ist und ihm rückschauend die Einsicht in das Trugspiel von Traum und Wirklichkeit und damit auch den endgültigen Vollzug des *desengaño*, der Desillusionierung hinsichtlich des irdischen Lebens im Blick auf Tod und Jenseits ermöglicht. Segismundo kann dem besiegten Vater den widerrechtlichen Freiheitsentzug verzeihen, die Ehre Rosauras durch Verheiratung mit Astolfo wiederherstellen und seine eigene moralische Wandlung durch den Verzicht auf Rosaura und die eheliche Verbindung mit Estrella besiegeln.

Die für die spanische *comedia* des *siglo de oro* charakteristische zweisträngige Handlung mit ihrer Mischung von Ernst und Komik (Dienerfigur Clarín als *gracioso*) entfaltet sich aus sehr unterschiedlicher Thematik um die Figurenpaare Segismundo – Basilio bzw. Rosaura – Astolfo. Sie wird zu struktureller Einheit verknüpft durch die vergleichbare Ausgangssituation der Hauptfiguren Segismundo und Rosaura (beide sind vom Unglück gezeichnet), ferner durch die verbindende Funktion der Figur Clotaldos als Aufseher Segismundos und Vertrauter Basilios einerseits und als Vater Rosauras andererseits, vor allem aber durch die sich im Laufe der Handlung verstärkende wechselseitige Abhängigkeit der Geschicke Segismundos und Rosauras, die im letzten Akt bis zu einem Punkt führt, an dem Segismundos endgültige Wandlung nur durch die Wiederbegegnung mit Rosaura, deren Ehrenrettung wiederum nur mit der Hilfe Segismundos bewirkt werden kann. – *La vida es sueño* ist ein Lehrstück, an dessen Figuren und Handlung Calderón eine moralische Absicht exemplifiziert. Dem entspricht ein dramatischer Stil, der unter

Verzicht auf psychologische Vertiefung von Charakteren und auf Wahrscheinlichkeit im Sinne einer naturalistischen Ästhetik einen Gesamtrahmen von Lebens- und Schöpfungsbezügen sichtbar machen will, die auch sprachlich durch ein konsistentes Gefüge von Metaphern und Symbolen evoziert werden. G.Hm.

AUSGABEN: Madrid 1636 (in *Primera parte de comedias*). – Madrid 1960, Hg. A. Cortina (Clás. Cast). – Madrid 1960 (in *Obras completas*, Hg. A. Valbuena Briones, 3 Bde., 1959–1967, 1; m. Einl.; ern. 1969). – Manchester 1961, Hg. A. E. Sloman; ²1965. – Madrid 1977, Hg. C. Morón Arroyo (Cátedra). – Salamanca 1978, Hg. E. W. Hesse. – Madrid 1980, Hg. E. Rull [*Comedia, auto sacramental* u. *loa*].

ÜBERSETZUNGEN: *Das Leben ein Traum*, C. A. Schreyvogel, Wien 1816. – Dass., J. D. Gries (in *Schauspiele*, Bd. 1, Bln. 1815; ern. in *Dramen*, Mchn. 1963). – *Das Leben ist Traum*, M. Kommerell (in *Beitr. zu einem deutschen C.*, Bd. 2, Ffm. 1946). – *Das Leben ist ein Traum*, E. Gürster, Stg. 1955; zul. 1986 (RUB). – *Das Leben ein Traum*, W. v. Scholz (in *Spanische Meisterdramen*, Wien u. a. 1961). – *Das Leben ist ein Traum*, R. Fries, Bln. 1985.

BEARBEITUNGEN: C. H. Postel, *Der Königliche Prinz aus Polen Sigismundus oder Das menschliche Leben wie ein Traum*, Hbg. 1693. – F. Grillparzer, *Der Traum ein Leben*, Wien 1840. – H. v. Hofmannsthal, *Der Turm*, Mchn. 1925. – *Das Leben ist ein Traum*, Übers. u. Bearb. U. Berkéwicz, Ffm. 1984.

VERTONUNG: G. F. Malipiero, *La vita è sogno* (Oper; Urauff.: Breslau 1943).

LITERATUR: F. G. Olmedo, *Las fuentes de »La vida es sueño«*, Madrid 1928. – A. Lora Risco, *El Segismundo histórico de »La vida es sueño«* (in Revista de la Univ. de Buenos Aires, 5, 1949, S. 379–464). – L. E. Palacios, *Don Quijote y »La vida es sueño«*, Madrid 1960, S. 31–88. – E. Schwarz, *Hofmannsthal und C.*, Cambridge/Mass. 1962. – P. Cepeda Calzada, *La vida como sueño*, Madrid 1964. – U. Ehrgott, *Das Schicksal C.'s in Deutschland. Unter besonderer Berücksichtigung der Übersetzungen von »La vida es sueño«*, Diss. Innsbruck 1964. – S. L. Hardy, *Goethe, C. und die romantische Theorie des Dramas*, Heidelberg 1965. – C. Bandera, *El itinerario de Segismundo en »La vida es sueño«* (in HR, 35, 1967, S. 69–84). – V. Bodini, *Segni e simboli nella »Vida es sueño«*, Bari 1968. – U. Knoke, *C.s Drama »La vida es sueño« u. seine Kritiker* (in RJb, 20, 1969, S. 239–289). – A. L. Cilveti, *El significado de »La vida es sueño«*, Valencia 1971. – H. Dommel, *Die gedankliche u. dramatische Struktur von C.s Drama »La vida es sueño«*, Würzburg 1971. – G. Feal u. C. Feal Deibe, *»La vida es sueño«. De la psicología al mito* (in Reflexion, 2, 1972, S. 35–55). – A. L. Cilveti, *La función de la metáfora en »La vida es sueño«* (in NRFH, 22, 1973, S. 17–38). – D. L. Heiple, *The Tradition Behind the Punishment of the Rebel Soldier in »La vida es sueño«* (in BHS, 50, 1973, S. 1–17). – M. Franzbach, *»La vida es sueño«* (in M. F., *Untersuchungen zum Theater C.s*, Mchn. 1974, S. 10–73). – A. Valbuena Briones, *La paradoja en »La vida es sueño«* (in Thesaurus, 31, 1976, S. 413–429). – A. Alcalá Zamora, *Despotismo, libertad política y rebelión en el pensamiento calderoniano de »La vida es sueño«* (in Cuadernos de investigación histórica, 2, 1978, S. 39–113). – A. Rodríguez López-Vázquez, *El sueño como discurso: teología y política* (in A. R. L.-V., *Tres estudios sobre C.*, Rennes 1978, S. 87–155). – E. W. Hesse, *»La vida es sueño« and Its Vision of a Socio-Moral Psychology* (in *New Perspectives of Comedia Criticism*, Madrid 1980, S. 84–107). – M. Vitse, *Segismundo e Serafina*, Toulouse 1980. – C. V. Aubrun, *»La vida es sueño«: le discours dramatique, sa fonction première, ses fonctions dérivées* (in IR, 14, 1981, S. 1–16). – E. W. Hesse, *»La vida es sueño« and the Paradox of Violence* (in E. W. H., *Essays on Spanish Letters*, Madrid 1981, S. 188–201). – C. Morón Arroyo, *»La vida es sueño« y »El alcalde de Zalamea«: Para una sociología del teatro calderoniano* (in IR, 14, 1981, S. 27–41). – A. Berenguer, *Para una sociología de »La vida es sueño«* (in Nuevo Hispanismo, 1, 1982, S. 103 bis 121). – R. Lapesa, *Consideraciones sobre »La vida es sueño«* (in Boletín de la Real Academia Española, 62, 1982, S. 87–102). – M. Barrio, *Die Begriffe ›Leben‹ und ›Tod‹ (in »Das Leben ein Traum« von C.* (in Salzburger Romanistische Schriften, 1984, S. 85–99). – E. W. Hesse, *»La vida es sueño« and Contemporary Criticism* (in E. W. H., *The Comedia and Points of View*, Potomac/Md. 1984, S. 1–13). – T. E. May, *Segismundo and the Rebel Soldier, Brutus and Stars in »La vida es sueño«, Rosaura, Clotaldo* (in T. E. M., *Wit of the Golden Age*, Kassel 1986, S. 233–269). – B. Teuber, *»La vida es sueño«* (in *Das spanische Theater*, Hg. V. Roloff u. H. Wentzlaff-Eggebert, Düsseldorf 1988, S. 146–162).

# ERSKINE CALDWELL

* 17.12.1903 White Oak / Ga.
† 11.4.1987 Paradise Valley / Ariz.

LITERATUR ZUM AUTOR:
J. Korges, *E. C.*, Minneapolis 1969. – J. J. Thompson, *E. C. and Southern Religion* (in Southern Humanities Review, 5, 1971, S. 33–44). – H. Heuermann, *E. C.s Short Stories: Studien zum amerikanischen Neo-Naturalismus*, Bern 1974. – W. Sutton, *Black Like It Is/Was: E. C.'s Treatment of Racial Themes*, Metuchen 1974. – R. J. Gray, *Southwestern Humor, E. C., and the Comedy of*

*Frustration* (in Southern Literary Journal, 8, 1975, Nr. 1, S. 3–26). – M. Cowley, *Georgia Boy: A Retrospect of E. C.* (in *Pages: The World of Books, Writers, and Writing*, Bd. 1, Hg. M. J. Bruccoli u. C. E. F. Clark, Detroit 1976, S. 62–73). – G. De Biasio, *E. C.*, Florenz 1978. – *Critical Essays on E. C.*, Hg. S. MacDonald, Boston 1981. – W. White, *About E. C.: A Checklist, 1933–1980 u. Addenda* (in Bull. of Bibliography, 32, 1982, Nr. 1, S. 9–16; Nr. 4, S. 224–226). – J. E. Devlin, *E. C.*, Boston 1984 (TUSAS). – J. Wehnert, *E. C.* (in KLFG, 17. Nlg., 1988).

## GOD'S LITTLE ACRE

(amer.; *Ü: Gottes kleiner Acker*). Roman von Erskine CALDWELL, erschienen 1933. – Unter den amerikanischen Linksnaturalisten, die kurz nach der Depression mit Erzählwerken aus dem proletarischen Milieu hervortraten, verdient – neben James T. FARRELL – Erskine Caldwell besondere Beachtung. Seine ersten beiden Romane, bis heute seine bedeutendsten und berühmtesten, *Tobacco Road*, 1932 *(Die Tabakstraße)*, und *God's Little Acre*, rückten die Situation der »armen Weißen« in den Südstaaten, der Kleinbauern, Land- und Fabrikarbeiter, ins Bewußtsein der breiten Öffentlichkeit. Wie viele spätere Werke Caldwells spielen auch sie in Georgia, dem Heimatstaat des Autors, wo das Plantagen- und das Naturalpachtsystem die kleinen Farmer auf die niederste soziale Stufe hinabgedrückt und dumpfer Hoffnungslosigkeit sowie körperlichem und moralischem Elend preisgegeben hatte.

Seit fünfzehn Jahren gräbt der verwitwete Farmer Ty Ty Walden auf seinem Grund und Boden vergeblich nach Gold. Mehr und mehr vernachlässigt er um dieser fixen Idee willen den Baumwollanbau. Immer wieder verlegt er »Gottes kleinen Acker« – ein Stück Land, dessen gesamten Ertrag er der Kirche geweiht hat – an eine andere Stelle, um nicht eines Tages gezwungen zu sein, auch das erhoffte Gold hergeben zu müssen. Zusammen mit Ty Ty graben seine Söhne Shaw und Buck, während sein Ältester, Jim Leslie, aus Protest gegen die Unvernunft des Vaters nach Augusta gezogen ist, wo er als Baumwollmakler gut verdient. Rosamond, Ty Tys älteste Tochter, lebt mit ihrem Mann, Will Thompson, im nahe gelegenen Scottsville. Will, einer der Wortführer der seit über einem Jahr streikenden Spinnereiarbeiter, ist ein Mensch von hemmungsloser Geschlechtsgier. Für Darling Jill, Ty Tys jüngste Tochter, und für Griselda, Bucks bildhübsche Frau, ist er die personifizierte Virilität, und beide sind ihm mit der gleichen Selbstverständlichkeit zu Willen, mit der Ty Ty, der kindisch stolz ist auf die schönen Frauen in seiner Familie, diese Vorgänge als »gottgewollt« hinnimmt. Damit aber macht sich der Alte mitschuldig an der Katastrophe, die seine Familie zerstört. Buck weiß, daß Will die lange gesuchte Gelegenheit, Griselda zu besitzen, gefunden hat, und beschließt, den verhaßten Nebenbuhler niederzuknallen. Doch bei einem Sturm der Arbeiter auf die Spinnerei kommt Will ums Leben. – Seit Ty Ty in Begleitung Darling Jills und Griseldas in Augusta erschienen ist, um Jim Leslie anzupumpen, ist auch dieser lüstern nach der schönen Schwägerin. Er dringt ins Farmhaus ein, um sie zu sich zu holen, und nun wird er das Opfer Bucks. Als Ty Ty sieht, daß Buck die Farm verläßt, und als er erfährt, daß der Sohn die Mordwaffe mitgenommen hat, glaubt er einen Augenblick lang, seine Welt stürze zusammen. Dann aber beginnt er von neuem, nach Gold zu graben; er hofft, daß Shaw, der einzige Sohn, der ihm geblieben ist, ihm dabei helfen wird.

Unter Verzicht auf jeden persönlichen sozialkritischen Kommentar, in einem Stil, dessen genau kalkulierte Kargheit die Brutalität von Handlung und Dialog unterstreicht, führt Caldwell Existenzen vor, die zweifach erniedrigt sind: erniedrigt durch die Umwelt, in die sie hineingeboren wurden, erniedrigt durch Triebe und Wahnvorstellungen, die ihnen für Augenblicke die Illusion verschaffen, einem Gefängnis zu entrinnen, sie in Wahrheit aber noch hoffnungsloser gefangenhalten. Die Mischung aus Ignoranz, Aberglauben, Hemmungslosigkeit, Vulgarität und Gewalttätigkeit treibt in Caldwells naturalistischer Darstellung schaurigkomische Blüten. »Ich lache zwar«, schrieb André GIDE in *Interviews imaginaires*, »wenn ich ... ›God's Little Acre‹ lese, aber das schlägt in Weinen um.« – Caldwells Süden hat mit dem ins Symbolische überhöhten, stilisierten Süden FAULKNERS selbst in den grotesken Aspekten wenig gemeinsam. Bei Caldwell zählen – zum mindesten in seinen frühen Werken – die nackten Tatsachen, die er seinen Lesern in grellem Scheinwerferlicht präsentiert: unangenehme Tatsachen, ein *»Vorgeschmack der Hölle«* (Gide), ein Pfahl im Fleisch des fortschrittsgläubigen Amerika.

Gegen den Verleger von *God's Little Acre* klagte die New Yorker »Gesellschaft zur Unterdrückung des Lasters« sofort nach Erscheinen des Buches. In einem aufsehenerregenden Prozeß wurde auf Grund eines Gutachtens, an dem führende amerikanische Schriftsteller beteiligt waren, die Klage mit der Begründung abgewiesen, das Werk sei »*ein aufrichtiger Versuch, einen Aspekt des Lebens in den Südstaaten wahrheitsgetreu darzustellen*«. In anderen Staaten der USA – und auch in Irland – wurde das Buch allerdings noch in den vierziger und fünfziger Jahren verboten. – *God's Little Acre* liegt an der Spitze der in Taschenbuchausgaben erschienenen Romane und ist damit das am weitesten verbreitete amerikanische Erzählwerk des 20. Jhs. G.Ba.

AUSGABEN: NY 1933. – NY 1934 [m. Vorw. d. Autors]. – NY 1962. – Mattituck/N.Y. o. J. – NY o. J. (Penguin).

ÜBERSETZUNG: *Gottes kleiner Acker*, L. Rossi, Zürich 1948. – Dass., ders., Mchn. 1953. – Dass., ders., Hbg. 1958 (rororo). – Dass., ders., Mchn. 1981. – Dass., ders., Reinbek 1987 (rororo).

LITERATUR: R. Cantwell, *C.'s Characters* (in Georgia Review, 11, 1957, S. 252–264). – W. M. Frohock, *E. C.* (in W. M. F., *The Novel of Violence in America*, Dallas ²1957, S. 106–123). – H. Itofuji, *An Aspect of E. C.'s »God's Little Acre«* (in Kyushu American Literature, Mai 1959, S. 17–22). – J. E. Devlin, *»God's Little Acre«: Forty-Five Years Later* (in Arbeiten aus Anglistik u. Amerikanistik, 4, 1979, S. 79–93).

## TOBACCO ROAD

(amer.; Ü: *Die Tabakstraße*). Roman von Erskine CALDWELL, erschienen 1932. – Mit diesem sozialkritischen Roman brachte der Autor einer durch die Wirtschaftskrise aufnahmebereit gestimmten breiten Öffentlichkeit zum ersten Mal das Elend der Kleinpächter im Süden der USA zu Bewußtsein. Kraß realistisch erzählt er die Geschichte erbarmenswerter Opfer landwirtschaftlichen Raubbaus und skrupelloser Kreditmethoden, die sich apathisch in ihre hoffnungslose Lage ergeben haben und in eine nahezu animalische Existenz abgesunken sind. Der Vorwurf effekthascherischer Überzeichnung, den schockierte Kritiker erhoben, wurde später durch soziologische Untersuchungen entkräftet. Caldwell hatte das ihm aus seiner Jugend im Staat Georgia bekannte Milieu wirklichkeitsgetreu geschildert.

Jeeter Lesters Familie haust in einer halbverfallenen Hütte an einer der vielen Tabakstraßen Georgias, die durch einen einstmals fruchtbaren, jetzt aber vom unablässigen Tabak- und Baumwollanbau ausgelaugten Landstrich führen. Der Großvater Jeeters hatte noch ausgedehnte Ländereien besessen, doch in der nächsten Generation begannen die Verschuldung und allmähliche Veräußerung der Felder, und Jeeter schließlich verlor den Rest des Landes durch Zwangsversteigerung. Unter dem neuen Besitzer durfte er es zwar als Pächter weiter bebauen, aber da er das Geld für Samen und Düngemittel nicht mehr aufbringen konnte und von den Händlern im nahen Fuller keinen Kredit erhielt, liegt das Land seit Jahren brach. Der einzige Ausweg für Jeeter – und die meisten seiner zahlreichen Kinder haben sich, um nicht zu verhungern, bereits dafür entschieden – wäre die Arbeit in einer Baumwollspinnerei in der Stadt. Doch Jeeter mit seiner ungebrochenen Liebe zum Land will nicht in die Fabrik. Wirklichkeitsblind träumt er noch immer davon, »mit Gottes Hilfe« eines Tages die Felder wieder bestellen zu können. Inzwischen versucht er, sich durch Diebstahl und Gelegenheitsverkäufe am Leben zu erhalten. Sein Schwiegersohn Lov Bensey verdient als Kohlenarbeiter wenigstens so viel, daß er sich billige Nahrungsmittel kaufen kann. Als er – zu Beginn der Handlung – Jeeter um Rat bittet, weil dessen Tochter Pearl, die er als Zwölfjährige geheiratet hat, sich ihm noch immer verweigert, lenkt ihn die lüsterne, durch eine Hasenscharte entstellte Ellie May (die zusammen mit ihrem Bruder Dude noch bei den Eltern wohnt) vom Gespräch ab, so daß ihre ausgehungerten Angehörigen ihm den Sack Rüben entreißen können, den er im Ort erstanden hat. Plötzliche Gewissensbisse des naivreligiösen Jeeter vertreibt die als Predigerin im Land umherziehende Bessie Rice mit einem Gebet. Als sie, die vierzigjährige, durch eine mißgebildete Nase verunstaltete Witwe, Gefallen an dem sechzehnjährigen Dude findet, willigt dieser in die Heirat ein, weil Bessie ihm ein fabrikneues Auto kauft. – Jeeters, Dudes und Bessies Versuch, in der Bezirkshauptstadt Augusta minderwertiges Brennholz zu verkaufen, scheitert kläglich. Die folgende Nacht verbringen die drei in einer billigen Absteige, in der Bessie zu ihrem Vergnügen von Zimmer zu Zimmer gereicht wird. Nach der Heimkehr kommt es wegen des bereits völlig ramponierten Autos zum Streit, in dessen Verlauf die Großmutter überfahren wird und, von allen unbeachtet, stirbt. Noch am gleichen Tag zieht Ellie May als Ersatz für die entflohene Pearl zu Lov. Allein mit seiner Frau Ada zurückgeblieben, beginnt Jeeter das Buschwerk auf den Feldern abzubrennen. In der Nacht schlägt der Wind um, die Hütte fängt Feuer, und die Schlafenden kommen um.

In diesem grellfarbigen Bild menschlicher Verlorenheit und Verkommenheit ist die Motivation der Charaktere auf den Überlebenswillen reduziert, der sich fast nur noch in dem Verlangen nach Nahrung und dem Hunger nach sexueller Befriedigung äußert. Der Unfruchtbarkeit des Landes entsprechen die Dürre der zwischenmenschlichen Beziehungen und die Frustration im geschlechtlichen Bereich (Lov – Pearl). Durch den Einsatz grotesken Humors unterstreicht Caldwell das Ausmaß dieser Degeneration. Zur Wiedergabe der naiv-primitiven Gedankenwelt der Romanfiguren bedient er sich einfachster Wörter, einer simplen Syntax und der häufigen Wiederholungen ganzer Sätze und Passagen. – Die einzige noch wahrhaft menschlich anmutende Regung, die Liebe zum Land, erweist sich zwar als Selbsttäuschung, die Jeeter zum Verhängnis wird, hellt aber den Schluß des Romans ein wenig auf: Jetzt zeigt der junge Dude jenes Beharrungsvermögen, das Caldwell im Vorwort so charakterisiert: *»Die Erde hat sie im Stich gelassen. Aber die Menschen und ihr Glaube dauern.«* H. Kei.

AUSGABEN: NY 1932. – Ldn. 1948. – Ldn. 1958. – NY 1960. – NY 1970 (Penguin). – Cambridge/Mass. 1978.

ÜBERSETZUNGEN: *Die Tabakstraße*, G. Müller, Bern 1948. – Dass., P. Baudisch, Mchn. 1960. – Dass., ders., Mchn. 1963. – Dass., ders., Bln. 1966. – Dass., ders., Lpzg. 1969 (RUB). – Dass., ders., Hbg. 1976.

DRAMATISIERUNG: J. Krikland, *Tobacco Road*, Ldn. 1937; ern. 1949.

LITERATUR: R. D. Jacobs, *The Humor of »Tobacco Road«* (in *The Comic Imagination in American*

*Literature*, Hg. L. D. Rubin Jr., New Brunswick 1973, S. 285–294). – D. Gomery, *Three Roads Taken: The Novel, the Play, and the Film* (in *The Modern American Novel and the Movies*, Hg. G. Peary u. R. Shatzkin, NY 1978, S. 9–18). – R. Hoag, *Irony in the Final Chapter of »Tobacco Road«* (in Notes on Contemporary Literature, 9, 1979, Nr. 5, S. 8–10). – R. D. Jacobs, *»Tobacco Road«: Lowlife and the Comic Tradition* (in *The American South: Portrait of a Culture*, Hg. L. D. Rubin Jr., Baton Rouge 1980, S. 206–226). – E. Caldwell, *A Night in November / Beverly Hills, California* (in Georgia Review, 36, 1982, S. 102–111). – B. Crider, *Sons of »Tobacco Road«: ›Backwoods‹ Novels* (in Journal of Popular Culture, 16, 1983, Nr. 3, S. 47–59). – R. Kelly u. M. Pankake, *Fifty Years since »Tobacco Road«: An Interview with E. C.* (in Southwest Review, 69, 1984, S. 33–47).

## TAYLOR CALDWELL

eig. Janet Miriam Taylor Holland Caldwell

\* 7.9.1900 Manchester / England
† 30.8.1985 Greenwich / Conn.

### DYNASTY OF DEATH

(amer.; *Ü: Einst wird kommen der Tag*). Roman von Taylor CALDWELL, erschienen 1938. – Zwei in Amerika eingewanderte Familien, die französischen Bouchards und die englischen Barbours, die gemeinsam eine kleine Waffenfabrik betreiben, werten Barbours Erfindung eines neuen Schießpulvers aus und entwickeln dadurch ihren Betrieb zu einem der mächtigsten Rüstungskonzerne Amerikas. Die Geschichte dieser »Dynastie des Todes« ist die eines unbarmherzigen, häufig mit unlauteren Mitteln geführten Machtkampfes zwischen den Firmenpartnern. Das Buch klagt den Materialismus der Rüstungsindustrie an, die ohne Skrupel bereit ist, ihre Mordwaffen gleichzeitig an zwei kriegführende Parteien zu liefern. *Partner des Todes* ist daher der erste Teil des Romans überschrieben. – Während in der ersten Generation Armand Bouchard und George und Joseph Barbour noch gleichberechtigte Partner sind, reißt in der zweiten Ernest Barbour die Macht an sich. Er ist ein gerissener, kalt berechnender Geschäftsmann, der sogar die große Liebe seines Lebens, Amy Sessions, verlassen und ihre Kusine May geheiratet hat, als er erfuhr, daß diese und nicht Amy erben würde. Sein Bruder, der Träumer und Idealist Martin, nimmt Amy zur Frau, scheidet aus der Firma aus und gründet ein Krankenhaus für Arbeiter. Er, der sich gegen die Produktion von Kriegsmaterial ausspricht, fällt im Amerikanischen Bürgerkrieg, während sein erfolgreicher Bruder, der am Verkauf seiner Waffen Millionen verdient hat, ein hohes Alter erreicht, sich von May scheiden läßt und Martins Witwe heiratet. Doch Ernests Verantwortungslosigkeit und Geldgier führen sein eigenes Unglück herbei: Seine Frau und sein jüngster Sohn sterben an Typhus – eine Folge der schlechten Trinkwasserversorgung ihres Wohnbezirks, deren Sanierung die Rüstungsmagnaten abgelehnt hatten. Die Worte seiner alten Mutter, daß Gott ihn einst für seinen Machthunger strafen werde, haben sich für Ernest bewahrheitet. – In der nächsten Generation gewinnen die intelligenteren Nachkommen der Bouchards einen Vorsprung vor denen der Barbours. Aus der Firma Barbour-Bouchard wird die Firma Bouchard and Sons. Der Erste Weltkrieg steht unmittelbar bevor, die Zeitungen schreiben von drohenden Feindseligkeiten, und nur wenige ahnen, daß die Firma Bouchard die militaristische Zeitungskampagne bezahlt. Bald wird man wieder junge Menschen als Kanonenfutter an die Front schicken, und die Rüstungskönige werden ihrem Vermögen neue Millionen hinzufügen.

Dieser, ihr erster Roman blieb das wichtigste und ernsthafteste Buch der vor allem auf dem Gebiet des unterhaltenden Familienromans produktiven katholischen Autorin. Hinter ihrer sachlichen Darstellungsweise wird die Verzweiflung der Frauen spürbar, die seit eh und je vergeblich versucht haben, die Männer daran zu hindern, Kriege zu führen. Der Erfolg des Romans war sensationell, und man hielt es in Amerika allgemein für unglaubhaft, daß nicht ein Autor mit bestem Einblick in die Verhältnisse der großen Rüstungsfirmen des Landes, sondern eine unbekannte Hausfrau ihn geschrieben hatte, die fast ihr ganzes Leben in Buffalo/N.Y. verbrachte. R.B.

AUSGABEN: NY 1938. – NY 1957. – NY 1979.

ÜBERSETZUNG: *Einst wird kommen der Tag*, G. Birkenfeld, Bln. 1939. – Dass., ders., Wien/Bln. 1951. – Dass., ders., Mchn. 1974.

LITERATUR: H. R. Warfel, *American Novelists of Today*, NY 1951. – *T. C.* (in *Contemporary Literary Criticism*, Bd. 28, Detroit 1984, S. 55–69). – *T. C.* (ebd., Bd. 39, Hg. S. K. Hall, Detroit 1986, S. 301–304).

## JOHN CALDWELL CALHOUN

\* 18.3.1782 Abbeville District / S.C.
† 31.3.1850 Washington D.C.

### A DISQUISITION ON GOVERNMENT

(amer.; *Über die Regierung*). Staatspolitische Abhandlung von John Caldwell CALHOUN, postum erschienen 1851. – In dem Werk wird die Funktion der Regierung vom Standpunkt der zuvor insbesondere von John ADAMS, Alexander HAMILTON und Daniel WEBSTER vertretenen Anti-Mehrheits-Theorie behandelt. Der Verfasser (Kongreßmitglied, Kriegsminister, Vizepräsident und Senator der USA) geht von der Überlegung aus, daß der Mensch ein soziales Wesen sei, dessen ichbezogene Interessen stärker sind als seine sozialen. Da sich diese menschliche Veranlagung auch bei politischen Entscheidungen auswirke, müsse das soziale Gemeinwesen durch eine Regierung geschützt werden. Um zu gewährleisten, daß die Regierenden weder ihre persönlichen Ziele noch die der Mehrheit einer Minderheit aufzwingen, müsse eine Verfassung die Befugnisse der Regierung einschränken. Eine ausreichende Selbstkontrolle der Regierenden durch die Regierten und damit die Vermeidung einer Tyrannei der Mehrheit ist nach Ansicht des Verfassers jedoch nur möglich, wenn der Minderheit im Regierungskollegium durch ein Vetorecht eine echte Mitwirkungsmöglichkeit eingeräumt wird. Die bereits bei einer Wahl ausgeübte politische Beteiligung aller genüge allein noch nicht; es müsse vielmehr sichergestellt werden, daß die Ansicht einer zahlenmäßigen Mehrheit nicht als Meinung des sozialen Ganzen behandelt werde. Wirkung für alle sollen also nur solche Entscheidungen erlangen, die von sämtlichen Beteiligten, also auch von der zahlenmäßigen Minderheit, gewollt sind. Calhoun bezeichnet dies als mitwirkende *(concurrent)* oder, da es sich um ein wesentliches Element jeder konstitutionellen Regierung handele, konstitutionelle Mehrheit. Eine derartige echte Mitwirkung sei um so wichtiger, als rein rechtlich Kompetenzbeschränkungen auch dann, wenn sie in einer Verfassungsurkunde verbrieft seien, allein noch nicht ausreichten, einen Mißbrauch der übertragenen Machtbefugnisse von vornherein auszuschalten. Die alleinige Maßgeblichkeit einer rein zahlenmäßigen Mehrheit führt nach Ansicht Calhouns zu einer absoluten Regierungsgewalt. Mithin stellten die verfassungsmäßig zu garantierenden Mitwirkungsrechte der Minderheit in einer Regierung ein echtes Element der Regierungsgewalt dar, das er im Gegensatz zu der von der Mehrheit ausgeübten »positiven« Gewalt als »negative« Gewalt bezeichnet. Regierungsentscheidungen, die auch von der Minderheit jeweils aktiv getroffen werden, sind nur möglich, wenn alle Beteiligten zu einem Kompromiß bereit sind. Eine mitwirkende Minderheit trage deshalb die Tendenz in sich, gegensätzliche Interessen auszugleichen. Die notwendige Einstimmigkeit hält Calhoun unter Hinweis auf die Entscheidungen, wie sie die Jury im angloamerikanischen Gerichtsverfahren fällt, wie auch auf das im 17./18. Jh. im polnischen Reichstag geübte *liberum veto* und auf die Verfassung im republikanischen Rom und in Großbritannien für durchaus realisierbar. Durch eine derartig organisierte Regierung werde die Gemeinschaft gleichzeitig auch vor Gefahren geschützt, die daraus entstehen, daß nicht alle Menschen fähig seien, ihre Befugnisse über Freiheit und Sicherheit richtig zu handhaben. Die unterschiedliche soziale Stellung der einzelnen innerhalb der menschlichen Gemeinschaft wird von Calhoun durchaus bejaht; ein derartiger Unterschied stachelt seiner Meinung nach den Ehrgeiz an und trägt dadurch schließlich zum Fortschritt bei.

Als Ganzes genommen ist die Abhandlung eine theoretische Untermauerung der von Calhoun auch in seiner politischen Laufbahn vertretenen Forderung einer absoluten Gleichberechtigung der Südstaaten innerhalb der Union. Seine Anti-Mehrheits-Theorie bezweckt die Verteidigung der Besitzerinteressen der sklavenhaltenden Südstaaten, deren bedeutendster Staatstheoretiker er zu seiner Zeit war. Die zum Beweis für seine Doktrinen herangezogene Staatenpraxis beurteilt er rein opportunistisch, ohne in ausreichendem Maße die Schwierigkeiten zu sehen, zu der die Anti-Mehrheits-Theorie in der Praxis führt, eine Problematik, die gerade in jüngster Zeit sowohl im Hinblick auf den Abstimmungsmodus im Sicherheitsrat der UNO und die damit zusammenhängende Frage der Funktionsfähigkeit als auch hinsichtlich der politischen Bedeutung der Splitterparteien innerhalb eines Parlaments besondere Aktualität erlangt hat.

L.H.

AUSGABEN: NY 1851 (in *The Works*, Hg. R. K. Crallé, 6 Bde., 1851–1856, 1). – NY 1947, Hg. N. Levy. – Gloucester/Mass. 1958.

LITERATUR: W. M. Meigs, *The Life of J. C. C.*, 2 Bde., NY 1917. – D. Zwicker, *Der amerikanische Staatsmann J. C. C., ein Kämpfer gegen die Ideen von 1789*, Bln. 1935. – C. M. Wiltse, *J. C. C.*, 3 Bde., Indianapolis 1944–1951; Bd. 1, S. 393ff.; Bd. 2 passim. – M. C. Coit, *J. C. C., American Portrait*, Boston 1950; ²1961 [m. Bibliogr.]. – A. O. Spain, *The Political Theory of J. C. C.*, NY 1951 [m. Bibliogr.]. – G. M. Capers, *J. C. C., Opportunist*, University of Florida 1960. – *J. C. C. A Profile*, Hg. J. L. Thomas, NY 1968.

## GEORGE CĂLINESCU

\* 2.7.1899 Bukarest
† 12.3.1965 Bukarest

LITERATUR ZUM AUTOR:
I. Bălu, *G. C. Eseu despre etapele creației*, Bukarest 1970. – V. Alecu, *Opera literară a lui G. C.*, Bukarest 1974. – I. Bălu, *G. C. 1899–1965. Biobibliografie*, Bukarest 1975. – D. Micu, *G. C. între Apollo și Dionysos*, Bukarest 1979. – I. Nuța, *Amintiri despre C. G.*, Iași 1979. – C. Jalbă, *Romanul lui G. C.*, Bukarest 1980. – I. Bălu, *Viața lui G. C.*, Bukarest 1981. – M. Martin, *G. C. și*

»complexele« literaturii române, Bukarest 1981. – M. Livadă, G. C. – poet și teoretician al poeziei, Bukarest 1982. – D. Păcurariu, Un temperament »baroc« pledînd pentru clasicism: C. G. (in D. P., Scriitori și direcții literare, Bukarest 1984, S. 131–140).

## BIETUL IOANIDE. – SCRINUL NEGRU

(rum.; *Der arme Ioanide. – Der schwarze Schrein*). Zwei Romane von George CĂLINESCU, erschienen 1953 bzw. 1960. – Obwohl vom Autor nicht ausdrücklich so bezeichnet, ist *Scrinul negru* eine Fortsetzung von *Bietul Ioanide*. Hauptthema beider Romane ist die Problematik des genialischen Menschen und seines Verhältnisses zur Gesellschaft. Daß Călinescu dieses Thema gewählt hat, erklärt sich nicht nur aus seinem ausgeprägten Bedürfnis nach Selbstdarstellung, sondern auch aus seiner engen geistigen Affinität zu Mihail EMINESCU (1850–1889), dessen Leben und Werk er in zwei für die rumänische Literaturwissenschaft grundlegenden Monographien untersucht hat. Eminescu selbst gestaltete das Thema »Genie und Gesellschaft« in seinem wohl bekanntesten lyrisch-philosophischen Poem *Luceafărul (Der Abendstern)* sowie in der Novelle *Sărmanul Dionis (Der arme Dionysius)*, auf deren Titel Călinescu mit *Bietul Ioanide* anspielt.
In diesem Roman schildert er das Leben des Architekten Ioanide in der Zeit vor Ausbruch des Zweiten Weltkriegs, in *Scrinul negru* seine Entwicklung in den Jahren danach. Beide Werke enthalten zahlreiche autobiographische Elemente und sind bis zu einem gewissen Grad als Schlüsselromane zu bezeichnen. Über das Selbstporträt des Dichters und Literaturwissenschaftlers Călinescu hinaus, repräsentiert die Hauptfigur jenen Typus des schöpferischen Menschen, der ausschließlich durch und für seine Kunst lebt, in einer Welt des reinen Geistes, fern aller politischen und gesellschaftlichen Veränderungen. Ioanides Charakter ist von starken Gegensätzen geprägt: Seine außergewöhnliche Intelligenz, seine Weltfremdheit und seine Idealvorstellungen kontrastieren mit seiner leidenschaftlichen, hedonistischen und eitlen Veranlagung. Er postuliert das Streben nach menschlicher Vollkommenheit, ohne es in seinem eigenen Leben zu realisieren. Als die Wirklichkeit in seine abgeschirmte Welt einbricht, ist es zu spät: Erst nach dem Tod seiner beiden Kinder Tudorel und Pica erfährt er, daß sie zur Führungsspitze der faschistischen Legionärsbewegung gehört haben.
In *Scrinul negru* steht Ioanide, ohne selbst Kommunist zu sein, dem kommunistischen Nachkriegsregime wohlwollend gegenüber und versucht, sein Wissen und seine Kunst in den Dienst der Gemeinschaft zu stellen. Die menschlichen Werte der neuen Gesellschaftsordnung werden durch seine Mitarbeiter verkörpert (etwa durch die Arbeiterin Marioara Dragavei), die in Călinescus Darstellung allerdings weniger überzeugend wirken als die Vertreter des alten, dem Untergang geweihten Systems, deren Charakterporträts der Autor mittels eines Kunstgriffs in die von zahlreichen essayistischen und lyrischen Exkursen durchsetzte Erzählung Ioanides eingebaut hat: In einem alten schwarzen Schrein, den er auf dem Bukarester Flohmarkt erstanden hat, findet der Architekt die Briefe der inzwischen verstorbenen Salondame Katy Zănoagă. Sie beschwören das Bild jener dekadenten bürgerlichen Gesellschaft, der einst auch Ioanide angehört, deren wahren Charakter er aber nie durchschaut hat.
Beide Romane stehen in der Tradition des klassischen Realismus. Auch in seinen theoretischen Schriften propagierte Călinescu eine Art »fundamentalen Realismus«, das heißt, er stellte die Wiedergabe der objektiven über die der subjektiven Wirklichkeit. Als Romanautor ist er in mancher Hinsicht Camil PETRESCU (1894–1957) verwandt: Wie dieser wählte er – im Gegensatz zu den meisten rumänischen Erzählern – das Großstadtmilieu, und wie dieser experimentiert er erfolgreich mit mehreren Darstellungsebenen.
Bei ihrem Erscheinen erregten beide Romane großes Aufsehen. Von mehreren Kritikern und Schriftstellern wurde Călinescu scharf kritisiert: Er habe, so warf man ihm vor, keinen überzeugten Kommunisten in den Mittelpunkt seines Romans gestellt und die Richtlinien des Sozialistischen Realismus außer acht gelassen. In der gegenwärtigen, weit mehr nach ästhetischen Prinzipien wertenden Literaturkritik gilt Călinescu als einer der originellsten Prosaschriftsteller seines Landes. Sein Einfluß auf junge rumänische Romanciers ist beträchtlich. G.Sc.

AUSGABEN: *Bietul Ioanide*: Bukarest 1953. – Bukarest 1965. – Bukarest 1967 (in *Opere*, Bd. 5 u. 6). – Bukarest 1975, 2 Bde.
*Scrinul negru*: Bukarest 1960. – Bukarest 1968 (in *Opere*, Bd. 7 u. 8). – Bukarest 1977, 2 Bde.

ÜBERSETZUNGEN: *Bietul Ioanide: Rendezvous und Audienzen*, E. Oprescu, 2 Bde., Bln. 1969.
*Scrinul negru: Schicksal einer Lebedame*, J. P. Molin, 2 Bde., Bln. 1965.

LITERATUR: N. Tertulian, »Der schwarze Schrein« (in Rumänische Rundschau, 4, Bukarest 1960). – E. Simion, *Orientări în literatura contemporană*, Bukarest 1965, S. 221–237. – L. Baconsky, *Marginalii critice și istorico-literare*, Bukarest 1968, S. 150–167. – S. Damian, *G. C. – romancier. Eseu despre măștile jocului*, Bukarest 1971. – M. Tomuș, *Istorie literară și poezie*, Timișoara 1974, S. 96–116.

## ENIGMA OTILIEI

(rum.; *Das Rätsel der Otilie*). Roman von George CĂLINESCU, erschienen 1938. – Der Roman spielt im bürgerlichen Milieu Bukarests. Felix Sima, ein früh verwaister Abiturient aus Jassy, findet im

Haus seines Vormunds Costache eine sehr kühle Aufnahme. Costache, ein geiziger Sonderling, ist sehr reich und zieht auch aus dem Vermögen Simas großen Gewinn. Der gute Geist des Hauses ist Otilie, die Stieftochter Costaches, ein hübsches und empfindsames Mädchen. Sie muß von den Verwandten ihres Stiefvaters viele Kränkungen hinnehmen, da diese befürchten, Otilie werde das Vermögen Costaches erben. Felix verliebt sich in die Gleichaltrige, findet aber wenig Gegenliebe, da Otilie für Pascalopol, einen ältlichen und vornehmen Gutsbesitzer, den sie seit ihrer Kindheit kennt, echte Zuneigung empfindet und zudem die Annehmlichkeiten seines Wohlstandes schätzt. Pascalopol begegnet Felix mit Ritterlichkeit, als er von dessen Liebe zu Otilie erfährt. – Die Schwester Costaches, Aglae Tulea, und deren Schwiegersohn Stănica Rațiu, ein Rechtsanwalt, der sich im Beruf nicht durchsetzen konnte und häufig Schulden macht, versuchen, durch rücksichtslose Intrigen das Vermögen Costaches an sich zu bringen. Als dieser einen Schlaganfall erleidet, entreißt ihm Stănica das beim Verkauf der zahlreichen Häuser eingegangene Bargeld. Die Erregung über diesen Vorfall tötet Costache. Stănica behält das Geld für sich; seine Frau, von der er sich scheiden läßt, und seine Schwiegermutter gehen leer aus. Otilie verläßt das Haus und heiratet Pascalopol, trennt sich aber nach einigen Jahren von ihm. Felix setzt seine Studien unbeirrt fort und wird schließlich ein angesehener Gelehrter.

Der Kampf um die Erbschaft steht im Mittelpunkt einer spannenden, von humoristischen und grotesken Szenen aufgelockerten Handlung. Die realistischen Porträts, die Călinescu von seinen Haupt- und Nebenakteuren zeichnet, erinnern an BALZAC. Pascalopol, Felix und Otilie behandeln den in seinem krankhaften Geiz komisch wirkenden, im Grund gutmütigen Costache liebevoller, als es dessen nächste Verwandte tun, auf deren Treiben die Drei abwehrend, manchmal sogar fatalistisch reagieren. Ihnen hat der Autor den skurpellosen Stănica gegenübergestellt. Dem Emporköpmmling Tănase Scatiu in Duiliu ZAMFIRESCUS (1858–1922) Romanen *Viața la țară (Das Leben auf dem Lande)* und *Tănase Scatiu* vergleichbar, ist diese Figur eine der gelungensten Verkörperungen eines Typs, der charakteristisch ist für den damaligen sozialen Wandel innerhalb einer kleinen, aber wichtigen Schicht Rumäniens. E.T.

AUSGABEN: Bukarest 1938. – Bukarest 1961. – Bukarest 1966 (in *Opere*, Bd. 3 u. 4). – Bukarest 1967/1969, 2 Bde. – Bukarest 1971, 2 Bde.

ÜBERSETZUNG: *Rätsel um Ottilie*, I. Seidel, Bln./DDR 1961.

LITERATUR: G. Călinescu, *Istoria literaturii române*, Bukarest 1946, S. 426–428. – D. Murarașu, *Istoria literaturii române*, Bd. 2, Madrid 1955, S. 204. – S. Damian, *G. C. prozator* (in Viața Românească 17, 1964, 9, S. 54–77; 10, S. 82–105; 11, S. 111–124). – P. Constantinescu, *Scrieri*, Bd. 2, Bukarest 1967, S. 205–227. – D. Micu, *Periplu*, Bukarest 1974, S. 207–211. – R. Goia, *Analiza literară din perspectica noilor teorii ale învățării* (in Limbă și literatură, 2, 1976, S. 493–498).

## ANTÔNIO CALLADO

\* 26.1.1917 Niterói

LITERATUR ZUM AUTOR:
Adonias Filho, *Modernos ficcionistas Brasileiros*, 1. Ser., Rio 1958. – E. Portela, *Dimensões I*, Rio ²1959. – A. Houaiss, *Crítica avulsa*, Salvador 1960. – N. Werneck Sodré, *O momento literário* (in Revista Brasileira, 3, Rio 1967, Nr. 15). – H. Rocha, *Entre lógicos e místicos*, Rio 1968. – W. Martins, *A esquerda festiva* (in SLESP, 29. 8. 1971). – M. Silverman, *A prosa de ficção do Brasileiro A. C.* (in Brotéria, 97, 1973, S. 24–39). – L. Chiappini, *Quando a pátria viaja: uma leitura dos romances de A. C.* (in O nacional e o popular na cultura brasileira, São Paulo, 1982, S. 129–267). – C. F. Pinto, *A viagem do herói no romance de A. C.*, Brasília 1985.

## ASSUNÇÃO DE SALVIANO

(portug.; *Salvianos Himmelfahrt*). Roman von Antônio CALLADO (Brasilien), erschienen 1954. – Dieser erste Roman des Autors läßt sich in eine Tradition der literarischen Darstellung von messianischen Bewegungen im Nordosten Brasiliens einfügen, die bedeutende Werke wie *Os sertões* (1902) von Euclides da CUNHA, *Os cangaceiros* (1953) von José Lins do RÊGO, *Romance d'a pedra do reino* (1971) von Ariano SUASSUNA und *La guerra del fin del mundo* (1981) des Peruaners Mario VARGAS LLOSA hervorgebracht hat. Vor dem Hintergrund dieser Werke, die sich ernsthaft um ein Verstehen des Messianismus bemühen, überrascht es, daß Callados Roman sich in Konzeption und Strukturierung des Erzählgeschehens an die Situations- und Intrigenkomödie des Boulevardtheaters anlehnt. Dieser Wechsel in der Darstellungsweise und Wirkungsintention wird möglich, weil es Callado nicht um Aufdeckung der gesellschaftlichen, wirtschaftlichen und kulturellen Ursachen der messianischen Bewegungen geht, sondern um die Persiflierung bürgerlicher Intellektueller, die den Messianismus in den Dienst der kommunistischen Revolution stellen möchten.

Júlio Salgado, ein gebildeter Intellektueller aus wohlhabendem Hause, Kommunist und Homosexueller, der von Juazeiro (Bahia) aus das Landproletariat zum Kampf gegen das Latifundium mobilisieren und damit den Startschuß für eine Revolution geben möchte, die zunächst den Nordosten, dann ganz Brasilien und schließlich Lateinamerika erfassen soll, ist ein realitätsferner Träumer und geltungsbedürftiger Nichtsnutz, dem jede Fähigkeit zur Kommunikation mit der Landbevölkerung fehlt, und der zudem jedes eigene Risiko scheut. Die Aufwiegelung der Landarbeiter hat er darum dem halbgebildeten, in Juazeiro beheimateten Handwerker und Mulatten Salviano überantwortet, der sich ebenfalls zu Großem bestimmt glaubt. Beiden geht es weniger um eine Verbesserung der Lebensbedingungen der Landbevölkerung als um den Selbstgenuß der glänzenden Rolle, die sie zu spielen gedenken. Salgado konzipiert einen ungewöhnlichen Aktionsplan, der die Masse der Landbevölkerung in kürzester Zeit in die Arme der kommunistischen Partei führen soll: Statt einer mühevollen und langwierigen Aufklärungskampagne soll der rhetorisch und schauspielerisch talentierte Atheist Salviano eine Konversion vortäuschen, um in der Rolle eines von Gott gesandten Heilsbringers die religiöse Landbevölkerung für die Idee einer Revolution zu gewinnen. Am Tage des Patronatsfestes soll er dann mit seinen Jüngern in die Kirche eindringen, auf der Kanzel vor versammelter Gemeinde sich zum Kommunismus bekennen und zur Revolution aufrufen.

Salvianos überwältigender Erfolg als Prediger und Wundertäter führt jedoch dazu, daß er sich in seiner Rolle mehr und mehr gefällt und nicht mehr bereit ist, sie gegen die Rolle des Kanzelhelden auszutauschen. Salgado, der als hervorragender Kenner psychischer Verhaltensmechanismen und als überlegener Spielmacher die Mitmenschen nach Belieben zu manipulieren versteht, kann nicht einfach hinnehmen, daß Salviano seinen Aktionsplan zunichte macht und als Demagoge eigene Wege beschreitet. Er schafft das Köfferchen eines amerikanischen Wanderpredigers und Hobbydetektivs, der sein Spiel durchschaut hatte und den er darum töten mußte, als Tatindiz in die Werkstatt Salvianos, der noch am selben Tage wegen Mordverdachts verhaftet wird. Salviano, der jede Nahrungsaufnahme ablehnt, spielt rollengerecht mit großer Gelassenheit den unschuldig Duldenden. Das fanatisierte Volk umlagert das Gefängnis und verlangt seine Freilassung. Überraschend bietet sich Salviano die Möglichkeit, seine Unschuld zu beweisen und Salgado zu überführen, aber er macht von ihr keinen Gebrauch. Salgado erkennt, daß er, statt sich an Salviano zu rächen, diesem eine neue Perspektive – die des Märtyrers – für seine Messiaskarriere eröffnet hat. Um wenigstens den weiteren Siegeszug Salvianos zu verhindern, überreicht er ihm in der Gefängniszelle ein handgeschriebenes und unterzeichnetes Geständnis, aus dem eindeutig hervorgeht, daß er, Salgado, der Mörder des Amerikaners ist, und erwartet als Gegenleistung, daß Salviano Juazeiro verläßt und seine Messiasrolle aufgibt. Salviano lehnt auch dieses Mal ab. Er stirbt am Vorabend des geplanten Kanzelauftritts. Salgado gibt auch jetzt das Spiel nicht endgültig verloren. Um zu verhindern, daß der Leichnam von der Volksmenge am Patronatsfest in einer feierlichen Prozession in die Kirche getragen wird, womit Salviano endgültig zum Volksheiligen würde, gewinnt er den Pfarrer, den Bürgermeister, den Polizeikomissar und den Richter für den Plan, den Leichnam in der Nacht heimlich durch das Ziegeldach aus dem Gefängnis zu holen und ihn in einer Bäckerei einzuäschern. Es gelingt den Leichenentführern jedoch nicht, das Dach noch rechtzeitig zu schließen. Als die Menschenmenge das Gefängnis stürmt und das Loch im Dach sieht, erschallt es wie aus einem Munde: »*Er ist in den Himmel aufgestiegen!*«

Da Callado die Gründe für Salvianos »Konversion« im Dunkeln läßt, sind mehrere Interpretationen möglich. Der katholische Literaturkritiker Tristão de ATHAIDE sieht in ihr das Ergebnis eines göttlichen Gnadenaktes. Andere verstehen Salviano als das Opfer seiner eigenen Rhetorik. Der Vergleich mit den übrigen Romanen Callados läßt jedoch erkennen, daß die Sinnstruktur komplexer ist und einen deutlichen zeitkritischen Bezug hat. Alle Protagonisten – abgesehen vom Handwerker Salviano handelt es sich um Intellektuelle des wohlhabenden Bürgertums – sehen sich mit den politischen, wirtschaftlichen, sozialen und kulturellen Mißständen ihrer Zeit konfrontiert, weichen aber einem sinnvollen Einsatz für eine gerechtere Gesellschaftsordnung in realitätsferne, pseudoaltruistische Ersatzhandlungen aus, die der Beruhigung des schlechten Gewissens und der Steigerung des Selbstwertgefühls dienen. Salgados politische Aktionen und Salvianos Messianismus sind im Hinblick auf die Lage der notleidenden Landbevölkerung ein sinnloses bzw. betrügerisches Spektakel, das allein der effektvollen Selbstdarstellung dient. Der perverse Pseudoaltruismus befähigt die Protagonisten überraschenderweise zu erstaunlichen Handlungen, die bis zum freiwilligen – sinnlosen – Opfertod reichen. Mit *Assunção de Salviano* leitet Callado eine Serie von Romanen ein, in denen er die messianischen Aktionen bürgerlicher Intellektueller als exhibitionistische Posen einer Bühnenexistenz entlarvt, die Ausdruck von Selbstentfremdung und Realitätsflucht ist. H.Fe.

AUSGABEN: Rio 1954. – Rio 1983.

LITERATUR: N. Kortner Aiex, *The Making of a Myth: A. C.'s »Assunção de Salviano«* (in Perspectives on Contemporary Literature, 5, 1979, S. 131–137).

## CONCERTO CARIOCA

(portug.; *Rio de Janeiro-Konzert*). Roman von Antônio CALLADO (Brasilien), erschienen 1985. – Der Roman ist in den Jahren der Redemokratisierung Brasiliens entstanden, in denen die freie politische Meinungsäußerung und Betätigung wieder möglich waren. Um so erstaunlicher ist es, daß Probleme von nationaler Tragweite keine Rolle mehr spielen. Der Horizont des bürgerlichen Protagonisten Xavier umfaßt das alltägliche mittelständische Privatleben im wohlhabenden Stadtteil Leblon in Rio de Janeiro. So wie alle intellektuellen Protagonisten Callados ist auch er von einer megalomanen fixen Idee besessen: Er sieht sich als genialer Spielmacher, der seine Mitmenschen nach Belieben zu manipulieren vermag. Die dazu nötigen Kenntnisse der menschlichen Psyche hat er sich angeeignet. Das Bewußtsein intellektueller Allmacht im privaten Lebensraum kostet er in vollen Zügen aus und tritt damit in die Nachfolge der Madame de Merteuil, Protagonistin des Romans *Les liaisons dangereuses* von Choderlos de LACLOS, mit der er auch die moralische Indifferenz teilt. Callados Interesse an diesem Typus des Intellektuellen ist schon in Júlio Salgado *(Assunção de Salviano)* und Ari Knut *(Sempreviva)* erkennbar. Während aber der Leser vor den unauslotbaren Abgründen des Bösen in Ari Knut erschaudert, sind ihm die Gedanken und Gefühle Xaviers dank der Erzähltechniken des »inneren Monologs« und der »erlebten Rede« vertraut. Die dämonische Dimension des Gerichtsmediziners geht dem kleinbürgerlichen Machiavelli ab. Die kalte Perfektion in der Konzeption und Ausführung seines Intrigenspiels zwingt dem Leser zwar Bewunderung ab, zugleich aber steht der enorme strategische Aufwand in einem ganz und gar unangemessenen Verhältnis zu der Banalität des Ziels, das er erreichen möchte.

Xavier war in seiner frühen Jugend schüchtern, was sich insbesondere in seinem Sexualverhalten zeigte. Als die fünfzehnjährige Solange, die er liebte, seinen Rivalen, den dümmlichen, aber erfolgreichen Schürzenjäger Basílio, heiratete, konzipierte er den Plan, ihre Eroberung ein zweites Mal zu versuchen, jedoch erst nach langfristiger gründlicher Vorbereitung in der naturgemäßen Liebesschule der Indianer, wo er sich im Verlaufe von sechzehn Jahren zu einem Meister der Liebeskunst entwickelt. Das Erzählgeschehen setzt mit der Rückkehr Xaviers nach Rio de Janeiro ein. Wie Quinho in *Sempreviva* bietet sich auch Xavier die Chance eines Neubeginns, denn Barbara, die inzwischen fünfzehnjährige Tochter von Solange und Basílio, ist ihrer Mutter, wie er sie als Fünfzehnjährige gekannt hat, zum Verwechseln ähnlich. Die Zeit scheint für ihn stehengeblieben zu sein. In der Person Barbaras kann er das Liebeswerben um Solange unter Vermeidung der »Fehler«, die zu seinem Mißerfolg geführt haben, noch einmal von Anfang an beginnen. (vgl. auch Nandos Theorie vom »neuen Adam« und der Möglichkeit eines Neubeginns der Menschheitsgeschichte ohne Erbsünde in *Quarup*). Antagonist Xaviers ist der achtzehnjährige Indianerjunge Jaci, das Urbild paradiesischer Vollkommenheit: Die Aufspaltung der Wirklichkeit in Subjekt und Objekt kennt er ebenso wenig wie die Trennung der Geschlechter – er ist Hermaphrodit. Die ironische Konzeption des Romans will es, daß Jaci, den es vom Urwald Zentralbrasiliens nach Rio de Janeiro verschlägt, der Pflegesohn Xaviers und zugleich sein Rivale bei Barbara wird. Barbara gerät, gemeinsam mit ihrem Bruder Naé, so sehr in den Bann Jacis, daß sie für Xavier, auch nachdem er Jaci getötet hat, unerreichbar bleibt. Eine Eroberung Barbaras wäre nur dann denkbar, wenn Xavier ebenfalls beide Geschlechter in sich vereinigen könnte, was unmöglich ist. Er muß das »Spiel« als verloren ansehen und nimmt sich das Leben.

Der Roman ist Ausdruck einer zunehmend pessimistischen Einstellung Callados zur Rolle des bürgerlichen Intellektuellen im zeitgenössischen Brasilien. War Nando *(Quarup)* bei aller Realitätsferne seiner Projekte und bei aller narzißtischen Selbstbespiegelung letztlich eine sympathische Gestalt, so treten bei Quinho *(Sempreviva)* die negativen Eigenschaften – Kleinmut, Unentschlossenheit, Unbeständigkeit, morbide Egozentrik u. a. – stärker in den Vordergrund. In dem Maße wie der Protagonist an Attraktivität verliert und zusammenschrumpft, wachsen seine Antagonisten als Inkarnationen des Bösen ins Überdimensionale. Während aber Quinho bei aller Schwäche noch die gute Sache vertritt, rückt mit Xavier erstmals ein Intellektueller in die Rolle des Protagonisten, der herausragende Intelligenz mit bürgerlicher Enge und radikaler Skrupellosigkeit verbindet. Während die parasitäre Existenz Nandos in *Quarup* Brasilien zwar keinerlei Nutzen bringt, aber auch keinen Schaden anrichtet, läßt der Autor mit Xavier zerstörerische Kräfte zur Entfaltung kommen, die ihn zu einer Gefahr werden lassen. Man kann auch eine von Roman zu Roman wachsende Skepsis Callados gegenüber abendländischer Zivilisation beobachten. Nandos rousseauistisches Gebaren wäre ein erstes Indiz hierfür.

Mit »Quarup« bezeichnen die Indianer eine Holzfigur, deren rituelle Funktion darin besteht, die Seele eines Verstorbenen in sich aufzunehmen und ihm so das Weiterleben zu ermöglichen. Wenn Nando in einer nachchristlichen, matriarchalen, d. h. repressionsfreien Ära der Menschheitsgeschichte ein neues »irdisches Paradies« heraufkommen sieht, dann scheint ihm vorzuschweben, daß Brasilien dabei die Funktion eines »Quarup« zu übernehmen habe, um die aussterbende »matriarchale« Kultur der Indianer zu neuem Leben erblühen zu lassen. Für Vicente Beirão *(A expedição Montaigne)* ist erst mit der Entdeckung Amerikas das Unglück über den Kontinent hereingebrochen und kann nur durch die Rückkehr zum *status quo ante* überwunden werden. In *Concerto carioca* ist es nicht mehr der Romanprotagonist, der die Indianerwelt idealisiert, sondern Callado selbst, der mit Xavier und Jaci westliche Zivilisation und Indianerkultur einander gegenüberstellt und dabei Jaci zum Idealtypus menschlicher Vollkommenheit stilisiert. H.Fe.

AUSGABE: Rio 1985.

## A EXPEDIÇÃO MONTAIGNE

(portug.; *Die Expedition Montaigne*). Roman von Antônio CALLADO (Brasilien), erschienen 1982. – Dieser kürzeste unter den Romanen Callados übersteigert die formalen und thematischen Anliegen der vorausgehenden Romane ins Karikaturistische und ist darum besonders geeignet, die Gestaltung seines fiktionalen Universums herauszustellen. Der zeitgeschichtliche Bezugspunkt des Romans ist, wie in *Sempreviva*, die härteste Phase der Repression (1969-1974) in den Jahren der Militärdiktatur. Der Journalist Vicente Beirão aus Rio de Janeiro, Protagonist des Romans, wird von der Militärregierung mit Berufsverbot belegt, weil einige seiner Artikel über Mißstände beim Amt zum Schutz der Indianer (SPI) als subversiv eingestuft wurden. Seine Reaktion ist typisch für Callados Hauptfiguren: Statt sich im Rahmen der Möglichkeiten in der Opposition zum Militärregime zu engagieren, weicht er in eine aberwitzige Heilsbringerrolle aus. Er unternimmt eine Expedition ins Urwaldgebiet von Mato Grosso, um die Indianervölker für die Rückeroberung ihres Landes und die Vertreibung der Brasilianer zu gewinnen. So wie Nando *(Quarup)* das Böse in der Welt ausmerzen will, indem er mit dem Indianer als »neuem Adam« die Menschheitsgeschichte noch einmal von Anfang an, jedoch ohne Erbsünde, beginnen läßt, so sieht Beirão die einzige Möglichkeit für eine Rettung Brasiliens in der Rückkehr zum *status quo ante*, d. h. vor der Entdeckung Brasiliens und der Zerstörung des Irdischen Paradieses der Indianer. Auch Jeropé, Medizinmann des aussterbenden Indianervolkes der Camaiurá, möchte die Geschichte ungeschehen machen, indem er auf magische Weise die erste Begegnung der Vorfahren mit den Weißen – es handelt sich dabei um den historischen deutschen Forscher von den Steinen, den die Indianer Fodestaine nennen – zu wiederholen versucht, dieses Mal aber, um von den Steinen zu töten und damit der Geschichte einen anderen Verlauf zu geben. In der Mitte des Indianerdorfes befindet sich ein Käfig mit einem prächtigen Jagdvogel. Auf abenteuerliche Weise gerät der Journalist in trunkenem Zustand und unbemerkt von den Indianern an Stelle des Vogels in den Käfig. Der Medizinmann glaubt, daß sein magisches Ritual den Vogel in Fodestaine verwandelt habe. Mit einem Freudenfest verbrennen die Indianer Beirão in seinem Käfig auf einem Scheiterhaufen in der Überzeugung, von nun an von den weißen Unglücksbringern verschont zu bleiben.

Die Anregung zur Idealisierung der Indianerwelt hatte Beirão durch die Lektüre vom Michel de Montaignes Essay *Des cannibales* erhalten. Eine Statue des französischen Humanisten, die magische Kräfte besitzen soll, führt er bei der Expedition mit sich. Der Vergleich mit Don Quijote drängt sich auf, zumal das Gefolge von Vicente Beirão nur aus einer Person, dem an Tuberkulose erkrankten Indianer Ipavu besteht, aber bei Callado gibt es keine Anzeichen dafür, daß sein Protagonist den Verstand verloren hat. Auch Salviano *(Assunção de Salviano)* und Nando *(Quarup)* sind bei aller realitätsfernen Versponnenheit ihrer messianischen Projekte keineswegs geistesgestört. Sie sind sich immer mehr oder weniger deutlich bewußt, daß sie eine Rolle spielen, die ob ihrer Fiktionalität einer Bühnenrolle vergleichbar ist, und daß ihr Rollenspiel ohne Auswirkungen auf die konkrete geschichtliche Realität bleibt, ja nicht einmal die Lebensbedingungen auch nur eines Landarbeiters oder Indianers verbessern hilft. Bezeichnenderweise hat Beirão nur eine einzige Möglichkeit, seiner Expedition einen Anstrich von Realität zu geben: die szenische Darbietung. Als ihm und seinem Begleiter Ipavu die Mittel zum Lebensunterhalt ausgehen, stellen sie in einer Kleinstadt das Anliegen ihrer Expedition als Schauspiel dar. Ipavu hat von den umliegenden Farmen achtzehn indianische Landarbeiter als Statisten gewinnen können. Nackt und in Kriegsbemalung, mit Pfeil und Bogen bewaffnet, marschieren sie ins Städtchen und stellen sich mit erigiertem Glied auf der Treppe des Rathauses den andrängenden Frauen zur Schau, während Beirão ein Denkmal besteigt und alle Zuschauer in einer leidenschaftlichen Rede aufruft, sie möchten doch ebenfalls die Kleider abwerfen und zu der naturgemäßen Lebensführung der Indianer zurückfinden. Die Episode läßt sich als eine ins Burleske gesteigerte Variante der »Kanzelrede« des »Revolutionärs« Salviano *(Assunção de Salviano)* und Beirão als eine Karikatur Nandos *(Quarup)* verstehen. Auf die Frage, warum die Protagonisten trotz besseren Wissens ihre absurden messianischen Ziele unbeirrt bis in den Tod verfolgen, sind mehrere Antworten möglich. Die hier angebotene Interpretation geht von der Beobachtung aus, daß in allen Fällen der bürgerliche Intellektuelle Callados zum Eskapismus neigt und sich sehr schwer tut, seinen Fähigkeiten entsprechend in vernünftiger Weise gesamtgesellschaftliche Verantwortung zu übernehmen. Dieses Problem ist in der brasilianischen Literatur schon viele Male dargestellt worden. Man denke an Romane wie *Triste fim de Policarpo Quaresma* (1915) von Afonso de Lima BARRETO, *Memórias sentimentais de João Miramar* (1924) von Oswald de ANDRADE, *O amanuense Belmiro* (1936) von Cyro dos ANJOS, *O encontro marcado* (1961) von Fernando SABINO. Die Wurzeln des Problems liegen in der kolonialen Vergangenheit des Landes. Es wäre somit verfehlt, Callados Anliegen nur aus dem Zusammenhang der besonderen politischen Gegebenheiten der Jahre der Militärdiktatur zu verstehen, zumal *Assunção de Salviano* in einer Zeit vergleichsweise großer demokratischer Freiheiten entstanden ist. Allerdings erhalten die eskapistischen Neigungen seiner Protagonisten in der Zeit der Militärdiktatur neue Nahrung. Insbesondere gewinnt deren Schicksal trotz ihrer moralischen Schwächen eine tragische Dimension. Die für Callado so kennzeichnende humoristisch-ironische Erzählweise tritt in *Sempreviva* weitgehend zurück, und im Unterschied zur heiteren Ironie in *Assunção de Salviano* ist *A expedição Montaigne* eine tragische Farce, die sich als Ausdruck der Ohnmacht des Intellektuellen gegenüber dem allmächtigen Willkürregime bzw. der Ohnmacht des Medizinmannes im Anblick des unaufhaltsamen Unterganges seines Volkes verstehen läßt. Ist der »Märtyrertod« Salvianos ohne Publikum nicht vorstellbar und letztlich wohl Ausdruck eines maßlosen Geltungsbedürfnisses, so scheint Beirão mit seiner Expedition in die Einsamkeit des Urwaldes von wahrer Todessehnsucht getrieben zu sein. In diesem Zusammenhang verdient Erwähnung, daß Callado nach Mário de ANDRADE (*Macunaíma*, 1928) und Graciliano RAMOS (*Caetés*, 1933) der erste Schriftsteller ist, der dem Indianer wieder besondere Aufmerksamkeit schenkt, und zwar im Hinblick auf den sich abzeichnenden Untergang der indianischen Kultur. Ohne *Quarup* wäre *Maíra* (1976) von Darcy RIBEIRO wohl kaum entstanden. In *A expedição Montaigne* ist es Callado in eindrucksvoller Weise gelungen, die Erlebnis- und Vorstellungswelt der Indianer Ipavu und Jeropé mit Hilfe der Erzähltechnik der »erlebten Rede« zu gestalten. Probleme des Kulturgegensatzes und der Akkulturation werden damit eines der Anliegen des Romans. H.Fe.

AUSGABE: Rio 1982.

## QUARUP

(portug.; *Ü: Quarup*). Roman von Antônio CALLADO (Brasilien), erschienen 1967. – *Quarup* erzählt die Entwicklung des Protagonisten Nando vom unpolitischen Mönch des Franziskanerklosters von Olinda (Pernambuco) zum Revolutionsführer der Guerilla im Hinterland des Nordostens. Daß ein katholischer Geistlicher Hauptfigur des Romans werden konnte, dürfte nicht zuletzt der Enzyklika *Pacem in terris* (1963) zuzuschreiben sein, mit der Papst Johannes XXIII. ein stärkeres Engagement der Katholischen Kirche für die Belange der Unterdrückten und Ausgebeuteten in der Dritten Welt einleitete. Vor allem aber ist der Roman die erste groß angelegte literarische Auseinandersetzung mit dem Militärputsch von 1964, der die unter Präsident João Goulart erstarkten Hoffnungen auf eine Landreform zunichte machte und eine zwanzig Jahre währende Militärdiktatur einleitete. Eingebettet ist das Erzählgeschehen in die brasilianische Geschichte seit dem Freitod von Präsident Getúlio Vargas (1954). Der Roman läßt sich verstehen als eine Art Summe der in jenen Jahren aktuellen utopischen Gedankenspiele von einem neuen Brasilien. Der Protagonist Nando knüpft insbesondere an den Mythos vom »guten Wilden« an, um eine Brasilien-Utopie zu entwerfen, die sich als idealer Gegenpol zur Militärdiktatur darbietet.

Wie schon für *Assunção de Salviano*, ist auch für *Quarup* die Opposition von Revolution und heilsgeschichtlichen Erlösungserwartungen strukturbestimmend, nur vollzieht Nando die umgekehrte Wende: vom Heilsbringer zum Revolutionär. Wie schon Salviano hat auch Nando eine Vorliebe für das theatralische Rollenspiel. *Quarup* beginnt mit einer von Nando inszenierten Aufführung eines Mysterienspiels vom Jüngsten Gericht in der Krypta des Klosters: Vor einem Wandbild mit dem richtenden Christus und vor einem Altartisch, auf dem sich eine Waage befindet, hat Nando zwei Reihen von Skeletten in franziskanischer Ordenskleidung aufgestellt. Erzählt wird in der Form der »erlebten Rede« aus der Perspektive Nandos: Scheinbar mehr als alle anderen von schwerer Schuld beladen, schreitet er – einziger Schauspieler und einziger Zuschauer – auf den zum härtesten Verdammungsurteil ansetzenden Christus zu. Statt jedoch vor der Waage in Verzweiflung zusammenzubrechen, geht er zur Überraschung des Lesers auf Christus zu und stellt sich hocherhobenen Hauptes – als Rivale? – neben ihn. Der Roman erzählt in der Tat, wie Nando in seinem Selbstverständnis sich immer mehr mit der Rolle eines neuen Menschheitserlösers identifiziert. Sein Erlösungsdenken gründet auf der Überzeugung, Gott habe der Menschheit mit dem Indianer – für Nando ein »*zweiter Adam*« ohne Erbsünde – die Chance eines Neubeginns ihrer Geschichte gegeben. Er selbst versteht sich als der neue Messias, der die Menschheit mit Hilfe des neuen Adam ins Irdische Paradies zurückzuführen hat. Statt sich mit den politischen Kräften, die auf eine Bodenreform drängen, zu solidarisieren, zieht er sich als Missionar in den Urwald von Mato Grosso zurück, um bei den Indianern die Fundamente für einen weltweiten Gottesstaat zu legen.

Bei seiner Ankunft als Missionar im Xingu-Gebiet Zentralbrasiliens gewahrt Nando in einem menschenleer scheinenden Indianerdorf ein nacktes Indianerpaar. Die Indianerin reicht ihrem Partner einen Apfel, jedoch er, der »neue Adam«, lehnt ab. Daraufhin beißt »Eva« selbst in den Apfel und bietet ihn Nando an, der schon zugreifen will, als schallendes Gelächter ihn davon abhält. Freunde aus Rio de Janeiro hatten diese Variation des Mysterienspiels von Adam und Eva – der Sündenfall Adams findet nicht statt –, zu seiner Ankunft inszenieren lassen. Wie im Falle Salvianos wird das Rollenspiel richtungsweisend für Nando: Er konzipiert allem Anschein nach die Idee, selbst der »neue Adam« zu werden und eine neue, nachchristliche Ära der Menschheitsgeschichte einzuleiten, gibt kurzerhand sein Missionsvorhaben auf, tritt aus dem Orden und der Kirchengemeinschaft aus, verzichtet auf alle Bequemlichkeiten der Zivilisation und durchstreift nach dem Vorbild des rousseauschen »*bon sauvage*« in Einsamkeit sieben Jahre lang, nur mit Pfeil und Bogen ausgestattet, den Urwald.

Wie Salviano ist auch Nando bereit, sein Leben zu opfern, wenn es die Kohärenz des Rollenspiels verlangt. Gegen Ende des Romans verkündet er, der als der neue Adam naturgemäß zu leben gelernt hat, ein neues Evangelium der Liebe, und zwar der körperlichen Liebe in schrankenloser Promiskuität. So wie Christus sammelt auch Nando Jünger um sich, die ihr Elternhaus und ihren Beruf aufgeben, um ihm zu folgen. Um seinen Opfertod in der Nachahmung Christi zu inszenieren, veranstaltet er ein Gedenkmahl für einen Revolutionär, der bei einer Gutsbesetzung getötet worden war. Eine seiner

Jüngerinnen übernimmt die Rolle des Judas und verrät ihn an die Militärpolizei (wir befinden uns in den ersten Monaten nach dem Militärputsch von 1964). Wie erhofft, werden er und seine Gäste während des Gedenkmahls von der Militärpolizei und von aufgebrachten Bürgern überfallen, wobei sich Nando widerstandslos mißhandeln und zusammenschlagen läßt. Mit seiner freiwilligen Selbstaufopferung befindet sich Nando in der gleichen Lage wie Salviano *(Assunção de Salviano)*, allerdings mit dem Unterschied, daß Salviano tatsächlich einen rollengerechten Opfertod stirbt, während Nando zwar tagelang zwischen Leben und Tod schwebt, aber schließlich gerettet werden kann. Und buchstäblich auf den beiden letzten Seiten des Romans entschließt er sich sogar, zu den Untergrundkämpfern in Sertão zu stoßen und die Führung der Guerilla zu übernehmen.

Da *Quarup* Callados einziger Roman ist, der nicht mit dem Tod des Protagonisten endet, hat die Kritik auf ein relativ optimistisches Verständnis der Rolle des Intellektuellen in der Zeit unmittelbar vor und nach dem Staatsstreich von 1964 geschlossen. In der Tat waren die Aktionen des Rechtsanwalts Francisco Julião, Gründer und Führer der »Ligas Camponesas«, für Callado ein vielversprechendes Beispiel für ein Zusammengehen von Akademikern und analphabetischen Landarbeitern im Kampf um eine tiefgreifende Landreform im Nordosten. Ob Nando allerdings die Selbstentfremdung überwunden und zu einem überzeugenden gesellschaftlichen Engagement gefunden hat, bleibt fraglich. Callado selbst sorgt durch zahlreiche ironische Signale dafür, daß der Leser Nandos Hinwendung zur Revolution nicht allzu ernst nimmt. In der Tat erzählt der letzte Teil des Romans nicht so sehr Nandos Selbstfindung als vielmehr seine eigentliche Berufung zum Religionsstifter und Messias der nachchristlichen Ära. Die Erleuchtung wird ihm in einer seit Jahrhunderten verschütteten unterirdischen Kapelle zuteil. Eine Fluent von häretischen Wandbildern aus dem Leben der Mutter Jesu gipfelt in der Darstellung einer Palastrevolte, in der Maria Gottvater vom Himmelsthron gestürzt hat – er liegt tot am Boden –, weil er die Kreuzigung ihres Sohnes, der ebenfalls unwiederbringlich tot ist, zugelassen hat. Maria besteigt nun selbst als neue Aphrodite in sinnlicher Nacktheit den Himmelsthron, womit das geistliche Patriarchat durch ein geistliches Matriarchat ersetzt wird. Mit der Idee des Matriarchats verbindet Callado – und er folgt darin dem Modernisten, insbesondere Oswald de Andrade – die Vorstellung von einer egalitären, repressionsfreien Gesellschaft. Wie immer in entscheidenden Situationen vermeidet es Callado auch dieses Mal, dem Leser Einblick in die Gedanken zu geben, die Nando beim Anblick der Bilder bewegen. Aber von der Gesamtkonzeption des Romans her, der in Anlehnung an die Bibel in ein »Altes« und ein »Neues Testament« zerfällt, läßt sich schließen, daß sich Nando als der neue, geistliche Sohn Maria-Aphrodites sieht, der den Auftrag erhält, in die Welt hinauszugehen, um einen neuen Bund mit den Menschen zu vermitteln und die Frohe Botschaft vom heraufkommenden Matriarchat zu verkünden. Das Matriarchat muß Nando als das neue Irdische Paradies der nachchristlichen Ära verstehen, das er als der neue Adam möglich machen wird. Der Ausritt in den Sertão wäre somit nur der letzte Akt seines megalomanen, fiktionalen Rollenspiels als Menschheitserlöser. Die Vermutung, es könne sich bei Nandos Wende zum Engagement in der Revolution nur um einen Wechsel von Kostümen handeln, wird am Ende des Romans von Manuel Tropeiro, dem klugen Mann aus dem Volke, bestätigt, als er Nando, der sich im Hochgefühl seiner neuen Rolle genießt, entgegenhält: »*Ich bitte um Verzeihung, Herr Nando, aber die schwarze Kleidung hat Sie nicht zum Geistlichen gemacht, und die Lederjacke wird aus Ihnen keinen Cangaceiro machen.*«

Callado, der in Nando auch sich selbst spiegeln dürfte – er entstammt dem wohlhabenden Bildungsbürgertum von Niterói – hat seine Romane nicht in den Dienst eines konkreten politischen oder gar revolutionären Programms gestellt. Es dürfte ihm vielmehr darum gehen, seinen Lesern die fragwürdige Rolle des Bildungsbürgertums in der jüngeren Geschichte Brasiliens bewußt zu machen und sie zur Mitgestaltung einer besseren Zukunft aufzufordern.   H.Fe.

Ausgabe: Rio 1967; [11]1982.

Übersetzung: *Quarup*, K. v. Schweder-Schreiner, Köln 1988.

Literatur: J. R. Ferreira Gullar, *»Quarup« ou Ensaio de deseducação para Brasileiro virar gente* (in Revista Brasileira, 3, Rio 1967, Nr. 15). – H. Pelegrino, *»Quarup« ou Nascimento do heroí novo* (in Jornal do Brasil, 26. 8. 1967). – H. Martins, *»Quarup« e »Pessach«* (in H. M., *Do barocco a Guimarães Rosa*, Belo Horizonte 1983, S. 153–166). – K. Garscha, Rez. (in FRs, 4. 10. 1988). – E. J. da Costa, *»Quarup«: tronco e narrativa* (Curitiba, 1988).

## SEMPREVIVA

(portug.; *Ü: Lucinda*). Roman von Antônio Callado (Brasilien), erschienen 1981. – Zeitgeschichtlicher Bezugspunkt des Romans ist der »Institutionelle Akt Nr. 5«, mit dem die Militärregierung die härteste Phase der Repression (1969 bis 1974) einleitete. Die Erzählgegenwart fällt jedoch in das Jahr 1979, somit in die Zeit der sogenannten »abertura«, der »politischen Öffnung« des Regimes.

Vasco Soares Lanceiro, kurz Quinho genannt, von schmächtigem Körperbau und alles andere als mutig und tatkräftig, Journalist, Sympathisant der linksrevolutionären Bewegungen Brasiliens, hat 1969 tatenlos zugesehen, als seine schwangere Verlobte, die aktive Untergrundkämpferin Lucinda, während einer Filmvorführung durch die Militär-

polizei gewaltsam von seiner Seite entführt und im weiteren vergewaltigt, gefoltert und getötet wurde. Quinho selbst floh ins Exil nach London, wo ihn zehn Jahre lang allnächtlich Lucinda – *»sempreviva«* – als Sukkubus heimsucht und Rache fordert. Quinhos Antagonisten sind der Folterer Claudemiro Marques, ein Hüne von Gestalt und ein Ausbund an Brutalität, der Lucinda mißhandelt und ermordet hat, und der Gerichtsmediziner Dr. Ari Knut, der den Autopsiebericht im Sinne der Militärs verfaßt hat. Beide haben in der Phase der »abertura« keine Aufgabe mehr und leben zurückgezogen unter den Decknamen Antero Varjão (Claudemiro) und Juvenal Palhano (Ari) in der Kleinstadt Corumbá im Sumpfgebiet des Pantanal nahe der bolivianischen Grenze. Claudemiro betätigt sich als Jäger von Wildkatzen, die er lebendig fängt, um sie in einem blutigen Ritual zu töten. Als Quinho schließlich dem Drängen seines Sukkubus nachgibt und die brasilianische Grenze bei Corumbá überschreitet, stößt zu seiner größten Überraschung eine Frau namens Jupira zu ihm, die Lucinda in allem zum Verwechseln ähnlich sieht, dem kommunistischen Untergrund von Corumbá angehört, seine Geliebte wird und zu allem Überfluß eine Tochter hat, die vom Alter her seine eigene sein könnte. Ein glücklicher Zufall scheint ihm damit die Chance zu bieten, sein Versagen im Filmtheater rückgängig zu machen, indem er Claudemiro Marques und Ari Knut tötet und so erneut zu einem glücklichen Leben an der Seite Lucindas/Jupiras findet (vgl. Nandos Vorstellungen von einem Neubeginn der Geschichte der Menschheit, ohne Erbsünde, in *Quarup*). Theater und Rollenspiel kommt auch in *Sempreviva* eine besondere Bedeutung zu. Alle Personen tragen eine Maske und spielen eine Rolle, so daß Ari Knut von einem *»Maskenball«* und Quinho von einem *»Gruseltheater«* sprechen können. Die rituelle »Opferung« eines Kalbes im Hof der Farm Claudemiros drängt sich Quinho als theatralische Wiederholung der Folterung und Tötung Lucindas auf: Das angebundene Kalb wird mit noch warmem Leopardenblut übergossen, was die Bluthunde im Zwinger in einen Zustand höchster Erregung versetzt. Unter den anfeuernden Rufen des ebenfalls erregten Wärters zerfleischen sie das Kalb. Wie schon für Salviano *(Assunção de Salviano)* und Nando *(Quarup)* wird auch für Quinho die szenische Darbietung richtungsweisend: Der Zufall will es, daß er bei einem weiteren, diesem Mal heimlichen Besuch der Farm in die Lage versetzt wird, nun seinerseits den betrunkenen und schlafenden Claudemiro mit Leopardenblut zu übergießen und ihn von den eigenen Bluthunden zerfleischen zu lassen.
Unter der linear erzählten äußeren Geschehensabfolge verbirgt sich eine labyrinthische Tiefenstruktur, die jede vereinfachende Interpretation – hier die Guten, dort die Bösen – unmöglich macht. Einerseits beschafft Jupira unter Einsatz ihres Lebens den Beweis für die wahre Identität von Claudemiro Marques, andererseits fühlt sie sich erotisch so stark von ihm angezogen, daß sie sich ihm hingibt. Und der Rächer Quinho, der als ein neuer Orpheus »ins Reich der Toten« hinabsteigt, gerät so sehr in den Bann der »Unterwelt«, daß er nicht umhin kann, sich bei seiner Rückkehr in die Gemeinschaft der Lebenden umzuwenden und als Voyeur dem »Schauspiel« der Opferung des Kalbes, d. i. Lucindas, beizuwohnen. In Parallele zur Verleugnung Jesu durch Petrus im Vorhof des Hauses von Pilatus setzt er sich im Anschluß an das Schauspiel zu Dianuel, einem engen Helfershelfer Claudemiros bei Vergewaltigungen, Folterungen und Morden, ans Lagerfeuer und fühlt dabei *»die heimliche Versuchung, in jene andere Seinsform überzuwechseln«*. Callados Anliegen dürfte u. a. darin bestehen, die moralische Ambivalenz aller Personen des Romans – und des Lesers – und ihre Verstrickung in ein Regime der entfesselten Gewalt aufzuzeigen. In seiner Selbsteinschätzung versteht Quinho sich als ein neuer David, der mit der Tötung des Riesen Claudemiro dem brasilianischen Volk den Weg in eine bessere Zukunft freimacht – eine weitere Variante der megalomanen messianischen Ambitionen der Protagonisten Callados. Was der Autor selbst von Quinho hält, wird deutlich, als am Ende des Romans ein analphabetischer Berufskiller im Dienste Ari Knuts mit einem Gewehrkolben kurzerhand den Schädel des Helden einschlägt.
Eine besondere Hervorhebung verdient der Schreibtischtäter Ari Knut, der sich in Corumbá hinter der Maske eines feinsinnigen Liebhabers von Literatur und Musik, eines Naturkundlers und Züchters von fleischfressenden Orchideen verbirgt. Seine Maske ist so perfekt, daß sowohl Quinho und Jupira, um deren Liebe Knut nicht ganz ohne Erfolg wirbt, als auch der Leser bis zum Ende des Romans im Irrtum befangen bleiben. Er ist der geniale Spielmacher (vgl. Salgado in *Assunção de Salviano*), der unerkannt alle Fäden des Geschehens in der Hand hält und den kommunistischen Untergrund Corumbás nur insoweit agieren läßt, als es in seine eigenen Pläne paßt. Obwohl Inkarnation des radikal Bösen, besticht er durch seine hervorragende musische Bildung und seine Feinfühligkeit im Umgang mit Menschen und Tieren. Um ihn unschädlich zu machen, muß der Autor eigens einen »Deus ex machina« in der Gestalt der zehnjährigen Tochter Jupiras bemühen: Nur dieses Mädchen, das als echtes Naturkind das Zusammenleben mit Vögeln, Affen und Schlangen der Gemeinschaft der Menschen vorgezogen hat, vermag Ari Knut zu überlisten und ihn durch einen Schlangenbiß zu töten.

H.Fe.

Ausgabe: Rio 1981; ⁴1981.

Übersetzung: *Lucinda*, K. v. Schweder-Schreiner, Köln 1985. – Dass., dies., Reinbek 1987.

Literatur: L. Hagestedt, Rez. (in SZ, 1. 6. 1985). – H. Brode, Rez. (in FAZ, 2. 8. 1985). – R. Bollinger, Rez. (in Dt. Allg. Sonntagsblatt, 22. 9. 1985). – F. Pohle, Rez. (in FRs, 19. 10. 1985).

## MORLEY CALLAGHAN

* 22.2.1903 Toronto

### THE LOVED AND THE LOST

(engl.; *Geliebte und Verlorene*). Roman von Morley CALLAGHAN (Kanada), erschienen 1951. – Der Historiker und Journalist James McAlpine kommt nach Montreal, um bei einer liberalen Tageszeitung als Kolumnist zu arbeiten. Aus Neugier sucht er die Bekanntschaft Peggy Sandersons, eines Mädchens aus guter Familie, das allgemein Anstoß erregt, weil es Kontakt mit der – zahlenmäßig geringen – Negerbevölkerung der Stadt pflegt. McAlpine, der sich schließlich in Peggy verliebt, wird sich allmählich darüber klar, daß ihr Außenseitertum sie in Gefahr bringt. Nicht nur, daß ihr der Zugang zu den Berufen, die ihrer akademischen Ausbildung entsprechen, verwehrt ist, daß sie in der Fabrik arbeiten und in einer schäbigen Behausung leben muß: Ihr Verhalten stößt auch bei den Farbigen auf Unverständnis und erzeugt, wo immer sie sich blicken läßt, Spannungen. Kennzeichnend für die Einstellung ihrer weißen Mitbürger ist der Versuch eines jüdischen Barbesitzers, sie und ihre farbigen Begleiter am Betreten seines Lokals zu hindern, weil er Peggys wegen Kunden zu verlieren fürchtet. Andere Weiße, unter ihnen der Journalist Malone, machen kein Hehl daraus, daß das Mädchen in ihren Augen kaum mehr als eine Prostituierte ist, und auch die Neger glauben, daß Peggy, obwohl sie mit keinem von ihnen sexuelle Beziehungen unterhält, dazu bereit wäre, wenn sie selbst es so haben wollten. So kommt es zu anfangs versteckten, dann immer offeneren Rivalitäten und Mißverständnissen, die sich schließlich, geschürt von Malone, in einer von Peggy frequentierten Negerbar entladen und kurz danach zum gewaltsamen Tod des Mädchens führen. Auch McAlpine fühlt sich mitschuldig, denn obwohl er ihretwegen manche Demütigung auf sich nahm, hat auch er sie bis zuletzt sein Mißtrauen spüren lassen.

Callaghan stellt die Erniedrigung Peggys und die unausweichliche Katastrophe als tragische Folgen einer naiv praktizierten Menschlichkeit dar, für die im Dschungel der modernen Großstadt kein Platz mehr ist. Das Schicksal des Mädchens, das bei seinem Versuch, die Rassenschranken zu durchbrechen, auf Sympathie, Verständnis und ein wenig Freundschaft gezählt hatte und sich dann, als diese ihm nicht zuteil wurden, in seine Idee verbohrt hat, steht symbolisch für das Schicksal der Unschuld in einer von Mißtrauen, Selbstsucht und Selbstgerechtigkeit korrumpierten Welt. Der Autor behandelt dieses Thema mit dem Engagement des gläubigen Katholiken. Im Unterschied zu Graham GREENE, der in dem Roman *The Quiet American*, 1953 (*Der stille Amerikaner*), ein ähnliches Thema aufgreift, interpretiert er die Unschuld in der modernen Welt nicht als Handlangerin, sondern als Opfer des Bösen: Weil sie sich zwangsläufig im Niemandsland bewegt, wird sie von beiden Fronten vernichtet. – Callaghan, dessen frühe naturalistische Romane aus dem Großstadtleben Torontos und Montreals dem Stil und der Weltsicht HEMINGWAYS (mit dem er sich während der gemeinsamen journalistischen Tätigkeit in Toronto 1920/21 angefreundet hatte) verpflichtet sind und dessen *The Loved and the Lost* das augenfälligste Beispiel für die spätere eigenständige Entwicklung in Richtung einer Synthese von Realismus und Symbolismus ist, zählt zu den interessantesten kanadischen Erzählern des 20. Jh.s. J.v.Ge.

AUSGABEN: Toronto/NY 1951. – Ldn. 1961. – Ldn. 1966. – Toronto 1970.

LITERATUR: E. Wilson, *M. C. of Toronto* (in The New Yorker, 36, 1960, S. 224–237). – G. Woodcock, *Lost Eurydice: The Novels of C.* (in Canadian Literature, 21, 1964, S. 21–35). – A. B. Conron, *M. C.*, NY 1966 (TUSAS). – V. Hoar, *M. C.*, Toronto 1969. – W. H. New, *In Defense of Private Worlds: An Approach to Irony in Canadian Fiction* (in Journal of Commonwealth Literature, 10, 1970, S. 140–141). – W. Walsh, *Streets of Life: Novels of M. C.* (in Ariel, 1, Calgary 1970, S. 31–42). – F. Sutherland, *The Style of Innocence: A Study of Hemingway and C.*, Toronto 1972. – A. Lindner, *»Such Is My Beloved«, »More Joy in Heaven«, and Other Works: Notes*, Toronto 1974. – J. Kendle, *Spiritual Tiredness and Dryness of the Imagination: Social Criticism in the Novels of M. C.* (in Journal of Canadian Fiction, 16, 1976, S. 115–130). – T. Marshall, *Tragic Ambivalence. The Novels of M. C.* (in Univ. of Windsor Review, 12, 1976, S. 33–48). – M. M. Darte, *Moral Vision and Naturalistic Technique: The Conflict in the Novels of M. C.*, Diss. Univ. of Toronto 1976 (vgl. Diss. Abstracts, 39, 1978, S. 1546A). – B. H. Pell, *Faith and Fiction: Religious Form in the Novels of Hugh MacLennan, M. C., and Hugh Hood*, Diss. Univ. of Toronto 1981 (vgl. Diss. Abstracts, 42, 1982, S. 4454/4455A). – J. Kendle, *M. C.: An Annotated Bibliography* (in *The Annotated Bibliography of Canada's Major Authors*, Hg. R. Lecker u. J. David, Downsview/Ontario 1984, S. 13–177).

## ERNEST CALLENBACH

* 3.4.1929 Williamsport / Pa.

### ECOTOPIA: The Notebooks and Reports of William Weston

(amer.; Ü: *Ökotopia: Notizen und Reportagen von William Weston aus dem Jahre 1999*). Utopischer Roman von Ernest CALLENBACH, erschienen 1975. – Callenbach, nach 1958 Herausgeber des ›Film

Quarterly‹ (Berkeley), 1971 durch das alternative Sachbuch *Living Poor with Style (Stilvoll arm leben)* bekannt geworden, steht in der langen amerikanischen Tradition des Schutzes der für den neuen Kontinent spezifischen Wildnis. Vorgänger sind u. a. H. D. THOREAU, J. MUIR, G. PINCHOT, R. U. JOHNSON, E. ABBEY oder A. LEOPOLD, der Pionier ökologischen Denkens in Amerika. Die »*Preservation of Wilderness*« wird vor allem angesichts vermehrter Umweltkatastrophen seit den sechziger Jahren allerdings nicht mehr bloß ökonomisch, politisch, religiös oder ästhetisch begründet, sondern – mit R. NASH – auf ein »*Evangelium der Ökologie*« bezogen. Über A. HUXLEYS umweltorientierte Ansätze in seiner Utopie *Island*, 1962 *(Eiland)* hinausgehend hat Callenbach seinen Zukunftsentwurf konsequent auf einer ökologischen Basis errichtet. Und während in konventionellen idealstaatlichen Konstruktionen seit Thomas MORUS stets sämtliche Bereiche der menschlichen Umwelt – auch die Natur – dem planerischen Zugriff ausgesetzt sind, ist in *Ecotopia* gerade die nicht-menschliche Natur die wesentliche Richtschnur für das Handeln.

In Callenbachs Vision einer grundlegend restaurierten Umwelt reist der sechsunddreißigjährige New Yorker Journalist William Weston in den unabhängigen Staat Ecotopia (auf dem Gebiet der früheren Bundesstaaten Washington, Oregon und Northern California, die sich 1980 – so die Fiktion – von den USA abgespalten haben). Trotz militärischer Aktionen Washingtons hat man während der folgenden zwanzig Jahre die politische Unabhängigkeit bewahren können. Während der Held von E. BELLAMYS zentralistischer, militärisch-betriebswirtschaftlich organisierter Utopie *Looking Backward* (1888) im Jahre 2000 erwacht, läßt Callenbach seinen Ich-Erzähler im Auftrag der ›Time-Post‹ und des Weißen Hauses die Grenze bezeichnenderweise im Jahre 1999 überschreiten, um offensichtlich gerade noch rechtzeitig über das alternative Experiment zu berichten.

Weston legt seine Eindrücke und Erfahrungen in fünfzig chronologisch angeordneten kapitelartigen Abschnitten nieder: persönliche Tagebucheintragungen und für die amerikanische Öffentlichkeit gedachte Zeitungsreportagen alternieren miteinander. Diese Doppelung, die auch in der an E. A. POES *William Wilson* (1839) und damit an die Thematik der Identitätsspaltung erinnernden Namengebung deutlich wird, zeigt einen zwischen der »*unwirklichen Welt*« New Yorks bzw. der gemeinamerikanischen Arbeits- und Wettbewerbsideologie einerseits und dem neuen Lebensgefühl andererseits, zwischen Vorurteil und Enthusiasmus, offizieller öffentlicher Meinung und emotionaler Hingabe an das Neue schwankenden Weston.

Die Lebensweise der Ökotopier resultiert aus der wissenschaftlich begründeten Einsicht in Naturabläufe und die prinzipiell mögliche Stabilität des Ökosystems. Callenbach sieht die Natur als ein in sich geschlossenes, selbst-regulatives System, dessen Permanenz und Stabilität auf Recycling-Prozessen beruhen. Das Wissen um Idealzustände und Degenerationsgefahren ist zugleich die Basis für die politischen Entscheidungen und die Lebensweise der Ökotopier. Gerade die herrschende feministische »*Überlebenspartei*« geht vom Ziel des »*biologischen Survival*« nicht des einzelnen, sondern der gesamten Menschheit aus. Produktion, Distribution und Konsumtion sind den Prämissen des Überlebens untergeordnet, wobei Verminderung der Bevölkerungszahl, Reduzierung der Siedlungsdichte, Deurbanisierung und Dezentralisierung bis hin zu kommunalen Kleineinheiten angestrebt wird. Diese Kleineinheiten sollen in hohem Maße autonom sein und – wie etwa die Schwarzen – ihre eigenen Lebens- und Kulturformen weiterentwickeln. Damit zielt Callenbach nicht, wie in früheren Utopien die Regel, auf Standardisierung, sondern auf Mannigfaltigkeit von Lebensweisen, Sitten, Gebräuchen etc. Anders auch als in vielen positiven Utopien geht Callenbach nicht von der Annahme aus, der Mensch sei von Natur aus aggressionsfrei. Eine Art von Wettbewerbstrieb gehört seiner Ansicht nach mit zum »*biologischen Programm des Menschen*«, und außerdem hält er es für notwendig, daß jedermann in Gefahrensituationen seine physischen und psychischen Fähigkeiten weiterentwickelt. Meinungsverschiedenheiten und Emotionen sollen deshalb nicht unterdrückt, sondern – bis hin zu ritualisierten Kriegsspielen zur Erlernung von Überlebenstechniken – ausgelebt werden. Aus diesem Grundsatz einer »*einprogrammierten Kompetitivität*« erklärt sich auch die ökotopische Wirtschaftsordnung, die zwar eine Absage an das »*protestantische Arbeitsethos*« darstellt, andererseits aber durchaus an technischem Fortschritt und marktwirtschaftlichen Verkaufsteigerungen interessiert ist. Ähnliches gilt für andere gesellschaftliche Bereiche. Die neue Lebensweise ist gekennzeichnet durch emotionale Intensität und Offenheit bis hin zu erratisch-unvorhersehbarem Verhalten: »*. . . vergiß nicht, daß wir nicht monoton sein müssen. Das System sorgt für das Gleichgewicht, wir selbst können uns innerhalb des Systems beliebig bewegen.*« Dieser Grundsatz gilt gerade auch für die Frauen, die im neuen Staat weitgehend dominieren und die Staatspräsidentin stellen. Andererseits kann Callenbach, dessen Ökotopier sich auch von der »*vollkommen ausgeflippten, nihilistischen Paranoia*« der modernistischen amerikanischen Literatur distanzieren, durch die Einführung einer in diesem Falle weiblichen Führers in die neue Welt, Marissa Brightcloud, eine Liebeshandlung anschließen: Der zunächst in seiner Männlichkeitsideologie stark verunsicherte Weston bleibt schließlich in Ökotopia.

Callenbachs Utopie, die zunächst in einem kleineren Verlag und dann als Bantam-Taschenbuch erschien, hohe Auflagen erzielte und bald auch in zahlreiche andere Sprachen übersetzt wurde, ist einer der wenigen positiven Zukunftsentwürfe der siebziger Jahre. 1981 hat Callenbach *Ecotopia Emerging (Ein Weg nach Ökotopia)* folgen lassen, ein sehr viel umfangreicherer und stärker romanhafter Text, dessen Handlung im Jahre 1986 beginnt und die allmähliche Sezession des neuen Staates schildert. U.Bö.

AUSGABEN: Berkeley/Calif. 1975. – NY 1977.

ÜBERSETZUNG: *Ökotopia. Notizen und Reportagen von William Weston aus dem Jahre 1999*, U. Clemeur u. R. Merker, Bln. 1978.

LITERATUR: R. Frye, *The Economics of Ecotopia* (in Alternative Futures, 3, 1980, S. 71–81). – J. Hermand, *C.: Ecotopia* (in *Literarische Utopien von Morus bis zur Gegenwart*, Hg. K. L. Berghahn u. H. U. Seeber, Königstein/Ts. 1983, S. 251-264). – H. Tschachler, *Ökologie und Identität. E. C.s Roman »Ecotopia«* (in Gulliver, 1984, Nr. 14, S. 121–136). – H. Tschachler, *E. C.: »Ecotopia« in Die Utopie in der anglo-amerikanischen Literatur. Interpretationen*, Hg. H. Heuermann u. B.-P. Lange, Düsseldorf 1984, S. 328–348). – Ders., *Despotic Reason in Arcadia. E. C.'s Ecological Utopias* (in Science-Fiction Studies, 11, 1984, S. 304–317). – U. Böker, *Naturbegriff, ökologisches Bewußtsein und utopisches Denken. Zum Verständnis von E. C.s Ecotopia«* (in *Utopian Thought in American Literature*, Hg. A. Heller u. a., Tübingen 1988, S. 69–84).

---

## JEAN CALVIN

\* 10.7.1509 Noyon
† 27.5.1564 Genf

LITERATUR ZUM AUTOR:
*Bibliographien:*
W. Niesel, *C.-Bibliographie 1901–1959*, Mchn. 1961. – D. Kempff, *A Bibliography of Calviniana, 1959–1974*, Leiden 1975.
*Forschungsberichte:*
H. Scholl, *Die katholische C.-Forschung im 20. Jh.*, Freiburg i.B. 1974. – H. Neuenschwander-Schindler, *Das Gespräch über C., 1685–1870*, Basel/Stg. 1975.
*Gesamtdarstellungen und Studien:*
E. Domergue, *J. C., les hommes et les choses de son temps*, 7 Bde., Lausanne 1899–1927. – K. Holl, *Johannes C.*, Tübingen 1909. – J. Pannier, *C. écrivain*, Paris 1930. – A. Lefranc, *C. et l'éloquence française*, Paris 1934. – A. M. Schmidt, *C. et la tradition française*, Paris 1957. – *Das Marienlob der Reformatoren*, Hg. W. Tappolet u. A. Ebneter, Tübingen 1962. – J. Cadier, *C.*, Paris 1966. – A. Ganoszy, *Le jeune C.*, Stg. 1966. – J. H. Merle d'Aubigné, *Histoire de la réformation en Europe au temps de C.*, 8 Bde., Osnabrück 1968 [Nachdr. d. Ausg. Paris 1863–1878]. – J. Staedtke, *Johannes C.*, Göttingen 1969. – E. Saxer, *Aberglaube, Heuchelei u. Frömmigkeit. Eine Untersuchung zu C.s reformatorischem Eigenart*,

Zürich 1970. – J. Bohatec, *C. und das Recht*, Aalen 1971 [Nachdr. d. Ausg. 1934]. – W. H. Neuser, *C.*, Bln. 1971. – H. Dubief, *La Réforme et la littérature française*, Paris 1972. – U. Plath, *C. und Basel in den Jahren 1552–1556*, Zürich 1973. – V. Tranquilli, *Il concetto di lavoro da Aristotele a Calvino*, Mailand/Neapel 1979. – E. P. Meijering, *C. wider die Neugierde*, Niewkoop 1980. – M. Despland, *Légitimation et délégitimation de la loi. Réflexions à partir de Platon, C. et Hegel* (in Laval théologique et philosophique, 39, 1983, S. 55–67). – M. Jenny, *Luther, Zwingli, C. in ihren Liedern*, Zürich 1983. – A. Vos, *Aquinas, C., and Contemporary Protestant Thought*, Grand Rapids/Mich. 1985, S. 179–196. – St. Zweig, *Ein Gewissen gegen die Gewalt. Castellio gegen C.*, Ffm. 1987.

---

## ADVERTISSEMENT TRESUTILE DU GRAND PROFFIT QUI REVIENDROIT A LA CHRESTIENTÉ, S'IL SE FAISOIT INVENTOIRE DE TOUS LES CORPS SAINCTZ ET RELIQUES, QUI SONT TANT EN ITALIE, QU'EN FRANCE, ALEMAGENE, HESPAIGNE ET AUTRES ROYAUMES ET PAYS

(frz.; *Sehr nützlicher Bericht über den großen Vorteil, der der Christenheit aus einer Bestandsaufnahme aller Heiligen Leichname und Reliquien in Italien wie in Frankreich, Deutschland, Spanien und anderen Ländern erwachsen würde*). Traktat von Jean CALVIN, erschienen 1543, in späteren Ausgaben meist unter dem Titel *Traité des reliques*. – In seiner Abhandlung geißelt Calvin Auswüchse der Reliquienverehrung in der katholischen Kirche. Die Anbetung der Überreste von Heiligen lenke die Menschen von Christi Wort und Sakramenten ab. Gleichsam als Strafe für solchen Götzendienst *(idolâtrie)* habe es Gott zugelassen, daß die Menschheit durch unechte Reliquien (z. B. Esels- oder Hundeknochen) getäuscht würde. Um den Gläubigen die Augen für diesen Betrug zu öffnen, schlägt Calvin eine Bestandsaufnahme sämtlicher Reliquien vor. Daraus würde sich ergeben, daß jeder Apostel mehr als vier und jeder Heilige wenigstens zwei oder drei Körper besessen haben müsse. Da ein vollständiges Register von ihm selbst nicht zu bewerkstelligen sei, begnüge er sich mit der Aufzählung von Reliquien Christi, der Mutter Gottes, des Erzengels Michael, Johannes des Täufers, der Apostel und einer Anzahl von Heiligen und Märtyrern, die nach seiner Kenntnis in Italien, Frankreich, Deutschland und Spanien vorgewiesen werden. Allein die Überreste des Kreuzes würden eine ganze Schiffsladung ergeben. – Anhaltspunkte für die Beurteilung der Echtheit bzw. Unechtheit von Reliquien liefern Calvin die *Bibel* (unter Betonung des reformatorischen *Sola-scriptura*-Prinzips) und sein kritischer Sinn; so weist er darauf hin, daß Reliquien oftmals nicht den Sitten und Gebräuchen der Zeit Christi, sondern denen späterer Jahrhunderte entsprechen.

In dem umfangreichen literarischen Werk Calvins ist die Schrift den Traktaten zuzuordnen, die zu theologischen Einzelfragen Stellung nehmen. Der von einem ausgeprägten Sendungsbewußtsein erfüllte Reformator, der zugleich einen klaren Blick für politische Realitäten besaß, wollte mit seiner polemischen Abhandlung vor allem die Fürsten zur Abstellung katholischer »Mißbräuche« und zur Annahme der »wahren« christlichen Lehre bewegen. G.Scho.

AUSGABEN: Genf 1543. – Genf 1548 [lat. Übers.]. – Braunschweig 1867 (Joannis Calvini, *Opera quae supersunt omnia*, Hg. W. Baum, E. Cunitz u. E. Reuss, Bd. 6; *Corpus reformatorum*, Bd. 34; Nachdr. NY/Ldn. 1964). – Ldn. 1970 (in *Three French Treaties*, Hg. F. M. Higman).

LITERATUR: O. E. Strasser, Art. *C.* (in RGG, 1, 1957, Sp. 1588–1593). – O. Weber, Art. *C., Theologie* (ebd., Sp. 1593–1599). – E. W. Zeeden, Art. *C., Calvinismus, Geschichte* (in LThK, 2, 1958, Sp. 887–895). – Ders., *Das Zeitalter der Gegenreformation*, Freiburg i.B., 1967, S. 35–117. – F. M. Higman, *The Style of J. C. in His French Polemical Treaties*, Ldn. 1967.

## CHRISTIANAE RELIGIONIS INSTITUTIO TOTAM FERE PIETATIS SUMMAM ET QUICQUID EST IN DOCTRINA SALUTIS COGNITU NECESSARIUM COMPLECTENS

(nlat.; *Unterweisung in der christlichen Religion, umfassend nahezu die ganze Summe der Frömmigkeit und dessen, was in der Heilslehre zu wissen notwendig ist*). Dogmatik von Jean CALVIN, erschienen 1536 in lateinischer, 1541 in französischer Sprache. Spätere Ausgaben wurden stark überarbeitet, als endgültiger Text gilt die lateinische Fassung von 1559, erschienen in Genf, der Wirkungsstätte Calvins und dem Zentrum des Calvinismus. – Nicht LUTHER, der den Fragen kirchlicher Organisation keine systematische Darstellung widmete, sondern Calvin lieferte mit seiner *Institutio* die erste alle Lebens- und Glaubensbereiche umfassende Dogmatik der Reformation. Sie wurde besonders für die französischen Calvinisten – die Hugenotten – Glaubensbekenntnis, Kampfschrift und Staatslehre zugleich. Das Vorwort hat die Form eines Widmungsbriefs an Franz I., den König des katholischen Frankreich: Calvin erklärt darin die Notwendigkeit seiner Glaubensreform, versichert aber zugleich, daß die Calvinisten weiterhin königstreue Franzosen bleiben würden und lediglich in Glaubensfragen um Selbständigkeit und Tolerierung bäten. Tatsächlich hatte Calvin zu Beginn der Bewegung zu verhindern versucht, daß seine Gemeinde das Chaos und die Anarchie der Reformationszeit vergrößerte. Erst später – unter dem Druck der politischen Ereignisse und infolge der konsequenten und strengen Auslegung der neuen Lehre (wie sie besonders im letzten Teil der *Institutio* formuliert wird) – nahm der Calvinismus einen missionarischen und militanten Charakter an.

Die *Institutio* behandelt vier Hauptthemen: Gott und sein Gesetz, den sündigen Menschen, die Möglichkeit seiner Erlösung und die Aufgaben der Kirche. Calvin stützt seine Darstellung allein auf die *Heilige Schrift*. Er verficht rigoros die protestantische Lehre, daß nur die *Bibel* als Quelle des Glaubens gelten könne. Das Wort Gottes ist dort in absolut gültiger und ausreichender Form niedergelegt. Die Kirche hat sich zu Unrecht die Rolle des Mittlers zwischen Gott und Menschen angeeignet; weder sie noch der Mensch selber vermögen etwas daran zu ändern, daß Gott den einen die Verdammung, den andern das Heil vorbestimmt hat. Der nicht vom Heiligen Geist erwählte und erleuchtete Mensch müht sich vergebens. Er kann nicht einmal aus freiem Entschluß das Gute wollen, denn sein Wille ist durch die Erbsünde von Grund auf verderbt, und kein Verdienst, nur die ihm grundlos gewährte Gnade Gottes vermag ihn zu erlösen. Sein Weg, ob gut oder böse, ist von Gott vorgezeichnet.

Vor allem die Radikalität dieser Prädestinationslehre unterscheidet Calvins Lehre vom Glauben der anderen Reformatoren. Alle Erlösungshilfen, wie Reue und Buße, lehnt er ab und weist die Funktionen der Kirche eindeutig in die Schranken irdischen Wirkens: die Kirche ist die Gemeinschaft gläubiger Christen – heiliger und sündiger – im allgemeinen Priestertum. Die Kirchenältesten sind Verwalter und Prediger der biblischen Lehre, sie sind Gesetzgeber und Richter über die Lebensführung ihrer Gemeinde. Als Sakramente erkennt Calvin nur Taufe und Abendmahl (in beiderlei Gestalt) an, wobei der Eucharistie die Bedeutung eines symbolischen Liebesmahles zum Gedächtnis Christi zukommt.

Die *Institutio* legt bis in kleinste Einzelheiten die Kirchenlehre sowie die Richtlinien und Sittenmaßstäbe der reformierten Gemeinde Calvins fest. Das Werk gewinnt seine Überzeugungskraft weniger aus dem reformatorischen Eifer und der bekehrenden Gewalt, die Luthers Schriften ausstrahlen, es bezwingt vielmehr jeden Widerspruch durch umfassende Schriftbelege und die harte Logik der Argumentation, die kein Deuteln zuläßt. Die Stabilität und Unbesiegbarkeit des Hugenottentums in Frankreich – aber auch des Schweizer und niederländischen Calvinismus – beruht auf dieser detaillierten Exaktheit der *Institutio*, die das gesamte Leben, Tun und Denken des Menschen in eine feste Ordnung fügt. M.Sch.

AUSGABEN: Basel 1536. – Genf 1541 (*Institution de la religion chrestienne, en laquelle est comprise une somme de la pieté*). – Genf 1559 (*Christianae religionis institutio*). – Paris 1911, Hg. A. Lefranc u. a. – Paris 1936–1939 (*Institution de la religion chrétienne*, Hg. J. Pannier, 4 Bde.). – Genf 1955ff. – Paris 1957 (*Institution de la religion chrestienne 1559*, Hg. J.-D. Benoît; m. Einl.).

ÜBERSETZUNGEN: *Christliche Glaubenslehre*, B. Spiess, Wiesbaden 1887 [übers. nach d. Ausg. 1536; Nachdr. 1985]. – *Unterricht in der christlichen Religion*, E. F. K. Müller, Neukirchen 1909; zul. 1985, Hg. O. Weber.

LITERATUR: E. Troeltsch, *Die Soziallehren d. christl. Kirchen u. Gruppen*, Tübingen 1912; ²1962. – J. W. Marmelstein, *Étude comparée des textes latins et français de »L'institution de la religion chrestienne« par J. C.*, Diss. Groningen 1921. – A. Autin, *»L'institution chrétienne« de C.*, Paris 1929. – L. Binde, *Die Frage d. Gotteserkenntnis bei C. Dargestellt auf Grund des »Christianae religionis institutio« von 1559*, Diss. Heidelberg 1932. – P. Imbart de la Tour, *Les origines de la Réforme*, Bd. 4: *C. et »L'institution de la religion chrétienne«*, Paris 1935. – G. E. Mueller, *C.'s »Institutes of the Christian Religion« as an Illustration of Christian Thinking* (in Journal of Ideas, 4, 1943, S. 287–300). – L. Schummer, *Le Ministère Pastoral dans l'Institution Chrétienne de C. à la Lumière du Troisième Sacrement*, Stg. 1965. – H. Scholl, *Der Dienst des Gebetes nach Johannes Calvin*, Zürich 1968. – V. Press, *Calvinismus und Territorialstaat*, Stg. 1970. – R. H. Ayers, *Language, Logic and Reason in C.'s »Institutes«* (in Religious Studies, 16, 1980, S. 283–297). – E. McKee, *John C. on the Diaconate and Liturgical Almsgiving*, Genf 1984. – Ders., *Elders and the Plural Ministry: The Role of Exegetical History in Illuminating John C.'s Theology*, Genf 1988.

---

## ITALO CALVINO

* 15.10.1923 Santiago de las Vegas / Kuba
† 19.9.1985 Siena

LITERATUR ZUM AUTOR:
G. Pescio-Bottino, *C.*, Florenz 1967. – G. Bonura, *Invito alla lettura di I. C.*, Mailand 1972; ern. 1987. – C. Calligaris, *I. C.*, Mailand 1972; ern. 1985. – R. Schwaderer, *I. C.* (in *Italienische Literatur der Gegenwart in Einzeldarstellungen*, Hg. J. Hösle u. W. Eitel, Stg. 1974, S. 270–297; KTA). – T. de Lauretis, *C. e la dialettica dei massimi sistemi* (in Italica, 53, 1976, S. 57–74). – S. Pautasso, *I. C.* (in *Letteratura italiana. I contemporanei*, Bd. 6, Mailand 1977, S. 1471–1507). – F. Bernardi Napoletano, *I segni nuovi di I. C.*, Rom 1977. – S. Eversmann, *Poetik u. Erzählstruktur in den Romanen I. C.s*, Mchn. 1979. – J. Cannon, *I. C. Writer and Critic*, Ravenna 1981. – A. Russi, *I. C.* (in *Letteratura italiana contemporanea*, Bd. 2, Rom 1982, S. 453–471). – I. T. Olken, *With Pleated Eye and Garnet Wing: Symmetries of I. C.*, Ann Arbor/Mich. 1984. – A. Frasson-Marin, *I. C. et l'imaginaire*, Genf 1986. – R. Damiani, Art. *I. C.* (in Branca, 1, S. 463–469). – K. Schnelle, *I. C. Erzähler und Kritiker* (in WB, 1987, H. 2, S. 277–288). – H. Schmidt-Bergmann, Art. *I. C.* (in KLFG, 15. Nlg., 1988).

## IL BARONE RAMPANTE

(ital.; Ü: *Der Baron auf den Bäumen*). Roman von Italo CALVINO, erschienen 1957. – »*Am Spätnachmittag des 15. Juni 1767 sitzt die Familie des Barons Arminio Piovasco di Rondò beim Mittagessen. Und was hatte unsere Schwester Battista, die Küchenaufseherin, dafür zubereitet: Schneckensuppe und Schnecken als Hauptgericht!*« Cosimo, der zwölfjährige Sohn des Barons, weigert sich, das widerliche Schneckenzeug zu essen. Der Auftritt führt zum völligen Zerwürfnis mit seiner verrückten, in einer aristokratisch-brüchigen Scheinwelt lebenden Familie: er steht vom Tisch auf, nimmt Dreispitz und Degen, um im wahrsten Sinn des Wortes auf die Bäume zu steigen. Und dort bleibt er. Im Jahr 1820 ist Cosimo 65 Jahre alt und sitzt sterbenskrank auf einem Nußbaum. Da gleitet eine Montgolfiere über ihn hinweg, er *»ergreift das Ankerseil und entschwebt mit dem Ballon aufs Meer«*. Als der Ballon am jenseitigen Strand der Bucht landet, »*ist kein Cosimo mehr zu sehen*«. – Wie sich das Leben auf den Bäumen abspielte, erzählt Cosimos Bruder. Es erfüllte sich zwischen Einsamkeit und Anteilnahme an den Dingen auf der Erde. Die Kunstfertigkeit im Klettern befähigt Cosimo, wie ein Eichhörnchen von Baum zu Baum zu springen. Er geht auf die Jagd, nährt sich von Früchten, baut sich ein Nest wie ein Vogel, zimmert sich den nötigsten Hausrat zurecht und pflückt Obst für die Bauern, stutzt Bäume, kämpft mit Piraten und inszeniert einen Aufstand der armen Winzer. Dazwischen liest er unendlich viele Bücher, unter anderem auch die Enzyklopädie Diderots, korrespondiert mit ihm und schreibt selbst einen *»Entwurf einer Verfassung für einen auf Bäumen gegründeten Idealstaat«*. Auch das Glück der Liebe erfährt er in seinem luftigen Reich. »*Es war Viola, die ihm deren Fülle hatte entdecken lassen, und mit ihr erlebte er nie jene Traurigkeit nach dem Liebesakt, die von den Theologen verkündet wird.*« Unter die letzte Zeile des Romans setzt der Autor die Entstehungsdaten des Werks, 10. 12. 1956 bis 26. 2. 1957, und der Leser wird aus diesem Traum von der Welt des 18. Jh.s wieder in die Wirklichkeit zurückgeholt. Calvinos kauziger Humor und seine Lust zu fabulieren sind wie »*ein Stickmuster, über dem Nichts gewoben, dem Tintenfaden gleichend, den ich über Seiten und Seiten laufen ließ...*«. Den Rahmen bietet das 18. Jh.: Napoleon reitet persönlich zu Calvinos Nußbaum; d'Alembert, Diderot, Voltaire, Linné, Rousseau, aber auch das Erdbeben von Lissabon, die Leidener Flasche, der Sensualismus sind phantasievoll einbezogen. Cosimo, ein Robinson auf seiner Bauminsel, hat sich der Vergangenheit entledigt und lebt nun in einer Welt fortschrittlicher Gedanken, zu denen die Gewißheit der Freiheit des Menschen als kostbarstes Gut gehört. Auf dieser Idee ist der ganze Roman aufgebaut, der in seiner Märchenhaftigkeit so vollkommen und wahr ist, daß man am Ende weiß: auch auf Poesie ist die Freiheit des Menschen gegründet. C.D.S.

AUSGABEN: Turin 1957; [9]1981. – Turin 1960 (in *I nostri antenati*). – Mailand [3]1986.

ÜBERSETZUNG: *Der Baron auf den Bäumen*, O. v. Nostitz, Ffm. 1960. – Dass., ders., Bln./DDR 1962. – Dass., ders., Mchn. [4]1984. – Dass., ders., Mchn. 1985 (dtv).

LITERATUR: L. G. Manacorda, *Nota su I. C.* (in Belfagor, 2, 1957). – J. Baudrillard, *Les romans d'I. C.* (in Temps Modernes, 1962, Nr. 192, S. 1728–1734). – A. Seroni, »Il barone rampante« (in *Esperimenti critici sul Novecento letterario*, Mailand 1967, S. 116–120). – »Il barone rampante«, Hg. R. J. Woodhouse, Manchester 1969. – F. Di Carlo, *Come leggere ›I nostri antenati‹*, Mailand 1977. – U. Schulz-Buschhaus, *C.s politischer Roman vom »Baron auf den Bäumen«* (in RF, 90, 1978, S. 17–34). – J. M. Carlton, *The Genesis of »Il barone rampante«* (in Italica, 61, 1984, S. 195–206). – U. Stempel, Rez. (in FRs, 14. 4. 1984).

## IL CASTELLO DEI DESTINI INCROCIATI

(ital.; Ü: *Das Schloß, darin sich Schicksale kreuzen*). Erzählsammlung von Italo CALVINO, erschienen 1973. – Das Buch besteht aus zwei Erzählzyklen, von denen der erste 1969 separat unter dem Titel *Tarocchi, Il mazzo visconteo di Bergamo e New York* erschien. Der zweite Zyklus, *Taverna dei destini incrociati*, kam 1973 dazu, gleichzeitig erhielt der erste den oben genannten Titel der Erzählsammlung. Beide Erzählungen beruhen auf dem Tarockspiel, das heißt sehr alten, besonders in Italien und Frankreich verbreiteten Spiel- und Wahrsagekarten mit einer ausgeprägten kartomantischen Tradition, reich an symbolischen, astrologischen, kabbalistischen und alchemistischen Auslegungen. »*Ich begriff, daß die Tarocks eine Konstruktionsmaschine für Erzählungen sind; ich dachte an ein Buch, stellte mir eine Rahmenhandlung vor: stumme Erzähler, Wald, Gasthaus; mir kam die höllische Versuchung, alle Geschichten zu evozieren, die in einem Tarockspiel stecken können.*«

Die Tarocks, um die sich die Geschichten der ersten Erzählung ranken, sind die prächtigen und kostbaren Karten, die der Renaissancemaler Bonifacio Bembo um 1440 für die Herzöge von Mailand in Miniaturmalerei hergestellt hatte. Die einzelnen Erzählungen werden wie die Novellen aus BOCACCIOS *Decamerone* durch eine Rahmenhandlung zusammengefaßt: der Ich-Erzähler betritt ein in einem dichten Wald gelegenes Schloß, in das sich Ritter und Damen, königliches Gefolge und einfache Wanderer vor der hereinbrechenden Nacht gerettet haben. Gemeinsam lassen sie sich an der fürstlichen Tafel nieder und stellen fest, mit einem Mal stumm geworden zu sein. Mit Hilfe der Tarockkarten, begleitet von Blicken und Gesten, versuchen sie nun, sich ihre Geschichten zu erzählen. Die Karten werden in einem Rechteck so angeordnet, daß man sie ähnlich einem Kreuzworträtsel horizontal und vertikal lesen kann. Es ergeben sich drei Geschichten von oben nach unten, drei von links nach rechts. Aber auch in entgegengesetzter Richtung lassen sich die Kartenreihen interpretieren, so daß sich insgesamt zwölf Erzählungen ergeben. Die Mittelachsen dieses Schemas enthalten Episoden, die durch ARIOSTS *Orlando furioso* angeregt worden sind: die *Geschichte vom liebestollen Roland* und die *Geschichte von Astolf auf dem Monde*. Roland beginnt seine Erzählung, indem er die Karte mit dem Schwertkönig – Zeichen seiner kriegerischen Vergangenheit – vor sich auf den Tisch legt. Es folgt die Schwert-Zehn, das Schlachtfeld symbolisierend, danach die Schwertkönigin, in der die Tischgesellschaft Angelika, seine Geliebte, erblickt. Blatt für Blatt erzählt er so »*seine Geschichte unter Qual und Stocken, den eisernen Finger auf eine jede Karte gedrückt*«.

Der zweite Teil des Buches, *Die Taverne, darin sich Schicksale kreuzen*, wurde auf dieselbe Weise komponiert. Er stützt sich auf das *Ancien Tarot de Marseille* aus dem 18. Jh., das heute noch in Frankreich erhältlich ist. So wie die Atmosphäre des Schlosses zu den Karten des Bembo paßt, die die höfische Kultur der italienischen Renaissance widerspiegeln, paßt das Milieu der Taverne zu dem populären Marseiller Tarock. Auch hier gerät der Ich-Erzähler in eine buntgemischte Tafelrunde von Männern und Frauen, denen die Sprache abhanden gekommen ist. Ihre Karten-Geschichten enthüllen Mythen und Figuren der Weltliteratur: Ödipus und Parzifal, Faust und de Sades Justine, aber auch aktuelle Geschichten zum Atomzeitalter, zur Psychoanalyse oder zum Feminismus. Unter der Überschrift *Drei Geschichten von Wahnsinn und Vernichtung* verbergen sich die Erzählungen Hamlets, King Lears und der Lady Macbeth. Gegen Ende erzählt der Ich-Erzähler seine eigene Geschichte, die des Schriftstellers, beginnend mit dem Stabkönig, wobei der Stab das Werkzeug des Schreibers, Griffel, Federkiel oder Bleistift symbolisiert. Auf diese Weise läßt Calvino »*diese abgegriffenen Pappblätter zu einem Museum von Meistergemälden, einem tragischen Theater und einer Bibliothek von Heldenliedern und Romanen*« werden.

»*Dies Buch ist an erster Stelle Figur – die Spielkarten des Tarock – und an zweiter Stelle geschriebenes Wort.*« Mit diesem Satz hat Calvino selbst dazu beigetragen, daß sein Werk mit Hilfe von Formeln und Tabellen auf eine streng strukturalistische Deutung reduziert wurde. Der Zwang der vorgegebenen Bildfolge, aus der sich die Verquickung einer Geschichte mit den anderen ergibt, erhöht den spielerischen Reiz des Unternehmens, besonders für den Autor, für den das Auffinden der einzig richtigen Anordnung der 78 Spielkarten einer »*ma-*

*nischen Obsession«* gleichkam. Nicht immer jedoch besitzen die im Schema vorgegebenen Karten die nötige Suggestivkraft für eine gute Erzählung.

R.M.B.

AUSGABE: Turin 1973.

ÜBERSETZUNG: *Das Schloß, darin sich Schicksale kreuzen,* H. Riedt, Mchn./Wien 1978; ²1984. – Dass., ders., Mchn. 1984 (dtv).

LITERATUR: M. Corti, *Le jeu comme génération du texte: des tarots au récit* (in Semiotica, 7, 1973, S. 33–48). – F. Bondy, Rez. (in SZ, 9. 10. 1978). – A. Vollenweider, Rez. (in FAZ, 5. 8. 1978). – H. Junker, *Das literarische Werk als Bildvertextung. Tarock-Kode u. sprachlicher Kode in I. C.s »Il castello dei destini incrociati«* (in RZL, 4, 1980, S. 434 bis 443). – M. Schneider, *C. at the Crossroads: »Il castello dei destini incrociati«* (in PMLA, 95, 1980, S. 73–90). – G. Goebel, *Das Tarot als Imaginationsmaschine und I. C.s »Destini incrociati«* (in Italienische Studien, 4, 1981, S. 3–13). – A. Catalano, *L'arcana dimora del racconto. Sul »Il castello dei destini incrociati«* (in Annali della Fac. di Lettere e Filosofia della Univ. di Bari, 25/26, 1982/83, S. 455–478).

## IL CAVALIERE INESISTENTE

(ital.; *Ü: Der Ritter, den es nicht gab*). Roman von Italo CALVINO, erschienen 1959. – Agilulf ist der fähigste Paladin im Heer Karls des Großen, von unermüdlicher Tatkraft besessen, ein unbestechlicher Perfektionist, pedantisch und rechthaberisch und ganz und gar humorlos. Das ist kein Wunder, denn als Kaiser Karl bei einer Truppeninspektion seinen Namen erfahren will und ihn auffordert, das Visier zu öffnen, stellt sich heraus, daß in der strahlend weißen Rüstung Agilulfs niemand steckt. Agilulf ist der Ritter, den es nicht gibt: eine originelle Parodie auf den Militär, der nichts anderes kennt als seinen Soldatenberuf – unter den im allgemeinen recht jovialen Paladinen Karls ein Unikum und entsprechend unbeliebt. Zum kaiserlichen Heer stößt auch der junge Heißsporn Rambald, der den Tod seines Vaters rächen will. Von kindlicher Verehrung für alles Heldentum erfüllt, glaubt er, in Agilulf das erträumte große Vorbild gefunden zu haben. Ganz anders geartet ist Torrismund, angeblicher Sohn des Herzogs von Cornwall, ein »zorniger junger Mann« in der Ritterrüstung. Torrismund weiß, daß er in Wirklichkeit der uneheliche Sohn Sofronias, der Tochter des Königs von Schottland, ist. Sein Vater ist – die gesamte Gemeinschaft der »Ritter vom heiligen Gral«! Sie zu suchen, zieht er aus. Er findet eine unsympathische Gesellschaft von selbstzufriedenen Heuchlern, die unter der Maske der Keuschheit das Leben von Hurenböcken, Saufbolden und Vielfraßen führen. Als Torrismund sieht, wie gewissenlos sie die Bürger und Bauern ausplündern, schlägt er sich auf die Seite des Volkes, dem er im Kampf gegen die Ritter zum Sieg verhilft. Torrismund verabscheut Agilulf von Herzen. Da dieser nur zum Ritter geschlagen wurde, weil er die »Jungfrau« Sofronia vor der »Vergewaltigung« beschützte, enthüllt Torrismund die Wahrheit: da er der uneheliche Sohn Sofronias ist, kann diese daher zu jener Zeit nicht mehr Jungfrau gewesen sein. Agilulf und Torrismund werden beauftragt, Sofronia, die irgendwo in einem englischen Kloster leben soll, zu suchen und den Beweis für ihre einander widersprechenden Behauptungen anzutreten. Eine wichtige Rolle in dieser turbulenten Geschichte spielt Bradamante, eine Amazone unter Karls Paladinen, von Rambald hoffnungslos geliebt, während sie den nichtexistierenden Agilulf liebt. Bradamante folgt Agilulf auf der Suche nach Sofronia, Rambald wiederum heftet sich an Bradamantes Fersen. So ziehen sie alle vier unter mancherlei – meist komischen – Abenteuern durch die Welt. Agilulf entdeckt Sofronia schließlich im Harem eines nordafrikanischen Sultans, rettet sie zum zweiten Mal vor der »Entehrung« und will sie ins Heerlager Karls bringen. Unterwegs läßt er sie kurze Zeit in einer Höhle allein. Da erscheint Torrismund, verliebt sich in die attraktive Unbekannte und schläft mit ihr. Die Ritter sind bestürzt und verzweifelt, doch Sofronia vermag alles aufzuklären: sie ist nicht die Mutter, sondern die Halbschwester Torrismunds, und das ist, wie Kaiser Karl resignierend feststellt, *»gar keine ganz richtige Verwandtschaft«.* Für Agilulf kommt diese Erklärung allerdings zu spät: vor Schreck hat er sich endgültig in Nichts aufgelöst. Rambald bekommt seine Bradamante, und Torrismund zieht mit Sofronia von dannen. Die Geschichte wird erzählt von der Nonne Theodora. Letzte unter zahlreichen Überraschungen: Theodora ist niemand anders als Bradamante.

Um der forciert dokumentarischen Tendenz des *verismo* auszuweichen, erfand Calvino moderne surrealistische »Märchen«, in denen sich groteske Ungereimtheiten mit der realistisch dargestellten Wirklichkeit und scharfe Satire mit der Komik der Verwechslungskomödie organisch verbinden. Seine vor allem von Cesare PAVESE gerühmte Fabulierkunst hat im *Cavaliere inesistente* einen kaum mehr zu überbietenden Höhepunkt erreicht. H.Fa.

AUSGABEN: Turin 1959. – Turin 1960 (in *I nostri antenati*). – Mailand ⁵1986.

ÜBERSETZUNG: *Der Ritter, den es nicht gab,* O. von Nostitz, Ffm. 1963. – Dass., ders., Bln./DDR 1965. – Dass., ders., Mchn./Wien 1985. – Dass., ders., Mchn. 1987 (dtv).

LITERATUR: M. Forti, *L'ultima narrativa di C.* (in Aut Aut, 1959, Nr. 49, S. 30–45). – A. Guglielmi, *La realtà truccata di C.* (in L'Approdo, 5, 1959, H. 7, S. 74–82). – N. Carducci, *C. tra la natura e la storia* (in Campo, 6, 1960, H. 1, S. 32–44). – V. Amoruso, *Il cavaliere confuso* (in Nuova Corrente, 7, 1960, H. 18, S. 119–124). – P. Milano, Rez.

(in L'Espresso, 10. 1. 1960). – G. Ferrata, Rez. (in L'Europa letteraria, März 1960). – A. Levi, Rez. (in Narrativa italiana, April 1960). – U. Castagnotto, *Gautier e C.: L'antisemantica del capitano e del cavaliere* (in Sigma 24, 1969, S. 105–125). – F. Di Carlo, *Come leggere ›I nostri antenati‹*, Mailand 1977.

## LE CITTÀ INVISIBILI

(ital.; *Ü: Die unsichtbaren Städte*). Roman von Italo CALVINO, erschienen 1972. – In seinem Vortrag *Cibernetica e fantasmi*, 1967 *(Kybernetik und Gespenster)*, verglich Calvino die Funktion des Schriftstellers mit den Möglichkeiten einer Schreib- bzw. Literaturmaschine. Beiden liege ein gemeinsamer Prozeß zugrunde, ein kombinatorisches Spiel, das den »*impliziten Möglichkeiten des eigenen Materials folgt*«, d. h. »*alle möglichen Permutationen bildet*«. Nach diesem Prinzip konstruierte Calvino bereits 1969 den ersten Zyklus von Erzählungen in *Il castello dei destini incrociati*. Die Phantasiestädte in *Le città invisibili* sind ein Weiterspinnen dieses Prinzips, die unendliche Variation des Themas Stadt auf der Basis eines komplizierten Konstruktionsplans.

Die Bezeichnung Roman trifft nur im weitesten Sinn zu. Calvinos Buch gliedert sich in neun Kapitel zu je fünf bzw. zehn kurzen, meist zweiseitigen Stadtbeschreibungen. Insgesamt 55 Sinnbilder von Städten, die elf Themenkreisen zugeordnet sind wie: *Die Städte und die Erinnerung, Die Städte und der Wunsch, Die Städte und die Zeichen, Die subtilen Städte, Die Städte und die Augen, Die andauernden Städte, Die verborgenen Städte* usw. Alle diese Städte sind weiblich, sie tragen bedeutsame geheimnisvolle Frauennamen: Isidora, Anastasia, Eufemia, Pentesilea, Bersabea, Smeraldina. Eingebettet sind die 55 Städtebilder in eine Art Rahmenhandlung, einen fiktiven Dialog zwischen dem Mongolenkaiser Kublai Khan und dem venezianischen Reisenden Marco Polo, der 17 Jahre (1275–1292) an dessen Hof weilte. Der historische Marco POLO und sein Reisebericht *Il Milione* dienten Calvino als Vorlage, die ins Phantastische übersteigert wird. Seinen Marco Polo läßt Calvino sagen: »*Mit Städten ist es wie mit Träumen. Alles Vorstellbare kann geträumt werden, doch ist auch der unerwartetste Traum ein Bilderrätsel, das einen Wunsch oder dessen Kehrseite, eine Angst, birgt. Städte wie Träume sind aus Wünschen und Ängsten gebaut.*« – Marco Polo berichtet von Städten wie Perinzia, das nach Berechnungen von Astronomen errichtet wurde, um die Harmonie des Firmaments widerzuspiegeln, in Wirklichkeit begegnet man in seinen Straßen Krüppeln, Zwergen, bärtigen Frauen, Kindern mit drei Köpfen und sechs Beinen. Er berichtet von Cloe, der Stadt, in der kein Mensch den andern kennt, oder von Leonia, der Stadt, die sich jeden Tag neu erschafft und die Überreste des Vortags mit der Müllabfuhr beseitigt. Leonias Müllberge würden längst die Welt überdecken, wären da nicht die Müllhaufen anderer Städte, die von außen dagegendrückten. Er berichtet von Valdrada, der terrassenförmig über dem Seeufer sich erhebenden Stadt, die sich Punkt für Punkt, Geste für Geste im Wasser spiegelt. »*Beide Valdradas leben das eine für das andere, sehen sich dauernd in die Augen, doch sie lieben sich nicht.*« Die Bewohner Eusapias haben unter der Erde eine Totenstadt gebaut, die eine genaue Kopie der lebenden ist. »*Es heißt, daß man in den beiden Zwillingsstädten unmöglich feststellen kann, wer die Lebenden und wer die Toten sind.*« Kublai Khan hört den Bericht seines Sendboten und fragt: »*Wird es mir an dem Tag, da ich alle Sinnbilder kennen werde, denn gelingen, mein Imperium endlich zu besitzen?*« Und der Venezianer antwortet: »*Glaube das nicht, Sire. An dem Tage wirst du selber Sinnbild unter Sinnbildern sein.*«

*Le città invisibili* ist auch ein theoretischer Roman. Es geht um die Möglichkeiten von Wahrnehmung und Erfahrung, aber auch um das Verhältnis von Fiktion und Realität, um die Bedingungen des Erzählens: »*Keiner, weiser Kulbai, weiß besser als du selbst, daß man eine Stadt niemals mit der Rede verwechseln darf, die sie beschreibt. Die Lüge ist nicht in der Rede, sie ist in den Dingen.*« Auch das von Roland BARTHES theoretisierte dialektische Verhältnis von Text und Leser, in dem der Leser zum Mitschöpfer des Kunstwerks wird, variiert Calvino auf poetischer Ebene, wobei er sich ganz zugunsten des Lesers entscheidet: »*Nicht die Stimme, sondern das Ohr bestimmt die Erzählung*« läßt er seinen Marco Polo sagen.        R.M.B.

AUSGABEN: Turin 1972. – Turin 1977.

ÜBERSETZUNG: *Die unsichtbaren Städte*, H. Riedt, Mchn./Wien 1977. – Dass., ders., Mchn. 1985 (dtv).

LITERATUR: P. Citati, »*Le città invisibili*« (in Paragone, 24, 1973, Nr. 276, S. 596–599). – J. E. Pacheco, »*Las ciudades invisibles*« (in Plural, 2, 1973, S. 4–7). – P. V. Mengaldo, *L'arco e la pietre* (in *La tradizione del Novecento. Da D'Annunzio a Montale*, Mailand 1975, S. 406–426). – A. Frasson-Marin, *Structures, signes et images dans »Les villes invisibles« d'I. C.* (in Revue des Études Italiennes, 23, 1977, S. 23–48). – A. Vollenweider, Rez. (in FAZ, 11. 10. 1977). – F. Bondy, Rez. (in SZ, 12. 10. 1977). – N. Neutert, Rez. (in Die Zeit, 11. 11. 1977). – Th. Bremer, Rez. (in Der Tagesspiegel, 29. 1. 1978). – P. Fischer, Rez. (in FRs, 11. 3. 1978). – J. Cannon, *Storyteller and Critic in »Le città invisibili«* (in Forum Italicum, 12, 1978, S. 274–282). – F. Ravazzoli, *Alla ricerca del lettore perduto in »Le città invisibili« di I. C.* (in Stc, 12, 1978, S. 99–117). – C. P. James, *Seriality and Narrativity in C.'s »Le città invisibili«* (in MLN, 97, 1982, S. 144–161). – G. Goebel-Schilling, *I. C.s er-zählte Stadt* (in *Aspekte des Erzählens in der modernen ital. Literatur*, Hg. U. Schulz-Buschhaus u. H. Meter, Tübingen 1983, S. 215–225). – S. Knaller, *Theorie u. Dichtung im Werk I. C.s. Untersu-*

chungen zu »Le città invisibili« und »Se una notte«, Mchn. 1987.

## LA GIORNATA D'UNO SCRUTATORE

(ital.; *Ü: Der Tag eines Wahlhelfers*). Erzählung von Italo CALVINO, erschienen 1963. – Diese mit dem »Prix Veillon« ausgezeichnete Erzählung vereinigt sowohl thematisch als auch formal und stilistisch zahlreiche Elemente aus dem vielfältigen Gesamtwerk Calvinos: den politischen Gehalt (*Il sentiero dei nidi di ragno*, 1947 – *Wo Spinnen ihre Nester bauen*), die bizarre Fabel (*Il barone rampante*, 1957 – *Der Baron auf den Bäumen*), schließlich die brillant zugespitzte Anekdotenform (*I racconti*, 1958 – *Die Erzählungen*).
Während der italienischen Parlamentswahlen von 1953 wird Amerigo Ormea, der zwar Mitglied einer linken Partei, aber »*kein politischer Mensch*« ist, als Wahlhelfer in ein außergewöhnliches Wahllokal delegiert: in das von der Kirche unterhaltene »Cottolengo« in Turin, ein Hospiz für unheilbar Kranke, Krüppel und Schwachsinnige. Mit deren Stimmen will die Regierungspartei das von ihren Gegnern so bezeichnete »Schwindelgesetz« durchbringen, »*wonach die Koalition, wenn sie nur eine einzige Stimme über fünfzig Prozent aller Wählerstimmen auf sich vereinigen könnte, zwei Drittel aller Sitze erhalten soll*«. Die stereotypen Antworten der Kranken auf mitleidige oder provozierende Fragen (»*Gegen die Schwestern ist nichts zu sagen. Es gibt niemanden, der so ist wie die Schwestern*«) lassen keinen Zweifel daran, daß ihnen ihre Wahlentscheidung vorher suggeriert worden ist. An diesem exemplarischen Vorgang enthüllt sich für Amerigo die Fragwürdigkeit jeder organisierten Meinungsbildung, denn die Geistlichen und Nonnen haben, indem sie die Kranken beeinflußten, im Grunde nichts anderes getan als die Funktionäre seiner eigenen Partei. Er, der Wahlhelfer, empört sich darüber, daß die Stimme eines Unmündigen genausoviel gelten soll wie seine eigene. Aber müßte er aus seiner Überzeugung, er selbst sei für die Gesellschaft mehr wert als dieser oder jener Kretin, nicht den Schluß ziehen, daß Amerigos Partei, die doch das Prinzip der Gleichheit aller vertritt, zumindest theoretisch irrt? Vertritt denn nicht die Kirche, die »*vor dem Angesicht des Allwissenden und Ewigen*« alle gleichsetzt, dieses Prinzip in einem viel stärkeren, ja in seiner Absolutheit nicht mehr zu überbietenden Maße? Wo vollziehen sich denn nun wirklich Agitation und Verdunkelung? Auf wessen Seite liegt das Recht? Welches Recht?
Keine dieser Fragen, die auf den Wahlhelfer einstürmen, wird vom Autor schlüssig beantwortet. Seine persönliche Entscheidung hat Calvino 1957 getroffen, als er aus der Kommunistischen Partei austrat. Jetzt stellt er seine Leser vor unbequeme Grundsatzfragen. Seine Geschichte, in deren Zentrum eine im klassischen Sinn »unerhörte Begebenheit« steht, zeigt, daß Calvino sich weder politisch noch soziologisch engagiert, sondern in erster Linie ästhetischen Postulaten verpflichtet ist und formal die Tradition der italienischen Novelle fortsetzt. M.S.

AUSGABEN: Turin 1963. – Turin 1974.

ÜBERSETZUNG: *Der Tag eines Wahlhelfers*, H. Riedt, Ffm. 1964.

LITERATUR: Anon., Rez. (in TLS, 9. 8. 1963, S. 605). – K.-H. Bohrer, Rez. (in WdL, 10. 12. 1964). – H. Singer, Rez. (in SZ, 13. 9. 1964). – O. Sobrero, *C., scrittore rampante* (in Caffè, 12, 1964, 5, S. 28–42). – F. Wahl, *La logica dell'immagine in C.* (ebd., 4, S. 36 f.). – R. Perroud, *Pour une re-lecture de »La giornata d'uno scrutatore«* (in LNL, 79, 1985, S. 139–150).

## PALOMAR

(ital.; *Ü: Herr Palomar*). Roman von Italo CALVINO, erschienen 1983. – Italo Calvino hat lange Zeit in Paris gelebt, ehe er 1979 nach Rom zurückkehrte. Sein Denken ist mitgeprägt vom französischen Strukturalismus, u. a. von Roland BARTHES, mit dem er eng befreundet war. *Palomar* ist, wie alle Romane Calvinos aus den siebziger Jahren, nach einem streng logischen Prinzip konstruiert, das die inhaltliche Seite zwingt, sich in das vorgegebene formale Raster einzufügen. Der Autor hat mehrfach betont, daß der Reiz des Schreibens für ihn gerade darin bestehe, einer Maschine oder einem Schreibcomputer ähnlich, »*alle möglichen Permutationen*« zu bilden, die sich aus den »*impliziten Möglichkeiten*« eines vorgegebenen Materials bzw. Schemas ergeben – ein kombinatorisches Spiel, das er mit »*manischer Obsession*« verfolgte.
In *Palomar* dominiert die magische Dreizahl. Die Erzählung besteht aus drei Teilen zu je drei Kapiteln mit jeweils drei Geschichten. Alle 27 Geschichten sind anhand eines Klassifikationssystems von *1.1.1.* bis *3.3.3.* durchnumeriert. Die Ziffern 1, 2 und 3 haben aber nicht nur ordnenden Wert, entscheidend ist, daß ihnen auch eine inhaltliche Bedeutung zukommt, wie Calvino in einer Anmerkung zum Inhaltsverzeichnis erläutert: »*Die 1 entspricht allgemein einer visuellen Erfahrung ... Der Text hat tendenziell deskriptiven Charakter. – Die 2 markiert die Präsenz anthropologischer Elemente, kultureller im weitesten Sinne ... Der Text wird tendenziell narrativ. – Die 3 verweist auf Erfahrungen spekulativer Art ... Aus dem Bereich der Beschreibung und der Erzählung tritt man hinüber in den Bereich der Meditation.*« – Teil 1, in den Bereich der Natur gehörend und in der Erzählhaltung also eher deskriptiv, trägt die Überschrift *Herr Palomars Ferien*, der zweite, in den Bereich der Kultur gehörende, eher narrative Teil *Herr Palomar in der Stadt* und der dritte, meditative Teil ist *Herrn Palomars Schweigen* betitelt. Jeder Teil untergliedert sich in drei Kapitel: *1.1 Herr Palomar am Strand* (Natur), *1.2 Herr Palomar im Garten* (Kultur), *1.3 Herr Pa-*

*lomar betrachtet den Himmel* (Meditation), usw. Jedes dieser Kapitel besteht nun seinerseits aus drei Geschichten: *1.1.1 Versuch, eine Welle zu lesen* (Natur), *1.1.2 Der nackte Busen* (Kultur), *1.1.3 Das Schwert der Sonne* (Meditation). – In *1.1.1*, einer ganz in den Bereich der Natur gehörenden Geschichte also, versucht Herr Palomar eine einzelne Welle in all ihren Aspekten zu »lesen« und zu beschreiben, um diese Erkenntnis später möglicherweise auf das ganze Universum auszudehnen. Natürlich kann dies niemals gelingen, schon Anfang und Ende zu bestimmen ist unmöglich, geschweige denn die einzelnen Bewegungen. So gelangt er auch nicht weiter als zur Empfindung eines leichten Schwindelgefühls. »*Nervös wie zuvor und noch ungewisser in allem*« geht Palomar weiter den Strand entlang. – In *1.1.2* kommt dem Schema zufolge der kulturelle Aspekt hinzu. Doch wo zeigt sich im Strandleben schon Kultur? Calvino erfindet sehr subtil und hintersinnig die Geschichte vom *Nackten Busen*, in der Palomar peinvoll versucht, sich angesichts einer nackten Sonnenbadenden »korrekt« zu verhalten. Er durchläuft alle Möglichkeiten, vom »*Nichthinsehenwollen*« über ein gleichgültiges Hinsehen, hin zu dankbarer Bewunderung. Doch da springt die Badende verärgert auf und läuft davon. »*Das tote Gewicht einer Tradition übler Sitten verhindert die richtige Einschätzung noch der aufgeklärtesten Intentionen*, schließt Herr Palomar bitter.« – Schließlich treibt ihn in *1.1.3 Das Schwert der Sonne* die Beobachtung des schwertförmigen Sonnenreflexes auf dem Meer zu Spekulationen über Vergänglichkeit, über die Existenz der Welt als reale oder eingebildete, über sein eigenes Dasein als Reflex unter Reflexen. So spannt sich der Bogen der einzelnen Geschichten von der reinen Natur *(1.1.1)* über die reine Kultur *(2.2.2 Das Käsemuseum)* hin zur absoluten Meditation *(3.3.3 Versuch, tot sein zu lernen)*. »Kultureller« Höhepunkt des Buches *(2.2.2)* ist nicht etwa ein Museum oder ein Konzertsaal, sondern ein Pariser Käseladen. Palomar scheitert auch hier. »*Der erlesene Feinschmeckerwunsch, den er vortragen wollte, ist ihm entfallen, er stammelt und zieht sich auf das Gängigste, das Banalste, das Produkt mit der größten Werbung zurück – als hätten die Automatismen der Massenzivilisation nur auf diesen Moment seiner Unsicherheit gewartet, um ihn wieder in ihre Gewalt zu bringen.*« Und so beschließt er zuletzt *(3.3.3)*, »*von nun an so zu tun, als wäre er tot.*« Aber auch dies will ihm nicht so recht gelingen: »*Wenn die Zeit ein Ende hat* – denkt Herr Palomar – *kann man sie auch Moment für Moment beschreiben, und jeder Moment zieht sich, während man ihm beschreibt, derart in die Länge, daß man sein Ende nicht mehr sieht.*« Genau das beschließt er jetzt zu tun und solange er nicht alle Momente beschrieben hat, nie mehr zu denken, er wäre tot. Doch es kommt wieder einmal anders: »*Im selben Moment ist es soweit, daß er stirbt.*«
*Herr Palomar* ist Calvinos letztes Buch und zugleich das einzige, das autobiographische Züge trägt. Palomar, leicht kurzsichtig, zerstreut und introvertiert, kein breitschultriger Held unserer Tage, sondern ein eher nervöser, extrem verunsicherter Zeitgenosse, ist – auch darin gleicht er Calvino – in der zweiten Hälfte seines Lebens verheiratet und hat eine Tochter. Zu seinen literarischen Vorläufern gehören Valérys Monsieur Teste und Brechts Herr Keuner. Seinen Namen entlieh der Autor dem berühmten südkalifornischen Observatorium Mount Palomar. Palomar, ein lebendes Observatorium, beschränkt sich darauf, »*lediglich zu beobachten, um das Wenige, was ihm zu sehen gelingt, in den kleinsten Details zu fixieren, und sich an die spontanen Ideen zu halten, die ihm dabei kommen*«, denn: »*Erst wenn man die Oberfläche der Dinge kennengelernt hat, kann man sich aufmachen, um herauszufinden, was darunter sein mag. Doch die Oberfläche der Dinge ist unerschöpflich.*« Einen Albino-Gorilla beobachtend, der einen Autoreifen fest an die Brust drückt, formuliert Palomar geradezu gleichnishaft: »*Wir alle drehen immerzu einen leeren alten Reifen zwischen den Händen, mit dessen Hilfe wir gern jenen letzten Sinn erreichen würden, zu dem die Worte nicht vordringen.*« R.M.B.

Ausgabe: Turin 1983.

Übersetzung: *Herr Palomar*, B. Kroeber, Mchn./Wien 1985.

Literatur: N. Merola, *Processo per magia. Il »Palomar« di C.* (in *Letteratura italiana contemporanea, appendice*, Rom 1985, S. 211–222). – J. Cannon, *C.'s Latest Challenge to the Labyrinth: A Reading of »Palomar«* (in Italica, 62, 1985, S. 189–200). – H. J. Fröhlich, Rez. (in FAZ, 23. 11. 1985). – C. Wolf, Rez. (in Tagesanzeiger, 26. 9. 1985). – R. R. Wuthenow, Rez. (in FRs, 12. 4. 1986). – H. Harth, *Die Entzifferung der Phänomene* (in Zibaldone, 1986, H. 1, S. 29–47). – U. Schulz-Buschhaus, *Palomars Intraspektion* (in Italienisch, 18, 1987, S. 38–43).

## IL SENTIERO DEI NIDI DI RAGNO

(ital.; Ü: *Wo Spinnen ihre Nester bauen*). Roman von Italo Calvino, erschienen 1947. – Die Entdeckung Calvinos und seines ersten Romans durch Cesare Pavese ist ein Detail aus der literarischen Szene Italiens in der ersten Nachkriegszeit, die man – mit einem ungenauen Pauschalausdruck – *neorealismo* nennt. Der Einfluß der amerikanischen Romanciers der dreißiger Jahre (Faulkner, Dos Passos, Steinbeck, Hemingway) hat sich in dieser Periode ebenso bemerkbar gemacht wie die Nachwirkung der postrevolutionären Literatur Rußlands (Babel', Fadeev). Diese Strömungen fanden sich in ergänzender, teilweise widerstreitender Weise zusammen mit der Fortsetzung einheimischer Erzähltraditionen (Verga) und mit der literarischen Entdeckung der italienischen Provinzidiome. Andererseits steht die Literatur jener Zeit auch in Italien unter dem Zeichen des Kriegserlebnisses. Auch Calvino hat in seinem ersten Roman

wie in einigen seiner frühen Erzählungen Erfahrungen aus seiner Zugehörigkeit (seit 1943) zu einer Partisanengruppe in Ligurien verarbeitet.
Der Held des schmalen Romans ist der Gassenjunge Pin, der sich mit altklugen Spöttereien und derben Reden von seinen Altersgenossen isoliert hat, statt dessen bei den Erwachsenen herumlungert, von deren Welt er zugleich fasziniert und abgestoßen wird. Doch bleibt er für alle der Außenseiter: für seinen Lehrherrn, einen heruntergekommenen Schuster, wie für seine Schwester »Nera« (»die Schwarze«), die sich mit deutschen Soldaten prostituiert, auch für die in der Eckkneipe saufenden Männer, unter ihnen einige Partisanen, die nichts mit ihm anzufangen wissen. Im Wildbachgraben am Stadtrand hat Pin im Dickicht eine Stelle entdeckt, »*wo Spinnen ihre Nester bauen*«. Dort spielt er, der die Erwachsenenwelt nur als eine Welt kennt, erfüllt von Bösartigkeit, Betrug, Gleichgültigkeit, seine einsamen Spiele: die Spinnen in ihren Höhlen aufspießen, träumen, was geschieht, wenn man auf einen Frosch schießt.
Von den losen Reden einiger Männer in der Osteria gereizt, stiehlt Pin die Pistole des deutschen Matrosen, der regelmäßig seine Schwester besucht, und versteckt die Waffe im Wildbachgraben. Er gerät bald in Verdacht, man nimmt ihn fest, verprügelt ihn, sperrt ihn ins Gefängnis, wo er den sechzehnjährigen »Lupo Rosso« (»Roter Wolf«) trifft, Mitglied einer Partisanengruppe; beiden gelingt es zu fliehen. Pin, plötzlich allein gelassen, irrt verzweifelt umher und wird schließlich von einem anderen, zu seiner Einheit zurückkehrenden Partisanen, dem einzelgängerischen »Vetter« (»il Cugino«) in die Berge mitgenommen, ins Lager der Untergrundkämpfer. Es ist ein abenteuernder Haufen. Auch hier sieht Pin wieder Grausamkeit und Gewalt, jetzt im Krieg abseits der Fronten; im Wut, herausgefordert vom Terror der Faschisten; er erlebt auch hier wieder, wie in der Osteria unten in der Stadt, die Erwachsenen in ihrer Welt, wie sie einander belauern, verkommen, eifersüchtig und egoistisch, mühsam zusammengehalten von »Dritto«, dem »Geraden«. Er ist der Kommandeur. – Dann brennt eines Nachts die Hütte nieder – Dritto, besessen von der Gier nach Giglia, der Frau des Kochs, hat unachtsam den Brand verursacht. Die Deutschen nähern sich und die Gruppe, von zwei »Kommissaren« der Untergrundbewegung einem Frontabschnitt zugeteilt, zieht in den Kampf. Dritto sieht seine Chance, erklärt, er sei krank und bleibt mit Giglia und Pin zurück. Der Junge wird Zeuge einer chaotischen Liebesszene der beiden, später, nachdem das Gefecht zu Ende ist, sammeln sich die Partisanen an einem sicheren Ort. Pin, des lästerlichen Redens nicht müde, verspottet grausam den betrogenen Koch, weshalb ihn Dritto, der die Anspielungen nicht erträgt, brutal mißhandelt. Pin flieht, wandert Tag und Nacht, sucht vergeblich die Pistole im Wildbachgraben, bis er die Waffe in der Stadt bei seiner Schwester, die mittlerweile zur Hure der deutschen Offiziere geworden ist, wiederfindet. Pin nimmt die Pistole wieder an sich und kehrt in den Wildbachgraben zurück. Dort trifft er seinen Freund »Vetter«, erzählt ihm von seiner Schwester. Vetter bittet den Jungen, auf ihn zu warten, nimmt die Pistole Pins, geht in die Stadt, erschießt Pins Schwester. Dann gehen sie, der »Vetter« und das Kind, gemeinsam in das nächtliche Land hinaus.

Was das Buch zu einem literarischen Ereignis macht, ist die durchweg vorherrschende Perspektive des Knaben Pin, unter dessen konkretem Blick alle beobachteten und erzählten Ereignisse einerseits an Schärfe gewinnen, andererseits in eine gewissermaßen unschuldige Atmosphäre überwirklicher Klarheit zurückversetzt werden. Calvino erzählt Pins Wahrnehmungen so, daß die Gestalten und was sie reden oder tun, jene Umrißschärfe gewinnen, die zur Wahrheit des Grotesken gehört. Wie Pavese als erster erkannt hat, fand Calvino ein poetisches Verfahren, die Grausamkeit des Krieges, aber auch die unbegreifliche Tapferkeit der Partisanen bruchlos in eine Romanhandlung einzubringen, die auf den ersten Blick lediglich die märchenhaften Abenteuer eines verwahrlosten Kindes abzuschildern scheint. KLL

AUSGABEN: Turin 1947. – Turin 1964; ern. 1967. – Mailand 1987.

ÜBERSETZUNG: *Wo Spinnen ihre Nester bauen*, H. Riedt, Ffm. 1965. – Dass., ders., Bln./DDR 1969. – Dass., ders., Ffm. 1980 (FiTb).

LITERATUR: N. Carducci, *I due tempi del realismo di I. C.* (in *Annuario del Liceo-ginnasio statale G. Palmieri di Lecce 1959/60*, Lecce 1961, S. 95–104). – J. Baudrillard, *Les romans d'I. C.* (in Les Temps Modernes, 17, 1962, Nr. 192, S. 1729–1734). – M. Boselli, *Il linguaggio dell'attesa* (in Nuova Corrente, 10, 1963, Nr. 28/29, S. 134–152). – N. A. De Mara, *Pathway to C.: Fantasy and Reality in »Il sentiero dei nidi di ragno«* (in Italian Quarterly, 14, 1971, S. 25–49).

## SE UNA NOTTE D'INVERNO UN VIAGGIATORE

(ital.; Ü: *Wenn ein Reisender in einer Winternacht*). Roman von Italo CALVINO, erschienen 1979. – Schon in den beiden zuvor erschienenen Werken *Le città invisibili* (1972) und *Il castello dei destini incrociati* (1973) zeigte sich, daß der Roman für Calvino nichts anderes ist, als eine Reihung von oft phantastischen, auf jeden Fall aber poetischen Bildern, die eine einmal zugrunde gelegte Idee zu illustrieren haben. Hier kehrt die Lust am Permutieren in der Abfolge von zehn Romananfängen wieder, die zugleich zehn verschiedene Erzähler parodieren. – Calvinos Roman ist auch ein Beitrag zur literaturtheoretischen Diskussion der sechziger und siebziger Jahre, in der der Leser zum Mitschöpfer des Kunstwerks gemacht wurde. Die Theorien Roland BARTHES und Umberto ECOS haben für Calvino zentrale Bedeutung, doch geht er in seinem Roman noch einen Schritt weiter: er macht den Leser nicht nur zum Mitschöpfer, sondern sogar zum Handlungsträger. »Er«, der Leser, ist die Hauptfigur seines Romans. Calvino beläßt seinen Helden »bewußt im abstrakten Zustand eines Pronomens, verfügbar für jedes Attribut und jede Aktion«, um so »die Möglichkeit offenzuhalten, sich mit dem Leser, der darin gelesen wird, zu identifizieren«.

Der Roman besteht eigentlich aus lauter Romananfängen, die durch einen Leser zusammengehalten werden, der ständig bei der Lektüre unterbrochen wird. Er beginnt mit Calvinos neuestem Roman *Wenn ein Reisender...*, kommt aber nicht über die ersten Seiten hinaus, ab Seite 17 wiederholt sich der Text, das Exemplar ist falsch gebunden. Beim Umtausch in der Buchhandlung erfährt der Leser, Calvinos Roman sei beim Binden mit einer anderen Neuerscheinung durcheinandergeraten, was er da gelesen habe, stamme in Wirklichkeit von einem polnischen Autor. Der Leser nimmt den polnischen Roman mit nach Hause, aber auch hier stellen sich gleich zu Beginn neue Fehler und Verwirrungen ein. Der polnische Roman ist in Wirklichkeit ein kimmerischer usw. Die zehn Romananfänge, die der Leser gemeinsam mit Ludmilla, die er in der Buchhandlung kennenlernt und die er am Ende des Romans heiratet, liest, sind perfekte Imitationen der unterschiedlichsten Genres, vom Trivialroman und *action thriller* bis hin zum erotischen, phantastischen und metaphysischen Roman.

Der eigentliche Roman ereignet sich jedoch nicht in den zehn Anfängen, sondern in den zwölf Zwischenkapiteln. Diese handeln vom Umgang mit Büchern, vom Lesen und Schreiben im weitesten Sinn. Der traditionelle Leser und Autor erscheint darin als ein Relikt aus längst vergangenen Zeiten. Die aktuelle Buchproduktion und -rezeption wird vielmehr von elektronischen Gehirnen geleistet. Auch eine weltweit operierende Zensurbehörde ist vollautomatisiert. – Ludmilla ist die ideale Leserin, die Bücher leidenschaftlich verschlingt. Für sie ist Lesen eine »Akkumulation von Leben«. Ihr idealer Autor ist einer, »der Bücher macht, wie ein Kürbisstrauch Kürbisse macht«. Ihr gegenüber steht ihre Schwester Lotaria, die Bücher nur mit Hilfe eines Computers liest. Die elektronische Lektüre liefert ihr Wortfrequenzen, die sie nur durchzusehen braucht, um sich ein Bild der Probleme zu machen, die das Buch ihrer »kritischen Forschung« zu bieten hat. Auf diese Weise traktiert sie den irischen Erfolgsautor Silas Flannery, den Ludmilla auf ihre Weise liest, »unbefangen, abgehoben, in einer anderen Sphäre schwebend«, Flannery beobachtet Ludmilla beim Lesen. Er ist besessen von dem Gedanken, so zu schreiben, wie sie liest. »Ich lese in ihrem Gesicht, was sie lesen möchte und schreibe es nieder, so treu wie möglich.« Doch auch er wird von der Technik eingeholt. In Japan ist es einer Firma gelungen, sich die Formel seiner Romane zu beschaffen. Sie stellt jetzt serienmäßig Flannery-Fälschungen her, »erstklassige, in jeder Hinsicht geeignet, den Weltmarkt zu überschwemmen«.

Zwischen Autor und Leser steht Ermes Marana, Übersetzer, Fälscher und Literaturagent, »eine Schlange, die das Paradies des Lesens vergiftet«. Er ist derjenige, der den »Roman-als-Falle aus lauter Romananfängen, die in der Schwebe bleiben«, konstruiert hat. Zunächst, um Ludmillas Liebe zurückzuerobern, am Schluß betreibt er die »Mystifizierung um der Mystifizierung willen«. Mit unerschöpflicher Phantasie treibt er sein Spiel auf dem ganzen Erdball. Er erzählt vom Besuch bei einem alten Indio, genannt »*Vater der Erzählungen*«, ist Repräsentant einer New Yorker Gesellschaft zur elektronischen Produktion homogener literarischer Texte, läßt sich in Südafrika von Luftpiraten kidnappen, die so in den Besitz eines Manuskripts von Silas Flannery gelangen, er arbeitet für Geheimdienste, Sultane im persischen Golf und oberste Zensurbehörden. Doch alle Täuschungen und Fälschungen Maranas können Ludmilla nicht beirren, sie bleibt Siegerin in diesem Spiel. »*Ihre stets wache, wißbegierige, unersättliche Leselust hatte verborgene Wahrheiten noch in der offenkundigsten Fälschung und schlimmste Falschheiten noch in den angeblich allerwahrhaftigsten Worten zu entdecken vermocht*«. – Während so der Roman in den Zwischenkapiteln positiv endet, mündet der letzte der zehn Romananfänge in die Katastrophe. Die Welt ist erloschen, die Erdoberfläche nur noch eine glatte Eiskruste.

Calvinos Roman ist der Versuch, lesend und schreibend dem Ende der Welt entgegenzuwirken. »*Das Universum wird sich solange ausdrücken können, wie jemand zu sagen vermag, ›Ich lese, also schreibt es.*« Kritiker haben Calvino vorgeworfen, er habe sich in Paris, wo dieser Roman entstand, zu sehr mit den aventgardistischen Semiologen eingelassen, und von daher dringe die Beobachtung des eigenen Schreibens, das Essayhafte, das Experiment, zu sehr in den Vordergrund. »*Doch ist Calvino auch der Sammler der italienischen Fabeln und Volksmärchen; das Fabulieren, das Märchenerzählen überwiegt das gedankliche Spiel mit den Möglichkeiten, die unendliche Spiegelung des gelesenen Lesers*« (F. Bondy). R.M.B.

AUSGABE: Turin 1979.

ÜBERSETZUNG: *Wenn ein Reisender in einer Winternacht*, B. Kroeber, Mchn./Wien 1983. – Dass., ders., Bln./DDR 1985. – Dass., ders., Mchn. 1986 (dtv).

LITERATUR: C. Segre, *Se una notta d'inverno un scrittore sognasse un aleph di dieci colori* (in Stc, 39/40, 1979, S. 177–214). – W. Helmich, *Leseabenteuer. Zur Thematisierung der Lektüre in C.s Roman »Se una notte d'inverno un viaggiatore«* (in Aspekte des Erzählens in der modernen ital. Literatur, Hg. U. Schulz-Buschhaus u. H. Meter, Tübingen 1983, S. 227–248). – G. Regn, *Lektüre als Geschichte. Tel Quel u. die Fiktionalisierung der Literaturtheorie in I. C.s »Se una notte d'inverno un viaggiatore«* (in RJb, 34, 1983, S. 153–168). – A. Ayren, Rez. (in FAZ, 3. 9. 1983). – F. Bondy, Rez. (in

Weltwoche, 6. 10. 1983). – G. Stadelmaier, Rez. (in Die Zeit, 14. 10. 1983). – W. Schütte, Rez. (in FRs, 24. 12. 1983). – N. Erné, Rez. (in Die Welt, 28. 1. 1984). – H. Heintze, *I. C. in einer Winternacht als Reisender* (in SuF, 1986, H. 2, S. 360–373). – S. Knaller, *Theorie u. Dichtung im Werk I. C.s. Untersuchungen zu »Le città invisibili« und »Se una notte«*, Mchn. 1987.

## IL VISCONTE DIMEZZATO

(ital.; *Ü: Der geteilte Visconte*). Phantastischer Roman von Italo Calvino, erschienen 1952; 1960 mit den phantastischen Erzählungen *Il barone rampante* (1957) und *Il cavaliere inesistente* (1959) zu der Romantrilogie *I nostri antenati (Unsere Vorfahren)* vereinigt.

Der »geteilte Visconte« Medardo di Terralba ist der Onkel des Ich-Erzählers, der das Geschehen aus der Perspektive eines kleinen Jungen miterlebt. In den Türkenkriegen des 17. Jh.s wird Medardo von einem Kanonenschuß der Länge nach in zwei gleiche Teile zerrissen: Mit einem Auge, einem Ohr, einem halben Mund, einem Arm und einem Bein kehrt die rechte Hälfte in die Heimat zurück, um wie vor der Verstümmelung das Territorium des Visconte zu beherrschen. Es ist ein unheimlicher, unsteter, in einen schwarzen Kapuzenmantel gekleideter Halbmensch, der jetzt mit grausamer Hand in das Leben des Landvolks eingreift. Seinen Weg säumen Pflanzen, Früchte und Tiere, die er mit seinem Schwert halbiert hat; als Gerichtsherr verhängt er viele Todesurteile, seine alte Amme treibt er aus purer Bosheit in die Siedlung der Leprakranken, der sie dann nicht mehr entrinnen kann, seinen Neffen, den Ich-Erzähler, versucht er bei verschiedener Gelegenheit offensichtlich grundlos zu ermorden. Es besteht für die Menschen von Terralba kein Zweifel, daß nur die böse Hälfte des Visconte aus dem Krieg heimgekehrt ist. Der halbierte Medardo verliebt sich auf seine sadistische, gewalttätige Art in die Schäferin Pamela, als ein Doppelgänger in der Gegend auftaucht: Es ist die längst totgeglaubte andere, die gute Hälfte des Visconte, die sich nun als Wohltäter der Menschen bewährt. Unvermeidlich, daß auch »der Gute« bald Zuneigung für Pamela empfindet. Bei der Hochzeit »des Guten« mit der Hirtin erscheint »der Böse«, der als anderer Medardo nun gleichfalls eheliche Rechte an Pamela geltend macht. Es kommt zum Duell, und die beiden Halbmenschen reißen einander beim Fechten die alten großen Wunden wieder auf. So kann der Arzt Trelawney (den Namen entlehnte Calvino Robert Louis Stevensons *Treasure Island*) die beiden Hälften wieder miteinander verbinden; dem Krankenbett entsteigt nach langen kritischen Tagen der wieder vereinte Visconte, ein normaler Mensch, in dem sich gute und böse Eigenschaften gleichmäßig verteilt finden, und Pamela hat endlich einen vollständigen Mann.

Der »geteilte Visconte« steht deutlich im Gefolge des Mönchs Medardus in E. T. A. Hoffmanns *Elixiere des Teufels*, dessen Doppelgängererfahrung und Selbstentfremdung das Schicksal des Medardo di Terralba vorwegnimmt. Calvino hat sich in einem nur den ersten Auflagen von *I nostri antenati* beigegebenen Vorwort zu Konzept und Hintergrund des *Visconte dimezzato* geäußert. Unter Berufung auf Marx und Freud sieht er im gespaltenen, verstümmelten und unvollständigen Medardo, der sich selbst zum Feind wird, ein Bild des modernen Menschen, dessen einstige harmonische Weltordnung nicht mehr existiert und der deswegen auf der Suche nach einer neuen Vollkommenheit ist.
E.Le.

Ausgaben: Turin 1952. – Turin 1960 (in *I nostri antenati*). – Turin [7]1962. – Turin 1971. – Mailand [4]1986.

Übersetzung: *Der geteilte Visconte*, O. v. Nostiz, Ffm. 1957. –Dass., ders., Mchn./Wien 1985. – Dass., ders., Mchn. 1986 (dtv).

Literatur: A. Guglielmi, *La realtà truccata di C.* (in L'Approdo, 5, 1959, H. 7, S. 74–82). – N. Carducci, *C. tra la natura e la storia* (in Campo, 6, 1960, H. 1, S. 32–44). – Ders., *I due tempi del realismo di I. C.* (in Annuario del Liceo-Ginnasio Statale G. Palmieri di Lecce 1959/60, 1961, S. 95 bis 104). – J. Baudrillard, *Les romans d'I. C.* (in Les Temps Modernes, 17, 1962, Nr. 192, S. 1728 bis 1734). – M. Boselli, *Il linguaggio dell'attesa* (in Nuova Corrente, 10, 1963, Nr. 28/29, S. 134 bis 152). – »*Il visconte dimezzato*«, Hg. I. T. Olken, NY 1967. – A. Caimmi, *Una lettura de »Il visconte dimezzato« di I. C.* (in AION, 18, 1976, S. 93–110). – F. Di Carlo, *Come leggere ›I nostri antenati‹*, Mailand 1977. – G. Apollonio, »*Il dottore Jekyll e Mr. Hyde« di R. L. Stevenson e »Il visconte dimezzato« di I. C.: divergenze e convergenze* (in Otto/ Novecento, 8, 1984, S. 207–212).

## JOAQUÍN CALVO SOTELO

\* 5.3.1905 La Coruña

## LA MURALLA

(span.; *Ü: Die Mauer*). Schauspiel in zwei Akten von Joaquín Calvo Sotelo, Uraufführung: Madrid, 6. 10. 1953, Teatro Lara; deutsche Erstaufführung: Frankfurt/M., 27. 5. 1955, Städtische Bühnen. – Bei diesem größten spanischen Theatererfolg der damaligen Zeit handelt es sich um ein realistisch-sentimentales Zeitstück, »sehr landes- und zeitbedingt, außerhalb Spaniens ohne Wirkung« (Niedermayer), das seine Popularität in erster Linie seiner religiösen Problematik verdankt. Der Held, Jorge Hontanar Villamil, der sich in den Wirren des Spanischen Bürgerkriegs durch Urkundenfälschung in den Besitz eines Landguts gebracht hat, vernimmt während eines lebensgefährlichen Anfalls von Angina pectoris die Stimme des Gewissens. Er bekehrt sich zu einem Katholizismus der Tat und beschließt auf Anraten eines Landpfarrers, das gestohlene Gut zurückzugeben. Seine Familie und seine Freunde stellen sich diesem Entschluß wie eine Mauer entgegen, doch in der Sorge um sein Seelenheil schreckt Jorge nicht davor zurück, die Seinen in Armut und Schande zu stürzen. *»Mein ganzes Leben würde ich für euch opfern, aber keinesfalls will ich der ewigen Verdammnis anheimfallen!«*

In der Problematik dem Stück *O locura o santidad,* 1877 *(Torheit oder Heiligkeit)*, von ECHEGARAY verwandt, besitzt Calvo Sotelos Schauspiel nicht dessen moralische Größe und tiefe Menschlichkeit. Der einzige Antrieb, aus dem heraus Jorge Hontanar handelt, ist die Angst vor der Hölle. *»Es ist keine Größe in seinem Raub und keine in seiner Reue«* (Torrente Ballester). Der Verfasser bezeichnet sein Stück als *»röntgenologische Gesellschaftsanalyse«*. In Wirklichkeit kommt er über schwache sozialkritische Ansätze nicht hinaus. Wie alle seine Theaterstücke spiegelt es ein z. T. feinsinniges, durchwegs konservatives und traditionsgebundenes Bild der spanischen Gesellschaft mit gelegentlichen Exkursen ins Weltpolitische (*Criminal de guerra,* 1952 – *Kriegsverbrecher*) oder ins Weltanschauliche (*La ciudad de Dios,* 1954 – *Die Stadt Gottes*). Das scheinbar aufrührerische Werk Calvo Sotelos ist jedoch grundsätzlich konformistisch und läuft auf die Andeutung hinaus, daß die *»Angst vor der Hölle«* die Grundlage der Religion und der Ethik sei und *»die soziale Frage«* lösen könne: und eben dies sind die Anschauungen des in den ersten Jahrzehnten nach dem Spanischen Bürgerkrieg vertretenen Weltbildes. – Zum nachhaltigen Erfolg des Stückes haben jedoch nicht zuletzt auch der lebendige Dialog, die gelungene Charakterzeichnung und der straffe Aufbau beigetragen. A.F.R.

AUSGABEN: Madrid 1954/55 (in *Teatro español,* Hg. F. C. Sáinz de Robles). – Madrid 1955. – Madrid 1956 [m. Vorw. d. Verf. u. Theaterkritiken]. – Salamanca 1980.

ÜBERSETZUNG: *Die Mauer,* H. Schlegel, Ffm. 1955 [Bühnenms.].

VERFILMUNG: Spanien 1958 (Regie: L. Lucia).

LITERATUR: R. M. de Hornedo, *»La muralla« y el drama católico* (in Razón y Fe, 151, 1956, S. 297–304). – A. M. Pasquariello, *»La muralla«, the Story of a Play and a Polemic* (in Kentucky Foreign Language Quarterly, 4, 1957, S. 193–199). – G. Torrente Ballester, *Teatro español contemporáneo,* Madrid 1957. – J. Mallo, *»La muralla« y su éxito en el teatro español contemporáneo* (in Hispania, 45, 1962, S. 383–388). – M. B. Poyatos, *»La muralla« de C. S., auto de psicología freudiana* (in Hispania, 57, 1974, S. 31–39). – V. Hvídala, *Al margen de »La muralla« de C. S.* (ebd., 58, 1975, S. 102–113). – A. Jiménez-Vera, *Humor y moralidad en el teatro de J. C. S.* (in REH, 9, 1975, S. 131–141). – E. Ruiz-Fornells, *Notas sobre el teatro de J. C. S.* (in RABM, 78, 1975, S. 429–436). – R. B. Klein, *J. C. S.: Reactionary, Conservative, or a Liberal for the Times?* (in REH, 17, 1983, S. 135–146). – J. Heimann, *»La muralla«* (in *Das spanische Theater,* Hg. V. Roloff u. H. Wentzlaff-Eggebert, Düsseldorf 1988, S. 394–405).

---

## MARTIN CAMAJ

* 21.7.1925 Temali / Dukagjin

LITERATUR ZUM AUTOR:
A. Pipa, *Albanian Literature: Social Perspectives,* Mchn. 1978, S. 190–193. – Gj. Sinishtaj, *Interviste me prof.-dr. M. C.* (in Dielli, 16. 12. 1979). – R. Elsie, *Dictionary of Albanian Literature,* NY 1986, S. 26–27.

**DAS LYRISCHE WERK** (alb.) von Martin CAMAJ.

Der aus Nordalbanien stammende und heute in der Bundesrepublik lebende Autor veröffentlichte seine ersten Gedichtbände in Jugoslawien, wohin er 1948 emigriert war: *Nji fyell ndër male,* 1953 *(Eine Flöte in den Bergen),* und *Kanga e vërrinit,* 1954 *(Das Lied der Winterweide).* Während seines Aufenthaltes in Rom (1956–1960) erschien *Djella,* 1958 *(Djella),* ein mit Versen durchsetzter lyrischer Roman. Bereits nach Camajs Übersiedelung in die Bundesrepublik 1961 wurde in Rom die lyrische Sammlung *Legjenda,* 1964 *(Legenden),* publiziert. Die späteren Werke sind in der Bundesrepublik veröffentlicht: *Lirika mes dy moteve,* 1967 *(Lyrisches zwischen zwei Zeiten), Njeriu më vete e me tjerë,* 1978 *(Der Mensch für sich allein und mit anderen),* und eine Sammlung früher Gedichte *Poezi 1953–1967,* 1981 *(Poesie 1953–1967).* In der Volksrepublik Albanien konnten die Werke Camajs nicht erscheinen, seine Veröffentlichungen im Ausland werden von der dortigen Literaturkritik nicht beachtet.

In seiner frühen Lyrik zeigte sich Camaj von der Tradition des literarischen Lebens in Shkodra, wo er seine Ausbildung erfahren hatte, stark beeinflußt. Klassische Tradition in den Formen sowie thematische und sprachliche Elemente der heimischen balkanischen Volksliteratur kennzeichnen Camajs erste Veröffentlichungen. Die intensive Rezeption seiner Lyrik bei den in Jugoslawien lebenden Albanern macht Camaj für diese Zeit zu einem Bestandteil der albanischen Literatur des Kosovo. Er bringt mit seinen klassische Formen aufweisenden Gedichten ein neues Element in die an freien Rhythmen orientierte kosovarische Dichtung ein. Seine poetischen Themen kreisen um das heimatliche Bergland Dukagjin. Die von dort mitgebrachten Eindrücke bilden die thematische Grundlage seiner Lyrik *(Tingujt e parë – Die ersten Klänge)*. Dabei basiert Camajs Umgang mit seinen Erinnerungen zwar teilweise auf nostalgischen Gefühlen, hauptsächlich aber auf dem Gefühl tiefer, untrennbarer Verbundenheit mit den eigenen Ursprüngen *(Gocka e detit – Die Auster)*. Als der Landschaft zugehörig werden auch die Menschen mit ihren traditionellen Lebensgewohnheiten betrachtet, als Hirten in *Flaka e pishës (Die Flamme des Kienspans)*, *Kallzimi i blegës së vjetër (Die alte Schäferin erzählt)* oder bei der Blutrache in *Gjakmarrja (Die Blutrache)*. Auch Frauen stehen im Zentrum mancher Gedichte, wie in *Kur këcen Dila (Wenn Dila tanzt)*, *Deshta nji vashë (Ich liebte ein Mädchen)* oder *Zadja te kroni (Zadja am Brunnen)*. Der Sammelband *Nji fyell ndër male* besteht aus 28 thematisch locker zusammenhängenden, formal aber variierenden strophischen »Gesängen«, die um Leben und Mythen der Bergbewohner kreisen. Kurz nach dem Erscheinen der Gedichtbände wurde Camajs Lyrik auch in Jugoslawien nicht mehr geduldet. In den nächsten bereits im Westen erschienenen Publikationen spielen die auf die kulturelle Tradition bezogenen Stoffe und Motive weiterhin die Hauptrolle. Aber auch die Situation des aus dieser Tradition herausgerissenen und dennoch mit den traditionellen Werten verbundenen Menschen wird jetzt thematisiert, etwa durch *Dy gjana print m'thanë kur ishin gjallë (Zwei Dinge sagten mir meine Eltern bei Lebzeiten)* in *Djella*. In der Sammlung *Legjenda* sind in balladenhaften Formen historische und mythologische Stoffe und Gestalten der Volksliteratur verarbeitet, wobei bereits formale Brüche mit der Tradition feststellbar sind.

Mit der Publikation der *Legjenda* ist eine erste Periode im lyrischen Schaffen Camajs abgeschlossen. Sein Aufenthalt in Italien, insbesondere die Beschäftigung mit den italoalbanischen Kolonien Süditaliens, schlägt sich im Themenbereich vieler Gedichte nieder. Wiederum sind es die Landschaft mit ihren typischen Merkmalen und die darin verwurzelten Menschen, die seine Dichtung prägen: *Gushti në qytetin e Jugut (August in der Stadt im Süden)*, *Vallet arbreshe (Die Arbresch-Tänze)*, *Oleandrat (Die Oleanderbäume)*, *Ngrohsija e diellit (Die Wärme der Sonne)*. Dabei wird gelegentlich auch die Situation des ortsfremden Autors reflektiert, wie in den Gedichten *Sibaris (Sybaris) – »Das Licht tut mir in den Augen weh, mir, der ich aus dem Norden kam«* – und *Pranvera 1961 (Frühling 1961)*. Daneben besteht die Beschäftigung und Auseinandersetzung mit den eigenen Wurzeln weiter *(Epshi ynë – Unser Verlangen)*. Die Übergangszeit, in der alte und neue Stoffe verwoben werden, dokumentiert die Sammlung *Lirika mes dy motive*, in der auch die frühen Gedichte aus *Kanga e vërrinit*, teilweise mit Änderungen, neu abgedruckt sind.

Camajs Begegnung mit Italien wirkt sich nicht nur in der Thematik, sondern auch im Charakter seiner Lyrik aus. Die Gedichte zeigen Einflüsse des italienischen Hermetismus, insbesondere von Giuseppe Ungaretti (1888–1970). Die in der frühen Lyrik zentralen Motive bleiben zwar weiterhin Basis seines dichterischen Ausdrucks, sie entfernen sich aber zusehends von realen Bezügen und erlangen immer stärker Symbolcharakter. Durch die Verbindung der Reflexe alltäglicher Ereignisse und Erscheinungen der neuen Umwelt des Autors *(Fatkeqësi rrugore – Verkehrsunfall)* mit diesen traditionellen Motiven wird eine gewisse Universalität der Aussage erreicht. Themen, wie der Kontrast zwischen Altem und Neuem, die Durchsetzung des Neuen sowie die Situation des Menschen in der modernen Welt werden unter Heranziehung traditioneller Motive und Symbole (Steine, Vögel, Bergfeen u. ä.) gestaltet. Im Sammelband *Njeriu më vete e me tjerë* sind Gedichte vereinigt, die den Menschen in verschiedenen Konstellationen zeigen, nach Camajs Vorstellung immer wieder *»auf der Suche nach dem verlorenen Faden der eigenen Gefühle«*, wie in *Fill i gjetun (Wiedergefundener Faden)*. Es treten dabei als thematische Elemente die Wanderung *(Fragment)*, die Dunkelheit *(Mospërfillje – Mißachtung)*, die Einsamkeit *(Vetmija në Veri – Die Einsamkeit im Norden)* und, als deren Gegensatz, die Frau *(Sosja e vetmisë – Das Ende der Einsamkeit)* auf. Die Exilsituation des Autors kommt zur Sprache in *Larg atyne që flasin si unë (Weit entfernt von denen, die meine Sprache sprechen)*.

Die Lyrik Camajs ist von Anfang an gekennzeichnet durch tiefe Teilnahme an den Leiden der Menschen, aber auch durch die Hoffnung auf die Vitalität ihrer Bedürfnisse, wie es etwa in *Frika (Die Angst)* zum Ausdruck kommt: »Ich will nicht sein wie das schlechte Wetter.« Das Mitleiden wird dabei auch oft durch eine leichte Ironie vor dem Umschlagen in Verzweiflung bewahrt. Camajs dichterisches Selbstverständnis wird in dem Gedicht *Nji poeti (An einen Dichter)* erkennbar, in dem es heißt, daß der Dichter nicht für die Parzen, »*sondern für die Steinplatten und die menschlichen Gesichter voller Furchen und für die Liebe«* geschrieben habe. Poesie wird als Formel für die Bewältigung der Tragik gesehen. Durch die Sensibilität für die Widersprüche und Kontraste des Lebens gewinnt die Lyrik Camajs einen expressiven, dramatischen Charakter. Als Ausdruck der Vielfältigkeit und Gegensätze des Lebens wählt der Autor oft die Farben: »*tausend Farben auf dieser Erde« (Formulë mëngjie – Zauberspruch)*. Als Symbole für die Zwiespältigkeit der Welt stehen die Gegensätze von Tag und Nacht *(Fill i gjetun)*, Süd und Nord *(Mbas krygëzimit – Nach der Kreuzung)* und der Jahreszeiten. Die Sprache Camajs gewinnt ihre Ausdrucksfähigkeit durch zahlreiche rhetorische Mittel, insbesondere Klangfiguren, Metonymien und Metaphern: »*als die Farbe des Raben sich in die Lüfte erhob« (Motiv i vjetër – Altes Motiv)*, »*Eine weiße Stimme klammert sich an die Kleider« (Gjumë – Schlaf)*, »*Mein Vater war ein Mann von traurigem Aussehen, ein Olivenbaum ohne Blätter« (Dy brezni – Zwei Generationen)*, »*Ein Stück Sonne auf den Schultern« (Frag-*

*ment)*. Ein besonderes Charakteristikum ist Camajs Interesse an der sprachlich-formalen Gestaltung, wobei er einerseits formale Einfachheit, thematisiert in *Trajta (Die Form)*, anstrebt, andererseits aber die Fülle des Albanischen in Wortschatz und Grammatik ausnützen will, was für ihn die Weiterverwendung der in Albanien »abgeschafften«, auf den nordalbanischen Dialekten basierenden gegischen Sprachvariante bedingt. Unter den albanischen Lyrikern der Nachkriegszeit gilt Camaj als einer derjenigen mit der größten Vielfalt an Formen und Motiven.   E.Gl.

AUSGABEN: *Nji fyell ndër male*, Prishtina 1953. – *Kanga e vërrinit*, Prishtina 1954. – *Djella*, Rom 1958. – *Legjenda*, Rom 1964. – *Lirika mes dy moteve*, Mchn. 1967. – *Njeriu më vete e me tjerë*, Mchn. 1978. – *Poezi 1953–1967*, Mchn. 1981. – *Poesie*, Siracusa/Palermo 1985 [alb.-ital.].

LITERATUR: K. Stathi, Rez. (in Jeta e re, 1953, 5). – G. Valentini, Rez. (in Shejzat, 1959, 3/4). – B. Randazzo, Rez. (in Osservatore romano, 18. 12. 1986). – A. Guzzetta, *Presentazione* (in M. C., Poesie, Siracusa/Palermo 1985, S. 5–11).

## RRATHË

(alb.; *Kreise*). Roman von Martin CAMAJ, erschienen 1978. – Der bereits als Lyriker bekannte Autor stellte mit *Rrathë* sein erstes größeres und bisher umfangreichstes Prosawerk vor, an dem er fünfzehn Jahre gearbeitet hatte. Der Roman besteht aus drei Teilen, deren Überschriften den Titel wiederaufnehmen: *Kreise des Wassers, Kreise des Feuers, Kreise des Bluts*. Die Teile werden durch die Hauptfiguren Baci und insbesondere Agoni miteinander verbunden.

Der erste Teil besteht in der ausführlichen Vorstellung dieser und weiterer Personen, die sich alle aus unterschiedlichen Gründen an einem Tag im Herbst in derselben Stadt aufhalten. Dabei werden verschiedene Seiten des postrevolutionären Lebens in einem *Dheu e Arbenit* (»das Arbenland« – eine historisierende Anspielung an Albanien) genannten gebirgigen Land unter der Herrschaft der Partei gezeigt. Agoni, Angehöriger der jüngeren Generation, von Beruf eigentlich Agronom, inzwischen aber Journalist und Schriftsteller, wird von der Partei zur Berichterstattung über das Eintreffen der neuen Traktoren sowie zur Einziehung von Erkundigungen über einen angeblichen Systemgegner in den Bergen (der Illegale) in das Dorf Mittelripa geschickt. – Der zweite Teil, in dem Agonis Erlebnisse und Eindrücke im Mittelpunkt stehen, beginnt mit seiner Abreise nach Mittelripa und endet mit der Ankunft der Traktoren dort wenige Tage später. Inzwischen hat Agoni den Versuch des Illegalen vereitelt, die Schäferin Sosja, die schöne, aber wegen ihrer wilden Art für verrückt gehaltene Tochter des Rhapsoden Shalagani, zu vergewaltigen. Nachdem er Sosja dann in der Vollmondnacht bei einem Bad im Brunnen überrascht hat, wird er selbst von leidenschaftlicher Liebe zu ihr ergriffen, die sein weiteres Verhalten bestimmt. »*Die Schönheit, die Sosja vor ihm enthüllte, befreite ihn allmählich aus der eisigen Erstarrung, die sein Fühlen und Denken ergriffen hatte: er löste sich aus dem Strudel des Wassers...*«. Er kümmert sich nicht mehr um seine Reportage und gibt das geplante Treffen mit der »*klugen*« Lehrerin Zoja, der er eine Liebeserklärung hatte machen wollen, auf. – Der dritte Teil setzt nach der Ankunft der Traktoren ein. Agoni wird aus der Redaktion entlassen und wartet in der Folge auf eine neue Anstellung als Agronom. Nach einem Besuch im Gebetshaus einer illegalen Sekte in Unterripa, deren blutige Tanzrituale ihn abstoßen, reift in ihm immer mehr der Wunsch, mit Sosja im »*Tal hinter den Bergen*« zu leben. Als diese auch nach zahlreichen gemeinsamen Wanderungen über die Berge nicht gewillt ist, mit ihm den Heimatort zu verlassen, vergewaltigt er sie. Ein junger Hirte, der ihn daraufhin bewußtlos schlägt, verbietet ihm den weiteren Aufenthalt in den Bergen. Agoni geht nach Mittelripa und verfällt in tiefe Lethargie, nachdem er schon vorher das Gefühl für die Zeit verloren hatte. Nach unbestimmt langer Zeit erreicht ihn eine Aufforderung, in seiner früheren Redaktion vorzusprechen. Der neue Leiter tadelt ihn wegen der systemfeindlichen Tendenz eines Manuskripts *Das Haus hinter den Bergen*, das inzwischen verändert als Puppentheaterstück großen Erfolg hat, läßt es aber damit bewenden. Vor der Rückkehr nach Ripa trifft Agoni auf Sosja und deren sowie vermutlich auch seinen Sohn, den Regisseur des Puppentheaters. Von ihnen erfährt Agoni, daß er etwa zwanzig Jahre im »*Wahn der Einsamkeit*« in Mittelripa gelebt hatte. Der Roman endet mit der Rückkehr Agonis, in dem der Wunsch zu schreiben neu erwacht ist, nach Mittelripa.

Neben dieser Haupthandlung enthält der Roman eine Reihe von Nebenhandlungen und -figuren, die das Leben der ländlichen Bevölkerung in einer Periode rapiden Umbruchs zeigen. Dabei wird besonderer Wert auf die Beschreibung der Denkweise, Vorstellungen und Motive der Personen gelegt. *Rrathë* wurde daher auch als erster albanischer psychologischer Roman bezeichnet. Charakteristisch ist daneben das lyrisch-folkloristische Element, das besonders in Beschreibungen von Landschaft und Brauchtum zum Ausdruck kommt. Volkstümliche Vergleiche und Phraseologismen sowie ein reicher, auch die gegische Sprachvariante berücksichtigender Wortschatz kennzeichnen die Sprache. Die grundsätzlich auktoriale Erzählhaltung ist mit zahlreichen inneren Monologen und erlebter Rede durchsetzt. – Die Grundtendenz des Romans, die auch im Titel anklingt, ist, zu zeigen, wie die Menschen in verschiedene gesellschaftliche und metaphysische Kreise eingebunden sind, wofür die sich steigernden Symbole Wasser, Feuer und Blut stehen. Das Symbol der Kreise wird vielfältig wiederaufgenommen. Die wenig konkreten soziopolitischen Gegebenheiten bleiben ein eher äußerlicher

Rahmen; die eigentlichen Themen sind allgemeinerer Natur, die Einsamkeit, der Verlust der Tradition, die Suche nach Glück und Erfolg, die Bindung an die eigenen Wurzeln. Die Dominanz der poetisch-literarischen Charaktere und zahlreiche Kommentare zu Problemen der Sprache und Literatur sowie der Kunst allgemein lassen auch Fragen der künstlerischen Betätigung als Thema erscheinen. Der Roman ist allerdings trotz gewisser autobiographischer Elemente nicht auf diesen Aspekt reduzierbar. Die Hauptfigur Agoni mit ihren Problemen bei der Suche nach der eigenen Identität weist am Schluß über sich hinaus: »Wir Erfolglosen repräsentieren eine ganze Epoche.« E.Gl.

AUSGABE: Mchn. 1978.

LITERATUR: A. Pipa, Rez. (in World Literature Today, Sommer 1979).

---

### JOÃO GONÇALVES ZARCO DA CÂMARA

\* 27.12.1852 Lissabon
† 2.1.1908 Lissabon

LITERATUR ZUM AUTOR:
P. Pinto, *D. J. da C. Traços biográficos* (in O Ocidente, 10. 1. 1908). – L. F. Rebelo, *D. J. da C.* (in *Perspectiva da literatura portuguesa do século XIX*, Hg. J. Gaspar Simões, Bd. 2, Lissabon 1948, S. 285–311). – E. Lisboa, *O teatro de D. J. da C.* (in Bull. d'Histoire du Théâtre Portugais, 5, 1954, S. 147–226). – L. F. Rebelo, *D. J. da C. e os caminhos do teatro português*, Lissabon 1962. – L. Stegagno Picchio, *História do teatro português*, Lissabon 1969. – C. M. Pierson, *Der Beginn des Realismus im portugiesischen Drama – D. J. da C.* (in APK, 14, 1976/77, S. 106–111). – L. F. Rebelo, *O teatro naturalista e neo-romântico (1870–1910)*, Lissabon 1978 (BB) – F. J. Vieira-Pimentel, *Tendências da literatura dramática nos finais do século XIX – D. J. da C., um caso exemplar*, Ponta Delgada 1981.

## ALCÁCER-KIBIR

(portug.; *Alkazar*). Drama in fünf Akten von João Gonçalves Zarco da CÂMARA, erschienen 1891. – Das Drama spielt zur Zeit des abenteuerlichen Kriegszugs nach Afrika, den König Sebastian von Portugal 1578 unternimmt. Die Vernichtung des portugiesischen Heeres und der Tod des Königs bei Alkazar führen 1580 zum Verlust der nationalen Unabhängigkeit des Landes. Die begeisterte Vorbereitung des Krieges und die Besorgnisse, die die Gemüter des Königs, seiner Ratgeber und des Volkes bewegen, und zuletzt die Nachricht von der Niederlage geben den äußeren Rahmen der Handlung ab. Die Gestalten des jugendlichen Königs, des greisen Kardinals, der für kurze Zeit sein Nachfolger wird, und ihrer Räte sind jedoch lediglich Randfiguren. Die konfliktreiche Haupthandlung – die Liebe eines Grafen zu einer getauften und christlich erzogenen Jüdin, die vorher die Geliebte seines Schwagers war, und die allmähliche Enthüllung dieser Zusammenhänge – löst Intrigen aus, die hauptsächlich aus Judenverfolgung und Christenhaß, Glaubenseifer und Rachsucht entstehen. Den belebenden Wechsel zwischen Gruppenszenen und Zwiegesprächen, in denen die Gegensätze sich dramatisch zuspitzen, beeinträchtigen die volltönenden Alexandriner; sie steigern zwar das patriotische Pathos – besonders in den Reden des Dom Fuas, des Vertreters des »alten Portugals«, der noch ganz in den Erinnerungen an frühere Heldentaten lebt –, aber die Volksszenen kommen dabei nicht voll zu ihrer Wirkung. Der Erfolg, den die Aufführung des Dramas erzielte, beruht auf dem Ausdruck patriotischer Gefühle, der als Widerhall der nationalen Erregung und Empörung gelten konnte, die ein englisches Ultimatum 1890 hervorgerufen hatte. A.E.B.

AUSGABEN: Lissabon 1891. – Lissabon 1958 f. (in *Teatro*).

## OS VELHOS

(portug.; *Die Alten*). Schauspiel von João Gonçalves Zarco da CÂMARA, Uraufführung: Lissabon, 11. 3. 1893, Teatro Dona Maria II. – Sieben der neun Personen dieses Stücks sind zwischen siebzig und siebenundachtzig Jahre alt: ein Bauernehepaar, eine – wie alle weiteren Personen unverheiratete – Schwester der Bäuerin, eine Amme, ein Barbier, ein Lehrer und ein Pfarrer. Jung sind nur Emilinha, die Enkelin des Ehepaares, und Júlio, ein Bahnangestellter. Diese verlieben sich ineinander, als in Alto Alentejo die neue Eisenbahn gebaut wird und Júlio, der mit der Beaufsichtigung der Arbeiten beauftragt wird, einige Monate im Haus der Großeltern Emilinhas wohnt. Zunächst gegen den Bau der Eisenbahn eingestellt, lassen sich alle durch Júlio von den Vorteilen des Fortschritts überzeugen; nur der alte blinde Pfarrer kann sich nicht abfinden mit der Vorstellung eines pfeifenden Ungeheuers, das ihm als apokalyptische Bestie erscheint. Júlio wird versetzt, entschließt sich aber, als er den Schmerz Emilinhas erkennt, bei der Familie zu bleiben, die ihn immer mehr schätzen gelernt hat und die er selbst so sehr schätzt. Doch der alte Pfarrer, der Emilinha mit seinem eigenen Neffen verheiraten möchte, weist Júlio den Weg der Pflicht und gebietet ihm abzureisen. Nachdem Júlio einige Monate später in eine höhere Stellung aufgerückt ist, kehrt er zurück – genau an dem Abend, da die goldene Hochzeit der Großeltern Emilinhas gefeiert wird. Vor der Ankunft Júlios erinnern sich die

Alten während des Essens an Erlebnisse in ihrer Jugend, traurige und donjuaneske, und drei der Versammelten bekennen, darunter zu leiden, daß sie damals nicht den Menschen, den sie liebten, hatten heiraten können. Deshalb bitten sie Patacas, den Großvater von Emilinha, daß er seine Enkelin den Mann heiraten läßt, den sie liebt, damit ihr nicht ein gleiches Schicksal widerfahre. In diesem Augenblick tritt Júlio ein. Emilinha hört ihn sprechen und kommt hinzu. Da erhebt der Pfarrer, der bis dahin immer die jungen Leute voneinander getrennt, ihre Liebe aber dadurch einer Prüfung ausgesetzt hat, als erster sein Glas und wünscht den jungen Verlobten Glück.

Die Wehmut der Alten angesichts der Tatsache, daß eine neue Generation heranwächst und sie selbst immer mehr der Vergangenheit zugerechnet werden, mußte das breite Publikum Lissabons am Ausgang des 19. Jh.s berühren. Das Stück hielt sich außerordentlich lange auf dem Spielplan, obwohl ein wirklicher dramatischer Konflikt eigentlich fehlt. Es ist eingängig und glatt im szenischen Aufbau, aber ohne tiefere Problematik. Wenn es sich noch heute lesen läßt, so liegt das vor allem an der treffenden Charakterisierung der Personen durch die Sprache und an der realistischen Gestaltung einer dörflich heiteren Lebenswelt. C.Pl.

AUSGABEN: Lissabon 1893. – Lissabon 1958 (in *Teatro*, Bd. 1). – Porto 1983.

LITERATUR: A. C. de Figueiredo, *Figuras literárias*, Lissabon 1906, S. 307 f.

## JORACY SCHAFFLOR CAMARGO

\* 18.10.1898 Rio de Janeiro
† 12.3.1973 Rio de Janeiro

### DEUS LHE PAGUE

(portug.; *Ü: Bettlerkomödie*). Komödie in drei Akten von Joracy Schafflor CAMARGO (Brasilien), Uraufführung: São Paulo, 30. 12. 1932, Teatro Boa Vista. – Der ungewöhnliche Erfolg dieser Komödie erklärt sich in erster Linie aus dem Zeitpunkt, zu dem sie auf die Bühne gebracht wurde: Nach der Kaffeekrise und der Revolution von 1930 erlebte Brasilien eine Zeit des politischen und wirtschaftlichen Übergangs, in der ein Stück, das erstmals in der Geschichte des brasilianischen Theaters soziale Probleme und Themen des Klassenkampfes auf die Bühne brachte, der besonderen Aufmerksamkeit des Publikums sicher sein konnte. *Deus lhe pague* (*Vergelt's Gott*) ist eine Satire auf die kapitalistische Bourgeoisie, deren wirtschaftlicher Status und deren Moral in ihrer ganzen Brüchigkeit dargestellt werden. Die in dem Stück vertretenen Ideen mögen heute nicht mehr überzeugend klingen, doch der Ausspruch Procópio Ferreiras, des Hauptdarstellers bei der Uraufführung, hat seine Gültigkeit behalten: »*Deus lhe pague* kennzeichnet den Punkt, an dem die brasilianische Bühnenkunst zu ihrem wahren Ausdruck gefunden hat – auf rein theatralischem wie auf kulturellem und sozialem Gebiet.«

In der ersten Szene des ersten Aktes unterhält sich Mendigo (der Bettler), ein ehemaliger Arbeiter, der von seinem Arbeitgeber schamlos ausgebeutet worden ist, mit seinem Begleiter, einem Novizen in der Kunst des Bettelns. Dabei gelingt es ihm, gleichzeitig das Betteln und das Almosengeben zu rechtfertigen. In der zweiten Szene folgt dieser philosophischen Rechtfertigung die historische: Eine Rückblende auf das frühere Leben Mendigos zeigt den Augenblick, in dem sein Chef ihm die Unterlagen einer Erfindung stiehlt, wobei er die Naivität und Unwissenheit der Frau seines Untergebenen ausnutzt. Als diese dann die Folgen ihrer Leichtgläubigkeit erkennt, wird sie wahnsinnig. – Der zweite Akt spielt wieder in der Gegenwart. Die handelnden Personen bilden das klassische Dreieck: die schöne Frau, der arme, junge Liebhaber, der reiche Alte. Sieger bleibt der philosophierende Bettler – im Gegensatz zu der im romantischen Drama üblichen Lösung nicht dank seiner Jugend, sondern dank seiner Intelligenz. Auch die Enthüllung seiner unglücklichen Lage im dritten Akt ändert nichts an der Anziehungskraft, die seine Klugheit auf die Frau ausübt. Mit diesem Schluß entfernt sich der Autor allerdings weit von den Absichten, die er im ersten Akt formuliert hat.

Camargo versucht, das Theater als Mittel der Information und Belehrung zu benutzen, indem er die Unsitten der Bourgeoisie und die Fehler des Kapitalismus anprangert; er tut dies freilich mit einer Naivität, die sein Stück heute eher als Parodie denn als ernsthafte Sozialkritik erscheinen läßt. Vorzüge des Schauspiels sind die flüssigen Dialoge, die bis zum Schluß durchgehaltene Spannung und die seltsam reizvolle Gestalt des Bettlerphilosophen mit der eigentümlichen Weltanschauung. Der erste Akt zeigt Schwächen, die Camargo im zweiten und dritten zu vermeiden wußte: Der Kapitalist wird als vollendeter Bösewicht geschildert, der plötzliche Wahnsinn der von ihm getäuschten Frau ist kaum motiviert, der propagandistische Ton des Dialogs wirkt auf weite Strecken allzu forciert, und der Kunstgriff der Rückblende ist dramaturgisch wenig geschickt angewandt. E.P.P.

AUSGABEN: Rio 1933. – Rio 1945. – São Paulo 1961 (in *Teatro*). – Rio 1967. – Rio 1973 [Einl. A. Coutinho].

ÜBERSETZUNG: *Bettlerkomödie*, W. Keller, Ffm. 1948 [Bühnenms.].

VERFILMUNG: *Dios se lo pague*, Argentinien 1948.

LITERATUR: L. Silva, *História do teatro brasileiro*, Rio 1938. – D. de Almeida Prado, *Apresentação do*

*teatro brasileiro moderno*, São Paulo 1956, S. 65–74.
– J. Galante de Sousa, *O teatro no Brasil*, Bd. 2, Rio 1960. – S. Magaldi, *Panorama do teatro brasileiro*, São Paulo 1962, S. 187–189. – Coutinho, 6, S. 35 f.

## EUGENIO CAMBACERES

* 1843 Buenos Aires
† 1888 Paris

## SIN RUMBO

(span.; *Haltlos*). Roman von Eugenio CAMBACERES (Argentinien), erschienen 1885. – Dieses Werk ist der beste von vier Romanen, in denen der reiche, gebildete Cambaceres die argentinische Oberschicht entlarvte, der er selbst angehörte. Mit schockierender Offenheit beschrieb er in leicht durchschaubaren Anspielungen gewisse skandalöse Affären – und dies in einer Sprache, die für sich allein ein Herausforderung darstellte: der mit bodenständigen Ausdrücken, italienischen und französischen Wendungen durchsetzten Umgangssprache von Buenos Aires. Die naturalistische Erzähltechnik im Stile ZOLAS, die Cambaceres in die argentinische Literatur einführte, ist bei ihm weniger ein literarisches Dogma als ein Mittel, die lügenhaften Konventionen, die Heuchelei und Lasterhaftigkeit der argentinischen Oberschicht zu entlarven. Zu ihr gehört auch Andrés, der Held von *Sin rumbo*, ein reicher, begabter, doch charakterloser Mensch, der eine Zeitlang aufs Land geht, um seine durch ausschweifenden Lebenswandel untergrabene Gesundheit wiederherzustellen. Auf dem Lande verführt er das Bauernmädchen Donata, kümmert sich aber, nachdem er in die Stadt zurückgekehrt ist, nicht weiter um die möglichen Folgen seines Abenteuers. Als er nach Jahren wieder einmal aufs Land kommt, erfährt er, daß Donata im Kindbett gestorben ist. Doch das Kind lebt und ist sein Kind, und Andrés, in dem Vatergefühle erwacht sind, nimmt sich seiner an. Als das Kind dann krank wird und stirbt, begeht Andrés Selbstmord.
»*Eine der bestgezeichneten Charaktere des argentinischen Romans*«, ist die Gestalt dieses haltlosen, dem Vergnügen nachjagenden Menschen repräsentativ für eine Gesellschaft und eine Zeit, die Cambaceres in klug ausgewählten Bildern und Szenen schildert: das Buenos Aires der achtziger Jahre, das noch wie ein großes Dorf wirkt, aber bereits auf dem Wege ist, ein gewaltiges Ballungszentrum zu werden. Mit dem scharfen Blick des resignierenden Skeptikers und Ironikers beschreibt er das Leben der in schwerer Wachstumskrise befindlichen Stadt, die verschiedenen sozialen Schichten mit ihren menschlichen Typen, die Wirkungen der Politik und der neuen, allgewaltigen Mächte: Börsenwesen und Presse. Hinzu kommt als kontrastierender Hintergrund das Leben auf dem Land, das Cambaceres aus eigener Anschauung kannte und in packenden Bildern festhält. – Es heißt, die Gattin des Schriftstellers habe einen fünften Roman, den er unveröffentlicht hinterließ, auf Geheiß ihres Beichtvaters verbrannt: So groß war das Ärgernis, das die übrigen Werke erregt hatten. A.F.R.

AUSGABEN: Buenos Aires 1885. – Buenos Aires 1924 [Vorw. R. Rojas]. – Santa Fe 1956 (in *Obras completas*, Hg. E. M. S. Danero). – Buenos Aires 1969. – Salamanca 1971. – NY 1971 [Vorw. M. C. Bastos].

LITERATUR: M. E. Carsuzán, *La creación en la prosa de España e Hispanoamérica*, Buenos Aires 1955. – M. J. Lichtblau, *The Argentine Novel in the 19th Century*, NY 1959. – P. P. Beck, *E. C., the Vortex of Controversy* (in Hispania, 46, 1963, S. 755–759). – C. Cymerman, *Para un mejor conocimiento de E. C.* (in Cuadernos del Idioma, 3, 1970, S. 45–65). – R. E. Catalá, *Apuntes sobre el existencialismo en* »*Sin rumbo*« *de E. C.* (in *Estudios de historia, literatura y arte hispánicos ofrecidos a R. A. Molina*, Hg. W. H. Finke, Madrid 1977, S. 97–107). – G. D. Schade, *El arte narrativo en* »*Sin rumbo*« (in RI, 44, 1978, S. 17–29). – D. R. Gerling, *El parentesco entre la novela* »*Sin rumbo*« *de C. y una novela contemporánea de Amorim* (in Revista Interamericana de Bibliografía, 30, 1980, S. 238–245). – M. L. Bastos, *El naturalismo de E. C.: Falacias, indicios* (in Chasqui, 12, 1983, Nr. 2/3, S. 50–62). – O. M. Ramírez, *La trayectoria narrativa de E. C.*, Diss. Univ. of California, Los Angeles 1984 (vgl. Diss. Abstracts, 45, 1984, 1770A). – M. Lichtblau, *A Century After: E. C.'s* »*Sin rumbo*« *(1885–1985)* (in *La Chispa '85: Selected Proceedings*, Hg. G. Paolini, New Orleans 1985, S. 213–218).

## GRIGORIJ CAMBLAK

* um 1364 wahrscheinlich Tărnovo
† 1419/1420 Kiew

LITERATUR ZUM AUTOR:
V. Sl. Kiselkov, *Mitropolit G. C.*, Sofia 1946. – K. S. Mečev, *G. C.*, Sofia 1969. – Ju. Begunov, *Gerbăt na G. C.* (in Ezik i Literatura, 28, 1973, 4, S. 66–71). – Ders., *Maloizvestnye i neizvestnye sočinenija G. C.* (in Byzantino-bulgarica, 5, 1978, S. 311–322). – *Učenici i posledovateli na Evtimij Tărnovski*, Sofia 1980. – K. Ivanova, *G. C.* (in *Tvorci na bălgarskata literatura*, Sofia 1980, S. 188–129). – H. Faj, *Bălgarsko kulturno nasledstvo v Germanija. G. C. na vselenski săbor v Konstanc 1418 g.* (in Lit. Misăl, 1981, 10,

S. 30–36). – N. Mileva, *Funkcii na služebnata duma DA v proizvedenijata na patriarch Evtimij i G. C.* (in Ezik i Literatura, 1981, 1, S. 23–32). – G. Svane, *Novosăzdadeno i unasledeno v ezika na G. C.* (in Bălg. Ezik, 31, 1981, S. 95–115). – K. Kabakčiev, *Leksikalnata sinonimija u G. C. kato iztočnik na svedenija za prevodačeskata dejnost na Evtimij Tărnovski* (in Bălg. Ezik, 32, 1982, S. 27–34). – A. I. Sivkova, *Rusko-bolgarskie literaturnye svjazi XV veka: Literaturnaja istorija slov G. C.*, Leningrad 1983. – *G. C. Život i tvorčestvo*, Hg. P. Rusev u. a., Sofia 1984 (Tărnovska knižovna škola, 3).

## POCHVALNOE SLOVO GRIGORIA ARCHIEPISKOPA ROSIJSKAGO IŽE V SVJATYCH OTCA NAŠEGO EVTIMIA PATRIARCHA TRĂNOVSKAGO

(ksl./mbulg.; *Lobrede des russischen Erzbischofs Grigorij auf unseren Vater Evtimij, den Patriarchen von Tărnovo*). Panegyrikus von Grigorij CAMBLAK, entstanden um 1415. – Nach dem Fall der Zarenstadt Tărnovo fand der Autor, ein Schüler des bulgarischen Patriarchen EVTIMIJ und Verwandter des Moskauer Metropoliten Kiprian, Zuflucht in Serbien, Rumänien und Rußland, wo er seine literarische und Predigertätigkeit weiter ausüben konnte. Als Metropolit von Kiew verfaßte er sein gelungenstes und einflußreichstes Werk: die Lobrede auf seinen Lehrer Evtimij.

Camblak beschränkt sich in seinem Panegyrikus auf eine Auswahl wichtiger Stationen im Leben, im geistlichen Wirken und in der Wundertätigkeit des letzten bulgarischen Patriarchen am Vorabend der Türkeneroberung, des Anhängers der mystisch-asketischen Lehre des Hesychasmus und des frühhumanistischen Schriftreformers. Im zeitgenössischen literarischen Stil, den Camblak am ausgeprägtesten vertritt, erreicht der Autor die Idealisierung Evtimijs vor allem durch feierliche, verschnörkelte Redeformen, rhetorische Fragen, wortreiche Periphrasen und zahlreiche biblische Vergleiche. Das sogenannte »Wortgeflecht« (*pletenie sloves*) – als dekoratives sprachliches Kunstmittel aus der spätbyzantinischen Poetik in die bulgarische Literatur übernommen und von Camblak nach Rußland gebracht – stand zwar einer exakten Faktenvermittlung im Wege (»*Er sorgte sich, das Volk vor der barbarischen Vernichtung zu bewahren; er belehrte, tröstete, erhob die Fallenden; reichte den Strauchelnden die Hand und richtete die Gefallenen auf; er unterstützte die Schwachen und lobte und spornte die Kämpfenden zur Tapferkeit an; einige wiederum entfernte er wie ein verfaultes Glied, auf daß der ganze Körper nicht verderbe, und verjagte den Aussatz unter den Schafen, auf daß sich die Krankheit nicht über die ganze Herde ausbreite*«), doch durchbricht Camblak mit seiner neuen Darstellungsweise den überkommenen Kanon, indem er Milieu und Natur in seine Lobrede einbezieht und als Autor zu den Ereignissen Stellung nimmt.

Was die Tätigkeit Evtimijs als Schriftreformer betrifft, weist der Autor in seiner Lobpreisung – und hier wird der Einfluß CHRABĂRS (vgl. *O pismenech – Über die Buchstaben*, Ende 9. Jh.) deutlich – ausdrücklich darauf hin, daß sich der Patriarch für eine auf der Schrift der Slavenlehrer KYRILL und METHOD basierende einheitliche Rechtschreibung einsetzte und darüber hinaus eine Revision der kirchlichen Bücher anhand der griechischen Originale sowie Neuübersetzungen anderer wichtiger Schriften forderte. – Neben ihrem Wert als Sprach- und Literaturdenkmal kommt der Lobrede eine nicht geringe Bedeutung als Zeitdokument zu, da Camblak in den Julitagen des Jahres 1393 höchstwahrscheinlich Augenzeuge des Untergangs von Tărnovo war. Seiner Aussage gemäß eroberten die Türken die Stadt nach einer längeren Belagerung, ermordeten eine große Zahl Adliger und schickten die Masse des Volkes, darunter Evtimij, ins Exil. Camblak preist Evtimijs heroisches Verhalten, den Trost, den er – ein zweiter Jeremias – der verzweifelten Menge spendete.

Mit seinem Panegyrikus hat Camblak nicht nur die gesamte bulgarische Exilliteratur des 15. Jh.s, sondern auch die russische Hagiographie beeinflußt: Kein Geringerer als EPIFANIJ PREMUDRYJ verfaßte seine Viten im Geist und Stil des bulgarischen Emigranten, der dadurch wesentlich zum sogenannten zweiten südslavischen Einfluß auf die russische Sprache und Literatur beitrug. D.Ku.

AUSGABEN: Wien 1901 (E. Kałużniacki, *Aus der panegyrischen Litteratur der Südslaven*). – Sofia 1969 (in K. Mečev, *G. C.*; enth. Faks. u. nbulg. Übers.). – Sofia 1971, Hg. P. Rusev u. a. [enth. mbulg. und nbulg. Text].

LITERATUR: S. Smedovski, *Neizvesten prepis na »Pochvalnoto slovo za Patriarch Evtimij« ot G. C.* (in Bălg. Ezik, 28, 1978, S. 442–445). – K. Kabakčiev, *Kăm semantiko-ideologičnata i stilističnata interpretacija na »Pochvalno slovo za Evtimij« ot G. C.* (in Palaeobulgarica, 9, 1985, 3, S. 87–98). – J. Alissandratos, *The Structure of G. C.'s Sermon on Euthymius in the Context of Byzantine and Medieval Slavic Literature* (in Palaeobulgarica, 4, 1980, 4).

## MICHEL CAMÉLAT

Miquèu Camelat

\* 1871 Arrens
† 1962 Tarbes

## BELINA

(okzit.; *Belina*). Epos von Michel CAMÉLAT, erschienen 1899. – Das Schaffen dieses gaskognischen Dichters steht in unmittelbarem Zusammenhang mit der vom provenzalischen Felibrebund initiierten Bewegung, die seit der Mitte des 19. Jh.s auf eine Renaissance der okzitanischen Sprache und Literatur hinzielte. Als Aktivist inmitten einer Gruppe Gleichgesinnter, als Journalist und Schriftsteller suchte der Gemischtwarenhändler aus dem Pyrenäendorf Arrens zeitlebens der Sache des Felibrige zu dienen. Seine bedeutendsten Werke verstehen sich als gaskognische Repliken auf die bewunderten Dichtungen des Vorbildes MISTRAL: *Belina* (in der Felibreschreibung: Beline) ist nach dem Muster von *Mirèio* konzipiert. Ein Vergleich der beiden Texte macht jedoch die starke Eigenart des gaskognischen Epos deutlich. Im Gegensatz zu Mistral entwirft sein Schüler kein mythisch überhöhtes Totalbild der heimatlichen Lebenswelt, sondern widmet sich einer vergleichsweise schlichten, am Handfest-Konkreten des bäuerlichen Lebens orientierten Darstellung.

In nur drei Gesängen (bei Mistral sind es zwölf!) erzählt der Autor die Geschichte des jungen Paares Belina und Jacolet, das die große Liebe entdeckt *(Los Aimadors)*; dem Antrag folgt die Verlobung im Familienkreis *(Las Apariadas)*. Nur kurz währt das Glück von Ehe und Mutterschaft, da eine Erkältung der Wöchnerin Belina den Tod bringt: Neben dem Sterbebett steht die Wiege voll klagenden Lebens *(La Mair)*. Schon im ersten Gesang hatte das Zwiegespräch der Liebenden klargemacht, daß die Natur für die Bergbewohner keine liebende Mutter ist, sondern ein strenges, hartes Gegenüber, das jeden menschlichen Übermut schrecklich bestraft, aber bisweilen auch Schönheit und Lebensfreude ins menschliche Leben bringen kann. Am Ende des Epos wird in ähnlicher Weise Gott als *»Castigaire eternau«* (ewiger Züchtiger) und zugleich einzige Hoffnung des sterblichen Menschen charakterisiert. Belinas Tod ist vielleicht die strafende Antwort auf die Maßlosigkeit der Liebe Jacolets, aber *in extremis* erweist sich der Glaube, zusammen mit dem Weiterlaufen der Lebenskette von der Mutter zum Kind, als einziger Trost. Eingebettet zwischen den beiden Gesängen, welche die Bedeutung universeller Gesetzlichkeiten für den Menschen deutlich machen, liegt der mittlere mit seiner rein immanenten Darstellung des irdischen Wirkens und Trachtens. In Gegenwart des Notars versammeln sich die beiden Familien, um über die bevorstehende Hochzeit zu beraten und den Vertrag abzuschließen.

Von einem Dreierschema wird auch die metrische Struktur bestimmt: Jede Strophe wird von einem Alexandriner eröffnet, darauf folgen zwei Achtsilber, deren zweiter einen pointenhaften Abschluß bringt oder durch *Enjambement* in die nächste Strophe überströmt. Diese strenge Formalstruktur mit ihrer relativ einfachen Symbolik bildet den Rahmen, auf dessen Grundlage eine spezifische Eigentümlichkeit von Camélats Darstellung zur Entfaltung gelangt, nämlich der lyrisch-epische Diskurs. Es gibt in *Belina* Dialoge von großer Präzision und Knappheit, die auf die strenge Zweckgebundenheit bäuerlicher Alltagskommunikation verweisen. Daneben finden sich im Bereich der direkten Rede zahlreiche lange Einschübe, die den Fluß der Handlung verlangsamen und zu einer Lektüre zwingen, die sich mit dem Ablauf der schlichten Dorfgeschichte nicht zufriedengibt und sich auf die Erkundung eines individuell-kollektiven Bewußtseinsraumes mit seinen Ängsten, Hoffnungen und Erinnerungen einläßt. Die Rede wird zum Gesang, wenn die Personen über die Gefahren der Berge sinnieren oder über die Seligkeit der Liebe, oder wenn sie ihre Gedanken auf die Reise durch Raum und Zeit schicken. Bei diesen Erkundungszügen ins Inwendige mobilisiert Camélat die ganze Ausdruckskraft, den ganzen Bilderreichtum der Volkssprache. Zugleich sucht er Kontakt zum »hohen« Stil der Vorbilder, unter die neben Mistral auch einzelne Katalanen (J. VERDAGUER) oder die Ependichter der französischen Romantik zu reihen sind. Camélats Text bezieht seine starke Gespanntheit aus dem Kontrast zwischen den bodenständigen Kräften des Pyrenäengaskognischen und den »Klassikern«, deren Herausforderung der Dichter annimmt, um seinen Dialekt zur Literatursprache zu erheben. Natürlich steckt in diesem Unternehmen die Gefahr der musealen Präsentation von Wörtern und Sachen oder auch der epigonenhaften Verfälschung. Insgesamt gelingt es Camélat jedoch, die Spannung von schlichter Alltäglichkeit und lyrischem Aufschwung zu bewältigen. Sein Ringen mit der Sprache läßt weder Banalität noch hohle Rhetorik zu, schlägt vielmehr *»Feuer aus den Worten«* (R. Lafont). F.Ki.

AUSGABEN: Tarbes 1899. – Tarbes 1910. – Pau 1926. – Pau 1962. – Toulouse 1962, Hg. P. Bec u. R. Lafont. – Montpellier/Tarbes 1978.

LITERATUR: *Jornada M. C.* (in Oc, 1955, Nr. 197; Sondernr.). – *En honor de C.* (ebd., 1962, Nr. 226; Sondernr.). – *M. C.* (in Reclams de Biarn e Gascougne, 1963, Nr. 1/2, 11/12). – F. P. Kirsch, *Zur epischen Dichtung M. C.s* (in Moderne Sprachen, 9, April–Dez. 1965, S. 71–79). – *M. C. (1871–1962). Actes du Colloque de Flaran 1983*, Hg. J. Salles Lousteau, Béziers 1985.

## ADOLFO FERREIRA CAMINHA

\* 29.5.1867 Aracati / Ceará
† 1.1.1897 Rio de Janeiro

LITERATUR ZUM AUTOR:
P. Dantas, *A. C., escritor revolucionário* (in Revista Brasiliense, 8, São Paulo 1956, S. 94–103). – J. F. de Saboia Ribeiro, *Roteiro de A. C.*, Rio 1957. – Carpeaux, S. 234 f. – J. F. Saboia Ribeiro,

*O romancista A. C.*, 1867–1967, Rio 1967. – Coutinho, 3, S. 79–81. – Moisés, 2, S. 361–371.

## A NORMALISTA

(portug.; *Die angehende Lehrerin*). Roman von Adolfo Ferreira CAMINHA (Brasilien), erschienen 1892. – In einer Geschichte des Naturalismus in Brasilien dürfte dieser Roman nicht fehlen. Zwar handelt es sich um einen durchaus gemäßigten Naturalismus, der sich dem Autor wohl aufgrund persönlicher Erlebnisse aufgedrängt hat, aber gerade darin besteht auch sein besonderer Reiz. Caminha wurde als Marineoffizier im Rang eines Kapitäns mit 21 Jahren nach Fortaleza, der Hauptstadt des Bundeslandes Ceará im äußersten Nordosten Brasiliens, versetzt. Hier widerfuhr ihm eine sehr heikle Liebesaffäre, die ihn gesellschaftlich unmöglich machte und zu seiner Rückberufung nach Rio de Janeiro führte. Diese Erfahrungen scheinen die negativ übertreibende Zeichnung bestimmter Personen seines Romans bewirkt zu haben. Andererseits schärften sie seinen kritischen Blick. Als strenger, aber gerechter Beobachter schildert er das provinzielle Leben, die gesellschaftliche Verlogenheit und Heuchelei, die kulturelle Rückständigkeit von Fortaleza.

Die Handlung des Romans ist anspruchslos und einfach. Maria do Carmo hat ihre Eltern während einer der furchtbaren Dürrezeiten verloren, von denen das Landesinnere des brasilianischen Nordostens in unregelmäßigen Abständen heimgesucht ist. Sie wird zunächst in einem Waisenhaus der Stadt untergebracht und dann ihrem Patenonkel João da Mata, einem kleinen Beamten, anvertraut, der sie die Lehrerbildungsanstalt von Fortaleza besuchen läßt. Die mädchenhaften Reize der Halbwüchsigen erwecken die Begierde des Onkels, und obgleich sie ihm nicht zugeneigt ist, gibt sich Maria do Carmo in einem Augenblick, in dem alle Umstände zusammenwirken, ihm hin und wird schwanger. Aber sie bringt ein totes Kind zur Welt, so daß sie später, wenn auch nur aus Vernunftgründen, doch noch heiraten kann.

Nicht so sehr durch die Genauigkeit der Schilderung einer brasilianischen Provinzstadt und ihrer Gesellschaft besticht dieser Roman als durch die Plastizität der Darstellung in einer klaren, flüssigen, nüchternen Sprache. R.M.P.-KLL

AUSGABEN: Rio 1892. – São Paulo 1936 [Einl. D. Pacheco Silveiro]. – Rio 1966 [Einl. M.Cavalcanti Proença]. – São Paulo 1973. – São Paulo 1978.

LITERATUR: L. Miguel-Pereira, *Prosa de ficção, de 1870 a 1920*, Rio 1950, S. 164–172. – V. Cavalcanti, *O enjeitado A. C.* (in *O romance brasileiro de 1752 a 1930*, Hg. A. Buarque de Holanda, Rio de Janeiro 1952, S. 179–190). – A. F. Montenegro, *O romance cearense*, Fortaleza 1953, S. 70–76. – Tristão de Araripe Jr., *Obra crítica*, Bd. 2, Rio 1960, S. 319–328.

## PÊRO VAZ DE CAMINHA

\* um 1450 Porto
† 16.12.1500 Kalkutta

LITERATUR ZUM AUTOR:
A. Cruz, *P. V. de C., cidadão do Porto: novas achegas para a história da sua família* (in Boletim Cultural da Câmara Municipal, 4, Porto 1941, fasc. 2/3, S. 6–11). – A. D. Dinis, *A família de P. V. de C. Novos documentos* (in Congresso Internacional de História dos Descobrimentos, Actas, 3, 1961, S. 131–141). – A. M. de Almeida Camargo, *P. V. de C.* (in Revista de História, 32, São Paulo 1966, Nr. 66, S. 495–529). – J. A. das Neves, *P. V. de C., poeta e repórter* (in Ocidente, 76, 1969, Nr. 370, S. 57–64).

## CARTA DO ACHAMENTO DO BRASIL

(portug.; *Brief über die Entdeckung Brasiliens*). Expeditionsbericht von Pêro Vaz de CAMINHA. – Vaz de Caminha war der offizielle Chronist einer Expedition, die unter dem portugiesischen Seefahrer Pedro Álvares Cabral, von ihrem eigentlichen Kurs auf Westindien abgetrieben, Anfang des Jahres 1500 durch Zufall Brasilien entdeckte. Am 1. 5. 1500 berichtete er in einem unfangreichen Brief dem portugiesischen König Emanuel über die ersten Eindrücke von dieser Entdeckung; die überwältigende Schönheit des unbekannten Landes inspirierte den Verfasser so sehr, daß aus seinem nüchternen Bericht eine Prosadichtung wurde. Mit ebenso großer Ausführlichkeit wie Begeisterung berichtet Vaz de Caminha von der großartigen Tierwelt, den Eingeborenen und ihren Sitten. Trotz gelegentlicher Lyrismen, zu denen die Bewunderung ihn hinriß, bleibt seine Sprache bei allem Bilderreichtum immer präzis. Daß er auch ein Mann der Praxis war, geht aus folgender Mitteilung an den König hervor: »*Dieses Land, Sire, ist über die Maßen schön und fruchtbar. Wenn Sie die Absicht haben, es urbar zu machen, wird es alle Früchte tragen, die man sich vorstellen kann.*«

Interessant ist seine Schilderung der Eingeborenen. Er ist tief beeindruckt von ihrer edlen, freimütigen Haltung und der Schönheit ihrer Frauen. Mit seiner Beschreibung der Gestalt des »guten Wilden«, die durch die Jahrhunderte so wirksam bleiben sollte, steht er am Anfang einer Linie, die von LAS CASAS zu Jean-Jacques ROUSSEAU und BERNARDIN DE SAINT-PIERRE führt. H.Fa.

AUSGABEN: Rio 1817 (in Manuel Ayres de Casal, *Corografia brazilica*). – Lissabon 1826 (in *Collecção de noticias para a historia e geografia das nações ultramarinas*, Bd. 4, S. 177 ff.). – Rio 1929, Hg. J. Ribeiro [krit.]. – São Paulo 1963, Hg. L. Arroyo [m. Glossar u. Bibliogr.]. – Rio 1966; ern. 1981 [moderne Version von R. Braga]. – São Paulo

1968, Hg. K. M. Abud (in Revista de História, 36, S. 185–227; diplomatisch). – Lissabon 1974, Hg. M. V. Guerreiro [m. Einl. u. Anm.]. – Mailand 1984, Hg. A. Unali [Faks.; m. Einl. u. Bibliogr.]. – Porto Alegre 1985, Hg., Einl. u. Anm. S. Castro [krit.].

Übersetzung: in *Feldners Reisen durch mehrere Provinzen Brasiliens*, Hg. I. v. Olfers, T. 2, Bln. 1828.

Literatur: A. Baião, *P. V. de C. e a »Carta do achamento«*, Lissabon 1934. – J. Cortesão, *A »Carta« de P. V. de C.*, São Paulo 1943; Lissabon ²1967. – Ders., *Cabral e as origens do Brasil*, Rio 1944. – H. A. Poetzelberger, *Die literar. Bed. der »Carta ...« des P. V. de C. im Zusammenhang mit der Ideologie der Renaissance u. des Humanismus*, Diss. Hbg. 1953. – H. Andrae, *Der Brief des P. V. de C. über die Entdeckung Brasiliens, 1500* (in Staden-Jb., 4, São Paulo 1956, S. 67–100). – M. B. de Carvalho, *L'idéologie religieuse dans la »Carta« de P. V. de C.* (in BEP, 22, 1959/60). – S. B. Pereira, *Vocabulário da »Carta« de P. V. de C.*, Rio 1964. – A. A. B. de Andrade, *As incorreções da »Carta« de P. V. de C.* (in Studia, Lissabon 1970, Nr. 30/31, S. 57–69). – J. A. Vaz Valente, *A »Carta« de P. V. de C. Estudo crítico, paleográfico-diplomático*, São Paulo 1975 [m. Bibliogr.]. – M. B. de Carvalho, *O sentimento da natureza na »Carta« de P. V. de C.* (in Revista de História, 3, Porto 1980). – S. Peloso, *Sistemi modellizzanti e opposizioni culturali nella »Carta« di P. V. de C.* (in Letterature d'America, 2, Rom 1981, Nr. 8, S. 45–59). – I. Stern, *An Epic Birth Certificate: P. V. de C.s »Carta« to Dom Manuel* (in *Empire in Transition*, Hg. A. Hower u. R. A. Preto-Rodas, Gainesville 1985, S. 65–71).

## luís vaz de Camões

\* 23.1.1524/25 Lissabon oder Coimbra
† 10.6.1580 Lissabon

Literatur zum Autor:
*Bibliographien:*
T. Braga, *Bibliografia camoneana*, Lissabon 1880. – G. Manupella, *Camoniana itálica*, Coimbra 1972. – E. R. de Mesquita, *Camoniana*, Rio 1972. – J. F. Valverde, *Bibliografia do IV centenário camoniano* (in Colóquio/Letras, 1974, Nr. 20, S. 74–78). – *L. de C. Exposição bibliográfica comemorativo do IV centenário da sua morte, I: Bibliografia activa*, Porto 1980.
*Forschungsberichte:*
*Actas da Reunião Internacional de Camonistas*, I – Lissabon 1973; II – Ponta Delgada 1983.
*Zeitschriften:*
Círculo Camoniano, Hg. L. de Araújo, Porto 1889–1892, Nr. 1–20. – Revista Camoniana, São Paulo 1969–1971; 1978–1983 ff. – [Sondernummern:] Garcia de Orta, Lissabon 1972. – Ocidente, 83, Nov. 1972. – Brotéria, 111, 1980, Nr. 1–3; 5. – Colóquio/Letras, 55, 1980. – Quaderni portoghesi, 6, 1980. – Vértice, 40, 1980, Nr. 436–439. – ArCCP, 16, 1981.
*Biographien:*
T. Braga, *Vida de L. de C.*, Porto 1873; ern. 1907 u. d. T. *C., época e vida*. – J. M. Latino Coelho, *L. de C.*, Lissabon 1880; Porto ²1985. – W. Storck, *L. de C.' Leben*, Paderborn 1890. – R. Schneider, *Das Leiden des C.*, Köln/Olten 1930; ern. Ffm. 1977. – J. Auzanet, *La vie de C.*, Paris 1942. – C. Malpique, *L. de C., humanista, humano e humanitário* (in Boletim da Bibl. Pública Municipal, Matosinhos 1973, Nr. 20, S. 3–54). – J. G. Borges, *A família flaviense de C.* (in Arqueologia e História, 5, Lissabon 1974, S. 165–234). – J. H. Saraiva, *Vida ignorada de C.*, Lissabon 1978 [2. Aufl. um 1983; rev. u. erw.]. – L. Stegagno Picchio, *Biografia e autobiografia: due studi in margine alle biografie camoniane* (in Quaderni portoghesi, 7/8, 1980, S. 21–110). – *Vida de C.*, Lissabon 1980 [Komm. M. Correia nach der Ausg. von 1616]. – R. Monteiro, *C.: controvérsias biográficas*, Rio 1982.
*Gesamtdarstellungen und Studien:*
T. Braga, *C.: a obra lyrica e épica*, Porto 1911. – J. M. Rodrigues, *Introdução aos autos de C.* (in Boletim da Acad. das Sciências de Lisboa, 2, Coimbra 1930). – A. Peixoto, *Ensaios camonianos*, Coimbra 1932; São Paulo ⁵1981 [rev.]. – A. Ribeiro, *L. de C., fabuloso e verdadeiro*, Lissabon 1950, 2 Bde. – H. Vieira, *Le théâtre de C. dans l'histoire du théâtre portugais* (in Bull. d'Histoire du Théâtre Portugais, 1, 1950, S. 250–266). – G. LeGentil, *C.*, Paris 1954; Lissabon 1969. – H. Cidade, *L. de C., os autos e as cartas*, Lissabon 1956; ³1967 [rev.]. – Ders., *L. de C., a obra e o homem*, Lissabon 1960; ⁴1980 [rev. u. erw.]. – A. J. Saraiva, *L. de C.*, Lissabon 1963; ²1972 [rev.]. – J. Régio, *Ensaios de interpretaçao crítica*, Lissabon 1964, S. 7–70. – R. Brasil, *C. e o platonismo* (in Estudos de Castelo Branco, 1968, Nr. 26, S. 5–64; Nr. 27, S. 50–83; Nr. 28, S. 52–89). – E. Naique Dessai, *Die Sonette L. de C.'. Untersuchungen zum Echtheitsproblem* (in APK, 7, 1969, S. 52–125). – J. de Sena, *Os sonetos de C. e o soneto quinhentista peninsular*, Lissabon 1969; ²1980. – A. de Azevedo Pires, *A teologia em C.*, Lissabon 1970. – M. J. F. da Cruz, *Novos subsídios para uma edição crítica da lírica de C.*, Porto 1971. – L. da Câmara Cascuda, *Folclore nos autos camonianos* (in Revista de etnografia, 16, Porto 1972, Nr. 31, S. 17–29). – *Visages de L. de C.*, Hg. A. J. da Costa Pimpão, Paris 1972. – C. Berardinelli, *Estudos camonianos*, Rio 1973. – E. Lourenço, *C. e a visão neoplatónica do mundo*, Lissabon 1973. – A. da Costa Ramalho, *Estudos camonianos*, Coimbra 1975; Lissabon ²1980. – E. Namorado u. a., *C. e o pensamento filosófico do seu tempo*, Lissabon 1979. – *Camoniana California*, Hg. M. de Lourdes Belchior u. E. Martínez-Lopez,

Santa Barbara 1980. – A. Castro, *C. e a sociedade do seu tempo*, Lissabon 1980. – A. P. de Castro, *C. e a língua portuguesa*, Lissabon 1980. – *Homenaje a C.*, Granada 1980. – L. F. Rebelo, *Variações sobre o teatro de C.*, Lissabon 1980. – *Estudos sobre C.*, Lissabon 1981 [Ed. Diário de Notícias]. – M. V. L. de Matos, *O canto na poesia épica e lírica de C.*, Paris 1981. – J. S. da Silva Dias, *C. no Portugal de quinhentos*, Lissabon 1981 (BB). – A. Zamora Vicente, *Cuatro lecciones sobre C.*, Madrid 1981. – D. J. Cruz, *Hibridismo cultural no teatro de C.* (in *Leituras de C.*, São Paulo 1982, S. 15–32). – J. F. Barreto, *Micrologia camoniana*, Hg. L. F. de Carvalho u. F. F. Portugal, Lissabon 1982 [Erstdruck des Ms. aus dem 17. Jh.]. – M. L. G. Pires, *A crítica camoniana no século XVII*, Lissabon 1982 (BB). – N. Sáfady, *C. e o teatro* (in *Estudos camonianos*, Hg. L. P. Duarte, Belo Horizonte 1983, S. 95–117). – *C. à la Renaissance*, Brüssel 1984 [Einl. H. Plard]. – *Empire in Transition: The Portuguese World in the Time of C.*, Hg. A. Hower u. R. A. Preto-Rodas, Gainesville 1985. – J. M. Coelho, *L. de C.*, Porto 1985.

**DAS LYRISCHE WERK** (portug.) von Luís Vaz de CAMÕES.

Camões war, neben SÁ DE MIRANDA und António FERREIRA, der größte Dichter Portugals im 16. Jh. Sein lyrisches Werk vereinigt zu nahezu gleichen Teilen die mittelalterliche iberische Dichtungstradition mit der italienischen Renaissancelyrik, die Camões ansatzweise manieristisch weiterentwickelte. Für die beiden Traditionen repräsentativ sind einerseits die Redondilhas (Trovas, Voltas, Motes und Glosas) und andererseits die Sonette, die das Herzstück des Gesamtwerks bilden: Hier entfaltet sich Camões' Petrarkismus, der außer auf PETRARCA selbst vor allem auf P. BEMBO und die Spanier J. BOSCÁN und GARCILASO DE LA VEGA Bezug nimmt. Andere Gedichtformen wie Kanzone, Sextine, Ode, Elegie, Ekloge und Epigramm runden die Palette humanistischen Dichtens ab.

Von Camões' Lyrik gibt es keinen definitiven Kanon, denn die ursprünglichen Handschriften (Autographen) sind verlorengegangen, und zu Lebzeiten wurden nur drei Gedichte von Camões gedruckt. Die Hypothese des Historiographen Diogo do COUTO (1542–1616), daß dem Dichter sein »Parnaß« geraubt worden sei, steht am Beginn einer an Spekulationen reichen Editionsgeschichte: Seit den postumen Erstausgaben von 1595 und 1598, für die – unsystematisch und fehlerhaft – aus *Cancioneiros* kopiert wurde, ließen Sammeleifer und wohlmeinende philologische Bemühungen das lyrische Werk des Dichters stetig anwachsen. Der große Camões-Forscher des 17. Jh.s, M. de FARIA E SOUSA, ging dabei so weit, Gedichte von Diogo BERNARDES (1530–1594/95) »seinem Poeten zurückzugeben«. Im 19. Jh. waren schließlich die 175 Gedichte der Erstausgabe bis auf 618 angestiegen. Nach kritischen Studien von W. STORCK und C. MICHAËLIS DE VASCONCELOS ging man im Laufe des 20. Jh.s daran, den Kanon zu bereinigen. Allerdings ist eine unstrittige Gedichtsammlung letztlich nicht rekonstruierbar. Vielmehr stellt sich die Alternative zwischen einem *Cánone Máximo*, der alle Texte beinhaltet, die von Camões stammen könnten (Ausg. von M. de Lurdes SARAIVA) und einem *Cánone Mínimo*, der nur Texte mit gesicherter Autorschaft aufnimmt (Ausg. von L. A. de AZEVEDO Filho). Durch neu aufgefundene *Cancioneiros* aus dem 16. Jh. kommt es gelegentlich zu Korrekturen und Neubewertungen.

Camões' Lyrik wurde lange Zeit fast ausschließlich auf seine wechselvolle und vielfach ungeklärte Biographie bezogen. Insbesondere aus den Frauenporträts und namentlich Angesprochenen (Natercia, Bárbara, Dinamene, u. a.) las man unglückliche Liebesbeziehungen des Dichters zu historischen Gestalten heraus. Diese Bemühungen sind nicht nur äußerst spekulativ, da es keine Entstehungsgeschichte des lyrischen Werks gibt, sondern sie unterlegen Camões auch ein »romantisches« Selbstverständnis. Tatsächlich entspringt sein Dichten dem von ihm selbst thematisierten Zusammenspiel von (humanistischem) Wissen, Begabung und Kunstfertigkeit (*»saber, engenho e arte«*). Auf dieser Grundlage ahmt er antike Vorbilder und italienische Renaissancepoeten nach, tritt mit den Vorlagen in Wettstreit und sucht sie zu überbieten. In diesem Sinne sind besonders die Sonette, in denen ein Dichter seine Liebe zu einer hohen Dame besingt, primär in ihrem innerliterarischen Bezug zum Petrarkismus zu sehen, auch wenn sie biographisch relevant sein könnten (K. Dirscherl). Camões folgt mit der variationsreichen Darstellung der vergötterten, unnahbaren Dame und der »Schmerzliebe« von den Stadien der Hoffnung und Huldigung bis zu Schwermut und Weltabkehr der Spannweite des petrarkistischen Konzeptes. In programmatischen Gedichten deutet sich sogar der Rahmen zu einem *Canzoniere* nach dem Vorbild Petrarcas an. Doch bleibt ungeklärt, inwieweit Camões einen solchen Zyklus durchkomponierte. Im angenommenen Einleitungsgedicht *Enquanto quis Fortuna (Solange Fortuna wollte)* beschreibt der Dichter rückblickend den jähen Wandel von erhofftem Glück, das er staunend besang, zu tiefem Leid und bietet aus der Position der Abgeklärtheit dem Leser seine Niederschrift *»so verschiedener Fälle«* zu Lehre und Trost dar. Weitere programmatische Gedichte sind das berühmte *Eu cantarei de amor tão docemente (Ich werde so süß von Liebe singen)*, das Petrarcas *Io cantarei d'Amor si`novamente* zitiert, und ein Sonett, das zusammen mit Trennungsgedichten einen Zyklus beschließen könnte: *Eu cantei já, e agora vou chorando / o tempo que cantei tão confiado (Ich sang schon, und nun beweine ich die Zeit, in der ich so vertrauensselig sang)*. Über diese Andeutungen hinaus gibt es keine weitergehende Zyklus-Anlage im Sinne einer kontinuierlich durch Einzelgedichte abgedeckten Verlaufsstruktur. Ebenso ist keine Entwicklung von der irrenden irdischen zur geläuterten himmlischen Liebe (Marienverehrung) erkennbar. Vielmehr nehmen die einzelnen Sonette als Frauenlob und als Liebeskla-

ge lustvollen Schmerzes *(voluptas dolendi)* beliebig und kombinatorisch auf petrarkistische Vorlagen Bezug, die auch in (italienischen) Einzelversen anzitiert werden.
Der Lobpreis der Dame, bei der – nach dem Konzept des Platonismus – die äußere Schönheit Zeichen einer inneren ist, kommt in *Dizei, Senhora, da Beleza ideia (Sprecht Dame, Idee der Schönheit)* musterhaft zum Ausdruck. Nach Petrarcas *Onde tolse Amor l'oro, e di qual vena* werden Einzelelemente (Haar, Augen, Zähne) in topischen Bildern (Gold, Sonne, Perlen) überhöht. Aus den Klagegedichten an die abwesende (verstorbene) Geliebte ist *Alma minha gentil, que te partiste / tão cedo desta vida (Meine liebe Seele, die du dich so schnell von diesem Leben trenntest)* am bekanntesten geworden. Es zitiert Petrarcas *Anima bella, da qual nodo sciolta*, faßt aber den Trennungsschmerz in schlichtere Formulierungen menschlicher Empfindung, ohne hier auf die Konzepte des Petrarkismus und Platonismus zu verweisen. Von derartigen Beobachtungen – auch bei anderen Sonetten – kann jedoch kaum ein gezieltes Verlassen petrarkistischer Dichtung abgeleitet werden. Vielmehr rühren Abweichungen von verschiedenen Einflüssen her: Einmal integriert Camões in sein Werk Elemente römischer Liebeslyrik (CATULL, OVID), die die Körperhaftigkeit der Frau und die irdische Liebe bejaht oder zumindest zuläßt. Zum zweiten ist bei ihm der Bezug zur mittelalterlichen Dichtungstradition lebendig, die die topische Kunsthaftigkeit zugunsten von Bildern und Ausdrücken des alltäglich-ländlichen Lebens reduziert: Dabei kann diese »Unterbietung« auch innerhalb des stilistischen Wettstreits mit der Vorlage stehen. Dies zeigt sich in dem wohl berühmtesten Sonett, *Um mover d'olhos, brando e piadoso (Ein Bewegen der Augen, sanft und fromm)*, das sich auf Petrarcas *Grazie ch'a pochi il ciel largo destina* bezieht. Schließlich übersteigert Camões den formenstrengen Petrarca-Stil manieristisch in ausgefallenen mythologischen Bezügen, kompliziertem Satzbau und der starken Anhäufung von Stellungs- und Klangfiguren. Chiasmen und Alliterationen treten insbesondere in artistischen Schlußpointen auf, etwa in folgender Wendung an die vergötterte Dame: »*Vigiai-vos de vós, não vos vejais: / fugi das fontes: lembre-vos Narciso*« (»*Habt acht vor euch! schaut euch nicht an! Flieht den Wassern: erinnert euch an Narziß!*«). Aus gutem Grund ist Camões in B. GRACIÁNS Schrift über die Stilkunst *Agudeza y arte de ingenio* (1642) mit zwölf Sonetten vertreten.
Daß Camões sich auch gedanklich mit dem Petrarkismus auseinandersetzte, zeigt das Sonett *Transforma-se o amador na cousa amada (Es verwandelt sich der Liebende in das Geliebte)* sowie das Definitionsgedicht *Amor é um fogo que arde sem se ver (Liebe ist ein Feuer, das brennt, ohne daß man's sieht)*. Beide gehen zurück auf Petrarcas *Triumphus Cupidinis* und erörtern die platonische Argumentation zugunsten der Ideal-Liebe, der die körperliche entgegengesetzt wird. Doch steht diese Gedankenlyrik eher in der Tradition gelehrter Traktatdichtung ohne direkten Einfluß auf Camões' Dichtungspraxis.

Dort werden mittelalterliche *cantigas* und die petrarkistische Liebeslyrik nebeneinander weiterentwickelt.
In der Tradition der *cantigas* pflegt Camões insbesondere das Glossieren von Motti. Dabei wird die absolute Idealisierung der Dame spielerisch negiert, etwa in dem bekannten *Sois formosa e tudo tendes / senão que tendes os olhos verdes (Ihr seid schön und habt alles / außer daß ihr grüne Augen habt)*. Diese Art der Dichtung, die Lautharmonien und antithetische Wortspiele bevorzugt, erinnert mit dem Entwurf ländlicher Szenen an die zeitgenössische Schäferdichtung (Bernardim RIBEIRO), etwa in der Brunnenszene von *Descalça vai pera a fonte / Lianor pela verdura (Barfüßig geht sie zum Brunnen, Lianore, durch das Gras)*.
Von Camões selbst stammen mindestens acht Eklogen, die an SANNAZARO und Garcilaso de la Vega anknüpfen. Die *Égloga dos Faunos (Ekloge der Faune)* verdient am meisten Interesse: Hier verführen zwei Satyrgestalten – anstelle von Hirten oder Fischern – die Nymphen mit Beispielen aus Ovids *Metamorphosen* zur irdischen Liebe. Von hier läßt sich eine Verbindung zur »Liebesinsel« im IX. Gesang der *Lusiaden* ziehen, wo das Motiv der Liebesjagd das Nebeneinander von Petrarca-Bezug (italienisch zitiert), römischer Liebeslyrik und bukolischer Dichtung unter Beweis stellt.
Als zentraler Text für die Bestimmung von Camões' Weltbild gilt jedoch das vierzig Redondilha-Strophen umfassende Gedicht *Sôbolos rios (An den Flüssen, die durch Babylonien ziehen)*, das von Psalm 136 (Die Gefangenschaft der Juden in Babylonien) ausgeht. Dabei folgen der »barocke« Gedanke der Unbeständigkeit irdischen Lebens und die Vorstellung eines Erkenntnisweges von irdischer zu absoluter Schönheit aufeinander: In der Mitte des Textes werden Orte und Zeit entsprechend umgedeutet. Das Thema des Wechsels, der »Wirrnis der Welt«, kommt in dem Sonett *Mudam-se os tempos, mudam-se as vontades (Es ändern sich die Zeiten, es ändern sich die Willen)* pointiert zur Sprache.
Camões' formvollendete Lyrik übte eine beherrschende Wirkung auf die portugiesische Dichtung des 17. und 18. Jh.s aus – insbesondere über die philologisch kommentierte Ausgabe von M. de Faria e Sousa. Bei BOCAGE und Almeida GARRETT prägte sich zunehmend ein romantisches Dichterbild aus, das auch die erste Rezeption in Deutschland bestimmte. So lobte A. W. SCHLEGEL 1804 die »*Einfachheit*« und das »*schmelzende Gefühl*« der portugiesischen Renaissance-Lyrik gegenüber der italienischen Kunsthaftigkeit. O.Gr.

AUSGABEN: *Rhythmas*, Lissabon 1595. – *Rimas*, Lissabon 1598; 1616; Hg. A. da Cunha, Lissabon 1668. – *Rimas Várias*, 5 Bde., Hg. M. de Faria e Sousa, Lissabon 1685–1689 (Faks.; 2 Bde., Lissabon 1972). – *Obras*, Hg. Visconde de Juromenha, Lissabon 1860–1869. – *Lírica*, Hg. J. M. Rodrigues u. A. L. Vieira, Coimbra 1932. – *Obras Completas*, Bd. 1, Hg. H. Cidade, Lissabon 1971. – *Rimas*, Hg. A. J. da Costa Pimpão, Coimbra 1973. –

*As Rimas de C.*, Hg. E. Pereira Filho, Rio 1974. – *Sonetos de C.*, Hg. C. Berardinelli, Rio/Paris 1980. – *Lírica Completa*, 3 Bde., Hg. M. de Lurdes Saraiva, Lissabon 1980/81. – L. A. de Azevedo Filho, *Lírica de C. I.: História, metodologia, corpus*, Lissabon 1985 [m. Bibliogr.].

ÜBERSETZUNGEN: *Sämtliche Gedichte*, W. Storck, 6 Bde., Paderborn 1880–1885. – *Sonette*, O. Frhr. v. Taube, Wiesbaden 1959 [Ausw.].

LITERATUR: H. Cidade, *L. de C., o lírico*, Lissabon 1936; ³1967 (rev. und veränd.; ern. 1984). – H. Hatzfeld, *Manuelinischer Stil in den Sonetten des C.* (in APK, 1, 1960, S. 94–125). – W. Kellermann, *MA und Renaissance in den Redondilhas von C.* (ebd., 3, 1963, S. 110–130). – E. Naique Dessai, *Die Sonette L. de C.'. Untersuchungen zum Echtheitsproblem* (ebd., 7, 1969, S. 52–125). – J. de Sena, *Os sonetos de C. e o soneto quinhentista peninsular*, Lissabon 1969; ²1980. – R. Bismut, *La lyrique de C.*, Paris 1970. – M. J. F. da Cruz, *Novos subsídios para uma edição crítica da lírica de C.*, Porto 1971. – C. Berardinelli, *Estudos camonianos*, Rio 1973. – Th. R. Hart, *C.' Égloga dos Faunos* (in BHS, 53, 1976, S. 225–231). – M. V. Leal de Matos, *Introdução à poesia de L. de C.*, Lissabon 1980. – C. Martins, *C., temas e motivos da obra lírica*, Belo Horizonte 1981. – K. Dirscherl, *Um mover d'olhos, brando e piadoso – L. d. C.' Auseinandersetzung mit der Tradition des petrarkistischen Frauenlobs* (in *Fs. f. A. Noyer-Weidner*, Wiesbaden 1983, S. 217–235). – P. B. Dixon, *The Poetics of Insecurity in C.' »Descalça vai pera a fonte«* (in REH, 17, 1983, Nr. 3, S. 419–427) – L. A. de Azevedo Filho, *Sobre o cânone lírico de C.* (in Colóquio/Letras, 99, 1987, S. 10–17).

## ALMA MINHA GENTIL

(portug.; *Meine liebe Seele*). Sonett von Luís Vaz de CAMÕES, erschienen 1595. – Dieses berühmte Sonett gilt als vollkommenster Ausdruck der *saudade*, jenes sehnsuchtsvollen Sicherinnerns, das für die portugiesische Geisteshaltung charakteristisch ist. Es gehört zu den sogenannten *Dinamene*-Gedichten, die von der Liebe zu einer jungen Chinesin inspiriert sein sollen, die 1560 bei einem Schiffbruch ertrank, aus dem Camões gerettet wurde. Als Vorbild diente PETRARCAS Sonett (37): »*Anima bella, da qual nodo sciolta / Che più bel mai non seppe ordir Natura...*« Beide Gedichte sind an eine verstorbene Geliebte gerichtet; der Ausdruck des Schmerzes um die Verlorene ist bei Petrarca ganz auf die eigene Verlassenheit bezogen, bei Camões aber verhaltener und schließlich aufgehoben in der Sehnsucht nach einer Wiedervereinigung im Tode. Petrarcas Sonett ist Klage, das von Camões ist Gebet. Die Eingangsworte – *Alma minha gentil* – drücken im Possessivpronomen die innigste Beziehung und zugleich im Substantiv die Sublimierung der Liebe aus: die Geliebte ist dem Dichter zum wesentlichen Teil seiner selbst geworden. Der Dichter vertraut sich der Fürbitte der Abgeschiedenen an; sie soll, eingedenk seiner reinen und glühenden Liebe und gerührt von seinem unstillbaren Schmerz über den Verlust, Gott dazu bewegen, ihn bald von seinem irdischen Dasein zu erlösen und ihn mit ihr zu vereinen. Verhaltenheit und Verinnerlichung kennzeichnen auch die sprachliche Gestalt des Sonetts. In den gleitenden Elfsilbern der Quartette dämpfen die verhüllenden Nasalverbindungen und die weiblichen, zum großen Teil »rührenden Reime« auf konsonantisch gedeckte und abgeschwächte *i-u* und *e-e* den Ausdruck des Schmerzes. Im Gegensatz dazu geben die vollklingenden Reime auf *o-a* und *u-a* den Reimworten bei Petrarca stärkeres Gewicht und steigern so den Ausdruck. Der lebhaftere Rhythmus der Terzette mit ihren kürzeren vokalreicheren Wörtern, ihren *é-* und männlichen *ou-*Reimen und ihren Zäsuren intensiviert die innere Bewegung, die die Sehnsucht nach Wiedervereinigung ausdrückt. A.E.B.

Lissabon 1595 (in Rhythmas; ²1968, Faks.; Rio ³1980, Faks.). – Coimbra 1932, Hg. J. M. Rodrigues u. A. L. Vieira (in *Lírica de C.*). – Mem Martins 1975, Hg. M. de Lurdes Saraiva (in *Sonetos*, LB-EA). – Lissabon 1980/81, Hg. M. de Lurdes Saraiva (in *Lírica completa*). – Rio/Paris 1980, Hg. C. Berardinelli (in *Sonetos de C.*; mit Studie u. Anm.).

ÜBERSETZUNG: *Ein frühes Grab*, W. Storck (in L. de C., *Sämtliche Gedichte*, Bd. 2, Paderborn 1880).

LITERATUR: A. de Campos, »*Alma minha gentil*« (in *Camões Lírico IV. Antologia portuguesa*, Lissabon o. J., S. 166–171). – M. de Jong, »*Alma minha gentil*« (in Ocidente, 52, 1957, S. 287–290). – Reis Brasil, *O amor em C.*, Fundão 1957. – S. R. Cerqueira, (in RLA, 2, 1961, S. 109–122). – M. Ribeiro, »*Alma minha gentil*« (in Revista de Portugal, 33, Lissabon 1968, Nr. 268, S. 394–398). – E. Pereira Filho, *Uma forma provençalesca na lírica de C.*, Rio 1974. – M. C. B. de Mello, »*Alma minha gentil*«: *soneto polémica?* (in Jornal de Letras, 349, Rio 1980, Nr. 2, S. 7). – J. de Sena, »*Alma minha gentil*« (in J. de S., *Trinta anos de C., 1948–1978*, Bd. 2, Lissabon 1980, S. 9–151). – K. Dirscherl, *C. e a tradição do elogio feminino petrarquista* (in Cadernos de literatura, 11, 1982, S. 37–50). – A. Huerta, *Aristotle and Portugal, with an Emphasis on C. in the Sixteenth Century, and Selected Love Sonnets*, Diss. Santa Barbara 1982 (vgl. Diss. Abstracts, 43, 1982, S. 1990A).

## ANFITRIÕES

(portug.; *Die Amphitryone*). Komödie von Luís Vaz de CAMÕES, erschienen 1587. – Das Stück ist eine freie Bearbeitung des *Amphitruo* von PLAUTUS, in den gereimten Kurzversen der *redondilha maior* verfaßt. Es ist möglicherweise während der Studienzeit des Dichters in Coimbra entstanden, wo das Studium und die Aufführung lateinischer Komödien gepflegt wurden. Die Einteilung in fünf Akte stammt vom Herausgeber Juromenha. – Die äußeren Situationen mit ihren szenischen Effekten waren durch die Vorlage gegeben. Camões differenziert die komische Wirkung der Begegnungen Amphitryons und Sosias' mit Jupiter und Merkur in der Gestalt des Feldherrn und seines Dieners besonders, wenn er Merkur in der Rolle des Sosias kastilisch sprechen läßt. Die Darstellung der Gemütsbewegungen unterbricht die Komödienhandlung mit den typischen Verwechslungs- und Verkleidungsszenen und verdichtet sich zu ausdrucksstarken lyrischen Szenen: Alkmenes Sehnsucht, Enttäuschung und Verwirrung, Jupiters Verliebtheit, Amphitryons Verwunderung, Mißtrauen und Zorn. A.E.B.

AUSGABEN: Lissabon 1587 (in Antonio Prestes, L. de C. u. a., *Primeira parte das autos e comedias portuguezas* ...); ern. 1975. – Lissabon 1946/47 (in *Obras completas*, Bd. 3). – Braga 1980. – Lissabon 1981, Hg. C. Rocha [m. Anm.; krit.].

ÜBERSETZUNG: *Die Amphitryone*, W. Storck (in *Sämmtliche Gedichte*, 6, Paderborn 1885; m. Anm.).

LITERATUR: C. v. Reinhardstoettner, *Die plautin. Lustspiele in späteren Bearb.*, Lpzg. 1880. – Ders., *Die klass. Schriftsteller d. Altertums u. ihr Einfluß auf spätere Literaturen*, Lpzg. 1886, Bd. 1. – R. L. Grismer, *The Influence of Plautus in Spain before Lope de Vega*, NY 1944. – R. M. R. Fernandes, *O tema de Anfitrião em C.* (in Ocidente, 54, 1958, S. 62–72). – A. Crabbé Rocha, *As aventuras de Anfitrião e outros estudos do teatro*, Coimbra 1969. – A. Cirurgião, *Uma leitura alegórica do »Auto dos Anfitriões« de C.*, Braga 1980. – F. C. Gomes, *As enfigurações em »O auto d'Os Enfatriões«* (in RBLL, 2, Rio 1980, Nr. 6, S. 16–19). – R. Concepción, *The Theme of Amphitryon in L. de C. and Hernán Pérez de Oliva* (in *Empire in Transition*, Hg. A. Hower u. R. A. Preto-Rodas, Gainesville 1985, S. 177–193).

## EL-REI SELEUCO

(portug.; *König Seleukos*). Schauspiel von Luís Vaz de CAMÕES, erschienen 1645. – Antiochos, der Sohn des Königs Seleukos von Syrien, liebt seine Stiefmutter. Unter der Gewalt seiner Leidenschaft, der er nicht nachgeben und die er nicht gestehen darf, verzehrt sich sein Körper. Sein sichtlicher Verfall veranlaßt den König, ihn einem Arzt anzuvertrauen, der die wahre Ursache seines Leidens entdeckt und dem König enthüllt. Daraufhin verzichtet der alternde Seleukos zugunsten des Thronerben auf die Gattin.
In die Handlung sind schwankhafte Episoden eingeschaltet, in denen die Situation des liebeskranken Jünglings parodiert wird. Als Quelle diente dem Dichter der in spanischer Sprache verfaßte Kommentar des Bernardo ILLICINO zum zweiten Teil des ersten *Trionfo* PETRARCAS. Das Stück selbst setzt in Portugal von Gil VINCENTE ins Leben gerufene Tradition lyrisch-szenischer Spiele in den gereimten Kurzversen der *arte maior* fort. Dagegen deuten das komische Prosavorspiel und der Epilog, die nicht mit der eigentlichen Handlung, sondern nur mit der Aufführung des Stückes in Zusammenhang stehen, auf italienische Vorbilder. Die Einzelheiten der Vorbereitung der Aufführung im Hof eines Lissabonner Privathauses und die Bemerkungen über die zu erwartenden Zuschauer und die voraussichtliche Wirkung des zu spielenden Stückes sind überdies kulturgeschichtlich aufschlußreich. A.E.B.

AUSGABEN: Lissabon 1645 (in *Rimas*). – Porto 1941, Hg. A. C. Pires de Lima [m. Einl.]. – Lissabon 1946 (in *Obras completas*, Hg. H. Cidade, 5 Bde., 1946/47, 3; ern. 1956).

ÜBERSETZUNG: *König Seleukus*, W. Storck (in *Sämtliche Gedichte*, Paderborn 1885, Bd. 6; m. Anm. u. Einl.).

LITERATUR: J. M. Rodrigues, *O auto de »El-Rei Seleuco«* (in Boletim da Academia das Sciencias de Lisboa, 1, 1929, S. 45–53). – E. Asensio, *Sobre »El Rei Seleuco« de C.* (in BF, 11, 1950, S. 304–319). – F. P. Casa, *Petrarch and C.'»El-Rei Seleuco«* (in RF, 76, 1964, S. 430–436). – F. C. Gomes, *O auto camoniano de »El'Rei Seleuco«* (in Colóquio/Letras, 48, 1979, S. 64–67). – Ders., *O auto camoniano de »El'Rei Seleuco«: as poéticas do auto-capítulo de um estudo inédito sobre o teatro camoniano* (in Revista Letras, 29, Curitiba 1980, S. 59–73). – F. H. Pais Brandão, *Preámbulo a uma leitura de »El-Rei Seleuco«* (in Brotéria, 111, 1980, S. 137–147). – G. Lanciani, *»O Seleuco« de C.: desagregação e paródia de uma lenda de amor* (ebd., S. 148–159). – M. I. R. Rodrigues, *O teatro no teatro: a propósito de »El-Rei Seleuco« de outros autos quinhentistas* (in ArCCP, 16, 1981, S. 469–485).

## FILODEMO

(portug.; *Filodemo*). Komödie von Luís Vaz de CAMÕES, aufgeführt wahrscheinlich 1555 in Goa vor dem Gouverneur Francisco de Barreto; erschienen 1587. – Die Zwillinge Filodemo und Florimena sind die Kinder eines portugiesischen Edelmanns und einer dänischen Prinzessin. Ihr Vater ist bei einem Schiffbruch an der spanischen Küste umgekommen, ihre Mutter bei der Geburt der Kinder gestorben. Die Geschwister wachsen in der Obhut eines spanischen Hirten auf. Filodemo zieht in die Stadt, tritt in die Dienste des Adligen Lusidardo und verliebt sich in dessen Tochter Dionisa, die seine Neigung erwidert. Ihr Bruder Venadoro wiederum wirbt um Florimena und beschließt, ihr zuliebe dem Stadtleben zu entfliehen und mit ihr die Abgeschiedenheit des Hirtendaseins zu teilen. Die Enthüllung der vornehmen Abkunft der Zwillinge und ihrer Verwandtschaft mit Lusidardo, der sich als Bruder ihres Vaters entpuppt, beseitigt alle Hindernisse, die der Standesunterschied der Verbindung der Liebenden entgegengesetzt hat.

Die beiden Handlungen, die sich aus dieser Doppelliebe ergeben, spielen in unterschiedlichen Bereichen: die Filodemo-Dionisa-Handlung in der durch Nebengestalten und Intrigen belebten städtischen Atmosphäre, die Venadoro-Florimena-Handlung dagegen in der ruhigen, unberührten und von niemand gestörten Welt der Hirten. Die Neigung Filodemos und Dionisas wird vor allem durch die Zofe Solina gefördert, die dem Vorbild der berühmten Celestina aus Fernando de ROJAS' *Comedia de Calisto y Melibea* nachgebildet ist. Sie selbst erhofft sich von Filodemo, daß er ihr seinen Freund Duriano geneigt mache, der sich Filodemo zu Gefallen auch darauf einläßt, den Verliebten zu spielen. Dafür muß freilich Filodemo, der Dionisa im Stil der Liebesdichtung PETRARCAS anbetet, den Spott des nüchtern und prosaisch denkenden und handelnden Duriano hinnehmen. Das Schmachten Filodemos wird überdies parodiert durch des Dieners Vilardo burleskes Werben um Solina. – In der Venadoro-Florimena-Handlung herrscht die bukolische Stimmung vor. Zwar kontrastiert hier mit dem heiteren Ernst der Begegnung und Vereinigung der Liebenden die Narrheit des Hirtenjungen, mit dessen Kleid Venadoro sein städtisches Gewand vertauscht, aber dies ist nicht als Parodie der Haltung des jungen Edelmanns zu verstehen, da ja der Narr sich gerade mit jenen Äußerlichkeiten spreizt, die Venadoro abgelegt hat.

Die Quellen der Komödien sind unbekannt. Von den beiden anderen Komödien des Dichters, *Anfitriões* und *El-Rei Seleuco*, unterscheidet sie sich durch die Doppelhandlung, die in einer lockeren und bunten Szenenfolge entwickelt wird, durch das Spiel mit Differenzierungen und Kontrasten, das sich aus der dem jeweiligen sozialen Stand der Personen entsprechende Abwandlung des Motivs der Verliebtheit ergibt, durch den absichtsvollen Wechsel zwischen Versszenen (in Strophen der *redondilha maior* in jambisch-anapästischen Metren) und Prosadialogen. Seine Thematik, Motivvariation und -verschlingung und Stilmischung stellen den *Filodemo* in die Entwicklungslinie, die von Gil VICENTE und der frühen spanischen Dramatik zu den Komödien SHAKESPEARES führt. A.E.B.

AUSGABEN: Lissabon 1587 (in *Primeira parte dos autos e comédias portuguesas por António Prestes e por L. de C. e por outros autores portugueses*); ern. 1975. – Lissabon 1946 (in *Obras completas*, Hg. H. Cidade, 5 Bde., 1946/47, 3; ern. 1956). – Porto 1970 (in *Obras*).

ÜBERSETZUNG: *Filodemo*, W. Storck (in *Sämmtliche Gedichte*, Bd. 6, Paderborn 1885; m. Einl. u. Anm.).

LITERATUR: W. Creizenach, *Geschichte des neueren Dramas*, Halle ²1923, Bd. 3, S. 129–131. – H. Cidade, *Gil Vicente: repercursão no teatro de C.* (in Dionysos, 10, 1965, S. 29–39). – M. J. G. Marques, *Sobre a linguagem de C. no »Filodemo«* (in Boletim da Sociedade de Língua Portuguesa, Jg. 23, N.S. 3, 1972, Nr. 16, S. 152–163). – N. Miller, *O elemento pastoril no »Auto de Filodemo« de L. de C.* (in Arquivos, 1, 1972, Nr. 6, S. 48–58). – F. H. Pais Brandão, *Em torno do Infante D. Luís e de L. de C.* (in Arquipélago, 3, 1981, S. 157–166). – T. R. Hart, *C.'s »Auto de Filodemo«* (in Iberia, Hg. R. O. W. Goertz, Calgary 1985, S. 41–48).

## OS LUSÍADAS

(portug.; *Die Lusiaden*). Epos in zehn Gesängen von Luís Vaz de CAMÕES, erschienen 1572. – Das bedeutendste und berühmteste Werk der portugiesischen Dichtung entstand größtenteils, wenn nicht ganz, zwischen 1553 und 1570 in Asien (Makao und Goa). Nach Absicht des Verfassers und allgemeiner Auffassung die große nationale Dichtung der Portugiesen, erfüllt dieses Werk ein literarisches Desideratum des Zeitalters der Renaissance. In dem Bestreben, in den Dichtern der Antike gleichzutun, und in der Überzeugung, daß das Epos die vornehmste Gattung sei, suchten die Humanisten nach Stoffen, die sich für die epische Behandlung durch einen neuen HOMER oder VERGIL eignen könnten. Schon 1491 sah der Italiener POLIZIANO, einige Zeit später auch der Spanier Juan Luis VIVES in den weltverändernden Entdeckungsfahrten der Portugiesen den geeigneten Vorwurf für ein großes Heldengedicht, das den epischen Schöpfungen der Antike die Waage halten würde. Die portugiesischen Humanisten machten sich diese Anregung als nationale Aufgabe zu eigen. João de BARROS (1496?–1570), der offizielle Chronist der portugiesischen Krone, begreift sie im Sinn der Ideologie, die seinem großen Geschichtswerk *Ásia* zugrunde liegt: Das Epos der portugiesischen Expansion in Übersee sei zu schreiben als Epos der Ausbreitung des christlichen Glaubens in aller Welt durch die Portugiesen. Für António FERREIRA (1528–1569), den Lehrmeister einer rein portugiesischen, lediglich am Lateinischen orientierten Dichtung, wäre ein solches Werk wie kein anderes geeignet, Adel und Würde der portugiesischen Sprache unter Beweis zu stellen. Im Sinne dieser Anregungen, als weltverändernde Tat der Portugiesen, durch welche der Mensch die ihm scheinbar gesetzten Grenzen überschreitet und Welt und Natur sich untertan macht, und als universale Mission der Verbreitung des heiligen Glaubens konzipiert Camões sein Epos mit dem Anspruch, die Werke der Alten, die *Ilias*, die *Odyssee* und die *Aeneis* in den Schatten zu stellen, d. h., er erfüllt die Forderung seiner Zeit als humanistischer Patriot.

Charakteristisch für diese patriotische Absicht, die der Dichter in immer neuen Wendungen aus-

spricht, ist bereits der Anfang des Gedichts: Er ist dem der *Aeneis* nachgebildet, die bis in die Gemeinsamkeit stofflicher Motive und wörtlicher Anklänge hinein das unmittelbare Vorbild der *Lusiaden* ist, zeigt aber einen bedeutsamen Unterschied: Nicht »die Waffentaten eines einzelnen Helden« – »arma virumque« –, sondern »die vieler« – »as arma se os barões assinalados« –, d. h. das Heldentum eines ganzen Volkes will der Dichter besingen. Dabei geht er über die ursprüngliche Absicht hinaus: Nicht allein die Entdeckung und Eroberung des Seewegs nach Indien – nur etwa ein Drittel des Gedichts bezieht sich darauf – will er schildern, sondern überhaupt die Taten der Portugiesen (nach ihrem Stammvater Lusus »Lusiaden« genannt), von den legendären Anfängen der nationalen Geschichte bis in seine eigene Gegenwart. Die Schwierigkeiten, die aus solchem Vorwurf und solchem Anspruch erwachsen, werden noch dadurch kompliziert, daß sich der Humanist Camões durchaus den Wert- und Moralvorstellungen einer feudalistischen Gesellschaftsordnung verhaftet zeigt, die gerade der Humanismus in Frage gestellt und in ihren Grundlagen erschüttert hatte. Diese Schwierigkeiten erklären die an manchen Stellen hervortretende Widersprüchlichkeit des Werks, soweit diese nicht zeitgeschichtlich bedingt ist: Verdammung der Entdeckungsfahrten, deren Verherrlichung doch Hauptgegenstand des Epos ist, und statt dessen Propagierung des Krieges gegen die Ungläubigen in Nordafrika; Verdammung des Krieges, aber Glorifizierung der Portugiesen ausschließlich wegen ihrer kriegerischen Taten; Würdigung des portugiesischen Volkes lediglich in seinen Königen, Fürsten und höchsten Würdenträgern, während das Volk selbst, das doch bereits bei Fernão LOPES (um 1384–1460) als Handlungsträger aufgetreten war (vgl. *Chronica del Rei D. Joam I*...), nicht vorkommt. Doch in erster Linie waren die Schwierigkeiten, die Camões zu bewältigen hatte, formaler Natur: Wie war ein so gigantischer Stoff – die ganze portugiesische Geschichte und ihre Einordnung in die Geographie und Geschichte der Welt und den Bau des Universums – zu bewältigen, wenn kein zentrales Ereignis und keine Zentralfigur ihn zusammenhielt? Dieses Problem löste Camões als humanistischer Dichter: In Anlehnung an die großen epischen Dichtungen der Antike macht er die Indienfahrt der Portugiesen, »die Taten und die hochberühmten Helden«, die er besingt, zu einer Streitfrage unter den Göttern und schafft damit einen Konflikt, der das ganze Gedicht durchzieht und die Grundlage seiner kunstvollen Gliederung bildet.
Nach Anrufung der Musen, einer Huldigung, die König Sebastian (reg. 1568–1578) gilt und ankündigt, was das Gedicht enthält – von echter Heimatliebe, Tatenruhm, »wirklichen Heldentaten, nicht von phantastischen, erfundenen, lügenhaften« werde man hören – beginnt das Werk mit einer Versammlung der Götter auf dem Olymp, die nach dem Willen Jupiters Hilfsmaßnahmen für die Portugiesen, die künftigen Beherrscher Indiens, beschließen soll, deren Flotte sich, nach Umschiffung der Südspitze Afrikas, in Unkenntnis des weiteren Kurses auf offener See befindet. Bei dieser Versammlung kommt es zum Streit zwischen Bacchus, der die Verdunklung seines Ruhms als Eroberer Indiens durch die Portugiesen befürchtet, und Venus, die sich zu deren Beschützerin aufwirft, »weil sie in ihnen die Tugenden / des alten, ach so geliebten Römervolks erkannte«, und dieser Streit, in dem sich Mars auf die Seite der Venus schlägt, bestimmt fortan den Gang der Handlung, soweit von Handlung überhaupt die Rede sein kann. Zunächst gelingt es Venus mit Hilfe der ihr dienstbaren Nereïden gegen die Machenschaften des Bacchus die Portugiesen nach Melinde zu führen, wo man sie freundlich aufnimmt (Gesang 1, 2). Auf die wohlwollende Frage des dortigen Herrschers nach Herkunft und Schicksal berichtet Vasco da Gama von Europa, der Iberischen Halbinsel und Portugal, erzählt die portugiesische Königsgeschichte bis zu seiner eigenen Abreise von Lissabon (Gesang 3, 4) und schildert die Fahrt seiner Flotte die afrikanische Küste entlang, ums Kap der Guten Hoffnung bis nach Melinde (Gesang 5). Der Fortgang der Reise (Gesang 6) ist dann wiederum durch das Eingreifen des Bacchus, der auf einer Versammlung in den Unterwasserpalästen Neptuns die Wassergötter aufwiegelt, und durch eine erfolgreiche Gegenaktion der Venus bestimmt. Bei ihrer Ankunft in Kalikut von dem dortigen »Samorim« zunächst freundlich aufgenommen, berichtet Paulo da Gama, der Bruder Vascos, dem *catual* (Minister), der die Flotte besucht, von den kriegerischen Heldentaten einzelner Portugiesen, angefangen von Luso, dem sagenhaften Gründer Lusitaniens, bis hin zu den großen Männern der jüngsten Vergangenheit (Gesang 7). Wieder führt Bacchus einen Stimmungsumschwung herbei: Vasco da Gama wird sogar vorübergehend gefangengesetzt (Gesang 7). Angesichts dieser feindlichen Haltung verlassen die Portugiesen Kalikut in dem stolzen Bewußtsein, das Ursprungsland des Pfeffers gesehen zu haben und davon sichere Kunde nach Portugal zu bringen, während Venus beschließt, ihnen die verdiente Belohnung zuteil werden zu lassen. Auf einer paradiesischen Insel, die sie im Indischen Ozean entstehen läßt, erwartet sie in der Gestalt der Thetis inmitten ihrer Nereïden die Helden und schenkt ihnen süßen Liebeslohn (Gesang 9). Während eines Liebesmahls besingt eine der Nymphen den künftigen Ruhm der Portugiesen in Indien. Den Abschluß dieser Verkündigung bildet die Vision des Planetensystems, die Thetis von einem hohen Berg herab Vasco da Gama vergönnt, und eine Beschreibung der Erde in der Gestalt, in der sie der europäischen Menschheit durch die Entdeckungsreisen der Portugiesen bekannt und zugänglich gemacht werden sollte.
Die Vermengung historischer und mythologischer Elemente, mit deren Hilfe der Dichter seinen Stoff bewältigt, insbesondere die Vermischung christlicher und heidnischer Vorstellungen, hat von Anfang an Anstoß erregt. Noch VOLTAIRE spottet

über den »absurden« Gedanken, der Erfolg der portugiesischen Unternehmungen zur Ausbreitung des christlichen Glaubens sei durch Venus herbeigeführt worden. Camões selbst will die heidnisch-mythologischen Teile seines Gedichts allegorisch verstanden wissen, beispielsweise die Ereignisse auf der Liebesinsel als Allegorie des Ruhms und der Unsterblichkeit. Tatsächlich sind aber diese Teile die lebendigsten und eindrucksvollsten des Werks. Wenn irgendwo, so zeigt sich Camões in ihnen als ein Dichter von großer Kraft der Erzählung und Schilderung. Er selbst rühmt sich zwar – darin freilich auch nur einem Topos erzählender Dichtung folgend –, in seinem Heldenlied nicht Erdichtetes, sondern nur wirklich Geschehenes, »die reine, nackte Wahrheit«, zu berichten, und bis heute hebt die Kritik den geschichtlichen Wirklichkeitsgehalt und die Wirklichkeitsnähe der Darstellung als unvergleichliche Vorzüge des Werks hervor. Aber in der langen Reihe der Könige und Helden, von denen Vasco und Paulo da Gama, Jupiter selbst, die Nymphe und Thetis berichten, wird außer der ergreifenden Gestalt der Inês de Castro, der Geliebten König Peters I., kein Gesicht, kein Charakter, kein Ereignis wirklich anschaulich und lebendig. Zwar schildert Camões als erster bestimmte Grunderfahrungen der Seefahrt (Wasserhose, Elmsfeuer, das Krankheitsbild des Skorbuts), weshalb Alexander von HUMBOLDT »die Größe und Wahrheit der Naturbilder« und Camões als »großen Seemaler« rühmt. Aber selbst im Bereich der Naturschilderung verläßt sich der Dichter weniger auf die eigene Erfahrung als auf seine klassischen Vorbilder; die Beschreibung des Sturms im sechsten Gesang ist Vergil nachgebildet. Und das Erlebnis Afrikas und des Orients, afrikanische und asiatische Eindrücke suchen wir bis auf wenige flüchtige Andeutungen in den Lusiaden vergebens. Nicht einmal Vasco da Gama, geschweige denn seine Gefährten, treten dem Leser als lebendige Wesen entgegen, sondern bleiben unpersönlich, abstrakt.

Tatsächlich behandelt Camões die portugiesische Geschichte und die Indienfahrt Vasco da Gamas nicht eigentlich episch, sondern rhetorisch. Er stellt sie nicht wirklich dar, sondern als Künder, Deuter und Mahner ruft er sie lediglich auf, dies allerdings in höchst eindrucksvoller Weise. Nur in den mythologischen Teilen wird Camões zum Erzähler. Hier ist Handlung, Spannung, Dramatik, liebevolle Schilderung des Details, hier treten uns Individuen, lebendige Charaktere entgegen: Venus in der Darstellung des Camões, die von ihm erfundene Gestalt des verliebten Riesen Adamastor, den Thetis in ein Vorgebirge verwandelte und an die Südspitze Afrikas verbannte, sind einzigartige Gestalten der Weltliteratur.

Entsprechend dem Gesamthabitus des Werks ist die Sprache in erster Linie rhetorisch, sie handhabt mühelos alle traditionellen rhetorischen Mittel. Dabei reichen ihre Ausdrucksmöglichkeiten von gedrängter Kürze bis zu oratorischem Schwung. Zahlreiche Formulierungen sind als »geflügelte Worte«, stehende Redensarten und Sprichwörter in den portugiesischen Sprachschatz eingegangen. Dem Orlando furioso des ARIOST entnahm Camões die metrische Gestalt seines Epos, die ottava rima, die er mit großer Leichtigkeit, manchmal mit einer gewissen Sorglosigkeit handhabt. Hervorzuheben ist die Musikalität und Schmiegsamkeit des Camonianischen Verses, die Einfachheit, ja Anspruchslosigkeit seines Reims, vor allem die außergewöhnliche Modulationsfähigkeit des sprachlichen Ausdrucks, die in Klangbild, Wortwahl, Syntax und Rhythmus sich dem jeweiligen Inhalt der Aussage anpaßt.

An Quellen standen Camões die Chroniken von João de Barros, Fernão LOPES DE CASTANHEDA (†1559) und Gaspar CORREIA (1495–1565?), die Dichtungen der Zeitgenossen, insbesondere SÁ DE MIRANDAS und António Ferreiras, die Werke der Italiener, vor allem aber die Vorbilder aus der Antike und das ganze Arsenal humanistischer Gelehrsamkeit und Bildung seiner Zeit zur Verfügung, dazu die Erfahrungen und Erlebnisse seiner afrikanischen Jahre und eines siebzehnjährigen Aufenthalts in Asien. Der Dichter selbst verkörpert verhalten das wiederholt anklingende Ideal von Soldat und Dichter (»In einer Hand immer das Schwert, in der anderen die Feder«). Seine Präsenz im Epos gipfelt in der von Thetis erzählten Episode, wie er das Manuskript der Lusiaden aus den Wellen des Mekong rettet, eine Szene, die sich im 19. Jh. großer Beliebtheit erfreute und zahlreiche bildliche Darstellungen und Nachdichtungen erfuhr.

Das Interesse für die Rolle des Dichters, der in einer Phase der Dekadenz die Leistungen des portugiesischen Volkes besingt, signalisiert eine romantische Deutung der Lusiaden als das Werk des verkannten Dichter-Propheten. Als Epos eines nationalen Kollektivbewußtseins, dem der Dichter seine Stimme verleiht, übten die Lusiaden in ganz Europa Faszination aus. In Deutschland entstanden zu Beginn des 19. Jh.s gleich mehrere Übersetzungen; die Brüder SCHLEGEL und Alexander v. HUMBOLDT widmeten dem Epos Studien. In Portugal leitete A. GARETTS Dichtung Camões, in zehn Gesängen und mit Motti aus den Lusiaden, 1824 den portugiesischen »Romantismo« ein. Dabei wird der Untergang des Königs D. Sebastião in Marokko (1578) und der Tod des verkannten Dichters Camões ineins gesetzt als der Tiefpunkt nationaler Dekadenz, zu dessen Überwindung im Namen der Lusiaden aufgerufen wird.

In allen nationalen Krisensituationen von 1640 bis ins 19. Jh. bildeten die Lusiaden das geistige Fundament eines portugiesischen »Nationalgefühls« (T. Braga). Unter der Diktatur von Salazar wurde das Werk als Steinbruch eines nationalistischen und kolonialistischen Diskurses ausgebeutet. In dieser Form wirkt Camões' Epos bis heute als grundlegendes Bildungserlebnis (wobei Gesang 9 über die Liebesinsel lange Zeit zensiert wurde), mit dem sich auch die Autoren der portugiesischen Gegenwartsliteratur wie z. B. J. SARAMAGO (\*1922) und A. Lobo ANTUNES (\*1942) auseinandergesetzt haben.

A.E.B.-KLL

AUSGABEN: Lissabon 1572. – Lissabon 1584 [Faks. d. Ausg. v. 1572; ⁸1983]. – Madrid 1639 [komm. Ausg. von M. de Faria e Sousa]. – Paris 1817, Hg. Morgado de Mateus. – Lissabon 1947 (in *Obras completas*, Hg., Einl. u. Anm. H. Cidade, 5 Bde., 1945–1947, 4/5). – Porto 1963, Hg., Einl. u. Anm. H. Guedes de Oliveira. – Lissabon 1972 [Einl. J. de Sena; Faks. d. Ausg. v. 1639]. – Lissabon 1972, Hg. A. J. da Costa Pimpão. – Porto 1978, Hg. A. J. Saraiva; ern. 1982. – Porto o. J., Hg. E. P. Ramos [komm. Schulausg.].

ÜBERSETZUNGEN: *Die Lusiaden*, C. C. Heise, Hbg. 1806. – Dass., R. von Belzig, 1807, [Cotta-Bibl.]. – Dass., J. J. C. Donner, Sigmaringen 1833; ern. 1854; Lissabon 1972 [Einl. O. v. Leixner; portug.-dt.]. – Dass., K. Eitner, Hildburghausen 1869. – Dass., W. Storck (in *SW*, 6 Bde., 5, Paderborn 1883; m. Einl. u. Anm.). – Dass., O. Frhr. v. Taube, Freiburg i.B. 1949 [Ausw. m. Einl.; portug.-dt., Nachdr. Darmstadt 1979].

LITERATUR: T. Braga, *C. e o sentimento nacional*, Porto 1891 [Neuveröff. Lissabon 1984]. – J. M. Rodrigues, *Fontes dos »Lusíadas«* (in O Instituto, 51, 1904; 66, 1913, Lissabon ²1979). – J. Brito de Paiva e Sousa, *Rimário de »Os Lusíadas«*, Rio 1948; ²1983. – C. M. Bowra, *C. and the Epic of Portugal* (in C.M.B., *From Virgil to Milton*, Ldn. 1948). – H. Cidade, *L. d. C., O Épico*, Lisboa 1950; ⁴1975 [korr. u. aktual.; ern. 1985]. – J. Nogueira, *Dicionário e gramática de »Os Lusíadas«*, Rio 1960. – Reis Brasil, *»Os Lusíadas«, comentário e estudio crítico*, 9 Bde., Lissabon 1960–1973. – K. Reichenberger, *Vergleich und Überbietung. Strukturprinzipien im Epos des C.* (in APK, 1, 1960, S. 67–86). – Ders., *Epische Größe und manuelinischer Stil* (ebd., 2, 1961, S. 79–98). – Th. R. Hart, *L. de C. and the Epic of the »Lusiads«*, Norman 1962. – A. G. da Cunha, *Índice analítico do vocabulário de »Os Lusíadas«*, Rio 1966; ²1980. – F. Schürr, *Romantische Ironie und ›saudade‹ in den »Lusiaden«* (in F. S., *Erlebnis, Sinnbild, Mythos*, Bern/Mchn. 1968, S. 161–167). – J. de Sena, *A estrutura de »Os Lusíadas«*, Lissabon 1970; ²1980. – F. F. Machado, *Ensaio psico-sociológico sobre »Os Lusíadas«* (in Ocidente, 80, 1971). – J. H. Mouta, *Espiritualidade e valores humanos em L. de C.* (in Revista da Univ. de Coimbra, 21, 1971, S. 165–313). – M. dos Santos Alves, *Dicionário de »Os Lusíadas«*, Lissabon 1971. – A. Lins, *Ensaio sobre C. e a epopéia como romance histórico*, Porto 1972. – M. G. da Silva, *»Os Lusíadas« e o poder político*, Lissabon 1973. – G. da Fonseca, *C. e »Os Lusíadas«*, Rio 1973. – C. Malpique, *A ressonância dos »Lusíadas« durante o domínio filipino* (in Ocidente, 84, 1973, Nr. 420, S. 251–270). – E. Müller-Bochat, *Die »Lusiaden« von C. und die Geschichte des Epos* (in RF, 85, 1973, H. 1/2, S. 1–15). – F. Rauhut, *Sind die »Lusíadas« in ihrer Widersprüchlichkeit ein Nationalepos?* (in *Studia Iberica*, Fs. für H. Flasche, Bern/Mchn. 1973, S. 481–494). – M. H. de Almeida Esteves, *O sistema alegórico de »Os Lusíadas«*, Porto 1975 (vgl.

AION, 15, 1973, Nr. 2, S. 153–212). – R. Roncaglia, *»Os Lusíadas« de C. – ut pictura poësis* (in ArCCP, 8, 1974, S. 553–566). – R. Bismut, *Les Lusiades« de C.*, Paris 1974. – Ders., *Encore le problème de l'édition ›princeps‹ de »Os Lusíadas«* (in ArCCP, 13, 1978, S. 435–521). – J. B. de Macedo, *»Os Lusíadas« e a história*, Lissabon 1979. – L. de Paiva, *Do antigo e do moderno da épica camoniana*, Brasília 1980. – *A viagem de »Os Lusíadas«: símbolo e mito*, Hg. Y. K. Centeno u. S. Reckert, Lissabon 1981. – T. dos Santos Verdelho, *Índice reverso de »Os Lusíadas«*, Coimbra 1981. – J. de Sena, *Estudos sobre o vocabulário de »Os Lusíadas«*, Lissabon 1982. – C.-H. Frèches, *»Les Lusiades«: une dynamique des mythes* (in *L'Humanisme Portugais et l'Europe*, Paris 1984, S. 599–620). – G. Lanciani, *Mito ed esperienza nella nomenclatura geografica dei »Lusiadi«*, Mailand 1984. – A. J. Saraiva, *Função et significado do maravilhoso n'»Os Lusíadas«* (in Colóquio/Letras, 99, 1987, S. 42–50).

FERDINANDO CAMON

\* 14.11.1935 Urbana

IL QUINTO STATO

(ital.; Ü: *Der fünfte Stand*, auch *Der verlorene Stand*). Roman von Ferdinando CAMON, erschienen 1970. – Im ersten Romanwerk des Autors erzählt der Protagonist von der armseligen Bauernkultur seines winzigen Heimatdorfes in der Gegend von Padua und seinen jugendlichen Wunschträumen, aus ihr auszubrechen. Der Leser wird zunächst mit dem bäuerlichen Leben der Ärmsten, des »Fünften Standes« konfrontiert. Nach der Topographie des Dorfes schildert der Ich-Erzähler in freier Assoziationsfolge seiner Erinnerung die religiösen Bräuche der Bauern, die Hochzeit seiner Schwester, das Schlachten der Schweine, die Mühe des Brunnenausschachtens, die Arbeit auf den Feldern. Er erzählt vom Krüppel, der seine Mutter erschlägt, vom Werwolf, vom legendenumwobenen Partisanenkampf des Landvolkes gegen die brutalen deutschen Besatzer – und vom Tod.
Der Bann des chthonischen Kosmos der ewigen zyklischen Wiederkehr wird im zweiten Teil gebrochen, als Arbeiterkinder aus der überschwemmten Po-Ebene bei den Bauern im Dorf untergebracht werden – darunter das Mädchen Patrizia, das auf dem Hof des Erzählers aufgenommen wird. Der junge Protagonist ist von der fremden Städterin, die ihm unwissentlich die Kluft zwischen der Stadt mit ihrem lockenden Glanz und dem elenden Leben auf dem Land bewußt macht, fasziniert und hofiert sie nach Kräften. Die Wörter der italienischen Hochsprache, die das Mädchen gebraucht, erscheinen ihm fremdartig und wunderbar, sein ei-

gener Dialekt dagegen wirkt dumpf und ungeschlacht. Die Sehnsucht nach der Stadt wird auch durch den Besuch von Patrizias Vater nicht gedämpft, einem Fabrikarbeiter und wichtigtuerischen Aufsteiger, der ständig von Geld und Karriere redet und den Bauern zu ihrem gesunden und glücklichen Leben gratuliert.

Wie besessen versucht sich der Junge im dritten Teil des Buches anhand von Patrizias Illustrierten von jener städtischen Welt ein Bild zu machen, in der es elektrisches Licht und verführerische Frauen gibt. Als ihm ein Lehrer zum Beruf des Landvermessers rät, zirkelt der Bauernjunge in seiner Phantasie seinen Lebensweg in der Stadt ab. In einer geradezu religiösen Vision, die an DANTES *Paradiso* aus der *Göttlichen Komödie* erinnert, sieht er sich mit unendlicher Heilserwartung auf dem Stadtplan von Padua in konzentrischen Kreisen der geheimnisvollen und leuchtenden Mitte der Stadt Jahr um Jahr näher kommen.

Camon legte mit seinem Roman, dem PASOLINI hohes Lob zollte, Zeugnis vom Elend einer sterbenden vorindustriellen Bauernzivilisation ab, ohne in primitiven Populismus zu verfallen. In einem Anhang versichert er dem Leser, »*daß der soziale Hintergrund dieses Romans bis in die kleinste Einzelheit wahr ist*«. Aus Geschichten, die Selbstbiographie und ruralen Mythos verquicken, ersteht die Naturgeschichte einer bäuerlichen Kultur, die keine historiographische Chronologie kennt und außerhalb der offiziellen Zeitrechnung steht. Der vorher nur vereinzelt angedeutete Gedanke des Ich-Erzählers an Veränderung der archaischen Verhältnisse wird durch die imaginäre Begegnung mit der Stadt zum ungestillten Wunsch. Seit der Begegnung mit Patrizia fließt der endlos sprudelnde und sich in zahllose Digressionen in die Vergangenheit verzweigende Bewußtseinsstrom der Hauptfigur häufig in der zielgerichtetere Bahn vielversprechender Zukunftsprojektionen, doch versagt sich Camon evasive Fortschrittseuphorie ebenso wie nostalgische Sehnsucht nach den Ärmsten der Armen, sondern beschreibt nur die spannungsreiche Veränderung. Wie Pasolini bemerkt hat, drückt sich in diesem langen inneren Monolog des Protagonisten auch die Spannung zwischen der gebildeten Zentralfigur, die aus der Distanz zurückblickend erzählt, und den rückständigen peripheren Romangestalten aus. M.Wn.

AUSGABEN: Mailand 1970. – Mailand 1977.

ÜBERSETZUNGEN: *Der fünfte Stand*, C. Rymarowicz, Bln./DDR 1974. – *Der verlorene Stand*, ders., Mchn. 1979.

LITERATUR: P. P. Pasolini, *Scritti corsari*, Mailand 1975, S. 269–274. – V. Dornetti, *Sociologia e letteratura nel »Quinto stato« di C.* (in Otto-Novecento, 1979, Nr. 2). – R. S. Borello, Rez. (in SZ, 10. 10. 1979). – I. Brandt, Rez. (in Die Welt, 28. 6. 1980). – C. de Michelis, Art *F. C.* (in Branca, 1, S. 477–480).

## LA VITA ETERNA

(ital.; *Ü: Das ewige Leben*). Roman von Ferdinando CAMON, erschienen 1972. – Wie in seinem Erstlingswerk *Il quinto stato* thematisiert der Autor auch in diesem, seinem zweiten Roman das Leben der Landproleten aus der Provinz von Padua. Im kurzen, prologähnlichen ersten Teil ist vom Papst die Rede, der jeden Morgen einen Brief mit den Ratschlägen Gottes findet. Doch der Teufel schickt dem Pontifex ab und zu eine gefälschte Botschaft, was das Unheil in der Welt erklärt. Erst die Putzfrau im Vatikan deckt eines Tages die satanische Täuschung auf, und ein Vierteljahrhundert lang herrscht auf der Welt Frieden. – Der zweite und umfangreichste Teil des Buches ist dem Widerstand gegen die deutschen Besatzungstruppen gewidmet, deren Brutalität die Bauern mit Gleichem vergelten. Die Antwort der SS auf Sprengkommandos der Untergrundkämpfer gegen Brücken sind Repressalien und Terror gegen die Dorfbewohner und die Vernichtung des Partisanentrupps im Wald. – Der dritte Teil schließlich besteht aus fünf szenischen Tableaus der bäuerlichen Kultur: Der Ich-Erzähler berichtet von den Dörflern, die, als durch Inflation und Währungsreform das Geld plötzlich nichts mehr wert ist, für ihren Handel eine eigene Währung erfinden, für deren Gültigkeit die Kirche bürgt. Er erzählt von den Ärmsten im Dorf, die sich ihren Lebensunterhalt mit der Maulwurfsjagd verdienen, von seinen Erlebnissen im Kinderheim, wo ihm der Unterschied zwischen armen und reichen Kindern sinnfällig wurde, von der ruhigen Misere der Elendsten, die sich in der Sonne lausen, und von der alten Crua, die zwei Tage tot auf dem Stuhl kauert, und auf deren freigewordenen Platz sich die schwachsinnige Tochter setzt.

Das J. P. SARTRE gewidmete Werk beruht – so erklärt Camon in einer »Nachschrift« zum Roman – im zweiten Teil auf stenographierten Aussagen venetischer Bauern, die er mit eigenen Erzählungen vermischt hat. Doch will Camon keineswegs der Chronist einer ohnehin außerhistorischen Zivilisation sein, noch schildert er eine Idylle des Elends, sondern beschreibt eine funktionierende Kultur, die mit der Elektrifizierung und der Einführung des Fernsehens in den sechziger Jahren versinkt. Aus der »*Perspektive eines bauernschlauen Simplizius*« (H. J. Fröhlich) erzählt der Autor zunächst das »ewige Leben« der armen Bauern, deren Zeitrechnung sich allenfalls an Unwettern und Schicksalsschlägen orientiert. Frieden oder Krieg bedeutet für ihr Dasein keinen Unterschied, müssen sie doch täglich um ihr Überleben kämpfen, argwöhnisch gegenüber jedermann: »*Sette Secondo hatte im Krieg nie verstanden, wer seine Feinde waren, die Deutschen oder die Österreicher oder die Kroaten oder die Italiener; was ihn betraf, so traute er keinem, weder denen, die ihm im Schützengraben gegenüber standen, noch denen, die neben oder hinter ihm lagen.*« Für die Ärmsten der Armen existiert Geschichte, wie sie in Geschichtsbüchern steht, nicht. Der kontinuierliche innere Monolog des Ich-Erzählers ist dieser

Sehweise von unten gemäß konstruiert. Camon schreibt indes ein »*Antigeschichtsbuch*«, »*er diffamiert jedes geschichtliche Denken*«, wenn er ohne Logik, assoziativ schweifend seine Erzählung wild wuchern läßt und damit nicht nur die Perspektive der Mächtigen zertrümmert, sondern letztlich auch diejenige derer, die Geschichte erleiden. Er löst jedes Geschichtsbewußtsein auf und richtet den Blick statt dessen auf das, »*was denn Leben überhaupt sein könnte*« (H. Heissenbüttel). M.Wn.

AUSGABE: Mailand 1972.

ÜBERSETZUNG: *Das ewige Leben*, C. Rymarowicz, Bln./DDR 1976. – Dass., ders., Mchn. 1981. – Dass., ders., Ffm. 1983 (FiTb).

LITERATUR: H. J. Fröhlich, Rez. (in FAZ, 14. 4. 1981). – H. Heissenbüttel, Rez. (in SZ, 9. 5. 1981). – U. Stempel, Rez. (in FRs, 11. 7. 1981). – I. Brandt, Rez. (in Die Welt, 10. 10. 1981). – W. M. Lüdke, Rez. (in Die Zeit, 8. 1. 1982). – C. de Michelis, Art. *F. C.* (in Branca, 1, S. 477–480).

## TOMMASO CAMPANELLA

eig. Giovanni Domenico Campanella
\* 5.9.1568 Stilo
† 21.5.1639 Paris

LA CITTÀ DEL SOLE. Dialogo di Repubblica nel quale si dimostra l'idea di riforma della Repubblica cristiana conforme alla promessa da Dio fatta alle Sante Caterina et Brigida

(ital.; *Der Sonnenstaat. Dialog über den Staat, in welchem die Idee der Erneuerung des christlichen Staates aufgezeichnet wird, so wie sie Gott der heiligen Katharina und Brigitte versprochen hat*). Staatsutopie des Dominikaners Tommaso CAMPANELLA, entstanden 1602, zweite Fassung 1611, in der lateinischen Fassung (*Civitas solis idea republicae philosophicae*; 1613) erschienen 1623. – Diese Schilderung eines idealen Staatswesens wurde sehr viel mehr durch PLATONS *Staat* angeregt als durch die *Utopia* (1516) des Thomas MORUS, der Campanella an Originalität und Gestaltungskraft erheblich übertraf. *La città del sole* entstand in Neapel, wo Campanella wegen Volksaufwiegelung eingekerkert war. Zur Darstellung wählte er die Form eines Berichts, den ein Genueser Seefahrer einem Oberen des Hospitalierordens abstattet. Danach befindet sich auf der Insel Taprobana (dem heutigen Ceylon, wohin eine alte Überlieferung das irdische Paradies verlegt) ein theokratisch regierter Staat von stark sozialistisch anmutender Prägung. An der Spitze der nur aus Priestern bestehenden Behörde steht als Verkörperung der höchsten Weisheit der Sonnenpriester Metafisico. Er ist das Haupt einer Aristokratie, die sich auf Wert und Ansehen der Person, nicht auf Geburt und Herkommen gründet. Unterstützt von drei Regenten, welche die Macht, die Weisheit und die Liebe verkörpern und die entsprechenden Sektoren verwalten, lenkt er den Staat, dessen Gesetze von der Vernunft diktiert sind und in dem sich der einzelne dem Gemeinwohl unterzuordnen hat. Die Gütergemeinschaft sichert die innere Eintracht, während die stets siegreichen Kriege nur gegen Angreifer und auf Ersuchen fremder Völker gegen deren Unterdrücker geführt werden. Innerhalb der Landesgrenzen ist nur der Tauschhandel gestattet. Bevorzugt werden die produzierenden Berufe, Landwirtschaft und Handwerk. Bis ins einzelne sind auch Ernährung und Fortpflanzung geregelt: Nach dem Prinzip der Zuchtwahl werden die Paare behördlich auf Zeit zusammengegeben. Die Kinder leben von den Eltern getrennt und werden gemeinsam erzogen. Männliche und weibliche Staatsangehörige sind im wesentlichen gleichberechtigt. In der Rechtsprechung gilt in schweren Fällen das Gesetz »Auge um Auge, Zahn um Zahn«; Urteile werden unmittelbar durch das Volk vollstreckt. Jedermann kann auf der öffentlichen Volksversammlung seine politischen Ansichten und Beschwerden vorbringen. Auch in den technischen Errungenschaften ist das Land weit fortgeschritten. Die Bewohner des Sonnenstaats besitzen genial konstruierte Wagen und maschinell sich vorwärtsbewegende Schiffe, sie können künstliches Licht erzeugen und besitzen Mittel, das Klima künstlich zu regeln. Ebenso verstehen sie sich aufs Fliegen und hoffen mittels weitreichender Seh- und Hörrohre den Kosmos zu erschließen. Ihre Religion ist undogmatisch. Sie glauben an zwei metaphysische Grundprinzipien: das Seiende, das für sie Gott, und das Nichtseiende, das die Voraussetzung allen Werdens ist. Gott offenbart sich ihnen in der Sonne. Daher erhebt sich über ihrer entsprechend den sieben Planetenbahnen von sieben Mauern umgürteten Stadt der Sonnentempel.

Weist innerhalb des Werks der den Bericht anhörende Ordensmann wiederholt auf die enge Berührung dieser Staatsordnung mit christlichen Grundsätzen hin, so interpretierte Campanella selbst – vielleicht um seine Freilassung zu erwirken – in der 1605 entstandenen Schrift *Monarchia Messiae* (*Das Königreich des Messias*) seinen Staat als positive Theokratie des Papstes. Dennoch ist *La città del sole* in seinen Grundsätzen ein kirchenfeindliches Werk, wie so viele wissenschaftliche und philosophische Schriften, die in Italien den Übergang vom Mittelalter zur Neuzeit kennzeichnen. D.K.

AUSGABEN: Ffm. 1623 (*Civitas solis idea republicae philosophicae*; als Anhang zu *Philosophia epilogistica realis*; lat.). – Utrecht 1643 (*Civitas solis poetica idea republicae philosophicae*). – Lugano 1836 (*La città del sole*; n. d. lat. Text übers.). – Modena 1904, Hg.

E. Solmi [zum erstenmal nach dem Originalms.]. – Neapel 1920, Hg. G. Paladino [krit.]. – Turin 1941, Hg. N. Bobbio [lat.-ital.]. – Mailand 1956 (in *Opere di G. Bruno e di T. C.*). – Rom 1958, Hg. A. Agazzi. – Mailand 1962; 81986, Hg. A. Seroni [m. Bibliogr.]. – Turin 1977 (in *Opere*, Hg. L. Bolzoni). – Cosenza 1985, Hg. F. Bartoletta.

ÜBERSETZUNGEN: *Die Sonnenstadt oder Idee einer philosophischen Republik*, anon., Altenburg 1789. – *Der Sonnenstaat*, I. E. Wessely, Mchn. 1900. – Dass., G. Brauns u. a., Bln. 1955. – Dass., K. J. Heinisch (in *Der utopische Staat*, Reinbek 1960; m. Bibliogr.; RKl; zul. 1986).

LITERATUR: P. Lafargue, *T. C.*, Bln. 1922. – P. Treves, *La filosofia politica di T. C.*, Bari 1930. – K. Sternberg, *Der Sonnenstaat* (in HZ, 148, 1934, S. 520–570). – B. Croce, *Alcune osservazioni sulla filosofia del C.* (in Critica, 42, 1940, S. 51–55). – A. Sarno, *C. e Vico* (in A. S., *Pensiero e poesia. Saggi raccolti da B. Croce*, Bari 1943, S. 28–51). – L. Firpo, *Per il testo critico della »Città del sole«* (in GLI, 125, 1948, S. 245–255). – Ders., *Cinquant'anni di studi sul C. – 1900 a 1950* (in Rinascimento, 6, 1955, S. 209–348). – S. Femiano, *La metafisica di T. C.*, Mailand 1968. – *T. C. Miscellanea di studi nel IV centenario della sua nascita*, Neapel 1969. – B. M. Bonansea, *T. C.: Renaissance Pioneer of Modern Thought*, Washington D.C. 1969. – F. Ducros, *T. C. poète*, Paris 1969. – G. Bock, *T. C. Politisches Interesse u. philosophische Spekulation*, Tübingen 1974. – R. Ahrbeck, *Morus, C., Bacon: frühe Utopisten*, Köln 1977. – F. Grillo, *C. e Dante*, Cosenza 1977. – V. Paladino, *Ultimi studi campanelliani*, Messina 1978. – S. Cro, *T. C. e o prodomi della civiltà moderna*, Hamilton/Can. 1979. – *»La città del sole« di Fra T. C.*, Hg. E. Frauenfelder, Neapel 1981. – D. Briesemeister, *Zur Wirkung von T. C. u. Traiano Boccalini im Dtld. des 17. Jh.s* (in Italienische Studien, 6, 1983, S. 33–45). – A. Cassaro, *L'atheismus triumphatus di T. C.*, Neapel 1983. – M. Guglielminetti, *T. C. poeta: una guida alla lettura* (in Italianistica, 12, 1983, S. 51–68). – Ders., Art. *T. C.* (in Branca, 1, S. 483–492). – P. Kuon, *Utopischer Entwurf u. fiktionale Vermittlung*, Heidelberg 1986. – R. Scramaglia, *»La città del sole«: l'utopia realizzata*, Mailand 21986.

---

### THOMAS CAMPBELL

\* 27.7.1777 Glasgow
† 15.6.1844 Boulogne-sur-Mer / Frankreich

**DAS LYRISCHE WERK** (engl.) von Thomas CAMPBELL.

Als Lord BYRON 1813 den dichterischen Rang seiner englischen Kollegen zu taxieren versuchte, ordnete er den aus einer schottischen Hochlandfamilie stammenden, aber in Glasgow geborenen und an der dortigen Universität ausgebildeten Romantiker Campbell zwar unter SCOTT und S. ROGERS, aber über SOUTHEY, WORDSWORTH und COLERIDGE ein. Das öffentliche Ansehen des Schotten, der Deutschland und Frankreich bereiste und literarische Größen wie KLOPSTOCK, A. W. v. SCHLEGEL, F. H. A. v. HUMBOLDT oder Mme. de STAËL kennenlernte und dessen Vertrautheit mit dem deutschen Hochschulsystem zum Plan und zur Gründung einer Londoner Universität führten (1836), begann bereits während der dreißiger Jahre zu sinken. Zwar erschien 1851 eine erste annotierte und von J. M. W. Turner illustrierte Werkausgabe, der 1875/90 die sog. Aldine-Ausgaben und 1907 die Edition von J. L. ROBERTSON folgten. Aber es gibt heute weder eine modernen kritischen Text (mit Aufnahme auch der anonym publizierten Dichtungen) noch eine deutsche Übersetzung.

Byrons Lob Campbells ist nicht zufällig: Beide schätzten den formvollendet-eleganten Klassizisten A. POPE. Aber während Byron durch modern anmutende Zerrissenheit geprägt ist, die sein Werk zum »Bruchstück einer großen Konfession« werden läßt, bleibt Campbell eher konventionell. Zwar zeichnet seine Dichtungen ein hohes Maß an sprachlicher Musikalität, metrischer Flexibilität und rhetorischem Können aus; Campbell hat sein Werk jedoch aus klassizistischer Furcht vor sprachlichen Makeln stets so intensiv überarbeitet, daß ihm Spontaneität und Ursprünglichkeit zu fehlen scheinen: Er rieche wie Th. GRAY »zu sehr nach Öl« – so die Kritik von Lord Byron.

Romantisch ist vor allem sein Dichtungsverständnis, das in einer quasi-religiösen »Verehrung der Natur« gipfelt, wie er 1821 in einem Vortrag ausführt. Sein Konzept eines hoffnungsvollen und utopische Züge tragenden »Optimismus der Imaginationskraft« erinnert an SHELLEY (die Entsprechungen zum Schluß von *Prometheus Unbound*, 1820, sind eklatant), und er will auch wie jener die dichterische Phantasie von den Fesseln des empirisch-philosophischen Wahrheitsbegriffes befreit wissen: Letzte moralische Instanz ist für ihn die allgemeine »Idee des Glücks«. Aber Campbell fehlen doch die intellektuelle Brillanz und der dichterische Genius Shelleys.

Nach Abschluß seines Universitätsstudiums betätigte sich Campbell zunächst als Privatlehrer und konnte 1799 das Werk veröffentlichen, das ihm den Titel des *»Barden der Hoffnung«* eintrug: *The Pleasures of Hope (Die Freuden der Hoffnung)*, ein aus 1079 klassizistischen heroischen Versen bestehendes lehrhaftes Gedicht, in dem sich Campbell als Erbe der schottischen Aufklärung des späten 18. Jh.s und als zukunftsorientierter Fortschrittsenthusiast zeigt. Wie Campbell in diesem Werk, das in der Tradition von AKENSIDES *The Pleasures of Imagination* (1744) und ROGERS' *The Pleasures of Memory* (1792) steht, mit Hilfe zahlreicher Beispiele demonstrieren will, ist die auf der Imaginationsfähigkeit basierende Hoffnung für den vom

Schicksal geschlagenen oder in tiefer Not steckenden Menschen die Kraft, die ihn anders als der eher realitätsorientierte Intellekt eine bessere Zukunft verheißen kann. Aber Campbell beschäftigt sich nicht nur mit dem Geschick des Einzelnen, sondern auch mit der Zukunft der (noch) barbarischen oder unterjochten Völker; besonders die Polen, die afrikanischen Sklaven und die Inder liegen ihm am Herzen: Er prophezeit ihnen eine Zukunft in Freiheit. Insgesamt wechselt Campbell zwischen idyllischen Szenenschilderungen und relativ allgemeinen Zukunftsvorstellungen, konkreten Naturbildern und abstrakten philosophischen Erörterungen, glühenden Gefühlen und moralisierenden Einwendungen, ohne allerdings sein Thema systematisch abzuhandeln. Die Kritik hat denn auch das in späteren Ausgaben erweiterte und mit einleitenden Zusammenfassungen versehene Gedicht wegen seiner sprunghaften Gedankenführung getadelt.

Der große – auch finanzielle – Erfolg der *Pleasures of Hope* versetzte Campbell in die Lage, eine Deutschlandreise zu unternehmen. In Hamburg traf er mit Klopstock zusammen, den er gelegentlich nachzuahmen versuchte, und in Regensburg wurde der vormalige Sympathisant der Französischen Revolution Zeuge »*der Schrecken des Krieges*« gegen Napoleon. Ergebnisse des ersten Deutschlandbesuches sind etwa das 1801 in London entstandene Kriegsgedicht *Hohenlinden* mit den rhythmisch stampfenden vierhebigen Jamben (die ersten drei Verse weisen jeweils einen männlichen Reim auf, die vierten Zeilen aller acht Strophen reimen untereinander), die bekannten patriotischen Gedichte *Ye Mariners of England*, 1801 *(Die Seeleute Englands)*, oder *The Battle of the Baltic*, 1805 (*Die baltische Schlacht*; d.i. die Schlacht um Kopenhagen 1801), aber auch die *Lines on Leaving a Scene in Bavaria (Verse beim Verlassen einer bayerischen Landschaft)*, in denen Campbell die einsame Natur als Ort idyllischen Friedens fern der menschlichen Gesellschaft evoziert.

1809 erschien das Versgedicht *Gertrude of Wyoming or the Pennsylvanian Cottage (Gertrude von Wyoming, oder die Hütte in Pennsylvania)*, das thematische Anklänge an Scotts *Lay of the Last Minstrel* (1805), vor allem jedoch an CHATEAUBRIANDS *Atala* (1801) aufweist und wie *Theodric* (1824) geistesgeschichtlich in die Tradition des Primitivismus gehört. Während in *Gertrude* die in der idyllisch-unverdorbenen Natur lebenden Menschen der Neuen Welt verherrlicht werden, denen sowohl ein idealisierter einzelner Indianer als auch barbarische Wilde gegenübertreten, die zum tragischen Ende der Heldin beitragen, sind es in *Theodric* die Schweizer, die Campbells Ideal der harmonischen Einheit mit der Natur und der moralischen Reinheit verkörpern. Nachdem er in *Gertrude* sich metrisch am Vorbild von J. THOMSONS Verwendung der Spenserstrophe in *The Castle of Indolence* (1748) orientiert hatte, verwendete er in *Theodric* erneut das heroische Verspaar. Gleichzeitig verwendete er jetzt häufiger den Blankvers, Zeichen für seine allmähliche Annäherung an Wordsworth. Tatsächlich zeigen auch seine späten Naturgedichte, in denen er sich gegen das neue Fabriksystem und die Zerstörung der Landschaft wendet oder Phänomene der Natur auf sich einwirken läßt, auch sprachlich die Nähe zu jenem Lyriker, dessen Ansehen seit 1830 das aller übrigen Romantiker überflügelte *(Lines on Revisiting a Scottish River*, 1825 – *Verse beim Wiederbesuch eines schottischen Flusses; Field Flowers*, 1826 – *Feldblumen; Lines on the View from St. Leonards*, 1835 – *Verse beim Blick von St. Leonards; Cora Lynn or the Falls of Clyde*, 1837 – *Cora Lynn oder die Wasserfälle des Clyde).*

Campbell hat sich auch mit den historischen Ereignissen der schottischen Heimat befaßt, so in der Verserzählung *The Pilgrim of Glencoe*, 1842 *(Der Pilger von Glencoe)*, und er schrieb eine Reihe von romantisch-dramatischen Balladen, deren Handlung im Hochland spielt. Am bekanntesten ist *Lord Ullin's Daughter*, 1809 *(Lord Ullins Tochter)*, die in der traditionellen Balladenstrophe erzählte Flucht des Hochlandskriegers, der schließlich mit der Tochter des Verfolgers vor dessen Augen in den stürmischen Fluten von Lochgyle versinkt.

Immer wieder hat Campbell auch politische Gedichte geschrieben, vor allem während der späteren Jahre, als er u.a. an der Anthologie *Specimens from the British Poets* (1819) arbeitete, Vorlesungen über Literatur hielt (seit 1813) und zwischen 1821 und 1830, als unter seiner Leitung aus dem konservativen ›New Monthly Magazine‹ das führende literarische Journal der Liberalen wurde. (Bezeichnenderweise wählten Studenten ihn Ende 1826 gegen den Willen der Professoren zum Lord Rector der Universität Glasgow, ein Amt, das er bis 1829 innehatte.) Der Liberale Campbell trat während dieser Jahre immer wieder prononciert für die Idee politischer Freiheit und Selbstbestimmung vor allem der Polen ein (etwa in *Lines to Poland*, 1831 – *Verse an Polen; The Power of Russia*, 1831 – *Die Macht Rußlands; Ode to the Germans*, 1832 – *Ode an die Deutschen)*. Ein polnischer Adliger streute bei Campbells Beisetzung Erde vom Grab des Patrioten Kosciusko auf seinen Sarg.     U.Bö.

AUSGABEN: *The Poetical Works*, Hg. W. A. Hill, Ldn. 1851. – *Complete Poetical Works*, Hg. J. L. Robertson, Ldn. 1907. – *Lectures on Poetry (Lecture I)* (Nachdr. aus The New Monthly Magazine in Emerson Society Quarterly, 14, 1959, S. 48–56).

LITERATUR: O. Funke, *C. als Dichter*, Diss. Lpzg. 1902. – A. M. Bierstadt, »*Gertrude of Wyoming*« (in JEGP, 20, 1921, S. 491–501). – A. M. Turner, *Wordsworth's Influence on Th. C.* (in PMLA, 38, 1923, S. 253–266). – H. H. Jordan, *Th. C.* (in *The English Romantic Poets and Essayists. A Review of Research and Criticism*, Hg. C.W. u. L. H. Houtchens, Ldn. 1966, S. 185–196). – *The Rhetoric of Blair, C., and Waterly*, Hg. J. Golden u. E. Corbett, NY 1968. – P. S. Macaulay, *Th. C.: A Revaluation* (in English Studies, 50, 1969, S. 39–46). – W. P.

Ellege, *The New Monthly Magazine* (in *British Literary Magazines. The Romantic Age*, Hg. A. Sullivan, Westport/Conn. 1983, S. 331–339).

## REMCO WOUTER CAMPERT

* 28.7.1929 Den Haag

### TJEEMPIE! OF LIESJE IN LUILETTERLAND

(ndl.; *Tjeempie! oder Lieschen im Sch-litera-ffenland*). Roman von Remco Wouter CAMPERT, erschienen 1968. – Nachdem Campert, einer der Vertreter der »Bewegung von 1950«, lange Zeit vornehmlich als Lyriker produktiv und erfolgreich war, erlangte er in den Sechzigern auch Anerkennung als Erzähler. *Tjeempie* ist eine heitere und turbulente Satire, die sich an die Struktur des Schelmenromans anlehnt. Zielscheiben des fröhlichen, von vielfältigen parodistischen Effekten getragenen Spotts sind kulturelle Zeiterscheinungen wie die Provo-Bewegung in den Niederlanden, die Sex- und Drogenwelle, die Sprache der Jugendszene und die zeitgenössische niederländische Literatur. Unmittelbares literarisches Vorbild des Romans ist die Satire *Candy* (1958) der Amerikaner Terry SOUTHERN und Mason HOFFENBERG. Eine Hommage an dieses Werk ist die Erwähnung von Candy als Brieffreundin von Liesje, der Hauptfigur. Daneben finden sich formale und inhaltliche Parallelen zu R. QUENEAUS *Zazie dans le Métro* (1959). Wie dieser verwendet Campert eine eigene Art phonetischer Schreibung, die viele Wörter ähnlich parodistisch verzerrt erscheinen läßt wie die geschilderten Ereignisse und Figuren.

Die frühreife, aber naive Göre Liesje, deren Slang alle Elemente des Szenejargons musterhaft in sich vereint, will wegen einer Schulaufgabe nach Amsterdam fahren, um dort moderne Schriftsteller über ihr literarisches Schaffen zu befragen. Liesjes Mutter, Vorsitzende des örtlichen Damenvereins zur Wahrung der guten Sitten, zeigt sich entsetzt über die Hausaufgabe und untersagt ihrer Tochter jeglichen Kontakt zu den »*sittenlosen Schreiberlingen*«, die ohnehin nur ein Thema hätten: nämlich Sex. Das strikte Verbot entfacht jedoch Liesjes Neugier, denn obwohl in dessen Praxis längst eingeweiht, ist ihr die Bedeutung des Wortes Sex nicht geläufig. Von den Schriftstellern erhofft sie sich Aufklärung und macht sich heimlich auf den Weg. Bereits im Zug begegnet ihr das erste Exemplar eines Dichters, der unter Drogeneinfluß gerade ein »*psychedelisch-lyrisches brainstorming*« veranstaltet. Ohne lange Umschweife kommt es zu Liesjes erstem sexuellen Abenteuer mit einem Schriftsteller. In der Hauptstadt folgen in rasantem Tempo weitere. Mit der Aneinanderreihung sexueller Erlebnisse spielt Campert auf Jan CREMERS Provo-Roman »*Ik Jan Cremer*« (1964) an und veralbert zugleich Dramaturgie und Diktion trivialer Pornoliteratur. Trotz ihrer Begegnungen mit diversen Literaten, deren Darstellungen Campert zu glänzenden Karikaturen zeitgenössischer Autoren geraten, erfährt sie nicht, was »Sex« bedeutet. Auch die »sexistenzphilosophischen« Ein- und Ausführungen des bestfrisierten Schriftstellers der Niederlande helfen ihr nicht weiter. Ihre besorgte Mutter hat mittlerweile den getreuen Hausdiener ausgeschickt, um sie zurückzuholen. Der aber wird am Bahnhof von einer euphorischen Menge Jugendlicher abgefangen, die ihn für den lange erwarteten Guru »Klaas« hält und stürmisch feiert. Diese Episode greift die ebenso hoffnungs- wie geheimnisvolle Prophezeiung »Klaas komt« auf, die z. Zt. der Provo-Bewegung von vielen Hauswänden prangte und der auch der Erzähler W. F. HERMANS einen Essay widmete (*Klaas kwam niet*, 1983 – *Klaas kam nicht*). Auf dem Heimweg erhält Liesje von einem zurückgezogen lebenden Schriftsteller schließlich die gewünschte Information. Als sie zu Hause anlangt, hat ihre Mutter unterdessen den verrufensten aller modernen Schriftsteller in ihr Bett auf- und von den zuvor propagierten Moralvorstellungen Abschied genommen.

Camperts Satire, die beim Publikum beachtlichen Erfolg verbuchen konnte, verfolgt keinen moralisch-didaktischen Anspruch. Von daher ist die sporadisch geäußerte Kritik, die Campert einen Hang zur »Oberflächlichkeit« vorhält, verfehlt. Zurecht wurde dagegen seine spielerische Eleganz gelobt, mit der er die Satire jederzeit im Griff hält, so daß sie getrost zu den gelungenen des Genres gerechnet werden kann. M. Bah.

AUSGABEN: Amsterdam 1968. – Amsterdam [8]1976 [m. Ill. v. J. Roelofsz].

LITERATUR: F. Sarneel, *Nuchter antwoord aan Jan Cremer* (in Vrij Nederland, 27. 4. 1968). – J. Vanriet, Rez. (in Mens en taak, 13, 1970, S. 24/25). – C. Peeters, Rez. (in Vrij Nederland, 20. 11. 1976). – G. Suurmond u. L. Roos, *Twee visies op de dichter R. C.* (in Spektator, 1, 1971/72, Nr. 2, S. 60–73). – F. van Campenhout, *R. C.*, Nijmegen/Brügge 1979. – De Vlaamse gids, 64, 1980, Nr. 5 [Sondernr. *R. C.*].

## JEAN GALBERT DE CAMPISTRON

* 1656 Toulouse
† 11.5.1723 Toulouse

LITERATUR ZUM AUTOR:
C. Hausding, *J. G. de C. in seiner Bedeutung als Dramatiker für das Theater Frankreichs und des*

*Auslandes,* Diss., Lpzg. 1903. – D. J. Jones, *J. G. de C., A Study of His Life and Work,* Univ. Mississippi 1979.


## TIRIDATE

(frz.; *Tiridates*). Tragödie von Jean Galbert de CAMPISTRON, Uraufführung: Paris, 12. 2. 1691, Comédie-Française. – Noch im Erscheinungsjahr erzielte dieses Stück, das wie Claude BOYERS *Tyridate* (1649) und RACINES *Phèdre et Hippolyte* (1677) die psychologisch-moralischen Konflikte inzestuöser Liebe darstellt, mit zweiunddreißig Aufführungen unter der Mitwirkung der beiden Champmeslé einen aufsehenerregenden Erfolg. Die aus dem alttestamentlichen Bericht von der Liebe Amnons zu Thamar (*2. Sam.*, 13) geschöpfte Anregung wird vom Dichter unter Rückgriff auf Namen und geschichtliche Einzelheiten aus den *Historiae Philippicae* des Marcus Junianus JUSTINUS mit besonderer Feinfühligkeit – *délicatesse dans les sentiments* – ausgestaltet.
Tiridate, ein Sohn Arsaces, des Begründers des Partherreiches, ist mit Talestris, der Königin von Kilikien, verlobt. Er leidet unter einer unerklärlichen, geheimnisvollen Krankheit. Der zugunsten des Sohnes zur Abdankung und Opfern bereite Vater besteht jedoch, um den Frieden in seinem Lande zu wahren, auf dessen baldiger Heirat mit Talestris. Tiridate hingegen wünscht nicht nur einen Aufschub seiner Hochzeit, sondern widersetzt sich zugleich dem väterlichen Plan, seine Schwester Érinice mit dem Prinzen Abradate zu vermählen. Im zweiten Akt enthüllt der schwermütige, edel gesinnte Tiridate seinem Vertrauten Mitrane die schicksalhafte Liebe zur eigenen Schwester als Grund für seinen Einspruch gegen deren Heirat. Im Gegensatz zu Œnone in *Phèdre* mißbilligt der Ratgeber ein widernatürliches Verhältnis und empfiehlt als einzigen Ausweg den Selbstmord. Nach zeitweiliger Auflehnung gegen die vorgegebene Moralordnung begegnet Tiridate in einem dramatisch überaus wirksamen Auftritt (3, 6) Érinice. Sie bestürmt ihn, ihrer Verbindung mit Abradate zuzustimmen, während Tiridate seine wahren Gefühle kaum mehr zu verbergen vermag. Erst nachdem er einen Selbstmordversuch Abradates vereitelt hat, gesteht er im vierten Akt wider Willen der völlig verwirrten Schwester seine unerlaubte Liebe, um sogleich dieses Schuldbekenntnis wieder zu bereuen. Ein von Artaban, dem Bruder Tiridates, längst gehegter Verdacht verbreitet sich am Königshof schnell als fatales Gerücht. Arsace will seinen Sohn verstoßen und Érinice mit Abradate verheiraten. Der fünfte Akt führt nach einem doppelten Bekenntnis aus dem seelischen Zwiespalt zwischen Liebe und Sittlichkeit zum tragischen Ende Tiridates, der sich vergiftet. Noch im Sterben bittet er Talestris, seinen Bruder Artaban zu heiraten, und stimmt auch der Verbindung von Érinice mit Abradate zu.
Campistron, der nach dem Rückzug seines Freundes Racine von der Bühne zu den wichtigsten Dramatikern der Spätklassik gehört, zeigt bei der Gestaltung dieses ebenso schwierigen wie subtilen Stoffes beachtliches dramaturgisches Geschick, wenngleich seine Sprachkunst weniger stark ausgeprägt ist. Das Schicksal Tiridates, auf den sich die Charakterzeichnung vorwiegend konzentriert, soll die Auffassung des Autors veranschaulichen, daß »*die außerordentlichen Gefühle auf der Bühne den größten Erfolg haben, vorausgesetzt, daß sie angemessen und gemildert sind*«.
D.B.

AUSGABEN: Paris 1691. – Paris 1750 (in *Œuvres*; Faks. Farnborough 1972).


## ESTANISLAO DEL CAMPO

\* 7.2.1834 Buenos Aires
† 6.11.1880 Buenos Aires

**FAUSTO.** Impresiones del Gaucho Anastasio el Pollo en la representación de esta obra

(span.; *Faust. Eindrücke des Gauchos Anastasio el Pollo bei der Aufführung dieses Werks*). Verserzählung von Estanislao del CAMPO (Argentinien), erschienen 1866. – Anlaß zu diesem Werk war die Aufführung der Oper *Faust* von Gounod im Teatro Colón in Buenos Aires, die del Campo am 24. 8. 1866 besuchte. Kurz darauf schrieb er seine Eindrücke im Gaucho-Stil nieder und sandte das Manuskript an den Dichter Ricardo GUTIÉRREZ, auf dessen Wunsch er es dann ausarbeitete.
Del Campos *Fausto* ist in Form eines Dialogs zwischen dem Gaucho Anastasio el Pollo (Pseudonym des Verfassers) und seinem Freund Laguna abgefaßt. Der Gaucho hat durch Zufall einer Aufführung des *Faust* beigewohnt und ist vor allem deshalb zutiefst ergriffen, weil er das Bühnengeschehen als Wirklichkeit empfunden hat. Nach seiner Rückkehr berichtet er dem erstaunten Laguna von seinem Erlebnis.
Obwohl sich in seinem Werk gewisse burleske Züge aus der Erzählperspektive ergeben, wollte del Campo keineswegs den *Faust* parodieren oder die naiven Gesprächspartner lächerlich machen. Im Gegenteil: Indem er die Vorstellungswelt und die einfache Gemütsart der Gauchos zwar humorvoll, aber ohne parodistische Übertreibungen dem Leser nahebringt, macht er die Verwechslung von Fiktion und Wirklichkeit glaubhaft, das furchtbare Entsetzen vor den Machenschaften des Teufels, das die Gestalt des Mephisto, das tiefe Mitleid mit den unglücklichen Frauen, das die Gestalt der Margarethe in den beiden auslöst. Auf diese Weise gewinnt aus den Kommentaren und Reaktionen der Gauchos allmählich eine »Neuschöpfung« Gestalt, eine Art Pampa-Faust, der in seiner Naivität an das Volksbuch vom Doktor Faustus erinnert. Del

Campo läßt seine Gestalten in der freien Natur auftreten. Der La-Plata-Fluß, das Meer und die Pampa bilden den Hintergrund der Erzählung und werden von den Gesprächspartnern immer wieder erwähnt. Die sonst so einfache Sprache der Gauchos wird dabei bildkräftig, ja poetisch.
Innerhalb des bewußt eng gehaltenen Rahmens besitzt dieses Werk die Vollkommenheit einer sorgfältig ausgearbeiteten Miniatur. Aus ihm spricht eine natürliche Menschlichkeit und innere Bewegtheit, wie wir sie aus der alten spanischen Volksdichtung, etwa den *romanceros*, kennen. A.F.R.

AUSGABEN: Buenos Aires 1866. – Buenos Aires 1880. – Buenos Aires 1940 [Faks.; Vorw. R. Quintana; m. Studie v. E. M. Barreda]. – México 1955 (in *Poesía gauchesca I*, Hg. J. L. Borges u. A. Bioy Casares). – Buenos Aires 1962. – Barcelona 1967 (in *Fausto y otros poemas*, Hg. A. del Saz). – Montevideo 1972. – Buenos Aires 1981 [Vorw. E. Anderson Imbert].

LITERATUR: E. F. Tiscornia, *Poetas gauchescos. Hidalgo, Ascasubi, D. C.*, Buenos Aires 1940. – A. Berenguer Carisomo, *Notas estilísticas sobre el »Fausto« criollo* (in Boletín de la Biblioteca de Menéndez y Pelayo, 25, 1949). – A. J. Battistessa, *La génesis periodística del »Fausto«* (in Anales del Instituto Popular de Conferencias, 27, 1952). – C. A. Leumann, *La literatura gauchesca y la poesía gauchesca*, Buenos Aires 1953. – A. R. Cortázar, *Poesía gauchesca argentina* (in *Historia general de las literaturas hispánicas*, Bd. 4/1, Barcelona 1956). – L. Ayestarán, *La primera edición del »Fausto« de E. del C.* (in Revista Iberoamericana de Literatura, 1959, Nr. 1, S. 9 bis 20). – M. Mújica Lainez, *Vida de Gallo y el Pollo (H. Ascasubi y E. del C.)*, Buenos Aires 1966. – E. Anderson Imbert, *Formas del »Fausto«* (in RI, 23, 1966, S. 9–21). – Ders., *Análisis de Fausto*, Buenos Aires 1968. – R. A. Luisetto, *Notas sobre la composición de »Fausto« de E. del C.* (in Estudios Literarios e Interdisciplinarios, La Plata 1968, S. 163–192).

---

### RAMÓN DE CAMPOAMOR Y CAMPOOSORIO

\* 24.9.1817 Navia / Asturien
† 12.2.1901 Madrid

**EL DRAMA UNIVERSAL. Poema en ocho jornadas**

(span.; *Das Weltdrama. Gedicht in acht Tagen*). Dichtung von Ramón de CAMPOAMOR Y CAMPOOSORIO, erschienen 1862. – Campoamors Werk wird im allgemeinen im Gegensatz zur romantischen Dichtung gesehen, wenn wir sein erstes Werk, den Gedichtband *Ternezas y flores* (1840), ausklammern. Doch zeigt gerade das *Drama universal* manche Berührungspunkte mit der Romantik. Nach seinen eigenen Worten wollte der Autor »*in einer allgemeinen Synthese alle menschlichen Leidenschaften und alle Realitäten des Lebens umfassen*«. In den fast siebentausend Versen des Werks versuchte er, diesen ehrgeizigen Plan zu verwirklichen. Die drei Hauptfiguren sind Honorio, der die irdische Liebe repräsentiert, Soledad, Inbegriff der idealen Liebe, und Jesús el Mago, Verkörperung der göttlichen Liebe. Als das eigentliche Thema des Werks kann der Gegensatz zwischen Geist (Soledad) und Materie (Honorio) bezeichnet werden. – Honorio bezwingt allmählich die Leidenschaft. Von ihr muß er sich befreien, um mit Soledad die Glückseligkeit teilen zu können. Nach heftigen inneren Kämpfen und mancherlei Rückfällen erreicht er, wenn auch auf wunderlichen Wegen, sein Ziel. Honorios Seele wandert erst zum Grabstein Soledads, dann zu einer Zypresse auf dem Friedhof, weiter zu einem Adler und schließlich zu einem Mönch, dessen Seele den Körper verläßt, damit dieser die des Honorio aufnehmen kann. Honorios Körper wird von der Inquisition verbrannt, seine Seele durchwandert, von seiner Mutter Paz begleitet, eine Reihe von Planeten, auf denen die sieben Todsünden Angeklagten ihre Strafe verbüßen. Durch den Anblick ihrer Leiden wird Honorio geläutert. Dieser Teil, der die fünfte bis siebte Jornada (Akt) umfaßt, ist der beste des ganzen Werks.
Das Paar Honorio-Paz und seine Reise durch Welten des Schmerzes, auf der es die Verurteilten befragt und sich ihre Geschichte erzählen läßt, erinnert so stark an die *Göttliche Komödie*, daß man annehmen darf, Campoamor habe eine Art spanisches Gegenstück zu DANTES Dichtung geplant. Freilich bleibt sein *Weltdrama* in jeder Hinsicht hinter dem großen Vorbild zurück.
Dieser Dichtung fehlt die poetische Kraft von ESPRONCEDAS unvollendetem *El diablo mundo* (vgl. dort), in dem dieser auch danach strebte, ein Sinnbild des menschlichen Lebens zu zeichnen. Beide werden als philosophische Dichtungen bezeichnet, auch wenn sie – besonders das Werk Campoamors – nicht über die Allgemeinplätze hinausgehen. *El drama universal* trachtet danach, eine philosophische Projektion und eine verallgemeinerte Vision der Probleme der Menschheit zu gestalten. In diesem Werk tritt auch hervor, was bei Campoamor am meisten kritisiert wurde: der Prosaismus.
Campoamor bediente sich nicht der üblichen Versform, der *octava real*, vielleicht, weil sie ihm zu schwerfällig schien. Statt dessen wählte er die *serventesios*, die nur vierzeilige Strophen umfassen und auf den ersten Blick flüssiger wirken mögen. Da aber jede Strophe einen abgeschlossenen Gedankengang enthält und inhaltlich nicht mit der folgenden verbunden ist, wird die Lektüre auf die Dauer sehr mühsam, zumal der Rhythmus oft wie eintöniges Hämmern wirkt. A. PALACIO VALDÉS kommentiert das sehr witzig in seinen *Semblanzas literarias:* »Weil er von Dingen des Himmels in der

*Sprache der Erde sprechen wollte, gossen die entrüsteten Götter das Gift der Monotonie über die Geschichte Campoamors.«* A.A.A.

AUSGABEN: Madrid 1862. – Madrid ²1869. – Madrid 1901–1903 (in *Obras completas*, Bd. 7). – Madrid 1949 (in *Obras poéticas completas*). – Madrid 1972.

LITERATUR: A. Sánchez Pérez, *R. de C. Estudio crítico-biográfico*, Madrid 1899. – A. González Blanco, *Biografía y estudio crítico*, Madrid 1912. – H. Rodríguez de la Pena, *C.*, Madrid 1947. – J. M. Cossío, *Cincuenta años de poesía española (1850–1900)*, Madrid 1960. – V. Gaos, *La poética de C.*, Madrid 1969. – J. Martínez Fernández, *Dudas y polémicas en torno a C.* (in Boletín del Instituto de Estudios Asturianos, 71, 1970, S. 387–409). – J. B. Arduengo, *Filosofía y literatura* (ebd., 39, 1985, S. 927–938).

## ALBERT CAMUS

\* 7.11.1913 Mondovi / Algerien
† 4.1.1960 Villeblevin

LITERATUR ZUM AUTOR:
*Bibliographien:*
R. F. Roeming, *C. A. Bibliography*, Madison/Ldn. 1968 [rev. 1973 u. 1976]. – P. Hoy, *C. in English. An Annotated Bibliography of A. C.'s Contribution to English and American Periodicals and Newspapers*, Paris 1971. – F. di Pilla, *A. C. e la critica*. *Bibliografia internazionale 1937–1971*, Lecce 1973. – B. T. Fitch u. P. C. Hoy, *Essai de bibliographie des études en langue française consacrées à A. C., 1937–1972*, Paris 1973 (Calepins de bibliographie).
*Zeitschriften:*
Cahiers Camus, Paris 1981 ff. – Revue des Lettres Modernes [Reihe *A. C.*].
*Forschungsberichte:*
*Wege der dt. C.-Rezeption*, Hg. H. R. Schlette, Darmstadt 1975 (WdF). – R. Gay-Crosier, *C.*, Darmstadt 1976 (EdF).
*Biographien:*
R. Quilliot, *La mer et les prisons. Essai sur A. C.*, Paris 1956; ern. 1970. – M. Lebesque, *C. in Selbstzeugnissen und Bilddokumenten*, Reinbek 1960; zul. 1987 (rm). – J. Grenier, *A. C. Souvenirs*, Paris 1968. – A. Clayton, *Étapes d'un itinéraire spirituel, C. de 1937–1944*, Paris 1971. – H. R. Lottman, *A. C.*, Garden City 1979 (dt. Hbg. 1986). – *Album C.*, Paris 1982 (Pléiade).
*Gesamtdarstellungen und Studien:*
R. de Luppé, *A. C.*, Paris 1951. – T. Hanna, *The Thought and the Art of A. C.*, Chicago 1958. – G. Brée, *C.*, New Brunswick 1959; ern. 1972 (dt. *A. C., Gestalt und Werk*, Reinbek 1960). – J. Cruickshank, *A. C. and the Literature of Revolt*, Ldn. u. a. 1959. – R. Thieberger, *A. C.*, Ffm. 1960. – J. Majault, *C. révolte et liberté*, Paris 1965. – J. Onimus, *C.*, Paris 1965. – G. Stuby, *Recht und Solidarität im Denken von A. C.*, Ffm. 1965. – A. Nicolas, *A. C. ou le vrai Prométhée*, Paris 1966. – L. Pollmann, *Sartre und C.*, Stg. u. a. 1967. – R. Gay-Crosier, *L'envers d'un échec. Étude sur le théâtre de C.*, Paris 1967; ³1976. – P. Kampits, *Der Mythos vom Menschen. Zum Atheismus und Humanismus A. C.'*, Salzburg 1968. – L. Coombs, *C., homme de théâtre*, Paris 1968. – *Les critiques de notre temps et C.*, Hg. J. Lévi-Valensi, Paris 1970. – C. C. O'Brian, *C.*, Ldn. 1970 (dt. Mchn. 1971; dtv). – C. Treil, *L'indifférence dans l'œuvre de C.*, Montreal 1971. – E. Freeman, *The Theatre of A. C.*, Ldn. 1971. – M. Crochet, *Les mythes dans l'œuvre de C.*, Paris 1973. – D. Lazere, *The Unique Creation of A. C.*, New Haven/Ldn. 1973. – A. Costes, *A. C. ou la parole manquante*, Paris 1973. – P. Gaillard, *C.*, Paris 1973. – M. Pelz, *Die Novellen von C.*, Freiburg i.Br. 1973. – P. Viallaneix, *Le premier C.*, Paris 1973. – L. Mailhot, *C. ou l'imagination du désert*, Paris 1973. – A. Rühling, *Negativität bei A. C.*, Bonn 1974. – I. Kirk, *Dostoevskij and C.*, Mchn. 1974. – J. Hermet, *A. C. et le christianisme*, Paris 1976. – M. Melançon, *C., analyse de sa pensée*, Paris 1976. – E. Bariller, *C., philosophie et littérature*, Lausanne 1977. – J. Rehbein, *C. Vermittlung und Rezeption in Frankreich*, Heidelberg 1978. – *Der unbekannte C.*, Hg. M. Lauble, Düsseldorf 1979. – *A. C. 1980*, Hg. R. Gay-Crosier, Gainesville 1980. – J. Gassin, *L'univers symbolique de C.*, Paris 1980. – H. R. Schlette, *C., Welt und Revolte*, Freiburg i.B./Mchn. 1980. – A. Cordes, *The Descent of the Doves. C.' Journey to the Spirits*, Washington D.C. 1980. – B. Pratt, *L'évangile selon C.*, Paris 1980. – P. Mc Carthy, *C.*, Ldn./NY 1982. – B. T. Fitch, *The Narcissistic Text. A Reading of C.' Fiction*, Toronto 1982. – F. Bartfeld, *A. C. ou le mythe et le mime*, Paris 1982. – R. Reichelberg, *A. C. Une approche du sacré*, Paris 1983. – B. Sändig, *C. Eine Einführung in Leben und Werk*, Lpzg. 1987. – H. Wernicke, *A. C., Aufklärer – Skeptiker – Sozialist*, Hildesheim 1984. – B. East, *C. ou l'homme à la recherche d'une morale*, Paris 1984. – M. Rath, *C. Absurdität und Revolte*, Ffm. 1984. – A. Pieper, *C.*, Mchn. 1984. – *A. C., œuvre fermée, œuvre ouverte?* Hg. R. Gay-Crosier u. J. Lévi-Valensi, Paris 1985. – *A. C., Textes réunis*, Hg. P.-F. Smets, Brüssel 1985. – *C. et la politique. Actes du colloque*, Hg. J. Guérin, Paris 1986. – R. Rutkowski, *Zwischen Absurdität und Illusion. Widersprüche und Kontinuität im Werk von C.*, Ffm. 1986.

## CALIGULA

(frz.; Ü: *Caligula*). Schauspiel in vier Akten von Albert CAMUS, entstanden 1938; erschienen 1942;

Uraufführung: Paris, 26. 9. 1945, Théâtre Hébertot; deutsche Erstaufführung: Stuttgart u. Wuppertal 1947. – Der fünfundzwanzigjährige Camus schlägt in *Caligula*, seinem ersten Bühnenstück, bereits das Thema an, das ihn auch in fast allen seinen späteren Werken beschäftigen wird: die Konfrontation des Menschen mit seinem als absurd erkannten Dasein und die mögliche, jedoch aussichtslose Auflehnung dagegen.

Durch den Tod seiner inzestuös geliebten Schwester Drusilla kommt dem jungen Gaius Caligula, einem »*bis dahin liebenswerten Kaiser*«, die Begrenztheit des Lebens zum Bewußtsein: »*Die Menschen sterben, und sie sind nicht glücklich.*« Diese lapidare, zunächst eher melancholische als unheilbringende Erkenntnis wird fortan sein eigenes Leben und das seiner Untertanen bestimmen. Aus Protest gegen den Haß und die Dummheit der Götter, der unvernünftigen Herrscher über die Welt, die »*in ihrer jetzigen Gestalt nicht zu ertragen ist*«, beschließt Caligula, »*in der Wahrheit*« zu leben und Rom eine grenzenlose Freiheit zu geben; damit geht jedoch das unaufhaltsame Streben nach der Verwirklichung seines Allmachttraumes und die Entfesselung seines zerstörerischen Potentials einher. Caligulas ausgeklügeltes, gleichermaßen revolutionäres wie absolutistisches Programm scheint fürs erste etwas Überzeugendes zu haben: Er verspricht die Ausrottung der Lüge, die Entlarvung der »falschen Vernunft«, heuchlerischer Konventionen und unverdienter Privilegien. Die Plebs begrüßt die Enteignung der Patrizier, ihre Demütigung und sogar ihre Ermordung, denn es leuchtet ein, daß es »*keine tiefe Leidenschaft ohne eine gewisse Grausamkeit*« gibt. Die Anerkennung, die sein verbrecherisches Experiment erntet, und die Verachtung jener, die ihm Beifall spenden, steigern Caligulas Cäsarenwahn soweit, daß er sich – grotesk verkleidet – als »Göttin Venus« anbeten läßt, verlangt, daß man ihm den Mond herbeischaffe, und sein willkürliches, furchtbares Wirken mit dem der Pest vergleicht. Das Vernichtungswerk ist seine Berufung: Da alle Welt schuldig ist, muß alle Welt bestraft werden. Caligula erwürgt seine frühere Geliebte Caesonia, die ihm vorhält, daß das Glück nicht von Zerstörung lebe (»*Ist das denn Glück, diese entsetzliche Freiheit?*«) und kommt an ihrem Totenbett schließlich zu der zynischen Einsicht, daß Töten nicht die richtige Lösung sei. Inzwischen wächst der Widerstand; die Verschwörer haben sich zusammengeschlossen: Es sind die von Caligula gedemütigten, terrorisierten, zur Verzweiflung getriebenen Patrizier unter der Führung des besonnenen Cherea, die den Tyrannenmord ausführen. Sie dringen in Caligulas Gemach ein, um den in einem vehementen Ausbruch verzweifelt das Unmögliche begehrenden Herrscher – den Mond zu besitzen und Ruhe zu finden – aus der Welt »*in die Weltgeschichte*« zu befördern. Angesichts der Aussichtslosigkeit, das Unmögliche möglich zu machen, bleibt ihm nur noch die Verachtung. Mit der zugleich angewiderten und provozierenden Feststellung »*Noch lebe ich!*« empfängt er – das Leben wie den Tod verachtend – die Dolchstöße, »*weil er erkannt hat, daß kein Mensch sich allein zu retten vermag und daß die Freiheit nicht auf Kosten der anderen verwirklicht werden kann*«.

Camus, der dieses Stück nach der Lektüre von Suetons *De vita Caesarum* für das kleine, von ihm gegründete Theater in Algier schrieb (wo es allerdings nie aufgeführt wurde), hat sich im Vorwort zur späteren Buchausgabe gegen eine philosophische oder gar politische Interpretation des *Caligula* entschieden gewehrt und dabei doch selbst die beste existenzphilosophische Analyse dieser »*Tragödie der Erkenntnis*« geliefert, die er als die »*Geschichte eines Selbstmords auf höherer Ebene und zugleich die Geschichte des menschlichsten und tragischsten aller Irrtümer*« charakterisierte.

Obwohl von einem jungen Schauspieler und Regisseur für das Theater geschrieben, läßt die Anlage des Stücks eher dialektische als dramaturgische Ambitionen erkennen. Fast alle Figuren sind Träger von Ideen, Verkünder aller denkbaren – also auch der positiven – Möglichkeiten, das Leben in der Absurdität zu bestehen. (Gestalten wie dem Patrizier Cherea und dem Dichter Scipio mit ihren zwar höchst eigenwilligen, doch humanistisch fundierten Weltanschauungen wird man in späteren Werken Camus', nur wenig abgewandelt, immer wieder begegnen.) Die Dialoge sind auffallend knapp, doch reich an Sentenzen und daher eher statisch als handlungsbewegend. Das Geschehen verläuft von Anfang an auf den unausweichlichen Ausgang zu: den Tod Caligulas. Sein letzter Monolog gehört zweifellos zu Camus' stärksten Bühnenszenen.

G.Wo.-B.We.

AUSGABEN: Paris 1942. – Paris 1947. – Paris 1958 (in *Récits et Théâtre*). – Paris 1962 (in *Théâtre, récits et nouvelles*, Hg. R. Quilliot; Pléiade). – Paris 1972 (Folio). – Paris 1983 (in *Œuvres complètes*, Hg. R. Grenier, 9 Bde., 1983–1985, 1). – Paris 1984, Hg. A. J. Arnold [krit.].

ÜBERSETZUNGEN: *Caligula*, H. H. Hausser u. E. Gläser, Zürich u. a. 1947 [Bühnenms.]. – Dass., G. [u.] G. Meister (in *Dramen*, Hbg. 1959; zul. Reinbek 1986).

LITERATUR: P. Gaillard, *Pièces fausses et pièces vraies. »Caligula« ou l'absurde au pouvoir* (in Pensées, 1945, S. 97–107). – W. Kuechler, *»Caligula«* (in Neuphilolog. Zs., 1, 1949, S. 17–24). – A. F. W. Strauss, A. C., *»Caligula«. Ancient Sources and Modern Parallels* (in CL, 3, 1951, S. 160–173). – R. E. Jones, *»Caligula«, the Absurd and Tragedy* (in Kentucky Foreign Language Quarterly, 5, 1958, S. 123–127). – G. Brée, *»Caligula«. Evolution of a Play* (in Symposium, 12, 1958, S. 43–51). – J. Onimus, *D'»Ubu« à »Caligula« ou la tragédie de l'intelligence* (in Études, 1958, Nr. 297, S. 325 bis 338). – G. Marcel, *L'heure théâtrale*, Paris 1959, S. 164–166. – R. W. B. Lewis, *»Caligula« or the Realm of the Impossible* (in YFS, 25, 1960, S. 52–58). – C. K. Abraham, *»Caligula«: Drama of*

*Revolt or Drama of Deception* (in MD, 5, 1963, S. 451–453). – L. Z. Hammer, *Unpossible Freedom in C.'s »Caligula«* (in Person, 44, 1963, S. 322–336). – I. H. Walker, *The Composition of »Caligula«* (in Symposium, 20, 1966, S. 263–277). – B. Coenen-Mennemeier, *Die Demonstration des Absurden. C.' »Caligula«* (in B. C.-N., *Einsamkeit und Revolte*, Dortmund 1966, S. 42–79). – G. C. Jones, *C.'s »Caligula«. The Method of His Madness* (in EFL, 5, 1968, S. 88–101). – K. Harrow, *»Caligula«* (in ConL, 14, 1973, S. 21–48). – G. H. Bauer, *»Caligula«* (in RLMod, 1975, Nr. 419–424, S. 35–44). – J. Laillou-Savona, *La pièce à l'intérieur de la pièce et la notion d'art dans »Caligula«* (ebd., S. 77–94). – P. Dunwoodie, *»Caligula«* (in RLC, 53, 1979, S. 220–230). – J. A. Arnold, *Pour une édition critique de »Caligula«* (in RLMod, 1979, Nr. 565–569, S. 133–150). – P. Sénart, *»Caligula«* (in RDM, April–Juni 1981, S. 186–189). – P. Muraille, *»Caligula«, proche et lointain* (in La Revue Nouvelle, 76, 1982, S. 201–207). – B. F. Stoltzfus, *›Caligula's Mirrors‹* (in FF, 7, 1983, S. 75–86). – P. Hernadi, *History in the Making. »Caligula« and »Amadeus«* (in P. H., *Interpreting Events*, Ithaca/Ldn. 1985,). – A. Greenfeld, *C.'s »Caligula«, »Ubu« and the Surrealist Rebel* (in RoNo, 26, 1985/86).

## LA CHUTE

(frz.; Ü: *Der Fall*). Als »Bericht« bezeichneter Roman von Albert CAMUS, erschienen 1956. Die Verleihung des Nobelpreises an Camus im Jahre 1957 erfolgte vorwiegend als Anerkennung dieses Werkes. – In einer Amsterdamer Hafenkneipe, die in Anspielung auf DANTES *Inferno* als »Hölle« bezeichnet wird, wobei Amsterdam als *»negative Landschaft«* im Gegensatz zum mediterranen Süden steht, macht ein Pariser Tourist die Bekanntschaft eines französischen Rechtsanwalts, der ihm seine Geschichte erzählt. Der Partner des Erzählers ist stets gegenwärtig, ohne daß ihm eigene Repliken eingeräumt werden. Seine Antworten und Einwände lassen sich aus den Reaktionen des Erzählers rekonstruieren. Der ehemalige Advokat Jean-Baptiste Clamence stellt sich vor als »Buß-Richter«. Dieses offensichtliche Paradoxon wird durch andere unterstrichen, z. B. durch die Diskrepanz zwischen verkommener äußerer Erscheinung und gepflegtem Konversationsstil. Seine Selbstcharakteristik lautet: »*Mein Beruf ist doppelt, wie der ganze Mensch.«* Der Januskopf ist das selbstgewählte Symbol seines Lebens. Als Pariser Anwalt war er besonders den sogenannten »edlen Fällen« zugetan, das heißt solchen Rechtsfällen, die außer juristischem Können auch noch Großmut, Mitgefühl und Selbstlosigkeit von ihm forderten.

Der Zustand absoluter Selbstsicherheit wird eines Tages erschüttert, als er auf einem nächtlichen Gang hinter sich ein sarkastisches Lachen hört, das aus dem Nichts kommt, ihn aber doch verfolgt, und das er schließlich aus sich selbst zu vernehmen glaubt. Sein Einverständnis mit sich selbst und der Welt wird problematisch, der Drang zur Selbstanalyse stürzt ihn von seiner Höhe herab, auf der er bis dahin unangefochten gelebt hat. Er fängt an zu erkennen, daß seine Bescheidenheit nur der Selbstbeweihräucherung, seine Demut nur der Herrschsucht diente: Seine angeblichen Tugenden erweisen sich – an dieser Stelle knüpft Camus an die Tradition der französischen Moralisten, u. a. LA ROCHEFOUCAULD an – als verkappte Laster. Besonders schwer wiegt bei Clamences Gedächtniserforschung der tödliche Sprung einer jungen Frau in die Seine, den er als einziger beobachtet hat, ohne einen Rettungsversuch zu unternehmen. Er verliert das sichere Bewußtsein eigener Immunität und Größe, bemüht sich aber verzweifelt, der Anklage durch das eigene quälende Gewissen zu entgehen. Sein Vergehen besteht darin, sich im entscheidenden Augenblick herausgehalten zu haben; die zu büßende Schuld entspricht seiner Unentschiedenheit, seiner Teilnahmslosigkeit – eine der Voraussetzungen für das Funktionieren der menschlichen Hölle.

Seine »antichristlichen« Konsequenzen aus dieser Selbsterforschung legt er seinem Partner in langen Monologen von geschliffener Logik dar: In einer Zeit, in der Gott nicht mehr Mode ist und kein absolutes Gesetz als Maßstab existiert, erhebt sich jeder zum Richter über alle. Doch alle diese Richter aus Anmaßung fallen früher oder später selbst in den Stand der Büßer. Clamence kehrt den Sachverhalt um: Er wird in einer immer wiederholten Beichte und Buße allen künftigen Richtern das Schwert aus der Hand nehmen. In der Pose Satans faßt er diese Beichte aber so ab, daß sie jedermann zum Spiegel seines eigenen Lebens und er, Jean Clamence, zu jedermanns Richter wird: »*Wie berauschend ist es doch, sich als Gott-Vater zu fühlen und unwiderrufliche Zeugnisse über schlechten Lebenswandel auszuteilen. Von meinen wüsten Engeln umgeben, throne ich am höchsten Punkt des holländischen Himmels und beobachte, wie die aus Nebeln und Wasser auftauchenden Scharen des Jüngsten Gerichts zu mir emporsteigen.«* Clamence erhebt sich zum satanischen Herrscher einer Welt, die im Zustand der Gleichgültigkeit und Unentschiedenheit verharrt. Sein Prophetenwort lautet: »*Richtet, auf daß ihr nicht gerichtet werdet.*« In kühnem dialektischem Denkprozeß hat Camus hier das Bibelwort, und damit einen wichtigen Grundsatz der christlichen Moral, ins Gegenteil verkehrt und ein Gebäude »negativer« Theologie errichtet. Er hat das moderne Dasein ohne Gott konsequent zu Ende gedacht und ad absurdum geführt. Camus hat sich mehrfach gegen den Vorwurf verteidigt, ein Philosoph des Absurden zu sein. Immer versuche der Mensch durch das Absurde der Bedrängnis zu entgehen, indem er die Herausforderung annimmt, bejaht und dadurch in gewissem Sinne überwindet. In *La peste* war es Camus gelungen, der absurden Existenz durch die menschliche Solidarität einen Sinn zu geben. In *La chute* wird die Quintessenz der *Pest* als Hypothese und negative Utopie hingestellt: Wenn

Clamence seine absurde Doppelexistenz akzeptiert und seine Mitmenschen in diese einbezieht, dann bedeutet das allenfalls eine negative, pervertierte Solidarität des einzelnen mit allen und das komplizenhafte Einverständnis mit der allgemeinen »Pest«. W.A.-B.We.

AUSGABEN: Paris 1956. – Paris 1962 (in *Théâtre, récits et nouvelles*, Hg. R. Quilliot; Pléiade). – Paris 1972 (Folio). – Paris 1984 (in *Œuvres complètes*, Hg. R. Grenier, 9 Bde., 1983–1985, 4).

ÜBERSETZUNGEN: *Der Fall*, G. [u.] G. Meister, Hbg. 1957. – Dass., dies., Ffm. 1963 (BS). – Dass., dies., Reinbek 1968; zul. 1985 (rororo). – Dass., G. Goyert, Bln. 1977. – Dass., G. [u.] G. Meister, Reinbek 1983.

LITERATUR: M. Blanchot, *La confession dédaigneuse* (in NNRF, 8, 1956, S. 1050–1056). – R. Ménard, *D'un perpétuel débat* (in Critique, 1956, S. 597 bis 601). – W. R. Mueller, *The Theme of the Fall: C., »The Fall«* (in W. R. M., *The Prophetic Voice in Modern Fiction*, NY 1959, S. 56–82). – G. Picon, *»La chute«* (in G. P., *L'usage de la lecture*, Bd. 2, Paris 1961, S. 163–169). – E. Sturm, *Conscience et impuissance chez Dostoiewski et C. Parallèle entre »Le sous-sol« et »La chute«*, Paris 1967. – K. Friedrich, *»La chute«* (in *Der moderne frz. Roman*, Hg. W. Pabst, Bln. 1968, S. 273–293). – P. L. Rey, *»La chute«*, Paris 1970. – A. C. 3: *Sur »La chute«*, Hg. B. T. Fitch, Paris 1970 (RLMod, Nr. 238–244). – J. Blank, *Am Rande des Kontinents oder die spätbürgerliche Hölle* (in J. B., *Der Mensch am Ende der Moral*, Düsseldorf 1971, S. 9–33; ern. in *Wege der deutschen C.-Rezeption*, Hg. H. R. Schlette, Darmstadt 1975, S. 357–385). – M. Nøygaard, *Temps et espace dans »La chute« de C.* (in OL, 26, 1971, S. 291–320). – C. Roberts, *C. et Dostoiewski* (in RLMod, 1971, Nr. 264–270, S. 51–70). – Phan Thi Ngoc Mai, *»La chute« de C. ou le dernier testament*, Neuchâtel 1974. – C. u. M. Maillard, *Le langage en procès. Structures et symboles dans »La chute«*, Paris 1977. – R. Jones, *C. »L'étranger« et »La chute«*, Ldn. 1980. – Y. Reuter, *Texte, idéologie dans »La chute« de C.*, Paris 1980. – E. H. Zepp, *Dialogizing the Monologue* (in Symposium, 35, 1981, S. 357–371). – Dies., *The Generic Ambiguity of C.'s »La chute«* (in FF, 7, 1982, S. 252–260). – B. T. Fitch, *Narcisse interprète, »La chute« comme modèle hérmeneutique* (in RLMod, 1982, Nr. 632–636, S. 89–108). – Y. Reuter, *»La chute« ou le problème de lecture d'un manuel* (ebd., S. 109–123). – P.-G. Castex, *La confession de Clamence dans »La chute« de C.* (in Inf. litt, 35, 1983, S. 151–161). – M. Yadel, *»La chute« von C.*, Bonn 1984. – P. Viallaneix, *Jeux et enjeux dans »La chute«* (in Cahiers C., 5, 1985, S. 187–200). – A. Agyros, *Crimes of Narration. C.'»La chute«*, Toronto 1985. – E. Höfner, *»L'expression commence où la pensée finit«* (in *Literarische Diskurse des Existenzialismus*, Hg. H. Harth u. V. Roloff, Tübingen 1986, S. 151–171). – J. G. Roston, *C.'s Récit »La chute«, a Rewriting Through Dante's »Commedia«*, NY/Bern 1985. – L. L. Melbourne, *Double Heart. Explicit and Implicit Texts in Bellow, C. and Kafka*, NY/Bern 1986, S. 141–209.

## L'ENVERS ET L'ENDROIT

(frz.; *Ü: Licht und Schatten*). Essaysammlung von Albert CAMUS, erschienen 1937. – Diese erste Publikation des Autors entstand während ausgedehnter Reisen durch Afrika, Italien, Spanien, Österreich und die Tschechoslovakei. Die fünf Essays versuchen in kargen, aller Dramatik entbehrenden »Situationen« greifbar zu machen, was später – etwa in *Le mythe de Sisyphe* (1942) – Gegenstand philosophischer Reflexion werden sollte: die *»ganze absurde Einfachheit der Welt«*.

Der erste Essay, *L'ironie*, beschreibt die Schicksale dreier Menschen, denen das Alter dieselbe komödiantische Pflicht auferlegt: Der Einsamkeit ausgeliefert, müssen sie um die Anteilnahme ihrer Umwelt betteln. Eine halbseitig gelähmte Frau, die, zur Unbeweglichkeit verurteilt, sich in den Glauben an Gott flüchtet, findet in einem nicht zur Familie gehörenden, höflichen jungen Mann endlich einen Zuhörer, der sie jedoch, einer Verabredung folgend, bald verläßt, um mit den jüngeren Familienmitgliedern ins Kino zu gehen. – Ein alter Mann versucht, mit nicht enden wollenden Erzählungen aus seiner Jugend im Café einige jüngere Gäste an sich zu fesseln. Vergebens: Billard- und Kartenspiel üben stärkere Anziehung aus. – Eine Großmutter glaubt, sich durch geradezu tyrannische Pflichtenanmaßung ihrer Familie unentbehrlich zu machen. Als sie ernsthaft erkrankt, sind ihre Enkel deshalb keineswegs beunruhigt; und der Tod der Alten bestärkt sie nur in der Vermutung, die Großmutter habe ihnen damit *»das letzte und ungeheuerlichste Theater«* vorgespielt. – Der überwältigenden Verschlungenheit von Leben und Tod als »Vorderseite« und »Rückseite« des Lebens geht auch der letzte Essay nach, der der Sammlung den Titel gab. Eine eigenwillige ältere Frau verwendet eine ihr unvermutet zugefallene kleine Erbschaft dazu, sich eine prunkvolle Gruft zu kaufen, die sie fortan häufig besucht: *»Auf diese Weise sich selbst gegenübergestellt, was sie war mit dem vergleichend, was sie sein sollte, die Glieder einer stets abbrechenden Kette wiederfindend, erkannte sie mühelos die geheimen Absichten der Vorsehung.«* Sie findet eines Tages, später als gewöhnlich kommend, das noch leere Grab schon von fremden Besuchern geschmückt. Und bald darauf bekleidet ihre Tochter die Sterbende bereits mit dem Totenhemd, während sie noch bei Bewußtsein ist: *»Es ist seltsam, wie wir von Menschen umgeben sind, die es eilig haben.«* – Die Kehrseite (*l'envers*) der Todesbereitschaft beschreibt der Essay *Amour de vivre*. Schon der zweiundzwanzigjährige Camus ist von des schöpferischen Reizen des Reisens fasziniert, das alle bürgerliche »Staffage« außer Kraft setzt und den Menschen aus den Verschanzungen und Masken hervortreibt, hinter denen sich seine Angst verbirgt und sich ein Vertrautsein mit der Welt suggeriert. Diese grenzenlose Offenheit seines Wesens erfährt der Autor bestürzt in einem Café auf Ibiza beim Anblick einer jungen Frau, die unförmig dick, lediglich mit einem durchsichtigen gelben Netz bekleidet, einen obszönen, sich zu rhythmischer Ekstase steigernden Tanz aufführt. »*Klebrig von Schweiß stand sie in der Mitte ... mit ihrer dummen, niedrigen Stirn und ihrem hohlen Blick glich sie einer aus dem Wasser steigenden widerlichen Göttin. Inmitten der sie umbrausenden Freude bot sie mit der Verzweiflung ihrer leeren Augen und dem zähen Schweiß ihres Leibes gleichsam das schändliche und begeisternde Bild des Lebens.*«

Diese frühen Essays durchzieht die Emphase einer aus Liebe geborenen Hingegebenheit an das Leben, an ein mittelmeerisches Universum, das sowohl griechischer Mythos als auch mediterrane Landschaft, »Licht und Schatten« impliziert, eine Welt, »*die über dem Menschen zusammenschlägt*« und auch seine Verzweiflung an dieser Welt miteinbezieht. Im zwanzig Jahre nach der Veröffentlichung geschriebenen neuen, umfangreichen Vorwort, das eine kritische Bewertung seines ganzen Werkes enthält, betont der Autor, *Licht und Schatten* sei der Ausgangspunkt für alle seine späteren Werke, und sogar jenes Buch, von dem er vorerst nur träume, werde »*auf diese oder jene Art ›L'envers et l'endroit‹ gleichen und von einer gewissen Art Liebe handeln*«. H.H.H.-KLL

AUSGABEN: Algier 1937. – Paris 1958 [m. Vorw. v. A. C.]. – Paris 1965 (in *Essais*, Hg. R. Quilliot u. L. Faucon; Pléiade). – Paris 1970. – Paris 1984 (in *Œuvres complètes*, Hg. R. Grenier, 9 Bde., 1983–1985, 7). – Paris 1986 (Folio).

ÜBERSETZUNGEN: *Licht und Schatten*, G. [u.] G. Meister (in *Literarische Essays*, Reinbek 1958). – Dass., dies., Reinbek 1961 (in *Kleine Prosa*; zul. 1986; rororo).

LITERATUR: R. Ménard, *A. C. et la recherche d'une légitimité* (in Critique, 1958, Nr. 135/136, S. 675–689). – R. Kemp (in Les Nouvelles Littéraires, 29. 3. 1958, S. 2). – A. Rousseaux, *C. jadis et naguère* (in Le Figaro Littéraire, 12. 4. 1958, S. 2). – M. Thiébaut, *L'envers et l'endroit* (in Revue de Paris, 65, 6. 6. 1958, S. 139–142). – C. Gothot, *Les essais méditerranéens de C.* (in MR, 9, 1959, S. 59–74, 113–132). – A. Costes, *A. C. ou la parole manquante*, Paris 1973. – M. Weiss, *The Lyrical Essays of C.*, Sherbrooke 1976. – P. Budini, *Pour une lecture de deux essais d'A. C. »L'envers et l'endroit«, »Le vent à Djémila«*, Padua 1979. – P. C. Dunwoodie, *C. »L'envers et l'endroit« and »L'exil et le royaume«*, Ldn. 1985.

## L'ÉTAT DE SIÈGE

(frz.; *Ü: Der Belagerungszustand*). Schauspiel in drei Teilen von Albert CAMUS, Uraufführung: Paris, 27. 10. 1948, Théâtre Marigny; deutsche Erstaufführung: München, 20. 6. 1950, Kammerspiele. – Das Stück entstand in Zusammenarbeit mit Jean-Louis Barrault, der Anfang der vierziger Jahre – unter dem Einfluß Antonin ARTAUDS und seiner u. a. in dem Aufsatz *Le théâtre et la peste* (1931) fixierten Gedanken über Wesen und Aufgabe des Theaters – beabsichtigte, Daniel DEFOES *A Journal of the Plague Year*, 1722 (*Tagebuch des Pestjahres*), zu dramatisieren. Als er von Camus' Arbeit an dem Roman *La peste* erfuhr, bat er ihn um seine Mitarbeit. Obwohl hinsichtlich des Inhalts und der Figuren gewisse Übereinstimmungen bestehen, ist das Schauspiel keine Bearbeitung des Romans. Handlung und Schauplatz sind verändert.

Über der Stadt Cádiz zieht ein Komet am Himmel auf. Verstört glaubt die auf dem Marktplatz versammelte Menge, der Weltuntergang sei gekommen. Doch als der Gouverneur eine Botschaft verkünden läßt, die das Volk beruhigen soll, gehen die Menschen wieder ihrer Arbeit und ihren Vergnügungen nach. Plötzlich aber sinken einige zu Boden, und ein Arzt stellt fest, daß sie an der Pest gestorben sind. Panik bricht aus. Ein Priester fordert die entsetzte Menge auf, in der Kirche für ihre Sünden zu büßen, die diese Geißel Gottes über sie gebracht hätten; eine Hexe bietet Kräuter als Heilmittel an; der Gouverneur und seine Alkalden lassen die Armenviertel sperren, da sich dort die Seuche am schnellsten verbreitet. Blind vor Angst und Schrecken versucht jeder, sich in Sicherheit zu bringen. Da erscheinen ein Mann und eine Frau: ein Unteroffizier als die personifizierte Pest und seine Sekretärin, der Tod. In einem »legalen« Akt entmachten sie den Gouverneur, der sich als »König der Dauerhaftigkeit« bezeichnet, und zwingen der hysterischen Masse ein Gewaltsystem auf: »*Ein Mal, und Sie sind verdächtig. Zwei, und schon sind Sie angesteckt; drei, und die Streichung ist vorgenommen. Nichts könnte einfacher sein.*« Die Frau führt Buch über Leben und Tod. Sie beseitigt auf Anordnung des Mannes einen Menschen nach dem anderen, indem sie die Namen in ihrem Notizbuch durchstreicht. Unterstützt durch das Verhalten der für ihr Leben Fürchtenden, breitet sich die Tyrannei der Pest immer weiter aus. Einzig Nada, der Nihilist und Trunkenbold, dessen Zynismus weder vor dem Leben noch vor dem Tod haltmacht, bleibt ihr furchtlos. Diego hingegen, ein junger, lebensfroher Mann, der nicht an das Unglück glauben will und anfangs um seiner Liebe zu Victoria willen entfliehen wollte, kehrt um und bekämpft die Pest, indem er versucht, der Bevölkerung Mut zu machen, und entgegen den Anordnungen des todbringenden Paares Mitleid und Liebe übt. Als die Sekretärin des Tyrannen seinen Widerstand bemerkt, verrät sie ihm ihr Geheimnis: »*So weit ich mich zurückerinnern kann, hat es immer genügt, daß ein Mensch seine Angst überwand und sich auflehnte, damit es im Räderwerk zu hapern begann. Ich sage nicht, die Maschine bleibe stehen, noch lange nicht. Aber es fängt an zu hapern, und manchmal versagt sie dann am Schluß wirklich.*« Diegos Beispiel ermutigt die anderen,

Widerstand zu leisten. Er wird ihr Anführer, und die Tyrannei erleidet die ersten Niederlagen. Da setzt die Pest gegen Diego die Mittel der Erpressung und der Versuchung ein. An der Bahre, auf der Victoria im Sterben liegt, soll er entscheiden, ob er mit ihr weiterleben will, während die anderen Menschen zugrunde gehen, oder ob er sich für die Freiheit aller opfern will. Die Sekretärin führt ihn in Versuchung: »*Man kann nicht glücklich sein, ohne den anderen Leid zuzufügen. So will es die Gerechtigkeit dieser Welt.*« Doch Diego lehnt diesen Kompromiß ab (»*Ich bin nicht gewillt, dieser Art von Gerechtigkeit beizupflichten*«) – und wählt den Tod. Während er niederstürzt, erhebt sich Victoria von ihrer Bahre. Sie klagt ihn an: »*Du hättest selbst dem Himmel zum Trotz mich wählen müssen. Du mußtest mich der ganzen Erde vorziehen.*« Diego weist sie zurecht: »*Ich bin im reinen mit dem Tod, darin liegt meine Stärke. Aber es ist eine Stärke, die alles andere verzehrt. Das Glück findet keinen Raum darin.*« – Besiegt verläßt die Pest die Stadt. Nada, der Kollaborateur, stürzt sich, vor der erneut einziehenden Mittelmäßigkeit fliehend, ins Meer: »*Die Alten kommen, die von vorher, die von immer, die Versteinerten, die Tröstlichen, die Bequemen, die Sackgassen, die Geschmiegelten, kurz, die Tradition, gemütlich, blühend, frisch rasiert!*«

Im Roman wie im Drama erscheint die Pest als eine Heimsuchung, die die Menschen jäh überfällt. Während sie im Roman ebenso willkürlich verschwindet, wie sie gekommen ist, bedarf es im Drama eines Selbstopfers, um sie zu vertreiben. So unterschiedlich die Bedeutung der Pest interpretiert wurde – beispielsweise als Überwältigung einer alten, leergewordenen Ordnung durch eine Organisationsmaschinerie, gegen die die natürliche Ordnung verteidigt werden muß (Germaine Brée) –, in beiden Werken wird sie als ein Übel dargestellt, das die menschliche Gesellschaft bedroht und den einzelnen zur Stellungnahme herausfordert. Camus zeigt verschiedene Verhaltensweisen angesichts zugespitzter »Grenzsituationen«; seine Sympathie gehört jedoch unverkennbar dem Menschen, der für die Gemeinschaft kämpft und sein persönliches Glück hintanstellt – im Drama vertreten durch Diego, im Roman durch den Arzt Rieux und den Journalisten Rambert, die ihm in manchen Zügen gleichen.

*L'état de siège* ist, formal betrachtet, ein Versuch, »totales Theater« zu machen, und darin vergleichbar sowohl CLAUDELS *Le soulier de satin*, 1944 (*Der seidene Schuh*), als auch SARTRES *Le diable et le bon Dieu*, 1951 (*Der Teufel und der liebe Gott*). Bei Camus zeigt sich dieses Bestreben in der chorischen Einbeziehung der Volksmenge, des Kollektiverlebens, ins Drama, in der an die mittelalterliche und zu Beginn des 20. Jh.s erneuerte Simultanbühne anknüpfenden Gleichzeitigkeit der Szenen, der dramaturgischen Mischung von Tragödie, Komödie und Farce. »*Es handelt sich nicht um ein Stück von herkömmlicher Bauart, sondern um ein Schauspiel, das offen bestrebt ist, alle Ausdrucksformen des Theaters heranzuziehen, den lyrischen Monolog so gut wie das kollektive Theater, die Pantomime, das einfache Zwiegespräch, die Posse und den Chor*«, heißt es in seinem Vorwort. Darüber hinaus aber bedient Camus – den französischen *moralités* des Mittelalters folgend – sich auch der Allegorie (Pest und Tod). – *L'état de siège*, eine Art Lehrstück über die Beziehungen zwischen Terror, versklavender Angst und befreiendem Mut zum Widerstand, fand, ähnlich wie Sartres *Le diable et le bon Dieu*, in Deutschland ein lebhafteres Echo als in Frankreich.

M.H.-B.We.

AUSGABEN: Paris 1948. – Paris 1962 (in *Œuvres complètes*, 6 Bde., 1962/63, 5). – Paris 1962 (in *Théâtre, récits et nouvelles*, Hg. R. Quilliot; Pléiade). – Paris 1985 (in *Œuvres complètes*, Hg. R. Grenier, 9 Bde., 1983–1985, 2).

ÜBERSETZUNGEN: *Belagerungszustand*, H. H. Hausser, Wien u. a. 1955; ern. 1969. – *Der Belagerungszustand*, G. [u.] G. Meister (in *Dramen*, Hbg. 1959; zul. Reinbek 1986).

LITERATUR: B. Simiot, Rez. (in La Revue Hommes et Mondes, 1948, Nr. 29, S. 712–716). – G. Bataille, Rez. (in Critique, 1949, Nr. 23, S. 184–189). – G. Marcel, *L'état de siège*« (in G. M., *L'heure théâtrale*, Paris 1959, S. 167–172). – J.-L. Barrault, *Sur »L'état de siège*« (in La Table Ronde, 1960, Nr. 146, S. 67/68). – A. Schulze-Vellinghausen, »*Caligula*«, »*Belagerungszustand*« (in A. S.-V., *Theaterkritik*, Hannover 1961, S. 188/189). – J. Truchet, »*Huis clos*« et »*L'état de siège*«, *signes avant-coureurs de l'antithéâtre* (in *Le théâtre moderne*, Hg. J. Jacquot, Bd. 2, Paris 1967, S. 29–36). – J. C. Segovia, *L'image de l'Espagne dans »L'état de siège« d'A. C.* (in Cahiers de littérature et de linguistique appliquée, 1, 1970, S. 38–52). – H. W. Wittschier, *A. C. und Antonin Artaud. Zum Verständnis von »L'état de siège*« (in RJb, 23, 1972, S. 137–149). – J. Lévi-Valensi, *C. et l'Espagne* (in *Espagne et Algérie au XXe siècle: Contacts culturels et création littéraire*, Hg. J. Déjeux, Paris 1985, S. 141–159).

## L'ÉTRANGER

(frz.; Ü: *Der Fremde*). Roman von Albert CAMUS, erschienen 1942. – In diesem frühen erzählerischen Werk, das – im selben Jahr wie das philosophische Hauptwerk *Le mythe de Sisyphe* veröffentlicht – bereits im Roman *La mort heureuse* (*Der glückliche Tod*) von 1937 (postum erschienen 1971) in Ansätzen vorbereitet wurde, gibt Camus dem Lebensgefühl einer Generation Ausdruck, die in zwei Weltkriegen den Zusammenbruch der bis dahin gültigen Ordnung erfahren hatte und das Vergebliche einer Auflehnung gegen den als maschinell und unbeeinflußbar empfundenen Lauf der Dinge – im historisch-politischen Bereich wie im privaten Sphäre – einsehen mußte. Diese Erfahrung und der daraus resultierende Verlust an Selbstvertrauen kennzeichnete die Stimmung vieler Franzosen während der deutschen Okkupation und kommt in diesem Roman auf spezifische Weise zum Ausdruck.

Die Fabel ist einfach: Meursault, ein kleiner französischer Angestellter in Algier, beginnt seinen Bericht in dem Augenblick, als er an das Totenbett seiner Mutter gerufen wird, die er vor Jahren in einem Altersheim außerhalb der Stadt untergebracht hat, »*da sie sich nichts mehr zu sagen hatten*«. Er nimmt zwei Tage Urlaub, fährt in das kleine Dorf, hält eine Nacht lang die Totenwache, wobei er, durch die Reise und die Hitze ermüdet, Zigaretten raucht und Kaffee trinkt und sogar ein paarmal einschläft. Mit derselben Teilnahmslosigkeit folgt er dem Trauerzug und kehrt dann nach Algier zurück. Am nächsten Morgen trifft er beim Baden seine Arbeitskollegin Maria, sieht sich mit ihr einen Fernandel-Film an und verbringt anschließend die Nacht mit ihr. Ein paar Tage später bittet ihn sein Zimmernachbar Raymond, ihm einen Brief aufzusetzen. Zum Dank lädt dieser ihn eines Sonntags ans Meer ein. Am Strand begegnen die beiden einem Araber, dem Bruder von Raymonds Freundin, mit der er einen Streit gehabt hat. Der Mann bedroht ihn, und es kommt zu einem kurzen Handgemenge. Meursault hat vorher Raymonds Revolver an sich genommen, um eine unbesonnene Tat zu verhindern. Später trifft er zufällig noch einmal allein auf den Araber, der bei seinem Herannahen das Messer zieht. Instinktiv greift Meursault nach dem Revolver. »*Ich fühlte nur noch die Zymbeln der Sonne auf meiner Stirn und undeutlich das leuchtende Schwert, das dem Messer vor mir entsprang. Dieses glühende Schwert wühlte in meinen Wimpern und bohrte sich in meine schmerzenden Augen. Da geriet alles ins Wanken. Vom Meer kam ein starker, glühender Hauch. Mir war, als öffnete sich der Himmel in seiner ganzen Weite, um Feuer regnen zu lassen.*« Halb betäubt schießt er den Araber nieder. – Meursault wird des vorsätzlichen Mordes angeklagt, für schuldig befunden und zum Tode durch das Beil verurteilt. Während seiner letzten Tage bereitet er sich auf den Tod vor. Die Tröstungen des Priesters weist er zurück.

Camus läßt Meursault selbst berichten. Diese Ich-Erzählung unterscheidet sich jedoch von ihrem traditionellen Typus grundsätzlich durch die absichtliche Ausschaltung der bei dieser Erzählhaltung sonst üblichen Reflexion der Umwelt im Bewußtsein der Erlebenden, durch die das Geschehene erst Sinn und Bedeutung erhält. Meursault interpretiert die Vorgänge nicht; es scheint, als beträfen sie ihn nicht. Die Welt, die er sieht, ist vordergründig und flächenhaft und existiert ohne ihn. Meursault ist eine »hohle Figur«, eine Gestalt ohne Tiefendimension. Er sagt zwar »ich«, aber dieses Ich bleibt substanzlos. SARTRE weist in seiner Interpretation des *Fremden* auf ein Bild aus dem *Mythos von Sisyphos* hin, das diese »*Unmenschlichkeit des Menschen*«, wie er sagt, gleichnishaft demonstriert. »*Ein Mensch spricht hinter einer Glaswand ins Telefon; man hört ihn nicht, man sieht nur sein sinnloses Mienenspiel.*« So zerfällt Meursaults Bericht in einzelne Begebenheiten, die er nicht in einen kausalen Zusammenhang bringt, sondern nur mechanisch registriert. Kurze Sätze, bloße Feststellungen, wo man ein Engagement, einen Gefühlsausdruck erwartet, reihen sich in bewußt monotoner Folge aneinander. Leitmotivisch durchziehen die Erzählung Wendungen wie »*Ich wußte es nicht*«, »*Das war mir gleichgültig*« oder »*Das bedeutete nichts*«. Meursault beschreibt das Begräbnis der Mutter und sein Verhältnis zu Maria im gleichen Ton wie irgendeine belanglose Straßenszene. (»*Am Abend holte Maria mich ab und fragte mich, ob ich sie heiraten wolle. Ich antwortete, das sei mir einerlei, aber wir könnten heiraten, wenn sie es wolle. Da wollte sie wissen, ob ich sie liebe. Ich antwortete, daß das nicht so wichtig sei, aber daß ich sie wahrscheinlich nicht liebe.*«)

Meursaults Leben fehlt, ebenso wie seiner Berichterstattung, der Sinnzusammenhang. Es besteht aus einer Aneinanderreihung von zufälligen Geschehnissen in einer ständigen Gegenwart. Die Beschäftigung mit dem Vergangenen nehmen ihm seine Ankläger ab. Im Verlauf des Mordprozesses wird Meursaults Vorleben noch einmal aufgerollt und dabei bis zur Unkenntlichkeit verzerrt. Aufgrund der herkömmlichen Annahme, daß zu einer Handlung Absicht und Plan gehören, wird nun in alles, was ohne irgendeine innere Gesetzmäßigkeit geschehen war, eine falsche Kausalität hineininterpretiert. Die Gefühllosigkeit, die Meursault am Tag der Beerdigung seiner Mutter zur Schau trug, die Tatsache, daß er am nächsten Morgen eine Liebschaft anfing, der dubiose Brief, den er für Raymond, einen Mann von zweifelhafter Moral, schrieb – alle diese Einzelheiten werden als Zeichen einer kriminellen Veranlagung gewertet, die Meursault notwendig zu einem vorsätzlichen Mord treiben mußte. Die Erklärung des Angeklagten, er habe nicht die Absicht gehabt, den Araber zu töten, Schuld daran trage vielmehr die Sonne, ruft nur Gelächter hervor. Meursault hat den Eindruck, daß die Gerichtsverhandlung mit seiner Person eigentlich nichts mehr zu tun hat und sein Schicksal sich ohne Zusammenhang mit seiner Tat vollzieht. Wieder allein in seiner Zelle, wird ihm plötzlich in einem beinahe triumphal erlebten Augenblick der Erleuchtung bewußt, daß die Gewißheit der eigenen Existenz die einzige Erkenntnis ist, die er angesichts des Todes zu gewinnen vermag.

Die große Sympathie, die Meursault – ein einsames Individuum ohne ausgeprägte Persönlichkeit, das seiner Gesellschaft fremd gegenübersteht und sich weigert, in die allgemeine Lebenslüge einzustimmen – bei den Lesern erweckte, beweist die Symbolkraft dieser Gestalt, die zugleich als Protagonist und als Opfer einer absurden Welt erschien und »*hell und scharf wie eine Klinge mitten in den trostlosen Jahren einen Pessimismus voll Hoffnung brachte*« (M. Lebesque). Mit zum Teil nur wenig abgewandelten Zügen und in unverkennbar nachempfundener Sprachform trat der »Fremde« in der französischen Nachkriegsliteratur der fünfziger Jahre wiederholt in Erscheinung. Camus selbst hat die

Haltung Meursaults, der sich am Schluß der »zärtlichen Gleichgültigkeit« einer absurden Welt überläßt, fünf Jahre später in seinem Roman *La peste* (1947) in Frage gestellt und überwunden.

M.Bo.-KLL

AUSGABEN: Paris 1942. – Paris 1957. – Paris 1962 (in *Œuvres complètes*, 6 Bde., 1962/63, 1). – Paris 1962 (in *Théâtre, récits et nouvelles*, Hg. R. Quilliot; Pléiade). – Paris 1972 (Folio). – Paris 1983 (in *Œuvres complètes*, Hg. R. Grenier, 9 Bde., 1983–1985, 1).

ÜBERSETZUNGEN: *Der Fremde*, G. Goyert u. H. G. Brenner, Boppard 1948. – Dass., dies., Düsseldorf 1957. – Dass., dies., Reinbek 1961; zul. 1986 (rororo). – Dass., dies., Ffm. 1980. – Dass., dies., Hg. B. Sahner, Stg. 1986 (frz.-dt.; RUB).

VERFILMUNG: Algerien/Italien 1967 (Regie: L. Visconti).

LITERATUR: J. P. Sartre, *A. C. »L'étranger«* (in Cahiers du Sud, 1943, Nr. 253, S. 189–200; auch in J. P. S., *Situations*, Bd. 1, Paris 1947; dt. in *Situationen. Essays*, Hbg. 1956). – C. A. Viggiani, *C. »L'étranger«* (in PMLA, 71, 1956, S. 865–887). – L. Hudson, *»The Stranger« and the Critics* (in YFS, 25, 1960, S. 59–64). – G. Zeltner-Neukomm, *Das falsche Ich* (in G. Z.-N., *Das Wagnis des frz. Gegenwartsromans*, Reinbek 1960, S. 66–72; rde). – R. Champigny, *Sur un héros païen*, Paris 1960. – B. T. Fitch, *Narrateur et narration dans »L'étranger« de C.*, Paris 1960; erw. 1968. – A. Noyer-Weidner, *Absurdität und Epik als ästhetisches Problem in C.' »Étranger«* (in Annales Universitatis Saraviensis, Philosophie-Lettres, 10, 1961, S. 257–295; ern. in *Wege der deutschen C. Rezeption*, Hg. H. R. Schlette, Darmstadt 1975, S. 198–253). – *»L'étranger« à l'étranger. C. devant la critique anglo-saxonne*, Hg. J. H. Matthews (in RLMod, 1961/1962, Nr. 60–68, S. 305–496). – M. Barrier, *L'art du récit dans »L'étranger« d'A. C.*, Paris 1962. – R. Weber, *Vom ›Indifférent‹ zum »Étranger«. C.' Adam* (in NSp, 11, 1963, S. 485–498). – G. Storzer, *La genèse du héros de »L'étranger«* (in FR, 37, 1964, S. 542–553). – P. Rhein, *The Urge to Live. A Comparative Study of F. Kafka's »Der Prozeß« and A. C.' »L'étranger«*, Chapel Hill 1964. – P.-G. Castex, *A. C. et »L'étranger«*, Paris 1965. – E. Falk, *»L'étranger«* (in E. F., *Types of Thematic Structure*, Chicago 1967, S. 52–116). – *A. C. 1: Autour de »L'étranger«*, Hg. B. T. Fitch, Paris 1968 (RLMod, Nr. 170–174). – Ders., *De la page à l'écran. »L'étranger« de Visconti* (in EsCr, 8, 1968, S. 293–301). – M. A. F. Witt, *»L'étranger« au cinéma et l'imagerie visuelle de C.* (in RLMod, 1969, Nr. 212–216, S. 111–122). – A. Abbou, *Les paradoxes du discours dans »L'étranger«* (ebd., S. 35–76). – B. T. Fitch, *Travaux sur »L'étranger«* (ebd., S. 149–161). – J. Bazin, *Index du vocabulaire de l'étranger« d'A. C.*, Paris 1969. – P.-L. Rey, *»L'étranger«. Analyse critique*, Paris 1970. – I. Massey, *The Uncreating Word*, Bloomington 1970. – H. Krauss, *Zur Struktur des »Étranger«* (in ZfrzSp, 80, 1970, S. 210–229). – B. Pingaud, *»L'étranger« de C.*, Paris 1971. – B. T. Fitch, *»L'étranger« d'A. C.*, Paris 1972. – A. Noyer-Weidner, *»L'étranger«* (in *Der frz. Roman*, Hg. K. Heitmann, Düsseldorf 1975, S. 235–260, 351–353). – J. Brody, *C. et la pensée tragique. »L'étranger«* (in SRLF, 15, 1976, S. 511–534). – P. V. Conroy, *La vision schizophrène chez Meursault* (in RLMod, 1976, Nr. 479–483, S. 129–143). – R. Girard, *Critique dans un souterrain*, Lausanne 1976. – P. V. Zima, *Indifferenz u. verdinglichte Kausalität. C.' »L'étranger«* (in GRM, 61, 1980, S. 169–190). – R. Jones, *»L'étranger« et »La chute«*, Ldn. 1980. – A. King, *C. »L'étranger«. The Stranger or the Outside*, Ldn. 1980. – J. LeHir, *De Mersault à Meursault* (in RLMod, 1982, Nr. 632–636, S. 29–52). – P. van den Heuvel, *Parole, mot et silence. Les avatars de l'énonciation dans »L'étranger«* (ebd., S. 53–88). – U. Eisenzweig, *Les jeux de l'écriture dans »L'étranger« de C.*, Paris 1983. – P.-G. Castex, *L'aventure de Meursault* (in P.-G. C., *Horizons romantiques*, Paris 1983, S. 357–377). – K. Heitmann, *C.' »Fremder«, ein Identifikationsangebot für junge Leser?* (in RLZ, 7, 1983, S. 487–506). – P. V. Zima, *Der gleichgültige Held*, Stg. 1983. – A. Costes, *Le double meurtre de Meursault* (in Cahiers C., 5, 1985, S. 55–76). – A. Abbou, *Le quotidien et le sacré* (ebd., S. 231–265). – R. Grimm, *Die deutsche »Ursache« des C.schen »Fremden«* (in Jb. der dt. Schillergesellschaft, 30, 1986, S. 594–639). – P. V. Zima, *Indifferenz und Ideologie. C.' »L'étranger«* (in P. V. Z., *Roman u. Ideologie*, Mchn. 1986, S. 179–199).

## L'EXIL ET LE ROYAUME

(frz.; *Ü: Das Exil und das Reich*). Novellensammlung von Albert CAMUS, erschienen 1957. – Alle sechs Novellen dieser letzten Prosaveröffentlichung des Autors leben von der Spannung zwischen den beiden Begriffen, aus denen der Titel sich zusammensetzt: »Exil« und »Reich«, Pole entgegengesetzter Daseinsmöglichkeiten, zwischen denen der Mensch – in zumeist freier Entscheidung – zu wählen hat. Sprachsymbolisch kommt diese Antithese in der verwirrenden Ähnlichkeit der beiden Wörter *solidaire* (gemeinsam) und *solitaire* (einsam) zum Ausdruck. Eines von beiden hat der aus seinem selbstgewählten Bretterverschlag-Exil in das Reich der »Seinen« zurückkehrende Maler Jonas (in *Jonas ou L'artiste au travail – Jonas oder Der Künstler bei der Arbeit*) mit winziger Schrift auf eine große weiße Leinwand gekritzelt; welches aber, ist nicht genau zu entziffern. Es bleibt also offen, ob der unter seiner Berühmtheit und den sich aus ihr ergebenden gesellschaftlichen Verpflichtungen leidende Künstler – ein Problem, das Camus aus eigener Erfahrung kannte – sich für die Einsamkeit außerhalb des Familienverbandes und der Öffentlichkeit oder für die Geborgenheit, die Teilnahme an der Gemeinschaft entschieden hat. Camus bezieht die vergebliche Suche seines Helden nach einer zwischen Kunst und Leben vermittelnden Sphäre symbolisch auf das Modell des alttestamentlichen Jonas, der, um sich dem von Gott erhaltenen Auftrag zu entziehen, der Stadt Ninive eine Bußpredigt zu halten, ein Schiff besteigt, das alsbald von einem wütenden Sturm bedroht wird. »*Nehmt mich und werft mich ins Meer ... Denn ich weiß, daß solch groß Ungewitter über euch kommt um meinetwillen.*« (*Jona* 1,12)

Die erste Novelle *La femme adultère (Die Ehebrecherin)*, thematisiert die ekstatische Naturhingabe als eine Möglichkeit der momentanen Befreiung aus der konventionellsten Gemeinschaft: der Ehe. Für Janine, die unbefriedigte Frau eines in jeder Hinsicht mittelmäßigen Geschäftsmannes, beginnt sich auf einer gemeinsamen Reise in den Süden Algeriens beim Anblick der unter einem kalten, leeren Himmel sich endlos erstreckenden, geschichtslosen Wüste »*ein von Jahren der Gewohnheit und der Langeweile geschürzter Knoten langsam zu lösen*«: Es wird ihr bewußt, »*daß ihr dieses Reich seit Anbeginn der Zeiten verheißen war und daß sie es dennoch nie besitzen würde, nie mehr, außer vielleicht in diesem flüchtigen Augenblick, da sie die Augen wieder aufschlug, den mit einemmal unbeweglichen Himmel gewahrte und die Fluten erstarrten Lichts*«.

In *La pierre qui pousse (Der treibende Stein)* muß der in einer brasilianischen Urwaldstadt stationierte französische Ingenieur d'Arrast sich die ihm zunächst verweigerte Solidarität, die Aufnahme in die Gemeinschaft, erst verdienen. Von den am Vorabend eines kirchlichen Festes stattfindenden heidnisch-kultischen Tänzen der Eingeborenen wird er als Fremder ausgeschlossen. Als am nächsten Morgen ein Schwarzer, der das Gelübde abgelegt hat, einen riesigen Stein zur Kirche zu tragen, von den Tänzen und Ausschweifungen ermüdet, unter der ungeheuren Last auf halbem Wege zusammenbricht, nimmt d'Arrast den Stein auf. Er trägt ihn jedoch nicht in die Kirche, sondern zur Hütte des Eingeborenen und wirft ihn dort auf das glimmende Herdfeuer, »*mit verzweifelten Atemzügen den wiedererkannten Geruch der Armut und der Asche*« einsaugend und eine »*geheime, keuchende Freude*« verspürend. Er wird daraufhin als Gast in den Kreis der armen Hüttenbewohner aufgenommen.

In *Les muets (Die Stummen)* bleiben die Arbeiter einer Faßbinderei in einer algerischen Hafenstadt stumm, als sie nach zwanzigtägigem erfolglosem Streik wieder an ihre Arbeitsplätze zurückkehren müssen. »*Sie sagten kein Wort, gedemütigt durch diesen Einzug als Besiegte, wütend über ihr eigenes Schweigen, aber immer weniger fähig es zu brechen, je länger es dauerte.*« Kränkung und Demütigung hat sie ins Schweigen gedrängt. Während äußerlich das Schweigen bestehen bleibt, verspüren sie dennoch das Bedürfnis, sich anteilnehmend zu äußern, als die kleine Tochter des Fabrikanten einen Ohnmachtsanfall erleidet und die Sirene eines Krankenwagens die Gleichförmigkeit ihres Arbeitstages unterbricht. Die Novelle endet indes nicht mit einer wiedererlangten Form der Verständigung, sondern in der Sehnsucht, auszuwandern, ins Exil zu gehen.

In *L'hôte (Der Gast)* weigert sich Daru, Lehrer an einer abgelegenen Volksschule auf dem algerischen Hochplateau, einen als Mörder festgenommenen Algerier an die Justiz auszuliefern. Der Ortsgendarm hat ihm den Gefangenen mit dem Befehl überlassen, ihn in der nächsten Gemeinde dem Richter zu übergeben. In einem – weder vom Gendarmen noch von dem Algerier und seinen Angehörigen verstandenen – Akt der Menschlichkeit löst Daru dem Mann die Fesseln, gibt ihm zu essen und hofft im übrigen, daß er davonlaufen wird. Als er am anderen Morgen noch da ist, führt Daru ihn bis an den Rand der Hochebene und überläßt ihm dann die Wahl zwischen zwei Wegen: dem ins Gefängnis und dem in die Freiheit. Nach kurzem Zögern entscheidet sich der Algerier für den Weg ins Gefängnis. In sein Haus zurückgekehrt, liest Daru, von ungelenker Hand an die Wandtafel geschrieben, die drohenden Worte: »*Du hast unseren Bruder ausgeliefert. Das wirst du büßen.*«

Die zweite Novelle, *Le renégat ou Un esprit confus (Der Abtrünnige oder Ein verwirrter Geist)*, handelt vom Scheitern eines Missionars in der Wüstenstadt Taghâza. Ursprünglich sollte am Anfang des »Berichts« *La chute (Der Fall)* stehen, den Camus dann aber seiner Länge und Gewichtigkeit wegen einzeln veröffentlichte. Zwischen *La chute* und *Le renégat* besteht eine enge Beziehung; beide Male handelt es sich um monologische »Scheinbeichten« nach furchtbarem, tiefem Fall, verursacht letztlich durch den gleichen »*prometheischen Wunsch, den Göttern ebenbürtig zu sein*« (G. Brée). Die fanatische Begeisterung für den christlichen Glauben, die den jungen Priester in *Le renégat* zum Missionsdienst bei einem barbarischen Wüstenstamm drängte, entsprang einem leidenschaftlichen Bedürfnis nach Unterordnung, aber auch nach Repräsentation höchster, göttlicher Herrschaft. »*Ich träumte von der unumschränkten Macht, jener Macht, die den Gegner zur Übergabe zwingt, seine Knie zur Erde beugt, ihn schließlich bekehrt, und je größer die Blindheit, die Grausamkeit, die Selbstsicherheit und Überzeugungstreue des Widersachers ist, desto lauter verkündet seine Unterwerfung die Herrlichkeit dessen, der seine Niederlage herbeigeführt hat.*« Aber er unterliegt selbst – und damit auch sein Gott, der er vorwirft, daß er »*weder schlage noch töte*«. Auf dem Tiefpunkt seiner Erniedrigung, nachdem die Wilden ihm die Zunge herausgeschnitten haben, schlägt seine Verzweiflung um in freiwillige Verehrung des »*größeren Herrn*«, des Fetischs, der Verkörperung des absolut Bösen, und er lauert dem nach ihm ausgesandten Missionar, der ihn ablösen soll, auf, um ihn zu töten.

Die beiden im antithetischen Titel »*L'exil et le royaume*« vorgegebenen Pole – Einsamkeit und Gemeinschaft – erweisen sich in den sechs Novellen als unterschiedlich nuancierte moralische Kategorien, die den Protagonisten in charakteristischen Grenzsituationen zur Verfügung stehen. Insgesamt überwiegt jedoch die Problematik des »Exils« – Camus hatte anfangs für die Sammlung den Titel *Novellen aus dem Exil* vorgesehen. H.H.H.-B.We.

AUSGABEN: Paris 1957. – Paris 1962 (in *Œuvres complètes*, 6 Bde., 1962/63, 2). – Paris 1962 (in *Théâtre, récits et nouvelles*, Hg. R. Quilliot; Pléiade). – Paris 1972 (Folio). – Paris 1984 (in *Œuvres complètes*, Hg. R. Grenier, 9 Bde., 1983/85, 4).

ÜBERSETZUNGEN: *Das Exil und das Reich*, G. [u.] G. Meister, Hbg. 1958. – Dass., dies., Hbg. 1960.

LITERATUR: H. Hell, Rez. (in La Table Ronde, 1957, Nr. 114, S. 202–205). – G. Picon, *»L'exil et le royaume«* (in MdF, 330, 1957, S. 127–131; ern. in G. P., *L'usage de la lecture*, Bd. 2, Paris 1961, S. 169–174). – J. Conhilh, *C. l'exil sans royaume* (in Esprit, 1958, S. 529–543; 673–692). – R. Hartung, *Vom Traum der Verbannten* (in NDH, 5, 1958/59, S. 268/269). – A. Noyer-Weidner, *C. im Stadium der Novelle* (in ZfrzSp, 70, 1960, S. 1–38; ern. in *Wege der dt. C.-Rezeption*, Hg. H. R. Schlette, Darmstadt 1975, S. 281–328). – C. Vigée, *L'errance entre »L'exil et le royaume«* (in La Table Ronde, 1960, Nr. 146, S. 120–126). – P. J. Johnson, *C. et Robbe-Grillet*, Paris 1972. – P. Cryle, *Bilan critique, »L'exil et le royaume« d'A. C.*, Paris 1973. – *A. C. 6: C. nouvelliste »L'exil et le royaume«*, Hg. B. T. Fitch, Paris 1973 (RLMod, Nr. 360–365). – L. G. Durand, *Thematic Counterpoint in »L'exil et le royaume«* (in FR, 47, 1973/74, S. 1110–1122). – J. L. Curtis, *Alienation and the Foreigner in C.'s »L'exil et le royaume«* (in *The French Short Story*, Hg. P. Crant, Columbia 1975, S. 127–138). – W. Hirdt, *»L'hôte«* (in *Die frz. Novelle*, Hg. W. Krömer, Düsseldorf 1976, S. 272–280, 378–379). – *Essays on C.'s »Exile and the Kingdom«*, Hg. J. D. Suther, Mississippi Univ. Press 1980. – R. Jones, *C. and the Aphorism: »L'exil et le royaume«* (in MLR, 78, 1983, S. 308–318). – E. Showalter, *Exiles and Strangers. A Reading of C.'s »Exile and the Kingdom«*, Columbus 1984. – P. Forestier, *»L'exil et le royaume«* (in Recherches sur l'imaginaire, 11, 1984, S. 65–68). – S. Tarrow, *»Exile from the Kingdom«*, Univ. of Alabama Press 1985. – P. Dunwoodie, *C. »L'envers et l'endroit« and »L'exil et le royaume«*, Ldn. 1985. – P.-E. Knabe, *Essai de l'interprétation de la ›polémique interne‹ dans »L'exil et le royaume«* (in *Le discours polémique*, Hg. G. Roellenbleck, Tübingen/Paris 1985, S. 75–84). – K. Kreiner, *›Exil‹ u. ›Reich‹ als Grundpole im Denken A. C.' u. E. Blochs*, Ffm./Bern 1985. – I. Cielens, *Trois fonctions de l'exil dans les œuvres d'A. C.: initiation, révolte, conflit d'identité*, Stockholm 1985. – E. Korthals Altes, *Normes et valeurs dans le récit [L'hôte]* (in RSH, 1986, Nr. 201, S. 35–47).

## L'HOMME RÉVOLTÉ. Essais

(frz.; *Ü: Der Mensch in der Revolte. Essays*). Philosophisch-gesellschaftskritisches Werk von Albert Camus, erschienen 1951. – In diesem Buch erörtert der Autor die Situation des modernen Menschen, der sich in einer Welt des Verbrechens und der Ideologien gegen absolute Ansprüche aller Art zu behaupten und vor Entwürdigung zu retten versucht. Diese Forderungen erreichen im politischen Mord, der einerseits das Recht auf Leben anerkennt und andererseits dieses Recht einem andern bestreitet, ihren Höhepunkt und führen zur existentiellen Grunderfahrung des Absurden. In dieser wiederum ist *»das Erste und einzig Evidente ... die Revolte«* – die nicht als eine nur verneinende Empörung, sondern zugleich, wie der methodische Zweifel DESCARTES', als ein zur Daseinsgewißheit führender Akt verstanden werden muß: »Ich revoltiere, also bin ich.« Während Camus in *Le mythe de Sisyphe* (1942) diese Erfahrung als die des Individuums dargestellt hat, untersucht er nun, nachdem er in den Jahren der deutschen Okkupation in der Resistance gekämpft hat und die ideologische Auseinandersetzung im Kalten Krieg ihren Höhepunkt erreicht, die geschichtlichen Dimensionen der Revolte. Denn wie in der Neuzeit allmählich an die Stelle Gottes die Geschichte getreten ist, so kann der Mensch der Gegenwart – von einem Leben in der Gnade durch Jahrhunderte politischer, industrieller und sozialer Revolution getrennt – nur noch im Vollzug der Geschichte seinen Sinn verwirklichen. Der Autor hebt in diesem Zusammenhang hervor, daß der in der Revolte angestrebte Wert – im Gegensatz zu dem stets für den Einzelmenschen verständlichen *cogito* Descartes' – nur innerhalb einer solidarischen menschlichen Gemeinschaft verwirklicht werden kann: *»Ich empöre mich, also sind wir.«*

Die historische Bewegung der Empörung beginnt im eigentlichen Sinn erst im 18. Jh.: als *»metaphysische Revolte«*, die durch Leugnung der Teleologie des Menschen und der Schöpfung die Einheit (*unité*) des rationalen Menschen mit der irrationalen Welt zu erreichen sucht; als *»historische Revolte«*, als Revolution, die mit der Geschichte ringt, diese jedoch verabsolutiert und darin der antimetaphysischen Bewegung vergleichbar ist, die in ihrem Kampf gegen Gott die Natur und das Böse verabsolutieren mußte – in beiden Fällen jedoch problematisch, da *»die Revolution als solche den Vorrang hat vor denen, die sie retten soll«*. Aus seinem Quellenstudium der *»zwei Jahrhunderte einer metaphysischen und historischen Revolte«* ergab sich für Camus die Kritik am Nihilismus; und die Hypothese, daß das ursprüngliche Ziel der Revolte in der Geschichte zunehmend verraten wurde: bei SADE und den Romantikern, in DOSTOEVSKIJS Ivan Karamazov, bei STIRNER, NIETZSCHE, LAUTRÉAMONT und den Surrealisten; bei ROUSSEAU und SAINT-JUST, HEGEL und MARX, PISAREV und BAKUNIN, NEČAEV und den Terroristen der Gruppe »Volkswille«, endlich bei LENIN und STALIN.

Camus polemisiert gegen die Vorstellung von der Absolutheit der Geschichte und gegen die Vernünftigkeit dessen, was im Laufe der Geschichte realisiert wurde; dezidiert wendet er sich von der

Geschichte ab, die im Zeichen des Nihilismus als »Nachfolger« Gottes inthronisiert worden sei und mit den Vertröstungen auf »*überirdische Hoffnungen*« (Nietzsche) aufwarte, und weist darauf hin, daß die moderne Revolution gezwungen sein werde, zu den Quellen der Revolte zurückzukehren, um nicht in Kraftlosigkeit und Sterilität zu enden. – Die Auflehnung in ihrer reinen Form findet Camus in der Kunst, seiner Ansicht nach »*eine in Form gebrachte Forderung nach Unmöglichem. Der Künstler erschafft die Welt auf seine Rechnung neu*«. Kunst ist weder formalistische Flucht noch Verstümmelung der Realität, sondern das dritte, das ermöglicht, den Widerspruch zu leben und ihn dann zu überwinden, im Widerspruch die Einheit zu finden und der das Menschenleben beherrschenden Macht von Leiden und Tod Grenzen zu setzen.

In *L'homme révolté* verknüpft Camus den Existentialismus mit den Quellen der freiheitlichen Revolution, mit der Pariser Kommune von 1871 wie mit dem Syndikalismus von PELLOUTIER, SOREL oder Simone WEIL, mit dem Kampf der Kronstädter Matrosen um die Autonomie der Sowjets und mit dem Anarchismus der Mittelmeerländer. Wie dieses Werk ausdrückt, daß das europäische Denken noch nach den Prinzipien menschlichen Handelns sucht, so bezeugt es ebenso den Verzicht auf die Wirksamkeit geschichtlicher Aktion, in der erst der Mensch seine Maßstäbe erschaffen und verstehen könne.

Camus' Verzicht auf eine aktive Gestaltung der Geschichte hat 1952 zum Zerwürfnis mit SARTRE geführt, der ihm sterilen Purismus und asoziales Verhalten vorwarf. Aber in der Fixierung des Gegensatzes von Künstler und Eroberer, des Widerspruchs zwischen der Bewegung der Revolte und den Depravationen der Revolution in Knechtschaft, Lüge und Terror, des Konflikts von Mensch und Geschichte liegt an sich schon eine hartnäckige Forderung, die mit der Ablehnung jeder Utopie den Menschen auf die Gegenwart und damit auf sein Handeln in der Gesellschaft verweist.

G.Hi.-B.We.

AUSGABEN: Paris 1951. – Paris 1958. – Paris 1965 (in *Essais*, Hg. R. Quilliot u. L. Faucon; Pléiade). – Paris 1970. – Paris 1983 (in *Œuvres complètes*, Hg. R. Grenier, 9 Bde., 1983–1985, 3).

ÜBERSETZUNGEN: *Der Mensch in der Revolte. Essays*, J. Streller, Hbg. 1953. – Dass., ders., bearb. v. G. Schlocker u. F. Bondy, Hbg. 1958; ern. Reinbek 1969; zul. 1986 (rororo).

LITERATUR: C. Maurice, *»L'homme révolté«* (in La Table Ronde, 1951, S. 98–109). – J.-P. Sartre, *Réponse à A. C.* (in Les Temps Modernes, 8, 1952/1953, S. 334–353). – H. Krings, *A. C. oder Die Philosophie der Revolte* (in PhJb, 62, 1953, S. 347–358). – A. Blanchet, *»L'homme révolté«* (in A. B., *La littérature et le spirituel*. *Mélée littéraire*, Paris 1959, S. 233–249). – G. Marcel, *»L'homme révolté«* (in La Table Ronde, Febr. 1960, S. 80–94). – A. Espiau de la Maëstre, *Die Revolte des A. C.* (in Wort und Wahrheit, 15, 1960, S. 279–291). – Y. Gandon, *C. ou le style révolté* (in Y. G., *Le démon du style*, Paris 1960, S. 233–253). – H. P. Hempel, *A. C. Der Mensch in der Revolte* (in DRs, 88, Juli 1962, S. 627–634). – G. Stuby, *Recht und Solidarität im Denken von A. C.*, Ffm. 1965. – J. Majault, *C. révolte et liberté*, Paris 1965. – T. Hanna, *A. C., Man in Revolt* (in Existential Philosophy, Hg. A. Schrader, NY 1967, S. 337–367). – O. F. Bollnow, *Von der absurden Welt zum mittelmeerischen Gedanken* (in *Wege der deutschen C.-Rezeption*, Hg. H. R. Schlette, Darmstadt 1975, S. 265–280). – F. Bondy, *Der Aufstand als Maß und als Mythos* (ebd., S. 245–264). – B. Gros, *»L'homme révolté«*, Paris 1977. – H. R. Schlette, *C., Revolte und Revolution*, Freiburg i.B. 1980. – M. Rath, *C. Absurdität und Revolte*, Ffm. 1984. – W. Neuwöhner, *Ethik im Widerspruch*, Ffm. u. a. 1985. – *A. C. 12: La révolte en question*, Hg. R. Gay-Crosier, Paris 1985 (RLMod, Nr. 715–719). – Ders., *La révolte génératrice et regénératrice* (in Cahiers C., 5, 1985, S. 113–134). – R. Peters, *Dieu, la révolte et l'histoire. C. et B.-H. Lévy* (in Dalhousie French Studies, 8, 1985, S. 45–61). – H. R. Schlette u. M. Yadel, *»L'homme révolté«. Einführung und Register*, Essen 1987.

## LES JUSTES

(frz.; Ü: *Die Gerechten*). Schauspiel in fünf Akten von Albert CAMUS, Uraufführung: Paris, 15. 12. 1949, Théâtre Hébertot; deutschsprachige Erstaufführung: Zürich, 14. 9. 1950. – Camus greift in diesem streng gebauten Dialogstück einen historischen Stoff auf – das 1905 von russischen Terroristen verübte Attentat auf den Großfürsten Sergej –, um vom progressiv-humanistischen Standpunkt seiner Existenzphilosophie aus Sinn und Konsequenzen des »gerechten Mordes« am Verhalten einiger Sozialrevolutionäre zu erhellen.

Nach einem ersten gescheiterten Attentatsversuch – Kaliayev, beauftragt, die Bombe zu werfen, schreckte im entscheidenden Moment vor der Tat zurück, weil sich zwei Kinder in Begleitung des Großfürsten befanden – kommt es innerhalb der Gruppe zu einer leidenschaftlichen Diskussion über Ziel und Rechtfertigung des politischen Umsturzes. Während Dora, Annenkov und Voinov Kaliayevs Weigerung, das neue Zeitalter mit einem Kindermord einzuleiten, grundsätzlich bejahen, tritt ihnen in dem fünften der Verschwörer nun ein unerbittlich Andersdenkender gegenüber. Stepan Fedorov – ein zweiter Robespierre – mißt das Leben der zwei Kinder des Großfürsten an dem Tod von tausend anderen, die nun weiterhin jährlich Hungers sterben werden; er macht sich zum Protagonisten derer, die unter der Prämisse, die Zukunft zu entwerfen, alle bestehenden Wertvorstellungen relativieren und alle Einzelschicksale zu Werkzeugen einer abstrakten Gerechtigkeit degradieren. Dieser utopisch-abstrakten Denkweise setzt Kaliayev seine – und Camus' – Überzeugung von der Gleichwertigkeit jedes Menschenlebens entgegen, seinen Glauben, daß der als notwendig erkannte, aber moralisch nicht zu rechtfertigende Mord nur durch den Tod des Mörders gesühnt werden könne, daß nur in der Preisgabe des eigenen Ichs der Achtung vor dem Leben – dem einzig vertretbaren Antrieb zur Revolte – der erforderliche Tribut gezahlt werde. Nach einem zweiten, diesmal erfolgreichen Anschlag auf den Großfürsten willigt Kaliayev in seinen eigenen Tod ein; er erliegt nicht der Versuchung, sein Leben durch den Verrat an seinen Kameraden zu retten, und er lehnt die Begnadigung ab, die ihm die Großfürstin, eine gläubige Christin, zu erwirken sucht. Als die Nachricht von seiner Hinrichtung bei den Freunden eintrifft, erklärt Dora, die Kaliayev in Liebe verbunden war und seine Gesinnung teilt, sie selbst wolle die nächste Bombe werfen.

Camus' Stück, didaktischer und aktionsärmer als das thematisch verwandte Drama *Les mains sales*, 1948 *(Die schmutzigen Hände)*, von SARTRE, auf das es eine Art Antwort darstellt, nimmt mit der Kampfansage an ein abstraktes ideologisches Denken (das – so glaubt Camus – zur Despotie führen muß, weil es den Terror in seine Rechnung einbezieht) ein Zentralproblem des 1951 erschienenen *L'homme révolté* vorweg.   KLL

AUSGABEN: Paris 1950. – Paris 1962 (in *Théâtre, récits et nouvelles*, Hg. R. Quilliot; Pléiade). – Paris 1973 (Folio). – Paris 1985 (in *Œuvres complètes*, Hg. R. Grenier, 9 Bde., 1983–1985, 2).

ÜBERSETZUNG: *Die Gerechten*, G. [u.] G. Meister (in *Dramen*, Hbg. 1959; zul. Reinbek 1986).

LITERATUR: V. Lupo, *La ricerca del giusto in C. »Les justes«* (in Il Ponte, 10, 1954, S. 906–921). – R. Kemp, *»Les justes« de C.* (in R. K., *Vie du théâtre*, Paris 1956, S. 266–271). – G. Marcel, *»Les justes«* (in G. M., *L'heure théâtrale*, Paris 1959, S. 173–176). – A. Alter, *De »Caligula« aux »Justes«* (in RHT, 12, 1960, S. 321–336). – F. N. Mennemeier, *Das moderne Drama des Auslandes*, Düsseldorf 1961, S. 193–217. – H. Lausberg, *Das Stück »Les justes« von C.*, Mchn. 1962. – F. N. Mennemeier, *C. »Les justes«* (in *Das frz. Theater vom Barock bis zur Gegenwart*, Hg. J. von Stackelberg, Bd. 2, Düsseldorf 1968, S. 280–300, 410–415). – S. Weitz, *Die Sinnbezirke in Sartres »Les mains sales« und »Les justes« von C.*, Diss. Saarbrücken 1970. – E. Freeman, *C.s »Les justes«* (in MLQ, 31, 1970, S. 78–91). – M. Bouchez, *»Les justes«, C.*, Paris 1974. – R. Gay-Crosier u. R. Grimm, *Le jeu dans le jeu ou la tragi-comédie des »Justes«* (in RLMod, 1975, Nr. 419–424, S. 45–70).

## LE MALENTENDU

(frz.; *Ü: Das Mißverständnis*). Schauspiel in drei Akten von Albert CAMUS, Uraufführung: Paris, 24. 8. 1944, Théâtre des Mathurins; deutsche Erstaufführung: Stuttgart, 5. 11. 1950. – Camus gestaltet hier das Thema von der Heimkehr des verlorenen Sohnes. Aber in einer Welt ohne Gott und Erlösung tritt das Mißverständnis an die Stelle frohen Wiedererkennens, der mörderische Schlaftrunk an die Stelle des Freudenmahls.

Die Fabel des Stücks wird schon in *L'étranger* (1942) erzählt: Meursault findet sie in einem Zeitungsartikel, der unter seinem Strohsack im Gefängnis steckt. »*Einerseits war die Geschichte unglaubhaft, andererseits ganz natürlich*«: Nach zwanzig Jahren Abwesenheit kehrt Jan zu seiner Mutter und seiner Schwester Martha zurück, die in einem verlorenen Regen- und Schattenland ohne Horizont ein einsames Gasthaus bewirtschaften. Reich und glücklich verheiratet kommt er aus einem Land der Sonne, getrieben von dem Verlangen, die Seinen wiederzufinden. Er gibt sich nicht gleich zu erkennen, sondern wartet auf ein Liebeszeichen, auf das rechte Wort. Doch die beiden Frauen, die seit Jahren die reichen unter den seltenen Gästen ihrer Herberge töten und berauben, damit sie selbst später fortziehen und ein neues Leben beginnen können in einem Land der heißen Sonne jenseits des Meeres, das keines Gottes bedarf, sehen in ihm nur das Opfer. So waltet ein unheimliches Mißverständnis in ihren Gesprächen, in denen die Sprache der Mörder mit der des Wartenden sich mischt. Nur eine leise Vorahnung befällt sowohl die Mutter, die vor dem Mord zögert, als auch den Sohn in diesem merkwürdig kalten Haus. Die einzige freundliche Geste ist eine Tasse Tee, die Martha ihrem Bruder bringt – es ist der Schlaftrunk, der seinen Tod vorbereitet. – Nachdem die beiden Frauen den Ermordeten in den Fluß geworfen haben, enthüllen ihnen dessen Papiere die Wahrheit. Damit hat die Mutter die in der Versteinerung des Herzens ersehnte Ruhe für immer verloren. In dem Augenblick, da sie erkennt, daß sie wieder fähig ist zu leiden, bricht sie in die Klage aus: »*Ach ich habe meine Freiheit verloren, und die Hölle hat begonnen!*« Beide Frauen gehen in den Tod. Doch Martha zieht zuvor aus der Furchtbarkeit des Lebens die Rechtfertigung für ihr Tun. Sie hätte ihren Bruder auch getötet, wenn sie ihn erkannt hätte; denn sie haßt ihn um seines glücklicheren Lebens willen, und weil er ihr zuletzt die Mutter genommen hat. Für sie ist jede menschliche Bindung nur ein Mißverständnis, und weder im Tod noch im Leben gibt es für den Menschen Heimat oder Frieden. »*Denn, nicht wahr, Heimat kann man diese zähe, lichtlose Erde nicht nennen, in der man blinden Tieren zur Nahrung dient.*« Sie erklärt Jans unglücklicher Frau Maria, daß das einzig mögliche Glück darin bestehe, fühllos wie ein Stein zu werden.

In diesem Drama vom Sterben und Töten in einer absurden Welt hängt das Geschehen letztlich von einer Kette von Zufällen ab. Der alte Knecht, Verkörperung des Schicksals, ist stumm; nur zum Schluß öffnet er den Mund – zu einem kategorischen »*Nein*«, mit dem er der allein zurückgebliebenen, hilflosen Maria Mitleid und Unterstützung verweigert. Die dramatische Spannung liegt in den Dialogen. Die Sprache, die eine Verbindung zwischen der gehobenen Sprache der Tragödie und der Umgangssprache anstrebt, erinnert in ihrer Exaktheit und der durch den Intellekt gefilterten Leidenschaft an Camus' Prosa. KLL

AUSGABEN: Paris 1944. – Paris 1947 (zus. m. *Caligula*). – Paris 1963 (in *Œuvres complètes*, 6 Bde., 1962/63, 5). – Paris 1962 (in *Théâtre, récits et nouvelles*, Hg. R. Quilliot; Pléiade). – Paris 1972 (Folio). – Paris 1983 (in *Œuvres complètes*, Hg. R. Grenier, 9 Bde., 1983–1985, 1).

ÜBERSETZUNG: *Das Mißverständnis*, G. [u.] G. Meister (in *Dramen*, Hbg. 1959; zul. Reinbek 1986).

LITERATUR: E. Heidelberger, *Schwarzes Theater. »Le malentendu«. »Caligula«* (in Umschau, 2, 1947, S. 442–449). – G. Marcel, *»Le malentendu«* (in G. M., *L'heure théâtrale*, Paris 1959, S. 161–163). – D. M. Church, *»Le malentendu«, Search for Modern Tragedy* (in FS, 20, 1966, S. 33–46). – H. Moenckemeyer, *The Son's Home Coming in Werner and C.* (in MLQ, 1966, S. 51–67). – N. C. Chase, *Images of Man. »Le malentendu« and »En attendant Godot«* (in Wisconsin Studies in Contemporary Literature, 7, 1966, S. 295–302). – H. Knust, *C.' »Malentendu« und Doderers »Zwei Lügen«* (in ASSL, 208, 1971, S. 23–34). – H. Kraft, *»Das Mißverständnis«* (in H. K., *Das Schicksalsdrama*, Tübingen 1974, S. 106–109). – N. Stokle, *C.' »Le malentendu«* (in Laurels, 51, 1980, S. 149–161). – D. P. Parsell, *Aspects of Comedy in C.' »Le malentendu«* (in Symposium, 37, 1983, S. 302–317). – K. Bahners, *»Das Mißverständnis«*, Hollfeld 1984.

## LA MORT HEUREUSE

(frz.; *Der glückliche Tod*). Roman von ALBERT CAMUS, entstanden zwischen 1936 und 1938; erstmals erschienen 1971 in den ›Cahiers Albert Camus‹. – In diesem ersten, vom Autor nicht veröffentlichten Roman kündigt sich bereits die Thematik an, die anschließend in *L'étranger* unter dem Vorzeichen eines zugespitzten Bewußtseins von der Absurdität des menschlichen Daseins fortgeführt wird.
Der aus zwei Teilen bestehende Roman (*Der natürliche Tod* und *Der bewußte Tod*) beginnt mit einem Mord: Mersault, einfacher Angestellter eines Handelsunternehmens in Algier, tötet im Anschluß an ein Gespräch über das Bedürfnis, glücklich zu leben, den mit ihm befreundeten, an den Rollstuhl gefesselten und zum Selbstmord bereiten Zagreus und bemächtigt sich seines Vermögens. In Rückblenden skizziert der Erzähler die Lebensgeschichte Mersaults, die Belanglosigkeit seines Alltags und die Sinnlosigkeit seiner langweiligen Büroarbeit; den Tod seiner Mutter, mit der Mersault in einem Arbeiterviertel von Algier auf kleinstem Raum eine entbehrungsreiche Kindheit und Jugend verbracht hat; seine Beziehung zu Marthe, die ihn mit Zagreus bekannt macht, sowie zu den wenigen Nachbarn (die in ähnlicher Konstellation in *L'étranger* wieder auftauchen).
Im zweiten Teil unternimmt Mersault eine Reise nach Mitteleuropa, u. a. nach Prag, wo er die Sonne Algeriens vermißt und unter dem Gegensatz zur mittelmeerischen Welt leidet. Zurück in Algerien versucht er, in einer idyllisch gelegenen Villa mit drei jungen Mädchen zusammenzuleben und ein von Arbeit und Geldsorgen befreites Dasein zu führen. Während der Raubmord unentdeckt bleibt, genießt Mersault »im Schatten junger Mädchenblüte« die »wiedergewonnene Zeit«: Er bricht das Experiment dieser Lebensgemeinschaft, die von ihm die Bereitschaft zur Kommunikation und zur Mitteilung seiner Gefühle verlangt, jedoch ab, geht eine ihm völlig gleichgültige Ehe ein und zieht sich schließlich in ein einsames Haus am Meer zurück, wo er, seit dem Mord an Zagreus unter Fieberanfällen leidend, nach kurzer Zeit in Einklang mit der grandiosen Natur stirbt.
Ähnlich wie Meursault in *L'étranger* ist auch Mersault in *La mort heureuse* auf der Suche nach dem Glück hier und jetzt mit dem Gedanken an den Tod als absurden Eingriff in die Existenz konfrontiert. Bereits in diesem, teilweise autobiographischen und fragmentarischen Werk formuliert Camus eine Absage an das christliche Verständnis vom Tod und setzt der Vorstellung vom Jenseits antithetisch die Vereinigung mit dem »*Reich dieser Welt*« entgegen. In »*Bildern des glücklichen Raums*« (Bachelard) beschwört Camus den mittelmeerischen »Mittag« und thematisiert das Glück eines Lebens jenseits der Begrenzungen des Alltags, in Einsamkeit und in Übereinstimmung mit der mediterranen Natur und Landschaft als Voraussetzung eines »*glücklichen*«, weil – wie der zweite Teil des Romans überschrieben ist – »*bewußten Todes*«. B.We.

AUSGABEN: Paris 1971, Hg. J. Sarocchi (Cahiers A. C., 1). – Paris 1979 (in *Œuvres complètes*, 8 Bde., 1978/79, 8). – Paris 1983 (in *Œuvres complètes*, 9 Bde., 7).

ÜBERSETZUNG: *Der glückliche Tod*, E. Rechel-Mertens, Reinbek 1972 [Nachw. u. Anm. J. Sarocchi]. – Dass., dies., Reinbek 1983 (rororo).

LITERATUR: B. Pingaud, Rez. (in QL, 16. 4. 1971, S. 12–14). – J. Montalbetti, Rez. (in Mag. litt, Juni 1971, Nr. 53, S. 23 f.). – F. Bondy, Rez. (in Die Zeit, 6. 10. 1972). – G. Blöcker, Rez. (in FAZ, 28. 10. 1972). – W. Grashoff, Rez. (in NRs, 83, 1972, S. 756–761). – R. Andrianne, *Eros et cosmos dans »La mort heureuse« de C.* (in RomR, 9, 1974, S. 175–187). – W. Hirdt, *»La mort heureuse« von C.* (in ASSL, 211, 1974, S. 334–349). – S. Strauss, *A Reading of C.'s »La mort heureuse«* (in Neoph, 59, 1975, S. 199–212). – P. Nimpfer, *»La mort heureuse«. C.s erster Roman u. seine Stellung im Früh-*

werk des Dichters, Diss. Graz 1979. – R. Andrianne, *Aspekte der mütterlichen Imago u. Depersonalisation in C.' »Der glückliche Tod«* (in *Psychoanalytische u. psychopathologische Literaturinterpretation*, Hg. B. Urban u. W. Kudszus, Darmstadt 1981, S. 152–177). – J. Le Hir, *De Mersault à Meursault – une lecture ›intertextuelle‹ de »L'étranger«* (in RLMod, 1982, Nr. 632–636, S. 29–52). – K. H. R. Anderson, *Justification and Happiness in C.' »La mort heureuse«* (in FMLS, 20, 1984, S. 228–246).

**LE MYTHE DE SISYPHE. Essai sur l'absurde**
(frz.; *Ü: Der Mythos von Sisyphos. Ein Versuch über das Absurde*). Philosophischer Essay von Albert CAMUS, entstanden zwischen 1936 und 1941; erschienen 1942. – Ausgangspunkt dieses für Camus und die zeitgenössische französische Philosophie wegweisenden Essays ist die existentielle Grunderfahrung des Absurden, wie sie in dem Roman *L'étranger*, 1942, dichterisch gestaltet wurde. Sie entspringt aus der Konfrontation des selbstbewußten menschlichen Geistes mit der ausschließlich dinghaften, undurchdringlichen Faktizität der gegebenen Welt, die jeglicher Transzendenz entbehrt. Sie wird erfahren als unüberbrückbare Diskrepanz zwischen Ich und Nicht-Ich, zwischen Hoffnung und Wirklichkeit, zwischen Intention und Ergebnis. Angesichts dieses Mißverhältnisses erhebt sich die Frage, ob das Leben überhaupt wert sei, gelebt zu werden, ob nicht der Selbstmord die einzig mögliche Konsequenz darstelle. Dieser Weg ist jedoch dadurch verschlossen, daß das Absurde gerade in der bewußt gewordenen Konfrontation zwischen dinghafter Welt und menschlichem Geist entsteht, also *»von Mensch und Welt gleichermaßen bedingt«* ist. Im Falle des Selbstmords wäre mit dem Verschwinden des Menschen als dem einen Pol des Absurden auch die absurde Situation selbst aufgehoben, eine Aufhebung allerdings, die eine wirkliche Überwindung verhindern würde. So wenig das Absurde auf jene Weise bewältigt werden kann, so wenig kann es idealistisch überwunden oder religiös transzendiert werden.
Da eine Rechtfertigung des Menschen außerhalb des Spannungsfelds zwischen Welt und Bewußtsein negiert wird, muß ein Weg gefunden werden, in der gegebenen Welt die nur immanent bestimmbare, von einer absolut gesetzten Wertordnung unabhängige Würde des Menschen zu verwirklichen. Dieses für Camus zeit seines Lebens entscheidende Problem der Würde des Menschen weist schon in der Fragestellung auf eine neue Ethik, deren Kernstück die selbstzweckhafte Revolte gegen die Absurdität als einzig mögliche Verhaltensweise darstellt. Sie äußert sich in der entschlossenen Tat und in der größtmöglichen Lebensintensität, an deren Nutzlosigkeit in bezug auf die Unveränderlichkeit der Welt kein Zweifel bestehen kann, in der der Mensch aber eine besondere Art der Selbstverwirklichung findet. In der Revolte schlägt also die absolute Verneinung um in die absolute Bejahung der gegebenen Welt: *»Diese Revolte gibt dem Leben seinen Wert«*, und *»so wird die Hölle der Welt schließlich zum Königreich«*. Als Konsequenz für die praktische Lebensgestaltung ergibt sich: Der Wert menschlicher Handlungen bemißt sich nicht nach unbekannten Normen, sondern allein nach ihrer Intensität; Quantität tritt an die Stelle von Qualität. Der Wert menschlichen Tuns ist nicht innerhalb absoluter Horizonte zu bestimmen, sondern er liegt in sich selbst und wächst mit zunehmender Leidenschaft und Lebensintensität. Ziel des Handelns ist ein quantitatives Maximum an Erfahrung in allen Lebensbereichen; vor allem in der Kunst, wo das produktive Schaffen doppeltes Leben bedeutet. Diese Auffassung projiziert der Autor in den antiken Mythos von Sisyphos hinein, dessen Tun gerade in seiner verbissenen Sinnlosigkeit als Revolte zur Selbstverwirklichung erscheint.
Camus vollzieht in diesem Essay den ersten wichtigen Schritt seines Denkens von der Erfahrung der Absurdität zur Revolte. Letztere ist hier noch ganz selbstzweckhaft; erst in späteren Werken zeichnet sich die nie endgültig zu verwirklichende Möglichkeit ab, darüber hinaus zu mitmenschlicher Kommunikation und Solidarität vorzudringen. Im Angriff gegen alle vernünftige Welterklärung und in der Auseinandersetzung mit den *»quälenden Themen des absurden Denkens«* fühlt sich Camus solidarisch mit NIETZSCHE, KIERKEGAARD, HEIDEGGER, JASPERS, in manchen Zügen sogar mit SCHELER und HUSSERL. Doch verwirft er jeden Ausweichversuch vor dem Leben mit dem Absurden: Kierkegaards und MARCELS Sprung in den Glauben, Husserls Ideenschau, die rationalistischen Ansätze MERLEAU-PONTYS und – mit allem Nachdruck – SARTRES *»Sein der Transzendenz«*. In der Beschränkung des Denkens auf bloße Darstellung und Beschreibung enthüllt sich Camus in dem Kapitel *Philosophie und Roman* in erster Linie als Künstler. Das absurde Kunstwerk – Ergebnis eines langen intellektuellen Dramas – verzichtet darauf, eine (illusorische) Welt erschaffen zu wollen, und verdeutlicht *»die Resignation, mehr sein zu wollen als die Einsicht, die die Erscheinungen in das Werk umsetzt und das, was keine Vernunft hat, mit Bildern zudeckt«*.
W.A.

AUSGABEN: Paris 1942. – Paris 1948 [erw.]. – Paris 1965 (in *Essais*, Hg. R. Quilliot u. L. Faucon; Pléiade). – Paris 1970. – Paris 1983 (in *Œuvres complètes*, Hg. R. Grenier, 9 Bde., 1983–1985, 1). – Paris 1985 (Folio).

ÜBERSETZUNGEN: *Sisyphos*, C. A. Weber (in *Frankreich*, Hg. ders., Mchn. 1947; Ausz.). – *Der Mythos von Sisyphos. Ein Versuch über das Absurde*, H. G. Brenner u. W. Rasch, Bad Salzig/Düsseldorf 1950. – Dass., dies., Hbg. 1959 (m. einem Essay v. L. Richter; zul. 1986; rde).

LITERATUR: J. du Rostu, *Un Pascal sans Christ: A. C.* (in Études, 78, 1945, S. 48–65; 165–177). –

F. Bondy, *A. C. u. die Welt des Absurden* (in Schweizer Annalen, 3, 1946, S. 150–159). – O. F. Bollnow, *»Der Mythos von Sisyphos«* (in Die Sammlung, 2, 1947, S. 660–666). – R. M. Albérès, *C. et le mythe de Prométhée* (in R. M. A., *La révolte des écrivains d'aujourd'hui*, Paris 1949, S. 63–81). – R. Theiss, *A. C.' Rückkehr zu Sisyphos* (in RF, 70, 1958, S. 66–90). – F. Kienecker, *Prometheus und Sisyphos* (in Hochland, 59, 1966/1967, S. 520–539). – P. Dunwoodies, *Chestov et »Le mythe de Sisyphe«* (in RLMod, 264–270, 1971, S. 43–50). – E. C. Brody, *Dostoevskij's Kirilov in C.'s »Le mythe de Sisyphe«* (in MLR, 70, 1975, S. 291–305). – W. Neuwöhner, *Ethik im Widerspruch*, Ffm. u. a. 1985. – J. Lévi-Valensi, *Aspects de l'absurde dans quelques romans français contemporains* (in Francofonia, 1986, Nr. 10, S. 15–30).

## LA PESTE

(frz.; *Ü: Die Pest*). Roman von Albert CAMUS, erschienen 1947. – Bereits im Motto weist Camus, der dem chronikartigen Bericht ein Zitat von Daniel DEFOE voranstellt – *»Es ist ebenso vernünftig, eine Art Gefangenschaft durch eine andere darzustellen, wie irgend etwas wirklich Vorhandenes durch etwas, das es nicht gibt«* –, auf den allegorischen Charakter des Romans hin, dessen Handlung frei erfunden ist. *»Die seltsamen Ereignisse, denen diese Chronik gewidmet ist, haben sich 194... in Oran abgespielt. Man war allgemein der Ansicht, sie gehörten ihres etwas ungewöhnlichen Charakters wegen nicht dorthin. Auf den ersten Blick ist Oran nämlich eine ganz gewöhnliche Stadt, nichts mehr und nichts weniger als eine französische Präfektur an der algerischen Küste.«*
Die ersten Anzeichen einer Seuche – immer mehr Ratten kriechen aus ihren Schlupfwinkeln hervor und sterben auf Straßen, Plätzen, in Hauseingängen – werden von den Bürgern zunächst mehr staunend als beunruhigt zur Kenntnis genommen. Als man endlich das gefürchtete Wort Pest öffentlich auszusprechen wagt, hat die Krankheit schon eine Reihe von Opfern gefordert. Camus schildert den Verlauf der Seuche – jener Allegorie unserer Zeit, die für *»die deutsche Okkupation und die Welt der Konzentrationslager, die Atombombe und die Aussicht auf den dritten Weltkrieg«*, aber auch für *»das Zeitalter der Unmenschlichkeit, des Gottesstaates, der Maschinenherrschaft, der verantwortungslosen Bürokratie«* steht (P. de Boisdeffre) – unter zwei Aspekten. Er zeigt ihre Auswirkungen auf das moralische Klima dieser *»reiz-, pflanzen- und seelenlosen Stadt«*, die das Gefühl für den Tod verloren hatte, und er führt die exemplarischen Reaktionen einer Reihe von Einzelpersonen vor, die sich mit der allgemeinen Tragödie nicht abfinden wollen oder sie zu rechtfertigen, ja zu nutzen verstehen.
Hauptfigur ist der Arzt Rieux, der sich gegen Ende des Romans als dessen fiktiver Verfasser zu erkennen gibt. Als einer der ersten deutet er die Vorzeichen richtig, fordert die Stadtverwaltung zu Gegenmaßnahmen auf und versucht in unermüdlichem Einsatz, so viele Menschenleben wie möglich zu retten. Seine kranke Frau hat er vor Ausbruch der Seuche in ein Sanatorium außerhalb von Oran gebracht. Scheinbar in Sicherheit, stirbt sie dort außerhalb des Einflußbereiches der Pest. Ihr Tod ist ein Modellfall für die von Camus behauptete *»Absurdität«* des Daseins, die, in Gestalt des über Oran hereingebrochenen Kollektivschicksals, Rieux, den Prototyp des aufgeklärten Skeptikers, zum Widerstand herausfordert. Rieux kämpft ohne Illusionen – gleichsam als ein Sisyphos, der sich mit den Leidenden solidarisch erklärt. – Rambert, ein Pariser Journalist, wird von der Seuche überrascht und darf die Stadt, die unter strenger Quarantäne steht, nicht verlassen. Alle Versuche auszubrechen, um zu der von ihm geliebten Frau zu gelangen, schlagen fehl. Er, der zunächst sagt: *»Ich habe genug von den Leuten, die für eine Idee sterben, mich interessiert nur noch, von dem zu leben und an dem zu sterben, was ich liebe«*, wird schließlich vom Egoisten zum Altruisten bekehrt. Er schließt sich den freiwilligen Hilfstrupps an, die in lebensgefährlichem Einsatz die Ärzte unterstützen. Auch Gand, ein kleiner Büroangestellter, findet in der allgemeinen Katastrophe eine sinnvolle Tätigkeit. Jahrelang hat er in einsamer Zurückgezogenheit gelebt, ein Kleinbürger, der an einem Roman schreibt, über dessen ersten Satz er nie hinausgekommen ist. Unter dem Eindruck des Schreckens löst er sich von dieser absurden Betätigung und baut die zivilen Hilfstrupps auf.
Cottard ist Nutznießer der Situation; er ist der Kollaborateur. Eines Verbrechens beschuldigt, wollte er Selbstmord begehen, wurde gerettet und lebt nun in relativer Freiheit, da die Polizei andere Aufgaben hat, als Verbrecher zu jagen. Als die Pest ihr Ende findet, verschanzt sich Cottard in seiner Wohnung und wird im Verlauf eines Feuergefechts von der Polizei erschossen. – Für den Jesuitenpater Paneloux ist die Pest ein Gottesgericht, das gerechterweise auf die Sünder herabkommt. Erst der Tod eines unschuldigen Kindes, den Paneloux mit ansehen muß, trifft den religiösen Fanatiker so nachhaltig, daß er sich nun auf eine – aus Camus' Weltsicht – freilich kaum weniger anfechtbare Position rettet, die des unbedingten sich selbst verleugnenden Glaubens daran, daß *»die Wahrheit aus der augenscheinlichen Ungerechtigkeit hervorbrechen wird«*. Er wird selbst von der Pest dahingerafft, nachdem er sich den Sanitätstrupps angeschlossen hat.
In Tarrou, von dessen Herkunft und Ziel man zunächst wenig erfährt und der sich vom beobachtenden Außenseiter zum Kämpfer wandelt, findet Rieux einen Freund. Tarrou war von zu Hause weggegangen, als er erfuhr, daß sein Vater, ein Staatsanwalt, Menschen dem Tod auslieferte. Seine Ablehnung gegen alles, *»was von nah oder fern aus guten oder schlechten Gründen tötet oder rechtfertigt, daß getötet wird«*, und die ihn tief bewegende Frage, ob man ein *»Heiliger ohne Gott«* sein könne, machen aus dem stillen, resignierten Individualisten einen tätigen Helfer. Auch sein Tod ist absurd. Das

Buch endet in einer tiefen Aporie: Als die Bevölkerung von Oran schon die Befreiung von der Seuche feiert, ist er einer der letzten, die an der Pest sterben. Rieux weiß, daß der Sieg nicht endgültig ist, »*daß der Pestbazillus niemals ausstirbt oder verschwindet ... und daß vielleicht der Tag kommen wird, an dem die Pest zum Unglück und zur Belehrung der Menschen ihre Ratten wecken und erneut aussenden wird, damit sie in einer glücklichen Stadt sterben*«.

Camus hat in seinem erfolgreichsten Prosawerk zweifellos Erfahrungen des Zweiten Weltkriegs und seiner Tätigkeit in der Résistance verarbeitet. Daß er die Pest als unabänderliche Schicksalsmacht, als *conditio humana* und nicht als ein nach seinen geistigen und historischen Grundlagen zu analysierendes Phänomen deutete, bot den Angriffspunkt für jene Kritiker, die, wie z. B. Sartre, dem Autor mangelndes historisches Verständnis vorwerfen, ja seinen eigenen berühmt gewordenen Einwand gegen die Geschichte als schlechthin unverbindlich, als »*Flucht auf höchster Ebene*« (W. Heist) bezeichnen. Anderseits war es gerade die philosophische Entscheidung gegen die Wertneutralität Hegels (»*Der Wert wird also auf das Ende der Geschichte verschoben. Bis dahin gibt es keinen Maßstab, der ein Werturteil zu begründen erlaubte*« – *L'homme révolté*) und für Kierkegaards ethisches Individuum, »*das seine Teleologie in sich selbst hat*« (*Entweder-Oder*), also die entschiedene Behauptung der wertsetzenden moralischen Kraft des einzelnen, die weltweite Resonanz fand und die überzeugte, nicht zuletzt weil Camus selbst sie gelebt hatte. K.N.

Ausgaben: Paris 1947. – Paris 1962 (in Œuvres complètes, 6 Bde., 1962/63, 1). – Paris 1962 (in Théâtre, récits et nouvelles, Hg. R. Quilliot; Pléiade). – Paris 1972 (Folio). – Paris 1985 (in Œuvres complètes, Hg. R. Grenier, 9 Bde., 1983–1985, 2).

Übersetzungen: Die Pest, G. [u.] G. Meister, Innsbruck 1948. – Dass., dies., Boppard/Bad Salzig 1949; ern. 1958. – Dass., dies., Hbg. 1950; zul. Reinbek 1987 (m. Essay v. L. Richter; rororo). – Dass., dies., Ffm. 1982 (BS).

Literatur: R. Laforgue, »La peste« et la vertu (in Psyché, 3, 1948, S. 406–420). – V. Steiger, »La peste« d'A. C. Essai d'interprétation, Aarau 1952. – G. Blöcker, Die neuen Wirklichkeiten, Bln. 1957, S. 267–277; ern. Mchn. 1968 (dtv). – A. Noyer-Weidner, Das Formproblem der »Pest« (in GRM, 8, 1958, S. 260–285). – D. R. Haggis, C. »La peste«, Ldn. 1962. – R. Étiemble, Peste ou peché (in R. É., C'est le bouquet, Paris 1967, S. 237–241). – A. Wurmser, »La peste« (in A. W., Conseils de révision, Paris 1972, S. 325–347). – M. Bruézière, »La peste« d'A. C., Paris 1972. – P. Gaillard, »La peste«, analyse critique, Paris 1972. – O. F. Bollnow, C., »Die Pest« (in Wege der dt. C.-Rezeption, Hg. H. R. Schlette, Darmstadt 1975, S. 227–244). – R. Batchelor, Unity of Tone in C.'s »La peste« (in FMLS, 9, 1975, S. 234–251). – K. Bahners, »Der Fremde«, »Die Pest«, Hollfeld 1975. – A. C. 8: C. romancier »La peste«, Hg. B. T. Fitch, Paris 1977 (RLMod, Nr. 479–483). – G. Costa, »La peste« (in Micromégas, 6, 1979, S. 75–102). – R. W. Greene, Fluency, Muteness and Commitment in C.'s »La peste« (in FS, 34, 1980, S. 422–433). – G. J. Prince, Le discours attributif dans »La peste« (in C. 1980, Hg. R. Gay-Crosier, Gainesville 1980, S. 101 bis 107). – D. Steel, Plague Writing (in Journal of European Studies, 11, 1981, S. 88–110). – P.-F. Smets, C. Sans le premier silence et au-delà. Brüssel 1985. – E. F. Sterling, A. C.' »La peste«: Cottard's Act of Madness (in College Literature, 13, 1986, Nr. 2, S. 177–185).

## ANTONI CANALS

\* um 1352 im Land València
† zwischen 1415 und 1419

### SCALA DE CONTEMPLACIÓ

(kat.; *Stufenleiter der Kontemplation*). Mystisch-asketischer Traktat von Fra Antoni Canals, entstanden 1398–1401; die Handschrift (Barcelona, Biblioteca Nacional de Catalunya) wurde 1972/73 veröffentlicht. – Nach Art des berühmten *Itinerarium mentis ad Deum* (Pilgerbuch des Geistes zu Gott) von Bonaventura (1221–1274) schildert das erste Buch dieses Werks unter dem im Mittelalter beliebten Bild der Leiter den Aufstieg der Seele zu Gott. »*Das ist die Leiter der wahren Liebe*«, so heißt es, »*auf der nur die wahrhaft entflammten Liebenden aufsteigen können.*« Fünfzehn Stufen umfaßt diese Leiter; sie führen durch die drei klassischen »Wege« oder »Stadien« der mystischen Theologie: den Weg der Reinigung, der durch Abtötung zur Loslösung von der Welt führt, den Weg der Erleuchtung und den Weg der Vereinigung mit der Gottheit. In der Beschreibung dieser Wege sind die Psychologisierung des Abstrakten und Kraft der Veranschaulichung seelisch-geistiger Vorgänge sowie einzelne psychologische Analysen bemerkenswert, beispielsweise die Ausführungen über die Ekstase (Zehnte Stufe), die Entrückung (Vierzehnte Stufe), die mystische Vereinigung der Seele mit Gott. Die Schilderung der *Unio mystica* nimmt wesentliche Motive des berühmten Gedichts *Noche escura del alma* des Juan de la Cruz (1542–1591) vorweg: »*Die entrückte Seele gerät in Erstaunen, hinschmachtend vereinigt sie sich, tastet, nach der Vereinigung, im Dunkeln und ruht; ruhend genießt sie die Seligkeit.*«

Das zweite und dritte Buch der *Scala* enthalten Betrachtungen anderer Art, das zweite allerlei Darlegungen über den Himmel, die himmlischen Hierarchien, das Leiden Christi, die Eucharistie, die Vollkommenheit der Jungfrau Maria, das dritte eine Beschreibung des Paradieses in der Absicht, durch »*Bilder und Figuren*« die Menschen zu einem frommen Leben anzuhalten. »*Nicht mißbräuchlich, unpassend oder gar schlecht*« *sei es,* »*sich vorzustellen, wie sich die Seligen im Himmel an Speisen, Kleidern, Farben, Blumen Gesang und Instrumentalmusik ergötzen.*« Nach den gängigen Vorstellungen seiner Zeit beschreibt Canals das himmlische Jerusalem als einen von stufenförmig aufsteigenden Terrassen umgebenen runden Palast, wo die Seligen, durch Gärten, Haine und Teiche voneinander getrennt, in geistlichen Gesprächen wandeln, singen und musizieren oder auch »*Tänze von mannigfaltigen geometrischen Figuren*« ausführen. – Als Übersetzer römischer Klassiker und christlicher Autoren gilt Canals neben B. METGE (vgl. *Libre de fortuna e prudència*) als bedeutendster Vertreter des Frühhumanismus in Katalonien. A.F.R.

AUSGABEN: Tarragona 1972, Hg. J. Roig Gironella (in Analecta Sacra Tarraconensia, 45, 1972, S. 33–85; 46, 1973, S. 129–263).

LITERATUR: M. Olivar, *A. C.* (in La Paraula Cristiana, 2, 1925, S. 152–161). – *Historia general de las literaturas hispánicas,* Bd. 3, Barcelona 1953, Sp. 764 f. – J.M. Coll, *El maestro fray A. C., discípulo y sucesor de san Vicente Ferrer* (in Analecta Sacra Tarraconensia, 27, 1954, S. 9–21). – J. Rubió, *La música del paradís a l'*»*Escala de contemplació*« *de fra A. C.* (in *Miscelánea en homenaje a H. Anglés*, Bd. 2, Barcelona 1958–1961, S. 769–774). – M. de Riquer, *Història de la literatura catalana*, Bd. 2, Barcelona 1964, S. 433–460. – L. Robler, *Escritores dominicos de la Corona de Aragón (siglos XIII-XV)*, Salamanca 1972, S. 183–192.

# CAND VARADĀI

auch Cand Bardāi oder Cand Viradiyā
16. Jh. (?)

## PṚTHVĪRĀJ RĀSO

(piṅgal; *Pṛthvīrāj-Epos*). Heldenepos von CAND VARADĀI. – Seit der Entdeckung des *Pṛthvīrāj rāso* für die moderne Welt durch J. TOD (1829) haben mehrere Generationen von Gelehrten geglaubt, daß Cand Varadāi der erste Hindidichter (*ādikavi*) und zugleich der Freund des Königs Pṛthvīrāj von Ajmer und Delhi (reg. 1178–1192) gewesen sei und daß dieses Epos somit als ein historisches Dokument aus der Zeit des letzten Hindukönigs von Delhi zu gelten habe. Obwohl bereits 1886 SYĀMAL DĀS diese Auffassung aus internen Gründen angefochten und 1893 G. BÜHLER ein von JAYĀNAKA, dem echten Hofdichter des Königs Pṛthvīrāj, verfaßtes Sanskritgedicht (*Pṛthvīrāja-vijaya*) vorgelegt hat, das den *Pṛthvīrāj rāso* als Werk einer späteren Zeit erweist, versuchen noch heute indische Gelehrte, wenigstens einen historischen Kern im *Pṛthvīrāj-Epos* nachzuweisen und die kürzesten der zahlreichen und sehr unterschiedlich langen Fassungen (zwischen 10 709 und 450 Doppelverse) dem 15. Jh. zuzuschreiben. Noch fehlt aber der Nachweis, daß die Kurzfassungen keine Derivate der Rezension sind, die schon J. Tod vorgelegen hat und die nicht vor dem 17. Jh. entstanden sein kann.

Alle Versionen des Epos berichten übereinstimmend, daß es zwischen Pṛthvīrāj von Ajmer und seinem Vetter Jayacand von Kanauj zum Streit um das Erbe des Königs Anaṅgapāl von Delhi gekommen und daß Pṛthvīrāj deswegen dem *rājasūya* (Königsopfer) des Jayacand ferngeblieben sei, bei dem Jayacands Tochter Sanyogitā selbst ihren Gatten erwählen sollte. Gegen den Willen ihres Vaters bekränzt sie aber keinen der anwesenden Freier, sondern eine Statue des Pṛthvīrāj; darauf wird sie von letzterem nach Delhi entführt. In Delhi wird Pṛthvīrāj von Śahābuddīn, dem Fürsten von Ghasni, und seinem mohammedanischen Heer überfallen. Pṛthvīrāj nimmt Śahābuddīn gefangen, läßt ihn aber großmütig wieder frei. So kommt es zu zwei weiteren Kriegen zwischen Śahābuddīn und Pṛthvīrāj, der zuletzt selbst in Gefangenschaft gerät. Er wird zusammen mit seinem Freund Cand nach Ghasni geführt, wo er Śahābuddīn tötet, bevor er und sein Freund gemeinsam sterben.

Viele Generationen von Barden (*bhāṭ*) aus Rājasthān (nordwestlicher Staat Indiens) haben durch dieses Epos die Idealbilder indischer Rittertugenden und indischen Frauenmuts überliefert. In hohem epischem Stil und in einer altertümlichen Kunstsprache (*piṅgal*), in der sich Elemente von Rājasthānī (westlicher Dialekt des Hindi), Brajbhāṣā (zentraler Dialekt des Hindi) und Apabhraṃśa (Spätform des Prakrit) miteinander verbinden, besangen die Helden, ihre Liebe und ihre Kämpfe, Feste und Rituale, Sagen und Märchen. Dieser Bardentradition verdankt das Epos seinen ästhetischen Reiz, der heute – nachdem das *Pṛthvīrāj-Epos* für Historiker uninteressant geworden ist – noch deutlicher erkennbar wird als zuvor.
P.G.

AUSGABEN: *The Prithiraja Rasau of Cand Bardai*, Hg. John Beames, Kalkutta 1873–1883 (Bibliotheca Indica, N. S. Nr. 269 ff.). – Benares 1904–1913, Hg. Mohanlāl Viṣṇulāl Paṇḍeyā, Rādhākṛṣṇadās, Syāmsundardās, 6 Bde. – Udaipur 1954/55, Hg. K. R. Mohansinha, 4 Bde. – Candigarh 1963 (B. P. Śarmā, *Pṛthvīrāj rāso laghu sanskaraṇ*; Diss.). – Cirgānv 1963, Hg. M. P. Gupta. – Lakhnau 1971, Hg. K. C. Agravāl.

ÜBERSETZUNGEN (Ausz.; engl.): J. Tod (in Annals and Antiquities of Rajasthan, 1829–1832). – J. Beames (in JASB, 38, 1869; 41, 1872). – F. S. Growse (ebd., 37–39, 1868–1870; 42,

1873). – *The Prithiraja Rasau*, A. F. R. Hoernle, Kalkutta 1886 (Bibliotheca Indica, 92).

LITERATUR: H. v. Glasenapp, *Die Literaturen Indiens*, Wildpark-Potsdam 1929, S. 198–200. – V. V. Trivedī, *C. V.*, Diss. Kalkutta/Allahabad 1952. – V. V. Śrīvāstava, »*Pṛthvīrāj rāso« mẽ kathānak-rūṛhiyā*, Varanasi 1955. – M. L. Menāriyā, *Rājasthān kā piṅgal sāhitya*, Bombay 1958. – Nāmvar Sinh, »*Pṛthvīrāj rāso« kī bhāṣā*, Varanasi 1959. – M. u. N. Vyas, »*Pṛthvīrāj rāso« kī vivecanā*, Udaipur 1959. – M. P. Gupta, »*Pṛthvīrāj rāso*« (in Hindī sāhitya koś, 2, 1963). – V. V. Trivedī, »*Pṛthvīrāj rāso*«, Lakhnau 1964.

# ELIAS CANETTI

\* 25.7.1905 Rustschuk / Bulgarien

LITERATUR ZUM AUTOR:
J. Schickel, *C.s Verwandlungen. Romancier, Essayist, Dramatiker* (in Der Monat, 1964, H. 188, S. 66–71). – M. Durzak, *Versuch über E. C.* (in Akzente, 1970, H. 2, S. 169–191). – *E. C.*, Hg. H. L. Arnold, Mchn. 1970; ³1982 (erw.; Text u. Kritik). – A. M. Bischoff, *E. C. Stationen zum Werk*, Bern/Ffm. 1973. – *C. lesen. Erfahrungen mit seinen Büchern*, Hg. H. G. Göpfert, Mchn. 1975 [m. Bibliogr.]. – D. Barnouw, *E. C.*, Stg. 1979 (Slg. Metzler). – *Zu E. C.*, Hg. M. Durzak, Stg. 1983. – E. Piel, *E. C.*, Mchn. 1984. – *E. C. Blendung als Lebensform*, Hg. F. Aspetsberger u. G. Stieg, Königstein/Ts. 1985. – *Hüter der Verwandlung. Beiträge zum Werk E. C.s*, Mchn. 1985; ern. Ffm. 1988 (Fi Tb). – *Experte der Macht. E. C.*, Hg. U. Bartsch u. G. Melzer, Graz 1985. – *E. C.s Anthropologie u. Poetik*, Hg. S. H. Kaszyński, Mchn. 1985. – F. Aspetsberger u. G. Stieg, *E. C.*, Königstein/Ts. 1986. – B. Witte, *E. C.* (in KLG, 25. Nlg., 1986).

## DIE BLENDUNG

Roman von Elias CANETTI, erschienen 1936. – Dieses ungewöhnliche Buch, als Manuskript 1931 abgeschlossen, fand im deutschsprachigen Raum erst nach seiner Neuauflage 1963 jene Beachtung, die es schon durch seine Vorwegnahme literarischer Tendenzen verdient hätte, die zwei Jahrzehnte nach seinem ersten Erscheinen das Feld weitgehend beherrschten. Der Privatgelehrte Dr. Peter Kien, ein Mann von außergewöhnlicher intellektueller Kraft und, nach seiner Meinung und der anderer, »*wohl der größte Sinologe seiner Zeit*«, lebt völlig in der Welt seiner zahllosen Bücher und hat – in einem Ausmaß, das im Verlauf der Handlung immer erschreckender erkennbar wird – die »normale« Beziehung zur Wirklichkeit verloren, ohne indessen der romantisch-traditionelle Typ des geistigen Edelmenschen zu sein, der ein Opfer der bösen materialistischen Umwelt wird – er ist in seiner Art unmenschlich genug. Seine Haushälterin während langer Jahre, Therese – schon durch minimalen Wortschatz und primitiven Satzbau auf ihre nun folgende Rolle hin charakterisiert –, gewinnt zu dem Zeitpunkt, da die Handlung beginnt, mit Hilfe eines simplen Tricks (gespielte Ehrfurcht vor einem Buch) sein Vertrauen, und er heiratet sie. Von diesem Moment an ist ihre ganze Aktivität darauf gerichtet, den Mann mit juristischen, psychologischen und physischen Mitteln zu erledigen, auszuplündern, auszuweiden. Es gelingt ihr schließlich, ihn aus seiner heimischen Bücherfestung auszutreiben, und ein großer Teil des Buches ist der »Odyssee« (im Sinne von JOYCE) des entwurzelten Kien gewidmet. Er verwickelt sich in abstruse Beziehungen zu allen möglichen Gestalten, die ausnahmslos »aus dem Leben gegriffen« und zugleich durch eine naiv-triebhafte Entmenschtheit gekennzeichnet sind. Der groteske jüdische Zwerg Fischerle, der sich für den größten Schachspieler der Welt hält, ist die Hauptfigur dieses sinistren Maskenzugs: von Kien für seinen einzigen Freund gehalten, tut er sein Bestes, die Ausplünderung des steuerlos treibenden Buch-Menschen mit Hilfe phantastischer Tricks zu vollenden. Nach einer Fülle absurder Zwischenfälle und Begegnungen kommt Kiens Pariser Bruder, ein erfolgreicher Psychiater (der übrigens, bei aller Überlegenheit und intellektuellen Disziplin, nur ein *primus inter pares* seiner Patienten ist und jede »Heilung« als eine Verarmung bedauert), zu seiner Rettung. Es gelingt ihm auch, die Verhältnisse äußerlich zu restaurieren und das Gesindel um seinen Bruder zu verscheuchen, und er fährt wieder ab – worauf Kien, nach einem makabren Tag-Alptraum, sich auf dem Gipfel seiner bis zur Decke angehäuften Bücher selbst verbrennt (die englische Version des Buches heißt denn auch *Autodafé*). Der Psychiater hatte nur eins nicht bemerkt und daher nicht in Rechnung gesetzt: daß der Bruder – trotz zugespitzter intellektueller Streitgespräche, die er dem Pariser Irrenhäuptling liefert – ganz einfach klinisch verrückt ist.

Wie bei allen bedeutenden Büchern sagt die dürre Inhaltsskizze wenig über den besonderen Gestus der Darstellung aus. Was den Roman zu einem Klassiker der Moderne macht, resultiert vor allem, wie bei KAFKA oder BECKETT, aus der schlichten Weglassung all dessen, was – als Zukunft, Hoffnung, Willen, eigene Schicksalsgestaltung – den »funktionierenden«, voll definierten Menschen ausmacht; es entsteht ein seltsam transformiertes Weltbild. Wie bei Beckett vollzieht sich auch bei Canetti eine Änderung des gesamten »Erfahrungssystems« (um, nicht ohne innere Berechtigung, einen philosophischen Terminus zu gebrauchen); weggelassen ist alles »höhere Menschliche« der Figuren, das den reinen, fast schon mehr maschinenhaften als tierischen Mechanismus der elementaren Macht- und Freßtriebe hemmen oder auch nur verhüllen könnte. Dieses Bild von der Welt ist zugleich quälend und – wegen der Abwesenheit wirklicher menschlicher, moralischer Spannungen und Probleme – kaltlassend; man beobachtet die Vorgänge wie durch eine dicke, schalldichte Glaswand. Die Monotonie wird immer wieder durchbrochen durch den bitteren Humor, der die grotesken Episoden des Romans durchzieht, und sich schließlich zu einem apokalyptischen Gelächter steigert: »*Als ihn die Flammen endlich erreichen, lacht er so laut, wie er in seinem ganzen Leben nie gelacht hat.*« Ursprünglich hatte Canetti, wie er in seiner Erinnerung *Das erste Buch: »Die Blendung«* (in *Das Gewissen der Worte*, 1975) berichtet, den Roman als ersten Teil einer achtbändigen »*Comédie Humaine an Irren*« geplant, und neben den Eindrücken der Großstadt Berlin, wo er sich 1928/29 aufhielt, war es der Brand des Wiener Justizpalastes 1927, der als anregendes Motiv wirkte (wie auch bei DODERERS *Dämonen*).

Die sprachliche Leistung des Werkes beruht auf Canettis Fähigkeit, all die bizarren Kreaturen völlig innerhalb ihrer eigenen Wahnlogik und streng im eigenen Tonfall sprechen zu lassen; man fühlt sich in dieser Welt von Wiener Alltags-Monstern zuweilen an den Karl KRAUS der *Letzten Tage der Menschheit* erinnert. Nicht nur Canettis Begriff der »*akustischen Maske*«, der sein dramatisches Werk prägen sollte, ist in dieser Gestaltungsweise bereits sichtbar, auch die wahnhafte Welt der Masse, der Canettis Interesse in den folgenden Jahrzehnten gelten wird, erscheint in dieser »*epischen Provinz der Krüppel*« (M. Schneider) bereits angedeutet. So unübersehbar die prophetische Qualität von Canettis gespenstischem Marionettenspiel ist, das als ein Seismogramm des kommenden Faschismus, der Verblendung der Wissenschaft gegenüber der Realität und der dumpfen Aggression des Kleinbürgertums gelesen werden kann, so sehr entzieht sich das Werk jeder Vereinnahmung durch politisch motivierte Erklärungsmuster. Zwar wurde versucht, Canettis Figuren als Allegorien auf die Zerstörungen des Individuums in kapitalistischen Gesellschaften zu lesen (M. Curtius), aber die Obsessionen, denen Canettis Helden erliegen, besitzen eine zeitlos anmutende Dimension in der Sucht, die Defekte des konkreten Daseins aufzuheben durch die Flucht in die Symbolwelt des Mythos, sei sie umrissen durch die Welt der Bücher oder die Welt des Schachspiels, die Ganzheitliches zu garantieren scheint und deren Preis die Aufgabe des eigenen Ichs ist: »*Die Elemente von Canettis Mythos – der verkrüppelte Leib, die besessene Arbeit an dem symbolischen Körper und schließlich sein Aufgehen in der Masse, seine Verausgabung in der Masse der symbolischen Leiber – diese Elemente, diese Trias als Stufen gedacht, lassen* (in der Blendung*) die Ordnung und Dynamik der Divina Comedia des Dichters Dante wiederkehren*« (M. Schneider). H.L.-KLL

AUSGABEN: Wien 1936. – Mchn. 1948. – Mchn. 1963. – Ffm. 1965; [20]1986 (Fi Tb). – Bln./DDR 1969. – Mchn. 1974; [7]1985.

LITERATUR: I. Parry, *E. C.'s Novel »Die Blendung«* (in *Essays in German Literature*, Bd. 1, Ldn. 1965, S. 145–166). – M. Moser, *E. C.: »Die Blendung«*, Diss. Wien 1968. – W. E. Stewart, *The Role of the Crowd in E. C.'s Novel »Die Blendung«*, Diss. Manchester 1968. – D. Dissinger, *Vereinzelung und Massenwahn. E. C.s Roman »Die Blendung«*, Bonn 1971. – M. Curtius, *Kritik der Verdinglichung in C.s Roman »Die Blendung«. Eine sozial-psychologische Literaturanalyse*, Bonn 1973. – D. Roberts, *Kopf und Welt. E. C.s Roman »Die Blendung«*, Mchn./Wien 1975. – M. Smith Lovett, *Fire in the Library: Paranoia and Schizophrenia as Models of Linguistic Crises in E. C.'s »Die Blendung«*, Diss. Indiana Univ. 1982. – L. Hennighaus, *Tod u. Verwandlung. E. C.s poetische Anthropologie aus der Kritik der Psychoanalyse*, Ffm. u. a. 1984. – B. Meili, *»Erinnerung und Vision«. Der lebensgeschichtliche Hintergrund von E. C.s Roman »Die Blendung«*, Bonn 1985. – M. Schneider, *Die Krüppel und ihr symbolischer Leib* (in *Hüter der Verwandlung. Beiträge zum Werk von E. C.*, Mchn. 1985; ern. Ffm. 1988, S. 22–41).

## DIE GERETTETE ZUNGE. Geschichte einer Jugend

Erster Band der dreiteiligen Autobiographie von Elias CANETTI, erschienen 1977. Die weiteren Bände, *Die Fackel im Ohr. Lebensgeschichte 1921–1931* und *Das Augenspiel. Lebensgeschichte 1931–1937* erschienen 1980 bzw. 1985. – Die von Canetti in seinem achten Lebensjahrzehnt verfaßte Autobiographie trägt alle Merkmale eines «klassischen «Alterswerkes an sich: Die Erinnerungen, die von der Darstellung seiner in Rustschuk verbrachten Kindheit (1905–1911) bis zu seiner Etablierung als Schriftsteller im Wien der Zwischenkriegszeit reichen, verwirklichen in ihrer Balance von Intimität und Distanz, in Tektonik und teleologischer Perspektive die Einheit von Schreiben und Leben, von geistiger Universalität und künstlerischer Gestaltung. Canettis Schreibweise ist geprägt von einer – für die zeitgenössische Literatur durchaus untypischen – Wertschätzung der »integralen Erinnerung« ohne Selbstanalyse, ideologische Fixierung oder Provokation; sein gegenständliches Erzählen wurzelt vielmehr in einem humanen Ethos, das die Würde des Individuums und dessen Ausbildung in der Begegnung mit dem anderen in den Mittelpunkt stellt, und verfolgt auf dieser Grundlage den Gründungsmythos der eigenen Dichterexistenz. Canetti orientiert sich dabei am Kanon jener bereits in der Körper- und Seelenlehre der Antike aufgestellten Welterfassungsmittel Sprache, Gehör- und Gesichtssinn, deren Ausbildung mit der ins Metaphorische zielenden Titelgebung der drei Bände angesprochen wird, und die für die Entwicklung zum bewußten Erleben und damit der eigenen Identität stehen.

Der erste Teil der Autobiographie, *Die gerettete Zunge*, beschränkt sich in der Darstellung auf die prägenden Kindheitserfahrungen und schlägt dabei gleichzeitig den Grundakkord der wesentlichsten Themen von Canettis Gesamtwerk an: Die Erinnerung setzt ein mit einem Bild der Angst, jenem traumatischen Erlebnis des Zweijährigen, dem der Liebhaber des Kindermädchens mit dem Herausschneiden der Zunge droht, damit das heimliche Verhältnis nicht bekannt werde. Der Knabe schweigt, er »rettet seine Zunge« und damit seinen kostbarsten Besitz; denn von Anfang an ist das Kind fasziniert von Sprache und Schrift: Hineingeboren in das altertümliche Spanisch der exilierten sephardischen Juden, wächst Canetti im orientalischen Milieu einer bulgarischen Provinzstadt auf, wird vertraut mit der Bildungssprache Französisch und erlernt als Sechsjähriger, nach der Übersiedlung der Familie, in Manchester Englisch. Nach dem plötzlichen Tod des geliebten, erst einunddreißigjährigen Vaters wird der älteste Sohn in die Rolle des männlichen Familienoberhaupts hineingedrängt, die ein quälendes Abhängigkeitsverhältnis zur Mutter mit sich bringt. Der engen Bindung an sie verdankt der Knabe aber auch seine wesentlichsten Bildungserlebnisse, sie eröffnet ihm in gemeinsamer Lektüre die Welt der Literatur, von ihr erlernt er die von den Eltern gleichsam zelebrierte deutsche Sprache, die er als seine eigentliche, *»spät und unter wahrhaftigen Schmerzen eingepflanzte Muttersprache«* ansieht. Ein weiteres Grundthema ist eng mit diesem Prozeß der Sprachfindung des Kindes verbunden, nämlich das *»Urverbot«* des Großvaters, nicht zu töten, gegeben aus Anlaß eines Mordanschlages des fünfjährigen Elias auf seine Cousine, die ihm den Einblick in ihre Schulhefte verweigert und ihn solcherart aus dem *»Zauberreich«* der Schrift auszuschließen versucht hatte. Auch der Tod des Vaters, der zeitlich zusammenfällt mit dem Beginn des Balkankrieges und damit der Herrschaft von Macht, Massengehorsam und Tod, verschmilzt in der kindlichen Psyche mit dem Glauben an die lebenserhaltende Magie der Sprache; durch das Erzählen von Geschichten kämpft das phantasiebegabte Kind gegen den Einbruch von Krankheit, Krieg und Vernichtung in seine Welt an. Im Rückblick auf die Geschichte seiner Sprachfindung manifestiert sich für Canetti seine Bestimmung zum Dichter.

Der Schulung seines Gehörs gelten Canettis Erinnerungen im zweiten Band, *Die Fackel im Ohr*: Der Bericht setzt ein mit den letzten Schuljahren Canettis in Frankfurt am Main, wohin die Mutter den bislang in der geschützten Idylle eines Züricher Pensionates aufgewachsenen Jüngling – der sich in Briefen bereits als *»in spe poeta clarus«* unterzeichnet – schickt, um ihn mit der bitteren sozialen Realität Deutschlands nach dem Ersten Weltkrieg zu konfrontieren. Nach dem Abitur entscheidet sich Canetti zwar für ein naturwissenschaftliches Studium an der Wiener Universität, das er 1929 auch abschließt, doch werden die Jahre von 1921 bis 1931 zur zweiten wesentlichen Etappe seiner literarischen Entwicklung: Vor dem zeitgeschichtlichen Hintergrund von Inflation, der Ermordung Rathenaus, dem Arbeiteraufstand in Wien und der Blüte des kulturellen Lebens in Berlin am Ende der zwanziger Jahre entfaltet sich der innere Weg des Erzählers zum Schriftsteller; der Titel *Die Fackel im Ohr* spielt dabei ambivalent auf Canettis jahrelange Faszination durch Karl KRAUS an, zu dessen Vorträgen ihn seine spätere Frau Veza mitgenommen hatte; Kraus' sprachkritisches Bewußtsein und seine satirische Technik, Figuren aus ihrem Sprachverhalten heraus zu charakterisieren, schlagen den literarisch ambitionierten Zuhörer in Bann, die Fixierung Canettis auf sein Idol verhindert aber gleichzeitig jahrelang eine persönliche Auseinandersetzung mit der Umwelt. Stationen auf dem Weg dahin sind dann in Berlin die Begegnungen mit Isaac BABEL, der Canetti ansteckt mit seiner Neugier, *»Menschen zu erlernen«*, und der Zeichner George GROSZ, dessen scharf umrissene, satirische Charakterstudien sich in den prägnanten Figuren vor allem der Dramen Canettis wiederfinden lassen. Am Ende des Bandes hat sich die Genese zum Schriftsteller vollzogen: Eingebettet in die Erinnerung an die Gespräche mit Thomas Marek, einem Gelähmten, der Canetti das Hören, die aufmerksame Zuwendung zum Nächsten als notwendige Ergänzung zur Sprachbeherrschung lehrt, ist die Darstellung der Konzeption eines auf acht Bände projektierten Romanzyklus, einer *»Comédie humaine an Irren«*, aus der 1930/31 der Roman *Die Blendung* hervorgeht.

Der geschärfte Sinn für die Einzigartigkeit des Individuums verleiht dem dritten Band *Das Augenspiel* seinen besonderen Charakter; Canetti berichtet hier über den Beginn seiner Dichterlaufbahn in Wien: Nach der zermürbenden Arbeit an seinem Roman erfährt der junge Schriftsteller in der kathartischen Lektüre von BÜCHNERS *Woyzeck* und *Lenz* eine wesentliche Orientierungshilfe zur Fortsetzung seines eigenen Weges. Nicht das moralische Verdikt, das Karl Kraus mit der *»Peitsche«* des Satirikers fällt, sondern die *»Selbstanprangerung«* der Figuren bei gleichzeitiger Distanz des Autors werden nunmehr für die Schreibhaltung Canettis verbindlich. Um Resonanz auf seinen erst 1935 publizierten Roman zu finden, rezitiert er in kleinen, elitären Wiener Gesellschaftszirkeln aus seinen Werken – der *Blendung* und den 1932 und 1934 entstandenen Dramen *Hochzeit* und *Komödie der Eitelkeit*. In einer Reihe von prägnanten Charakterporträts schildert Canetti seine Begegnungen mit Größen der Wiener Kultur der dreißiger Jahre, insbesondere mit Hermann BROCH, Robert MUSIL, Fritz WOTRUBA, Alma und Anna MAHLER, Franz WERFEL, Alban BERG und Hermann SCHERCHEN. Den tiefsten Eindruck auf Canetti macht allerdings ein damals wie heute beinahe Unbekannter, ein Mann von hoher geistiger Integrität, der für ihn zur moralisch-intellektuellen Instanz wird und die endgültige Lösung von Karl Kraus bewirkt: Es ist dies der Gelehrte Dr. Sonne, ein ständiger Gast im Wiener Café Museum, der unter dem Pseudonym Abraham ben YITZCHAK mit nur elf Gedichten zum Begründer der neuhebräischen Dichtung wurde. In der Schilderung dieses Menschen, der zum Symbol für Canettis Glauben an Bildung und Humanität wird, und in der Erinnerung an die letzte Begegnung mit der sterbenden Mutter in Paris gelingt dem Autobiographen auf exemplarische Art und Weise sein programmatisches Unterfangen der Rettung geliebter Menschen vor dem Tod, indem sie in die Literatur Eingang finden: »*Menschen durch Worte am Leben erhalten – ist das nicht beinahe schon so, wie sie durch Worte erschaffen?*« Der zeitgeschichtliche Hintergrund – die Ereignisse des Februar 1934 in Österreich, die Dollfuß-Ära, der Spanische Bürgerkrieg – bleibt in der Darstellung peripher, Canetti erlebt seine Zeit im »Augenspiel« mit den Mitmenschen; im Erfassen ihrer Physiognomie und ihres Habitus schult sich der Blick des Dichters, erkennt er die Zeichen der Zeit.

Was in allen drei Bänden der Lebensbeschreibung solcherart individualhistorisch als Bildungsweg geschildert wird, nämlich die Schärfung der Sinne in ständiger Auseinandersetzung mit den Menschen, gibt zugleich Auskunft über die Funktion, die Canetti der Literatur zuweist, und findet den entsprechenden Niederschlag in der Faktur der Autobiographie: Canettis »*erinnerndes Eingedenken*« (B. Witte) entwickelt sich aus der Spannung von Authentizität und Fiktion, der Autor beschreibt in den Charakterporträts anderer sich selbst, findet aus der Begegnung mit den anderen seine eigene Identität und erfindet dabei sein Werk; alle Texte Canettis sind »*auf gleichzeitig distanzierte und intime Weise autobiographisch*« (D. Barnouw). Mit dieser Literarisierung seines Lebens behauptet sich Canettis Individualismus nicht nur gegen die Grunderfahrung einer auseinanderfallenden Wirklichkeit, die durch Krieg und Massenwahn ihre Signatur erhält, sondern auch gegen die des Todes: ›*Das Werk Canettis ist im ganzen nicht nur eine Materialsammlung all der Schlechtigkeit, die im Gefolge der archaischen Raub- und Freßbedürfnisse, der Machtgelüste von Menschen bis heute in die Welt gesetzt wurde, vielmehr ist diese Materialsammlung von Anfang an als eine beeindruckende Dokumentation gegen den Tod angelegt. Der Kampf gegen die Mächtigen, gegen jede Form von Macht unter den Menschen und gegen die Gewalt im Leben, hat im Grunde nur eine Stoßrichtung: gegen den Tod*« (E. Piel).

C.Fi.

AUSGABEN: *Die gerettete Zunge*: Mchn. 1977; ⁸1983. – Ffm. 1979; ¹⁴1986 (Fi Tb). – *Die Fackel im Ohr*: Mchn. 1980; ⁴1983. – Ffm. 1982; ⁷1987 (Fi Tb). – *Das Augenspiel*: Mchn. 1985. – Ffm. 1988 (Fi Tb).

LITERATUR: J. Amery, Rez. (in Der Spiegel, 14. 3. 1977). – R. Hartung, *Erinnerte Jugend.* »*Die gerettete Zunge*« *von E. C.* (in NRs, 1977, H. 2, S. 300–304). – L. Reinisch, *E. C.s* »*Gerettete Zunge*« (in Merkur, 1977, H. 345, S. 594–598). – B. Witte, *Der Erzähler als Tod-Feind. Zu E. C.s Autobiographie* (in *E. C.*, Hg. H. L. Arnold, Mchn. ³1982). – S. P. Scheichl, *Sprachreflexion in C.s autobiographischen Büchern* (in Modern Austrian Literature, 16, 1983, Nr. 3/4, S. 23–46). – M. Bollacher, »*ich verneige mich vor der Erinnerung*« (in *Hüter der Verwandlung. Beiträge zum Werk von E. C.*, Mchn. 1985; ern. Ffm. 1988, S. 245–259). – E. Piel, *Der Gewalt den Garaus machen* (ebd., S. 148–166). – S. P. Scheichl, *Hörenlernen. Zur teleologischen Struktur der autobiographischen Bücher C.s* (in *E. C. Blendung als Lebensform*, Hg. F. Aspetsberger u. G. Stieg, Königstein/Ts. 1985, S. 73–79). – F. Eigler, *Das autobiographische Werk von E. C.*, Tübingen 1988.

## HOCHZEIT

Drama von Elias CANETTI, erschienen 1932, Uraufführung: Braunschweig, 3. 11. 1965, Staatstheater. – Das erste Drama Canettis ist eine beklemmende Vision der sich selbst zerstörenden untergehenden bürgerlichen Gesellschaft. Sie stellt sich nicht dar in dramatischer Handlung und fortschreitender Entwicklung in herkömmlichem Aufbau in Akten und Szenen, sondern in einer Revue von Figuren zwischen Welttheater und Totentanz. Nicht krasser Naturalismus, wie man nach der Uraufführung dem Dichter vorwarf, ist die bestimmende Darstellungsform, sondern eine ganz und gar unrealistische Stereotypie der Figuren, die nicht Individuen, sondern Rollenträger sind und deren übersteigerte Charakterzüge die Abgründe zwischenmenschlicher Beziehungen erkennen lassen. Canetti selbst spricht in diesem Zusammenhang von der »akustischen Maske« als wichtigstem dramatischem Gestaltungselement.

Das Drama gliedert sich in zwei Teile: das *Vorspiel* mit fünf verschiedenen Bildern und die *Hochzeit* mit gleichbleibender Szene. – Im *Vorspiel* werden fünf verschiedene Parteien des gleichen Hauses vorgestellt: Die Hausbesitzerin, die alte Gilz, und ihre Enkelin, die das Haus zu erben hofft; ein Ehepaar, das Pläne macht, um das Haus der alten Gilz in seinen Besitz zu bringen; ein Liebespaar; zwei Geschäftspartner, die das Haus verplanen; die sterbende alte Kokosch, deren Mann nur an Bibellesen denkt und darüber die Sterbende nicht zu Wort kommen läßt. – Das Thema einer pervertierten Gesellschaft – im Vorspiel vorbereitet durch die Gier nach Besitz – wird im zweiten Teil *Hochzeit* unter anderem Aspekt aufgenommen und gesteigert: Die pervertierten zwischenmenschlichen Beziehungen werden hier vor allem in der sexuellen Gier demonstriert. Die *Hochzeit* findet im gleichen Hause statt wie die fünf Bilder des Vorspiels: »*Die Hochzeitsgesellschaft, in kleine Gruppen aufgelöst, befindet sich bereits wohl.*« Die Hochzeitsgesellschaft steht für die bürgerliche Gesellschaft insgesamt. Alle gesellschaftlichen Bindungen (Mann und Frau, Eltern und Kinder, Braut und Bräutigam, Geschwister, Freunde) erweisen sich als unterhöhlt, sie brechen zusammen in der Entfesselung der Triebe. Es bilden sich immer neue Gruppierungen und Paarkonstellationen. Selbst Braut und

Bräutigam bleiben von geilen Nachstellungen nicht verschont. Die Wohlanständigkeit der bürgerlichen Gesellschaft wird schonungslos demaskiert, indem die sie unterminierenden geheimen Wünsche und Beziehungen aufgedeckt werden. Ein Erdbeben, das zunächst als Gesellschaftsspiel inszeniert wird (*»In vierzehn Minuten geht die Welt unter«*), wird plötzlich Wirklichkeit. Während das Haus immer mehr ins Schwanken gerät, werden die zwischen den Hochzeitsgästen bestehenden Beziehungen immer krasser enthüllt. Die Antworten auf die Frage an alle: *»Stellen Sie sich vor, Ihr Liebstes wäre bedroht... Sehen Sie, hören Sie, was werden Sie für Ihr Liebstes tun?«* zeigen, wie Selbstsucht und Gier die endgültige Herrschaft gewinnen. Das Haus bricht schließlich zusammen und zieht alle mit in den Abgrund. – Im Wirbel des Untergangs aber taucht kurz ein menschliches Gesicht auf, wird ein menschliches Wort gesprochen, das – nach Canetti – Ausgangspunkt für das ganze Stück war und dem daher zentrale Bedeutung zukommen sollte. Die sterbende alte Kokosch, die im Sturz von dem Bruder der Braut umarmt wird, spricht es aus: *»Und da hat er mich auf den Altar zogen und hat mich küßt und so lieb war er.«* Die Intention des Autors, hier die Mystik der Liebe allen Perversionen gegenüberzustellen, bleibt jedoch zu schwach, um ein Gegengewicht zu der Untergangsvision bilden zu können, deren Schrecken sie nicht aufzuhellen vermag. Die Uraufführung in Braunschweig führte zu einem Prozeß wegen »Erregung geschlechtlichen Ärgernisses«, in dessen Verlauf Th. W. ADORNO als Gutachter das Stück in Schutz nahm. I.Am.

AUSGABEN: Bln. 1932. – Mchn. 1964 (in *Dramen*; ern. 1971; dtv). – Ffm. 1978; ⁶1986 (in *Dramen*; Fi Tb). – Mchn. 1982 (in *Dramen*).

LITERATUR: C. H. Bachmann, *Katastrophe, Massenwahn und Tabu. Zu den Dramen von E. C.* (in Wort in der Zeit, 1964, H. 12, S. 44–50). – K. Völker, *Die Dramen* (in *E. C.*, Hg. H. L. Arnold, Mchn. 1970, S. 24–29). – E. Burgstaller, *Zur Behandlung der Sprache in E. C.s frühen Dramen* (in *Sprachthematik in der österr. Literatur des 20. Jh.s*, Hg. Inst. f. Österreichkunde, Wien 1974, S. 101–117). – G. Stieg, *C. u. Brecht oder »Es wird kein Chor daraus...«* (in Austriaca, 1976, H. 2, S. 77–92). – H. Feth, *E. C.s Dramen*, Ffm. 1980. – U. Weinzierl, *Liebe zur Puppenstube* (in FAZ, 28. 9. 1985).

## KOMÖDIE DER EITELKEIT

Drama in drei Teilen von Elias CANETTI, erschienen 1950, Uraufführung: Braunschweig, 6. 2. 1965, Staatstheater. – Schon 1933, unter dem Eindruck der Machtergreifung Hitlers und der darauf einsetzenden Flut von Verboten, *»welche sich zur Erzeugung von begeisterten Massen verwenden ließen«*, entstanden, ist die *Komödie der Eitelkeit* weit mehr als die sich im Titel ankündigende bloße Sittensatire.

Aus dem zunächst amüsanten Grundeinfall eines generellen Spiegelverbotes und seiner Auswirkungen auf die Psyche des Menschen entwickelt Canetti darüber hinaus eine – die politische Interpretation zeitgeschichtlicher Vorgänge überwölbende – satirisch-philosophische Parabel über den Totalitarismus schlechthin und die mit ihm Hand in Hand gehenden Massenpsychosen: Das Stück nimmt somit jenes Canetti über Jahrzehnte beschäftigende Thema auf, dem er sein essayistisches Hauptwerk, die umfassende sozialpsychologische und kulturphilosophische Untersuchung *Masse und Macht* (1960) widmen sollte.

Der erste Teil der Komödie, *»Die große Verführung«* betitelt, offenbart den massenpsychologischen Mechanismus eines unter Gewaltandrohung vollzogenen Obrigkeitsgehorsams: Um die Eitelkeit – sie steht in letzter Konsequenz für die Individualität des Menschen – abzuschaffen, erläßt die Regierung ein Verbot aller Spiegel, Photoapparate und Porträts, jegliches Zuwiderhandeln wird mit Todesstrafe geahndet. Der Szenenreigen setzt ein mit einer Volksbelustigung besonderer Art: Zu den aufpeitschenden Parolen des Ausrufers Wondrak (ein permanent skandiertes *»und wir und wir und wir, meine Herrschaften«* hat hypnotisch-kollektivierende Wirkung) schleppen die Menschen ihre Spiegel und Bilder zum Verbrennen an, eine – aktuelle Anspielung Canettis auf die nationalsozialistischen Bücherverbrennungen. Gegen 30 für die Gesamtbevölkerung repräsentative Figuren (*»Wiener bis in den letzten Laut ihrer unterschiedlichsten Sprachmanieren«*) werden in ihrer Reaktion auf den angeordneten Bildersturm vorgeführt: So findet beispielsweise der stotternde Lehrer im Proklamieren der neuen Gesetze zu sicherer Aussprache, oder der Packer Barloch wähnt sich im politischen Übereifer als Vollzugsorgan des Staates und konfisziert eigenmächtig Fotos. – Der zweite Teil spielt zehn Jahre später und gibt Einblick in den Alltag des spiegellosen Landes: Es gibt keine Gläser und Fensterscheiben mehr, selbst das Angeln ist wegen der Spiegelwirkung der Wasseroberfläche gefahrlos nur mit geschlossenen Augen möglich. Psychische und soziale Deformationen sind die Folge; Denunziation und Schleichhandel blühen, professionelle Schmeichler bieten ihre Dienste an, einige Übereifrige ziehen eine generelle Blendung aller Einwohner in Betracht. Der Identitäts- und Sprachverlust findet seine dramatische Steigerung im Massenselbstmord, in welchem sich die Zerstörung der ursprünglichen Gemeinschaftsordnung ankündigt. – Der dritte Teil schließlich zeigt, wiederum zehn Jahre später, das Endstadium des Deformationsprozesses: In als *»Spiegeletablissements«* eingerichteten Sanatorien sitzen die autistisch gewordenen Menschen stumpf vor ihrem Bild. Als sich in einem Patienten schubartig Bewußtseinskräfte früherer Zeiten freimachen, die auch auf die anderen übergreifen, reißen alle die Spiegel aus ihren Verankerungen und stürmen mit ihnen, *»Ich, ich, ich«* schreiend, auf die Straßen. Das unterdrückte Ich sucht seine Befreiung in einem Massennarzißmus, eine Rückkehr zu echter Individualität scheint nicht mehr möglich zu sein.

Trotz der durch politische Lage und kulturelles Klima jahrzehntelang verspäteten Rezeption von Canettis Œuvre stellt die Aufführung seiner Dramen bis heute ein Skandalon dar. Dies liegt an den thematischen Implikationen – alle Dramen Canettis berühren mit ihren drei großen Themen Macht, Trieb und Tod Tabuzonen des modernen Menschen – ebenso wie an Canettis besonderer dramatischer Technik: Raum und Figuren sind akustisch überbestimmt, seine oft grell gezeichneten, in ihrer Drastik an die satirischen Porträts von George Grosz erinnernden Figuren werden durch eine »akustische Maske« als Rollentypen geprägt (jede hat ihre individuelle Sprachphysiognomie mit persönlichem Wortschatz, Tonfall, Rhythmus und syntaktischen Eigenheiten); bereits 1937 hatte Canetti in einem Interview betont, ein Drama müsse von einem »*Grundeinfall ausgehen, der die Welt als Ganzes mit einem neuen Licht beleuchtet*«. In seiner satirischen Technik ist Canetti seinem Jugendidol Karl Kraus ebenso verpflichtet wie der Tradition der Wiener Sprachsatire seit Nestroy. Daneben betont der Autor selbst seine Nähe zu Büchner, dessen dramatische Figuren sich selbst decouvrieren (»*Selbstanprangerung*«). Nur mittelbar also bringt der Dichter seine Autorität ein, Canettis moralische Unerbittlichkeit und sein kritischer Blick auf die zeitgenössische Gesellschaft haben aber wohl gerade deshalb bis heute nichts von ihrer Brisanz eingebüßt: »*Es ist mir gelungen, das Jahrhundert an der Gurgel zu packen*«. – Das Stück fand bei seiner Uraufführung 1965 eine sehr schlechte Aufnahme, dem Regisseur Hans Hollmann dagegen glückte 1978 in Basel mit der *Komödie der Eitelkeit* ein Theatererfolg.                     C.Fi.

Ausgaben: Mchn. 1950. – Mchn. 1964 (in *Dramen*; ern. 1971; dtv). – Ffm. 1978; ⁶1986 (in *Dramen*; Fi Tb). – Stg. 1981 (RUB). – Mchn. 1982 (in *Dramen*).

Literatur: C. H. Bachmann, *Katastrophe, Massenwahn und Tabu. Zu den Dramen von E. C.* (in Wort in der Zeit, 1964, H. 12, S. 44–50). – E. Wendt, *»Komödie der Eitelkeit«* (in Theater heute, 1965, H. 3). – B. Schärer, *Die Macht und die Verwandlungen der Masse. Zu den Dramen von E. C.* (in Die Weltwoche, 24. 11. 1967). – E. Canetti u. M. Durzak, *Akustische Maske und Maskensprung. Materialien zu einer Theorie des Dramas. Ein Gespräch* (in NDH, 1975, H. 3, S. 497–516). – E. Burgstaller, *Zur Behandlung der Sprache in E. C.s frühen Dramen* (in Sprachthematik in der österr. Literatur des 20. Jh.s, Hg. Inst. f. Österreichkunde, Wien 1974, S. 101–117). – H. Feth, *E. C.s Dramen*, Ffm. 1980. – K. Völker, *Die Dramen* (in *E. C.*, Hg. H. L. Arnold, Mchn. 1970, S. 43–47). – H. Hollmann, *Arbeit an den Dramen* (in *Hüter der Verwandlung. Beiträge zum Werk von E. C.*, Mchn. 1985; ern. Ffm. 1988, S. 232–236). – E. Canetti, *Komödie der Eitelkeit. Zur Entstehung* (in Programmheft des Burgtheaters Wien, Saison 1978/79, H. 7). – K. Fliedl, *Zeit-Experimente. Zu den Dramen* (in *E. C. Blendung als Lebensform*, Hg. F. Aspetsberger u. G. Stieg, Königstein/Ts. 1985, S. 88–100).

## MASSE UND MACHT

Philosophisches Werk von Elias Canetti, erschienen 1960. – Dem Titel nach scheint Canetti fortzusetzen, was Gustave Le Bon (1841–1931) und José Ortega y Gasset (1883–1955) begonnen haben. Der eine wollte 1895 die »*wichtige Rolle*« untersuchen, die »*die organisierten Massen zu allen Zeiten ... im Völkerleben gespielt*« haben, »*niemals aber in solchem Maße wie heute*« (*Psychologie der Massen*); den anderen faszinierte 1930 »*das Heraufkommen der Massen zur vollen sozialen Macht als eine Tatsache, die das öffentliche Leben Europas in der gegenwärtigen Stunde – sei es zum Guten, sei es zum Bösen – entscheidend bestimmt*« (*Der Aufstand der Massen*). Beide erkannten jedoch weder die Allgegenwärtigkeit der Massen noch den dialektischen Zusammenhang ihrer *foules* oder *masas* mit dem Problem der Macht.

An Canettis Philosophieren, das die Massen und die Mächtigen auf den singularischen Begriff bringt, sind v. a. drei Momente festzuhalten, an denen sich auch die Kritik entzündet hat: ein originäres Denken außerhalb sozialwissenschaftlicher (zumal marxistischer) Konvention, das aus der persönlichen Erfahrung der Phänomene selbst die Kategorien ihrer Darstellung und Deutung entwickelt; ein Thesaurus an Lektüre, in dem schier alles, Entlegenes und Gängiges, verfügbar ist; schließlich eine moralisch zu nennende Sensibilität für Massen, die deren Realien wie Symbole gleichermaßen *in toto* aufspürt. Die Masse hebt die »*Berührungsangst*« des einzelnen auf, eine der sozialen Grundtatsachen für Canetti; sie verwandelt den Einzelmenschen entsprechend den Formen der Masse, in die er eintaucht. Während bei Le Bon nur von einer »Panikmasse« die Rede ist und Sigmund Freuds unglücklich gewählte Beispiele Kirche und Heer – tatsächlich handelt es bei diesen nicht um Massen, sondern um Hierarchien – auch kaum zu einem besseren Verständnis des Phänomens beitragen, sieht man sich bei Canetti quasi einer Masse von (sich überschneidenden) Massen gegenüber: einer »*Hetzmasse*«, die auf das Töten aus ist, einer der Drohung weichenden »*Fluchtmasse*«, einer »*Umkehrungsmasse*« (im Sklavenaufstand, im Sturm auf die Bastille, im Aufruhr der Studenten), einer »*Festmasse*«, einer »*Doppelmasse*« aus Männern und Frauen, Lebenden und Toten etc. Scheint Canetti soweit das Phänomen nur zu differenzieren, in einem Maße freilich, das weit über unser bisheriges Bewußtsein davon hinausgeht, so zerbrechen seine Begriffe der »*unsichtbaren Massen*« oder der »*Massensymbole*« den naiven Realismus des hergebrachten theoretischen Rahmens. Zu den unsichtbaren Massen – und zwar als »*einzige, die auch uns*

Menschen von heute ihrer Unsichtbarkeit zum Trotz als natürlich erscheint« – rechnet Canetti die »*Nachkommenschaft*«. Die Toten, sei es in Walhall oder im Paradies, die Myriaden der Dämonen Persiens, der Engel des Christentums, die Nachkommenschaft sonder Zahl: Sie alle mögen imaginiert sein, dennoch sind sie wirksam. Imaginiert sind auch die Massensymbole; sie indessen wirken nicht nur auf einzelne ein, sondern beherrschen sogar die Vorstellungen ganzer Völker: das Meer die Engländer, die Berge die Schweizer, das Heer als »*marschierender Wald*« die Deutschen.

Anstoß zur Beschäftigung mit dieser Thematik war neben Canettis Erlebnis der großen Demonstration im Sommer 1922 nach der Ermordung des deutschen Außenministers Walter Rathenau die Erregung der Wiener Bevölkerung beim Brand des Justizpalastes am 15. 7. 1927; vom Theaterstück *Hochzeit* und einigen Essays abgesehen, veröffentlichte er nach der *Blendung* bis 1961 keinen literarischen Text, sondern konzentrierte sich auf die Arbeit an diesem Werk, neben dem, parallel dazu, seine *Aufzeichnungen* entstanden, die in mehreren Teilen von 1965 an erschienen. Canettis Begriff der Masse basiert wesentlich auf den persönlichen Erfahrungen des Autors, deren Eigenwertigkeit er ebenso betont wie das seiner historischen Dokumente und Belege, die er in seinem Werk versammelt. Es ist ihm gerade nicht darum zu tun, das Besondere seiner Beispiele einem übergeordneten theoretischen System zu opfern, wie er auch rückblickend (*Die gespaltene Zukunft*, 1972) hervorhebt, daß er sich bewußt »*an eine eigene Terminologie zu halten versucht*« habe, »*die aus dieser Untersuchung selbst entstand*«. Th. W. Adorno sah in diesem »subjektiven« Verfahren »*ein wenig auch ein Skandalon*«, näherliegend ist wohl die Feststellung, daß der Sozialwissenschaftler Canetti den Dichter Canetti weder verleugnen konnte noch wollte. Die Grundbegriffe seiner Dichtung erscheinen in *Masse und Macht* als Kapitelüberschriften wieder *(Die Verwandlung, Die Umkehrung)*, historisch gewendet auf die massenhafte Paranoia der Nationalsozialisten wie die Riten, von denen die alten Mythen berichten. Die Kritik hatte bemängelt, Canetti untersuche bevorzugt das Verhalten archaischer Gesellschaften, obwohl ihm angeblich an einer Analyse der modernen Gesellschaft gelegen sei; aber ein solcher Rekurs ist nicht nur durch das Aufbrechen archaischer Elemente in der Zeitgeschichte hinreichend provoziert, sondern durch eine strukturalistisch verfahrende Sozialwissenschaft auch legitimiert. Dabei hat Canetti nur wenig mit der Methodik der Strukturalisten gemein, obgleich Parallelen zu den Arbeiten etwa von Claude Lévi-Strauss wiederholt gesehen wurden (*Die gespaltene Zukunft*, 1972). Die Objektivität, die Canetti in seiner Untersuchung erstrebt, ist nicht auf Eliminierung des beobachtenden Ichs gerichtet; vielmehr kommt es ihm »*auf eine Objektivität an, die das Selbst im Zentrum der Ordnungsversuche nicht zu verleugnen braucht: das Selbst des Autors, des Lesers und das Selbst all derer, die, Mythen schaffend, Ereignisse beobachtend und verzeichnend, durch den Autor wiederum Gestalt gewinnen*« (D. Barnouw). – 1973 erschienen acht Radierungen von Alfred Hrdlicka zu *Masse und Macht*. J.Sch.-KLL

Ausgaben: Hbg. 1960. – Düsseldorf 1971. – Mchn. 1973. – Ffm. 1980; [10]1987 (FiTb). – Düsseldorf 1984.

Literatur: E. Fischer, *Bemerkungen zu E. C.s »Masse und Macht«* (in Literatur u. Kritik, 1966, Nr. 7, S. 12–20). – W. Hädecke, *Anmerkungen zu Ernst Fischers Aufsatz über E. C.s »Masse und Macht«* (ebd., 1967, Nr. 20, S. 599–610). – J. Schickel, *Aspekte der Macht. Elemente der Macht* (in *E. C.*, Hg. H. L. Arnold, Mchn. 1970, S. 9–23). – E. Canetti, *Die gespaltene Zukunft. Aufsätze und Gespräche*, Mchn. 1972. – D. Barnouw, *Masse, Macht und Tod im Werk E. C.s* (in Schiller-Jb., 19, 1975, S. 344–388). – K. H. Bohrer, *Der Stoiker und unsere prähistorische Seele. Zu »Masse und Macht«* (in *C. lesen*, Hg. H. Göpfert, Mchn. 1975, S. 136–166). – E. Piel, *E. C.s »Masse und Macht«. Eine phantastische Anthropologie* (in Literatur u. Kritik, 1984, Nr. 183/184, S. 123–142).

## DER OHRENZEUGE. Fünfzig Charaktere

Kurzprosa von Elias Canetti, erschienen 1974. – Entstanden im Zusammenhang mit seinen *Aufzeichnungen* (1965–1973) – einer Zusammenstellung von Aphorismen, Reflexionen, Entwurfsskizzen u. ä. –, die bereits einige Charakterstudien (z. B. *Der Lobsammler, Der Selbsthasser*) enthalten, zeigt dieses Werk spezifische Aspekte von Canettis Œuvre. Das Interesse des Autors hatte immer schon, gleichsam als komplementärer Faktor zu der lebenslangen Auseinandersetzung mit dem Phänomen der Masse, dem Individuellen und dem Typischen gegolten, wobei Canetti seine Figuren literarisch als »*akustische Masken*« konturiert: Die Identität des Menschen wird bestimmt aus seinem Sprachverhalten, einer ihn charakterisierenden, individuell geprägten Syntax und Diktion sowie einem speziellen Wortschatz. Bei den vorliegenden 50 Figurenporträts formt Canetti diese bisher vor allem in seinen Dramen suggestiv gestalteten »*akustischen Masken*«. Und wie der Mensch im Erinnern und Beurteilen anderer vor allem deren auffälligste Eigenschaft in Betracht zieht, so läßt auch das poetische Verfahren Canettis aus der maßlosen Übertreibung eines Charakterzugs und unter Vernachlässigung der übrigen einen neuen Charakter entstehen, der, obgleich pure Fiktion, um so realistischer menschliche Wesenszüge wiedergibt: »*Die Welt wimmelt von Charakteren, man braucht sie nur zu erfinden, um sie zu sehen.*« Ergebnis dieses originellen Denkexperimentes sind groteske bis surreale Figuren – neben schlichten Typisierungen wie *Der Blinde, Der Verlierer, Die Schuldige* finden sich vorwiegend auf den ersten Blick kryptisch anmutende wie *Der Demutsahne, Die Pferdedunkle, Der Wasser-*

hehler, *Die Bitterwicklerin, Die Geruchschmale*, wobei Canetti das soziale Verhalten seiner Charaktere stets im Somatischen verankert. Auch die ethische Haltung der Figur wird auf ihre Körperlichkeit bezogen und durch diese wiederum hervorgehoben. Ein Beispiel dafür liefert der dem Band seinen Titel gebende *Ohrenzeuge*, eine jener 20 Figuren, in denen Canetti nach eigener Aussage sich selbst erkennt: »*Der Ohrenzeuge bemüht sich nicht hinzusehen, dafür hört er um so besser . . . er weiß alle Orte, wo es etwas zu hören gibt, steckt es gut ein und vergißt nichts. Nichts vergißt er, man muß den Ohrenzeugen sehen, wenn die Zeit gekommen ist, damit herauszurücken . . . Er tut nichts dazu, er sagt es ganz genau und liefert es unverändert aus, wenn es gewünscht wird.*« Trotz konziser Sprache sind die Porträts in ihrer untergründigen Wahrheit schwer zu erfassen: Die Bedeutung der imaginierten Gestalten zielt bisweilen ins Metaphorische, das Idealtypische wird von einer häufig surrealen Stilisierung überlagert. Aber auch das Darstellungsmittel der erlebten Rede, das dem Effekt der »Selbstanprangerung« der Figuren bei gleichzeitig größter Distanzhaltung des Autors dient, erschwert den Zugang zum Text; denn im Gegensatz zu den moralisch-satirischen Charakterskizzen des THEOPHRAST oder auch etwa denen des LA BRUYÈRE handelt es sich bei Canettis Porträts nicht um personifizierte Eigenschaften, die der Lächerlichkeit preisgegeben werden sollen, sondern um objektivierte Wesenszüge synthetischer Figuren, die, ohne Stellungnahme des Autors vorgeführt, die Sonderlichkeit der Conditio humana aufzeigen. C.Fi.

AUSGABEN: Mchn. 1974; ²1981. – Ffm./Bln. 1977 (Ullst. Tb). – Ffm. 1983; ⁴1986 (FiTb).

LITERATUR: R. Hartung, *Der Ohrenzeuge und andere Charaktere* (in *C. lesen*, Hg. H. G. Göpfert, Mchn. 1975, S. 86–90). –F. Bondy, Rez. (in *Die Weltwoche*, 26. 6. 1974). – E. Lämmert, Rez. (in *FAZ*, 12. 10. 1974). – U. Pörksen, »*Der Ohrenzeuge*« (in *NDH*, 21, 1974, S. 844–847). – L. Reinisch, *E. C. und seine Kritiker* (in *Merkur*, 1975, H. 328, S. 884–887). – W. Schmidt-Dengler, *Ganz nah und dicht beisammen. Zum »Ohrenzeugen«* (in *E. C. Blendung als Lebensform*, Hg. F. Aspetsberger u. G. Stieg, Königstein/Ts. 1985).

---

### DOROTHY CANFIELD FISHER

eig. Dorothea Francis Canfield
\* 17.2.1879 Lawrence / Kans.
† 9.11.1958 Arlington / Vt.

LITERATUR ZUR AUTORIN:
G. Overton, *The Women Who Make Our Novels*, NY 1928, S. 61–74. – H. Hatcher, *Creating the Modern American Novel*, NY 1935, S. 99–106; ern. 1965. – *Güte, Wissen, Verstehen: Drei Lebensbilder großer amerikanischer Erzieher*, Hg. F. M. Zweig, Eßlingen 1949. – J. J. Firebauch, *D. C. and the Moral Bent* (in *Educational Forum*, 15, März 1951, S. 283–294). – F. A. Pottle, *Catharsis* (in *Yale Review*, 40, Jan. 1951, S. 621–641). – E. Yates, *Pebble in a Pool: The Widening Circles of D. C. F.*, NY 1958. – B. Smith, *D. C. F.* (in *Atlantic*, 203, Aug. 1959, S. 73–77). – D. Gerstenberger u. G. Hendrick, *The American Novel 1789–1959*, Denver 1961, S. 89/90 [Bibliogr.]. – J. P. Lovering, *D. C. F.* (in *Vermont History*, 29, 1961, S. 234–238). – H. E. Luccock, *Contemporary American Literature and Religion*, NY 1970. – L. Bragg, *D. C. F.* (in *American Novelists, 1910–1945*, Hg. J. M. Martine, Detroit 1981, S. 318–321; DLB, Bd. 3). – B. A. White, *Growing Up Female: Adolescent Girlhood in American Fiction*, Westport (Conn.)/Ldn. 1985.

## THE BENT TWIG

(amer.; *Ü: Die schwingende Saite*). Roman von Dorothy CANFIELD FISHER, erschienen 1915. – In einer kleinen Universitätsstadt des amerikanischen Mittelwestens wächst Sylvia Marshall, die älteste von drei Geschwistern, in einfachen, harmonischen Verhältnissen auf. Ihr Vater, ein Universitätsprofessor, hat ein ruhiges, ländliches Leben mit seiner Frau, die aus bäuerlicher Umgebung stammt, einer wissenschaftlichen Karriere vorgezogen. In den Augen seiner Kollegen und seiner Schwester Victoria, die dank des Vermögens ihres verstorbenen Mannes ein luxuriöses Leben führen kann, ist er ein Eigenbrötler. Auf Sylvias Entwicklung wirkt sich die Begegnung mit ihrer schönen, eleganten Tante einschneidend aus: sie fühlt sich hin- und hergerissen zwischen ihrer Bindung an das Elternhaus und ihrer von Tante Victoria unterstützten Neigung zu glänzendem gesellschaftlichem Leben. Nach Abschluß ihres Studiums lebt sie längere Zeit bei ihrer Tante und lernt dort den begabten Kritiker Felix Morris kennen. Sie weiß, daß Morris sie liebt, muß aber erleben, daß er sich für eine Ehe mit der reichen Erbin Molly entscheidet. Bei Victoria lernt sie auch den stillen, humorvollen Millionär Austin Page kennen, der ihr eine tiefe Zuneigung entgegenbringt. Nach der Hochzeit von Morris und Molly fährt Sylvia mit ihrer Tante und Page nach Paris, wo sie die Nachricht ereilt, daß Molly auf ihrer Hochzeitsreise tödlich verunglückt ist. Ihre sich allmählich vertiefenden Gefühle für Page, das Vertrauen und die Zufriedenheit, die sie in seiner Nähe empfindet, werden durch diese Nachricht schlagartig in den Hintergrund gedrängt. Sylvias Entscheidung für Morris scheint um so sicherer, als Page sein Vermögen für die Schaffung besserer Arbeitsverhältnisse im Kohlenbergbau verwendet und daher nicht mehr in der Lage ist, seiner künftigen Frau ein Leben in Luxus zu bieten. Als aber Sylvia nach dem Tod ihrer Mutter heimkehrt und die Familienbande durch gemeinsames Leid wieder gefestigt werden, erkennt sie die Hohlheit eines Daseins, wie es ihr bisher vorgeschwebt hatte, und entscheidet sich für Page.

Der überaus große Erfolg dieses und der anderen Frauen- und Familienromane der Moralistin Canfield dürfte zum großen Teil auf das Einfühlungsvermögen zurückzuführen sein, mit dem sie sowohl die seelische Situation ihrer Heldinnen als auch das jeweilige Milieu nachzeichnet. Die Autorin, übrigens eine Anhängerin der pädagogischen Grundsätze und Erziehungsmethoden Maria MONTESSORIS, macht sich in ihren Romanen zur Fürsprecherin eines nahezu puritanischen Lebensideals, ohne dabei intolerant zu wirken – eine Mischung, die ihren Eindruck auf das amerikanische Lesepublikum nicht verfehlte. M.A.

AUSGABEN: NY 1915. – NY 1938. – Greenport/NY 1981. – NY 1981.

ÜBERSETZUNGEN: *Die schwingende Saite*, H. Müller, Wiesbaden 1948. – *Sylvia Marshalls Weg zum Ich*, L. Neuhold, Wien/Zürich 1947.

LITERATUR: C. van Doren, *The American Novel, 1789-1939*, NY 1940, S. 173-175.

## THE BRIMMING CUP

(amer.; *Der randvolle Becher*). Roman von Dorothy CANFIELD FISHER, erschienen 1921. – Das Vorspiel des Romans führt nach Italien, in das außerhalb Roms gelegene, romantische Rocca di Papa. Hier gesteht die begeisterungsfähige Marise ihrem Verlobten Neale Critteden, daß sie sich von ihrer Liebe zu ihm ganz erfüllt fühle, und vergleicht sich mit einem randvollen Becher. – Elf Jahre später leben Marise und Neale in einer Kleinstadt im amerikanischen Staat Vermont. Neale ist ein erfolgreicher Unternehmer geworden, Marise ist mit ihren drei Kindern beschäftigt, und ihre italienische Romanze ist längst vergessen. Da zieht ein junger, gutaussehender New Yorker Geschäftsmann, Vincent Marsh, ins Nachbarhaus. Er fühlt sich sofort zu Marise hingezogen, die ihrerseits von seinen Aufmerksamkeiten angenehm berührt ist und sich allmählich ihrer Sympathie für den jungen Mann bewußt wird. Vincent gibt ihr zu erkennen, daß er sie aus der stagnierenden Kleinstadtatmosphäre herausholen und ihr ein interessantes Leben bieten will. In ihrem Dilemma sucht Marise Hilfe bei ihrem Mann, der ihr großmütig und verständnisvoll erklärt, daß ihre Ehe für ihn immer das sein werde, was sie selbst daraus zu machen wünsche, und daß sie sich so entscheiden solle, wie ihr tiefstes Gefühl es ihr vorschreibe. Marise, die nun begreift, daß Vincent ihr lediglich physische Liebe bieten kann und nicht die selbstverständliche Geborgenheit, die sie bei Neale gefunden hat, entscheidet sich für ihre Familie.

Dorothy Canfield Fisher beschäftigt hier sowohl die Frage nach dem Schuldigen an diesem moralischen Konflikt als auch die Frage danach, wie sich ein verantwortungsbewußter, anständiger Mensch in einer solchen Situation verhalten solle. Ihre Antwort: Marises Schuld ist darin zu suchen, daß sie ihre einst überströmende Liebe verebben ließ. Es ist ihr daher auferlegt, der späteren Versuchung zu widerstehen und unter Einsatz dessen, was von ihrem einst so starken Gefühl für ihren Mann geblieben ist, die Harmonie ihrer Ehe wiederherzustellen. – So einleuchtend und warmherzig die in Amerika sehr beliebte Autorin das Dilemma ihrer Heldin darzustellen weiß, ihre allgemeinen Bemerkungen über die Verantwortlichkeit in der Ehe wirken pseudo-philosophisch, lehrhaft und stellenweise geradezu naiv. J.D.Z.

AUSGABE: NY 1921.

LITERATUR: F. Schönemann, *D. C.: Eine neue amerik. Romanschriftstellerin* (in Literar. Echo, Mai 1922, S. 973-978). – C. van Doren, *Contemporary American Novelists*, NY 1923, S. 173-175.

## THE DEEPENING STREAM

(amer.; *Der Strom wird tiefer*). Roman von Dorothy CANFIELD FISHER, erschienen 1930. – Matey Gilbert, die Tochter eines amerikanischen Universitätsprofessors, lebt als Kind zwei Jahre lang in der Familie eines französischen Studienfreundes ihres Vaters in Paris. Der Aufenthalt bei der Familie Vinet erscheint ihr als das schönste Erlebnis ihrer Kindheit. Als Erwachsene kommt sie unerwartet in den Genuß des Legats einer verstorbenen Großtante. Sie lernt Adrian Fort, den Sohn des Bankiers, der das Legat verwaltet hat, kennen und heiratet ihn. Die Hochzeitsreise führt die jungen Leute nach Paris, wo beide alte Freundschaften auffrischen; denn auch Adrian hat früher eine Zeitlang dort gelebt. Es folgen harmonische Jahre in Amerika, die Forts und ihre beiden Kinder leben das geruhsame Dasein ihrer Kreise in der Zeit vor dem Ersten Weltkrieg. Als der Krieg die ersten Lücken in den französischen Freundeskreis reißt, beschließen die Forts, nach Frankreich zu fahren, um mit dem geerbten Geld das Leben der Freunde zu erleichtern. Adrian wird Ambulanzfahrer an der Front, während Matey mit den Kindern bei der Familie Vinet lebt, den Haushalt finanziert und eine private Flüchtlings- und Soldatenbetreuung organisiert. Das Kriegserlebnis bewirkt, daß Matey zum erstenmal die Probleme anderer Menschen erkennen und verstehen lernt. Als innerlich gereifte Frau kehrt sie nach Jahren persönlicher und finanzieller Opfer nach Amerika zurück.

Die Moralistin Canfield Fisher, die den größten Teil ihrer Studienzeit in Paris verbracht hat und eine gute Kennerin Frankreichs ist, will das tastende Suchen eines jungen Menschen nach Selbstverständnis und sein Bekenntnis zur Humanität darstellen. Minuziöse Schilderungen machen die

Handlung etwas langatmig, doch bietet das Buch ein gutes Zeitbild. Es erfreut sich in Amerika noch heute als anspruchsvoller Frauenroman großer Beliebtheit. G.Ha.

AUSGABEN: NY 1930. - NY 1938.

LITERATUR: A. H. Quinn, *American Fiction: An Historical and Critical Survey*, NY/Ldn. 1936, S. 706-714.

---

IVAN CANKAR

\* 10.5.1876 Vrhnika
† 11.12.1918 Ljubljana

LITERATUR ZUM AUTOR:

*Bibliographie:*
F. Dobrovoljc, *Bibliografija literature o Cankarjevi dramatiki*, Ljubljana 1960.
*Gesamtdarstellungen und Studien:*
I. Pregelj, *I. C.* (in Dom in svet, 1919, S. 21-26). - *Cankarjev zbornik*, Ljubljana 1921. -
I. Grafenauer, *C.* (in SBL I). - U. Urbani, *I. C.* (in Rivista di letterature slave, 4, 1929, S. 40-47). -
F. Wollmann, *Dramatika slovanského jihu*, Prag 1930. - J. Lavrin, *The Conscience of a Small Nation. Aspects of Modernism*, Ldn. 1935. - B. Vodušek, *I. C.*, Ljubljana 1937. - A. Slodnjak, *Nekaj vodilnih idej in tipov Cankarjeve umetnosti* (in Slovenski jezik, 1939, S. 39-48). - *Podoba I. C.*, Ljubljana 1945. - *I. C., glasnik naših dni*, Ljubljana 1946 [m. Bibliogr.]. - F. Petrè, *Rod in mladost I. C.*, Ljubljana 1947. - W. Walder, *I. C. als Künstlerpersönlichkeit*, Graz/Köln 1954 (WSIJ., Erg.-Bd. 2). - D. Pirjevec, *Boj za Cankarjevo podobo* (in Naša sodobnost, 1954, S. 678-687; 921-935; 1109-1126). - Ders., *I. C. in naturalizem* (in Slavistična revija, 1961-1962, S. 1-48). - Ders., *I. C. in simbolizem* (in Sodobnost, 1963, S. 577-594; 707-737). - Ders., *I. C. in evropska literatura*, Ljubljana 1948. - Ders., *Hlapci, heroji, ljudje*, Ljubljana 1968. - L. Kraigher, *I. C., Študije o njegovem delu in življenju, spomini nanj*, 2 Bde., Ljubljana 1954 u. 1958. - F. Dobrovoljc, *Cankarjev album*, Maribor 1972. - J. Kos, *Idejni izvori Cankarjeve literature* (in Beseda, 1956, S. 378-383; 505-515). - J. Mahnič, *Slog in ritem Cankarjeve proze* (in Jezik in slovstvo, 1956-1957, S. 97-104; 152-159; 208-217). - D. Moravec, *Cankarjeve drame v praških gledališčih* (in Naša sodobnost, 1961, S. 125-130; 221-231; 753-763; 893-900). - Ders., *I. C.*, Ljubljana 1978. - M. Boršnik, *O slovenski ›moderni‹* (in Slavistična revija, 1968, S. 257-313). - Slavistična revija, 1969 [Sondernr. *Ob petdesetletnici smrti I. C.*]. - W. Heiliger, *Nostalgie bei I. C.*, London 1972. - F. Bernik, *Cankarjeva zgodnja proza*, Ljubljana 1976. - Ders., *Tipologija Cankarjeve proze*, Ljubljana 1983. - Ders., *I. C.*, Ljubljana 1987. - M. Mitrovič, *C. in kritika*, Koper 1976. - J. Vidmar, *O I. C.*, Ljubljana 1976. - F. Zadravec, *Agonija veljakov. Cankarjeva satirična proza*, Maribor 1976. - Ders. (zus. m. A. Slodnjak), *C.* (in EJsl, 2). - B. Ziherl, *I. C. in naš čas*, Ljubljana 1976. - *I. C. v prevodih*, Murska Sobota 1977. - *Simpozij o I. C.*, Ljubljana 1977. - *V areni življenja*, Ljubljana 1977. - P. Kozak, *Temeljni konflikt Cankarjevih dram*, Ljubljana 1980. -
T. Kermauner, *Cankarjeva dramatika*, Ljubljana 1981.

## HIŠA MARIJE POMOČNICE

(sloven.; *Ü: Das Haus zur barmherzigen Muttergottes*). Roman von Ivan CANKAR, erschienen 1904. - Der Roman beruht zum Teil auf Erfahrungen, die Cankar in dem proletarischen Milieu des Wiener Vororts Ottakring sammelte, wo der Autor einige Zeit lebte. Die Handlung spielt in einem Saal eines Wiener Spitals, in dem vierzehn schwerkranke Mädchen liegen. Eines der Mädchen ist blind, andere sind verkrüppelt, wieder andere haben eine Hautkrankheit. Dem Raum, in dem eine sanfte Heiterkeit herrscht, die im milden Lächeln der Schwester Gestalt annimmt, wird die feindliche Außenwelt gegenübergestellt: die sonntäglichen Besucher, Eltern, Verwandte und Damen der Gesellschaft, die sich gegenseitig an Wohltätigkeit zu übertrumpfen versuchen. Die Außenwelt, das sind zugleich die Erinnerungen der Kinder an das Angst und Grauen einflößende »Leben«: an häusliches Elend, den Streit der Eltern, Vergewaltigung, den trunksüchtigen Vater, die abgehärmte Mutter, an die lesbischen Beziehungen der Blinden zu einem älteren Mädchen.
Sinnbild für das Verhältnis zur Außenwelt sind zwei Vögel, die die Mädchen geschenkt bekommen. Der Kanarienvogel Hansl liebt nur das Zimmer und seine Bewohner; bei ihm steigert sich das Mißtrauen der Mädchen gegenüber der Außenwelt bis zur Panik; sein Tod, der von einem der gefürchteten Besucher verursacht wird, löst bei allen tiefe Trauer aus. Ein halberfrorener Spatz, den ihnen die Schwester bringt, und den sie »*Anarchist*« nennen, kann sich nicht an die Mädchen gewöhnen, sondern versucht unablässig, nach draußen zu gelangen. Die Kinder beobachten ihn mit Abneigung und Verachtung. Als er schließlich, wenngleich unbeabsichtigt, durch eines von ihnen umkommt, wird er ohne Bedauern hinausgeräumt und sofort ebenso vergessen wie jedes Kind, das das Zimmer verlassen hat, gleichgültig, ob es gestorben oder ins Leben zurückgekehrt ist.
Die erzählte Zeit des Romans umfaßt wenig mehr als das halbe Jahr von der Einlieferung der kleinen Malči in das Spital bis zu ihrem Tod. In dieser Zeit geht in dem Kind eine große Wandlung vor. War es anfangs »*kindlich und unruhig*«, so zeigt es sich später

eine heitere Gelassenheit. Selbst als sich seine Krankheit bedrohlich verschlimmert, sind ihm die Sorgen der Mutter unverständlich. Auch für die anderen Mädchen hat der Tod keinerlei Schrecken. Sie leben mit ihm, ohne ihn zu ersehnen oder zu fürchten. In ihrer Vorstellung ist er eine mütterliche alte Frau mit einem Rosenkranz. Viele der Mädchen entwickeln eine Art zweites Gesicht: Sie hören die Wände sprechen, ahnen den Tod voraus oder sehen, was sich zu Hause abspielt. Aber auch das wird mit Gelassenheit hingenommen. Eine besondere Rolle spielt dabei die Hoffnung auf ein »neues Leben«. Dieser Ausdruck nimmt mehr und mehr eine Doppelbedeutung an. Einerseits bezeichnet er die Freude der Mädchen auf den alljährlichen Sommeraufenthalt außerhalb der Stadt, ihre Sehnsucht nach Sonne, Blumen und den Bergen, zum anderen aber den Tod, der die meisten von ihnen erwartet. Die Abreise verzögert sich, da Malči bereits zu krank zum Reisen ist. Alle warten auf ihren Tod. Als sie endlich heimlich aufbrechen, stirbt Malči in der Überzeugung, mit auf die Reise zu gehen, und der freudigen Hoffnung auf das »neue Leben«.

Der Roman, den der Autor selbst als eines seiner besten Werke bezeichnete, fand ein stürmisches Echo bei der zeitgenössischen Kritik. Hob ein Teil der Kritiker die feine Psychologie des Werkes hervor, so bezeichneten es andere als frivol oder gar pornographisch, ein Vorwurf, den Cankar als geradezu böswillige Mißdeutung zurückwies: »*Die Idee ... ist nicht schweinisch, sondern tragisch: vierzehn kranke Mädchen, die im Tode Leben und Gesundheit erwarten.*« U.Cl.

AUSGABEN: Ljubljana 1904. – Ljubljana 1927 (in *Zbrani spisi*, Bd. 6). – Ljubljana 1952 (in *Izbrana dela*, Bd. 3). – Ljubljana 1972 (in *Zbrano delo*, Bd. 11). – Ljubljana 1974 (R. *Kondor*, Bd. 147). – Ljubljana 1976 (R. *Naša beseda*, Bd. 6). – Ljubljana 1976 (R. *Sto romanov*, Bd. 91).

ÜBERSETZUNG: *Das Haus zur barmherzigen Muttergottes*, G. Jirku, Wien/Lpzg. 1930.

VERFILMUNG: Jugoslavien 1975 (TV; Regie: M. Milkovič).

LITERATUR: A. Slodnjak, *I. C.*, »Hiša pomočnice« (in *Slavistična revija*, 1969, S. 183–191). – T. Kermauner, *Spremna beseda in opombe* (in I. C., *Hiša Marije pomočnice*, Ljubljana 1974, S. 99 bis 113). – J. Kos, *C. in problem slovenskega romana* (in I. C., *Hiša Marije pomočnice*, Ljubljana 1976).

## HLAPEC JERNEJ IN NJEGOVA PRAVICA

(sloven.; Ü: *Der Knecht Jernej und sein Recht*). Novelle von Ivan CANKAR, erschienen 1907. – Nach dem Tod des Altbauern Sitar weist dessen Sohn, der neue Herr, den verdienten Altknecht Jernej vom Hof. Jernej pocht auf sein Recht, das jedoch nirgends verbrieft ist, und wendet sich an alle Instanzen vom Dorfschulzen bis zum Landesgericht in Ljubljana. Überall zurückgewiesen, begibt er sich schließlich nach Wien, um beim Kaiser Gerechtigkeit zu suchen. Er wird jedoch festgenommen und in seinen Geburtsort abgeschoben, den er aber – da er sich dort nicht mehr heimisch fühlt – sogleich wieder verläßt. Am Ende seiner Pilgerfahrt wird Jernej beim Pfarrer seiner alten Gemeinde als dem Vertreter Gottes vorstellig, um sein Recht zu bekommen. Als dieser ihm rät, sich demütig in sein Schicksal zu fügen, sieht sich Jernej in seinem Glauben an die göttliche Gerechtigkeit getäuscht und übt Selbstjustiz. Er steckt Sitars Anwesen in Brand und wird von dem aufgebrachten Gesinde ins Feuer geworfen.

Die Novelle, die ursprünglich als Propagandabroschüre für die Sozialdemokratische Partei gedacht war, für die Cankar im Mai 1907 kandidierte, enthält volkstümliche Erzählelemente, die auch literarisch ungeschulten Bevölkerungskreisen bekannt waren. Anfang und Ende des Werkes greifen, freilich in anspruchsvoller Sprache, auf den Bänkelsang zurück. Die Erzählung selbst weist Merkmale des Volksmärchens auf und folgt in ihrer Gesamtstruktur dem Schema der Heiligenlegende. Der Protagonist wird – stellvertretend für seinen Lebenskreis, das ausgeprägt katholische slovenische Landproletariat – zum Blutzeugen für eine Weltanschauung, die auf dem sicheren Glauben an eine göttliche Gerechtigkeit beruht. Als Jernej sich anmaßt, selbst Rache zu üben, statt dem Himmel zu vertrauen, verstößt er gegen das grundlegende Gebot dieser Ordnung: Am Ende wird aus der Legende eine Anti-Legende.

Dem einsträngigen Handlungsablauf, der ein einziges Thema – das Unrecht, das Jernej zugefügt wird – variiert und vertieft, entspricht die einfache Diktion des Werkes. Sowohl die Sprache des Helden als auch die des Erzählers, der sich von ersterem zwar durch epischen Weitblick, nicht aber in der bäuerlichen Mentalität unterscheidet, kreist stets um die gleichen Begriffe, die Syntax bedient sich weitgehend einer anspruchslosen Parataxe. Andererseits finden sich jedoch eine Vielfalt rhetorischer Figuren (vor allem syntaktische Parallelen), zahlreiche Reime und sprichwortartige Sentenzen. Die Verbindung von schlichter Diktion und kunstvoller Rhetorik ergibt einen feierlichen, häufig in hymnischem Rhythmus akzentuierten Sprachduktus. Charakteristisch ist die Verwendung von Abstrakta in konkretem Bezug (»*Wie soll ich denn meine Arbeit ins Bündel wickeln und schnüren, wie soll ich vierzig Jahre hineinpacken?*«). Das Bemühen des Autors, mit möglichst einfachen Mitteln ein Optimum an Wirkung zu erzielen, zeigt sich besonders deutlich in der Farbgebung: Die Beschränkung auf Schwarz, Rot und einige wenige Lichtwerte verleiht dem Werk die Einprägsamkeit eines Revolutionsplakats.

*Hlapec Jernej* ist das erste und zugleich vollendetste der sprachlichen Meisterwerke des Autors. Nach der bisherigen Orientierung an MAETERLINCK und DOSTOEVSKIJ wird hier der Einfluß der *Bibel*, der Volksepik und NIETZSCHES erkennbar. Jernej, der einzige tatkräftige Held, den Cankar geschaffen hat, steht in auffallendem Gegensatz zu den passiven Antihelden seiner übrigen Werke (vgl. *Zgodba o Šimnu Sirotniku*, 1911 – *Die Geschichte von Šimen Sirotnik*). Die Novelle, die zu den populärsten Werken der slowenischen Literatur zählt, ist das dichterische Pendant zu den Wahlreden des Autors, in denen er die slowenischen und kroatischen Bauernaufstände des 17. Jh.s ausdrücklich als vorbildlich bezeichnete. Die zeitgenössische Kritik begegnete dem Werk seines volkstümlichen Charakters wegen freundlich; die darin enthaltenen revolutionären Tendenzen hinterließen jedoch weitgehend Ratlosigkeit. H.Ber.

AUSGABEN: Ljubljana 1907. – Ljubljana 1930 (in *Zbrani spisi*, Bd. 11). – Ljubljana 1947 (R. *Klasje*, Bd. 8). – Ljubljana 1953 (in *Izbrana dela*, Bd. 5). – Maribor 1967 (R. *Iz slovenske kulturne zakladnice*, Bd. 4). – Ljubljana 1972 (in *Zbrano delo*, Bd. 16). – Ljubljana 1976 (R. *Naša beseda*, Bd. 3). – Ljubljana 1984 (R. *Kondor*, Bd. 114).

ÜBERSETZUNG: *Der Knecht Jernej und sein Recht* (in *Am Steilweg*, M. Jähnichen, Bln./Weimar 1965).

DRAMATISIERUNGEN: Ljubljana 1922, M. Skrbinšek. – Ljubljana 1932, F. Delak.

VERTONUNG: 1941, Libr. F. Delak, Komp. M. Bravničar.

HÖRSPIEL: Ljubljana 1950, V. Ocvirk. – Ljubljana 1955, M. Apih. – Ljubljana 1963, F. Žižek.

LITERATUR: M. Borsnik, *Opombe* (in I. C., *Hlapec Jernej in njegova pravica*, Ljubljana 1947, S. 73–92). – B. Kreft, *C. in njegov hlapec* (in I. C., *Hlapec Jernej in njegova pravica*, Maribor 1967, S. 87–206). – Ders., *Cankarjev »Hlapec Jernej«* (in I. C., *Hlapec Jernej in njegova pravica*, Ljubljana 1984, S. 75–125). – J. Martinović, *Cankarev Sluga Jernej ili književnost između političkog pragmatizma i individualne vizije* (in *Izraz*, 1976, S. 45–71). – D. Vučenov, *Jernejevi dialogi s svetom, v katerem živi, kot pomemben Cankarjev umetniški dosežek* (in *Simpozij o I. C. 1976*, Ljubljana 1977, S. 188–195). – S. Tomović, *Etični problem v noveli »Hlapec Jernej in njegova pravica«* (ebd., S. 196–202). – A. Leitner, *I. C.s Novelle »Der Knecht Jernej und sein Recht«* (in ZslPh, 1978, 393–399). – H. Bergner, *Zu I. C.s »Na klancu« und »Hlapec Jernej in njegova pravica«*, Coburg 1979. – V. Nartnik, *Spremni deli besedila v Cankarjevem »Hlapec Jerneju«* (in *Obdobje simbolizma v slovenskem jeziku, književnosti in kulturi*, Ljubljana 1983, S. 363–368).

# KRALJ NA BETAJNOVI

(sloven.; *König in Betajnova*). Sozialkritisches Drama in drei Akten von Ivan CANKAR, Uraufführung: Ljubljana 1904. – Der Ort Betajnova ist Einflußbereich des Fabrikanten Kantor, der zu dieser seiner Macht, wie man munkelt, auf dunklen Wegen gelangt ist. Seine eigenen Verwandten hat er in den Bankrott getrieben; Nina, die Tochter eines verstorbenen Vetters, hält er von allen Menschen fern und plant, sie ins Kloster zu schicken, seit er weiß, daß sie Ohrenzeugin beim Tode ihres Vaters war. Maks, der Sohn eines anderen Vetters, des ruinierten Krnec, kehrt vom Studium in Wien zurück. Obwohl er Francka, Kantors Tochter, liebt, lehnt er sich gegen ihren skrupellosen Vater auf, der durch eine Schenkung an die Kirche seinen Erfolg als Kandidat bei den kommenden Wahlen sichern will. Es gelingt ihm, Kantor das Geständnis des Mordes am Vater Ninas zu entreißen. Das führt zu einer neuen Konfliktsituation, da der Ertappte den Mitwisser mit Geld und dem Versprechen, ihm seine Tochter zur Frau zu geben, – vergeblich – zu erpressen sucht und Maks zugleich von dem Ingenieur Bernot, einem erfolglosen Rivalen um die Gunst Franckas, bedroht wird. Bald darauf wird Maks von Kantor auf dem Heimweg erschossen. Doch als dieser wieder das Haus betritt, gewahrt er, daß Frau und Tochter Zeugen der neuen Untat waren. Da ihn seine Familie verlassen will, sieht er keinen Sinn mehr in der Erweiterung seines »Königreiches« und gesteht vor dem Untersuchungsrichter den Mord an Maks, doch der Richter will ihn für unzurechnungsfähig erklären, da der Verdacht auf den eifersüchtigen Bernot fällt. Jetzt wird Kantor wiederum vom Bewußtsein seiner Allmacht gepackt und belastet den Verdächtigen. Auch die Familie unterwirft sich ihm nun endgültig. Bernot, der auf dem Weg in die Haft gefesselt an seinem Haus vorübergeführt wird, läßt er von Francka ein Glas Wein reichen.

Cankar, der zunächst die Absicht hatte, ein »*Bauerndrama ... über den allgemeinen Bankrott unseres Volkes*« zu schreiben, dessen »*schreckliche Passivität etwas Gigantisches*« habe, änderte im Verlauf der Arbeit seinen ursprünglichen Plan in wesentlichen Punkten ab. Er wählte Figuren aus dem bürgerlichen Milieu und verlagerte den Akzent der Darstellung ganz auf die Person des mächtigen Unterdrükkers. Tiefer Pessimismus bestimmt die Haltung des Autors: Das Böse ist bald statische, bald dynamische, immer aber unabwendbare Macht. – Nach der Veröffentlichung fand das Werk zunächst keine Anerkennung. Besonderes Aufsehen erregten die Angriffe auf den Klerus. Auf der Bühne jedoch kamen die glänzende Kompositionstechnik und Sprache, dazu die kräftigen Konturen der Charaktere so überzeugend zur Geltung, daß die anfängliche Ablehnung sich rasch in Zustimmung verwandelte. H.Ber.

AUSGABEN: Ljubljana 1902. – Ljubljana 1927 (in *Zbrani spisi*, Bd. 5). – Ljubljana 1957 (in *Izbrana dela*, Bd. 9). – Ljubljana 1968 (in *Zbrano delo*, Bd. 4). – Ljubljana 1974 (in *Štiri drame*, R. Kondor, Bd. 72, S. 73–115). – Ljubljana 1976 (R. *Naša beseda*, Bd. 5).

LITERATUR: D. Moravec, *Dramsko delo I. C.* (in I. C., *Štiri drame*, Ljubljana 1974, S. 199–211). – M. Mitrović, *»Kralj Betajnove« I. C.*, Belgrad 1982.

## KRIŽ NA GORI. Ljubezenska zgodba

(sloven.; *Ü: Das Kreuz auf dem Berge. Eine Liebesgeschichte*). Novelle von Ivan CANKAR, erschienen 1904. – Die junge Mesnerstochter Hanca liebt den entlassenen und verachteten Schüler Mate. Beide leben im gleichen Dorf, das sich an den Abhang einer Schlucht klammert, als ob es fürchte, *»in diese geöffnete Gruft zu fallen«*. Mate will Maler werden, doch als er dem Gemeindepfarrer sein erstes Gemälde, einen Heiligen, zeigt und weder Lob noch Förderung erfährt, hilft ihm Hanca aus seiner Verzagtheit, indem sie ihm den Weg in die Welt weist. Während des Studiums kehrt er nur zweimal in sein Heimatdorf zurück, ohne jedoch Hanca, die nur in Gedanken an ihn lebt, aufzusuchen. Die wachsende Entfremdung und Gerüchte von seinen Beziehungen zu anderen Mädchen quälen sie. Dennoch weist sie Freier – den Lehrer und einen wohlhabend heimgekehrten Auswanderer – ab. Da erfährt sie, daß Mate die Prüfung an der Akademie nicht bestanden hat, und erhält bald darauf von ihm einen reumütigen Brief. Ihre versöhnliche Antwort bewahrt ihn vor dem Selbstmord. Er findet zu Hanca zurück, und beide verlassen nun gemeinsam das Dorf.
Frühere Erzählungen des Autors mit ähnlicher Thematik enden mit dem Untergang des Helden – *Tujci*, 1901 *(Fremdlinge)* – bzw. des Volkstums – *Na klancu*, 1902 *(Am Abhang)*. Obwohl der Künstler wie in *Tujci* dem eigenen Volk fremd und verdächtig ist, findet Mate in *Križ na gori* die Wurzeln seiner Kraft schließlich doch in der Heimat. Symbol dafür ist die zarte Hanca in ihrer beständigen und bedingungslosen Liebe. In der langen Zeit des Hoffens und Wartens lebt sie in einer Welt reicher innerer Empfindung gegenüber der kargen Wirklichkeit. – Der Aufbau des Werks ist kunstvoll einfach: Vier Kapitel sind in je vier Abschnitte unterteilt, und auch in der Sprache selbst tritt Cankars Neigung zur Symmetrie besonders ausgeprägt zutage. Die äußere Gestaltung, dazu die christliche Lebenshaltung der Heldin bewirkten, was sonst keinem Werk des Autors zuteil wurde: einhelliges Lob von allen Kritikern. Der zeitgenössische Kritiker I. MERHAR sprach von einem *»romantischen Schauspiel in vier Akten ... in dem sich die Handlung ohne alle satirischen Schärfen entwickelt, ohne große Leidenschaften und Kämpfe, mit allem epischen Gleichmut«*. H.Ber.

AUSGABEN: Ljubljana 1904. – Ljubljana 1928 (in *Zbrani spisi*, Bd. 8). – Ljubljana 1952 (in *Izbrana dela*, Bd. 4). – Ljubljana 1965 (R. *Kondor*, Bd. 4). – Ljubljana 1970 (in *Zbrano delo*, Bd. 12).

ÜBERSETZUNG: *Das Kreuz auf dem Berge. Eine Liebesgeschichte*, F. Koch (in Laibacher Zeitung, 13. 11. 1905–24. 1. 1906).

DRAMATISIERUNG: 1941, A. Malavašič-Zakrajšek.

## LEPA VIDA

(sloven.; *Die schöne Vida*). Drama in drei Akten von Ivan CANKAR, Uraufführung: Ljubljana 1912. – Der kranke Student Poljanec, der Trinker Mrva, der Schüler Dioniz und der alte Arbeiter Damjan warten in der Stube des Kranken auf die schöne Vida, die, wie sich im Gespräch offenbart, jeder von ihnen liebt. Während Poljanec in Gleichnissen über Liebe und Sehnsucht phantasiert *(»O Freund, diese Geschichte hat kein Ende! ... Ein Blatt ist auf den Teich gesunken ... dort wiegt es sich bebend, es kann nirgendhin ... die Welle trägt es von Ufer zu Ufer«)*, trifft Vida, in spanischer Maske von einem Ball kommend, ein. Sie gesteht den Männern, daß sie einen Fremden (Dolinar) liebt, dem sie in ein fernes Land folgen will. – Seit Vida mit Dolinar auf dessen Besitztum lebt, ist sie aber nur noch ein Schatten ihrer selbst. Auch Dolinar hat sich gewandelt: Einem Freund erzählt er von seiner Todessehnsucht, doch dieser will ihn umstimmen und erinnert ihn an seine frühere Verlobte Milena. Sie besucht Dolinar und läßt ihn seinen Todeswunsch vergessen. Als sie aber erkennt, daß er von unbestimmter Sehnsucht gequält wird, verläßt sie ihn. Da erscheint Vida, um sich zu verabschieden: Sie folgt dem Ruf ihres Freundes Dioniz. Milena kehrt zu Dolinar zurück. – Poljanec' Leben neigt sich dem Ende zu. In seinen Fieberphantasien erscheint ihm sein Ziel ganz nah; die Sehnsucht weicht von ihm, und er glaubt Vida und Dioniz bei der Rückkehr zu sehen. Mrva weiß, daß auch er Poljanec' Weg gehen wird, und fühlt sich in hochzeitlicher Erwartung. Die Wände der Krankenstube weiten sich und geben der Szene eines Hochzeitsmahls Raum. Poljanec, den nun all sein Elend wie ein Traum anmutet, ist Gastgeber. Dioniz und Vida treten als Braut und Bräutigam auf, und Vida wird freudig von Mrva begrüßt. Unter freiem Himmel findet der Hochzeitstanz statt. Doch die Bühne wandelt sich zurück zum Krankenzimmer. Müde erscheinen Dioniz und Vida. Im Sterben kann Poljanec die geliebte Frau noch einmal sehen.
Cankar entnahm das Motiv seines Dramas der slovenischen Volksdichtung: den Liedern von der schönen Vida, die Mann und Kind verläßt und einem Fremden in ein verheißungsvolles südliches Land folgt, wo sie aber bald von Sehnsucht nach der Heimat erfaßt wird. Ein stärkerer Impuls jedoch war für ihn die nie verblassende Erinnerung an seinen früh verstorbenen Freund, den Dichter Dragotin KETTE (1876–1899).
Schon 1905 erwähnt der Autor einen Entwurf mit

dem Titel *Hrepenenje (Sehnsucht)*, in dem noch der Untergang Vidas und ihrer Bewunderer vorgesehen ist. Die endgültige Redaktion endet damit, daß Dioniz nach unermüdlichem und unbeirrtem Suchen die Geliebte findet. – Von allen Dramen Cankars steht *Lepa Vida* dem Symbolismus am nächsten. Die Handlungsarmut des Stücks kommt der Intensität seines Lyrismus entgegen. Die Sprache, oft ein kunstvolles Geflecht rhetorischer Figuren, bewegt sich in hymnischen Rhythmen. – Vom Autor besonders geschätzt, ist das Drama weder als Buch noch auf der Bühne mit sonderlichem Beifall aufgenommen worden. Allein Oton Župančič, der Begründer des modernen slowenischen Verses und ein Zeitgenosse Cankars, begrüßte es als die »*anmutigste Frucht seines* [Cankars] *Geistes, deren Anmut dank der dramatischen Formgebung um so deutlicher zutage tritt*«. H.Ber.

AUSGABEN: Ljubljana 1912. – Ljubljana 1933 (in *Zbrani spisi*, Bd. 16). – Ljubljana 1957 (in *Izbrana dela*, Bd. 9). – Ljubljana 1969 (in *Zbrano delo*, Bd. 5). – Ljubljana 1976 (R. *Naša beseda*, Bd. 6).

HÖRSPIEL: 1955, J. Komac.

LITERATUR: F. Zadravec, *Cankarjeva simbolična lirska drama »Lepa Vida«* (in *Lirika, epika, dramatika*, 2. überarb. Ausg., Murska Sobota 1971, S. 125–139). – J. Pogačnik, *Cankarjeva »Lepa Vida«* (in *Sodobnost*, 1976, S. 476–482). – T. Hribar, *Drama hrepenenja (od Cankarjeve do Šeligove Lepe Vide)*, Ljubljana 1983.

## MARTIN KAČUR. Življenjepis idealista

(sloven.; *Ü: Martin Kačur, der Idealist*). Roman von Ivan CANKAR, erschienen 1906. – Weil er sich seines aufklärerischen Eifers wegen mit dem Bürgermeister und dem Geistlichen entzweit hat, muß der junge Lehrer Kačur seinen Dienstort verlassen. Auch an seiner nächsten Dienststelle versucht er, die Dörfler von der Notwendigkeit allgemeiner Bildung zu überzeugen, und entgeht nur mit knapper Not handgreiflichen Erwiderungen. Als er sich dafür verantworten soll, daß er »*Zwietracht unter die Gemeinde säe*«, rät ihm sein leichtlebiger Kollege Ferjan, der Obrigkeit zu willfahren. Kačur bleibt jedoch standhaft und muß auch Zapolje verlassen. Zugleich wird ihm die Treulosigkeit seiner Geliebten aus dem Nachbardorf hinterbracht. Seine nächste Wirkungsstätte, Blatni dol, liegt im Moor. In der Trostlosigkeit des düsteren Orts mit seinen schwerfällig erdgebundenen Bewohnern zieht ihn Tončka, ein Mädchen von dumpfer Sinnlichkeit, in ihren Bann. Obwohl er ahnt, daß ihm diese Verbindung seinen idealistischen Glauben zerstören wird, heiratet er sie auf Drängen ihrer Verwandten. Die Hochzeit vollzieht sich unter unheilvollen Vorzeichen. Da er nach wie vor versucht, dem sozialen Elend entgegenzuwirken, in dem die Häusler und Tagelöhner leben, droht ihm der Bürgermeister versteckt mit Totschlag. Wie Kačur erfährt, wurde tatsächlich ein zugewanderter Schmied, der in seinem Sinn wirkte, erschlagen aufgefunden. Der Lehrer, der sich resigniert dem Trunk ergeben hat, wird nach langen Jahren nach dem freundlicheren Ort Lazi versetzt, wo er Ferjan trifft, der inzwischen zum Rektor avanciert ist, da er aus Opportunismus eine nationalliberale Haltung einzunehmen wußte. Während Kačur diese Ungerechtigkeit schwer zu schaffen macht, genießt seine Frau das neue Leben und betrügt ihn schamlos. Als das jüngste Kind stirbt, taumelt er betrunken in einen Schneesturm hinaus und kommt um. In einer letzten Vision sieht er den erschlagenen Schmied von Blatni dol sich barmherzig über ihn beugen.

Der Roman spiegelt die politischen und sozialen Verhältnisse Sloweniens gegen Ende des 19. Jh.s. Er gehört in den Kreis der Werke Cankars, in denen, wie in der Erzählung *Hlapec Jernej in njegova pravica*, 1907 *(Der Knecht Jernej und sein Recht)*, der positive Held scheitert. Die Atmosphäre des Dorfes Blatni dol greift das Motiv des »Totenhauses« auf, das in verschiedenen Werken Cankars wiederkehrt. Der äußere Aufbau des Romans ist geometrisch zu nennen: Jeder der drei durch den wechselnden Handlungsort gekennzeichneten Teile gliedert sich in gleicher Weise in die Kapitel idealistischer Zuversicht, gewaltsamer Kraftbrechung und ausweglöser Resignation. Der Wendepunkt des Romans, Kačurs Verbindung mit Tončka, ist exakt in das Zentrum gelegt. H.Ber.

AUSGABEN: Ljubljana 1906 (R. *Knezova knjižnica*, Bd. 13). – Ljubljana 1929 (in *Zbrani spisi*, Bd. 9). – Ljubljana 1947 (R. *Klasje*, Bd. 4). – Ljubljana 1953 (in *Izbrana dela*, Bd. 5). – Ljubljana 1966 (R. *Kondor*, Bd. 81). – Ljubljana 1970 (in *Zbrano delo*, Bd. 14). – Ljubljana 1976 (R. *Naša beseda*, Bd. 3).

ÜBERSETZUNG: *Martin Kačur, der Idealist*, M. Jähnichen, Klagenfurt/Triest 1984.

DRAMATISIERUNG: 1946, A. Malavašič-Zakrajšek. – 1951 u. 1954, Fr. Smerdu. – Ljubljana 1976, J. Povše.

HÖRSPIEL: 1953, V. Ocvirk.

VERFILMUNG: *Idealist*, Jugoslavien 1976 (Regie: I. Pretnar).

LITERATUR: M. Boršnik, *Opombe* (in I. C., *Martin Kačur*, Ljubljana 1947, S. 149–155). – I. Kamenik, *Spremna beseda* (in I. C., *Martin Kačur*, Ljubljana 1966, S. 113–126).

## NA KLANCU

(sloven.; *Ü: Am Steilweg*). Roman von Ivan CANKAR, erschienen 1902. – Die Heldin dieses von Cankar als »*Denkmal für meine Mutter*« bezeichneten Romans ist Francka, ein Mädchen vom »Abhang«, dem Armenviertel eines kleinen slovenischen Marktfleckens. Die kleine Francka ist von Nachbarn eingeladen, auf einem Leiterwagen zu einer Wallfahrt mitzufahren. (Die Wagenfahrt, ein in Cankars Schaffen häufig wiederkehrendes Symbol menschlichen Glücksstrebens, zieht sich leitmotivisch durch das ganze Werk.) Sie verpaßt die Abfahrt des Wagens, läuft ihm unter Aufbietung aller Kräfte den Abhang hinab nach, erreicht das Fuhrwerk schließlich und erlebt, dank der Gutherzigkeit des Fuhrknechts und ihrer Gabe zu Wachträumen einen schönen Wallfahrtstag. – Als Dienstmädchen erlebt sie ihre erste, unausgesprochene Liebe zu einem Maler, dem sie Modell sitzt. Schließlich heiratet sie den Schneider Mihov, ohne die Warnungen ihrer Umgebung vor dessen leichtfertigem Lebenswandel zu beachten. Die Hochzeit verläuft unter ungünstigen Vorzeichen. In der Tat unterliegt Mihov bald der Konkurrenz eines geschäftstüchtigeren Kollegen, der sich neu im Ort niedergelassen hat. Die Familie ist zuletzt gezwungen, zum »Abhang« zurückzukehren. Franckas Trost ist ihr erstes Kind. Arbeitslos, wird Mihov zum Trinker, und Franckas Arbeit allein kann die Familie nicht ernähren. Als Mihov bei seinem Konkurrenten Arbeit geboten wird, beschließt er, in der Fremde Arbeit zu suchen. Francka ahnt beim Abschied, daß sie ihren Mann nicht mehr wiedersehen wird. In der allgemeinen Notlage zieht auch der ältere Sohn Tone in die Fremde. Den begabten Lojze versprechen die Honoratioren der kleinen Stadt für den Besuch des Gymnasiums in Ljubljana (Laibach) aus eigener Tasche zu unterstützen. Der Junge, der bei seiner rohen, bigotten Kostgeberin in der Hauptstadt Qualen leidet, flieht eines Tages, doch Francka, die unter Demütigungen zum letzten Mal eine Summe zusammenträgt, bringt ihn zurück. Unterwegs begegnet er der jungen Wirtstochter Ana, die ihn beeindruckt. Schließlich geht auch das letzte Kind Franckas, ihre gleichnamige Tochter, in die Fremde. – Tone kehrt todkrank zum »Abhang« zurück und stirbt noch in derselben Nacht. Francka, vom Schicksal auf ähnliche Weise wie die Mutter geschlagen, kehrt ebenfalls heim. Heruntergekommen und verbittert befindet sich zuletzt auch der seit langem verschollene Lojze auf dem Heimweg. Im Wirtshaus begegnet er einem Schulkameraden, der nun als Dorflehrer tätig ist. Ihm, der optimistisch von einer Erziehung und Bildung fördernden Zukunft des slovenischen Volkes spricht, hält Lojze die Ausweglosigkeit der eigenen, durch seine soziale Herkunft bestimmten Zwangslage entgegen: *»Ich bin am Abhang geboren, am Abhang der Armen, und das Siegel war mir schon bei der Geburt auf die Stirn gedrückt.«* Am »Abhang« trifft er die Mutter schwerkrank an, und sie stirbt bald darauf, als habe sie nur auf sein Kommen gewartet. In ihren Fieberphantasien erscheint ihr noch einmal der davonratternde Wagen mit den unbarmherzigen Insassen. Lojze bleibt mit der Toten zurück. Das nächtliche Dunkel wird allein durch das helle Fenster des Lehrers, Symbol seines – und des Autors – Zukunftsglaubens, erleuchtet.

Ähnlich wie *Življenje in smrt Petra Novljana,* 1903 *(Leben und Sterben des Peter Novljan), Moje živenje,* 1913 *(Mein Leben),* und *Grešnik Lenart,* 1914 *(Der Sünder Lenart),* ist auch Cankars Roman *Na klancu* autobiographisch angelegt. Er beschreibt das opfervolle Leben seiner Mutter, das exemplarisch für das Schicksal aller leidenden proletarischen Frauen steht. Cankars Geburtshaus gab dem Werk seinen Namen. Der Roman, der das äußere Geschehen in seiner Rezeption durch die betroffenen Personen gestaltet, ist das erste Prosawerk Cankars, das seine entschlossene Hinwendung zum Symbolismus belegt. Durch die große Bedeutung der Ahnungen, Träume und Erinnerungen ist die Handlung in lyrische Bilder aufgelöst. Für das ganze Werk sowie für die Gestaltung der meisten Kapitel ist der Weg von freudiger Hoffnung in ausweglose Trostlosigkeit kennzeichnend. Dieser Wandel prägt jeweils auch die Diktion. Als Elegie auf sich opfernde Liebe fand *Na klancu* den besonderen Beifall der zeitgenössischen Kritik. H.Ber.

AUSGABEN: Ljubljana 1902. – Ljubljana 1927 (in *Zbrani spisi,* Bd. 5). – Ljubljana 1949 (R. *Klasje,* Bd. 18/19). – Ljubljana 1952 (in *Izbrana dela,* Bd. 3). – Ljubljana 1963 (R. *Kondor,* Bd. 57). – Ljubljana 1971 (in *Zbrano delo,* Bd. 10).

ÜBERSETZUNG: *Am Steilweg* (in *Am Steilweg,* M. Jähnichen, Bln./Weimar 1965).

VERFILMUNG: *Na klancu* (Regie: V. Duletič).

LITERATUR: B. Merhar, *Opombe* (in I. C., *Na klancu,* Ljubljana 1949, S. 185–218). – Ders., *Spremna beseda in opombe* (in I. C., *Na klancu,* Ljubljana 1963, S. 133–145). – H. Bergner, *Zu I. C.s »Na klancu« und »Hlapec Jernej in njegova pravica«,* Coburg 1979.

## TUJCI

(sloven.; *Fremde*). Erzählung von Ivan CANKAR, erschienen 1901. – Der weitgehend autobiographische Held der ersten umfangreicheren Prosaarbeit Cankars ist der junge, bislang unbekannte Bildhauer Pavle Slivar, der bei einem Wettbewerb für das Denkmal des slovenischen Dichters Dragutin Kette den ersten Preis gewinnt. Durch die Ehrung ermutigt, faßt er den Entschluß, seine Studien in Wien fortzusetzen. Sein Bemühen um finanzielle Unterstützung scheitert an den Vorurteilen der einheimischen bürgerlichen Mäzene. Der eine hält die Heimat für zu arm, um alle ihre Künstler zu ernähren, der andere mißbilligt es, daß sich slovenische Künstler Anregungen im Ausland holen, der dritte endlich gesteht, daß nie daran gedacht worden sei, Slivars preisgekrönten Entwurf tatsächlich auszuführen. Dennoch beschließt Slivar nach Wien zu gehen und feiert Abschied von seiner Verlobten Ana, seinen Freunden und Gönnern. In Wien wird er Gehilfe des Professors Brenner. Er lebt in einem winzigen Atelier der Vorstadt und verkehrt mit seinen in Wien lebenden Landsleuten. Sie alle haben ein gebrochenes Verhältnis zu ihrer Heimat. Auch Slivar beginnt sich Slovenien mehr und mehr zu entfremden. Als es in der Heimat um ihn still wird, heiratet das Mädchen Ana einen kleinen slovenischen Beamten. Slivar ehelicht in Wien die arme Näherin Berta. Die Ehe ist von Anfang an beträchtlichen Belastungen ausgesetzt. Die materielle Lage der Familie verschlechtert sich, als Slivar seine Stelle bei Professor Brenner verliert. Einen Auftrag aus der Heimat versäumt er aus eigener Schuld. So versinkt er allmählich in Apathie und Verzweiflung, beginnt zu trinken und schlägt seine Frau, die vorübergehend bei einem anderen Trost und Halt suchte. Endlich vernichtet er alle Pläne und Entwürfe künftiger Arbeiten. Die Gesellschaft seiner Landsleute stößt ihn ab, der Heimat fühlt er sich entfremdet. Er ist seiner Situation nicht so gewachsen wie sein Freund Hladnik, den Entwurzelung und Perspektivelosigkeit äußerlich nicht anzufechten scheinen. Nach einer Nacht unsteten Umherirrens stürzt sich Slivar in die Donau.

Der Roman ist als eine Art Schlüsseltext zum Verständnis des Gesamtwerks des Autors interpretiert worden. Er stellt Cankars gewichtigste Aussage zur Problematik des Künstlers in der bürgerlichen Gesellschaft dar. In dem von Geld und Standesdünkel beherrschten Kulturleben Sloveniens, wo die Repräsentanten des liberalen und nationalistischen Bürgertums über das Schicksal der Kunst entscheiden, ohne dieser eigentlich zu bedürfen, sieht der Autor begabte Dichter und Künstler zugrunde gehen. »Fremde« sind für Cankar sowohl die bürgerlichen Mäzene, denen der Zugang zur Kunst verschlossen ist, wo sich diese nicht den Interessen des Kapitals gefügig zeigt, als auch die Künstler, die sich dem Geschmack der Herrschenden widersetzen ohne vom Volk in seiner kulturellen Verkümmerung verstanden zu werden. »Fremde« sind sowohl die der Heimat entfremdeten Slovenen der österreichischen Hauptstadt als endlich Slivar selbst, der an der Kluft zwischen seinem Künstlertum und der gesellschaftlich bedingten kulturellen Lage seines Landes zugrunde geht. Seine Situation wie auch diejenige Cankars trifft PIRJEVEC' Charakterisierung des Autors: *»Die Heimat wurde ihm zur Fremde, ohne daß ihm die Fremde zur Heimat wurde.«* P.Sche.

AUSGABEN: Ljubljana 1901. – Ljubljana 1926 (in *Zbrani spisi*, Bd. 4). – Ljubljana 1951 (in *Izbrana dela*, Bd. 2). – Ljubljana 1970 (in *Zbrano delo*, Bd. 9).

LITERATUR: F. Govekar, Rez. (in Ljubljanski zvon, 1902, S. 569–572).

## ZA NARODOV BLAGOR

(sloven.; *Um das Wohl der Nation*). Komödie in vier Akten von Ivan CANKAR, Uraufführung: Prag 1905; slovenische Erstaufführung: Ljubljana 1906. – Die Komödie bildet mit *Kralj na Betajnovi*, 1904 (*König in Betajnova*), und *Hlapci*, 1911 (*Knechte*), eine Trilogie politischer Dramen, die sich mit dem slovenischen Bürgertum zu Beginn des 20. Jh.s kritisch auseinandersetzt und – zum ersten Mal in der slovenischen Literatur – das Tabu der Nation, den vom Großbürgertum für seine Zwecke mißbrauchten Patriotismus verletzt.

Der Abgeordnete Grozd hat zur Feier seines sechzigsten Geburtstags eine Reihe einflußreicher Honoratioren, darunter den Adeligen von Gornik geladen, den er wegen seines Reichtums und Ansehens für seine Partei gewinnen will. Nur widerwillig duldet der Phlegmatiker Gornik die Bemühungen um seine Person. Als Abgeordneter der Gegenpartei versucht Dr. Gruden, Gornik über die Absichten seines Gastgebers aufzuklären. Doch als der Hausherr die beiden im Gespräch erblickt, eilt er hinzu und beschuldigt seinerseits Gruden unredlicher Hintergedanken. Dann versucht Grozd seine Nichte Matilda für Gornik zu interessieren, was deren Verlobten, den Juristen Kadivec, ins gegnerische Lager treibt. Auch Grudens Frau setzt ihre weiblichen Reize ein, um Gornik zu gewinnen. Obgleich mit seinem Vorgesetzten Grozd überworfen, ist der Journalist Ščuka nicht bereit, einen von Gruden angeregten Hetzartikel gegen Grozd zu schreiben. Bereitwillig übernimmt Kadivec diese Aufgabe. Als Gornik Grudens Frau auf deren Einladung hin einen Besuch abstattet, werden beide von ihrem angeblich eifersüchtigen Gatten überrascht. Gruden sucht die Gelegenheit zu nutzen, Gornik zum Eintritt in seine Partei zu drängen, erhält jedoch eine Abfuhr. Grozd überbringt die Nachricht, man habe Gornik zum Präsidenten eines wichtigen Gremiums ernannt. Im Verlauf des Gesprächs kommt es zum Streit zwischen Ščuka und Grozd, der den Journalisten zwingt, ihm die Schuhriemen zu binden. Diese Erniedrigung, die Ščuka bewegt, sich mit dem Volk gegen die Bourgeoisie zu verbinden, hat jedoch auch den Beleidiger unsicher gemacht. – Gornik beschließt, sich dem Handel zu entziehen, als die Nachricht von einem Plakat Ščukas eintrifft, das die Intrigen um das *»Wohl der Nation«* entlarvt. Zu spät sucht Gruden sich mit seinem Widersacher Grozd gegen die Volksmassen zu verbünden: Demonstranten nähern sich dem Haus und werfen die Scheiben ein. Das Volk, der *»König in Lumpen«*, hat es vorgezogen, sich seiner selbsternannten Wohltäter zu entledigen.

*»Gegen die Leute, die glauben, sie seien das Volk, die aber nichts anderes sind als Schweine, gegen Phrasendrescher und Phrasen«* gerichtet, ist das Stück insofern eine Komödie zu nennen, als es komische Figuren auf die Bühne bringt und Satire und Spott über die Machenschaften des Bürgertums ausschüttet. Cankars engagierte Ablehnung von politischem Kuhhandel und patriotischer Verbrämung des bürgerlichen Herrschaftsanspruchs läßt das komische Element jedoch an keiner Stelle befreiendem Lachen Raum geben. Das Stück ist in eine

Vielzahl kleiner Szenen und Auftritte gegliedert, wodurch programmatische Monologe vermieden und das komödiantische Moment unterstrichen werden. Unter den handelnden Personen läßt sich ein zentraler Held kaum ausmachen. Zunächst nur passiver Beobachter, wird selbst Ščuka erst durch die erlittene Beleidigung zum Revolutionär. Passiv bleibt auch Gornik, der aus dem Kontrast zwischen seiner Bedeutung für die anderen und seinem eigenen Desinteresse komische Züge erhält. Cankars Komödie verrät den Einfluß IBSENS. Die Gestalt Gorniks findet sich in ihrer dramaturgischen Funktion in GOGOL's *Revizor*, 1836 *(Der Revisor)*, vorgezeichnet. Weniger wegen der Handlung, die durchaus im Fiktiven bleibt, als vielmehr als Folge der Schärfe seiner Gesellschaftskritik blieb das Stück jahrelang unaufgeführt. P.Sche.

AUSGABEN: Ljubljana 1901. – Ljubljana 1926 (in *Zbrani spisi*, Bd. 3). – Ljubljana 1957 (in *Izbrana dela*, Bd. 9). – Ljubljana 1967 (in *Zbrano delo*, Bd. 3). – Ljubljana 1974 (in *Štiri drame*; R. *Kondor*, Bd. 72, S. 5–71). – Ljubljana 1976 (R. *Naša beseda*, Bd. 5).

LITERATUR: D. Moravec, *Dramsko delo I. C.* (in I. C., *Štiri drame*, Ljubljana 1974, S. 199–211).

## ZGODBE IZ DOLINE ŠENTFLORJANSKE

(sloven.; *Ü: Aus dem Florianital*). Erzählungen von Ivan CANKAR, erschienen 1908. – Der Sammelband vereinigt drei in Vorwurf, Handlungsort und Erzählhaltung verbundene psychologisch-satirische Novellen. Er wird durch ein prooimionartiges Prosagedicht *(Pesem)* eingeleitet, das den boshaften Spott, mit dem es die Schönheiten des St. Florianstals (Synonym für Slowenien) besingt, als Ausdruck inniger Heimatliebe und -treue ausgibt. Die Novelle *Razbojnik Peter (Der Landstreicher Peter)* erzählt die Geschichte eines jungen Künstlers, der sich als ein einst unter ungeklärten Umständen aus dem Tal verschwundenes Findelkind ausgibt, die Honoratioren des Landstrichs durch die Drohung der Offenbarung ihrer angeblichen Vaterschaft um ansehnliche Summen erpreßt, um endlich während des aufwendig arrangierten Hochzeitsfestes mit seiner schönen Geliebten Jacinta als Betrüger verhaftet zu werden. Hintergründiger ist der Vorwurf der Erzählung *Polikarp (Polikarp)*. Auf die St. Florianer Pfarrpfründe kommt eines Nachts ein Bettler, der einen Platz zum Sterben sucht. Den Pfarrer quält die Ahnung, daß der Ankömmling Polikarp die Frucht seiner gewissenlosen Beziehung zu Marjeta sei. Er läßt ihn in einem soliden Sarg unter einem schweren Stein begraben. Gleichwohl in unablässigen Fieberphantasien von dem Toten heimgesucht, tauscht er seinen Namen mit dem des verratenen Sohnes und stirbt versöhnt nach völliger Reue und Umkehr. Der Titelheld der Novelle *Kancelist Jareb (Kanzlist Jareb)* ist mit anderen Talbewohnern ahnungsloser Stammgast der Wirtin Liza. Die unheilvollen Vorzeichen, die sich seit ihrer Ankunft im Tale häufen, beachtet er nicht. Aus sinnlichem und materiellem Verlangen trägt er Liza trotz ihres zweifelhaften Rufes die Ehe an. Berechnend willigt Liza ein. Die Hochzeit wird geziemend ausgerichtet. Doch in der Brautnacht bleiben die Fenster erleuchtet, Schreie dringen aus dem Haus. Jareb altert in kürzester Frist. Bei seinem raschen Tode ist Liza verschwunden.

Der Fabel von *Razbojnik Peter* bediente sich der Autor noch vor dem Erscheinen der Novelle ein zweites Mal in seiner GOGOL' verpflichteten Komödie *Pohujšanje v dolini šentflorjanski*, 1907 *(Das Ärgernis im St. Florianstal)*. Das Stück erweitert die Personenkonstellation der Novelle um den Teufel Konkordat, der beauftragt ist, das St. Florianstal zu verderben, und den echten Findling Peter, einen armen, verstörten Wanderer. Der Held des »*mit übermütiger Bosheit*« zu spielenden Stücks hat Konkordat seine Seele verschrieben und hält den Findling unter der Bedingung aus, daß er seinen Namenswechsel deckt. Zugleich verkörpert das Liebespaar die freie, heitere Seite des Lebens. Es übt auf seine Weise Gerechtigkeit, indem es die heuchlerischen Reichen schröpft. Die Komödie, der die Kritik bei der Uraufführung die Anerkennung versagte, zählt heute zu den meistgespielten Stücken der slowenischen Bühne. Zusammen mit den Erzählungen stellte sie einen künstlerischen Höhepunkt in Cankars engagierter Polemik gegen die provinzielle Doppelmoral dar. H.Ber.

AUSGABEN: Ljubljana 1908. – Ljubljana 1931 (in *Zbrani spisi*, Bd. 12). – Ljubljana 1952 (*Polikarp*; in *Izbrana dela*, Bd. 4). – Ljubljana 1972 (in *Zbrano delo*, Bd. 16). – Ljubljana 1976 (*Polikarp*).

ÜBERSETZUNG: *Aus dem Florianital*, T. Arko, Klagenfurt 1947.

LITERATUR: H. Glušič, *Grotesknost v »Zgodbah iz doline Šentflorjanske«* (in *Simpozij o I. C. 1976*, Ljubljana 1977, S. 286–289).

## RUDOLF WILHELM CANNE

\* 10.12.1870 Wons
† 3.11.1931 Amsterdam

## DÊR WIER RIS

(westfries.; *Es war einmal*). Schauspiel in vier Aufzügen von Rudolf Wilhelm CANNE, Uraufführung: Leeuwarden, 25. 12. 1913, Ljouwerter Toanielselskip. – Nach seiner ersten Schaffensperiode, in der er naturalistische Zeit- und Tendenzstücke geschrieben hatte, geriet Canne immer mehr in den Bann der Psychoanalyse. Von den Werken aus dieser Zeit hat *Dêr wier ris* den größten Anklang beim Publikum gefunden; vermutlich vor allem deshalb, weil es weniger pessimistisch ist als die anderen Dramen. – Saep, ein gutherziges, stilles Mädchen, lebt mit dem verwitweten Vater auf einem abgelegenen Hof. Der sorgenreiche bäuerliche Alltag hat ihr wenig Zeit gelassen, sich weiterzubilden, und sie ernster und verschlossener werden lassen, als es ihrem lebenslustigen Verlobten Murk, einem von auswärts zugezogenen jungen Bauern, lieb ist. Als Murk, der sich für Literatur und Schachspiel interessiert, während der Sommerferien Saeps bei Verwandten aufgewachsene jüngere Schwester Jisk kennenlernt, verbindet ihn mit der lebhaften, aufgeschlossenen und gebildeten Lehrerin bald eine herzliche Freundschaft. Um Saep nicht weh zu tun, versuchen sie, die zwischen ihnen aufkeimende Liebe zu unterdrücken. Jisk will abreisen, bevor es zu einer entscheidenden Aussprache kommt, aber beim Abschied können beide sich nicht mehr verstellen, und sie beschließen, einander nie wiederzusehen. Saep aber löst die Konflikte, indem sie ihnen auf ihre behutsame Art klarmacht, daß nicht die Liebe zwischen Jisk und Murk, sondern ihre eigene Verlobung ein Fehlzug auf dem Schachbrett gewesen sei. Dann bricht sie zusammen.

Obwohl das Thema heute keineswegs mehr modern wirkt, taucht das Stück immer wieder einmal im Spielplan friesischer Theater auf. Der Verfasser hat jede Rührseligkeit dadurch vermieden, daß er häufig indirekte Darstellungsmethoden anwendet; so veranlaßt er seine Bühnengestalten beispielsweise dazu, im Schachspiel ungewollt ihre wahren Gefühle zu offenbaren. Der Zuschauer empfindet Befriedigung über die Erfüllung der Liebe von Jisk und Murk, aber auch Sympathie und Mitleid für Saep. Der Autor war allerdings davon überzeugt, daß eine unter solchen Voraussetzungen geschlossene Ehe früher oder später in eine Krise geraten würde; er hat zweimal versucht, diese Problematik in einer Fortsetzung zu gestalten. Y.P.

AUSGABEN: Leeuwarden 1916; ern. 1950.

LITERATUR: D. Kalma (in Frisia, 1930, S. 15–24). – Y. Poortinga, *It Fryske folkstoaniel*, Diss. Groningen 1940, S. 101–103, 116 f. – J. J. Hof, *Fjirtich jier taelstriid*, Bd. 4, Dokkum 1942, S. 332–335; 414–417. – J. Piebenga, *Koarte skiednis fan de Fryske skriftekennisse*, Drachten ²1957, S. 194–196.

---

### DIMITRIE CANTEMIR

\* 26.10.1673 Jassy
† 21.8.1723 Dimitrievka / Rußland

LITERATUR ZUM AUTOR:
G. Pascu, *Viaţa şi operele lui D. C.*, Bukarest 1924. – I. Minea, *Despre D. C.*, Bukarest 1926. – P. P. Panaitescu, *D. C. Viaţa şi opera*, Bukarest 1958. – S. Callimachi, *D. C. Viaţa şi opera în imagini*, Bukarest 1963. – E. Pop, *D. C. şi Academia în Berlin*, Bukarest 1969. – C. Măciucă, *D. C.*, Bukarest 1972. – P. Vaida, *D. C. şi umanismul*, Bukarest 1972. – I. D. Laudat, *D. C. Viaţa şi opera*, Iaşi 1973. – V. Cândea, *D. C. 1673–1723*, Bukarest 1973. – Şt. Giosu, *D. C. Studiu lingvistic*, Bukarest 1973. – M. Iova, *D. C. Bibliografie selectivă*, Bukarest 1973. – *300 de ani de la naşterea lui D. C.*, Bukarest 1974. – S.-C. Dumitrescu, *D. C. interpretat de ...*, Bukarest 1977.

## DESCRIPTIO ANTIQUI ET HODIERNI STATUS MOLDAVIAE

(nlat.; *Beschreibung der alten und der heutigen Verhältnisse im Lande Moldau*). Schrift von Dimitrie CANTEMIR, entstanden 1716. – Der Feldzug des Schwedenkönigs Karl XII. und der Spanische Erbfolgekrieg der Habsburger hatten die Donaufürstentümer Moldau und Walachei plötzlich in den Mittelpunkt des Interesses der Historiker gerückt. Im Auftrag der Preußischen Akademie der Wissenschaften, deren Mitglied er seit 1714 war, verfaßte Cantemir, regierender Fürst der Moldau, diese Enzyklopädie in lateinischer Sprache, die er einige Jahre später ins Rumänische übertrug.

Als Humanist kosmopolitisch orientiert, wollte Cantemir eine bis auf Aeneas zurückgehende historisch-geographische und kulturpolitische Gesamtdarstellung seiner moldauischen Heimat und ihrer Beziehungen zu Nachbarländern und Grenzvölkern geben. Allerdings wurde nur der erste Teil der Schrift, der die Ereignisse bis zum Jahr 1274, also bis zur Invasion der Tataren, behandelt, vollendet. In seinen Untersuchungen über die Herkunft der Rumänen vertritt Cantemir die Ansicht, daß die Römer Nachkommen des Aeneas seien, die Rumänen ihrerseits wieder von den Römern und damit auch von den Griechen abstammten. Zur Bekräftigung dieser These werden zahlreiche Fakten herangezogen, an denen nach Meinung des Autors nicht zu zweifeln ist. Als gewichtigsten Beweis führt Cantemir die Verwandtschaft der rumänischen mit der lateinischen Sprache ins Feld. Er ist fest davon überzeugt, daß die Rumänen trotz aller Invasionen von Vandalen, Hunnen, Slaven und Magyaren ihre Latinität und ihre rassische Reinheit bewahrt haben, und feiert Rumänien als Bannerträger der römischen Kultur im Osten; mit der Verteidigung des christlichen Abendlandes gegen die anstürmenden Türken habe das Moldauland wiederum eine historische Mission erfüllt. Eingehend befaßt der Autor sich auch mit der Fauna und Flora des Landes, mit seinen Sitten und Gebräuchen, mit staatspolitischen und kirchlichen Problemen sowie mit der Sprache und Literatur der Moldau.

Die *Descriptio Moldaviae* gehört zu den wichtigsten Geschichtswerken des 18. Jh.s. Das Originalmanuskript wird in der Bibliothèque Nationale in Paris aufbewahrt. VOLTAIRE zog das Werk für seine *Histoire de Charles XII* heran, und BYRON verweist in seinem *Don Juan* wiederholt auf Cantemir.

J.M.- KLL

AUSGABEN: Mănăstire Neamţ 1825 *(Scrisoarea Moldovei)*. - Bukarest 1872–1875 (in *Operele principelui*, 8 Bde., 1 u. 2). - Bukarest 1901 (in *Operele principelui*, Hg. G. G. Tocilescu, Bd. 7). - Bukarest 1923 *(Descrierea Moldovei*, Hg. G. Pascu; rum. Übers.). - Bukarest 1956 *(Descrierea Moldovei*; rum. Übers.). - Bukarest 1973 *(Descrierea Moldovei*; rum. Übers.).

ÜBERSETZUNG: *Historisch-geographisch- und politische Beschreibung der Moldau*, J. L. Redslob (in Magazin f. die neuere Historie u. Geographie, Bd. 3/4, Ffm./Lpzg. 1769–1771; Nachdr. Bukarest 1973).

LITERATUR: F. Babinger, *Izvoarele turceşti ale D. C.*, Bukarest 1941. - C. Tsourkas, *Les débuts de l'enseignement philosophique de la libre pensée dans les Balkans*, Bukarest 1948. - A. Zub, *C. şi Kogălniceanu* (in Anuarul Institutul de istorie şi arheologie »Xenopol«, 11, 1974, S. 261–266). - D. Curticăpeanu, *Orizonturile vieţii în literatura veche românească*, Bukarest 1975.

## MINNA CANTH

\* 19.3.1844 Tampere
† 12.5.1897 Kuopio

LITERATUR ZUR AUTORIN:
L. Hagman, *Minna Canthin elämäkerta*, 2 Bde., o. O. 1906/1911. - V. Tarkiainen, *M. C.*, Helsinki 1921. - H. Vilkemaa, *M. C.*, Helsinki 1931. - G. v. Frenckell-Thesleff, *M. C. och »Det unga Finland«*, Helsinki 1942; ²1943 [finn. Ausg.: *M. C.*, Helsinki 1944]. - H. Asp, *M. C. läheltä nähtynä*, Helsinki 1948. - R. Koskimies, *M. C.* (in *Suomen kirjallisuus*, Bd. 4, Helsinki 1965, S. 29–72). - H. Kannila, *Minna Canthin kirjallinen tuotanto. Henkilöbibliografia*, Helsinki 1967. - K. Laitinen, *Suomen kirjallisuuden historia*, Helsinki 1981, S. 231–236.

## ANNA LIISA

(finn.; *Anna Lisa*). Schauspiel von Minna CANTH, Uraufführung: Helsinki, 2. 10. 1895, Kansallisteatteri. - Das letzte große Werk der Dichterin zeigt thematische Verwandtschaft mit TOLSTOJS *Macht der Finsternis*; auch ihr Drama handelt vom Schicksal einer Kindesmörderin und erreicht seinen Kulminationspunkt in einem öffentlichen Schuldbekenntnis vor den zur Verlobung (bei Tolstoj zur Hochzeit) geladenen Gästen. Das zeitgenössische kleinbäuerliche Milieu, dessen enge Rechtschaffenheit und christlich-strenge Lebensführung noch durch keinerlei Bildungs- und Erfahrungswerte geweitet waren, wurde von Minna Canth mit psychologischem Scharfblick erfaßt. Unter den gesellschaftskritischen Werken der Verfasserin zählt *Anna Liisa* zu den ausgereiftesten. Es begnügt sich nicht damit, den Konflikt aus dem Zusammenstoß des einzelnen mit der Gesellschaft zu entwickeln, sondern verlegt ihn in die Seele der Schuldigen selbst. Die kleine Schwester der Heldin, wohl die erste Kinderrolle im finnischen Drama, ist mit warmer und humorvoller Natürlichkeit gestaltet. Störend an diesem Stück wirkt nur die unwahrscheinliche Vorgeschichte, die die Theaterwirksamkeit des Schauspiels mindert. M.E.S.

AUSGABEN: Porvoo 1895. - Helsinki 1920 (in *Kootut teokset*, Bd. 4). - Porvoo 1953 (in *Valitut teokset*). - Porvoo/Helsinki ⁶1965.

## KAUPPA-LOPO

(finn.; *Die Trödel-Lopo*). Erzählung von Minna CANTH, erschienen 1889. - Die Trödel-Lopo, von der Natur mit häßlichem Äußeren, zum Ausgleich dafür aber mit einem mitleidigen Herzen und einer guten Portion Humor bedacht, verdient sich recht und schlecht ihren Lebensunterhalt als wandernde Hausiererin. Sie verkauft alte Kleider und riskiert auch dann und wann einen kleinen Diebstahl. Regelmäßig sitzt sie dann für eine Weile im Gefängnis – eine besonders harte Strafe für sie, die es an keinem Ort lang aushält und sogar ihren braven Mann und ihr Kind verlassen hat; schwer auch deshalb, weil sie hinter Gittern auf ihr Lebenselixier, den Schnaps, verzichten muß. *»Wenn ich da in der Kälte wandern muß, muß ich doch dann und wann einen tüchtigen Schluck nehmen, um mich warm zu halten. Dabei lernte ich trinken.«* Ein Wärter, den sie um Alkohol bittet, bringt ihr einmal statt dessen etwas Wolle, aus der sie Strümpfe für eine in Not geratene Kundin strickt. Die Frau lohnt ihr allerdings diese Arbeit und andere gute Dienste mit verletzendem Hochmut, als sie selbst wieder bessere Tage kennenlernt. Verbittert nimmt Lopo ihr altes Wanderleben wieder auf, doch ein Geldbeutel, den sie auf dem Markt vom Schlitten eines Bauern stiehlt, wird ihr erneut zum Verhängnis. Am gleichen Abend betritt sie in der Absicht, sich gegen Entgeld etwas zum Essen zu erbitten, ein ärmliches Haus. Als sie die Börse herauszieht, ruft plötzlich einer der anwesenden Männer »Mein Geldbeutel«. Trotz ihres verzweifelten Widerstands bringt man Lopo im Pferdeschlitten zur Polizei. Das Urteil lautet auf Gefängnis.

Die Erzählung ist beispielhaft für den finnischen Realismus der achtziger Jahre des 19. Jh.s, dazu gelang der Autorin damit eine ihrer bedeutendsten Charakterstudien. Daß unmittelbar nach KIVIS Tod eine Frau – zudem eine sozialkritisch engagierte Frau – den ersten Platz unter den Schriftstellern ihres Landes einnahm, ist eine für die finnische Gesellschaft, in der die Emanzipation schon früh akzeptiert wurde, bezeichnende Erscheinung. Minna Canth war eine mutige Streiterin gegen jede Art von Intoleranz. Sie drang auf die Beseitigung sozialer Mißstände und machte kein Hehl aus ihrem mitfühlenden Verständnis für alle »unnützen« Mitglieder der menschlichen Gemeinschaft. Zu ihren literarischen Vorbildern gehörten MAUPASSANT, ZOLA, IBSEN, BJØRNSON und KIELLAND. Auch hatte sie MILLS *On Liberty*, 1859 *(Über die Freiheit)*, und *The Subjection of Women*, 1869 *(Die Unterdrückung der Frau)*, SPENCERS Gesellschaftslehre, TAINES Schriften und BRANDES' *Hovedstrømninger i det nittende Aarhundredes Literatur*, 1872–1890 *(Hauptströmungen der Literatur des 19. Jh.s)*, eingehend studiert.  F.E.

AUSGABEN: Helsinki 1889. – Helsinki 1919 (in *Kootut teokset*, Bd. 2). – Helsinki 1965 (in *Valitut teokset*). – Hämeenlinna 1983.

ÜBERSETZUNGEN: *Die Trödel-Lopo*, J. J. Meyer (in J. J. M., *Vom Land der tausend Seen*, Lpzg. 1910). – Dass., H. Goldberg, Lpzg. 1969.

## TYÖMIEHEN VAIMO

(finn.; *Das Weib des Arbeiters*). Schauspiel von Minna CANTH, erschienen 1885. – Ist auch der literarische Wert dieses Stücks durch seine melodramatische Fabel, seine vordergründige schwarz-weiße Charaktergestaltung und blasse Sprache beeinträchtigt, so spielt es doch eine entscheidende Rolle in der Geschichte des finnischsprachigen Theaters: Es war nämlich das erste in finnischer Sprache geschriebene sozialkritische Schauspiel, das Kaarlo Bergbom (1843–1906) mit seiner 1872 in Porvoo begründeten Truppe »Suomalainen teatteri«, dem ersten finnischsprachigen Berufstheater, aufführte. Diese Theatergruppe hat das Publikum auch mit den Dramen IBSENS bekanntgemacht; eine Aufführung von dessen *Nora* (vgl. *Et dukkehjem*) hat Minna Canth zu dem vorliegenden Stück angeregt, das im Gegensatz zu ihren vorangegangenen idyllischen Dramen ihr erster Versuch einer Tendenzdichtung wurde und eine Reihe sozialkritischer Werke einleitete, mit denen die kämpferische Autorin leidenschaftlich für die Emanzipation der Frau eintrat: »*Ich schrieb ›Työmiehen vaimo‹, ein Theaterstück, in dem ich streng die Ungerechtigkeit des Gesetzes der Frau gegenüber tadelte, die pervertierten Glaubensbegriffe, die Trunksucht und die Unbildung der Männer, die Dummheit, Oberflächlichkeit und Voreingenommenheit der Frauen ...*«
Der trunksüchtige, herrschsüchtige und feige Risto nimmt Johanna, seiner arbeitsamen und demütigen Frau, vom ersten Tag ihrer Ehe an die in Jahren bitterer Arbeit verdiente Geld weg, um es innerhalb kurzer Zeit zu vertrinken. Danach schleppt er auch noch den Rest des Hausrats fort, der sich zu Geld machen läßt, und schließlich eignet er sich die letzten Ersparnisse an, die sich Johanna, um ihr Kind ernähren zu können, durch ihre Webereien mühsam erarbeitet hat. Als bei seiner Frau nichts mehr zu holen ist, macht sich Risto mit der Zigeunerin Homsantuu, seiner früheren Geliebten, auf und davon. Johanna zerbricht an den zahllosen Demütigungen und stirbt. Risto verläßt nach kurzer Zeit auch die Zigeunerin. Sie folgt ihm nach, bedroht ihn mit einem Revolver und wird vor den Augen des triumphierenden Risto von der Polizei abgeführt und ins Gefängnis geworfen. – Immer war das Recht auf seiten des Mannes, die Frau ihm durch das Gesetz völlig untertan.
Das Stück hat auch für die Verfassungsgeschichte Finnlands Bedeutung: Noch im Jahr 1885, nachdem das Schauspiel uraufgeführt worden war, verabschiedete der finnische Reichstag ein Gesetz, das der Frau das Recht an ihrem Eigentum zugestand. – Wird man auch kaum von einem direkten Einfluß des Theaters auf die Verabschiedung des Gesetzes sprechen können, so hat die Autorin mit ihrem Stück doch ihren Zeitgenossen die Unmenschlichkeiten der geltenden Rechtsordnung vor Augen geführt.  J.W.

AUSGABEN: Porvoo 1885. – Helsinki 1920 (in *Kootut teokset*, Bd. 3). – Hämeenlina 1973 (in *Valitut teokset*); ⁴1978. – Hämeenlinna 1981.

LITERATUR: E. Aspelin-Haapkylä, *Suomalaisen teatterin historia*, Bd. 3, Helsinki 1909, S. 202–214.

---

### ALBERTO CANTONI

\* 16.11.1841 Pomponesco bei Mantua
† 11.4.1904 Mantua

## L'ILLUSTRISSIMO

(ital.; *Der Allergnädigste*). Roman von Alberto CANTONI, erschienen 1905. – Von der weder ihrer Kunsttheorie noch ihrer Weltanschauung entsprechenden neuen Strömung des *verismo* distanzierten sich gegen Ende des. 19. Jh. vor allem in der Lombardei verschiedene Autoren, unter ihnen, neben Carlo DOSSI, der Mantuaner Cantoni, der große »Humorist« der neueren italienischen Literatur. An seinem Hauptwerk *L'illustrissimo* arbeitete er mehr als zwanzig Jahre.
»Illustrissimo« nennen die Bauern und Pächter im lombardischen Agrargebiet etwas ironisch ihren Herrn, den sie kaum je zu Gesicht bekommen. Einer dieser Großgrundbesitzer ist der von Natur joviale, aber verwöhnte und reichlich phlegmatische Galeazzo Graf Belgirate. Seine Kusine Maria, eine Jugendliebe, ist als Witwe wieder für ihn frei geworden. Doch sie will ihn erst dann erhören, wenn

er seine Lebenstüchtigkeit bewiesen und als einfacher Mann während der Erntezeit unter den Saisonarbeitern gelebt hat. Der Bauer Stentone, einer der gräflichen Verwalter, stellt ahnungslos seinen verkleideten Herrn ein, dessen zurückhaltendes und unsicheres Wesen der Landbevölkerung gefällt. Vor allem die Mädchen haben es auf den »Städter« abgesehen, und Giovanna, Stentones Tochter, will sogar, daß er zwischen ihr und ihrem Bräutigam vermittle. Nur die Saisonarbeiter geraten in Zorn über den Burschen, von dem sie glauben, er habe sich Allüren angeeignet, um vor ihnen den Herrn spielen zu können. In ihrer Wut zünden sie Stentones Anwesen an. – In dem großartig gestalteten Brandkapitel erweist sich Cantonis differenzierte Beobachtungskunst: So denkt z. B. die geizige Bäuerin an nichts als an ihre Bettwäsche; die Tochter will, um nicht den Bräutigam zu verlieren, zuerst ihre Aussteuer in Sicherheit bringen; Stentone versucht als treuer Verwalter seines Herrn zuerst dessen Eigentum, das Haus, zu retten, bevor er an das Korn denkt, das seiner eigenen Familie das Brot für ein ganzes Jahr geben soll. Fünf Tage »Erntehilfe«, besonders aber die in der Brandnacht gewonnenen Erfahrungen, haben dem Grafen genügt. Er kehrt zurück nach Mailand, kommt aber, dieses Mal als der »Illustrissimo«, wieder zu seinen Bauern, belohnt die Guten und straft die Bösen und verspricht, sich auch nach der Eheschließung um seine Leute zu kümmern.

Literarhistorisch ist Cantonis *L'illustrissimo* insofern von Bedeutung, als er PIRANDELLO, der ihn veröffentlichte, so stark beeinflußt hat, daß dieser den von vielen Zeitgenossen verkannten Cantoni als seinen direkten Lehrmeister bezeichnete und von ihm besonders das Motiv der Verkleidung und Demaskierung übernahm. Aber auch in stilistischer Hinsicht lernte der Sizilianer von dem Lombarden und rühmte vor allem dessen Humor, den er als »Phänomen der Entdoppelung« interpretierte: jenen Kunstgriff, durch den der Autor selbst immer wieder in das Geschehen eingreift, gleichsam in eigener Person vor die von ihm erdachten Romanfiguren hintritt, ihr Handeln korrigierend und ihre Meinungen ironisch-wohlwollend kommentierend – im Grunde mehr Ausdruck der romantischen Ironie als »Humor« im geläufigen Sinn. Daraus resultiert ein – in Pirandellos Romanen wiederkehrender – »dramatischer Dialog«, den der Leser zur aktiven Teilnahme an den Geschehnissen zwingt. Die sozialkritische Tendenz Cantonis, der den *assenteismo* anprangern wollte, das mangelnde persönliche Verhältnis der Herren zu ihrem Besitztum und zu ihren Bauern und Pächtern, tritt hinter der entscheidenden formalen Absicht weitgehend zurück.

M.S.

AUSGABEN: Rom 1905, Hg. L. Pirandello (in NAn). – Rom 1906. – Mailand 1953.

LITERATUR: L. Pirandello, *A. C., romanziere* (in NAn, 16. 3. 1905). – E. Gianelli, *Per A. C., raccolta di giudizi critici*, Triest 1907. – F. Bernini, *A. C.* (in GLI, 1937, S. 61–91). – L. Pirandello, *A. C.* (in L. P., *Saggi*, Hg. M. L. Vecchio Musti, Mailand 1939). – B. Croce, *La letteratura della nuova Italia*, Bd. 3, Bari 1950, S. 217–226. – *A. C.* (in *Narratori dell'Ottocento e del primo Novecento*, Bd. 2, Hg. A. Borlenghi, Mailand/Neapel 1961, S. 1233 bis 1238).

## CESARE CANTÙ

* 5.12.1804 Brivio bei Como
† 11.3.1895 Mailand

LITERATUR ZUM AUTOR:
*Bibliografia di C. C.*, Hg. A. Vismara, Mailand 1896. – G. B. Viganò, *C. C.*, Calolciocorte 1960. – M. Berengo, *Intellettuali e librai nella Milano della restaurazione*, Turin 1980. – C. Ossola, Art. *C. C.* (in Branca, 1, S. 502–504).

## MARGHERITA PUSTERLA

(ital.; *Margherita Pusterla*). Historischer Roman von Cesare CANTÙ, erschienen 1838. – In der von politischen Wirren und völkischem Aufschwung gekennzeichneten Zeit des Risorgimento schrieb MANZONI, wesentlich beeinflußt von Walter SCOTT, seine *Promessi sposi*, den ersten historischen Roman Italiens, durch den zugleich – nach jahrhundertelanger Isolation – der Anschluß der italienischen an die europäische Literatur hergestellt wurde. Der außerordentliche Erfolg des Buches rief zahlreiche Nachahmer auf den Plan, unter ihnen Tommaso GROSSI (vgl. *Marco Visconti*), Manzonis Schwiegersohn Massimo d'AZEGLIO (vgl. *Ettore Fieramosca*) und vor allem den Lombarden Cantù, später Verfasser einer monumentalen *Storia universale* (1838–1846). Seine *Margherita Pusterla* war damals nach den *Promessi sposi* der in Italien meistgelesene Roman und erfreute sich bald auch im Ausland großer Beliebtheit. – Die Handlung spielt im Mailand der Jahre 1340/41. Luchino Visconti, der über die Stadt herrscht, will Margherita, die Gattin des reichen Franciscolo Pusterla, besitzen, aber die stolze, tugendhafte Frau weist ihn zurück. Franciscolo, dem Viscontis Absichten hinterbracht werden, zettelt eine Verschwörung gegen den vom Volk gehaßten Tyrannen an; doch das Komplott wird verraten, und Margherita fällt in die Hand des Feindes. Mit Hilfe des der Familie treu ergebenen Jünglings Alpinolo kann sich Franciscolo mit seinem Söhnchen Venturino in das Kloster Brera retten. Fra Buonvicino, der Margherita einst leidenschaftlich geliebt hat und nach ihrer Heirat ins Kloster ging, nimmt die Verfolgten auf und verhilft ihnen zur Flucht nach Avignon. Doch vergebens: Viscontis Leute stellen ihnen eine Falle und bringen sie über Pisa nach Mailand zurück. Hier werden sie gemeinsam mit Margherita enthauptet. In Alpinolo erkennt einer von Viscontis Gefolgsleuten den eigenen, einst auf dem Comersee ausgesetzten und von einem Müller geretteten Sohn. Vergebens versucht er, ihn dem Henker zu entreißen: Alpinolo stirbt freiwillig mit der durch Tyrannenwillkür ausgerotteten Familie.

Obgleich Cantù in einer Arbeit über Victor HUGO (*De Vittorio Hugo e del romanticismo in Francia*, 1832) die Kunstauffassung des Franzosen kritisiert hatte, ließ er sich von ihr beeinflussen: In *Margherita Pusterla*, seinem einzigen Roman, erinnern sowohl das heroische Pathos wie auch die Maßlosigkeit der Empfindungen mehr an Hugo als an Manzoni. Die enthusiastischen Bewunderer des Romans sahen nicht nur über die naive Schwarzweiß-Zeichnung der Charaktere hinweg, sondern auch über die Freiheiten, die sich der Historiker Cantù bei seinem geschichtlichen Hintergrund herausnahm – etwa die kühne Behauptung, Dante habe seinerzeit in Paris studiert. Nicht unbedingt Plagiat, sondern eher ein Ausdruck der Bewunderung für Manzonis Werk und der Freundschaft, die Cantù mit diesem Autor und mit Grossi verband, sind die Anleihen, die er bei ihnen machte: Margherita ist die Schwester des Ottorino Visconti aus dem Roman Grossis, dessen Gestalt des Lupo wiederum Cantùs Alpinolo entspricht; in Fra Buonvicino läßt sich unschwer Manzonis berühmter Padre Cristoforo erkennen, und der Tyrann ist das Gegenstück zum hemmungslosen Don Rodrigo. Aus Formulierungen wie »*dieses Dreckvolk von Lombarden*« und »*grauenvoller Bruderhaß...im Herzen der armen Italiener*« spricht das politische Engagement des gegen die österreichische Fremdherrschaft plädierenden Autors. Nicht zuletzt auf diese Einbeziehung zeitgenössischer Probleme dürfte der sensationelle Erfolg der *Margherita Pusterla* zurückzuführen sein.    M.S.

AUSGABEN: Mailand 1838, 3 Bde. – Lpzg. 1866; ern. 1879. – Mailand 1963.

ÜBERSETZUNG: *Margherita Pusterla. Romantisches Gemälde*, G. Fink, Stg. 1841.

LITERATUR: G. Spencer Kennard, *Romanzi e romanzieri italiani*, Florenz 1904. – G. Agnoli, *Gli albori del romanzo storico in Italia e i primi imitatori di W. Scott*, Piacenza 1906. – F. Lopez-Celly, *Il romanzo storico in Italia*, Bologna 1939, S. 63–83. – P. Budillon, *La notion de »popolo« dans »Margherita Pusterla« de C. C.* (in Cahiers d'Études Romanes, 2, 1976, S. 103-116).

## STORIA UNIVERSALE

(ital.; *Weltgeschichte*). Historisches Werk in 35 Bänden von Cesare CANTÙ, erschienen 1838 bis 1846. – Mit dem *Discorso sopra alcuni punti della storia longobardica in Italia*, 1822 (Abhandlung über einige Punkte der langobardischen Geschichte in Italien), hatte MANZONI eine neue Schule der Geschichtsbetrachtung initiiert, die, nicht zuletzt für einen weltlichen Herrschaftsanspruch des Papsttums eintretend, das Attribut »neuguelfisch« erhielt und eine Fülle historischer Werke nach sich zog.

Die umfangreichste und bedeutendste dieser Arbeiten ist die *Storia universale*, in der Cantù die Entwicklung der Kulturvölker aus politischen, religiösen, ethischen, wissenschaftlichen, volkswirtschaftlichen und kunstgeschichtlichen Aspekten demonstrieren wollte. Freilich ließ sich ein so hochgestecktes Ziel nur unter dem Kompromiß der Kompilation erreichen, die jedoch eine Koordination der Kriterien und eine Interpretation der Quellen erforderlich werden ließ. Der für Italien bis zu diesem Zeitpunkt eindrucksvollsten Materialsammlung liegt die Konzeption zugrunde, die Geschichte der Menschheit sei ein bewegtes Drama, das als Sinn des Daseins lehre, unter Entbehrungen und Leiden sich durchzusetzen und nach einer Selbstverwirklichung im Wahren und Guten und nach einer gerechten Verteilung irdischer Güter wie geistiger Erkenntnisse zu streben. Die romantische Geschichtsbetrachtung ist unübersehbar: Der Ruf nach nationaler Einheit hat bei Cantù allerdings einen klerikalistischen Unterton. Denn der nach Manzonis Vorbild geübte Rückbezug auf Beispiele aus der Vergangenheit führt zu seltsamen Widersprüchen. So tritt Cantù zwar für Gedankenfreiheit und Unabhängigkeit ein, läßt dabei aber die politische Zensur und den erst später (1870) endgültig definierten Unfehlbarkeitsanspruch des Papstes gelten.

Der Autor, der auch den historischen Roman *Margherita Pusterla* (1838) schrieb, besorgte persönlich die ersten zehn Editionen, denen er zwischen 1883 und 1880 weitere 17 Teile hinzufügte. Das Werk hatte nicht zuletzt dadurch einen unerhörten Erfolg, als es Cantùs Landsleuten erstmals einen Überblick über die historische Entwicklung Frankreichs, Englands und Deutschlands ermöglichte. In einfacher, aber eindrucksvoller Sprache geschrieben, kann es jedoch Schwächen nicht verbergen, von denen die Kritik seit DE SANCTIS vor allem mangelhafte Koordination und die Fragwürdigkeit zahlreicher Quellen unterstrich.    KLL

AUSGABEN: Turin 1838–1846, 35 Bde. – Turin [10]1883–1891, 17 Bde.

ÜBERSETZUNG: *Allgemeine Weltgeschichte*, J. A. M. Brühl u. J. Fehr, 17 Bde., Schaffhausen/Regensburg 1849–1880.

LITERATUR: B. Croce, *Storia della storiografia italiana nel secolo decimo-nono*, Bd. 1, Bari 1912 u. ö. – G. B. Viganò, *C. C.*, Calolziocorte 1960. – G. Mazzoni, *L'ottocento*, Bd. 2, Mailand [2]1964, S. 314–318. – F. Traniello, *Don Tazzoli e la »Storia universale« del C.* (in Rivista di Storia della Chiesa in Italia, 18, 1964, S. 254–289).

# CAO PI

\* 187
† 29.6.226

**DAS LYRISCHE WERK** von CAO PI.
Cao Pi (Mannesname: Zihuan), der spätere (erste offizielle) Kaiser Wen der kurzlebigen nordchinesischen Wei-Dynastie (220–265), zählt als einer der »drei Cao« – wie das Dichter- und Mäzenaten-Dreigestirn, bestehend aus dem General CAO CAO (155–220) und seinen beiden Söhnen Cao Pi und CAO ZHI (192–252) gerne genannt wird – noch heute zu den bedeutendsten Dichtern der chinesischen traditionellen Literatur.
Cao Pis die schöne Literatur als »unsterblich« definierender Satz aus der von ihm verfaßten »*frühesten chinesischen Poetik, die einen solchen Namen verdient*« (Debon), dem Lun wen (Essay über die Literatur), »*Das längste Leben hat eine Frist, nach der es endet; ...: Leben und Glück gehen unausweichlich ihrem Ende zu, die Literatur jedoch wirkt unaufhörlich fort*«, der an HÖLDERLINS »*Was bleibet aber, stiften die Dichter*« erinnert, hat sich so aufs schönste an seinem Werk bewahrheitet.
Zwar sind von den »rund einhundert Stücken«, die nach seiner Biographie (vgl. das 2. Kapitel des von CHEN SHOU [233–297] verfaßten Sanguo zhi – *Geschichte der Drei Reiche*), des offiziellen Geschichtswerks für diese Zeit) Cao Pis literarisches Werk ausmachten, etliche im Laufe der Jahrhunderte verlorengegangen, doch das, was von seiner Lyrik erhalten geblieben ist, 25 yuefu (Lieder [nach Metren des »Musikamts«]) und 23 shi oder genauer *gushi* (Gedichte bzw. alte Gedichte), sowie 8 aus je einem Vers oder Doppelvers bestehende Fragmente und 29 fu (Poetische Beschreibungen), vermag durchaus noch einen Eindruck von der künstlerischen Kraft dieses frühen Dichter-Kaisers zu geben. Stilistisch oder thematisch sind »Lieder« und »Gedichte« übrigens hier kaum voneinander zu trennen: Die beiden Gattungen unterscheiden sich nur darin, daß den »Liedern« (die der Dichter, wie übrigens auch seine beiden Anverwandten, möglicherweise aus biographischen Gründen bevorzugte, war doch seine und Cao Zhis Mutter, die Dame Bian, bevor Cao Cao sie in seinen Harem nahm, eine professionelle Sängerin) existierende metrische Schemata zugrunde liegen. Er benutzte fast alle seinerzeit üblichen Gedichtformen, und wegen seines *Yan gexing (Lied von Yan)* gilt er traditionell als der erste bekannte Verfasser eines Gedichts in Sieben-Wort-Versen, d. h. in Versen zu je sieben Silben mit einer Zäsur nach der vierten – einer Versform, die eigentlich erst in der Tang-Zeit (618–907) blühte. Von der chinesischen Literaturkritik wurde deshalb zwar stets Cao Pis künstlerische Versatilität anerkannt und gerühmt, sein künstlerisches Vermögen aber seit alter Zeit oft aus außerliterarischen Gründen geringer geschätzt als das seines jüngeren Bruders, des »romantischeren« Cao Zhi.

Cao Pis Lyrik läßt sich im allgemeinen nicht datieren, doch können wir vermuten, daß sie mehrheitlich aus der Zeit vor seiner Inthronisation am 10. Dezember 220 stammen, nachdem er den letzten Han-Herrscher, der sich in seiner Gewalt befand, zur Abdankung und Übergabe der Herrscherwürde gezwungen hatte. Das von Cao Cao, der vor allem durch den Roman *Sanguo zhi yanyi (Die Geschichte der Drei Reiche)* für fast jeden Chinesen zur Verkörperung des skrupellosen Usurpators geworden ist, begonnene Werk der Reichseinigung, des Wiederaufbaus einer starken Ordnungs- und Zentralmacht nach dem Zusammenbruch der Han-Dynastie in Wirren wie z. B. dem Aufstand der »Gelben Turbane« (184), setzte er so zwar fort, doch wie schon seinem Vater blieb auch ihm letztlich der Erfolg versagt. Cao Pi gelang es nicht, von der Machtbasis seines Vaters aus, dem etwa ab 210 das gesamte chinesische Gebiet nördlich des Yangzi unterstanden hatte, seine Mitbewerber um die Alleinherrschaft, im Westen das Reich Shu, hauptsächlich auf dem Boden der heutigen Provinz Sichuan gelegen, und im Südosten das Reich Wu, südlich des Yangzi, in etwa die heutigen Provinzen Hunan und Jiangxi einnehmend, zu unterwerfen: China zerfiel für zwei Generationen in diese drei einander bekämpfenden Staaten.
Vor diesem Hintergrund, der einerseits blutigen, rauhen Wirklichkeit des Schlachtfelds, andererseits der prachtvoll reichen, verfeinerten und glänzenden Welt des Palastes und der Hauptstadt sind Cao Pis Dichtungen zu sehen, denn zwischen beiden Bereichen vollzog sich sein Leben. Er ist im Heer seines Vaters aufgewachsen und von ihm, der »*selbst im Felde die Schriftrollen nicht aus der Hand legte*«, in beidem, dem Waffenhandwerk und der Gelehrsamkeit, unterwiesen worden. Einer seiner frühesten, bleibenden Eindrücke von der Außenwelt ist wohl, wie zur Zeit des Aufstands der »Gelben Turbane«, als er fünf Jahre alt war, »*die bleichenden Gebeine*« [der in den Wirren Umgekommenen] *einem Dickicht wuchernder Pflanzen*« geglichen hätten (aus: *Dian lun zixu*, dem *Nachwort zu den klassischen Essays*). Kein Wunder, daß der in China von jeher besonders stark ausgeprägte Wunsch nach einem möglichst langen Leben auch bei ihm vorhanden ist. Sein Ausruf »*Wer könnte doch zum unsterblichen Genius werden!*« (aus dem Fünf-Wort-Gedicht *Furong zhi zuo – Am Lotusteich verfaßt*) artikuliert diese unerfüllbare Sehnsucht. »Leid« oder »Kummer« angesichts der immer wieder erfahrenen Vergänglichkeit des Menschen – »*Wir glaubten, daß wir alle hundert Jahre alt werden würden und für immer zusammenbleiben könnten! Wer hätte aber gedacht, daß innerhalb weniger Jahre die Freunde fast alle sterben würden...*«, schreibt er in einem berühmten Brief vom 17. März 218 *(Yu Wu Zhi shu – Brief an Wu Zhi)* – sind die Empfindungen, die die Lyrik dieser Zeit vor allem prägen. Da dies aber die für die Entwicklung der chinesischen Dichtung formativen Jahre sind, ist ihre seither durchgängig melancholische Grundstimmung hier festzumachen. Lebens- und Schön-

heitsgenuß im Sinne des »carpe diem« der europäischen Tradition – sei es der des Weins (»*Vor Anbruch des Tages wollen wir fröhlich sein und uns miteinander freuen.* / *Eifrig laßt uns trinken und des Rausches nicht achten*«; aus dem Lied *Shan zai xing, 3 – Lied nach der Weise* »*Gut fürwahr*«, *3*) oder der der Musik (»*Saitenspiel und Gesang rühren der Menschen Herz*«; aus demselben Lied) – vermag das »Weh«, das den Menschen erfüllt, lediglich zu mildern.
Gleiches gilt auch für die Betrachtung der damals gerade von den Dichtern Chinas entdeckten Natur; Ausfahrten in die unvergängliche bzw. immer erneut wiederkehrende Natur können Trost und Stärkung geben: »*Durch solche Ausflüge erfrische ich meinen Geist; so suche ich mich zu erhalten und ein hundertjähriges Leben zu erreichen*« (aus *Am Lotusteich verfaßt*). Der Blick auf die in ihrem Wandel von Werden und Vergehen gerade unwandelbar beständige Natur ist es, die den eigentlich unvermeidlichen Kummer des Menschen (»*Ist die Freude auf ihrem Höhepunkt, stellt sich das Gefühl der Trauer ein*«, heißt es in *Shan zai xing*, 4) relativiert: »*Wenn der Mond voll ist, so nimmt er auch schon ab; Blumen können nur einmal blühen. Wo das seit alters so ist, ach, was soll ich da noch Worte machen?*« (aus dem Lied *Dan xia bi ri xing – Nach der Weise* »*Roter Wolkendunst verdeckt die Sonne*«). Was Dauer verleiht, das flüchtig-zarte, im steten Wechsel beständige »hehre Dao«, das Höchste, die zyklische Rhythmik der Natur, wonach es Cao Pi im Lied *Zhe yang liu xing (Nach der Weise* »*Weidenzweige brechen*«*)* verlangt, wird aber anschaubar in der Dichtung. »*Wenn bei unseren Gelagen die Becher kreisen und dann die Streich- und Blasinstrumente zusammen erklangen und unsere Ohren heiß vom Wein waren, blickten wir auf zum Himmel und machten Gedichte*«, heißt es im schon erwähnten Brief, der nach der schrecklichen, viele der mit Cao Pi befreundeten Dichter dahinraffenden Seuche von 217 geschrieben wurde.
Der Versuch, über das ästhetisch Schöne, das sich damals verselbständigt – »*wer in einem guten Jadestein ... die Schönheit erkennt, ist ein Dichter*«, formuliert Cao Pi 214/15 in seinem *Yu Zhong dali shu (Brief an den Justizpräsidenten Zhong)* – eine, fast ist man geneigt zu sagen, existentielle Trauer zu bannen, das »*Schreiben im Angesicht des Todes*«, wie B. WATSON (*Chinese Lyricism*, 1971) Cao Pis und anderer Dichter der Zeit Bemühungen um eine überdauernde Kunst nannte, hat seine Lyrik lebendig erhalten. Denn die betrübte, von der herbstlichen Natur gespiegelte Klage einer einsamen Frau, in die sich Cao Pi wie fast jeder chinesische Dichter, wenn er Liebeslyrik schreibt, versetzt, spricht auch noch zu uns: »*Der Herbstwind seufzt und stöhnet, Die Luft weht kalt und rauh,* / *Es fallen Blätter und Zweige, Zu Reif erstarrt der Tau* / *...* / *Verlassen ist deine Gattin, Und ihre Kammer leer.* / *...* / *Die Sterne im Westen versinken, Noch ist nicht die Nacht zu End' / Der ›Hirt‹ zu dem ›Webermädchen‹, Aus weiter Ferne entbrennt* / *Was habt ihr nur verbrochen, Daß ihr vom Strom getrennt?*« (aus *Yan gexing*, in der Nach-

dichtung von A. Forke, die jeden Vers des oben erwähnten Sieben-Wort-Gedichts in zwei Verse zerlegt). L.Bi.

AUSGABEN: *Quan Han, Sanguo, Jin, Nanbeichao shi*, kompiliert von Ding Fubao (1874–1952). Nachdr. der Ausg. Shanghai 1916, Taibei o. J. – *Wei Wudi Wei Wendi shizhu*, ediert u. komm. von Huang Jie, Hongkong 1961.

ÜBERSETZUNGEN: *Dan xia bi ri xing*: übersetzt von E. Schwarz als »*Und wem klag ich mein Leid?*« (in *Chrysanthemen im Spiegel. Klassische chinesische Dichtungen*, Hg., aus dem Chines. übertragen und nachgedichtet von E. Schwarz, Bln./DDR 1969, S. 157). – *Liyang zuo, Feng ci*: übersetzt von P. Olbricht als »*Witwenklage*« (in *Lyrik des Ostens*, Hg. W. Gundert, A. Schimmel u. W. Schubring, Mchn. 1952, S. 266). – *Lun wen (Wenxuan 52)*: übersetzt von D. Holzman als »*On Literature*« (S. 128–131) in seinem Aufsatz *Literary criticism in the Early Third Century A. D.* (in Asiatische Studien, 28/2, 1974, S. 114–149). – *Yan gexing, 1: Qiu feng*: übersetzt von A. Forke als »*Herbst*« (in *Dichtungen der T'ang – und Sung-Zeit*, aus dem Chinesischen metrisch übertragen von A. Forke, Hbg. 1929, S. 14–15).– *Yu Zhong dali shu (Wenxuan 42)*: übersetzt von G. Debon in *Der Jadering des Chung Yu (Wen-hsüan 42, 4)* (in *Studia Sino-Mongolica. Fs. f. H. Franke*, Wiesbaden 1979, S. 307–314).

LITERATUR: W. Schulte, *Ts'ao P'i (187–226). Leben und Dichtungen*, Diss. Bonn 1973 [m. Übers. von 17 Liedern [nach Metren des »Musikamts«] und 3 Gedichten]. – L. McKim Fusek, *The Poetry of Ts'ao P'i (187–226)*, Diss. Yale University 1975 [University Microfilms UM 75–24.533]. – G. Debon, *Literaturtheorie und Literaturkritik Chinas* (in *Neues Handbuch der Literaturwissenschaft*, Bd. 23, Wiesbaden 1984, S. 39–60).

# CAO YU

d.i. Wan Jiabao
* 24.9.1910 Tianjin

## LEIYU

(chin.; *Ü: Gewitter*). Drama in vier Akten von CAO YU, Uraufführung: Tokio, Juli 1935; Erstaufführung in China: Tianjin, August 1935. – Nachdem das Sprechtheater europäischer Prägung in China im ersten Jahrzehnt des 20. Jh.s zögernd Eingang gefunden hatte, bemühten sich seit Gründung der Republik vorwiegend jüngere Autoren, durch Übersetzungen, Adaptationen ausländischer Werke und schließlich durch eigene Produktionen, diesem »neuen Theater« verstärkt Geltung gegenüber den einheimischen Formen des musikbegleiteten Bühnenspiels zu verschaffen. Die Veröffentlichung von Caos Yus Familientragödie *Leiyu* (1934) markierte dabei einen vorläufigen Höhepunkt, dessen Bedeutung man am außergewöhnlichen Aufführungserfolg ebenso wie an den literarischen Qualitäten des Stücks ermessen kann, das entscheidend zur Etablierung des realistischen Gegenwartsdramas in China beitrug und heute zu den »Klassikern« des chinesischen Sprechtheaters zählt. In Form, Technik und inhaltlichen Elementen zwar deutlich europäischen und amerikanischen Vorbildern verpflichtet (v. a. IBSENS *Gespenster* und O'NEILLS *Desire under the Elms*), wird doch an diesem Erstlingswerk des jungen Autors die Originalität und Gestaltungskraft schon sichtbar, aufgrund derer er – in seinem Land oft als »Chinas Ibsen« bezeichnet – später auch weit über die Grenzen Chinas hinaus Beachtung fand.

Hauptschauplatz der Handlung ist das Anwesen der Familie Zhou, deren Oberhaupt, der Bergwerksbesitzer Zhou Puyuan, über seine Frau Fanyi, seine Söhne Ping und Chong und die Bediensteten mit unerschütterlicher patriarchalischer Strenge waltet. Doch unter der Oberfläche solider Wohlanständigkeit sind Anzeichen gegenwärtiger Konflikte nicht weniger zu verkennen als die Spuren verhängnisvollen Erbes früherer Zeit. Im Laufe eines schwülen Sommertags, der ganz im Zeichen des bevorstehenden Unwetters steht, wird sich den Bewohnern des Hauses Zhou die Vergangenheit mit tragischer Konsequenz offenbaren. – In erbitterter Enttäuschung über ihre Ehe mit dem despotischen, fast zwanzig Jahre älteren Puyuan hat Zhou Fanyi in einer Liebesbeziehung mit Ping, ihrem nur wenig jüngeren Stiefsohn, Zuflucht gesucht, während jener, des belastenden Verhältnisses überdrüssig, auf eine Verbindung mit der Dienerin Sifeng seine Hoffnungen setzt. Aus Angst, ihren Liebhaber an die Jüngere zu verlieren, hat Fanyi Sifengs Mutter, Lu Shiping, herbeizitiert, um sie zu veranlassen, die Tochter gegen gute Entschädigung aus ihrem Haushalt zu entfernen. Doch mit ihrer eifersüchtigen Intrige, die sich später zur blindwütigen Rachetat steigert, leitet sie unwissentlich Entwicklungen ein, die zur Erkenntnis vergangener Schuld und schließlich zur Katastrophe führen. Sifengs Mutter, die mehrere Tagereisen entfernt lebt und arbeitet, hatte sich vergeblich dagegen gewandt, daß ihr Mann, der im Haus der Zhous angestellt ist, Sifeng bei seiner Herrschaft unterbrachte. Die Mutter selbst war Jahrzehnte zuvor von ihrem Dienstherrn kurzerhand entlassen worden, als diesem nach der Geburt eines zweiten Sohnes das Verhältnis mit seiner Angestellten gesellschaftlich nicht mehr tragbar schien, und sie wollte ihre Tochter stets davor bewahren, eine ähnlich entwürdigende Erfahrung machen zu müssen. Dankbar für Fanyis Hinweise auf eine sich anbahnende Liebe Sifengs mit einem der *»jungen Herren«* beschließt sie daher, ihre Tochter unverzüglich wieder zu sich zu nehmen.

Bei der folgenden schrittweisen Aufdeckung des komplexen Geflechts von Beziehungen, durch das die handelnden Personen nichtsahnend verbunden sind, bedient sich Cao Yu geschickt der Technik des analytischen Dramas. Lu Shiping stellt nach und nach fest, daß sie sich im Haus ihres ehemaligen Dienstherrn befindet, der sie und ihren jüngeren Sohn seit mehr als dreißig Jahren tot geglaubt hatte, während der Erstgeborene – Zhou Ping – bei ihm aufgewachsen war, ohne seine leibliche Mutter je anders als in der verklärend-verlogenen Sicht des Vaters kennengelernt zu haben. Indessen hat der einst verstoßene jüngere Sohn – Lu Dahai – im Bergwerk Zhou Puyuans Arbeit gefunden, wo er sich als Gewerkschaftsvertreter gegen seinen Vater stellt, ohne um dessen wahre Identität zu wissen. Zu Opfern dieser von Schuld und Lüge belasteten Vergangenheit werden schließlich jene, die sich aus einer als leer und bedrückend erfahrenen Existenz durch eigenes Handeln zu befreien suchten. Als Sifeng erfährt, daß der Geliebte, von dem sie ein Kind erwartet, in Wahrheit ihr Halbbruder ist, stürzt sie sich in den Tod, wobei sie Fanyis eigenen Sohn, Chong, als dieser sie retten will, mit ins Verderben reißt. Und während sich alle entsetzt in der Halle des Hauses versammeln, setzt Ping seinem Leben mit einer Kugel ein Ende.

Auch wenn man das selbstkritische Urteil Cao Yus nicht ganz von der Hand weisen kann, der schon frühzeitig gewisse Mängel der *pièce bien faite* an seinem Erstlingswerk beanstandete – namentlich die Überbeanspruchung technischer Kunstgriffe und dramatischer Effekte auf Kosten überzeugender Handlungsführung und Charakterisierung der Personen (Nachw. zu dem Schauspiel *Richu*, 1936) –, so ist doch solche Kritik nicht angetan, die *»bahnbrechende Bedeutung«* (J. Y. H. Hu) des Stückes in der Geschichte des modernen chinesischen Theaters in Frage zu stellen. S.v.M.

AUSGABEN: Shanghai 1936; ²¹1947. – Chongqing 1946. – Peking 1957; ern. 1980.

ÜBERSETZUNG: *Gewitter*, U. Kräuter, Peking 1980. – *Das Gewitter*, Jung-lang Chao (in *Moderne Stücke aus China*, Hg. B. Eberstein, Ffm. 1980).

VERFILMUNG: China 1938 (Regie: Fang Peilin).

LITERATUR: Joseph S. M. Lau, *Ts'ao Yü, The Reluctant Disciple of Chekhov and O'Neill: A Study in Literary Influence*, Hongkong 1970. – John Y. H. Hu, *Ts'ao Yü*, NY 1972. – B. Eberstein, *Das chinesische Theater im 20. Jh.*, Wiesbaden 1983. – *Zhongguo huaju yishujia zhuan*, Bd. 2, Peking 1986. – Tian Benxiang, *Cao Yu zhuan*, Peking 1988.

## RICHU

(chin.; Ü: *Sonnenaufgang*). Drama in vier Akten von CAO YU, Uraufführung: Shanghai 2. 2. 1937. – Das zweite Bühnenstück Cao Yus spielt zu Beginn der dreißiger Jahre in einer Großstadt im Norden des Landes, als deren Vorbild man Tianjin, die Heimatstadt des Autors, erkennen kann. Dort entstand auch das Stück, dessen realistische Milieuschilderung sich genauer Kenntnis und sorgfältiger Beobachtung großstädtischer Verhältnisse verdankt. Die aufwendig ausgestattete Suite eines Luxushotels ist Hauptschauplatz des episodenhaft ablaufenden Geschehens, das Ausschnitte aus dem Leben einer Gesellschaft widerspiegelt, als deren wesentliche Merkmale der Autor Menschenverachtung und soziales Unrecht anprangern wollte (*Nachwort*, 1936).

Chen Bailu, eine junge Frau von 23 Jahren, eine »Mischung aus Tanzmädchen, Dirne und Nebenfrau«, wie einer ihrer »ehrenwerten« Gäste sie charakterisiert, ist die charmante Bewohnerin der Hotelsuite, in der sie von ihrem Gönner, dem Bankdirektor Pan Yueting, großzügig ausgehalten wird. Ihre Räumlichkeiten sind Schauplatz der Aktivitäten einer Reihe von Personen, deren gesellschaftliches Leben mit Anbruch der Dunkelheit beginnt und gewöhnlich erst bei Morgengrauen endet: »Georgy« Zhang, ein aus dem Ausland zurückgekehrter Lebemann, der sich mit einem fadenscheinigen Doktortitel schmückt und seine Rede selbstgefällig mit Brocken englischer Sprache anreichert; die wohlhabende Witwe Gu und ihr nichtsnutziger junger Liebhaber, der den Zimmerdiener Wang zum Komplicen seiner nächtlichen Eskapaden macht; Li Shiqing, der in Pan Yuetings Bank eine bescheidene Stellung innehat, die er mittels Erpressung verbessert, ohne dadurch freilich den Bankrott seiner Familie abwenden zu können; »Schwarze Drei«, der kleine Gangster, der für den Finanzmagnaten Jin dunkle Geschäfte besorgt und sich als Zuhälter schmutziges Zubrot verdient; der entlassene Bankangestellte Huang, der vergeblich um Arbeit bettelt, bevor er zum verzweifelten Mörder seiner Kinder wird; und schließlich die 15jährige, namenlose »Kleine«, die erst bei Chen Bailu Zuflucht sucht, um sich vor dem Zugriff des mächtigen Herrn Jin zu retten, und die schließlich in einem billigen Bordell ein jämmerliches Ende findet. In diese bunt gemischte Gesellschaft gerät Fang Dasheng, ein junger Mann vom Lande, der wie seine Jugendfreundin Chen Bailu mit einem guten Herzen ausgestattet ist, aber auch mit hehren moralischen Prinzipien, die Bailu nur teils wehmütig, teils spöttisch-abgeklärt belächeln kann. Nachdem er mit einem gutgemeinten Heiratsantrag nicht auf das erhoffte Einverständnis bei derjenigen trifft, die er retten und »bekehren« will, wird er als ihr »Vetter« noch eine Weile Zeuge ihres »dekadenten« Lebens. Mit naivem Idealismus versucht er schließlich, Bailu zum »Kampf« gegen gewissenlose Drahtzieher wie Herrn Jin zu bewegen, dem es sogar gelingt, den kaum weniger abgefeimten Bankdirektor Pan finanziell in den Ruin zu treiben. Doch Bailu glaubt nicht an die Macht der Schwachen und an die Kraft der Gerechtigkeit, die Fang Dasheng sich erträumt; als sie vom Ruin ihres Gönners erfährt, nimmt sie sich mit Schlaftabletten das Leben, während die ersten Strahlen der Sonne hell ins Zimmer fallen.

Nicht nur als zeitlich die Handlung bestimmendes Element, sondern auch als leitmotivisch wiederkehrendes Thema gewinnt der Sonnenaufgang in *Richu* symbolische Bedeutung, die durch kontrastive Art der Darstellung noch hervorgehoben wird. Die nächtliche Stunde, zu der die Handlung überwiegend stattfindet, verweist auf die Schattenseiten der Gesellschaft, während die aufgehende Sonne bessere Zeiten verheißt, von denen die Akteure ausgeschlossen bleiben. So beginnt das Stück im Dämmerlicht des frühen Morgens, als Chen Bailu nach durchfeierter Nacht im Begriff ist, sich zur Ruhe zu legen, und endet einige Tage darauf mit ihrem in doppeltem Sinne frühen Tod. »Sonnenaufgang« ist auch der Titel eines Romans, aus dem sie Sätze liest, die die Handlung wie ein Motto begleiten: »*Die Sonne ist aufgegangen, gewichen ist die Dunkelheit. Doch die Sonne ist nicht unser, denn wir werden schlafen.*« Und schließlich kehrt »Sonnenaufgang« in den Gesängen der Arbeiter wieder, die in der Nähe des Hotels ein Gebäude errichten, wodurch der Autor die soziale Dimension des Stücks bühnenwirksam unterstreicht.

Mit *Richu* hatte sich Cao Yu auf neue Wege der dramatischen Gestaltung begeben und dabei ein Werk geschaffen, das bei der Kritik außer viel Anerkennung auch kontroverse Beurteilung formaler Unausgewogenheiten und inhaltlicher Schwächen fand. Als gesellschaftskritisches ›Sittenstück‹ mit wirkungsvollen tragikomischen Akzenten konnte es sich indessen beim breiten Publikum mit großem Erfolg durchsetzen und zählt heute mit dem Erstlingswerk *Leiyu* unbestritten zu Cao Yus gelungensten Werken. S.v.M.

AUSGABEN: Shanghai 1936; [26]1950. – Chongqing 1941. – Peking 1957; ern. 1980.

ÜBERSETZUNG: *Sonnenaufgang*, Y. Mäder-Bogorad, Peking 1981.

VERFILMUNGEN: China 1938 (Drehbuch: Shen Xiling, Regie: Yue Feng). – China 1985 (Regie: Yu Benzheng).

# CAO ZHAN

Cao Xüeqin
\* 1715 (?)
† 1764

## HONGLOU MENG

(chin.; *Der Traum der Roten Kammer*). Roman von CAO ZHAN über den Verfall und Untergang einer chinesischen Großfamilie, erschienen 1792 in der überarbeiteten und ergänzten Ausgabe von GAO E (um 1750–1820). – Das vom Autor nicht mehr vollendete, auf 100 oder 120 Kapitel angelegte Werk zirkulierte noch zu seinen Lebzeiten – bisweilen unter dem Titel *Shitou ji (Bericht eines Steins)* oder *Jinling shier chai (Die zwölf Mädchen von Nanking)* – in verschieden langen Abschriften, die offenbar auch in den ihnen gemeinsamen Teilen voneinander abwichen, da Cao Zhan sein Manuskript immer wieder überarbeitet hatte. Die heute erhaltenen 80 Kapitel waren bereits 1754 fertiggestellt. Aus verschiedenen Kommentaren, namentlich dem eines unter dem Pseudonym ZHIYAN ZHAI schreibenden, nach neuesten Forschungen wahrscheinlich mit Cao Zhans Onkel Cao Shi zu identifizierenden Gelehrten geht hervor, daß offenbar fast alle Kapitel damals schon niedergeschrieben, jedoch noch nicht in die letzte, den Autor befriedigende Form gebracht worden waren. Zumindest existierte eine Kurzfassung des Romans unter dem Titel *Fengyue baojian (Kostbarer Spiegel für ein romantisches Leben)*, aus der der ganze Handlungsablauf hervorging. Um 1790 unternahm es der Schriftsteller Gao E, das Werk – möglicherweise unter Verwendung von erhaltenen Niederschriften Cao Zhans – zu Ende zu schreiben, wobei er auch in die schon abgeschlossenen Teile eingriff. Der solchermaßen auf 120 Kapitel ausgedehnte »vollständige« Roman wurde 1792 mit einer Einleitung des Verlegers CHEN WEIYUAN gedruckt. Diese Ausgabe begründete – im Gegensatz zu einer älteren Ausgabe der 80 originären Kapitel – den Ruhm des Buchs, das mit Recht zu den bedeutendsten chinesischen Romanen, wenn nicht zu den bedeutendsten chinesischen Literaturwerken überhaupt, gezählt wurde. Seine große Beliebtheit hat sich in Dutzenden von Nachahmungen und »Fortsetzungen« niedergeschlagen, die ihr Vorbild freilich bei weitem nicht erreichten.

Die Handlung des umfangreichen Romans ist weit verästelt. Es treten mehr als 400 genau charakterisierte Personen auf. Leider wurden viele der in Cao Zhans Teil nur angefangenen Geschichten, die nach Aussage des Kommentators Zhiyan Zhai erst gegen Ende ihre eigentliche Bedeutung enthüllen sollten, in Gao Es Teil nicht mehr fortgeführt, so daß sie heute wie unmotiviert eingestreute Episoden wirken, die scheinbar nichts mit dem Hauptthema zu tun haben. Dennoch bleib das Grundgerüst des Romans auch noch in der heutigen Fassung erhalten. Der Leser wird in das Milieu einer mächtigen, wohlhabenden mandjurischen Adelsfamilie eingeführt und dabei mit zwölf mehr oder weniger eng miteinander verwandten jungen Mädchen, darunter der exaltierten, übersensiblen Xue Baochai und der stillen Lin Daiyu bekanntgemacht, die ein nach außen hin sorgenloses, von romantisch-sentimentalen Vorstellungen durchdrungenes Leben führen. Hauptfigur ist indessen ihr gemeinsamer Vetter, der elfjährige Jia Baoyu (»Kostbarer Jade«), der mit einem Stück Jade im Mund zur Welt kam und dadurch gleichsam mystisch aus der Schar der übrigen Familienmitglieder herausgehoben erscheint. Eines Tages träumt er in einem der vielen Zimmer, daß ihm eine Göttin in mehreren Bildern und Gesängen die Vergänglichkeit irdischer Größe vor Augen führe. Der Knabe begreift nicht, was die Erscheinung sagen will, aber der Fortgang der Ereignisse macht es ihm von Tag zu Tag deutlicher. Das scheinbar blühende Hauswesen lebt in Wirklichkeit in einer Atmosphäre der Schwäche, Überempfindsamkeit, Phantasterei und Todessehnsucht – die äußeren Anzeichen sind Schwindsucht und Selbstmord –, Symptome einer Degeneration, die die Familie allmählich von innen her aushöhlt. Einen Höhepunkt findet die Erzählung in dem Dreiecksverhältnis zwischen Jia Baoyu und den beiden Mädchen Xue Baochai und Lin Daiyu. Jia wird durch einen Betrug der Familie dazu gebracht, Lin zu heiraten, was die von ihm eigentlich geliebte, ohnehin schon kränkelnde Xue nicht überlebt. Die Katastrophen, die die Familie schließlich in den Abgrund reißen – der Tod eines der zwölf Mädchen, das im kaiserlichen Harem Aufnahme gefunden hat, eine Korruptionsaffäre, wirtschaftliche Fehlentscheidungen, ein Brand, der Verlust von Jia Baoyus Jadestein – werden jedoch erst in dem von Gao E eingefügten Teil geschildert, und zwar ganz offensichtlich in einer gegenüber der von Cao Zhan geplanten Fassung recht gemilderten Form, in der am Ende das künftige Schicksal der Familie und vor allem das des Haupthelden doch nicht mehr ganz hoffnungslos ist: Nachdem Jia Baoyu immerhin noch seine Beamtenprüfung bestanden hat, verschwindet er aus der Welt, begegnet aber etwas später seinem Vater noch einmal wie eine übernatürliche Erscheinung inmitten einer Schar von Mönchen, woraus hervorgeht, daß er in Buddha seinen Trost gefunden hat.

Die Verfälschung sowohl des Ausgangs – nach Cao Zhans Plan vegetiert Jia Baoyu zuletzt in bitterster Armut dahin – als auch einzelner bereits abgeschlossener Teile, durch die versucht wurde, aus einem sozialkritischen Roman eine unverbindliche Liebesgeschichte zu machen, hatte politische Motive. Das mandjurische Kaiserhaus mit dem kulturbeflissenen, aber auch durch seine »literarische Inquisition« (sie brachte über 2500 Titel auf den Index) bekannt gewordenen Kaiser Qianlong (reg. 1736–1796) an der Spitze sah nicht zu Unrecht in dem Werk eine Kritik an der Lebensweise der mandjurischen Oberschicht: Cao Zhan entstammte einer Familie naturalisierter Mandjus, und seine Jugendzeit verlief ähnlich wie die seines Helden Jia Baoyu, so daß es nicht schwerfällt, in dem Buch über weite Strecken hin einen Schlüsselroman zu sehen. Selbst zwischen den Namen einzelner Personen der Familie Cao und der Familie Jia (»Untergeschoben«) lassen sich raffiniert versteckte Zusammenhänge nachweisen. Daß der Autor mehr wollte, als eine tragische Liebesgeschichte schreiben, geht auch aus dem Prolog hervor, in dem der Roman als eine Inschrift ausgegeben wird, die einst zwei Mönche auf einen bei einem drohenden Einsturz des Himmels herabgefallenen Stein einritzten. Die verdeckte Kritik an den sozialen Verhältnissen und an den Mandjus war es aber gerade, die seit dem Ende des vergangenen Jahrhunderts die chinesischen Gelehrten in solch hohem Maß zu interessieren begann, daß für die reichen Studien auf diesem Gebiet der eigene Terminus *hong xue* (»Rotologie«) geprägt wurde. Die vielen Probleme, die die komplizierte Texttradition, die Verflechtung von autobiographischen und sozialkritischen Motiven und die Kommentarliteratur aufgeben, werden auch heute noch mit unvermindertem Eifer diskutiert. W.Ba.

AUSGABEN: o. O. 1792 [bearb. v. Gao E, Einl. Chen Weiyuan]. - Peking 1955 (*Zhiyan Zhai Chongping Shitou Ji*; komm. Ms. in 80 Kap. von ca. 1770). - Peking 1957 [Nachdr. v. 1792]. - Peking 1957 [von Qi Gong annotierter Nachdr. der Ausg. von 1792 *(Cheng Gao, yi ben)*]. - Peking 1958 [von Yu Pingbo hrsg. Nachdr., erste 80 Kap. nach *Youzheng ben*, Shanghai 1912, letzte 40 Kap. nach *Cheng Gao, jia ben*]. - Peking 1982, 3 Bde., hrsg. unter Leitung von Feng Qiyong [erste 80 Kap. nach *Gengchen ben* (MS-Transkription von ca. 1761, Peking 1955), letzte 40 Kap. nach *Cheng Gao, jia ben*].

ÜBERSETZUNGEN [gekürzt]: *Hung lou meng, or The Dream of the Red Chamber*, H. B. Joly, 2 Bde., Hongkong 1892/93 [engl.]. - *An Old, Old Story*, E. Hudson (in China Journal, 8, 1928, S. 7-15; engl.). - *Dream of the Red Chamber*, Chi-Chen Wang, Garden City/Ldn. 1929 [Vorw. A. Waley; engl.]. - *Aus dem Roman Hunglou meng*, W. Y. Ting (in Sinica, 4, 1929, S. 83-89; 130-135). - *Der Traum der Roten Kammer*, F. Kuhn, Lpzg. 1932; ern. 1956. - *Son v krasnom tereme*, V. A. Panasyuk, 2 Bde., Moskau 1958 [russ.; vollst.]. - *Le rêve du pavillon rouge*, Li Tchehoua, Paris 1967 [frz.]. - *A Dream of Red Mansions*, Yang Xianyi u. Gladys Yang, 3 Bde., Pekin 1978-1980 [engl.; vollst.]. - *The Story of the Stone*, Bd. 1-3 David Hawkes, Bd. 4 u. 5 John Minford, 5 Bde., Harmondsworth/Bloomington 1973-1982 [engl.; vollst.].

LITERATUR: Hu Shi, »*Honglou meng*« *kaozheng*, Shanghai 1927. - Chen-tong Lee, *Étude sur* »*Le songe du pavillon rouge*«, Diss. Paris 1934. - Lin-ke Kou, *Essai sur le* »*Hunglou meng*«, *célèbre roman chinois du XVIIIe siècle*, Diss. Lyon 1935. - Yueh Hwa Lu, *La jeune fille chinoise d'après* »*Hunglou meng*«, Diss. Paris 1936. - H. Eggert, *Entstehungsgeschichte des* »*Hunglou meng*«, Diss. Hbg. 1939. - J. Průšek, *Neues Material zum* »*Hunglou-Meng*«*-Problem* (in Archiv Orientálni, 13, 1942, S. 270-277). - Wen-wei Pao, »*Le rêve de la chambre rouge*« (in Études Françaises, 4, 1943, S. 67-80; 119-161; 224-237; 306-317). - Yu Pingbo, »*Honglou meng*« *yanjiu*, Shanghai 1953. - *Discussions on the Problem of* »*The Red Chamber Dream*«, 4 Bde., Peking 1955. - Wu Shih-ch'ang, *On* »*The Red Chamber Dream*«, Oxford 1961 [m. Bibliogr.]. -

C. T. Hsia, *The Classic Chinese Novel*, NY 1968, S. 245-297. - J. Knoerle, S. P. Bloomington, »*The Dream of the Red Chamber*«*: A Critical Study*, Indiana Univ. Press 1972. - L. Miller, *Masks of Fiction in* »*Dream of the Red Chamber*«, Tucon 1975. - A. H. Plaks, *Archetype and Allegory in the* »*Dream of the Red Chamber*«, Princeton 1976. - *Studies on* »*Dream of the Red Chamber*«*: A Selected and Classified Bibliography*, Hg. Tsung Shun Na, Hongkong 1979, dazu Supplement Hongkong 1981. - Ders., *Taiwan Studies on* »*Dream of the Red Chamber*«, Taibei 1982.

ZEITSCHRIFTEN: *Honglou meng xüekan*, Tienjin 1979. - *Honglou meng yanjiu zhuankan*, Hongkong 1967. - *Honglou meng yuekan*, Tienjin 1979. - *Honglou meng yanjiu jukan*, Shanghai 1979.

# JOSEF ČAPEK

\* 23.3.1887 Hronov / Böhmen
† zwischen 5. und 24.4.1945 KZ
Bergen-Belsen

LITERATUR ZUM AUTOR:
V. Nezval, *J. Č.*, Prag 1937; Nachdr. in V. N., *Manifesty, eseje a kritické projevy z let 1931-1941*, Prag 1974. - J. Pečírka, *J. Č.*, Prag 1937; ern. 1961. - B. Václavek, *J. Č. padesátníkem* (in U, 1937; Nachdr. in B. V., *Literární studie a podobizny*, Prag 1962). - V. Černý, *První náčrt k studii o J. Č.* (in Kritický měsíčník, 1947). - *J. Č. a kniha. Soupis knižní grafiky*, Hg. V. Thiele, Prag 1958. - H. Koželuhová, *Čapci očima rodiny*, 3 Bde., Hbg. 1961/62. - H. Čapková, *Moji mili bratři*, Prag 1962. - V. Havel u. V. Ptáčková, *J. Č. dramatik a jevištní výtvarník*, Hg. M. Halík, Prag 1963 [m. Bibliogr.]. - J. Opelík, *J. Č.*, Prag 1980.

## KULHAVÝ POUTNÍK

(tschech.; *Der hinkende Wanderer*). Prosaessay von Josef ČAPEK, erschienen 1936. - Im Unterschied zu den zehner und zwanziger Jahren, da sich Josef Čapek immer wieder in Prosa und Drama (z. T. gemeinsam mit seinem Bruder Karel ČAPEK) artikuliert hatte, verlagerte sich in den dreißiger Jahren der Schwerpunkt seines Schaffens eindeutig in die Malerei und Graphik. Dies hängt nicht zuletzt mit der tiefen Skepsis gegenüber einer handwerklich routinierten, den Leser manipulierenden Belletristik zusammen, die sich bei Čapek angesichts der zeitgenössischen tschechischen Prosaproduktion, inklusive der seines Bruders, in zunehmenden Maße entwickelte, und die er in der präambelartigen, den Leser direkt ansprechenden Einleitung zu *Kulhavý poutník* mit Ironie und Sinn für Literaturparo-

die thematisiert. Eine betont persönliche und zugleich universal-essentielle Erfassung der Realität könne, so der Autor, allein von der Lyrik und der ihr wesensverwandten philosophischen Meditation geleistet werden.
Gerade in einer – meist dialogisierten – reflexiven Meditation darüber, »Was ich auf der Welt erblickt habe« (so der eine Lebensbilanz anzeigende Untertitel) gründet dieser als anschaulich-allegorische Parabel angelegte Prosaessay, der von der Kritik mit Recht als Čapeks literarisches Hauptwerk gewertet wird. Die Titelgestalt, »der hinkende Wanderer« – eine Selbststilisierung des Autors und zugleich das Sinnbild des Menschen schlechthin, der den ihm beschiedenen Lebensweg hinkend, d. h. versehrt, doch seine Unzulänglichkeiten überwindend, zurücklegt – bezieht sich ausdrücklich auf dessen vielfältige »Wanderer«-Vorgänger, sei es in der Dichtung, sei es in der Malerei, so vor allem auf die Hauptfigur in Comenius' barocker Allegorie *Das Labyrinth der Welt und das Paradies des Herzens*.
Konstituierend für diese Prosa ist nicht eine epische Handlung, sondern die spannungsvolle Verkettung ungezählter kleinerer Begebenheiten und Handlungsepisoden, die als eine Abfolge von »Begegnungen« dargestellt werden. So begegnet dem »*Wanderer*« nacheinander – und dennoch gleichsam simultan – dem personifizierten »*Daherhinken*«, der »*Seele*«, der »*Person*« (als der Karikatur einer Persönlichkeit), der »*Kindheit*«, der »*Jugend*«, dem »*Erwachsensein*«, dem »*Alter*«, der »*menschlichen Gemeinschaft*«, dem »*künstlerischen Schaffen*« und dazwischen immer wieder völlig realen Passanten. Die meisten Begegnungen finden in Form eines lebhaften, oftmals kontroversen Zwiegesprächs statt, eines thematisch wie sprachlich sehr abwechslungsreichen Dialogs, in den die ständig wiederkehrende reflektierende Stimme des Autors eingreift, oder aber – in Form von Literaturzitaten – die Stimmen von diversen anderen Autoren: den alttestamentarischen und antiken Dichtern (Sappho, Aristoteles, Horatius, Epiktetos, Platon), dem hl. Augustinus und Thomas von Aquino, Pascal, Montaigne, Comenius, den altchinesischen Lyrikern sowie Shakespeare, Goethe, La Fontaine, Mácha bis hin zu Čapeks Zeitgenossen Masaryk, Halas und Guardini. Doch sollen all die mannigfaltigen Literaturzitate keinesfalls die auktoriale Argumentation untermauern; sie kommen jeweils als eine Stimme unter vielen zur Geltung, um den polyphonen Dialog, der den Hauptteil dieser Prosa ausmacht, thematisch und perspektivisch anzureichern.
Die thematische Vielfalt und der Gedankenreichtum von *Kulhavý poutník* finden Ausdruck in einer vielschichtigen Sprache, deren stilistische Spannweite vom umgangssprachlichen Tschechisch und journalistischen Jargon bis zu philosophischem Idiom und einer formvollendeten dichterischen Rede reicht. Im Kontext der tschechischen Literatur hat Čapek für die insgesamt nur schwach entwickelte Gattung des literarischen Essays hohe Maßstäbe gesetzt, denen bis heute nur ganz wenige Autoren gerecht werden konnten. A. Bro.

Ausgabe: Prag 1936; ⁵1937; ⁶1945.

Literatur: V. Černý, *První náčrt k studii o J. Č.*, (in Kritický měsíčník, 1947, S. 113–124). – J. Patočka, *»Kulhavý poutník« J. Č.* (in Tvář, 1964, Nr. 9/10, S. 9–16). – J. Opelík, *J. Č.*, Prag 1980, S. 201–223.

## STÍN KAPRADINY

(tschech.; *Ü: Schatten der Farne*). Novelle von Josef Čapek, erschienen 1930. – Die Erzählung handelt von zwei Wilddieben, die einen Förster ermordet haben und ihre Flucht durch weitere Verbrechen zu sichern suchen. Der gewalttätige, egoistische Führer der beiden, der ihre Morde auf dem Gewissen hat, stirbt durch die Kugel der Verfolger. Der zweite, ein unterwürfiger, harmloser Träumer, legt Hand an sich, als er sich umzingelt sieht.
Das eigentliche Thema der Novelle ist die Flucht, aufgefaßt als Zwischenstadium zwischen Schuld und Sühne, als Grenzsituation zwischen Leben und Tod. Unter den Prosadichtungen Čapeks nimmt die Novelle einen besonderen Platz ein, da der Autor darin zum ersten Mal im Rahmen einer klaren Fabel lebendig individualisierte Menschen darstellt. Die Balladenhaftigkeit der auf den ersten Blick kriminellen Ereignisse entsteht aus dem Zusammenprall ungezügelter menschlicher Leidenschaft mit der Feindlichkeit der Welt. Immer steht den Mördern ihr erstes Opfer, der tote Förster, vor Augen. Der Wald, den die Flüchtlinge durchstreifen, verwandelt sich in eine überpersönliche Macht. Andererseits dringt durch die Schilderung der Grenzsituation der Flucht ein philosophischer Unterton in die Erzählung ein. Unmittelbar entwickelt der Autor seine Auffassung von Kosmos und Leben in den meditativen Partien der Novelle.
Der Charakter des Werks ist mithin zwiespältig. Nähert sich Čapek durch den suggestiven balladesken Charakter der Novelle der reinen Epik weiter als in seinem übrigen Schaffen, so antizipiert der philosophische Gehalt des Textes zugleich die weitere Entwicklung seines Werks: den programmatischen Verzicht auf die Handlung und die Neigung zu reflektierenden Formen (Essay, Aphorismus, philosophische Betrachtung), welche den intendierten Gedanken unverstellt wiedergeben. Die Novelle ist stofflich und begrifflich dem malerischen Werk des Autors verpflichtet, das die Grundlage seines literarischen Schaffens bildet. Die Modellierung ihrer Helden erinnert an die Gestalten aus Čapeks sog. »Zeit der Peripherie« (1923/24). Das Entsetzen, welches die »*schreckliche Macht der Sterne*« bei den Wilddieben hervorruft, ist das gleiche Entsetzen, das seine Ölbilder aus den dreißiger Jahren suggerieren. – Die Novelle des erfolgreichen Schriftstellers, der seine ersten Schritte in der Literatur an der Seite seines Bruders Karel Čapek

(1890–1938) unternahm, wurde mit dem tschechischen Staatspreis ausgezeichnet.   J.O.

AUSGABEN: Prag 1930. – Prag ⁵1954 [Vorw. V. Nezval]. – Prag ⁶1957 [Vorw. J. Opelík]. – Prag 1975 [Vorw. M. Pánek].

ÜBERSETZUNG: *Schatten der Farne*, J. Mader, Prag 1936.

LITERATUR: A. Novák, Rez. (in Lidové noviny, 12. 10. 1930, S. 9). – F. Götz, *Básnický dnešek*, Prag 1931, S. 212–214. – M. Blahynka, *Sugestivní účin* (in Kultura, 1957, Nr. 12, S. 5). – J. R. Pick, *Knížka rozporná* … (in Literární noviny, 6, 1957, Nr. 26, S. 4).

## ZE ŽIVOTA HMYZU

(tschech.; *Aus dem Leben der Insekten*). Komödie in drei Akten von Josef und Karel ČAPEK, Uraufführung: Prag, 8. 4. 1922, Nationaltheater. – Wie das gesamte gemeinsame Werk der Brüder Čapek richtet sich das Stück gegen neoromantische Strömungen und überkommene Formen des Realismus in der zeitgenössischen tschechischen Literatur, denen die Autoren eine skeptisch relativierende Methode der Weltbetrachtung und eine lyrische Abschweifungen, ironisch-satirische Mittel, Parabel und Groteske einbeziehende Darstellungstechnik entgegensetzen. Das Leben der Insekten dient der Komödie als allegorischer Zerrspiegel der menschlichen Gesellschaft. Der Zeitbezug der Allegorie wird durch einen menschlichen Beobachter und Kommentator, den »Landstreicher« verdeutlicht, der, durch Kriegserlebnisse aus allen Bindungen gerissen, desillusioniert und an allen Werten zweifelnd, die in sich geschlossenen und thematisch selbständigen Akte miteinander verbindet. Der Gegensatz zwischen der verlorenen Humanität und der dargestellten Wirklichkeit wird sprachlich durch den Kontrast der bisweilen hymnischen Verse des Landstreichers und der banalen Dialoge der Insekten gefaßt. Der erste Akt der Komödie – *Motýli (Schmetterlinge)* – verspottet konventionelle Liebesbeziehungen. Die oberflächliche Konversation der Insekten legt Eifersüchtelei, Ichsucht und ein wenig Gemeinheit als Antriebe des Flirts bloß. Ironisch wird insbesondere die Rolle des Dichters gestaltet, der nach Anerkennung in dieser Salonatmosphäre strebt. Der zweite Akt – *Kořistníci (Beutemacher)* – zeigt die Insekten in ihrer ökonomischen Existenz. In abgestufter Reihenfolge von der armen Grillenfamilie über einen Käfer, der es zum Kleineigentümer gebracht hat, bis zur fetten Schlupfwespe stellen sich Lebewesen dar, die nicht produzieren, sondern von der Aneignung fremden Guts und Lebens existieren. Dem Gesetz des »*Beutemachens*«, das mit bitteren Pointen als allgemeingültig entwickelt wird, erliegt am Ende auch der erfolgreichste Räuber, der als Geheimnis seines Wohlergehens seine »*Initiative*«, seinen »*unternehmerischen Geist*« rühmt, um von einem Größeren seiner Erbin beraubt zu werden. Der dritte Akt – *Mravenci (Ameisen)* – rückt eine staatliche Organisation ins Bild, deren perfekte Industrie sich alle Beschäftigten untertan gemacht hat. Aus dem Gefühl ihrer ökonomischen Überlegenheit beginnen die Herrschenden einen Eroberungskrieg. Gnadenlos in die bereits verlorene Schlacht geschickt, kommen die Arbeitsameisen massenweise um. Das Pathos der Sieger erweist sich als ebenso falsch wie das der Anstifter des Krieges. Im Unterschied zu den vorangehenden Akten erscheint der dritte als crnste Parabel, auf die der Landstreicher gewaltsam reagiert, indem er den großsprecherischen Heerführer zertritt. Der Epilog – *Život a smrt (Leben und Tod)* – erweitert und überhöht das Thema des Stücks. Die hymnischen Chöre der Eintagsfliegen, die die Unerschöpflichkeit des Lebens besingen, während unablässig einige von ihnen sterben, relativieren die aufgezeigten gesellschaftlichen Gebrechen von einem allgemein menschlichen Blickpunkt aus. Das im Stück lediglich anklingende Motiv der *»großen«*, verändernden Tat wird abschließend pessimistisch gesehen: Die Larve, welche seit dem zweiten Akt geboren wird und als etwas Großes zu werden verspricht, kommt als Eintagsfliege zur Welt, die kurze Zeit in den Hymnus auf das Leben einstimmt und stirbt. Auch der Landstreicher stirbt. Gleichgültig nehmen die wenigen Leute, die seinen Tod bemerken, ihre Tagesgeschäfte auf.

E. Hög.

AUSGABEN: Prag 1921. – Prag 1946 (in *Spisy bratří*, 51 Bde., 1928–1949, 16). – Prag ⁹1958 [Nachw. E. Turnovský]. – Prag 1959 (in Bratří Č., *Hry*, Nachw. J. Kopecký).

LITERATUR: J. Honzl, *Nový význam hry bratří Č. »Ze života hmyzu«* (in Rudé právo, 19. 11. 1946, S. 4). – Ders., *Proměny doby a díla* (in Otázky divadla a filmu, 2, 1946/47, S. 62–69). – H. Budínová, *Ze života lidí* (in Kulturní politika, 2, 1946/47, Nr. 11, S. 7). – L. Bulín, *Poznámka o spolupráci mladých Č.* (in Kytice, 1948). – F. Černý, *Jak obrodit divadlo*, in K. Č., *Divadelníkem proti své vůli*, Prag 1968. – V. Kudělka (in *Boje o české drama v letech 1918–1945*, Prag 1983; Skriptum).

---

KAREL ČAPEK

\* 9.1.1890 Malé Svatoňovice bei Trutnov / Böhmen
† 25.12.1938 Prag

LITERATUR ZUM AUTOR:
*Biographien*:
V. Černý, *K. Č.*, Prag 1936. – *K. Č. Bio-bibliografičeskij ukazatel'*, Moskau 1959. –

F. Kubka, *Na vlastní oči*, Prag 1959. – H. Čapková, *Moji milí bratři*, Prag 1962. – F. Langer, *O bratřích Čapcích* (in *Byli a bylo*, Prag 1963). – M. Halík, *K. Č. Život a dílo v datech*, Hg. J. Opelík, Prag 1983.
*Gesamtdarstellungen und Studien*:
R. Wellek, *K. Č.* (in SEER, 15, 1936/1937, S. 191–206). – S. Bornberg, *K. Č.*, Kopenhagen 1939. – V. Černý, *Poslední Čapkovo tvůrčí období a jeho demokratický humanismus* (in Kritický měsíčník, 1939). – J. Mukařovský, *K. Č., ein Exotiker aus dem Geiste der tschechischen Sprache* (in Slavische Rundschau, 11, 1939). – J. B. Čapek, *Dílo a osobnost K. Č.* (in *Záření ducha a slova*, Prag 1948). – J. Mukařovský, *Trojice studií o K. Č.* (in J. M., *Kapitoly z české poetiky*, Prag 1948, Bd. 2, S. 323–400). – S. V. Nikolskij, *K. Č.*, Prag 1952. – J. Kopecký, *Č. cesty od člověka k lidem* (in K. Č., *Hry*, Prag 1956). – V. Ševčuk, *K. Č.*, Kiew 1958. – L. Dobossy, *K. Č.*, Budapest 1961. – W. E. Harkins, *K. Č.*, NY/Ldn. 1962. – I. Klíma, K. Č., Prag 1962 [m. Bibliogr.]. – J. Branžovský, *K. Č. světový názor a umění*, Prag 1963. – A. Matuška, *Člověk proti skaze*, Preßburg 1963 (tschech. *Člověk proti skáze*, Prag 1963). – M. Frič, *K. Č. a film* (in Divadelní a filmové noviny, 1965, Nr. 14/15). – M. Otruba, *Polemika K. Č. s romantikou* (in Česká literatura, 1965). – O. Malevič, *K. Č.*, Moskau 1968. – I. A. Bernštejn, *K. Č.*, Moskau 1969. – O. Králík, *První řada v díle K. Č.*, Mährisch-Ostrau 1972. – M. Pohorský, *Noetické romány K. Č.* (in Česká literatura, 1972; ern. in M. P., *Portréty a problémy*, Prag 1974). – F. Buriánek, *K typologii románového žánru v díle K. Č.* (in Acta Universitatis Carolinae, Prag 1973). – S. V. Nikolskij, *K. Č. – fantast i satirik*, Moskau 1973. – F. Buriánek, *K. Č.*, Prag 1978. – Ders., *Čapkovské variace*, Prag 1984.

## BÍLÁ NEMOC

(tschech.; *Ü: Die weiße Krankheit*). Drama in drei Akten oder vierzehn Bildern von Karel ČAPEK, Uraufführung: Prag, 29. 1. 1937. – Von allen acht Bühnenstücken Čapeks ist dies das literarisch bedeutsamste und publizistisch effektvollste. Es gelangte vor allem durch seinen diktaturfeindlichen, pazifistischen Gehalt und die sehr zeitnahe Handlung, in der sich schon das bevorstehende Ende der ČSR abzeichnet, zu beachtlicher Wirkung. Čapek wollte mit der *Weißen Krankheit* (das heißt die Krankheit der weißen Rasse) gegen die Gewalttätigkeit des Faschismus in Europa protestieren. Obgleich kein bestimmtes Land genannt und alle direkten Anspielungen vermieden werden, besteht kein Zweifel daran, daß in erster Linie der deutsche Nationalsozialismus gemeint ist, wie es denn auch nach der Aufführung des Stücks zu einer Demarche des deutschen Gesandten in Prag kam, der einige geringfügige Textänderungen erreichte. Die utopischen Handlungselemente, wiederzufinden in zahlreichen anderen Werken Čapeks, sind die formalen Hilfsmittel, das doppelte Gesicht der Wirklichkeit erkennbar zu machen (vgl. vor allem *Boží muka* – *Gottesmarter, R. U. R.* [Rossum's Universal Robōts], *Továrna na absolutno* – *Die Fabrik des Absoluten*). Desgleichen entspricht der Bau des Dramas ziemlich schematisch der Grundkonzeption seines ganzen literarischen Schaffens. Der angeprangerten negativen Seite mit Barbarei, Krieg und Diktatur wird als positive Seite Humanismus, Pazifismus und Demokratie gegenübergestellt.

Die Auseinandersetzung mit diesen zwei einzigen Möglichkeiten bildet den eigentlichen Inhalt des Stücks. Die ganze Menschheit wird vom ansteckenden *morbus Tshengi*, einer Art *leprosis maculosa*, bedroht. Bei den von der Krankheit Befallenen bildet sich ein weißer empfindungsloser, marmorkalter Fleck am Körper; im Verlauf von drei bis fünf Monaten fällt dem Kranken das Fleisch in Fetzen vom Leib, er stirbt unter schrecklichen Qualen. Am meisten gefährdet sind Menschen vom fünfundvierzigsten Lebensjahr an aufwärts. Der Armenarzt Dr. Galén findet ein absolut wirksames Mittel gegen die weiße Krankheit, behandelt damit aber nur arme Leute und will sein Geheimnis erst dann preisgeben, wenn sich alle Staaten verpflichten, keinen Angriffskrieg zu führen und abzurüsten. Da sein eigenes Land, der Diktatur eines brutalen Marschalls unterworfen, diese Forderung nicht erfüllt, lehnt Dr. Galén die Behandlung des angesteckten Rüstungsmagnaten Krüg (in Prag fast »Krieg« ausgesprochen) und schließlich auch die des Diktators ab, der soeben einen vom Propagandaminister und der gleichgeschalteten Presse vorbereiteten Überfall auf einen benachbarten Staat »*zur Erweiterung des Lebensraums unseres großen Volkes*« durchgeführt hat. Der erkrankte Diktator akzeptiert Dr. Galéns Bedingungen und ist bereit, den Angriff einzustellen. Das Volk allerdings weiß von dieser Wendung der Dinge noch nichts, und als Dr. Galén zum Diktator fährt, wird er vom aufgeputschten Pöbel erschlagen, weil er kein Hoch auf den gelungenen Überfall ausbringen will.

Das Stück teilt die Vorzüge (bühnenwirksame Fabel, dramatische Exposition) und Mängel (der schwache Schluß) aller anderen sieben Schauspiele Čapeks, hebt sich aber von ihnen dadurch ab, daß es das literarisch wertvollste und in seiner Aussage wirksamste ist. Das Stück wurde bis zum Krieg fast in ganz Europa gespielt; in Deutschland dagegen ist es so gut wie unbekannt geblieben. J.H.

AUSGABEN: Prag 1937. – Prag 1948. – Prag 1956 (in *Hry*, Vorw. J. Kopecký). – Prag [13]1958 (mit *Matka* u. *RUR*; Hg. M. Halík, Nachw. J. Cigánek). – Prag 1972.

ÜBERSETZUNGEN: *Die weiße Krankheit*, Bln. 1937. – Dass., F. Seidler, Wien 1971.

VERFILMUNG: Tschechoslowakei 1937 (Regie: H. Haas).

LITERATUR: J. Reiniš, *Nad Č. »Bílou nemocí«* (in Svobodné noviny, 12. 4. 1946, S. 5). – F. Černý,

*»Bílá nemoc« stále varuje* (in Divadlo, 1957, Nr. 7, S. 592–596). – J. Kopecký, *O »Bílé nemoci« a dramatice K. Č.* (in Nový život, 1957, Nr. 8, S. 864–867). – J. Cigánek, *Nad třemi dramaty K. Č.*, Prag 1958. – Ž. Rampák, *»Biela nemoc« vo vzťahu k dnešku* (in Kulturni život, 1958, Nr. 22). – J. Rozner, *»Bílá nemoc« – utopie, abstakce a realita* (in Divadlo, 1959, Nr. 2, S. 108–112). – J. Rybák, *Rozhovor o »Bílé nemoci«* (in *Doba a umění*, Prag 1961, S. 204–207). – F. Valouch, *Cesta K. Č. od realismu k antifašismu – »Bílá nemoc«* (in Krkonoše-Podkrkonoší, 1963/1964.) – J. Martinec, *Doktor chudých* (in Židovská ročenka, 1978/1979).

## BOŽÍ MUKA

(tschech.; *Ü: Gottesmarter*). Novellenband von Karel ČAPEK, erschienen 1917. – Die während der Kriegsjahre entstandenen dreizehn Erzählungen zeigen den Rationalisten Čapek auf der Suche nach den Grenzen der Wirklichkeit, hinter denen das »Wunder« zu finden sein müßte (*»Ach, in diesem feurigen Mechanismus* [d. h. in der Menschenwelt] *wäre nur eines in Wahrheit natürlich: das Wunder. Dieses allein würde dem Menschen auf das tiefste entsprechen«*). Die Suche nach dem Wunder kommt allerdings einer Bekehrung nicht *»zum Glauben, sondern zum Mitleid«*, gleich, wie Čapek selbst notierte.
Charakteristisch für den ganzen Band ist die einleitende Erzählung *Fußstapfen* und ihr Gegenstück *(Elegie Fußstapfen 2)*: Zwei Männer entdecken auf einem verschneiten Feld eine einzige menschliche Fußspur in Form eines ungewöhnlich großen Schuhabdrucks. Jede Täuschung ist ausgeschlossen, und jede rationale Erklärung versagt. Nur die Mutmaßung bleibt: *»Vielleicht geht irgendeine Gottheit ihres Weges; sie geht ohne Inkohärenz und schrittweise; vielleicht ist ihr Weg eine Führerschaft, an die wir uns halten sollen ... Vielleicht wäre es der Weg der Erlösung: dies alles ist möglich.«* Ein Jahr später treffen die beiden Männer – Holeček und Boura – wieder zusammen. In einem Weinkeller begegnet ihnen ein Mann: Bouras seit Jahrzehnten verschollener Bruder. Nach kurzem Gespräch ist der Bruder wieder verschwunden, *»wie ein Geist, wie durch die Wand hindurchgegangen«*. Was Holeček nicht begreift und was ihn martert – die *Gottesmarter* im Menschen –, erklärt Boura mit dem *»Wunder – auch in uns sind solche Geschehnisse und Vorfälle, die vielleicht kein Ziel haben ... Wenn die Dinge sich so ereigneten, wie es unserer Seele natürlich ist, dann würden Wunder geschehen«*.
*Boží muka* ist das erste selbständige Erzählwerk Čapeks; die frühen Arbeiten *Krakonošova zahrada (Rübezahls Garten)* und *Zářivé hlubiny (Strahlende Tiefen)* waren in Zusammenarbeit mit seinem Bruder Josef ČAPEK entstanden. Was in seinen späteren Romanen und Erzählungen klar herausgearbeitet ist – das doppelte Gesicht der Wirklichkeit –, kündigt sich hier schon an, allerdings wie in einem metaphysischen Spiegel verschwommen. Die für den Sinn (oder Hintersinn) jeder dieser Erzählungen in *Boží muka* entscheidenden Gespräche, die Čapeks Menschen führen (fast alle Novellen sind auf den Dialog aufgebaut), sind ins Wort gebrachte Reflexe des menschlichen Unterbewußtseins; ein Kontext wird nicht gegeben. Greifbares zerfließt, Doppeldeutigkeit ist Konstruktionsprinzip, die Aussage der Sätze kann nicht festgelegt und auf Eindeutiges bezogen werden. Im Gegensatz dazu wird die – reale oder von Čapek als Realität aufgebaute – Ding oder Tatsachenwelt mit der Prägnanz und Klarheit eines kriminalistischen Beobachters beschrieben. Im Hinblick auf Čapeks Gesamtwerk sei noch die Novelle *Der Berg* hervorgehoben, in der die Jagd nach einem – mutmaßlichen – Mörder geschildert wird. Der die Aktionen leitende Kommissar formuliert den Gedanken, der als ein Schlüssel für die folgenden utopischen Erzählungen Čapeks dienen kann: *»Es existiert eine Technik der Menschenbeherrschung ... tatsächlich eine Technik, weil sie mit den Menschen wie mit einem Werkzeug verfährt. Darin ist ein Fortschritt; was persönliche Kunst gewesen, wird zur Technik. Alles, was wir berühren, verwandelt sich in ein Werkzeug. Auch der Mensch.«*  M.Gru.

AUSGABEN: Prag 1917. – Prag 1924. – Prag 1929. – Prag 1941 (in *Spisy bratří Čapků*, Bd. 3). – Prag ⁸1958 (in *Dílo bratří Čapků*, Bd. 11; Nachw. V. Stejskal, Hg. M. Halík). – Prag 1973.

ÜBERSETZUNG: *Gottesmarter*, O. Pick, Bln. 1918.

LITERATUR: S. K. Neumann, *Dvě knihy skutečně nové* (in Červen, 1918/1919; ern. in S. K. N, *Stati a projevy 5*, Prag 1971). I. Klíma, *Mladý Č. – povídkář* (in Literární noviny, 7, 1958, Nr. 10). – M. Suchomel, *Začátky Č. prozy a pragmatismus* (in Franku Wollmanovi k sedmdesátinám Prag 1958). – O. Malevič, *Úloha literární tradice v knize K. Č. »Boží muka«* (in Česká literatura, 1967). – Ders., *Vývoj stylu raných próz K. Č.* (ebd., 1971).

## HORDUBAL

(tschech.; *Ü: Hordubal*). Roman von Karel ČAPEK, erschienen 1933. – *Hordubal* ist der erste Teil einer um das Problem der menschlichen Erkenntnismöglichkeit kreisenden Romantrilogie, die mit *Povětroň*, 1934 *(Der Meteor)*, und *Obyčejný život*, 1934 *(Ein gewöhnliches Leben)*, fortgeführt und abgeschlossen wurde. Ein authentischer Mordfall, der im Jahre 1932 vor dem Oberlandesgericht in Brünn verhandelt wurde, liegt dem Geschehen zugrunde: Die Bäuerin Polana Hardubejová (im Roman Hordubalová) und ihr Geliebter Vasil Maňák (Štěpán Manya) werden des gemeinschaftlich begangenen Mordes an dem Bauern Hardubej (Hordubal) überführt. Das Urteil zieht den Schlußstrich unter die Lebensgeschichte eines Mannes, der nach achtjährigem Amerikaaufenthalt auf seinen Hof im Karpatenvorland zurückkehrt und nicht glauben kann, daß seine Frau ihn mit dem Knecht betrügt. Rührend hilflose Versuche, den im Dorf aufkommenden Gerüchten entgegenzutreten – zuerst der seltsame Einfall, das elfjährige Töchterchen mit Štěpán zu verloben, dann die testamentarische Bestimmung, die Polana zur Belohnung »*für alle eheliche Treue und Liebe*« zur Alleinerbin macht –, vermögen nichts gegen das Unabänderliche. In der Nacht vor seinem gewaltsamen Tod, die er im Stall bei den Kühen verbringt, spürt Hordubal, daß der qualvolle Prozeß des Begreifens abgeschlossen, das zunächst unerschütterlich scheinende Vertrauen gütig verzeihender Resignation gewichen ist. Im nüchternen Gerichtsprotokoll schrumpft die Persönlichkeit des Ermordeten jedoch auf das Format eines senilen Schwächlings zusammen. So wie sein Herz nach der Feststellung der Todesursache in der Mülltonne eines gerichtsmedizinischen Instituts verschwindet, so verflüchtigt sich auch das Geheimnis seiner seelischen Erfahrungen. »*Sein wahres bitterstes Los ist erst das, was mit ihm nach seinem Tode geschieht. Wie sein Fall in der Hand der Menschen vergröbert wird; wie Ereignisse, die er auf seine ganz eigene Art und nach seinem ganz eigenen inneren Gesetz durchlebte, unklar und kantig werden, als die Gendarmen sie in ihren objektiven Nachforschungen rekonstruieren; wie das alles verödet, wie es sich verflicht und verknüpft zu einem anderen hoffnungslos ekligen Lebensbild.*«

Čapek, der sich den erkenntniskritischen Pessimismus PIRANDELLOS zu eigen machte, demonstriert am Fall Hordubal, daß der sezierende Verstand die Realität jenseits der scheinhaften Oberfläche nicht zu entziffern vermag. Während der an inneren Monologen reiche, lyrische erste Teil des Romans »*das Geheimnis dieses schönen Herzens*« schildert, den seelischen Prozeß, der aus Enttäuschung zur Vergebung führt, zerstören die beiden folgenden Bücher (polizeiliche Ermittlung und Gerichtsverhandlung) gerade in ihrer nüchternen, nur die aktenkundigen Tatsachen berührenden Sprache die Illusion, daß eine auf der Analyse von Fakten beruhende Bestandsaufnahme der Wirklichkeit schon Wahrheitsfindung bedeute. W.Sch.

AUSGABEN: Prag 1933. – Prag 1956 (zus. m. *Povětroň* u. *Obyčejný život*). – Prag 1956 (in *Dílo bratří Čapků* Hg. M. Halík, 1955 ff., 5). – Prag 18 1958 [Nachw. J. Cigánek]. – Prag 1975.

ÜBERSETZUNG: *Hordubal*, O. Pick, Bln. 1933.

VERFILMUNG: *Hordubalové*, Tschechoslowakei 1937 (Regie: M. Frič).

LITERATUR: F. X. Šalda, *Dvě, románové balady z Podkarpatské Rusi* (in Saldův zápisník, 1932/33; ern. in F. X. S., *Kritické glosy k nové poezii české*, Prag 1939; ern. in F.X. S., *O umění*, Prag 1955, S. 472–476). – M. Grygar, *Pragmatismus anebo Cesta za poznáním?* (in Literární noviny, 5, 1956, Nr. 48, S. 4). – W. E. Harkins, *Imaginary in K.Č's. »Hordubal«*, Washington 1960.

## MATKA

(tschech.; *Die Mutter*). Schauspiel in drei Akten von Karel ČAPEK, Uraufführung: Prag, 12. 2. 1938, Nationaltheater. – Čapeks letztes Bühnenstück, dessen Erfolg in der Tschechoslovakei durch den deutschen Einmarsch vereitelt wurde, gestaltet zum letzten Mal jenes humanistische Bürgerpathos, mit dem der Autor sich gegen die drohende Zerschlagung seines Vaterlandes wehrte. Über diesen aktuellen Bezug hinaus bringt es den Widersinn der Ideologien zur Anschauung, wie ihn eine Mutter – stellvertretend für alle – erfährt. – Ihr Mann fiel bei einem Kolonialfeldzug, während ihr ältester Sohn Ondra in eben dieser Kolonie bei der Bekämpfung des Gelbfiebers starb. In die gedanklichen Dialoge der Mutter mit den beiden Toten, die als Schatten auf der Bühne erscheinen, greift plötzlich auch der Sohn Jiří ein: Soeben ist er beim Versuch, den Flugweltrekord zu brechen, tödlich verunglückt. Die Zwillinge Petr und Kornel liegen in ständigem Streit miteinander, weil sie in verschiedenen politischen Lagern stehen. Petr gehört zu den revolutionären »Schwarzen« während Kornel die konservativen »Weißen« vertritt. In der Revolution kommen beide um und gesellen sich den Schatten zu. Der Mutter bleibt nur noch der Schüler Toni, den sie um keinen Preis hergeben will. Als ein fremder Diktator das Land überfällt, verbietet sie Toni, sich freiwillig zur Verteidigung der Heimat zu melden, und will ihn im Keller verstecken. Doch als sie im Radio hört, daß der Aggressor nicht einmal Kranke und Kinder verschont, drückt sie Toni Kornels Gewehr in die Hand.

Mit der Verwendung der zwei Realitätsebenen, die nicht scharf voneinander getrennt sind, setzt der Autor auch in diesem Werk seine Methode fort, mittels phantastisch-irrationaler Elemente seine Aussage zu verdichten. Wenn in dem Stück – ähnlich wie in J.-P. SARTRES *Les jeux sont faits*, 1947 *(Das Spiel ist aus)* – Verstorbene über ihren Lebensinhalt reflektieren, so geht es Čapek nicht um die transzendentale Umkehrung einer Situation, sondern um die moralische Analyse zwischenmenschlicher Normen. Die Totensphäre dient dazu, das angenommene Modell eindringlicher und plastischer zu machen. Diese plastische Darstellung kommt sowohl dem patriotisch-moralischen Appell wie der Bühnenwirksamkeit des Stücks zugute. In den dramaturgischen Möglichkeiten der ambivalenten Konturen und der mimisch anspruchsvollen Titelrolle liegt wohl der Grund für die immer wieder attraktiven Neuinszenierungen. W.Sch.

AUSGABEN: Prag 1938. – Prag 8 1954 [Vorw. M. Pohorský]. – Prag 1956 (in *Hry*, Vorw. J. Kopecký). – Prag 1958 (zus. m. *Bílá nemoc* u. *RUR*, Hg. M. Halík, Nachw. J. Cigánek). – Prag 1972.

HÖRSPIELBEARBEITUNG: Prag 1945.

LITERATUR: A. M. Brousil, *Návrat Č. »Matky«* (in Zemědělské noviny, 30. 10. 1945, S. 3). – O. Srbová, *Hrdinové živí a mrtví* (in Práce, 30. 10. 1945, S. 2). – F. Černý, *»Matka« zvedla znovu zbraň* (in Divadlo, 4, 1953, Nr. 10, S. 968–972). – L. Veselý, *K. Č. proti imperialismu* (in Literární noviny, 2, 1953, Nr. 11, S. 9). – V.Vrabec, *Čapkovo drama mateřské lásky* (in Svobodné, slovo, 19. 2. 1953). – J. Sýkorová, *Postava ženy v Č. dramatech* (in Krkonoše-Podkrkonoší, 1968).

## OBYČEJNÝ ŽIVOT

(tschech.; *Ein gewöhnliches Leben*). Roman von Karel ČAPEK, erschienen 1934. – *Obyčejný život* bildet den letzten Teil einer Trilogie - vorausgegangen sind die Romane *Hordubal* (1933) und *Povětroň*, 1934 *(Der Meteor)* – , die den Relativismus jeder Erkenntnis über den Menschen zum Gegenstand hat. In *Obyčejný život* dehnt Čapek seinen *»noetischen Pessimismus«* auf das Denken des einzelnen aus, indem er die These zugrunde legt, der Mensch stelle in seiner zeitlichen Existenz kein einheitliches Gebilde dar und sei deshalb auch nicht befähigt, sich selbst in der Reflexion objektiv zu begreifen. Diese These wird am Beispiel eines gealterten Eisenbahnbeamten expliziert, der in den letzten Tagen seines Lebens über seine Existenz nachdenkt und sie zu erklären versucht.

Der Schreiber beginnt selbstbewußt mit der Bestandsaufnahme seines durchschnittlichen Lebens: *»Soll man ein Leben in seiner Normalität und Durchschnittlichkeit nicht verherrlichen dürfen?«* Er berichtet von seiner Kindheit und der Schule, vom Studium, das er abbricht, um in den Eisenbahndienst zu treten. Er heiratet die Tochter eines Vorgesetzten, avanciert im Dienst und erhält nach dem Weltkrieg schließlich einen gehobenen Posten im Prager Verkehrsministerium. Bis hierher ist die Darstellung konventionell und *»sauber geschrieben«*, wie in der Rahmenhandlung kommentierend bemerkt wird. Doch dann entdeckt der Schreiber, daß er im Grunde *»drei Leben in einem«* gelebt hat: als *»gewöhnlicher, glücklicher Mensch«* in seiner Jugend, als *»jener mit der Ellenbogenfreiheit«* während seiner Karriere und als Hypochonder im Alter. Seine Handschrift bleibt nun nicht mehr so *»stetig und regelmäßig«*. In fahrigen Zwiegesprächen mit sich selbst begreift er nicht nur, daß er den vergangenen Ich-Personen als entfernter Betrachter nicht gerecht werden kann, sondern daß er wie jeder andere Mensch *»eine ganze Schar von wirklichen und möglichen Personen«* ist und darum niemals objektiv erfaßt werden kann, auch nicht von sich selbst. – Nachdem Čapek in den vorhergehenden Teilen der Trilogie die Möglichkeit einer rationalen oder intuitiven Erfassung des Menschen zurückgewiesen hat, bleibt er in *Obyčejný život* nicht bei seinem *»noetischen Pessimismus«* stehen, sondern kehrt diese Anschauung dialektisch zu einem Toleranzbegriff um. Er läßt das Beschreibungsvermögen seines Eisenbahners sich zusehends wieder festigen und ihn zu der Erkenntnis gelangen, daß jeder andere Mensch nur die Verwirklichung der in ihm

selbst enthaltenen Möglichkeiten ist und er selbst jeder andere sein könnte: *»Denn es gibt nicht nur Ich, sondern Wir Menschen; wir können uns in den vielen Sprachen verständigen, die in uns sind. Jetzt können wir den Menschen achten, weil er anders ist als wir, und ihn verstehen, weil wir ihm gleich sind. Brüderlichkeit und Mannigfaltigkeit!«*

Die Diktion des Romans, die von PROUST beeinflußt scheint, bedient sich einer Monologtechnik, die hier noch stärker als in *Povětroň* den Gehalt des Romans formal präjudiziert: *»Der Monolog ist eine schreckliche Sache, ein wenig wie Selbstzerstörung, etwas wie Zerschneiden der Fesseln, die uns an das Leben binden; ein Mensch, der einen Monolog führt, ist nicht nur einsam, sondern schon ausgeschieden und verloren.«* Einen solchen Monolog stellt das ganze Sujet des Romans dar, denn der todgeweihte Erzähler kann die positive Konsequenz seiner Erkenntnis nicht mehr ziehen. – Die knappe Rahmenhandlung – ein Jugendfreund erhält die Aufzeichnungen des Eisenbahners vom Arzt des Verstorbenen und bringt sie diesem nach der Lektüre wieder zurück – aktualisiert die auch in den vorangegangenen Teilen der Trilogie enthaltene Metaphorik des kranken Herzens: Die Herzschwäche des Eisenbahnbeamten, die seinen Tod herbeigeführt hat, versinnbildlicht den menschenfeindlichen Inhalt eines derart monologischen Lebens. W.Sch.

AUSGABEN: Prag 1934. – Prag 1956 (in *Dílo bratří Čapků*, Hg. M. Halík, Bd. 5). – Prag 15 1958 [Nachw. Hg. J. Cigánek]. – Prag 1975.

LITERATUR: F. X. Šalda, *Hromádka moderní české beletrie* (in Šaldův zápisník, 1934/1935; ern. in F. X. S., *Kritické glosy k nové poezii české*, Prag 1939). – J. Opelík, *Obyčejný život čili Deukalion* (in Struktura a smysl literárního díla, Prag 1966).

## POVĚTROŇ

(tschech.; *Der Meteor*). Roman von Karel ČAPEK, erschienen 1934. – Das Werk stellt den mittleren Teil einer Trilogie dar, an deren Anfang der Roman *Hordubal* (1933) steht und die mit *Obyčejný život*, 1934 *(Ein gewöhnliches Leben)* abschließt. Grundthema der Trilogie ist Čapeks Versuch, die Subjektivität aller Wahrheit vom Menschen nachzuweisen. Im Gegensatz zum ersten Teil, wo die Unmöglichkeit der rationalen Erforschung des Menschenherzens dargestellt wird, demonstriert *Povětroň* das Scheitern der Phantasie. Die Situation ist, entsprechend dem entgegengesetzten Mittel der Erkenntnis, der Intuition, der des Hordubal reziprok: Ein Fremder, der mit dem Flugzeug abgestürzt ist, liegt bewußtlos im Krankenhaus. Außer dem Symptomen von schwerer Diabetes, akutem Gelbfieber und einigen typischen Kennzeichen des Alkoholismus – das alles läßt auf westindische Herkunft schließen – verrät der Sterbende von seiner Geschichte so wenig wie *»ein vom Himmel gefallener Meteor«*. Eine Krankenschwester, ein in derselben

Klinik weilender Hellseher und ein Dichter, der Freund des behandelnden Arztes, erzählen je eine mögliche Version der Lebensgeschichte des Unbekannten, wobei sie mehr oder weniger das eigene Ich in ihre Phantasieprodukte hineinprojizieren. In ihren Wachträumen am Krankenbett vermeint die Krankenschwester von einer Romanze des Fremden und seiner Flucht vor dem Mädchen – er empfindet die Ergebenheit weiblicher Liebe als Last – zu erfahren. Der Hellseher entwirft die intellektualistische Konstruktion eines Erfinders und unsteten Weltenbummlers; der Schriftsteller schließlich erfindet, angeregt von Jean SARMENTS Komödie *Le pêcheur d'ombres*, 1921 *(Der Schattenfischer)*, die Geschichte eines Abenteurers aus reicher Familie, der in Havanna sein Gedächtnis verliert und unter neuem Namen auf Haiti unsaubere Geschäfte macht. Über die unterschiedlichen Versionen notiert der Autor: »*Hier und da streifen alle die wahrscheinliche Wirklichkeit.*« Wie in den anderen Teilen der Trilogie kommt der Metapher des Herzens eine zentrale Bedeutung zu. Der Chirurg sieht das Herz des unbekannten Patienten bei der Obduktion, die jedoch auch keine weiteren Aufschlüsse gibt.
Seiner Skepsis gegenüber der intuitiven Erkenntnis – »*Unsere Kenntnis der Welt und der Menschen ist so etwas wie eine Beichte*« – verleiht Čapek nicht nur inhaltlich in der Selbstbespiegelung seiner drei Erzählergestalten Ausdruck, sondern auch formal, indem er die jeweilige Erzählweise deutlich hervortreten läßt und dadurch die hysterischen Wesenszüge der Krankenschwester, die schizoiden des Hellsehers und die egozentrischen des Dichters unterstreicht. Die »Geschichte« des Sterbenden erweist sich als die Geschichte ihrer eigenen Psyche. – Alle drei Erzählungen sind subjektiv-monologisch und können daher nichts Objektives über den Fall aussagen. Die Fessel der Subjektivität, die den Monolog an das jeweilige Ich kettet, benutzt Čapek geschickt zur Beglaubigung seines noetischen Pessimismus. W.Sch.

AUSGABEN: Prag 1934. – Prag 1956 [zus. m. *Hordubal* u. *Obyčejný život*]. – Prag [18]1958 [Nachw. J. Cigánek]. – Prag 1975.

LITERATUR: D. di Sarra, *Materiali per uno studio sulla tecnica del romanzo novecentesco – »Povětroň« id K. Č.* (in Ricerche Slavistiche, 1, 1952, S. 38–66). – V. Blažek, *Náhoda, člověk, katastrofa* (in *Cesty k dnešku*, Prag 1966). – O. Králík, *Třikrát o Povětroni* (in O. K., *První řada v díle K. Č.*, Mährisch-Ostrau 1972). – F. Všetička, *Čapkův noetický román* (Český jazyk a literatura, 4, 1983).

**RUR**

(tschech.; *Ü: W. U. R.*). »Utopistisches Kollektivdrama« in drei Akten und einem Vorspiel von Karel ČAPEK, Uraufführung: Prag, 25. 1. 1921, Nationaltheater. – Čapeks bekanntestes Bühnenstück, das den allgemeinen Sprachgebrauch um den Ausdruck »Roboter« (von tschech. *robota*, »Fronarbeit«) bereichert hat, benutzt die Thematik umwälzender technischer Erfindungen zu einer vielseitigen Kritik bestehender gesellschaftlicher Verhältnisse. Das Drama spielt in dem Gebäude der nordamerikanischen Firma »Rossum's Universal Robots« (abgekürzt R U R), welche die Welt mit biochemischem Wege hergestellten humanoiden Arbeitskräften beliefert. Helen Glory, die als Abgeordnete der Menschlichkeitsliga gegen das Sklavendasein der künstlichen Wesen protestierte, läßt sich durch Domin, den Direktor des Betriebs, von der Seelenlosigkeit der Roboter überzeugen. Sie heiratet Domin, dessen Zukunftsvision eine durch die billigen Roboter vom Zwang der Arbeit befreite Menschlichkeit ist: »*Du wirst deine Seele nicht mehr an Arbeit verschwenden, die du verfluchst.*« Helen bedrängt Dr. Gall, den Leiter der psychologischen Versuchsabteilung der Firma, die künstlichen Geschöpfe weiter zu vermenschlichen. Gall pflanzt daraufhin einigen seiner Roboter, die er unter die laufende Produktion schmuggelt, ein wenig menschliches Gefühl ein. Sogleich entwickeln die Roboter menschliche Verhaltens- und Reaktionsweisen. Sie gründen eine revolutionäre Massenorganisation. Nach zehnjähriger Ehe mit Domin erfährt Helen von Aufständen der Roboter in Europa. Ihre Erhebung greift auf die Neue Welt über: Rossums entfesselte Produkte vertilgen die Menschen vom Erdboden. Als einziger Überlebender sucht Alquist, der ehemalige Baumeister der Fabrik, der geheimnisvollen Produktionsformel Rossums auf die Spur zu kommen, ohne die die Roboter selbst nach ihrem Sieg zum Aussterben verurteilt sind. Die Weltregierung der Roboter gesteht dem letzten Menschen selbst Experimente an lebenden Artgenossen zu. Sein Bemühen bleibt vergebens, bis Alquist bei dem Roboterpaar Primus und Helena Zeichen echter gegenseitiger Zuneigung feststellt: »*Häuser und Maschinen werden zusammenstürzen, Systeme werden zerfallen und die Namen der Großen abblättern wie Laub; nur du, Liebe, blühest empor auf der Trümmerstätte und vertraust den Winden das Samenkörnchen des Lebens an.*«

Nicht ohne Grund bezeichnet Čapek sein Werk, in dem das Prager Golem-Motiv anklingt, als Kollektivdrama. Aus der Ernüchterung der Jahre nach dem Ersten Weltkrieg entstanden, nimmt es als Synthese der kollektiven Unmenschlichkeit der mit beschleunigter Technisierung rapide wachsenden Massengesellschaft eine selbstverschuldete Tragödie der Menschheit vorweg. wie Georg KAISERS *Gas* (1918 und 1920) oder Karl KRAUS' *Die letzten Tage der Menschheit* (1918/19 und 1922) warnt es davor, die Technik zur verselbständigten, unkontrollierbaren Macht über den Menschen werden zu lassen. Von den thematisch verwandten Werken des deutschen Expressionismus unterscheidet sich Čapeks Drama gleichwohl durch das behutsame Pathos seiner leicht rhythmisierten Diktion wie auch in seiner über die bloße Warnung vor der Hybris menschlichen Verstandes (Rossum klingt an tschech. *rozum*, »Verstand«, an) hinausgehenden Konzeption. Der Untergang der Menschheit erfolgt hier nicht als Konsequenz menschlicher Verblendung, sondern nach schuldhaftem Spiel mit der Biotechnik aus dem Mitleid Helen Glorys. Doch noch in einem zweiten Sinne ist Čapeks Stück ein Kollektivdrama: Dramaturgisch gleichberechtigt schließt sich an die Vernichtung des Menschengeschlechts die Tragödie der Roboter an, die mit der Ausrottung ihrer Erzeuger den eigenen Untergang heraufbeschworen haben. Der hoffnungsvolle Ausklang der Tragödie – die Rückführung der Dämonischen auf die Urfunktion des Miteinanderlebens und das Vertrauen auf die unerschöpfliche Regenerationsfähigkeit des Menschlichen – ist charakteristisch für das Schaffen des Autors. W.Sch.

AUSGABEN: Prag 1920. – Prag 1956 (in *Hry*, Vorw. J. Kopecký). – Prag ¹⁹1958 (zus. m *Bílá nemoc* u. *Matka*, Hg. M. Halík, Nachw. J. Cigánek). – Prag 1972.

ÜBERSETZUNG: *W. U. R. (Werstands Universal Robots)*, O. Pick, Prag/Lpzg. 1922.

LITERATUR: R. Poggioli, *Il teatro di Č.* (in Scenario, 1934). – Th. Heline, *As in the Days of Noah. An Interpretation of K. Č.'s Drama »R. U. R.«*, Los Angeles 1942. – J. Závada, *O individualismu, socialismu a Č. »RUR«* (in Lidové noviny, 25. 12. 1948, S. 6). – L. Suchařípa, *Život nezahyne* (in Divadelní noviny, 3, 1958, Nr. 3, S. 5). – W. E. Harkins, *K. Č.'s »RUR« and A. N. Tolstoj's Revolt of the Machines*, Washington 1960. – J. Kopecký, *»RUR« a svět 1961* (in Rudé právo, 8. 9. 1961, S. 3).

## TOVÁRNA NA ABSOLUTNO

(tschech.; *Ü: Die Fabrik des Absoluten*). Utopischer Roman von Karel ČAPEK, erschienen 1922. – Um die Kräfte zu zeigen, die das Schicksal der Menschheit bestimmen und den Abgrund sichtbar zu machen, auf den sie seiner Überzeugung nach zutreibt, rückt Čapek in all seinen Utopien, seien es Romane wie *Krakatit* (1924) und *Válka s mloky*, 1936 *(Der Krieg mit den Molchen)*, oder Dramen wie *Adam Stvořitel*, 1927 *(Adam der Schöpfer)*, eine wissenschaftliche Hypothese in den Mittelpunkt des Geschehens. – Die Handlung des Romans *Továrna na absoluto* – des ersten utopischen Romans in Čapeks Werk mit einer ausgesprochen satirischen Grundhaltung – beginnt im Jahr 1943. Mit der Erfindung des »Karburators« durch den Ingenieur Marek gelingt es, Materie vollständig in Energie umzuwandeln, wobei »*Gott als Nebenprodukt in die Welt*« gestoßen wird. Den Industriellen Bondy lockt das Geschäft, und trotz Mareks Warnungen kauft er die Erfindung, um die Welt damit zu beliefern. Es bleibt jedoch nicht bei den harmlosen Wundern, Levitationen und Erleuchtungen der Anfangszeit; das freigesetzte »Absolutum« beginnt alsbald, sich in verschwenderischer Fülle der Produktion anzunehmen. Čapek läßt aus dem Überangebot an Waren eine umfassende Krise entstehen: »*Auf der Welt herrschte unbegrenzter Überfluß an allem, was die Menschen brauchen. Doch die Menschen brauchen alles, nur nicht unbegrenzten Überfluß.*« Schließlich kommt es – da das Absolutum die Eigenschaft hat, die jeweils regionale Form Gottes anzunehmen – zu einem weltweiten heiligen Krieg aller gegen alle, den Čapeks groteske Feder ein wenig zu breit ausmalt. Ein Epilog in einem Prager Wirtshaus zeigt, wie Jahre nach dem »*Größten Krieg*« eine letzte »*Karburatorenspelunke*« von der Polizei ausgehoben wird, denn inzwischen ist es längst verboten, »*solch ein Schindluder zu treiben wie Beten, Singen, Visionen haben, Prophezeien, Wunder tun und ähnliche Geschichten*«.

Čapeks Experiment, das Groteske der realen Welt mit Hilfe eines metaphysisch-ironischen Filters anschaulich zu machen, gewinnt keine scharfen Konturen. Der Roman erschöpft sich in immer neuen artistischen Variationen über die Wirkungen des Absolutums und macht so aus einem Kunstmittel einen selbstgefälligen Gag. Einigen satirischen Glanz zeigt die Szene der »Deifikation« des Absolutums durch den Heiligen Stuhl, der Roman insgesamt aber bleibt unter diesem Niveau. W.Sch.

AUSGABEN: Brünn 1922. – Prag ⁹1962 (in *Dílo bratří Čapků*, Hg. M. Halík, Nachw. A. Matuška). – Prag ¹¹1975 [Nachw. F. Buriánek].

ÜBERSETZUNG: *Das Absolutum oder die Gottesfabrik*, A. Auředníček, Bln. 1924. – *Die Fabrik des Absoluten*, dies., Wien/Hbg. 1979.

LITERATUR: K. Č., *Nemohu mlčet* (in Lidové noviny, 30, 10. 6. 1922; ern. in K. Č., *Poznámky o tvorbě*, S. 89–92). – O. Malević, »*Továrna na absolutno« po čtyřiceti letech čili Utopie a dějiny* (in Česká literatura, 10, 1962, Nr. 3, S. 365–369).

## VÁLKA S MLOKY

(tschech.; *Ü: Der Krieg mit den Molchen*). Phantastisch-utopischer Roman von Karel ČAPEK, erschienen 1936. – Thema des Werks ist die Bedrohung der Menschheit durch Faschismus und hochtechnisierten Kapitalismus. Der tschechische Kapitän van Toch richtet eine unbekannte pazifische Molchart zum Perlentauchen ab. Nach seinem Tod gründen seine Geschäftspartner ein »Molchsyndikat«, das die Intelligenz der massenhaft gezüchteten Molche zu Unterwasserbauten und ähnlichen Aufgaben benutzt. Die Molche vermehren sich und erbringen beachtliche Leistungen in Wissenschaft und Technik. Verschiedene Staaten berücksichtigen sie bereits in ihrer Gesetzgebung, ohne ihnen noch nationale Rechte einzuräumen. Handelsabkommen zwischen dem Kapital und den Küstenbewohnern sichern den Molchen Nahrung und Waffen. Als Gegenleistung verrichten sie nützliche Arbeiten und lassen sich von einigen Mächten zum Schutz der Küste einsetzen. Kleine Scharmützel zwischen Molchgruppen und Menschen kündigen eine bevorstehende Auseinandersetzung an. Sie bricht in der Forderung der Molche nach mehr Lebensraum aus. Während die Molche einen Teil des Festlands nach dem anderen überschwemmen, bleiben die Menschen machtlos, da sie sich bis zuletzt nicht auf ein gemeinsames Vorgehen einigen können. Angesichts des unaufhaltsamen Untergangs der menschlichen Zivilisation hofft der Autor auf künftige Kriege zwischen den verschiedenen Molchgruppen, die den überlebenden Menschen die Aussicht auf einen Wiederbeginn der Humangeschichte eröffnen. Auf die Entwicklung der kapitalistischen Gesellschaft der dreißiger Jahre gemünzt, enthält Čapeks Roman eindeutige Anspielungen auf die zeitgenössische Politik der europäischen Mächte. In Deutschland entsteht die Theorie vom rassisch überlegenen »Nordmolch«. In dem vorab bedrohten England verhindert die hochmütige Intransigenz der Regierung das Bündnis gegen die Molche. Der Stil der Reden des »Chief-Salamanders« und die immer weitergehenden imperialistischen Forderungen der Molche ziehen unmittelbare Parallelen zum Hitlerfaschismus. Der Autor kritisiert die Hilfestellung des Kapitals, das den Molchen selbst dann noch Waffen in die Hände gibt, als sie bereits offen die Zerstörung der menschlichen Existenz betreiben. Da er jedoch die Molche als amorphe Arbeitermasse »ohne Klassen, ohne Nation« beschreibt, gelingt ihm die Freilegung der gesellschaftlichen Ursachen des Faschismus nicht. Der Roman erfaßt sein Thema aus einer Vielzahl divergierender Erzählperspektiven. Beschreibung und Bericht wechseln mit Dialog, Reportage, wissenschaftlicher Abhandlung, Dokumentation und geschichtsphilosophischem Traktat. Interviews, Statistiken, Zeitungsausschnitte, Depeschen, Rundfunkansprachen und der Gebrauch von Fachidiomen sollen die Glaubwürdigkeit der Darstellung erhöhen. Der zweite Teil des Buches ist als Kompilation des Kleinbürgers Povondra ausgegeben, der alle Veröffentlichungen über die Molche gesammelt hat. Hier vor allem entfaltet der Autor seine Kunst, Zeiterscheinungen in fiktiven Dokumenten zu verfremden. Das Schlußkapitel gibt die objektive Erzählhaltung auf und läßt den Autor ein Gespräch mit seiner »*inneren Stimme*« führen, welches den antifaschistischen Bezug des Romans unterstreicht.

Der Autor löst sich in seinem Roman weitgehend von dem Pragmatismus und Relativismus, die bis zum Rücktritt Masaryks (1935) die philosophische Grundlage seines Schaffens bildeten, um sich in seiner letzten Schaffensperiode jenen gesellschaftlichen Kräften zu nähern, welche die bedrohte Tschechoslowakei und das Humanitätsideal mit radikaldemokratischen Mitteln zu retten versuchten. »*Ich kann mir nicht helfen, aber eine Literatur, die sich nicht um die Wirklichkeit kümmert und darum, was mit der Welt tatsächlich geschieht, ein Schrifttum, das hierauf nicht so stark reagieren mag, wie es Wort und Gedanke erlauben – eine solche Literatur ist nicht mein Fall.*« Die Bestätigung seiner prophetischen Warnung durch die politische Wirklichkeit trug dem Werk, das mit Hašeks *Švejk* dem tschechischen Roman seinen Platz in der Weltliteratur zuwies, weltweite Resonanz ein. Čapeks Roman, der in neuerer Zeit von Pavel Kohout dramatisiert wurde, gab unmittelbare Anregungen für die Science-fiction-Literatur eines Jan Weiss und Josef Nesvadba und initiierte die Gleichnishaftigkeit und den bewußten Gegenwartsbezug der sogenannten tschechischen Zukunftsliteratur. KLL

Ausgaben: Prag 1936 (in *Spisy bratří Čapků*, 51 Bde., 1928–1948, Bd. 36; dass., Prag 1949). – Prag 1945. – Prag 12 1953 [Nachw. S. V. Nikolskij]. – Prag 1954 (in *Dílo bratří Čapků*, Hg. M. Halík. Vorw. F. Buriánek 1954 ff.). – Prag 1955. – Prag 1958 (in *Výbor z dí K. Č.*, Hg. M. Halík, 5 Bde., 4). – Prag 16 1963 [Nachw. A. Matuška]. – Prag 18 1972 [Nachw. F. Buriánek].

Übersetzungen: *Der Krieg mit den Molchen*, J. Mader, Wien 1937. – Dass., E. Glaserová, Bln./Weimar 1964. – Dass., dies., Hbg. 1964. – Dass., M. Jähnichen, Bln. 1973.

Dramatisierung: Pavel Kohout, *Válka s mloky* (Uraufführung: Prag, 19. 1. 1963; deutsche Erstaufführung: Dortmund, 25. 9. 1966).

Literatur: K. Čapek, »*Válka s mloky*« (29. 3. 1936, Radio Prag, auch in K. Č., *Poznámky o tvorbě*, Prag 1960, S. 108 ff.). – B. Vaclavek, *K. Č.* (in International'naja literatura, 1937, H. 11, S. 226). – F. Vejskopf, *Novaja češskaja literatura* (ebd., S. 248/249). – R. Aleksandrev, »*Vojna s salamandrami*« (in Literaturnyj sovremennik, 1938, Nr. 9, S. 212–214). – A. Oborin, *Novinki antifašstskoj i revoljucionnoj mirovoj literatury* (in Knižnye novosti, 1938, Nr. 10, S. 29). – Ders., *Novyj roman K. Č.* (ebd., 1938, Nr. 17/18, S. 36). – N. Paschin, *Knigi češskogo pistalja-antifašista* (in Čto čitať, 1938, Nr. 11/12, S. 74/75). – A. O. Platonov, O ›*likvidacii‹ čelovečestva Po povodu romana K. Č. »Vojna s salamandrami*« (in Literaturnyj kritik, 1938, 7, S. 174–191). – B. Étingin, »*Vojna s salamandrami*« (in Literaturnoe obozrenie, 1938, Nr. 13/14, S. 76–80). – A. Gurovič, *K. Č.* (in Internacional'naja literatura, 1938, 12, S. 190–193). – R. Preisner, *Dvě nová knižní vydání* (in Mladá fronta, 4. 12. 1945, S. 4). – J. Kopecký, *Válka s mloky na jevišti* (in Rudé právo, 24. 1. 1963, S. 4; zur Inszenierung). – L. Smoljak, *Válka s mloky na divadle* (in Mladý svět, 5, 1963, Nr. 1, S. 12–13; zur Inszenierung). – S. Nikol'skij, *Roman K. Č. »Vojna s salamandrami«*, Moskau 1968.

# VĚC MAKROPULOS

(tschech.; Ü: Die Sache Makropulos). Komödie in drei Akten von Karel Čapek, Uraufführung: Prag

21.12.1922. – Am Beispiel eines übernatürlich verlängerten Lebens wird in Čapeks Komödie die Frage nach dem Verhältnis von Endlichkeit und Glück gestellt. Die Sängerin Emilia Marty gibt ihrer Umgebung sowohl durch die geradezu unheimliche Perfektion ihrer Kunst als auch durch die souveräne Gleichgültigkeit, mit der sie fremdem wie eigenem Glück und Leid begegnet, Rätsel auf. Bei ihrem Eingreifen in den fast ein Jahrhundert währenden Erbschaftsprozeß der Familien Prus und Gregor zeigt sich, daß sie genaue Kenntnis längst vergangener Ereignisse und Personen besitzt. Schließlich stellt sich heraus, daß sie 1585 als Elina Makropulos geboren wurde, d. h. genau dreihundertsiebenunddreißig Jahre alt ist. Durch die »Sache Makropulos«, eine Erfindung ihres Vaters, der Leibarzt Rudolfs II. war, wurde ihr einst eine dreihundertjährige Jugend geschenkt. Seitdem ist sie periodisch den Namen wechselnd, durch Zeiten und Länder geirrt. Als Ellian Mac Gregor zeugte sie 1816 mit Josef Prus den unehelichen Sohn Ferdinand Gregor und gab Anstoß zum Erbschaftsstreit der beiden Familien. Nun ist sie zurückgekehrt, um ihr Leben mit Hilfe der in der Hinterlassenschaft des Josef Prus verbliebenen »Sache Makropulos« um weitere dreihundert Jahre zu verlängern. Zwar ist sie des Lebens grenzenlos überdrüssig, doch treibt sie die Angst vor dem Tod dazu, das Martyrium ewiger Wiederkehr und Langeweile erneut auf sich zu nehmen. Am Ende des Stücks erörtern die am Prozeß beteiligten Personen die möglichen Folgen einer Freigabe der »Sache Makropulos« für die Menschheit. Sie kommen zu dem Schluß, daß die Verlängerung des menschlichen Lebens nur Unheil bringen würde. Ohne den Fluch und Segen der Einmaligkeit jedes Augenblicks büße das menschliche Leben seinen Sinn und Wert ein. Auch die Heldin entscheidet sich für die Sterblichkeit: Die »Sache Makropulos« wird verbrannt.

Der Ausgang der Komödie läßt die generelle Abneigung des Autors gegen eine metaphysische Deutung des Menschlichen und den pragmatischen Zug seines Denkens erkennen. Weist Čapek einerseits auf die Notwendigkeit einer demütigen Hinnahme des menschlichen Loses hin, so leugnet er doch andererseits nie den Sinn unermüdlicher Aktivität auf Produktivität. Indem sein Stück den Akzent auf die Intensivierung gegebener Möglichkeiten legt und sich auf den Maßstab des *»gewöhnlichen Menschen«* beschränkt, unterscheidet es sich grundlegend von Shaws *Back to Methuselah*, 1921 *(Zurück zu Methusalem)*, in dem die biologische Verlängerung des Lebens und ein dadurch zu verwirklichendes titanisches Menschenideal als Rettung aus der gegenwärtigen Krise der Menschheit angeboten werden. Dennoch ist Čapkes Komödie keine Polemik gegen Shaw, wie gelegentlich behauptet wird, denn der Autor, der die Idee zu seinem Stück nach eigenen Angaben bereits um 1918 konzipierte, kannte Shaws Drama lediglich im Auszug. Eher kann sein Stück als Antwort auf Wells' *Food of the Gods*, 1904 *(Speise der Götter)*, gelten (W. E. Harkins).

Utopische Stoffe beschäftigten Čapek vor allem in den frühen zwanziger Jahren, so in seinem Drama *RUR*, 1921 *(W. U. R.)*, und in seinen Romanen *Továrna na absolutno*, 1922 *(Das Absolutum oder die Gottesfabrik)*, und *Krakatit*, 1924 *(Krakatit)*. Die Koinzidenz mit Fragestellungen des Expressionismus ist nur vordergründig, denn Čapek stand expressionistischen Formexperimenten fremd, ja zuweilen ausdrücklich ablehnend gegenüber (vgl. das Drama *Ze života hmyzu*, 1922 – *Aus dem Leben der Insekten*). Tiefere Anregungen dürfte der Autor H. G. Wells verdanken, mit dessen Geschichtsbild und utopischen Schriften er sich zu Beginn seiner schriftstellerischen Tätigkeit intensiv auseinandersetzte. E.Pá.

Ausgaben: Prag 1922. – Prag [8]1956 (in *Hry*, Vorw. J. Kopecký).

Übersetzung: *Die Sache Makropulos*, Bearb. M. Brod, Wien 1927.

Vertonung: L. Janáček, *Věc Makropulos* (Oper; Urauff.: Prag 1926).

Verfilmung: ČSSR 1958 [TV].

Literatur: Kazetka, Rez. (in Lidové noveny, 30, 1922, Nr. 587). – H. Budínová, *Ellin Makropulos* (in Kulturní politika, 2, 1946/1947, Nr. 22, S. 6). – L. Fikar, *Život je dobrý tak, jak je?* (in Mladá fronta, 1947, S. 4). – V. Řezáč, *Č. elixír života* (in Práce, 6. 2. 1947, S. 5). J. Černý, *Život se nezastavil* (in Lidová demokracie, 19. 6. 1963, S. 3). – J. Císař, *Panychida za nesmrtelnost* (in Rudé právo, 19. 6. 1963, S. 2). – A. Urbanová, *V polovině strmé cesty* (in Kulturní tvorba, 1, 1963, Nr. 28).

### KAREL MATĚJ ČAPEK-CHOD

\* 21.2.1860 Domažlice / Böhmen
† 3.11.1927 Prag

**Literatur zum Autor:**
K. Sezima, *Podobizny a reliéfy*, Prag 1919. – O. Štorch-Marien, *Na besedě u K. M. Č.-Ch.* (in Rozpravy Aventina, 1926/1927). – K. Čapek, Nekrolog (in Lidové noviny, 8. 11. 1927; ern. in K. Č., *Ratolest a vavřín*, Prag 1947). – A. Novák, *K. M. Č.-Ch.* (in Věstník České akademie věd a umění, Prag 1927). – F. Kovárna, *K. M. Č.-Ch.*, Prag 1936. – V. Tichý, *K. M. Č.-Ch.* (in *Český kulturní Slavín*, Prag 1948). – V. Šach, *K. M. Č.-Ch.*, Domažlice 1949. – A. Haman, *K. M. Č.-Ch. a český naturalismus* (in Česká literatura, 1969). – H. Ryšánková, *K. M. Č.-Ch.*, Pilsen 1972 [m. Bibliogr.].

## TURBÍNA

(tschech.; *Die Turbine*). Roman von Karel Matěj Čapek-Chod, erschienen 1916. – Der hauptsächlich mit kürzeren Prosaerzählungen hervorgetretene Autor meistert in diesem dem Naturalismus verpflichteten Werk die kompositionellen Schwierigkeiten der großen Form. Der Roman, der kritisch die sozialen Verhältnisse in Böhmen während der ersten industriellen Revolution beleuchtet, schildert den Niedergang des Bürgertums in der Konfrontation mit den veränderten Produktivkräften. – Der Prager Hoflieferant und kaiserliche Rat Bohumil Ullik will seine Papierfabrik erweitern, indem er eine Turbine – Symbol des technischen Fortschritts – installieren läßt und den Familienbetrieb in eine Aktiengesellschaft umwandelt. Doch der Aufstieg zum modernen Industriellen schlägt fehl: Die Rotation der unsachgemäß eingebauten Turbine bringt einen Teil der Wohn- und Fabrikgebäude zum Einsturz. Mit dem Bankrott der Firma steht die Familie vor dem Ruin. Spiegelbildlich wiederholt sich dieser Mißerfolg in der Laufbahn von Ulliks schöner und stimmbegabter Tochter Tynda, die von Männern aus verschiedenen sozialen Schichten umworben wird. Mour, ein tschechisch-amerikanischer Multimillionär, kauft Tynda zuliebe Anteile an der Turbine und setzt sich für eine Karriere des Mädchens als Opernsängerin ein. Václav Nezmara, einen Sportler proletarischer Herkunft, liebt Tynda wegen seiner Männlichkeit. Geschickt reizt sie seine Leidenschaft, versagt sich ihm jedoch immer – auch weil sie glaubt, eine erfolgreiche Sängerin müsse sich der Liebe enthalten. Nachdem sich Tynda in der Nacht vor ihrem entscheidenden Auftritt mit Václav doch vergessen hat, erlebt sie auf der Bühne tatsächlich ein vollkommenes Fiasko. Da diese Katastrophe mit dem Ende der Firma zusammenfällt, wenden sich alle von Tynda ab. Václav Nezmara verunglückt, der reiche Mour verliert jegliches Interesse an der Turbine wie an Tynda und reist ab. Nur Rudolf Vážka, ein begabter Pianist und Komponist, Tyndas Begleiter und stiller Verehrer, hält zu ihr. Sie heiraten, und Vážka gründet eine Musikschule.
Parallel zu Tyndas Schicksal verläuft das ihrer Schwester Máňa, der Frauenrechtlerin. Obwohl sie ihr Medizinstudium mit der Promotion abgeschlossen hat, darf sie als Frau keine Praxis eröffnen. Máňa heiratet den streng positivistisch denkenden Astronomen Dr. Zouplna, den Sohn eines Flickschusters. In der Ehe verlieren beide ihre zukunftsweisenden Ideale und finden sich schließlich mit einem kleinbürgerlichen Lebensstil ab. – Als bizarrste Figur des Romans erscheint der stille Teilhaber der Firma, Armin Frey, der sich mit der Fälschung seltener alter Drucke beschäftigt. Gegen Ende seines Lebens glaubt er, endlich von einer Frau wirklich geliebt zu werden. Nach dem Scheitern dieser Illusion stürzt er sich in die Trümmer seines zusammenbrechenden Wohnturms.
Stofflich wie auch in der Zeichnung der Personen steht *Turbína* in der Nachfolge Émile Zolas. Die Figuren sind determiniert durch ihre Leidenschaften und ihre soziale Lage. Der Roman vereinigt in sich tragische und komische Elemente und erhält dadurch, daß sich alle Helden letzten Endes als Betrogene erweisen, groteske Züge. Innerhalb der geschlossenen Struktur des Werks ordnen sich mehrere Nebenhandlungen konzentrisch um das Schicksal der Firma und der Familie Ullik. Die Sprache der Personen ist nach ihrem Herkommen differenziert: Jiddisch ist die Sprache des Juden Leib Blumenduft, die Rede Mours enthält Amerikanismen, Prager Argot spricht Václav Nezmaras Vater. W.Scha.

Ausgaben: Prag 1916. – Prag 1924 (in *Spisy*, Bd. 7). – Prag 1969 [Nachw. u. Glossar M. Petříček]. – Prag 1978 [Nachw. R. Pytlík].

Verfilmung: Prag 1941 (Regie: O. Vávra).

Literatur: F. X. Šalda, *Kapitoly literárně kritické 1. K. M. Čapkova Turbína* (in Kmen, 1, 1917, Nr. 4, S. 7–8); ern. in F. X. Š., *Kritické projevy 10* (in *Soubor díla*, Bd. 19, Prag 1957, S. 100–109). – Ders., *Kapitola velmi trapná čili něco o národní hrdosti* (in *Šaldův zápisník*, 1928/29). – *Slovník českých spisovatelů*, Hg. R. Havel u. J. P. Opelík, Prag 1964.

## TRUMAN CAPOTE

eig. Truman Streckfus Persons
\* 30.9.1924 New Orleans
† 25.8.1984 Los Angeles

Literatur zum Autor:
R. García Castro, *T. C.: De la captura a la libertad*, Santiago 1964. – W. L. Nance, *The Worlds of T. C.*, NY 1970. – H. Dörfel, *T. C.* (in *Amerikanische Literatur der Gegenwart*, Hg. M. Christadler, Stg. 1973, S. 22–42). – K. Starosciak, *T. C.: A Checklist*, New Brighton 1974. – *T. C.*, Hg. R. Durand (in Delta, 11, 1980; Sondernr. *T. C.*). – H. S. Garson, *T. C.*, NY 1980. – R. J. Stanton, *T. C.: A Primary and Secondary Bibliography*, Boston 1980. – J. M. Brinnin, *T. C.: Dear Heart, Old Buddy*, NY 1981; ²1986. – K. T. Reed, *T. C.*, Boston 1981 (TUSAS). – M. Rudisill u. J. C. Simmons, *T. C.*, NY 1983. – R. A. Stelzmann, *Schein, Sünde und Wahrheit: Die Welt T. C.s* (in Stimmen der Zeit, 201, 1983, Nr. 2, S. 85–94). – L. Grobel, *Conversations with C.*, NY 1985 [Einl. J. A. Michener]. – D. Galloway, *Real Toads in Real Gardens: Reflections on the Art of Nonfiction and the Legacy of T. C.* (in *Gattungsprobleme in der anglo-amerikanischen Literatur*, Hg. R. Borgmeier, Tübingen 1986, S. 217–229). – L. Hagestedt,

T. C. (in KLFG, 11. Nlg., 1986). – G. Clarke, *C.*, NY 1988.

## BREAKFAST AT TIFFANY'S

(amer.; *Ü: Frühstück bei Tiffany*). Roman von Truman CAPOTE, erschienen 1958. – Die Heldin des zu Beginn der vierziger Jahre in New York spielenden Kurzromans ist eine Achtzehnjährige vom Lande. Sie ist aus einer Frühehe mit einem gutmütigen, sehr viel älteren Tierarzt ausgebrochen, in New York gelandet und läßt sich dort in der Gesellschaft von Bohemiens, Playboys und Asozialen vom Strom des leichten Lebens treiben. Ihr Name ist bezeichnend für ihre Einstellung: Holly Golightly (deutsch etwa »Nimm's leicht«). Sie ist aber keineswegs ein gewöhnliches Flittchen. Der Autor stattet sie mit Einfallsreichtum und Humor aus, läßt sie einen originellen, großzügig mit Fremdwörtern gespickten Jargon gebrauchen und zeigt, daß sie sich trotz ihres scheinbar amoralischen Lebenswandels die Unschuld des Herzens und die persönliche Integrität bewahrt hat. Manchmal, wenn sie von einem Gefühl der Lebensangst befallen wird, sucht Holly in der vornehmen Stille des berühmten New Yorker Juweliergeschäftes Tiffany Beruhigung. So plötzlich, wie sie einst nach New York gekommen war, verschwindet sie eines Tages wieder aus der Stadt: sie will ihr Glück in Südamerika versuchen. – Die New Yorker Erlebnisse dieser fast noch kindlichen, in ihrer Verrücktheit und planlosen Lebenssuche oft rührenden Figur werden in der Rückschau von einem jungen Schriftsteller geschildert, der Hollys Nachbar war, immer im Hintergrund blieb und doch zu den wenigen Freunden gehörte, die Anteil an ihrem Schicksal nahmen.

Capote, der einmal von sich selbst sagte, daß er das Festlegen auf einen Eigenstil für gefährlich halte, da ein solcher sich als »Ladehemmung« auswirken und *»die Intensität der Kommunikation zwischen Autor und Leser nicht mehr steigern«* könne, schreibt in *Breakfast at Tiffany's* einen raffiniert lässigen Stil. Es gelingt ihm, allein aus den anfangs fast allzu flott und poliert klingenden, dann aber durch die Treffsicherheit in Tonfall und Jargon bestechenden Dialogen das Profil seiner höchst originellen Heldin zu entwickeln. Mehr als einmal erinnert Capotes Porträt der Holly Golightly an Christopher ISHERWOODS Sally Bowles in *Good-bye to Berlin (Goodbye, Berlin)*. J.v.Ge.-KLL

AUSGABEN: NY 1958. – Ldn. 1958. – NY 1959. – Harmondsworth 1961 (Penguin). – NY 1963 (in *Selected Writings*). – Toronto 1965. – NY 1986.

ÜBERSETZUNGEN: *Frühstück bei Tiffany*, H. Bochow-Blüthgen, Wiesbaden 1959. – Dass., ders., Reinbek 1965 (rororo). – Dass., L. Fassbinder, Bln. 1974. – Dass., H. Bochow-Blüthgen, Mchn./Wiesbaden 1982.

VERFILMUNG: USA 1960 (Regie: B. Edwards).

LITERATUR: P. Levine, *T. C.: The Revelation of the Broken Image* (in Virginia Quarterly Review, 34, 1958, S. 600–617). – F. Baldanza, *Plato in Dixie* (in Georgia Review, 12, 1958, S. 150–167). – Y. Berger, *T. C.* (in Critique, 15, 1959, S. 491–507). – L. Clark, *Brunch on Moon River* (in The Modern American Novel and the Movies, Hg. G. Peary u. R. Shatzkin, NY 1978, S. 236–246).

## THE GRASS HARP

(amer.; *Ü: Die Grasharfe*). Roman von Truman CAPOTE, erschienen 1951. – Als Erwachsener erinnert sich Collin Fenwick eines Jugenderlebnisses, das ihm heute wie ein Märchen erscheint: Er ist elternlos bei seinen beiden Tanten, den Schwestern Talbo, in einer Kleinstadt der Südstaaten aufgewachsen. Von Tante Dolly hat er gelernt, den Stimmen der Natur zu lauschen, den Herbstwinden, die den dürren Halmen des Präriegrases *»Menschenstimmen entlocken«*, jener *»Grasharfe, die immer eine Geschichte erzählt ... die alles bewahrt«*. Dolly und die alte Negerin Catherine Creek, mehr Freundin als Dienerin, sammeln Kräuter, aus denen Dolly nach einem alten Rezept eine Arznei braut, die sich recht gut verkauft. Als die herrschsüchtige Tante Verena, unterstützt von einem betrügerischen Berater, das Rezept ihrer »geschäftsuntüchtigen« Schwester in einem Fabrikationsbetrieb verwerten will, lehnt sich Dolly auf ihre Weise dagegen auf: sie verteidigt ihr kleines, privates Reich gegen die merkantile Außenwelt, indem sie sich zusammen mit Catherine und Collin in einem Baumhaus versteckt, das einst in einem nahe dem Friedhof gelegenen Wald von Kindern in den Wipfel eines Paternosterbaumes gebaut wurde. Aber bald beginnt die »Belagerung« der seltsamen Rebellen. Im Auftrag Verenas versuchen der Sheriff und einige Honoratioren des Städtchens, die drei zum Verlassen des Baumhauses zu bewegen. Doch statt klein beizugeben, findet Dolly neue Bundesgenossen: der Richter Cool schlägt sich auf ihre Seite, und als am Abend auch noch Riley Henderson, der stets zu Streichen aufgelegte Nachbarjunge, kommt, beherbergt das Haus im Wipfel fünf Individualisten. Tags darauf wird zwar die alte Negerin in der Nähe des Baumes erwischt und mit Gewalt ins Gefängnis geschleppt, aber Dolly und ihre Freunde erhalten Verstärkung durch einen Wunderknaben, der mit seiner Mutter und einer wahren Heerschar von Geschwistern als Wanderprediger durchs Land zieht. Als das Gesetz in Gestalt des Sheriffs und seiner Kumpane erneut anrückt, entwickelt sich eine regelrechte Schlacht, doch die Leute im Baumhaus werden nicht besiegt. Noch eine Nacht bleiben sie in ihrem Refugium (und nun ist auch Verena bei ihnen), bevor sie aus eigener Entscheidung in die Welt der anderen zurückkehren. – Collins Erzählung endet mit dem Tod Tante Dollys, die sich im Baumhaus eine Lungenentzündung geholt hat.

Verglichen mit der symbolbefrachteten, alpdruckhaften Traumwelt des Romans *Other Voices, Other*

*Rooms (Andere Stimmen, andere Räume)*, der drei Jahre zuvor Capote den Ruf eines literarischen Wunderkindes eingebracht hatte, wirkt die Traumwelt der *Grasharfe* hell und heiter. Hier bedeutet sie denen, die sie aufnimmt, Befreiung von einer materialistisch gesinnten Umwelt, in der Poesie, Naturverbundenheit und liebevolles Verständnis von Mensch zu Mensch verkümmert sind. So stark die märchenhaften Akzente dieser ständig zwischen dem Skurrilen und dem Burlesken schwingenden Geschichte sein mögen, ihre »weltfremden« Individualisten fliehen nicht ins Märchen, sondern rebellieren gegen und siegen über die »welterfahrenen« Konformisten. Die Symbolik Capotes hält sich hier meist in den vom heiter beschwingten Grundton des Erzählten vorgegebenen Grenzen. Sein sensibler Stil bewährt sich, wie schon in jenem ersten Roman, vor allem in der Darstellung eines Erwachsenenkonflikts aus der Sicht eines Knaben. Vor dem Hintergrund der südlichen Kleinstadt erinnern die Gestalten der beiden Jungen Collin und Riley manchmal von fern an Huckleberry Finn und Tom Sawyer. KLL

AUSGABEN: NY 1951. – NY 1956. – Harmondsworth 1966 (Penguin). – Toronto 1966 (in *Four Novels*).

ÜBERSETZUNG: *Die Grasharfe*, A. Seidel u. F. Podszus, Bln./Ffm. 1952. – Dass., dies., Ffm. 1960 (BS). – Dass., dies., Ffm. 1970 (FiBü). – Dass., dies., Bln. 1978 (mit *Andere Stimmen, andere Räume*).

DRAMATISIERUNG: T. Capote, *The Grass Harp*, NY 1952.

LITERATUR: J. W. Aldridge, *The Metaphorical World of T. C.* (in Western Review, 15, 1951, S. 247–260). – P. Hill, *T. C.* (in *Writers at Work: The Paris Review Interviews*, Hg. M. Cowley, NY 1958, S. 283–299). – Y. Berger, *T. C.* (in Critique, 15, 1959, S. 491–507). – P. Hühnerfeld, Rez. (in SZ, 9.7.1960). – H. Jacobi, Rez. (in NZZ, 7.10.1960). – M. Schorer, *McCullers and C. Basic Patterns* (in *The Creative Present. Notes on Contemporary American Fiction*, Hg. N. Balakian u. Ch. Simmons, Garden City/N.Y. 1963, S. 83–107). – W. C. Müller, *T. C. »The Grass Harp«* (in *Amerikanische Erzählliteratur 1950–1970*, Hg. F. Busch u. R. Schmidt von Bardeleben, Mchn. 1975, S. 11–20). – M. Kesting, *T. C.: »Die Grasharfe«* (in *Theater und Drama in Amerika: Aspekte und Interpretationen*, Hg. E. Lohner u. R. Haas, Bln. 1978).

**IN COLD BLOOD. A True Account of a Multiple Murder and Its Consequences**

(amer.; Ü: *Kaltblütig. Wahrheitsgemäßer Bericht über einen mehrfachen Mord und seine Folgen*). Tatsachenroman von Truman CAPOTE, erschienen 1965. – Das Buch, das seit dem Vorabdruck in der Zeitschrift ›The New Yorker‹ als literarische Sensation galt, ist die perfekte Rekonstruktion eines grauenhaften Verbrechens, dem im November 1959 die vierköpfige Farmersfamilie Clutter auf ihrem bei Holcomb in Westkansas gelegenen Anwesen zum Opfer fiel. Kurz nach diesem Mord ohne erkennbares Motiv begann Truman Capote in der Umgebung des Tatorts mit seinen Recherchen. Er befragte die Freunde und Nachbarn der Opfer und blieb in den folgenden Jahren der engagierteste Beobachter dieses Kriminalfalls. Als Ende Dezember 1959 zwei ehemalige Häftlinge, der einunddreißigjährige Perry Smith und der achtundzwanzigjährige Richard (Dick) Hickock, verhaftet wurden und die Bluttat (die ihnen statt des erwarteten größeren Geldbetrags nur etwa vierzig Dollar eingebracht hatte) gestanden, bezog Capote auch sie in seine Nachforschungen ein. Er erhielt die Erlaubnis, die Mörder im Gefängnis zu besuchen, und war bis zu ihrer Hinrichtung im April 1964 ihr engster Vertrauter. Aus 6000 Seiten Notizen über die Ermittlungen des F.B.I., über seine eigenen Interviews mit den Einwohnern Holcombs und die Äußerungen von Smith und Hickock, die völlig ungerührt Vorgeschichte und Einzelheiten der Tat preisgaben, aber auch aus zahlreichen atmosphärischen Details formte Capote einen, wie er es nannte, »nichterfundenen Roman« *(nonfiction novel)*. »*Es ist eine eigenartige Mischform*«, sagte er darüber, »*ich glaube, es ist eine große, unerforschte Kunstgattung*«. Unter Berücksichtigung aller erreichbaren, auch der scheinbar unwesentlichsten Informationen, bemühte er sich um die lückenlose, streng objektive Darstellung von Lebensumständen und Charakter der Mörder und ihrer Opfer. Nur einmal erwähnt er kurz seine eigene Rolle als die eines Journalisten, mit dem Hickock Briefe wechselte und der ihn besuchen durfte.

Sosehr der Erzähler Capote hinter die Beweiskraft der objektiven Fakten zurücktritt – auch als Protokollant der Wirklichkeit erweist er sich als ein von seinem Stoff ergriffener Gestalter, und die kontrapunktische Komposition seines Buchs ist ebenso wie der dem Material gemäße ökonomische und nur am Schluß nicht mehr ganz unprätentiöse Stil das Resultat einer dichterischen Bemühung. Die Kontroversen, die diese Romandokumentation auslöste, entzündeten sich denn auch weniger an Form- oder Stilfragen; anfechtbar erschienen einigen Kritikern (an ihrer Spitze der Engländer Kenneth TYNAN) vielmehr die lautstarke Reklame, die Capote in eigener Sache machte, und mehr noch sein Verhalten den beiden Mördern gegenüber. Tynan warf dem Autor vor, er habe nichts getan, um Smith und Hickock vor der Hinrichtung zu bewahren, obgleich er wie kein anderer mit ihrer Psyche vertraut gewesen sei und obgleich man bei beiden schwere seelische Störungen festgestellt habe. Capote verteidigte sich mit dem Argument, daß nach dem in Kansas geltenden Recht noch so zahlreiche psychiatrische Gutachten nicht zu einer Umwandlung des Todesurteils in eine lebenslängliche Zuchthausstrafe geführt hätten.

Ob das einstige »Wunderkind« der amerikanischen Literatur mit diesem Welterfolg tatsächlich eine neue literarische Gattung eingeleitet hat oder ob wir es hier mit einem *»auf sein spezifisches Talent zugeschnittenen Sonderfall, der sich nicht beliebig wiederholen läßt«* (G. Blöcker) zu tun haben, sei dahingestellt.                                                        J.Dr.

AUSGABEN: NY 1965. – Ldn. 1966. – NY 1967. – Harmondsworth 1967 (Penguin).

ÜBERSETZUNG: *Kaltblütig. Wahrheitsgemäßer Bericht über einen mehrfachen Mord u. seine Folgen*, K. H. Hansen, Wiesbaden 1966. – Dass., ders., Bln. 1968. – Dass., ders., Reinbek 1969 (rororo).

VERFILMUNG: USA 1967 (Regie: R. Brooks).

LITERATUR: J. N. Lapsley, *Cultural Alienation: »In Cold Blood«* (in Theology Today, 23, 1966/67, H. 2, S. 210–216). – B. Long, *In Cold Comfort* (in Esquire, 65, 1966, Nr. 6, S. 124; 126; 128; 171–181). – W. Wiegand, *The ›Non-Fiction‹ Novel* (in New Mexico Quarterly, 37, 1967, S. 243–257). – *T. C.'s »In Cold Blood«: A Critical Handbook*, Hg. J. Malin, Belmont 1968 [m. Bibliogr.] – G. R. Creeger, *Animals in Exile: Criminal and Community in C.'s »In Cold Blood«* (in Jb. für Amerikastudien, 14, 1969, S. 94–106). – D. Pizer, *Documentary Narrative as Art: William Manchester and T. C.* (in Journal of Modern Literature, 2, 1971, S. 105–118). – J. Bøgh, *I: T. C.; II: »In Cold Blood«* (in *Six American Novels: From New Deal to New Frontier. A Workbook*, Hg. ders. u. S. Skovmand, Aarhus 1972, S. 289–320). – J. J. McAleer, *»An American Tragedy« and »In Cold Blood«* (in Thought, 47, 1972, S. 569–586). – E. Murray, *»In Cold Blood«: The Filmic Novel and the Problem of Adaptation* (in Literature/Film Quarterly, 1, 1973, S. 132–137). – J. Hollowell, *Fact & Fiction: The New Journalism and the Nonfiction Novel*, Chapel Hill 1977. – J. DeBellis, *Visions and Revisions: T. C.'s »In Cold Blood«* (in Journal of Modern Literature, 7, 1979, S. 519–536). – J. M. Bonnet, *»In Cold Blood« et le roman policier* (in Delta, 11, 1980, S. 69–74). – D. Grantham, *»In Cold Blood«: Ambiguités* (ebd., S. 49–68). – J. Hellmann, *Death and Design in »In Cold Blood«: C.'s ›Nonfiction Novel‹ as Allegory* (in Ball State Univ. Forum, 21, 1980, Nr. 2, S. 65–78). – J. Vidan, *The Capitulation of Literature? The Scope of the ›Nonfictive Novel‹* (in *Yugoslav Perspectives on American Literature. An Anthology*, Hg. J. L. Thorson, Ann Arbor 1980, S. 157–180). – P. F. McCord, *The Ideology of Form: The Nonfiction Novel* (in Genre, 19, 1986, S. 59–79).

## OTHER VOICES, OTHER ROOMS

(amer.; *Ü: Andere Stimmen, andere Räume*). Roman von Truman CAPOTE, erschienen 1948. – Capotes erster Roman ist, ähnlich William GOYENS zwei Jahre später erschienenem *House of Breath*, eine introvertierte, symbolbefrachtete Pubertätsstudie, in der die seelische Krise eines Jugendlichen in einer extrem sensualistischen Prosa dargestellt wird.

Der dreizehnjährige Joel Knox reist nach dem Tod seiner geschiedenen Mutter von New Orleans nach Skully's Landing, dem am Golf von Mexiko gelegenen Wohnsitz seines Vaters Edward R. Sansom, den er nie zuvor gesehen hat. Skully's Estrada, das einsame, verfallende Haus im Sumpfgebiet, der verwilderte Garten mit seiner subtropischen Vegetation, die drückende Schwüle und die sonderbaren Menschen, denen er dort begegnet, versetzen den Jungen in einen Zustand zwischen Traum und Wirklichkeit. Er sieht sich einer Erwachsenenwelt gegenüber, auf der ein Alpdruck zu lasten scheint, und er ahnt, daß Amy, die zweite Frau seines Vaters, die ruhelos durchs Haus huscht und deren Exaltiertheit ihm unheimlich ist, und ihr Vetter Randolph, ein eigentümlich feminin wirkender gescheiterter Maler, seine Begegnung mit dem Vater hinauszögern. Auch seine Gespräche mit den Negerdienstboten, dem uralten, zwergenhaften Jesus Fever und seiner lebenshungrigen, warmherzigen Enkelin Zoo, genannt Missouri, vertiefen Joels Eindruck, daß man ihm etwas verbirgt. Nur während seiner Streifzüge mit der burschikosen Idabel Thompkins, einer Zwölfjährigen aus der benachbarten Kleinstadt, löst er sich für kurze Zeit aus dem Bannkreis des Hauses. Seine Hilflosigkeit und sein Gefühl, von der wirklichen Welt isoliert zu sein, verstärken sich, als er feststellt, daß seine Briefe an den Schulfreund und die Tante in New Orleans nicht aufgegeben wurden. Als er endlich das Zimmer des Vaters betreten darf, steht er einem gelähmten, teilnahmslosen Mann gegenüber, der sich nur durch Zeichen mit seiner Umwelt verständigen kann. Später, als Joel von Vetter Randolph gemalt wird, erfährt er von ihm, warum die Bewohner des Hauses hoffnungslos aneinandergekettet dahinvegetieren müssen. Randolph berichtet von dem Eifersuchtsdrama, das durch seine Liebe zu einem mexikanischen Boxer ausgelöst wurde und damit endete, daß er den Manager des Boxers, Joels Vater, blindwütig niederschoß. Den seitdem Gelähmten hatte Amy Skully gepflegt und schließlich geheiratet. Von der Erzählung verwirrt, unbefriedigt und zugleich fasziniert, stellt Joel Fragen, denen Randolph ausweicht, indem er sich in vage Entschuldigungen und zärtliche Gesten gegenüber dem Jungen flüchtet. Kurz darauf entdeckt Joel, daß der Brief, in dem sein Vater ihn zu sich rief, von Randolph geschrieben wurde. Das beklemmende Gefühl, daß etwas Unbekanntes sich seiner bemächtigt, der Schmerz über den Tod Jesus Fevers und den Entschluß Zoos, in die Stadt zu ziehen, treiben ihn in die Flucht. Zusammen mit Idabel läuft er weg, doch wieder nimmt ihn eine unwirkliche Welt, die des Jahrmarkts, gefangen. Vom Sturm überrascht, vom Regen durchnäßt, läßt er sich in ein von Traumbildern blitzartig erhelltes Dunkel sinken. Als er in der Estrada aus dem Delirium erwacht, erkennt er als erstes, *»beglückend nahe«*, die Gestalt Randolphs. Nach seiner Genesung läßt er den Knaben Joel, die Stimmen und Räume der Vergangenheit, hinter sich und geht, *»furchtlos, ohne zu zögern«*, dem Gesicht, das ihm aus Randolphs Fenster zulächelt und das er nun nicht mehr für einen Spuk hält, entgegen.

Seine bizarr wuchernde Phantasie, sein eigenwilliger Sprachrhythmus, seine Fähigkeit, aus beschreibenden Passagen, Dialogen, Traumsequenzen und innerem Monolog eine Seelenlandschaft mit oszilierenden Konturen und einer Atmosphäre namenloser Schrecken erstehen zu lassen, brachten dem dreiundzwanzigjährigen Autor den Ruf eines Wunderkinds ein. Einen Vorstoß in literarisches Neuland hat Capote mit seinem Erstlingsroman freilich nicht unternommen. Er zeigt sich darin unverkennbar der »Southern gothic tale« verpflichtet, und der Versuch, aus ihrem Schema auszubrechen und ihre Schauereffekte und grotesk-dekadenten Typen zu satirisieren, bleibt in den Ansätzen stecken. G.Ba.

AUSGABEN: NY 1948. – NY 1955. – NY/Ldn. 1968. – NY 1973. – Harmondsworth 1978 (Penguin).

ÜBERSETZUNGEN: *Andere Stimmen, andere Stuben*, E. Pohr, Wien 1950. – *Andere Stimmen, andere Räume*, H. Bochow-Blüthgen, Wiesbaden 1961. – Dass., E. Pohr, Mchn. 1962. – Dass., H. Bochow-Blüthgen, Ffm. 1977 (FiBü). Dass., A. Seidel u. F. Podszus, Bln. 1978 (mit *Die Grasharfe*). – Dass., dies., Ffm./Bln. 1986 (Ullst.Tb).

LITERATUR: P. Levine, *T. C. The Revelation of the Broken Image* (in Virginia Quarterly Review, 34, 1958, S. 600–617). – I. Hassan, *T. C.: The Vanishing Image of Narcissus* (in I. H., *Radical Innocence. The Contemporary American Novel*, Princeton 1961, S. 230–258). – M. Schorer, *McCullers and C. Basic Patterns* (in *The Creative Present. Notes on Contemporary American Fiction*, Hg. N. Balakian u. Ch. Simmons, NY 1963, S. 83–107). – L. Y. Gossett, *Violence in a Private World. T. C.* (in L. Y. G., *Violence in Recent Southern Fiction*, Durham/N.C. 1965, S. 145–158). – B. Bisel, *T. C.* (in Letture, 21, 1966, S. 403–422). – M. E. Mengeling, *»Other Voices, Other Rooms«: Oedipus Between the Covers* (in American Imago, 19, 1962, S. 361–374). – D. B. Trimmier, *The Critical Reception of C.'s »Other Voices, Other Rooms«* (in West Virginia Univ. Philological Papers, 17, 1970, S. 94–101). – R. H. Woodward, *Thomas Wolfe. T. C.'s Textbook* (in Thomas Wolfe Newsletter, 2, 1978, Nr. 1, S. 21). – N. Blake, *»Other Voices, Other Rooms«: Southern Gothic or Medieval Quest?* (in Delta, 11, 1980, S. 31–47). – R. C. Davies, *»Other Voices, Other Rooms« and the Ocularity of American Fiction* (ebd., S. 1–14). – F. Durand-Bogaert, *La Mort et la stase dans »Other Voices, Other Rooms«* (ebd., S. 15–24).

## FRITJOF CAPRA

\* 1.2.1939 Wien

## THE TURNING POINT

(engl.; *Ü: Wendezeit*). Naturwissenschaftliche und kulturphilosophische Schrift von Fritjof CAPRA, erschienen 1982. – Capra, theoretischer Physiker, will in diesem Buch die *»Bausteine für ein neues Weltbild«* zusammentragen. Dieses Weltbild soll sich aus Erkenntnissen der modernen theoretischen Physik, wie sie vor allem von W. HEISENBERG repräsentiert wird, und aus den Weisheitslehren fernöstlicher Mystik zusammensetzen. – Als unmittelbare geistige und lebensgeschichtliche Einflüsse nennt Capra selbst, neben Heisenberg und anderen Physikern, unter anderem das systemische und holistische Denken der Philosophen Gregory BATESON und Ken WILBER, die »Transpersonale Psychologie«, wie sie vor allem von Ronald D. LAING und Stanislav GROF entwickelt wurde, naturreligiösen Schamanismus in der Version Carlos CASTANEDAS, Zenbuddhismus und Taoismus. Dazu trat die, vor allem in Kalifornien lebendige Hippie-Bewegung der sechziger und frühen siebziger Jahre, an der Capra nach eigenen Aussagen als »Teilphysiker und Teilhippie« teilnahm und durch die er die Techniken der Meditation kennenlernte.

In *The Turning Point* geht Capra davon aus, daß die Menschheit gegenwärtig in einer epochalen Krise stecke, die sich in den Bereichen Wirtschaft, Politik, Gesundheitswesen, insbesondere aber im Bereich der Ökologie manifestiere. Diese fundamentale Krise sei Ausdruck eines überholten Denkens, das unter dem Bann des »alten Paradigmas« stehe. Dieses alte Paradigma (der Begriff ist der Wissenschaftstheorie Thomas S. KUHNS entlehnt) sei, auf Descartesschem Denken und Newtonscher Physik ruhend, rein mechanistisch und reduktionistisch; in ihm überwögen die auf Ausbeutung und Beherrschung der Natur ausgerichteten, *»männlich«-aggressiven* Antriebe. Das alte mechanistische, destruktiv gewordene Paradigma werde mehr und mehr abgelöst durch eine neue Sicht der Wirklichkeit. Kennzeichen dieses »Paradigmenwechsels« sei eine Abkehr von der mechanistischen Denkweise und eine Hinwendung zu einem ganzheitlichen Verstehen. Diese holistische Sicht der Wirklichkeit sieht Capra in den Erkenntnissen der modernen theoretischen Physik schon vorgebildet. Insbesondere sei dies abzulesen an den Erkenntnissen der Quantenphysik, nach denen Subjekt und Objekt letztlich nicht voneinander zu trennen sind. Vielmehr sei es eine der bedeutendsten Offenbarungen der neueren Physik, daß sie die ganzheitliche Einheit des Universums aufweise. Diese Einsicht bestehe vor allem in einem inneren Zusammenhang von Materie und Bewußtsein. Hinter den scheinbaren Gegensätzen von Natur und Mensch, von Geist und Materie, von Subjekt und Objekt stehe als Universalprinzip das alles Seiende in systemischer Vernetzung verbindende »kosmische Bewußtsein« (auch: »kosmischer Geist«), das die einzelnen Erscheinungen durchdringe. »*In der geschichtlichen Ordnung der Natur ist der jeweilige individuelle menschliche Geist in den umfassenderen Geist gesellschaftlicher und ökologischer Systeme eingebettet; dieser wiederum ist in das planetare geistige System integriert – in den Geist von Gaia –, das seinerseits an irgendeiner Art von universalem oder kosmischem Geist teilhaben muß.*«

Das Universum erscheint somit für Capra als unteilbares, Natur und Mensch verbindendes Ganzes, das das bisherige westliche Denken mit seiner Annahme von isolierten Ursachen- und Wirkungszusammenhängen, seiner Subjekt und Objekt trennenden Erkenntnistheorie nicht adäquat habe erfassen können. Das »*neue Paradigma*« kündige sich an in einer Zusammenschau der Erkenntnisse der modernen Physik und östlich-mystischer Spiritualität. Denn die Annahme einer kosmischen Einheit, in der und durch die alle Dinge sind, sei dem »alten«, mechanistischen, Subjekt und Objekt trennenden cartesianischen Weltbild fremd, stelle aber den zentralen Inhalt der östlichen Mystik dar. Wo wir deren Weg – in Übereinstimmung mit der fortgeschrittenen westlichen Wissenschaft – gingen, zerflösse das auf mechanistischer Grundlage ruhende Denken des Westens zu bloßem Schein, und der Mensch finde sich wieder als Teil des allumfassenden und alles durchdringenden Kosmos. – Für Capra gilt: Die Wendezeit hin zum »*neuen Paradigma*« hat schon begonnen, der Beleg dafür sind die grünen Umweltschutzbewegungen, die feministischen und neuen spirituellen Bewegungen, in denen das neue Denken aufleuchtet. Der Weg in das neue »*Solarzeitalter*« ist unaufhaltsam, da gegründet in der »*Selbstorganisationsdynamik des gesamten Kosmos*«. Es kann nur darum gehen, den Übergang, unter Minimierung der nötigen Konflikte, so schmerzlos wie möglich zu gestalten, im Einklang mit der Prophetie des altchinesischen *Buches der Wandlungen (I Ging)*: »*Nach einer Zeit des Zerfalls kommt die Wendezeit. Das starke Licht, das zuvor vertrieben war, tritt wieder ein. . . . Es ist dies eine natürliche Bewegung, die sich von selbst ergibt.*«

Das Buch hat innerhalb der naturwissenschaftlichen Fachdiskussion wenig Beachtung gefunden, und die seltenen naturwissenschaftlichen Auseinandersetzungen mit Capras Theorien kommen fast durchweg zu einem kritisch-ablehnenden Urteil. Der Kern dieser Kritik bezieht sich, neben Bedenken allein schon hinsichtlich der sachlichen Richtigkeit der dargestellten naturwissenschaftlichen Sachverhalte, vor allem auf die unzulässige Vermischung von naturwissenschaftlicher Erkenntnis mit Weltanschauungsannahmen. Bedeutende und kaum abzuschätzende Auswirkungen hatte das Buch freilich für die in den USA und seit Beginn der achtziger Jahre in Westeuropa sich bildende sogenannte »New-Age-Bewegung«. Die Schrift ist geradezu zu einem »Kultbuch« und sein Verfasser zu einem Propheten dieser Bewegung geworden, weil *The Turning Point* deren Überzeugung, es gelte auf dem Weg einer Bewußtseinstransformation in das neue Zeitalter der unendlichen Harmonie hineinzuleben, das quasi-theoretische Rüstzeug lieferte. Insbesondere vermittelte es den Anhängern dieser Idee das Selbstbewußtsein, daß die »New-Age-Weltsicht« nicht nur mit der Wissenschaft in Einklang zu bringen sei, vielmehr deren notwendiges Resultat darstelle. Das Renommee, das Capra in der New-Age-Szene genießt (von der er sich zuletzt zu distanzieren suchte), rührt daher, daß hier einer, der als Kernphysiker aus dem Bereich der exakten Wissenschaft kommt, die Heilsbotschaft vom kommenden »Solarzeitalter« verkündet – in vielem die Fortsetzung des alten säkularen Wissenschaftsglaubens, nunmehr als Amalgam von Religiosität und Wissenschaftlichkeit. Es war vor allem dieses Buch Capras, das dem einzelnen New-Age-Anhänger das Bewußtsein verlieh, im Einklang mit der modernen Wissenschaft und deren fortgeschrittensten Erkenntnissen zu stehen. Das Buch verdient Beachtung nicht wegen seines naturwissenschaftlichen oder gar kulturphilosophischen Gehaltes, sondern als Indikator einer Hauptströmung des westlichen Zeitgeistes und Lebensgefühls in den achtziger Jahren. G.Kü.

AUSGABE: NY 1982.

ÜBERSETZUNG: *Wendezeit*, E. Schumacher, Bern u. a. 1983. – Dass., ders., Mchn. 1988 (Knaur Tb).

LITERATUR: H. J. Ruppert, *New Age – Endzeit oder Wendezeit?*, Wiesbaden 1985. – W. Hochkeppel, *Nebelwerfer als Aufklärer* (in Merkur, 39, 1985, H. 9/10, S. 831–842). – F. Capra, *Das neue Denken*, Bern u. a. 1987. – *Die Rückkehr der Zauberer*, Hg. H. Hemminger, Reinbek 1987. – G. Küenzlen, *Das New-Age-Syndrom. Zur Kultursoziologie vagabundierender Religiosität* (in Zs. für Politik, 35, 1988, H. 3, S. 237 ff.). – M. Lambeck, *Das Nichtwissen in der Physik und das New Age* (in Materialdienst der Evangel. Zentralstelle für Weltanschauungsfragen, Stg., H. 4, 1988, S. 97 ff.). – Ch. Schorsch, *Die New-Age-Bewegung. Utopie und Mythos der Neuen Zeit*, Gütersloh 1988.

## LUIGI CAPUANA

\* 27./28.5.1839 Mineo bei Catania
† 29.11.1915 Catania

LITERATUR ZUM AUTOR:
*Bibliographien:*
G. Raya, *Bibliografia di L. C. (1839–1968)*, Rom 1969. – G. Oliva, *C. nella critica recente (1960–1978)* (in G. O., *C. in archivio*, Caltanisetta 1979).

*Gesamtdarstellungen und Studien:*
G. Marchese, *C., Poeta della vita*, Michigan 1964. – V. P. Traversa, *L. C. critic and novelist*, Den Haag/Paris 1968. – A. Alexander, *Il »Comparatico« di L. C. e gl'inizi del verismo*, Rom 1969. – V. Santangelo, *L. C. e i suoi critici*, Rom 1969. – C. A. Madrignani, *C. e il naturalismo*, Bari 1970. – A. Cibaldi, *C.*, Brescia ³1973. – G. Oliva, *L. C. negli studi di un quindicennio (1960–1975)* (in Cultura e scuola, 15, 1976, S. 23–42; 37–51). – J. Davies, *The Realism of L. C.*, Ldn. 1979. – F. Caliri, *Il primo C. La prosa narrativa: aspetti e problemi linguistici*, Rom 1980. – G. Oliva, *Nuovi materiali per C. (1976–1980)* (in Cultura e scuola, 19, 1980, S. 29–39). – Ders., *Nuovi materiali per C. (1976–1982)* (in G. O., *Le ragioni del particolare. Indagini di letteratura italiana tra storia e microstoria*, Rom 1984, S. 217–235). – *L. C. e Federico de Roberto*, Hg. S. Zappulla Muscarà, Caltanisetta/Rom 1984. – *Novelliere impenitente. Studi su L. C.*, Pisa 1985. – A. Arslan, Art. *L. C.* (in Branca, 1, S. 509–514).

# GIACINTA

(ital.; *Giacinta*). Roman von Luigi CAPUANA, erschienen 1879; in einer stark überarbeiteten Fassung 1885. – Im Vorwort erklärt der Autor, ihn habe die Lektüre verschiedener Romane BALZACS, vor allem aber FLAUBERTS *Madame Bovary* und ZOLAS *Rougon-Macquart*-Zyklus so bewegt, daß er seine *Giacinta*, die auf eine wahre Begebenheit zurückgehe, nach diesen Vorbildern entwarf. Dieses Werk gilt als das erste Beispiel eines absolut naturalistischen Romans in Italien. Mit ihm wurde der Autor zugleich Vorkämpfer für den *verismo*, der seinen Höhepunkt in den nur wenig später entstandenen Erzählungen seines Freundes und Landsmannes VERGA erreichen sollte. Von HEGELS *Ästhetik* beeinflußt, zu der Capuana sich als Professor für Ästhetik und Stilistik an der Universität Catania bekannte, übertrieb er jedoch in *Giacinta* die (pseudo)wissenschaftliche Akribie so sehr, daß der Roman über weite Teile als Diagramm eines pathologischen Falles erscheint.

Giacinta ist als kleines Mädchen von einem auf dem elterlichen Anwesen dienenden Knecht vergewaltigt worden. Dienstbotengeschwätz ruft den längst vergessenen Vorfall wieder in ihr Bewußtsein zurück und erzeugt die Zwangsvorstellung, daß sie Andrea, obwohl sie ihn liebt, nicht heiraten könne. Sie gibt sich ihm jedoch als Geliebte mit solcher Leidenschaft hin, daß sie auch dann nicht von ihm lassen will, als der alternde Conte Giulio um ihre Hand anhält. Dieser erklärt sich mit ihrer Bedingung einverstanden, daß er auf die eheliche Gemeinschaft mit seiner Frau verzichtet und Andrea sich in seinem Haus aufhalten darf, wann immer es Giacinta beliebt. Als Ehefrau macht diese keinerlei Hehl aus ihren häuslichen Verhältnissen, und als sie ein Kind zur Welt bringt, gibt es keinen Zweifel, wer dessen Vater ist. Ihre Mutter will jedoch die fortwährende Beleidigung der Familienehre nicht länger dulden und überredet den Arbeitgeber Andreas, diesen zu versetzen. Giacinta will sich trotzdem nicht von dem Geliebten trennen und verlangt, daß er seine Stellung aufgibt und sich von ihr aushalten läßt. Die für Giacinta empfundene Leidenschaft hat Andrea bisher über die Verächtlichkeit seiner Lage und seines Verhaltens hinweggetäuscht. Nun dämmert ihm endlich die Einsicht – aber noch verfügt er nicht über die Kraft, den Wünschen der Frau Widerstand entgegenzusetzen. Erst als ihr Kind an Diphtherie erkrankt und stirbt, ohne daß Andrea an diesem Schicksalsschlag Anteil nähme, erkennt Giacinta, daß nur sexuelle Abhängigkeit diesen Mann noch an sie kettet. Jetzt hat das Leben für sie keinen Sinn mehr: Sie begeht Selbstmord.

Ein Vergleich mit *La lupa (Die Wölfin)*, einer der Meisternovellen Vergas, läßt die Schwächen in Capuanas Roman scharf hervortreten. Gelingt es Verga, durch starke Reduzierung des Epischen die Triebhaftigkeit seiner »Wölfin« zum schicksalhaften Ereignis werden zu lassen, verliert sich Capuana so sehr im psychologischen (genauer: psychopathologischen) Gestrüpp, daß darüber das dichterische Erlebnis zu kurz kommt. Zwar wendet er, wie Verga, impressionistische Stilmittel an, aber bei ihm bleiben die Farben stumpf, die Konturen verschwommen, so daß heute die Begegnung mit der Protagonistin eher Beklemmung hervorruft, anstatt aufrichtige Anteilnahme zu wecken. M.S.

AUSGABEN: Mailand 1879. – Catania 1885 [bearb. Fassg.]. – Mailand 1931. – Mailand o. J. [1940]. – Mailand 1980. – Rom 1980, Hg. E. Ghidetti. – Catania 1980, Hg. G. Corsi.

LITERATUR: P. Arrighi, *C. et les deux versions de »Giacinta«* (in *Mélanges de philologie, d'histoire et de littérature offerts à H. Hauvette*, Paris 1934). – H. L. Norman, *The Scientific and the Pseudoscientific in the Works of L. C.* (in PMLA, 53, 1938, S. 869–885). – P. Azzolini, *»Giacinta« o l'alibi dell'impersonalità* (in Quaderno Veronese di filologia, lingua e letteratura italiana, 1979, Nr. 1). – G. Oliva, *»Giacinta« dal romanzo al dramma* (in G. O., *C. in archivio*, Caltanisetta 1979). – E. Ghidetti, *Il destino di »Giacinta«* (in E. G., *L'ipotesi del realismo*, Padua 1982, S. 59–74). – M. Durante, *Tra la prima e la seconda »Giacinta« di C.* (in Annali della Fondazione Verga, 2, 1983). – K. Ringger, *Aspetti del discorso ›fisiologico‹ nella »Giacinta« di L. C.* (in *Literatur u. Wissenschaft. Fs. f. R. Baehr*, Tübingen 1987, S. 355–360).

# IL MARCHESE DI ROCCAVERDINA

(ital.; *Der Marchese von Roccaverdina*). Roman von Luigi CAPUANA, erschienen 1901. – Anders als in seinen von der *Ästhetik* HEGELS und dem Naturalismus ZOLAS beeinflußten früheren Werken (vgl. *Giacinta*) verzichtet Capuana im *Marchese di Roc-*

*caverdina* auf die »wissenschaftliche« Untermauerung seines Stoffs. Der oft mit VERGAS *Mastro Don Gesualdo* verglichene Roman gilt als Höhepunkt seines Schaffens und als Musterbeispiel veristischer Erzählkunst. – Jahrelang hat der Titelheld, ein typischer Vertreter des selbstgerecht herrschenden sizilianischen Landadels, mit der jungen Bäuerin Agrippina zusammengelebt, bis er sie dann seinem Verwalter, Rocco Criscione, zur Frau gegeben hat. Zwar mußten die beiden damals vor dem Kruzifix schwören, sie würden nur eine Scheinehe führen, doch hat wachsende Eifersucht den Marchese dazu getrieben, Rocco eines Tages aus dem Hinterhalt zu erschießen. Der Verdacht fiel auf den Hirten Neli, von dem jedermann wußte, daß er Rocco die Frau neidete. Den Marchese scheint es anfangs kaum zu berühren (hier setzt die Handlung ein), daß ein Unschuldiger für ihn im Kerker schmachtet. Doch dann meldet sich sein Gewissen, und fortan steht sein Leben im Zeichen der qualvollen Auseinandersetzung mit der Vergangenheit. Sein Beichtvater fordert, daß er sich dem Gericht stelle; aber wie könnte er, der Feudalherr, sich vor seinen Untergebenen eines Verbrechens bezichtigen und damit seinen ganzen Stand in Mißkredit bringen? Weder die Heirat mit Zosima Mugnos, seiner verarmten Jugendfreundin, noch die Flucht in die Arbeit können ihm helfen, seine Schuld zu vergessen. Der Anblick des Kruzifixes, vor dem Rocco und Agrippina den verhängnisvollen Schwur geleistet haben, berührt ihn ebenso wie das Gerede der Leute, die behaupten, der Ermordete könne keine Ruhe finden und suche den Tatort heim. Dem afrikanischen Wüstenwind vergleichbar, der wie das sizilianische Erde ausdörrt, wütet die Erinnerung in der Seele des Mörders. Zur gleichen Zeit, als endlich der von den Bauern herbeigeflehte Regen fällt, scheint sich auch für den Marchese das Blatt zu wenden: Die einzigen Menschen, die die Wahrheit kennen – der Priester und der Hirt Neli –, sterben. Doch sein Gewissen läßt sich nicht zum Schweigen bringen und treibt ihn schließlich in den Wahnsinn. Er gesteht die Tat seiner Frau, die daraufhin den hilflos wimmernden Kranken verläßt. Nun nimmt sich Agrippina seiner an. An ihrer hündischen Ergebenheit hat das Vorgefallene nichts ändern können, und sie pflegt ihren Herrn bis zu seinem qualvollen Ende.

Entsprechend der im Naturalismus vorherrschenden Auffassung, daß Umwelt und Erbgut Wesen und Verhalten des Menschen weitgehend determinieren, führt Capuana den körperlichen und seelischen Zusammenbruch des Marchese darauf zurück, daß in der Familie Roccaverdina der Wahnsinn erblich sei. Dadurch wird aber der an DOSTOEVSKIJ gemahnende Gewissenskampf des Mörders entwertet. Charakteristisch für diesen Roman sind die mit impressionistischen Mitteln erzielte »Inszenierung« aus dem Alltag gegriffener und zum Modellfall erhobener Situationen (etwa einer Bittprozession der ausgemergelten, sich fanatisch geißelnden Bauern), der weitgehende Verzicht auf Nebenfiguren, die Verwendung von Leitwörtern und lautmalerischen Akzenten, vor allem aber die – nach MANZONI kaum mehr angewandte – stilisierte Umgangssprache in den Dialogen. M.S.

AUSGABEN: Mailand 1901. – Mailand 1958, Hg. u. Einl. G. R. Ceriello. – Mailand 1960; 4 1982.

ÜBERSETZUNGEN: *Der Marchese von Roccaverdina*, Ch. Birnbaum, Mchn. 1967. – Dass., M. Köster u. Ch. Wagner, Bln. 1980.

VERFILMUNG: *Gelosia*, Italien 1942 (Regie: F. M. Poggioli).

LITERATUR: H. Meter, *L. C.s neues Paradigma der Figur: Die Entzweiung der Psyche u. Milieu in »Il Marchese di Roccaverdina«* (in H. M., *Figur u. Erzählauffassung im veristischen Roman*, Ffm. 1986, S. 148–227).

## ALEKSEJ PAVLOVIČ ČAPYGIN

\* 17.10.1870 Bol'šoj Ugol / Gouvernement Olenec
† 21.10.1937 Leningrad

LITERATUR ZUM AUTOR:
V. Dynnik *A. P. Č.* (in Pečat' i Revoljucija, 1928, Nr. 2, S. 125–134). – P. L. Artjuchov, *Č.*, Archangelsk 1955. – B. S. Val'be, *A. P. Č. Očerk žizni i tvorčestva*, Leningrad 2 1959. – Vl. St. Semenov, *A. Č.*, Moskau 1974. – M. N. Nestorov, *Znatok narodnogo govora* (in Russkaja Reč', 1975, S. 62–66). – S. Šolomova, *Sluchu avtora nužno verit'...* (in Neva, 1983, 10, S. 180–182).

## BELYJ SKIT

(russ.; *Die weiße Klause*). Ethnographischer und sozialkritischer Bauernroman von Aleksej P. ČAPYGIN, erschienen 1914. – Dieses Werk, das seinen Autor einer breiteren Öffentlichkeit bekannt machte, gehört zu den späten Nachkömmlingen des von GRIGOROVIČ begründeten Bauernrealismus, der Darstellung des in der Natur gewachsenen Menschen unter starker Betonung des Folkloristisch-Religiösen. Schauplatz des Geschehens ist Čapygins eigene Heimat, die Taiga des russischen Nordens. In einer Dorfgemeinde versucht der Ortskulak den bärenhaften Jäger Afon'ka Kren' zu beseitigen und bedient sich dazu des Bruders von Afon'ka, Ivaška, dessen Ergebenheit er sich erkauft hat. Obwohl Afon'ka weiß, daß er in dem ungleichen Kampf der Unterlegene sein wird, weicht er nicht aus und schiebt immer wieder seinen Entschluß auf, in der ihm visionär erschienenen, im Urwald gelegenen weißen Klause Ruhe zu suchen.

Erst als ihn sein Bruder – vom Ortskulak genötigt – umbringen will und er diesen im Jähzorn erdrosselt, verläßt Afon'ka Kren' das Dorf. Nur von seinem Hund begleitet, zieht er in die winterliche Taiga, die ihm zur »*weißen Klause*« wird. Hier findet er seine ewige Ruhe: »*Denk nach, Verfluchter, vielleicht ist dein Gott – die Qual der Qualen.*«

Da große Teile des erzählenden Textes und die Repliken im Dialekt von Archangelsk (»*Das ist fast nicht Russisch*«) geschrieben sind, ist der Roman außerordentlich schwer lesbar. Um dem Leser eine Anzahl seiner »Bärenworte« überhaupt zugänglich zu machen, sah sich Čapygin zu einem kleinen Glossar genötigt; er läßt es von einer Figur seines Romans, einem »Verbannten«, als volkskundlichen Zeitvertreib für seinen Freund in Petersburg brieflich niederlegen. Dieser verbannte Arzt, ein Misanthrop und Zyniker, der gegen Ende des ersten Teils Selbstmord begeht, führt den Leser auch in die fremdartige Welt des russischen Nordens ein, deren Schilderung zu den besten Passagen des Romans gehört. Das liebevoll gemalte Landschaftskolorit und ein Hauch sentimentalischer Heimatliebe mögen die Gründe dafür gewesen sein, daß GOR'KIJ den Roman sehr schätzte.  W.Sch.

AUSGABEN: Petersburg 1914 (in Russkaja mysl'). – Moskau 1915. – Moskau 1927/1928 (in *Sobr. soč.*, 7 Bde., 1). – Moskau 1961 [Hg. A. M. Lejtes]. – Moskau 1986 (in *Belyj Skit: Rasskazy i Povesti*).

LITERATUR: B. Val'be, *A. P. Č.*, Leningrad ²1959, S. 63–81. – G. M. Atanov, *O chudožestvennych iskanijach russkoj realističeskoj prozy 1910-ch godov: A. Č. i V. Šiškov* (in Russian Literature, 4, 1984, S. 34–46).

## RAZIN STEPAN

(russ.; *Ü: Stepan Rasin*). Historischer Roman von Aleksej P. ČAPYGIN, erschienen 1926/27. – Die sowjetische historische Prosa der zwanziger Jahre entwickelte sich im wesentlichen in zwei Richtungen. Bevorzugte die eine die ethisch-moralisch-psychologische Erhellung des historischen Geschehens, so unterstrich die andere die Herausarbeitung der Rolle der Volksmassen in den klassenkämpferischen Auseinandersetzungen der russischen Geschichte. Čapygins breitangelegter Roman ist das erste umfassende Zeugnis der letzteren Gattung. Er bricht mit der Tradition des bürgerlichen historischen Romans in Rußland (MORDOVCEV u. a.), die den Aufstand des legendenumwobenen Kosakenatamans Stepan Razin (†1671) als private Rache oder als ungezügelten Ausbruch einer triebhaft-tierischen Grausamkeit und Zügellosigkeit des Führers der aufständischen Bauernschaft darzustellen suchte. Čapygin, der sich ein Leben hindurch dem Studium der Geschichte und der zeitgenössischen Situation des russischen Bauerntums widmete, stellt die Erhebung Stepan Razins als eine markante Episode des über Jahrhunderte unvermindert andauernden Klassenkampfes der russischen Bauern gegen die Feudalherrschaft dar. Razin erscheint als der unerschrockene, talentierte, heldenhafte Führer einer Bewegung, die aber nicht in individuellen Motiven und Interessen, sondern in den sozialen Verhältnissen des spätmoskovitischen Feudalstaates ihre Ursache hat. Als Schirmherr der Armen und Unterdrückten scheint er ganz nach dem Bilde geschaffen, das er im russischen Volkslied, in der mündlichen Erzählung und der Legende hinterlassen hat. In dem Bestreben, Razin als positiven Helden zu zeichnen, hat ihn Čapygin allerdings in manchen Zügen (seiner der historischen Wahrheit zuwiderlaufenden Humanität, seinem ausgeprägten politischen Bewußtsein, seinem klar formulierten Atheismus) allzusehr dem modernen Bild des fortschrittlichen Revolutionärs angeglichen. Einen romantischen Einschlag erhält die Gestalt Razins vor dem Hintergrund des mit Liebe ausgemalten Kosakenmilieus, das mitunter die leibeigene Bauernschaft als den eigentlichen Träger der Aufstandsbewegung in den Hintergrund zu drängen droht. Gleichwohl bleibt Razin, dessen persönliche Schwächen der Autor nicht verschweigt, der große, lebendig und überzeugend gestaltete, aus dem Volke erwachsene Führer des Bauernaufstandes, der auf der Folter einzig bekennt: »*Meinen Schatz brauchst Du? Dieser Schatz ruht nicht in der Erde, er ist auf der Erde. Dieser Schatz ist das ganze russische Volk! ... Den Brand in Rußland vermöchtet ihr weder mit Wasser noch mit Blut zu löschen, von diesem Brand, ihr Teufel des Zaren, wird früh oder spät euer Ende kommen.*« Die Breite des geschilderten Handlungsablaufs begünstigte das mehrfache Übergleiten des Romans in die rein naturalistische Beschreibung des historischen Milieus. Sie tut sich vor allem in der prätentiösen, von Archaismen, Dialektausdrücken und folkloristischen Elementen überladenen Sprache des Werks kund. Diese Mängel haben dem Ansehen des Buches, das eine der ersten Errungenschaften des sowjetischen historischen Romans werden sollte, keinen Abbruch getan. Vor allem Maksim GOR'KIJ bekannte, er habe Čapygins »*in Seide gestickten Razin Stepan ... mit ausgesprochener Begeisterung*« gelesen.  KLL

AUSGABEN: Moskau 1926/1927, 3 Bde. – Moskau 1928 (in *Sobr. soč.*, 7 Bde., 1927/1928, 5–7). – Moskau 1950. – Moskau 1984 (in *Guljaščie ljudi*).

ÜBERSETZUNG: *Stepan Rasin. Historischer Roman*, nach P. Reissert bearb., Bln. 1953; ⁷1974.

VERFILMUNG: *Stepan Razin*, Rußland 1939 (Regie: O. Preobraženskaja u. J. Pravov).

LITERATUR: R. Messer, *Sovetskaja istorič. proza*, Leningrad 1955, S. 57–67. – B. S. Val'be. *A. P. Č. Očerk žizni i tvorčestva*, Leningrad ²1959, S. 95–133. – Ju. A. Andreev, *Russk. sov. istorič. roman 20–30 gody*, Moskau 1962, S. 41–49. – *Iz épistoliarnogo nasledija A. K. Voronskogo: Tri pis'ma k*

*A. P. Č.*, Hg. V. I. Protčenko (in Russkaja Literatura, 1984, 4, S. 158–159).

## ION LUCA CARAGIALE

\* 30.1. oder 1.2.1852 Haimanalele (heute Caragiale)
† 22.6.1912 Berlin

LITERATUR ZUM AUTOR:
*Bibliographie:*
M. Petrica, *I. L. C. Bibliografie de recomandare*, Bukarest 1964.
*Forschungsbericht:*
L. Călin, *I. L. C. Studiu introductiv*, Bukarest 1974.
*Biographien:*
Ș. Cioculescu, *Viața lui I. L. C.*, Bukarest 1940. – ⁴1977. – S. Iosifescu, *C.*, Bukarest 1951. – I. Roman, *C.*, Bukarest 1964. – Șt. Cazimir, *C. Universul comic*, Bukarest 1967.
*Gesamtdarstellungen und Studien:*
B. Elvin, *Modernitatea lui I. L. C.*, Bukarest 1967. – I. Konstantinovskij, *Karadžale*, Moskau 1970. – S. Iosifescu, *Dimensiuni caragialiene*, Bukarest 1972. – I. Constantinescu, *C. și începuturile teatrului european modern*, Bukarest 1974. – E. D. Tappe, *I. L. C.*, NY 1974. – I. Roman, *Studii despre lui I. L. C.*, Bukarest 1975. – A. Călinescu, *C. sau vîrsta modernă a literaturii*, Bukarest 1976. – M. Tomus, *Opera lui I. L. C.*, Bukarest 1977. – V. Silvestru, *Elemente de caragialeologie*, Bukarest 1979. – M. Vodă Căpușan, *Despre C.*, Cluj 1982. – E. V. Azernikova, *Drama i teatr Rumynii: Karadžale, Petresku, Sebastian*, Moskau 1983. – F. Manolescu, *C. și C. jocuri cu mai multe strategii*, Bukarest 1983. – D. Schuppert, *L'image de la societé roumaine dans l'œuvre comique de Vasile Alecsandri et de I. L. C.*, Bonn 1983. – *C. Facetten seines Werkes. Wiss. Kolloquium d. Univ. Augsburg*, Hg. I. Constantinescu, Augsburg 1984. – S. Cazimir, *Nu numai C.*, Bukarest 1984. – V. Fanache, *C.*, Cluj 1984. – I. Cazaban, *C. și interpreții săi*, Bukarest 1985.

## CONUL LEONIDA FAȚĂ CU REACȚIUNEA

(rum.; *Herr Leonida und die Reaktion*). Posse in einem Akt von Ion Luca CARAGIALE, erschienen 1880. – Herr Leonida ist der Prototyp eines einfältigen Bukarester Kleinbürgers, der mit der neuen politischen Entwicklung in den siebziger Jahren nicht Schritt halten kann, mit schlecht verstandenen Presseschlagwörtern herumwirft und unverdaute demokratische Begriffe nach seiner Art interpretiert. Als in Ploești, einer Kreisstadt in der Nähe von Bukarest, eine republikanische Revolution ausbricht (Caragiale hat als Gymnasiast aktiv an ihr teilgenommen), wird Leonida zu einem fanatischen Republikaner. Er kann es nicht lassen, jeden Abend seiner Frau Efimița die denkwürdigen Ereignisse und ihre Auswirkungen in Bukarest zu erzählen. Natürlich stellt er dabei seine persönlichen Betrachtungen an und läßt sich zu den absurdesten Ideen und Formulierungen hinreißen. Efimița bewundert ihn zwar uneingeschränkt, kann aber mit ihrem gesunden Menschenverstand manches nicht ohne Widerspruch hinnehmen. Eines Abends, nachdem sie sich zur Ruhe begeben haben, werden sie von einer wilden Schießerei auf den Straßen aus dem Schlaf gerissen. Herr Leonida greift hastig nach einer Zeitung, in der Hoffnung, dort eine Nachricht zu finden. Er stößt auf das Wort »Reaktion«; nun steht es für ihn außer Zweifel, daß die Revolution wie vor kurzem in Ploești jetzt auch in Bukarest von den Reaktionären blutig niedergeschlagen werden soll. Von Angst und Schrecken gepackt, verbarrikadiert er seine Wohnung, die er erst wieder öffnet, als ihm das Dienstmädchen erklärt, ein betrunkener Wachtmeister habe nur den Faschingskehraus mit einer wilden Schießerei beschlossen. Leonida, der sich mit seinem feigen und überstürzten Verhalten maßlos blamiert hat, bekommt sofort wieder Oberwasser, während Efimița erleichtert aufatmet und ihm seine harmlose Prahlerei verständnisvoll nachsieht.

Diese Posse karikiert ein ignorantes Kleinbürgertum, das den aus Westeuropa herübergedrungenen politischen und sozialen Ideen nicht nur hilflos gegenübersteht, sondern, schlimmer noch, sie wegen ungenügender Bildung falsch anwendet. *Conul Leonida* wurde zusammen mit *O noapte furtunoasa (Eine stürmische Nacht)* in Rumänien mit großem Erfolg verfilmt. Manche Wesenszüge Herrn Leonidas und seiner Frau Efimița lassen sich beim Hausmeisterehepaar in *Les chaises (Die Stühle)* von Eugène IONESCO (auch einem gebürtigen Rumänen) wiederfinden. J.M.

AUSGABEN: 1880 (in Convorbiri Lit., 1. 2. 1880). – Bukarest 1908 (in *Opere complete*). – Bukarest 1959–1962 (in *Opere*, 3 Bde., 1). – Bukarest 1971 (in *Opere*, Bd. 1). – Bukarest 1976 (in *Teatru*).

ÜBERSETZUNG: *Herr Leonida und die Reaktion* (in *AW*, Bd. 1: *Bühnenspiele*, m. Biogr. v. S. Iosifescu, Bukarest 1953). – *Herr Leonida und die Reaktion*, G. Maurer, Bln. 1962.

LITERATUR: V. Cristea, *Conu Leonida față cu Istoria* (in V. C., *Domeniul criticii*, Bukarest 1976, S. 136–141).

## O FĂCLIE DE PAȘTI

(rum.; *Eine Osterkerze*). Novelle von Ion Luca CARAGIALE, erschienen 1889. – Der jüdische Gastwirt Zibal, als Vertreter eines alten, durch Inzucht degenerierten Volkes gezeichnet, lebt ständig in der

Angst, schutzlos der Welt der Gojim ausgeliefert zu sein. Eines Tages entläßt er seinen Knecht Gheorghe, einen Christen, weil er an ihm, seit er Zeuge eines heftigen Streits seiner Gäste über die Theorien Lombrosos wurde, alle Merkmale eines typischen Verbrechers zu entdecken glaubt. Der Knecht droht dem Wirt, in der Osternacht mit ihm abzurechnen. Zur angekündigten Stunde erscheint er. Zibal ist vor Angst dem Wahnsinn nahe. Doch es gelingt ihm, die Hand des Mörders zu fassen: Er bindet sie fest und läßt sie im Feuer verbrennen. Die menschliche Fackel wird zum grausigen Symbol seiner Befreiung: Er, der Jude, hat Christus in der Auferstehungsnacht eine Kerze angezündet; fortan kann er in Frieden leben. Freilich bleibt offen, ob dieser Friede nicht gleichbedeutend ist mit Irresein. – Mit fast brutalem Naturalismus beschreibt der Autor Zibals Angstzustände und seine Tat als Phänomene an der Grenze zwischen seelischer Krankheit und mystischem Erlebnis. Daß die Angst einen labilen Menschen zum Mord treiben kann, stellt Caragiale auch in anderen Erzählungen dar. Keines dieser Werke kommt jedoch der *Osterkerze* an Prägnanz und Eindringlichkeit gleich. Sie gilt als die beste rumänische Erzählung des 19. Jh.s.

J.M.

AUSGABEN: 1889 (in Conv. Lit., 1. 8. 1889). – Bukarest 1908 (in *Opere complete*). – Bukarest 1959–1962 (in *Opere*, 4 Bde., 3). – Bukarest 1971. – Bukarest 1972 (in *Opere alese*, Bd. 1). – Bukarest 1978.

ÜBERSETZUNGEN: *Eine Osterkerze*, anon. (in Aus fremden Zungen, 1. 2. 1891, S. 712–717). – *Eine Osterfackel*, anon. (in Rumänische Revue, 7, 1891, S. 435–449). – Dass., anon. (in *Werke*, Bukarest 1962).

## MOMENTE

(rum.; *Momente*). Skizzen von Ion Luca CARAGIALE, erschienen 1901. – Ähnlich wie seine Vorgänger GOGOL', ČECHOV und COURTELINE bedient sich Caragiale nicht nur der Form des Lustspiels, sondern auch der literarischen Kleinform der Skizze, um seinen gesellschaftskritischen Ideen künstlerischen Ausdruck zu verleihen. In dieser Folge von »Momentaufnahmen« gelingt es dem Autor, ein charakteristisches Bild der politischen und sozialen Verhältnisse in Rumänien zu vermitteln. Im Mittelpunkt steht Mitică, der Typus des Bukarester Kleinbürgers. Er ist schlau, gesellig, immer gut gelaunt, aber auch indiskret und manchmal vulgär. Sein Interesse an der Politik ist groß, er kritisiert hart, aber oberflächlich, und für jedes Problem hat er phantasievolle Lösungsvorschläge zur Hand. Mit seinen Freunden Tache und Lache diskutiert er in Kaffeehäusern und Bierstuben stundenlang über Tagesfragen der Politik, der Wirtschaft und der Kunst. Den satirischen Angriffen Caragiales entgeht weder die bürokratische Verwaltung (*Urgent – Dringende Angelegenheit*) noch die parteiische Rechtsprechung (*Justiția – Gerichtsverfahren*). Sein besonderes Interesse gilt der Bloßstellung der in der Tagespresse üblichen Praktiken: In *Reportaj (Berichterstattung)* und *Ultima oră (Letzte Nachrichten)* schildert der Verfasser den Sensationshunger eifriger Reporter, die die Öffentlichkeit durch fiktive, am Stammtisch ausgeklügelte Berichte in Atem halten. – Caragiale analysiert die rumänische Gesellschaft zu einem Zeitpunkt, da der Konflikt zwischen den bodenständigen Lebensformen und dem eindringenden westlichen Lebensstil seinen Höhepunkt erreicht hatte. Während sich der Gegensatz zwischen Tradition und Erneuerung bei seinem Vorläufer Vasile ALECSANDRI nur auf sprachliche und gesellschaftliche Formen beschränkt, untersucht Caragiale seine Auswirkungen auf die Politik, die Moral, die Verwaltung und die Erziehung. Caragiale macht auch die Kleinbürgerinnen lächerlich, die versuchen, in ihren Salons die Manieren und den Konversationsstil der Damen der »guten Gesellschaft« nachzuahmen (*Five o'Clock; High Life*).

Die Komik der *Momente* wie auch einiger Novellen Caragiales entfaltet sich vor einem ernsten, gelegentlich tragischen Hintergrund. So begeht der Buchhalter Angelache, der Held der Skizze *Inspecție (Inspektion)*, aus Furcht vor der Überprüfung seiner musterhaft geführten Bücher Selbstmord. Ihrer Struktur nach lassen sich Caragiales *Momente* als dramatische Miniaturen bezeichnen. Die auf ein Minimum reduzierten Erzählpartien erfüllen nur den Zweck, Ort und Zeit der Handlung sowie die Mimik der Gesprächspartner in der Art von Regieanweisungen zu verzeichnen. Während der Jargon der kleinen Angestellten ein Gemisch aus Gemeinplätzen, banalen Redensarten und preziösen Fremdwörtern darstellt, bedienen sich die Vorgesetzten zur Einschüchterung ihrer Untergebenen eines hochoffiziellen und geschraubten Kanzleistils. Die unbestreitbare Originalität und Modernität der Skizzen Caragiales liegt darin, daß die Sprache der Dialoge nicht der Kommunikation, sondern ironischerweise der Verschleierung und Mystifikation dient. So läßt sich Caragiale als einer der Wegbereiter der absurden Literatur erkennen, wie sie Eugène IONESCO in seinem »Anti-Theater« verwirklicht hat.

G.C.

AUSGABEN: Bukarest 1901. – Bukarest 1954 (*Momente și schițe*). – Bukarest 1960 (in *Opere*, Hg. A. L. Rosetti u. a., 2 Bde., 1959/60, 2; krit.). – Bukarest 1966 (*Momente și schițe*), ³1972. – Bukarest 1969. – Iași 1971. – Bukarest 1972 (in *Opere alese*, Bd. 1). – Bukarest 1978, ²1980.

ÜBERSETZUNGEN: in *AW*, E. Silzer, Bln. 1955. – *Zu vermieten und andere Skizzen*, J. P. Molin, Lpzg. 1955 (RUB). – *Thema mit Variationen*, K. Bochmann, Lpzg. 1970.

LITERATUR: S. Iosifescu, *»Momentul« C.*, Bukarest 1963. – A. Anghelescu, *Carnavalescul în proza lui*

C. (in A. A., *Creație și viață*, Bukarest 1978, S. 7–46).

## NĂPASTA

(rum.; *Die falsche Beschuldigung*). Schauspiel in zwei Akten von Ion Luca CARAGIALE, Uraufführung: Bukarest, 3. 2. 1890, Nationaltheater. – Dieses Schauspiel nimmt innerhalb des ausschließlich dem komischen Genre gewidmeten dramatischen Schaffens Caragiales eine Sonderstellung ein; sein Mißerfolg führte dazu, daß der Autor dem Theater für immer den Rücken kehrte. Thematisch und in der Gestaltung der handelnden Personen zeigt es eine gewisse Verwandtschaft zu Caragiales Novellen. Das Stück spielt im Milieu des rumänischen Dorfes. In seinem Mittelpunkt steht die von elementaren Leidenschaften beherrschte, ins Dämonische gesteigerte Gestalt der Anca. Die Ermordung ihres Mannes Dumitru ist das auslösende Moment der Handlung. Einzig und allein von dem Willen beherrscht, den Mord zu rächen, heiratet Anca den von ihr insgeheim als Täter verdächtigten Gastwirt Dragomir. In der Person des Dorfschullehrers Gheorghe, dessen Zuneigung sie zu teilen vorgibt, gewinnt Anca ein williges Werkzeug ihrer Rachepläne. Von den Klagen und Anschuldigungen seiner Frau sowie auch von dem eigenen Schuldbewußtsein zermürbt, faßt Dragomir schließlich den Entschluß, seinen Gasthof zu verlassen. Mit dem Auftreten des einstigen Waldhüters Ion nimmt das dramatische Geschehen eine entscheidende Wendung. Ion war seinerzeit des Mordes an Dumitru angeklagt und zu einer hohen Gefängnisstrafe verurteilt worden. Infolge der schweren Folterungen, die zu seinem – falschen – Geständnis führten, hat Ion den Verstand verloren. Er bestätigt nun Ancas Vermutung: Dragomir hat Dumitru ermordet, und er trägt auch die Schuld an Ions Verurteilung, da er die Pfeife und den Feuerstein Dumitrus heimlich bei ihm, Ion, versteckt hat. Nachdem Ion in einem Wahnsinnsanfall Selbstmord begangen hat, beginnt der Racheplan Ancas konkrete Formen anzunehmen: Dragomir gesteht seine Schuld und Anca bezichtigt ihn daraufhin öffentlich des Mordes an Ion. Den Beweis liefert der Feuerstein des Wahnsinnigen, der – nicht ohne Ancas und Gheorghes Zutun – bei Dragomir gefunden wird. So muß der Mörder Dragomir ebenso wie der unschuldige Ion für ein Verbrechen büßen, das er nicht begangen hat. In dieser ironischen Pointe liegt damit gleichzeitig auch eine Verurteilung der zeitgenössischen rumänischen Rechtsprechung.
Die Gestalt der Anca erscheint freilich als eine unwahrscheinliche Konstruktion, die dem menschlichen Bereich entrückt ist. In ihrem monströsen Rachedurst verliert sie jeden menschlichen Zug – im Gegensatz zu Dragomir, dessen innere Zerrissenheit zwischen seiner Liebe zu Anca (derentwegen er Dumitru tötete), der Reue über seine Tat und den qualvollen Gedanken an den unschuldig verurteilten Ion ein gewisses Mitgefühl erweckt. Nicht nur diese Eingleisigkeit in der Darstellung der Hauptheldin, sondern auch der deutlich spürbare Einfluß vor allem TOLSTOJS (vgl. *Vlast' t'my*, 1886 – *Die Macht der Finsternis*) und DOSTOEVSKIJS wurde Caragiale zum Vorwurf gemacht. Dennoch darf nicht übersehen werden, daß der monomanisch vereinfachte Charakter Ancas, der den Gestalten der klassischen griechischen Tragödie nachgebildet erscheint, überaus bühnenwirksam angelegt ist, so daß *Năpasta* trotz des anfänglichen Mißerfolgs seinen Platz auf dem rumänischen Theater bis heute behaupten konnte. G.Sc.

AUSGABEN: Bukarest 1890. – Bukarest 1894 (in *Teatru*, Bd. 1). – Bukarest 1956 (in *Teatru*). – Bukarest 1959. – Bukarest 1959 (in *Opere*, Hg. A. L. Rosetti, S. Cioculescu u. L. Călin, 4 Bde., 1959–1965, 1, Einl. S. Iosifescu; krit.). – Bukarest 1971 (in *Opere*, Bd. 1). – Bukarest 1976 (in *Teatru*).

ÜBERSETZUNGEN: *Die falsche Beschuldigung*, G. Maurer (in *Dramen*, Bln. 1954). – *Fremde Schuld*, anon. (in *Werke*, Bukarest 1962).

VERTONUNG: S. Drăgoi, *Năpasta* (Oper; Urauff.: Klausenburg 1927).

VERFILMUNG: Rumänien 1928 (Regie: E. Vasilesco).

LITERATUR: P. M. Gorcea, *Izvoarele shakespeariene ale dramei »Năpasta«*, (in Argeș, 2, 1967, Nr. 7). – S. Iosifescu, *»Năpasta« – univers și stil* (in România literară, 5, 1972, Nr. 7). – C. Dobrogheanu-Gherea, *Făclia de Paște și Năpasta* u. *Criticii noștri și Năpasta*, (in *Opere complete*, Bd. 6, Bukarest 1979).

## O NOAPTE FURTUNOASĂ

(rum.; *Eine stürmische Nacht*). Komödie von Ion Luca CARAGIALE, Uraufführung: Bukarest, 18. 1. 1879. – Mit diesem Werk fand Caragiale – der bedeutendste Lustspieldichter der rumänischen Literatur – nicht nur zu der ihm gemäßen Form der Komödie, sondern schuf damit auch den Ausgangspunkt für eine realistische Lustspielliteratur, deren handelnde Personen der rumänischen Wirklichkeit entlehnt sind. Caragiale führte die von Costache FACA (1801–1845), Constantin BĂLĂCESCU (1800 bis 1880), Costache CARAGIALE (1815–1877) und Vasile ALECSANDRI (1821–1890) entwickelte Komödientradition zu bisher ungekannter Vollkommenheit. In diesem Sittenstück schildert er die Welt der Bukarester Kleinbürger und deren wirtschaftliche, politische und gesellschaftliche Ambitionen. Das besondere Augenmerk des Autors gilt der politischen Presse, die sich die Leichtgläubigkeit und den Pseudoliberalismus der Bürger zunutze macht, ebenso wie die Institution der nach französischem Muster gegründeten »Bürgerwehr«.

Der Komödienhandlung liegt eine typische Dreieckssituation zugrunde: Obwohl der Holzhändler Dumitrache Titircă von seiner Frau Veta mit seinem Kompagnon und Vertrauensmann Chiriac betrogen wird, glaubt er unbeirrbar an dessen Unschuld. Rică Venturianu, Journalist und Dichter, der Vetas Schwester Zița verehrt, bringt die Handlung in Gang. Durch einen farcenhaften Verwechslungseffekt (die Hausnummer 6 wird, vom Handwerker versehentlich verkehrt angebracht, zur 9) gelangt Rică während der bewußten »stürmischen Nacht« in Vetas Zimmer anstatt in dasjenige ihrer Schwester, was ihn nicht nur mit Dumitrache, dem Ehemann Vetas, sondern auch mit ihrem Liebhaber Chiriac in Konflikt bringt. Alles nimmt jedoch ein gutes Ende: Veta und Chiriac versöhnen sich, Dumitrache verharrt in seiner Ahnungslosigkeit, und Rică heiratet Zița.

Obwohl die Erstaufführung der Komödie überaus erfolgreich war, wurde Caragiale von einer mißgünstigen Presse Unmoral und mangelnder Patriotismus vorgeworfen; nach einer weiteren Aufführung wurde das Stück auf Veranlassung des Theaterdirektors Ion Chica vom Spielplan abgesetzt. Nach kurzer Unterbrechung konnte die Komödie jedoch die rumänischen Bühnen zurückerobern, nicht zuletzt dank ihrer unwiderstehlichen sprachlichen Komik, die das Kleinbürgertum weniger als eine soziale Klasse, sondern vielmehr als eine typische Geisteshaltung entlarvt. Von Caragiale führt eine direkte Linie zu dem Theater von URMUZ (d. i. Dimitrie Ionescu-Buzău, 1883–1923) und Eugen IONESCO. N.Ma.

AUSGABEN: Bukarest 1889. – Bukarest 1930. – Bukarest 1959. – Bukarest 1971 (in *Opere*, Bd. 1). – Bukarest 1976 (in *Teatru*).

ÜBERSETZUNG: *Eine stürmische Nacht*, G. Maurer, Lpzg. 1956.

LITERATUR: T. Maiorescu, *Comediile lui C.* (in *Critice*, 2, 1892). – E. Ionesco, *Le portrait de C.* (in E. I., *Notes et contrenotes*, Paris 1965). – I. Chendi, *Pagini de critică*, Bukarest 1969, S. 541–554. – V. Brădățeanu, *Comedia în dramaturgia românească*, Bukarest 1970, S. 159–220. – I. Constantinescu, *C. și începuturile teatrului european modern*, Bukarest 1974.

## PĂCAT

(rum.; *Sünde*). Novelle von Ion Luca CARAGIALE, erschienen 1892. – Die in der Zeit zwischen 1889 und 1900 veröffentlichten psychologischen Novellen *O făclie de Paște*, 1889 *(Eine Osterfackel), Păcat* (1892), *In vreme de război*, 1899 *(Im Krieg), Două loturi*, 1899 *(Zwei Lose)*, und *Inspecțiune*, 1900 *(Inspektion)*, nehmen in Caragiales Prosaschaffen die gleiche Sonderstellung ein wie das Schauspiel *Năpasta (Die falsche Beschuldigung)* innerhalb seines dramatischen Werks. Die Novellen bilden einen scharfen Kontrast zu der komisch-absurden Welt der *Momente* (1901), vor allem durch die Analyse psychologischer Grenzsituationen und durch die Darstellung der *conditio humana* als einer tragischen Verknüpfung von schicksalhaftem und selbstverschuldetem Unglück.

Im Mittelpunkt der Novelle *Păcat* steht, ähnlich wie in Émile ZOLAS Zyklus *Les Rougon-Macquart*, das Thema der Vererbung menschlicher Schuld. Der Autor gestaltet hier den Gewissenskonflikt des Pfarrers Niță, welcher aus einer viele Jahre zurückliegenden »Sünde« erwächst: Er hatte seine Geliebte, die ein Kind erwartete, verlassen. In der Gestalt eines Betteljungen erkennt Niță seinen Sohn, der nach dem Tod seiner Mutter obdachlos herumgeirrt war. Um seine Schuld wiedergutzumachen, nimmt er den Jungen in sein Haus. Nițăs Tochter Ileana verliebt sich in ihren Halbbruder Mitu, und obwohl der Vater seinem Sohn die Wahrheit über dessen Herkunft gesteht, kann er das Unglück nicht mehr verhindern. Ileana verführt Mitu, und der Vater erschießt das Paar. Danach ereilt ihn selbst ein Herzschlag. Vor einem durch Heuchelei und Korruption gekennzeichneten sozialpolitischen Hintergrund gewinnt das Einzelschicksal an symptomatischer Bedeutung.

Die Novelle *In vreme de război (Im Krieg)*, erschienen 1899, schließt sich thematisch an *Păcat* und *O făclie de Paște* an. Auch hier behandelt Caragiale extreme Empfindungen und obsessive Vorstellungen, die in Wahnsinn und Halluzinationen ausarten. Im Zentrum der Handlung stehen die Brüder Iancu und Stavrache Georgescu. Der Gastwirt Stavrache erbt den Besitz seines im Krieg gefallenen Bruders, der nur zur Armee gegangen war, um den Nachstellungen der Polizei zu entgehen. Sein geistlicher Beruf hatte Iancu nicht daran gehindert, eine Diebesbande anzuführen. Stavrache wird seines ererbten Reichtums nicht froh, da er von Trugbildern heimgesucht wird, die darauf hindeuten, daß sein Bruder noch am Leben ist. Als dieser wirklich erscheint und seinen Besitz zurückfordert, kommt es zum erbitterten Kampf zwischen den Brüdern. Stavrache stirbt, und Iancu verliert den Verstand.

Während die Form von Caragiales Kurzgeschichten durch ihre dialogische Struktur bestimmt ist, kann der Stil der psychologischen Novellen als analytisch-deskriptiv bezeichnet werden. Es ist bezeichnend für Caragiale, daß er sich nicht auf die psychologische Analyse beschränkt, sondern psychologische und soziologische Gegebenheiten in Beziehung zueinander setzt. G.Sc.

AUSGABEN: Bukarest 1892. – Bukarest 1930–1939 (in *Opere*, Hg. P. Zarifopol u. S. Cioculescu, 7 Bde., 1–2). – Bukarest 1962 (in *Opere*, Hg. A. L. Rosetti u. a., 3 Bde., 1959–1962, 3). – Bukarest 1969 (in *Kir Ianulea*). – Bukarest 1975 (in *Nuvele, povestiri, amintiri, varia*).

VERFILMUNG: Rumänien 1924 (Regie: J. Mihail u. V. Gociu).

LITERATUR: S. P. Dan, *Proza fantastică romănească*, Bukarest 1975, S. 184–188.

## O SCRISOARE PIERDUTĂ

(rum.; *Der verlorene Brief*). Komödie in vier Akten von Ion Luca CARAGIALE, Uraufführung: Bukarest, 18. 11. 1884, Nationaltheater. – Die Uraufführung dieser Komödie brachte Caragiale den langersehnten großen Publikumserfolg: Das Stück erfreut sich noch heute im In- und Ausland großer Beliebtheit.
*O scrisoare pierdută* kann als Mischung einer Situationskomödie und einer Charakterkomödie bezeichnet werden. Die satirische Grundtendenz ist unverkennbar; Caragiales Angriffe richten sich gleicherweise gegen die private und die öffentliche Moral seiner Zeit – der zweiten Hälfte des 19. Jh.s. Den Ausgangspunkt der dramatischen Handlung bildet die Vorbereitung von Parlamentswahlen in einer rumänischen Kleinstadt. Die Vertreter der beiden wichtigsten politischen Parteien des Landes bekämpfen einander erbittert und scheuen vor keinem Mittel zurück, das dem eigenen politischen Vorteil dienen könnte. Der politische Konflikt wird durch private Verwicklungen erheblich verschärft. Das auslösende Ereignis dieser privaten Wirren ist ebenso banal wie folgenreich: Zoe, die junge Gattin des alternden Parteivorsitzenden Zaharia Trahanache, verliert einen an sie gerichteten Liebesbrief. Der Verfasser des kompromittierenden Schriftstücks ist der Distriktvorsteher Stefan Tipătescu, der nicht nur die Freundschaft und das Vertrauen Trahanaches genießt, sondern auch die Liebe Zoes. Ein Bürger findet den Brief und schickt sich an, ihn anonym an Zoe weiterzuleiten. Unglücklicherweise gelangt das Dokument jedoch in die Hände des Führers der gegnerischen Partei, Nae Cațavencu. Dieser versucht nun Tipătescu, den Schreiber des Briefes, zu erpressen. Aber auch Tipătescu wendet illegale Mittel an, um seinen Gegner einzuschüchtern – vergeblich: Cațavencu bleibt hart und droht, den Brief zu veröffentlichen, falls Tipătescu ihn nicht bei den bevorstehenden Wahlen unterstütze. Zoe ist verzweifelt; gleichzeitig spitzt sich der politische Konflikt immer weiter zu. Bei einer Wahlversammlung kommt es zu einer regelrechten Schlacht zwischen den beiden Parteien. Sieger wird schließlich ein lachender Dritter: Agamiță Dandanache, ein nicht gewählter, sondern von der Regierung bestimmter Kandidat. Er ist zweifellos dümmer als der Kandidat der einen, aber zugleich hinterlistiger als der Vertreter der anderen Partei. Denn seine Ernennung hat er ebenfalls einer Erpressung zu verdanken.
Es gelingt Caragiale in dieser Komödie meisterhaft, den Widerstreit zwischen privaten Wünschen und politischen Ambitionen als dramatisches Bewegungselement in die Handlung einzuführen. Die Diskrepanz zwischen Schein und Sein der Personen sowie sprachliche Effekte erhöhen die komische Wirkung. Obwohl sich die satirische Verve des Autors an ganz konkreten politischen Zuständen entzündet hat, geht die Komödie in ihrer Wirkung weit über den Einzelfall hinaus. Ein Beweis für die Allgemeingültigkeit der Problematik dieser Komödie ist ihr Erfolg. Sie wurde in 25 Sprachen übersetzt und in mehr als 40 Ländern aufgeführt.

G.Sc.

AUSGABEN: Bukarest 1889 (in *Teatru*; Einl. T. Maiorescu). – Iași 1894 (in *Teatru*, 2 Bde.). – Bukarest 1908 (in *Opere complete*). – Bukarest 1930–1942 (in *Opere*, Hg. P. Zarifopol u. S. Cioculescu, 7 Bde., 6). – Bukarest 1959 (in *Opere*, Hg. A. L. Rosetti u. a., 4 Bde., 1959–1962, 1). – Bukarest 1971 (in *Opere*, Bd. 1). – Bukarest 1973. – Bukarest 1976 (in *Teatru*).

ÜBERSETZUNGEN: *Der verlorene Brief und andere Lustspiele*, Bukarest 1952. – *Ein Brief ging verloren*, Bukarest 1952. – In *AW*, Bd. 1, Bukarest 1953. – In *Dramen*, G. Maurer, Bln. 1954. – *Der verlorene Brief und andere Lustspiele*, Bukarest 1960 [Vorw. C. Kormos]. – In *Werke*, Bukarest 1962.

VERFILMUNG: Rumänien 1954 (Regie: S. Alexandrescu).

LITERATUR: G. Maurer, *Sein Werk – ein kleines Welttheater. Zum 100. Geburtstag des rumänischen Dichters I. L. C.* (in Sonntag, Bln. 1952, Nr. 8, S. 8). – S. Alexandrescu, *Caiet de regie pentru »O scrisoare pierdută« de I. L. C.*, Bukarest 1953. – U. Eylan, *»Ein Brief ging verloren«. C.: Verlorener Liebesbrief* (in Berliner Ztg., 1953, Nr. 260, S. 3). – G. Kaltofen, *I. L. C. Ein rumänischer Dichter des kritischen Realismus* (in Theater der Zeit, 1953, Nr. 10, S. 9–14). – G. Hartwig, *I. L. C. »Ein Brief ging verloren«. Aufführung im Maxim Gorki-Theater, Berlin* (ebd., Nr. 12, S. 40–42). – G. Maurer, *»Der verlorene Liebesbrief«. Zu der Aufführung von I. L. C.s Lustspiel im Leipziger Schauspielhaus* (in Sonntag, Bln. 1953, Nr. 25, S. 6). – T. Măruță, *Tipizarea caracterelor din »O scrisoare pierdută« în legătură cu limba personajelor* (in Limba și literatura, 12, 1966). – V. Mîndra, *Structura situațiilor în comedia »O scrisoare pierdută«* (in Teatrul, 13, 1968). – V. Cristea, *Satiră și viziune. I. L. C.* (in V. C., *Alianțe literare*, Bukarest 1977, S. 7–125). – E. Papu, *Perenitatea crisorii pierdute* (in E. P., *Din clasicii noștri*, Bukarest 1977, S. 135–145).

---

### MATEIU ION CARAGIALE

\* 25.3.1885 Bukarest
† 17.1.1936 Bukarest

LITERATUR ZUM AUTOR:
T. Vîrgolici, *M. I. C.*, Bukarest 1970. – O. Cotruș,

*Opera lui M. I. C.*, Bukarest 1977. – E. Papu, *Din clasicii noștri*, Bukarest 1977, S. 167–182. – A. George, *M. I. C.*, Bukarest 1981.

## CRAII DE CURTEA-VECHE

(rum.; *Ü: Die Vier vom alten Hof*). Roman von Mateiu Ion CARAGIALE, erschienen 1929. – Das Buch von Mateiu Caragiale (Sohn des Dramatikers Ion Luca CARAGIALE, 1852–1912) ist einer der ersten Romane der rumänischen Literatur, in dem das Gesetz der epischen und psychologischen Kohärenz durchbrochen wird. Er besteht aus logisch und zeitlich unkonventionell aneinandergereihten Episoden, die sich in eine von der Grundidee bestimmte Struktur fügen. Die dem Roman zugrundeliegende kulturphilosophische Erkenntnis ist in Form eines Mottos (einem Ausspruch Poincarés) formuliert: »*Was wollen Sie, wir befinden uns hier an der Pforte des Orients, wo alles leichtgenommen wird*...« Nicht auf einem klar gegliederten Handlungsablauf kommt es Caragiale an, sondern auf eine kunstvoll erzeugte Atmosphäre und die Schilderung eines spezifischen Milieus.

Den Schauplatz des Geschehens bilden die Straßen, Plätze, Märkte und Kneipen Bukarests, einer Stadt, in der sich westliche und orientalische Einflüsse mischen. Vor diesem pittoresken Hintergrund spielt sich das Leben der Protagonisten des Romans ab: der vier »Ritter« *(crai)*. Einer von ihnen ist der Erzähler des Ich-Romans, ein junger Mann mit unbestimmten literarischen Ambitionen, der sich für die versnobte, im Niedergang begriffene Aristokratie ebenso interessiert wie für das Treiben der Unterwelt. Seine Freunde, denen seine »Initiation« in das Nachtleben obliegt, entsprechen dieser zweifachen Vorliebe: Der alte Pașadia, aus altem Bojaren- und Herrschergeschlecht stammend, schreibt tagsüber in seinem luxuriösen Domizil an der Geschichte Rumäniens, während er nachts mit seinen Zechkumpanen die verrufensten Wirtshäuser und Spielhöllen Bukarests durchstreift; Pantazi, ein Nachkomme von Piraten, wird von einem unstillbaren Reisefieber von Land zu Land getrieben.

Den Kontakt zur Unterwelt stellt Gore Pirgu her, ein typischer Vertreter dieses Milieus, der dazu neigt, alles Schöne und Erhabene herabzusetzen und zu zerstören. Er ist es auch, der die »Ritter« in das Haus des heruntergekommenen Bojaren Maiorică Arnoteanu einführt, in dem ausschweifende Orgien gefeiert werden. In dieser Umgebung lernt Pantazi Ilinca kennen, eine Tochter Arnoteanus, die ihn an seine Jugendliebe erinnert. Er hält um Ilincas Hand an, findet ihre Zustimmung, doch auch Pașadia hat inzwischen begonnen, sich für das Mädchen zu interessieren; es kommt zu einer wüsten Schlägerei zwischen den beiden, in der Pantazi Sieger bleibt. Sein Glück ist jedoch von kurzer Dauer, denn wenige Tage vor der geplanten Hochzeit stirbt Ilinca. Pantazi verläßt mit unbekanntem Ziel Bukarest, Pașadia stirbt in den Armen einer Kurtisane. Pirgu hingegen beginnt seinen unaufhaltsamen sozialen Aufstieg und wird schließlich rumänischer Gesandter beim Völkerbund. Dieses Ende ist symptomatisch für den fatalistischen Unterton des Romans; nicht ohne Wehmut beschreibt der Autor den unabwendbaren Untergang einer Epoche, zu dem nicht zuletzt Parvenüs wie Pirgu beigetragen haben.

Es fällt schwer, direkt Vorbilder für dieses Werk auszumachen; mit Einschränkungen könnte man es mit der symbolistischen und phantastischen Prosa von Jules BARBEY D'AUREVILLY und Edgar Allan POE vergleichen. Der künstlerische Wert des Romans liegt vor allem in der sprachlichen Gestaltung: in dem spannungsreichen Nebeneinander von erhabener Diktion und Rotwelsch, Archaismen und dichterischen Neuschöpfungen. Mit sprachlichem Raffinement gestaltet Caragiale eine Art Traumwelt, in der auch die realen Komponenten höchst unwirklich erscheinen. Die Veröffentlichung des Romans löste sehr unterschiedliche Reaktionen aus: Der Kritiker Șerban CIOCULESCU bezeichnete das Werk als ein »*Monument des Snobismus*«, George CĂLINESCU erklärte es, an klassischen Kriterien gemessen, für gescheitert. Begeisterte Aufnahme fand das Buch hingegen bei dem Lyriker Ion BARBU und bei dem Literaturhistoriker PERPESSICIUS. Diese Kontroverse dauerte auch nach dem Zweiten Weltkrieg noch an. Später nahmen seine Popularität sowie seine literarische Ausstrahlung ständig zu. Eine der letzten bedeutenden Arbeiten, die an *Craii de curtea-veche* anknüpfen, ist Eugen BARBUS (*1924) Roman *Princepele (Der Prinz)*.

A.Ga.

AUSGABEN: Bukarest 1929. – Bukarest 1936. – Bukarest 1957. – Bukarest 1972. – Bukarest 1975.

ÜBERSETZUNG: *Die Vier vom alten Hof*, Th. Constantinides, Bukarest 1968.

LITERATUR: Ș. Cioculescu, Rez. (in Adevărul, 19. 4. 1929). – V. Streinu, *Pagini de critică literară*, Bukarest 1968, S. 140–158. – Perpessicius, *Opere*, Bd. 4, Bukarest 1971, S. 9–15. – O. S. Crohmălniceanu, *Literatura română între cele două războaie mondiale*, Bd. 1, Bukarest 1972, S. 525–539. – S. P. Dan, *Proza fantastică românească*, Bukarest 1975, S. 277–285. – A. Oprea, *Fața nevăzută a literaturii*, Bukarest 1980, S. 28–106.

## CARAKA

2. Jh.n.Chr. (?)

## CARAKA-SAṂHITĀ

(skrt.; *Sammlung des Caraka*). Der älteste Text über indische Medizin (Āyur-veda). – Er ist, obwohl eine Darstellung der Chirurgie fehlt, umfangreicher als die spätere *Suśruta-Saṃhitā*, in der die Chirurgie erstmalig behandelt wird. CARAKA, der Verfasser, soll der Tradition nach der Leibarzt des Kaisers Kaniṣka aus der Kuṣan-Dynastie gewesen sein, der von der Mehrzahl der Historiker dem 2. Jh. n. Chr. zugewiesen wird. Das Werk ist nicht in seiner ursprünglichen Form erhalten, und die einzelnen Handschriften und Drucke weisen beachtliche Varianten auf (eine umgearbeitete Fassung der *Caraka-Saṃhitā* scheint in der sogenannten *Bhela-Saṃhitā* vorzuliegen). Überdies rührt ungefähr ein Drittel des Textes von einem gewissen DṚḌHABALA (8. oder 9. Jh.) her, der auch die anderen Teile überarbeitet und mit Zusätzen versehen hat.

*Die Caraka-Saṃhitā* umfaßt acht große Abteilungen *(sthāna)*: 1. *sūtra-sthāna*, eine Einführung, die sich mit Pharmakologie, Nahrungsmitteln, Diätetik, Kurmethoden, Ärzten und Quacksalbern, daneben mit Physiologie, Psychologie und verschiedenen anderen Wissenszweigen beschäftigt; 2. *nidāna-sthāna*, spezielle Pathologie der acht Hauptkrankheiten; 3. *vimāna-sthāna*, über Geschmack, Ernährung, allgemeine Pathologie und das ärztliche Studium; 4. *śarīra-sthāna*, über Anatomie und Embryologie; 5. *indriya-sthāna*, über die Sinnesorgane, Diagnostik und Prognostik; 6. *cikitsā-sthāna*, über spezielle Therapie; 7. *kalpa-sthāna*, über ärztliche Vorbereitungen; 8. *siddhi-sthāna*, über allgemeine Therapie. – Der Inhalt der Abteilungen ist allerdings viel bunter, als eine solche Übersicht vermuten läßt. Der Verfasser beschränkt sich nämlich keineswegs auf medizinische Probleme, sondern erweist sich auch als gründlicher Kenner von Religion und Philosophie. Nicht wenige seiner medizinischen Verordnungen gründen auf religiösen Vorstellungen, so etwa auf dem Glauben, daß manche Krankheiten, speziell die unheilbaren, in Sünden des Patienten ihre Ursache haben (eine moderne Parallele zu dieser Theorie findet sich z. B. in der *Christian Science* von Mary BAKER-EDDY). Zur allgemeinen Charakteristik des Werkes seien einige bei der Krankenvisite zu beachtende Regeln zitiert (nach H. v. Glasenapp): »*Wenn er [der Arzt], von einem bekannten und zum Eintritt berechtigten Mann begleitet, in die Wohnung des Kranken tritt, soll er wohlbekleidet, gesenkten Hauptes, nachdenklich, in fester Haltung und mit Beobachtung aller möglichen Rücksichten auftreten. Ist er drinnen, so darf Wort, Gedanke und Sinn auf nichts anderes gehen als auf die Behandlung des Patienten, und was mit dessen Lage zusammenhängt. Die Vorgänge im Haus dürfen nicht ausgeplaudert, auch darf von einem dem Kranken etwa drohenden frühen Ende nichts mitgeteilt werden, wo es dem Kranken oder sonst jemand Nachteil bringen kann.*« Die psychosomatischen Betrachtungen des Textes über das Wesen des Menschen beruhen auf der dualistischen Sāṃkhya-Philosophie (*Sāṃkhya Kārikā*). Man soll nach Gesundheit des Körpers streben, ohne die Probleme der Seele und ihrer Befreiung aus dem Kreislauf der Geburten *(saṃsāra)* zu vernachlässigen. Außerdem verrät die *Caraka-Saṃhitā* Kenntnis von der Logik des Nyāya *(Nyāyasūtra)* und den Kategorien des Vaiśeṣika *(Vaiśeṣikasūtra)*. Die Tatsache, daß sie in Prosa abgefaßt ist, die am Ende jedes Kapitels in Verse übergeht, bestätigt sein hohes Alter: Gegen eine Datierung der ursprünglichen Teile in die Zeit des Kaniṣka (s. o.) ist nichts einzuwenden.

Die *Caraka-Saṃhitā* wurde mehrfach übersetzt: zunächst ins Persische und dann, um 800 n. Chr., ins Arabische. AL-BĪRŪNĪ ist mit dem Werk und seinen Problemen wohlvertraut. H.H.

AUSGABEN: Kalkutta 1868, Hg. K. Gangadhara. – Kalkutta ²1910. – Delhi ⁷1963–1966. – Varanasi 1969/70, 2 Bde.

ÜBERSETZUNG: *Caraka-Saṃhitā*, Avinosh Candra Kaviratna u. Pareshnath Sarma Kavibhushaṇa, Kalkutta 1890–1925 [engl.]. – Dass., dies., Jamnagar 1949, 6 Bde. [m. Text].

LITERATUR: J. Jolly, *Caraka* (in WZKM, 11, 1897, S. 164–166). – J. Filliozat, *The Classical Doctrine of Indian Medicine*, Delhi 1965. – P. Ray u. H. N. Gupta, »*Caraka-saṃhitā*«, *a Scientific Synopsis*, New Delhi 1965. – P. V. Sharma, *Caraka-cintana*, Varanasi 1970.

## EMILIO CARBALLIDO

* 22.5.1925 Córdoba / Veracruz

### ORINOCO

(span.; *Orinoco*). Drama in zwei Akten von Emilio CARBALLIDO (Mexiko), Uraufführung: Mexico City, 12. 5. 1982. – Zwei Schauspielerinnen sind mit einem Passagierschiff auf dem venezolanischen Fluß Orinoco unterwegs zu einem Ölfeld, wo sie vor Arbeitern spielen sollen. Mina ist über 40 Jahre alt und fett, Fifi etwa 30 Jahre und schlank. Zu Beginn des Stücks müssen die Frauen bestürzt feststellen, daß die Mannschaft das Schiff verlassen hat, daß sie allein sind mit einem offenbar verletzten Mann, der nicht in Erscheinung tritt. Sie versuchen sich ihre Situation zu erklären, das Schiff selbst zu lenken und sich die Zeit zu vertreiben, indem sie für ihren Auftritt üben, sich über den verletzten Mann unterhalten oder Geschichten erzählen; Mina die realistische, negative Version, Fifi die positive, phantastische. Am Ende haben sie den Eindruck, als habe das Schiff gewendet und bringe sie an ihren Ausgangspunkt zurück. Das Stück endet so wie es begonnen hat. – Geschickt nutzt Carballido die allegorischen Elemente: Schiff, Fluß, Komödiantinnen, ohne das Stück mit Symbolik zu überladen. Die absurde Situation der Frauen gewinnt durch deren ganz »vernünftige« Reaktionen eine außerordentlich humorvolle Komponente, die für das absurde Theater der lateinamerikanischen Länder überhaupt charakteristisch ist.

Emilio Carballido ist mit fast hundert aufgeführten Stücken der erfolgreichste zeitgenössische Theaterautor Lateinamerikas. Sein außerordentlich facettenreiches Werk ist weder nach formalen noch nach thematischen Kriterien zu ordnen. Carballido experimentiert mit klassischen Mythen und existentialistischen Problemen, mit Dramen und satirischen Einaktern, mit Phantasie, Gemeinplatz, Humor und Pathos, mit Stilmitteln der Avantgarde, des Films, des kostumbristischen Sainete. Die meisten seiner Stücke spielen in der Provinz. Zu jedem Thema – in der Mehrzahl geht es um die alltäglichen Probleme von Menschen aus dem provinziellen Mittelstand – schreibt er zwei oder drei Variationen: als Komödie oder als Tragödie, auf realer oder auf phantastischer Ebene, für das Theater der Erwachsenen oder für das Kindertheater. Sein erstaunlicher Erfolg liegt vielleicht in seinem Geschick, eine einfache Geschichte mit Elementen des trivialen Theaters auf ganz ungewöhnliche Weise zu entwickeln. H.A.

AUSGABE: Mexiko 1982.

LITERATUR: *Zambullido en el »Orinoco« de C.* (in LATR, 15, 1982, Nr. 2, S. 13–25). – *L'endroit où l'on pagaie très fort, »Orinoco« d'E. C.* (in Les Cahiers du C. R. I. A. R., Rouen 1987, Nr. 7).

## FRANCIS CARCO

eig. François Carcopino-Tusoli
* 3.7.1886 Nouméa / Neukaledonien
† 26.5.1958 Paris

LITERATUR ZUM AUTOR:
P. Chabaneix, *F. C.*, Paris 1949; ²1960. – A. Négis, *Mon ami C.*, Paris 1953. – S. Weiner, *F. C., the Career of a Literary Bohemian*, NY 1952.

## L'HOMME TRAQUÉ

(frz.; *Ü: Der Gehetzte*). Roman von Francis CARCO, erschienen 1922. – In diesem mit dem Großen Preis der Académie française ausgezeichneten Roman erzählt Carco die Geschichte des Bäckers Lampieur, der eine alte Concierge ermordet hat und sich später von einer Prostituierten entdeckt glaubt. Léontine ahnt jedoch zunächst gar nichts von seinem Verbrechen. Erst seine wiederholten Andeutungen und zuletzt die offene Frage, ob sie ihn für den Mörder halte, verraten ihn. Die Angst treibt den Bäcker in die Arme des Mädchens, das er keineswegs begehrt hat und von dem er sich nun nicht mehr zu trennen wagt, aus Furcht, es werde ihn dann anzeigen. Obwohl er sie ständig mit seinen Launen quält, sieht Léontine in Lampieur ihren Retter und Beschützer, denn *»er gab ihr die Illusion, nicht nur eine Dirne zu sein«*. Vergeblich versucht sie ihn zur Flucht zu überreden. In einem Anfall von Geistesverwirrung bringt er eine zweite Concierge um. Als er mit Léontine fliehen will, weigert sie sich, ihm zu folgen. Auf der Straße werden die beiden von der Polizei festgenommen. Realistisch, nüchtern, mit psychologischer Eindringlichkeit wird hier das Schicksal eines Menschen geschildert, der sich immer stärker in einen Verfolgungswahn hineinsteigert und an diesem Komplex schließlich zugrunde geht. Eklatant ist der Kontrast zwischen der verängstigten, aber liebenden Dirne und dem brutalen Bäcker, den keine Reue, sondern allein die Angst beherrscht. Nur das gemeinsame Wissen um die Tat bindet die beiden so wesensverschiedenen Menschen aneinander. Thema und Anlage des Werks erinnern an Edmond de GONCOURTS Roman *La fille Élisa*, 1877 *(Die Dirne Elisa)*. Wie bei den Brüdern Goncourt steht bei Carco die Darstellung menschlicher Verkommenheit und Verzweiflung im Vordergrund. Die mit Argotausdrücken durchsetzte Alltagssprache kennzeichnet das soziale Milieu, in dem fast alle Romane des auch als Lyriker, Kunst- und Literaturkritiker hervorgetretenen Autors spielen: die Halb- und Unterwelt von Paris, die Boheme und das Proletariat. KLL

AUSGABEN: Paris 1922. – Paris 1955. – Paris 1972 (Poche). – Paris 1972; ern. 1986.

ÜBERSETZUNG: *Der Gehetzte*, F. A. Angermayer, Bln. 1924.

LITERATUR: R. Allard, Rez. (in NRF, 9, 1922, S. 231–234). – A. Cahuet, Rez. (in Illustration, 80, 1922, S. 18). – A. Rousseaux, *Littérature du 20e siècle*, Bd. 2, Paris 1939 – A. Négis, *F. C. et le goût du malheur* (in MdF, 316, 1952, S. 75–85).

## RUE PIGALLE

(frz.; *Rue Pigalle*). Roman von Francis CARCO, erschienen 1928. – Im Verlauf einiger Wintermonate vollzieht sich in rapid ablaufenden Phasen, eingeengt auf den kleinen Bezirk unterhalb des Montmartre, zwischen der Rue Pigalle, der Rue Blanche und dem Boulevard de Clichy, der Untergang des Pariser Straßenmädchens Valentine. Von dem Augenblick an, als ihr aus den Schaufenstern des Château Caucasien drei auffällige Reklamepuppen – Pierrot, Colombine und Harlekin – nachstarren, fühlt sie sich vom Unglück verfolgt. Sie nimmt, als ihr Zuhälter Léon unter dem Verdacht des Rauschgifthandels festgenommen wurde, in ihrer Einsamkeit selbst zum erstenmal die Droge, gerät in die

Abhängigkeit des kokainsüchtigen, sadistischen Gaston und verfällt immer mehr dem Rauschgift, das sie einem geheimen Depot Léons entnimmt. An ihn denkt sie sehnsüchtig, wenn auch mit schlechtem Gewissen, da sie ihm seit seiner Verhaftung noch kein Geld geschickt hat.

Als sie in einer kalten Nacht, ohne die geringste Hoffnung auf Verdienst, zur Place Pigalle hinaufgeht, begegnet ihr ein zweites Mal Jojo, ein junger Mann aus der Provinz, der sich in sie verliebt hat. Er hat auffällig viel Geld bei sich, führt sie zum Essen und Tanzen aus und sucht schließlich mit ihr ein Hotel auf. In dieser Liebesnacht – eine der glänzendsten Szenen des Romans – muß die Hure dem Jungen zunächst die Liebe vorspielen, während ihr Blick immer wieder zu seiner geöffneten Brieftasche schweift; schließlich wird sie doch von seinen leidenschaftlichen Umarmungen mitgerissen. Jojo hält die Beziehung zu ihr aufrecht und bezahlt sie reichlich. Er wird aber immer bedrückter, als er erkennen muß, daß sie ihn nicht liebt. Ihr Beisammensein endet meist im Streit, denn Valentine rächt und entschädigt sich nun für ihr eigenes unterdrücktes Dasein, indem sie selbst einen Schwächeren demütigt. Rauschgiftsüchtig geworden und durch einen schweren Diebstahl belastet, sieht Jojo bald im Selbstmord den einzigen Ausweg. – Valentine ist nun wieder vollkommen allein. Sie ist heruntergekommen, erleidet Schwächeanfälle und Halluzinationen und fühlt sich von den Puppen des Château Caucasien verfolgt. Eines Morgens im Februar sieht sie Léon wieder, der nichts mehr von ihr wissen will. Sie klammert sich an ihn, bis er ihr in das Hotelzimmer folgt, in dem der halbverrückte Gaston liegt. In ihrem Versteck in der Matratze sucht sie vergeblich das gesparte Geld, mit dem sie Léon wieder versöhnen wollte; dieser erwürgt sie in einem Wutanfall.

Billige Absteigen, Cafés, die von grellen Reklamen, lärmenden Autos und einem nie endenden Touristenstrom erfüllten Straßen bilden eine geschlossene Welt, die Valentine nicht verlassen kann. Eine Gefangene ihres Gewerbes, ihres Aberglaubens, schließlich des Kokains, begreift sie sich selbst nur noch als ein Objekt, das andere besitzen: »*Ich bin, was ich bin. Ich gehöre mir nicht selbst.*«

Carcos Schilderung der Halbwelt stellt keine vehemente Anklage gegen die Gesellschaft dar. Trotzdem verbirgt sich unter dem Charme des Lokalkolorits von Montmartre soziale Kritik. Der Roman besteht weitgehend aus Dialogen im Argot des Pariser Prostituiertenmilieus mit seinem beschränkten, vulgären Wortschatz und seiner unkonventionellen grammatischen Struktur. Dieses gesprochene Französisch, Kommunikation auf niedrigster Stufe, erschafft die Personen und treibt die Handlung voran. In der Verwendung des Argot, durch den die Atmosphäre eines bestimmten Milieus lebendig wird, liegt die Qualität des Romans und seine bereits auf L.-F. CELINE oder R. QUENEAU vorausweisende Modernität. J.Ze.

AUSGABEN: Paris 1928. – Paris 1949.

LITERATUR: A. Billy, Rez. (in L'Œuvre, 13. 11. 1928). – H. R., Rez. (in NRF, 1. 1. 1929).

## GIROLAMO CARDANO

\* 1501 Pavia
† 1576 Rom

## DE PROPRIA VITA

(nlat.; *Des Girolamo Cardano von Mailand eigene Lebensbeschreibung*). Autobiographische Aufzeichnungen des Girolamo CARDANO, erschienen 1643. – Girolamo Cardano, Sohn eines Rechtsgelehrten, studierte in Pavia und Padua Mathematik und Medizin, wirkte als angesehener Arzt in Padua und Mailand und als Professor der Medizin in Pavia und Bologna. 1560 wird sein Sohn Gianbattista des Giftmords an seiner Frau angeklagt und mit dem Schwert hingerichtet. 1670 muß Cardano sich vor der Inquisition verantworten; zuerst eingekerkert, dann auf Verwendung hoher Gönner wieder auf freien Fuß gesetzt, verbringt er seine letzten Lebensjahre, unter Publikationsverbot, in Rom. – Unermüdlich schriftstellerisch tätig, verfaßte Cardano eine stattliche Anzahl größerer und kleinerer Schriften, von denen sich über 130 erhalten haben. Sie behandeln (nach H. Hefele) folgende Gebiete: Moralwissenschaft und Moralphilosophie, Lebenskunst und Politik, Gedächtniskunst, Orthographie, Logik, Dialektik, Metaphysik und Mystik, Naturgeschichte und Naturphilosophie, Physik und Mathematik, Astronomie und Astrologie, Abhandlungen zur theoretischen und praktischen Medizin sowie Kommentare zu klassischen Werken der Heilkunst. Cardano hat sich Verdienste um die Lösung gewisser mathematischer Probleme erworben, man verdankt ihm mehrere mechanische Erfindungen (unter denen das Kardangelenk ihm wohl zu Unrecht zugeschrieben wird), er entdeckte die Elektrizität des Haares und die Gesetze der Luftspiegelung. Von seiner Tätigkeit auf medizinischem Gebiet sagt er selber: »*An gelösten oder wenigstens aufgestellten Problemen werde ich gegen 40 000 hinterlassen, an solchen kleinerer, nebensächlicherer Art 200 000, weshalb denn auch jenes Licht* [gemeint ist der Jurist und Emblematiker Andrea Alciati, 1492–1550] *mich den* ›*Mann der Erfindungen*‹ *nannte.*«

Cardanos 1575/76 in Rom niedergeschriebene (leider sehr unzuverlässig überlieferte) autobiographische Aufzeichnungen sind neben Benvenuto CELLINIS *Vita* die bedeutendste »Selberlebensbeschreibung« der ausgehenden italienischen Renaissance. Doch wo Cellini sein abenteuerliches Leben schildert und dadurch auch sich selber darstellt, liefert Cardano eher eine Analyse seiner Person, seiner Gemütsbeschaffenheit, seiner Glücksumstände. Er erzählt auch nicht fortlaufend, sondern resümiert einzelne Data und Fakten unter je eigenen Rubriken, wie etwa folgenden: *Von meiner Gesundheit, Von meinen Leibesübungen, Meine Nachdenklichkeit und meine Art zu gehen* (»stets hastig und unregelmäßig«), *Ehren, die mir zuteil wurden, Mein Schutzgeist, Urteile berühmter Männer über mich, Worin ich gefehlt zu haben glaube.*

Cardano war Arzt und Gelehrter: er zerlegt, er zergliedert sich, scheut auch vor der Erwähnung des Sonderbaren und Ausgefallenen, ja des Fragwürdigen, Bedenklichen nicht zurück. Ebensowenig wie Cellini stilisiert er sich zu einem Mustermenschen, er möchte in seiner einmaligen Individualität von der Nachwelt gekannt sein. Er tritt keineswegs als eine harmonische Persönlichkeit vor uns, sondern aus Disparatem zusammengesetzt, widersprüchlich, fragmentarisch, unruhig umgetrieben und doch des gelassenen Überblicks fähig, aus Skepsis grämlich und zugleich heiter: »*Da uns Sterblichen kein Glück vergönnt ist, leben wir nur ein welkes Dasein, öde, leer. Wenn es aber überhaupt ein Gutes gibt, womit wir dieses Lebens Bühne schmücken können, so bin ich um dergleichen wahrlich nicht betrogen worden: Ruhe, stille Behaglichkeit, Besonnenheit, Ordnung, Abwechslung, Heiterkeit, Unterhaltung, Geselligkeit, Schlaf, Essen und Trinken, Reiten, Rudern, Spazierengehen, Neuigkeiten, die man erfährt, ruhige Betrachtung, gute Erziehung, Frömmigkeit, Ehe, fröhliche Gastereien, ein gutes, wohlgeordnetes Gedächtnis, Sauberkeit, Wasser, Feuer, Musik, viel Schönes für die Augen, angenehme Gespräche, Erzählungen und Geschichten, Freiheit, Selbstbeherrschung, kleine Vögel, junge Hunde, Katzen, der tröstliche Gedanke an den Tod...*«    F.Ke.

AUSGABEN: Paris 1643. – Amsterdam 1654. – Lyon 1663 (in *Opera omnia*, 10 Bde., 1; Nachdr. Stg. 1966).

ÜBERSETZUNG: *Des Girolamo Cardano von Mailand eigene Lebensbeschreibung*, H. Hefele, Jena 1914; Mchn. ²1969 [m. Nachw.].

LITERATUR: Th. A. Rixner u. Th. Siber, *H. C.* (in dies., *Leben u. Lehrmeinungen berühmter Physiker am Ende des 16. u. am Anfang des 17. Jh.s*, Sulzbach 1820). – J. Crossley, *The Life and Time of C.*, Ldn. 1836. – H. Morley, *The Life of G. C. of Milan, Physician*, Ldn. 1854. – V. Sardou, *G. C.* (in Nouvelle Biographie Générale, 8, 1855). – J. Eckmann, *J. C.*, Baltimore/Md. 1946. – R. Pascal, *Die Autobiographie*, Stg. 1965, S. 42–44. – A. Mondini, *G. C., matematico, medico e filosofo naturale*, Rom 1962. – J. Ochman, *Il determinismo astrologico di G. C.* (in *Magia, astrologia e religione nel Rinascimento. Convegno polacco-italiano*, Breslau 1974, S. 123–129). – M. Fierz, *G. C. (1501–1576). Arzt, Naturphilosoph, Mathematiker, Astronom und Traumdeuter*, Therwil 1977. – A. Ingegno, *Saggio sulla filosofia di C.*, Florenz 1980. – *Autobiografie di filosofi. C., Bruno, Campanella*, Hg. L. Firpo u. a., Turin 1982. – A. Ingegno, *Vita civile, razionalità dell'uomo, perfezione del filosofo: C. e Bruno* (in *Ragione e »civilitas«*, Hg. D. Bigalli, Mailand 1986).

## ERNESTO CARDENAL

* 20.1.1925 Granada / Nicaragua

**DAS LYRISCHE WERK** (span.) von Ernesto CARDENAL (Nicaragua).

»*Mit Cardenal beginnt eine neue Ära in der südamerikanischen Lyrik: die Verschmelzung des Himmels mit der Erde, des Menschen mit Gott. Für Cardenal ist das Leiden Christi vor allem das Leiden der Menschheit*« schrieb E. EVTUŠENKO. Seine Lyrik stellt der Dichter, Priester, Revolutionär und Politiker Cardenal, seit 1979 nicaraguanischer Kulturminister, konsequent in den Dienst seiner religiösen, sozialen und politischen Anliegen. Als Lyriker erlangte Cardenal Bedeutung nicht nur wegen der engagierten Inhalte seiner Gedichte; vielmehr fand er eine zwar in der Tradition nicaraguanischer Dichtung verwurzelte, aber eigenständige und seiner dichterischen Aussage adäquate Sprache und Ausdrucksform, die die zeitgenössische Lyrik Lateinamerikas nachhaltig beeinflußte.

Leben und Werk bilden bei Ernesto Cardenal eine untrennbare Einheit. Seit seiner Studienzeit nahm er aktiv an der politischen Entwicklung seines Landes teil, in deren Zentrum seit den dreißiger Jahren die Oppositionskämpfe gegen die Diktatur der Somoza-Familie standen. Die frühe Dichtung Cardenals ist bestimmt von sozialer und politischer Anklage. Zwischen 1952 und 1957 entstanden die 1961 in Mexiko veröffentlichten *Epigramas*. In Anlehnung an die Epigramme CATULLS und MARTIALS, die Cardenal in diesem Band auch auszugsweise übersetzte, klingen in den Gedichten mit politischen Inhalten satirisch-scharfe Töne an. Auch in den persönlicher gefärbten Liebesgedichten ist der für Cardenal charakteristische dichterische Ausdruck bereits im Kern erkennbar: eine klare, metaphernarme, fast schmucklose, sich der Prosa stark annähernde »Alltags«-Sprache, die ihre bisweilen suggestive Wirkung nicht aus dem Bilderreichtum, sondern aus der eindringlichen Darstellung des »Konkreten« bezieht. Cardenal gehört mit E. MEJÍA SÁNCHEZ (*1923) und C. MARTÍNEZ RIVAS (*1924) der sogenannten »Generation von 1940« an, die wichtige Impulse von den inhaltlichen und stilistischen Neuerungen des »vanguardismo« eines J. CORONEL URTECHO (*1906) oder P. A. CUADRA (*1912) erhalten hat. Cardenal blieb immer prosaisch klaren Ausdrucksform des *exteriorismo* treu, den Coronel Urtecho als »*Poesie... der konkreten Dinge*« bezeichnet hat. Auch die von ihm häufig verwendete Technik der Montage heterogener Textelemente, die starke Einbeziehung der gespro-

chenen Rede und die Wiederbelebung alter, vergessener lyrischer Formen sind Reminiszenzen an jene lyrische Bewegung der zwanziger Jahre.
In dem 1960 erschienenen Gedichtband *La hora 0 (Die Stunde Null)* wird die historische Situation der mittelamerikanischen Nationalstaaten im 20. Jh. dargestellt: einerseits politische Fremdbestimmtheit durch US-amerikanische Interventionen und wirtschaftliche Ausbeutung durch multinationale Konzerne wie der »United Fruit Company«, andererseits der immer wieder neu entfachte Kampf um nationale Unabhängigkeit. In *La hora 0* verkörpern diese Opposition die beiden Gestalten Somoza und Sandino. César Augusto Sandino (1893–1934), von den Anhängern Somozas ermordeter Guerillero, wird in bisweilen ins Elegische gehenden Tönen zum Nationalhelden und Märtyrer erhoben.
Eine entscheidende Wende nahm Cardenals Leben und Schaffen 1957 mit seinem Eintritt ins Trappistenkloster Gethsemani im amerikanischen Bundesstaat Kentucky, das der Dichter-Mönch und Philosoph Thomas Merton leitete. Frucht des asketischen Klosterlebens ist zunächst die Sammlung *Gethsemani Ky* (1960). In der Tradition mystischer Dichtung, etwa der eines SAN JUAN DE LA CRUZ (1542–1591) in Spanien, vermittelt Cardenal seine Gotteserfahrung sinnlich-direkt, ohne theologische oder intellektuelle Aufbereitung. Über Erinnerungen und Assoziationen findet auch die Außenwelt Eingang in das Leben des Mönchs, der sich, von Enttäuschung, ja Ekel erfüllt, von der politischen Wirklichkeit seines Landes abgewendet hat. Die religiöse Berufung hat Cardenals soziale Gesinnung noch vertieft. Seine *»engagierte Mystik«* (J. M. Oviedo) orientiert sich stets an den Menschen und Problemen seines Kontinents, andernfalls, so bekennt er, *»wäre der Mystizismus falsch, wäre nichts als Flucht und Autosuggestion«*.
Cardenals bekanntester und meist übersetzter Gedichtband sind die *Salmos*, 1964 *(Psalmen)*, die für den spanischen Sprachraum als wohl wichtigste religiöse Dichtung unseres Jahrhunderts gelten können. In seiner paraphrasierenden Nachdichtung der alttestamentlichen Psalmen verzichtet der Dichter im Wesentlichen auf formale oder stilistische Neuerungen. Mit den charakteristischen Stilmitteln wie Anaphern, Wiederholungen, Antithesen und Chiasmen lehnen sich die *Salmos* eng an das biblische Vorbild an, erfahren jedoch inhaltlich eine radikale Aktualisierung. Mehr als ein bloßer Lobpreis Gottes, weisen die Gedichte auch appellative Strukturen auf: Gott wird angerufen, sich zu zeigen, ein Zeichen zu geben, helfend oder strafend einzugreifen. Wie das Volk Israel, nach Freiheit dürstend, den Herrn anruft, so klagt auch der Dichter, solidarisch mit den Gequälten unserer Zeit, *de profundis*: *»Aus der Tiefe rufe ich, Herr, zu Dir! / Ich flehe Dich an, nachts, in meinem Gefängnis, / im Konzentrationslager, / in der Folterkammer, / im Dunkelarrest / und während des Kreuzverhörs, / Höre meine Stimme, / mein SOS«* (Psalm 129).
In der 1965 veröffentlichten Sammlung *Oración por Marilyn Monroe y otros poemas (Gebet für Mari-*

*lyn Monroe und andere Gedichte)* gilt des Dichters Mitleiden den Opfern einer als destruktiv und entmenschlichend empfundenen kapitalistischen Konsumgesellschaft. Im *Gebet für Marilyn Monroe*, dem Titelgedicht, legt der Dichter Fürsprache ein für einen zur Ware degradierten Menschen, eine Selbstmörderin, deren Verlassenheit und Ausgeliefertsein an fremde Interessen er biographisch nachskizziert: *»Herr, / nimm dieses Mädchen auf, das die ganze Welt kannte als / Marilyn Monroe, / ... dieses Mädchen, das jetzt vor Dir steht, ohne jedes Make-up, / ohne ihren Manager, / ohne Fotografen, ohne Autogramme zu geben, / einsam wie ein Astronaut vor der Nacht des Universums.«*
In den auf Solentiname, einer von Cardenal in den sechziger Jahren gegründeten basischristlichen Lebensgemeinschaft, entstandenen lyrischen Werken unternimmt er eine Grundlegung der Geschichte Nicaraguas von der vorkolumbianischen Zeit und der spanischen Konquista über die Gegenwart bis hin zu einer möglichen Zukunft seines Landes. In *El estrecho dudoso*, 1966 *(Die ungewisse Meerenge)*, tritt der Dichter als Chronist der ersten Durchquerung der nicaraguanischen Landenge zwischen den beiden Ozeanen und den Anfängen der spanischen Kolonialherrschaft auf. Collageartig setzen sich die Gedichte aus Versatzstücken fremder Texte (Briefe, Dokumente, Urkunden, Berichte und Chroniken der Konquista) zusammen. In *Homenaje a los indios americanos*, 1970 *(Für die Indianer Amerikas)*, werden Texte der Mayas (so das *Chilam Balam*), der Azteken und Inkas, Inschriften von Bauwerken, mündlich überlieferte Gebete und Legenden auch der nordamerikanischen Indianer zur Darstellung des präkolumbischen Amerika verarbeitet. Cardenal zeichnet das Bild friedlicher, den Künsten und der Religion zugewandter Kulturen, die in gerechter sozialer Ordnung und im Einklang mit der Natur lebten. Die Lieder des Nezahualcóyotl, des aus den altmexikanischen Kodizes überlieferten Königs Texcocos, betonen die Hinwendung zum Geistigen und die Abkehr von irdischer Machtausübung: *»Ich bin nicht gekommen, Kriege zu führen auf Erden / sondern Blumen zu pflücken / ich, der König Sänger Blumensucher ... Wir kamen nur zum Träumen auf die Erde / um ein paar Manuskripte zu hinterlassen / durchscheinend wie Träume«* (Mexikanische Gesänge I und II).
Im Zentrum des *Canto Nacional y Oráculo sobre Managua*, 1973 *(Orakel über Managua und Nationallied für Nicaragua)*, stehen die Revolutionäre des Landes, allen voran C. A. Sandino, die Symbolfigur des Widerstandes gegen Diktatur und Unterdrückung. In einer religiös motivierten Interpretation der Geschichte verbindet Cardenal hier die Ermordung des jungen Christen, Dichters und Revolutionärs Leonel RUGAMA (1949–1970) durch Regierungstruppen mit der Zerstörung Managuas durch ein Erdbeben im Jahre 1972. Die Katastrophe erscheint einmal als Zeichen für die Hinfälligkeit der Macht, zum anderen als Strafe Gottes, die die Bösen, die im moralischen Sinne Gottlosen, ereilt. Der *Canto Nacional* mündet in eine Utopie:

die Vision eines von der Diktatur, von Unterdrückung und Ausbeutung befreiten Landes.
Die Lyrik nach dem Sturz Somozas im Jahre 1979 ist eine einzige Hymne an den lang ersehnten »neuen Morgen«. In den Gedichten der Sammlungen *Tocar el cielo*, 1981 *(Den Himmel berühren), Vuelos de victoria*, 1984 *(Siegesflüge)*, und *Quetzcoatl* (1985) preist Cardenal in ausschnitthaften Einblicken in die verschiedensten Bereiche der gesellschaftlichen Neuordnung die Errungenschaften der Revolution und trauert um »*ihre Heiligen und Märtyrer*« *(Den Himmel berühren; Für Donald und Elvis)*. Mit dem Sieg der Sandinisten ist Cardenals vielbesungene Utopie eines freien Nicaragua wahr geworden: »*Und ich merke, daß mein Land jetzt viel schöner ist / ... Früher war es, als ob diese Schönheit sich schämte... / Wie schön ist jetzt unser Land. / Wie herrlich unsere Natur ohne Somoza*« *(Eine andere Ankunft)*. E.G.R.

AUSGABEN: *La ciudad deshabitada*, Mexiko 1946. – *El conquistador*, Guatemala 1947. – *La hora 0*, Mexiko 1960. – *Gethsemani Ky*, Mexiko 1960 [Vorw. Th. Merton]. – *Epigramas; poemas*, Mexiko 1961. – *Salmos*, Medellín 1964. – *Oración por Marilyn Monroe y otros poemas*, Medellín 1965. – *El estrecho dudoso*, Madrid 1966 [Vorw. J. Coronel Urtecho]. – *Salmos*, Ávila 1967. – *Homenaje a los indios americanos*, León 1969. – *Salmos*, Buenos Aires/Mexiko 1970. – *Antología*, Hg. P. A. Cuadra, 1972 [Ausw. aus *Salmos, La hora cero, Epigramas, Oración por Marilyn Monroe u. Homenaje*]. – *Epigramas*, Buenos Aires/Mexiko 1972. – *El estrecho dudoso*, Buenos Aires/Mexiko 1972. – *Homenaje a los indios americanos*, Buenos Aires/Mexiko 1972. – *Canto Nacional y Oráculo sobre Managua*, Buenos Aires 1973. – *Canto a un país que nace*, Puebla 1978. – *Epigramas*, Barcelona 1978. – *Poesía de uso: antología 1949–1978*, Buenos Aires 1979. – *Poesía y Revolución. Antología poética*, Mexiko 1979 [Ausw. aus *La hora 0, Homenaje* u. *Canto nacional*]. – *Tocar el cielo: poesías*, Salamanca 1981. – *Homenaje a los indios americanos*, Barcelona 1983. – *Vuelos de victoria*, Madrid 1984. – *Quetzalcoatl*, Managua 1985.

ÜBERSETZUNGEN: *Zerschneide den Stacheldraht. Lateinamerikanische Psalmen*, Hg. S. Baciu, Wuppertal 1967. – *Gebet für Marilyn Monroe und andere Gedichte*, ders., Wuppertal 1972. – *Für die Indianer Amerikas*, Wuppertal 1973 [Vorw. J. M. Oviedo]. – *Orakel über Managua und Nationallied für Nicaragua*, Wuppertal 1973. – *Meditation und Widerstand: Dokumentarische Texte und neue Gedichte*, Gütersloh 1977 [Vorw. H. Gollwitzer]. – *Die Stunde Null*, A. Schwarzer de Ruiz u. H. Schulz, Wuppertal 1979 [Sammelband; enthält: *Von der Heiligkeit der Revolution, Gebet für Marilyn Monroe, Für die Indianer Amerikas, Das Buch von der Liebe*]. – *Unser Land mit den Menschen die wir lieben. Gedichte*, Wuppertal 1980. – *Man muß Fische säen in den Seen: Für die Indianer Amerikas*, Gütersloh 1981. – *Gebet für Marilyn Monroe: Meditationen*, Hg. D. Sölle, Wuppertal 1984. – *In der Nacht leuchten die Wörter. Frühe Gedichte, Epigramme, Psalmen*, A. Schwarzer de Ruiz u. a. (in *Das poetische Werk*, Hg. H. G. Schmidt, Bd. 1, Wuppertal 1985 u. Gütersloh 1987). – *Die ungewisse Meerenge* (ebd., Bd. 2). – *Die Farbe des Quetzal. Für die Indianer Amerikas* (ebd., Bd. 3, Wuppertal 1986, Vorw. J. M. Oviedo). – *Das Buch von der Liebe. Lateinamerikanische Psalmen* (ebd., Bd. 4, Wuppertal 1985 u. Gütersloh 1987, Vorw. Th. Merton). – *Wir sehen schon die Lichter. Gedichte bis 1979* (ebd., Bd. 5, Wuppertal 1986). – *Den Himmel berühren. Gedichte 1979–1985* (ebd., Bd. 7, Wuppertal 1987).

LITERATUR: E. Calabrese, Hg., *E. C.: poeta de la liberación latinoamericana*, Buenos Aires 1975. – J. L. Gonzáles-Balado, *E. C.: poeta, revolucionario, monje*, Salamanca 1978. – R. H. Castagnino, *E. C.* (in Eitel, S. 424–435). – H. U. Jäger, *Mönch und Revolutionär: E. C.* (in H. U. J., *Politik aus der Stille*, Zürich 1980, S. 9–42). – J. B. Metz, *Paradigma für eine politische Kultur des Friedens* (in E. Cardenal, *Ansprachen anläßlich der Verleihung des Friedenspreises des Deutschen Buchhandels*, Ffm. 1980). – W. B. Berg, *E. C.: Dichtung und/als Revolution* (in IR, 15, 1982, S. 97–125). – P. W. Borgeson, *Hacia el hombre nuevo: poesía y pensamiento de E. C.*, Ldn. 1984. – E. Elias, *Prophecy of Liberation: The Poetry of E. C.* (in *Poetic Prophecy in Western Literature*, Hg. J. Wojcik u. R. J. Frontain, Ldn. 1984, S. 174–185). – S. Kleinert, *Vom ›modernismo‹ zu C. und den Dichter-Werkstätten* (in *Die Legitimation der Alltagssprache in der modernen Lyrik: Antworten aus Europa u. Lateinamerika*, Hg. H. Wentzlaff-Eggebert, Erlangen 1984, S. 135–163). – E. Urdanivia Bertarelli, *La poesía de E. C.: Cristianismo y revolución*, Lima 1984. – R. Schopf, *Zur Genesis und Entwicklung der engagierten Dichtung E. C.'s*, Ffm. 1985.

## FERNÃO CARDIM

\* 1549/50 Viana de Alvito / Alentejo
† 27.1.1625 Aldeia de Espírito Santo / Bahia

### TRATADOS DA TERRA E DA GENTE DO BRASIL

(portug.; *Abhandlungen über Land und Leute in Brasilien*). Sammlung nachgelassener Schriften über Brasilien von Fernão CARDIM, erschienen 1847. – Der Jesuitenpater Fernão Cardim, einer der Lehrer des berühmten Diplomaten und Brasilienmissionars António de VIEIRA (1608–1697, vgl. *Cartas*), kam 1583 zum erstenmal nach Brasilien. Auf einer Reise nach Rom 1600 von britischen Piraten nach England verschleppt, kehrte er 1604 über Portugal nach Brasilien zurück und starb dort als Ordensprovinzial. Er war also nicht wie zahlreiche Portugiesen und Reisende aus anderen Ländern ein Besucher unter vielen, die Reisebeschreibungen und Reiseberichte verfaßten. Nahezu dreißig Jahre Tätigkeit in Brasilien als Missionar, Ordensprovinzial und Rektor des Jesuitenkollegs von Bahia vermittelten ihm eine umfassende Kenntnis der Landschaften des brasilianischen Ostens, des Lebens, der Kultur und Sprache der Eingeborenen und der sozialen Verhältnisse in der portugiesischen Kolonialgesellschaft. Dies hebt seine Schriften über das allgemeine Niveau der brasilianischen Reiseliteratur seiner Zeit hinaus und rechtfertigt das Interesse, das ihnen bis heute entgegengebracht wird.

Von den unter dem Titel *Tratados da terra e da gente do Brasil* vereinigten Werken, *Do clima e da terra do Brasil (Vom Klima und den Landschaften Brasiliens), Do princípio e origens dos Índios do Brasil (Vom Ursprung und von der Herkunft der Indianer Brasiliens)* und *Narrativa epistolar de uma viagem e missão jesuítica pela Bahia, Ilhéus, Porto Seguro, Pernambuco, Espírito Santo, Rio de Janeiro, etc. (Brieflicher Bericht über eine jesuitische Missionsreise durch Bahia, Ilhéus...),* wurde die letzte, bald nach der ersten Ankunft des Paters in Brasilien geschriebene Schrift 1847 in Lissabon gesondert veröffentlicht. Als Missionar oblag dem Jesuitenpater Cardim die Bekehrung der Indianer, die Seelsorge bei den portugiesischen Siedlern und die Erziehung der portugiesischen Kinder, insbesondere auch der Elementarunterricht in Schreiben, Lesen und Rechnen. Seine Schriften enthalten aufschlußreiche Angaben über die Lebensbedingungen, die materiellen Verhältnisse und die Geistesverfassung der portugiesischen Siedler. Äußerst aufgeschlossen zeigt sich der Pater der brasilianischen Natur und Landschaft gegenüber, die er in einfacher, ungekünstelter Sprache sehr anschaulich und realistisch beschreibt. Hervorzuheben ist die moralisierende Tendenz seiner Darstellung: Unaufhörlich bemüht, zu belehren, zu bessern, zu exemplifizieren, sind seine Urteile über die Kolonialgesellschaft seiner Zeit, ihre Schwierigkeiten, Probleme und Fehler klar, begründet und augenscheinlich zutreffend. Interessant sind unter anderem seine Hinweise auf den Gegensatz zwischen dem noch völlig unerschlossenen, nur von Indianern bewohnten brasilianischen Landesinnern und den Küstengebieten, wo die großen Kolonisationszentren Pernambuco und Bahia eine erstaunliche wirtschaftliche und kulturelle Entwicklung aufweisen. Aufschlußreich sind auch solche Stellen des Werks, in denen der Autor seinem Erstaunen über den Reichtum und Überfluß der Grundherrn, über den Luxus, in dem sie lebten, Ausdruck gibt.

Die missionarische Aufgabe Cardims gegenüber den Indianern erweckt sein Interesse für ihre Herkunft, ihre Sitten und Sprache. Häufig sind in seinen Schriften die Hinweise auf die *língua geral* (Allgemeinsprache), deren sich Mischlinge und Weiße im Verkehr mit den Eingeborenen bedienten. Es handelt sich um eine vereinheitlichte und vereinfachte, von den Jesuiten geschaffene Indianersprache, die auch die portugiesischen Siedler sich vielfach aneigneten, die insbesondere aber von den in Brasilien geborenen Kindern der Portugiesen gesprochen wurde.

Zwar gehören die Schriften Cardims zu einer literarischen Gattung, die durch den *mito do ufanismo* (Mythos der Selbstbeweihräucherung), das heißt durch übertreibende Verherrlichung brasilianischer Landschaft und brasilianischen Lebensstils, gekennzeichnet ist, trotzdem besitzen sie kulturgeschichtliche Bedeutung. Ohne eigentlichen literarästhetischen Wert, sind sie dank ihrer Absicht, korrekte Vorstellungen über Brasilien zu vermitteln, ein wichtiges Zeitdokument und eine der ersten Bekundungen brasilianischen Geistes und erwachenden brasilianischen Nationalgefühls. V.M.P.

AUSGABEN: Lissabon 1847 (*Narrativa epistolar de uma viagem e missão jesuítica pela Bahia...,* Hg. F. A. de Varnhagen). – Rio 1881 *(Do princípio e origem dos Índios do Brazil e de seus costumes adoração e ceremonias).* – São Paulo 1939, Hg. R. Garcia u. a. [m. Einl.]; ³1978. – Belo Horizonte 1980.

ÜBERSETZUNG: in S. Purchas, *Purchas his pilgrimes,* Bde. 3/4, Ldn. 1625 [engl.; enth. »*Do clima e da terra...*« u. »*Do princípio e origem...*«].

LITERATUR: J. M. Espinosa, *F. C., Jesuit Humanist of Colonial Brazil* (in Mid-America, N. S. 13, 1942, S. 255–271). – H. Cidade, *A literatura portuguesa e a expansão ultramarina,* Bd. 1, Coimbra 1963. – J. V. Serrão, *A historiografia portuguesa,* Bd. 1, Lissabon 1972, S. 305–308. – *Empire in Transition,* Hg. A. Hower u. R. A. Preto-Rodas, Gainesville 1985, S. 33–64.

## MARIE CARDINAL

\* 9.3.1929 Algier

### LES MOTS POUR LE DIRE

(frz.; *Ü: Schattenmund*). Roman von Marie CARDINAL, erschienen 1975. – Dieser autobiographische Text beginnt mit der schonungslosen Darstellung einer Krankheit, die dazu geführt hat, daß die in ständiger Angst vor dem Wahnsinn lebende Autorin keinen Kontakt mehr zur Außenwelt aufnehmen konnte. Nach erfolglosen medizinischen Behandlungen unterzieht sie sich einer Psychoanalyse, die Gegenstand des Romans ist.

Die nicht nach den Gesetzen der Chronologie, sondern am Leitfaden der psychoanalytischen Erforschung des Unterbewußtseins erzählten Kindheitserinnerungen stellen das Kernstück des Buches dar. Als Tochter aus gutem Hause in einer Familie von französischen Großgrundbesitzern in Algerien aufgewachsen, internalisierte die Ich-Erzählerin die Widersprüche ihrer Gesellschaftsschicht nur mühsam, was die Mutter zu drakonischen Erziehungsmaßnahmen veranlaßte – um so mehr, als diese Tochter das unerwünschte Kind einer gescheiterten Ehe ist. Trotz aller Versuche der Mutter, das Kind von der sozialen Wirklichkeit Algeriens fernzuhalten, entgeht dem kleinen Mädchen der Gegensatz zwischen der Armut der algerischen Bevölkerung, zu der es sich hingezogen fühlt, und dem kolonialen Luxus der französischen Grundbesitzer keineswegs. Nur widerwillig lernt es, die Verbote der Mutter zu beachten und ihre Wertvorstellungen zu akzeptieren, die das Dasein in zwei völlig entgegengesetzte Sphären aufspaltet: das Gute und das Reine auf seiten der französischen Kultur und Lebensweise und das Böse und das Unreine auf seiten der algerischen. Mit dem Algerien-Krieg und der Flucht der Grundbesitzer nach Frankreich, wo sie sich plötzlich im gesellschaftlichen Nichts wiederfinden, bricht das mütterliche Weltbild in sich zusammen und hinterläßt eine Leere, die für die Mutter das Ende, für die Tochter die Möglichkeit zu einem Neuanfang bedeutet.

*Schattenmund*, der leidenschaftliche Roman der psychoanalytischen Wahrheitsfindung eines weiblichen Ichs, das im Laufe der Analyse seine Sprache findet, steht in der Tradition der Bekenntnisliteratur, die sich als Anklage gegen die Heuchelei obsolet gewordener Moralvorstellungen versteht, deren Statthalterin in diesem Falle die Mutter ist. Die Befreiung von der destruktiven und auf fatale Weise konfliktbeladenen Mutterbindung erweist sich als Voraussetzung für die schmerzhafte Herausbildung einer Identität, die der von ihrer Krankheit geheilten Erzählerin neue Perspektiven eines intellektuell und emotional anspruchsvollen Lebens eröffnet.

Die Autorin veröffentlichte 1977 eine Art Fortsetzung des Romans in Form der Gesprächsaufzeichnung: *Autrement dit (Selbstgespräch mit Klytämnestra)*. Die Schriftstellerin Annie LECLERC thematisiert in ihren Fragen an Marie Cardinal im Anschluß an die Veröffentlichung der »*Mots pour le dire*« insbesondere das Verhältnis von Weiblichkeit und Schreiben. Dabei wird der mit Hilfe der Psychoanalyse auf den Weg gebrachte Prozeß der weiblichen Identitätskonstitution reflektiert und – *Autrement dit* – »in anderen Worten« noch einmal aufgezeichnet. Der Akzent liegt dabei auf »*dire*« (sprechen) in Abgrenzung zu – dem männlichen Kulturbereich zugeordneten – »*écrire*« (schreiben), das sich die schreibende Frau zuallererst aneignen muß. Die hier vertretene Konzeption der weiblichen Schreibweise privilegiert die Tradition des mündlichen Erzählens, das sich der Linearität entziehe, in Interaktion mit den Zuhörern (bzw. Lesern) stattfinde und mit der weiblichen, durch Wiederholung und Zyklus strukturierten Körpererfahrung in Zusammenhang gebracht werden könne. *Autrement dit* versteht sich als einer jener feministisch engagierten Texte, die weibliches Körperempfinden vorbehaltlos artikulieren, sich einer auf Unmittelbarkeit ausgerichteten Sprache bedienen und als ›Verständigungstext‹ innerhalb der neuen Frauenbewegung ihren literarhistorischen Ort haben. B.We.

AUSGABEN: Paris 1975 u. ö. (Poche). – Paris 1978; zul. 1985.

ÜBERSETZUNGEN: *Schattenmund*, G. Forberg u. A. El Moutei Semler, Mchn. 1977. – Dass., dies., Reinbek 1979; zul. 1987 (rororo). – Dass., dies., Bln./Weimar 1983.

LITERATUR: C. Souriau, *Littérature française sur le Maghreb* (in Annuaire de l'Afrique du Nord, 14, 1975, S. 1361 f.). – J. Aubenas, *C. ou la littérature cardinale* (in La Revue nouvelle, 1976, S. 228–231). – B. L. Knapp, Rez. (in Books Abroad, 50, 1976, S. 359). – C. A. Madrignani, Rez. (in Belfagor, 31, 1976, S. 358–361). – J. Le Galliot, Rez. (in J. Le Galliot u. a., *Psychanalyse et langage littéraire*, Paris 1977, S. 117 f.). – M. I. Kischke, Rez. (in FRs, 9. 7. 1977). – E. Hübner, Rez. (in FAZ, 9. 8. 1977). – E. Bauschmid, Rez. (in SZ, 13. 8. 1977). – E. Piras, Rez. (in NZZ, 30. 5. 1979).

## JOAQUIM LÚCIO CARDOSO FILHO

\* 14.8.1913 Curvelo / Minas Gerais
† 24.9.1968 Rio de Janeiro

## MALEITA

(portug.; *Wechselfieber*). Roman von Joaquim Lúcio CARDOSO Filho (Brasilien), erschienen 1934. – Innerhalb des seit den zwanziger Jahren je nach Landschaft sehr verschieden ausgeprägten brasilianischen Neoregionalismus gelang dem Autor der literarische Durchbruch mit einem Roman von eindrucksvoller erzählerischer Kraft und psychologischer Tiefe, der eines der großen Themen lateinamerikanischer Literatur, die Spannung zwischen »Zivilisation und Barbarei«, behandelt.

Geprägt von der Erinnerung an den eigenen Vater, erhebt Cardoso das Schicksal dieses unruhigen und abenteuerlichen Gründers von Pirapora am Oberlauf des São-Francisco-Flusses zum epischen Zeichen des gnadenlosen Existenzkampfes zwischen Mensch und Natur kurz vor der Jahrhundertwende. Die Stadt mit ihrem Hafen sollte zu einem wichtigen Brückenkopf für die Besiedlung von Minas Gerais werden. Cardoso begnügt sich nicht mit der nüchtern erzählenden Darstellung von Überschwemmungen, Dürrezeiten und Sumpffieber, von Aberglauben und dem Recht des Stärkeren als Lebensgesetze in der Grünen Hölle und im Bannkreis des Flusses. Vielmehr fesselt ihn, und daher der gelegentliche Vergleich mit Julien GREEN, die düstere Tragik, die aus der gegenseitigen Verständnislosigkeit der Menschen resultiert, die, von Ehrgeiz, Habgier und Leidenschaft besessen, sinnlos agieren, obwohl sie alle derselben Bedrohung durch die Urgewalten der Natur ausgesetzt sind. Auch wenn neuer Reichtum neben dem alten Elend entsteht, so sind die Menschen doch innerlich vereinsamt, stets vom Tod bedroht, in ihrem Herzen Wilde geblieben. D.B.

AUSGABE: Rio 1934; ³1974.

LITERATUR: O. de Faria, Rez. (in Boletim do Ariel, 3, Sept. 1934, S. 322). – J. de Barros, *Espelho dos livros*, Rio 1936, S. 215–236. – Adonias Filho, *Os romances de L. C.* (in Cadernos da Hora Presente, 1939, Nr. 4, S. 57–86). – N. Werneck Sodré, *Orientações do pensamento brasileiro*, Rio 1942, S. 167–183. – Carpeaux, S. 437–439. – A. Lins, *O romance brasileiro contemporâneo*, Rio 1967, S. 20–35. – MGSL, 30. 11. 1968 [Sondernr. *L. C.*]. – Coutinho, 5, S. 377–387. – M. Cavalcanti Proença, *Estudos literários*, Rio 1971, S. 487–492. – M. H. Cardoso, *Vida-vida*, Rio 1973. – MGSL, 14. 10. 1978 [Sondernr. *L. C.*].

## GIOSUÈ CARDUCCI

\* 27.7.1835 Valdicastello
† 16.2.1907 Bologna

LITERATUR ZUM AUTOR:

*Biographien:*
P. Bargelli, *G. C.*, Brescia 1935. – M. Biagini, *Il poeta della terza Italia. Vita di G. C.*, Mailand 1971.
*Gesamtdarstellungen und Studien:*
B. Croce, *G. C.*, Bari ⁶1961. – *»Rimi e ritmi«. Testimonianze, interpretazione, commento.* Hg. M. Valgimigli u. G. Salinari, Bologna 1964. – R. Sirri Rubes, *Retorica e realtà nella poesia giambica del C.*, Neapel o. J. [1966]. – M. Valgimigli, *C. allegro*, Bologna o. J. – H. Rheinfelder, *C. damals u. heute* (in H. R., *Philologische Schatzgräbereien*, Darmstadt 1968, S. 376–390). – *Primavera e fiore della lirica italiana*, Hg. G. Bárberi Squarotti, Mailand 1969. – E. Caccia, *Poesia e ideologia per C.*, Brescia 1970. – G. Contini, *Il commento petrarchesco di C. e Ferrari* (in G. C., *Varianti e altra linguistica*, Turin 1970, S. 635–645). – I. Klajn, *C. e il linguaggio tradizionale* (in Linguistica, 12, 1972, S. 107–123). – F. Mattesini, *Per una lettura storica di C.*, Mailand 1975. – G. Spadolini, *Fra C. e Garibaldi*, Florenz 1982. – F. Mattesini, *Figure e forme di vita letteraria da C. all'ermetismo*, Rom 1983. – R. Della Torre, *Invito alla lettura di G. C.*, Mailand 1983. – G. Santangelo, Art. *G. C.* (in Branca, 1, S. 518–531).

## IL CANTO DELL'AMORE

(ital.; *Der Gesang an die Liebe*). Hymnisches Gedicht in dreißig Strophen von Giosuè CARDUCCI, erschienen 1878. – Es wurde als letztes Gedicht in die Sammlung *Giambi ed epodi* aufgenommen und beschließt damit, vom Geist der Versöhnung erfüllt, eine vorwiegend politisch-polemische Epoche in Carduccis Schaffen. Historisches Bewußtsein, klassizistisches Kunstempfinden und romantische Naturverbundenheit sind als Grundelemente der *poesia carducciana* auch in diesem vielleicht populärsten Gedicht Carduccis spürbar. *Der Gesang an die Liebe* wurde im Herbst 1877 an einem der bekanntesten umbrischen Aussichtspunkte (heute »Giardino Carducci«) in Perugia konzipiert. Die ersten neun Strophen des Gedichts evozieren in balladesker Diktion die historische Bedeutung des Orts: Hier erhob sich einst die von Papst Paul III. zu machtpolitischen Zwecken erbaute Festung »Rocca Paolina«, die nach 1848 auf Veranlassung der Stadtbehörde durch das Volk zerstört wurde. Carducci korrigiert allerdings den Lauf der Geschichte im Sinne einer höheren, dichterischen Wahrheit, indem er den amtlich bewilligten Abbau der Festung zu einem »Sturm auf die Bastille« werden läßt. Die folgenden Strophen besingen die umbrische Landschaft. Der Ton wird lyrischer, bekenntnishaft, die hymnische Eloquenz jedoch beibehalten. Die unvergängliche Schönheit der Natur, die Zeitlosigkeit der naturgegebenen Lebensgesetze versöhnen den Menschen mit seinem geschichtlichen Schicksal: »*Sei mir gegrüßt, o Menschheit ohne Ruh! / Alles vergeht, nichts stirbt im Schoß der Zeit. / Zuviel wir litten, haßten; liebe du! / Die Welt ist schön, die Zukunft sich uns beut.*« Carduccis Bereitschaft zur Versöhnung ist allerdings weitgehend durch die ruhige innenpolitische Lage in Italien nach dem Triumph der republikanischen Ideen des *risorgimento* unter Viktor Emanuel II. bedingt: »*Was ist's, das glänzt, dort in der Berge Runde? / Was will sich wie ein Morgenglühn ergehn? / Gehn denn Madonnen noch auf goldnem Grunde / Lustwandeln auf den lichten Umbrerhöhn? / Keine Madonna ist's, eine Idee / Voll Reinheit sie und voll Gerechtigkeit. / Ich segne, die für sie gefallen je, / Ich segne, die ihr leben alle Zeit.*« Die drei letzten Strophen, in denen Carducci im Geiste auch mit dem Papst Versöhnung feiert, nachdem er in verschiedenen Gedichten nicht nur die katholische Kirche ob ihrer konservativen Haltung getadelt, sondern auch allgemein zugunsten der Antike gegen das Christentum Stellung bezogen hatte, sind durch einen Stilbruch (Abgleiten ins Volkstümlich-Derbe) gekennzeichnet. Hier zeigt sich die Diskrepanz zwischen Carduccis Republikanertum und seiner aristokratisch-klassizistischen Auffassung der Kunst.

Carduccis oft als »akademisch« bezeichneter künstlerischer Traditionalismus, seine oppositionelle

Haltung gegenüber den neuen, auf LEOPARDI zurückgehenden romantisch-subjektiven Tendenzen der italienischen Lyrik wurde in letzter Zeit stark angegriffen. Es ist mit Recht gesagt worden, daß *Der Gesang an die Liebe* seine Popularität zum Teil einem Mangel an lyrischer Differenziertheit, einem zumindest stellenweise recht biederen Vaterlandspathos verdankt. C.H.

AUSGABEN: Bologna 1878. – Bologna 1937 (in *Poesie 1850–1909*). – Bologna 1940 ff. (in *Opere*, 30 Bde., 12; *Edizione nazionale*).

ÜBERSETZUNGEN: *Der Gesang der Liebe*, J. Schanz, Rom 1878. – *Hymnus an die Liebe*, B. Jacobson (in *Ausgewählte Gedichte*, Lpzg. 1880; ²1907). – *Das Lied von der Liebe*, F. Hefti (in *Gedichte*, Bern 1937).

LITERATUR: A. Capelli, *Il »Canto dell'amore«, saggio di un commento alle poesie di G. C.* (in Vita e Pensiero, 7, 1921, S. 96). – D. Petrini, *Poesia e poetica carducciana*, Rom 1927. – G. A. Peritore, *La poesia di G. C.*, Modena 1937. – P. Gorgolini, *G. C. e il »Canto dell'amore«* (in P. G., *Saggi politici e letterari*; Bio-bibliogr. Notizen v. A. Amante u. G. Camposampiero, Turin 1940, S. 191–197). – M. Ciardo, *Genesi romantica della poesia del C.*, Florenz 1954.

## ODI BARBARE

(ital.; *Barbarische Oden*). Lyrischer Zyklus von Giosuè CARDUCCI, in drei Teilen erschienen 1877 (*Odi barbare*), 1882 (*Nuove odi barbare*) und 1889 (*Terze odi barbare*). – Schon seit 1873 galt Carducci als eine Art National-Lyriker des geeinten Königreichs Italien. Seinen eigentlichen Ruhm begründeten die *Odi barbare*, die zunächst leidenschaftliche Diskussionen entfachten und eine Flut von kritischen Untersuchungen provozierten. Angegriffen wie rückhaltlos bewundert wurde Carduccis neue metrische Form, die jedoch keinesfalls so gewagt oder problematisch war, wie es den Anschein hatte; denn Carducci unternahm es lediglich, den Rhythmus des griechischen und lateinischen Verses in den akzentuierenden italienischen Vers zu übertragen. Beibehalten wurde in der Regel die Silbenzahl des antiken Verses, wodurch sich ein neuer Rhythmus ergab, da im Italienischen die grammatikalischen Akzente anders liegen. Derartige Versuche waren in der Literatur Italiens schon früher angestellt worden, von Leon Battista ALBERTI bis hin zu den Lyrikern des 18. Jh.s. Doch nicht nur an solchen Vorbildern, sondern auch an der deutschen Lyrik orientierte sich Carducci: an KLOPSTOCK, GOETHE, SCHILLER, HÖLDERLIN und vor allem an PLATENS Idyllen. So schreibt er an seinen Freund, den Dichter und Kritiker CHIARINI (über Klopstock): »*Ich weiß nicht, warum das, was er mit der harten und widerstrebenden deutschen Sprache tat, sich nicht mit dem flexiblen Italienischen machen lassen sollte.*« Carducci wagte das Experiment – und schuf einen der bedeutendsten Zyklen in der großen Geschichte der italienischen Lyrik. Seine Oden nannte er »barbarisch«, weil sie »*so dem Ohr und dem Urteil der Griechen und Römer erschienen wären, obgleich ich sie in den metrischen Formen ihrer Lyrik habe abfassen wollen, und weil sie leider so für sehr viele Italiener klingen werden, obgleich in italienischem Versmaß und Rhythmus abgefaßt*«.

Carducci gestaltet in den *Odi barbare* Erlebnisse, die entweder naturgebunden sind oder in einer an historischen Reminiszenzen reichen Szenerie spielen. Die »*vergebliche Sehnsucht nach der antiken Schönheit*« (*Nella piazza di S. Petronio*) drückt sich aus in der Suche nach geistiger Heiterkeit und im Bedürfnis nach Seelenruhe. Der Tumult der Leidenschaft und ideologisches Ungestüm, beide charakteristisch für Carduccis frühere Lyrik, erscheinen gemildert in einer lebhaften Gefühlsbewegung, die so sinnfällige wie glänzende und machtvolle Synthesen zeitigt (etwa *Faida di Comune*; *Comune rustico*) und die sich in historischen Evokationen ausspricht, deren gemeinsame Wurzeln in einem Traumland harmonischer Schönheit liegen (*Canzone di Legnano; Sui campi di Marengo*). In Bildern der Jugend (*Sogno d'estate*) und der heimatlichen Maremmen-Landschaft (*Idillio maremmano; Davanti San Guido*) werden Personen und liebgewesene Dinge beschworen, deren sich der Dichter schwermütig erinnert. So entsteht aus klassizistischer Poetik und realistischen Elementen ein lyrisches Bewußtsein, dem sich der dichte, technisch höchst bewußte Stil angleicht. Bisweilen lassen sich impressionistische Tönungen (*Alla stazione in una mattina d'autunno*) erkennen, bisweilen wird auch das aristokratische Vokabular zu aufdringlich, der Klassizismus zu preziös (*Alle fonti del Clitumno*). Nicht selten scheint der sakrale Ton des Versmaßes den Dichter zu einer selbstgefälligen, abstrakten Rhetorik zu verführen. Dann werden die Bilder unscharf, die Kunst der großen Landschaftsmalerei verblaßt, der Blick konzentriert sich auf prunkvollen Dekor (*Piemonte*; *Cadore*; *Alla città di Ferrara*; *Bicocca di San Giacomo*). Hier bewegt sich Carducci bis an den Rand des Dekadentismus, seine Sprache wird steif, latinisierend. Sein Neoklassizismus, urteilt SAPEGNO, legt den »*ästhetisierenden Bodensatz bloß und öffnet den Weg für die ephemeren Bravourstücke der Epoche D'Annunzios*«. S.C.

AUSGABEN: Bologna 1877. – Bologna 1882 (*Nuove odi barbare*). – Bologna 1889 (*Terze odi barbare*). – Bologna 1907 (in *Opere*, Bd. 17). – Paris 1950, Hg. A. Ricklin. – Bologna 1963 (in *Poesie 1850–1900*). – Mailand 1986, Hg. L. Banfi.

ÜBERSETZUNGEN [Ausw.]: *Odi barbare*, F. Sternberg, Heidelberg 1913. – Dass., F. Fehling, Heidelberg 1914.

LITERATUR: F. D'Ovidio, *Versificazione italiana e arte poetica medioevale*, Mailand 1910. – A. Allan, *Dizionario delle voci, delle forme e dei versi notevoli contenuti nelle »Odi barbare« e in »Rime e ritmi«*, Paris 1913. – D. Ferrari, *Commento delle »Odi barbare« di G. C.*, Bologna 1921–1924. – B. Bini, *Le »Odi barbare«*, Pola Rocca 1934. – G. B. Salinari, *I metri barbari del C.* (in Convivium, 16, 1948, Nr. 5). – R. Garbari, *Lettere d'amore e poesia di G. C. Dalle primavere elleniche alle »Odi barbare«*, Florenz 1953. – M. Valgimigli, *»Odi barbare«*, Bologna 1959 [m. Komm.]. – G. A. Papini, *Chiarini, Mazzoni e le »Odi barbare« del C.*, Florenz 1960. – Ders., *C. barbaro* (in Convivium, 28, 1960, S. 471–482). – M. Petrini, *Letture delle »Prime odi barbare«, 1877*, Pisa 1962. – Ders., *Postille al C. barbaro*, Messina/Florenz 1963. – G. A. Papini, *Osservazioni sugli autografi delle »Odi barbare« carducciane*, Florenz 1964. – A. Capasso, *La poesia delle »Odi barbare«*, Savona o. J. – F. Robecchi, *C., poeta barbaro*, Mailand 1981.

## EĠIŠE ABGARI Č'ARENC'

eig. Eġiše Sogomonyan
* 13.3.1897 Kars
† 29.11.1937 Eriwan

### AMENAPOEM

(arm.; *Gesamtpoem*). Epische Dichtung von Eġišee Abgari Č'arenc', erschienen 1922. – Wie der Titel schon aussagen will, ist die aus Prolog, fünf Gesängen und einem Epilog bestehende revolutionäre Dichtung der gesamten Menschheit gewidmet, deren Sehnsucht nach Freiheit durch die bolschewistische Oktoberrevolution zum erstenmal realisierbar geworden sei. Politischer Auftrag und kollektiver Heroismus der Arbeitermassen aller Nationen und Rassen ersetzen dementsprechend das christliche Sendungsbewußtsein und individuelle Heldentum des traditonellen armenischen Heldenlieds, dessen Wiedererweckung unter neuen Vorzeichen Č'arenc' anstrebte. Stark unter dem Einfluß MAJAKOVSKIJS stehend, findet der Autor auch eine in der armenischen Lyrik völlig neue Versform: Statt der üblichen syllabotonischen Prosodie wird der tonische Vers verwendet. J.J.

AUSGABEN: Eriwan 1922. – Eriwan 1955 (in *Ēntir erker*). – Eriwan 1963 (in *Erkeri žoġovacu*, Bd. 2).

ÜBERSETZUNGEN: *Amenapoem (Poêma dlja vsjech)*, V. Brjusov (in *Brjusov i armjanskaja poêzija*, Eriwan 1956; russ.). – *Všepoema* (in Jeghišē Čarenc, *Sladký ohnivý svět*, Übers. O. Vyhídal, M. Boušková u. L. Motalová, Prag 1962, S. 76–108; tschech.).

LITERATUR: *Hay grakanut 'yun*, Bd. 3, Eriwan 1955. – H. Salaxyan, *E. Č'arenc'i steġcagorcut'yunĕ*

*(hodvacneri žoġovacu)*, Eriwan 1957. – H. Mkrtč'yan *Sovetahay grakanut 'yun*, Eriwan 1958, S. 76–124. – *Sovetahay grakanut'yan patmut'yun, I. (1917–1941)*, Eriwan 1961, S. 314–398. – G. Mahari, *Č.˜Name*, Eriwan 1968. – A. Karinyan, *E. Č'arenc'i hodvacner ew houŝer*, Eriwan 1972. – S. Aġababyan, *E. Č'*, 2 Bde., Eriwan 1973–1977. – G. Ananjan, *E. Č'.*, Eriwan 1977. – A. Č'arenc', *Č'arenc'i jeṙagreri aŝxatoum*, Eriwan 1978. – H. T'amrazyan, *Eritasard Č'arenc'ē*, Eriwan 1974. – M. Aġababyan, *E. Č'* (in ArmEnz, 8, S. 672).

## JAN CAREW

* 24.9.1922 Agricola Rome / Brit.-Guyana

LITERATUR ZUM AUTOR:
F. A. Collymore, *Writing in the West Indies. A Survey* (in Tamarack Review, 14, 1960, S. 111–124). – J. C., *Some Aspects of Literature and Language in the Developing Countries* (in Afro-Asian Writings 2, Kairo 1970, S. 190–199). – R. M. Lacovia, *English Caribbean Literature: A Brave New World* (in Black Images I/1, 1. 15, 1972, Nr. 1, S. 18–22). – E. Baugh, *Critics on Caribbean Literature*, Ldn. 1978. – J. C., *The Caribbean Writer and Exile* (in Caliban, II/2, 1978, Nr. 2).

### BLACK MIDAS

(engl.; *Ü: Schwarzer Midas*). Roman von Jan CAREW (Britisch-Guyana), erschienen 1958. – Der Roman erzählt die Entwicklungsgeschichte Aron Smarts, eines jungen Mannes aus der bäuerlichen Küstengegend Britisch-Guyanas. Ein geheimnisvoller Mäzen, der, wie sich später herausstellt, eine Gewissensschuld gegenüber Arons verstorbenem Vater abtragen will, ermöglicht ihm den Besuch einer Schule. Aron bricht jedoch seine Ausbildung ab, um sein Glück als Diamanten- und Goldschürfer zu suchen. Dreimal erwirbt er ein ungeheures Vermögen, das er jedesmal wieder aufs Spiel setzt und verliert.

Faszinierend sind die Schilderungen der tropischen Wälder Guayanas, seiner Flüsse und seiner Diamanten- und Goldfelder, faszinierend ist auch die Gestaltung der Charaktere. Natur und Menschen sind erlebt aus der Weltsicht des Afroamerikaners. So kennt der Kapitän des Urwalddampfers zwar den Fluß genau und meistert mit vollendeter technischem Geschick alle Gefahren der Fahrt, verläßt sich aber dabei auf die Hilfe der Wassergeister und der vielen Toten, die dieser Fluß schon gefordert hat. Und so findet Aron, als er reich genug ist, um sich das leerstehende Haus eines Europäers leisten zu können, darin erst Ruhe, als der »Obeahmann«

(der afrikanische Medizinmann) durch eine Zauberhandlung den rumorenden Geist des Europäers gebannt hat. (Viel später erweist sich dann freilich, daß die Beschwörung doch nicht wirksam war.) Eigentlicher Gegenstand des Romans ist nicht ein abenteuerliches Leben mit seinen Wechselfällen von Reichtum und Armut, sind nicht die kraftvollen Frauen und Männer, sondern die afroamerikanische Seele selbst, die aus all diesen meisterhaft geschilderten Gestalten und Ereignissen spricht.

J.H.J.

AUSGABEN: Ldn. 1958. – NY 1958 (*A Touch of Midas*). – NY 1972 (*A Touch of Midas*).

ÜBERSETZUNG: *Schwarzer Midas*, I. Nadolny, Mchn. 1959; ern. 1980.

LITERATUR: J. Lash, *Dimensions in Racial Experience: A Critical Survey of Significant Books by and about Negroes Published in 1958* (in Phylon, 20, 1959, S. 115–131). – A. D. Drayton, *West Indian Fiction and West Indian Society* (in KR, 25, 1963, S. 129–141). – W. Harris, *History, Fable and Myth in the Caribbean and Guianas* (in Caribbean Quarterly, 16, 1970, S. 1–32). – H. Maes-Jelinek, *The Myth of El Dorado in the Caribbean Novel* (in Journal of Commonwealth Literature, 6, 1971, S. 113 bis 127). – G. Rohlehr, *The Folk in Caribbean Literature* (in Tapia, Tunapuna 1972, Nr. 11/12).

## WILLIAM CARLETON

\* 4.3.1794 Prillisk bei Clogher / Irland
† 30.1.1869 Sandford / Irland

### FARDOROUGHA, THE MISER, OR THE CONVICTS OF LISNAMONA

(engl.; *Fardorougha, der Geizhals, oder Die Sträflinge von Lisnamona*). Roman von William CARLETON, erschienen 1839. – Nicht einmal die Geburt des ersehnten Erben, den ihm seine Frau Honor nach vierzehnjähriger Ehe schenkt, vermag den Bauern Fardorougha Donovan von seinem krankhaften Geiz zu heilen. Ebensowenig wie für das traditionelle Tauffest hat er später für eine gute Erziehung seines Sohnes Conor Geld übrig. Immer mehr entwickelt er sich zum Wucherer. Mitleidlos ruiniert er Bartle Flanagan und vertreibt ihn von Haus und Hof. Honor und ihr inzwischen erwachsener Sohn sind zutiefst beschämt über seine Hartherzigkeit. Fardorougha ahnt nicht, daß Bartle, den er bald darauf als Knecht einstellt, nur auf einen günstigen Augenblick für seine Rache wartet. Inzwischen verliebt sich Conor in die reiche Erbin Una O'Brien, deren Eltern sich jedoch einer Ehe ihrer Tochter mit dem Sohn des berüchtigten Geizhalses Fardorougha widersetzen. Bartle, der den »Ribbonmen« angehört, einem im frühen 19. Jh. in Irland gegründeten katholischen Geheimbund, raubt Una mit dessen Hilfe und bezichtigt außerdem Conor eines Mordes, den er selbst begangen hat. Als er wegen anderer Verbrechen verurteilt wird, widerruft er kurz vor seiner Hinrichtung die Beschuldigung. Conor kehrt zu seiner Familie zurück und ist in der Todesstunde des Vaters zugegen, der inzwischen sein Geld verloren hat und angesichts des Leids, das die Familie betroffen hat, in sich gegangen ist.

Als Sohn irischer Bauern war der Autor mit dem Leben der ländlichen Bevölkerung seiner Heimat eng vertraut. Der zum großen Teil in Dialekt geschriebene, düstere Roman ist durch die authentische Darstellung des Bundes der »Ribbonmen« von historischem Interesse. In der Charaktergestaltung herrscht die Schwarzweißmalerei vor. Fardoroughas Jammer um sein verlorenes Geld erinnert stark an Harpagons Klageszene in MOLIÈRES *L'avare*, und in seiner Herzlosigkeit wirkt Carletons Titelheld wie ein irischer Vorläufer des Scrooge aus DICKENS' *A Christmas Carol*, mit dem er auch die späte Läuterung gemeinsam hat. R.B.

AUSGABEN: Dublin 1839. – Ldn. 1857.

LITERATUR: R. Shaw, *C.'s Country*, Ldn. 1930. – B. Kiely, *Poor Scholar: A Study of the Works and Days of W. C.*, Ldn. 1947. – *The Autobiography of W. C.*, Hg. P. Kavanaugh, Ldn. 1968. – E. Ibarra, *W. C.: An Introduction* (in Éire, 5, 1970, Nr. 1, S. 81–86). – C. Quinn, *A C. Checklist* (in C. Newsletter, 1, 1970, S. 6 f.). – E. A. Sullivan, *W. C.*, Boston 1983 (TEAS).

## FINN CARLING

\* 1.10.1925 Oslo

LITERATUR ZUM AUTOR:
W. Kastborg, *I kunstnerens verksted*, Oslo 1967, S. 24–32. – L. Longum, *Hos det ene mennesket er prøven din* (in L. L., *Et speil for oss selv*, Oslo 1968, S. 80–105). – W. Dahl, *F. C. og den sprengte isolasjon* (in E. Beyer, *Norges litteraturhistorie*, 6 Bde., 6, Oslo 1975, S. 181–185). – J. Fredriksen, *F. C. En bibliografi*, Oslo 1982. – O. Reinert, *Gjensyn med F. C.* (in R. Nyboe Nettum, *I diktningens brennpunkt*, Oslo 1982, S. 105–130).

### DESERTØREN

(norw.; *Der Deserteur*). Roman von Finn CARLING, erschienen 1956. – Weit mehr als jeder andere Roman im inzwischen umfangreichen Œuvre des körperbehinderten Autors Finn Carling kann *Desertøren* ein persönliches Buch genannt werden. Abseits von traditionellen Formen verzichtet es auf Kohärenz und Kontinuität in der Fiktion, sondern präsentiert sich gleichermaßen als Tagebuch, Brief an einen Freund und intime Bekenntnisschrift. Der Autor tritt als erzählendes Ich auf, doch gleichzeitig gibt er dem Leser zu verstehen, daß auch die fiktiven Personen auf unterschiedliche Weise mit ihm identifiziert werden können.

*Desertøren* besteht aus mehreren eng miteinander verwobenen Texten. Nachdem der Autor zunächst von seiner Begegnung mit einem nahen Freund berichtet, Kindheitserinnerungen einfließen läßt und immer wieder das Verhältnis von Leben und Dichtung reflektiert, mündet der Text schließlich in eine längere Erzählung, die die Haupthandlung des Romans umfaßt. In den österreichischen Alpen treffen sich der Autor und ein verletzter fremder Mann, die sich ebenfalls über Leben und Dichtung unterhalten. Im Laufe des Gesprächs beginnt der Verwundete die Geschichte einer Familie in einem vom Krieg verwüsteten Land zu erzählen. In deren Haus wohnt ein Offizier, dessen Gedanken nur darum kreisen, einem Deserteur nachzujagen, der sich als Soldat dem Befehl widersetzte, eine Brücke zu sprengen und statt dessen sein eigenes Leben rettete. Dieser Deserteur taucht eines Tages bei der Familie auf, bleibt bei ihr und gibt schließlich seine Identität zu erkennen. Als der Offizier ihn daraufhin erschießen will, wirft sich Benedikte, die Tochter des Hauses, dazwischen und wird von der Kugel getroffen.

Diese realistisch geschilderten Ereignisse sind jedoch nur von sekundärer Bedeutung. Unübersehbar im Vordergrund steht das Verhältnis des Autors zu seiner Dichtung und seinem Leben. Im Text schlüpft der Autor in immer neue Identitäten: Er ist der verwundete Fremde, Benedikte, der Deserteur. Als entscheidend erweist sich jeweils die Frage, ob diese Menschen den Mut aufbringen, sich allein dem Leben und der Wirklichkeit anzuvertrauen und ihren Träumen und Phantasien eine Absage zu erteilen. Der Deserteur ist der Held des Romans, denn er distanziert sich von allen Luftschlössern und wählt die Wirklichkeit. Für Carling selbst stellt sich die Aufgabe, offen und ohne Vorbehalte der Wirklichkeit seiner Körperbehinderung entgegenzutreten. In *Desertøren* schreibt er: »*... oh, mein Freund, selbst heute, selbst in meinem dreißigsten Jahr, jetzt, da meine Lähmungen fast verschwunden sind, fällt es mir immer noch schwer, dieses einfache, seltsame Wort zu schreiben – geh... Der Schlüssel zum Tor zwischen dir und mir, zwischen Leben und Dichtung wird mir vielleicht in dem Augenblick in die Hand gelegt, in dem ich ganz selbstverständlich, ohne alle diese Gedanken, dieses eine Wort zu schreiben wage: Geh!*«

Wie die vorausgegangenen, seit 1950 publizierten Kurzromane des Autors ist auch *Desertøren* ein eher artifiziell montierter als realistisch erzählter Text, und gelegentlich stößt die Prosa in den Grenzbereich zur Lyrik vor. Die Absage an die Welt des Traums, die Carling als Ausflucht negativ deutet, wird hier noch deutlicher formuliert als in seinen früheren Arbeiten. K.Sk.

Ausgabe: Oslo 1956.

## FANGEN I DET BLÅ TÅRN

(norw.; *Gefangen im blauen Turm*). Roman von Finn Carling, erschienen 1955. – Im Einleitungskapitel dieses in einem südeuropäischen Land angesiedelten Romans wird der Leser mit der zentralen Problemstellung konfrontiert: Drei anonym bleibende Touristen, ein Ehepaar und ein Kunstmaler, diskutieren in einem Wirtshaus die Bedeutung des Traums für den Menschen. Die Frau weigert sich, dem Traum eine positive Funktion zuzugestehen und behauptet sogar, daß er eine Krankheit sei, die den Menschen ruinieren könne. Ihr Mann dagegen, in seiner Argumentation vom Maler unterstützt, ist der Ansicht, daß die Visionen eines Traums zu großen Handlungen befähigen. Verbittert über die gegenteilige Meinung seiner Frau, will er beweisen, daß seine Behauptungen über den Traum einer Konfrontation mit der Realität standhalten.

Der Mann möchte den Traum der Wirtstochter Angelica verwirklichen, die Gitarre spielt und über eine gute Singstimme verfügt. Er will ihr eine Ausbildung ermöglichen und sie zu einer großen Künstlerin machen. – Die längste Passage des Romans besteht nun aus einem Dialog zweier Gefangener in einem Verlies. Allmählich wird klar, daß es sich bei einem der Männer um den Touristen handelt, der die Möglichkeiten der Träume verteidigte. Wegen der Ermordung seiner Frau ist er einer Freiheitsstrafe verurteilt worden. Schrittweise stellt sich jedoch heraus, daß er seine Frau nicht getötet haben kann. In seiner Zelle erhält er Briefe, die von Angelicas märchenhafter Karriere als Sängerin und Tänzerin erzählen, und er glaubt weiterhin an die Macht der Träume. – Kontinuierlich bewegt sich die Erzählung auf den Höhepunkt zu. Im bereits bekannten Wirtshaus treffen sich der Mann und der Maler wieder. Es zeigt sich, daß der Besitzer der Schenke, Angelicas Vater, die für die Ausbildung seiner Tochter bestimmten Gelder unterschlagen hat. Für das Mädchen gibt es keine Aussicht, das armselige Wirtshaus verlassen zu können, der Traum hat sich letztlich nicht erfüllt.

Die Botschaft in *Fangen i det blå tårn* tritt deutlich zutage. Der Träumer ist Gefangener seiner eigenen Phantasien. Die Träume verschaffen ihm keinen Zugang zur Wirklichkeit, sondern sie sind mehr und mehr Ausflucht und Zeichen einer Angst vor dem Leben. Als Angelica dem Träumer ihre Liebe anbietet, weicht er entsetzt zurück. Der Traum markiert den Fluchtort der Ängstlichen, die nicht in der Lage sind, sich den täglichen Herausforderungen der Wirklichkeit zu stellen. K.Sk.

Ausgabe: Oslo 1955.

## VASILE CÂRLOVA

\* 4.2.1809 Buzău
† 18.9.1831 Craiova

LITERATUR ZUM AUTOR:
I. Rațiu, *V. C.*, Blaj 1905. – L. Predescu, *V. C. și Al. Sihleanu*, Bukarest 1930. – *Comemorarea poetului V. C.*, Craiova 1932. – S. Iosifescu, *V. C. și Grigore Alexandrescu*, Bukarest 1949. – I. Moldoveanu, *V. C. și neamul său*, Bukarest 1965. – G. Ibrăileanu, *V. C.* (in G. I., *Scriitori români și străini*, Bd. 1, Bukarest 1968, S. 10–17). – D. Popovici, *V. C.* (in D. P., *Studii literare*, Bd. 2, Cluj 1974, S. 159–174).

## RUINURILE TÎRGOVIȘTEI

(rum.; *Die Ruinen von Tîrgoviște*). Elegisch-mediatives Poem von Vasile CÂRLOVA, veröffentlicht im März 1830 in der Zeitschrift ›Curierul Românesc‹. – Obwohl die dichterische Produktion des frühverstorbenen Offiziers Cârlova nur fünf Gedichte umfaßt, gilt er als einer der bedeutendsten Romantiker der rumänischen Literatur. Mit dem Poem *Ruinurile Tîrgoviștei* findet die in der Nachfolge Thomas GRAYS (1716–1771) und Constantin-François de VOLNEYS (1757–1820) stehende Ruinendichtung auch in die rumänische Literatur Eingang. (Von Volneys Gedichtzyklus *Les ruines ou Méditations sur les révolutions des empires* war zu Beginn des 19. Jh.s eine rumänische Übersetzung veröffentlicht worden.) Dem Beispiel Cârlovas folgend schrieben auch andere Dichter wie Ion Heliade RĂDULESCU und Grigore ALEXANDRESCU über das romantische Thema der Ruinen.

Den Beginn des Poems bildet eine Ode an die Ruinen von Tîrgoviște als Zeugen einer glorreichen Epoche der vaterländischen Geschichte. Bei allem Enthusiasmus des Dichters schwingt auch ein Gefühl der Traurigkeit darüber mit, daß die großen Taten der Vergangenheit in Vergessenheit geraten sind. Die Ode mündet in eine philosophische Meditation über die unaufhaltsam verrinnende Zeit und über das Phänomen der Vergänglichkeit. Cârlova neigt jedoch nicht wie Volney zu pessimistischer Melancholie – sein Poem hat eher didaktischen Charakter und steht somit der Ruinendichtung eines Charles Lioult de CHÊNEDOLLÉ (1769–1833) und Jacques DELILLE (1738–1813) nahe. Mit dem Hinweis auf die Reste versunkener nationaler Größe ruft der Dichter seine Zeitgenossen auf, es den Helden der Geschichte gleichzutun und für die Freiheit zu kämpfen. Trotz einiger formaler Ungeschicklichkeiten wirkt das Poem inhaltlich und formal als ein in sich geschlossenes Ganzes. Zwei weitere Gedichte Cârlovas – *Păstorul întristat (Der traurige Hirte)* und *Înserare (Abenddämmerung)* – sind bukolische Idyllen in der Nachfolge Salomon GESSNERS (1730–1788), der in Rumänien durch die Übersetzungen FLORIANS bekannt geworden war. – *Rugăciune (Gebet)* ist ein romantisch inspiriertes Vaterlandsgedicht, welches den Einfluß des Dichters Iancu VĂCĂRESCU verrät. – In *Odă oștirii române (Ode an das rumänische Heer)* preist Cârlova die Gründung der nationalen Armee. Das Gedicht ist auch unter dem Titel *Marșul lui Cârlova (Câlovas Marsch)* bekannt geworden. Mihail EMINESCU, der Cârlova in dem Gedicht *Epigonii (Die Epigonen)* zwei Verse widmet, lobt ihn vor allem als Dichter der nationalen Begeisterung und der Beschwörung vergangener Zeiten. G.Sc.

AUSGABEN: Bukarest 1830 (in Curierul Românesc). – Bukarest 1906 (in *Poezii de V. Nicoleanu, V. C. și C. Stamate*, Hg. G. Bogdan-Duică). – Bukarest 1954 (in *Primii noștri poeți*). – Craiova 1975, Hg. M. Sorescu.

LITERATUR: I. M. Rașu, *Poeziile lui V. C.* (in I. M. R., *Alte opere din literatura română*, Bukarest 1938, S. 35–60). – E. Simion, *V. C. Valea tristă și sentimentul securității* (in E. S., *Dimineața poeților*, Bukarest 1980, S. 55–61).

## THOMAS CARLYLE

\* 4.12.1795 Ecclefechan bei Dumfries
† 5.2.1881 Chelsea

LITERATUR ZUM AUTOR:
*Bibliographien und Forschungsbericht:*
R. H. Shepherd, *Bibliography of C.*, Ldn. o. J. – I. W. Dyer, *A Bibliography of Th. C.'s Writings and Ana*, NY 1928; ern. 1968. – *Th. C.: The Critical Heritage*, Hg. J. P. Seigel, Ldn. 1971, S. 1–25. – R. L. Tarr, *Th. C.: A Bibliography of English-Language Criticism 1824–1974*, Ldn. 1975.
*Zeitschrift:*
C. Newsletter, Edinburgh 1979 ff.
*Biographien:*
J. A. Froude, *Th. C., 1795–1835*, 2 Bde., Ldn. 1882. – Ders., *Th. C., 1834–1881*, 2 Bde., Ldn. 1884. – J. Symons, *Th. C.: The Life and Ideas of a Prophet*, Ldn. 1952. – F. Kaplan, *Th. C.: A Biography*, Ithaca/NY 1983.
*Gesamtdarstellungen und Studien:*
W. S. Johnson, *Th. C.: A Study of His Literary Apprenticeship 1814–1833*, New Haven 1911. – J. H. C. Grierson, *C. and Hitler*, Ldn. 1931. – L. Cazamian, *C.*, Ldn. 1932; ern. 1966. – C. F. Harrold, *C. and German Thought 1819–1834*, Hamden 1934; ern. 1963. – F. A. Leo, *C.: A Prophet of Today*, Ldn. 1949. – H. W. Ludwig, *Die Self-Komposita bei Th. C., Matthew Arnold und Gerard Manley Hopkins*, Tübingen 1963. – A. J. LaValley, *C. and the Idea of the Modern*, New

Haven 1968. – G. Levine, *The Boundaries of Fiction: C., Macaulay, Newman*, Princeton 1968. – M. Goldberg, *C. and Dickens*, Athens/Oh. 1972. – A. A. Ikeler, *Puritan Temper and Transcendental Faith: C.'s Literary Vision*, Columbus 1972. – P. Rosenberg, *The Seventh Hero: Th. C. and the Theory of Radical Activism*, Cambridge/Mass. 1973. – J. Campbell, *Th. C.*, Ldn. 1974. – *C. and His Contemporaries*, Hg. J. Clubbe, Durham 1976. – *C. – Past and Present: A Collection of New Essays*, Hg. K. J. Fielding u. R. L. Tarr, Ldn. 1976. – P. A. Dale, *The Victorian Critic and the Idea of History: C., Arnold, Pater*, Cambridge (Mass.)/Ldn. 1977. – E. M. Behnken, *Th. C.: ›Calvinist Without the Theology‹*, Columbia/Ldn. 1978. – K. M. Harris, *C. and Emerson*, Cambridge/Mass. 1978. – P. Krahé, *Th. C., John Ruskin, Matthew Arnold*, Bonn 1978. – W. Waring, *Th. C.*, Boston 1978 (TEAS). – *Lectures on C. and His Era*, Hg. J. D. James u. C. S. Fineman, Santa Cruz 1982. – *Th. C. 1981*, Hg. W. Drescher, Ffm./Bern 1983. – *Th. C.* Hg. H. Bloom, NY 1986.

## CHARTISM

(engl.; *Die Chartistenbewegung*). Sozialpolitische Abhandlung von Thomas CARLYLE, erschienen 1840. – »Chartisten« hießen die Mitglieder einer politischen Arbeiterorganisation, die nach Inkrafttreten des Wahlreformgesetzes *(Reform Bill)* von 1832 die von Robert OWEN inspirierte »Grand National Moral Union of the Productive Classes« ablöste und, eine Art Gewerkschaft, dem Schutz der Arbeitnehmer vor Ausbeutung dienen sollte. Ihre Forderungen legte sie in einem sechs Punkte umfassenden Reformprogramm *(People's Charter)* vor; die wichtigsten lauteten: allgemeines Wahlrecht (notabene für Männer) und geheime Wahlen. Im Jahre 1839 versuchten die Chartisten, das Parlament durch Vorlage einer Eingabe mit zwei Millionen Unterschriften zur Annahme ihres Programms zu zwingen; dies wäre praktisch einer Abdankung der herrschenden Klasse gleichgekommen, und so ist es nicht verwunderlich, daß die Eingabe abgewiesen wurde und die Regierung energische Maßnahmen ergriff, um die gesamte Bewegung zu unterdrücken. – In seiner brillanten, von humanem Geist getragenen Abhandlung über die Chartisten und die sozialpolitische Lage Englands weist Carlyle auf die Unsinnigkeit des Versuchs hin, die Bewegung zu bekämpfen, ohne die Ursachen ihrer Entstehung – die furchtbare Armut der Arbeiter und ihre Ausbeutung durch die Unternehmer – zu beseitigen. Die menschenunwürdigen Zustände, unter denen die Arbeiterklasse lebte, mußten zu einer um so bedrohlicheren Situation führen, je mehr sich die Arbeiter ihrer Stärke und der Möglichkeit, ihrem berechtigten, lang angestauten Groll Luft zu machen, bewußt wurden. Carlyle findet Worte bitterster Ironie für die *Laissez-faire*-Methode des Kapitalismus, für ein Parlament, das seine Zeit mit Lapalien vergeudete und weder gewillt noch fähig war, sich mit dem dringendsten Problem des Tages zu befassen, für eine Aristokratie, die, ohne Sinn für Verantwortung – wodurch allein der Besitz von Macht und Reichtum zu rechtfertigen wäre –, von ihren Privilegien zu profitieren trachtete. Nach Carlyles Auffassung ist die Bewegung der Chartisten das englische Gegenstück zur Französischen Revolution; richtig aufgebaut und geleitet, könne sie ohne Gewaltanwendung zu einem für alle befriedigenden Ergebnis führen, auf keinen Fall aber sei es erlaubt, sie zu unterdrücken oder auch nur zu ignorieren. »Erziehung« und »Auswanderung« heißt die Quintessenz von Carlyles Vorschlägen zur praktischen Lösung des Problems. Charakteristischerweise glaubt er als Motiv der gesamten Arbeiterbewegung wiederum die Suche nach dem idealen Führer erkennen zu können, nach einem klugen, starken und gerechten Mann, der bereit wäre, die Verantwortung für die Geführten in deren Sinne auf sich zu nehmen. Der Chartismus und die grauenvollen Lebensbedingungen, die zu seiner Entstehung führten, sind – nach Carlyle – ebensosehr eine unmittelbare Folge der Unfähigkeit der herrschenden Klasse, einen solchen Mann in ihren Reihen zu finden, wie ihres mangelnden Verantwortungsgefühls gegenüber der Arbeiterschaft.

Die Abhandlung ist auch heute noch aufschlußreich, da sie das zunehmende Interesse des Autors am Problem der Wechselbeziehung zwischen Freiheit und Verantwortung wie seinen scharfen Blick für die Aufgaben seiner Zeit erkennen läßt; darüber hinaus ist sie als Zeugnis seines glänzenden Stils von bleibendem Wert. *J.v.Ge.*

AUSGABEN: Boston/Ldn. 1840; ern. 1842. – Ldn. 1853 (in *Selected Works*, Hg. G. M. Trevelyan). – Ldn./NY 1896–1899 (in *The Works*, 30 Bde.; *Centenary Ed.*; Nachdr. 1969). – Ldn. 1904/05 (in *Works*, 18 Bde., *Standard Ed.*). – Ldn. 1955 (in *Selected Works*, Hg. J. Symons.).

ÜBERSETZUNG: *Der Chartismus*, E. Pfannkuche (in *Socialpolit. Schriften*, Hg. P. Hensel, Bd. 1, Göttingen 1895).

LITERATUR: L. Brentano, *Die christlich soziale Bewegung in England*, Lpzg. 1883. – G. v. Schulze-Gävernitz, *Zum socialen Frieden*, 2 Bde., Lpzg. 1890. – E. Bernstein, *C. und die sozialpolitische Entwicklung Englands* (in Die neue Zeit, 9, 1890/91, S. 665 ff.). – P. W. Slosson, *The Decline of the Chartist Movement*, NY 1916. – F. W. Roe, *The Social Philosophy of C. and Ruskin*, NY 1921. – N. Schanck, *Die sozialpolit. Anschauungen Coleridges und sein Einfluß auf C.*, Bonn 1924. – C. Puhlmann, *Th. C. Eine Studie über seine Welt- und Gesellschaftsanschauung*, Diss. Göttingen 1938. – V. V. Wehtje, *Th. C's »Chartism«: A Critical and Annotated Edition*, Diss. Nebraska (vgl. Diss. Abstracts, 28, 1967, S. 1090/1091A). – J. B. Virtue, *C.'s »Chartism«*, Diss. Yale (vgl. ebd., S. 4650A). – K. Ferguson, *The Critical Heritage: »Chartism«* (in C. Newsletter, 1, 1979, S. 4–10).

## THE FRENCH REVOLUTION. A History

(engl.; *Die Französische Revolution. Eine Historie*). Historisches Werk von Thomas CARLYLE, erschienen 1837. – Das Werk, das den Ruf Carlyles als einer der großen Denker und Schriftsteller, wenn auch nicht unbedingt als einer der führenden Historiker seiner Zeit, festigte, beginnt mit dem Tode Ludwigs XV. (1774) und endet mit der Ernennung Napoleon Bonapartes zum Kommandierenden General der republikanischen Armee (1795). Das Vorspiel der Revolution – wachsende Staatsschuld, Steuerdefizit, die Rolle Neckers, die Erhöhung der Stimmen des Dritten Standes und die Einberufung der Generalstände-Versammlung –, den Ausbruch und Verlauf der Revolution, den Ersten Koalitionskrieg, die sogenannte Zweite Revolution, den Fall der Girondisten, die »Schreckensherrschaft«, die Erfolge der französischen Armeen zu einem Zeitpunkt, als die Revolution bereits ihre Kinder fraß, das Ende des Terrors und die Niederwerfung des letzten Aufstandes durch Bonaparte, all dies behandelt Carlyle in seinem Werk, das kein historisches im herkömmlichen Sinn ist, sondern das eines Dichters und leidenschaftlich engagierten Moralisten, *»eine Predigt über den Text ›Was der Mensch säet, das wird er ernten‹, über die Nemesis, die dem Mißbrauch der Macht folgt oder der Vernachlässigung der Pflichten und Verantwortlichkeiten jener, denen die Vorsehung die Macht gegeben hat«* (J. G. Robertson in *Cambridge History of English Literature*). In diesem Zusammenhang ist Carlyles eigenes Bekenntnis interessant, er hätte *»nicht gewußt, was er von der Welt halten sollte, wenn es nicht die Französische Revolution gegeben hätte«*.

Vom Standpunkt des Historikers ist das Werk heute in vieler Hinsicht überholt, zumal der Verfasser dazu neigte, die Behandlung weiter zurückliegender Ursachen der Revolution und die Berücksichtigung wirtschaftlicher Zusammenhänge dem erzählerischen Impetus zu opfern. Für Carlyle, den vom deutschen Idealismus beeinflußten, die materialistische Geschichtsauffassung ablehnenden Schriftsteller, war Weltgeschichte *»die Lebensgeschichte großer Männer«*. Die glänzenden Porträts, besonders die von Mirabeau, Marat, Danton und Robespierre, ob sie historischen Wert besitzen oder nicht, und die nicht weniger gut gelungene Darstellung einzelner Ereignisse (u. a. der Sturm auf die Bastille, die Flucht des Königs nach Varennes und seine spätere Hinrichtung) haben dazu beigetragen, daß sein Werk als eine Art gigantischer Roman aufgefaßt wurde, als ein Prosaepos, in dem Carlyle zugleich als Prophet, Reformer und Dichter in Erscheinung trat. Als Prophet wollte er seine Landsleute vor einer ähnlichen Katastrophe in England warnen, die er stets für möglich gehalten hat. Was den Reformer Carlyle anbelangt, so gilt wohl noch immer die Meinung seines Biographen Julian SYMONS, der ihn einen *»Extremisten mit einem Behagen an der Gewalttätigkeit«* nannte, einen Radikalen, der an die Notwendigkeit sozialer Verbesserungen glaubte und der Meinung war, daß diese nur mit revolutionären Mitteln erreicht werden könnten und nur unter der Führung eines Helden in seinem Sinn, nicht etwa auf dem Weg über das britische Parlament. Carlyle, der Dichter schließlich, der Stilist, übte zu seiner Zeit starken Einfluß aus (man denke nur an Romanciers wie DICKENS und MEREDITH). Heute wirkt es stellenweise befremdend, wenn er Wendungen aus der Umgangssprache neben komplizierte, manchmal forcierte Metaphern stellt und wenn der sarkastische Ton des geistreichen Kulturkritikers von den donnernden Warnrufen des Bußpredigers schottisch-kalvinistischer Prägung abgelöst wird.

Zu den vielen zeitgenössischen Bewunderern des Werks gehörten neben Dickens auch THACKERAY, TENNYSON, BROWNING und die Transzendentalisten Neuenglands. *The French Revolution* gilt heute als ein klassisches Werk des 19. Jh.s und ist eine singuläre Erscheinung in der englischen Literatur.

J.v.Ge.

AUSGABEN: Ldn. 1837, 3 Bde. – Ldn. 1904 (in *Works*, 18 Bde., 1904/05, 1; *Standard Ed.*). – NY 1956, Hg. C. Brown [m. Einl.]. – Ldn. 1980. – Darby 1986, 2 Bde. [Einl. J. Hawthorne].

ÜBERSETZUNGEN: *Die französische Revolution. Eine Historie*, P. Feddersen, 3 Bde., Lpzg. 1844. – *Die französische Revolution*, ders., Bearb. E. Erman, Lpzg. 1923. – Dass., I. Anger, Bln. 1948.

LITERATUR: D. A. Wilson, *C. to »The French Revolution«, 1826–1837*, Ldn. 1924. – C. F. Harrold, *C.'s General Method in »The French Revolution«* (in PMLA, 143, 1928, S. 1150–1169). – A. C. Taylor, *C., sa première fortune littéraire en France, 1825–1865*, Paris 1929. – L. M. Young, *C. and the Art of History*, Philadelphia 1939. – R. Wellek, *C. and the Philosophy of History* (in PQ, 23, 1944, S. 55–76). – F. Brie, *Helden und Heldenverehrung bei Th. C.*, Heidelberg 1948. – H. Ben-Israel, *C. and the French Revolution* (in Historical Journal, 1, 1958, S. 115–135). – R. W. Kusch, *The Eighteenth Century as ›Decaying Organism‹ in C.'s »The French Revolution«* (in Anglia, 89, 1971, S. 456–470). – H. M. Leicester, *The Dialectic of Romantic Historiography: Prospect and Retrospect in »The French Revolution«* (in Victorian Studies, 15, 1971/72, S. 5–17). – R. L. Tarr, *Th. C.'s Growing Radicalism: The Social Context of »The French Revolution«* (in Costerus, N. S. 1, 1974, S. 113–126). – G. P. Landow, *›Swim or Drown‹: C.'s World of Shipwrecks, Castaways, and Stranded Voyagers* (in SEL, 15, 1975, S. 641–655). – D. Crable-Sundmacher, *Th. C.'s »The French Revolution«*, Diss. Wayne State Univ. 1977 (vgl. Diss. Abstracts, 38, 1977, S. 279A). – A. M. Ruth, *Th. C. as Satirist in »The French Revolution«*, Diss. The Univ. of Rochester 1980 (vgl. ebd., 42, 1981, S. 230A). – A. Bukkett, *History as Verbal Construct: Strategies of Composition and Rhetoric in the Histories of the French Revolution by C., Scott, and Mignet* (in Revista Canaria de Estudios Ingleses, 9, 1984, S. 55–69). – J. Clubbe, *C. as Epic Historian* (in *Victorian Literature and Society*, Hg. J. R. Kincaid u. A. J. Kuhn, Columbus 1984, S. 119-145). - T. Culviner, *Heroes and Hero-Worship: Not So Simple in »The French Revolution«* (in Victorians Institute Journal, 13, 1985, S. 83-96). - T. Lloyd, *Madame Roland and Schiller's Aesthetics: C.'s »The French Revolution«* (in Prose Studies, 9, 1986, S. 39-53).

## THE HISTORY OF FRIEDRICH II OF PRUSSIA, CALLED FREDERICK THE GREAT

(engl.; *Geschichte Friedrichs II. von Preußen, genannt Friedrich der Große*). Historisches Werk von Thomas CARLYLE, erschienen 1858-1865. - Vierzehn Jahre dauerten Carlyles Vorarbeiten für dieses Werk, zweimal reiste er während dieser Zeit nach Deutschland, um Material zu sammeln. Friedrich der Große, dessen Leben, Taten, Denken und Umwelt er in einer lückenlosen Darstellung schildern wollte, war für ihn die Herrscherfigur, die seiner Auffassung von der Geschichte als Ergebnis des Wirkens überragender Persönlichkeiten am idealsten entsprach, war für ihn *»der Held als König«*, der *»die Summa aller Erscheinungsformen des Heldentums«* darstellt (vgl. *On Heroes, Hero-Worship and the Heroic in History*) und der letzte wirkliche König in einer unheroischen Zeit. Auf ihn wendet er das Shakespeare-Wort *»Jeder Zoll ein König«* an, ihm bescheinigt er die Fähigkeit, eigenhändig den Gang der Geschichte zu verändern und - wie es die Bestimmung des Helden Carlylescher Prägung ist - seine Epoche dank seiner das Volk mitreißenden visionären Kraft zu formen. In diesem Zusammenhang bekennt sich Carlyle zu einer - wenn nötig mit Gewalt durchzusetzenden - rechtlichen und moralischen Ordnung. (Die Bedeutung etwa der wirtschaftlichen Situation des Staates tritt in seiner Geschichtsinterpretation völlig in den Hintergrund.) Der echte Herrscher - so Carlyle - bringt sein Volk dazu, sich für das Rechte zu entscheiden; was »das Rechte« ist, wird nicht klar definiert, aber der königliche Held, hier also Friedrich der Große, erkennt es dank seiner natürlichen Weisheit - einer der vielen Qualitäten, die er neben Energie, Intelligenz und Mut besitzt und zu denen Carlyle auch eine gewisse Mißachtung überkommener Moralbegriffe zählt. Legen freilich Friedrichs Gegner eine solche Mißachtung an den Tag, zögert der Autor nicht, sie dafür zu tadeln.

Carlyles vor allem gegen Schluß immer romantischer anmutende Interpretation der Gestalt Friedrichs des Großen zeigt den starken Einfluß des deutschen Idealismus; der in ihr immer wieder zum Ausdruck kommende Gedanke von angeborener Größe und einer sich in der Geschichte offenbarenden göttlichen Kraft weist zurück auf ROUSSEAU. Es gehört zu den Eigentümlichkeiten dieses Monumentalwerks, daß sich sein Verfasser während der Entstehungszeit immer deutlicher der Diskrepanz zwischen seinem Helden und dem historischen Preußenkönig bewußt wurde. Briefe und Aufzeichnungen beweisen, daß der Gedanke, hier möglicherweise etwas gänzlich Absurdes zu versuchen, Carlyle häufig gequält hat. *»Was zum Teufel habe ich mit Eurem Friedrich zu tun?«* heißt es in einem seiner Briefe an VARNHAGEN VON ENSE. Das Werk, damals die erste umfassende Darstellung der Persönlichkeit und der Epoche Friedrichs und leichter zugänglich als die meisten anderen Bücher Carlyles, war anfangs erfolgreicher als etwa *The French Revolution* (ein Werk, das sich als bedeutender erwiesen hat), erfolgreicher nicht nur in Deutschland, wo es sofort übersetzt wurde, sondern auch im übrigen Europa, das angesichts der wachsenden Machtposition Preußens der Geschichte dieses Landes mehr Interesse entgegenbrachte als je zuvor. Heute erkennt man zwar noch an, daß es in brillantem, mißreißendem Stil geschrieben ist (Ralph Waldo EMERSON nannte es sogar *»das geistreichste Buch aller Zeiten«*) daß Carlyle zahlreiche sprühend humorvolle kulturhistorische Kommentare, ausgefeilte Porträts der Großen der Epoche - darunter eine sehr einfühlsame Studie Friedrich Wilhelms I. - und sehr präzise und farbige Schlachtenschilderungen gelungen sind, betrachtet das Werk im großen und ganzen aber als eine Kuriosität der Geschichtsschreibung. J.v.Ge.-KLL

AUSGABEN: Ldn. 1858-1865, 6 Bde. - Ldn. 1897 (in *The Works*, 30 Bde., 1896-1899, 12-19; *Centenary Ed.*; Nachdr. 1969). - Ldn. 1905 (in *Works*, 18 Bde., 1904/05, 13-18; *Standard Ed.*). - Oxford 1916 [gekürzt]. - Chicago 1970, Hg. J. Clive.

ÜBERSETZUNG: *Geschichte Friedrichs des Zweiten, Königs von Preußen, genannt Friedrich der Große*, J. Neuberg u. F. Althaus, Bln. 1858-1869. - Dass., dies., Meersburg 1928 [bearb. v. G. Dittrich]. - Dass., dies., Ffm. 1954 [gekürzt].

LITERATUR: K. F. Neumann, *C.s »Friedrich der Große«*, Diss. Gießen 1932 [m. Bibliogr.]. - R. Brooks, *Manuscripts Pertaining to C.'s »Frederick the Great«* (in Yale Univ. Library Gazette, 9, 1934, S. 38-41). - A. Mämpel, *C. als Künstler unter besonderer Berücksichtigung »Friedrichs des Großen«*, Diss. Göttingen 1935. - L. M. Young, *Th. C. and the Art of History*, Philadelphia 1939. - E. L. Brooks, *B. W. Procter and the Genesis of C.'s »Frederick the Great«* (in Harvard Library Bull., 7, 1953, S. 134-136). - J. Kedenburg, *Teleologisches Geschichtsbild u. theokratische Geschichtsauffassung im Werke Th. C.s*, Heidelberg 1960. - M. Krohn, *Th. C.: Friedrich der Große - Schlesien* (in Jb. der Schlesischen Friedrich-Wilhelm-Univ., 10, 1965, S. 203-247). - R. Kusch, *Voltaire as Symbol of the Eighteenth Century in C.'s »Frederick«* (in StV, 1971, Nr. 79, S. 61-72). - M. C. Tuman, *Heroic Failure in »Frederick the Great«* (in Prose Studies, 3, 1980, S. 44-53). - R. L. Oakman, *»Frederick the Great«: Carlylese with a Difference* (in *Romanticism and Culture*, Hg. H. W. Matalene, Columbia 1984, S. 159-170).

## ON HEROES, HERO-WORSHIP, AND THE HEROIC IN HISTORY. Six Lectures Reported with Emendations and Additions

(engl.; *Über Helden, Heldenverehrung und das Heldentümliche in der Geschichte. Sechs revidierte und erweiterte Vorlesungen*). Geschichtsphilosophische Schrift von Thomas CARLYLE, erschienen 1841. – Carlyles Äußerung, die Französische Revolution sei *»die offene, gewaltsame Empörung, der Sieg der Anarchie über die verdorbene, abgelebte Feudalwelt«*, zeigt, daß er den Feudalismus ebenso ablehnte wie den kapitalistischen Liberalismus, die alte *»Phantomaristokratie«* ebenso wie die Häßlichkeit und den Materialismus des heraufkommenden Industriezeitalters. Doch angesichts des *»Geschreis nach Demokratie, Freiheit und Gleichheit«*, das seit 1789 Europa durchtönte und das er auch im England des 19. Jh.s in den sozialen Kämpfen und Reformbestrebungen wahrnahm, erblickte er das Heil doch im Erscheinen einiger weniger Überaristokraten, die zu verehren und denen nachzueifern oder zu gehorchen die sittliche Pflicht des einzelnen sei, weil nur von solchen Heroen, von sinnstiftenden, das Chaos der Massen bändigenden Führergestalten eine neue geistige und gesellschaftliche Ordnung kommen könne. Den Blick in die Vergangenheit richtend, entwirft er in den Vorlesungen eine Theorie, eine Ahnenreihe und Typologie solcher »Capitains« (Führer). Die Gestalten, die er – recht willkürlich – auswählt und als verschiedene Ausprägungen eines halbgöttlichen Heldentums interpretiert, sind der zu göttlichen Ehren aufgestiegene mythische Held Odin *(»der Held als Gottheit«)*, der Religionsstifter Mohammed *(»der Held als Prophet«)*, Dante und Shakespeare *(»der Held als Dichter«)*, Luther und John Knox *(»der Held als Priester«)*, Samuel Johnson, Rousseau und Robert Burns *(»der Held als Schriftsteller«)*, Cromwell und Napoleon *(»der Held als König«)*. Den von ihm verehrten Preußenkönig Friedrich II. führt er in dieser Heldengalerie wohl deshalb nicht auf, weil er später noch ausführlicher über ihn schreiben wollte. Bei Goethe scheint ihm die Forschung noch kein eindeutiges Bild geliefert zu haben: Warum er aber auch Alexander oder Homer nicht zu den großen geschichtlichen Helden zählt, bleibt unklar.

In Carlyles Darstellung ist eine Geschichtstheorie impliziert, die, entworfen in einer Zeit sozialer Kämpfe, wenige Jahre vor Karl MARX' Interpretation der Geschichte als einer »Geschichte von Klassenkämpfen«, auf der Überzeugung basiert, daß *»Universalgeschichte, die Geschichte dessen, was der Mensch in dieser Welt erreicht hat, im Grund die Geschichte der großen Männer ist, die hier gewirkt haben ... Alles, was wir in der Welt sehen, ist nur das äußere, dingliche Resultat, die praktische Verwirklichung und Verkörperung von Gedanken, die in den großen Männern lebten, welche in die Welt gesandt wurden.«* Von ihnen wurden nach Carlyles Auffassung Religion, Geist, Sitten und Machtverhältnisse in der Welt geprägt: *»Die Weltgeschichte ist nichts als die Biographie großer Männer.«* Über die Lebensläufe seiner Helden gibt er in den Vorlesungen jeweils einen kurzen, fast journalistisch anmutenden Bericht nach dem Stand des Wissens seiner Zeit, erwähnt auch ihre Schwächen (insbesondere bei dem ihm wenig sympathischen Rousseau) und zeigt, in oft sehr eigenwilliger Interpretation der Fakten, wie sich in den verschiedenen Formen ihres Wirkens die *»wesentliche Wirklichkeit«*, die in aller Natur und Geschichte verborgen ist, offenbarte, vermittelt durch die fast übermenschlichen Einsichten, die den Helden aus ihrer Teilhabe an den *»Gesetzen des Universums«* zuflossen. Gemeinsam sind den Heldengestalten, den *»Führern der dumpfen Menge, die ihnen nach unabänderlichem Gesetz folgt«*, eigentlich nur ihr Ruhm und ihre historischen Erfolge, der hohe Grad sowohl ihrer geistig-moralischen wie machtpolitischen Wirkung auf die Geschichte.

Carlyles Vorlesungen zeigen ihn selbst als einen prophetisch weisen Kenner der verborgenen Kräfte der Weltgeschichte, der über ein universales Wissen verfügt und es in einer eingängigen, doch weihevoll stilisierten und enthusiastischen Sprache vorträgt, die über die Vagheiten seiner von der Philosophie des deutschen Idealismus und insbesondere von FICHTE beeinflußten Geschichtskonzeption hinwegtäuscht. Seine Geschichtsbetrachtung gewann großen Einfluß auf die Historiographie des 19. Jh.s und auf das Verhältnis der Gebildeten zu großen historischen Gestalten; sie hat, sicher entgegen Carlyles eigenem puritanisch strengem Moralbegriff und seinem Gefühl für soziale Gerechtigkeit, zu einem Kult auch des die Grenzen der Sittlichkeit mißachtenden »Führers« beigetragen, der sich – in etwas anderer Form – auch bei NIETZSCHE und Stefan GEORGE findet und der in Deutschland besonders durch Carlyles Buch *The History of Friedrich II of Prussia* (1858–1865) gefördert wurde, das in fast jedem preußischen Bürgerhaushalt vorhanden war. Ernst BLOCH urteilte über die Carlylesche Geschichtsbetrachtung, die die ökonomischen Faktoren der Geschichte ebenso vernachlässigt wie die Dialektik von historischer Situation und sie prägender und von ihr geprägter Herrscherfigur, sie habe einem *»aufgeklärten Industriedespotismus«* und der späteren *»faschistischen Elitetheorie«* vorgearbeitet. J.Dr.

AUSGABEN: Ldn. 1841. – Boston 1901, Hg. A. MacMechan. – Ldn. 1904 (in *Works*, 18 Bde., 1904/05, 4; *Standard Ed.*). – Ldn. 1956. – Lincoln 1966, Hg. C. Niemeyer.

ÜBERSETZUNGEN: *Über Helden, Heldenverehrung und das Heldenthümliche in der Geschichte. Sechs Vorlesungen*, J. Neuberg, Bln. 1853. – *Helden und Heldenverehrung*, E. Wicklein, Jena 1913. – *Heldenverehrung*, E. Friedell, Mchn. 1914.

LITERATUR: E. v. Wiecki, *C.s »Helden« und Emersons »Repräsentanten«*, Diss. Königsberg 1903. – B. H. Lehmann, *C.'s Theory of the Hero: Its Sources, Development, History, and Influence on C.'s Work*, Durham/N.C. 1928. – L. M. Young, *Th. C. and the*

*Art of History*, Philadelphia 1939. – F. M. Smith, *Withman's Poet-Prophet and C.'s Hero* (in PMLA, 55, 1940, S. 1146–1164). – E. R. Bentley, *A Century of Hero-Worship: A Study of the Idea of Heroism in C. and Nietzsche*, Philadelphia 1944. – Ders., *Modern Hero-Worship: Notes on C., Nietzsche, and Stefan George* (in SR, 52, 1944, S. 441–456). – F. Brie, *Helden u. Heldenverehrung bei C.*, Heidelberg 1948. – E. Bloch, *Das Prinzip Hoffnung*, Bd. 1, Ffm. 1959, S. 718–720. – J. Kedenburg, *Theologisches Geschichtsbild und theokratische Staatsauffassung im Werke Th. C.s*, Heidelberg 1960. – R. W. Kusch, *Pattern and Paradox in »Heroes and Hero-Worship«* (in Studies in Scottish Literature, 6, 1969, S. 146–155). – D. J. DeLaura, *Ishmael as Prophet: »Heroes and Hero-Worship« and the Self-Expressive Basis of C.'s Art* (in Texas Studies in Literature and Language, 11, 1969/70, S. 705–732). – B. V. Qualls, *Idolatry for the English: C.'s Lecture on Paganism* (in Interspace and the Inward Sphere: Essays on Romantic and Victorian Self, Hg. N. A. Anderson u. M. E. Weiss, Macomb 1978, S. 75–86). – M. Z. Hafter, *Heroism in Alas and C.'s »On Heroes«* (in MLN, 95, 1980, S. 312–334). – D. Sonstroem, *The Double Vortex in C.'s »On Heroes and Hero-Worship«* (in PQ, 59, 1980, S. 531–540). – W. E. Buckler, *The Aesthetic of Seeing / The Morality of Being: C.'s Grand and Simple Insight into the Humanness of Heroism* (in Prose Studies, 4, 1981, S. 287–300). – I. Campbell, *On »Heroes«*, (in Le Mythe du héros, Einl. N. J. Rigand, Aix-en-Provence 1982, S. 147–164). – M. Bidney, *Diminishing Epiphanies of Odin: C.'s Reveries of Primal Fire* (in MLQ, 44, 1983, S. 51–64).

**SARTOR RESARTUS. The Life and Opinions of Herr Teufelsdröckh**

(engl.; *Sartor Resartus. Das Leben und die Ansichten des Herrn Teufelsdröckh*). Fiktive Biographie von Thomas CARLYLE, in Fortsetzungen erschienen 1833/34. – Unter der Fiktion, die Lebenszeugnisse und das Hauptwerk des mysteriösen deutschen Professors Diogenes Teufelsdröckh, »Die Kleider, ihr Werden und Wirken«, der englischen Öffentlichkeit zugänglich machen zu wollen, stellt Carlyle im Lebensweg dieses Professors der *»Allerley-Wissenschaft«* seine eigene Biographie in ironischer Verfremdung dar (2. Buch) und entwickelt eigene philosophische, historische und politische Ideen in Form eines Referats über dieses *»epochemachende«* Werk (3. Buch). Der komplizierte Erzählrahmen, der im 1. Buch aufgebaut wird, erinnert an Herausgeberfiktionen in den Romanen JEAN PAULS und zeigt Carlyles Vertrautheit mit der klassischen und romantischen Literatur Deutschlands. Darauf weist auch die Übernahme von Formelementen des deutschen Bildungsromans und von idealistischen Denkvorstellungen KANTS und FICHTES.
Parallelen zur Biographie des Autors ergeben sich vor allem in der Beschreibung der Kindheit Teu-felsdröckhs in dem Dorf Entephul und seiner Studienjahre in Gymnasium und Universität, hinter der Carlyles bittere Erfahrungen als intelligenter, aber mittelloser Bauernsohn in dem schottischen Dorf Ecclefechan und in Edinburgh stehen. Auch in der romantischen Liebe zu Blumine, die an Teufelsdröckhs ungesicherter Stellung als obskurer Privatgelehrter scheitert, spiegeln sich unglückliche Erlebnisse des jungen Carlyle. Die Enttäuschung stürzt Teufelsdröckh in eine geistig-seelische Krise, in der er sich von der tragischen Erfahrung des »*ewigen Nein*« zur Lebensbejahung des »*ewigen Ja*« durchringt. Erscheint ihm die Welt auf dem Tiefpunkt seiner Krise als *»eine riesige, leblose ... Dampfmaschine, die in toter Gleichgültigkeit daherstampft«* (in diesem Bild drückt sich zugleich Carlyles Ablehnung der industriellen Revolution aus), so findet er schließlich in einem Akt des Glaubens zu der Erkenntnis, daß *»das Universum nicht tot und dem Teufel gehörig ... sondern gottähnlich und meinem Vater gehörig«* ist. Schon der lateinische Titel des Werks, der mit »Der neu geschneiderte Schneider« übersetzt werden könnte, weist auf die aus SWIFTS *A Tale of a Tub* (1704) entlehnte Kleidersymbolik hin, mit der Carlyle das philosophische Problem von Sein und Schein in seinen gesellschaftlichen und religiösen Implikationen behandelt. Die *»saisonbedingten Kleidungsstücke«* können zum Symbol für alle weltanschaulichen Definitionen und Theorien werden, die das Wesen des Menschen – wie Carlyle es sieht – verdecken oder verzerren. Seinen wissenschaftsgläubigen Zeitgenossen und der kapitalistischen Gesellschaft der frühviktorianischen Epoche hält er die konservative Auffassung entgegen, daß die Beendigung des sozialen Elends nicht von einer demokratischen Revolution, sondern von einem fast feudalen Führerprinzip und von der Neubesinnung auf religiöse und ideelle Werte zu erhoffen sei.
Durchkreuzt schon der Erzählrahmen die logisch-systematische Anordnung und Entwicklung der Gedankengänge, so steigert Carlyle das Essayistische und Skizzenhafte der Darstellung noch dadurch, daß er Teufelsdröckh die kauzig-versponnene Ausdrucksweise eines bald mystisch ergriffenen, bald pedantisch umständlichen Metaphysikers zuschreibt: »*Nichts als versteckte Andeutungen, figurative Klammersätze: ein typischer Schatten, stoßweise aufwallend, prophetisch-satirisch: kein klares logisches Bild.*« Diese Charakteristik gilt auch für Carlyles eigenes ironisches Spiel mit dem Leser, für seine satirischen Stilkontraste von Trivialem und Pathetisch-Rhapsodischem, seine bewußt abwegigen Bilder und die geistreichen Anspielungen auf entlegene Werke der Literatur wie auch auf populäres Sprachgut der *Bibel*, SHAKESPEARES und MILTONS.

M.Pf.

AUSGABEN: Ldn. 1833/34 (in Fraser's Magazine). – Ldn. 1834. – Boston 1836 [Vorw. R. W. Emerson]. – Ldn./NY 1896 (in *The Works*, 30 Bde., 1896–1899, 1; *Centenary Ed.*; Nachdr. 1969). – Boston/Ldn. 1896, Hg. A. MacMechan; ern.

1960. – Ldn. 1904 (in *Works*, 18 Bde., 1904/05, 4; *Standard Ed.*). – NY 1927, Hg. u. Einl. F. W. Roe. – Ldn./NY 1959. – Darby 1981. –Ldn. 1984. – NY/Oxford 1988, Hg. K. McSweeney.

ÜBERSETZUNGEN: *Sartor Resartus oder Leben und Meinungen des Herrn Teufelsdröckh*, A. Kretzschmar (in *AS*, Bd. 5, Lpzg. 1855/56). – Dass., Th. A. Fischer, Lpzg. 1882 [m. Anm.], ern. 1903. – Dass., K. Schmidt, Halle 1900. – *Sartor Resartus oder Leben und Meinungen des Herrn Teufelsdröckh*, Th. A. Fischer (in *AW*, Bd. 6, Lpzg. ²1903). – *Sartor Resartus oder Leben und Meinung des Kleiderphilosophen Teufelsdröckh*, Bearb. A. Cien, Bln. [in Vorb.].

LITERATUR: C. Moore, »*Sartor Resartus*« *and the Problem of C.'s Conversion* (in PMLA, 70, 1955, S. 662–668). – L. Metzger, »*Sartor Resartus*«. *A Victorian* »*Faust*« (in CL, 13, 1961, S. 316–331). – L. W. Deen, *Irrational Form in* »*Sartor Resartus*« (in Texas Studies in Literature and Language, 5, 1963, S. 438–451). – G. B. Tennyson, *Sartor Called Resartus. A Study of the Genesis, Style, and Structure of Th. C.'s* »*Sartor Resartus*«, Princeton 1965. – G. Levine, »*Sartor Resartus*« *and the Balance of Fiction* (in Victorian Studies, 7, 1964, S. 131–160). – E. S. Richards. *Romantic Form and Doctrine in* »*Sartor Resartus*« *by Th. C.*, Diss. Lehigh Univ. 1967 (vgl. Diss. Abstracts, 28, 1967/68, S. 1793/1794A). – S. C. Zelnick, *The Pursuit of Conviction in* »*Sartor Resartus*«: *The Meaning of Its Style and Structure*, Diss. Illinois 1970 (vgl. ebd., 31, 1970/71, S. 6572/6573A). – G. H. Brookes, *The Rhetorical Form of C.'s* »*Sartor Resartus*«, Berkeley 1972. – W. L. Gentry, »*Sartor Resartus*«: *An Anatomy*, Diss. Vanderbilt 1972 (vgl. Diss. Abstracts, 33, 1972/1973, S. 1722A). – J. Sigman, ›*Diabolico-angelical Indifference*‹: *The Imagery of Polarity in* »*Sartor Resartus*« (in Southern Review, N.S. 5, 1972, S. 207–224). – P. Brantlinger, ›*Romance*‹, ›*Biography*‹, *and the Making of* »*Sartor Resartus*« (in PQ, 52, 1973, S. 108–118). – J. A. Dibble, *C.'s* ›*British Reader*‹ *and the Structure of* »*Sartor Resartus*« (in Texas Studies in Literature and Language, 16, 1974, S. 293–304). – J. Sigman, *Adam-Kadmon, Nifl, Muspel, and the Biblical Symbolism of* »*Sartor Resartus*« (in ELH, 41, 1974, S. 233–256). – J. R. Wilson, »*Sartor Resartus*«: *A Study in the Paradox of Despair* (in Christianity and Literature, 23, 1974, S. 9–27). – S. Pickering, »*Sartor Resartus*«, *Th. C. and the Novel* (in Renaissance Studies, 44, 1976, S. 208–216). – J. A. Dibble, *The Pythia's Drunken Song*, Den Haag u. a. 1978. – J. L. Haney, ›*Shadow-Hunting*‹: *Romantic Irony,* »*Sartor Resartus*«, *and Victorian Romanticism* (in Studies in Romanticism, 17, 1978, S. 307–333). – P. Glassman, ›*His Beautiful Edifice, of a Person*‹: »*Sartor Resartus*« (in Prose Studies, 2, 1979, S. 25–40). – P. A. Dale, »*Sartor Resartus*« *and the Inverse Sublime: The Art of Humorous Destruction* (in *Allegory, Myth, and Symbol*, Hg. M. W. Bloomfield, Cambridge/Mass. 1981, S. 293–312). – J. P. Vijn, *C. and Jean Paul*, Amsterdam 1982. – A. Fleishman, *The Open Secret: C. as Prophetic Hero* (in *Perspectives on Nineteenth-Century Heroism*, Hg. S. M. Putzell u. D. C. Leonard, Madrid 1982, S. 30–46). – J. L. Spear, *Filaments, Females, Families and Social Fabric: C.'s Extension of Biological Analogy* (in *Victorian Science and Victorian Values: Literary Perspectives*, Hg. J. Paradis u. T. Postlewait, NY 1981, S. 69–84). –C. R. Bossière, *Of Silence, Doubt, and Imagination: C.'s Conversation with Montaigne* (in ESC, 10, 1984, S. 62–76). – L. C. R. Baker, *The Open Secret of* »*Sartor Resartus*«: *C.'s Method of Converting His Reader* (in StPh, 83, 1986, S. 218–235).

## RUDOLF CARNAP

\* 18.5.1891 Ronsdorf
† 14.9.1970 Santa Monica / Calif.

## DER LOGISCHE AUFBAU DER WELT

Wissenschaftslogisches Werk von Rudolf CARNAP, erschienen 1928. – Carnap, ein führender Vertreter des im Wiener Kreis entwickelten logischen Empirismus, legte diesem ersten seiner größeren Werke ganz die Anschauung dieser philosophischen Richtung zugrunde. Die Grundthese des logischen Empirismus ergab sich aus der allen Mitgliedern des Wiener Kreises (neben Carnap vor allem Victor KRAFT, Moritz SCHLICK und Otto NEURATH) gemeinsamen wissenschaftlichen Grundeinstellung und stellt eine Synthese aus Rationalismus und Empirismus dar: Die Begriffe und Aussagen jeder echten Wirklichkeitserkenntnis müssen sich letztlich auf empirisch Aufweisbares beziehen und mit Hilfe der erfahrungsunabhängigen Logik und Mathematik in ein streng logisches Ableitungsgefüge bringen lassen. Infolge dieser Grundeinstellung lehnte der Wiener Kreis jeden Versuch einer philosophisch-metaphysischen Wirklichkeitserkenntnis strikt ab und sah die einzige Aufgabe einer wissenschaftlichen Philosophie in der logischen Analyse der Grundlagen, Methoden und Ergebnisse der Einzelwissenschaften.

Im Rahmen dieser wissenschaftlichen Philosophie versucht Carnap im *Logischen Aufbau* die Grundforderung des logischen Empirismus bezüglich der wissenschaftlichen Begriffe als erfüllbar nachzuweisen, d. h. zu zeigen, daß sich alle wissenschaftlichen Begriffe so in ein stammbaumartiges »*Konstitutionssystem*« einordnen lassen, daß sich die unterste Schicht, die »*Basis*« des Systems, auf unmittelbar Gegebenes bezieht, und die oberen Schichten, die »*Konstitutionsstufen*«, sich nach bestimmten Definitionsregeln aus jeweils tieferen Schichten konstituieren und damit auf sie zurückführen lassen. Die Basis umfaßt die Grundgegenstände und die Grundrelationen des Konstitutionssystems. Als Grundgegenstände wählt Carnap die »*Elementarerlebnisse*«, als einzige Grundrelation die Relation der »*Ähnlichkeitserinnerung*«. Elementarerlebnisse sind Stellen im kontinuierlichen Erlebnisstrom, unzerlegbare Ganzheiten des in einem Augenblick Erlebten. Zwischen zwei Elementarerlebnissen a und b besteht die Relation der Ähnlichkeitserinnerung, wenn eine Erinnerungsvorstellung von a in einer gewissen Hinsicht als ähnlich zu b empfunden wird. Da die Elementarerlebnisse auf einfache Weise mit Hilfe der Relation der Ähnlichkeitserinnerung definiert werden können, kann als Basis diese Relation allein genommen werden. Der Aufbau des Konstitutionssystems hat jetzt so zu erfolgen, daß alle übrigen Begriffe mittels Definitionsketten auf den Begriff der Ähnlichkeitsrelation zurückgeführt werden. Für die unteren Stufen, die die Begriffe des Eigenpsychischen umfassen, hat Carnap diesen Aufbau unter Benutzung der strengen Methoden der modernen formalen Logik für eine Reihe zentraler Begriffe im Detail durchgeführt. Für die mittleren Stufen, die die Begriffe des Physischen umfassen, und die höheren Stufen der Begriffe des Fremdpsychischen und Geistigen wird der Aufbau nur skizziert.

Carnap betont im *Logischen Aufbau* ausdrücklich, daß die einzelnen von ihm vorgeschlagenen Konstitutionsschritte nur Beispiele sein sollen, die durch neue Erkenntnisse der Einzelwissenschaften jederzeit revidiert werden können, und nur die prinzipielle Möglichkeit eines Konstitutionssystems nachweisen sollen. Später hat er jedoch selbst zwei prinzipielle Einwände gegen diese Möglichkeit in ihrer ursprünglich geplanten Form vorgebracht: Erstens zeigte es sich, daß weder Dispositionsbegriffe noch theoretische Begriffe durch Definitionsketten auf Erlebnisgegebenes zurückgeführt werden können. Zweitens ließen sich schwere Bedenken gegen die Möglichkeit geltend machen, Begriffe für intersubjektive Sachverhalte auf eigenpsychischer Basis adäquat zu definieren, so daß Carnap die eigenpsychische Basis zugunsten einer physikalistischen preisgab. P.H.

AUSGABEN: Bln. 1928. – Hbg. 1961.

LITERATUR: E. Kaila, *Der logistische Neupositivismus*, Turku 1930 (Annales Universitatis Aboensis, Ser. B, 13; vgl. dazu R. Carnap, in Erkenntnis, 2, 1931, S. 75–77). – R. Carnap, *Testability and Meaning* (in Philosophy of Science, 3, 1936, S. 419 bis 471; 4, 1937, S. 1–40). – R. Weinberg, *An Examination of Logical Positivism*, Ldn. 1936; [2]1950. – A. Wedberg, *The Logical Construction of the World. A Critical Analysis of R. C.'s »Der logische Aufbau der Welt«* (in Theoria, 10, 1944, S. 216–246). – V. Kraft, *Der Wiener Kreis. Der Ursprung des Neopositivismus*, Wien 1950. – N. Goodman, *The Structure of Appearance*, Cambridge/Mass. 1951; Indianapolis u. a. [2]1966. – *The Philosophy of R. C.*, Hg. P. A. Schilpp, La Salle (Ill.)/Ldn.

1963. – W. Stegmüller, *Hauptströmungen der Gegenwartsphilosophie*, Bd. 1, Stg. [3]1965; [6]1978 (erw.; KTA). – N. Hilgenheger, *Ontologie in formaler Redeweise. Gegenstandtheoretische Untersuchungen zu R. C.s »Der logische Aufbau der Welt«*, Köln 1969. – L. Krauth, *Die Philosophie C.s*, Wien/NY 1970. – W. Stegmüller, *Das Problem der Induktion. Humes Herausforderung und moderne Antworten. Der sogenannte Zirkel des Verstehens*, Darmstadt 1975; ern. 1986. – *R. C., Logical Empiricist. Materials and Perspectives*, Hg. J. Hintikka, Dordrecht/Boston 1975. – B. G. Norton, *Linguistic Frameworks and Ontology. A Re-Examination of C.'s Metaphilosophy*, Den Haag 1977. – E. Runggaldier, *C.'s Early Conventionalism. An Inquiry into the Historical Background of the Vienna Circle*, Amsterdam 1984.

## JOSEP CARNER

\* 9.2.1884 Barcelona
† 4.6.1970 Brüssel

### NABÍ

(kat.; *Der Prophet*). Episches Gedicht von Josep CARNER, erschienen 1938. – In zehn Gesängen erzählt Carner die Geschichte des biblischen Propheten Jona (*Buch Jona*, 1–4), dem von Gott aufgegeben wird, in die Stadt Ninive zu gehen und dort zu predigen, der sich diesem Auftrag zu entziehen versucht, von einem großen Fisch verschlungen und wieder ausgespien wird, durch seine Predigt die Stadt Ninive zur Buße bekehrt und dann mit Gott hadert, weil dieser die reumütige Stadt nicht zerstört. Carners Gedicht ist – ein merkwürdiges Zusammentreffen – fast gleichzeitig mit dem des Ungarn BABITS Mihály (1883–1941) über denselben Stoff entstanden (vgl. *Jonás könyve*, 1940). Die beiden Dichtungen, die sich eng an die alttestamentliche Vorlage anlehnen, unterscheiden sich in der Deutung der biblischen Erzählung. Während es Babits darum geht, »*Situation und Aufgabe des Intellektuellen in einer gefährdeten Zeit aufzuzeigen*«, wird bei Carner der Prophet zum Sinnbild des Dichters, dessen Auftrag es ist, im Bewußtsein der eigenen Ohnmacht und von Zweifeln heimgesucht, den Menschen die Botschaft der Hoffnung zu verkünden.

Geschrieben im Exil während des Spanischen Bürgerkriegs (1936–1939), bilden das Erlebnis der Heimatlosigkeit, die Erkenntnis vom Zusammenbruch aller Werte, die Erfahrung des Daseins als Unheil und Verlorenheit die Grundstimmung des Gedichts: »*Alles ist Torheit, / Gehen und Stehen, Wachen und Schlaf; / Alles ist Trug und das Leben Verdammnis*« – das ist die Situation aus der sich der Ruf des Dichters erhebt zur messianischen Verkündigung eines Gottesreichs. Im Unterschied zu Babits hat Carner den knappen, bruchstückhaft wirkenden Bericht der *Bibel* durch erläuternde Betrachtungen in der Form des Kommentars und der Glosse und durch analogische oder allegorische Auslegung erweitert, er hat Landschaftsschilderungen, eine Beschreibung der Stadt Ninive, kulturelle Bilder aus der altorientalischen Welt sowie Szenen aus dem Alltagsleben, ferner Gebete, Psalmen und Hymnen, Monologe des Jona und seine Zwiegespräche mit Gott eingefügt. So ist eine umfangreiche Dichtung entstanden, die formal dadurch gekennzeichnet ist, daß Versform, Rhythmus und strophische Gliederung sich dem Wechsel der Begebenheiten, Situationen und Stimmungen anpassen. Im vierten Gesang ist beispielsweise die schwermütige Meditation des Jona im Bauch des Fisches in symmetrischen Strophen und Versen von festem, ruhig-gemessenem Rhythmus gestaltet, während die springende Bewegung der kurzen Verse in den ersten Strophen des fünften Gesangs die jubelnde Erregung des Propheten widerspiegelt, der beim Anblick des Tageslichts sich selbst und die Welt wie neugeboren empfindet: »Alles war in der Welt Anfang und Jugend.«

Diese kunstvolle Behandlung des Metrums, die Ausschöpfung der Musikalität des Katalanischen, das durch seinen Reichtum an einsilbigen Wörtern eine nur dem Englischen vergleichbare Klangfülle besitzt, und die Bildhaftigkeit des Ausdrucks, die an alttestamentliche Denk- und Anschauungsformen anknüpft, sind im Formalen die besonderen Merkmale dieses Werks, das keine neue Botschaft verkündet, keine »dunkle Metaphysik«, wie man behauptet hat, enthält, sondern in den Meditationen über Mensch und Gott, Gut und Böse, Sünde und Gnade durchaus im Rahmen des christlichen Weltbildes bleibt. Carner ist kein Künder verborgener Wahrheit und unternimmt keine neue Sinngebung des Daseins. Der Reiz seiner Dichtung besteht darin, Theologeme und Dogmen, ein tief religiöses Daseinsgefühl und christliche Gotteserfahrung dichterisch glaubhaft zu machen. A.F.R.

AUSGABEN: Barcelona 1938. – Buenos Aires 1941. – Barcelona 1957 (in *Obres completes*, Bd. 1). – Barcelona 1968 (in *Obres completes*).

LITERATUR: J. Ferrater, *C. y la poesía catalana* (in Insula, 95, 1953). – *L'obra de J. C.*, Barcelona 1958. – O. Cardona, *De Verdaguer a C.*, Barcelona 1960. – J. M. Castellet u. J. Molas, *Poesia catalana del segle XX*, Barcelona 1963. – P. Calders, *J. C.*, Barcelona 1964. – A. Manent, *J. C. i el Noucentisme*, Barcelona 1969. – Ders., *Literatura catalana en debat*, Barcelona 1969, S. 21–47. – L. Busquets, *Aportació lèxica de J. C. a la llengua literària catalana*, Barcelona 1977. – J. Hösle, *Die katalanische Literatur von der Renaixença bis zur Gegenwart*, Tübingen 1982. – M. Gustà, *J. C.* (in *Història de la literatura catalana*, Hg. M. de Riquer, A. Comas u. J. Molas, Bd. 9, Barcelona 1986, S. 153–212).

# HANS CAROSSA

\* 15.12.1878 Bad Tölz
† 12.9.1956 Rittsteig bei Passau

LITERATUR ZUM AUTOR:
H. Bender, *Wert und Grenze des Autobiographischen bei H. C.*, Diss. Freiburg i. B. 1949. – P. Meuer, *H. C. Symbol und Symbolik im dichterischen Prosawerk*, Diss. Tübingen 1950. – W. Kaempfer, *Dichtung u. Wahrheit bei H. C.*, Diss. Bln. 1953. – A. Langen, *H. C. Weltbild u. Stil*, Bln. u. a. 1955; ern. 1979 [erw. u. rev.]. – L. Rohner, *Die Sprachkunst R. C.s*, Mchn. 1955. – A. Schupp, *Zeitprobleme im Werk H. C.s*, Diss. Wien 1960. – M. P. Alter, *The Concept of Physician in the Writings of H. C. and A. Schnitzler*, Bern/Ffm. 1971. – W. Kopplin, *Bibliographia Carossiana 1906–1968* (in Antiquariat, 21, 1971, S. 45–48; 54–56). – I. Aichinger, *Permanente Erinnerung. Zur Selbstdarstellung H. C.s* (in FDH, 1972, S. 377–409). – *Über H. C.*, Hg. V. Michels, Ffm. 1979 (st). – H. Laufhütte, *Raube das Licht aus dem Rachen der Schlange. Zum Gedächtnis H. C.s anläßlich seines 25. Todestages*, Passau 1981. – H. Falkenstein, *H. C.*, Bln. 1983.

## DER ARZT GION

Roman von Hans CAROSSA, erschienen 1931. – Von einem Landarzt als Patientin überwiesen, erscheint in der Sprechstunde des Stadtarztes Dr. Gion die Magd Emerenz. Sie leidet an Leukämie und dürfte deshalb das Kind, das sie als Unverheiratete von einem inzwischen gestorbenen Knecht erwartet, nicht austragen. Als die Magd die Arztwohnung verläßt, begegnet sie zufällig der einundzwanzigjährigen Bildhauerin Cynthia, die mit dem Arzt befreundet ist und ein über seiner Praxis gelegenes Atelier bewohnt. Die vitale, mütterliche Emerenz erregt sofort ihr künstlerisches und menschliches Interesse. Sie möchte, daß sie ihr Modell sitzt. Dr. Gion erklärt Cynthia, daß Emerenz dies für Sünde halten würde und er diese Haltung billige. Im selben Augenblick wirft Cynthia erregt einen Hammer und einen Meißel nach ihrem Besucher. Der Arzt nimmt diesen Affront gefaßt hin, da die junge Künstlerin erst vor kurzem eine schwere Grippe überstanden hat, deren Nachwirkungen ihre Nerven noch immer stark belasten. Als Dr. Gion bald darauf abermals einen Besuch im »Vorhof der Besinnung«, wie Cynthia ihr Atelier nennt, macht, nimmt er an seiner Freundin eine erstaunliche Veränderung wahr: Sie gibt sich in Kleidung und Gebaren nicht mehr so männlich wie bisher. Die Ursache ist Emerenz, die werdende Mutter, die alle ihre Gedanken in Anspruch nimmt und mit der sie in Verbindung geblieben ist. Kurz danach kommt die Magd zu ihr ins Atelier, um dort auf einem Feldbett einer Tochter das Leben zu schenken. Am nächsten

Tag stirbt Emerenz. Ihre junge Bewunderin hält bei ihr die Totenwache. Nachts wird sie durch auseinanderbrechende Tonfiguren erschreckt, die sie während der aufregenden letzten Tage nicht begossen hatte. Verängstigt kommt sie zu Dr. Gion, und erstmals gestehen sich die beiden ihre Liebe ein. Am anderen Morgen gelingt Cynthia ein Bildnis der toten Emerenz. Es scheint, als hätten erst die Geschehnisse der vergangenen Nacht sie zur Künstlerin und zur Frau reifen lassen. Wenig später heiratet sie Dr. Gion.

Im Unterschied zu seinem Erstlingswerk *Die Schicksale Doktor Bürgers* schildert Hans Carossa im *Arzt Gion* einen Mediziner, der die Grenze zwischen Beruf und persönlichen Gefühlen einzuhalten weiß. Während Dr. Bürger den Tod seiner Geliebten verschuldet oder doch wenigstens beschleunigt, vermag Dr. Gion abzuwarten, bis Cynthia körperlich und seelisch genesen ist. Im Gegensatz zum Selbstmörder Bürger ist Gion der Arzt, der seinen Platz im Leben findet. *»Aus dem Konflikt zwischen dem Arzt und dem Dichter (Carossa) erwuchsen, anders als bei dem Dichter-Arzt Benn (...) nur spärliche theoretische Besinnungen über die Dichtung. Arzt und Dichter, Naturwissenschaftler und Sänger standen sich in ihm als Notwendigkeit und Freiheit, als Gesellschaft und Individuum eher feindlich gegenüber (...). Carossas Dichtungsauffassung war im Grunde mystisch-irrational, weshalb er vermutlich von literaturwissenschaftlichen, systematischen Äußerungen absah«* (H. Falkenstein). A.Ge.

AUSGABEN: Lpzg. 1931. – Ffm. 1962 (in *SW*, 2 Bde., 1).; ern. 1978. – Ffm. 1982 (st).

LITERATUR: B. Wachsmuth, *Der Arzt in der Dichtung unserer Zeit*, Stg. 1939. – R. Zurnieden, *Morphologische Interpretation. H. C.s »Arzt Gion«*, Diss. Bonn 1951. – B. N. Kwack, *Das Problem der Krankheit im Werk H. C.s*, Diss. Würzburg 1960.

**DOKTOR BÜRGERS ENDE. Letzte Blätter eines Tagebuchs**

Prosadichtung von Hans CAROSSA, erschienen 1913. – Das Werk hat die Form von Tagebuchaufzeichnungen, in denen der junge Arzt Dr. Bürger vom 30. 7. 1908 bis zum 16. 5. 1909 sein Leben und seine Umwelt beschreibt. Er lebt in der alten Bischofsstadt Grenzburg und hat sich ganz auf die Behandlung von Lungenkrankheiten spezialisiert. Seinem Herzen am nächsten stehen *»die Verlorenen, die, von denen ich weiß, daß ich sie nicht retten werde«*, und doch befriedigt ihn die *»Kunst, verwirkte Leben hinzufristen«*, seit einiger Zeit nicht mehr. Selber zwischen Todessehnsucht und Hinwendung zum Leben schwankend, erfüllt er seine alltäglichen Pflichten als Arzt oft wie mechanisch. Eines Tages sieht er im Theater Hanna Cornet; sie sitzt eine Reihe vor ihm. Ohne daß er ihren Namen weiß oder mit ihr gesprochen hat, gibt es in seinem Leben plötzlich eine *»Erscheinung«*, auf die er alle seine Gedanken richten. Etwa zwei Wochen später begegnet er seiner »Traumgeliebten« wieder. Sie ist an Lungentuberkulose erkrankt, und er wird ihr Arzt. »*Ich machte mich zum Arzt bis in die Fingerspitzen*«, notiert er nach dem ersten Besuch. Aber bald schon wandelt sich seine Einstellung. Der verträumte Arzt und die schöne Kranke erleben den Zauber einer zarten Liebe. Als er sich endlich entschließt, ihr eine strenge Ruhekur zu verordnen, ist es bereits zu spät. Alle Mittel versagen, Hanna stirbt. In Dr. Bürger wird die Todessehnsucht übermächtig: *»Du wirst mich zurücknehmen, tödlich formender Geist!«* Aus dem silbernen Becher, den Hanna ihm geschenkt hat, trinkt er Gift.

*Doktor Bürgers Ende* ist die erste Prosadichtung, die Carossa veröffentlichte. Sie ist gelegentlich sein »*Werther*« genannt worden, da sich Carossa vor allem zu ihm »*als seinen dichterischen Vorfahren*« (H. Falkenstein) bekannte, ohne dies allerdings zu präzisieren. Der autobiographische Charakter des Werks ist unverkennbar. Grenzburg ist Passau, wo Carossa mehrere Jahre lang als Arzt praktizierte, und die Aufzeichnungen Dr. Bürgers spiegeln, wenn auch gewiß nicht in jeder Einzelheit, die innere Situation des Dichters wider. – Der Prosadichtung folgte 1916 noch *Die Flucht. Ein Gedicht aus Doktor Bürgers Nachlaß*; 1930 erschienen beide Werke zusammen unter dem Titel *Die Schicksale Doktor Bürgers*. A.Ge.

AUSGABEN: Lpzg. 1916 *(Die Flucht. Ein Gedicht aus Doktor Bürgers Nachlaß)*. – Lpzg. 1930 *(Die Schicksale Doktor Bürgers)*. – Wiesbaden 1952 (IB). – Ffm. 1962 (in *SW*, 2 Bde., 1); ern. 1978. – Ffm. 1984 (Insel Tb).

LITERATUR: B. Wachsmuth, *Der Arzt in der Dichtung unserer Zeit*, Stg. 1939. – W. Roggeman, *De autobiografie als therapie* (in Nieuw Vlaams tijdschrift, 12, 1958, S. 1210–1217; 1316–1324).

**GEHEIMNISSE DES REIFEN LEBENS. Aus den Aufzeichnungen Angermanns**

Erzählung von Hans CAROSSA, erschienen 1936. – Diese in der Ichform geschriebene Erzählung gibt das Geschehen des ersten Sommers wieder, den der alternde Angermann mit seiner nervenleidenden Frau Cordula in dem alten und baufälligen Bauernhaus seiner Eltern in Nebelheim verbringt. Cordula hat sich der Dorfkinder angenommen, deren Sparbüchsen sie verwaltet, für die sie Kleider näht und mit einer Stickschere bunte Kunstwerke aus Glanzpapier anfertigt; Angermann unternimmt ausgedehnte Spaziergänge, schreibt Aufsätze über Katzen und arbeitet an einer Abhandlung über die Wünschelrute. Von den Fenstern des Hauses aus sieht man den Strom, der als Staatsgrenze das »*Nachbarland*« (gemeint ist Österreich) vom eigenen Lande trennt. Die unweit, auf den Höhen am Fürstenwald gelegene Porzellanfabrik Saldenhof und das gleichnamige Bauerngut gehören der jungen Barbara, die mit ihrer seelisch labilen Freundin Sybille zusammenlebt. Während Barbara, *»ganz Gegenwart«*, im tätigen Wirken des Alltags aufgeht, von der Bevölkerung als hilfreich gerühmt, hat sich Sybille mit der Pflege kranker Waldtiere und der Anlage eines Tierfriedhofs ihr eigenes *»Reich des Erbarmens«* geschaffen. Zu einer Begegnung des Ehepaars mit den beiden Freundinnen kommt es wegen eines zu Angermanns Besitz gehörenden kaolinhaltigen Feldes, das Barbara ihm abkaufen möchte. Eine ihrer Gegenleistungen besteht darin, daß sie Angermann für die notwendige Renovierung seines Hauses Handwerker zur Verfügung stellt. Während Cordula ihren kleinen und absonderlichen Pflichtenkreis nicht aufgeben will, zieht ihr Mann für die Zeit der Instandsetzungsarbeiten nach Saldenhof. Schon bei der zweiten Begegnung hatte Barbara ihm anvertraut, daß es ihr nicht genüge, nur für Sybille zu sorgen. Sie wünsche sich ein Kind. Angermann, von Anbeginn zu Barbara hingezogen, erlebt nun Tage der Erfüllung mit ihr, die nur durch seine sich gegen Sybille richtende dumpfe Eifersucht getrübt werden. Zu der Zeit, als unter großem Jubel die Grenze zum Nachbarland geöffnet wird, verläßt Angermann die sich als Mutter fühlende Barbara und kehrt in sein Haus nach Nebelheim zurück, wo er Cordula *»in der ersten ruhigen Stunde«* seine in Saldenhof entstandenen *»kunstvollen Verse«* vorlesen wird: *»Wie sie einmal ist, wird ihr eine solche Mitteilung lieber sein als jede Art Aussprache.«*

Zwar steht im Mittelpunkt der Erzählung, die eines der schwächsten Werke Carossas ist, ein Ehebruch, doch rückt die damit verbundene Problematik gar nicht ins Blickfeld. *»Barbaras klare Liebesbereitschaft«* und Angermanns Maxime von der allein *»zu neuer Erleuchtung und neuer Würde«* führenden Schuld sind Alibi für einen Vorgang, der – als prompte, in erdverbundener Selbstverständlichkeit vorgenommene Erfüllung des Wunsches der *»Edelbäuerin«* und *»Jungfrau«* Barbara nach Mutterschaft – nicht ohne fatalen Beigeschmack ist. Die Reflexionen Angermanns, in denen sich auf ungute Art Verschwommenheit und Banalität mischen (*»Alle Ströme suchen das Meer, und ein Weib wie Barbara will nicht empfindungsvolle Gefährtin spielen, sondern Mutter werden«* – *»Höchste Seelenfülle, wenn sie sich irdisch verkörpert, scheint wehrlos bleiben zu müssen«*), verursachen zudem ein Unbehagen, das in Passagen wie der Verhaftung des alten Schusters Kott, der am Muttertag sein Haus als einziger nicht geschmückt hat, und den im Zusammenhang damit geäußerten Gedanken seine wahre Rechtfertigung finden. KLL

AUSGABEN: Lpzg. 1936. – Ffm. 1959. – Ffm. 1962 (in *SW*, 2 Bde., 1); ern. 1978.

LITERATUR: H. Oppel, »Geheimnisse des reifen Lebens«. *Goethe und C.* (in Euph. 45, 1950). – G. Wünsche-Hale, *C.s Weg zur Schulderlösung*, Bern/Ffm. 1974.

## EINE KINDHEIT. – VERWANDLUNGEN EINER JUGEND

Autobiographische Aufzeichnungen von Hans CAROSSA, erschienen 1922 und 1928, gemeinsam veröffentlicht 1933. – *Eine Kindheit*, von Carossa ursprünglich als fiktive Lebensbeschreibung deklariert (der Autor gab sich als Herausgeber von Aufzeichnungen aus, die ihm 1915 ein »Kriegsgenosse« anvertraut habe), bildet zusammen mit den *Verwandlungen einer Jugend* den ersten, geschlossenen Abschnitt einer Biographie, die, an klassischen Vorbildern, zumal an GOETHES *Dichtung und Wahrheit* und *Wilhelm Meister* orientiert, die Gesetzmäßigkeiten organischen Werdens in der Form unmerklicher Metamorphosen aufzeigen möchte.

Während seiner ersten Jahre im oberbayrischen Königsdorf erfährt der Knabe die geheimnisvollen Kräfte der Natur, seine Seele wirkt *»als Schöpfer in ihrem kleinen Reich und in einer wundersamen Harmonie mit der ganzen Welt«* (G. Schaeder). Von der »Forelle«, einer Förserstochter, wird er zu harmlosen naturmystischen Phantasien verleitet, aber von der strengen ärztlichen Gewissenhaftigkeit des Vaters immer wieder angehalten, sich in der Wirklichkeit zurechtzufinden. Vor dem Schuleintritt des Knaben übersiedelt die Familie in das niederbayerische Kading, wo er erstmals sein träumerisches Wesen an einer fremden Umwelt korrigieren muß. Unter der Führung des Vaters wächst er in tätige Fürsorge für die Mitmenschen hinein, die er in seiner gutgläubigen Befangenheit zuweilen geschädigt hat. Die Landshuter Internatszeit mit ihrer beengenden Abgeschlossenheit endet, als während des Faschings seine »Maskenliebe« zu einem schönen Mitschüler den bösen Verdächtigungen aussetzt. Von der Schule verwiesen, geht er dem Vater zur Hand, bis der kranke Knabe, der ihn verleumdet hatte, auf dem Sterbebett seine belastende Aussage widerruft. Der junge Carossa besucht weiter das Gymnasium, wohnt aber bis zum Abitur in der Stadt, und findet durch die Freundschaft mit dem kränkelnden, aber lebensbejahenden Hugo Mott langsam zu einem eigenen Weg, der sich in zunächst noch unbeholfenen Gedichten vage abzeichnet.

Den weiteren Gang seines Lebens schildert Carossa in mehreren, relativ selbständigen Fortsetzungen: in *Das Jahr der schönen Täuschungen* (1941) die ersten medizinischen Semester in München, in *Der Tag des jungen Arztes* (1955) die klinischen Semester in Leipzig sowie den Tod des Vaters, in *Führung und Geleit* (1933) das Leben als junger Arzt in der Vorkriegs- und Kriegszeit, im *Rumänischen Tagebuch* (1942) die Erlebnisse als freiwilliger Bataillonsarzt im Feld, im *Lebensbericht* (in *Ungleiche Welten*, 1951) die Hitler-Zeit und die »innere Emigration«, in den *Aufzeichnungen aus Italien* (1948) schließlich Eindrücke aus mehreren Italien-Aufenthalten zwischen 1925 und 1943.

Carossas Erzählstil wandelte sich in seinen späteren Werken ebensowenig wie sein Lebensverständnis.

Eine gleichmäßig gehobene, leicht umständliche Diktion, die ihren konservativen Grundzug durch altertümelnde Sprachgesten betont, reflektiert im schwebenden Gleichmaß weit ausschwingender Sätze den Willen des Erzählers zu Gelassenheit, Harmonie und beruhigender Überschau. Unter Verzicht auf eine vollständige, ununterbrochene Darstellung des Entwicklungsgangs werden einzelne Erlebnisse herausgegriffen und, symbolisch verdichtet, locker aneinandergereiht. Neben der Licht-Finsternis- und Strom-Ufer-Symbolik nimmt das Symbol der Schlange einen breiteren Raum ein. In der »Schlange« – sie bedeutet auch die verführerische Sinnlichkeit des Weibes (ein Mädchen heißt bezeichnenderweise Eva) – erscheint dem Autor das Böse, Unheimliche, Teuflische in der Welt verkörpert: Die dämonischen Mächte gleichsam besänftigend, »füttert« der Junge am Schluß einen Schlangenrachen, den seine Phantasie in einen knorrigen Baumstrunk hineinprojiziert, mit Süßigkeiten und einem von Eva erhaltenen Fingerring. Diese Gebärde der Beschwichtigung ist charakteristisch für Carossas Versuch, Erfahrungen des Tragischen und Absurden in einem harmonischen Weltbild aufzuheben, das von Natur und Landbestellung, von Tier- und Pflanzenwelt, vor allem aber von Brauchtum und Tradition umgrenzt wird. Denn Carossas Perspektive, die, auf einen individuellen Lebensweg gerichtet, zur Betrachtung gesellschaftlicher Verhältnisse kaum je sich erweitert, ist bestimmt vom Bildungsgedanken Goethes, d. h. von der Idee organischer, kontinuierlicher Entwicklung in der Gestalt unaufhörlicher Metamorphosen. Die in eine Aura poetischer Harmonie gehüllte Biographie Carossas verliert durch ihre klassische, vom geschichtlichen Prozeß längst in Frage gestellte Bildungsidee an gegenwartsbezogener Repräsentanz. Eine Zeit, der im Gefolge PROUSTS die Diskontinuität aller Lebenserfahrung bewußt wurde und die durch die Forschungen FREUDS Einblick in das vielfach gebrochene, von Widersprüchen und Verdrängungen gezeichnete Verhältnis zwischen Individuum und Gesellschaft gewann, die zugleich aber die Erfahrung des erstarkenden Faschismus machte, wird einem fraglosen Glauben an organische Entwicklungen im Sinne Carossas von vornherein skeptisch begegnen.  KLL

AUSGABEN: Lpzg. 1922 *(Eine Kindheit)*. – Lpzg. 1928 *(Verwandlungen einer Jugend)*. – Lpzg. 1933 *(Eine Kindheit u. Verwandlungen einer Jugend)*. – Ffm. 1960 (dass.; Bibliothek der Romane). – Ffm. 1962 (in *SW*, 2 Bde., 2); ern. 1978. – Ffm. 1977 (Insel Tb). – Ffm. 1984 (*Vorspiele*. Urspr. Fassg., Hg. E. Kampmann-C., Nachw. A. v. Schirnding).

LITERATUR: G. Schaeder, *H. C. Der heilkundige Dichter*, Hameln 1947.– A. v. Subiotta, *H. C. and Modern German Autobiography* (in GLL, N., S. 11, 1957/58, S. 34–40). – V. Brassel-Aeppli, *H. C., Eine Kindheit. Interpretation*, Zürich 1969.

## RUMÄNISCHES TAGEBUCH

Autobiographische Aufzeichnungen aus dem Ersten Weltkrieg von Hans CAROSSA, erschienen 1924; unter dem Titel *Tagebuch im Kriege* wiederveröffentlicht 1934. – Am 4. Oktober 1916, der Tag, an dem die Aufzeichnungen einsetzen, befindet sich Carossa als Arzt bei einem in Nordfrankreich stationierten bayerischen Infanteriebataillon. Der Befehl, die Einheit zu mustern und gegen Cholera zu impfen, leitet die Verlegung auf den östlichen Kriegsschauplatz ein. In einer mehrtägigen Eisenbahnreise geht es quer durch Deutschland nach Siebenbürgen, zuletzt mit einer Schmalspurbahn bis Parajd, wo ein strapaziöser Fußmarsch in die Ostkarpaten beginnt. Da sich der Krieg bereits *»ins dritte Jahr zieht«*, werden die Erschöpfung der Truppe und der Einbruch des Winters zu einem immer größeren Problem – für Carossa Grund genug, *»die unmeßbaren, immer wirkungsbereiten Energien des lebendigen Wortes«* zu beschwören. Der »Befehlsträger« Glavina, in dessen poetische (von der Dichtung A. MOMBERTS stark inspirierte) Briefe er über die Zensur Einblick zu nehmen vermag, wird ihm zu einem ständigen Gesprächspartner. Auf dem neuen Kriegsschauplatz, den siebenbürgisch-rumänischen Grenzbergen, erlebt Carossa den ersten ärztlichen Großeinsatz. Er beneidet die routinierten Feldärzte, die mit der Gleichmäßigkeit von Automaten und scheinbar mit innerer Unbeteiligtheit ihre Pflicht tun. Unter den Gefallenen der verlustreichen Kämpfe ist auch Glavina. Die dichtbeschriebenen Meldezettel, die Carossa bei dem Toten findet, enthalten schwärmerisch-visionäre Hymnen. Ihre Lektüre, ihre meditative Rezeption begleiten von nun an das Tagewerk des Arztes. Nach zweieinhalb Monaten (15. Dez.), als die Kämpfe um den Berg Vadas in vollem Gang sind, brechen die Aufzeichnungen ab.
»*Raube das Licht aus dem Rachen der Schlange!*« – dieses Motto enthält den Sinn der Tagebuchaufzeichnungen. Der Krieg – für Carossa ein Verhängnis, das einen verborgenen letzten Sinn in sich trägt – wird unter dem Zeichen der »Schlange« begriffen, die, in gewisser Nähe zur Gnosis, das Böse symbolisiert: *»Die herzgeborenen Strophen [der Dichter], vielleicht sind schon sie allein es wert, daß man sich eine Weile auf den Bergen des Todes aufhalte, weil sie dort gewiß am reinsten und stärksten klingen«* (22. Okt.). Eine Allreligiosität und naturmythische Frömmigkeit, die Carossa aus der traumtrunkenen, dem »*Herrlich-Chaotischen*« ergebenen Gedankenwelt Momberts bezieht, werden den Schrecken des Kriegs entgegengesetzt. Sogar die unsinnigen, verlustreichen Sturmangriffe erhalten so die Bedeutung eines mythischen Blutopfers. Der Krieg wird von Carossa nie in Frage gestellt, zu keinem Zeitpunkt lassen ihn Qual und Not der Verwundeten und Sterbenden am Sinn seiner Tätigkeit zweifeln. Ohne die geringste Gewissensanfechtung hält der Arzt, als Offizier der Führung zugehörig, die Kampfmoral der »Mannschaften« hoch, die als straff geordnete, anonyme Masse ge-

zeichnet sind. In betont antinaturalistischer Schilderung berichtet der Autor von »Ausfällen«, »Dezimierungen«, »frischen Gräbern«, »Brandgeruch« oder »zerrissenen Häusern« – vom Widersinn des Krieges berichtet er nicht. In dieser fragwürdigen Verinnerlichung enthüllt sich die Unverbindlichkeit von Carossas hohem, GOETHE nacheiferndem Humanitätsanspruch. KLL

AUSGABEN: Lpgz. 1924; ern. 1932. – Ffm. 1931 (*Aus dem Rumänischen Kriegstagebuch*; Ill. H. A. Aschenborn; ern. 1934). – Lpzg. 1934 (u. d. T. *Tagebuch im Kriege*). – Ffm. 1958. – Ffm. 1962 (in *SW*, 2 Bde., 1); ern. 1978. – Ffm. 1978 (BS).

LITERATUR: F. Braun, Rez. (in Der Neue Merkur, 8, 1925, S. 602 ff.). – H. Cysarz, *Zur Geistesgeschichte des Weltkrieges*, Halle 1931. – C. Baier, *Goethes »Campagne in Frankreich« and C.s »Rumänisches Tagebuch«* (in GLL, N. S. 11, 1957/58, S. 260–265). – H. G. Bock, *H. C.s »Rumänisches Tagebuch«. Versuch einer Interpretation im Rahmen des Gesamtwerks*, Diss. Freiburg i. B. 1959. – A. Subiotto, *H. C.s »Rumänisches Tagebuch«* (in *Essays presented to Dr. Baier*, Hull 1976, S. 31–39). – Ö. S. Crohmalniceanu, *Berichte dt. u. rum. Schriftsteller von der rumänischen Front im Ersten Weltkrieg* (in *Rumänisch-deutsche Interferenzen*, Hg. K. Heitmann, Heidelberg 1986, S. 129–146).

# MICHAS' ČAROT

d. i. Michal Kudzel'ka
\* 7.11.1896 Rudzensk
† 20.10.1937 Rußland

**DAS LYRISCHE WERK** (wruth.) von Michas' ČAROT.
Čarot, ein Zeuge der Greuel des Kriegs, der Sowjetisierung und blutigen Säuberungen, wurde als Lyriker der proletarischen Revolution berühmt. Seine beschwingten, dynamischen Gedichte, oft in Jamben und Anapästen abgefaßt, voll greller Epitheta, Hyperbeln, Vergleiche, Metaphern und kommunistischer Phraseologie, haben einen kämpferischen und appellativen Charakter. Eines seiner besten lyrischen Werke *Čužyna*, 1917 *(Die Fremde)* schrieb Čarot in Rußland, wo er beim Militär diente und sich *»in der Fremde... einsam fühlte«*. Als er nach Weißruthenien zurückkehrte, wurde er einer der Führer der weißruthenischen nationalistischen kommunistischen Bewegung. Seine frühen Gedichte erinnern an Janka KUPALAS Intonation und greifen die Ideen der weißruthenischen nationalen Wiedergeburt auf *(Pesnja belarusa – Das Lied des Weißruthenen* und *Zvon – Die Glocke*, beide 1919).

1920 ist Čarot noch ein weißruthenischer Patriot (Gedicht *Belarusy – Weißruthenen*), seine Poesie wird jedoch schon deutlich von bolschewistischem Enthusiasmus geprägt. Der Poet behauptet, daß die Bolschewiken Gleichheit bringen, und ruft die Jugend auf, die Kapitalisten auszumerzen und auf ihren Grabkreuzen das rote Banner der Freiheit zu hissen, die reiche Welt einzuäschern und auf der Brandstätte die glückliche Kommune zu schaffen *(Moladz' – Jugend, Da moladzi – An die Jugend, Pesnja svabody – Freiheitslied, Na čyrvonaj daroze – Auf dem roten Weg)*. Im Herbst des folgenden Jahres schreibt er das romantische, naiv-optimistische, rhetorische Poem *Bosyja na vohnišČy (Barfuß im Feuer)*, das eine neuartige Rhythmik aufweist. Das Werk zeigt den bolschewistischen Umsturz (»Feuer aus dem Osten«), der ein neues Zeitalter, die Feuer- und Aschenzeit, einleitet und viele in eine schwierige Situation stürzt. Aber die »Barfüßigen«, d. i. das Lumpenproletariat (Hartny), die Hauptstütze des Bolschewismus in Weißruthenien, verbreiten dieses Feuer, wärmen sich daran wie auf einem Karneval (Hnilamëdaŭ), verbrennen die bisherigen Errungenschaften der Zivilisation: Kirchen, Paläste, Wohnungen, Denkmäler der Vergangenheit. Sie predigen die grausamsten Slogans des Kriegskommunismus: *»wen du fangen kannst, den zerfetze; den, der nicht einer von uns ist, den erwürge«*. Der Ostwind bringt ein rotes Kreuz, auf dem die Barfüßigen *»Freiheit«* lesen, aber das erschöpfte Volk flüstert: *»ein Kreuz mehr«*. Der Autor schildert die deutsche wie auch die polnische Besatzung, unter denen die Armen *»weinen«*. Als dann die Bolschewiken zurückkehren, freuen sich die Barfüßigen und ziehen, alles in Brand steckend, die Freiheitsfahne schwenkend, nach Warschau. Das Poem stellt einen Höhepunkt in Čarots Schaffen dar und ist eines der markantesten Werke in der weißruthenischen Poesie. Nach dessen Erscheinen wurde Čarot von den Bolschewiken zum größten Dichter der proletarischen Literatur ausgerufen (Adamovič).

Im Gedichtband *Zavirucha*, 1922 *(Schneesturm)*, dominieren kommunistische Ausrufe, die alte Welt zu verbrennen und die große Zukunft zu gewinnen. Das Gedicht *Skoki na mohilkach (Tanz auf dem Friedhof)* ruft die Schriftsteller auf, auf den Gräbern Cancan zu tanzen. Der Autor leugnet die eigenständige Vergangenheit Weißrutheniens und fordert die Literaten auf, das Sowjetregime mit ihrem Werk zu unterstützen. In demselben Jahr schreibt er das agitatorisch-aufmunternde Poem *Čyrvonakryly vjaščun (Der rotgeflügelte Prophet)*. Das Werk, erfüllt von hyperbolischen Ausdrücken und einfältiger Rhetorik, stellt eine Phantasie über den Traum Lenins von der bald siegreichen kommunistischen Weltrevolution dar (Jaroš). Als ein Flugzeug mit einem sowjetischen Arbeiter und einem Bauern an Bord über Deutschland und Afrika fliegt, jubeln Werktätige dem Flugzeug als einem Propheten der Freiheit zu und lassen alles in Feuer aufgehen. Das Flugzeug äschert auch ganz Amerika ein und kehrt »siegreich« in das endlich freie und vereinigte Weißruthenien zurück. Der Autor ist ein rücksichtsloser kommunistischer Eiferer, hegt hier aber die Hoffnung, daß der Bolschewismus seinem Vaterland nationale Unabhängigkeit bringen werde.

1923 organisiert Čarot die erste weißruthenische literarische Gesellschaft und setzt zusammen mit seinen Anhängern DUDAR, ALEKSANDROVIČ, VOL'NY und TRUS die Sowjetisierung der weißruthenischen Literatur fort. Im Gedicht *Adarvanym (An die Getrennten)* heißt es, daß die Menschen im Westen ächzen und die Sowjets um Befreiung bitten. Im romantischen, weihevollen Poem *Belarus' lapcjužnaja*, 1924 *(Weißruthenien in Bastschuhen)*, voll bunter Rhythmik, vergißt der Poet seinen Patriotismus und behauptet, daß die Weißruthenen, obwohl sie immer noch Bastschuhe trügen, unter den Kommunisten glücklich seien, gern für die rote Fahne sterben und alle, »*die nicht zu ihnen gehören*«, erschießen würden. Das primitive Poem *Lenin* (1924), eine der ersten weißruthenischen Leniniana, erklärt den Revolutionsführer für unsterblich. Der lyrische Held Mikita glaubt nur an Lenin, »*den neuen Propheten ... des wilden Szythien*«, kniet vor dessen Porträt und flüstert: »*Lenin, Lenin*«. – In dieser Zeit nehmen Čarots Werke jedoch auch an lyrischer Stimmung zu. Niemand schrieb noch über den Winter so wie er im Gedicht *Sljach zimni*, 1926 *(Winterweg)*: es blinkt, läutet und singt mit der Rhythmik der Bewegung und des Wortes. Im Gedicht *Zaŭtra*, 1927 *(Morgen)*, beschreibt der Poet optimistisch das Wachsen einer neuen Stadt, deren Fabrikrauch den Himmel bedeckt. Ende der zwanziger Jahre wurden Čarots Gedichte realistischer, er blieb jedoch seiner Linie treu. Im Gedicht *Budu veryc'*, 1929 *(Ich werde glauben)*, empört sich der Poet, daß manche Literaten behaupten, sie seien unter den Sowjets nicht frei.

Anfang der dreißiger Jahre begann der stalinistische Terror und Čarot wurde zum Moskau-Agenten in der weißruthenischen Literatur. Im Gedicht *Surovy pryhavor padpisvaju peršym*, 1930 *(Ich unterzeichne das strenge Urteil als erster)*, verleumdet der Poet seine verhafteten Kollegen. Er behauptet, daß sie nicht eigentlich nach Unabhängigkeit strebten, sondern auf den polnischen Marschall Piłsudski und die Faschisten hofften. Čarot versteht die Poesie als Waffe im Klassenkampf, die er unbeirrt gegen die Feinde des Kommunismus einsetzt. In seinen letzten Gedichten interpretiert er die Tränen der Bauern als »Kulakenprotest«, lobt die Industrialisierung und schreibt, daß elektrisches Licht und Fabrikgetöse ihm lieber seien als der Glanz in Mädchenaugen und Nachtigallengesang. Dennoch wurde Čarot 1936 als »Volksfeind« verhaftet, nach Rußland verschleppt und aufgrund seiner Ablehnung der öffentlichen Verurteilung des weißruthenischen Nationalkommunismus 1937 im GULag erschossen. Sein Poem *Asinhrad* und andere Werke wurden vernichtet. Die Presse prangerte ihn als einen bürgerlichen Nationalisten, der hinterlistig danach strebe, die Macht der Sowjets zu untergraben. Zwanzig Jahre lang war sein Schaffen verboten. Erst seit Ende der fünfziger Jahre wurden die meisten seiner Werke – allerdings einige mit gewissen Auslassungen – wieder veröffentlicht. A.Gaj.

AUSGABEN: *Bosyja na vohniščy* und *Zavirucha*, Minsk 1922. – *Paemy*, Minsk 1928. – *Tvory*, 3 Bde., Minsk 1933–1936. – *Vybranyja veršy i paemy*, Minsk 1935. – *Zbor tvoraŭ*, 2 Bde., Minsk 1958. – *Vybranyje veršy i paemy*, Minsk 1967.

LITERATUR: M. Harecki, *Historyja belaruskae litaratury*, Moskau/Leningrad 1924, S. 348–351. – A. Luckevič, *Die weißruthenische Literatur in der Vergangenheit und Gegenwart* (in JbKGS, 7, 1931, S. 387). – A. Adamovich, *Opposition to Sovietization in Belorussian Literature (1917–1957)*, NY 1958, S. 67–72. – M. Jaroš, *M. Č.*, Minsk 1963. – *Störche über d. Sümpfen*, Hg. N. Randow, Bln./DDR 1971, S. 501. – M. Lužanin, *Try partrety* (in Polymja, 1977, 7, S. 209–211). – U. Hnilamëdaŭ, *Jak samo žyccë*, Minsk 1980, S. 12–13. – F. Neureiter, *Weißrussische Anthologie*, Mchn. 1983, S. 129.– A. Marcinovič, »*Ja idu ŭ zaŭtra*« (in Polymja, 1986, 11, S. 199–208).

## BO CARPELAN

\* 25.10.1926 Helsinki

**DAS LYRISCHE WERK** (schwed.) von BO CARPELAN.

Bo Carpelan gehört der schwedischsprachigen Minderheit in Finnland an und hat sich, über die eigene literarische Produktion hinaus, große Verdienste als Übersetzer finnischer Poesie ins Schwedische erworben. – Carpelan, der bis 1980 als Bibliothekar arbeitete und seitdem eine Künstlerprofessur innehat, trat zunächst als Lyriker hervor; seit 1959 erscheinen auch Prosaarbeiten von ihm, die ebenfalls durch eine fast lyrische nuancierte Vielschichtigkeit und musikalische Ausdruckskraft geprägt sind. Die Grenzen der Gattungen werden in seinem Werk auffallend oft durchlässig.

Carpelan debütierte mit der Lyriksammlung *Som en dunkel värme*, 1946 *(Wie eine dunkle Wärme)*, kurz nach dem Zweiten Weltkrieg als Zwanzigjähriger, zu einer Zeit, in der das kulturelle Klima in Finnland von einem vorsichtigen Suchen und einer ersten neuen Orientierung an ausländischen Strömungen gekennzeichnet war. Vor allem die Wortmystik der reichsschwedischen *Fyrtiotalisten* (Autoren der vierziger Jahre) fiel in Finnland auf fruchtbaren Boden. Neben seiner ersten bezeugen auch die folgenden Sammlungen *Du mörka överlevande*, 1947 *(Du dunkler Überlebender)*, und *Variationer*, 1950 *(Variationen)*, das sensible Wahrnehmungsvermögen des jungen Carpelan, dessen Lyrik von ausgeprägter Symbolik, großer Sprachgewandtheit und stilistischer Sicherheit gekennzeichnet ist. Bereits in seinem ersten Buch finden sich einige der Themen, die fortan in seiner Poesie immer wiederkehren: das Zwielicht, die wärmende Dunkelheit, Vergänglichkeit, Tod und Veränderung. – Während der fünfziger Jahre suchte er nach einer eigenen lyrischen Form und bemühte sich um einen direkteren, klareren Ausdruck. Die Sammlung *Minus sju*, 1952 *(Minus sieben)* steht in merklichem Kontrast zu der gemessenen Ernsthaftigkeit seiner frühen Gedichte. Die hier erstmals anzutreffenden parodistischen, leicht surrealistischen und träumerisch verspielten Absurditäten markieren eine Eigentümlichkeit im Schaffen Carpelans, die später auch in einigen seiner Prosaarbeiten zu beobachten ist. In den bald darauf herausgegebenen Bänden *Objekt för ord*, 1954 *(Objekt für Worte)*, und *Landskapets förvandlingar*, 1957 *(Verwandlungen der Landschaft)*, konzentriert er sich immer mehr auf eine klassisch-zeitlose Thematik. Er betont – auch in theoretischen Artikeln und in Diskussionsbeiträgen – seinen Wunsch nach größtmöglicher Straffheit im sprachlichen Ausdruck und strebt nach neuer Sachlichkeit und Einfachheit. *»Nach dem Zentrum der Stille / drängen die Worte, / leicht wie Berge / getragen von Winden.«* (*Landskapets förvandlingar*). Dieses Bemühen um Klarheit im lyrischen Ausdruck führte in den sechziger Jahren zu einer stetigen sprachlichen Minimalisierung und Verknappung. Carpelan betont jedoch, daß diese Entwicklung nicht als »Vereinfachung«, sondern eher als Befreiungsprozeß verstanden werden müsse, als Beschränkung zugunsten einer maximalen Verdichtung, wie sie etwa die traditionelle japanische Lyrik kennzeichnet. Der Band *Den svala dagen*, 1961 *(Der kühle Tag)*, ist ein wichtiger Schritt in diese Richtung. *»Einfache Lieder, morgenklar – / wieviele Leben und Gedanken sanken / daß diese sich erheben durften, / Gras, Blumen, Tag, Vergänglichkeit.«* (*Den svala dagen*). Carpelans stetig sich konkretisierende Sprache ermöglicht trotz ihrer Knappheit eine große Ausdrucksfülle, der er fünf Jahre später, mit der Sammlung *73 dikter*, 1966 *(73 Gedichte)*, eine eigene Poetik in lyrischer Form widmet. *»Kein Dach. / Keine Wände. / Der genau / ausgemessene Boden.«* (*73 dikter*).

Carpelans Überzeugung, daß die Lyrik in erster Linie dem Zeitlos-Menschlichen, dem Wiederkehrenden verpflichtet ist, hat ihn oft zum Anlaß literarischer Kontroversen werden lassen, vor allem in den sechziger Jahren, als soziales Engagement gerade von Schriftstellern mit zunehmender Dringlichkeit gefordert wurde. Mit *Gården*, 1969 *(Der Hof)*, einer Sammlung von Prosagedichten, in denen Erinnerungen und Stimmungen der Kindheit lebendig werden, näherte er sich diesem Literaturverständnis an, das besonders auch seinen Hörspielen und seinen Kindergeschichten zugrunde liegt. In *Gården* spricht er die Sprache der Armen, Vergessenen und Ausgestoßenen. Die Gedichte sind nicht mehr von der früheren Wortknappheit bestimmt, sondern nähern sich der Alltagssprache, die zuvor nahezu asketische Sprachführung wird durch einen ungezwungen dialogischen Tonfall ersetzt. Diese Entspanntheit des Ausdrucks bleibt seiner Poesie fortan erhalten. *»Es ist vielleicht weniger wichtig zu reduzieren / als den unklaren Hintergrund zu eliminieren / aus zwei Worten drei wichtigere zu schaffen«* – so umschreibt der Autor diesen Prozeß in *Källan*, 1973 *(Die Quelle)*. Für die Sammlung *I de mörka rummen, i de ljusa*, 1976 *(In den dunklen Räumen, in den hellen)*, erhielt Carpelan 1977 den renommierten Literaturpreis des Nordischen Rates. Danach veröffentlichte er zwei weitere Lyrikbände, zunächst *Dagen vänder*, 1983 *(Der Tag wendet sich)*, und schließlich *Marginalia till grekisk och romersk diktning*, 1984 *(Marginalien zur griechischen und römischen Dichtung)*. Dieses letztgenannte Werk enthält aphorismenartige, assoziationsreiche Prosagedichte, vom Autor *spånor* (*Späne*) genannt, entstanden unmittelbar nach der Lektüre klassischer griechischer und römischer Dichtung, deren Bedeutung für das eigene Werk Carpelan nicht verschweigt. Zu Anfang der achtziger Jahre lag außerdem die Anthologie *Dikter från trettio år*, 1980 *(Gedichte aus dreißig Jahren)*, vor. Die Tatsache, daß Carpelan immer wieder zu den gleichen Themen zurückkehrt – Wachstum und Leben, Alter und Tod, Leiden und Gemeinschaft – bezeugt, wie sehr er an der Vertiefung ihrer Sinngehalte arbeitet; sie bilden eine Kette von Variationen, die sowohl in die Vergangenheit als auch in die Zukunft weisen. *»Das Licht fällt auf Vogelschwingen / und der Vogel streckt sie, gleitet hin / und schafft den Raum«* (*I de mörka rummen, i de ljusa*).   K.Tu.

AUSGABEN: *Som en dunkel värme*, Helsinki 1946. – *Du mörka överlevande*, Helsinki 1947. – *Variationer*, Helsinki 1950. – *Minus sju*, Helsinki 1952. – *Objekt för ord*, Helsinki 1954. – *Landskapets förvandlingar*, Helsinki 1957. – *Den svala dagen*, Helsinki 1961. – *73 dikter*, Helsinki 1966. – *Gården*, Helsinki 1969. – *Källan*, Helsinki 1973. – *I de mörka rummen, i de ljusa*, Helsinki 1976. – *Dikter från trettio år*, Helsinki 1980. – *Dagen vänder*, Ekenäs 1983. – *Marginalia till grekisk och romersk diktning*, Stockholm 1984.

ÜBERSETZUNG: *Im Norden*, G. Jänicke (*I norden*, aus *Källan*, in Die Horen, 29, 1984, H. 1).

LITERATUR: L. Bäckström, *Hantverk för natten* (in L. B., *Under välfärdens yta*, Örebro 1959, S. 213–230). – J. A. Ahokas, *Two Poets of Finland: Paavo Haavikko and B. C.* (in Books Abroad, 46, 1972, S. 37–43). – L. Mæhle, *Presentasjon av ein nordisk litteraturprisvinnar* (in Norsk Litterær Årbok, 1977, S. 41–48). – S. Charters, *Translator's Foreword* (in B. Carpelan, *The Courtyard*, Göteborg 1982). – T. Hedlund, *Introduction* (ebd.). – P. Tarkka u. a., *B. C.* (in *Författare i Finland*, Helsinki 1983). – C. G. Bjürström, *Postface* (in B. Carpelan, *73 Poèmes*, Paris 1984). – A. Kinnunen, *Jumalaton avaruus* (in Parnasso, 1984, H. 7, S. 408–416). – T. Warburton, *Åttio år finlandssvensk litteratur*, Jakobstad 1984, S. 365–371. –

S. Willner, *Lyrikern B. C.* (in Nya Argus, 77, 1984, H. 1/2, S. 22–27). – K. Tuomolin, *Linjer i B. C:s sextiotalslyrik. En studie i bildspråk och metoder*, Åbo 1985. – Dies., *Linjer i B. C:s poetik* (in Finsk Tidskrift, 217, 1985, S. 118–131). – J. Wendland, *Flaneur zwischen Gedicht und Wirklichkeit. Über B. C:s »Som en dunkel värme«* (in Norrøna, 1, 1985, H. 2, S. 47–53). – S. Willner, *B. C:s katastrofberedskap* (in S. W., *Vägar till poesien*, Lovisa 1985, S. 117–133). – J. Kaplinski, *Ilmanvalon runoilija* (in Parnassos, 1986, H. 7, S. 385–395). – G. Jänikke, *B. C.* (in KLFG, 15. Nlg. 1988). – G. C. Schoolfield, *Introduction* (in B. Carpelan, *Voices of the Late Hour*, Atlanta 1988). – S. Willner, *B. C. som kritiker* (in S. W., *Det anonyma femtiotalet*, Lovisa 1988, S. 58–85).

## EDWARD CARPENTER

\* 29.8.1844 Brighton
† 28.6.1929 Guildford

### CIVILIZATION: ITS CAUSE AND CURE

(engl.; Ü: *Die Civilisation, ihre Ursachen und ihre Heilung*). Essays von Edward CARPENTER, erschienen 1889. – Obwohl Carpenter als letztes Glied einer Reihe englischer Kulturkritiker und Sozialdenker gelten kann, die durch die Namen CARLYLE, RUSKIN und William MORRIS angedeutet werden mag, ist er nicht »Schüler« eines der Genannten; seine Vision von einer wahrhaft gesunden, lebendigen Gesellschaft und Menschheit hat originale Prägung, obwohl sie scheinbar heterogene Elemente vorgefundenen Gedankengutes enthält: indischen Einheitsdenkens, moderner Sozialkritik (MARX), der Ideenwelt Walt WHITMANS, selbst GOETHES, soweit dessen Kritik am modernen Wissenschaftsbegriff in Frage kommt.
Zivilisation ist für Carpenter eine Krankheit: ein zu überwindendes Entwicklungsstadium der Menschheit, das nicht nur kollektiv gesehen »krank« ist, sondern in dem auch die Krankheiten der Individuen in einem den früheren (»primitiven«) Gesellschaftsformen unbekannten Maß auftreten. – Obgleich Carpenter nicht frei ist von der »romantischen« Überbewertung gewisser vergangener Epochen, kann man ihn nicht einen rückwärtsgerichteten Denker nennen; von der klaren Erkenntnis ausgehend, daß alle die unzählbaren physischen und psychischen Übel der Zvilisation aus einer zentralen Verfehlung der Lebensgesetze zu erklären sind, sucht er die Lösung in einer Integration aller menschlichen Möglichkeiten: Im *»universellen Menschen«* ist alles, was im *»partiellen Menschen«* als böse und lasterhaft fungieren muß, an seinem Platz gut und in Ordnung. In dem Verfalls- und Zerfallszustand der Gesellschaft, in dem zwischen den Individuen schließlich nur noch der »cash-nexus« besteht, ist tatsächlich »*der Mensch dem Menschen ein Wolf*« (wie HOBBES es formuliert). Es ist aber ein Irrtum, diesen Status als den Ausdruck der ganzen und wahren Natur des Menschen zu verstehen; vielmehr sind in dieser Natur verbindende, auf immer höhere Einheiten hinstrebende Tendenzen mindestens ebenso real, ja viel wichtiger als die trennenden. Wie bei allen nicht marxistisch orientierten Kulturkritikern der Vergangenheit sind Carpenters Ideen über die Verwirklichung einer wahrhaft menschlichen Gesellschaft weniger überzeugend als seine kritischen Einsichten; sie laufen schließlich auf den Appell an eine Gesinnungsänderung hinaus, die innerhalb der global gewordenen Zivilisation mehr Chancen als je habe, sich in geistigen und lebensreformerischen Gruppen von – notwendig (?!) – wachsendem Einfluß zu realisieren. – In einigen Essays wird die moderne Wissenschaft kritisiert, der Carpenter ihre grundsätzliche Menschenferne vorwirft: ihre dogmatische Annahme, daß aus dem (vom ganzen Menschen aus gesehen) Periphersten, Niedrigsten – letztlich der puren Materie oder Energie – alles Höhere zu erklären sei. Der umgekehrte Weg, der von oben nach unten, ist freilich nicht ein anderer »wissenschaftlicher«, sondern der im traditionellen Sinn echt philosophische; er erfordert ein denkerisches Instrumentarium, das alle bisherige Philosophie nicht aufgebracht hat und zu dessen Erarbeitung Carpenter (wie andere Denker seines Typs) kaum einen sichtbaren Ansatz liefert.  H.L.

AUSGABEN: Ldn. 1889. – Ldn. 1921.

ÜBERSETZUNG: *Die Civilisation, ihre Ursachen und ihre Heilung*, K. Federn, Lpzg. 1903.

LITERATUR: A. H. Moncur-Sime, *C., His Ideas and Ideals*, Ldn./NY 1916. – *E. C., an Appreciation*, Hg. G. Beiter, Ldn. 1931. – E. M. Forster, *E. C.* (in E. M. F., *Two Cheers for Democracy*, Ldn. 1951, S. 212–214). – E. Delavenay, *D. H. Lawrence and E. C. A Study in Edwardian Transition*, NY 1971. – S. Rowbotham u. J. Weeks, *Socialism and the New Life. The Personal and Sexual Politics of E. C. and Havelock Ellis*, Ldn. 1977. – C. Tsuzuki, *E. C. 1844–1929. Prophet of Human Fellowship*, Cambridge 1980.

## ALEJO CARPENTIER

\* 26.12.1904 Havanna
† 24.4.1980 Paris

LITERATUR ZUM AUTOR:
*Bibliographien:*
R. González Echevarría u. K. Müller-Bergh, *A. C.:*

*Bibliographical Guide*, Westport/Conn. 1983. –
A. García-Carranza, *Bibliografía de A. C.*, Havanna 1984.
*Gesamtdarstellungen und Studien:*
*Homenaje a A. C.: Variaciones interpretativas en torno a su obra*, Hg. H. Giacoman, NY 1970. –
A. Dorfman, *El sentido de la historia en A. C.* (in A. D., *Imaginación y violencia en América*, Santiago de Chile ²1972, S. 93–137). – *Historia y mito en la obra de A. C.*, Hg. F. García Cambeira, Buenos Aires 1972. – K. Müller-Bergh, *Asedios a C. Once ensayos críticos sobre el novelista cubano*, Santiago de Chile 1972. – H.-O. Dill, *Die Wirklichkeit u. die Wunder bei A. C.* (in H.-O. D., *Sieben Aufsätze zur lateinamerikanischen Literatur*, Bln./Weimar 1975, S. 90–114). – K. Müller-Bergh, *A. C. – Autor und Werk in ihrer Epoche* (in *Materialien zur lateinamerikanischen Literatur*, Hg. M. Strausfeld, Ffm. 1976, S. 71–111). – M. Franzbach, *A. C.* (in Eitel, S. 265–282). – C. Armbruster, *Das Werk A. C.s Chronik der »Wunderbaren Wirklichkeit«*, Ffm. 1982. – *A. C. et son œuvre*, Hg. B. Pelegrin, Marseille/Paris 1982. – D. L. Shaw, *Some Issues of C. Criticism* (in RJb, 35, 1985, S. 297–304). – Ders., *A. C.*, Boston 1985 (TWAS). – *Hommage à A. C.*, Hg. J. Lamore, Talence 1985. –
H. Wentzlaff-Eggebert, *Relativierung des Existentialismus aus spanischlateinamerikanischer Sicht (G. de Torre, A. C. u. O. Paz)* (in *Literarische Diskurse des Existentialismus*, Hg. H. Harth u. V. Roloff, Tübingen 1985, S. 211–224).

## EL ACOSO

(span.; *Ü: Hetzjagd*, auch *Finale auf Kuba*). Roman von Alejo CARPENTIER (Kuba), erschienen 1956. – In diesem Roman stellt Carpentier den in seiner moralischen und physischen Existenz gefährdeten Menschen in den Mittelpunkt einer spannungsgeladenen Handlung. Das Schicksal eines jungen Mannes wird zum Weg durch die Hölle. Von zwei Seiten wird der Rebell eingekreist: von seinem eigenen Schuldbewußtsein und von der Lynchjustiz einer terroristischen Gruppe. Der Ausgestoßene ist auf der Flucht vor seinen Verfolgern. Erschöpft flieht er in einen Konzertsaal in Havanna, in dem gerade Beethovens »Eroica« aufgeführt wird. Sechsundvierzig Minuten wird das Konzert dauern – so lange wähnt er sich geborgen. Denn draußen erwartet ihn der Tod. In Gedanken, Erinnerungen, Assoziationen zieht sein Leben an ihm vorüber.
Er war aus seinem Dorf in die Hauptstadt Havanna gekommen, um Architektur zu studieren. Dort trat er einer Untergrundorganisation bei, einer radikalen Gruppe, die zunächst gegen das diktatorische Machado-Regime kämpfte. Mit der Zeit gibt die Organisation allerdings ihre revolutionären Ideale und politischen Ziele preis und verwandelt sich in eine Bande von kriminellen Gewalttätern. Ihre Mitglieder verkaufen sich an die Macht und verdingen sich als bezahlte Killer und Bombenleger gerade auch im Dienste derer, die sie ehemals bekämpften. Der Protagonist bleibt namenlos. Je nach seiner augenblicklichen Situation tritt er als »*Geschützter*«, als »*Verfolger*« und schließlich als »*Gehetzter*« *(acosado)* auf. Als er schließlich von der Polizei gefaßt und im Gefängnis verhört wird, verrät er unter der Folter die Namen seiner Komplizen, die daraufhin in einem Gemetzel von der Polizei erschossen werden. Man läßt ihn frei, aber er weiß, daß er der Rache seiner noch lebenden ehemaligen Freunde nicht mehr entgehen kann. Die Hetzjagd beginnt. Der Verfolgte flüchtet zunächst in die Wohnung seiner schwarzen Amme. Aus einem Nebenhaus hört er, wie dort die »Eroica« auf einem Klavier gespielt wird. Als die kranke Amme stirbt, flieht er weiter zu seiner Geliebten Estrella, einer Prostituierten. Als ein Freier bei ihr auftaucht, ist er auch dort nicht mehr sicher. Fast am Ende seiner Kräfte, rettet er sich in eine Kirche, wird jedoch vom Pfarrer hinausgeworfen. Schließlich findet das erwartete Ende im Konzertsaal statt. Der Gehetzte bleibt nach Beendigung des Konzerts allein zurück, seine Verfolger entdecken ihn und schießen ihn nieder.
Das Werk gliedert sich in drei Abschnitte, deren erster und dritter in einer parallelen Nebenhandlung von einem Kartenverkäufer am Eingang zum Konzertsaal berichten, der Musiker werden will. Seine Beziehungen zu der Prostituierten Estrella, die ja auch die Geliebte des Verfolgten ist, stellen die Verbindung zur Hauptgestalt her. Den objektiven Beobachtungen des Kartenverkäufers stehen die Monologe des »*acosado*« gegenüber, die im Hauptteil den größten Raum einnehmen, aber dreimal als innere Monologe das äußere Geschehen um den Kartenverkäufer durchbrechen und so die Handlung dramatisch verdichten. Der Erzählrhythmus gleicht sich vor allem im Hauptteil der jeweiligen Bewußtseinslage des »*acosado*« an, ist einmal langsam – vor allem dann, wenn Empfindungen (wie Schmerz, Hunger) minuziös analysiert werden –, dann wieder gestrafft und von äußerster Dramatik, als beschrieben wird, wie das Ende der Symphonie und damit für den Verfolgten auch der unabwendbare Tod immer näher rückt. Die vier Sätze der heroischen Symphonie stehen sinnbildlich für die vier großen Stationen des Rebellen: für Aufbruch, Meditation, Aktion und Finale. Entscheidendes Strukturprinzip in *El acoso* ist, wie in vielen späteren Romanen und Erzählungen Carpentiers, das Experimentieren mit dem Begriff Zeit. Das gleichzeitige Geschehen um die drei Hauptfiguren Gehetzter, Kartenverkäufer und die Prostituierte Estrella wird auf erzähltechnischer Ebene kunstvoll miteinander verwoben. Den zeitlichen Rahmen für die eigentliche Handlung bilden die sechsundvierzig Minuten, die die Aufführung der »Eroica« dauert. Diesen äußeren Rahmen füllen Bruchstücke von Erinnerungen, Gedankenfetzen, oft ohne logischen Zusammenhang, die erst am Ende, im mörderischen Finale der Hetzjagd, ein einigermaßen vollständiges Bild der wichtigsten Stationen im Leben des Verfolgten ergeben.

Es ist das Leben eines Gescheiterten, ein Prozeß der fortschreitenden Korrumpierung eines Idealisten und Revolutionärs, an dessen Ende nur Zerstörung und Selbstzerstörung stehen. E.He. - KLL

AUSGABEN: Buenos Aires 1956. – Havanna 1963. – Madrid/Mexiko 1983 (in *Obras completas*, Bd. 3).

ÜBERSETZUNGEN: *Finale auf Kuba*, H. Platschek, Mchn. 1960. – *Hetzjagd*, ders., Lpzg. 1966; ²1976 [veränd. Fassg.].

LITERATUR: F. W. Weber, »*El Acoso*«, *A. C.'s »War on Time«* (in PMLA, 78, 1963, S. 440–448). – H. F. Giacoman, *La relación músico-literaria entre la Tercera Sinfonía »Heroica«, de Beethoven, y la novela »El acoso«, de A. C.* (in CA, 17, 1968, S. 113–129). – A. Márquez Rodríguez, »*El acoso*« (in A. M. R., *La obra narrativa de A. C.*, Caracas 1970, S. 76–86). – J. van Praag-Chantraine, »*El acoso*«: *Estructura y expresividad* (*Actas del Tercer Congreso Internacional de Hispanistas*, Mexiko 1970, S. 225–231). – E. Serra, *Estructura y estilo de »El acoso«* (in E. S., *Historia y mito en la obra de A. C.*, Buenos Aires 1972, S. 151–180). – E. P. Mocega-González, *La simbología religiosa en »El acoso« de A. C.* (in E. P. M.-G., *A. C.: estudios sobre su narrativa*, Madrid 1980, S. 19–34). – M.-J. Chaves-Abad, *Ficción e historia en »El acoso«: Un estudio de la intertextualidad* (in REH, 10, 1983, S. 91–104).

## EL ARPA Y LA SOMBRA

(span.; *Ü: Die Harfe und der Schatten*). Roman von Alejo CARPENTIER (Kuba), erschienen 1979. – Der letzte Roman Carpentiers besteht aus drei Kapiteln, deren Überschriften *Die Harfe*, *Die Hand* und *Der Schatten* der mittelalterlichen *Legenda aurea (Goldene Legende)* entnommen sind. Thema des Romans ist die von Papst Pius IX. Mitte des 19. Jh.s. angestrebte Seligsprechung des Entdeckers der Neuen Welt, Christoph Kolumbus, wobei die Erinnerungen und Überlegungen des Pontifex Maximus angesichts der zu unterzeichnenden Petition für den Seligsprechungsprozeß Gegenstand des ersten Kapitels sind. Pius sieht in dem Genueser Entdecker den helden- und tugendhaften Eroberer, der sich um die Errettung eines ganzen Kontinents aus dem Zustand der Unwissenheit und des Heidentums verdient gemacht hat. Im zweiten Kapitel folgen Kolumbus' eigene Reflexionen über sein Handeln und Wirken, die er auf dem Sterbebett und in seinen Beichten formuliert und die im Tonfall einer Persiflage auf die von ihm verfaßten Bordbücher (vgl. *Diario de viaje*) sehr nahekommen. Dabei wird in die subjektive Perspektive der Ich-Erzählung übergeblendet.
Kolumbus versetzt sich noch einmal in die Zeit zurück, da er vor den Königshöfen das Schauspiel von der zu entdeckenden »Neuen Welt« aufführte. Auch nach der Rückkehr von seinen beiden ersten Reisen mußte er den Hof in Barcelona angesichts weniger Trophäen – einige Indianer, exotische Tiere, etwas Gold und wertlose Gewürze – von der Einträglichkeit der Unternehmungen und der Faszination der entdeckten Länder erst überzeugen. Er, der auch in Spanien ein Fremder, ein Jude mit Genueser Akzent war, wird zum Schauspieler in der »Alten« wie in der »Neuen Welt«, hier vor seinen Auftraggebern, dort vor den Indianern, die er von der Friedfertigkeit der Eroberer überzeugen will. Nur in Form eines grotesken Mysterienspiels scheint das Zusammentreffen von noch im Mittelalter verhaftetem Okzident und »Neuer Welt« faßbar. Die Chronologie der Erzählung wird allerdings im letzten Kapitel, *La sombra*, konsequent durchbrochen. Der »Schatten« ist der längst verstorbene Kolumbus selbst, der unsichtbar seinem eigenen Beatifikationsverfahren beiwohnt. Personen aus den verschiedensten Epochen, so etwa neuzeitliche Touristen mit Baedeker-Reiseführern, treten vor Gericht auf. Zu den im Prozeß befragten Zeugen gehören Vertreter der *Goldenen* und der »*Schwarzen*« *Legende*, wie z. B. Léon Bloy, Victor Hugo, Jules Verne und schließlich Fray Bartolomé de las Casas, ein Verteidiger der Indianer und Ankläger der Greueltaten der Eroberer. Der Schattenzeuge Kolumbus gerät gegen Ende des Prozesses, der zu seinen Ungunsten ausgeht, gar in Zweifel ob der Wirklichkeit des Geschehens, erscheinen und verschwinden doch die Zeugen wie auf einer Theaterbühne. Die hierfür von Carpentier gewählte Darstellungsform des *auto sacramental*, einer für das spanische Siglo de Oro charakteristischen Form des liturgischen Theaters, erfährt durch mannigfaltige Verfremdungselemente im Verwirrspiel mit Personen, Zeitepochen und Zitaten eine – im Sinne des russischen Literaturwissenschaftlers M. BACHTIN – »Karnevalisierung« der Szenerie. Das abschließende Signal als Höhepunkt im Zusammenspiel von Schein und Erscheinung setzt der Dialog zwischen Kolumbus und dem eben seinem Grab entstiegenen und mit dem Zug angereisten Andrea Doria, seines Zeichens ebenfalls Großadmiral aus Genua und beinahe Zeitgenosse Kolumbus', in dessen Schlußbetrachtung vier Säulen auf dem Petersplatz als eine einzige erscheinen, eine architektonische Vergegenwärtigung der Welt des Schattens und des Seins.
Deutlicher als in seinen anderen Romanen verarbeitet Carpentier in *El arpa y la sombra* seine ambivalente Haltung gegenüber dem Spanien im Zeitalter der Entdeckungen, das sich durch ein Verhaftetsein im Mittelalter, d. h. dem Festhalten an überkommenen Weltbildern einerseits auszeichnet, das aber zugleich dem Drang zum Aufbruch in neue Welten und Zeiten folgt. Obwohl Carpentier die Greueltaten der Conquista verurteilt – Kolumbus wird schließlich auch nicht seliggesprochen –, ist er weit davon entfernt, für die Verfechter der »Schwarzen Legende« Partei zu ergreifen. Das Ereignis der Conquista leitet für ihn in letzter Konsequenz eine positive historische Wende ein, ist Ausgangspunkt einer fruchtbaren »*Rassen- und Kultur-*

*mischung«*, die Carpentier als entscheidendes Moment für die kulturelle Entwicklung Lateinamerikas betrachtet. S.Sch.

AUSGABEN: Mexiko 1979. – Mexiko 1980. – Madrid/Mexiko 1983 (in *Obras completas*, Bd. 4).

ÜBERSETZUNG: *Die Harfe und der Schatten*, A. Botond, Ffm. 1979. – Dass., dies., Bln./DDR 1982. – Dass., dies., Ffm. 1984 (st).

LITERATUR: K. Garscha, *A. C.: »El arpa y la sombra«* (in Iberoamericana, 4, 1980, Nr. 2, S. 66–69). – C. Santander, *»La harpe et l'ombre« dans la poétique de C.* (in *A. C. et son œuvre*, Hg. B. Pelegrin, Paris 1982, S. 168–183). – J. J. Barrientos, *Colón, personaje novelesco* (in CHA, 1986, Nr. 437, S. 45–62). – A. Fama, *Historia y narración en »El arpa y la sombra«, de A. C.* (in RI, 52, 1986, Nr. 135/136, S. 547–557).

## CONCIERTO BARROCO

(span.; *Ü: Barockkonzert*). Roman von Alejo CARPENTIER (Kuba), erschienen 1974. – Der kurze Roman erzählt die Geschichte der Europa-Reise eines reichen Mexikaners zu Beginn des 18. Jh.s. Nach einer abenteuerlichen Seereise stirbt beim ersten Aufenthalt in Havanna sein Diener an einer Epidemie. An seine Stelle tritt der Neger Filomeno, der in weißer Perücke und Livree einen exotischen Begleiter abgibt. Madrid, das erste Reiseziel in Europa, erscheint dem von spanischen Großeltern abstammenden Mexikaner *»traurig, unscheinbar und armselig«*. Bald setzt er die Reise in Richtung Italien fort. Der Karneval in Venedig ist eher nach seinem Geschmack. »El amo« (der Herr), der als Montezuma verkleidet auftritt, wird dort Zeuge eines musikalischen Wettstreits im Konzertsaal des Ospedale della Pietà. Ein Orchester von siebzig Waisenmädchen spielt ein *Concerto grosso*, an dem berühmte Solisten teilnehmen: Vivaldi als Geiger, Scarlatti am Cembalo und Händel an der Orgel. Am Wettstreit der virtuosen Meister beteiligt sich auch der Diener Filomeno mit einer rhythmischen Improvisation auf Kupferkesseln, die er mit Löffeln, Nudelhölzern und Schürhaken bearbeitet. Er intoniert einen rituellen Gesang seiner kubanischen Heimat, in dessen Refrain die europäischen »Klassiker« einfallen. Ausgelassen wird zu dieser »*phantastischen Symphonie*« oder »*Kannibalenmusik*« getanzt. Beim anschließenden Frühstück erzählt der Mexikaner die Geschichte des letzten Aztekenherrschers Montezuma, die in Vivaldi die Idee zu einer Oper wachruft. Als der Mexikaner bald darauf der Generalprobe zu Vivaldis Oper *Montezuma*, die 1733 uraufgeführt wurde, beiwohnt, ist er entsetzt. Das Libretto Alvise Giustis entwirft eine verwickelte, mit einer Fülle von historisch falschen Details ausgeschmückte Handlung, die mit einem verlogenen Akt der Versöhnung endet: Der Conquistador Cortés verzeiht seinen Feinden, Montezuma, in Wahrheit Gesteinigte, schwört dem spanischen König ewige Treue und vermählt seine Tochter mit einem Spanier. Aus der Empörung des Mexikaners über soviel Geschichtsfälschung erwächst ein Prozeß der Identifizierung mit dem Schicksal der Azteken. Erst hier, in Europa, entdeckt der von Spaniern abstammende Mexikaner seine Verbundenheit und Zugehörigkeit zur amerikanischen Heimat: »*Vor dem künstlichen Amerika des schlechten Dichters Giusti hörte ich auf, mich als Zuschauer zu fühlen, um Mitspieler zu werden.*«

Einige Mitbringsel des Mexikaners aus der Alten Welt sind Musiknoten: Sonaten von Scarlatti, Vivaldis *Vier Jahreszeiten* und Händels *Messias*, dessen Baßarie Filomeno als Trompetenstück interpretiert. Am Ende findet auch die Gegenwart Eingang in die historisierende Novelle. Filomeno besucht in Venedig ein Konzert von Louis Armstrong, der mit seinen Musikern ein »*neues Barockkonzert*« gibt, eine Synthese aus Elementen der schwarzen und weißen Musik, in das sich »*wunderbar*« die Glockenschläge der Torre dell'Orologio mischen, die leitmotivisch das Geschehen der gesamten Novelle begleitet haben. Der Mexikaner verabschiedet sich am Bahnsteig von seinem Diener, wie so viele Lateinamerikaner bis heute, nach Paris gehen will, wo aus dem »*negrito Filomeno*« ein »*Monsieur Philomène*« werden kann, wozu in seiner Heimat erst eine Revolution nötig wäre, wie der Neger prophezeit.

Die Begegnung und wechselseitige Befruchtung der Kulturen Europas und Lateinamerikas – ein konstantes Thema im Werk Alejo Carpentiers – hat der Autor und Musikwissenschaftler in *Concierto barroco* am Beispiel der Musik vom Barock bis hin zur Gegenwart vorgeführt – wobei Carpentier gerade den Barockstil als eine für Lateinamerika den »*Ort des Synkretismus ... der Symbiose*« – spezifische künstlerische Ausdrucksform betrachtet, wie die Essays der Sammlung *Tientos y diferencias*, 1964 (*Stegreif und Kunstgriffe*) zeigen. Auch Carpentiers Auffassung vom »*real maravilloso*«, der »*wunderbaren Wirklichkeit*« Lateinamerikas mit seiner Möglichkeit der Verschmelzung und Synthese der verschiedensten kulturellen und ethnischen Elemente, ging in die Novelle ein, etwa wenn der Mexikaner über die Darstellung des Wunderbaren in der Oper *Montezuma* nachdenkt: »*Als Märchen erscheint den Hiesigen das Unsere, weil sie den Sinn für das Märchenhafte verloren haben. Märchenhaft nennen sie, was lange zurückliegt, was irrational ist, was gestern war ... Sie begreifen nicht, daß das Märchenhafte in der Zukunft liegt.*« E.G.R.

AUSGABEN: Mexiko 1974. – Madrid/Mexiko 1983 (in *Obras completas*, Bd. 4).

ÜBERSETZUNGEN: *Barockkonzert: Novelle*, A. Botond, Ffm. 1976 (BS). – *Barockkonzert*, R. Erb, Bln./DDR 1977.

LITERATUR: J. L. Vega, *Tiempo, ritmo e historia en »Concierto barroco«* (in Sin Nombre, 12, 1981,

Nr. 2, S. 67–80). – A. Márquez Rodríguez, *Lo barroco y lo real – maravilloso en la obra de A. C.*, Cerro del Agua/Mexiko u. a. 1982. – F. Acevedo, *Novedad y permanencia en »Concierto barroco«* (in REH, 10, 1983, S. 115–126). – H. R. Morell, *Contextos musicales en »Concierto barroco«* (in RI, 49, 1983, Nr. 123, S. 335–350). – D. A. Castillo, *Beyond History and Myth: the Carnival in C.'s »Concierto barroco«* (in Hispanic Journal, 6, 1984, S. 71–80). – E. Gimbernat de González, *»Concierto barroco«: los repertorios del contrapunto* (in Hispamérica, 14, 1985, Nr. 41, S. 77–84).

## LOS PASOS PERDIDOS

(span.; Ü: *Die verlorenen Spuren*, auch: *Die Flucht nach Manoa*). Roman von Alejo CARPENTIER (Kuba), erschienen 1953. – Wie schon in dem Roman *El reino de este mundo* (1949) ist auch in diesem, zum Teil autobiographischen Werk des kubanischen Autors die Suche nach der eigentlichen Bestimmung des Menschen innerhalb des Spannungsfeldes von abendländischer Zivilisation und indianisch-primitiver Kultur das zentrale Thema. Zugleich geht Carpentier hier jedoch über *El reino de este mundo* hinaus, indem er die Handlung nicht mehr nach Art eines »historischen Romans« in einer vergangenen Epoche situiert, sondern aus der Ich-Perspektive des Helden eine »Zeitreise« beschreibt, in der Mythen verschiedener Epochen und Kulturen als prägende Konstanten des in der westlichen Zivilisation im Zustand der Entfremdung lebenden Individuums erscheinen.

Ein namenloser Ich-Erzähler, Komponist und Musikwissenschaftler, berichtet in einer Art Tagebuch zunächst über sein Dasein in einer amerikanischen Großstadt, in der man New York vermuten darf. Ihre hektische Betriebsamkeit reduziert auch die intimsten zwischenmenschlichen Beziehungen auf reine Kommunikationsakte. Um die materielle Grundlage seiner Ehe mit der am Beginn einer unsicheren Karriere stehenden Schauspielerin Ruth zu garantieren, hatte der Erzähler entgegen seinem inneren Bedürfnis nicht die Laufbahn eines kreativen Musikers eingeschlagen, sondern *»sich dem Buchhalter verkauft«* und den risikolosen Beruf eines Filmkomponisten ergriffen, den er jedoch zu Beginn seiner Erzählung bereits aus kritischer Distanz als eine Art Verwertung musikhistorischen Abfalls bezeichnet: Er erstrebt nicht Überzeitlichkeit und das Anschreiben gegen den Tod, wie er es in den musikalischen Schöpfungen der klassischen abendländischen Komponisten erkennt, welche die *»Besitzrechte auf die Zeit behielten und den Menschen künftiger Epochen Zeitspannen höchster Aufmerksamkeit und Inbrunst abverlangten«*. Sein Metier ist die *»schlechte Musik oder die ›gute, zu abscheulichen Zwecken mißbrauchte Musik‹«*. Eine abgeschlossene Untersuchung über primitive Musikinstrumente, der er sich einst widmete, läßt er resignierend unveröffentlicht. Seine Frau ist wie er selbst ein Opfer der zivilisatorischen Routine geworden, die er mit Albert CAMUS' *Mythos vom Sisyphus* umschreibt, denn auch sie hat sich den Zwängen der modernen Produktionsvorgänge unterworfen. Der Erzähler nutzt ihre häufigen Abwesenheiten zu Seitensprüngen, vor allem mit dem erotisch faszinierenden Jetset-Mädchen Mouche, deren modischen Nonkonformismus er vorübergehend toleriert.

Als Ruth zu einem längeren auswärtigen Engagement gerufen wird, bietet sich dem Erzähler die Gelegenheit, dem zivilisatorischen Trott zu entkommen: Im Auftrag einer nordamerikanischen Universität soll er mit einer Expedition seltene indianische Musikinstrumente ausfindig machen. Die Reise, von ihm anfangs als Chance zur Selbstbefreiung begriffen, bei der ihn Mouche und der Botaniker Dr. Montsalvatje begleiten, gerät nach der Ankunft in einer lateinamerikanischen Kleinstadt zum Totentanz: Guerillas und Regierungstruppen liefern sich Straßenschlachten. Bis zum Sieg der Revolution herrscht ein zum Ende aller Zivilisation, zum »jüngsten Tag«, stilisiertes Chaos, in dem – den vier apokalyptischen Reitern gleich – Tod, Seuche, Krieg und Hunger herrschen. In der Einsamkeit des Dschungels lernt der Erzähler Rosario kennen, die, einer heidnischen Göttin gleich, künftig nicht nur den Gegenpol zur Affektiertheit von Mouche bildet, sondern schließlich auch deren Rolle als Geliebte des Erzählers einnimmt. Als Mouche nach einer Meinungsverschiedenheit und Tätlichkeiten gegen Rosario erkrankt, wird sie mit Dr. Montsalvatje zurückgeschickt. Die weitere Reise wird vom Erzähler als eine regelrechte Gralssuche interpretiert, die sich zugleich deutlich nach Mustern der klassischen Reiseberichte der spanischen Eroberer (Bernal DIAZ DE CASTILLO) zur Fahrt in ein mythisches El Dorado gestaltet. Hier finden der Held und Rosario nicht die gesuchten Instrumente, sondern auch eine Stadt, erbaut von Menschen, die fern der westlichen Kultur nach archaischen Gesetzen und ohne Kontakt zur Außenwelt leben, unter anderem den Missionar Pedro und den Abenteurer Yannes. Hier gelingt dem Erzähler vorübergehend die Selbstbefreiung. Die Welt des Urwalds wird zu einem der Zeit und der Zivilisation enthobenen irdischen Paradies, in dem der Erzähler mit Rosario ein mythisch-biblisches Paar bildet. Er ist sogar wieder dazu in der Lage, selbst zu komponieren, und plant eine Vertonung von P. B. SHELLEYS Versdrama *Prometheus Unbound*, die er an der Konzeption von Beethovens *Neunter Sinfonie* orientiert. Doch die Flucht aus der Gegenwart endet jäh, als ein Suchtrupp den Verschollenen findet und ihn in die Zivilisation zurückbefördert. Bereits während des Flugs in die USA wird er zum Objekt der Schaulust. Diese ist vor allem das Werk der Publicity-Sucht seiner Frau Ruth, die die Rückkehr des Erzählers in den Dschungel, wo Rosario zurückblieb, zu verhindern. Er sieht sich einer Kampagne ausgesetzt, die ihn mundtot macht, da die Sympathien der öffentlichen Meinung auf seiten seiner attraktiven und prominenten

Frau sind. Doch auch als ihm die Flucht in den Dschungel gelingt, bleibt seine Hoffnung unerfüllt. Er findet den märchenhaften Ort der »*Ferien des Sisyphus*« nicht wieder und erhält Nachricht vom Tode Bruder Pedros. Rosario hingegen hat sich in die Arme Yannes' gerettet.

Über das Geschehen hinaus erschließt der Roman weitere Ebenen. Der Erzähler ist ein lateinamerikanischer Intellektueller, der seine an Europa orientierte Bildung selbst in die Dschungelpassagen seines Berichts ständig einflicht und damit auch die Bedingtheit aller westlichen Erfahrung im Umgang mit den »primitiven« Kulturen, dem indianischen Epos *Popol Vuh* etwa, vorführt, die von Carpentier mit der Literatur des europäischen Mittelalters (Gral, Tafelrunde, Rolandslied, Santiago, El Dorado, María Egipciaca, Tannhäuser, Geneviève de Brabant), biblischen Anspielungen und Mythen der klassischen Antike (Sisyphus, Prometheus) in Bezug setzt. Dazu bereichern etliche, oft verschlüsselte musikalische Referenzen das Werk des Musikwissenschaftlers Carpentier, der selbst eine Studie über die Musik in Kuba (*La música en Cuba*, 1946) verfaßte, und machen es zu einem beziehungsreichen und komplexen Text. G.Wil.

AUSGABEN: Mexiko 1953. – Havanna 1969. – Barcelona 1971. – Mexiko 1973. – Havanna 1976. – Madrid/Mexiko 1983 (in *Obras completas*, Bd. 2).

ÜBERSETZUNGEN: *Die Flucht nach Manoa*, J. Jahn u. H. Platschek, Mchn. 1958. – Dass., dies., Bln./DDR 1979. – *Die verlorenen Spuren*, A. Botond, Ffm. 1979. – Dass., dies., Ffm. 1982; [3]1985.

LITERATUR: J. Loveluck, »*Los pasos perdidos*«; *Jasón y el nuevo vellocino* (in CHA, 1963, Nr. 165, S. 414–426). – K. Müller-Bergh, *La prosa narrativa de A. C. en »Los pasos perdidos«*, Diss. Yale Univ. 1966. – U. M. Alonso, *The Search for Identity in A. C.'s Contemporary Urban Novels: An Analysis of »Los pasos perdidos« and »El acoso«*, Diss. Brown Univ. 1968. – A. Márquez Rodríguez, »*Los Pasos Perdidos*«, *o el hombre en pos de sus orígenes* (in A. M. R., *La obra narrativa de A. C.*, Univ. de Venezuela 1970, S. 97–154). – V. Smith, C., »*Los pasos perdidos*«, Ldn. 1983. – E. Volek, »*Los pasos perdidos« de A. C.: La aventura textual entre la alegoría y la subversión narrativa* (in REH, 10, 1983, S. 71–89). – D. Pageaux, *Temps, espaces romanesques et histoire dans »Los pasos perdidos« d'A. C.* (in *Récit et histoire*, Hg. J. Bessière, Paris 1984, S. 139–157). – G. Pérez Firmat, *El lenguaje secreto de »Los pasos perdidos«* (in MLN, 99, 1984, S. 342–357). – V. Roloff, *A. C. u. die Mythisierung des MAs* (in IR, 21, 1985, S. 79–104).

## EL REINO DE ESTE MUNDO

(span.; *Ü: Das Reich von dieser Welt*). Roman von Alejo CARPENTIER (Kuba), erschienen 1949. – Dieser nach *Ecué-Yamba-Ó* (1933) zweite Roman Carpentiers begründete den Weltruhm des Autors. Entwürfe dazu reichen bis ins Jahr 1944 zurück. Gegenstand des Romans ist der von Sklavenaufständen und politischen Unruhen gezeichnete Weg Haitis in die Unabhängigkeit Ende des 18. und zu Beginn des 19. Jh.s. Protagonist der Handlung ist der schwarze Sklave Ti Noël, dessen Leben exemplarisch Zeugnis von den Freiheitsbestrebungen der Negersklaven in der Karibik gibt.

Auf der Farm seines Herrn, des mächtigen Lenormand de Mézy, ist Ti Noël oft mit dem schwarzen Zauberer Mackandal zusammen und erfährt durch ihn von magischen Kulten der Schwarzen in Guinea, der Verehrung der Kobraschlange und den Göttern des Pflanzenreichs. Nachdem er einen Hund aus der Meute de Mézys mit einem Pflanzenextrakt vergiftet hat, kehrt Mackandal, der infolge eines Unfalls in der Zuckermühle einen Arm eingebüßt hat, nicht mehr zur Farm zurück. Er sieht den Augenblick zum Umsturz gekommen und versucht, andere Negersklaven aufzuwiegeln. Die Rebellen verzeichnet er in einem gestohlenen Kontobuch. Er wird von ihnen als »*Herr des Giftes*« verehrt, dazu auserwählt, die Herrschaft der Weißen zu beenden und ein Reich von freien Schwarzen in Santo Domingo zu gründen. Ti Noël erhält von ihm den Auftrag, das Vieh der weißen Herren zu vergiften. Das Gift dringt in die Ställe und in die Wohnhäuser der Weißen ein und ein Massensterben durchzieht die Ebene. Die Jagd auf Mackandal, der schließlich von einem Schwarzen denunziert wird, bleibt zunächst erfolglos. In den Reihen der Sklaven herrscht der Glaube, der Einarmige sei ständig in immer neuen Verwandlungen unter ihnen, als grüner Leguan, als Nachtfalter oder als Hund. Nach vielen Jahren kehrt Mackandal zu Weihnachten anläßlich eines Festes auf die Hacienda Dufrené *in Menschengestalt*« zurück, wird gefaßt und auf dem Scheiterhaufen verbrannt. Die Schwarzen verharren auch nach seinem Tod weiterhin in dem Glauben, daß er immer noch, wenn auch in anderer Gestalt, unter ihnen weile: »*Mackandal hatte sein Versprechen gehalten, er war im Reich dieser Welt geblieben.*« Mit dieser Hinrichtung nach dem gescheiterten Sklavenaufstand endet das erste Kapitel des Romans.

Das zweite Kapitel setzt etwa 20 Jahre nach diesen Geschehnissen ein. Beeinflußt von den Ideen und Errungenschaften der Französischen Revolution bricht 1791 erneut ein Sklavenaufstand auf Haiti aus. Unter ihren Anführern Bouckman, Jean François, Biassou und Jeannot sammeln sich die Rebellen im Bois Caiman und trinken zum Zeichen ihrer Entschlossenheit das Blut eines schwarzen Schweines. Von Voodoo-Zauber begleitet, überziehen die Schwarzen das Land mit Feuersbrünsten und fürchterlichen Massakern. Mit seinem Diener Ti Noël flüchtet sich Lenormand de Mézy auf einem Kohlenfrachter nach Santiago de Cuba, in spanisches Gebiet. Dort geben sich die französischen Flüchtlinge ihren gewohnten Vergnügungen und Ausschweifungen hin. 1793 wird auf Haiti zwar die Abschaffung der Sklaverei proklamiert; vor der endgültigen Niederlage der Franzosen auf Haiti üben die Regierenden jedoch weiterhin Terror gegen die Schwarzen aus.

Nach dem Tode Lenormand de Mézys kehrt Ti Noël in den Norden Haitis zurück und findet dort verödete Plantagen und Ruinen vor. Die Angehörigen seiner eigenen Rasse haben hier wieder feudale Verhältnisse eingeführt. An ihrer Spitze steht ein despotischer schwarzer Herrscher, Henri Christophe, einst Koch in einem Gasthof, der an Grausamkeit den Kolonialherren nicht nachsteht und in seinem Palast Sans Souci in unermeßlichem Luxus schwelgt. Ti Noël wird ergriffen und, wie viele tausend andere, zur Zwangsarbeit beim Bau der gigantischen Festung La Ferrière herangezogen. Henri Christophe hat inzwischen seinen Beichtvater, den Erzbischof, der nach Frankreich zurückkehren wollte, in seinem Palais lebendig einmauern lassen, so daß dieser eines qualvollen Todes stirbt. Während der Messe an Mariä Himmelfahrt geschieht jedoch ein Wunder: Der tote Erzbischof erscheint, das *dies irae* verkündend, und die Kirche wird vom Blitz getroffen. Überall ertönen jetzt die Trommeln. Die Unterdrückten erheben sich gegen den König, stecken seinen Palast in Brand und plündern ihn. Nach dem Selbstmord des Despoten schleppen die letzten Getreuen seinen Leichnam auf die Festung und mauern ihn dort ein.

Im vierten und letzten Teil kehrt Ti Noël zur Ruine seines Herrenhauses zurück und stattet es mit allerlei geraubtem Plunder aus dem Königspalast aus. Als er erfahren muß, daß das Elend sich unter der neuen Herrschaft der mulattischen Rebellen weiter fortsetzen wird, ist er des Daseins müde: »*Und er verstand jetzt, daß der Mensch niemals weiß, für wen er leidet und hofft [...] Im Himmelreich ist keine Größe mehr zu erwarten, dort hat alles seine festgesetzte Rangordnung [...] keine Möglichkeit mehr, sich aufzuopfern, nur Ruhe und Seligkeit. Darum gelangt der Mensch – von seinem Leid und seinen Lebensaufgaben niedergedrückt, schön in seinem Elend, fähig zu lieben inmitten aller Plagen – zu seiner Größe, zu seinem höchsten Maß einzig und allein im Reich dieser Welt.*« Am Ende steht nicht Ti Noëls Tod, sondern seine magische Verwandlung in einen Geier. Inmitten eines grünen Wirbelsturms verschwindet er im »Dickicht des Bois Caiman«.

*El reino de este mundo* ist ein Stück jener Chronik des »*wunderbar Wirklichen*«, das der Autor im berühmt gewordenen Prolog zu diesem Roman als das Wesen der Geschichte Lateinamerikas postuliert. Carpentier versteht das »wunderbar Wirkliche« *(lo real maravilloso)* als Gegenbegriff zum Surrealismus, gegen dessen künstliche Sterilität und mangelnde Authentizität er das Konzept eines »barocken« und zugleich gewachsenen Kulturbegriffs setzt, in dessen Zentrum er den kreativen Eigenwert und die Einmaligkeit der Überlieferung Lateinamerikas und seiner Wurzeln in der afro-indianischen Kultur stellt. Das »Wunderbare« existiere erst dann, »*wenn es aus einer unerwarteten Veränderung der Wirklichkeit (dem Wunder), einer privilegierten Enthüllung der Wirklichkeit, einer ungewöhnlichen oder einzigartig begünstigenden Erleuchtung unentdeckter Reichtümer der Wirklichkeit entsteht, die so intensiv wahrgenommen werden, daß der Geist dadurch erregt in eine Art ›Grenzzustand‹ versetzt wird.*« Gemäß diesem Prinzip erscheint *El reino de este mundo* als Chronik einer »erweiterten« Wirklichkeit, die auch magische, traumhafte, mythische und legendäre Elemente verarbeitet und gestaltet.   S.L.

AUSGABEN: Mexiko 1949. – Havanna 1964. – Barcelona 1969. – Buenos Aires 1977. – Madrid/Mexiko 1983 (in *Obras completas*, Bd. 2).

ÜBERSETZUNG: *Das Reich von dieser Welt*, D. Deinhard, Ffm. 1964 (IB). – Dass., dies., Ffm. 1974 (BS). – Dass., dies., Ffm. 1982.

LITERATUR: A. Márquez Rodríguez, »*El reino de este mundo*«: *teoría y práctica de lo real maravilloso* (in A. M. R., *La obra narrativa de A. C.*, Univ. de Venezuela 1970, S. 43–54). – E. Rodríguez-Monegal, *Lo real y lo maravilloso en »El reino de este Mundo*« (in RI, 37, 1971, S. 619–649). – J. Barroso, »*Realismo mágico« y »Lo real maravilloso« en »El reino de este mundo« y »El siglo de las luces*«, Miami 1977. – D. H. Pageaux, *A. C. devant Haïti: Espaces culturels et construction romanesque dans* »*Le royaume de ce monde*« (in *A. C. et son œuvre*, Hg. B. Pelegrin, Paris 1982, S. 131–147). – H. Zambrana de Sánchez, *Tres momentos históricos en* »*El reino de este mundo*« (in REH, 10, 1983, S. 61–69). – R. A. Young, *C.*, »*El reino de este mundo*«, Ldn. 1983. – D. H. Pageaux, »*El reino de este mundo*« *ou les chemins de l'utopie* (in Komparatistische Hefte, 9/10, 1984, S. 57–67). – V. Smith, »*Capítulo de novela*« *y la génesis de* »*El reino de este mundo*« (in BHi 86, 1984, S. 205–214).

# EL SIGLO DE LAS LUCES

(span.; *Ü: Explosion in der Kathedrale*). Roman von Alejo CARPENTIER (Kuba), erschienen 1962. – Der spanische Originaltitel dieses Romans *(Das Jahrhundert der Aufklärung)* ist ironisch gemeint. Denn nicht von der Herrschaft der Vernunft und ihren segensreichen Wirkungen berichtet er, sondern von Verbrechen und Greueltaten, von der Unterdrückung des Menschen durch den Menschen und der Versklavung des Negers durch den Weißen in Amerika. Am Ende einer langen Fahrt durch die spanischen, französischen, englischen und holländischen Kolonien im Karibischen Meer faßt der Kubaner Esteban, eine der Hauptfiguren des Romans, seine Erlebnisse und Beobachtungen in der lakonischen Feststellung zusammen: »*Wir Weißen sind die größten Bestien in der Geschichte der Menschheit.*«

Gegenstand des Romans sind die Auswirkungen der Französischen Revolution in den Besitzungen Frankreichs und Spaniens im Karibischen Meer und in Südamerika. In sieben Kapiteln, deren einzelne Abschnitte bezeichnenderweise mit Titeln aus Goyas *Caprichos* überschrieben sind, werden die Zustände und Ereignisse in der Karibischen See, dem »Mittelmeer Amerikas«, geschildert, wo Victor Hugues, der »Robespierre der Antillen«, ein in Haiti ansässiger französischer Händler, die Herrschaft der Guillotine errichtete.

Zu Beginn führt Carpentier den Leser nach Havanna, der Hauptstadt der spanischen Kolonie Kuba. Hier leben nach dem Tod ihres Vaters, eines reichen spanischen Kaufmanns, die Geschwister Carlos und Sofía, zusammen mit ihrem Vetter Esteban, unter der Aufsicht des Prokuristen der väterlichen Firma. In ihre wohlbehütete, wirklichkeitsfremde Welt trägt Victor Hugues, der sie auf einer Geschäftsreise kennenlernt, die Ideale des Freimaurertums und der Revolution, verführt die fünfzehnjährige Sofía und flüchtet dann vor dem Zugriff der spanischen Polizei in Begleitung Estebans zurück nach Haiti, wo inzwischen der in einem anderen Roman Carpentiers geschilderte Negeraufstand gewütet hat (vgl. *El reino de este mundo*, 1949). Victors Geschäft liegt in Schutt und Asche, doch er, der erst jetzt die Nachricht vom Ausbruch der Revolution in Frankreich erhält, verschmerzt den Verlust und reist mit Esteban nach Frankreich, um sich der Revolution anzuschließen. Während Esteban dort den Auftrag erhält, die Basken gegen das spanische Königtum aufzuwiegeln, wird Victor von Robespierre beauftragt, auf der zu Frankreich gehörenden Antilleninsel Guadeloupe die Revolution einzuführen. Esteban, der nach dem Scheitern seiner baskischen Mission zunächst Victor nachgefolgt ist, geht, von dessen Grausamkeit abgestoßen, nach Kuba zurück und trifft hier die heimlich geliebte Jugendfreundin Sofía als Gattin eines kränklichen, unbedeutenden Mannes. Nach seinem Tod folgt Sofía Victor, ihrem ersten Geliebten, der mittlerweile zum Kommissar von Cayenne, der Hauptstadt von Französisch-Guayana, ernannt worden ist und von seiner revolutionären Gesinnung nur die Neigung bewahrt hat, alle Schwierigkeiten mit Hilfe der Guillotine zu lösen. Abgestoßen von seiner Gesinnungslosigkeit und Härte kehrt Sofía schließlich nach Havanna zurück, erfährt, daß Esteban seiner baskischen Umtriebe wegen verhaftet worden ist, und reist nach Madrid, um seine Freilassung zu erwirken. Dort lassen beide ihr Leben in den blutigen Straßenkämpfen des 2. Mai 1808 gegen die napoleonischen Besatzungstruppen.

Die Leistung Carpentiers in diesem Roman besteht darin, daß bei größter dokumentarischer Treue aus den historischen Fakten eine eigene Romanwirklichkeit erwächst. Mehr als in seinen anderen Werken folgt er hier der traditionellen Technik, erzählt chronologisch und zeichnet die Gestalten mit psychologischem Realismus. In die großen Themen des Kampfes der Menschen und der Ideologien und des Untergangs der alten Kultur sind die Probleme der Zeit, soziale, politische, literarische und geistesgeschichtliche Fragen eingearbeitet und werden in rasch wechselnden Gesprächen über Republik, Monarchie, Aufklärung und Christentum, über Eroberung, Kolonialismus, Rassen, Rassenvermischung und Sklaverei usw. von den verschiedenen Standpunkten aus beleuchtet. Der brillante, mitreißende Stil gewinnt lyrische Intensität in der Beschreibung der üppigen, tropischen Pflanzen- und Tierwelt des karibischen Raumes. Über die konkreten Verwicklungen, Handlungen und Begebenheiten hinaus vermittelt das Werk Carpentiers die Erkenntnis von der hoffnungslosen und immerwährenden Bedrohtheit des Menschen als geschichtliche Existenz.

Die Hauptfiguren des Romans haben neben ihrer individuellen auch symbolische Bedeutung. Sie verkörpern verschiedene Haltungen oder Umgangsweisen gegenüber entscheidenden historischen Ereignissen, die das alltägliche Dasein der Menschen erschüttern und aus den Angeln heben. In *El siglo de las luces* sind es die Ideen der Französischen Revolution mit ihren Auswirkungen auf die karibische Region. So verkörpert Victor Hugues den skrupellosen, von der Macht korrumpierten Politiker, Esteban den theoretisierenden Intellektuellen und Sofía die »Weisheit«, der noch am ehesten ein Ausgleich zwischen den Polen Aktion und Kontemplation gelingt. Carpentier erhebt die Loslösung vom Einzelschicksal sogar zum Programm für die Narrativik eines Kontinents: »*Der südamerikanische Roman muß die Verwandlung sich bewegender, handelnder Gruppen zeigen. [...] Individuelle Geschichten sind nicht mehr möglich. Aus dem Roman ist ein Mittel zur Erforschung bestimmter Gruppen geworden, eine Verbindung zwischen Besonderem und Allgemeinem*« (C. Fell). Zudem ist *El siglo de las luces*, entstanden 1958, ein Jahr vor dem Sieg Castros, aber erst 1962 erschienen, auch auf die kubanische Revolution zu beziehen – sicher nicht als rein negative Kritik, aber vielleicht als Warnung des aufgeklärten, geschichtsbewußten Beobachters für die Zeit »danach«. Wenn die Vernunft wieder ihren Platz einnehmen muß, sollen die Ideale und Ziele der Revolution überleben.

In seinem Alterswerk *La consagración de la primavera*, 1978 *(Die Frühlingsweihe)*, dessen Titel nicht nur auf Stravinskijs *Le sacre du printemps*, sondern auch auf die kubanische Revolution anspielt, versuchte Carpentier, die politischen Freiheitskämpfe des 20. Jh.s als einen sinnvollen historischen Gesamtprozeß darzustellen. Der Roman beginnt mit dem Spanischen Bürgerkrieg im Umkreis der internationalen Brigaden und endet mit dem Sieg der Kubaner in der Schweinebucht über die von den USA unterstützten Konterrevolutionäre: ein Sieg, der in seinem politischen Symbolwert als Triumph über den US-Imperialismus durchaus dem sozialistischen Credo des späten Carpentier entspricht.                                            A.F.R.-KLL

Ausgaben: Mexiko 1962. – Barcelona 1965. – Havanna 1974. – Barcelona 1979. – Buenos Aires 1980. – Madrid/Mexiko 1984 (in *Obras completas*, Bd. 5; Vorw. G. Pogolotti).

ÜBERSETZUNG: *Explosion in der Kathedrale*, H. Stiehl, Ffm. 1964. – Dass., ders., Bln./DDR [2]1975. – Dass., ders., Ffm. 1977; [3]1985 (st).

LITERATUR: A. Carpentier, *Mundo y ambiente de »El siglo de las luces«*, Havanna 1965. – C. Dumas, *»El siglo de las luces« de A. C., novela filosófica* (in CA, 15, 1966, Nr. 147, S. 187–210). – A. Márquez Rodríguez, *»El siglo de las luces«, o la revolución trastornada* (in A. M. R., *La obra narrativa de A. C.*, Univ. de Venezuela 1970, S. 97–154). – J. Narváez, *El idealismo en »El siglo de las luces«*, Concepción 1972. – J. Barroso, *»Realismo mágico« y »Lo real maravilloso« en »El reino de este mundo« y »El siglo de las luces«*, Miami 1977. – *Quinze études autour de »El siglo de las luces«*, Hg. J. Baldran, Paris 1983. – A. Cruz, *Lo natural y lo histórico en »El siglo de las luces«, de A. C.: Una segunda lectura* (in RI, 51, 1985, S. 221–233). – R. Toruño, *El protagonista verdadero de »El siglo de las luces« de A. C.* (in Chiricú, 4, 1985, Nr. 1, S. 19–39).

## TOMÁS CARRASQUILLA

\* 17.1.1858 Santo Domingo
† 19.12.1940 Medellín

### LA MARQUESA DE YOLOMBÓ

(span.; *Die Marquise von Yolombó*). Roman von Tomás CARRASQUILLA (Kolumbien), erschienen 1928. – In diesem Roman erreicht ein Schüler der großen europäischen Realisten des 19. Jh.s den Höhepunkt seines umfangreichen literarischen Schaffens. Besser als in anderen Werken gelingt ihm in diesem die Verbindung zweier ihn bewegender schriftstellerischer Anliegen: Darstellung der kleinstädtischen Sitten seiner engeren Heimat Antioquia und Vergegenwärtigung der kolonialen Vergangenheit seines Landes. Zwar nennt er selbst seinen Roman nur eine »Mutmaßung« über die Kolonialzeit vom Ende des 17. Jh.s bis zur Selbständigkeit, tatsächlich aber ist seine Darstellung der Menschen von Yolombó, einem Dorf des Landes Antioquia, ihrer Lebensgewohnheiten und Sitten sehr viel mehr als bloße Mutmaßung. Dank seiner minuziösen Kenntnis der *Leyes de Indias*, der königlichen Kolonialgesetzgebung, und dank seiner Beschlagenheit in Geschichte, Geographie, bürgerlichem und kanonischem Recht bietet der Verfasser einen zuverlässigen Bericht über die Kolonialzeit, die er an der Geschichte der Doña Bárbara lebendig werden läßt. Diese von spanischen Eltern abstammende, ehrgeizige und geschäftstüchtige Dame, als ergebenste Untertanin des Königs in den Rang einer Marquise erhoben, durch einen schlauen Betrüger und die Ausrufung der Republik schließlich ins Elend gestürzt, ist mit großem psychologischem Feinsinn ebenso anschaulich gezeichnet wie die sie umgebenden Figuren: Don José María Moreno, ein reicher, auf allen Festen tonangebender, geschäftiger Herr; Martín, Doña Bárbaras liederlicher Neffe; die dicke, strohdumme Doña Luz, ihre Schwester; die intriganten Kusinen und die treuen Sklaven Sacramento und Guadalupe.

Der Roman enthält detailfreudige, lebendige und amüsante Beschreibungen der kirchlichen und weltlichen Feste von Yolombó, treffliche Bemerkungen über die unzulängliche Kindererziehung im 18. Jh., über den spanischen König und sein anspruchsvolles Gebaren, über die wirtschaftliche und soziale Lage des Volkes, über Geistlichkeit und Religion, vor allem auch über die innige Verbindung, die christlich-katholische und heidnisch-magische Vorstellungen nicht nur im Denken der Indios und Neger, sondern auch in dem der Kreolen selbst eingegangen waren. Die Integration so vieler unterschiedlicher Elemente zu einer künstlerischen Einheit ist dem klaren, durch saftige umgangssprachliche Ausdrücke und sprechende regionale Redewendungen belebten Erzählstil Carrasquillas zu verdanken. A.M.

AUSGABEN: Medellín 1928. – Madrid 1952 (in *Obras completas*, Hg. u. Vorw. F. de Onís). – Medellín 1958 (in *Obras completas*). – Bogotá 1974.

LITERATUR: E. C. de la Casa, *La novela antioqueña*, NY 1952. – F. de Onís, *T. C., precursor de la novela americana moderna* (in *La novela iberoamericana*, Hg. A. Torres-Rioseco, Albuquerque 1952, S. 135 bis 151). – J. Mejía Duque, *Obra y mensaje de don T. de C.* (in Bolívar, 33, 1954, S. 367–386). – K. L. Levy, *The Life and Works of T. C., Pioneer of Spanish American Regionalism*, Toronto 1956. – G. Cadavid Uribe, *El mundo novelesco de T. C.* (in Universidad de Antioquia, Medellín, 33, 1957, S. 473–508). – L. A. Sánchez, *Escritores representativos de América*, Bd. 3, Madrid 1963, S. 32–42. – J. W. Greene, *El tema de la religión en varias obras de T. C.* (in Universidad de Antioquia, 45, 1968, S. 29–73). – S. Menton, *Frutos de mi tierra o Jamones y solomos* (in Boletín del Instituto Caro y Cuervo, 25, Bogotá 1970, S. 59–83). – J. L. Lobo, *i T. C., escritor regionalista?* (in CHA, 1980).

## ALEXIS CARREL

\* 28.6.1873 Sainte-Foy-lès-Lyon
† 5.11.1944 Paris

### L'HOMME, CET INCONNU

(frz.; *Ü: Der Mensch, das unbekannte Wesen*). Kulturwissenschaftlich-anthropologisches Werk von

Alexis CARREL, erschienen 1935. – Den Plan zu diesem Buch faßte der seit 1902 in den USA wirkende Chirurg während seiner Arbeit am Rockefeller-Institut für medizinische Forschung in New York. Dort suchten Spezialisten der verschiedensten naturwissenschaftlichen Gebiete in Teamarbeit die für den Menschen gültigen physiologischen Gesetze nach allen Richtungen hin erschöpfend zu erforschen. Die gleiche Methode der Zusammenschau mehrerer Wissenschaftszweige und der Koordinierung aller Einzelerkenntnisse anwendend, zeigt Carrel zunächst, daß innerhalb der modernen Kulturen die raschen Fortschritte in der Physik und Chemie durch eine einseitige Forschung, die weite Bereiche des menschlichen Lebens ganz außer acht lasse, erreicht worden seien. Mit dieser nahezu ausschließlichen Konzentration der wissenschaftlichen Arbeit auf einzelne Teilgebiete gehe eine Vernachlässigung der komplizierter strukturierten Wissenschaften, etwa der Ästhetik, der Soziologie, der Moralphilosophie oder der Wirtschaftswissenschaft, Hand in Hand; eine bedenkliche »Entartung des Menschen« in der vorwiegend technisierten Zivilisation sei die Folge dieser Entwicklung. Deshalb fordert Carrel eine universale »Wissenschaft vom Menschen«, deren Grundlage die deskriptive, auf Beobachtung und Experiment basierende Methode bilden solle und als deren Ziel eine Zusammenfassung aller wissenschaftlichen Teilaspekte anzustreben sei. Nur dieses Verfahren sei der komplexen Struktur des Menschen als eines physiologischen und geistig-moralischen Wesens angemessen. Das bedinge dann auch eine Untersuchung der Wechselwirkung beider Grundmomente menschlichen Seins und die wissenschaftliche Fixierung der gegenseitigen Bedingtheit von physischem und moralischem Verhalten. Ein weiterer Doppelaspekt ergebe sich daraus, daß der Mensch als Individuum wie auch als soziales Wesen zu betrachten sei. Carrel vermerkt kritisch, daß in der Gegenwart die individuelle Lebensgestaltung weitgehend den nivellierenden Einflüssen der demokratischen Gesellschaftsordnung geopfert werde. Die Konsequenz sei eine durch die Unterdrückung der Elite bedingte Schwächung des Individuums und die Erkrankung der gesamten Zivilisation. Die Grundbedingung für die Rettung der Gesellschaft sei die Besinnung des Menschen auf sich selbst – auf seine Einheit von Körper und Geist. Die seit der Renaissance in der Naturwissenschaft vollzogene Trennung des Materiellen und Quantitativen vom Geistigen und Qualitativen habe »*die Naturwissenschaften zum Triumph, die Menschen aber zur Entartung*« geführt.

In elementarer, knapper, synthetischer Form werden Forschungsergebnisse dargestellt. Carrel wendet sich an den Fachmann und den Laien gleichermaßen. Er wehrt sich allerdings gegen eine Popularisierung und Simplifizierung wissenschaftlicher Erkenntnisse. So wird der Laie in einigen Partien überfordert, während in anderen der Fachmann zu kurz kommt. Der Haupteinwand gegen das Buch betrifft jedoch nicht die formale Seite, sondern einige höchst bedenkliche Forderungen des Autors, wie die, die Gesundung der Gesellschaft, wenn nötig, durch eugenische Maßnahmen zu erzwingen, Geisteskranke, die das »normale Individuum« gefährden, durch Tötung mit schmerzlosen Gasen auszumerzen oder Verbrecher mit der Peitsche statt durch kostspielige Gefängnisaufenthalte zur Räson zu bringen. Diese Maßnahmen werden als »wirtschaftlich und human« bezeichnet, Bedenken dagegen als »sentimentale Rücksichtnahme« abgetan. Derartige Passagen lassen den vorgeblich moralischen Auftrag des Werks fragwürdig erscheinen und rücken Carrel, Träger des Nobelpreises für Medizin (1912), in die geistige Nähe faschistischer Rassentheoretiker.

B.Sch.

AUSGABEN: Paris 1935. – Paris 1975. – Paris 1979.

ÜBERSETZUNG: *Der Mensch, das unbekannte Wesen*, W. E. Süskind, Stg./Bln. 1936. – Dass., ders., Stg. 1955.

LITERATUR: R. Soupault, *A. C., 1873–1944*, Paris 1952 [m. Bibliogr.]. – H. Delaye-Didier-Delorme, *A. C. Humaniste chrétien, 1873–1944*, Paris 1963. – J.-J. Antier, *A. C.*, Paris 1970. – W. S. Edwards u. P. D. Edwards, *A. C. Visionary Surgeon*, Springfield/Ill. 1974. – T. L. Malinin, *Surgery and Life. The Extraordinary Career of A. C.*, NY 1979.

## LEWIS CARROLL

d.i. Charles Lutwidge Dodgson
\* 27.1.1832 Daresbury
† 14.1.1898 Guildford

LITERATUR ZUM AUTOR:
*Biographien:*
S. D. Collingwood, *The Life and Letters of L. C.*, NY 1899; ern. Detroit 1967. – J. Gattégno, *L. C., une vie*, Paris 1974. – A. Clark, *L. C.: A Biography*, NY 1979. – D. Stündel, *Charles Lutwidge Dodgson alias L. C.*, Siegen 1982.
*Gesamtdarstellungen und Studien:*
S. H. Williams u. F. Madan, *The L. C. Handbook*, Ldn. 1962; ern. 1970, Hg. R. L. Green. – R. D. Sutherland, *Language and L. C.*, Den Haag/Paris 1970. – *Aspects of Alice. L. C.'s Dreamchild as Seen Through the Critics' Looking-Glasses 1865–1971*, Hg. R. Phillips. Ldn. 1972. – *The Magic of L. C.*, Hg. J. Fisher, NY 1973. – K. Reichert, *L. C. Studien zum literarischen Unsinn*, Mchn. 1974. – J. Pudney, *L. C. and His World*, NY 1976. – R. M. Kelly, *L. C.*, Boston 1977 (TEAS). – *L. C.: A Celebration. Essays on the Occasion of the 150th Anniversary of the Birth of L. C. Dodgson*, Hg. E. Guiliano, NY 1982.

## ALICE'S ADVENTURES IN WONDERLAND

(engl.; *Alices Abenteuer im Wunderland*). Märchenhafte Kindergeschichte von Lewis CARROLL, erschienen 1865. – Alices Traumabenteuer sind laut eigenen Aussagen Carrolls aus einer wirklichen Erzählsituation heraus entstanden, und zwar bei einer frühsommerlichen Kahnfahrt des Autors mit der etwa zehnjährigen Alice Liddell und deren beiden Schwestern. Alice wurde zum Vorbild der Protagonistin der Geschichte und gleichzeitig zum berühmtesten der kleinen Mädchen, mit denen Carroll sich so gerne umgab. Diese Vorliebe führte in der Forschungsliteratur nicht nur zu Mutmaßungen über seine sexuellen Neigungen, sondern auch zu einem ganzen Zweig der Interpretation seines Werkes, der sich bis weit in die vierziger Jahre hinein fast ausschließlich mit der psychoanalytischen Deutung beschäftigte. Erst später traten noch weitere interessante Aspekte der Forschung hinzu, deren Schwerpunkt sich heute zunehmend ins Gebiet der linguistischen und naturwissenschaftlichen Analyse verlagert hat.

E. KREUTZER faßt Carrolls literarische Strategie in *Alice* folgendermaßen zusammen: »*Sein verabsolutiertes Grundprinzip ist die Inkongruenz, seine wesentlichen Merkmale sind der Komik erzeugende Widersinn radikaler Verstöße gegen Denkgewohnheiten, die spielerische Verrätselung von Sprache, Logik und Erfahrungswirklichkeit und die willkürliche Kombination desintegrierter Einzelheiten. Handelt es sich hier um eine literarische Tollheit, so hat sie doch ihre Methode. Zug um Zug geraten Ordnungskategorien wie Raum und Zeit, Rationalität und Moral, Identität und Kommunikation, die Hierarchie von Mensch, Tier und Materie in den Sog einer subversiven Zerstörung.*« Er spricht überdies von der »*Unzuverlässigkeit einer Sprache ..., in der sämtliche Regeln überspielt werden und ein Wort sich unversehens ins andere verwandeln kann*«. Hier sind auf engem Raum die Hauptaspekte der neueren *Alice*-Forschung zusammengefaßt: die Probleme von Spiel und Regelhaftigkeit, Sprache, Logik und Ordnung, Identität. Unbeschadet dessen aber blieb das Buch bis heute ein Klassiker der britischen Kinderliteratur.

Alice gleitet auf den Schwingen des Schlafes ins Wunderland hinüber. Ihr Führer ist dabei ein sprechendes weißes Kaninchen, das ihr den Weg in eine Welt nahe dem Mittelpunkt der Erde durch den dunklen, tiefen Schacht seines Baus weist. Nach ihrer Ankunft im Erdinneren begegnet sie, in zahlreichen Einzelepisoden, den unterschiedlichsten Geschöpfen, so zum Beispiel der Mock Turtle, dem Mad Hatter, dem March Hare, den Spielkartenleuten oder der Cheshire-Katze. Sie alle leben in ihrer eigenen Welt und Logik, mit der Alice sich nun auseinandersetzen muß. Eine Annäherung oder ein Lernprozeß ist weder bei Alice noch bei den merkwürdigen Wesen festzustellen. Die Welten bleiben unvereinbar. Alice bedient sich des Erwachsenenwissens und der Erwachsenenlogik, die sie in der Schule erlernt hat, um sich gegen den Nonsens der Fabeltiere zur Wehr zu setzen – ohne Erfolg, denn diese wenden ihrerseits die Erwachsenenstrategie des Befehlens und Bestrafens an, um ihre Weltsicht durchzusetzen. So kommt es zu absurden Disputen, die ohne Ergebnis bleiben, weil ihnen die gemeinsame Argumentationsebene fehlt. Dies führt dazu, daß Alice auch einen ständigen inneren Kampf auszufechten hat: Sie droht, in zwei Persönlichkeiten auseinanderzufallen: in die der starken, vernünftigen Alice und die der kindlichen, triebhaften Alice, die sich nur allzu gern ihrer Lust nach allem Eßbaren hingibt, das sich finden läßt. Schließlich herrscht in ihrem Kopf ein solches Durcheinander, daß sie die mühsam erworbenen Schulweisheiten nur noch in einer Form reproduzieren kann, die das Original parodiert. (Man denke dabei an die zahlreichen Stellen, an denen Alice wohlbekannte Gedichte oder Sinnsprüche der Zeit zu zitieren versucht.) Sämtliche Ordnungssysteme brechen in sich zusammen, Größenverhältnisse, der Zeitbegriff und die Zeit selbst, ja schließlich die ganze »Realität« werden manipulierbar. Spiele, die sich durch Regelhaftigkeit definieren, werden nur noch gespielt, um die Ungültigkeit eben jener Regeln zu demonstrieren. Gerade als das Chaos in einer Gerichtsverhandlung am Hofe des Kartenkönigspaares unüberwindbar zu werden scheint, befreit Alice sich, setzt ihre eigene Realität über die der Traumwelt und erwacht. Nun erzählt sie ihrer Schwester von ihren Erlebnissen in jener merkwürdigen Welt, und diese spinnt den Traum dann ihrerseits fort.

Carroll hat seine Erzählung zuerst unter dem Titel *Alice's Adventures Underground (Alices Abenteuer unter der Erde)* niedergeschrieben. (Von diesem Manuskript wurde 1886 ein Faksimile herausgebracht.) Die erste Druckausgabe enthält die berühmt gewordenen Illustrationen von Sir John Tenniel. Seitdem sind zahllose Nachdrucke, verkürzte Jugendausgaben, Neuauflagen und außerdem Übersetzungen in die verschiedensten Sprachen erschienen. 1871 kam die Fortsetzung *Through the Looking-Glass (Durch den Spiegel)* heraus, und 1886 schrieb Savile CLARKE mit Einverständnis des Autors eine Bühnenfassung der Geschichte von Alice, die seither unzählige Male aufgeführt wurde. Sehr erfolgreich war auch Walt DISNEYS Verfilmung des Buches. S. Hau.

AUSGABEN: Ldn. 1865. – Ldn. 1939 (in *Complete Works*, Hg. A. Wollcott). – Ldn. 1958. – NY 1971. – Ldn. 1971 (in *Alice's Adventures in Wonderland; and Through the Looking-Glass and What Alice Found There*). – Harmondsworth 1974 (*The Annotated Alice*, Hg. M. Gardner). – Ldn. 1982. – Harmondsworth 1985 [m. Ill.].

ÜBERSETZUNGEN: *Alicens Abenteuer im Wunderland*, A. Zimmermann, Lpzg. 1869. – *Alice im Wunderland*, A. Hüttenmoser, Zürich 1960. – Dass., Chr. Enzensberger, Ffm. 1963; ern. 1973; [9]1983 (m. Zeichn. v. J. Tenniel; Insel Tb). – Dass., M. Remané, Mchn. 1973; [5]1983 (m. Ill. v.

F. Haacken; dtv). – Dass., H. Raykowski, Mchn. 1987 (engl.-dt.; dtv).

DRAMATISIERUNGEN: Vgl. The Player's Library, Ldn. 1950, S. 125. – A. Martens, Chicago 1965.

VERFILMUNG: USA 1951 (Regie: Walt Disney).

LITERATUR: F. Lösel, *The First German Translation of »Alice in Wonderland«* (in Hermathena, 99, 1964, S. 66–79). – D. Rackin, *Corrective Laughter: C.'s »Alice« and Popular Children's Literature of the Nineteenth Century* (in Journal of Popular Culture, 1, 1967, S. 243–255). – *»Alice's Adventures in Wonderland«: A Critical Handbook*, Hg. ders., Belmont/Calif. 1969. – C. Matthews, *Satire in the Alice Books* (in Criticism, 12, 1970, S. 105–119). – N. Auerbach, *Alice and Wonderland : A Curious Child* (in Victorian Studies, 17, 1973, S. 31–47). – W. Nöth, *Literatursemiotische Analysen zu L. C.'s Alice-Büchern*, Tübingen 1980. – M. Hancher, *Humpty Dumpty and Verbal Meaning* (in Journal of Aesthetics and Art Criticism, 40, 1981, S. 49–58). – E. Kreutzer, *L. C.: »Alice in Wonderland« and »Through the Looking-Glass«*, Mchn. 1984.

## SYLVIE AND BRUNO

(engl.; *Sylvie und Bruno*). Roman von Lewis CARROLL, erschienen 1889. – Das Buch hatte im Hinblick auf seine zyklische Episodik ursprünglich *Four Seasons* heißen sollen. Von Harry Furniss kongenial illustriert, wurde es durch ein vorangestelltes Akrostichon-Gedicht Miss Isa Bowman, der späteren Alice-Darstellerin, zugeeignet, einem jener nymphenhaften Mädchen, wie sie sich Carroll als hintergründiger Geschichtenerzähler und als gesuchter Kinderphotograph gern zum Modell nahm. Im Fahrwasser des überraschend großen Breitenerfolgs seiner Fabulierexperimente *Alice's Adventures in Wonderland* (1865) und *Through the Looking-Glass* (1872) versuchte Carroll, eine neuerliche, ähnlich unkonventionelle Erzähldramaturgie im Grenzgebiet zwischen Kunstmärchen, Nonsensliteratur und erbaulicher Kinderstubenprosa zu erproben. Der Roman erreichte jedoch weder die leichtbeschwingte Originalität noch die künstlerische Geschlossenheit und auch nicht den Publikumsanklang der in der Zwischenzeit mannigfaltig imitierten Alice-Erzählungen.

Eine versponnene Feenfabel von dem edelbürtigen Elfenmädchen Sylvie und ihrem tolpatschig-vorlauten Brüderchen Bruno entwickelt sich ohne erkennbare Eigenlogik vor dem Hintergrund eines mild satirisch dargestellten Kontrastgeschehens um staatspolitische Absurditäten am Regierungssitz des Statthalters von »Outland«. Die beiden Handlungsstränge erscheinen im Verhältnis fortgesetzter Überlagerung eingebettet in einer beschaulichen Genreskizze aus dem Provinzmilieu feingebildeten Viktoriantums, wobei auch die Grenzziehung zwischen Binnen- und Rahmengeschichten stets aufs neue absichtsvoll verwischt wird. Als einheitsstiftende Instanzen in diesem Vexierspiel heterogener Darstellungselemente, durch das der Leser aus festgefahrenen Verstandes- und Empfindungskategorien humorig herausmanövriert werden soll, wirken lediglich zwei charakteristische Hauptkomponenten der Erzählkunst Carrolls: die leitmotivische Apotheose der Kindfraufigur eines engelhaften und zugleich hochvernünftigen viktorianischen Mädchens, auf die das gesamte Schaffen des Autors fixiert gewesen ist, sowie der Phantasiestrom eines allgegenwärtigen Ich-Erzählers, dessen professorale Schrulligkeit mit gewinnender Selbstironie gezeichnet wird. In seinem fiktiven Erlebniskontinuum sind kindliche Elfengläubigkeit und akademische Nüchternheit ebenso unauflösbar miteinander verquickt wie durchweg im Roman das freie Spekulierspiel und die zeitgenössische Wirklichkeitsreflexion. Kennzeichnend für diese gleichermaßen auf erwachsene wie junge Leser zielende Tagtraumdichtung ist ihr unerschöpflicher Reichtum an pfiffigen Verrätselungen und an mit leichter Hand ausgestreuten Sprach- und Wortspielen, deren Variationsbreite von erkenntnistheoretischen Tiefgründigkeiten bis zu kalauernden Albernheiten reicht.

In einem weit ausholenden Vorwort gibt der Autor leicht mystifizierende Aufschlüsse über Entstehung, Entwicklung und künstlerische Absicht seines Buches (das er 1893 in *Sylvie and Bruno Concluded* mit gleichbleibender Systemlosigkeit zu Ende erzählte). Keimzellen des Werks waren die Kapitel *Fairy-Sylvie* und *Bruno's Revenge*, die als lehrhafte Feenplauderei in *Aunt Judy's May-Day Volume for Young People* bereits 1868 erschienen waren. In den folgenden beiden Jahrzehnten hatte Carroll dann als Nebenprodukte seiner schriftstellerischen Arbeiten und seiner wissenschaftlichen Lehrwerke über Mathematik und formale Logik eine amorphe Rohstoffmasse angehäuft: unkorrelierte Dialogfragmente, brillante Wortwitzeinfälle, Denkparadoxien aus den Gebieten des exaktwissenschaftlichen und sprachphilosophischen Fragens, bizarre Traumsuggestionen und niedliche Bilderbuchvignetten. Aus diesem Materialchaos begann er dann ohne vorgefaßte Strukturierungsabsicht, den Erzählverlauf in sozusagen halbautomatischer Schreibweise zusammenzuklittern. Ein paar berühmt gewordene Nonsensstrophen, das Lied des verrückten Gärtners am Statthalterhof (*»He thought he saw an elephant«*), sind in den Text eingestreut und geben der Märchenfabel zeitweilige, wenn auch erratische Richtungsimpulse. Das Ganze leidet jedoch vor allem an der Überbürdung mit ernsthaft gemeinten und bis in langatmigen Sentimentalismus ausufernden Erbaulichkeits-Einschüben. Dessen ungeachtet enthält es eine Reihe amüsanter Bravourpassagen, etwa die grotesken Umsturzintrigen des Vizestatthalters, die Reiseerlebnisse der beiden Elfengeschwister im Land der Hunde und die chaplinesken Episoden um die erfindungsreichen Hofprofessoren.

Eine Kurzversion der Erzählung, die unter Weglassung des didaktischen Ballasts und der gesellschaftsethischen Rahmenreflexionen die Kerngeschichte herausschälte, wurde 1904 von Carrolls Bruder Edwin H. DOGSON veröffentlicht. H.Me.

AUSGABEN: Ldn./NY 1889 [Ill. H. Furniss]. – Ldn./NY 1890. – Ldn. 1904 (*Story of Sylvie and Bruno*; gek.). – Ldn. 1913 [gek.]. – Ldn. 1939 (in *The Complete Works*; Einl. A. Woollcott). – Ldn. 1980.

DRAMATISIERUNG: H. B. Griffiths, *Sylvie and Bruno*, Ldn. 1896.

ÜBERSETZUNGEN: *Sylvie und Bruno: Eine Historie*, M. Walter, Ffm. 1980. – *Sylvie und Bruno*, D. H. Stündel, 2 Bde., Mchn. 1986 (Goldm. Tb).

LITERATUR: R. Queneau, *De quelques langages animaux imaginaires et notamment du langage chien dans »Sylvie et Bruno«*, Paris 1971. – D. Crutch, *»Sylvie and Bruno«: An Introduction* (in Jabberwocky, 4, 1975, S. 47–50). – S. H. Goodacre, *A Bibliography of »Sylvie and Bruno«* (ebd., S. 66–77).

## THROUGH THE LOOKING-GLASS AND WHAT ALICE FOUND THERE

(engl.; *Alice hinter den Spiegeln*). Erzählung von Lewis CARROLL, erschienen 1872. – Sieben Jahre nach *Alice's Adventures in Wonderland* schickte Carroll, überrascht von dem großen Erfolg seines ersten Kinderbuches, das er nur auf Drängen seiner Freunde und deren kleiner Töchter publiziert hatte, seine Heldin Alice erneut auf Abenteuer, diesmal nicht in ein unterirdisches Wunderland, sondern in die Welt, die hinter dem Spiegel liegt, vor dem Alice, mit ihrer weißen und ihrer schwarzen Katze spielend, einen Nachmittag verplaudert und verträumt. »*Tun wir doch so, als ob du die Schwarze Schachkönigin wärst, Mieze*«, schlägt Alice vor, und schon geht sie durch den Spiegel über dem Kamin im elterlichen Wohnzimmer und befindet sich wieder in einer Traumlandschaft, in der sie, das wohlerzogene, gesittete und höfliche viktorianische Kind, sich bewähren muß im Umgang mit Figuren, die so scharfsinnig wie unsinnig Alices geduldige Vernunft zu verwirren versuchen.

Kaum hat sie bemerkt, daß die Schachfiguren reden, daß man in Spiegelschrift geschriebene Gedichte vor den Spiegel halten muß, um sie lesen – allerdings nicht verstehen – zu können, und daß die Blumen im Garten sprechen, da wird sie auch schon von der Schwarzen Königin auf einen Hügel geführt, von dem aus sie eine Landschaft erblickt, die durch Hecken und Bäche in Quadrate eingeteilt ist. Auf diesem Schachbrett, dessen Spielregeln zum großen Teil alle weiteren Vorgänge der Erzählung determinieren, bewegt sich Alice nun bei ihren Abenteuern im Spiegel-Land. Sie rennt hinter der Königin her, so schnell sie kann, und kommt doch nicht von der Stelle; sie erhält Gebäck, um ihren Durst zu stillen; sie sitzt gemeinsam mit einem Pferd, einer Ziege und einem Mann im Papieranzug in einem Eisenbahnabteil, unterhält sich mit einer Schaukelpferdfliege und freundet sich mit einem Reh an – bis sie beide den Wald, in dem niemand einen Namen hat, verlassen, und das Reh erkennt, daß es ein Reh und daß Alice ein Mensch ist. Sie wird Zeuge des Kampfes zwischen Tweedledum und Tweedledee, der ebenso abrupt endet wie es das Gedicht, das Alice seit langem kennt (»*Tweedledum and Tweedledee agreed to have a battle ...*«), vorausgesagt hat; sie begegnet erneut dem Hutmacher und der Haselmaus aus ihren Abenteuern im »Wunderland«, die nun als Boten des Weißen Königs unter den Namen Hatta und Haigha erscheinen; sie erlebt die Verwandlung der Königin in ein Schaf und eines kleinen dunklen Ladens in einen Fluß; sie muß mit ansehen, wie der Inhalt von weiteren Gedichten, die sie entweder selbst aufsagt oder die ihr mit Nachdruck vorgetragen werden und die sie völlig ratlos machen, plötzlich Wirklichkeit wird – bis sie, die sich stets als Damenbauer *(pawn)* übers Schachbrett bewegt hat, plötzlich selbst Königin ist und, als ihr die alberne Prüfung durch die Schwarze und Weiße Königin zuviel wird, beim Schlußfest das Tuch von der Festtafel reißt, damit dem ganzen Alptraum »Schachmatt!« bietet – und erwacht. Zum Schluß bleibt nur noch die Frage: Hat Alice selbst dies alles geträumt, oder ist sie nur ein Teil des Traums der Schwarzen Königin gewesen?

»*Eine der wichtigsten und mächtigsten Figuren* (in Carrolls beiden Alice-Erzählungen) *ist nicht eine Person, sondern die englische Sprache*«, schrieb W. H. AUDEN in einem Essay, und damit ist bereits erklärt, warum eine Wiedergabe der Handlung von *Through the Looking-Glass* nur einen ungenügenden Eindruck von der Bedeutung und der Komik des Erzählten geben kann. Denn Wortspiele und ebenso strenge wie absurde logische Schlüsse spielen auf weite Strecken die Rolle des Movens und der Verbindungsglieder in der Erzählung. Alice vertraut stets dem gesellschaftlichen Regelsystem, ihre Gegenspieler aber führen fast brutal die Logik der Sprache und, wenn's nötig ist, auch fehlerhafte Syllogismen gegen Alice ins Feld; unversehens überrumpeln sie sie mit strengen Schlußfolgerungen, die unwiderleglich, aber absurd sind, weil sie den *common sense* nicht anerkennen, oder mit Gedichten, die von rätselhafter Doppeldeutigkeit sind wie z. B. das berühmte Gedicht *Jabberwocky*, in dem jedes Wort so konstruiert ist, daß es zwei Bedeutungen tragen kann. Die Gesetze von Zeit und Raum sind aufgehoben, die Aufhebung wird dann aber strikt logisch durchgeführt: Es herrschen die Bewegungsgesetze der Spiegelwelt (Vertauschung von links und rechts, von Bewegungsrichtungen usw.), jede Redensart wird wörtlich genommen, traumhafte Verwandlungen ersetzen die Wahrscheinlichkeit des Fortgangs.

Gegenüber *Alice's Adventures in Wonderland* ist *Through the Looking-Glass* strenger, rigider, aber stellenweise auch sentimentaler; gegenüber der heiteren Anarchie haben nun sowohl das Alptraumhafte der Atmosphäre wie auch der Grad der Verdrehtheit der Sprachspiele zugenommen, und sowohl das satirische wie auch das allegorisch-konstruktive Moment haben an Stärke gewonnen. Das mag nicht zuletzt damit zusammenhängen, daß sich Carrolls Verhältnis zu Alice Liddell (seinem Vorbild für die Alice der Erzählungen), die wohl die große und einzige Liebe des scheuen, gehemmten Oxforder Dozenten für Mathematik war, geändert hatte: Von ihren Eltern war ihm nach einem ungeklärten Vorfall der weitere Umgang mit dem Kind verboten worden, dem das Schlußgedicht von *Through the Looking-Glass* gewidmet ist, dessen 21 Zeilen mit Buchstaben beginnen, die den vollen Namen des Mädchens, Alice Pleasance Liddell, ergeben. Alice war für Carroll eine Erinnerung geworden; er hatte von ihr Abschied nehmen müssen wie der Weiße Springer (»White Knight«) der Erzählung, jener Tölpel und Ritter von der traurigen Gestalt, der ständig vom Pferd fällt und in dem viele Interpreten ein Selbstbildnis Carrolls erblicken.

*Through the Looking-Glass* gehört als zweiter Teil der Alice-Erzählung neben der King-James-Version der *Bibel* und den Werken SHAKESPEARES zu den bekanntesten und meistzitierten Texten der englischen Literatur; das Buch hat zudem eine geradezu fanatisch betriebene Spezial-Philologie auf den Plan gerufen, die dem rätselhaften und eben deshalb den divergentesten Interpretationen offenen Text ein Licht aufzustecken versucht. Der Deutungen ist noch kein Ende; die Exegeten wollen in den Alice-Erzählungen eine verschlüsselte Darstellung des »Oxford Movement« innerhalb der Anglikanischen Hochkirche wie auch der Sauberkeitserziehung viktorianischer Kinder entdeckt haben; sie verweisen auf sprachlogische und mathematische Probleme, die darin verschlüsselt seien, und keines der Gedichte blieb von der Deutung verschont, es stelle die Parodie eines Gedichts von WORDSWORTH oder TENNYSON dar oder sei die Nonsense-Kontrafaktur eines Poems aus der viktorianischen Kinderliteratur. Kaum ein Werk eines Autors des 19. und 20. Jh.s wurde so extensiv und so widersprüchlich kommentiert und so enthusiastisch gepriesen wie das Carrolls; die französischen Surrealisten sahen in ihm einen ihrer Vorläufer, James JOYCE ließ in *Finnegans Wake* (1941) nicht nur den hochmütigen Humpty Dumpty auftreten, sondern benutzte darin auch systematisch die Technik der Erfindung von Wörtern mit zwei Bedeutungen, die bei Carroll *in nuce* in dem Gedicht *Jabberwocky* vorgeführt wird, und Arno SCHMIDT bezeichnete gar Carroll wegen seiner sprachlichen Kühnheit als den »Kirchenvater aller modernen Literatur«.     J.Dr.

AUSGABEN: NY/Ldn. 1872 [Ill. J. Tenniel]; zul. 1954. – Ldn. 1939 (in *Complete Works*, Hg. Woollcott). – NY 1963 [Nachw. C. Fadiman; zus. m. *Alice in Wonderland*]. – Ldn. 1971; ern. 1981 (in *Alice's Adventures in Wonderland; and Through the Looking-Glass and What Alice Found There*). – Harmondsworth 1984.

ÜBERSETZUNGEN: *Alice im Wunderland (Through the Looking-Glass)*, H. Scheu-Rieß, Wien 1923. – *Alice im Spiegelreich*, W. Bloch, Bln. 1948 [Ill. S. Stolzenberg]. – *Alice hinter den Spiegeln*, Ch. Enzensberger, Ffm. 1963; ern. 1974; 198 (m. Zeichn. v. J. Tenniel; Insel Tb). – Dass., ders., Ffm. 1985.

DRAMATISIERUNG: M. Schofield, *Through the Looking-Glass*, Ldn. 1954.

LITERATUR: H. B. O'Brien, *Alice's Journey in »Through the Looking-Glass«* (in NQ, 14, 1967, S. 380–382). – R. Shaberman S. Goodacre, *Towards the 61st Thousand of »Through the Looking-Glass«* (in Jabberwocky, 7, 1978, S. 43–46). – *The Wasp in a Wig: A »Suppressed« Episode of »Through the Looking-Glass and What Alice Found There«*, Hg. E. Guiliano, NY 1979. – B. L. Clark, *C.'s Well-Versed Narrative: »Through the Looking-Glass«* (in English Language Notes, 20, 1982, Nr. 2).

## JOHN CARSWELL

\* 1520
† 20.9.1572

### FOIRM NA NURRNUIDHEADH AGAS FREASDAL NA SACRAMUINTEADH, AGAS FOIRCEADUL AN CHREIDIMH CHRISTUIDHE

(gäl.; *Formen des Gebets und der Verwaltung der Sakramente und Katechismus des christlichen Glaubens*), auch *Gaelic Prayer-Book* genannt. Theologisches Werk von John CARSWELL, erschienen 1567. – Das erste in gälisch gedruckte Buch, eine Bearbeitung des *First Book of Discipline* (1559) von John KNOX, ist mehr als nur eine Übersetzung: Einige Teile stammen von Carswell selbst, z. B. die Widmungsepistel, ein kurzes Geleitgedicht *Glückauf, kleines Buch*, der *Katechismus über das Abendmahl, Formen der Gnade vor und nach dem Empfang des Abendmahls*, die *Rechtmäßige Apologie* (in der Carswell den Argumenten seiner Gegner zuvorkommt) und *Wie man ein Schiff segnet, das in See sticht*. Dazu kommt noch ein Gebet, das offensichtlich ebenfalls von Carswell stammt. Im ganzen umfaßt der Originaltext des Verfassers 69 Seiten, das ist mehr als ein Viertel des Buches. Bei der Übersetzung hat Carswell die Vorlage häufig gekürzt, erweitert oder auf andere Weise modifiziert.

Der interessanteste von Carswells Zusätzen ist die Einleitung. Geschrieben als Widmung an Giollaesbuig, Earl of Argyll, bringt sie vor allem die religiöse Einstellung und Empfindung des Autors zum

Ausdruck – die eines schottischen Reformators. Wenigen, leider allzu knappen Bemerkungen kann man auch einiges über die Pflege des Gälischen im südwestlichen Hochland des 16. Jh.s und über Carswells Standpunkt in dieser Frage entnehmen. Seine Sprache ist nicht die Umgangssprache der schottischen Gälen seiner Zeit, vielmehr die klassische Sprache der Bardenschulen, die jahrhundertelang den gebildeten Schichten Irlands und Schottlands geläufig war, bis sie schließlich im 18. Jh. in Schottland ausstarb. Obwohl Carswell sie mit sicherem Stilgefühl verwendet und ihr große Ausdruckskraft verleiht, scheint er zunächst nicht den Anspruch erheben zu wollen, sie ganz zu beherrschen. Wenn er auch glaubt, daß sein Werk im wesentlichen einem Vergleich mit den lateinischen und englischen Vorbildern standhalten könne, weiß er doch, daß seiner Sprache »*der vornehme Ausdruck der Dichter*« fehlt. Aber letzten Endes sind es nur wenige, die diese Sprache wirklich gemeistert haben, »*nicht nur in Schottland, sondern sogar in Irland – abgesehen von ein paar Gelehrten, die in Dichtung und Geschichte bewandert sind, und, bis zu einem gewissen Grad, auch abgesehen von ein paar guten Schülern*«.

Nicht nur an sein eigenes Werk, sondern auch an das der professionellen gälischen Autoren hat Carswell die allerstrengsten Maßstäbe angelegt. Diese Tatsache macht seine Entschuldigung verständlich: »*Wenn ein Gelehrter einen Schreib- oder Stilfehler in diesem Büchlein findet, so möge er mir das verzeihen, denn ich habe Gälisch nicht studiert, sondern es so gelernt, wie jeder Mann aus dem Volk es lernen könnte.*« – Der Ausdruck »Volk« bezieht sich hier allerdings lediglich auf diejenigen Gälen, die lesen und schreiben konnten und mit der literarischen Tradition vertraut waren, ohne die strenge Ausbildung in den Bardenschulen genossen zu haben. (Nichtprofessionelle Schriftsteller aus diesen Kreisen sind im *Book of the Dean of Lismore* vertreten, einer Kompilation aus der ersten Hälfte des 16. Jh.s.) Immerhin besaß Carswell zweifellos gründliche Kenntnisse der gälischen Literatur. Das Gedicht *Glückauf, kleines Buch* und sein *Paternoster* in Versen zeigen, daß ihm die strengen Regeln bardischer Dichtkunst vertraut waren.

Die Sprache des zweiten gälischen Buches, das in Schottland gedruckt wurde (die gälische Version von Calvins Katechismus, erschienen ca. 1630), ist nicht mehr die strenge klassische des *Foirm na Nurrnuidheadh*, und die des *Kürzeren Katechismus* von 1659 ist im wesentlichen bereits Schottisch-Gälisch. In der allmählichen Entfernung von Carswells Sprache spiegelt sich sowohl der Verfall der alten sozialen Ordnung als auch das Bestreben der Kirche, einen möglichst großen Kreis von Gläubigen anzusprechen. Die Wandlung vollzog sich allerdings langsam. Der klassische Stil wurde durch die auf den irischen Übersetzungen von 1602 (NT) und 1685 (AT) basierende gälische Bibel noch einmal neu belebt, seine Nachwirkung ist in der umgangssprachlichen Prosa vom 18. Jh. bis heute noch immer spürbar. Carswell wußte genau, wie benachteiligt die Gälen, die irischen wie die schottischen, »*im Vergleich mit der übrigen Welt, in der unsere gälische Sprache nie gedruckt worden ist*«, waren, und er war entschlossen, weiterzuarbeiten. Allerdings blieb es beim Entschluß.

Wegen des religiösen und politischen Klimas im Schottland des 16. und 17. Jh.s blieben Anzahl und Art der in gälisch erscheinenden Bücher begrenzt. Der religiöse Charakter all dieser früh gedruckten Werke ist dafür ein Beweis. Carswell selbst hielt den Einfluß der gälischen weltlichen Dichtung und der pseudohistorischen Schriften des Mittelalters für schädlich. Alle diese Faktoren müssen bei der Überlegung berücksichtigt werden, daß das erste in gälisch gedruckte Buch keine Brücke schlägt zwischen der mittelalterlichen und der modernen Welt, sondern ein isoliert dastehendes, einzigartiges Sprachdenkmal geblieben ist.     J.M.I.

Ausgaben: Edinburgh 1567. – Edinburgh 1873 (*The Book of Common Order*, Hg. Th. McLauchlan; m. Einl.). – Glasgow o. J. [1940?] (*The Book of Common Order*; m. Suppl. in Gälisch). – Edinburgh 1970, Hg. R. L. Thomson. – Richmond/Va. 1979 (*The Book of Common Order*).

Literatur: W. J. Watson, *Bishop Carswell's Liturgy* (in Transactions of the Gaelic Society of Inverness, Bd. 30, S. 287–312). – A. Matheson, *Bishop Carswell* (ebd., Bd. 42, S. 182–205).

## ANGELA CARTER

\* 7.5.1940 Eastbourne

### THE INFERNAL DESIRE MACHINES OF DOCTOR HOFFMAN

(engl.; Ü: *Die infernalischen Traummaschinen des Doktor Hoffman*). Roman von Angela Carter, erschienen 1972. – Der surrealistische Roman fügt sich in die Reihe von Erzählungen und Romanen ein, in denen sich die Gesellschaftskritikerin Carter mit den abendländischen, patriarchalisch bestimmten Kulturtraditionen auseinandersetzt. Ihr Hauptinteresse gilt der Analyse und dem Infragestellen gesellschaftlicher Tabus, vornehmlich der Sexualität. Carter greift dabei sowohl formal als auch inhaltlich mit aufklärerischer Absicht auf traditionelle Romangenres, wie die *Gothic Romance* und den pikaresken Roman zurück. Diese literarischen Präfigurationen haben jedoch nicht nur strukturierende Funktion, sondern werden von der Autorin in ihrem Wahrheitsanspruch als »*narrative Konstrukte von Wirklichkeit*« (H. Schwarzbauer) untersucht.

Eine konventionelle Liebesgeschichte bildet die erzählerische Verklammerung des Kaleidoskops phantastischer Szenerien, in denen Carter sich sowohl mit der antiken und christlichen Mythologie wie auch mit aktuellen Problemstellungen der Philosophie und Psychoanalyse auseinandersetzt, stets jedoch in verschlüsselter Form oder in variantenreichen Anspielungen. Der Ich-Erzähler Desiderio schildert als gealterter Mann rückblickend »*längst geschichtlich gewordene*« Begebenheiten aus seiner Jugend, die ihn eher zufällig und nicht aus ihm später angedichteter heroischer Entschlossenheit zum Helden machten: In der amerikanischen Stadt, in der Desiderio lebt, ist die Welt aus den Fugen geraten. Kraft einer Geheimformel verwandelt der Physiker Hoffman mit seinen infernalischen »Wunschmaschinen« die Wirklichkeit. Er läßt die Welt zur Emanation der subjektiven Lust der einzelnen werden. Dinge und Menschen verlieren ihren gesicherten Realitätsstatus, ihr eigenes Selbst. Fortan unterliegen sie, ihres festen Persönlichkeitskernes beraubt, einer ständigen Fluktuation ihres Selbstverständnisses. Aufgrund der Verwandlung der subjektiven Lustprinzips in objektivierte, wahrnehmbare und doch unwirkliche Gebilde, verlieren jegliche Sinnsysteme ihre Berechtigung. Den zunehmenden Auflösungserscheinungen der wirklichen Welt versucht eine in ihrer Beschreibung an die SS gemahnende Geheimpolizei durch rigorose Überprüfung des »Wirklichkeits«-Gehalts von Dingen und Menschen entgegenzuwirken. Mit Hilfe totalitärer Praktiken soll sie im Auftrag des herrschenden Ministers der epidemisch um sich greifenden subjektiven Entgrenzung Einhalt gebieten und die »Un«-Wirklichkeit in Quarantäne halten. Was der Authentifizierung dieser sogenannten Definitionspolizei nicht standhält, wird liquidiert. Durch Zufall avanciert Desiderio zum persönlichen Mitarbeiter des Ministers und nimmt, obwohl er innerlich nicht wirklich von dessen Partei überzeugt ist, den Auftrag an, Dr. Hoffman zu ermorden. Die soziale isolierte Stellung Desiderios, der indianischer Abstammung ist, seinen Vater nicht kennt und dessen Mutter der Prostitution »*in ihrer anspruchslosesten Form*« nachging, prädestiniert ihn als Ausführenden des Anschlags gegen Hoffman. In der Nacht bevor Desiderio Zeuge der Verhandlungen zwischen seinem Auftraggeber und einem Abgesandten Hoffmans wird, erscheint ihm im Traum die elfenhafte Albertina, in die er sich sofort verliebt und die ihn künftig in immer neuen Verkleidungen auf seinen Abenteuern begleitet. Die Fahndung nach Hoffman führt Desiderio in eine Provinzstadt, in der er den erblindeten Lehrmeister Hoffmans trifft, der nun Inhaber einer Peep-Show ist und Desiderio bruchstückhaft von Hoffmans Theorie erzählt. Die Szene, in der Desiderio in der Show die »*Sieben Weltwunder in drei naturgetreuen Dimensionen*« betrachtet, hat eine Schlüsselfunktion für den Roman: In phantastischen Bildern werden verschiedene Stationen der bevorstehenden turbulenten Reise Desiderios vorweggenommen. Er erblickt u. a. Albertina im Schloß Hoffmans, ahnt jedoch noch nicht, daß sie dessen Tochter ist. Die Motive der Show sind der Traumlehre Freuds entlehnt und »*strukturieren mit Hilfe der Prinzipien der Verschiebung und Verdichtung Desiderios Reise als Traum*« (H. Schwarzbauer). Kurze Zeit nachdem Desiderio Albertinas Gaukelbild erblickt hat, wird er zu Unrecht verdächtigt und beschuldigt, in einen Sexualmord verwickelt zu sein, und muß vor der Polizei fliehen.

In der Folgezeit erfährt er an stets wechselnden Aufenthaltsorten die libidinöse Entgrenzung der Wirklichkeit: Er lernt zum Teil als Objekt der Begierde (»*the Desired One*«) und zum Teil als selbst Lust Empfindender das breiteste Spektrum sexueller Begierden und Praktiken kennen. U. a. lebt er bei einem inzestuösen Indianerstamm mit kannibalistischen Riten, wird Opfer einer Massenvergewaltigung bei einer Gauklertruppe und beobachtet als Reisebegleiter von Graf Dracula dessen raffiniertes sadomasochistisches Luststreben. Desiderios Begleiterin, Albertina, gibt sich ihm gegen Ende der Reise zu erkennen, entzieht sich jedoch immer wieder seinem körperlichen Begehren. Die beiden gelangen letztendlich in das Schloß Hoffmans. Desillusioniert muß Desiderio erkennen, daß die bisher sanfte Albertina in Wirklichkeit eine herrische, machtsüchtige Tochter Hoffmans ist, die dessen Werk vollenden will. Desiderio entlarvt den Repräsentanten des Lustprinzips, den Irrationalisten Hoffman als Heuchler. Im unterirdischen Labor des Doktors, einer modernen Form des Burgverlieses im traditionellen Schauerroman, wird die »erotische Energie« von Liebessklaven, permanent kopulierenden, in Käfigen eingeschlossenen Paaren, für Hoffmans Zwecke kanalisiert. Die durch sie freiwerdende Energie schafft die Wunderwelten Hoffmans, löscht Zeit und Raum. Hoffman gibt vor, Lust zu befreien, kaserniert sie jedoch. Als Desiderio gewahr wird, daß die stets aufgeschobene Vereinigung mit Albertina zum Zweck der Freisetzung eines gewaltigen Energieschubs im Labor des Doktors vollzogen werden soll, tötet er Hoffman und seine Tochter.

Erst mit Beginn der achtziger Jahre erfolgte zögernd die Erschließung des vielbeachteten Bestsellers in der Forschung. Die Vielschichtigkeit der Problemstellung Carters rief verschiedene Interpretationsansätze hervor. A. MAACK stellt die philosophischen Implikationen des Romans heraus und betrachtet die gegensätzlichen Weltanschauungen des Ministers und Hoffmans als zwei Abwandlungen der Cartesianischen Formel zu »*Ich leide, also existiere ich*« und zu »*Ich begehre, also bin ich*«. Desiderio lernt sie als Lust- und Realitätsprinzip kennen und überwindet beide Thesen, indem er einsieht, daß er sich zu beiden gleichermaßen hingezogen fühlt. SCHWARZBAUER betont dagegen die psychoanalytische Komponente: Sie betrachtet den Roman gar als Auseinandersetzung zwischen FREUD und REICH. »*Ironischerweise*« werde »*für die Triebsublimierung zugunsten des Realitätsprinzips optiert.*« Das Buch lasse sich also als »*Kritik am Mythos der ›sexuellen Revolution‹ der sechziger Jahre*« lesen. Die detailreiche Vorführung entfesselter sexueller Phantasien, mit der Carter ohne Zweifel aufklärerische Absichten verfolgt, rief in der Kritik neben Zustimmung auch Ratlosigkeit sowie völlige Ablehnung hervor. Vor allem von feministischer Seite wurde Carter vorgehalten, ihre eigenen Ziele damit zu konterkarieren. E.S.R.-KLL

AUSGABEN: St. Albans 1972. – Harmondsworth 1972; ern. 1982.

ÜBERSETZUNG: *Die infernalischen Traummaschinen des Doktor Hoffman*, J. Kalka, Stg. 1984. – Dass., ders., Mchn. 1988 (dtv).

LITERATUR: D. Punter, *Modern Perceptions of the Barbaric. [...] A. C.* (in D. P., *The Literature of Terror. A History of Gothic Fictions from 1765 to the Present Day*, Ldn./NY 1980). – Ders., *Narratives and the Unconscious. A. C.: Supersessions of the Masculine* (in D. P., *The Hidden Script: Writing and the Unconscious*, Ldn. 1985). – K. Goldsworthy, *A. C.* (in Meanjin, 44, 1985, Nr. 1, S. 4–13; Interview). – A. Maack, *A. C.* (in *Der engl. Roman der Gegenwart*, Hg. R. Imhof u. A. Maack, Tübingen 1987). – H. Schwarzbauer, *A. C.* (in KLFG, 17. Nlg., 1988).

## CARL GUSTAV CARUS

\* 31.1.1789 Leipzig
† 28.7.1869 Dresden

LITERATUR ZUM AUTOR:
Ch. Bernoulli, *Die Psychologie von C. G. C. und ihre geistesgeschichtliche Bedeutung*, Jena 1925. – H. Kern, *Die Philosophie des C. G. C.. Ein Beitrag zur Metaphysik des Lebens*, Celle 1926. – A. Krewald, *C. G. C., seine philosophischen, psychologischen und charakterologischen Grundgedanken*, Bln. 1939. – H. Kern, *C. G. C. Persönlichkeit und Werk*, Bln. 1942. – M. Prause, *C. G. C. Leben und Werk*, Bln. 1968. – W. Genschorek, *C. G. C., Arzt, Künstler, Naturforscher*, Lpzg. 1978. – E. Meffert, *C. G. C. Sein Leben, seine Anschauungen von der Erde*, Stg. 1986.

## ORGANON DER ERKENNTNIS DER NATUR UND DES GEISTES

Erkenntnistheoretisches Werk von Carl Gustav CARUS, erschienen 1856. – In dieser Untersuchung kommt das vom Hauptstrom der Wissenschaft abliegende und nicht leicht zugängliche Denken des letzten großen Romantikers zu seiner vergleichsweise klarsten und konzisesten Formulierung. Carus verbindet hier Goethesche und romantisch-naturphilosophische Ideen, die bis heute in »Ausdruckswissenschaften« (vgl. *Symbolik der menschlichen Gestalt*) wie Graphologie und Physiognomik aus der schließlichen Erstarrung der Romantik fortwirken. Im *Organon* wird eine Erkenntnislehre entwickelt, die sich in charakteristischer Weise unterscheidet von dem, was in der kartesisch-kantischen Hauptlinie europäischer Philosophie als Erkenntnistheorie oder -kritik gilt; sie beginnt zwar mit der klassischen Feststellung, daß nur das »Subjektive«, das unmittelbar und unreflektiert Erlebte »absolute Gewißheit« habe; doch bewahrt sich Carus die Freiheit, das Erkenntnisphänomen wie jedes andere lebende Phänomen als organisch-werdend, nur in seiner Genese wirklich verstehbar zu betrachten. So verfolgt er den Erkenntnisakt zurück bis zu jener Keimform, in der ein niedriger Organismus ohne spezialisierte Sinnesorgane seine Umwelt in einem unbewußt-verstehenden Lebenszusammenhang kennt. Dieser Lebenszusammenhang ist für Carus die eigentliche Voraussetzung des Erkennens der Welt; er reduziert sich im gleichen Maß, in dem das Lebewesen zu einem höheren, differenzierten Individuum wird; die höheren Organismen entwickeln Sinnesorgane, die noch einmal Brücken schlagen zu der nicht mehr unmittelbar-unbewußt gegebenen Welt. Nach Carus ist Erkenntnis Erfassen von »Ideen«; dabei wird die Idee im Anschluß an GOETHE als Formprinzip verstanden, das *»lebend sich entwickelt«*; die Welt, die als Ganzes und in ihren Einzelheiten als *»lebend«* aufgefaßt wird, kann nur in den sich *»darlebenden«* Ideen erfaßt werden. Neben dieser spekulativen Behandlung des Erkenntnis- und Weltproblems berücksichtigt Carus durchgehend physiologische Schemata, nach denen die von ihm formulierten Prozesse ablaufen. Er sucht damit – im Gegensatz zu manchen anderen Romantikern – Erfahrung und Spekulation miteinander zu verbinden.
Diese organische Erkenntnislehre wird im *Organon* auf eine große Reihe metaphysischer Grundthemen wie Raum, Zeit, Allheit und Einheit angewandt, wobei der Autor zu Resultaten gelangt, die teilweise von denen der Haupttradition der Philosophie in charakteristischer Weise abweichen. Die gegenwärtig diskutierten organischen Erkenntnislehren (Rupert RIEDL, Gerhard VOLLMER) dagegen beruhen auf evolutionistischen Prämissen.
H.L.-KLL

AUSGABE: Lpzg. 1856.

LITERATUR: Th. Lessing, *Philosophie als Tat*, Göttingen 1914, S. 204–217. – J. Orth, *Der psychologische Begriff des Unbewußten in der Schellingschen Schule*, Ludwigshafen 1914 [zugl. Diss. Heidelberg]. – *Romantische Naturphilosophie*, Hg. Ch. Bernoulli u. H. Kern, Jena 1926, S. 301–386. – H. Wilhelmsmyer, *C. G. C. als Erbe und Deuter Goethes*, Bln. 1936. – K. Nadler, *Idee u. Wirklichkeit des Lebens bei C. G. C.* (in Zs. f. dt. Kulturphilosophie, 3, 1937, S. 141–165). – P. Stöcklein, *Das religiöse Bewußtsein C. G. C.'* (in P. S., *Wege zum späten Goethe*, Hbg. 1949, S. 238–253).

**PSYCHE. Zur Entwicklungsgeschichte der Seele**

Psychologisches Hauptwerk von Carl Gustav CARUS, erschienen 1846. – In diesem umfangreichen Buch sind die wichtigsten Theorien der Romantiker zur Lehre und Metaphysik der Seele bewahrt und durch die eigenständige Konzeption des Verfassers, die GOETHES Ideen weiterzuentwickeln sucht, zu einem systematischen Ganzen zusammengefügt. Schon der erste Satz des Textes der eigentlichen Abhandlung formuliert, was der bleibende Beitrag des Autors zur Psychologie ist: »*Der Schlüssel zur Erkenntnis vom Wesen des bewußten Seelenlebens liegt in der Region des Unbewußtseins.*« Dieses Unbewußte ist nach Carus eine durchaus positiv verstandene Lebensmacht, die schöpferisch alle Formen des Lebendigen hervorbringt und im Individuum die durchweg bewußtseinsunabhängigen Lebensprozesse in Gang hält. Dem in der Neuzeit seit DESCARTES offen zutage getretenen Leib-Seele-Dualismus und der damit Hand in Hand gehenden Konzentrierung der Psychologie auf den bewußten Bereich des Seelenlebens stellt der Romantiker nun die These entgegen, daß der kleine Bereich des Bewußten auf der breiten, unergründlichen Basis des Unbewußten ruhe und Bewußtes wie Unbewußtes lediglich zwei verschiedene Erscheinungsformen der einen Seele seien. Der gesamte Lebensvorgang ist die Ausformung (das »*Darleben*«) einer Idee, etwa im Sinne der »*geprägten Form*« Goethes. So ist auch der Leib in allen Einzelheiten »*nur die äußere Symbolik, wodurch das Tiefinnerliche einer in diesen Gestalten unbewußt waltenden Idee sich ausspricht*«. Von der Vorstellung der sich entfaltenden Idee ausgehend, rückt Carus von der beschreibenden und analytischen Methode ab und konzentriert sich auf eine Darstellung des genetischen Prozesses der Seele im Individuum und in der Gattung.

Im Verlauf der Untersuchung, in der sich psychologische und physiologische Erörterungen gegenseitig durchdringen, zeigt Carus auch die zahlreichen Weisen, wie bewußtes und unbewußtes Seelenleben miteinander kommuniziert (etwa wenn Gewohnheiten und Fertigkeiten allmählich unbewußt werden). Hier unterscheidet er zwischen dem absolut Unbewußten und dem relativ Unbewußten, wobei er unter letzterem den bereits ins Bewußtsein getretenen, vorübergehend wieder unbewußt gewordenen, jedoch jederzeit revozierbaren Bereich des Seelenlebens meint. Diese Vorstellung des relativ Unbewußten entspricht weitgehend dem modernen psychoanalytischen Begriff des »Unterbewußten«. Die genetische Betrachtungsweise zeigt sich auch in der zweiten Hälfte des Werks, wo der Autor auf speziellere Fragen, beispielsweise »*zur Geschichte*« der Gefühle, des Erkennens, des Willens eingeht.

Die *Psyche* hat zwar weitreichenden Einfluß auf E. v. HARTMANNS *Philosophie des Unbewußten* (1869) ausgeübt, fand aber im übrigen wie die anderen Werke des Verfassers nur wenig Beachtung. Das Werk wurde für die Psychologie vor allem durch L. KLAGES und Th. LESSING wiederentdeckt. Doch wird Carus von diesen Streitern »*wider den Geist, für das Leben!*« zu Unrecht als Kronzeuge zitiert, da er keineswegs im Geist den »Widersacher« der Seele und des Lebens sieht (diese Version findet sich zuerst bei G. F. DAUMER). Trotz vieler Berührungspunkte mit den Ergebnissen der heutigen Psychoanalyse bleibt Carus mit seiner intuitiven Betrachtungsweise noch denkbar weit von der systematischen experimentellen Methode der modernen Psychologie entfernt. H.L.

AUSGABEN: Pforzheim 1846. – Stg. ²1851 [verb.]. – Jena 1926, Hg. L. Klages. – Stg. 1941, Hg. u. Einf. R. Marx (KTA).

LITERATUR: E. v. Hartmann, *Die moderne Psychologie* (in E. v. H., *AW*, Bd. 13, Lpzg. 1901). – L. Klages, *Prinzipien der Charakterologie*, Lpzg. 1910 (ab 1928 u. d. T. *Grundlagen der Charakterkunde*). – J. Orth, *Der psychologische Begriff des Unbewußten in der Schellingschen Schule*, Ludwigshafen 1914 [zugl. Diss. Heidelberg]. – L. Klages, *C.' »Psyche«* (in Zs. f. Menschenkunde, 1, 1925/26, S. 19–45). – *Die Charakterologie des C. G. C.* (in Jb. der Charakterologie, 2/3, 1926, S. 45–57). – G. H. Graber, *C. G. C. Ein Vorläufer der Psychoanalyse* (in Imago, 12, 1926, Nr. 4, S. 513–523). – H. J. Kuhn, *C. G. C.' Lehre vom Unbewußten*, Diss. Tübingen 1947. – R. Abeln, *Unbewußtes und Unterbewußtes bei C. G. C. und Aristoteles*, Meisenheim a. Gl. 1970.

**SYMBOLIK DER MENSCHLICHEN GESTALT. Ein Handbuch zur Menschenkenntnis**

Anthropologisches Werk von Carl Gustav CARUS, erschienen 1853. – Dieser bedeutenden Darstellung wurde – nachdem alle Werke dieses spätromantischen Denkers in einem ihnen konträren Geistesklima jahrzehntelang in Vergessenheit geraten waren – erst im 20. Jh. von L. KLAGES und Th. LESSING wieder zu weiterer Verbreitung und Einfluß verholfen. Das Werk ist der erste umfassende und in alle physiologischen Einzelheiten gehende Versuch, den Leib des Menschen als sichtbaren Ausdruck einer »Idee« aufzuweisen, die sich auch hinter seinem Charakter, seiner Seele, seinem Geist verbirgt. Die gesamte körperliche und geistige Organisation des Menschen wird hier gefaßt als »*das Ergebnis der bildenden Tat der Idee*«. Jede in einem Menschen zur Wirksamkeit gelangte Idee ist individuell und einmalig. Solche Symbolik ist, wie alle Hauptzüge des Carusschen Denkens, mehr noch als von romantischer Philosophie vom Denken GOETHES abhängig: das Organisch-Werdende als die Form, in der die »Ideen« sich in der Welt »darleben« und erkannt werden. Carus hatte schon 1841 in seinen *Grundzügen einer neuen und wissenschaftlich begründeten Cranioscopie (Schädellehre)*, in seinem *Atlas der Cranioscopie* (1843–1845) und in seiner Vorlesung *Über Grund und Bedeutung der verschiedenen Formen der Hand in verschiedenen Personen* (1846) Vorarbeiten zu seiner Physiognomik geliefert. Die *Symbolik der menschlichen Gestalt*, die durchweg das beträchtliche physiologische und biologische Wissen des Autors belegt, beginnt mit einem Abriß der Konstitutions- und Temperamentenlehre sowie einem kurzen historischen Überblick über die fast nur auf einzelne Körperteile gehenden früheren Ansätze zu einer Körpersymbolik (DELLA PORTA, F. J. GALL, LAVATER u. a.). Im ersten allgemeinen Hauptteil werden die Grundbegriffe und -probleme der Symbolik entwickelt: ihr Verhältnis zu Maß, Gewicht, Proportion und die aus der Tektonik der menschlichen Gestalt abgeleitete organische Maßeinheit, der »Modul«. Der umfangreichere besondere Hauptteil handelt von der konkreten Anwendung der symbolischen Deutungsmethode auf das menschliche Haupt, den Rumpf und die Gliedmaßen, wobei die Ausgewogenheit zwischen menschenkundlicher Empirie und einer Intuition der in jeder Form ausgedrückten Idee charakteristisch für die methodische Haltung ist.

Da Carus das ebenso umfassende wie detaillierte Ganze seiner Untersuchungen als eine »Wissenschaft« einführt, muß betont werden, daß hier allerdings nicht eine »Naturwissenschaft« im Sinne einer auf abstrakte Vereinfachung, strenge Ableitbarkeit und gleichsam mechanische Anwendbarkeit gerichtete Disziplin vorliegt – das wäre nach der Goethe-Carusschen Auffassung vom Lebendigen nicht möglich. Vielmehr haben wir es hier mit einer Gestalt-Deutungs-Kunde zu tun, wie sie uns durch entfernt vergleichbare »Ausdruckswissenschaften« wieder vertrauter geworden ist. Das Werk weist in seiner engen Verbindung von Physiognomik, Typenpsychologie und Charakterologie schon voraus auf Klages' *Prinzipien der Charakterologie* (1910) und E. KRETSCHMERS *Körperbau und Charakter* (1921). H.L.

AUSGABEN: Lpzg. 1853 [m. Abb.]. – Lpzg. ²1858 [verm.]. – Celle 1925 (Bearb. u. erw. Th. Lessing; m. Ill.; Radebeul/Dresden ³1932; Der Körper als Ausdruck, 3).

LITERATUR: H. Kern, *Die Wiederentdeckung der biozentrischen Romantik* (in Die Tat, 18, 1926/27, H. 1, S. 33–38). – G. Spiegel, ›Goetheanismus‹. *Die Psychologie des C. G. C. Eine Würdigung* (in Die Drei, 8, 1928/29, S. 217–238). – E. Voegelin, *Die Rassenidee in der Geschichte von Ray bis C. G. C.*, Bln. 1933. – P. Stöcklein, *Das religiöse Bewußtsein C. G. C.'* (in P. S., *Wege zum späten Goethe*, Hbg. 1949, S. 238–253). – G. Kloos, *Die Konstitutionslehre von C. G. C. mit besonderer Berücksichtigung seiner Physiognomik*, Geleitw. K. Jaspers, Basel/NY 1951 [m. Abb.]. – R. Bakker, *Het wijsgerig en psychologisch denken van C. G. C. in het licht van zijn Godsbeschouwing*, Assen 1954. – P. Berglar, (in Jb. des Wiener Goethe-Vereins, 67, 1963, S. 123 bis 138).

## MICAEL DE CARVAJAL

\* zwischen 1500 und 1510 Placencia / Estremadura
† 30.8.1578 Placencia

### LAS CORTES DE LA MUERTE

(span.; *Das Gericht des Todes*). Moralität von Micael de CARVAJAL, erschienen 1557. – In der ersten bekannten Ausgabe wird HURTADO DE TOLEDO (1523–1590) als der Autor, der das Werk beendete, bezeichnet, eine Angabe, die historisch nicht zu belegen ist. Das Stück Carvajals kann als eine der wichtigsten Darstellungen des in Spanien erst verhältnismäßig spät – mit der Verssatire *Danza de la muerte* (Anfang des 15. Jh.s) – eingeführten Themas des Totentanzes gelten. In ihm tritt der Tod als Weltherrscher auf. Erbittert darüber, daß die Sterblichen ständig über sein unerwünschtes Kommen klagen, läßt er eine Gerichtsverhandlung einberufen. Die Heiligen Augustinus, Hieronymus und Franziskus fungieren als Beisitzer, zwei Engel als Anwälte des Himmels, während das »Fleisch« und die »Welt« die Sache des Teufels vertreten. Als Abgeordnete für die verschiedenen Stände treten auf ein Bischof, ein Ritter, ein Reicher, ein Armer, ein Edelmann, eine Witwe, ein Arzt, eine Dirne, Heraklit und Demokrit als lachender und weinender Philosoph. Weiterhin erscheinen die drei Parzen, der Autor selbst und noch einige volkstümliche Figuren wie Hirten, Banditen, Mönche, Juden, Mauren und – eine Besonderheit in der Geschichte des Theaters – ein Indianerhäuptling mit einigen Indianern (Carvajal hatte 1534 Santo Domingo besucht). Die Vorgeladenen tragen ihre Klagen vor, so die Indianer über die Ausbeutung und Unterdrückung durch die Spanier; der Tod und die Heiligen unterweisen oder trösten sie.

Das Stück Carvajals geht kaum über ein dialogisiertes Lehrgedicht mit ausführlichen Moralpredigten hinaus. Die Handlung zieht mühsam flach durch die 23 Szenen und läßt jegliche Dramatik und Straffung vermissen. Die Monotonie wird gelegentlich durch effekthaschende Requisiten abgelöst – wie Erscheinungen von Engeln in Wolken oder schrille Trompetentöne. Auflockernd wirkt auch die scharfe Zeitsatire, die im Geist des ERASMUS gegen die Mißstände in den Klöstern und die Verweltlichung der Kirche in den Kampf zieht. So wird z. B. der Bischof als »schmucker Galan« vorgestellt, dessen farbenprächtige Gewandung die Buntheit der Papageien übertrifft. Das Stück endet mit einer merkwürdigen Szene: Der Tod verkündet die Ankunft des Antichrist. Sein Vorbote Luther wird vom Teufel und Charon zum Tod auf dem Scheiterhaufen verurteilt, »*damit nicht einmal die Knochen dieses Verderbers übrigbleiben*«. – Da CERVANTES in seinen *Abenteuern Don Quijotes* mit dem »*Wagen des Todesgerichtes*« möglicherweise auf dieses Stück anspielte, glaubte man daraus seine große Volkstümlichkeit ableiten zu können; diese Annahme dürfte aber kaum haltbar sein. A.F.R.

Ausgaben: Toledo 1557. - Madrid 1855 (BAE, 35). - Valencia 1964, Hg. A. Rodríguez-Moñino [Faks. d. Ausg. 1557].

Literatur: M. Cañete, Vorw. zu *M. de C., Tragedia llamada Josephina*, Madrid 1870. - V. Paredes, *M. C.* (in Revista de Estremadura, 1, 1899, S. 366-378). - F. Whyte, *The Dance of Death in Spain and Catalonia*, Baltimore 1931. - J. E. Gillet, Einl. zu *M. de C., Tragedia Josephina*, Princeton/Paris 1932, S. XV-XVIII. - N. Alonso Cortés, *M. de C.* (in HR, 1, 1933, S. 141-148; ern. in *Artículos histórico-literários*, Madrid 1935). - J.-L. Flecniakoska, *La formation de l'Auto religieux en Espagne avant Calderón, 1550-1635*, Montpellier 1961. - A. Rodríguez y Rodríguez-Moñino, *El poeta Luis Hurtado de Toledo. Noticias bibliográficas*, Valencia 1964. - J. Rodríguez-Puértolas, *»Las cortes de la muerte«, obra erasmista* (in *Fs. f. W. L. Fichter*, Hg. A. D. Kossoff, Madrid 1971, S. 647-658). - D. Gitlitz, *La actitud cristiano-nueva en »Las cortes de la muerte«* (in Segismundo, 17/18, 1973, S. 141-164).

## JOSÉ CÂNDIDO DE CARVALHO

\* 5.8.1914 Campos / Rio de Janeiro

### O CORONEL E O LOBISOMEM

(portug.; *Ü: Der Oberst und der Werwolf*). Roman von José Cândido de Carvalho (Brasilien), erschienen 1964. - Ponciano de Azeredo Furtado, Oberst der Nationalgarde, entstammt der alten und berühmten Familie der de Campos dos Goitacases und lebt gegen Ende des vorigen Jahrhunderts als Herr über ausgedehnte Zuckerplantagen und riesige Viehherden im Staate Rio. Obgleich er nicht mehr jung ist, hat er noch keine Frau gefunden. Den Müttern heiratsfähiger Töchter erscheint dieser reiche, doch auf Unabhängigkeit bedachte Junggeselle als begehrenswerter Schwiegersohn. Mit der gleichen Hartnäckigkeit, mit der er seine persönliche Freiheit verteidigt, setzt sich der Oberst auch für das Recht der Unterdrückten ein. Wo immer er in seiner Umgebung eine gefährdete oder gar verlorene Sache wittert, eilt er zu Hilfe. Carvalho hat mit seinem Oberst Ponciano eine Art modernen brasilianischen Don Quijote geschaffen, der jedoch stärker in der Realität wurzelt, vor allem konsequenter aus moralischem Antrieb handelt als sein ehrwürdiges kastilianisches Vorbild. Unermüdlich zieht er in den Kampf, gegen die Politiker nicht weniger als gegen die anderen Grundbesitzer und Zuckerpflanzer. So verfeindet er sich nach und nach mit allen Mächtigen. Er wird zu einer legendären Gestalt, vergöttert von den Armen, von den Reichen aber geächtet. Man dichtet ihm an, er habe ein unbescholtenes Mädchen entehrt und verwandle sich nächtlich in einen Werwolf *»der schlimmsten Art«*.

Die patriarchalische Welt der großen Plantagen, die Carvalho beschreibt, ist bereits vom Verfall gezeichnet. Die prunkvolle Fassade bröckelt unaufhaltsam ab. Die Herrenhäuser werden von Gespenstern heimgesucht, und diese düstere Atmosphäre wird noch beunruhigender durch die abergläubischen Ängste alter Sklaven. Carvalho fängt diese Welt, ohne ihren Untergang zu romantisieren oder im Detail auszumalen, in prägnanten Bildern ein. Der Oberst mit seinem querköpfigen Elan, seinen Aufschneidereien, aber auch seinen bis zur bitteren Konsequenz, der vollständigen Vereinsamung, verfochtenen Überzeugungen, steht immer im Mittelpunkt, bestimmt immer das dramatische Geschehen. Eine sehr wesentliche Rolle spielt in diesem Roman die Sprache. Carvalho nutzt alle Möglichkeiten der Volkssprache und des Dialekts, die im Staate Rio gesprochen werden, aber er stilisiert diese sprachlichen Elemente mit so sicherem Formbewußtsein, daß sein Roman nicht in die Gefahr gerät, auf das Niveau des regionalistischen Milieuromans abzusinken. Im Gegenteil, es gelingt ihm, ähnlich wie João Guimarães Rosa, mit den Mitteln der gesprochenen Sprache einen neuartigen, sehr bewußten und ausdrucksmächtigen Erzählstil zu schaffen, gefiltert durch eine überlegene, aber stets humane Ironie. H.Fa.

Ausgaben: Rio 1964; [33]1983 [Vorw. R. de Queiroz]. - Lissabon 1971.

Übersetzung: *Der Oberst und der Werwolf*, C. Meyer-Clason, Ffm. 1979 (st).

Literatur: M. Cavalcanti Proença, *Estudos literários*, Rio 1971, S. 543-547. - T. J. Murphy, *Fact and fantasy versus the Coronel* (in KRQ, 19, 1972, S. 515-524). - H. Sales, *O lobisomem e outros contos folclóricos*, Rio [2]1975 [rev.]. - T. Yamaguchi Miyazaki u. J. Haidar de Marínez, *O romance de J. C. de C* (in RLA, 17, 1975, S. 39-61). - A. Pires, *Da ficção brasileira última: »O coronel e o lobisomem«* (in Brotéria, 104, 1977).

## MARIA JUDITE DE CARVALHO

\* 1921 Lissabon

### AS PALAVRAS POUPADAS

(portug.; *Die unausgesprochenen Worte*). Erzählungen von Maria Judite de Carvalho, erschienen

1961. – Die 1959 mit den Erzählungen *Tanta Gente, Mariana (So viele Leute, Mariana)* debütierende Autorin wurde für ihren zweiten Erzählband *As palavras poupadas* mit dem »Prémio Camilo Castelo Branco« ausgezeichnet. In ihrer stilistischen Knappheit und Nüchternheit erinnern die häufig durch eine überraschende Wendung und ein offenes Ende gekennzeichneten neun Erzählungen an die »short story« angelsächsischer Prägung. Wie im übrigen Werk der Autorin (z. B. in den Erzählungen *Paisagem sem barcos*, 1963 – *Landschaft ohne Boote*), sind auch hier die Hauptpersonen oft Frauen, deren Dasein von einer patriarchalischen Familienstruktur geprägt und eingeengt wird. Leitmotive der Erzählungen sind die Einsamkeit und die Unfähigkeit des einzelnen zur zwischenmenschlichen Kommunikation.
Die Titelerzählung, die erste und längste der Sammlung, schildert die Auseinandersetzung der jungen verwitweten Graça mit ihrer Vergangenheit, das heißt in erster Linie mit der übermächtigen Vaterfigur, deren Autorität sie sich nur schwerlich zu entziehen vermochte. Der nur moralisierende Allgemeinplätze von sich gebende, jeder Liebesäußerung unfähige Vater, Vasco, der junge Hausfreund und zugleich Graças erste heimliche Liebe, sowie die gehaßte Stiefmutter werden dabei evoziert. Als zentrales Erlebnis steht Graças Entdeckung des Liebesverhältnisses zwischen dem von ihr angebeteten Vasco und der Stiefmutter, sowie der daraus folgende Bruch mit dem Vater. Die Ereignisse werden nicht linear und direkt erzählt, sondern – Graças Gedächtnis entsprechend – in der eigenwilligen Reihenfolge der inneren Zeit zunächst angedeutet, später ergänzt, so daß der Leser erst am Ende der Erzählung Graças Geschichte wie ein Mosaik zusammensetzen kann. – In der zweiten Erzählung läßt der Eifersuchtsmord innerhalb eines von der Umgebung belächelten, jeden Sinn für Geschmack und Angemessenheit entbehrenden älteren Paares Tragisches und Lächerliches hart aufeinander prallen. – Der bereits in der Titelerzählung thematisierte, das Lebensgefühl der Hauptperson prägende Selbstüberdruß – *»sie stand vor dem Spiegel und hatte sich lange betrachtet, begierig, als erwarte sie etwas, was noch nicht geboren, nicht da war, nicht existierte. Dies war das Gesicht, ihr Gesicht, ihr alltägliches Gesicht, welche Müdigkeit«* –, sowie das spannungsreiche Verhältnis zwischen der inneren – erlebten – und äußeren Zeit werden immer wieder zum Gegenstand der Erzählung. So in der unverhofften Begegnung einer älteren Dame mit einem ehemaligen Liebhaber. Mehr als eine konkrete Kritik an gesellschaftlichen Phänomenen spricht aus diesen Erzählungen ein verhaltener, von leiser Ironie begleiteter Pessimismus. Die Isolation des Einzelnen und die Absurdität des Lebens werden als schicksalhaft, das Schicksal der Menschen als Folge eines unvorhersehbaren Zufalls begriffen. So erscheint der Ertrinkungstod eines jungen Mannes als der rettende Zufall, der eine häßliche, nicht mehr ganz junge Frau davor bewahrte, von diesem selben Mann – ihrem Verlobten – verlassen zu werden und sie unverhofft in die achtbare Rolle der Witwe »*des Mannes, der gestorben ist*« brachte. Derselbe Zufall wiederum läßt den verzweifelten Versuch eines alten kranken Mannes, seine gelähmte Frau durch gemeinsamen Selbstmord dem Elend des Armenheimes zu entziehen, scheitern: Er stirbt zwar, doch sie kann noch gerettet werden.
Der Stil der Autorin ist durch die Fähigkeit gekennzeichnet, Charaktere in knapper, pointierter Form eindringlich zu erfassen. Durch die Wiederholung einiger leitmotivischer Sätze oder Stichworte in variierenden Situationen innerhalb einer Erzählung vermag Maria Judite de Carvalho fein nuancierte Stimmungswechsel greifbar zu machen. Ihre »*lyrische, melancholische*« Sicht des Lebens sieht Jacinto do Prado Coelho als Ausdruck und Fortsetzung einer spezifisch »*portugiesischen literarischen Tradition*«. A.C.K.

Ausgabe: Lissabon 1961; ³1973.

Übersetzung: *Veranda mit Blumen*, C. Meyer-Clason (in *Portug. Erzählungen des 20. Jh.s*, Hg. ders., Freiburg i.B. 1988; Ausz.).

Literatur: Ó. Lopes, Rez. (in O Comércio do Porto, 8. 6. 1962; ern. in Ó. L., *Os sinais e os sentidos*, Lissabon 1986, S. 131–135). – J. do Prado Coelho, *M. J. de C., »As palavras poupadas«* (in J. do P. C., *Ao contrário de Penélope*, Lissabon 1976). – A. Quadros, *Crítica e verdade*, Lissabon 1964. – F. Mendonça, *A literatura portuguesa no século XX*, São Paulo 1973.

## PAULO DE CARVALHO NETO

\* 10.9.1923 Simão Días / Sergipe

## MI TÍO ATAHUALPA

(span.; Ü: *Mein Onkel Atahualpa*). Roman von Paulo de Carvalho Neto (Brasilien), erschienen 1972. – Als Sohn eines brasilianischen Oppositionspolitikers unter der Diktatur von Getúlio Vargas hatte der Autor über lange Zeit hinweg Einblick in die inneren politischen Schwierigkeiten seines Vaterlandes, das er aus politischen Gründen 1967 verließ, um einen Lehrstuhl für südamerikanische Anthropologie und Literatur an der Universität von Santa Barbara/Kalifornien anzunehmen. So erschien wie das übrige Werk Carvalhos, das neben anderem Romane (*Los ilustres maestros*, 1975 – *Die berühmten Meister*), Erzählungen (*Decameron Ecuadoriano*, 1975 – *Ecuadorianisches Dekameron*, *Historias a lo divino*, 1978 – *Göttliche Geschichten*) und Theaterstücke (*Teatro Sandinista*, 1978 – *Sandinistisches Theater*) umfaßt, auch dieser wichtigste Roman zunächst in Mexiko in spanischer Sprache und schließlich 1978 in Brasilien. Carvalho reiht sich in die Gruppe jener brasilianischen Schriftsteller der mittleren Generation ein, die sich von Autoren wie Ignácio de Loyola BRANDÃO (*1936), der vor allem durch seine formalen Experimente hervortritt, oder Márcio SOUZA (*1941) mit seinem direkten spielerischen Einbezug fremder Texte deutlich absetzen. Carvalhos Roman wirkt gegenüber den Werken der genannten Autoren auf eine fast klassizistische Weise traditionell und formal streng, oft auch manieriert. Dabei treten in *Mi tío Atahualpa* Anklänge an literarische Vorbilder, vor allen an CERVANTES und dessen Zeitgenossen, zutage.

Dem Werk ist eine mit *Dançantes* (Tanzende) überschriebene Personenliste und eine mit *Atos* (Aktfolge) betitelte Kapitelübersicht vorangestellt, die den allegorischen Geist und die Syntax der Erzählliteratur des Barock wieder aufleben lassen: »*Die ganz traurige Beerdigung der alten Königin. Allwo das tiefsinnige Mitgefühl ihrer an wahrer Liebe und christlicher Tugendsamkeit beispielhaften Kinder beschrieben wird.*« Tatsächlich deuten nicht nur diese Titel darauf hin, daß es sich bei *Mi tío Atahualpa* um ein Werk handelt, das dem pikaresken Roman nahesteht. Diese Gattung stellt eines der wesentlichen Erzählmodelle der neueren brasilianischen Literatur bereit, auf das sich in jüngster Zeit immer wieder Autoren wie Fernando SABINO (*1923) oder Márcio Souza berufen. Wie die klassischen Schelmenromane ist *Mi tío Atahualpa* in Ichform erzählt, die Perspektive des Antihelden aus sozial niedrigem Stand ist verbindlich.

Doch weicht Carvalhos Schelmenroman durch einen zentralen Unterschied von der Folie der Gattung ab. Er berichtet über zwei Schelme: »Atahualpa der Neffe« erzählt das Leben des Aufsteigers »Atahualpa der Onkel«. Beide sind Abkömmlinge eines Indiostammes, also Mitglieder der sozial deklassierten, unterprivilegierten und diskriminierten Bevölkerungsschicht Lateinamerikas. Der Neffe Atahualpa beschreibt den Onkel aus einer mehrstufigen Distanz heraus, die dem Werk einen besonderen Reiz verleiht: Einerseits ist es die Distanz der Generationen, welche die Sichtweise des Neffen kritisch prägt, sodann der soziale Unterschied, denn der Onkel Atahualpa ist ein rücksichtsloser Aufsteiger, der es immerhin bis zum Diener eines Botschafters in Ecuador bringt und dessen Karriereregest der Neffe in ironischer Brechung von der ersten Seite an darstellt: Das Akzeptieren der Dienerlivrée als einer dem Indio eigentlich unangemessenen Kleidung quittiert der Neffe Atahualpa mit der gleichen Mischung aus indianischem Unverständnis und okzidentalem Zynismus wie die kulturelle Assimilation des alten Indios, am deutlichsten sichtbar in der Substitution der indianischen Namen durch europäische, die, durch die Verleugnung der indianischen Identität, einem Suizid gleichkommt. »*Sie mein guter Freund, wissen freilich, was – mit Verlaub – ein Scheißindio is, nich? Von diesen Zwischenindios einer. Will sagen: nich Indio, nich Weißer, nich Cholo, nich Neger, nich Gebirgler, nich Flachländler, nich Küstler, nich Ecuadorianer, nich Ausländer, rein nischt. Scheißindio eben.*« Zugleich berichtet der Neffe Atahualpa aber nicht nur aus der sozialen und generationsbedingten Distanz, sondern auch aus der Retrospektion, wiederum ein typisch pikareskes Merkmal: Der Neffe vergleicht sein Leben mit dem seines Onkels und stilisiert seines zum »Heilsweg« des »echten« Indios; denn anders als sein Onkel geht der Neffe allen Verlockungen zum Trotz nicht den Pfad des sozialen Aufstiegs und der kulturellen Selbstverleugnung, die auch ihn in seinen eigenen Augen zu einem jener »*verdammten Indios*« machen würde. Nach dem Wunsch des Onkels soll der Neffe in seine Fußstapfen treten. Doch bereits das Anziehen der weißen Handschuhe, unabdingbarer Bestandteil der Uniform des zukünftigen Botschaftsdieners, verursacht dem Neffen einen tiefen Widerwillen. Daß Atahualpa der Neffe die Stellung seines Onkel zunächst doch antritt, rechtfertigt er nur daraus, daß er in die überaus reizvolle Terrèze verliebt ist, ein Mitglied jener ecuadorianischen Botschafterfamilie, deren kulturelle Orientierung an Europa deutlich ironisiert wird.

Das turbulente Werk ist über dieses knappe Handlungsgerüst hinaus reich an erotischen Verwicklungen und äußerer Aktion, die von der Rebellion bis zur Naturkatastrophe reichen. Neben der deutlich dialektal gefärbten Sprache sind als besonderes Stilmittel vor allem eine Reihe von Milieu- und Personenschilderungen eingesetzt, etwa die grotesk anmutende Beschreibung des Botschaftsgartens, der den absurden Namen *Disneylándia* trägt. In diesen Partien spiegelt sich das Befremden des *cholo*, des sozial niedrigen Indios, angesichts der okzidentalen Zivilisation. Carvalho, ebenso wie Darcy RIBEIRO (*1922) als Ethnologe tätig, hat damit sein besonderes Interesse am Schicksal der Indios und ihrem Recht auf kulturelle Selbstverwirklichung bezeugt. Das Ergebnis ist ein lesenswerter Unterhaltungsroman geworden, der ohne moralisierende oder soziologische Tendenzen seine Leser durch jene Unmittelbarkeit anzusprechen vermag, die in der Schelmenliteratur einst Mark TWAIN mit *Huckleberry Finn* glückte.    G.Wil.

AUSGABEN: Mexiko 1972. – Rio 1978 (*Meu tio Atahualpa: romance picaresco*, Übers. R. Gorga Filho; portug.; ern. 1983).

ÜBERSETZUNG: *Mein Onkel Atahualpa*, A. Klotsch, Bln./DDR 1977. – Dass., ders., Wuppertal 1978.

LITERATUR: P. de Carvalho Neto, *El lenguaje de »Mi tío Atahualpa«. Contrabución al estudio de la fraseología popular de la costa ecuatoriana* (in Montalban, Caracas 1974, Nr. 3, S. 681–702). – C. Rabassa, *The Multiple Literary Traditions of »Mi tío Atahualpa«* (in LALR, 15, 1979, S. 33–38). – Dies., *Salvación y evacuación: Los sentidos equivocos de la escatología reconciliados en »Mi tío Atahualpa«* (in CHA, 1979, Nr. 346, S. 249–255).

## RAYMOND CARVER

\* 25.5.1938 Clatskanie / Oreg.
† 2.8.1988 Port Angeles/Wash.

## WHAT WE TALK ABOUT WHEN WE TALK ABOUT LOVE

(amer.; *Worüber man redet, wenn man über Liebe redet*). Erzählungen von Raymond CARVER, erschienen 1981. – Carver, der die literarische Kurzform (Lyrik, Short Story) bevorzugt, legt mit diesen siebzehn, zwischen 1974 und 1981 entstandenen Erzählungen seinen dritten Kurzgeschichtenband vor, der sich durch äußerste sprachliche Sparsamkeit und eine beklemmend düstere, autobiographisch begründete Atmosphäre auszeichnet. Erst in dem 1983 erschienenen Erzählband *Cathedral* (*Kathedrale*) sollte sich der Erzählhorizont des Autors allmählich aufzuhellen beginnen.

Mit einfachsten sprachlichen Mitteln schildern die einzelnen Geschichten ganz gewöhnliche Situationen im Leben einfacher, von der Literatur vielfach übergangener Menschen. Sie bevorzugen das familiäre Interieur und variieren mit Vorliebe das Thema brüchiger zwischenmenschlicher Beziehungen, in denen die Liebe erkaltet ist. Statt sich miteinander auszusprechen, reden die Figuren unablässig aneinander vorbei. Die Dialoge, aus denen die Geschichten zu einem Gutteil bestehen, sind letztlich verkappte Monologe, die – reich an Formeln, Floskeln und Klischees – gleichsam an sich selbst ersticken. Die Unfähigkeit, sich angemessen und nuanciert zu artikulieren, läßt die Figuren an ihrer eigenen sprachlichen Armut scheitern. Allein und in sich gefangen sind sie auch nicht imstande, den Geschehen eine entscheidende Wende zu geben; eher statisch und ereignislos muten daher die meisten Erzählungen an. Epiphanische Durchblicke, die man aus vielen Kurzgeschichten der klassischen Moderne kennt, bleiben hier aus, eine Lösung der verknoteten Beziehungen ist kaum jemals in Sicht, zumal die Figuren in einem noch viel tieferen Sinn Opfer ihrer selbst sind. Getrieben von unkontrollierbaren inneren Impulsen und gelähmt von plötzlich über sie hereinbrechenden äußeren Ereignissen müssen sie vielfach tatenlos zusehen, was mit ihnen geschieht. Verzweiflung wird so folgerichtig zu einem Losungswort dieser kleinen Leute und der Alkohol erweist sich nicht selten als probates Mittel gegen die innere Leere. Von Verzweiflung gezeichnet ist auch der erzählerische Grundton der Geschichten, die sich eher monoton hinziehen, ohne dabei jedoch jemals langweilig zu wirken. Unter der Textoberfläche lauert nämlich spürbar etwas Bedrohliches – Carver spricht in seinen Interviews wiederholt von »*menace*« –, das zwar unausgesprochen bleibt, den Leser dafür aber um so nachhaltiger in seinen Bann schlägt. Das Gewöhnliche des Sujets wird so unmerklich von einer Aura des Ungewöhnlichen umgeben.

Die selbstauferlegte sprachliche Askese Carvers ist es, die entscheidend für die Hintergründigkeit des Geschehens sorgt. Scheinbar objektiv registrierend reiht der Erzähler zwar Aussage an Aussage. Die vorwiegend paratakischen Reihungen aber generieren einen höchst lakonischen Stil, der wiederum für die zahlreichen Lakunen im Text verantwortlich ist. Und es sind diese von keinem Erzählkommentar ausgefüllten Leerstellen, die die magische Aura der Geschichten erzeugen und den Leser in besonderem Maße in die Lektüre involvieren. Das scheinbar Gewöhnliche, das sich in den einfachknappen Aussagen kundtut, wird durch die sprachlichen Ellipsen ins Ungewöhnliche gewendet, das Heimisch-Vertraute wird nachgerade unheimlich. Was die Geschichten insgesamt auszeichnet, das trifft ganz besonders auf ihr Ende zu, das sich in der Regel jeder kommentierenden Antwort und jeder Auflösung verweigert. Unbestimmt bleibt ihr Ausgang, verunsichert legt der Leser das Buch aus der Hand. Die Wirkung aber hallt echoartig nach, der Leser bleibt, nachdem er die Lektüre beendet hat, noch lange im Bann der Erzählung. Wo diese Erzählstrategie einmal nicht eingehalten wird, wie z. B. in *Tell the Women we're Going* (*Sag den Frauen, wir gehen*) oder *Popular Mechanics* (*Volkstümliche Mechanik*), verlieren die Geschichten etwas von der für Carver typischen Hintergründigkeit. Zu sehr bleiben sie einem äußeren, vordergründigen Effekt verpflichtet.

Der Titel des Bandes ist insofern mit Bedacht gewählt, als sich in ihm das Grundanliegen des Buches gleich zweifach ausdrückt. Zum einen schlägt er das Hauptthema der Liebe an, das dann in den einzelnen Erzählungen in all seinen mannigfachen Verfehlungen durchgespielt wird. Zum anderen macht er deutlich, wie wenig sich »*wirkliche Liebe*« (»*real love*«) in einer Zeit sprachlicher Verarmung in Worte fassen läßt und wie sehr die Figuren in ihrer Sehnsucht nach Liebe hilflos einer Zirkularität des Redens erliegen, ohne dadurch auch nur einen Deut der Liebe selbst näher zu kommen. Die Titelgeschichte, die sich um eine Definition von Liebe müht, endet resigniert mit dem Eingeständnis, ja doch nur einmal mehr ein »*menschliches Geräusch*« (»*human noise*«), eine Art unbestimmtes sprachliches Rauschen hervorgebracht zu haben. Insofern sind die Geschichten Raymond Carvers als typische Produkte der literarischen Nachmoderne auch Geschichten, die von Sprache handeln, von ihrer Ohnmacht *und* ihrer Macht. Denn daß ihre Wirkung auf den Leser mächtig sein kann, beweist jede Lektüre aufs Neue.

J.C.S.

AUSGABEN: NY 1981. – NY 1982.

LITERATUR: R. Towers, *Low-Rent Tragedies* (in NY Review of Books, 14. Mai 1981, S. 37–40). – J. Atlas, *Less is Less* (in Atlantic Monthly, Juni 1981, S. 96–98). – A. Arias-Misson, *Absent Talkers* (in Partisan Review, 49, 1982, S. 625–628). – W. L. Stull, *Beyond Hopelessville: Another Side of R. C.* (in PQ, 64, 1985, S. 1–15). – M. Chénetier,

*Living On/Off the »Reserve«: Performance, Interrogation, and Negativity in the Works of R. C.* (in *Critical Angles: European Views of Contemporary American Literature*, Hg. M. Chénetier, Carbondale/Ill. 1986, S. 164–190).

## JOYCE CARY

eig. Arthur Joyce Lunel Cary
* 7.12.1888 Londonderry / Irland
† 29.3.1957 Oxford

**LITERATUR ZUM AUTOR:**
MFS, 9, 1963, Nr. 3 [Sondernr. *J. C.*]. – G. L. Larsen, *The Dark Descent: Social Change and Moral Responsibility in the Novels of J. C.*, NY 1966. – W. V. O'Connor, *J. C.*, NY 1966. – M. Foster, *J. C.: A Biography*, Boston 1968. – J. Wolkenfeld, *J. C.: The Developping Style*, NY 1968. – M. J. C. Echeruo, *J. C. and the Novel of Africa*, NY 1972. – R. W. Noble, *J. C.*, NY/Edinburgh 1973. – S. H. Kanu, *A World of Everlasting Conflict: J. C.'s View of Man and Society*, Ibadan 1974. – M. J. C. Echeruo, *J. C. and the Dimensions of Order*, Ldn./NY 1979. – B. Fisher, *J. C.: The Writer and His Theme*, Atlantic Highlands/N. J. 1980. – C. Cook, *J. C. Liberal Principles*, Totowa/N. J. 1981. – H. Adams, *J. C.'s Trilogies. Pursuit of the Particular Real*, Gainesville/Fla. 1983. – K. E. Roby, *J. C.*, Boston 1984 (TEAS).

### THE AFRICAN WITCH

(engl.; *Ü: Ein schwarzer Prinz*). Roman von Joyce CARY, erschienen 1936. – Hatte Cary in seinem 1932 veröffentlichten Roman *Aissa Saved (Aissa gerettet)* hauptsächlich das Problem der christlichen Missionierung im Schwarzen Erdteil behandelt, so geht es ihm hier, unter einem vorwiegend politischen Aspekt, um die Schwierigkeiten, die sich bei der Umwandlung einer primitiven Gesellschaftsordnung in einen nach europäischen Maßstäben organisierten Staat des 20. Jh.s ergeben.
In Rimi, einer fiktiven Kleinstadt in Nigeria, bricht Anfang der dreißiger Jahre ein Nachfolgestreit um den Posten des Emirs aus, dessen baldiges Ableben zu erwarten ist. Unter den verschiedenen Kandidaten, die die örtliche britische Verwaltungsbehörde in Betracht zieht, besitzt Louis Aladai, der einer einflußreichen einheimischen Familie entstammt und in Oxford studiert hat, den größten politischen Weitblick. Daß der »schwarze Prinz« letztlich scheitern muß, obwohl oder gerade weil er alle Voraussetzungen für die Aufgabe mitbringt, sein Volk verantwortungsbewußt zu führen, demonstriert der Autor überzeugend, indem er die für den Europäer so verwirrend erscheinenden afrikanischen Verhältnisse mit ihren hart aufeinanderprallenden Gegensätzen schildert: die Rivalität von Christentum, Islam und Heidentum; das Verhältnis der einzelnen Stämme zueinander; die von Stammesinteressen und religiösen Motiven bestimmten Kämpfe vieler kleiner Splitterparteien, die sich in einem Netz ständig wechselnder Allianzen, heimtückischer Verrätereien und plötzlich ausbrechender Feindseligkeiten verfangen; die im Zustand primitiven Aberglaubens verharrende Masse; und eine politisch kurzsichtige, zum Teil unfähige Kolonialverwaltung, der allein an der Aufrechterhaltung des Status quo gelegen ist. In die Enge getrieben, entfesselt der »schwarze Prinz« schließlich die Kräfte, die er nicht länger unter seiner Kontrolle zu halten vermag, doch macht der Volksaufstand nur die ganze Sinnlosigkeit seines Unternehmens sichtbar. Schließlich stellen die Briten, nachdem bereits allzuviel Blut vergossen wurde, wieder »Ruhe und Ordnung« her. – Eine entscheidende Rolle fällt der Titelfigur des Romans, Aladais Schwester Elisabeth, zu, die als Ju-Ju-Priesterin, Hexen- und Geisterbannerin einen verhängnisvollen Einfluß auf die Eingeborenen ausübt und damit, im Gegensatz zu ihrem Bruder, symbolisch für das alte Afrika steht.
Das Buch gilt noch heute als einer der besten englischen Afrikaromane und hat immer wieder Neuauflagen erlebt.

J.v.Ge.-KLL

AUSGABEN: Ldn. 1936. – Ldn. 1951.

ÜBERSETZUNG: *Ein schwarzer Prinz*, W. Kramp, Mchn. 1938.

### AISSA SAVED

(engl.; *Ü: Aissa gerettet*). Roman von Joyce CARY, erschienen 1932. – Carys Erstlingsroman spielt während der frühen zwanziger Jahre in Yanrin, einem abgelegenen Gebiet Nigerias, das von dem englischen Distriktvorsteher Bradgate unter größten technischen Schwierigkeiten verwaltet wird. Die Hauptgestalten des Buches stehen für die divergierenden Auffassungen von Gut und Böse, die innerhalb zweier, in unterschiedlichen Entwicklungsstadien befindlichen Zivilisationsformen herrschen. Da ist auf der einen Seite das Missionarsehepaar Carr, das ehrlich bemüht ist, unter primitivsten Bedingungen die Eingeborenen zum Christentum zu bekehren; und da ist andererseits Aissa, die eifrigste Anhängerin des neuen Glaubens. Ihre Interpretation der christlichen Lehre entspricht jedoch keineswegs der Absicht der Missionare: Für die Eingeborenen unterscheidet sich Jesus von den heidnischen Göttern ihrer Vorfahren und den gegenwärtig verehrten Stammesgötzen nur dadurch, daß er mächtiger ist als sie alle.
Carys Kritik zielt auf die – keineswegs böswillige – Ignoranz der Vertreter einer »zivilisierten« Gesellschaft, die die Lebensgewohnheiten und die Denk-

weise der Eingeborenen bei ihren Erziehungsversuchen nicht berücksichtigen, denen es daher unverständlich bleiben muß, daß die Bekehrten christliche Lehrsätze und Glaubensregeln, deren Symbolcharakter ihnen fremd ist, wörtlich auffassen. Szenen wie diejenige, in der bekehrte und unbekehrte Eingeborene gemeinsam in einem Ritual um Regen bitten, machen diese Begriffsverwirrung sinnfällig. Daß schließlich auch die nach heidnischem Ritus durchgeführte »Hinrichtung« Aissas als einer »christlichen Hexe« die Konsequenz einer solchen Verwirrung ist, wird von den Missionaren kaum begriffen.

Wie auch Carys folgende Romane – *The African Witch (Ein schwarzer Prinz)* und *Mr. Johnson (Mister Johnson)* – geht *Aissa Saved* auf Erfahrungen zurück, die der Autor als Verwaltungsbeamter in Nigeria sammelte. Sein außergewöhnliches Einfühlungsvermögen in die Vorstellungswelt primitiver Völker machen seine Afrikaromane zu bisher kaum übertroffenen Beispielen dieser Gattung in der englischen Romanliteratur. J.v.Ge.

AUSGABEN: Ldn. 1932. – Ldn. 1952. – Oxford 1969. – Bath 1974.

ÜBERSETZUNG: *Aissa gerettet*, R. Frank, Zürich 1955.

LITERATUR: B. Downes, »*Almost a Fabulous Treatment*«: *A Reading of J. C.'s »Aissa Saved«* (in Work in Progress, 3, 1980, S. 52–62).

## A FEARFUL JOY

(engl.; *Ü: Banges Glück*). Roman von Joyce CARY, erschienen 1949. – Man kann dieses Werk Carys als einen »historischen« Roman im besten Sinn des Wortes bezeichnen. Mag er auf den ersten Blick wie ein Zeitpanorama im Stil von *A Prisoner of Grace (Auf Gnade und Ungnade)* und *To Be a Pilgrim (Schatten des Lebens)* wirken, so konzentriert er sich thematisch doch weit mehr als diese und andere Werke des Autors auf historische Vorgänge. Sein eigentlicher Protagonist ist England, von der Zeit des Burenkriegs bis zu den Jahren nach dem Zweiten Weltkrieg. Diese Zeitspanne wird hauptsächlich aus der Sicht der weiblichen Hauptfigur, Tabitha Baskett, geschildert. Sie, die Tochter einer gutbürgerlichen viktorianischen Familie, ist zu Beginn der Handlung achtzehn Jahre alt. Der charmante, skrupellose Abenteurer Dick Bonser hat sie verführt, und sie erwartet ein Kind von ihm. Als er sie verläßt, wird sie die Geliebte des reichen Kunstmäzens Sturge. Durch ihn kommt sie in näheren Kontakt mit Londoner Literaten und Künstlern und erwirbt sich bald den Ruf, eine glänzende Gastgeberin zu sein. Nach Sturges Tod heiratet sie den ältlichen Industriemagnaten Sir James Gollan und erlangt so, zur Zeit des Ersten Weltkriegs, Zugang zu den Kreisen der Hochfinanz und der Politik. Gollan investiert Kapital in die ersten Experimente der Flugzeugindustrie, macht Bankrott, arbeitet mit dem Kriegsministerium zusammen und erwirbt ein neues Vermögen, das aber, infolge der Nachkriegsbaisse, bei seinem Tod wieder zerronnen ist. Nun tritt Tabitha wieder mit Dick Bonser in Verbindung, der bald als Habenichts, bald als reicher Mann im Verlauf der Romanereignisse immer wieder auftaucht. Gemeinsam mit ihm erlebt Tabitha das Auf und Ab von Reichtum und Armut. Ihr Sohn wächst heran und heiratet. Die Schilderung seines Lebens steht im Mittelpunkt der Kapitel, die in den zwanziger und dreißiger Jahren spielen. Die letzten Vorkriegsjahre, der Zweite Weltkrieg und seine Nachwehen spiegeln sich in Tabithas Verhältnis zu ihrer Enkelin, deren amoralisches, wurzelloses Dasein in seltsamem Kontrast zu dem ebenfalls unkonventionellen Lebenswandel ihrer Großmutter steht. Diese Gegenüberstellung macht in aller Schärfe die Wandlung sichtbar, der die englische Gesellschaftsstruktur und Lebensart in der ersten Hälfte des 20. Jh.s unterworfen war. Glaube, Vertrauen und Liebe zum Leben, die Tabitha von einer Umwelt mitgegeben wurden, deren Moralkodex sie durchbrach, sind in der Welt ihrer Enkelin nahezu unbekannte Größen.

So stellt Cary im Rahmen von Einzelschicksalen den Zusammenbruch der Traditionen und des Selbstvertrauens einer ganzen Nation dar. Eine summarische Inhaltsangabe vermag der außergewöhnlichen Ökonomie der Mittel und der technischen Virtuosität des Autors sowenig gerecht zu werden wie der Fülle des Stoffes. Cary zeichnet die literarische und künstlerische Szene des beginnenden 20. Jh.s mit derselben Tiefenschärfe wie die Welt der Politiker, Wirtschaftler und Kriegsgewinnler, der kleinen Gauner und Zuhälter. J.v.Ge.

AUSGABEN: Ldn. 1949. – Ldn. 1956. – NY 1961. – Westport 1973.

ÜBERSETZUNG: *Banges Glück*, T. Mutzenbecher, Hbg. 1953.

LITERATUR: R. M. Eastman, *Historical Grace in C.'s »A Fearful Joy«* (in Novel, 1, 1968, S. 150–157).

## HERSELF SURPRISED

(engl.; *Ü: Frau Mondays Verwandlung*). Erster Band einer Romantrilogie von Joyce CARY, erschienen 1941, fortgesetzt mit *To Be a Pilgrim*, 1942 *(Im Schatten des Lebens)*, und *The Horse's Mouth*, 1944 *(Des Pudels Kern)*. – Die drei Romane werden allgemein die »Erste Trilogie« Carys genannt, doch sind die Bezeichnungen »Romanfolge« (*Sequence novels*) und »Triptychon« (wie der Kritiker Walter ALLEN sie nennt) treffender. Zusammen mit der die Chester-Nimmo-Romane umfassenden »Zweiten Trilogie« (vgl. *A Prisoner of Grace*) gelten sie als Carys bedeutendste Leistung. In jedem Band fungiert eine andere Gestalt als Ich-

Erzähler und Zentralfigur, in jedem sind die Hauptcharaktere der anderen beiden Bände als Nebenfiguren gegenwärtig. Aus drei Perspektiven also *(triple vision)* fügen sich die Porträts dreier grundverschiedener Menschen und darüber hinaus ein vier Jahrzehnte umfassendes Panorama englischer Geschichte zusammen.

Das stärkste Verbindungsglied zwischen den Romanen ist die Gestalt der Sara Monday, die in *Herself Surprised* die Geschichte ihres Lebens, vor allem ihrer Beziehungen zu dem Anwalt Wilcher (Erzähler in *To Be a Pilgrim*) und dem Maler Jimson (Erzähler in *The Horse's Mouth*) berichtet. Sara sitzt im Gefängnis, als sie versucht, sich Rechenschaft über ihr an Verstrickungen reiches Leben abzulegen, ein Leben das sie selbst – wie im englischen Romantitel zum Ausdruck kommt – stets von neuem überrascht hat. Ihre ungestüme Lebenskraft und Liebesfähigkeit hat diese zugleich naive und instinktsichere Frau mit Konvention und Gesetz in Konflikt gebracht. Als junge Köchin hat sie den sehr viel älteren Matthew Monday, den Sohn ihrer Arbeitgeberin, geheiratet. Mit ihm teilt sie Reichtum und Armut; als er stirbt, ist sie fast mittellos. Bereits vor Matthews Tod beginnt ihre Beziehung zu einem Außenseiter der Gesellschaft, der ihr zeitlebens mehr bedeutet als jeder andere Mann, dem sie Geliebte und Mutter zugleich sein möchte, dem sie aber schließlich zur Fessel wird, die er abwirft: zu Gulley Jimson. Während sie mit ihm zusammenlebt, hilft sie ihm bei seinen grotesken Versuchen, Bilder zu verkaufen, und noch nachdem er sie verlassen hat, unterstützt sie ihn finanziell. Sie wird Dienstmädchen bei dem älteren, wohlhabenden Anwalt Thomas Wilcher, der sie zu seiner Haushälterin und Geliebten macht. Schließlich erhält sie, die es mit dem Geld anderer nie sehr genau genommen hat und bereits einmal einer Scheckfälschung wegen in Schwierigkeiten geriet, eine Gefängnisstrafe, weil sie Wilcher bestohlen hat. Als der Richter sie *»eine Frau ohne Gefühl für Moral«* nennt, versucht sie nicht, sich zu rechtfertigen; sie ist nur über sich selbst und über ihre verhängnisvollen Handlungen überrascht. Was sie in den Augen derer, die sie wirklich kennen, rechtfertigt, sind ihr Lebensmut und ihre Ausdauer, ihre ständige Bereitschaft zum Glück und ihr Mangel an Selbstmitleid. *»Du hast deine Seele lebendig erhalten«*, sagt Wilcher zu ihr. – Saras unkompliziertem Wesen entspricht die geradlinige Erzählweise von *Herself Surprised*.

Um so komplexer ist die Struktur von *To Be a Pilgrim*. Der Lebensbericht Tom Wilchers hat drei Zeitebenen: Die Gegenwart (Ende der dreißiger Jahre) ist sein Gefangenendasein in Tolbrook Manor, dem Familiensitz der Wilchers, wo der schwerkranke alte Mann, der durch exhibitionistische Neigungen in der Öffentlichkeit Anstoß erregt hat, unter der Aufsicht seiner Nichte, einer Ärztin lebt. Erfolglos bemüht er sich, die nüchterne Nachkriegsgeneration zu verstehen, der geheiligte Traditionen nichts mehr bedeuten und die in ihm das lädierte Relikt einer versunkenen Ära sieht. Immer wieder läßt Wilcher seine Gedanken in die Vergangenheit schweifen, um sich dann ebenso unvermittelt die Zukunft vorzustellen und Pläne zu schmieden, wie er der Verwandtschaft entrinnen und wieder zu Sara Monday gelangen könnte. Er erinnert sich seiner Jugendjahre, als er wie seine Geschwister von den Versen Bunyans begeistert war und *»ein Pilger sein«* wollte, der frei von äußerem Zwang durchs Leben wandert, als er aber sehr bald vor seiner dominierenden Schwester Lucy kapitulierte und sich in Bewunderung für seinen geltungssüchtigen Bruder Edward erschöpfte. Stets hat er nur am Leben anderer teilgenommen, nie sein eigenes gelebt. Und doch – während er sich mit den Schicksalen seiner Verwandten vier Jahrzehnte englischer Geschichte ins Gedächtnis ruft, erscheint Wilcher als ein Mensch, dessen Traditionalismus ihm die Fähigkeit zur Interpretation der gefährdeten Gegenwart verleiht. – Wilchers Erinnerungen an Sara, die jetzt nur noch Mitleid für ihn empfindet und ihm die Rückkehr verwehrt, fügen dem Charakterbild dieser Frau, wie es sich aus ihrem eigenen Bericht herausschälte, neue Züge zu, doch teilt sich auch aus ihnen vor allem die vitale Kraft Saras mit, in der gerade ein Mann wie Wilcher sich geborgen fühlt. – Cary ist es gelungen, die Abhängigkeit Wilchers von anderen Menschen auch auf den Stil dieser Lebensbeichte zu übertragen. Immer wieder läßt er den Ton umschlagen und den Erzähler in die Redeweise der Personen verfallen, die gerade aus seiner Erinnerung auftauchen.

*The Horse's Mouth*, wohl das bekannteste Buch des Autors, ist die *»erstaunliche Selbstenthüllung eines amoralischen Strolchs, der zufällig ein genialer Künstler ist«* (O. Prescott). Gulley Jimsons Erzählung setzt wie die Wilchers Ende der dreißiger Jahre ein, als der inzwischen Siebenundsechzigjährige wieder einmal völlig abgerissen aus einem Londoner Gefängnis entlassen wird. Im Gegensatz zu seiner einstigen Geliebten Sara fühlt er sich nie schuldig, wenn die Gesellschaft ihre Gesetze auf ihn anwendet, aber wie Sara bemitleidet auch er sich nicht. Für ihn zählt im Leben nur eines – malen, und wenn er Farben und Leinwand braucht, verschafft er sie sich bedenkenlos auch mit unlauteren Mitteln. Seine gesamte Umwelt ordnet er seinem Schaffen unter, ja, er empfindet sie als lästig, obwohl er selten auf Feindseligkeit stößt. Er erwartet nichts von der Gesellschaft und fühlt sich ihr daher nicht verpflichtet. Ständig hin und hergerissen zwischen seinem Sendungsbewußtsein und der Unzufriedenheit mit seiner Leistung, ist ihm die Unsicherheit der künstlerischen Existenz dennoch so selbstverständlich wie seine Berufung, die – wie er einem jungen Bewunderer warnend sagt – den *»Weg zum Ruin«* bedeutet. Jimsons oft überwältigend komischer Bericht ist alles andere als die Geschichte eines unter dem Unverständnis der Welt leidenden Künstlers. Seinen Vater hat dieses Unverständnis zerstört, er selbst jedoch ist zu zäh und hemmungslos, zu egozentrisch, auf seine illusionslose Art zu optimistisch und zu närrisch, um sich unterkriegen zu lassen. Immer wieder fängt er von vorn an und ist nicht im geringsten daran interessiert, den Erfolg, den ihm vor Jahren einige impressionistische Bilder eingebracht haben, fortzusetzen. Unbeeindruckt von schlechten Kritiken, wendet er sich neuen Stilen und Motiven zu. Tragikomisch wie das ganze Leben dieses genialischen Außenseiters ist auch der Schluß seiner Geschichte: Das letzte und gewaltigste seiner biblischen Gemälde, »Die Schöpfung«, malt er auf eine baufällige Kapellenmauer, deren Abbruch bereits im Gang ist. Sie stürzt genau zu dem Zeitpunkt zusammen, als drüben auf dem Kontinent der Zweite Weltkrieg ausbricht. – Jimsons Erinnerungen an Sara und die Schilderung seiner Wiederbegegnung mit ihr entsprechen ganz seinem jeweiligen Gemütszustand. Einmal sieht er in ihr die Frau, die sein kompromißloses Künstlerdasein gefährdet hat, dann wieder wünscht er sich den Trost ihrer mütterlichen Gegenwart, und noch nach ihrem von ihm mitverschuldetem Tod meint er, ihre Stimme zu hören. Und wie Tom Wilcher in *To Be a Pilgrim* dem ihm unheimlichen Anarchisten Jimson (dessen Namen er nie erwähnt) die Rolle neidet, die er in Saras Leben gespielt hat, so mißgönnt dieser dem Bourgeois Wilcher seine Jahre mit Sara.

Jimson erzählt episodisch und so, als male er Bilder. Farben leuchten auf, Muster und Umrisse erscheinen und verwischen sich wieder. Blake, den Jimson glühend bewundert *(»weil dieser verdammte Engländer von nichts etwas verstand als von der Freiheit«)*, wird zitiert und paraphrasiert, Dialoge in breitem Cockney und assoziative Bilder- und Gedankenfolgen im Stil von JOYCE und Virginia WOOLF lösen einander ab. Komische, burleske und pikareske Elemente (die Kritik hat u. a. immer wieder SMOLLETT zu Vergleichen herangezogen) verstellen häufig den Blick auf den ernsthaft um die Kunst Ringenden. Aber Jimson macht eben – wie der Autor in seinem aufschlußreichen Vorwort (Carfax Edition) schreibt – *»aus dem Leben einen Spaß, weil er nicht wagt, es ernst zu nehmen«*. Doch er wagt, es zu lieben, und er gibt anderen als Quintessenz seiner Erfahrung Blakes Worte *»Geh hin und liebe«* mit auf den Weg und fügt hinzu: *»Helfen wird dir keine Hand.«* KLL

AUSGABEN: *Herself Surprised*: Ldn. 1941. – Ldn. 1951; ern. 1960 *(Carfax Ed.)*. – *To Be a Pilgrim*: Ldn. 1942. – Ldn. 1951 *(Carfax Ed.)*. – NY 1960. – *The Horse's Mouth*: Ldn. 1944. – Ldn. 1951; ern. 1959 *(Carfax Ed.)*. – NY 1958 *(First Trilogy,* 3 Bde.). – Mattituck/N. Y. 1976. – NY 1980.

ÜBERSETZUNGEN: *Frau Mondays Verwandlung*, W. Dorn u. K. Lütgen, Essen 1949. – *Im Schatten des Lebens*, dies., Essen 1948. – *Des Pudels Kern*, H. E. Nossack, Hbg. 1949. – Dass., ders., Hbg. 1976.

VERFILMUNG: *The Horse's Mouth*, England 1958 (Regie: R. Neame).

LITERATUR: C. G. Hoffmann, *The Genesis and Development of J. C.'s »First Trilogy«* (in PMLA, 78, 1963, S. 431–439). – F. Stockholder, *The Triple Vision in J. C.'s »First Trilogy«* (in MFS, 9, 1963, S. 231–244). – H. Oppel, *J. C.: The »First Trilogy«* (in *Der moderne englische Roman*, Hg. ders., Bln. 1965, S. 262–300).

## A HOUSE OF CHILDREN

(engl.; *Ein Haus voller Kinder*). Roman von Joyce CARY, erschienen 1941. – Das stark autobiographisch geprägte Buch beschreibt die Erlebnisse einer Schar Kinder, die Ende des 19. Jh.s in einem großen Haus an der Westküste Irlands aufwächst. Die Kinder gehören wohlhabenden Familien des Mittelstandes an und sind alle miteinander verwandt. Die Welt, in der sie leben, ist noch ganz von jenem Gefühl der Beständigkeit und Sicherheit bestimmt, das nach 1914 so rasch verlorenging. Als Ich-Erzähler fungiert Evelyn, der Jüngste des Kreises. Die Ereignisse – Kinderstreiche, Segelpartien, erste Jugendlieben, eine Theateraufführung u. a. –, die er aus der Rückschau des Erwachsenen lebendig werden läßt, sind unabhängig von der zeitlichen Abfolge lose aneinandergereiht und umfassen auch noch die ersten schmerzlichen Erfahrungen des Erwachsenendaseins.

Mit bewunderungswürdiger Einfühlung in die kindliche Mentalität zeigt Cary, wie Wahrnehmungsvermögen, Intelligenz, Vorstellungskraft und Erlebnisfähigkeit seiner jungen Protagonisten mit jeder neuen Erfahrung wachsen. Für die diesem Lebensalter eigene unbewußte Egozentrik und Grausamkeit findet er ebenso zwingende Beispiele wie für kindlichen Mut, für die Lust am Abenteuer und den Drang, eine Umwelt zu erforschen, deren Grenzen sich mit jedem Erlebnis auszudehnen scheinen, die zu bewältigen aber auch mit jedem Erlebnis problematischer wird. Noch überzeugender als der ein Jahr früher erschienene Roman *Charley Is My Darling (Vielgeliebter Charley)*, in dessen Mittelpunkt ein bei Ausbruch des Zweiten Weltkriegs aufs Land evakuierter Junge aus den Londoner Slums steht, hat *A House of Children* bewiesen, daß Carys vielseitige Begabung auch der Welt des Kindes gerecht wurde. J.v.Ge.

AUSGABEN: Ldn. 1941. – Ldn. 1951. – Ldn. 1961. – NY 1986.

LITERATUR: M. J. C. Echeruo, *Mood and Meaning in J. C.'s »A House of Children«* (in Panjab University Research Bull., 6, 1975, Nr. 1, S. 3–8).

## MISTER JOHNSON

(engl.; *Ü: Mister Johnson*). Roman von Joyce CARY, erschienen 1939. – Johnson, ein kaum zwanzig Jahre alter Neger, ist direkt aus der Missionsschule als Sekretär auf Probe von der britischen Bezirksverwaltung in Fada, Nigeria, angestellt worden, eine Position, die ihm zu Kopf steigt. Er besteht auf der Anrede »Mister«, kleidet sich europäisch und feiert, um seine Freunde zu beeindrucken, ausgelassene Feste. Unbekümmert macht er Schulden über Schulden, zumal der neue, noch reichlich unerfahrene Verwaltungsoffizier Rudbeck viel nachsichtiger ist als sein Vorgänger Blore und sich fast ausschließlich für den Straßenbau interessiert. Johnson fühlt sich auf dem Gipfel des Glücks, als er Bamu, die schöne Tochter des Fährmanns, trotz des hohen Kaufpreises zur Frau gewinnt. Als er jedoch nach einigen Monaten die fällige Rate nicht bezahlen kann und Bamu ihn verlassen will, betrügt er ohne jeden Skrupel seinen »Freund« Rudbeck und verkauft dem Vertrauensmann des Emirs von Fada geheime Informationen über die Engländer. Während Rudbecks Urlaub wirft sein Vertreter Tring nach Durchsicht der Kassenbücher Johnson hinaus, da dieser, mit Duldung Rudbecks, mehr Geld als bewilligt für den beschleunigten Ausbau der Nordroute verwendet hat. Johnson findet Arbeit bei dem weißen Ladenbesitzer und ehemaligen Sergeanten Gollup, an dessen Sauforgien er begeistert teilnimmt. Doch als er trotz Gollups Verbot in dessen Laden eines seiner berühmten Feste veranstaltet, wird er davongejagt. Er verschwindet aus Fada und taucht erst wieder auf, als Rudbeck zurückkehrt. Er verdingt sich beim Straßenbau, wird bald Vorarbeiter und entwickelt sich, da ihm diese Aufgabe liegt, zur treibenden Kraft des Unternehmens. Als die Nordroute fertig ist, entdeckt Rudbeck, daß Johnson Gelder aus der Kasse »geliehen« sowie »Brückengebühren« erhoben und eingesteckt hat. Er wird erneut entlassen und findet keine neue Arbeit. Bamu kehrt in den Dschungel zurück. Johnson aber will nicht wahrhaben, daß seine Illusion eines bedeutenden Lebens zerstört ist, feiert weiter seine Feste und stiehlt das Geld dafür aus Gollups Kasse. Als er eines Nachts von diesem ertappt wird, ersticht er ihn in panischer Angst und wird daraufhin trotz Rudbecks Fürsprache zum Tod durch den Strang verurteilt. Rudbeck erweist Johnson einen letzten Freundschaftsdienst und erschießt ihn auf dessen eigenen Wunsch.

Cary erzählt diese Geschichte im Präsens und läßt so den Leser Johnsons Schicksal aus der Sicht des unmittelbar Teilnehmenden miterleben. *»Die Ereignisse eilen vorbei, ohne dem Leser Zeit zum Nachdenken zu lassen. Aber da Johnson selbst nicht reflektiert, wollte ich vermeiden, daß der Leser dazu Zeit hat«* (Cary im Vorwort zur Carfax Edition, 1952). Jenseits von Gut und Böse lebt Johnson nur dem Heute: *»Er schwimmt auf der Oberfläche des Lebens.«* Die Wirklichkeit dichtet er zum Traum um, zur Illusion eines bedeutenden Geschicks. Seine Tragik besteht darin, daß er zwischen zwei Welten steht, der heidnisch-eingeborenen, jedem Wandel feindlichen Welt Bamus und des Emirs, und der Formalen erstarrten, ideenleeren, institutionalisierten der Kolonialherren vom Schlag der Blores und Trings. An ihm zeigt Cary beispielhaft, daß *»das tragische Dilemma der Freiheit unheilbar ist«.* Johnson gerät aber darüber hinaus auch zwischen die beiden Pole Rudbeck und Gollup. Der erstere ist als komplementärer Charakter zu dem Neger angelegt. Beide setzen sich über bürokratische Formalitäten hinweg, wenn es um die Verwirklichung ihrer hochfliegenden Ideen geht, beide erfahren den Stimmungswechsel zwischen Begeisterung und Verzweiflung, für beide wird der Bau der Nordroute zum Symbol der schöpferischen Zusammenarbeit und des Fortschritts. Johnsons natürliche Intelligenz und Phantasie verbinden sich harmonisch mit Rudbecks technischer Befähigung und Tatkraft. Rudbeck selbst hat diese Wechselbeziehung erkannt und nimmt sich gewissermaßen als *alter ego* Johnsons das Recht, dessen Leben zu beenden. Demgegenüber ist Gollup der der Zivilisation und sich selbst entfremdete Europäer. Er kann gutmütig und liebenswert, aber auch sadistisch, herrschsüchtig und skrupellos sein. An ihm exemplifiziert Cary die Schizophrenie der Kolonialherren, ihr Schwanken zwischen missionarischem Idealismus und ausbeuterischem Materialismus.

Cary hat keinen kruden antiimperialistischen Roman geschrieben, sondern, aus eigener Erfahrung als Verwaltungsbeamter in Britisch-Nigeria schöpfend, ein differenziertes Bild der kolonialen Wirklichkeit gezeichnet, in der ein Mensch wie Johnson letztlich an seiner »Unschuld« scheitern muß. *Mister Johnson* ist der letzte einer Reihe von Afrikaromanen, in denen Cary die Problematik der zivilisatorischen Bemühungen der Briten aufzeigt. Er verzichtet hier jedoch auf die Stoffülle und die komplizierte Handlung der beiden mittleren Romane, *An American Visitor* (1933) und *The African Witch* (1936), und kehrt zur Geradlinigkeit von *Aissa Saved* (1932) zurück. H. Str.

AUSGABEN: Ldn. 1939. – Ldn. 1947. – NY 1951. – Ldn. 1952 *(Carfax Ed.)*. – NY 1961. – Ldn. 1975.

ÜBERSETZUNG: *Mister Johnson*, H. v. Bismarck, Hbg. 1954.

LITERATUR: B. R. Smith, *Moral Evaluation in »Mister Johnson«* (in Crit, 11, 1969, S. 101–110). – A. G. Sandison, *Living Out the Lyric: »Mr. Johnson« and the Present Day* (in English, 20, 1971, S. 11–16).

# A PRISONER OF GRACE

(engl.; *Ü: Auf Gnade und Ungnade*). Erster Band einer Romantrilogie von Joyce CARY, erschienen 1952, fortgesetzt mit *Except the Lord*, 1953 *(Chester Nimmo)* und *Not Honour More*, 1955 *(Spiel ohne Ehre)*. – In einer zweiten Trilogie, nach ihrer zentralen Thematik die »politische« oder ihrer zentralen Figur »Chester-Nimmo-Trilogie« genannt, verwendet Cary erneut die Erzähltechnik der *triple vision* (vgl. *Herself Surprised*). Im Brennpunkt der drei Ich-Perspektiven steht Chester Nimmo, ein aus ärmlichen Verhältnissen zum Minister aufgestiegener Politiker, dessen Lebensdaten (1854 bis 1926) den zeitlichen Rahmen bilden.

Im ersten Band wird Nimmos Laufbahn geschildert, und zwar aus dem Blickwinkel seiner geschiedenen und inzwischen mit ihrem Jugendgeliebten Jim Latter verheirateten Frau Nina, die – im Bewußtsein, »*daß jeder Tag der letzte sein kann*« – durch ihre bekenntnishaften Aufzeichnungen »Enthüllungen« von anderer Seite zuvorkommen will. Ihr Rückblick, gekennzeichnet von dem Bemühen um Aufrichtigkeit, beginnt mit den Ereignissen, die in den achtziger Jahren zu ihrer Verheiratung führten: Als Siebzehnjährige erwartet die Vollwaise Nina Woodville, die bei ihrer Tante Mary Latter auf dem Landgut Palm Cottage aufwächst, ein Kind von ihrem Vetter Jim. Um einen Skandal zu vermeiden, drängt die Tante sie zur Ehe mit dem wesentlich älteren Chester Nimmo, einem ehrgeizigen, redegewandten Angestellten der nahen Kleinstadt Tarbiton. Er behandelt Nina, die einen Sohn, Tom, zur Welt bringt, zunächst »*wie eine Prinzessin*«, da er in ihr ein gesellschaftliches Leitbild sieht. Doch gerade daraus entspringt der erste Konflikt, in dem Chesters eminente politische Veranlagung und Ninas geistige Unterwerfung offenkundig werden; denn je öfter Nina von ihrem Mann auf den seiner Überzeugung nach erniedrigenden Klassenunterschied hingewiesen wird, desto mehr fühlt sie sich verpflichtet, Gegenbeweise zu liefern, und ordnet sich schließlich völlig seinem Willen unter. – Die Unberechenbarkeit, die Chester im Privatleben zeigt, kennzeichnet auch seinen politischen Aufstieg. So distanziert er sich z. B. von der pazifistischen Bewegung, als er im Sommer 1914 als Produktionsminister ins Kriegskabinett berufen wird – ein Umschwung, der nach Ninas Meinung nicht aus politischem Opportunismus erfolgt, sondern ein unbewußter Akt des Selbstbetrugs ist. Die Jahre an Chesters Seite bringen Nina immer deutlicher zu Bewußtsein, daß im komplexen Bereich der Politik moralisch eindeutige Wertmaßstäbe nicht anwendbar sind. Sie glaubt, ihren Mann zu verstehen und sein Verhalten rechtfertigen zu müssen, doch gerade dieser moralische Relativismus verurteilt ihre wiederholten Versuche, von Chester loszukommen, zum Scheitern. Bereits als Jim Latter, durch seine Erfahrungen im Burenkrieg gereift, nach England zurückkehrt, will sie Chester verlassen, doch er zwingt sie zu bleiben; dazu ist ihm die Einschaltung von Ninas Tante ein ebenso willkommenes Mittel wie die Drohung, den kranken Nebenbuhler nach Afrika zurückbeordern zu lassen. Die Tatsache, daß Jim auch der Vater von Ninas zweitem Kind, Sally, ist, scheint ihn wenig zu stören. Ein Selbstmordversuch endet tragikomisch, tragisch hingegen das Leben Toms, der durch die Verständnislosigkeit seines Stiefvaters in den Freitod getrieben wird. Daraufhin willigt Chester, der nach Kriegsende seines Ministerpostens enthoben wird, in die Scheidung ein. Nina kehrt nach Palm Cottage zurück und heiratet Jim. Zwei Jahre später jedoch nistet sich Chester unter dem Vorwand, seine Memoiren nur mit ihrer Hilfe schreiben zu können, im Palm Cottage ein und macht Nina zum Objekt seiner Alterssexualität, die immer groteskere Formen annimmt. Mit dieser symbolhaften Konstellation schließen die Aufzeichnungen Ninas: Resignierend zwischen zwei Männern stehend hat sie jeglichen Wertbegriff verloren; indem sie darauf verzichtet, klare Entscheidungen zu treffen, hat auch sie ihr Leben »politisiert«.

*Except the Lord* spielt früher als die beiden anderen Romane und ist ein Rechenschaftsbericht Chester Nimmos über seine Jugend- und frühen Mannesjahre, niedergeschrieben zu einem Zeitpunkt, als er bereits geadelt ist und den Höhepunkt seiner Karriere erreicht hat und als der Krieg und seine Folgen die überkommenen religiösen Werte, die sein Verhalten bis dahin beeinflußt hatten, in Frage gestellt, wenn nicht bedeutungslos gemacht haben. Chester, Abkömmling verarmter Bauern und Laienprediger und zum Nonkonformisten erzogen, spürt schon früh den Drang, sich für die Armen und Unterdrückten einzusetzen, ist aber gleichzeitig von der Skrupellosigkeit der Unterdrücker fasziniert. Eine für seine weitere Entwicklung wesentliche Erfahrung macht er während seiner Tätigkeit als sozialistischer Agitator und Gewerkschaftler, als der er anfangs Gewaltmaßnahmen der Arbeiter befürwortet, bis er schließlich erkennt, daß daraus noch größeres Leid entsteht. Der prinzipientreue, überlegt handelnde Chester Nimmo dieses Romans scheint auf den ersten Blick wenig mit dem Mann zu tun zu haben, von den Nina in *A Prisoner of Grace* berichtet hat. Gerade darin aber zeigt sich, wie souverän Cary die perspektivischen Möglichkeiten nutzt: Dank seiner (von Nina immer wieder hervorgehobenen) Fähigkeit, andere zu überzeugen, gelingt es dem Ich-Erzähler Chester beinahe, auch den Leser für sich einzunehmen. Allerdings verrät er durch seinen gelegentlich recht prätentiösen Stil, daß er sich in seinen Memoiren in Szene setzt.

*Not Honour More* knüpft an die Ereignisse an, mit denen Ninas Aufzeichnungen enden. Der Erzähler ist diesmal Jim Latter, den, nachdem er seine Frau Nina ermordet hat, der Strang erwartet, falls die Ärzte ihn nicht für unzurechnungsfähig erklären. Er selbst versteht sein Verbrechen als politische Tat, nämlich als Protest gegen ein England, in dem für seine soldatische Vorstellung von Ehre kein Platz mehr ist. Seine Rückschau führt in die Zeit des Generalstreiks von 1926, in dessen Wirren Chester Nimmo wieder in die Politik einsteigen will. Er erreicht über Mittelsmänner, daß Jim (dessen Versuch, ihn in einem Eifersuchtsanfall zu erschießen, Chester totzuschweigen trachtet) das Kommando über eine Sondertruppe der Polizei übernimmt, die im Raum von Tarbiton Gewalttätigkeiten verhindern soll. Als die Polizisten beschuldigt werden, bei der Festnahme des Kommunistenführers Pincomb zu hart vorgegangen zu sein, wird Maufe, einer der Männer Jims, zu drei Jahren Gefängnis verurteilt. Jim erfährt, daß zwischen Nimmo und Pincomb geheime Abmachungen bestanden und legt daraufhin sein Amt nieder. Als er nach Palm Cottage zurückkehrt, ertappt er seine Frau und Chester in einer unzweideutigen Situation. In der Erkenntnis, daß Nina nie von dem andern loskommen wird, resigniert er und bringt die beiden in die Stadt zurück, doch als Nina dort einen Selbstmordversuch unternimmt, schlägt er ihr vor, in Afrika mit ihm ein neues Leben zu beginnen. Sie stimmt zu. Aber als Jim zu der Überzeugung gelangt, daß sie ihrem ersten Mann bei der Unterdrückung von Maufes entlastenden Aussagen in eigener Sache geholfen hat, versucht er erneut, Chester zu ermorden – zum zweiten Mal vergeblich, denn dieser erliegt einem Herzschlag. In dem verzweifelten Gefühl, daß »*die Verderbtheit zu weit um sich gegriffen hat*« und die Ehre Englands zu sehr geschändet ist, tötet Jim Nina.

In Jim Latters Geschichte erfährt das zentrale Thema der Trilogie, die Verflechtung von privatem und politischem Leben, eine weitere Abwandlung: Sie zeigt die Tragödie dessen, der angesichts schwankender oder zerstörter Wertbegriffe an moralischen Normen festhalten will. Jims Standpunkt ist dabei nur einer von vielen möglichen in unserer »*indeterminierten Welt*« (R. Bloom): Cary will in seiner Trilogie keine Antwort im Sinn einer ablösbaren Moral geben, ihm genügt es, diese Welt fragwürdig im wörtlichen Sinn zu machen.

J.v.Ge.-KLL

Ausgaben: Ldn. 1952 *(A Prisoner of Grace)*. – NY 1953 *(Except the Lord*; ern. 1962). – Ldn. 1955 *(Not Honour More*; ern. 1963). – Ldn. 1960 *(A Prisoner of Grace)*. – Ldn. 1966 *(Except the Lord*; Einl. u. Anm. A. C. Ward). – Ldn. 1966 *(Not Honour More)*. – Mattituck/N.Y. 1976. – NY 1985.

Übersetzungen: *Auf Gnade und Ungnade*, R. Frank, Zürich 1954; ern. Mchn. 1963 (Kindler Tb). – *Chester Nimmo*, C. Muth, Zürich 1956; ern. Mchn. 1963 (Kindler Tb). – *Spiel ohne Ehre*, U. v. Wiese, Zürich 1957; ern. Mchn. 1964 (Kindler Tb).

Literatur: G. Mitchell, *J. C.'s »Prisoner of Grace«* (in MFS, 9, 1963, S. 264–275).

---

## GIACOMO GIROLAMO CASANOVA DE SEINGALT

\* 2.4.1725 Venedig
† 4.6.1798 Dux / Böhmen

Literatur zum Autor:
*Bibliographien*:
J. Pollio, *Bibliographie anecdotique et critique des œuvres de C.*, Paris 1926. – J. R. Childs, *Casanoviana. An Annotated World Bibliography of J. C. de S. and of Works Concerning Him*, Wien 1956.

*Zeitschriften*:
Casanova Gleanings, Nizza 1958 ff.; N. S. 1974 ff. – L'intermédiaire des casanovistes, Rom 1984 ff.
*Gesamtdarstellungen und Studien*:
St. Zweig C., Mchn. 1928. – T. Koch, *C. Ein Versuch*, Mchn. 1959. – J. R. Childs, *G. C. de S. in Selbstzeugnissen und Bilddokumenten*, Reinbek 1960; ²1980 (rm). – Ders., *C. A Biography Based on New Documents*, Ldn. 1961 (dt. *C. Die große Biographie*, Mchn. 1977). – R. Abirached, *C. ou la dissipation*, Paris 1961. – J. Masters, *C.*, NY 1969. – F. Furlan, *C. et sa fortune littéraire*, Bordeaux 1971. – R. Gervasio, *C.*, Mailand 1974 (dt. *C. Verführer und Weltmann*, Mchn. 1977). – *C. Federico Fellini's Film und Frauenheld*, Hg. A. A. de Saint Gall, Zürich 1976. – P. Chiara, *Il vero C.*, Mailand 1977. – N. Rival, *C. la vie à plaisir*, Paris 1977. – F. Marceau, *Une insolente liberté, les aventures de C.*, Paris 1983 (dt. *C. Sein Leben, seine Abenteuer*, Düsseldorf 1985; ern. Ffm./Bln. 1987; Ullst. Tb). – F. Roustaing, *Le bal masqué de C.*, Paris 1985. – C. Thomas, *C., un voyage libertin*, Paris 1985.

## MÉMOIRES

(frz.; *Erinnerungen*, auch: *Geschichte meines Lebens*). Autobiographie von Giacomo Girolamo Casanova de Seingalt, entstanden seit 1790; in einer stark überarbeiteten deutschen Fassung erschienen 1822–1828, im Originaltext erstmals 1960–1962 auf deutsch veröffentlicht. – Auf nahezu viertausend Seiten schildert der berühmte Abenteurer und Frauenheld des 18. Jh.s die entscheidenden vier Dezennien (1734–1774) seines wechselvollen und ungewöhnlichen Lebens. Etwas resigniert und vereinsamt macht sich Casanova im böhmischen Dux im Alter von 65 Jahren an die Niederschrift seiner Lebensgeschichte, deren kompromißlose Offenheit für die europäische Literatur ohne Beispiel ist. Der Bericht setzt ein, als das bei der Großmutter aufgewachsene Schauspielerkind mit acht Jahren in eine Schülerpension nach Padua gebracht wird, und er bricht ab, ehe der fast Fünfzigjährige, der achtzehn Jahre zuvor auf verwegene Weise aus dem Gefängnis der venezianischen Staatsinquisition (den sogenannten »Bleikammern« unter dem Dach des Dogenpalastes) ausgebrochen war, mit Erlaubnis des Senats in seine Heimatstadt zurückkehrt. Nach dem ursprünglichen Plan sollte die Lebensdarstellung bis 1797 reichen, also bis in die glanzlose Gegenwart des Schreibers, die den ganzen Bericht hindurch immer wieder Anlaß gibt zu schmerzlichen Reflexionen.

Dieser labyrinthische Lebenslauf, der kreuz und quer durch das weite Europa der Rokokozeit führt, ist in vieler Hinsicht einzigartig. Casanova bringt es vom lernbegierigen und begabten Schüler zum Lizentiaten und Doktor beider Rechte; vom Kardinalsekretär in Rom, dessen aussichtsreiche Karriere durch ein Mißgeschick abgebrochen wird, wechselt er zum galanten Paradeoffizier der venezianischen Truppen, vom Theatergeiger zum Kabbalisten und Protegé einflußreicher Senatoren der Heimatstadt, vom halbkriminellen Libertin und Spieler zum *gentilhomme*, Salonlöwen und Dichter in Paris, vom Staatsgefangenen der Republik Venedig zum Lotterieeinnehmer des französischen Königs, zum Unterhändler Frankreichs bei Devisentransaktionen in Holland und hochstaplerischen »Eingeweihten« der schwerreichen Okkultistin Marquise d'Urfé. Als er Paris 1759 verläßt und Savoyen, Südfrankreich, Italien und die Schweiz bereist, steht er – auch materiell – im Zenit seines bewegten Lebens. In London (1763/64) überfällt ihn eine Ahnung der bevorstehenden Lebenswende. Auf seinem weiteren Weg, der ihn über Berlin, Petersburg, Moskau, Warschau, Wien, Paris, Barcelona, Madrid, Florenz nach Triest führt, wo den nunmehrigen Geheimagenten der venezianischen Inquisition die ersehnte Begnadigung erreicht, entzieht ihm Fortuna tatsächlich mehr und mehr ihre Gunst.

Casanovas Lebensgeschichte ist in kulturhistorischer Hinsicht von einer schier unerschöpflichen Ergiebigkeit; sie liefert ein Kolossalgemälde des politischen und gesellschaftlichen Lebens des Jahrhunderts, das der Französischen Revolution vorausging. Nicht nur die Republik und Stadt Venedig – gegen Ende der Epoche der politischen Unabhängigkeit, des schon langsam verlöschenden Glanzes und zu einem reinen Lustbarkeits- und Amüsierzentrum europäischen Ranges werdend – ersteht mit ihrem fast ganzjährigen Karneval, ihren Theatern und ihrer hochangesehenen Prostitution zu lebensvoller Gegenwart; auch von einer Reihe anderer Städte gibt Casanova treffende Skizzen der jeweiligen Lebensgewohnheiten und Regierungen, nicht zu reden von den kleineren Lokalbildern, die etwa die politische Rolle Parmas, die kalvinistisch-kapitalistische Atmosphäre Genfs und die gelangweilt-betriebsame des savoyardischen Badeortes Aix, die erstickende Provinzialität Lyons, die Lächerlichkeit des monegassischen und die Eitelkeit des württembergischen Hofes zeichnen. Die namhaftesten Männer und Frauen der Zeit, deren Bekanntschaft unser gesellschaftlich gewandter Abenteurer machte, werden lebensnah vorgestellt: die Päpste Benedikt XIV. und Clemens XIII., die Kardinäle Acquaviva und de Bernis, Kaiserin Maria Theresia, König Ludwig XV., Friedrich der Große, die Zarin Katharina II., König Georg III., Madame Pompadour, Voltaire, Crébillon d. Ä., Fontenelle, d'Alembert, Rousseau, Haller, Winckelmann, S. Johnson, da Ponte, Metastasio, B. Franklin sowie die gefeiertsten Schauspieler und Sänger, Mätressen, Kurtisanen und Abenteurer (unter ihnen Cagliostro und Graf Saint-Germain), die gleich um die Gunst der Höfe und Salons wetteifern. Diese Porträts leben von bizarren, scheinbar nebensächlichen Details, die das wahre Wesen dieser Persönlichkeiten oft plastischer hervortreten lassen, als dies in manch abgewogeneren Biographien der Fall ist.

Gegenüber der Breite der Zeitbilder nimmt sich der erotische Bereich dieser *Memoiren*, dem allein – vor der erst 1960–1962 erfolgten Veröffentlichung des verdeutschten Manuskripttextes – in verunstalteten Ausgaben über eineinhalb Jahrhunderte lang das voyeuristische Interesse einer prüderen Zeit gegolten hat, verhältnismäßig schmal aus. Freilich bekennt der allen erotischen Genüssen zugeneigte und mit außergewöhnlicher Virilität ausgestattete Lebemann unumwunden: »*Die sinnlichen Genüsse zu kultivieren, bildete die Hauptbeschäftigung meines ganzen Lebens; niemals hat es für mich etwas Wichtigeres gegeben.*« Dieses Bekenntnis, dem für den erklärten Sensualisten und Voltairianer eher etwas Philosophisches anhaftet und das sich gegen einen übersteigerten Spiritualismus richtet, darf nicht dazu verleiten, Casanova auf eine Stufe mit Don Juan, dem »Antichristen« der Gegenreformation, oder gar mit dem jüngeren Zeitgenossen de SADE zu stellen. Casanova ist nirgends pervertiert, selten zynisch, kaum gewalttätig oder lasziv. Die Frauen, die sich ihm hingeben, vergißt er auch nicht, wenn er sich längst von ihnen abgewandt hat, oft sorgt er ritterlich für ihre materielle Zukunft und die ihrer Kinder. Casanova liebt die Frauen um ihrer selbst willen, instinktiv und ohne Hintergedanken; nur in dem ekstatischen Glück, zu dem er sie »verführt«, kann er selbst höchste Seligkeit empfinden. Hat er es auch in schnellem Wechsel mit den verschiedenartigsten Partnerinnen aus allen Schichten zu tun (die mit geradezu entwaffnender Unbefangenheit ausgebreiteten Einzelheiten sind kulturgeschichtlich ebenfalls höchst bedeutsam), verliert er dennoch nie aus den Augen, was er in der Liebe eigentlich sucht: die vollendete seelisch-körperliche und »sympathetische« Harmonie. Zwischen den fast unzähligen Affären stehen so immer wieder tiefe Liebeserlebnisse von außergewöhnlicher Zartheit und überraschender Aufrichtigkeit. Dazu gehören seine Beziehungen zu Henriette, einer vornehmen Provençalin, vor allem auch zu der Römerin Lucrezia, der Schauspielerin Teresa, zu einer gewissen C. C., zur Nonne M. M., zur holländischen Bankierstochter Esther, zur geistvollen Mademoiselle XCV (hinter der Chiffre verbirgt sich die spätere Schriftstellerin Justinienne Wynne), zur Madame de... aus Solothurn, zur Dubois sowie zu Leonilda, seiner und Lucrezias Tochter. Doch mit den Jahren werden solche Begegnungen seltener, dem Greis schließlich bleibt nur die Erinnerung: »*Selige Augenblicke, die ich nicht mehr erhoffen darf, deren teure Erinnerung mir aber nur der Tod allein rauben kann!*« Für Casanova war all dies Liebe, bei der sich Schwärmerei und Genuß, Herz und Verstand so die Waage halten, daß eine Wendung ins Tragische fast ausgeschlossen ist.

Casanovas Werk, das unter dem Einfluß oder zumindest in der Nähe der autobiographischen Schriften eines ROUSSEAU, BEAUMARCHAIS und RESTIF DE LA BRETONNE steht, war von Anfang an starken Zweifeln hinsichtlich seiner Glaubwürdigkeit ausgesetzt, da die verwendeten Dokumente ja unmittelbar nach der Niederschrift vernichtet wurden. Erst neuere Forschungen (von R. RIVES-CHILDS u. a.) erbrachten die Beweise für die Authentizität dieser *Memoiren*, der manche Irrtümer und Verwechslungen keinen Abbruch tun. Dies schließt nicht aus, daß der Autor, ungeachtet aller Bemühungen um Aufrichtigkeit, seine Person einer gewissen Stilisierung unterzogen hat. Die *Histoire de ma vie* enthält in Anlehnung an den Schelmenroman klar erkennbare pikarische Elemente (Antiheroismus, Antiidealismus, die Rolle des Zufalls und des Glücksspiels, Optimismus und Selbstvertrauen des Helden, der schnelle Wechsel der Affekte, Welt als »Welttheater« usw.) und präsentiert sich so als immanentes Lebensbekenntnis und satirischer Zeitspiegel zugleich. – Der lineare und rationale, da räsonierende, dort allegorisierende Stil der *Memoiren*, dessen mit Italianismen durchsetzte Sprödigkeit eher »ungepflegt« wirkt und ganz im Gegensatz zum theatralischen Charakter des Helden selbst steht, verrät – abgesehen von der freien Betrachtung des Erotischen und Okkulten – vielleicht am deutlichsten den Aufklärer Casanova, der er als Gefolgsmann Rousseaus, Montesquieus und Voltaires gewesen ist. Galt er doch als Kosmopolit und Freigeist, der sein Leben unbürgerlich und allein nach seinen philosophischen Grundsätzen – einer Verbindung von Deismus und kritischem Epikureismus – eingerichtet hat. *(»Ein Philosoph ist, wer sich keine Lust versagt, außer wenn das nachfolgende Leid überwiegt, und wer stets neue zu ersinnen weiß.«)* Einerseits weist sich der Autor als Kind seiner Zeit aus, der ausgehenden Epoche des Ancien régime, andererseits bedeutet dies bei ihm keinen Widerspruch zu einem tiefverwurzelten Gottvertrauen, einer unbekümmerten Selbstsicherheit und nichtfatalistischer Schicksalsergebenheit. Mit der Revolution, deren gesellschaftliche Berechtigung er nicht anzweifelt, sieht er das Ende einer Ära anbrechen, die mit ihrem Glanz und ihrer Korruption letztlich den idealen Nährboden für seine eigene abenteuerliche Existenz bildete. – Casanovas Werk fand trotz aller Verfemtheit immer wieder offene Bewunderer, wie Tieck, Heine, Taine, Hofmannsthal, Stefan Zweig, F. G. Jünger; von Hebbel stammt vielleicht die prägnanteste Würdigung: *»Wer noch im 68sten Jahre so schreiben konnte, der durfte so leben.«* R.M.

Ausgaben: Paris 1825–1829 (*Mémoires du Vénitien J. C. de S.*, 14 Bde.; Rückübersetzung d. 1. dt. Ausg. ins Frz.). – Lpzg./Paris 1826–1838 (*Mémoires de J. C. de S. écrits par lui-même*, 12 Bde., Hg. J. Laforgue; 1. nach dem Original bearb. frz. Ausg.). – Wiesbaden/Paris 1960–1962 (*Histoire de ma vie*, 12 Bde.; 1. vollst. u. unveränderte Ausg. nach der Hs.). – Paris 1968–1971 (*Mémoires*, Hg. J. Branchu, 5 Bde.; Poche). – Paris 1977 (*Mémoires 1744–1756*; GF). – Paris 1978 (*Mémoires*, Hg. R. Abirached, 3 Bde.; Pléiade).

Übersetzungen: *Aus den Memoiren des Venetianers J. C. de S., oder sein Leben, wie er es zu Dux in Böhmen niederschrieb*, Bearb. W. v. Schütz, 12 Bde., Lpzg. 1822–1828. – *Memoiren*, H. Conrad, 6 Bde., Mchn. 1957/58. – *Geschichte meines Lebens*, H. v. Sauter, Hg. E. Loos, 2 Bde., Bln. 1964–1967; ern. 1985. – *Memoiren*, H. Conrad, Mchn. 1968–1969, 21 Bde. (GGT). – *Geschichte meines Lebens*, ders., 12 Bde., Mchn. 1984 ff.

Verfilmungen: Ungarn 1918. – Deutschland 1919. – Österreich 1920 (Regie: J. Szöreghy). – Frankreich 1925 (Regie: A. Volkov). – Frankreich 1933 (Regie: R. Barberis). – Frankreich 1946 (Regie: J. Boyer; 2 Teile). – Italien/Frankreich 1954 (Regie: Steno). – Italien 1978 (Regie: F. Fellini). – BRD/Italien 1987 (Regie: S. Langton).

## ALEJANDRO CASONA

d.i. Alejandro Rodríguez Álvarez
\* 23.3.1903 Besullo / Asturien
† 17.10.1965 Madrid

Literatur zum Autor:
J. Caso González, *Fantasía y realidad en el teatro de A. C.* (in Archivum, 5, 1955, S. 304–318). – J. Rodríguez Richart, *Vida y teatro de A. C.*, Oviedo 1963. – J. J. Plans, *A. C.*, Oviedo 1965. – Boletín del Instituto de Estudios Asturianos, 1966, Nr. 57 [Sondernr.]. – E. Gurza, *La realidad caleidoscópica de A. C.*, Oviedo 1968. – H. Bernal Cabrada, *Símbolo, mito y leyenda en el teatro de C.*, Oviedo 1972. – A. Sánchez Rojas, *Bibliografía de A. C.* (in Boletín del Instituto de Estudios Asturianos, 1972, Nr. 76, S. 381–403). – Ders., *Elementos poéticos del lenguaje en los dramas de C.* (ebd., 1975, Nr. 86, S. 429–460). – H. K. Moon, *A. C.*, Boston 1985 (TWAS).

## LOS ÁRBOLES MUEREN DE PIE

(span.; *Ü: Die Bäume sterben aufrecht*). Drama in drei Akten von Alejandro Casona, Uraufführung: Buenos Aires, 1. 4. 1949, Teatro Ateneo; deutsche Erstaufführung: Stuttgart, 1950, Staatstheater. – Dr. Ariel, der in dem Drama *Prohibido suicidarse en primavera (Es ist verboten, im Frühling Selbstmord zu begehen)* als Stifter eines Sanatoriums zur Heilung von Selbstmordkandidaten auftrat, hat in diesem Stück ein anderes, nicht weniger merkwürdiges Institut ins Leben gerufen, eine Art »Mafia des Guten«. Sie verfügt über unbeschränkte finanzielle Hilfsmittel und wirkt im geheimen mit einer kleinen Anzahl von aufopferungsfreudigen Mitarbeitern, denen eine riesige Kartothek zur Verfügung steht, in der alle Einwohner der Stadt mit ihren seelischen Nöten und Gebrechen registriert sind. Die Organisation betreibt indirekt eine bekenntnisfreie Laienseelsorge. Der Direktor – mit Dr. Ariel nicht identisch – bestimmt einmal ihren Zweck folgendermaßen: »*Wir sind dabei, eine Wohlfahrt der Seele zu organisieren ... denn viele sind es, die sich um die Leiden des Körpers bemühen, aber wer denkt an jene, die ohne eine einzige schöne Erinnerung sterben müssen, wer denkt an die vielen, die niemals ihren Traum haben verwirklichen können und in deren Herzen niemals das Licht des Glaubens und der Hoffnung geleuchtet hat?*« Diese Lücke will die Organisation schließen. Im geeigneten Augenblick treten ihre Mitglieder an Menschen heran, die am Ende ihrer Kräfte angelangt sind. Durch Wort und Tat gelingt es ihnen, jenen zu einem Lebensideal oder wenigstens zu einer Illusion zu verhelfen.

Im Büro dieser Organisation treffen sich nun Isabel, die ihren Arbeitsplatz verloren hat, und Balboa, dessen mißratener Enkel Mauricio auf der Reise von Kanada zu den Großeltern das Opfer einer Schiffskatastrophe geworden ist. Balboa hatte, um die Großmutter zu trösten, Briefe von Mauricio fingiert, in denen er das Bild eines reumütigen und glücklich verheirateten Enkels entwarf. Nun handelt es sich darum, ein Paar herbeizuschaffen, das vor der Großmutter einige Tage lang die Rolle Mauricios und seiner Frau spielen soll. Der Direktor selbst und Isabel übernehmen die Vertretung: Sie machen die Großmutter glücklich, doch können sie nicht verhindern, daß ihre vorgetäuschten Liebesbeziehungen Wirklichkeit werden. Da erscheint plötzlich der richtige Mauricio, der bei der Schiffskatastrophe gerettet worden ist, und fordert den Verkauf des Hauses. Dem Großvater und dem falschen Mauricio gelingt es nur mit größter Mühe, den Enkel aus dem Hause zu weisen, ohne daß die Großmutter etwas von seiner Rückkehr erfährt. Aber noch einmal kehrt er in das großelterliche Haus zurück, trifft die Großmutter allein und wiederholt vor ihr seine Geldforderung. Auch sie weist ihn ab. Mit letzter Kraft – denn »*die Bäume sterben aufrecht*« –, und um das Glück der falschen Enkel nicht zu stören, tut sie so, als ob sie deren Spiel nicht durchschaut hätte.

Dieses Drama ist als eines der erfolgreichsten Stücke Casonas fast über alle Bühnen Europas gegangen. Der dramaturgisch klar durchgeführte 1. Akt spielt in einem Grenzraum zwischen Phantasie und Wirklichkeit. Im weiteren Verlauf verliert das Stück mit der wachsenden Tendenz zum Realismus an tieferer Bedeutung. So wirkt der 2. Akt wie ein geschickt aufgebautes Familienidyll, und im letzten Akt häufen sich unwahrscheinliche melodramatische Situationen. Nur allzu leichten Herzens lassen die Großeltern den »verlorenen« Enkel in sein Leben zurückkehren. Auch der Direktor, der sich anfangs für die Nächstenliebe einsetzt, versucht nichts, um dieses menschliche Wrack zu retten. Er verläßt das Haus der Balboas selbstzufrieden als glücklicher Verlobter. A.F.R.

AUSGABEN: Buenos Aires 1950. – NY 1953. – Madrid 1959 (in *Obras completas*, Bd. 1, Hg. F. C. Sáinz de Robles; m. Einl.). – Buenos Aires 1962 (in *Teatro*, Bd. 1). – Madrid 1964. – Madrid 1977 (in *Obras completas*, 2 Bde.). – Madrid 1984.

ÜBERSETZUNG: *Die Bäume sterben aufrecht*, L. Kornell, Mchn. 1950 [Bühnenms.].

LITERATUR: C. H. Leighton, *A. C. and the Significance of Dreams* (in Hispania, 45, 1962, S. 697–703). – F. Jiménez Herrero, *El árbol personaje y símbolo en la obra literaria de C.* (in Boletín del Instituto de Estudios Asturianos, 23, 1969, S. 261–266). – J. K. Leslie, *C., Mármol and a Flance at Gallegos: A Note on the Genesis of »Los árboles mueren de pie«* (in The Two Hesperias: Literary Studies in Honor of J. G. Fucilla, Hg. A. Bugliani, Madrid 1977, S. 209–216).

## LA DAMA DEL ALBA

(span.; Ü: *Die Frau im Morgengrauen*). Schauspiel von Alejandro CASONA, Uraufführung: Buenos Aires, 30. 11. 1944, Teatro Avenida; deutschsprachige Erstaufführung: Zürich, 19. 12. 1950, Schauspielhaus. – Das Leben in einem asturischen Landhaus ist überschattet vom tragischen Tod Angélicas, der Tochter des Hauses, die angeblich vier Jahre zuvor, nicht lange nach ihrer Hochzeit mit Martín, im Fluß ertrunken ist. Ihre Leiche wurde nie gefunden. Die Mutter kann und will dieses tragische Ereignis nicht vergessen. Eines Tages taucht eine bleiche, fremde Frau auf, Peregrina (»Pilgerin«), deren Gegenwart eine unerklärlich beunruhigende Wirkung ausübt; nur die Kinder spielen arglos mit ihr, bis die Fremde schließlich erschöpft einschläft. Sie vergessen, die Fremde auftragsgemäß vor neun Uhr zu wecken. Martín, mit dem sie für diese Zeit verabredet war, kehrt von einem gefährlichen Ritt zurück, in seinen Armen die halbtote Adela, eine Waise, die sich im Fluß ertränken wollte. Die Fremde ist bestürzt: Sie hätte von diesem Vorfall wissen müssen, denn sie ist der Tod. Der Großvater, versehen mit dieser eigenen Weisheit der Alten in den Volksmärchen und Mythen, der sie als einziger erkannt hat, vermag ihr Mitleid zu wecken: Sie verläßt das Haus und will erst nach sieben Monaten wiederkehren.

Nach und nach nimmt Adela dank ihrem freundlichen Wesen im Herzen der Mutter die Stelle Angélicas ein und gewinnt die Liebe Martíns. Sieben Monate sind verstrichen. In der Johannisnacht erfährt Adela von Martín, daß Angélica nicht ertrunken, sondern drei Tage nach der Hochzeit mit einem Liebhaber geflohen ist. Martín hatte geschwiegen, um ihren Ruf nicht zu beschmutzen. Peregrina erscheint. Sie überzeugt Angélica, die, reumütig zurückgekehrt, wieder zu Hause leben möchte, daß es besser sei zu sterben, um so in der Erinnerung der anderen rein zu erscheinen. Angélica läßt sich ohne Widerstreben zum Fluß führen. Dem Glück Martíns und Adelas steht nichts mehr im Weg.

Das zentrale Thema des Stückes ist also das wohlgemeinte Eingreifen des Todes in ein dramatisch verlaufendes menschliches Leben, dessen Ende in Einklang mit der poetischen Justiz ausgeführt wird. In *La dama del alba* tragen auch nur diejenigen Personen einen Eigennamen, um deren persönliches Schicksal es geht (Adela, Martín, Angélica). Die anderen (Mutter, Großvater usw.) sind eher symbolische Gestalten als Individuen. – Der Autor widmete das Werk der »*asturischen Erde, ihrer Landschaft, ihren Menschen und ihrem Geist*«. Diese sagenumwobene Landschaft bildet den Rahmen für ein Drama, »*dessen Bedeutung und Schönheit in der starken Poetisierung der Personen und des Ambiente, der Sprache und der Situation liegt*« (F. Ruiz Ramón). Denn die Rückkehr Angélicas in die Familie würde nicht nur das Glück zerstören, das sich wieder einen Platz geschaffen hat, sondern auch das Bild, das alle im Dorf von ihr haben. Die häßliche Realität würde dann die verklärte poetische und mythische Welt ersetzen. Als Angélica vorbringt, daß das Bild, das man sich von ihr gemacht habe, falsch sei, entgegnet Peregrina: »*Was macht es, wenn es nur schön ist? Die Schönheit ist die andere Form der Wahrheit.*« Mit diesen Worten könnte Casonas dramatisches Schaffen charakterisiert werden: Für ihn sind Schönheit und Poesie die Hauptkriterien eines Schauspiels. Niemals kann – nach seinen Worten – ein Stück »*außerhalb der Poesie des Lebens*« bestehen. Diese Auffassung führt zu der sein Werk kennzeichnenden Verflechtung von Realität, Traum und Mythos, die in *La dama del alba* durch eingeschobene Sagen und Kinderlieder intensiviert und in der Johannisnachtszene besonders wirksam wird. A.A.A.

AUSGABEN: Madrid 1954 (in *Obras completas*, Bd. 1; m. Einl.). – Madrid 1962. – Madrid 1974–1977 (in *Obras completas*, Hg. u. Einl. F. C. Sáenz de Robles, 2 Bde.). – Madrid 1985, Hg. u. Einl. J. A. Rodríguez Richart (Cátedra).

ÜBERSETZUNG: *Die Frau im Morgengrauen*, L. Kornell u. W. Oberer, Zürich/Mchn. 1949 [Bühnenms.].

LITERATUR: R. Domenech, »*La dama del alba« o La realidad poetizada* (in CHA, 50, 1962, Nr. 149, S. 276–280). – R. Vázquez Zamora, »*La dama del alba*« (in Insula, 17, 1962, Nr. 186, S. 15). – E. A. Maio, *Hierophanic Time in C.'s* »*La dama del alba*« (in REH, 10, 1976, S. 429–441). – L. T. González del Valle, *Símbolo y leyenda en »La dama del alba«: la importancia del mundo vegetal* (in Boletín del Instituto de Estudios Asturianos, 1979, Nr. 98, S. 567–572). – D. López, »*Bodas de sangre*« and »*La dama del alba*«: *Compared and Contrasted* (in REH, 15, 1981, S. 407–423). – E. S. Rogers, *Death and Rebirth as a Double Mythic Dimension in »La dama del alba«* (in KRQ, 31, 1984, S. 319 bis 328).

## LA SIRENA VARADA

(span.; Ü: *Die gestrandete Sirene*). Komödie von Alejandro CASONA, Uraufführung: Madrid, 17. 3. 1934, Teatro Español. – Überdrüssig des Alltags, des von starren Regeln beherrschten Lebens in der Gesellschaft, proklamiert Ricardo eine neuartige Republik, in der nur Männer zugelassen sind; der sogenannte gesunde Menschenverstand soll durch die Phantasie ersetzt werden: »*Es gibt Männer mit Phantasie und ohne Verstand, die inmitten der anderen Menschen zugrunde gehen*« (1. Akt). In dem alten Haus, das er zu diesem Zweck gemietet und mit seinem Diener und einem ersten Anhänger, dem Maler Daniel, bereits bezogen hat, entdeckt er ein Gespenst, das sich allerdings alsbald als Joaquín entpuppt, ein armer Mann, der sich in dem verlassenen Haus eingenistet hatte. Ihn zwingt Ricardo, als Napoleon seine Geisterrolle weiterzuspielen. Daniel, sein Gefolgsmann aber trägt ständig eine Binde vor den Augen, weil er, der gewöhnlichen Farben überdrüssig, sich neue vorzustellen versucht. Statt des sehnlich erwarteten künftigen »Präsidenten« der Republik, Samys, des alten Clowns – »*ein Mensch ohne Verstand, ein Träumer und Trinker*« –, betritt ein junges Mädchen, Sirena, die Wohnung und redet von ihrem Haus auf dem Meeresgrund, von ihren Delphinen und davon, daß sie gekommen sei, die Beziehung mit Ricardo wieder aufzunehmen, der ihr vor einiger Zeit das Leben gerettet hat, als sie sich ins Meer stürzte. Auch Doktor Florín, der Hausarzt von Ricardos Familie, tritt auf, doch sein Versuch, den jungen Mann zur Vernunft zu bringen, bleibt erfolglos, denn Ricardo ist bereits unrettbar in Sirena verliebt. Da erscheint endlich Samy, macht Rechte geltend und meldet Einwände an: Sirena ist seine Tochter und ist geistesgestört. Doch unterstützt von Ricardo, der nicht nur nach dem Körper Sirenas, sondern auch nach ihrer Seele verlangt, vermag der Doktor das Mädchen von ihrem Wahn zu heilen. Ricardo möchte mit der Hilfe Sirenas, die sich jetzt María nennt, zum normalen Leben zurückkehren, der Wahrheit ins Gesicht sehen.

Die Ankunft des Zirkusdirektors Pipo, dessen Geliebte Sirena gewesen ist und von dem sie ein Kind erwartet, stiftet Verwirrung. Pipo ist ein brutaler Mann, der seine Truppe mit der Peitsche antreibt. Um ihn zu besänftigen, hat ihm Samy seine Tochter María überlassen, die dieser nicht aus den Augen läßt. Um ihrem grausamen Liebhaber zu entfliehen, stürzt sie sich ins Meer. Pipo ist bereit, María gegen eine hohe Geldsumme freizugeben, doch Ricardo wirft ihn in einem Wutanfall aus dem Haus. Vom Wahrheitswahn besessen, reißt er danach dem Maler die Binde von den Augen. Doch die Entdeckung, daß der Maler blind ist, daß die Binde nur ein Mittel der Selbsttäuschung war, läßt ihn zurückschrecken. »*Ist das die Wahrheit?*« fragt er den Doktor Florín. »*Haben Sie das Sirena zurückgeben wollen? Nein, niemals!*« Er will nicht, daß sie »*in die Bewußtheit eines verkommenen, schmutzigen Lebens*« zurückkehrt, und beginnt nun seinerseits von dem Haus auf dem Meeresgrund, von den Delphinen zu sprechen. Doch Sirena macht den Wahn nicht mehr mit; sie will für ihr Kind leben, und Ricardo fügt sich schließlich.

In diesem Erstlingswerk Casonas, das ihm den »Premio Lope de Vega« eintrug und ihn über Nacht berühmt werden ließ, ist bereits enthalten, was allen späteren Werken dieses Autors eigentümlich ist: die Konfrontation der Vernunft mit der Phantasie, der Alltagswirklichkeit mit einer höheren, reicheren Wirklichkeit, einer außergewöhnlichen Realität. In dieser Konfrontation, die den Menschen zuletzt auf sich selbst und seine Daseinswirklichkeit zurückverweist, erhält diese jedoch eine neue Dimension, neue Würde und Schönheit. Eben daraus gewinnen Sirena und schließlich auch Ricardo neuen Lebensmut. A.A.A.

AUSGABEN: Madrid 1934. – NY 1951, Hg. R. C. Gillespie [m. Einl.]. – Buenos Aires 1961 (in *Teatro*, Bd. 1). – Madrid 1966 (in *Obras completas*, 2 Bde., 1, Hg. u. Einl. F. C. Sáinz de Robles); Madrid 1974–1977. – Madrid 1985 (Austral).

ÜBERSETZUNG: *Die gestrandete Sirene*, H. Schlegel, Zürich/Mchn. o. J. [Bühnenms.].

LITERATUR: J. F. Toms, *The Reality-Fantasy Technique of A. C.* (in Hispania, 44, 1961, S. 218–221). – S. C. King, *Symbolic Use of Color in C.'s »La sirena varada«* (in RoNo, 13, 1973, S. 226–229). – S. E. Peromsic, *Ruiz Iriarte's »El puente de los suicidas«: A Rejoinder to C.'s »La sirena varada«* (ebd., 20, 1980, S. 33–37).

## JOHANNES CASSIANUS

\* um 360 im Gebiet von Dobruža
† 430/435 Marseille

LITERATUR ZUM AUTOR:
C. v. Paucker, *Die Latinität des J. C.* (in RF, 2, 1886, S. 391–448). – A. Jülicher, Art. *C.* (in RE, 3/2, 1899, Sp. 1668/1669). – A. Hoch, *Lehre des J. C. von Natur u. Gnade. Ein Beitrag zur Geschichte des Gnadenstreits im 5. Jh.*, Freiburg i.B. 1895. – O. Abel, *Studien zu dem gallischen Presbyter J. C.*, Diss. Mchn. 1904. – J. Laugier, *St. Jean Cassien et sa doctrine sur la grâce*, Diss. Lyon 1908. – L. Wrzoł, *Die Psychologie des J. C.* (in Divus Thomas, 5, 1918, S. 181–213; 425–456). – J.-C. Guy, *Jean Cassien. Vie et doctrine*, Paris 1961. – F. Prinz, *Frühes Mönchtum in Frankreich*, Mchn./Wien 1965. – Altaner, S. 416 f. [m. Bibliogr.]. – O. Chadwick, *John Cassian*, Cambridge ²1968. – P. Christophe, *Cassien et Césaire: prédicateurs de la morale monastique*, Gembloux/Paris 1969. – *Theologische Real-Enzyklopädie*, Hg. G. Krause, Bd. 7, Bln. 1981, S. 650–657. – G. Dahan, *Origène et Jean Cassien dans un ›Liber de Philosophia Salomonis‹* (in AHDLM, 52, 1985, S. 135–162).

## DE INCARNATIONE CHRISTI

(lat. Patr.; *Über die Menschwerdung Christi*). Eine *»gegen den Häretiker Nestorius«* gerichtete Schrift in sieben Büchern von Johannes CASSIANUS, entstanden um 430. – Das im Auftrag des nachmaligen Papstes Leo I. verfaßte Werk gab dem Autor Gelegenheit, sich eindeutig vom Pelagianismus zu distanzieren, für den er, wie ihm PROSPER aus Aquitanien mißtrauisch unterstellte, in der dreizehnten seiner *Collationes (Unterredungen)* Sympathie gezeigt hatte. – Buch 1 beginnt mit einer Verdammung der Häresie im allgemeinen; diese wird mit der vielköpfigen Schlange der Dichter verglichen. Im weiteren Verlauf werden die einzelnen Köpfe der Schlange namhaft gemacht, die *»Kletten und Dornen«* des göttlichen Ackers, wie Cassian sie auch nennt: die Ebioniten, Sabellianer, Arianer, Eunomianer und Mazedonier, Fotinianer und Apollinaristen sowie *»die übrigen Dorngesträuche der Kirche, dieses Unkraut, welches die Frucht des guten Glaubens tötet«*. Gegen die Pelagianer zieht Cassian noch gesondert und ausführlicher zu Felde, bevor er in Buch 2 zur Widerlegung der Lehre des Nestorianismus übergeht. Dabei verquickt er Pelagianismus und Nestorianismus, die zwar beide auf demselben anthropologischen Boden stehen, auf eine sachlich kaum zu rechtfertigende Weise. PELAGIUS unterstellt er, die göttliche Natur in Christus geleugnet zu haben. NESTORIUS wirft er den Pelagianismus vor, und indem er so den gleichen Nenner gefunden zu haben glaubt, meint er, mit einer einzigen Schrift gleich zwei Häresien hinreichend widerlegt zu haben. Nestorius hatte sich gegen die Bezeichnung Marias als *theotokos* (Gottesgebärerin) gewandt und den Begriff durch das ihm angemessener erscheinende *christotokos* (Christusgebärerin) ersetzen wollen; denn nicht Gott, sondern Christus als der über eine göttliche und menschliche Natur verfügende Erlöser, der auch Sohn Gottes genannt werden könne, habe Maria zur Welt gebracht. Dem entgegnet Cassian, daß die Gottheit Christi von Ewigkeit her bestanden habe, weshalb man Maria doch *theotokos* nennen müsse.

Mit vielen Väterstellen beweist Cassian anschließend die – weder von Pelagius noch von Nestorius geleugnete – Gottheit Christi und demonstriert dabei seine Belesenheit in der christlichen Literatur. Von den abendländischen Vätern werden HILARIUS aus Poitiers, AMBROSIUS, HIERONYMUS, RUFINUS und AUGUSTINUS, von den orientalischen GREGORIOS aus Nazianz, ATHANASIOS aus Alexandrien und IOANNES CHRYSOSTOMOS, bei dem Cassian in die Schule gegangen ist, als Garanten der Orthodoxie ausführlich zitiert. A.Ku.

AUSGABEN: Basel 1534. – Paris 1858/59 (in *Opera omnia*, 2 Bde.; ML, 49/50). – Wien 1886–1888 (in *Opera*, Hg. M. Petschenig, 2 Bde.; CSEL, 13, 17).

ÜBERSETZUNG: *Des ehrwürdigen Johannes Cassianus sieben Bücher über die Menschwerdung Christi*, K. Kohlhund (in *SS*, Bd. 2, Kempten 1879; BK).

# INSTITUTA COENOBIORUM

(lat. Patr.; *Die Einrichtungen der Klöster*). Abhandlung über das Ordensleben und praktischer Wegweiser für Ordensleute von Johannes CASSIANUS, dem großen Zeitgenossen AUGUSTINS. – Zusammen mit seinem Freund Germanus hat Cassian das Mönchtum an dessen orientalischer Wiege studiert: in Bethlehem, vor allem aber in Ägypten, wo sie sich mehrere Jahre aufhielten. Während des Origenistenstreits gingen sie nach Konstantinopel zu IOANNES CHRYSOSTOMOS, der Cassian zum Diakon weihte (um 400) und die beiden Freunde nach seiner Absetzung zu Papst Innozenz I. nach Rom schickte (405), um diesen über die Vorgänge in der oströmischen Metropole und die Lage ihres Patriarchen zu unterrichten. In Rom Presbyter geworden, kehrte Cassian nicht mehr in den Osten zurück, sondern ging nach Gallien, um auch den Okzident für die Ideen des Mönchtums zu gewinnen. Er gründete in der Folgezeit zahlreiche Klöster, für deren Ordensgemeinschaften die *Instituta* geschrieben sind.

Die Schrift zerfällt in drei Teile, die von verschiedenen Autoren auch als selbständige Bücher zitiert werden. Der erste Teil handelt von der Kleidung der Mönche (Buch 1), den kanonischen Vorschriften über die nächtlichen Gebete und Psalmengesänge (Buch 2) und von dem vorgeschriebenen Officium des Tages (Buch 3). Im zweiten Teil stehen die Aufnahmebedingungen und die Regeln für die Novizen (Buch 4). Der dritte Teil behandelt die acht Hauptsünden: Gastrimargie oder Gaumenlust (Buch 5), Unkeuschheit (Buch 6), Philargyrie oder Habsucht (Buch 7), Zorn (Buch 8), Trübsinn (Buch 9), Acedie oder innerer Überdruß (Buch 10), Kenodoxie oder eitle Ruhmsucht (Buch 11) und Stolz (Buch 12). Zu Beginn dieses dritten Teils bittet der Autor den Inaugurator des Werks, Bischof Castorius, für das rechte Gelingen zu beten, damit er imstande sei, »*das so verborgene und dunkle Wesen der einzelnen Fehler gebührend zu erforschen, auch ihre Ursachen hinreichend darzulegen und schließlich geeignete Heilmittel gegen dieselben anzuwenden*«. Bei der Durchführung dieses Vorhabens erweist sich Cassian als vortrefflicher Psychologe, der nicht nur die menschlichen Laster zu analysieren weiß, sondern auch um eine Therapie bemüht ist, die die Schwäche der menschlichen Natur berücksichtigt.

Die in den *Instituta* vertretene Anschauung, daß der Mensch auf dem Weg zur Vollkommenheit der göttlichen Gnade bedürfe, die ihn im Verein mit seinem guten Willen zum Ziel führt, machte den Autor zum Vater des Semipelagianismus, einer Richtung, die hundert Jahre lang, bis zur Zweiten Synode von Orange im Jahre 529, viele Anhänger in den gallischen Klöstern fand. – Die Schrift ist in nachklassischem Latein abgefaßt, Sprache und Stil sind dem Inhalt angepaßt, gemessen belehrend und von »*rhetorischer Künstelei . . . ebenso frei wie von vulgärer Plattheit*« (Jülicher). In Mönchskreisen blieb sie das ganze Mittelalter hindurch eine beliebte Lektüre, und heute gilt sie als eine der wichtigsten Quellen für das Mönchsleben der ersten Jahrhunderte. A.Ku.

AUSGABEN: Venedig 1481. – Basel 1485, Hg. J. Amerbach. – Douai 1616, Hg. A. Gazeus. – ML, 49. – Wien 1888 (in *Opera*, Hg. M. Petschenig, 2 Bde., 1886–1888, 2; CSEL, 17; Nachdr. NY 1966).

ÜBERSETZUNGEN: *Von den Einrichtungen der Klöster*, A. Abt (in *SS*, Bd. 1, Kempten 1877; BKV, 59). – *Weisheit der Wüste*, A. Kemmer, Einsiedeln 1948 [Ausw.]. – *Das gemeinsame Leben im Kloster*, K. S. Frank (in *Frühes Mönchtum im Abendland*, Bd. 1, Zürich/Mchn. 1975, S. 107–193; Buch 1–4).

LITERATUR: R. Heinrichs, *Die Arbeit und das Mönchtum in Kassians Schrift »Von den Einrichtungen der Klöster«* (in Der Katholik, 2, 1892, S. 395–403).

# FLAVIUS MAGNUS AURELIUS CASSIODORUS

\* um 485 Scylaceum (heute Squillace / Kalabrien)
† um 580 Kloster Vivarium bei Scylaceum

LITERATUR ZUM AUTOR:
Bardenhewer, 5, S. 264–277. – Manitius, 1, S. 36–52. – Schanz-Hosius, 4/2, S. 92–109. – E. Schwartz, *Zu C. u. Prokop*, Mchn. 1939 (SBAW, phil. Kl.). – J. J. van den Besselaar, *C. Senator. Leven en werken van een staatsman en monnik uit de zesde eeuw*, Haarlem/Antwerpen 1949. – Altaner, S. 229; 233; 486–488; 654 f. – U. Hahner, *C.s Psalmenkommentar. Sprachliche Untersuchungen*, Bachenhausen 1973. – H. Löwe, *Von C. zu Dante. Aufsätze zur Geschichtsschreibung u. politischen Ideenwelt des MAs*, Bln. 1973. – J. J. O'Donnell, *C.*, Berkeley 1979. – R. Schlieben, *C.s Psalmenexegese*, Göppingen 1979. – *Cassiodoro*, Hg. N. Silvi, Rom 1982. – J. M. Alonso-Nuñez u. J. Gruber, Art. *C.* (in LM, 2, Sp. 1551–1554). – S. Krautschick, *C. u. die Politik seiner Zeit*, Bonn 1983. – H. Stone, *The Polemics of Toleration. The Scholars and Publishers of C.' »Variae«* (in Journal of the History of Ideas, 46, 1985, S. 147–165).

# CHRONICA

(lat.; *Chronik*). Das früheste Werk des Flavius Magnus Aurelius CASSIODORUS. – Wie bei den meisten seiner Werke aus jenen Jahren, ehe sich der vornehme Römer und eifrige Minister der Gotenkönige in sein Kloster Vivarium zurückzog (um 540), handelt es sich bei den *Chronica* um eine Auftragsarbeit im Dienste seiner hohen Gönner. Der zeitliche Schlußpunkt, den der Autor für sein Buch wählte, ist zugleich eine Reverenz vor dem Inaugurator des Buches: Eutharich, der im Jahre 519 das Konsulat bekleidete, war der Schwiegersohn Theoderichs.

So hochfahrend sich der Plan dieses umfassenden Geschichtswerks auf den ersten Blick ausnimmt, so dürftig ist die Darstellung bei näherem Zusehen. Parteiisch, nicht immer korrekt, frei von Ambitionen historischer Kritik oder politischer Akzentuierung handelt Cassiodor die sechs Epochen (5271 Jahre) von Adam und Eva bis zu den Tagen der Niederschrift ab, in Anlehnung an bewährte Kompendien: an EUSEBIOS (und HIERONYMUS) für die Zeit bis zur Errichtung des Konsulats; an LIVIUS und AUFIDIUS BASSUS bis zur frühen Kaiserzeit; dann wieder an Hieronymus, die sogenannte *Ravenna-Chronik* u. a.; ab 495 verläßt sich der Autor in der Auswahl der Fakten auf eigene Erinnerung und (freilich höfisch-einseitige) Autopsie. Nach ihrem historischen und informatorischen Wert steht die *Chronik*, dem allgemeinen Urteil zufolge, hinter der leider nur in Auszügen erhaltenen *Historia Gothica* Cassiodors weit zurück: Auf lange Strecken stellt sie eine reine Königs- und Konsulatsliste dar. Kein Wunder, daß unter diesen Umständen, soweit wir wissen, vor dem 11. Jh. niemand ernstlich von dem Werk Kenntnis genommen hat.

E.Sch.

AUSGABEN: Mainz 1529, Hg. J. Cochleus (in J. Sichardus, *Chronicon ... ab ipso Mundi initio ad annum usque salutis 1512*). – ML, 69. – Bln. 1894 (in *Chronica minora saeculi IV, V, VI, VII*, Hg. Th. Mommsen, Bd. 2; MGH, auct. ant., 11).

LITERATUR: Teuffel-Kroll-Skutsch, *Geschichte der röm. Literatur*, Bd. 3, Lpzg./Bln. ⁶1913, S. 494 ff.

# DE ANIMA

(lat.; *Über die Seele*). Kurze Prosaschrift von Flavius Magnus Aurelius CASSIODORUS, um 540 auf Drängen seiner Freunde verfaßt und vom Autor als dreizehntes Buch seinen 537 publizierten *Variae (Verschiedenes)* angehängt. – In Form und Tenor sticht *De anima* allerdings stark von dieser lockerbunten Sammlung der Amtsschreiben und Briefe ab: Es ist ein wohldisponierter Traktat, streng zentriert um das eingangs genannte Thema »*Vom Wesen und Wert der Seele*«. Der Aufbau des zwölfteiligen Büchleins folgt dem bereits in der *praefatio (Vorwort)* im einzelnen angekündigten Plan: Kapitel 1 spricht von Benennung und Etymologie der *anima*; Kapitel 2 behandelt ihre Definition – sie ist »*eine von Gott geschaffene ›spiritalis substantia‹* (geistige Substanz), *die dem Körper das Leben verleiht,* *vernünftig zwar und unsterblich, doch fähig, sich sowohl dem Guten wie dem Bösen zuzuwenden*«; in Kapitel 3 geht es um ihre substantielle Qualität – als Abbild Gottes ist sie »Licht« (*lumen*); Kapitel 4 erörtert das Problem der *forma*, der räumlichen Ausdehnung, die für die Seele verneint wird; in Kapitel 5 stehen ihre moralischen, in 6 ihre natürlichen »Tugenden« zur Debatte; Kapitel 7 wendet sich dem Ursprung der Seele zu, ihrer Erschaffung durch Gott; Kapitel 8 handelt über den Sitz der Seele (im Kopf, nicht im Herzen), 9 über die harmonische Struktur des von der Seele durchwalteten Körpers; 10 und 11 wollen darlegen, wie man böse und gute Menschen erkennen könne, und tragen dabei eine bemerkenswerte Physiognomik vor; das Schlußkapitel, dem Leben der Seele nach dem Tod und der Hoffnung auf das ewige Leben gewidmet, ist als krönender Höhepunkt gedacht: Es hat nicht nur den größten Umfang von allen Kapiteln, sondern erhebt sich gegen Ende (nach einer Rekapitulation des abgehandelten Stoffes und einem Preis der Zwölfzahl) zum hymnisch-feierlichen Ton eines langen Gebets an den dreieinigen Gott.

Die Besonderheit an diesem kleinen Opus, die es von allen bisherigen Werken des Autors – den *Chronica*, der *Historia Gothica* und selbst den *Variae* – abhebt, ist der tiefe Blick, den die Worte, indem sie von der Seele im allgemeinen reden, in die Seele des Autors freigeben. Ließen die früheren Schriften durchweg einen »offiziellen« Cassiodor erkennen, den Gelehrten und Staatsmann, so wird hier mit einem Male der »private« Cassiodor sichtbar, der Mensch, für den, bei aller Bildung und Belesenheit in der profanen und christlichen Literatur (TERTULLIAN, AUGUSTIN, Claudianus MAMERTUS), das letztlich Charakteristische sein Glaube an die christliche Lehre und seine tiefe Frömmigkeit sind. Bedenkt man, daß Cassiodor wenig später sich für den Rest seines Lebens in das Kloster Vivarium zurückzog, so gewinnt die Schrift einen Wert ganz eigener Art: Sie stellt das sichtbare Zeugnis für den Umbruch in der äußeren und inneren Biographie des Verfassers dar.

E.Sch.

AUSGABEN: Augsburg 1533 (*Magni Aurelii Cassiodori variarum libri XII. Item de anima liber unus*, Hg. M. Accursius). – Paris 1865 (ML, 70, Hg. J. Garetius). – CCL, 96, Hg. J. W. Halphorn. – 1960 (in Traditio, 16, S. 39–109, Hg. ders.; m. Einl.). – Catania 1976 (*L'anima*, Hg. G. Palermo, in Orpheus, 13, 1976, S. 41–143).

LITERATUR: M. Hofinger, *C.s und Tertullians »De Anima«*, Diss. Wien 1970. – A. Crocco, *Il liber de anima di C.* (in Sapienza, 25, 1972, S. 133–168). – G. Palermo, *L'itinerario di un'anima. Introduzione e traduzione con testo a fronte del »De anima« di C.*, Catania 1978. – *L'anima dell'uomo. Trattati sull'anima dal V al IX secolo: Pseudo Girolamo, Cassiodoro, Alcuino, Rabano Mauro, Ratramno, Incmaro, Godescalco*, Hg. I. Tolomio, Mailand 1979. – L. Codispoti, *L'anima secundo Cassiodoro illustre figlio di Squillace nel XIV centenario della sua morte*

583–1983, Silipo-Lucia 1983. – M. di Marco, *Scelta e utilizzazione delle fonti nel »De anima« di C.* (in SMSR, 9, 1985, S. 93–117).

## DE ORIGINE ACTIBUSQUE GETARUM

(lat.; *Von Ursprung und Taten der Goten*). Einbändiger Abriß der um 530 entstandenen, heute verlorenen zwölf Bücher *Gotengeschichte (Historia Gothica* [?]*)* des Flavius Magnus Aurelius CASSIODORUS, im Jahre 551 in Konstantinopel von IORDANES zusammengeschrieben. – Die Zusätze des Iordanes schlägt man, von der Erweiterung des Schlusses abgesehen, für gering an, so daß die Kurzversion, was den Stoff angeht, als Spiegel des Originalwerks gelten darf. Den Beginn (Kap. 1–9) macht die mythisch-legendäre Urgeschichte der Goten mit der Einwanderung in das Skythenland usw. (skythische Geten: Goten; die Amazonen als Gotenfrauen), dann berichtet ein knapper Überblick von den ersten Berührungen der Perser, Griechen und Römer mit den Skythen (Kap. 10–14). Erst von Kapitel 15 an, das den Stammbaum der Amaler referiert, kann man von einer eigentlichen »Geschichte« der Goten sprechen: ihre Kriege mit Gepiden und Vandalen und schließlich – unter Ermanarich – der unglückliche Kampf gegen die Hunnen füllen die Kapitel 16 bis 24; von 25 bis 47 bildet die Geschichte der Westgoten bis Alarich II. (reg. 485–507) einen geschlossenen Komplex; in 48 wird die Geschichte der Ostgoten bei der Hunnenkatastrophe wiederaufgenommen und bis zu Theoderich (reg. 474–526) – bei Iordanes bis Witigis (reg. 536–540) – weitergeführt.

Als Schriftsteller erreicht Iordanes nicht die Höhe des Kritikwürdigen. Dennoch hat er als Erbe und Bewahrer des Cassiodorschen Werks seine Bedeutung: sein Abriß stellt auch heute noch die wichtigste Geschichtsquelle der gotischen Völker und Reiche dar. Daß der Epitomator den ursprünglichen Tenor der Vorlage (Cassiodor war überzeugter Anhänger der Goten) mit seiner eigenen Anschauung überlagert (er ist im gleichen Maße überzeugter Anhänger Ostroms), muß man zwar als bedauerlich vermerken, doch dürfte diese Verlagerung der Perspektive im Bericht der Fakten keine spürbaren Konsequenzen gezeitigt haben.  E.Sch.

AUSGABEN: Augsburg 1515 (*Geticorum cum Pauli historia Langobardorum*, Hg. C. Peutinger). – ML, 69 (*De Getarum sive Gothorum rebus gestis*, Hg. J. Garetius). – Bln. 1882 (*Iordanis Romana et Getica*, Hg. Th. Mommsen; m. Einl. u. Glossar; MGH, auct. ant., 5/1).

ÜBERSETZUNGEN: *Gothische Kriege aus Procopio, Agathia und Jornande*, anon., Ffm. 1567. – *Gothengeschichte*, W. Martens, Lpzg. 1884; ³1913.

LITERATUR: F. Werner, *Die Latinität der »Getica« des J.*, Diss. Halle 1908. – A. Kappelmacher, Art. *Iordanis* (in RE, 9/2, 1916, Sp. 1908–1929). – Schanz-Hosius, 4/2, S. 115–120. – F. Giunta, *J. e la cultura dell'alto medio evo*, Palermo 1952. – Wattenbach-Levison, 1, S. 57–81. – T. Nagy, *Les campagnes d'Attila aux Balkans et la valeur du témoignage de J. concernant les Germains* (in Acta Antiqua Academiae Scientiarum Hungaricae, 4, 1956, S. 251–260). – M. T. Andersson, *C. and the Gothic Legend of Ermanaric* (in Euphorion, 57, 1963, S. 28–43). – R. D. Bradley, *The Composition of the Getica* (in Eranos, 64, 1966, S. 67–79). – N. Wagner, *Getica*, Bln. 1967. – B. Luiselli, *C. e la storia dei Goti* (in Atti dei Convegni Lincei, Roma Acc. naz. dei Lincei, 45, 1980, S. 225–253). – S. J. B. Barnish, *The Genesis and Completion of C.'s Gothic History* (in Latomus, 43, 1984, S. 336–361).

## INSTITUTIONES

(lat.; *Unterweisungen*). Kurztitel der pädagogisch-literaturkritischen Hauptschrift des Flavius Magnus Aurelius CASSIODORUS; der Autor selbst nennt die beiden Teile gelegentlich *Institutio divinarum lectionum (Unterweisung in den göttlichen Texten)* und *Institutio saecularium lectionum (Unterweisung in den weltlichen Texten)*; in den Handschriften variieren die Titelversionen. Als Abfassungszeit lassen sich ungefähr die fünfziger Jahre des 6. Jh.s angeben.

Cassiodor hatte in jenen Jahren, als er noch in der politischen Öffentlichkeit wirkte, versucht, in Zusammenarbeit mit Papst Agapitus (535/36) eine Hochschule für christliche Gelehrsamkeit zu gründen; doch die Wirren der Zeit ließen das geplante Unternehmen scheitern. Nachdem er sich in sein Kloster Vivarium zurückgezogen hatte, setzte er alles daran, seine Vorstellungen wenigstens im kleinen – im Kreis der Mönche und mit Hilfe seiner umfangreichen Bibliothek – zu verwirklichen. Als Kondensat und Frucht dieser Bemühungen schrieb er die *Institutiones*, die einführende Anleitungen zum Studium der christlichen und der heidnischen Literatur darstellen, seinen Mönchen als Handbuch zugedacht.

Das erste Buch behandelt in 33 Kapiteln das Studium der Schriften des *Alten* und *Neuen Testaments*, nennt Ausgaben, Übersetzungen, Kommentare, bespricht Einzelfragen der Interpretation (wie Bucheinteilung, Textrezension u. ä.), behandelt die Kirchenhistoriker, charakterisiert ausführlich und mit kritischem Einfühlungsvermögen die Kirchenväter HILARIUS, CYPRIAN, AMBROSIUS, HIERONYMUS und AUGUSTIN und mündet schließlich, nach einigen speziellen Bemerkungen zur Bibelforschung, in allgemeine Vorschläge zur Aufgabenteilung innerhalb der Mönchsgemeinschaft. Buch 2, wie Buch 1 durch eine *praefatio* eingeleitet, gibt, der seit MARTIANUS CAPELLA kanonischen Ordnung der sieben *artes liberales* folgend, in sieben Kapiteln eine Einführung in die weltlichen Wissenschaften: Grammatik, Rhetorik, Dialektik (diese drei Disziplinen werden seit dem 9. Jh. als *trivium*, »Dreiweg«, bezeichnet), Arithmetik, Musik, Geo-

metrie und Astronomie (schon von BOETHIUS als *quadrivium*, »Vierweg«, zusammengefaßt).
Der Stil des Werks ist für ein wissenschaftliches Handbuch ungewöhnlich gepflegt. Die wesentlichen Charakteristika, die bereits in der Schrift *Über die Seele (De anima)* die rhetorisch-kultivierte Diktion der *Variae (Verschiedenes)* überhöhten, finden sich hier wieder: der Tenor überzeugter Frömmigkeit, der stellenweise zur Hymnik gesteigerte Ausdruck, das feierliche Gebet als Abschluß. Auch die Vorliebe für zahlenspekulative Rechtfertigung der Bucheinteilung verbindet die beiden Werke. Im Stoff bringen die *Institutiones* – von der Tatsache abgesehen, daß sie das erste Kompendium der christlich-antiken Gelehrsamkeit darstellen – wenig Neues; die Leistung liegt vor allem in der Kompilation. Glanzpunkte sind zweifelsohne die Würdigungen der Kirchenväter, nicht zuletzt deshalb, weil neben dem Historisch-Biographischen auch die literarische Ästhetik zu Wort kommt.
Die Wirkung des Werks steht im umgekehrten Verhältnis zu dem von Cassiodor geplanten Zweck: Die für den kleinen Kreis der Klostergenossen gedachte Schrift »*wurde ein Grundbuch der mittelalterlichen Bildung*« (E. R. Curtius) – schönstes Zeugnis dafür, daß der Autor in seinem Kloster doch noch erreicht hat, was ihm zuvor im großen Rahmen mißglückt war: die Schaffung einer *universitas* christlicher Bildung. E.Sch.

AUSGABEN: Paris 1579 (in *Variarum libri XII etc.*, Hg. F. Pithoeus). – Oxford 1937; ³1963, Hg. R. A. B. Mynors.

ÜBERSETZUNG: *An Introduction to Divine and Human Readings*, L. W. Jones, NY 1946 [m. Einf. u. Komm.; engl.].

LITERATUR: M. G. Ennis, *The Vocabulary of the »Institutiones« of C.*, Washington 1939. – P. Courcelle, *Histoire d'un brouillon cassiodorien* (in Revue des Études Anciennes, 44, 1942, S. 65–86). – L. W. Jones, *Notes on the Style and Vocabulary of C.' »Institutiones«* (in Classical Philology, 1945, S. 24–31). – Ders., *The Influence of C. on Medieval Culture* (in Speculum, 1945, S. 433–442; 1947, S. 254–256). – G. I. Pachali, *Untersuchungen zu C.' »Institutiones«*, Diss. Marburg 1947. – P. Courcelle, *Les lettres grecques en occident. De Macrobe à Cassiodore*, Paris 1948, S. 317–341. – E. R. Curtius, *Europäische Literatur u. lateinisches MA*, Bern/Mchn. ⁴1963, S. 444–446. – L. Alfonsi, *Cassiodoro e le sue »Institutiones«* (in Klearchos, 6, 1964, S. 6–20). – G. Ludwig, *C. Über den Ursprung der abendländischen Schule*, Ffm. 1967. – F. Weissengruber, *Cassiodors Stellung innerhalb der monastischen Profanbildung des Abendlandes* (in Wiener Studien, 80, 1967, S. 202–250). – S. Leanza, *Atti della settimana di studi su Flavio Magno Aurelio Cassiodoro, Cosenza-Squillace 19.–24. Settembre 1983*, Soveria Manuelli 1986.

# ERNST CASSIRER

\* 28.7.1874 Breslau
† 13.4.1945 New York

## PHILOSOPHIE DER SYMBOLISCHEN FORMEN

Philosphisches Werk von Ernst CASSIRER, erschienen 1923–1929. – Der erste Band des dreibändigen Werks geht auf Untersuchungen zurück, die der Verfasser in seinem Buch *Substanzbegriff und Funktionsbegriff* (1910) zusammengefaßt hat. Die Lehre von der naturwissenschaftlichen Begriffs- und Urteilsbildung, durch die die Objektivierung der Natur in ihrer Bedingtheit durch das erkennende Subjekt erfaßt wird, sollte eine analoge Untersuchung des Gebiets der historisch-geistigen Formen und Gestaltungen zur Seite treten. Vom kritizistischen Standpunkt der Marburger Schule ausgehend, entwickelte Cassirer den Plan einer allgemeinen Theorie der geistigen Ausdurcksformen in drei Teilen. Von diesen befaßt sich der erste *(Die Sprache)* mit der Analyse der sprachlichen Form, der zweite *(Das mythische Denken)* enthält eine Phänomenologie des religiösen Denkens, im dritten Band *(Phänomenologie der Erkenntnis)*, der eigentlichen »Erkenntnislehre«, werden die Formen des wissenschaftlichen Denkens untersucht. Cassirer unternimmt damit, die Ausdrucksformen und Gestaltungen des Geistes, der Sprache, des Mythos, der Kunst, der Religion und der Wissenschaft in ihren spezifischen Wesensgesetzlichkeiten, ihren gemeinsamen Grundfunktionen und ihren je eigenen Aufgaben zu untersuchen. Ein Hauptschlüssel zum Verständnis des Menschen ist für Cassirer das Symbol. Der Mensch lebt in einem symbolischen und nicht mehr in einem bloß natürlichen Universerum, in dem etwa »reines Sein« erfaßt würde. Er erfährt die Welt durch Sprache, Mythos, Kunst und Religion und kann nichts erfahren und erblicken ohne »Zwischenschaltung« dieser Medien. »*Anstatt den Menschen als ein animal rationale zu verstehen, sollten wir ihn daher als ein animal symbolicum verstehen.*« Symbolische Einbildungskraft und Intelligenz ist die *differentia specifica*, die den Menschen vom Tier unterscheidet. Das Prinzip des Symbolismus mit seiner allgemeinen Anwendbarkeit ist, wie schon die geistige Entwicklung des individuellen Bewußtseins (Beispiel: Helen Keller) zeigt, das Zauberwort, das »Sesam öffne dich!«, das den Zugang zur Welt der menschlichen Kultur erschließt. Der Mensch lebt durchweg in einer Welt der Bedeutungen.
Der Verfasser sieht das auffallendste Charaktermerkmal des Menschen, den ihn von allen Lebewesen unterscheidenden Wesenszug, weder in seiner metaphysischen noch physischen Natur, sondern in dem »*System menschlicher Tätigkeit*«, das die Sphäre des Menschlichen ausmacht: Sprache, Mythos, Religion, Kunst, Wissenschaft, Geschichte.

Die Philosophie Cassirers will diese verschiedenen Erzeugnisse der geistigen Kultur als ein organisches Ganzes klarmachen, das auf einen gemeinsamen Ursprung hinweist. Bei der geistigen Erfassung und Deutung von Sprache, Mythos, Religion, Kunst und Wissenschaft bedient er sich der Methoden und Erkenntnisse der Einzelwissenschaften, insbesondere der Religionsgeschichte, Völkerkunde, Psychologie und Soziologie. Leitend ist dabei die Frage nach dem diese Kulturformen zusammenhaltenden Band. Für die kulturphilosophische Forschungsmethode Cassirers ist die Einsicht maßgebend, daß wir die soziologischen und geschichtlichen Bedingungen der menschlichen Kulturschöpfungen nicht begreifen würden ohne allgemeine Sinn- und Strukturprinzipien, die den geschichtlichen Wandel überdauern. Cassirer arbeitet in seinen Untersuchungen über den Entwicklungsverlauf des mythischen und religiösen Denkens, über die Entwicklung der Sprache und die Gesetzlichkeiten in der Entfaltung der Kunst sowohl die erhaltende und bewahrende wie die schöpferische Tätigkeit des Geistes heraus. Die menschliche Kultur als Ganzes versteht er als Prozeß der Selbstbefreiung des Menschen. Die Entwicklung der Sprache, der Kunst, der Religion und der Wissenschaft sind die einzelnen Phasen dieses Prozesses. H.J.M.

AUSGABEN: Bln. 1923–1931 (Tl. 1: *Die Sprache*, 1923; Tl. 2: *Das mythische Denken*, 1925; Tl. 3: *Phänomenologie der Erkenntnis*, 1929; Index u. Bearb. H. Noack, 1931). – Oxford/Darmstadt ²1953/54, 3 Bde.; Nachdr. Darmstadt 1956–1958; zul. 1982–1987.

LITERATUR: A. Jospe, *Die Unterscheidung von Mythos und Religion bei H. Cohen u. E. C.*, Oppeln 1932. – *The Philosophy of E. C.*, Hg. P. A. Schilpp, Evanstone 1949 (dt.: *Die Philosophie von E. C.*, Stg. 1966, S. 614–633; m. Bibliogr.). – R. Allers, *The Philosophy of E. C.* (in The New Scholasticism, 25, 1951, S. 184–192). – H. Noack, *E. C. Zur Würdigung seines Werkes anläßlich der 80. Wiederkehr seines Geburtstags* (in Zs. f. phil. Forschung, 8, 1954, H. 3, S. 446–456). – W. Flitner, *Rede auf E. C.* (in Die Sammlung, 10, 1955, S. 188–194). – C. H. Hamburg, *Symbol and Reality. Studies in the Philosphy of E. C.*, Den Haag 1956. – L. Lugarini, *C. e il problema etico nell'esperienza mitica*, Mailand 1966. – J. E. Doherty, *Sein, Mensch und Symbol. Heidegger und die Auseinandersetzung mit dem neukantianischen Symbolbegriff*, Bonn 1972. – M. Lancellotti, *Funzione, simbolo e struttura. Saggio su E. C.*, Rom 1974. – H. Lübbe, *C. und die Mythen des 20. Jahrhunderts*, Göttingen 1975. – S. W. Itzkoff, *E. C. Philosopher of Culture*, Boston 1977. – D. R. Lipton, *E. C. The Dilemma of a Liberal Intellectual in Germany 1914–1933*, Toronto 1978. – B. Bolognini, *L'oggetivita istituzionale. Critica della cultura e critica del significare in E. C.*, Florenz 1980. – A. Poma, *Il mito nella filosofia delle forme simboliche di E. C.*, Turin 1981. – J.-P. Peters, *C., Kant und Sprache. E. C.s »Philosophie der symbolischen Formen«*, Ffm. 1983. – T. Göller, *E. C.s kritische Sprachphilosophie. Darstellung, Kritik, Aktualität*, Würzburg 1986. – S. Stensland, *Ritus, Mythos and Symbol in Religion. A Study in the Philosophy of E. C.*, Diss. Uppsala 1987. – *Über E. C.s »Philosophie der symbolischen Formen«*, Hg. H.-J. Braun u. a., Ffm. 1988 (stw).

## CASSIUS DIO COCCEIANUS

\* um 163 Nikaia / Bithynien (heute İznik)
† um 235

### RHŌMAÏKĒ HISTORIA

auch kurz: *Rhōmaika* (griech.; Römische Geschichte). Historisches Werk des CASSIUS DIO COCCEIANUS. – Dieses umfangreiche Konvolut des aus Bithynien stammenden hohen römischen Staatsbeamten ist, nach geringer Beachtung im Altertum, während der hochbyzantinischen Zeit zur klassischen Autorität der Historiographie Roms avanciert und deshalb zu einem nicht geringen Teil erhalten geblieben. Von den einst 80 Büchern, die von der mythischen Epoche (Aeneas) bis zum zweiten Konsulat des Verfassers (229 n. Chr.) führten, sind Buch 36–60, die Jahre 68 v. Chr. bis 47 n. Chr. behandelnd, als geschlossener Block überliefert, mit fragmentarischem Anfang und Ende; Buch 78 und 79 finden sich, beträchtlich verstümmelt, auf zwölf Blättern eines Pergamentkodex der Vaticana. Für den Rest ist man auf Exzerpte und Bearbeitungen angewiesen: IOANNES XIPHILINOS (11. Jh.) verfertigte eine *Epitomē tēs Diōnos tu Nikaeōs (Abriß der Geschichte des Dion aus Nikaia)*, ein Auszug aus den Büchern 36–80 in Form von Kaiserviten (mit Pompeius und Caesar als Vorläufern der Imperatoren); doch zeigte das Gesamtwerk, das noch dem ARETHAS (9. Jh.) vollständig vorgelegen hatte, damals bereits eine große Lücke in Buch 70, das heißt für die Jahre 138–172 (Regierung des Antoninus Pius sowie die erste Hälfte der Regierung Mark Aurels). Ein halbes Jahrhundert nach Xiphilinos nahm IOANNES ZONARAS in Buch 7–12 seiner *Epitomē historiōn (Abriß der Geschichte)* Dios Werk als Grundlage seiner Darstellung der römischen Geschichte (ergänzt durch PLUTARCH), wodurch wir über den ersten Teil der *Rhōmaika* einigermaßen informiert sind. Schließlich treten – neben einigen sekundären Derivaten – noch als maßgebliche Ergänzung die bekannten Exzerptsammlungen des KONSTANTINOS VII. PORPHYROGENNETOS (reg. 913–959) hinzu, die aus einem ebenfalls unversehrten Exemplar der Römischen Geschichte reiche Zitate ausgehoben haben.

Ein kritisches Urteil wird das Werk Dios weder historiographisch noch literarisch unter die Meisterleistungen der Antike einordnen. Denn trotz des ungeheuren Arbeitsaufwands – zehn Jahre für die Vorbereitung, zwölf Jahre für die Niederschrift des Berichts bis zum Tod des Septimius Severus (211; der Rest wurde später angefügt) – ist es ihm nicht gelungen, eine einheitliche Gesamtdarstellung zu schaffen. Da er in der Aufgabe des Geschichtsschreibers nicht zugleich das Ideal des Geschichtsforschers sah, ist der Bericht je nach Epoche Schwankungen unterworfen, die teils den benutzten Quellen, teils den persönlichen Anschauungen des Autors zur Last fallen. Im ersten und größeren Teil (Buch 1–51), der Zeit der Republik bis hin zu Augustus gewidmet, herrscht eine »pragmatische«, auf große Handlungslinien und Geschehenszüge ausgerichtete Betrachtungsweise – getreu der Leitthese des Verfassers, alle Detailsucht und Kleinlerei sei der Historie abträglich. Welche Vorlagen ihm hier zu Gebot standen, ist ein noch nicht geklärtes Problem; für die ersten beiden Dekaden sicherlich ältere Annalisten, später Livius, seltsamerweise anscheinend nicht Sallust, Caesar und Asinius Pollio. Mit Beginn der Kaiserzeit, deren Darstellung ganz unter dem Einfluß der zeitgebundenen Auffassung Dios vom absoluten Monarchen steht, wandelt sich die Methode zur extensiven Herrscherbiographie. Welche Gewährsmänner hierbei mitwirken – Tacitus und Sueton sind seit Eduard Schwartz besonders umstritten –, ist schwer durchschaubar. Eine dritte Stufe setzt mit der Regierung des Kaisers Commodus (reg. 180–192; Buch 73) ein. Von da an schildert Dio die Geschehnisse als Augen- und Ohrenzeuge, zugleich wird die Erzählweise um einen weiteren Grad lebendiger und plastischer, was der Autor selbst empfindet (72, 18).

In seinem literarischen Geschmack erweist sich Dio als Kind seiner Epoche. Er ist überzeugter Attizist und versucht, in eifrig archaisierendem Bemühen der Thukydideischen Diktion nahezukommen, nicht ohne auch bei Demosthenes eine Stütze zu suchen. Als Schriftsteller vermag Dio heute nicht mehr anzusprechen; auch wenn man Eduard Schwartz' vernichtende Kritik mit einem Hinweis auf die turbulent ausgestaltete Vercingetorix-Episode in Buch 40 mildern kann, bleibt doch in den erhaltenen Partien der ernüchternde Eindruck trostloser Sprödigkeit und Trockenheit. Den Wert der *Römischen Geschichte* Dios als eines historischen Quellenbuches für die Zeiträume, in denen uns Originalberichte fehlen oder andere Nachrichten nur spärlich fließen, können aber diese ästhetischen Wertungen so wenig mindern wie die berechtigten Vorbehalte gegenüber den historiographischen Fähigkeiten des Verfassers; denn verglichen mit seinen Nachfolgern – man denke an die Schreiber der *Historia Augusta* (die ihn freilich ignorierten) – hat er, trotz allem, ein großes Werk hinterlassen.

E.Sch.

Ausgaben: o. O. 1489 [lat. Übers. des Francesco Piccolomini; unsicher]. – Rom o. J. [ca. 1493] (*Vita Nervae et Traiani imperatorum*; lat. Übers. des Bonifacius Bembus). – Venedig 1526 (*Delle guerre romane libri XXII*; toskanische Übers. v. Nicolo Leoniceno [Nicolaus Leonicenus]). – Paris 1542 (*Des faits et gestes des Romains*; frz. Übers. v. Claude d'Eroziers, nach d. ital. Übers. des Leonicenus). – Paris 1548 (*Tōn Diōnos Rhōmaikōn historiōn eikositria biblia*, Hg. R. Stephanus). – Lpzg. 1890–1928, Hg. J. Melber, 3 Bde. [nur bis Buch 60]. – Bln. 1895–1931 (*Historiarum Romanarum quae supersunt*, Hg. U. Ph. Boissevain, 5 Bde.; Bd. 4: *Index historicus* v. H. Smilda; Bd. 5: *Index Graecitatis* v. W. Nawijn; Bd. 1–4 Nachdr. 1955). – Ldn./Cambridge (Mass.) 1914–1927 (*Roman History*, Hg. E. Cary, 9 Bde.; m. engl. Übers.; Loeb; mehrere Nachdr.).

Übersetzungen: *Römische Geschichte*, J. A. Wagner, 5 Bde., Ffm. 1783–1796. – *Jahrbücher der römischen Geschichte*, A. J. Penzel, Bd. 1: Lpzg. 1786; Bd. 2/1: Lpzg. 1799; Bd. 2/2: Lpzg. 1818. – *Geschichte der Römer*, F. Lorenz, Bd. 1, Jena 1826. – *Römische Geschichte*, L. Tafel, 16 Bde., Stg. 1831–1844. – Dass., O. Veh u. G. Wirth, 5 Bde., Zürich/Mchn. 1985–1987.

Literatur: E. Schwartz, Art. *Cassius (40)* (in RE, 3/2, 1899, Sp. 1684–1722; ern. in E. S., *Griechische Geschichtsschreiber*, Lpzg. 1957, S. 394–450). – Schmid-Stählin, 2/2, S. 795–799. – M. Hammond, *The Significance of the Speech of Maecenas in Dio Cassius, Book LII* (in TPAPA, 63, 1932, S. 88–102). – A. Klotz, *Über die Stellung des C. D. unter den Quellen zur Geschichte des zweiten punischen Krieges* (in RhMus, 85, 1936, S. 68–116). – E. Gabba, *Sulla »Storia romana« di Cassio Dione* (in Rivista Storica Italiana, 67, 1955, S. 289–333). – G. B. Townend, *Traces in Dio Cassius of Cluvius, Aufidius and Pliny* (in Herm, 89, 1961, S. 227–248). – J. Bleicken, *Der politische Standpunkt Dios gegenüber der Monarchie* (ebd., 90, 1962, S. 444–467). – Lesky, S. 904–906. – F. Millar, *A Study of C. D.*, Oxford 1964 [m. Bibliogr.]. – G. B. Townend, *Some Rhetorical Battle-Pictures in Dio* (in Herm, 92, 1964, S. 467–481). – J. M. Libourel, *Dio Cassius on the Early Roman Republic*, Diss. Los Angeles 1968. – U. Fadinger, *Die Begründung des Prinzipats. Quellenkritische u. staatsrechtliche Untersuchungen zu C. D. u. der Parallelüberlieferung*, Bln. 1969. – J. D. Harrington, *C. D. A Reexamination*, Diss. Kentucky/Lexington 1970. – J. Touloumakos, *Zum Geschichtsbewußtsein der Griechen in der Zeit der römischen Herrschaft*, Göttingen 1971. – F. Kolb, *Die Beziehungen zwischen C. D., Herodian u. der Historia Augusta*, Diss. Bonn 1972. – D. Flach, *D.s Platz in der kaiserzeitlichen Geschichtsschreibung* (in Antike u. Abendland, 18, 1973, S. 130–143). – J. W. Humphrey, *An Historical Commentary on C. D.'s »Roman History«, Book 59 (c. Caligula)*, Diss. Univ. of British Columbia 1976. – J. D. Harrington, *C. D. as a Military Historian* (in Acta classica, 20, 1977, S. 159 ff.). – B. Mannwald, *C. D. u. Augustus: Philologische Untersuchungen zu den Büchern 45–56 des dionischen Geschichtswerks*, Wiesbaden 1979. – C. Letta, *La composizione dell'opere di Cassio Dione: cronologia e sfondo storrico-politico* (in *Ricerche di storiografia antica*, Bd. 1, Pisa 1979, S. 117–189). – R. Bering-Staschewski, *Römische Zeitgeschichte bei C. D.*, Bochum 1981. – T. D. Barnes, *The Composition of C. D.'s »Roman History«* (in Phoenix, 38, 1984, S. 240–255). – D. Fechner, *Untersuchungen zu C. D.s Sicht der Römischen Republik*, Hildesheim u. a. 1986.

## CARLO CASSOLA

\* 17.3.1917 Rom
† 29.1.1987 Montecarlo

**LITERATUR ZUM AUTOR:**
M. Acerbi u. S. Farè, *C. e Bassani, L'intimismo psicologistico* (in Aevum, 40, 1966, S. 177–188). – R. Maccioni Jodi, *C.*, Florenz 1967; ²1976. – G. Manacorda, *Invito alla lettura di C.*, Mailand 1973. – G. C. Ferretti, *Letteratura e ideologia. Bassani, C., Pasolini*, Rom ²1974. – R. Bertacchini, *C. C. Introduzione e guida allo studio dell'opera cassoliana*, Florenz 1977. – H. K. Moss, *The Existentialism of C. C.* (in Italica 54, 1977, S. 381–398). – M. Forti, *Cassola anni '70: intrattenimento, favola e utopia* (in Paragone 29, 1978, S. 104–114). – M. Forti, *C. e il romanzo metaforico* (in M. F., *Prosatori e narratori nel Novecento italiano*, Mailand 1984, S. 445–452). – G. Pullini, Art. *C. C.* (in Branca, 1, S. 542–544).

## UN CUORE ARIDO

(ital.; *Ü: Ein sprödes Herz*). Roman von Carlo CASSOLA, erschienen 1961. – Wie in dem vorangegangenen erfolgreichen Roman *La ragazza di Bube* (1960) steht auch jetzt ein Mädchen im Mittelpunkt der Ereignisse: die neunzehnjährige Anna, die *»mit erbitterter Geringschätzung«* auf ihre gleichaltrigen Freundinnen herabzuschauen pflegt, wenn diese, und sei es nur im geheimen, durchaus nicht anders als sie selbst gegen den althergebrachten Moralkodex verstoßen. Cassola beschreibt sie als das Mädchen mit dem »spröden« Herzen (das italienische Wort *arido* bedeutet auch »unfruchtbar«). In den Soldaten Mario verliebt, der mit ihrer Schwester Bice so gut wie verlobt war, hat sie sich ihm, damit er für sie *»immer die schönste Erinnerung«* ihres Lebens bleibe, wenige Tage vor seiner Auswanderung nach Amerika hingegeben. Die stets gleichen Wünsche anderer junger Burschen schlägt sie aus, wird aber für einige Monate die Geliebte des wohlhabenden Marcello, obwohl er bereits standesgemäß verlobt ist. Anna bricht jedoch unter der notwendigerweise folgenden Enttäuschung nicht zusammen, sie nimmt sie vielmehr, die gesellschaftlichen Spielregeln erkennend, gefaßt und gereift hin: *»Das Leben hatte sie belehrt und ihr Einsicht verliehen. Sie bereute nicht, sie begehrte nicht, die Einsamkeit erschreckte sie nicht.«*

Wie fast alle früheren Werke hat auch *Un cuore arido* eine für den Autor typische Schwäche: Bisweilen recht breite Dialoge gleiten allzuleicht von beabsichtigter Naivität ins Banale ab. Diese wird jedoch aufgewogen durch die subtile Zeichnung der in der kargen Küstenlandschaft um Cecina beheimateten Menschen, die in ihren Verhaltensweisen glaubwürdig dargestellt werden. M.S.

AUSGABEN: Turin 1961; ⁶1980. – Mailand 1982.

ÜBERSETZUNG: *Ein sprödes Herz*, H. Jobst, Mchn. 1963.

LITERATUR: S. Battaglia, *Il realismo elegiaco di C.* (in Filologia e Letteratura, 8, 1962, S. 377–379). – R. Scrivano, *C. C. and New Italian Fiction* (in Italian Quarterly, 6, 1962, Nr. 23, S. 46–62). – A. Mele, *Chiusure della narrativa di C.* (in Nostro Tempo, 12, 1963, Nr. 6, S. 1–8). – A. Giannitrapani, *C. ieri e oggi* (in Il Tempo di Letteratura, 1, 1963, S. 3–77). – M. Forti, *»Un cuore arido«* (in M. F., *Prosatori e narratori nel Novecento italiano*, Mailand 1984).

## FAUSTO E ANNA

(ital.; *Fausto und Anna*). Roman von Carlo CASSOLA, erschienen 1952. – In diesem Roman, mit dem er erstmals das Interesse der Literaturkritik auf sich lenkte, verarbeitet der Autor eine fast simpel erscheinende Story: Anna fühlt sich mit ihren sechzehn Jahren schon als *»alte Jungfer«*, will niemandem *»auf die Nerven fallen«*. Im heimatlichen Volterra lernt sie den aus Rom stammenden Studenten Fausto kennen, der das Mädchen mit seinen verworrenen Ideen und pubertären Allüren fasziniert – auch im nächsten Jahr, als er wiederkommt. Annas provinzielle Naivität zieht den unreifen Jungen an, der wie jede Konvention auch die »bürgerliche« Ehe verachtet, über Dante und Manzoni herzieht (*»zwei arme Idioten«*) und von James Joyce (*»der wichtigste Schriftsteller aller Zeiten«*) schwärmt. Das verzauberte – und zauberhaft gestaltete – Sommeridyll bricht jedoch jäh ab: In ihren Briefen erkennen sie, aneinander vorbeiredend, nur zu bald, daß sie sich in einen Traum verstrickt haben, den zu realisieren sie noch nicht reif genug sind. Anna verlobt sich bald darauf mit einem biederen Bankangestellten und heiratet ihn.

Diesen novellistischen Beginn erweitert Cassola zum Roman, indem er nun die Handlung verlagert, neue Figuren einführt und die weitere Entwicklung seiner Protagonisten unter umgekehrte Vorzeichen stellt: Anna fühlt sich unbefriedigt an der Seite des Spießbürgers Miro. Fausto hingegen, an den sie kaum mehr denkt, hat in Ligurien eine feste Anstellung als Gymnasiallehrer gefunden, ist finanziell unabhängig und wird langsam zum perfekten Durchschnittsbürger. Erst der Zweite Weltkrieg reißt den jungen Mann aus diesem Filzpantoffeldasein. Er nimmt Kontakt auf mit den Partisanen und beteiligt sich an ihrem Heckenschützenkrieg. Als die Kampfhandlungen sich in die Nähe von Volterra verlagern, sieht er Anna wieder. Unbefangen treten sie einander gegenüber und nehmen endgültig Abschied von ihren Jugenderinnerungen. Die Wirklichkeit des Lebens ist wahrhaftiger als die Traumwelt Heranwachsender.

Cassola vermeidet jede tiefschürfende Analyse des Pubertätsproblems, beschränkt sich vielmehr, nicht immer ohne Sentimentalität, auf eine Beschreibung jugendlicher Reaktionen. Zurückgreifend auf die großen Leitmotive der toskanischen Regionalliteratur, in der sich von Mario Pratesi über Federigo Tozzi, Romano Bilenchi und Vasco Pratolini eine klare Verbindung zu ihm abzeichnet, verklärt er in poetischen Bildern ein leicht melancholisch überschattetes Bürgermilieu, wobei die Erzählhandlung nur schwache Steigerungen erfährt. Cassolas ganz persönliches Thema ist die *resistenza*, die für ihn (vgl. auch *La ragazza di Bube*, 1960) nie aufhört, Gegenwart zu sein, und in der er sich, Selbsterlebtes verarbeitend, mit seinen Protagonisten solidarisch erklärt. M.S.

Ausgaben: Turin 1952, Hg. E. Vittorini. – Turin 1958. – Mailand 1975. – Florenz 1979, Hg. Galiberti.

Literatur (Rezensionen): C. Bo (in FiL, 3.3. 1952). – A. Bocelli (in Il Mondo, 5. 4. 1952). – G. De Robertis (in Tempo, 12. 4. 1952). – L. Gigli (in Gazetta del Popolo, 30. 4. 1952). – L. Piccioni (in Il Popolo, 7. 5. 1952). – F. Virdia (in Voce Repubblicana, 14. 5. 1952). – E. Montale (in Corriere della Sera, 22. 1. 1953). – R. Scrivano, *C. C. and New Italian Fiction* (in Italian Quarterly, 6, 1962, Nr. 23, S. 46–62). – M. Forti, *»Fausto e Anna«* (in M. F., *Prosatori e narratori nel Novecento italiano*, Mailand 1984, S. 409–412).

## LA RAGAZZA DI BUBE

(ital.; *Ü: Mara*). Roman von Carlo Cassola, erschienen 1960. – Sante, ein jugendlicher Partisan, ist während des Zweiten Weltkriegs von den Deutschen erschossen worden. Seine sechzehnjährige Schwester Mara lernt Bube kennen, den Freund ihres toten Bruders. Sie verliebt sich in den spröden, allein die Gegenwart des Krieges kennenden Jungen, der zwar drei Jahre älter ist als Mara, aber noch ein Kind zu sein und kein Auge für sie zu haben scheint. In den letzten Kriegstagen, unter der Verwaltung der Amerikaner, schießt Bube zwei Faschisten nieder. Was noch kurz vorher als heroische Tat gegolten hätte, wird jetzt unter Mordanklage gestellt. Dank seiner Jugend entgeht Bube der Todesstrafe und wird zu vierzehn Jahren Zuchthaus verurteilt. Mara, obgleich sie kein offizielles Verlöbnis bindet, besucht regelmäßig den Häftling, auf dessen Entlassung sie ergeben wartet. Sieben Jahre sind bereits vergangen; auch die nächsten sieben Jahre werden noch verstreichen. Mara baut auf die Zukunft; nach Verbüßung der Strafe werden beide zur Heirat noch nicht zu alt und noch jung genug sein, um Kinder zu haben.

Die Beschränkung auf wenige Personen und einen einzigen Konflikt, die Kontinuität der gestrafften Handlung und das ahnungsvolle Hindeuten auf die Zukunft, die zugleich die Lösung dieses »Konflikts« bringen wird, sind charakteristische Gestaltungselemente dieses Werkes, das eher als Erzählung denn als Roman gelten kann. Cassola berichtet Selbsterlebtes, das er in einem fest umgrenzten Raum ansiedelt: das Gebiet zwischen Volterra, Siena und Grosseto (vgl. *Fausto e Anna*); und wie in allen Werken konzentriert er sich auch hier fast ausschließlich auf seine Protagonisten, die er durch einen lebensnahen Dialog vorstellt. Ihr Dilemma entsteht aus der Unvereinbarkeit seelischer Dispositionen mit einer anderen Gesetzen unterworfenen Umwelt. Bube, dessen jungenhafte Begeisterungsfähigkeit von der Widerstandsbewegung mißbraucht wird, zwingt sich, ganz gegen seine Veranlagung, zur Härte und der vom Ungeist der Zeit geforderten Brutalität. Nach dem »Umschwung« von den eigenen Leuten verraten, steht ihm in dieser entscheidenden Phase der Selbstverwirklichung und des Begreifens der Wirklichkeit allein Mara zur Seite, die, ohne sich freilich dessen bewußt zu werden, mit dem heroischen Opfergang, den sie auf sich nimmt, wahres Heldentum bezeugt. Sie möge ihre kostbaren Jugendjahre doch nicht vergeuden und sich an einen anderen Mann binden, rät ihr Bube, doch sie erwidert: *»Mein Schicksal hat es so gewollt: ich habe eine Verpflichtung übernommen, und nun muß ich sie auch erfüllen.«*

Diese unverbogene Moral, dieses hohe Ethos begründete den Ruhm des mit dem »Premio Strega« ausgezeichneten und erfolgreich verfilmten Romans. Der nicht selten angestellte Vergleich mit Manzonis *Promessi sposi* hinkt allerdings; denn dort sind Lucia und Renzo durch ein Gelöbnis einander untrennbar verbunden, und der Verlobte kann seine Braut in allen Schwierigkeiten, in allen Augenblicken der Schwäche stärken – wenn nicht durch seine Gegenwart, so doch zumindest durch seine tröstliche Nähe. Cassolas Mara hingegen ist völlig auf sich allein gestellt, den Versuchungen ihres jungen Blutes und den Einflüsterungen der sogenannten Vernunft preisgegeben. Doch mehr als diese Vernunft bedeutet ihr das Gesetz einer ethischen Pflicht, die sie intuitiv erfüllt. Darin liegt die über jede dokumentarische Echtheit hinausgehende Bedeutung dieses Romans. M.St.C.

Ausgaben: Turin 1960; [19]1973. – Mailand 1983.

Übersetzungen: *Mara*, H. Dehio, Mchn. 1961. – Dass., dies., Bln./DDR 1966; [2]1970.

VERFILMUNG: Italien 1963 (Regie: L. Comencini).

LITERATUR: F. Antonicelli, *Un dolente idillio nella tragedia* (in La Stampa, 29. 3. 1960). – P. Milano, *L'insidia dei sentimenti* (in L'Espresso, 10. 4. 1960). – E. Montale, »*La ragazza di Bube*« (in Corriere della Sera, 22. 4. 1960). – C. Bo, Rez. (in L'Europeo, 1. 5. 1960). – G. de Robertis, *Storia di un romanzo* (in La Nazione, 26. 5. 1960). – H. Lengfelder, *Das Mädchen Mara* (in Die Bücher-Kommentare, 15. 9. 1961). – K. A. Horst, *Gesühntes Abenteuer* (in FAZ, 23. 9. 1961). – E. Esposito, *Come leggere* »*La ragazza di Bube*«, Mailand 1977.

## FERNÃO LOPES DE CASTANHEDA

\* 1500 (?) Santarém
† 23.3.1559 Coimbra

## HISTÓRIA DO DESCOBRIMENTO E CONQUISTA DA ÍNDIA PELOS PORTUGUESES

(portug.; *Geschichte der Entdeckung und Eroberung Indiens durch die Portugiesen*). Historisches Werk von Fernão Lopes de CASTANHEDA, erschienen 1551–1561. – Das Werk entstand zu gleicher Zeit wie die *Ásia* des João de BARROS, deren erste *Dekade* 1552 erschien. Beide Werke handeln von der portugiesischen Expansion im Fernen Osten, beginnend mit der Fahrt Vasco da Gamas; doch berichtet Castanheda von den Ereignissen bis in die Mitte des 16. Jh.s, während Barros 1526 abbricht. Beide sind von dem gleichen Bewußtsein der christlich-imperialen Sendung der Portugiesen und der Bedeutung ihrer eigenen Aufgabe als Überlieferer der Ruhmestaten ihres Volkes erfüllt. Im Unterschied zur Geschichtsschreibung von Barros beruht die von Castanheda nicht nur auf Urkunden, Berichten und anderen literarischen Zeugnissen, sondern vor allem auf eigener Anschauung und auf den Kenntnissen, die er während seines Asienaufenthalts (1528–1538) erworben hatte. Einen Teil der berichteten Vorgänge hatte er selbst miterlebt, in anderen Fällen konnte er sich auf Auskünfte von Augenzeugen und Beteiligten stützen. Darauf vor allem beruht der Wert seiner Angaben als zuverlässige Informationen über die Einzelheiten der portugiesischen Ausdehnung und über die Kulturen, die die Eroberer im Osten antrafen. Castanheda legte Wert auf Genauigkeit und Vollständigkeit seiner sehr ausführlichen Schilderungen. Auch als literarisches Werk unterscheidet sich seine *História* durchaus von der *Ásia*, die ein Meisterwerk portugiesischer Prosa ist. Castanhedas Prosa ist im Ausdruck schlicht, oft nüchtern, im Satzbau einfach, meist paratraktisch.

Von den zehn Büchern der *História do descobrimento* sind nur acht bald nach ihrer Entstehung veröffentlicht worden; das neunte ist zum Teil, das zehnte ganz verschollen. Das Werk wurde von der königlichen Familie, deren Mitgliedern die einzelnen Bücher gewidmet waren, wohlwollend aufgenommen und fand als erstes sachlich und detailliert informierendes Werk zur portugiesischen Entdeckungsgeschichte im Ausland große Beachtung. Es erregte aber das Mißfallen der Nachkommen derjenigen Eroberer, deren Taten nicht gebührend gewürdigt schienen oder deren Untaten der Historiker nicht zu verschweigen oder zu beschönigen gesonnen war. Daß die letzten beiden Bücher nicht mehr gedruckt wurden, wird dem Einfluß seiner Gegner zugeschrieben. A.E.B.

AUSGABEN: Coimbra 1551–1561, 8 Bde. – Lissabon 1833, 8 Bde. – Coimbra 1924–1933, Hg. P. de Azevedo u. P. M. Laranjo Coelho, 4 Bde. [m. Einl. u. Anm.; enth. die bisher verschollenen 31 Kap. von Buch 9]. – Den Haag 1929 (*Een en dertig Hoffdstekken nit hat verloren gegane Livro IX van L. de C.'s* »*Història do descobrimento e conquista da India pelos Portugueses*«, Hg. C. Wessels). – Porto 1979, Hg. M. L. de Almeida, 2 Bde.

ÜBERSETZUNGEN: *Histoire de l'Inde*, N. de Grouchy, Paris 1553 [enth. Buch 1; frz.]. – *Historia del descubrimiento y conquista de la India por los Portugueses*, anon., Antwerpen 1554 [span.]. – *Warhafftige und volkomene Historia, von Erfindung Calecut und anderer Königreich, Landen und Inseln, in Indien, und dem Indianischen Meer gelegen*, o. O. 1565 [Kompilation aus dem Frz.; enth. Buch 1; anon.]. – *Historie dell'Indie Orientalis, scoperte et conquistate da'Portoghesi*, A. Ulloa, 2 Bde., Venedig 1577/78 [enth. 7 Bücher; ital.]. – *The First Book of the Historie of the Discoverie and Conquest of the East Indias, Enterprised by the Portingales*, N. Lichefild, Ldn. 1582 [enth. Buch 1; engl.].

LITERATUR: Anon., *Um centenario: F. L. de C.* (in Revista de Portugal, 24, 1959, S. 156–159). – J. Veríssimo Serrão, *História breve da historiografia portuguesa*, Lissabon 1962. – H. Cidade, *A literatura portuguesa e a expansão ultramarina*, Bd. 1, Coimbra 1963. – J. V. Serrão, *A historiografia portuguesa*, Bd. 1, Lissabon 1972, S. 228–236.

## MATTHIJS DE CASTELEIN

\* um 1489 Pamele bei Oudenaarde
† 1550 Pamele bei Oudenaarde

DE CONST VAN RHETORIKEN, allen Ancommers ende Beminders derzelver, een zonderlingh Exemplaer ende leerende Voorbeeld, niet alleen in allen Soorten ende Sneden van dichte, nemaer ooc, in alles dat der Edelder Const van Poesien competeert ende ancleeft

(ndl.; *Über die Kunst des rhetorischen Dichtens, allen Anfängern und Liebhabern derselben ein exquisites und belehrendes Vorbild, nicht allein aller Gattungen und Arten des Dichtens, sondern auch für alles, was in den Bereich der hochedlen Kunst der Poesie gehört, und ihr außerdem noch zuzurechnen ist*). Lehrtraktat in Versen von Matthijs de CASTELEIN, erschienen 1555. – Das Werk fußt auf Jean MOLINETS Prosatraktat *L'art de rhétorique (Die Kunst der Rhetorik)*, den die Rederijkers (etwa seit 1400 bestehende Gruppen von Rhetorikern) weniger der Sache als der Form nach beanstandeten. Castelein, der zu seiner Zeit berühmteste unter ihnen, faßte die von den »Kammern« gepflegte praktische Ästhetik in diesem Gedicht zusammen, das ihm, wie er nach Renaissancemanier vorgibt, von Apollo im Traum aufgetragen worden sei. – Er bezeichnet es darin als die Aufgabe des Dichters, *»ehrlich und aufrichtig Kurzweil zu treiben«*, dazu die Menschen zu belehren und zu erfreuen. Als höchste Form der Dichtung betrachtet er das Erbauungsstück *(moraliteit, spel van sinne)*. Ehe der Dichter sich daran wagt, muß er sich durch gründliches *»Studieren der Poeterei«* große Gewandtheit im Verfassen von Balladen, Refrainen und Rondelen erworben haben. Was den Stil anlangt, fordert Castelein einen saubereren Reim und – mit großem Nachdruck – eine syntaktisch einwandfreie Wortfolge, während er Gemeinplätze *»wie Schlangengift auszuspeien«* und zu ihrer Vermeidung *»ständiges Feilen und Schaben«* am Entwurf empfiehlt. *»Krönender Schaum der Oratie«* sind »vornehme« Wörter, die aus der Rederijker-Tradition zu übernehmen sind: *»Tut es dem nach, wie es eure Altvorderen taten.«*

Historisch betrachtet, fällt die Entstehung von Casteleins Traktat bereits mit dem Abgesang der Rederijkers zusammen. Das erklärt die ängstliche Sterilität der ästhetischen Maximen *(»Macht keine neuen Moden«)* zu einer Zeit, als bereits modernere Vorstellungen realisiert waren. Dennoch sicherten die grundsätzlich sinnvollen Gedanken zur Stilistik und deren unmittelbare Veranschaulichung im eigenen Gedicht dem Werk bis ins 17. Jh. hinein weiteste Verbreitung. W.Sch.

AUSGABEN: Gent 1555. – Gent 1573. – Rotterdam 1616.

LITERATUR: J. v. Leeuwen, *M. de C. en zijne »Const van rhetoriken«*, Diss. Utrecht 1894. – S. Eringa, *La renaissance et les rhétoriqueurs néerlandais*, Diss. Amsterdam 1920. – L. Willems, *Jan Cauweel's inleiding op M. de C.'s »Const van rhetoriken«* (in Verslagen en Meded. d. Kon. Vlaamsche Acad., 1921, S. 329 ff.). – F. Kossmann, *Nederlandsch versrythme*, Den Haag 1922, S. 17–21. – S. A. P. H. Iansen, *Iets over de notariele werkzaamheden van M. C.* (in Handelingen van de geschied-en oudheidkundige kring van Oudenaarde, 13, 1963, S. 5–28). – Ders., *Speurtocht naar hat leven van M. C. Archivalia en onzekerheden* (in Verslagen en mededelingen der Koninklijke Vlaamsche Academie voor Nederlandse taal- en letterkunde, 1970, Nr. 2, S. 321–446). – Ders., *Verkenningen in M. C.s »Const van rhetoriken«*, Assen 1971. – G. Knuvelder, *Handboek tot de geschiedenis der Nederlandse letterkunde*, Bd. 1, Herzogenbusch [7]1978, S. 467–471; 480–483.

---

## JUAN DE CASTELLANOS

\* 1522 Alanis / Spanien
† 1607 Tunja

### ELEGÍAS DE VARONES ILUSTRES DE LAS INDIAS

(span.; *Elegien über berühmte Männer Westindiens*). Versdichtung von Juan de CASTELLANOS (Kolumbien), unvollständig erschienen 1589. – Das umfangreiche Werk ist in vier Teile gegliedert: Im ersten Teil beschreibt der Verfasser die Entdeckungs- und Eroberungsfahrten und die Kolonisation im karibischen Raum; der zweite und dritte Teil handeln von den Entdeckungen an der Nordküste Venezuelas und Kolumbiens; der vierte Teil nennt sich *Geschichte des Reiches von Neu-Granada* – eine frühere Bezeichnung für das heutige Kolumbien – und erzählt von den verschiedenen Gouverneuren der Kolonie und von der Eroberung Bogotás, Guances und Tunjas, wo Castellanos als Benefiziat lebte. Die *Elegien* enthalten nicht weniger als 18 750 *octavas reales* (achtzeilige Strophen), also die stattliche Summe von 150 000 elfsilbigen Versen. Der letzte Teil ist in Blankversen geschrieben. Der Autor nennt als Vorbilder ARIOST und ERCILLA, *»der mit süßen Versen die Kriege Chiles feiert«*; einige Stellen des Werks atmen auch den hohen epischen Geist dieser Modelle, im ganzen jedoch ist es weniger ein Epos als vielmehr eine gereimte Chronik mit romanhaften Einschüben. Castellanos hatte die *Elegías* ursprünglich sogar ganz in Prosa geschrieben, die – nach den noch verbliebenen Einleitungen zu urteilen – gediegen, ja elegant gewesen sein muß; er ließ sich jedoch von Freunden und Bewunderern verleiten, sein Werk in Verse zu transponieren, die nur selten künstlerischen Rang erreichen. Castellanos fehlten sowohl handwerkliches Können wie dichterische Einfühlungsgabe. Was er jedoch überreichlich besaß, waren lebhafte Phantasie, die gute Lebenskenntnis des weitgereisten Kirchenmannes und ein nie versiegender Redefluß. Das Wort *elegías* im Titel ist irreführend, denn kaum etwas in diesem Werk ist elegisch. Die Schlußfolgerung George TICKNORS liegt nahe, daß der Autor das Wort im Sinne von *eulogios* (Lobpreisungen) verwendet habe. Castellanos berichtet

von wichtigen Ereignissen und historischen Begebenheiten, er erzählt Anekdoten und gibt ausführliche Schilderungen des Lebens der Eroberer und der Eroberten – wobei erstere recht glimpflich behandelt werden – sowie naturkundliche Beschreibungen der neuentdeckten Gebiete.
Als Geschichtsquelle ist Castellanos' Werk bedeutsam wegen der Fülle der darin behandelten lokalen Geschehnisse. Sie sind jedoch nur begrenzt glaubwürdig; denn der Autor bemerkt gelegentlich selbst: »*Wie man es mir erzählt hat, so sage ich es dir weiter.*« Castellanos gefällt sich in der Beschreibung großartiger Szenen, blutiger Schlachten, gefährlicher Expeditionen und Abenteuer, und er schildert mit blühender Phantasie üppige, sinnenbetörende Tropenlandschaften, große Feste, pomphafte religiöse Zeremonien und die bestrickende Schönheit einer ungebundenen Natur. Wie für die meisten Chronisten der Neuen Welt ist Amerika auch für ihn ein Wunderland. Wie sie alle erzählt er unbedenklich Märchen und Fabeln, unkontrollierte Gerüchte und phantastische Geschichten weiter, die damals von Mund zu Mund gingen oder gedruckt kursierten. Verhältnismäßig genau sind dagegen seine detaillierten Angaben über Entfernungen, Bodenbeschaffenheit, Naturerzeugnisse, Fauna und Flora der Neuen Welt. Die *Elegien* sind daher eine anmutige, kunterbunte Darstellung Amerikas, so wie dieses sich einem wißbegierigen, leicht zu beeindruckenden und leichtgläubigen Beobachter zeigte. Mag Castellanos auch nur ein mittelmäßiger Künstler gewesen sein, sein Werk ist bedeutsam und sogar außergewöhnlich als erster großer Versuch, ein dichterisches Gesamtbild Amerikas zu geben. Die *Elegien* sind zwar als Epos mißglückt, weil Castellanos seinen Stoff nicht genügend gliedern konnte, aber in ihren ungeschickten Versen ist der Geist der großen Entdeckungszüge eingefangen.

A.F.R.

AUSGABEN: Madrid 1589 [1. Teil]. – Madrid 1850; ern. 1944, Hg. B. C. Aribau (BAE, 4). – Caracas 1930–1932 (in *Obras*, Hg. C. Parra). – Bogotá 1956, Hg. A. Caro. – Puerto Rico 1967. – Caracas 1972 (in *Aventuras de varios ilustres varones*, Ausw.).

LITERATUR: U. Rojas, *Acotaciones a la cronología de Don J. de C.* (in Boletín de Historia Antigüedades, 29, 1942, S. 322–325). – M. R. Lida, *Huella de la tradición greco-latina en el poema de J. de C.*, (in RFH, 8, 1946, S. 111–120). – A. Curcio Altamar, *Evolución de la novela en Colombia*, Bogotá 1957. – C. C. Goslinga, *J. de C., dichter en geschiedschrijver van het Caribisch gebied* (in De West-Indische Gids, 1958, Nr. 1/2, S. 1–45). – I. J. Pardo, *J. de C., estudio de las »Elegías de varones ilustres de las Indias«*, Caracas 1961. – M. G. Romero, *Los mitos de la conquista en Don J. de C.* (in Boletín Cultural y Bibliográfico, 5, 1962, S. 813–821; 985–991). – Ders., *Mujeres españolas de la conquista en Don J. de C.* (ebd., S. 1293–1318; 1432–1445; 6, 1963, S. 1509–1516; 1732–1737). – F. Esteve Barba,

*Historiografía indiana*, Madrid 1964, S. 297–299; 305–312; 640/641.

## ROSARIO CASTELLANOS

\* 25.5.1925 Mexiko City

LITERATUR ZUR AUTORIN:
R. Dybvig, *R. C.*, Mexiko 1965. – G. W. Lorenz, *Interview mit R. C.* (in G. W. L., *Dialog mit Lateinamerika*, Tübingen/Basel 1970). – *Homenaje a R. C.*, Valencia 1980. – H. M. Anderson, *R. C. and the Structures of Power* (in *Contemporary Woman Authors of Latin America: Introductory Essays*, Hg. D. Meyer u. M. F. Olmos, Brooklyn 1983, S. 22–32). – M. E. Franco, *R. C. – Semblanza psicoanalítica*, Mexiko 1985.

**DAS LYRISCHE WERK** (span.) von Rosario CASTELLANOS (Mexiko).
Das dichterische Œuvre der mexikanischen Schriftstellerin umfaßt im wesentlichen acht Gedichtsammlungen: *Apuntes para una declaración de fé*, 1948 *(Anmerkungen zu einer Treueerklärung)*, *Trayectoria del polvo*, 1948 *(Spuren des Staubs), De la vigilia esteril*, 1950 *(Unfruchtbarer Vorabend), El rescate del mundo*, 1952 *(Die Rettung der Welt), Poemas 1953–1955*, 1957 *(Gedichte 1953–1955), Al pie de la letra*, 1959 *(An der Wurzel des Wortes), Lívida luz*, 1960 *(Fahles Licht)*, und *Materia memorable*, 1969 *(Denkwürdige Materie)*. Des weiteren erschienen die beiden dramatischen Gedichte *Salomé* und *Judith* (beide 1959). In dem Gedichtband *Poesía no eres tu*, 1972 *(Poesie bist du nicht)*, sind sowohl die oben erwähnten Gedichtzyklen als auch annähernd fünfzig weitere, bis dahin unveröffentlichte Gedichte enthalten. Zu ihnen zählt auch ein über vierzig Seiten langes, dem französischen Dichter SAINT-JOHN PERSE gewidmetes Prosagedicht sowie zwei weitere längere Gedichte *(Versiones)*, die sich mit Aspekten des Werkes von Emily DICKINSON und Paul CLAUDEL auseinandersetzen. Nicht in den Band aufgenommen wurde das Einzelgedicht *Presentación en el templo (Darstellung im Tempel)*, das 1951 während eines Studienaufenthaltes in Madrid erschien (ob sich die Autorin später davon distanziert hat, wie von einigen anderen Werken, ist nicht bekannt).
Die frühen Gedichte Castellanos' sind im wesentlichen vom Werk zweier lateinamerikanischer Schriftstellerinnen bestimmt: der uruguayischen Lyrikerin Delmira AGUSTINI (1886–1914), deren Einfluß Castellanos später allerdings negativ kommentierte, sowie der chilenischen Nobelpreisträgerin Gabriela MISTRAL (1889–1957), deren Sprache und Bildmetaphorik Castellanos vor allem bewogen, verstärkt realitätsbezogene Themen aufzu-

greifen und ihre bis dahin überladene Sprache zu vereinfachen und zu konkretisieren. Neben Themen wie Liebe, Verliebtsein, Verlassenwerden, Elternhaus und Tod finden zunehmend Bilder aus der Bibel, wie der Verlust des Paradieses (*»Der Apfel fiel, aber nicht auf Newton/ mit leichter Verdauung/ sondern auf den verdutzten Appetit von Adam./ Dieser verschluckte sich natürlich dabei«*) oder der Klagemauer in *Muro de lamentaciones*, Eingang in ihre Lyrik.

Die Suche nach der eigenen Identität ist ein stets wirksamer Impuls für das gesamte lyrische Schaffen von Castellanos. Erlebnisse aus der Kindheit in Chiapas, Situationen individueller sowie kollektiver Gewalt und Unterdrückung werden als Motive immer wieder variiert. In dem dramatischen Gedicht *Salomé* liefert die gleichnamige Heldin den Geliebten, den politischen Führer der Chamula-Indianer, in dem Moment an die Soldaten des Vaters aus (und überantwortet ihn damit dem Tod), als dieser die Hand gegen die Mutter erhebt. Ihre Tat, die sie als Frau und als Individuum innerlich gebrochen zurückläßt, rechtfertigt sie in einer als programmatisch anzusehenden Erklärung, in der sie beansprucht, für alle Frauen das Wort zu erheben: »*Mütter, Frauen, die ihr vor mir und mit mir/ ertragen habt das Joch der Gedemütigten und Erniedrigten/ ... ihr seid in meiner Rache./ ... Als ich meine Hand erhob, um zu strafen, erhob ich/ alle eure Hände.*« In dem anderen dramatischen Poem *Judith* wird die Protagonistin zur Mörderin Juans, des mit ihr frisch vermählten Mannes, allein durch ihre Gebärde der zum tödlichen Schlag erhobenen Machete. Auch Judith beraubt sich des persönlichen Glücks, um eine höhere Mission zu erfüllen. – Die Gedichtsammlung *El rescate del mundo* enthält überwiegend Gedichte, die thematisch und motivisch die indianische Atmosphäre in Chiapas einfangen (*A fiesta – Beim Fest, Silencio cerca de una piedra antigua – Stille beim Anblick eines alten Steins*) und die während der Tätigkeit Castellanos' als Lehrerin und Kulturbeauftragte am Institut für Wissenschaft und Kunst in Chiapas entstanden. Symbole wie die »Erde« als mütterliches Element, die anmutigen Bewegungen und die heitere Gelassenheit der Obstverkäuferin, die – das Bild ist der Metaphorik der Maya entlehnt – in sich ruht wie eine Hängematte, häusliches Element und Naturwesen zugleich, die Marimbas, die Duft verströmen und gleichzeitig Klang erzeugen, all dies ist Ausdruck der Vielfältigkeit und Reichhaltigkeit des Lebens. In der Sammlung *Poemas 1953–1955* sind es vor allem zwei Gedichte (*Misterios gozosos – Fröhliche Mysterien* und *El resplandor del ser – Die Fülle des Daseins*), die große Lebensfreude ausstrahlen, beide entstanden in der Rekonvaleszenzphase der Dichterin nach einer überstandenen Erkrankung. In den *Fröhlichen Mysterien* feiert die Dichterin die Vielfalt des menschlichen Daseins. Eine besondere Dimension erhält das Gedicht durch die Vermischung jüdisch-christlicher Motivik und Symbolik (Kain und Abel, der männliche Gott) mit mythischen Elementen aus der Maya-Kultur, wie den mütterlichen Gottheiten und deren Symbol, das (weibliche) Haus. Die Struktur des Gedichts ist zyklisch, von den insgesamt achtzehn Strophen ist die neunte inhaltlich und formal sowohl Zentrum als auch Schlüssel (*»Yo, pájaro cogido/ garganta prestada/ vengo a dar obediencia,/ Señor de mano abierta/ y poderosa casa«* – »Ich, eingefangener Vogel/ die Kehle zum Opfer bereit/ komme, Dir Gehorsam zu leisten,/ o Herr, mit offenen Händen/ und allmächtigem Haus«). – Das Gedicht *Al pie de la letra*, das einer Sammlung von achtzehn Gedichten den Titel gegeben hat und gleichzeitig ihr Leitmotiv ist, wird zur philosophischen Betrachtung über das Lesen und die Bedeutung des Wortes. Die Sprache ist von eindringlicher Metaphorik: »*Lo que soñó la tierra/ es visible en el árbol./ La armazón bien trabada del tronco, la hermosura/ sostenida en la rama/ y el rumor del espíritu en libertad: la hoja./ He aquí la obra, el libro./ Duerma mi día último a su sombra.*« (»Das was die Erde träumte/ wird sichtbar im Baum./ Das Gerüst säuberlich getrennt vom Stamm, die Schönheit/ zur Geltung gebracht im Zweig/ und das Rauschen des Geistes in Freiheit: das Blatt./ Und hier das Werk, das Buch./ Schlafe mein letzter Tag in seinem Schatten«). In *Crónica final* (Schlußchronik), *Monólogo de la extranjera* (Monolog der Ausländerin) oder in *Relato del augur* (Erzählung des Auguren) vermittelt die Dichterin eine Vorstellung von den Selbstfindungs- und Identitätsproblemen, die viele Mexikaner noch immer belasten.

Bilder des Verlusts, der Einsamkeit, der Agonie und des Eingeschlossenseins bestimmen die 21 Gedichte der Sammlung *Lívida luz*, deren Einheit durch die Trauer der Dichterin über ihre kurz nach der Geburt verstorbene Tochter gewahrt bleibt. – In *Materia memorable* fanden vor allem die Gedichte *Privilegio del suicida* (Des Selbstmörders Privileg) und *Testamento de Hécuba* (Testament der Hekabe) Beachtung. In letzterem Gedicht stellt die Dichterin am Beispiel der trojanischen Heldin Betrachtungen über ein typisches Frauenschicksal an – hingebungsvolle Gattin und Mutter zu sein, sich nach erfüllter Funktion mit dem Problem des Alterns und des äußeren Zerfalls konfrontiert sieht: »*Untadlige Witwe, Königin, zur Sklavin geworden/ ohne daß ihre Königinnenwürde darunter gelitten hätte/ und Mutter, ach, Mutter/ Waise ihrer Kinder.*« Bei aller Tragik, die die Dichterin aus diesem Frauenschicksal sprechen läßt, wird jedoch ein Hang zu Sarkasmus und Ironie spürbar, der vor allem die späteren Gedichte von Castellanos charakterisiert. In *Poesía no eres tu* zeigt sich ein sehr weibliches Verständnis menschlicher Beziehungen: Ehe, verstanden in einem tieferen, nicht nur äußeren Sinn, und Mutterschaft (»*Nada hay más que nosotros: la pareja,/ los sexos conciliados en un hijo*« – »Nichts gibt es außer uns: das Paar,/ die Geschlechter versöhnt durch ein Kind«). Bilder und Sprache sind anschaulich und einprägsam, weisen aber oft nicht über sich selbst hinaus, das Konzeptionelle behält häufig die Oberhand (*Telenovela, Kinsey Report, Pasaporte – Paß, Mirando a la Gioconda – Beim Betrachten der Gioconda*). – Castellanos' geistig-kon-

zeptionelle Grundhaltung, u. a. beeinflußt durch die Lektüre der Werke von Simone de BEAUVOIR, Simone WEIL, Virginia WOOLF und Doris LESSING, wird in der mexikanischen Literaturkritik und Literaturwissenschaft als integrationistischer Feminismus bezeichnet.
C.A.

AUSGABEN: *Apuntes para una declaración de fé*, Mexiko 1948 (in Revista Antológica). – *De la vigília esteril*, Mexiko 1950 (in Revista Antológica). – *Dos poemas*, Mexiko 1950. – *Presentación en el templo. Poema*, Madrid 1951. – *El rescate del mundo*, Tuxtla Gutierrez 1952. – *Poemas 1953–1955*, Mexiko 1957. – *Al pie de la letra*, Xalapa 1959. – *Salomé y Judith. Poemas dramaticos*, Mexiko 1959. – *Lívida luz*, Mexiko 1960. – *Materia memorable*, Mexiko 1969. – *Poesía no eres tu. Obra poetica 1948–1971*, Mexiko 1972.

ÜBERSETZUNG: *Des Selbstmörders Privileg. Agonie außerhalb der Mauer, Das Alltägliche* (in *Moderne Lyrik aus Mexiko*, Hg. J. F. Zapata, Stg. 1984).

LITERATUR: B. Miller, *La poesía de R. C.: Tono y tenor* (in Diálogos, 13, Mexiko 1977, Nr. 2, S. 28–31). – L. Rojas, *La indagación desmitificadora en la poesía de R. C.* (ebd., 17, 1981, Nr. 3, S. 37–42). – E. O'Hara, *Acaso tú, R. C.* (in Plural, Mexiko 1983, Nr. 139, S. 45–47). – T. D. Rebolledo, *The Wind and the Tree. A Structural Analysis of the Poetry of R. C.*, Ann Arbor/Md. 1981 (Diss., Microfilm Reprint). – P. Schwartz, *R. C. – Mujer que supo latín...*, Mexiko 1984. – A. K. Stoll, *Un análisis de »Misterios gozosos« de R. C.* (in Explicación de textos literarios, 16, 1987/88, Nr. 1, S. 48–64).

## OFICIO DE TINIEBLAS

(span.; *Karfreitagsmette*). Roman von Rosario CASTELLANOS (Mexiko), erschienen 1962. – Der Titel dieses Werks ist symbolisch zu verstehen. Denn das, was im Zeichen der Karfreitagsliturgie hier geschieht, ist der Aufstand der Indianer von San Cristóbal in dem südmexikanischen Staat Chiapas und seine blutige Unterdrückung. Im Staate Chiapas, wo einst Bartolomé de LAS CASAS (1474–1566), der berühmte Verteidiger und Fürsprecher der Indianer, Bischof war, leben noch heute nicht integrierte Indianer, die Tzotzil, als Eroberte mit ihren Eroberern in feindseliger Nachbarschaft. Die Zustände sind noch etwa die gleichen wie zur Zeit des Bischofs Las Casas. Land und Macht sind im Besitz der *grandes casas* (Herrenhäuser) und der *quinteros* (Großgrundbesitzer), die Indianer leben in einem Zustand, der der Leibeigenschaft nahekommt. Dieser für den »indigenistischen Roman« charakteristische Gegenstand gewinnt in der Darstellung von Rosario Castellanos epische Dimensionen. Die Dichterin klagt nicht an und verdammt nicht, betreibt keine Schwarzweißmalerei. In dem alten, erbitterten Haß und Kampf zwischen Unterworfenen und Siegern sind Verhängnis und Schuld gleichermaßen wirksam, der konkrete Fall, der die Katastrophe auslöst, bringt nur längst Aufgestautes zur Entladung. Diese Ereignisse schildert Rosario Castellanos aus der Distanz des Epikers, aber auch aus genauer Kenntnis der indianischen Mentalität und Sprache.

In ihrem Roman versetzt die Autorin einen Indianeraufstand, der in den Jahren 1867–1870 in Chiapas stattfand, ins postrevolutionäre Mexiko der dreißiger Jahre des 20. Jh.s. Ausgangspunkt der Ereignisse ist der Versuch der Regierung Cárdenas, den indianischen Kommunen gemäß den Forderungen der Mexikanischen Revolution die ihnen fortgenommenen Ländereien zurückzugeben. Die Grundbesitzer zivilen wie klerikalen Standes widersetzen sich allen von Fernando Ulloa, einem aufgeklärten Ingenieur und Regierungsvertreter, eingeleiteten Maßnahmen zur Durchsetzung der Landreform. Von Tag zu Tag wächst die seit Jahrhunderten bestehende Kluft zwischen der herrschenden Klasse der *ladinos* und der indianischen Urbevölkerung, bis diese schließlich den Aufstand wagt. Die Darstellung seines Ursprungs und Verlaufs bildet das Grundthema der Erzählung, die in mäanderartiger Ausfächerung der Autorin die Möglichkeit bietet, ein monumentales Bild der Lebensverhältnisse, Probleme und Gegensätze der Region zu entwerfen. Die Indios schließen sich unter der Führung von Catalina Díaz Puiljá zusammen, die nach und nach in die Rolle einer Schamanin – *ilol* in der Sprache der Tzotzil – hineinwächst und nach der Entdeckung vermeintlicher alter Götterbilder auch die Rolle einer Priesterin und Prophetin übernimmt. Das mit den rituellen Handlungen erwachende Gemeinschaftsgefühl der Indios wird von den Weißen sofort im Keim erstickt. Man unterstellt politische Motive für ihre Versammlungen, wo noch keine existieren, und zerstört die von ihnen verehrten Kultgegenstände. Diese erneute Verfolgung und Demütigung provoziert erst eine Radikalisierung der Indianer.

An einem Karfreitag, in einer schaurigen, den Tod Christi nachahmenden Zeremonie, der die ganze Gemeinde in einer Art Trance folgt, läßt Catalina ihren Adoptivsohn Domingo kreuzigen. Sie überzeugt ihre Anhänger, sie hätten nun ihren eigenen Gott; Not und Elend, Unterdrückung und Demütigung hätten jetzt ein Ende, sie seien hinfort den *ladinos* ebenbürtig und gewachsen. Der religiöse Akt verwandelt sich in eine politische Revolte. Dem Kreuz als Symbol für Sieg und Erlösung folgend, überfallen die Tzotzil Dörfer und Städte, rauben, töten, verbrennen und vergewaltigen, bis die herbeigerufenen Regierungstruppen ihnen Einhalt gebieten und ihrerseits raubend, mordend und vergewaltigend die alte Ordnung wieder herstellen, die für die Tzotzil erneut Apathie, Hilflosigkeit und Unterwerfung bedeutet: *»Nackt, schlecht mit Lumpen oder halbgegerbten Lendenschurzen aus Tierfell bekleidet, stehen sie da; sie haben die Zeit vergessen, die sie von dem vergangenen Zeitalter trennte. Es gibt für sie weder ein Vorher, noch exi-*

stiert ein Heute, es gibt nur ein Immer. Immer die Niederlage und die Verfolgung; immer ist ein Herr da, der sich nicht mit dem erniedrigendsten Gehorsam und der servilsten Demut zufriedengibt. Immer die Peitsche, die auf geduckte Rücken niedersaust, immer das Messer, das selbst die kleinsten Anzeichen von Erhebung mit Stumpf und Stiel ausrottet.«
In manchen Partien ihres Romans ist in dem schweifenden Rhythmus und der mythischen Bilderwelt des Stils der Einfluß des *Popol Vuh* unverkennbar, des heiligen Buches der Quiché-Indianer, das die in spanischer Zeit aufgezeichneten Schicksale ihres Stammes schildert. Die Zeit der Weißen sind die im chronologischen Nacheinander verlaufenden Jahre 1930–1940, die der Indianer ist der Augenblick, da durch den Einfall der Spanier die Geschichte für sie zum Stillstand kam und ihre Seelen in eschatologischer Zukunftserwartung erstarrten. Die unvereinbaren Gegensätze zwischen Weißen und Indianern überträgt die Autorin in einer zweiten Ebene auf die Geschlechter. Auch zwischen Mann und Frau herrscht eine unüberwindliche Kluft – bei den Weißen ebenso wie bei den Tzotzil –, die sich vor allem in einer fast absoluten Kommunikationslosigkeit manifestiert. Auf sprachlicher Ebene entfaltet *Oficio de tinieblas* am eindringlichsten die behandelten Antagonismen: hier Sprache als Instrument der Herrschaft, dort der lyrische Charakter der Eingeborenensprache und das ohnmächtige Schweigen. A.F.R.-KLL

AUSGABE: Mexiko 1962.

LITERATUR: R. Leiva, *Tres grandes novelas mexicanas en 1962* (in Cuadernos de Bellas Artes, Mexiko, 4, 1963, S. 25–34). – J. Sommers, *Changing View of the Indian in the Mexican Literature* (in Hispania, 47, 1964, S. 47–55). – M. Lindstrom, *Women's Expression and Narrative Technique in R. C.'s »In Darkness«* (in Modern Language Studies 13, 1983, S. 71–80). – B. Miller, *Historia y ficción en »Oficio de tinieblas«* (in Texto Crítico, 10, 1984, Nr. 28, S. 131–142). – S. Schlau, *Conformity and Resistance to Enclosure: Female Voices in R. C.'s »Oficio de tinieblas«* (in LALR 12, 1984, Nr. 24, S. 45–57). – F. R. Dorward, *The Function of Interiorization in »Oficio de tinieblas«* (in Neoph. 69, 1985, S. 374–385).

## IGNAZ FRANZ CASTELLI

\* 6.3.1780 Wien
† 5.2.1862 Wien

### DER SCHICKSALSSTRUMPF

»Tragikomödie« in zwei Akten von Iganz Franz CASTELLI, erschienen 1818. – Der vielseitige Wiener Schriftsteller, der über 200 Unterhaltungs- und Volksstücke verfaßt und die niederösterreichische Dialektdichtung begründet hat, parodiert mit diesem Stück die deutsche Schicksalstragödie, die seit WERNERS *24. Februar* und MÜLLNERS *Schuld* auf allen deutschsprachigen Bühnen in Blüte stand. Müllners Erfolgsstück diente ihm als unmittelbare Vorlage. Schon bei ihnen hatte die Schicksalsidee ihre dramatische Funktion verloren und war zum theatralischen Kalkül herabgesunken. Castelli nun stellt den ganzen fatalistischen Apparat parodistisch auf den Kopf. Vielgestaltig betritt das Schicksal die Bühne *»als Strumpf, Bedienter, Ahnung, Dolch, türkischer Handelsmann, Fad-Dumm, Hund und... Schicksal«*. Aber dieses Schicksal, das händereibend Ströme von Blut heraufbeschwört, ist im Grunde ein gutmütiges, dummes Nachtgespenst, entschuldigt sich am Schluß bei den verdutzten Helden und hat gegen ein Happy-End nichts einzuwenden. Die gotisch-düstere Burgromantik bildet den schauerlichen Hintergrund, vor dem Mord und Verbrechen gedeihen; der *dies fatalis* ist günstig gewählt, und Mitternacht naht.
Wird Müllners Harfe spielende Elvira von einer reißenden Saite erschreckt, nahendes Unheil ahnend, so strickt Castellis Kunigunde einen riesigen Schicksalsstrumpf und beklagt das ewige Einerlei ihres glücklichen Daseins: »*Schrecklich ist's, daß Alles glückt...*«. Hatte Müllners Graf Hugo bei der Jagd seinen Bruder meuchlings ermordet, so läßt Castelli einen Fremden auftreten, Roderich II., der dem jagenden Roderich I. das Leben rettet. Als Liebespfand schenkt ihm die verliebte Kunigunde den Strumpf, was der erbitterte Gatte sofort bemerkt. Das Schicksal ordnet daraufhin gewissenhaft die Szene für Mord und Totschlag, jeder versucht jeden umzubringen. Um die Verwirrung noch größer zu machen, zieht es nach Belieben Blutsverwandtschaften an den Haaren herbei. Entsetzliches enthüllt sich: Kunigunde erkennt in dem Geliebten ihren eigenen Sohn, der gerade im Begriff steht, seinen Vater zu erstechen, der wiederum seinem Sohn nach dem Leben trachtet. Wahnsinn schlägt die leidgeprüfte Mutter und Gemahlin, das Schloß stürzt ein, und die Erde öffnet sich, um das unglückliche Trio zu verschlingen – da gebietet der greise Moralino, das gute Prinzip, dem grausen Treiben Einhalt. Alles wendet sich zum Guten. Das Schicksal heischt mit einem hilflosen Seitenblick auf die Schicksalsdramatiker Verzeihung: »*Wär' kein Schicksal auf Erden, / Könnten Trauerspiele werden?*« Dieses Schicksal, seiner Attribute überdrüssig, verhökert in Gestalt eines türkischen Kaufmanns seinen leidigen Fundus: Messer, Kalender, Zigeuner, Traumbuch und Blitzmaschine. Der Dolch, müde des ewigen Mordens, sehnt sich nach Ruhe und Frieden. Wenn bei Castelli der Teufel selbst in die Handlung eingreift, dann wird deutlich, daß er eine literarische Mode der Lächerlichkeit preisgeben will, die mit abseitigen Horroreffekten um die Gunst des Publikums buhlte. Er entlarvt die Technik und Schematik der Schicksalstragödie, indem er sich ihrer willkürlich bedient; er

steigert ihre Übertreibungssucht ins Maßlose und verweist das Unwahrscheinliche in den Bereich des Abstrusen. Literarisch weniger anspruchsvoll, erfüllt das Stück damit die gleiche Funktion wie PLATENS einige Jahre später entstandene Parodie *Die verhängnisvolle Gabel*. M.Ke.

AUSGABEN: Lpzg. 1818. – Wien 1848 (in *SW*, 16 Bde., 13; AlH).

LITERATUR: K. Weiss, *I. F. C.* (in ADB, 4, 1876, S. 63 f.). – W. Cappilleri, *Österreichische Literaturbilder* (in Österr. Jb., 26, 1902, S. 16–24). – W. Martinetz, *I. F. C. als Dramatiker*, Diss. Wien 1932. – G. Schoeppe, *I. C.* (in Gelbe Hefte, 14, 1937/38, S. 200–215). – P. Wehle, *I. F. C. Zum 200. Geburtstag des Herausgebers des 1. niederösterreichischen Mundart-Wörterbuchs* (in Morgen, 5, 1981, S. 133–136). – J. Schondorff, *Herr Biedermeier. I. F. C. oder der Vielschreiber* (in J. S., *Ein Bündel Modellfälle*, Wien 1981, S. 27–35).

## SÉBASTIEN CASTELLION

auch Sebastian Chatillon oder Châteillon;
Castallion oder Castellio

\* 1515 St. Martin de Fresne
† 29.12.1563 Basel

### DE ARTE DUBITANDI ET CONFIDENDI, IGNORANDI ET SCIENDI

(nlat.; *Über die Kunst zu zweifeln und zu glauben, nicht zu wissen und zu wissen*). Philosophisch-dogmatische Schrift von Sébastien CASTELLION, abgefaßt in seinem Todesjahr 1563. Ein Auszug aus dieser Schrift, der Abschnitt über die Rechtfertigung (Buch 2, Kap. 7–29), wurde 1613 in Gouda zum erstenmal gedruckt; erst die neueste Ausgabe von 1981 enthält den vollständigen lateinischen Text der überlieferten Manuskripte mit Castellions eigenen und einigen zeitgenössischen Randbemerkungen und Ergänzungen. – Der französisch-schweizerische Theologe Castellion fand sich 1540 in Lyon, offenbar unter dem Eindruck der Hinrichtung von Anhängern der reformatorischen Lehren, der Reformation zugewandt und noch im selben Jahr in Straßburg im Hause Jean CALVINS Aufnahme gefunden. Mit ihm kehrte er dann als Leiter der Akademie nach Genf zurück. Konflikte mit Calvin veranlaßten Castellion jedoch, 1544 von Genf nach Basel zu übersiedeln. 1553 führte die Hinrichtung von Michael SERVET zu einer harten und aufsehenerregenden literarischen Auseinandersetzung zwischen Castellion und Calvin sowie dessen Nachfolger Théodore de BÈZE. Als eine Art Nachtrag zu dieser sehr polemisch und persönlich geführten Fehde scheint Castellion sich in *De arte dubitandi* ... die grundsätzlichere Behandlung des Themas von Gewißheit in Glauben und Wissen vorgenommen zu haben; die Schrift blieb aber offenbar in einzelnen Teilen unvollendet, da Überarbeitung und Ergänzung des Textes durch den Tod des Autors unterbrochen wurden.

Die Schrift *De arte dubitandi* ... ist in zwei Bücher gegliedert: Das erste behandelt die allgemeinen Beziehungen zwischen Offenbarung (*Bibel*), Vernunft und Erfahrung, während das zweite Buch auf diesem Hintergrund von Glaube, Wissen und Sinneswahrnehmung einzelne dogmatische Konzepte anspricht. Während Calvin und andere Führer der Reformation davon überzeugt waren, daß die biblische Wahrheit einem kleinen Kreis der Auserwählten Gottes unmittelbar zugänglich sei, verteidigte Castellion die abweichenden Meinungen von Sondergruppen, etwa der Täufer oder Wiedertäufer, mit einer Unterscheidung zwischen heilsnotwendigen Wahrheiten und christlichen Lehren, die nicht zweifelsfrei aus der Bibel abgeleitet werden könnten und daher durchaus kontrovers bleiben dürften. Die methodische Einführung des Zweifels und von Toleranz gegenüber anderen Meinungen in die theologische Forschung und Lehre beschränkte sich allerdings auch bei ihm auf die innerchristliche Lehrauseinandersetzung, denn die Überlegenheit des Christentums über Islam und Judentum steht, so zeigt er in den einleitenden Kapiteln auf, außer Zweifel. Die Inspiration der Bibel, auch des Neuen Testaments, bedeutet für Castellion nicht, daß der Heilige Geist den Text Wort für Wort dem Schreiber diktiert hätte. Vielmehr muß davon ausgegangen werden, daß die Erfahrungen und Ansichten sowie die literarischen Techniken des menschlichen Autors in den Text Eingang gefunden haben, dessen Interpretation also allgemeinen Kriterien der Hermeneutik und Textkritik folgen sollte. Nur jene Wahrheiten, ohne die der Mensch nicht zum Heil (Erlösung) gelangen kann, gehen eindeutig und zweifelsfrei aus dem Wortsinn des biblischen Berichts hervor.

Viele der traditionellen dogmatischen Konzepte des Christentums lassen sich allerdings nur auf vage und undeutliche Bemerkungen in der Heiligen Schrift zurückführen und müssen deshalb für die Diskussion durch methodisches Zweifeln und Hinterfragen offengehalten werden. Einziges Urteilskriterium in solchen Fällen ist menschliche Vernunft und Erfahrung. Es kann sich auch in solchen Fragen nicht um heilsnotwendige Wahrheiten handeln, da dies sonst folgerichtig bedeuten würde, daß ein bestimmter Bildungsgrad und Wissensstand zur Voraussetzung für die Erwählung durch Gott würde. Aus diesen Gründen ist es für einen wahren Christen auch nicht akzeptabel, daß jemand wegen seiner abweichenden Position in einer solchen Frage als Häretiker verurteilt oder gar hingerichtet würde. Vor allem sind jene, die starr an ihrer eigenen Position festhalten und aus ihr heraus urteilen, am wenigsten dazu geeignet, ein richtiges Urteil zu fällen, da ihre rationalen Fähigkeiten, ja sogar ihre Sinneswahrnehmung durch gerade diese Starrheit korrumpiert sind.

Im zweiten Buch diskutiert Castellion schließlich die im ersten vorgestellten Prinzipien beispielhaft an einzelnen dogmatischen Streitfragen seiner Zeit. So behandelt er Trinität (Kap. 1 und 2), Glauben (Kap. 3-6), Rechtfertigung (Kap. 7-29), Buße und Vergebung (Kap. 30-37) und die Abendmahlslehre (Kap. 38-44). Er zeigt hier auf, daß diese Themen sehr wohl Grundpfeiler der christlichen Lehre darstellen, macht aber zugleich deutlich, daß ihr volles Verständnis in allen Details, wie auch die kultische Ausformung der Sakramente, zunächst strittig bleiben muß, weil sie nicht auf den Wortsinn der Bibel allein zurückgeführt werden können, sondern angereichert sind durch menschliche Erfahrung und Praxis und erst durch vernünftiges Urteilen voll entfaltet werden können.

Mit einer solchen Verteidigung des theologischen Zweifels und der interkonfessionellen Diskussion hatte Castellion eine für die Zeit der Glaubenskämpfe ausweglos isolierte Position bezogen, die in der Veröffentlichungsgeschichte dieses Werks deutlich dokumentiert ist. Das Manuskript war offensichtlich bekannt, denn Zitate daraus tauchen schon in Schriften und Vorlesungen des 16. Jh.s auf, aber erst fünfzig Jahre nach seinem Tod wagte ein niederländischer Verleger eine Teilveröffentlichung des Abschnitts über die Rechtfertigung. Erst in der gegenwärtigen Situation ökumenischer Annäherung zwischen den Konfessionen gewinnt seine Position neues Interesse und eine erstaunliche Aktualität, insbesondere in der exegetischen Diskussion.
H.Sta.

AUSGABEN: Rom 1937 (in *Per la storia degli eretici italiana del sec. XVI in Europa*, Hg. D. Cantimori u. E. Feist, S. 277-430). - Genf/Paris 1953 (*De l'art de douter et de croire, d'ignorer et de savoir*, Hg. C. Boudoin; frz. Übers.). - Leiden 1981 [m. engl. Komm.].

LITERATUR: F. Buisson, *S. C., sa vie et son œuvre*, 2 Bde., Paris 1892. - St. Zweig, *Ein Gewissen gegen die Gewalt. Castellio gegen Calvin*, Wien u. a. 1936; zul. Ffm. 1987 (*GW in Einzelbdn.*, Bd. 29). - H. M. Stückelberger, *Calvin und C.* (in Zwingliana, 7, H. 2, 1939, S. 91-128). - R. Bainton u. a., *Castellioniana. Quatre études sur S. C. et l'idée de la tolérance*, Leiden 1951. - *Autour de Michel Servet et de S. C.*, Hg. B. Becker, Haarlem 1953. - W. Kaegi, *C. und die Anfänge der Toleranz*, Basel 1953. - H. R. Guggisberg, *S. C. im Urteil seiner Nachwelt vom Späthumanismus bis zur Aufklärung*, Basel/Stg. 1956. - R. Stupperich, *S. C.* (in NDB, 3, 1957). - E. Zambruno, *»I quinque impedimentorum quae mentes hominum et oculos a veri in divinis cognitione abducant« di Sebastiano Castellion* (in Rivista di Filosofia Neo-Scholastica, 74, 1982, S. 244-264). - C. Gallicet Calvetti, *Libertà e salvezza nei »Quattuor Dialoghi« di Sebastiano Castellion* (ebd., 76, 1984, S. 517-559; 77, 1985, S. 3-49).

## CAMILO CASTELO BRANCO

\* 16.3.1825 Lissabon
† 1.6.1890 São Miguel de Seide / Minho

LITERATUR ZUM AUTOR:
*Bibliographien:*
H. Marques, *Bibliografia camiliana*, Lissabon 1894. - *Revista Bibliográfica Camiliana*, Hg. M. dos Santos, Lissabon 1917-1923. - H. Lacape, *Contribution à une bibliographie de C. C. B.*, Paris 1941. - *Catálogo de uma importíssima e completa camiliana*, Hg. M. Ferreira, Lissabon 1968. - A. Felgueiras, *Camiliana I: Catálogo das obras originais de C. C. B. (1845-1971)*, Porto 1972.
*Biographien:*
A. Pimentel, *O romance do romancista*, Lissabon 1890; ²1974. - P. Osório, *C., a sua vida, o seu génio, a sua obra*, Porto 1908; ²1920 [erw.]. - A. Ribeiro, *O romance de C.*, 3 Bde., Lissabon 1957; ern. 1974. - B. Gracias, *C., suicida. Ensaio biobibliográfico*, Lissabon 1965. - C. Malpique, *C. Aspectos do seu retrato moral e psicológico* (in Boletim Cultural, 33, Porto 1970, fasc. 1/2, S. 20-77). - A. Cabral, *C. C. B.: roteiro dramático dum professional das letras*, Lissabon 1980.
*Gesamtdarstellungen und Studien:*
*In memoriam de C.*, Lissabon 1925. - C. Basto, *A linguagem de C.*, Porto 1927. - H. Lacape, *C. C. B.*, Paris 1941. - J. do Prado Coelho, *Introdução ao estudo da novela camiliana*, Coimbra 1946; ²1982/83, 2 Bde., [rev. u. erw.]. - A. Ribeiro, *Camões, C., Eça e alguns mais*, Lissabon 1958, S. 85-180; ern. 1975. - T. R. Ferro, *Tradição e modernidade em C.*, Lissabon 1966. - M. L. Torres Lepecki, *Sentimentalismo. Contribuição para o estudo da técnica romanesca de C.*, Belo Horizonte 1967. - J. R. D. Maia, *Traços impressionistas de C.*, Diss. Lissabon 1970. - A. P. de Castro, *Narrador, tempo e leitor na novela camiliana*, Famalição 1976 [m. Bibliogr.]. - A. Cabral, *Estudos camilianos*, I, Porto 1978. - J. B. Chorão, *C.*, Lissabon 1979.

## AMOR DE PERDIÇÃO

(portug.; *Das Verhängnis der Liebe*). Roman von Camilo CASTELO BRANCO, erschienen 1862. - Dieser erfolgreichste Roman Castelo Brancos handelt von der Liebe zwischen dem Studenten Simão Botelho und Teresa de Albuquerque, der ihre benachbarten, aber feindlichen Familien Widerstand entgegensetzen. Teresa weigert sich, dem Wunsch ihres Vaters zu folgen und ihren Vetter zu heiraten, der sich für ihre Zurückweisung rächt, indem er den alten Albuquerque dazu überredet, seine widerspenstige Tochter in ein Kloster zu stecken. Bei ihrer Abreise aus Viseu kommt es zu einem Zusammenstoß zwischen den beiden Rivalen. Simão tötet den Vetter, wird deswegen festgenommen und zum Tod durch den Strang verurteilt, dank des Einflusses seiner Angehörigen jedoch zur Deportation nach Goa begnadigt. Im Gefängnis in Porto wartet er auf die Einschiffung. Inzwischen geht Teresa, mit der er immer noch heimlich in Verbindung steht, an ihrer Verzweiflung zugrunde. Sie bricht tot zusammen, als sie vom Klosterturm aus ihren Geliebten an Bord gehen sieht, und auch er stirbt auf der Überfahrt am Schmerz der Trennung. Mariana, Simãos selbstlose Begleiterin, deren Vater ihn früher eine Zeitlang in seinem Haus verborgen gehalten hatte, will das Schicksal mit dem Jüngling, den auch sie liebt, teilen: Als sein Leichnam ins Meer versenkt wird, stürzt sie sich ihm nach.

Der Roman wurde 1861 in vierzehn Tagen niedergeschrieben, als der Verfasser, selbst des Ehebruchs angeklagt, sich in Porto in Haft befand. Er schildert zum Teil Vorgänge, die sich in seiner Familie abgespielt haben: Ein Onkel Castelo Brancos wurde wegen Körperverletzung zu Gefängnis und Deportation verurteilt. Auch die Berichte über seine Angehörigen gehen auf Familienüberlieferungen zurück. Die Gestalt der Heldin scheint allerdings frei erfunden zu sein. Die eingestreuten Briefe und Gespräche der Liebenden sind leidenschaftlich und innig empfunden und drücken wohl Castelo Brancos eigenes Erleben aus. Der den zeitgenössischen Erfolg überdauernde literarische Wert des Romans beruht jedoch auf der Gabe des Verfassers, Spannung zu erregen (Simãos Verfolgung durch die Knechte seines Nebenbuhlers, das Duell mit Baltasar, Marianas Selbstmord) und Gestalten verschiedenster Herkunft und Gesinnung in Sprache und Handlung zu vergegenwärtigen: den heftigen, entschlossenen Simão, der keine Hilfe zur Milderung seines Schicksals annehmen will, den trockenen und hartherzigen Richter Botelho, seine hochmütige, ahnenstolze und lieblose Frau und ihre Gesellschaftsschicht, den anmaßenden, rachsüchtigen und heimtückischen Baltasar, den Schmied João da Cruz und seine Tochter Mariana als rechtschaffene und hilfsbereite Vertreter des einfachen Volks, die lasterhaften und zänkischen, hämischen Nonnen des Klosters bei Viseu und die wahrhaft karitativ gesinnten Schwestern im Kloster Monchique.

Nicht zuletzt zeichnet sich dieses Werk aus durch seine flüssige Sprache und den bei aller Empfindsamkeit des Ausdrucks gewahrten ironisch-distanzierten Ton der Erzählung, der Castelo Branco nicht nur erlaubt, an engstirnigen Vorurteilen, herzlos-heuchlerischem Getue, ruchlosen Machenschaften und Intriganten seinen Spott auszulassen, sondern zu den dargestellten Leidenschaften selbst Abstand zu gewinnen. A.E.B.

AUSGABEN: Porto 1862. – Porto 1941, Hg. A. C. Pires de Lima; ern. 1977 [rev.]. – Mem Martins 1980 (LB-EA). – Lissabon 1983, Hg. J. M. Rocheta. – Porto 1984, Hg. J. M. de Almeida (in *Obras*, Bd. 3).

ÜBERSETZUNG: *Das Verhängnis der Liebe*, C. Meyer-Clason, Freiburg i.B. 1988.

LITERATUR: A. Pimentel, *Notas sobre o »Amor de perdição«*, Lissabon 1915. – G. d'Avila Pérez, *As traduções do »Amor de perdição«*, Lissabon 1964. – R. A. Lawton, *Technique et signification dans l'»Amor de perdição«* (in BEP, N.S., 25, 1964, S. 78–135). – J. do Prado Coelho, *O »Amor de perdição«, romance do pundonor?* (in J. do P. C., *A letra e o leitor*, Lissabon 1969, S. 138–143). – M. da Glória Martins Rabelo, *C.: realismo e contradição* (in Brotéria, 104, 1977, Nr. 5/6, S. 493–509). – P. Calheiros, *Estudo comparado de »O Amor de perdição« de C. C. B. e de João Martins de Athayde* (in Vértice, 39, 1979, Nr. 426/427, S. 505–522). – M. Metzeltin, *Topologia tensional no »Amor de perdição« de C. C. B.* (in APK, 18, 1983, S. 70–82).

## A BRASILEIRA DE PRAZINS. Cenas do Minho

(portug.; *Die Brasilianerin auf Prazins. Szenen aus dem Minho*). Roman von Camilo CASTELO BRANCO, erschienen 1882. – Marta de Prazins ist die Tochter eines hartgesottenen und berechnenden Kleinbauern im Minhogebiet. Sie wird mit ihrem knauserigen Onkel Feliciano, der steinreich aus Brasilien zurückkehrt, verheiratet, ist aber ihrer Liebe zu einem früh verstorbenen Studenten treu, der sie gegen den Willen seiner Eltern umworben und den sie heimlich angehört hatte. Von ihrer Mutter, die in geistiger Umnachtung Selbstmord begangen hat, erblich belastet, verfällt sie bald selbst in Wahnsinn. In ihren Wahnvorstellungen vereinigt sie sich mit dem früheren Geliebten. Sie schenkt ihrem dreißig Jahre älteren Mann fünf Kinder, von denen drei schwachsinnig sind. – Der Zusammenhang der Haupthandlung mit der breit ausgesponnenen Episode vom Auftreten eines Hochstaplers, die fast die Hälfte des Buches beansprucht, ist nur locker. Der Hochstapler spielt die Rolle des verbannten Königs D. Miguel I. und wird von reaktionären und klerikalen Royalisten des Minho ehrfürchtig begrüßt und eifrig gefördert, aber bald entlarvt und verhaftet. Vor Gericht wird jedoch sein Freispruch erwirkt, und als pflichteifriger Staatsbeamter bringt er es schließlich noch zu bürgerlichem Ansehen. Diese Episode mit ihren burlesken Einzelheiten rechtfertigt vor allem den Untertitel des Romans. – Ohne auf die Hauptmotive seiner anderen Romane – unglückliche Liebe, erzwungene Heirat – und die Neigung zu dramatischer Steigerung und satirischer Darstellung zu verzichten, versucht sich der Autor hier im Stil des naturalistischen Romans, den Eça de QUEIRÓS inzwischen mit Erfolg in der portugiesischen Literatur entwickelt hatte. So werden die epileptischen Anfälle Martas und das Fortschreiten ihrer ererbten Geisteskrankheit in einem teilnahmslosen Berichtstil eingehend geschildert. Auch die fast schmucklose Sprache und die Einführung der erlebten Rede sind Stileigenheiten des Naturalismus, deren Castelo Branco sich hier als Romanschriftsteller bedient. Doch unterläßt er es nicht, in der Einleitung und im Nachwort zu dem Roman auch diese Stileigenheiten zu ironisieren und damit zu verstehen zu geben, daß seine Grundhaltung als Erzähler die gleiche geblieben ist. A.E.B.

AUSGABEN: Porto 1882. – São Paulo 1971, Hg. F. Mendonça. – Porto 1974. – Mem Martins 1980 (LB-EA).

LITERATUR: J. C. dos Santos, *A apresentação do diálogo em três romances de C. C. B.* (in Ocidente, 84, 1973, Nr. 418, S. 105–119). – M. Martins, *A espada, o amor e a morte desportiva [...] na »Brasileira de prazins«* (in Memórias da Acad. das Ciências, Classe de Letras, 22, Lissabon 1981/82, S. 325–344). – A. Cabral, *›O brasileiro‹ na novelística camiliana* (in *Afecto as letras*, Fs. f. J. do Prado Coelho, Lissabon 1984, S. 23–32).

## EUSÉBIO MACÁRIO

(portug.; *Eusébio Macário*). Roman von Camilo CASTELO BRANCO, erschienen 1879. – Der Roman sollte zusammen mit seiner Fortsetzung *A corja*, 1880 *(Das Pack)*, aus der »Natur- und Sozialgeschichte« einer portugiesischen Familie der Mitte des vorigen Jahrhunderts das Sittengemälde einer ganzen Zeit erstehen lassen – einer Zeit, in der Mittelstand und Kleinbürgertum, die durch den Linksliberalismus an Boden gewonnen hatten, von einem gemäßigt liberalen Neuadel zurückgedrängt wurden. Die Mentalität dieser neuen Gesellschaftsschicht und ihrer Nutznießer wird in satirischer, karikierender Schärfe an den Hauptfiguren des Romans vorgeführt: An dem aufgeblasenen Emporkömmling Bento, der es in Brasilien zu einem Vermögen gebracht hat, das ihm erlaubt, sich in Portugal Adelstitel und Besitz zu kaufen; seiner Schwester Felicia, der Pfarrersmagd, die in den neuerworbenen Palast in Porto versetzt und als Dame herausstaffiert wird; dem liederlichen Landpfarrer Justino; dem selbstgefälligen Apotheker Eusébio Macário, der sich in der Genugtuung sonnt, seine vergnügungssüchtige Tochter Custódia mit dem neugebackenen Baron und seinen mißratenen Sohn José mit Felicia verheiratet zu haben.

In einer dem Roman vorangestellten Bemerkung warnt Castelo Branco davor, in dem Werk einen Abklatsch der *Rougon-Macquart* von ZOLA zu sehen. Er ist aber doch zugleich bestrebt, sich die naturalistische Erzähltechnik des Franzosen anzueignen, der in Portugal die ersten Romane von Eça de QUEIRÓS ihren Erfolg verdankten. Camilo, um seine eigene Popularität besorgt, will mit seinem Werk zeigen, daß auch er die Mittel dieser Technik beherrscht; allerdings werden sie bei ihm eher zur Parodie des naturalistischen Stils, obwohl er im Vorwort zur zweiten Auflage des Romans eine solche Absicht bestreitet. Doch lassen sein ursprünglich an BALZAC geschultes Erzähltalent und seine Freude an sprachlicher Ausdrucksfülle die eingehenden Milieustudien und die Hinweise auf erbbiologische Zusammenhänge oder konstitutionelle und physiologische Zwangsläufigkeiten, auch falls sie ernst gemeint sein sollten, in den Hintergrund treten. Indessen erreicht *Eusébio Macário* bei weitem nicht den literarischen Rang der Hauptwerke des Autors. A.E.B.

AUSGABEN: Lissabon/Porto 1879. – Porto 1958; ern. 1970. – Lissabon 1981. – Mem Martins 1983 (LB-EA).

LITERATUR: S. de Castro, *C. C. B., tipos e episódios da sua galeria*, Lissabon 1914. – L. de Menezes, *Notas camiliánas. História de »Eusébio Macário« e de »A corja«*, Lissabon 1927. – A. da Costa Torres, *C. C. B. e as boticadas do »Eusébio Macário«*, Lissabon 1950. – J. C. dos Santos, *A apresentação diálogo em três romances de C. C. B.* (in Ocidente, 84, 1973, Nr. 418, S. 105–119).

## NOVELAS DO MINHO

(portug.; *Novellen aus dem Minho*). Acht Erzählungen von Camilo CASTELO BRANCO, erschienen 1875/76. – Das *»realistische Bild des Lebens auf dem Lande mit seinen Instinkten und seinen Missetaten«*, das Castelo Branco in diesen »Novellen« entwirft, stellt die Kehrseite des Landlebens dar, wie Júlio DINIS (vgl. *A morgadinha dos Canaviais*, 1868) es gesehen und dargestellt hat (G. C. Rossi). Angeregt durch den Erfolg der sogenannten »realistischen Schule« versucht der bedeutendste Vertreter des spätromantischen »passionellen Romans« (vgl. *Amor de perdição*) sich hier in der neuen, durch Eça de QUEIRÓS (vgl. *O crime do padre Amaro*, 1875) in die portugiesische Literatur eingeführten naturalistischen Erzählweise.

Seine Absicht ist, am Beispiel von Einzelschicksalen die gesellschaftlichen Verhältnisse und sittlichen Zustände im Minho-Raum, den Niedergang der alten patriarchalischen Ordnung und den Aufstieg einer Schicht von Erfolgsmenschen darzustellen, die es, meist in Brasilien, zu Reichtum gebracht und sich dann im Minho als neue besitzende Klasse niedergelassen haben. Dabei bildet den Schauplatz der Erzählungen nicht immer der Minho selbst; vielfach ist dieser fruchtbare, dichtbevölkerte Landstrich im Nordwesten Portugals nur Ausgangspunkt oder Endpunkt der Handlung. Damit werden die »Novellen« zu Sittenbildern der Zeit, die für ganz Portugal gelten können, zu Bildern der portugiesischen Gesellschaft, die, durch den »Fortschritt« in Verwirrung geraten, ihre moralische Wertordnung verloren hat. Fragwürdig sind manche der Gestalten, die in dieser Gesellschaft Ansehen genießen. Hinter der Maske äußerer Selbstsicherheit und Wohlanständigkeit verbergen sie eine dunkle Herkunft und Vergangenheit *(A morgada de Romariz – Die Herrin auf Romariz)*, das Verbrechen der Anstiftung zum Mord *(Gracejos que matam – Todbringende Scherze)*, Raub, Betrug und Denunziation aus Gewinnsucht *(O cego de Landim*

– *Der Blinde von Landim*). Vielfach sind es »Illegitime«, die sich ihren Platz in der Gesellschaft erobern, Findelkinder (*O Comendador* – *Der Kontur, O filho natural* – *Der natürliche Sohn, Maria Moisés* – *Maria Moses* und *O degredado* – *Der Sträfling*) oder politisch Verfolgte (*A viúva do enforcado* – *Die Witwe des Gehenkten*).

Strukturell, d. h. im Aufbau und in der Darstellungsweise, sind diese »Novellen« keineswegs einheitlich. Manche sind bündig und straff, andere langatmig, sich in Einzelheiten verlierend. Einige, deren Handlung sich über längere Zeiträume erstreckt und in denen die Fülle der eingestreuten Episoden den novellistischen Rahmen sprengt, wären zutreffender als Kurzromane zu bezeichnen. Bei aller Realistik der Themen und der Darstellungsweise fehlen in den *Novelas do Minho* nicht die Elemente, denen Castelo Branco seine früheren Erfolge verdankte: Rührseligkeit und Schwarzweißmalerei in der Darstellung der Gefühle und Charaktere, ironischer Kommentar und Bemerkungen an den Leser, Sarkasmus und satirische Verzerrung in der Schilderung gesellschaftlicher Zustände und menschlicher Verhaltensweisen. A.E.B.

AUSGABEN: Lissabon 1875/76. – Lissabon 1961, Hg. M. H. Mira Mateus [m. Einl.; krit.]; ⁷1973. – Porto 1981. – Mem Martins 1980–1983, 2 Bde. (LBEA).

LITERATUR: V. Ramos, *As »Novelas do Minho«* de *C. e a integração rural no romance português do século XIX* (in V. R., *Estudos em três planos*, São Paulo 1966, S. 85–122). – J. do Prado Coelho, *Duas »Novelas do Minho«* (in J. do P. C., *A letra e o leitor*, Lissabon 1969, S. 162–170). – I. Versiani, *Amor e casamento nas »Novelas do Minho«* (in LBR, 10, 1973, Nr. 1, S. 102–112). – J. Décio, *Uma revisitação das »Novelas do Minho«* de *C. C. B.* (in Arquivos, 3, 1981, Nr. 6, S. 43–48).

---

RICCARDO DI CASTELVECCHIO

d.i. Giulio Pullè
* 1814 Verona
† 1894 Legnano

## LA DONNA ROMANTICA ED IL MEDICO OMEOPATICO

(ital.; *Die romantische Dame und der homöopathische Arzt*). Verskomödie in fünf Akten von Riccardo di CASTELVECCHIO, Uraufführung: Venedig 1858. – Graf Pomo, ein lebensfroher Mittfünfziger, sorgt sich um seine hübsche junge Frau Irene, die, von tiefer Melancholie ergriffen, sich auf keine Weise trösten läßt. Allein die Lektüre französischer Liebesromane und die Gesellschaft des jungen Ascanio können sie vorübergehend aufheitern. Ihr Leiden überträgt sich auf ihre Stieftochter Camilla und ihre Kammerfrau Vespina. Camilla lehnt sogar einen Antrag Ascanios ab. Glücklicherweise liegt der junge Arzt Nuvoletti mit seiner Diagnose »Romantizismus«, erworben durch »ungesunde Lektüre« richtig. Er heilt Camilla, indem er ihre Liebe zu Ascanio erweckt, Vespina, indem er ihre Gattenliebe durch Eifersucht neu entfacht und Irene mit einer »homöopathischen« Kur: Er gesteht ihr seine angebliche Liebe und versucht sie zu einem nächtlichen Fluchtversuch zu überreden. Die Folgen plant er im voraus effektvoll ein. Irene fehlt es jedoch an Mut zur Realisierung ihrer romantischen Vorstellungen. Sie wendet sich, geheilt von ihrem »Romantizismus«, wieder ihrem Mann zu.

Die in Alexandrinern verfaßte Komödie Castelvecchios, von ihm selbst als »*commediaparodia*« bezeichnet, wohl sein bestes und weitaus erfolgreichstes Stück, ist eine gelungene Satire auf die in ihren Boudoirs über sentimentaler Lektüre schmachtenden Damen der zeitgenössischen Gesellschaft. Der Handlungsfaden ist nicht ungeschickt geknüpft, und in der liebevoll detaillierten Wiedergabe des Milieus macht sich der Einfluß GOLDONIS bemerkbar. KLL

AUSGABEN: Mailand 1858. – Mailand 1869.

LITERATUR: G. Costetti, *Il teatro italiano nel 1800*, Rocca San Casciano 1901. – B. Croce, *La letteratura della nuova Italia*, Bd. 5, Bari 1950, S. 309/310.

---

GIOVANNI BATTISTA CASTI

* 29.8.1724 Acquapendente
† 5.2.1803 Paris

## GLI ANIMALI PARLANTI

(ital.; *Die redenden Tiere*). Zyklus von 26 Fabeln in sechszeiligen Versen (*sesta rima*) von Giovanni Battista CASTI, erschienen 1802. – Casti, der u. a. galante Versnovellen (*Novelle galanti*, 1793) schrieb und mit dem Gedicht *Poema tartaro* (1787) eine Satire auf Katharina II. von Rußland verfaßte, bringt hier, dem Beispiel von PHAEDRUS und LA FONTAINE folgend, seine Ansichten über die Demokratie in der äußeren Form einer Tierfabel zur Sprache. Thema ist der Kampf zwischen der herrschenden absoluten Monarchie und dem neuen Geist des Republikanismus bis zur Französischen Revolution. Unter der Herrschaft des Löwen und der Löwin, die den kleinen Löwen in ihrem Geist erziehen, verdrängt der noch bösere Wolf den Hund von der Macht. – Das Werk des Abts, der gegen Ende seines Lebens seine Ansichten über das politische Leben seiner Zeit dichtend verbreitete, hatte großen Erfolg in patriotischen Kreisen, weil es die bereits latent vorhandene Kritik an der politischen Haltung der Mächtigen unterstützte. *Gli animali parlanti* ist eine Satire auf Mißstände und die Dekadenz des höfischen Lebens, als auch eine scharfe Kritik am politischen und gesellschaftlichen Leben der Zeit. Casti verspottet dabei vor allem Bigotterie und akademische Eitelkeit sowie bestimmte Sitten seiner Zeit in Kleidung und Sprechweise. Das Werk wurde heimlich gedruckt und verbreitet und fand, trotz seiner teilweise schleppenden Länge und eines mitunter allzu moralisierenden Tons im ganzen Land begeisterte Aufnahme.

D.De.

AUSGABEN: Paris 1802. – Lugano 1825. – Mailand 1933 (in *Il poema Tartaro. Gli animali parlanti: apologhi vari*). – Ravenna 1978, Hg. G. Muresu.

ÜBERSETZUNGEN: *Die redenden Thiere, ein episches Gedicht in 25 Gesängen*, anon., Bremen 1817. – *Die redenden Thiere, ein episches Gedicht. Nebst einem zusätzlichen Gesange: Über den Ursprung des Werks*, I. E. A. Stiegler, Aachen 1843.

LITERATUR: H. van dem Bergh, *G. C., (1724 bis 1803). L'homme et l'œuvre*, Amsterdam/Brüssel 1951 [zugl. Diss. Amsterdam]. – S. Ramat, *Quattro voci di fine '700* (in Forum Italicum, 3, 1969, S. 194–212). – K. Zaboklicki, *La critica della Chiesa e della religione cattolica ne »Gli animali parlanti« di G. B. C.* (in Kwartalnik neofilologiczy, 1971, Nr. 3). – G. Muresu, *Le occasioni di un libertino*, G. B. C., Messina/Florenz 1973. – K. Zaboklicki, *La poesia narrativa di G. C. (1724–1803)*, Warschau 1974. – A. Fallico, *G. B. C. e l'utopia di una intellettualità non subalterna*, Viterbo 1978. – G. Muresu, *La parola cantata. Studi sul melodramma italiano del Settecento*, Rom 1982. – N. Mangini, Art. *G. C.* (in Branca, 1, S. 548–550).

## BALDASSARE CASTIGLIONE

\* 6.12.1478 Casatico bei Mantua
† 7.2.1529 Toledo / Spanien

### IL LIBRO DEL CORTEGIANO

(ital.; *Das Buch vom Hofmann*). Traktat in vier Büchern von Baldassare CASTIGLIONE, entstanden zwischen 1508 und 1516, in überarbeiteter Fassung erschienen 1528. – Zusammen mit ARIOSTS *Orlando furioso* und MACHIAVELLIS *Principe* zu den repräsentativsten literarischen Werken der Hochrenaissance zählend, will der Traktat »*mit Worten einen vollendeten Hofmann formen*« und »*über das, was man tun muß, um im Verkehr und Umgang mit Leuten wohlgesittet, gefällig und von feinen Manieren zu sein*« unterrichten.

In Form von Gesprächen, die unter dem Vorsitz der Herzogin Elisabetta Gonzaga und ihrer Schwägerin Maria Pia an vier aufeinanderfolgenden Abenden am Hof von Urbino stattfinden und an denen sich u. a. Bembo, Giuliano de' Medici, Ludovico di Canossa und Bibbiena beteiligen, werden die Eigenschaften des vollkommenen Hofmanns, das Idealbild der Hofdame und das Verhältnis der Hofleute zum Fürsten erörtert. Einige Themen werden eingehender behandelt, so etwa das vieldiskutierte Problem der allgemeinverbindlichen literarischen Hochsprache, aber auch die Frage nach einem Geburts- und Tugendadel und nach dem Wertverhältnis zwischen kriegerischer Tüchtigkeit und kultureller Bildung. Ein Exkurs über die »Facetien« enthält mehrere Beispiele von Schnurren und Anekdoten, die der gebildete Mann bei Hof bereithaben soll. In seinem den Charakter der Sprechenden trefflich wiedergebenden Dialogstil exemplifiziert der Autor seine Idealvorstellung einer Verbindung von wissenschaftlicher Belehrung mit ästhetischem Genuß. Castigliones humanistische Bildung verrät namentlich die häufige Anlehnung an CICERONS *De oratore (Über den Redner)*. Die dort vertretene urbane Lebenshaltung kennzeichnet denn auch – besonders in der Lust an einer lockeren und schlagfertigen Konversation, die durch ein weniger starres Hofzeremoniell bei gleichzeitiger Wahrung einer aristokratischen Grundhaltung ermöglicht wird – die Gesellschaftskultur der Renaissance. Da in ihr die Frau eine bevorzugte Stellung einnimmt, soll der Hofmann, ohne sein Waffenhandwerk zu vernachlässigen, das Wohlgefallen der Damen als gewandter Gesellschafter, aber auch durch die angemessene Ausübung der schönen Künste erringen. Dabei soll er stets den Anschein der Mühelosigkeit und Eleganz wahren. (Das Trompetenspielen wird ihm wegen des unästhetisch wirkenden Aufblasens der Backen untersagt.) Da sich der vollendete Hofmann vom Prinzip der »goldenen Mitte« leiten läßt, kann er allerdings in keiner Beschäftigung völlig aufgehen, vielmehr verbindet er seine »Universalität« mit einer wahrhaft souverän-distanzierten Haltung in allen Lebenslagen. Moralisch soll er unanfechtbar sein (unter nicht verheirateten Personen duldet Castiglione nur die platonische Seelenliebe); sein Wert bemißt sich allein nach seinem Ruf, der sich aus dem Urteil der Umwelt ergibt. Castiglione gibt also, auf eine metaphysische Begründung des höfischen Wesens verzichtend, ein normatives Standesideal, nicht aber eine Standesethik.

Der *Cortegiano* hat in ganz Europa ein nachhaltiges Echo gefunden. Schon 1534 von BOSCÁN ins Spanische übersetzt, hat der Traktat besonders GRACIÁN (vgl. *El discreto*) beeinflußt. Auch in Frankreich entstanden Übersetzungen und zahlreiche Nachahmungen, und der französische *honnête homme*, das gesellschaftliche Leitbild des 17. Jh.s, sowie der englische *gentleman* sind geläufige Nachfahren von Castigliones *cortegiano*.

D.K.

AUSGABEN: Venedig 1528, Hg. Bembo u. Ramusi; Nachdr. Rom 1986. – Padua 1733 (in *Opere volgari e latine*). – Florenz 1894, Hg. V. Cian; ⁴1947 [rev. u. korr.]. – Turin 1955; ³1981 (*Il cortegiano con una scelta delle opere minori*, Hg. B. Maier; krit). – Turin 1960, Hg. G. Preti. – Florenz 1968, Hg. G. Ghinassi (*La seconda redazione del »Cortegiano« di B. C.*; krit.). – Mailand 1972; ⁴1984, Hg. E. Bonora. – Mailand 1981, Hg. A. Quondam. – Mailand 1987.

ÜBERSETZUNGEN: *Der Hofmann*, L. Kratzer, Mchn. 1565. – Dass., A. Wesselski, 2 Bde., Mchn. 1907. – *Das Buch vom Hofmann*, F. Baumgart, Bremen 1960 (Slg. Dieterich); ern. Mchn. 1986 (dtv). – *Die Hofdame*, P. Seliger, Lpzg. 1984 (Ausz.; Tl. 3 aus *Das Buch vom Hofmann*; RUB).

LITERATUR: W. Andreas, *B. C. u. die Renaissance* (in W. A., *Geist und Staat*, Mchn. 1922; ⁵1960, S. 15–32). – V. Cian, *Nel mondo di B. C. Documenti illustrati* (in Archivio Storico Lombardo, N. F. 7, 1942, S. 3–97). – M. Rossi, *»Il cortegiano«* (in M. R., *B. C. La sua personalità, la sua prosa*, Bari 1946, S. 39–94). – J. G. Fucilla, *The Role of the »Cortegiano« in the Second Part of »Don Quijote«* (in Hispania, 33, 1950, S. 290–296). – B. Maier, *Sul testo del »Cortegiano«* (in GLI, 130, 1953, S. 226–248). – E. Loos, *B. C.s »Libro del cortegiano«. Studien zur Tugendauffassung des cinquecento*, Ffm. 1955. – G. Ghinassi, *L'ultimo revisore del »Cortegiano«* (in Studi di Filologia Italiana, 21, 1963, S. 217–264). – R. Klescewski, *Die frz. Übersetzungen des »Cortegiano« von B. C.*, Heidelberg 1966. – L. Lipking, *The Dialectic of »Il Cortegiano«* (in PMLA, 81, 1966, S. 355–362). – G. Mazzacurati, *Letteratura cortigiana e imitazione umanistica nel primo '500*, Neapel 1966. – G. Ghinassi, *Fasi dell'elaborazione del »Cortegiano«* (in Studi di Filologia Italiana, 25, 1976, S. 155–196). – G. Mazzacurati, *B. C. e la teoria cortigiana, ideologia di classe e dottrina critica* (in MLN, 83, 1968, S. 16–66). – J. Guidi, *»B. C.« et le pouvoir politique* (in *Les écrivains et le pouvoir en Italie à l'époque de la Renaissance*, Hg. A. Rochon, Paris 1973, S. 241–278). – H. G. Hall, *C.'s »superbi coralli« in Relation to Raphael, Petrarch, Du Bellay, Spenser, Lope de Vega, and Scarron* (in KRQ 21, 1974, S. 159–181). – C. Henn-Schmölders, *Ars conversationis. Zur Geschichte des sprachlichen Umgangs* (in Arcadia Berlin, 10, 1975, S. 16–33). – P. Floriani, *Bembo e C. Studi sul classicismo del Cinquecento*, Rom 1976. – E. Saccone, *Trattato e ritratto: l'introduzione del »Cortegiano«* (in MLN, 93, 1978, S. 1–21). – J. R. Woodhouse, *B. C.: A Reassessment of »The courtier«*, Edinburgh 1978. – *La corte e »Il cortegiano«*, Hg. C. Ossola u. A. Prosperi, 2 Bde., Rom 1980. – *Convegno di studio su B. C. nel quinto centenario della nascita*, Hg. E. Bonora, Mantua, 1980. – *C.: The Ideal and the Real in Renaissance Culture*, Hg. R. W. Hannig u. D. Ronsard, New Haven/ Ldn. 1983. – P. Werle, *»Grazia«. Zur Konstituierung u. Funktion eines Bildungsideals in B. C.s »Libro del Cortegiano«* (in Italienische Studien, 8, 1985, S. 39–50). – B. Maier, Art. *B. C.* (in Branca, 1, S. 550–554). – *Literatur zwischen immanenter Bedingtheit und äußerem Zwang*, Hg. A. Noyer-Weidner, Tübingen 1987. – C. Ossola, *Dal »Cortegiano« al »uomo di mondo«. Storia di un libro e un modello sociale*, Turin 1987.

## ANTÓNIO FELICIANO DE CASTILHO

\* 28.1.1800 Lissabon
† 18.6.1875 Lissabon

### CARTAS DE ECHO E NARCISO

(portug.; *Briefe von Echo und Narziß*). Erzählende Dichtung in Blankversen von António Feliciano de CASTILHO, erschienen 1821. – Der Narziß-Mythos ist hier zu einem empfindsamen Briefroman vom hoffnungslosen Liebeswerben der Nymphe Echo um den sie fliehenden Jüngling abgewandelt. Gefühlsausdruck, Sprach- und Verskunst stehen in diesem ersten bedeutenderen Werk des Autors noch ganz im Bann der arkadischen Dichtungen von BARBOSA DU BOCAGE (1765–1805), in denen Gefühlsstrom und Phantasie, Musikalität und Wortschmuck einen anspruchslosen Gedankengehalt überdecken. Castilho hielt das Naturempfinden, das eingestandenermaßen die bukolischen Dichtungen Salomon GESSNERS – und nicht die Antike – in ihm geweckt hatten, für ein »romantisches«, in der portugiesischen Dichtung neues Element. Der früh erblindete Dichter war bei Naturschilderungen auf seine Einbildungskraft angewiesen, die von Kindheitserinnerungen und vorgelesener Literatur angeregt wurde. Daß sich andererseits durch die Blindheit sein Gehör verfeinert hatte, kam der Klangreinheit und Schmiegsamkeit seiner Verse nur zugute; auf diesen Vorzügen vor allem beruhte der große Erfolg, der dem Buch bei seinem Erscheinen beschieden war. Seine Schwächen hat Castilho später selbst erkannt; im Prolog zur dritten Auflage distanzierte er sich bis zu einem gewissen Grad von dem Jugendwerk. A.E.B.

AUSGABEN: Coimbra 1821–1825, 2 Tle. – Coimbra ³1836. – Lissabon 1903 (in *Obras completas*, Bd. 3).

LITERATUR: T. Braga, *História do romantismo em Portugal*, Lissabon 1880. – L. Coelho, *Garrett e C.*, Lissabon 1917. – C. Branco Chaves, *C., alguns aspectos vivos da sua obra*, Lissabon 1935; ern. 1981 (in C. B. C., *Crítica inactual*, S. 19–41). – A. Salgado jr., *A. F. de C., Perspectiva da literatura portuguesa do século XIX*, Lissabon 1947, S. 45–86. – B. Martocq, *Molière, C. e a Geração de 70* (in Colóquio/Letras, 28, 1975, S. 39–46). – D. Mourão-Ferreira, *A. F. de C., poeta* (in Memórias da Acad. das Ciências, Classe de Letras, 18, Lissabon 1977, S. 41–53).

---

CRISTÓBAL DE CASTILLEJO

\* um 1490 Ciudad Rodrigo
† 12.6.1550 Wien

DIÁLOGO DE LAS CONDICIONES DE LAS MUJERES

(span.; *Dialog über die Lage der Frauen*). Verssatire von Cristóbal de CASTILLEJO, erschienen 1544. – Zur Zeit eines GARCILASO und BOSCÁN, die in Spanien dem Einfluß der italienischen Renaissance Geltung verschafften, vertrat Castillejo noch die mittelalterliche Tradition. Die in Dialogform geschriebene Satire auf die Frauen hat ihr Vorläufer in den Werken des ARCIPRESTE DE TALAVERA und des Pere TORRELLAS, von dem Castillejo auch die Versform der vierzeiligen *coplas* übernimmt. Der über 3500 Verse umfassende Dialog ist ein in volksnaher Sprache geführtes Gespräch zwischen dem verliebten Fileno, dem Anwalt der Frauen, und Alethio, ihrem Ankläger. Der längere und interessantere Part – in den Castillejo des öfteren Anekdoten und eigene Erlebnisse einstreut – fällt natürlich Alethio zu. Die Diskrepanz zwischen dem Vorsatz, das Gespräch allgemein zu führen, und der Unbekümmertheit, mit der immer wieder persönliche Erfahrungen und Geschichten über die besondere Schlechtigkeit einzelner Frauen vorgetragen werden, macht zum großen Teil den Reiz und die Komik der Satire aus. Die Diskussion über die Erschaffung Adams und Evas und deren Schuld an der Erbsünde wirkt wie eine Parodie auf scholastische Disputationen. Für den Stil charakteristisch sind die Refrains und die volkstümlichen Redensarten nach Art des *Corbacho* des Arcipreste. Zitate aus OVID und CICERO beweisen die humanistische Bildung des Dichters, der unter anderem auch die Geschichte von Pyramus und Thisbe aus Ovids *Metamorphosen* ins Spanische übersetzt hat.
Das Werk verfiel bald der Zensur der Inquisition. Beanstandet – und daher verändert oder gekürzt – wurden vor allem Stellen, die die Liebesabenteuer der Fürsten, die Unzucht der Nonnen und die außereheliche Liebe behandelten, außerdem natürlich Passagen, die gegen Moral und Religion verstießen, wie etwa der Vorschlag zu einem Gesetz, das es ermöglichen sollte, Frauen beliebig zu kaufen und zu verkaufen. Später wurde sogar das ganze Kapitel über die Nonnen herausgestrichen. B.v.B.

AUSGABEN: Venedig 1544. – Madrid 1573 (in *Obras*). – Alcalá 1614 *(Diálogo entre la verdad y la lisonja)*. – Paris 1927 (*Diálogo entre el autor y su pluma*, Hg. E. Werner, in RH, 71, 1927, S. 455–585). – Madrid 1986, Hg. u. Einl. R. Reyes Cano (Castalia).

LITERATUR: C. L. Nicolay, *The Life and Works of C. de C.*, Philadelphia 1910. – L. Pfandl, *Der »Diálogo de mujeres« von 1544 und seine Bedeutung für die C.-Forschung* (in ASSL, 140, 1920, 72–83). – O. H. Green, *Spain and the Western Tradition*, Bd. 1, Milwaukee/Madison 1963. – R. Reyes Cano, *Blasco de Garay y sus correcciones al »Diálogo de las mujeres« de C. C.* (in *Homenaje a Prof. Carriazo*, Sevilla 1973, S. 281–296). – J. Lefthoff, *C. de C.: Su tiempo, su vida y aspectos de su obra*, Diss. Univ. of Indiana 1976. – R. Reyes Cano, *Medievalismo y renacentismo en la obra de C. de C.*, Madrid 1980.

---

MICHEL DEL CASTILLO

eig. Miguel Xavier Janicot del Castillo
\* 2.8.1933 Madrid

LE MANÈGE ESPAGNOL

(frz.; *Ü: Manège espagnol*). Roman von Michel del CASTILLO (Spanien/Frankreich), erschienen 1960. – In diesem französisch geschriebenen Werk eines spanischen, in Frankreich lebenden Schriftstellers wird das düstere Bild eines korrupten und demoralisierten Landes entworfen, in dem die herrschenden Schichten und Cliquen ohne innere Überzeugung ein Regime unterstützen, das unbekümmert um das Wohl des Volkes nur den Interessen der Besitzenden dient. Hinter der Fassade einer mit Gewalt aufrechterhaltenen äußerlichen Ordnung breitet geistige Anarchie sich unaufhaltsam aus, durch die heuchlerischen propagandistischen Phrasen der offiziellen Kreuz- und Schwertideologie nur mühsam verdeckt. Die Stützen des Regimes, Heer und Adel, Falangisten und Monarchisten, das höhere Beamtentum und die verweltlichten hohen Würdenträger der Kirche, sind sich allein in der schamlosen »*Sucht nach dem Gold*« einig. Wie ein Aussatz verunstaltet diese »*das Antlitz einer Revolution, die im Namen der heiligen geschichtlichen Sendung Spaniens unternommen worden war*«. In dieser Situation, in der die Jugend, die »*für keine Revolution, von der sie geträumt hatte, mehr kämpfen konnte*«, im Fußballsport aufgeht, stirbt »*ein kühnes mystisches Spanien*« dahin und entsteht »*gestaltlos und bigott*« ein neues Land. »*Das Krebsgeschwür, von dem es zerfressen wurde, hieß Geld.*« »*In dem Trubel des Tanzes um das Goldene Kalb*« verhallt ungehört die Stimme des Sohnes eines reichen Kaffeehausbesitzers aus Huesca, Carlos Sánchez, der schon als Kind von religiösen Krisen bedrängt und als Student der Bergakademie in Madrid von Visionen heimgesucht wurde und sich auserwählt glaubt, sein Land durch Verkündigung des Evangeliums zur Besinnung zu bringen. Vom Volk als Heiliger verehrt, vom Klerus als armer Irrer abgetan und verlacht, wie Don Quijote im Haus eines Grafen verspottet, scheitert er in Madrid und beschließt, die ihm zuteil gewordene Botschaft in den ländlichen Gegenden seiner Heimatprovinz zu predigen. Hier schließt ein anderer Sancho Panza, der Dorftrottel Santiago, sich ihm an. Inmitten der Streiks und Arbeiterunruhen, die in Spanien ausbrechen, als kommunistischer Rädelsführer festgenommen, wird Carlos bei seiner Überführung nach Huesca infolge eines Mißverständnisses erschossen. »*Jeder fragte sich, was mit ihm gestorben war. Nur Mosén Risueño hätte es sagen können. Er saß auf einer Bank und weinte, weinte um Carlos und – ohne zu wissen warum – auch über Spanien.*«

*Le manège espagnol* hat als satirische Darstellung des spanischen Nachkriegsregimes eine gewisse Berühmtheit erlangt, verdient jedoch den Namen eines satirischen Romans nur mit Einschränkung. Aus der literarischen Satire, die um der höheren Wahrheit willen vergröbert und verzerrt, gerät Castillo allzuoft auf die Ebene des politischen Pamphlets, indem er ohne Wahrung der ironischen Distanz die Dinge nur noch entstellt und verfälscht. Politisierendes, der epischen Objektivierung abträgliches Eifererertum verrät auch die Art, wie er Vertreter, Förderer und Nutznießer des Regimes ausnahmslos als Trottel und Dummköpfe darstellt, so etwa den Bischof von Madrid, von dem es heißt: »*Wenn der Bischof von Madrid, Alcalá, schon so engstirnig war, wie man es sich schlimmer nicht vorstellen kann, so hatte der Justizminister gar keinen Verstand, nicht einmal den allerbeschränktesten.*« – Literaturgeschichtlich steht die Hauptfigur des Werks in der Nachfolge der großen Narren der Weltliteratur; auch das Vorbild der Gestalt Christi ist deutlich. Aber die Nachahmung geschieht mit wenig Sinn für das Psychologische und für das Phänomen des Religiösen. Meist wirkt der Heilbringer Carlos Sánchez nur wie ein bemitleidenswerter Neurastheniker. A.F.R.

AUSGABEN: Paris 1960.

ÜBERSETZUNG: *Manège espagnol*, L. Gescher, Hbg. 1962.

LITERATUR: J. Parot, »*Le manège espagnol*« (in Les Lettres Françaises, 17. 11. 1960, S. 4). – K. Hoke, Rez. (in Die Zeit, 23. 11. 1962). – W. Jacobs, Rez. (in Sonntagsblatt, 19. 5. 1963). – G. W. Lorenz, Rez. (in FRs, 17. 11. 1962).

**TANGUY, histoire d'un enfant d'aujourd'hui**

(frz.; Ü: *Elegie der Nacht: eine Jugend in Straflagern*). Roman von Michel del CASTILLO (Spanien/Frankreich), erschienen 1957. – Dieses Erstlingswerk von Castillo, Sohn eines Franzosen und einer Spanierin, hat im französischen Original den Titel *Tanguy*, den Namen *eines Kindes unserer Zeit*, und ist als Geschichte dieses Kindes nicht eigentlich ein Roman, sondern ein Zeitdokument, aber ein Zeitdokument besonderer Art. Es ist, obwohl nicht in der ersten, sondern in der dritten Person geschrieben, der Lebensbericht des Autors selbst. Nicht die Zeit, in die diese Geschichte fällt, ist Gegenstand des Berichts. Nur am Rande, nur soweit sie Tanguy unmittelbar berühren, treten Ereignisse, Personen, Lebensumstände, Landschaften und Örtlichkeiten ins Bild. Breitesten Raum nimmt die Wiedergabe von Gefühlen, Gedanken, Erkenntnissen und Lebensregeln ein, in denen es Tanguy letztlich immer um sich selbst, um seine Selbstfindung geht. Was dabei dem Leser von den Zeitumständen und an Atmosphärischem der Jahre 1930 bis 1955 sichtbar wird, ist allerdings eindrucksvoll genug: im ersten Teil, *Ein Kind unserer Zeit*, die Flucht von Mutter und Kind aus Spanien am Ende des Bürgerkriegs, in dem die Mutter als Journalistin auf seiten der Roten engagiert war, während sich der Vater, schon vor Ausbruch des Krieges, nach Frankreich abgesetzt hatte; die Ankunft in Marseille und die abweisende Behandlung durch die französischen Behörden; die idyllischen Wochen mit regelmäßigen Besuchen des Vaters in einem französischen Provinzstädtchen; die langen Monate in einem französischen Internierungslager für Spanienflüchtlinge in Südfrankreich; Flucht von Mutter und Kind nach Marseille und ihre Trennung; Verbringung des Kindes in ein Konzentrationslager im damaligen deutschen Westen; die grauenvollen Jahre im KZ und der deutsche Mithäftling Günther, dem Tanguy sein Überleben verdankt. Dann, im zweiten, ebenso langen Teil, *Zerstörte Illusionen*, nach dem nicht weiter geschilderten Ende der KZ-Zeit, die phrasenreiche Begrüßung durch einen französischen Bürgermeister an der deutsch-französischen Grenze; Transport nach Paris mit anschließender Abschiebung nach Spanien; Einlieferung durch die spanische Polizei in das von pervertierten Laienbrüdern geleitete »Asyl Dumos«, eine Zwangserziehungsanstalt für minderjährige Waisen und jugendliche Verbrecher in Barcelona, in der »Bruder Rouge« als Präfekt mit 210 Schlägen seiner Kastanienholzgerte je »Delinquent« bei der Auspeitschung angeblich straffällig gewordener Zöglinge den Rekord hält; Tanguys Flucht nach Madrid mit Hilfe seines Freundes und Mithäftlings, des jugendlichen Vatermörders Firmín; seine Aufnahme in das von dem menschlich, pädagogisch und wissenschaftlich außergewöhnlichen Padre Pardo geleitete Jesuiteninternat von Ubeda in Andalusien. Nach glänzendem Studienabschluß und ergreifendem Abschied von Padre Pardo verläßt Tanguy die Schule, um seine Eltern zu suchen: »*In meinem Leben ist immer alles zertrümmert worden. Ich kann nur zur Ruhe kommen, wenn mir eines gelingt: wieder einen geordneten Raum um mich zu schaffen und mich mit den Menschen zu umgeben, die dazu gehören.*« Doch das gelingt nicht.

Der dritte, wesentlich kürzere Teil, *Zwei Welten*, schildert die monatelange Schwerstarbeit in den Zementwerken bei Barcelona, die darauffolgende illegale Ausreise Tanguys über San Sebastián nach Paris und das enttäuschende Wiedersehen mit seinem Vater und dessen Familie. Ganz zum Schluß beschreibt er den Bruch mit der Mutter, mit der ihn ein Zufall noch einmal zusammenführt. Vom Vater und dessen Familie heißt es: »(Sie) *waren da stehengeblieben, wo sie 1938 gestanden hatten: nach wie vor vollauf mit ihren mittelmäßigen Haßgefühlen und ihrem mittelmäßigen Ehrgeiz beschäftigt.*« Und von der Mutter: »*Für sie gab es immer noch zwei Lager: das der gemeinen Kerle und das ihrige.*«

Castillo objektiviert sein eigenes Schicksal und macht es als Schicksal Tanguys exemplarisch. Darin liegt der bleibende Wert dieses Buchs. Der Stil ist gekennzeichnet durch eine äußerst einfache Sprache, bilderlos, mit beschränktem Wortschatz und dürftiger, vorwiegend aus kunstlos aneinandergereihten Hauptsätzen bestehender Syntax. Vielleicht unterstreicht gerade diese simple, diffuse Form der Darstellung, die auf genauere Angabe von zeitlichen, örtlichen und persönlichen Daten nahezu verzichtet, die Bedeutung des Buchs, das außerhalb der christlichen Gottgläubigkeit und Nächstenliebe, abseits von modernen Wertvorstellungen den Glauben an das Leben und den Menschen verkündet: »*(Tanguys) Welt war hier und jetzt. Es gab Menschen wie Sebastiana, wie Firmin, wie Pater Pardo, und vielleicht auch noch irgendwo einen zweiten Günther. Solange es noch solche Menschen gab, würde er sich auf der Erde zu Hause fühlen.*« F.I.

AUSGABEN: Paris 1957. – Paris 1966. – Paris 1984.

ÜBERSETZUNGEN: *Elegie der Nacht. Ein dokumentarischer Roman*, L. Gescher, Hbg. 1958. – *Elegie der Nacht: eine Jugend in Straflagern*, dies., Reinbek 1980 (rororo).

LITERATUR: E. de La Souchère, »*Tanguy*« (in Esprit, 25, 1957, 2, S. 450–453). – G. Woerner, *Odyssee eines Spaniers* (in Welt u. Wort, Febr. 1958). – H. Krüger, *Passion einer Jugend* (in NDH, 5, 1958/59, S. 1133 f.). – R. Supervía, *Autobiografía de un gran novelista desconocido* (in CA, 18, 1959, Nr. 102, S. 243–259).

---

### ALONSO DE CASTILLO SOLÓRZANO

\* 1584 Tordesillas
† nach 1648

LA NIÑA DE LOS EMBUSTES, TEREZA DE MANZANARES, NATURAL DE MADRID. - AVENTURAS DEL BACHILLER TRAPAZA, QUINTA ESENCIA DE EMBUSTEROS Y MAESTRO DE EMBELECADORES. - LA GARDUÑA DE SEVILLA Y ANZUELO DE LAS BOLSAS

(span.; *Das arglistige Mädchen Teresa de Manzanares, gebürtig aus Madrid. – Abenteuer des Bakkalaureus Trapaza, des Inbegriffs der Betrüger und Königs der Gauner. – Die Spitzbübin von Sevilla, ein Angelhaken der Börsen*). Drei Schelmenromane von Alonso de CASTILLO SOLÓRZANO, erschienen 1632, 1637 und 1642. – Diese drei Romane – der zweite und dritte gehören inhaltlich zusammen – stellen gemeinsam eine mildere, gesittete, sozusagen urbane Variante des Schelmenromans dar. Ihnen ist die zynische Bösartigkeit eines Buscón (vgl. QUEVEDO, *Historia de la vida del Buscón*) ebenso fremd wie der stoische Pessimismus eines Guzmán de Alfarache (vgl. ALEMÁN, *Guzmán de Alfarache*). Castillo Solórzano erzählt von leichtlebigen, bei aller Lasterhaftigkeit liebenswerten Menschen, die kein tieferes moralisches Bewußtsein spüren lassen, auch vom Dichter nicht in der Absicht dargestellt sind, etwa die Verruchtheit sündhaften Lebenswandels zu exemplifizieren. Abgesehen von dieser tendenziellen Parallelität der Werke, gleichen sie einander auch formal: Gelegentlich ist ein Gedicht, ein Entremés oder eine Novelle in die Erzählung eingeschaltet – zwar nicht mit der Kunst des CERVANTES im *Don Quijote*, meist jedoch in einem einsichtigen Bezug zur Romanhandlung stehend.

Vorbild des Romans *La niña de los embustes* war eine Erzählung gleichen Titels aus der *Corrección de vicios*, 1615 *(Bestrafung der Laster)* von SALAS BARBADILLO. Daher stammen die ersten drei Streiche und der Name der Protagonistin, die in mancher Hinsicht auch der *Hija de Celestina* 1612 *(Die Tochter der Celestina)* desselben Autors verwandt ist, sich an innerer Verderbtheit allerdings nicht mit ihr messen kann. Die Kunst des Perückenmachens, in der sich die junge Tereza hervortut, ist dann ebenso eine eigene Zutat Castillo Solórzanos, der schon früh eine Glatze bekam, wie die Figur des glatzköpfigen Dichters, der mit Hilfe Terezas an einem bartlosen Kastraten grausame Rache nimmt. Die wichtigsten Lebensabschnitte der Schelmin, die ihre Geschichte selbst erzählt, sind ihre Ehen. Ihren ersten Mann, einen siebzigjährigen reichen Junker, den sie mit sechzehn Jahren heiratet, betrügt sie mit einem Spieler, als dessen Frau sie dann unter die Komödianten geht, wo sie als Sängerin und Schauspielerin berühmt wird. Ihr dritter Mann, der wieder fast so alt wie der erste ist, stirbt an Gewissensqual in dem Glauben, seine Schwester getötet zu haben, die er unvermutet bei einem Freund überraschte. Dabei übersah er in seinem Zorn, daß seine eigene Frau im Bett dieses Freundes lag. Nach mancherlei Erlebnissen, bei denen sie immer noch einmal glimpflich davonkommt, heiratet Tereza zuletzt einen schurkischen Seidenhändler, und Castillo beschließt seinen Roman mit dem Versprechen, das Leben dieses Halunken in einem anderen Werk zu erzählen.

Die Geschichte des Schwindlers Trapaza im zweiten Roman ist die eines vom Pech verfolgten Don Juan. Immer wieder macht er reichen jungen Damen des Adels den Hof, spielt sich dabei selbst als reicher Edelmann auf, wird aber kurz vor der Hochzeit als Hochstapler entlarvt und jämmerlich verprügelt. Die letzte Episode dieser Art ist komödienhaft ausgestaltet. In Madrid trifft Trapaza seine frühere Geliebte, die Dienerin Estefanía, als reiche Witwe wieder, und sie beschließen zu heiraten. Als er sich dann aber von neuem in ein reiches Edelfräulein verliebt, zeigt ihn Estefanía als Betrüger an, und er wird zur Galeerenstrafe verurteilt. Findet das Motiv des entlarvten und verprügelten Hochzeiters sein Vorbild in Quevedos *Buscón*, so ist eine Episode in Castillos Roman dem *Lazarillo* (vgl. *Vida de Lazarillo de Tormes*) nachgebildet. Wie Lazarillo muß sich Trapaza aus Not als Diener verdingen und gerät an einen Edelmann, der ebenso arm wie der Escudero jenes ersten Schelmenromans ist, und wie diesem Lazarillo, so ißt auch Trapaza seinem hungrigen Herrn etwas vor, allerdings keinen Kuhfuß, sondern – ein Beweis für den Wandel des Geschmacks – einen Kuchen (*pastel*).

Im dritten Roman verheiraten Estefanía, die ihren Mann vom Galeerendienst losgekauft hat, und Trapaza ihre Tochter Rufina mit einem angesehenen, doch nur mäßig bemittelten älteren Mann. Aus Geldgier und Putzsucht betrügt ihn die gewissenlose Person, wird ihrerseits von ihrem Liebhaber betrogen und bringt einen anderen dazu, den ersten zu töten. Nach dem Tod ihres Mannes, der aus Gram über ihre Untreue stirbt, bringt sie nacheinander drei Männer um ihr Vermögen, den geizigen Marquina, einen reichen Genuesen und den falschen Eremiten Crispín, der in Wirlichkeit das Haupt einer Räuberbande ist. Um sich an Rufina zu rächen, schickt er den schönen Jaime zu ihr, der sie in sich verliebt machen und dann ausrauben soll. Doch verliebt sich Jaime in die *garduña* und macht gemeinsame Sache mit ihr. Mit vereinten Kräften bringen sie Crispín um den Rest seiner Reichtümer und liefern ihn dann der Gerichtsbarkeit in die Hände, hintergehen noch einen Theaterdirektor, heiraten und eröffnen ein Seidengeschäft.

In den Roman sind drei Novellen, *Quien todo lo quiere todo lo pierde* (Wer alles will, verliert alles), *El conde de las legumbres* (Der Gemüsegraf) und *A lo que obliga el honor* (Wozu die Ehre verpflichtet), eingestreut, in denen sich die gleiche pragmatische Weltsicht wie in der Romanhandlung selbst widerspiegelt. Sie läßt sich in der banalen Formel zusammenfassen, daß der Klügere gewinnt. Während in den beiden anderen Romanen der traditionelle Dualismus von Gut und Böse noch lebendig ist und die Klugheit nicht ausreicht, um die sozialen Schranken zu überspielen, besiegt Rufinas mit Intelligenz gepaarter Egoismus alle Hindernisse. Innere Kämpfe und Anwandlungen der Ehrbarkeit, wie sie bei den Helden anderer Schelmenromane – *Lazarillo, Guzmán, Marcos de Obregón* – und auch bei dem *Arglistigen Mädchen Tereza* zu beobachten sind, fehlen bei Rufina ganz. Wenn trotzdem manche Beurteiler nicht der *Niña de los embustes*, sondern der *Garduña de Sevilla* den Vorzug geben, so dürften künstlerische Gesichtspunkte dafür ausschlaggebend sein. Dank der Geschlossenheit des Aufbaus, der kunstvollen Technik der Erzählung und den geschickt eingebauten Novellen gehört der Roman zum Besten, was in der Zeit des Niedergangs dieser Gattung entstanden ist.   D.R.

AUSGABEN: *La niña de los embustes* ...: Barcelona 1632. – Madrid 1906. Hg. E. Cotarelo y Mori [m. Einl.]. – Madrid 1964. – Madrid 1981.
*Aventuras del bachiller Trapaza* ...: Saragossa 1637. – Madrid 1986, Hg. u. Einl. J. Jacques (Cátedra).
*La garduña de Sevilla* ...: Madrid 1642. – Madrid 1972, Hg. u. Einl. F. Ruiz Morcuende.
Gesamtausg: Madrid 1966 (in *La novela picaresca española*, Hg. A. Valbuena y Prat).

ÜBERSETZUNG: *Donna Rufina*, anon., Wien 1791 [Übers. von *La garduña de Sevilla* ...].

LITERATUR: E. García Gómez, *Boccaccio y C. S.* (in RFE, 15, 1928, S. 376 ff.). – P. N. Dunn, *C. S. and the Decline of the Spanish Novel*, Oxford 1952. – S. Nemtzow, *A. de C. S. An Analysis of His Novelistic Production*, Diss. Univ. of Calif./Los Angeles 1952. – G. E. Alvarez, *Le thème de la femme dans la picaresque espagnole*, Groningen 1955. – Mi Hakkelsberger Liang, *Die Frauengestalten im spanischen Schelmenroman*, Diss. Mchn. 1959. – R. G. Lones, *A. de C. S.'s Novelas cortas: Meaning and Purpose*, Diss. Univ. of Oklahoma 1974. – M. Velasco Kindelán, *La obra de A. C. S.*, Diss. Univ. de Complutense Madrid 1976. – A. Soons, *A. de C. S.*, Boston 1978 (TWAS). – M. Velasco Kindelán, *La novela cortesana y picaresca de C. S.*, Valladolid 1983.

# FRANCISCA JOSEFA DEL CASTILLO Y GUEVARA

\* 1671 Tunja
† 1742 (?) Tunja

## VIDA DE LA VENERABLE MADRE JOSEFA DE LA CONCEPCIÓN

(span.; *Leben der ehrwürdigen Mutter Josefa de la Concepción*). Selbstbiographie von Francisca Josefa del CASTILLO Y GUEVARA (Kolumbien), entstanden um 1720, erschienen 1817. – Wie die Lebensgeschichte der hl. TERESA DE JESÚS (1515–1582; vgl. *Libro de su vida*) ist auch dieses Buch keine eigentliche Autobiographie, sondern Darstellung einer inneren Entwicklung, entstanden, wie bei der hl. Teresa, auf Veranlassung des Beichtvaters. Trotzdem erscheint es fraglich, ob diese Selbstdarstellung in bewußter Anlehnung an das Buch ihrer großen spanischen Vorgängerin entstanden ist. Zu sehr unterscheidet sich nach Charakter und Bildung und auch in ihrem Lebensweg die gemütszarte, schüchterne »Madre Castillo«, wie man sie nannte, von der tatkräftigen, welt- und menschenkundigen Spanierin.

Ihr Lebensbericht, der die wichtigsten Ereignisse von der Kindheit bis 1719 enthält, als sie die Leitung ihres Klosters aus der Hand gab, ist durchsetzt mit geistlichen Betrachtungen und Bewußtseinsanalysen, die, verglichen mit der reichen spanischen Tradition des asketisch-mystischen Lebens, wenig Neues bieten, sobald sie sich von der Ebene des persönlich Erlebten entfernen. Einen eigenen unvergänglichen Reiz besitzt dieser Lebensbericht dadurch, daß er einen Einblick in den besonderen Verlauf gewährt, den der Weg mystischer Erkenntnis, durch Überwindung der Welt zum Besitz des Absoluten zu gelangen, bei dieser kränklichen, leicht beeindruckbaren, ängstlichen Nonne nahm. Angeborene Schüchternheit, Angst vor Sünde und Hölle und vor dem andern Geschlecht sowie eine typisch spanische weltflüchtige Auffassung der Frömmigkeit treiben das junge Mädchen ins Kloster. Bei den Klarissen, bei denen sie den Schleier nimmt, erscheint ihr die erste Zeit »*wie ein Aufenthalt in der Hölle oder im Gefängnis der Inquisition*«. Doch allmählich findet sie ihren eigenen Weg und gelangt durch systematische Abtötung der Sinne, des Verstandes und des Willens nach und nach in einen Zustand, in dem sie die Wirklichkeit nur noch als Schatten empfindet. »*Die äußere Welt und das ganze Leben kamen mir vor wie ein Traum.*« In die entstandene Leere strömt nun die Gottheit ein: »*Alles, was ich sah und hörte, war Gott, das höchste Gut, ein Gut, das alle Sinne und alle Verstandeserkenntnis übersteigt.*« Wie andere Mystiker empfindet auch sie die persönliche Gegenwart Christi: »*Er war mir so nah, daß mein Kopf fast auf seinen Knien lag.*« Und sie hört seine Stimme: »*Francisca, du gehörst mir!*«

Wertvoll als psychologisches Zeugnis und als Quelle für die Kenntnis des Klosterlebens jener Zeit, besitzt das *Leben der Madre Castillo* literaturgeschichtliche Bedeutung als erstes und bisher unerreichtes Beispiel mystischer Literatur in Lateinamerika. Im Gegensatz zu der sehr intellektuellen, »barocken« Schreibweise der Mexikanerin JUANA INÉS DE LA CRUZ (1651–1695; vgl. *Primero sueño*), mit der man sie – sehr zu Unrecht – verglichen hat, schreibt »Madre Castillo« eine natürlich-elegante, von den Geschmacklosigkeiten des herkömmlichen *conceptismo* und *culteranismo* freie Prosa.   A.F.R.

AUSGABEN: Philadelphia 1817. – Bogotá 1942. – Bogotá 1968 (in *Obras completas*, Hg. D. Achury Valenzuela).

LITERATUR: G. Otero Muñoz, *La literatura colonial en Colombia*, La Paz 1928. – A. Gómez Restrepo, *Historia de la literatura colombiana*, Bogotá 1940,

S. 41–89. – R. M. Carrasquilla, *La madre C.* (in Universidad Pontificia Bolivariana, 12, 1957, 79, S. 183–197). – L. A. Sánchez, *Escritores representativos de América*, Bd. 1, Madrid 1963. – M. I. Morales Borrero, *La Madre Castillo: Su espiritualidad y su estilo*, Bogotá 1968. – C. R. Perricone, *La madre Castillo: Mística para América* (in Santa Teresa y la literatura mística hispánica: Actas del I. Congreso internacional sobre Santa Teresa, Hg. M. Criado de Val, Madrid 1984, S. 681–687).

## AMÉRICO CASTRO

\* 4.5.1885 Rio de Janeiro
† 28.7.1972 Madrid

LITERATUR ZUM AUTOR:
E. Asensio, *A. C., historiador* (in MLN, 81, 1966, S. 595–637). A. Amorós, *Conversación con A. C.* (in RdO, 82, 1970, S. 1–22). – A. Sicoroff *A. C. and His Critics: E. Asensio* (in HR, 40, 1970, S. 1–30). – *Estudios sobre el obra de A. C.*, Hg. A: Amorós, Madrid 1971. – Ders., *La obra de A. C., Bibliografía básica de A. C., Estudios* (in Estafeta Literaria, 1972, Nr. 501, S. 4–8). – E. Asensio, *Notas sobre la historiografía de A. C.* (in Anuario de Estudios medievales, 1974, S. 349–392). – *A. C. and the Meaning of Spanish Civilisation*, Hg. J. Rubia Barcia, Berkeley/Ldn. 1976. – P. Garagorri, *Introducción a A. C. El estilo vital hispánico*, Madrid 1984. – *Homenaje a A. C.*, Hg. J. J. de Bustos Tovar u. J. H. Silvermann, Madrid 1987.

## LA REALIDAD HISTÓRICA DE ESPAÑA

(span.; Ü: Spanien. Vision und Wirklichkeit). Kulturhistorische Darstellung von Américo CASTRO, erschienen 1954. – Dieser 1962 in zweiter, überarbeiteter Auflage veröffentlichte Versuch einer Wesensdeutung der spanischen Geistesgeschichte ist die völlig veränderte und erweiterte Fassung des 1948 erschienenen Buches *España en su historia. Cristianos, moros y judíos* (Spanien in seiner Geschichte. Christen, Mauren und Juden). Es ist der gründlichste und wohl geistreichste Versuch einer Lösung des »Problems Spanien«, das die Mitglieder der »Generación del 98« (Generation von 1898) – UNAMUNO (1864–1936), GANIVET (1865–1898), BAROJA (1872–1956), AZORÍN (1873–1967), MAEZTU (1874–1936) und Antonio MACHADO (1875–1939) – und deren Nachfahren – vor allem ORTEGA Y GASSET (1883–1955) und Salvador de MADARIAGA (1886–1978) – besonders beschäftigt hat. Zuletzt gab der Mediziner und Kulturhistoriker Pedro LAÍN ENTRALGO in seinem Werk *España como problema* (1949) eine umfassende Darstellung dieser spanischen Selbstkritik zwischen 1812 und 1936.

Castro, der eine kulturmorphologische Geschichtsbetrachtung unter rein biologistischen Denkkategorien (Aufstieg, Größe, Niedergang, Rasse u. ä.) ablehnt, nimmt in seinem Ansatz zweifellos Anregungen der »Lebensphilosophie« der Jahrhundertwende (BERGSON, DILTHEY) auf. Es geht ihm dabei weniger um das Wissen *(saber)* von geschichtlichen Gegebenheiten, als vielmehr um deren Verständnis *(entender)* mit Hilfe einer Modellkonstruktion, die den *»innerlichen Prozeß, der den äußerlichen Motivationen Form und Realität verleiht«* im Fluß des historischen Lebens sichtbar werden läßt. Geschichtliche Ereignisse und künstlerische Zeugnisse sind sinnvoll und bezeichnend für *»die besondere Physiognomie eines Volkes«*, soweit sich in ihnen die Innenseite seines Lebens offenbart. Dieses »Innen« *(dentro)* als *»dynamische«*, nicht als *»statische und ein für allemal fertige Realität«* ist entweder, als *»ein bestimmter Horizont an Lebensmöglichkeiten und Lebensunmöglichkeiten«*, *»morada de la vida«* (Daseinswirklichkeit, Behausung des Lebens), oder es bezeichnet die Art, wie ein Volk seine Daseinswirklichkeit hinnimmt, ist *»vividura«* (Lebenseinstellung, Lebensweise). Den Grundtenor der schon im 15. Jh. einsetzenden Selbstbesinnung der Spanier sieht Castro in dem Erlebnis der eigenen Geschichte als *»chronisches Übel«*, Unsicherheit und sich selbst verzehrendes Leben *(vivir desviviéndose)*.

Bei seiner eigenwilligen Analyse der politischen und religiösen sowie der Literatur- und Kunstgeschichte Spaniens gelangt Castro zunächst zur Ablehnung jeglichen römischen und westgotischen Einflusses als Bestimmungsfaktoren für das spanische Wesen. Er bestreitet insbesondere die immer wieder hervorgehobene Nachwirkung SENECAS und des Stoizismus auf die spanische Geistesart (vgl. Ganivet, *Idearium español*, 1897). Das eigentliche Spaniertum entwickelte sich Castro zufolge erst in der Konfrontation der christlichen Stämme Nordspaniens mit dem Islam. Die vermeintliche Auffindung der Gebeine des hl. Jakobus (um 829) und die Ausbildung des Jakobskultes in Santiago de Compostela bezeichnen die Geburtsstunde jener typischen, zutiefst religiös bestimmten spanischen Lebensformen.

Die mehr als sechs Jahrhunderte währende Auseinandersetzung mit den Mauren spiegelt sich für Castro nicht nur in gewissen Spracheigentümlichkeiten und Lebensgewohnheiten der Spanier, sondern vor allem in der Ideologie des »heiligen Krieges« sowie in der Einrichtung geistlicher Ritterorden. Neben den geradezu von einer Haßliebe gezeichneten Beziehungen zwischen dem Islam und den Daseinsformen des christlichen Spaniens untersucht Castro die Ausformung des spanischen Wesens auch in der Literatur am Beispiel der epischen Dichtung in Kastilien, dessen »moralischen Objektivismus« er die vom arabischen Sufismus beeinflußte Mystik eines Ramon LLULL (vgl. *Libre d'amic e amat*, um 1281) gegenüberstellt. Insbesondere deutet Castro den *Libro de buen amor* des ARCIPRESTE DE HITA (1283– um 1350?) als *»kastilische Wiedergabe und Verarbeitung arabischer Vorbilder«* erotischer Literatur.

Die Verflechtungen der maurischen mit der jüdischen Tradition weist Castro in der Kultur Spaniens u. a. aufgrund der von König ALFONS X., DEM WEISEN (reg. 1252–1282) in Toledo geförderten Übersetzertätigkeit, der *Proverbios morales* des SEM TOB DE CARRION († nach 1350), der »Literatur der Verzweiflung«, des Schelmen- und Schäferromans nach. In der spanischen Spiritualität sind für ihn der strenge Reinheitsgedanke der Inquisition, die Probleme der gesellschaftlichen Integration der »Conversos« (zum Christentum konvertierte Juden) sowie gewisse Tendenzen des Messianismus (vgl. *Diario de viaje* des Cristóbal COLÓN) und Illuminismus unmittelbarer Ausdruck dieses Zusammenlebens von Christen, Mohammedanern und Juden.

Gegen Unamuno, der im Individualismus das Wesen des Spaniers zu erkennen glaubte (vgl. *Del sentimiento trájico de la vida*, 1913), bestimmt Castro die spanische *vividura* als *absolutismo personal* (Absolutismus der Persönlichkeit). Konfrontiert mit der Übermacht des arabischen Weltreichs, dem er *»nichts als den Glauben an die Überlegenheit der eigenen Person«* entgegensetzen konnte, ist das entscheidende Lebensgefühl des Spaniers bis heute: »Die Person ist und vermag alles, und sie bedarf nur ihrer selbst.« Von hier aus finden alle Ereignisse und Erscheinungen der spanischen Geschichte sowohl auf politischem, wirtschaftlichem und sozialem wie auf geistig-religiösem und kulturellem Gebiet ihre Deutung: die Gründung des spanischen Weltreichs und die Nachlässigkeit, durch die es verfiel, die Gestalt des *Don Quijote* auf der einen, der Erscheinung des Schelmenromans auf der anderen Seite, Klerikalismus, Inquisition und religiöse Unduldsamkeit ebenso wie die spanische Mystik und die Neigung zur Anarchie, die großen Leistungen in Literatur und Kunst, die große Rückständigkeit auf allen Gebieten der materiellen Zivilisation. *»Die spanische Geschichte erhält Sinn, wenn man sie begreift nicht als Gesamtheit einer objektiv organisierten Kultur, sondern gleichsam als einen riesigen Archipel großer individueller und kollektiver Gestalten, die keine außergewöhnlichen oder weltlich sozialen Werte (Wissenschaft, Wirtschaft usw.) geschaffen haben.«*

Das methodisch in Einzelheiten anfechtbare, in seinen Thesen im ganzen zweifellos unbeweisbare, aber durch brillante Darstellung und Gelehrsamkeit bestechende Buch hat eine leidenschaftliche Kontroverse ausgelöst. Die entschiedenste Widerlegung der von Castro auch in anderen Werken (etwa *Los españoles, como llegaron a serlo*, 1965 – *Das Werden der Spanier*) vorgetragenen Geschichtsvision stammt von dem im argentinischen Exil lebenden Historiker Claudío SÁNCHEZ-ALBORNOZ (*España, un enigma histórico*, 1956 – *Spanien, ein geschichtliches Rätsel*). In seinem Werk *Spain and the Western Tradition*, 1963–1966 *(Spanien und die westliche Tradition)*, bezieht auch Otis H. GREEN durch den Nachweis der Verklammerung von spanischer und westeuropäischer Literatur indirekt gegen Castros Spanienbild Stellung. F.I.

AUSGABEN: Mexiko 1948 [u. d. T.: *España en su historia. Cristianos, moros y judíos*]. – Mexiko 1954; ⁹1982.

ÜBERSETZUNG: *Spanien. Vision u. Wirklichkeit*, S. Heintz, Köln/Bln. 1957.

LITERATUR: M. Bataillon, *L'Espagne religieuse dans son histoire* (in BHi, 52, 1950, S. 6–26). – Y. Makiel, *The Jewish Heritage of Spain* (in HR, 18, 1950, S. 328–340). – J. Rubia Barcia, *A. C. a la realidad histórico de España* (in La Torre, 14, 1956, S. 27–45). – C. Sánchez-Albornoz, *España, un enigma histórico*, Buenos Aires 1956; ²1962. – A. Castro, *»La realidad histórica de España«. Juicios y comentarios*, Mexiko 1957. – J. Marichal, *La voluntad de estilo*, Barcelona 1957, S. 277–294. – J. M. Piel, *Zu A. C.s These von der ›no-hispanidad‹ der Westgoten* (in RF, 69, 1957, S. 409–413). – D. García Sabell, *A. C. en su historia* (in PSA, 10, 1958, S. 11–31). – C. Sánchez-Albornoz, *Españoles ante la historia*, Buenos Aires 1958, S. 229–254; 255–283. – A. Castro, *Origen, ser y existir de los españoles*, Madrid 1959. – O. H. Green, *Spain and the Western Tradition. The Castilian Mind in Literature from »El Cid« to Calderón*, 4 Bde., Madison 1963–1966. – H. Lapeyre, *Deux interprétations de l'histoire d'Espagne, A. C. et C. Sánchez-Albornoz* (in Annales, 20, 1965, S. 1015–1037). – G. Araya, *Evolución del pensamiento histórico de A. C.*, Madrid 1969. – J. L. Gómez-Martínez, *A. C. y el origen de los españoles: Historia de una polémica*, Madrid 1975. – A. Peña, *A. C. y su visión de España y de Cervantes*, Madrid 1975. – E. Asensio, *La España imaginada de A. C.*, Barcelona 1976. – C. Sánchez-Albornoz, *Drama de la formación de España y los Españoles*, Madrid 1979.

---

## EUGÉNIO DE CASTRO

eig. Eugénio de Castro e Almeida
\* 4.3.1869 Coimbra
† 17.8.1944 Coimbra

LITERATUR ZUM AUTOR:
*Biographien:*
A. F. de Sampaio, *E. de C. A. sua vida e a sua obra*, Lissabon 1924. – C. Malpique, *E. de C., poeta pagão* (in Boletim da Bibl. Pública Municipal, Matosinhos 1969, Nr. 16, S. 3–81).
*Gesamtdarstellungen und Studien:*
F. Ramos, *E. de C. e a nova poesia*, Lissabon 1943. –

A. Pimenta, *E. de C. na poesia portuguesa*, Famalição 1944. – A. J. da Costa Pimpão, *E. de C.* (in Biblos, 22, 1946; ern. in A. J. da C. P., *Gente grada*, Coimbra 1952, S. 163–184). – O Instituto, 109, Coimbra 1947 [Sondernr.]. – F. Olivero, *Sull'opera poetica di E. de C.*, Turin 1950. – M. E. de Jesus Gonçalves, *O simbolismo de E. de C.*, Diss. Coimbra 1954. – J. G. Simões, *História da poesia portuguesa do século XX*, Lissabon 1959, S. 169–194. – A. P. de Castro, *Tradição e renovação na poesia de E. de C.* (in Arquivo Coimbrão, 24, 1969, S. 154–181). – L. F. Trigueiros, *No centenário de E. de C. Uma perspectiva histórico-literária* (in Memórias da Acad. das Ciências, Classe de Letras, 12, Lissabon 1969, S. 15–24). – A. Cabral, *Notas oitocentistas*, Bd. 1, Lissabon 1973. – J. C. Seabra Pereira, *Decadentismo e simbolismo na poesia portuguesa*, Coimbra 1975.

**BELKISS, Rainha de Sabá, d'Axum e do Hymiar**

(portug.; *Belkiss, Königin von Saba, Axum und Himjar*). Prosastück in dreizehn Bildern mit Vor- und Nachspiel von Eugénio de CASTRO, erschienen 1894. – *Belkiss* ist eines der Hauptwerke des portugiesischen Symbolismus. Der Komponist Ruy Coelho legte den Text seiner gleichnamigen Oper zugrunde. Der zentrale Gedanke des Stückes ist die Unvereinbarkeit von Traum und Wirklichkeit, von Verlangen und Erfüllung. – Belkiss, die Königin von Saba, ist besessen von der Sehnsucht, sich König Salomo hinzugeben. Ihr Ratgeber, der greise Zophesamin, bemüht sich vergeblich zu verhindern, daß die Traumwelt, in der seine Gebieterin lebt, an der Wirklichkeit zerbricht. Die Erfüllung verwandelt Belkiss' Begehren in schalen Überdruß; der Vereinigung mit dem Geliebten folgen Vereinsamung, Verzweiflung und Tod. – Das Geschehen vollzieht sich in der exotisch-üppigen Atmosphäre orientalischer Prunkgemächer, in einer Welt erlesener Stoffe, kostbarer Schmuckgeräte und funkelnder Edelsteine, die im geheimnisvollen Dämmerschein der Tagesneige, im düsteren Zwielicht dumpfer Vorahnungen erglänzen. Diese Prachtentfaltung erreicht ihren Höhepunkt in der Szene, die in Form einer Pantomime den festlichen Einzug der Königin in Jerusalem darstellt. Die Sprache des Werks ist von erlesener Poesie, nuanciert und anschaulich im Ausdruck der sinnlichen Qualen, die Belkiss erleidet, der Traumbilder, die sie bedrängen und locken, voll schwebender Musikalität in der Darstellung ihrer Sehnsucht, Trauer und Schwermut. A.E.B.

AUSGABEN: Coimbra 1894. – Lissabon 1927–1940 (in *Obras completas*, Bd. 2). – Lissabon 1968 (in *Obras poéticas*, Bd. 2).

LITERATUR: V. Pica (in *Belkiss regina di Saba, di Axum e di Himiar*, Mailand 1896; ital. Übers.). –

F. Olivero, *»Belkiss« di E. de C. e Flaubert* (in Quaderni Ibero-Americani, 2, 1950). – D. Mourão-Ferreira, *A »Belkiss« no teatro de E. de C.* (in Autores, 1971, Nr. 56, S. 21/22). – L. F. Rebelo, *O teatro simbolista e modernista (1890–1939)*, Lissabon 1979 (BB).

## CONSTANÇA

(portug.; *Ü: Konstanze*). Verserzählung in sieben Gesängen in reimlosen Zehnsilbern von Eugénio de CASTRO, erschienen 1900. – Aus einer völlig neuen Perspektive betrachtet der Autor das Schicksal der Hofdame Inês de Castro, deren ehebrecherische Verbindung mit dem Infanten Dom Pedro Anlaß zu zahlreichen literarischen Darstellungen gegeben hat, die aber alle den Tod der Geliebten behandelten und nicht auf das Schicksal der verschmähten Gattin, Konstanze von Kastilien, eingingen: so die *Trovas à morte de Inés de Castro* von Garcia de RESENDE (1470–1536), der berühmte dritte Gesang der *Lusiaden (Os Lusíadas)* von CAMÕES (1524/25–1580) und die Tragödien *A Castro* von António FERREIRA (1528–1569) und Domingos dos Reis QUITA (1728–1770). Indem de Castro nun die Gattin in den Mittelpunkt seiner Dichtung rückt, verlagert er auch den Schwerpunkt von der Darstellung heftiger und tragisch endender Leidenschaft auf die Darstellung von Schmerz und Verzicht. Hegt Constança anfangs berechtigte Haß- und Eifersuchtsgefühle, so ringt sie sich schließlich dazu durch (4. Gesang, der Höhepunkt des Gedichts), im Schmerz zu entsagen. Ihr Verzicht geht so weit, daß sie im Sterben der Nebenbuhlerin das größere Anrecht auf Pedros Liebe zugesteht.

Diese Verserzählung, das beste Werk de Castros, verdankt ihre Beliebtheit zum Teil dem Umstand, daß der Dichter hier einen der wirkungsvollsten Stoffe nationaler Geschichte aufgegriffen und in neuer Beleuchtung mit den verfeinerten und durch den Symbolismus bereicherten Stilmitteln gestaltet hat. Thematisch führt sie die mit der frühen portugiesischen Lyrik der Mädchenlieder *(cantigas de amigo)* einsetzende Tradition fort, die den Schmerz um verschmähte Liebe oder um den Verlust des Geliebten besingt. Stilistisch wendet sie sich von der esoterischen Wortkunst und Bilderpracht früherer Werke ab und einem einfacheren, gelösteren Ausdruck zu, ohne jedoch die Erlesenheit der Worte und Bilder, die klanglich-rhythmischen Reize zu verlieren. Eine vorwiegend rhythmische Funktion tragen auch die motivischen Wiederholungen innerhalb eines Gesanges und ihre Wiederaufnahme und Fortführung im nächsten *(Ser linda como Inés ..., Schön sein wie Inés* – im 1., 2. und 3. Gesang; *Constança vai morrer ..., Konstanze stirbt* – im 7. Gesang). A.E.B.

AUSGABEN: Coimbra 1900. – Lissabon 1930 (in *Obras poéticas*, Bd. 5; Einl. M. de Unamuno). – Lissabon 1971 (in *Obras poéticas*, Bd. 5).

ÜBERSETZUNG: *Konstanze*, M. Kühne, Coimbra 1935.

LITERATUR: N. de Azevedo, *Fontes do poema C., a obra-prima de E. de C.* (in Prometeu, 1, 1947). – S. Cornil, *Inés de Castro, contribution à l'étude du développement littéraire du thème dans les littératures romanes*, Brüssel 1952.

## OARISTOS

(portug.; *Liebesgeständnisse*). Gedichte von Eugénio de CASTRO, erschienen 1890. – Die Veröffentlichung dieser Sammlung gilt als Beginn des von Castro mit dem Begriff *nefelibatismo* (Bewegung der Wolkenwandler) umschriebenen portugiesischen Symbolismus. Die neunzehn, größtenteils 1889 in Frankreich entstandenen, titellosen Gedichte sind an eine Schöne gerichtet, deren Kühle das – erfolglos bleibende – Werben des Dichters zu immer kühneren, immer erleseneren Bildern steigert. Freilich spielt der Gefühlsgehalt überhaupt keine Rolle; die äußere erotische Situation ist lediglich ein Anlaß für die Entfaltung neuer dichterischer Ausdrucksmöglichkeiten. In einem der Sammlung vorangestellten programmatischen Vorwort unterzieht der Dichter die zeitgenössische portugiesische Lyrik schärfster Kritik und tadelt ihre Kunstlosigkeit und Trivialität, ihre Armut und Eintönigkeit. Unter Berufung auf Francis VIELÉ-GRIFFIN, Jean MORÉAS, Charles BAUDELAIRE, Théophile GAUTIER und vor allem Paul VERLAINE, dem er die Anregung zum Titel seines Gedichtbandes verdankt, entwickelt er das formalästhetisch begründete Programm einer künstlerischen Erneuerung der portugiesischen Lyrik, das er selbst in den *Oaristos* beispielhaft erfüllt zu haben behauptet. Castro fordert darin prosodische Neuerungen, wie die freie Behandlung der Zäsur im Alexandriner (das Versmaß der meisten Gedichte der Sammlung), die Einführung des Kreuzreims am Schluß solcher Gedichte, die Übernahme des *rondeau* aus der französischen Dichtung, die Verwendung der Alliteration zur Erzielung besonderer Klangeffekte, vor allem in Verbindung mit Binnenreimen und mit einem durch häufigen Wechsel der Betonung lebhaft bewegten Rhythmus (so z. B. im zwölften Gedicht), die Wahl ungewöhnlicher, »funkelnder«, möglichst seltener Reime. Größte Bedeutung wird ferner dem Vokabular beigemessen, das klangvoll, nuancenreich und ungewöhnlich sein soll. Eine über die Synästhesie des Metaphorischen weit hinausgehende Verschmelzung heterogenster Elemente ist das augenfälligste Kennzeichen dieser Lyrik, deren Bildwelt in höchst differenzierte Farb- und Stimmungswerte eingebettet ist und dadurch alle Plastizität und jede Kontur verliert. So erschöpft sich dieser erste symbolistische Versuch innerhalb der portugiesischen Literatur in artifizieller Anstrengung, ohne daß es Castro gelungen wäre, die neuen Formen als den Ausdruck eines neuen geistigen Gehalts glaubhaft zu machen. A.E.B.-KLL

AUSGABEN: Coimbra 1890; ern. 1900. – Coimbra 1927 (in *Obras poéticas*, Bd. 1). – Lissabon 1968 (in *Obras poéticas*, Bd. 1).

LITERATUR: H. Cidade, *Tendências do lirismo contemporâneo. Do »Oaristos« às »Encruzilhadas de Deus«*, Lissabon 1938. – F. Martins, *O classicismo do »Oaristos« de E. de C.* (in Humanitas, 2, Coimbra 1948/49, S. 211-240). – M. da Conceição Serafim Guerra, *A visão da realidade nos »Oaristos« e nas »Horas« de E. de C. Estudo estilístico*, Diss. Coimbra 1970.

## SAGRAMOR

(portug.; *Sagramor*). Episch-dramatische Dichtung in sieben Gesängen, mit einem Vorspiel in Prosa, von Eugénio de CASTRO, erschienen 1895. – Dem Hirten Sagramor gaukelt Frau Welt in Gestalt einer Königin ein Reich der Schönheit, der Fülle und des Genusses vor und erregt damit unwiderstehliche Gelüste und Wünsche in ihm. So lockt sie ihn hinaus aus der Unschuld und Einsamkeit seines einfachen Lebens (Prolog). Doch was er findet, ist nichts als die Erkenntnis, daß Traum und Wirklichkeit, Erwartung und Erfüllung auseinanderklaffen, daß hinter jeder Hoffnung die Enttäuschung droht. Flüchtig und trügerisch ist der sinnliche Liebesgenuß (I), Reichtum und Macht enthüllen sich als verhängnisvolle, verderbliche Kräfte (II), Sagramors Streben nach dem unsterblichen Ruhm des Dichters erweist sich als eitel (IV). Magie und Alchimie sind außerstande, dem strebenden Geist das Geheimnis der Welt und des Lebens zu offenbaren (V), die Religionen vermögen nicht, ihm Erlösung und Frieden zu geben (VI). Dem sterbenden Sagramor erscheinen als Brüder und Schwestern seiner zwischen Wahn und Ernüchterung unruhig schwankenden Seele die Gestalten derer, die scheiterten wie er: der Assyrerkönig Sardanapal, Belkiss, die Königin von Saba, König Salomo, Kleopatra, die durch einen Schlangenbiß ihrem Leben ein Ende setzte, und Caligula, der mit neunzehn Jahren einer Verschwörung zum Opfer fiel, Frey Gil de Santarém, der legendäre portugiesische Faust, endlich König Ludwig II. von Bayern und Baudelaire.

*Sagramor* ist ein faustisches Werk, das auf seine Weise das Thema der inneren Widersprüchlichkeit des Menschen und der Vergeblichkeit alles Strebens behandelt. Bezeichnend ist, daß neben den Stellen aus den *Saturae* des PETRONIUS ARBITER, aus der *Apokalypse* und dem *Hiob-Buch*, den Werken BAUDELAIRES, der Brüder GONCOURT, Alfred de VIGNYS und SHAKESPEARES, die Castro den einzelnen Gesängen als Motto voranstellt, auch die Anfangsverse des ersten Monologs aus GOETHES *Faust* erscheinen (V). Allerdings ist die Stimmung des Ganzen nicht die des Goetheschen Werks. Weltschmerz und Lebensüberdruß prägen, nach der stillen, ungetrübten Hirtenwelt des Prologs, die Atmosphäre dieser Dichtung, in der eine Aura des Zwielichtigen, Nebelhaften und Dunkeln, der herbstlichen Dämmerung herrscht. – Die Ausdrucksmittel des Dichters sind die gleichen wie in den übrigen symbolistischen Werken der ersten Phase seiner Entwicklung (vgl. *Belkiss*; *Constança*), eben jene, die er 1890 im Vorwort zur Gedichtsammlung *Liebesgeständnisse* (vgl. *Oaristos*) programmatisch verkündet hatte.                A.E.B.

AUSGABEN: Coimbra 1895. – Coimbra 1927-1944 (in *Obras poéticas*, Bd. 3). – Lissabon 1968 (in *Obras poéticas*, Bd. 3).

## SALOMÉ

(portug.; *Ü: Salome*). Epische Dichtung von Eugénio de CASTRO, erschienen 1896. – In vier Gesängen schildert der Dichter die fremdartig-hoheitsvolle, betörende Schönheit Salomes, deren amoralisches, naturhaft-sinnliches Wesen im Tanz höchste Erfüllung und greifbarsten Ausdruck findet. Die symbolistischen Kunstmittel, die er im Vorwort zu seiner Gedichtsammlung *Oaristos* (1890) verkündet hatte, werden hier zum erstenmal in einem längeren erzählenden Gedicht angewandt. Wortwahl, Metaphern, Klang und Rhythmus, Verslänge, Reimstellung, strophische Gliederung im Wechsel mit ununterbrochener Versfolge, dies alles steht im Dienst der künstlerischen Absicht, den verführerischen Zauber der Erscheinung Salomes sinnfällig zu machen. In den aus Natur und Kunst gemischten Details ihrer Umgebung, in den Gewändern und Kostbarkeiten, die Salome trägt, bekundet sich die Atmosphäre, die sie ausstrahlt: Weiden und Myrten, Lilien und Rosen, Fische, Falter und Vögel, Purpur, Rubine, Goldglanz und Sonnenglut, bleiches Mondlicht und die betäubende Schwüle orientalischer Pracht. Auch der Aufbau des Gedichts, die kontrapunktische Anordnung der Motive, stehen im Dienst dieser Zeichenhaftigkeit. So entspricht die Unterwürfigkeit der Löwen und die Liebe Salomes zu dem stolzesten und zugleich anschmiegsamsten dieser Tiere im ersten Gesang Salomes Liebe zu dem eingekerkerten, wild aufbegehrenden Täufer und die Besänftigung, die er erfährt, im dritten Gesang. Wie der nächtliche Tanz und die Erinnerung an die blutschänderische Umarmung, zu der sie den Stiefvater verlockte, im zweiten Gesang unterbrochen wird durch die Kunde vom Tod des Lieblingslöwen, so endet der Tanz der Salome vor Herodes im vierten Gesang mit dem Verlangen nach dem Haupt des Täufers, das Herodes willenlos erfüllt. – Mit diesem Werk erreicht die dichterische Gestaltung des ästhetischen Reizes, ekstatischer Schönheit und Grausamkeit in Castros Dichtung ihren Höhepunkt.                A.E.B.

AUSGABEN: Coimbra 1896. – Coimbra 1927-1944 (in *Obras poéticas*, Bd. 4). – Lissabon 1969 (in *Obras poéticas*, Bd. 4).

ÜBERSETZUNG: *Salome*, M. Kühne, Coimbra 1934.

## GABRIEL PEREIRA DE CASTRO

\* 7.3.1571 Braga
† 18.10.1632 Lissabon

### ULYSSEA OU LYSBOA EDIFICADA, POEMA HEROICO

(portug.; *Odyssee oder Die Gründung Lissabons, eine heroische Dichtung*). Epos in zehn Gesängen von Gabriel Pereira de CASTRO, erschienen 1636. – Der Glaube, die Stadt Lissabon sei eine Gründung des von HOMER besungenen Helden Odysseus, der auf seinen Fahrten auch in die Tejomündung verschlagen worden sei, ist ein typisches Produkt jenes »humanistischen Patriotismus«, als dessen größter Vertreter CAMÕES zu gelten hat. So weist er in den *Lusiaden* (vgl. *Os Lusíadas*), jenem Epos, das am Beginn einer langen, bis in die Anfänge des 18. Jh.s reichenden Reihe von epischen Dichtungen steht, denn auch selbst darauf hin: »*Lisboa, edle Stadt, im ganzen Erdenrund / mit Recht der Städte Königin genannt, / erbaut von dem, der mit beredtem Mund / voll Arglist Troja legt' in Brand*« (*Os Lusíadas*, III, 57). In solcher Verknüpfung der eigenen vaterländischen Vergangenheit mit großen Namen und Ereignissen der griechisch-römischen Geschichte fanden diese Humanisten die Grundlage ihres nationalen Selbstbewußtseins. Dabei beruht in diesem Fall die Verknüpfung auf einer falschen Deutung des vorrömischen Namens von Lissabon, Olisipo (schöne Bucht), den man umdeutete in Ulisipo, Stadt des Ulysses.

In der Fülle der epischen Dichtungen, die das 17. Jh. in Portugal hervorbrachte, nimmt das Epos Pereira de Castros eine Sonderstellung dadurch ein, daß es nach einer Zeit der Nachahmung TASsos, als Vorbild für eine von der Antike sich abwendende christliche Ependichtung (vgl. *La Gierusalemme liberata*), inhaltlich und formal die Rückkehr zu strenger klassischer Haltung bezeichnet. Die Nachahmung Tassos, wie sie z. B. in sehr auffälliger Weise in *O Condestabre de Portugal D. Nuno Álvares Pereira*, 1610 *(Der Kronfeldherr von Portugal, D. Nuno Álvares Pereira)*, von Francisco Rodrigues LOBO (um 1580 – um 1622), *Afonso Africano*, 1611 *(Alphons, der Afrikaner)*, von Vasco Mouzinho de QUEVEDO (auch de Castel-Branco), *España libertada*, 1618–1673 *(Das befreite Spanien)*, von Bernarda Ferreira de LACERDA (1595–1644) und *Malaca conquistada*, 1634 *(Das eroberte Malakka)*, von Francisco de Sá de MENESES (†1664) zu beobachten ist, war Ausdruck einer spanienfreundlichen, dem Geist der Gegenreformation sich beugenden Gesinnung. Dagegen ist das Werk Pereira de Castros repräsentativ für die Einstellung eines Teils des portugiesischen Adels, der sich anschickte, Portugal der unter dem spanischen Philipp IV. (reg. 1621–1665) unerträglich werdenden Fremdherrschaft durch Wiederherstellung der Unabhängigkeit (1640) zu entziehen.

Inhaltlich unterscheidet sich das Epos von dem wenig später erscheinenden, das gleiche Thema behandelnden Epos in sechzehn Gesängen *Ulíssipo*, 1640 *(Ulyssipos)*, von António de Sousa de MACEDO (1606–1682) dadurch, daß es die Erlebnisse des Odysseus, zu denen auch eine Höllenfahrt und ein Bericht über die Zerstörung Trojas gehören, ausführlich, die Gründung Lissabons jedoch nur flüchtig behandelt. Peireira de Castro will »*cantar Ulisses imitando Homero*« (»nach dem Vorbild Homers Odysseus besingen«).

In dieser Absicht setzt Castro sich im Vorwort kritisch mit Tasso auseinander, dem er formale Mängel, beispielsweise die Vernachlässigung der in der klassischen Rhetorik bedeutsamen *peroratio* vorwirft. Formal ist das durch Trockenheit, Monotonie, ermüdende Aufzählungen und barocke Ausdrucksweise gekennzeichnete Werk in Aufbau, Satz- und Versbau, Wortwahl und heidnisch-klassischer Metaphorik eine sklavische Nachahmung der *Lusiaden* von Camões mit dem Anspruch, diese zu übertreffen. Das erreicht zu haben wird dem Autor denn auch in einer von dem bedeutendsten Theoretiker der epischen Dichtung jener Zeit, Manuel de GALHEGOS (1597–1665), verfaßten Einleitung bescheinigt.

F.I.

AUSGABEN: Lissabon 1636. – Lissabon 1827.

LITERATUR: J. M. da Costa e Silva, *Ensaio biographico-critico sobre os melhores poetas portuguezes*, Lissabon 1850–1855, Bd. 4. – H. Cidade, *A literatura autonomista sob os Filipes*, Lissabon o. J. – G. C. Rossi, *A poesia épica italiana do século XVI na literatura portuguesa*, Lissabon 1944. – H. Cidade, *Lições de cultura e literatura portuguesas*, Bd. 1, Coimbra 1959, S. 368–372. – E. Glaser, *The Odyssean Adventures in G. P. de C's »Ulyssea«* (in BEP, N. S., 24, 1963, S. 25–75). – *Dicionário das literaturas portuguesa, galega e brasileira*, Hg. J. do Prado Coelho, Bd. 1, Porto ³1978, S. 167 f.

## JOSÉ MARIA FERREIRA DE CASTRO

\* 24.5.1898 Salgueiros/Bez. Aveiro
† 29.6.1974 Porto

LITERATUR ZUM AUTOR:
A. Cabral, *F. de C., o seu drama e a sua obra*, Lissabon 1940. – F. J. Pereira, *F. de C. Ficcionista* (in Estudos, 33, 1955, Nr. 342, S. 586–605). – J. Brasil, *F. de C.*, Lissabon 1961. – *Livro do cinquentenário da vida literária de F. de C. 1916–1966*, Lissabon 1967. – J. C. Gillespie, *O conceito da fraternidade na obra de F. de C.* (in Ocidente, 74, 1968, S. 169–173). – *F. de C. A sua vida. A sua personalidade. A sua obra*, Hg. A. Salema, Lissabon 1974 [m. Bibliogr.]. – In

*memoriam de F. de C.*, Cascais 1976. – J. N. Ornelas, *The Fiction of F. de C.*, Diss. NY 1976 (vgl. Diss. Abstracts, 37, 1976, S. 4403A). – M. B. Emery, *J. M. F. de C. et le Brésil*, 2 Bde., Diss. Aix-en-Provence 1981.

## EMIGRANTES

(portug.; *Ü: Auswanderer*). Sozialkritischer Roman von José Maria Ferreira de CASTRO, erschienen 1928. – Der Roman behandelt das Auswandererproblem in den Jahren der Wirtschaftskrise nach dem Ersten Weltkrieg. Im Mittelpunkt des Geschehens steht der Portugiese Manuel da Bouça, der seine Familie in der trügerischen Erwartung verläßt, in Brasilien sein Glück zu machen und nach wenigen Jahren als reicher Mann in sein Heimatdorf im nördlichen Portugal zurückzukehren. Nach einem Jahr beinahe sklavischer Fron auf einer Kaffeeplantage und weiteren Jahren schwerer, schlecht bezahlter Arbeit in São Paulo kommt er, ärmer als er einst ausgewandert war, wieder in seinem Heimatort an: Seine Frau ist gestorben, seine Tochter verheiratet, sein Stück Ackerland ist ihm verlorengegangen. Der Heimat entfremdet und aus Furcht vor der Demütigung durch seine Bekannten, die ihn seiner Armut wegen verachten würden, verläßt er sein Dorf, um sein Leben als einsamer Mann in Lissabon, wo ihn niemand kennt, zu beschließen.

Am Beispiel dieses Auswandererschicksals enthüllt der Roman die sozialen Mißstände, die zur Auswanderung führen – das schreiende Elend eines großen Bevölkerungsteils, die ungerechte Verteilung des Reichtums, das betrügerische, skrupellose Vorgehen derer, die unter Vorspiegelung falscher Tatsachen aus der Gutgläubigkeit und der trostlosen Situation der Armen Kapital schlagen – und die nicht minder harten Lebensbedingungen, die den Ausgewanderten in der Neuen Welt erwarten: wiederum rücksichtslose Ausbeutung der Arbeitskraft, ein ungesundes Klima, unzureichende Hygiene, Revolutionen. – Ferreira de Castro schildert nüchtern, fast reportagehaft. Seine Prosa weist keine sprachlichen Eigentümlichkeiten auf, wirkt aber überzeugend durch die strenge Sachlichkeit der Darstellung. In den Dialogszenen gelingt dem Autor eine getreue Wiedergabe der volkstümlichen Umgangssprache Portugals und Brasiliens. Eingestreute Naturbeschreibungen deuten schon auf die eindrucksvollen Landschaftsbilder in seinem Roman *A selva*, 1930 *(Die Kautschukzapfer)*, voraus. *Emigrantes* stellt einen Bruch mit der teils aristokratisch, teils bürgerlich ausgerichteten einheimischen Romantradition des 19. Jh.s dar und zeigt seinen Autor als Vorläufer des portugiesischen Neorealismus. K.H.D.

AUSGABEN: Belém 1928. – Porto 1979 (in *Obras*, Bd. 1). – Lissabon 1982.

ÜBERSETZUNG: *Auswanderer*, H. u. W. Furreg, Wien 1953.

LITERATUR: J. N. Ornelas, *A alienação e a destruição do ser humano: Manuel da Bouça em »Emigrantes« de F. de C.* (in Vértice, 39, 1979, Nr. 420/21, S. 203–219).

## A LÃ E A NEVE

(portug.; *Ü: Wolle und Schnee*). Roman von José Maria Ferreira de CASTRO, erschienen 1947. – Mehr als ein halbes Jahrhundert nach Gerhart HAUPTMANNS Drama *Die Weber* (1892) entstand dieser Roman über die Not der Weber von Covilhã, dem Zentrum der portugiesischen Wollindustrie im Estrela-Gebirge. Der Verfasser des in sechzehn Sprachen übersetzten, in zweiundzwanzig Ländern erschienenen Romans *A selva (Die Kautschukzapfer)* erzählt hier das Leben des Hirten Horácio, der seine Braut Idalina erst heiraten will, wenn er sie in ein eigenes, selbstgebautes Häuschen führen kann. Als Hirt würde ihm das nie gelingen. Deshalb geht er nach seiner Entlassung aus dem Militärdienst in die Fabrik. Aber obgleich er mit Hilfe seines Freundes, des alten Webers Marreta, sich bald vom Lehrling zum Weber emporarbeitet, kommt er seinem Ziel nicht näher. Die niedrigen Löhne und steigenden Preise verurteilen die Arbeiterschaft zu einem Leben am Rande des Existenzminimums. Als Horácio trotzdem seine Braut heimführt, kann er ihr als »Heim« nichts anderes bieten als ein dunkles, verwanztes Loch ohne Licht, Wasser und Kanalisation. Noch bleibt die Hoffnung, eine der wenigen im Bau befindlichen Sozialwohnungen zu erhalten. Aber auch diese Hoffnung erlischt, und Horácio begreift allmählich, daß er eine Besserung der Verhältnisse nicht nur für sich selbst, sondern auch für alle anderen herbeiwünschen muß. In den Diskussionen mit den Kameraden, an denen er jetzt eifrig teilnimmt, wird die große Veränderung für die Zeit nach dem Krieg – der Roman spielt im Zweiten Weltkrieg – erwartet. Als auch diese Hoffnung enttäuscht wird, erkennt Horácio endgültig, daß eine Wandlung weder aus der Kraft des einzelnen noch aus den Umständen, sondern nur aus der Solidarität mit den anderen kommen kann. *»Ihm war, als ob eine geheime Kraft, die er nicht kannte, als er hergekommen war, von den anderen zu ihm und von ihm zu den anderen ginge, die sie alle untereinander verband und ihnen, mit neuen Kräften, eine neue Hoffnung verlieh.«* Der literarische Wert dieses Romans, eines sozialkritischen Dokuments von großer Eindringlichkeit, liegt vor allem in der erzählerischen Haltung. Trotz innigster Anteilnahme ist hier epische Gelassenheit die Grundeigenschaft des Erzählers und seiner volkstümlicher Ausdrucksweise angenäherten, ganz und gar unprätentiösen Sprache, die niemals, nicht einmal in der Darstellung des großen Streiks, umschlägt in die laute, affektgeladene Rhetorik der Anklage, des Protests, der politischen Ideologie. Auf die innere Einheit des gesamten Romanwerks dieses Autors weist die Figur des Manuel da Bouça hin, des Helden aus *Emigrantes*, 1928

*(Auswanderer)*, der in *A lã e a neve* wieder auftritt, ein Einzelgänger bis zuletzt, gescheitert, im Elend, verkommen, ein allen Glauben und alle Hoffnung höhnisch verneinender Sarkast. Ihn und die Verzweiflung, die er repräsentiert, überwindet Horácio, der »*selbst da er allein durch die einsame Gasse ging, fühlte, daß er nicht allein war*«. F.I.

AUSGABEN: Lissabon 1947. – Rio 1958 ff. (in *Obras completas*). – Porto 1979 (in *Obras*, Bd. 3). – Lissabon 1982.

ÜBERSETZUNG: *Wolle und Schnee*, E. Kaut, Bremen 1954.

LITERATUR: R. Caltofen, *El caminante eterno, F. de C.* (in RHM, 15, 1949, S. 115–120). – W. W. Megenney, *Descriptive Sensationalism in F. de C.* (in RoNo, 13, 1971/72, Nr. 1, S. 61–66).

## A SELVA

(portug.; *Ü: Die Kautschukzapfer*). Autobiographisch-sozialkritischer Roman von José Maria Ferreira de CASTRO, erschienen 1930. – Nach seiner Darstellung des Auswandererschicksals in *Emigrantes* (1928) errang der junge portugiesische Schriftsteller, der sich nach harten Jahren im Urwald (1912–1914) als Autodidakt schließlich in brasilianischen Literatenkreisen emporgearbeitet hatte, mit dem in zahlreiche Sprachen übersetzten Roman über die Tragödie der Seringueiros zu Beginn des 20. Jh.s einen Welterfolg.

Der monarchistisch gesinnte und politisch ehrgeizige portugiesische Jurastudent Alberto muß nach der Teilnahme an einem Putschversuch gegen die Republik seine Heimat verlassen und flieht über Spanien nach Pará zu seinem Onkel Macedo. Dieser hat es als Gastwirt mit weitem Gewissen meisterlich verstanden, die heimkehrenden Kautschukzapfer um ihre Ersparnisse zu erleichtern. Er hält den Neffen, der sich ohne Erfolg eine neue Existenz zu schaffen sucht, eine Zeitlang aus, bis Alberto die unwürdige Lage im Hause des begüterten Onkels durchschaut. Macedo nützt die Gelegenheit, den Verwandten mit Hilfe Balbinos loszuwerden, der im Ceará und Maranhão Arbeitsrekruten für die Kautschukstationen in der grünen Hölle anwirbt. Auf der Dampferfahrt den Amazonas aufwärts (Kap. 2–4) erlebt Alberto, in unmenschlicher Enge mit zahlreichen groben Parias zusammengepfercht, erstmals die schrecklich-schöne, unbändige Naturgewalt, das »*panische Lauern voller Drohung*«, angesichts dessen der Mensch nur als »*ein verirrter Wanderer am Rande des Rätsels*« erscheint. Er ahnt, was ihn in diesem üppigen Reich des Todes erwartet, und geht verbotenerweise in Manaus an Land, um sich eine angemessene Arbeit zu suchen. Damit zieht er sich freilich den Zorn Balbinos zu. Auf der Kautschukstation »Paradiso« am Oberlauf des Madeiraflusses empfangen die in ihrer Hoffnung auf leichten Verdienst längst enttäuschten Sklaven die Neuankömmlinge, indem sie deren »*verbrecherische Unwissenheit*« höhnisch verspotten. Die Neuen müssen zunächst bei Juca Tristam, dem Konzessionär eines unübersehbar großen Urwaldstreifens, ihre Ausrüstung sowie den lebensnotwendigen Proviant kaufen. Damit geraten sie auf Jahre hinaus in schuldnerische Abhängigkeit von dem brutalen Händler. Der infolge der Konkurrenz durch den ceylonesischen Kautschuk nicht aufzuhaltende Preisverfall des Rohgummis auf dem Weltmarkt raubt ihnen zudem jegliche Aussicht auf noch so geringe Ersparnisse. Alberto zieht in Begleitung des erfahrenen Mulatten Firmino durch den Urwald auf seine Estrada (Zapftrasse), schon jetzt entmutigt durch die Berichte von heimtückischen Überfällen der Indianer. Bald nach seiner ersten Einweisung in das Leben in Paradiso wird der an sich willig arbeitende Anfänger Alberto wegen einiger technischer Ungeschicklichkeiten von Balbino bei Juca angeschwärzt (Kap. 7). Die im Urwald-Eldorado lebendig begrabenen armen Schlucker, die mit ihm arbeiten, haben keine Frauen, keine Zerstreuung und zu ihrer Betäubung nur Zuckerrohrschnaps. In seiner Verzweiflung versucht ein Kumpel sich die neunjährige Tochter eines eingeborenen Waldsassen (*caboclo*) gefügig zu machen. Den dazwischentretenden Vater erschlägt Agostinho meuchlings und flieht. Verschärfte Kontrollen durch Aufseher sollen den Kautschukertrag trotz sinkender Preise steigern. Auch Binda, der als Verkäufer in Jucas Kramladen angestellt ist, wird zum Wachdienst eingeteilt. Dafür nimmt Alberto (Kap. 9) seine Stelle ein und entrinnt so dem grünen Gefängnis. Zugleich gewinnt er nun aber neue ungeheuerliche Einblicke in jene Ungerechtigkeiten, mit denen das »epische Mühen« der Zapfer ausgebeutet wird. Als ihm seine alte Mutter mit der Nachricht einer Amnestie auch Geld für die Heimfahrt schickt, müßte Alberto immer noch zehn Monate arbeiten, um seine Schulden bei Juca zu tilgen; indessen erläßt ihm Juca den Betrag. Vor der Abreise verhilft er seinem Beschützer Firmino und dieser weiteren Leidensgefährten zur Flucht; die Deserteure werden jedoch wieder eingefangen und übel mißhandelt. Aus Zorn darüber, daß der Freiheitswille und die Würde der Menschen skrupellos mit Füßen getreten werden, legt der alte Neger Tiago »Holzbein« Feuer an das Haus seines Herrn (Kap. 15), der elend in den Flammen umkommt. Dem Paradies entflohen, will Alberto Jurist werden, um fortan das Recht zu verteidigen, nachdem er die Machtlosigkeit seiner eigenen früheren wie auch der von ihm bekämpften demokratischen Parteidoktrinen erkannt hat.

Der Roman enthält keine direkte politische Stellungnahme. Seine Anklage wirkt allein aus der fast dokumentarisch nüchternen und unpathetisch sprechenden Reportage, die auf erzählende Ausschmückung abenteuerlicher Einzelheiten verzichtet. Auch die großartig zwingenden Naturbilder sind nicht Ausstattungskulisse, sondern, wie »*ein würgender Ring*«, Bestandteil der dargestellten menschlich-sozialen Wirklichkeit. Der lateinamerikanische Roman hat sich seit den Jahren nach dem Ersten Weltkrieg mit ständig wachsendem Engagement diesen sozialen, indianistischen Problemen in Kaffee-, Zuckerrohr-, Kautschuk- und Kakaoplantagen, im Sertão, auf Ölfeldern und in Bergwerken zugewandt und die Auseinandersetzung des Menschen mit den Mächten der tropischen Natur geschildert. D.B.

AUSGABEN: Lissabon 1930. – Rio 1958 ff. (in *Obras completas*). – Lissabon 1967. – Porto 1979 (in *Obras*, Bd. 1). – Lissabon 1981.

ÜBERSETZUNGEN: *Die Kautschukzapfer. Roman aus dem brasilianischen Urwald*, A. Höllriegel, Hbg. 1933; ern. Düsseldorf 1953. – *Selva. In den Urwäldern Amazoniens*, R. Caltofen, Zürich 1946.

LITERATUR: S. Weiland, *Die Naturschilderung in dem Roman »A selva« von F. de C.* (in *Homenaje a F. Krüger*, Bd. 2, Mendoza 1954, S. 613–622). – J. Navarro, *F. de C. e o Amazonas*, Porto 1959. – J. M. Ferreira de Castro, *Quando, onde e como escrevei »A selva«* (in *Autores*, Nr. 13, 1961, S. 14f.). – A. Cabral, *Antecedentes de »A selva«* (in *Vértice*, 27, 1967, Nr. 280–281, S. 23–36). – R. Gomes, *»A selva« e a descoberta humana da Amazônia* (ebd., S. 38–41). – F. P. Ellison, *The myth of the Destruction and Re-creation of the World in F. de C.'s »A selva«* (in LBR, 15, 1978, S. 101–109; Suppl.).

## TERRA FRIA

(portug.; *Ü: Karge Erde*). Roman von José Maria Ferreira de CASTRO, erschienen 1934. – Hoch im Norden Portugals liegt an der spanischen Grenze das Bergland Barroso, »*wo kein Obstbaum gedieh, kein Wein geerntet wurde und nichts wuchs als Roggen, Kartoffeln, Rüben und ein paar magere Kohlköpfe in den Gärtchen; der Rest war ein einziges Elend*«. Hier, in dem Dörfchen Padornelos, lebt Leonardo, der mit Fellen über die Grenze nach Spanien handelt. Aber der Handel geht schlecht, und so erscheint es als ein großes Glück, als Ermelinda, seine junge hübsche Frau, im Haus Joaquim Santiagos, des »Amerikaners«, der es in Kalifornien zu Wohlstand gebracht hat, eine Anstellung als Tagemädchen findet. Doch sie wird, ohne daß ihr Mann etwas merkt, Santiagos Geliebte und bekommt ein Kind von ihm, das Leonardo für sein eigenes hält. Als der »Amerikaner« sie nun loswerden will, erschlägt sie ihn aus gekränktem Stolz und aus Eifersucht, erzählt aber ihrem Mann, sie habe es getan, um sich der Zudringlichkeit Santiagos zu erwehren. Daraufhin will Leonardo selbst als Täter gelten, geht über die Grenze und findet Unterschlupf bei seinem spanischen Geschäftspartner Iglesias. Dort wird ihm schließlich die Wahrheit hinterbracht: Nun will er nach Padornelos zurück, um Rache zu nehmen, wird aber an der Grenze gefaßt und nach Montalegre ins Gefängnis gebracht. Ermelinda, die davon erfährt, geht hin und gesteht,

daß nicht Leonardo, sondern sie den »Amerikaner« umgebracht habe. Im *Epilog* erfährt der Leser dann noch, daß Leonardo in Spanien mit Iglesias' Tochter Rosalia eine glückliche Ehe führt.

Nicht in dieser eher banalen Geschichte liegt die Bedeutung des Romans. Der Autor selbst bezeichnet sie lediglich als »Vorwand«. Seine Absicht sei gewesen, so bekennt er im Vorwort, das Leben in der von der Zivilisation fast unberührten Landschaft des Barroso festzuhalten, »*das Leben, das man dort lebt, und einige jener Gefühle und Instinkte, die sich bei den Menschen am längsten gehalten haben und die man hier, wo sie noch in der Nähe des Ursprungs sind, mit ziemlicher Deutlichkeit sehen kann*«. Tatsächlich liegt der Wert des Buches darin, den Barroso, wo bis heute uraltes Brauchtum lebendig ist, für die Literatur und die Ethnographie entdeckt zu haben. Beschreibungen wie die der armseligen Behausungen, in denen zu ebener Erde das Vieh und darüber, nur durch einen Bretterboden davon getrennt, die Menschen leben und die Kinder unter Ziegen, Schweinen und Kühen aufwachsen, oder die Schilderung längst vergangener Formen der Gemeinwirtschaft (kollektive Viehweide), die hier noch bestehen, sind nicht nur literarisch, sondern auch ethnographisch aufschlußreich. Daß Ferreira de Castro mit diesem »Reportage-Roman« (LINDLEY CINTRA) auch sozialkritisch wirken will, obgleich er feststellt, das Buch sei kein Thesenroman, steht im Einklang mit der ideologischen Ausrichtung seines übrigen Romanwerks. K.H.D.

AUSGABEN: Lissabon 1934. – Rio 1958 ff. (in *Obras completas*). – Lissabon 1964. – Porto 1979 (in *Obras*, Bd. 1). – Lissabon 1980.

ÜBERSETZUNG: *Karge Erde*, E. Kaut, Bremen 1955.

LITERATUR: F. Moreira, *Aspectos humanísticos e sociais na obra de F. de C.* (in *Vértice*, 27, 1967, S. 13–21). – B. da Fonte, *Diálogo com F. de C.: A propósito do romance »Terra fria«*, Braga 1973.

# ROSALÍA DE CASTRO DE MURGUÍA

\* 21.(?)2.1837 Santiago de Compostela
† 15.7.1885 Padrón

**DAS LYRISCHE WERK** (span./gal.) von Rosalía de CASTRO.
Rosalía de Castro, in der eine ideologisch ausgerichtete Kritik vor allem eine Symbolgestalt des galicischen Regionalismus und einer eigenständigen neuen galicischen Literatur oder auch eine frühe Feministin innerhalb einer patriarchalisch bestimmten Gesellschaft sehen will, steht im Kontext

der spanischen Literaturgeschichte des späten 19. Jh.s nahezu gleichrangig neben Gustavo Adolfo BÉCQUER (1836–1870). Ähnlich wie Bécquers *Rimas* (postum 1871) kommt ihrem späten Lyrikband *En las orillas del Sar*, 1884 *(An den Ufern des Sar)*, eine entscheidende Bedeutung auf dem Weg zu einer Erneuerung der spanischen Lyrik zu, wie sie sich schließlich zu Beginn des 20. Jh.s vor allem in der Schule der *modernistas* realisiert hat. Manche ihrer Verse – hierauf hat schon L. CERNUDA (1902–1963) verwiesen – lassen sich unschwer auch als Vorwegnahme Ruben DARÍOS (1867 bis 1916) verstehen, so z. B. die modernistische Klangmetaphorik der Schlußstrophe aus *Pensamientos de alas negras (Gedanken aus schwarzen Flügeln)* aus dem Zyklus *Santa Escolástica*: »*Frescas voces juveniles, armoniosos instrumentos,/ A Venid!, que a vuestros acordes yo quiero unir mis acentos*« (»Ihr jugendlich frischen Stimmen, ihr Instrumente, in Harmonie,/ Kommt, euren Akkorden will ich singend mich verbinden«). Auch die Rezeptionsgeschichte zeugt vom ständig wachsenden Nachruhm der Rosalía de Castro. Zwar wird sie nicht gleich wie Bécquer zum »*poeta contemporáneo*« erhoben, doch huldigen ihr u. a. Federico GARCÍA LORCA (vgl. *Canzón de cuna pra Rosalía Castro, morta. – Wiegenlied für die verstorbene Rosalía de Castro)*, Gerardo DIEGO und unlängst auch José Angel VALENTE. In ihren mit *Rosalía* überschriebenen Widmungsgedichten zitieren und variieren sie – Diego in spanischer, Valente in galicischer Sprache – Verse und Bildfragmente aus Rosalía de Castros spätem Prosagedicht *Dicen que no hablan las plantas, ni las fuentes, ni los pájaros (Sie sagen, Pflanzen, Quellen, Vögel kennen keine Sprache)*.

Das lyrische Werk umfaßt fünf Bücher: die beiden Frühwerke, *La flor*, 1857 *(Blüten)*, und *A mi madre*, 1863 *(An meine Mutter)*, die in galicischer Sprache geschriebenen Sammlungen, *Cantares gallegos*, 1863 *(Lieder aus Galicien)*, und *Follas novas*, 1880 *(Neue Blätter)*, sowie das wieder in spanischer Sprache verfaßte Spätwerk, *En las orillas del Sar*. – Die sechs teilweise recht umfangreichen Poeme aus *La flor* – darunter als bekanntestes *Un recuerdo (Erinnerung)* – orientieren sich in Thematik, Stil und Versformen noch ganz an der Tradition der spanischen Romantik. Darüber hinaus meint eine psychologisierende Kritik in der schmerzvollen Liebesthematik – einem Leitthema auch in den späteren Werken, das literaturgeschichtlich gesehen an J. de ESPRONCEDAS *Canto a Teresa* erinnert – auch autobiographische Züge entdecken zu können: die »Sublimierung des Makels einer unehelichen Geburt«. Trotz oder vielleicht besser wegen seiner Traditionalität erfuhr der schmale Lyrikband der kaum Zwanzigjährigen eine enthusiastische Kritik im Kreise der Madrider Literaten.

Anders als die stark traditionell geprägten Texte aus *La flor* und die von der Trauer über den Tod der Mutter bestimmten meist einfachen Verse aus *A mi madre* verweisen die kaum mehr als einhundert Gedichte und Gedichtzyklen der Sammlung *En las orillas del Sar* auf die Moderne. Was dabei die Modernität der Autorin ausmacht, das sind neben der Thematik des Schmerzes, der Einsamkeit und des Todes und einer Weltsicht, die »*der Philosophie des Absurden nicht mehr fern steht*« (M. Mayoral), vor allem die stilistischen und metrischen Neuerungen: eine Vorliebe für die Assonanz, die Auflösung der strengen Vers- und Strophenformen und ein Abrücken von der deklamatorischen Weitschweifigkeit der frühen Romantiker (vor allem Esproncedas) und auch vieler ihrer Zeitgenossen. Mit diesen Neuerungen, so originell sie auch im einzelnen sind, steht Rosalía de Castro letztlich in der Nachfolge Bécquers. Auch in scheinbar ganz einfach gehaltenen Texten, wie z. B. in dem vierstrophigen Gedicht *Las Campanas (Die Glocken)*, manifestieren sich die Besonderheiten der Lyrik Rosalía de Castros. Der reimlose Text ist auf das Thema des Todes als Teilnahme der Toten an der Welt der Lebenden hin pointiert, und das romantische Motiv der Glocken, das zunächst scheinbar ganz konventionell eingeführt wird – » *Yo las amo, yo las oigo / cual oigo el rumor del viento, / el murmurar de la fuente*...« (»Ich lieb sie, höre sie / Wie Windesrauschen, / Quellenmurmeln...«) – wird aus seiner traditionellen Zuordnung zur romantischen Weltschmerzthematik gelöst und dem Thema des Todes untergeordnet: »*Si por siempre enmudecieran,... / qué extrañeza entre los muertos*« (»Doch verstummten sie einmal: ... Welch Wundern bei den Toten«). Trotz all der Modernität, die zu Recht vor allem der späten Lyrik der Autorin zuerkannt wird, entgehen ihre Texte nicht immer der Redundanz und der Banalisierung. Dies gilt vor allem für die Gedichte, die auf die Tradition der *Doloras* (1846) von R. de CAMPOAMOR (1817–1901) mit ihren Allerweltsweisheiten, ihrer einfach-alltäglichen Sprache und ihrer Kontrasttechnik verweisen, so z. B. » *Te amo...: por qué me odias?/ Te odio...: por qué me amas?*« (»Ich lieb dich...: was haßt du mich/ Ich haß dich...: was liebst du mich«).

Weit bedeutsamer noch als für die spanische ist Rosalía de Castro für die galicische Literatur. Ihre *Cantares gallegos* markieren nach einhelliger Auffassung der Kritik den Beginn einer Renaissance des Galicischen als Literatursprache, den es seit dem späten Mittelalter verloren hatte. Und mit *Follas novas*, dem zweiten auf galicisch geschriebenen Lyrikband, hat Rosalía de Castro das Galicische endgültig wieder als Literatursprache institutionalisiert. In dem vielzitierten Prolog zu den *Cantares gallegos*, der sich als eine literarische und mehr noch als eine politisch-gesellschaftliche Programmschrift begreifen läßt, nennt die Dichterin ihre vorrangigen Ziele: die Apologie und Rehabilitierung der so viel geschmähten Region Galicien, ihrer Menschen und ihrer Sprache. Dieses Galicien, das für Ignoranten und Böswillige nur ein »*Dreckstall*« (»*un cortello inmundo*«) sei, stilisiert Rosalía de Castro zu einer gleichsam paradiesischen und dazu auch poetischen Landschaft: »*Seen, Wasserfälle, Sturzbäche, blühende Auen, Täler, Höhenzüge, blaue Himmel, so heiter wie diejenigen Italiens.... Galicien ist immer ein Garten, in dem man reine Düfte atmet,*

*Frische und Poesie.*« Gegenstand der *Cantares gallegos* sei die Poesie des Volkes, zu deren Sprecherin sie sich gemacht habe: »... *all das, was um seiner Form und um seines Kolorits willen wert ist, besungen zu werden, all das, was als Echo, als Stimme, als ein Murmeln ... an mein Herz gerührt hat, all das habe ich in diesem schlichten Buch zu singen gewagt, um einmal wenigstens ... denen, die uns ... mißachten, zu sagen, daß unser Land rühmenswert ist und daß unsere Sprache nicht das Kauderwelsch ist, das man, plump sie verfälschend, ... dafür ausgibt...«* (Übers. F. Vogelgsang). Die Poetisierung der Landschaft und der Glaube an das Volk als schöpferische Größe, an denen sich Rosalía de Castro in den *Cantares gallegos* orientieren will, all diese Vorstellungen sind zwar Topoi der europäischen Romantik, doch hat die Autorin sie als erste auf Galicien bezogen. Es ist indes nicht nur ein idyllisch-poetisches Galicien mit seinen Kirchweihfesten und Volksbräuchen und einer volksliedhaften Liebe (z. B. »*San Antonio bendito,/ dádeme un home*« – »*Heiliger San Antonius, schenk mir einen Mann*«), das in den *Cantares gallegos* präsentiert wird. Auffällig ist, wenngleich sie andererseits nicht überaus stark vertreten ist, die soziale Thematik, und hier vor allem das Thema der von wirtschaftlicher Armut erzwungenen Emigration. Als populär gewordene Texte sind in diesem Zusammenhang vor allem zu nennen: das Abschiedslied des jungen Auswanderers: *Adiós ríos, adiós fontes (Lebt wohl ihr Flüsse, ihr Quellen)* und das Klagelied *Castellanos de Castilla,/ tratade ben ós gallegos (Ihr Männer aus Kastilien, behandelt die Galicier gut)*, der Protest und Aufschrei einer Frau gegen die Arbeitsbedingungen in Kastilien, denen ihr Mann zum Opfer gefallen ist.

Noch weit schärfer als in den *Cantares gallegos* zeichnet Rosalía de Castro in den *Follas novas* die soziale Problematik Galiciens. Im Prolog bekennt sie sich ausdrücklich zu dieser Zielsetzung: Die Mehrzahl der Texte *»soll Ausdruck geben von den Drangsalen derer, die schon so lange leiden«*. Wieder sind die Themen: Hunger, Armut, Ausbeutung, Verlassenheit, erzwungene Auswanderung, vgl. z. B. das *Pra a Habana (Auf nach Havanna)* überschriebene Einleitungsgedicht zu dem mit *As viúdas dos vivos i as viúdas dos mortos (Die Witwen der Lebenden und die Witwen der Toten)* betitelten fünften Teil der Sammlung: »*Vendéronlle os bois, / vendéronlle as vacas. ...*« (»Sie verkauften ihm die Ochsen,/ Sie verkauften ihm die Kühe«). Auch der soziale Protest verschärft sich in den *Follas novas*. So wird in dem Poem *A xusticia pola man (Selbstjustiz)* wie schon in *Castellanos de Castilla*, eine Frau zur Sprecherin des Protests gemacht.

Rosalía de Castros Texte sind indes weit mehr als zeitgebundene Sozialkritik und Zeugnis der Misere Galiciens im späten 19. Jh. Gerade auch in den *Follas novas* finden sich Verse, die fern aller vordergründigen Sozialproblematik mit ihrer kunstvollen Gestaltung des Leidens an die mittelalterlichen *Chansons de toile* erinnern (vgl. z. B. *Tecín soya a miña tea – Allein webt ich mein Linnen*) oder die den Schmerz der Frau, die vergeblich auf die Rückkehr ihres Mannes harrt, in eine einfache *copla* fassen und in zwar alte, aber dennoch eingängige Symbole konzentrieren: »*Non coideréi xa os rosales,/ que teño seus, nin os pombos...*« (»Nicht mehr denk ich an die Rosen,/ die mir seine waren, nicht mehr an die Tauben«). – Das soziale Engagement, das so viele ihrer Texte auszeichnet, aber nicht zuletzt auch ihre so eingängigen Verse haben Rosalía de Castro für nicht wenige ihrer galicischen Landsleute zu einem Mythos Galiciens, zur *»personificación del espíritu gallego«* (M. Mayoral), werden lassen.    H.Fel.

AUSGABEN: *Cantares gallegos*, Vigo 1863; Madrid 1975; ⁶1982 Hg. R. Carballo Calero (Cátedra). – *Follas novas*, Madrid 1880; La Coruña 1985, Hg. E. Souto [krit.]. – *En las orillas del Sar*, Madrid 1884; Madrid 1976; ²1985, Hg. M. Mayoral (Castalia). – *Obras completas*, Hg. V. García Martí, Madrid 1944; erw. 1982, Hg. A. de Hoyo.

ÜBERSETZUNG: *An den Ufern des Sar*, F. Vogelgsang, Ffm. 1987.

LITERATUR: D. Briesemeister, *Die Dichtung der R. de C.*, Mchn. 1959. – M. Mayoral, *La poesia de R. de C.*, Madrid 1974. – L. Cernuda, *R. de C. (1837–1885)* (in L. C., *Prosa completa*, Barcelona 1975, S. 325–333). – K. Kulp-Hill, *R. de C.*, Boston 1977 (TWAS). – *En torno a Rosalía*, Hg. X. Alonso Montero, Madrid 1985. – M. Mayoral, *R. de C.*, Madrid 1986. – S. Stevens, *R. de C. and the Galician Revival*, Ldn. 1986. – *Actas do congreso internacional de estudios sobre R. de C. e o seu tempo*, 3 Bde., Santiago de Compostela 1986.

---

## GUILLÉN DE CASTRO Y BELLVÍS

\* 1569 Valencia
† 28.7.1631 Madrid

LITERATUR ZUM AUTOR:
H. A. Rennert, »*Introducción*« to *G. de C.*, Philadelphia 1899. – W. E. Wilson, *G. de C.*, NY 1973. – L. García Lorenzo, *El teatro de G. de C.*, Barcelona 1976. – C. Faliù-Lacourt, *G. de C.*, Diss. Univ. Toulouse-Le Mirail.

### LAS MOCEDADES DEL CID

(span.; *Die Taten des Cid*). Schauspiel von Guillén de CASTRO Y BELLVÍS, erschienen 1618. – Titelheld ist der kastilische Grande Rodrigo Díaz, der, teils auf spanischer, teils auf maurischer Seite kämpfend, von den Mauren den Beinamen »Cid« (Herr) bekam und dem die früheste spanische Dichtung, *Cantar de mío Cid* gewidmet ist. In der Folgezeit in zahlreichen *romances* besungen, wurde er zum spanischen Nationalhelden, dessen Charakter und Taten jedermann vertraut waren. An das von der frühmittelalterlichen Dichtung überlieferte Charakterbild hält sich Guillén de Castro mit großer Treue. Sein Schauspiel besteht aus zwei Teilen, von denen der schwächere zweite unter einem eigenen Titel bekannt ist: *Las hazañas del Cid (Die Heldentaten des Cid)*.

Im Mittelpunkt des ersten Teils steht jener Konflikt zwischen Liebe und Ehre, der es CORNEILLE ermöglichte, durch Vereinfachung und Konzentration, durch Streichung von Episoden und Nebenfiguren, in *Le Cid* (1636) den Stoff dem klassischen Schema der drei Einheiten von Ort, Zeit und Handlung zu unterwerfen und ein Stück von universaler Geltung zu schaffen, das ihn mit einem Schlag zum berühmtesten Dramatiker seiner Zeit machte. Das Stück Guillén de Castros ist ein spanisches Nationalstück und als solches zu werten. Von den drei Einheiten ist darin keine zu finden. Immerhin wird der erste Teil durch die zentrale Fabel zusammengehalten, die Corneille dann für sein Stück übernommen hat: Die Wahl des ehrwürdigen Don Diego zum Prinzenerzieher wird zur Ursache des Konflikts, da Graf Lozano, sein Rivale, sich hinreißen läßt, den stolzen alten Mann öffentlich zu ohrfeigen. Die Rache für diese Beleidigung fällt dem jungen Rodrigo, dem Sohn Don Diegos, zu, der Jimena, die Tochter Lozanos, liebt. Trotzdem tötet er den Beleidiger seines Vaters. Jimena fordert Rache vom König. Rodrigo geht ins Exil, kämpft in Aragón und Kastilien siegreich gegen die Mauren. Zweimal stoßen fingierte Nachrichten über den angeblichen Tod des Geliebten Jimena in Verzweiflung. Schließlich aber siegt doch die Liebe über die Ehre.

Im zweiten Teil, den *Hazañas del Cid*, fehlt eine durchgehende Fabel. Er besteht nur noch aus einer Folge von meist unzusammenhängenden Bildern, in deren Mittelpunkt der Kampf König Sanchos mit seinen Geschwistern, Don Alfonso und Doña Urraca, um die Thronfolge steht. Höhepunkte dieser Auseinandersetzung sind die Belagerung Zamoras durch Don Alfonso, der gewaltsame Tod Sanchos und der Schwur des danach zum König gekrönten Alfonso, er habe nichts mit dem Tod seines Bruders zu tun. In diesen und anderen Episoden spielt der Cid eine entscheidende Rolle. KLL

AUSGABEN: Valencia 1618. - Madrid 1780, Hg. A. de Soto. - Bonn 1878, Hg. W. Foerster. - Madrid 1962, Hg. u. Anm. V. Said Armesto (Clásicos castellanos, 15).- Madrid 1982 (Hg. u. Einl. L. García Lorenzo, Cátedra).

ÜBERSETZUNG: *Der Cid*, A. v. Schack (in *Spanisches Theater*, Bd. 2, Stg. ca. 1885).

LITERATUR: A. Hämel, *Der Cid im spanischen Drama des 16. u. 17. Jh.s*, Halle 1910 [zugl. Diss. Würzburg]. - W. Schulz, *Ein Kulturbild aus den »Mocedades del Cid« von G. de C. mit Ausblicken auf Quellen u. Techniken des Dichters wie auf den »Cid« des Corneille* (in ZfrPh, 47, 1927, S. 446-491). - J. Ruggieri, *Le »Cid« de Corneille e »Las mocedades del Cid« de G. de C.* (in Archivum Romanicum, 14, 1930, S. 1-97). - L. Santelices, *La originalidad en la segunda parte de »Las Mocedades del Cid«* (in Anales de la Universidad de Chile, 43, 1936, S. 169-178). - W. Floeck, *»Las mocedades del Cid« von G. de C. und »le Cid« von Corneille. Ein neuer Vergleich*, Bonn 1969. - J. Casaldueros, *Estudios sobre el teatro español*, Madrid 1972, S. 64-87. - S. J. McMullan, *Epic, Ballad, Drama: The »mocedades del Cid«* (in *Spanish and Portuguese Papers*, Hg. P. S. Russel-Gebbett u. a., Belfast 1979, S. 123-143).

KOLE ČAŠULE

* 2.3.1921 Prilep

## CRNILA

(maked.; *Depression*). Drama in drei Akten von Kole Čašule, erschienen 1967, im selben Jahr in Skopje uraufgeführt. - In den vierziger und fünfziger Jahren erlitt Čašule einige künstlerische Niederlagen, denen sich später - als sich der Autor genuin makedonischen Themen zuwandte - glänzende Erfolge anschlossen. Als sein wohl bestes Drama gilt *Crnila*, das auch den Beginn des psychologischen Dramas in Makedonien markierte. In diesem Fall steht das Wort *crnila* für die Geistesverfassung und das menschenfeindliche Treiben makedonischer Terroristen nach dem Ersten Weltkrieg. Das Drama geht dabei auf konkrete Ereignisse zurück: 1893 war in Saloniki die »Innere Makedonische Revolutionäre Organisation« (IMRO) entstanden, zu deren Gründern Djorče Petrov (1864 bis 1921) gehörte. Nach der jungtürkischen Revolution von 1908 zerfiel die IMRO in feindliche Lager, wobei der bulgarisch-nationalistische »Obristen«-Flügel immer stärker terroristische Züge annahm und sich von den sozialreformistischen Ideen der IMRO-Gründer entfernte. Hauptfeind für die »Obristen« war D. Petrov, insbesondere nachdem er im März 1919 versucht hatte, die Organisation neu zu vereinen. Im Juni 1921 fiel Petrov einem Attentat der »Obristen« zum Opfer.

Vorbereitung und Durchführung des Attentats sind Gegenstand von Čašules Drama, das 1921 in einer Sofioter Wohnung spielt. Die Wohnung gehört Hristov und Neda, die mit Ivan, einem makedonischen Terroristen aus dem »Obristen«-Lager, ein Verhältnis hat. Neda fühlt sich von Lukov, Ivans Anführer, belästigt. Lukov, der von Nedas Verhältnis weiß, zwingt sie zum Schweigen, damit ihre Wohnung als Hauptquartier für das Attentat genutzt werden kann. Ihr Mann Hristov wird auf eine Reise geschickt, ihr Liebhaber Ivan mit dem

Hinweis gefügig gemacht, daß schließlich »die Organisation« sein Verhältnis mit Neda eingefädelt habe. Zu Lukov und Ivan stößt am Abend Fezliev, ein trinkfreudiger Zyniker und Lukovs Gegner. Zum Schluß treffen Metodi und der Junge ein. Letzterer scheint ein blinder Fanatiker der Organisation zu sein, seit diese ihn als Kind vor den Türken rettete; jetzt soll er das Attentat ausführen, ohne Namen und Gesicht des Opfers zu kennen. Der Junge bittet Lukov, ihm einen Gefallen zu tun: Wenn er schon in Sofia ist, möchte er den Menschen treffen, den er wie keinen auf der Welt verehrt und in dem er sein Vorbild sicht: Djorče Petrov. Dieser war es nämlich, der ihn als Kind rettete. Die Attentäter schwanken einen Moment, ob sie unter diesen Umständen die »Aktion« überhaupt durchführen sollen, lassen sie dann aber wie geplant ablaufen. Während sie weg sind, will Lukov Fezliev mit einem Brief zum Organisationschef schicken. Der vermutet, er solle sein eigenes Todesurteil überbringen, und er liest den Brief – es ist jedoch das Todesurteil für den Jungen. Lukov verteidigt sich, das sei eine Bagatelle, von der übermorgen niemand mehr reden würde – »*solange es Idealisten und Dummköpfe gibt, werden solche Geschichten sich immer wiederholen*«. Die Attentäter kommen zurück und melden Vollzug: »*Djorče ist tot, der Junge ist wohlauf.*« Lukov, der eilig zum Organisationschef gerufen wird, befürchtet Schlimmes, weil der Junge noch lebt. Dieser erscheint und bekommt zufällig ein Gespräch zwischen Neda und einer Nachbarin mit; aus ihm erfährt er, wen er gerade getötet hat. Er schwört Rache, wird von Fezliev aber überzeugt, daß im Moment eine Flucht für ihn das beste wäre. Lukov kommt zurück und schlägt Fezliev mit dem Revolver nieder, weil dieser den Jungen entkommen ließ. Während er noch Anweisungen für die augenblickliche Liquidation des Jungen gibt, kommt Metodi von der Straße herauf: In den königlichen Gärten von Sofia habe man den Jungen gefunden, erhängt an einem Baum. Er konnte nicht mehr mit dem Gedanken leben, sein Lebensideal getötet zu haben.
Ivanov heißt der Organisationschef bei Čašule – und dahinter erkennt der makedonische Zuschauer leicht Vančo Mihajlov, den Führer der zur Verbrecherbande verkommenen »Obristen«-IMRO, die in der Zwischenkriegszeit für viele politische Morde auf dem Balkan verantwortlich war, teils in Zusammenarbeit mit den kroatischen Faschisten unter Ante Pavelić (etwa beim Marseiller Königsmord an Aleksandar I. 1934). Dennoch hat Čašule kein Agitprop-Drama oder gar einen Polit-Thriller geschrieben. Fast ironisch heißt es zu Beginn: »*Personen und Ereignisse dieses Dramas sind erfunden. Jede Ähnlichkeit mit existierenden Personen ist zufällig und unbeabsichtigt.*« Dies trifft allerdings tatsächlich zu – historische Ereignisse und Personen sind nur Kulisse, vor der sich das ausweglose Treiben desillusionierter Polit-Mörder vollzieht. Somit ist *Crnila* eine Parabel über die Rolle Makedoniens im jahrhundertelangen Schachspiel um Einfluß und Territorialgewinn auf dem Balkan. W. Osch.

AUSGABE: Skopje 1967 (in *Vejka na vetrot. Gradskiot saat. Crnila. Vitel*).

LITERATUR: G. Todorovski, *Za smislata na nemirenjeto, na opstojuvanjeto ili: Kako da se čita K. Č.* (in Literaturen zbor, 1978, Nr. 2, S. 81–87). – T. Sazdov u. a., *Makedonska književnost*, Zagreb 1988, S. 175 ff. u. 191 ff.

## CATERINA DA SIENA

Katharina von Siena, d.i. Caterina Benincasa

* 25.3.1347 Siena
† 29.4.1380 Rom

LITERATUR ZUR AUTORIN:
A. Levasti, *Katharina v. S.*, Regensburg 1952. – L. Zanini, *Bibliografia di Santa C. da S.* (in Miscellanea del Centro di Studi Medievali, 1, 1956, S. 325–374; 2, 1957, S. 265–367). – *Bibliotheca Sanctorum*, Bd. 3, Rom 1963, Sp. 996–1044 [m. Bibliogr.]. – A. Bizzicari, *Stile e personalità di Santa C. da S.* (in Italica, 34, 1966, S. 43–56). – R. Moretti, *Il dramma della chiesa in C. da S.* (in Ephimerides Carmeliticae, 17, 1966, S. 231–283). – G. Petrocchi, *La ›pace‹ in Santa C. da S.* (in Rivista di Storia e Letteratura Religiosa, 12, 1976, S. 3–14). – W. Nigg, *C. da S.*, Turin 1980. – N. G. M. Van Doornik, *C. da S.: La donna che non taque nella chiesa*, Assisi 1980. – L. Doninelli, *Intorno a una lettura di Santa C.*, Mailand 1981. – *Atti del convegno internazionale di studi cateriniani*, Rom 1981. – C. G. Antoni, *Sistemi stilistici ed espressione mistica. Saggi sulla tradizione cateriniana*, Pisa 1984. – G. Petrocchi, Art. *C. da S.* (in Branca, 1, S. 555–557).

### EPISTOLE UTILE E DIUOTE DE LA BEATA E SERAPHICA VERGINE

(ital.; *Nützliche und gottergebene Briefe der seligen und engelgleichen Jungfrau*). Sammlung von 381 Briefen der CATERINA DA SIENA, zuerst veröffentlicht 1492 (37 Briefe). – Dieses Briefcorpus, eines der wichtigsten Zeugnisse sowohl des politischen als auch des spiritualen Lebens im *trecento*, bezeugt in eindrucksvoller Weise die betont humanistisch geprägte Geisteshaltung der hl. Katharina. Der Kreis der Adressaten ist sehr weit gezogen: Nicht nur Päpste, Kardinäle, Könige, Condottieri und Verwaltungsbeamte, sondern auch Kaufleute, einfache Ordensbrüder und -schwestern, Mütter, Bräute und junge Mädchen werden von der trotz ihrer Jugend schon lebenserfahrenen Dominikanerin angesprochen.
Katharina begründet ihre Korrespondenz mit dem

Wort Christi: »*Einer trage des anderen Last*«, aber ebenso mit dem Missionsauftrag ihres Ordens. Sie, die stigmatisierte Ordensfrau, bereits zu Lebzeiten in ganz Europa nicht nur bekannt und geachtet, sondern geradezu als Heilige verehrt, leitet ihre Briefe häufig mit dem Satz ein: »*Ich, Katharina, Magd und Sklavin der Diener Jesu Christi, schreibe Euch in Seinem kostbaren Blut, und sehnlich wünsche ich, Euch von diesem genannten Blut benetzt und in ihm untergetaucht zu sehen.*« Ihre Besorgnis gilt vor allem den Kriegen, »*in denen der Armen Habe von den Soldaten vernichtet wird*«. Nur der Kreuzzug zur Befreiung des hl. Grabes findet ihre Zustimmung. Stets paßt sie sich in den Briefen der jeweiligen Mentalität des Adressaten an, und wenn es ihr erforderlich erscheint, steht hinter dem leidenschaftlichen Einsatz für kirchliche und weltliche Probleme ein unbeugsamer Wille. Konventionelle Devotion ist ihr, obgleich sie doch eine schlichte Ordensfrau ist, absolut fremd. Sie weiß, daß sie einen apostolischen Auftrag zu erfüllen hat, und deshalb fordert sie von Karl V. von Frankreich: »*. . . und erfüllet Christi Willen und den meinen!*« Mit resoluter Unverblümtheit wendet sie sich in einem anderen Brief an denselben König: »*Ihr sollt Euch schämen, Ihr und die übrigen christlichen Herren, . . . daß mit dem Bruder Krieg geführt wird und darüber der Feind* [die Ungläubigen] *ungeschoren bleibt!*« Und mit drastischer und furchtloser Offenheit bezeichnet sie sogar einige Kardinäle als »*Narren, Lügner, Diebe und Wölfe*«. Häufig verwendet sie das Wort *virile*; so verlangt sie »*männliche Entschlossenheit*« von dem zaudernden Papst Gregor XI., den sie schließlich zur Rückkehr von Avignon nach Rom überreden kann.

Katharinas Briefe bekunden jedoch nicht nur ihre politische Aktivität, zu der sie sich durch göttliche Offenbarungen berufen fühlt. In der Stigmatisation dem Leiden Christi unmittelbar verbunden, teilt die Heilige in ihrer Korrespondenz auch eigene mystische Erfahrungen mit, die im *Dialogo della divina provvidenza* im Mittelpunkt ihrer Betrachtungen stehen. Ihre allgemeine Sorge um das Seelenheil der Menschen verdichtet sich zu dem großen Anliegen, alle Völker in der Liebe zu Gott, der das größte Liebesbeispiel aller Zeiten gegeben hat, vereinigt zu sehen. Dadurch werden ihre Briefe zum »*codice dell'amore della cristianità*« (De Sanctis), zum flammenden Bekenntnis der Christenheit. Der intuitiven Sicherheit, Situationen abzuschätzen und zu überschauen, entspricht die Gewandtheit, mit der Katharina die Feder führte. Es ist ein ausdrucksstarker Stil, in dem ihre außerordentliche Persönlichkeit stets ganz gegenwärtig ist. In einer Zeit, in welcher die Vulgärsprache schon weitgehend unter der akademischen Fuchtel der Humanisten stand, verlieh die Färberstochter aus Siena dem dialektgefärbten *volgare* die Akzente einer Kraft, einer Innigkeit und eines Individualismus, wie sie in den lateinischen Episteln ihrer gelehrten Zeitgenossen kaum in Erscheinung treten. Ihre Briefe gehören deshalb auch zu den bedeutendsten Sprachzeugnissen des 14. Jh.s. M.S.

AUSGABEN: Bologna 1492 [37 Briefe]. – Venedig 1500, Hg. B. da Alzano [350 Briefe]. – Siena 1913 bis 1921; ²1970 (*Le lettere*, Hg. N. Tommaseo u. P. Misciatelli, 6 Bde.). – Florenz 1939/40 (*Le lettere*, Hg. P. Misciatelli, 6 Bde.). – Rom 1940; ern. 1966 (*Epistolario*, Bd. 1, Hg. E. Dupré Theseider).

ÜBERSETZUNGEN: *Briefe*, A. Kolb, Bln. 1919 [m. Einl.]. – Dass., T. M. Käppeli, Vechta 1931 [m. Einl.]. – *Politische Briefe*, F. Strobel, Einsiedeln 1944. – *Engagiert aus Glauben. Briefe*, ders., Zürich/Einsiedeln 1979. – In Katharina v. S., *Ausgewählte Texte aus den Schriften einer großen Heiligen*, A. Hoffmann, Düsseldorf 1981. – *Gottes Vorsehung*, L. Gnädiger, Mchn. 1989.

LITERATUR: E. v. Seckendorff, *Die kirchenpolitische Tätigkeit der hl. Katharina v. S. unter Papst Gregor XI.*, Lpzg. 1917. – A. Alessandrini, *Il ritorno dei Papi da Avignone e s. C. da S.* (in Archivio della R. Società Romana di Storia Patria, 56/57, 1933/34, S. 1–131). – E. Dupré Theseider, *Il problema critico delle lettere di s. C. da S.* (in Bollettino dell'Istituto Storico Italiano e Archivio Muratoriano, 49, 1933, S. 117–278). – E. Dupré Theseider, *Sono autentiche le lettere di s. C.?* (in Vita Cristiana, 12, 1940, S. 212–248). – T. Centi, *Genesi dell'epistolario di s. C. da S.* (in Archivum Fratrum Praedicatorum, 18, 1947, S. 285–292). – A. Bizzicari, *Linguaggio e stile delle lettere di C. da S.* (in Italica, 53, 1976, S. 320–346).

# LIBRO DELLA DIVINA PROVVIDENZA

auch: *Dialogo della divina dottrina* oder *Libro della divina dottrina* (ital.; *Buch von der göttlichen Vorsehung*, auch: *Dialog von der göttlichen Lehre* oder *Buch von der göttlichen Lehre*). Religiöse Schrift von CATERINA DA SIENA. – Die hl. Katharina diktierte den Text 1378 einigen ihrer zahlreichen Schüler, unter ihnen Cristofano di GANO GUIDINI, der ihn stilistisch überarbeitete, und Stefano MACONI, der die Übersetzung ins Lateinische besorgte. Vor der Erfindung der Buchdruckerkunst war das Werk in vielen Handschriften verbreitet; in Buchform wurde es zuerst 1472 veröffentlicht, dann in rascher Folge immer wieder neu aufgelegt. Die heute übliche, in spätere Zeit zu datierende und offensichtlich recht willkürlich vorgenommene Unterteilung in vier Traktate und 167 Kapitel entspricht wohl der üblichen Form der Erbauungsschriften, aber nicht der in den Codices überlieferten Textgestalt. Die bis in Einzelheiten gehende Anleitung zur asketischen Selbstdisziplin und – daraus sich ergebend – zur mystischen Gotteserkenntnis dient Katharinas Absicht, die Gläubigen der »*knechtischen Angst*« vor Gottes Strafgericht zu entreißen und zu einer vollkommenen Liebe zu Gott hinzuführen. Die Seele, deren »*Weg zum Himmel*« durch Adams Schuld unterbrochen wurde, muß die Brücke beschreiten, die Gott ihr in seinem Sohn geschenkt hat. Jeder andere Weg führt sie zum Unheil, zum »Geist des Fleisches«, zu Geiz und Ungerechtigkeit und zu falschen Urteilen. Den höchsten Grad der Vollkommenheit kann die Seele nur durch das Gebet, die unmittelbare Zwiesprache mit Gott gewinnen. Der Betende vermag jedoch nicht durch geistige Anstrengungen allein zur Erkenntnis Gottes vorzudringen. Das Licht der Vernunft bedarf des Lichts des Glaubens, um zur Kontemplation der vollkommenen Wahrheit und Liebe zu gelangen. In diesem Zusammenhang übt Katharina scharfe Kritik an den Unzulänglichkeiten vieler Priester, die ihrer Meinung nach nicht befähigt sind, Seelsorge im eigentlichen Sinn des Wortes auszuüben. In einem kurzen Abschnitt, der in den Buchausgaben *Traktat von der Vorsehung* betitelt ist, wird daran erinnert, auf welche Weise Gott das Heil der Seelen zu allen Zeiten bewirkt hat und immer noch bewirkt. Der letzte Teil des Werks handelt von den verschiedenen Formen des Gehorsams; diese entsprechen jeweils der Bedeutung des zu befolgenden Gebots und der Stufe, die die Seele bereits erreicht hat. Äußerste Erfüllung des Gehorsamkeitsgebots ist die bedingungslose Unterwerfung unter den Willen Gottes.

Die Schrift zeugt nicht nur von den persönlichen mystischen Erlebnissen dieser in die Kirchengeschichte wie in die Geschichte der Literatur eingegangenen Dominikanerin und nicht nur von ihrer in krassester Form praktizierten Askese und ihrer vorbildlichen Erfüllung des Gehorsamsgelübdes. Aus den von ihr zitierten praktischen Beispielen spricht auch ein weltoffener, schon humanistisch orientierter Geist, der den Alltagsproblemen des in der Welt lebenden Menschen nicht fremd und überheblich gegenübersteht. Katharina scheut sich – was in ihren Briefen (vgl. *Epistole utile*) noch stärker in Erscheinung tritt – nicht, die Dinge beim Namen zu nennen, so etwa dann, wenn sie dem Klerus seine Sünden vorhält. Ihre an sich expressive Sprache ist gerade in solchen Passagen außerordentlich deutlich. Schlag auf Schlag fallen die Argumente, die leidenschaftlich, jedoch ohne falsches Pathos und korrekt definiert, vorgetragen werden. Jede Art von Sentimentalität und lyrischem Überschwang ist der hl. Katharina unbekannt. Dadurch nimmt das Werk – literarisch eine der beachtlichsten Schriften des *trecento* – innerhalb der gesamten Erbauungsliteratur eine Sonderstellung ein.

C.V.-M.S.

AUSGABEN: Bologna 1472. – Brescia 1496 (lat.: *Dialogus seraphice ac dive Catharine de Senis*; erw. wohl durch St. Maconi, O. Carth). – Siena 1726 (*Trattato della divina provvidenza*, in *Opere*, Hg. G. Gigli, 4 Bde., 1707-1726, 4). – Bari 1912; ²1928 (*Libro della divina dottrina volgarmente detto Dialogo della divina provvidenza*, Hg. M. Fiorilli). – Rom 1947, Hg. I. Taurisano. – Rom 1968, Hg. G. Cavallini.

ÜBERSETZUNGEN: *Aus dem Dialog der hl. Caterina mit der göttlichen Vorsehung*, M. Kirschstein (in M. K., *Die hl. Caterina von Siena*, Paderborn 1931; Ausz.). – *Gespräch von Gottes Vorsehung*, E. Sommer-von Seckendorff u. C. Capol, Einsiedeln 1964; ³1985. – In *Meditative Gebete*, P. H. M. Barth, Einsiedeln 1980 [m. Anm.].

LITERATUR: E. Fawtier, *Sainte Catherine de Sienne*, Bd. 2, Paris 1930. – G. Getto, *Saggio letterario su santa C. da S.*, Florenz 1939. – E. Dupré-Theseider, *Sulla composizione del »Dialogo« di santa C. da S.* (in GLI, 117, 1941, S. 161–202). – A. Melotti, *La misericordia di Dio negli scritti di santa C. da S.*, Verona 1962. – F. P. Keyes, *Three Ways of Love*, Ldn. 1964 [m. Bibliogr.].

# WILLA CATHER

\* 7.12.1873 Winchester / Va.
† 24.4.1947 New York

LITERATUR ZUR AUTORIN:
*Bibliographien*:
J. Lathrop, *W. C.: A Checklist of Her Published Writing*, Lincoln/Nebr. 1975. – J. Crane, *W. C.: A Bibliography*, Lincoln/Nebr. 1982. – M. Arnold, *W. C.: A Reference Guide*, Boston 1986.
*Forschungsberichte*:
B. Slote, *W. C.* (in *Sixteen Modern American Authors: A Survey of Research and Criticism*, Hg. J. R. Bryer, Durham 1973, S. 29–73). – C. S. McClure, *W. C.* (in ALR, 8, 1975, S. 209–220). – J. J. Murphy u. K. A. Synnott, *The Recognition of W. C.'s Art* (in *Critical Essays on W. C.*, Hg. J. J. Murphy, Boston 1984, S. 1–28).
*Biographien*:
E. K. Brown u. L. Edel, *W. C.: A Critical Biography*, NY 1953, ern. Lincoln/Nebr. 1987. – E. Lewis, *W. C. »Living«*, NY 1953. – E. S. Sergeant, *W. C.: A Memoir*, Philadelphia 1953. – B. Bonham, *W. C.*, NY 1970. – P. C. Robinson, *»Willa«: The Life of W. C.*, Garden City 1983. – J. Woodress, *W. C.: A Literary Life*, Lincoln/Nebr. 1987.
*Gesamtdarstellungen und Studien*:
D. Daiches, *W. C.: A Critical Introduction*, Ithaca/N.Y. 1951. – J. H. Randall, *The Landscape and the Looking Glass: W. C.'s Search for Value*, Boston 1960. – M. R. Bennett, *The World of W. C.*, Lincoln/Nebr. 1961 [rev.]. – E. A. u. D. L. Bloom, *W. C.'s Gift of Sympathy*, Carbondale/Ill. 1962. – *W. C. and Her Critics*, Hg. J. Schroeter, Ithaca/N.Y. 1967. – R. Giannone, *Music in W. C.'s Fiction*, Lincoln/Nebr. 1968. – M. M. Brown u. R. Crone, *W. C.: The Woman and Her Works*, NY 1970. – J. Woodress, *W. C.: Her Life and Art*, NY 1970. – D. T. McFarland, *W. C.*, NY 1972. – B. Slote, *W. C.: A Pictorial Memoir*, Lincoln/Nebr. 1973. – *The Art of W. C.*, Hg. B. Slote u.

V. Faulkner, Lincoln/Nebr. 1974. – *Five Essays on W. C.*, Hg. J. J. Murphy, North Andover 1974. – Ph. Gerber, *W. C.*, Boston 1975 (TUSAS). – M. Pers, *W. C.'s Children*, Stockholm 1975. – Renascence, 27, 1975, Nr. 3 [Sondernr. *W. C.*, Hg. J. D. McCabe]. – D. Stouck, *W. C.'s Imagination*, Lincoln/Nebr. 1975. – Western American Literature, 17, 1982, Nr. 1 [Sondernr. *W. C.*]. – Great Plains Quarterly, 2, 1984, Nr. 4; 4, 1984, Nr. 4 [Sondernr. *W. C.*]. – Women's Studies, 11, 1984, Nr. 3 [Sondernr. *W. C.*, Hg. M. A. O'Connor]. – M. Arnold, *W. C.'s Short Fiction*, Athens 1984. – *Critical Essays on W. C.*, Hg. J. J. Murphy, Boston 1984. – *W. C.*, Hg. H. Bloom, NY 1985. – S. J. Rosowski, *The Voyage Perilous: W. C.'s Romanticism*, Lincoln/Nebr. 1986. – S. O'Brien, *W. C.: The Emerging Voice*, NY 1987.

## DEATH COMES FOR THE ARCHBISHOP

(amer.; *Ü: Der Tod kommt zum Erzbischof*). Roman von Willa CATHER, erschienen 1927. – Cathers aus heutiger Sicht letzter bedeutender Roman, der größtenteils auf historischen Ereignissen basiert, berichtet von Leben und Arbeit eines katholischen Bischofs unter den Indianern Neumexikos: Jean Marie Latour wird im Jahr 1851 Erzbischof von Santa Fé. Seine und seines Generalvikars Joseph Vaillant Missionstätigkeit wird nicht allein durch die immensen Entfernungen und die schwierige Verständigung erschwert, sondern auch durch die Indianerstämme, die den angenommenen katholischen Glauben mit Elementen ihrer alten Religion vermischen, durch eingeborene christliche Priester, die nachlässig und undiszipliniert geworden sind und zu Kompromissen in Glaubensfragen neigen, durch amerikanische Banditen und indianische Kopfjäger. Latour ist hochgebildet, skeptisch, ein kultivierter Humanist, der auf den ersten Blick einer solchen Situation kaum gewachsen scheint. Dennoch gelingt es ihm in fast vierzigjähriger Arbeit, die Diözese auszubauen und zu festigen. Als der Tod zu ihm kommt, empfängt der Bischof ihn in dem Bewußtsein, seine Lebensaufgabe erfüllt zu haben.

Die Geschichte der beiden Priester wird in einer Reihe von Episoden erzählt, die sich in das Zentralthema des Romans – das bei Willa Cather immer wiederkehrende Thema – fügen: die Pionierarbeit von Menschen meist europäischer Herkunft, die ihr kulturelles Erbe in unerschlossene Gebiete tragen und dabei lernen, Probleme zu bewältigen, auf die ihre Erziehung sie in keiner Weise vorbereitet hat. Das Werk ist ein breitangelegtes historisches Gemälde. Im Rahmen einer romantisch-exotischen Umwelt erschließt sich dem Leser der komplexe Charakter eines keineswegs zum »Heiligen« prädestinierten Kirchenmannes, der die Erfüllung seiner geistlichen Aufgabe mit dem Preis der geistigen Vereinsamung zu bezahlen hat. Der Latour konträre, unerschütterliche Optimismus seines Mitarbeiters Vaillant ist im großen und ganzen auch der Grundzug von Willa Cathers Roman.

Obwohl seine epische Breite (in diesem Roman ist Cather eher am Erzählstil von Henry JAMES orientiert als an dem FLAUBERTS) und sein anspruchsvoller gedanklicher Inhalt beträchtliche Anforderungen an den Leser stellen, ist das Buch eines der beliebtesten, vielleicht sogar das meistgelesene, der Autorin geblieben. J.v.Ge.

AUSGABEN: NY 1927. – NY 1950. – Ldn. 1961. – NY 1971. – NY 1984.

ÜBERSETZUNG: *Der Tod kommt zum Erzbischof*, S. v. Radecki, Zürich 1940. – Dass., ders. Stg. 1952. – Dass., ders., Einsiedeln/Zürich 1957. – Dass., ders., Lpzg. 1981.

LITERATUR: E. A. u. D. L. Bloom, *The Genesis of »Death Comes for the Archbishop«* (in AL, 26, 1955, S. 479–506). – G. Greene, *»Death Comes for the Archbishop«* (in New Mexico Quarterly, 27, 1957, S. 69–82). – C. Whittington, *»The Stream and the Broken Pottery«: The Form of W. C.'s »Death Comes for the Archbishop«* (in McNeese Review, 16, 1965, S. 16–24). – D. H. Stewart, *C.'s Mortal Comedy* (in Queen's Quarterly, 73, 1966, S. 244–259). – L. Schneider, *C.'s »Land-Philosophy« in »Death Comes for the Archbishop«* (in Renascence, 22, 1970, S. 78–86). – J. M. Dinn, *A Novelist's Miracle: Structure and Myth in »Death Comes for the Archbishop«* (in Western American Literature, 7, 1972, S. 39–46). – M.-A. u. D. Stouck, *Art and Religion in »Death Comes for the Archbishop«* (in Arizona Quarterly, 29, 1973, S. 293–302). – D. Shults, *W. C.: Style in »Death Comes for the Archbishop«* (in Kyushu American Literature, 15, 1974, S. 75–83). – J. Woodress, *The Genesis of the Prologue of »Death Comes for the Archbishop«* (in AL, 50, 1978, S. 473–478). – M. Suda, *A Note on W. C.'s Art in »Death Comes for the Archbishop«* (in Journal of the English Institute, 9/10, 1979, S. 105–128). – J. St. C. Crane, *W. C.'s Corrections in the Text of »Death Comes for the Archbishop«, 1927 to 1945* (in Papers of the Bibliographical Society of America, 74, 1980, S. 117–131). – A. Moseley, *The Pueblo Emergence Myth in C.'s »Death Comes for the Archbishop«* (in Southwestern American Literature, 8, 1982, Nr. 1, S. 27–35). – J. Schwind, *Latour's Schismatic Church: The Radical Meaning in the Pictorial Methods of »Death Comes for the Archbishop«* (in Studies in American Fiction, 13, 1985, Nr. 1, S. 71–88). – J. C. Work, *W. C.'s Archbishop and the Seven Deadly Sins* (in Platte Valley Review, 14, 1986, Nr. 1, S. 93–103).

## A LOST LADY

(amer.; *Ü: Die Frau, die sich verlor*). Roman von Willa CATHER, erschienen 1923. – Wie in *My Ántonia* verlieh Willa Cather auch in dem strukturell verwandten Roman *A Lost Lady* ihrer persönlichen

Überzeugung von der moralischen Überlegenheit der Pionierzeit über die amerikanische Gegenwart deutlich Ausdruck. Wiederum steht ein Frauenschicksal im Mittelpunkt, wieder ist die Perspektive die eines heranwachsenden Jungen. Der Stil ist jedoch diesmal eher am psychologischen Realismus FLAUBERTS orientiert, den Cather als großen Stilisten bewunderte. So ist *A Lost Lady*, die Charakterstudie einer intelligenten, emotionalen Frau, die glaubt, nur außerhalb ihrer eigenen Lebenssphäre Selbstbestätigung finden zu können, nicht zu Unrecht eine »›Madame Bovary‹ aus der Prärie« genannt worden.

Der zu Beginn der Handlung zwölfjährige Niel Herbert erzählt die Geschichte Marian Forresters, deren Schönheit, Charme und Geist er bewundert und deren Haltlosigkeit er daher um so schmerzlicher empfindet. Die junge Kalifornierin ist mit dem 25 Jahre älteren Captain Daniel Forrester verheiratet. Der einstige Eisenbahnbauer und jetzige Bankier gehört noch zu jener Generation amerikanischer Pioniere, die mithalfen, nahezu unbewohnte Gebiete der Zivilisation und Technik zu erschließen. Sein Wohlstand und der Aufschwung seines Wohnorts, des Eisenbahnknotenpunkts Sweet Water/Nebraska, sind untrennbar miteinander verbunden. Doch die Epoche, die dieser Mann symbolisiert, ist zu Ende. Eine verstädterte, gewissenlosere Generation drängt zu Macht und Einfluß, Spekulanten und skrupellose Geschäftsleute werden, wie der junge Ich-Erzähler es ausdrückt, »den Geist der Freiheit, das großzügige, heitere Leben der Grundbesitzer« zerstören. Bevor es so weit kommt, wird Forrester vom Schicksal hart getroffen: Als seine Bank in Schwierigkeiten gerät, haftet er, seinem Ehrenkodex gemäß, mit seinem persönlichen Vermögen; dann erleidet er einen Schlaganfall, der ihn zu einem hilflosen Wrack macht. Marian, die sich dem Unglücklichen auf ihre Weise verbunden fühlt, steht ihm zu Seite, aber Langeweile und innere Unruhe treiben sie immer wieder dazu, nach Befriedigung ihrer geistigen und körperlichen Bedürfnisse zu suchen. Die Affäre, die sie bereits vor dem Ruin ihres Mannes mit dessen Freund, dem vitalen Frank Ellinger, begonnen hatte, endet abrupt, als dieser heiratet. Marian fühlt sich, ohne ein Ziel vor Augen, ohne eine »Rolle« im Leben, immer verlorener. Der ehrgeizige, vulgäre Geschäftsmann Ivy Peters drängt sich in ihr Leben, erwirbt das traditionsreiche Haus Forresters und macht Marian zu seiner Geliebten. Nach dem Tod ihres Mannes sieht sie keinen anderen Ausweg, als Sweet Water zu verlassen. Jahre später, als Marian schon gestorben ist, erfährt der Ich-Erzähler, daß sie in Argentinien einen reichen Engländer geheiratet und ein gewisses Maß an Glück gefunden hat.

*The Lost Lady* markiert einen Höhepunkt in Willa Cathers Erzähltechnik. Der ungekünstelte, kraftvolle, klare Stil ist das Ergebnis eines unermüdlichen Ringens um – wie sie selbst es in Anlehnung an Flaubert formulierte – »*den richtigen und angemessenen Ausdruck*«, der das in Sprache umsetzt, was sie die »*Gabe der inneren Teilnahme*« nannte, eine Gabe, die der Schriftsteller haben müsse, um »*etwas Nobles und Dauerndes*« zu vollbringen.

J.v.Ge.-H.Thi.

AUSGABEN: NY 1923. – Boston 1939 (in *The Novels and Stories*, 13 Bde., 1937–1941, 7). – Ldn. 1961 [Einl. G. B. Priestley].

ÜBERSETZUNG: *Frau im Zwielicht*, M. Kahn, Freiburg i. B. 1929; ern. Bln. 1949. – *Die Frau, die sich verlor*, dies., Einsiedeln/Köln 1959. – Dass., dies., Ffm. 1962 (FiBü).

VERFILMUNGEN: USA 1924 (Regie H. Beaumont). – USA 1934 (Regie: A. E. Green).

LITERATUR: J. P. Hinz, »*A Lost Lady« and »The Professor's House*« (in Virginia Quarterly Review, 29, 1953, S. 70–85). – P. L. Yongue, »*A Lost Lady«: The End of the First Cycle* (in Western American Literature, 7, 1972, S. 3–12). – B. E. Miller, *The Testing of W. C.'s Humanism: »A Lost Lady« and Other C. Novels* (in Kansas Quarterly, 5, 1973, Nr. 4, S. 43–50). – D. H. Brunauer, *The Problem of Point of View in »A Lost Lady«* (in Renascence, 28, 1975, S. 47–52). – E. L. Hammer, *Affirmations in W. C.'s »A Lost Lady«* (in Midwest Quarterly, 17, 1976, S. 245–251). – S. J. Rosowski, *W. C.'s »A Lost Lady«: The Paradoxes of Change* (in Novel, 11, 1977, S. 51–62). – K. L. Nichols, *The Celibate Male in »A Lost Lady«: The Unreliable Center of Consciousness* (in Regionalism and the Female Imagination, 4, 1978, Nr. 1, S. 13–23). – A. H. Smith, *Finding Marian Forrester: A Restorative Reading of C.'s »A Lost Lady«* (in Colby Library Quarterly, 14, 1978, S. 221–225). – P. Comeau, *The Importance of »Hamlet« to C.'s »A Lost Lady«* (in Markham Review, 11, 1981, S. 1–5). – J. J. Murphy, *Euripides' »Hippolytus« and C.'s »A Lost Lady«* (in AL, 53, 1981, S. 72–86). – P. L. Yongue, *Marian Forrester and Moll Flanders: Fortunes and Misfortunes* (in Women and Western American Literature, Hg. H. W. Stauffer u. S. J. Rosowski, Troy/N.Y. 1982, S. 194–211). – E. J. Piacentino, *Flower Imagery in a W. C. Novel* (in Platte Valley Review, 12, 1984, Nr. 1, S. 66–72).

## MY ÁNTONIA

(amer.; *Ü: Meine Antonia*). Roman von Willa CATHER, erschienen 1918. – In Form von Erinnerungen des Jugendfreundes der Titelheldin geschrieben, schildert der Roman das Leben böhmischer Einwanderer zur Zeit der Erschließung Nebraskas. Die Familie Shimerda erwirbt um 1890 ein Stück Land und führt im Kampf gegen die Prärie ein hartes Pionierdasein. Ántonia und ihr Bruder Ambrosch müssen schon als Kinder Männerarbeit verrichten, sich nach dem Selbstmord des sensiblen Vaters, der dem Leben im fremden Land nicht gewachsen war, unter armseligen Verhältnissen durchschlagen und für den Unterhalt der ewig nörgelnden Mutter und der Geschwister sorgen. Trotzdem verliert die vitale Ántonia nie den Mut und die Freude am Leben, auch dann nicht, als sie sich in dem Präriestädtchen Black Hawk als Dienstmädchen verdingen muß. Von einem jungen Einheimischen verführt und sitzengelassen, kehrt sie schließlich aufs Land zurück, bringt ihr Kind zur Welt, heiratet später einen böhmischen Landsmann und findet in der Arbeit für die Farm und ihre große Familie das erfüllte Leben, das sie sich immer gewünscht hatte. – Parallel zu ihrer Lebensgeschichte berichtet der Ich-Erzähler Jim Burden, dessen Biographie und Gedankenwelt große Ähnlichkeit mit der Willa Cathers aufweisen, von seiner eigenen. Nach dem Tod der Eltern hat der Zehnjährige Virginia verlassen und ist auf die großelterliche Farm in Nebraska gezogen, zur gleichen Zeit, als die Shimerdas dort ankamen. Jim freundet sich rasch mit Ántonia an, deren Ursprünglichkeit und Warmherzigkeit er zeit seines Lebens bewundert. Er verbringt seine Jugendjahre zunächst in der Prärie, dann in Black Hawk und studiert später an der Universität von Nebraska und in Harvard. Als er seine Erinnerungen an Ántonia erzählt, ist er ein erfolgreicher Anwalt in New York.

Die Entwicklung dieser beiden Menschen zeigt die Welt, in der sie gemeinsam aufgewachsen sind, aus zwei verschiedenen Perspektiven. Ántonia erlebt das Schicksal der aus einem traditionsreichen in ein traditionsloses Land verpflanzten Einwanderer, Jim gehört zu den Einheimischen, die den Neuankömmlingen mit einer Mischung aus Mitleid und Überlegenheit, Hilfsbereitschaft und Vorurteilen gegenüberstehen. Aber während Jim das Land an der Zivilisationsgrenze verläßt, um sein Glück in den großen Städten an der Ostküste zu suchen, während ihm Nebraska schließlich nur noch nostalgische Erinnerung an die Kindheit bedeutet, verwächst Ántonia so sehr mit dem der Wildnis abgerungenen Boden, daß in ihr jener Typ der Pionierfrau weiterlebt, den einst Jims alteingesessene Großmutter verkörperte.

Willa Cathers Roman ist ein Buch der Rückschau. Es setzt mit einer Reise des Ich-Erzählers nach Nebraska ein, das er seit über zwanzig Jahren nicht mehr besucht hat. Der erste Teil, in dem sich Jim seiner und Ántonias Kindheit auf den Farmen in der Prärie erinnert, ist der umfangreichste. Hier geht es der Autorin um die Schilderung der vollkommenen Harmonie des Lebens in und mit der Natur, des Zusammenklangs von unschuldiger Kindheit und jungfräulicher Erde. Als Jim am Ende seiner Erzählung erneut bei dem Wiedersehen mit dem Land seiner Jugend angelangt ist und Ántonia ihm als lebendes Symbol der Weite, Fruchtbarkeit und Lebenskraft dieses Landes erscheint, mischt sich in seine Bewunderung Trauer: Für ihn – und für Willa Cather – gehört die Pionierzeit, die Menschen wie Ántonia geprägt hat, unwiderruflich der Vergangenheit an. *My Ántonia* ist das gelungenste Werk der Autorin und zählt heute zu den Klassikern des amerikanischen Romans im 20. Jahrhundert. KLL

AUSGABEN: Boston/NY 1918. – Ldn. 1962. – Ldn. 1980. – Thorndike 1986.

ÜBERSETZUNG: *Antonia*, W. Schumann, Stg. 1928; ²1948. – *Meine Antonia*, ders., Einsiedeln 1960. – Dass., ders., Ffm./Bln. 1987 (Ullst. Tb).

LITERATUR: C. Dahl, *An American Georgic: W. C.'s »My Ántonia«* (in CL, 7, 1955, S. 43–51). – J. E. Miller, Jr., *»My Ántonia«: A Frontier Drama of Time* (in American Quarterly, 10, 1958, S. 476–484). – T. Martin, *The Drama of Memory in W. C.'s Novel »My Ántonia«* (in *The Frontier in American History and Literature*, Hg. H. Galinsky, Ffm. 1960, S. 94–109). – R. E. Scholes, *Hope and Memory in »My Ántonia«* (in Shenandoah, 14, 1962, S. 24–29). – R. Thorberg, *W. C.: From »Alexander's Bridge« to »My Ántonia«* (in TCL, 7, 1962, S. 147–158). – R. Giannone, *Music in »My Ántonia«* (in Prairie Schooner, 38, 1964, S. 346 bis 361). – W. Stegner, *W. C. »My Ántonia«* (in *The American Novel from James Fenimore Cooper to William Faulkner*, Hg. ders., NY 1965, S. 144–153). – P. D. Charles, *»My Ántonia«: A Dark Dimension* (in Western American Literature, 2, 1967, S. 91–108). – D. Stouck, *Perspective as Structure and Theme in »My Ántonia«* (in Texas Studies in Literature and Language, 12, 1970, S. 285–294). – W. J. Stuckey, *»My Ántonia«: A Rose for Miss C.* (in Studies in the Novel, 4, 1972, S. 473–483). – J. J. Murphy, *The Respectable Romantic and the Unwed Mother: Class Consciousness in »My Ántonia«* (in Colby Library Quarterly, 10, 1973, S. 149–156). – M. E. Rucker, *Prospective Focus in »My Ántonia«* (in Arizona Quarterly, 29, 1973, S. 303–316). – J. E. Miller, Jr., *»My Antonia« and the American Dream* (in Prairie Schooner, 48, 1974, S. 112–123). – E. Helmick, *The Mysteries of Ántonia* (in Midwest Quarterly, 17, 1976, S. 173–185). – E. H. Haller, *The Iconography of Vice in W. C.'s »My Ántonia«* (in Colby Library Quarterly, 14, 1978, S. 93–102). – D. G. Lambert, *The Defeat of a Hero: Autonomy and Sexuality in »My Ántonia«* (in AL, 53, 1982, S. 676–690). – E. J. Piacentino, *Another Angle of W. C.'s Artistic Prism: Impressionistic Character Portraiture in »My Ántonia«* (in Midamerica, 9, 1982, S. 53–64). – L. Wasserman, *The Lovely Storm: Sexual Initiation in Two Early W. C. Novels* (in Studies in the Novel, 14, 1982, S. 348–358). – N. H. u. J. L. Davis, *Sunsets and City Lights: Place in »My Ántonia« and »Sister Carrie«* (in McNeese Review, 31, 1948–1986, S. 23–32). – P. W. Shaw, *»My Ántonia«: Emergence and Authorial Revelations* (in AL, 56, 1984, S. 527–540). – J. Schwind, *The Benda Illustrations to »My Ántonia«: C.'s ›Silent‹ Supplement to Jim Burden's Narrative* (in PMLA, 100, 1985, Nr. 1).

## O PIONEERS!

(amer.; *Ü: Neue Erde*, auch: *Zwei Frauen*). Roman von Willa CATHER, erschienen 1913. – Dies ist der erste einer Reihe von Romanen, in denen die Autorin das Leben an der *frontier* schildert, wie sie es in ihren Jugendjahren in der Kleinstadt Red Cloud, Nebraska, beobachtet hatte. Der Titel ist Walt WHITMANS *Leaves of Grass* entnommen. Im Gegensatz zu den Pionieren, die Whitman in dem Gedicht *Pioneers! O Pioneers!* besingt, sind Cathers Protagonisten fast durchweg Einwanderer der ersten Generation. In besonderem Maß verkörpern sie die beiden Kardinaltugenden des Pioniers, Einbildungskraft und Ausdauer angesichts der Verheißungen und Entmutigungen, die das »Gelobte Land Amerika« für sie bereithält.

Der Roman erzählt von einem Leben, dessen völlige Abhängigkeit vom weiten, öden Land der Prärie allmählich zu einer innigen persönlichen Bindung an dieses Land führt, vergleichbar der Liebe zu einem Menschen, den man ganz besitzt – eine innere Entwicklung, die in den späteren Romanen Willa Cathers in eine fast mystische Beziehung zur Erde mündet. Während einer der großen Dürreperioden, von denen der Mittelwesten in den achtziger Jahren des 19. Jh.s. heimgesucht wurde, ist die schwedische Siedlerfamilie Bergson nahe daran, ihren verschuldeten Besitz aufzugeben und, wie viele ihrer Nachbarn, der Anziehungskraft der Städte zu erliegen. Nur Alexandra, die Älteste von vier Geschwistern, besitzt genug Energie und Intelligenz, um nach dem Tod des Vaters die Verantwortung zu übernehmen und die harten Jahre durchzustehen. Gegen den Willen ihrer Brüder Lou und Oscar nimmt sie während der allgemeinen Wirtschaftskrise Kredite auf, kauft Land hinzu, dessen Wert, wie sie mit sicherem Instinkt vorausgeahnt hat, nach der Depression steigt und das sie im Verlauf von fünf Jahren in einen wahren Garten Eden verwandelt. Für Alexandra, die dieser Aufgabe alle privaten Wünsche geopfert hat, wird das Land immer mehr zum lebendigen Besitz, der sie dafür entschädigen muß, daß ihr die Erfüllung als Frau versagt bleibt – ein Kompensationsprozeß, dem auf der sprachlichen Ebene des Romans die Verwendung von Bildern und Metaphern aus dem Bereich des Sexuellen entspricht.

Mit Alexandras unwandelbarer Liebe zu ihrem Land wird die affektgeladene Liebe kontrastiert, die ihre verheiratete Freundin Marie Shabata mit Emil, dem jüngsten Bruder Alexandras, verbindet und die schließlich zur Ermordung der beiden durch Maries Ehemann führt. In Willa Cathers Darstellung der Gefühlswelt dieser beiden Frauen und der Schicksale einiger Nebenfiguren birgt die Liebe als zwischenmenschliche Beziehung stets die Gefahr hoffnungsloser Verstrickung in sich. Andrerseits ermöglicht gerade die Intensität und Zügellosigkeit ihres Gefühls Marie und Emil jene spontane Harmonie, die – wie es in dem der Erzählung vorangestellten Gedicht *Prairie Spring* heißt – dem paradiesischen Frühling in der Natur gleicht. Das Erlebnis solcher Spontaneität bleibt Alexandra, die sich nie der Gefahr menschlicher Verstrickung ausgesetzt hat, in ihrer späten Ehe mit dem zurückgekehrten Jugendfreund Carl Lindstrom versagt. Wie Marie für ihr kurzes Glück mit dem Tod bezahlen muß, so Alexandra für ihre lebenslange Hingabe an das Land mit der Resignation der alternden, müde gewordenen Frau. Einen Mittelweg zwischen diesen beiden Möglichkeiten der Liebe, jede auf ihre Weise in sich schlüssig und dennoch unvollständig, zeigt die Autorin nicht; sie läßt den Roman bewußt auf dieser zwiespältigen Note enden, die in ihren späteren Werken mit ähnlicher Thematik, etwa in *My Ántonia* (1918), den Tenor der Erzählung noch stärker bestimmt. G.Bj.

AUSGABEN: Boston/NY 1913. – Ldn. 1913. – NY 1962. – Thorndike 1975. – Boston 1988 [Einl. D. Grumbach].

ÜBERSETZUNGEN: *Neue Erde*, A. A. Bronner, Wien 1946. – *Zwei Frauen*, W. u. U. Hermann, Bremen 1948.

LITERATUR: P. D. Charles, *Love and Death in W. C.'s »O Pioneers«* (in CLA, 9, 1965, S. 140 bis 150). – J. R. Reaver, *Mythic Motivation in W. C.'s »O Pioneers«* (in Western Folklore, 37, 1968, S. 19–25). – L. Schneider, *»O Pioneers!« in the Light of W. C.'s ›Land-Philosophy‹* (in Colby Library Quarterly, 8, 1968, S. 55–70). – D. Stouck, *»O Pioneers!«: W. C. and the Epic Imagination* (in Prairie Schooner, 46, 1972, S. 23–34). – M. Fox, *Symbolic Representation in W. C.'s »O Pioneers!«* (in Western American Literature, 9, 1974, S. 187 bis 196). – S. O'Brien, *The Unity of W. C.'s ›Two-Part Pastoral‹: Passion in »O Pioneers!«* (in Studies in American Fiction, 6, 1978, S. 157–171). – J. Milton, *From Artifact to Intuition in Great Plains Writing* (in Prairie Schooner, 55, 1981, S. 131–140). – S. J. Rosowski, *W. C.: A Pioneer in Art: »O Pioneers!« and »My Ántonia«* (ebd., S. 141–154). – A. Moseley, *Mythic Reality: Structure and Theme in C.'s »O Pioneers!«* (in *Under the Sun: Myth and Realism in Western American Literature*, Hg. B. H. Meldrum, Troy/N.Y. 1985, S. 92–105). – W. Motley, *The Unfinished Self: W. C.'s »O Pioneers!« and the Psychic Cost of a Woman's Success* (in Women's Studies, 12, 1986, Nr. 2, S. 149–165).

# CATO

Marcus Porcius Cato

\* 234 v.Chr. Tusculum
† 149 v.Chr. Rom

LITERATUR ZUM AUTOR:
E. V. Marmorale, *C. Maior*, Bari ²1949. – D. Kienast, *C. der Zensor. Seine Persönlichkeit u. seine Zeit*, Heidelberg 1954; Nachdr. Darmstadt

1979. – F. della Corte, *Catone Censore. La vita e la fortuna*, Florenz ²1969. – A. E. Austin, *C. the Censor*, Oxford 1978.

## DE AGRICULTURA

auch: *De re rustica* (lat.; *Vom Landbau*). Ein Werk von Cato, dem berühmten altkonservativen römischen Staatsmann, geschrieben im Jahre 154 v. Chr. oder wenig früher; die früheste überlieferte Prosaschrift der lateinischen Sprache. – Daß von dem »Urrömer« gerade dieses Buch erhalten ist, liegt am Thema: Landwirtschaft ist während der gesamten römischen Literaturgeschichte, über Varro, Vergil, Columella, Gargilius Martialis bis hin zu Palladius, eines der am konstantesten bearbeiteten Fachgebiete geblieben – über die Jahrhunderte hin sichtbares Denkmal der Verwurzelung des römischen Volkes in seinem bäurischen Ursprung. Für Cato dürfte das im hohen Alter verfaßte Opus allerdings nur ein Parergon dargestellt haben, hatte er doch demselben Thema bereits eine Abhandlung in seiner pädagogischen Enzyklopädie gewidmet; und wenn die *Agrikultur* auch in ihrer allgemeinen Beliebtheit die Zeiten überdauerte – das Ansehen und den Rang der *Origines*, des Catonischen Hauptwerks, konnte sie niemals in Frage ziehen.

Was an dem landwirtschaftlichen Buch so verwirrend wirkt, daß man seine jetzige Gestalt immer wieder dem Autor abzusprechen geneigt war, ist vor allem die äußere Formlosigkeit, das Bauprinzip lockerer Reihung, das infolge der mannigfachen Abschweifungen und Einschübe, insbesondere aber der zahlreichen Dubletten den Eindruck einer höchst willkürlichen, ja zufälligen Rezept- und Notizensammlung erweckt. Freilich – dies ist das Allermerkwürdigste –, der Beginn mutet durchaus planvoll und kompositorisch überlegt an: zunächst das eindrucksvolle Prooemium, das Wert und Vorzug des Bauern gegenüber dem Bankier und dem Kaufmann preist; als erstes Hauptstück Anweisungen für die Einrichtung eines Gutes (bis Kap. 22), anschließend die verschiedensten Vorschriften für die im Lauf des Jahres anfallenden Arbeiten in Feld, Garten und Weinberg (bis 54). Dann aber geht die Darlegung über in eine ungeordnete Sequenz von Vorschlägen für die praktische Arbeit in Feld und Hof, von Kochrezepten, Haus- und Heilmitteln für Mensch und Tier, von Gebetsvorschriften für alle möglichen Acker- und Hausgebräuche: Die Themen springen vor und zurück vom Gesinde zum Vieh, von den Arbeitsgeräten zur Weinkultur, von Backrezepten zur Schädlingsbekämpfung, von der Mostbereitung zu Ischias und Verdauungsbeschwerden, von der Hundehaltung zum Hausputz, von Pflug- und Erntefesten zu günstigen Einkaufsmöglichkeiten, von den Verwaltungspflichten zum Bauernkalender usw. – ein kaum zu durchschauendes Kaleidoskop des ländlichen Alltags. Der Tenor allerdings bleibt von Anfang bis Ende erhalten: der strenge, erzieherische Befehlston des in der Materie Erfahrenen. Mag auch die Sprache im Laufe der antiken Tradition auf Strecken hin modernisiert worden sein, der altertümliche Stil des Ausdrucks – gleichermaßen verankert in Sittentradition und Kultübung – ist unversehrt geblieben: »Den Acker muß der Familienvater sich zu bepflanzen mühen, das Bauen muß er lange bedenken; das Bepflanzen muß er nicht bedenken, sondern muß es tun.« (3, 1) Ein beliebiges Beispiel, und doch charakteristisch für die typisch archaische Verbindung von Knappheit und fülliger Pedanterie, von Feierlichkeit und eindrücklicher Prägnanz: eine von griechischer und hellenistischer Eleganz und Sprachkultur diametral entfernte Präzision hieratischer Umständlichkeit.

E.Sch.

Ausgaben: Venedig 1472 (in *Rei rusticae scriptores*, Hg. Georgius Alexandrinus). – Lpzg. 1884–1902 (*M. Porci Catonis de agri cultura liber. M. Terenti Varronis rerum rusticarum libri tres*, Hg. H. Keil, 3 Bde., m. Komm.; Wortindex v. R. Krumbiegel). – Lpzg. ²1922 (*De agri cultura liber*, Hg. H. Keil u. G. Goetz). – Ldn./Cambridge (Mass.) ²1935 (*On Agriculture*, Hg. W. D. Hooper u. H. Boyd; m. engl. Übers.; Loeb; Nachdr. 1954). – Lpzg. 1962 (*De agri cultura*, Hg. A. Mazzarino). – Bln. 1963 (*Des Marcus Cato Belehrung über die Landwirtschaft*, Hg. P. Thielscher; m. Komm. u. Übers.). – Paris 1975 (*De l'agriculture*, Hg. R. Gowjard; m. frz. Übers.). – Ldn./Cambridge (Mass.) 1979 (*On Agriculture*, Hg. W. D. Hooper u. H. B. Ash; m. engl. Übers.; Loeb). – Darmstadt 1980 (in *Scripta quae manserunt omnia*, Hg. O. Schönberger).

Übersetzung: *Buch von der Landwirthschaft, übersetzt und mit Anmerkungen aus der Natur-Geschichte und Alterthum versehen*, G. Grosse, Halle 1787.

Literatur: Schanz-Hosius, 1, S. 183–186. – J. Hörle, *Catos Hausbücher*, Paderborn 1929. – M. Gelzer u. R. Helm, Art. *Porcius* (9) (in RE, 22/1, 1953, Sp. 147–156). – H. Dohr, *Die italienischen Gutshöfe nach den Schriften C.s und Varros*, Diss. Köln 1965. – S. Boscherini, *Lingua e scienza greca nel »De l'agricultura« di Catone*, Rom 1970. – W. Richter, *Gegenständliches Denken, archaisches Ordnen. Untersuchungen zur Anlage von C., »De agricultura«*, Heidelberg 1978. – W. W. Briggs, *Concordantia in Catonis librum »De agricultura«*, Hildesheim u. a. 1983.

## ORIGINES

(lat.; *Ursprünge*). Historisches Werk von Cato. – Der berühmte römische Staatsmann und Zensor des Jahres 184 hat sich in seinem Hauptwerk bewußt von der Art der bisherigen chronikalischen Aufzeichnungen wie von den Werken seiner griechisch schreibenden historiographischen Vorläufer (etwa Fabius Pictor) abgewandt und ist so zum eigentlichen Begründer der lateinischen Geschichtsschreibung geworden. Unter diesen Umständen ist der Verlust des dem ganzen Altertum bis hin zu ISIDOR als unübertroffenes Beispiel römischer Geschichtsliteratur geltenden Buches doppelt schmerzlich: Er markiert eine der größten Lücken unseres Wissens von der frühlateinischen Prosa. Immerhin hat der hohe Rang, den man den *Origines* beimaß, eine Reihe von Fragmenten und Zeugnissen zu bewahren geholfen, die uns wenigstens ein ungefähres Bild von Gestalt und Stil des Werks vermitteln.

Strenggenommen trifft der Titel nur auf die ersten drei Bücher zu, die vom Ursprung Roms und seiner Entwicklung bis zum Ende des Königtums (Buch 1) sowie von der Vor- und Frühgeschichte der übrigen italischen Stämme und Städte (Buch 2 und 3) handeln und um das Jahr 168 entstanden sind. Doch der Name *Origines* wurde beibehalten, als Cato während seiner letzten Lebensjahre eine Ergänzung in vier Büchern schuf, die der Zeitgeschichte gewidmet sind – vom Ersten (Buch 4) und Zweiten (Buch 4 und 5) Punischen Krieg bis hin zum Geschehen der Tage seines Alters (Buch 6 und 7, bis zum Jahr 149 führend). Der Neueinsatz im vierten Buch wird durch ein besonderes Prooemium hervorgehoben, und dort finden sich auch die bekannten methodischen Worte, in denen der Autor mit Witz und berechtigtem Selbstbewußtsein davon spricht, daß er in der Darstellung seinen eigenen, strikt der Sache verpflichteten Weg zu gehen beabsichtigt: *»Es gefällt mir nicht, zu schreiben, was auf der Tafel des Pontifex Maximus steht, wie oft die Ernte teuer gewesen, wie oft eine Mond- oder Sonnenfinsternis oder irgend etwas eingetreten ist.«* Statt dessen verfolgte Cato das Prinzip des *capitulatim*, unterstellte den Bericht dem Gesetz des Geschehens und erzählte *»nach Hauptpunkten«*. Auch in anderen Aspekten verrät sich die kraftvolle individuelle Hand, am auffälligsten etwa in der biographisch-moralischen Verankerung des Werks, von der das Vorwort zeugt – *»von erlauchten und großen Männern muß es nicht weniger eine Rechenschaft der Mußezeit als des Wirkens geben«* –, und in der demokratischen Grundtendenz, die der *homo novus* Cato mit solcher Konsequenz verfolgte, daß er in seiner ganzen Darstellung nicht ein einziges Mal den Namen eines Feldherrn oder Politikers nannte, sondern stets nur Rang und Amtsbezeichnung anführte, um so zu demonstrieren, daß Erfolg und Aufstieg Roms eine Leistung des gesamten Volkes, nicht einzelner, wenngleich verdienstvoller Führer sei. Diese für die beinah überstrenge Haltung des konservativen Mannes typische Rigorosität sich selbst und andern gegenüber hielt ihn freilich nicht ab, im zweiten Teil des Buchs ausgiebig von sich und seinen Taten zu erzählen und nicht wenige seiner Reden in dokumentarischem Wortlaut zu zitieren.

Natürlich konnte auch ein Cato mit seinem Römerstolz und seinem Griechenhaß nicht umhin, von der Technik und dem Wissen der hellenischen und hellenistischen Geschichtsforschung Kenntnis zu nehmen: In dem weitgespannten Interesse für Geographie, Kulturkunde und Ethnographie, in vielen Zügen der Mythologie, im Hang zu Wundergeschichten und zum Aitiologischen, ja überhaupt im Thema der Gründungsgeschichten tritt mittelbar allenthalben zutage, was der Autor so gern verleugnet hätte; und daß er auf das von anderen erarbeitete gelehrte Material hätte gänzlich verzichten können, ist eigentlich von vornherein undenkbar – den einstigen Rat an den Sohn, die griechische Literatur sich zwar anzusehen, aber nicht auswendig zu lernen, hat Cato hier selbst konsequent befolgt. Im übrigen jedoch treffen wir mit ihm zum erstenmal in römischem Bereich auf einen ursprünglichen Forscher großen Stils, auf den in der lateinischen Literatur nicht seltenen Typus des enzyklopädischen Antiquars, der durch mühevolle Kleinarbeit ein immenses Material aus originalen Quellen – Urkunden, Inschriften, annalistischen Aufzeichnungen, Lokalgeschichten und Lokalsagen – zusammenträgt und sichtet und in präziser, raffender Überschau die daraus abzuleitenden Linien des Geschehens darstellt. Daß diese historische Leistung nach dem einhelligen Urteil seiner antiken Bewunderer mit einer hohen sprachlichen Meisterschaft verknüpft war – man rühmte seine geradezu thukydideische Prägnanz (Plutarch, *Cato 2*) –, weist dem Autor wie dem Werk einen überragenden Platz in der Literatur- und Geistesgeschichte des republikanischen Rom zu.  E.Sch.

AUSGABEN: Rom 1498, Hg. Annius Viterbensis. – Lpzg. ²1914 (in *Historicorum Romanorum reliquiae*, Hg. H. Peter; Nachdr. Stg. 1967, m. Bibliogr. v. W. Schaub u. J. Kroymann). – Meisenheim/Glan 1971 (*Das erste Buch der Origines. Ausgabe u. Erklärung der Fragmente*, Hg. W. A. Schröder). – Darmstadt 1980 (in *Scripta quae manserunt omnia*, Hg. O. Schönberger).

LITERATUR: Schanz-Hosius, 1, S. 186–189. – F. Klingner, *Cato Censorius und die Krisis des römischen Volkes* (in Die Antike, 10, 1934, S. 239–263; ern. u. d. T. *Cato Censorius und die Krisis Roms*, in F. K., *Römische Geisteswelt*, Mchn. ⁴1961, S. 34–65). – Ders., *Römische Geschichtsschreibung bis zum Werke des Livius* (in Die Antike, 13, 1937, S. 1–19; ern. u. d. T. *Römische Geschichtsschreibung*, in F. K., *Römische Geisteswelt*, Mchn. ⁴1961, S. 66–89). – L. Moretti, *Le »Origines« di Catone, Timeo ed Eratostene* (in Rivista di Filologia e di Istruzione Classica, N. S. 30, 1952, S. 289–302). – R. Helm, Art. *Porcius (9)* (in RE, 22/1, 1953, Sp. 156–162). – K. Büchner, *Römische Literaturgeschichte*, Stg. ³1962, S. 119–123. – R. Meister, *Zu römischen Historikern. 1: Der Titel von Catos Geschichtswerk* (in AWA, 101, 1964, S. 1–15). – H. Tränkle, *C.s »Origines« im Geschichtswerk des Livius* (in *Fs. Büchner*, Wiesbaden 1970, S. 274 bis 285). – U. W. Scholz, *Zu C.s »Origines I«* (in Würzburger Jbb., N. F. 4, 1978, S. 99–106). – W. Kierdorf, *C.s »Origines« u. die Anfänge der römischen Geschichtsschreibung* (in Chiron, 10, 1980,

S. 205–224). – C. Letta, *L'Italia dei mores Romani nelle »Origines« di Catone* (in Athenaeum, 62, 1984, S. 3–30; 416–439).

## JACOB CATS

* 10.11.1577 Brouwershaven
† 12.9.1660 Den Haag

LITERATUR ZUM AUTOR:
J. H. de Stoppelaar, *J. C. te Middelburg*, Middelburg 1860. – G. Derudder, *Un poète néerlandais, C., sa vie et ses œuvres*, Calais/Den Haag 1898. – G. Kalff, *Studiën over Nederlandsche dichters der zeventiende eeuw: Vondel, C., Huygens, Hooft, Camphuysen*, Haarlem 1901. – S. Schroeter, *C.' Beziehungen zur deutschen Literatur*, Diss. Heidelberg 1905. – H. Smilde, *J. C. in Dordrecht. Leven en werken gedurende de jaren 1623–1636*, Groningen 1938. – P. J. Meertens, *Letterkundig leven in Zeeland in de zestiende en de eerste helft der zeventiende eeuw*, Amsterdam 1943. – *Aandacht voor C. bij zijn 300-ste sterfdag*, Hg. P. Minderaa, Zwolle 1962. – *Vier eeuwen J. C.*, Brouwershaven 1977 [Ausst.Kat.]. – M. P. de Bruin, *J. C. 1577–1977. Aantekeningen bij een herdenking* (in Zeeuws tijdschrift, 27, 1977, S. 92–101). – J. H. Kruizinga, *J. C. (1577–1660). Dichter, drooglegger, diplomaat*, Lelystad 1977. – K. Porteman, *»Ey kijckt toch, kijckt toch eens, gesellen . . .«. Vierhonderd jaar vader C. (1577–1660)* (in Ons erfdeel, 20, 1977, Nr. 5, S. 732–747). – D. ten Berge, *De hooggeleerde en zoetvloeiende dichter J. C.*, Den Haag 1979. – N. F. Noordam, *C. als volksopvoeder* (in Geschiedenis van opvoeding en onderwijs, Hg. B. Kruithof u. a., Nijmegen 1982).

### HOUWELYCK, dat is de gantsche gelegenheyt der echtenstaets

(ndl.; *Hochzeit, das ist der ganze Verlauf des Ehestands*). Lehrgedicht von Jacob CATS, erschienen 1625. – Dieses Werk des Volksdichters »Vater Cats« war nächst der *Bibel* das verbreiteste Hausbuch in den kalvinistischen Niederlanden des 17. und 18. Jh.s. »Mit allem erdenklichen Fleiß zur Freude der Leser und vor allem der Frauen« komponiert, behandelt es die *»Ehe: abgeteilt in sechs Hauptstücke, nämlich Jungfrau, Freundin, Braut, Gattin, Mutter und Witwe; daneben auch die Gegenpflichten des Mannes.«* Dieser Unterteilung entsprechen die – für die damalige Zeit etwas reichlich freimütig gestalteten – Episoden, eine Art von Versromanen, wie etwa die rührende Liebesgeschichte von Rosette und Galant, die gemeinsam auf eine einsame Insel verschlagen werden.
Der in Holland sprichwörtlich (und später teilweise berüchtigt) gewordene »Catsiaansche dreun«, Cats' einschläfernd dahinplätschernder, obgleich metrisch wechselnder Vers, wird in diesem Gedicht durch Prosaeinschübe angenehm unterbrochen. In einer Zeit, in der die aus dem Ausland importierte Renaissancedichtung sich auf die holländische Kunstpoesie auszuwirken begann, hält Cats am schlichten Volkston fest und stellt den an Gelehrsamkeit prunkenden Gedichten eines HOOFT oder HUYGENS alltagsnahe, dem naturverbundenen Leben der Holländer entsprechende Bilder entgegen. Nur in aufwendigen Fußnoten, die sich meist auf die Klassiker und die *Heilige Schrift* beziehen, belegt Cats seine Bildung, die wiederum merkwürdig fremd anmutet im Vergleich zu der umgangssprachlichen, seichte Redensarten nicht vermeidenden Diktion. Keineswegs eine *»Perle unter allen poetischen Werken der Gegenwart«*, wie ihr Herausgeber sie anpries, zeichnet die Dichtung mit ihren rund 20000 Versen doch das Bild eines lauteren Menschen, der den Vorläufern der holländischen Aufklärung beizuordnen ist. KLL

AUSGABEN: Middelburg 1625. – Dordrecht 1880 (in *Alle de werken*, Hg. W. N. Wolterink).

ÜBERSETZUNG: *Die Heurath*, anon. (in *Des unvergleichlichen holländischen Poeten J. C., Rittern und Raht-Pensionarii von Holland und Westfriesland Sinnreiche Wercke und Gedichte*, Tl. 2, Hbg. 1711).

LITERATUR: J. B. Bedaux, *Beelden van »leersucht« en tucht* (in Nederlandse kunsthist. jaarboek, 1983, Nr. 33, S. 49–74).

### TACHTIG-JAERIGE BEDENCKINGEN

(ndl.; *Gedanken eines Achtzigjährigen*). Autobiographisches Lehrgedicht von Jacob CATS, erschienen 1658. – In diesem »*Hygiene-Handbuch für Körper und Geist in Versform«* (Van Es), das in katechetische Abschnitte aufgeteilt ist, die jeweils Antworten auf die in den Überschriften angeführten Fragen bilden, faßte der Volksdichter Cats seine kalvinistisch-eugenischen Ideen zu einer didaktischen Erkenntnis zusammen, *»wie man alle Leiden, Ärgernisse, Lüste, ja Gebrechen der Menschen so fügen könne, daß diese der Seele und dem Leib Gesundheit verschaffen und auch bewahren könnten«*. – Ausgehend von einer Umkehrung der klassischen Weisheit *»Mens sana in corpore sano«*, drängt Cats auf eine primäre Glaubensfestigkeit, quasi als Prämisse für die Wirksamkeit jeglicher Medizin, deren Nutzen er keineswegs unterschätzt und aus der er im Sinne der Klassiker (HIPPOKRATES) und seines Zeitgenossen VAN BEVERWIJCK besonders im zweiten Hauptstück seiner Gedanken vielfältige Anweisungen erteilt, verbrämt mit Erfahrungen seines eigenen langen Lebens.
Gedanklich diesem Werk hinzuzurechnen sind die – wenn auch formal selbständigen – *Gedachten op slapeloose nachten* (*Überlegungen für schlaflose Näch-*

*te), die als »Testament des letzten Willens«* eine Apotheose der christlichen Barmherzigkeit darstellen. Mit ihnen rundete Cats sein Lebenswerk über die bürgerlich-menschliche Sittsamkeit ab und krönte er seine lebenslange Tätigkeit, seinen Landsleuten moralische Maximen in einer epigrammatischen, rhetorischen, gereimten und dennoch populären Sprache mitzuteilen: *»Der höchste Punkt menschlicher Weisheit ist weise zu sein zum Nutzen der Seele.«*
W.Sch.

AUSGABEN: Amsterdam 1658 (in *Alle de wercken*). – Dordrecht 1880 (in *Alle de werken*, Hg. W. N. Wolterink).

## TROU-RINGH

(ndl.; *Ehering*). Lehrgedicht von Jacob CATS, erschienen 1637. – Dieses Hausbuch, dessen vollständiger Titel lautet: *'s Werelts Begin, Midden, Eynde, besloten in den Trou-Ringh, met den Proefsteen van Denselven (Beginn, Mitte und Ende der Welt, zusammengefaßt in dem Ehering mit dem Prüfstein desselben)*, handelt von der Liebe und der Ehe; das Werk kann somit als eine Art Fortsetzung von *Houwelyck*, 1625 (Hochzeit), angesehen werden. Es entstand nach dem Tod von Cats' Frau, also nach 1630, als man ihm riet, erneut zu heiraten. Der Dialog, den der Dichter hier als Grundmodell verwendet, wird zwischen dem Jüngling Philogamus, der über die Ehe reflektiert, und dem älteren Witwer Sophroniscus, der wohl Cats selbst repräsentiert, geführt. Wie in seinen anderen Werken ist Cats auch hier Moralist und Erzieher. Wahrheit und Nutzen werden mit großer Umständlichkeit festgelegt. Unüberhörbar ist ein gewisser Ton von Überheblichkeit; man spürt den Hang des Autors, seine wissenschaftlichen Kenntnisse und seine Belesenheit in der klassischen Literatur auszubreiten und sich selbst bestätigen zu wollen.

Nacheinander kommen zahlreiche Probleme ausführlich zur Sprache: Soll man heiraten oder nicht, sollte es ehespezifische Bedingungen geben, sind Standesunterschiede wesentliche Hindernisse, darf ein junges Mädchen freimütig sein, darf eine Frau wieder heiraten, wenn ihr Mann sie verlassen hat, ist eine rein platonische Ehe möglich, ist die Ehe mit einem Mädchen, das vorher vergewaltigt worden ist, überhaupt erlaubt? Die Erörterung dieser und vieler anderer Themen geschieht im Zeichen eines strengen christlichen Glaubens, fester moralischer Prinzipien und sittlicher Normen. Einige bekannte »Ehefälle« sind: *gront-houwelick* (Grundehe, Basisehe) zwischen Adam und Eva, die Beziehung Jacob – Lea und Jakob – Rachel, das Verhältnis zwischen Krates aus Theben und Hipparchia und das zwischen Antonius und Cleopatra, das Verhältnis zwischen einem »Spaens heydinnetje« und einem Edelmann, die Geschichte eines Zigeunermädchens Pretiosa, bekannt durch die Novelle von CERVANTES. Auch behandelt Cats die Ehe aus Mitleid, ein Thema aus BOCCACCIO *(Der Jagdfalke)*, eine Geschichte, die von Cats ausführlich geschildert und gleichzeitig verbürgerlicht wurde.

Jacob Cats sah sich als Vater seines Volkes, und von diesem Gesichtspunkt aus ist auch seine Arbeit, die ein Vademecum des Volkes war, zu verstehen: Wie in einem Lebensführer werden in *Trou-Ringh* alle lebenswichtigen Fragen – in bezug auf Verlobung, Eheschließung, Eheführung, Kindererziehung, den göttlichen Glauben und vieles andere – beantwortet. Obwohl Cats das Werk als eine Art »Hausbibel« für seine Zeit verstanden wissen wollte – in der Gestaltung ist die *Bibel* ein Vorbild, und auch eine Reihe von Zitaten sind ihm entnommen –, ist doch nicht zu leugnen, daß das übertriebene Selbstbewußtsein des Autors und seine allzu gewandte Schreibfertigkeit dem Buch abträglich waren. Die Lektüre – und dies trifft auch für viele andere Werke von Cats zu – wird so zur Lektüre im Leben des Autors selbst: Er hat nämlich, wie in seinem letzten Werk, *Twee en tachtig-jarigh Leven* (1659), aus seinen eigenen Erlebnissen und Erfahrungen den Maßstab für seine Arbeit gewonnen.
J.Vi.

AUSGABEN: Dordrecht 1637. – Amsterdam 1699. – Amsterdam 1828 (in *Alle de wercken*, 2 Tle.).

ÜBERSETZUNG: *Trauungs-Betrug, unlängsten in Holland geschehen...*, J. Schwieger, Glückstadt 1659

## HENRI ALEXANDRE DE CATT

\* 14.6.1725 Morges / Waadt
† 23.11.1795 Potsdam

**UNTERHALTUNGEN MIT FRIEDRICH DEM GROSSEN. Memoiren und Tagebücher von Heinrich de Catt**

Persönliche Aufzeichnungen in französischer Sprache von Henri Alexandre de CATT, herausgegeben von Reinhold KOSER, erschienen 1884. – Catt hat aus unbekannten Gründen auf den Druck seiner Erinnerungen verzichtet, obwohl schon zu seinen Lebzeiten die Existenz der Aufzeichnungen publik geworden und Fremden auch Einblick gewährt worden war. Sein literarischer Nachlaß gelangte 1831 ins Preußische Geheime Staatsarchiv. Der Berliner Geschichtsprofessor Koser legte 1884 die bis heute verbindliche wissenschaftliche Edition der Quelle vor, die von ihm den oben angeführten Titel erhielt. Sein Band umfaßt die folgenden vier Teile: 1. Memoiren, 2. Tagebücher, 3. Anhang zu den Tagebüchern, 4. Brief Catts über die Schlacht bei Zorndorf vom 29. August 1758.

Der calvinistische Schweizer Catt widmete sich humanistischen Studien an der Utrechter Universität, als er im Juni 1755 auf einer Flußbootfahrt von Amsterdam nach Utrecht zufällig dem inkognito reisenden Friedrich II., König in Preußen, begegnete. Friedrich der Große, der nach einer Rundreise durch seine westlichen Provinzen einen Abstecher in die Niederlande unternommen hatte, war vom Auftreten und Bildungsstand des 30jährigen Studenten so beeindruckt, daß er sechs Wochen später von Potsdam aus versuchte, Catt an seinen Hof zu holen. Aber erst nach drei Jahren, d. h. nach Ausbruch des Siebenjährigen Krieges (1756-1763), wurde der Plan verwirklicht, und Catt trat im März 1758 seinen Dienst an. Die fest bezahlte, offiziell als »Vorleser« bezeichnete Tätigkeit, die vordem JORDAN, d'ARGET, de Prades und nachher Duval sowie DANTAL ausübten, bestand im Falle Catts nur gelegentlich im Vorlesen von Texten. Da Friedrich während der Kriegszüge und ohne die geliebte Tafelrunde von Sanssouci Wert auf einen »*unterrichteten und gebildeten, mit der französischen Literatur wohl vertrauten Gesellschafter von Urteil und Geschmack*« (Koser, Einleitung zur Edition) legte, fungierte Catt vielmehr als literarisches Faktotum des Königs und half bei der Erledigung der persönlichen Korrespondenz. Damit leistete er die Arbeit eines Privatsekretärs – im zeitgenössischen Frankreich ein »secrétaire des commendements«. Im Februar 1760 nahm ihn die Preußische Akademie der Wissenschaften zu Berlin als Mitglied auf, und Catt veröffentlichte während der Jahre 1764-1782 mehrere ästhetische Abhandlungen in ihren Druckschriften. Nach den Friedensjahren in der Residenz Potsdam folgte er Friedrich nochmals ins Feldlager, und zwar während des Bayerischen Erbfolgekriegs (1778/79). Doch zu Beginn des Jahres 1780 fiel Catt beim König in Ungnade, ohne daß er seine Rehabilitation erreicht hätte und ohne daß bis heute die Vorwürfe – unter anderem wegen einer Ordensvermittlung – geklärt wären. Von Friedrich Wilhelm II. wurde Catt durch die Verleihung einer sehr einträglichen Pfründe ausgezeichnet.

Länger als seine Vorgänger und Nachfolger im Amt wußte sich Catt das uneingeschränkte Vertrauen seines Königs durch Zuverlässigkeit und taktvolles Auftreten zu erhalten. Wenn er auch fast zweiundeinhalb Jahrzehnte lang täglich mit Friedrich zusammentraf, so war ihm doch im Unterschied etwa zum Marchese LUCCHESINI, der ebenfalls Gespräche mit dem König, und zwar für die Zeit nach 1780, überliefert hat, wegen seiner Herkunft aus einer Kaufmannsfamilie der Zugang zur königlichen Tafel verwehrt. Da der Verkehr mit dem Monarchen im Höchstfall einige Stunden pro Tag beanspruchte, blieb dem aufmerksamen Beobachter und eifrigen Sammler von Unterlagen ausreichend Zeit zur Information und zur Niederschrift seiner Erlebnisse. Von seiner Ankunft in Breslau, dem damaligen Hauptquartier Friedrichs, am 13. März 1758 bis einen Tag vor der Schlacht von Liegnitz am 15. August 1760 führt Catt Tagebücher, deren französischer Text durch die Verwendung einer Geheimschrift vor unliebsamer Einsicht geschützt war. Als Anhang entwarf er vermutlich im Sommer 1762 eine zusammenhängende Skizze seiner Eindrücke vom 27. August 1760 bis zum Juli 1762. Noch vor Ende des Jahres 1762 fertigte er von den verschlüsselten Teilen seines Tagebuchs eine Klarschrift an und verbesserte bei dieser Gelegenheit den Text der Vorlage. Nach dem Tode des Alten Fritz – wahrscheinlich noch 1786 – unterzog Catt seine Aufzeichnungen einer grundsätzlichen, stilistischen und inhaltlichen Überarbeitung. Für die sogenannten Memoiren, die doppelt so umfangreich wie die Tagebücher sind, aber aus unbekannten Gründen mit dem 17. Juli 1760 aufhören, benutzte er außerdem weiteres Material sowie die bis dahin erschienene Literatur zur Geschichte des Siebenjährigen Krieges, um die Angaben des militärischen Bereichs zu ergänzen.

Catt hat in seinen Tagebüchern die Erlebnisse nicht lückenlos und vor allem nicht immer am Tage des Geschehens festgehalten. Besonders willkürlich mit der chronologischen Anordnung ist er in den Memoiren verfahren, weil er den Stoff unter dem Gesichtspunkt literarischer Wirkung neu gruppiert hat. Die in den Tagebüchern nur angedeuteten Gespräche sind in den Memoiren frei nach dem Gedächtnis ausgeführt, dabei sind dem König Aussprüche unterschoben worden, die er niemals getan haben kann. In der kunstvollen Verwebung von Dichtung und Wahrheit zeigt sich Catt den Maximen der Memoirenschreiber seines Jahrhunderts verpflichtet.

Als einer der besten Kenner der Quellen und Literatur zur Friderizianischen Politik hat Koser die Tagebücher und Memoiren folgendermaßen charakterisiert: »*Abgerissen und einsilbig, schmucklos und unfertig, wie die ›Tagebücher‹ sind, erhalten sie doch gerade durch diese Eigenschaften ihren Wert ... Ohne jede schielende Rücksicht aufgezeichnet, sind Catts lakonische Tagebücher völlig unverdächtige Zeugnisse des Zaubers, mit dem [die] Persönlichkeit des Königs in ihrer Größe und zugleich in ihrer Liebenswürdigkeit den jugendlichen Sinn des Begleiters gefangen nahm.*« Doch auch die *Memoiren* geben »*ein treues Bild von der Art der Konversation Friedrichs, von den Formen, in denen sie sich bewegte, von dem eigentümlichen Reize, der sie belebte. Es sind nicht Unterhaltungen, die so, wie sie uns vorgelegt werden, wirklich stattgefunden hätten, aber es sind gewissermaßen Typen der Unterhaltungen des Königs, die als solche ohne Frage von Wert sein müssen*« (Einleitung zur Edition).

Obwohl weder die Tagebücher noch die Memoiren ein im Faktischen zuverlässiges historisches Schriftzeugnis sind und bei dem Verfasser die durchgängige Tendenz sichtbar wird, sich selbst ins beste Licht zu setzen, sind die Aufzeichnungen Catts noch immer von unschätzbarem Wert – nicht für die Geschichte des Siebenjähriges Krieges, sondern für die Kenntnis der Persönlichkeit des Königs, wie sie sich gerade unter den extremen Belastungen des wechselnden Kriegsglücks zeigte.

Das Porträt des von Schicksalsschlägen heimgesuchten Preußenkönigs erlebte eine zeitgeschichtlich bedingte Wirkungsgeschichte, die sich anhand der deutschen Übersetzungen verfolgen läßt. Derselbe Verlag, in dem die Kosersche Ausgabe erschienen war, brachte im folgenden Jahr eine auszugsweise Übersetzung der Tagebücher und Memoiren heraus. Durch diese und durch andere Verdeutschungen Cattscher Einzelszenen schien das Interesse des Bildungsbürgertums zunächst befriedigt zu sein. In die Zeit des Ersten Weltkriegs fiel der Versuch, das Bild Friedrichs als König durch dasjenige des Helden während der Schlesischen Kriege zu ersetzen. Für die kriegspsychologischen Erfordernisse wurde der Alte Fritz zum volkstümlichen Helden der Nation, zu »Friedrich, dem Erzieher« hochstilisiert. Die Friedrich-Renaissance der Jahre 1914–1918 fand unter anderem ihren Niederschlag in einem umfangreichen Schrifttum, nicht zuletzt in der 1915 publizierten vollständigen Übersetzung der Cattschen Tagebücher. Der komplette Text der Memoiren für den deutschsprachigen Leser kam 1926 heraus. 1940 wurde er in der Sammlung Dieterich als »Trostbuch« erneut verlegt – ein Hinweis auf die Verwendung Friedrichs als »Garant des Sieges« in der Propaganda und Politik des Nationalsozialismus (Schlenke).

Bis heute hat keine biographische Darstellung des Königs – sei sie wissenschaftlicher oder belletristischer Art – auf den Kronzeugen Catt verzichten können: weder Koser noch RITTER und GOOCH oder gar AUGSTEIN, weder die Quellenwerke für den Geschichtsunterricht noch Rowohlts Bildmonographie. Bereits 1827 hatte Friedrich BUCHHOLZ nach der Lektüre des Nachlasses Catts prophezeit: »*Wir kennen nur zwei Spiegel, worin man Friedrichs Bild auf eine angemessene, d. h. auf eine der Wahrheit entsprechende Weise erkennen kann, vorausgesetzt, daß man mit dem dazu nötigen Sinn ausgestattet ist. Der erste dieser Spiegel sind seine Gedichte ... Der zweite Spiegel sind die bis jetzt noch ungedruckten Denkwürdigkeiten (Mémoires) des Herrn von Catt ...*«.          W.Mk.

AUSGABE: Lpzg. 1884, Hg. R. Koser (Publikationen aus den Kgl. Preuß. Staatsarchiven, 22; Nachdr. Osnabrück 1965).

ÜBERSETZUNGEN: *Gespräche Friedrichs des Großen mit H. de Catt und dem Marchese Lucchesini*, F. Bischoff, Lpzg. 1885 [Ausw.]; ern. in *Gespräche Friedrichs d. Großen mit H. de Catt*, Hg. F. v. Oppeln-Bronikowski, Lpzg. 1933 (IB). – *Unterhaltungen mit Friedrich dem Großen. Tagebücher des H. de Catt 1758–1760*, C. Hertz, Weimar 1915; bearb. Neuausg. u. d.T. *H. de Catt. Die Tagebücher 1758–1760*, Hg. P. Hartig, Mchn. 1986. – *Gespräche Friedrichs des Großen mit de Catt [Memoiren]*, W. Schüßler, Lpzg. 1926; Lpzg. 1940; Nachdr. Mchn. 1981 (dtv). – *Unterhaltungen mit Friedrich dem Großen. Die Tagebücher 1758–1760*, K. Marydith, Wiesbaden 1954 [Einl. H. Greiner]. – W. Kollo, *Der Krieg geht morgen weiter oder Die Kunst zu überleben. Der König von Preußen unterhält sich ... mit dem Schweizer H. de C.*, Bln. 1970 [Memoiren].

LITERATUR: R. Koser, *König Friedrich der Große*, 2 Bde., Stg. 1889–1900; Stg./Bln. ⁵1912–1914, 4 Bde. u. d. T. *Geschichte Friedrichs des Großen*; Nachdr. Darmstadt 1963. – G. Ritter, *Friedrich der Große. Ein historisches Profil*, Lpzg. 1936; Düsseldorf ⁴1978. – G. P. Gooch, *Frederik the Great. The Ruler, the Writer, the Man*, NY 1947 (dt.: *Friedrich der Große. Herrscher. Schriftsteller. Mensch*, Göttingen 1951; ern. Mchn. 1986). – R. Augstein, *Preußens Friedrich d. Große und die Deutschen*, Ffm. 1968; erw. Ffm. 1981. – M. Schlenke, *Das preußische Beispiel in Propaganda und Politik des Nationalsozialismus* (in Aus Politik u. Zeitgeschehen, B 27/68; Beil. zu Das Parlament, 3.7.1968). – G. Holmsten, *Friedrich II. in Selbstzeugnissen u. Bilddokumenten*, Reinbek 1969 (rm). – P. Gaxotte, *Frédéric II.*, Paris 1972 (dt.: *Friedrich d. Große*, Ffm. 1973). – I. Mittenzwei, *Friedrich II. v. Preußen*, Bln./DDR 1979; ⁴1987. – Th. Schieder, *Friedrich d. Große. Ein Königtum der Widersprüche*, Bln. 1983; ern. 1986. – *Panorama d. Fridericianischen Zeit*, Hg. J. Ziechmann, Bremen 1985. – F. Benninghoven u. a., *Friedrich d. Große. Ausstellung d. Geb. Staatsarchivs Preuß. Kulturbesitz*, Bln. 1986.

---

### KŪLA VĀNIKAN CĀTTANĀR

5.Jh. Madurai / Südindien

## MAṆIMĒKALAI

(tamil; *Geschichte der Maṇimēkalai*). Epischer Versroman von Kūla Vānikan CĀTTANĀR. – Am Anfang der narrativen Tamil-Literatur stehen fünf episch-romantische Dichtungen, von denen aber nur drei erhalten sind: das *Cilappatikāram (Die Fußspange)*, das *Maṇimēkalai (Geschichte der Maṇimēkalai)* und das *Cīvakacintāmaṇi (Geschichte des Jīvaka)*. Diese Werke stehen den erotischen und panegyrischen Dichtungen der Sangam-Periode insoweit nahe, als sie noch denselben kulturellen Hintergrund aufzeigen, unterscheiden sich aber von diesen dadurch, daß sie nicht weltlicher, sondern religiöser Natur sind. Sie bilden, ihrem Charakter nach, gleichsam den *trait-d'union* zur religiösen Literatur der späteren Zeit: den Dichtungen der zwölf Ālvār (viṣnuitische Hymnendichter, wörtlich: »die in Liebe zum Gott Viṣnu Untergetauchten«, etwa 7./8. Jh.) und der drei Nāyanār (Dichter von Hymnen zum Preis des Gottes Śvia). Von den drei großen epischen Versromanen – die Tamiler nennen sie Epen – sind das *Cilappatikāram* und das *Maṇimēkalai* nicht nur die ältesten, sondern inhaltlich (und zum Teil auch in formeller Hinsicht) näher miteinander verbunden, weshalb sie oft als »Zwillings-Epen« bezeichnet werden. Im Gegensatz zu dem *Cilappatikāram*, dessen Autor ein Jaina war, ist das *Maṇimēkalai* jedoch eine buddhistische Dichtung, und zwar das einzige erhaltene buddhistische *kāvya* (Kunstdichtung) der Tamil-Literatur.

Im Prolog wird das Thema des Werks als *Monimēkalai-tuṟavu* (Weltentsagung der Maṇimēkalai) angedeutet. Das Werk selbst besteht aus 30 Gesängen (*gāthās*) und ist in *Akaval*-Versen abgefaßt. Die Titelheldin, Maṇimēkalai, Tochter des Kaufmanns Kovalan (Hauptfigur des *Cilappatikāram*) und seiner Geliebten, der Hetäre und Tänzerin Mātavi, wird von dem Chola-Prinzen Udayakumāran geliebt. Auch sie fühlt sich zu ihm hingezogen, weil sie in einer früheren Geburt seine Frau gewesen ist, hat aber auch infolge ihrer spirituellen Neigungen eine gewisse Antipathie gegen ihn. Der größte Teil des Gedichts handelt von den unablässigen Versuchen Udayakumārans, ihre Liebe zu gewinnen, sowie von Maṇimēkalais Bestreben, fest zu bleiben in ihrem Entschluß, der Lehre Buddhas zu folgen und Nonne zu werden. – Das Epos beginnt mit der Beschreibung der Feier des alljährlichen Indra-Festes in der Stadt Kaveripaṭṭinam. Maṇimēkalais Mutter Mātavi hat der Welt bereits entsagt und sich zum buddhistischen Leben bekehrt. Sie wünscht, daß auch ihre Tochter die Lehre Buddhas annehme. Die beiden Frauen nehmen daher nicht an dem Fest teil. Als die Leute hören, daß Maṇimēkalai nicht wie sonst als Tänzerin auftreten will, entsteht unter ihnen große Aufregung. Um ihre Tochter zu zerstreuen, sendet Mātavi sie in einen Garten außerhalb der Stadt zum Blumensammeln. Der Prinz folgt ihr. Aber ihr Schutzgeist trägt sie fort nach der Insel Maṇipallavam. Dort wird sie über ihre früheren Existenzen und über ihre Lebensmission unterrichtet und kehrt darauf nach Kaveripaṭṭinam zurück, wobei der Prinz unentwegt hinter ihr hereilt. Auch als sie mittels einer Zauberformel (*mantra*) ihr Äußeres verändert und die Gestalt der Kāyacandikai, der Gattin eines himmlischen Wesens (*vidyādhara*), annimmt, erkennt Udayakumāran sie und versucht ihr zu nahen. Daraufhin wird er von Kāyacandikais Gatten getötet. Maṇimēkalai wird ins Gefängnis geworfen, aber bald wieder befreit. Nach vielen Erlebnissen begibt sie sich schließlich zu dem buddhistischen Asketen Aravaṇa Aṭikal. Von ihm lernt sie den Weg zur Erlösung und wird Nonne.

Den Konflikt zwischen weltlicher Liebe und geistlichem Ideal hat Cāttan nicht, wie es z. B. der Verfasser des *Cilappatikāram* mit einem ähnlichen Thema machte, zu einem richtigen Roman ausgearbeitet, sondern er hat den Stoff benutzt, um eine Dichtung zu schaffen, die der Verbreitung der buddhistischen Lehre dienen soll. Auf Schritt und Tritt werden die buddhistischen Ideale zur Nachahmung empfohlen. Gesang 27 ist ganz den häretischen Denksystemen, Gesang 29 der buddhistischen Logik und Gesang 30 der buddhistischen Lehre gewidmet. Damit ist das in seinem Keim episch-romantische Werk zu einer programmatischen Dichtung im Dienst des buddhistischen Proselytismus geworden. Kompositorisch ist das *Maṇimēkalai* keine bedeutende Dichtung, hat aber einige beeindruckende dichterische Partien aufzuweisen. Freilich wird die Erzählung von so vielen verwirrenden Einzelheiten überwuchert, daß es schwerfällt, den Gang der Handlung im Auge zu behalten. K. de V.

AUSGABE: Madras 1947.

LITERATUR: S. Krishnaswami Aiyangar, »*Maṇimēkalai*« *in Its Historical Setting*, Ldn. 1928. – V. Kanagasabhai, *The Great Twin Epic of Tamil*, Madras 1956. – S. Vaiyapuri Pillai, *History of Tamil Language and Literature*, Madras 1956, S. 169 ff.

# CATULL

Gaius Valerius Catullus
* um 84 v.Chr. Verona
† um 54 v.Chr. Rom

## CARMINA

(lat.; *Gedichte*). Sammlung von 116 Gedichten in verschiedenen Versmaßen von CATULL. – Da man nicht weiß, ob die heute vorliegende Ausgabe, die schon die Antike in dieser Gestalt benutzt hat, noch vor dem Tod des früh verstorbenen Dichters erschienen ist, bleibt offen, ob und inwieweit Catull selbst für die Zusammenstellung und Edition seiner Gedichte verantwortlich ist. Ungeklärt wird auch bleiben, ob die Bezeichnungen *libellus* (*Büchlein*) und *nugae* (*Kleinigkeiten*), die das Einleitungsgedicht im Zusammenhang mit der Widmung an CORNELIUS NEPOS bringt, nur auf einen schon früher publizierten ersten Teil der Sammlung (Nr. 1–60) zu beziehen sind oder auf das Gesamtcorpus. Die überlieferte Ausgabe ist deutlich als Triptychon angelegt. Nr. 1–60 bilden den ersten Teil: kurze »Gelegenheitsgedichte« in melisch-iambischen Versmaßen (hauptsächlich Elfsilbler), mit Motiven aus Catulls Umwelt und Freundeskreis; der Mittelteil (Nr. 61–68) sind umfangreichere mythische Dichtungen; den Schluß (Nr. 69–116) bilden wieder kleinere Gedichte – Elegien und Epigramme – aus Catulls Welt. Diese Gliederung überlagert eine andere, die die Symmetrie im Aufbau der Sammlung noch zu vollenden scheint. Die Reihe der polymetrischen Versmaße geht bis Nr. 64, dem großen Epyllion (409 Verse) von Peleus' und Thetis' Hochzeit, während Nr. 65–116 einen geschlossenen Block elegischer Distichen bilden.

Catulls Dichtung erwuchs aus einer bewegten Zeit der politischen und geistigen Umschichtung. Doch soviel Umwelt auch in die Flügelteile der Sammlung Eingang fand, nirgends weist etwas in diesen

Gedichten auf den bewußten Mitvollzug des geschichtlichen Augenblicks. Nur Ephemeres, Alltagskram und fescenninischen Spott weiß der Autor über die politische Prominenz seiner Zeit vorzubringen: Dies hebt Catull deutlich von HORAZ ab. Die Pasquillen etwa auf Caesar, Cicero und Pompeius unterscheiden sich lediglich in der Dosis des Hohns von denen auf Gaius Memmius (in dessen Suite Catull im Jahr 57 nach Bithynien reiste) oder auf seine »bestgehaßten« Ziele, Mamurra – meist nur mit *mentula* (Schwanz) apostrophiert – und Gellius. Mit dem, was aus dem literarischen Leben der Zeit eindringt, verhält es sich nicht anders. Nur der kleine Kreis junger Dichter, der sich mit Catull die »Modernen« *(neoteroi)* nannte und auf das ästhetische Dogma des KALLIMACHOS eingeschworen war, findet Beachtung: die Freunde Gaius LICINIUS CALVUS, Gaius HELVIUS CINNA und das Schulhaupt VALERIUS CATO. LUCRETIUS dagegen wird nicht einmal erwähnt, obwohl er sich – wie Catull – zeitweise im Gefolge des Memmius befand.

Dazu gesellen sich Gedichte über den Tod des Bruders, Hetärenlieder und Liebesgedichte auf den Knaben Iuventius. Aber erst die Lesbia-Lieder, diese Gedichte einer unstillbaren und unglücklichen Liebe, sind für das Werk Catulls so unverwechselbar. Schritt für Schritt führen sie uns die Stationen einer unsterblichen Liebe vor: Begegnung, Glück der Erfüllung, Trennung, Schmerz und Haß, Resignation, Identifizierung mit mythischen Vorbildern und am Ende das furchtbare Begreifen der Tragik. Hinter dem Namen Lesbia verbirgt sich Clodia, die Schwester des wie sie so berühmt-berüchtigten Cicero-Feindes Publius Clodius Pulcer. Diese Frau stellte – auch für die damalige, bereits recht emanzipierte Zeit – eine wohl einzigartige Verbindung von Schönheit und Geist, von Laszivität und feinem Kunstsinn dar, die sie zum Mittelpunkt mehrerer Skandale und ihr Haus aber zum Zentrum römischer Boheme und Avantgarde machte.

Wieweit Dichtung und Wirklichkeit übereinstimmen, steht dahin: In vielem mögen sie sich wohl decken. Diese Tatsache gab immer wieder Anlaß, aus der Gedichtfolge einen »Roman« zu zimmern, wie es P. DIXON mit seinem Buch *Farewell, Catullus* (1954) sogar in extenso unternommen hat. Faßt man jedoch den Begriff »Erlebnisdichtung«, der das Novum dieser Gedichte bezeichnet, als spezifisch poetische Qualität, so zeigt sich, daß eine unglückliche Liebe hier aus der Perspektive des erlebenden männlichen Bewußtseins heraus gestaltet wird. Dieses ständig in Bewegung befindliche, ständig um Ausdruck bemühte Bewußtsein ist es, was den Gedichten im einzelnen ihre Unmittelbarkeit und im ganzen ihre Geschlossenheit verleiht. Es lebt in den »glücklichen« Gedichten so stark wie in den »verzweifelten«. Ein »Roman« existiert nicht in diesem Buch; nur das Bewußtsein verlorener Liebe existierte, das sich in einer Vielzahl psychologisch einleuchtender Variationen – Bosheit, Haß, Wiedererwachen der Liebe, Flucht in die Erinnerung, Resignation, Frivolität, Verklärung usw. – auf immer neue Weise lyrischen Ausdruck verschafft. Wie im mittelalterlichen Minnesang ist es die lyrische Grundkraft, die den Dichter nie zur Ruhe kommen läßt: jedes Gedicht der neue vergebliche Versuch, sich davon zu befreien.

Schon die ersten Worte eines Gedichts evozieren es: Es gelingt Catull auf einzigartige Weise die Intensität des subjektiven Gefühls. Ohne pathetisch zu werden, ist es ihm erlaubt, noch feinste Bewußtseinsregungen und -umschläge und hintergründigste Ironisierungen sichtbar zu machen. Ein ganzes System von Klangfiguren (Klangfarbe, Staccato und Legato, Alliteration, Wortlänge, Sperrung, dissonante Fügungen, Tempo usw.) läßt sich feststellen. Doch gehorcht die Diktion ebenso mühelos auch übermütigen Spielereien (z. B. in Nr. 82) oder formalistisch strengen Kompositionsprinzipien, wie in Nr. 73, wo das einzige Substantiv des Gedichts, »*Freund*«, sehr wirkungsvoll ans Ende gesetzt ist. Hinzu kommt – und hier beginnt das Wunder dieser Sprache –, daß sie zu alledem in strenge, oft komplizierte Versmaße gebunden ist, deren Regeln sie wie von selbst erfüllt.

Es ist ein Kennzeichen der Catullschen Poesie, daß die tradierten Formen fast wie nebenbei bewahrt bleiben. Die formale Perfektion ist aber nie Selbstzweck: Die hellenistischen Kleinformen werden sogleich in die höhere Einheit seines Dichtens integriert: Liebeslieder in Hinkiamben, dem Spottvers par excellence, Epigramme und Epyllien als Elegien, wie etwa in dem berühmtesten Distichon der Sammlung, Nr. 85: »*O, ich hasse und liebe! Weshalb ich es tue, du fragst's wohl. / Weiß nicht! Doch daß es geschieht, fühl ich – unendlich gequält.*«

Überschaut man unter diesem Gesichtspunkt das ganze Werk, so enthüllt sich die äußere Dreiteilung als inneres Baugesetz: Drei Gestaltungsstufen der Bewußtseinsbewältigung werden sichtbar. Spontan-dynamisch im ersten Teil, mit symbolischem Bezug im zweiten und mit statischer Formulierung im letzten: Als Ganzes bilden die drei Teile eine einzige große »Elegie«, einen Zyklus, in dem das einzelne Gedicht erst im Zusammenhang seine volle Bedeutung erschließt. Ein einheitliches »elegisches« Motivgefüge von Liebe und Tod legt sich über die in Thema und Stilniveau so unterschiedlichen Gedichte. Das Lesbia-Symbol wird zum Fixpunkt aller Spielarten des Liebesmotivs. Mit dem Todesmotiv hat es eine tiefe, symptomatische Verwandtschaft: denn das Lesbia-Symbol bedeutet immer die bittersüße, die heillose Liebe. Der in »Lesbia« fixierte individuelle Fall der heillosen, unerfüllbaren Liebe reicht aber tiefer: Die Gestalt Lesbias verbindet sich mit dem mythischen Archetyp der *puella divina*, des göttlichen Mädchens. Als das absolute Ideal weiblicher Vollkommenheit schwebt sie als ewig unerreichbarer Traum vor dem Bewußtsein des Dichters. Diese Gestalt wird nicht im Detail beschrieben, und als einzige Person tritt sie nie unter ihrem wirklichen Namen auf. Die Dichterin SAPPHO, auf die das Pseudonym natürlich bezogen ist, galt als zehnte, irdische Muse. In aller Deutlichkeit erkennt der Dichter da den Zusammenhang seines Dichtens mit diesem Namen, der ihm das Bewußtsein unerfüllter Liebe schlechthin symbolisiert.

Die Wirkung Catulls auf die spätere Literatur ist unübersehbar. Der Gesamtcharakter seiner Kunst fand jedoch nur bei den Anakreontikern – meist schwächere – Wiederholung: So sind besonders die Gedichtbücher eines Johann Nikolaus GÖTZ und Johann Peter Uz in Anlage und Struktur dem antiken Vorbild verpflichtet. Im übrigen wirkten nur immer Teilaspekte der Catullschen Kunst produktiv weiter: das Epigrammatische bei LESSING, das Artistische bei Ezra POUND, das Erotisch-Orgiastische bei dem Dichter-Komponisten Carl ORFF.

R.M.

AUSGABEN: Venedig 1472 [Sammelausgabe von Catull, Tibull, Properz und Statius]. – Bln. 1886 (*Catulli Veronensis liber*, Hg. L. Schwabe). – Turin ²1945 (*Catulli Veronensis liber*, Hg. E. Cazzaniga). – Turin ³1947 (*Il libro di Catullo Veronese*, Hg. M. Lenchantin de Gubernatis; m. Komm.). – Paris ³1949 (in *Poésies*, Hg. G. Lafaye; m. frz. Übers.). – Lpzg. ³1958 (*Catulli Veronensis liber*, Hg. M. Schuster u. W. Eisenhut). – Oxford 1958, Hg. R. A. B. Mynors. – Mchn. ⁵1960 (*Catull*, Hg. W. Eisenhut; m. Komm.; lat.-dt.). – Stg. ⁴1960 (*C. Valerius Catullus*, Hg. u. Erkl. W. Kroll). – Heidelberg 1960 (*Catull*, Hg. V. Pöschl). – Oxford 1961 (*Catullus*, Hg. C. J. Fordyce; m. Komm.). – Bln. 1963 (*Gedichte*, Hg. R. Helm; lat.-dt.). – Ldn./Basingstoke 1970 (*Catullus. The Poems*, Hg. K. Quinn). – Brüssel 1970 (*Catullus. Carmina*, Hg. H. Bardon). – Stg. 1973 (*Catulli Veronesis Carmina*, Hg. ders.). – Ldn. 1983 (*Catullus. Works*, Hg. G. P. Goold; m. engl. Übers.). – Lpzg. 1983 (*Catulli Veronesis Liber*, Hg. W. Eisenhut).

ÜBERSETZUNGEN: *Durchleuchtige Römerin Lesbia, worinnen Catulli Carmina erkläret und die Römische Historie unter Julio Cäsare erläutert wird*, J. Meyer von Perlenberg, Lpzg. 1690 [freie Übers. von J. Chapelle, *Amours de Catulle*, Paris 1680]. – *Catull. Tibull. Properz*, J. X. Mayr, 2 Bde., Lpzg. (Wien) 1786. – *Katullus in einem Auszuge*, K. W. Ramler, Lpzg. 1793. – *Catull's Buch der Lieder in deutsche Nachbildung* von T. Heyse, Hg. A. Herzog, Bln. ²1889. – *Catullus*, M. Brod, Mchn. 1914. – *Liebesgedichte und sonstige Dichtungen*, O. Weinreich, Hbg. 1960 (m. Einl. u. Bibliogr.; lat.-dt.; rde). – *Catull. Gedichte*, R. Helm, Stg. 1963 (RUB). – *Sämtliche Gedichte*, O. Weinreich, Zürich/Stg. 1969. – Dass., C. Fischer, Mchn. 1987 (dtv).

VERTONUNG: C. Orff, *Catulli Carmina*, 1943; *Trionfo di Afrodite*, 1951.

LITERATUR: O. Weinreich, *Die Distichen des C.*, Tübingen 1926. – I. Schnelle, *Untersuchungen zu C.s dichterischer Form*, Lpzg. 1933 (Phil, Suppl., 25/3). – E. Paratore, *C. poeta doctus*, Catania 1942. – B. Heck, *Die Anordnung der Gedichte des C.*, Diss. Tübingen 1950. – F. Klingner, *C.* (in *Römische Geisteswelt*, Mchn. ⁴1961, S. 218–238). – G. Lieberg, *Puella divina*, Amsterdam 1962. – M. N. Wetmore, *Index verborum Catullianus*, New Haven 1912; Neudr. Hildesheim 1961. – E. Schäfer, *Das Verhältnis von Erlebnis u. Kunstgestalt bei C.*, Wiesbaden 1966. – D. O. Ross jr., *Style and Tradition in C.*, Cambridge/Mass. 1969. – H. Bardon, *Propositions sur Catulle*, Brüssel 1970. – K. Quinn, *C. An Interpretation*, Ldn. 1972. – E. A. Schmidt, *C.s Anordnung seiner Gedichte* (in Phil, 117, 1973, S. 25–42). – B. Coppel, *Das Allius-Gedicht. Zur Redaktion des C. corpus*, Heidelberg 1973. – *C.*, Hg. R. Heine, Darmstadt 1975 (WdF). – F. Stoessl, *C. V. C. Mensch, Leben, Dichtung*, Meisenheim/Glan 1977. – H. Harrauer, *A Bibliography to C.*, Hildesheim 1979. – H. P. Syndicus, *C. Eine Interpretation*, 3 Bde., Darmstadt 1984–1987. – J. P. Holoka, *C. V. C. A Systematic Bibliography*, NY/Ldn. 1985. – E. A. Schmidt, *C.*, Heidelberg 1985.

# ČAU PHRĀYĀ PHRĂ KHLANG [HON]

† 1805 Bangkok

## KĀKĪ KHAM KLǪN

(thai; *Kākī-Dichtung in Klǫn-Versen*). Verserzählung von ČAU PHRĀYĀ PHRĂ KHLANG [HON], einem der bedeutendsten Minister, Dichter und Übersetzer am Hofe RĀMAS I. (reg. 1782–1809), entstanden wahrscheinlich Ende des 18. Jh.s. – Kākī, die schöne erste Gemahlin des mächtigen, in Phāranāsī (Benares) herrschenden Königs Phromathat, hört von der göttergleichen Schönheit eines alle sieben Tage bei ihrem Gatten zum Würfelspiel weilenden Jünglings. Sie will den Fremden – unter dessen Gestalt sich in Wirklichkeit der zauberkräftige Vogelkönig Phayā Khrut (der Garuḍa der indischen Mythologie) – verbirgt, heimlich beim Spiel beobachten; doch ihre Blicke treffen sich, und sie entbrennen in heftiger Leidenschaft zueinander. Nach dem Spiel kehrt der Phayā Khrut im Schutz einer magischen Finsternis in den Palast zurück und entführt die schöne Kākī, ungeachtet ihres artigen Widerstands, auf sein Götterschloß am Fuß des heiligen Meru-Berges. Dort leben sie in Freuden miteinander. Vergebens sucht König Phromathat, fast von Sinnen vor Schmerz über den Verlust, überall nach der abgöttisch geliebten Gattin. Doch sein kluger Ratgeber und Lautenspieler Nātakuwēn hat – als einziger – Verdacht geschöpft. Er erbietet sich, dem König die entführte Gemahlin wiederzubringen. Als der Vogelkönig nach der nächsten Würfelpartie in sein Schloß zurückfliegt, versteckt Nātakuwēn sich als Laus in dessen Gefieder. Aber statt die Königin zur Rückkehr nach Phāranāsī zu bewegen, überredet er sie, ihm während der täglichen Abwesenheit des Phayā Khrut ihre Gunst zu schenken. Fortan genießt Kākī die Nächte mit dem Vogelkönig, die Tage mit dem klugen Ratgeber. Das Glück währt nicht lang. Nach sieben Tagen fliegt Nātakuwēn im Gefieder des Phayā Khrut heimlich nach Phāranasī zurück. Er berichtet dem König, er habe Kākī nicht zur Rückkehr bewegen können, habe aber befürchtet, von ihr verraten zu werden. Um am Vogelkönig Rache zu nehmen und die Herausgabe der Königin zu ermöglichen, so behauptet er, habe er sie verführen müssen. Maßloser Zorn und Enttäuschung ergreifen den zweifach betrogenen Phromathat. Doch aus Furcht vor öffentlicher Schande ist er am Ende froh, durch die List seines Ratgebers die Königin zurückzugewinnen und dem Vogelkönig die erlittene Schmach heimzahlen zu können. Bei der nächsten Würfelpartie schildert Nātakuwēn in Spottliedern sein Liebesabenteuer im Götterschloß. Beschämt bricht der Vogelkönig daraufhin das Spiel ab und bringt die Treulose, die alles abstreitet, nach Phāranasī zurück. Trotz Kākīs Flehen verstößt sie auch Phromathat und läßt sie auf einem Floß aussetzen.

Die Verserzählung beruht zum Teil auf älterer, wahrscheinlich mündlicher Überlieferung (etwa dem *Kākī-Bootslied* von Čau Fa Thammathibēt, † 1755); sie ist eine siamesische Adaption von zwei im wesentlichen gleichlautenden indischen Jātakas (Geschichten von den früheren Existenzen des Buddha): dem *Kākāti-* und dem *Sussondi-Jātaka*. Allerdings weicht das Werk im Detail wie nach Tendenz und Darstellung oft erheblich von den indischen Vorlagen ab. Während diese aus der Sicht buddhistischer Dogmatik die Sinnlosigkeit irdischer Liebe veranschaulichen, erweckt der thailändische Autor, besonders durch Kākīs rührende Anmut, Anteilnahme an einem tragischen Frauenschicksal. Die in den Jātakas knapp erzählte Handlung schmückt der Dichter mit ausgedehnten, jedoch nie die Konventionen der Hofdichtung verletzenden Schilderungen erotischer Szenen aus. Eine weitere reizvolle Bereicherung sind die Lieder, die die Wehmut und den Schmerz der unglücklich Liebenden besingen. Neu ist auch die bis an die Grenze des Lächerlichen gehende Darstellung des Königs und der Schluß der Erzählung (die Jātakas enden mit der Rückgabe Kākīs an Phromathat).

Die Überlieferung des *Kākī kham klǫn* ist nicht einheitlich; die daraus sich ergebenden textgeschichtlichen Probleme sind noch ungelöst. Der Gedanke, es könne vielleicht nur das als Rezitationstext für das Mahōrī-Orchester (das *Bot mahōrī rüǫng kākī*) berühmte letzte Drittel des Werks von Čau Phrayā Phrǎ Khlang stammen, scheint sich allerdings, den neuesten Ausgaben zufolge, nicht durchzusetzen. – Von Chōt Manīrat, der zur Zeit Rāmas IV. (reg. 1851–1868) lebte, ist eine Weiterdichtung überliefert, die – freilich in weniger kunstvollen Versen – von Kākīs späteren (Liebes-)Abenteuern mit Räubern und Kaufleuten berichtet; am Ende kann schließlich Nātakuwēn sie wieder für sich gewinnen, der inzwischen König in Phāranasī geworden ist. Sunthǫn Phū (1786–1855) dichtete ein beliebtes Wiegenlied *(Bot hē klǫm)*, das eine kurze Episode der Kākī-Geschichte schildert. Im Jahr 1962 ist eine moderne Nachdichtung der ganzen Erzählung von Tamrā Nǎ Müong Tai erschienen. H.Hun.

Ausgaben: Bangkok 1920 (*Bot mahōrī rüǫng kākī*, in *Prǎchum bot mahōrī*; unvollst.; 41967). – Bangkok 1932 [Erg. Chōt Manīrat]. – Bangkok 1960 (*Kākī klǫn suphāp*, Hg. Krom Sinlapākǫn; 61964 in *Wannakhadī Čau Phrǎyā Phrǎ Khlang [Hon]*). – Bangkok 1962 (*Kākī-sǎm wǒhǎn*, Hg. Tamrā Nǎ Müong Tai; Erg. Chōt Manīrat; m. Anm.).

Literatur: P. Schweisguth, *Étude sur la littérature siamoise*, Paris 1951, S. 294–297. – A. Pavie, *Contes populaires du Cambodge, du Laos et du Siam*, Paris 1903, S. 70–77 [kambodsch. Version].

## GUIDO CAVALCANTI

\* 1250/1255 Florenz
† 27./28.8.1300 Florenz

## RIME

(ital.; *Gedichte*). Sammlung lyrischer Liebesdichtung von Guido Cavalcanti, entstanden vor 1300, in Teildrucken erschienen ab 1498. – Cavalcantis Kanzoniere umfaßt 52 Gedichte, von denen nur die ersten drei als Jugendwerke zu betrachten sind, während die späteren Texte Musterbeispiele für die Dichterschule des *dolce stil nuovo (der süße neue Stil)* darstellen. Der bedeutende Rang Cavalcantis wurde schon von seinem Florentiner Freund Dante Alighieri erkannt, der dem Autor seine *Vita nova* (vgl.) widmete und ihn in der *Divina commedia (Purgatorio* XI, 94 ff.), analog zum Vergleich zwischen den Malern Cimabue und Giotto, als Nachfolger und Überbieter des Bologneser Stilnovisten Guido Guinizelli (1230–1274) charakterisiert. Wie dieser pflegt Cavalcanti die Gattungen des Sonetts und der Kanzone, doch wendet er sich auch verstärkt der Ballata zu, die er zu einer ernsten, der Kanzone angenäherten Dichtform umprägt. Berühmt ist außerdem seine den Provenzalen nachempfundene Pastorella *In un boschetto trova' pasturella*, deren Sinnenfreude in starkem Kontrast zu Cavalcantis übriger, streng platonisch geprägter Liebesdichtung steht. Kernstück von Cavalcantis Liebeskonzept ist der *amor gentil*, eine durch Seelenadel geläuterte Liebeserfahrung, bei der die Frau für den liebenden und dichtenden Mann als Vemittlerin von Amors beseeligender Kraft auftritt. Innerhalb dieses Grundmodells entwickelt der *dolce stil nuovo* zahlreiche Variationen, wobei Cavalcanti besonders den Schmerz und die Erschütterung des Liebenden als zentrales Thema herausstellt. Nur neun seiner Gedichte sind an die – unpersönliche – Herrin gerichtet, die anderen zeigen den Liebenden oder die Frau im Selbstgespräch oder im Zwiegespräch mit dem übermächtigen Amor. Die Bedrohung der Liebenden durch den Liebesgott leitet Cavalcanti aus der platonischen Lehre von den *spiriti* ab, die er vermutlich durch die Schriften des Albertus Magnus kennengelernt hat. Demnach zerteilt sich das Ich in Gegenwart der Herrin in einzelne, widerstrebende Geister, die es seinem eigenen Wesen entfremden und bis an den Rand des Todes martern können. So erzeugen selbst huldvolle Gesten der Herrin im Liebenden äußerste Qualen.

Die zahlreichen Versuche, Cavalcantis »psychologische« Expressivität aus seiner Biographie abzuleiten, sind wenig überzeugend. Viel plausibler ist es, sie im Sinne einer mittelalterlichen Geisteshaltung zu deuten, für die die Liebe nur in einem universalen Zusammenhang verstehbar ist. Alle scheinbar persönlichen Ausdifferenzierungen des Dichters bleiben daher auf das wissenschaftliche Denken der Zeit und dessen Begriffsprägungen bezogen. Dies wird besonders deutlich an der Kanzone *Donna me prega*, einem Lehrgedicht, das mit seinem reflexivwissenschaftlichen Duktus ein Pendant zu Guinizellis berühmter Lehrkanzone *Al cor gentil ripara sempre Amore* bildet. Form und Gedankenführung des Gedichts sind sehr kompliziert. Seine fünf Strophen weisen eine ungewöhnliche Reimordnung auf und enthalten unregelmäßig eingestreute Binnenreime. Die Argumentation erfolgt streng in acht Schritten und beruht auf mittelalterlichen Schlüsselbegriffen wie Substanz, Akzidenz, Akt, Form u. a. Amor, der seinen Sitz in der Innerlichkeit der memoria (des Geistes) hat, gelangt in der Schönheit der Frau zu einer Form, die auf den Liebenden einwirkt. Doch wenn die Liebe als geistige Wesenheit ans Stoffliche der Form gebunden ist, kann sie sich nur unvollkommen entfalten und erzeugt Leid. Gerade dieses Leid ist aber für den Liebenden die einzige Möglichkeit, die Anwesenheit der transzendenten Macht Amors zu erfahren.

Cavalcantis Kanzone hat nicht nur bei Dante großen Widerhall gefunden, sondern wirkt noch in Marsilio Ficinos Kommentar *In convivium Platonis sive De Amore* (1496) nach und wurde bis ins 17. Jh. häufig kommentiert. Sein Dichten insgesamt steht zwar im Schatten von Dante und Petrarca, doch es bleibt ein eigenständiges Zeugnis der frühen toskanischen Lyrik. U.P.

Ausgaben: Venedig 1498 *(De natura et motu amoris venerei Cantio cum enarratione Dini di Garbo)*. – Florenz 1813, Hg. A. Cicciaporci. – Florenz 1881, Hg. N. Arnone. – Bologna 1902, Hg. E. Rivalta. – Genua 1931, Hg. E. Pound. – Mailand/Neapel 1957, Hg. G. Favati *(Rime*; krit.; m. Bibliogr.). – Turin 1967, Hg. G. Cattaneo. – Alpignano 1968, Hg. G. Contini *(Rime)*.

Literatur: K. Vossler, *Die philosophischen Grundlagen zum »süßen neuen Stil« des Guido Guinizelli, G. C. und Dante Alighieri*, Heidelberg 1904. – J. E. Shaw, *G. C.'s Theory of Love. The canzone d'amore and Other Related Problems*, Toronto 1949. – W. Th. Elwert, *G. C. als Schöpfer des »Süßen neuen Stils«* (in Dt. Dante-Jb., 29, 1950). – Ders., *Die Balladen G. C.s* (in RF, 63, 1951, S. 16–35). – L. Vitetti, *Il sonetto a Dante, di G. C.*, »*I' vegno il giorno a te*«, Turin 1962. – H. Friedrich, *Dolce Stil Novo* (in H. F., *Epochen der ital. Lyrik*, Ffm. 1964). – L. Battaglia, *Per l'interpretazione del sonetto cavalcantiano »Vedeste al mio parere«* (in GLI, 147, 1970). – M. Santagata, *Lettura cavalcantiana (XLI »I' vegno il giorno a te«)* (ebd., 148, 1971). – G. Favati, *Inchiesta sullo Stil Novo*, Florenz 1975. – R. Jacoff, *The Poetry of G. C.*, Diss. Yale Univ. 1977 (vgl. Diss. Abstracts, 39, 1978, S. 1620A). – T. Barolini, *Dante's Poets*, Princeton 1984. – G. Favati, Art. *G. C.* (in Branca, 1, S. 565–567).

## ILIA GIORGISDZE ČAVČAVADZE

\* 27.10.1837 Qvareli / Kachetien
† 30.8.1907 Tsitsamuri

Literatur zum Autor: Tʻ. Nakašidze u. N. Kordzaia, *I. Č. Bibliograpʻia*, Tiflis 1966. – G. Džibladze, *I. Č.* (in Kʻartʻuli literaturis istoria ekʻs tomad, 4, 1974, S. 34–116). – A. Bakʻradze, *I. Č.*, Tiflis 1984. – T. Sanikidze, *I. Č.s poeziis lekʻsikoni*, Tiflis 1986. – *I.*, Tiflis 1987 (Mogonebani gardasul dghetʻa).

## GLAHIS NAAMBOBI

(georg.; *Erzählung des Bettlers*). Erzählung von Ilia Giorgisdze Čavčavadze, erschienen 1863; vollständige Ausgabe 1873. – Fürst Ilia Čavčavadze, der seinen Landbesitz unter seine leibeigenen Bauern aufteilte und als einer der ersten realistischen Schriftsteller Georgiens im Mittelpunkt der sozialrevolutionären Bewegung stand, wendet sich in *Glahis naambobi* einem ausgesprochen romantischen Stoff zu, den er bereits in seiner unvollendet gebliebenen ersten Erzählung *Kako* (entstanden 1858/59) zu gestalten versucht hat. War hier der Held ein an Robin Hood erinnernder Räuber aus sozialem Protest, so ist nun der Protagonist ein Mitleid erweckender Bettler namens Gabro, der – todkrank in der Nähe eines Dorfes zusammengebrochen – einem Fremden seine Lebensgeschichte erzählt: In seiner Jugend war Gabro der beste Freund des reichen, überall bekannten Gutsbesitzerssohns Datʻiko gewesen, mit dem zusammen er aufwuchs und in die Stadt geschickt wurde, um bei einem »guten Menschen« lesen und schreiben zu lernen. Als beide zu jungen Männern herangewachsen waren, zerbrach ihre Freundschaft. Datʻiko,

ein eigensüchtiger, allein dem Genuß lebender Mensch, erkor sich eines Tages Gabros Braut T'amro, die schöne Tochter eines Kleinbauern, zum Objekt seiner Begierden. Um die seine Gewalt zu bekommen, ließ er Gabro unter einem Vorwand verhaften und ins Gefängnis werfen. Aus dem Kerker konnte Gabro zwar ausbrechen, doch mußte er als Gesetzloser in die Wälder flüchten und, wollte er nicht umkommen, das Leben eines Räubers führen. Nach Jahren begegnete er zufällig seiner geliebten T'amro wieder, die, von Dat'iko entehrt und schließlich verstoßen, zur Dirne geworden war. Erschüttert von ihrem schmachvollen Schicksal, erfüllte Gabro daraufhin das ihrem Vater gegebene Versprechen und tötete Dat'iko. Die Rahmenerzählung schließt damit, daß der sterbende Bettler den letzten Segen, den ihm der Dorfpfarrer nicht erteilen will, von einem städtischen Priester empfängt, in dem Gabro jenen »guten Menschen« wiedererkennt, der ihn einst lesen und schreiben gelehrt hat.
Zwar ist auch in dieser Erzählung Čavčavadzes der Protest gegen die Willkür der Reichen und die Rechtlosigkeit der Armen nicht zu überhören, doch wird hier die soziale Wirklichkeit aus dem Zentrum des Werks an seine Peripherie gedrängt; die Handlung gehört ebenso wie die Charakterzeichnung der einzelnen Gestalten einer romantischen Scheinwelt an, die einem märchenhaften Zaubergarten gleicht. Hier gedeiht kein Haß, und selbst der Tod Dat'ikos erweckt in dem Rächer nur Mitleid, keine Genugtuung, da Gabro lediglich einen Eid zu erfüllen gezwungen ist. – Die lyrisch poetische, überaus bilderreiche, sprachlich leicht rhythmisierte und auf das Kunstmärchen hin hochstilisierte Erzählung gilt als eines der schönsten sprachlichen Kunstwerke der georgischen Literatur. J.J.

AUSGABEN: Tiflis 1863 (in Sak'art'velos moambe, 1863, 1; unvollst.). – Tiflis 1873 (in Krebuli, 1873, 1, 2 u. 3). – Tiflis 1879. – Tiflis 1937 (in Lek'sebi, poemebi, mot'hrobebi). – Tiflis 1950 (in T'hzulebat'a sruli krebuli). – Tiflis 1957 (in T'hzulebani P. Jngoroqvas šesavali cerilit').

ÜBERSETZUNGEN: (russ.): *Rasskaz niščego*, E. Gogoberidze (in *Izbrannoe*, Moskau 1948, S. 149 bis 372). – Dass., ders. (in *Izbrannye proizvedenija*, Moskau 1950, S. 141–218).

LITERATUR: M. Zandukeli, *Očerki po istorii gruzinskoj literatury 19 veka*, Tiflis [2]1955, S. 73–77. – Mnat'obi, Nr. 10, Tiflis 1957, S. 45–48. – Baramidze-Radiani, S. 197 f. – Š. Radiani, P. Kekelidze u. a., *K'art'uli literatura*, Tiflis [9]1959, S. 237–288. – M. Zandukeli, *Ahali k'art'uli literatura*, Bd. 2, Tiflis 1962, S. 289; 294. – G. Deeters, *Georgische Literatur* (in HO, Abt. I, 7, S. 148). – L. Sanadze, *I. Č'avč' avadzis »Glahis naamsobis« semok 'medebit'i istoria* (in Tek 'stologiis sakithebi, 3, 1971, S. 48–94).

## KACIA-ADAMIANI?

(georg.; *Ist das noch ein Mensch?*). Satirische Erzählung von Ilia Giorgisdze ČAVČAVADZE, erschienen 1863. – Auf ihrem gänzlich verwahrlosten und verschmutzten Gut frönen der Fürst Luarsab Tatkaridze und seine Frau Daredžani der einzigen ihnen noch verbliebenen Leidenschaft, einer unstillbaren Freßgier. Nach den Mahlzeiten schwingt sich ihr träger Geist zuweilen dazu auf, die Fliegen an den Wänden zu zählen, weit größere Lust aber bereitet es ihnen, ihre Leibeigenen zum Zeitvertreib zu quälen. Selbstverständlich sind ihnen alle die ein Dorn im Auge, die in die »wohlgeordneten« Verhältnisse – ein rechter Adliger verehrt sie als von Gott gewollt – mit dem Ruf nach höherer Bildung verwirrend eingreifen. *»Seitdem sie diese teuflischen Schulen eingeführt haben, gütiger Gott, seitdem gibt es kein Wohlergehen mehr in Georgien. Unsere Kinder haben völlig die Gesichtsfarbe verloren: essen – sie essen nichts, trinken – sie trinken nichts, was sind das für Menschen? Sie können lesen und schreiben? Denke nur, wie wichtig! Was macht es schon, daß ich nicht lesen und schreiben kann, bin ich etwa kein Mann?«* Die Frage *Ist das noch ein Mensch?* war für Čavčavadze die Frage nach der Existenzberechtigung eines ganzen Standes, des reaktionären und ungebildeten, gleichwohl mächtigen feudalen Landadels
I.v.W.-KLL

AUSGABEN: Tiflis 1863 (in Sak'art'velos Moambe). – Tiflis 1957 (in I. Č., *T'hzulebani*).

ÜBERSETZUNG: *Čelovek li on?*, A. Nejman, Tiflis 1937 [russ.].

LITERATUR: A. Leist, *Das georgische Volk*, Dresden 1903, S. 273. – F. Karst, *Littérature géorgienne chrétienne*, Paris 1934, S. 149. – Baramidze-Radiani, S. 118–133. – Š. Radiani, P. Kekelidze u. a., *K'art'uli literatura*, Tiflis [9]1959, S. 274–276. – G. Deeters, *Armenische u. kaukasische Sprachen*, Leiden/Köln 1963, S. 149.

# JACOPO CAVICEO

\* 1.5.1443 Parma
† 3.6.1511 Montecchio

## IL LIBRO DEL PEREGRINO

(ital.; *Das Buch von Peregrino*). Roman in drei Büchern von Jacopo CAVICEO, erschienen 1508. – Die in Ferrara entstandene und Lucrezia Borgia, der Gemahlin Herzog Alfonsos I. von Ferrara, zugeeignete Geschichte zweier Liebender wurde in der ersten Hälfte des 16. Jh.s neunzehnmal nachgedruckt und sofort ins Französische und Kastilische übersetzt.

Peregrino, der dem Autor im Traum erscheint und seine Geschichte erzählt, liebt Ginevra, eine sanfte und schöne Bürgerstochter, die er jedoch nicht heiraten kann, weil Agnolo, ihr Vater, dem jungen Edelmann feindlich gesinnt ist. Um sich der Angebeteten zu nähern, muß Peregrino tausend Listen ersinnen, sich z. B. in der Kirche unter dem Altar verstecken, in dessen Nähe Ginevra zu beichten pflegt, oder sich im Innern einer Statue der hl. Katharina ins Haus der Geliebten tragen lassen, wo er, im Glauben, sich in ihrem Zimmer zu befinden, in der Dunkelheit ein anderes Mädchen umarmt. Damit dieser Verrat an ihrer Liebe und zugleich die Beleidigung der Heiligen gesühnt werde, schickt Ginevra, die seiner Leidenschaft zurückhaltend, doch keineswegs empfindungslos begegnet, ihn auf eine Pilgerfahrt nach »Santa Caterina in finibus terrae«. Als er nach traurigen Irrfahrten zurückkehrt, erfährt er, daß Ginevra ins Kloster geht, um nicht, wie ihre Eltern es fordern, einen anderen Mann heiraten zu müssen. Nun beginnt für Peregrino eine zweite, noch längere und noch abenteuerlichere Irrfahrt um die halbe Welt, die der von BOCCACCIOS Florio (vgl. *Il Filocolo*) nachgebildet ist und in deren Verlauf der Held im Jenseits die Unterwelt und die Elysischen Gefilde aufsucht und dort mit bekannten Persönlichkeiten spricht. Schließlich gelingt es Peregrino, Ginevra in Ravenna aus dem Kloster zu befreien. Doch das Glück der Eheleute ist nur von kurzer Dauer: Ginevra stirbt bei der Geburt ihres ersten Kindes. Erst im Tode, in den ihr, im Traum von ihr gerufen, Peregrino bald nachfolgt, sind beide endgültig vereint – ein entsagungsvoller Schluß, der wohl ein Gegengewicht zu der beträchtlichen erotischen Freiheit einiger Episoden des Romans bilden sollte.

Caviceo verarbeitete einzelne Episoden und Abenteuer aus seinem, für einen Priester recht ungewöhnlich verlaufenen, tumultarischen Leben. Viele Details entlehnte er jedoch auch Boccaccios *Decamerone* (1470), dem einzig verbindlichen Muster für die italienische Prosa des 16. Jh.s. Deutliche Anklänge an VERGIL und DANTE und Reminiszenzen an die antike Mythologie finden sich vor allem in den Beschreibungen des Aufenthalts von Peregrino im Jenseits, auf seiner zweiten Reise. Zwar konnte Caviceo als Erzähler dem großen Dreigestirn BANDELLO, GIRALDI CINTIO und GRAZZINI nicht den Rang streitig machen, doch vermochte er den Geschmack, den das damalige Publikum an erotischer und abenteuerlicher Lektüre fand, ausgiebig zu befriedigen. KLL

AUSGABEN: Parma 1508. – Venedig 1559. – Turin 1952 (*Il Peregrino*, in *Opere di I. Sannazaro. Con saggi dell'»Hypnerotomachia Poliphili« di F. Colonna e del »Peregrino« di I. Caviceo*, Hg. E. Carrara; Classici Italiani).

LITERATUR: A. Ronchini, *J. C.* (in Atti e Memorie della Deputazione di Storia Patria per le Provincie Modenesi e Parmensi, 4, 1868, S. 209 ff.). – A. Albertazzi, *Romanzieri e romanzi del cinquecento e del seicento*, Bologna 1891, S. 7 ff. – E. Faelli, *J. C.* (in Archivio Storico per le Provincie Parmensi, Nuova seria, 22, 1922, 2, S. 7–14). – V. Rossi, *Il quattrocento*, Mailand 1933, S. 197/198. – M. Turchi, *Composizione e situazione del romanzo umanistico di J. C.* (in Aurea Parma, 46, 1962, S. 9–19).

## JEAN CAYROL

* 6.6.1911 Bordeaux

LITERATUR ZUM AUTOR:
W. H. Fritz, *C.s ›lazarenische‹ Prosa*, Wiesbaden 1966. – D. Oster, *J. C. et son œuvre*, Paris 1967. – *J. C.*, Paris 1973. – W. H. Fritz, *J. C.* (in KLFG, 4. Nlg., 1984).

## LES CORPS ÉTRANGERS

(frz.; *Ü: Die Fremdkörper*). Roman von Jean CAYROL, erschienen 1959. – Zum erstenmal seit seinem frühen Roman *On vous parle* (1946) erzählt Cayrol hier in der Ichform. Der Schreibende ist ein moderner Anti-Held, ein »Mann ohne Eigenschaften« nicht im Sinn des Spätgeborenen, sondern als Verkörperung des Mittelmaßes modernen Menschseins. Es sind die »Fremdkörper« – der karge Raum eines billigen Hotelzimmers mit seinen beziehungslosen zufälligen Gegenständen –, die in dem achtunddreißigjährigen Gaspard eine Art Bewußtseinskrise auslösen und ihn zu dem Versuch zwingen, in diesem Zimmer und in dieser Nacht die Geschichte seines Lebens niederzuschreiben. Dabei ist dieses Leben selbst – das Leben eines Hasardeurs und Kaufmanns, eines »geschobenen Schiebers«, der während des Zweiten Weltkriegs mit der Besatzungsmacht kollaborierte – völlig bedeutungslos. Gegenstand dieses Buches ist im Sinne des sogenannten *pré-roman* der Roman selbst, seine Entstehung, seine Beziehung zur Wirklichkeit und zur Wahrheit. Gaspards Bericht scheitert in all seinen Ansätzen an der Diskrepanz zwischen Realität und Sprache, zwischen Gedächtnis, Phantasie, Erinnerung und Vergangenheit. Der Versuch, mit den Mitteln der Sprache in die verlorene Zeit zurückzugehen, verfängt sich Schritt für Schritt in der (der Eigenständigkeit der Sprache entspringenden) Lüge: »*Die Wörter gleiten mir aus den Händen wie Aale.*« Lüge aber erscheint hier nicht als eindeutig determinierter Gegenbegriff der Wahrheit; es ist nicht nur die Polarität dieses Wortpaares relativiert, auch die Vorzeichen der Pole sind gewissermaßen vertauscht. Lügen heißt nicht mehr, von der Wahrheit abweichen; unwahres, zielloses Reden wird hier zum ehrlichen und verzweifelten Versuch (dessen Erfolge im Vermutba-

ren enden), die inkonsistente Wahrheit durch Zufall zumindest in einzelnen Punkten zu treffen.
Die Inkongruenz von Phantasie und Wirklichkeit ist nicht Cayrols Problem allein, sondern ein allgemeiner und zentraler Bewußtseinskonflikt der modernen Dichtung. Persönlich und existentiell begründet wie der Konflikt selbst – Cayrol lebte drei Jahre (1942–1945) im Konzentrationslager Mauthausen, in einer Welt, in der sich die Diskrepanz zwischen Realität und Traum ins Unermeßliche steigert – ist bei Cayrol jedoch die Absicht (die er im Gegensatz zu anderen Autoren der Gegenwart bewußt verfolgt), die Krise durch ihre Mitteilung zu überwinden. Die Ich-Sprache ist hier nicht innerer Monolog, sie wendet sich, oft sogar in direkter Form, an den Leser: »*Du mußt dich an alles erinnern, was ich dir gesagt habe; dazu bist du hier. Ich habe dir mein Leben anvertraut wie ein verwickeltes Garn. Es ist an dir, es zu entwirren.*« Gaspards Geschichte beginnt ohne Grund, verliert sich in Widersprüchen und findet kein Ende. Ob sie dennoch Gaspards Geschichte ist, hängt davon ab, ob sie sich mitteilen kann, einen Leser findet, der in ihr, in ihren Widersprüchen, den Erzähler Gaspard und in ihm auch sich selbst erkennt. Nicht Wahrheit und Wirklichkeit des Erzählten, sondern Wahrheit und Wirklichkeit des Erzählens sind der Gegenstand dieser Geschichte. KLL

AUSGABEN: Paris 1959. – Paris 1964 (10/18).

ÜBERSETZUNG: *Die Fremdkörper*, G. [u.] G. Meister, Freiburg i. B. 1959. – Dass. dies., Ffm. 1969 (FiBü).

LITERATUR: W. Rosengarten, *Sein Leben erfinden* (in NDH, 7. 2. 1959, S. 1). – J. Howlett, »*Les corps étrangers*« (in Esprit, 27, 1959, S. 1–6). – R. H. Wiegenstein, *Die lebenslange Lüge* (in FH, 15, 1960, S. 55/56). – C. Lynes, »*Les corps étrangers*« (in C. L., *The Novelist as Philosopher*, Ldn. 1962, S. 183–205). – J. Crickillon, *L'impossible roman: »Les corps étrangers« de C.* (in Marginales, 23, 1968, Nr. 118, S. 55–57). – G. Varro, *Pour lire C. »Les corps étrangers«* (in Le Français dans le monde, 1970, Nr. 71, S. 37–47).

# LE DÉMÉNAGEMENT

(frz.; *Ü: Der Umzug*). Roman von Jean CAYROL, erschienen 1956. – Wie schon in seinem früheren Roman *L'espace d'une nuit*, 1954 *(Im Bereich einer Nacht)* stellt Cayrol auch hier wieder seine Personen in eine Situation, in der sie, außerhalb der Schutzmauern langjähriger Gewohnheit, gezwungen sind, ihr Leben zu überdenken und ihre Illusionen zu durchschauen.
Nach dem Auszug aus der elterlichen Wohnung, in der Cate mit ihrem Mann Pierre bisher eine nach bürgerlichen Maßstäben mustergültige Ehe zu führen meinte, bahnt sich in ihr die Erkenntnis ihres Selbstbetrugs an. In der ersten Nacht, die sie in der fremden Umgebung eines Hotelzimmers verbringen, versucht Pierre, ihre in der frühen spannungslosen Geborgenheit erlahmten Gefühle wiederzuerwecken. Doch ihre Gespräche finden nicht mehr aus dem Leerlauf uneingestandener Lügen heraus, in dem ihre Ehe verkümmerte. Beide vermögen sich nicht mehr zu verständigen. Cate, hilflos und unsicher in der ihr unvertrauten Welt, sieht sich einem Mann gegenüber, der im Gegensatz zu ihr plötzlich auflebt und aufatmend aus seiner bisherigen Schattenexistenz heraustritt, die ihm der enge Familienkreis aufnötigte. Als sie sich jedoch den Erklärungen für sein verändertes Verhalten verschließt, verläßt Pierre sie. Damit bricht für Cate alles zusammen. Verzweifelt stürzt sie auf die Straße und streunt durch die Stadt wie eine jener Frauen, die sie bisher aus tiefstem Kleinbürgerherzen verachtete. Schließlich macht sie einen Selbstmordversuch, den jedoch Pierres Dazwischenkommen im letzten Moment vereitelt. Ob diese Krise Mann und Frau wieder zueinander führen wird, läßt der Autor offen. Es heißt lediglich: »*Fürs erste war Cates Sterben ein Ende gesetzt.*«
Es geht Cayrol nicht um die Präsentation einer klaren Fabel und einer eindeutigen Lösung, sondern um die Freilegung der im Alltag verschütteten Existenz und die Einsicht: »*Gelebt werden muß es, das Leben, gebraucht.*« Trotz seines appellativen Charakters ist dieser mit leichter Feder geschriebene Roman, wie Cayrols andere Werke, ausgesprochen lyrisch-poetisch. Die Stadtlandschaft, die die Ausgestoßene durchstreift, verzerrt sich, mit ihren Augen gesehen, ins traumhaft Groteske. Die Gestalten, die ihr begegnen, ein zwielichtiger, weiser »Großtrödler«, eine kleine Eierverkäuferin, scheinen der Umherirrenden Botschaft aus anderen Räumen zu bringen. Das Banale, Triviale der Vorgänge erhält, von einem bis ins Innerste aufgewühlten Menschen erlebt, einen Zug ins Unwirkliche, der das Exemplarische dieses Erlebnisses aber nicht in Frage stellt, sondern für Cayrol im Gegenteil ein Charakteristikum solcher Grenzerfahrung ist. G.U.

AUSGABE: Paris 1956.

ÜBERSETZUNG: *Der Umzug*, G. [u.] G. Meister Freiburg i. B. 1958. – Dass., dies., Ffm. 1962 (FiBü). – Dass., dies., Bln./DDR 1971.

LITERATUR: M.-J. Rustan, »*Le déménagement*« (in Vie Intellectuelle, Okt. 1956, S. 101–112). – C. Bourniquel, »*Le déménagement*« (in Esprit, 24, 1956, 1, S. 885–887). – W. Heist, *Der lazareische Roman* (in NDH, 5, 1958/1959, S. 843–845). – D. Bourdet, *J. C.* (in Revue de Paris, 70, 1963, S. 127–131).

# LE FROID DU SOLEIL

(frz.; *Ü: Die kalte Sonne*). Roman von Jean CAYROL, erschienen 1963. – Held dieses Romans ist, wie immer bei Cayrol, der einsame Mensch, der vom Verlangen nach Liebe und Selbstbestätigung durch die Welt getrieben wird. In diesem Falle entsprechen existentieller Zustand und gesellschaftliche Situation der Zentralgestalt einander wie Bild und Spiegelbild.

Bernard, der im Auto umherreisende Vertreter, mißt sich selbst ungeheure Wichtigkeit zu. »*Ich bin unsterblich, ich bin der ewige Handlungsreisende, der Vielgeliebte. Ohne sein Kommen und Gehen könnte das Leben nicht weiterbestehen: ich bin's, der dem Leben seine wahre Bewegung verleiht.*« Alles aber, was er tut und was ihm zustößt, offenbart nur seine durch Lügen vertuschte Nichtigkeit. Er befindet sich unablässig auf der Flucht vor der Begegnung mit dem, der er wirklich ist. Seine Touren durch die tristen Nester an der Küste Nordfrankreichs geben ihm ein euphorisch gesteigertes Selbstgefühl, denn unterwegs gebärdet er sich als sieggewohnter Don Juan. Mehr noch als seine Verkaufserfolge ist es diese Rolle, die ihm Sicherheit verleiht, denn sie ermöglicht ihm, sich als Abenteurer voller Schwung und Selbstvertrauen zu fühlen. Ist aber die Werbetour beendet und Bernard zu Hause bei seiner Frau, dann sinkt sein aufgeblähtes Ich in sich zusammen. Angst vor der Zukunft sucht ihn heim, verdrängte Schuldgefühle tauchen auf – beispielsweise die Erinnerung an amouröse Affären, die mit Selbstmord endeten –, und Bernard sieht sich als der Flüchtling, der er ist, in seiner ganzen Erbärmlichkeit. Diese kurzen Momente der Wahrheit aber gehen unter im Strom des Lebens, das Cayrol als eine Kette von Bruchstücken widerwilliger Erinnerung an die Vergangenheit, verlogener Umdeutung der Gegenwart und versteckter Befürchtungen hinsichtlich der Zukunft darstellt. In zunehmendem Maße vermengen sich diese drei Zeitebenen; irgendwann geschieht dann der längst geahnte Unfall, bei dem Bernard lebensgefährlich verletzt wird. Im Krankenhaus sucht sich der an Täuschungsmanöver Gewöhnte bis zum Schluß etwas vorzumachen und endet schließlich mit dem verzweifelten Aufschrei: »*Verdammt, ich sterbe.*«

In *Le froid du soleil* beschreibt Cayrol die Tragödie des nicht zu sich selbst gekommenen Bewußtseins. Bernard ist für ihn ein Prototyp des Menschen. Der Autor verwendet die Stilmittel des *nouveau roman*, stellt sie aber in den Dienst eines ganz persönlichen Programms, das er in seinem Essay *Lazare parmi nous* (1950) entwirft. Die Menschen, die er gestalten möchte, sind einsam, sie verspüren ein »*unsinniges Verlangen nach Liebe*«, vermögen aber nie »*zuzugreifen, festzuhalten, zu fassen*«; alle Begegnungen mit Menschen und Dingen scheinen »*flüchtig wie ein Wellengekräusel*« und hinterlassen nur »*sich verwischende Spuren*«.　　　　C. Bt.

AUSGABEN: Paris 1963; ern. 1973. – Paris 1974 (Folio).

ÜBERSETZUNG: *Die kalte Sonne*, G. [u.] G. Meister, Freiburg i. B. 1965.

LITERATUR: J. Gaugeard, Rez. (in Les Lettres Françaises, 25. 4. 1963, S. 3). – H. Pevel, Rez. (in Méditations, 7, 1964, S. 155–157). – F. Bondy, Rez. (in NZZ, 30. 9. 1965). – F. A. Hoyer, Rez. (in Sonntagsblatt, 20. 6. 1965). – R. Michaelis, Rez. (in FAZ, 28. 8. 1965). – G. Zeltner-Neukomm, Rez. (in WdL, 2, 2. 9. 1965, S. 424).

## JE VIVRAI L'AMOUR DES AUTRES

(frz.; *Ich werde die Liebe der anderen leben*). Romantrilogie von Jean CAYROL, erschienen 1947 (Teil I und II) und 1950. – In dem 1950 veröffentlichten Essay *Pour un romanesque lazaréen (Für eine lazareische Literatur)* versuchte Cayrol, der drei Jahre lang Häftling des Konzentrationslagers Mauthausen gewesen war, die künstlerischen und existentiellen Maßstäbe seines literarischen Werks zu fixieren, das »*unmittelbar aus einer menschlichen Konvulsion geboren wurde, aus einer Katastrophe, die selbst die Grundlagen unseres Bewußtseins erschüttert hat*«. Die Hauptfigur der Trilogie – die beiden ersten Teile *On vous parle* und *Les premiers jours* wurden 1947 mit dem »Prix Renaudot« ausgezeichnet – ist einer jener ehemaligen Häftlinge, die »*unter der larvenhaften Form eines halberloschenen Terrors*« durchs Leben gehen, die wie Lazarus von den Toten auferstanden sind. Eine namenlose Stimme, dem Leser durch das unpersönliche *on* vorgestellt, berichtet in einem ununterbrochenen Monolog von der einzigen noch möglichen Existenzform, nämlich der, Fremder zu sein in einer unvertraut gewordenen Welt. Für den, der keine Bindung zu den Menschen seiner Umgebung mehr herzustellen vermag, werden allein die Dinge – denen dann die Theoretiker des *nouveau roman* eine ähnlich große Bedeutung zuerkennen sollten – zu Fixpunkten des Erlebens. »*In dem Maße, wie der lazareische Mensch mit Blindheit geschlagen ist, übernimmt es diese Welt der Dinge, für ihn zu sehen, und sie bewahrt jenen Widerschein: den verlorenen Sinn der Welt des Nächsten.*«

Der zweite Teil des Romans löst den Monolog durch die Erzählform in der dritten Person ab. Der schattenhafte Sprecher des ersten Teils gewinnt durch den Namen – Armand – ein Stück realer, sinnerfüllter Existenz zurück, doch noch immer ist er unfähig, sich seiner Identität in einem echten Gefühl bewußt zu werden. So lebt er sozusagen stellvertretend die Liebe der anderen, versucht er einer Frau – Lucette – in Albert, ihrem wahren Geliebten, nahe zu sein. »*Die parasitäre Liebe*«, schreibt Cayrol, »*ein Lazarus-Phänomen, ist nicht etwa Angst vor der Liebe, sondern Sehnsucht nach Liebe innerhalb einer Liebe ohne Objekt.*« Armands Versuch, den trennenden Abgrund zwischen sich und den Menschen, zwischen sich und Lucette zu überwinden, zögernd, skeptisch und ohne faßbaren Erfolg unternommen, erscheint als die entscheidende Möglichkeit zum Ausbruch aus dem, was Cayrol »*Un-Leben*« nennt.

Der letzte Teil der Trilogie, *Le feu qui prend*, schildert die entscheidende Wendung Armands zur wirklichen Liebe hin, die er Francine, der Tochter eines heruntergekommenen Trinkers, entgegenbringt. Obwohl beider Gefühl in der Armseligkeit und Häßlichkeit ihrer Umwelt immer aufs neue gefährdet wird, erscheint die von Armand wiederhergestellte Beziehung zur menschlichen Gemeinschaft als Ausdruck eines – christlich verstandenen – der Erlösung gleichzusetzenden Vorgangs innerhalb einer Welt, der das Stigma der Heillosigkeit für immer aufgeprägt ist. – »*Für Cayrol waren die Lager kein historischer Unglücksfall, sie haben in erschütternder Weise das Bild der menschlichen Existenz auf Erden verkörpert: ein Elendsdasein, das ertragen werden muß wie die Passion*« (M. Nadeau).

J.H.K.-KLL

AUSGABEN: Paris 1947 [Tl. 1 u. 2]. – Paris 1950 [Tl. 3]. – Paris 1960 *(Je vivrai l'amour des autres).* – Paris 1967 (Poche). – Paris 1980.

LITERATUR: A. Rousseaux, Rez. (in FL, 77, 1947). – R. Lalou, Rez. (in NL, 1947, Nr. 1079). – G. Sigaux, Rez. (in La Table Ronde, 1948, Nr. 1, S. 126). – R. Barthes, *J. C. et ses romans* (in Esprit, 1, 1952, 20, S. 482–499). – A. Blanchet, »*Je vivrai l'amour des autres*« *de J. C. Une voix dans le brouillard et dans la nuit* (in Études, 1952, Nr. 268, S. 200–212). – B. Dort, *J. C. ou L'avènement du roman* (in Cahiers du Sud, 40, 1954/1955, S. 132 bis 140). – B. Pingaud, *C.* (in *Écrivains d'aujourd'hui*, Hg. B. P., Paris 1960, S. 169–177; dt.: *Schriftsteller der Gegenwart. Französische Literatur*, Olten/Freiburg i. B. 1965). – M. Nadeau, *Le roman français depuis la guerre*, Paris 1963 (dt.: *Der französische Roman seit dem Kriege*, Neuwied/Bln. 1964, S. 42–45). – C. Savage, *The Trilogy of C.* (in Thought, 44, 1969, S. 513–530).

---

## JACQUES CAZOTTE

\* 7.10.1719 Dijon
† 25.9.1792 Paris

LITERATUR ZUM AUTOR:
E. P. Shaw, *J. C.*, Cambridge/Mass. 1942. – R. Trintzius, *Matérialisme et spiritualisme, J. C. ou le 18e siècle inconnu*, Paris 1946. – D. Rieger, *J. C. Ein Beitrag zur erzählenden Literatur des 18. Jh.*, Heidelberg 1969. – G. Décote, *L'itinéraire de C.*, Genf 1984.

## LE DIABLE AMOUREUX

(frz.; *Der verliebte Teufel*). Fantastische Erzählung von Jacques CAZOTTE, zuerst erschienen 1772, dann in abgewandelter Form 1776 als Teil der *Œuvres badines et morales (Scherzhafte und moralische Werke).* – Unter dem allegorischen Mantel einer Liebes- und Zaubergeschichte warnt der Roman vor den Gefahren der Anziehungs- und Täuschungskraft der »*bösen Mächte*«. Die Parabel erzählt von dem etwas exaltierten jungen spanischen Adligen und Offizier Don Alvare de Maravilla, der aus Übermut und Neugierde den Teufel in den Ruinen von Portici beschwört. So erlangt er die Begleitung eines zunächst als Spanielhündchen, dann als Page, schließlich als wunderschöne Frau (Biondetta) verkleideten Geistes, zu dem er sich zunehmend hingezogen fühlt. Ein ausschweifendes und abenteuerreiches Leben an dessen Seite vermag diese außerordentliche Zuneigung nicht zu trüben, zumal es Biondetta gelingt, ihn zu überzeugen, sie sei eine Sylphide, eine Luftkreatur, die nur aus Liebe zu ihm einen menschlichen Leib angenommen habe. Alvare beschließt, sie zu heiraten und fährt mit ihr – trotz mehrfacher wundersamer Verzögerungen – zu seiner Mutter nach Spanien zurück; die täuschungsfreudige Kreatur erreicht es trotz seines aus dem Ehrgefühl stammenden Widerstandes, eine Liebesnacht mit ihm zu verbringen, im Laufe derer sie sich ihm in ihrer wahren Gestalt als der Teufel zu erkennen gibt. Ob sich Alvare tatsächlich in ihren Armen zum Teufel bekannt hat, mit den von ihr verlangten Worten: »*Mon cher Belzébuth, je t'adore*« (»*Mein lieber Belzébuth, ich bete dich an*«) bleibt ungewiß. Biondetta verschwindet jedoch, und der verstörte junge Mann erreicht Heim und Mutter, nur um zu erfahren, daß sein ganzes Abenteuer aus lauter Unstimmigkeiten und Sinnestäuschungen bestand, und daß er nun mittels Reue und Gehorsam gegenüber den Vertretern des »Guten« – etwa seiner Mutter und dem Doktor der Theologie Quebracuernos (»Hörnerbrecher«) – das aus seiner Geistesverwirrung stammende Unheil abwenden kann und soll.

Intention und literarisches Genre dieser Geschichte sind nicht eindeutig festzulegen. Schon ihr Schluß variiert von Edition zu Edition: Eine erste Fassung läßt Alvare dem Teufel verfallen; in der Ausgabe von 1772 vertreibt er Biondetta; erst die Fassung von 1776 liefert die uns geläufige Zweideutigkeit des teils geträumten, teils für wahr gehaltenen Schlusses. Die Erzählung hat zu manchen Spekulationen Anlaß geliefert, besonders hinsichtlich der Authentizität der darin vermittelten okkulten Doktrinen. Der romantische Dichter Gérard de NERVAL (1808–1855) wies in seiner Einleitung zur Ausgabe des *Diable amoureux* von 1845 auf Cazottes prophetische und illuministische Gaben hin, sowie auf seinen tiefen, von der Sekte der Martinisten beeinflußten katholischen Glauben; in diesem Lichte erscheint Cazottes Werk als düsteres Initiationsspiel mit dennoch erhofftem guten Ausgang. Der Autor hatte sich aber schon in früheren Werken wie *La patte du chat*, 1741 *(Die Katzenpfote)*, *La veillée de la bonne femme*, 1752 *(Die Nachtwache der guten Alten)*, und *Ollivier* (1763) als Skeptiker und Parodist zu erkennen gegeben, so daß fraglich bleibt, ob Cazottes Intention in diesem Werk ernsthaft warnend oder eher humoristisch-satirisch zu verstehen ist. Der Satanismus war allerdings ein beliebtes Motiv im 18. Jh., wie die literarischen Erfolge von dämonologisch angehauchten Werken wie beispielsweise *Le diable boiteux*, 1707 *(Der hinkende Teufel)*, von A. R. LESAGE, *Les lettres cabalistiques*, 1737 *(Die kabbalistischen Briefe)*, des Marquis d'ARGENS oder *Le comte de Gabalis*, 1670 *(Der Graf von Gabalis)*, des Abbé Montfaucon de VILLARS beweisen, denen schlüpfrigere Werke wie *Le sylphe*, 1730 *(Der Sylph)*, von CRÉBILLON fils oder *L'amant salamandre*, 1757 *(Der Salamander als Liebhaber)*, des Abbé COINTREAU verpflichtet sind. Cazotte selbst zitierte das eigentlich skeptisch orientierte Werk *De betoverde wereld*, 1691 *(Die bezauberte Welt)*, des niederländischen Pastors Balthasar BEKKER, das 1694 unter dem Titel *Le monde enchanté* auf französisch erschien.

Der Verführungskunst Biondettas setzt Alvare – oft von äußeren scheinbaren Zufällen unterstützt – sein Ehrgefühl, nicht jedoch seine Erkenntnis entgegen; das Abenteuer stellt eine *Psychomachia*, einen Kampf um die menschliche Seele, dar, wobei die Hingabe an eine Leidenschaft – ungeduldige Neugierde – zu allen anderen – sexuelle Ausschweifung, Spieltrieb, Mord- und Rachegelüste, Ungehorsam, Unvorsicht und zuletzt womöglich Abwendung von Gott und Seelenheil – führen kann. Dabei behält die Verführung zu fast allen Zeitpunkten einen geradezu arglosen Charakter und eine naive Offenheit (Alvare täuscht sich nie über Biondettas außernatürliche Herkunft, noch vergißt er das ominöse »Che vuoi?« (»was willst du?«), das er bei der schreckeneinflößenden ersten Begegnung mit dem Teufel in Portici zu hören bekam), so daß er seine Wahl zwischen Gut und Böse, zwischen Gott und Teufel, zwischen Gehorsam zur gesellschaftlichen Moral und libertiner Ausschweifung in vollem Wissen als freiwilligen Akt treffen kann. Die Zweideutigkeit der Sehnsüchte (schon die Teufelserscheinung als Kamelkopf in Portici ist von sexuellen Untertönen durchsetzt) und des Objektes der Begierde (die Frau aus Tau, Luft und Regenbogensplittern, unschuldig, da frei von Sündenfall und Seele und gleichzeitig nichts anderes als eine Emanation aus dem schwärzesten Abgrund) verleiht diesem Werk einen Charme, dem sich auch die Nachwelt nicht entziehen konnte. Besonders die Vertreter der »Schwarzen Romantik« (E. T. A. HOFFMANN, Ch. NODIER, Th. GAUTIER, BAUDELAIRE bis hin zu G. APOLLINAIRE) schätzten und benutzten das Werk. Im 20. Jh. stieß es im Gefolge der Tiefenpsychologie und des Neo-Okkultismus auf erneutes Interesse. M.G.D.

AUSGABEN: Paris/Neapel 1772. – Amsterdam/Paris 1776–1788 (in *Œuvres badines et morales*, 3 Bde.). – Paris 1817 (in *Œuvres badines et morales, historiques et philosophiques*, 4 Bde.; Faks. Hildesheim/NY 1976). – Paris 1845 [Einl. G. de Nerval]. – Paris 1965 in *Romanciers du 18e siècle*, Hg. R. Étiemble, 2 Bde., 2; Pléiade). – Paris 1981 (Folio). – Mailand 1983, Hg. A. Boltacin [krit.].

ÜBERSETZUNGEN: *Biondetta*, F. L. W. Meyer, Bln. 1780. – *Der verliebte Teufel*, G. Schatz (in *Moralisch-komische Erzählungen, Mährchen und Abentheuer*, Lpzg. 1789/90, Bd. 3). – *Biondetta, der verliebte Teufel*, F. Blei, Bln. 1924. – *Der verliebte Teufel*, C. Morek, Braunschweig 1947. – *Biondetta, die schlimme Gefährtin*, A. Krieger, Hbg. 1964. – *Der verliebte Teufel*, W. Widmer, Mchn. 1982. – *Biondetta, Der verliebte Teufel*, F. Kaltenbeck, Ffm. 1982. – *Der verliebte Teufel*, E. von Bülow, Stg. 1983 [Vorw. J. L. Borges]. – *Biondetta, Der verliebte Teufel*, F. Blei, Ffm. u. a. 1984 (Ullst. Tb).

LITERATUR: J. Fosny, *Un conte fantastique du XVIIe siècle: »Le diable amoureux« de J. C.* (in Études Classiques, 5, 1936, S. 584–595). – D. Aury, *L'étrange aventure: »Le diable amoureux«* (in D. A., *Lecture pour tous*, Paris 1958, S. 185–198). – J. Richter, *L'ésotérisme du »Diable amoureux«* (in Les Cahiers de La Tour Saint-Jacques, 2–4, 1960, S. 165–172). – M. Milner, *Le diable dans la littérature française de C. à Baudelaire*, Paris 1960. – P.-G. Castex, *Le conte fantastique en France de Nodier à Maupassant*, Paris 1961. – G. Décote, *Logique et fantastique dans »Le diable amoureux«* (in RSH, 1965, S. 305–317). – B. L. Knapp, *C., »The Devil in Love«* (in B. L. K., *Dream and Image*, Troy/N.Y. 1977, S. 103–127). – J. Starobinski, *C.s »Le diable amoureux« and the Structure of Romance* (in Symposium, 31, 1977, S. 231–242). – L. M. Porter, *The Seductive Satan of C.'s »Le diable amoureux«* (in EsCr, 18, 1978, S. 3–12). – K. Hoffmann, *La ruse du diable* (in Neoph., 65, 1981, S. 375–384). – P. Stewart, *»Le diable amoureux«* (in P. S., *Rereadings. Eight Early French Novels*, Birmingham/Al. 1984, S. 193–218). – F. Schuerewegen, *Pragmatique et fantastique dans »Le diable amoureux« de C.* (in Littérature, 60, Dez. 1985, S. 56–72). – C. Hunting, *Les mille et une sources du »Diable amoureux« de C.* (in StV, 230, 1985, S. 247–271).

# HENRY CÉARD

\* 18.11.1851 Bercy
† 16.8.1924 Paris

## UNE BELLE JOURNÉE

(frz.; *Ein schöner Tag*). Roman von Henry CÉARD, erschienen 1881. – Céard veröffentlichte zunächst Erzählungen in Zeitschriften, bevor 1880 mit der Publikation seiner Erzählung *La Saignée (Der Aderlaß)* in *Les Soirées de Medan* der Durchbruch als Schriftsteller erfolgte. Die *Soirées de Medan*, eine nach Émile ZOLAS Landsitz benannte Sammlung von Erzählungen und Novellen, die u. a. Texte von HUYSMANS, MAUPASSANT und Zola selbst enthält, gilt als eines der wichtigsten Zeugnisse des Naturalismus. Céard war 1876 über Huysmans in den Zola-Kreis aufgenommen worden. Wie Zola stellt Céard an Literatur den Anspruch, zu einer Wahrheit zu gelangen, die wissenschaftlichen Kriterien gerecht wird. Hierzu soll die Wirklichkeit in all ihren Einzelheiten möglichst objektiv, also auch ohne wertende Stellungnahmen des Erzählers, dargestellt werden. Schon bald zerbrachen sowohl Zusammenarbeit – Céard hatte Zola bei den Recherchen für den Romanzyklus *Les Rougon-Macquart* unterstützt – als auch die enge Freundschaft zwischen den Romanciers: Céard hielt vor allem Zolas Roman *Pot-Bouille (Am häuslichen Herd)* für nicht genügend wirklichkeitsgetreu, Zola kehrte sich von Céard wegen dessen Anti-Dreyfus-Haltung ab.

*Une belle journée* berichtet von den Erinnerungen der Ernestine Duhamain an den Tag, an dem sie der kleinbürgerlichen Enge des Lebens mit ihrem Mann, dem Architekten Adrien, durch eine Affäre zu entfliehen versuchte. Auf einem Ball hatte sie ihren Nachbarn, einen Vertreter, kennengelernt und sich mit ihm in einem Hotel verabredet. Zu einem Abenteuer kam es jedoch nicht, da der potentielle Liebhaber zu schnell erkannte, daß sich hinter der flatterhaften Dame, die er auf dem Ball erlebt hatte, eine durchschnittliche Ehefrau verbarg, die ihren kleinbürgerlichen Hintergrund nicht abschütteln kann. Es entwickelte sich lediglich ein banales Gespräch, nach dem Ernestine enttäuscht zu ihrem Mann zurückkehrte. Die genaue Erinnerung an dieses Erlebnis führt Ernestine immer wieder die Sinnlosigkeit des Versuchs vor Augen, sich aus der Mittelmäßigkeit ihres Daseins zu befreien.

Thematisch orientiert sich der Roman deutlich an Flauberts *Madame Bovary*, und auch die stilistische Parallelen zu diesem Text sind unverkennbar, so der häufige Gebrauch der erlebten Rede. Das Thema der Eintönigkeit des bürgerlichen Lebens nahm Céard in dem Roman *Terrains à vendre au bord de la mer*, 1906 *(Grundstücke am Meer zu verkaufen)* wieder auf, der aber ebensowenig wie die nach 1888 entstandenen naturalistischen Theaterstücke *Renée Mauperin* (1886), *Tout pour l'honneur* (1887), *Les Resignées* (1889) und *La Péche* (1890) den Erfolg von *La belle journée* fortführen konnte.

KLL

AUSGABE: Paris 1881; Faks. Genf 1970.

LITERATUR: C. Cordié, *Saggi e studi*, Padua 1957, S. 218–226. – M. Sachs, *The Esthetics of Naturalism; H. C.'s »Une belle journée«* (in EsCr., 4, 1964, 2, S. 76–83). – W. W. Thomas, *»Une belle journée«*, Diss. Buffalo 1970 (vgl. Diss. Abstracts, 31, 1970/71, 4797A). – F. Marcoin, *Le naturalisme de C. (Lecture de la description dans »Une belle journée«)*, (in Les Cahiers naturalistes, 27, 1981, S. 146–154). – C. A. Burns, *C. et le naturalisme*, Birmingham 1982. – J. Kestner, *Hugo, C. and the Title of »Une belle journée«* (in NCFSt, 11, 1982/83, S. 354–356). – G. Regn, *Ereignislosigkeit und naturalistische Wirklichkeitsmodelle in H. C.s »Une belle journée«* (in ZfrzSp, 97, 1987).

EMILIO CECCHI

\* 14.7.1884 Florenz
† 5.9.1966 Rom

## AMERICA AMARA

(ital.; Ü: *Bitteres Amerika*). Reisebericht von Emilio CECCHI, erschienen 1939. – wie auch bei anderen Werken Cecchis ist die Klassifizierung von *America amara* schwierig; es sprengt die Grenzen des herkömmlichen Reiseberichts, man kann es jedoch auch nicht als sozialkritische Schrift bezeichnen. Als typischer Florentiner, der Herkunft und Tradition niemals verleugnen kann, reiht Cecchi Impressionen, Improvisationen, Variationen und kritische Reflexionen aneinander. Das Werk ist das Ergebnis zweier Reisen durch die USA und Mexiko (1930/1931; 1937/1938); die Eindrücke aus Mexiko wurden schon 1932 in *Messico* festgehalten. Die grundsätzliche Problematik bei der Betrachtung der *New World* liegt für Cecchi darin, daß es sich bei Europa und Amerika um zwei völlig konträre Welten handelt. Schon während der Überfahrt meint er zu zurückkehrenden amerikanischen Touristen anzusehen, daß ihnen Europa »*als ein skorbutöser und unentzifferbarer Kontinent erschienen sein*« muß. Dieser Eindruck wird verstärkt, als sich »*in dämonischer Schönheit*« die Wolkenkratzer von Manhattan auftürmen, der »*glockenlose Campanile einer materialistischen Religion ohne Gott*«. – Das Phänomen der amerikanischen Wirtschaft untersucht er am Beispiel der Ford-Motor-Company; das Fließband ist ihm Symbol eines ökonomisch, politisch und sozial vereinheitlichten Organismus: »*Er* [der Amerikaner] *hat sein Rezept, um die Welt zu erneuern.*« Aber vorsichtig wird sogleich ergänzt: »*Unsere Enkel erst werden feststellen können, ob dieses System gehalten hat, was es jetzt verspricht.*« Dieses Beispiel ist übrigens typisch für Cecchi, der eine subjektive Reflexion in der Regel sofort neutralisiert, häufig durch den Versuch objektiv-distanzierter Darstellung, lieber noch durch brillante Ironie. Auf dem Gebiet der Soziologie beschäftigt Cecchi sich z. B. kritisch mit dem Begriff *private property* (Privateigentum), wie ihn Adolf A. BERLE interpretiert; seine Stellungnahme zum Problem der Lynchjustiz unterbaut er mit der Dokumentation der »National Association for the Advancement of Colored People« (hier zitiert er in der Übersetzung ein vollständiges Protokoll über einen Fall, der sich in Greenwood, Florida, zugetragen hat). Seine kritischen Ausführungen zu der Politik Roosevelts im Krisenjahr 1937 sind mit Zitaten aus führenden Zeitschriften durchsetzt, etwa aus ›Time‹, ›Financial News‹ und ›New Deal‹. (»*Die Schuld trägt nicht das System Roosevelt. Die Schuld liegt allein bei den großen Finanziers, Industriekapitänen und Monopolisten.*«)

Seit Jahren hatte sich Cecchi vorzugsweise mit Kunstgeschichte, Literaturkritik und der Übersetzung vor allem angloamerikanischer Literatur beschäftigt. Seine Anmerkungen zu diesen Themen sind deshalb nicht uninteressant. So sagt er von der amerikanischen Literatur, sie sei »*die düsterste, die verzweifeltste und die verworrenste der Welt*«. Gründer und Vertreter der »*großen und wahren amerikanischen Tradition*« nennt Cecchi lediglich HAWTHORNE, MELVILLE, POE. Als »*schematisierende Moralisten*« werden LEWIS, DREISER und DOS PASSOS definiert; sie seien »*ganz einfach auf der Strecke geblieben*«. STEINBECK und HEMINGWAY gelten ihm als überholt, MILLERS *Tropic of Cancer (Wendekreis des Krebses)* könne eine gewisse Aktualität beanspruchen; CATHER und WILDER beurteilt er recht positiv.

Seine Diktion, grundsätzlich zum *secco* tendierend, verzichtet jedoch nicht auf lyrische und poetische Details. Dieser journalistische Stil fesselt ungemein, wenngleich Cecchis Selbstbewußtsein oft etwas übersteigert wirkt: wenn er beispielsweise die eigene »*große erzählerische Kunst*« hervorhebt, der es obliegt, Amerika »*die Kenntnis seiner selbst zu vermitteln*«. M.S.

AUSGABE: Florenz 1939; ³1941.

ÜBERSETZUNG: *Bitteres Amerika*, A. Alegani, Bln. 1942; ²1943.

LITERATUR: F. Flora, *E. C.* (in F. F., *Taverna del Parnaso*, Bd. 1, Rom 1943, S. 55–70). – L. Berti, *Diagnosi sull' »America amara«* (in L. B., *Boccaporto secondo*, Florenz 1944, S. 319–323). – G. A. Peritore, *E. C.* (in Belfagor, 14, 1959, S. 183–205). – V. Amoruso, *C., Vittorini, Pavese e la letteratura americana* (in Studi Americani, 6, 1960, S. 9–71). – A. Pellegrini, *E. C. Il critico e il poeta*, Mailand 1968. – B. Scudder, *Bibliografia delli scritti di E. C.*, Rom 1970. – P. Leoncini, *C. e D'Annunzio*, Rom 1976. – *E. C. oggi*, Hg. R. Fedi, Florenz 1981. – C. di Biase, *C.*, Florenz 1982 – R. Macchioni Jodi, *E. C.*, Mailand 1983. – F. del Beccardo, Art. *E. C.* (in Branca, 1, S. 570–573).

# CECCO D'ASCOLI

d.i. Francesco Stabili

\* 1269 Ancarano
† 16.9.1327 Florenz

## L'ACERBA

(ital.; *Acerba*). Lehrgedicht in Terzinen von CECCO D'ASCOLI. – Eine in der italienischen Volkssprache abgefaßte Kompilation mittelalterlichen Wissensstoffes aus den Gebieten der Astrologie, der Naturwissenschaften und der Philosophie. Obwohl auch hier – wahrscheinlich als allegorische Verkörperung der scholastischen *intelligentia activa* – die aus der Dichtung des *dolce stil nuovo* bekannte engelgleiche Frau auftritt, welche durch die Erweckung der Liebe den Weg zum ewigen Heil weist, hält sich der Verfasser viel auf seine sachliche wissenschaftliche Darstellung zugute. Besonders in der polemischen Zurückweisung einzelner Darlegungen DANTES zeigt er gern den überlegenen Berufsgelehrten. Mit deutlicher Bezugnahme auf die *Göttliche Komödie* lehnt er das dichterische Geschichtenerzählen als unseriös ab, wie ihm überhaupt eine kunstvolle Darstellung die Gefahr einer dilettantischen Verfälschung der Wahrheit zu bergen scheint. Vielleicht will der Titel (*acerbo*: herb, unreif) besagen, daß eine nicht jedermann zugängliche Materie in der entsprechenden unverfälscht herben Form des Werks dargeboten wird. Das würde, mindestens was die ungeschliffene Form betrifft, den Tatsachen einigermaßen entsprechen. Allerdings ist auch nicht mit absoluter Sicherheit auszuschließen, daß der Titel durch die Bescheidenheit diktiert wurde und einen unfertigen oder lediglich propädeutischen Inhalt anzeigen soll. Die Gegnerschaft zu Dante und die spätere (nicht auf die *Acerba* zurückgehende) Verurteilung des Verfassers zum Feuertod haben der Schrift mehr Beachtung eingetragen, als sie an sich verdient. D.K.

AUSGABEN: Brescia [o. J.]. – Venedig 1476. – Ascoli Piceno 1927, Hg. G. Cesari [krit.]. – Ascoli Piceno 1971, Hg. B. Censori u. E. Vittori.

LITERATUR: A. Crespi, *La dottrina dell'amore nel' »Acerba« di C.d'A.* (in GLI, 1929, S. 294 bis 312). – H. Peri, »*L'acerba« di C.d'A.* (in Archivum Romanicum, 23, 1939, S. 178–241). – F. Flora, *Storia della letteratura italiana*, 2, Mailand 1940, S. 22 ff. – G. E. Sansone, *Considerazioni sul testo dell' »Acerba«* (in Studi mediolatini e volgari, 18, 1970, S. 217–226). – F. Zambon, *Gli animali simbolici dell' »Acerba«* (in Medioevo Romanzo, 1, 1974, S. 61–85). – *Atti del I. Convegno su C.d'A.*, Hg. B. Censori, Florenz 1976. – S. Orlando, *Su un malnoto manoscritto dell' »Acerba«* (in Studi di Filologia Italiana, 37, 1979, S. 89–91). – A. M. Partini u. V. Nestler, *C.d'A. Um poeta occultista medievale*, Rom 1979. – M. Bambeck, *Zur Polemik des C.d'A. gegen Dante oder von der Allgegenwart der Allegorese* (in RJb, 31, 1980, S. 73–78).

## SVATOPLUK ČECH

\* 21.2.1846 Ostředek u Benešova / Böhmen
† 23.3.1908 Prag-Troja

LITERATUR ZUM AUTOR:
J. Sutnar, *S. Č.s Leben und Werke*, Wien 1897. –

V. Flajšhans, *S. Č. Dílo a člověk*, Prag 1906 [m. Bibliogr.]. – K. Bolina, *S. Č.*, Prag 1908. – J. Tomarov, *S. Č., život a dílo*, Prag 1908. – J. Voborník, *O romantismu S. Č. a jeho ironii*, Prag 1908. – *Vzpomínky na S. Č.*, Sborník, Prag 1908. – R. Cikhart, *S. Č.*, Prag 1909. – Z. Kobza, *S. Č.*, Prag 1911. – A. Novák, *S. Č.*, 2 Bde., Prag 1921–1923. – F. Strejček, *S. Č.*, Prag 1922; ern. 1946. – *S. Č., Sborník*, Hg. J. Borecký u. a., Prag 1946 [m. Bibliogr.]. – K. Polák, *O S. Č.*, Prag 1949. – L. S. Kiškin, *S. Č. Očerk žizni i tvorčestva*, Moskau 1959. – *Č. S., Bio-bibliografičeskij ukazatel'*, Moskau 1959. – *S. Č.* (in *Dějiny české literatury*, Prag 1961, Bd. 3, S. 277–293). – J. Kocmanová, *Two Uses of the Dream-Form as a Means of Confronting the Present with National Past: William Morris and S. Č.* (in Studies in English, 1960, 2).

## PÍSNĚ OTROKA

(tschech.; *Lieder des Sklaven*). Zyklus politischer Gedichte von Svatopluk ČECH, erschienen 1895. – Der Lyrikband, der zu den populärsten Werken des Dichters gehört und inhaltlich wie formal den Höhepunkt seines Schaffens bildet, erregte schon bei seinem Erscheinen politisches Aufsehen. Der über Prag verhängte Ausnahmezustand und der vorausgegangene Prozeß gegen die anarchistische »Omladina-Gruppe« gaben für die Aufnahme der Lieder einen höchst aktuellen Rahmen ab. Die Aufforderung zu nationaler Tat in den *Jitřní písně*, 1887 *(Morgenlieder)*, und zum sozialen Kampf in den *Nové písně*, 1888 *(Neue Lieder)*, gehen in Čechs drittem Zyklus eine thematische Synthese ein und verschmelzen zu einem düsteren Bild der politischen Situation des tschechischen Volks.
Schauplatz der Handlung ist eine Farm in den Tropen, wo sich nach Feierabend die schwarzen Sklaven versammelt haben, um ihrem Schicksal in Liedern Ausdruck zu verleihen. Ein Sklave beginnt, stellvertretend für alle, zu singen. Dieser lyrische Rahmen wird durch eine epische Szene unterbrochen, die Gefangennahme und grausame Hinrichtung von zwei geflüchteten Sklaven. Wird hier die Stimmung der alten, durch Unfreiheit und Peitsche demoralisierten Sklaven, das passive Dulden der Knechtschaft anklägerisch geschildert, so enthält der darauf folgende Teil ein Loblied auf einen rebellischen Sklaven der jungen Generation, die ihr Schicksal selber in die Hand nehmen will und auf eine baldige Revolution hofft. – In der aus Zensurgründen leicht verschleierten, aber dennoch erkennbaren Symbolik der Lieder wird die Gedankenwelt der gegensätzlichen Parteien der Alttschechen und Jungtschechen einander gegenübergestellt. Während die zeitgenössische Kritik sich darüber zerstritt, ob das nationale oder das soziale Element in dem Zyklus überwiege, sind nach der Intention des Dichters beide Komponenten von gleichem Gewicht: Die Lieder richten sich gegen die nationale und soziale Unterdrückung der Tsche-

chen durch die österreichische Monarchie und reden einem radikalen Umschwung das Wort. Seinen Glauben an die Zukunft gründet der Dichter auf die Arbeiterschaft des Landes. Offen bleibt dabei jedoch die Frage, ob die bessere Zukunft »*slovem či kovem*« (»*durch das Wort oder durch das Erz*«), d. h. auf friedlichem oder auf gewaltsamen Weg zu erreichen ist.
Bei aller kompositorischen Geschlossenheit des Zyklus wechselt die Tonart der Lieder häufig. Leidenschaftliches Pathos, gekränkte Ehre, inniges Flehen, dumpfe Verzweiflung, aufrührerische Anklage und zage Hoffnung lösen einander ab. Um sein Thema möglichst vielseitig auszudrücken, benutzt Čech die verschiedenartigsten Strophenformen, Rhythmen, Lautmalereien und Intonationen und unterstreicht so den ständig sich ändernden Ton und Inhalt der Lieder. Allerdings wirkt die Sprache trotz des dichterisch-kämpferischen Pathos stellenweise stereotyp und abstrakt, da der Wortschatz kaum eine Beziehung zur politischen Ausdrucksweise der Zeit hat. J.H.

AUSGABEN: Prag 1895. – Prag ³⁵1946 [Nachw. J. Dolanský]. – Prag 1952 [Hg. A. Procházka]. – Prag ³⁹1955.

ÜBERSETZUNG: *Lieder des Sklaven*, E. Neumann, Karlsbad 1933.

LITERATUR: J. Karásek, *Sociální užitečnost umění* (in Moderní revue, 1895). – F. V. Krejčí, Rez. (in Literární listy, 1895; Rozhledy, 1895; Niva, 1895). – Ders., *Z naší novější poezie politické* (in Naše doba, 1896). R. Illový, *Sociální poezie S. Č.* (in Akademie, 1921). – K. Krejčí, *Politické básně S. Č.* (in S. Č., »*Písně otroka« a jiné básně*, Prag 1950). – R. Chadraba, *Schillerova estetická výchova a Č. »Písně otroka«* (in Jazyk a literatura, 3, 1956). – L. S. Kiškin, *Pesni raba* (in Slavia, 1960).

## VE STÍNU LÍPY

(tschech.; *Im Schatten der Linde*). Idyllisches Epos von Svatopluk ČECH, erschienen 1879. – Die Rahmenhandlung des Zyklus umschließt acht in Thematik und Stil divergierende Verserzählungen, die vor allem durch den ihnen allen gemeinsamen Hintergrund einer konservativen Weltanschauung und der patriarchalischen Lebensordnung des Dorfes miteinander verbunden sind. Die bald heiteren, bald besinnlichen Erzählungen kreisen um praktische und soziale Fragen. Ihre einfachen, fest mit dem täglichen Leben verbundenen Helden sind realistisch und mit Anteilnahme gezeichnet. Zeit und Ort der Rahmenhandlung – ein Sonntagnachmittag unter der schattigen Linde der Dorfwirtschaft – runden den beschaulichen Gesamteindruck ab. Die anwesenden Gäste erzählen sich bunte Begebenheiten aus ihrem Leben. Der gottesfürchtige Nachbar (I) berichtet von Bárets Sohn, einem nach Amerika durchgebrannten Studenten, der nach entbehrungsreichen Jahren zurückkehrt, um bei der Mutter das verlorene Glück wiederzufinden. Der quicklebendige Schneider (II), der als Wanderbursche bis nach Venedig kam, rühmt sich seiner angeblichen Liebesabenteuer mit den Damen des hohen Adels. Voll edlen Gefühls gedenkt der ernste Herr Lehrer (III) in empfindsamen Worten zweier Weihnachtsfeste: An einem wurde ihm die Gattin durch den Tod entrissen, das andere bescherte ihm die Witwe des Arztes als neue Lebensgefährtin. Der prahlerische Invalide (IV) renommiert mit seinen militärischen Heldentaten in der Lombardei unter dem Kommando Radetzkys. Die gesprächige Wirtin (V) erzählt vom traurigen Schicksal eines alten Puppenspielers und von seinem ertrunkenen Töchterchen. Der spaßige Herr Verwalter (VI) erfreut die Zuhörer mit der Anekdote seines ersten Kusses. Der düstere Musikant (VII) gedenkt seiner Frau, die ihm den Einwänden ihrer Eltern zuwider in den Kaukasus folgte und dort an Heimweh starb. Den Reigen beschließt der patriotische Müller (VIII) mit einem schwungvollen Toast auf die Heimat, wo es, wie die erzählten Schicksale aus der Fremde bewiesen hätten, noch immer am besten sei. – Trotz seiner altväterlichen Atmosphäre gilt das Epos bis heute als die klassische Verherrlichung der tschechischen Heimat.

J.H.

AUSGABEN: Prag 1879 (in Květy). – Prag 1911 (in *Sebrané spisy*, 30 Bde., Bd. 10, S. 1–81). – Prag 40 1958 [Hg. u. Nachw. A. Procházka]. – Prag 1973 [Nachw. M. Jankovič].

DRAMATISIERUNG: R. Jurda (Uraufführung: Zlín, 28. 10. 1946).

LITERATUR: K. Rektorisová, *Slohová grácie Čechova verše v cyklu »Ve stínu lipy«*, Prag 1946.

## ANTON PAVLOVIČ ČECHOV

\* 17.1.1860 Taganrog
† 15.7.1904 Badenweiler

LITERATUR ZUM AUTOR:
*Bibliographie:*
In Russian Language Journal, 39, 1985, S. 227–379.
*Biographien:*
W. Jermilow, *Tsch.*, Bln./DDR 1951 [a. d. Russ.]. – W. Duwel, *A. Tsch.*, Halle 1961. – E. J. Simmons, *Ch. A. Biography*, Boston 1962. – D. Magarshack, *Ch. A Life*, Westport 1970. – R. Hingley, *A New Life of Ch.*, London 1976. – P. Urban, *Č.-Chronik. Daten zu Leben und Werk*, Zürich 1981. – E. Wolffheim, *A. Č. in Selbstzeugnissen u. Bilddokumenten*, Reinbek 1982 (rm). – H. Troyat, *Tsch. Leben u. Werk*, Stg., 1987. – *A. Č., sein Leben in Bildern*, Hg. P. Urban, Zürich 1987.
*Gesamtdarstellungen und Studien:*
H. Halm, *A. P. Tsch.s Kurzgeschichten und deren Vorläufer*, Weimar 1933. – S. D. Baluchatyj, *Č. - dramaturg*, Leningrad 1936. – G. Dick, *Č. in Deutschland*, Diss. Bln. 1956. – G. Berdnikov, *Č. - dramaturg*, Leningrad 1957. – H. Auzinger, *Die Pointe bei Tsch.*, Wiesbaden 1958. – Z. Papernyj, *A. P. Č.*, Moskau 1960. – *A. Č., 1860–1960. Some Essays*, Hg. Th. Eekman, Leiden 1960. – P. M. Bicilli, *A. P. Č. Das Werk und sein Stil*, Mchn. 1966. – *Ch. A Collection of Critical Essays*, Hg. R. L. Jackson, Englewood Cliffs/N. J. 1967. – N. A. Nilsson, *Studies in Č.'s Narrative Technique*, Stockholm 1968. – S. Melchinger, *A. Tsch.*, Velber 1968; ern. Mchn. 1974. – G. Selge, *A. Č.s Menschenbild*, Mchn. 1970. – J. L. Styan, *Ch. in Performance. A Commentary on the Major Plays*, Cambridge 1971. – Ch. Scheibitz, *Mensch und Mitmensch im Drama A. Tsch.s*, Göppingen 1972. – B. Hahn, *Ch. A Study of the Major Stories and Plays*, Cambridge 1976. – *Ch.'s Art of Writing*, Columbus 1977. – J. v. d. Eng u. a., *On the Theory of Descriptive Poetics. A. P. Č. as Story-Teller and Playwright*, Lisse 1978. – *Ch. The Critical Heritage*, Hg. V. Emeljanov, Ldn. 1981. – V. Gottlieb, *Ch. in Performance in Russia and Soviet Russia*, Alexandria/Va. 1984. – *Ch. New Perspectives*, Hg. R. u. N. Wellek, Englewood Cliffs 1984. – Russian Language Journal, 39, 1985 [Sonderheft zu A. Č.]. – K. Hielscher, *Tsch. Eine Einführung*, Zürich 1987. – *Über Č.*, Hg. P. Urban, Zürich 1988 [Aufsätze u. Materialien].

## ARIADNA

(russ.; *Ariadna*). Erzählung von Anton P. ČECHOV, erschienen 1895. – Eingeleitet wird diese sarkastisch-ironische »*Geschichte von der Liebe*« von den Reflexionen eines verbitterten Liebhabers: »*Wenn wir geheiratet haben oder ein Liebesverhältnis mit einer Frau eingegangen sind, vergehen kaum zwei bis drei Jahre, und wir fühlen uns schon enttäuscht und betrogen.*« Betrogen und enttäuscht fühlt sich der junge Gutsbesitzer Šamotin von der schönen, temperamentvollen Ariadna, für die er noch vor kurzem sein Leben zu opfern gewillt war, die man »*höher als alles in der Welt*« gestanden und um deren Hand anzuhalten ihn einst die Furcht zurückgehalten hatte, er könnte dieses »*schöne, poetische Geschöpf*« zutiefst verletzen. Ein Schlag traf ihn, als er erfuhr, eben dieses Geschöpf sei mit einem Liebhaber nach Italien durchgebrannt; doch erholte er sich wieder, bat ihn doch Ariadna bald darauf brieflich um seine Gesellschaft. Frohen Herzens reiste er ihr nach, doch nur, um eine neue Enttäuschung zu erleben: Wie mit anderen Männern, so spielte Ariadna auch mit ihm nur zu ihrem Zeitvertreib, unfähig, mehr zu empfinden als oberflächliches Vergnügen. Šamotin wandte sich daraufhin von ihr ab;

allein, noch war seine Leidenschaft nicht erloschen. Auch einem zweiten Ruf Ariadnas folgte er, und diesmal gab sie sich ihm hin – wohl nur deshalb, weil ihr kein anderer Liebhaber zur Verfügung stand. Dem ersten Glück folgte die Ernüchterung auf dem Fuß: In aller Deutlichkeit sah Šamotin jetzt, wie »*verlogen, kleinlich, eitel, ungerecht, ungebildet und grausam*« sein einstiges Idol in Wirklichkeit war, ja, daß diese Frau, die alle seine Ideale zerstört und überdies noch sein Vermögen verschwendet hat, nicht höher, sondern im Gegenteil viel tiefer als er selbst stand.

*Ariadna*, Gegenstück zu der drei Jahre früher erschienenen Erzählung *Žena (Die Gattin)*, führt ein Thema fort, dem sich Čechov mit der Bemerkung stellte: »*Die Liebe ist entweder das Überbleibsel eines früheren Werts, der heute zu entarten beginnt, oder der Teil einer großartigen Zukunft. In der Gegenwart kann sie aber nicht befriedigen, weil sie viel weniger gibt, als man von ihr erwartet.*« Dieser lähmende Zustand der tristen Desillusionierung, der hier in einer kühlen, fast unbeteiligt klingenden Sprache beschrieben wird, ist charakteristisch für die Situation nahezu aller Liebenden, die uns in Čechovs Werk begegnen, am tragischsten wohl widergespiegelt in *Čajka (Die Möwe)*. M.Gru.

AUSGABEN: Moskau 1895 (in *Russkaja mysl'*, Nr. 12). – Moskau 1977 (in *Poln. sobr. soč. i pisem*, 30 Bde., 1974–1983, 9).

ÜBERSETZUNGEN: *Ariadna*, L. Flachs-Fokschaneanu (in *Russ. Liebelei*, Mchn. 1897). – Dass., J. v. Guenther, Mchn. 1954 (GGT). – Dass., M. Pfeiffer (in *Rothschilds Geige. Erzählungen 1893–1896*, Zürich 1976).

LITERATUR: M. Nielsen, *Two Women Characters in Č.'s Work and Some Aspects of His Portrayal of Women*, Oslo 1975.

## ČAJKA

(russ.; *Die Möwe*). Komödie in vier Aufzügen von Anton P. ČECHOV, Uraufführung: Petersburg 1896, Aleksandrinskij Teatr; deutsche Erstaufführung: Breslau, 1. 11. 1902, Lobe-Theater. – Das Stück spielt auf dem Landgut einer alternden Schauspielerin. Ihr Freund, der berühmte Schriftsteller Trigorin, begegnet dort der jungen, zur Frau erblühenden Nina. Die beiden verlieben sich ineinander, und Nina reist dem Schriftsteller in die Stadt nach; sie wird Schauspielerin, allerdings eine schlechte, bekommt ein Kind von Trigorin und wird bald von ihm verlassen und vergessen. Zwei Jahre später versammelt sich die gleiche Gesellschaft wiederum auf dem Landgut – nur Nina fehlt. Während die Gäste sich angestrengt die Zeit vertreiben, fällt in einem Nebenzimmer ein Schuß: der Sohn der Hausherrin, Treplev, hat Selbstmord begangen. Nina war, von keinem der Gäste bemerkt, in sein Zimmer eingedrungen, und Treplev hatte geglaubt, nun endlich werde ihre einst von Trigorin zerstörte Jugendliebe ihre Erfüllung finden. Nina jedoch kam nicht zu ihm. Die Nähe des unvergessenen Trigorin hatte sie angezogen. Heimlich, wie sie gekommen war, verließ sie das Haus wieder, und Treplev griff zur Waffe.

Die Fabel des »*forte beginnenden und pianissimo endenden*« Stücks (Čechov) mutet alltäglich an. Čechov bezeichnet es ausdrücklich als Komödie, doch ist die *Möwe* seit der Musterinszenierung Stanislavskijs (1898) allein als Stimmungsdrama begriffen worden: »*Niederdrückend, melancholisch und unendlich monoton ... Eine Atmosphäre, die so völlig mit der vorherrschenden Stimmung der gebildeten Klassen des damaligen Rußland übereinzustimmen schien, daß man sie in England und Amerika als typisch für jedes Drama Čechovs akzeptierte und sogar das Eigenschaftswort ›Chekovian‹ dafür prägte.*« (D. Magarshak) – Das Stück lebt also nicht von seiner Fabel, und es empfängt seine dramatischen Impulse nicht von der Handlung, sondern allein vom Wort, der ausgesprochenen, verzögerten oder zurückgehaltenen Replik, von der Pause, von Stimmung und Melodie, dem subtilen Nebeneinander der Dialoge, den verschwimmenden Konturen der einzelnen Charaktere, die großen Darstellern und Regisseuren bis in die Gegenwart die Möglichkeit immer neuer exemplarischer Interpretationen boten.

Magarshak, der Kritiker der ersten und der folgenden Stanislavskij-Inszenierungen Čechovs, spricht davon, daß die Atmosphäre »*mit der vorherrschenden Stimmung der gebildeten Klassen*« Rußlands – und mit Čechov wird man hier an dekadente Klassen denken müssen – übereinstimmt; diese Kongruenz gilt auch für die Denk- und Verhaltensweisen dieser Klassen, für die Čechov in der Parabel von der »Möwe« ein konkretes Bild findet: Aus »Langeweile« schießt Treplev am See eine Möwe und bringt sie Nina als Geschenk. Der Schriftsteller Trigorin erfindet dazu eine Fabel: »*Es lebt ein Mädchen an einem See ... Es liebt den See wie eine Möwe, und wie eine Möwe ist es frei und glücklich. Da kommt eines Tages ein Mann daher, sieht das Mädchen und richtet es zugrunde, bloß so, aus Langeweile – wie Ihr Freund hier diese Möwe.*« Im letzten Akt wird diese Paraphrase wieder symbolisch konkretisiert: Ausgestopft und präpariert hat die Möwe ihren Platz im Gesellschaftsraum gefunden und vermag in dem noch immer berühmten, verehrten und geliebten Trigorin keine Erinnerungen mehr zu erwecken. Vergessen wie die Liebe der »Möwe« Nina aber sind auch die dem Flug der freien Möwen gleichenden Ideen des jungen, erfolglosen Stückeschreibers Treplev, die er in seinem – zu Anfang der »Komödie« aufgeführten – dramatischen Dialog den gelangweilten Zuhörern entwickelte: »*Neue Formen brauchen wir, neue Formen*«, fort mit den Konventionen, fort mit den »*seichten Situationen und Phrasen*«, aus denen »*eine leichtverdauliche kleine Nutzmoral für den Hausgebrauch geschöpft werden soll ...*« Als beständig erweist sich nur der Zustand der Langeweile, das tödliche nivellierende

Gleichmaß des Alltags, die Wiederholung der sinnlosen Phrase, wie sie eine der Figuren stereotyp durch alle Akte hindurch vor sich hinsummt: »*O wie glücklich, wer den Glauben hat.*« M.Gru.

AUSGABEN: Moskau 1896 (in Russkaja mysl'). – Moskau 1897 [überarb. Fassg.]. – Moskau 1978 (in *Poln. sobr. soč. i pisem*, 30 Bde., 1974–1983, 13).

ÜBERSETZUNGEN: *Die Möwe*, W. Czumikow, Jena 1902. – Dass., J. v. Guenther (in *Dramen*, Hbg. 1960; Nachw. S. Geier; RKl). – Dass., K. Borowsky, Stg. 1975. – Dass., P. Urban, Zürich 1976.

LITERATUR: T. G. Winner, *A. P. Č.'s »Seagull« and Shakespeare's »Hamlet«* (in American Slavic and East European Review, 15, 1956, S. 103–112). – J. M. Curtis, *Spatial Form in Drama: »The Seagull«* (in Canadian-American Slavic Studies, 6, 1972, S. 13–37). – W. G. Jones, *The Seagull's Second Symbolist Play-within-the-Play* (in Slavonic Review, 53, 1975, S. 17–26). – Z. Papernyj, *Čajka*, Moskau 1980. – P. Holland, *Č. and the Resistant Symbol* (in Drama and Symbolism, Cambridge 1982, S. 227–242). – C. Hollosi, *Č.'s Reactions to Two Interpretations of Nina* (in Theatre Survey, 24, 1983).

## ČELOVEK V FUTLJARE

(russ.; *Der Mann im Futteral*). Erzählung von Anton P. ČECHOV, erschienen 1898. – Der *Mann im Futteral* ist der Griechischlehrer Belikov, ein in seiner Angst und Unfreiheit kaum noch menschenähnliches Wesen, das, gleich dem Einsiedlerkrebs oder der Schnecke, ständig das Bedürfnis hat, sich vor der Außenwelt zu schützen oder zu verbergen. Stets fühlt er sich, eingekapselt in eine sommers wie winters gleich hochgeschlossene Kleidung, von der Gegenwart bedroht, weshalb er auch sie in ein isolierendes Futteral steckt: Er lebt nur in und aus der Vergangenheit, und er lobt nur behördliche Verbote und Anordnungen, da »*in einer Erlaubnis sich für ihn immer etwas Zweifelhaftes*«, also etwas Zukünftig-Ungewisses und deshalb Beunruhigendes verbirgt. Grundsätzlich jedem Fortschritt und vor allem der Freiheit abhold und hierin der Obrigkeit gleichend, zwängt er seine Mitmenschen, ja das Leben einer ganzen Stadt in ebensolche »Futterale«, wie er sie selbst trägt. – Als ein neuer Lehrer seine Schwester Varin'ka (»gnädiges Frauchen«) mit in die Stadt bringt, setzen sich seine Kollegen und vor allem deren Frauen mehr aus Langeweile als aus Mitgefühl das Ziel, ihn mit der schönen und heiteren Person, die als Dreißigjährige nicht mehr sehr wählerisch sein kann, zu verheiraten. Belikov wäre im Grunde nicht abgeneigt, kommt aber vor lauter Nachdenken und Sicherungsmaßnahmen nie zu einem Heiratsantrag und gerät schließlich außer sich, weil er darüber zum Gespött der Leute wird. Als auch Varin'ka eines Tages bei seinem Anblick in schallendes Gelächter ausbricht, ist es mit ihm zu Ende: Er legt sich ins Bett und stirbt. »*Jetzt, da er im Sarge lag, war sein Gesicht bescheiden und angenehm, ja sogar fröhlich, als freute er sich darüber, daß man ihn endlich in ein Futteral gelegt hatte, aus dem er nie wieder herauszukommen brauchte.*« Der Erzähler muß gestehen, »*daß es ein großes Vergnügen ist, Leute wie Belikov zu begraben*«. Jedoch »*... wie viele solcher Menschen im Futteral sind noch geblieben, wie viele wird es noch geben?*«

Die Erzählung, die in unüberbietbarer Kürze die handelnden Personen und die beklemmende Atmosphäre ihrer kleinstädtischen Umwelt vollkommen greif- und fühlbar macht, ist in eine Rahmenhandlung eingefügt: ein einstiger Kollege Belikovs schildert in einer hellen Mondnacht vor einer einsamen Scheune seinem Freund – einem Tierarzt, der die Erzählung mit gelegentlichen Einwürfen weiterführt – die Geschichte vom *Mann im Futteral*. Diese dialogische Form gibt Čechov Gelegenheit, die beiden Gesprächspartner zum Schluß die – sonst von ihm sorgfältiger verborgene – Nutzanwendung nachdrücklich formulieren zu lassen: »*Sehen und hören, wie die Menschen lügen ... sich nicht getrauen, offen zu erklären, man stehe auf der Seite der ehrenhaften, freien Menschen, und selber lügen, lächeln ... ist das etwa kein Futteral? ... Nein, so kann man nicht mehr weiterleben.*« M.Gru.

AUSGABEN: Moskau 1898. – Moskau 1977 (in *Poln. sobr. soč. i pisem*, 30 Bde., 1974–1983, 10).

ÜBERSETZUNGEN: *Der Mann im Futteral*, A. Luther (in *Erzählungen*, Bln. 1926). – *Der Mensch im Futteral*, G. Dick (in *Die Dame mit dem Hündchen. Erzählungen 1897–1903*, Zürich 1976). – Dass., K. Borowsky (in dass., *Erzählungen*, Stg. 1978).

VERFILMUNG: *Čelovek v futljare*, SU 1939 (Regie: A. Annenskij).

LITERATUR: K. Marko, *»Menschen im Futteral«. Über ein Motiv bei Č.* (in WSlJ, 4, 1955, S. 51–60). – J. Conrad, *Č.'s »The Man in the Shell«. Freedom and Responsibility* (in SEEJ, 4, 1966, 10, S. 400–410). – L. Müller, *Nachwort* (in A. Č., *Der Mensch im Futteral: Erzählungen*, Stg. 1978, S. 305–334).

## DAMA S SOBAČKOJ

(russ.; *Die Dame mit dem Hündchen*). Erzählung von Anton P. ČECHOV, erschienen 1899. – Während eines Urlaubs am Meer lernt Gurov, ein gelangweilter, der Ehe müder und an flüchtige amouröse Abenteuer gewöhnter Beamter, eine hübsche junge Dame mit einem Hündchen kennen, von der er sich eine reizvolle Abwechslung verspricht. Aber die noch kindlich-unberührt wirkende, von Gewissensbissen gequälte Frau, der er auf Spaziergängen, in gemeinsam verträumten Stunden am Meer und schließlich in verschwiegenen Hotelzimmern nahekommt, entspricht so wenig der Vorstellung, die er sich in seinem bisherigen Leben von der »*niederen*

*Rasse«* Frau gebildet hat, daß er sich ganz verwandelt fühlt: Diese Ferienliebe, die nur wenige Wochen dauern kann, erfüllt ihn mit *»ungeduldiger Leidenschaft«.* Sie trennen sich: Die Dame reist zu ihrem erkrankten Gatten, Gurov kehrt zu seiner Familie nach Moskau zurück und wartet darauf, daß das Bild der Geliebten verdämmern werde *»wie alle anderen«.* Statt dessen muß er feststellen, daß die Erinnerungen eine immer stärkere Macht über ihn gewinnen und daß ihm in der Stadt alles zuwider wird: sein Beruf, seine Frau, selbst seine Kinder. So unerträglich erscheint ihm plötzlich sein unausgefülltes Leben, daß er aufbricht, die Dame mit dem Hündchen zu suchen. Bei ihrem Wiedersehen entdeckt er, daß es *»für ihn auf der ganzen Welt keinen Menschen gab, der ihm näher, teurer und wichtiger gewesen wäre«.* Mit dem Versprechen der Geliebten, ihn von nun an regelmäßig zu besuchen, kehrt er glücklich nach Moskau zurück. Wieder wird ein Hotelzimmer ihr Treffpunkt, und beiden scheint es, daß die Frage, wie ein *»neues, herrliches Leben«* zu beginnen sei, sich in Kürze beantworten lassen wird, obgleich ihnen klar ist, daß *»das Allerschwierigste und Verwickeltste erst jetzt beginne«.*

Der besondere Reiz dieser kurzen Erzählung liegt darin, daß ihr Thema - selten genug bei Čechov - nicht hoffnungslose Ergebung, sondern ein – zwar verhaltener und heimlicher – Triumph der Liebe über ein *»armseliges unbeschwingtes Leben«* ist. Dieser Triumph kann nur im Verborgenen errungen werden. Aber das verborgene Leben ist, wie der Dichter seinen Helden erkennen läßt, *»bei jedem Menschen sein wirkliches, sein interessantes Leben«,* da das Leben *»vor aller Augen«* erfüllt ist von *»konventioneller Wahrheit und konventionellem Betrug ... Lüge, in der er sich verbarg, um die Wahrheit zu verheimlichen«.* B.B.

AUSGABEN: Moskau 1899. – Moskau 1977 (in *Poln. sobr. soč. i pisem*, 30 Bde., 1974–1983, 10).

ÜBERSETZUNGEN: *Die Dame mit dem Hündchen,* W. Czumikow (in *GW*, 5 Bde., Lpzg. 1901–1904, 4). – Dass., H. v. Schulz (in dass., *Erzählungen 1897–1903,* Zürich 1976).

VERFILMUNG: SU 1960 (Regie: J. Chejfiz).

LITERATUR: V. L. Smith, *A. Ch. and »The Lady with the Dog«,* Ldn. 1973. – G. O. Berdnikov, *»Dama s sobackoj«,* Leningrad 1976. – H. J. Gerigk, Tsch. *»Die Dame mit dem Hündchen«* (in *Die russische Novelle,* Hg. B. Zelinsky, Düsseldorf 1982).

## DJADJA VANJA. Sceny iz derevenskoj žizni

(russ.; *Onkel Vanja. Szenen aus dem Landleben*). Schauspiel in vier Aufzügen von Anton P. ČECHOV, Uraufführung: Moskau, 26. 10. 1899, Künstlertheater; deutsche Erstaufführung: München, 23. 3. 1903, Schauspielhaus. – Die Grundzüge der Handlung, einzelne Situationen und Namen hat Čechov seinem zehn Jahre früher entstandenen erfolglosen Stück *Lesij (Der Waldgeist)* entnommen; die neuen Handlungsteile und die einschneidenden Veränderungen der Charaktere lassen jedoch kaum noch eine Ähnlichkeit mit der Vorlage erkennen: Ein emeritierter Professor – kränkelnd, launenhaft, eitel und despotisch – hat sich mit seiner jungen Frau Elena auf das Landgut seiner verstorbenen ersten Gattin zurückgezogen. Er betrachtet das Gut als seinen selbstverständlichen Besitz und lebt ebenso selbstverständlich von dessen Erträgen. Bewirtschaftet wird »sein« Besitz von der Mutter, der Tochter (Sonja) und dem Bruder (Onkel Vanja) der Verstorbenen, die alle drei für den Unterhalt des berühmten und verehrten Professors arbeiten, ohne auch nur einmal an ihr eigenes Wohl zu denken. Während des Aufenthalts des Professors auf dem Gut aber muß Onkel Vanja eine niederschmetternde Entdeckung machen: Ihm wird klar, daß der große Professor *»fünfundzwanzig Jahre lang auf einem fremden Platz gesessen«* und nichts anderes getan hat, als leeres Stroh zu dreschen, fremde Gedanken wiederzukäuen, einen unberechtigten Hochmut zur Schau zu stellen und zwei schöne junge Frauen an sich zu binden. Seinem Haß auf diesen *»überflüssigen Menschen«,* der gleicherweise fremdes Geld, jugendliche Schönheit und äußerste Wertschätzung für sich in Anspruch nimmt, gesellt sich der Schmerz hinzu, die besten Jahre seines Lebens nutzlos vertan zu haben. Doch nicht er allein ist vom Leben betrogen worden. Alle Mitspieler sind der Leere eines unerfüllten, erniedrigenden Lebens ausgesetzt. Die schöne Elena verblüht an der Seite ihres Mannes, für den sie nichts mehr empfindet, von dem sie sich aber aus Gleichgültigkeit auch nicht mehr trennt. Einst eine hoffnungsvolle Künstlerin, hat sie sich inzwischen damit abgefunden, nichts anderes als eine *»Episodenfigur in der Musik, im Haus* [ihres] *Mannes, in allen Liebesaffären«* zu sein. Eine Episode bleibt deshalb auch ihre Begegnung mit dem Landarzt Astrov, den der Alltag und der aufreibende Beruf abgestumpft haben und zum Trinker werden ließen. Sonja, die ihn liebt, enttäuscht er; Elena, mit der er ein neues Leben beginnen könnte, verliert er, da beide wissen: Ihre Liebe zueinander ist letztlich nicht mehr als eine Krankheit, ein schnell verfliegender Rausch.

Zur Katastrophe kommt es, als der Professor kurzerhand das Gut verkaufen will, da ihm das Leben auf dem Lande unter all diesen *»dummen Menschen«* nicht mehr behagt. Onkel Vanja empört sich, schießt auf ihn, verfehlt jedoch zweimal sein Ziel. Sein Ausbruch reinigt die Atmosphäre: Vanja versöhnt sich mit dem Professor, der mit seiner Frau abreist. Nichts hat sich geändert, aber: *»Was sollen wir machen? Wir müssen leben!«* tröstet Sonja den verzweifelten Onkel. *»Wir werden weiterleben, Onkel Vanja. Eine lange Reihe von Tagen und endlosen Abenden. Wir werden geduldig alle Prüfungen ertragen, die das Schicksal uns noch auferlegt; wir werden arbeiten für andere Menschen, jetzt und im Alter ... und jenseits des Grabes werden wir erzählen, wie* *wir geweint haben, wie bitter unser Los war, und Gott wird sich unser erbarmen ... Und wir werden ausruhen ...«.*

Das Schauspiel, in Stanislavskijs Musterinszenierung berühmt geworden, erhält seine Bühnenwirksamkeit nicht aus der im Grunde undramatischen Handlung. Alles Grelle, Auffällige und Laute ist ausgespart – abgesehen von den zwei Pistolenschüssen, die lächerlicherweise fehlgehen und so noch die Zwecklosigkeit jeder wirklichen Tat unterstreichen. Aber gerade das »Nichts« im Leben all dieser Menschen ist es, das plötzlich Erregung und Spannung provoziert. In scheinbar zusammenhanglosen Repliken, in alltäglichen Dialogen, hingeträumten poetischen Monologen, in leitmotivischem Gitarrengeklimper, in stereotypem Pfeifen, vor allem aber in den Pausen, die ein nicht ganz ausgesprochener Satz, ein nur angerissener Gedanke hinterläßt, wird diese erregende, krankhaft nervöse, dabei aber unterkühlte Stimmung dem Zuschauer mitgeteilt. Die Atmosphäre einer Endzeit lastet auf diesem Stück der Resignation. Der Arzt Astrov vermeint zwar, das Neue schon zu sehen, doch zeigt es sich ihm nur aus weiter Ferne: Der »*Weg zum Glück*«, sagt er, werde erst in ein- oder zweihundert Jahren zu finden sein. Für ihn aber, wie für die anderen Figuren des Stücks, gilt es, sich weiterhin mit jenem Zustand abzufinden, für den zwei merkwürdige Bühnenrequisiten das Symbol sind: In Onkel Vanjas Zimmer hängt »*ganz unnütz*« eine Karte von Afrika (die Freiheit und Weite verheißt) und neben ihr ein Vogelkäfig – das Gefängnis eines Stars. M.Gru.

AUSGABEN: Moskau 1897. – Moskau 1948 (in *Poln. sobr. soč. i pisem*, 20 Bde., 1944–1951, 11). – Moskau 1978 (in *Poln. sobr. soč. i pisem*, 30 Bde., 1974–1983, 13).

ÜBERSETZUNGEN: *Onkel Wanja*, W. Czumikow, Lpzg. 1902. – *Onkel Vanja*, A. Scholz, Bln. 1921. – Dass., J. v. Guenther (in *Dramen*, Hbg. 1960; Nachw. S. Geier; RKl). – Dass., P. Urban, Zürich ²1980.

LITERATUR: »Djadja Vanja«. *Sbornik statej*, Leningrad 1947. – V. V. Ermilov, »*Djadja Vanja«. Materialy i issledovanija*, Moskau 1948. – G. Berdnikov, »*Djadja Vanja« A. P. Č.* (in Uč. zap. Leningr. univ. 1949, S. 224–260). – V. Ja. Laksin, *Iskusstvo psicholog. dramy Č. i Tolstogo* (»*Djadja Vanja« i »Živoj trup«)*, Moskau 1958.

# DUĖL'

(russ.; *Das Duell*). Erzählung von ANTON P. ČECHOV, erschienen 1891. – Der Held der Erzählung, Laevskij, ist, will man seinen Worten Glauben schenken, ein von der »*Kultur zugrunde gerichteter ... degenerierter Epigone der Leibeigenschaftszeit*«; darüber hinaus erscheint der junge Beamte als ein skrupelloser Triebmensch, ein gehässiger Zyniker und geschickter Schwindler. Mit seiner – bereits verheirateten – Geliebten Nadežda ist er aus Petersburg in eine nordkaukasische Kleinstadt geflohen, um hier unter einfachen Menschen ein neues Leben zu beginnen. Das erweist sich zwar bald als Illusion, doch erkennt Laevskij seinen Selbstbetrug nicht. So beschließt er, die ihn inzwischen bis zum Überdruß langweilende Nadežda »abzuschaffen« und allein nach dem »neuen Leben« zu suchen – wofür allerdings Geld nötig ist. Gerade das aber läßt auf sich warten, denn Laevskijs einziger Freund am Ort – der Arzt und Philanthrop Samoilenko, selbst ein armer Schlucker – muß die benötigte Summe von einem seiner Untermieter borgen. Dieser Untermieter, der Naturwissenschaftler von Koren, haßt jedoch Laevskij bis aufs Blut und wäre nicht abgeneigt, den »*ausschweifenden und perversen*« Schwindler samt seiner Geliebten »*im Interesse der Menschheit*« wie »*Schmeißfliegen*« auszumerzen. Unter der Bedingung, daß Laevskij zusammen mit Nadežda die Stadt verläßt, verspricht er schließlich, hundert Rubel zu leihen. Laevskijs Lage spitzt sich zu, als er entdeckt, daß Nadežda ihn betrügt. In seiner Eitelkeit getroffen, weiß er nicht mehr ein noch aus; er verliert die Nerven, beleidigt von Koren und fordert ihn unüberlegt zum Duell. Von Koren nimmt an, fest entschlossen, den Parasiten Laevskij zu töten. Nur dem unerwarteten Eingreifen eines Diakons ist es zu danken, daß der Herausforderer von der Kugel nur gestreift wird. Doch die wenigen Sekunden der Todesangst genügten, Laevskij zur Besinnung zu bringen: Als von Koren drei Monate später zu einer Expeditionsreise aufbricht und vorher noch einmal mit seinem Gegner zusammentrifft, kann er eine unerhörte Entdeckung machen: Laevskij hat Nadežda geheiratet; er arbeitet, lebt bescheiden, zahlt seine Schulden zurück und befindet sich »*auf dem Weg zur Wahrheit*« des Lebens.

Wie diese Wahrheit aussieht, sagt Čechov nicht. Er zeigt nur, was sie nicht ist: In der dekadenten Lebensphilosophie des degenerierten Kultur- und Genußmenschen Laevskij findet sie sich ebensowenig wie in der mildtätigen Nächstenliebe des Arztes Samoilenko, die das Böse doch nicht verhindern kann, oder in dem aggressiven Fortschrittsglauben des Wissenschaftlers von Koren. So ungewöhnlich dies auch bei Čechov sein mag: Am nächsten scheint seiner Vorstellung von einer »*wirklichen Wahrheit*« das Verhalten des Diakons zu kommen, der den Duellmord verhindert und der sagen kann: »*Wenn es auch Ungläubige sind, so sind sie doch Menschen und unbedingt zu retten.*«

Die Gruppierung dreier in sich positiver Möglichkeiten menschlichen Verhaltens um einen negativen Mittelpunkt (Laevskij) und die Darstellung der Reaktion Laevskijs (den von Koren als ein Tolstoj-Produkt begreift) auf diese verschiedenen – gesellschaftlich zu verstehenden – Möglichkeiten lassen vermuten, daß Čechov mit dem *Duėl'* einen Erziehungsroman im Sinne hatte. Die Tatsache, daß die Erzählung formal einem Romanfragment gleichkommt, bestätigt diese Vermutung. Die Einleitung öffnet einen weiten epischen Hintergrund, den Čechov jedoch nicht in seiner Breite und Tiefe nutzt. Es folgt ein voluminöser Mittelteil, in dem immenses Material angehäuft und gewaltsam auf Dialog, inneren Monolog und Bericht verteilt wird. Der Schlußteil mit der Wandlung Laevskijs und dem Aufbruch von Korens zu einer langjährigen Expedition (womit äußerlich die Notwendigkeit seiner Versöhnung mit dem Gegner begründet wird) verrät durch die äußerst mühsame Konstruktion, daß die Geschichte sehr überstürzt zu Ende geführt wurde. Was aus dem »unvollendeten Roman« hätte werden können, zeigen jene außerordentlich modern wirkenden Passagen, in denen Čechov die Relativität jeglicher Wahrheitsfindung nachweist (indem ein und dieselbe Tatsache – etwa die beabsichtigte Trennung Laevskijs von Nadeśda – jeweils drei- oder mehrmals von verschiedenen Personen beurteilt und nach allen Richtungen hin reflektiert wird). Letzte Aussage ist der lapidare Satz: *»Niemand weiß die ganze Wahrheit.«* M.Gru.

AUSGABEN: Moskau 1891. – Moskau 1977 (in *Poln. sobr. soč. i pisem*, 30 Bde., 1974–1983, 7).

ÜBERSETZUNGEN: *Ein Zweikampf,* K. Holm, Mchn. 1897. – *Das Duell,* R. Hoffmann (in *Werke,* Mchn. 1958). – Dass., A. Bock, Zürich 1962. – Dass., A. Knipper u. G. Dick (in *Eine langweilige Geschichte. Das Duell,* Zürich 1976).

## IVANOV

(russ.; *Ivanov*). Schauspiel in vier Akten von Anton P. ČECHOV, Uraufführung: Saratow, 10. 11. 1887; deutsche Erstaufführung: Berlin, 17. 10. 1919, Deutsches Theater. – Held des ersten Schauspiels von Čechov ist der in der russischen Literatur berühmt-berüchtigte »überflüssige Mensch«, ein »Zwitter aus Hamlet und Manfred«. Der dreißigjährige Ivanov, dessen *»Seele aus Furcht vor dem morgigen Tag zittert«*, ist seit fünf Jahren mit einer Jüdin verheiratet, die seinetwegen zur rechtgläubigen Kirche übertrat und deswegen von ihren Eltern verflucht und enterbt wurde. Ivanov kann diese Frau, die an Schwindsucht erkrankt ist und der er einst alles Glück auf Erden versprochen hatte, nicht mehr lieben. Außerstande, mit ihr die langen Abende in der lähmenden Stille des Gutshauses zu verbringen, flüchtet er sich in die Gesellschaft eines reichen Gutsbesitzers, der überdies sein Gläubiger ist. Jeden Abend trifft er hier die kaum zwanzigjährige Saśa, Tochter des reichen Nachbarn, ein leidenschaftliches, freidenkendes, vollkommen natürliches Mädchen. Sie erkennt, daß der kühl sich zurückhaltende Intellektuelle Ivanov ein zutiefst unglücklicher, nach menschlicher Wärme sich sehnender Mann ist, und beschließt, ihn in das Leben zurückzuführen. Am Tage ihrer Geburtstagsfeier bekennt sie ihm ihre Liebe und küßt ihn. Das sieht zufällig Ivanovs Frau, die jetzt das bestätigt findet, was ihr Arzt ihr einmal offen ins Gesicht gesagt hat:

daß Ivanov sie nur um ihres Vermögens willen geheiratet habe und sie nun, da ihm ihre Mitgift entging, langsam und berechnend zu Tode quäle, um die reiche Saśa heiraten zu können. Tatsächlich verlobt sich Ivanov ein Jahr nach dem Tod seiner Frau mit Saśa, doch kurz vor der Heirat erschießt er sich aus Angst, das Leben dieses Mädchens ebenso zu zerstören wie das seiner ersten Frau.

Čechovs erstes Schauspiel, das nur selten aufgeführt wird, zeigt ihn als einen Dramatiker, der auf die Erfindung einer außergewöhnlichen, in sich dramatischen Fabel verzichten kann. Die Handlung wird fast ausschließlich von dem grübelnden, das eigene Ich analysierenden, nie expressiv vorgetragenen Monolog und einem unterkühlten, oftmals innehaltenden Dialog getragen. Die Pausen sind kalkuliert gesetzt, um die Melodie eines Satzes ausschwingen zu lassen. Von den späteren Stücken Čechovs, die in der Inszenierung Stanislavskijs zu »Stimmungsdramen« stilisiert wurden, unterscheidet sich *Ivanov* dadurch, daß es tatsächlich eine Komödie ist (wie Čechov alle seine Stücke verstanden wissen wollte), in die ein psychologisches Drama einmontiert wurde. Die Komödie in diesem Schauspiel – die oft auch sprachlich an Aleksandr N. OSTROVSKIJ (1823–1886) erinnernde Darstellung des vom Geld besessenen und nur ihm nachjagenden Landadels in allen seinen originell-komischen und gerissen-querköpfigen Spielarten – umreißt den gesellschaftlichen Kreis, innerhalb dessen sich Ivanovs Tragödie abspielt. Es ist die Tragödie des russischen Intellektuellen gegen Ende des 19. Jh.s, der, kaum dreißigjährig, seine Kräfte verbraucht hat, sich *»mit schwerem Kopf, mit träger Seele, ermattet, zerbrochen, zermalmt, ohne Glauben, ohne Liebe, ohne Ziel«* treiben läßt und nur noch ein *»Schatten unter den Menschen«* ist, mit denen ihn nichts anderes mehr verbindet als alltägliche Lebensgewohnheiten. Sein Selbstmord reinigt Ivanov zwar von dem Verdacht, ein kalt berechnender Mitgiftjäger zu sein, doch löst er nicht den Konflikt, sondern macht den Zustand einer Klasse sichtbar, deren Endzeit Čechov distanziert, hier aber nicht ohne eigene Betroffenheit darstellt. M.Gru.

AUSGABEN: Moskau 1887. – Moskau 1978 (in *Poln. sobr. soč. i pisem*, 30 Bde., 1974–1983, 12).

ÜBERSETZUNGEN: *Ivanov,* A. Scholz, Bln. 1919. – Dass., J. v. Guenther (in *Dramen,* Hbg. 1960; Nachw. S. Geier; RKl). – Dass., P. Urban, Zürich 1974.

LITERATUR: Th. G. Winner, *Speech Characteristics in Chekhov's »Ivanov« and Čapek's »Loupežnik«* (in *American Contributions to the 5th International Congress of Slavists, Sofia 1963,* Den Haag 1963, S. 403–431). – V. Chalizev, *Drama A. P. Č. »Ivanov«* (in *Russkaja literatura,* 7, 1964, 1, S. 65–83). – H. Schmid, *Strukturalistische Dramentheorie. Semantische Analyse von Č.s »Ivanov« und »Der Kirschgarten«,* Kronberg/Ts. 1973.

## MEDVED'

(russ.; *Der Bär*). Komödie in einem Akt von Anton P. ČECHOV, Uraufführung: Moskau, 28. 10. 1888, Teatr Korsa; deutsche Erstaufführung: Berlin, 12. 11. 1900, Berliner Sezessionsbühne. – Die Komödie, von Čechov zurückhaltend als *šutka* (Posse) bezeichnet, ist neben *Predloženie*, 1889 *(Der Heiratsantrag)*, der bekannteste und erfolgreichste der vier burlesk-komischen Einakter, mit denen der Autor sein dramatisches Schaffen einleitete.

Standhaft und prinzipienfest betrauert die Gutsbesitzerin Popova seit einem Jahr den Tod ihres Gatten, obwohl das *»liebe Ungeheuer«* sie – wie aus seinen hinterlassenen Briefschaften hervorgeht – zu Lebzeiten weidlich mit anderen Frauenzimmern betrogen hat. *»Begraben zwischen den vier Mauern«* ihres Zimmers lebt sie der süßen Rache, dem aus dem Jenseits herabblickenden Gemahl triumphierend das reine Bild der ewig treuen Gattin präsentieren zu können. Aus solch beschaulichem Dasein schreckt sie die Ankunft eines Herrn auf, der sich grob und zornig Zutritt zu ihrem Zimmer verschafft und geräuschvoll die Rückzahlung von zwölfhundert Rubeln verlangt, die ihm der Verstorbene schulde. Die Abneigung der Popova dagegen, daß sie ihre Gedanken plötzlich derart profanen Geldgeschäften widmen soll, veranlaßt den ungeschliffenen Eindringling zu höhnischen Ausfällen gegen die *»Stimmungen«* gewisser *»ätherischer, göttlicher Wesen«*, gegen Liebe, Treue und ähnliche *»Weiberlügen«*. In ihrer Haltung unverstanden, fühlt Frau Popova ihre Seele bluten. Zornig schimpft sie den Grobian, der keinen Zentimeter von der Stelle weicht, einen *»Bären«*, ein *»Untier«*, und eilt nach den Duellpistolen ihres Verstorbenen, um den erregten, doch bereits zwischen seiner Wut über die Herausforderung und seiner Bewunderung für die Dame hin und her gerissenen Wüterich *in die Schranken«* zu weisen. Bebend stehen sich beide gegenüber. Die erschrockene, bewaffnet ins Zimmer stürmende Dienerschaft findet die Kontrahenten in inniger Umarmung.

Die vielbelachte Pointe des Stücks liegt jedoch nicht im äußeren Effekt der widersinnigen Versöhnung, sondern in dem nebensächlichen Detail, mit dem das Stück ausklingt: Hatte die trauernde Witwe noch wenig zuvor dem Lieblingspferd des Verstorbenen unter Tränen der Rührung ein Extramaß Hafer zugedacht, so erteilt sie dem verblüfften Diener nun den Befehl: *»Luka, sag im Stall, daß Tobby heute gar keinen Hafer bekommen soll!«* Diese Technik der unerwarteten Pointierung bestimmt die ganze Anlage der Groteske, die ihre Komik überwiegend aus der Gegensätzlichkeit der Stimmungen, dem jähen Umschlag der Gefühle, den übertreibenden, listig berechneten und knapp formulierten Dialogen bezieht. M.Gru.

AUSGABEN: Moskau 1888. – Moskau 1978 (in *Poln. sobr. soč. i pisem*, 30 Bde., 1974–1983, 11).

ÜBERSETZUNGEN: *Der Bär*, L. Flachs-Fokschaneanu, Lpzg. 1903 (RUB). – Dass., J. v. Guenther (in *Dramen*, Hbg. 1960; Nachw. S. Geier; RKl). – Dass., P. Urban (in *Sämtliche Einakter*, Zürich 1980).

## MOJA ŽIZN'. Rasskaz provinciala

(russ.; *Mein Leben. Erzählung eines Provinzlers*). Erzählung von Anton P. ČECHOV, erschienen 1896. – Dies ist keine Autobiographie des Autors, sondern der breitangelegte, novellenartige Lebensbericht des jungen Adligen Misail, eines von den Menschen und den eigenen Idealen fortwährend enttäuschten, doch nicht gebrochenen Mannes. Obwohl erst in der Mitte seines Lebens stehend, kann er doch in abschließendem Ton darüber berichten, da er nichts wesentlich Neues mehr zu erwarten hat.

In einer Provinzstadt unter dummen, grausamen, faulen und unehrlichen Menschen aufgewachsen, weigert sich Misail, die Beamtenlaufbahn einzuschlagen, für die ihn sein Vater ausersehen hat. Die Vorstellung, mit Korruption und Betrug operieren zu müssen, wie es das Beamtenschicksal in einer zerrütteten Gesellschaft zu erfordern pflegt, widert ihn an. Vom Vater aus dem Haus gewiesen, beginnt Misail – erfüllt von volkstümlerischen und sozialistischen Ideen – seinen eigenen Weg zu suchen, und geht ins Volk unter die einfachen Arbeiter. Sogleich wird er zum Außenseiter der Gesellschaft: Der Bürger ächtet, der Arbeiter verspottet den Sonderling mit dem idealistischen Ehrgeiz, sein Brot durch ehrliche Arbeit zu verdienen. Fast schon ein Märtyrer seiner Idee, trifft Misail eine Frau, die ihn seiner Kühnheit wegen schwärmerisch verehrt und ihn heiratet, um gemeinsam mit ihm auf eigener Scholle zu säen und zu ernten. Bald jedoch empfindet das Ehepaar inmitten der apathischen, bösartigen, trunksüchtigen, jeder *»moralischen Erneuerung«* abholden Bauernschaft ihr »reines« Landleben als zerstörerische Qual, der die junge Frau schon nach einem Jahr nicht mehr gewachsen ist. Sie verläßt Misail, der in sein früheres Leben, diese *»lange, lange Folge langwieriger und stummer Leiden«*, zurückkehrt. Nun ist es seine ebenfalls dem Elternhaus entflohene Schwester, die seine Träume teilt. Doch auch ihr Ausflug ins Leben – sie verliebt sich in einen jungen, verheirateten Arzt, von dem sie bald ein Kind erwartet – endet ohne Gnade: Sie stirbt an der Geburt ihres Kindes. Ihr Tod gleicht dem eines jungen Vogels, der sich mit schwachen Schwingen zu hoch in den blauen Äther wagte. Von Misail bleibt nur zu berichten, daß er ein verschrobener, doch tüchtiger Anstreichermeister wird.

Die in Ichform geschriebene Erzählung steht in vielem Čechovs berühmtem, *»forte begonnenen und pianissimo endenden«* Schauspiel *Čajka* (Die Möwe) nahe, das im gleichen Jahr entstand. Anders als der dynamische Erzähler LESKOV baut Čechov seine Novelle nicht auf den äußeren Verlauf der Handlung auf. Jedes Detail ist vielmehr von der Psychologie, dem Innenleben der beteiligten Personen abhängig, die empfindlich wie Seismographen auf die Einwirkungen der Wirklichkeit reagierend, den Erzählverlauf beschleunigen oder verlangsamen.

M.Gru.

AUSGABEN: Moskau 1896. – Moskau 1978 (in *Poln. sobr. soč. i pisem*, 30 Bde., 1974–1983, 11).

ÜBERSETZUNGEN: *Zum Irrsinn*, O. Treyden, Bln. 1897. – *Mein Leben*, J. v. Guenther (in *Werke*, Bd. 2, Mchn. 1963). – Dass., M. Pfeiffer (in *Drei Jahre. Mein Leben. Kleine Romane III*, Zürich 1976).

## PALATA NO. 6

(russ.; *Krankensaal Nr. 6*). Erzählung von Anton P. ČECHOV, erschienen im Novemberheft der Zeitschrift ›Russkaja mysl'‹ 1892, ein Jahr später als Titelgeschichte einer Sammlung von Erzählungen. – Čechov, der in den achtziger Jahren vorwiegend Kurzgeschichten und Humoresken geschrieben hatte, wandte sich gegen Ende des Jahrzehnts der großen Erzählung zu. *Krankensaal Nr. 6* ist das erste Meisterwerk, das ihm in der neuen Gattung gelang. In der Zeitschriftenfassung besteht die Erzählung aus sechs Kapiteln; im Sammelband wurde der Text in 19 Kapitel gegliedert; die einzelnen Phasen der Handlung sind dadurch schärfer voneinander getrennt.

Geschildert wird ein verrottetes, medizinisch und hygienisch unzulängliches russisches Provinzkrankenhaus in den neunziger Jahren. Der Krankensaal Nr. 6 beherbergt die Geisteskranken, darunter den aus einer verarmten adligen Familie stammenden Beamten Ivan Dmitrič Gromov, der unter Verfolgungswahn leidet. Der Chef des Krankenhauses, Dr. Andrej Efimyč Ragin, hatte ihn für geisteskrank erklärt und in den Krankensaal Nr. 6 eingewiesen. Ragin, ein resignierender Intelligenzler, der das Krankenhaus mit nachlässiger Hand führt, wissend, daß er die Verhältnisse nicht ändern kann, kommt durch Zufall mit Gromov ins Gespräch und erkennt, daß dieser Geisteskranke der einzig Vernünftige in dem Provinznest ist. Ihre fortan häufig geführten Unterhaltungen über Leben, Krankheit und Tod, »*Verwandlung der Materie*«, über die drückende Gegenwart und die lichte Zukunft Rußlands, liefern dem intrigierenden Arzt Chobotov den Vorwand, Ragin selbst als geistesgestört seines Postens entheben zu lassen. Man schickt ihn zuerst auf Reisen, nimmt ihm die Wohnung, versagt ihm die Pension. Am Ende sperrt man auch ihn in den Krankensaal Nr. 6. Hat er bisher mit der ihm eigenen Apathie alles widerstandslos mit sich geschehen lassen, so bäumt er sich, als er durchs Fenster die Silhouette des Stadtgefängnisses sieht, gegen die Einschließung auf. Nikita, der brutale Wächter des Krankensaales, schlägt ihn nieder, und Ragin stirbt an den Folgen eines Blutsturzes.

*Krankensaal Nr. 6* gehört zu den Werken, in denen sich die Erfahrungen des Naturwissenschaftlers und Arztes Čechov niederschlugen. Das bedrückende Sachalinerlebnis (1890) wirkt hier nach; nicht minder Čechovs Tätigkeit als Kreisarzt von Sepuchov, der er mit großem Ernst nachging (vgl. Brief an A. S. SUVORIN vom 18. 10. 1892). Die Beschäftigung mit der Philosophie und der Entwicklungstheorie DARWINS liefert weitere wichtige Bausteine für die Erzählung. Ragin vertritt in den Gesprächen mit Gromov eine Philosophie der stoischen Empfindungslosigkeit und Passivität gegenüber dem menschlichen Leiden, die letztlich aus seiner Charakterschwäche und Resignation entspringt. (Ragins Unentschlossenheit wird sprachlich meisterhaft durch den unauffälligen Gebrauch binärer Ausdrücke realisiert.) Gromov stellt dem die Utopie einer künftigen befreiten und glücklichen Menschheit entgegen.

Daß die Utopie Gromovs im Saal der Geisteskranken reift, die liberale Resignation Ragins dort endet, kennzeichnet die Verkehrtheit der geschilderten Welt. Der Krankensaal, in der Erzählung Schauplatz, Auslöser und Endpunkt der tragischen Schicksale Ragins und Gromovs, wurde von den Zeitgenossen als Symbol der allgemeinen Zustände in Rußland aufgefaßt. »*Čechovs Krankensaal*«, schrieb N. S. LESKOV, »*das ist Rußland.*« – Čechov selbst empfand Unbehagen an dieser »*traurigen*« Geschichte. Um sie von ihrem »*Krankenhaus- und Totenkammergeruch*« zu befreien, wollte er sie später »*umfärben*« (Brief an V. M. LAVROV vom 25. 10. 1892). Einen zweiten Mangel sah er darin, daß in ihr zuviel räsoniert werde und daß »*das Element der Liebe*« fehle (Brief an Suvorin vom 31. 3. 1892).

R.La.

AUSGABEN: Petersburg 1892 (in Russkaja mysl', Nov.). – Moskau 1977 (in *Poln. sobr. soč. i pisem*, 30 Bde., 1974–1983, 8).

ÜBERSETZUNGEN: *Eine gottgefällige Anstalt*, C. Berger (in *AW*, Bd. 2, Bln. 1903). – *Krankenstation Nr. 6*, H. v. Schulz (in *Meistererzählungen*, Bln. 1960). – *Krankenhauszimmer Nr. 6*, J. v. Guenther (in *Werke*, Bd. 2, Mchn. 1963). – *Krankenzimmer Nr. 6*, A. Knipper u. G. Dick (in *Krankenzimmer Nr. 6. Erzählung eines Unbekannten. Kleine Romane II*, Zürich 1976).

LITERATUR: Th. G. Winner, *Chekov's »Ward No. 6« and Tolstoyan Ethics* (in American Slavic and East European Journal, 17, 1959, S. 321–334).

## PREDLOŽENIE

(russ.; *Der Heiratsantrag*). Posse in einem Akt von Anton P. ČECHOV, Uraufführung: Moskau, 1889, Privattheater von I. L. Ščeglov; deutsche Erstaufführung: Berlin, 12. 11. 1900, Berliner Sezessionsbühne. – Zusammen mit Čechovs wenig zuvor geschriebenem *Medved'*, 1888 *(Der Bär)*, zählt die Groteske zu den gelungensten und bühnenwirksamsten Einaktern nicht nur der russischen Literatur. – Überraschend besucht der jugendliche, leicht cholerische und hypochondrische Gutsbesitzer Lomov eines Morgens im Frack seinen Nachbarn Čubukov und bittet aufgeregt stotternd den erstaunten Hausherrn um die Hand seiner Tochter Natal'ja. Freudig bewegt eilt Čubukov, die Ahnungslose zu holen. Lomov, verwirrt und über die Maßen nervös, beginnt ein Gespräch über »seine« Ochsenwiese. Augenblicklich korrigiert Natal'ja, die Wiese gehöre zum Besitztum ihres Vaters. Die Meinungsverschiedenheiten wachsen sich im Nu zu einem handfesten Streit aus, der mit bösen und heftigen Beschimpfungen endet. Dem Herzschlag nah, wankt der Hochzeiter aus dem Hause. Nun erst erfährt Natal'ja, weshalb Lomov im Frack erschienen ist. Erschrocken läßt sie ihn zurückholen, eifrig bemüht, ihn in ein ruhiges Gespräch zu ziehen. Bald jedoch erheben sich die Stimmen erneut. Diesmal geht es um die Qualitäten der Lomovschen und Čubukovschen Jagdhunde, und der Streit entbrennt noch heftiger als vorher, bis Lomov ohnmächtig in sich zusammensinkt. In panischer Angst, den Bräutigam zu Tode geredet zu haben, sinkt Natal'ja unter hysterischen Schreien in einen Sessel. Kaum beginnt sich der Brautwerber wieder zu regen, fügt Čubukov unter hastigen väterlichen »Segenswünschen« (»*Heiraten Sie schneller – oder der Teufel soll Sie holen!*«) die Hände des Paares zusammen. Ehe der Bräutigam recht begriffen hat, was geschieht, entzündet sich der Hundestreit aufs neue – übertönt von den verzweifelten Rufen des Brautvaters: »*Champagner! Champagner!*«

Seine Wirkung verdankt der burleske Einakter, von Čechov als Farce (*šutka*) oder Vaudeville bezeichnet, nicht nur dem derb-komischen Einfall vom Zusammenstoß zweier streitsüchtiger Charaktere ausgerechnet bei einem Heiratsantrag, sondern vor allem seinem pointierten, vor Bosheit funkelnden Dialog, der die Handlung unmerklich, doch mit unausweichlicher Konsequenz ihrem widersprüchlichen Ende zutreibt.            M.Gru.

AUSGABEN: Moskau 1889. – Moskau 1978 (in *Poln. sobr. soč. i pisem*, 30 Bde., 1974–1983, 11).

ÜBERSETZUNGEN: *Der Heiratsantrag*, L. Flachs-Fokschaneanu, Lpzg. 1903. – Dass., J. v. Guenther (in *Dramen*, Hbg. 1960; Nachw. S. Geier; RKl). – Dass., P. Urban (in *Sämtliche Einakter*, Zürich 1980).

**SKUČNAJA ISTORIJA. Iz zapisok starogo čeloveka**

(russ.; *Eine langweilige Geschichte. Aus den Aufzeichnungen eines alten Mannes*). Erzählung von Anton P. ČECHOV, erschienen 1889. – *Skučnaja istorija* gehört zu den größeren Erzählungen Čechovs, die um 1890 entstanden sind, einer Zeit, in der er sich in einer tiefen seelischen Krise befand, die u. a. durch den Tod seines Bruders Nikolaj ausgelöst worden war. Erzählungen wie *Gusev*, 1890, *Duėl'*, 1891 (*Das Duell*), *Palata No. 6*, 1892 (*Krankensaal Nr. 6*), behandeln sehr viel direkter als die späteren Werke philosophische Themen und sind verbunden durch die Frage nach einer Weltanschauung, einer »Gesamtidee«, – ein Gedanke, der auch in den Briefen dieser Zeit immer wieder auftaucht. Jedoch wird auch in diesen Erzählungen die Welt immer aus der Perspektive eines konkreten und deshalb eingeschränkten Bewußtseins dargestellt. Durch dieses – für Čechovs Gesamtwerk charakteristische – Verfahren nimmt sich der Autor als Erzählinstanz völlig zurück und verzichtet auf jeden autoritativen Standpunkt mit festen Wertpositionen. In *Skučnaja istorija* zeichnet der 29jährige Čechov in Form eigener Aufzeichnungen das Innenleben eines alten Mannes, der auf den Tod wartet. Der Ich-Erzähler, ein berühmter, hochgeehrter Medizinprofessor, der sein ganzes Leben der wissenschaftlichen Arbeit gewidmet hat, betrachtet jetzt, im Bewußtsein des nahen Todes, sein Leben, das ihm immer erfüllt schien, zum ersten Mal mit einem kritischen Blick. Gequält von Schlaflosigkeit und Todesangst, in ängstlicher Selbstbeobachtung, im Kampf mit seiner sich ständig steigernden Schwäche, erkennt er, wie sinnlos dies Leben ohne Ziel und ohne Idee war.

Mit erschreckender Deutlichkeit sieht er seine Umwelt und gerät in immer größere Isolation und Entfremdung von seiner Familie, seinen Kollegen, seinen Studenten. Er leidet unter der Trivialität und Banalität der Gespräche mit seiner ewig jammernden Frau, seiner Tochter Lisa und deren Verehrer Gnekker, mit denen er Tag für Tag an der gemeinsamen Tischrunde abgedroschene Gemeinplätze wechseln muß. Die Kollegen empfindet er als menschlich reduzierte, gelehrte Schwachköpfe oder modische Zyniker. Die Vorlesungen, die ihn früher mit tiefer Befriedigung erfüllt haben, sind nur noch eine Qual für ihn. Er leidet unter seinem eigenen wachsenden Unvermögen, am Leben seiner Mitmenschen emotional Anteil zu nehmen, verachtet sich selbst, wird aber dabei immer bitterer, kälter und hilfloser gegenüber seiner Umwelt, in seinen Ansichten über soziale Probleme, in seinen menschlichen Reaktionen. – Nur gegenüber seiner Pflegetochter Katja empfindet er eine starke Bindung. Sie ist in seiner Familie aufgewachsen, wurde dann Schauspielerin, verschrieb ihr Leben ganz der Kunst, verzweifelte aber an ihrer Talentlosigkeit und schweren persönlichen Schicksalsschlägen. Aber auch Katja gegenüber, die ihn liebt und braucht und die sein einziger Lebensinhalt geblieben ist, versagt der Professor und macht damit seine Einsamkeit total. Die Geschichte der wachsenden Entfremdung zwischen dem Professor und Katja ist verknüpft mit den beiden kritischen Höhepunkten der Erzählung, ihren Begegnungen in Augenblicken höchster innerer Spannung: in einer Nacht, als er glaubte zu sterben, und an einem Morgen in einem Hotel in Charkow, wohin ihm Katja in völliger Verzweiflung nachreist und ihn, von dem sie allein Rettung erwartet, »*um wenigstens ein Wort, ein einziges Wort*« bittet, das ihrem Leben irgendeinen Sinn geben könnte. Doch er weiß keine Antwort, und Katja verläßt ihn. »*Ich schaue sie an und schäme mich, daß ich glücklicher bin als sie. Das Fehlen dessen, was die Kollegen Philosophen die allgemeine Idee nennen, habe ich erst kurz vor dem Tode bemerkt, am Ende meiner Tage, aber die Seele dieses armen Menschenkindes hat keine Zuflucht gekannt und wird sie ihr Leben lang nicht kennen – ihr ganzes Leben lang!*«

Die Sicht des Geschehens allein aus der Perspektive des sich selbst beobachtenden, alle seine Reaktionen bewußt reflektierenden Wissenschaftlers motiviert die analysierende, objektive Schreibmethode Čechovs, die direkte Wiedergabe vieler Gespräche und Diskussionen. Der Ton ist kühl, distanziert wie ein Krankheitsbericht und doch voller Bitterkeit und Melancholie. Die Frage nach dem fehlenden Sinn und den höheren Zielen wird in der Erzählung in aller Schärfe gestellt. Eine Antwort hat der allen Ideologien fernstehende Autor nicht zu geben. Thomas MANN nannte die Geschichte »*die mir teuerste von Tschechows erzählerischer Schöpfungen, ein ganz und gar außerordentliches, faszinierendes Werk, das an stiller, trauriger Merkwürdigkeit in aller Literatur nicht seinesgleichen hat*...«. K.H.

AUSGABEN: Moskau 1889 (in *Severnyj vestnik*, Nr. 11). – Moskau 1977 (in *Poln. sobr. soč. i pisem*, 30 Bde., 1974–1983, 7).

ÜBERSETZUNGEN: *Schatten des Todes. Aus den Papieren eines alten Mannes*, K. Holm, Mchn. 1902. – *Aus den Aufzeichnungen eines alten Mannes*, M. Feofanoff, Lpzg. 1903. – *Eine langweilige Geschichte. Aus den Aufzeichnungen eines alten Mannes*, H. Röhl, Lpzg. 1919 (IB). – *Eine langweilige Geschichte*, J. v. Guenther (in *Werke*, Bd. 2, Mchn. 1963). – Dass., A. Knipper u. G. Dick (in *Eine langweilige Geschichte. Das Duell. Kleine Romane I*, Zürich 1976).

LITERATUR: L. P. Gromov, *Povest' Č. »Skučnaja istorija«* (in L. P. G., *Realizm Č. vtoroj poloviny 80-ch godov*, Rostow 1958, S. 170–212).

## SMERT' ČINOVNIKA

(russ.; *Der Tod eines Beamten*). Kurzgeschichte von Anton P. ČECHOV, erschienen 1883. – *Smert' činovnika* ist eine der vielen Kurzgeschichten aus Čechovs frühester, etwa bis 1886 reichender Schaffensperiode, die er als Medizinstudent unter dem Namen Antoša Čechonte und anderen Pseudonymen in den verschiedensten, damals in Rußland in großer Blüte stehenden humoristischen Zeitschriften veröffentlichte. Obwohl er von seiner literarischen Tätigkeit selbst keine allzu hohe Meinung hatte und sie als reinen Broterwerb betrachtete, zeugen viele dieser Kurzgeschichten von der frühen Reife seiner Kunst. Die Stoffe dieser kleinen scherzhaften Kurzgeschichten, Humoresken, satirischen Miniaturen und komischen Szenen mit pfiffigen Pointen reichen von den Standardthemen der humoristischen Zeitschriften wie der hysterischen Ehefrau, dem gehörnten Gatten, dem betrogenen Betrüger und der bösen Schwiegermutter bis zu den düsteren sozialen und gesellschaftlichen Phänomenen, die das zaristische System der achtziger Jahre prägten, wie Bestechlichkeit, Alkoholismus und Zerstörung der zwischenmenschlichen Beziehungen in einer durch und durch hierarchisch organisierten Gesellschaft. Angriffspunkte seiner Kurzgeschichten sind das Spießertum in allen seinen Ausprägungen, Dummheit, Borniertheit, Selbstgerechtigkeit und Pharisäertum, Heuchelei und Feigheit, immer wieder aber vor allem Selbsterniedrigung und Duckmäusertum. In diesen Texten tauchen alle sozialen Schichten auf, besonders häufig aber die Beamten der vierzehn im russischen Staatsdienst üblichen Rangklassen, vom Kollegienregistrator über den Titularrat bis hin zum Staatrat und Wirklichen Geheimrat. Damit reiht sich Čechov in die Tradition der russischen satirischen Dichtung von GOGOL' und SALTYKOV-SCEDRIN ein. *Smert' činovnika*, *Tolstyj i tonkij*, 1883 (*Der Dicke und der Dünne*), *Chameleon*, 1884 (*Das Chamäleon*), u. a. sind klassische Beispiele für die satirische Kurzgeschichte.

*Smert' činovnika*, sicherlich inspiriert vom Schluß der berühmten Gogolschen Erzählung *Šinel'*, 1842 (*Der Mantel*), behandelt das Thema des »armen Beamten«. Červjakov (von russ. *červ'*: der Wurm) niest im Theater einem vor ihm sitzenden General versehentlich auf die Glatze. Er entschuldigt sich, der General sagt »keine Ursache«, und die Angelegenheit könnte abgetan sein. Aber in der verängstigten, zu Unterwürfigkeit und Demut erzogenen Sklavenseele Červjakovs gewinnt der Vorfall immer größere Dimensionen. Mehrmals wiederholt er umständlich seine Entschuldigungen, auch am nächsten und übernächsten Tag, während der General immer ärgerlicher über diese Reaktion Červjakovs wird und damit dessen panische Angst und den Zwang, sich zu erklären und zu entschuldigen, noch steigert. Als der General ihm schließlich die Tür weist, geht Červjakov nach Hause, legt sich aufs Sofa und stirbt.

Die Geschichte ist meisterhaft in ihrer Kürze und Pointiertheit. Aus einer satirisch zugespitzten Anekdote, einer komischen Situation heraus, enthüllt Čechov die ganze jammervoll-lächerliche Tragik der menschlichen Existenz in unmenschlichen gesellschaftlichen Verhältnissen. Die Komik entsteht in dieser Kurzgeschichte durch das Verfahren der »eskalierenden Verschlimmbesserung«, die zwanghafte Wiederholung des erniedrigenden und das Gegenteil bewirkenden Entschuldigungsrituals. An der Gestalt Červjakovs wird ein wesentliches Strukturprinzip des Čechovschen Frühwerks deutlich: Alle Figuren leben in festgefügten, starren Denkschemata und fixierten Verhaltensweisen, die durch soziale Herkunft, Rang, Beruf usw. geprägt sind. Diese Denkklischees bestimmen Lebensweise, Verhalten, Wertvorstellungen und Sprechweise und reduzieren die Sicht auf die Welt auf einen ganz engen Ausschnitt. – In *Smert' činovnika* dominiert – wie in den meisten Kurzgeschichten Čechovs – die Personenrede, und der Erzähler tritt völlig in den Hintergrund. Die Texte mit ihren entlarvenden Dialogen und Monologen bekommen dadurch häufig szenischen Charakter und lassen schon das große Theatertalent Čechovs ahnen.

K.H.

AUSGABEN: Moskau 1883. – Moskau 1975 (in *Poln. sobr. soč. i pisem*, 30 Bde., 1974–1983, 2).

ÜBERSETZUNGEN: *Tragikomisch*, W. Czumikov (in *Starker Tobak u. andere Novellen*, Mchn. 1898). – *Der Tod eines Beamten*, J. v. Guenther (in *Werke*, Bd. 1, Hbg./Mchn. 1963). – *Der Tod des Beamten*, G. Dick u. A. Knipper (in *Ein unbedeutender Mensch. Erzählungen 1883–1885*, Zürich 1976).

LITERATUR: A. Roskin, *Antoša Čechonte*, Moskau 1940. – G. A. Bjalyi, *Jumoristiċeskie rasskazy A. P. Č.* (in Izv. ANSSR OLJA, 13, 1954, S. 305–316). – J. M. Geiser, *Č. i medicina*, Moskau 1954. – H. Auzinger, *Die Pointe bei Č.*, Kempten 1956. – D. Müller, *Über die Schilderung einer anankastischen Konstitution mit Befürchtungsideen u. abdominaler Komplikation in Tschechows »Der Tod des Beamten«* (in Psychiatrie, Neurologie u. mediz. Psych., 12, 1960, S. 193–199). – W. Düwel u. a., *Geschichte der klassischen russischen Literatur*, Bln./Weimar 1965, S. 859–861.

## STEP'. Istorija odnoj poezdki

(russ.; *Die Steppe. Geschichte einer Reise*). Erzählung von Anton P. ČECHOV, erschienen 1888. – Die lange Erzählung *Die Steppe* ist in Zusammenhang zu sehen mit Čechovs intensivem Ringen in jenen Jahren um die große literarische Gattung, den Roman. Der Schriftsteller Dmitrij V. GRIGOROVIČ (1822–1899) hatte ihn gedrängt, nach den vielen Kurzgeschichten nun ein umfangreiches, ernsthaftes Werk in Angriff zu nehmen. Das Ergebnis nun, das wesentlich den Ruhm Čechovs begründete, ist keine handlungsreiche Novelle im traditionellen Sinne, sondern eine »Dichtung in Prosa« (P. Bicilli), in der nicht die Geschichte wichtig ist, sondern das Thema, die Natur und die Menschen der Steppenlandschaft. »Ich schildere die Ebene, die violette Ferne, Schafzüchter, Juden, Popen, Nachtgewitter, Herbergen, Wagenzüge, Steppenvögel und anderes«, schrieb Čechov an Grigorovič. – Den Anstoß für das Steppenthema, bei dem er bewußt an die Tradition GOGOL's, des großen Steppenschilderers in der russischen Literatur, anknüpfte, gab eine Reise im Frühjahr 1887 in Čechovs südrussische Heimat, die viele Kindheitserinnerungen wiederbelebte und der Erzählung autobiographische Züge verlieh.

Den Rahmen für die Schilderung der vielfältigen Eindrücke bildet die Reise des neunjährigen Egoruška mit seinem Onkel, dem Kaufmann Ivan Ivanyč Kuzmičov und dem Popen Vater Christofor, die einen Transport Wolle verkaufen wollen, durch die endlose Steppe in die Stadt, wo Egoruška das Gymnasium besuchen soll. Er reist erst in der Kalesche des Onkels, dann mit den ihm fremden Fuhrleuten auf dem Wagenzug, wird unterwegs krank und erreicht schließlich die fremde Stadt, in der ihn ein neues, unbekanntes Leben erwartet. Die Landschaft und alles Geschehen wird aus der Perspektive des unglücklichen, sich einsam fühlenden kleinen Jungen gesehen. Er ist kein agierender Held, sondern ein passiver Empfänger von Eindrücken, Stimmungen, das Medium, durch das die Welt der Steppe gesehen wird.

Farbig realistische Milieuschilderungen, wie die Szenen in dem düsteren Einkehrhof mit seinen geschäftigen, jüdischen Wirtsleuten, die Beobachtung der Fuhrleute beim Erzählen ihrer grausigen Geschichten am Lagerfeuer, beim Bereiten ihrer Mahlzeiten oder beim Fischfang, wechseln mit rein lyrischen Naturbeschreibungen. »*Die Luft erstarrte, und die betrogene Steppe setzte wieder ihr trostloses Juligesicht auf. Das Gras neigte sich, alles Leben erstarb. Die sonnenverbrannten Hügel, bräunlichgrün und in der Ferne violett, mit ihren schattenhaft ruhigen Farben, die Ebene mit der dunstigen Weite und dem darübergestülpten Himmel, der in der Steppe, wo es keine Wälder und hohen Berge gibt, so erschreckend tief und durchsichtig scheint, sie alle boten sich jetzt unendlich und schwermütig erstarrt den Blicken dar.*« – Die Details und Szenen der Erzählung werden vereint durch die poetische Stimmung, den einheitlichen Ton, »den Geruch von Sommer und Steppe«, sie fügen sich zusammen zu einem »*Gemälde, in dem alle Einzelheiten wie die Sterne am Himmel in ein einziges Gemeinsames zusammengeflossen sind*«, wie Čechov es in einem Brief an KOROLENKO formuliert.

Unvergeßlich sind die mit wenigen Strichen skizzierten Volkstypen, der Altgläubige Pantelej mit seinen erfrorenen Füßen, der wilde Raufbold Dymov, Jemeljans »*langes rotes Gesicht mit einem spärlichen Ziegenbärtchen und einer schwammigen Beule unter dem rechten Auge*«. Sie alle sind unglücklich, einsam, unerlöst und voll Sehnsucht nach Glück. »*Unser Leben ist ein verfehltes, ein grausames Leben*«, sagt Dymov und stöhnt vor dem Unwetter: »*Mir ist so schwer.*« Über allem liegt die Stimmung einer unendlichen Schwermut. – Die Lebensvorgänge in der Natur und bei den Menschen laufen parallel. Die drückende Hitze der ausgedörrten, öden Steppe führt bei den Menschen zu einem Gefühl der Müdigkeit, der Beklemmung, der unerträglichen Einsamkeit in der Monotonie der Reise; die seltsame Spannung in der Natur vor dem Unwetter entlädt sich in Gereiztheit und boshaftem Streit unter den Fuhrleuten, an dem auch Egoruška verzweifelt teilnimmt. Das Gewitter bringt die Entladung und Lösung der Spannung.

Die durchgehende Bildsymbolik der Einsamkeit, Verlorenheit, Erstarrung und Schwermut in Natur und Menschenleben, der gleichsam musikalische Aufbau der Erzählung, der Rhythmus von Monotonie und ewiger Wiederkehr auf der einen und Spannung und Entspannung, Auf- und Abbewegung auf der anderen Seite, transponiert das großartige Bild der Steppe und ihrer Menschen in ein einziges großes Symbol des unerlösten Lebens.

K.H.

AUSGABEN: Moskau 1888. – Moskau 1977 (in *Poln. sobr. soč. i pisem*, 30 Bde., 1974–1983, 7).

ÜBERSETZUNGEN: *Steppe. Die Geschichte einer Fahrt*, R. v. Walter, Köln 1940. – *Die Steppe*, J. v. Guenther (in *Werke*, Bd. 1, Mchn. 1963). – Dass., A. Knipper u. G. Dick (in *Die Steppe. Erzählungen 1887–1888*, Zürich 1976).

LITERATUR: H.-B. Harder, *Zur Entwicklung der Poetik Č.s 1886–1890* (in *A. Č. 1860–1960*, Hg. T. Eekman, Leiden 1960, S. 1 ff.). – P.M. Bicilli, *A. P. Č. Das Werk u. sein Stil*, Mchn. 1966. – N. A. Nilsson, *Studies in C.'s Narrative Technique »The Steppe« and »The Bishop«*, Stockholm 1968. – P. Tammi, *Three Remarks on Č.'s »Step'«: Point of View, Subtext and Their Conjunction* (in Scando-Slavica, 33, 1987).

## TOSKA

(russ.; *Gram*). Erzählung von Anton P. ČECHOV, erschienen 1886. – Die Kurzgeschichte, die zuerst in einem Boulevardblatt unter dem Pseudonym Antoša Čechonte publiziert wurde, gehört in jene Übergangsperiode im Schaffen Čechovs, in der er, als Autor humoristischer und satirischer Kurzgeschichten, die er zum Broterwerb schrieb, bekanntgeworden war, seine schriftstellerische Berufung erkannte, sein Interesse ernsthafteren Stoffen zuwandte und sich bemühte, eine neue Form zu finden. Etwa seit 1885 erschienen, noch in der gleichen, durch die Forderung der Verleger bestimmten feuilletonistischen Kurzform, Erzählungen wie *Gore*, 1885 *(Leid)*, *Van'ka* (1886), *Anjuta* (1886), in denen nicht mehr das Komische, Anekdotische im Vordergrund steht, sondern tragische Schicksale einfacher Menschen. Eine der ergreifendsten Geschichten dieser Art ist die schmale Erzählung *Toska*, über die als Motto der Anfangsvers eines populären geistlichen Liedes *»Wem klage ich meinen Schmerz«* steht.

Dem armen Petersburger Droschkenkutscher Iona Potapov ist sein Sohn gestorben. Weil der Schmerz darüber so übermächtig und qualvoll ist, daß er ihn nicht für sich behalten kann, sucht er verzweifelt und ungeschickt jemanden, dem er sein Leid klagen könnte. Immer wieder versucht er, bei seinen Fahrgästen ein offenes Ohr zu finden. *»Wird sich unter diesen Tausenden nicht wenigstens einer finden, der ihn anhört?«* Leitmotivisch wiederholt sich immer wieder der heisere Satz Ionas: *»Aber mir ist diese Woche... nämlich... der Sohn gestorben.«* Doch er trifft nur auf Gleichgültigkeit und Grobheit. Als Befreiung empfindet er es schon, überhaupt beachtet zu werden, so daß er sogar die unflätigen Beschimpfungen und Schläge einer Gruppe von Fahrgästen mit dankbarem Lachen quittiert. Nach mehreren vergeblichen Versuchen sinkt er aber immer wieder zurück in die schmerzliche Abgeschlossenheit und Einsamkeit seines unerträglichen Leids. Das Bild der zusammengekrümmten, reglosen, ganz vom nassen Schnee bedeckten Gestalt des Kutschers und seines *»augenscheinlich tief in Gedanken versunkenen«* Pferdes symbolisiert eindrucksvoll seinen Gram. Als Iona am Abend nicht einschlafen kann, geht er noch einmal in den Stall und findet nun in seinem Pferd den Zuhörer, den »Bruder«, dem er sein Herz ausschüttet. *»Das Pferdchen kaut, hört zu und schnauft seinem Herrn auf die Hände ... Iona kommt ins Reden und erzählt ihm alles ...«.*

Die zuerst unerträgliche und schließlich sich lösende Spannung des unausgesprochenen Grams hat in der Erzählstruktur ihren Niederschlag gefunden – in den schnell abreißenden und immer neu versuchten Ansätzen zu Dialogen mit Fahrgästen am Anfang der Geschichte, in dem folgenden längeren, stockenden inneren Monolog Ionas und schließlich dem immer freier strömenden Gespräch mit dem Pferd. TOLSTOJ hielt *Toska* für eine der besten Erzählungen Čechovs.

K.H.

AUSGABEN: Petersburg 1886 (in Peterburgskaja gazeta, 27. 1.). – Moskau 1976 (in *Poln. sobr. soč. i pisem*, 30 Bde., 1974–1983, 4).

ÜBERSETZUNGEN: in *Russische Leute. Geschichten aus dem Alltagsleben*, J. Treumann, Lpzg. 1890. – *Pein*, J. v. Guenther (in *Religiöse Erzählungen eines Atheisten*, Hbg./Mchn. 1962). – *Gram*, W. Düwel (in *Kurzgeschichten u. frühe Erzählungen*, Hg. ders. u. G. Dick, Mchn. 1968). – Dass., A. Knipper u. G. Dick (in *Gespräch eines Betrunkenen mit einem nüchternen Teufel. Erzählungen 1886*, Zürich 1976).

## TRI SESTRY

(russ.; *Drei Schwestern*). Schauspiel in vier Akten von Anton P. ČECHOV, entstanden 1899/1900, Uraufführung: 31. 1. 1901 Moskauer Künstlertheater; deutsche Erstaufführung: Berlin, 21. 12. 1926, Schillertheater (Regie: J. Fehling). – In einer russischen Provinzstadt leben drei Töchter und ein Sohn eines Generals, der vor elf Jahren aus Moskau hierher versetzt worden war und ein Jahr vor Beginn der Handlung gestorben ist. Die älteste, Ol'ga, ist seit vier Jahren Lehrerin am Mädchengymnasium, die zweite, Maša, mit dem Lateinlehrer Kulygin verheiratet; die dritte, Irina, ist bisher ohne Beruf, sehnt sich aber nach Arbeit, die ihr Leben ausfüllt und ihre Kräfte voll beansprucht; im zweiten Akt tritt sie dann wirklich als Angestellte des Telegraphenamtes auf, im dritten Akt arbeitet sie in der Stadtverwaltung, im vierten hat sie das Lehrerinnenexamen abgelegt und will am folgenden Tag ihre erste Stelle an der Schule antreten. Zusammen mit den drei Schwestern lebt deren Bruder Andrej, vom Vater für die wissenschaftliche Laufbahn bestimmt, aber schon am Anfang des Stücks den Verdacht erweckend, daß er die hierfür nötige Energie nicht aufbringen wird. Die Schwestern sehnen sich zurück nach Moskau. Sie hoffen, daß ihr Bruder dort Professor wird und sie mit ihm in die Hauptstadt ziehen können. Aber diese Hoffnung, die bis zum Ende des dritten Akts in immer leidenschaftlicherer Weise geäußert wird, geht nicht in Erfüllung. Andrej bindet sich durch die Heirat eines Mädchens dieser Stadt (Nataša) allzu fest an das rückständige Milieu der Provinzstadt; Maša ist durch ihre Ehe ohnehin gebunden, und auch Ol'ga und Irina können sich offenbar nicht von dem Haus, von ihrem Beruf und von ihren Geschwistern lösen. Im Haus der drei Schwestern verkehren vor allem Offiziere. Einer von ihnen, der in seiner Ehe unglückliche Oberstleutnant Veršinin, verliebt sich in die gleichfalls unglücklich verheiratete Maša und findet volle Gegenliebe. Irina wird von dem sehr kultivierten Leutnant Baron Tuzenbach geliebt, der wie sie von einem Leben der Arbeit träumt und darum den Offiziersberuf aufgibt, um in einer Ziegelei zu arbeiten. Irina kann die Neigung Tuzenbachs nicht erwidern, aber da die große Liebe, die sie erwartet hatte, ausbleibt, gibt sie seinem Werben nach.

Am Ende des Stücks sind oder werden all diese Beziehungen, Illusionen und Glückserwartungen der drei Schwestern zerstört: Tuzenbach wird am Tag vor der geplanten Hochzeit und dem Beginn seines neuen Lebens von dem Stabskapitän Solenyj, seinem zynischen, psychopathischen, sich in Lermontov-Posen gefallenden, von Irina schroff zurückgewiesenen Nebenbuhler, in einem von diesem absichtlich provozierten Duell erschossen; Veršinin und Maša müssen sich bei Verlegung der Garnison ohne Hoffnung auf ein Wiedersehen trennen; Ol'ga, die gern geheiratet hätte, ist für immer an den sie überfordernden Beruf der Lehrerin gebunden; Andrej ist in der Ehe mit der herz- und geschmacklosen, ihn überdies betrügenden Nataša in völlige Lethargie versunken. Die einzige, die ihr Ziel erreicht hat, ist Nataša: Sie hat die drei Schwestern aus deren eigenem Haus verdrängt, hat einen Mann, der sich ihrer Herrschaft willenlos beugt, zwei Kinder, die sie abgöttisch liebt, und obendrein einen Liebhaber. Außer ihr gibt es am Ende nur noch eine glückliche Gestalt, die ehemalige Kinderfrau der drei Schwestern, Anfisa, die mit Ol'ga im Gymnasium in einer staatlichen Wohnung lebt und hier ein Zimmer für sich hat: »*Wache ich nachts auf – o Herr Gott, Mutter Gottes, einen glücklicheren Menschen als mich gibt es nicht.*«

Die oft geäußerte Meinung, den Dramen Čechovs mangele es an Handlung, an Entwicklung, am Element des eigentlich Dramatischen, trifft auf die *Drei Schwestern* vielleicht noch weniger zu als auf die anderen Stücke Čechovs. Zahlreiche Entwicklungs- und Handlungslinien laufen nebeneinander her: Die tragischen Liebesgeschichten zwischen Maša und Veršinin und zwischen Irina und Tuzenbach; die banale Geschichte von der Ehe und Mutterschaft und dem außerehelichen Liebesverhältnis Natašas; ihr siegreicher Kampf um die Macht in Haus und Familie. Neben diesen »Gesellschaftstragödien« stehen die individuellen Tragödien fast jeder einzelnen Person des Dramas: Ol'ga – die Tragödie der Frau, die sich nach Liebe und Ehe und einer kultivierten Umgebung sehnt und sich im Beruf an der falschen Stelle und ständig überfordert sieht; Andrej – die Tragödie des Mannes, der mit großen Erwartungen ins Leben gegangen ist und der herabgezogen wird in den Sumpf der provinziellen Banalität und Lethargie; Irina – die Tragödie der Desillusionierung: Ihre Illusionen über die Schönheit der Arbeit gehen unter in der Härte und Eintönigkeit der Arbeitswelt, ihre Träume von der großen Liebe verwirklichen sich nicht.

Mit großem dramaturgischen Geschick hält Čechov diese zahlreichen Entwicklungs- und Handlungslinien zusammen, läßt sie neben- und ineinander fortlaufen und im Schlußakt in einem erschütternden Finale gemeinsam ausklingen. So zahlreich und verschieden die Einzelhandlungen aber auch sind, werden sie doch durch einen zentralen Themenkreis miteinander verbunden. Es ist dies die Frage nach der Möglichkeit des Glücks, nach der Möglichkeit eines sozialen und kulturellen Fortschritts der Menschheit; die Frage, ob wir etwas dafür tun können und ob es sinnvoll ist, etwas für ihn zu tun, wenn wir doch die Erfolge dieses Fortschritts nicht erleben können. Nicht nur im Dialog (besonders in den Gesprächen Veršinins) steht diese Thematik im Vordergrund, sondern sie bestimmt weitgehend die Gesamtkonzeption des Dramas – die Personengestaltung ebenso wie die Handlung.

Zwei verschiedene Milieus stehen einander gegenüber, repräsentiert durch zwei Personengruppen, die vom Autor eindeutig unterschiedlich bewertet werden. Auf der einen Seite stehen die drei Schwestern, alle drei gebildet, kultiviert, feinfühlig. Den drei Schwestern zugeordnet sind der sympathische Tuzenbach und der nur leicht ironisierte Veršinin. (Es wäre falsch, auf der Bühne eine komische Figur aus ihm zu machen. Ihm legt Čechov als letztes Wort die entscheidende Formel für den kulturellen und sozialen Fortschritt Rußlands in den Mund: »*Man müßte der Arbeitsliebe die Bildung hinzufügen, und der Bildung die Arbeitsliebe.*«) Diese fünf überwiegend positiv gezeichneten Gestalten aus Moskau und Petersburg verkörpern das Milieu der Bildung. Auf der anderen Seite steht die Provinz – »*eine Stadt wie Perm*«. Ihre drückende Atmosphäre wird repräsentiert durch Nataša mit ihrer tierhaften, egoistischen Weibchenhaftigkeit, durch die philisterhafte Selbstzufriedenheit und den Subordinationsgeist des Lateinlehrers Kulygin, durch den spießbürgerlichen Lebensgenuß Protopopovs (des Geliebten Natašas), schließlich auch durch die Beschränktheit des Amtsdieners Ferapont (Anfisa, das positiv gezeichnete weibliche Gegenstück zu Ferapont, gehört zum Milieu der drei Schwestern).

Weiterhin wird das Provinzmilieu in Gesprächen und vor allem in den Reflexionen Andrejs thematisiert (am Anfang des zweiten und in der Mitte des vierten Akts). Er, der sich auf das niedere Niveau hat herabziehen lassen, empfindet aus dem Grund seiner Seele Schmerz und Scham darüber und charakterisiert die »schlechte Unendlichkeit« des Provinzlebens mit letzter Schärfe. Es ist kein Zufall, daß er am Ende dieser Reflexion (im vierten Akt), »überwältigt von einem zärtlichen Gefühl«, seine Schwestern apostrophiert: Sie haben sich nicht, wie er, in diesen Sumpf herabziehen lassen. Darum nennt der Titel auch nicht die »Vier Geschwister«, sondern nur Drei Schwestern.

Die Sehnsucht der Schwestern nach Moskau ist nicht nur illusorisches Heimweh nach der verlorenen »glücklichen Kindheit«, sondern auch berechtigtes Verlangen nach einer Umgebung, die ihrem kulturellen Niveau entspricht. Doch die verständliche und berechtigte Sehnsucht erfüllt sich nicht. Im vierten Akt wird dieser Wunsch nicht mehr geäußert. Die Schwestern haben resigniert. Aber das Ende des Dramas führt über die Resignation hinaus. Nach dem Zusammenbruch aller Illusionen und dem Ende der Glückserwartungen nehmen die Schwestern das Leben in der Provinz auf sich, um es neu zu beginnen. Irina wird, wie Ol'ga es schon lange tut, als Lehrerin »ihr ganzes Leben denen hingeben, denen es vielleicht nötig ist«. »Unsere Leiden werden zur Freude werden für die, die nach uns kommen«, sagt Ol'ga am Ende des Stücks. Das sind keine Illusionen. Für die drei Schwestern ist es ein Leiden, daß sie im inadäquaten kulturellen Milieu leben müssen; für dieses Milieu aber ist ihre Anwesenheit ein Ferment des kulturellen Fortschritts, ein Anlaß zur Hoffnung, daß künftig »der göttliche Funke in den Kindern«, die in dieser Stadt geboren werden, nicht alsbald »erlischt« (Andrej im vierten Akt), daß das Leben mit der Hebung des intellektuellen und moralischen Niveaus erfüllter, menschenwürdiger und damit letztlich »freudiger« wird. Es ist ein schweres Vergehen gegen die Grundidee des Stücks, wenn bei Theateraufführungen die letzten Reden der drei Schwestern um die einen neuen Anfang setzenden, in die Zukunft weisenden, lebenbejahenden Sätze gekürzt werden.

Freilich dürfen die drei Schwestern am Ende des Schauspiels auch nicht heroisiert werden. Sie wissen um die Aufgabe, die ihnen gestellt ist, und sie bejahen sie; aber es bleibt die Resignation darüber, daß die großen Fragen nach dem letzten Sinn des Lebens und des Leidens nicht gelöst werden können, obwohl der menschliche Geist eine Lösung verlangt. Es bleibt das Wissen, daß aller Fortschritt der Kultur, so wichtig und notwendig er ist, die Welt nicht in ein Paradies verwandeln, die Grundbedingungen der menschlichen Existenz nicht ändern kann, – wie Tuzenbach es im zweiten Akt sagt: »Auch in tausend Jahren wird der Mensch seufzen: ›Ach, wie schwer ist das Leben‹, und wird doch gleichzeitig, so wie wir jetzt, sich vor dem Tode fürchten und nicht sterben wollen.« Das Stück Čechovs hat sich die Bühnen der ganzen Welt erobert. L.Mü.

AUSGABEN: Moskau 1901 (in Russkaja mysl', H. 2). – Moskau 1978 (in Poln. sobr. soč. i pisem, 30 Bde., 1974–1983, 13).

ÜBERSETZUNGEN: Drei Schwestern, W. Czumikow, Lpzg. 1902. – Dass., A. Scholz, Bln. 1921. – Dass., J. v. Guenther (in Dramen, Hbg. 1960; Nachw. S. Geier; RKl). – Dass., G. Düwel (in Dramen, Mchn. 1969; Nachw. F. Rehder). – Dass., P. Urban, Zürich 1974.

LITERATUR: A. R. Vladimirskaja, Dve rannie redakcii p'esy »Tri sestry« (in Literaturnoe nasledstvo, 68, 1960).

## VAN'KA

(russ.; Vanka). Kurzgeschichte von Anton P. ČECHOV, erschienen 1886. – Die erschütternde, nur wenige Seiten umfassende Erzählung entstand zur Zeit einer Wende in der schriftstellerischen Entwicklung des Autors, der um 1886 von den als Broterwerb verstandenen humoristischen Kurzgeschichten und Sketches (mit denen er nichtsdestoweniger eine neue literarische Gattung begründete) zu größeren und ernsteren Arbeiten überging und seine schriftstellerische Tätigkeit überdachte. Immer häufiger gestaltet Čechov fortan erschütternde Schicksale einfacher Menschen, vor allem das Leiden von Kindern und Frauen, die ihrer inhumanen Umwelt hilflos ausgeliefert sind. In der Erzählstruktur zeigt sich der Wandel im Übergang vom vordem überwiegenden Dialog zur Sicht aus dem Inneren der Personen, welche inneren Monolog und erlebte Rede zunehmende Bedeutung erlangen läßt. In einer Boulevardzeitschrift unter dem Pseudonym Antoša Čechonte erschienen, zeigt die Erzählung Van'ka in Vorwurf und Struktur bereits den neuen Ansatz.

Heimlich schreibt der neunjährige Waisenjunge Van'ka, der in Moskau bei einem Schuster als Lehrjunge kümmerlich dahinvegetiert, in der Weihnachtsnacht einen Brief an seinen Großvater auf dem Dorf, in dem er seine verzweifelte Lage im Hause des Lehrherrn schildert. Ausgebeutet, geschlagen, gequält, verhöhnt und hungrig, findet er nicht einmal des Nachts vor seinen Peinigern Ruhe. Flehentlich bittet er den Großvater, ihn zurück ins Dorf zu holen, in dem er aufgewachsen ist. »Ich würde ja zu Fuß ins Dorf laufen, aber ich habe keine Schuhe und fürchte mich vor dem Frost.« Der Text des Briefes, der die ganze Bitterkeit des Kinderschicksals ausdrückt, wechselt mit Van'kas Erinnerungen an das Dorf. In seiner Vorstellung erscheint ihm der armselige Alltag auf dem Lande, wo sein fortwährend betrunkener Großvater Nachtwächter eines Gutes ist, als freundlich verklärte Gegenwelt. Der mit den Köchinnen schäkernde Alte mit seinen Hunden Kaštanka und V'jun oder das Schlagen der Weihnachtstanne im frostklirrenden Wald sind Gegenstand der verzehrenden Sehnsucht des Kindes. Voller Hoffnung faltet Van'ka seinen Brief zusammen und bringt ihn zum Briefkasten. Als Adresse hat er nach kurzem Überlegen geschrieben: »*An den Großvater im Dorf, Konstantin Makaryč.*« Das für Čechovs anekdotische Kurzgeschichte typische Verfahren der Pointe bekommt mit diesem kommentarlosen offenen Schluß tragische Dimensionen. Es bleibt dem Leser überlassen zu erkennen, daß der Brief des verlassenen Kindes nie ankommen wird. Gerade Čechovs Kunst des Weglassens und Nichtzuendesprechens macht aus dem knappen Text einen bewegenden Hilferuf.  K.H.

AUSGABEN: Petersburg 1886 (in Peterburgskaja gazeta, Nr. 354, 25. Dez.). – Moskau 1976 (in *Poln. sobr. soč. i pisem*, 30 Bde., 1974–1983, 5).

ÜBERSETZUNGEN: *Wanjka*, J. Treumann (in *Russische Leute. Geschichten aus dem Alltagsleben*, Lpzg. 1890). – *Wanka*, J. v. Guenther (in *Werke*, Bd. 1, Hbg./Mchn. 1963). – *Vanka*, G. Dick (in *Gespräch eines Betrunkenen mit einem nüchternen Teufel. Erzählungen 1886*, Zürich 1976).

## VIŠNËVYJ SAD

(russ.; *Der Kirschgarten*). Komödie in vier Akten von Anton P. ČECHOV, Uraufführung: 17. 1. 1904, Moskauer Künstlertheater; deutschsprach. Erstauff.: Wien, 12. 10. 1916, Neue Wiener Bühne; deutsche Erstauff.: München, 9. 12. 1917, Kammerspiele (Regie: Lion Feuchtwanger). – Das Stück spielt um 1900 auf einem russischen Landgut, dessen altes Herrenhaus von einem riesigen Kirschgarten umgeben ist. Die Herrin des Gutes, Ljubov' Andreevna Ranevskaja, seit sechs Jahren verwitwet, hat fünf Jahre lang in entwürdigenden Verhältnissen mit einem Geliebten in Frankreich gelebt. Bei ihrer Heimkehr (zu Beginn des Stücks) ist sie überwältigt von Kindheitserinnerungen und von der Schönheit des gerade blühenden Kirschgartens. Aber das total verschuldete Gut soll am 22. August verkauft werden, wenn die Schuldzinsen nicht bezahlt werden können. Der geschäftstüchtige Unternehmer Lopachin, dessen Vater noch Leibeigener auf diesem Gut war, schlägt vor, den Kirschgarten roden zu lassen und das Land als Datschengrundstücke zu verpachten. Die Ranevskaja und ihr Bruder Gaev weisen diesen Vorschlag als trivial zurück. So kommt es zur Auktion, Lopachin selbst ersteigert das Gut. Die alten Besitzer und ihr Hofstaat verlassen es, nur der 87jährige Lakai Firs bleibt zurück, um hier zu sterben. Die Axthiebe der Holzfäller, die ihre Arbeit im Kirschgarten schon vor der Abreise der ehemaligen Besitzer begonnen haben, durchbrechen die Stille des Todes – des Untergangs einer alten Welt.

Der Kirschgarten ist in dem Stück ein mehrdeutiges Symbol. Er ist einerseits Inbegriff der Schönheit, besonders in der Zeit seiner Blüte. Sein Untergang bedeutet Verarmung der Kulturlandschaft. Anderseits hat Lopachin vielleicht nicht ganz unrecht, wenn er ihn fällen läßt. Denn ein Kirschgarten ist nun eben doch nicht Symbol zweckfreier Schönheit: Er ist nicht ein Park, sondern eine Obstplantage. Die Schönheit dieses unrentabel gewordenen Kirschgartens würde vielleicht auch dann schnell zugrunde gehen, wenn Lopachin ihn nicht abholzen ließe. Čechov identifiziert sich offenbar weder mit der sentimentalen Einstellung der ehemaligen Besitzer des Kirschgartens noch mit der rein utilitaristischen, beinah brutalen Haltung Lopachins, sondern mit der Anschauung Anjas, der Tochter der Ranevskaja, die den Kirschgarten innig liebt, aber seinen Verlust verschmerzen kann. Der alte Lakai Firs ist der letzte intakte Vertreter der versinkenden Welt des Gutsbesitzertums und der Leibeigenschaft und ihrer Wertordnung; sein hohes Alter symbolisiert die Tatsache, daß jene Epoche innerlich längst zu Ende gegangen ist. In dem liberalen Schönredner Gaev, dessen Hauptlebensinhalt das Billardspiel ist und der ein ganzes Vermögen für Bonbons ausgegeben hat, und in der liebenswürdigen und gutmütigen, aber schwachen, beinah charakterlosen, durch ihre Liebesgeschichten gegen den Ehrenkodex der Adelsgesellschaft verstoßenden Ranevskaja hat diese Welt sich schon überlebt. Die Unfähigkeit dieser Geschwister, mit Geld umzugehen und überhaupt den Realitäten ins Auge zu sehen, symbolisiert den Verfall eines Standes, der seine historische Existenzberechtigung und die Grundlage seiner wirtschaftlichen Existenz verloren hat.

Dem Untergang des einen Standes korrespondiert der Aufstieg eines anderen: des arbeitsamen, finanztüchtigen Unternehmertums, repräsentiert in der Gestalt Lopachins. Čechov schildert ihn mit einer gewissen Sympathie. Uneigennützig macht er der von ihm verehrten Ranevskaja den Vorschlag, wie sie das Gut retten und viel Geld aus ihm herausholen könne. Erst als sie den Vorschlag ablehnt, macht er das Geschäft selbst. Varja, »*ein seriöses und religiöses Mädchen, liebt ihn*« (Čechov in einem Brief vom 30. 10. 1903), die Ranevskaja achtet und schätzt ihn, und selbst sein ideologischer Gegenspieler Trofimov gesteht: »*Du hast eine feine, zarte Seele.*« Er ist empfänglich für die Schönheit eines blühenden Mohnfeldes und für die Schönheit des Gutes mit dem Kirschgarten. Aber trotzdem läßt er ihn nicht nur fällen, sondern malt sich in Gegenwart der Ranevskaja aus, wie die Bäume zur Erde stürzen werden, und läßt mit der Arbeit beginnen, ehe sie abgefahren ist. Trofimov bezeichnet ihn als Raubtier, das im Kreislauf der Natur die Aufgabe habe, alles zu fressen, was ihm in den Weg kommt. Offenbar sind sein Gewinnstreben und sein nüchterner Sinn für ökonomische Realitäten diese Raubtiereigenschaften, die ihn prädestinieren zu der Aufgabe, das sozial Überholte, wirtschaftlich nicht mehr Lebensfähige zu »fressen«. Diese Eigenschaften Lopachins lassen die menschlichen Züge und Anlagen, die in ihm durchaus vorhanden sind, zurücktreten und verkümmern. Darum bleibt auch die gegenseitige Sympathie zwischen ihm und Varja ergebnislos – es kommt nicht zu der von allen gewünschten und erwarteten Verlobung.

Scharf abgesetzt sowohl von den Vertretern des untergehenden Standes der Gutsbesitzer wie von dem des aufsteigenden Standes der Unternehmer ist Trofimov, einst Hauslehrer des ertrunkenen Sohnes der Ranevskaja, jetzt 26 oder 27 Jahre alt, »ewiger Student«, zweimal von der Universität entlassen (man weiß nicht recht, ob wegen nicht bestandener Examina oder aus politischen Gründen). Er verurteilt das Leben der einst privilegierten Schichten, die »lebende Seelen« (d. h. Leibeigene) als Eigentum besessen haben und dadurch entartet sind, die früher auf fremde Kosten lebten und jetzt durch Schulden ihr Dasein fristen. Aber ebenso verurteilt er den neuen Typus des Unternehmers, das »Raubtier«. Er ist völlig gleichgültig gegenüber Geld und Eigentum; ihm ist die Existenz des Kirschgartens nicht so schrecklich wichtig, weil »*ganz Rußland unser Garten ist*«. Er sieht deutlich die Schäden des russischen Lebens: Armut, Rückständigkeit, Phrasendrescherei; er meint die Wege zu kennen, die zum sozialen Glück führen, das er schon ganz nahe glaubt: diese Wege sind »*Leiden und ungewöhnliche, unaufhörliche Arbeit*«. Er sagt allen unverblümt die Wahrheit, ist sittlich von großer Reinheit. – Aber trotz aller positiver Züge, mit denen der Dichter ihn ausstattet, wird er von ihm doch gleichzeitig leicht ironisiert. Trofimov fordert auf zu unaufhörlicher Arbeit, aber wir sehen nicht, daß er in den sechs Monaten, die wir im Stück erleben, auch nur einen Finger krumm machte; er empört sich über die Gutsbesitzer, die auf fremde Kosten leben, aber er selbst lebt diese Zeit über offenbar auch noch auf Kosten der total verschuldeten Ranevskaja. Er liebt deren Tochter Anja und wird von ihr geliebt, aber er predigt ständig: »*Wir stehen über der Liebe.*« Čechov will in ihm offenbar einen Vertreter der russischen Intelligenz mit allen positiven und negativen Zügen dieser Gruppe darstellen: Positiv ist die gerechte Kritik an der Vergangenheit und Gegenwart, positiv die Gleichgültigkeit gegen Besitz und Stellung, positiv der hohe Flug der Gedanken und Pläne, das Stecken weiter, zum Teil utopischer Ziele; aber negativ ist die Unreife, der mangelnde Ernst beim Durchdenken der Pläne und Entwürfe, das Unvermögen, die eigenen Ideale zu realisieren, vor allem die Unfähigkeit zu ernster Arbeit, die er selbst von anderen so streng fordert. Trofimov ist ebenso wie Lopachin (und anders als die Ranevskaja und Gaev) ein positiver Faktor in der Entwicklung Rußlands, aber er ist doch nicht die Gestalt, die aus der schwierigen Gegenwart in eine bessere Zukunft weist.

Wie in den drei anderen großen Dramen Čechovs ist es auch im *Kirschgarten* eine weibliche Gestalt, die die Kräfte der Überwindung am stärksten symbolisiert, die am meisten Hoffnung für die Zukunft erweckt. Es ist Anja, die 17jährige Tochter der Ranevskaja, während der im Stück dargestellten Zeit in Trofimov verliebt. Am Anfang noch mit ihrem ganzen Herzen am Besitz des herrlichen Kirschgartens hängend, gewinnt sie, beeinflußt auch durch die schönen, eindringlichen Reden Trofimovs, allmählich inneren Abstand zu Tradition und Besitz. Am Ende des zweiten Akts gesteht sie Trofimov, daß sie unter seinem Einfluß den Kirschgarten jetzt schon nicht mehr so liebe wie früher und gibt ihm das Wort, daß sie »fortgehen« werde von hier. Am Ende des dritten Akts tröstet sie schon selbst die Mutter über den Verlust des Kirschgartens, mit Worten, die denen Trofimovs ähnlich sind: »*Wir pflanzen einen neuen Garten, der üppiger ist als dieser...*«; und am Ende des vierten Akts geht sie wirklich mit Freuden weg aus dem alten in das neue Leben. In Anja vereinigen sich die menschliche Güte und der Charme ihrer Mutter mit der inneren Freiheit gegenüber dem Privatbesitz, wie ihn Trofimov predigt, und mit dem Willen zu eigener ernster Arbeit, wie Lopachin ihn besitzt.

Gewiß – wir wissen nicht, wie sie sich in dem »neuen Leben« bewähren wird, aber Čechov hat diese Gestalt doch mit so viel Sympathie und Wärme gezeichnet, daß im Leser und Zuschauer die Hoffnung erweckt wird, der Lebens- und Arbeitswille Anjas, ihre ererbte Kultur in Verbindung mit einer neuen Welthaltung werde sie selbst den Weg in die Zukunft finden und ihn anderen weisen lassen. Die Revolution, die Čechov erhofft, ist nicht eine blutige Umwälzung und die Aufrichtung einer neuen Diktatur, sondern die Wandlung der Welt durch die Wandlung des Menschen, durch das Gewinnen einer neuen Lebenshaltung, die auf Unterdrückung und Ausbeutung verzichten kann, weil diese neuen Menschen nicht auf fremde Kosten, sondern durch eigene Arbeit leben wollen.

Die Dramen Čechovs werden vielfach als »im Grunde ganz undramatisch« bezeichnet. Auch im *Kirschgarten* wird keine fein gesponnene Intrige überraschend und effektvoll gelöst (Čechov selbst hat scherzhaft betont, daß in dem Stück kein einziger Schuß falle); aber es geht doch auch nicht nur um das Hervorzaubern einer Stimmung wehmütiger Resignation, sondern in intensiver (aktiver oder passiver) Auseinandersetzung mit der Katastrophe des 22. August, die zuerst als unaufhaltsam heranrückende Zukunft, dann als schicksalentscheidende Gegenwart, dann als allmählich entschwindende Vergangenheit erlebt wird, vollziehen sich Schicksale, die – wenigstens teilweise – menschlich erschüttern, über das Individuelle hinaus aber historische Symbolkraft besitzen: Die bewegenden Kräfte und Mächte der Zeit finden in ihnen Gestalt und Ausdruck. – Es hat von jeher Befremden erregt, daß Čechov den *Kirschgarten* als Komödie bezeichnet hat. Aber er meint diese Bezeichnung ernst. Der Abgesang auf die Vergangenheit und die Kritik an der Gegenwart ist stärker komödienhaft und satirisch als sentimental und melancholisch gemeint. Darum sollten die komischen Züge des Stücks in der Aufführung voll zu ihrem Recht kommen.   L.Mü.

AUSGABEN: Moskau 1904. – Moskau 1978 (in *Poln. sobr. soč. i pisem*, 30 Bde., 1974–1983, 13).

ÜBERSETZUNGEN: *Der Kirschgarten*, S. Aschkinasy [u. L. Feuchtwanger], Mchn. 1912. – Dass., J. v.

Guenther (in *Dramen*, Hbg. 1960; Nachw. S. Geier; RKl). – Dass., G. Düwel (in *Dramen*, Mchn. 1969; Nachw. P. Rehder). – Dass., P. Urban, Zürich 1973.

LITERATUR: A. R. Vladimirskaja, *Avtograf doblavenij ko vtoromu aktu »Višnëvogo sada«* (in Literaturnoe nasledstvo, 68, 1960). – V. E. Chalizev, *P'esa A. P. Č.-a »Višnëvyj sad«* (in *Russkaja klassičeskaja literatura*, Hg. D. Ustjužanin, Moskau 1969, S. 358–388). – H. Schmid, *Strukturalistische Dramentheorie. Semantische Analyse von Č.s »Ivanov« und »Der Kirschgarten«*, Kronberg/Ts. 1973. – K. D. Kramer, *Love and Comic Instability in »The Cherry Orchard«* (in Russian Literature and American Critics, Ann Arbor 1984).

## V OVRAGE

(russ.; *In der Schlucht*). Erzählung von Anton P. ČECHOV, erschienen 1900. – Bei ihrem Erscheinen von GOR'KIJ und TOLSTOJ, dessen Schauspiel *Vlast' t'my*, 1886 *(Die Macht der Finsternis)*, sie thematisch nahesteht, begeistert begrüßt, unterscheidet sich die letzte der dem Leben der russischen Bauern gewidmeten Erzählungen des Autors von den vorausgegangenen, eher naturalistisch-objektiven Novellen durch ihre symbolische Überhöhung und deutliche Wertungsposition.

Die Erzählung, die als Beitrag zur Zerstörung der Illusionen der Narodniki über das russische Dorf gewertet werden kann, sieht das Dorf nichts weniger als idyllisch. Sie konfrontiert die klare Welt der einfachen Dorfbewohner mit der grausamen Welt der neuen Dorfherren, deren menschliche Beziehungen von Geld- und Besitzgier vergiftet sind. Diese wird von der Familie Cybukin verkörpert, reich gewordenen Kulaken, die den Kolonialwarenladen des Dorfes führen, heimlich Schnaps brennen, mit Vieh und Leder handeln, Geld gegen Zinsen verleihen und ihren Besitz durch Betrug zu mehren wissen. Der alte Grigorij Cybukin genießt seine Machtstellung und verachtet die Bauern. Seine Frau Varvara sucht ihr christliches Gewissen durch Almosen an Pilger und Bettler zu beruhigen. Der ältere Sohn Anisim ist Polizeispitzel. Sein Bruder Stepan, taub und schwächlich, hilft im Geschäft. Dessen Frau Aksinja, schön, unruhig und tierhaft, findet bald völlige Befriedigung im Geldraffen und erfüllt das Haus von Morgen bis Abend mit ihrer wilden Geschäftigkeit. Niemand in dieser dumpfen, trübseligen Welt der Gemeinheit, Skrupellosigkeit und Niedertracht reflektiert über das eigene Leben, doch lastet auf allen ein dunkles Unbehagen, eine drückende, schwermütige Atmosphäre.

Die Gegenwelt der Cybukins verkörpern Anisims Gattin Lipa und ihre Mutter, die arme Tagelöhnerin Praskov'ja. Die zarte, schüchterne Lipa mit ihren *»großen, männlichen Händen«*, die es gewohnt sind zu arbeiten, bleibt eine Fremde im Haus der Cybukins. Der Antagonismus zwischen Lipa, die das einfache, ehrliche Leben symbolisiert, und der dämonischen, schlangenhaften Aksinja wird zum Grundthema der Erzählung. Ihr Konflikt gipfelt in der Ermordung von Lipas Söhnchen durch Aksinja, weil der alte Cybukin dem Enkel eine Ziegelei übertragen hat. Ohne ihr naives Lächeln zu verlieren, verbrüht Aksinja den Säugling mit kochendem Wasser. Als Lipa nachts ihr totes Kind, in eine Decke gewickelt, aus dem Krankenhaus heimträgt, trifft sie unterwegs auf eine Gruppe Reisender, die ihr wie Heilige erscheinen. Und die Szene des ruhigen Gesprächs mit dem alten Mann in der feierlichen nächtlichen Stille wird zum Sinnbild tröstenden menschlichen Miteinanders. *»Ich bin in dem ganzen Rußland gewesen und hab alles gesehen, was darin ist, und du kannst meinem Worte glauben, meine Liebe. Gutes gibt es, und es gibt auch Böses... Nicht mal sterben möcht ich, meine Liebe, möcht noch an zwanzig Jährchen leben; also hat's mehr Gutes gegeben. Groß ist Mütterchen Rußland!«* Triumphierend herrscht Aksinja über Haus und Hof, als Anisim wegen Falschmünzerei nach Sibirien verbannt wird, Lipa das Haus der Cybukins verläßt und der alte Cybukin, von der Verurteilung des Sohnes tief getroffen, greisenhaft vor sich hinzudämmern beginnt. Am Ende erweist sich Lipa als die moralisch Stärkere. Als sie, mit anderen Frauen singend von der Arbeit in Aksinjas Ziegelei heimkehrend, dem alten, im Hause der Reichen vernachlässigten Cybukin begegnet, gibt sie ihm mitleidig zu essen. *»Wer arbeitet, wer duldet, der ist mehr, der steht höher«*, sagt der Zimmermann Elizarov in der Erzählung, die bei aller Düsternis und Grausamkeit von einem hoffnungsvollen, optimistischen Zug geprägt ist. Im Gegeneinander der beiden Hauptthemen gleichsam musikalisch komponiert und reich an Klang- und Bildsymbolen, ist *V ovrage* eine der vollkommensten und poetisch intensivsten Erzählungen Čechovs.  K.H.

AUSGABEN: Petersburg 1900 (in *Žizn'*). – Moskau 1977 (in *Poln. sobr. soč. i pisem*, 30 Bde., 1974–1983, 10).

ÜBERSETZUNGEN: *In der Schlucht*, M. Budimir (in *GW*, Bd. 5, Jena 1904). – Dass., R. Trautmann (in *Meistererzählungen*, Lpzg. 1947). – Dass., H. v. Schulz (in *Die Dame mit dem Hündchen. Erzählungen 1897–1903*, Zürich 1976).

LITERATUR: M. Gor'kij, *Po povodu odnogo rasskaza A. P. Č. »V ovrage«* (in *Sobr. soč.*, Bd. 23, Moskau 1950, S. 313–318). – S. E. Šatalov, *Tipizacija i avtorskoe otnošenie v povesti Č. »V ovrage«* (in A. P. Č., *Materialy k 100-letiju so dnja roždenija*, Izd. Tadžikskogo gos. universiteta, 1960, S. 40–43).

## ŽENA

(russ.; *Meine Frau*). Erzählung von Anton P. ČECHOV, erschienen 1892. – Čechovs Prosa der neunziger Jahre verbindet in zunehmendem Maße ethische und soziale Problematik. Nach den Erfahrungen seiner Forschungsreise auf die Sträflingsinsel Sachalin 1890, hatte Čechov begonnen, sich aktiv im gesellschaftlichen und politischen Leben zu engagieren. So beteiligte er sich intensiv an den Hilfsmaßnahmen zur Bekämpfung der schrecklichen Hungersnöte von 1891/1892. Diese Erfahrungen fanden ihren Niederschlag in der Erzählung *Žena*, die ursprünglich den Titel *V derevne (Auf dem Lande)* trug.

Das Thema der durch die Komitees der Gutsbesitzer geleisteten Hungerhilfe wird in der Erzählung zur Folie für die feinfühlige psychologische Durchleuchtung des Lebensgefühls der Reichen und Satten angesichts von Hunger und Not. Geschildert wird die innere Erneuerung eines in Gleichgültigkeit, Hartherzigkeit, Menschenverachtung und Prinzipienreiterei erstarrten Menschen – eines Typs, der Čechov immer wieder beschäftigt hat. Der Ich-Erzähler, der wohlhabende Ingenieur Pavel Andreevič, hält sich für einen wichtigen, fähigen, pflichtgetreu und gerecht handelnden Menschen. Er lebt zurückgezogen auf seinem Gut, wo er an seinem Lebenswerk, einer »Geschichte der Eisenbahn« arbeitet. Seine weitaus jüngere Frau Natal'ja lebt, längst von ihm getrennt, doch finanziell von ihm abhängig, im unteren Geschoß des Hauses ihr eigenes Leben. In seiner Eigenschaft als Gutsherr sorgt Pavel Andreevič für »Ordnung« und »Gerechtigkeit«. So läßt er hungernde Bauern, die aus seiner Scheune Getreide gestohlen haben, »aus Prinzip« gerichtlich verfolgen. Er schreibt Beschwerden, macht Eingaben und führt Prozesse. Eines Tages erhält er einen anonymen Brief, der die verzweifelte Lage der hungernden Bauern in einem nahegelegenen Dorf schildert und um seine Hilfe bittet. Eine lästige Unruhe bemächtigt sich seiner, die sein ganzes, festgefügt erscheinendes Leben in Unordnung zu bringen droht. Von neuem erwacht in ihm ein unklares Gefühl des Hingezogenseins zu seiner Frau, von deren Gedanken und Gefühlen er nichts weiß und die er für dumm und oberflächlich hält. Als er bei der Organisation von Hilfsmaßnahmen für die Hungernden nach langer Zeit wieder mit Natal'ja spricht, stößt er bei ihr auf hilflos bitteren Haß und Ablehnung. Natal'ja hat in seinem Haus längst ein Hilfskomitee organisiert und sich mit fast hysterischem Fanatismus in die Arbeit gestürzt, in der sie die einzige Rechtfertigung ihres sinnlosen Lebens sieht. Pavel Andreevič will arrogant und verächtlich die Leitung der Hilfsmaßnahmen an sich reißen. Er kränkt und demütigt seine Frau, indem er ihre Sammellisten und Abrechnungen kontrolliert und ihre Mitarbeiter auf niedrige Weise verdächtigt.

In den Konfrontationen und Gesprächen mit ihr, dem senilen Gutsnachbarn Bragin und dem Landarzt Sobol' gerät er jedoch in eine psychische Situation, die ihn zum ersten Mal an seinem bisherigen Leben zweifeln läßt. Ihm wird bewußt, daß er niemand liebt, daß er isoliert und seinen Mitmenschen entfremdet in fürchterlicher Einsamkeit und Erstarrung lebt. So beginnt er an seiner Gefühlskälte und Indifferenz, seinem Unvermögen, emotional Anteil zu nehmen, zu leiden. Die Maßstäbe, nach denen er die Menschen seiner Umgebung abqualifizierte, die arrogante Sicherheit seines Urteils geraten ins Wanken. Den einfachen, naiven Landarzt Sobol', den er bisher für eine banale, lächerliche Figur hielt, erkennt er als komplizierten, klugen Menschen, der ohne Illusionen und mit einer realistischen Einschätzung der heuchlerischen Philanthropie der Gutsbesitzer unermüdlich helfend tätig ist. – Ein ungewöhnlicher Wintertag, der den Ausbruch aus seinem bisherigen Leben symbolisiert, wird für Pavel Andreevič zum Tag der Wandlung. Indem er beschließt, seinen Besitz mit den Hungernden zu teilen, söhnt er sich mit sich selbst aus, gelangt zu innerer Ruhe und findet zu seiner Frau zurück. Eine satirische Zuspitzung erhält die Erzählung durch den Kontrast des durch die Hungersnot bewirkten inneren Wandels des Ich-Erzählers mit der detaillierten Schilderung eines sich stundenlang hinziehenden Gastmahls. Durch das Ineinandergreifen der satirischen Stilebene, die – etwa in der Zeichnung Bragins – an GOGOL' erinnert, und der gleichwohl durchgehenden melancholischen Stimmung wie durch die Darstellung aus der Perspektive des Betroffenen gewinnt die Erzählung eine seltsam irritierende Unbestimmtheit, die den Leser zur Stellungnahme herausfordert. K.H.

AUSGABEN: Petersburg 1892 (in *Severnyj vestnik*, Nr. 1, Jan.). – Moskau 1977 (in *Poln. sobr. soč. i pisem*, 30 Bde., 1974–1983, 7).

ÜBERSETZUNGEN: *Meine Frau*, R. Hoffmann (in *Der schwarze Mönch*, Bln. 1926). – Dass., A. Luther, Ffm. 1946. – Dass., A. Knipper u. G. Dick (in *Faltergeist, Erzählungen 1888–1892*, Zürich 1976).

## RĀMADĒVĀR CĒKKILĀR

12. Jh. Südindien

### PERIYAPURĀṆAM

auch: *Tiru-t-toṇṭar-purāṇam* (tamil; *Das Große Purāṇa*, auch: *Das Purāṇa der Śiva-Diener*). Sammlung dichterisch gestalteter Heiligenlegenden von Rāmadēvār CĒKKILĀR. – Im Anfang des 7. Jh.s begann in Südindien diejenige religiöse Bewegung, die den dortigen Religionen (Jainismus und Buddhismus) ein Ende machte und im 10. Jh. dazu führte, daß sich Śivaismus und Viṣṇuismus als alleingültige Religion in Tamilnād durchsetzten. Diese als *Bhakti*-Bewegung bekannte religiöse Strömung gab in der Folgezeit Anlaß zu einer ganzen Reihe von Dichtungen, die zwar den Namen

»Purāṇas« (Alte Berichte) tragen, in Wirklichkeit aber den Charakter von Heiligenlegenden haben. Von diesen ist das *Periyapurāṇam* des Cēkkilār weitaus das bedeutendste, weshalb es häufig dem »heiligen Buch« der Tamilen, dem elfteiligen *Tirumuṟai* (vgl. dort), auch *Tamil-Veda* genannt, als zwölfter Teil hinzugefügt wird.

Das *Periyapurāṇam* enthält 79 Legenden, von denen 63 den śivaitischen Heiligen, besonders den drei großen Hymnendichtern *(nāyanār)* Tiruñānacampantamūrti, Tirunāvukkaracu und Sundaramūrti (zwischen 7. und 11. Jh.) gewidmet sind. Die einzelnen Verserzählungen sind von sehr verschiedenem Umfang. Die »Purāṇas« 1–7 stellen eine Art Einleitung zu der Sammlung dar und behandeln der Reihe nach 1. Nampiyantar Nampi (11./12. Jh.), den Verfasser der Geschichten der Heiligen, 2. Cēkkilār-nāyanār, den Verfasser des *Periyapurāṇam*, 3. die Herrlichkeit der Heiligen, 4. die Guru-Verehrung, 5. die Herrlichkeit des heiligen Berges Kailāsa, 6. die Herrlichkeit des heiligen Cola-Landes und 7. die Herrlichkeit der Stadt Tiruvārūr. – Die eigentlichen Heiligenlegenden beginnen mit der Legende des Sundaramūrti (12. Jh.) und enden mit der von Sundaramūrtis Mutter Isaijñāniyār. Alle Legenden haben miteinander gemein, daß sie die Hingabe *(bhakti)* der Heiligen an Śiva und die Śiva-Heiligen besingen, wodurch diese die Śiva-Seligkeit erlangen. Bei der *bhakti* kommt es nicht auf die Tat, sondern nur auf die Gefühle des Herzens an. Das Kriterium für die Entscheidung, ob jemand ein Heiliger genannt werden kann, ist das Verhältnis zwischen ihm und Śiva. Er muß sich auszeichnen durch liebende Hingabe *(bhakti)* an Śiva, den höchsten Gott, oder an einen Heiligen. Seine Liebe muß selbstlos sein – hierin unterscheidet sich der dravidische Bhakti-Heilige von dem arisch-brahmanischen Heiligen des alten Indien, der nur um seiner selbst willen Askese übte. Weil es bei dem neuen Heiligkeitsideal nicht um das Tun des Menschen, sondern um die Gesinnung geht, sind es scheinbar ganz unbedeutende Handlungen, wodurch der Śiva-Diener die Allseligkeit erlangt. Anayar z. B. gelangt zum heiligen Berg Kailāsa (auf dem sich Śivas himmlischer Wohnsitz befindet), indem er auf seiner Flöte mit liebender Hingabe die heilige Formel spielt (Legende 22). Murukanāyanār zeichnet sich durch seine große Śiva-Frömmigkeit aus, indem er täglich vor Sonnenaufgang Blumen pflückt, mit denen er den Paramaśiva schmückt (Legende 24). Der Kaliyanāyanār, der im Tempel Śivas die Lichter anzündet, füllt, als er kein Öl mehr hat, Lampen anstatt mit Öl mit seinem eigenen Blut (Legende 53). Zu den schönsten dieser Legenden gehört die Legende von Kaṇṇappan, der sich aus Liebe zu Śiva eines seiner Augen ausdrückt, dann aber, als er Śiva auch sein zweites Auge opfern will, von dem Gott zurückgehalten wird und zur Belohnung an der rechten Seite Śivas stehen darf (Legende 18).

Das *Periyapurāṇam* ist in einem einfachen, narrativen Stil geschrieben; nur selten erreicht die Ausdruckskraft des Dichters wirkliche Höhepunkte.

Das Werk ist jedoch von großer Bedeutung für das Verständnis des religiösen Lebens in Tamilnād am Anfang des zweiten Jahrtausends. K. de V.

Ausgabe: Madras ³1903.

Übersetzung: *Periyapurāṇam*, J. M. Nallaswami Pillai, Madras 1924; ²1955 [engl.].

Literatur: G. U. Pope, *Life and Legends of Sundara Martti* (in Revue de Linguistique et de Philologie, 34, 1901, S. 221). – P. V. Jagadisa Ayyar, *»Periyapurana« (or the Lifes of the Great Śaiva Devotees)* (in The Quarterly, Journal of Mythic Society, Bengalore, 12, 1921/22, S. 194–202). – H. W. Schomerus, *Śivaitische Heiligenlegenden*, Jena 1925.

---

# FRANTIŠEK LADISLAV ČELAKOVSKÝ

\* 7.3.1799 Strakonice / Böhmen
† 5.8.1852 Prag

**Literatur zum Autor**:
M. P. Haškovec, *F. L. Č.*, Prag 1889. – J. Hejret, *F. L. Č.*, Telč 1899. – J. S. Machar, *F. L. Č.* (in Naše doba, 1899; ern. in J. S. M., *Knihy fejetonů*, Bd. 2, Prag 1902 u. *V poledne*, Prag 1921). – V. Řezníček, *F. L. Č*, Prag 1899. – F. X. Šalda, *Náš nejstarší umělec* (in Lumír, 1899; ern. in F. X. Š., *Juvenilie*, Prag 1925 u. *Kritické projevy*, Bd. 4, Prag 1951). – J. Vrchlický, *F. L. Č.* (in J. V., *Rozpravy literární*, Bd. 1, Prag 1906). – E. A. Rychlík, *Poetičeskaja dejatelnosť F. L. Č.*, Kiew 1915. – J. Jakubec, *F. L. Č.* (in J. J., *Literatura česká 19. století*, Bd. 2, Prag 1917). – O. Fischer, *F. L. Č. Übersetzungen für Goethe* (in Germanoslavica, 1931/1932). – J. Dolanský, *F. L. Č*, Prag 1952. – F. Hejl, *F. L. Č.*, Außig a. d. Elbe 1959 [enth. Bibliogr.]. – *F. L. Č., básník Vatary*, Hg. B. Janoušek u. a., Budweis 1959. – A. Závodský, *F. L. Č.*, Prag 1982.

## OHLAS PÍSNÍ ČESKÝCH

(tschech.; *Nachhall tschechischer Lieder*). Sammlung freier Nachahmungen der tschechischen Volkspoesie von František L. Čelakovský, erschienen 1840. – Zusammen mit dem gleichartigen *Ohlas písní ruských*, 1829 *(Nachhall russischer Lieder)*, zählt die Sammlung zu den besten Werken aus dem umfangreichen poetischen Nachlaß des Dichters. Es gelang dem Autor darin, Form und Inhalt des tschechischen Volkslieds nahezu vollkommen nachzuahmen. Die geistige und moralische Physiognomie der bäuerlichen Schichten des Volkes erfuhr in seinem Werk eine nicht mehr erreichte, kongeniale Nachbildung. Čelakovský beabsichtigte, eine möglichst umfassende Summe des nationalen und sozialen Lebens des tschechischen Volkes vor allem der Gegenwart zu geben. Die 57 Kunstlieder der Sammlung folgen Čelakovskýs Gliederung der tschechischen Volksdichtung in die Gattung des erzählenden, des elegischen, des naiven, scherzhaften oder satirischen Liedes, des Couplets und des Liedes im engeren Sinn.

Jede der Gattungen ist ihrem Anteil an der nationalen Lieddichtung entsprechend durch eine Reihe verschiedenartiger Beispiele belegt. Die Sammlung eröffnet die erste große Ballade der tschechischen Literatur *Toman a lesní panna (Toman und die Waldfee)*: Ein naiver Jüngling verfällt in der Johannisnacht, von seiner Liebsten betrogen, den Verführungskünsten der Waldfee und kommt ums Leben. Čelakovský gelang mit diesem Gedicht ein Meisterwerk. Unabhängig vom deutschen Vorbild schuf er den spezifisch tschechischen Typ der volkstümlichen Ballade, ohne die ERBENS *Kytice z pověstí národních*, 1853 *(Blumenstrauß aus Volkssagen)*, undenkbar wäre. Die Ballade lebt als einziges Stück der Sammlung bis heute fort. Im Gegensatz zur Thematik des russischen Liedbandes treten die erzählenden Titel in der tschechischen Sammlung hinter den lyrischen zurück. Das Überwiegen des epischen Moments im russischen, des lyrischen im tschechischen Volkslied führt der Autor in seinem eingehenden Vorwort auf den Gegensatz der Volkscharaktere zurück. Unter den lyrischen Gedichten findet sich das allegorische Lied *Cikánova píšťalka (Die Zigeunerflöte)*. Als Paraphrase des *Rattenfängers von Hameln* aus *Des Knaben Wunderhorn* (1781-1831) spielt dieses Gedicht versteckt auf die Germanisierungsversuche Österreichs an: Ein Zigeuner lockt mit seiner Flöte alle Schwaben (Schaben) und deutschen Mäuse (Ratten) aus dem Land. Das Gedicht kursierte 1848 als Flugblatt.

Ein beachtlicher Vorzug der Sammlung ist ihre ungekünstelte und bilderreiche Sprache, die in Čelakovskýs Volksliedvers ihre glückliche Ausdrucksform findet. Wiederholt hat sich der Autor zu den Schwierigkeiten seines Unternehmens geäußert. Die Sammlung, deren Erscheinen bereits für 1830 angekündigt war, hat ihn zehn volle Jahre in Anspruch genommen. Trotz ihres geringen Erfolgs bei der Lesersachaft übertrifft sie den russischen Liederband durch ihre innere Echtheit. Sie wurde zum Vorbild aller tendenzgleichen späteren Versuche, z. B. von HAVLÍČEK-BOROVSKÝ oder NERUDA.

J.H.

AUSGABEN: Prag 1840. – Prag o. J. [1945; zus. m. *Ohlas písní ruských*]. – Prag 1951, Hg. K. Dvořák [zus. m. *Ohlas písní ruských*].

ÜBERSETZUNG: *Widerhall tschechischer Lieder*, F. K. Pick, Prag 1919.

LITERATUR: K. Sabina, Rez. (in Ost und West, 5. 2. u. 22. 7. 1840; ern. in K. S., *O literatuře*, Prag 1953). – F. Bílý, *Nachwort* (in F. L. Č., *Ohlas písní českých*, Prag 1896). – A. Novák, *Nachwort* (in F. L. Č., *Ohlasy*, Prag 1905). – F. Táborský, *Nachwort* (in F. L. Č., *Ohlas písní ruských a českých*, Prag 1913). – M. Jungmann, *Nachwort* (in F. L. Č., *Ohlas písní ruských – Ohlas písní českých*, Prag 1951). – A. Zavodský, *Zrod »Ohlasu písní českých«* (in *Rodné zemi*, Brünn 1958). – J. Levý, *Verš české lidové poezie a jejich ohlasů* (in Slavia, 1962).

## OHLAS PÍSNÍ RUSKÝCH

(tschech.; *Nachhall russischer Lieder*). Sammlung freier Nachahmungen russischer Volkslieder von František L. ČELAKOVSKÝ, erschienen 1829. – Der schmale Band gehört zusammen mit dem gleichartigen *Ohlas písní českých*, 1839 *(Nachhall tschechischer Lieder)*, zu den wenigen heute noch lebendigen Werken aus dem umfangreichen poetischen Nachlaß des Dichters. Die Sammlung entstand aus der Begeisterung Čelakovskýs über das siegreiche Vordringen der Russen auf dem Balkan im Jahre 1828. Gleich allen russophil und panslavisch gesinnten Romantikern sah der Dichter – ohne Kenntnis der wahren Verhältnisse – in Rußland, dem einzig selbständigen slavischen Staat mit eigenem Herrscher, einen Hort der Freiheit und den künftigen Rächer der Tschechen.

Sein Werk ist reine Kunstdichtung, charakterisiert durch romantisch idealisierende Verzeichnungen des tatsächlichen Inhalts des russischen Volkslieds. Es besteht aus 26 eher nachempfundenen als nachgebildeten Gedichten nahezu aller Gattungen, welche die Vielfalt des russischen Lebens wiederzugeben suchen. Liebevoll zeichnet der Dichter (nach seinen Vorstellungen) den Charakter des russischen Volkes und macht den Leser mit der heroischen Vergangenheit und Gegenwart Rußlands bekannt. Durch Aussage und Anordnung sind drei Bylinen-Nachbildungen als ideeller Kern der Sammlung ausgewiesen. Das einleitende Gedichte *Bohatýr Muromec (Der Recke Muromec)* erfindet um die bekannte Heldengestalt der russischen Volksepik neue Inhalte, welche in zeitgenössische Thematik hinüberspielen. Ähnlich verfährt der Autor mit der Bylinengestalt des Recken Čurila Plenkovič. Im Schlußgedicht ist gar der Held selber – Ilja Volžnin – eine Erfindung des Dichters. Die gleiche freizügige Behandlung erfahren auch die historischen Lieder (über den Brand Moskaus im Jahre 1812, über den Tod Alexanders I., usf.).

Authentischer als der Inhalt der Gedichte ist – gemessen am folkloristischen Vorbild – die dichterische Form der Nachahmungen. Der Autor hat Sprache und Stil des Originals beibehalten, den tschechischen Text bisweilen gar mit Russismen angereichert, um so dem Leser eine möglichst genaue Vorstellung des russischen Volkslieds zu vermitteln. Nicht selten geht das Bemühen um werkgetreue Nachahmung zu Lasten der Verständlichkeit des tschechischen Textes. Teils aus Unkenntnis von Melodie und Vortrag des russischen Vorbilds, teils unter Zwang der festen Anfangsbetonung des Tschechischen zeigt sich der Dichter Versmaß und Rhythmus der russischen Volksdichtung gegenüber hilflos. In nicht mehr als zwei Monaten niedergeschrieben, fand das von der österreichischen Zensur aus politischen Gründen verstümmelte Werk rasch begeisterte Aufnahme. Es trug Wesentliches zur Ausbildung der nationalen Poesie bei und wurde früh auch ins Polnische und Sorbische übertragen. An GOETHE sandte der Dichter eine Auswahl seiner Gedichte in eigenhändiger deutscher Übersetzung. Ihren eigentlichen Zweck, die tschechischen Leser für das russische Volk zu gewinnen, hat die Sammlung nicht erfüllt. Eben der Versuch, Tschechen und Russen »*auf poetischem Wege und mit literarischer Tat*« einander näherzubringen, ließ durch die unverwechselbare Eigenart des Gebotenen »*die nationale Persönlichkeit und beachtliche Verschiedenheit der beiden Völker*« nur um so deutlicher in Erscheinung treten. J.H.

AUSGABEN: Prag 1829. – Prag o. J. [1945; zus. m. *Ohlas písní českých*]. – Prag 1951, Hg. K. Dvořák [zus. m. *Ohlas písní českých*].

ÜBERSETZUNGEN: *Blüthen neuböhmischer Poesie*, J. Wenzig, Prag 1833. – In *Kränze aus dem böhmischen Dichtergarten*, ders. Bd. 2, Lpzg. 1857.

LITERATUR: A. Müller, *Ein Wort über die Volksschriftstellerei, veranlaßt durch Č.s »Ohlas písní ruských«* (in Monatsschrift der Gesellschaft des vaterländischen Museums in Böhmen, Prag 1829). – F. Palacký, Rez. (in Časopis Českého muzea, 1830; ern. in Radhost, 1, 1871). – J. J. Langer, *Starožitné básně ruské* (in Časopis Českého muzea, 1830; ern. in J. J. L. *Spisy*, Bd. 2, Prag 1861 u. *Bodláčí a růže*, Prag 1957). – J. Máchal, *F. L. Č. »Ohlas písní ruských«* (in Listy filologické, 1899). – O. Fischer, *K »Ohlasu písní ruských«*, Preßburg 1932. – J. Vladyka, *F. L. Č., český milý svaté Rusi*, Prag 1949. – A. Závodský, *K pramenům »Ohlasu písní ruských«* (in Slavia, 1953). – K. Horálek, *Verš Č. překladů a ohlasů ruských písní* (in Čes. rusistika, 1956; Nachdr. in K. H. *Počátky novočeského verše*, Prag 1956).

---

## PAUL CELAN

eig. Paul Anczel

* 23.11.1920 Czernowitz
† 26.(?)4.1970 Paris

LITERATUR ZUM AUTOR:
*Bibliographien:*
C. Heuline, *Bibliographie zu P. C.* (in *P. C.*, Hg. H. L. Arnold, Mchn. ²1984; Text + Kritik). –

H. Schmidt, *P. C.* (in *Quellenlexikon der Interpretationen u. Textanalysen*, Bd. 2, Duisburg 1984, S. 13–27). – J. Glenn, *P. C.: Eine Auswahlbibliographie der Sekundärliteratur 1984–1985* (in Č. Jb., 1, 1987, S. 229–233; wird jährlich fortgesetzt).
*Gesamtdarstellungen und Studien:*
P. P. Schwarz, *Totengedächtnis und dialogische Polarität in der Lyrik P. C.s*, Düsseldorf 1966. – P. H. Neumann, *Zur Lyrik P. C.s*, Göttingen 1968. – H. Weinrich, *P. C.* (in *Deutsche Literatur seit 1945 in Einzeldarstellungen*, Hg. D. Weber, Stg. 1968, S. 62–76). – P. Mayer, *P. C. als jüdischer Dichter*, Heidelberg 1969. – *Über P. C.*, Hg. D. Meinecke, Ffm. 1970; ern. 1973 (es). – G. Neumann, *Die absolute Metapher. Ein Abgrenzungsversuch am Beispiel Stéphane Mallarmés und P. C.s* (in Poetica, 3, 1970, S. 188–225). – S. Vietta, *Sprache und Sprachreflexion in der modernen Lyrik*, Bad Homburg 1970, S. 89–131. – P. Szondi, *C.-Studien*, Ffm. 1972; ern. 1983 (BS). – G. Glenn, *P. C.*, NY 1973. – K. Voswinckel, *P. C., verweigerte Poetisierung der Welt*, Heidelberg 1974. – G. Buhr, *C.s Poetik*, Göttingen 1976. – G. M. Schulz, *Negativität in der Dichtung P. C.s*, Tübingen 1977. – W. Menninghaus, *P. C. Magie der Form*, Ffm. 1980 (es). – O. Lorenz, *P. C.* (in KLG, 15. Nlg., 1983). – G. Civikov, *Interpretationsprobleme moderner Lyrik am Beispiel P. C.s*, Amsterdam 1984. – M. Janz, *Vom Engagement absoluter Poesie. Zur Lyrik und Ästhetik P. C.s*, Königstein/Ts. ²1984. – *P. C.*, Hg. H. L. Arnold, Mchn. ²1984 (Text + Kritik; erw.). – J. Derrida, *Schibboleth pour P. C.*, Paris 1986. – I. E. Kummer, *Unlesbarkeit dieser Welt. Spannungsfelder moderner Lyrik und ihr Ausdruck im Werk von P. C.*, Ffm. 1987. – *P. C.*, Hg. W. Hamacher u. W. Menninghaus, Ffm. 1988 (st).

**DAS LYRISCHE WERK** von Paul CELAN. Das lyrische Werk des deutsch-jüdischen Dichters Paul Celan gilt weithin als Höhepunkt und Vollendung der klassischen Moderne. Celan, der sich zeitlebens intensiv mit literarischen Traditionen auseinandersetzte – er machte sich auch einen Namen als Übersetzer fremdsprachiger Lyrik – verstand sein Schreiben stets auch als ein poetologisch reflektiertes Experiment mit der Sprache. Seine Gedichte, die neben einigen wenigen Prosatexten und Reden den Schwerpunkt seines Schaffens bilden, sind gekennzeichnet von einer Mischung aus bitterster Kritik und sehnsüchtiger Utopie, von der Gleichzeitigkeit eines magischen Hermetismus und lapidarer Präzision, womit der Dichter immer wieder auf große Bewunderung, zum Teil aber auch auf Unverständnis gestoßen ist.

Die ersten Arbeiten entstanden bereits in der frühen Bukowiner Phase (bis 1945) und in Bukarest, wohin der Autor nach Kriegsende geflohen war. Nach kurzer Redaktionstätigkeit kam er 1947 nach Wien, wo 1948 im Verlag A. Sexl sein erster Gedichtband *Der Sand aus den Urnen* erschien, der jedoch wegen sinnentstellender Druckfehler makuliert wurde. Ein Teil dieser Gedichte, zu denen auch die berühmt gewordene *Todesfuge* gehörte, bildet – in z. T. veränderter Fassung – die erste Hälfte des Bandes *Mohn und Gedächtnis*, den Celan 1952 nach seiner Übersiedlung nach Paris veröffentlichte. Es folgten die Gedichtsammlungen *Von Schwelle zu Schwelle* (1955), *Sprachgitter* (1959), *Die Niemandsrose* (1963), *Atemwende* (1967) und *Fadensonnen* (1968). Nach dem Freitod Celans 1970 erschienen die bereits vom Dichter autorisierten Bände *Lichtzwang* (1970) und *Schneepart* (1971), 1976 eine Sammlung später Gedichte aus dem Nachlaß (*Zeitgehöft*). Die 1983 herausgegebenen *Gesammelten Werke* enthalten neben den genannten Titeln einige verstreute Gedichte, die Prosatexte und Reden sowie das umfangreiche Übersetzungswerk des Autors. Eine historisch-kritische Gesamtausgabe ist im Entstehen, 1985 wurden im Faksimile-Druck erstmals die frühen Gedichte aus der Bukowiner Zeit veröffentlicht.

Poetologische Aspekte

Die Jugendlyrik Celans steht noch weitgehend unter dem Einfluß des Symbolismus und neoromantischer Prägungen, die insgesamt die Werke des deutsch-rumänischen Dichter in der Bukowina bestimmten; bei Celan finden sich Anklänge an TRAKL, GEORGE, insbesondere an RILKE. Für die Bukarester Zeit läßt sich eine deutliche Orientierung an der surrealistischen Poetik verzeichnen. Neben der durchgängigen Auseinandersetzung mit der literarischen Moderne dokumentiert das Schreiben Celans überhaupt – bis hin zum Spätwerk – eine eigenwillige Aufnahme und Umsetzung literarischer Formen: Der Bogen spannt sich dabei von der Romantik (NOVALIS) über eine erklärte Affinität zu HÖLDERLIN und BÜCHNER bis hin zur kritischen Rezeption zeitgenössischer Strömungen etwa der politischen Lyrik und der Konkreten Poesie. Nicht zuletzt auch in seiner Übersetzertätigkeit offenbart sich eine bemerkenswerte Bandbreite: An erster Stelle stehen hier zahlreiche Dichter des französischen Symbolismus (u. a. RIMBAUD, VALÉRY, MALLARMÉ) und Surrealismus (u. a. CHAR, ÉLUARD, BRETON); einen breiten Raum nehmen die Gedichte des russisch-jüdischen Dichters Osip MANDEL'ŠTAM ein, dem Celan auch seinen Gedichtband *Die Niemandsrose* widmete; ferner übertrug er Gedichte aus dem Englischen (u. a. SHAKESPEARE, E. DICKINSON), Italienischen (UNGARETTI), Rumänischen, Portugiesischen und Hebräischen.

Die fortgesetzte poetische Reflexion richtet sich bei Celan freilich nicht auf eine losgelöste Ästhetik, sondern ist in erster Linie historisch begründet. Den unauslöschlichen Brennpunkt seines Schreibens bildet die – auch biographisch einschneidende – Erfahrung des Nationalsozialismus und des Holocaust. Wenn der Autor in seiner poetologischen Rede *Der Meridian* (1960) in Anspielung auf Büchners *Lenz* vom »20. Jänner« spricht, dem jedem Gedicht »*eingeschrieben*« sei, so verweist dies implizit auf jenes »*Datum*«, dessen letztlich die gesamte Dichtung Celans »*eingedenk bleibt*«: den 20. Januar 1942, den Tag, an dem auf der Berliner »Wannsee-Konferenz« die »Endlösung« der Judenfrage beschlossen wurde. Das Diktum ADORNOS, »*nach Auschwitz ließe kein Gedicht mehr sich schreiben*«, widerlegt Celan in seiner frühen Lyrik durch eindringlich dunkle Töne der Trauer und beschwörende Formen der Anklage; später weitet er die Faschismusthematik aus auf eine sarkastische Bestandsaufnahme zeitgenössischer Verhältnisse und formuliert in lakonischer Hoffnungslosigkeit eine beißende Zivilisationskritik.

In engem Zusammenhang mit der politischen Implikation stehen die zunehmende Sprachskepsis und die Hervorhebung des utopischen »*Unterwegsseins*« des Schreibens (Bremer Rede 1958). Das Gedicht ist für Celan einerseits der Ort, an dem der Kampf gegen jede gesellschaftliche Instrumentalisierung der Kunst ausgefochten wird: durch permanente Umwendung, Verknappung und Neugruppierung der gebräuchlichen, auch der poetischen Sprache. Es ist zugleich das Medium, über das der Autor – »*wirklichkeitswund und Wirklichkeit suchend*« (Bremer Rede) – »*zuhält*« auf ein Dasein in der Sprache, das ein unentfremdetes wäre. In einem solchen »*unerhörten Anspruch*« behauptet das Gedicht nach Celan heute nur noch »*am Rande seiner selbst*«, mit einer »*starke(n) Neigung zum Verstummen*« (*Der Meridian*).

Celans lyrische Sprache

Immer wieder ist Celans Sprache ihr starker Hermetismus vorgehalten worden. Die Schreibweise des Autors folgt jedoch nicht einem Konzept der *l'art pour l'art*; vielmehr erscheinen die Mittel der Verschlüsselung und Verknappung als die einzig mögliche und adäquate Form der Widerspiegelung realer Erfahrung und zugleich als ein Weg der Wirklichkeitsüberwindung. In diesem Sinne haben die Gedichte geradezu Appellcharakter. Eine zentrale Funktion erfüllt hier die auffällige, fast beschwörende Wiederkehr eines relativ geringen Bestandes an Leitworten (etwa Stein, Auge, Herz, Hand, Blume, Baum, Blatt, Meer, Erde, Eis, Licht, Stern, Nacht). Celan gebraucht seine Kernmetaphern jedoch gerade nicht in einer konstanten Bedeutung; als »*Übersetzungen ohne Original*« führen sie vielmehr ein dynamisches Eigenleben im Text und bilden lediglich einen Verweiszusammenhang untereinander. Die nuancierte Verwendung von Kennworten in unterschiedlichen Kon-Texten führt den Leser in eine buchstäbliche Irritation, durch die er teilhat an der Dichtung als ›Wirklichkeitsentwurf‹: »*Toposforschung (...) im Lichte der U-topie*« (*Der Meridian*). – In diese Richtung zielt auch die Strategie der *Mehrdeutigkeit*, die ein konstitutives Prinzip der Celanschen Dichtung darstellt. »*Dieser Sprache geht es, bei aller unabdingbaren Vielstelligkeit des Ausdrucks, um Präzision*« (Antwort Celans auf eine Umfrage der Librairie Flinker): »*Mach den Ort aus, machs Wort aus. / Lösch*

Miß« heißt es im Gedicht *Deine Augen im Arm*. In programmatischer Mehrdeutigkeit verdichtet sich hier die paradoxe U-topie einer (dunklen) Rede, die gerade im »Auslöschen« herkömmlicher Bedeutungen neue Möglichkeiten des Sprechens »ausmißt«. – Eine solche Funktion der Irritation und Neubestimmung erfüllen neben der Mehrdeutigkeit auch die zahlreichen charakteristischen Wortschöpfungen Celans. Fällt im Frühwerk eine Häufung ungewöhnlicher Genitivmetaphern und Oxymora auf (*»Schwarze Milch der Frühe«*; *»Glockenstuhl deines Schweigens«*), so markieren in späteren Gedichten neologische Komposita das utopische »Unterwegssein« der Metaphern: *»Weißkiesstotterer«*; *»Sackleinen-Gugel«*; *»Sternwurf-Kaschemmen«*. – Auf der formalen Ebene betreibt Celan eine spannungsgeladene Demontage traditioneller Poetik. Der im Frühwerk noch häufig verwendete musikalische Rhythmus des daktylischen Langzeilenverses steht dort in einem beunruhigenden, krassen Widerspruch zum thematisierten Massenmord in den KZs; später verabschiedet sich Celan fast ausnahmslos von vorgegebenen metrischen Mustern und entwickelt eine Anti-Poetik, in der sich eine zunehmende Zerstückelung des Gedichts selbst artikuliert: *»Tiefimschnee, / Iefimnee, / I-i-e«* (*Keine Sandkunst mehr*).

Das Frühwerk

Der Band *Mohm und Gedächtnis* (vgl. dort), durch den Celan 1952 erstmals einem breiteren Publikum bekannt wurde, enthält in seiner ersten Hälfte den bedeutenderen Teil jener Gedichte, die der Autor bereits 1948 herausgegeben und kurz darauf zurückgezogen hatte. Insgesamt gliedert sich die Sammlung in vier Abschnitte: *Der Sand aus den Urnen*; *Todesfuge*; *Gegenlicht*; *Halme der Nacht*. Thematisch kristallisiert sich die Suche nach adäquater Wahrnehmung und Darstellung an der Unfaßlichkeit der jüngsten geschichtlichen Erfahrung: Der Brandgeruch der Vernichtungslager, Trauer und Einsamkeit der Überlebenden, die bittere Anklage durchziehen den gesamten Band. Die *Todesfuge*, das Kernstück von *Mohm und Gedächtnis*, beschwört in geradezu zynischer Musikalität den Tod in den KZs. Mit den in das Gedicht eingeflochtenen literarischen Anspielungen (*»dein goldenes Haar Margarethe«*) stellt Celan im Angesicht des Faschismus zugleich die abendländische Kulturgeschichte zur Disposition. Poetologische Gedichte stehen oft explizit im Widerspruch zur Tradition, wie das folgende, das auf Goethes »*Gedichte sind gemalte Fensterscheiben*« zurückweist: *»Umsonst malst du Herzen ans Fenster: / der Herzog der Stille / wirbt unten im Schloßhof Soldaten.«* – Das Titelgedicht *Corona* (*»Wir sagen uns Dunkles, / wir lieben einander wie Mohn und Gedächtnis«*) entwirft demgegenüber eine poetische Utopie, in der – ausgehend von der surrealistischen Verbindung von Traum und Bewußtsein – der Gegensatz von Wirklichkeit und Poesie wieder aufzuheben wäre: *»Es ist Zeit, daß der Stein sich zu blühen bequemt.«* – Abgesehen von solch emphatischer Programmatik ist Celans erster Gedichtband freilich gezeichnet von einer apokalyptischen Grundstimmung und einer melancholischen Dunkelheit, teilweise durchzogen von einem durchaus traditionellen Eigentlichkeitspathos etwa in der Nachfolge Rilkes. Das Schlußgedicht allerdings formuliert nochmals in lakonischer Knappheit die Grundeinsicht des Bandes: daß nach Auschwitz ein Gedicht nur noch möglich sei im Durchgang durch die bittere Realität, die es zu er-zählen habe: *»Zähle die Mandeln, / zähle, was bitter war und dich wachhielt, / zähl mich dazu.«*

Mittlere Phase

Der Band *Von Schwelle zu Schwelle* (1955) signalisiert schon im Titel einen Übergang: Er enthält Anklänge und Fortführungen aus *Mohm und Gedächtnis* (so zitiert der Titel einen Vers aus dem im ersten Band enthaltenen *Chanson einer Dame im Schatten*, außerdem ist das Motto des ersten der insgesamt drei Teile dem für Celan wichtigen Gedicht *Kristall* entlehnt, *»Sieben Rosen später«*, das der Autor sogar in der *Niemandsrose* nochmals aufgreift, in *»... rauscht der Brunnen«*). Gleichzeitig weist der Band bereits deutlich in die Richtung von *Sprachgitter*. Im Gedicht *Schibboleth* kommt die Neuorientierung paradigmatisch zum Ausdruck: Dort verknüpfen sich Trauer und Gefangenschaft (*»Mitsamt meinen Steinen, / den großgeweinten / hinter den Gittern«*) mit einem zunehmenden Beharren auf eine andere, widerständige Sprache: *»Ruf's, das Schibboleth, hinaus / in die Fremde der Heimat: / Februar. No parasan.«* In Anspielung auf den Wiener Februaraufstand 1934 und den Spanischen Bürgerkrieg weitet Celan die Faschismusthematik aus und verbindet sie mit einer Sprachreflexion, die sich bereits hier im Sinne der Meridian-Rede auf das »*Gegen-Wort*« als Erkennungswort (»Schibboleth«, vgl. AT, Buch der Richter 12,6) ausrichtet. Der Band *Sprachgitter* (1959) rückt die poetologische Selbstreflexion zunehmend in den Mittelpunkt und tendiert dabei zu einer auffälligen Abstraktion – man hat von »Textlandschaften« (P. SZONDI) gesprochen – und zur hermetischen Verdichtung. Das Titelgedicht des in sechs Teile gegliederten Zyklus zeigt, worauf die poetische Sprache zuläuft: *»zwei Mundvoll Schweigen«*. – *»Keine Stimme«* (*Stimmen*), *»Blindworte«* (*Blume*), *»Unhörbares«* (*Oben, geräuschlos*), *»Ungeschriebenes«* (*Mit Brief und Uhr*), *»Stummheit, aufs neue«* (*In die Ferne*): mit solchen Verweigerungen *»behauptet«* sich das Gedicht *»am Rande seiner selbst«*. Die Sprachskepsis bleibt auch im Band *Sprachgitter* historisch begründet: Neben die Vergangenheitsbewältigung tritt erstmals der zivilisationskritische Blick auf eine entgegenständlichte, naturentfremdete, verdinglichte Welt (*Heimkehr*; *Die Welt*), deren Menschenunwürdigkeit sich notgedrungen in blasphemischem Zynismus (*Tenebrae*) oder in der äußersten Kappung des Sprachgestus spiegelt. Das Gedicht *Engführung*, gleichsam das Resümee des Bandes, führt eine solche Verdichtung auf geradezu programmatische Weise in seiner sprachlich-formalen Struktur vor.

Der Titel des vierteiligen Zyklus *Die Niemandsrose* (1963) impliziert eine dreifache Ausrichtung des Gedichtbandes: 1. Die intensive Auseinandersetzung Celans mit der literarischen Tradition wird explizit ins Gedicht hineingenommen und dient als Angelpunkt der poetologischen Reflexion; der Titel selbst spielt auf einen Vers aus der Grabinschrift RILKES an. Auffällig häufig finden sich Zitate und Reminiszenzen an Autoren wie HÖLDERLIN *(Tübingen, Jänner)*, HEINE *(Eine Gauner- und Ganovenweise; Es ist alles anders)*, BÜCHNER *(Mandorla; In eins)*, BAUDELAIRE *(A la pointe acerée)*, VERLAINE *(Huhediblu)* und O. MANDEĽŠTAM *(Nachmittag mit Zirkus und Zitadelle; Es ist alles anders)*. Hier wie auch in den zahlreichen Selbstzitaten (so in *Zwölf Jahre*; *In Eins*; *... rauscht der Brunnen*) geht es Celan immer wieder um die Überprüfung, letztlich um die Revision von herkömmlichen Sprechweisen. An die Stelle einer (immer wieder zitierten) poetischen Schönheit und Hoffnung tritt die Zerstückelung des Gedichts, des Worts, wie sie besonders deutlich in *»... rauscht der Brunnen«*, veranschaulicht wird: *»Wir werden das Kinderlied singen, das / hörst du, das / mit den Men, mit den Schen...«* 2. *Die Niemandsrose* ist insgesamt geprägt von der Figur der Negation. Im Schreiben entwickelt Celan eine Philosophie des Nichts, deren poetologische Implikationen (z. B. in *Mandorla*) nicht nur politisch *(Radix, Matrix)*, sondern auch theologisch begründet werden: *»Ein Nichts / waren wir, sind wir, werden / wir bleiben, blühend: / die Nichts-, die / Niemandsrose.«* (*Psalm*). 3. Das nihilistische »Blühen« der Niemandsrose verweist zugleich auf die paradoxe (und einzige) Möglichkeit, *»Sprachwahres« (Kolon)*, *»Zeltworte« (Anabasis)* zu entbinden: *»Mit / dem Griffel seelenhell, / dem Staubfaden himmelswüst«* (*Psalm*).

Die Gedichte des Zyklus *Die Niemandsrose* dokumentieren in einer gegenüber früheren Veröffentlichungen gesteigerten Intensität das Ringen Celans um Poesie *und* desillusionierende Präzision, nicht zuletzt aber auch um Kommunikation. Auffällig häufig finden sich beschwörende Du-Ansprachen, und zum *»Geheimnis der Begegnung«* heißt es in *Der Meridian*: »Das Gedicht will zu einem Andern, es braucht ein Gegenüber. Es sucht es auf, es spricht sich ihm zu.«

### Das Spätwerk

Im Gegensatz zu einer solchen existentialistischen Ich-Du-Utopie in der Sprache (in seiner Bremer Rede erwähnt Celan Martin BUBER) dominiert in den späten Gedichtbänden doch zunehmend die ›Einsamkeit‹ des Gedichts, sein *»Für-niemand-und-nichts-Stehn«*, wie es im Band *Atemwende* (1967) heißt. »Dichtung: das kann eine Atemwende bedeuten« (*Der Meridian*): In der entsprechend betitelten Gedichtsammlung sucht Celan seine Poetologie radikal und konsequent zu realisieren. Dies betrifft einmal die Kampfansage gegen jede Instrumentalisierung der Kunst: *»Weggebeizt vom / Strahlenwind deiner Sprache / das bunte Gerede des An- / erlebten – das hundert- / züngige Mein- / ge-* *dicht, das Genicht.«* Statt »meineidige Genichte« zu schreiben, verlegt der Dichter seinen Ort in den »Untergrund«, der zugleich ein »U-Topos« ist: *»Tief / in der Zeitenschrunde, / beim / Wabeneis / wartet, / ein Atemkristall, / dein unumstößliches / Zeugnis.«* (*Weggebeizt*). Vermag eine solche Ausrichtung immerhin – und so fordert es der *Meridian* – die *»Majestät des Absurden«* freizusetzen, in der ›Atemwende‹ ein Neues zu entbinden, so artikuliert sich in diesem Band daneben bereits ein Fatalismus, der die späteren Gedichte nicht mehr verlassen wird: *»Fadensonnen / über der grauschwarzen Ödnis. / Ein baum- / hoher Gedanke / greift sich den Lichtton: es sind / noch Lieder zu singen jenseits / der Menschen«* (*Fadensonnen*).

Daß diesseits keine Lieder mehr zu singen sind, demonstrieren die folgenden Bände schonungslos, und man hat angesichts des zunehmenden Sarkasmus und der beißenden Hoffnungslosigkeit im Spätwerk Celans zu Recht von einer nochmaligen poetologischen Wende gesprochen. Das programmatische Anfangsgedicht des Bandes *Fadensonnen* (1968) zieht sich gegen jeden Zukunftsoptimismus zurück auf den bloßen (schlechten) Augenblick *(Augenblicke)*; *»der Namenbau setzt aus«* (*Die zwischenein-*); Celan widerruft die Möglichkeit einer Wirklichkeit suchenden Sprache. An die Stelle von Chiffren, die utopisch oder ›ein Anderes zuhalten‹, tritt nun reine *»Wortaufschüttung«*, die den Alltag sein Gerede ablauscht und dieses dokumentiert und brüskiert: *»Müllschlucker-Chöre«*. Der aggressive Grundton des späten Celan wird vor allem erzeugt durch die Hineinnahme von Ausdrucksformen aus dem umgangssprachlichen Jargon ins Gedicht (»jaulende Düse«; »Die Ewigkeiten tingeln«), einen provokativ ordinären Sprachgebrauch *(Spasmen; Tau; Haut mal)*, schließlich durch die grelle Verwendung eines wissenschaftlichen und technischen Vokabulars (*»Elektronen-Idioten«*; *»Kaltlicht-Ozellen«*). Teilweise bekommen ganze Gedichtpassagen Zitatcharakter (*Möwenküken* z. B. geht auf einen biologischen Fachbeitrag zurück, *... auch keinerlei Friede* auf Freuds *Jenseits des Lustprinzips*).

Daß es der Dichtung lediglich noch um *»Singreste, Hörreste«* gehe, formuliert programmatisch das Anfangsgedicht von *Lichtzwang* (1970). Dieser Band birgt nochmals auffällig viele zeitkritische Bezüge: Angespielt wird auf den Vietnamkrieg *(Einem Bruder in Asien)*, die Konsumgesellschaft *(Hinter frostgebänderten Käfern)*, die Technikgläubigkeit *(Fertigungshalle)* und die kaltherzige Verwissenschaftlichung des Lebenszusammenhangs *(Schaltjahrhunderte)*. Angesichts der grellen Konfrontation mit der Wirklichkeit, dem ›Lichtzwang‹ *(Wir lagen)*, und der Unmöglichkeit, dem *»Leuchtschopf Bedeutung«* in der Sprache zu entkommen *(Schwimmhäute)*, tendiert diese Dichtung jedoch gleichzeitig zum Rückzug: *»Klopf die / Lichtkeile weg: / das schwimmende Wort / hat der Dämmer«* (*Klopf*). Auf ein solches Abseits der Sprache bewegt sich der Band *Schneepart* (1971) zu, der insgesamt gezeichnet ist durch eine Zurücknahme des (noch in der *Meridian*-Rede formulierten) »*unerhörten Anspruch(s)*« des Gedichts. Die Bitterkeit und Verzweiflung darüber, daß das Schreiben, die »*Cor-respondenz*«, letztlich immer wieder zurückgeworfen ist auf die »*Bergung allen / Abwasserglucksens im Briefmarken-Unken- / ruf*« (*Bergung*) läßt den Dichter zur »*Nachtordnung*« übergehen (*Zur Nachtordnung*), eine wachsende Todessehnsucht formulieren (*Du mit der Finsterzwille*) und mündet schließlich in die schriftstellerische Kapitulation: »*Mit den Sackgassen sprechen / vom Gegenüber, / von seiner / expatrierten Bedeutung –: // dieses Brot kauen, mit / Schreibzähnen.*« In einer solchen Bilanz, nicht zuletzt auch in den kurz vor Celans Tod entstandenen Texten (*Zeitgehöft*, 1976), die wohl als ›Abschiedsgedichte‹ bezeichnet werden könnten, schließt sich jedoch zugleich noch einmal der Bogen des ›*Meridian*‹: »*Die Dichtung, meine Damen und Herren –: diese Unendlichkeitssprechung von lauter Sterblichkeit und Umsonst!*«

Celan-Forschung

Am Ausgangspunkt der Celan-Diskussion stand immer wieder die Frage nach der Einordnung in die literarische Tradition. Während frühe Arbeiten (freilich ohne das Spätwerk zu berücksichtigen) eine Nähe zur Romantik (K. Voswinckel) bzw. zum Symbolismus (S. Vietta) behaupteten, wurden in der späteren Forschung die vielfältigen Bezüge und die eigenwillige Aufnahme literarischer Traditionen durch Celan deutlicher herausgearbeitet (M. Janz, G. M. Schulz, B. Wiedemann-Wolf). Wesentliche Impulse brachten Beiträge zum philosophischen Hintergrund des Celanschen Denkens: Einflüsse der jüdischen Mystik und des Chassidismus (P. Mayer) sowie der Existenzphilosophie Martin Bubers (P. P. Schwarz, I. E. Kummer) wurden belegt; in seiner gründlichen Studie wies W. Menninghaus die zentrale Bedeutung der Sprachphilosophie W. Benjamins für die Dichtung Celans nach; M. Janz unterstrich die Affinität zu Adornos Kunsttheorie.

Eine zentrale Kontroverse entspann sich um die Frage des Wirklichkeitsbezugs. Während einerseits ein losgelöster Ästhetizismus (S. Vietta) oder die transzendente Ausrichtung (P. H. Neumann) von Celans Hermetismus behauptet wurden, richtete sich spätestens seit P. Szondis *Celan-Studien* das Augenmerk auf die zahlreichen biographischen und gegenwartsgeschichtlichen Daten in den Texten Celans. Der schon von P. H. Neumann hervorgehobene politische Grundzug des Werks steht im Mittelpunkt der umfangreichen Studie von M. Janz.

Schwierigkeiten bereitete immer wieder die Frage der Lesbarkeit, des methodischen Herangehens. Während P. H. Neumann mit seiner *Wortkonkordanz zur Lyrik Paul Celans bis 1967* implizit nicht nur die Konstanz eines Metaphernschatzes, sondern damit zugleich auch eine Übersetzbarkeit der Bilder suggerierte, bestand P. Szondi auf der Einmaligkeit und Textimmanenz ihres jeweiligen Gebrauchs. G. Neumann hat erstmals auf den Prozeßcharakter und die utopische Richtungsweisung der Celanschen Metaphern hingewiesen. Inzwischen findet die Parallelstellen-Interpretation – nicht zuletzt vor dem Hintergrund des Spätwerks – keine Befürworter mehr; es herrscht jedoch weitgehende Einigkeit über die »intertextuelle Konsistenz« (W. Menninghaus) und die gleichzeitige Dynamik der Bildwelten im Werk Celans. – Die jüngste Forschung setzt sich vor allem mit der Poetologie des Autors auseinander (D. Brierley; G. Civikov; J. E. Kummer) und erarbeitet von hier aus Spezialstudien zu einzelnen Texten, Gedichtsammlungen und Schaffensperioden (B. Wiedemann-Wolf; H. M. Speier).

C. Lu.

Ausgaben: *Der Sand aus den Urnen*, Wien 1948. – *Mohn und Gedächtnis*, Stg. 1952. – *Von Schwelle zu Schwelle*, Stg. 1955. – *Sprachgitter*, Ffm. 1959. – *Gedichte. Eine Auswahl*, Hg. K. Wagenbach, unter Mitarbeit des Autors, Ffm. 1962. – *Die Niemandsrose*, Ffm. 1963. – *Atemwende*, Ffm. 1967. – *Ausgewählte Gedichte. Zwei Reden* (anläßlich der Entgegennahme des Bremer Literaturpreises 1958 und des Büchner-Preises 1960), Ffm. 1968 [Nachw. B. Allemann]. – *Fadensonnen*, Ffm. 1968. – *Ausgewählte Gedichte*, Ausw. u. Nachw. K. Reichert, Ffm. 1970. – *Lichtzwang*, Ffm. 1970. – *Schneepart*, Ffm. 1971. – *Gedichte*, Hg. B. Allemann, Ffm. 1975, 2 Bde. – *Zeitgehöft. Späte Gedichte aus dem Nachlaß*, Ffm. 1976. – *GW in 5 Bdn.*, Hg. B. Allemann u. St. Reichert, Ffm. 1983.

Literatur: H. G. Gadamer, *Wer bin ich und wer bist du? Ein Kommentar zu P. C.s Gedichtfuge »Atemkristall«*, Ffm. 1973. – R. Hartung, *»Atemwende« und »Schneepart«* (in R. H., *Kritische Dialoge*, Ffm. 1973). – A. Rexhäuser, *Sinnsuche und Zeichensetzung in der Lyrik des frühen C. Linguistische und lit.wiss. Untersuchungen zu dem Gedichtband »Mohn und Gedächtnis«*, Bonn 1974. – K. H. Nielsen u. H. Pors, *Index zur Lyrik P. C.s*, Mchn. 1981. – P. Michelsen, *Liedlos. P. C.s »Fadensonnen«* (in *Gedichte und Interpretationen*, Bd. 6, Hg. W. Hinck, Stg. 1983, S. 123–139). – D. Brierley, *»Der Meridian«. Ein Versuch zur Poetik und Dichtung P. C.s*, Ffm. u. a. 1984. – W. H. Albrecht, *P. C.s späte Gedichte. Versuch an den Grenzen eurozentrischer Wirklichkeit*, Bonn 1985. – L. M. Olschner, *Der feste Buchstab. Erläuterungen zu P. C.s Gedichtübertragungen*, Göttingen/Zürich 1985. – B. Wiedemann-Wolf, *Antschel Paul – Paul Celan. Studien zum Frühwerk*, Tübingen 1985. – G. Buhr, *Über P. C.s Gedichte »Weggebeizt«* (in C.Jb., 1, 1987, S. 9–56). – H. M. Speier, *P. C., Dichter einer neuen Wirklichkeit. Studien zu »Schneepart«* (I) (ebd., S. 65–79).

# MOHN UND GEDÄCHTNIS

Gedichte von Paul Celan, erschienen 1952. – Die Entstehungsgeschichte der in diesem Band gesammelten Gedichte verweist auf ein Exilschicksal, das mit Krieg, Völkermord und Flucht begann und in einer Fremde, die zur existentiellen Fremdheit geworden war, mit dem Freitod des Dichters endete. Daß Celan, der zuletzt als Dozent an der École Normale Supérieure der Universität Paris tätig war, ausschließlich in deutscher Sprache schrieb, kennzeichnet sein Verhältnis zum dichterischen Wort. »*Dichtung – das ist das schicksalhaft Einmalige der Sprache*«, antwortete er auf eine Umfrage der Librairie Flinker, die die Möglichkeit der Zweisprachigkeit zur Diskussion gestellt hatte. 1947 erschien sein erster Gedichtband *Der Sand aus den Urnen*, den er jedoch wegen sinnentstellender Druckfehler schon bald einstampfen ließ. Die Gedichte dieser Ausgabe, die auch die berühmt gewordene *Todesfuge* enthielt, bilden – in z. T. veränderter Fassung – die erste Hälfte des Bandes *Mohn und Gedächtnis*, der sich in vier Teile gliedert: *Der Sand aus den Urnen*, *Todesfuge*, *Gegenlicht* und *Halme der Nacht*. Erstpublikationen dieser Gedichte erfolgten in verschiedenen deutschsprachigen Zeitungen und Zeitschriften, so in Otto BASILS ›Plan‹ (Wien 1948), in der ›Tat‹ (Zürich 1948), in Dolf STERNBERGERS ›Wandlung‹ (Heidelberg 1949), in Alain BOSQUETS ›Lot‹ (Berlin 1952) und anderen.

Haben folglich die Gedichte dieses Bandes verschiedene Entstehungszeiten und -stufen, so bilden sie dennoch in der vorliegenden Sammlung eine Einheit, wie schon der programmatische Titel *Mohn und Gedächtnis* erkennen läßt, der ein Spannungsverhältnis von Traum (Sphäre rauschhaft sinnlicher Bildevokationen) und Realität (Sphäre des Historisch-Faktischen) impliziert. Der Traum als ein Raum des Unbewußten ist jene die Stilepoche des Surrealismus prägende Schicht, für die vor allem Metaphern des Wassers bzw. des Meeres charakteristisch sind. In Celans Sprache verbindet sich das Sinnlich-Konkrete mit dem Abstrakt-Begrifflichen zu einem Bildgefüge, das zu einem großen Teil aus Genitivmetaphern besteht. So spricht Celan vom »*Meer über uns*«, vom »*Hügel der Tiefe*«, »*vom Wasser der Stätte, wo's dunkelt und keinem gereicht wird der Dolch*«. Das »*aus den Händen*« gerollte »*Herz*« der Welt wird *Der Stein aus dem Meer*, der »*sinnt über Muschel und Welle*«. Die magische Aura des Traums, die oft von Zahlenmystik geprägt ist, verkörpert auf typische Weise das Gedicht *Kristall*. In einer hermetisch dunklen Welt beschwören »*sieben Nächte*«, »*sieben Herzen*« und »*sieben Rosen*« ein verborgenes Geheimnis. Die Luzidität dieser Welt erschließt sich nur dem, der sie sich fühlend aneignet. Bezeichnenderweise schrieb Celan zu dem Bildband des Surrealisten Edgar JENÉ *Der Traum vom Traume* (1948) einen Begleittext, in dem er eine »*neue Helligkeit*« definiert, die jenseits der Vorstellungen des wachen Denkens zu finden ist: »*Ihr Licht ist nicht das Licht des Tages, und sie ist von Gestalten bewohnt, die ich nicht wiedererkenne, sondern erkenne in einer einmaligen Schau ... mein Gehör ist hinübergewandert in mein Getast, wo es sehen lernt.*«

Unter diesem auf ein neues Sehen zielenden Aspekt ist auch die Kapitelkennzeichnung *Gegenlicht* zu begreifen. Obwohl sich hier das Reale stärker zu konkretisieren scheint, geht es auch in diesem Sprachraum, wie stets in Celans Gedichten, mit den imaginierten Bildern eine Verbindung ein, aus der eine neue Wortidentität entsteht, einem Liebesakt gleich, von dem Celan sagt: »*Wir lieben einander wie Mohn und Gedächtnis.*« Neben die Vision des Traums tritt die Erinnerung, neben das Unbewußte das allzu Bewußte. Bewußtsein ist für Celan vor allem Bewußtsein der Zeit, die es zu überwinden gilt. Ist der Traum Aufhebung der Zeit durch ein Vergessen, dessen Zeichen die Mohnblume ist, durch Hingabe an einen fluktuierenden Augenblick, so schließt das »*Gedächtnis*« als Sphäre des wachen Bewußtseins alles Wandelbar-Flüchtige aus und verleiht den Ereignissen Dauer, die Celan in der Chiffre »*Stein*« faßt. Die Zeit erscheint häufig in Verbindung mit Worten wie »*Spiegel*«, »*Weißhaar*« oder »*Kreidefelsen*«, die ihren kristallisierten Charakter betonen, vor allem aber erscheint sie als geschichtliches Ereignis, als die historische Tragödie Israels.

Wie wichtig die Konfrontation mit Geschichte und Religion für Celans Werk ist, läßt schon das erste Gedicht des Bandes – *Ein Lied in der Wüste* – erkennen. Die Wüste wird hier gleichermaßen als geographisch-historische Stätte (die »*Gegend von Akra*«) wie als metaphorischer Ort eines dauernden Ringens um den »*Himmel*« begriffen: »*Dort riß ich den Rappen herum und stach nach dem Tod mit dem Degen / ... und zog mit gefälltem Visier den Trümmern der Himmel entgegen.*« Celans Gedichte kreisen um das Problem des Todes, dessen Endgültigkeit alle Anstrengung – auch die des Schreibens – vergeblich erscheinen läßt: »*Umsonst malst du Herzen ans Fenster: / der Herzog der Stille / wirbt unten im Schloßhof Soldaten.*« Dichtung ist Aufbruch aus dieser »*Stille*« und gegen sie der paradoxe – im Zeichen des Scheiterns unternommene – Versuch, den Tod und damit das endgültige Verstummen aufzuheben.

Das Thema des Todes aber ist bei Celan stets mit der Vernichtung der Juden in den deutschen Konzentrationslagern verbunden: »*Der Tod ist ein Meister aus Deutschland / er ruft streicht dunkler die Geigen dann steigt ihr als Rauch in die Luft / dann habt ihr ein Grab in den Wolken da liegt man nicht eng.*« Dieser Todeserfahrung setzt Celan den Auferstehungsgedanken entgegen, die Messias-Erwartung Israels. Der Glaube an den Sieg des Lebens widersetzt sich der Zerstörung. Die *Todesfuge*, die das Kernstück des Bandes bildet, ist kein Schlußpunkt, sondern Moment eines übergreifenden Geschehens. An diesem 1945 entstandenen Gedicht, das durch seine rhythmische Musikalität fasziniert, entzündete sich eine heftige Kontroverse über die Widersprüchlichkeit von schöner Form und unmenschlichem Inhalt, die in der Frage Th. W. ADORNOS gipfelte, ob man nach Auschwitz überhaupt noch Gedichte schreiben könne. Abgesehen von dem Argument, daß Klang und Bild als Einheit des Paradoxen zu sehen sind (W. MÜLLER-SEIDEL), ließ jene Kontroverse außer acht, daß Celan dem grauenhaften Geschehen nur deshalb Sprache verleihen konnte, weil er die Leidensgeschichte des jüdischen Volkes als Charisma verstand. Die »schwarze Milch der Frühe«, zentrale und stets wiederkehrende Metapher des Gedichtes, wird zum dunklen, ein neues Werden einschließenden Zeichen. Nicht zufällig hat der folgende Teil, in dem Celan die Mütter des Alten Bundes beschwört, den Titel *Gegenlicht*. Das Leid wird als Gegenwart Gottes begriffen, so in dem Gedicht *Augen*: »Augen: / schimmernd vom Regen, / der strömte, / als Gott mir zu trinken befahl.«

Dichtung war für Celan – trotz des Hermetismus seiner Lyrik – in erster Linie ein Ort der Kommunikation, auch der Kommunikation mit der Transzendenz. In seiner Rede anläßlich der Verleihung des Büchner-Preises (1960) bezeichnete er das Gedicht als »*Geheimnis der Begegnung*«, als einen Daseinsentwurf, in dem »*noch ein Anderes frei (wird)*«. Dieses Andere, das die bloße Faktizität Übersteigende, ist schon in den frühen Gedichten stets gegenwärtig. Wird jedoch hier die Sprache primär aus dem Traumbereich gespeist, so wandelt sich in den späteren Gedichten die Sprache zusehends zu einem Offenen, werden die Metaphern abgelöst von präzisen, wenngleich nicht minder verschlüsselten Benennungen. Wenn Celan von einem »*Hinaustreten aus dem Menschlichen*«, einem »*Sichhinausbegeben in einen dem Menschen zugewandten unheimlichen Bereich*« (Büchner-Rede) sprach, so wird analog dazu in seiner Lyrik ein Weg deutlich, der vom konkreten »Du« der ersten Gedichte auf ein Nichts zielt. Dieses Nichts, vor dem die Bilder sich allmählich auflösen, läßt den mit größter Anstrengung durchgehaltenen Dialog immer knapper werden, ohne daß er ganz aufhöre.

Celan war kein Protagonist der Moderne, eher könnte man ihn als einen ihrer Klassiker bezeichnen. Seine Sprache ist, wie vor allem die Wortwahl zeigt, der europäischen Tradition verhaftet (Vorbilder HÖLDERLIN, RILKE, TRAKL, MALLARMÉ). Neu jedoch ist die Art, wie er die traditionellen Worte ins Bild setzte und ihren Sinn veränderte. So vermochte er es, von Blume, Stein, Träne, Nacht zu sprechen, ja selbst das Herz wird zum gefügigen Wort. »*Aus Herzen und Hirnen / sprießen die Halme der Nacht, / und ein Wort, von Sensen gesprochen, / neigt sie ins Leben.*« Mit der Verwandlung des sprachlich Vertrauten wird eine Innovation angesprochen, die über die Sprache hinausgeht. I.Ž.

AUSGABEN: Stg. 1952. – Ffm. 1975. – Ffm. 1983 (in *GW in 5 Bdn.*, Hg. B. Allemann u. St. Reichert, Bd. 1–3).

LITERATUR: H. de Haas, Rez. (in Die neue literarische Welt, 10. 7. 1953, S. 12). – J. Firges, *Die Gestaltungsschichten in der Lyrik P. C.s*, Diss. Köln 1959. – P. Jokostra, *Zeit u. Unzeit in der Dichtung P. C.s* (in Eckart-Jb., 29, 1960, S. 162–174). – W. Müller-Seidel, *Probleme der literarischen Wertung*, Stg. 1965, S. 178–180. – P. P. Schwarz, *Totengedächtnis u. dialogische Polarität in der Lyrik P. C.s*, Düsseldorf 1966. – P. H. Neumann, *Zur Lyrik P. C.s*, Göttingen 1968. – K. Weissenberger, *Die Elegie bei P. C.*, Bern 1969. – H. Mayer, *Sprechen u. Verstummen der Dichter* (in H. M., *Das Geschehen u. das Schweigen*, Ffm. 1969). – G. Neumann, *Die >absolute< Metapher* (in Poetica, 3, 1970, H. 1/2, S. 188–225). – P. Szondi, *C.-Studien*, Ffm. 1972; ern. 1983 (BS). – P. Mayer, »*Alle Dichter sind Juden.*« *Zur Lyrik P. C.s* (in GRM, 54, 1973, S. 32–55). – H. Burger, *P. C. Auf der Suche nach der verlorenen Sprache* (in Sprachkunst, 1974, H. 5, S. 49–56). – A. Rexheuser, *Sinnsuche u. Zeichensetzung in der Lyrik des frühen C. Linguistische u. literaturwiss. Untersuchungen zu dem Gedichtband »Mohn und Gedächtnis«*, Bonn 1974. – G. Buhr, *C.s Poetik*, Göttingen 1976. – P. H. Neumann, *Schönheit des Grauens oder Greuel der Schönheit?* (in Geschichte im Gedicht, Hg. W. Hinck, Ffm. 1979). – K. Wagenbach, *P. C. »Todesfuge«* (in Freibeuter, 1979, S. 85–87). – S. de Lugnani, *Politische u. poetologische Aspekte in der Lyrik P. C.s. Zwei Momente einer einheitlichen Haltung* (in Österr. Literatur seit den zwanziger Jahren, Hg. F. Aspetsberger, Wien 1979, S. 81–96). – O. Pöggeler, *Kontroverse zur Poetik P. C.s (1920–1970)* (in Zs. f. Ästhetik u. allgemeine Kunstwiss., 1980, H. 2, S. 202–243). – M. Janz, *Vom Engagement absoluter Poesie. Zur Lyrik u. Poetik P. C.s*, Königstein/Ts. ²1984.

## CAMILO JOSÉ CELA TRULOCK

\* 11.5.1916 Iria Flavia

LITERATUR ZUM AUTOR: O. Prejvalinksy, *El sistema estético de C. J. C.*, Valencia 1960. – J. M. Castellet, *Iniciación a la obra narrativa de C. J. C.* (in RHM, 28, 1962, S. 107–150). – A. Zamora Vicente, *C. J. C. Acercamiento a un escritor*, Madrid 1962. – P. Ilie, *La novelistica de C. J. C.*, Madrid 1963; ern. 1979 [erw.]. – R. Kirsner, *The Novels and Travels of C. J. C.*, Chapel Hill 1963. – D. W. Forster, *Forms of the Novel in the Work of C. J. C.*, Columbia 1967. – K. Barck, *C. J. C. und der Aufbruch des spanischen Gegenwartsromans* (in Gegenwartsliteratur, 1968, Nr. 1/2, S. 10–28). – D. W. McPheeters, *C. J. C.*, NY 1969 (TWAS). – S. Suárez Solís, *El léxico de C. J. C.*, Madrid, Barcelona 1969. – L. H. Seator, *The Antisocial Humanism of C. and Hemingway* (in REH, 9, 1975, S. 425–439). – *Homenaje a C. J. C.* (in CHA, 1978, Nr. 337/338; Sondernr.). – V. Cabrera, L. González del Valle, *Novela española contemporánea: C., Delibes, Romero y Hernández*, Madrid 1978. – *C. J. C.* (in The Review of Contemporary Fiction 3, 1984; Sondernr.). – J. C. Giménez Frontín, *C. J. C.: Texto y contexto*,

Barcelona 1985. – J. C. Medizábal, *C. y el juego de ciegos: Los ciegos en C. J. C. Realidad y crítica* (in LdD, 16, 1986, S. 187–194).

## LA CATIRA. Historias de Venezuela

(span; *Die Catira. Geschichten aus Venezuela*). Roman von Camilo José CELA TRULOCK, erschienen 1955. – Celas *La Catira* ist, wie bereits im Untertitel angedeutet, eigentlich eine Folge von Geschichten, die in Venezuela spielen. Viele Dialoge und auch erzählende Passagen sind im venezolanischen »Argot« geschrieben, so daß sich der Autor schließlich genötigt sah, am Schluß des Buches ein Wörterverzeichnis mit Erklärungen von 896 dieser regionalen Ausdrücke beizufügen. – Die zentrale Figur ist eine Frau, Pipía Sánchez, mit dem Beinamen La Catira (in Venezuela die Bezeichnung für Nachkommen von Weißen und Mulatten). Sie ist Filmschauspielerin, zweimal verwitwet und lebt im Milieu des venezolanischen Großgrundbesitzes. Die hier versammelten Personen wirken wie Marionetten; sie sind »*blind, taub, stumm, tot. Was immer gleich bleibt, ist die Erde*«.
Noch intensiver als in den früheren Romanen Celas liegt *La Catira* die Anschauung von der »*phänomenologischen Reduktion*« zugrunde: nicht psychologische Motivierung oder seelische Analyse interessieren den Autor, sondern einzig und allein das Problem, schlaglichtartig Einzelerscheinungen, ja einzelne Bewegungen zu beleuchten, sie losgelöst vom inneren und äußeren Kontext zu zeigen. Mit diesem Verfahren glaubt Cela ähnlich wie James JOYCE in *Ulysses* – Cela beruft sich des öfteren auf sein englisches Blut mütterlicherseits und den Einfluß der englischen Literatur –, von der Darstellung des Zeitlichen zu der des Ewigen zu gelangen. Celas epischer Entwurf orientiert sich jedoch ausschließlich am Gegenständlichen, sein Kosmos ist kein spiritueller, sondern ein visueller. Angesichts der Brutalität und Absurdität des Lebens führt diese Art der Darstellung zu Deformation und Übertreibung: Der Mensch ist nur noch rhetorisches Element, oder er wird zur Karikatur verzerrt; das brillante Detail gilt mehr als ein erzählerisches Kontinuum. Cela treibt seine Technik der intensivierenden Wiederholungen, Antithesen, Disharmonien und graphischen Anordnung der Dialoge manchmal so weit, daß verschiedene Kritiker das Buch als einen einzigen »*Wortsalat*« bezeichneten. Unbestreitbar ist jedoch, daß die Ironie als Stilmittel seit QUEVEDO in der spanischen Literatur nie mehr so meisterlich gehandhabt worden ist wie in *La Catira*. Sie vor allem macht die unübertroffene Grazie der Prosa Celas aus. Gewiß hat der Autor mit diesem makabren Szenarium allein keinen großen Roman geschaffen, dennoch dürfte das Buch als kühnes Sprachexperiment gültig bleiben. A.As.

AUSGABEN: Barcelona 1955. – Barcelona 1962–1986 (in *Obra completa*, 17 Bde.). – Barcelona 1976.

LITERATUR: F. Delgado, »*La Catira« de C. J. C.* (in Estudios Americanos, 10, 1955, S. 311–320). – C. Otero, »*La Catira«, novela de C. C. J.* (in CHA, 25, 1955, S. 351–356). – L. A. Hernando Quadrado, *C. J. C. y el lenguaje popular venezolano*, Madrid 1983.

## LA COLMENA

(span.; *Ü: Der Bienenkorb*). Roman von Camilo José CELA TRULOCK, erschienen 1951. – Der Roman, ein Höhepunkt in Celas umfangreichem Schaffen, wurde bereits Mitte der vierziger Jahre geschrieben, konnte in Spanien aber aufgrund der dort herrschenden franquistischen Restauration erst zehn Jahre später veröffentlicht werden. Wegen »*offenkundiger Unmoral*« und deutlicher Kritik an der zeitgenössischen gesellschaftlichen Situation zunächst von Francos Zensoren abgewiesen, kam *La colmena* erst nach Umarbeitung und Publikation im Ausland zur Wirkung. Der Roman spielt im Madrid des Jahres 1942 an drei kalten Tagen kurz vor Weihnachten. Das Elend, das der Bürgerkrieg verursacht hatte, ist noch überall spürbar: Bestimmendes Thema ist die schlechte Versorgungslage, der Hunger, der das Handeln aller Figuren, ungeachtet ihrer sozialen und intellektuellen Herkunft, beherrscht. Anders als im spanischen Schelmenroman, auf den sich Cela in seinem vorausgegangenen Roman *Nuevas andanzas y desventuras de Lazarillo de Tormes* (1944) unmittelbar bezieht, wird hier das Motiv des allgegenwärtigen Hungers und des Kampfes um das Überleben in einer von Vorurteilen und gesellschaftlichen Schranken beherrschten Welt weder humoristisch abgeschwächt noch durch moralisierende Tendenzen bewältigt. Darüber hinaus kennt das Werk keine eigentlichen Helden, sondern lediglich die 296 Personen, die dem Leser in schnell wechselnder Szenenfolge in den Cafés, Bordellen, Kneipen, Schlafzimmern und billigen Absteigen der Hauptstadt vorgeführt werden. Integraler Bestandteil des Originaltextes ist denn auch ein vom Autor selbst geliefertes Personenregister mit Seitenangaben zur besseren Orientierung für den Leser.
Eines der Handlungszentren ist das an einer Straßenecke in Madrid gelegene Kaffeehaus der Doña Rosa, einer geldgierigen und hartherzigen Frau, die sich aus zweifelhafter Germanophilie für Hitler begeistert und mit größter Aufmerksamkeit die deutschen Wehrmachtsberichte verfolgt, während sie zugleich Kunden und Kellner rücksichtslos traktiert. Zu den Gästen des Lokals zählen vor allem verarmte Kleinbürger und Bürger der Mittelschicht, die stets bemüht sind, den Schein der in Folge des Bürgerkriegs verlorenen gesellschaftlichen Geltung zu wahren. Das allgegenwärtige Elend zwingt allen die Diskrepanz von Schein und Sein auf, die vom Erzähler entlarvt wird: Don Leonardo Meléndez, der sich gern als eleganter Mann von französischer Kultur präsentiert, ist in Wirklichkeit so hoch verschuldet, daß er sich sogar von

dem Schuhputzer Segundo Segura dessen hart verdientes Geld leiht, es nie zurückzahlt, aber mit solcher Verachtung auf alle seine Gläubiger herabblickt, daß keiner ihn gerichtlich zu belangen wagt. Señorita Elvira, deren Liebhaber stets nach kurzer Zeit wieder das Weite suchen, führt nach Aussagen des Erzählers ein »*Hundeleben, das, genau gesehen, gar nicht wert ist, gelebt zu werden*«. Sie ist gerade von dem aufschneiderischen Don Pablo verlassen worden, der sich immer jüngeren Mädchen zuwendet. Daneben fristet der junge Intellektuelle Martín Marco ein erbärmliches Dasein: Doña Rosa läßt ihn aus dem Lokal werfen, als er nicht bezahlen kann. Der Erzähler folgt ihm nun auf seinen Irrwegen durch die Straßen Madrids.

Martín ist in diesem Panoptikum von Gestalten am wenigsten mit Realitätssinn ausgestattet; vor einem Schaufenster mit Sanitäreinrichtungen sinniert er darüber, wie er in einer solchen Luxustoilettenausstattung kostbar gebundene Ausgaben esoterischer Dichter wie Mallarmé und Darío drapieren würde: »*Das Blöde ist nur – weiß der Kuckuck, warum –, daß wir Intellektuellen weiterhin wenig zu essen haben und die Klosetts in den Cafés benutzen müssen. – Das soziale Problem regt Martín Marco auf. Er hat wenig klare Ideen, aber ihn beunruhigt das soziale Problem.*« Martín lebt von geliehenem Geld, das Zimmer eines Freundes darf er unter der Bedingung als Schlafplatz benutzen, daß er diesen nicht um Geld bittet und rechtzeitig am Morgen das Feld räumt. Auf einem seiner Spaziergänge trifft Martín seine Jugendliebe und ehemalige Mitschülerin Nati: Ihr Wohlstand, dessen Ursachen diskret ausgespart bleiben, erlaubt es ihr, den ausgehungerten und halberfrorenen Dichter in vornehme Lokale zu führen, in denen er mit Geld bezahlt, das sie ihm gegeben hat. Mit dem verbliebenen Wechselgeld versucht er sich in Doña Rosas Café Genugtuung für den Hinauswurf zu verschaffen. Am Abend kann er sich bei einer Polizeikontrolle wegen seines verdächtigen Aussehens und fehlender Ausweispapiere einer drohenden Verhaftung nur knapp entziehen. Für diese Nacht rettet er sich in das Bordell einer alten Freundin, die ihm aus Mitleid eine Dachkammer als Schlafstelle überläßt. Dort verbringt er eine Liebesnacht mit der eigentlichen Bewohnerin des Zimmers, der erkrankten Prostituierten Pura. Eine letzte Serie von Szenen zeigt Martín auf dem Weg zum Grab seiner Mutter, der er ein Sonett widmet.

In diesem vom Elend beherrschten Madrid schafft sich die Liebe in den gegensätzlichsten Schattierungen noch eine Daseinsmöglichkeit: Der homosexuelle Sohn der Doña Margot, die sich aus Kummer erhängt, ist hierfür ebenso ein Beispiel wie Laurita, die sich Pablo vor allem wegen des bescheidenen Luxus, den er ihr bietet, angeschlossen hat. Um die Behandlung ihres todkranken Geliebten Paco, den ihre Eltern ablehnen, zu finanzieren, ist Victoria schließlich bereit, Verhältnisse mit reichen alten Männern einzugehen. Der prahlerische Ventura spiegelt seiner Julia eine brillante Laufbahn nach einem Studium, das er nicht sehr genau nimmt, vor, muß sich aber wegen der moralischen Schranken in den dürftigsten Absteigen mit ihr treffen. Cela selbst hat hervorgehoben, daß das Kaleidoskop von Handlungsfäden, kurzen Geschichten, Impressionen, unaufgelösten Konflikten und liegengelassenen Handlungsfragmenten in diesem Großstadtroman ein »*Ausschnitt des Lebens, der genau so erzählt wird, wie das Leben eben abläuft*« sei. Tatsächlich versagt sich der Roman jeglichem Versuch einer Hierarchisierung der zahlreichen, meist trivialen Geschehnisse, die zudem nicht literarisch stilisiert werden. Sie sind Mosaiksteine einer typischen Alltagsrealität, die sich auf die Tradition des spanischen *Costumbrismo* (S. ESTEBAÑEZ CALDERÓN, M. J. de LARRA) berufen können, dessen kleinformatige Momentaufnahmen der spanischen Wirklichkeit hier weiterleben. Nur etwa ein Fünftel der Figuren erhält ein gewisses individuelles Profil durch Wiederaufnahme in mehreren Szenen und dadurch ein nachvollziehbares Lebensschicksal.

In dieser ständig bewegten Menge, welche die Titelmetapher des »Bienenkorbs« für das Lebensgefühl in der spanischen Metropole rechtfertigt, fehlt nicht nur der rote Faden einer chronologisch nachvollziehbaren Haupthandlung im traditionellen Sinn, sondern auch ein Erzähler, der in der Lage wäre, dieses von Cela so absichtsvoll inszenierte Chaos durch Hinweise an den Leser zu erhellen. Auch in dem Labyrinth von zeitlich verschobenen Handlungen läßt der Erzähler den Leser allein. Ein Übriges leistet die abrupte Montage, die anstelle erzählerisch vermittelter Übergänge die Abschnitte nur noch typographisch kenntlich macht. Selbst in den beschreibenden Partien des Werkes enthält sich der Erzähler zumeist der Wertung: Handlungen, Probleme und Meinungen der beschriebenen Personen werden vielmehr als Bestandteile einer Durchschnittlichkeit gezeigt, die sich jeder hoffnungsvollen Transzendenz entzieht. So nimmt der Erzähler, wenn er sich etwa zu Beginn über den Schuhputzer Segura äußert, eine zynisch anmutende, teilnahmslos analytische Grundhaltung ein: »*Der Schuhputzer ist ein Schafskopf, eine rachitische, steife Schindmähre. Seit unzähligen Jahren spart er und borgt dann Don Leonardo alle seine Ersparnisse. Recht geschieht ihm. Don Leonardo ist ein Hochstapler, der immer auf Pump lebt und Geschäfte plant, die nie zustande kommen.*« An die Stelle der Erzählerrede tritt ein Puzzle fragmentarischer Figurenreden, die von umgangssprachlichen Wendungen und zahlreichen Sprachklischees geprägt sind. Zahlreiche Neuauflagen bestätigen den großen Erfolg dieses formalen Experiments, dessen kinematographisch inspirierte Erzähltechnik in der preisgekrönten Verfilmung von Mario Camús (1982) eine überzeugende und beeindruckende Umsetzung erfahren hat.
G.Wil.

AUSGABEN: Buenos Aires 1951. – Barcelona 1962–1986 (in *Obra completa*, 17 Bde., 8). – Madrid 1984. – Madrid 1987, Hg. u. Einl. R. Asún (Castalia).

ÜBERSETZUNG: *Der Bienenkorb*, G. Theile-Bruhns, Olten/Freiburg i. B. 1964. – Dass., ders., Mchn. 1968 (dtv). – Dass., ders., Mchn. 1988.

VERFILMUNG: Spanien 1982 (Regie: M. Camús).

LITERATUR: G. Torrente Ballester, »*La colmena*«, *cuarta novela de C. J. C.* (in CHA, 8, 1951, S. 96–102). – G. Bueno Martínez, »*La colmena*«, *novela behaviorista* (in Clavileño, 17, 1952, S. 53–58). – J. J. Flasher, *Aspects of Novelistic Technique in C.'s »La colmena«* (in Philological Papers, 12, 1959, S. 36 ff.). – M. Durán, *La estructura de »La colmena«* (in Hispania, 43, 1960, S. 19–24). – J. Ortega, »*La colmena*« *de C. J. C.*, Diss. Ohio State Univ. (vgl. Diss. Abstracts, 25, 1964/65, S. 483). – Ders., *El sentido temporal en »La colmena«* (in Symposium, 19, 1965, S. 115–122). – Ders., *Importancia del personaje de Martín Marco en »La colmena« de C.*. (in RoNo 6, 1965, S. 92–95). – D. W. Foster, »*La colmena*« *de C. J. C. y los informes de éste sobre la novela* (in Hispanófila, 30, 1967, S. 59–65). – F. Carenas, »*La colmena*«: *Novela de lo concreto* (in PSA, 61, 1971, S. 229–255). – R. C. Spires, »*La colmena*«: *The Creative Process as Message* (in Hispania, 4, 1972, S. 873–880). – D. Henn, *C.: »La colmena«*, Ldn. 1974. – D. Dougherty, *Form and Structure in »La colmena«: From Alienation to Community* (in Anales de la Narrativa Española Contemporánea, 1, 1976, S. 7–23). – N. G. Kobzina, *Bleak House Revisited: C.'s »La colmena«* (in Hispanófila, 47, 1984, S. 57–66). – W. Matzat, *Die Modellierung der Großstadterfahrung in C. J. C.s Roman »La colmena«* (in RJb, 35, 1984, S. 278–302). – V. Roloff, *C. J. C. – »La colmena«* (in *Der spanische Roman*, Hg. ders. u. H. Wentzlaff-Eggebert, Düsseldorf 1986, S. 330–349).

## LA FAMILIA DE PASCUAL DUARTE

(span.; *Ü: Pascual Duartes Familie*). Roman von Camilo José CELA TRULOCK, erschienen 1942. – *Pascual Duarte* bildet nicht nur den vielbeachteten Auftakt zu Celas erzählerischem Werk, sondern gilt neben *La Colmena* als Klassiker der spanischen Literatur nach dem Bürgerkrieg. Seine Modernität beruht im schockierenden Bruch mit den Normen menschlichen Empfindens und ethischen Werten, während gleichzeitig der Anschein moralisierender Absicht gewahrt bleibt. Der Roman knüpft dabei an die Tradition der Pikareske *(Lazarillo de Tormes)* an. *Pascual Duarte* besteht aus zwei Teilen, nämlich der Lebensbeichte des mehrfachen Mörders Pascual und einem Rahmen, in dem verschiedene Stimmen das »Dokument« kommentieren.

Wenige Tage vor seiner Hinrichtung schreibt Pascual im Gefängnis von Badajoz 1936/37 sein Leben von Geburt an nieder, das sich – nicht streng chronologisch erzählt – als eine Kette von Gewalttaten und familiären Unglücksfällen darstellt: Er erschießt seine Hündin Chispa, da er ihren »*Blick eines Beichtvaters*« nicht ertragen kann; nach der Heirat mit Lola, die er zuvor auf dem frischen Grab seines schwachsinnigen Bruders Mario vergewaltigt hatte, verletzt er im Wirtshaus einen Mann im Streit und ersticht danach mit demselben Messer die Stute, die Lola abwarf und so eine Fehlgeburt verursachte; dann tötet er Estirao, der seine Schwester Rosario in die Prostitution trieb und Lola in seiner Abwesenheit verführte; schließlich ermordet er seine Mutter. An diesem Punkt bricht Pascuals Erzählung abrupt ab, obgleich er danach weitere Verbrechen beging, etwa an Don Jesús, dem er seine Aufzeichnungen widmet. Für die Beweggründe seiner Taten findet Pascual nur wenige Worte – ein plötzlicher Wutausbruch, verletztes Männlichkeitsgefühl, ein unerträglicher Blick; den Situationen gemeinsam ist, daß sie eine Unbeholfenheit ausdrücken, dem Leben anders als mit Gewalt zu begegnen. Pascual beschreibt, wie er als Kind schlechter Eltern in armseligen ländlichen Verhältnissen aufwuchs, von einer gefühlsrohen Umwelt angesteckt und immer stärker von einem »*Unglücksstern*« verfolgt wurde. Doch die Erklärungsmuster der Vererbung, des Milieus und der Fatalität, die für seine verminderte Schuldfähigkeit sprechen sollen, erscheinen entweder übermäßig naiv oder von einer subtilen Ironie durchdrungen. In Pascuals zahlreichen Reflexionen, die den Erzählprozeß begleiten, vermischen sich christliche Gemeinplätze, Bauernweisheiten und Sprichwörter, die oft deplaziert anmuten. Eher grotesk statt glaubwürdig erscheint die Haltung des Reumütigen unmittelbar neben der teilnahmslos detaillierten oder gar genüßlichen Beschreibung von abstoßenden Szenen und seinen Taten, etwa als er Estirao den Brustkasten eindrückt: »*Ich drückte etwas stärker zu... Es gab das gleiche Geräusch, wie man es von einem Braten im Backofen hört... Er fing an, Blut zu spucken. Als ich aufstand, fiel sein Kopf kraftlos zur Seite...*«

Pascual richtet seine Aufzeichnungen an Don Joaquín, einen Freund des ermordeten Don Jesús und rechtfertigt in einem Sendschreiben seine Niederschrift zwar als Lehre für andere, »*aus dem zu lernen, was ich nicht begriff*«, tatsächlich überwiegt jedoch der Aspekt einer Selbsttherapie: Das erinnernde Nacherleben seiner Taten gipfelt nach dem Muttermord in dem alles andere als reuevollen Satz: »*Ich konnte wieder atmen...*«. Der von Pascual angeschriebene Don Joaquín hält den Bericht für »*zersetzend*«, doch sorgt er in seinem Testament für seine Bewahrung, so daß das Manuskript schließlich jemandem in die Hände fällt, der es als »*Transcriptor*« sichtet, anstößige Stellen streicht und den Text ausdrücklich zur abschreckenden Wirkung veröffentlicht: »*Siehst du, was er tut? Das genaue Gegenteil von dem, was er tun sollte.*« Die Zweifel an der moralisierenden Botschaft der angeblichen Beichte eines Schwerverbrechers werden in einem Nachtrag durch das widersprüchliche Urteil eines Pfarrers und eines Wachtmeisters, die als erste Leser auftreten, noch verstärkt: Ist Pascual ein naives, aber »*sanftmütiges Schaf*« oder ein Delin-

quent, der nur nach außen eine bußfertige Haltung annimmt?
Die fragwürdige Moralität der Bekenntnisse empörte zwangsläufig das spanische Bürgertum und führte 1943 zu einem zeitweiligen Verbot des Romans durch die Zensur. Die schockierend gefühllose Beschreibung schwach motivierter Gewalttaten wurde als *tremendismo (tremendo*: schrecklich) zu einem Schlagwort spanischer Nachkriegsliteratur, das man dem zeitgleichen französischen Existentialismus zur Seite stelle (A. CAMUS, J. P. SARTRE); entstehungsgeschichtlich wichtiger sind jedoch die Bezüge zur Tradition der Groteske (R. M. del VALLE-INCLÁN). Neben individual- und sozialpsychologischen Deutungen von Pascual Duarte als Orest-Figur und Träger von Kollektivschuld angesichts des »Brudermords« im Bürgerkrieg haben neuere Studien die kommunikativen Prozesse zwischen der Rahmenerzählung und Pascuals Bericht hervorgehoben. In einer subversiven Mischung aus vorgegebenen Redeweisen (Kirche, Staat), naivem Sprechen und Schweigen leistet Pascuals Schrift einen *»heroischen Akt«* (G. Gullón) gegen die Unterdrückung des Wortes in der Franco-Ära und deren überdeckende Propagierung von Harmonie (»die Familie«) nach den Greueln des Krieges.   O.Gr.

AUSGABEN: Madrid/Burgos 1942. – Barcelona 1962–1986 (in *Obra completa*, 17 Bde., 1). – Palma de Mallorca 1964. – Barcelona 1984.

ÜBERSETZUNGEN: *Pascual Duartes Familie*, G. Leisewitz, Hbg. 1949. – Dass., G. Theile-Bruhns u. C. J. Cela, Zürich 1960 (n. d. Übers. v. G. Leisewitz); ern. 1984.

VERFILMUNG: *Vida y muerte de Pascual Duarte*, Spanien 1975 (Regie: R. Franco).

LITERATUR: M. A. Beck, *Nuevo encuentro con »La familia de Pascual Duarte«* (in RHM, 30, 1964, S. 279–298). – D. W. Foster, *Social Criticism, Existentialism and Tremendismo in C.'s »La familia de Pascual Duarte«* (in KRQ, 13, 1967, S. 25–33; Suppl.). – F. Huarte Morton, *Ensayo de una bibliografía de »La familia de Pascual Duarte«* (in PSA, 48, 1968, S. 59–165). – G. Sobejamo, *Reflexiones sobre »La familia de Pascual Duarte«* (in ebd., S. 17–58). – R. C. Spires, *Mode of Existence and the Concept of Morality in »La familia de Pascual Duarte«*, Athens 1968. – Ders., *Systematic Doubt: The Moral Art of »La familia de Pascual Duarte«* (in HR, 40, 1972, S. 283–302). – A. Rodríguez u. J. Timm, *El significado de lo feminino en »La familia de Pascual Duarte«* (in REH, 1977, Nr. 2, S. 251–264). – M. D. Thomas, *Narrative Tension and Structure in C.'s »La familia de Pascual Duarte«* (in Symposium, 31, 1977, S. 165–178). – A. M. Penuel, *The Psychology of Cultural Desintegration in C.'s »La familia de Pascual Duarte«* (in REH, 1982, Nr. 3, S. 361–378). – J. Urrutia, *C.: »La familia de Pascual Duarte«. Los contextos y el texto*, Madrid 1982. – G. Gullón, *Contexto ideológico y forma narrativa en »La familia de Pascual Duarte«: En busca de una perspectiva lectorial* (in Hispania, 68, 1985, S. 1–8). – J. R. Rosenberg, *El autobiógrafo encerrado: Pascual Duarte y su transcriptor* (in Explicación de Textos Literarios, 14, 1985/86, S. 63–72). – C. R. Perricone, *The Function of the Simile in C.'s »La familia de Pascual Duarte«* (in The USF Language Quarterly, 24, 1986, S. 33–37).

## MAZURCA PARA DOS MUERTOS

(span.; *Mazurka für zwei Tote*). Roman von Camilo José CELA TRULOCK, erschienen 1983. – Schon heute kann dieser Roman als die Summe von Celas erzählerischem Werk gelten: Das Trauma des Bürgerkriegs, die obsessive Gestaltung von Tod, Sexualität und Animalität des Menschen und die Lebenswelt Galiciens, in der der Autor aufwuchs, verschmelzen in *Mazurca* zu einem kaleidoskophaften Ganzen. Dabei werden Struktur- und Stilprinzipien miteinander verwoben und weiterentwickelt, die Cela in seinen früheren Romanen erprobte, insbesondere die Collage und die niedere bis obszöne Alltagssprache, deren galicische Ausdrücke ein beigefügtes Verzeichnis erklärt.

Unter dem Leitmotiv des anhaltenden Regens über Galicien erschließt sich dem Leser der nicht weiter untergliederte Haupttext von *Mazurca* als der mündliche Vortrag verschiedener Stimmen, die von Zuhörern und Dialogen unterbrochen werden. Auch die zeitlichen Ebenen des Erzählens sowie des erzählten Geschehens wechseln ständig, so daß viele Personen unter dem Vorzeichen ihres Todes stehen: »*Der Tote, der Afouto tötete, tötete auch meinen Verstorbenen.*« Dieser zentrale Satz Ádegas umreißt eine Geschichte, die aus der Fülle des fragmentarisch Erzählten herausragt: Afouto Gamuzo wird 1936, in den Anfängen des Bürgerkriegs, zusammen mit Ádegas Gatten von Moucho Carroupo verschleppt und exekutiert. 1939 (oder 1940) rächt Tanis Gamuzo den ermordeten älteren Bruder. Die zwei Todesfälle von Afouto und Moucho, zu denen der blinde Akkordeonspieler Gaudencio die Mazurka »*Ma petite Marianne*« spielt, erklären nicht nur den Romantitel; zusammen mit der Mazurka ermöglichen sie eine zeitliche Orientierung im verwirrenden Panorama aus Episoden, Alltagsdialogen und Porträts, die beständig wiederholt, ergänzt und verändert werden. Dabei tritt neben grotesker Körperlichkeit (Krankheiten, Behinderungen, Kriegsverletzungen) und variationsreicher Sexualität die Beziehung der Menschen zu den Tieren und zur Musik in den Vordergrund – beides Verbindungen, die die »Komposition« von *Mazurca* prägen. Die Geschichte der Rache bettet sich somit ein in die monumentale galicische Familiensaga der Gamuzos und der verwandten Clans: »*Die Familien sind wie das Meer, das niemals aufhört.*« Gemäß diesem Satz Ádegas, die wie ihr Bruder Gaudencio Akkordeon spielt, scheinen die weitschweifigen und unzuverlässigen Erzählerstimmen selbst orientierungslos in der Vielzahl von Daten, Orten und Personen zu ertrinken, die zudem mehrere Namen tragen. So sind etwa auch die beiden Zeitpunkte, an denen Gaudencio die Mazurka spielte, umstritten. Doch dies stört niemanden ernsthaft, denn Geschichte erscheint hier als die Wiederkehr des Gleichen unter jeweils anderem Namen. Ausgehend von diesem beherrschenden Gedanken wird *Mazurca* offen und verborgen von Zirkelschlüssen (klassischen Paradoxa) bis in die Ebene der Textkonstitution selbst bestimmt. Beispielsweise schließt sich die Geschichte der Rache im Sinne des *sich selbst verschlingenden Spanien* zu einem Kreislauf: Ádega gräbt den beerdigten Moucho Carroupo aus, der ihren Mann umbrachte, und wirft ihn ihrem Schwein zum Fraß vor, schlachtet es und macht Würste daraus, die ihrem Mann ebensogut schmecken wie dem Zuhörer, Don Camilo. Don Camilo ist wiederum derjenige, der die Rache an Moucho Carroupo anordnet. Robín Lebozán, eine Dichterfigur, die ähnlich wie zuvor Camilo diesmal mit dem Familiennamen Cela auf den Autor rückverweist, stellt die Linearität der Geschichte offen in Frage: »*Die Geschichte rennt die Zeit nieder, manchmal geschehen Dinge außerhalb der Zeit aus Schuld der Zeit. Warum kamen Hannibals Elefanten nicht aus der Arche Noah?*« Als eine Stimme, die das Erzählte sowie Gehörtes niederschreibt, zitiert Robín das dem Roman vorangestellte Motto E. A. Poes von den »*welken und verräterischen Erinnerungen*« und wünscht sich, diese zu verlieren, nicht mehr denken zu müssen. Doch gegen Ende des Buches beginnt er das von ihm Niedergeschriebene wieder zu lesen, und der Text von *Mazurca* wiederholt ihren Beginn, allerdings mit ausgetauschten Orten und Namen. Der Text negiert sich und entsteht neu als einer von vielen möglichen. Die trügerische Gewißheit des Geschehenen und Geschriebenen zeigt sich abschließend in einem Obduktionsbericht zu Moucho Carroupos Leiche: Der Arzt konstatiert einen zufälligen Tod durch wildgewordene Wölfe. Tatsächlich ließ Tanis Gamuzo ihn von seinen Hunden zu Tode beißen. Dies bildet zugleich eine letzte Variation der Überzeugung von der wölfischen Natur des Menschen: *Homo homini lupus*. – *Mazurca para dos muertos* erfuhr innerhalb kürzester Zeit hohe Auflagen und wurde 1984 mit dem Nationalpreis für Literatur ausgezeichnet. Die Kritik bemerkte Ähnlichkeiten mit dem lateinamerikanischen »magischen Realismus« (G. García Márquez), den Cela zweifellos in einzelnen Motiven übersteigert. O.Gr.

Ausgabe: Barcelona 1983; ¹²1986.

Literatur: I. A. Vara, *Diez años de »celedad«* (in Cambio 16, 1983, Nr. 623, S. 138–141). – P. Fröhlicher, *Lectura de »Mazurca para dos muertos« de C. J. C.* (in RJb, 36, 1985, S. 361–370).

## SAN CAMILO, 1936

(span; *San Camilo, 1936*). Roman von Camilo José Cela Trulock, erschienen 1969. – Während in Celas bekanntestem Roman *La Colmena* die Madrider Alltagswelt nach dem Spanischen Bürgerkrieg in einer Fülle von Personencharakterisierungen lebendig wird, zeigt *San Camilo 1936*, wie die Menschen den Beginn des Bürgerkriegs erleben. Dabei rückt das Verhältnis von Geschichte zu Alltag sowie die Frage kollektiver Schuld am »Brudermord« in den Mittelpunkt. Dies verdichtet sich in der periodisch wiederkehrenden Grundsituation eines Mannes, der vor dem Spiegel steht und sich in der Du-Anrede anklagt. Auf diese Situation zurückgeführt, stellt sich der gesamte Text als eine ununterbrochene Bewußtseinsrede dar, die alle fremden Stimmen in sich birgt.
Der vollständige (im Innenteil des Buches genannte) Titel *Vísperas, festividad y octava de San Camilo del año 1936 en Madrid* (Vorabende, Festlichkeit und achttägige Andacht des heiligen Camilo, 1936 in Madrid) verweist bereits auf die streng symmetrische Triptychon-Gliederung, wobei der 18. Juli 1936 das chronologische Zentrum bildet. Der erste Teil beschreibt ganze Straßenzüge der Madrider Lebenswelt zwischen Bordell, Café und bürgerlichem Heim und gipfelt in der Nachricht von den historisch realen politischen Morden an José de Castillo und Calvo Sotelo, die sich in ein allgemeines Klima exzessiver Gewalt, zufälliger Unfälle und sexueller Perversionen einbetten. Diese Atmosphäre steigert sich im mittleren Teil vor dem geschichtlichen Hintergrund von Francos Erhebung in Marokko, dem Generalstreik und der Weigerung der Regierung Casares, das Volk zu bewaffnen, um die Republik gegen das Militär zu verteidigen. Diese letzten Stationen auf dem Weg in den offenen Krieg stehen als Zeitungs- oder Radiomeldungen, Demonstrationen und Agitationsreden neben Sport (z. B.: Tour de France), Reklame, Klatschgeschichten aus Kino und Zarzuela, Kneipengesprächen und Gebeten. So wird die Alltagswirklichkeit als ein Nebeneinander verschiedenartiger Stimmen rekonstruiert, das sich zu grotesken Collagen formt, aber dennoch im konkreten Augenblick Denk- und Verhaltensweisen bestimmt: »*Wir sind einfach zu nahe und haben keine Perspektive.*« Ohne geschichtliche Distanz werden für die Menschen auf der Straße die politischen Richtungen austauschbar: »*Man kann eines Morgens als Faschist aufstehen und am nächsten Morgen als Marxist.*« Im dritten Teil wird das tägliche Leben unmittelbar in den beginnenden Krieg hineingezogen. So wird jemand versehentlich als Faschist erschossen, der für seine schwangere Frau eine Hebamme holen wollte. Das daraufhin totgeborene Kind, das in einer Schuhschachtel verbrannt wird, steht symbolisch für die traumatisch erfahrene politische Auswegslosigkeit, die zum eskalierenden Massaker führt. Die Belagerung der Montaña-Kaserne, in der der General Fanjul auf das Eintreffen der Franco-treuen Truppen aus der Sierra hofft, endet mit der Erstürmung, wobei alle Eingeschlossenen ermordet werden.
Das Ich vor dem Spiegel begleitet den geschichtlichen Prozeß und überzieht ihn mit einem Netz wiederkehrender Verweise auf mythologische, bibli-

sche und geschichtliche Figuren sowie mit variierenden Leitmotiven. Dabei wird in generellen Aussagen über Spanien als einem »*Land der Verrückten*« historische Entwicklung negiert. Der Spiegel, der ständig seine Form verändert, sich mit Blut befleckt und zerbricht, steht im Zentrum einer surrealistischen Poetisierung des nationalen Traumas in Bilder der Gewalt. Das stellvertretende Ich spielt vielfältige Rollen des Mörders und des Opfers durch. Die Legende um den grausamen Tod des englischen Königs Cirilo, dem angeblich von seinen Getreuen flüssiges Blei in den Körper gefüllt wurde, nimmt dabei eine Schlüsselstellung ein und wiederholt sich gegen Ende des Romans in dem sadomasochistischen Selbstmord des Homosexuellen Matiítas auf der Ebene erzählter Geschichte. *San Camilo, 1936* ist in dieser strukturellen Vielschichtigkeit, die an den französischen *Nouveau Roman* erinnert, und mit seiner tabubrechenden Ästhetik ein kühner Versuch, sechs Jahre vor Francos Tod den Bürgerkrieg als Phänomen kollektiver Psychose aufzuarbeiten und verschüttetes Geschichtsbewußtsein zu provozieren getreu einem Satz aus dem Epilog: *»Der Spanier ist Pyromane, weil er jede Spur seiner Vergangenheit, jede Chronik seiner Gegenwart und jede Hoffnung in seine Zukunft auslöschen will.«* O.Gr.

AUSGABEN: Madrid 1969. – Madrid 1974.

LITERATUR: A. Amorós, *C. J. C.: »San Camilo, 1936«* (in RdO, 87, 1970). – M. Tuñón de Lara, *La circunstancia histórica de la novela »San Camilo, 1936«* (in PSA, 69, 1973, S. 229-252). – G. Roberts, *La culpa y la busca de la autenticidad en »San Camilo, 1936«* (in Novelistas Españoles de Postguerra, Hg. R. Cardona, Madrid 1976, S. 205–218). – P. Ilie, *»San Camilo, 1936«: La Política de la Obscenidad* (in P. I., La Novelística de C. J. C., Madrid ³1978, S. 271–325). – M. Durán, *»San Camilo«: de los anuncios comerciales a las visiones goyescas* (in Insula, 34, 1979, S. 396 f.). – P. L. Ullmann, *Sobre la rectificación surrealista del espejo emblemático en »San Camilo, 1936« de C. J. C.* (in Neoph, 66, 1982, S. 377–385). – D. Henn, *Endemic Violence and Political Balance in C.'s »San Camilo, 1936«* (in RoSt, 1983/84, Nr. 3, S. 31–46).

---

### LOUIS-FERDINAND CÉLINE

d.i. Louis-Ferdinand Destouches

\* 27.5.1894 Asnières
† 1.7.1961 Meudon-sur-Seine

LITERATUR ZUM AUTOR:
*Bibliographien*:
J.-P. Dauphin, *L.-F. C., essai de bibliographie*, Paris 1977 (Calepins de bibliographie). – S. L. Luce u. W. K. Buckley, *A Half-Century of C. An Annotated Bibliography 1932–1982*, NY/Ldn. 1983. – J.-P. Dauphin u. P. Fouché, *Bibliographies des écrits de L.-F. C. 1918–1984*, Paris 1985.
*Zeitschriften*:
Cahiers Céline, Paris 1976 ff. – Revue des Lettres Modernes [Reihe *L.-F. C.*].
*Gesamtdarstellungen und Studien*:
M. Hanrez, *C.*, Paris 1961. – P. Vandromme, *L.-F. C.*, Paris 1963. – D. Roux, *La mort de L.-F. C.*, Paris 1966. – A. Genestre, *Étude du vocabulaire des romans de L.-F. C.*, Indiana Univ. Press 1968. – E. Ostrovsky, *C. and His Vision*, Ldn./NY ²1968. – P. Carile, *C. un allucinato di genio*, Bologna 1969. – E. Ostrovsky, *Voyeur voyant. A Portrait of L.-F. C.*, NY 1971. – A. Chesnau, *Essai de psychocritique de L.-F. C.*, Paris 1971. – A. Thiher, *C. The Novel as Delirium*, New Brunswick/N. J. 1972. – J. Morand, *Les idées politiques de L.-F. C.*, Paris 1972. – J. Guenot, *L.-F. C. damné par l'écriture*, Paris 1973. – A. Smith, *La nuit de C.*, Paris 1973. – F. Vitoux, *L.-F. C., misère et parole*, Paris 1973. – A. Chesnau, *La langue sauvage de L.-F. C.*, Lille 1974. – P. S. Day, *Le miroir allégorique de L.-F. C.*, Paris 1974. – B. L. Knapp, *C. Man of Hate*, Alabama Univ. 1974. – P. McCarthy, *C.*, Ldn. 1975. – W. Szafran, *L.-F. C., essai psychoanalytique*, Brüssel 1976. – D. O'Connel, *L-F. C.*, Boston 1976 (TWAS). – *Les critiques de notre temps et C.*, Hg. J.-P. Dauphin, Paris 1976. – *C. et l'actualité littéraire*, Hg. ders. u. H. Godard, 2 Bde., Paris 1976. – *Album C.*, Hg. ders. u. J. Boudillet, Paris 1977 (Pléiade). – F. Gibault, *C.*, 3 Bde., Paris 1977–1985. – F. Vitoux, *C.*, Paris 1978. – J. H. Matthews, *The Inner Dream. C. as Novelist*, Syracuse/NY 1978. – E. Förster, *Romanstruktur und Weltanschauung im Werk L.-F. C.s*, Heidelberg 1978. – D. Aebersold, *C., un démystificateur mythomane*, Paris 1979. – J. Kristeva, *Pouvoirs de l'horreur*, Paris 1980. – M. Thomas, *L.-F. C.*, NY 1980. – J. P. Richard, *Nausée de C.*, Montpellier 1980. – *C., Actes du Colloque international de Paris 1976; Paris 1979; Oxford 1981*; Paris 1978; Paris 1980; Paris 1981. – H. Grössel, *Auf der richtigen Seite stehen. Über L.-F. C.*, Ffm./Paris 1981. – P. Muray, *C.*, Paris 1981. – H. Godard, *Poétique de C.*, Paris 1985. – I. Blondiaux, *Une écriture psychotique, C.*, Paris 1985. – *C. and His Critics*, Hg. S. L. Luce, Saratoga 1986. – *C. et l'actualité, 1933–1961*, Hg. J.-P. Dauphin u. P. Fouché, Paris 1986. – M. Bardèche, *C.*, Paris 1986. – I. Noble, *Language and Narration in C.'s Novels. The Challenge of Disorder*, Ldn. 1986. – H. Spade, *La Céline*, Paris 1986. – F. Vitoux, *La vie de Céline*, Paris 1988.

### BAGATELLES POUR UN MASSACRE

(frz.; *Ü: Die Judenverschwörung in Frankreich*). Pamphlet von Louis-Ferdinand CÉLINE, erschienen 1937. – Thema dieser militant antisemitischen

Hetzschrift ist der allgemeine Zerfall und die Dekadenz der abendländischen Zivilisation, die Céline der »*jüdischen Verschwörung*« anlastet; darüber hinaus polemisiert er gegen die »*biologische und moralische Verkommenheit*« der französischen Nation, die – den populistischen Klischeevorstellungen des Autors zufolge – das Kleinbürgertum (aus dem Céline selbst kommt) verrate. Was er gegen die Juden vorzubringen hat, sind wüste Beschimpfungen, deren Vokabeln er dem *argot* entlehnt. Logische Begründungen seiner Vorwürfe sind selten. Zumeist benutzt Céline zu seiner Zeit gängige und teilweise absurde Behauptungen, die in der faschistischen Verleumdung gipfeln, der Kommunismus sei eine jüdische Organisation zur Erlangung der Weltherrschaft. Geschickt flicht er Reiseerlebnisse aus Rußland und England ein, die seine Behauptungen stützen sollen. Dem Vorwurf, rassistische Positionen zu vertreten, begegnet Céline mit dem Hinweis auf die Zionistische Bewegung, der er seinerseits Rassismus vorwirft.

Die einzelnen Abschnitte stehen zusammenhanglos nebeneinander und sind jeweils mit einem Motto überschrieben: teilweise sinnentstellte oder verfälschte Zitate aus der *Bibel*, dem *Talmud*, Auszüge aus Zeitungsartikeln, Reden und Werken mit antisemitischer Tendenz. Die Systemlosigkeit des Aufbaus zeigt sich auch in der Sprache, die sich wahllos bald der Ironie, bald der Verbalinjurie bedient und oft mit rein assoziativen Ausrufen arbeitet. Bemerkenswert häufig verwendet Céline für seine Argumentation die Form der fiktiven Unterhaltung. Reichlich gebrauchte Satzzeichen, unvollendete Sätze, Hervorhebungen durch Großbuchstaben und absichtliche Fehler sollen den Eindruck des direkten Sprechens hervorrufen. *Bagatelles pour un massacre* ist das Werk eines Schriftstellers, der sich zwischen den verschiedensten Positionen bewegte – Militarismus und Pazifismus, Nationalsozialismus, Antisemitismus und Kulturpessimismus. Konstant geblieben scheint lediglich die extreme Aggressivität zu sein, mit der der Autor seine jeweilige Einstellung vertrat. Die Beachtung, die dieses Buch gefunden hat, ist wohl zu gleichen Teilen dem explosiven Thema und den Pressefehden, die um das Werk geführt wurden, zuzuschreiben.

U.F.-B.We.

AUSGABEN: Paris 1937. – Paris 1938 [82. Tsd.]. – Paris 1955.

ÜBERSETZUNG: *Die Judenverschwörung in Frankreich*, W. F. Könitzer u. A. S. Pfannstiel, Dresden 1938.

LITERATUR: H. E. Kaminski, *C. en chemise brune, ou Le mal du présent*, Paris 1938; ern. 1977. – G. Truc, *L'art et la passion de L.-F. C.* (in Revue Hebdomadaire, 7, 1938, S. 550–565). – G. Meffre, *Bagatelles contre un massacre* (in Trente quatre/quarante quatre, 2, 1977, S. 39–49). – P. Bleton, *L'impossible portrait de l'antisémite...* (in Et.litt, 11, 1978, S. 313–331). – N. Hewitt, *Imitation et répétition dans »Bagatelles pour un massacre«* (in C., Actes du Colloque international de Paris 1976, Paris 1978, S. 215–230). – L. Rasson, *La droite, le signifiant, le sexe. »Bagatelles pour un massacre«* (RRo, 15, 1980, S. 36–67). – P. Klingston, *C. et l'antisémitisme de son époque* (in C., Actes du Colloque international d'Oxford 1981, Paris 1981, S. 49–65). – M. Hanrez, *Le massacre de la Saint-Bagatelles* (in Tel Quel, 92, 1982, S. 66–76). – P. Bleton, *Maximes, phrases et efficaces d'un pamphlet* (in C., Actes du Colloque international de Paris 1979, Paris 1980, S. 249–271). – N. Hewitt, *L'antisémitisme de C.* (in Études inter-ethniques, 6, 1983, S. 55–66). – G. J. Butler, *Three Contributions to the Reading of C.* (in Understanding C., Hg. J. Flynn, Seattle 1984, S. 133–186). – A. Montaut, *Médecine, théorie du »Style« et antisémitisme chez C.* (in Littérature, Mai 1985, Nr. 58, S. 42–59). – E. Séebold, *Essai de situation des pamphlets de L.-F. C.*, Tusson 1985.

## D'UN CHÂTEAU L'AUTRE

(frz.; Ü: *Von einem Schloß zum andern*). Roman von Louis-Ferdinand CÉLINE, erschienen 1957. – Berüchtigt durch seine antisemitische Schrift *Bagatelles pour un massacre* (1938), schloß Céline sich nach der Besetzung Frankreichs durch die Deutschen der Vichy-Regierung als Stabsarzt an; 1944 (vor der Landung der Alliierten in Frankreich) setzte er sich ins nationalsozialistische Deutschland ab und fand sich schließlich mit den Ministern und Angehörigen der französischen Kollaborationsregierung in Sigmaringen ein, »*wo der Führer und Reichskanzler dieser geschlagenen Meute mit ihren Stäben und dem sonstigen Anhang ein Asyl vor dem lächerlichen Volkszorn der Franzosen angeboten hatte*«.

Die Reise der zum Tode verurteilten Franzosen geht »*von einem Schloß zum andern*«; »*und ich befand mich unter ihnen, weil ich Antisemit war*«. Céline, der hier seinen militanten Antisemitismus bagatellisiert, zeichnet in diesem Roman, einer Mischung aus Geschichtsdarstellung, ressentimentgeladener Selbstinszenierung, impressionistischer Sprachakrobatik und phantastischer Visionen, eine Reihe demaskierender Porträts von Ministern, ihren Frauen und Stabsoffizieren, voran das Bild des Premiers Laval, der später im befreiten Frankreich, unter ungeklärten Umständen umgebracht wurde. Ferner beschreibt Céline sein eigenes Schicksal und das seiner Frau in dänischen Gefängnissen und Verhörstuben, die gemeinsame Rückkehr nach Paris und die Jahre der »*sogenannten gerechten Strafe, die Kreaturen wie ich und meine Frau auszubaden hatten*«. Schließlich flüchten sie nach Meudon-sur-Seine bei Paris, wo Céline – wieder Armenarzt wie zu Beginn seiner schriftstellerischen Karriere – mit seiner Frau bis zu seinem Tode (1961) lebte, verbittert und beschäftigt mit den »*widerlichen Resten meiner Erinnerung*«, mit seinen letzten Kranken, die noch seine Praxis aufsuchten, und mit der Niederschrift seiner letzten Bücher, von denen *D'un château l'autre* noch einmal einen literarischen Skandal heraufbeschwor, während er in verschiedenen Interviews sein literarisches Comeback zu beschwören versuchte. Die Bilder, die der zynische, zur Megalomanie neigende Autor in *D'un château l'autre* von einigen lebenden Zeitgenossen entwirft, unter anderem von seinem Verleger Gallimard, spotten jeder Beschreibung. Daß der Roman – formal und stilistisch ein Aufguß seiner beiden ersten Romane – dennoch prompt von Gallimard verlegt wurde, schien Céline vorausgesehen zu haben und wurde von ihm mit Höllengelächter quittiert. Als der Autor starb, atmete das literarische Frankreich auf: »*Der gewaltige tote Céline*« (Henry Miller), Wegbereiter von SARTRE, AYMÉ, QUENEAU, BLONDIN, NIMIER, Inspirator der »Lazareischen Literatur«, hinterließ mit seinen Büchern »*kein ästhetisches Programm und keines für Ästheten*« (Theodor W. Adorno), sondern eine *littérature noire*, die Bekundung eines sarkastischen Zweifelns und einer tiefen Verzweiflung an der Welt und den Menschen. Die Romane, die Céline aus dieser inneren Verfassung heraus geschaffen hat, sind modern in der konsequenten Verweigerung jeden Trostes. Das Buch *D'un château l'autre* stellt jenseits der biederen Welt der Tatsachen eine Wirklichkeit dar, an der gemessen werden kann, was der französischen Literatur an innerer Wahrhaftigkeit zu dieser Zeit innewohnte. E.He.-B.We.

AUSGABEN: Paris 1957. – Paris 1974 (in *Romans*, Hg. H. Godard, 2 Bde., 2; Pléiade). – Paris 1976 (Folio). – Paris 1983 (in *Œuvres*, Hg. F. Vitoux, Bd. 7).

ÜBERSETZUNG: *Von einem Schloß zum andern* W. Bökenkamp, Reinbek 1960; ern. 1982 (rororo).

LITERATUR: G. Pinette, »*D'un château l'autre*« (in Books Abroad, 32, 1958, S. 21/22). – R. Poulet, *C. en son château* (in La Table Ronde, 1958, Nr. 121, S. 76–88). – E. Glaeser, *Die Beichte eines Verzweifelten* (in Die Kultur, 155, Sept. 1960, S. 10). – W. Heist, »*D'un château l'autre*« (in NDH, 8, 1961/1962, S. 140–142). – Ders. (in FH, 16, 1961, S. 250–258). – H. Bosmajian, *C.'s »Castle to Castle«* (in Crit. 14, 1972/73, S. 49–62). – J. L. Bory, *Bardamu à nouveau seul contre tous* (in Les critiques de notre temps et C., Hg. J. P. Dauphin, Paris 1976, S. 144–147). – S. J. Coen, *C.'s »Castle to Castle«* (in American Imago, 39, 1982, S. 343–368).

## FÉERIE POUR UNE AUTRE FOIS

(frz.; *Märchen für irgendwann*). Roman von Louis-Ferdinand CÉLINE, erschienen 1952; fortgesetzt durch *Normance (Normance)*, erschienen 1954. – Der Roman, dessen künstlerischer Akzent zweifellos auf dem zweiten Band, *Normance*, liegt, ist die erste literarische Äußerung Célines nach dessen militant antisemitischer Phase, während der er der nationalsozialistischen Propaganda in Frankreich Vorschub geleistet hatte, und der Rückkehr aus Dänemark, wohin der Autor bei Kriegsende von Sigmaringen aus geflohen war. Nach seiner Begnadigung – er war *in contumaciam* zum Tode verurteilt worden – eröffnete Céline in Paris wieder eine ärztliche Praxis. Dem nach dem Tod seines Verlegers Denoël literarisch heimatlos Gewordenen bot Gallimard die Chance, seine frühere, durch die antisemitischen Pamphlete seit 1937 unterbrochene literarische Karriere fortzusetzen. Zunächst brachte der Verlag die vorher unveröffentlichen Romanfragmente *Casse-pipe* und *Guignol's band* heraus, sodann Neuauflagen von *Voyage au bout de la nuit* und *Mort à crédit*, den beiden Büchern, die einst Célines Ruhm begründet hatten. 1952 folgte dann als erstes neu entstandenes Werk *Féerie pour une autre fois*.

Céline behauptet in diesem Roman, er habe das Buch in einem dänischen Zuchthaus irgendwo am Meer geschrieben, im Flügel der zum Tod Verurteilten, mit Blick auf den Friedhof, zwischen lärmenden Mitgefangenen. Jeden Morgen sei ihm Schreibpapier in die Zelle gereicht und abends beschrieben wieder abgenommen worden. Mag dies auch literarische Fiktion sein, fest steht, daß die Schilderungen des Gefängnislebens das Stärkste an Célines Buch sind – die Schilderungen *seines* Gefängnislebens, denn Célines Monomanie nimmt jetzt derart überhand, daß man geradezu von einer Obsession sprechen muß, mit der er sich – durch die Flucht nach vorn – der Verantwortung für seine Äußerungen in den Pamphleten zu entziehen glaubt.

Am Anfang des Romans steht eine Szene, die sich angeblich im Sommer 1944 in Célines Wohnung auf dem Montmartre abgespielt hat: Entfernte Bekannte suchen ihn auf, um zu inspizieren, was es einmal bei ihm zu holen gibt, wenn man ihn nach der Befreiung als Kollaborateur aufhängen wird. Man schickt ihm Morddrohungen ins Haus, und BBC gibt täglich seine Adresse durch. Um seiner Frau Arlette (Lili) und des Katers Bébert willen, die »*keinen Grund zu sterben*« haben, flieht er. Am Ende des ersten Bandes, nach den Gefängnisschilderungen, die den Hauptteil bilden, ruft er sich noch einmal die Zeit vor dem Einmarsch der Alliierten von 1944 in Erinnerung, diesmal als Auftakt zur Beschreibung eines Luftangriffs der Royal Air Force auf Paris.

Die Schilderung dieses Angriffs füllt den gesamten zweiten Band *(Normance)*. Hier knüpft Céline an seine besten Leistungen aus den Tagen von *Voyage au bout de la nuit* und *Mort à crédit* an. Wie in jenen frühen Werken ist das Geschehen derart ins Surreale übersteigert, daß das Unwahrscheinlichste, Grausamste, Sinnloseste als das Selbstverständliche erscheint: Sei es, daß Célines Freund-Feind, der beinlose Bildhauer Jules, in seinem Wägelchen auf einer Terrasse kreisend, das Konzert der fliegenden Festungen und ihrer Bomben zu dirigieren scheint, sei es, daß in dem Tohuwabohu der Filmschauspieler Norbert in der einzigen unbeschädigten Stadt regungslos im Abendanzug am Tisch sitzt und Churchill, Roosevelt und den Papst zu Friedensgesprächen erwartet. Zwar kommt Céline auch hier immer wieder auf die Morddrohungen, die ihn durch die Post oder über den Äther erreichen, und auf die Feindschaft seiner Mitbewohner »seit Stalingrad« zu sprechen, aber es fehlt ganz jene selbstgefällige Larmoyanz des ersten Bandes, die auch die später erschienene Trilogie *D'un château l'autre*, *Nord*, *Rigodon* stellenweise so peinlich macht.

Erfolg bei Publikum und Kritik hat Céline mit dieser wohl intensivsten Darstellung eines Bombenangriffs, die es gibt, freilich nicht gehabt; der stellte sich erst bei den »Enthüllungen« von *D'un château l'autre* und den nachfolgenden Bänden ein, die Céline in der literarischen Öffentlichkeit wieder ins Gespräch brachten. W.Ht.-KLL

AUSGABEN: Paris 1952 *(Féerie pour une autre fois)*. - Paris 1954 *(Normance)*. - Paris 1967-1969 (in *Œuvres*, 5 Bde., 1966-1969, 3/4; Anm. u. Komm. J. Ducourneau; Einl. M. Aymé). - Paris 1977 (Folio). - Paris 1982 (in *Œuvres*, Hg. F. Vitoux, Bd. 6). - Paris 1985 *(Maudits soupirs pour une autre fois. Une version primitive de Féerie pour une autre fois*, Hg. H. Godard).

LITERATUR: W. Heist, *Aus dem Nichts führt kein Weg zurück. Bemerkungen zum Nachkriegswerk von C.* (in FH, 16, 1961, S. 250-258). - Y. Marcel, »*Féerie pour une autre fois*« (in Mag.litt, Sept. 1976, Nr. 116, S. 26/27). - *Lectures de »Féerie pour une autre fois«*, Hg. J.-P. Dauphin, 2 Bde., Paris 1978 (RLMod, Nr. 543-546 bzw. 560-564). - P. Fouché, *Féerie pour une autre Montmartre* (in Mag.litt, Juni 1982, Nr. 185, S. 32-36). - M. Besnard, *D'un innommable à l'autre.* »*Féerie pour une autre fois*« (in Littérature, Dez. 1985, Nr. 60, S. 19-30).

## MORT À CRÉDIT

(frz.; *Ü: Tod auf Kredit*). Roman von Louis-Ferdinand CÉLINE, erschienen 1936. - Céline, der mit seinem ersten Roman *Voyage au bout de la nuit* (1932) schlagartig berühmt wurde, beschreibt in diesem darauf folgenden Werk eine neue Variante der »*irdischen Hölle*«. Fragmentarisch rekonstruiert der Ich-Erzähler Ferdinand seinen Lebenslauf; und zwar im Anschluß an einen den inhaltlichen Zusammenhang zum ersten Roman herstellenden Vorspann, in dem er sein alltägliches Dasein als Arzt und Schriftsteller in einer kruden und provokanten, die gesprochene Sprache simulierenden Schreibweise schildert, die bereits für *Voyage au bout de la nuit* charakteristisch ist.

Seine Kindheit um 1900 - für die einen die sog. Belle Époque, für Ferdinand die hoffnungslose Zeit eines in den Augen seiner Eltern mißratenen Sohnes - erlebte der Erzähler unter dem Vorzeichen der »*Sorge ums Fressen, (Aber die war riesengroß. Von meinem ersten Seufzer an habe ich sie empfunden)*« in einer permanent vom wirtschaftlichen Ruin bedrohten, deklassierten Kleinbürgerfamilie. Eindringlich evoziert er den mit seiner Kindheit und Jugend untrennbar verknüpften Ort: die im Zentrum der Stadt Paris gelegene, aus der ersten Hälfte des 19. Jh.s stammende Passage, wo sich die Ladenwohnung der Familie befindet, in dicht gedrängter Nachbarschaft mit den anderen, jede Intimität mißachtenden Passagenbewohnern und Kleinkrämern: »*Die Passage war ein unglaublich modriger Aufenthalt. Man kam darin um, langsam aber sicher, zwischen dem Urin der kleinen Köter, dem Kot, dem Schleim, dem ausströmenden Gas. Es stank ärger als in einem Gefängnis. Durch das Glasdach dringt die Sonne so dürftig in die Tiefe, daß man sie mit einer Kerze verfinstert. Alle Einwohner erstickten langsam darin.*« Nachdem mehrere Versuche, eine Lehre im Kleinhandel zu absolvieren, im Desaster enden, setzt sich Ferdinands Onkel Édouard - die einzig positiv gezeichnete, wie *deus ex machina* agierende Figur - für ihn ein und schickt ihn nach England in ein College, das nach einem Jahr Bankrott macht. So erweist sich diese erste Möglichkeit, der borniert Welt seiner Herkunft zu entfliehen, letztlich als eine weitere Desillusion. Resigniert kehrt der Erzähler in sein Elternhaus zurück, ist jedoch immer weniger bereit, die repressive und ressentimentgeladene Atmosphäre in der Passage hinzunehmen. Nachdem er bei einer »*jener zahllosen und abgeschmackten Familientragödien*« seinen Vater fast erwürgt hat, macht er sich selbständig und wird Sekretär eines skurrilen »Privatgelehrten«, der als Erfinder und Journalist eine Zeitschrift herausgibt. Diese »Lehrjahre« konfrontieren den Heranwachsenden mit dem Milieu einer an den Rand der Gesellschaft gedrängten, hart an der Grenze zur Kriminalität in den Tag hineinlebenden, nicht weniger von Existenzängsten geplagten Boheme. Bevor Ferdinands »Lehrmeister« den Gläubigern in die Hände fällt, verläßt dieser in Begleitung seiner Frau und seines Sekretärs Paris. Auf einem Landgut in der Provinz eröffnen sie ein Kinderheim. Die Zöglinge entwickeln sich unter der Obhut des versponnenen Erfinders und Weltverbesserers jedoch zu einer kriminellen Bande, so daß die Polizei eingreift und auch dieses Unternehmen im Fiasko endet: »*Ein für allemal kuriert von jeder Hoffnung*«, sucht Ferdinand Zuflucht beim seinem Onkel in Paris und beschließt, sich zum Militärdienst zu melden. Damit endet *Mort à crédit*; mit dem Eintritt des »*schmutzigen Helden Ferdinand Bardamu*« in die Armee beginnt der vier Jahre früher erschienene Roman *Voyage au bout de la nuit*.

Noch deutlicher als im ersten Roman hat Céline auch in *Mort à crédit* eigene Erlebnisse verarbeitet: zunehmend verwischt sich die Grenze zwischen Autobiographie und Roman. Aus der Sicht eines unmittelbar Betroffenen bringt der Erähler die panische Angst vor dem sozialen Abstieg und ökonomischen Ruin, »*das tiefste Entsetzen, eines Tages blank und ohne Arbeit dazusitzen*«, zum Ausdruck. Neben der Radikalität der Sprache gilt vor allem die Intensität der jedwede Illusion über eine glückliche Kindheit zerstörenden Schilderung des Daseins einer durch die gesellschaftlichen Umwälzungen zu Beginn des Jahrhunderts bedrohten Schicht als epochemachend. Angesichts dieser rückhaltlosen Zivilisationskritik, derzufolge die Ausbeuter und die Ausgebeuteten gleichermaßen widerlich sind – eine Hiobsbotschaft »*mitten ins Gesicht der von Fäulnis und Verlogenheit stinkenden Epoche*« – hielt sich die Literaturkritik beim Erscheinen des Romans, in dem der in *Voyage au bout de la nuit* angeschlagenen Ton noch verschärft wird, auffallend zurück. 1962 erschien die erste unzensierte Fassung des Romans. B.We.

AUSGABEN: Paris 1936. – Paris 1962. – Paris 1967 (in *Œuvres*, Hg. J. A. Ducourneau, 5 Bde., 1966–1969, 2). – Paris 1976, 2 Bde. (Folio). – Paris 1981 (in *Œuvres complètes*, Hg. H. Godard, 2 Bde., 1; Pléiade). – Paris 1982 (in *Œuvres*, Hg. F. Vitoux, Bd. 2/3).

ÜBERSETZUNGEN: *Tod auf Borg*, anon.; Lpzg. 1937. – *Tod auf Kredit*, W. Bökenkamp, Reinbek 1963; ern. 1974 (rororo).

LITERATUR: R. Denoel, *Apologie de »Mort à crédit«*, Paris 1936. – M. C. Bellosta, *Le capharnaüm célinien ou la place de objets dans »Mort à crédit«*, Paris 1976. – B. Steegmüller, *Das von der Schriftsprache abweichende Vokabular in C.s »Mort à crédit«*, Ffm. 1981. – B. Curatolo, *Approche de »Mort à crédit«*, Dijon 1984. – J. P. Giusto, *L'écriture et ses parthénogenèses. C. »Mort à crédit«* (in J. P. G., *Le champs clos de l'écriture*, Valenciennes 1985, S. 111–149).


# NORD

(frz. Ü: Norden). Roman von Louis-Ferdinand CÉLINE, erschienen 1960. – Nach *D'un château l'autre* (1957) greift Céline in seinem vorletzten Werk noch einmal das Thema seiner Flucht nach Deutschland während des Zweiten Weltkriegs auf. Der Autor nennt den autobiographischen Roman eine »Chronik« und schildert seine Erlebnisse im Nazi-Deutschland, das nach dem Attentat auf Hitler im Juli 1944 mehr und mehr in Verfall gerät. Auch Célines Situation wird damit immer bedrohlicher, er muß seinen Aufenthaltsort häufiger wechseln. Sein Leben gleicht dem eines Flüchtlings. Der Titel des Romans bezeichnet die Richtung seiner Flucht: Norden. – Céline, der Ende der dreißiger Jahre in seinen Pamphleten antisemitische und nationalsozialistische Positionen vertreten hatte (vgl. *Bagatelles pour un massacre*) und mit den Deutschen kollaborierte, verließ Frankreich, als angesichts der bevorstehenden Befreiung seine Lage zu gefährlich wurde. Mit der profaschistischen Vichy-Regierung floh er nach Deutschland, reiste 1945 nach Dänemark, wo er verhaftet wurde, und kehrte erst 1951 nach Frankreich zurück.
Im Simplon-Hotel in Baden-Baden führen Céline, seine Frau Lili und der Schaupieler Le Vigan ein luxuriöses Leben. Mit Festen und Orgien vertreibt sich dort eine demoralisierte Hautevolee Zeit und Angst. Nach dem Attentat auf Hitler wird das Hotel geschlossen; Céline, Lili, ihr umsorgter Kater Bébert und Le Vigan werden nach Berlin abgeschoben. Dort geraten sie wegen ihrer Papiere in Schwierigkeiten mit der Polizei, werden von der Hitlerjugend beinah gelyncht und dringen schließlich zum Chef des Reichsgesundheitsamtes, dem Professor und SS-Mann Harras, vor. Auch im unterirdischen Areal der Behörde können sie nicht lange bleiben. Harras schickt sie »*zur Erholung*« auf das Gut »Zornhof«, hundert Kilometer nordöstlich von Berlin. Dort geht es ihnen übel. Die Besitzer des Hofes, die Familie von Leiden, nimmt die Fremdlinge ungern auf, französische Kriegsgefangene, die hier dienstverpflichtet sind, hassen die Kollaborateure, die Dorfbewohner halten sie für *agents-provocateurs* und Spione: »*... alle sind sich total einig, daß wir die Schuldigen sind, daß wir alle Verbrechen auf dem Kerbholz haben!*« Während die Bombengeschwader ununterbrochen über Zornhof hinweg nach Berlin fliegen, das Céline schon total zerstört gesehen hatte, und die Russen immer näher rücken, werden die Verhältnisse auf dem Gutshof unerträglich. Der alte Rittmeister von Leiden, der sich von kleinen Polenmädchen auspeitschen läßt, wird von Berliner Huren zu Tode geprügelt. Den epileptischen jungen Gutsherrn ertränkt der russische Diener in der Jauchegrube. Der despotische Landrat wird von Unbekannten ermordet. Céline und die Seinen fürchten für ihr Leben. Nur mit Hilfe von Harras' Vorratsschrank, der alle möglichen Delikatessen und amerikanische Zigaretten birgt, kann Céline Feinde besänftigen und sich Freunde schaffen. Seine Berichte sind authentisch. Die beschriebene preußische Adelsfamilie erwirkte durch Gerichtsurteil eine Änderung der Orts- und Personennamen. – Was Céline vom Zusammenbruch des Dritten Reichs erlebt hat, sind Randereignisse. Aber obwohl seine Schilderungen über das bescheidene Maß des Selbsterlebten nicht hinausgehen, gelingt es ihm doch, den Zerfall der Ordnung, die allgemeine Demoralisierung, die um sich greifende Destruktion zu einer eher visionären als realistischen Untergangsdichtung zu steigern. Gegenüber *D'un château l'autre*, vor allem aber gegenüber *Voyage au bout de la nuit* (1932), dem Hauptwerk Célines, hat die Kritik eine Abschwächung der visionären dichterischen Kraft festgestellt. Dafür wird von einigen Célines »*Selbstaufgabe im faschistischen Nihilismus*« (Heist, Blöcker) verantwortlich gemacht. Dennoch ist auch in diesem Spätwerk Célines Welthaß, sein Aufruhr gegen alle und alles (»*von allen Extremen und von der Mitte, vom rechtsradikalen Rivarol bis zur kommunistischen humanité... stelle ich die Einheit der Brechreize her*«), seine Zerstörungssehnsucht nicht versiegt: »*Mit der Zeit... sind nun die atomaren Sprengköpfe fertig, fünfundsiebzigtausend scheint's... sollense sie doch abschießen, zum Teufel, daß es nur so spritzt, und zwar schnell! daß alle atomzerstäubt werden! kosmi-*

*sche Spucke!«* Nord darf nicht nur am Frühwerk Célines gemessen werden. Zwar gibt der Roman keine Weltuntergangsvision, sondern beschreibt Bruchstücke des sich auflösenden Hitler-Staates. Doch die übersteigerte Wachheit eines Gehetzten verleiht der chronikartigen Schilderung einer zwielichtigen, morbiden, in Auflösung begriffenen Welt visionäre Hellsichtigkeit. Insofern ist Céline, selbst vom Nationalsozialismus infiziert, zugleich ein bedeutender Chronist desselben. K.N.-KLL

AUSGABEN: Paris 1960. – Paris o. J. [1965]. – Paris 1969 (in *Œuvres*, 5 Bde., 1966–1969, 5; Anm. u. Komm. J. A. Ducourneau; Einl. M. Aymé). – Paris 1974 (in *Romans*, Hg. H. Godard, 2 Bde., 2; Pléiade). – Paris 1976 (Folio). – Paris 1983 (in *Œuvres*, Hg. F. Vitoux, Bd. 8).

ÜBERSETZUNG: *Norden*, W. Bökenkamp, Reinbek 1969; ern. 1985 (rororo).

LITERATUR: P. Descaves, Rez. (in La Table Ronde, 1960, Nr. 154, S. 183/184). – R. Marteau, Rez. (in Esprit, 28, 1960, S. 2137/2138). – A. Rousseaux, *Splendeurs et misères de C.* (in FL, 9. 7. 1960, S. 2). – W. Heist, *Genet und andere. Exkurse über eine faschistische Literatur von Rang*, Hbg. 1965, S. 79–92. – H. Salzinger, Rez. (in Die Zeit, 4. 4. 1969). – G. Blöcker, Rez. (in SZ, 12./13. 4. 1969). – K.-H. Bohrer, Rez. (in FAZ, 26. 4. 1969). – F. Maierhöfer, *Versuch über L.-F. C.* (in Hochland, 61, 1969, H. 3, S. 244–257). – B. B. Elias, *Étude du discours narratif dans »Nord« de C.*, Diss. Univ. of British Columbia/Canada 1980 (vgl. Diss. Abstracts, 41, 1980/1981, S. 4730/4731A).

## VOYAGE AU BOUT DE LA NUIT

(frz.; *Ü: Reise ans Ende der Nacht*). Roman von Louis-Ferdinand CÉLINE, erschienen 1932. – Der 1962 in die Reihe »Bibliothèque de la Pléiade« aufgenommene Roman bezeichnet zweifellos ein Datum der französischen Literatur, wenn auch die von seinem Autor in dem Pro-Domo-Pamphlet *Entretiens avec le professeur Y*, 1955 *(Gespräche mit dem Professor Y)*, suggerierte Bewertung, es handle sich hierbei um ein Ereignis ähnlich dem Auftreten MALHERBES an der Wende zum 17. Jh., wie die meisten Äußerungen Célines zu seinem Werk übertrieben ist.
Céline war, als er seinen Roman schrieb, Armenarzt in einem Pariser Vorort. Zuvor hatte er ziemlich viel von der Welt kennengelernt, hatte er sich im Auftrag einer Völkerbundskommission mit medizinstatistischen Untersuchungen in Afrika befaßt, war er Werksarzt bei Ford in den USA gewesen. In seinem ersten Roman schlägt sich diese Welterfahrung nieder. Léon DAUDET sprach in seiner berühmt gewordenen Besprechung von einer »*fiction tirée du réel*« (»*aus der Wirklichkeit entwikkeltes Gedankengespinst*«) und fühlte sich an RABELAIS erinnert, mit dessen Helden Pantagruel den Ich-Erzähler Bardamu in Célines Roman verglich. Um die höllisch-reale Menschenwelt so, wie er sie sah und empfand, in Worten adäquat erstehen lassen zu können, schuf Céline eine eigene Sprache, die – auf kunstvoll variierten Stilbrüchen beruhend – sowohl den Argot (mit seinen Ausdrücken und seiner speziellen Syntax), die Umgangssprache als auch die literarische Hochsprache (diese als Mittel der Ironie) virtuos und auf intensive Wirkung abzielend zum Einsatz bringt und von der er in den *Entretiens avec le professeur Y* sagen wird, er habe durch sie die Emotion und das Sprechen für die Literatur gewonnen.
Der Inhalt des Romans ist die Lebensgeschichte des Ich-Erzählers Ferdinand Bardamu in Form einer »großen Reise« oder vielmehr die Geschichte seines Scheiterns und Auf-die Schnauze-Fallens von Station zu Station. Zu Beginn ist er Medizinstudent – er kratzt sich sein Studiengeld mühsam mit inferioren Arbeiten zusammen – und meldet sich in einem Gemisch aus Trotz und Enthusiasmus als Freiwilliger in den Ersten Weltkrieg. Als eine Art Über-Schwejk, aber – anders als der Tscheche – höllisch bewußt, illusionslos und aggressiv, lernt er den Krieg als »*einen apokalyptischen Kreuzzug*«, der sämtliche Moralvorstellungen erschüttert, kennen, der ihm nur zur Ermordung der lästigen Armen erfunden zu sein scheint. Auf einem Himmelfahrtskommando begegnet er dem Deserteur Robinson, der Bardamus' Haß auf den Krieg und die Verlogenheit der bürgerlichen Gesellschaft teilt; gleich ihm ein gesellschaftlicher Außenseiter, der als eine Art *Alter ego* zufällig dieselbe Reiseroute einschlägt und immer wieder auftauchen wird. Während der Ich-Erzähler jedoch zur Reflexion und zur Passivität neigt und der gesellschaftlichen Gewalt hilflos ausgeliefert ist, drängt es Robinson zur Tat: Er ist Rebell und potentieller Mörder, der sich im Kampf ums Überleben skrupellos durchzuschlagen versucht. Nach dem Kriege geht Bardamu, weil man dort angeblich besser zu Geld kommen soll, ins tropische Afrika, erlebt Lüge und Elend des Kolonialismus und wird schließlich todkrank von Eingeborenen – die nicht weniger verräterisch, weil genau so arm wie die Weißen sind – auf eine Galeere verschachert, auf der er nach Amerika gerät. Wie er sich den Eingang in dieses vermeintliche Paradies ermogelt, ist ein Musterbeispiel von Célines zynischer Real-Phantastik: Da er weiß, wie sehr die Amerikaner auf Effizienz, Zahlen und Statistik erpicht sind, entwickelt Bardamu eine Methode, Flöhe nicht nur zu zählen, sondern gleichzeitig nach Geschlecht und Herkunft (polnische, spanische, jugoslawische, russische) zu klassifizieren. Damit wird er für die statistische Abteilung der Einwanderungsbehörde unentbehrlich. Nachdem der unstete, mit den gesellschaftlichen Verhältnissen unzufriedene, von einer inneren Unrast geplagte Protagonist die »Neue Welt« in ihren Höhen und Tiefen – die Höhen auch nur von unten gesehen – kennengelernt hat, kehrt er nach Frankreich, den Ausgangspunkt seiner pikaresken Reise zurück, beendet sein Medizinstudium und wird Ar-

menarzt in der Pariser Banlieue. Hier hat er die gleichen Erlebnisse, die nach Célines Erfahrung das menschliche Dasein ausmachen: Armut, und daraus folgend: Haß, Gemeinheit, Verbrechen. Robinson, dem er schon in Afrika und Amerika wiederbegegnet war, ist jetzt eindeutig der, welcher sein immer neues Scheitern bewirkt. Doch als diese Doppelgängerfigur von einer ehemaligen Geliebten niedergeschossen wird, versöhnt sich Bardamu mit dem Sterbenden.

Célines *Voyage au bout de la nuit* gehört in die Reihe jener Werke, mit denen um 1930 unter dem Eindruck der Weltwirtschaftskrise und der Heraufkunft des Faschismus die französische Literatur aus formalistischer Spielerei und Psychologismus wieder zur Zeit- und Gesellschaftsproblematik fand. Céline verknüpft hier das traditionelle Reisemotiv mit einer radikalen Zivilisationskritik. Ausgehend von der Erfahrung des Ersten Weltkriegs, den der Ich-Erzähler als Zusammenbruch des tradierten Weltbildes und als Bestätigung seines unwiderrufenen Zweifels an der »Macht der Vernunft« erlebt, stellt *Voyage au bout de la nuit* aus der Sicht und in der schonungslosen, provokanten, teils obszönen Sprache eines perspektivlosen Anti-Helden die gesellschaftlichen Herrschaftsverhältnisse in drei verschiedenen Kulturkreisen dar: in Frankreich während bzw. unmittelbar nach dem Ersten Weltkrieg, wobei der Krieg als extreme Zuspitzung der bestehenden Verhältnisse das nihilistische Menschenbild Bardamus bestätigt; in der Kolonialgesellschaft Afrikas, wo die Weißen die Machtverhältnisse der »Alten Welt« reproduzieren; in den Vereinigten Staaten (das Vorbild des zeitgenössischen Frankreichs), im Zeitalter der hochentwickelten Technik und des Taylorismus, wo die Menschen der Macht der Maschine ausgeliefert sind. Der Roman steht neben MALRAUX' *La condition humaine* (1933), BERNANOS' *Sous le soleil de Satan* (1926) und *La grande peur des bienpensants* (1931), DABITS *Villa Oasis ou Les faux bourgeois* (1932), ARAGONS *Les cloches de Bâle* (1943), er unterscheidet sich aber von diesen Werken durch die Intensität, mit der er die falschen Weltverhältnisse denunziert. Man möchte von einem in Handlung und Sprache geronnenen Aufschrei sprechen. Was ein halbes Jahrzehnt später der Existentialismus in ein zusammenhängendes Denksystem gebracht hat, wird von Céline zum erstenmal unwirsch hinausgebrüllt. Ohne Célines frühe Romane sind weder SARTRE noch CAMUS vorstellbar, aber auch nicht QUENEAU und CAYROL. W.Ht.-B.We.

AUSGABEN: Paris 1932. – Paris 1962 (Pléiade). – Paris 1966 (in *Œuvres*, Hg. J. A. Ducourneau, 5 Bde., 1966–1969, 1). – Paris 1972 (Folio). – Paris 1981 (in *Œuvres complètes*, Hg. H. Godard, 2 Bde., 1; Pléiade). – Paris 1981 (in *Œuvres*, Hg. F. Vitoux, Bd. 1).

ÜBERSETZUNGEN: *Reise ans Ende der Nacht*, anon., Lpzg. 1933. – Dass., W. Rebhuhn, Reinbek 1958; ern. 1968 (rororo).

LITERATUR: P. Audiat, Rez. (in Revue de France, 1, 1933, S. 327–331). – L. Pierre-Quint, Rez. (ebd., S. 527–539). – G. Holtus, *Untersuchungen zu Stil und Konzeption von C.s »Voyage au bout de la nuit«*, Ffm./Bern 1972. – Y. de la Quériere, *C. et les mots*, Lexington 1973. – Y. Lavoinne, »*Voyage au bout de la nuit*«, Paris 1974. – P. Carile, *C. oggi*, Rom 1974. – K. Heitmann, »*Voyage au bout de la nuit*« (in *Der frz. Roman*, Hg. ders., Bd. 2, Düsseldorf 1975, S. 155–176, 337–340). – B. Lalande, »*Voyage au bout de la nuit*«, Paris 1976. – P. A. Fortier, »*Voyage au bout de la nuit*«, Paris 1981. – H. Grössel, »*Reise ans Ende der Nacht*«. Dossier (in Akzente, 29, 1982, S. 418–452). – W. Burns, »*Journey to the End of the Night*« (in *Understanding C.*, Hg. J. Flynn, Seattle 1984, S. 28–108). – A.-C. und J.-P. Damour, *C. »Voyage au bout de la nuit«*, Paris 1985.

## JAN FRANÇOIS ELIAS CELLIERS

\* 12.1.1865 Wellington
† 1.6.1940 Stellenbosch

## MARTJIE

(afrs.; *Martjie*). Idylle in reimlosen Versen von Jan François Elias CELLIERS, erschienen 1911. – Der rüstige alte Koot und seine Frau Mieta führen ein harmonisches Leben. Unversehens zerstören sie jedoch dieses Idyll, als sie Rulof, den Sohn eines verstorbenen Freundes und Wohltäters, in ihr Haus aufnehmen, denn bald erwacht in ihrer Tochter Martjie eine unbezwingbare Zuneigung zu dem in sich gekehrten jungen Mann, der zwar die Gefühle Martjies im Grunde erwidert, dem Mädchen aber stets ängstlich ausweicht. Da bricht der Zweite Freiheitskrieg aus, und die Liebenden werden getrennt. Rulof tritt in die Burenarmee ein, Martjie, die ihrem Geliebten nahe sein will, stellt sich dem Roten Kreuz zur Verfügung. Erst als er tödlich verwundet ist, gesteht Rulof ihr den Grund seiner übermäßigen Schüchternheit: Nach dem Tod einer früheren Geliebten hatte er empfunden, »*daß ich weder dir noch jemand anderem weniger oder mehr geben durfte, als ich ihr einmal gegeben hatte*«.

Diese Liebesgeschichte, in der Celliers, wie er selbst im Vorwort betont, eine elementare menschliche Beziehung im südafrikanischen Milieu darstellen wollte, ist die erste epische Dichtung in afrikaanser Sprache und zugleich, von einzelnen lyrischen Gedichten abgesehen, sein künstlerisch vollendetstes Werk. Die poetische Stimmung des Epos wird in hohem Grad von der Schilderung des ländlichen Milieus einer längst vergangenen Zeit bestimmt. Die Personen sind mit unmittelbarer Frische und Natürlichkeit gezeichnet, und das Gedicht atmet eine Atmosphäre der Ruhe und des Friedens, bis dann durch die zerstörerische Macht des Kriegs unvermittelt das tragische Ende herbeigezwungen wird. Diese schroffe Diskrepanz zwischen dem idyllischen Anfang der Geschichte und ihrem trostlosen Ausklang – zugleich als der ins Dichterische transponierte Gegensatz zwischen Traum und Wirklichkeit zu verstehen – wirkt ergreifend, doch wird die Sentimentalität mancher Passagen durch milde Ironie ausgeglichen. C.J.M.N.

AUSGABE: Pretoria 1911.

LITERATUR: *J. C., ons volksdigter*, Hg. P. J. Nienaber, Johannesburg 1951. – M. Griessel, *J. C. Bibliografie*, Kapstadt 1951. – T. T. Cloete, *Twee idilles: Martjie en Trekkerswee* (in Blokboeke, Kapstadt/Pretoria 1970, Nr. 13). – N. P. van Wyk Louw, *Opstelle oor ons ouer digters*, Kapstadt/Pretoria 1972. – J. C. Kannemeyer, *J. F. E. C.* (in *Geskiedenis van die Afrikaanse literatuur*, Bd. 1, Kapstadt/Pretoria 1978). – S. C. Hattingh, *J. F. E. C.* (in *Perspektief en profiel*, Hg. P. J. Nienaber, Johannesburg ⁵1982).

## BENVENUTO CELLINI

\* 3.11.1500 Florenz
† 13.2.1571 Florenz

## VITA

(ital.; *Lebensbeschreibung*). Autobiographie in zwei Teilen von Benvenuto CELLINI, entstanden zwischen 1558 und 1566, erschienen erst 1728. – Die selbstbewußte Lebensbeschreibung des berühmten Renaissance-Bildhauers und -Graveurs reicht fast bis in die Zeit, in der sie aufgezeichnet wurde. Vom Vater zum Musiker bestimmt, bahnte er sich selbst mit starkem Willen seinen Weg zur Goldschmiedekunst. Schon bald sind reiche Florentiner, toskanische Adlige und sogar die römische Kurie seine Auftraggeber. Nachdem er zwei Jahre lang in Frankreich für König Franz I. gearbeitet hatte, ließ er dort eine unfertige Arbeit zurück, weil er sich nicht mehr mit seinen Feinden auseinandersetzen und um die Einhaltung gegebener Versprechen feilschen wollte. Der Bericht enthält ein ausführliches Verzeichnis seiner Aufträge, der Goldschmiedearbeiten und der Skulpturen. Einige Details lassen vermuten, daß Cellini Raufereien liebte, wenn er nicht gerade arbeitete. Zweimal wurde er sogar in den Gefängnissen des Vatikans eingekerkert. Nach der ersten Verurteilung gelang ihm eine abenteuerliche Flucht, nach der zweiten erwartete er mit deutlich zur Schau gestellter Reue, daß man ihn begnadige. Solche Passagen werden ohne Reflexionen erzählt; der Autor gibt zu erkennen, daß ihm das Erzählen dort am meisten behagt, wo sich die Ereignisse turbulent überstürzen. Voll heiterer Zuversicht dem eigenen Glück vertrauend, besteht er eine Fülle von Abenteuern, die den Sinn seines Daseins auszumachen scheinen.

Die Autobiographie, Weiterbildung der im 14. und 15. Jh. in Florenz beliebten Familienchronik, ist hier Ausdruck eines Menschen, der sich selbst zu begreifen gelernt hat und gezwungen ist, seine Weltsicht vom individuellen Erleben her neu zu ordnen. Bedeutsamer als das gewissenhaft gezeichnete Selbstporträt und der lautere Lebensbericht ist die Vorstellung, die der Schreibende von sich selbst hat, und die Rolle, die er spielt oder spielen möchte. Deshalb der Verzicht auf chronologische Ordnung, deshalb die Betonung der eigenen Person mit allen ihren Wunderlichkeiten und Launen, die »*mit einer nicht geringen Dosis Verrücktheit begabt ist, zu der sich das feste Vertrauen gesellt, sehr klug, umsichtig und weise zu sein*« (Baretti). Nicht die bewegte Zeit steht im Vordergrund, sondern das Erleben des Individuums, das ein neues Zeitverständnis sucht. Diesem Individualismus entspricht Cellinis Text, der sich über jeden literarischen Kanon hinwegsetzt und der seine vielgerühmte Plastizität durch die toskanische Umgangssprache erhält. (Der Autor will ihn »*während er arbeitete*«, einem Gesellen erzählt, d. h. diktiert haben.) Zunächst in Italien ungemein populär, geriet das Buch in Vergessenheit, bis es ihm ausgehenden 18. Jh., das eine Vorliebe für autobiographische Dokumente zeigte, zu neuen Ehren kam. Aus einer englischen Übersetzung (Thomas Nugent, 1771) übertrug GOETHE das Werk ins Deutsche (1796) und ergänzte es durch einen ausführlichen Kommentar zur Kunst, Politik und gesellschaftlichen Situation des 16. Jh.s. In dieser logisch geordneten, gestrafften, kausal durchdachten Version wurde Cellinis *Vita* eines der berühmtesten Bücher der damaligen Zeit, dessen Bedeutung die maßgeblichen italienischen Literarhistoriker unterstrichen. M.Sch.

AUSGABEN: Köln o. J. [d. i. Neapel 1728], Hg. A. Cocchi. – Mailand 1806, 2 Bde. – Florenz 1901, Hg. O. Bacci [krit.]. – Novara/Mailand 1962, Hg. B. Maier. – Rom 1964, Hg. E. J. Piacentini. – Turin 1965, Hg. G. G. Ferrero. – Turin 1973, Hg. G. Davico Bonino [krit.]. – Mailand 1981 (in *Opera completa*, Hg. S. Barbaglia).

ÜBERSETZUNGEN: *Leben des B. C. Florentinischen Goldschmieds und Bildhauers von ihm selbst geschrieben*, J. W. v. Goethe, Tübingen 1803, 2 Tle.; ern. Bln. 1913 [Ill. M. Slevogt]; ern. Reinbek 1957 (RKl); ern. Ffm. 1965; ern. Lpzg. ²1971 [Nachw. J. Jahn]; ern. Bln. 1979, Hg. S. Seidel; ern. Ffm. 1981; ²1985 (Nachw. H. Keller; InselTb). – Dass., H. Conrad, Mchn. 1908, 2 Bde. – *B. C. Lebensgeschichte von ihm selbst erzählt*, A. Semerau, Bln. 1925.

LITERATUR: K. Vossler, *B. C.s Stil in seiner »Vita«* (in *Beitr. zur romanischen Philologie, Fs. für G. Gröber*, Halle 1899, S. 414–451). – Ders., Rez. der

Ausg. von O. Bacci 1901 (in GLI, 37, 1901, S. 378–381). – L. Chialvo, *B. C. Studi sulla sua autobiografia*, Rom 1907. – A. Mancarella, *Réalité et imagination dans la vie de B. C.* (in Nouvelle Revue d'Italie, 1921). – E. Allodoli, *C.*, Florenz 1930. – *B. C.*, Hg. E. Carara, Turin 1931. – R. Eggenschwyler, *Saggio sullo stile di B. C.*, Vercelli 1940. – P. Marletta, *Unità e limite nella »Vita« di B. C.*, Turin 1941. – B. Maier, *Umanità e stile di B. C.*, Mailand 1952. – C. de Frede, *La fuga del Cellini da Roma nel 1532*, Rom 1964. B. Reizov, *Stendhal et B. C. (Sur le problème des sources de »La Chartreuse de Parme«)* (in Stendhal Club, 8, 1965/66, S. 325 bis 338). – *B. C. artista e scrittore*, Atti del convegno ..., Rom 1972. – J. Goldberg, *C.'s »Vita« and the Conventions of Early Biography* (in MLN, 89, 1974, S. 71–83). – J. Hösle, *Mythisierung und Entmythisierung in den literarischen Selbstdarstellungen der Renaissance (C., Cardano, Montaigne)* (in Neohelicon, 3, 1975, S. 109–127). – I. Rœder Taraldson, *Un analisi delle costruzioni participiali assolute nella »Vita« del Cellini* (in RRo, 10, 1975, S. 306–327). – I. Schiewek, *Autobiographie und Fachtraktat. Bemerkungen zu C.s Selbstdarstellung* (in BRP, 16, 1977, S. 249–258). – D. S. Cervigni, *C.'s »Vita«, or the Unfinished Story of a Disillusioned Hero* (in MLQ, 39, 1978, S. 15–26). – Ders., *The »Vita« of B. C.: Literary Tradition and Genre*, Ravenna 1979. – F. Duranton-Mallet, *Propositions pour une lecture analytique de »La Vita« de B. C.* (in Revue des Études Italiennes, 29, 1983, S. 223–231). – B. Maier, Art. *B. C.* (in Branca, 1, S. 574–578). – I. Arnaldi, *La vita violenta di B. C.*, Rom 1986.

## CONRADUS CELTIS

eig. Konrad Pickel oder Bickel

\* 1.2.1459 Wipfeld / Franken
† 4.2.1508 Wien

**LITERATUR ZUM AUTOR:**
E. Klüpfel, *De vita et scriptis C. C. Protucii*, Hg. J. C. Ruef, 2 Bde., Freiburg i.B. 1820–1827. – C. F. Moth, *C. C. Protucius*, Diss. Kopenhagen 1898. – F. Pindter, *Die Lyrik des C. C.*, Diss. Wien 1930. – K. L. Preiß, *K. C. u. der italienische Humanismus*, Diss. Wien 1952. – L. W. Spitz, *C. C. The German Arch-Humanist*, Cambridge 1957. – F. v. Bezold, *K. C. der deutsche Erzhumanist*, Darmstadt 1959. – G. Strauss, *Sixteenth-Century Germany. Its Topography and Topographers*, Madison 1959. – J. A. v. Bradish, *Der »Erzhumanist« C. u. das Wiener »Dichter-Kollegium«* (in J. A. v. B., *Von Walther von der Vogelweide bis A. Wildgans*, Wien 1965, S. 21–32). – E. Schäfer, *Dt. Horaz*, Wiesbaden 1976. – K. Adel, *Die Arbeitsmethoden des C. C.* (in Codices manuscripti, 3, 1977, S. 1–13). – R. Kemper, *Zur Syphilis-Erkrankung des C. C., zum »Vaticinium« Ulsens u. zum sog. »Pestbild« Dürers* (in AfKg, 59, 1977, S. 99–112). – G. Hess, *Dt. Literaturgeschichte u. neulat. Literatur* (in Acta conventus neo-latini Amstelodamensis, 1979, S. 493–538). – D. Wuttke, *Dürer u. C. Von der Bedeutung des Jahres 1500 für den dt. Humanismus* (in Journal of Medieval and Renaissance Studies, 10, 1980, S. 73–129). – U. Hess, *Erfundene Wahrheit. Autobiographische u. literarische Rolle bei C. C.* (in *Kontroversen, alte u. neue*, Hg. A. Schöne, Tübingen 1986, S. 136–147).

## LIBRI ODARUM QUATUOR: Cum epodo, et saeculari carmine

(nlat.; *Vier Bücher Oden; mit einem Epodenbuch und einem Lied zur Jahrhundertfeier*). Gedichtzyklus von Conradus CELTIS, erschienen 1513. – Zum Säkularjahr 1500 plante Celtis eine Gesamtausgabe seiner Werke, für die er drei Komplexe seiner Gedichte fertigstellte, die in einer dreibändigen, heute nur noch zu rekonstruierenden Reinschrift mit reichem Buchschmuck auf Pergament versammelt wurden; darin dokumentierte sich der Anspruch des Dichters, der Nachwelt etwas Bleibendes zu erhalten. Die drei Gedichtkomplexe umfassen *Quatuor libri amorum* (Vier Bücher Liebeselegien), *Libri quinque epigrammatum* (Fünf Bücher Epigramme) sowie die *Libri odarum quatuor: cum epodo, et saeculari carmine*. Den letztgenannten Komplex kündigte Celtis in der Praefatio des Elegiendruckes, einem Panegyricus auf Kaiser Maximilian I., an, allerdings fand er nicht mehr dessen Interesse und konnte erst 1513, nach Celtis' Tod, veröffentlicht werden. Nach der Aufnahme in die Reinschrift hat Celtis vermutlich an der Sammlung noch gearbeitet, ohne zu einem Abschluß zu kommen, die späteren Herausgeber merken an, Celtis habe das Werk nur »halbgefeilt, roh und unverbessert« zurückgelassen. Aufgrund der freien Verwendung antiker Gottheiten und der offenen Nennung sexueller Freuden kam es zu einem Inquisitionsprozeß an der Wiener Theologischen Fakultät, und Celtis' Schriften wurden auf den Index der spanischen Inquisition gesetzt.

Wie in keinem anderen seiner Werke strebt Celtis hier die *imitatio* eines antiken Vorbildes an, des Werkes des HORAZ. In der frühen Renaissance hatte von den lateinischen Lyrikern nur Horaz Geltung, der sich hatte rühmen können, die lyrischen Versmaße der Griechen ins Lateinische übergeführt zu haben. Das Ziel von Celtis war es daher, den Oden des Horaz ein Pendant zur Seite zu stellen, ein Plan, der sich aus seinem Buch *Peregrinatio sarmatica* entwickelte, das Celtis nach seiner Polenreise (1489–1491) zusammenstellte und in das er Epigramme und Gedichte hauptsächlich in Hendecasyllaben, dem Versmaß des CATULL, aufnahm. Schon in seiner Verslehre *Ars versificandi et carmi-*

num (1486), die seiner Krönung zum *poeta laureatus* vorausging und die als die erste gedruckte Verslehre eines deutschen Dichters gelten kann, hatte Celtis die Wiederbelebung der klassischen Sprachen in Rhetorik und Poetik sowie die Schaffung einer nationalen Kultur gefordert, die dem Vorbild der italienischen Humanisten zumindest gleichkomme oder sie übertreffe. Vor der Krönungszeremonie zum *poeta laureatus* durch Friedrich III. (1487) rezitierte Celtis zwei Oden und eine Epode auf den Kaiser, die jeweils den ersten beiden Oden und der ersten Epode der Horaz-Bücher nachgebildet sind und in den Odenbüchern des Celtis an entsprechender Stelle wieder erscheinen. Die Versmaße des Horaz, die in der Metrik des italienischen Humanisten Nicolò PEROTTI (1430–1480) analysiert worden waren und deren Theorie Celtis von dort in seine *Ars versificandi* aufgenommen hatte, waren das Mittelalter hindurch, sieht man von der sapphischen Ode ab, nicht tradiert worden. Sie sind zu dieser Zeit das anspruchsvollste Medium, um der auch politischen Funktion des humanistischen Dichters zu genügen. Die erste Ode aus der Krönungszeremonie von 1487 arbeitete Celtis für die Ausgabe um. In der frühen Fassung waren die Völker aufgezählt, denen Friedrich III. unbesiegt entgegenstehe; später sind sie durch die Liste all jener Bereiche ersetzt, in denen unter diesem Kaiser das Goldene Zeitalter wiedergekehrt sei: in den Naturwissenschaften, in Bildung und Dichtung. Hier weist Celtis sich selbst einen zentralen Platz zu, gemäß seinem Bildungsprogramm, das den humanistischen Dichter nicht darauf beschränkt, den Kaiser zu preisen und ihm Festspiele zu schreiben, sondern den *poeta* als Universalgelehrten, als *philosophus* sieht, der, wie es bereits in der *Ars versificandi* geheißen hatte, »*Sitten, Handlungen, Geschichte, Orte, Völker, die Lage der Länder, Flüsse, den Lauf der Gestirne, die Natur der Dinge in übertragenen Zeichen und die Bewegungen von Geist und Seele*« nachzubilden habe. Weitere Herrscheroden finden sich in der Sammlung nicht, die vor allem im ersten Buch noch in den hendecasyllabischen und Invektivengedichten den frühen Einfluß des Catull zeigt. Doch nimmt die Zahl der Hendecasyllaben mit dem zweiten Odenbuch deutlich ab, und die Sammlung wird gegen Ende auch in dem Sinn horazischer, als sich Celtis bemühte, das Übergewicht der sapphischen Ode, der häufigsten Strophenform bei den deutschen Humanisten, zugunsten der alkäischen Ode zu mindern, wie Horaz sie bevorzugt hatte.

Der Aufbau der vier Odenbücher ist dem der *Quatuor libri amorum* darin verwandt, daß sie ebenfalls je einer der vier Regionen Deutschlands zugewiesen sind, und auch die vier Geliebten aus diesen Bänden finden sich erneut besungen. Die Form der Liebesode ist legitimiert durch Horaz, sie folgt jedoch auch anderen Einflüssen, wie etwa *De nocte et osculo Hasilinae, erotice*, worin Celtis die catullischen Kußgedichte auf eine Weise nachformt, daß er darin den berühmteren *Basia* (1539) des JOHANNES SECUNDUS kaum nachsteht. Oden an christliche Heiligengestalten nimmt Celtis ebenso auf wie solche an antike Gottheiten. Den größten Raum beanspruchen Oden, die sich an befreundete Humanisten wenden. Deren Bau folgt einem bestimmten Schema: Der Dichter preist in einer hochgestimmten Anrede den Adressaten, hebt seine Bedeutung hervor, nennt den Ort seines Wirkens (nach dessen geographischer Lage die Ode dem entsprechenden Buch zugewiesen ist) und bestimmt die gemeinsamen Interessen im großen Gebiet der *philosophia*. Dabei geht er nicht so sehr auf die Eigenheit des Gepriesenen ein, sondern reiht ihn programmatisch in das gedachte Kollektiv der deutschen Humanisten ein und bestärkt ihn in seiner Mitwirkung. Den Adressaten wurden diese Oden oft tatsächlich zugestellt, und sie zeugen so von Celtis' praktischem Bemühen um eine große *sodalitas litteraria*.

Die Epoden unterscheiden sich von den Oden lediglich durch die spezifischen Versmaße, nicht aber durch die in ihnen angesprochenen Themen. Hier wie dort hat Celtis Invektiven aufgenommen, die bei Horaz auf das Epodenbuch beschränkt blieben. In einer Epode zählt Celtis alle Sodalitäten auf, die er in ganz Deutschland begründet oder mitbegründet hatte, ohne daß sie übrigens von längerem Bestand gewesen wären. Wie in den *Quatuor libri amorum* und in den Oden reflektiert er sein Fortleben im Werk und gedenkt er seiner Liebschaften. Das *Carmen saeculare*, wie das horazische Vorbild im sapphischen Odenmaß und für einen Knaben- und Mädchenchor geschrieben, ruft – angeordnet nach einem strengen Zahlenschema – die vier Elemente, die Planeten, Tierkreiszeichen, Sternbilder und zuletzt die höchste Gottheit an und erfleht von ihnen auf Deutschland herab Segen für den Landbau, für den Frieden und für die Blüte der zu erneuernden nationalen Kultur. Die technische Unvollkommenheit seiner Oden, denen mehr noch als seinen Elegien etwas Schablonenhaftes eignet, mag nicht zuletzt auf Celtis' rastlose Tätigkeit als Propagator eines humanistischen Bildungsprogramms in Deutschland zurückzuführen sein. Er hat u. a. die Horaz-Vertonungen des Petrus TRITONIUS (*Melopoiae*, 1507) angeregt, die streng den Rhythmus der antiken Silbenquantitäten wiederaufnehmen und so die falsche Aussprache der lateinischen Verse nach Betonungen zu vermeiden halfen. Mit ihnen inaugurierte er eine bedeutende Reihe von Horaz-Vertonungen, die erst gegen Ende des 15. Jh.s wieder abbricht.                                    E.Bo.

AUSGABEN: Straßburg 1513, Hg. T. Resch u. J. v. Watt. – Lpzg. 1937, Hg. F. Pindter.

LITERATUR: E. Schäfer, *Dt. Horaz*, Wiesbaden 1976.

## LIBRI QUINQUE EPIGRAMMATUM

(nlat.; *Fünf Bücher Epigramme*). Gedichtzyklus von Conradus CELTIS. – Die Epigramme des Celtis entstanden gleichzeitig mit seinen anderen Gedichten und sollten wie diese ebenfalls in die große Werkausgabe zum Jahrhundertwechsel aufgenommen werden. Im Druck der *Liebeselegien* kündigte Celtis »libri [...] centepigrammaton« an, die er demnächst vorlegen werde. Mangelnde Geldmittel jedoch verhinderten den Druck, und selbst die frühen postumen Herausgeber haben ihn nicht unternommen, möglicherweise wegen des Konflikts, in den sie mit der Inquisition bereits durch die *Oden-Ausgabe* geraten waren. Erst 1881 veröffentlichte Karl HARTFELDER *Fünf Bücher Epigramme* auf der Grundlage der Manuskripte und Kollektaneen des ersten Celtis-Biographen KLÜPFEL, der für die selbstgeplante Herausgabe die anstößigeren Gedichte ausscheiden und durch epigrammatisch formulierte Abschnitte etwa aus den Elegien ersetzen wollte. Diese Ausgabe fußt auf einer Nürnberger Handschrift, die einen Stand der Epigrammsammlung wiedergibt, der lange vor der für den Druck vorgesehenen Reinschrift liegt, wie sie inzwischen in Kassel gefunden wurde. Der bisher einzig vorliegende Druck bietet daher einen nur als vorläufig zu betrachtenden und außerdem nach fragwürdigen Prinzipien eingerichteten Text. Die für Celtis' Druckvorhaben authentische Kasseler Handschrift folgt einem – wie oft bei Celtis – zahlenmystischen Konzept: Die *libri centepigrammaton* enthalten jeweils 100 Epigramme, so daß sich diese durch die Fünfzahl der Bücher auf 500 summieren, worin Celtis einen Zusammenhang mit dem Epochenjahr 1500 gesucht haben mag. Nach Abschluß der Sammlung hat er sehr wohl weitere Epigramme geschrieben und plante vermutlich die Auffüllung der alten Sammlung auf acht Bücher, eine Zahl, in der die für ihn so bedeutende Vier zweifach enthalten wäre.

Die Epigramme entstanden zu den verschiedensten Gelegenheiten. Viele sind als kleine Noten an Freunde und Gelehrte, auch an Sodalitäten (bestimmte gelehrte Freundeskreise oder Gesellschaften) insgesamt zu verstehen. Für Freunde schreibt Celtis Epitaphien, wie er sie in den *Amores* so oft für sich selbst oder für die Geliebte entworfen hat. Er preist den Kaiser, bittet hier um versprochene Geldsummen, dankt dort seinem Arzt. In einzelnen Epigrammen werden die antiken Gottheiten, aber auch die Jungfrau Maria angesprochen. Reich ist die Palette der Zeitgeschehnisse, die Celtis kommentiert; so läßt er etwa eine »*puella*«, die als wohlkonservierte Leiche 1485 bei Rom ausgegraben worden war, herbe Worte an die gegenwärtigen Römer richten, in denen sie nicht mehr die alte Größe erblicke. Oder er bedichtet einen ungewohnt strengen Winter in Deutschland. Die invektivischen Gedichte sind denen der *Amores* durchaus verwandt, und tatsächlich liegen in den Epigrammen oft Einzelthemen auf eine Weise bearbeitet vor, wie sie dort verschiedentlich in einem längeren Gedicht bloß zusammengefügt erscheinen. Aufgenommen sind schließlich auch kurze Gedichte, mit denen Celtis eine Vorlesung ankündigte oder zu metrischen Übungen einlud. E.Bo.

AUSGABE: Bln. 1881, Hg. K. Hartfelder; Nachdr. Hildesheim 1963.

LITERATUR: D. Wuttke, *Textkritisches Supplement zu Hartfelders Edition der C.-Epigramme* (in *Renatae Litterae. Studien zum Nachleben der Antike u. zur europäischen Renaissance*, Hg. K. Heilmann u. E. Schroeder, Ffm. 1973). – R. Kemper, *Die Redaktion der Epigramme des C.*, Kronberg/Ts. 1975.

## QUATUOR LIBRI AMORUM

(nlat.; *Vier Bücher Liebeselegien*). Gedichtsammlung von Conradus CELTIS, erschienen 1502. – Die Liebeselegien sind Bestandteil des Kaiser Maximilian I. gewidmeten Bandes, der nach dem Plan von Celtis am Anfang der nicht realisierten dreibändigen Ausgabe seiner Werke stehen sollte. Neben den Elegien und dem höfisch-mythologischen Festspiel *Ludus Dianae* enthält der Druck auch das kurze, in Hexametern geschriebene Gedicht *Germania generalis* sowie die sozialgeschichtlich ausgerichtete Beschreibung Nürnbergs (*Libellus de origine, situ, moribus et institutis Norimbergae*). Dabei handelt es sich um die Vorarbeiten zu dem Projekt, eine umfassende kulturelle und geographische Beschreibung Deutschlands in einer *Germania illustrata* zu leisten, nach dem Vorbild der *Italia illustrata* (1453) des Flavio BIONDO (1392–1463). Auch wenn Celtis dieses Vorhaben nicht verwirklichen konnte, gliederte er doch seine *Libri odarum quatuor* wie auch seine Elegien nach dem geographischen Schema, das seiner Beschreibung Deutschlands zugrunde liegen sollte.

Die Ausgabe der *Amores*, wie die Elegien seit dem Druck bezeichnet werden, erhielt eine bedeutende Ausstattung: von Albrecht DÜRER stammen zwei der Holzschnitte, das Buchwidmungsbild und das Bild der Philosophia als Patronin der *Artes liberales*. Die Philosophia thront dort in der Mitte eines in vier Abschnitte eingeteilten Kreises, deren Medaillons Ptolemäus, Plato, Vergil-Cicero (in einer Person) und Albertus Magnus zeigen, jeweils stellvertretend für die ägyptischen Astrologen, die griechischen Philosophen, die lateinischen *poetae et rhetores* und die deutschen Gelehrten; diese Darstellung spiegelt das weitgespannte Programm des Philosophen-Dichters Celtis. Dessen Einlösung in einer neu auferstehenden Kultur in Deutschland erhoffte der Autor von den nachfolgenden Generationen, die in ihm den Initiator erblicken würden. In den *Amores* tritt er in der ersten Elegie, die sein Geburtshoroskop stellt, als ein von Phoebus Apollo, dem Gott der Dichtung, Begünstigter auf. Dem noch Ungeborenen schenkt Phoebus vorweg seine besondere Gnade, gleichgültig, ob er nun in Deutschland oder einem anderen Land der Bildung geboren werde, Italien etwa: »*Seu te Germano contingat cardine nasci,/ Sive Italo, Gallo, Sarmaticove polo*«. Bildung ist überall gleichwertig, wenn sie nur von Phoebus ausgeht; zur Absicherung aber behauptet Celtis in einer Elegie seine griechische Ab-

stammung aufgrund früher griechischer Kolonisation des Gebietes um Würzburg. Phoebus, der einräumt, daß er möglicherweise in den nördlichen Regionen der Kälte wegen etwas matter sei, gibt Celtis in einer anderen Elegie den Auftrag, Deutschland zu durchreisen und in vier, nach den Himmelsrichtungen eingeteilten Regionen zu beschreiben.
Die Vierzahl – angeregt durch REUCHLINS *De verbo mirifico* (1494) – wird zum insgesamt bestimmenden Ordnungsprinzip der *Amores*. Jedes der vier Bücher ist – auch auf korrespondierenden Holzschnitten – je einem Element von neun verschiedenen Vierheiten zugewiesen: Jahreszeiten, Lebensalter, Tageszeiten, Windrichtungen, Temperamente, Sternbilder, Alterscharaktere, Elemente und Farben. Im engeren Sinne bedeutsam für die *Amores* werden wiederum nur vier Vierheiten, die als Titel den einzelnen Büchern vorangestellt sind: die vier Geliebten in den vier Regionen Deutschlands, die deutschen Hauptflüsse Weichsel, Donau, Rhein und Elbe, die vier Lebensalter. Durch diesen biographisch-zeitlichen und zugleich geographischen, zirkelhaft sich schließenden Ablauf verbindet Celtis eine fiktive Darstellung seines Lebensganges mit einer kursorischen Darstellung des abzuschreitenden Deutschland. Die *Amores* fingieren den Lebenskreis des Dichters, der als Jüngling in Polen dem Mädchen Hasilina begegnet, als junger Mann der bayerischen Else, als reifer Mann bei Ursula am Rhein weilt und zuletzt als Greis von Barbara im kalten Norden aufgenommen wird; dort erzählt eine Elegie sogar von der Fahrt auf die *ultima Thule*. Die Liebeselegien gehören so zum großen Plan der *Germania illustrata* und zugleich zum Plan der Selbstdarstellung des Autors als Dichter-Philosoph und der *imitatio* seiner antiken Vorbilder, hier insbesondere der *amores* des OVID, aber auch der italienischen Humanisten.
Celtis stellte sich die Aufgabe, dem antiken Vorbild einer Elegiensammlung zu entsprechen und diese zugleich zu übertreffen, weil die von ihm verfaßten Elegien nun den poetischen Anforderungen der *Ars versificandi* genügen müßten. Er kombiniert daher Elemente der Liebeselegie – Werben um die Geliebte, Preis ihrer Schönheit, Beschreibung der Liebesfreuden, Schmähen ihrer Untreue und der (bei Celtis insbesondere geistlichen) Nebenbuhler – mit jenem Wissen, das für ihn zur Philosophia zählt. Den Zusammenhang dieser Themata, die innerhalb der einzelnen Elegien oft genug in bloßer Reihung erscheinen, stellt das Moment des Reisens her, das auch Celtis' Leben bestimmt hat. So lassen sich die *Amores* auch als ein großes Reisegedicht verstehen, als Hodoeporikon, wie manche der Elegien auch überschrieben sind. Oft begnügt sich Celtis mit der bloßen und kaum weiter ausgestalteten Nennung der Städte, Flüsse und Gebirge, aber er flicht Beschreibungen deutscher Landschaften auch ein, wo er nach einer antiken Figur auf Geographie rekurrieren kann, etwa in einer Diärese des Begriffs »nirgends«. Auch nimmt er einzelne Erlebnisse in die Elegien auf, etwa einen räuberischen Überfall oder die Besichtigung eines Salzbergwerks. Celtis' wirkliche Reisen wirken auf diese Weise in das gedichtete Wissen der *Amores* hinein, ohne daß diese ihnen jedoch streng nachgezeichnet wären. Widerstand von kirchlicher Seite hat sich gegen die – nach humanistischem Brauch übliche – Verwendung der antiken Götternamen erhoben; bei Celtis sind sie vor allem in Benennung der Planeten präsent, als allegorische und kosmische Kräfte, denen sein wissenschaftliches Interesse galt, den Grund der Dinge zu erkennen (»*rerum cognoscere causas*«).
Dem Latein des Celtis sind eine Reihe von Verstößen gegen Grammatik und Prosodie vorzuwerfen, aber es erlangte zuweilen doch eigene Geschmeidigkeit und Farbigkeit. Obwohl die sprachliche Nähe zu den antiken Autoren nicht zu verkennen ist, übernahm Celtis nur wenige Formulierungen wörtlich, vielmehr fand er eine Reihe von Formeln und syntaktischen Versverläufen, die er wie im Selbstzitat häufig wiederkehren ließ, wodurch er sich seine eigene Verssprache schuf.  E.Bo.

AUSGABEN: Nürnberg 1502. – Lpzg. 1934, Hg. F. Pindter [m. *Germania generalis*]. – Cambridge 1948 (*Selections from C. C. 1459–1508*, Hg., Übers. u. Einl. L. Forster).

LITERATUR: M. Wehrli, *Der Nationalgedanke im dt. u. schweizerischen Humanismus* (in *Nationalismus in Germanistik u. Dichtung*, Hg. B. v. Wiese u. R. Henns, Bln. 1967, S. 126–144). – D. Wuttke, *Dürer u. C. Von der Bedeutung des Jahres 1500 für den dt. Humanismus* (in Journal of Medieval and Renaissance Studies, 10, 1980, S. 73–129). – Ders., *Humanismus in Nürnberg um 1500* (in *Katalog Caritas Pirckheimer*, Nürnberg 1982, S. 128–139; m. Bibliogr.). – D. Wuttke, *Humanismus als integrative Kraft: die Philosophia des dt. »Erzhumanisten« C. C.*, Nürnberg 1985.

## GIOVANNI CENA

* 12.1.1870 Montanaro Canavese
† 6.12.1917 Rom

## GLI AMMONITORI

(ital.; *Die Warner*). Roman von Giovanni CENA, erschienen 1903. – Seine Sozialkritik kleidet der Autor in die fiktiven Aufzeichnungen des menschenfeindlichen, vom Leben enttäuschten Buchdruckers Martino Stanga, der aus Verzweiflung über die Trostlosigkeit der Welt Selbstmord begehen und ein Dokument hinterlassen will, das seine Tat erklärt. Zu Beginn des Romans behauptet der Autor nun, diese Aufzeichnungen gefunden zu haben. Das Buch besteht zu weiten Teilen aus den Gesprächen zwischen dem Buchdrucker Martino und seinem Freund Crastino, einem von der Welt enttäuschten, verträumten Dichter, der wie Martino auch in einer trostlosen Arbeitersiedlung wohnt und von besseren Lebensbedingungen träumt. Dabei erscheinen die Dialoge zwischen den beiden über die wirklichen Verhältnisse einerseits und die erstrebenswerten Lebensbedingungen andererseits, die dem einzelnen die Würde des individuellen Lebens sichern, als ideologisch überladene Konzepte einer – in den Augen des Autors – dringend notwendigen Sozialreform.

Der Schicksalsschlag für den Dichter Crastino bestand darin, daß seine einzige Schwester von einem reichen »Herrensöhnchen« verführt wurde und als blutjunges Mädchen bei der Geburt ihres Kindes starb. Die Gespräche zwischen den beiden finden allerdings ein jähes Ende, als sich Crastino, der sich in ein Mädchen verliebt hat, von Martino abwendet. An seine Stelle tritt nun der Maler Quibio, in dessen Freundschaft Martino für kurze Zeit neuen Lebensmut und Optimismus zu finden scheint. Doch auch diese Freundschaft endet jäh, als der Maler eine Beziehung zu einer verheirateten Dame der besseren Gesellschaft beginnt, deren Ehemann sich auf seine Art zu rächen sucht, indem er den Maler als gefährlichen Anarchisten verhaften läßt. Als Martino nun auch noch keine Arbeit verliert, beschließt er, als Mittel des äußersten Protests gegen eine Gesellschaft, der das Schicksal des einzelnen nichts gilt, den Freitod zu wählen. Aller Enttäuschung und Misanthropie zum Trotz endet der Roman jedoch mit der Vision einer besseren Gesellschaft, die allerdings nur durch eine Verbesserung der sozialen Lebensbedingungen herbeigeführt werden kann.

Cenas Werk entstand in einer Zeit, als sozialkritische Strömungen zu Beginn des 20. Jh.s auch als literarische Themen aufgegriffen wurden. Trotz gelungener Passagen führt die starke Anteilnahme des Autors an den sozialen Problemen seiner Zeit dazu, daß weite Teile des Romans allzusehr mit gesellschaftskritischer Ideologie überlastet sind.

D.De.

AUSGABEN: Rom 1903 (in *Nuova Antologia*). – Rom 1904. – Turin 1928/29 (in *Opere complete*, Hg. L. Bistolfi, A. Pastore u. A. Balegno, Bd. 2; krit.). – Turin 1976 [Vorw. F. Portinari].

LITERATUR: A. Marcucci, *L'apostolato educativo di G. C.*, Rom 1928. – B. Brugioni, *La poesia e il sentimento di G. C.*, Modena 1937. – G. Spanò, *Sulla vita e le opere di G. C.*, Catania 1939. – A. Pastore, *Un'anima rappresentativa, G. C.* (in A. P., *Scritti di varia filosofia*, Turin 1940, S. 3–28). – S. Melchiori, *Il Poeta G. C.*, Rom 1954. – F. Pancrazi, *L'uomo e il poeta G. C.* (in P. P., *Ragguagli di Parnaso. Dal Carducci agli scrittori d'oggi*, Bd. 2, Mailand 1967, S. 206–212). – G. di Rienzo, *Camerana, C. ed altri studi piemontesi*, Bologna 1972. – G. Franzé, *G. C., poeta e apostolo dell'educazione*, Manduria 1976. – A. M. Mutterle, Art. *G. C.* (in Branca, 1, S. 379 f.).

## BLAISE CENDRARS

d.i. Frédéric Louis Sauser
\* 1.9.1887 La Chaux-de-Fonds
† 21.1.1961 Paris

**LITERATUR ZUM AUTOR:**
J. Rousselot, *B. C.*, Paris 1955. – J. Buhler, *B. C., homme libre, poète au cœur du monde*, Bienne 1960. – J. C. Lorey, *Situations de C.*, Neuchâtel 1965. – A. t'Serstevens, *L'homme que fut B. C.*, Paris 1972. – J. Chadourne, *B. C., poète du cosmos*, Paris 1973. – H. Miller, *B. C. zum Gruß*, Zürich 1975. – Europe, Juni 1976, Nr. 566 [Sondernr. *B. C.*]. – M. Steins, *B. C., bilans nègres*, Paris 1977. – J. C. Flückiger, *Au cœur du texte. Essai sur C.*, Neuchâtel 1977. – *C. aujourd'hui. Présence d'un romancier*, Hg. M. Décaudin, Paris 1977. – Y. Bozon-Scalzitti, *B. C. ou la passion de l'écriture*, Lausanne 1977. – J. Bochner, *B. C., Discovery and Recreation*, Toronto 1978. – M. Chefdor, *B. C.*, Boston 1980 (TWAS). – *B. C. 20 ans après. Actes du colloque de Paris X-Nanterre*, Hg. C. Leroy, Paris 1983. – M. Cendrars, *B. C.*, Paris 1984 (dt. Basel 1986). – M. Prinz, *Das Motiv der Reise im Frühwerk von C.*, Genf 1985. – G. Boillat, *À l'origine C.*, Les-Ponts-de Martel 1986. – J. Camilly, *Enquête sur un homme à la main coupée*, C., Paris 1986. – M. Schulte, *B. C.* (in KLFG; in Vorb.).

**DAS LYRISCHE WERK** (frz.) von Blaise CENDRARS (Schweiz).

Das lyrische Œuvre Cendrars' ist größtenteils in den Jahren 1912–1924 entstanden. Dies erklärt, weshalb es meist im Schatten seiner in den darauffolgenden Jahrzehnten verfaßten Romane steht, zumal die epische Breite in vielen seiner Gedichte, die sich oftmals selber als Prosagedichte verstehen, auf die weiter ausholende Dimension des Romans als mögliche Konsequenz verweist. Cendrars' erstes veröffentlichtes Gedicht, das 205 Verse lange *Les Pâques à New York*, 1912 (*Ostern in New York*), entstanden während einer einzigen Nacht in der amerikanischen Metropole modernistischen Geistes, zeigt bereits, daß die überhastete Reimbildung dem gewaltigen Impuls, der in fast jeder Zeile des Gedichtes schlägt, nicht standzuhalten vermag. Wie in seinem bedeutendsten Gedicht *Prose du transsibérien et de la petite Jeanne de France*, 1913 (*Prosa vom Transsibirischen Express und von der kleinen Jeanne de France*), weist auch hier der Titel auf die Verschmelzung zweier Gegensatzpaare hin: das religiöse Erlebnis innerhalb vollends weltlicher Umgebung: »L'Étoile qui disparut alors du tabernacle, / Brûle sur les murs dans la lumière crue des spectacles. / Seigneur, la Banque illuminée est comme un coffre-fort, / Où s'est coagulé le Sang de votre mort. / Les rues se font désertes et deviennent plus noires. / Je chancelle comme un homme ivre sur les trottoirs. / J'ai peur des grands pans d'ombre que les maisons projettent.« (»*Herr, das Licht der Verheißung ist ausgebrannt, / Aber ein grelles Licht brennt auf der Reklamewand, / Und vielleicht birgt diese festlich erleuchtete Bank / Dein geronnenes Blut in ihrem Panzerschrank. / Die Straßen sind leer geworden und in tieferes Schwarz gesunken. / Ich taumele über den Gehsteig wie betrunken. / Ich habe Angst vor den Schlagschatten der Hauswände*«). Die Leere, von der hier das – in allen Gedichten Cendrars' sich autobiographisch gebärdende – lyrische Ich berichtet, ist real und metaphorisch zugleich; eine Kombinatorik verschiedener Wirklichkeitsebenen, welche sich einzig aus dem dichterischen Impuls und der daraus resultierenden Metaphorik entschlüsseln läßt.

In der *Prose du transsibérien* ist es Cendrars gelungen, sich von dem zuvor absolut angewandten Postulat schlagkräftiger Originalität teilweise zu lösen und in der Nüchternheit seines poetischen Diskurses einen eigenen, neuen Ton zu finden. In den meisten seiner Gedichte vermengt er entscheidende Elemente des Kubismus und Futurismus, insbesonders die vielgestaltige Darstellung von Aspekten des modernen Lebens und deren gleichzeitige ästhetische Überhöhung. »*Je suis un monsieur qui en des express fabuleux traverse les toujours mêmes Europes et regarde découragé par la portière*« (»*Ich bin ein Monsieur der in märchenhaften Expresszügen immer dieselben Europas durchquert und verzagt aus dem Fenster guckt*«) heißt es in *Ma danse* (*Mein Tanz*), einem späteren, gleichfalls 1914 entstandenen und in den Zyklus *Dix-neuf poèmes élastiques* (*Neunzehn elastische Gedichte*) eingeordneten Gedicht. In der *Prose du transsibérien* geht die poetische und zugleich reale Reise in das vorrevolutionäre Zarenreich, wobei der Vorgang des Reisens selbst Gegenstand des Gedichts wird und einzelne Orte zusammen mit den ihnen eingeschriebenen Erlebnissen aus der Perspektive der Durchreise reflektiert werden. »*Quand on voyage on devrait fermer les yeux / ... Je reconnais tous les pays les yeux fermés à leur odeur / Et je reconnais tous les trains au bruit qu'ils font / Les trains d'Europe sont à quatre temps tandis que ceux d'Asie sont à cinq ou sept temps / D'autres vont en sourdine comme des berceuses / Et il y en a qui dans le bruit monotone des roues me rappellent la prose lourde de Maeterlinck*« (»*Wer reist soll die Augen schließen / ... Ich erkenne mit geschlossenen Augen alle Länder an ihrem Geruch / Und ich erkenne alle Züge am Geräusch das sie machen / die europäischen Züge gehen im Viertakt und die aus Asien im Fünf- oder Siebentakt / Andere gehen gedämpft wie ein Wiegenlied / Manche erinnern mich mit ihrem monotonen Geräusch an die schwere Prosa von Maeterlinck*«). In das Gedicht wiederholt eingeblendet ist die ständige Frage »*Blaise, dis, sommes-nous bien loin de Montmartre?*« (»*Blaise, sag, sind wir sehr weit von Montmartre?*«) der Reisebegleiterin des Dichters, der »*kleinen Jeanne de France*«, einer zart besaiteten Prostituierten, deren Name eindeutig auf die Jungfrau von Orléans anspielt.

Die »*auf Reisen 1887–1923*« entstandene Sammlung *Documentaires* (*Dokumentarisches*) belegt Cendrars' Poetik einer chronologischen Bestandsaufnahme des Wahrgenommenen. Ursprünglich *Kodak* genannt, mußte der Verfasser nach Einsprüchen des Fotokonzerns diesen adäquaten Titel aufgeben. Die Bilder fallen hier fast ungefiltert auf die Netzhaut, verlangen aber gerade deshalb nach gründlicher Sondierung und überlegter Komposition, die nur teilweise gelingt. *Maison Japonaise* (*Japanisches Haus*), der vierte Text einer kleinen Gedichtgruppe innerhalb der *Documentaires* mit dem Titel *Îles* (*Inseln*), zeigt, wie unbedeutend ein solches Dokument ausfallen kann, und in der Tat mit einer blassen Fotografie zu vergleichen ist, die man gleich nach dem Betrachten wieder vergißt: »*Tiges de bambou / Légères planches / Papier tendu sur des châssis / Il n'existe aucun moyen de chauffage sérieux*« (»*Bambusrohre / leichte Bretter / Über Rahmen gespanntes Papier / Es gibt keine Möglichkeit richtig zu heizen*«). – Cendrars' Lyrik verlangt mit jedem weiteren Jahr ihrer Entstehung den immer kleiner werdenden Sprung zur ausschweifenden, epochalen Prosa, den der Autor schließlich mit dem Roman *Moravagine* vollzog. E. Man.

AUSGABEN: *Du monde entier, au coeur du monde*, Paris 1947. – *Poésies complètes*, Paris 1963. – *Du monde entier – Poésies complètes 1912–1924*, Paris 1967. – *Au coeur du monde – Poésies complètes 1924–1929*, Paris 1968. – *Dix-neuf poèmes élastiques de B. C.*, Hg. J.-P. Goldenstein, Paris 1986 [krit., m. Komm.].

ÜBERSETZUNGEN: *Poesie*, J. Schroeder, Düsseldorf 1962. – *Gedichte*, ders. u. H. Hinderberger, 3 Bde., Zürich 1976–1978 [frz.-dt.].

LITERATUR: M. Prinz, *Das Motiv der Reise im Frühwerk von B. C. (1910–1929)*, Genf 1985.

## BOURLINGUER

(frz.; *Die Welt bereisen*). Reiseerzählung von Blaise CENDRARS (Schweiz), erschienen 1948. Tagebuch seiner Reisen nach Venedig, Neapel, La Coruña, Bordeaux, Brest, Toulon, Antwerpen, Genua, Rotterdam, Hamburg und Paris in Form einer Sammlung kurzer und längerer Prosatexte. – Leben und Werk Cendrars' bilden eine solche Einheit, daß jede Aussage über sein Werk, speziell über dieses Werk, das eine neue literarische Form repräsentiert, auch das Leben des Autors berücksichtigen muß. Cendrars möchte hier der Sänger einer Menschheit sein, die nur in ihrer Totalität erlebt werden kann: in ihrer Spannweite von triebhafter Ungebundenheit bis zu mystischer Begeisterung, in ihrer Bewußtseinsschichtung von Primitivität bis zu wissenschaftlicher und künstlerischer Höchstleistung, in dem, was gewichtig ist und zählt, bis zu dem, was »der Mensch zu sehen glaubt«.

In *Bourlinguer*, von Cendrars mit einundsechzig Jahren geschrieben, läßt sich noch immer jene Lust am Leben entdecken, die man schon in den Frühwerken des Autors findet; sein Held zeigt sich als großer Liebhaber guter Küche und starker Getränke, üppiger Frauen und alles dessen, was sich an Gewöhnlichem und Ungewöhnlichem, öffentlich oder verborgen, in der Welt, in den Cafés, Zügen, Schiffen, Buden, Bibliotheken und in den Herzen ereignet. Diese Lebenslust äußert sich auch in einer neugierigen Offenheit, einer brennenden Liebe zum Lebendigen, denn Cendrars ist ein Mensch, für den Leben vor allem ein Energien nahezu gewalttätig freisetzender Prozeß ist. Während seine ersten Bücher nur verschlüsselte und lückenhafte Auskünfte über ihn selbst vermitteln, finden sich in *Bourlinguer* genügend Hinweise auf das Leben und die geistige Entwicklung des Autors. Es entsteht das Bild eines Menschen, der sich niemals festlegen konnte. Er interessiert sich nicht für berühmte Orte oder für Sehenswürdigkeiten aus ihrer Geschichte. Er sucht das Einzigartige, den Pulsschlag des Lebens in all seinen Erscheinungsformen, und so wird dieses Tagebuch zu einer Art moderner Odyssee des Geistes. Cendrars bemerkt selbst, es lasse sich darin die Spur seines Lebens verfolgen, vor allem in *Genua*, dem zentralen und längsten Text des Buches, der sich seiner außerordentlichen Dichte wegen als ein selbständiges Ganzes aus dem Band herauslösen ließe. Der Autor *schreibt* nicht im eigentlichen – literarischen – Sinn: er versucht, Gesehenes gewissermaßen wörtlich wiederzugeben, er erzählt, als sei er unterwegs, und wenn er in leidenschaftlicher Anteilnahme über etwas berichtet, erfindet er mit großer Leichtigkeit Sprachwendungen, mit denen er – auch durch ständige Wiederholung – die jeweilige Sache nachdrücklich und einprägsam charakterisiert. Er läßt der Einbildungskraft, der Erinnerung, dem Wort freien Lauf und ist immer auf der Suche nach dem treffenden, einmaligen Ausdruck; in seinem Hang zur Improvisation gibt er dem jeweiligen Impuls sofort nach. Das Herumvagabundieren fasziniert ihn, das Leben reißt ihn hin, und seine Schreibweise scheint sich aus einem ständig sich erneuernden Vorrat an Energie zu speisen; sie ist vielleicht langatmig, wenig geradlinig, aber immer dicht, geschmeidig und spiegelt vollkommen dieses bewegte Leben, dessen Unruhe man in jedem Detail verspürt. J.H.K.-KLL

AUSGABEN: Paris 1948. – Paris 1954. – Paris 1961 (in *Œuvres complètes*, 8 Bde., 1960–1965, 6). – Paris 1974 (Folio).

LITERATUR: R. Georgin, *B. C.* (in R. G., *La prose d'aujourd'hui*, Paris 1956, S. 301–344). – Ders., *Bourlinguons dans les mots* (in R. G., *Jeux et mots*, Paris 1957, S. 204–206). – A. Rousseaux, *La poésie brute de C.* (in A. R., *Littérature du 20e siècle*, Bd. 6, Paris 1958, S. 92–101). – E. Newby, *»Bourlinguer« des mers du Sud* (in La Table Ronde, 1958). – C. Leroy, *C. bourlinguer d'une malle à double fond* (in Cahiers du 20e siècle, 2, 1974, S. 121–143).– G. Spiteri, *Parlez avec le roi des bourlinguers* (in NL, 2. 7. 1981, S. 43). – M. Mourier, *»Bourlinguer«* (in *B. C. 20 ans après*, Hg. C. Leroy, Paris 1983. S. 95–108).

## EMMÈNE-MOI AU BOUT DU MONDE

(frz.; *Ü: Madame Thérèse*). Roman von Blaise CENDRARS (Schweiz), erschienen 1956. – Der Anfang der fünfziger Jahre in Paris spielende Roman schildert das ereignisreiche letzte Jahr im Leben der neunundsiebzigjährigen Schauspielerin Thérèse Églantine alias Theresa Espinosa, einer Theaterbesessenen und Absinthtrinkerin, die alle Höhen und Tiefen des Daseins durchmessen hat und nun ihre letzten Triumphe als Star einer grotesken, monströsen Grand-Guignol-Operette feiert. Ihr zu Beginn des Buches geschildertes Liebesabenteuer mit dem über und über tätowierten, entlaufenen Fremdenlegionär Jean-Jean, genannt Jean de France alias Karacho, den sie irgendwo aufgegabelt und in ein Stundenhotel geschleppt hat, stachelt sie auf, ihre Hauptrolle in der Operette »Madame Kanaille« – *»Meisterwerk des schwarzen Humors! Neueste Komödie von Guy de Montauriol. Drei Akte irres Gelächter, die zu denken geben...«* – zu einer exzessiven Apotheose des Lebens in all seiner Komik und Scheußlichkeit zu gestalten. Einer spontanen Eingebung folgend, gibt sie dem Stück ein neues, unerhörtes Schlußtableau, indem sie am Ende ihre pompöse Robe fallen läßt und sich in ihrer ganzen abstoßenden Nacktheit dem Publikum präsentiert und dazu die *Jammerballade der alten Helmschmiedin* von François VILLON rezitiert: *»Und die Zuhörer, befremdet erst, dann ergriffen, ließen sich an den äußersten Rand des Enthusiasmus tragen, wo man weiter nur noch den Verstand verlieren kann.«* Das »wie mit dem Maschinengewehr geschriebene Stück« hat einen riesigen Erfolg, läuft monatelang in Paris, wird an den Broadway exportiert und bringt Thérèse und ihrem Theaterdirektor Félix Juin ein ungeheures Vermögen ein, bis Thérèse schließlich nach einigen Monaten des ausschweifendsten Lebens-, Alkohol- und Liebesgenusses mit ihrem Liebhaber eines Morgens von einem Kirschbaum fällt, sich die Beine bricht und an einem Hornissenstich stirbt. Jean-Jean plündert danach ihr Bankkonto, gibt den Soldaten seines ehemaligen Legionsregiments in Nordafrika ein unüberbietbar wildes Fest und wird schließlich geschnappt und eingesperrt.

Rund um Thérèse und das Stück, in dem sie ihr makabres Comeback feiert, gruppiert sich eine Unzahl von Figuren aus der Pariser Unterwelt und der High Society: der korrupte Polizeikommissar »Goldenes Vlies«, der homosexuelle Bühnenbildner Coco, sein Freund Guy, der Autor des Stücks, der Kritiker Jean-Baptiste Kramer und sein Opfer, der Schwarzhändler und *»schöne Capitaine«* Émile, der (wahrscheinlich) von Kramer ermordet wird, dazu eine riesige Menschenmenagerie von Saufbrüdern, Gammlern, Schauspielern, desertierten US- und Legionsoldaten, Verrückten, Krüppeln und Strichjungen. Eingeblendet in diese Haupthandlung sind die Lebensberichte dreier Figuren: 1. des Capitaine Émile, der vom Straßenjungen zum mit dem Kreuz der Ehrenlegion dekorierten Fallschirmjägerhauptmann aufstieg und nach dem Krieg einen ausgedehnten Schwarzhandel betreibt;

2. der Thérèse, die während einer Nacht auf der Polizeiwache der von ihr protegierten jungen Schauspielerin Papayanis ihr unglaublich wildes Leben erzählt, und schließlich 3. die Berichte über das Vorleben von Thérèses Freundin, der »Präsidentin«, einer schönen Frau ohne Beine, die, in Ungarn geboren, als Haremsdame in Nordafrika die Legionäre verrückt machte, entführt wurde und nun steinreich in Paris lebt. – Das Buch, von Cendrars selbst als Schlüsselroman bezeichnet, steht in der Tradition der Paris-Romane und ist eine Hymne auf das Leben im modernen Babylon in all seiner Grausamkeit, Schönheit und Intensität; der Erzählstil ist dementsprechend rapide und atemlos, voller Aufzählungen grotesk-schmutziger Details, strotzend von Kraftausdrücken und den wüstesten Übertreibungen, eine einzige schwarze Messe, »*mit Blut geschrieben, aber mit einem Blut, das gesättigt ist von himmlischem Licht*« (Henry Miller). J.Dr.-KLL

AUSGABEN: Paris 1956. – Paris 1964 (in *Œuvres complètes*, 8 Bde., 1960–1965, 7). – Paris 1972 (Folio).

ÜBERSETZUNGEN: *Madame Thérèse*, J. Schroeder, Düsseldorf 1962. – Dass., ders., Mchn. 1964 (dtv). – Dass., ders., Zürich 1976.

LITERATUR: A. Wurmser, *B. C.* (in Les Lettres Françaises, 8.–14. 3. 1956). – R. Michaelis, Rez. (in Stuttgarter Zeitung, 19. 9. 1962). – W. Helwig, Rez. (in FAZ, 27. 10. 1962). – W. Ross, Rez. (in Die Zeit, 23. 11. 1962). – K. H. Kramberg, Rez. (in SZ, 2. 2. 1963). – H.-D. Sander, Rez. (in Die Welt, 15. 6. 1963). – W. Heist, *Genet u. andere – Exkurse über eine faschistische Literatur von Rang*, Hbg. 1965. – G. Zeltner, *Die Realität ihres Greisendaseins. »Madame Thérèse« von C.* (in FAZ, 14. 1. 1977, S. 20).

## MORAVAGINE

(frz.; *Ü: Moloch. Das Leben des Moravagine*). Roman von Blaise CENDRARS (Schweiz), entstanden 1917–1926, erschienen 1926. – In der Schweizer Irrenanstalt »Sanatorium Waldensee« erweckt der Patient Nr. 1731 das besondere Interesse des jungen Mediziners Raymond la Science, der hier nach eben bestandenem Examen seine erste Stellung antritt. Bei dem Kranken handelt es sich um Moravagine, den letzten Sprößling der mächtigen Familie G...y, den einzigen authentischen Nachkommen des letzten Königs von Ungarn. Moravagine verbringt als Waise seine Kindheit im Schloß der Vorfahren, von den Österreichern streng bewacht. Der Sechsjährige wird mit der österreichischen Prinzessin Rita verheiratet, die ihn von Zeit zu Zeit besucht. In einem Anfall von Wahnsinn tötet er zwölf Jahre später (1884) die Mädchen auf bestialische Weise, wird ins Gefängnis gesperrt und schließlich an die Irrenanstalt abgeschoben. Raymond la Science beschließt – aus wissenschaftlichem Interesse – Moravagine zur Flucht zu verhelfen. »*Was bedeutet mir ein Mord mehr oder weniger auf dieser Welt... Endlich sollte ich mit einer menschlichen Bestie zusammen sein, ihr Leben teilen, sie begleiten, beobachten.*«

Kaum in Freiheit, schändet und tötet Moravagine ein kleines Mädchen. Auf Umwegen fliehen Raymond und sein »Freund« nach Berlin, wo Moravagine Musik studiert, »*weil er hoffte, damit dem Urrhythmus näherzukommen und den Schlüssel zu seinem Wesen, eine Rechtfertigung für sein Dasein zu finden*«. Er wird enttäuscht und tobt sich in einer Serie greulicher Morde aus, die ihn als »Jack the Ripper« (Jack, der Bauchaufschlitzer) berüchtigt macht. Raymond und Moravagine fliehen nach Rußland, wo »der Idiot« als Mitglied des Zentralkomitees während der Revolution eine führende Rolle einnimmt. Nach deren Scheitern (1907) verlassen die beiden Rußland, um nach Amerika zu reisen, das sie kreuz und quer durchstreifen. Bei den Blauen Indianern am Amazonas steht Moravagine im Zentrum eines religiösen Ritus, den er zu sexuellen Orgien und einem furchtbaren Blutbad unter den Frauen ausarten läßt. Seiner eigenen, vom Ritus bestimmten Opferung kann Moravagine wiederum nur durch die Flucht entgehen. Mit Raymond kehrt er nach Europa zurück, lernt das Fliegen und nimmt als Pilot am Ersten Weltkrieg teil. Raymond verliert Moravagine aus den Augen. »*Warum ließ er sich nicht blicken? Er hätte die Sache mit diesem Krieg im Handumdrehen und ein für allemal erledigt. Warum stand er nicht an der Spitze dieses allgemeinen Gemetzels...*«. Durch einen Zufall findet der verwundete Raymond Moravagine, der zum Morphinisten geworden ist, in der Irrenanstalt von Sainte-Marguerite wieder, wo »der Idiot« 1917 an einem Gehirntumor stirbt, ein riesiges Konvolut an Manuskripten zurücklassend, darunter ein Wörterbuch, das die zweihunderttausend wichtigsten Bedeutungen des einzigen Wortes der Marssprache (»*Ke-re-kö-kö-ko-kex. Es bedeutet alles, was man will*«) verzeichnet. Raymond la Science wird später als Rebell in Spanien verhaftet und zum Tode verurteilt.

Der Moravagine-Stoff hat Cendrars – mit großen Unterbrechungen – von 1912 bis 1926 beschäftigt. »*Unter dem Eindruck der ersten sensationellen Erfolge der Fliegerei und der Lektüre von Fantômas*« plante der Autor ursprünglich einen großen Abenteuerroman in achtzehn Bänden unter dem Titel »Der König der Lüfte«. Für die Endfassung, die einen vom Zerstörungsrausch besessenen, genialischen Geisteskranken zum Helden hat, scheint das Kriegserlebnis von entscheidender Bedeutung gewesen zu sein. Obwohl Cendrars die Krankheitsgeschichte Moravagines mit einer quasi wissenschaftlichen Exaktheit – oft in psychoanalytischer und medizinischer Fachsprache – schildert, kommt es ihm offensichtlich nicht so sehr auf den Einzelfall an. In Moravagine will der Autor vielmehr den *Geist einer Epoche* (so der Titel des ersten Kapitels) charakterisieren. Die Geisteszerstörung geht nicht von dem bestialischen Helden aus; die Gestalt des Moravagine wird aber, da sein Wahnsinn Methode hat, als geniale und epochale Erscheinung aus der Masse der Wahnsinnigen herausgehoben. Aus der Perspektive Cendrars' enthüllen so unterschiedliche Phänomene wie die russische Revolution, indianische Opferriten und die Erfindung des Flugzeugs etwas Gemeinsames: Sie entspringen und gipfeln in Zerstörung und Tod. Ein destruktiver »Urrhythmus« scheint die Menschheit, sei es auf primitiver, sei es auf einer höchst entwickelten Kulturstufe ständig in die gleiche Richtung zu treiben. Die Form des Werkes versucht dem zu entsprechen. Eine zerrissene, oft wie gehetzt wirkende Sprache wird rhythmisch geordnet, die chaotische, sprunghafte Erzählung einer strengen methodischen Gliederung unterworfen. So kommt unmittelbar etwas zum Ausdruck von jener eigenartigen Mischung aus Rausch und Methode, Mythos und Wissenschaft, in der Cendrars zugleich fasziniert und abgestoßen den »Geist einer Epoche« erblickt, für die sein Roman nun selbst typisch erscheint.

K.N.-KLL

AUSGABEN: Paris 1926 *(Prodomo comment j'ai écrit Moravagine).* – Paris 1957 [verb.; Nachw. B. Cendrars]. – Paris 1960 (in *Œuvres complètes,* 8 Bde., 1960–1965, 2). – Paris 1983.

ÜBERSETZUNGEN: *Moravagine,* L. Radermacher, Mchn. 1928. – *Moloch. Das Leben des Moravagine,* L. Frauendienst, Düsseldorf 1961 [Nachw. R. Wittkopf]. – Dass., dies., Mchn. 1965 (dtv). – *Moravagine. Der Moloch,* dies., Zürich 1987 [erw.].

LITERATUR: E. Jaloux, Rez. (in NL, 11. 9. 1926). – G. Le Clec'h, *Lecture de »Moravagine«* (in MdF, 1962, Nr. 345, S. 119–122). – J. P. Goldenstein, *»Moravagine«* (in *C. aujourd'hui,* Hg. M. Décaudin, Paris 1977, S. 83–108). – C. Leroy, *Figures de »Dan Yack«* (ebd., S. 109–144). – M. Touret, *»Moravagine« roman d'aventures ou roman aventureux* (ebd., S. 63–83). – S. K. Bellstrom, *The Beckoning Void in »Moravagine«* (in StTCL, 3, 1978/79, S. 173–185). – M. Touret, *Propositions pour une étude des rapports de »Moravagine« et de l'anarchisme* (in Feuille de Routes, 4, Nov. 1980, S. 6–16). – M. Dentan, *»Moravagine« et l'effacement du sujet* (in M. D., *Le texte et son lecteur,* Lausanne 1983). – J. P. Winter, *»Moravagine«, l'anti-Œdipe* (in *B. C.,* Hg. J. M. Debenedetti, Paris 1985, S. 143–149).

**L'OR, la merveilleuse histoire du Général Johann Auguste Suter**

(frz.; Ü: *Gold. Die fabelhafte Geschichte des Generals Johann August Suter).* Roman von Blaise CENDRARS (Schweiz), erschienen 1925. – Johann August Suter, *»einer von der starken Rasse der Abenteurer«,* stammt aus Kandern im Großherzogtum Baden. Seine Vorfahren sind erfolgreiche Industrielle. Mit einunddreißig Jahren verläßt Suter Frau und vier Kinder und flieht – von der Polizei verfolgt – aus der Schweiz, wo er sich Auswanderungspapiere verschaffen wollte. Bei Besançon bestiehlt er deutsche Handwerksburschen, denen er sich angeschlossen hatte, und reist über Paris nach Le Havre, wo er sich nach Amerika einschifft – *»Bankrotteur, Flüchtling, Landstreicher, Vagabund, Dieb, Betrüger«.* Am 7. Juli 1834 erreicht er New York. Mit wechselndem Erfolg schlägt er sich in allen möglichen Berufen durch. *»Wie die ganze amerikanische Zivilisation wandert er langsam nach Westen.«* Suter verläßt New York und kauft eine Farm am Missouri. Dort hört er von einem »Zauberland« im Westen: Kalifornien. Suter beschließt, dorthin aufzubrechen. *»Es gibt unzählige Felder, Prärien, Herden, die der Gewalt eines Handstreichs preisgegeben sind. Man muß wagen und gewinnen. Man kann sich ihrer bemächtigen. Er ist bereit.«* In Honolulu gründet Suter eine Handelsgesellschaft, deren Hauptaufgabe es ist, Eingeborene nach Kalifornien zu bringen, wo sie als Sklaven für Suter arbeiten sollen. Im fruchtbaren Tal des Sacramento läßt sich Suter dann nieder, macht Sümpfe und Wälder urbar und gründet einen Staat: »Neu-Helvetien«. Er hat Erfolg, sein Landbesitz vermehrt sich von Tag zu Tag. Er wird unermeßlich reich, seine Bankverbindungen reichen bis nach Europa. Neu-Helvetien wird als *Eldorado* geschildert. Die Indianer kommen aus den Wäldern, um bei Suter zu arbeiten, die Sklaven sind längst frei geworden. Alle haben Anteil an dem wirtschaftlichen Aufschwung: ein glückliches Land dank der Kraft und der Fähigkeiten Suters. Als einer der Arbeiter eines Tages auf Suters Land Gold entdeckt, bricht das Chaos aus. Aus aller Welt kommen Abenteurer und ergreifen Besitz von Suters Land. Sein Werk ist zerstört. Endlich trifft auch seine Familie ein. Die Frau stirbt bei der Ankunft. Abseits der Goldminen beginnt Suter von neuem in mühevoller Arbeit das Land zu bewirtschaften, bemüht sich darum, daß ihm sein Land zurückgegeben wird. Und noch einmal hat er Erfolg, seine Geschäfte blühen, aber, wie der Erzähler hinzufügt, *»nur für eine kurze Zeit«.* Am fünften Jahrestag der Gründung San Franciscos wird Suter als Held gefeiert, die Menge jubelt ihm zu. Doch als ein Gericht seine Forderungen bestätigt, gelingt es seinen Feinden, die Menge gegen ihn aufzuwiegeln. Suters Farmen, Ländereien, Fabriken werden verwüstet, seine Söhne kommen um. Gealtert, verarmt, einsam versucht Suter in Washington doch noch zu seinem Recht zu kommen. Am 17. Juni 1880 stirbt er auf der Freitreppe des Kapitols. *»Sein Fall wurde vom Kongreß nie erledigt.«*

Den ungeheuren Stoff, die Fülle der Ereignisse hat Cendrars in einen äußerst knapp gefaßten Bericht gedrängt. Er liest sich wie der Abriß, der Extrakt eines Romans. Obwohl die heftige, pathetische Sprache wie Rohmaterial wirkt, ist sie das Ergebnis einer sehr bewußten Gestaltung, eines Willens, den breiten Stoff in Formeln zu bändigen. Den kurzen, wie mit dem Meißel gearbeiteten Sätzen entspricht die Gliederung des Ganzen. Die Kapitel werden in kurze Abschnitte von blockartiger Strenge untergliedert; so entsteht ein Kompositionsgefüge, das der kubistischen Malerei vergleichbar ist. Die Zerstörung eines gewaltigen, fruchtbaren Lebenswerkes durch die Verführung des Goldes wird nicht auf die Ursachen hin untersucht, sondern – formelhaft zusammengefaßt – an den Wirkungen demonstriert. Ähnlich wie in *Moravagine* (1926) zeigt Cendrars hier die Destruktionskraft des Wahnsinns, des Rausches, des Irrationalen, gegen die die Vernunft wehrlos ist. Aber während in *Moravagine* die Zerstörungswut eine ganze Kultur erfaßt, bleibt in *L'or* der Wahnsinn begrenzt, werden hier vernunftmäßiges Streben, die moralische und geistige Kraft Suters und die Irrationalität der vom Goldrausch Besessenen klar gegeneinandergestellt und als Alternativen gezeigt. KLL

AUSGABEN: Paris 1925. – Paris 1960 (in *Œuvres complètes*, 8 Bde., 1960–1965, 2). – Paris 1973 (Folio).

ÜBERSETZUNGEN: *Gold. Die fabelhafte Geschichte des Generals Johann August Suter*, I. Goll, Basel 1925; ern. Zürich 1987 [m. Essay v. K. Witte]. – *Gold. Der abenteuerliche Roman des Generals Johann August Suter*, F. Eckstein, Bln. 1936. – *Gold. Der Lebensroman des General Suter*, M. u. P. Pörtner, Zürich 1959; ern. 1974 [erw.]. – Dass., dies., Düsseldorf 1960; ²1963. – Dass., dies., Ffm./Hbg. 1967 (FiBü). – Dass., L. Frauendienst, Bln./DDR 1974.

VERFILMUNG: *Sutter's Gold*, USA 1935 (Regie: J. Cruze).

LITERATUR: C. Camproux, *La langue et le style de C.* (in Les Lettres Françaises, 11. 7. 1957, S. 11–14). – F. Mennemeier, *Farbige Oberfläche (L'Or)* (in NDH, 7, 1960/61, S. 370 f.). – I. Montagu, *With Eisenstein in Hollywood. A Chapter of Autobiography. Including the Scenarios of »Sutter's Gold« and »An American Tragedy«*, Bln. 1974. – J. Bochner, *La fortune de »L'or« en Amérique* (in *C. aujourd'hui*, Hg. M. Décaudin, Paris 1977, S. 35–61). – H. Richard, *C. und der fabelhafte General Sutter* (in Schweizer Monatshefte, 67, 1977/78, S. 445 bis 460). – G. Rabiller, *Approche de »L'or« de C. à travers les mythes* (in Recherches sur l'imaginaire, 12, 1984, S. 158–165).

## SUSANNAH CENTLIVRE

\* 1667 (?) Irland
† 1.12.1723 London

LITERATUR ZUR AUTORIN:
R. Seibt, *Die Komödien der Mrs. C.* (in Anglia, 32, 1909; 33, 1910). – J. W. Bowyer, *The Celebrated Mrs. C.*, Durham/N.C. 1952. – F. S. Boas, *Mrs. C.* (in F. S. B. *An Introduction to Eighteenth-Century Drama, 1700–1780*), Oxford 1953; ²1965. – A. H. Scouten, »*Comic Dramatists of the Augustan Age*« (in *The Revels History of Drama in English, 1600–1750*, Hg. J. Loftis u. a., Bd. 5, Ldn. 1976, S. 230–242). – F. P. Lock, *S. C.*, Boston 1979 (TEAS). – S. A. Markel, *The Cook's Wife' Reconsidered: An Evaluation of the Comedies of S. C.*, Diss. Univ. of Kansas 1982 (vgl. Diss. Abstracts, 43, 1982, S. 2681/2682). – R. C. *Marriage and Marrying in S. C.'s Plays* (in Papers on Language and Literature, 22, 1986, Nr. 1, S. 16–38).

## A BOLD STROKE FOR A WIFE

(engl.; *Handstreich eines Heiratslustigen*). Komödie von Susannah CENTLIVRE, Uraufführung: London, 3. 2. 1718. – Neun Jahre nach dem Erfolg ihres Stückes *The Busie-Body* begeisterte die Schauspielerin und Autorin Mrs. Centlivre ihr Publikum im Lincoln's Inn Fields Theatre mit ihrer wohl besten Komödie, *A Bold Stroke for a Wife*. Colonel Fainall, der Held des Stückes, erobert mit dem strategischen Geschick eines Generalstäblers die Frau seines Herzens, Anne Lovewell. Anne hat noch nach dem Tod ihres Vaters unter dessen Bosheit zu leiden. Der alte Lovewell hatte in seinem Testament verfügt, daß seiner Tochter das Erbe von einigen tausend Pfund erst zufallen solle, wenn sie geheiratet habe, und auch dann nur, wenn ihr Erwählter die Zustimmung der vier von ihm eingesetzten, grundverschiedenen Vormunde fände: eines alten Modegecken, eines Quäkers, eines Börsenmaklers und eines extravaganten Künstlers. Da Anne von diesen Herren niemals ein übereinstimmendes Urteil über Fainall erhoffen kann, sichert sich dieser die Hilfe zweier Freunde und versucht, sich mit List eine um die andere Zustimmung zu verschaffen. Bei dem eitlen Galan Modelove gelingt ihm dies im Kostüm eines französischen Grafen, der mit preziösem Gehabe das in alles Französische vernarrte Herz des ersten Vormunds im Sturm erobert. Im Börsencafé geht er als holländischer Kaufmann zum Angriff auf sein zweites Opfer, den Makler, über, den er zu einer unglücklichen Wette über ein von ihm selbst kolportiertes Gerücht überredet. Der Verlierer ist schließlich dankbar, daß er sich mit der Hand seines Mündels von der Wette loskaufen kann. Als ägyptischer Globetrotter, ausgerüstet mit einem Zaubergürtel, der, wie er behauptet, den Träger unsichtbar machen kann, gelingt es Fainall dann beinahe, das wundergläubige Gemüt des Künstlers zu überlisten. Nach einer sehr ausgelassenen Szene, während derer die Wunderkraft des Gürtels »bewiesen« wird, entdeckt der schon zum Tausch des Jawortes gegen den Gürtel entschlossene Vormund durch einen Zufall den Betrug. Erst auf einen zweiten Versuch hin herein: Er unterschreibt die Hochzeitsurkunde, die er für ein anderes Schriftstück hält. Den massivsten, moralisch untermauerten Widerstand setzt der Quäker Fainalls Absichten entgegen. Er müht sich seit langem um die Bekehrung seines Mündels Anne. Als Fainall es in der Verkleidung eines amerikanischen Quäkers zustande bringt, in wenigen Minuten des Alleinseins Anne derart zu bekehren, daß sie dem Himmel dankt, einem solch frommen Mann begegnet zu sein, willigt der Vormund in die Eheschließung ein. Am Schluß werden die Karten aufgedeckt, die Betrogenen fügen sich in das Unvermeidliche und geben sich schließlich damit zufrieden, daß Fainall als britischer Offizier wenigstens ihre patriotischen Gefühle nicht enttäuscht. In der Gestalt des Fainall schuf Susannah Centlivre eine Rolle, wie sie sich Komiker erträumen. Mit dramaturgischem Talent und einer leichten Hand für Situationskomik und Typenwitz hat sie ihre Erfolgskomödie in übermütig-albernen Dialogen verfaßt. Obwohl diese bis heute kaum an Frische eingebüßt haben, erscheint das Stück nicht mehr auf den Spielplänen. E.St.

Ausgaben: Ldn. 1719. – Ldn. 1760/61. – Ldn. 1872 (in *The Dramatic Works*, 3 Bde.). – Lincoln/Nebr. 1968, Hg. T. Stathas. – NY 1982 (in *The Plays of S. C.*, Hg. R. C. Frushell, 3 Bde.; krit.).

Übersetzungen: *Die vier Vormünder*, anon., Augsburg 1788 (in Dt. Schaubühne, Bd. 35). – Dass., F. U. L. Schröder, Schwerin/Wismar 1791. – Dass., F. Denifle, Wien/Lpzg. 1792.

Literatur: T. W. Burke, *S. C.'s »A Bold Stroke ...«: A Reevaluation*, Diss. Case Western Reserve Univ. (vgl. Diss. Abstracts, 32, 1972, S. 4555A).

## THE BUSIE-BODY

(engl.; *Der Wichtigtuer*). Komödie von Susannah Centlivre, Uraufführung: London, 12. 5. 1709. – Der Titelheld der Komödie ist Marplot, ein harmlos-törichter Mensch, dessen einziges Laster darin besteht, daß er glaubt, sich in alles einmischen zu müssen. Mit närrischer Unbekümmertheit tut er sich ausgerechnet immer dort wichtig, wo er – wenn auch ungewollt – erheblichen Schaden anrichten kann. So gefährdet er in diesem Stück das Glück zweier Paare, die sowieso schon gegen zahlreiche Schwierigkeiten zu kämpfen haben. Auf Miranda, die Sir George Airy liebt, hat es ihr alter Vormund, Sir Francis Gripe, abgesehen. Mirandas Vetter Charles wiederum, der Sohn von Sir Francis, ist in Isabinda verliebt, die von ihrem Vater einem spanischen Kaufmann versprochen ist, den weder er noch sie persönlich kennen. Nach einer Folge romantischer Rendezvous, die sich die jungen Paare erlisten müssen und die die beiden trottelig alten Herren vergeblich zu verhindern suchen, droht eine Katastrophe: Don Diego, der für Isabinda bestimmte Bräutigam, kündigt seine Ankunft an. Doch Charles verkleidet sich kurzentschlossen als Spanier und wird, obwohl Marplots naive Aufdringlichkeit auch dies fast noch verhindert hätte, mit Isabinda getraut. Mit Hilfe einer ähnlichen List wird Sir Francis seines Mündels beraubt und muß fluchend seinem jungen Nebenbuhler George weichen. Isabindas Vater indes macht gute Miene zum bösen Spiel und reiht sich mit in den Happy-End-Reigen ein, in dem auch Marplot, dem nun alle verzeihen, bis auf weiteres einen Platz zugewiesen erhält.

Mrs. Centlivre schrieb ihre beiden erfolgreichen Intrigenkomödien *The Busie-Body* und *A Bold Stroke for a Wife* (Handstreich eines Heiratslustigen) in den beiden ersten Jahrzehnten des 18. Jh.s, in denen die Situation des englischen Theaters von einer allgemeinen Desorientierung und Ratlosigkeit der Bühnenautoren gekennzeichnet war und eine Sentimentalisierung und »moralische Aufbesserung« der Komödien um sich griff. Das Publikum im Londoner Drury Lane Theatre dankte daher der Verfasserin für ihr von dieser Tendenz nicht angekränkeltes, frisches Lustspiel mit begeistertem Besuch. In diesem mit heiteren Intrigen und sich überstürzenden Komplikationen prallgefüllten Stück war kein Platz für langweilige Sentimentalitäten: »*Keine Rosafärbung trübt das helle, klare Licht dieses Stückes.*« (R. Stamm) Von ihrem einmaligen Erfolg ließ sich Mrs. Centlivre zu einer Fortsetzungskomödie anregen, in der wiederum der Wichtigtuer Marplot auftritt: *Marplot in Lisbon* mußte aber bald vom Spielplan abgesetzt werden, da das Stück vom Publikum nur als schwacher Aufguß der ersten Komödie betrachtet wurde. – Mit *The Busie-Body* erlebte die Intrigenkomödie der Restauration ihre letzte Blüte. E.St.

Ausgaben: Ldn. 1709. – Ldn. 1760/61 (in *Works*). – Los Angeles 1949, Hg. J. Byrd. – NY 1982 (in *The Plays of S. C.*, Hg. R. C. Frushell, 3 Bde.; krit.).

Übersetzung: *Er mengt sich in Alles*, J. F. Jünger (in Dt. Schaubühne, 54, Augsburg 1793).

Literatur: R. D. Hume, *»The Busie-Body«: An Augustan Intrigue Comedy* (in R. D. H., *The Development of English Drama in the Late Seventeenth Century*, Oxford 1976, S. 116–121).

## AKAKI ROSTOMISDZE CERETʻELI

\* 21.6.1840 Skhvitori
† 8.2.1915 Skhvitori

## TʻORNIKE ERISTʻAVI

(georg.; *Tʻornike, der Feldherr*). Zyklus epischer Gedichte von Akaki Rostomisdze Ceretʻeli, erschienen 1884. – Die Dichtung lehnt sich in den

Hauptzügen an bekannte Ereignisse aus der georgischen Geschichte an: In der zweiten Hälfte des 10. Jh.s wurde das byzantinische Reich durch die Revolte des Feldherrn Bardas Skleros erschüttert. Einen entscheidenden Sieg über die Aufständischen trug der georgische Heerführer Tʻornike davon. Er hatte sich zwar bereits als Mönch auf den Berg Athos zurückgezogen, als er noch einmal den Rang des Feldherrn übernahm, um König David (961–1001), dem Herrscher über das georgische Teilkönigreich Tao-klardžetʻi und Kuropalates von Byzanz, sowie dem byzantinischen Feldherrn Bardas Phocas in ihrem Kampf gegen Bardas Skleros beizustehen. Nach Erringung des Sieges kehrte Tʻornike auf den Berg Athos zurück und ließ dort das Kloster Iviron erbauen, welches eine Hochburg georgischen Geisteslebens werden sollte.
Ceretʻeli schildert zunächst, wie Tʻornike den Entschluß faßt, den Dienst bei König David aufzugeben, um sich als Mönch auf den Berg Athos zurückzuziehen. Vor versammeltem Hof muß er seinen Schritt rechtfertigen, bevor er im Gewand eines Bettlers nach dem heiligen Berg ziehen kann. – Als der Aufstand des Bardas Skleros immer bedrohlicher wird, hofft der in Bedrängnis geratene Hof von Byzanz auf Hilfe durch König David und seine Georgier. Tʻornike wird aus seiner Weltabgeschiedenheit herbeigerufen, um den Beistand des Königs zu erbitten. Dieser willigt ein, aber das georgische Heer verlangt, daß Tʻornike sein Feldherr sei. Tʻornike glaubt jedoch, das Kriegshandwerk nicht mit seinem Mönchsgelübde vereinbaren zu können und beharrt auch gegenüber dem georgischen Katholikos Arsen auf der Ansicht, daß er sich wie Christus, der sich vierzig Tage in die Einsamkeit zurückgezogen habe, nicht mehr in die irdischen Kämpfe einlassen dürfe. Arsen entgegnet, daß Christus diese Welt nicht gemieden, sondern in ihr gewirkt habe. Das Paradies eröffne sich nicht wortreichen Gebeten, sondern der Tat, die aus reinem Herzen geboren werde. Erst nach langem Zögern willigt Tʻornike ein.
Vor Beginn der Kämpfe gibt er den georgischen Hauptleuten Anweisungen, er selber aber bleibt allein und betet für den Sieg. Er schaut von einer Anhöhe auf das Schlachtfeld »wie auf seine Handfläche« und verfolgt den Verlauf der Kämpfe. Als die Seinen an einer Stelle in Bedrängnis geraten, greift er selber ein und erringt den Sieg.
Der Byzantinische Hof beschenkt Tʻornike reich. Doch dieser überreicht die Schätze König David, der die eine Hälfte den Witwen und Waisen spenden, die andere für sich selber behalten soll. Aber auch der König verzichtet auf die für ihn selber bestimmten Reichtümer. Auf Anraten eines alten Eremiten namens Gabriel, welcher bis zu diesem Zeitpunkt als stumm galt und der nun zum ersten und einzigen Male seine Stimme erhebt, soll des Königs Anteil dazu dienen, auf dem Berg Athos ein Kloster zu bauen, zur Erinnerung an die gefallenen Krieger und zur Anbetung der Mutter Gottes, der Schutzherrin Georgiens. Tʻornike und Gabriel kehren auf den Berg Athos zurück, wo die Mutter Gottes den Mönchen erscheint und Gabriel auserwählt, ihre Ikone für das georgische Kloster in Empfang zu nehmen.
Die Dichtung enthält im ganzen 2088 Verse, Acht- oder Zehnsilber, deren Schlußreime durchweg dem Schema *a b c b d e f e* usw. folgen. Sie gliedert sich in eine Einleitung und vier Kapitel, die wiederum in verschieden lange Gedichte unterteilt sind. Epische Passagen wechseln mit lyrischen und dramatischen Abschnitten. Die unvergleichliche Musikalität von Ceretʻelis Sprache empfindet man besonders in den Szenen, wo er mit lyrischer Zartheit die Sphären einer geistigen, Gott hingegebenen Welt andeutet, oder wo er den Zauber der Natur in der Morgenfrühe schildert, kurz vor Beginn der Schlacht, die mit realistischen Pinselstrichen vor Augen geführt wird. Die Geschehnisse und Gespräche am georgischen Königshof sind vom Geist RUSTAVELIS (vgl. *Vepʻẖis tqaosani*) geprägt. Ritterliche Lebenshaltung und hohes menschliches Ethos sind wegweisend, Bindung an göttliche Kräfte, Liebe der Gerechtigkeit, Barmherzigkeit gegenüber den Schwachen, aber auch der Wille zur furchtlosen Verteidigung, wenn es die Not erfordert. Ceretʻeli wird zu den Klassikern der georgischen Literatur des 19. Jh.s gezählt und ist vor allem für seine Lyrik berühmt. Durch seine Besinnung auf die geistigen Grundlagen der georgischen Kultur hatte er großen Einfluß auf seine unter russischer Herrschaft lebenden Landsleute. R.N.

AUSGABEN: Tiflis 1884 (in Nobatʻi). – Tiflis 1908. – Tiflis 1960 (Čʻveni saundže, Bd. 8).

LITERATUR: P. Peeters, *Histoires monastiques géorgiennes*, Brüssel 1923. – G. Schlumberger, *L'épopée Byzantine à la fin du 10e siècle*, Paris 1925, S. 415–435. – P. Kekelidze, *A. C. Tʻornike eristʻavis avtograpʻi*, Tiflis 1946. – A. Džibladze, *Kritikuli etiudebi*, Bd. 1, Tiflis 1951; Bd. 4, Tiflis 1963. – A. Manvélichvili, *Histoire de Géorgie*, Paris 1951, S. 146. – Baramidze-Radiani, S. 224. – Tarchnišvili, *Geschichte der kirchlichen georgischen Literatur*, Vatikanstadt 1955, S. 70. – L. Asatʻiani, *Cxovreba A. Ceretʻlisa*, Tiflis ²1965. – A. Gačʻečʻiladze, *A. C.*, Tiflis 1966. – A. Khintʻibidze, *A. Leksi*, Tiflis 1972. – G. Abzianidze, *A. Tseretheli* (in Kʻartʻuli literaturis istoria ekʻs tomad, 4, 1974, S. 116–172).

## GIORGI EKVTʻIMISDZE CERETʻELI

\* 26.5.1842 Gori
† 24.1.1900 Tiflis

## MAMIDA ASMATʻI

(georg.; *Die Tante Asmath*). Erzählung von Giorgi Ekvtʻimisdze CERETʻELI, erschienen 1888. – Die

Hauptgestalt der Erzählung, Mamida Asmat'i, ist eine bösartige Frau, aus verarmtem Adelsgeschlecht, deren hexenhaftes Aussehen ganz ihrem inneren Wesen entspricht. »*Ihr Blick erinnerte an die diamanten-kalten Augen der sagenhaften Schlange, die alles, was sie anblicken, erstarren und verdorren lassen.*« In dem kleinen westgeorgischen Dorf lebt bei Mamida Asmat'i ihre Nichte, die zwölfjährige Waise Nat'ela, die eine trostlose Kindheit hinter sich hat. Das bescheidene Erbe, das Nat'ela von ihren Eltern erhielt, wird zum Anlaß eines erbitterten Streits zwischen Mamida Asmat'i und ihrem Bruder Rosap'. Beide wollen Nat'ela schnell verheiraten, um das Erbe an sich zu reißen. Das Verhältnis der Geschwister wird außerdem noch durch eine Auseinandersetzung um eine von den Eltern hinterlassene Truhe belastet, von der beide meinen, daß sie ein wichtiges Testament und kostbaren Schmuck enthalte. Die Truhe befindet sich in Rosap's Händen. Nachdem der gegenseitige Haß der Geschwister sich immer mehr gesteigert hat, überfallen Mamida Asmat'is Leute, eine Schar verarmter Adliger, eines Nachts Rosap's Haus und lassen es in Flammen aufgehen. Die habsüchtige Mamida Asmat'i erlebt jedoch eine bittere Enttäuschung: Als man die ersehnte Truhe in den Wald hinausschleppt und öffnet, erweist sie sich als leer.

Ceret'eli zeichnet in seiner Erzählung eine Reihe scharf umrissener, typischer Gestalten aus der Schicht der deklassierten georgischen Adels, der durch die Bauernbefreiung ruiniert wurde. Die Bösartigkeit und Habgier der Mamida Asmat'i machen deutlich, zu welch extremen menschlichen Verzerrungen es innerhalb des Landadels nach Verlust seiner gesellschaftlichen Privilegien kommen konnte.

Ceret'eli gehört neben Ilia Giorgisdze ČAVČAVADZE (1837–1907) und Akaki Rostomisdze CERET'ELI (1840–1915) zu den Vertretern eines sozialkritischen Realismus in der georgischen Literatur der zweiten Hälfte des 19. Jh.s, die durch den publizistischen Stil ihrer Werke ihrem persönlichen Engagement unverhüllt Ausdruck verleihen. In seinen sozialpolitischen Ansichten geht er über diese teilweise hinaus, gelingt es ihm doch in überzeugender Weise, Zusammenhänge zwischen ökonomischer Situation und psychischer Befindlichkeit darzustellen.

I.Ku.

AUSGABE: Tiflis 1888.

LITERATUR: Kita Abašidze, *Etiudebi*, Bd. 2, Tiflis 1912. – Baramidze-Radiani, S. 151. – S. Avaliani, *G. Ceret'elis p'ilosop'iuri msop'lmxedveloba*, Tiflis 1954. – M. Gap'rindašvili, *G. Ceret'elis msop'lmxedveloba*, Tiflis 1955. – G. Džibladze, *Kritukuli etiudebi*, Bd. 1, Tiflis 1958, S. 230 f. – Miheil Gap'rindašvili, *G. C. šemok'medebit'i met'odis t'aviseburebani* (in Mnat'obi, 6, 1962, S. 145–152). – A. Cilaia, *G. C.*, Tiflis 1964. – Š. Radiani, *G. Tsereteli* (in K'art'uli literaturis istoria ek's tomad, 4, 1974, S. 173–206). – H. Faehnrich, *Die georgische Literatur*, Tiflis 1981, S. 115 f.

## VOJDAN POP GEORGIEV ČERNODRINSKI

\* 2.1.1875 Selce
† 8.1.1951 Sofia

LITERATUR ZUM AUTOR:
J. Boškovski, *Dramskoto tvorestvo na V. Č.* (in Razgledi, 10, 1968, 10, S. 1197–1210). – B. Ristovski, *C. Vojdan p. G.* (in *Leksikon pisaca Jugoslavije*, Bd. 1, Belgrad 1972, S. 493 f.). – A. Aleksiev, *Osnovopoložnici na makedonskata dramska literatura*, Skopje 1972. – Ders., *V. Č. (1875–1951)*, Skopje 1974. – B. Ristovski, *Projavi i profili od makedonskata literaturna istorija*, Bd. 2. Skopje 1982.

## MAKEDONSKA KRVAVA SVADBA

(maked.; *Makedonische Bluthochzeit*). Tragödie in fünf Akten von Vojdan ČERNODRINSKI, erschienen 1901, Uraufführung: Sofia, 20.11.1900, Slavjanska Beseda. – Bei der Erntearbeit wird die hübsche Cveta von bewaffneten Türken unter Anführung Osman-begs geraubt, ohne daß ihre Verwandten eingreifen können (1. Akt). Der 2. Akt führt in das Haus von Dedo Kuzman und Baba Kuzmanica, Cvetas Großeltern. Diese sollen einen betrunkenen Türken bewirten. Als sie von der Entführung cvetas erfahren, werfen deren Bruder Duko und der Hirte Spase, der Geliebte Cvetas, den Türken hinaus. – Osman-beg will Cveta gegen ihren Willen in seinen Harem aufnehmen und zur Türkin machen. Zwei Makedonierinnen, Petkana und Krstana, erzählen Cveta von ihrem Schicksal (3. Akt). Duko, Spase und die Eltern Cvetas sprechen bei den Türken vor, woraufhin im Sekretariat des türkischen Verwaltungsbeamten über den Fall verhandelt wird. Cveta wird vorgeführt und erklärt, sei sei Osman-beg freiwillig gefolgt, liebe ihn und wolle Türkin werden. Aber als sie am Schluß der Verhandlung ihre Eltern erkennt, fleht sie um Hilfe (4. Akt). Nach der Freilassung Cvetas findet im Hause Kuzmans das Hochzeitsmahl für Spase und Cveta statt. Als Osman-beg zusammen mit anderen Türken die Hochzeitsgesellschaft überfällt, kommt es zu einem blutigen Kampf, in dem Duko ermordert wird. Cveta stürzt sich auf Osman-beg, erdolcht ihn und wird von einem Türken erschossen (5. Akt).

Černodrinski, der Verfasser der ersten makedonischen Dialoge, Einakter und Dramen, entnahm den Stoff seines Dramas einer Notiz der Zeitung ›Reforma‹, die vom Raub eines makedonischen Mädchens durch einen türkischen Beg im Gebiet von Thessalonike berichtete. Makedonien, das nach der Befreiung Bulgariens im Jahre 1878 unter türkischer Verwaltung blieb, litt weiterhin unter der Willkürherrschaft der Türken. In Aufständen versuchte die Bevölkerung das fremde Joch abzuschütteln. Vor diesem politischen Hintergrund muß Černodrinskis Tragödie verstanden werden, die ebenso wie seine anderen Werke die Bevölkerung zum revolutionären Widerstand anspornen sollte. Um diplomatischen Schwierigkeiten aus dem Weg zu gehen, verbot die bulgarische Regierung die Uraufführung in Sofia. Sie fand trotzdem statt, und zwar unter dem Schutz bewaffneter makedonischer Revolutionäre.

Die Tragödie, der allein schon die mit zahlreichen Dialektwörtern und Turzismen durchsetzte Sprache ein kräftiges Lokalkolorit verleiht, zeichnet die handelnden Personen in scharfem Schwarzweiß-Kontrast. Den verbrecherischen, grausamen und despotischen Türken steht Cvetas ausgebeutete Familie mit ihrem starken moralischen und nationalen Empfinden gegenüber. Cvetas Worte: »*Lieber sterben als eine Türkin werden*« sind das Leitmotiv der Tragödie. Charakteristische Züge des makedonischen Volkslebens und Beispiele der reichen Volksdichtung finden sich vor allem im zweiten und fünften Akt. – Das häufig aufgeführte Stück erinnert in Aufbau und Tendenz an die Dramen der Bulgaren VOJNIKOV und DRUMEV, die wenige Jahrzehnte zuvor unter ähnlichen politischen Verhältnissen die Bereitschaft der Bevölkerung zum Widerstand gegen die türkische Fremdherrschaft verstärken sollten. D.Ku.

AUSGABEN: Sofia 1901. – Skopje 1969 [Vorw. G. Stefanoski]. – Skopje 1974. – Skopje 1975 (in *Izbrani dela*, Hg. A. Aleksiev). – Skopje 1976 (in *Sobrani dela*. Hg. A. Aleksiev, 5 Bde., 1). – Skopje 1985 (in *Odbrani drami*).

LITERATUR: I. Milčin, *Biografski belezki za Vojdan pop G. Č.* (in Teatar, Skopje, 1953/54, S. 3–10). – Lj. Lape, *Prepiska okolu davanjeto »Makedonska krvava svadba«* (ebd., S. 11–15). – M. Matevski, *V. Č.: »Krvava makedonska svadba« vo režija na Petre Pličko* (in Razgledi, 8, 1966, 5, S. 502–504). – S. Janevski, *Makedonska krvava svadba 1–3* (in Sovremenost, 17, 1967, S. 6–10). – A. Aleksiev, *V. Č.: Makedonska krvava svadba*, Bitola 1983.

---

LUIS CERNUDA

* 21.9.1902 Sevilla
† 5.11.1963 Mexiko

LITERATUR ZUM AUTOR:
E. Müller, *Die Dichtung L. C.s*, Genf/Paris, 1962. – *Homenaje a L. C.*, Valencia 1962. – Insula, 1964, Nr. 207 [Sondernr.]. – P. Silver, *Et Arcadia Ego: A Study of the Poetry of L. C.*, Ldn. 1965. – A. Coleman, *Other Voices: A Study of the Late Poetry of L. C.*, Chapel Hill 1969. – J. M. Capote Benot, *Bibliografía cernudiana* (in CHA, 1970, Nr. 248/249, S. 572–576). – Ders., *El período sevillano de L. C.*, Madrid 1971. – D. Harris, *A Study of the Poetry of L. C.*, Ldn. 1973. – A. Delgado, *La poética de L. C.*, Madrid 1975. – J. Talens, *El espacio y las máscaras. Introducción a la lectura de C.*, Barcelona 1975. – J. M. Capote Benot, *El surrealismo en la poesía de L. C.*, Sevilla 1976. – CHA, 10, 1976, Nr. 316 [Sondernr.]. – *L. C.*, Hg. D. Harris, Madrid 1977. – S. Jiménez-Fajardo, *L. C.*, Boston 1978 (TWAS). – C. Ruiz Silva, *Arte, amor y otras soledades en L. C.*, Madrid 1979. – R. Martínez Nadal, *Españoles en la Gran Bretaña, L. C.*, Madrid 1983. – F. Romero, *El muro, la ventana: La »otredad« de L. C.* (in CHA, 1983, Nr. 396, S. 545–575). – J. Valender, *C. y el poema en prosa*, Ldn. 1984. – R. C. Allen, *L. C.: Poet of Gay Protest* (in Hispano, 29, 1985, S. 61–78).

## OCNOS

(span.; *Ocnos*). Gedichte in Prosa von Luis CERNUDA, erschienen 1942 und in erweiterter Form jeweils 1949 und 1963. – Nach Jahren des Exils in angelsächsischen Ländern macht sich der Andalusier Cernuda auf die poetische Reise zurück in das verlorene Paradies der Kindheit. Der Dichter verwandelt sich in den Protagonisten »Albanio«, das Schäferskind aus der zweiten Ekloge von GARCILASO DE LA VEGA (1503–1536), um sein Kindheitsparadies wiederzufinden, den mythischen Raum, der in perfekter Harmonie mit der Welt ist, in dem keine Zeit existiert, in dem der Mensch eins mit der Natur ist, »*frei von jeder menschlichen Vernunft*«, nur einem vegetativen Ideal folgend. Wie für die meisten der vorwiegend aus Andalusien stammenden Dichter der »Generation von 27« »*könnte dieses Eden in Andalusien liegen*«.

Albanio nährt sich nicht von Worten oder Spielen mit anderen Kindern, sondern von Empfindungen, von Musik, von Mythen. Sie bestimmen das Gefühl des Schönen, des Wahren, der Poesie, der Liebe, des Glücks; es sind die einzigen Momente authentischen Lebens. Cernuda versucht in *Ocnos* den psychologischen Mechanismus dieses Gefühls perfekter Harmonie, der Identität von Welt und kindlichen Wünschen zu analysieren.

Es sind vor allem Wahrnehmungen aus der natürlichen Umwelt, die den Dichter zur philosophischen Reflexion provozieren, so z. B. in *El magnolio (Die Magnolie)*. »*Diese Magnolie war für mich immer etwas mehr als eine schöne Wirklichkeit: In ihr verbarg sich der Schlüssel des Lebens. Obwohl ich sie mir manchmal anders wünschte, freier, mehr im Strom der Wesen und der Dinge, wußte ich, daß es genau dieses einsame Leben des Baumes ist, dieses Blühen ohne Zeugen, das der Schönheit solch hohe Würde gab.*« Das Glück unterscheidet sich nicht von der Seligkeit der Sinne. Dagegen erscheint die Bibliothek als Symbol der zerbrochenen Einheit der sinnlichen Wahrnehmungen. »*Schüttele diesen so barbarisch intellektuellen Staub von deinen Händen und meide diese Bi-*

bliothek, in die sich deine Gedanken eines Tages als Mumien niederlassen könnten.« Nicht nur aus dem mythischen Raum der Kindheit fühlt sich der Dichter exiliert, sondern auch aus der Zeit. »Wieviel Jahrhunderte füllen die Stunden eines Kindes?« Im kindlichen Eden herrscht als zeitliche Dimension nur die Ewigkeit, während danach der Moment eintritt, in dem »wir der Zeit unterworfen und verpflichtet sind, als ob uns irgendeine wütende Vision mit funkelndem Schwert dem ersten Paradies entreißen würde, in dem der Mensch frei vom Stachel des Todes gelebt hat.«

Die der zweiten und dritten Ausgabe hinzugefügten Gedichte spiegeln eine gewisse Verhärtung des Dichters wider. Die jugendliche Begeisterung und die Unbefangenheit des Kindes sind bis auf wenige Ausnahmen verschwunden, die sinnlichen Wahrnehmungen durch rationale Überlegungen ersetzt. Es dominieren eher Angst vor der Vergänglichkeit der Zeit, dem Altern und der Einsamkeit im Exil. Im letzten Gedicht von Ocnos - El acorde (Der Akkord) - versucht Cernuda noch einmal das Gefühl perfekter Harmonie mit der Welt heraufzubeschwören.

In der Nachfolge von G. A. BÉCQUER (1836 bis 1870) und J. R. JIMÉNEZ (1881–1958) hat Cernuda dem Prosagedicht in Spanien zur Bedeutung verholfen, zur »Eroberung der Prosa als dem reinen Instrument der Poesie« (J. Bergamín). W.Ste.

AUSGABEN: Ldn. 1942. – Madrid 1949 [erw.]. – Mexiko 1963 [erw.]. – Barcelona 1975 (in Prosa completa, Hg. u. Einl. D. Harris u. L. Maristany). – Madrid 1979, Hg. u. Einl. J. Gil de Biedma. – Barcelona 1981, Hg. u. Einl. D. Musacchio.

LITERATUR: P. Pinto, Lo mítico, una nueva lectura de »Ocnos« (in Acta Literaria, 6, 1981, S. 119–138). – J. M. La Rosa, L. C. y Sevilla (Albanio en el Edén). Notas para una introducción a la lectura del »Ocnos«, Sevilla 1981. – M. Ramos Ortega, La prosa literaria de L. C.: el libro »Ocnos«, Sevilla 1982.

## LA REALIDAD Y EL DESEO

(span.; Ü: Das Wirkliche und das Verlangen). Gedichtzyklus von Luis CERNUDA, erschienen 1936. – Diese zwischen 1924 und 1935 entstandenen Gedichte wurden als Cernudas »geistige Biographie« (O. Paz), gesehen, sie sind Ausdruck seiner unaufhörlichen Suche »nach Wahrheit, nach meiner Wahrheit, die weder besser noch schlechter sein wird als die der anderen, sondern nur anders«. PROUSTS »Suche nach der verlorenen Zeit« durchaus vergleichbar, begibt sich Cernuda nach dem Zusammenbruch des Kindheitsparadieses auf die Suche nach einer Wahrheit, die den Konflikt zwischen den beiden antagonistischen Konstanten »realidad« und »deseo« zu lösen vermag. Die Sehnsucht nach einer Reintegration des Verlangens nach dessen Scheitern an der beschränkenden Realität ist zentrales Thema in Cernudas ganzem Werk. Die einzige Kraft, die seinem Leben Hoffnung geben kann, ist die Suche nach einer perfekten Liebe, die gleichzeitig die des Geistes und des Leibes sein muß. Da diese Suche nicht vor dem Tod enden kann, ist auch jede unvollkommene Liebe stets ein Bild der ewigen Liebe und eine flüchtige Erfahrung der Ewigkeit, die den Dichter für einen Moment mit seinem Ideal vereinigt, womit die antithetischen Pole »realidad« und »deseo« versöhnt werden.

Die zwischen 1924 und 1927 entstandenen und unter dem Titel Primeros poesias (Erste Gedichte) in die Ausgabe von 1936 aufgenommenen Gedichte zeichnen das Porträt eines einsetzenden gefühlsbetonten Lebens, die Geburt des Verlangens. Es sind bereits die ersten Andeutungen enthalten, daß der Dichter sich dem »vollkommenen Akkord« seiner Kindheit entrissen fühlt. »Los sentidos tan jóvenes / frente a un mundo se abren / sin goces ni sonrisas« (»Die Sinne so jung / öffnen sich vor einer Welt / ohne Genuß noch Lächeln«). In dem 1927/28 entstandenen Zyklus Égloga, Elegía, Oda (Ekloge, Elegie, Ode), »Übungen zu klassischen poetischen Formen«, wird die äußere Wirklichkeit aber noch nicht im Konflikt mit dem Verlangen gesehen, sondern bezeichnet eine ideale Realität, die zu Genuß und Lust einlädt. In Un río, un amor (Ein Strom, eine Liebe) dagegen muß Cernuda das Scheitern seines Verlangens akzeptieren: »Eines Tages begriff er, wie sehr doch seine Arme/ Nur aus Wolken waren;/ Unmöglich, mit Wolken bis ins Innerste einen Leib/ zu umarmen, ein Glück.« Die Entdeckung, daß seine Wahrheit nichts anderes ist als eine weitere der Lügen, die von der Gesellschaft aufrechterhalten werden, provoziert im Dichter bitteren Zorn und Rebellion gegen die existentielle Ungerechtigkeit, die dem Menschen nur die einzige Wahrheit beläßt, den Tod. »Abajo pues la virtud, el orden, la miseria;/ abajo todo, todo, excepto la derrota, ... sabiendo nada más que vivir es estar a solas con la muerte.« (»Nieder also mit der Tugend, der Ordnung, dem Elend;/ nieder mit allem außer dem Untergang, ... wissend, daß leben nichts anderes heißt, als mit dem Tod allein zu sein.«) Es ist das Scheitern eines Menschen, des Menschen, dessen Ideal einer Liebe als existentielle Wahrheit negiert wird. Die Suche nach der Erfüllung des Verlangens ist vergeblich (Das Verlangen »ist eine Frage / ohne Antwort«), die menschliche Liebe ist nur ephemere Erscheinung, deshalb faßt der Dichter seine Sehnsucht nach transzendentaler Liebe als Poem unsterblicher metaphysischer Götter – so in dem Zyklus Los placeres prohibidos, 1934 (Die verbotenen Lüste). Noch weiter gesteigert wird der pessimistische Ton in den 1932/33 entstandenen Gedichten Donde habite el olvido (Wo das Vergessen wohnt). In seiner absoluten Negation flüchtet sich der Dichter in einen trostlosen Nihilismus. »Vivo y no vivo, muerto y no muerto;/ ni tierra ni cielo, ni cuerpo ni espíritu./ Soy eco de algo; ... He amado, ya no amo más;/ he reído, tampoco río.« (»Ich lebe und lebe nicht; tot und nicht tot;/ weder Erde noch Himmel, weder Körper noch Geist./ Ich bin das Echo von etwas; ... Ich habe geliebt, ich liebe nicht mehr;/ ich habe gelacht, auch lache ich nicht mehr.«) Die geistige Biographie erweitert sich in diesen Gedichten zu einer globalen Sicht über den Sinn der menschlichen Existenz und deren Schicksal. »*Kann eine Poetik biographisch sein?*«, fragt O. PAZ, »*nur unter der Bedingung, daß die Anekdoten sich in Gedichte verwandeln, d. h., nur wenn die Tatsachen und Daten aufhören Geschichte zu sein und exemplarisch werden . . . Oder: Mythos, ideale Aussage und reale Fabel.*« *La realidad y el deseo* ist der persönliche Mythos Cernudas. W.Ste.

AUSGABEN: Madrid 1936. – Mexiko 1940 [erw.]. – Mexiko 1958 [erw.]. – Mexiko 1964 [erw.]. – Barcelona 1973; ²1977 (in *Poesía completa*, Hg. u. Einl. D. Harris u. L. Maristany). – Madrid 1987, Hg. u. Einl. M. J. Flys (Castalia).

ÜBERSETZUNG: *Das Wirkliche und das Verlangen*, E. Arendt, Lpzg. 1978 (Nachw. C. Rincón; Ausw.; RUB).

LITERATUR: M. E. Ruiz, *La angustia como origen de »La realidad« y manifestación »del deseo« en L. C.* (in REH, 5, 1971, S. 349–362). – L. E. Délano, *L. C.: »La realidad y el deseo«* (in CA, 1976, Nr. 205, S. 240–245). – J. Romera Castillo, *Autobiografía de L. C.: Aspectos literarios* (in *L'autobiographie en Espagne*, Aix-en-Provence 1982, S. 279–294). – J. M. Ulacia Altolaguirre, *Escritura, cuerpo y deseo en la primera parte de la obra poética de L. C.*, Diss. Yale Univ. 1984 (vgl. Diss. Abstracts, 46, 1985).

## VÁCLAV ČERNÝ

\* 26.3.1905 Jizbice bei Náchod / Ostböhmen
† 2.7.1987 Prag

## PAMĚTI

(tschech.; *Memoiren*). Autobiographisches Werk von Václav ČERNÝ, erschienen 1977 (Bd. 3), 1982 (Bd. 2) und 1983 (Bd. 4). – Der einflußreiche Literaturkritiker und Universitätslehrer Václav Černý, seit den dreißiger Jahren eine bedeutende Persönlichkeit des tschechischen Kulturlebens, hat seine Memoiren 1963 in Angriff genommen, zu einem Zeitpunkt, da sich eine allmähliche Rehabilitierung dieses 1951 von der Prager Karls-Universität verjagten, mit Publikationsverbot belegten (und zeitweise auch inhaftierten) Widersachers des Stalinismus anbahnte. Bis 1968 hat der an die Universität zurückberufene Černý den ersten, die Periode 1938–1945 behandelnden Teil seiner Erinnerungen abgeschlossen. Ein Teilabdruck unter dem Titel *Křik koruny české* (*Aufschrei der böhmischen Königskrone*) wurde jedoch 1970 bei der Auslieferung beschlagnahmt, da man Černý inzwischen zum »*geistigen Wegbereiter der Konterrevolution von 1968*« und somit zur *persona non grata* abgestempelt hatte. Von diesem Memoirenteil ausgehend, komplettierte Černý seit Mitte der siebziger Jahre seine Erinnerungen um zwei weitere umfangreiche Bände, die nur im Ausland erscheinen konnten: Bd. 2 umfaßt die Zwischenkriegszeit 1921–1938, Bd. 4 die Nachkriegsjahre (1945 bis Mitte der sechziger Jahre). Der nicht mehr fertiggestellte erste Teil sollte die Kindheits- und Jugendjahre bis 1921 darstellen. – Obwohl Černýs Memoiren vom starken persönlichen Engagement eines leidenschaftlichen Individualisten geprägt sind, das häufig in vernichtenden Urteilen über Zeitgenossen und Zeitereignisse Ausdruck findet (Černý war auch als Literaturkritiker ein gefürchteter Polemiker), liegt ihnen dennoch das Streben nach einer möglichst differenzierten Darstellung zugrunde.

Den Ausschlag für Černýs geistige Entwicklung und kulturelle Orientierung gab sein Studienaufenthalt am Lycée Carnot in Dijon (1921 bis zum Abitur 1924), wo er sich intensiv mit der französischen Literatur und Geistesgeschichte, wie auch mit aktuellen gesellschaftspolitischen Problemen beschäftigte. Noch während seines Studiums der Romanistik an der Prager Universität (1924 bis 1930) machte er auf sich aufmerksam als ein mit den neuesten Strömungen in Kunst und Philosophie (Kubismus, Futurismus, Surrealismus – BERGSON, ORTEGA Y GASSET u. a.) vertrauter Literaturkritiker. 1930–1934 war Černý als Sekretär des »Institut des Études Slaves« in Genf tätig, wo er sich 1931 mit der Schrift *Essai sur le titanisme dans la poésie romantique occidentale* habilitierte, und wo er darüberhinaus Einblick hinter die Kulissen des »Völkerbunds« gewonnen hatte. Nach seiner Rückkehr nach Prag profilierte sich der eminent fleißige und eloquente Černý rasch zum führenden Kritiker seiner Generation. Als Wissenschaftler hat er insbesondere für die komparative Erforschung der Literatur des Barock (später auch des Mittelalters) bahnbrechende Arbeit geleistet; 1936 wurde Černý Privatdozent für romanische Philologie an der Karls-Universität in Prag, 1938 außerordentlicher Professor der Masaryk-Universität in Brünn. Nach Auflösung aller tschechischen Hochschulen durch die deutsche Okkupationsmacht (Herbst 1939) wechselte Černý in den Schuldienst, vor allem aber machte er die von ihm 1938 gegründete und 1942 verbotene Zeitschrift ›Kritický měsíčník‹ zum Sammelbecken der tschechischen Intellektuellenelite und zum Zentrum geistigen Widerstandes. Darüberhinaus beteiligte er sich aktiv am Widerstandskampf einiger konspirativer Zirkel. 1944 wurde Černý von der Gestapo verhaftet, doch hat er mit viel Glück das Kriegsende erlebt und sich fortan vielfältig öffentlich exponiert als ein entschiedener Widersacher eines jeden Totalitarismus, auch des kommunistischen (der sich nicht etwa erst 1948, sondern gleich 1945 deutlich abzeichnete), den er von einer sozialistischen, jedoch nichtmarxistischen Grundposition aus zu bekämpfen suchte. Deshalb wurde Černý nach der kommunistischen Machtübernahme 1948 als »Erzfeind« behandelt, doch hat ihn sein Ruf, einer der führenden Köpfe des antinazistischen Widerstandes gewesen zu sein, vor dem Allerschlimmsten bewahrt.

Sosehr auch Černýs Memoiren von ausgeprägten, doch stets argumentativ begründeten persönlichen Sympathien und Antipathien zu zahlreichen – meist vortrefflich porträtierten – Zeitgenossen aus Literatur, Wissenschaft und Politik getragen sind, bieten sie in ihrer Gesamtheit ein verläßliches, nuancenreiches Panoramabild der tschechischen kulturellen wie gesellschaftspolitischen Entwicklung in den Jahren 1920–1960, das immer wieder um fundierte historische Rückblicke und gesamteuropäische Ausblicke komplementiert wird. – Die geistige Grundhaltung Černýs, der neben den französischen Enzyklopädisten Henri BERGSON und André GIDE als seine Lehrmeister hervorhebt, hat in den abendländischen Kulturwerten ihren Ursprung und mündet in einen ethisch maximalistischen Individualismus romantischer Prägung. Die Intellektuellen und die Künstler sollen demnach ein moralisches Beispiel statuieren – so ist für Černý die offensichtliche Charakterschwäche eines Jan MUKAŘOVSKÝ Grund genug, um den gesamten Strukturalismus abschätzig zu behandeln, ebenso den Surrealismus, da sich an dessen Konstituierung solch »zwielichtige Subjekte« wie ARAGON, ELUARD, NEZVAL u. a. maßgeblich beteiligt haben. – Es war auch gerade dieser mitunter sehr überspannt wirkende moralische Rigorismus Černýs, der in den tschechischen inoffiziellen Literaturkreisen eine lebhafte Diskussion auslöste, wobei jedoch stets der Rang seiner Memoiren als eines Maßstäbe setzenden Sprachwerks betont wurde.     A.Bro.

AUSGABEN: Toronto 1977 (Pláč koruny české). – Toronto 1982 (Paměti). – Toronto 1983 (Paměti IV).

ÜBERSETZUNG: Kultur im Widerstand. Prag 1938–1945, Bd. I (1939–1942), Hg. F. Boldt, Bremen 1976 (in Postylla Bohemica, Nr. 15–18).

LITERATUR: J. Vladislav, Rez. (in Svědectví, 18, Paris 1983, Nr. 70/71, S. 514–519). – M. Jungmann, »Paměti« jako memento (in Rozmluvy, Ldn. 1985, Nr. 4, S. 199–206). – Ders., Nad drací setbou V. Č. (ebd., Nr. 5, S. 189–197).

---

### NIKOLAJ GAVRILOVIČ ČERNYŠEVSKIJ

\* 24.7.1828 Saratov
† 29.10.1889 Saratov

LITERATUR ZUM AUTOR:
M. Steklov, Tsch., Lpzg. 1913. – A. V. Lunačarskij, Romany Č., Moskau 1947. – N. Beltschikow, Tsch., Bln. 1948. – G. E. Tamarčenko, Romany N. G. Č., Saratov 1954. – W. Düwel, Č. in Deutschland, Diss. Bln. 1955. – B. Rjurikov, N. G. Č., Moskau 1961. – W. F. Woehrlin, Ch. The Man and the Journalist, Cambridge/Mass. 1971 [enth. Bibliogr.]. – I. S. Serebrov, Logika naučnogo poznanija v trudach N. G. Č., Leningrad 1972. – G. A. Solov'ev, Estetičeskie vozzrenija Č. i Dobroljubova, Moskau 1974. – N. S. Travuškin, Č. v gody katorgi i ssylki, Moskau 1978. – Č. i ego epocha, Moskau 1979. – B. Lambeck, Dostoevskijs Auseinandersetzung mit dem Gedankengut Č.s in »Aufzeichnungen aus dem Untergrund«, Tübingen 1980. – N. N. Novikova, N. G. Č. vo glave revoljucionerov 1861 goda. Nekotorye itogi i perspektivy issl., Moskau 1981.

### ČTO DELAT'. Iz rasskazov o novych ljudjach

(russ.; Was tun? Erzählungen von neuen Menschen). Roman in drei Teilen von Nikolaj G. ČERNYŠEVSKIJ, erschienen 1863. – Die Erzählungen von neuen Menschen sind ohne Kenntnis der Vorgeschichte kaum zu beurteilen: Černyševskij, Dialektiker der Schule HEGELS, verschworen dem Materialismus FEUERBACHS und dem utopischen Sozialismus des Dreigestirns BLANC – FOURIER – SAINT-SIMON, wird im Juli 1862 in Petersburg verhaftet. Dem berühmten Literaturkritiker und politischen, wirtschaftswissenschaftlichen und soziologischen Beobachter seiner Zeit wird vorgeworfen, auf Grund seiner in NEKRASOVS Zeitschrift ›Sovremennik‹ (Zeitgenosse) veröffentlichten Aufsätze der geistige Urheber der Studentenrevolten und Bauernunruhen zu sein, die in den Jahren 1861/62 ausbrachen und in den verheerenden, den Nihilisten zugeschriebenen Brandstiftungen in Petersburg ihren Höhepunkt erreichten. Während er in den Kasematten der Peter-Paul-Festung sein Urteil erwartet, schreibt Černyševskij den Roman Čto delat': eine Verteidigung des neuen Menschen, eine Anklage der herrschenden Gesellschaftsordnung. Getreu seiner – in Estetičeskie otnošenija iskusstva k dejstvitel'nosti (Das ästhetische Verhältnis zwischen Kunst und Wirklichkeit) formulierten – Theorie über die Aufgabe der Literatur will er das »Leben erklären«, »über die Erscheinungen des Lebens« urteilen und Menschen und Verhältnisse zeigen, wie sie die Wirklichkeit hervorbringt.

So sind denn auch die Hauptpersonen seines Romans keine erfundenen Modelle, sondern ihm persönlich verbundene Freunde oder Bekannte: Der Medizinstudent Lopuchov heiratet die junge Vera und befreit sie dadurch von ihrer gemein-despotischen Familie und den Nachstellungen eines sich um sie bewerbenden labilen Geldprotzen. Sie faßt in neuen Verhältnissen Wurzel (ihr Mann ist Materialist und verficht unter anderem auch die Emanzipation der Frau) und gewinnt ideologische Einsichten, gründet genossenschaftliche Schneiderwerkstätten und verwirklicht so die Theorien des französischen utopischen Sozialismus. Nach puritanisch-keuschen Ehejahren verliebt sie sich in den Freund ihres Mannes, den Arzt Kirsanov, der ihre Liebe erwidert. Der Konflikt löst sich dadurch, daß der einsichtige Lopuchov einen – amtlich anerkannten – Selbstmord vortäuscht und unter falschem Namen ins Ausland geht. Die Liebenden heiraten und demonstrieren in ihrer Ehe die vollkommene Gleichberechtigung der Partner. Jetzt gelingt es Vera auch, ihre Nützlichkeit für die Gesellschaft durch Erlernung eines »männlichen« Berufs zu beweisen: Sie wird Ärztin. Nach Jahren kehrt der »Selbstmörder« als Angestellter einer englischen Firma nach Petersburg zurück, heiratet die vom Leben enttäuschte Tochter eines verarmten Millionärs und gesellt sich den Kirsanovs zu. Die zwei Familien leben fortan zusammen und verkörpern so Černyševskijs Idealbild der *»neuen Menschen«*.

Der Roman endet mit dem Kapitel *Dekorationswechsel*, das – in »äsopischer« Verschlüsselung – den Ausbruch einer Revolution ahnen läßt. Die Frage *Was tun?* ist damit beantwortet: Werden die gesellschaftlichen Verhältnisse verändert, so kann das Gute im Menschen wirksam werden. Mit der Beseitigung der Ausbeutung des Menschen durch den Menschen fallen die Bildungsschranken; der Egoismus des Individuums weicht einem kollektiven Verantwortungsbewußtsein, das Leben des Menschen erhält wieder einen zielgerichteten Sinn. Das Bild der zukünftigen Gesellschaft nach der Revolution läßt Černyševskij folgerichtig in einem Traum seiner Heldin Vera erstehen, ein Bild, das trotz seiner Naivität zwei wesentliche, nach der Oktoberrevolution in die Wirklichkeit umgesetzte Momente festhält: Industrialisierung und Kollektivierung als wesentliche Voraussetzungen für neue Lebensformen.

Mit der Reaktion der (konservativen) Leser seines Romans rechnend, bedient sich Černyševskij spöttisch eines literarischen Tricks: Er leitet die Erzählung nach Art eines melodramatischen Liebesromans mit dem Selbstmord des Ehemanns und der tränenreichen Trennung des Liebespaars ein, um sich in dem gleich darauf folgenden *Vorwort* provozierend an jenen Leser zu wenden, der auf den Effekt hereingefallen ist. Überhaupt will und kann Černyševskij keinen Roman schreiben: Er legt Fakten vor, die er nicht zugunsten einer romanhaften geschlossenen Handlung verändert und dadurch verfälscht. Die Fakten sollen provozieren, die aus ihnen abgeleiteten Schlüsse die Wahrhaftigkeit der neuen Moral dokumentieren. Dieses Ziel hat der Roman erreicht: Er wurde zum Lehrbuch der radikal gesinnten jungen Generation. Einige seiner Gestalten (so vor allem der asketische Feuerbach-Anhänger Rachmetov, der hart, kalt und selbstlos für die zukünftige Revolution arbeitet) werden, mehr oder weniger überzeugend, in der Darstellung TURGENEVS *(Otcy i deti – Väter und Söhne)*, DOSTOEVSKIJS *(Besy – Die Dämonen)* oder LESKOVS *(Nekuda – Ohne Ausweg, Na nožach – Bis aufs Messer)* wiederzufinden sein. M.Gru.

AUSGABEN: Petersburg 1863 (in Sovremennik). – Petersburg 1863. – Moskau 1939 (in *Poln. sobr. soč.*, Hg. V. Ja. Kirpotin u. a., 16 Bde., 1939–1953, 11). – Moskau 1962. – Leningrad 1978 (in *Izbr. proizv.*, 3 Bde., 1).

ÜBERSETZUNGEN: *Was tun? Erzählungen von neuen Menschen*, anon., 3 Bde., Lpzg. 1883. – Dass., M. Hellmann u. H. Gleistein, Bln. ³1954. – Dass., dt. Bearb. H.-J. v. Hülst, Bln. 1977. – Dass., W. Jollos, Bln. 1979. – Dass., M. Hellmann u. H. Gleistein, Bln./Weimar ⁷1986.

LITERATUR: N. V. Vodovozov, *Roman Č. »Čto delat'«*, Moskau 1953. – G. Verchovskij, *O romane Č. »Čto delat'«*, Jaroslawl 1959. – B. Rjurikov, *N. G. Č.*, Moskau 1961, S. 135–165. – A. Lebedev, *Geroi Č.*, Moskau 1962, S. 51–132. – G. Zekulin, *Forerunner of Socialist Realism: The Novel »What to Do?« by N. G. Ch.* (in SEER, 41, 1963, S. 467–483). – N. Naumova, *Roman N. G. Č. »Čto delat'?«*, Leningrad 1972. – V. Smolickij, *Iz ravelina. O sud'be romana N. G. Č. »Čto delat'?«*, Moskau 1977. – J. Rudenko, *Roman N. G. Č. »Čto delat'?«. Estetičeskoe svoeobrazie i chudožestvennyj metod*, Leningrad 1979. – M. R. Katz, *The Conclusion of »What Is to Be Done?«* (in Russian Review, 41, 1982, S. 181–196).

## ESTETIČESKIE OTNOŠENIJA ISKUSSTVA K DEJSTVITEL'NOSTI

(russ.; *Die ästhetischen Beziehungen der Kunst zur Wirklichkeit*). Magisterdissertation von Nikolaj G. ČERNYŠEVSKIJ, erschienen 1855. – Der Priestersohn und ehemalige Seminarist Černyševskij, der zu den radikalen *raznočincy* (Nicht-Ádligen) der russischen *intelligencija* gehörte, war – als literaturkritischer, philosophischer und politisch-ökonomischer Publizist und als Verfasser des Romans *Čto delat'? (Was tun?)* – der einflußreichste Ideologe der »revolutionären Demokraten« und das Vorbild der folgenden Generationen russischer Revolutionäre. Die zweite Hälfte seines Lebens verbrachte er überwiegend im Zuchthaus und in der sibirischen Verbannung.

Die Dissertation (die allerdings von offizieller Seite abgelehnt wurde), seine erste wichtige Veröffentlichung, diente der Propagierung einer materialistischen und sozialutilitaristischen Weltanschauung. Ihre literaturgeschichtliche Bedeutung liegt darin, daß sie die »reale Kritik« DOBROLJUBOVS theoretisch vorbereitete. – Schon BELINSKIJ, der Schöpfer und zugleich bedeutendste Vertreter der russischen Literaturkritik, war für einen sozialkritischen Realismus eingetreten. Er hatte die Literaturkritik zu einem der wichtigsten – von der Zensur schwer zu fassenden – publizistischen Instrumente der radikalen *intelligencija* ausgebildet. Noch besser als die »philosophische Kritik« Belinskijs war jedoch die »reale Kritik« den propagandistischen Zwecken der revolutionären Demokraten angepaßt. Von ihren Gegnern wurde sie als »utilitaristisch« verschrien, weil sie auf eine bestimmte ideologische Wirkung der Literatur abzielte. Indem sie die Literatur als Spiegel der Gesellschaft interpretierte, versetzte sie sich in die Lage, die ökonomischen, sozialen und politischen Verhältnisse des zaristischen Rußlands »äsopisch«, d. h. verhüllt und indirekt, zu kritisieren.

Černyševskij wandte den philosophischen Materialismus Ludwig FEUERBACHS auf die Ästhetik an, um die Hegelsche und überhaupt jede idealistische Kunstphilosophie zu widerlegen. »*Die Apologie der Wirklichkeit gegenüber der Phantasie, das Bestreben, zu beweisen, daß die Kunstwerke den Vergleich mit der Wirklichkeit entschieden nicht aushalten*«, bezeichnet er als den Sinn seiner Abhandlung. Die Kunst sei nur ein »*Surrogat der Wirklichkeit*«, eine Behauptung, die, wie Černyševskij zu beweisen sucht, für alle ästhetischen Kategorien Gültigkeit hat. Er verwirft die von der idealistischen Ästhetik postulierte Einheit von Idee und Gestalt (HEGEL: »*das sinnliche Scheinen der Idee*«) in der Kunst, insofern damit eine Überlegenheit der Kunstschönheit über die Schönheit der Wirklichkeit begründet werden soll. Sie sei eine bloß formale Eigenschaft, die die Kunst mit anderen zweckvollen Tätigkeiten teile. »*Das Schöne ist das Leben*«; schön ist das, »*worin wir das Leben so sehen, wie es unserer Meinung nach sein soll*«. Die Schönheit wird also als objektive und zugleich auf den Menschen bezogene Qualität der empirischen Wirklichkeit bestimmt. Aber die Kunst beschränke sich gar nicht auf die Sphäre des Schönen: »*Das Allgemeininteressierende im Leben – das ist der Inhalt der Kunst.*« Die Funktion der Kunst sei, das Leben wiederzugeben, zu erklären und zu bewerten und – wie Černyševskij in einer Selbstrezension hinzugefügt hat – »*die von der Wissenschaft erarbeiteten Vorstellungen in die breite Masse der Menschen hineinzutragen*«. B.K.

AUSGABEN: Petersburg 1855. – Moskau 1939 bis 1953 (in *Poln. sobr. soč.*, Hg. V. Ja. Kirpotin u. a., 16 Bde.).

ÜBERSETZUNG: *Die ästhetischen Beziehungen der Kunst zur Wirklichkeit*, E. Zunk u. W. Düwel, Bln. 1954 [m. Studie v. G. Lukács, *Einführung in die Ästhetik Tsch.s*].

LITERATUR: I. Ivanov, *Istorija russkoj kritiki*, 4 Bde., Petersburg 1898. – *Očerki po istorii russkoj kritiki*, Hg. A. Lunačarskij u. V. Poljanskij, 3 Bde., Moskau 1929–1931. – R. Wellek, *Social and Aesthetic Values in Russian Nineteenth-Century Literary Criticism, Belinskij, Chernyshevskij, Dobroliubov, Pisarev* (in *Continuity and Change in Russian and Soviet Thought*, Hg. E. J. Simmons, Cambridge/Mass. 1955, S. 381–397). – M. G. Zel'dovič, *Nestojavšajasja recenzija na »Estetičeskie otnošenija iskusstva k dejstvitel'nosti«* (in Russkaja Literatura, 1969, 12, S. 147–151). – G. M. Fridlender, *Estetika Č. i russkaja literatura* (in Russkaja Literatura, 1978, 21, S. 11–35).

## MIGUEL DE CERVANTES SAAVEDRA

\* 29.9.1547 Alcalá de Henares
† 22.4.1616 Madrid

LITERATUR ZUM AUTOR:
*Bibliographien:*
R. L. Grismer, *C.: A Bibliography*, 2 Bde., NY 1946 u. Minnesota 1963. – C. Fernández Gómez, *Vocabulario de C.*, Madrid 1962. – L. Ríus, *Bibliografía de las obras de M. de C.*, 3 Bde., NY 1970 [Faks. d. Ausg. Madrid 1895–1904]. – J. Simón Díaz, *Bibliografía de la literatura hispánica*, Bd. 8, Madrid 1970, S. 3–442. – A. Sánchez, *Bibliografía cervantina* (in Anales Cervantinos, 21, 1983, S. 225–281; 22, 1984, S. 239–293).
*Kongreßberichte:*
*C.: Su obra y su mundo: Actas del I Congreso Internacional sobre C.*, Hg. M. Criado del Val, Madrid 1981. – *Lenguaje, ideología y organización textual en los Novelas ejemplares: Actas del Coloqio celebrado en la Faculdad de Filosofía y Letras de la Univ. Complutense Madrid*, Hg. J. J. de Bustos Tovar, Toulouse 1983.
*Zeitschriften:*
Anales Cervantinos, Madrid 1951 ff. – *C.: Bulletin of the C. Society of America*, Gainesville/Fla. 1981 ff.
*Biographien:*
L. Astrana Marín, *Vida ejemplar y heroica de M. de C. S.*, 7 Bde., Madrid 1948–1958. – J. A. Cabezas, *C.: del mito al hombre*, Madrid 1967. – B. Frank, *C.*, Mchn. 1978. – M. McKendrick, *C.*, Boston 1980. – W. Byron, *C. Der Dichter des Don Quijote und seine Zeit*, Mchn. 1982. – A. Dieterich, *C. in Selbstzeugnissen und Bilddokumenten*, Reinbek 1984 (rm).
*Gesamtdarstellungen und Studien:*
A. Castro, *Pensamiento de C.*, Madrid 1925; ern. Barcelona 1972 [rev.]. – R. Menéndez Pidal, *C. y el ideal caballeresco*, Madrid 1948. – J. Casalduero, *Sentido y forma del teatro de C.*, Madrid 1951; ern. 1967 [rev.]. – S. Gilman, *C. y Avellaneda. Estudio de una imitación*, Mexiko 1951. – J. F. Montesinos, *C. anti-novelista* (in NRFH, 7, 1953, S. 449–514). – A. González de Amezúa, *C., creador de la novela corta española*, 2 Bde., Madrid 1956–1958. – F. Ayala, *Experiencia e invención*, Madrid 1960. – A. Castro, *Hacia C.*, Madrid 1960. – L. Rosales, *C. de la libertad*, 2 Bde., Madrid 1960. – D. Alonso, *Sancho Quijote, Sancho-Sancho. Del Siglo de Oro a este siglo de siglas*, Madrid 1962. – *C. y los casticismos españoles*, Barcelona/Madrid 1966. – W. Krauss, *M. de C. Leben und Werk*, Bln. 1966. – E. Riley, *Teoría de la novela en C.*, Madrid 1966. – *C. A Collection of Critical Essays*, Hg. L. Nelson, Englewood Cliffs/N.J. 1969. – *Suma cervantina*, Hg. J. B. Avalle-Arce, Ldn. 1973 [mit Bibliogr.]. – F. Márquez Villanueva, *Fuentes literarias cervantinas*, Madrid 1973. – R. L. Predmore, *C.*,

NY 1973. – M. Durán, *C.*, NY 1974 (TWAS). – J. B. Avalle-Arce, *Nuevos deslindes cervantinos*, Barcelona 1975. – C. Fuentes, *C. o la crítica de la lectura*, Mexiko 1976. – M. Molho, *C.: Raíces folclóricos*, Madrid 1976. – J. Canavaggio, *C. dramaturge. Un Théâtre à naître*, Paris 1977. – G. Díaz Plaja, *En torno a C.*, Pamplona 1977. – V. Gaos, *C. novelista, dramaturgo, poeta*, Barcelona 1979. – J. W. Geiger, *The Individual Self: C. and the Emergence of the Individual*, Athens/Oh. 1979. – *C. and the Renaissance*, Hg. D. McGaha, Easton/Pa. 1980. – E. T. Aylard, *C.: Pioneer and Plagiarist*, Ldn. 1982. – M. Ihrie, *Skepticism in C.*, Ldn. 1982. – *Lecciones cervantinas*, Hg. A. Egido, Saragossa 1985. – P. E. Russell, *C.*, Oxford/NY 1985. – *C. and the Pastoral*, Hg. J. J. Labrador Herraiz u. J. Fernández Jiménez, Cleveland 1986. – J. Canavaggio, *C.*, Paris 1986. – R. El Saffar, *Critical Essays on C.*, Cambridge 1986. – J. G. Weiger, *The Substance of C.*, Cambridge 1986. – *C.*, Hg. H. Bloom, NY 1987.

## LOS BAÑOS DE ARGEL

(span.; *Die Kerker von Algier*). Schauspiel in drei Akten von Miguel de CERVANTES SAAVEDRA, erschienen 1615. – Das Stück behandelt ein für die Zeit des Autors hochaktuelles Thema: das Schicksal der christlichen Gefangenen bei den Mohammedanern. Cervantes selbt hatte fünf Jahre in den Gefängnissen von Algier verbracht, und wie er uns versichert, geht das Stück auf wahre Begebenheiten zurück. – Der eigentliche, an die Motivfülle der spätgriechischen Romane erinnernde Handlungsverlauf des Werks jedoch läßt diese Behauptung zunächst unglaubwürdig erscheinen: Zwei heimliche und daher ständig zur Verstellung gezwungene Liebespaare werden in die unglaublichsten Abenteuer verstrickt. Constanze und Don Fernando werden bei ihrer Entführung aus Spanien getrennt, sehen sich aber wenig später als Sklaven im Haus ihres Entführers, des arabischen Kommandanten von Algier, vom Zufall wieder glücklich vereint. Da jedoch Constanze vom Kommandanten geliebt wird und Don Fernando von dessen Frau, sind beide dazu gezwungen, ihre Zuneigung zu verheimlichen und gleichzeitig ihre unliebsamen Liebhaber und Gebieter mit falschen Versprechungen hinzuhalten. Ein ähnliches Los teilt auch Zahara; sie ist die zum katholischen Glauben bekehrte Tochter eines reichen Arabers, die einen spanischen Gefangenen liebt, jedoch einen mächtigen Araberfürsten heiraten soll. Mit List gelingt es ihr, diesem Zwang in letzter Minute zu entrinnen und mit ihrem Geliebten und vielen anderen Gefangenen, unter ihnen natürlich auch Don Fernando und Constanze, nach Spanien zu entfliehen.

Auf wirkliche Geschehnisse scheinen sich nur die realistischen Schilderungen der düsteren und auch der humoristischen Seite des Gefangenenlebens zu stützen. Hier erst kommt das besondere, sich mehr am epischen Detail als am strengen Handlungsaufbau bewährende Talent des Autors zur vollen Entfaltung. Kein Wunder daher, wenn ein aus Nebenszenen lose aneinandergereihter Bilderbogen – die grausame Bestrafung eingefangener Flüchtlinge, die frechen Streiche eines pikaresken Sakristans und die Feier der Auferstehung im Gefangenenlager – die romantische Liebesintrige gänzlich zu überwuchern droht. Es zeigt sich jedoch schon hier, daß Cervantes von seinem Zeitgenossen Lope de VEGA zu lernen beginnt, die Fülle der realistisch-romanhaften Einzelszenen in eine komplizierte Intrige einzubauen.

Außer in dem frühen Schauspiel *El trato de Argel*, 1580 (*Der Handel von Algier*), findet sich das Thema noch in *Don Quijote*; hier in Form einer Novelle, die dem rhetorischen Stil der spätgriechischen und italienischen Erzähltechnik folgt und die erlebte Wirklichkeit noch nicht einbezieht. Das läßt vermuten, daß die Novelle vor dem Theaterstück entstanden ist und Cervantes erst später lernte, die Darstellung des realistischen Details in das alte Handlungsschema zu integrieren.   E.F.

AUSGABEN: Madrid 1615 (in *Ocho comedias*). – Madrid 1915 (in *Obras*, Hg. R. Schevill u. A. Bonilla, 5). – Madrid 1963 (in *Obras*, Hg. F. Ynduráin, Bd. 2; BAE). – Madrid 1975–1980 (in *Obras completas*, Hg. u. Einl. A. Valbuena Prat, 2 Bde.). – Madrid 1983, Hg. u. Einl. J. Canavaggio.

ÜBERSETZUNG: *Die Kerker von Algier*, A. M. Rothbauer (in *SW*, Bd. 4, Stg. 1970).

LITERATUR: D. Alonso, *Una fuente de »Los baños de Argel«* (in RFE, 14, 1927, S. 275–282; 24, 1937, S. 213–218). – J. A. Allen, *The Division into Acts of C.'s »Los baños de Argel«* (in Symposium, 17, 1963, S. 42–49).

Zu *El trato de Argel*:
AUSGABEN: Madrid 1784. – Madrid 1920 (in *Obras*, Hg. R. Schevill u. A. Bonilla, 9). – Madrid 1963.

LITERATUR: J. Casalduero, *»Los tratos de Argel«* (in CL, 2, 1950, S. 31–63). – G. Stagg, *The Date and Form of »El trato de Argel«* (in BHS, 30, 1953, S. 181–192). – F. Meregalli, *De »Los tratos de Argel« a »Los baños de Argel«* (in *Homenaje a J. Casalduero*, Madrid 1972, S. 395–409). – F. Zmantar, *M. de C. y sus fantasmas de Argel* (in Quimera, 2, 1980, S. 31–37). – J. Canavaggio, *Le »vrai« visage de Agi Morato* (in LNL, 1981, Nr. 239, S. 23–38). – F. Nieva, *M. de C. »Los baños de Argel«. Un trabajo teatral*, Madrid 1981. – M. Chevalier, *El cautivo entre cuento y novela* (in NRFH, 1983, Nr. 2, S. 403–411).

## EL CASAMIENTO ENGAÑOSO

(span.; *Die betrügerische Heirat*). »Exemplarische Novelle« von Miguel de CERVANTES SAAVEDRA, erschienen 1613. – Die Handlung bildet den Rahmen für die darauffolgende Novelle *Coloquio de los perros*, wobei die Verknüpfung der beiden Novellen durch die Protagonisten erfolgt, die übereinander sprechen. In *El casamiento engañoso* erzählt der Fähnrich Campuzano seinem Freund, dem Magister Peralta, von zwei Hunden namens Cipión und Berganza. Im *Coloquio de los perros* unterhalten sich diese Hunde über den Fähnrich. Das zentrale Thema dieser Rahmennovelle ist, wie bereits der Titel ankündigt, das Motiv des *engaño*, der Täuschung, die freilich nicht nur im Sinne eines schlichten Betrugs als kriminelle Handlung mißverstanden werden sollte. Der *engaño* und seine Aufhebung im *desengaño* (Erkenntnis der Täuschung) sind vielmehr Bestandteile einer genuin spanischen Philosophie des *Siglo de Oro*, die sich aus dem christlich-mittelalterlichen Gedanken der Eitelkeit der Welt herleitet. In der spanischen Literatur des frühen 17. Jh.s lebt dieser Gedanke in vielfältig variierter Weise in weiteren Werken von Cervantes *(Don Quijote)*, CALDERÓN, Lope de VEGA und vor allem in den zeitgenössischen Schelmenromanen fort.

Der Fähnrich Campuzano wird, von einer venerischen Krankheit geheilt, aus dem Hospital de la Resurrección in Valladolid entlassen. Sein Leiden hat ihn so stark geschwächt, daß er seinen Degen als Stock benutzen muß. Er ist nicht nur von seiner Krankheit genesen, sondern auch vom Wahn und den Täuschungen *(engaño)* seines Vorlebens. Unterwegs trifft der Soldat auf einen alten Freund, den Magister Peralta, der ihn zu sich nach Hause einlädt. Dort erzählt Campuzano auf Peraltas Bitte hin die Geschichte seiner betrügerischen Heirat: Er berichtet, wie er selbst, aufs Beste herausgeputzt, durch Kleidung einen höheren Sozialstatus vorspiegelnd, in einem Gasthof die als Doña Estefanía de Caicedo sich ausgebende Dienerin kennenlernt. Diese verbirgt ihr Gesicht hinter einem Schleier. Campuzano möchte, in Liebe entbrannt, ihr Gesicht sehen, sie aber hebt den Schleier nicht. Beide vermuten materiellen Profit in einer möglichen Verbindung und spielen sich deswegen gegenseitig eine sozial höhere Rolle vor. Als der Soldat dann seine vermeintliche Dame im Herrenhaus besucht, verbringen sie dort vier Tage miteinander. In ihren Gesprächen bedienen sie sich der Sprache der Maskerade und des schönen Scheins, um ihre wahre Identität nicht preisgeben zu müssen: »*Pasé con ella luengos y amorosos coloquios. Blasoné, hendí, rajé, ofrecí, prometí y hice todas las demonstraciones que me pareció ser necesarias para hacerme bienquisto con ella.*« (»Ich prahlte, schnitt auf, führte das große Wort, bot, versprach und tat alles, was mir erforderlich erschien, mich in ihren Augen liebenswürdig zu machen«). Estefanías Herrschaft war während dieser Tage verreist. Wenig später heiratet das Hochstaplerpaar, kurz danach kommt jedoch die Herrschaft unerwartet früh zurück und der Schwindel droht aufzufliegen. In dieser kritischen Situation stellt Estefanía Campuzano gegenüber geistesgegenwärtig die Sache als ihre eigene Berechnung hin und erklärt dem Gutgläubigen, daß die zurückgekehrte Herrin in Wahrheit keine Herrin, sondern ihre Freundin sei, die ein paar Tage die reiche Dame spiele, um damit ihren Geliebten zum Eheversprechen zu bewegen. Campuzano fällt darauf herein und zieht mit Estefanía in ein enges Zimmer. Erst nachdem sie mit all seinem Besitz entflohen ist, erfährt er die bittere Wahrheit von der Hauswirtin. Aber nicht nur er wurde von ihr betrogen, auch sie wurde von ihm getäuscht, denn die Goldketten, die sie ihm gestohlen hatte, waren nicht echt. Campuzano befällt eine Geschlechtskrankheit, die ihn zwingt, sich einer langwierigen Behandlung im Hospital de la Resurrección zu unterziehen. Erst die Erkenntnis der Täuschungen führt Campuzano wieder zum rechten Gebrauch der Sprache. Mit dem Erzählen seiner betrügerischen Heirat legt er die Sprache der Maskerade, des *engaño*, endgültig ab und legitimiert im Akt des Erzählens seine neue Identität, die fortan von einem selbstkritischen Umgang mit Sprache geprägt ist.

Campuzano berichtet seinem Freund jedoch nicht nur von seiner Heirat, sondern auch von einem Gespräch zweier Hunde, dem er im Hospital de la Resurrección während einer schlaflosen Nacht gelauscht hatte. Ob dieses Gespräch möglicherweise nur Inhalt eines Traums gewesen ist, bleibt offen. Die Rede, die die beiden Hunde eigentlich gegen ihre Absicht, denn sie wähnten sich allein ohne Zuhörer, Campuzano »soufliert« haben, habe er am folgenden Tag aufgezeichnet. Er händigt Peralta auf dessen Wunsch hin das Manuskript aus. Für Campuzano ist dieses »Gespräch der Hunde« ein Wendepunkt in seinem Leben. Seine Rekonvaleszenz ist zugleich körperlicher und seelischer Natur. War er bisher ein Prahlhans, so erfährt er in der Begegnung mit dem Wunderbaren, das die Grenzen des Natürlichen überschreitet, eine Schärfung der Sinne und erlernt die Kunst des Zuhörens und Toleranz gegenüber den Werken der Schöpfung. S.L.

AUSGABEN: Madrid 1613 (in *Novela ejemplares*). – Madrid 1912, Hg. A. G. de Amezúa y Mayo [krit., m. Einl. u. Anm.]. – Madrid 1925 (in *Obras completas*, Hg. R. Schevill u. A. Bonilla, Bd. 14). – Madrid 1962 (in *Novelas ejemplares*, Hg. F. Sáinz Rodriguez). – Madrid 1963 (in *Obras completas*). – Madrid 1975–1980 (in *Obras completas*, Hg. u. Einl. A. Valbuena Prat, 2 Bde.). – Saragossa 1976. – Madrid 1986 (in *Novelas exemplares*, Hg. u. Einl. H. Sieber; Cátedra).

ÜBERSETZUNGEN: *Die betrogene Eifersucht*, G. Ph. Harsdörffer (in *Der große Schauplatz lust- und lehrreicher Geschichten*, Ffm. 1650/51; Ausz.). – *Die betrügliche Heirat*, A. Keller u. F. Notter (in *Novellen*, Mchn. 1958; ern. 1971). – *Die betrügerische Heirat*, G. v. Uslar, Bln. 1961. – Dass., D. W. Soltau (in *Exemplarische Novellen*, Ffm./Hbg. 1961; Nachw. W. Krauss; EC). – Dass., A. M. Rothbauer (in *SW*, Bd. 1, Stg. 1963).

LITERATUR: R. P. Grant, *C.'s »El Casamiento...« and Fletcher's »Rule a Wife and Have a Wife«* (in

HR, 12, 1944). – C. Rodriguez Arango Díaz, *El matrimonio clandestino en la novela cervantina* (in Anuario de historia del derecho español, 25, 1955, S. 731–774). – P. Waley, *The Unity of the »Casamiento engañoso« and the »Coloquio de los perros«* (in BHS, 34, 1957, S. 201–212). – R. El. Saffar, *»El casamiento engañoso« und »El coloquio de los perros«*, Ldn. 1976. – A. K. Forcione, *C. and the Mystery of Lawlessness. A Study of »El casamiento engañoso« and »El coloquio de los perros«*, Princeton 1984.

## EL CELOSO EXTREMEÑO

(span.; *Der Eifersüchtige von Estremadura*). »Exemplarische Novelle« von Miguel de CERVANTES SAAVEDRA, erschienen 1613. – Weder auf den Irrwegen eines Verschwenderdaseins in seiner Jugend noch während seines späteren Existenzkampfes in fremden Ländern hat Carrizales Glück und Frieden finden können. Auch der letzte Versuch des wieder zu Reichtum gelangten Alten, das Glück schließlich doch noch zu erzwingen, entpuppt sich nur als der folgenschwerste und letzte Irrtum seines Lebens. Fast siebzig Jahre alt, heiratet er ein vierzehnjähriges Mädchen, von dessen streng bewachter Unschuld und Unwissenheit sich der Alte Glück und Liebe erhofft. Doch das sorgfältig geplante Haus, hinter dessen fensterlosen Mauern der krankhaft Eifersüchtige die junge Gemahlin gleich einer Scheintoten begräbt, wird schließlich zu seiner eigenen Sterbekammer: Es gelingt nämlich dem jungen Loaysa, einem von Abenteuerlust und Neugier getriebenen Galan, die künstlichen Schutzmauern zu durchbrechen, die Carrizales um sein gegen Natur und Schicksal erzwungenes Glück errichtet hat. Als der Alte eines Nachts seine Frau in den Armen des jungen Mannes findet, ergreift ihn ein so tiefer Schmerz, daß er den Tod, dessen Nähe er zu fühlen glaubt, wie eine Erlösung herbeisehnt. – Doch das Schicksal scheint es anders vorgezeichnet zu haben: Auf der Grenze zwischen Diesseits und Jenseits erkennt Carrizales zum erstenmal, daß er ein Leben des Selbstbetrugs geführt hat. Er sieht ein, daß allein seine eigene Anmaßung schuld an allem Unglück ist, vergibt seiner Frau und vererbt ihr die Mittel, die ihr die Ehe mit dem geliebten Mann ermöglichen. Doch sie – bewegt von der Tragik seiner inneren Wandlung – tritt nach seinem Tod in ein Kloster ein. Ihren Verführer treiben Zorn und Scham nach Indien, einem Schicksal entgegen, wie es auch Carrizales zuteil wurde, dem erst die Todesstunde die Gnade der Erkenntnis schenkte.
Die Tragik der Haupthandlung wird betont durch die Gegenüberstellung von komischen, von der farbigen Atmosphäre des zeitgenössischen Sevilla erfüllten Szenen zwischen dem Galan Loaysa und den von ihm betörten Dienerinnen des Carrizales. In ihnen beweist Cervantes, wie vollendet er die dramatische Erzählform beherrscht und wie souverän er den Dialog als Mittel der Charakterisierung und Handlungsschilderung zu handhaben weiß.

E.F.

AUSGABEN: Madrid 1613 (in *Novelas ejemplares*). – Madrid 1923 (in *Obras completas*, Hg. R. Schevill u. A. Bonilla, Bd. 13). – Madrid 1962 (in *Novelas ejemplares*, Hg. F. Sáinz Rodríguez). – Madrid 1963 (in *Obras completas*). – Madrid 1975–1980 (in *Obras completas*, Hg. u. Einl. A. Valbuena Prat, 2 Bde.) – Madrid 1980.

ÜBERSETZUNGEN: G. P. Harsdörffer (in *Der große Schauplatz lust- und lehrreicher Geschichten*, Ffm. 1650/51). – *Der eifersüchtige Estremadurer*, A. Keller u. F. Notter (in *Novellen*, Mchn. 1958; ern. 1971). – Dass., D. W. Soltau (in *Exemplarische Novellen*, Ffm./Hbg. 1961; Nachw. W. Krauss; EC; ern. Dortmund 1984). – Dass., A. Keller, (in *Die Macht des Blutes*, Zürich 1985). – Dass., A. M. Rothbauer (in *SW*, Bd. 1, Stg. 1963).

LITERATUR: A. Mas, *Quelques réflexions au sujet de »El celoso extremeño«* (in BH, 56, 1954). – A. Castro, *C. se nos desliza en »El celoso extremeño«* (in PSA, 48, 1968, S. 205–222). – E. J. Febres, *»El celoso extremeño«: estructura y otros valores estéticos* (in Hispanófila, 57, 1976, S. 7–22). – L. Spitzer, *Das Gefüge einer cervantinischen Novelle: »El celoso extremeño«* (in *Die romanische Novelle*, Hg. W. Eitel, Darmstadt 1977, S. 175–213). – A. F. Lambert, *The Two Versions of C.'s »El celoso extremeño«, Ideology and Criticism* (in BHS, 57, 1980, S. 219–231). – P. Werle, *»El celoso extremeño«. Überlegungen zu Text und Kontext in den »Novelas ejemplares« des C.* (in RJb, 35, 1984, S. 258–277). – C. Donato, *Leonora and Camila: Female Characterization and Narrative Formula in the Cervantine Novela* (in Mester, 15, 1986, S. 13–24).

## EL CERCO DE NUMANCIA

(span.; *Die Belagerung von Numantia*). Verstragödie in vier Akten von Miguel de CERVANTES SAAVEDRA, verfaßt zwischen 1581 und 1583, erschienen 1784. – Das Trauerspiel, ein Meisterwerk der frühen dramatischen Schaffensperiode des Dichters, ist zugleich eines der ersten großen Werke der neueren europäischen Dramatik. Von den Romantikern wurde es mit den Dramen SHAKESPEARES, MARLOWES und auch AISCHYLOS' verglichen. Eine tatsächliche Ähnlichkeit ergibt sich jedoch nur bei einem Vergleich der Tragödie mit den *Persern* des Aischylos, in denen das gleiche Thema – der Freiheitskampf eines Volkes – behandelt wird. Mit den Mitteln der Allegorie verleiht Cervantes seiner Bearbeitung des historisch belegten Stoffs vom Selbstmord einer Stadt die Dimensionen eines Nationalepos. – Als Protagonist der Tragödie erscheint, stellvertretend für das gesamte Spanien, die Bevölkerung der von den Römern belagerten Festung Numantia. In ihrem aussichtslosen Freiheitskampf bleibt der ausgehungerten Stadt schließlich als einzige Alternative zur schmachvollen Übergabe die Flucht in den Freitod. Die trotzige Verwirklichung dieses von Schicksal und Ehrgefühl diktierten Vorhabens bringt die Tragödie zu einem Abschluß, der in seiner Grausamkeit an den Untergang der Nibelungen erinnert. Jedoch wird durch die blutige Selbstzerstörung der Numantiner die Ehre des spanischen Volkes gerettet.

Dieses Zentralthema der Tragödie erfährt seine sinnfälligste Gestaltung im Auftritt der das ganze Stück chorisch einrahmenden allegorischen Figuren. So bestätigt sich die zu Beginn von den Figuren »España« und »Duero« gemachte Prophezeihung vom ruhmvollen Untergang Numantias in Kommentaren der Symbolgestalten »Krieg«, »Krankheit« und »Hunger« und der Schlußhymne der »Fama« (Ruhm). – Ebenso beispielhaft wie die Allegorien veranschaulichen einzelne Episoden, die Ereignisse in der Stadt schildern, das Grundthema von Tod und ruhmvoller Auferstehung; so etwa die Totenauferweckungsszene, in deren Mittelpunkt der Magier Marquino steht, so auch die Episode vom Opfertod Marandros für seine Geliebte und Leonicios für seinen Freund, oder die Szene, in der der Befehlshaber Teógenes beispielhaft für die ganze Stadt zunächst seine Familie und schließlich sich selbst dem Tod überantwortet. Der Heldentod des Knaben Bariato, des letzten Überlebenden der Stadt, wirkt wie die Schlußapotheose der Tragödie. Sein freiwilliger Sturz vom Turm vor den Augen der besiegten Sieger wird zum Symbol für die äußere Niederlage und den unzerstörbaren Ruhm des spanischen Volkes. E.F.

Ausgaben: Madrid 1784. – Madrid 1920 (in *Obras completas*, Hg. R. Schevill u. A. Bonilla, 9). – Madrid 1962 (in *Obras*, Hg. F. Ynduráin, 2; BAE). – Madrid 1963 (in *Obras completas*). – Madrid 1964, Hg. F. Ynduráin. – Madrid 1975–1980 (in *Obras completas*, Hg. u. Einl. A. Valbuena Prat, 2 Bde.). – Madrid 1984, Hg. u. Einl. R. Marrast (Cátedra).

Übersetzung: *Numantia*, A.M. Rothbauer (in *SW*, Bd. 3, Stg. 1968).

Literatur: M. Aub, *La »Numancia« de C.* (in La Torre, 1956, Nr. 14, S. 99–111). – J. Mañach, *El sentido trágico de la »Numancia«* (in Nueva Revista Cubana, 1, 1959, Nr. 1, S. 21–40). – R. R. MacCurdy, *The Numantia Plays of C. and Rojas Zorrilla* (in Symposium, 14, 1960, S. 100–120). – W. M. Whitby, *The Sacrifice Theme in C.'s »Numancia«* (in Hispania, 45, 1962, S. 205–210). – J. B. Avalle-Arce, *Poesía, historia, imperialismo: »La Numancia«* (in Anuario de Letras, 2, Mexiko 1962, S. 55–75). – H. Hermengildo, *La »Numancia« de C.*, Madrid 1969. – E. H. Friedman, *»La Numancia« Within Structural Patterns of Sixteenth Century Spanish Tragedy* (in Neoph, 61, 1977, S. 74–89). – W. F. King, *C.'s »Numancia« and Imperial Spain* (in MLN, 94, 1979, S. 200–221). – E. Bergmann, *The Epic Vision of C.'s »Numancia«* (in Theatre Journal, 1984, Nr. 1, S. 85–96). – G. Güntert, *La poética del primer C.: Desde la »Numancia« al Quijote* (in CHA, 1986, Nr. 430, 85–96).

# EL COLOQUIO DE LOS PERROS

(span.; *Das Zwiegespräch der Hunde*). »Exemplarische Novelle« von Miguel de Cervantes Saavedra, erschienen 1613. – Die letzte der zwölf *Novelas exemplares* des Cervantes erwächst aus der vorangegangenen Novelle *El casamiento engañoso (Die betrügerische Heirat)*, die den Rahmen für die Manuskriptfiktion des vorliegenden Hundedialogs bildet, den der Fähnrich Campuzano belauscht und in dem Manuskript mit dem Titel *Novela y coloquio que pasó entre Cipión y Berganza, perros del Hospital de la Resurrección, que está en la ciudad de Valladolid, a quien comunamente llaman los perros de Mahudes (Novelle und Zwiegespräch zwischen Cipión und Berganza, Hunde des in der Stadt Valladolid befindlichen Auferstehungshospitals, die allgemein die Hunde des Mahudes genannt werden)* aufgezeichnet hat, das er seinem Freund Peralta nun zur Lektüre überreicht. Die Lesesituation ist von jetzt an gedoppelt, denn der Magister Peralta liest das Manuskript, und der reale Leser liest somit das von Peralta Gelesene. Diese komplexen Kommunikationszusammenhänge (Hören, Aufschreiben und Lesen des Hundegesprächs) treten jedoch zurück, sobald Berganza und Cipión ihren Dialog eröffnen. – Cervantes' Novelle steht in der literarischen Tradition der Hundegespräche, die mit dem Dialog des Menippus mit dem Hund Cerberus bei Lukian *(Totengespräche, XXI)* beginnt. Innerhalb dieser Tradition steht ihr wohl der Dialog der Hunde Hylactor und Pamphagus in Bonaventure Des Périers' *Cymbalum Mundi* (1537) am nächsten. Wenn in der Frage nach dem Ursprung der Sprache im *Cymbalum Mundi* ein antiker Text, Ovids *Metamorphosen* (Buch III, 192–252), als Legitimationsmythos berufen wurde – der lesende Hund Pamphagus hat in seiner Ovid-Lektüre erfahren, daß er und Hylactor durch das Fressen der Zunge ihres Herrn Acteon die Sprechfähigkeit erlangt haben –, so erhalten die beiden Hunde im *Coloquio de los perros* durch ein göttliches Wunder die Sprache. Berganza erzählt seinem Freund Cipión die Stationen seines Lebens, das der Vita eines pikaresken Helden ähnelt, der immer wieder seinen Herrn wechselt, weil er schlecht behandelt wird, hungern muß oder betrogen wird, und der sich als Spurensucher in den sozialen Systemen der Zeit erweist. So ist Berganza zunächst der Hund eines Metzgers in Sevilla, kommt dann zu Schäfern, zu einem reichen Kaufmann, zu einem Büttel, einem Trommler, gerät dann in eine Gruppe von Zigeunern, gehört zu einem Morisken, zu einem Dramendichter und hilft am Ende seinem Herrn Mahudes zusammen mit Cipión beim Almosensammeln für das Hospital de la Resurrección in Valladolid. Dieser Lebensbericht erreicht mit der Erzählung der Hexe Cañizares seinen Höhepunkt, in der die Frage der Metamorphose von Mensch zu Tier zur Sprache kommt: Cañizares vermutet in den beiden Hunden die verzauberten Zwillingssöhne ihrer Freundin, der Hexe Montiela.

Das *Coloquio*, der nächtliche Lebensbericht Berganzas, der von Bemerkungen Cipións immer wieder unterbrochen wird, zeichnet sich durch die Virtuosität im Umgang mit ästhetischen Formen aus. Das Gespräch ist als solches keine Satire; vielmehr wird hier Satire als ästhetisches Problem besprochen. Dies wird z. B. deutlich, wenn die Hunde über die Wirkung satirischer Kommentare *(murmuración)* sprechen und dabei zugeben: »*Era difícil cosa el no escribir satiras.*« (»*Es war schwierig, keine Satiren zu schreiben.*«) Die Textstruktur des *Coloquio* ist gekennzeichnet von der Überlagerung und Verquickung der pikaresken Vita Berganzas mit der metapoetischen Rede über literarische Formen selbst, über den Ursprung und die Bedeutung von Sprache und über die Regeln der Kommunikation. Das Gespräch der Hunde Cipión und Berganza ist ein Wechselspiel zwischen Lebensbericht und Metapoesie. Die poetische Wahrheit des Textes konstituiert sich auf der Grenze zwischen Wirklichkeit und Traum, zwischen Realität und Fiktion. Im *Coloquio de los perros* wird, innerhalb der literarischen Fiktion, der Schritt vom »schriftlich« Erzählten der vorangegangenen Novellen zum Privileg des Wortes vollzogen. Das Spannungsverhältnis zwischen Fiktion und Wirklichkeit wird besonders im Gespräch der Hunde über die Literatur der Zeit eindringlich dargestellt: So erzählt Berganza, daß er, als er das wirkliche Leben der Schäfer kennenlernte, erfahren mußte, daß die Welt der Schäferromane nichts mit der rauhen Wirklichkeit gemein hat. Cervantes spricht hiermit ein zentrales Thema des *Don Quijote* an, nämlich die Konstitution der Welt durch Lektüreerfahrungen im Gegensatz zur Realität. Im *Coloquio* bleiben jedoch beide Bereiche nebeneinander Gegenstände der metasprachlichen Rede und bilden nicht, wie im *Don Quijote*, ein wesentliches Handlungsmovens: Berganza und Cipión besprechen Realität und Fiktion, Don Quijote dagegen handelt im »er-lesenen« Wahn.

Innerhalb der *Novelas ejemplares* ist das *Coloquio de los perros* der wirkungsreichste Text, der neben Fortsetzungen verschiedener spanischer Autoren, wie Belmonte BERMÚDEZ' *La vida de Cipión*, Jacinto BENAVENTES *Nuevo coloquio de los perros*, FERNÁN CABALLEROS *Los pobres perros abandonados*, vor allem in E. T. A. HOFFMANNS *Nachricht von den neuesten Schicksalen des Hundes Berganza* (1814) eine kongeniale Weiterführung erfahren hat und auch in jüngster Zeit in Zsuzsanna GAHSES Erzählung *Berganza* (1984) weiterwirkt.　　　　S.L.

AUSGABEN: Madrid 1613 (in *Novelas ejemplares*). – Madrid 1925 (in *Obras completas*, Hg. R. Schevill u. A. Bonilla, Bd. 14). – Madrid 1962 (in *Novelas ejemplares*, Hg. F. Sáinz Rodríguez). – Madrid 1963 (in *Obras completas*). – Madrid 1975–1980 (in *Obras completas*, Hg. u. Einl. A. Valbuena Prat, 2 Bde.). – Madrid 1986 (in *Novelas ejemplares*, Hg. u. Einl. H. Sieber; Cátedra).

ÜBERSETZUNGEN: *Gespräch des Scipio und des Bergance*, Conradi (in *Satyrische und lehrreiche Erzehlungen*, Bd. 2, Ffm./Lpzg. 1753). – *Gespräch des Szipio und Berganza*, J. v. Soden (in *Moralische Novellen*, Bd. 2, Lpzg. 1779). – *Gespräch zwischen Cipion und Berganza, Hunden des Auferstehungshospitals*, A. Keller u. F. Notter (in *Novellen*, Mchn. 1958; ern. 1971). – *Das Kolloquium der beiden Hunde*, D. W. Soltau (in *Exemplarische Novellen*, Ffm./Hbg. 1961; Nachw. W. Krauss; EC). – *Novelle vom Zwiegespräch zwischen Cipión und Berganza*, A. M. Rothbauer (in *SW*, Bd. 1, Stg. 1963).

LITERATUR: N. Alonso Cortés, *Los perros de Mahudes* (in RFE, 26, 1942). – E. F. Jareño, »*El coloquio de los perros«, documento social de la vida española en la edad de oro* (in Estudios de Historia Social de España, 1952, 2, S. 327–364). – P. Waley, *The Unity of the »Casamiento engañoso« and the »Coloquio de los perros«* (in BHS, 34, 1957, S. 201–212). – L. J. Woodward, »*El casamiento engañoso« y »El coloquio de los perros«* (ebd., 36, 1959, S. 80–87). – L. A. Murillo, *C.' »Coloquio de los perros«, a Novel-Dialogue* (in MPh, 58, 1960/61, S. 174–185). – G. Sobejano, »*El coloquio de los perros« en la picaresca y otros apuntes* (in HR, 43, 1975, S. 25–41). – E. C. Riley, *C. and the Cynics* (in BHS, 53, 1976, S. 189–199). – R. S. El Saffar, »*El celoso extremeño« and »El coloquio de los perros«. A Critical Guide*, Ldn. 1976. – T. Ziolkowski, *Talking Dogs. The Canonization of Literature* (in T. Z., *Varieties of Literary Thematics*, Princeton 1983). – F. Carrasco, »*El coloquio de los perros«: veridicción y modelo narrativo* (in Criticón, 1986, Nr. 35, S. 119–133).

## LA CUEVA DE SALAMANCA

(span.; *Die Höhle von Salamanca*). Dramatisches Zwischenspiel von Miguel de CERVANTES SAAVEDRA, erschienen 1615. – Für die von Cervantes zur Vollkommenheit geführte Gattung des *entremés* kann der Einakter *Die Höhle von Salamanca* als Musterbeispiel gelten. So werden zur Darstellung des darin behandelten Themas vom betrogenen Ehemann statt der Radaueffekte der Farce ausschließlich die gehobeneren Ausdrucksmittel der hohen Komödie verwendet. Hierzu gehören die straffe Handlungsführung, die skizzenhafte und doch eindringliche Charakterisierung durch das Medium eines den Personen und Situationen angepaßten Prosadialogs und als wesentlichstes Merkmal der einer ironisch-tiefgründigen Sicht der Menschennatur entspringende Humor. – All diese Darstellungsmittel verwendet Cervantes auf einen an sich eher für die Farce geeigneten Stoff aus dem Genre der italienischen Schwanknovelle: Eine leichtlebige Ehefrau und ihre Dienerin werden in Gesellschaft ihrer Liebhaber plötzlich von dem unerwartet von einer Reise zurückgekehrten Hausherrn überrascht. Doch ein zufällig im Hause weilender Student rettet die Situation. Dem leichtgläubigen Ehemann macht er weis, er habe in der Höhle von Salamanca die Kunst der Geisterbeschwörung erlernt, und gibt sodann einen Beweis seines Könnens, indem er die beiden Liebhaber, den Sakristan und den Barbier des Dorfes, als zwei Dämonen aus ihren Verstecken hervorzaubert. Der Ehemann beschließt, die beiden Teufel nicht eher aus dem Haus zu lassen, als bis auch er die in der Höhle von Salamanca gelehrte Kunst der Geisterbeschwörung erlernt hat.

Cervantes ist es in diesem Stück gelungen, vorgegebene literarische Typen in lebendige Figuren umzuformen: der törichte, vielleicht im Interesse der Handlung etwas zu leichtgläubige Ehemann, seine keine Mittel zum Betrug scheuende Gemahlin und ihre ebenso gewitzte Dienerin, der ängstliche und sich einer kulteranistischen Diktion befleißigende Sakristan und schließlich sein biederer Freund, der Barbier. Unvergeßlich bleibt der Student, dessen verschlagene Intelligenz sich ebenso an der Torheit des betrogenen Ehemanns wie an der Angst der um den Erfolg seines dreisten Betrugsspiels bangenden Ehebrecher weidet. Die unübertreffliche Wirklichkeitsnähe dieser Gestalten, die Lebendigkeit ihres Dialogs und die aus beiden resultierende Komik zeigt ein Vergleich der *Höhle von Salamanca* mit zahlreichen Stücken zum gleichen Thema von Vorläufern und Zeitgenossen des Cervantes oder mit CALDERÓNS farbloser Imitation, die den Titel *El dragoncillo (Der kleine Drache)* trägt. E.F.

AUSGABEN: Madrid 1615 (in *Ocho comedias y ocho entremeses*). – Madrid 1918 (in *Obras completas*, Hg. R. Schevill u. A. Bonilla, Bd. 8). – Madrid 1962 (in *Entremeses*, Hg. M. Herrero García). – Madrid 1963 (in *Obras*, Hg. F. Ynduráin, Bd. 2; BAE). – Madrid 1975–1980 (in *Obras completas*, Hg. u. Einl. A. Valbuena Prat, 2 Bde.). – Madrid 1985 (in *Ocho comedias y ocho entremeses*, Hg. u. Einl. N. Spadaccini; Cátedra).

ÜBERSETZUNGEN: *Die Teufel aus der Kohlenkiste*, F. J. Bertuch (in Magazin der span. u. portug. Literatur, Dessau 1782, 3, S. 129–168). – *Die Höhle von Salamanca*, J. v. Eichendorff (in J. v. E., *SW*, Hg. G. Baumann u. S. Grosse, Bd. 3, Stg. 1959; ern. in *SW*, Bd. 16: *Übersetzungen aus dem Nachlaß*, Hg. K. Dahme, Regensburg 1966). – Dass., H. Kurz (in *Zwischenspiele*, Mchn. 1961; ern. Ffm. 1967). – Dass., H. Schlegel (in *Spanisches Theater*, Mchn. 1964; Nachw. M. Franzbach). – *Das Zwischenspiel von der Salmantiner Höhle*, A. M. Rothbauer (in *SW*, Bd. 4, Stg. 1970).

LITERATUR: M. Ingunza y Santo Domingo, *»La cueva de Salamanca« en la literatura española*, Diss. Madrid 1946. – M. García Blanco, *El tema de »La cueva de Salamanca« y el entremés cervantino de este título* (in Anales Cervantinos, 1, 1951). – W. L. Fichter, *»La cueva de Salamanca« y un cuento de Bandello* (in Studio Philologica, 1, Madrid 1960, S. 525–528). – M. Chevalier, *A propos de »La cueva de Salamanca« Question sur la censure au Siècle d'Or* (in *Les cultures ibériques en devenir*. Fs. f. M. Bataillon, Paris 1979, S. 659–664). – S. Zimic, *»La cueva de Salamanca«: parábola de la tontería* (in Anales Cervantinos, 21, 1983, S. 135–152).

# LA GITANILLA

(span.; *Das Zigeunermädchen*). »Exemplarische Novelle« von Miguel de CERVANTES SAAVEDRA, erschienen 1613. – Das wahrscheinlich nach 1605 entstandene Werk ist die erste und zugleich eine der schönsten der *Novelas ejemplares*. Preciosa, ein Zigeunermädchen, bezaubert ganz Madrid und wird, wo immer sie tanzt und singt, umjubelt. Ihre Schönheit, Intelligenz und offensichtliche Ehrbarkeit zwingen jedermann in ihren Bann. Don Juan de Cárcamo, ein adliger Jüngling, verliebt sich so leidenschaftlich in das Mädchen, daß er aus dem Elternhaus flieht, um unter dem Decknamen Andrés Caballero bei den Zigeunern zu leben. Preciosa will seine Liebe auf die Probe stellen und erst nach zwei Jahren seine Frau werden. Durch seine Geschicklichkeit im Wettlauf, im Stangenwurf und im Springen verschafft der Jüngling den Zigeunern große Einkünfte. Bald akzeptieren sie ihn als ihren Anführer und lassen sich von ihm sogar bewegen, das Stehlen aufzugeben. Auf diese Weise nimmt er auch Preciosa mehr und mehr für sich ein.

In einem Dorf bei Murcia verliebt sich die Tochter einer Wirtin in Andrés. Als er auf ihre Avancen nicht eingeht, versteckt sie einige Schmuckstücke in seinem Gepäck und bezichtigt dann die Zigeuner des Diebstahls. Der Schmuck wird bei Andrés gefunden, den daraufhin ein Soldat, der Neffe des Alkalden, beschimpft und ins Gesicht schlägt. Andrés tötet seinen Beleidiger. Des Diebstahls und des Mordes angeklagt, kommt er in Murcia ins Gefängnis, während man Preciosa im Haus der Korregidorin unterbringt. Die alte Zigeunerin, die sich als Großmutter Preciosas ausgegeben hat, gesteht, daß das schöne Mädchen in Wirklichkeit die Tochter der Korregidorin, das vornehme Fräulein Constanza de Acevedo y Meneses, ist, das sie im Kindesalter geraubt hat. Schließlich entdeckt auch die um den Geliebten bangende Preciosa-Constanza dessen wahre Identität. Die Novelle endet mit der Heirat der beiden »Zigeuner«.

Cervantes, der mit der Wirklichkeit des Zigeunerdaseins vertraut war, schildert einige Episoden realistisch, stellt jedoch die edle Gestalt der Preciosa in ein im großen und ganzen idealisiertes Milieu. Diese Gestalt dürfte der Dichter der Novellensammlung *El Patrañuelo* (1576) des Juan de TIMONEDA entnommen haben, wo die Geschichte von Apollonios von Tyros und seiner von Piraten geraubten, sing- und tanzbegabten Tochter nacherzählt wird. Von den zahlreichen Romanzen der Preciosa gehören die Wahrsagung *Tausendschönchen, Tausendschönchen* und die Beschwörung *Köpfchen, Köpfchen, nicht verzagen* zu den schönsten und zartesten lyrischen Schöpfungen Cervantes'. – In Anlehnung an *Das Zigeunermädchen* schrieb Pius Alexander WOLFF das Schauspiel *Preciosa*, das mit der Musik von Carl Maria von Weber 1821 uraufgeführt wurde. Ob Cervantes' Preciosa tatsächlich das Vorbild für GOETHES Mignon und für Victor HUGOS Esmeralda (in *Der Glöckner von Notre-Dame*) war, ist nicht mit Sicherheit nachzuweisen. A.M.R.

AUSGABEN: Madrid 1613 (in *Novelas ejemplares*). – Madrid 1922 (in *Novelas ejemplares*, in *Obras completas*, Hg. R. Schevill u. A. Bonilla, 18 Bde., 1914–1941). – Madrid 1962 (in *Novelas ejemplares*, Hg. F. Rodríguez Marín, Bd. 1; Clás.Cast). – Madrid 1963 (in *Obras completas*). – Barcelona 1964. – Madrid 1975–1980 (in *Obras completas*, Hg. u. Einl. A. Valbuena Prat, 2 Bde.). – Madrid 1986 (in *Novelas ejemplares*, Hg. u. Einl. H. Sieber; Cátedra).

ÜBERSETZUNGEN: in *Satyrische und lehrreiche Erzählungen*, J. L. Conradi, Ffm./Lpzg. 1799. – *Das Zigeunermädchen*, D. W. Soltau (in *Lehrreiche Erzählungen*, Königsberg 1801; ern. in *Exemplarische Novellen*, Ffm./Hbg. 1961; EC; Nachw. W. Krauss). – *Geschichte des Zigeunermädchens*, F. Notter (in *Novellen*, Bd. 1, Stg. 1839; ern. Mchn. 1958; ern. 1970). – *Das Zigeunermädchen*, R. Baumstark (in *Musternovellen*; Bd. 1, Regensburg 1868). – Dass., A. M. Rothbauer (in *SW*, Bd. 1, Stg. 1963; m. Einl.); ern. Stg. 1986 (RUB). – *Geschichte des Zigeunermädchens*, K. Thorer (in *Die englische Spanierin. Erzählungen*, Bln./Weimar 1974).

DRAMATISIERUNG: P. A. Wolff, *Preciosa. Romantisches Schauspiel mit Musik* (Musik: C. M. v. Weber; Urauff.: Bln., 14. 3. 1821).

LITERATUR: W. v. Wurzbach, *Die Preziosa des C.* (in StvLg, 1, 1901). – E. Fey, *Das literarische Bild der Preciosa des C.* (in RH, 75, 1929, S. 459–549). – H. Meier, *Personenhandlung u. Geschehen in C.' »Gitanilla«* (in RF, 51, 1937, S. 187–218). – F. Rauhut, *Consideraciones sociológicas sobre »La gitanilla« y otras novelas cervantinas* (in Anales Cervantinos, 3, 1953, S. 143–160). – W. Starkie, *C. y los gitanos* (ebd., 4, 1954, S. 139–186; engl.: *C. and the Gypsies*, in Huntington Library Quarterly, 26, 1963, S. 337–349). – J. Lowe, *Two Novelas Ejemplares: »La gitanilla« and »La ilustre fregona«*, Ldn. 1971. – M. Laffranque, *Encuentro y coexistencia de dos sociadades en el Siglo de Oro: »La gitanilla« de M. de C.* (in *Actas del V. Congreso Internacional de Hispanistas*, Bd. 2, Bordeaux 1977, S. 549 bis 561). – F. Pierce, *»La gitanilla«: A Tale of High Romance* (in BHS, 54, 1977, S. 283–295). – I. Lerner, *Marginalidad en Las Novelas Ejemplares: »La gitanilla«* (in Lexis, 1, 1980, S. 47–59). – S. F. Boyd, *The Mystery of C.: »La gitanilla«* (in FMLS, 1981, Nr. 4, S. 312–321). – B. Marcos, *Un exponente ideal de exaltación feminina: »La gitanilla«* (in LdD, 33, 1985, S. 95–111). – F. Martínez Bonati, *Forms of Mimesis and Ideological Rhetoric in C.'s »La gitanilla«* (in *Textual Analysis: Some Readers Reading*, Hg. M. A. Caws, NY 1986, S. 64–73).

## LA ILUSTRE FREGONA

(span.; *Die erlauchte Scheuermagd*). »Exemplarische Novelle« von Miguel de CERVANTES SAAVEDRA, erschienen 1613. – Da die Novelle eine Anspielung auf den Schelmenroman *Guzmán de Alfarache* von Mateo ALEMÁN enthält, dürfte sie nach Erscheinen des ersten Teils dieses Werks (1599) entstanden sein.

Zwei jungen Edelleuten, Tomás de Avendaño und Diego de Carriazo, gelingt es, ihrem Haushofmeister, der sie an die Universität von Salamanca bringen soll, zu entwischen. Sie wollen nach Süden ziehen, um eine Weile das ungebundene Leben bei den Gaunern der Thunfischereien von Zahara zu genießen, wo Diego sich bereits auskennt; aber sie bleiben in Toledo hängen, denn Tomás hat sich im »Gasthof zum Sevillaner« (er wird heute noch gezeigt) rettungslos in Constanza verliebt, ein Mädchen geheimnisvoller Abkunft, das wegen seiner Schönheit und seines edlen Anstands allgemein »die erlauchte Scheuermagd« genannt wird. Dem Wirt fehlt gerade ein Stallbursche; Tomás de Avendaño übernimmt unter falschem Namen die Stelle, während Diego de Carriazo, der den Freund nicht verlassen will, sich als Wasserträger verdingt. Obwohl Constanza sich kaum zeigt, wird sie von der vornehmen Jugend Toledos eifrig umworben. Sie schenkt indes niemandem Gehör, auch Avendaño geht es nicht besser. Eines Tages treffen die Väter der beiden Ausreißer im Gasthof ein; der alte Carriazo sucht nach einer Tochter, von deren Dasein er erst kurz zuvor erfahren hat. Aus seiner Beichte vor dem Korregidor von Toledo – die Mutter des Mädchens sei eine vornehme Dame gewesen, die er einst vergewaltigt habe; er wisse, daß sie das Kind hier zur Welt gebracht habe – wird klar, daß die gesuchte Tochter keine andere ist als die »erlauchte Scheuermagd«. So lösen sich alle Schwierigkeiten, und Tomás wird mit seiner angebeteten vermählt.

Stärker noch als in *La gitanilla (Das Zigeunermädchen)* verwendet Cervantes hier den Kontrast als Darstellungsmittel. Die Atmosphäre des Gasthofs, das Treiben der Gauner und Schelme, die Händel mit der Obrigkeit – all das schildert er mit saftigem, humorvollem Realismus; beispielhaft dafür ist die schwankhafte Geschichte von den fünf Vierteln des Esels, um den der junge Carriazo mit anderen Wasserträgern spielt. Das Liebeswerben des jungen Avendaño und die Gestalt der Constanza werden dagegen zart idealisiert. *La gitanilla* zeigt in einzelnen Motiven deutliche Parallelen zu dieser Novelle: der junge Edelmann, der zum Zigeuner wird, die Zigeunerin, die sich als Edelfräulein entpuppt. Das Thema der Vergewaltigung, das in der Beichte des alten Carriazo anklingt, steht im Mittelpunkt einer anderen »exemplarischen Novelle«, *La fuerza de la sangre (Die Macht des Blutes)*. Dramatisiert wurde *La ilustre fregona* von Lope de VEGA unter dem gleichen Titel, von José de CAÑIZARES (1676 bis 1750) als *La más ilustre fregona (Die erlauchteste Scheuermagd)*. A.M.R.

AUSGABEN: Madrid 1613 (in *Novelas ejemplares*). – Madrid 1923 (in *Novelas ejemplares*, in *Obras completas*, Hg. R. Schevill u. A. Bonilla, 18 Bde., 1914–1941, 13). – Madrid 1962 (in *Novelas ejem-

*plares*, Hg. F. Sáinz Rodríguez, Bd. 1; Clás.Cast). – Madrid 1963 (in *Obras completas*, Hg. A. Valbuena Prat). – Madrid 1975–1980 (in *Obras completas*, Hg. u. Einl. A. Valbuena Prat, 2 Bde.). – Madrid 1986 (in *Novelas ejemplares*, Hg. u. Einl. H. Sieber; Cátedra).

ÜBERSETZUNGEN: *Die edle Dienstmagd*, G. P. Harsdörffer (in G. P. Harsdörffer, *Der große Schau-Platz lust- und lehrreicher Geschichte*, Bd. 2, Ffm. 1650/1651). – In *Moralische Novellen*, J. v. Soden, Bd. 2, Lpzg. 1779. – *Die adelige Dienstmagd*, D. W. Soltau (in *Lehrreiche Erzählungen*, Königsberg 1801; ern. in *Exemplarische Novellen*, Ffm./Hbg. 1961; EC; Nachw. W. Krauss). – *Die erlauchte Scheuermagd*, A. M. Rothbauer (in *SW*, Bd. 1, Stg. 1963). – *Die vornehme Küchenmagd*, A. Keller, Mchn. 1971.

LITERATUR: R. Ramírez de Arellano, *El mesón del Sevillano*, Toledo 1919. – J. Oliver Asín, *Sobre los orígenes de »La ilustre fregona«* (in Boletín de Real Academia Española, 15, 1928, S. 224–241). – R. del Arco, *Los universitarios y la gente letrada vistos por C.* (in Universidad, Saragossa 1949, H. 2). – C. Castro, *Personajes femeninos de C.* (in Anales Cervantinos, 3, 1953, S. 43–85). – J. Casalduero, *Notas sobre »La ilustre fregona«* (ebd., 3, 1953, S. 331–339). – A. M. Barrenechea, *»La ilustre fregona« como ejemplo de structura novelesca cervantina* (in *Actas del Primer Congreso Internacional de Hispanistas*, Oxford 1964, S. 199–206). – J. C. Lowe, *Two Novelas ejemplares: »La gitanilla« and »La ilustre fregona«*, Ldn. 1971. – A. Weber, *»La ilustre fregona« and the Barriers of Caste* (in Papers on Language and Literature, 1, 1979, S. 73–81). – M. Joly, *Para una reinterpretación de »La ilustre fregona«* (in *Aureum Saeculum Hispanum. Beiträge zu Texten des Siglo de Oro*, Hg. K.-H. Körner, Wiesbaden 1983, S. 103–116).

# EL INGENIOSO HIDALGO DON QUIXOTE DE LA MANCHA

(span.; *Der sinnreiche Junker Don Quijote de la Mancha*). Roman von Miguel de CERVANTES SAAVEDRA, erschienen 1605 (Teil I) und 1615 (Teil II). – *Don Quijote* ist nicht nur Cervantes' Hauptwerk, sondern zugleich der bekannteste Text der spanischsprachigen Literatur überhaupt und sicherlich eines der unvergänglichen Meisterwerke der Weltliteratur, an dem sich Generationen von Lesern, Autoren und Interpreten auf mannigfaltigste Weise erfreuen. Zahlreiche Abenteuer des fahrenden Ritters – etwa der Kampf gegen die Windmühlen – sind zum Anlaß sprichwörtlicher Redensarten geworden. Auch das groteske Paar des hageren Titelhelden und seines dickleibigen Knappen Sancho Pansa lebt in allerlei Wiederaufnahmen in Theater und Film bis heute weiter. 1598, gegen Ende der Regierung Philipps II., als sich der Glanz des spanischen Weltreiches nach einem Jahrhundert bei-

spielloser Macht- und Prachtentfaltung dem Ende zuneigte, begann der bei Lepanto verwundete und in Algier in Gefangenschaft geratene Kriegsveteran Cervantes, der zuvor bereits mit einer Reihe von Theaterstücken hervorgetreten war, mit der Niederschrift seines Romans, der sich von der Masse der damaligen Romanproduktion bereits durch sein realistisches Ambiente abhebt: Nicht das mythische Arkadien des Schäferromans, noch das nachchristliche Kleinasien des Ritterromans, sondern das zeitgenössische Spanien, ein von Gott verlassener Landstrich, ist sein Schauplatz.

Handlung des ersten Teils

»*An einem Ort in der Mancha, an dessen Namen ich mich nicht mehr erinnern mag*« lebt der Hidalgo Alonso Quijada, gelegentlich auch Quesada oder Quijana geheißen, verarmter Nachkomme des seit dem Ende der Reconquista zur Bedeutungslosigkeit abgesunkenen niederen Adels und hängt seinem Traum vom Rittertum nach, den er aus unrealistisch-märchenhaften Ritterromanen – *Amadís*, *Palmerín*, *Clarián* und *Belianis*, um nur einige zu nennen – nährt. Über dieser kontinuierlichen Lektüre verliert Quijano schließlich den Verstand. Von dem Vorsatz, selbst die Fortsetzung des Ritterromans *Belianis de Grecia* zu verfassen, läßt er nur zugunsten eines noch viel »*bedeutenderen und ehrenvolleren*« Vorhabens ab, nämlich nach Art der fahrenden Ritter von einst auszuziehen und zum Preis Gottes und seiner Geliebten rechtlose Jungfrauen und Waisen zu beschützen. Er stellt sich eine notdürftige Rüstung zusammen, deren fehlende Teile er durch banale Gebrauchsgegenstände – eine Barbierschüssel dient als Helm – ergänzt. Eine alte Mähre aus dem Stall wird zum Reitpferd ernannt, dessen neuer klangvoller Name Rocinante (»der Klepper von einst«) doch noch die frühere Herkunft durchscheinen läßt. Auch Quijano selbst legt sich mit »Don Quijote« einen geeigneten Namen zu, der den klangvollen Beinamen der chevaleresken Helden (Lanzarote, Angriote) abgelauscht scheint. (Es ist ein Beispiel Cervantinischer Ironie, daß span. *quijote* zugleich die *Beinschiene* der Ritterrüstung bedeutet.) Als ferne Geliebte erwählt er sich eine Bauernmagd, die er wohl nur ein einziges Mal aus der Ferne erblickte und die er nach ihrer Herkunft aus dem Hundertseelendorf El Toboso in der Mancha mit dem Namen Dulcinea del Toboso zur Minneherrin stilisiert (I. 1). Ideell und materiell also notdürftig gerüstet, bricht Quijote zu seiner ersten Ausfahrt auf und sieht im Geiste bereits seine Waffentaten »*in Erz gegraben und in Marmor gemeißelt*«. Er gelangt an eine Schenke, an deren Tür er einige Mädchen – vermutlich Huren – und einen zum Kneipenwirt aufgestiegenen ehemaligen Beutelschneider und Schelm aus Andalusien trifft. Quijote hält das Wirtshaus für eine Burg, die Anwesenden für den Kastellan und seine Edelfräulein (I. 2). Er läßt sich von dem vermeintlichen Burgherrn, der genügend literarische Bildung besitzt, um sich auf Quijotes Wahn einzulassen, im Stall zum Ritter schlagen. Um den Verrückten loszuwerden, verlangt der Wirt nicht einmal die Zeche für Übernachtung und Speise (I. 3). Unterwegs trifft er auf einen Bauern, der seinen Knecht prügelt. Quijote heißt ihn, davon abzulassen, doch setzt dieser die Prügel fort, sobald Quijote außer Sicht ist (I. 4). Sodann attackiert Quijote eine Gruppe reisender Kaufleute, da sie nicht bereit sind, Dulcinea zur schönsten Frau der Welt zu erklären. Doch Rocinante strauchelt, und der gestürzte Ritter wird von einem Maultiertreiber daraufhin verprügelt und bewegungsunfähig liegengelassen (I. 5). Ein Nachbar im Dorf findet den Geschundenen und bringt ihn nach Hause, wo die Haushälterin ihn gesundpflegt, aber zugleich gemeinsam mit Quijotes Nichte und seinen Freunden, dem Dorfpfarrer und dem literarisch gebildeten Barbier, Quijotes Bibliothek einer berühmt gewordenen unnachsichtigen Inquisition unterzieht, in deren Verlauf nur wenige Werke – u. a. *Amadís de Gaula, Palmerín de Inglaterra* und *Tirante el Blanco* – dem im Hof des Anwesens errichteten Scheiterhaufen entgehen (I. 6). Darüber hinaus mauert man Quijotes Bücherzimmer zu. Der genesene Quijote glaubt getreu den Phantasien seiner Ritterbücher hierbei an den Spuk eines feindlichen Zauberers (I. 7).

Bald bricht er zu einer zweiten Fahrt auf, bei der es ihm zunächst gelingt, den Bauern Sancho Pansa als Knappen zu gewinnen, da er ihm für seine zu vollbringenden Taten als Diener eines so großen Ritters einen Gouverneursposten in Aussicht stellt: Der mit dem Witz spanischer Spruchweisheit ausgestattete, grobschlächtige Familienvater bildet fortan den dialogischen Kontrapunkt zu Quijotes idealistischer Buchwelt. Sancho versucht zunächst mehrmals vergeblich, den völlig abhanden gekommenen Realitätssinn seines neuen Herrn zu wecken. Wie eine Reihe weiterer Figuren läßt sich jedoch auch Sancho, der für die Vorstellung des Erwerbs von Ruhm und Reichtum Frau und Kind verläßt, von dem poetischen Zauber der Romanliteratur und der Faszinationskraft Quijotes im Laufe der Erzählung vereinnahmen. Es folgt hierauf das berühmteste Abenteuer des Werkes: Quijote hält Windmühlen für feindliche Riesen und bekämpft sie hoch zu Roß mit der Lanze, was natürlich in einem Desaster endet. Alsdann zersprengt er eine sonderbar wirkende Reisegruppe: Zwei Benediktiner mit Reisebrillen und Sonnenschirmen auf Dromedaren hält er für Zauberer, die eine vornehme Dame zu entführen versuchen. Quijote schlägt die Mönche in die Flucht, während zwei Maultiertreiber über Sancho herfallen. Ein biskayischer Edelmann dringt auf Quijote ein, doch an dieser Stelle läßt Cervantes den Faden seiner Erzählung fallen, da – auch dies eine der gattungstypischen Eigenarten der Ritterbücher – das Manuskript endet, das er als Vorlage benutzt hat (I. 8).

Der Erzähler bricht nun nach Toledo auf: Er findet ein Manuskript des fiktiven arabischen Historikers Cide Hamete Benengeli – hier spielt der Autor mit der arabischen Übersetzung seines eigenen Namens (arab. *Benengeli* = Sohn des Hirsches, span. *cervanteño*), zugleich dient er ihm als Anlaß, um anhand der »*Lügenhaftigkeit der arabischen Rasse*« den Fiktionscharakter aller Romane wiederholt bloßzulegen. Benengelis Buch, aus dem der Erzähler ab dem neunten Kapitel gleichsam zitiert, berichtet nun, wie Quijote den Biskayer besiegt und ihm nur auf Flehen des biskayischen Fräuleins Gnade gewährt – wiederum ein typisches Motiv der Ritterliteratur (I. 9). Bei einem Ziegenhirten erhalten die beiden Helden harten Käse und getrocknete Eicheln, was Quijote zu einer aus den Schäferromanen der Zeit entlehnten Eloge auf das »*Goldene Zeitalter*« veranlaßt (I. 10), die Sancho und der Hirt freilich ohne jedes Verständnis anhören. Der Jüngling Antonio singt eine Liebesromanze (I. 12), ein anderer Hirt erzählt die erste der in den Roman eingeflochtenen Geschichten: Sie handelt von Grisóstomo, der aus Liebe zur Schäferin Marcela an gebrochenem Herzen stirbt (I. 13). Quijote hält sodann eine pathetische Rede über seine ritterliche Bestimmung. Schließlich erscheint – als Abrundung der eingelegten Geschichte – Marcela am Grab des Grisóstomo und legt ihre Ansicht über diese Affäre dar. Die zuvor erzählte Geschichte und Quijotes Rede werden aufeinander bezogen, indem Quijote als Verteidiger der Jungfrauen Marcelas Standpunkt vertritt (I. 14). Im folgenden Abenteuer beziehen Sancho, Quijote und sogar Rocinante Prügel von einer Schar yangüeser Kuhtreiber (I. 15). Ebenso ergeht es Quijote, als er nachts das Rendezvous der häßlichen buckligen Magd Maritornes und eines Hirten stört (I. 16), und später, als er mit einem Mitglied der paramilitärischen *Santa Hermandad* in Streit gerät und dieser ihm eine Öllampe über den Kopf schlägt (I. 17). Der zweifelhafte »*Zauberbalsam des Fierabras*«, den Quijote zur Linderung anwendet, zeitigt nicht minder große Schäden, vor allem Übelkeit und Durchfall (I. 18). Quijote vertreibt die Begleiter eines nächtlichen Trauerzugs, die er in seinem Wahn bezichtigt, den Leichnam eines Ritters entführen zu wollen (I. 19). Sancho dagegen bringt heimlich die Vorräte dieser vermummten Gestalten an sich. Im nächtlichen Schein der Fackel wird Quijote von einem Zeugen der Angelegenheit mit dem Ritterbeinamen »*el de la Triste Figura*« (»*der vom Traurigen Gesicht*«) benannt, dessen falsche Übersetzung (»*der Ritter von der traurigen Gestalt*«) durch Tieck im Deutschen sprichwörtlich geworden ist.

Ein nächtliches Abenteuer, das die beiden aufgrund ungewöhnlicher Geräusche vermuten, erweist sich beim genaueren Hinsehen – die Geräusche rühren von sechs Walkstempeln in der Ruine einer Eisenwalkmühle her – als so unabenteuerlich, daß sogar Quijote lächeln muß (I. 20). Wenig später nimmt er einem Barbier die Bartschüssel aus Messing ab, die er für »*Mambrins Helm*« (aus Ariosts *Orlando Furioso*) hält (I. 21). Sodann befreit er etliche »*Unglückliche*«: In Wirklichkeit handelt es sich um allerlei Gesindel, um Sklaven, die zu den königlichen Galeeren unterwegs sind (I. 22). Unter ihnen ist der Erzschelm Ginés de Pasamonte, dessen Erscheinen dem Moralisten Cervantes Gelegenheit für eine erneute literarische Schelte gegen die um 1600 aufkommenden Schelmenromane gibt. Ginés macht sich später mit Sanchos Esel davon. Vor der Santa Hermandad retten sich Sancho und Quijote in die Sierra Morena, wo Sancho ein Bündel mit Goldstücken und einem Manuskript findet (I. 23, 24). Es ist das Notizbuch des verschmähten Liebhabers Cardenio, der ebenfalls durch die Lektüre der Ritterromane verwirrt ist, über ein Problem aus dem *Amadís* mit Quijote in Streit gerät und schließlich das Weite sucht.

Quijote beschließt nun, um seiner imaginären Dulcinea zu gefallen, im Gebirge nach *Amadís'* Vorbild wahnsinnig zu werden (I. 25). Sancho gibt er einen Brief an Dulcinea mit. Dieser begegnet an der Schenke dem Dorfpfarrer und dem Barbier, die an einem Plan zur Rückholung Quijotes arbeiten (I. 27). Während Sancho seinen Herrn sucht, erzählt Cardenio den beiden das Ende seiner Geschichte: Seine Geliebte Luscinda heiratete seinen Freund Fernando (I. 29). Dorotea, Fernandos verstoßene Geliebte, kommt hinzu (I. 30). Eine besonders gelungene Szene stellt Sanchos Rückkehr zu Quijote dar, der seinen Knappen natürlich über den Erfolg seiner Mission bei Dulcinea ausfragt: Sancho, der freilich nie bei Dulcinea war, lügt – ganz in der Manier der Ritterbücher – seinem Herrn das Blaue vom Himmel (I. 31). Der Dorfpfarrer wird nun zum Autor und Regisseur einer Intrige mit der man Quijote zurückholen will, wobei er sich in subtiler Weise an den Phantasien Quijotes, aber auch an Doroteas eigenem Dilemma orientiert: Diese kann für den Plan gewonnen werden, als »Prinzessin Micomicona« den Ritter um Hilfe anzuflehen (I. 32). Es gelingt ihr, Quijote in die Schenke zu locken, die durch zahlreiche Verwicklungen ein literarischer Knotenpunkt des ersten Teils wird: Auf dem Höhepunkt liest der Pfarrer die Novelle *El curioso impertinente (Der vorwitzige Neugierige)* vor: Anselmo überredet den zunächst widerstrebenden Lotario, die Treue seiner Frau Camila zu erproben, ein Unterfangen, das für alle drei mit dem Tod endet (I. 33, 34). Diese Novelle hört nur Quijote nicht, der inzwischen einen lächerlichen Kampf gegen die Weinschläuche des Wirts führt (I. 35). Die Schenke füllt sich nun mit allerlei Gästen: Cardenio und Dorotea erkennen in zwei maskierten Personen Fernando und Luscinda, worauf sich alle versöhnen. Ein Reisender in Begleitung der schönen Maurin Zorayda berichtet über Lepanto, seine Gefangenschaft in Algier und einen »*gewissen Saavedra*«, den er dort kennenlernte, und wie er mit Zoraydes Hilfe floh (I. 39–41). Eine Kutsche fährt vor, der ein Mann entsteigt, der in dem Geflohenen seinen Bruder Juan Pérez de Viedma wiedererkennt. Maritornes spielt Quijote einen Streich, so daß dieser den Rest der Nacht an einer Fensteröffnung hängend verbringt. Tags darauf kommt es zu einem Streit, als der Wirt bezahlt werden will und der Barbier hinzukommt, dem Quijote die Bartschüssel abnahm (I. 35). Quijote wird von dem maskierten Pfarrer und dem Barbier auf einem Karren in einem Käfig nach Haus gebracht (I. 36). Die Reise gibt einem mitreisenden Kanonikus und dem Pfarrer Gelegenheit, ihre Ansichten über Poetik und literarische Moden der Zeit, vor allem natürlich über die Ritterromane, auszutauschen (I. 48). Sancho bekommt seinen Herrn wieder frei, der nichts eiligeres zu tun weiß, als mit Rocinante in eine Prozession hineinzuplatzen, »*um die Prinzessin zu befreien*« (I. 49). Der übel zugerichtete Held wird schließlich doch noch in sein Heimatdorf zurückgebracht, wo er seiner nächsten Ausfahrt harrt, bis der »*Einfluß der Gestirne*« wechselt (I. 52).

Als Cervantes bereits den zweiten Teil bearbeitete, erschien 1614 in Tarragona die apokryphe Fortsetzung des Alonso Fernández de AVELLANEDA, dessen Angriffe gegen Cervantes diesen veranlaßten, seinem eigenen zweiten Teil ein anderes Gesicht zu geben. Deutlich wird dies an seiner Wendung vom »Literaturroman« des ersten Teils zur Konzeption eines »Metaromans«, also eines Textes, der seine eigene Entstehung in die Handlung einbezieht, wie er im authentischen zweiten Teil entfaltet wird. Offenbar war jedoch die Abfassung bereits zu weit gediehen, als daß Cervantes ins Zentrum des Werks noch zusätzliche Invektiven hätte einbauen können; so beschränken sich die ziemlich modernen und originellen Angriffe gegen den literarischen Rivalen Avellaneda auf die Anfangs- und Schlußpartien des Werks, wodurch sie aber zugleich um so deutlicher erkennbar werden und in den Vordergrund treten.

Inhalt des zweiten Teils

Sancho besucht Quijote und berichtet ihm, daß die Historien des Cide Hamete Benegeli, die Geschichte vom Don Quijote also, nun als gedrucktes Buch vorliegen und daß sich so der Ruhm ihrer Taten verbreite. Der erste Teil des *Quijote* wird also durch diesen Kunstgriff Bestandteil der Fiktion des zweiten Teils. Auch der Baccalaureus Sansón Carrasco diskutiert mit dem »berühmten« Ritter über die Fragen, die nach der Lektüre des ersten Teils offenbleiben (II. 1–4). Entgegen allen Ratschlägen der Haushälterin und der Nichte Quijotes und ebenso der Frau Sanchos (II. 5) brechen Herr und Knappe zur dritten Ausfahrt auf. Quijote möchte sich in El Toboso den Segen seiner imaginären Geliebten holen, findet sie freilich nicht, und so beschließt Sancho, ihm das erstbeste Bauernmädchen als Dulcinea vorzustellen, wodurch es zu allerlei grotesken Szenen kommt: Sancho hofiert die nach Knoblauch stinkende Magd, Quijote ist von alledem verwirrt (II. 7–10). Später besiegt Quijote einen anderen fahrenden Ritter, den »Spiegelritter«, der die Schönheit Dulcineas beschwören muß. Der Unbekannte entpuppt sich als Sansón Carrasco, der mit diesem mißlungenen Trick Quijote nach Hause locken wollte. Quijote deutet dies alles, wie in solchen Situationen üblich, als Wirken eines Zauberers (II. 11–15). Es folgt ein Literaturgespräch mit Diego de Miranda, der zufällig des Weges kommt (II. 16). Einen ziemlich phlegmatischen Löwen, der in einem Karren vorbeitransportiert wird, kann

Quijote nicht zu einem Kampf bewegen. Trotzdem nennt er sich fortan der »*Löwenritter*« (II. 17). Einige Tage verbringen Sancho und Quijote bei Miranda, wo Quijote literarische Gespräche führt und Sancho endlich etwas für sein leibliches Wohl tun kann (II. 18). Auch auf der darauffolgenden Hochzeit des reichen Camacho läßt er es sich zunächst gutgehen, doch kommt es zum Zwischenfall, als der Rivale Camachos, Basilio, dessen Braut Quiteria durch einen Trick und mit Hilfe des unwissenden Quijote doch erhält: Als Basilio einen Selbstmord fingiert, richtet Quijote es so ein, daß der vermeintlich Sterbende mit Quitaria getraut wird (II. 20, 21). Es folgt das nach einer Reihe vergleichbarer Szenen in den Ritterbüchern stilisierte Abenteuer in der Höhle von Montesinos, in die sich Quijote mit einem Seil hinabläßt und, als er schlafend hochgezogen wird, bei seiner Rückkehr allerlei phantastische Dinge zu berichten weiß (II. 22, 23). In der folgenden Episode führt Maese Pedro ein Puppenspiel vor, welches Quijote, da er die Ritterpuppen für reale Gegner hält, gewaltsam beendet (II. 25, 26). Nach einem vergeblichen Versuch Quijotes, Streitigkeiten zwischen sich bekämpfenden Dörfern zu schlichten, nehmen einen großen Teil des weiteren Werks die Ereignisse am Hof eines Herzogspaares ein (II. 30): Hier erhält Sancho das erstrebte Gouverneursamt (II. 45), das eine vorübergehende Aufhebung der Hierarchien bedeutet und karnevaleske Zustände am herzoglichen Hof mit sich bringt. Beiden Helden werden allerlei Streiche gespielt, Quijote vor allem durch das Hoffräulein Altisidora (II. 46). Quijote tritt in einem typisch chevaleresken Gerichtskampf für eine entehrte Tochter der Doña Rodríguez siegreich ein, doch erweist sich der unbekannte Gegner nicht als der tatsächliche Rechtsbrecher, sondern als Tosílos, der Page des Herzogs (II. 48–56).

Insgesamt zeigt sich Sancho als Herrscher durchaus weise, zugleich ist aber seine Regentschaft örtlich und zeitlich begrenzt wie der karnevaleske Mummenschanz, aus dem er hervorgeht. Sancho dankt schließlich freiwillig ab (II. 57). Auf dem Weg zu einem Turnier in Zaragoza platzt Quijote in eine einstudierte Schäferszene hinein (II. 58). In einer Schenke werden beide Zeugen einer Unterhaltung über den apokryphen zweiten Teil des *Quijote* von Avellaneda: Quijote beschließt nach dem Gespräch mit Gerónimo, dessen Avellaneda-Ausgabe er mit einigem Abscheu durchblättert, nicht nach Zaragoza zu gehen, um so den frechen Plagiator Avellaneda Lügen zu strafen (II. 59). Auf dem Weg nach Barcelona lernt er den edlen Banditen Roque Guinard kennen (II. 60). In Barcelona beaufsichtigt Quijote schließlich selbst den Druck des authentischen zweiten Teils des *Quijote*. Mit Sancho besichtigt er eine Galeere, als deren Befehlshaber er begrüßt wird (II. 63). Ein türkischer Segler wird aufgebracht, dessen Kapitän sich als eine in jungen Jahren nach Algier gebrachte Christin entpuppt (II. 64, 65). Ein abschließender Höhepunkt ist das zweite Duell gegen Sansón Carrasco, der dem besiegten Quijote das Versprechen abverlangt, nach Hause zurückzukehren. Tosílos, ein Bote vom Hof des Herzogs, teilt mit, die entehrte Tochter der Doña Rodríguez sei ins Kloster gegangen (II. 66). Quijote, nach seiner Niederlage deprimiert, erwägt, die Ritterrüstung für immer abzulegen und Schäfer zu werden (II. 67). Nochmals am Herzogshof läßt sich Sancho überreden, durch eine heroische Opfertat – er muß sich von einer Handvoll Zofen drangsalieren lassen – die allem Anschein nach tote Altisidora zu entzaubern. Diese berichtet von einer Vision, die sie während der Verzauberung hatte: Sie habe in der Hölle gesehen, wie einige Teufel mit Avellanedas *Quijote* Pelota (ein Ballspiel) spielten, da es nach Auskunft eines Teufels das schlechteste Buch der Welt sei (II. 70). Auf dem Weg in das Heimatdorf begegnen den beiden Helden schließlich sogar die Figuren aus Avellanedas Roman. Quijote und Sancho lassen sich durch eine notarielle Urkunde beglaubigen, daß sie selbst nichts mit Avellanedas Gestalten gemein hätten (II. 72). Ins Dorf zurückgekehrt, fühlt sich Quijote krank. Auf dem Sterbelager macht er – nach dem Vorbild des katalanischen Ritterromans *Tirant lo Blanc* – sein Testament und stirbt friedvoll, befreit von seinem literarischen Wahn, im Kreis seiner Angehörigen, nachdem er seine eigentliche Identität als Alonso Quijano el Bueno wieder angenommen hat. Zum Schluß ergreift der »*große Historiker Cide Hamete Benengeli*« nochmals das Wort, um zu verkünden, er habe dieses Werk verfaßt, um »*den Abscheu gegen all die ersonnenen und wirren Ritterbücher zu erwecken*« (II. 74).

Zur Entstehungs- und Wirkungsgeschichte

Cervantes geht zumal im zweiten Teil weit über seine ursprüngliche Absicht, die Macht der Ritterromane und ihrer Welt der Illusion zu brechen, hinaus. Vielmehr stellt der Roman eine kritische Auseinandersetzung mit allen damaligen literarischen Moden, dem Schelmen-, Schäfer- und vor allem dem Ritterroman, dar. So hatte Cervantes zunächst wohl keine Fortsetzung des Werks geplant, obwohl das Werk 1605 als »*erster Teil*« erschien: Bereits hierbei dürfte es sich um eine der Gepflogenheiten der geschmähten Gattung der Ritterbücher handeln, deren Fortsetzungen sich für gewöhnlich an den Erfolg des jeweils nachgeahmten Textes anzuschließen versuchten. Auch sonst lassen sich für zahllose Details der Struktur, der Handlung und vor allem der verbalen Gestaltung Vorbilder nicht nur aus den Ritterromanen, sondern vor allem auch der altspanischen Romanzendichtung und dem italienischen Renaissance-Epos (BOIARDO, ARIOST, PULCI, FOLENGO) ausfindig machen. Ein Blick auf die komplizierte Entstehungsgeschichte zeigt, daß das Thema des Ritters, der über der allzu unkritischen Lektüre erfundener Abenteuer beschließt, diese zu imitieren, nicht nur in Folengos *Baldus* (span. Fassg. 1542), sondern außerdem zwischen 1588 und 1591 in der spanischen Literatur vorgebildet war, und zwar in einem *Entremes de los romances*, einem volkstümlichen Theaterstück, dessen bäuerischer Held eine ganze Reihe der imaginären »Heldentaten« Quijotes regelrecht vorwegnimmt. Im übrigen scheint einiges darauf hinzudeuten, daß Cervantes zunächst nur beabsichtigt hatte, eine kürzere *Novela ejemplar* zu verfassen, den Plan schließlich aber dahingehend abänderte, daß er das Thema des Scheiterns des idealistischen Literaten auf der ganzen Linie doch besser in einem Roman vorzuführen gedachte. Darüber hinaus hat Cervantes auf Ereignisse seines eigenen Lebens zurückgegriffen, so in der Geschichte der türkischen Gefangenschaft, und sich von der italienischen Novellistik (BANDELLO) bei der Einlagerung der verschiedenen Binnenerzählungen anregen lassen. Die Parodie der Ritterromane im *Quijote* ist, wie schon HEGEL ausführte, denn auch in der »Aufhebung« im doppelten Sinne zu verstehen: Einerseits will Cervantes das Ende dieser Gattung signalisieren, in deren Zentrum eine überholte Sicht des mythischen Helden steht. Dieser mittelalterlichen Darstellung ritterlichen Handelns entspricht es, den Helden als Vollstrecker eines theologischen Heilsplans zu begreifen, durch den die Welt als »Buch« lesbar wird. Quijotes häufiges Scheitern an der Wirklichkeit stellt sich so als mißlungener Versuch dar, zwischen der christlich geprägten idealistischen Ordnung der chevaleresken Textwelt und dem trügerischen Schillern der zeitgenössischen Realität zu vermitteln. Andererseits wird, wie Hegel in der *Ästhetik* betonte, *Don Quijote* zugleich ein »Archiv« jener mittelalterlichen Vorstellungen, die mit der Epochenwende zur Neuzeit unwiderbringlich preisgegeben werden. Am deutlichsten ist dies sicher daran zu erkennen, daß modernen Lesern Belianis de Grecia, Amadís de Gaula, Palmerín de Inglaterra und wie sie sonst heißen mögen am besten aus Cervantes' Werk bekannt sind: Es gebührt hier den großen Cervantisten des 19. Jh.s, Diego de CLEMENCÍN, das Verdienst, durch seinen ebenso bedeutenden wie unentbehrlichen *Comentario al Don Quijote* (1833–1839) die Grundlagen für eine Beschäftigung mit dem Werk gelegt zu haben, das so zugleich ein Gedächtnisspeicher der teils vergessenen, teils verlorenen Ritterliteratur des *Siglo de Oro* ist.

Gerade für das spanische Selbstverständnis nicht nur der Epoche, sondern auch der frühen Moderne ist der Roman eines der wegweisenden Zeugnisse geworden. So dürfen die wesentlichen Texte der *Generación de '98* (UNAMUNO, MAEZTU, BAROJA) als interpretierende Beschäftigung mit Cervantes' Text gelesen werden, der ebenso zur Folie erzähltechnischer Experimente wie auch zur Quelle der ideologischen Auseinandersetzung mit dem spanischen Wesen wird. Don Quijote wird hier allmählich von der literarischen Figur zum spanischen Mythos schlechthin, in Funktion und Wirkung durchaus vergleichbar mit dem Faust-Mythos in Deutschland.

Im Frankreich der beginnenden Aufklärung wird der Roman zunächst als Dokument der Narreteien des reaktionären Spanien gedeutet. Trotzdem ist bereits in den Werken SORELS (*Le berger extravagant*, 1627/28), DUVERDIERS (*Le chevalier hypocondrique*, 1632), MARIVAUX' (*Pharsamon*, 1732) und CAZOTTES (*Belle par accident*, 1742) Cervantes' Einfluß spürbar. Indes wären die Neuerungen des »verwilderten Romans« und der philosophischen Erzählung im England und Frankreich des 18. Jh.s (STERNE, FIELDING, VOLTAIRE) ohne die Beschäftigung mit *Don Quijote* wohl kaum in der bekannten Weise verlaufen: DIDEROTS Erzählwerk, zumal *Jacques le Fataliste et son maître* (1796) sei hier stellvertretend genannt. In Deutschland setzt die Beschäftigung mit dem Werk nach dem Intermezzo von NEUGEBAUERS *Deutscher Don Quixotte*, HIPPELS *Kreuz- und Querzüge des Ritters A bis Z* und WEZELS *Tobias Knaut* erst mit der Übersetzung TIECKS in der Romantik ein, die den Text – neben SHAKESPEARE, ARIOST und RABELAIS – als Hieroglyphe genuin romantischer Erzählkunst, als Vorläufer des Schlegelschen Konzepts der »*progressiven Universalpoesie*« aufnimmt. Wie später bei den spanischen Autoren der *Generación de '98* scheint das übermächtige Textvorbild auch bei den romantischen deutschen Autoren stets durch, deren revolutionäre Techniken der Illusionsbrechung (Tieck, *Der gestiefelte Kater*), des »Buches im Buch« (HOFFMANN, *Kater Murr*) der »immanenten Poetik« (NOVALIS, *Heinrich von Ofterdingen*) sich ebenso von Cervantes herleiten wie das zentrale Thema des literarischen Wahns (FOUQUÉ, *Alethes von Lindenstein*). So vielfältig wie die Rezeption durch andere Autoren ist auch die wissenschaftliche Auseinandersetzung: Der Cervantes-Forscher sieht sich einer so unübersehbaren Fülle von Sekundärliteratur und Kommentaren unterschiedlichster Zielsetzung gegenüber, wie sie allenfalls noch durch das Schrifttum zu Shakespeare und Rabelais erreicht wird. In 68 Sprachen übersetzt, kann der *Don Quijote* mit 2300 Auflagen in aller Welt als das wirkungsmächtigste Werk nach der *Bibel* gelten. Neben Parodien und Plagiaten sollten die zahlreichen Bearbeitungen, erleichterten und gekürzten Fassungen und selbst Comic-Strip-Versionen hier nicht unerwähnt bleiben, die den Ruhm von Don Quijote und Sancho in den Kinderzimmern in aller Welt verbreitet haben.

Auch die bildende Kunst hat sich des Themas angenommen. Nach den berühmt gewordenen Illustrationen Honoré Daumiers und Gustave Dorés haben sich auch Paul Cézanne und Odilon Redon damit befaßt. Im 20. Jh. haben sich namhafte Künstler mit dem »Ritter von der traurigen Gestalt« beschäftigt: Neben André Masson, Horst Janssen, HAP Grieshaber ist Pablo Picasso hier ebenso zu nennen wie Salvador Dalí, die immer wieder auf Cervantes' Helden zurückgegriffen haben.

In der Musik hat das Quijote-Thema natürlich immer wieder zu Balletten und Opern inspiriert, wobei zu den frühesten Zeugnissen die Opern Henry Purcells (1694/95, Libretto von Thomas d'Urfey), Giovanni Paisiellos (1769) und die *Don Quijote*-Suite von Georg Philipp Telemann (1761) zählen. Im 19. Jh. wäre neben Felix Mendelssohns Jugendwerk *Die Hochzeit von Camacho* vor allem Jules Massenets Oper *Don Quijotte* (1910) und Richard

Strauss' symphonische Dichtung *Don Quixote* (1898) zu erwähnen, während der irrende Ritter im 20. Jh. vor allem durch Maurice Ravels letztes Werk, die drei Lieder »*Don Quijotte à Dulcinée*« (nach Texten des zeitgenössischen Dichters Paul Morand, 1932), und in Manuel de Fallas kongenialer Oper für Puppentheater *El Retablo de Maese Pedro* (1923) weiterwirkt, die am deutlichsten den Geist der Vorlage bewahren. Schließlich hat sich auch das Broadway-Musical in den sechziger Jahren (Mitch Leighs *The Man from La Mancha*) mit dem Thema beschäftigt. Unter den zahlreichen Verfilmungen ragt neben den Fassungen von Pabst und Kosintzev vor allem der unvollendete Film von Orson Welles (1955 ff.) heraus. G.Wil.

AUSGABEN: Madrid 1605 [Tl. 1]. – Madrid 1615 (*Segunda parte del ingenioso caballero Don Quixote de la Mancha*). – Madrid 1647 (*Primera y segunda parte del ingenioso hidalgo Don Quixote de la Mancha*). – Madrid 1928–1941 (*El ingenioso hidalgo Don Quijote de la Mancha*, in *Obras completas*, Hg. R. Schevill u. A. Bonilla, 18 Bde., 1914–1941, 15–18). – Madrid 1963 (in *Obras completas*, Hg. A. Valbuena Prat). – Barcelona 1955; ³1982, Hg. M. de Riquer. – Madrid 1968–1975, Hg. u. Einl. F. Rodríguez Marín, 8 Bde. (Clás. Cast). – Madrid 1975–1980 (in *Obras completas*, Hg. u. Einl. A. Valbuena Prat, 2 Bde.). – Madrid 1985, Hg. u. Einl. L. A. Murillo, 3 Bde. (Castalia). – Madrid 1986, Hg. u. Einl. J. J. Allen, 2 Bde. (Cátedra).

ÜBERSETZUNGEN: *Don Kichote de la Mantzscha, das ist: Juncker Harnisch auss Fleckenland*, P. Basteln von der Sohle, Köthen 1621. – Dass., ders., Ffm. 1648; ern. Hbg. 1928. – *Leben und Thaten des weisen Junkers Don Quixote von Mancha*. Neue Ausgabe, aus der Urschrift des Cervantes, nebst der Fortsetzung des Avellaneda., F. J. Bertuch, 6 Bde., Würzburg/Lpzg. 1775. – *Leben und Taten des scharfsinnigen Edlen Don Quixote von la Mancha*, L. Tieck, 4 Bde., Bln. 1799–1801; ern. Düsseldorf 1951, Hg. H. Rheinfelder. – Dass., ders., 2 Bde., Bln. 1876 (Ill. G. Doré); ern. 1986. – *Der sinnreiche Junker Don Quixote*, D. W. Soltau, 2 Bde., Königsberg 1800; Neubearb. W. Lange, 2 Bde., Lpzg. 1880; 4 Bde., Lpzg. ²1937. – *Der sinnreiche Junker Don Quixote von la Mancha*, anon.; m. dem Leben von C. nach Viardot u. e. Einl. v. H. Heine; m. Ill.; 2 Bde., Stg. 1837/38; 2 Bde., Stg. 1870; Lpzg./Bln. 1911. – *Der sinnreiche Junker Don Quixote von der Mancha*, A. Keller, 5 Bde., Stg. 1839–1841. – Dass., Übers., Einl. u. Anm. L. Braunfels, 4 Bde., Stg. 1884; 4 Bde., Straßburg 1905; 4 Bde., Bln. 1923; Mchn. 1985; Nachw. F. Martini, Ill. Grandville; dtv; Mchn. 1986; Darmstadt 1986. – *Don Quijote de la Mancha*, A. M. Rothbauer (in *SW*, Bd. 2, Stg. 1964). – *Der scharfsinnige Ritter Don Quijote von der Mancha*, Textrevision nach d. anon. Ausg. v. 1837 v. K. Thorer, Ffm. 1975 [Einl. I. Turgenjew, Ill. G. Doré].

VERTONUNGEN: H. Purcell, *Comical History of Don Quixote* (Text: Th. d'Urfey, 1694/95). – G. Ph. Telemann, *Don Quichotte der Löwenritter*, 1761. – G. Paisiello, *Don Chisciotte della Mancia*, 1769. – K. Ditters von Dittersdorf, *Don Quixote der Zweyte* (Urauff.: Oels, 4. 2. 1795). – A. L. Clapisson, *Don Quixotte et Sancho* (Oper; Urauff.: Paris, 11. 12. 1847, Opéra Comique). – R. Strauss, *Don Quixote* (Tondichtung; Urauff.: Köln, 8. 3. 1898). – J. Massenet, *Don Quichotte* (Text: H. Cain; Oper; Urauff.: Monte Carlo, 19. 2. 1910). – M. de Falla, *Retablo de Maese Pedro* (Text: M. de F.; Oper; Urauff.: Sevilla, 23. 3. 1923). – M. Ravel, *Don Quichotte à Dulcinée* (Text: P. Morand; Lieder; 1932).

VERFILMUNGEN: *Don Quijote*, Frankreich 1933 (Regie: G. W. Pabst). – Dass., Spanien 1948 (Regie: R. Gil). – *Don Kichot*, UdSSR 1957 (Regie: G. Kosintzev). – *Don Kihot*, Jugoslawien 1961 (Regie: V. Kristl).

LITERATUR:
a) Bibliographien: J. Suñé Benages u. J. Suñé Fombuena, *Bibliografía crítica de ediciones del »Quijote« impresas desde 1605 hasta 1917*, Barcelona/Cambridge (Mass.) 1917–1939. – J. D. M. Ford u. R. Lansing, *C. A Tentative Bibliography of His Works and of the Bibliographical and Critical Material Concerning Him*, Cambridge/Mass. 1931. – G. Colon, *Die ersten romanischen u. germanischen Übersetzungen*, Bern 1974. – D. B. Drake, *»Don Quijote« 1894–1970. A Selected and Annotated Bibliography*, 2 Bde., Chapel Hill 1974 u. Miami 1978. – E. Ruiz-Fronells, *Las concordancias de »El ingenioso hidalgo Don Quixote de la Mancha«*, 2 Bde., Madrid 1976–1980 [wird fortgesetzt]. – L. A. Murillo, *Bibliografía fundamental sobre »Don Quijote de la Mancha«*, Madrid 1985.
b) Spezialliteratur: J. M. Asensio, *Los continuadores del »Ingenioso hidalgo« de C. y sus obras*, Barcelona 1903. – Azorín, *La ruta de »Don Quijote«*, Madrid 1906. – J. Ortega y Gasset, *Meditaciones del »Quijote«*, Madrid 1914 (dt.: *Meditationen über Don Quijote*, Stg. 1959). – S. de Madariaga, *Guía del lector del »Quijote«*, Madrid 1925; ern. 1976 (dt.: *Über »Don Quijote«*, Wien/Mchn. 1966). – H. Hatzfeld, *»Don Quijote« als Wortkunstwerk*, Lpzg. 1927 (span., Madrid 1966). – J. Millé, *Sobre la génesis del »Quijote«*, Barcelona 1930. – G. G. Lagrone, *The Imitations of »Don Quixote« in the Spanish Drama*, Philadelphia 1937. – R. L. Predmore, *An Index of »Don Quijote«. Including Proper Names and Notable Matters*, New Brunswick 1938. – H. Meier, *Zur Entwicklung der europäischen »Quijote«-Deutung* (in RF, 54, 1940, S. 227–264). – A. Castro, *Los prólogos al »Quijote«* (in RFH, 3, 1942, S. 313 bis 338). – J. García Soriano, *Los dos Don Quijotes. Investigaciones acerca de la génesis de »El ingenioso hidalgo«*, Toledo 1944. – V. Espinós, *El »Quijote« en la música*, Madrid 1945. – C. F. Melz, *An Evaluation of the Earliest German Translation of »Don Quijote«*, Berkeley/Los Angeles 1945. – J. Givanel y

Más, *Historia gráfica de C. y del »Quijote«*, Madrid 1946. – F. G. Olmedo, *El Amadís y el »Quijote«*, Madrid 1947. – C. Fernández u. J. J. A. Bertrand, *La primera traducción alemana del »Quijote«* (in RFE, 32, 1948, S. 475–486). – C. Fernández Cuenca, *Historia cinematográfica del »Don Quijote de la Mancha«* (in Cuadernos de Literatura, 3, 1948, S. 161–212). – J. A. Maravall, *El humanismo de las armas en »Don Quijote«*, Madrid 1948. – J. Oliver Asín, *El »Quijote« de 1604* (in Boletín de la Real Academia Española, 28, 1948, S. 89–126). – C. Real de la Riva, *Historia de la crítica e interpretación de la obra de C.* (in RFE, 32, 1948, S. 107–150). – J. Casalduero, *Sentido y forma del »Quijote«*, Madrid 1949; [2]1966. – M. Rüegg, *M. de C. u. sein »Quijote«*, Bern 1949. – S. Gilman, *G. y Avellaneda*, Mexiko 1951. – H. Weinrich, *Das Ingenium »Don Quijotes«*, Münster 1956. – W. Brüggemann, *C. u. die Figur des Don Quijote in Kunstanschauung u. Dichtung der deutschen Romantik*, Münster 1958. – H.-J. Neuschäfer, *Der Sinn der Parodie im »Don Quijote«*, Heidelberg 1963. – E. Auerbach, *Mimesis*, Bern/Mchn. [3]1964, S. 319–342. – A. Navarro, *El Quijote español del siglo XVII*, Madrid 1964. – W. Krauss, *M. de C. Leben u. Werk*, Bln. 1966. – R. L. Predmore, *The World of Don Quijote*, Cambridge/Mass. 1967. – J. J. Allen, *Don Quijote, Hero or Fool? A Study of Narrative Technique*, 2 Bde., Gainesville/Fl. 1969–1979. – M. de Riquer, *Aproximación al Quijote*, Madrid 1970. – F. Márquez Villanueva, *Fuentes literarias cervantinas*, Madrid 1973. – Ders., *Personajes y temas de »Don Quijote«*, Madrid 1975. – H. Percas de Ponseti, *C. y su concepto del arte. Estudio crítico de algunos aspectos y episodios del Quijote*, 2 Bde., Madrid 1975. – L. A. Murillo, *The Golden Dial. Temporal Configuration in »Don Quijote«*, Oxford 1975. – R. S. El Saffar, *Distance and Control in »Don Quijote«. A Study in Narrative Technique*, Chapel Hill 1975. – J. B. Avalle-Arce, *Don Quijote como forma de vida*, Madrid 1976. – C. Morón Arroyo, *Nuevas meditaciones del Quijote*, Madrid 1976. – E. Koppen, *Gab es einen Ur-Quijote? Zu einer Hypothese der C.-Philologie* (in RJb, 27, 1976). – C. Fuentes, *C. y la crítica de la lectura*, Madrid 1976. – K. Togeby, *La estructura del »Quijote«*, Sevilla 1977. – A. Close, *The Romantic Approach to »Don Quijote«*, Cambridge 1978. – A. Rosenblat, *La lengua del »Quijote«*, Madrid 1978. – A. Redondo, *Tradición carnevalesca y creación literária* (in BHi, 80, 1978). – L. Combet, *C. ou les incertitudes du désir*, Lyon 1981. – K. Dirscherl, *Lügner, Autoren und Zauberer. Zur Fiktionalität der Poetik im »Quijote«* (in RF, 94, 1982). – D. Eisenberg, *Romances of Chivalry in the Spanish Golden Age*, Newark 1982. – H. Mancing, *The Chivalric World of »Don Quijote« Style, Structure and Narrative Technique*, Missouri 1982. – J. I. Ferreras, *La estructura paródica del »Quijote«*, Madrid 1982. – R. M. Flores, *Sancho Panza Through Three Hundred Seventy Five Years of Continuations and Criticism, 1605–1980*, Newark 1982. – G. Barriga Casacini, *Los dos mundos del Quijote. Realidad y ficción*, Madrid 1983. – I. Reyes García, *La actualidad de »Don Quijote« y ensayos*, Puerto Rico 1984. – E. Williamson, *The Half-Way House of Fiction. »Don Quijote« and Arthurian Romance*, Oxford 1984 [m. Bibliogr.]. – V. Nabokov, *Die Kunst des Lesens. C.s »Don Quijote«*, Ffm. 1985. – H. Weinrich, *Die Leser des »Don Quijote«* (in LiLi, 15, 1985). – E. C. Riley, *»Don Quijote«*, Boston 1986 [m. Bibliogr.]. – M. Kruse, *Gelebte Literatur im »Don Quijote«* (in *Gelebte Literatur in der Literatur*, Hg. T. Wolpers, Göttingen 1986). – R. El Saffar, *In Praise of What is Left Unsaid: Thoughts on Women and Lack in »Don Quijote«* (in MLN, 103, 1988, S. 205–222). – J. G. Weiger, *The Prolongist: The Extratextual Authorial Voice in »Don Quijote«* (in BHS, 65, 1988. S. 129–140).

## EL LICENCIADO VIDRIERA

(span.; *Der Lizentiat Vidriera*). »Exemplarische Novelle« von Miguel de Cervantes Saavedra, erschienen 1613. – Die wahrscheinlich um 1597 entstandene Novelle steht in der Sammelausgabe der *Novelas ejemplares* von 1613 an fünfter Stelle. Sie entspricht, wenngleich in ihrer künstlerischen Gestalt weniger ausgeglichen, der vom Dichter bekundeten Absicht besonders deutlich, die Wahrheit durch die Blume zu sagen und nicht nur zu unterhalten, sondern anhand einer beispielhaften Geschichte auch zu belehren. Inhaltlich und formal unterscheidet sie sich zusammen mit *Rinconete y Cortadillo* sowie *Coloquio de los perros (Zwiegespräch der Hunde)* von den übrigen neun Novellen der Sammlung, in deren Geschehen die Liebe beherrschend hervortritt.

Hier wird das Leben eines begabten Jungen unbekannter Herkunft, den zwei in Salamanca studierende andalusische Edelleute als Diener aufgenommen haben, weniger als erzählerischer Vorwurf durchgearbeitet, es dient vielmehr als Rahmen für eine Reihe von Szenen und Sentenzen. Von einem gebildeten Offizier für jenes Leben begeistert, *»das dem Tode so nahe ist«*, trennt sich Tomás Rodaja nach acht Jahren von seinen Gönnern und zieht gen Italien, weil das Reisen den Menschen »gescheit« (*discreto*) mache. Von Genua aus unternimmt er, nur mit einem Stundenbuch und den Gedichten Garcilasos de la Vega in der Wandertasche, eine Bildungsreise bis nach Sizilien. Von diesem mit knappen Strichen gezeichneten Abenteuer kehrt der wissensdurstige, die Ungebundenheit aber mehr als die soldatische Pflicht liebende Fähnrich gerade beim Abmarsch seiner Truppe zurück und nimmt auf der Stelle Abschied vom Militär, um in Salamanca seine so glänzend begonnenen Studien abzuschließen. Dort begegnet er einer gerissenen Frau, die sich an ihm, als ihre Liebe unerwidert bleibt, durch einen bösen Liebeszauber rächt: Rodaja verfällt dem Wahn, er sei aus Glas. Vergebens suchen die Freunde ihn von der seltsamen Einbildung abzubringen, daß der Geist im Glas schneller und mächtiger als im Leibe wirken könne. Um ihn auf die Probe zu stellen, richten die Leute schwierige Fragen an ihn, die er jedoch zum Erstaunen der Mediziner und Philosophen scharfsinnig zu beantworten weiß. Aus panischer Angst vor dem Tod durch Berührungen zudringlicher Menschen läuft der Lizenziat mit dem vermeintlich gläsernen Leib, von einer Korbhülle geschützt, durch die Straßen Salamancas, mitleidig bestaunt von den einen, belästigt von anderen. Als Weiser, Schiedsrichter und wandelndes Orakel wird er nunmehr Vidriera (*vidrio* – Glas) genannt und gibt allenthalben seine Erkenntnis zum Besten. Die »*Kunde von seiner Narrheit, seinen Antworten und seinen Aussprüchen*« verbreitet sich schnell in ganz Kastilien, und man ruft ihn sogar an den Hof nach Valladolid. Poeten, Buchhändler, Literaturkritiker, Richter, Notare, Handwerker, Ärzte, Apotheker, Schauspieler werden von dem Glasmann in einer lockeren Folge von Begegnungen freimütig mit Kritik bedacht, aus der, ähnlich wie beim Gracioso im spanischen Theater des Goldenen Zeitalters, der gesunde Menschenverstand spricht.

In diesen apophthegmatischen Meinungen spiegeln sich sowohl die Lebenserfahrung und Ironie von Cervantes als auch die alte spanische Vorliebe für die Spruchweisheit. Wie im *Coloquio de los perros* wird die Ständereihe zu einem kleinen Welttheater aus der Sicht des Herrn »Wasserflasch«, der selbst »*mehr Schelm denn Narr*« ist, bis ein Mönch ihn entzaubert und mit dem neuen Namen »Rueda« (Rad) in den dritten Abschnitt seiner gleichnishaften Existenz unter die Menschen entläßt. Obwohl viele Leute den geistreichen Vidriera wiedererkennen und er anfänglich auch großen Zulauf hat, findet er als normaler, vernünftiger Mann trotz seines Wissens bald kein Auskommen mehr im Land. Deshalb vertauscht er Salamanca, den Hof, mit Flandern – ein Motiv, das später im Theater Calderóns wiederholt vorkommt. Dort beschließt er sein Leben nun doch noch als ebenso tapferer wie kluger und ehrenhafter Soldat. In dieser Pointe aller Irrungen und Wirrungen klingt Don Quijotes berühmte Rede (vgl. *El ingenioso hidalgo*... I, 38) über den Vorrang des Waffenhandwerks vor den Wissenschaften an *(armas y letras)*. Die Novelle ist jedoch keineswegs ein Entwurf für den zwischen 1598 und 1604 niedergeschriebenen Roman jenes Edelmannes, der über der Lektüre von Ritterromanen seinen Verstand verloren hat. In ihr fließt die den *Dialogen* Lukians und den *Colloquia* des Erasmus nahestehende Satire zusammen mit stofflichen Anregungen aus der italienischen Novellistik sowie gedanklichen Vorbildern in bekannten Spruchsammlungen (Erasmus' *Adagia*, Juan de Mal Laras *Philosophia vulgar*, Juan Rufos *Apotegmas* sowie *Floresta española de apotegmas y sentencias* von Melchor de Santa Cruz). Vom *Lob der Torheit* des Erasmus ließe sich schließlich auch ein Zugang zum Verständnis dieses eigenartigen Werks gewinnen. D.B.

Ausgaben: Madrid 1613 (in *Novelas ejemplares*). – Madrid 1916, Hg., Einl. u. Anm. N. A. Cortés. – Madrid 1923 (in *Novelas ejemplares*, in *Obras completas*, Hg. R. Schevill u. A. Bonilla, 18 Bde., 1914–1941, 13). – Madrid 1962 (in *Novelas ejemplares*, Hg. u. Anm. F. Rodríguez Marín, 2 Bde., 2; Clás.Cast). – Madrid 1963 (in *Obras completas*, Hg. A. Valbuena Prat). – Madrid 1975–1980 (in *Obras completas*, Hg. u. Einl. A. Valbuena Prat, 2 Bde.). – Madrid 1986 (in *Novelas ejemplares*, Hg. u. Einl. H. Sieber; Cátedra).

Übersetzungen: *Der Licentiat Vidriera*, D. W. Soltau (in *Lehrreiche Erzählungen*, Königsberg 1801; ern. in *Exemplarische Novellen*, Ffm./Hbg. 1961; EC; Nachw. W. Krauss). – *Der Licentiat*, A. Keller u. F. Notter (in *Sämmtliche Romane u. Novellen*, Bd. 8, Stg. 1840). – *Der gläserne Lizentiat*, G. v. Uslar (in *Die beispielhaften Novellen*, Bd. 1, Wiesbaden 1948; Slg. Dieterich). – *Advokat »Glasscheibe«*, A. Magnus (in *Die Macht des Blutes. Exemplarische Novellen*, Gütersloh 1948). – *Der Lizentiat Vidriera*, A. Keller u. F. Notter (in *Novellen*, Mchn. 1958; Nachw. K. H. Weinert; ern. 1971). – Dass., A. M. Rothbauer (in *SW*, Bd. 1, Stg. 1963). – Dass., K. Thorer (in *Die englische Spanierin. Erzählungen*, Bln./Weimar 1974).

Bearbeitung: A. Moreto, *El licenciado Vidriera*, Madrid 1653.

Literatur: F. A. Icaza, *Las novelas ejemplares de C., sus críticos, sus modelos literarios, sus modelos vivos y su influencia en el arte*, Madrid 1901; ²1915. – L. Pfandl, *Spuren des »Licenciado Vidriera« von C. bei Harsdörfer* (in ASSL, 136, 911, S. 440 f.). – Azorín, »*El licenciado Vidriera«, visto por Azorín*, Madrid 1915. – E. Jiménez, Caballero, »*El Licenciado Vidriera«, obra de plata* (in Filosofía y Letras, 1918, 20, S. 5 u. 7). – S. Rivera, *El ›modelo‹ de »El licenciado Vidriera«*, Valladolid 1943. – O. H. Green, »*El licenciado Vidriera«, Its Relation to the »Viaje del Parnaso« and the »Examen de ingenios« of Huarte* (in *Linguistic and Literary Studies in Honor of H. A. Hatzfeld*, Washington 1964). – C. Latorre, *Temas y técnicas surrealistas en »El licenciado vidriera«* (in CA, 4, 1977, S. 135–155). – W. Glannon, *The Psychology of Knowledge in »El licenciado vidriera«* (in RHM, 3/4, 1978/79, S. 86–96). – E. J. Febres, »*El licenciado vidriera«. Nuevas indagaciones en cuanto a su estructura y contenido* (in CHA, 1982, Nr. 381, S. 544–556).

## NOVELAS EJEMPLARES

(span.; *Exemplarische Novellen*). Zwölf Novellen von Miguel de Cervantes Saavedra, erschienen 1613. – Die dem spanischen Vizekönig von Neapel, Conde de Lemos, gewidmete, im Jahre 1612 vollendete Sammlung enthält folgende, vom Dichter wohl ausnahmslos nach seinem fünfzigsten Lebensjahr geschriebene Novellen: → *La gitanilla* (*Das Zigeunermädchen*), *El amante liberal* (*Der edelmütige Liebhaber*), → *Rinconete y Cortadillo*

(Rinconete und Cortadillo), *La española inglesa (Die englische Spanierin)*, → *El licenciado Vidriera (Der Lizenziat Vidriera)*, *La fuerza de la sangre (Die Stimme des Blutes)*, → *El celoso extremeño (Der Eifersüchtige von Extremadura)*, → *La ilustre fregona (Die erlauchte Scheuermagd)*, *Las dos doncellas (Die beiden Nebenbuhlerinnen)*, *La señora Cornelia (Das Fräulein Cornelia)*, → *El casamiento engañoso (Die trügerische Heirat)* und → *Coloquio de los perros (Zwiegespräch der Hunde)*. Sie sind teilweise schon vor dem ersten Teil des *Don Quijote* (1605) entstanden, in den Cervantes (ähnlich wie in seiner *Galatea* und später in den *Trabajos de Persiles y Sigismunda*) einige selbständige Erzählungen (z. B. *El curioso impertinente – Der törichte Vorwitz* und *La historia del cautivo – Die Geschichte des Sklaven aus Algier*) eingefügt hat. Im Vorwort zu seiner Sammlung, in dem er mit leiser Ironie ein literarisches Selbstporträt zeichnet, gibt der Dichter der Überzeugung Ausdruck, der erste zu sein, »*der Novellen in spanischer Sprache geschrieben hat*«. Denn, so fährt er fort, »*die vielen darin schon gedruckten Novellen sind allesamt Übersetzungen aus fremden Sprachen, während diese hier meine eigenen sind, nicht nachgeahmt und nicht gestohlen. Mein Geist hat sie gezeugt, meine Feder sie zur Welt gebracht*«. Damit distanziert sich der Dichter indirekt von einer Novellistik, die von Juan de TIMONEDAS *Las patrañas* (1567) bis zu den *Noches de invierno*, 1609 *(Winternächte)* von Antonio de ESLAVA (*1570) tatsächlich in nichts anderem als der Nachahmung und Übersetzung italienischer Vorbilder des 14. bis 16. Jh.s, vor allem BOCCACCIOS, BANDELLOS und GIRALDI CINTIOS, bestand. Im Gegensatz zu jener nicht sehr anspruchsvollen, satirischen und locker unterhaltsamen Erzählliteratur versucht Cervantes der Forderung des HORAZ zu entsprechen und Kurzweil mit Belehrung zu verbinden (»*deleitar aprovechando*«): »*Ich habe sie ›exemplarisch‹ (ejemplares) genannt, und wenn du sie recht betrachtest, so ist keine darunter, der sich nicht eine nützliche Lehre (ejemplo) abgewinnen ließe*.« Damit stellt sich Cervantes in die Tradition der mittelalterlichen Erbauungsliteratur, die Sinn und Aufgabe der Erzählung in ihrer Brauchbarkeit als Exempel, als nachahmenswertes oder warnendes Beispiel, sah. Selbst Giraldi Cintio behauptete, die 113 zum Teil sehr freien Novellen seiner *Hecatommithi*, 1565 *(Hundert Erzählungen)*, dienten der sittlichen Erziehung. Cervantes, der sich diese moralisierenden Anschauungen, die von einigen Zeitgenossen sicher bisweilen mit ironisch pointiertem Nachdruck vertreten wurden, ganz zu eigen machte, verwirklichte diese Absicht dank seiner tiefen Lebenserfahrung und künstlerischen Gestaltungskraft allerdings in so vollendeter Weise, daß die moralische Nutzanwendung der Erzählungen oft in den Hintergrund tritt. Seine Absicht sei gewesen, »*auf öffentlichem Platz einen Billardtisch zu errichten*«, an dem sich jeder *ohne Schaden für Leib und Seele*« vergnügen könne.

Zwar liegt der Sammlung offensichtlich kein kompositorischer Gesamtplan zugrunde, doch deutet die heilige Zahl Zwölf möglicherweise an, daß der Dichter damit die besondere Exempelhaftigkeit seiner Erzählungen zur Geltung bringen wollte. Nach formalen und inhaltlichen Gesichtspunkten lassen sich innerhalb der *Exemplarischen Novellen* gleichwohl zwei unterschiedliche Gruppen erkennen. In einigen Geschichten geht es um Liebe und Glück. Cervantes greift darin, was seinem Originalitätsanspruch keinen Abbruch tut, häufig noch auf Requisiten der herkömmlichen, vor allem der italienischen Erzählliteratur und der Ritterromane zurück, in denen Phantastisches und Gefühlvolles wirkungsvoll vermengt ist (Verkleidungen, Verwechslungen, Intrigen, Irrfahrten, grausame Trennung und wunderbare Errettung). In diese Reihe gehören die Novellen *El amante liberal, La española inglesa, La fuerza de la sangre, Las dos doncellas* und *La señora Cornelia*. Das klare Bewußtsein des Dichters von der dramatischen Eigenart der novellistischen Form, zu der er sich besonders hingezogen fühlte, tritt in diesem Erzählungen überaus eindrucksvoll zutage. Kern der Handlung ist meist eine »*unerhörte Begebenheit*«, die alle Verwicklungen plötzlich löst oder eine unerwartete Wendung des Geschehens einleitet und somit »*das von der Novelle umspannte Stück Leben und Erleben vorläufig zu einem gewissen Ruhepunkt*« (L. Pfandl) bringt. Obgleich Cervantes auch in den Novellen dieser Gruppe viele eindringliche Gestalten geschaffen hat, überwiegen darin die straff erzählte Handlung und ihre überraschenden Ereignisse.

Als die schwächste Novelle dieser ersten Gruppe, wie überhaupt der ganzen Sammlung, gilt allgemein *El amante liberal*. In diese Novelle, die – ein damals beliebter literarischer Vorwurf – die Schicksale eines von den Türken entführten Liebespaares schildert, dürften ebenso wie in das Schauspiel *Los baños de Argel (Die Gefängnisse von Algier)* und die *Cautivo*-Erzählung im *Don Quijote* Erinnerungen des Dichters an seine fünfjährige Gefangenschaft in Algier (1575–1580) eingegangen sein. – *Las dos doncellas*, eine weitere Novelle dieser Gruppe, ist das Musterbeispiel einer »*rein abenteuerlichen Erlebnisnovelle*« (L. Pfandl). Zwei junge Damen entfliehen als Männer verkleidet dem Elternhaus, um den Verführer der einen aufzuspüren. Der Liebhaber der anderen eilt den beiden nach; es stellt sich heraus, daß die eine der Ausreißerinnen die Schwester des ungetreuen Kavaliers der anderen ist, und das Ganze endet glücklich mit einer Doppelhochzeit. – Viele gefährliche Abenteuer, märchenhafte Verwicklungen und bösen Zauber muß in *La española inglesa* ein junger Edelmann bestehen, um sich die Hand eines Mädchens zu verdienen, das Königin Elisabeth von England – von Cervantes trotz der Niederlage der spanischen Armada (1588) überaus wohlwollend gezeichnet – ihm versprochen hat. Es handelt sich um eine schöne Spanierin, die als Kind bei dem Überfall der Engländer auf Cádiz (1596) entführt und dann in England aufgezogen worden war. – In *La fuerza de la sangre* erzählt Cervantes die Geschichte eines Edelfräuleins, das von einem jungen Adligen gewaltsam entführt, geschändet und wieder auf die Straße gesetzt wird, ohne daß die Unglückliche weiß, wer ihr Verführer ist. Der Knabe, den sie zur Welt bringt, wird auf der Straße durch einen Reiter verletzt und in das Haus eines reichen Edelmannes gebracht. Es zeigt sich, daß dieser der Großvater des Kindes ist. Rodolfo, sein Sohn, verliebt sich bei seiner Rückkehr aus Italien in die so schmählich von ihm behandelte Leocadia, und die Erzählung endet glücklich mit der Hochzeit der beiden. – Die Erlebnisse, die zwei spanischen Edelleuten in Italien in derselben Nacht widerfahren, sind Gegenstand der letzten Novelle dieser Gruppe, *La señora Cornelia*. Dem einen wird ein Bündel zugesteckt, in dem ein Neugeborenes schreit, während der andere, Juan de Gamboa, einem Unbekannten das Leben rettet und dann von einer verhüllten Dame um Schutz gebeten wird. Es ist die adlige Mutter des Säuglings, die Geliebte des Herzogs von Ferrara, eben des Mannes, dem Gamboa das Leben gerettet hat. Auch hier macht nach allerlei Verwicklungen die Hochzeit alles Ungemach wieder gut.

Gegenüber diesen bewegten und handlungsreichen, oft märchenhaften, auf Liebesverwicklungen beruhenden Erzählungen sind die Novellen der zweiten Gruppe eher als »satirische Sittenbilder« (L. Pfandl) zu bezeichnen. Hier schildert Cervantes mit kräftigem, humorvollem Realismus das spanische Volk, vorzüglich in seinen mittleren und unteren Schichten. In einigen dieser Novellen ist es die Liebe, die einen zarten, idealisierenden Kontrast zum Milieu der Handlung bildet (vgl. *La gitanilla; La ilustre fregona*) oder einen tragischen Akzent setzt (vgl. *El celoso extremeño*). In den übrigen läßt der Dichter die gesamte an Italien orientierte Tradition der Renaissancenovelle vollends hinter sich und gibt »kleines Welttheater« entweder als burleskes Einzelstück (vgl. *El casamiento engañoso*) oder apophthegmatisch zusammengedrängt als »Spruchweisheit in Novellenform« (vgl. *El licenciado Vidriera*), einmal parodistisch durch die Darstellung der Gaunerwelt als Spiegelbild der etablierten Gesellschaft (vgl. *Rinconete y Cortadillo*), zum Schluß in buntem Szenenwechsel aus der Perspektive des Tieres (vgl. *Coloquio de los perros*). In diesen Novellen ist nicht die »unerhörte Begebenheit«, sondern das Bild der Wirklichkeit das eigentliche Anliegen des Erzählers. Deshalb zeigt sich Cervantes gerade in ihnen als Meister der Situationsschilderung in ihrer Komik und plastischen Anschaulichkeit, als Meister des dramatischen Dialogs, der die Novellen von innen heraus belebt, und als intimer Kenner der menschlichen Seele, dem selbst sein größter Widersacher FERNÁNDEZ DE AVELLANEDA (vgl. *Segundo tomo del ingenioso hidalgo Don Quixote...*) *ingeniosidad* (Scharfsinn) nicht abzusprechen wagte.

Der Einfluß der Cervantinischen Novelle auf die Entwicklung der spanischen Erzählung im 17. Jh. war groß. SALAS BARBADILLO (1581–1635), CASTILLO SOLÓRZANO (1584–1648), Juan PÉREZ DE MONTALBÁN (1602–1638, vgl. *Para todos*), CÉSPEDES Y MENESES (um 1585–1638), María de ZAYAS SOTOMAYOR (1590–1661?, vgl. *Novelas amorosas y ejemplares*) und viele andere ahmten den Dichter nach, oft schon in den Titeln ihrer Sammlungen, ohne ihn zu erreichen. In Deutschland wurden die *Novelas ejemplares* erst im Rahmen der verstärkten *Don-Quijote*-Rezeption des 18. Jh.s bekannt. Während LESSING sie als »neue Beispiele« verstand, preist GOETHE sie SCHILLER gegenüber als *einen wahren Schatz, sowohl der Unterhaltung wie der Belehrung«*, der für die deutschen Dichter vorbildlich sein sollte. Hermann PONGS hat die mögliche Bedeutung der *Novelas ejemplares* für die deutsche Novelle der Romantik – E. T. A. HOFFMANN, F. G. WETZEL, H. v. KLEIST, L. TIECK – besonders unterstrichen, wobei sich die Gattung allerdings immer weiter von ihrer ursprünglichen Gebundenheit an die Gesetze der Renaissance- und Barockpoetik fortentwickelt hat. D.B.

AUSGABEN: Madrid 1613. – Madrid 1914–1917, Hg. F. Rodríguez Marín (Clás.Cast). – Madrid 1922/23 (in *Obras completas*, 1, Hg, R. Schevill u. A. Bonilla, 18 Bde., 1914–1941, 12/13). – Madrid 1963 (in *Obras completas*, Hg. A. Valbuena Prat). – Madrid 1968. – Madrid 1975, Hg. u. Einl. F. Rodríguez Marín (Clás.Cast). – Madrid 1975–1980 (in *Obras completas*, Hg. u. Einl. A. Valbuena Prat, 2 Bde.). – Madrid 1982, Hg. u. Einl. J. B. Avalle-Arce (Castalia). – Madrid 1986, Hg. u. Einl. H. Sieber (Cátedra).

ÜBERSETZUNGEN: *Moralische Novellen*, F. J. H. v. Soden, Lpzg. 1779. – *Lehrreiche Erzählungen*, D. W. Soltau, Königsberg 1801. – *Novellen*, A. Keller u. F. Notter (in *Sämtliche Romane und Novellen*, Bd. 8–10, Stg. 1840). – *Die beispielhaften Novellen*, G. v. Uslar, 2 Bde., Wiesbaden 1948 (Slg. Dieterich, 115/116). – *Die Novellen*, A. Keller u. F. Notter, Mchn. 1958 [Nachw. K. H. Weinert]; ern 1970/71. – *Exemplarische Novellen*, D. W. Soltau, Ffm./Hbg. 1961 (Nachw. W. Krauss; EC; ern. Dortmund 1984). – Dass., A. M. Rothbauer (in *SW*, Bd. 1, Stg. 1963). – *Die Novellen*, K. Thorer, Ffm. 1987 (Insel Tb).

LITERATUR: J. de Apráiz, *Estudio historico-crítico sobre las »Novelas ejemplares«*, Vitoria 1901. – N. González Aurioles, *Recuerdos autobiográficos de C. en »La española inglesa«*, Madrid 1913. – Azorín, *Al margen de los clásicos*, Madrid 1915. – F. A. de Icaza, *»Las novelas ejemplares« de C.*, Madrid 1915. – C. B. Bourland, *The Short Story in Spain in the 17th Century*, Northampton 1927. – G. Hainsworth, *»Les nouvelles exemplaires« de C. en France au 17e siècle*, Paris 1933. – W. C. Atkinson, *C., el Pinciano and the »Novelas exemplares«* (in HR, 16, 1948, S. 189–208). – A. G. de Amezúa y Mayo, *C., creador de la novela corta española*, Madrid 1956–1958. – F. Sánchez-Castañer, *Un problema de estética novelística como comentario a »La española inglesa« de C.* (in *Estudios dedicados a Menéndez Pidal*, Bd. 7/1, Madrid 1957, S. 357–386). – W. Krauss, *Studien und Aufsätze*, Bln. 1959, S. 93–138. – F. Meregalli,

*Le »Novelle esemplari« nello svolgimento della personalità di C.* (in Letterature Moderne, 10, 1960, S. 334–351). – I. M. Barrenechea, *»La ilustre fregona« como ejemplo de estructura novelesca cervantina* (in Filologia, 8, 1961, S. 13–32). – E. C. Riley, *C.' Theory of the Novel*, Oxford 1962. – J. Casalduero, *Sentido y forma de las »Novelas exemplares«*, Madrid 1962. – C. Ayllón, *Sobre C. y Lope, »La novella«* (in RF, 75, 1963, S. 273–288). – E. M. Barbera, *Las influencias italianas en la novela de »El curioso impertinente« de C.*, Rom 1963. – J. Thomson, *The Structure of C.' »Las dos doncellas«* (in BHi, 40, 1963, S. 144–150). – R. V. Piluso, *»La fuerza de la sangre«* (in Hispania, 47, 1964, S. 485–490). – J. Rodríguez Luis, *Estructura y personaje en el arte narrativo de »Las novelas exemplares«*, Diss. Princeton 1966 (vgl. Diss. Abstracts, 27, 1966, S. 1383 f.). – W. Pabst, *Novellentheorie und Novellendichtung. Zur Geschichte ihrer Antinomie in den romanischen Literaturen*, Heidelberg ²1967. – D. B. Drake, *C.: A Bibliography, I. The »Novelas ejemplares«*, Blacksburg/Va. 1968. – J. Casalduero, *Sentido y forma de las »Novelas ejemplares«*, Madrid 1974. – R. El Saffar, *Novel to Romance: A Study of C.'s »Novelas ejemplares«*, Baltimore 1974. – J. Rodríguez Luis, *Novedad y C. and the Humanist Vision: A Study of Four Exemplary Novels*, Princeton 1982. – *Lenguaje, ideología y organisación textual en las »Novelas ejemplares«*, Hg. J. H. de Bustos Tovar, Madrid 1983. – H. Wentzlaff-Eggebert, *Zur Topographie der »Novelas ejemplares«* (in IR, 18, 1983, S. 163–196). – M. G. Paulson, T. Alvárez-Detrell, *C., Hardy and »La fuerza de la sangre«*, Potomac/Md. 1984.

## OCHO COMEDIAS Y OCHO ENTREMESES NUEVOS, NUNCA REPRESENTADOS

(span.; *Acht Komödien und acht Zwischenspiele, neu und unaufgeführt*). Sechzehn Bühnenwerke von Miguel de Cervantes Saavedra, erschienen 1615. – Im Vorwort zu den hier vereinigten Bühnenwerken seiner zweiten dramatischen Schaffensperiode gedenkt Cervantes mit spürbarer Wehmut der Zeit, als er »*zwanzig oder dreißig Komödien verfaßte, die alle aufgeführt wurden*« und »*ihren Weg machten ohne Pfiffe, Geschrei und Tumult*«. Von diesen Stücken der ersten Periode sind nur zwei, *El trato de Argel (Der Liebeshandel von Algier)* und *El cerco de Numancia (Die Belagerung von Numancia)*, erhalten geblieben. Die übrigen fanden keinen Verleger; zwei nachweisbare Verträge aus den Jahren 1585 und 1592 wurden nicht eingehalten, wahrscheinlich weil der in den achtziger Jahren des 16. Jh.s erstrahlende Ruhm Lope de Vegas, dieses »*Ungeheuers der Natur*« (»*monstruo de la naturaleza*«), wie Cervantes ihn bewundernd nennt, das Interesse an seinen Stücken erlahmen ließ. Auch habe er selbst, so bekennt Cervantes, »*die Feder und die Komödien ruhen lassen*« und sich »*mit anderen Dingen beschäftigen müssen*«. Wenn er sich nun, anderthalb Jahre vor seinem Tod, entschließt, die Komödien und Zwischenspiele, die er »*ein paar Jahre zuvor*« verfaßt und, weil er keinen Verleger fand, zunächst »*zu ewigem Schweigen verurteilt*« habe, herauszugeben, so tut er es in der Überzeugung, daß diese neuen Früchte seiner dramatischen Kunst »*nicht so schlecht*« und »*nicht so reizlos*« seien, »*daß man nicht einigen Geschmack daran finden könnte*«.

Die Chronologie der in der Sammelausgabe von 1615 erstmalig veröffentlichten Komödien – *El gallardo español (Der schneidige Spanier), La casa de los zelos y selvas de Ardenia (Das Haus der Eifersucht und die Wälder von Ardenia). Los baños de Argel (Die Gefängnisse von Algier), El rufián dichoso (Der glückhafte Zuhälter), La gran sultana Doña Catalina de Oviedo (Die Großsultanin Katharina von Oviedo), El laberinto de amor (Das Liebeslabyrinth), La entretenida (Das ausgelassene Frauenzimmer), Pedro de Urdemalas (Peter Tunichtgut)* –, ist ebensowenig festzustellen wie die der Zwischenspiele. Die erste, dritte und sechste von ihnen haben mit dem früheren Stück *El trato de Argel* das autobiographische Motiv der Gefangenschaft in Algier (vgl. *Los baños de Argel*) und das Verhältnis zwischen Mauren und Christen gemeinsam. Das sehr verwickelte Stück *El gallardo español* verherrlicht die Heldentat eines spanischen Offiziers bei der Belagerung von Oran. *La gran sultana* zeigt die Liebe des Sultans von Konstantinopel zu einer christlichen Sklavin, der überaus schönen Catalina von Oviedo, in einem aufwendigen märchenhaft-exotischen Rahmen, der aber durch die kontrastierende Nebenhandlung mit einem Spitzbuben und einem Tölpel gleichzeitig auch komisch wirkt und an die Serailgeschichten der späteren *opera buffa* erinnert. *La entretenida*, eine an Personen und Verwechslungen reiche Liebeskomödie, endet ausnahmsweise nicht mit der Verheiratung der Protagonistin, während sich in dem ebenfalls recht verwickelten *Laberinto de amor* nach mancherlei Eifersüchteleien und Intrigen schließlich drei Paare finden. In *La casa de los celos*, einem Ritter- und Schäferstück, das möglicherweise die Neufassung einer der verlorengegangenen Komödien des Dichters darstellt, werden ironisch und beziehungsreich Karls-Epik und Romanzendichtung bemüht, um die Eifersucht dramatisch zu verspotten. Der Titelheld der *comedia de santos*, *El rufián dichoso*, der sich vom Schelm zum Heiligen wandelt, hat historische Vorbilder. Das Stück selbst, eine Art Bekehrungsschauspiel, geht der Gestaltung ähnlicher Stoffe bei Lope de Vega, Tirso de Molina, Calderón und Mira de Amescua voraus. Während die mit unnachahmlichem cervantinischem Realismus in Szene gesetzte Gaunerwelt Sevillas, die der Dichter schon in einer seiner *Novelas ejemplares* beschrieben hat (vgl. *Rinconete y Cortadillo*), den ersten Akt dieses Stücks beherrscht, ist die Komödie *Pedro de Urdemalas* als ganzes ein Schelmenstück.

Die acht *entremeses* der Sammelausgabe – *El juez de los divorcios (Der Scheidungsrichter), El rufián viudo, llamado Trampagos (Der verwitwete Gauner), La elección de los alcaldes de Daganzo (Die Richterwahl von Daganzo), La guarda cuydadosa (Der wachsame Posten), El vizcayno fingido (Der falsche Biskayer), El retablo de las maravillas (Das Wundertheater), La cueva de Salamanca (Die Höhle von Salamanca), El viejo zeloso (Der eifersüchtige Alte)* – übertreffen im szenischen Aufbau, in der raschen, humorvollen, witzig-komischen Darstellung, vor allem aber in der Kunst der Sprache und der Charakterzeichnung die »Zwischenspiele« des von Cervantes als Vorläufer hochgeschätzten Lope de RUEDA (vgl. *Pasos*). Es sind Meisterstücke einer erst von Cervantes zur Kleinkunstform erhobenen besonderen dramatischen Gattung. Die beide Stücke *El juez de los divorcios* und *La elección de los alcaldes de Daganzo* geben jeweils bestimmte Gruppen von menschlichen Typen – streitende Eheleute auf der einen, kandidierende Dorfgrößen auf der anderen Seite – dem Gelächter preis. Eine Satire auf Dünkel und gesellschaftliche Konvention enthält *El retablo de las maravillas*, neben *La cueva de Salamanca* das gelungenste der acht Zwischenspiele. Zwei Schausteller narren ein ganzes Dorf, indem sie auf ihrer Bühne Wunderdinge zu zeigen behaupten, die jedoch nur Personen von untadeliger Abstimmung sichtbar seien. Die Furcht, in den Verdacht unehelicher Geburt zu geraten, hält alle davon ab zu gestehen, daß sie nichts sehe. In *El viscayno fingido* knöpft ein Gauner, der sich als Baske ausgibt, zwei fürwitzigen, eitlen Weibern ihr Geld ab, und ein Bild der Gaunerzunft bietet *El rufián viudo*. Hier heiratet der Zuhälter Trampagos, der eben noch sein verstorbenes Weib beklagt, flugs eine andere Standesgenossin. In *La guarda cuydadosa* rivalisieren ein Soldat und ein Sakristan um die Gunst einer Magd, und in *El viejo zeloso* ist ebenso wie in dem letzten und besten der Zwischenspiele, *La cueva de Salamanca*, der betrogene Ehemann der Gegenstand des Spotts. Hier ist es der sehr viel ältere, lächerlich eifersüchtige Geizhals, den seine Frau betrügt, ein Thema, das Cervantes auch in einer seiner *Novelas ejemplares*, dort allerdings als tragische Verstrickung, behandelt (vgl. *El celoso extremeño*).

Ist Cervantes durch seine Zwischenspiele der Schöpfer einer neuen Form, so ist er mit seinen *comedias* »der letzte und der beste von den Vorläufern und Wegbereitern« Lope de Vegas (L. Pfandl). Jedoch hat er im Unterschied zu Lope (vgl. *Arte nuevo de hacer comedias en este tiempo*), obschon er von der Eigenart und Bedeutung seiner dramatischen Werke durchaus überzeugt war, eine eigene programmatische Vorstellung über die Form der *comedia*, trotz gelegentlicher kritischer Äußerungen darüber (z. B. im *Don Quijote* I, 48, im Prolog zu *Ocho comedias* und im *Rufián dichoso*, Akt 2), nicht entwickelt. Der Aufbau seiner Stücke ist in barocker Weise oft kunstvoll verwoben, doch kommt es ihm anders als Lope weniger auf die Intrige als auf die Beobachtung und psychologische Durchleuchtung des Menschen sowie auf gedankliche Durchdringung des Geschehens an. D.B.

AUSGABEN: Madrid 1615 (in *Ocho comedias y ocho entremeses*). – Madrid 1915–1922 (in *Obras*, Hg. R. Schevill u. A. Bonilla, 18 Bde., 1914–1941, 5–10). – Madrid 1962 (Clás.Cast). – Madrid 1963. – Madrid 1975–1980 (in *Obras completas*, Hg. u. Einl. A. Valbuena Prat, 2 Bde.). – Madrid 1981, Hg. u. Einl. M. Herrero García (Clás.Cast). – Madrid 1984 [Faks. der 1. Ausg. 1615, Real Academia Española]. – Madrid 1984, Hg. u. Einl. E. Asensio (Castalia). – Madrid 1985, Hg. u. Einl. N. Spadaccini (Cátedra).

ÜBERSETZUNGEN: *Zwischenspiele*, A. F. v. Schack (in *Spanisches Theater*, Bd. 1, Ffm. 1845). – Dass., H. Kurz, Mchn. 1961. – Dass., F. R. Fries, Lpzg. 1967 [Ill. N. Quevedo]. – *Acht Schauspiele und acht Zwischenspiele, alle neu und nie aufgeführt*, A. M. Rothbauer (in *SW*, Bd. 4, Stg. 1970).

LITERATUR: R. Balbín Lucas, *La construcción temática de los »Entremeses« de C.* (in RFE, 32, 1948, S. 415–428). – S. Griswold Morley, *The »Interludes« of C.*, Princeton 1948. – E. Juliá Martínez, *Estudio y técnica de las comedias de C.* (in RFE, 32, 1948, S. 339–365). – J.-J. Gonzy, *L'élément populaire dans le théâtre de C.* (in Revue d'Esthétique, 10, 1957, S. 269–295, 407–431). – A. Agostini Bonelli del Río, *Vida, sociedad y arte en el teatro cómico de C.* (in Anales Cervantinos, 8, 1959/60, S. 51–73). – Dies., *El teatro cómico de C.* (in BRAE, 45, 1965, S. 65–90). – H. Recoules, *C., Timoneda y los entremeses del Siglo 16* (in Boletín de la Biblioteca Menéndez Pelayo, 48, 1972, S. 231–291). – Ders., *En busca del pasado con los entremeses de C.* (in Anales Cervantinos, 13, 1973, S. 40–72). – S. Zimic, *La ejemplaridad de los entremeses de C.* (in BHS, 61, 1984, S. 444–453). – B. König, *»Entremeses«* (in *Das span. Theater*, Hg. V. Roloff u. H. Wentzlaff-Eggebert, Düsseldorf 1988).

## PEDRO DE URDEMALAS

(span.; *Peter Tunichtgut*). Verskomödie in drei Akten von Miguel de CERVANTES SAAVEDRA, erschienen 1615. – Die volkstümliche Titelgestalt (vgl. *Viaje a Turquía*) dieser vermutlich in den Jahren 1610/11 entstandenen Komödie ist ein listenreicher, vielgesichtiger Bursche unbekannter Herkunft. Als Knecht des Bauern Martín Crespo versöhnt er im ersten Akt zunächst dessen Tochter Clemencia wieder mit ihrem Anbeter Clemente, mit dem sie sich zerstritten hat. Dann macht ihn der Bauer, inzwischen zum Bürgermeister gewählt, zu seinem Vertrauten, damit er ihm, der zwar gutmütig, aber recht ungebildet ist, bei der Rechtsprechung helfe. Diese Verbindung führt dann auch zu einigen weisen Urteilssprüchen im Stil Sancho Pansas (vgl. *Don Quijote*). Einem verhüllt auftretenden Paar, das darüber Klage führt, daß der Vater dem Mädchen die Heiratserlaubnis nur deshalb verweigere, weil der Junge nicht reich sei, wird als Urteil der Spruch zuteil: *»que sea la pollina del pollino«* (»die Eselin soll dem Esel gehören«). Als sich herausstellt, daß es sich bei dem Paar um Clemencia, die Tochter Crespos, und den bisher abgewiesenen armen Clemente handelt, steht der Vater gleichwohl zu seinem Urteil; die Hochzeit soll nach der Johannisnacht stattfinden, deren Brauchtum nun in einer lyrisch bewegten Szene beschworen wird. In ihrem Verlauf gelingt es dem listigen Pedro, die Bemühungen des Sakristans Roque zu hintertreiben und Clemencias Freundin Benita mit ihrem geliebten Pascual zu vereinigen. Auch Maldonado, der Zigeunerhäuptling, tritt nun mit seinen Leuten auf. Er möchte die schöne, stolze und abweisende Belica, die bei ihnen lebt, mit Pedro verheiratet sehen. Zum Schluß erscheint noch eine reiche geizige Witwe, die der Zigeunerin Inés eine milde Gabe verweigert. Ein Real jeden Monat ist überhaupt das einzige Almosen, das sie gibt, damit ein Blinder für die Seelen ihrer verstorbenen Angehörigen betet. Diese Schwäche benutzt der zu Beginn des zweiten Akts als vermeintlicher Blinder auftretende Pedro, um mit Hilfe eines Leidensgefährten in einer köstlichen Szene die wundergläubige Frau um ihren Reichtum zu bringen. Indessen versucht Maldonado vergebens, Belica zur Ehe mit Pedro zu überreden. Da erscheint, auf der Jagd zufällig hierher verschlagen, plötzlich der König bei der Gesellschaft. Der Akt schließt inmitten eines Tanzspiels der Zigeuner zu Ehren des königlichen Paares mit einem Eifersuchtsausbruch der Königin, die bemerkt hat, daß der König in jäher Verliebtheit zur schönen Belica entbrannt ist. Zu aller Erleichterung stellt sich im dritten Akt heraus, daß Belica eine Prinzessin, ja sogar die Nichte der Königin ist. Pedro de Urdemalas, der zu Beginn dieses Akts als Einsiedler auftritt, um der frommen Witwe endgültig ihr Geld abzuknöpfen, erscheint danach als Student, gerät an zwei Komödianten, nennt sich »Nicolás de los Ríos« und gibt sich als Schauspieler aus, bis er dann tatsächlich, unter eben diesem Namen, nachdem Belica als Nichte der Königin zur Prinzessin Isabel geworden ist, endgültig unter die Schauspieler geht. Berühmt ist die Szene, in der er als Vorbereitung auf eine Komödie, die vor der königlichen Gesellschaft aufgeführt werden soll, Wesen und Funktion des Schauspiels erörtert.

Die novellesk-zauberhafte Handlung des Stücks, der reizvollsten, festlichsten, fröhlichsten, »überraschendsten« aller *comedias* dieses Dichters, gewinnt eine besondere innere Spannung durch die Gegenüberstellung zweier ganz verschiedener Seinsweisen in Pedro de Urdemalas auf der einen und Belica-Isabel – eine an die Gestalt der Preciosa aus den *Novelas ejemplares* (vgl. *La gitanilla*) erinnernde Figur – auf der anderen Seite. D.B.

AUSGABEN: Madrid 1615 (in *Ocho comedias y ocho entremeses nuevos*). – Madrid 1917 (in *Obras completas*, Hg. R. Schevill u. A. Bonilla y San Martín, 18 Bde., 7). – Madrid 1962 (in *Obras dramáticas*, Hg. F. Ynduráin; m. Einl. u. Bibliogr.; BAE). – Madrid 1963 (in *Obras completas*, Hg. A. Valbuena Prat). – Madrid 1975–1980 (in *Obras completas*, Hg. u. Einl. A. Valbuena Prat, 2 Bde.). – Saragossa 1980.

ÜBERSETZUNG: *Pedro de Urdemalas*, A. M. Rothbauer (in *SW*, Bd. 4, Stg. 1970).

LITERATUR: E. Juliá Martínez, *Estudio y técnica de las comedias de C.* (in RFE, 32, 1948, S. 339–365). – A. Agostini del Río, *El teatro cómico de C.* (in Boletín de la Real Academia Española, 44, 1964, S. 223–307; 475–539). – E. H. Friedman, *Dramatic Structure in C. and Lope: The two »Pedro de Urdemalas«* (in Hispania, 60, 1977, S. 486–497). – R. E. Surtz, *C.'s »Pedro de Urdemalas*« (in RF, 92, 1980, S. 118–125). – M. Alvar, *»Ensayo« y no »ensaye«. Nota al »Pedro de Urdemalas« cervantino* (in Anuario de Letras, 19, 1981, S. 293–297). – B. W. Wardropper, *Fictional Prose and Drama: »Pedro de Urdemalas«* (in *Essays on Narrative Fiction in the Iberian Peninsula*, Hg. R. B. Tate, Oxford 1982, S. 217–227). – E. Müller-Bochat, *Las ideas de C. sobre el teatro y su síntesis en »Pedro de Urdemalas«* (in Arbor, 1984, Nr. 467/468, S. 81–92).

## LA PRIMERA PARTE DE LA GALATEA

(span.; *Erster Teil der Galatea*). Schäferroman von Miguel de CERVANTES SAAVEDRA, erschienen 1585. – Seinem Erstlingsroman hat Cervantes bis an sein Lebensende eine besondere Zuneigung bewahrt, auch wenn er über den Schäferroman, einschließlich der *Galatea*, gelegentlich spottete. Noch auf dem Sterbebett versprach er für den Fall, daß er »*wie durch ein Wunder*« mit dem Leben davonkommen sollte, »*(la) fin de La Galatea*«, den »*Abschluß der Galatea*«. Aber die Literaturkritik beurteilte dieses Werk durchweg negativ: es sei »*ein frostiges, unlebendiges, unbeholfenes Werk ... in der Hauptsache tote Literatur*«; Cervantes habe darin »*einer Mode gehuldigt*« (Valbuena Prat).

Formal ist der Roman in der Tat ein Produkt der literarischen Modeströmung des Schäferromans. Die *Arcadia* (1502) des Italieners SANNAZARO, die Cervantes in der Originalsprache kannte, hat dabei ebenso Pate gestanden, wie die *Diana* (1559) von Jorge de MONTEMAYOR, die *Diana enamorada*, 1564 *(Die verliebte Diana)*, von Gaspar GIL POLO, und *El pastor de Fílida*, 1582 *(Phyllidas Schäfer)*, von Luis GÁLVEZ DE MONTALVO. Cervantes hält sich im Aufbau seines Werks ganz an diese Vorbilder, mischt Vers und Prosa, verwendet die Briefform, singt im *Canto de Calíope (Kalliopes Gesang)* in 110 Stanzen das obligate Preislied auf die Dichter seiner Zeit. Auch folgt er der verbreiteten Neigung, Persönlichkeiten der Zeit im Schäfergewand darzustellen. Ausdrücklich weist er den Leser darauf hin: in diesem Werk gebe es »*viele verkleidete Schäfer*«. Die neuplatonische Auffassung von der Liebe, die in diesem Werk zum Ausdruck kommt, übernahm Cervantes vor allem aus den *Dialoghi d'amore*, 1535 *(Dialoge über die Liebe)*, von LEONE EBREO. Eine bemerkenswerte Besonderheit der *Galatea* besteht jedoch darin, daß neben der idealistischen Auffassung auch einer anderen, realistischen Raum gegeben wird, die zu jener in einem

polaren Verhältnis steht. In dieser Polarität, in der sich bereits die Cervantische »Kunst der Gegensätze« ankündigt, stehen die beiden Schäfer – Elicio, der »poetische«, und Erastro, der »wirkliche« Schäfer –, die durch ihre gemeinsame Liebe zu der »überaus schönen Schäferin an den Ufern des Tajo« zu einer höheren Einheit von Idealität und Realität verbunden sind. Auch die zahlreichen in die recht ereignisarme Haupthandlung eingestreuten Erzählungen sind polar angelegt. Dem idyllischen Erlebnis der Teolinda steht die dramatische Liebeserfahrung Rosauras gegenüber. Während die Geschichte Lisandros, die aus dem üblichen Rahmen des Schäferromans durch den Mord, den Lisandro an Carino begeht, herausfällt, der Welt des andalusischen Kleinadels zuzuordnen ist, führt die Geschichte Silerios aus dem arkadischen Bereich in die Welt der großen Städte. Dank dieser modern anmutenden Polarität durchbricht die *Galatea* das Schema des idealisierenden Schäferromans, bleibt aber trotzdem zu sehr »Literatur«, um als lebendige Schöpfung beeindrucken zu können.
Erfolgreicher als das Erstlingswerk des Cervantes war seine Nachahmung durch Jean Pierre Claris de FLORIAN, *Galatée, roman pastoral imité de Cervantes*, 1783 *(Galatea, Schäferroman nach Cervantes)*. Die sechs Bücher des Originals sind darin in drei zusammengefaßt, ein viertes, von Florian verfaßtes Buch bringt mit der Heirat Galateas einen glücklichen Abschluß. Die meisten Übersetzungen beruhen auf der Fassung Florians. KLL

AUSGABEN: Alcalá 1585; Nachdr. NY 1967. – Madrid 1914 (in *Obras completas*, Hg. R. Schevill u. A. Bonilla, Bd. 1/2). – Madrid 1961, Hg. J. B. Avalle-Arce (Clás.Cast; m. Einl. u. Anm.). – Madrid 1963. – Madrid 1975–1980 (in *Obras completas*, Hg. u. Einl. A. Valbuena Prat; 2 Bde.).

ÜBERSETZUNGEN: *Galathee. Schäferroman nach Cervantes*, F. v. Mylius, Bln. 1787 [aus d. Frz.]. – *Galathea*, F. Sigismund, Zwickau 1830. – *Galathea*, M. Duttenhofer, 2 Bde., Stg. 1841. – *Galatea*, O. Hettner, Wien 1922. – *Die Galatea*, A. M. Rothbauer (in *SW*, Bd. 1, Stg. 1963; m. Einf.).

BEARBEITUNGEN: J. P. de Florian, *La Galatée, roman pastoral*, Paris 1783 (span. Madrid 1797). – C. M. Trigueros, *Los enamorados o Galatea y sus bodas*, Madrid 1798 [gek.].

LITERATUR: F. López Estrada, *Estudio crítico de »La Galatea« de M. de C.*, La Laguna 1948. – J. B. Trend, *C. in Arcadia*, Oxford 1954 (zuerst in *Estudios dedicados a Menéndez Pidal*, Bd. 2, Madrid 1951, S. 497–510). – G. Stagg, *Plagiarism in »La Galatea«* (in Filologia Romanza, 6, 1959, S. 255–276). – M. Z. Wellington, *»La Arcadia« de Sannazaro y »La Galatea« de C.* (in Hispanófila, 1959, Nr. 7, S. 7–18). – M. G. Randel, *The Language of Limits and the Limits of Language: The Crisis of Poetry in »La Galatea«* (in MLN, 97, 1982, S. 254–271). – R. El Saffar, *Beyond Fiction. The Recovery of the Femine in the Novels of C.*, Berkeley 1984. – *»La Galatea« de C. – cuatrocientos años después. C. y lo pastoril*, Hg. J. B. Avalle-Arce, Newark 1985. – B. M. Damiani, *Amor as a God of Death: Love-Death Symbiosis in C.'s »La Galatea«* (in *Studies in Honor of W. C. McCray*, Hg. R. Fiore u. E. W. Hesse, Lincoln/Nebr. 1986, S. 65–76).

## RINCONETE Y CORTADILLO

(span.; *Rinconete und Cortadillo*). »Exemplarische Novelle« von Miguel de CERVANTES SAAVEDRA, erschienen 1613. – Das Thema der dritten Erzählung der *Novelas ejemplares*, die Gaunerwelt von Sevilla, ist auch Gegenstand eines Zwischenspiels von Cervantes, *El rufián viudo* (vgl. *Ocho comedias y ocho entremeses*...). In der Novelle treffen sich zwei etwa gleichaltrige, vierzehn- bis fünfzehnjährige Burschen, Diego Cortado, ein Schneiderlehrling, und Pedro del Rincón, der Sohn eines Ablaßhändlers, die auf die schiefe Bahn geraten sind, zufällig in der Schenke »Zur kleinen Mühle«. Sie erzählen einander ihr wenig exemplarisches Leben und beschließen, beisammen zu bleiben, übervorteilen als erstes einen Mauleseltreiber im Kartenspiel, erleichtern dann eine Reisegesellschaft um einige wenig brauchbare Dinge, die sie alsbald verkaufen, verdingen sich, in Sevilla angelangt, zunächst als nicht eben ehrliche Lastträger, bis sie ein Gaunerspitzel dem mächtigen, väterlich verehrten König der Sevillaner Unterwelt, Monopodio, zuführt, der sie nach strengem Verhör unter dem Namen Cortadillo (Schnittchen) und Rinconete (Winkelchen) in die Gaunerzunft aufnimmt. Bei den Beratungen dieser wie ein Orden gelenkten, von festen Pflicht- und Ehrvorstellungen getragenen Genossenschaft, an denen sie nun teilnehmen, lernen die beiden allerlei Strolche, Diebe, Dirnen und Zuhälter kennen und erfahren manche Gaunergeschichte. Die locker geführte, als »Beispiel und Warnung« geschriebene Erzählung schließt mit nachdenklichen Betrachtungen Rinconetes, der sich vornimmt, nicht allzu lang bei dieser Gesellschaft zu bleiben.
Mit der Beschreibung der Gaunerzunft von Sevilla, ihrer Typen und ihres Treibens eröffnet Cervantes den Einblick in eine verkehrte, aber völlig geordnete, intakte Welt, in der höfliche Umgangsformen, gesunde sittliche Grundsätze, ja sogar Frömmigkeit herrschen und in der außerhalb der staatlichen Rechts- und Gesellschaftsordnung mit eigener Sprache, Polizei und Gerichtsbarkeit, vernünftiger Arbeitsteilung und uneigennütziger Erwerbsgemeinschaft das menschliche Zusammenleben sich reibungsloser vollzieht als in der »rechtschaffenen« Gesellschaft. Die Kritik an den Zuständen des späten 16. Jh.s und das Idealbild einer vollkommeneren Gesellschaft, die der Entwurf einer solchen verkehrten Welt impliziert, schließen die Zuordnung dieser Novelle zu der Gattung des Schelmenromans aus, zu der sie dem Thema nach gehören könnte. Vom herben, düsteren Pessimismus des Schelmenromans, beginnend bei *Lazarillo* (1554)

bis zu QUEVEDOS *Buscón* (1626), ist in dieser Novelle nichts zu spüren. Die Gauner fristen hier nicht als vom Unrecht verfolgte Diener geiziger Herrn ein dürftiges Leben, sie haben ein geregeltes Auskommen, einen Platz in der Gemeinschaft, genießen die gebührende Achtung und besitzen, was die offizielle Gesellschaft nicht zu gewährleisten vermag und wovon der *pícaro* des Schelmenromans nicht den geringsten Begriff hat: Lebenssicherheit. Wie spanische Theologen des 16. Jh.s den »guten Heiden« entdeckten und verteidigten, so entdeckte Cervantes neben der Tugend des Narren, aus dem warnend die Stimme der Unterdrückten spricht, und neben dem exzentrischen Typ des edlen Räubers, der einer wahreren Gerechtigkeit dient, den Typ des »exemplarischen« Gauners. In der Erfassung der verschiedenen Stillagen dieser Novelle, in der sich Cervantes als Meister des Worts und des Wortspiels ebenso ausweist wie als Kenner der Gaunersprache, zeichnet sich die für die Entwicklung des Schelmenromans in Deutschland wichtige Nachdichtung von Niclas ULENHART aus, der die Geschichte nach Prag verlegt. D.B.

AUSGABEN: Madrid 1613 (in *Novelas exemplares*). – Madrid 1922 (in *Obras completas*, Hg. R. Schevill u. A. Bonilla y San Martín, 18 Bde., 12). – Madrid 1962 (in *Novelas ejemplares*, Hg. F. Sáinz Rodríguez). – Madrid 1975–1980 (in *Obras completas*, Hg. u. Einl. A. Valubena Prat, 2 Bde.). – Aranjuez 1984.

ÜBERSETZUNGEN: *History von Isaac Winckelfelder und Jobst von der Schneid*, N. Ulenhart, Augsburg 1617. – In *Moralische Novellen*, J. v. Soden, Lpzg. 1779. – *Geschichte von Eklein und Schnittel*, A. Keller u. F. Notter (in *Novellen*, Mchn. 1958; ern. 1971). – *Rinconete und Cortadillo*, A. M. Rothbauer (in *SW*, 4 Bde., 1, Stg. 1963). – *Die Erzählung von Ecklein und Schnittel*, F. Müller, Mchn. 1981, (dt.-span.; dtv).

LITERATUR: R. del Arco, *La ínfima levadura social en las obras de C.* (in Estudios de Historia Social de España, 2, 1952, S. 209–290). – D. Yndurain Muñoz, »*Riconete y Cortadillo« de entremés a novela* (in BRAE, 46, 1966, S. 321–333). – J. L. Varela, *Sobre el realismo cervantino en »Rinconete y Cortadillo«* (in Atlántida, 4, 1968, S. 434–449). – A. W. Hayes, *Narrative »Errors« in »Rinconete y Cortadillo«* (in BHS, 58, 1981, S. 13–20). – G. Edwards, *»Rinconete y Cortadillo« The Wonder of the Ordinary* (in IR, 15, 1982, S. 37–46). – G. R. Keightley, *The Narrative Structure of »Rinconete y Cortadillo«* (in Essays on Narrative Fiction in the Iberian Peninsula, Hg. R. B. Tate, Oxford 1982, S. 39–54).

## LOS TRABAIOS DE PERSILES Y SIGISMUNDA. Historia setentrional

(span.; *Die Mühen und Leiden des Persiles und der Sigismunda. Eine septentrionale Geschichte*). Roman von Miguel de CERVANTES SAAVEDRA, erschienen 1617. – Bereits vom Tod gezeichnet, konnte Cervantes das gegen Schluß nur noch mühsam und eilig niedergeschriebene Werk, an dem er wahrscheinlich bereits zwischen 1599 und 1605 zu arbeiten begonnen hatte, fertigstellen und mit einer ergreifenden Vorrede dem Grafen von Lemos widmen. Schon 1613 hatte er im Vorwort zu den *Novelas ejemplares* angekündigt, mit HELIODOROS' *Aithiopika* in Wettstreit zu treten. Zusammen mit *Ta kata Leukippēn kai Kleitophōnta* von ACHILLEUS TATIOS erfreuten sich diese hellenistischen Liebes- und Abenteuerromane im Spanien des Goldenen Zeitalters sowohl in wiederholt aufgelegten Übersetzungen als auch in dramatischen Bearbeitungen und Prosanachahmungen (Alonso NÚÑEZ DE REINOSO, *Historia de los amores de Clareo y Florisea y de los trabajos de Ysea*, 1552; Jerónimo de CONTRERAS, *Selva de aventuras*, 1565; Lope Félix de VEGA CARPIO, *El peregrino en su patria*, 1604) großer Beliebtheit.

Schon im *Don Quijote* trägt der toledanische Domherr bei seiner berühmten Besprechung der Ritterbücher (I, 47) einen versteckten, lobenden Inhaltsabriß des nach der postumen Veröffentlichung sogleich überaus erfolgreichen Romans vor. Er weist nicht nur auf die darin als »*schönstes Ziel*« erreichte Verbindung von Belehrung und Unterhaltung hin (den wiederentdeckten spätgriechischen Roman schätzen Erasmianer und Humanisten gerade wegen seines philosophischen, paradigmatischen Gehalts so hoch), sondern auch auf die »*zwanglose Schreibart dieser Bücher*«, die dem Dichter die sowohl reizende als auch sehr anspruchsvolle Möglichkeit gewährt, »*sich als epischen, lyrischen, tragischen und komischen Dichter zu zeigen*«. Der Überzeugung von Cervantes, daß sich epische Dichtung ebensogut in Prosa wie in Versen schreiben lasse, entspricht jener im Persilesroman (IV, 6) seherisch erwähnten Neubegründung des christlichen Epos durch Torquato TASSOS *Gerusalemme conquistata* (1593) und Francisco LÓPEZ ZÁRATES *Poema heroico de la invención de la Cruz por el Emperador Constantino Magno* (erst 1648 gedruckt), neben die sich Cervantes implicite mit »*einem gewissen Hang zum Sonderbaren und Ungewöhnlichen*« (IV, 1) als »Heliodorus Christianus« stellt, nachdem auch Alonso LÓPEZ EL PINCIANO in der *Philosophia antigua poetica* (1596) Heliodors *Aithiopika* trotz ihrer Prosaform für HOMER und VERGIL ebenbürtig erklärt hatte. Außer diesen für das Verständnis des Romans zumal gegenüber dem *Don Quijote* bedeutsamen theoretischen Einstellungen zeigt ferner die zwischen 1609 und 1611 entstandene exemplarische Novelle *La española inglesa* gewisse Berührungen mit dem Cervantes besonders angelegenen Werk, das noch einmal alle seine persönlichen Vorstellungen und künstlerischen Absichten originell, vielschichtig und gedankentief umschließt, wenngleich dem Dichter für eine endgültig ausgearbeitete Fassung keine Zeit mehr vergönnt war.

Die Verwicklungstechnik des byzantinischen Romans mit dem typischen Aufgebot an Irrfahrten,

Räuberüberfällen, Entführungen, Schiffbruch, Gefangenschaft, Verstellungs- und Verkleidungskünsten, Liebe, Tod und heldischer Tugend übernimmt Cervantes kunstvoll in seine zeitlich verschachtelte Erzählung, deren Hauptgeschehen mehrere Berichte in der Ichform durchwirken. Die als Quellen für Einzelheiten der damaligen Weltbeschreibungen genau studierten Bücher u. a. von Olaus Magnus, Niccolò Zeno oder kulturgeschichtliche Sammelwerke wie die des Polydorus Vergilius, Pedro Mexía oder Antonio de Torquemada benützt Cervantes mit phantasievoller Freizügigkeit. Seiner Belesenheit stehen vor allem im dritten und vierten Teil des Romans ebenso reichhaltige eigene Beobachtungen und Erinnerungen zur Seite. Das Geschehen spielt ungefähr um die Mitte des 16. Jh.s (spätere geschichtliche Ereignisse wie die Seeschlacht von Lepanto oder die Vertreibung der Morisken werden auf andere Weise eingeflochten) in zwei einander völlig verschieden gegenüberstehenden und trotzdem beziehungsreich miteinander verwobenen symbolischen Welten: dem mit odysseischen Irrfahrten auf dem Meer gefahrvollen, barbarischen, glaubenslosen Norden und der trotz aller menschlichen Schwächen geschlossenen, christkatholischen, mediterranen Welt. Das ewige Rom, *caput mundi*, ist erlösendes Ziel für diese Wanderschaft, über der die göttliche Vorsehung waltet.

Kaum von Barbaren aus seinem Verlies auf einer nordländischen Insel herausgeholt, gerät Periandro, ein Jüngling von edelster Schönheit, auf See in höchste Not. Das Schiff des Dänenprinzen Arnaldo, der auf der Suche nach der von Seeräubern entführten Geliebten Auristela ist, rettet ihn. Periandro gibt an, Auristela sei seine Schwester, und bietet Arnaldo an, ihm bei seiner Suche zu helfen. Als Mädchen verkleidet, läßt sich Periandro auf die Barbareninsel zurückbringen, wo er Auristela in Gefangenschaft vermutet. Im letzten Augenblick kann er die Opferung der mit Männerkleidern angetanen Auristela verhindern. Unter den Wilden bricht darauf tödlicher Streit um den Besitz der schönen Gefangenen aus. Zusammen mit ihrer Zofe Cloelia, der polnischen Dolmetscherin der Insulaner (Transila) und Periandro bringt sie der Kastilier Antonio in Sicherheit. Er bewohnt, mit der Eingeborenen Ricla verheiratet und zwei Töchtern, die er alle im katholischen Glauben unterwiesen und getauft hat, eine abseits gelegene Höhle. Hier lauschen die Geretteten der »abwechslungsreichen Lebensgeschichte« dieses ersten Christenmenschen in nördlichen Breiten. Sie fliehen gemeinsam auf eine benachbarte Insel, wo ihnen der dorthin verschlagene italienische Tanzmeister Rutilio die Wechselfälle seines Lebensweges mitteilt. Wieder auf einer anderen Insel berichtet der liebeskranke portugiesische Sänger de Sosa Coutinho von seinem Schicksal und bricht plötzlich tot zusammen. Nach längerer Meerfahrt begegnen die Flüchtigen einem Schiff, unter dessen Besatzung die Polin Transila sowohl ihren Mann Ladislao als auch den Vater Mauricio wiedererkennt, ein glückverheißendes Vorzeichen für Auristela. Ihrer beider Lebensbericht kontrastiert die liebestolle, zuchtlose Rosamunda. Bald darauf ankert Arnaldos Schiff vor der Insel, auf der sich Periandro und Auristela befinden. Arnaldo begehrt Auristela zur Gemahlin. Unter der Begründung, zuvor mit seiner Schwester das Gelübde einer gemeinsamen Wallfahrt nach Rom zu erfüllen, erreicht Periandro den Aufschub der Hochzeit. Durch einen böswillig verursachten Schiffbruch werden die beiden keuschen Liebenden erneut getrennt. Auristela, Transila, Rosamunda, Mauricio und der junge Antonio landen auf der unwirtlichen Schneeinsel, wo Rosamunda lüstern Antonio nachzustellen versucht. Ein Korsarenschiff bringt die Gruppe nach dreimonatiger Fahrt in das Reich des als edel und gebildet berühmten Königs Policarpo. Schon unterwegs wußte der Kapitän zu berichten, wie Periandro bei einem Wettkampf die Gunst des angeblich idealen Herrschers zu gewinnen verstand.

Mit ironisierender Selbstkritik mischt sich Cervantes zu Beginn des zweiten Buches, wie auch an anderen Stellen, kommentierend in die Erzählung ein, die durch das Kentern des Schiffes mit Auristela an Bord ein vorzeitiges, tragisches Ende finden zu müssen scheint. Aus dem im Hafen von Policarpos Hauptstadt angespülten Wrack werden jedoch die Halbtoten gerettet und das Leben wiedergeschenkt. Periandro und Auristela sind zwar erneut vereint, aber auch Arnaldo ist zugegen. Durch die Liebe Policarpos zu Auristela und seiner Tochter Sinforosa zu Periandro (sie gesteht Auristela offenherzig selbst ihre Leidenschaft und entdeckt ihr später die Neigung ihres Vaters) entstehen weitere gefährliche Verwicklungen. Überdies entbrennt Rutilio in Liebe zur Königstochter Policarpa, und der zynische Clodio erdreistet sich gleichfalls in einem Brief, Auristela Anträge zu machen. Erst in diesem Augenblick, da Eifersucht und irdische Verstrickung die reine Liebe bedrohen, bestätigt sich dem Leser, daß Periandro in Wirklichkeit Persiles heißt, der die Unschuld seiner Geliebten standhaft zu wahren geschworen hat. Weit ausholend erzählt er nun vor Arnaldo und Policarpo seine vergangenen Fährnisse. Vor einem von der Zauberin Zenotia ausgeheckten Verrat Policarpos an den Gästen, durch den Auristela in die Gewalt des alten Herrschers gebracht werden soll, werden die Fremden von Policarpa gewarnt. Sofort stechen sie in See und gelangen zur Insel der Klausen – letzte Station ihrer nordischen Irrfahrten und zugleich äußerster Vorposten der katholischen Welt. Der französische Edelmann Renato schildert ihnen dort seine reine Liebe zur Hofdame Eusebia sowie den Anlaß für die Entsagung der beiden nun als Einsiedler fernab der Heimat lebenden Europäer. Periandro nimmt den Faden seines so oft unterbrochenen Lebensberichtes wieder auf und schließt mit kunstvoller Hysteron-Proteron-Technik zum Anfang des Romans auf. Ohne Rutilio, aber mit dem durch ein königliches Schreiben in seiner Ehre voll gerechtfertigten Paar Renato und Eusebia segelt schließlich die Gruppe gen Süden.

Zu Beginn des dritten Buches wird die glückliche Ankunft in Lissabon mit einem überschwenglichen Lob auf dieses Sinnbild der rettenden, zivilisierten, katholischen Welt beschrieben. Die Pilgerschar reist nach dem Kloster Guadelupe weiter. In den Reisebericht wird wieder eine Episode eingeschoben (Feliciana). In Talavera wohnen die Reisenden einem Volksfest bei. Weitere besonders aufschlußreiche kulturgeschichtliche Einzelheiten spiegelt der Besuch im Moriskendorf. Über die Provence gelangen die Pilger unter mannigfachen Gefahren, die Cervantes mit einer lebendigen Fülle von Typen und Begebenheiten anschaulich auszumalen versteht, über Mailand nach Lucca. Isabela Castruccios durch »Kniffe und Winkelzüge« glücklich zustande gekommene Ehe kündigt die vom Astrologen Soldino bereits verheißene Vereinigung Periandros und Auristelas an.

Das bei der ausgewogenen künstlerischen Symmetrie des Romans vergleichsweise kurze vierte Buch setzt unmittelbar vor dem ersehnten Ziel Rom mit dem ersten Gespräch Periandros und Auristelas über ihre Herzensangelegenheiten ein. Wieder flicht Cervantes hier versteckt ironisch-kritische Selbstbetrachtungen ein. Das Paar trifft alsbald auf Arnaldo und den Herzog von Nemours, die sich beim Zweikampf verwundeten. In Rom empfängt Auristela weitere Belehrung im christlichen Glauben und richtet mit Periandro ihre Gedanken ganz auf himmlische Dinge, während Arnaldo und Nemours sich gegenseitig überbieten, um ein Bild von Auristela zu erwerben. Nunmehr berichtet Arnaldo rückblendend von seinen Erlebnissen, seit er Periandro und Auristela aus den Augen verloren hat. Infolge eines bösen Zaubers erkrankt Auristela und eröffnet, wieder genesen, Periandro den Entschluß, fortan ihr Leben Gott zu weihen. Jetzt erst deutet sie die Hintergründe ihrer Beziehung zu Periandro an. Verzweifelt über die Wendung verläßt dieser Rom. – Drei Kapitel vor Schluß (IV, 12) enthüllen zwei Wandersleute, Rutilio und Periandros ehemaliger Erzieher Serafido, das Rätsel um die Identität der beiden Liebenden und schlagen so erklärend den Bogen zurück zum Anfang. Beide sind Fürstenkinder, die Prinzessin von Friesland und der Prinz von Thule. Maximino, von Serafido über ihre Geschicke unterrichtet, begegnet todkrank seinem Bruder Persiles. Ein vereitelter Mordanschlag auf diesen bewegt Auristela schließlich doch zur dankerfüllten, ja gottgewollten und Periandro rettenden Rückkehr. Sterbend segnet Maximino den Ehebund des nunmehr als Persiles und Sigismunda bekannten Paares vor der Paulsbasilika ein.

Die Unwahrscheinlichkeiten dieses Geschehens sind von Cervantes gewollt. Sie sind weder Symptome eines Alterswerks noch Ausflucht in romantische Träume, sondern nur im Zusammenhang mit den literarischen Anschauungen Cervantes' und seiner Zeit über das Verhältnis von Geschichte und poetischer Fiktion, von Wahrheit und Wahrscheinlichkeit verständlich. So gesehen, bietet das Werk die »*Summe aller möglichen damaligen Ge-*

*sichtspunkte über den Roman*« (Avalle-Arce). Auch in der Theorie des Epos spielt das Wunderbare eine wichtige Rolle, so daß die anekdotische Zergliederung der Abenteuerromane auf höherer Ebene überwunden und christlich überhöht wird. Im Bild der Reise, der Wanderschaft als Spiegel des Lebens wird die zur größeren Vollkommenheit hin fortschreitende Entwicklung zweier Seelen auf der Stufenleiter der Liebe vorgeführt, die ein »*Wunder an Reinheit, Schönheit und Edelsinn*« sind und sich nie vom Gemeinen, das sie bedrängt, bezwingen lassen (L. Pfandl). D.B.

AUSGABEN: Madrid 1617. – Madrid 1625 *(Los trabajos...).* – Madrid 1914 (in *Obras completas,* Hg. R. Schevill u. A. Bonilla; m. Einl). – Madrid 1917 (in *Obras completas,* 7 Bde., 6; Faks.). – Madrid 1969, Hg. J. B. Avalle-Arce [m. Einl. u. Bibliogr.]. – Madrid 1975–1980 (in *Obras completas,* Hg. u. Einl. A. Valbuena Prat, 2 Bde.). – Madrid 1978, Hg. u. Einl. J. B. Avalle-Arce (Castalia).

ÜBERSETZUNGEN: *Persilus und Sigismunda, nordische Historie,* Ludwigsburg 1746. – *Die Drangsale des Persiles und der Sigismunda,* L. F. F. Theremin, Bln. 1808. – *Die Leiden des Persiles und der Sigismunda,* D. Tieck, Lpzg. 1837 [Einl. L. Tieck]. – *Die Mühen und Leiden des Persiles und der Sigismunda. Eine septentrionale Geschichte,* A. M. Rothbauer (in *SW,* Bd. 1, Stg. 1963; m. Einl.).

LITERATUR: R. Schevill, *Persiles y Sigismunda*« (in MPh, 4, 1906/07, S. 1–24, 677–704). – Ders., *Studies in C.* (in Transactions of the Connecticut Academy of Arts and Sciences, 13, 1908, S. 475–548). – Azorín, *Al margen de los clásicos,* Madrid 1915. – R. Beltrán Rózpide, *La pericia geográfica de C. demostrada con la historia de* »*Persiles y Sigismunda*«, Madrid 1924. – J. Casalduero, *Sentido y forma de* »*Los trabajos de Persiles y Sigismunda*«, Buenos Aires 1947. – W. C. Atkinson, *The Enigma of Persiles* (in Bull. of Spanish Studies, 24, 1947, S. 242–253). – Z. Orozco, *Una introducción al* »*Persiles*« *y a la intimidad del alma en C.* (in Arbor, 11, 1948, S. 207 bis 236). – A. Vilanova, *El peregrino andante en el* »*Persiles*« *de C.* (in Boletín de la Real Academia de Buenas Letras, Barcelona, 22, 1949, S. 97–159). – W. Boehlich, *Heliodorus Christianus* (in Freundesausgabe für E. R. Curtius, Bern 1956, S. 103–124). – F. López Estrada, *La novela de Feliciana y Rosanio en el* »*Persiles*« *o los extremesos amores de la Extremadura* (in Anales Cervantinos, 6, 1957, S. 333 bis 356). – M. Bataillon, *Erasmo y España,* Mexiko 1966. – R. E. Jones, *A Study of the Baroque Elements in the* »*Persiles y Sigismunda*« *of M. de C.,* Diss. Univ. of Minnesota 1966 (vgl. Diss. Abstracts, 27, 1966, 1787A). – R. Osuna, *El olvido del* »*Persiles*« (in Boletín de la Real Academia Española, 48, 1968, S. 55–75). – A. K. Forcione, *C., Aristotle and* »*Persiles*«, Princeton 1970. – T. Diego Stegmann, *C.' Musterroman* »*Persiles*«. *Epentheorie und Romanpraxis um 1600,* o. O. 1971. – K. P. Allen, *Aspects of Time in* »*Los trabajos de Persiles y Segis-*

*munda*« (in RHM, 36, 1970/71, S. 77–107). – M. G. Randel, *Ending and Meaning in C.'s »Persiles y Segismunda«* (in RomR, 1983, Nr. 2).

## VIAGE DEL PARNASO

(span.; *Die Reise zum Parnaß*). Episches Gedicht von Miguel de CERVANTES SAAVEDRA, erschienen 1614. – Die Fiktion einer Reise zum Parnaß war in der italienischen Literatur des 17. Jh.s nicht unbeliebt (Giulio Cesare CORTESE, *Viaggio di Parnaso*, 1621; Traiano BOCCALINI, *De'ragguagli di Parnaso*, 1612/1613); Cervantes selbst beruft sich zu Beginn seines in 1092 Terzinen mit Kettenreim *(aba bcb)* verfaßten Gedichts auf Cesare CAPORALI, dessen *Viaggio in Parnaso* (1582) zusammen mit *Gli avvisi di Parnaso* zu den bekanntesten Beispielen dieser satirisch-burlesken Gattung gehört.

Cervantes will mit dem als gereimten Schriftstellerkatalog abgetanen Werk ebensowenig wie im Gesang der Kalliope am Schluß von Buch VI der *Primera parte de la Galatea* (1614) einen kritischen Abriß der Literatur seiner Zeit als vielmehr eine geistreiche, amüsante Selbstrechtfertigung geben, in die viel autobiographische Einzelheiten sowie theoretische Auffassungen des Dichters eingehen. Geführt von Mercurio, tritt Cervantes in einem merkwürdigen Schiff aus Versen, das mit den verschiedensten Dichtungsformen bestückt ist, die Reise zu Apoll auf dem Parnaß an. Im zweiten Kapitel »siebt« er in einer komischen Vorlesung die auf einer Liste aufgeführten, mehr oder weniger bekannten Namen seiner Zeitgenossen (GÓNGORA und QUEVEDO erhalten Seitenhiebe), die Merkur für den Musengott in Spanien aufstellen sollte. Die poetische Galeerenladung gelangt über Valencia, wo die lokalen Dichtergrößen ihre Reverenz erweisen und lediglich Rey de Artieda an Bord genommen wird, in den Golf von Narbonne. Hier regnen die Wolken vier Dichter auf das Schiff herab. Hinter Genua und Rom erteilt Merkur Cervantes vor Neapel den Auftrag, an die Argensola-Brüder einen Brief zu überbringen und sie auf das Schiff zu holen. Cervantes ist jedoch nicht gut auf die beiden zu sprechen, nachdem sie sich seiner Berufung an den Hof des Vizekönigs und Gönners, des Grafen de Lemos, widersetzt haben. Apoll geleitet die spanische Poetenelite auf seinen Berg, nur Cervantes findet empört keinen Platz mehr. In einer großen »Klagerede« posiert er vor dem Gott mit seinem dichterischen Selbstporträt. Da rüsten einige Dichterlinge zum Angriff auf den Musenberg. Neptun läßt jedoch schon vorher ihr Schiff kläglich scheitern und verwandelt die für den Ruhm toten Dichter in Kürbisse und Weinschläuche. Das siebente Kapitel schildert die komische Dichterschlacht mit Worten, Versen und Büchern. Apolls Günstlinge obsiegen. Nur neun spanische Dichter werden letztlich von dem Gott mit Lorbeer gekrönt. Cervantes schaut indes im Traum voller Sehnsucht sein geliebtes Neapel. Mit einem »Anhang« in Prosa versetzt er seine Leser nach ermüdender Reise scherzhaft wieder auf den Boden der Madrider Wirklichkeit. Im Zwiegespräch mit dem vermeintlichen großen Dichter Pancracio de Roncesvalles geht er mit köstlicher Ironie auf sein Bühnenwerk und seine Reise ein. In einem von Pancracio überbrachten Brief erläßt Herr Apoll für die spanischen Dichter besondere Privilegien.

Die zuweilen wie ein heroisch-komisches Kleinepos anmutende, ebenso humorige wie temperamentvoll bittere Satire ist sprachlich von Italianismen durchsetzt und parodiert gelegentlich auch DANTES *Divina Commedia*.      D.B.

AUSGABEN: Madrid 1614. – Madrid 1917 (in *Obras completas*, 7 Bde., 1917–1923, 6). – Madrid 1922 (in *Obras completas*, Hg. R. Schevill u. A. Bonilla, 18 Bde.). – Madrid 1935, Hg. F. Rodríguez Marín [m. Einl. u. Anm.]. – Madrid 1975–1980 (in *Obras completas*, Hg. u. Einl. A. Valbuena Prat, 2 Bde.). – Madrid 1980 [Faks. der 1. Ausg.]. – Madrid 1983, Hg. u. Einl. M. Herrero García.

ÜBERSETZUNG: *Die Reise zum Parnaß*, A. M. Rothbauer (in *SW*, Bd. 3, Stg. 1968; m. Einl.).

LITERATUR: L. Firpo, *Allegoria e satira in »Parnaso«* (in Belfagor, 1, 1946, S. 673–699). – B. Croce, *Saggi sulla letteratura italiana del seicento*, Bari 1948. – F. D. Maurino, *El »Viage« de C. y la »Comedia« de Dante* (in Kentucky Foreign Language Quarterly, 3, 1956, S. 7–12). – Ders., *Cortese, Caporali and Their Journeys to Parnassus* (in MLQ, 19, 1958, S. 43–46). – G. Correa, *La dimensión mitológica del »Viage del Parnaso«* (in CL, 12, 1960, S. 113–124). – O. H. Green, *El Licenciado Vidriera. Its Relation to the »Viage del Parnaso« and the »Examen de ingenios« of Huarte* (in Linguistic and Literary Studies in Honor of H. A. Hatzfeld, Washington 1964, S. 213–220). – F. González Ollé, *Observaciones filológicas al texto del »Viage del Parnaso«* (in Miscellanea di Studi Ispanici, 1963, Nr. 6, S. 99–109). – J. Simon Díaz, *El monte Parnaso en cinco obras del Siglo de Oro* (in Anales de Literatura Hispano-americana, 7, 1979, S. 273–288). – J. Canavaggio, *La dimensión autobiográfica del »Viaje del Parnaso«* (in Cervantes, 1, 1981, S. 29–41). – J. Asensio, *¿Es Tirso »el otro« de »El viaje del Parnaso« de C.?* (in RCEH, 10, 1986, S. 154–172).

---

# JÁN ČERVEŇ

\* 12. 2. 1919 Abramová / Bezirk Martin
† 31. 7. 1942 Preßburg

LITERATUR ZUM AUTOR:
S. Šmatlák, *Zvukové kvality v próze J. Č. – Sémantický rozbor prózy J. Č. – Metodická výstavba a*

*kompozičná osnova prózy J. Č.* (in Slovo a tvar, 3, 1949, S. 13–22, 52–64, 80–102). – M. Považan, *Č. novely a dnešná slovenská próza* (in Novými cestami, Preßburg 1963, S. 314–321). – A. Matuška, *Za a proti*, Preßburg 1975, S. 245–246. – P. Štrelinger, *Kto proti osudu*, Preßburg 1978, S. 148–160.

## MODRÁ KATEDRÁLA

(slovak.; *Die blaue Kathedrale*). Novellensammlung von Ján Červeň, erschienen 1942. – Postum veröffentlicht, war dieses einzige Werk des Autors entscheidend an der Entstehung der modernen slovakischen Novelle beteiligt. Es trug dazu bei, den Typus der realistischen Novelle zu überwinden und neue Wege in Stil und Komposition zu entdecken. Die einleitende historische Erzählung, *Divé vtáča (Der wilde Vogel)*, schildert die zentrale Wende im Leben William Shakespeares, der nach schwerer innerer Krise beschließt, seine Familie zu verlassen und sich ganz dem Theater zu widmen. In den folgenden vier Novellen verschmelzen die realen Motive, die jeweils den Ausgangspunkt des Geschehens bilden, mit irrealen Elementen, phantastischen Visionen, Träumen, Halluzinationen, die organisch der Gesamtkonzeption entspringen und eine eigentümliche Atmosphäre schaffen. Die Helden dieser Erzählungen sind vom Schicksal getroffene, durch körperliche Defekte oder seelische Krisen gezeichnete Menschen, die sich an der Grenze von Leben und Tod bewegen. Ihre erregte, empfindliche Psyche registriert sensibel alle äußeren Impulse und setzt sie in suggestive, assoziative Bilder um. In der Novelle *Zlomený kruh (Der zerbrochene Kreis)* analysiert Červeň die Beziehung zwischen einem Mann und einem jungen Mädchen, die ein gleiches Schicksal – ein verunstaltetes Gesicht – seelisch verbindet. Die Novelle gipfelt in der Krise dieses Verhältnisses: Der Mann läßt seine Mißbildung durch eine Operation beheben, wodurch der Kreis des gemeinsamen Leidens gesprengt wird. *Prorok (Der Prophet)* veranschaulicht das Schicksal eines schwärmerischen Mannes, der sich nach dem Tode der geliebten Frau als Prophet ausgibt und religiösen Fanatismus predigt. *Zlomený kruh* nahe steht die historische Erzählung *Svätá žiara (Heiliger Schein)*. Die Hauptgestalt ist ein verkrüppelter Ritter, der sich bemüht, Erlösung von seinem Leiden zu finden, und zuletzt durch das liebende Mitleid seiner Mutter gerettet wird. Die Titelnovelle *Modrá katedrála* nimmt das bekannte Motiv des Menschen auf, der aus dem Gefängnis in die alte Umgebung zurückkehrt: die Schwierigkeit der Eingewöhnung, das Drama der Begegnung mit den bekannten Menschen usw. In einem balladenhaften Schluß gelangt die innere Einsamkeit des Helden zu tragischer Erfüllung.

Die Novellensammlung gehört zu den künstlerisch reifsten Werken jener Generation slowakischer Schriftsteller, die Anfang der vierziger Jahre in die Literatur eintrat und bemüht war, die heimischen literarischen Tendenzen mit den modernen europäischen Bestrebungen in Einklang zu bringen. Die Überwindung der Grenze zwischen Wirklichkeit und Vision, zwischen Bewußtsein und Unterbewußtsein, zwischen Wachen und Traum sprengte die Selbstbeschränkung der traditionellen realistischen Epik.

J.Le.

AUSGABEN: Turč. Sv. Martin 1942. – Preßburg 1964 (in J. Č., *Modrá a zlatá*). – Preßburg 1980 [Nachw. L. Ballek].

LITERATUR: S. Šmatlák, *Torzo, ktoré žije* (in J. Č., *Modrá a zlatá*, Preßburg 1964, S. 7–15). – S. Rakús, *K poetike Č. novely* (in Slovenská literatúra, 20, 1973, S. 47–53).

## MIROSLAV ČERVENKA

\* 5.11.1932 Prag

LITERATUR ZUM AUTOR:
V. Kochol, *Podnetná kniha o vol'nom verši* (in Česká literatura, 12, 1964). – F. Buriánek, *Od symbolů k písním* (in Impuls, 1, 1966). – M. Jankovič, *Hodnota vratké harmonie* (in Česká literatura, 15, 1967). – *Slovník českých spisovatelů*, Toronto 1982, S. 61–62.

## DER BEDEUTUNGSAUFBAU DES LITERARISCHEN WERKS

Literaturtheoretische Studie von Miroslav Červenka (Tschechoslowakei), erschienen nur in deutscher Sprache 1978; das tschechische Original, *Významová výstavba literárního díla*, wurde 1964–1967 verfaßt und in den späteren Jahren umgearbeitet und ergänzt. – Červenka, der als Literaturwissenschaftler (sonst auch als Dichter, Übersetzer und Kritiker tätig) zu der Belebung des tschechischen Strukturalismus in den sechziger Jahren einen wesentlichen Beitrag leistete, verteidigte diese Arbeit 1969 in Prag, um die Venia legendi zu erlangen. Die Drucklegung des tschechischen Originals – im Rahmen des geplanten Sammelbandes *Teoretické problémy literárního díla (Theoretische Probleme des literarischen Werks)* – konnte infolge der kulturpolitischen Veränderungen in der ČSSR nach 1968/69 nicht mehr stattfinden.

Zentrales Thema der Studie sind die semiotischen Voraussetzungen für eine wissenschaftliche Bedeutungsanalyse des literarischen Werks, so wie sie in methodologischer Hinsicht vor allem von der Prager strukturalistischen Schule entwickelt wurden. Ihre Grundlage ist die Lehre von der Zeichenhaftigkeit des Werks und seiner einzelnen Elemente

und Komponenten (auch seine spezifische Komplexität wird als Zeichen und Zeichenmanifestation begriffen). Nach Červenkas Ansicht sind alle Werkkomponenten und –»*konstrukte*«, ob »formal« oder »inhaltlich«, Träger von Bedeutung. Doch er verweilt nicht bloß bei der Begründung der Zeichen- und somit auch der Bedeutungshaftigkeit aller Wesenszüge des literarischen Werks. Seine Bemühungen richten sich auf die Spezifizierung der literarischen Zeichenbildung. Dabei geht es weniger um die Struktur des Werks allein, als vielmehr um die Beschreibung und Darlegung der Prinzipien, die seiner Strukturierung zugrunde liegen. Sich auf die semiotische Basis stützend, untersucht Červenka diese Prinzipien sowohl in ihrer allgemeinen Funktionsweise als auch in Beziehung zu den verschiedenen poetologischen Faktoren wie Motiv, Person, Handlung, Subjekt, Gattung und Komposition. Mit Hilfe von Begriffsinstrumenten, die sich auf das Zeichen und auf die Relation zwischen dem Bezeichnenden *(signifiant)* und dem Bezeichneten *(signifié)* beziehen, und auf der Basis von Modellen verschiedener Zeichenkombinationen erstellt er ein Inventar elementarer Integrationstypen, die die unterschiedlichen Ebenen des Bedeutungsaufbaus verbinden. Diese Integration von Zeichen- (und Bedeutungs-)Einheiten wird zunächst von den kleinsten Elementen bis zu den größten Bedeutungskomplexen geführt, anschließend im Verhältnis zum literarischen Werk, als Ganzes gesehen, dargestellt (Kap. *Das literarische Werk als Zeichen*). Der Bedeutungsaufbau wird als eine hierarchiebildende Integration von Teilbedeutungen zum Bedeutungsganzen verstanden. Dadurch zeigt sich der konstruktive Charakter der literarischen Zeichenbildung, und es werden die jedem Werk eigenen objektiven Voraussetzungen für dessen Bedeutungsaufbau analysierbar.
Seit den dreißiger Jahren gilt der semiotische Aspekt als Schwerpunkt des wissenschaftlichen Interesses der Prager Strukturalisten (besonders in den Beiträgen von J. MUKAŘOVSKÝ). Doch er wurde vor allem im Hinblick auf den Bezug des literarischen Werks zur Wirklichkeit, auf dessen Urheber oder Rezeption und im Zusammenhang mit verschiedenen ästhetischen Problemen untersucht. In diesem Kontext stellt Červenkas Studie die erste Monographie dar, die dem Aufbau des literarischen Werks selbst als theoretischem Problem gewidmet ist. Die darin enthaltenen Analysen sind jedoch nicht nur eine systematische Betrachtung dieses Gegenstandes. Sie berühren auch, durch neue Erkenntnisse und durch Červenkas ausführliches Studium der Semiotik bereichert, die Ästhetik des Kunstwerks allgemein. So kommt der Autor z. B. in bezug auf die Diskussion über das Verhältnis von Werk und »*Konkretisation*« zu der Einsicht, daß der von R. WELLEK vertretene Standpunkt (beide Kategorien werden von ihm in Analogie zu der SAUSSUREschen Dichotomie von *langue* und *parole* verstanden) differenzierter betrachtet werden soll. Im Rahmen seiner zeichentheoretischen Darlegungen macht Červenka auch von den seit Charles S. PEIRCE bekannten Zeichensorten der pragmatischen Semiotik (Symbol, Ikon, Index) zum erstenmal in der Geschichte des Prager Strukturalismus Gebrauch. Die damit ermöglichte Spezifizierung des Verhältnisses Bedeutungsträger – Bedeutungskorrelat schafft eine wichtige Voraussetzung für die Darstellung semiotischer Prozesse allgemein und vermittelt auch mehrere Anregungen für die Kunsttheorie. – Als theoretische Analyse des Bedeutungsaufbaus und als literaturtheoretischer Beitrag setzt Červenkas Arbeit die Tradition der Prager Schule fort und trägt zur konsequenten Ausarbeitung einer Semiotik des literarischen Werks bei, das trotz aller variablen Akzentsetzungen, Tendenzen und Interessen innerhalb der Literaturwissenschaft deren Schwerpunkt (als »*zentrale Wirklichkeit der Literatur und Hauptgegenstand literaturwissenschaftlicher Untersuchung*«) bleibt.

J.Ji.

ÜBERSETZUNG: *Der Bedeutungsaufbau des literarischen Werks*, G. Riff, Bearb. F. Boldt u. I. Paulmann, Mchn. 1978.

LITERATUR: W.-D. Stempel, *Zur literarischen Semiotik M. Č.s* (Vorw. zu M. Č., *Der Bedeutungsaufbau des literarischen Werks*, Mchn. 1978). – K. Chvatík, *Tschechoslowakischer Strukturalismus. Theorie und Geschichte*, Mchn. 1981. – Ders., *Mensch und Struktur. Kapitel aus neostrukturalistischer Ästhetik und Poetik*, Ffm. 1987.

## AIMÉ CÉSAIRE

* 25.6.1913 Basse-Pointe

LITERATUR ZUM AUTOR:
L. Kesteloot, *A. C., poète d'aujourd'hui*, Paris 1962. – Dies., *Les écrivains noirs de langue française: naissance d'une littérature*, Brüssel 1963. – Dies. u. B. Kotchy, *A. C., l'homme et l'œuvre*, Paris 1973. – Et. litt, 6, 1973, Nr. 1 [Sondernr. A. C.]. – F. I. Case, *A. C. Bibliography*, Toronto 1973. – Cahiers Césairiens, Hg. L. Kesteloot u. Th. A. Hale, Pennsylvania State Univ. 1974 ff. [m. fortlauf. Bibliogr.]. – M. a. M. Ngal, *A. C. Un homme à la recherche d'une patrie*, Dakar 1975. – V. Santangelo, *Poesia, ideologia, storia nell'opera die A. C.*, Palermo 1976. – Études françaises, 14, 1978, Nr. 3/4, [Sondernr. *A. C.*; m. grundleg. Primärbibliogr.]. – C. Klaffke, *Kolonialismus im Drama: A. C.*, Bln. 1979. – C. Mbom, *Le théâtre d'A. C.*, Paris 1979. – K. L. Walker, *La cohésion poétique de l'œuvre césairienne*, Tübingen 1979. – R. Depestre, *Bonjour et Adieu à la négritude*, Paris 1980. – A. Ph. Blerald, *Négritude et politique aux Antilles*, Paris 1981. – W. Bader, *A. C.* (in KLFG,

April 1983). – *Soleil éclaté. Mélanges offertes à A. C.*, Hg. J. Leiner, Tübingen 1984. – M. a. M. Ngal u. M. Steins, *C. 70*, Paris 1984. – A. Songolo, *A. C., une poétique de la découverte*, Paris 1985. – J. v. Stackelberg, *A. C.* (in KLRG, 1987).

**DAS LYRISCHE WERK** (frz.) von Aimé Césaire (Martinique).
Césaires lyrisches Werk reicht von der ersten Veröffentlichung einzelner Gedichte in der von ihm mitbegründeten Zeitschrift ›Tropiques‹ (1941–1944) bis zur Publikation seines letzten Gedichtbandes 1982, umfaßt also einen relativ langen Zeitraum seines dichterischen Schaffens. Als definitives Korpus ist es schwer zu bestimmen, zum einen, weil Césaire sich – wie in allen anderen Werken – vorbehalten hat, in spätere Ausgaben Änderungen einzubringen, zum anderen, weil mehrere Gedichte in Sammlungen mit verschiedenen Titeln auftauchen. So erschienen verschiedene Gedichte aus der Zeitschrift ›Tropiques‹ 1946 in einer Sammlung *(Les armes miraculeuses – Die wunderbaren Waffen)*, zusammen mit einer ersten Ausgabe des Dramas *Et les chiens se taisaient*; 1948 und 1950 folgten die selbständigen Bände *Soleil cou coupé (Enthauptete Sonne* – der Titel erinnert an die Schlußzeile von Apollinaires Gedicht *Zone)* und *Corps perdu (Verlorener Körper)*, der in dieser Form nur in einer von Picasso illustrierten Luxusausgabe existiert; nach längerer, bedeutungsvoller Pause erschien 1960 *Ferrements (Eisen)*; 1961 wurde eine Auswahl aus dem inzwischen vergriffenen Band *Soleil cou coupé* zusammen mit *Corps perdu* unter dem Titel *Cadastre (Kataster)* erneut herausgegeben. 1982 folgte dann der bislang letzte Gedichtband *Moi, laminaire... (Algen)*.
Wie im Gesamtwerk Césaires liegt der wichtigste Einschnitt innerhalb seines lyrischen Werkes in den »unproduktiven« Jahren vor 1960, dem Zeitpunkt der politischen Emanzipation der meisten Kolonien, vor allem derjenigen Afrikas. Sie bedeutete für Césaire eine Veränderung der Fragestellungen und der sozialen Funktion des Dichters, und er bemüht sich – wie sich vor allem an den späteren Dramen zeigt – im folgenden ausdrücklich um eine poetische Sprache, die auch den Betroffenen verständlich und zugänglich sein soll. Die Überwindung der »surrealistischen« Phase zeigt sich deutlich daran, daß die in *Cadastre* erschienene Auswahl früherer Gedichte vor allem die sprachlich stärker verschlüsselten Werke ausläßt.
Neben Rimbaud, Apollinaire, Lautréamont und Mallarmé hat vor allem André Breton, der die letzten Kriegsjahre auf Martinique lebte, die erste Phase der Césareschen Dichtung beeinflußt. Daß Césaires Surrealismus jedoch eigene Qualität hat, zeigt sich nicht nur daran, daß er mit seinen häufigen Überarbeitungen gegen die surrealistische Regel der Einmaligkeit des unbewußten Schreibakts verstößt. J. Arnolds ausführliche Untersuchung des nur in *Soleil cou coupé* vorhandenen Gedichtes *Le coup de couteau du soleil dans le dos des villes surprises (Ein Messerstich der Sonne in den Rücken überraschter Städte)* zeigt, daß neben den Césaire eigenen Bildern (z. B. Sonne als Sinnbild der Rebellion, Stadt als Ort der Korruption) vor allem intertextuelle Bezüge (hier zur Apokalypse und zu einem kubanischen Märchen) die Césaresche Metaphorik bestimmen. Dieses Beispiel verweist bereits auf eine im Gegensatz zum eigentlichen Surrealismus stehende Kohärenz der Césaresche Metaphorik. Sie ist auch notwendig, denn für Césaire besteht die Auflehnung nicht nur im Akt des Schreibens selbst; er möchte auch eine kollektiv verständliche Botschaft, den Aufruf zur Selbstfindung und Widerstand des schwarzen kolonisierten Menschen vermitteln. Deren starke Verschlüsselung war allerdings nicht nur, wie behauptet wird, ein Schachzug, um der Zensur des damaligen Militärregimes von Martinique zu entgehen; eine verfremdende Sprache ist Teil eines Bemühens um Selbstfindung und kommt hiermit dem surrealistischen Anliegen am nächsten, wenn auch diese Selbstbestimmung einen für die Schwarzen und Kolonisierten paradigmatischen kollektiven Charakter bekommen soll. Der Satz, der das Gedicht mit dem signifikanten Titel *Corps perdu* abschließt (*»Je commanderai aux îles d'exister«* – *»Ich werde den Inseln befehlen, zu existieren«*), zeigt deutlich den Zusammenhang zwischen Selbstbestimmung, Rebellion und (poetischer) Sprache auf; die häufige Apostrophierung von »Schreien« oder »Heulen« (z. B. in *A hurler*) verweist darauf, daß schon die Aufhebung der von den Kolonisatoren verfügte eigene Nichtigkeit ein Akt des Widerstandes ist.
Diese Suche nach einem eigenen kollektiven Ich in der frühen Dichtung ist vornehmlich »dialektisch«; das heißt sie vollzieht sich vor dem Hintergrund einer negativen Bestimmung europäischer Zivilisation. In den nach 1960 entstandenen Gedichten – vor allem in *Ferrements* – ist nicht nur die Sprache direkter; sie sind nun Teil einer internen Auseinandersetzung, die der Dichter vor allem mit seiner Heimatinsel Martinique führt. Es findet sich ein melancholischer Ton, mit dem der Dichter die Bilanz einer unvollständigen Dekolonisierung zieht. (z. B. *Hors des jours étrangers*) oder die wenig bekannten Helden eines schwarzen Widerstandes (*Louis Delgrès*, *»syndicaliste noir«* u. a.) heraufbeschwört. Die sprachliche Verschlüsselung stützt sich nun auf Mythen *(Salut à la Guinée)* und Märchen seiner Heimat *(Statue de Lafcadio Hearn; Beau sang giclé)*. Mit *Ferrements* sind, so läßt sich aus einem Gedicht gleichen Titels ersehen, die Ketten der Sklaven gemeint; diese Perspektive wird jedoch durch ein weiteres, *Ferments* betiteltes, stärker zukunftorientiertes Gedicht ergänzt, das zu den abschließenden affirmativen und politischen »Lehr«-Gedichten überleitet. *Moi, laminaire...* schließlich umreißt noch einmal den gesamten Entwicklungszyklus, der von den Bemühungen um eine Bestimmung der eigenen Persönlichkeit als Dichter und Politiker bis zur Beschwörung von beispielhaften Persönlichkeiten (Léon Damas, Miguel Angel Asturias, Wifredo Lam u. a.) reicht. U.F.

AUSGABEN: *Les armes miraculeuses*, Paris 1946; ²1970; ern. Fort-de-France 1976. – Paris 1979. – *Soleil cou coupé*, Paris 1948; Nachdr. Nendeln 1970. – *Corps perdu*, Paris 1950. – *Ferrements*, Paris 1960; ern. 1981. – *Cadastre*, Paris 1961; ern. 1981. – *Œuvres complètes*, Hg. J.-P. Césaire, Fort-de-France 1976, 3 Bde., 1. – *Moi, laminaire...*, Paris 1982.

ÜBERSETZUNGEN: [Ausw.]: *Sonnendolche. Lyrik von den Antillen*, J. Jahn, Heidelberg 1956. – *An Afrika*, J. Jahn u. F. Kemp, Mchn. 1968. – *Gedichte*, B. Weidmann, Mchn. 1987 [Nachw. M. Leiris].

LITERATUR: A. Césaire, *Poésie et connaissance* (in Tropiques, 12, 1945). – H. Juin, *A. C., poète noir*, Paris 1958. – M. Towa, *Les Pur-Sang (négritude césairienne et surréalisme)* (in Abbia, Yaounde 1969, Nr. 23, S. 71–82). – B. Jobin, »*Cadastre*«, *lecture transcendante* (in Et.litt., 6, 1973, Nr. 1, S. 73–80). – K. Schöll, *Lyrik in kommunikativer Funktion: Das Beispiel A. C.* (in GRM, 27, 1977, S. 88–98). – A. Songolo, »*Cadastre*« *et* »*Ferrements*« *de C.: une nouvelle poétique pour une nouvelle politique* (in EsCr, 17, 1977, S. 143–158). – J. Leiner, *Étude comparative des structures de l'imaginaire d'A. C. et de Léopold Sédar Senghor* (in CAIEF, 1978, Nr. 30, S. 209–224). – J. Arnold, *Modernism and Négritude. The Poetry and Poetics of A. C.*, Cambridge/Mass. 1981. – A. Songolo, *Surrealism and Black Literature in French* (in FR, 55, 1982, S. 724 bis 732). – M. Hausser, *Du* »*Soleil*« *au* »*Cadastre*« (in *Soleil éclaté*, Hg. J. Leiner, Tübingen 1984, S. 187 bis 216). – R. Scharfman, »*Corps perdu*«: *Moi – négre retrouvé* (ebd., S. 375–388). – Vgl. auch die Literatur zum Autor.

## CAHIER D'UN RETOUR AU PAYS NATAL

(frz.; *Ü: Zurück ins Land der Geburt*). Episches Gedicht von Aimé CÉSAIRE (Martinique), erschienen 1939. Diese Veröffentlichung in der Zeitschrift ›Volontés‹, die noch in die Studentenzeit des Autors fällt, blieb nahezu unbemerkt; erst 1947 folgte eine abgeschlossene Buchausgabe, veranlaßt durch André BRETON, der ein begeistertes Vorwort dazu verfaßte. Die verschiedenen nun folgenden Drucke erfuhren durch den Autor selbst substantielle Veränderungen und Erweiterungen; als definitiv gilt die 1956 von Présence Africaine herausgegebene Version.
Die Bedeutung des *Cahier* ist zunächst schon kultur- und literaturgeschichtlich gegeben: Es gilt als wichtigstes literarisches Dokument der frühen Négritude-Bewegung. Auf die Verbindung zu dieser von jungen Afrikanern und schwarzen Antillesen in Paris gegründeten antikolonialistischen Bewegung verweisen nicht nur Zeit und Ort der Entstehung des *Cahier* (1936/37 in Paris); bekannt wurde es vor allem durch die hier erstmalige Verwendung und poetische Bestimmung des Begriffs Négritude: »*Ma négritude n'est pas une pierre, sa surdité ruée contre la clameur du jour... / elle plonge dans la chair rouge du sol...*« Es geht Césaire zunächst nicht darum, hier in programmatischer Absicht einen neuen Begriff zu prägen; er ist nur einer der zahlreichen Neologismen des Gedichts, die eine seiner vielfältigen Techniken der poetischen Verschlüsselung darstellt; auch der Gegensatz zur Négritude von L. S. SENGHOR, der sich in Césaires militanter Suche nach einer neuen schwarzen Kultur (im Gegensatz zur Traditionsorientierung von Senghor) bereits abzeichnet, hat für die Entstehung des Gedichts selbst keine Bedeutung gehabt, ebensowenig wie der Einfluß Bretons: Césaire hatte sich zur Entstehungszeit kaum mit dem Surrealismus auseinandergesetzt, wohl aber mit den klassischen französischen Autoren und vor allem A. RIMBAUD; weitere Einflüsse kamen aus der militanten Bewegung der antillesischen Studenten in Paris – namentlich von Léon DAMAS, der ebenfalls eine *Retour de Guyane* (1937) veröffentlichte – an deren Zeitschriften ›L'étudiant noir‹ und später ›Légitime défense‹ und ›Tropiques‹ Césaire mitarbeitete. Neben dieser Aufbruchsstimmung im Paris der dreißiger Jahre ist auch Césaires eigene Lage, das Gefühl der Vereinsamung, die erlebte Rassendiskriminierung und die Suche nach einem Lebenssinn für die Entstehung des *Cahiers* wichtig. Dies zeigt sich in den Bezügen auf seine Familie, auf seine eigene Geschichte und persönliche Erlebnisse, die durch ihre Prosaform und ihren direkten narrativen Charakter das eigentliche Gedicht unterbrechen, mit diesem aber als Ausgangspunkt von und Beispiel für seine Reflexionen verbunden bleiben. Der persönliche Bezug zeigt sich bereits im Titel, der »Reisenotizen« suggeriert; sie verweisen auf eine wenn auch kurze Ferienreise nach Martinique (1936), die allerdings nur noch als Ausgangspunkt der folgenden »inneren Reise« eine Rolle spielt: Der Dichter betrachtet am frühen Morgen seine Stadt (Fort-de-France auf Martinique), die ihm als »*inerte*« (»*unbeweglich*«) und »*plate*« (»*flach*«) – in einem doppelten Wortsinn – erscheint. Diese refrainartig wiederkehrende Bestimmung der eigenen Position und die Evozierung der Stadt, unterbrochen von Kindheitserlebnissen, wird bis zur Verzweiflung gesteigert: Stolz und erniedrigt, erfüllt von einem Scheinleben, stumm und laut zugleich wird die Stadt zu einem Symbol des eigenen Lebens, dem ebenso wie dieser der »*vrai cri*«, das heißt eine bedeutungsvolle und informierende Aussage fehlt. Das Schlüsselwort »*Partir*« leitet nun die Sinnsuche des Dichters ein, der die Welt neu (er)finden und mit einer neuen Sprache beschreiben muß. Damit gelangt er auch zu einer neuen, weiteren Heimat, die überall da zu finden ist, wo schwarze Menschen leiden und kämpfen. Sie ist der Ausgangspunkt für ein nun stolzes Bewußtsein einer eigenen Geschichte, die jedoch keine Geschichte einer rationalen Zivilisationsentwicklung ist: »*Eia pour ceux qui n'ont jamais rien inventé...*«. Die Akzeptierung der eigenen »wilden«, aber emotional-menschlichen Geschichte, die, anders als die Geschichte der Kolonialherren, nicht zerstörend

gewirkt hat, führt im weiteren zu einer neuen Zukunftsvision, die die ganze schwarze Rasse betrifft: Für sie gilt nicht das Bild des »guten«, das heißt dem Weißen unterworfenen und dienstbaren Negers, das an verschiedenen Beispielen ironisch evoziert wird, sondern das der Fischer von Martinique, die ohne große Kraftanstrengung, unter Ausnutzung der Wellen schließlich an Land gelangen: Nicht die der europäischen Zivilisation eigene Überwindung der Natur (und Geschichte) wird die Veränderung bringen, sondern der harmonische Einklang mit den natürlichen Kräften, den sich die schwarze Rasse bewahrt hat. Den Abschluß bilden die durch das Wort »debout!« charakterisierten Aufrufe an seine Landsleute, sich selbst und die eigene Kultur zu akzeptieren und den Dichter auf seiner Suche nach einer anderen Welt zu begleiten: »Et nous sommes debout, mon pays et moi...«.

Die Kritik an der europäischen Zivilisation, die Hervorhebung einer besonderen Naturverbundenheit und Emotionalität des schwarzen Menschen und die militante Forderung nach einer kulturellen und politischen Erneuerung sind charakteristische Topoi der Négritude, die auch in späteren Werken Césaires (namentlich dem dramatischen Versuch Et les chiens se taisaient und dem Aufsatz Discours sur le colonialisme) zu finden sind; sie verweisen aber auch in allgemeinerer Form auf die Kulturkrise und Zivilisationsangst der Zeit zwischen den Weltkriegen. Analogien zum Surrealismus, die die Surrealisten selbst später in dem Frühwerk Césaires gesehen haben, erklären sich auch durch diesen gemeinsamen Bezugspunkt. Über sie geht Césaire allerdings hinaus, indem er die individuelle mit der kollektiven Selbstbefreiung verbindet; das Cahier bietet damit eine für das Verständis der späteren Dramen wichtige Brücke zwischen der Rolle Césaires als Politiker und seinem Selbstverständnis als Dichter, dessen Aufgabe es ist, die kognitiv und sprachlich von den Weißen besetzte Welt zu verändern und neu zu erschaffen: »Je retrouverais le secret des grandes communications et des grandes combustions«. Das Bedürfnis, die »fremde« Sprache zu verlassen – eine Vorstellung, die später in vergleichbarer Form von seinen Landsleuten F. Fanon und E. Glissant wieder aufgegriffen wird – führt zu deren symbolistischer und metaphorischer Überhöhung, die streckenweise das Cahier einem unmittelbaren Verständnis entzieht, ohne deswegen gleich als »surrealistisch« gelten zu müssen. Sie hat Césaire verschiedentlich den Vorwurf eingetragen, daß er von denen gar nicht mehr verstanden werden kann, an die er sich eigentlich wendet. Dem steht allerdings entgegen, daß das Cahier nicht nur in Frankreich, sondern auch auf den Antillen und Afrika als »klassische« Schullektüre gilt, für die bereits eine ganze Reihe von speziellen Interpretationshilfen vorhanden ist. U.F.

Ausgaben: Paris 1939 (in Volontés, Aug. 1939). – Fort-de-France 1942 (in Tropiques, April 1942; Fragm.; Nachdr. Paris 1978). – Paris 1947, Hg. u. Vorw. A. Breton. – NY 1947. – Paris 1956 [def. Ausg.]. – Paris 1971 [nochmals veränd. Ausg.; frz.-engl.]. – Fort-de-France 1976 (in Œuvres complètes, Hg. J.-P. Césaire, 3 Bde., 1). – Paris 1983.

Übersetzung: Zurück ins Land der Geburt, J. Jahn, Ffm. 1962 [frz.-dt.]. – Dass., ders. Ffm. 1967 (BS).

Literatur: M. M. Ngalasso, Le vocabulaire du »Cahier d'un retour au pays natal« d'A. C.: évolution quantitative (in Cahiers de littératures et linguistique appliquées, Kinshasa 1972, Nr. 5/6, S. 36 bis 47). – P. S. Nichols, C.'s Native Land and the Third World (in TCL, 3, 1972, S. 157–166). – G. M. Spackey, Surrealism and Négritude in C.'s »Return to My Native Land« (in Joliso, 1973, Nr. 1, S. 45–63). – M. Condé, Négritude césairienne, négritude senghorienne (in RLC, 58, 1974, S. 409 bis 419). – Th. A. Hale, Structural Dynamics in a Third World Classics: A. C.'s »Cahier d'un retour au pays natal« (in YFS, 1976, Nr. 53, S. 163–174). – M. Condé, »Cahier d'un retour au pays natal«. Profil d'un œuvre, Paris 1978. – B. Z. Zaourou, C. entre deux cultures: problèmes théoriques de la littérature négro-africaine d'aujourd'hui, Dakar 1978. – R. Ménil, Le passage de la poésie à la philosophie (in Tracées: Identité, négritude, esthétique aux Antilles, Paris 1981, S. 78–89). – L. Kesteloot, Comprendre le »Cahier d'un retour au pays natal«, Paris 1982. – J. M. Dash, Le cri du Morne: La poétique du paysage césairien et la littérature antillaise (in Soleil éclaté, Hg. J. Leiner, Tübingen 1984, S. 101–110). – J. D. Erickson, Le »Cahier« d'A. C. et la subversion du discours magistral (ebd., S. 125–136). – L. Kesteloot, C. et Senghor. L'enfant pauvre et l'enfant riche ou la bouteille à moitié vide et le bouteille à moitié pleine (ebd., S. 249–256). – R. Mercier, Processus d'intériorisaton et procédés stylistiques dans les »Cahier d'un retour au pays natal« (ebd., S. 273–284). – L. Pestre de Almeida, Las versions successives du »Cahier d'un retour au pays natal« (in M. a. M. Ngal u. M. Steins, C. 70, Paris 1984, S. 35–90).

## DISCOURS SUR LE COLONIALISME

(frz.; Ü: Über den Kolonialismus) von Aimé Césaire (Martinique), erschienen 1950. – Über das im Titel genannte Thema greift Césaire weit hinaus. Er rechnet zunächst mit der europäischen Kolonialpolitik ab, indem er deren verwerfliche Ziele und Wirkungen darstellt, und versucht, seine Ausführungen durch zahlreiche Zitate aus Werken älterer und moderner Politiker und Schriftsteller, wie Hitler, Renan, Joseph de Maistre, Jules Romains und anderer mehr, zu stützen. Von hierher gelangt er zu einer heftigen Kritik des heutigen Europa, die er mit der Formulierung einiger Thesen zur geistigen und politischen Stellung der Kolonialvölker verbindet. Mit seinem Glauben an die Erneuerung der europäischen Kultur durch die unterdrückten Völker, besonders durch die schwarze Rasse, mit seinem Appell an die neu entstehenden

Gesellschaften, einander nach dem Vorbild der Sowjetunion gegenseitig Hilfe zu leisten unter Ausnutzung der technischen Möglichkeiten unseres Zeitalters, und mit seinem Haß gegen die Vereinigten Staaten von Amerika, die an Barbarei Europa noch überträfen, steht Césaire vielen neoafrikanischen Schriftstellern nahe (z. B. Jacques ROUMAIN, Étienne LERO, L. S. SENGHOR), in deren Lyrik und Prosa ähnliche Gedanken ihren Niederschlag gefunden haben. Die Form der Rede erlaubt es ihm allerdings, diese Frage direkter und unter Anwendung aller rhetorischen Hilfsmittel anzugehen: überspitzte Ausdrucksweise, knappste Sätze, Wiederholungen, Ausrufe und die sich ständig steigernde Ironie, mit der die Zitate kommentiert werden, rücken seine Formulierungen hart an die Grenze der Polemik. Das Mißverhältnis zwischen der Kürze des *Discours* (65 Buchseiten) und dem Umfang der angeschnittenen Probleme weist schon darauf hin, daß man keine das Thema erschöpfende, objektive Auseinandersetzung erwarten darf, obwohl Césaire durch genau belegte Zitate und Anmerkungen einen gewissen Anschein der Wissenschaftlichkeit zu wahren sucht. In seiner kunstvoll gesteigerten Eindringlichkeit ist der *Discours* ein Meisterwerk der Rhetorik. U.F.

AUSGABEN: Paris 1950. – Paris 1955. – Paris ⁶1973. – Fort-de-France 1976 (in *Œuvres complètes*, Hg. J.-P. Césaire, 3 Bde., 3).

ÜBERSETZUNG: *Über den Kolonialismus*, M. Kind, Bln. 1968.

LITERATUR: É. Glissant, *C. et la découverte du monde* (in Les Lettres Nouvelles, 4. 1. 1956, S. 44–54). – R. Abirached, *C.* (in R. A., *Écrivains d'aujourd'hui*, Paris 1960, S. 179–183).

## ET LES CHIENS SE TAISAIENT

(frz.; Ü: *Und die Hunde schwiegen*). Drama von Aimé CÉSAIRE (Martinique), erschienen 1946; deutschsprachige Erstaufführung: Basel, 16. 9. 1960, Stadttheater. – Die Tatsache, daß dieses Stück bislang nur wenige Male aufgeführt wurde, zeigt, daß das »Drama« – wie Césaire selbst vermerkt – als Lesestück konzipiert ist. Dementsprechend fehlt auch jede Unterteilung in Akte und Szenen; es gibt nur eine eigentlich handelnde Person, den Rebellen, der auf einer Antilleninsel im Gefängnis auf den Tod wartet. Seine Dialogpartner sind Visionen oder Stimmen, die eine Rückschau auf das Leben des Helden und eine Analyse seiner Lage in dramatischer Form ermöglichen. Dementsprechend werden sie auch nicht als Einzelpersonen kenntlich gemacht; entweder sind es Funktionsträger, die das Leben des Helden mitbestimmen (Administrator, Geliebte, Mutter, Erzbischof, Kerkermeister etc.), oder aber sie erfüllen Rollen innerhalb des dramaturgischen Aufbaus (Halbchor, Chor, Rezitator oder einfach nur ein »Echo« oder »Stimmen«). Letztere dramatische Elemente verweisen deutlich auf den Einfluß der klassischen griechischen Tragödie; namentlich die Dramen von AISCHYLOS (z. B. *Der gefesselte Prometheus*) sind als Vorbilder genannt worden. Von letzteren unterscheidet sich Césaires Werk dadurch, daß es eigentlich nicht spielbar ist; die deutsche Version mußte daher – mit Autorisierung Césaires – die innere Handlung, das heißt die Visionen des Rebellen, in eine äußere verwandeln.

Dem Drama kommt damit eine Zwischenstellung zwischen dem *Cahier d'un retour au pays natal* (1936) und den späteren Dramen zu, was auch der Entstehungszeit (1941) entspricht. Es ist ein erster Versuch der Dramatisierung einer Literatur, die Césaire als wesentliches Merkmal im antikolonialistischen Kampf sieht; inhaltlich, aber auch formal bieten sich allerdings mehr Analogien zum *Cahier*, in dem ebenfalls ein einsames »Ich« der einzige Akteur ist; alle anderen erwähnten Personen sind nur durch dieses und seine Entwicklung zu verstehen. Sie, aber auch der Held, werden bestimmt durch eine anonyme Macht, die wohl als Person benannt wird, jedoch nicht einmal als Sprecher auftaucht: »*l'architecte aux yeux bleus*«, das heißt der helläugige Erbauer der europäischen Zivilisation, die sich als ein gegen die Menschlichkeit gerichteter Akt der Vergewaltigung der Natur selbst erweist. Dieser der Zeit entsprechende zentrale Ort des zivilisationskritischen Aspekts, der später im *Discours sur le colonialisme* seinen deutlichsten Ausdruck gefunden hat, verweist ebenfalls auf das *Cahier* und damit auf die frühe Négritude-Bewegung. Auch formal und sprachlich steht das Drama dem *Cahier* nahe: Es ist wie dieses vor allem in freien Versen gefaßt und entzieht sich auch durch ausgeprägte Metaphorik einem Verständnis in der dramatischen Aufführung. Bemerkenswert ist allerdings der pessimistische Grundton des Dramas: Anders als im *Cahier* bringt der nahe Tod des Rebellen das Scheitern des antikolonialistischen Kampfes mit sich; auch die folgenden Dramen stehen stärker unter dem Eindruck der ab 1960 vollzogenen Entkolonialisierung der afrikanischen Staaten; es treten nun andere stärker historisch-kollektiv verstandene Probleme in den Vordergrund, die die dominierende Rolle des rebellierenden »Ich« der Frühphase im Werk Césaires aufheben. U.F.

AUSGABEN: Paris 1946 (in *Les armes miraculeuses*). – Paris 1956 [veränd. Fassg.; ern. 1974]. – Fort-de-France 1976 (in *Œuvres complètes*, Hg. J.-P. Césaire, 3 Bde., 3).

ÜBERSETZUNG: *Und die Hunde schwiegen*, J. Jahn, Emsdetten 1956.

LITERATUR: K. P. Hertzsch, *»Und die Hunde schwiegen«* (in Zeichen der Zeit, 16, 1962, S. 13–21). – R. E. Harris, *L'Humanisme dans le théâtre d'A. C.: étude de trois tragédies*, Ottawa 1973. – L. Pestre de Almeida, *Les deux textes de »Et les chiens se taisaient«* (in OCrit, 3/4, 1978/79,

S. 203–211). – J. Laplaine, *La dramaturgie d'A. C. entre la fureur et le discours* (in Regards sur le théâtre, Guadeloupe: C. A. R. E., 6, 1980, S. 115 bis 137). – F. I. Case, *Éléments de civilisation égyptienne, grecque et romaine dans »Et les chiens se taisaient«* (in *Soleil éclaté*, Hg. J. Leiner, Tübingen 1984, S. 69–80). – A. Moreau, *Eschyle et C.: Rencontres et influences dans »Et les chiens se taisaient«* (ebd., S. 285–302).

## UNE SAISON AU CONGO

(frz.; Ü: *Im Kongo. Ein Stück über Patrice Lumumba*). Drama von Aimé CÉSAIRE (Martinique), erschienen 1966, Uraufführung: Brüssel, März 1967. Wie bei anderen Werken Césaires weisen spätere Drucke zahlreiche Veränderungen auf. – Im Jahre 1960 sah sich die belgische Regierung durch andauernde Unruhen veranlaßt, ihren Kolonialbesitz am Kongo (heute Zaïre) überstürzt in die Unabhängigkeit zu entlassen. Die nur rudimentäre Entwicklung einer autochthonen Führerschicht, die Gegensätze zwischen den zahlreichen Ethnien und vor allem die Sezessionsbewegungen der reicheren Landesteile (vor allem der Minenregion Katanga unter Tshombé) führten rasch zu inneren Spannungen und Kämpfen, denen der erste Premierminister Patrice Lumumba zum Opfer fiel. Seine Bemühungen, eine starke Zentralgewalt herzustellen und zu erhalten sowie Verwaltung, Wirtschaft und Armee rasch mit einheimischen Kräften zu besetzen, führten zu Zwistigkeiten mit anderen Machtträgern (namentlich dem Oberst Mobutu, dem langjährigen späteren Machthaber Zaïres) und dem westlichen Ausland, das ihn der Zusammenarbeit mit der Sowjetunion beschuldigte. Mangels Unterstützung konnte Lumumba die Sezessionsbewegungen nicht bekämpfen. Seines Amtes beraubt, wurde er verhaftet, konnte sich aber dank seiner Popularität beim einfachen Volk noch einmal befreien, bevor er, erneut festgesetzt, in die abtrünnige Provinz Katanga verschleppt und dort im Januar 1961 mit einigen Getreuen ermordet wurde.

Césaires Drama macht Patrice Lumumba, der auch im westlichen Ausland als antikolonialistischer Kämpfer viele Sympathien genießt, zu einem tragischen Helden, der – in vielem dem haitianischen König Christophe des vorhergehenden Dramas (*La tragédie du roi Christophe*) vergleichbar – die Suche nach einer echten Unabhängigkeit mit seinem persönlichen Schicksal verbindet und daran scheitert. Die Literarisierung zeitgenössischer Ereignisse, die dem damaligen Publikum größtenteils bekannt waren, bringt allerdings besondere Schwierigkeiten, die Césaire dadurch löst, daß er detailgetreu dem historischen Ablauf folgt; auch die Personen selbst treten unter ihrem tatsächlichen Namen auf (Lumumba, der UNO-Generalsekretär Dag Hammarsjöld etc.) oder sind zumindest leicht zu identifizieren (Mobutu wird zu Mokutu, Tshombé zu Tzumbi, der belgische König Baudouin zu Basilio usw.). Rein erfunden sind lediglich Nebenfiguren, die entweder das Lumumbagetreue kongolesische Volk repräsentieren (z. B. die Kneipenwirtin Mama Makosi) oder die internationalen Kapitalinteressen darstellen, so z. B. die auch laut Regieanweisung als Karikaturen zu verstehenden Bankiers. Eine besondere Rolle nimmt der das ganze Stück hindurch gelegentlich auch unter Masken auftretende »*Joueur de Sanza*« ein: Mit Liedern und Sprichwörtern repräsentiert er die afrikanische Weisheit, mit der die Ereignisse in einer distanzierten und verfremdeten Form – Analogien zu BRECHT sind hierbei nicht zufällig – kommentiert werden; gleichzeitig erfüllt er damit auch Funktionen des Chors in der klassischen griechischen Tragödie. Das Zusammenspiel »wirklicher« und erfundener Personen ermöglicht Césaire eine bereits in *roi Christophe* erprobte Vielfalt in den dramatischen Mitteln und Sprachstilen, deren Abfolge das Stück in einer raschen Bewegung hält: Sentenzen, Umgangssprache, pathetische politische Reden, Monologe und Selbstgespräche, mit denen Hammarskjöld und der Staatspräsident Kala-Lubu (= Kasa-Vubu) ihr Handeln erklären. Selbst Werbesprache findet in das Stück Eingang, als Lumumba in der ersten Szene als Bierverkäufer auftritt und mit seiner marktschreierischen Rede dem Publikum in ironischer und – vergleichbar mit der Hahnenkampfszene des vorhergehenden Dramas – spielerischer Form Vorwissen über die zeitgeschichtlichen Ereignisse vermittelt.

Das Burleske dieser Szenen steht im Gegensatz zum tragischen Ablauf der Ereignisse, für den nicht nur die Figur Lumumbas steht. *Une saison au Congo* ist verschiedentlich als eine »Afrikanisierung« der *Tragédie du roi Christophe* bezeichnet worden; es ist aber auch nicht zu übersehen, daß das Tragische in beiden Dramen unterschiedlich begründet wird: Bei Lumumba ist es nicht so sehr durch die Ambivalenz des Helden selbst gegeben als durch den Zusammenstoß zwischen einer idealistischen Suche nach wahrer Unabhängigkeit und einer politischen Situation, die einerseits durch internationale Kapitalinteressen, zum anderen durch Uneinigkeit und Stammesbewußtsein bestimmt ist. Der Gegensatz zwischen wirklicher und möglicher Unabhängigkeit ist für sich tragisch; er bewirkt, wie sich z. B. an der zweiten Verhaftung Lumumbas (der keinen gewaltsamen Widerstand leisten will), an der Rolle Kala-Lubus und vor allem an dem naiven Neutralismus von Hammarskjöld zeigt, daß ein am abstrakten Idealismus orientiertes Handeln sich in sein Gegenteil verkehrt. Wie Mme Christophe gewinnt Lumumbas Frau Pauline eine besondere Bedeutung, da sie in ihrer pragmatischen Orientierung die Ereignisse richtig einzuschätzen vermag. Ihre Warnungen können aber ebensowenig ausrichten wie die Hilfe von Mama Makossi; der absolute Charakter von Lumumbas politischem Willen führt zwingend zu seiner Selbstopferung. In diesem Zusammenhang ist es ebenso widersinnig wie folgerichtig, daß Mokutu ihn nach seinem Tod zum Märtyrer und Nationalhelden erklärt – um anschließend, und dies ist das Ende des Dramas, auf die Menge schießen zu lassen. U.F.

AUSGABEN: Paris 1966; ³1973. – Fort-de-France 1976 (in *Œuvres complètes*, Hg. J.-P. Césaire, 3 Bde, 2). – Paris 1981.

ÜBERSETZUNG: *Im Kongo. Ein Stück über Patrice Lumumba*, M. Kind, Bln. 1966 [m. Essay v. J.-P. Sartre].

LITERATUR: F. Dutoit, *Quand le Congo ne sera qu'une saison que le sang assaisonne* (in Présence Africaine, 64, 1967, S. 138–145). – L. Pestre de Almeida, *Le bestiaire symbolique dans »Une saison au Congo«: analyse stylistique des images zoomorphes dans la pièce de Césaire* (in Présence Francophone, 13, 1967, S. 107–124). – R. E. Harris, *L'Humanisme dans le théâtre d'A. C.: étude de trois tragédies*, Ottawa 1973. – S. Ndombele, *Aspects de la politique africaine dans l'œuvre de C. »Une saison au Congo«*, Diss. Howard Univ. 1985 (vgl. Diss. Abstracts, 46, 1985/86, S. 3030A).

## UNE TEMPÊTE. D'après »La Tempête« de Shakespeare. Adaptation pour un théâtre nègre

(frz.; Ü: *Ein Sturm. Bearbeitung von Shakespeares »Der Sturm« für ein schwarzes Theater*). Drama von Aimé CÉSAIRE (Martinique), Uraufführung: Hammamet/Tunesien, Juli 1969, Theaterfestspiele. – So wie Césaire in seinen beiden vorhergehenden Dramen historische Stoffe relativ detailgetreu bearbeitet hatte, verwendet er in seinem letzten Drama eine literarische Vorlage, die er in ihrer äußeren Form erhält, jedoch geschickt so verändert, daß Shakespeares Drama einen vollständigen neuen, der Entkolonisierungsthematik der anderen Dramen entsprechenden Sinn erhält. Die Erhaltung der ursprünglichen Struktur des Dramas ergibt sich schon aus seiner Entstehungsgeschichte: Césaire wollte zunächst nur Shakespeares *Sturm* – ein Stück, dessen komisch-phantastische Handlung auf einer zeitgenössischen kolonialen Besitzung spielt – für die schwarze Theatergruppe seines Freundes Jean-Marie Serreau spielbar machen. In Césaires Version bleiben alle Personen des Shakespeareschen Dramas erhalten, doch gewinnen die einzelnen Handlungsstränge eine neue Bedeutung: Die Haupthandlung Shakespeares, in der der ungerechterweise enterbte und auf eine tropische Insel verbannte, zauberisch begabte Prospero mit Hilfe seines Windgeistes Ariel das Schiff seiner Widersacher in einem Sturm stranden läßt und damit die Wiedereinsetzung in seine Rechte als Herzog von Mailand erreicht, tritt nun in den Hintergrund. Eine neue Bedeutung gewinnt damit die ursprünglich burleske Auseinandersetzung von Caliban – nach Shakespeare *»a savage and deformed slave«* – mit seinem Herrn Prospero; sie wird ergänzt durch dessen Konflikt mit Ariel, der bei Césaire ebenfalls Sklave ist. In einem der Handlung vorgeschalteten Vorspiel verteilt ein Spielleiter Masken, mit denen in einer an BRECHT erinnernden verfremdenden Manier Caliban die Rolle des Schwarzen, Ariel hingegen die des Mulatten zugewiesen wird; »der« durch Zauberei hervorgerufene Sturm Shakespeares wird nun »ein« Sturm, das heißt ein Beispiel für die sich immer wiederholenden stürmischen Befreiungsbewegungen der schwarzen Menschen. Der neue Zeitbezug ergibt sich auch aus verschiedenen Äußerungen Calibans, der z. B. seinen kolonialen Namen – ein schon bei Kolumbus zu findendes Etymon zu »Kannibale« – zurückweist und sich, wie die Anhänger der amerikanischen Black-Power-Bewegung »X« nennt und dessen Schlachtruf das Kisuaheli-Wort »Uhuru« (Freiheit) ist. Césaires Veränderungen betreffen vor allem den Anfang des Dramas, in dem die neue Lesart eingeführt wird, und den Schluß: An die Stelle der Anerkennung Prosperos durch den dummen Sklaven tritt nun dessen endgültige Verweigerung des kolonialen Herrschaftsanspruchs. Im Mittelteil fällt vor allem die neue erste Szene des zweiten Akts auf, in der Caliban und Ariel ihre unterschiedlichen Befreiungsstrategien diskutieren: Letzterer erkennt die »Zivilisierungsbemühungen« Prosperos an und erhofft sich die Gewährung der Freiheit auf friedlichem Weg, das heißt durch Anpassung und Wohlverhalten. Caliban hingegen weigert sich, die Überlegenheit des Kolonialherrn anzuerkennen; in offenem Aufruhr setzt er der zauberischen Macht Prosperos die Fähigkeiten des *»dieu-diable nègre«* Eshu entgegen, der einzigen »Person«, die Césaire in Anlehnung an eine in den afroamerikanischen Kulten beheimatete »Trickster«-Vorstellung neu eingeführt hat. Das sich wandelnde Verhältnis von Prospero, Ariel und Caliban wird damit zu einer Parabel für die unterschiedlichen Konzepte der politischen und kulturellen Befreiungsbewegungen der dritten Welt; die Namen dieser Protagonisten werden daher auch in wissenschaftlichen Diskussionen immer wieder als Kürzel für diese verschiedenen Perspektiven verwandt. U.F.

AUSGABEN: Paris 1967; ³1973. – Fort-de-France 1976 (in *Œuvres complètes*, Hg. J.-P. Césaire, 3 Bde, 2). – Paris 1980. – Paris 1985.

ÜBERSETZUNG: *Ein Sturm. Bearbeitung von Shakespeares »Der Sturm« für ein schwarzes Theater*, M. Kind, Bln. 1970.

LITERATUR: G. Durozoi, *De Shakespeare à A. C.: notes sur une adaptation* (in L'Afrique littéraire et artistique, 9, 1969, S. 9–15). – M. Piemme, *Shakespeare et C.: d'une tempête à l'autre* (in La Revue Nouvelle, 26, 1970, S. 295–302). – R. Bonneau, *Comparaison entre »La tempête« de W. Shakespeare et »Une tempête« d'A. C.* (in Annales de l'Univ. d'Abidjan, Ser. D, 4, 1971, S. 31–119). – R. Richard, *C. et Shakespeare: »Une Tempête« de C. et »La tempête de Shakespeare* (in Actes du colloque sur le théâtre négro-africaine, Paris 1971, S. 122–134). – M. a. M. Ngal, *A. C.: de Shakespeare au drame des*

*Nègres* (in *Tendences actuelles de la littérature africaine d'expression française*, Bd. 4, Kinshasa 1972, S. 51–61). – Th. A. Hale, *Sur »Une tempête« d'A. C.* (in 6, 1973, S. 21–34). – B. Croneberger, *»Macbeth« von Eugène Ionesco u. »Une tempête« von A. C. Studien zur Shakespeare-Rezeption in der frz. sprachigen Bühnendichtung.*, Diss. Saarbrücken 1976. – L. Pestre de Almeida, *Le jeu du monde dans »Une tempête«* (in RLC, 51, 1977, S. 139–152). – Dies., *Un puzzle poétique: introduction à une analyse des jeux de langage dans »Une tempête« de C.* (in Présence Francophone, 14, 1977, S. 155–170). – A. J. Arnold, *C. et Shakespeare: Two Tempest* (in CL, 30, 1978, S. 236–248). – F. Gewecke, *Ariel versus Caliban? Lateinamerikanische Identitätssuche zwischen regressiver Utopie u. emanzipatorischer Rebellion* (in *Der karibische Raum zwischen Selbst- u. Fremdbestimmung*, Hg. R. Sander, Ffm. u. a. 1984, S. 161 bis 188).

## LA TRAGÉDIE DU ROI CHRISTOPHE

(frz.; Ü: *Die Tragödie von König Christoph*). Drama von Aimé CÉSAIRE (Martinique), Uraufführung: Paris 1962. – Hatte Césaires erstes Theaterstück, *Et les chiens se taisaient* (entstanden 1941), die Entkolonialisierung zum Gegenstand, so ist im *König Christoph* dieser Prozeß zu Beginn des Stücks bereits abgeschlossen. Der erste Akt zeigt die Teilung Haitis, die Krönung König Christophs, eines ehemaligen Sklaven und später erfolgreichen Generals im Befreiungskampf gegen die Franzosen, den Kampf gegen die Republik im Süden der Insel, den Versuch des staatlichen Aufbaus und der Konsolidierung im Norden des Landes. Im zweiten Akt behandelt Césaire die vielfältigen Probleme des jungen Staates, denen Christoph durch die auf Spitzelwesen und Willkür bauende Gewaltherrschaft zu begegnen sucht. Der Schlußakt sieht den Zusammenbruch des Königreichs: Der gelähmte Christoph kann seine Soldaten auch durch Landzuteilung nicht davon abhalten, zu den Republikanern überzulaufen, und stirbt schließlich.

Als Frantz FANON in *Les damnés de la terre* (1961) von der revolutionären Gewalt nicht nur die Befreiung, sondern die »Schöpfung neuer Menschen« erhoffte, konnte er ausdrücklich Bezug nehmen auf *Et les chiens se taisaient*. In seiner zweiten Tragödie dagegen läßt Césaire seinen König Christoph sagen, man brauche etwas, »was dieses Volk nötigenfalls mit Gewalt dazu bringt, neu geboren zu werden und sich selbst zu übertreffen« (I, 1). Der Geburt des neuen Menschen aus der gewalttätigen Anstrengung der Dekolonisation selbst ist Césaire sich nicht mehr sicher. – Im Stück fordert deshalb Christoph (I, 7): Weil sie der schlimmsten Unterdrückung – »Deportation, Sklavenhandel, Sklaverei« ausgesetzt gewesen seien, »müssen wir von den Negern mehr verlangen als von den anderen: mehr Arbeit, mehr Glaube, mehr Enthusiasmus«. Die ungeheure Kraftanstrengung des Baus einer gewaltigen Zitadelle auf einem unwegsamen hohen Berg soll das Volk dazu zwingen, sich von seiner Lethargie zu befreien. Die Gefahr der Einmischung einer fremden Macht (Frankreich) in die inneren Angelegenheiten Haitis treibt Christoph zur Eile: »*Die Tigerkatze lauert im Gebüsch ... der Menschenjäger auf dem Anstand mit seinem Gewehr, seinem Netz, seinem Maulkorb. Die Falle ist gestellt ... und mein Volk tanzt*« (I, 7). – Um das Volk zusammenzuschweißen, setzt der König bewußt auf den äußeren Glanz des Staates. Im Gegensatz zu dem politisch motivierten Aufwand, den Christoph treibt, steht der Regierungsstil seines Gegners Pétion. Die Auseinandersetzungen im Parlament des Südstaates (II, 6) bleiben Schattengefechte zwischen Regierung und Opposition, die sich in selbstgefälligem Stolz und im bloßen Postulieren einer »nationalen Einmütigkeit« erschöpfen. – Doch Christophs Politik scheitert. Die Bauern werden bald unzufrieden und sehnen das Leben unter den Kolonialherren wieder herbei. Sie leiden unter der Gewaltsamkeit des Aufbaus und fühlen im neuen System nur den alten Druck. Ihr Rückfall in Lethargie und Geisterglauben macht sie von neuem zu bewußtlosen Sklaven. Schließlich greift die Regression auch auf Christoph selbst über. Während einer Messe, die von einem Spanier zelebriert wird, erscheint ihm der Geist des von ihm umgebrachten ehemaligen Bischofs seines Staats. Als Christoph gelähmt hinstürzt, bricht es aus ihm heraus: »*Donner! Wer hat mir den Bakulu Baka angehext?*« (III, 2).

Sein Tod vollzieht sich als ritueller afrikanischer Königsmord. Bevor Christoph stirbt, ruft er die Götter des Wodu-Kultes an, wendet sich ab von seinen früheren Idealen und kehrt – wie seine Untertanen – zu seinen afrikanischen Ursprüngen zurück: »*Götter Afrikas, / Meine Loas! / Band gebündelten Blutes / abobo / Afrika, Hort meiner Kräfte / abobo.*«

Der Aufbau des Stücks in drei Akte knüpft an die Tradition der europäischen Tragödie an. Die Sprache ist dem Surrealismus und Expressionismus verpflichtet, greift aber weit über alle Vorbilder hinaus. Sie artikuliert den ekstatischen Aufschrei der Gequälten und zeigt, daß der Kolonialismus nur erlitten, nicht aber rational überwunden ist. R.Os.

AUSGABEN: Paris 1963; ern. 1972. – Paris 1970.

ÜBERSETZUNG: *Die Tragödie von König Christoph*, J. Jahn (in Theater heute, 1964, H. 10, S. 55–68).

LITERATUR: F. Mégret, *Avec »La tragédie du roi Christophe« C. a écrit le premier drame de la décolonisation* (in FL, 16. 9. 1965, S. 3). – J. Ormond, *Héros de l'impossible et de l'absolu* (in Les Temps Modernes, 23, 1967/68, S. 1049–1073). – J. Silenieks, *Deux pièces antillaises: Du témoignage local vers une tragédie moderne* (in KRQ, 15, 1968, S. 245–254). – G. Ngal, *Le théâtre de C. Une dramaturgie de la décolonisation* (in RSH, 35, 1970, S. 613–636). – J. v. Stackelberg, *Zum französischen Theater der Gegenwart. »La tragédie du roi Christophe« von C. als Beispiel einer neuen Thematik* (in Neuspachl. Mitt.,

23, 1970, S. 214–223). – R. Cohn, *Black Power on Stage: Emperor Jones and King Christophe* (in YFS, 46, 1971, S. 41–47). – W. Pabst, *A. C.* (in *Das moderne frz. Drama. Interpretationen*, Hg. ders., Bln. 1971, S. 298–315). – R. E. Harris, *L'Humanisme dans le théâtre d'A. C.: étude de trois tragédies*, Ottawa 1973. – M. Laroche, »*La tragédie du roi Christophe« du point de vue de l'histoire d'Haïti* (in Et. litt, 6, 1973, S. 35–47). – F. I. Case, *Sanga Oba Ko So: Les Vodoun dans »La tragédie du roi Christophe«* (in Cahiers Césairiens, 2, 1975, S. 9–24). – L. P. de Almeida, *Rire haïtien, rire africain. Le comique de »La tragédie du roi Christophe«* (in Présence Francophone, 10, 1975, S. 59–71). – R. Ménil, *Le romanesque et le réalisme dans »La tragédie du roi Christophe«* (in *Tracées: Identité, négritude, esthétique aux Antilles*, Paris 1981, S. 178–184). – R. Antoine, *Transe et régence dans »La tragédie du roi Christophe«* (in *Soleil éclaté* Hg. J. Leiner, Tübingen 1984, S. 13–26). – A. J. Arnold, *D'Haïti à l'Afrique. »La tragédie du roi Christophe« de C.* (in RLC, 60, 1986, S. 133–148). – H. Hawkins, *C.'s Lesson About Decolonization in »La tragédie du roi Christophe«* (in CLA, 30, 1986, S. 144–153).

## AUGUST CESAREC

\* 4.12.1893 Zagreb
† 17.7.1941 bei Zagreb

LITERATUR ZUM AUTOR:
L. Žimbrek, *Književna ostavština A. C.* (in Republika, 1953, 12). – M. Franičević, *A. C.* (ebd., 1962, 1). – M. Selimović, *A. C.* (in Život, 1964, Nr. 3). – V. Zaninović, *A. C. I (Život i rad)*, Zagreb 1964. – M. Krleža, *A. C.* (in Forum, 1965, 4). – V. Zaninović, *A. C.*, Belgrad 1966. – Z. Stipetić, *Argumenti za revoluciju – A. C.*, Zagreb 1982.

### CAREVA KRALJEVINA. Roman o nama kakvi smo bili

(kroat.; *Des Kaisers Königreich. Ein Roman über uns, wie wir waren*). Roman von August CESAREC, erschienen 1925. – Der Roman ist Zeugnis der expressionistischen Schaffensperiode des Autors, der mit Miroslav KRLEŽA zu den bedeutendsten sozial engagierten Autoren der kroatischen Literatur zwischen den Weltkriegen zählt. Das Werk stellt den Versuch einer kritischen Bewältigung der Geschichte des Landes von der Jahrhundertwende bis zum Ende des Ersten Weltkriegs dar, als das kroatische Königreich noch zur Donaumonarchie gehörte.
Die Handlung vollzieht sich im Verlauf eines einzigen Tages des Jahres 1912 im Zagreber Untersuchungsgefängnis, das als Symbol des unterdrückten Königreichs Kroatien dient. Die handelnden Personen sind repräsentative Gestalten der zeitgenössischen kroatischen Gesellschaft: idealistische, aber labile Adelige, käufliche Politiker und Journalisten, rebellierende Studenten, Spekulanten und Betrüger. Am Beispiel des Adeligen Marko Petković, den betrügerische Machenschaften seines Schwagers ins Untersuchungsgefängnis gebracht haben, wird gezeigt, daß es für einen aufrichtigen Charakter unmöglich ist, in der herrschenden Gefängnisatmosphäre zu überleben. Auf der Seite Petkovićs steht allein der Student Jurišić, der als Mitwisser eines Attentatsversuches auf den kaiserlichen Kommissar verhaftet wurde. Ihnen steht eine Reihe Krimineller gegenüber, die wegen einer Betrugsaffäre um einen Sterbeverein ins Gefängnis kamen. Die gegenseitigen Mord-, Erpressungs- und Einschüchterungsversuche dieser Gestalten, deren Schilderung einen Großteil des Romans einnimmt, spiegeln die innere Zerrüttung der kroatischen Gesellschaft. Das Königreich befindet sich im Jahre 1912 auf dem Höhepunkt einer Krise, verursacht durch die Bevormundung des Landes durch Wien und Budapest, durch die offene Magyarisierung, durch manipulierte Wahlen, die jahrelange Ausschaltung der Volksvertretung und die Käuflichkeit vieler kroatischer Politiker. Wenngleich nicht das meistgelesene Werk des Autors, bleibt der Roman ein überzeugendes gesellschaftskritisches Dokument und ein Versuch der Bewältigung der wenig ruhmreichen Geschichte Kroatiens vor dem Ersten Weltkrieg. B.P.

AUSGABEN: Zagreb 1925. – Zagreb 1946 (in *Izabrana dela*, Hg. L. Žimbrek, 10 Bde., 1). – Belgrad 1964 (in *Izabrana dela*, 2 Bde., 1). – Zagreb 1972 (in *Dela*, 18 Bde., 9).

LITERATUR: I. Nevistić, *Uz roman »Careva kraljevina«* (in Novosti, 1925, 325). – Ders., Rez. (in Vijenac, 6, 1926, Nr. 3). – D. Bublić, Rez. (in Jutarnji list, 1925). – L. Žimbrek, Rez. (in Savremennik, 1926, 3-4, S. 118–123). – A. Barac, Rez. (in Jugoslovenska njiva, 3, 1926, S. 105/106). – V. Zaninović, *Društvena pozadina Cesarčeva romana »Careva kraljevina«* (in Vijesnik, 1955). – I. Frangeš, *Cesarčeva »Careva kraljevina«* (in Forum, 1965, 4, S. 527–535).

## DOBRIŠA CESARIĆ

\* 10.1.1902 Slavonska Požega
† 18.12.1980 Zagreb

### OSVIJETLJENI PUT

(kroat.; *Ü: Der erleuchtete Weg*). Gedichtsammlung von Dobriša CESARIĆ, erschienen 1953. – Cesarić, dessen erste Gedichte 1923 in den Zeitschriften ›Savremenik‹ und ›Ozon‹ gedruckt wurden, veröffentlichte seine Verse mehrmals in den einzelnen Editionen jeweils ergänzt durch neu hinzukommene Gedichte. *Osvijetljeni put*, in der Thematik an die Schlichtheit eines allgemein erfaßbaren Empfindens und Erlebens gebunden, ist die Rückschau einer Dichterpersönlichkeit und ermöglicht deshalb eine Beurteilung der Kunst Cesarićs allgemein. Insgesamt behandelt Cesarić nur einige wenige Motive wie Natur, Liebe, Tod, Unglück, das Verhältnis Welt – Mensch sowie die Dichotomie Mensch – Dichter. Von einer humanistischen Einstellung zeugt sein sozialer Protest *(Die Eisenbahner; Leichenkammer der Ärmsten; Vorstadtballade)*, sein Verständnis für verfehltes Leben *(Der Tote; Der Leiermann; Gedicht über eine Kurtisane)*. Menschlichkeit atmen seine Naturschilderungen *(Die Wolke; Obstbaum nach dem Regen)* und vor allem seine pessimistischen Herbststimmungen *(Der Herbst; Herbstgedicht; Herbstmorgen; Herbstmittag; Leise, ganz leise spricht der Herbst zu mir)*. Der menschliche Schmerz wird in jenen Gedichten sublimiert, in denen über die Widersprüchlichkeiten des Lebens die dichterische Emphase triumphiert, die Erkenntnis, daß der schöpferische Akt des Dichtens jenes Element ist, das Tradition und Zukunft miteinander verknüpft *(Gedicht des toten Dichters; Der Wasserfall; Der Trompetenbläser von der Seine; Shelley; Dem Gedenken Sergej Esenins; Die Maurer; Auf zu neuer Fahrt)*. Dadurch fügt sich Cesarićs jeglicher modernistischer Exhibition fremde Lyrik in die große Linie der europäischen Tradition ein, in der die Zeit des romantischen *poeta vates* zwar vorüber ist, der Dichter jedoch als Auserwählter begriffen wird, der den »erleuchteten Weg« des Künstlers zwar schmerzlich, aber selbstbewußt beschreitet und den Lesern seine »*lichtvollen Augenblicke*« – wie es in einem Gedicht heißt – darbietet.

In formaler Hinsicht ist Cesarić von Anfang an der gebundenen, geschlossenen Form treu, und der große Erfolg beim Lesepublikum läßt sich vor allem aus der Nachprüfbarkeit der Form erklären, deren erste Schicht auch den weniger erfahrenen Leser anspricht, während die zweite, tiefere, von der Fähigkeit zeugt, Gedanken und Eindrücke zu suggestiven Bildern zu verdichten. Die das Buch abschließenden Prosagedichte besitzen nicht die Intensität der gebundenen Verse – ein weiterer Beweis dafür, daß die Einfachheit der Dichtung Cesarićs im besten Sinne dieses Wortes nur eine scheinbare ist. Seine Lyrik – der Dichter ist auch als Übersetzer deutscher und russischer Literatur hervorgetreten (GOETHE, HEINE, RILKE, KLEIST, PUŠKIN, LERMONTOV, KRYLOV, ESENIN) – ist mit den Werken der klassischen Epoche der russischen Dichtung verwandt, findet jedoch ihr Maß in der heimischen Tradition Kroatiens, wobei vor allem die Dichtkunst Vladimir VIDRIĆS (1875–1909) zu erwähnen ist. Für seine Gedichtsammlung *Osvijetljeni put* erhielt Cesarić den Preis des jugoslavischen Schriftstellerverbandes. I.Fr.

AUSGABEN: Zagreb 1953. – Zagreb 1976 (in *Pjesme. Memoarska proza*, Hg. M. Franičević; Pet stoljeća hrvatske književnosti, Bd. 113).

ÜBERSETZUNG: *Der erleuchtete Weg*, H. Gottschalk, Karlsruhe 1956.

LITERATUR: J. Kaštelan, *Doživljaj i riječ* (in Republica, 1953, Nr. 4). – V. Setschkareff, *Die Lyrik D. C.s* (In ZslPh, Bd. 25, 1956, S. 285–304). – S. Raičković, *Pred lirikom D. C.* (in Letopis Matice srpske, 1975, H. 3). – M. Franičević, *D. C.* (in D. C., *Pjesme. Memoarska proza*, Zagreb 1976, S. 3–33; m. Bibliogr.). – N. Mihanović, *Struktura varijanata u Cesarićevoj lirici* (in Mogućnosti, 1979, Nr. 5). – V. Brešić, *D. C.*, Zagreb 1984.

## GILBERT CESBRON

\* 13.1.1913 Paris
† 12.8.1979 Paris

LITERATUR ZUM AUTOR:
M. Barlow, *G. C. Témoin de la tendresse de Dieu*, Paris 1965. – M. Detry, *Profil perdu. Un autre regard sur l'œuvre de G. C.*, Paris 1978.

## CHIENS PERDUS SANS COLLIER

(frz.; Ü: *Wie verlorene Hunde*). Roman von Gilbert CESBRON, erschienen 1954. – In seinen Romanen behandelte der Autor immer wieder sozialkritische Probleme, die er von einem christlich-humanistischen Standpunkt aus beleuchtete. So verarbeitete er in *Les saints vont en enfer*, 1952 *(Die Heiligen gehen in die Hölle)*, das Thema der Arbeiterpriester; in *Il est plus tard que tu ne penses*, 1958 *(Es ist später als du denkst)*, geht es um das Problem der Euthanasie, und *Entre chiens et loups*, 1962 *(Im Zwielicht)*, behandelt den Algerienkrieg. In *Chiens perdus sans collier* widmete sich Cesbron, der mit dem Stück *Il est minuit docteur Schweitzer*, 1949 *(Es ist Mitternacht, Dr. Schweitzer)*, auch als Dramatiker erfolgreich wurde, dem Thema der Jugendverwahrlosung und Heimerziehung.

Das Pflegekind Robert Alain, das in zartem Alter von unbekannten Eltern ausgesetzt wurde, ist in Paris mit dem sich aufopfernden, aber verständnislosen Leiter eines Jugendamtes unterwegs zur Jugendfürsorge, als ihnen in den Straßen der Stadt ein herrenloser, altersschwacher Hund begegnet. Ein Polizist will ihn einfangen, doch das Tier entkommt dadurch, daß sich ihm ein anderer »Hund ohne Halsband« zugesellt und ihm den Weg in die Sicherheit weist. Auf ähnliche Weise wird Robert Alain einer Gemeinschaft von Schicksalsgenossen zugeführt. Da sich in seiner Personalakte sehr widerspruchsvolle Beurteilungen und Stellungnahmen angesammelt haben, muß er zunächst umfangreiche medizinische und psychologische Untersuchungen über sich ergehen lassen, durch die der Grund für seinen Ungehorsam und seine Auflehnung gegen seine verschiedenen Pflegeeltern ermittelt werden soll. Schließlich wird er in einem Heim in Terneray untergebracht, in dem er mit anderen Kindern, die sein Los teilen, lernt, ohne elterliche Fürsorge zu leben. Eines Tages erhält er einen Brief und glaubt, er sei von seinen Eltern, während in Wirklichkeit seine ehemaligen Pflegeeltern ihm ihren baldigen Besuch ankündigen. Als er seinen Irrtum erkennt, bricht er bewußtlos zusammen. Um seine leiblichen Eltern zu suchen, verläßt er Terneray, gerät in die Gesellschaft von Prostituierten und lernt verstehen, was es heißt, ein unerwünschtes Kind zu sein. Zugleich aber findet er in der Heiligen Jungfrau eine Schutzherrin gegen das Böse, und sein Abscheu vor seiner Umwelt treibt ihn nach Terneray zurück. Der Jugendrichter Lamy schenkt dem elfjährigen Flüchtling sein Vertrauen und hilft ihm damit, in das Leben im Heim zurückzufinden. Doch als die junge Erzieherin Françoise, die Robert Alain mit rührender Anhänglichkeit liebt, Terneray verläßt, um zu heiraten, und gleichzeitig sein bester Freund Marc in den Verdacht gerät, einen Einbruch begangen zu haben, scheint für ihn nichts mehr Bestand zu haben, und er läuft in einer Winternacht abermals davon. Zufällig findet ihn Lamy und kann ihn von Marcs Unschuld überzeugen; für Robert geht das Leben weiter, ohne Eltern, aber doch mit Menschen, die ihn lieben und in deren Augen sein Dasein einen Sinn hat.

Das Schicksal der Pflegekinder und Heimzöglinge liegt dem sozialkritischen und christlich engagierten Autor besonders am Herzen. Die realistisch-detaillierte Darstellung des Lebens im Heim wechselt mit sentimental überzeichneter Anklage. Die Gestalten erinnern in ihrer gradlinigen Verkörperung des Guten oder des Bösen an Personen aus Jugend- und Abenteuerromanen, wobei die alles ertragende Güte und Duldsamkeit der Erzieher und Jugendrichter psychologisch oft unglaubwürdig erscheint. Daher erweckt der Roman stellenweise den Eindruck einer wirklichkeitsfremden Bemühtheit.

M. Schö.-KLL

AUSGABEN: Paris 1954. – Paris 1962. – Paris 1967. – Paris 1981.

ÜBERSETZUNG: *Wie verlorene Hunde*, H. Großrieder, Heidelberg 1954.

VERFILMUNG: Frankreich 1955 (Regie: J. Delannoy).

LITERATUR: L. Barjon, *Jeunes romanciers chrétiens: P.-A. Lesort, L. Estang, G. C., J. Cayrol* (in Études, 283, 1954, S. 302–319; 284, 1955, S. 50–64). – R. H. Holmes, *La France souffrante. Les saints vont en enfer, »Chiens perdus sans collier«* (in Modern Languages, 38, 1957, S. 18–22).

## ALBA DE CÉSPEDES

\* 11.3.1911 Rom

LITERATUR ZUR AUTORIN:
M. Colasante, *A. de C.* (in M. C., *Uomini e tempi*, Florenz 1957). – P. Pancrazi, *A. de C.* (in P. P., *Italiani e stranieri*, Mailand 1957). – M. Grégoire, *A. de C. ou Le mal d'être femme* (in Esprit, 27, 1959, S. 584–595). – M. A. Parsani, *Femminile a confronto*, Manduria 1984. – S. Petrignani, *Le signore della scrittura*, Mailand 1984.

### DALLA PARTE DI LEI

(ital.; *Ü: Alexandra*). Roman von Alba de CÉSPEDES, erschienen 1949. – Die in der Ich-Form erzählte Lebensgeschichte des Mädchens Alessandra spiegelt die Veränderungen weiblicher Lebensbedingungen in der Zeitspanne vor und nach dem Zweiten Weltkrieg. Die Kindheit Alessandras wird geprägt von ihrer Mutter Nora, einer Pianistin, die Alessandra in eine von Musik und Literatur bestimmte Welt einführt, die dem von kleinbürgerlichen Normen geprägten Alltag des Vaters unversöhnlich gegenübersteht. Bereits in den Gestalten von Vater und Mutter werden die männliche und die weibliche Welt als unvereinbare Gegensätze erlebt. In der grauen römischen Wohnsiedlung entsteht in den Jahren vor dem Krieg eine Gemeinschaft von Frauen, in der die Ehemänner auf den Status von lediglich geduldeten Untermietern reduziert werden. Eine von Noras Klavierschülerinnen ist die völlig unbegabte Tochter einer reichen englischen Familie, die aus Liebe zu ihrem musizierenden Bruder Hervey Klavier spielen lernt. Bei einem von der Familie Pierce organisierten Konzert, bei dem Nora und Hervey gemeinsam spielen, entwickelt sich zwischen ihnen spontan eine heftige und auf starker Affinität beruhende Beziehung, so daß Nora danach ihren Mann bittet, sie freizugeben. Als er sich weigert, begeht sie Selbstmord in dem Fluß, in dem auch ihr erster Sohn den Tod fand.

Nach dem tragischen Tod ihrer Mutter lebt Alessandra bei der Familie des Vaters in den Abruzzen. Erlebt sie sich in der neuen Umgebung zuerst als Außenseiterin, so erkennt sie nach und nach die Ähnlichkeit mit der Großmutter, die sich in der bäuerlichen Großfamilie ihre Eigenständigkeit bewahren konnte. Der Versuch der Großmutter, die Alessandras in übergroßer Sensibilität begründete Gefährdung erkennt, deren Leben durch eine Verlobung in traditionelle Bahnen zu lenken, scheitert. Trotz aller Widerstände legt Alessandra in der Stadt die Reifeprüfung ab und kehrt bei Ausbruch des Krieges nach Rom zurück, um den erblindenden Vater zu unterstützen. Im Zwiespalt zwischen dem Wunsch, den von der Mutter vermittelten Bildungsanspruch einzulösen, und der Notwendigkeit, für ihren und ihres Vaters Lebensunterhalt sorgen zu müssen, schreibt sie sich an der Universität ein und arbeitet gleichzeitig in einem Büro. Als sie den Dozenten Francesco Millini kennenlernt, erlebt sie die Liebesgeschichte mit dem Gleichgesinnten als Verwirklichung ihrer Vorstellung von der romantischen, alles bestimmenden Liebe. Diese Illusion wird jedoch durch Francescos Bekenntnis, der antifaschistischen Widerstandsbewegung anzugehören, jäh zerstört. Zur Angst vor der realen Gefahr kommt die Erkenntnis, daß Francesco zu jenen Unzufriedenen gehört, für die es auch in der Liebe kein Glück geben wird. Mit diesem »Wissen« erlebt sie sich und Francesco nun nicht mehr als Liebespaar, sondern sieht sich mit ihm in einer Art Leidensgenossenschaft verbunden. Die Beziehung der beiden ändert sich noch tiefgreifender nach der Heirat, die verbunden ist mit der unweigerlichen Anpassung an die herrschenden gesellschaftlichen Normen. Nach dem Sturz Mussolinis, den Alessandra als »Verstummen der arroganten Stimme« im Radio schildert, und der Besetzung Roms durch die deutschen Truppen muß Francesco als Widerstandskämpfer um sein Leben fürchten und in den Untergrund gehen. Seiner politischen Arbeit steht Alessandra zunehmend verständnislos gegenüber.

Nicht aus eigener politischer Überzeugung, sondern um an Francescos Leben teilzunehmen, schließt sie sich der Gruppe der Widerstandskämpfer an und arbeitet mit Francescos Freund Tommaso zusammen, der sie verehrt und umwirbt. In dieser Situation, da sie sich innerlich immer weiter von Francesco entfernt, nimmt sie die Werbung Tommasos an, ohne den Ehebruch zu vollziehen. Nach dem Krieg kehrt Francesco als Held zurück, für den jede private Beziehung an Bedeutung verloren zu haben scheint. Dem romantischen Liebesbegriff Alessandras kann die Realität nun immer weniger standhalten. Als Francesco sich vermehrt seinen Parteiaktivitäten widmet und kein Dialog mehr zustande kommt, erschießt sie ihn eines Nachts im Schlaf verzweifelt mit jener Pistole, die sie von ihm während des Krieges zu ihrem Schutz erhalten hatte. Erst jetzt, am Ende des Romans, erfährt der Leser, wie es dazu gekommen ist, daß die Erzählerin damit begonnen hat, ihr Schicksal aufzuzeichnen: Im Gefängnis, zu lebenslanger Haft verurteilt, schrieb Alessandra die Geschichte ihres Lebens nieder, um ihre Tat zu erklären. Von allen verlassen, war die Großmutter die einzige, die beim Prozeß zu ihren Gunsten ausgesagt hatte. Im Gefängnis findet sie ihre innere Ruhe, spricht mit der Traumgestalt Francesco und schaut, wie in ihrer Kindheit, in Erwartung der Liebe aus dem Fenster der Zelle.

In den – wenn auch zum Teil insistent überzeichneten – Gefühlsbeschreibungen erscheint ein exaktes Bild von der unterschiedlichen Art, in der Frauen und Männer die Außenwelt erleben: Alba de Céspedes erweist sich darin als Vorläuferin einer Analyse, die in expliziter Form erst von den Exponentinnen der Frauenliteratur Ende der sechziger Jahre geleistet wurde. In der Gestalt der Mutter mit ihrem Bildungsanspruch auf der einen Seite und in der noch geltenden Beschränkung der Frau während des Faschismus und der Kriegszeit, als Frauenarbeit bereits notwendig, aber noch nicht gesellschaftlich anerkannt war, auf der anderen, beschreibt *Dalla parte di lei* gesellschaftliche Normen und deren historisch und sozial bedingte Aufhebung. D.De.

AUSGABEN: Mailand 1949; ²1953. – Mailand 1964. – Mailand 1976.

ÜBERSETZUNG: *Alexandra*, L. Loos, Köln 1950.

LITERATUR: A. Galletti, »*Dalla parte di lei*« (in *Storia letteraria d'Italia, Il Novecento*, Mailand 1967). – P. Pancrazi, »*Dalla parte di lei*« (in P. P., *Ragguagli di Parnaso. Dal Carducci agli scrittori d'oggi*, Bd. 3, Mailand 1967, S. 512–516).

## NESSUNO TORNA INDIETRO

(ital.; *Ü: Der Ruf ans andere Ufer*). Roman von Alba de CÉSPEDES, erschienen 1938. – Ihren Sensationserfolg – der Roman wurde in fast alle Weltsprachen übersetzt – verdankt die Diplomatentochter Céspedes wohl vor allem der Tatsache, daß es ihr gelungen ist, jene Frauen anzusprechen, die sich nie ganz von den Emotionen ihrer frühen Träume und dem Zauber der ersten Liebe lösen können. Ausgehend von einem Wort MAETERLINCKS, daß wir »niemals den kleinen Kreis der Erleuchtung« überschreiten können, »den das Schicksal um unsere Schritte zieht«, wird von den Schülerinnen eines katholischen Internats in Rom erzählt. Eine überschwengliche Freundschaft verbindet die Mädchen Emanuela, Silvia, Xenia, Milly, Anna und die schöne Andalusierin Vinca. Sie wissen, daß diese Studienjahre noch nicht das eigentliche Leben sind, und begierig lauschen sie auf den »Ruf ans andere Ufer«, dessen Konturen sich hinter vagen Vorstellungen abzeichnen. Für jede der Wartenden endet die Jugendliebe enttäuschend, wenn nicht tragisch; nur die aus Apulien stammende Gutsbesitzerstochter Anna heiratet den Spielgefährten unbeschwerter Kindertage. Allmählich verlieren die Mädchen einander aus den Augen, immer mehr verblaßt die Erinnerung an die gemeinsam verbrachten Jahre, in denen sie noch nicht ahnen konnten, wie kompliziert und bedrückend die damals erträumte Wirklichkeit sein würde. Viele Straßen gibt es, und »*jeder glaubt die rechte zu wählen; er geht und geht, und nach einer kleinen Weile merkt er, daß er sich geirrt hat*«. Kein Schritt führt zurück in die unbeschwerte Illusion der Jugend. (*Niemand kehrt zurück* heißt die wörtliche Übersetzung des Titels.)

Durch Aussparen naheliegender Klischees gelang der Autorin der große psychologische Frauenroman, in dem episodische Einzelschicksale miteinander verflochten sind, ohne daß dabei, wie etwa in

Mary MCCARTHYS *The Group (Die Clique)*, sozialkritisches Engagement demonstriert wird. Der romantische Hintergrund Roms, die melancholischen Farben der Ewigen Stadt und die in ihr überall anzutreffende Gegenwart des Vergänglichen entsprechen den geschilderten Frauenschicksalen, die eine so intensiv erlebte wie erlittene Wirklichkeit bezeugen. M.St.C.

AUSGABEN: Mailand 1938. – Mailand 1961. – Mailand 1966 (in *Opere*, Bd. 5).

ÜBERSETZUNG: *Der Ruf ans andere Ufer*, H. Floerke, Lpzg. o. J. [1940]. – Dass., ders., Reinbek 1966 (rororo).

VERFILMUNG: Italien 1943 (Regie: A. Blasetti).

LITERATUR: E. Cecchi, *A. de C.* (in Europeo, 23. 10. 1949). – G. Gennari, *Madame Bovary aux Abruzzes* (in RDM, Jan./Febr. 1958, S. 676–686).

## QUADERNO PROIBITO

(ital.; *Ü: Das verbotene Tagebuch*, auch *Allein in einem Haus*). Roman von Alba de CÉSPEDES, erschienen 1952. – Die dreiundvierzigjährige Valeria arbeitet in einem Büro; Michele, ihr Mann, ist ein kleiner Bankangestellter, und Riccardo und Mirella, die beiden Kinder, sind dem Elternhaus entwachsen und studieren. Jeden Abend vertraut Valeria ihrem Tagebuch an, was sich tagsüber ereignet hat: meist belanglose Vorkommnisse, die freilich, assoziiert, ein bürgerliches Familiendrama enthüllen. Denn Valerias Mann kommt im Beruf nicht voran (und was für ein Held war er einst in ihren Augen); Riccardo muß wegen des Kindes, das er gezeugt hat, das Studium abbrechen und überstürzt heiraten (von welcher stolzen Karriere hatte die Mutter, als Riccardo damals in der Wiege lag, geträumt); Mirella hat ein Verhältnis mit einem verheirateten Mann (und was für »Partien« hatte man früher für sie ins Auge gefaßt). Trotzdem ist Valeria nicht vom Leben enttäuscht; sie erkennt, daß es keinem gegeben ist, die ihm gezogenen Grenzen zu überschreiten. Auch selber kann sie nicht über ihren Schatten springen: Als ihr Chef ihre heimliche Zuneigung erwidert und sie zu einer gemeinsamen Reise nach Venedig einlädt, scheinen sich alle geheimen Wünsche einer Frau wie Valeria zu erfüllen. Doch es gibt für sie keine Reise nach Venedig; sie weiß, wohin sie gehört, wo man sie braucht und wo es letztlich für sie das einzige Glück geben kann. Mit ihrem Tagebuch vernichtet sie ihre verbotenen Wünsche, und zugleich vollzieht sie den entscheidenden Schritt in die Freiheit ihrer eigenen Wirklichkeit.

Motivlich knüpft dieser Erfolgsroman an *Nessuno torna indietro*, 1938 *(Der Ruf ans andere Ufer)*, an. Hier wie dort bekennt sich die Autorin, die in Rom geborene Tochter eines angesehenen kubanischen Staatsmannes, zu einem unkomplizierten Moralkodex, in dem es keine Paragraphen für Selbständigkeit um jeden Preis oder weinerliche Selbstbemitleidung gibt. So sagt dieser Roman ein entschiedenes Ja zu der ihre sozialen Probleme bewältigenden Frau. Die Autorin hat ihre psychologisches Fingerspitzengefühl bezeugenden Gedanken in eine disziplinierte, dabei völlig ungezwungene Sprache gefaßt, die nicht minder anspricht als der Inhalt ihres »verbotenen Tagebuchs«. M.St.C.

AUSGABE: Mailand 1952.

ÜBERSETZUNGEN: *Das verbotene Tagebuch*, P. Eckstein, Köln o. J. [1955]. – *Allein in einem Haus*, ders., Zürich/Köln 1973. – *Allein in diesem Haus*, ders., Bergisch Gladbach 1976.

---

## AUGUSTO CÉSPEDES

* 6.2.1904 Cochabamba

### EL METAL DEL DIABLO

(span.; *Ü: Teufelsmetall*). Roman von Augusto CÉSPEDES (Bolivien), erschienen 1946. – Der Titel dieses Bergwerksromans bezieht sich auf das Zinn, das die Wirtschaft und damit die sozialen Auseinandersetzungen Boliviens beherrscht und deshalb zu einem Hauptthema der neueren und neuesten erzählenden Literatur des Landes geworden ist. Allerdings überwiegt in den einschlägigen Werken von Autoren wie O. CERRUTO, N. TABOADA TERÁN, F. RAMÍREZ VALVERDE, A. GUILLÉN PINTO und R. LEITÓN die politische Tendenz den künstlerischen, oft auch den dokumentarischen Wert. Von diesem Grundübel der »engagierten« Literatur in ganz Hispanoamerika ist auch Céspedes, der als Politiker in der proindianischen Partei MNR (Movimiento Nacional Revolucionario) aktiv war, nicht frei, doch steht sein Roman an technischem Können, sprachlicher Gediegenheit und dokumentarischer Verläßlichkeit über dem Durchschnittsniveau der Tendenzliteratur. Das Werk, das die Tätigkeit der Zinnmagnaten und das Schicksal der vorwiegend aus Indianern bestehenden Arbeiterschaft beschreibt, ist ein Schlüsselroman, obgleich sein Verfasser dies bestreitet. Hinter der *»Dreieinigkeit, die das bolivianische Volks aussaugt«* verbergen sich unverkennbar die Zinnkönige Simon J. Patiño, V. Aramayo und M. Hochschild. Der erste, der jahrzehntelang das wirtschaftliche und politische Leben des Landes bestimmte, indem er Minister, Richter und Abgeordnete bestach, Zeitungen aufkaufte und die Regierungen zu Werkzeugen seiner eigenen geschäftlichen Interessen erniedrigte, heißt im Roman Zenón Osmonte und ist karikierend in greller Schwarzweißmalerei dargestellt. Wirklichkeitsgetreuer und glaubwürdiger ist die

Darstellung des nationalen Dramas, das sich im Schatten des sogenannten *patiñismo* abspielt: Die Ausbeutung des Menschen durch den Menschen, die Macht des Geldes, der Druck der wirtschaftlichen Interessen, der durch rücksichtslose Versklavung der Arbeitermassen Exportziffern und Dividenden in die Höhe treibt, während die Forderungen der Ausgebeuteten nach menschenwürdigen Lebens- und Arbeitsbedingungen mit Hilfe des Militärs blutig unterdrückt werden.

Céspedes' Erzählkunst bewährt sich vor allem in einzelnen Episoden und Bildern, in denen bestimmte Aspekte der bolivianischen Wirklichkeit sichtbar werden. In Szenen von filmischer Bewegtheit illustriert er Leben und Mentalität der verschiedenen Gesellschaftsschichten, die Arbeit im Bergwerk, den Weg des Teufelsmetalls von den Minen zu den Weltmärkten. Vor allem auch wegen seiner differenzierten Sprache, eindringlich in der Anklage, dramatisch erregt im Dialog, reich an eindrucksvollen Metaphern, wurde der Roman bei seinem Erscheinen von der Kritik enthusiastisch gefeiert. A.F.R.

AUSGABEN: La Paz 1946. – Buenos Aires 1960. – Buenos Aires 1974. – La Paz 1974.

ÜBERSETZUNG: *Teufelsmetall*, A. M. Brock, Zürich 1982 (Nachw. O. Zambrano).

LITERATUR: F. Díez de Medina, *Literatura boliviana*, Madrid 1954, S. 160–164. – A. Guzmán, *La novela en Bolivia*, La Paz 1955. – G. Bellini, *La protesta nel romanzo ispanoamericano del novecento*, Mailand 1957. – J. Siles Salinas, *La literatura boliviana de la Guerra del Chaco*, La Paz 1969. – C. Teixeira de Oliveira Zokner, *C. e Roa Bastos, Duas Visões da Guerra do Chaco: Unidade* (in Revista Letras, 21/22, Curitiba 1973/74, S. 89–96). – H.-O. Dill, *Eldorado. Zur Entwicklung der lateinamerikanischen Bergarbeiterliteratur* (in *Sieben Aufsätze zur lateinamerikanischen Literatur*, Bln./Weimar 1975). – R. Daus, *A. C.* (in Eitel, S. 91–107). – R. Prada Oropeza, *La literatura política de A. C.* (in Texto Crítico, 12, 1979, S. 185–213).

## GONZALO DE CESPEDES Y MENESES

\* 1585 Madrid
† 1638

**POEMA TRÁGICO DEL ESPAÑOL GERARDO Y DESENGAÑO DEL AMOR LASCIVO**

(span.; *Tragische Dichtung von dem Spanier Gerardo und Entzauberung der unkeuschen Liebe*). Roman von Gonzalo de CÉSPEDES Y MENESES, erschienen in zwei Teilen 1615–1617. – »Tragische Dichtung« nennt Céspedes y Meneses in barocker Übertreibung recht anmaßend seinen Prosaroman, der ein Liebesroman der »byzantinischen Gattung« (vgl. Lope de VEGA, *El peregrino en su patria*, 1604) mit phantasievollen Motiven ist. Das Werk erzählt in lockerer Folge und unterbrochen durch Geschichten anderer Personen die Liebesabenteuer des Spaniers Gerardo, eine lange Kette von ineinander verschlungenen Affären aller Art, stürmischen und zarten, von dramatischen Eifersuchtsszenen und verwickelten Intrigen, darunter schaurige Geschichten wie die der Nonne Camila, die der Teufel in dem Augenblick holt, als sie auf dem Weg zum Liebesstelldichein ihre Klosterzelle verläßt, oder die spaßige Geschichte Don Martíns, der unfreiwillig den Platz an der Seite der ahnungslosen Gattin seinem Nebenbuhler überläßt – im ganzen ein düsterer Reigen, da die meisten Geschichten tragisch enden, so daß man Gerardo versteht, wenn er sich schließlich, von der Liebe enttäuscht, in die Einsamkeit zurückzieht. Im einzelnen ist das Werk nicht ohne Reiz. Eigene Erlebnisse des Autors sind darin eingegangen, manches entspringt unmittelbarer Beobachtung und verrät Sinn für psychologische Motivierung und individualisierende Charakterzeichnung. Gerardo als leichtsinniger, stets scheiternder Liebhaber ist ebenso eine klar umrissene Gestalt wie jede der zahlreichen Frauen, die seinen Weg kreuzen. In dem Gefühlsüberschwang der Personen und in der Wahl der Szenerie – für rauhe Gebirgslandschaften zeigt er eine besondere Vorliebe – erscheint Céspedes als ein Vorläufer der Romantik, die ja manche Züge des Barock aufgegriffen und weiterentwickelt hat. Aber das alles wird übersteigert durch den äußerst gekünstelten, mit rhetorischen Wendungen und metaphorischen Figuren aufgedonnerten Stil. Die Beschreibung eines Kusses mag eine Vorstellung von der schwerfällig-prunkvollen Sprache dieses Dichters vermitteln: »Ich vereinigte mein Antlitz mit dem Schnee und Karmin ihres Angesichts und pflückte genießerisch die süßen Blumen ihres hehren Mundes.« A.F.R.

AUSGABEN: Madrid 1615 [Tl. 1]. – Madrid 1617 [Tl. 2]. – Barcelona 1618 [Tl. 1 u. 2]. – Madrid 1851, Hg. u. Einl. C. Rosell (BAE).

BEARBEITUNG: M. León de Berlanga, *Gerardo y Jacinta* [auch u. d. T. *Amor y traición*], Barcelona 1851.

LITERATUR: L. Pfandl, *Geschichte der spanischen Nationalliteratur in ihrer Blütezeit*, Freiburg i. B. 1929, S. 260–262. – J. A. Bourne, *The Life and Works of G. de C. y M.*, Diss. Cambridge 1937. – P. N. Dunn, *Castillo Solórzano and the Decline of the Spanish Novel*, Oxford 1952. – M. Nichols, *A Study in the Golden Age*, Wellesley 1952. – *Historia general de las literaturas hispánicas*, Bd. 3, Barcelona 1953, S. LVIII. – J. L. Mayordomo Dolz, *Vida y obra de G. de C. y M.*, Diss. Madrid 1960. – O. Pujol

Faja, *Vida y obra de G. de C. y M.*, Diss. Barcelona 1962. – R. T. Martin, *A Critical Introduction to the Digges' Translation of »Poema trágico del español Gerardo y desengaño del amor lascivo«*, Diss. Wayne State Univ. 1973.

## MARC CHAGALL

\* 7.7.1887 Liosno bei Witebsk / Weißrußland
† 28.3.1985 Saint-Paul-de-Vence

**MA VIE**

(frz.; Ü: *Mein Leben*). Autobiographische Aufzeichnungen von Marc CHAGALL, 1921/22 in russischer Sprache verfaßt, erschienen 1931 in französischer Übersetzung. – Aus der Flut literarischer Selbstzeugnisse von Malern, die das 20. Jh. gebracht hat, ragt der autobiographische Bericht, den Chagall mit knapp 35 Jahren in Moskau niedergeschrieben hat, durch eine poetische Unbefangenheit hervor, die seinem künstlerischen Werk entspricht. *»Diese Seiten haben dieselbe Bedeutung wie eine bemalte Leinwand«*, sagt er in einem kurzen Nachwort, das mit den Worten endet: *»... vielleicht wird mich Europa lieben und mit ihm mein Rußland.«* Beide Sätze bezeichnen exakt Motivation und Inhalt dieses Rückblicks auf einen Lebensabschnitt, der dem Verfasser damals als gut die Hälfte seines bislang entbehrungs- und enttäuschungsvollen Daseins erscheinen sein mag; der Chagall dieses Buchs weiß noch nichts von Ruhm und Erfolg, die ihm bereits in jenen Jahren im Westen Europas zuwachsen. So wird *Ma vie* von vielen zu Unrecht als eine »Frühschrift« gewertet, die wenig mit dem »eigentlichen«, nämlich berühmten Chagall zu tun habe; dieser Trugschluß wird auch dadurch gefördert, daß dem Autor nichts ferner liegt als eine Präzisierung kunsttheoretischer Standpunkte (auf die sich Chagall auch später nie eingelassen hat), die das interessierte Publikum – verwöhnt durch so gezielte Festlegungen wie die Programmschrift *Über das Geistige in der Kunst* (1912) von Chagalls Landsmann Wassily KANDINSKY oder die *Tagebücher* (1957) des Schweizers Paul KLEE – zu erwarten scheint, wenn Künstler über sich selbst schreiben. Es gibt indessen keinen *künstlerischen* Unterschied zwischen dem Chagall von *Ma vie* und dem späteren; seine teils traurige, teils verspielte, stets skurrile Bildwelt, die Erinnerungen, Träume und Phantasien eines das Irrationale suchenden Menschen ausformt, führt von Anfang an in eine nur scheinbar zeitlose Wunder- und Märchenwelt, die sich – trotz himmelwärts aufschwebender Liebespaare – wie selbstverständlich neben der Welt der Naturgesetze und der Ratio behauptet, ohne einen definierten Widerspruch zu letzterer zu konstruieren, wie das Surrealismus und phantastischer Realismus unternehmen. Insofern ist *Ma vie*, trotz der »poetischen Unverbindlichkeit«, der Schlüssel zur ganzen Malerei Chagalls geblieben.

In einem durch kurze Sätze und sparsame Dialoge bisweilen zum Stakkato treibenden Erzählstil schildert Chagall seine Kindheits- und Jugendjahre in Witebsk, die Kunstschulzeit in St. Petersburg und die ersten Pariser Jahre, die Rückkehr vor Ausbruch des Ersten Weltkriegs und schließlich seine Erfahrungen mit der russischen Revolution. Als er aufwuchs, zählte Witebsk knapp 50 000 Einwohner, davon waren die Hälfte Juden, im zaristischen Rußland Bürger zweiter Klasse. Eben diese Atmosphäre des russischen Provinzjudentums, das im Grunde heimatlos, weil isoliert und unverstanden geblieben war und um so mehr seine eigenen Traditionen und den Zusammenhalt im Familiären suchte, erfüllt die zuweilen drastischen Episoden um Eltern, die acht Geschwister, Stadt und Schule. Einer nahezu mystischen Schicksalsgläubigkeit – selbst der Ausbruch von Kinderkrankheiten wird durch Träume der Mutter angezeigt – entspricht angesichts der bald als dumpf und bedrängend empfundenen Lebensverhältnisse eine durchgehende Skepsis, die während des ersten, in bitterer Armut verbrachten Paris-Aufenthalts (1910 bis 1914) noch gesteigert wird und in Lebensangst zu enden droht, obwohl diese Pariser Jahre starke künstlerische Anregungen durch den Kubismus und prägende Freundschaften bringen (u. a. Blaise CENDRARS, Guillaume APOLLINAIRE, André SALMON und Max JACOB). Wieder in der Heimat, erlebt Chagall die letzten, unsicheren Jahre des Zarenreichs und die rote Revolution, die ihn zunächst – wie viele andere Modernisten – in Amt und Pflicht nimmt, zuerst als Kunstkommissar und Kunstschuldirektor im Rayon Witebsk, dann, als er schon in der Gunst der Funktionäre gesunken war, als Lehrer in einer Besprisorni-Kolonie (Kriegswaisenlager) bei Moskau. So endet der Bericht mit den Enttäuschungen und Nöten der ersten Hunger- und Bürgerkriegsjahre des jungen Sowjetstaats und im Gefühl künstlerischer Frustration: Das geliebte Rußland liebt den eigenwilligen Maler nicht. Aber der Resignation halten Dulderkraft und Hoffnung die Waage, zumal aus Berlin die Nachricht von einer erfolgreichen Ausstellung (veranstaltet von Herwarth Walden) kommt. Der zuversichtliche Schlußsatz des Lebensberichts – *»Ich bin sicher, daß Rembrandt mich liebt«* – deutet den Entschluß zur endgültigen Auswanderung an. Die seelische Melodik der russischen Heimat, die darin eingebettete alttestamentarische Glaubenswelt ihres Judentums und dessen faszinierende Menschentypen bestimmten auch weiterhin die bildnerische Vorstellungskraft Chagalls und begründeten seine einzigartige Position in der modernen Malerei; eine Position, die er ohne Schulzusammenhang und ohne kongeniale Nachfolge zeitlebens behauptet hat. Doch hat Chagall auf andere Weise Schule gemacht – durch die poetische Freiheit einer vor ihm ungekannten Bildwelt, die der

Malerei half, sich eine neue Dimension des Empfindens und Erlebens zu erschließen. Entsprechende Impulse wurden zuerst im deutschen Expressionismus wirksam, danach im jüngeren Surrealismus.

In Deutschland erschien auch jene Folge von 20 Radierungen zum Thema *Mein Leben* (Berlin 1923, bei Paul Cassirer), die ursprünglich für eine damals geplante, aber nicht zustande gekommene Erstveröffentlichung der Autobiographie in deutscher Sprache gedacht waren. Die erste Buchausgabe erschien dann in Paris 1931, eine französische Übersetzung durch Chagalls Frau Bella. Ein Neudruck dieser Ausgabe (Paris 1957) wurde die Grundlage der 1959 erschienenen deutschen Fassung, die von Chagall revidiert und stellenweise gegenüber der französischen Vorlage abgeändert wurde. K.F.

AUSGABEN: Paris 1931. – Paris 1957. – Poitiers 1970. – Paris 1983.

ÜBERSETZUNG: *Mein Leben*, L. Klünner, Stg. 1959.

LITERATUR: R. Maritain, *C. ou L'orage enchanté*, Paris 1948; ern. 1965, S. 145 ff. – Ch. Estienne, *C.*, Paris 1951. – J. Kloomok, *M. C., His Life and Work*, NY 1951. – W. Erben, *M. C.*, Mchn. 1957. – J. Lassaigne, *C.*, Paris 1957. – F. Meyer, *M. C. Leben und Werk*, Köln 1961. – J. Cassou, *C.*, Paris 1966 (dt.: *C.*, Mchn./Zürich 1966; m. Bibliogr.). – J.-P. Crespelle, *C., l'amour, le rêve et la vie*, Paris 1969 (dt.: *M. C.*, Hbg. 1970). – H. Keller, *M. C., Leben und Werk*, Köln 1974. – A. Pieyre de Mandiargues, *C.*, Paris 1975. – S. Alexander, *M. C. A Biography*, NY 1978 (dt. *M. C.*, Mchn. 1984). – *M. C.*, Hg. W. Schmalenbach u. C. Sorlier, Ffm. u. a. 1979.

## NIKOLAJ ALEKSANDROV CHAJTOV

\* 15.9.1919 Javorovo

LITERATUR ZUM AUTOR:
S. Velikov, *Sresti i razgovori s N. Ch.* (in Septemvri, 1969, 8). – S. Dimitrova, *Rasskazy N. Ch.* (in Inostrannaja literatura, 1969, 1). – V. Svintila, *N. Ch. kato kraeved* (in Septemvri, 29, 1976, 12, S. 185–195). – D. Velikov, *V bezkrajnija svjat na čoveka. 60 g. ot roždenieto na N. Ch.* (in Lit. Misäl, 1979, 10, S. 21–32). – E. Luther, *N. Ch.* (in *Literatur Bulgariens 1944 bis 1980. Einzeldarstellungen*, Bln. 1981, S. 445–455, 584–586). – V. Černokožev, *Ch.* (in *Rečnik na bălgarskata literatura*, Bd. 3, Sofia 1982, S. 519–522). – N. Ch., *Za tvorčestvoto*, Varna 1982 [Interview m. N. Ch.].

## DUŠATA NA LESA

(bulg.; *Die Seele des Waldes*). Erzählungen von Nikolaj CHAJTOV, erschienen 1965. – Ähnlich den anderen Werken Chajtovs (vgl. *Divi razkazi*, 1967 – *Wilde Geschichten*, und *Priključenija v gorata*, 1970 – *Abenteuer im Wald*) liegen den Skizzen in *Dušata na lesa* persönliche Erlebnisse des Autors mit Mensch und Natur der Rhodopen, jenes in weiten Teilen noch unberührten Gebirges in Südbulgarien, zugrunde. Von besonderer literarischer Aussagekraft sind die Geschichten, die sich mit der »Seele« des Waldes und einzelner Bäume befassen. Der Dichter hat menschliche Eigenschaften und Formen menschlichen Zusammenlebens mit all seinen Konflikten auf die Bäume übertragen. Dabei nimmt er sich nicht der imposanten, edlen und gesunden Stämme an, sondern der »häßlichen«, »krummen« und »einsamen« Kiefer oder der »vernachlässigten«, aber »furchtlosen« Hainbuche, die ein kärgliches und anspruchsloses »Leben« führt, das vom Existenzkampf mit den Naturgewalten und den Menschen geprägt ist. In den Jahreszeiten, unter denen der Winter besonders gefürchtet ist, spiegelt sich der »Lebenslauf« der Bäume wider. In einfacher Sprache, in die Dialektausdrücke einfließen, werden Lebensumstände und psychische Entwicklungen häufig lyrisch skizziert.

Chajtov begann erst spät mit dem Schreiben. Nach dem Studium der Forstwirtschaft arbeitete er jahrelang als Forstingenieur in verschiedenen Forstämtern in den Rhodopen. Seinen auf diese Weise erworbenen Kenntnissen verdankt er den Ruf eines ausgezeichneten Naturschilderers. Einfach und mühelos erzählt er von der Abgeschiedenheit, in der er seinen Beruf ausübt und erzeugt damit bei den Lesern seiner Geschichten, die in einer zivilisierten hektischen Welt leben, trotz der realistischen Erzählweise eine romantische Stimmung. Die Erzählungen und Skizzen Chajtovs, der als Erzähler völlig hinter seinen Schilderungen zurücktritt, sind in der bulgarischen Literatur einzigartig; vergleichen läßt sich seine Prosa am ehesten noch mit den Erzählungen Emilijan STANEVS. Sind es bei Chajtov Bäume, Wälder und Berge, deren Existenz beobachtet und nacherzählt wird, so wird bei Stanev das Leben der Tiere des Waldes in allen Einzelheiten wiedergegeben.

Die Thematik, der Chajtov stets treu geblieben ist, macht ihn zu einem genuin bulgarischen Schriftsteller. Mit einer Reihe von Ortschroniken und Biographien hat er einen bleibenden Beitrag zur literarischen Aufarbeitung von Geschichte, Volk und Heimat ohne nostalgische Schwärmerei geleistet. D.Ku.

AUSGABEN: Sofia 1965; ern. Plovdiv 1981 (in *Šumki ot gabăr*). – Plovdiv 1971. – Sofia 1984 (in *Razkazi i eseta*).

LITERATUR: E. Karanfilov, *Dušata na Rodopa* (in Plamăk, 1967, 1, S. 52–67). – S. Sultanov, *Misli za poetikata na N. C.* (in Plamăk, 1971, 10, S. 72–80).

## LAONIKOS CHALKOKONDYLES

auch Chalkokandyles oder Chalkondyles
* um 1423 Athen
† um 1490

### APODEIXEIS HISTORIŌN

(griech.-byzant.; *Darstellung der Geschichte*). Unvollendetes Geschichtswerk in zehn Büchern von Laonikos CHALKOKONDYLES, das die Zeit von 1298–1463 behandelt, entstanden vermutlich nach 1470. – Im Mittelpunkt der Schrift von Chalkokondyles, der in seiner Jugend am Hofe von Mistra entscheidend von dem Philosophen Georgios PLETHON geprägt wurde, steht der unaufhaltsame Siegeszug der Türken in Kleinasien und auf der Balkanhalbinsel sowie der Kampf der Byzantiner (›Hellenen‹) gegen die islamische ›Barbaren‹. In der Einleitung greift die Darstellung weit zurück, hat aber hier keinen selbständigen Wert. Für die Geschichte des 14. und 15. Jh.s bietet Chalkokondyles jedoch interessantes und anderwärts vielfach fehlendes Material. Erstaunlich ist der weite Gesichtskreis des Autors. So beschäftigt sich z. B. ein Exkurs mit dem hundertjährigen Englisch-Französischen Krieg. Und über das Schicksal der Jungfrau von Orleans ist der Verfasser nicht weniger informiert als über die Geschichte der italienischen Fürstenhäuser. Besonderes Interesse verdient sein Bericht über das Konzil von Ferrara-Florenz. Demgegenüber werden andere wichtige Ereignisse von ihm vernachlässigt oder überhaupt nicht erwähnt, eine Akzentuierung, die auf das sehr unterschiedliche Quellenmaterial zurückzuführen ist, das Chalkokondyles zur Verfügung stand. Erhebliche Schwierigkeiten bereitet die chronologische Unzuverlässigkeit des Werks. Literarische Vorbilder sind HERODOT und THUKYDIDES; der Stil des Herodot wird dabei oft derart sklavisch nachgeahmt, daß das Verständnis mancher Zusammenhänge darunter leidet. P.W.

AUSGABEN: Bonn 1843, Hg. I. Bekker (im *Bonner Corpus*). – Budapest 1922–1927 (in E. Darkó, *Laonici Chalcocandylae historiarum demonstrationes*, 2 Bde.).

ÜBERSETZUNG: *Aus dem Geschichtswerk des L. Ch.*, F. Grabler (in *Byzant. Geschichtsschreiber*, Hg. E. v. Ivánka, II, 1954, S. 11–97).

LITERATUR: J. Darkó, *Z. Charakteristik d. geschichtsschreiberischen Individualität des L. Ch.*, Budapest 1907. – W. Miller, *The Last Athenian Historian: L. Ch.* (in Journal of Hellenic Studies, 42, 1922, S. 36–49). – E. Darkó, *Zum Leben des L. Ch.* (in ByZ, 24, 1923/24, S. 29–39). – Ders., *Neue Beiträge zur Biographie des L. Ch.* (ebd., 27, 1927, S. 276–285). – E. Ivánka, *Der Fall Konstantinopels u. das byzantinische Geschichtsdenken* (in Jb. d. Österr. Byz. Gesellschaft, 3, 1954, S. 19–34). – H. Ditten, *Bemerkungen zu L. Ch.' Deutschland-Exkurs* (in Byz. Forschungen, 1, 1966, S. 49–75). – Ders., *Der Rußland-Exkurs des L. Ch., interpretiert u. mit Erläuterungen versehen*, Bln. 1968.– A. Wifstrand, *L. Ch., der letzte Athener*, Lund 1972. – S. Vryonis Jr., *Laonicus Chalcocondyles and the Ottoman Budget* (in International Journal of Middle East Studies, 7, 1976, S. 423–432). – D. Hunger, *Die hochsprachliche profane Literatur der Byzantiner*, Bd. 1, Mchn. 1978, S. 485–490. – J. Karaynnopulos u. G. Weiß, *Quellenkunde zur Geschichte von Byzanz (324–1453)*, Wiesbaden 1982. – A. Kazhdan, Art. *L. Ch.* (in LM, 2, Sp. 1655/1656).

## JÁN CHALUPKA

* 28.10.1791 Horná Mičiná
† 15.7.1871 Brenzo

LITERATUR ZUM AUTOR:
J. Ďurovič, *Tvorba Jána a Sama Ch.*, Turč. Sv. Martin 1947. – A. Mráz, *J. Ch. a jeho donquijotiáda* (in J. Ch., *Bendeguz, Gyula Kolompos a Pišta Kurtaforint*, Preßburg 1953, S. 7–22). – J. Noskovič, *J. Ch., tvorca slovenskej veselohry*, Preßburg 1955. – J. V. Ormis, *Deutsche Erfahrungen des slowakischen Dichters J. Ch.* (in WZJena, 7, 1957/58, S. 449–457). – R. Brtáň, *Postavy slovenskej literatúry*, Preßburg 1971, S. 208–221. – *J. Ch. 1871–1971. Zborník materiálov z vedeckej konferencie v dňoch 16. a 17. apríla 1971 v Brezne*, Hg. L. Bartko, Martin 1973. – J. V. Ormis, *O reč a národ*, Preßburg 1973. – Z. Rampák, *Slovenskí klasickí dramatici 19. storočia a inonárodné dráma*, Preßburg 1975, S. 13–67. – Ders., *Dráma, divadlo, spoločnosť*, Preßburg 1976, S. 11–54.

### KOCOURKOVO anebo: Jen abychom v hanbě nezůstali

(slovak.; *Krähwinkel oder Daß wir nur nicht in der Schmach verbleiben*). Komödie in drei Aufzügen von Ján CHALUPKA, erschienen 1830. – In der slovakischen Literatur spielt dieses Erstlings- und Meisterwerk des »slovakischen Voltaire« (Kopitar) dieselbe Rolle wie FONVIZINS *Nedorosl'*, 1782 *(Der Landjunker)*, in der russischen, KOTLJAREVS'KYJS *Natalka Poltavka* (1838) in der ukrainischen oder TYLS *Fidlovačka* (1834) in der benachbarten tschechischen Literatur, nämlich die Rolle einer Nationalkomödie, die zum ersten Mal die Besinnung auf die kulturelle Eigenständigkeit anregte. Wie in den genannten Werken ist auch hier eines der Hauptmotive die Fremdtümelei, die zum Spott herausfordert und das entscheidende komische Element liefert. Ihr Repräsentant ist der Schuster János Tesnošil, der auf seinen Wanderjahren einige Brocken Ungarisch aufgelesen hat und sich daher für einen der Gebildeten Krähwinkels hält. Er und seine Frau Madlena haben mit ihrer Tochter Anička »Höheres« im Sinn, wollen sie – damit setzt das Stück ein – an den künftigen Lehrer verheiraten, gleichviel, wer den Posten erhält. Denn als nicht der Nachbarssohn Martin, sondern der Ortsfremde Sloboda gewählt wird, planen sie mühelos um. Es geht ihnen nur darum, daß Anička »*ohne zu arbeiten ein geziemendes Auskommen hat*«. Sloboda hingegen liebt L'udmila, die Tochter seines Vorgängers Kôrka. Er bekommt sie auch, als er Kôrka, der in eine Hirtenkate delogiert werden soll, bei sich aufnimmt. Für die einen geht somit alles gut aus; Tesnošil aber beginnt über dem Scheitern seiner kupplerischen Pläne zu trinken und will seinen alten Streit mit den Nachbarn fortsetzen. Er hat nicht das Geringste dazugelernt und bleibt bei seinen hochfahrenden Plänen mit Anička: »*Soll sie lieber alt werden wie eine Trauerweide, ehe ich sie so einem Schlucker gebe, der weder einen Ochsen, noch einen Esel hat, noch sonst was Eigenes.*«

Soweit das Handlungsgerüst, das den Stücken der Wiener Volksbühne und den Lustspielen und Possen KLICPERAS, des Nestors des tschechischen Dramas, verpflichtet ist. Chalupkas eigener, spezifisch nationaler Anteil äußert sich vor allem in den Typen und im Milieu sowie in der Gestaltung der retardierenden Elemente des Szenariums. Bezeichnend ist dafür der zweite Aufzug, in dem Martin die Tesnošils mit allerlei Verkleidungskunststücken zum besten hält und damit die grotesken Konventionen und die Rückständigkeit des slovakischen Dorfes jener Zeit enthüllt. Einen besonders karikaturistischen Akzent erhält die Szene allerdings erst dadurch, daß sie unmittelbar auf die patriotische Apotheose des Stücks folgt: Das erste Bild des zweiten Akts zeigt die heimkehrenden Studenten Martin und Janík sowie Sloboda am nächtlichen Lagerfeuer. Räuber überfallen sie, doch bald verbrüdert man sich und huldigt der Heimat in Liedern und Sprüchen. Hier paraphrasierte Chalupka das volkstümliche Motiv von Janošík, dem edlen Räuber. Die Szene zielt sogar auf die Emotionen des slovakischen Zuschauers und hat bis heute nichts von ihrer enthusiasmierenden Wirkung eingebüßt. Es versteht sich, daß Typen wie der Adelsherr von Chudobíč, der das Ungarische in Krähwinkel »*verwurzeln*« will und unentwegt seine alberne Standesehre betont, sich besonders scharf von der aufklärerischen Konzeption abheben. Eine derart satirische Treffsicherheit, aber auch die heitere Genrekomik anderer Szenen hat Chalupka in späteren Bühnenstücken wie *Všecko naopak*, 1832 (*Alles umgekehrt*), *Třasořitka*, 1833 (*Die Bachstelze*), *Starouš plesnivec*, 1837 (*Der alte Graubart*), oder *Fuk a Huk*, 1862 (*Fuk und Huk*), die z. T. als Fortsetzung zu *Kocourkovo* geschrieben sind, nicht wieder erreicht. W.Sch.

AUSGABEN: Leutschau 1830–1836 (in Hronka 1, Bd. 1, S. 78–84; Bd. 2, S. 84–88 u. Bd. 3, S. 56–61). – Preßburg 1953 (in *Výber z diela*, Hg. u. Komm. J. Stolc). – Preßburg 1980, Hg. P. Palkovič.

LITERATUR: K. Krejčí, *Jazyková karikatura v dramatické literatuře* (in Zborník Matice slovenskej, 15, 1937, S. 387–405; ern. in K. K., *Jazyk ve vývoji společnosti*, Prag 1947). – S. Krčméry, *Ch. »Kocourkovo«* (in 150 rokov slovenskej lit., 1, 1943). – A. Noskovič, *Za plnšie využitie pokrové ho odkazu Ch. dramatiky* (in Divadlo, 1953, Nr. 2). – Ders., *Na cesté za novými podobami Ch. »Kocourkovo«* (ebd., Nr. 8/9). – Ders., *»Kocourkovo«* (in A. N., *J. Ch., tvorca slovenskej veselohry*, Preßburg 1955, S. 49–106). – M. Cesneková-Michalová, *J. Ch., tvorca slovenskej veselohry* (in Naša veda, 1955, S. 278–280).

---

# HOUSTON STEWART CHAMBERLAIN

\* 9.9.1855 Southsea (heute zu Portsmouth)
† 9.1.1927 Bayreuth

## DIE GRUNDLAGEN DES 19. JAHRHUNDERTS

Kulturhistorisches Werk von Houston Stewart CHAMBERLAIN, erschienen 1899. – In seinem bekanntesten, einflußreichsten und umstrittensten Werk versucht der Wahldeutsche Chamberlain, nach einem kurzen Blick auf die griechisch-römische Antike die verwirrende Fülle des abendländischen Geschehens seit Beginn der christlichen Zeit von dem Grundgedanken her zu interpretieren, daß »Rasse« das letztlich bestimmende Element aller Kulturentwicklung sei und die – wie er selbst zugibt – weit und vage definierte »*germanische Rasse*« das höchstwertige und entscheidende Kulturferment dieser auch noch das 19. Jh. bestimmenden Weltperiode darstelle. Diese Hypothese wird an einer unübersehbaren Menge von Kulturaspekten aus Religion, Staatsleben, Recht, Wissenschaft und Kunst durchexerziert. Leitmotiv ist die immer wieder betonte und exemplifizierte Überzeugung des Autors, daß die »Germanen«, denen er die ursprünglichen, »*unvermischten Slaven*« zurechnet, die Idee der Freiheit und der vor allem in Glaubensdingen autonomen Persönlichkeit in die Welt gebracht hätten: eine Ansicht, die – man denke nur an HEGEL und selbst an Bemerkungen GOETHES – keineswegs ganz neu war. Relativ neu aber war die gleichsam polemische Zuspitzung der These durch Einführung des semitischen Gegenpols, im besonderen des jüdischen Rassengeistes. Mit diesem oft emotional zum Ausdruck kommenden Akzent wurde das Werk der Vorläufer einer ganzen Literatur, die in raschem Abstieg nach wenigen Jahrzehnten eine nie geahnte Tiefe der geistigen Verderbtheit und der Barbarei erreichte.

Das fast Paradoxe an diesem Ablauf ist, daß Chamberlains Werk selbst keineswegs »barbarisch« anmutet: Es zeugt von vielseitigem Wissen; der Autor argumentiert in den historischen Einzelpunkten meist sorgfältig und polemisiert fast durchweg in vornehmer, unpersönlicher Weise gegen das, was er als einen anderen, konträren und nicht alle menschlichen Möglichkeiten erschöpfenden Weltanschauungs- und Rassentyp sieht. Auch ist sein Rassenbegriff selbst durchaus nicht plump biologisch. GOBINEAU beispielsweise, der »reine Rasse« als etwas Gegebenes betrachtet, nicht als etwas Aufgegebenes, zu Erkämpfendes, wird scharf kritisiert. Die Frage ist, wie dieses romantisch-schwärmerische Buch eine Haltung inaugurieren konnte, die bald darauf in offener Bestialität endete. Die Antwort dürfte in dem zu finden sein, was in christlicher Terminologie »Kreaturvergötterung« heißt. Wird einmal die Sphäre der Werte in enge Beziehung zu einer rassisch bestimmten Menschengruppe gebracht, so scheint die Versuchung unwiderstehlich, eine entscheidende Akzentverschiebung vorzunehmen und, statt diese Gruppe ständig an Werten zu messen, nach diesen zu beurteilen und gegebenenfalls zu verurteilen, ihre Vertreter selbst als das primär Werthafte anzusehen. Genau dieser Versuchung fiel schon Chamberlain zum Opfer, ganz zu schweigen von seinen indiskutablen Nachfolgern. Er wurde zu einem schlichten, platten, aggressiven Nationalisten, da er überdies in wachsendem Maße seinen ursprünglichen Germanenbegriff einfach in den Deutschen verwirklicht glaubte. Daraus resultiert seine rückhaltlose Identifikation mit Deutschland im Ersten Weltkrieg und seine spätere Korrespondenz mit HITLER zu einer Zeit, als dieser noch ein kleiner, scheinbar ungefährlicher Bandenführer war. H.L.

AUSGABEN: Mchn. 1899, 2 Bde. – Mchn. 28 1942, 2 Bde.

LITERATUR: A. Erhard, *Ch.s »Grundlagen . . .« kritisch gewürdigt*, Wien 1901. – E. v. Unruh, *Herr H. S. Ch. und die Weltgeschichte*, Lpzg. 1908. – E. Seillière, *H. S. Ch., le plus récent philosophe du pangermanisme mystique*, Paris 1917. – J. Fahringer, *H. S. Ch. als Historiker. Methode seiner Geschichtsdarstellung und die gestaltenden Kräfte seines Weltbildes*, Diss. Wien 1941. – E. Kahler, *Ursprung und Wandlung des Judenhasses* (in E. K., *Die Verantwortung des Geistes. Ges. Aufsätze*, Ffm. 1952, S. 53–91). – M. Broszat, *Die antisemitische Bewegung im wilheminischen Deutschland*, Diss. Köln 1953. – A. Bein, *Der moderne Antisemitismus und seine Bedeutung für die Judenfrage* (in Vierteljahrshefte f. Zeitgesch., 6, 1958, S. 340–360). – G. Lukács, *Die Zerstörung der Vernunft*, Neuwied/Bln. 1962, S. 605–621. – G. G. Field, *H. S. Ch. Prophet of Bayreuth*, Diss. Columbia Univ. 1972. – J. R. Stackelberg, *The Politics of Self-Congratulation. A Critique of »Völkisch« Idealism in the Work of Stein, Lienhard and Ch.*, Diss. Univ. of Massachusetts 1974. – G. G. Field, *Evangelist of Race. The Germannic Vision of H. S. Ch.*, NY 1981 [m. Bibliogr.]. – J. R. Stackelberg, *Idealism Debased. From »Völkisch« Ideology to National Socialism*, Kent/Oh. 1981.

## WILLIAM CHAMBERLAYNE

\* 1619
† Jan. 1689

### PHARONNIDA

(engl.; *Pharonnida*). Heroisches Gedicht in fünf Büchern von William CHAMBERLAYNE, erschienen 1659. – Zusammen mit William D'AVENANTS *Gondibert* (1651) zählt dieses Hauptwerk Chamberlaynes zu den kennzeichnendsten Beispielen des *heroic poem* im 17. Jh. Stillage und Stoff entsprechen weniger dem Heldenepos, sondern leiten sich von der griechischen Romanzentradition (HELIODOR) her, die sich besonders in der Renaissance, etwa bei TASSO oder SIDNEY, großer Beliebtheit erfreute. Die häufige Darstellung exotisch-arkadischer Szenerien, die Betonung des Konflikts von Liebe, Ehre und Pflicht sowie die vielen phantastischen Abenteuer, in denen sich der idealtypische Held bewähren muß, weisen auf Gemeinsamkeiten mit dem *heroic play*, dessen Hauptvertreter DRYDEN ist. Die Klassizisten des 18. Jh.s lehnten Versepen wie *Pharonnida* vor allem mit der Begründung ab, das *heroic couplet* (paarweise reimende Fünfheber) habe darin durch exzessives Enjambement seine Bedeutung als strukturierendes Prinzip eingebüßt. Der sinnenhafte poetische Reichtum – etwa in der Beschreibung von Pharonnidas Insel (II, 4, 129 ff.) – erregte dagegen die Bewunderung romantischer Dichter wie CAMPBELL und SOUTHEY. Die Frage, ob KEATS' *Endymion* (1818) von *Pharonnida* beeinflußt ist, ist nicht geklärt, doch bieten sich gewisse Parallelen an (W. M. Dixon). Der Herausgeber SAINTSBURY würdigt das Werk Chamberlaynes als »*größtes Gedicht, nach Umfang und Qualität, das je in dieser besonderen heroischen Form geschrieben wurde*« (1905), ein Urteil, dem sich die modernere Kritik nicht anschließt. Die Schwierigkeiten des rund 14000 Verse umfassenden Gedichts liegen vor allem in der überaus verwirrenden und nachlässigen Handlungsführung und der oft abstrusen Syntax. Die lange Abfassungszeit (vor 1644 begonnen, dann nahm Chamberlayne auf der Seite der Royalisten am Bürgerkrieg teil) ließ A. E. PARSONS auf eine spätere, inkonsequente Überarbeitung schließen.

Der christliche Held Argalia, »*schön wie Paris und tapfer wie Hektor*«, wird, nachdem er Schiffbruch erlitten hat, an der Küste von Lepanto in einen Kampf mit Türken verwickelt und von einem Spartaner gerettet. Währenddessen versucht der Schurke Almanzor dem Mädchen Florizel Gewalt anzutun, wird aber im letzten Augenblick von Argalia schwer verwundet. Bei Hofe schiebt er diesem die Schuld an dem Vorfall zu, und Argalia muß sich vor einem Gericht verantworten, dem die Königstochter Pharonnida vorsteht. Obwohl sie sich sofort in ihn verliebt, wird er zum Tod verurteilt, erhält aber als Bürger von Epirus drei Tage Aufschub, um seine Unschuld zu beweisen. Ein neuer Zwischenfall verhindert seine Heimreise: Der Admiral Molarchus entführt die königliche Familie auf seinem Schiff, um sich Pharonnidas zu bemächtigen. Doch Argalia befreit sie und erschlägt Molarchus. Die Zeit des Glücks, die den Liebenden in Korinth vergönnt ist, findet durch eine typisch romanzenhafte Verwicklung ein rasches Ende: Pharonnida wird von ihrem Vater Cleander dem Prinzen von Epirus, Zoranza, versprochen, und ausgerechnet Argalia soll in dieser Angelegenheit als Botschafter dienen. Inzwischen hat der ebenfalls in die Prinzessin verliebte Almanzor eine Rebellion gegen den König angezettelt. Erst Argalia, der an der Spitze des Heeres von Epirus herbeieilt, gelingt es, die Belagerer nach harten Kämpfen zu vertreiben. Nach wenigen paradiesischen Tagen auf einer Insel, werden die Liebenden durch Intrigen und Schicksalsschlägen erneut getrennt. Argalia entgeht mit knapper Not einem Mordanschlag Zoranzas, wird von einer Invasionsflotte verschleppt, nach Rhodos verschlagen und schließlich von einem türkischen Herrscher gefangengenommen. Er widersteht den Verführungskünsten der Frau des Türken, flieht und gerät, diesmal auf Zypern, wieder ins Kriegsgetümmel. Nach weiteren Abenteuern und neuen grausamen Anschlägen Almanzors, der Cleander und Zoranza ermordet, dann aber durch den Helden der gerechten Strafe zugeführt wird, finden Argalia und Pharonnida ihr Glück.

Vor allem der Fügung, daß am Schluß drei Reiche (Argalia ist der Erbe von Ätolien) in den Händen des jungen Paares vereinigt sind, glaubt Parsons entnehmen zu können, daß sich hinter dem mediterranen Märchengeschehen eine politisch-historische Allegorie des Stuart-Anhängers Chamberlayne verbirgt, der zudem der Gestalt des Zoranzo einige Züge Cromwells verliehen hat. Tatsächlich spiegelt sich in den Schlachtenschilderungen etwas von der zeitgenössischen Wirklichkeit. W.Hü.

AUSGABEN: Ldn. 1659. – Ldn. 1820, Hg. S. W. Singer, 3 Bde. – Oxford 1905 (in *Minor Poets of the Caroline Period*, Bd. 1, Hg. G. E. B. Saintsbury).

BEARBEITUNG: *Eromena, or The Noble Stranger*, Ldn. 1683 [Roman].

LITERATUR: W. M. Dixon, *English Epic and Heroic Poetry*, Ldn./NY 1912 [Nachdr. NY 1973]. – E. Kilian, *W. Ch.s »Pharonnida«*, Diss. Königsberg 1913. – A. J. Janssen, *Studien zu W. Ch.s »Pharonnida«*, Diss. Münster 1923. – A. E. Parsons, *A Forgotten Poet. W. Ch. and »Pharonnida«* (in MLR, 45, 1950, S. 296–311). – A. I. T. Higgins, *Secular Heroic Epic Poetry of the Caroline Period*, Bern 1953.

## SÉBASTIEN-ROCH NICOLAS CHAMFORT

\* 6.4.1741 Clermont-Ferrand
† 13.4.1794 Paris

### MAXIMES, PENSÉES, CARACTÈRES ET ANECDOTES

(frz.; *Maximen, Gedanken, Charaktere und Anekdoten*). Maximen und Anekdoten von Sébastien-Roch Nicolas CHAMFORT, erschienen 1795. – Die Ausgabe wurde von Ginguené, einem Freund Chamforts, betreut. Sie folgt dem einzigen auffindbaren Hinweis des Autors auf die geplante Gestalt seines Werks. Die Notiz Chamforts lautet: »Erzeugnisse der perfektionierten Kultur. *1. Teil: Maximen und Gedanken. 2. Teil: Charaktere. 3. Teil: Anekdoten.*«

Der größte Teil der Aufzeichnungen entsteht zwischen 1780 und 1788. Der erfolgreiche Autor hat sich überraschenderweise aus dem Literaturbetrieb des Ancien régime zurückgezogen. »*Berühmtheit: der Vorteil, denen bekannt zu sein, die einen nicht kennen*«, notiert er. Das Einverständnis mit einem überlebten sozialen System ist zerbrochen. Aus Komplizenschaft wird Opposition, der Zerfall der vorrevolutionären Gesellschaft festigt die Entschiedenheit eines ihrer unerbittlichsten Beobachter. Chamfort wird Moralist und schließlich ein Revolutionär und Jakobiner.

Die aphoristische Denkform und Schreibart bietet sich als Instrument des Widerstandes an. Seit alters ist sie aufsässig, durchlöchert spitz und aggressiv das System der herrschenden Meinungen und erinnert an die Abweichungen, Ausnahmen, an die peinliche Kehrseite der etablierten Normen. Sie dient jedoch als offenes Denken nicht nur der Attacke, sondern auch der immer neu ansetzenden Standortbestimmung des protestierenden einzelnen. Wahrheit ist nicht mehr bei den anderen zu finden, sondern nur im Ich. Das experimentelle Denken Chamforts erlaubt nicht immer eine eindeutige Festlegung seiner philosophischen Grundbegriffe. »*Bei den Menschen ist alles Stückwerk. Im Moralischen und Physischen ist alles ungeschieden; nichts rein und einheitlich.*« Die Natur, die die Instanz Gottes ersetzt, erscheint keineswegs als ein rein positives Prinzip. Gleichwohl wird der Begriff des Natürlichen – ohne die Emphase ROUSSEAUS – der korrumpierten und korrumpierenden Gesellschaft entgegengestellt. Der Philosoph im Sinne

Chamforts beruft sich auf ihn, wenn er eine von der gesellschaftlichen Unnatur sich absetzende authentischere Menschlichkeit zu verwirklichen sucht. Die Spannung zwischen den gesellschaftlichen Normen und dem selbständigen Denken durchzieht antithetisch das Werk. Der öffentlichen Meinung widerspricht das eigene Urteil, der Konvention die kritische Vernunft, dem Kalkül das Gewissen; Unabhängigkeit soll Abhängigkeit, Redlichkeit Verstellung und Frivolität ablösen. Die Sehnsucht nach neuer Gefühlsunmittelbarkeit wird spürbar, die den Egoismus und die Kälte des aristokratischen Rollenverhaltens überwindet, ohne dabei Reflexion und urbane Geistigkeit auszuschalten.

Viele Maximen bekunden eine totale Hoffnungslosigkeit. »Leben ist eine Krankheit, von der der Schlaf alle sechzehn Stunden einmal befreit. Es ist nur ein Palliativ, der Tod ist das Heilmittel.« Andere schockieren durch eine in der französischen Moralistik beispiellose Schärfe. »Die Liebe in der Gesellschaft ist nur der Austausch zweier Launen und die Berührung zweier Körper.« Sie scheinen das geläufige Bild vom zynischen Misanthropen Chamfort zu bestätigen, bezeugen jedoch eher seinen einsamen moralischen Rigorismus und die Trauer über die Deformation des Menschen. – Die kühle Distanz LA ROCHEFOUCAULDS, des Schöpfers der Kunstform »Maxime«, fehlt bei Chamfort. Die in die oft grellen und asymmetrischen Formulierungen eingehende Erregung des Autors fordert zu mehr als ästhetischem Genuß der gelungenen Pointe auf. »Der Adel, sagen die Adeligen, ist eine Zwischenstufe zwischen König und Volk. Ja, nämlich wie der Jagdhund eine Zwischenstufe ist zwischen Jäger und Hasen.« Der Leser wird in einen Konkretisierungs- und Erkenntnisprozeß eingesetzt, der die verschleiernde Ideologie durch das entlarvende Bild der Treibjagd auf die Wirklichkeit reduziert.

Die Anekdoten sind von den Maximen nicht immer deutlich zu trennen. Sie können als Veranschaulichung der Maximen auftreten oder als Schlußfolgerung sich zu einer Maxime bzw. einem Bonmot zuspitzen. In einer Zeit, in der Geschichte in Geschichten zersplittert, verdichtet sich in diesen teilweise der Memoirenliteratur und Briefsammlungen entnommenen Momentaufnahmen die Quintessenz einer untergehenden Epoche. Unter den zahlreichen Akteuren des Ancien régime, die in den Anekdoten ihren Auftritt haben, befindet sich auch, getarnt als »M...«, Chamfort selbst. Der Held der Anekdoten ist jedoch der Esprit. Der Vorzug, geistreich zu sein, entschuldigt nahezu alles, und nichts trifft die auftretenden Personen vernichtender als die Lächerlichkeit. Chamfort notiert einmal, daß der Chronist seiner Zeit einst als satirischer Schriftsteller gelten werde. Eine Anekdote belegt dies exemplarisch: »Tatsache ist es, daß Madame, die Tochter des Königs, beim Spielen mit ihrem Kindermädchen dessen Hand betrachtete und zu ihm, nachdem sie die Finger gezählt hatte, sagte: ›Wie, auch Sie haben fünf Finger, genau wie ich?‹ Und dann zählte sie noch einmal ihre Finger, um ganz sicher zu sein.«

CHATEAUBRIANDS Prophezeiung, Chamforts Werk werde die Nachwelt nicht erreichen, hat sich nicht erfüllt. Das »Arsen« in den Maximen, vor dem SAINTE-BEUVE warnte, hat z. B. auf STENDHAL eher belebend gewirkt. In neuerer Zeit hat CAMUS in einem bemerkenswerten Essay in dem Moralisten einen Camus des 18. Jh.s entdeckt. In Deutschland machten vor allem A. W. und F. SCHLEGEL auf Chamfort aufmerksam. Die frühromantischen Fragmente F. Schlegels verraten stellenweise den Einfluß der *Maxime*s. SCHOPENHAUER hat seinen *Aphorismen zur Lebensweisheit* ein pessimistisches Chamfort-Zitat vorangestellt. NIETZSCHE endlich stellt in *Die fröhliche Wissenschaft* fest, ohne Chamfort »hätte die Revolution ihren tragischen Witz und ihren schärfsten Stachel nicht bekommen: Sie würde als ein viel dümmeres Ereignis gelten und keine solche Verführung der Geister sein«. P.Mo.

AUSGABEN: Paris 1795 (in *Œuvres*, 4 Bde.). – Paris 1860 (*Pensées, maximes, anecdotes, dialogues*). – Paris 1922 (*Maximes et pensées de C.*, suivies de dialogues philosophiques, Hg. A. van Berger). – Monaco 1944 (*Maximes et anecdotes*; Einl. A. Camus). – Neuchâtel 1946 (*Maximes et pensées, caractères et anecdotes*; Einl. A. Wild). – Paris 1968 (GF). – Paris 1970. – Paris 1982 (Folio).

ÜBERSETZUNGEN: *Maximen, Charakterzüge und Anekdoten*, N. P. Stampeel, 2 Bde., Lpzg. 1797. – *Aphorismen und Anekdoten*, Hg. H. Esswein, Mchn./Lpzg. 1906. – *Maximen und Gedanken*, F. Schalk (in *Die französischen Moralisten*, Hg. ders., Wiesbaden 1938). – *Früchte der vollendeten Zivilisation; Maximen, Gedanken, Charakterzüge*, R.-R. Wuthenow, Stg. 1977 (RUB).

LITERATUR: E. Dousset, *Un moraliste du 18e siècle, S.-R. C. et son temps*, Paris 1943; ern. Clermont-Ferrand 1974. – J. Teppe, *C., sa vie, son œuvre, sa pensée*, Paris 1950. – P.-J. Richard, *Aspects de C.*, Paris 1959. – R. List-Marzolff, *S.-R. N. C. Ein Moralist im 18. Jh.*, Mchn. 1966. – R.-R. Wuthenow, *Der Moralist der Französischen Revolution, C.* (in R.-R. W., *Das Bild und der Spiegel. Europäische Literatur im 18. Jh.*, Mchn./Wien 1984, S. 180–189).

### ADELBERT VON CHAMISSO

eig. Louis Charles Adélaïde de Chamisso de Boncourt

\* 30.1.1781 Boncourt / Champagne
† 21.8.1838 Berlin

LITERATUR ZUM AUTOR:
R. Riegel, *A. de C., sa vie et son œuvre*, 2 Bde., Paris 1934. – A. P. Kroner, *A. v. C. Sein Verhältnis zu*

*Romantik, Biedermeier u. romantischem Erbe*, Diss. Erlangen 1941. – Th. Mann, *C.* (in Th. M., *Adel des Geistes*, Stockholm 1948, S. 29–55). – W. Feudel, *A. v. C. Leben und Werk*, Lpzg. 1971; ern. 1980 (überarb.). – D. Brockhagen, *A. v. C. Forschungsbericht* (in *Literatur in der sozialen Bewegung*, Hg. A. Martino, Tübingen 1977, S. 373–423). – P. Lahnstein, *A. v. C. Der Preuße aus Frankreich*, Mchn. 1984.

**DAS LYRISCHE WERK** von Adelbert von Chamisso.
In den dreißiger Jahren des 19. Jh.s war Chamisso, heute in erster Linie als Autor der phantastischen Novelle *Peter Schlemihl's wundersame Geschichte* (1814) bekannt, einer der populärsten deutschen Lyriker. Viele seiner Balladen und volksliedhaften Gedichte wurden vertont, darunter der Zyklus *Frauen-Liebe und -Leben* von Robert Schumann. Der Variationsbreite seiner Stoffe entspricht die kunstfertige Handhabung auch seltener Formen (Triolett, Assonanzengedicht), wobei formengeschichtlich vor allem Chamissos Bevorzugung der Terzine erwähnenswert ist, einer sonst im Deutschen wenig gebräuchlichen Strophenform, die den epischen Charakter seiner Versgeschichten und ihren Anspruch auf repräsentative Gültigkeit der Handlung unterstützt. Durch Nachdichtungen und Übertragungen machte Chamisso unter anderem H. C. Andersens Lyrik in Deutschland bekannt und trug zur Verbreitung von Bérangers politischen Chansontexten bei.
Die ersten lyrischen Versuche, die Chamisso in dem gemeinsam mit August Varnhagen von Ense und Wilhelm Neumann herausgegebenen ›Musenalmanach‹ zwischen 1804 und 1806 an die Öffentlichkeit brachte, sind noch von Sprachschwierigkeiten des mit seiner Familie 1790 aus Frankreich geflüchteten adligen Emigrantensohnes gekennzeichnet. Sie orientieren sich epigonal an den Weimarer Klassikern, an Bürger und Klopstock und fanden nur geringe Beachtung. In dieser Zeit geriet Chamisso unter den Einfluß der Romantik. Mit A. W. Schlegel, Fichte, Fouqué, später mit E. T. A. Hoffmann hatte er in den Berliner Literatenkreisen persönlichen Umgang. Durch die Freiheitskriege und die Unentschiedenheit seiner persönlichen Lebensumstände in eine schwere Identitätskrise gestürzt, trat er in den beiden folgenden Jahrzehnten nicht mit lyrischen Produktionen hervor. Das änderte sich, als nach dem Abschluß der Weltumsegelung, an der er 1815–1818 mit wissenschaftlichem Auftrag teilnahm, eine Anstellung als Adjunkt am Berliner Botanischen Garten und die dadurch ermöglichte Familiengründung seine bürgerliche Position festigten. Um 1830 wurde er als Lyriker allgemein bekannt und genoß zu Lebzeiten ein außerordentliches Ansehen. Der ersten eigenständigen Veröffentlichung seiner *Gedichte* (1831) folgten bis 1840 vier weitere Auflagen.
In erklärter Abkehr von der romantischen Stimmungslyrik und durch eine klare Schilderung von Milieus und Begebenheiten, die unprätentiös wirken soll und schwebende Zwischentöne oder Vieldeutigkeiten vermeidet, findet Chamisso zu einer eigenen Sprache, die ihn stilistisch zu einem Vorläufer des Realismus werden läßt. Seine Zyklen *Tränen* und *Lebens-Lieder und Bilder* bieten zusammen mit anderen Beispielen seiner Braut- und Familienpoesie *(Küssen will ich, ich will küssen; Der Klapperstorch; Die drei Schwestern)*, eine Art Chronik des biedermeierlichen Gefühlslebens dar. Eine ähnliche Rolle erfüllen die in das Repertoire der deutschen Männerchöre übergegangenen Lieder, die nach Uhlands Vorbild das Sängertum preisen, darunter das häufig vertonte *Frisch gesungen*, sowie manche der humoristischen Lieder *(Pech; Mäßigung und Mäßigkeit)*. In der Wahl alltäglicher Stoffe und Situationen, verbunden mit einer stets gegenständlichen Diktion und sprachlicher Schlichtheit, ist Chamissos Lyrik auf die Lesebedürfnisse des liberalen mittleren Bürgertums seiner Zeit »bis in die Einzelheiten abgestimmt« (Werner Feudel).
Neben dieser zum Sentimentalen und Konventionellen tendierenden Seite seines Werks aber machen sich unübersehbare Anzeichen einer Erosion des bürgerlichen Wohlbefindens geltend, die zur Korrektur des Bildes vom biedermeierlichen Hauspoeten zwingen. Das gilt in erster Linie für die Drastik und Schärfe, mit der Chamisso, beeinflußt durch Bérangers sozialkritische Lieder, soziale Themen aufgreift und behandelt, die bis dahin kein Gegenstand der deutschen Dichtung waren. *Die alte Waschfrau; Der Invalid im Irrenhaus; Der Bettler und sein Hund* oder *Die Giftmischerin* stimmen schon die Tonart der revolutionären Vormärzdichtung an und liefern Sujets, die in der sozialen Mitleidspoesie des gesamten 19. Jh.s gebräuchlich blieben. Chamisso zog sich dadurch eine erbitterte Polemik des damals einflußreichen Literaturkritikers Wolfgang Menzel zu, der die Ballade *Der Bettler und sein Hund* eine »widrig peinigende Mordgeschichte« nannte. Neuartig war die Aggressivität, mit der Chamisso derbe Ausdrücke, Schauer- und Verbrechensmotive einsetzte, um die Wirkung seiner Verse und der in ihnen enthaltenen sozialen Anklage zu steigern. Die Versgeschichte *Don Juanito Marques Verdugo* bietet ein markantes Beispiel für die Poetisierung grauenerregender Vorlagen. Mit drastischen Mitteln griff Chamisso auch die Inhumanität von Kolonialisierung und gewaltsamer Mission an, von der er sich bei seiner Weltreise einen Eindruck verschaffte *(Der Stein der Mutter; Das Mordtal)*. Das Motiv des *Nachtwächterlieds* wirkte auf Heines politische Satire nach.
Die Behandlung aktueller politischer Themen läßt Chamissos weltanschauliche Grundlagen erkennen: Abkehr von der Welt des Feudaladels, der er selbst entspringt, ostentative Zuversicht in bezug auf einen gesellschaftlichen Fortschritt, der nach seiner Überzeugung in einer geradezu deterministischen Weise durch beständigen Wandel freiheitliche und gerechte Lebensverhältnisse hervorbringen wird. *Das Dampfroß*, das erste Eisenbahn-Ge-

dicht in deutscher Sprache, lobt mit allerdings anachronistischen Darstellungsmitteln und einem eher ausweichenden Unernst den zukunftweisenden Charakter technischer Innovationen. *Das Schloß Boncourt*, ein Gedicht, in dem Chamisso sich an die Stätte seiner Kindheit zurückversetzt und an dessen Ende er die Zerstörung des Familiensitzes durch die Französische Revolution im Sinn seines Fortschrittsglaubens *»segnet«*, zeigt im direkten Vergleich mit EICHENDORFFS wehmütigem Rückblick in *Die Heimat* diese politische Vorwärtsgewandtheit am deutlichsten. Häufig löst Chamisso romantische Motive aus ihrem ursprünglichen Kontext und formuliert sie politisch um. In dem Gedicht *Der alte Sänger* erhebt er mit einer gewissen Selbststilisierung den Dichter in den Rang eines Propheten, der in klarer Frontstellung gegen die Restauration die Unumkehrbarkeit des Geschichtslaufs verkündet.

Aber wenn Chamisso sich auch in solchen entscheidenden Aussagen Sentimentalität und biedermeierlichen Quietismus verbietet, so fällt doch auf, daß seiner Fortschrittsprogrammatik entgegen jener eigenmächtige Gang der Dinge fast niemals in Stimmungsbildern der Aufbruchsfreude und Hoffnung, sondern als etwas Unerbittliches geschildert wird, das der einzelne zu ertragen und zu dulden hat. In den lyrischen Situationen, die er auswählt, spielt Zeit als Faktor einer produktiven Veränderung zum Guten keine Rolle. Er bevorzugt Motive der Totenklage und des Verlassenseins, die oft in Sinnbilder einer gleichsam auf ewig herbstlichen und winterlichen Natur eingekleidet sind *(Heimweh; Nacht und Winter; Der Tochter Verzweiflung; Des Gesellen Heimkehr; Der neue Ahasverus)*. Er schildert Sterbeminuten, Vermächtnisse, in irgendeiner Weise letztgültige und unabänderliche Situationen *(Der Kranke; ΘΑΝΑΤΟΣ; Traum und Erwachen)*. Er zeigt Menschen in Bildern von Starre und Initiativlosigkeit, die auf ein Ende warten, ohne daß dieses Ende noch mit einem Begriff von Erlösung verbunden wäre. Das wird durch pointiert weltschmerzliche Schlußwendungen, die an LENAU erinnern, poetisch besiegelt: *»Du läßt den schon Erstorbenen noch harren!«* (ΘΑΝΑΤΟΣ). Damit hängt Chamissos biographisches Generalthema zusammen, die vorzeitige Vergreisung, die er sich anstilisiert. Diesen Ton stimmt er 1811 – dreißigjährig – in einem seiner beiden melancholischen *Winter*-Gedichte an und hält ihn von da an leitmotivisch durch; das Gedicht *Nachhall* von 1833 und die 1834 verfaßten Sonette sind, vier Jahre vor seinem Tod, schon so etwas wie Nachrufe in eigener Sache. Es hat nicht nur einen biographischen Hintergrund, daß Chamisso, der lange an seiner widersprüchlichen Lage als ein in Preußen lebender Franzose und republikanisch gesinnter Adliger litt, spätestens seit dem Erreichen der begehrten soliden Existenz von sich selbst das Bild eines Mannes entwirft, der seine Erfahrungen, ja sein Leben hinter sich hat.

Im Übergang von den zumeist jünglinghaften Sprechergestalten in der romantischen Literatur zu der eher großväterlichen Rückschau, in der Realisten wie RAABE und STIFTER von Jugend auf gern ihre Erzählungen halten, ist Chamissos Selbststilisierung zum vorzeitig gealterten Mann, seine Bevorzugung zukunftsloser Situationen auch Indikator für einen kollektiven Bewußtseinswandel. Es schlägt sich darin ein wachsender Schwund utopischer Energien in der bürgerlichen Weltdeutung des 19. Jh.s allgemein nieder. In dem Terzinengedicht *Salas y Gomez*, einem seiner bedeutendsten Werke, setzt Chamisso der Tradition der bürgerlichen Robinsonade ein desillusionierendes Ende. Ein Schiffbrüchiger überlebt auf einem kahlen Felsen, sich von Vogeleiern ernährend, unfähig, ein modellhaftes Inselleben im Stil von DEFOES *Robinson Crusoe* zu gestalten, und zeichnet zuletzt nur noch die Geschichte seiner leer verbrachten Zeit auf Steintafeln auf. Chamisso benutzt diese Situation, um seine ganze Moral eines gottergebenen Ausharrens in der Fatalität aufzubieten. Er baut sie zugleich zu einer poetologischen Chiffre aus: Entwurf eines monologischen Schreibens, das keinen Adressaten und letztlich keinen Inhalt mehr hat, durch das sich der schiffbrüchige Schreiber sogar auf die Leere der Welt einzuschwören versucht, um seinen Erinnerungen und der Drohung des Wahnsinns nicht zu erliegen. Von den vielen Bildern der Handlungslähmung, die Chamisso erfand, ist dies das konsequenteste, und man hat deshalb sein Gedicht *Salas y Gomez*, das zur romantischen Ausfahrt in die Ferne und zum Traum von der Unendlichkeit ein resigniertes Gegenbild bietet, ein *»Dokument des endgültigen Abschieds von der Romantik«* genannt (Metzner) – eine Charakteristik, die sein lyrisches Werk im ganzen trifft. A. Kos.

AUSGABEN: Lpzg. 1831 *(Gedichte)*. – Lpzg. 1836 (in *Werke*, 4 Bde., 3). – Lpzg. 1907/08 (in *Werke*, Hg. H. Tardel, 3 Bde.; hist.-krit.) – Stg. 1971 (in *Gedichte und Versgeschichten*, Ausw. u. Nachw. P. v. Matt; RUB). – Mchn. 1975 (in *SW*, Hg. J. Perfahl u. V. Hoffmann, 2 Bde.). – Lpzg. 1980/Mchn. 1982 (in *SW*, Hg. W. Feudel u. Ch. Laufer).

LITERATUR: H. G. Werner, *Geschichte des politischen Gedichts in Deutschland von 1815–1840*, Bln./DDR 1969. – V. Hoffmann, *»Drücken, Unterdrücken – Drucken«* (in Jb. d. dt. Schiller-Ges., 1976). – J. Metzner, *Persönlichkeitszerstörung und Weltuntergang*, Tübingen 1976 [zu *Salas y Gomez*]. – V. Hoffmann, *»Künstlerselbstzeugung durch Metamorphosen«* (in *Gedichte und Interpretationen*, 4, Stg. 1983, S. 58–68). – W. Psaar, *C.s »Deutsche Volkssagen«. Zur Aktualisierung von Sagenstoffen* (in Literatur, Sprache, Unterricht, 1984, S. 47–52).

## FRAUEN-LIEBE UND -LEBEN

Liederzyklus von Adelbert von CHAMISSO, erschienen 1831. – Der Zyklus fand zumal in der berühmten Vertonung von Robert SCHUMANN im 19. Jh. weite Verbreitung und prägte das Bild von Chamisso als häuslichen Biedermeierpoeten. In der Gedichtfolge wird das Leben einer Frau geschildert, wie es sich im Gefühl einer nicht näher charakterisierten »Erzählerin« spiegelt. Die einzelnen Lebensabschnitte werden vom Dichter nicht ausdrücklich benannt: (1) Erwachen des Mädchens zur liebenden Frau *(»Seit ich ihm gesehen, / Glaub ich blind zu sein; / Wo ich hin nur blicke, / Seh ich ihm allein ...«)* – (2) Überschwengliche Verliebtheit und weibliche Bescheidung *(»Darfst mich, niedre Magd, nicht kennen, / Hoher Stern der Herrlichkeit!«)* – (3) Verwunderung darüber, die Erwählte zu sein – (4) Stimmungen beim Anblick des Verlobungsringes, feierliche Erklärung *(»Ich werd ihm dienen, ihm leben, / Ihm angehören ganz, / Hin selber mich geben und finden / Verklärt mich in seinem Glanz.«)* – (5) Die Glückliche schmückt sich zur Hochzeitsfeier – (6) Empfindungen während der Schwangerschaft – (7) Mutterfreuden – (8) Die Trauer der Witwe – (9) Die Greisin mahnt (und damit kehrt der Zyklus gleichsam zum Anfang zurück) die Tochter zur Liebe.

Chamisso bedient sich der zu seiner Zeit besonders beliebten volksliedhaften Formen. Er verwendet vorwiegend einfache Reimpaare und paßt Metrum und variablen Strophenbau der Stimmung des jeweiligen Lebensabschnitts an. Die Verse halten sich jedoch oft allzusehr an das metrische Schema, nur wenige haben Leichtigkeit und Frische. Rhythmisch reizvoll ist die Verkürzung der zweiten Verse im achten Gedicht: ›*Nun hast du mir den ersten Schmerz getan, / Der aber traf. / Du schläfst, du harter, unbarmherziger Mann, / Den Todesschlaf.*« Der von den Dichtern der Romantik häufig, von Chamisso auch in seinem ebenfalls 1830 entstandenen Zyklus *Thränen* unternommene Versuch, in rein lyrischen Formen eine »Geschichte« zu erzählen, wird hier dadurch beeinträchtigt, daß die Situationen konventionell und unpersönlich bleiben. Chamisso ist es weniger um individuelles Erleben als um die Darstellung eines natürlich-ewigen Lebenskreises zu tun. Als poetische Kodifikation des biedermeierlichen Frauenbildes und der entsprechenden Rollenfestlegung ist sein Zyklus von dokumentarischem Interesse. An SCHILLERS Ideal der häuslichen Frau anschließend, sucht und findet Chamisso einen Gefühlston rein passiver Liebesempfindungen, wie er dem unschuldigen Liebreiz gemäß ist, der nach dem biedermeierlichen Geschlechtsrollenverständnis von der Frau erwartet wird. Die Frau fühlt sich geblendet von der Erscheinung des angebeteten Mannes; sie glaubt sich seiner nicht wert; sie ist in keinem Stadium, außer bei der Mutterschaft, Subjekt ihres Schicksals und ihrer Empfindungen. Sie begehrt nicht, sondern wird begehrt. Ihre Vorschau auf die eheliche Zusammenkunft verschiebt sich in charakteristischer Weise in einen erotisch-infantilen Todeswunsch: *»O laß im Traume mich sterben / Gewieget an seiner Brust, / Den seligsten Tod mich schlürfen / In Tränen unendlicher Lust.«* (3) Während die Braut am Tag ihrer Hochzeit eine »*törichte Bangigkeit*« anwandelt, darf explizit erotisches Verlangen nur auf seiten des Mannes existieren: »*Als ich befriedigt, / Freudigen Herzens, / Dem Geliebten im Arme lag, / Immer noch rief er, / Sehnsucht im Herzen, / Ungeduldig den heutgen Tag.*« (5) Nur im Mutterglück manifestiert sich weibliches Selbstbewußtsein (»*O wie bedaur ich doch den Mann, / Der Mutterglück nicht fühlen kann!*« (7)). Mit der sentimentalen Schlußwendung der rückblickenden Greisin »*Sei der Schmerz der Liebe / Dann dein höchstes Gut*« (9) deutet Chamissos Poetisierung einer in keuscher Unbewußtheit erlittenen Liebe schon auf die Entsagungsthematik voraus, die in der Liebesdichtung der zweiten Jahrhunderthälfte vorherrschend wird.

A. Kos.

AUSGABEN: Bln. 1830 (in F. Kugler, *Skizzenbuch*). – Lpzg. 1831 (in *Gedichte*). – Stg. o. J. [1880] (in *GW*, Hg. M. Koch, 4 Bde., 1). – Bln. u. a. 1907 (in *Werke*, Hg. M. Sydow, 5 Bde., 1). – Lpzg. 1907/08 (in *Werke*, Hg. H. Tardel, 3 Bde.; hist.-krit.). – Gütersloh 1964 (in *GW*, Hg. O. Flake). – Mchn. 1975 (in *SW*, Hg. J. Perfahl u. V. Hoffmann, 2 Bde., 1). – Lpzg. 1980/Mchn. 1982 (in *SW*, Hg. W. Feudel u. Ch. Laufer).

VERTONUNG: R. Schumann, *Liederzyklus*, op. 42, 1840.

LITERATUR: H. Tardel, *Quellen zu C.s Gedichten*, Graudenz 1896. – Ders., *Studien zur Lyrik C.s*, Progr. Bremen 1902. – Ders., *Die Frau in der Lyrik C.s* (in Janus. Blätter f. Literaturfreunde, 1, 1903, S. 491–501). – E. Schubotz, *C.s Gedichte*, Diss. Marburg 1911. – E. Ehrlich, *Das französische Element in der Lyrik C.s*, Bln. 1932. – W. Ties, *A. v. C.s Verskunst*, Diss. Ffm. 1953. – P. v. Matt, *Nachwort* (in A. v. C., *Gedichte u. Versgeschichten*, Stg. 1971; RUB).

## PETER SCHLEMIHL'S WUNDERSAME GESCHICHTE

Erzählung von Adelbert von CHAMISSO, erschienen 1814. – Schlemihl, der seine Geschichte dem fiktiven Herausgeber Chamisso in elf Briefen erzählt, begegnet auf einer Gartengesellschaft des unermeßlich reichen Herrn John einem Mann, der alle Dinge, die von den Gästen gewünscht werden, angefangen von einer Brieftasche bis hin zu drei Reitpferden, aus der Tasche seines grauen Rockes zieht. Beim Fortgehen wird Schlemihl von dem sonderbaren Mann im grauen Rock höflich angesprochen und zu einem Tauschgeschäft verführt: Für ein Glückssäckel, das stets mit Dukaten gefüllt ist, verkauft Schlemihl ihm seinen Schatten. Die Schattenlosigkeit offenbart sich nun aber als schreckliches Unheil, denn sie schließt Schlemihl gänzlich aus der menschlichen Gesellschaft aus; überall, wo sie bemerkt wird, verfällt er trotz seines ungeheuren Reichtums der Ächtung durch die

Mitmenschen, ja, er verliert auf dem Höhepunkt der Erzählung sogar das Mädchen, das er liebt, die Förstertochter Mina. Nur sein Diener Bendel bleibt ihm aufrichtig ergeben. Als der Mann mit dem grauen Rock nach einem Jahr wieder auftaucht, ist er bereit, Schlemihl den Schatten zurückzugeben – doch nur, wenn dieser ihm dafür mit Blut seine Seele verschreibt. Bei einer späteren Begegnung zieht der graue Mann gar die Gestalt eines Verdammten aus seiner Rocktasche; entschlossen wirft Schlemihl jetzt das Glückssäckel in einen Abgrund und beschwört den Unheimlichen, sich hinwegzuheben. Durch einen Zufall wird ihm nun die Schattenlosigkeit zum Segen: Ein Paar alter Schuhe, die er auf einer Kirmes kauft, entpuppen sich als Siebenmeilenstiefel (vgl. TIECKS *Phantasus*). Mit ihnen zieht er kreuz und quer durch die Welt und widmet sich ganz der Erforschung der Natur, die ihm für immer die menschliche Gesellschaft entbehrlich macht. Zum Nutzen der gesamten Menschheit legt er seine einzigartigen Erfahrungen und Beobachtungen schriftlich nieder.

Chamisso verwendet in seiner im 19. Jh. weltberühmt gewordenen Erzählung eine Fülle alter Sagen- und Märchenmotive. Der Name der Hauptperson ist hebräischen Ursprungs und bedeutet nach der eigenen Erklärung des Dichters: Gottlieb, Theophil. »*Dies ist in der gewöhnlichen Sprache der Juden die Benennung von ungeschickten oder unglücklichen Leuten.*« An den Namen Theophilus knüpft sich aber auch die alte Sage vom Pakt mit dem Teufel, die Chamisso in seiner Erzählung abwandelt. Das Motiv des Mannes, der alles aus seiner Rocktasche zieht, ist von LA FONTAINE übernommen; die Idee, ein Märchen über einen verlorenen Schatten zu schreiben, kam Chamisso anläßlich einer scherzhaften Frage FOUQUÉS, ob er, dem auf einer Reise zahlreiche Kleidungsstücke abhanden gekommen waren, nicht auch seinen Schatten verloren habe. Schon die Zeitgenossen haben immer wieder versucht, hinter das Geheimnis der Schattenlosigkeit zu kommen, und eine Reihe spitzfindiger allegorischer Deutungen versucht; die bekannteste beruft sich auf das biographische Faktum, daß Chamisso, der gebürtige Franzose, sein Leben lang zwischen deutscher und französischer Nationalität geschwankt hat. Der Mann ohne Schatten, so deutete man also, sei der Mensch ohne Vaterland. Der Dichter selber hat sich über derartige »*kuriose Hypothesen*« und über die »*besonderen Leute*«, die nur »*zu ihrer Belehrung*« lesen und sich darum auch über die Bedeutung des Schattens den Kopf zerbrechen, verschiedentlich lustig gemacht; er wollte, so scheint es, seine »wundersame Geschichte« nur als ein Märchen (das in der Tat ursprünglich für Kinder bestimmt war) verstanden wissen. Gleichwohl verbirgt sich hinter der scheinbaren Naivität der aus einer Laune geborenen und durch zufällige Lebensumstände veranlaßten Erzählung eine »tiefe Bedeutung«, die freilich nur zu ahnen, nicht in allegorischer Eindeutigkeit zu fassen ist.

Etwas von dieser Bedeutung ist in HOFMANNSTHALS Erzählung *Die Frau ohne Schatten* und sein Libretto für die gleichnamige Oper (Richard STRAUSS) eingegangen. Das Tiefgründigste darüber hat Thomas MANN in seinem Chamisso-Essay (1911) gesagt: Die Erzählung enthalte »*die Schilderung einer scheinbar bevorzugten und beneidenswerten, aber romantisch elenden, innerlich mit einem düstern Geheimnis einsamen Existenz – und schlichter, wahrer, erlebnishafter, persönlicher hat nie ein Poet ein solches Dasein darzustellen und der Empfindung nahezubringen gewußt*«. Es gibt einige wenige Stellen in der Erzählung, die selbst den Sinn der Schattenlosigkeit andeuten, so eine Bemerkung Schlemihls hinsichtlich seiner Nachforschungen: »*Durch frühe Schuld von der menschlichen Gesellschaft ausgeschlossen, ward ich zum Ersatz an die Natur, die ich stets geliebt, gewiesen, die Erde mir zu einem reichen Garten gegeben*« (Kap. 10). Eine gnädige Fügung läßt ihn also den Verlust des Schattens, der Gesellschaft und des bürgerlichen Glücks, verschmerzen. Solidität, menschliche Standfestigkeit, bürgerliches Schwergewicht drücke der Schatten aus, so meint Thomas Mann, also »Tugenden«, die für Schlemihl unerreichbar geworden sind – darin ist er Sinnbild des romantischen, der gesellschaftlichen Realität entfremdeten Künstlers; zugleich demonstriert er Chamissos eigene Erfahrung eines Lebens in schwebender Unwirklichkeit: Als Künstler und als französischer Emigrant obendrein fühlte sich auch Chamisso in die Rolle des gesellschaftlichen Außenseiters gedrängt; er, der nach den Befreiungskriegen als Naturforscher auf Weltreise ging, wollte selbst die Erkundung der Natur als eine Alternative zu der ihm problematisch gewordenen künstlerischen Existenz ergreifen. So verbinden sich literarische Motive, Zeiterfahrungen und autobiographische Grundzüge zum Bild einer Existenz, die »*sich nicht auszuweisen vermag und mit wundem Ichgefühl überall Hohn und Verachtung spürt*« (Th. Mann). Die Schilderung der Leiden des Gezeichneten und Ausgestoßenen erreicht ihren poetischen Höhepunkt in der Liebesepisode (Kap. 4–6), in der ein Grundmotiv romantischer Poesie anklingt: die Liebe des wie durch einen Fluch aus der Gesellschaft Ausgeschlossenen, dem alle »normalen« menschlichen Bindungen versagt sind, zu einem ahnungslosen, in selbstverständlicher Einheit mit seiner Umwelt lebenden Mädchen – eine Liebe, die mit der Entdeckung des Kainszeichens der Schattenlosigkeit scheitern muß und Schlemihl in sein Paria-Dasein zurückstößt. – »*Willst du unter den Menschen leben*«, so heißt es am Schluß der Erzählung, »*so lerne verehren zuvörderst den Schatten, sodann das Geld. Willst du nur dir und deinem besseren Selbst leben, o so brauchst du keinen Rat.*« Der »Schatten« bürgerlicher Reputation und die Macht des Geldes sind voneinander unablösbar, wie die sarkastische Sentenz des Herrn John demonstriert: »*Wer nicht Herr ist wenigsten einer Million, der ist, man verzeihe mir das Wort, ein Schuft.*«

Als echtes Märchen ist die Erzählung schwerlich anzusehen; schon das »wundersam« im Titel ist eher im Sinne der »unerhörten Begebenheit« zu verstehen, die nach GOETHE zum Wesen der Novelle gehört. Was sie aber vor allen Dingen auszeichnet und zu einem Unikum in der Weltliteratur macht, ist die Darstellung des Phantastischen, als ob es das Natürlichste von der Welt wäre, jener bürgerlich-realistische Erzählstil, der sich z. B. in dem Einfall kundgibt, den Teufel nicht im Pferdefuß, sondern als höflich-verlegenen Herrn darzustellen. So wäre denn Chamissos Erzählung füglich mit dem Begriff der »phantastischen Novelle« zu charakterisieren, den Th. Mann ihr zugedacht hat.

D.Bo.

AUSGABEN: Nürnberg 1814, Hg. F. de la Motte-Fouqué. – Nürnberg 1827 [verm. Ausg.]. – Lpzg. 1836 (in *Werke*, Hg. J. E. Hitzig, 6 Bde., 1836–1839, 4). – Lpzg. 1908 (in *Werke*, Hg. H. Tardel, 3 Bde., 2; hist.-krit.). – Lpzg. 1922, Hg. H. Rogge (*Peter Schlemihls Schicksale*; Faks. d. Urfassg.). – Stg. 1967 (RUB). – Mchn. 1975 (in *SW*, Hg. J. Perfahl u. V. Hoffmann, 2 Bde., 1). – Lpzg. 1980/Mchn. 1982 (in *SW*, Hg. W. Feudel u. Ch. Laufer).

VERTONUNG: P. Ronnefeld, *Peter Schlemihl* (Ballett; Urauff.: Hildesheim, 10. 4. 1956, Stadttheater).

LITERATUR: P. Rath, *Bibliotheca Schlemihliana. Ein Verz. der Ausgaben u. Übersetzungen des »Peter Schlemihl«*, Bln. 1919 [Bibliographien u. Studien]. – F. Alpi, *C.s »Peter Schlemihl«*, Diss. Wien 1939. – U. Baumgartner, *C.s »Peter Schlemihl«*, Frauenfeld/Lpzg. 1944. – S. Atkins, *»Peter Schlemihl« in Relation to the Popular Novel of the Romantic Period* (in GR, 21, 1946, S. 191–208). – D. de Rougemont, *C. et le mythe de l'ombre perdue* (in *Le romantisme allemand*, Hg. A. Béguin, Marseille 1949, S. 276 bis 284). – B. v. Wiese, *A. v. C. »Peter Schlemihls wundersame Geschichte«* (in B. v. W., *Die deutsche Novelle von Goethe bis Kafka*, Bd. 1, Düsseldorf 1956, S. 97–116). – K. J. Heinisch, *A. v. C.: »Peter Schlemihls wundersame Geschichte«* (in K. J. H., *Dt. Romantik*, Paderborn 1966, S. 36–49). – J. Nettesheim, *A. v. C.s botanisch-exotische Studien. Peter Schlemihl u. die Lieder von »armen Leuten« u. Verbrechern* (in *Marginalien zur poetischen Welt. Fs. für R. Mülher z. 60. Geburtstag*, Bln. 1971, S. 197 bis 217). – F. Schulz, *Die erzählerische Funktion des Motivs vom verlorenen Schatten in C.s »Peter Schlemihl«* (in GQ, 45, 1972, S. 429–442). – W. R. Berger, *Drei phantastische Erzählungen: C.s »Peter Schlemihl«, E. T. A. Hoffmanns »Die Abenteuer der Silvester-Nacht« u. Gogols »Die Nase«* (in Arcadia, Sonderh., 1978, S. 106–138). – W. Freund, *A. v. C. »Peter Schlemihl«. Geld u. Geist, ein bürgerlicher Bewußtseinsspiegel. Entstehung, Struktur, Rezeption, Didaktik*, Paderborn 1980. – W. Koeppen, *C. u. »Peter Schlemihl«* (in W. K., *Die elenden Skribenten*, Ffm. 1981, S. 25–35). – D. Walach, *A. v. C. »Peter Schlemihls wundersame Geschichte«* (in *Romane u. Erzählungen der dt. Romantik*, Hg. P. M. Lützeler, Stg. 1981, S. 285–301). – G.-L. Fink, *»Peter Schlemihl« et la tradition du conte ro-*
*mantique* (in Recherches Germaniques, 12, 1982, S. 24–54). – M. Pavlyshyn, *Gold, Guilt and Scholarship. A. v. C.'s »Peter Schlemihl«* (in GQ, 55, 1982, S. 49–63). – J. Schwann, *Vom »Faust« zum »Peter Schlemihl«. Kohärenz u. Kontinuität im Werk A. v. C.s*, Tübingen 1984. – A. A. Kuzniar, *»Spurlos ... verschwunden«. »Peter Schlemihl« u. sein Schatten als der verschobene Signifikant* (in Aurora, 45, 1985, S. 189–204). – W. Neubauer, *Zum Schatten-Problem bei A. v. C. oder zur Nicht-Interpretierbarkeit von »Peter Schlemihls wundersamer Geschichte«* (in Literatur für Leser, 1986, S. 24–34).

# CHAMPFLEURY

auch Fleury

d.i. Jules-François-Félix Husson

\* 10.9.1821 Laon

† 6.12.1889 Sèvres

LITERATUR ZUM AUTOR:
P. Edel, *Ch., sa vie, son œuvre et ses collections*, Paris 1891. – E. Bouvier, *La bataille réaliste, 1844–1857*, Paris 1914; Nachdr. Genf 1973. – D. A. Flanary, *Ch. the Realist Writer as Art Critic*, Ann Arbor 1980. – H. Pfeiffer, *Ideologie und Wissen. Der Realismus Ch.s und Durantys* (in H. P., *Roman und historischer Kontext*, Mchn. 1984, S. 100–139).

## LES AVENTURES DE MADEMOISELLE MARIETTE

(frz.; *Fräulein Mariettas Abenteuer*). Roman von CHAMPFLEURY, erschienen 1853. – Der Autor machte sich in den fünfziger Jahren des 19. Jh.s insbesondere als Literaturkritiker und Vertreter eines literarischen Realismus einen Namen; mit diesem Roman wollte er sein Literaturkonzept illustrieren, das sich vom historischen Roman, wie ihn die französische Romantik herausgebildet hatte, distanziert. Ohne Rückgriff auf die Vorbilder vergangener Kunst und unter Verzicht auf jegliche Idealisierung (was ihm den Vorwurf einbrachte, eine »Schule des Häßlichen« begründet zu haben) sollte nach dieser Theorie die zeitgenössische Realität literaturfähig gemacht werden.

Marietta ist die Freundin des kleinen Poeten Gérard, der sein armseliges Dasein in Künstler-Boheme-Kreisen fristet und so verliebt ist, daß er nicht einmal merkt, auf welchen Abwegen seine Liebste lustwandelt. Als sie ihn schließlich mit seinem besten Freund betrügt, trennen sie sich. Eines Tages kommt der arme Poet dann doch noch zu Erfolg: Eine von ihm entworfene Pantomime wird aufgeführt, und Marietta befindet sich im Publikum; nach der Vorstellung wünscht sie, mit dem Hauptdarsteller zu soupieren; Gérard hofft in seiner Naivität, ebenfalls dabeisein zu können, und macht sich erneut Illusionen, Marietta für sich zu gewinnen: Weit gefehlt, das Rendezvous findet ohne ihn statt. Der Autor apostrophierte seinen Roman, der kaum verschlüsselte autobiographische Züge trägt, ironisch als das »*goldene Buch*« der Bohème. Diese aus der Sicht eines kritischen Beobachters realistisch darzustellen, war zwar sein Anliegen, doch weder das zeitgenössische Publikum noch die tonangebende Literaturkritik brachte ihm besondere Aufmerksamkeit entgegen. Kennzeichnend für Champfleurys Position ist u. a. folgende Bemerkung einer seiner Romanfiguren: »*Von ihren Schmeicheleien habe ich einfach genug. Mache ich mir nicht selbst nur angenehme Komplimente? Aber kritisiere ich mich nicht auch mit Bitterkeit, beißender als alles, was gegen meine Bilder gedruckt werden könnte? Es gibt kein hochmütigeres, aber auch kein schwächeres Wesen als mich selbst.*« B.We.-KLL

AUSGABE: Paris 1853.

## LES BOURGEOIS DE MOLINCHART

(frz.; *Die Bürger von Molinchart*). Satirischer Roman von CHAMPFLEURY, erschienen 1855. – In Zusammenhang mit dem wachsenden Bewußtsein für die zunehmende Differenz zwischen Provinz und Hauptstadt bildete sich Mitte des 19. Jh.s der Provinzroman als eigenständiger Romantypus heraus, den BALZAC in den *Scènes de la vie de province* zu einer akzeptierten literarischen Gattung erhob. Auch Champfleury gehört zu den Autoren, die der Darstellung des Provinzlebens besondere Aufmerksamkeit widmeten, nicht zuletzt aufgrund eigener Erfahrungen mit der als borniert und rückständig wahrgenommenen Lebensform jenseits der Stadt Paris, die sich als »*Hauptstadt des 19. Jh.s*« (W. Benjamin) behauptete und bereits seit dem 18. Jh. zunehmend als Gegenstand der literarischen Fiktion im Vordergrund stand.
Schauplatz dieses Romans ist ein verschlafenes Dorf in der Provinz, »*in der der Alltag seinen boshaften Stempel jedem einzelnen in seinem Verhalten, seinen Gewohnheiten, seiner Kleidung aufdrückt.*« Ein von Jägern gehetzter Rehbock, der in das Dorf eindringt, verursacht ein noch nie dagewesenes Durcheinander, das die übliche Tafelrunde der Honoratioren, die der Autor mit der spitzen Feder des Satirikers porträtiert, in Aufregung versetzt und tagelang beschäftigt. Das Pendant zur Herrenrunde findet im Salon der Provinzschönheit Louise, der Gattin des Anwalts, statt, wo man mit Klatsch und übler Nachrede der Eintönigkeit des provinziellen Alltags entkommen will. »*Die Leute aus der Provinz würden ausgezeichnete Kommentatoren abgeben, wenn sie den besten Teil ihrer Phantasie, den sie auf das Erkennen der Umtriebe ihrer Mitbürger verwenden, ernsthafteren Dingen zuwenden würden.*« Hinter der Fassade der Wohlanständigkeit, dem gesellschaftlichen Schein, soll die abgründige Wirklichkeit der Interessen und Leidenschaften aufgedeckt werden. Auf der Suche nach der verborgenen Wahrheit fordert Champfleury vom Romancier, sich weniger auf seine Imagination als auf seine Beobachtung zu verlassen. In diesem Sinne kommen seinen Provinzromanen – insbesondere den *Bourgeois de Molinchart* – denn auch eher dokumentarische als ästhetische Qualitäten zu. B.We.-KLL

AUSGABE: Paris 1855.

### VESELIN SIMEONOV CHANČEV

\* 4.4.1919 Stara Zagora
† 3.11.1966 Sofia

LITERATUR ZUM AUTOR:
I. Popivanov, *V. Ch.* (in Lit. Misăl, 1968, 6). –
S. Pravčanov, *V. Ch.*, Sofia 1971. – M. Lilov, *Za rităma v poezijata. (Nabljudenija vărchu tvorčestvoto na V. Ch.)* (in Bălg. Ezik, 25, 1975, S. 185–200). –
*The Poetry of V. Ch.* (in Bulgaria Today, 5, 1975). –
P. Zarev, *V. Ch.* (in P. Z., *Panorama na bălgarskata literatura*, Sofia 1979, Bd. 5, S. 321–349). –
E. Petrow, *V. Ch.* (in *Literatur Bulgariens 1944 bis 1980. Einzeldarstellungen*, Bln. 1981, S. 318–324, 562 f.). – V. Černokožev, *Ch.* (in *Rečnik na bălgarskata literatura*, Bd. 3, Sofia 1982, S. 522–524).

## STICHOVE V PALASKITE

(bulg.; *Gedichte im Patronengurt*). Lyrisches Poem von Veselin CHANČEV, erschienen 1954. – Die politische Geschichte Bulgariens im 20. Jh. hat der Literatur des Landes das Thema von Krieg und Befreiungskampf geradezu aufgezwungen. Steht das Schaffen des Symbolisten DEBELJANOV für die Kriegslyrik des Ersten Weltkriegs, so setzt Chančev, an dessen Lyrik sich vor allem die jüngste Dichtergeneration Bulgariens orientiert, die Tradition des Genres als sozialistischer Humanist für den Zweiten Weltkrieg fort. Als eine Art lyrisches Tagebuch gibt Chančevs Poem aus eigener Anschauung Momentaufnahmen des Kriegsgeschehens wieder. »*Im Patronengurt neben den Patronenstreifen, / in den Feldzügen und in den erbitterten Kämpfen / habe ich euch, meine rauhen Worte, geladen / geboren im Kampf, ihr meine Verse.*« Hinter der anspruchslosen Versform (zumeist vierzeilige Kreuzreime mit fünffüßigen Jamben) verbirgt sich die Zuversicht, daß aus der drohenden Zerstörung eine neue Welt erwachsen werde. Das Poem verrät das persönliche Engagement des Verfassers, vermeidet jedoch alle überschwellige Sentimentalität: *Nicht aus Gram habe ich gekämpft, / nicht der Tränen wegen bin ich in den Krieg gezogen.*« Der Tagebuchcharakter des Werks läßt lediglich eine episodische Schilderung der Kriegseindrücke ohne klar zutage tretenden philosophischen Überbau zu, was dem Autor von seinen Kritikern (DELČEV) zum Vorwurf gemacht wurde. Die einzelnen Gedichte entbehren dennoch nicht der inneren Dramatik. Scharf konfrontieren sie Haß und Liebe, Leben und Tod, Grausamkeit und Heroismus.     D.Ku.

AUSGABEN: Sofia 1954. – Sofia 1969. – Sofia 1976 (in *Izbrani tvorbi*).

LITERATUR: D. Dobrev, *Pesni za družata i mira* (in Septemvri, 1954, H. 10, S. 59–70). – R. Likova, *Stichove za Otečestvenata vojna* (in Septemvri, 1955, H. 7, S. 72–79). – M. Vasilev, *Urokăt na V. Ch.* (in Bălg. ezik i literatura, 1967, S. 11–14). – B. Delčev, *Edin poet se razda* (in Literaturna misăl, 1963, Nr. 7, S. 88–115). – B. Delčev, *V. Ch.* (in Rodeni meždu dve vojni, Sofia, 1963, S. 28–110). – V. Bojadžieva, *Poezijata na V. Ch.* (in Septemvri, 1969, H. 8, S. 223–230).

# RAYMOND THORNTON CHANDLER

\* 23.7.1888 Chicago
† 26.3.1959 La Jolla / Calif.

LITERATUR ZUM AUTOR:
M. J. Bruccoli, *R. Ch. A Checklist*, Kent 1968. – Ders., *R. CH. A Descriptive Bibliography*; Pittsburgh 1979. – K. Newlin, *R. Ch.: A Critical and Biographical Bibliography* (in Clues, 6, 1985, Nr. 2, S. 61–72).
*Biographie*:
F. MacShane, *The Life of R. Ch.*, NY 1976 (dt. *R. Ch.*, Zürich 1984).
*Gesamtdarstellungen und Studien*:
P. Durham, *Down These Mean Streets a Man Must Go: R. Ch.'s Knight*, Chapel Hill 1963. – H. Ruhm, *R. Ch.: From Bloomsbury to the Jungle – and Beyond* (in *Tough Guy Writers of the Thirties*, Hg. D. Madden, Carbondale/Ill. 1968, S. 171–185). – F. Jameson, *On R. Ch* (in Southern Review, 6, 1970, S. 624–650). – E. M. Beekman, *R. Ch. & an American Genre* (in Massachusetts Review, 14, 1973, S. 149–173). – *Ch. before Marlowe. R. Ch.'s Early Prose and Poetry*, Hg. M. J. Bruccoli, Univ. of South Carolina Press 1973. – W. Ruehlmann, *Saint With a Gun*, NY 1974. – *R. Ch. Die simple Kunst des Mordes*, Hg. D. Gardiner u. K. S. Walker, Zürich 1975. – U. Schulz-Buschhaus, *Formen u. Ideologien des Kriminalromans*, Ffm. 1975, S. 123–154. – S. Pendo, *R. Ch. on Screen: His Novels into Film*, Metuchen 1976. – *The World of R. Ch.*, Hg. M. Gross, Ldn. 1977. – R. Giudice, *Darstellung u. Funktion des Raumes im Roman von R. Ch.*, Ffm. 1979. – Y. Karsunke, *Ein Yankee an Sherlock Holmes' Hof: Der Kriminalromancier R. Ch.* (in *Zur Aktualität des Kriminalromans*, Hg. E. Schütz, Mchn. 1979. S. 113–122). – J. Speir, *R. Ch.*, NY 1981. – W. Luhr, *R. Ch. and Film*, NY 1982. – L. K. Babaner, *R. Ch.'s City of Lies* (in *Los Angeles in Fiction*, Hg. D. Fine, Albuquerque 1984, S. 109–131). – U. Suerbaum, *Krimi. Eine Analyse der Gattung*, Stg. 1984, S. 140–154. – E. Mandel, *Ein schöner Mord. Sozialgeschichte des Kriminalromans*, Ffm. 1987, S. 40–48.

## THE BIG SLEEP

(amer.; Ü: *Der tiefe Schlaf*, auch: *Der große Schlaf*). Roman von Raymond Thornton CHANDLER, erschienen 1939. – Der Roman *The Big Sleep* erzählt die Geschichte des jungen, verdorbenen Mädchens Carmen Sternwood, das den Ehemann seiner Schwester Vivian aus verschmähter Zuneigung und sadistischen Gelüsten erschießt. Vivian versucht, ihre Schwester zu decken und ihren Vater, den alten und kranken General Sternwood, der den ermordeten Rusty Regan sehr gern gehabt hat, nicht mit dieser Familientragödie zu belasten. Der alte Sternwood aber engagiert ausgerechnet den Privatdetektiv Philip Marlowe – vordergründig, um eine Erpressung in den Griff zu bekommen, tatsächlich aber, um jenen Rusty Regan zu suchen. Nach allerlei Verwicklungen wird Marlowe beinahe selbst Opfer der rauschgiftsüchtigen Carmen Sternwood. Die Schurken, die Marlowe während seiner Ermittlungen über den Weg gelaufen sind, erhalten schließlich ihre Strafe. Die Illusionen des Generals zerstört der Privatdetektiv hingegen nicht.

*The Big Sleep*, Chandlers erster Roman, ist aus vier in den Pulpmagazinen ›Black Mask‹ und ›Dime Detective Magazine‹ schon früher erschienenen Geschichten zusammengebaut: *Killer in the Rain; The Curtain; Finger Man* und *Mandarin's Jade*. Diese Technik, aus bereits vorhandenen eigenen Texten einen neuen zu formen, bezeichnete Chandler selbst als »*cannibalizing*«, also Ausschlachten; eine Technik indes, die über die Literarizität von Chandlers Romanwerk einiges aussagt. Denn als Chandlers große Leistung gilt gemeinhin die »Literarisierung« des Kriminalromans. Richtig ist, daß mit *The Big Sleep* ein Roman entstand, der neben den Büchern von Dashiell HAMMETT aus der Massenproduktion der zeitgenössischen Kriminalromane herausragte. Führend in Lesergunst und Auflage waren damals noch die »klassischen« Kriminalromane nach dem Muster der Agatha CHRISTIE. Chandler hingegen hat die Handlung aus der Idylle der Landhäuser in das Großstadtmilieu transponiert, hat realitätsnahe Figuren und Schauplätze geschaffen, den Detektiv vom analytischen Denker in eine handelnde Figur verwandelt, der von den Ereignissen nicht wesentlich mehr weiß als der Leser. Dafür erwies sich die Form der Ich-Erzählung als besonders geeignet. Dennoch hat er an der *formula* für Kriminalromane nach überliefertem Muster festgehalten, allerdings die Schwerpunkte verschoben. Er sah den Kriminalroman dann als literarisch ungenügende Gattung an, »*wenn das Puzzle das einzige Motiv für das Interesse des Lesers bildete*«. Chandler wollte die *formula* von Verbrechen und Aufklärung dazu benutzen, realistische Romane zu schreiben. Aber nie behauptete er, die Realität selbst abzubilden. So ist *The Big Sleep* ein Roman von hohem Stilisierungsgrad. Stilisiert ist die Gestalt des Privatdetektivs Philip Marlowe, der, neben Hammetts Sam Spade, zum Prototyp des einsamen, zynischen, aber moralisch aufrechten *private eye* wurde. Die Moral des Detektivs muß dabei nicht mehr die offizielle Moral von Recht und Gesetz sein, die in der Welt des Philip Marlowe keine allgemeinverbindlichen Größen mehr sind. Diese geistige Haltung des Detektivs, nicht die Anzahl der Leichen führte zu dem Terminus *hard boiled novel*. Stilisiert ist auch die Sprache des Romans, eine artifiziell kalkulierte und irritierende, dabei wirkungsvolle Mischung aus britischem Satzbau und amerikanischem Vokabular. Diesem »Stil« galt Chandlers Hauptaugenmerk, wobei seine Kunst der Metapher ein herausragendes Merkmal ist, dem allerdings gewisse Manierismen nicht abzusprechen sind. Zu großer Meisterschaft brachte es Chandler in der Kunst des witzigen und pointierten Dialogs. Die Zungenfertigkeit und verbale Aggressivität Marlowes hat unzählige Nachahmer des *wisecracks* hervorgebracht.

*The Big Sleep* ist ein Kriminalroman, und er ist zugleich ein sozialkritischer Roman: Ein sozialkritischer Roman, weil er eine genaue Beschreibung der kalifornischen Gesellschaft der späten dreißiger Jahre mit allen ihren Nachtseiten bietet; ein traditioneller Kriminalroman, weil er letztlich doch private Gründe für das Verbrechen verantwortlich macht. Seiner berühmten Äußerung über Hammett, dieser habe den Mord den Menschen zurückgegeben, »*die mit wirklichen Gründen morden*«, widerspricht Chandler im Grunde selbst in *The Big Sleep*. Dennoch schuf er mit diesem Werk ein tragfähiges Muster, das für den Typus des Privatdetektivromans bis heute verbindlich blieb. Howard Hawks' Verfilmung mit Humphrey Bogart in der Rolle des Philip Marlowe hat diesen Typus auch optisch bis heute unverdrängbar festgeschrieben.
T.W.

AUSGABEN: NY 1939. – NY o. J. (Pocket Books). – NY 1967; ern. 1977. – Ldn. 1979. – San Francisco 1986.

ÜBERSETZUNGEN: *Der tiefe Schlaf*, M. Brand, Nürnberg 1950. – Dass., dies., Bln. 1961. – *Der große Schlaf*, G. Ortlepp (in *SW*, 13 Bde., Zürich 1974–1980, 1; detebe). – *Der tiefe Schlaf*, M. Brand, Bln./DDR 1976. – Dass., dies., Ffm./Bln. 1983 (Ullst. Tb).

VERFILMUNGEN: USA 1946 (Regie: H. Hawks; Drehbuch: W. Faulkner, L. Brackett u. J. Furthman). – GB 1978 (Regie: M. Winner).

LITERATUR: R. W. Lid, *Philip Marlowe Speaking* (in Kenyon Review, 31, 1969, S. 153–178). – »*The Big Sleep*«: *A Film Adaption Directed By Howard Hawks*, Hg. G. Garrett, NY 1971; ern. 1983. – R. Shatzkin, *Who Cares Who Killed Owen Taylor?* (in *The Modern American Novel and the Movies*, Hg. G. Peary u. R. Shatzkin, NY 1978, S. 80–94). – P. J. Rabinowitz, *Rats behind the Wainscoting: Politics, Convention, and C.'s »The Big Sleep«* (in Texas Studies in Literature and Language, 22, 1980, S. 224–245). – E. Béranger, *La femme et la corruption dans le roman noir: Le cas de R. C.* (in *Le facteur religieux en Amérique du Nord*, Bd. 2: *Les Etats-Unis*, Hg. J. Béranger, Talence 1981, S. 13–31). – B. Gallagher, *Howard Hawks's »The Big Sleep«: A Paradigm for the Postwar American Family* (in North Dakota Quarterly, 51, 1983, Nr. 3, S. 78–91). – E. Fontana, *Chivalry and Modernity in R. C.'s »The Big Sleep«* (in Western American Literature, 19, 1984, Nr. 3, S. 179–186).

## THE LONG GOOD-BYE

(amer.; Ü: *Der lange Abschied*). Roman von Raymond Thornton CHANDLER, erschienen 1953. – *The Long Good-Bye* ist Chandlers ehrgeizigstes Romanprojekt. Zeitweise unter dem Titel *Summer in Idle Valley* geplant, entstand der Roman 1951–1953 unter deprimierenden Bedingungen während einer schweren Krankheit von Chandlers Ehefrau Cissy. Noch im Jahr 1953 wurde das Buch fast vollständig umgeschrieben.

Chandlers letzte große eigenständige Prosaarbeit (es folgte noch der Roman *Playback*, der allerdings auf einem nicht realisierten Drehbuch von 1947/48 basierte) ist das melancholische Resümee seiner Detektivfigur Philip Marlowe in der kalifornischen Gesellschaft: »*. . .wichtig waren mir die Menschen, war mir die seltsam korrupte Welt, in der wir leben, und wie ein Mann, der ehrlich zu sein versucht darin, am Ende mit sentimentalem oder einfach dummem Gesicht dasteht*«, wie Chandler kommentierte.

Die Anlage des Romans bricht mit einer bis dato eisernen Regel des amerikanischen Privatdetektivromans. Philip Marlowe wird nicht im Auftrag eines Klienten aktiv, sondern handelt »selbständig«. Ein eher beiläufiger, Marlowe aber durchaus sympathischer Bekannter, der Gigolo, Spieler und Säufer Terry Lennox bittet den Detektiv, ihn aus der Stadt zu schaffen, weil seine Ehefrau Sylvia unter mysteriösen Umständen ermordet worden ist. Lennox ist der Hauptverdächtige, was ein schriftliches Geständnis und sein nach gelungener Flucht erfolgter Selbstmord in einem obskuren mexikanischen Nest zu bestätigen scheinen. Einige Zeit später wird Marlowe, der an diese Konstellation nie so ganz glauben konnte, von Eileen Wade, der Frau des berühmten Schriftstellers Roger Wade engagiert, um auf ihren Mann, einen unberechenbaren und jähzornigen Alkoholiker, aufzupassen. Sie benutzt jedoch Marlowe als Alibi und Sündenbock und erschießt ihren Mann. Es stellt sich heraus, daß

Eileen Wade auch die erste Ehefrau von Terry Lennox war und auch Sylvia Lennox, die ihrerseits ein Verhältnis mit Roger Wade gehabt hatte, umgebracht hat. Am Ende taucht Lennox wieder auf, der seinen Selbstmord nur vorgetäuscht hatte, um seiner bedrängten Lage elegant und bequem zu entkommen. Marlowe, der, um Lennox zu decken, selbst ins Gefängnis gegangen war, fühlt sich hintergangen und ausgenutzt. Er weist Lennox' Freundschaft zurück.

*The Long Good-Bye* eröffnete dem Kriminalroman weite Dimensionen. Die Frage nach dem Mörder *(Whodunit)* tritt hinter die komplexen psychologischen, sozialen und politischen Aspekte zurück, die in dem Roman erörtert werden und den einzelnen Mord und dessen Aufklärung als rein literarisches Denkspiel unbefriedigend erscheinen lassen. Der deduktive Weg der Verbrechensaufklärung scheitert an den komplizierten und vielschichtigen Bedingungen, innerhalb derer ein Verbrechen nur ästhetisch und kognitiv ergiebig dargestellt werden kann.

Gleichzeitig ist *The Long Good-Bye* auch schon wieder eine Absage an das von Chandler und Dashiell HAMMETT begründete Konzept des harten, zynischen und ausgekochten Detektivs. »*Die ganze ausgekochte Härte*«, schreibt Chandler, sei zur »*Pose*« geworden. Marlowe habe plötzlich »*christusähnliche*« und «*sentimentale*« Züge bekommen. Die Figur des Detektivs Philip Marlowe, der in sämtlichen Romanen Chandlers (*The Big Sleep*, 1939; *Farewell, My Lovely*, 1940; *The High Window*, 1942; *The Lady in the Lake*, 1943; *The Little Sister*, 1949) auftritt, bekommt hier eine eigene Geschichte, psychologische Tiefe und Emotionen, die dem Bild des literarischen Typus zu widersprechen scheinen: Sentiment und Melancholie, Bitterkeit und Trauer. Chandler interessiert sich zunehmend für den »gemischten Charakter«, der eine eindeutige Zuordnung von »gut« und »böse« verhindert. Jedem einfachen Weltbild stellt *The Long Good-Bye* scharfsichtig-kritische Reflexionen über die amerikanische Gesellschaft, über Geld und Macht, über Moral und Ehre entgegen. Diese reflektierenden Passagen dominieren zeitweise die *action*, die Kriminalhandlung, ohne daß dies dem Kriminalroman *The Long Good-Bye* Abbruch täte. Durch die Einfügung der Figur des Roger Wade ist das Werk nicht zuletzt auch ein Roman über das Schreiben. Chandler, der erst als Fünfundvierzigjähriger nach dem Verlust seiner Stellung als Manager diverser Ölgesellschaften aus Not hauptberuflicher Schriftsteller wurde, hatte als Autor für billige Hefte, sogenannte *Pulps*, begonnen. Vor allem in ›Black Mask‹ erschienen – neben den Erzählungen Dashiell Hammetts – seine Kurzgeschichten, in denen Chandler sich das Handwerk des Schreibens aneignete, darunter solche Klassiker wie *Blackmailers Don't Shoot*. Chandler, in England, Deutschland und Frankreich humanistisch erzogen, hat den Kriminalroman, insbesondere dessen Subgenre *private eye novel* für Leser jeglicher Provenienz akzeptabel gemacht. Das Einlassen auf die Produktionsbedingungen Hollywoods (u. a. die Drehbücher zu *Double Indemnity* von Billy Wilder oder *Strangers on a Train* von Alfred Hitchcock) nutzte Chandler, um populäre Literaturformen ohne Verlust von Popularität auf Niveau zu bringen. Er steht damit zusammen mit Dashiell Hammett nicht nur als Innovator und herausragender Vertreter des amerikanischen Kriminalromans an exponierter Stelle, sondern auch als Verfechter einer Konzeption von Literatur, die allgemeine Kommunikabilität, spannende Handlung und artistisches Kalkül von Struktur und Sprache als einander nicht ausschließende Komponenten begreift.

Mit Philip Marlowe schuf Chandler eine Gestalt, die noch heute weltweit als der Prototyp des Privatdetektivs gilt. Gerade *The Long Good-Bye* trug dazu bei, daß dieser Typ nicht im Klischee erstarrt ist, sondern zu einem tragfähigen Archetyp der Literatur wurde.

Gattungsgeschichtlich markiert *The Long Good-Bye* den Punkt, an dem die Anschlußmöglichkeiten des Privatdetektivromans an andere Strömungen der Literatur manifest werden. Der Verdacht Helmut HEISSENBÜTTELS, »*daß der Ruhm des Autors Raymond Chandler den des Autors Ernest Hemingway überdauert*«, mag sich angesichts der vielfältigen künstlerischen Möglichkeiten des Erzählens, die Chandler virtuos nutzte, erhärten. T.W.

AUSGABEN: Ldn. 1953. – Boston 1954. – Harmondsworth 1966 (Penguin). – Ldn. 1971. – Ldn. 1984.

ÜBERSETZUNGEN: *Der lange Abschied*, H. Wollschläger (in *SW*, 13 Bde., Zürich 1974–1980, 4; detebe). – Dass., P. Fischer, Bln./DDR 1977. – Dass., ders., Ffm./Bln. 1981 (Ullst. Tb).

VERFILMUNG: USA 1973 (Regie: R. Altmann).

LITERATUR: R. H. Miller, *The Publication of R. Ch.'s »The Long Good-Bye«* (in Papers on the Bibliographical Society of America, 63, 1969, S. 279–290). – G. A. Finch, *Marlowe's Long Good-bye* (in Armchair Detective, 6, 1972, S. 7–11). – L. Howard, *R. Ch.'s Not-So-Great Gatsby* (in Mystery and Detection Annual, 1973, S. 1–15). – T. O. Tate, *The Longest Goodbye: R. Ch. and the Poetry of Alcohol* (in Armchair Detective, 18, 1985).

## JEAN CHAPELAIN

\* 4.12.1595 Paris
† 22.2.1674 Paris

LITERATUR ZUM AUTOR:
G. Collas, *Un poète protecteur des lettres au 17e siècle, J. Ch. (1595–1674)*, Diss. Paris 1912. – R. Bray, *La*

*formation de la doctrine classique en France*, Paris 1937; ern. 1963. – A.-C. Hunter, *Lexique de la langue de J. Ch.*, Genf 1970. – N. Accaputo, *Il testamento di Ch.*, Neapel 1971. – I. Fröller, *Der Einfluß der Epentheorie der italienischen Renaissance und der »Gerusalemme liberata« Torquato Tassos auf C.*, Diss. Graz 1974. – J. von Stackelberg, *Französische Literatur, Renaissance und Barock*, Mchn./Zürich 1984, S. 88–100.

LITERATUR: Moisson-Laferrière, *L'esprit classique et la préciosité au 17e siècle, à propos de Ch.* (in Correspondant, 1913, S. 1160–1190). – N. Edelman, *Attitudes of 17th Century France, toward the Middle-Ages*, NY 1946, S. 199–276. – J. M. Mors, *»La Pucelle« and »Paradise Lost«* (in CL, 9, 1957, S. 238–242).

## LA PUCELLE ou la France délivrée

(frz.; *Die Jungfrau [von Orleans] oder Das befreite Frankreich*). Heroisches Gedicht von Jean CHAPELAIN, erschienen 1656. – Chapelains Epos hat eine gewisse Berühmtheit erlangt aufgrund der ironischen Kommentare, die sein Erscheinen begleiteten. Zwölf Gesänge wurden 1656 in Paris veröffentlicht, zwölf weitere 1882 in Orleans. Im Vorwort erklärt der Autor, daß sein Werk ein hohes Maß an Vollkommenheit erreichen müsse, da er die Regeln mustergültig angewandt habe. In Wahrheit erweist sich jedoch *La Pucelle* als fast unlesbar, da die übertriebene formale Genauigkeit und die pedantische Abhängigkeit von den literarischen Regeln die schwache poetische Inspiration des Autors fast völlig ersticken.
Der Inhalt ist allgemein bekannt: Jeanne, das junge Mädchen aus Domrémy, greift auf Befehl der Heiligen Jungfrau zu den Waffen, kämpft gegen die Engländer und ermöglicht nach dem Entsatz von Orleans die Krönung des Dauphin in Reims. Die Handlung verfolgt die einzelnen Schlachten bis zur Gefangennahme Jeannes, ihrer Auslieferung an die Engländer und der Verurteilung als Hexe durch ein geistliches Gericht. Die letzten zwölf Gesänge, die mehr als zweihundert Jahre unveröffentlicht blieben, schildern den Prozeß und den Tod auf dem Scheiterhaufen.
Das ermüdend lange, von den Preziösen mit Spannung erwartete Gedicht wurde von BOILEAU vielfach attackiert, besonders in der neunten, gegen COTIN und Chapelain gerichteten Satire. Boileau fand den Mut, den im literarischen Leben des 17. Jh.s hochgeschätzten Chapelain vernichtend zu kritisieren: *»Er bringt sich halb um beim Reimen; warum schreibt er keine Prosa? ... Wenn Chapelain ein Werk herausbringt, / So wird jeder Leser sogleich zu einem Linière [Autor eines Epigramms gegen die Pucelle], / Er hat umsonst die Weihe von tausend Autoren erhalten, / Sein Buch, das jetzt erscheint, straft alle Lobredner Lügen.«* Trotz der Angriffe Boileaus blieb die literarische Autorität Chapelains noch maßgebend; erst die Abkehr vom Dogmatismus in der Kunst und das Aufkommen einer Dichtung, die vor allem »gefallen« *(plaire)* wollte, haben seinen Einfluß allmählich verringert. R.L.

AUSGABEN: Paris 1656. – Paris 1891, Hg. E. de Molènes, 2 Bde. [nfrz.]. – Orleans 1882 (*Les douze derniers chants du poème de la Pucelle*, Hg. H. Herluison).

## LES SENTIMENS DE L'ACADÉMIE FRANÇOISE SUR LA TRAGI-COMÉDIE DU CID

(frz.; *Ansichten der Académie Française über den Cid*). Literaturkritische Abhandlung von Jean CHAPELAIN, erschienen im Dezember 1637. – Die Schrift, die Chapelain im Namen und unter der Mitarbeit der neugegründeten Académie-Française fertigstellte, beendete die »Querelle du Cid«, den Streit um CORNEILLES berühmtes Theaterstück, der im Laufe des Jahres 1637 immer heftiger wurde und in persönliche Beleidigungen ausartete. Die *Sentimens* entstanden auf Veranlassung Richelieus, der in dem Streitfall *»eine ausgezeichnete Gelegenheit für die Akademie erblickte, im literarischen Leben des Landes die Rolle zu übernehmen, die er ihr zugedacht hatte«* (A. Adam). Die These, der Kardinal sei durch die Verherrlichung spanischen Heldentums verärgert gewesen – seit 1635 stand Frankreich mit Spanien im Krieg – und habe die Angriffe gegen Corneille selbst lanciert, läßt sich nicht beweisen. Corneille hat sich vielmehr in der allgemeinen Begeisterung über sein Stück, ermuntert durch Gunstbezeigungen des königlichen Hofes und durch Richelieu, zu Äußerungen hinreißen lassen, die ihm zahlreiche Feinde schufen. Das Gedicht *Excuse à Ariste*, 1633 verfaßt, aber erst im Februar 1637 veröffentlicht, mußte als Demütigung der weniger erfolgreichen Theaterschriftsteller aufgefaßt werden: *»Mir allein verdanke ich mein ganzes Renommee, und ich werde jedenfalls keinem Rivalen dadurch Unrecht tun, daß ich ihn als gleichrangig behandle.«*
Bereits Anfang April hatten zwei Dramatiker auf Corneilles Herausforderung geantwortet. Als fingierter »Autheur du vray Cid espagnol« (Autor des wahren spanischen Cid) behauptete Jean MAIRET in sechs Stanzen, Corneille habe seine Vorlage, *Las mocedades del Cid* (1618) des Spaniers Guillén de CASTRO (1569–1631), plagiiert. In der kritischen Abhandlung *Observations sur le Cid* bezichtigte Georges de SCUDÉRY den Verfasser des *Cid* schwerer Verstöße, u. a. gegen die Aristotelischen Regeln, und forderte ihn ohne persönliche Polemik zu einem akademischen Streit heraus. Als Corneille im Mai mit einer verächtlichen, jede Diskussion verweigernden *Lettre apologétique* erwiderte, rief Scudéry im Juni das Schiedsgericht der Akademie an. Diese übernahm eine solche Aufgabe nur widerstrebend, doch mußte sie sich, ebenso wie Corneille, einer Aufforderung Richelieus fügen. Während das Urteil im Laufe der folgenden Monate unter der direkten Einflußnahme des Kardinals mehrfach

überarbeitet wurde, setzte sich der Streit in immer größerem Kreis in skandalöser Weise fort, bis der Minister im Oktober die Fortsetzung der Diffamierungen untersagte. Als die *Sentimens* im Dezember erschienen, waren Corneille und seine Gegner gleichermaßen enttäuscht, denn die Akademie hatte in zwar distanziertem Ton Stellung genommen und auch mit einem abschließenden Lob für den Autor des *Cid* nicht gespart; den *Observations* Scudérys gab sie aber andererseits im wesentlichen recht. Unter umständlicher Beweisführung warf sie Corneille die Verletzung der Aristotelischen Regeln vor. Er habe auf die Einheiten von Zeit, Ort und Handlung nicht geachtet und gegen das Gesetz der Wahrscheinlichkeit *(vraisemblance)* verstoßen. Es sei unwahrscheinlich und widerspreche dem öffentlichen Anstand *(bienséance)*, daß ein Mädchen den Mörder ihres Vaters zu heiraten wünsche und daß die Obrigkeit dies gutheiße. Obgleich die historische Wahrheit zugunsten des Autors spreche, seien doch nicht alle Geschehnisse geeignet, auf der Bühne dargestellt zu werden. Viele Episoden seien unnötig, der Stil sei durch schlechte Verse und unreine Wortwahl verdorben. »*Die ›Sentiments‹ bringen die Gelehrtenmeinung zum Ausdruck, die, unparteiisch und gemäßigt, zwar fähig ist, die Schwächen in einem genialen Werk zu entdecken, nicht aber dessen Genialität selbst zu empfinden*«, urteilt A. ADAM.

Trotz des eklatanten Fehlurteils über den *Cid* ist die Bedeutung der *Sentimens* für die Herausbildung der klassischen französischen Tragödie nicht unerheblich. Seit dem Ende des 16. Jh.s tendierte das französische Theater dahin, sich wieder von den in SCALIGERS Poetik etablierten, von ARISTOTELES hergeleiteten Gesetzen der Dramatik zu lösen und, dem barocken Geschmack für das Romaneske und Phantastische entsprechend, das Schäferspiel oder die an Verwicklungen und Peripethien überreiche Tragikomödie zu bevorzugen. Aus der seit 1620 manifesten Krise der Tragödie sollten erst die theoretischen Forderungen vor allem Chapelains und Mairets (*Préface de Silvanire*, 1631) sowie Mairets erfolgreiche Tragödie *Sophonisbe* (1634) herausführen. Die Anstrengungen um eine Erneuerung der »regelmäßigen« Tragödie beeinflußten wiederum seit 1627 die Entwicklung der Tragikomödie, die dazu überging, die Handlung zu straffen, den Wechsel zwischen burleskem und erhabenem Stil zu vermeiden und mehr oder weniger strikt die Aristotelischen Einheiten zu befolgen. Mit der in der Tragikomödie nun üblichen Flexibilität hatte auch Corneille die drei Einheiten erfüllt; gleichwohl konnte der übergroße Erfolg des *Cid* die Renaissance der strengen Tragödie wieder gefährden. Innerhalb der gesellschaftlichen Elite wurde jedoch, bestärkt durch das Urteil der Akademie, die Diskussion um die Tragödie weitergeführt, bis die klassische Doktrin um 1640 nicht zuletzt mit Corneilles *Horace* triumphierte. J.Ze.

AUSGABEN: Paris 1638 [recte 1637]. – Paris 1862 (in *Œuvres de P. Corneille*, Hg. Ch. Marty-Laveaux, Bd. 12). – Paris 1912; Nachdr. Genf 1968 (*Les sentiments de l'Académie Française*, Hg. G. Collas; m. Einl. u. Anm.).

LITERATUR: L. Batiffol, *Richelieu et Corneille. La légende de la persécution de l'auteur du »Cid«*, Paris 1936. – G. Collas, *Richelieu et le »Cid«* (in RHLF, 43, 1936, S. 568–572). – A. Adam, *A travers la querelle du Cid* (in Revue d'Histoire, de la Philosophie et d'Histoire Générale de la Civilisation, 1938, S. 29–52). – M. Sedgwick, *Richelieu and the ›Querelle du Cid‹* (in MLR, 48, 1953, S. 143–150). – G. Nicoletti, *L'italianismo di J. C.* (in StF, 4, 1960, S. 241–251; 424–433). – P. G. Carlton, *Corneille's Dramatic Theories and the Didacticism of »Horace«* (in FS, 15, 1961, S. 1–11). – P. Ciureanu, *J. C. e suoi corrispondenti italiani* (in StF, 5, 1961, S. 260–274). – M.-O. Sweetser, *Les conceptions dramatiques de Corneille*, Paris 1962.

# GEORGE CHAPMAN

\* 1559 Hitchin
† 12.5.1634 London

LITERATUR ZUM AUTOR:
A. C. Swinburne, *G. Ch.*, Ldn. 1875. – E. Koeppel, *Quellen-Studien zu den Dramen G. Ch.s, Ph. Massingers u. J. Fords*, Straßburg 1897. – P. Allen, *Shakespeare and Ch. as Topical Dramatists*, Ldn. 1929. – H. Ellis, *G. Ch.*, Bloomsbury 1934. – J. N. Wieler, *G. Ch.: The Effect of Stoicism upon His Tragedies*, NY 1949. – J. Jacquot, *G. Ch.*, Paris 1951. – E. Rees, *The Tragedies of G. Ch.*, Cambridge, Mass. 1954. – P. Ure, *Ch.'s Tragedies* (in *Jacobean Theatre*, Hg. J. R. Brown u. B. Harries, Ldn. 1960, S. 227–247). – J. R. Nelson, *The Comedies of G. Ch.*, Diss. Oklahoma 1965. – M. MacLure, *G. Ch.: A Critical Study*, Toronto 1966. – A. Yamada, *G. Ch.: A Checklist of Editions, Biography, and Criticism 1946–1965* (in Research Opportunities in Renaissance Drama, 10, 1967, S. 75–86). – Ch. Spivack, *G. Ch.*, NY 1967 (TEAS). – L. C. Stagg, *An Index to the Figurative Language of G. Ch.'s Tragedies*, Charlottesville 1970. – Th. M. Grant, *The Comedies of G. Ch.: A Study in Development*, Salzburg 1972. – P. Bement, *G. Ch.: Action and Contemplation in His Tragedies*, Salzburg 1974. – D. Crawley, *Character in Relation to Action in the Tragedies of G. Ch.*, Salzburg 1974. – L. Goldstein, *G. Ch.: Aspects of Decadence in Early Seventeenth Century Drama*, 2 Bde., Salzburg 1975. – R. B. Paddington, *The Mind's Empire: Myth and Form in G. Ch.'s Narrative Poems*, Baltimore 1974. – R. Funk, *G. Ch.: An Addendum and Supplementary Checklist of Editions, Biography, and Criticism 1946–1977* (in Research Opportunities in

Renaissance Drama, 20, 1977, S. 45–62). – M. C. Bradbrock, *G. Ch.*, Ldn 1977. – T. P. Logan, *G. Ch.* (in *The New Intellectuals*, Hg. ders. u. D. S. Smith, Lincoln 1977, S. 117–170).

## BUSSY D'AMBOIS

(mengl.; *Bussy d'Ambois*). Historische Tragödie von George CHAPMAN, erschienen 1607. – Die Quellen dieser Tragödie sind unsicher. Da bekannte französische Geschichtswerke der Zeit, wie *Historiae sui temporis* von DE THOU oder *Histoires tragiques* von ROSSET erst nach 1607 veröffentlicht wurden, liegt die Vermutung nahe, daß der Dichter den Zugang zu seinem Stoff über zeitgenössische Darstellungen fand, von denen ihm wahrscheinlich BRANTÔMES *Discours sur les duels* und die *Mémoires* der MARGUERITE DE VALOIS bekannt waren. Beide Werke enthalten Episoden aus dem Leben des Louis de Clermont, Bussy d'Amboise, eines unerschrockenen Draufgängers, Abenteurers und Don Juans, der von 1549 bis 1579 gelebt haben soll. Er zeichnete sich bei den Hugenottenverfolgungen aus, gewann dadurch die Gunst des Herzogs von Anjou, fiel aber später in Ungnade und wurde schließlich aufgrund einer Liebesaffäre mit einer verheirateten Frau heimtückisch ermordet.

Ein Vergleich ergibt die weitgehende Übereinstimmung zwischen Tragödienhandlung und historischen Ereignissen: Bussy d'Ambois, ein verarmter Edelmann, gelangt mit Unterstützung Monsieurs, des Bruders Henris III., an den königlichen Hof, wo sich ihm eine glänzende Karriere eröffnet. Als Günstling des Königs und durch sein stolzes, selbstbewußtes Auftreten und seine unbeherrschte Kühnheit macht er sich jedoch rasch Feinde unter den rivalisierenden Höflingen. In einem Gefecht tötet Bussy drei seiner Gegner, erlangt aber auf Fürsprache Monsieurs die Verzeihung des Königs. Als aber Monsieur von Bussys Affäre mit Tamyra, der Gattin des Grafen von Montsurry, erfährt, wird auch er zum haßerfüllten Feind seines einstigen Favoriten und berichtet dem Grafen von der ehebrecherischen Verbindung. Dieser lockt den Rivalen in eine Falle und läßt den Ahnungslosen aus dem Hinterhalt erschießen.

Mit der Darstellung von Ereignissen aus der zeitgenössischen französischen Geschichte wagt sich Chapman auf ein für ihn neues Gebiet. Er behandelt dabei seinen Stoff vor allem unter dem Aspekt der stoischen Philosophie und unter dem Einfluß der Dichtung SENECAS. Das elisabethanische Zeitkolorit beibehaltend, wendet er sich von der romantischen Unverbindlichkeit vieler Bühnenstücke seiner Epoche ab, greift die Lehre der Stoiker auf, daß der Mensch sich gegen das Schicksal nur behaupten könne, wenn er sein Leben einem hohen sittlichen Ideal unterordne, und vereint in seinem Helden Züge von Senecas Herkules mit solchen des Idealtyps der Renaissance. An die rhetorische Kunst seines Freundes MARLOWE erinnern der breite Fluß und der wuchernde Bilderreichtum von Chapmans pathetischer Sprache, die sich stellenweise zu dynamischer Ausdruckskraft steigern kann. Diesen Monumentalstil hat DRYDEN als eine »Mischung aus unechter Poesie und reinem Unsinn« scharf abgelehnt. Sein negatives Urteil wurde im 19. Jh. von SWINBURNE revidiert, der Chapman unter den elisabethanischen Dramatikern den Rang gleich hinter SHAKESPEARE und MARLOWE einräumte. Zwischen der heroischen Dramatik Marlowes und den *Love-and-honour*-Stücken Drydens bilden Chapmans historische Tragödien, die vor dem Hintergrund der zeitgenössischen Szene klassische Ideale neu formulieren, jedenfalls ein wichtiges Bindeglied. W.D.

AUSGABEN: Ldn. 1607. – Ldn. 1641 [AlH]. – Ldn. 1910–1914 (in *The Plays and Poems*, Hg. T. M. Parrot, 2 Bde.). – Oxford 1953 (in *Five Stuart Tragedies*, Hg. A. McIlwraith). – Ldn. u. Cambridge, Mass. 1964, Hg. N. Brooke. – Ldn. u. Lincoln 1964, Hg. R. J. Lordi. – Ldn. u. NY 1965. – NY 1968 (in *Jacobean Drama*, Hg. R. C. Harrier).

LITERATUR: C. E. Engel, *Les Sources de »Bussy d'Ambois« de C.* (in RLC, 12, 1932). – M. Higgins, *The Development of the »Senecal Man«. C.'s »Bussy d'Ambois«* (in RESt, 1947). – W. G. MacCollom, *The Tragic Hero and C.'s »Bussy d'Ambois«* (in Univ. of Toronto Quarterly, 18, 1949). – P. Ure, *C.'s Tragedy of »Bussy d'Ambois«* (in MLR, 3, 1953). – J. Jacquot, *»Bussy d'Ambois« and C.'s Conception of Tragedy* (in English Studies Today, Ser. 2, Hg. G. A. Bonnard, Bern 1959, S. 129 bis 141). – J. Ribner, *Character and Theme in C.'s »Bussy d'Ambois«* (in ELH, 26, 1959, S. 482–496). – C. L. Barber, *The Ambivalence of »Bussy d'Ambois«* (in Review of English Literature, 2, 1961, S. 38–44). – R. Decap, *Bussy d'Amboise héros tragique: Sur le »Bussy d'Amboise« de G. Ch.* (in Caliban, Nr. 3, 1966; Sondernr.). – R. P. Adams, *Critical Myths and Ch.'s Original »Bussy d'Ambois«* (in Renaissance Drama, 9, 1966, S. 141–161). – P. Bement, *The Imagery of Darkness and Light in Ch.'s »Bussy d'Ambois«* (in Studies in Philology, 64, 1967, S. 187–198). – R. B. Waddington, *Prometheus and Hercules: The Dialectic of »Bussy d'Ambois«* (in ELH, 34, 1967, S. 21–48). – J. Freehafer, *The Contention of »Bussy d'Ambois«* (in Theatre Notebook, 23, 1968/69, S. 61–69). – L. E. Orange, *»Bussy d'Ambois«: The Web of Pretense* (in Southern Quarterly, 8, 1969, S. 37–56). – R. T. Burbridge, *Speech and Action in Ch.'s »Bussy d'Ambois«* (in TSL, 17, 1972, S. 59–65). – A. H. Tricomi, *The Revised Version of Ch.'s »Bussy d'Ambois«: A Shift in Point of View* (in Studies in Philology, 70, 1973, S. 288–305). – C. Bass, *»Bussy d'Ambois«* (in Innisfree, 3, 1976, S. 46–52). – R. Corballis, *»Bussy D'Ambois«: The Textual Problem Once More* (in AUMLA, 45, 1976, S. 80–90). – A. H. Tricomi, *The Problem of Authorship in the Revised »Bussy D'Ambois«* (in English Language Notes, 17, 1979, S. 22–29). – P. Dean u. J. Johnson, *Structure in the ›Bussy‹ Plays of Ch.* (in ES, 61,

1980, S. 119–126). – G. Florby, *The Painful Passage to Virtue: A Study of G. Ch.'s »The Tragedy of Bussy d'Ambois« and »The Revenge of Bussy d'Ambois«*, Lund 1982.

## THE CONSPIRACIE AND TRAGEDIE OF CHARLES DUKE OF BYRON, MARSHALL OF FRANCE

(engl.; *Die Verschwörung und Tragödie Karls, Herzog von Biron, Marschall von Frankreich*). Tragödie von George CHAPMAN, Uraufführung: London 1608, Blackfriars Theatre. – Nach dem Erfolg seiner etwa 1604 aufgeführten Tragödie *The Revenge of Bussy d'Ambois (Die Rache des Bussy d'Ambois)*, die gleichfalls einen Stoff aus der zeitgenössischen französischen Geschichte behandelt, ließ Chapman 1608 sein zweiteiliges Drama (Teil 1: *Die Verschwörung*, Teil 2: *Die Tragödie Birons*) in das »Stationers' Register« eintragen. In zehn Akten stellt der Autor quellentreu – vermutlich lediglich Edward GRIMESTONS *General Inventory of the History of France* folgend – die Verschwörung des Herzogs von Biron gegen König Heinrich IV. von Frankreich dar. Dieser hatte Birons hohe militärische Verdienste mit ungewöhnlichen Ehren belohnt. Doch in seinem manischen, an Coriolan erinnernden Ehrgeiz ließ sich der Herzog von einem subalternen Intriganten für eine Verschwörung gegen den König gewinnen. Nach der Aufdeckung des geplanten Verrats verzeiht Heinrich dem Herzog, der ihm jedoch diese Großmut nicht dankt und *»gegen alle Religion, Ehre und Vernunft«* ein zweites Komplott schmiedet. Diesmal läßt der König keine Gnade walten. Von düsteren Visionen eines unseligen Todes geschreckt, wehrt sich Biron verzweifelt gegen das Sterben, das *»ewige Exil der Toten«*. Er stirbt schließlich ohne Hoffnung auf göttliche Gnade.

Das Stück ist nur in einer verstümmelten Fassung überliefert. Eine in England spielende Szene, in der Königin Elisabeth dem Hochverräter warnend die Schädel der von ihr hingerichteten Empörer zeigt, fiel der Zensur zum Opfer, und der französische Botschafter protestierte mit Erfolg gegen eine Szene, in der die französische Königin eine Mätresse ihres Gemahls ohrfeigt. Doch gereichen dem Stück nicht nur diese beiden Kürzungen zum Nachteil. In allzu enger Anlehnung an seine Vorlage entwickelt der Dichter den Stoff in epischer Breite und belastet den dramatischen Konflikt mit einer Fülle historischer Details. Dadurch wird über lange Strecken das Interesse des Zuschauers vom tragischen Helden des Stücks abgelenkt. Auch hemmen mit rhetorischem Pathos vorgetragene Betrachtungen und Sentenzen den Fluß des Dialogs. Wenn daher die Tragödie auch nicht an ihre Vorgängerin *Bussy d'Ambois* heranreicht, enthält sie doch Szenen, die – wie etwa die letzten – von bemerkenswerter gedanklicher Durchdringung des Stoffes zeugen und beispielhaft sind für die Schönheit der Sprache Chapmans. E.St.

AUSGABEN: Ldn. 1608. – Ldn. 1910 (in *The Plays and Poems*, Hg. T. M. Parrott, 2 Bde., 1910 bis 1914, 1).

LITERATUR: F. S. Boas, *The Sources of Ch.'s »The Conspiracy of Byron« and »The Revenge of Bussy d'Ambois«* (in Athenaeum, 10. 1. 1903). – T. M. Parrot, *The Text of Ch.'s »Byron«* (in MLR, 4, 1908). – P. Ure, *The Outline of Ch.'s »Byron«* (in StPh, 47, 1950). – E. Schwartz, *C.h's Renaissance Man: Byron Reconsidered* (in JEGPh, 58, 1959, S. 613–626). – M. Jones u. G. Wickham, *The Stage Furnishings of G. Ch.'s »The Tragedy of Charles Duke of B.«* (in Theatre Notebook, 16, 1962, S. 113–117). – J. B. Gabel, *The Original Version of G. Ch.'s »Tragedy of Byron«* (in JEGPh, 63, 1964, S. 433–440). – Ders., *Some Notable Errors in Parrott's Edition of Ch.'s Byron Plays* (in Papers of the Bibliogr. Society of America, 58, 1964, S. 465 bis 468). – G. W. Ray, *Ch.'s »Conspiracy of Charles, Duke of Byron«*, Diss. Rochester 1966 (vgl. DA 27, 1966, 1382A-1383A). – J. B. Gabel, *The Date of Ch.'s »Conspiracy and Tragedy of Byron«* (in MPh, 66, 1969, S. 330–332). – G. F. Freije, *Ch.'s »Byron« and Bartholomaeus Anglicus* (in English Language Notes, 12, 1975, S. 168–171). – P. Demers, *»The Conspiracy and Tragedy of Charles Duke of Byron«: The Evaporation of Honour* (in Renaissance and Reformation, 11, 1975, S. 85–96). – M. E. Williams, *Ch.'s Duke of Byron and Apollo's Virtue* (in Explorations in Renaissance Culture, 3, 1976, S. 37–47). – J. M. Craig, *Ch.'s Two Byrons* (in Studies in Engl. Lit., 22, 1982, S. 271–283). – A. Leggat, *Tone and Structure in Ch.'s »Byron«* (in Studies in Engl. Lit., 24, 1984, S. 307–326). – A. H. Tricomi, *Philip, Earl of Pembroke, and the Analogical Way of Reading Political Tragedy* (in JEGPh, 85, 1986, S. 332–345).

## EASTWARD HOE!

(engl.; *Auf nach Osten!*). Komödie in fünf Akten, mit Prolog und Epilog, von George CHAPMAN, entstanden in Zusammenarbeit mit Ben JONSON (1572?–1637) und John MARSTON (1575–1634); Uraufführung: London 1605, Blackfriars Theatre, vor König Jakob I. – Während die meisten zeitgenössischen Dramen im aristokratischen Milieu spielen, führen Chapmans Stücke (ähnlich wie DEKKERS *The Shoemaker's Holiday*) in die Welt der Handwerker und geben damit interessante Einblicke in das damalige Londoner Leben. Der Goldschmied Touchstone hat zwei Gesellen, den strebsamen Golding und den leichtsinnigen, arbeitsscheuen Quicksilver. Seine beiden Töchter sind die bescheidene, fleißige Mildred und die anspruchsvolle Gertrude, die in der Hoffnung, eine Lady – mit Kutsche! – zu werden, Sir Petronel Flash, einen Abenteurer und Schönsprecher, heiratet. Mildred wird zur Freude ihres Vaters die Frau seines braven Gesellen Golding. Wie vorauszusehen, ist es Flash nur um Gertrudes Mitgift gegangen. Als das Geld aufgebraucht ist, schickt er die ihm längst lästig gewordene Ehefrau auf sein in Wirklichkeit gar nicht existierendes Schloß im Osten (siehe Titel!); er selbst will mit Quicksilver, der seinen Meister bestohlen hat, sein Glück in Virginia versuchen. Doch ihr Schiff gerät in Seenot, und die beiden Ausreißer werden Golding vorgeführt, der inzwischen Ratsherr und Friedensrichter geworden ist. Er verurteilt die beiden, um ihnen eine Lehre zu erteilen, zu kurzer Gefängnishaft, aus der sie jedoch nach wenigen Tagen, reuig und gebessert, entlassen werden. Auch Gertrude kehrt von ihrer vergeblichen Suche nach dem imaginären Schloß Petronels kleinlaut und bescheiden heim und findet sich wieder mit Flash zusammen, während Quicksilver seine verlassene Geliebte Sindefy heiratet. So löst sich dank der Großmut Touchstones, Goldings und Mildreds alles in Wohlgefallen auf.

Das wahrscheinlich von Jonson geschriebene Vorwort begründet den merkwürdigen Titel des Stücks mit der Absicht der Autoren »*to honour the suns's fair rising, not his setting*« (»*den Aufgang der Sonne zu ehren, nicht ihren Untergang*«). Im Stück selbst gebraucht der abenteuerlustige Quicksilver den Ausruf »*Eastward Hoe!*« als eine Art von Kampfruf. Sein Meister antwortet darauf humorvoll: »*Sir, Eastward Hoe will make you go Westward Hoe*« (»*Mein Herr, Ihr Drang nach dem Osten wird im Westen enden*«), womit er auf das im Westen gelegene Tyburn anspielt, den Ort, wo öffentlich gehenkt wird. – Trotz der Schwarzweißcharakterisierung und der unglaubwürdigen Totalbekehrung zweier so hartgesottener Sünder wie Quicksilver und Flash hatte die Komödie großen Erfolg bei dem an derbe, ja obszöne Sprache gewöhnten nachelisabethanischen Publikum. Die drei Autoren wurden für kurze Zeit wegen einer im dritten Akt enthaltenen abfälligen Bemerkung über die Schotten ins Gefängnis geworfen (der englische König Jakob I. war vorher König von Schottland gewesen), durch die Vermittlung mächtiger Freunde jedoch bald befreit. R.B.

AUSGABEN: Ldn. 1605. – Ldn. 1910–1914 (in *The Plays and Poems*, Hg. T. M. Parrott, 2 Bde., 2). – New Haven 1926, Hg. J. H. Harris. – Urbana 1970 (in *The Plays of G. Ch: The Comedies*, Hg. A. Holaday; krit.). – NY 1976, Hg. C. G. Petter. – Baltimore 1979, Hg. R. W. Van Fossen.

LITERATUR: P. Simpson, *The Problem of Authorship of »Eastward Hoe«* (in PMLA, 59, 1944). – W. Perry, *»Eastward Hoe« and »A Woman is a Weathercock«* (in MLN, Febr. 1947). – D. J. Lake, *»Eastward Ho«: Linguistic Evidence for Authorship* (in Notes and Queries, 28, 1981, S. 158–166).

# THE GENTLEMAN USHER

(engl.; *Der eingebildete Butler*). Tragikomödie in fünf Akten von George CHAPMAN, Uraufführung: London 1601, Blackfriars Theatre. – Die *high com-* *edy* der Elisabethanischen Zeit erreicht mit diesem Stück einen Höhepunkt, und das, obgleich Chapman hier einen tragikomischen Stoff verarbeitet hat, wie er bis dahin in der englischen Bühnenliteratur selten verwandt worden war (und wie er kurz danach von dem Dramatikergespann Francis BEAUMONT und John FLETCHER übernommen und vervollkommnet wurde). – Die höchst verschiedenartigen Elemente seines Dramas hat der Autor auf oft recht forciert wirkende Weise zusammengefügt. So bringt er in den ersten beiden Akten vor allem Musik, Tanz und die üblichen Späße der *court masques* (Maskenspiele) auf die Bühne und gelangt erst im dritten Akt zur eigentlichen Handlung, die sich dann allerdings überstürzt.

Herzog Alphonso liebt Margaret, eine junge und schöne Aristokratin. Sie jedoch hat ihr Herz seinem Sohn, dem Prinzen Vincentio, geschenkt. Da den Liebenden die Heirat verwehrt wird, legen sie insgeheim ihr Ehegelübde »*vor dem Himmel*« ab. Als der väterliche Rivale davon erfährt, befiehlt er, seinen inzwischen des Landes verwiesenen Sohn tot oder lebendig herbeizuschaffen, und verlangt, daß Lady Margaret ihn, den Herzog, heirate. Aber Margaret, der man die falsche Nachricht von Vincentios Tod überbracht hat, ist entschlossen, diesem übers Grab hinaus treu zu bleiben. Sie übergießt ihr Gesicht mit einer ätzenden Flüssigkeit, die ihre Züge schrecklich entstellt. Nun bereut der gedemütigte Herzog seinen Starrsinn und fleht zum Himmel, sein Sohn möge ihm erhalten bleiben. Der von den Häschern des Vaters schwer verwundete Prinz wird zurückgebracht und besteht darauf, sein Ehegelübde zu halten, während Margaret ihm nicht zumuten will, mit einer derart entstellten Frau zu leben. Als *deus ex machina* erscheint jedoch ein Wunderdoktor, der der jungen Frau ihre frühere Schönheit zurückzugeben vermag. Freudig willigt nun der Herzog in die Verbindung der Liebenden.

Der Titel des Stücks bezieht sich auf die komische Figur des Bassiolo, eines affektierten Bediensteten im Hause von Graf Lasso, dem Vater Margarets. Er vermittelt Botschaften zwischen den Liebenden und bemerkt vor lauter Wichtigtuerei nicht, daß er von keinem für voll genommen wird. Er ist vom gleichen Schlag wie der eitle Diener Malvolio in der kurz vor Chapmans Stück aufgeführten Komödie *Twelfth Night, or What You Will* (*Was ihr wollt*) von SHAKESPEARE. Mit dieser und anderen komischen Figuren, die vieles mit den Gestalten eines anderen großen Zeitgenossen, Ben JONSON, gemein haben, hat Chapman ein gleichgewichtiges, heiteres Pendant zu dem melodramatischen Geschehen um Edelmut und romantische Liebe geschaffen, und es ist diese Verquickung, die sein längst nicht mehr aufgeführtes Stück literarhistorisch interessant macht. R.B.

AUSGABEN: Ldn. 1606. – Boston 1907, Hg. Th. M. Parrott. – Ldn. 1914 (in *The Plays and Poems*, Hg. Th. M. Parrott, 2 Bde., 1910–1914, 2). – Lincoln 1970, Hg. J. H. Smith.

Literatur: S. Schoenbaum, *The ›Deformed Mistress‹ – Theme and Ch.'s »Gentleman Usher«* (in NQ, 7, 1960, S. 22–24). – H. M. Weidner, *The Dramatic Uses of Homeric Idealism: The Significance of Theme and Design in G. Ch.'s »Gentleman Usher«* (in ELH, 28, 1961, S. 121–136). – J. H. Smith, *The Genesis of the Strozza Subplot in G. Ch.s »The Gentleman Usher«* (in PMLA, 83, 1968, S. 1448–1453).

## THE REVENGE OF BUSSY D'AMBOIS

(engl.; *Rache für Bussy d'Ambois*). Blankverstragödie in fünf Akten von George Chapman, erschienen 1613. – Der Erfolg von *Bussy d'Ambois* (1607) bewog den Dichter zu einer Fortsetzung, die vermutlich um 1610/11 entstand und nur äußerlich dem Grundriß der beim zeitgenössischen Publikum so beliebten Rachetragödie verpflichtet ist. Chapman versuchte vielmehr, das Genre nach den Prinzipien der antiken Ästhetik zu reformieren: »*Sachliche Belehrung, geschmackvolle und einprägsame Aufforderung zur Tugend sowie Abwendung von deren Gegenteil sind das A und O der echten Tragödie.*« Um dieser am Vorbild Senecas orientierten Tragödienkonzeption willen verzichtete Chapman auf die genreüblichen Schauereffekte. So wird der Zuschauer über das Erscheinen von Bussys Geist, der seinen Bruder Clermont zur Rache an dem Mörder Montsurry aufruft, nur in Form eines epischen Berichts informiert. Clermont, der sich von Anfang an im tragischen Konflikt zwischen seinem Auftrag und seinen hohen sittlichen Idealen befindet, ist in jeder Hinsicht das Gegenbild der berühmten Rächergestalten des jakobitischen Dramas. Das blutige Geschäft der Rache ist ihm schon deshalb zuwider, weil es ihn zwingt, die Sphäre reiner Kontemplation zu verlassen. Ohne jede Spur von Erregung oder gar Raserei geht er an die Ausführung seiner traurigen Pflicht. Als der feige Montsurry die Annahme seiner Duellforderung verweigert, übt sich Clermont in Geduld und meditiert in langen Gesprächen mit seinem Freund, dem Herzog von Guise (der einst zu den ärgsten Feinden Bussys zählte), über die sittlichen Grundlagen des menschlichen Daseins. Vorübergehend wird er verhaftet, weil König Heinrich III. ihn im Komplott mit Guise wähnt, der dem mißtrauischen und hinterhältigen Herrscher ein Dorn im Auge ist. Clermont erträgt auch die Gefangenschaft mit dem Gleichmut des Stoikers. Die Vorhaltungen seiner rachedurstigen Schwester Charlotte und das zweite Erscheinen von Bussys Geist (diesmal auf offener Szene) zwingen ihm schließlich die Rolle des Rächers auf. Aber noch als er Montsurry im Kampf tötet, trägt er die Leidenschaftslosigkeit des innerlich Unbeteiligten zur Schau. Der Schluß des Dramas zeigt, wie fundamental Chapman vom Schema der Rachetragödie abweicht: Als Clermont von der feigen Ermordung des Herzogs durch den König erfährt, begeht er, angeekelt von den »*Schrecken dieser lasterhaften Zeit*«, Selbstmord.

So ähnlich die Situation Clermonts derjenigen Hamlets sein mag, die extrem verschiedenen Motivierungen seines und Hamlets Zögerns verweisen nachdrücklich auf den Unterschied zwischen Chapmans und Shakespeares Dramenkonzeption. Clermont scheut aus rein philosophischen Erwägungen vor dem Handeln zurück, Hamlets Zögern ist menschlich-psychologisch begründet. In Chapmans tragischem Helden sind noch deutliche Züge jenes heroischen Übermenschentums des frühen elisabethanischen Dramas zu finden, das Shakespeare von der Bühne verbannt hat. Auch die mangelhafte Charakterisierung der Nebenpersonen und die (an Marlowe erinnernde) oft ermüdende hyperbolische Rhetorik sind Merkmale eines von Shakespeare überwundenen Genres. Daß Chapman an der Poetik Senecas festhielt, war eine Reaktion auf jene Tendenzen des zeitgenössischen Theaters, die ihm geschmackswidrig erschienen, etwa die Bemühungen Tourneurs, Middletons und Marstons, die traditionelle Rachetragödie am Leben zu erhalten. Ihnen setzte er mit *The Revenge of Bussy d'Ambois* das Pathos eines idealen Helden und die strenge Stilisierung entgegen. W.D.

Ausgaben: Ldn. 1613. – Ldn. 1889 (in *Works*, 3 Bde., 1875–1892, 2, Hg. u. Anm. R. H. Shepherd). – Boston 1905, Hg. F. Boas. – Ldn./NY 1910 (in *The Plays and Poems*, Hg. Th. M. Parrot, 2 Bde., 1910–1914, 1). – Salzburg 1977, Hg. R. J. Lordi.

Literatur: R. H. Perkinson, *Nature and the Tragic Hero in Ch.'s Bussy Plays* (in MLN, 3, 1942, S. 263–285). – E. Schwartz, *Seneca, Homer, and Ch.'s »Bussy d'Ambois«* (in JEGPh, 56, 1957, S. 163–176). – R. W. Battenhouse, *Ch. and the Nature of Man* (in *Elizabethan Drama. Modern Essays in Criticism*, Hg. R. A. Kaufmann, NY 1961, S. 134–152). – G. Aggeler, *The Unity of Ch.'s »The Revenge of Bussy d'Ambois«* (in Pacific Coast Philology, 4, 1969, S. 5–18). – A. H. Tricomi, *The Revised »Bussy d'Ambois« and »The Revenge of Bussy d'Ambois«: Joint Performance in Thematic Counterpoint* (in English Language Notes, 9, 1972, S. 188–197). – R. J. Lordi, *Proofreading of »The Revenge of Bussy d'Ambois«* (in English Language Notes, 10, 1973, S. 188–197). – A. Bergson, *The Wordly Stoicism of G. Ch.'s »The Revenge of Bussy D'Ambois« and »The Tragedy of Chabot, Admiral of France«* (in PQ, 55, 1976, S. 43–64). – P. Demers, *Ch.'s »The Revenge of Bussy d'Ambois«: Fixity and the Absolute Man* (in Renaissance and Reformation, 12, 1976, S. 12–20). – F. M. Fetrow, *Ch.'s Stoic Hero in »The Revenge of Bussy D'Ambois«* (in SEL, 19, 1979, S. 229–237). – P. Dean u. J. Johnson, *Structure in the ›Bussy‹ Plays of Ch.* (in ES, 61, 1980, S. 119–126). – S. F. Kistler, *›Strange and Far-Removed Shores‹: A Reconsideration of »The Revenge of Bussy D'Ambois«* (in StPh, 77, 1980, S. 128–144). – G. Florby, *The Painful Passage to Virtue: A Study of G. Ch.'s »The Tragedy of Bussy d'Ambois« and »The Revenge of Bussy d'Ambois«*,

Lund 1982. – A. Leggatt, *The Tragedy of Clermont d'Ambois* (in MLR, 77, 1982, S. 524–536). – R. S. Ide, *Exploiting the Tradition: The Elizabethan Revenger as Ch.'s ›Complete Man‹* (in Medieval & Renaissance Drama in England, 1, 1984).

## RENÉ CHAR

\* 14.6.1907 L'Isle-sur-la-Sorgue
† 19.2.1988 Paris

LITERATUR ZUM AUTOR:
*Bibliographien*:
P. A. Benoit, *Bibliographies des œuvres de R. Ch. de 1928–1963*, Paris 1964. – E. Addar, *Essai de bibliographie des œuvres de Ch. de 1927–1970* (in *R. Ch.*, Hg. D. Fourcade, Paris 1971, S. 257–307). *Gesamtdarstellungen und Studien*:
G. Lely, *R. Ch.*, Paris 1946. – P. Berger, *R. Ch., un essai*, Paris 1953. – G. Rau, *R. Ch. ou la poésie accrue*, Paris 1957. – R. Ménard, *La condition poétique*, Paris 1959. – P. Guerre, *R. Ch.*, Paris 1961. – *R. Ch.*, Aix-en-Provence 1963. – V. A. La Charité, *The Poetics and the Poetry of R. Ch.*, Chapel Hill 1968. – *Hommage à R. Ch.* (in Liberté, Montreal 1968, H. Juli/Aug.). – S. Wise, *La notion de poésie chez A. Breton et R. Ch.*, Aix-en-Provence 1968. – G. Mounin, *La communication poétique. Précédé de Avez-vous lu Ch.?*, Paris 1969. – *R. Ch.*, Hg. D. Fourcade, Paris 1971. – F. Mayer, *R. Ch. Dichtung u. Poetik*, Salzburg/Mchn. 1972. – J. Barelli, *L'Écriture de R. Ch.*, Paris 1973. – M. A. Caws, *The Presence of R. Ch.*, Princeton 1976. – Dies. *R. Ch.*, Boston 1977. – J. R. Lawler, *R. Ch. The Myth and the Poem*, Princeton 1978. – M. Cranston, *Orion Resurgent. R. Ch., Poet of Presence*, Madrid 1979. – L. Klünner, *Schritte mit R. Ch.* (in NRs, 1979, H. 3, S. 361–370). – A. Coron, *R. Ch. Manuscrits enluminés des peintres du 20e siècle*, Paris 1980. – J. Voellmy, *Comment lire R. Ch.* (in LR, 34, 1980, S. 3–57; 103–157; 159–192). – N. K. Piore, *Lightning. The Poetry of R. Ch.*, Boston 1981. – M. A. Caws, *L'œuvre filante de R. Ch.*, Paris 1981. – *Actes du colloque international de l'Univ. de Tours*, Hg. D. Leuwers, Marseille 1984. – J.-C. Mathieu, *La poésie de C.*, 2 Bde., Paris 1984/85. – R. Payet-Burin, *R. Ch., poète de la poésie*, Paris 1985. – F. Wolffheim, *Ch.* (in KLFG, 10. Nlg., 1986). – P. Veyne, *R. Ch. – Donner, Bach, Mühle* (in P. V., *Aus der Geschichte*, Bln. 1986). – Europe, 1988, Nr. 705/706 [Sondernr. *R. Ch.*].

## FEUILLETS D'HYPNOS

(frz.; *Ü: Hypnos. Aufzeichnungen aus dem Maquis [1943/44]*). Aphoristische Notizen von René Char, entstanden während des französischen Widerstandskampfes gegen die deutschen Okkupationstruppen; erschienen 1946. – Der Autor gehörte im Offiziersrang 1943/44 einer in der Provence operierenden Résistance-Einheit an. Char will die *Feuillets d'Hypnos* als Äußerungen eines sich »*seiner Pflichten bewußten, in bezug auf die ihm innewohnenden Kräfte Zurückhaltung übenden Humanismus*« aufgenommen wissen, eines realen, begrifflich nicht fixierbaren, offenen Humanismus, »*der das Unbetretbare als Spielraum freihalten möchte für die Phantasie seiner Sonnen und der entschlossen ist, den Preis dafür zu zahlen*«. In der Tat umschreiben zahlreiche der mehr als zweihundert Aphorismen des Bandes diesen Umkreis des »Unbetretbaren« als den unter dem Druck geistiger und politischer Perversion dem »*mediokren Rotieren*« des Lebens abgerungenen Bereich des Unverhofften, des Möglichen, der Hoffnung, »*des Wasserfadens zu einem Morgen der Ströme*«, der »*Enklave der Unvorhersehbarkeiten und Metamorphosen, die es zu verteidigen und aufrechtzuerhalten gilt*« – der illusionslosen Einsicht in die allgemeine Erniedrigung und Deshumanisierung unter faschistischem Terror zum Trotz. In welchem Ausmaß dieser Einsicht – und seinem leidenschaftlichen Protest – reale Erfahrungen des Autors zugrunde liegen, Erfahrungen des Partisanen, der im Hinblick auf die zahlenmäßige Überlegenheit des Feindes zu Maßnahmen gezwungen ist, die nur durch die Hoffnung auf das »*von seinem Herzen als Freiheit Imaginierte*« gerechtfertigt werden, machen einige längere Abschnitte deutlich, die den gefährlichen, risikoreichen Kampf der *maquisards* gegen die deutschen Truppen und gegen den Verrat in den eigenen Reihen oder den quälenden Gewissenskonflikt angesichts von Folterungen und Geiselerschießungen beschreiben.
Diese Abschnitte des Bandes bilden seine geheime Mitte, von der alle Impulse ausstrahlen. Aber Char läßt den aktuellen Anlaß seiner Aufzeichnungen zu weit hinter sich, als daß man von einem »Kriegstagebuch« sprechen könnte. Der Autor hatte sich 1930 in Paris der Gruppe der Surrealisten angeschlossen und auch einige Gedichtbände in der für jene bezeichnenden Form der kollektiven Zusammenarbeit – etwa *Ralentir travaux* (1930) mit André BRETON und Paul ÉLUARD – veröffentlicht, sich aber 1937 wieder von ihr getrennt. Sein Sprachstil ist von Einflüssen des Surrealismus nachhaltig geprägt, zumal von dessen Verfahren der Bildverschränkung und Bildgewinnung aus weit entfernten Wirklichkeitsbereichen. Aber diese Elemente verlieren beinahe jede Verbindung mit der Funktion, die sie in surrealistischen Texten hatten: die einer schockartigen Verästelung von konventionellen – sprachlichen wie realen – Zusammenhängen. Bei Char werden sie zu bloßen Mitteln auf dem Wege zu einer Dichtung, die dem Autor unmißverständlich die Aufgabe aufbürdet, das »*Fortleben des dünnen Rinnsals von Traum und Evasion*« zu verbürgen. – »*Einverständnis mit dem Engel, unsere allererste Sorge. (Der Engel: dasjenige, das im Innern*

*des Menschen das vom erhabensten Schweigen gesprochene Wort, die keinerlei Wertung unterliegende Bedeutung freihält von allem Zugeständnis an das Religiöse. Der Lungen-Stimmer, der die nährenden Reben des Unmöglichen übergoldet. Kennt das Blut, weiß nichts von Himmelsdingen. Der Engel: die im Norden des Herzens sich neigende Kerze.)* « Dieser kurze Text, Abbreviatur der poetischen Verfahrensweise Chars, verdichtet das so häufig – auch im Schlußabschnitt der *Feuillets*, einem Epitaph mit dem Titel *Eichenrose* – beschworene »Prinzip Hoffnung« des Autors in einem Bild, dessen Elemente, so fern sie auch einander stehen mögen, jenseits aller »Dunkelheit« einen imaginativen Bedeutungshof von großer Klarheit und Stringenz bilden.
»*Die Amboß-Mäuse«. Früher hätte ich dieses Bild bezaubernd gefunden. Es meint einen zersprühenden Funkenschwarm. (Der Amboß ist kalt, das Eisen nicht rot, die Phantasie verheert.)* « Dieser Aphorismus bezeichnet aufs genaueste den Abstand, der die *Feuillets d'Hynos* von den ersten Publikationen des Autors trennt und den die späteren – wie *A une sérénité crispée*, 1951 *(Einer harschen Heiterkeit)*, oder *La bibliothèque est en feu*, 1956 *(Die Bibliothek steht in Flammen)* – noch vertiefen. Char hat die kurze, begriffliche Inhalte vollständig in Bilder und Imaginationen verwandelnde Prosaphrase (der Begriff Aphorismus steht dem der reflektierenden, spekulativen Maxime zumal der deutschen Tradition noch zu nahe, um die Texte des Autors zu kennzeichnen) zu einer ihm unverwechselbar eigenen Form entwickelt. »*Das Wirkliche zum Wirken bringen, wie eine in sauere Kindermünder getane Blume. Unaussprechliches Wissen um den desperaten Diamanten (das Leben).«* – Das Albert CAMUS gewidmete Werk bewahrt selbst in den dichtesten Bildzusammenhängen Spuren jener beflecken Wirklichkeit, die so erlebt wird, daß selbst das Phantastische, Imaginäre daran noch »aktionsfähig« werden kann – in einem für den Autor bezeichnenden Doppelsinn der Rückverwandlung ins Gedicht wie in künftige Erfahrung. H.H.H.

AUSGABEN: Paris 1946. – Paris 1948 (in *Fureur et mystère*). – Paris 1957 (in *Poèmes et prose*). – Paris 1967 (in *Fureur et mystère*, Einl. Y. Berger). – Paris 1983 (in *Œuvres complètes*; Pléiade).

ÜBERSETZUNG: *Hypnos. Aufzeichnungen aus dem Maquis (1943/44)*, P. Celan (in NRs, 69, 1958). – Dass., ders. (in *Dichtungen*, Hg. J.-P. Wilhelm u. a., Ffm. 1959). – Dass., ders. (in *Hypnos und andere Dichtungen*, Ffm. 1963).

LITERATUR: M. Blanchot, R. Ch. (in Critique, 10, 1946, S. 387–399). – C. Mounin, *L'espace et la lumière dans l'œuvre de R. Ch.* (in Cahiers du Sud, 1946, Nr. 279, S. 274–279). – G. Bounoure, *Base et sommet de la poésie de Ch.* (in NNRF, 7, 1956, S. 300–307; ern. in G. B., *Marelles*, Paris 1958, S. 214–222). – G. Thiebaut, *Ch. ou Au delà du surréalisme* (in Chantiers, 21, 1956, H. 3, S. 13–15). – P. Jaccottet, *Poésie et vérité de Ch.* (in NNRF, 11, 1958, S. 518–552). – F. Büchler, *Zur Dichtung Ch.s* (in NDH, 7, 1960/61, S. 702–708). – G. Picon, *Ch. et l'avenir de la poésie* (in G. P., *L'usage de la lecture*, Paris 1960, S. 121–130). – H.-P. Richard, *Ch ou La contradiction résolue* (in Critique, 18, 1962, S. 675–695; 846–867). – V. Serini, *Sur »Feuillets d'Hypnos«* (in *R. Ch.* Hg. D. Fourcade, Paris 1971, S. 45–49). – M. Cranston, *Ch. »Fureur et mystère, poésie engagée* (in MLR, 71, 1976, S. 523–539). – I. Backhaus, *Ch. »Feuillets d'Hypnos«* (in *Die moderne frz. Lyrik*, Hg. W. Pabst, Bln. 1976, S. 211–225). – L. Orr, *The Limit of Limits. Aphorism in Ch.'s »Feuillets d'Hypnos«* (in *Symbolism and Modern Literature*, Hg. M. Tetel, Durham/N.C. 1978, S. 248–263).

## LE NU PERDU ET AUTRES POÈMES

(frz.; *Verlorene Nacktheit und andere Gedichte*). Gedichtsammlung von René CHAR, entstanden zwischen 1964 und 1975, erschienen 1978. – Das umfangreiche Werk René Chars wurde 1983 in die Bibliothèque de la Pléiade aufgenommen und mithin als eines der Höhepunkte der modernen französischen Lyrik geehrt. *Le nu perdu* ist untrennbar mit jener Landschaft verbunden, in der – wie es Albert CAMUS formulierte – »*im großen Licht die Sonne manchmal dunkel erscheint.«* Es ist die Landschaft der Provence (zwischen Gap und Avignon), die auch dem poetischen Zyklus *Retour amont (Rückkehr stromauf)* eingeschrieben ist. Diese »Rückkehr« erweist sich als ein labyrinthischer Gang ins Unwegsame, in jenen Grenzbereich zwischen Bewußtsein und Unbewußtem, den der Dichter – Flora und Fauna der Provence evozierend – unter extremer Steigerung der Wahrnehmungsfähigkeit, die er gleichermaßen seinen Lesern abverlangt, poetisch zur Sprache bringt. Sei es, daß sich wie in *Sept parcelles de Luberon (Sieben Parzellen am Luberon)* die Landschaft mit der existentiellen Daseinsform des lyrischen Ich vermischt und das zugespitzte Gegenwartsbewußtsein die Revolte gegen die Ausbeuter der Natur impliziert; oder wie in *Effacement du peuplier (Sich bescheidende Pappel)* die Pappel für die ausgehaltenen Grundwidersprüche des Lebens bzw. für die Freiheit steht: wütender Orkan und Standhaftigkeit der Erde, Licht und Dunkelheit, Gewalt und Zärtlichkeit. Die Pappel hat an den sich in Konflikt befindlichen, gegensätzlichen Elementen teil und verbindet die Gegensätze: ein Hinweis auf Chars Poetik. Diese Gedichte sind auch immer Reflektion über Dichtung: Als kritischer Beobachter des Dichters, der sich unaufhörlich die Frage nach der existentiellen Bedeutung der Dichtung innerhalb der Möglichkeiten menschlicher Produktivität stellt und Poesie für unverzichtbar hält, geht es Char um die Suche nach der Wahrheit, die vielfältig ist, im Medium der Poesie. Das bedeutet, Luzidität zu praktizieren und im Dunkeln sehen zu lernen.
*La scie rêveuse (Die grüblerische Säge)* setzt programmatische Akzente: »*Sich des eigenen Gemur-*

mels vergewissern und die Aktion so weit treiben, bis ihr Verb in Blüte steht. Dieses kurze Freudenfeuer nicht für denkwürdig erachten.... Hör das Wort einlösen, was es besagt. Spür, wie das Wort, auf seine Weise, das ist, was du bist. Und seine Existenz wird zweifach die deine.« Mit der Selbstreflektiertheit geht zugleich die Verweigerung jeglicher Zugeständnisse an (sprachliche und gesellschaftliche) Gefälligkeit einher. »Die einzige Voraussetzung, sich herauszuhalten aus dem unaufhörlichen Rückzug, war der Schritt in den Kreis der Kerze, sich da zu behaupten, unnachgiebig gegen die Versuchung, die Dunkelheit durch den Tag zu ersetzen, und ihren Nährblitz durch einen schwankenden Begriff.« (Sur un même axe – Auf gleicher Achse). – Der Zyklus *La nuit talismanique qui brillait dans son cercle* (Die zauberkräftige Nacht, glänzend in ihrem Kreis) thematisiert die Wahrheitssuche als Suche nach dem Glück in der Finsternis der Gegenwart. »*Im Verlauf des Echos faß das hauptsächliche Wort. Wenn es das am wenigsten deutliche ist: Glück!«* (Peu à peu, puis un vin silicieux – Nach und nach, und dann ein kieselsaurer Wein). – Die zwischen 1972 und 1975 entstandenen Prosagedichte *Aromates chasseurs* (Gewürze-Jäger) stehen im Zeichen Orions und stellen angesichts der historischen Erfahrungen des 20. Jh.s die Fragen: »... welches sind die Gesetze, die dem, was jene Gesetze, die verheeren und ruinieren, übriggelassen haben, aufhelfen könnten? Und sind es Gesetze? Gibt es Verstöße? Wie greift das Signal ein? Ist ein dritter Raum auf dem Weg, außerhalb des Netzes der beiden althekannten? Revolution des wieder unter uns aufgetauchten Orion«. Auch hier artikuliert sich das Bewußtsein des *Hic et nunc*, dem sowohl sein (geographischer) Ort, seine Vergangenheit (Kindheit in der Provence, aktiver Kampf in der Résistance; die immer wiederkehrenden Ortsnamen bezeichnen oftmals Orte, an denen sich die Partisanen versteckt hielten oder von den Deutschen ermordet wurden) als auch der Gedanke an den Tod präsent sind. Dieses Gegenwartsbewußtsein dichtet im Widerstand gegen jede Form der Unterdrückung, nicht zuletzt gegen die Unterdrückung durch den »*Wörterschwall*« (»*s'opposer au flot des mots*«). Der modernen Wissenschaft, die sich alles zum Objekt macht, skrupellos ihre Herrschaft ausübt, Unterwerfung verlangt, Mensch und Natur mißbraucht – »*Welche Fachmanns-Barbarei wird es wohl morgen auf uns absehen?«* – setzt Char ein Menschenbild entgegen, das die Natur, den Kosmos integriert, Natur und Kultur nicht als Gegensätze gelten läßt; er nennt den künftigen Menschen den »morgendlichen«: »*Die Morgendlichen werden leben, selbst wenn es den Abend, wenn es den Morgen nicht mehr gäbe.«* (Faire du chemin avec... – *Wege machen mit...*) Bereits 1950 erschien eine Gedichtsammlung mit dem Titel *Les Matinaux* (Die Morgendlichen). Diese poetischen Entwürfe sind gekennzeichnet von unerwarteten Paradoxien, in denen die Dauer und der Augenblick, irdische und »göttliche« Wesen gleichermaßen Bestand haben; vorausgesetzt, das Subjekt läßt sich auf Grenzsituationen menschlicher Existenzerfahrung ein: »*Wenn man sich nicht mehr zurechtfindet, o du, die mich ansprach, dann ist man an Ort und Stelle. Vergiß es nicht.«* (Aromates chasseurs). Dieser Ort existiert bei Char kraft seines poetischen Wortes, welches das Vertraute zerstört und die poetische Sprache gegen die routinierte Wiederholung setzt, um zum Unbekannten aufzubrechen. Dabei wird immer wieder auf RIMBAUD verwiesen, von dem es bereits 1947 in *La fontaine narrative* (Der erzählende Quell) heißt: »*Du hast gut getan fortzugehen, Arthur Rimbaud! Einige unter uns sind ohne Beweis bereit, an ein Glück zu glauben, das mit dir möglich ist.«* (Ü: J. Hübner / L. Klünner). Die eigentümliche Faszination dieser Dichtungen liegt nicht zuletzt im Spannungsverhältnis zwischen Hell und Dunkel, zwischen Überschuß und Mangel an semantischer Evidenz. »*Die Spannungen, die hier aufgebaut werden zwischen Wissen und Nicht-Verstehen wie auch zwischen Nicht-Wissen und Verstehen, sind konstitutiv für die Charsche Poetik, sie sind geradezu die tragende Konstruktion in der Architektur seines Prosagedichts*« (L. Klünner). B.We.

AUSGABEN: Paris 1978. – Paris 1983 (in Œuvres complètes, Hg. J. Roudaut, Pléiade).

ÜBERSETZUNGEN: *Gewürze-Jäger*, J. Hübner u. L. Klünner, (in protokolle, 1976, H. 1). – *Wege machen mit...*, L. Klünner (in NRs, 1979, H. 3). – *Rückkehr stromauf. Gedichte*, P. Handke, Mchn. 1984 [frz.-dt.].

LITERATUR: J.-M. Maulpoix, Rez. (in QL, 1978, Nr. 292, S. 10). – J. R. Lawler, *Lecture d'»Aromates chasseurs« et de »Chants de la Balandrane« de Ch.*, Diss. Paris 1981. – M. de Fornel, *Rythme et pragmatique du discours. L'écriture pratique de R. Ch.* (in Langue française, 1982, Nr. 54, S. 63–88). – R. Kochmann, *Titres, sous-titres, noms propres dans »Aromates chasseurs«, ou l'hypothèse d'un troisième espace* (in Sud, 14, 1984, S. 107–130).

## SEULS DEMEURENT

(frz.; Ü: *Es bleiben aber*). Gedichte und lyrische Aphorismen von René CHAR, entstanden zwischen 1938 und 1944, erschienen 1945. 1948 in die Sammlung *Fureur et mystère* aufgenommen. – Nach dem Schweigen des Dichters während des Krieges leitet *Seuls demeurent* jene Reihe von Veröffentlichungen ein, die aus den surrealistischen Anfängen (z. B. *Le marteau sans maître*, 1934) zur Größe moderner Klassik emporgewachsen sind und den heutigen Ruhm René Chars begründen. Diese Lyrik ist »dunkel«, da sie »*soviel von Horaz wie von Rimbaud, von den alten Epigrammatikern soviel wie von Mallarmé*« (H. Weinrich) enthält. Sie löst sich zuweilen aus jedem rationalen Kontext, von jedem Bezug zur Realität: »*Es ist ein Dichten gegen den gewohnten Aufbau, gegen die Eloquenz, näher dem Wort als dem Satz, näher der Geste als dem Wort, und nicht von anderen Worten, von einem Wortgewebe umgeben, sondern von Schweigen« (G. Picon). Das Wort aber oder das Bild wird wieder unverbraucht, ursprünglich, vieldeutig.

Zu den frühesten Stücken von Seuls demeurent, dessen Titel möglicherweise auf HÖLDERLINS »Was bleibet aber, stiften die Dichter« anspielt, gehören das große hymnische Gedicht Le visage nuptial (Das bräutliche Antlitz, 1938 entstanden, im selben Jahr als letzte Veröffentlichung vor dem Krieg im Privatdruck erschienen), unter dessen Titel der mittlere Teil der Sammlung steht, sowie Conduite und Gravité (1938 entstanden; die letzten zwei Gedichte des Visage nuptial, Évadné und Post-scriptum stammen aus den Jahren 1942/43). Die in freien Rhythmen, aus einer klangreichen, die moderne Lyrik kennzeichnenden »dunklen« Metaphorik gestalteten Vorgänge des Gedichts Le visage nuptial zielen auf einen Augenblick der Hoffnung und Erfüllung: »Alles reißt dich mit fort, unterwürfige Trauer. / Ich liebe« (Ü: J. Hübner/L. Klünner).

Den ersten Teil bildet die zwischen 1938 (Argument) und 1944 (Liberté) entstandene Reihe von Prosastücken L'avant-monde (Die Voraus-Welt): Die gleichsam aus dem Nichts herauskristallisierten Metaphern, Ellipsen, assonierenden Wortfolgen fügen sich zu rhythmisch abgestimmten Satzbögen, gedrängten Formeln und Aphorismen, schließlich zum Prosagedicht zusammen. Sie folgen nicht automatischer Assoziation, sondern schaffen jenseits der Realität Bedeutungen, Stimmung, Bewegung und Sinn, denn das dichterische Wort »stellt mit seiner leiblichen Gegenwart die leibliche Welt wieder her, aus der es stammt. Es sagt nicht aus, sondern handelt« (G. Picon). Gelegentlich ist Chars Metaphorik – wie im Bild des Brotes – deutbar: dann, wenn sie sich auf die Dichtung und die beinahe sakralen Anspruch des Dichters bezieht. Eingeblendet werden in L'avant-monde wie in die parallel entstehenden Feuillets d'Hypnos (1943/44) die Hinweise auf den Weltkrieg und die Situation des Widerstandskampfes, so im autobiographischen Chant du refus (Lied von der Weigerung), mit dem der Widerstandskämpfer Char den »Antritt des Partisanen« kundtut: »Der Dichter ist für lange Jahre ins Nichts des Vaters zurückgekehrt... Der das Leiden in Brot verwandelte ist nicht mehr sichtbar in seinem flammenden Scheintod.«

In Form von Aphorismen stellt der dritte Teil der Sammlung, Partage formel (Unanfechtbarer Anteil, entstanden 1941/42), eine Dichtungstheorie vor, die zweifellos weniger Chars poetische Verfahrensweise begründet, als die ethische Rechtfertigung des Dichters in einer Welt vermittelt, die nur noch den handelnden und kämpfenden Menschen zu fordern scheint. Dabei erkennt Char auf dem Weg einer von HERAKLIT inspirierten »erregenden Vereinung der Gegensätze« gerade im Dichten die moralische Aktion. Der Dichter ist ein »Magier der Unsicherheit«, der der Realität Widerstand leistet. Einer Gegenwelt verhaftet, muß er in Kategorien der Negation denken: »Ich bin der Dichter, Führer zum trockenen Brunnen, den deine Fernen speisen, o meine Liebe« (23). Dieser Gegenpol zur Wirklich-keit ist der Ursprung alles Seienden und utopische Hoffnung für den Menschen zugleich, sein Symbol ist wie bei Heraklit das Feuer: »Von deinem flammenden Fenster aus erkenn ich in den Zügen dieses subtilen Scheiterhaufens den Dichter, Karren voll Schilfrohr, das brennt, vom Unverhofften begleitet« (20). Die dichterische Phantasie bleibt »unanfechtbarer Anteil« des Menschen, sie garantiert entgegen aller aktuellen Sprachskepsis die Unverbrauchtheit des Worts, sie rettet die immer wieder bedrohte Integrität des Menschen: »In der Dichtung, und dort nur auf Grund der Verbindung und freien Anordnung aller Dinge untereinander durch uns hindurch, finden wir Verpflichtung und Definition, um unsre ursprüngliche Form und bewährte Eigenart zu erreichen« (21). J.Ze.

AUSGABEN: Paris 1945. – Paris 1948 (in Fureur et mystère). – Paris 1967 (in Fureur et mystère; Einl. Y. Berger). – Paris 1983 (in Œuvres complètes; Pléiade).

ÜBERSETZUNG: Es bleiben aber, J. Hübner u. L. Klünner (in Dichtungen, Bd. 1, Vorw. A. Camus, Hg. J.-P. Wilhelm, Ffm. 1959).

LITERATUR: A. Rousseaux, »Fureur et mystère« de R. Ch. (in FL, 27.11.1948). – F. Büchler, Zur Dichtung Ch.s (in NDH, 7, 1960/61, S. 702–708). – H. Prigogine, »Fureur et mystère« (in Synthéses, 18, 1963, Nr. 206, S. 122 bis 127). – H. Weinrich, R. Ch. Poésies – Dichtungen (in NRs, 80, 1969, S. 769–772). – M. Cranston, Ch. »Fureur et mystère«, poésie engagée (in MLR, 71, 1976, S. 523 bis 539).

## MEHDI CHAREF

* 1952 Maghnia / Algerien

## LE THÉ AU HAREM D'ARCHI AHMED

(frz.; Ü: Der Tee im Harem des Archimedes). Roman von Mehdi CHAREF (Algerien/Frankreich), erschienen 1983. – Der autobiographische Züge tragende erste Roman des Autors dokumentiert die schwierigen Lebensverhältnisse der in Frankreich geborenen oder aufwachsenden Nachkommen speziell der Algerier, der Beurs, zu denen Charef selbst gehört.

Der junge Madjid zieht mit seiner Mutter nach Paris, wo der Vater bereits seit einigen Jahren arbeitet. Zunächst müssen sie in elenden Bruchbuden hausen, können aber bald eine Sozialwohnung in einer Vorstadt beziehen. Die Familie nimmt noch weiter zu, bis der Vater infolge eines schweren Arbeitsunfalls den Verstand verliert. Der arbeitslose Madjid führt das Leben aller Jugendlichen seines Viertels, die trinken und Drogen nehmen, Mädchen nachlaufen und bisweilen auch vergewaltigen, Fahrgäste in der Métro ausrauben und sich am Samstag Pornofilme ansehen. Er schlägt sich in Bandenkämpfen und öfter mit »echten«, rassistischen Franzosen, die gegen diese Jugendlichen Milizen bilden und mit Tränengasbomben, Nilpferdpeitschen und Eisenstangen vorgehen, um Ruhe und Beachtung der bürgerlichen Moralvorstellungen durchzusetzen. Wie seine Freunde ist Madjid »Immigrantenkind, zwischen zwei Kulturen, Vergangenheiten, Sprachen, Hautfarben eingekeilt, weder weiß noch schwarz, gezwungen, sich seine eigene Verwurzelung zu bilden, zu erfinden«. Zwischen Okzident und Orient versucht er seine Identität zu finden. Mit großem Realismus beschreibt der Autor dabei das Elend der großen Wohnblöcke der Pariser *banlieue*: »*Im Beton, da sollen die Kinder leben. Sie werden größer und ähneln ihm immer mehr, diesem trockenen, kalten Beton. Sie selbst werden auch trocken und kalt, hart, offensichtlich unverwüstlich: aber auch im Beton gibt es Risse.*« Alle Pariser Straßen trügen Namen von Blumen, schreibt Charef nicht ohne Ironie: »*Das nennt sich dann Stadt der Blumen! Beton, Autos, egal wohin man sieht, Urin und Hundescheiße. Hohe, lange, lange Gebäude, ohne Herz und Seele. Ohne Freude und Lachen, nur Klagen, Elend ...*« Dies ist die Welt, in der »*jeder jeden beobachtet, alle um was handeln, und jeder natürlich nichts gesehen hat*«. In dieser Welt voller Aggressivität und Haß hat aber auch die größte Solidarität ihren Platz. Madjids Mutter Malika beaufsichtigt das Kind von Josette, einer von ihrem Mann verlassenen jungen Frau, die auch noch arbeitslos ist. Malika, selbst in großer Armut, kümmert sich umsonst um das Kind, bringt es zur Schule, gibt ihm zu essen, vergißt es selbst bei der Gratisverteilung von Schuhen nicht, an der das Kleine als Franzose nicht teilnahmeberechtigt ist. Zu guter Letzt vermag sie, zusammen mit Madjid, die unglückliche Mutter des Kindes vor dem Selbstmord zu retten. Madjid findet mit seinem Freund Pat schließlich eine Arbeit, gibt sie aber sofort wieder auf, als man Pat entläßt. Der Roman endet ohne Hoffnung. Da Madjid keine Möglichkeit mehr sieht, seinem elenden Leben zu entfliehen, läßt er sich nach einem Autodiebstahl widerstandslos von der Polizei festnehmen. Pat, der schon entkommen war, kehrt freiwillig zurück, um seinen Freund nicht allein zu lassen, und geht mit ihm ins Gefängnis.

Charefs Roman ist in einer recht vulgären, ungeschliffenen Umgangssprache junger Krimineller geschrieben. Madjids Mutter Malika läßt der Autor dagegen ein Gemisch aus Französisch und Algerisch sprechen, dessen Sinn der Leser manchmal nur erraten kann, so wie es dem jungen *Beur* ergeht, von dem der Lehrer verlangt, den Satz des Archimedes zu erklären (»*Le Théorème d'Archimède*«), und der sich diese Aufgabe als »*Le thé au harem d'Archi Ahmed*« aufschreibt. – Der Roman war Vorlage einer in Frankreich sehr erfolgreichen Verfilmung durch den Autor selbst, an die sich thematisch ein 1987 entstandener Film über die *Beurs* an-

schließt, *Le passager du Tassili (Der Passagier der Tassili)* von Sarah Maldoror. L.H.G.

AUSGABE: Paris 1983.

ÜBERSETZUNG: *Der Tee im Harem des Archimedes*, C. Kauder, Freiburg i.B. 1987.

VERFILMUNG: Frankreich 1985 (Regie: M. Charef).

LITERATUR: F. Desplanques, *Des Boucs de Chraibi aux ›Beurs‹ de C.* (in Recherches et Travaux, Grenoble 1986, Nr. 35, S. 125–139). – K. Farib, Rez. (in Tagesspiegel, 23. 11. 1986).

## JEHUDA BEN SALOMO AL-CHARISI

\* 1165/70 Granada (?)
† 1225/35 Spanien

## MACHBAROT ITI'EL

(hebr.; *Die Makamen des Iti'el*). Übersetzung der Makamen (vgl. *Maqāmāt*) des AL-ḤARĪRĪ ins Hebräische von dem wahrscheinlich aus Granada stammenden Jehuda ben Salomo AL-CHARISI, verfaßt zwischen 1213 und 1216. – Die Übersetzung war ein Novum in der Geschichte der hebräischen Literatur. Neu war zwar nicht die Tatsache einer Übersetzung aus dem Arabischen an sich, galten doch das 12. und 13. Jh. geradezu als die klassische Periode der hebräischen Übersetzungen aus der arabischen Sprache, besonders in Spanien und Südfrankreich. Allerdings waren bisher nur Werke wissenschaftlichen oder religiösen Inhalts übertragen worden. Das Novum der *Makamen*-Übersetzung al-Charisis ist jedoch darin zu sehen, daß damit in die hebräische Literatur eine ihr bisher fremde literarische Gattung eingeführt wurde. Al-Charisis Versuch, die geistreichen, profanen Reden und Wechselreden der *Makamen* von al-Ḥarīrī in der Sprache der Bibel zu präsentieren, war so erfolgreich, daß diese literarische Gattung von nun an in der hebräischen Literatur weiterhin gepflegt und weitergeführt wurde, so z. B. von IMMANUEL HA-ROMI (vgl. *Machbarot Immanuel ha-Romi*) und auch von al-Charisi selbst, der 1218–1220 den *Tachkemoi* verfaßte, eine Art selbständige Weiterbildung seiner *Makamen*-Übersetzung. – Dem »Berichterstatter«, der in al-Ḥarīrīs Werk al-Ḥarit heißt, gibt al-Charisi in seiner Übersetzung den biblischen Namen Iti'el (aus dem Buch *Nehemia* 11, 7), d. h. »Gott mit mir«. *Machbarot Iti'el* ist zwar der überlieferte und allgemein akzeptierte Titel von al-Charisis Übersetzungswerk, jedoch ist fast die Hälfte der ursprünglich 50 Makamen umfassenden Handschrift verschollen (zu den verlorenen Teilen gehört auch das Vorderblatt sowie der Anfang der ersten Makame), und auf den erhalten gebliebenen Teilen des Werks befindet sich der Titel nicht.

Al-Charisi folgte in seiner Übersetzung nicht nur formal streng dem Original, indem er dessen Wechsel von Reimprosa und streng metrischen Versen nachahmte, sondern er hat sich auch bemüht, möglichst wörtlich zu übersetzen, wobei sein hebräischer Stil zuweilen von der arabischen Syntax beeinflußt worden ist. Andererseits war er zu sehr selbständiger Dichter, als daß er sich nicht auch häufig eine sinngemäße Nachdichtung erlaubt hätte. Vor allem aber hat al-Charisi »*arabische Namen, arabische Sprichwörter, Koranzitate und Schilderungen des arabisch-islamischen Milieus zum überwiegenden Teil aufgegeben und sie durch entsprechende Elemente aus dem hebräisch-jüdischen Kulturkreis ersetzt*« (Percikowitsch). L.Pr.

AUSGABEN: Ldn. 1867, Hg. T. Chenery. – Göttingen 1883, Hg. P. de Lagarde.

LITERATUR: M. Steinschneider, *Die hebräischen Übersetzungen des MAs*, Bln. 1893. – De Sola-Mendez, Art. *Al-Harizi* (in *Jewish Encyclopaedia*, Bd. 1, NY/Ldn. 1901). – J. Schirmann, *Die hebräische Übersetzung der »Makamen« des Hariri*, Ffm. 1930. – A. Percikowitsch, *Al-Charisi als Übersetzer der »Makamen« Al-Hariris. Ein Beitrag zur Geschichte der Literatur-Übertragungen*, Mchn. 1932 [enth. Text der 8. Makame m. dt. Übers.].

## TACHKEMONI

(hebr.; *Versammlung weiser Männer*). Sammlung von fünfzig Makamen von Jehuda ben Salomo AL-CHARISI, entstanden um 1220. – Der Autor war einer der letzten Vertreter der spanisch-jüdischen Dichtkunst. Er führte ein unstetes Wanderleben, bereiste etwa von 1218 bis 1220 Griechenland, Ägypten, Palästina und Mesopotamien und starb zwischen 1225 und 1235 in Spanien. Nachdem al-Charisi um 1213–1216 die *Māqāmat (Makamen)* des berühmten arabischen Dichters AL-ḤARĪRĪ ins Hebräische übertragen hatte (vgl. *Machbarot Iti'el*), verfaßte er um 1220 nach dem Vorbild des Ḥarīrī eigene Makamen in hebräischer Sprache unter dem Titel *Tachkemoni*. In der Einleitung erklärt der Autor seine Absicht, mit dieser Sammlung zu zeigen, daß die hebräische Sprache genauso geschmeidig wie die arabische sei und daß sich alles in ihr ausdrücken lasse.

In al-Charisis Werk wechselt – wie in den arabischen Makamen-Sammlungen – Reimprosa mit metrischen Gedichten. Der Held der Makamen, eine Art Don Quijote, hier Chewer ha-Keni genannt, und die »moralische Person«, hinter der sich (hier unter dem Pseudonym Heman ha-Esrachi) der Autor verbirgt, berichten abwechselnd über ihre Erlebnisse und tauschen ihre Ansichten aus. Sie unterhalten sich über Gott und die Welt, über Reiseeindrücke, Erfahrungen mit anderen Menschen, Naturbetrachtungen und vieles andere. Al-Charisi hat den Inhalt durchaus originell gestaltet: Die Dichter und Gelehrten, Mäzene und Geizhälse, Edelleute und Bettler, die hier in bunter Folge vor den Augen des Lesers vorüberziehen, sind zum Teil der blühenden Phantasie des Autors entsprungen, zum Teil sind es aber auch Porträts von Zeitgenossen, denen er auf seinen Reisen begegnet ist. Chewer ha-Keni versucht sich als Wanderarzt, Prediger, Astrologe, Geschichtenerzähler und in vielen anderen Berufen. Aus zahlreichen poetischen Wettkämpfen (die ein beliebter Topos der Makamen-Literatur sind) geht er immer als Sieger hervor, so z. B. in der fünften Makame, in der zwölf Dichter die Aufgabe gestellt wird, je einen der zwölf Monate des Jahres zu besingen.

Das in flüssiger und melodischer Sprache, meist mit sprudelndem Humor, zuweilen auch in ernstem Ton abgefaßte Werk bietet vor allem Unterhaltungsstoff, ist aber auch eine wertvolle Quelle für die Kultur-, Literatur- und Sittengeschichte des Judentums und seiner Umwelt am Ende des 12. Jh.s. L.Pr.

AUSGABEN: Konstantinopel 1578. – Amsterdam 1629. – Warschau 1899, Hg. A. Kaminka [krit.]. – Hannover 1923, Hg. P. de Lagarde. – Tel Aviv 1952, Hg. I. Toporowsky [krit.].

ÜBERSETZUNGEN: *Die ersten Makamen aus dem Tachkemoni oder Divan des Charisi nebst Vorrede*, S. I. Kämpf, Bln. 1845; Prag 1858 (vgl. dazu A. Winter u. W. Wünsche, *Geschichte der jüdischen Literatur*, Bd. 3, Trier 1896, S. 161 ff.; S. 330 f.).

LITERATUR: K. Albrecht, *Die im Tachkemoni vorkommenden Angaben über Charisis Leben, Studien u. Reisen*, Diss. Göttingen 1890. – M. Waxman, *A History of Jewish Literature*, Bd. 1, NY/Ldn. 1930, S. 466 ff.; Nachdr. 1960. – J. Klein-Haparash, *Krug u. Stein. Jüdische Anekdoten*, Mchn. 1961, S. 11 f.

## CHARITON AUS APHRODISIAS

1. oder 2. Jh.n.Chr. Kleinasien

## CHAIREAS KAI KALLIRRHOĒ

(griech.; *Chaireas und Kallirrhoe*). Der früheste der erhalten gebliebenen griechischen Romane, von CHARITON aus Aphrodisias. – Der Autor, Schreiber im Büro eines Provinzadvokaten, lebte, wie Papyrusfragmente ausweisen, spätestens im 2. Jh. n. Chr., wahrscheinlich jedoch schon im ersten vorchristlichen Jahrhundert.

Der Aufbau des Werkes, dessen Inhalt Chariton in

acht Bücher teilte, ist von auffallender Simplizität und unterscheidet sich, von der oft gerühmten Geradlinigkeit der Handlung abgesehen, in nichts von dem gewöhnlichen Schema aller griechischen Liebesromane, wie es etwa auch die *Ephesischen Geschichten (Ta kat' Antheian kai Habrokomēn Ephesiaka)* des XENOPHON oder die *Aithiopika (Syntagma tōn peri Theagenēn kai Charikleian Aitiopikōn)* HELIODORS repräsentieren: Die dramatischen Mittel der Erzählung sind so stereotyp geworden wie ihre Disposition. Am Beginn wird die prächtige Hochzeit des Paares Kallirrhoe und Chaireas geschildert, die durch einen jähen Mißklang ihr Ende findet: Der eifersüchtige Chaireas schlägt, von verleumderischen Anklagen irregeleitet, seine junge Frau nieder. Man hält das Mädchen für tot und bestattet es. Räuber, die die Gruft plündern, führen die soeben wieder Erwachte mit den Grabschätzen zusammen fort. In Milet wird sie als Sklavin an einen vornehmen Herrn namens Dionysios verkauft, der sich sogleich von ihrer überirdischen Schönheit geblendet zeigt; doch gibt sie seinen Anträgen erst Gehör, als sie bemerkt, daß sie von Chaireas schwanger ist. Dieser war inzwischen den Spuren der Geliebten gefolgt, aber mit seinem Schiff von Persern überfallen worden und als Sklave an den Hof des Statthalters Mithridates gelangt. Kallirrhoe erfährt durch ein Gerücht, Chaireas sei bei dem Kampf umgekommen, und veranstaltet eine große Totenfeier. Bei dem feierlichen Zuge erblickt sie der Statthalter und verliebt sich sofort in sie. Der Ehemann Dionysios, der ihn der Nebenbuhlerei verdächtigt, bringt eine Beschwerde beim Großkönig, Artaxerxes II., ein: Und auch dieser verfällt den Reizen der überirdischen Schönheit Kallirrhoes. Um die Frau für sich zu gewinnen, zögert er die Verhandlung länger und länger hinaus. Da bricht unverhofft – Peripetie des Dramas! – ein Aufstand in Ägypten aus. Ein Feldzug wird gerüstet, die Frauen des persischen Hofes ziehen mit in den Krieg. Chaireas aber geht nach Alexandria und wird Führer des ägyptischen Heeres. In einer Seeschlacht kann er die Flotte der Perser schlagen und die vornehmen Perserinnen gefangennehmen, doch unterliegen die Ägypter zu Lande. Die beiden Gegner schließen Frieden: Großmütig gibt Chaireas die Königin und ihr Gefolge an Artaxerxes zurück, hat er doch unter den Gefangenen seine Kallirrhoe entdeckt. Glücklich vereint segeln sie in die Heimat und ziehen unter dem Jubel der Bevölkerung in Syrakus ein. Und während Chaireas einer staunenden Volksversammlung von den wunderbaren Wegen der Aphrodite und des Geschicks berichtet, schreibt Kallirrhoe einen rührenden Brief an Dionysios, dem sie die Fürsorge für ihren Knaben anvertraut.

Seine besondere Note gewinnt der Roman durch das historische Gewand, in das Chariton die Liebesgeschichte kleidet. Kallirrhoe ist die Tochter jenes berühmten Strategen Hermokrates aus Syrakus († 406 v. Chr.), der die athenische Sizilienexpedition (415) so kläglich zum Scheitern brachte. Auch die Schauplätze der Handlung – in großzügig-küh-nem Schwung wird der ganze Mittelmeerraum einbezogen – und die Nebenakteure zeigen geschichtliche Züge. Dennoch kam es dem Autor keineswegs auf Exaktheit der geschichtlichen Daten an: Das Historische ist nur ein üblicher Kunstgriff, der exotischen Farbigkeit und dem außergewöhnlichen Geschehen des Märchens Glaubwürdigkeit und Aktualität zu verleihen und so die Distanz zwischen der fiktiven Illusion des Dargestellten und dem Alltagsleben des Lesers zu verkürzen – eine Eigenart, die der griechische Roman, neben anderem, durchaus mit der heutigen Gebrauchs- und Unterhaltungsliteratur gemein hat. Daß Chariton dabei in einsichtiger Beschränkung auf seine Fähigkeiten jedes schwülstige Übermaß in Handlung und Sprache meidet, ist ein Zug, der sein Werk, verglichen mit anderen phantasiestrotzenden Produkten dieser Gattung, bei aller Anspruchslosigkeit doch noch recht ansprechend erscheinen läßt.    E.Sch.

AUSGABEN: Amsterdam 1750 (*Tōn peri Chairean kai Kallirrhoēn erōtikōn diēgēmatōn logoi H*, 3 Bde., Hg. I. P. de Orville, m. lat. Übers. von J. J. Reiske). – Lpzg. 1859 (in *Erotici scriptores Graeci*, Bd. 2, Hg. R. Hercher). – Oxford 1938 (*De Chaerea et Callirhoe amatoriarum narrationum libri octo*, Hg. W. E. Blake). – Bln. 1960 (*Der Roman des Chariton*, Hg. F. Zimmermann, Bd. 1, m. Übers.; ASAW, phil.-hist. Kl., 51/52).

ÜBERSETZUNGEN: *Liebesgeschichte des Chäreas u. der Callirrhoe*, C. G. Heyne, Lpzg. 1753. – *Chäreas und Callirrhoë oder die Folgen der Eifersucht*, C. Schmieder, Lpzg. 1807. – *Chaereas and Callirhoe*, W. E. Blake, Ldn. 1939 [engl.].

LITERATUR: B. E. Perry, *Ch. and His Romance from A Literary-Historical Point of View* (in AJPh, 51, 1930, S. 93–134). – W. Bartsch, *Der Charitonroman und die Historiographie*, Diss. Lpzg. 1934. – E. Rhode, *Der griechische Roman u. seine Vorläufer*, Darmstadt 41960, S. 517–531; 51974. – P. Salmon, *Chariton d'Aphrodisias et la révolte égyptienne de 360* (in Chronique d'Égypte, 36, 1961, S. 365–376). – O. Weinreich, *Der griechische Liebesroman*, Zürich 1962. – R. Petri, *Über den Roman des Ch.*, Meisenheim/Glan 1963. – J. Helms, *Character Portrayal in the Romance of Ch.*, Den Haag/ Paris 1966. – Lesky, S. 957–969. – T. Hägg, *Narrative Technique in Ancient Greek Romances. Studies of Ch., Xenophon Ephesius and Achilles Tatius*, Stockholm 1971. – A. D. Papanikolaou, *Ch.-Studien. Untersuchungen zur Sprache u. Chronologie der griechischen Romane*, Göttingen 1973. – K.-H. Gerschmann, *Ch.-Interpretationen*, Diss. Münster 1974. – G. L. Schmeling, *Ch.*, NY 1974. – C. W. Müller, *Ch. v. A. und die Theorie des Romans in der Antike* (in Antike u. Abendland, 22, 1976, S. 115–136). – B. P. Reardon, *Theme, Structure and Narrative in Ch.* (in Yale Classical Studies, 27, 1982, S. 1–27). – *Beiträge zum griechischen Liebesroman*, Hg. H. Gärtner, Hildesheim/NY 1984. – N. Holzberg, *Der antike Roman*, Mchn./Zürich

1986, S. 52–61. – T. Hägg, »*Callirhoe and Parthenope*«: *The Beginnings of the Historical Novel* (in Classical Antiquity, 6, 1987, Nr. 2). – Ders., *Eros u. Tyche. Der Roman in der antiken Welt*, Mainz 1987.

## DANIIL IVANOVIČ CHARMS

d.i. Daniil Ivanovič Juvačëv
* 12.1.1906 St. Petersburg
† 2.2.1941

**LITERATUR ZUM AUTOR**:
*Bibliographie:*
J.-Ph. Jaccard, *D. Ch. Bibliographie* (in Cahiers du Monde Russe et Soviétique, 26, 1985).
*Gesamtdarstellungen und Studien:*
A. Aleksandrov u. M. Mejlach, *Tvorčestvo D. Ch.* (in *Materialy XXII naučnoj studenčeskoj konferencii. Poètika. Istorija literatury. Lingvistika*, Tartu 1967). – A. Flaker, *O rasskazach D. Ch.* (in Československá rusistika, 14, 1969, 2). – P. Urban, *Nachwort* (in D. Ch., *Fälle. Prosa, Szenen, Dialoge*, Ffm. 1970). – W. Kasack, *D. Ch. Absurde Kunst in der Sowjetunion* (in Die Welt der Slaven, 21, 1976, 2). – A. Stone-Nakhimovsky, *Laughter in the Void. An Introduction to the Writings of D. Kh. and Alexander Vvedenskij* (in WSlA, Sonderbd. 5, 1982). – L. Stoimenoff, *Grundlagen und Verfahren des sprachlichen Experiments im Frühwerk von D. Ch.*, Diss. Ffm. 1984.

**DAS LYRISCHE WERK** (russ.) von Daniil I. Charms.
Seine Gedichte, Komödien, szenischen Dialoge und Prosa unterzeichnete Daniil Ivanovič Juvačëv mit dem Pseudonym Charms, das er phantasiereich variierte. Bis zu seinem Hungertod in Haft wurden, ausgenommen seine Kinderdichtung, nur zwei seiner Gedichte in offiziellen Lyriksammlungen publiziert: *Slučaj na železnoj doroge*, 1926 (*Vorfall auf der Bahnlinie*), und ein Jahr später *Stich Pëtra-Jaškina-Kommunista* (*Der Vers des Kommunisten Pëtr Jaškin*). Die Diskrepanz zwischen seiner avantgardistischen Dichtung und der offiziellen Kulturpolitik war zu groß und wurde seit der Normierung der Kunst zu einer proletarischen, die 1928 zur Bildung der RAPP (Russische Assoziation proletarischer Schriftsteller) geführt hatte, immer krasser. Die literarischen Aktionen von Charms und seinen Dichterfreunden A. VVEDENSKIJ, N. ZABOLOCKIJ u. a. wurden 1930 durch den *pogromartigen* (Mejlach) Artikel *Revolutionäre Jongleurkünste. Ein Anschlag literarischer Rowdies* in der Leningrader Zeitschrift ›Smena‹ öffentlich difamiert und verurteilt. Zwar wurde Charms 1956 offiziell rehabilitiert, seine Werke konnten jedoch nur sehr vereinzelt erscheinen, und von einer eigentlichen Rezeption in der Sowjetunion kann erst seit 1987 gesprochen werden. Als Verfasser von Kinderliteratur war er hingegen dem sowjetischen Leser bekannt geblieben.
Charms faszinierendes Spiel mit Realität und Phantasie, die von ihm angewandte Umkehrung logischer und mimetischer Strukturen, sein freier und spielerischer Umgang mit absurden und scheinbar kindlich-naiven Aussagen bewirkten, daß S. MARŠAK, Schriftsteller und Leiter der Kinderbuchabteilung des Staatsverlages in Leningrad, Charms zur Mitarbeit heranziehen konnte. Er forderte jedoch, daß die »*Wunderlichkeiten einen Sinn*« erhielten und daß die »*ironisch-parodistische*« Aussageebene eliminiert werde. Charms publizierte in den Kinderzeitschriften ›Ež‹ (Der Igel) und ›Čiž‹ (Der Zeisig); 1929 erschien u. a. das mit Illustrationen von V. Tatlin versehene Kinderbuch *Vopervych i vo-vtorych* (*Erstens und zweitens*) und 1936 die freie Nachdichtung von Wilhelm BUSCHS *Plisch und Plum*.
1925 hatte Charms zusammen mit A. Vvedenskij und dem *zaum'*-Dichter A. TUFANOV die literarische Gruppe »Levyj flang« (Linke Flanke) gegründet, die nur kurz existierte, da Charms wie auch Vvedenskij die phonematischen Experimente Tufanovs ablehnten. Zwar finden sich in Charms' szenischem Poem *Lapa*, 1930 (*Die Pratze*), Passagen, die an die transmentale Gedichtsprache (*zaum'*) V. CHLEBNIKOVS erinnern, der dort auch als fiktiver Dialogpartner auftritt, doch sind dies eher parodistische Anspielungen an die sprachzertrümmernden Frühversuche der Futuristen und an den poetologischen Anspruch der *Zaumniki*, die Sprache von dem ihr vorgegebenen Wortmaterial absolut zu befreien, um das »*selbsthafte*« Wort und die »*Sternensprache*« (Chlebnikov) zu finden.
Seit dem Herbst 1927 trug die Dichtergruppe um Charms den Namen »Obèriu«, eine Abkürzung von *Ob-edinenie real'nogo iskusstva* (Vereinigung der realen Kunst) und veranstaltete denen der Dadaisten ähnliche Happenings in Klubs, Künstlerhäusern, Studenten- und Arbeiterwohnheimen. In ihren künstlerischen Veranstaltungen wurden die herkömmliche Unterscheidung der verschiedenen Künste und ihre gegenseitige Abgrenzung ebenso aufgehoben wie die Trennung von Aktions- und Zuschauerraum. Die Provokation stand unter der Idee des Gesamtkunstwerks als Collage der unterschiedlichen Gattungen und Stile; bestimmend war die Überzeugung, daß alles in und zur Kunst verwandelt werden könne, solange die schöpferische Freiheit und die Erkenntnismöglichkeiten nicht drangsaliert würden.
Die formale Gestalt der frühen Gedichte Charms *Konec geroja*, 1926 (*Das Ende des Helden*), *Prorok s Aničkinogo mosta*, 1926 (*Der Prophet von der Aničkov-Brücke*), *Ossa* (1928) ist weitgehend konventionell. Ihr experimenteller Charakter verrät sich jedoch in der semantischen Struktur. Der kontextuelle Zusammenhang der semantischen Träger wird nicht durch logische Sujet- und Motivketten gestif-

tet, sondern durch den Zusammenprall ungleichartiger und zufälliger Themen, wodurch Wider-Sinn und Un-Sinn, jedoch nicht Sinnlosigkeit und Alogisches, entstehen.

Verdoppelung, Verschiebung, Verkehrung und die Negation der sprachlogischen Verfahren und Zusammenhänge sind die gestaltenden Prinzipien, die die »Obėriuten« auch in ihrem Manifest *Obėriu* (1928) forderten, das vor der Beschränkung auf eine ausschließlich mimetische und ideologisierte Kunst warnte. Charms' dichterische Intentionen und Kunstgriffe wurden in dem Manifest so charakterisiert: *»Daniil Charms ist ein Lyriker und Dramatiker, dessen Augenmerk nicht auf die statische Figur konzentriert ist, sondern auf die Konfrontation einer Reihe von Gegenständen, auf deren Wechselbeziehungen. Im Augenblick des Geschehens gewinnt der Gegenstand neue Konturen, die von realer Bedeutung durchdrungen sind. Das Geschehen, auf neue Weise umgestaltet, bewahrt in sich das ›klassische‹ Gepräge und repräsentiert zugleich den weiten Spielraum des Obėriu-Weltempfindens.«* Ein Jahr zuvor hatte sich Charms in *Predmety i figury otkrytye Daniilom Charmsom 8. Avgusta 1927 goda, Peterburg (Gegenstände und Figuren, entdeckt von Daniil Charms am 8. August 1927, Petersburg)* mit der zweifachen Entität des Gegenstandes auseinandergesetzt: mit seiner realen Dimension und mit seinem die *»menschliche Vorstellungskraft transzendierenden Potential«* (Stoimenoff). Der Gegenstand wie auch das Wort in seiner abgenutzten Vergegenständlichung gewinnen ihre *»fünfte Bedeutung«* (Charms), sobald sie die konventionellen Wechsel- und Bedeutungsbeziehungen transzendieren.

Charms' Texte bewahren das »klassische« Gepräge in der typographischen Anordnung, auch wenn es vereinzelt kalligraphische Gedichte gibt, die optisch gestaltet (in *Lapa*) oder mit graphischen Chiffren (*Robert Mabr, Rhabanus Maurus*, 1931) versehen sind. Der Dichter behält die »klassischen« Kunstgriffe bei: den Variationsreichtum des Versrhythmus, den reinen und assoziativen Reim, die Klangassoziationen und Alliteration. Doch befreit er die »klassischen« Strukturen aus ihrer statischen Tradition, indem er die durch Konventionen festgelegte syntaktische und semantische Textgestalt durchbricht. Aufgegeben wird das traditionelle Sujet, gering gehalten die referentielle Ebene; die semantische Stringenz und das logische Gefüge, die der eindeutige Informationen vermittelnden Sprache zugrunde liegen, werden aufgebrochen. Dadurch erschwert Charms die Kommunikation zwischen dem Kunstwerk und seinem Rezipienten und erreicht eine Aktivierung der kognitiven Wahrnehmung der im Kunstwerk neu gestalteten Wirklichkeit.

Seit den dreißiger Jahren deutet sich in Charms' Gedichten sowie in seinem immer umfangreicheren Prosawerk eine poetologische Neuorientierung an. Die Themen werden konkreter und persönlicher, ihr Realitätsbezug wird evident, ihre alogische Verknüpfung verhindert nicht die existentielle Aussage. Der Hunger und der Tod (*Strašnaja smert*, 1935 – *Schrecklicher Tod*), die metaphysisch-religiöse Suche (*Molitva pered snom*, 1931 – *Gebet vor dem Schlaf*), der Verlust von Freiheit, die Bedrohung durch Gewalt, Angst (*Ja plavno dumat' ne mogu*, 1937 – *Ich kann nicht fließend denken*) und die physische und psychische Verkrüppelung des Menschen (*Starucha*, 1939 – *Die Alte*) beschwören die bedrohliche Lebensrealität, in der sich Charms befand, und seinen Widerstand gegen den ideologischen Optimismus der damaligen Zeit. Dennoch werden die Texte weiterhin durch den Zufall und die Zweifel an der physikalischen Gesetzmäßigkeit von Ursache und Wirkung organisiert. Die Absurdität der Welt wird als solche nur erkannt, wenn die vermeintlich axiomatischen Denkstrukturen durch das Kunstwerk durchbrochen werden. Die Imagination denkt gegen die Verstandesprinzipien an und entdeckt die verschenkte (weil unbewußte) Wirklichkeit: *»Die wahre Kunst steht in der Reihe der ersten Wirklichkeit, sie erschafft die Welt und erscheint als deren Widerspiegelung. Sie ist unbedingt real.«* (an K. V. Pugačeva, Oktober 1933). A.M.W.

AUSGABEN: *Slučaj na železnoj doroge* (in *Sobr. stichotv.*, Leningrad 1926). – *Stich Pėtra Jaškina-Kommunista* (in *Kostër: Sbornik*, Leningrad 1927). – *Vo-pervych i vo-vtorych*, Leningrad 1929. – *Igra. Stichi dlja detej*, Moskau 1962. – *Čto ėto bylo?*, Moskau 1967. – *Anekdoty iz žizni Puškina* (in *Literaturnaja gazeta*, 1967, Nr. 47). – *P'esa. Simfonija No 2. Iz zapisnoj knižki* (ebd., 1968, Nr. 46). – *Vstreča. Byl odin ryžij čelovek. Sonet. Makarov i Petersen. Ochotniki* (in *Československá rusistika*, 14, 1969, 2). – *Svjaz'. Basnja* (in *Literaturnaja gazeta*, 1979, Nr. 27). – *Jumorističeskie paradoksy* (in *Voprosy literatury*, 1973, 11). – *Izbrannoe*, Würzburg 1974 [Einl. G. Gibian]. – *Predmety i figury otkrytye D. I. Ch.* (in *Soviet Union/Union Soviétique*, Temple/Arizona, 5, 1978, 2). – *Sobranie proizvedenij*, Hg. M. Mejlach u. V. Erl, 9 Bde., Bremen 1978 ff. – *»... I emu v rot zaletela kukuška«* (*Iz prozy i poėzii*) (in *Voprosy literatury*, 1987, 8). – *Iz neopublikovannogo* (in *Družba narodov*, 1987, 10). – *»Ja dumal o tom, kak prekrasno vsë pervoe!«* (in *Novyj mir*, 1988, 4; Einl. v. Clocer).

ÜBERSETZUNGEN: *Fälle*, P. Urban (in *Kursbuch*, 15, 1968). – *?, Paradoxes*, I. Tschörtner, Hg. L. Debüser, Bln. 1983. – *Fälle. Szenen, Gedichte, Prosa*, P. Urban, Zürich 1984. – *Fallen. Prosa, Szenen, Kindergeschichten*, P. Urban, Zürich 1985.

LITERATUR: A. Aleksandrov, *D. Ch.* (in *Den' poėzii*, Moskau/Leningrad 1965). – G. König, *Die Kinderlyrik der Gruppe Obėriu* (in *WSlA*, 1978, 1). – A. Gerasimova, *Obėriuty* (in *Voprosy literatury*, 1988, 4).

## ELIZAVETA BAM

(russ.; *Ü: Jelisaweta Bam*). Schauspiel in 19 *Kuski* (Stücken) von Daniil I. CHARMS, entstanden 1927,

Uraufführung: Leningrad, 24. 1. 1928, Haus der Künste; deutsche Erstaufführung: Berlin, 15. 9. 1983, Künstlerhaus Betanien. – Das erst Mitte der sechziger Jahre wiederentdeckte Schauspiel ist einer der letzten Versuche der russischen Avantgarde, eine *»wahrhaft revolutionäre Kunst«* zu inszenieren, um ein *»essentiell neues Weltbild«* zu provozieren. Es ist eine bewußte Demonstration gegen das traditionelle Drama und Theater und wider die Erwartung, die Bühne könne ein Spiegel der vorgegebenen Realität sein. An die Stelle des mimetischen Sujets treten ähnlich dem bildnerischen Werk des Konstruktivisten Kazimir Malevič (1878–1935), dem die »Obėriuten« geistig nahe standen, strukturierende Elemente, die auf Tradition und Konventionen hinweisen, jedoch diese durch überraschende Zusammenstellungen und Wechselbeziehungen negieren. – Die Konstituenten des Dramas werden deformiert, um mittels der Imagination neu komponiert zu werden. Charms theatralisiert das Drama zum totalen Theater, indem er die Handlungslosigkeit bzw. Zuständlichkeit, die Pantomime, Überraschungseffekte und die sie konstituierenden Figuren für ebenso *»theatralische Elemente«* (Manifest *Obėriu*) erachtet wie die Dekoration, die Requisiten, Objekte, die Zeit und den Raum. Wiewohl das Theater mit den Materialien des Lebens spielt, kündigt es dessen logische Gesetzmäßigkeit und Eindeutigkeit als vermeintliche auf. Es begibt sich in Opposition und gibt sich als ein Artefakt zu erkennen.

Die Titelfigur, deren Nachname Bam onomatopoetisch den Klang der Totenglocke assoziieren, wie auch an die scherzhafte Redewendung *bambukovskoe položenie* (mißliche Lage) denken läßt, erwartet in ihrem Zimmer die Verhaftung wegen eines angeblich von ihr begangenen »abscheulichen« Verbrechens. Die referentielle Dimension der ersten beiden *Kuski* (Stücke), deren gattungsstilistischen Überschriften diesmal den Realitätscharakter vermuten lassen *(1. Stück: realistisches Melodrama, 2.: realistische Gattung, der Komödie nahe)*, schlägt im *3. Absurd komisch-naive Gattung* in ein clowneskes Spiel um. Die realitätssignalisierenden Bezüge bleiben bis zum *19. Ende der Oper. Bewegung der Kulissen, Objekte, des Hintergrunds und der Menschen* zunehmend irrelevant zugunsten des dissonanten Zusammen- und Gegenspiels von banalen und tragischen Elementen, von komischen und grotesken Momenten, von Unsinnsgeplapper und philosophischen Exkursen, von phonetischen Gestammel und poetischen Sentenzen.

Der Mischung von gattungsspezifischen Stil- und Spielformen und ihrer Parodie entsprechen die oszillierende Identität der Figuren und ihre Metamorphosen. Als Angeklagte und Verfolgte tritt Elizaveta Bam in den ersten beiden »Stücken« auf, ab dem 3. erhebt sie Forderungen gegenüber ihren Verfolgern bis zur Bedrohung ihres Antagonisten Pëtr Nikolaevič im 7. »Stück«. Die Modifikationen ihrer Gegenspieler Ivan Ivanovič und Pëtr Nikolaevič entheben auch diese einer Eindeutigkeit: Die beiden Männer treten auf als Verfolger, Krüppel, clowneske Akrobaten, dann wiederum als Philosophen und Zauberer und scheinen im 13. »Stück« eine Figur und nicht zwei zu sein. – Die Entpersönlichung der Figuren und des jeweiligen Schicksals, das sie ebenso austauschbar erscheinen läßt wie ihr fragmentarischer Charakter, stützt die polyvalente semantische Struktur des Spiels. Sie setzt sich im wesentlichen aus drei Schichten zusammen, die den Text konstituieren: Die über die Realität referierende Schicht, die durchbrochen wird von einer an alogischen und spielerischen Elementen reichen Schicht, in der sich die Manifestation einer inhaltlichen und ideellen Achse vornehmlich auf die des Formal- und Sprachstrukturellen verlagert. Die dritte Schicht umfaßt die poetischen und philosophischen Einlagen, die parodistischen Charakter haben, doch zugleich auf die Relativität und Fragmentarität der einzelnen Textschichten verweisen.

Weder die Figuren noch ihr reduzierter Dialog, der jene Funktion negiert, die ihm als dramatischem Medium bis Čechov zukam und im sozialistischen Drama restauriert wurde, weder das Geschehen noch der ständig wechselnde Bühnenraum erlauben einen eindeutigen Interpretationsansatz. Charms figuriert und inszeniert die Undurchschaubarkeit und Unerklärbarkeit der menschlichen Situation mittels schwer deutbarer Aktionsfigurationen und Sprachrudimenten. Das Komische, Groteske, Burleske und Paradoxe überspielen jedoch nicht die Tragik, die sich in dem Metaphernnetz der Bedrohung und des Todes veräußert. Auch zeugt die Ringstruktur des Schauspiels von der *»Vergeblichkeit aller Fluchtphantasien«* (Müller-Scholle), von der Hoffnungslosigkeit der Lebens-Situation, von der Fragwürdigkeit von Moral und Sinn, die in Charms' szenischen Dialogen, in seiner *Komedija goroda Peterburga*, 1927 *(Die Komödie der Stadt Petersburg)*, und in seiner Prosa ebenso virulent sind und ihn als einen Vorläufer der westlichen absurden Literatur ausweisen. A.M.W.

AUSGABEN: Meddelanden 1972 (in Slavistiken Institutionen Stockholms Universitet, Nr. 8). – Würzburg 1974 (in *Izbrannoe*, Hg. G. Gibian).

ÜBERSETZUNG: *Elizaveta Bam* (in *Fälle*, P. Urban, Ffm. 1970). – Dass. (in *Fallen. Prosa, Szenen, Kindergeschichten, Briefe*, P. Urban, Zürich 1985).

LITERATUR: J. Błoński, *Przeczucia »Elżbiety Bam«* (in Dialog, 1967, 10, S. 125–128). – L. Kleberg, *Om D. Ch.' »Elizaveta Bam«* (in D. Ch., *Elizaveta Bam*, Meddelanden 1972, S. I–X). – N. I. Chardziev, *O kanoničeskom tekste p'esy D. Ch. »Elizaveta Bam«* (in D. Ch. Izbrannoe, Hg. G. Gibian, Würzburg 1974, S. 170–171). – B. Müller, *Absurde Literatur in Rußland. Entstehung und Entwicklung*, Diss. Mchn. 1978. – A. Martini, *Retheatralisierung des Theaters: D. Ch. »Elizaveta Bam«* (in ZslPh, 42, 1981, 1, S. 146–166). – Ch. Müller-Scholle, *»Jelisaweta Bam«* (in *Das russische Drama*, Hg. B. Zelinsky, Düsseldorf 1986, S. 280–291).

## PIERRE CHARRON

\* 1541 Paris
† 16.11.1603 Paris

### DE LA SAGESSE TROIS LIVRES

(frz.; *Drei Bücher über die Weisheit*). Moralphilosophische Abhandlung von Pierre CHARRON, erschienen 1601. – Das Werk behandelt die Frage, wie der Mensch durch den richtigen Einsatz seiner Vernunft zu einer von Weisheit geprägten Lebensführung gelangen kann. Neben den *Essais* von MONTAIGNE, der Charrons Freund und Vorbild war, trug die Schrift entscheidend zur Entwicklung emanzipatorischen Denkens im Frankreich des 17. Jh.s bei. Im Unterschied zu Montaigne bedient sich Charron allerdings einer streng systematischen Form der Darlegung.

Das erste Buch, »*das von der Erkenntnis des Selbst und der menschlichen Verfassung handelt*«, analysiert die Grundlage der Natur des Menschen. Aus dem Gegensatz von Körper und Geist wird die für ihn charakteristische Ambivalenz von animalischer Triebgebundenheit und göttlicher Verstandeskraft, die die Befindlichkeit des einzelnen und der Gemeinschaft bestimmt, abgeleitet. Schon hier spielt das Problem von Schicksal und Selbstbehauptung eine bedeutende Rolle. Die Ergebnisse der psychophysischen Analyse des Menschen dienen als Ausgangspunkt für die Erkundung seines moralischen Verhaltens. Sie wird im zweiten Buch, »*das die allgemeinen Anleitungen und Regeln der Weisheit enthält*«, unternommen. Die Frage, wie Fehlhaltungen und Vorurteile zu vermeiden seien, findet ihre Anwort darin, daß der Mensch sich zur Bekämpfung falschen Wahns um eine seiner Naturanlage angemessene und in der Praxis lebbare Weisheit bemühen müsse. Diese *preud'hommie* (afrz. Rechtschaffenheit) wird als eine Summe von auch durchaus bürgerlichen Eigenschaften definiert. Kraft seiner Vernunft soll der Mensch Unterscheidungsvermögen und geistige Selbständigkeit mit Besonnenheit, Umgänglichkeit und Gesetzestreue verbinden. Ihren inneren Zusammenhalt finden die für die Erringung »*menschlicher Weisheit*« notwendigen Eigenschaften in der Bereitschaft und Fähigkeit, jederzeit ruhig sterben zu können. Das dritte Buch, »*das die besonderen Ratschläge zur Weisheit auf der Grundlage der vier moralischen Tugenden enthält*«, gibt – ausgehend von den vernunftbestimmten Kardinaltugenden Klugheit, Gerechtigkeit, Stärke und Mäßigung – Anleitungen zum weisen und »politischen« Verhalten in allen möglichen Beziehungen und Lebenslagen. – In seiner Gesamtheit bildet *De la sagesse* nur den abschließenden Teil eines größeren Erklärungsmodells, bei dem es um Fragen der Weltordnung und der daraus abgeleiteten Anweisung zur richtigen Lebensführung geht. Dessen Grundlagen behandelte Charron in den früher erschienenen Schriften *Les trois veritez* (1593/95) und *Discours chrétiens* (1600/01). Darin werden aus vornehmlich theologischer Perspektive Fragen des wahren Glaubens und der christlichen Offenbarung erörtert.

In *De la sagesse* bleibt dagegen die Betrachtung allein auf die der menschlichen Vernunft möglichen Erkenntnisweisen beschränkt. Entsprechend deutlich eingegrenzt ist auch der Bereich, für den die Lehren dieses Werks Gültigkeit beanspruchen. Hier findet sich eine erste Antwort auf die Frage, wie es sich vereinbaren läßt, daß Charron wegen seiner theologischen Werke als Apologet des katholischen Christentums verstanden wurde, sich aber durch die Abhandlung *De la sagesse*, die trotz einer um Klärung und Abmilderung bemühten Überarbeitung (postum 1604) auf dem Index erschien, den Vorwurf des Atheismus zugezogen hat. Charron will, wie er auch im Vorwort zur zweiten Auflage und in der Zusammenfassung des *Petit traité de la sagesse* präzisiert, nichts anderes als den Entwurf einer neuen »*scientia civilis*«. Wie muß derjenige, der sich nicht abgeschieden hinter Klostermauern befindet, sondern dem pulsierenden Leben des Alltags ausgesetzt ist, sein Verhalten einrichten, um zur Weisheit zu gelangen? Mit dieser Frage wendet er sich an alle Menschen, die ihre Vernunft zu benutzen wissen, und nur für sie, die »*esprits forts*«, ist die Anleitung gedacht. Die methodische Behandlung der Problematik richtigen Verhaltens in der Welt erscheint nötig, um der planlosen Willkür, mit der sich das Leben der Menschen in der Gesellschaft vollzieht, entgegenzuwirken. Die Erfahrung der Religionskriege, die die Generation Charrons in den voraufgegangenen Jahrzehnten durchlitten hatte, macht die Dringlichkeit der Fragestellung begreiflich. Da er bei den Theologen, die über ihren abstrakten Problemen die existentielle Praxis vernachlässigen, keine akzeptablen Lösungen auszumachen vermag, sucht Charron, wie schon die Humanisten der früheren Zeit, eine zufriedenstellendere Antwort bei den Denkern und Philosophen der Antike. Er setzt, um den Punkt zu finden, von dem aus ein Weg zur Erlangung abgeklärter Weisheit führt, bei der Erkenntnis des eigenen Nichtwissens ein. Dabei greift er, ähnlich wie Montaigne, auf den antiken Skeptizismus zurück, baut aber dessen gedanklichen Kern, den Zweifel, zu einem geschlossenen System aus. Die dadurch bewirkte Hervorhebung individueller Eigenverantwortlichkeit und menschlicher Autonomie gegenüber jeder übernatürlichen Instanz hat dem Werk Charrons seine außerordentliche, im Vergleich zu den *Essais* jedoch zeitgebundenere Anziehungskraft verliehen. K.L.

AUSGABEN: Bordeaux 1601 *(De la sagesse, livres trois)*. – Paris ²1604 *(De la sagesse, trois livres;* neu bearb. u. erw.). – Paris 1635 (in *Toutes les œuvres*). – Paris 1824 *(De la sagesse,* Hg. u. Anm. A. Duval; Nachdr. 1968). – Paris 1986.

LITERATUR: C.-A. Sainte-Beuve, *C.* (in C.-A. B., *Causeries du lundi XI*, Paris 1856, S. 197–223). –

H. Teipel, *Zur Frage des Skeptizismus bei P. C.*, Wuppertal 1912 [Diss.]. – J. B. Sabrié, *De l'humanisme au rationalisme. P. C. (1541–1603)*, Paris 1913. – J. D. Charron, *The Wisdom of P. C.*, Chapel Hill 1960. – G. Schneider, *Das Programm der Skepsis bei P. C.* (in G. S., *Der Libertin. Zur Geistes- und Sozialgeschichte des Bürgertums im 16. u. 17. Jh.*, Stg. 1970, S. 154–171). – R. Kogel, *P. C.*, Genf 1972. – M. C. Horowitz, *Natural Law as the Foundation for an Autonomous Ethic. C.s »De la sagesse«* (in Studies in the Renaissance, 21, 1972, S. 204–227). – M. Adam, *P. C. et son temps* (in Revue française d'histoire du livre, 10, 1976, S. 127–159). – M. Iofrida, *A proposito della »Sagesse« di P. C.* (in Annali della scuola normale superiore di Pisa, Lettere e Filosofia, ser. III, 8, 1978, H. 1, S. 525–564). – P. F. Grendler, *P. C. Precursor of Hobbes* (in P. F. G., *Culture and Censorship in Late Renaissance Italy and France*, Ldn. 1981, S. 212–224). – A. Gil, *Zur ›doppelten Moral‹ C.s. Der Einfluß Senecas auf die Todesthematik in »De la sagesse«* (in Arcadia, 16, 1981, S. 113–130). – F. Kaye, *C. et Montaigne. Du plagiat à l'originalité*, Ottawa 1982. – J. Larmat, *Nature et culture dans le traité »De la sagesse« de C.* (in *La littérature de la Renaissance. Mélanges M. Soulié*, Genf 1984, S. 371–385).

## ALAIN CHARTIER

\* 1385 Bayeux
† 1433 Avignon

**LITERATUR ZUM AUTOR:**
E. J. Hoffmann, *A. Ch. His Work and Reputation*, NY 1942; Nachdr. Genf 1975. – C. J. H. Walravens, *A. Ch.*, Amsterdam 1971. – F. Rouy, *L'esthétique du traité moral d'après les œuvres d'A. Ch.*, Genf 1980.

## LAI DE LA BELLE DAME SANS MERCY

(frz.; *Lai von der schönen Dame ohne Gnade*). Verserzählung von ALAIN CHARTIER, erschienen 1490. – Gegenstand der 100 Oktaven umfassenden Dichtung ist das Gespräch zwischen einer koketten Dame und ihrem Verehrer, das der Autor – er ist während eines Spaziergangs in eine fröhliche Gesellschaft geraten – im Schutze einer Laube belauscht. Für das inständige Werben des jungen Mannes hat die Schöne allerdings nur taube Ohren, da sie ihre persönliche Freiheit dem Liebesdienst vorzieht. In der Vorfreude auf einen glänzenden Ball läßt sie ihren Liebhaber schließlich stehen, den alsbald die erlittene maßlose Enttäuschung und sein übergroßer, ohnmächtiger Zorn töten.

Das in ein konventionelles Reimschema *(ababbcbc)* gefaßte und überdies seit der Blüte der Troubadourlyrik geläufige Thema der vergeblichen Werbung um eine stolze Frau löste gleichwohl im 15. Jh. einen literarischen Skandal aus. Der Grund für den heftigen Meinungsstreit, der sich nach dem Erscheinen des Gedichts erhob und bis ins 16. Jh. seinen Niederschlag in zahlreichen Nachahmungen und polemischen Widerlegungen fand, lag in dem Verstoß gegen das erste Gebot einer im Jahre 1401 zu Paris mit königlicher Protektion gegründeten einflußreichen Institution, der »Cour Amoureuse« (Liebeshof), das streng untersagte, die Ehre des weiblichen Geschlechts anzutasten.
Den Titel seiner das Motiv der Vorlage allerdings frei abwandelnden Ballade *(La Belle Dame Sans Mercy)* entnahm KEATS einer englischen, ursprünglich CHAUCER zugeschriebenen Übersetzung, die man heute allgemein für ein Werk von Sir Robert Ros hält. KLL

**AUSGABEN:** Lyon o. J. [1490]. – Paris 1901, Hg. L. Charpennes [Nachdr. einer Ausg. von 1617]. – Genf 1945, Hg. A. Piaget (krit.: TLF); ²1949. – Monte Carlo 1959. – Ldn. 1974, Hg. J. C. Laidlaw (in *The Poetical Works of A. Ch.*).

**LITERATUR:** A. Jeanroy, *Les origines de la poésie lyrique en France au moyen âge*, Paris 1925, S. 225/226. – J. Huizinga, *Herbst des MAs*, Mchn. 1928; ern. Stg. 1965. – C. S. Shapley, *Ch.'s »La belle dame sans mercy«* (in C. S. S., *Studies in French Poetry of the Fifteenth Century*, Den Haag 1970, S. 32–120). – D. Rieger, *Ch.'s »Belle Dame sans mercy« oder der Tod des höfischen Liebhabers* (in *Sprachen der Lyrik. Fs. H. Friedrich*, Hg. E. Köhler, Ffm. 1975, S. 683–706). – M. Tietz, *Die »Belle Dame sans mercy« und die »Dame des belles cousines«* (in *Beiträge zum Romanischen Mittelalter*, Hg. K. Baldinger, Tübingen 1977, S. 358–376). – W. W. Kibler, *The Narrator as Key to Ch.'s »La belle dame sans mercy«* (in FR, 52, 1978/79, S. 714–723). – G. Galigani, *L'effimera conquista dell'ideale. »La belle dame sans mercy«*, Pisa 1984.

## LE LIVRE DES QUATRE DAMES

(frz.; *Das Buch der vier Damen*). Versdichtung von ALAIN CHARTIER, erschienen 1489. – Dem Vorbild der Streitgedichte *(débats)* der Christine de PISAN und Guillaume de MACHAUTS folgend, wirft der Dichter nach der Niederlage von Azincourt (1415) die Frage auf, welche von vier Damen – sie alle haben den Verlust ihrer Männer nach jener Schlacht zu beklagen – wohl die unglücklichste sei. Die erste trauert um einen stolzen Ritter, der als Held gegen die Engländer fiel. Die zweite mußte erfahren, daß ihr Liebster in Gefangenschaft geriet. Während die dritte ohne Nachricht blieb und von Ungewißheit gequält wird, hält sich die vierte Dame für die unglücklichste, denn der Mann, den sie liebte, hat während des Kampfes die Flucht ergriffen und so das oberste Gebot der ritterlichen Lebensweise verletzt. Das Urteil wird nicht gefällt, sondern in das Ermessen einer fünften Dame gestellt, der Angebeteten des Dichters. Aus Alains loyaler Haltung zum französischen Königtum, die nach den Wertvorstellungen der damaligen Zeit dem Loyalitätsverhältnis zur Frau entsprach, läßt sich schließen, daß er wohl die vierte Dame für die bemitleidenswerteste hielt.

Die etwa 3000 Verse umfassende Dichtung folgt dem üblichen Kompositionsschema. Die Unterredung findet im Rahmen einer konventionellen Naturszenerie statt, die mit der für das Spätmittelalter charakteristischen Detailfreude geschildert wird.

KLL

AUSGABEN: Paris 1489. – Paris 1617 (in *Les Œuvres*). – Paris 1943. – Ldn. 1974, Hg. J. C. Laidlaw (in *The Poetical Works of A. Ch.*).

LITERATUR: L. Kußmann, *Beiträge zur Überlieferung des »Livre des quatre dames« von A. C.*, Diss. Greifswald 1904. – G. Hirschel, *»Le livre des quatre dames« von A. C.*, Diss. Heidelberg 1929. – G. Gröber, *»Le livre des quatre dames«* (in G. G., *Geschichte der mittelfranzösischen Literatur*, Bln. 1937, S. 36 ff.). – M. V. Watkins, *Etude critique du »Livre des quatre dames« de Ch.*, Diss. Austin 1981 (vgl. Diss. Abstr. 42, 1981/82, S. 1143A–1144A).

## LE QUADRILOGUE INVECTIF

(frz.; *Das Streitgespräch zwischen vier Personen*). Prosawerk von Alain CHARTIER, verfaßt zwischen dem 12. April und dem 30. August 1422, weite handschriftliche Verbreitung (ca. 40 erhaltene Hss.), erste Druckfassung 1474. – Dieses polemische patriotische Werk ist nur vor dem Hintergrund der Lage Frankreichs im Laufe der ersten Hälfte des Hundertjährigen Krieges zu verstehen und zu bewerten: Krieg und Bürgerkrieg, Zwistigkeiten zwischen französischen Fürsten und überwältigende Siege der Engländer (etwa Azincourt 1415) führten zu dem für Frankreich schandhaften Vertrag von Troyes 1420; weitere militärische Rückschläge (Niederlagen des Dauphin) machten die Hoffnungen der verbliebenen französischen Patrioten zunichte. Chartier, der im Dienste des Dauphin stand, vertrat, wie viele andere französische Schriftsteller seiner Zeit (Christine de PIZAN, Jean GERSON, Jean JUVENAL DES URSINS, Robert BLONDEL u. a.) die patriotische Sache. Sein *Quadrilogue invectif*, mit dem er die Mächtigen Frankreichs zu rettenden Taten bewegen wollte, reiht sich daher in die lange Serie seines politisch-polemischen Schrifttums ein (*Le Livre des quatre Dames*, 1415), *Débat patriotique*, 1422 (*Patriotisches Streitgespräch*), *Lay de la Paix*, 1425 (*Friedensleich*), an den Herzog von Burgund, *Lettre sur Jeanne d'Arc adressé à l'Empereur Sigismond*, 1429 (*Brief über Jeanne d'Arc an Kaiser Sigismund*). In einer kurzen Einleitung, in der sich Chartier als »*entfernter Nachahmer der alten Redekünstler*« bezeichnet, wendet er sich an alle Stände gleichzeitig (»... *und soll ja keiner den einen Teil ohne den anderen lesen, so daß er nicht versucht werde, die gesamte Schuld auf einen Stand allein zu schieben*«), wobei er die schlechte Lage Frankreichs als Strafe Gottes und Zeichen der Wandelbarkeit aller irdischen Dinge bezeichnet, sowie Titel und Zweck seiner Schrift erläutert. Das eigentliche Streitgespräch kleidet sich in die Form einer Allegorie, die mit dem traditionellen Topos des Traumgesichts eingeleitet wird. Hier begegnet uns – wohl zum ersen Mal in der französischen Literatur – die Gestalt Frankreichs (*France*). Diese steht, in königlichem Ornat, aber den Umständen entsprechend zerrissen und mitleiderregend anzuschauen – inmitten ihrer Kinder, den Ständen: ein stehender bewaffneter Ritter, ein sitzender, stiller Kleriker und ein am Boden liegender Vertreter des gemeinen Volkes. *France* eröffnet das Gespräch mit einer anklagenden Rede an ihre Kinder; das Volk entschuldigt sich mit einem Hinweis auf seine ausgebeutete und entrechtete Lage, die ihm jede weitere Anstrengung zum Trag der Kriegskosten unmöglich macht. Der Ritter betont seine eigenen Opfer im Kriegsdienst und weist den vom Volk vorgebrachten Vorwurf des Wohllebens, der Eigenmächtigkeit und des Opportunismus zurück. Nach einigem Gerangel bricht der Vertreter des Klerus (*le Clergé*) sein Schweigen, mahnt alle Stände zur Eintracht, Opferbereitschaft und Gehorsam gegenüber der Obrigkeit, verteidigt den vom Hofe verbannten Dauphin, wünscht den Mächtigen weise und uneigennützige Ratgeber aus den Reihen des gelehrten Standes und präsentiert letztlich ein gesamtheitliches nationales Reformprogramm, in dem wir in etwa die politischen Vorstellungen Chartiers erkennen dürfen. Der Ritter hat noch einige Einwände, aber *France* unterbricht ihn, um sich direkt an den Autor – der dem Streitgespräch gelauscht hatte – zu wenden. Sie ermahnt ihn, da er selbst »*weder Leibeskraft noch Waffenkunst*« besitze, dem Allgemeinwohl dadurch zu dienen, daß er die unvereinbaren Positionen des *Quadrilogue* niederschreibe, damit darin jeder Stand seine eigenen Fehler und Versäumnisse erkennen und korrigieren könne. Im Einklang mit den Gattungsregeln des Streitgesprächs wird hier keine Synthese angestrebt, sondern lediglich die in sich kohärenten Vorstellungen der jeweils widersprechenden Positionen präsentiert. In einer für die Zeit meisterhaft an lateinischen Vorbildern geschulten Sprache, die Chartier den Beinamen »*Vater der französischen Redegewandtheit*« einbrachte, gelingt es dem Autor, jedem der Streitenden seinen eigenen Sprachduktus zu verleihen. Insbesondere werden die *Exempla* (Beispiele), mit denen in gattungstypischer Art die Reden reichhaltig gespickt sind, auf den jeweiligen Sprecher abgestimmt: So bedient sich das Volk einer bildlichen, an Personifikationen reichen Sprache, der Adlige greift hauptsächlich auf Überlieferungen antiker Geschichte und auf Ritterromane zurück, und der Kirchenmann mit seinen biblischen und klassisch-gelehrten Beispielen beweist

humanistische Bildung. Der Text ist eine Abfolge von Monologen, die gelegentlich aufeinander Bezug nehmen: Der Streit findet zwischen Volk und Ritter statt, der Kleriker ermahnt – kaum widersprochen – alle, *France* klagt alle an.
Chartiers *Quadrilogue* markiert mit seiner Synthese mittelalterlicher Topik und humanistischer Form einen entscheidenden Punkt in der Evolution einer genuin französischen Rhetorik. Seine Wirkung auf das folgende Jahrhundert war groß, spätere Zeiten schätzten vor allem die patriotischen Inhalte, die wie ein früher Anklang modernen nationalstaatlichen Denkens wirken. M.G.D.

AUSGABEN: O. O. u. J. Wien/Brügge 1474. – Paris 1617 (in *Les œuvres*, Hg. H. du Chesne). – Paris 1923, Hg. E. Droz ([2]1950; CFMA).

LITERATUR: H. Hatzfeld, *Le style du »Quadrilogue invectif« de Ch.* (in *Studi di filologia romanza a S. Pellegrini*, Padua 1971, S. 215–232).

## MARY COYLE CHASE

* 25.2.1907 West Denver / Colo.

### HARVEY

(amer.; *Ü: Mein Freund Harvey*). Komödie in drei Akten von Mary Coyle CHASE, Uraufführung: New York, 1. 11. 1944, 48th Street Theatre; deutsche Erstaufführung: Berlin, April 1950, Renaissance-Theater. – Das 1945 mit dem Pulitzer-Preis ausgezeichnete und in viele Sprachen übersetzte Stück ist eine Mischung aus Phantasie und Farce. Hauptfigur ist der Endvierziger Elwood P. Dowd, ein wohlhabender, umgänglicher Trunkenbold. Seine optimistische Einstellung gegenüber dem Leben und seinen Mitmenschen verdankt er dem Einfluß eines *pooka*, eines der guten Geister aus der keltischen Sagenwelt, der in diesem speziellen Fall in die Gestalt eines mannsgroßen weißen Kaninchens namens Harvey geschlüpft ist. Nur Elwood kann Harvey sehen, und für ihn ist das Kaninchen nicht allein der beste Freund, sondern auch sein ständiger Begleiter. Um Elwood von seinen »Halluzinationen« heilen zu lassen, wollen seine Schwester Veta und seine Nichte Myrtle Mae ihn in ein Nervensanatorium stecken. Aber der Versuch mißlingt, denn allmählich wird nicht nur dem Leiter der Anstalt, dem berühmten Psychiater Dr. Chumley, und dessen Assistenten Dr. Sanderson, sondern auch den beiden Damen klar, daß Elwood dank seiner harmlosen Illusion besser durchs Leben kommt, als wenn er illusionslos die Wirklichkeit meistern müßte. Mehr noch: Veta und sogar Dr. Chumley glauben schließlich, den sagenhaften Harvey ebenfalls sehen zu können. Der Kunstgriff der Autorin, die Frage, ob Harvey wirklich nur ein Hirngespinst ist, offenzulassen, trägt viel zur Wirkung dieser Komödie bei. J.v.Ge.

AUSGABEN: NY 1950. – NY 1953. – NY 1961 (in *American Dramatic Literature: Ten Modern Plays in Historical Perspective*, Hg. J. Y. Miller, S. 470 bis 509; m. Einl.).

ÜBERSETZUNG: *Mein Freund Harvey*, A. Polgar, Wien o. J.

VERFILMUNG: USA 1950 (Regie: H. Koster).

LITERATUR: Anon., *M. C. Ch.* (in Current Biography, 6, Okt. 1945, S. 12–14). – S. Kunitz u. V. Colby, *Twentieth Century Authors*, NY [3]1963, S.189 f. – G. J. Nathan, *The Theatre Book of the Year 1944–1945: A Record and an Interpretation*, NY 1945, S. 133–135. – B. Atkinson, *Broadway*, NY 1974. – J. D. Hart, *The Oxford Companion to American Literature*, NY/Oxford 1983, S. 135. – *A Literary History of the American West*, Hg. J. G. Taylor, Fort Worth/Tex. 1987, S. 215. – T. P. Adler, *Mirror on the Stage: The Pulitzer Plays as an Approach to American Drama*, West Lafayette/Ind. 1987, S. 11; 24–26.

## JEAN-BAPTISTE CHASSIGNET

* um 1578 (?) Besançon
† um 1635 (?) Besançon

### LE MESPRIS DE LA VIE ET CONSOLATION CONTRE LA MORT

(frz.; *Verachtung des Lebens und Trost gegen den Tod*). Sonettzyklus von Jean-Baptiste CHASSIGNET. Erstdruck 1594. – Chassignet, Sohn eines Arztes und humanistisch gebildet, war Jurist und Staatsbeamter. Sein dichterisches Werk ist von der religiösen Unruhe der Zeit geprägt; auf den *Mespris*, sein erstes größeres Werk, folgten die *Paraphrase sur les douze petit prophetes*, 1609 *(Paraphrase über die zwölf kleinen Propheten)*, und eine Version der davidischen Psalmen (1613).
Der *Mespris* umfaßt in neun Gruppen 434 Sonette, die durch Prosastücke *(discours, supplications, syndéreses)* miteinander verbunden werden. Er variiert ein Thema, das seit INNOZENZ' III. Schrift *De contemptu mundi* (1195) das abendländische Weltbild geprägt hat und im Barockzeitalter zentrale Bedeutung erlangen sollte. Chassignets Menschenbild lebt aus der Spannung von Welt und Jenseitshoffnung. Das Leben, monotone Wiederkehr des schon Bekannten, ruft alsbald Überdruß *(ennuy)* hervor. Das unwiderrufliche Verrinnen der Zeit, die Unbeständigkeit der Welt, die Nichtigkeit des

Lebens (Vanitas-Thema) und die fatale Hinfälligkeit des Menschen durch Krankheit und Siechtum erweisen sich als beherrschende Themen. Chassignet preist die geistige Freiheit des Menschen; MONTAIGNE vergleichbar, sucht er ihm die Furcht vor den Schrecken des Todes zu nehmen. Allerdings geschieht das durch eine Abwertung der *Condition humaine*, deren Unbilden den Tod nicht mehr als furchtbar, sondern in Wahrheit als eine Erlösung von menschlichen Leiden erscheinen lassen.

Chassignets Sprache zeichnet sich durch Dichte der Argumentation, Präzision und Konkretheit aus. Ein häufiger Wechsel zwischen parataktischen und hypotaktischen Satzmustern, gelegentlich verstärkt durch rhetorische Satzfiguren, unterstreicht das emotionale Element seiner Lyrik. Im Hinblick auf das zentrale Thema kommen der Antithese und dem Paradoxon eine besondere Bedeutung zu. Chassignets Bildersprache ist von suggestiver Kraft. Im Sinne provokanter Stilmischung wechseln extravagante juristische oder medizinische Metaphern mit volkstümlichen Vergleichen: »*... comme petis enfans d'une larve outrageuse, / D'un fantosme, ou d'un masque, ainsi nous avons peur, / Et redoutons la mort*« (»... wie Kinder vor einem Nachtgespenst, einem Schemen, einer verhüllten Person sich ängstigen, so fürchten wir den Tod«). Ein durchgängig anzutreffendes Bild ist das der Lebensreise. – Chassignet, ein typischer Vertreter des literarischen Manierismus, wurde erst im 20. Jh. wiederentdeckt.      K.Rei.

AUSGABEN: Besançon 1594. – Paris 1959 (in *Poètes du XVIe siècle*, Hg., Komm. u. Glossar A.-M. Schmidt; Ausw.; Pléiade). – Genf 1967, Hg. H.-J. Lope (krit.; TLF).

LITERATUR: A. Muller, *Un poète religieux du XVIe siècle: J.-B. C.*, Paris 1951. – M. Richter, *Una fonte calvinista di C.* (in BdHumR, 26, 1964, S. 341–362). – *French Manneristic Poetry between Ronsard and Malherbe* (in Esprit Créateur, 1966). – D. Rigo Bienaimé, *C. sulle orme della morte* (in D. R. B., *Grevin poeta satirico e altri saggi sulla poesia del cinquecento francese*, Pisa 1967, S. 175–225). – M. McGowan, *Prose Inspiration for Poetry: C.* (in *The French Renaissance and Its Heritage*, Ldn. 1968, S. 139–165). – R. J. Ortali, *Un poète de la mort: C.*, Genf 1968. – H. Wagner, *Die Thematik und der Stil im* »Mespris de la vie et consolation contre la mort«, Bern/Ffm. 1972. – J. Sacré, »*Le mépris de la vie et consolation contre la mort*« *de C. et* »*Les confessions*« *de Saint Augustin* (in BdHumR, 35, 1973, S. 533–540). – Ders., *Un plaisir d'écrire appliqué. C.* »*Le mépris de la vie et consolation contre la mort*« (in J. S., *Un sang maniériste*, Neuchâtel 1976, S. 111–133). – R. Rossi, *Quelques remarques sur le* »*Mépris*« *de C.* (in Cahiers d'études romanes, 5, 1979, S. 65–90). – A. Gabriel, »*Le mespris de la vie et consolation contre la mort*«, *lecture psychoanalytique de la mélancholie de C.* (in PFSCL, 8, 1981, S. 33–48).

## GEORGES CHASTELLAIN

\* um 1415 Aalst / Flandern
† 13.2.1475 Valenciennes

LITERATUR ZUM AUTOR:
G. Pérouse, *G. C., étude sur l'histoire politique et littéraire du 15e siècle*, Paris 1910. – K. Orwin, *G. C., sa vie, ses œuvres*, Paris 1931. – L. Hommel, *G. C., 1415–1474*, Brüssel 1945. – J.-C. Delclos, *Le témoignage de C.*, Genf 1980.

## LE LIVRE DES FAITS DU BON CHEVALIER MESSIRE JACQUES DE LALAING

(frz.; *Buch der Heldentaten des edlen Ritters Jacques de Lalaing*). Biographisches Werk, vermutlich verfaßt von Georges CHASTELLAIN, entstanden um 1470. – »Die spätmittelalterliche Heldenverehrung hat ihre literarische Form in der Biographie des vollkommenen Ritters« (Huizinga). Eines der wichtigsten Beispiele für die Gattung des *livre des faits*, das Epos und höfischen Roman ablöste und besonders am burgundischen Hof gepflegt wurde, ist das Leben des Jacques de Lalaing.

Zu Beginn wird kurz von seinen Vorfahren im Hennegau und seiner Jugend auf dem elterlichen Schloß berichtet. Der Herzog von Clèves, ein Neffe Philipps des Guten von Burgund, nimmt Jacques mit an den burgundischen Hof, wo er sich in Turnieren und schließlich im Waffengang mit einem sizilianischen Ritter ersten Ruhm erwirbt. Nach dem Ritterschlag tritt er eine Turnierfahrt durch Europa an. An den königlichen Höfen von Frankreich, Navarra, Kastilien, Portugal, Schottland und England wird er freudig aufgenommen, und immer wieder hat er Gelegenheit, in Waffengängen mit den Tapfersten des jeweiligen Landes seine unvergleichliche Rittertugend zu beweisen. Nach der Rückkehr stellt er sich für ein Jahr an der Fontaine des Pleurs allen, die sich mit ihm messen wollen: 22 Ritter kann er in dieser Zeit besiegen. Den Höhepunkt seines Lebens aber bilden eine Mission als Gesandter des burgundischen Herzogs, die ihn nach Italien führt, und die Aufnahme in den Orden des Goldenen Vlieses. Mit 32 Jahren stirbt er durch einen Kanonenschuß.

Der Schluß der Erzählung ist lückenhaft: Nur eine abschließende Laudatio ist erhalten – sie endet mit dem Satz: »*Car meilleur fut que nul escrit de George*« (»Denn er war besser als irgendeiner, den George beschrieb«). Mit größter Wahrscheinlichkeit ist hier Georges Chastellain, der berühmte Historiograph Karls des Kühnen von Burgund gemeint, den man für den Verfasser oder wenigstens den Kompilator hält. Auffällig ist allerdings, daß das *Livre* die sonst bei Chastellain üblichen moralisierenden Einschübe vermissen läßt, wie sie der Autor vor allem in *La chronique des choses de ce temps*, ab 1464 (*Die Chro-*

nik der Ereignisse dieser Zeit)*, gebraucht, in der er unter Verwendung historischer Quellen die burgundische Geschichte zwischen 1419 und 1475 schildert. So wurden auch andere Mitglieder des burgundischen Hofs als Verfasser in Betracht gezogen: LEFEBVRE DE SAINT-REMY (J. Kervyn de Lettenhove) und der Herold CHAROLAIS (A. Rudnitzki).

In jedem Fall aber entstand das Turnierbuch im Umkreis und wohl auf Veranlassung Karls des Kühnen; es ist typisch für diese Phase des Spätmittelalters, in der antiquierte Waffentaten idealisiert werden und wenig von der Realität beginnender moderner Kriegführung die Rede ist. B.L.

AUSGABEN: Brüssel 1863–1866; Faks. Genf 1971 (in *Œuvres*, Hg. J. Kervyn de Lettenhove, 8 Bde., 8).

LITERATUR: G. Raynaud (in Rom, 31, 1902, S. 546–556). – A. Rudnitzki, *Der Turnierroman »Livre des faits« in der Anholter Handschrift*, Münster 1914. – K. Heilemann, *Der Wortschatz von G. C.*, Lpzg./Paris 1937. – J. Huizinga, *Herbst des MAs*, Stg. $^9$1965.

---

### FRANÇOIS RENÉ, VICOMTE DE CHATEAUBRIAND

\* 4.9.1768 Saint-Malo
† 4.7.1848 Paris

LITERATUR ZUM AUTOR:
*Zeitschrift:*
Bulletin de la Société Chateaubriand, Chantenay Melabry 1957 ff.
*Biographien:*
M.-J. Durry, *La vieillesse de Ch.*, 2 Bde., Paris 1933; Nachdr. Genf 1986. – G. D. Painter, *Ch., a Biography*, Ldn. 1977. – J. d'Ormesson, *Mon dernier rêve sera pour vous*, Paris 1982. – F. Sieburg, *Ch.*, Stg. 1986.
*Gesamtdarstellungen und Studien:*
Ch. A. Sainte Beuve, *Ch. et son groupe littéraire*, 2 Bde., Paris 1860. – V. Giraud, *Le christianisme de Ch.*, 2 Bde., 1925–1928. – A. Maurois, *Ch.*, Paris 1938; $^5$1949. – P. Moreau, *Ch.*, Paris 1956; ern. 1967. – M. Levaillant, *Ch., prince des songes*, Paris 1960. – J. Mourot, *Études sur les premières œuvres de Ch.*, Paris 1962. – J. P. Richard, *Paysage de Ch.*, Paris 1967. – RHLF, 68, 1968 [Sondernr. *Ch.*]. – RSH, 1968 [Sondernr. *Ch.*]. – *Actes du congrès de Wisconsin (1968)*, Hg. R. Switzer, Genf 1970. – Ders., *Ch.*, NY 1971. – G. de la Tour du Pin, *Ch. lequel?*, Paris 1973. – C. Dédéyan, *Ch. et Rousseau*, Paris 1973. – P. Reboul, *Ch. et le ›Conservateur‹*, Lille/Paris 1974. – P. Clarac, *A la recherche de Ch.*, Paris 1975. – V. L. Tapié, *Ch.*, Paris ²1976. – R. de la Croix, Duc de Castries, *Ch. ou la puissance du songe*, Paris 1976. – P. Barbéris, *A la recherche d'une écriture, Ch.*, Tours 1976. – Ders., *Ch., une réaction au monde moderne*, Paris 1976. – C. A. Porter, *Ch.*, Saratoga 1978. – R. Lebègue, *Aspects de Ch.*, Paris 1979. – Y. Mauffret, *Ch.*, Paris /Brüssel 1982. – M. Lelièvre, *Ch., polémiste*, Paris 1983. – E. Köhler, *F. R. Ch.* (in E. K., *Das 19. Jahrhundert, I*, Stg. 1987, S. 24–32).

### ATALA OU LES AMOURS DE DEUX SAUVAGES DANS LE DÉSERT

(frz.; *Die Liebe zweier Wilder in der Wüste*). Roman von François René, Vicomte de CHATEAUBRIAND, erschienen 1801. – *Atala*, eines der epochenmachenden Werke der französischen Romantik, wurde 1802, nachdem es den Ruhm seines Autors begründet hatte, zusammen mit dem ebenso bedeutenden Roman *René* in Chateaubriands fünfbändiges theoretisches Werk *Le génie du christianisme* aufgenommen. Die verschiedenen Versionen von *Atala* – die endgültige Fassung erschien 1805 – gestatten ein kritisches Studium der geistigen und künstlerischen Entwicklung des Autors in jener Zeit.

Der greise und – in Anspielung auf den greisen Ödipus – blinde Indianerhäuptling Chactas erzählt seinem Adoptivsohn René, einem jungen nach Amerika ins Exil gegangenen Franzosen, seine Lebensgeschichte, die geprägt ist von seiner schicksalhaften Begegnung mit Atala, der Tochter eines Weißen und einer Indianerin, von ihrer gemeinsamen Flucht, den unschuldig-glücklichen Tagen in den Savannen und dem jähen Ende ihres Glücks. Wohl liebte die blonde Christin Atala den romantisch-wilden, den *»Göttern seiner Hütte treuen«* Chactas, doch ist sie der Heiligen Jungfrau versprochen und entzieht sich schließlich der Entscheidung zwischen einem frommen und einem natürlichen Leben, indem sie freiwillig in den Tod geht.

Die Literaturkritik hat eine große Zahl von Quellen dieses Werkes nachgewiesen. Eigene Erlebnisse des begeisterten Amerikafahrers gaben die erste Anregung. Zudem aber schöpfte Chateaubriand aus zahlreichen Reisebüchern und Missionarsberichten, aus der blühenden exotischen Literatur des 18. Jh.s, aus Spezialwerken über Flora, Fauna, Topographie und Geschichte Nordamerikas. Bereits der Titel verweist auf ROUSSEAU und insbesondere auf BERNARDIN DE SAINT-PIERRES *Paul et Virginie* (1788): Der edle Wilde, der Konflikt zwischen Natur und Religion, die Uneinlösbarkeit der Liebe sowie die unbesiegbare Macht der Melancholie – ein Leitmotiv im autobiographischen Werk des Autors – stellen den thematischen Horizont des Romans dar. Unverkennbar ist jedoch, daß *Atala* in den ersten Revolutionsjahren von einem Jünger Rousseaus geplant, aber schließlich 1801 von einem überzeugten Verteidiger des Christentums veröffentlicht wurde. Daher der Widerspruch zwischen dem stilisierten indianischen Lokalkolorit, der pittoresken Szenerie eines ungebundenen Naturdaseins einerseits und der Verherrlichung des Missionsideals in der Darstellung der zu christlichen Bauern zivilisierten Rothäute andererseits. Atala verkörpert ein christliches Idealbild, und Chactas scheint mit seiner Neigung zu ganz unindianischen Reflexionen von europäisch-kultivierter Wesensart geprägt. Sein Leiden entspricht der Melancholie-Erfahrung und dem Weltschmerz der Romantiker. Daß das Werk zahlreiche geographische, historische und ethnographische Irrtümer sowie allerlei Anachronismen enthält, vermindert nicht die eindrucksvolle Wirkung der exotischen Atmosphäre, in der ein suggestiver Dekor fremder Pflanzen und Tiere, indianischer Sitten und Ausdrücke und unberührter, zauberhafter Landschaften künstlerisches Element geworden ist.

Was *Atala* von den exotischen Romanen des vorausgehenden Jahrhunderts unterscheidet, ist die Form: Der Roman ist ein teils deskriptives, teils dramatisches Prosagedicht, dessen melodisch ausgewogene Sätze zu einer harmonisch-rhythmischen Komposition zusammengefügt sind. Nach dem großen Jahrhundert nüchterner Prosa war *Atala* sehr wohl geeignet, sowohl Kritik als auch Begeisterung und sogar Skandale hervorzurufen und letztlich einer neuen, sich ihrer Ohnmacht bewußtwerdenden Generation zum Identifikationsangebot zu werden. Die gesamte lesende Welt kannte die Liebesgeschichte der beiden »Wilden«, deren Übersetzung in viele Sprachen das Echo eines Romans widerspiegeln, der seinen Rang in der Weltliteratur, seinen Ruf vorbildlichen französischen Stils und seinen Platz in den französischen Lesebüchern behauptet hat.     I.P. - B.We.

AUSGABEN: Paris 1801. – Paris 1930 (in *Œuvres complètes*, Hg. G. Chinard). – Paris 1950, Hg. A. Weil [krit.]. – Paris 1958; ern. 1976, Hg. F. Letessier (Class. Garn). – Paris 1969 (in *Œuvres romanesques et voyages*, Hg. M. Regard, 2 Bde., 1; Pléiade). – Genf 1973, Hg. J. M. Gautier [krit.]. – Paris 1978 (Folio).

ÜBERSETZUNGEN: *Atala oder Die Liebe zweier Wilder in der Wüste*, K. F. Kramer, Lpzg. 1805. – *Atala*, C. J. Perl, Graz/Salzburg/Wien 1947. – Dass., T. Geissler, Stg. 1962 (RUB).

LITERATUR: P. Servien, *Lyrisme et structures sonores* (»*Atala*«), Paris 1930. – B. A. Facteau, *Notes on Ch.'s »Atala«* (in MLN, 48, 1933, S. 492–497). – T. C. Walker, *Ch.'s Natural Scenery. A Study of His Descriptive Art*, Baltimore u. a. 1946. – G. Charlier, *Le vœu d'»Atala«* (in G. Ch., *De Montaigne à Verlaine*, Brüssel 1957, S. 77–86). – J. O. Lowrie, *Motifs of Kingdom and Exile in »Atala«* (in FR, 43, 1969/70, S. 755–764). – D. J. Spininger, *The Paradise Setting of Ch.'s »Atala«* (in PMLA, 89, 1974 S. 530–536). – F. C. Amelinckx, *Image et structure*

*dans »Atala«* (in RRo, 10, 1975, S. 367–472). – F. Vodička, *Jungmanns Übersetzung von Ch.s »Atala«* (in F. V., *Die Struktur der literarischen Entwicklung*, Mchn. 1976, S. 227–305). – J. Beeker, *Archetype and Myth in Ch.'s »Atala«* (in Symposium, 31, 1977, S. 93–106). – J. Defoix, *Guillotine et littérature* (in RZL, 7, 1983, S. 113–126). – L. Stecca, *La scrittura del mito nel prologo di »Atala«* (in StF, 27, 1984, S. 454–463). – R. Galle, *Melancholie u. Lebensbeichte, »Atala«, »René«* (in R. G., *Geständnis u. Subjektivität*, Mchn. 1986, S. 175–192).

## LES AVENTURES DU DERNIER ABENCÉRAGE

(frz.; *Die Abenteuer des letzten Abencerragen*). Novelle von François René, Vicomte de CHATEAUBRIAND, erschienen 1826. – Die letzte Etappe seiner Reise von Paris nach Jerusalem (1806/07; *Itinére de Paris à Jérusalem*) führte Chateaubriand nach Spanien. In Granada, das ihm »*etwas Sinnesfreudiges, Religiöses und Kriegerisches zugleich zu atmen*« schien, erträumte er an der Seite Nathalie de Noailles' Abenteuer des Abencerragen Aben-Hamet, der »*in sich die Schönheit, Tapferkeit, Ritterlichkeit und Großmut seiner Ahnen mit jenem sanften Widerschein, jenem leichten Anflug von Trauer vereinte, den ein mit Edelmut ertragenes Unglück verleiht*«. Dieser maurische Held, der mit allen romantischen Zügen ausgestattet ist, die sein Schöpfer an sich selbst liebte, kehrt aus Afrika in das verlorene Land seiner Väter zurück. Hier verliebt er sich in Doña Blanca, die ihm ewige Treue schwört. Da aber diese Liebe keine Zukunft haben kann – denn Blanca ist die Nachfahrin der Besieger seiner Ahnen – kehrt Aben-Hamet, getrieben von den Schatten einer blutigen Vergangenheit, in die Wüste zurück. – Die notwendigen historischen Auskünfte entnahm Chateaubriand FLORIANS *Précis historique sur les Maures d'Espagne*, 1791. Seine Begeisterung für das ehemalige Spanien, das Land der Ehre, der Abenteuerlust, der Leidenschaften und des heiligen Zorns im Dienst des Kreuzes teilt er sowohl mit literarischen Vorfahren als auch Zeitgenossen. Kraft seines romantisch überhöhten Erzählstils und melodramatischer Anklänge an den *Cid* gelingt es Chateaubriand, etwas von der Atmosphäre maurischer Vergangenheit spürbar zu machen.

Die Novelle entstand in den letzten Jahren des Ersten Kaiserreichs; der Autor las sie wohl im Salon der berühmten Mme. Récamier vor und ließ Nathalie die eingestreuten Romanzen singen, hielt aber, solange »*die Ruinen von Saragossa noch rauchten*«, eine Publikation seiner Verherrlichung der spanischen Vergangenheit für inopportun. So erschien die Novelle erst 1826 im Rahmen der *Œuvres complètes* mit einem Vorwort, das die Verzögerung aus politischen Gründen erklärte.
     I.P. - KLL

AUSGABEN: Paris 1826 (in *Œuvres complètes*, Bd. 14: *Atala, René et Les Abencérages*). – Paris

1827 (in *Atala, René, Les aventures du dernier Abencérage*, 2 Bde.). – Paris 1928 (in *Atala, René, Le dernier des Abencérages*; Vorw. P. Hazard). – Paris 1958; ern. 1976 (*Les aventures du dernier Abencérage*; Class. Garn). – Paris 1969 (in *Œuvres romanesques et voyages*, Hg. M. Regard, 2 Bde., 2; Pléiade). – Paris 1978 (Folio).

ÜBERSETZUNGEN: *Die Abenteuer des letzten Abencerragen*, H. Elsner (in *Atala*, St. Gallen 1843). – *Der Letzte der Abencerragen*, D. Bräutigam, Villingen 1949.

LITERATUR: A. Dollinger, *Les études historiques de Ch.*, Paris 1932. – D. Bodmer, *Die granadinischen Romanzen in d. europ. Lit.*, Zürich 1955. – J. Vier, *L'Orient d'une perle fine* (in RHLF, 69, 1969, S. 236–244). – P. H. Dubé, *The Individual in Ch.'s Universe As Seen In »Les aventures du dernier Abencérage«*, Diss. Ohio 1972 (vgl. Diss. Abstracts, 33, 1972/73, S. 4407/4408 A). – Ders., *Harmony in »Les aventures du dernier Abencérage«* (in Revue de l'Université d'Ottawa, 51, 1981, S. 705–713; 52, 1982, S. 424–430).

## GÉNIE DU CHRISTIANISME OU BEAUTÉS DE LA RELIGION CHRÉTIENNE

(frz.; *Genius des Christentums oder Schönheiten der christlichen Religion*). Philosophisches Werk von François René, Vicomte de CHATEAUBRIAND, erschienen 1802. – Die politische Bedeutung dieses Werks, das wenige Tage vor der Proklamation des von Napoleon mit der katholischen Kirche abgeschlossenen Konkordats erschien, wurde sogleich erkannt. Begonnen hatte Chateaubriand, der erst durch persönliche Schicksalsschläge zum Christentum zurückgefunden hatte, seine Apologie des Christentums bereits 1798, zu einer Zeit also, in der die antikirchliche und irreligiöse Stimmung nach der Revolution noch nicht abgeklungen war. Die zweite Auflage (1803) enthält eine Widmung an Bonaparte, in der der Verfasser das Programm des Ersten Konsuls, das der katholischen Kirche neue Geltung verschaffen soll, begrüßt. Im Vorwort zur revidierten Ausgabe letzter Hand (1828) distanziert sich Chateaubriand jedoch wieder von Napoleon, dem er bereits seit der einem Justizmord gleichkommenden Exekution des Herzogs von Enghien die Gefolgschaft versagt hatte.

Chateaubriands Werk, das die *»Schönheiten der christlichen Religion«* in poetischen Bildern beschreibt, wird verständlich als Reaktion auf die Aufklärung des 18. Jh.s, deren religiöse Indifferenz die Agitation und Repressalien gegen die Kirche vorbereitet und zur Trennung von Kirche und Staat geführt hatte. *»Die Ursache für den Glaubenshunger und die Sehnsucht nach religiösen Tröstungen, die sich damals bemerkbar machten, war die langjährige Entbehrung eben dieser Erleichterungen.«* – Chateaubriand eröffnet seine Verteidigung der christlichen Religion gegen die Skeptiker und »Sophisten« in der Nachfolge VOLTAIRES, den er als würdigen Gegner anerkennt, mit dem Hinweis auf die schöpferische Kraft, den »Genius« des Christentums, der die Geschichte des Abendlandes entscheidend beeinflußt und bedeutende Werke der Kunst und Literatur inspiriert habe.

Der erste Teil des breitangelegten Werks, der die *Dogmes et doctrine* des Christentums behandelt (u. a. Trinität, Erlösung und Kommunion), ist alles andere als eine trockene Darlegung der Glaubensgrundsätze. Schon bei der Beschreibung der »wunderbaren« religiösen Gefühle, deren Geheimnis nicht enträtselt werden könne (*De la nature du mystère*), verrät sich der Dichter und Romantiker, dem die strenge Unterscheidung der Theologen zwischen Naturgefühl und religiösem Glauben sinnlos erscheint: *»Gott selbst ist das große Geheimnis der Natur.«* Seine Existenz wird – ähnlich wie von ROUSSEAU – bewiesen durch die zahllosen *»Wunder und Schönheiten«* der Natur. Die ästhetische und religiöse Begeisterung angesichts dieser Schönheiten verleitet den Dichter zu einer emphatischen Ausdrucksweise, die theologische Einwände und kritische Fragen gar nicht erst aufkommen läßt. – Während so Teil I deutliche Anklänge an den Begriff der »natürlichen Religion« bei Rousseau und BERNARDIN DE SAINT-PIERRE aufweist, bietet Teil II (*Poétique du christianisme*) eine neue Konzeption christlich-religiöser Dichtung, die Mme de STAËL mit ihren Hinweisen auf die deutsche Frühromantik (in *De l'Allemagne*) nur angedeutet hatte. Voraussetzung für die *Poetik des Christentums* ist die Gleichsetzung von dichterischer Einbildungskraft und schöpferischer Kraft Gottes, wie sie sich in den großen Monumenten der abendländischen Kunst – in der gotischen Baukunst ebenso wie in den Werken DANTES und RACINES – manifestiere. Diese Anschauung führt zu einer Abwertung der antiken Mythologie und Architektur und Fehlurteilen über griechische und römische Dichtkunst. So meint der Autor, daß die *Bibel* als dichterische Schöpfung die Epen HOMERS weit überrage. Treffender sind seine Urteile über Werke der christlichen Literatur, an die sich häufig persönliche Reflexionen anschließen, etwa über die *»Unbestimmtheit der Leidenschaften«* (*»Du vague des passions«*), über Melancholie und Lebensüberdruß (*ennui*), seelische Stimmungen, die dichterische und religiöse Inspirationen seiner Ansicht nach nicht verhindern, sondern sogar eher begünstigen. Als literarisches Beispiel dafür, wie das Christentum das Wirken der Leidenschaften verändert habe, indem es den Begriffen »Tugend« und »Laster« neue Bedeutung verlieh, fügt Chateaubriand hier (II, 4) die Erzählung *René* ein, mit der er, unverkennbar unter dem Eindruck von *Werthers Leiden*, den »Weltschmerz« in die französische Literatur einführt. In den dritten Teil (*Beaux arts et littérature*) nimmt er, ebenfalls, *»um mit der Regel zusammen das Beispiel zu geben«* und *»gottlose Dichtungen und Romane mit frommen zu bekämpfen«*, die ein Jahr zuvor erstmals veröffentlichte indianische Liebesgeschichte *Atala ou Les amours de deux sauvages*

*dans le désert* auf (III, 6). In der endgültigen Ausgabe (1828) sind diese beiden romantischen Romane, denen das Werk seinen anfänglich großen Publikumserfolg verdankte, dann nicht mehr enthalten.
Die Themen des dritten Teils zeigen besonders deutlich die enorme Spannweite des Werks, in dem geniale und dilettantische Passagen miteinander abwechseln. Musik, Baukunst, Malerei sind ebenso Gegenstand der Darstellung wie Astronomie, Naturgeschichte, Memoiren, politische Geschichte und Rhetorik; Chateaubriands besonderes Interesse aber gilt Ruinen und Gräbern, die ihn magisch anziehen. – Teil IV *(Culte)* bildet das Gegenstück zu Teil I, in dem die Dogmen und Lehren des Katholizismus im Mittelpunkt standen. Hier geht es um die Liturgie, die Formen, in denen sich der Glaube manifestiert, um die *»Dienste, die Kirche und christliche Religion der Gesellschaft erweisen«*.
Höchste Wirkung erzielt Chateaubriand in seinem eher dichterisch als theologisch überzeugenden Werk durch die Eleganz der Sprache, die, von der Unmittelbarkeit des Gefühls getragen, gleichwohl rhetorische Kunstgriffe nicht verschmäht. Der Stil der philosophisch-religiösen Meditation bei LAMARTINE, VIGNY, HUGO und MUSSET zeigt den Einfluß dieses Werks, das als »Bibel der Romantik« angesehen wurde, obwohl sein apologetischer Teil von den romantischen Dichtern weniger beachtet und von skeptischen Philosophen mit Ironie oder polemischer Schärfe kritisiert wurde. Gegen diese »sophistischen« Einwände verteidigte sich Chateaubriand schon 1803 in der *Défense du Génie du christianisme*. Erst in der Mitte des 19. Jh.s – der Zeit des Positivismus – nahm die trotz aller Kritik anhaltende Wirkung des Werks ab, das von der katholischen Kirche auf den Index gesetzt wurde.

V.R.

AUSGABEN: Paris 1802, 5 Bde. – Paris ²1803, 2 Bde. – Lyon 1804, 9 Bde. – Paris 1828 (in *Œuvres complètes*, 28 Bde., 1826–1831, 11–15; def. Ausg.). – Paris 1955, Hg. Th. Delarouzée. – Paris 1966, 2 Bde. (GF). – Paris 1978, Hg. M. Regard (Pléiade).

ÜBERSETZUNGEN: *Genius des Christentums oder Schönheit der christlichen Religion*, K. Venturini, Münster 1803/04 [enth. Tl. 1–4]. – *Die Schönheiten des Christentums oder Religion und Gottesdienst der Katholiken*, anon., Mchn. 1820. – *Geist des Christentums*, H. Kurtz, Ulm 1844 [enth. Tl. 1–3]. – *Der Geist des Christentums*, J. F. Schneller, 2 Bde., Freiburg i. B. 1856/57.

LITERATUR: V. Giraud, *Le christianisme de Ch.*, 2 Bde., Paris 1925–1928. – M. Dempsey, *A Contribution to the Study of the Sources of the »Génie du christianisme«*, Paris 1928. – Y. Le Febvre, *»Le génie du christianisme«*, Paris 1929. – J.-M. Gautier, *Le »Génie du christianisme« est-il un de nos premiers ›digests‹?* (in RHLF, 48, 1948, S. 211–222). – R. M. Chadbourne, *The »Génie du christianisme«* *Revisited* (in RomR, 48, 1957, S. 3–16). – G. P. Gooch, *Ch. and the Charms of Christianity* (in G. P. G., *French Profiles*, Ldn. 1961, S. 157–170). – B. Didier, *La querelle du »Génie du christianisme«* (in RHLF, 68, 1968, S. 942–952). – P. Bénichou, *Le »Génie du christianisme« ou la conversion de l'homme sensible* (in *P. B., Le sacre de l'écrivain 1750–1830*, Paris 1973, S. 145–149). – L. Baladier, *Ch., Le »Génie du christianisme«* (in L'École des Lettres, 15. 9. 1985, S. 27–36).

ITINÉRAIRE DE PARIS À JÉRUSALEM et de Jérusalem à Paris, en allant par la Grèce, et revenant par l'Égypte, la Barbarie et l'Espagne (frz.; *Tagebuch einer Reise von Paris nach Jerusalem über Griechenland und von Jerusalem nach Paris über Ägypten, die Berberei und Spanien*). Reiseaufzeichnungen von François René, Vicomte de CHATEAUBRIAND, erschienen 1811. – Um seinem Roman *Les martyres ou le Triomphe de la religion chrétienne* (1809) größere Authentizität und Wirklichkeitsnähe zu verleihen, unternimmt Chateaubriand 1806/07 eine elfmonatige Reise um das Mittelmeer; der *Itinéraire* stellt die überarbeitete Fassung seines Reisetagebuchs dar.
Der erste und wichtigste der sieben Teile ist Griechenland gewidmet, das damals unter türkischer Herrschaft stand. Melancholische Betrachtungen über das Los des »versklavten« griechischen Volkes, von dem die abendländische Zivilisation ihren Ausgang nahm, wechseln mit Reiseanekdoten und beschreibenden Passagen, in denen Chateaubriand die Ruinen der antiken Städte und Tempel mit historischen und mythologischen Reminiszenzen belebt. Weniger die geographisch exakte Reisebeschreibung, die noch das Ziel von VOLNEYS *Voyage en Égypte et en Syrie* (1787) gewesen war, als die impressionistische Wiedergabe eines Landschaftsbildes oder die poetische Reflexion über die Vergänglichkeit historischen Glanzes bestimmen diesen Teil des Werks. Im dritten, vierten und fünften Teil, in denen Chateaubriand seinen Besuch im Heiligen Land schildert, treten historische und biblische Exkurse an die Stelle humanistischer Gelehrsamkeit. Der Autor des *Génie du christianisme* evoziert die Geschichte der Kreuzzüge und vermeint in sich die Begeisterung zu spüren, die die mittelalterlichen Kreuzritter und Pilger beseelte. Aber nur noch vereinzelt finden sich Stellen, die den Schilderungen griechischer Landschaften gleichkommen; in diesem und in den folgenden Teilen nehmen gelehrte Exzerpte immer größeren Raum ein und verdecken mehr und mehr die genuinen Erlebnisse und Empfindungen des Autors.
Während Chateaubriand die Eindrücke der Reise in den Nahen Osten seiner Absicht entsprechend vor allem in *Les martyrs* verarbeitete, findet die Rückkehr über Spanien und die Wiederbegegnung mit Nathalie de Noailles in Granada in der Erzählung *Les aventures du dernier Abencérage* (1826) ihren literarischen Niederschlag. – Der *Itinéraire*, der

den Übergang von Volneys genanntem Reisebericht zu LAMARTINES *Voyage en Orient* (1838) bildet, hatte sofort großen Erfolg und gab zu mehreren Parodien Anlaß. Er trug entscheidend dazu bei, Griechenland und den Nahen Osten dem gebildeten Publikum näherzubringen und darf mit als Ausgangspunkt der philhellenischen Begeisterung gelten, die Europa wenige Jahre nach seinem Erscheinen beim Ausbruch des Griechischen Befreiungskriegs erfaßte. Im Vorwort der Ausgabe von 1827 nimmt Chateaubriand zu den politischen Ereignissen Stellung und macht sich zum Fürsprecher der griechischen Freiheitsbewegung. K.En.

AUSGABEN: Paris 1811. – Paris 1827. – Paris 1859–1861 (in *Œuvres complètes*, m. einer Studie v. Ch.-A. Sainte-Beuve, 12 Bde., 5). – Baltimore/Ldn./Paris 1946, 2 Bde., Hg. E. Malakis [krit.]. – Paris 1950 (*Journal de Jérusalem*, Hg. G. Moulinier u. G. Collas). – Paris 1951 (*Journal de Jérusalem*). – Paris 1968 (GF). – Paris 1969 (in *Œuvres romanesques et voyages*, Hg. M. Regard, 2 Bde., 2; Pléiade).

ÜBERSETZUNGEN: *Reise von Paris nach Jerusalem durch Griechenland und Kleinasien, und Rückreise nach Paris durch Ägypten, Nordafrika und Spanien*, K. L. M. Müller u. W. A. Lindau, 3 Bde., Lpzg. 1811. – *Tagebuch einer Reise von Paris nach Jerusalem...*, J. H. Eichholz, 3 Bde., Lpzg. 1812. – *Tagebuch einer Reise von Paris nach Jerusalem...*, L. A. Haßler, 3 Bde., Freiburg i. B. 1817. – *Tagebuch einer Reise von Paris nach Jerusalem...*, K. v. Kornfels, Freiburg i. B. 1827.

LITERATUR: Legrand-Chabrier, *Le centenaire d'un livre* (in MdF, 90, 1911, S. 305–319). – G. Der Sahaghian, *Ch. en Orient*, Diss. Fribourg 1914. – E. Malakis, *Autour de l'»Itinéraire«* (in RLC, 11, 1931, S. 755–762). – A. Outrey, *Note critique sur le »Voyage à Jérusalem« de Ch.* (in RHLF, 48, 1948, S. 223–232). – F. Bassan, *Ch. et la Terre-Sainte*, Paris 1959. – J. Mourot, *Réflexions sur quelques variantes de l'»Itinéraire«* (in RHLF, 68, 1968, S. 953–980). – F. Amelinckx, *L'Itinéraire de Paris à Jérusalem« ou la poétique de la désillusion* (in NCFSt, 5, 1976/77, S. 196–205). – J. C. Berchet, *Un voyage vers soi* (in Poétique, 14, 1983, S. 91–108).

## LES MARTYRS OU LE TRIOMPHE DE LA RELIGION CHRÉTIENNE

(frz.; *Die Märtyrer oder Der Triumph der christlichen Religion*). Episches Prosawerk in 24 Büchern von François René, Vicomte de CHATEAUBRIAND, erschienen 1809; der Ausgabe von 1810 ging ein *Examen, avec des remarques sur chaque livre et des fragments d'un voyage de l'auteur en Grèce et à Jérusalem* voraus – jene Teile der Reiseskizzen, die nicht in den *Itinéraire de Paris à Jérusalem* (1811) aufgenommen wurden. Die im *Génie du christianisme* angedeutete Absicht, im bewußten Gegensatz zur Theorie BOILEAUS ein »christliches« Epos zu schaffen, fand nach jahrelangen Vorarbeiten (1802 bis 1807), intensiven historischen Studien zur Frühzeit des Christentums und einer ausgedehnten Reise nach Griechenland, Konstantinopel, Jerusalem, Ägypten und Spanien ihren Niederschlag in einem apologetischen Werk, das weit eher als Roman denn als Epos anzusprechen und als Gesamtentwurf mißlungen ist, in Einzelszenen, vor allem in den von unmittelbarer Anschauung zeugenden, stimmungsvoll verklärten Landschaftsbildern aber poetischer Glanzpunkte nicht entbehrt.

Das römische Weltreich des 3. Jh.s ist der Schauplatz, auf dem sich nach schweren Verfolgungen der Triumph der christlichen Religion abzuzeichnen beginnt. – In einem Hain der griechischen Landschaft Messenien begegnet Cymodocée, die Tochter eines heidnischen Priesters, dem jungen Eudore, der einer der ältesten christlichen Familien des Landes entstammt und ihr im folgenden von seinem bewegten Schicksal berichtet: Sechzehnjährig als Geisel nach Rom verschleppt, erliegt er bald in Gesellschaft Konstantins, des zukünftigen Kaisers, und der – zu diesem Zeitpunkt noch nicht bekehrten – späteren Kirchenväter Augustin und Hieronymus (ein bewußter Anachronismus) den Verführungen des hauptstädtischen Lebens. Seinem Glauben innerlich entfremdet, kämpft er als römischer Soldat gegen die »barbarischen Franken«, gerät vorübergehend in Gefangenschaft und wird später zum Lohn für seine Tapferkeit zum Oberbefehlshaber der Provinz Armorica (die heutige Bretagne) ernannt. Hier verliebt sich die durch ein Keuschheitsgelübde gebundene Druidenpriesterin Velléda in den jungen Griechen und gibt sich aus Verzweiflung selbst den Tod. Zum Zeitpunkt der Begegnung mit Cymodocée hat Eudore seinen Glaubensabfall bereut und ist zu einem glühenden Verteidiger des Christentums geworden. Sein Beispiel beeindruckt Cymodocée so tief, daß sie sich in Jerusalem taufen läßt. Im Verlauf der großen Christenverfolgung unter Diokletian wird Eudore mit vielen seiner Glaubensgenossen zum Tod in der Arena von Rom verurteilt. Cymodocée folgt ihm heimlich. Während beide von wilden Tieren zerrissen werden, wird der Sieg Konstantins über seine Rivalen und sein Übertritt zum christlichen Glauben verkündet.

Der Gedanke, dem Geist des Christentums und seiner Mythologie als epischer Stoffquelle den Vorzug vor der von Boileau allein anerkannten antik-heidnischen Tradition zu geben, mußte auch nach VOLTAIRES *Henriade* (1728) noch als kühn gelten. Doch in der Verwirklichung dieser Idee scheiterte Chateaubriand, wie er später selbst zugab, im entscheidenden Punkt, der Darstellung des »Wunderbaren«. Die Staffage der überirdischen Welt – Himmel, Hölle und Fegefeuer – ähnelt den Requisiten einer Theatermaschinerie, und es sind eben diese »mythologischen Szenen«, die das Werk als Ganzes unlesbar gemacht haben. Als richtungsweisend für die französische Geschichtsschreibung des 19. Jh.s gilt die Hinwendung zur Frühzeit Frankreichs, die (hier noch mit größter dichterischer

Freiheit behandelt) bald zum Gegenstand ernsthafter Studien werden sollte. Von Augustin THIERRY wird berichtet, er habe bei der Lektüre des fränkischen Kriegslieds *Pharamond, Pharamond*, das Chateaubriand aufgrund einer Tacitus-Stelle »rekonstruierte«, zum ersten Mal den Wunsch verspürt, Historiker zu werden. KLL

AUSGABEN: Paris 1809, 2 Bde. – Ldn. 1809. – Paris/Lyon 1810, 3 Bde. [bearb.]. – Paris 1861 (in *Œuvres complètes*, Einl. Ch.-A. Sainte-Beuve, 12 Bde., 4). – Paris 1948. – Paris 1951 (*Les martyrs de Dioclétien*, Hg. u. Einl. B. d'Andlau; krit.; urspr., unveröff. Fassg.). – Paris 1969 (in *Œuvres romanesques et voyages*, Hg. M. Regard, 2 Bde., 2; Pléiade).

ÜBERSETZUNGEN: *Die Märtyrer*, L. A. Haßler, Freiburg i. B./Konstanz 1811, 3 Bde. – Dass., K. v. Kronfels (in *SW*, Freiburg i. B. 1827–1838, Bd. 44–49). – Dass., J. Fesenmair, Mchn. 1864. – *Triumph der Liebe*, J. Schenk, Köln 1949.

LITERATUR: A. Köhler, *Quellenuntersuchung zu Ch.s »Les martyrs«*, Diss. Lpzg. 1913. – J. van Ness Smead, *Ch. et la Bible, contribution à l'étude des sources des »Martyrs«*, Paris 1924. – V. Giraud, *Le christianisme de Ch.*, Paris 1925–1928. – A. Dollinger, *Les études historiques de Ch.*, Paris 1932. – B. d'Andlau, *Ch. et »Les martyrs«, naissance d'une épopée*, Paris 1952. – L. Cellier, *Ch. et Fabre d'Olivet. Une source des »Martyrs«* (in RHLF, 52, 1952, S. 194–206). – B. d'Andlau, *Du nouveau sur »Les martyrs«* (in Bulletin de la Société Ch., 1, 1957, S. 13–17). – D. Schlumbohm, *»Les martyrs« u. die Kritik Ch.s an Milton und Tasso* (in *Aufsätze zur Themen- und Motivgeschichte*, Hbg. 1965, S. 111–134). – R. Lebègue, *Version inédite des livres IX et X des »Martyrs«* (in Bulletin de la Société Ch., 10, 1967, S. 12–51). – M. Regard, *Tradition et originalité dans les »Martyrs«* (in CAIEF, 20, 1968, S. 73–83, 308–314). – B. Didier, *Le sadisme des »Martyrs«* (in NRF, 32, 1968, S. 786–793). – B. d'Andlau, *Le merveilleux chrétien dans les »Martyrs«* (in RHLF, 68, 1968, S. 934–941). – Y. Le Hir, *»Les martyrs«* (in Y. Le H., *Styles*, Paris 1972, S. 102–109). – P. Barbéris, *»Les martyrs«* (in Acta litteraria, 17, 1975, S. 369–383). – H. Rikkonen, *Ch.s »Les martyrs«* (in H. R., *Die Antike im historischen Roman des 19. Jh.s*, Helsinki 1978, S. 74–79). – R. Lebègue, *En marge des »Martyrs« de Ch.* (in *Mélanges G. Couton*, Lyon 1981, S. 515 bis 523).

## MÉMOIRES D'OUTRE-TOMBE

(frz.; *Erinnerungen von jenseits des Grabes*). Lebenserinnerungen von François René, Vicomte de CHATEAUBRIAND; gegen den Willen des Autors, der verfügt hatte, daß die *Memoiren* erst nach seinem Tod erscheinen sollten, begann die Zeitschrift ›La Presse‹ bereits 1848 mit dem Abdruck in Fortsetzungen. Die erste Buchausgabe erschien 1848 bis 1850 in Brüssel, die erste kritische Ausgabe 1948 in Paris. – Chateaubriands letzte Ruhestätte – ein Felsengrab vor der bretonischen Küste von Saint-Malo, das, so hatte es der Dichter verfügt, keinen Namen und keine Inschrift trägt – ein Ort bewußt zur Schau gestellter Abgeschiedenheit, sollte dem Andenken eines Schriftstellers die letzte Weihe geben, der unendliche Mühe darauf verwandt hatte, der Nachwelt das Bild einer ganz vom Gefühl des eigenen Wertes durchdrungenen Persönlichkeit zu hinterlassen. Von diesem bis zur Megalomanie gesteigerten Selbstwertgefühl bezog Chateaubriand das Recht, die Regungen und Äußerungen des eigenen Ich zum Maßstab der Beurteilung nicht mitgestalteter, teils zufällig miterlebter Zeitereignisse zu machen. Tatsächlich hat der Versuch eines Mannes, den man weder seiner staatsmännischen noch seiner poetischen Potenz nach zu den überragenden Erscheinungen zählen wird, sein Leben zum Kunstwerk zu stilisieren, zu einem Produkt selbstherrlichen, schöpferischen Kalküls, nachhaltiger gewirkt als die Ausdruckskraft seiner einst hochgerühmten Werke. Mit einer Faszination, in die auch immer Ablehnung gemischt war, begegneten spätere Generationen dem Phänomen grenzloser Eitelkeit und Ichbezogenheit, die einen, so wird berichtet, im persönlichen Umgang sehr natürlichen Menschen von sich sagen läßt: *»Wenn ich dazu bestimmt war zu leben, so hatte ich in meiner Person die Grundsätze, die Ideen, die Ereignisse, die Katastrophen, das Heldenlied meiner Zeit darzustellen, um so mehr, als ich eine Welt enden und beginnen sah und als die gegensätzlichen Charaktere dieses Endes und dieses Beginns in meine Ideen gemischt waren.«*

Die Fiktion, dem Wirken des eigenen Ich gleichsam von jenseits des Grabes zuzuschauen – sie sollte durch das Veröffentlichungsverbot noch erhärtet werden –, entsprang weitab von jeder überlegenen Altersweisheit einem der ganzen späteren Romantik und ihrer dekadenten Nachströmungen eigenen Neigung, in allem Zeitlichen den Vorgeschmack des Verfalls zu spüren. Die beständig beschworene und dabei stets melancholisch ausgekostete Vergänglichkeit dennoch in die Dauer, in den Nachruhm zu überführen, war der Sinn der großangelegten Selbststilisierung, deren Entwurf jedoch erst ausgereift war, als bereits ein Teil der Lebensgeschichte, umfassend Kindheit, Jugend und Emigrationszeit (1768–1800), im sogenannten Manuskript von 1826 vorlag. Der Dichter hatte diesen Abschnitt, der in überarbeiteter Form den ersten Teil des späteren Gesamtwerks ausmachen sollte, vermutlich im Jahre 1809 begonnen. (Die verklärende Darstellung der Kinderjahre, die der spätere standesbewußte Edelmann in Gesellschaft der schwärmerischen Schwester Lucile auf dem düsteren bretonischen Schloß Combourg verbrachte, gehört zu den lyrischen Höhepunkten dieses an poetischen Glanzstellen so reichen Werkes.) 1830 nach der Niederlegung aller seiner staatlichen Ämter – Chateaubriand war während seiner politischen Laufbahn Botschaftssekretär in Rom, Gesandter in Berlin, Botschafter in London und beim Vatikan, Innen- und Außenminister – begann er rückblickend (bis 1841) sein Leben nach Wirkungsbereichen abzustecken. Daß er neben die »Karriere des Reisenden und Soldaten«, des »Schriftstellers« und des »Staatsmanns« nicht gleichrangig jenen Bereich treten läßt, in dem er seine größten Erfolge errang, den Umgang mit den Frauen – unter ihnen die unvergleichliche Mme Récamier –, entsprach dem gewollten Öffentlichkeitsbezug, der jede Geste, jedes Wort, jede Tat dem Privaten, Zufälligen entziehen sollte. Das »Drama seines Lebens« ist das »Drama Frankreichs«. Die spanische Intervention von 1823, die in seine kurze Außenministerzeit fiel und von ihm, dem Legitimisten, als »Kreuzzug gegen den Liberalismus« befürwortet wurde, nennt er »ma guerre d'Espagne«. Die Inthronisation Pius' VIII., die er in Rom miterlebte, ist die Bestätigung »de ma nomination«, »de mon pape«. Doch so tief er von der Bedeutung seiner politischen Mission durchdrungen war, so gut wußte er auch, daß er die Maßstäbe staatsmännischer Kunst von einem Größeren bezog. Seine Auseinandersetzung mit Napoleon, dem er als einer der unerschokkensten Opponenten mit der Waffe des Wortes entgegentrat, enthüllt weit mehr als nur die Rivalität zweier großer Einzelgänger: Wenn der Wert der *Memoiren* ihrer Konzeption nach nicht im Dokumentarischen, der sachlichen Berichterstattung der Zeitereignisse liegen konnte, so sicher in der Dokumentation eines für die französische Geistesgeschichte höchst wesentlichen Vorgangs: der immer entschiedener sich artikulierenden Überzeugung von der gesellschaftlichen Funktion des Schriftstellers. »Politik ist damit nicht mehr Spezialgebiet für Eingeweihte, abgeschirmt gegen Unbefugte. Der Dichter als politischer Denker ist ebenso befugt, sein Wort abzugeben, wie die Schweizer Bergbauern, als sie gegen Geßler zur Freiheit aufriefen. Die Sprache selbst ist zu einem Instrument der Demokratie geworden. Ihre Melodie, ihre Plastizität reißen unmittelbar hin und geben der Überzeugungskraft, die dahintersteht, die volle Resonanz« (R. Minder). KLL

AUSGABEN: Paris 1848–1850 (in La Presse, 21. 10. 1848–5. 7. 1850). – Brüssel 1848–1850, 20 Bde. – Brüssel 1848–1850, 6 Bde. – Paris 1849/50, 12 Bde. – Paris 1898, 6 Bde. [Einl., Anm. u. Anh. E. Biré]. – Paris 1948; ern. 1982, Hg. M. Levaillant, 4 Bde. [krit.]. – Paris 1951, Hg. M. Levaillant u. G. Moulinier, 2 Bde. (Pléiade). – Paris 1984 (GF). – Paris 1984 (Poche).

ÜBERSETZUNGEN: *Denkwürdigkeiten nach dem Tode*, B. Rave, Elberfeld 1848/49 [Ausz.]. – *Von Jenseits des Grabes. Denkwürdigkeiten*, L. Meyer, 16 Bde., Lpzg. 1849/50; ²1852. – *Napoleon*, L. Ulmer, Mchn. 1920 [Ausz.]. – Dass., M. Zoff, Mchn. 1923 [Ausz.]. – *Erinnerungen*, S. v. Massenbach, Mchn. 1968.

LITERATUR: M.-J. Durry, *En marge des »Mémoires d'outre-tombe«. Fragments inédits*, Paris 1932. – M. Levaillant, *Mme Récamier et les »Mémoires d'outre-tombe« d'après des documents inédits*, Paris 1936. – A. Maurois, *Les »Mémoires d'outre-tombe«* (in A.M., *Lecture, mon doux plaisir*, Paris 1957, S. 132–156). – J.-M. Gautier, *Le style des »Mémoires d'outre-tombe«*, Paris 1959; ern. 1964. – F. Sieburg, Ch., Stg. 1959; ern. 1986. – J. Mourot, *Le génie d'un style: Ch. Rythme et sonorité dans les »Mémoires d'outre-tombe«*, Paris 1960; ern. 1969. – H. Guillemin, *La fable de Ch. et Napoléon* (in Les Temps Modernes, 18, 1962/63, S. 2123–2158; 19, 1963/64, S. 45–55). – A. Vial, *Ch. et le temps perdu. Devenir et conscience individuelle dans les »Mémoires d'outre-tombe«*, Paris 1963. – H. Guillemin, *L'homme des »Mémoires d'outre-tombe«. Avec des fragments inédits des »Mémoires«*, Paris 1965. – M. Grevlund, *Paysage intérieur et paysage extérieur dans les »Mémoires d'outre-tombe«*, Paris 1968. – D. Rincé, *La genèse d'un projet autobiographique* (in RHLF, 77, 1977, S. 30–47). – Relire les »Mémoires d'outre-tombe«, Clermont Ferrand 1977. – A. Vial, *La dialectique de Ch.*, Paris 1978. – J. C. Herbin, *»Mémoires d'outre-tombe« de Ch.*, Paris 1980. – C. Dédéyan, *Ch. et la Révolution dans les »Mémoires d'outre-tombe«* (in Mélanges A. Viatte, Paris 1981, S. 26–48. – C. A. Tabart, *De »René« au »Mémoires d'outre-tombe«*, Paris 1984. – H. Bardon, *La latinité dans les »Mémoires d'outre-tombe«* (in Études classiques, 53, 1985, S. 415–423). – L. Pollmann, *Die Waldmünchen Episode in den »Mémoires d'outre-tombe«* (in Romantische Literaturbeziehungen im 19. u. 20. Jh., Fs. F. Rauhut, Hg. A. San Miguel u. a., Tübingen 1985, S. 229–241). – H. P. Lund, *F.-R. de Ch., »Mémoires d'outre-tombe«*, Paris 1986.

# LES NATCHEZ

(frz.; *Die Natchez*). Prosaepos in zwei Teilen von François René, Vicomte de CHATEAUBRIAND, erschienen 1826. – Die Entstehungsgeschichte der *Natchez* ist umstritten, da die Äußerungen Chateaubriands darüber ungenau und widersprüchlich sind. Es gilt jedoch als wahrscheinlich, daß er – unter dem Einfluß von ROUSSEAU und MARMONTEL (*Les Incas*, 1778) – noch vor der Revolution einen ersten Entwurf zu seinem zukünftigen »*Epos des Naturmenschen*« fertigstellte. Als er die *couleurs*, die Darstellungsweise, dieser ersten Niederschrift als falsch erkannte, brach er zu seiner als wissenschaftliches Unternehmen getarnten Amerikareise auf, die vom April 1791 bis zum Januar 1792 dauerte. Die frühen Aufzeichnungen und Beschreibungen »*in der Hütte der Wilden*« gingen dann mit Ausnahme weniger Fragmente in der Revolution verloren. Das zweite Manuskript, das während des Exils in England entstand und über 2000 Folioseiten umfaßt, ließ Chateaubriand später dort zurück mit Ausnahme einiger Naturbeschreibungen und der beiden gesondert erschienenen und weithin berühmt gewordenen Werke *Atala* und *René*, die in ihrer ursprünglichen Form nichts anderes als Episoden der *Natchez* sind. Das Werk wurde erst 1816 oder 1817 nach längeren Nachforschungen wiederaufgefunden.

»*Ich hielt keinen Gegenstand nach der Entdeckung Amerikas für interessanter als das Massaker in der Kolonie der Natchez in Louisiana im Jahre 1721*«, schrieb Chateaubriand in der *Préface* zur ersten Ausgabe von *Atala*. Die »heile« Welt der von Zivilisation noch unberührten wilden Völkerstämme, in die der Europäer so oft als Zerstörer einbrach, war, wie sehr auch Reiseberichte immer wieder dieses Idyll zu bestätigen schienen, in erster Linie ein kritisches und utopisches Modell, ein Spiegel, in dem die Aufklärer und ihre Nachfahren der eigenen naturentfremdeten und von sozialen Gegensätzen zerrissenen Welt das Bild eines verlorenen und noch nicht wieder errungenen Paradieses zeigen wollten.

René, der melancholische Franzose – Ebenbild des jungen Chateaubriand – erreicht auf der Suche nach dem Ursprünglichen das Land der Natchez und wird von Chactas, einem der Ältesten, als Adoptivsohn aufgenommen *(»Diese naive Sitte der Naturvölker, alle Menschen als miteinander verwandt zu betrachten, rührte René tief«)*. Mit Outougamiz, dem Bruder des Indianermädchens Céluta, schließt er einen Freundschaftspakt. Célutas heimliche Liebe zu René wird jedoch von Onduré, einem anderen Stammensangehörigen, eifersüchtig beobachtet. Zu einer blutigen Schlacht zwischen Indianern und den Franzosen der Festung Rosalie kommt es auf Betreiben des Abenteurers Febriano, dessen dunkle Geschäfte Onduré unterstützt. Aus Dankbarkeit gegenüber Outougamiz, der ihn aus der Gefangenschaft befreite, heiratet René Céluta. Die Verbindung vermag jedoch seine tiefe Melancholie, seinen Weltschmerz, der durch die Nachricht vom Tode der geliebten Schwester Amélie noch verstärkt wird, nicht zu lindern. Für Renés zerrissene Seele gibt es keine Heilung. Die Verleumdungen des Verräters Ondurés, der René für den Tod des Häuptlings verantwortlich macht, ihm Jagdfrevel vorwirft und die Taufe seiner Tochter mißdeutet, führen schließlich dahin, daß er in den Kampf gegen die Indianer von Illinois geschickt wird; während dieser Zeit findet eine Verschwörung aller Stämme gegen die Weißen statt. René wird bei seiner Rückkehr von Onduré getötet; die Natchez müssen vor einem Vergeltungsschlag der Franzosen fliehen; Céluta sucht den Tod.

Eine deutliche Zäsur hebt die beiden Teile dieses im Zeichen von Zerstörungswillen, Faszination an Qual und Folter sowie exaltierter Leidenschaft stehenden Werks voneinander ab. Die dem mythischen und religiösen Vorstellungsbereich entstammenden retardierenden epischen Elemente (antike und indianische Götter, Dämonen, Engel) des ersten treten im zweiten eher romanhaften Teil zugunsten einer strafferen Handlungsführung zurück. Als geschichtliche Quelle für die Vorgänge benutzte Chateaubriand zahlreiche historische Werke des 18. Jh.s. Sainte-Beuve, der nicht anders als die übrigen zeitgenössischen Kritiker die *Natchez* durchaus wohlwollend aufnahm, äußerte jedoch die Befürchtung, daß man sich verlieren könnte in diesem gewaltigen Werk eines noch ungezügelten Talents.  R.L. - KLL

Ausgaben: Paris 1826 (in *Œuvres complètes*, 28 Bde., 1826–1831, 19/20). – Paris 1829, 2 Bde. – Paris 1861 (in *Œuvres complètes*, Einl. Ch.-A. Sainte Beuve, 12 Bde., 3). – Paris 1932, Hg. G. Chinard [krit.]. – Paris 1959 (in *Œuvres romanesques et voyages*, Hg. M. Regard, 2 Bde., 1; Pléiade).

Übersetzungen: *Die Natchez, eine wilde amerikanische Völkerschaft*, K. Zell (in *SW*, Bde. 8–13, Freiburg i. B. 1827–1838). – *Die Natchez*, ders., bearb. O. Sahlberg, Bln. 1982.

Literatur: M. Duchemin, *Toujours des manuscrits des »Natchez«* (in RHLF, 43, 1936, S. 85–92). – O. A. Vertès, *Une source primitive des »Natchez« de Ch.* (in RLC, 23, 1949, S. 393–412). – J.-M. Gautier, *L'exotisme américain dans l'œuvre de Ch.*, Manchester 1951. – R. Lebègue, *Fragments d'un manuscrit autographe des »Natchez«* (in Bulletin de la Société Ch., 5, 1961, S. 20–29). – M. Butor, *Ch. et l'ancienne Amérique* (in NRF, 11, 1963, S. 1015 bis 1031; 12, 1964, S. 63–77, 230–250). – P. Riberette, *Une source anglaise des »Natchez«* (in Bulletin de la Société Ch., 24, 1981, S. 87–93).

# RENÉ

(frz.; *René*). Prosaepos von François René, Vicomte de Chateaubriand. Wie *Atala* war *René* ursprünglich als Teil der *Natchez* (1826) konzipiert, beide Erzählungen wurden aber bereits 1802 als Teil des *Génie du christianisme* veröffentlicht. – 1791 hatte der Dichter eine Amerikareise unternommen, die ihn allerdings nicht – wie später René – in das exotische Louisiana, sondern in den Nordosten der Vereinigten Staaten führte. Durch Rousseaus *Rêveries du promeneur solitaire* und Goethes *Leiden des jungen Werthers* war Chateaubriand der Gestus des Weltschmerzes zur Erfahrung geworden. Von Rousseau hatte Chateaubriand auch die Konzeption des »edlen Wilden« übernommen, der dem idealen (d. h. dem vollständig im Naturzustand lebenden) Menschen nahekommen soll. Die Figur des vor den Mächten der Zivilisation in die amerikanische Wildnis fliehenden Europäers war bereits vorher von Loaisel de Tréogate in *Florello* (1776) und von de la Dixmerie in *Azakia* (1789) dargestellt worden. Das Thema der inzestuösen Liebe hatte bereits die Aufklärer beschäftigt und für Sade oder Restif de la Bretonne war der Inzestgedanke geradezu eine Obsession. *René* spiegelt jedoch nicht nur die dichterischen und weltanschaulichen Positionen Chateaubriands, sondern hat außerdem in hohem Maß autobiographischen Charakter, wie der Vergleich mit vielen Passagen der *Mémoires d'outre-tombe* zeigt.

René, der Frankreich verlassen hat, wohnt nunmehr bei dem Indianerstamm der Natchez, deren Dasein als vollkommene Idylle erscheint. Er hat sich aus ihrer Mitte eine Frau genommen, mit der er jedoch kaum zusammenlebt. Vielmehr sucht er melancholisch die Einsamkeit der Wälder. Schließlich erzählt er den Freunden, d. h. seinem Adoptivvater, dem Indianerführer Chactas, und dem Missionar Pater Soüel sein bisheriges Leben. René ist in einem Schloß aufgewachsen, das dem bretonischen Combourg gleicht, in dem Chateaubriand seine Kindheit verbracht hat. Furcht und Gehemmtheit, Vaterhaß und eine enge Bindung an die Schwester Amélie bestimmen die Jugend Renés. Zusammen mit der Schwester hat er seine großen romantischen Naturerlebnisse (die, verglichen mit Rousseaus entsprechenden Anschauungen weit intensiver mit dem persönlichen Weltschmerz des Helden, mit religiösen und sozialen Assoziationen verbunden sind). Der Tod des Vaters ist für René nur wichtig als das Erlebnis des Todes überhaupt. Das Klosterleben zieht ihn an, doch er kann sich nicht entschließen, Mönch zu werden: Die Sehnsucht nach religiösen Inhalten wird zum Opiat. Um dem *ennui* des Daseins zu entgehen, begibt er sich auf Reisen, ohne dadurch jedoch echten Kontakt mit der Welt gewinnen zu können. Die Bekanntschaft mit Italien und dem alten Schottland läßt ihn nur der Sinnlosigkeit der bisherigen geschichtlichen Entwicklung (»*rien de certain parmi les anciens, rien de beau parmi les modernes*«) und des Unglücks des Menschengeschlechts innewerden. In sein Vaterland zurückgekehrt, führt er ein völlig abgeschlossenes Leben; es ist von Regenerationssehnsucht, Versuchen, die Einsamkeit zu überwinden, und Reflexionen über die Trauer erfüllt, die der schlechten natürlichen wie sozialen Ordnung entspringt. Erst die Wiederbegegnung mit Amélie beendet sein isoliertes Dasein. Doch eine neue verhängnisvolle Wendung in seinem Schicksal zerstört auch diesen kurzen Ruhezustand (in diesem Punkt hat das Werk allerdings keinen autobiographischen Charakter): Von inzestuöser Liebe ergriffen, flieht Amélie vor ihrem Bruder in ein Kloster. Dieser Entschluß wie der Tag ihres Gelübdes bedeuten für René, der bei der Zeremonie zugegen ist, Tiefpunkte seiner Existenz, die er sich bewußt macht, indem er Passagen aus dem *Buch Hiob*, den *Psalmen* und anderen biblischen Büchern zitiert. Im Zustand der höchsten Trauer möchte er seinem Leben ein Ende setzen. Ruhiger geworden, beschließt er, ins »unschuldige« Amerika auszuwandern. Die Nacht vor seiner Abfahrt, eine romantisch gezeichnete Sturmnacht, verbringt er in der Nähe des Klosters, in das Amélie eingetreten ist. Später erfährt er durch einen Brief der Priorin vom Tod der Schwester. – Die Tröstungen durch Chactas und die Ermahnungen durch den Pater Soüel – der Melancholische sei für seinen Zustand selbst verantwortlich – vermögen René nicht aus seiner schmerzlichen Trauer zu reißen. Einige Zeit nach seinem Gespräch mit den Freunden kommt er bei einem Massaker, das unter den Natchez angerichtet wird, ums Leben.

Im Vordergrund dieser Lebensbeichte steht das Leiden an sich selbst sowie das hochromantische Ungenügen an der Welt und die Unfähigkeit zur Liebe, ohne daß die eigentlichen Ursachen ausgesprochen werden könnten. Alle Mächte, durch die Bindungen gestiftet werden könnten – sogar die Religion –, versagen vor der Übergewalt des zum äußersten, unheilbaren Weltschmerz gesteigerten, als Mangel erfahrenen Schmerzes, der durch den Kontrast eines überreichen Innern und einer leeren Welt hervorgerufen wird, in heutiger Sichtweise freilich der melodramatischen Komponenten nicht völlig entbehrt. Wenn das Werk auch nicht sofort mit der gleichen Intensität gewirkt hat wie *Atala*, ist *René* besonders durch den Einfluß auf BYRON und LAMARTINE zu einem der wichtigsten Werke der Romantik geworden. MUSSET, NERVAL, PUŠKIN sind ohne Chateaubriands autobiographische Dichtungen nicht denkbar; der ihm gegenüber skeptische SAINTE-BEUVE ist in seiner Schriftstellerlaufbahn dennoch tief von *René* beeinflußt; auch George SAND bezog sich immer wieder auf dieses Werk.

Die Sprache des *René*, in dessen Rahmen das biographisch Konkrete und Akzidentelle im Hintergrund gehalten wird, ist von rhetorisch-pathetischer Schönheit, die aber fast niemals die Grenzen künstlerischer Ökonomie sprengt; sie stellt geradezu eine lyrische Prosa dar. Dies und der strenge Aufbau des Werks – jedem Detail der romantischen Weltsicht und jeder Passion ist der jeweils adäquate Raum zugeteilt – sowie die Bedeutung der hier in höchster poetischer Intensität dargestellten archetypischen Konzeptionen der Romantik, lassen es gerechtfertigt erscheinen, *René* als Prosaepos zu betrachten, als ein Werk, das den Rahmen der traditionellen Novelle gesprengt hat.   C.Sch.-KLL

AUSGABEN: Paris 1802 (in *Génie du christianisme*). – Paris 1805 (zus. m. *Atala*). – Paris 1828 (zus. m. *Atala* u. *Les aventures du dernier Abencérage*: endg. Ausg.). – Paris 1859–1861 (in *Œuvres complètes*, m. einer Studie v. Ch.-A. Sainte-Beuve, 12 Bde., 3). – Paris 1930, Hg. G. Chinard [krit.]. – Paris 1935, Hg. A. Weil [krit.]; ern. 1950. – Paris 1958; ern. 1976, Hg. F. Letessier (Class. Garn.). – Paris 1964 (GF). – Paris 1969 (in *Œuvres romanesques et voyages*, Hg. M. Regard, 2 Bde., 1; Pléiade). – Genf 1970, Hg. J. M. Gautier [krit.]. – Paris 1978 (Folio).

ÜBERSETZUNGEN: *René, oder Die Wirkungen der Leidenschaften. Seitenstück zu Atala, oder Die Liebe zweyer Wilden*, anon., Lpzg. 1802. – *René*, Schnetzler (in *SW*, Bde. 8–13, Freiburg i. B. 1827–1838). – Dass., F. F. Rückert (zus. m. *Atala* u. *Die Abenteuer des letzten Abencerragen*, Lpzg. o. J. [um 1880]); – Dass., S. Born, Stg. 1884; ern. Wien 1924. – Dass., T. Geissler, Stg. 1962 (zus. m. *Atala*; RUB).

LITERATUR: P. Hainrich, *»Werther« und »René«*, Greifswald 1921. – J. Haas, *»Oberman« und »René«*

(in ZfrzSp, 49, 1927, S. 263-271). - J.-M. Gautier, *L'exotisme américain dans l'œuvre de Ch.*, Manchester 1951. - J. Borsch, *Motion and Rest in »René«* (in YFS, 13, 1954, S. 76-82). - E. Zimmermann, *Re-Reading »René«* (in FR, 32, 1958/59, S. 247-253). - O. Södergard, *L'ombre d'une sœur ou Le rôle de Lucile dans »René« et »Atala«* (in OL, 14, 1959, S. 105-113). - C. Bazin, *Ch. en Amérique*, Paris 1969. - J. F. Deljurie, *»René« à travers les manuels ou Le discours d'escorte* (in Littérature, Okt. 1972, Nr. 7, S. 27-47). - P. Barbéris, *»René« de Ch. Un nouveau roman*, Paris 1973. - E. Wiecha, *Ch.'s »René«* (in Lendemains, 3, 1978, S. 113 bis 124). - E. Gans, *»René« and the Romantic Model of Self-Centralization* (in Studies in Romanticism, 22, 1983, S. 421-435). - D. Knight, *The Readability of René's Secret* (in FSt, 37, 1983, S. 35-46). - C. A. Tabart, *De »René« au »Mémoires d'outre-tombe«*, Paris 1984. - R. Galand, *Ch.: Le rocher de René* (in RomR, 77, 1986, S. 330-342).

## VOYAGE EN AMÉRIQUE

(frz.; *Reise nach Amerika*). Bericht von François René, Vicomte de CHATEAUBRIAND, veröffentlicht 1827. - Das Material zu *Voyage en Amérique* ist dem in den neunziger Jahren in London entstandenen *Manuscript des Natchez* (vgl. *Les Natchez*) entnommen, doch hat Chateaubriand den Text vor der Veröffentlichung gründlich überarbeitet und ergänzt.

Dem Anspruch des Titels und der Einführung nach handelt es sich um die Beschreibung der Reise, die Chateaubriand dreiundzwanzigjährig vom Frühjahr 1791 bis Janur 1792 in die USA unternahm und die ihn angeblich von Baltimore über Philadelphia und New York nach Boston, zurück nach New York, an die Niagara-Fälle, einige der Großen Seen, sodann in südlicher Richtung nach Pittsburgh, den Ohio und den Mississippi hinab wenigstens bis Natchez und schließlich über Georgia oder South Carolina, wenn nicht gar Florida, zurück nach Philadelphia führte. Doch einmal bricht die fortlaufende Darstellung bereits nach weniger als einem Viertel des Buches ab, als sich der Reisende in der Nähe der Niagara-Fälle befindet. (Es folgen zusammenfassende Schilderungen einiger Landstriche, der Fauna und Flora, der Sitten, Religionen, Politik und Sprachen der Eingeborenen, Beobachtungen zum Niedergang der Indianer unter dem Einfluß der europäischen Zivilisation, ein Überblick über die demographische, geographische und kommerzielle Entwicklung der USA seit 1791 bis in die zwanziger Jahre, etwas unerwartet Meditationen über die Gesellschaft und Politik Lateinamerikas sowie viele andere Dinge.) Des weiteren ist überzeugend nachgewiesen, daß Chateaubriand kaum weiter südlich als bis an die Grenze von Pennsylvania und mit Sicherheit nicht bis zum Mississippi oder in subtropische Regionen gelangt sein kann und daß nur ein Bruchteil seiner Beschreibungen auf eigenen Beobachtungen beruht.

Allerdings schöpfte er nur wenig aus der Phantasie, sondern wertete sorgsam die veröffentlichten Berichte authentischer Forschungsreisender aus, fast immer ohne auch nur indirekten Hinweis auf seine Quelle. Die zahlreichen Irrtümer und Übertreibungen (am eklatantesten vielleicht bei den phantastischen Fähigkeiten, die dem emsigen Biber zugeschrieben werden) beruhen also weder auf mangelnder Beobachtungsgabe noch auf freier Erfindung Chateaubriands, sondern auf seiner Gutgläubigkeit. Sogar die authentischen bzw. höchstwahrscheinlich selbsterlebten und im Kern belegten Episoden sind mit Vorsicht zu betrachten: Die Schilderung seiner Begegnung mit Präsident George Washington in Philadelphia etwa ist nicht nur in manchen Details unglaubhaft, sondern dient auch eher der Anschwärzung Napoleons durch den für diesen ungünstigen Vergleich als einer Würdigung des Amerikaners.

Zumindest für den heutigen Leser erscheint es störend, daß Chateaubriand immer wieder die Kenntnis seiner bis dahin erschienenen Werke mit Selbstverständlichkeit voraussetzt oder darauf verweist, daß nun folgende Teile des Manuskripts bereits in diesem oder jenem von einem halben Dutzend Titeln (vor allem *Atala, Les Natchez, Essai historique, Génie du christianisme*) erschienen oder verarbeitet worden seien und hier fortgelassen würden; damit deklariert er *Voyage en Amérique* ungewollt, doch nicht ganz zu Unrecht, zu einem Flickenteppich aus literarisch anderweitig nicht verwendbaren Erinnerungen und Exzerpten. Nur wenige Seiten des Buches sind, auch bei weitherziger Definition, zu den *belles lettres* zu zählen, während die kunterbunte Mischung aus Wahrheit und Dichtung, Erinnerung und Paraphrasierung von Reiseliteratur das Werk auch als Dokument zur amerikanischen Geschichte wenig interessant erscheinen läßt. Interessant ist es als Dokument der Persönlichkeit Chateaubriands und als einer der Bausteine seines Gesamtwerks. W.J.H.

AUSGABEN: Paris 1827, 2 Bde. - Paris 1829, 2 Bde. - Paris 1964, Hg. R. Switzer, 2 Bde. (krit.; STFM). - Paris 1969 (in *Œuvres romanesques et voyages*, Hg. M. Regard, 2 Bde., 1; Pléiade).

ÜBERSETZUNG: *Ch.s Reise in Amerika*, K. J. Perleb (in *SW*, Bde. 20-23, Freiburg i. B. 1827-1838; Nachdr. Köln 1979).

LITERATUR: J.-M. Gautier, *L'exotisme américain dans l'œuvre de Ch.*, Manchester 1951. - P. Martino, *Le voyage de Ch. en Amérique* (in RHLF, 52, 1952, S. 149-164). - M. Butor, *Ch. et l'ancienne Amérique* (in NRF, 22, 1963, S. 1015-1031; 23, 1964, S. 33-77, 230-250). - R. Switzer, *Ch.'s Sources in the »Voyage en Amérique«* (in RLC, 42, 1968, S. 5-23). - C. Bazin, *Ch. en Amérique*, Paris 1969. - J. A. Bédé, *L'itinéraire spirituel de Ch. en Amérique* (in FR, 49, 1975/1976, S. 985-1000). - P. Barbéris, *Les réalités d'un ailleurs. Ch. et le »Voyage en Amérique«* (in Littérature, Febr. 1976, Nr. 21,

S. 91–104). – R. Lebègue, *Aspects de Ch. Vie, voyage en Amérique, œuvres*, Paris 1979.

---

### ALPHONSE DE BRÉDENBEC DE CHATEAUBRIANT

\* 25.3.1877 Rennes
† 2.5.1951 Kitzbühel

## LA BRIÈRE

(frz.; *Ü: Schwarzes Land*). Roman von Alphonse de Brédenbec de CHATEAUBRIANT, erschienen 1923. – Der Roman stellt neben *Monsieur de Lourdines*, 1911 *(Herr von Lourdines)*, und *La réponse du Seigneur*, 1933 *(Die Antwort des Herrn)*, das bedeutendste Werk des Autors dar, der sich später offen für den Nationalsozialismus begeisterte und während der deutschen Besatzung zum entschiedenen Kollaborateur wurde. Realer Hintergrund der Erzählung war ein Prozeß, den die etwa 15 000 Einwohner der Grande Brière, eines Sumpf- und Moorlandes nördlich von Nantes, angestrengt hatten, um drohende Enteignung bzw. den Ankauf weiter Gebiete der Brière zur industriellen Verwertung durch Kapitalkreise aus Nantes zu verhindern. Die Bevölkerung machte geltend, aufgrund einer Schenkung aus der Zeit des Ancien Régimes frei über das Land, das vor allem Torf lieferte, verfügen zu können. Da die Schenkungsurkunden bei einem Archivbrand vernichtet worden waren, beauftragte man einen Flurhüter aus einem der Sumpfdörfer, Kopien ausfindig zu machen und sie der Justiz zu überstellen. Er fand sie und »rettete« so die Brière, zumal die Gegenseite das Interesse verlor. Chateaubriant hielt sich 1906–1908 in der Brière auf. Nach Verlust eines ersten Manuskripts des Romans wurde er ab 1919 rekonstituiert.

Der Roman erzählt zum einen die Aussendung des Flurhüters Aoustin, »Lucifer«, und das Auffinden der Papiere bei einer halbverrückten Alten, zum anderen den unbarmherzigen und irrationalen Kampf Aoustins gegen die Liebe seiner Tochter Théotiste zu Jeanin, einem Burschen aus dem verachteten Korbflechterdorf Mayun, der ihr das Leben gerettet hatte. Nach der Ehrung Aoustins für die Auffindung der Dokumente folgt ihm Jeanin ins Moor und schießt auf ihn. Aoustin überlebt schwerverletzt. Théotiste wird unter der Beschuldigung verhaftet, im Moor ihr Kind geboren und es getötet zu haben. Genesen und in seine alten Funktionen eingesetzt, entführt Aoustin Jeanin, um ihn zu töten. Noch bevor er die Tat ausführen kann, erfährt er, daß Théotiste, aus dem Gefängnis entlassen und von Jeanin verschmäht, wahnsinnig geworden ist. Während Aoustin sie in stundenlanger Kahnfahrt zur Stadt bringt, muß er hören, wie sehr sie ihn, den sie nicht mehr erkennt, fürchtet. Er verirrt sich im Nebel, das Mädchen erfriert in der eiskalten Nacht. Innerlich gebrochen wird Aoustin gefunden und zu seinem Haus gebracht. Er läßt Jeanin frei, den er dort eingeschlossen hatte, und bricht zusammen.

Aoustin, Hauptfigur ohne wirklichen Gegenspieler, ist in seiner fanatischen Heimatliebe, aber auch der selbstgerechten Härte, mit der er aufgrund eines absurden Vorurteils das Unglück seiner ganzen Familie verschuldet, extremer Typus eines Menschenschlags, der sich mit der Landschaft als Einheit versteht und, gestützt auf eine jahrhundertealte rudimentäre politische Organisation, um das Recht auf die eigene Identität kämpft. In der Tat erscheint diese Kultur in ihrer Geschlossenheit als Teil einer Natur, die Nährmutter des Menschen ist, sich aber als Natur letztlich nicht »menschlich« oder ethisch verhält. Die Kultur der Brière präsentiert sich als archaische im Sinne Mircea ELIADES; ihr Konservatismus beruht auf der Annahme einer archetypischen Ordnung und stützt sich auf eine Ontologie, derzufolge eine Handlung, ein Verhalten oder ein Vorgang nur in dem Maße Wirklichkeit beanspruchen können, »*als sie einen Archetyp nachahmen oder wiederholen*« (Eliade, *Kosmos und Geschichte*).

Ästhetisch lebt der Roman von der engen Verbindung von Mensch und Landschaft, von Handlung und Beschreibung, die in Symbolen (z. B. Aoustins Prothese aus schwarzem Moorholz: »*Unmöglich, jetzt noch zu sagen, wo die Brière aufhört und wo ich beginne!*«), mythischen Vorstellungen und Naturbildern (z. T. aus der Perspektive des Protagonisten) eine Atmosphäre düsterer Großartigkeit schafft. Sprachlich bemerkenswert ist die Verwendung zahlreicher Spezialbegriffe bzw. Regionalismen. – Der Roman ist eines der bedeutsamsten Beispiele der nach dem Ersten Weltkrieg einsetzenden Welle der Naturromane (vgl. GIONO, GENEVOIX, RAMUZ), die nicht nur als Evasion aus einer schwierigen Gegenwart gedeutet werden sollte, sondern das Bewußtsein eines krisenhaften Moments im Verhältnis von Mensch und Natur bzw. zwischen verschiedenen Kulturtypen ausdrückt. Indem *La Brière* anders als spätere Werke des Autors eben nicht als Blut-und-Boden-Literatur die Regression verherrlicht, sondern der Faszination durch das Archaische implizite Kritik an die Seite stellt, verweist der Roman auf die Komplexität dieses kulturhistorischen Konflikts. W.Kre.

AUSGABEN: Paris 1923. – Paris 1954. – Paris 1967 (Poche).

ÜBERSETZUNGEN: *Schwarzes Land*, R. Schottlaender, Bln. 1925. – *Die Moorinsel*, E. Winkler, Mchn. 1943.

VERFILMUNG: Frankreich 1924 (Regie: L. Poirier).

LITERATUR: R. Bazin, »*La Brière« de M. A. de Ch.* (in Le Correspondant, 10. 6. 1923). – B. Crémieux, »La Brière« (in NL, 21. 6. 1923). – P. Vernois, Le roman rustique de George Sand à Ramuz, Paris 1962. – K. M. Faßbinder, Der versunkene Garten. Begegnungen mit dem geistigen Frankreich des Entre-deux-guerres 1919–1932, Heidelberg 1968, S. 212–228. – M. J. Moore-Rinvolucri, Ch., Novelist and Thinker (in Modern Languages, 50, 1969, S. 14–18). – L.-A. Maugendre, »La Brière« a cinquante ans (in Écrits de Paris, 327, 1973, S. 64–77). – Ders., Ch. Dossier littéraire et politique, Paris 1977. – R. Duhamel, Témoins de leur temps. Ch., Barrès, Brasillach, Montréal 1981.

## BANKIMCHANDRA CHATTERJI

d. i. Baṅkimcandra Caṭṭopādhyāya (auch Caṭṭurjī)

* 26. 6. 1838 Kāṇthālpāṛā / West-Bengalen
† 8. 4. 1894 Kalkutta

LITERATUR ZUM AUTOR:
Vera A. Novikova, Bankimchandra Chattopadhyaya: His Life and Works, Kalkutta 1976. – Gopālcandra Rāy, Bankimcandra: jīvan o sāhitya, Kalkutta 1981. – Sisirkumar Das, The Artist in Chains: the Life of B. Ch., Delhi 1984.

## ĀNANDAMAṬH

(bengali; Das Kloster des Glücks). Roman von Bankimchandra CHATTERJI, erschienen 1881. – Indem er auf Ereignisse während der Hungersnot von 1770 und die dadurch entstandene Revolte der sogenannten Sannyāsī (Mönche und Wanderasketen) zurückgriff, konnte Bankimchandra einen hochpolitischen Roman schreiben, ohne unmittelbar mit den in Indien regierenden englischen Behörden in Konflikt zu geraten. Auch hat der gebildete Hindu, zu einer Zeit als der mißglückte Aufstand der bei der englischen Armee dienenden indischen Soldaten (1857) noch nicht vergessen war, in Ānandamaṭh jedem neuerlichen Versuch einer Wiederherstellung vorkolonialer Verhältnisse in Indien eine klare Absage erteilt. Gerade die Romanform bot damals die Möglichkeit, eine politische Aussage zu machen, und sicherte dieser nicht nur Verbreitung, sondern auch direkten Einfluß auf die im letzten Viertel des 19. Jh.s wieder stärker hervortretende nationale Bewegung der Hindus, deren Aktivität 1885 zur Gründung des Indischen Nationalkongresses führte.

Der Gang der Handlung unterscheidet sich wegen seiner romantischen Motivierung nicht wesentlich von anderen Romanen Bankimchandras. Der Grundbesitzer (zamīndār) Mahendra Sinha verläßt infolge der Hungersnot zusammen mit seiner Frau Kalyāṇī und seiner Tochter sein Heimatdorf. Die Frau und das Mädchen werden von Räubern entführt; Mahendra Sinha kann sich jedoch zu den Sannyāsī retten, deren Anführer Satyānanda gerade seine Anhänger zum Kampf gegen die Engländer organisiert. Mahendra will ebenfalls Mönch werden; da aber das Kloster für Frauen verschlossen ist und die Sannyāsī auch nicht mehr zu ihren Familien zurückkehren dürfen, bringt er seine inzwischen wiedergefundene Familie in sein Heimatdorf zurück. Angesichts ihres ungewissen Schicksals verzweifelnd, versuchen Mahendras Frau und Tochter sich unterwegs zu vergiften, werden aber auf wundersame Weise gerettet. Mahendra und Satyānanda fallen bald darauf den Engländern in die Hände. Nachdem beide wieder befreit sind, kommt es zu Kämpfen zwischen den Sannyāsī und englischen Truppen. Dank der Kanonen, die Mahendra in seinem Dorf hat gießen lassen, erringen die Sannyāsī zunächst einige Siege, doch dann erleiden sie Niederlagen und schwere Verluste. – Ein heiliger Asket (mahāpuruṣa) überredet Satyānanda, den Kampf einzustellen, und schickt einen anderen Führer in die Berge zu den Sannyāsī, um diesen darzulegen, daß sie gegen den falschen Feind kämpften; denn nicht gegen die Engländer, sondern gegen die Mohammedaner gelte es, sich zur Wehr zu setzen (die Mehrzahl der Aufständischen von 1857 waren Mohammedaner); die Engländer hingegen seien vom Schicksal gesandt, damit die Hindus von ihnen lernten, um zu erstarken und später ein Hindureich in Indien zu errichten.

Diese auch von anderen Hindu-Schriftstellern jener Zeit vertretene Meinung hat Bankimchandra, indem er seine Lehren mit Elementen des bengalischen Kultes der Muttergöttin (Schaktismus) vereinte, zu einem glühenden Nationalismus gesteigert. Seinen stärksten Ausdruck fand dieser in der von Bankimchandra für Ānandamaṭh gedichteten Hymne Bande mātaram... (Ich verneige mich vor dir, Mutter...), die 1905 zum Kampflied der Svadeśī-Bewegung wurde. P. G.

AUSGABEN: 1881/82 (in Baṅgadarśan). – o. O. 1882 – Kalkutta 1901. – Kalkutta 1920. – Kalkutta 1951 (Baṅkim granthamālā). – Kalkutta 1969, Hg. J. C. Bāgal (Baṅkim racanāvalī).

ÜBERSETZUNGEN (engl.): The Abbey of Bliss, Nares Chandra Sen-Gupta, Kalkutta [5]1906. – Dawn over India, Basanta Koomar Ray, NY 1941. – Ānandamath, Śrī Aurobindo u. Barendra Kumar Ghosh, Kalkutta 1945.

LITERATUR: J. K. Dāsas Gupta, A Critical Study of the Life and Novels of Bankimchandra, Kalkutta 1937. – T. W. Clark, The Role of Baṅkim Chandra in the Development of Nationalism (in Historians of India, Pakistan and Ceylon, Hg. C. H. Philips, Ldn. 1961). – W. Ruben, Indische Romane I, Bln. 1964. – Vijitakumār Datta, Bāṅglā sāhitye aitihāsik upanyās, Kalkutta 1969. – Cittarañjan Bandyopādhyāya, Ānandamaṭh, Kalkutta 1983 [bengali; mit

Fotokopie d. ersten Ausg.]. – Jīvan Mukhopādhyāya, *Ānandamaṭh o Bhāratīya jātīyatāvād*, Kalkutta 1983.

## KAPĀLAKUṆḌALĀ

(bengali; *Die, deren Ohrenschmuck Totenschädel sind*). Roman von Bankimchandra CHATTERJI, erschienen 1866. – Das Werk ist einer der ersten indischen Prosaromane im westlichen Stil und nach Sukumar SEN *»one of the best romances written by Chatterji«*. Die Handlung spielt zur Zeit des Kaisers Akbar († 1605) und ähnelt mit ihren ungewöhnlichen, melodramatischen Begebenheiten dem Erzählstil Walter SCOTTS. Die Heldin, Kāpālakuṇḍalā (der Name spielt auf die buddhistische Nonne Kāmandakī in BHAVABHŪTIS Drama *Mālatīmādhava* an), ist unter Kāpālikas (einer tantrischen Sekte, die Menschen opfert) herangewachsen. Damit reflektiert das Buch eine Form indischer Religiosität, die von den humanen Bestrebungen des 19. Jh.s unterdrückt worden ist, die der Autor aber noch miterlebte.

Im ersten Teil wird der Held, Navakumāra, an der einsamen Küste Orissas ausgesetzt und stößt im Dschungel auf einen Kāpālika, der ihn nur rettet, um ihn der Göttin Bhairavī opfern zu können. Doch Kapālakuṇḍalā befreit den Helden, und beide fliehen. Der zweite Teil bringt die Geschichte der Padmāvatī, die als Kind – nach der Hindusitte – mit Navakumāra verheiratet worden war; da ihr Vater jedoch Moslem geworden ist, hat man die Verbindung gelöst. Das Mädchen ist am Hof Akbars zu großer Schönheit herangereift. Auf einer Reise nach Orissa gerät sie unter Räuber, wird aber von Navakumāra, der sich mit Kapālakuṇḍalā auf der Flucht befindet, gerettet. Im dritten Teil erfährt man, daß sich die nun mit dem Helden verheiratete Kapālakuṇḍalā den in der Hindufamilie geltenden Tabus nicht zu unterwerfen vermag. Wie gewohnt, streift sie nachts allein durch den Dschungel. Das erweckt zwar Navakumāras Argwohn, doch gelingt es Padmāvatī nicht, ihn für sich zurückzugewinnen. Der Kāpālika erscheint wieder, weil er hofft, Kapālakuṇḍalā mit Hilfe des eifersüchtigen Navakumāra töten und opfern zu können. Die unglückliche junge Frau ist auch bereit zu sterben; in den Strudeln des Ganges sucht und findet sie den Tod.

Für Chatterji sind Tantrismus und der Kult der Kāpālikas dasselbe; nach ihm gehören Alkohol (der aus Totenschädeln getrunken wird) und ein Leichnam zum tantrischen Ritual. Seine Kāpālikas glauben, daß die Opferung fremden oder des eigenen Lebens auf dem Altar der Göttin für den Getöteten die Erlösung *(mokṣa)* bedeute. Bemerkenswert ist, daß der Autor den Personen des Romans, die der Opferung entgangen sind, Unheil widerfahren läßt (der Held selber versteht sein tragisches Geschick als Folge der Flucht vom Altar der Göttin, und Kapālakuṇḍalā erlangt erst dann Befreiung von ihrem Unglück, als sie bereit ist, sich selbst der Göttin, die mit blutigen Insignien geschmückt vor ihr erscheint, zu opfern). Man wird daraus folgern müssen, daß Chatterji das Menschenopfer zwar nicht als zum eigentlichen Kult des Hindutums gehörig betrachten wollte (seine Kāpālikas leben außerhalb der Gesellschaft), er faßt es aber als einen geheimnisvollen Akt auf, der die Seele vom schrecklichen Zwang der Wiedergeburt befreit und somit auf dasselbe Ziel gerichtet ist wie die Hindureligion. Auf diese Weise wird der Roman zu einem bemerkenswerten literarischen Dokument des blutigen Kults weiblicher Gottheiten in Bengalen, der sich aus einer Abart des tantrischen Śāktismus herleitet, jenem aus alten, primitiven Kulten hervorgegangenen Glauben an machtvolle, meist furchtbare Göttinnen, die als *śakti* (Kraft, Energie) männlicher Gottheiten vorgestellt und meistens in orgiastischen Ritualen verehrt werden. In den Tieropfern für die grausame Göttin Kālī hat der Kult noch heute große Bedeutung; daneben finden sich in der bengalischen Literatur vielfältige Spuren für die Verehrung weiblicher Gottheiten sowie ein ausgeprägter Mutterkult. Der Roman *Kapālakuṇḍalā* ist in Bengalen in vielen Drucken verbreitet. P.G.

AUSGABEN: Kalkutta 1866; ²1869. – Kalkutta 1970.

ÜBERSETZUNGEN: *Kopal-kundala*, W. Friedrich, Lpzg. 1866. – *Kapalakundala*, H. A. Phillips, Ldn. 1885 [engl.]. – Dass., D. N. Ghosal, Kalkutta 1919 [engl.]. – Dass., C. Klemm, Lpzg. 1886.

LITERATUR: J. C. Ghosh, *Bengali Literature*, Ldn. 1948. – S. Sen, *History of Bengali Literature*, Neu-Delhi 1960, S. 233. – S. K. Sen, *Bāṅgālā sāhityār itihās*, Bd. 2, Kalkutta 1970, S. 225 f.

## KṚṢṆAKĀNTER UIL

(bengali; *Kṛṣṇakāntas Testament*). Familienroman von Bankimchandra CHATTERJI, erschienen 1875. – Die Entstehung des Prosaromans in den neuindischen Sprachen ist westlichen Vorbildern zu verdanken. Gleichwohl zeigen schon die ersten Beispiele dieser Gattung typisch indische Züge. So hat dieser Autor in *Kṛṣṇakānter uil* Probleme aufgegriffen, die sich aus der bei den Hindus üblichen Kinderheirat und der Tatsache ergeben, daß viele dieser allzufrüh verheirateten Frauen schon im kindlichen Alter verwitwen. Die Vorgänge um das Testament des Kṛṣṇakānta, nach dem das Buch benannt ist, bilden nur eine Art Vorspiel: Rohiṇī, die Heldin, ist als Kind Witwe geworden, und ihr ist nach der Hindusitte eine Wiederverheiratung versagt. Um sich aus dieser verzweifelten Lage zu befreien, hilft sie dem enterbten Sohn des Landherren *(zamīndār)* Kṛṣṇakānta bei der Fälschung des Testaments seines Vaters; denn sie hofft, der junge Mann werde sie aus Dankbarkeit trotz des Verbots heiraten. Der Plan mißlingt. Statt dessen ergibt sich aus diesem Geschehen eine Beziehung zwischen ihr und Govindalāla, dem zweiten Sohn des

Kṛṣṇakānta. Den Hauptteil der Erzählung bildet der Bericht, wie Govindalāla seine Frau verläßt und mit Rohiṇī im verborgenen lebt. Doch in einem Anfall von Eifersucht tötet er die Geliebte.

Baṅkimchandra macht seinen Lesern die Lektüre leicht, da er einen klaren, unkomplizierten Stil schreibt, im Gegensatz zu der wortreichen und schmuckvollen Prosa der großen Stilisten seiner Zeit. Allerdings erreicht er noch nicht die Freiheit der umgangssprachlich getönten Prosa Rabīndranāth Ṭhākurs. Die Handlung schreitet zügig voran, und die Hauptpersonen sind scharf umrissen. Das alles würde aber noch nicht die Beliebtheit dieses Romans in Bengalen erklären. Bankimchandra hat Gestalten geschaffen, in denen der Leser sich und seine Mitmenschen erkennen konnte, und der Gegenstand des Romans berührt Fragen, die damals leidenschaftlich diskutiert wurden.

Autoren wie Rāmmohan Roy (1774–1833) und Īśvaracandra Vidyāsāgara (1820–1891) hatten gewisse, besonders in westlichen Augen verabscheuungswürdige Sitten der Hindus verurteilt (z. B. die Witwenverbrennung, die Kinderheirat, die unwürdige Behandlung der Witwen in den Familien, die Polygamie usw.). Aber alle Reformversuche riefen heftige Kritik hervor, schienen sie doch die religiösen Grundlagen des Hindutums und seine Gesellschaftsordnung anzugreifen. In diesem Streit hatte auch Bankimchandra Partei ergriffen, und sein Roman Kṛṣṇakānter uil ist ein versteckter Angriff auf zu liberale Vorschläge. Nach traditioneller Anschauung galt die Witwe als Sünderin, die für ihre in einer früheren Geburt begangene Untreue zu büßen habe. Ihre niedere Stellung und ihr (erzwungener) Verzicht auf Lebensglück wurden als Mittel zur Reinigung der Seele von ihrer Befleckung angesehen. War die Witwe zu dieser Selbstzucht nicht fähig und brachte sie Unheil über die Mitmenschen, so sahen die Hindus darin den Beweis für ihre (angeborene) Verderbtheit. Das Geschick der Rohiṇī läßt nicht erkennen, daß Bankimchandra von dieser Anschauung abweichen wollte. Seine Erzählung veranlaßt den Leser nicht, darüber nachzudenken, wie man das Los der Witwen erleichtern könne. Hingegen werden äußerste Selbstlosigkeit und Selbstbezwingung als die einzigen Mittel dargestellt, mit denen eine Witwe sich selbst helfen kann. Aber nicht nur Rohiṇī fehlt es an dieser Seelenkraft, auch der Held Govindalāla erliegt den Verlockungen seiner Sinne, und seine Frau Bhramarā bringt durch zu großen Stolz und durch den Versuch, sich an ihrem ungetreuen Mann zu rächen, ihre Ehe zu völliger Auflösung. Auch sie kann nicht dulden und Verzeihung üben.

Das Bild, das Kṛṣṇakānter uil vom bengalischen Familienleben entwirft, ist noch keineswegs verblaßt, und Bankimchandras Erzähltalent sichert ihm – nicht nur in Bengalen – auch heute noch eine große Lesergemeinde. Das Werk weist viele Ähnlichkeiten mit Bankimchandras Roman Viṣavṛkṣa, 1873 (Der Giftbaum), auf. Für die Entwicklung der neuindischen Romanliteratur erlangte Kṛṣṇakānter uil beispielhafte Bedeutung. P.G.

Ausgaben: 1875 (in Baṅgadarśan). – Kalkutta 1878; ⁹1922. – Kalkutta 1947. – Kalkutta 1969, Hg. J. C. Bāgal (Baṅkim racanāvalī)

Übersetzungen (engl.): Krishna Kanta's Will, M. S. Knight, Ldn. 1895 [Einl., Anm. u. Glossar J. F. Blumhardt]. – Krishnakanta's Will, J. C. Ghosh, NY 1962.

Literatur: Jayanta-Kumāra Dāsa Gupta, A Critical Study of the Life and Novels of Bankimcandra, Kalkutta 1937. – T. Ś. Sen, Baṅkim-parikrama (in Uniśaśataker Bāṅglā sāhitya, Kalkutta ²1959, S. 179). – R. K. Sen, Baṅkimcandra (in Bāṅgālī saṃskṛti o Bāṅglā sāhitya, Kalkutta 1959, S. 165). – J. Sinharāy, B. (in Sāhitye Rāmmohan theke Rabīndranāth II, Kalkutta 1962, S. 295). – G. Hāldār, B.-samasyā (in Bāṅglā sāhitya o mānava-svikṛti, Kalkutta ²1963, S. 44). – S. K. Bandyopādhyāya, Baṅkimcandrer bhāṣā (in Sāhitya o sanskṛtir tīrthasaṅgame, Kalkutta 1963). – Ś. Bh. Dāsgupta, B. o. sāhityer ādarśavāda (in Bāṅglā sāhityer navayuga, Kalkutta ⁶1965, S. 36).

## SHARATCHANDRA CHATTERJI

d.i. Śaratcandra Caṭṭopādhyāya

\* 15.9.1876 Debanandpur / Ost-Bengalen
† 16.1.1938 Kalkutta

## ŚRĪKĀNTA

(bengali; Śrīkānta). Roman in vier Teilen von Sharatchandra Chatterji, erschienen 1917. – Der Titelheld dieses für die Bengalen noch heute aktuellen Entwicklungsromans trägt viele Züge des Autors, der – durch den frühen Tod seiner Eltern aus der Bahn geworfen – nach vorzeitig abgebrochenem Studium (1903) in Rangun (Birma) eine Arbeit annahm und sich schließlich (1913) als Schriftsteller in Kalkutta niederließ. Der Roman Śrīkānta berichtet von einem Hindu, der mit Straßensängerinnen und Schlangenbeschwörern zusammenlebt, und zwar nicht nur in Birma, wo die starren Gruppenunterschiede der Gesellschaft bereits nivelliert sind, sondern auch in Indien selbst. Wichtiger als der Vorgang an sich (dargeboten in einer Art Wanderschaft in den ersten beiden Teilen des Romans und als Aneinanderreihung von Episoden in den von der Kritik einhellig als schwächer beurteilten Teilen 3 und 4) ist jedoch die ironische Erzählhaltung, mit der der Ich-Erzähler seine Welt erschließt, in die er den Leser durch die Schilderung der spontanen Immoralität seines Jugendfreundes Indranāth einführt. Śrīkānta begegnet der nach Hindumaßstäben »gefallenen« Annadā Didi, die zuvor mit einem mohammedanischen Schlangen-

beschwörer verheiratet war. Doch gerade diese Frau wird zum Vorbild othodoxen Verhaltens im Sinne des Hinduismus: Sie veranlaßt Śrīkānta, innerhalb der Konventionen des Hinduismus zu bleiben, als die Sängerin Piyarī Baijī, seine Jugendgespielin, ihm eine freie Liebe in Aussicht stellt.
Der Autor vermeidet bewußt einen direkten Angriff auf die Tabus der bengalischen Mittelklasse; er zeigt vielmehr, daß ein Niederreißen dieser Tabus gefährliche Unsicherheit und Selbstsucht zur Folge haben würde. Nur für ganz außergewöhnliche Charaktere scheint eine autonome Moral möglich zu sein. So leiden die »Freien« und gehen unter, während es Śrīkānta und den Frauen um ihn gelingt, sich – wenn auch schon am Rande des Bruchs mit den Konventionen – in ein fein differenziertes Gesellschaftsbild zu integrieren, wobei sogar den im täglichen Leben Ausgestoßenen eine ideelle »Reinheit« innerhalb des traditionellen hinduistischen Wertsystems zuerkannt wird. – Chatterji, der weder anklagen noch Reformen propagieren will, erweist sich als mitreißender Erzähler, der Spannungselemente und Überraschungseffekte geschickt einzusetzen versteht.  P.G.

AUSGABEN: Kalkutta 1917. – Kalkutta 1927. – Kalkutta 1933. – Kalkutta 1961–1964, Hg. Supriya Sarkar u. A. K. Caṭṭopādhyāya, 4 Bde.

ÜBERSETZUNGEN (engl.): *Srikanta*, K. Chandra Sen u. Th. Thompson, Oxford 1922 [Vorw. E. J. Thompson]. – Dass., K. Chandra Sen, Benares 1945.

LITERATUR: S. K. Sen, *History of Bengali Literature*, Delhi 1960, S. 344 ff. – M. Gupta, *Śaratcandra*, Delhi 1963. – S. Sengupta, *Śaratcandra*, Kalkutta⁹ 1964. – H. Kabir, *The Bengali Novel*, Kalkutta 1968, S. 65 ff. – Gopālcandra Rāy, *Śaratcandra*, 3 Bde., Kalkutta 1965–1969. – Subodh Chandra Sen Gupta, *Saratchandra: Man and Artist*, Delhi 1975 [m. Primärbibliogr.]. – Vishwanath S. Naravane, *Sarat Chandra Ch.: An Introduction to His Life and Work*, Delhi 1976. – *The Golden Book of Saratchandra*, Hg. Manik Mukhopadhyaya, Bombay 1977. – *Sarat-sāhityer bhūmikā*, Hg. Sureścandra Maitra, Kalkutta 1977 [bengali].

## THOMAS CHATTERTON

\* 20. Nov. 1752 Bristol
† 24. Aug. 1770 London

**DAS LYRISCHE WERK** (engl.) von Thomas CHATTERTON.
Das Schicksal des 1770 im Alter von nur 17 Jahren unter ungeklärten Umständen verstorbenen Dichters Thomas Chatterton (WORDSWORTH nannte ihn »*the marvellous Boy*«) ist seit der Romantik immer wieder als Tragödie eines jungen, verkannten Genies verklärt worden. Sein scheinbar prototypischer Märtyrertod für die neue Poesie und ihre leidenschaftliche Ablehnung von Rationalismus und Materialismus wurde dabei zu einer Legende mit nahezu mythischen Dimensionen.
Weniger sein Werk als das frühreife und zu Lebzeiten unverstandene Genie machte Chatterton zum Idol vieler Romantiker. Nicht nur Wordsworth, sondern auch Robert SOUTHEY, der selbst aus Bristol stammte und zusammen mit J. COTTLE Chattertons Werke herausgab, weiter COLERIDGE, der mit seinem Freund Southey in Bristol auf den Spuren Chattertons wandelte, für eine kurze Zeit sogar SHELLEY, später Charles LAMB und DE QUINCEY beteiligten sich – besonders in ihrer Jugend – an der Entwicklung eines regelrechten Chatterton-Kults. Vor allem war aber KEATS ein glühender Verehrer des »*most English Poet except Shakespeare*«, wie es in der ersten Version der Widmung seines Gedichts *Endymion* heißt. Die Chatterton-Legende lebte in Malerei und Literatur bis in das 20. Jh. fort: bei den Präraffaeliten (bei Dante, Gabriel ROSETTI, vgl. auch das Gemälde von Henry WALLIS, *The Death of Chatterton*, 1856), bei dem viktorianischen Dichter Francis THOMPSON, in Frankreich in den Dramen von A. DE VIGNY (1835) bis hin zu dem Roman von Ernst PENZOLDT (1928) und der Tragödie von H. H. JAHNN (1955).
Die Ursachen für diese erstaunlich langlebige Legende sind vielschichtig. Chattertons lyrisches Werk entstand in der Zeit eines bedeutsamen Geschmackswandels: Die sechziger Jahre des 18. Jh.s waren eine Zeit des Übergangs vom Klassizismus zur Vorromantik. Chatterton vollendete als erster Tendenzen zu einer neuen Poesie, deren Vorläufer W. SUMMERVILLE und James THOMSONS *local poems* sowie die »Nacht- und Grabesdichtung« E. YOUNGS, R. BLAIRS und R. GRAYS waren. Ein besonderes Merkmal dieser Übergangszeit war ein steigendes Interesse am Mittelalter, das durch Historiker und Antiquare geweckt wurde. Der Mediävalismus als wichtigste Zeitströmung schlug Männer wie Horace WALPOLE, Th. PERCY, MACPHERSON (*Ossian*-Fälschungen) und die Brüder WARTON in seinen Bann. Aber auch der fern von den kulturellen Zentren des Landes geborene Autodidakt Chatterton ging – ohne Unterstützung durch Freunde oder literarische Zirkel – den gleichen Weg.
1752 in Bristol geboren, wuchs Chatterton in sehr ärmlichen Verhältnissen heran, besuchte vom achten bis zum vierzehnten Lebensjahr eine *charity school* und kam dann zu einem Anwalt in die Lehre. Er fand alte Pergamente, die aus dem Archiv der Church of St. Mary Redcliffe in Bristol stammten und die im Haushalt seiner Mutter als Einbanddeckel oder Kleiderschnitte dienten; er betrieb ›Ahnenforschung‹ für Lokalgrößen, fälschte Dokumente und Briefe und versetzte sich schwärmerisch in eine von ihm selbst geschaffene Welt des 15. Jh.s

Allmählich entstand so die fiktive Welt seiner Dichtung. Zunächst erfand er, gestützt auf wenige historische Daten, die äußeren Umrisse seiner Welt des 15. Jh.s. Er stellte Stadtpläne und Bauzeichnungen her, entwarf nach fragmentarischen Quellen Verträge, Schuldverschreibungen, Stifungsurkunden; er zeichnete Wappen, Gebäude, Statuen und verfaßte Briefe historischer Figuren. Doch schon bald reichte all das seiner Phantasie nicht mehr, und er begann mit Dichtungen, die er »seinen« historischen Gestalten zuschrieb. Dafür erfand er – mit Hilfe alter Wörterbücher – eine eigene Sprache mit einem Vokabular von ca. 1800 Wörtern, einer Sammlung von obsoleten und antiquierten Ausdrücken, von zeitlich und räumlich weit auseinander liegenden Wörtern der englischen Sprache mit vielen Neologismen. Auch die sehr eigenwillige Orthographie entwickelte Chatterton selbst.

Ähnlich wie Macpherson vereinigte Chatterton die beiden wichtigsten Tendenzen des aufkommenden Mediävalismus: das antiquarisch-historische Interesse (dokumentarischer und sprachlicher Entwurf »seines« 15. Jh.s) und den Versuch, durch lyrisch-einfühlsame Nachahmung eine völlige Übereinstimmung mit den Dichtern jener Zeit zu erreichen, also Fälschungen herzustellen. Im Verlauf des 18. Jh.s wurde zwar vereinzelt schon früh die kritische Frage gestellt, ob dieses Zeitalter der Vernunft auf dem Gebiet der schönen Künste denn nur Nachahmungen hervorbringen könne. Doch intensiver wurde die Suche nach »natürlicher« Dichtung, nach dem naiven Genius, erst in den sechziger Jahren, als Historiker, Antiquare und auch einige Dichter gewissermaßen die Flucht in die Vergangenheit der eigenen Nation antraten, um der Antike mit ihrem regelstrengen Formraffinement ein neues (altes) Vorbild »natürlicher« Dichtung gegenüberzustellen. Während – wie Chatterton in dem satirischen Gedicht *Kew Garden* (1770) betont – das eigene Zeitalter die »geheimnisvollen Schwingen« der Inspiration nicht kennt, betritt der junge, einfühlsame Dichter den »Märchengrund« der Poesie in bewußtem Rückgriff auf die vergangene große Zeit.

Aus der eigenen Lebenssituation heraus und gemäß den Wunschvorstellungen seiner Tagträume ist es verständlich, daß er dem gelehrten Mönch und Dichter ROWLEY, dem angeblichen Verfasser seiner Dichtungen, einen Ersatzvater und Patron in Gestalt des historisch belegten Patriziers und Wollhändlers William CANNYNGE an die Seite stellt. In Chattertons Phantasie wird diese Verbindung von Geist und Geld, von merkantiler Tüchtigkeit gepaart mit Kennerschaft (Cannynge) und schöpferischer Inspiration (Rowley) zu einer kongenialen Verbindung von Freunden bzw. von Dichter und Mäzen, ganz im Sinne der Freundschafts- und Patronatsvorstellungen des 18. Jh.s. Rowley wird von Chatterton zum Ideal eines Dichters stilisiert, der regelrecht und mit der kühlen Rationalität des Gelehrten seine Dichtungen komponiert (wie Chattertons Vorbild Alexander POPE) und der gleichzeitig inspiriertes Naturgenie voll »wilder« Originalität ist, also eine Synthese von klassizistischem Poeten und romantischem Genie darstellt.

1769 schickte Chatterton Proben seiner Rowley-Gedichte an Horace WALPOLE, der jedoch äußerst kühl und aristokratisch reagierte. Chatterton war überzeugt, nur im geistigen und wirtschaftlichen Zentrum Englands, in London, anerkannt werden zu können, und inszenierte seinen Abgang aus der provinziellen Enge Bristols und aus der Abhängigkeit von seinem Lehrherrn, indem er satirische Gedichte über Mitglieder der besseren Gesellschaft Bristols schrieb und mehrfach mit Selbstmord drohte. Am 17. April 1770 machte er sich auf die Reise nach London, wo er sich in den ihm verbleibenden knapp vier Monaten mühsam mit dem Schreiben von Auftragsliteratur ernährte. Am 24. August 1770 wurde er tot in seinem Zimmer aufgefunden, der Polizeibericht statuierte Selbstmord in geistiger Umnachtung *(»suicide by reason of insanity«)*. Hier liegt die Quelle für die Lebens- und Märtyrertod-Legende Chattertons. Zweifel an der Todesursache tauchten immer wieder auf – das Bild des »Wunderkinds von Bristol« bleibt auch im 20. Jh. noch schillernd: Starb Chatterton an der selbstverordneten Überdosis eines Medikaments gegen eine Geschlechtskrankheit?

Nach recht konventionellen frühen dichterischen Versuchen schuf Chatterton 1768 und 1769 seine Rowley-Welt. Zu den ersten Werken gehören die *Bristowe Tragedie* und vier weitere epische Fragmente (z. B. *The Battle of Hastynges* I und II), die HOMER, VERGIL und vor allem Thomas Percys *Reliques* (1765) verpflichtet sind und als ein – wenn auch nur sehr bruchstückhaftes – Experiment zur Schaffung eines heroischen Nationalepos gedeutet werden können. Bereits hier experimentiert Chatterton mit der zehnzeiligen Pentameterstrophe, der *Rowleyan stanza*. In den gleichen Zusammenhang gehören vier heroische Oden über Richard I. und über Figuren aus der Zeit Rowleys. Höhepunkt dieses Werkzusammenhangs sind die Rowley selbst zugeschriebenen Dramen, von denen einige Fragment geblieben sind. Lediglich *Aella* ist eine durchstrukturierte heroische Tragödie um den Krieger und Titelhelden Aella und seine Liebesbeziehung zu Birtha, die wie in SHAKESPEARES *Othello* infolge Eifersucht tragisch endet. Eingestreut in das Stück sind eine Reihe von Liedern, u. a. der in vielen Anthologien enthaltene *Lay of the Minstrel (Gesang des Minstrel)*.

In seiner zweiten Schaffensphase (London 1769–1770) verließ Chatterton die Welt Rowleys und verfaßte allerlei Tages- und Gelegenheitsliteratur, so einige satirische Elegien auf zeitgenössische Dichterkollegen, Angriffe auf Walpole, die Musik-Burleske *Amphitryon* (Fragment), weitere satirische Texte, in denen er die Pose des Freidenkers und Libertins, eines Rebellen gegen das Establishment annimmt (z. B. *Kew Garden* oder *Resignation*), weiter Versepisteln nach dem Vorbild von Pope und Charles CHURCHILL sowie sehr formelhafte Liebeslyrik.

Nicht selten jedoch ragen die Werke des unglaublich produktiven jugendlichen Autors deutlich über die Niederungen der Tagesliteratur hinaus. Dabei ist besonders auf einige *Ossian*-Nachahmungen hinzuweisen, die dem Vorbild entsprechend in rhythmischer Prosa verfaßt sind: Neben ironischen Parodien Macphersons finden sich auch ernsthafte Stücke um heroische Gestalten aus der Vergangenheit Englands: z. B. das Heiligenleben *Ethelyan*, die Geschichte des westsächsischen Königs *Kenrick* oder die (historischen Quellen folgende) Erzählung von einem angelsächsischen Sieg über die Dänen, *Gorthmund*. Weitere Höhepunkte im Werke Chattertons sind seine pastoralen Dichtungen; auch hier folgt er den Vorbildern seiner Epoche, welche der Gattung mit ihren einfachen bzw. heroischen Inhalten und ihrer deutlich didaktischen Tendenz zu hohem Ansehen verholfen hatten. In der Welt Rowleys sind drei Eklogen angesiedelt, und nach dem Vorbild der 1742 erschienenen *Persian Eclogues* von William COLLINS schrieb Chatterton schließlich seine *African Eclogues*, die das Thema heroischer Liebe in exotischem Gewand behandeln und die Rossetti so sehr beeindruckten, daß er sie zu »*poetry absolute*« erhob.

Thomas Chatterton, das hochfliegend ehrgeizige »Wunderkind«, der unglaublich fleißige Autodidakt ohne formale Bildung, der nie die ersehnte Unterstützung durch einen Mäzen oder kongenialen Gesprächspartner fand, der sich wie in einem rauschhaften Eskapismus in die selbstgeschaffene Welt eines »natürlichen« Genies (Rowley) zurückzog, mit dem er sich bis zur Selbstaufgabe identifizierte, schuf ein Werk, das naturgemäß stark imitativ war. Wo immer er seinen Idealen gemäß Vorbilder zu erkennen meinte, beutete er sie mit geradezu mittelalterlicher »Naivität« aus. Gleichzeitig spielte er aber auch mit seinen Vorbildern, trat aus ihren Schatten hervor, getragen von der Inspiration eines neuen Dichter-Ideals. Er erarbeitete sich nicht nur die formale Tradition des Klassizismus neu, er behandelte auch die zentralen Themen und Aussagen der vorromantischen Übergangszeit: den Nationalismus, indem er die heroische Vergangenheit der eigenen Nation beschwor; den Mediävalismus, indem er einen Mythos der frühen Vergangenheit Englands schuf; und den Exotismus, indem er die *African Eclogues* in einem urtümlichen Afrika ansiedelte. R.Schö.

AUSGABEN: *Poems, supposed to have been written at Bristol, by Thomas Rowley [...]*, Hg. T. Tyrwhitt, Ldn. 1777, ³1778; Nachdr. 1969. – *Works*, Hg. R. Southey u. J. Cottle, 3 Bde., Ldn. 1803; Nachdr. NY 1969. – *Poetical Works*, Hg. W. W. Skeat, 2 Bde., Ldn. 1871; ³1890. – *Complete Poetical Works*, Hg. H. D. Roberts, 2 Bde., Ldn. 1906. – *Complete Works*, Hg. D. S. Taylor u. B. B. Hoover, 2 Bde., Oxford 1971. – *Selected Works*, Hg. G. Lindop, Oxford 1972.

ÜBERSETZUNG: *Dichtungen*, H. Püttmann, Barmen 1840.

LITERATUR: H. Richter, *T. Ch.*, Wien/Lpzg. 1900. – J. H. Ingram, *Ch. and His Poetry*, Ldn. 1916, Nachdr. 1980. – E. H. W. Meyerstein, *A Life of Ch.*, Ldn. 1930. – P. Staubert, *T. Ch. und seine Rowley-Dichtung*, Bonn 1935. – F. W. Schulze, ›*An Excelente Balade of Charitie*‹ (in *Versdichtung der englischen Romantik*, Hg. T. A. Riese und D. Riesner, Bln. 1968, S. 45–63). – R. Schöwerling, *T. Ch.*: ›*Minstrel's Song*‹ (in *Die englische Lyrik*, Hg. K. H. Göller, Düsseldorf 1968, Bd. 1, S. 282–292 u. 426–428). – L. Kelly, *The Marvellous Boy: The Life and Myth of T. Ch.*, Ldn. 1971. – M. Warren, *A Descriptive and Annotated Bibliography of T. Ch.*, NY/Ldn. 1977. – D. S. Taylor, *T. Ch.'s Art: Experiments in Imagined History*, Princeton/N. J. 1978. – K. S. Guthe, *The Fortunes of Ch. in Germany* (in *Vistas and Vectors*, Hg. L. B. Jennings u. G. Schulz-Behrend, Austin, Texas 1979, S. 90–103).

## DIMITRIS CHATZIS

\* Nov. 1913 Ioannina
† 20.7.1981 Saronida

**LITERATUR ZUM AUTOR:**
D. Tziovas, *I pezografía tu D. Ch.*, Ioannina 1980 [m. Bibliogr.]. – A. Ziras, *Chronikés, politikés ke glossikés diastásis sto érgo tu D. Ch.* (in *Diavazo*, 1982, Nr. 55, S. 32–35). – *Diavazo*, 1987, Nr. 180 [Sondernr. *D. Ch.*].

### TO TELOS TIS MIKRIS MAS POLIS

(ngriech.; Ü: *Das zerstörte Idyll*). Novellensammlung von Dimitris CHATZIS, erschienen 1953. – Die Erzählungen (der Titel heißt wörtlich übersetzt *Das Ende unserer kleinen Stadt*) schildert einzelne oder kollektive Schicksale aus der Heimat des Autors, Jannina (Nordwestgriechenland), in der Zeit vor und nach dem Ausbruch des Zweiten Weltkriegs. Die erste Fassung (1953) der Sammlung enthält fünf Novellen. In der ersten Geschichte *(Unsere Tante Amalia)* ist eine alte Frau aus dem Volk die Hauptfigur. Sie verkörpert die alte Welt der kleinen Provinzstadt mit ihrer Unbeweglichkeit und Lethargie, die erst in Bewegung gerät, als die faschistische Besatzung (1941) die sozialen Widersprüche dadurch aufbrechen läßt, daß sie die alten Strukturen auseinanderreißt. Die erste Stufe einer Bewußtwerdung vollzieht sich, als die alte, analphabetische und gottesfürchtige Frau das wahre Gesicht des kirchlichen Oberhauptes ihrer Stadt, des Bischofs, erkennt: In ihm, der mit der Besatzungsmacht kollaboriert, entdeckt sie die Heuchelei und Unbarmherzigkeit der Herrschenden. Der Tod der alten Frau signalisiert den Untergang ihrer Welt. Die zweite Erzählung *(Sjulas, der Gerber)* behandelt den Untergang der bis dahin in der Kleinstadt florierenden Zunft der Gerber. Katalysatoren sind auch hier Krieg und Okkupation. Der Gerber Sjulas schließt sich den Partisanen an – ein Vorgang, in dem sich der Übergang zu neuen Realitäten andeutet. In der dritten Erzählung *(Das Testament des Gymnasiallehrers)* entlarvt Chatzis die Repräsentanten der alten Ordnung in der kleinen Provinzstadt (Bischof, Notar, Direktor der Bankfiliale, Herausgeber der einzigen Lokalzeitung): Um das noch nicht veröffentlichte Testament eines verstorbenen Gymnasiallehrers rankt sich eine Reihe kleinlicher Intrigen, Feindschaften und Spekulationen. Mit seinem Testament stiftet der Gymnasiallehrer ein Stipendium für einen mittellosen Sohn der Stadt. Zwar wird der Stipendiat später zum Nachfolger des Gymnasiallehrers, doch dann schließt er sich dem Widerstand an. Die Titelfigur der vierten Erzählung *(Sampethai Kampilis)* ist ein angesehenes Mitglied der starken jüdischen Gemeinde des Städtchens, Gelehrter und Geschäftsmann in einem. Er verkörpert den Geist der Kollaboration mit der Besatzungsmacht und damit den Untergang der eigenen Gemeinde. Ein anderer Jude jedoch, der zum bewaffneten Widerstand stößt, weist seinen Mitbürgern den einzigen Weg zur Befreiung. Margarita Molyváda-Perdikaris, die Heldin der fünften Geschichte *(Margarita Molyvada)*, die Tochter einer angesehenen, gutbürgerlichen Familie, »verrät« ihre untergehende Klasse: Sie läßt sich zum Widerstand bekehren und opfert ihr Leben für die neue Welt, die ihr vorschwebt.

In die zweite Fassung der Sammlung (1963) sind noch zwei weitere Erzählungen aufgenommen. In der ersten *(Der Detektiv)* versucht ein begabter, junger Mann seinem erdrückenden, pflanzenhaft vegetierenden Dasein zu entgehen – vergebens: Er bleibt im Sumpf der trotz Besatzung und Bürgerkrieg unveränderten Kleinstadt stecken. In der zweiten *(Das Grab)* gehen zwei arme, rivalisierende Lokalbesitzer gemeinsam zugrunde: Die Eröffnung eines modernen, für Wohlhabende und Touristen bestimmten Lokals offenbart ihnen ihr gemeinsames Schicksal: Der fortschreitende Kapitalismus führt beide, versöhnt, ins »Grab«.

Das Ende der kleinen Stadt ist unabwendbar. Ihre Bürger werden in den Abgrund mitgerissen bis auf diejenigen, die am Widerstand teilnehmen, um eine neue, sozialistische Gesellschaft aufzubauen. Der Schiffbruch ihres Versuchs läßt zwar alles beim alten, doch ist auch von diesem Alten nichts mehr zu retten: Das »Idyll« ist unwiderruflich »zerstört«. Selbst in der kleinen Stadt von Dimitris Chatzis – im Gegensatz zu jener von Thornton WILDER – läßt der Anbruch der neuen Zeit die Hoffnung auf eine neue Welt nicht fahren. G.V.

AUSGABEN: o. O. 1953. – Athen 1963 [erw. Fassg.].

LITERATUR: A. Kotzias, *Metapolemikí Pezográfi*, Athen 1982, S. 182 ff. – M. Sakalaki, *Kinonikés ierarchís ke sístima axión*, Athen 1984.

## KOSTAS CHATZOPULOS

\* 1868 Agrinion
† 20.8.1920 Brindisi

LITERATUR ZUM AUTOR:
A. Andréadès, *Trois étapes de la littérature grecque moderne*. A. Vlachos, J. Condylakis, C. Hadjopoulos, Brüssel 1921. – Nea Estia, 332, 1940 [Sondernr. K. Ch.]. – Ellinikí Dimiurgia, 102, 1952 [Sonderdr. K. Ch.]. – Ch.-D. Gunelas, *I sosialistikí sinídisi stin ellinikí logotechnía 1897–1912*, Athen 1984.

## FTHINOPORO

(ngriech.; *Herbst*). Roman von Kostas CHATZOPULOS, erschienen 1917. – Der Roman, eine der reifsten Leistungen des Autors, darf als das bedeutendste Prosawerk des neugriechischen Symbolismus gelten. Er trägt allenthalben die Merkmale dieses Stils: vage und statisch die Handlung; trüb und unbestimmt die Atmosphäre; verschwommen, meist nur angedeutet die seelischen Zustände – alles in sorgfältig durchdachter Form dargeboten. Die Charaktere und das Geschehen erscheinen wie durch einen Nebel, dramatische Konflikte gibt es nicht: In leichten, impressionistischen Tönen, in denen manchmal eine verhaltene Ironie mitschwingt, schildert der Verfasser die Langeweile der oberen Gesellschaftsschicht einer Kleinstadt. Zumindest im Thema also führt Chatzopulos, einer der ersten überzeugten Sozialisten Griechenlands, die Linie seiner sozialkritischen Werke fort, wenngleich der Roman im ganzen doch als eine Rückkehr zu der symbolistischen Grundhaltung seiner Lyrik zu werten ist. P.M.

AUSGABEN: Athen 1917. – Athen 1956 (in *Pezà*, Bd. 1).

LITERATUR: Alkis Thrilos, *Kritikès meletes III*, Athen 1925, S. 92 ff. – T. Agras, *I simvolistikí pezografía ke to »Fthinóporo« tu K. Ch.* (in T. A., *Kritiká III*, Hg. K. Sterigópulos, Athen 1984).

## IPERANTHROPOS

(ngriech.; *Übermensch*). Erzählung von Kostas CHATZOPULOS, zuerst erschienen in der Zeitschrift ›Noumas‹ (1911), als Buch veröffentlicht 1915. – Das Werk ist eine Satire, die die grenzenlose Verehrung fremder Kulturgüter und die bedenkenlose Einführung antihumanistischer Ideen in den griechischen Sprachraum geißeln soll. Die Erzählung, in Ichform geschrieben, schildert die Taten des jungen Dichters Nikos Gavras, eines eingebildeten »Übermenschen«. Dieser (ein Vetter des Erzählers) betrügt seine in der griechischen Provinz lebenden Eltern und sichert sich so die Mittel für einen Aufenthalt in Deutschland. Nach seiner Rückkehr aus München verkehrt er in Athen mit den deutschfreundlichen Künstlern seiner Generation, führt ein leichtsinniges, hemmungsloses Leben, verlobt sich mit einem Mädchen aus kleinbürgerlicher Familie, dessen Geld er unterschlägt und das er verläßt, um sich mit einer jungen Dichterin zu liieren, bis er schließlich verhaftet und zu einer Gefängnisstrafe verurteilt wird.

Hauptgegenstand der Polemik des Autors sind NIETZSCHES Gedanken, genauer: die negativen Seiten des »Nietzscheismus«, der seit Beginn unseres Jahrhunderts einen starken Einfluß auf bestimmte Kreise griechischer Intellektueller und Künstler ausübte. Chatzopulos, einer der ersten sozialistischen Literaten Griechenlands, will den Egoismus, die Verantwortungslosigkeit und die moralische Indifferenz eines Teils der geistigen »Boheme« attackieren. Dabei gelingen ihm Szenen und Charakterbeschreibungen, deren realistische Ausdruckskraft kaum zu überbieten ist. Das ist um so erstaunlicher, als der einfache und direkte Stil dieses Werks (der nicht zuletzt der gewählten Sprachebene – reiner Volkssprache – zu danken ist) im Schaffen des Autors eine Ausnahme bildet: Chatzopulos ist von Haus aus Symbolist, der für gewöhnlich in der Prosa wie in der Poesie eine suggestive poetische Atmosphäre liebt, wie auch das dem *Übermenschen* folgende Werk *Fthinoporo (Herbst)* von 1917 zeigt. P.M.

AUSGABEN: Vorabdruck in der Zs. ›Noumas‹, Nr. 442 ff. (1911). – Athen 1915.


## TASO, STO SKOTADI ki alla diigimata

(ngriech.; *Taso, Im Dunkel und andere Erzählungen*). Acht Erzählungen von Kostas CHATZOPULOS, erschienen 1916. – Das Werk entstand in der wichtigsten Schaffensperiode des Autors als Prosaist (1915–1917) – wenn man seine Werke *Iperanthropos*, 1915 *(Übermensch)*, *O pirgos tu Akropotamu*, 1915 *(Das Schloß von Akropotamos)*, und *Fthinoporo*, 1917 *(Herbst)*, als charakteristische Zeugnisse und zugleich Grenzmarken jener Phase betrachtet. Die Erzählungen dieses Bandes, die durchaus in einem organischen Zusammenhang mit der Entwicklung des Autors stehen, könnte man als ein Kompendium seiner künstlerischen Hauptziele bezeichnen, die freilich bis zu einem gewissen Grad widerspruchsvoll erscheinen: Chatzopulos ist realistischer Erzähler und sucht die Auseinandersetzung mit der sozialen Problematik – zugleich aber ist sein Werk der Versuch, eine symbolistische Traumatmosphäre herzustellen. Beide einander scheinbar widersprechenden Tendenzen, die in Chatzopulos' Gesamtwerk im allgemeinen jeweils in einzelnen Werken zum Ausdruck kommen, scheinen hier nebeneinander zu bestehen, wobei allerdings die sozialen Probleme eindeutig überwiegen. Kostìs PALAMÀS schrieb denn auch 1923 kritisch, Chatzopulos sei vom Pol des Lyrischen zu dessen Gegenpol, dem Positivismus, »übergesprungen«. In bezug auf die in der Sammlung *Taso* enthaltenen Erzählungen *Adefir (Schwester)* und *T'oniro tis Klaras (Klaras Traum)* meinte Palamas, das »*Gehen in den Dingen*« sei hier zu einem »*Torkeln in Träumereien*« geworden.

Die sechs wichtigsten Erzählungen dieser Sammlung bleiben dennoch ganz der realen Welt verbunden. Der Übergang von der Sittenschilderung zur Erzählung mit sozialer Thematik wird hier schon offenbar. Die Helden dieser Geschichten, gefangen in einer erstickenden Atmosphäre, sind Opfer einer ausweglosen Gesellschaftsordnung. Jeder individuelle Fluchtversuch ist zum Scheitern verurteilt: Das Schicksal des Individuums ist durch dessen soziale Herkunft im voraus besiegelt, durch die Bedingungen einer Realität, die zuletzt nur Demütigung und Vernichtung des Menschen kennt. So muß in *Taso*, der umfangreichsten und wichtigsten Erzählung der Sammlung, die Heldin, ein hübsches armes Dorfmädchen, gezwungenermaßen einen Mann heiraten, der viel älter ist als sie und auf dem Besitztum eines reichen Arztes arbeitet; sie wird zur Geliebten dieses Arztes und nach dem Tod ihres Mannes flüchtigen Liebschaften zugänglich. – *Sto skotadi (Im Dunkel)*, eine rohe naturalistische Erzählung, bietet ein noch verhängnisvolleres Bild: Stelia lebt mit ihrem schwerkranken Mann und ihrem Kind im tiefsten Elend. Ein »Freund«, der als Wohltäter auftritt, indem er hauptsächlich den Alkoholismus des Kranken befriedigt, macht Stelia zu seiner Geliebten und tötet schließlich ihren Mann. Der Armut und der männlichen Besitzgier ausgesetzt, versucht Stelia eines Nachts mit ihrem Kind zu entfliehen; ihr Fluchtversuch aber mißlingt, und sie kehrt besiegt zurück. – Die gleiche Atmosphäre menschlicher Ausweglosigkeit und menschlichen Scheiterns herrscht auch in den anderen Erzählungen: *Zoì (Leben)* ist das traurige Porträt eines kleinen Angestellten, der in der Mitte seines Lebens alle seine Träume zerrinnen sieht. In dem großartigen *Barbantonis (Barbantonis)* hofft der Held – ein armer alter Mann – unentwegt auf eine bessere Welt, bis er stirbt – ohne daß seine Hoffnung sich verwirklicht. In *O pirgos tu Aliveri (Das Schloß von Aliveri)* träumt ein armer Student von Dichterruhm, bis er einige Jahre später in der Provinz ein zwar relativ müheloses, aber völlig fades und prosaisches Leben führen muß. In *To spiti tu daskalu (Das Haus des Lehrers)* muß der Held die Beleidigungen seines Schwiegervaters wegen seiner Unfähigkeit in Geldfragen so lange dulden, bis er das Haus seiner Frau verkauft und die arme Familie, die es bewohnte, auf die Straße setzt. Erst dann hat er wieder Mut genug, seinem Schwiegervater in die Augen zu sehen.

Ohne didaktische Absicht scheint Chatzopulos hinter seinen düsteren realistischen Bildern gegen einen bestimmten sozialen Zustand zu protestieren, wobei er seine Einsicht nicht vordergründig deklariert, sondern eher indirekt suggeriert. Manchmal ist es auch in der Tat so, daß seine Bilder

der Vollständigkeit entbehren; viele seiner dichterischen Gestalten bleiben bloße Schattenrisse und vermögen in dem engen Rahmen der Erzählungen keine überzeugenden Dimensionen anzunehmen. Dennoch faßt die Erzählungssammlung trotz dieser Schwächen die charakteristischen Tendenzen des Dichters zusammen: den Übergang von der bitteren Realität zu einer lyrischen Traumwelt. Darüber hinaus diagnostiziert und lokalisiert Chatzopulos in den Geschichten einige der verhängnisvollen Sackgassen im Entwicklungsprozeß der griechischen Gesellschaft zu Beginn des 20. Jh.s.

P.M.

AUSGABEN: Athen 1916. – Athen o. J. [1957].

LITERATUR: Alkis Thrilos, *Kritikès meletes*, Bd. 3, Athen 1925, S. 89–92.


## GEOFFREY CHAUCER

\* um 1343 London
† 25.10.1400 London

LITERATUR ZUM AUTOR:
*Bibliographien*:
E. P. Hammond, *C.: A Bibliographical Manual*, NY 1908; ern. 1933. – D. D. Griffith, *Bibliography of C.: 1908–1953*, Seattle 1955. – W. R. Crawford, *Bibliography of C.: 1954–1963*, Seattle 1967. – L. Y. Baird, *A Bibliography of C.: 1964–1973*, Boston 1977. – *Companion to C. Studies*, Hg. B. Rowland, NY 1979 [verb.]. – R. A. Peck, *C.'s Lyrics and »Anelida and Arcite«: A Annotated Bibliography 1900–1980*, Toronto 1983. – B. Bowers, *C. Research in Progress: 1985–1986* (in NphM, 87, 1986, S. 437–455). – *C: A Bibliographical Introduction*, Hg. J. Leyerle u. A. Quick, Toronto 1986. – M. Allen u. J. H. Fisher, *The Essential C.*, Boston/Ldn. 1987. – *Bibliography of C.: 1974–1985*, Hg. L. Y. Baird-Lange u. H. Schnuttgen, Hamden 1988.
*Zeitschriften*:
*The Chaucer Review*, Pennsylvania State University 1966/67 ff. – *Studies in the Age of Chaucer*, Knoxville 1979 ff.
*Forschungsbericht*:
W. Erzgräber, *G. C.*, Darmstadt 1983 (EdF).
*Biographien*:
A. A. Kern, *The Ancestry of C.*, Baltimore 1906. – J. R. Hulbert, *C.'s Offical Life*, Menasha 1912; Nachdr. NY 1970. – R. S. Loomis, *A Mirror of C.'s World*, Princeton 1965. – *C. Liferecords*, Hg. M. M. Crow u. C. C. Olson, Oxford 1966. – J. C. Gardner, *The Life and Times of C.*, NY 1977. – D. S. Brewer, *C. and His World*, NY 1978.
*Gesamtdarstellungen und Studien*:
*Chaucer Society Publications*, 46 Bde., Ldn.

1868–1912. – C. F. E. Spurgeon, *Five Hundred Years of C. Criticism and Allusion*, 7 Bde., Ldn. 1908–17; Nachdr. 3 Bde., Cambridge 1925 u. NY 1960. – G. L. Kittredge, *C. and His Poetry*, Cambridge/Mass. 1915; Nachdr. 1970. – J. S. P. Tatlock u. A. G. Kennedy, *Concordance to the Complete Works of C. and to the »Romaunt of the Rose«*, Washington 1927; Nachdr. Glouchester/Mass. 1963. – G. K. Chesterton, *C.*, Ldn. 1932. – W. Clemen, *Der junge C.*, Bochum 1938 [ern. u. d. T. *C.s frühe Dichtung*, Göttingen 1963]. – H. R. Patch, *On Rereading C.*, Cambridge/Mass. 1939. – H. S. Bennett, *C. and the Fifteenth Century*, Oxford 1947 (in *Oxford History of English Literature*, Bd. 2). – N. Coghill, *The Poet C.*, Ldn. 1949. – K. Malone, *Chapters on C.*, Baltimore 1951. – D. S. Brewer, *C.*, Ldn./NY 1953. – H. Kökeritz, *A Guide to C.'s Pronunciation*, Stockholm/New Haven 1954; Nachdr. Toronto 1978. – J. W. Kleinstück, *C.s Stellung in der mittelalterlichen Literatur*, Hbg. 1956. – C. Muscatine, *C. and the French Tradition*, Los Angeles/Berkeley 1957. – F. P. Magoun Jr., *A C. Gazeteer*, Chicago 1961. – E. J. Howard, *G. C.*, NY 1964 (TEAS). – *An Introduction to C.*, Hg. M. Hussey u. a., Ldn. 1965; ern. 1981. [erw.]. – *C. and the Chaucerians*, Hg. D. Brewer, Ldn. 1966. – *C. u. seine Zeit*, Hg. A. Esch, Tübingen 1968. – E. T. Donaldson, *Speaking of C.*, Ldn./NY 1970. – P. M. Kean, *C. and the Making of English Poetry*, 2 Bde., Ldn. 1972. – I. Robinson, *C. and the English Tradition*, Ldn./NY 1972. – D. Mehl, *G. C.: Eine Einführung in seine erzählenden Dichtungen*, Bln. 1973. – J. Norton-Smith, *G. C.*, Ldn. 1974. – B. Dillon, *A C. Dictionary*, Boston 1974. – *G. C.*, Hg. D. Brewer, Ldn. 1974. – J. Gardner, *The Poetry of C.*, Ldn. 1977. – D. Brewer, *C. and His World*, NY 1978. – N. Davis u. a., *A C. Glossary*, Oxford 1979. – D. S. Brewer, *An Introduction to C.*, Ldn. 1984. – W. F. Bolton u. a., *C.* (in *The New History of Literature*, Bd. 1: *The Middle Ages*, NY 1986, S. 169–266). – *C. and the Craft of Fiction*, Hg. L. A. Arrathoon, Rochester 1986. – *C. in the Eighties*, Hg. R. J. Blanch, Syracuse 1986. – *The Cambridge C. Companion*, Hg. P. Boitani u. J. Mann, NY 1987.


## THE CANTERBURY TALES

(mengl.; *Die Canterbury-Geschichten*). Unvollendeter Zyklus von Vers- und Prosaerzählungen von Geoffrey CHAUCER, erschienen um 1478. – Einzelne Erzählungen dieses in mehreren Handschriften vorliegenden Spätwerkes entstanden schon vor 1380. Zusammen mit später verfaßten wurden sie in eine von Chaucer erfundene Rahmenhandlung eingefügt, die aus einem Prolog und den *links* (überleitende Gespräche und Beschreibungen zwischen den Geschichten) besteht. Sie schildert eine Pilgerfahrt von dreißig Leuten nach Canterbury zum Grab des heiligen Thomas Becket. Der Kunstgriff, inhaltlich voneinander unabhängige Erzählungen zu verknüpfen, indem man sie verschiedenen Personen in den Mund legt, die aus mehr oder weniger einleuchtenden Gründen gesellig beisammen sind, ist nach dem *Decamerone* des BOCCACCIO in der europäischen Literatur öfter angewandt worden. John GOWER etwa bedient sich dieses technischen Mittels eines »Rahmens« in der *Confessio Amantis (Beichte des Liebenden)* zur gleichen Zeit wie sein Freund Chaucer im Erzählzyklus der *Canterbury Tales*.

Doch nur Chaucer gewinnt diesem eine rein äußerlich Einheit schaffenden Prinzip, das leicht zu Künstlichkeit und Monotonie führt, noch eine andere Möglichkeit ab: Er läßt in seiner Rahmenhandlung aus einer Reihe von frappierend lebenstreuen Einzelporträts ein Gesamtbild seiner Nation erstehen. Die erzählenden Personen, unter ihnen der Dichter selbst, der sich den Pilgern in der Londoner »Tabard Inn« zugesellt hat, werden nicht nur im Prolog mit einer bis dahin völlig unbekannten Präzision in ihrer äußeren Erscheinung, ihren Lebensgewohnheiten und individuellen Besonderheiten geschildert, sondern charakterisieren sich in den *links* auch selbst durch ihre Reaktionen aufeinander und auf die vorgetragenen Erzählungen, durch die Art ihres Sprechens und ihre Einstellung zu den eigenen Berichten. So werden diese Geschichten fast zur Kulisse, vor der die Erzähler agieren. In ihrer Gesamtheit spiegeln die erzählenden Personen die ganze mittelalterliche Ständehierarchie vom Adel (repräsentiert durch den Ritter und seinen ihn als Schildknappen begleitenden Sohn), dem freien Grundbesitzer und der von mehreren Anwesenden vertretenen Geistlichkeit über die studierten Berufe, wie Arzt und Rechtsgelehrter, und die bürgerlichen Kreise der Kaufleute, Handwerker und Bediensteten bis zur tiefsten sozialen Stufe des leibeigenen Ackermanns. Doch spricht aus dem Prolog, der, alle diese Schichten zwanglos mischend, scharf individualisierte Charaktere nebeneinanderstellt, ein neuer Geist. Ihm erscheint die künstlerische Nachgestaltung der sinnfälligen Vielfalt des Irdischen reizvoller als die allegorisierende Veranschaulichung spiritueller Ordnungen und Mächte – ein Geist, der sich der Ausdruckskraft des konkreten Details bewußt wird und sich ihrer bedient, um die Fülle des Wirklichen in all seiner Gegensätzlichkeit zu schildern. So entsteht ein Zeitbild von inensiver Klarheit und zugleich ein Panorama zeitloser menschlicher Existenzformen, eine *Comédie humaine*, freilich ohne die Gipfel der Leidenschaft und die dämonischen Abgründe der Balzacschen Romanwelt des 19. Jh.s. Denn Chaucers Haltung gegenüber der Realität des Menschlichen ist die eines wohlwollenden, humorvollen Beobachters von heiterer Urbanität, der zwar mit geistreicher Ironie auch das Lächerliche und Bösartige einbezieht, dessen Liebe aber dem Normalen, Alltäglichen gehört. Darin unterscheidet sich Chaucer auch von DICKENS, mit dem er oft verglichen wurde, dessen Gestalten jedoch fast immer, im Guten wie im Bösen, eine Neigung zum Exzentrischen zeigen.

Wie der Prolog der *Canterbury-Geschichten* zu verstehen gibt, sollte das Werk etwa 120 Erzählungen enthalten: Der Wirt des »Tabard Inn« schlägt den dreißig Pilgern vor, daß jeder von ihnen auf dem Hin- und Rückweg je zwei (jeder also insgesamt vier) Geschichten erzählen solle. Er bietet sich als Schiedsrichter an und begleitet in dieser Funktion die Wallfahrer. Dem besten Erzähler verspricht er eine Gratismahlzeit bei der Rückkehr nach London. Das gewaltige Vorhaben des Dichters wurde jedoch nur zu einem kleinen Teil realisiert. Bei Chaucers Tod waren lediglich 21 Geschichten – mit ihren jeweiligen *links* – zu Ende geführt; von drei unvollendeten wurde eine, nämlich *The Tale of Sir Thopas*, allerdings in selbstparodistischer Absicht des Dichters, ganz bewußt abgebrochen. Der Vortragende (Chaucer selbst) erweist sich als ein so miserabler Erzähler, daß der Wirt ihm nahelegt, sich doch lieber in Prosa zu versuchen – was auch tatsächlich geschieht.

Die Stoffe der Erzählungen wurden, dem Brauch der Zeit folgend, ohne Anspruch auf Originalität einer Vielzahl literarischer Vorlagen oder der mündlichen Überlieferung entnommen, mehr oder weniger umgestaltet, gekürzt oder um neue Einfälle bereichert. Die Geschichte vom Gehilfen des Kanonikus *(The Canons' Yeoman's Tale)*, eine hochkomische Klagelitanei über die betrügerischen Machenschaften der Alchimisten, ist sehr wahrscheinlich des Autors ureigenes Gewächs. Andere – die des Müllers, des Kochs, des Seemanns und des Verwalters – greifen auf die derben, oft obszönen mittelalterlichen *fabliaux* zurück; doch auch die Heiligenlegenden, der höfische Roman, die Tierfabel, die Artussage, OVID, LIVIUS und BOCCACCIO liefern Themen. Mit Ausnahme der vom Dichter selbst vorgetragenen Prosaerzählung des Melibeus (Melibee) und der Prosapredigt des Pfarrers sind alle Episoden im Metrum des flüssigen jambischen Zehnsilbers geschrieben. Er wird entweder durch paarweisen Reim zu heroischen Distichen verbunden oder nach dem Reimschema *ababbcc* zu den in England erstmals von Chaucer verwandten siebenzeiligen *rhyme-royal* (Chaucerstrophe); doch auch auf die Ottave – mit der Reimordnung *ababbcbc* – wird zurückgegriffen. Ein Kabinettstück raffinierter Reimkunst ist Chaucers abschließende Geleitstrophe *(envoy)* zur Erzählung des Oxforder Scholaren *(The Clerk's Tale)*. In den 36 Zeilen ihrer sechs sechszeiligen Strophen werden die Endreime aus nur drei Lautgruppen (*-ind*, *-ale* bzw. *-ail* und *-ead* bzw. *-ed*) gebildet. Einen nicht minder überzeugenden Beweis seiner Beherrschung von Reim und Rhythmus erbringt der Dichter mit der bereits erwähnten, zweifach parodistischen Geschichte des Sir Topaz, die mit ihren törichten, holpernden *doggerels* (Knittelversen) nicht nur den vortragenden Dichter selbst, sondern auch die beliebten Versromane der Zeit persifliert. Abgesehen aber von reimtechnischen Bravourstücken wie dem *emoy*, das an die komplizierte, unpersönlich-abstrakte Stilkunst der Frühwerke des Autors erinnert, ist Chaucers Sprache schlicht; vom Arabeskenwerk

der höfisch-gotischen Poesie befreit, liegt sie dem Gedanken ohne metaphorischen Faltenwurf eng und geschmeidig an. Auch dieses stilistische Moment ist – wie die Bevorzugung des Individuums vor der ständischen Ordnung als Gegenstand des künstlerischen Interesses – Zeichen eines neuen Verhältnisses zur Realität.
So wie im Stofflichen das sinnlich Erfahrbare an die Stelle einer von hochkünstlichen Spielregeln bestimmten Traum- und Vorstellungswelt – man denke etwa an den *Rosenroman* des 13. Jh.s! – tritt, so siegt im Sprachlichen der unmittelbare deskriptive Ausdruck über das artifizielle, gleichsam sich selbst genügende poetische Formelsystem. Mit dieser radikalen, wenn auch ohne polemisch-reformatorische Trompetenstöße vollzogenen Wendung wurde Chaucer zum Initiator der literarischen Neuzeit nicht nur für England, sondern auch für den Kontinent. Die heitere Farbigkeit, der spitzbübische Humor der *Canterbury-Geschichten* sind bis auf den heutigen Tag nicht verstaubt und machen die außerordentliche Resonanz begreiflich, die das Werk im 15. Jh. fand. G.He.

AUSGABEN: Westminster ca. 1478, Hg. W. Caxton. – Ldn. 1532 (in *The Workes of Geffray C.*, Hg. W. Thynne; Faks. Oxford 1905, Einl. W. W. Skeat). – Ldn. 1775, Hg. T. Tyrwhitt [krit.]. – Heidelberg 1915, Hg. J. Koch, – Ldn./Oxford 1933 (in *The Complete Works*, Hg. F. N. Robinson; Nachdr. 1957; rev. als *The Riverside C.*, Hg. L. D. Benson, Boston 1987; Standard Text). – Chicago 1940, Hg. J. M. Manly u. E. Rickert, 8 Bde. – Orlando 1977, Hg. J. H. Fisher (in *The Complete Poetry and Prose*). – Norman 1979 ff., Hg. P. G. Rugiers (in *A Variorum Edition of the Works*; noch unvollst.). – Norman 1980, Hg. M. Parkes u. R. Beadle (in *The Poetical Works: A Facsimile of Cambridge Library MS GG.4.27*, 3 Bde.). – Ldn. 1980, Hg. N. F. Blake [nach dem Hengwort Ms.]. – Norman 1981 ff. (in *Facsimile Series of the Works*, Hg. P. Robinson u. a.; noch unvollst.).

ÜBERSETZUNGEN: *Canterburysche Erzählungen*, K. L. Kannegießer, Zwickau 1827 [unvollst.]. – *Canterbury-Geschichten*, J. Koch, Bln. 1925. – *Canterbury-Geschichten*, A. Esch, Ffm. 1961 [EC; Ausw.]. – *Die Canterbury-Erzählungen*, M. Lehnert, Lpzg. 1981. – *Die Canterbury Tales*, ders., Mchn. 1985. – Dass., ders., Ffm. 1987 (Insel Tb).

VERFILMUNG: Italien 1971 (Regie: P. P. Pasolini).

LITERATUR: D. Hertwig, *Der Einfluß v. C.s »Canterbury Tales« auf die engl. Literatur*, Marburg 1908. – *Sources and Analogues of C.'s »Canterbury Tales«*, Hg. W. F. Bryan u. G. Dempster, Chicago 1941; Nachdr. Ldn./NY 1958. - R. Baldwin, *The Unity of the »Canterbury Tales«*, Kopenhagen 1955. – D. R. Howard, *The Idea of the »Canterbury Tales«*, Berkeley 1976. – V. A. Kolve, *C. and the Imagery of Narrative*, Stanford 1984. – W. F. Bolton, *C.'s Drama of Style*, Chapel Hill 1986. –

J. B. Holloway, *The Pilgrim and the Book. A Study of Dante, Langland and C.*, Ffm. 1987.

## THE HOUS OF FAME

(mengl.: *Das Haus der Fama*). Allegorische Dichtung von Geoffrey CHAUCER, verfaßt um 1380, erstmals gedruckt um 1483. – Das 2158 Verse umfassende Gedicht ist in drei Manuskripten überliefert (zwei in der Bodleian Library, Oxford, eines im Magdalene College, Cambridge). Seine Echtheit wird durch die Erwähnung in Chaucers Prolog zur *Legend of Good Women* und im Katalog seiner eigenen Werke am Ende der *Canterbury Tales* belegt. Da es in Handschriften nur als Fragment, ohne Schluß, aufgezeichnet ist, fügte der Drucker, Übersetzer und Poet William CAXTON, der 1477 in Westminster die erste englische Druckerei eröffnet hatte, beim Erstdruck des Werks einen eigenen Abschluß von zwölf Zeilen an. Von ihm stammt auch die heute übliche Einteilung in drei Bücher zu 508, 582 und 1068 Versen.
Zu Beginn kündigt der Dichter die Erzählung eines merkwürdigen Traums an, den er an einem 10. Dezember gehabt habe. In diesem Traum gelangt er in den Glastempel der Venus, an dessen Wänden VERGILS gesamte *Aeneis* dargestellt ist. Von Bild zu Bild gehend, erzählt Chaucer kurz die Schicksale des Aeneas. Nachdem er den Tempel verlassen hat, findet er sich in einer endlosen Sandwüste; ein goldener, überaus mitteilsamer Adler senkt sich herab und trägt ihn empor zu einem mächtigen Eisfelsen, in das Schloß des Ruhms. Auf einem Granatthron, umgeben von den Säulenstatuen der antiken Schriftsteller, sitzt hier die Ruhmesgöttin in einer weiten Halle, geräuschvoll umdrängt von Bittstellern, denen sie in weiblicher Launenhaftigkeit ohne Ansehen des Verdienstes Ruhm, Vergessenheit und Schande zuteilt. Chaucer, dem es fernliegt, sich unter die Ruhmheischenden zu mischen, läßt sich von einem Unbekannten zu dem nahe gelegenen, aus Weiden und Gezweig errichteten Riesenhaus des Gerüchts führen, wo er auch seinen Goldaar wiederfindet, der ihn in das sich rasend drehende, von tosendem Lärm erfüllte Geflechthaus setzt. Hier erblickt der Dichter schließlich einen Mann von offenbar großem Ansehen, dessen Inkognito er aber nicht lüften kann. Damit bricht das Gedicht ab. Nach den Regeln der antiken und mittelalterlichen Poetik stehen am Anfang der Bücher 1 und 2 Proömium und Invocatio, bei Buch 3 begnügt sich der Dichter mit einer Invocatio des Apoll. Chaucer hat in diesem Werk, ebenso wie in dem früher zu datierenden *Bok of the Duchesse*, auf den achtsilbigen Reimpaarvers zurückgegriffen, ein Metrum, das in der englischen Poesie vor Chaucer seit gut einem Jahrhundert verwandt worden war. Dieses zur Monotonie verführenden Versmaßes bedient er sich mit der ihm eigenen großen Freizügigkeit und Souveränität: Durch Unregelmäßigkeiten in der Versfüllung und häufiges Enjambement verfügt der Dichter über ein breites Spektrum von Varian-

ten, die rhythmische Durchformung unterstützt die Aussage, Rhythmus und Werkcharakter harmonieren.

Zusammen mit den kurzen Gedichten, mit *The Bok of the Duchesse* und *The Parlement of Foules* gehört *The Hous of Fame* für die Forschung heute zur Gruppe jener »*frühen Dichtungen*« (W. Clemen), die Chaucer im ersten Jahrzwölft seines Schaffens geschrieben hat. Die früher übliche Klassifizierung in eine »französische«, »italienische« und »englische« Periode, womit man zeitlich aufeinanderfolgende, abgegrenzte »Einflußperioden« im Werk des Dichters etikettieren wollte, läßt sich nach der heutigen Forschung so nicht mehr vertreten. Will man das an autobiographischen Aussagen reiche Gedicht überhaupt einordnen, läßt sich natürlich festhalten, daß es gegen Ende jener frühen Periode entstand, in der Chaucer sich vor allem am französischen Vorbild schulte, indem er Teile des *Roman de la rose* ins Englische übersetzte und sich mit den Werken und der manieriert-vollendeten Kunst von Eustache Deschamps, Guillaume de Digulleville, Jean Froissart, Oton de Granson, Guillaume de Machaut, Nicole de Margival u. a. befaßte. Aber bereits in den kleineren Versdichtungen praktizierte er alle technisch-artistischen Möglichkeiten seiner französischen Vorbilder mit gleicher Vollkommenheit und gleichem Raffinement. Und wenn man weiter feststellt, *The Hous of Fame* sei als »allegorische Liebesvision« besonders dem Werk Froissarts und Margivals verwandt, so erfaßt man damit nur einen Teilaspekt. Denn auch Ovid behandelt in den *Metamorphosen* den gleichen Vorwurf (im 18. Jh. wurde er nach Chaucers Vorbild von Pope als *The Temple of Fame* wieder aufgegriffen), und im Gedicht selbst spielt Chaucer auf Alain de Lille, Boethius, Cicero, Dante, Martianus Capella, Ovid und Vergil an. Des weiteren lassen sich leicht Bezüge zu Boccaccio, dem Cicero-Kommentator Macrobius, zu Petrarca, Seneca und Statius herstellen. Chaucer hatte nicht nur das Studium dieser – und anderer – Schriftsteller ausgiebig betrieben, er hatte auch während zweier vorausgegangener diplomatischer Italienreisen Gelegenheit zum direkten Kontakt mit der antik-traditionellen und der mittelalterlichen Kultur Italiens. Schon dieses realtiv frühe Werk eines Dichters, der als literarischer Mittler zwischen Mittelalter und Renaissance steht, dessen Einfluß beherrschend in der gesamten englischen Literatur des 15. Jh.s zu spüren ist und den noch im 19. Jh. Tennyson als den »*morning star of song*« feierte, läßt sich in seiner komplexen Struktur nicht auf geradlinige Abhängigkeiten festlegen. Ebenso entzieht es sich der Zuordnung zu einem »zentralen Thema« – etwa dem der Liebe – und einer eindeutigen Gattungsbestimmung. Der mit Hinweis auf französische Vorbilder für *The Hous of Fame, The Bok of the Duchesse, The Parlement of Foules* und den zweiten Teil des Prologs der *Legend of Good Women* oft benutzte Begriff »Traumdichtung« gibt nur einen allgemeinen Hinweis. Eher paßt das Gedicht unter das sehr variable und viel persönlichen Spielraum gewährende traditionelle Gattungsschema der »allegorischen Reise«, das bereits im 12. Jh. Johannes de Altavilla anwandte, das sich in der christlichen Didaxe wiederfindet und das schließlich in Dantes *Divina Commedia* eine vollkommene Gestaltung fand.

Antwort auf die Frage nach Chaucers konstruktivem und thematischem Vermögen gibt die Überlieferung selbst, denn hier ist die gedanklich-thematische Durchformung und die konstruktive Gesamtkonzeption oftmals aufgegeben zugunsten eines anderen Prinzips: Das Verbindende zwischen den scheinbar zufällig aneinandergereihten Ereignissen, den *aventiuren*, ist die einen durchgehenden Grundton schaffende Erzählhaltung des Dichters, in der die Freude am Stofflichen, an der amüsanten Episode, eine entscheidende Rolle spielt und für die Heiligstes und Profanstes gleichwertiger Ausdruck menschlichen Seins ist. Wie jedem mittelalterlichen Dichter ist es auch Chaucer nicht um Originalität in Stoff und Darstellung zu tun, sondern vielmehr um eine gekonnte Beachtung und »Erfüllung« vorgegebener poetischer Konventionen, wozu eine genaue Kenntnis dieser Konventionen nötig war. Die dichterische Einzelpersönlichkeit durfte diesen Rahmen nicht sprengen, ihr Gestaltungsvermögen zeigte sich allein darin, durch die Konventionen hindurch das Eigene spürbar werden zu lassen. Ebenso erfreute sich der mittelaterische Hörer – denn in seltenen Fällen nur wurden die Dichtungen in Manuskripten gelesen – an der Variation des Vertrauten, nicht am völlig Neuen. Die besondere Vielfalt, Farbigkeit und Lebendigkeit der Chaucerschen Werke haben eben darin ihren Ursprung, daß Chaucer mit sicherer Urteilskraft nicht nur über die ihm aus der englischen Dichtungstradition zufließenden Anregungen verfügte, sondern auch, und souveräner als alle seine englischen Zeitgenossen, aus den Quellen der lateinischen, italienischen und französischen Literatur schöpfte. Ihre überraschende und den Leser des 20. Jh.s stets von neuem faszinierende »Modernität« verdanken die Gedichte Chaucers einem auf subtilster Menschenkenntnis und Beobachtungsgabe beruhenden Realismus und der Fähigkeit ihres Autors, die vorgegebenen »Versatzstücke« lateinisch-europäischer Dichtung und Dichtungstheorie synthetisch damit zu verschmelzen und oft mit gleichsam umgekehrten Vorzeichen zu verwenden, wodurch ein scheinbar naiver, tatsächlich aber hintergründiger Humor etabliert wird, hinter dem die als Vehikel benutzte Konvention, für den Eingeweihten deutlicher als für den Nichteingeweihten, als ironischer Kontrapunkt anklingt. Das gilt nicht nur für die von je in der Gunst des Hörers und Lesers am höchsten stehenden *Canterbury Tales*, sondern auch für die übrigen Dichtungen Chaucers, unter denen dem *Hous of Fame* wegen seiner in der Literatur des ausgehenden 14. Jh.s selten zu findenden lebendigen Eigenart ein ehrenvoller Platz gebührt. M.W.

Ausgaben: Westminster o J. [ca. 1483] *(The Book of Fame)*. – Ldn. 1532 (in *The Workes of Geffray C.*,

Hg. W. Thynne; Faks. Oxford 1905, Einl. W. W. Skeat). – Bln. 1888, Hg. H. Willert [krit.]. – Oxford 1894 (in *Complete Works*, Hg. W. W. Skeat, 7 Bde., 1894–1897, 3). – Ldn. 1921, H. C. M. Drennan [krit.]. – Ldn/Oxford 1933 (in *The Complete Works*, Hg. F. N. Robinson; Nachdr. 1957; rev. als *The Riverside C.*, Hg. L. D. Benson, Boston 1987; Standard Text).

ÜBERSETZUNGEN: *Das Haus der Fama*, A. v. Düring (in *Werke*, Bd. 1, Straßburg 1883). – »*The Parliament of Birds*« and »*The House of Fame*«, W. W. Skeat, Ldn. 1908 [engl.].

LITERATUR: R. Immelmann, *C.'s »Haus der Fama«* (in Englische Studien, 45, 1912, S. 397–431). – I. Besser, *C.'s »House of Fame«, eine Interpretation*, Hb. 1941. – J. A. W. Bennet, *C.'s »Book of Fame«: An Exposition of »The House of Fame«*, Oxford 1968. – P. Boitani, *C. and the Imaginary World of Fame*, Cambridge/Totowa 1984.

## THE LEGENDE OF GOOD WOMEN

(mengl.; *Die Legende verehrungswürdiger Damen*). Versnovellen, mit einem Prolog, von Geoffrey CHAUCER, verfaßt um 1385, erstmals gedruckt 1532. – Von dem Werk sind zwölf, teils fragmentarische, Manuskripte erhalten. Sie liegen in der Bodleian Library, Oxford (5), im British Museum, London (3), in der Cambridge University Library (2), im Trinity und im Magdalene College, Cambridge (je 1). Die Authentizität des 2723 Verse umfassenden Werks ist durch die Erwähnung als *The Seintes Legende of Cupide* im Prolog zu *The Man of Law's Tale* der *Canterbury Tales* und durch die Zuschreibung im Vorwort von *Falles of Princes* des mit Chaucer befreundeten John LYDGATE gesichert. Außerdem zählt der Prolog der *Legende* selbst eine Anzahl weiterer Werke des Dichters auf. Für die Datierung des Gedichts ist wichtig, daß es Chaucer im Februar 1385 gestattet wurde, sich in seinem Amt als königlicher Steuereinnehmer vertreten zu lassen. Diese Vergünstigung verdankte er wahrscheinlich der ihm wohlgesonnenen Königin Anna, deren Vermählung mit Richard II. er allegorisch im *Parlement of Foules* gefeiert hatte. In seinen früheren, bei Hofe vorgetragenen Dichtungen hatte er oft geklagt, ihm bleibe kaum Zeit für seine Kunst. Jetzt konnte er der Königin ein neues Werk widmen. Da er von zweien seiner Lieblingsautoren, OVID und BOCCACCIO, inhaltlich analoge, zur Nachahmung anregende Dichtungen kannte, hat man argumentiert, Anna komme als direkte Auftraggeberin – wie Lydgate meint – kaum in Frage. Der von der Prolog-Königin erteilte Dichtungsauftrag entspreche lediglich der Konvention, ein Werk mit irgendeiner Entschuldigung zu verfassen. Es darf jedoch nicht übersehen werden, daß Chaucer selbst gegen Ende seines *Troilus and Criseyde* mutmaßt, die Schilderung der Untreue Criseydes werde mancher Dame mißfallen. Man möge ihm nicht gram sein, er werde mit weit größerem Vergnügen über die treue Penelope und die vortreffliche Alceste schreiben. Damit war die *Legende of Good Women*, allein durch den Vortrag von *Troilus and Criseyde* bei Hofe, vorbereitet. Die Damen des Hofes, allen voran die Königin, Protagonistinnen des traditionellen Frauenkults, auf Idealisierung vor allem der dichterischen, vorbildlich-programmatischen Frauengestalten bedacht, müssen an dem von Chaucer angekündigten Werk aufs stärkste interessiert gewesen sein.

Der autobiographisch aufschlußreiche Prolog der Dichtung (es ist umstritten, welche der beiden überlieferten Prologfassungen Priorität beanspruchen kann) ist zweiteilig. Er setzt mit einer für Chaucer charakteristischen doppeldeutigen Auslassung über Himmel und Hölle, über den Glauben, über das, was man mit eigenen Augen gesehen hat, ein. Den Tenor dieser Einleitungssätze, in denen man eine Spiegelung der in England besonders von William OCKHAM geförderten skeptisch-kritischen Einstellung der Spätscholastik sehen kann, bilden überlegene Skepsis und eine feine, elegant hineingewirkte Ironie (Chaucer hat sich im Gegensatz zu seinen Zeitgenossen GOWER und LANGLAND nie zu offener Kritik sozialer oder politischer Zustände hinreißen lassen). Es folgt eine Anspielung auf die religiöse, historische und poetische Tradition. Damit ist Chaucer bei seinen geliebten alten Büchern. Und er schreibt hier – wie im *Parlement of Foules* – sein dichterisches Credo nieder: Er versteht seine Kunst als Übernahme, Variation und Weitergabe, als um- und eingeschmolzene Tradition alter und bekannter Stoffe. Er akzeptiert damit bewußt die Haltung des mittelalterlichen Dichters, dessen Kunst darin bestand, aus der Beherrschung der Konvention heraus ein Werk zu schaffen, das zwischen und hinter den eingeschmolzenen Poetik- und Stoffmaterialien etwas spezifisch Eigenes durchscheinen ließ. – Wie souverän Chaucer diesen besonderen Dichtungsprozeß beherrschte, zeigt die weitere Gestaltung des Prologs: Der Dichter sagt Büchern und Studium der Überlieferung Lebewohl, wenn der Mai naht. Dann verbringt er ganze Tage draußen bei Blumen und Vögeln, ganz der Bewunderung der Blume Tausendschön hingegeben. Und so begrüßt er denn auch an einem bestimmten ersten Maienmorgen das Maßliebchen und beobachtet, auf den Knien liegend, wie sich die Kelchblätter öffnen. Erst als es dämmert, eilt er heim und läßt sich in einer Laube ein Rasenbett bereiten. In aller Frühe will er wieder hinaus zu seiner Blume. Im Traum wird seine Absicht vorweggenommen (zweiter Teil des Prologs): Über die Wiese wandeln der Liebesgott und eine Königin, allegorische Verkörperung der Blume Tausendschön mit allen zugehörigen Attributen, auf das Maßliebchen und den daneben liegenden Dichter zu. Das engere Gefolge besteht aus neunzehn Fürstinnen, dahinter schreiten unzählige edle Damen, »*treu und standhaft jede von ihnen*«. Dem Dichter gehen Augen und Mund über: Er singt ein »Ballade« genanntes Preislied auf die alle anderen Frauen an

Schönheit und Tugend übertreffende Königin, die Weib gewordenes Maßliebchen ist und zugleich die in jene Blume verwandelte Alceste verkörpert, ehedem Gattin des Königs Admetos von Pherä. Die Damen der Prozession folgen Chaucers Beispiel; sie preisen treue, tugendhafte Weiblichkeit und deren Symbol, das Maßliebchen auf der Wiese. Dann lagern sie sich im Kreis um diese Blume. Amor ist von Chaucers Gegenwart wenig angetan. In einem Dialog hält er ihm vor, er gehöre zu seinen Feinden, habe seine Satzung gebrochen und die Menschen vom Liebesdienst abgehalten. Besonders sei das durch die ketzerische Übersetzung des *Roman de la rose* und durch die Schilderung von Criseydes Untreue geschehen. Die Königin begütigt ihn und verteidigt den Dichter. Der Gott müsse die königlichen Tugenden Besonnenheit, Gerechtigkeit und Milde walten lassen, den Neidern und Schmeichlern des Hofes sein Ohr verschließen. Chaucer habe nur unbekümmert, eben als Dichter, gehandelt, dem es einerlei sei, welchen Stoff er aufgreife. Er habe seinerzeit wohl einen bestimmten Auftrag ausgeführt, auch nur »*übersetzt, was von alten Schreibern berichtet*«; im übrigen aber habe er dem Liebesgott mit einer Anzahl (V. 417 f. aufgezählten) Dichtungen gedient. Die Chaucer von Alceste-Maßliebchen-Anna und dem Liebesgott auferlegte Strafe für seine beiden dichterischen Verfehlungen besteht darin, in Zukunft den größten Teil seiner Zeit darauf zu verwenden, in rühmenden Legenden getreue, verehrungswürdige Frauen und Mädchen zu verherrlichen, deren Liebe von nichtswürdig-falschen Männern verraten wurde. Mit der Geschichte Kleopatras solle er beginnen, die Legende Alcestes müsse Höhepunkt und Abschluß bilden.

Chaucer hat diesen Auftrag nicht ausgeführt. Die *Legende* ist – wie vorher das *Hous of Fame* und später die *Canterbury Tales* – Fragment geblieben. Statt der angekündigten zwanzig Frauenschicksale teilt uns die Überlieferung nur zehn in neun Novellen mit: Kleopatra, Thisbe, Dido, Hypsipile und Medea, Lucretia, Ariadne, Philomela, Phyllis, Hypermestra. Äußerer Anlaß dafür, daß Chaucer die letzte Erzählung unvollendet ließ, mag der durch einschneidende politische Veränderungen bewirkte Verlust der beiden Pfründen als Zolleinnehmer im Dezember 1386 gewesen sein. Mehr Bedeutung dürfte dem inneren Widerspruch zukommen, in dem sich Chaucer als Dichterpersönlichkeit einer Novellenreihe gegenüber befand, die ihm die ermüdende Aufgabe stellte, verwandte Stoffe mit stets gleicher Tendenz zu behandeln. Dieses Konzept und der durchgehend tragische Grundton verlangten außerdem von dem humorvoll-witzigen, gern plaudernd abschweifenden Erzähler Chaucer eine straffe, überwiegend tendenziös-ernsthafte, literarisch-theoretische Durchführung. Freilich tragen Chaucers eigene mittelbare Aussagen über diese Erzählungen nicht zur Klärung bei. Vielleicht deuten die doppelte Prologfassung und die Tatsache, daß im Prolog des Rechtsgelehrten der *Canterbury Tales* auf mehr Geschichten der *Legende* hingewiesen wird, als uns überliefert sind, während die erhaltenen der Kleopatra und Philomela nicht erwähnt werden, darauf hin, daß eine völlig neue Bearbeitung des ganzen Werks vorhanden oder zumindest geplant war.

Den allgemeinen Plan zu seiner Dichtung übernahm Chaucer von BOCCACCIO, dessen *De claris mulieribus* zum *Decamerone* in gleichem Verhältnis steht wie Chaucers *Legende* zu den *Canterbury Tales*. Zum Kult der Blume Tausendschön (der auf den Rosen- und den Veilchenkult gefolgt war) empfing der Autor Anregungen aus der französischen Literatur, vor allem von FROISSART, GUILLAUME DE MACHAUT und DESCHAMPS. Wichtigste Quellen für die Novellen Chaucers waren ferner BOCCACCIOS *Genealogiae deorum*, Ovids *Metamorphosen* und *Heroiden*, VERGILS *Aeneis* und GUIDO DE COLUMNAS *Historia Troiana*.

Chaucer hatte, von *Lyf of Seynt Cecile* abgesehen, vor der *Legende* nur gelegentlich kürzere Erzählungen als Einlagen größerer Werke verfaßt. Anders als der sehr persönlich und abwechslungsreiche Prolog, in dem Allegorie und Apologie, Autobiographisches und Naturbeschreibung, Skepsis und Ironie mit der Freude an der Schilderung höfischer Details zu einer künstlerischen Einheit verschmelzen, sind daher die eigentlichen Legenden nicht alle gleich gut gelungen (am besten sicher die über Thisbe und Dido). Chaucer hat die Novellen zu Gruppen geordnet, aber noch nicht die fließendleichten Übergänge gefunden, die die *Canterbury Tales* auszeichnen. Auch das Metrum, für das er sich im Prolog indirekt entschuldigt (Amor meint dort zum Dichter: »*Wähl' nach Belieben Versmaß dir und Reim*«), Reimpaare aus zehnsilbigen Versen, wohl nach dem Vorbild Guillaume de Machauts entwickelt, ist für Chaucer ein Versuch. Er handhabt es mit ungewöhnlicher Unregelmäßigkeit und Freizügigkeit, ohne die großen Möglichkeiten schon so souverän auszuschöpfen wie in den *Canterbury Tales*. Für ihn bedeutete die *Legende* unbewußte Vorbereitung auf das überragende Werk der mittelenglischen Literatur. Nicht nur der äußere Aufbau ist ähnlich. Die *Legende* entwickelt auch jenen in *Hous of Fame* und *Troilus and Criseyde* begonnenen Stil weiter, der die psychologischen Handlungsmomente betont, die Charaktere plastisch heraushebt, das heroisch-mythologische, pathetische und unzeitgemäße Beiwerk der übernommenen Stoffe amputiert und sie statt dessen mit einem unverkennbaren, bürgerlich-skeptischen und realistisch-zeitgenössischen Kolorit versieht. Ein besonderer, bisher von der Forschung vernachlässigter Zug der *Legende* ist jene für Chaucer charakteristische, hintergründig-elegante Ironie, mit der er dem Gesagten eine gegenteilige Bedeutung unterlegt. (Man lese etwa die Schilderung Jasons in der *Hypsipile-et-Medea*-Geschichte.)

Die englische Literatur hat der *Legende of Good Women* auch eine neue Form, das über Chaucers *Canterbury Tales* zum klassischen Versmaß der poetischen Novelle gewordene *heroic couplet*, zu verdanken.

M.W.

AUSGABEN: Ldn. 1532 (in *The Workes of Geffray C.*, Hg. W. Thynne; Faks. Oxford 1905, Einl. W. W. Skeat). - Oxford 1894 (in *Complete Works*, Hg. W. W. Skeat, 7 Bde., 1894–1897, 3). - Ldn./Oxford 1933 (in *The Complete Works*, Hg. F. N. Robinson; Nachdr. 1957; rev. als *The Riverside C.*, Hg. L. D. Benson, Boston 1987; Standard Text). - Chicago 1940, Hg. J. M. Manly u. E. Rikkert, 8 Bde. - Norman 1979 ff., Hg. P. G. Ruggiers (in *A Variorum Edition of the Works*; noch unvollst.).

ÜBERSETZUNGEN: *Die Legende von guten Weibern*, A. v. Düring (in *Werke*, Bd. 1, Straßburg 1883). - *The Legend of Good Women*, A. McGillan, Houston 1987 [engl.].

LITERATUR: M. Bech, *Quellen u. Plan der »Legend of Good Women« u. ihr Verhältnis zur »Confessio Amantis«* (in Anglia, 5, 1872, S. 313–383). - J. Koch, *Das Handschriftenverhältnis in C.'s »Legend of Good Women«* (ebd., 43, 1919, S. 197–244; 44, 1920, S. 23–71). - E. J. W. Leach, *The Sources and Rhetoric of C.'s »Legend of Good Women« and Ovids »Heroides«*, Diss. Yale University 1963. - R. W. Frank Jr., *C. and the »Legend of Good Women«*, Cambridge/Mass. 1972. - L. J. Kiser, *Telling Classical Tales. C. and the »Legend of Good Women«*, Ithaca 1983.

## THE PARLEMENT OF FOULES

(mengl.; *Das Parlament der Vögel*). Allegorische Dichtung von Geoffrey CHAUCER, entstanden um 1382, erstmals gedruckt ca. 1478. - Wie *The Bok of the Duchesse* und *The Hous of Fame*, mit denen es das konventionelle Formelelement der Traumeinkleidung gemeinsam hat, ist das ebenfalls zu den frühen Dichtungen Chaucers zählende *Parlement of Foules* ein Gelegenheitsgedicht für eine höfisch verfeinerte Gesellschaft. Hatte sich eine mehr positivistisch orientierte Forschung vor allem um die Entschlüsselung des äußeren Anlasses – man dachte etwa an die Werbung Richards II. um Anna von Böhmen – und um Chaucers Quellen bemüht (J. KOCH, E. RICKERT u. a.), so beschäftigen sich neuere Arbeiten mit der Analyse der gedanklichen und formalen Struktur (J. A. BENNETT, D. S. BREWER, W. CLEMEN). Diese Struktur ist nur vor dem Hintergrund mittelalterlicher literarischer Formen verständlich, die Chaucer auf neue und originelle Weise variiert und verknüpft: Im Rahmen einer »Liebesvision«, wie sie in Frankreich MACHAUT und FROISSART in der Tradition des *Roman de la rose* kultivierten, bietet er das ebenfalls konventionelle Genre einer *demande d'amour* (Werbungsstreit), das wiederum in die typisch mittelalterliche Form der Tierallegorie eingekleidet ist. An einem Valentinstag (der ja in besonderer Weise der höfischen Liebe geweiht ist) vertieft sich der Dichter in die Lektüre von CICEROS *Traum des Scipio (De re publica*, Buch 6). Chaucer referiert kurz den Inhalt dieses Werks, das in der Auslegung des MACROBIUS (um 400) für das ganze Mittelalter zu einer der verbindlichsten Darstellungen einer weltfeindlich-religiösen Haltung geworden war. Nach dieser für ein Gedicht über die höfische Liebe überraschenden Einleitung schildert er, wie ihm (gleich Scipio in Ciceros Werk) im Traum Scipio Africanus erscheint und ihn zum Lohn für sein zurückgezogenes Gelehrtenleben in den Garten der Liebe entführt. Weist schon der Kontrast zwischen dem Weltbild des *contemptus mundi* in der Einleitung und dem sinnenfrohen Liebesgarten, über den die Göttin »Natur« regiert – Chaucer nennt sie in Anschluß an ALAIN DE LILLE »the vicaire of the almyghty Lord« (»Stellvertreterin des Allmächtigen«) –, auf die antithetische Struktur des Gedichts, so wird diese durch die doppelte Inschrift der Verheißung und Warnung am Eingangstor zu jenem irdischen Paradies noch deutlicher. Bei der rhetorisch überhöhten Beschreibung des Gartens mit seinen mythologischen und allegorischen Figuren von Venus, Cupido und den vielfältigen Personifikationen der Liebe folgt Chaucer wiederum einer längst etablierten Tradition, der des *Locus amoenus*, wie er sie im *Rosenroman* und vor allem in BOCCACCIOS *Teseida* vorgefunden hat; er geht jedoch über seine Vorbilder hinaus, indem er Landschft und Figuren völlig aus ihrer allegorischen Starrheit befreit und sie verlebendigt. Außerdem betont er das Zwiespältige der Venus-Liebe, was sich auch darin ausdrückt, daß nicht mehr die heidnische Göttin, sondern eine christianisierte Natura über den Garten herrscht. Sie leitet dann auch den Werbungsdisput dreier Adler um ein Adlerweibchen, der die Mitte des Gedichts darstellt. In diesem ironisch auf Parlamentsdebatten anspielenden Werbungsstreit, in den immer wieder auch die niederen Vogelgattungen eingreifen, wird deutlich, daß die *fine amour*, die höfisch verfeinerte Liebe, der eigentliche Gegenstand des Gedichts ist. Während die Adler innerhalb der Konvention höfischer Liebe argumentieren, wobei alle drei, wenn auch in feiner sprachlicher Abstufung, ihre ewige Verehrung und Ergebenheit beteuern, erscheint dieses Zeremoniell mit seinen idealen Forderungen aus der Perspektive des »gesunden Vogelverstandes« einer Gans oder eines Kuckucks als unnötige Verzögerung der Paarung. In der Gestaltung dieser »doppelten Sicht« (W. Clemen), die beiden Seiten Recht gibt, erweist sich Chaucer als Meister des komischen Kontrasts. Das ständesatirische Element ist dabei nicht zu übersehen, doch ist die hierarchische Gliederung der Vogelwelt keineswegs als ein genaues Abbild der gesellschaftlichen Schichtung während der zeitgenössischen Bauernrevolten zu verstehen. Da der Werbungsstreit bei der Gleichheit der Argumente und Beteuerungen der drei Adler zu keinem Ende kommt, erbittet das Adlerweibchen schließlich einen Aufschub um ein Jahr, in dessen Verlauf die Bewerber ihre Treue beweisen sollen; die anderen Vögel dagegen lassen sich von Natura ihre Partner zuteilen. Das »Parlament« klingt mit einem *roundel* (Rundgedicht) aus, in dem die Vögel St. Valentin und den nahenden Sommer besingen: »*Now welcome, somer, with thy sonne softe...*« Der Dichter erwacht und empfindet die gleiche Unentschlossenheit wie zu Beginn des Gedichts.

Dem inhaltlichen Ablauf entspricht die Gliederung nach sprachlichen Darstellungsformen: Auf den summarischen Bericht der Einleitung folgt die bald detaillierte, bald geraffte Schilderung des Liebesgartens, die dann in die dramatische Bewegtheit des Werbungsstreits übergeht. In der Anpassung der siebenzeiligen *Rhyme-royal*-Strophe an die unterschiedlichen Darstellungsformen und Sprechstile erweist sich Chaucer als virtuoser Verskünstler. Vor allem in den nuancenreichen Kontrastierungen und in der Charakterisierung der einzelnen Vögel durch ihren Redestil deutet sich bereits der Dichter der *Canterbury Tales* an. M.Pf.

AUSGABEN: Westminster o. J. [ca. 1478] (*The Temple of Brass*, Hg. W. Caxton). – Ldn. 1532 (in *The Workes*, Hg. W. Thynne, Faks. Oxford 1905, Einl. W. W. Skeat). – Oxford 1894 (in *The Complete Works*, Hg. W. W. Skeat, 7 Bde., 1894–1897, 1; krit.). – Bln. 1904, Hg. J. Koch [krit.; ern. Heidelberg 1928]. – Ldn. 1908 (»*The Parliament of Birds*« and »*The House of Fame*«, Hg. W. W. Skeat; mit engl. Übers.). – Ldn./Oxford 1933 (in *The Complete Works*, Hg. F. N. Robinson; Nachdr. 1957; rev. als *The Riverside C.*, Hg. L. D. Benson, Boston 1987; Standard Text). – Ldn. 1960, Hg. D. S. Brewer.

ÜBERSETZUNG: *Das Parlament der Vögel*, A. v. Düring (in *Werke*, Bd. 1, Straßburg 1883).

LITERATUR: V. Langhans, *Altes und Neues zu C.s »Parlement of Foules«* (in Anglia, 54, 1930, S. 25–66). – H. Braddy, *C.'s »Parlement of Foules« in Relation to Contemporary Events* (in *Three C. Studies*, Hg. C. Brown, NY 1932; ern. 1969). – B. H. Bronson, *In Appreciation of C.'s »Parliament of Foules«*, Berkeley 1935. – J. A. W. Bennett, »*The Parlement of Foules«. An Interpretation*, Oxford/NY 1957; ern. 1965. – L. D. Benson, *The Occasion of the »Parliament of Fowls«* (in *The Wisdom of Poetry*, Hg. L. D. B. u. S. Wenzel, Kalamazoo 1982). – V. Rothschild, *The »Parliament of Fowles«. C.'s Mirror up to Nature?* (in RESt, N.S.35, 1984).

## TROILUS AND CRISEYDE

(mengl.; *Troilus und Criseyde*). Versroman von Geoffrey CHAUCER, um 1385 vollendet, Erstdruck um 1485. – Die Autorschaft Chaucers ist u. a. durch die Erwähnung des Werks im Prolog zu *The Legende of Good Women* und im Epilog der *Canterbury Tales* gesichert. Die Dichtung ist in sechzehn Handschriften und drei (textkritisch relevanten) frühen Drucken überliefert; dazu kommen vier kurze Fragmente und zwei Pergamentstreifen. Sie ist das einzige längere Werk, das Chaucer vollendet hat und stellt, zusammen mit den *Canterbury Tales*, den Höhepunkt seines Schaffens dar.

Wie die Textüberlieferung erkennen läßt, hat Chaucer seine Dichtung auch selbst überarbeitet. Der Stoff ist dem trojanischen Sagenkreis entnommen, und zwar so, wie ihn BOCCACCIO – nach BENOÎT DE SAINTE-MORE und GUIDO DE COLUMNIS – in seinem *Filostrato* bearbeitet hatte; daneben kannte Chaucer wohl auch eine französische Prosaübersetzung des *Filostrato* von BEAUVAU, Seneschall von Anjou. – Nach Chaucer hat zuerst Robert HENRYSON in seinem Versroman *The Testament of Cresseid* (Erstdruck 1593) den Stoff wieder aufgegriffen, dann SHAKESPEARE (vgl. *The Historie of Troylus and Cresseida*), der Chaucers Werk, allerdings wohl nur in späterer Bearbeitung, gekannt haben dürfte.

Mit der stofflichen Abhängigkeit von Boccaccio ist zwar der Handlungsablauf vorgezeichnet, es bleibt aber Raum für neue Akzentsetzungen, etwa in der Zeichnung der Charaktere, der Ausgestaltung der Einzelszenen oder im Ton des Erzählens. Chaucer hat diesen Raum so weit ausgeschritten, daß etwas im Vergleich mit dem *Filostrato* ganz Neues und Andersartiges entstand. Der durchgehende Lyrismus der Dichtung Boccaccios, aktualisiert durch ihren autobiographischen Bezug, weicht bei Chaucer einem breitem epischen Erzählen, das die verschiedensten Stillagen durchspielt; dazu wird eine sehr viel differenziertere Erzählerfigur eingeführt, die das Geschehen unter eine ständig wechselnde Perspektive stellt, bald fast selbst zum Akteur werdend, bald ganz hinter der Drmatik einer Szene verschwindend.

Das erste Buch hält sich eng an die Vorlage. Bald nachdem der trojanische Seher Calchas zu den Griechen übergelaufen ist, seine Tochter Criseyde, eine junge, schöne Witwe, aber zurückgelassen hat, feiert man in Troja das Fest der Pallas, zu dem sich auch Criseyde im Tempel einfindet. Dort verliebt sich Priamus' Sohn Troilus, der sich eben noch über die Liebe lustig gemacht hat, in sie. Nach Haus zurückgekehrt, gibt er sich ganz den Empfindungen erwachender Liebe hin (1, V. 400–420: *Canticus Troili* nach einem Sonett PETRARCAS), deren veredelnde, aber auch zerstörerische Kraft bereits in ihm zu wirken beginnt: Um seiner Dame zu gefallen, zeichnet er sich heldenmütig im Kampf aus, doch dann wird er aus Liebesleid krank. In diesem Zustand der Zerrüttung überrascht ihn eines Tages sein Freund Pandarus. (Aus Boccaccios leichtsinnigem *giovinetto* Pandaro ist bei Chaucer eine weit gewichtigere Figur geworden, ausgestattet mit Zügen der Philosophia des BOETHIUS und des Amis aus dem *Rosenroman*; er ist redegewandt und witzig, mit scharfem Sinn für die Wirklichkeit begabt, geschäftig, vielleicht allzu geschäftig, aber doch kein leichtfertiger Kuppler.) Er erbietet sich, Criseyde, die seine Nichte ist, dem Freund gewogen zu stimmen. – Das zweite Buch beginnt mit einem espritgeladenen Gespräch, voll von lebhafter Mimik und Gestik, von Untertönen, Hintergedanken und verstecktem Spiel, in dem es dem Taktiker

Pandarus gelingt, Criseyde für Troilus' Bewunderung empfänglich zu machen. Von ihrem Onkel allein gelassen, ist sie zunächst verwirrt und bestürzt (ihr Charakter unterscheidet sich durchaus von dem der leichtsinnigen Criseida Boccaccios), dann bemächtigt sich ihrer eine verträumte Stimmung: Im Garten singt Antigone ein Liebeslied, die Nacht bricht herein, der Gesang einer Nachtigall wiegt Criseyde in den Schlaf, ein Traum kündet ihre Liebe an. In der zweiten Hälfte des Buches dominiert die Geschäftigkeit des Pandarus: Er wird zum *courrier d'amour* und arrangiert schließlich eine erste Begegnung der Liebenden bei Deiphobos, einem Bruder des Troilus. Kunstvoll wird bei der Beschreibung dieser Szene im Leser (bzw. Zuhörer) Spannung erzeugt. Das Buch endet mit Criseydes Gang zu dem »krank« im Nebenzimmer liegenden Troilus, dem sie erst im dritten Buch gegenübersteht. – In diesem Buch wird Troilus vom Rad der Fortuna auf den Höhepunkt seines Geschicks getragen. Es beginnt mit einem Anruf an Venus und ist ein Hymnus auf die Liebe, die idealisierende und die sinnliche – freilich nicht ohne schmunzelndes Augenzwinkern des Erzählers. Im Mittelpunkt steht die von Pandarus meisterhaft inszenierte erste Liebesnacht des Paares. Unter allerlei dramatischen Umständen, die der Situationskomik nicht entbehren, gelingt es ihm, die beiden in seinem Haus zu vereinen. In *»perfit joie«*, »vollkommenem Glück«, verbringen sie eine Nacht miteinander; im Morgengrauen müssen sie voneinander scheiden (3, V. 1422 ff., in der Form eines Tageliedes).

Doch das Glück der beiden bleibt nicht lange ungetrübt. Bei einem Gefangenenaustausch gelingt es Calchas, seine Tochter gegen Antenor einzuhandeln. Das vierte Buch ist erfüllt von den langen Klagen der unglücklichen Liebenden. Die eingehenden Reflexionen über die Vorsehung (4, V. 958 ff.) vermögen Troilus nicht zu trösten. Beim Abschied schwören sich beide ewige Treue; Criseyde hofft, binnen zehn Tagen nach Troja zurückkehren zu können. Psychologisch nuanciert werden im fünften Buch Criseydes Treuebruch und Troilus' Verzweiflung gestaltet. Die Ferne des Geliebten und die Bedrängung durch die sie umgebende Wirklichkeit nehmen Criseyde die Kraft, ihre Liebe zu bewahren: Sie gibt der Werbung Diomeds nach. Troilus dagegen lebt nur noch in der Hoffnung auf Wiedervereinigung, empfindet jeden Tag ohne Criseyde als Qual und bricht, als er ihrer Untreue gewiß ist, zusammen. Das Leben erscheint ihm sinnlos, er sucht den Tod und findet ihn schließlich durch Achilles. In die achte Himmelssphäre entrückt, beobachtet er das eitle Treiben der Welt. Mit einer Mahnung an die jungen Leute, nicht nach blinder Lust, sondern nach der wahren Liebe, der Liebe zu Gott, zu trachten, und mit einer Widmung an Gower und Strode, Zeitgenossen Chaucers, endet das Werk.

Vor allem dieser moralisierende Schluß hat immer wieder zu Interpretationsversuchen herausgefordert, weil er die Frage nach dem Sinnzusammenhang des Gesamtwerks nahelegt. Der Preis der Liebe auf der einen und ihre Verwerfung *sub specie aeternitatis* auf der anderen Seite muß als widersprüchlich empfunden werden. Die Klärung wird dadurch erschwert, daß die im Mittelpunkt stehende Liebe schillernd und ambivalent ist. Sie hat einen hohen Grad psychologischer Differenziertheit und verfeinerten Anstands erreicht, ganz im Sinn der höfischen Liebesdichtung und der »Medievalisierung« (C. S. Lewis) der Vorlage durch Chaucer. Zugleich aber ist sie eingebettet in eine Welt praktischer Notwendigkeit, die ohne fabliauhaftes Ränkespiel nicht auskommen kann. *Amour courtois* und *amour fol* stehen einander in Troilus und Pandarus gegenüber, Vertretern einer höfisch-idealisierenden bzw. realistisch-pragmatischen Weltsicht. Beide Haltungen sind in ihrer Einseitigkeit blind und werden in der »Moral« verworfen (Ch. Muscatine). Criseydes Liebe, von der letztlich nicht mehr als die Erinnerung an ein galantes Abenteuer bleibt, zeigt am schärfsten die Brüchigkeit des höfischen Liebesideals: Obwohl oder gerade weil sie hochstilisiert ist, ist sie eine Liebe des Scheins, bar jeder festen Bindung und ohne Verantwortung. Ist es diese Liebe, die im Epilog kritisiert wird (H. Käsmann)? Oder ist es die nur sinnliche Liebe, die allein nach egoistischer Glücksbefriedigung strebt, der im *Troilus* eine Absage erteilt wird (I. L. Gordon)? Einer endgültigen Klärung steht die Vielschichtigkeit und Vieldeutigkeit des Werks entgegen. Als einheitsstiftend erweist sich der philosophische Grundton der Dichtung, der das Vordergründige immer wieder in einen größeren Zusammenhang zu stellen versucht. So hat Chaucer, auf eine reiche Tradition zurückgreifend, einen Versroman geschaffen, der sich nicht nur durch erzählerische Brillanz, sondern auch durch philosophische Einsicht in die *»worldly vanyte«*, die »Eitelkeit des Irdischen«, auszeichnet. K.Rl.

Ausgaben: Westminster o. J. [ca. 1485]; Faks. Ldn. 1923. – Princeton 1926, Hg. R. K. Root; ern. 1930; [krit.]. – Ldn./Oxford 1933 (in *The Complete Works*, Hg. F. N. Robinson; Nachdr. 1957; rev. als *The Riverside C.*, Hg. L. D. Benson, Boston 1987; Standard Text). – Orlando 1977, Hg. J. H. Fisher (in *The Complete Poetry and Prose*). – Ldn. 1984, Hg. B. A. Windeatt [krit.]. – Norman 1981 ff. (in *Facsimile Series of the Works*, Hg. P. Robinson u. a.; noch unvollst.).

Übersetzung: *Troilus and Criseyde*, N. Coghill, Harmondsworth 1971 [engl.].

Literatur: K. Young, *The Origin and Development of the Story of »Troilus and Criseyde«*, Ldn. 1908; Nachdr. 1968. – *The Manuscripts of C.'s »Troylus and Criseyde«*, Hg. R. K. Root, Ldn. 1914. – Ders., *The Textual Tradition of C.'s »Troilus«*, Ldn. 1916; Nachdr. NY 1967. – C. S. Lewis, *The Allegory of Love*, Oxford 1936; Nachdr. 1958 u. ö. – T. A. Kirby, *C.'s »Troilus«. A Study of Courtly Love*, Baton Rouge 1940. – W. Erzgräber, *Tragik und Komik in C.s »Troilus and Criseyde«* (in *Fs. für*

W. Hübner, Hg. D. Riesner u. H. Gneuss, Bln. 1964, S. 139–163). – K. H. Göller, »Troilus and Criseyde« (in Der englische Roman, Hg. F. K. Stanzel, Bd. 1, Düsseldorf 1969, S. 25–63). – I. L. Gordon, The Double Sorrow of Troilus, Oxford 1970. – Essays on »Troilus and Criseyde«, Hg. M. Salu, Cambridge/Totowa 1979. – A. R. Kaminsky, C.'s »Troilus and Criseyde« and the Critics, Athens 1980. – C.'s »Troilus«. Essays in Criticism, Hg. S. A. Barney, Hamden 1980. – D. R. Howard, The Philosophies of C.'s »Troilus« (in The Wisdom of Poetry, Hg. L. D. Benson u. S. Wenzel, Kalamazoo 1983, S. 151–175). – W. Wetherbee, C. and the Poets, Ithaca 1984. – C. Wood, The Elements of C.'s »Troilus«, Durham 1984. – G. Müller-Oberhäuser, Dialogsteuerung u. Handlungsmotivierung in C.s »Troilus and Criseyde«, Ffm. 1986.

## NIRAD CHANDRA CHAUDHURI

* 23.11.1897 Mymensingh / Ostbengalen

### THE AUTOBIOGRAPHY OF AN UNKNOWN INDIAN

(engl.; Die Autobiographie eines unbekannten Inders) von Nirad Chandra CHAUDHURI (Indien), erschienen 1951. – Chaudhuris Buch hält nur bedingt, was das Wort »Autobiographie« im Titel verspricht: Der Autor selbst sagt, es sei »eher ein Versuch in darstellender Ethnologie«, und verspricht dem Leser außerdem eine historische Beschreibung des indischen Kampfes gegen die Fremdherrschaft der Engländer. Am besten gelang ihm die ethnologische Beschreibung seiner Heimat Ostbengalen, wo er bis zu seiner endgültigen Übersiedlung nach Kalkutta im Jahr 1910 lebte. Die religiösen Opferfeste im Dorf seiner Ahnen und die Sitten und Gebräuche im Heimatort seiner Mutter beschreibt Chaudhuri mit der beinahe wissenschaftlichen Präzision eines Außenstehenden, den die elterliche Erziehung bereits dem alten Brauchtum entfremdet hatte. Seine Einstellung war von dem Gedankengut der großen bengalischen Reformer von Rammohun ROY bis TAGORE geprägt worden, und sein Ziel war eine Synthese östlicher und westlicher Kulturwerte. In seiner Jugend erlebte Chaudhuri noch den Höhepunkt dieser im frühen 19. Jh. einsetzenden und unter der Bezeichnung »Indische Renaissance« bekanntgewordenen Bewegung. Die Zeit nach 1920 dagegen steht für ihn unter dem Vorzeichen eines allgemeinen und von keinerlei neuen Ideen aufgehaltenen Verfalls aller moralischen und geistigen Werte. Die ideologische Haltung seiner Zeitgenossen, die sehnsüchtig in die glorreiche Vergangenheit der Hindukultur zurückblickten und darüber den lebensnotwendigen Anschluß Indiens an die Kulturnationen der Gegenwart vergaßen, vergleicht der Autor voller düsterer Vorahnungen mit dem selbstbetrügerischen Mythenglauben des Hitlerregimes.

Den europäischen Leser dürfte an Chaudhuris Autobiographie besonders das auf jeder Seite spürbare Zusammenwirken europäischer und östlicher Denkweisen faszinieren. Der Autor, von Beruf Journalist und Privatgelehrter, ist in mehreren europäischen Sprachen bewandert und besitzt umfangreiche literarische Kenntnisse, die er, mitunter etwas pedantisch, zur Schau stellt. Sein englischer Prosastil ist, wenn man von der stellenweise spürbaren Überladenheit mit ungebräuchlichen Wörtern absieht, im allgemeinen schlicht und präzise.

E.F.

AUSGABE: Ldn. 1951.

LITERATUR: K. R. Srinivasa Iyengar, Indian Writing in English, Bombay 1962, S. 368 f. – N. M. Siddiqui, N. Ch.: A Study in Alienation (in Osmania Journal of English Studies, 7, 1969, S. 37–49). – W. Walsh, N. C. Ch. (in W. W., A Manifold Voice: Studies in Commonwealth Literature, Ldn. 1970, S. 23–35). – C. P. Verghese, N. C. Ch., Delhi 1972. – A. K. Majumdar, Portrait of an Indian Intellectual (in Quest, 91, 1974, S. 21–32). – Ch. Karnani, N. C. Ch., NY 1980 (TWAS). – T. Sinha, N. C. Ch.: A Sociological and Stylistic Study of His Writings During the Period 1951–1972, Patna 1981. – C. V. Venugopal, Growing to Manhood: »The Autobiography of an Unknown Indian« (in Perspectives on Indian Prose in English, Hg. M. K. Naik, Delhi 1982, S. 213–231). – J. E. Walsh, Growing Up in British India, Ldn. 1983. – S. Jumar, N. C. Ch.: The Man and the Writer, Patna 1984.

## MARIE CHAUVET

* 1916 Port-au-Prince
† 1973 New York

### AMOUR, COLÈRE ET FOLIE

(frz.; Liebe, Zorn und Wahnsinn). Roman von Marie CHAUVET (Haiti), erschienen 1968. – Es handelt sich um drei in sich abgeschlossene Geschichten, aus deren Einzeltiteln (Amour; Colère; Folie) sich der Gesamttitel zusammensetzt. Ihre Verzahnung ergibt sich daraus, daß die Helden vergleichbare psychosoziale Krisen durchlaufen, die durch ähnliche politische Entwicklungen provoziert werden. Liebe, Zorn und Wahnsinn bedingen sich daher gegenseitig in allen drei Erzählungen, wobei einer von den drei Zuständen jeweils in den Vordergrund tritt. Obwohl sie nie ausdrücklich benannt wird, ist die Diktatur von François Duvalier in Hai-

ti (1959–1971) die politische Kulisse, vor der sich die Ereignisse abspielen; sie brachte eine schwarze, weniger gebildete Schicht an die Macht, die in den Erzählungen durch einzelne grausame Potentaten oder durch eine anonyme Masse, die »*Männer in schwarzer Uniform*« (*Colère*) oder die »*schwarzen Teufel*« (*Folie*), repräsentiert werden. Sie beherrschen die Straßen und das öffentliche Leben; die traditionelle Mulattenelite – zu der auch Marie Chauvet gehörte – sieht sich, vergleichbar einem Belagerungszustand, in ihre Häuser zurückgedrängt und kultiviert dort weiter ihre traditionelle Lebensweise, ihre Bildungsideale und Rassenvorurteile. An der Unvereinbarkeit zwischen dem Gestern und Heute erweist sich die innere Zerrüttung dieser feudalen Elite; die aufbrechenden Konflikte müssen nun auf engstem Raum zwischen den Familienmitgliedern selbst ausgetragen werden.
In *Amour* spiegeln sich die Ereignisse in dem fiktiven Tagebuch der vereinsamten und enttäuschten Claire, die, um nicht unter ihrem Stand zu heiraten, ohne Mann in ihrer Familie lebt. In ihren erotischen Phantasien verfolgt sie den Ehemann ihrer Schwester Félicia, den Franzosen Jean Luze, und ihre zweite Schwester Annette, die ebenfalls ein Verhältnis mit dem schönen Franzosen sucht. Als die kränkelnde Félicia für längere Zeit die Familie verlassen muß, übernimmt sie deren Kind wie ein eigenes; die Rückkehr der Mutter zerstört diese Illusion einer eigenen Familie und treibt Claire in Mord- und Selbstmordphantasien. Gleichzeitig bricht jedoch ein Aufstand gegen die schwarzen Machthaber aus und Claire entledigt sich der aufgestauten Aggressionen, indem sie Calédu, einen Exponenten der Macht, ersticht, als dessen Komplize sie sich fühlt: Wie dieser hatte sie früher die Bauern von ihrem Land vertrieben und dem Elend überantwortet. Ihre Tat wird somit zu einem symbolischen Selbstmord. – *Colère* ist ebenfalls eine Familiengeschichte: Die Geschwister Paul und Rose leben zusammen mit ihrem Großvater, den Eltern und ihrem behinderten Bruder, und warten darauf, ihr Studium im Ausland antreten zu können. Eines Tages besetzen »*Männer in schwarzen Uniformen*« das Familienland, vermessen es neu und drängen mit Terrorakten die Familie in das Haus zurück. Feigheit und nutzlose Rhetorik bestimmen nun das Verhalten der Familienmitglieder: Die Mutter ergibt sich dem Alkohol, der Vater spielt den Verantwortlichen seine Tochter Rose zu und wird damit zu deren hochgeachtetem Komplizen. Als es ihm schließlich gelingt, die Eindringlinge durch einen Trick gegeneinander auszuspielen, ist es zu spät: Rose, die selbst von ihrem Bruder wie eine Prostituierte behandelt wird, stirbt. – Der Titel *Folie* steht für eine eigentümliche Geschichte: Fünf halbverhungerte Möchtegern-Poeten barrikadieren sich in einem Haus, um der Verfolgung durch die »*schwarzen Teufel*« zu entgehen, die die Straßen beherrschen. Nach einer Woche, in der sie nur von Alkohol leben, wagen sie einen Ausbruch, um eine Geliebte zu retten, die im Hause gegenüber wohnt. Als sie von der Polizei gefaßt werden, erfährt der durch die vorhergehenden Erzählungen irregeführte Leser, daß die Männer nur einem Wahn erlegen waren; dennoch werden sie nun wegen Erregung von Aufruhr hingerichtet.
Marie Chauvet überrascht ihre Leser immer wieder durch die beständige Variation der Erzähltechniken und -perspektiven, die auch in die einzelnen Erzählungen hineinreicht: So wechselt sie beispielsweise von der Erzähler- zur Ichperspektive *(Colère)* oder von der Prosaerzählung zum dramatisierten Dialog *(Folie)*. Diese Experimentierfreudigkeit zeigt sich auch in ihrem früheren Werk, das einen ersten Frauenroman (*Fille d'Haïti*, 1954), einen historischen Roman (*La danse sur le volcan*, 1957) sowie einen Roman nach indigenistischer Manier (*Fonds des Nègres*, 1961) umfaßt. Obgleich vielfach preisgekrönt, erfährt das Werk der einzigen nennenswerten Autorin Haitis erst jetzt eine eingehendere Würdigung. Nach M. LAROCHE steht namentlich *Folie* in einem engen Zusammenhang mit Jacques ROUMAIN und Jacques Stéphen ALEXIS, dessen Vorstellungen eines haitianischen »*réalisme merveilleux*« hier in der Form eines »*Kriminalromans*« erscheinen: Seine Lösung findet sich nicht in einer individuellen Täterfigur, sondern in der einer »*kollektiven Mentalität*« der Haitianer, die das geschilderte Drama – der Verlust des Realitätsbezuges, in dem sich Formen eines Größenwahns mit magischen Komponenten aus dem Voodoo mischen – in der haitianischen Geschichte beliebig wiederholbar erscheinen lassen. U.F.

AUSGABE: Paris 1968.

LITERATUR: M. Gardiner, *Visage de femmes, portraite d'écrivains*, Port-au-Prince 1981, S. 9–112. – L.-F. Hoffmann, *Le roman haitien. Idéologie et structure*, Sherbrooke 1982. – D. Laferrière, *M. Ch.: »Amour, colère et folie«* (in Mot pour mot. Littératures haïtiennes, 1, 1983, S. 7–10). – M. Cottenet-Hage, *Violence libératoire / violence mutilatoire dans »Amour« de Ch.* (in Francofonia, 4, 1984, Nr. 6, S. 17–28). – M. Laroche, *Trois études sur »Folie« de M. Ch.* (in M. L., *Évolutions des formes romanesques dans la littérature francophone d'Haïti*, Quebec 1984). – P. A. Sandain-Frémaint, *De la société au marronage: Itinéraire de Claire dans »Amour« de M. Ch.* (in C. Babin u. a., *Le roman féminin d'Haïti: forme et structure*, Quebec 1985).

# PADDY CHAYEFSKY

* 29.1.1923 New York
† 1.8.1981 New York

LITERATUR ZUM AUTOR:
J. M. Clum, *P.C.*, Boston 1976 (TUSAS). – F. C. Brown, *P. C.* (in *Twentieth-Century*

*American Dramatists, Part 1*, Hg. J. MacNicholas, Detroit 1981, S. 111–117; DLB, Bd. 7). – L. Field, *P. C.'s Jews and Jewish Dialogues* (in *From Hester Street to Hollywood: The Jewish-American Stage and Screen*, Hg. S. B. Cohen, Bloomington 1983, S. 137–151).

## THE TENTH MAN

(amer.; Ü: *Der zehnte Mann. Eine Legende in drei Akten*). Schauspiel von Paddy CHAYEFSKY, Uraufführung: New York, 5. 11. 1959, Booth Theatre; deutsche Erstaufführung: Berlin, 2. 10. 1962, Berliner Theater. – Schauplatz des Stückes ist eine schäbige Behelfssynagoge »*irgendwo in der Nähe von New York*«. Die Handlung umfaßt einen einzigen Tag und beginnt mit den Vorbereitungen, die einige alte Mitglieder der kleinen, armen Gemeinde für den Morgengottesdienst treffen. Wie stets bereitet es Schwierigkeiten, die vom Ritual vorgeschriebenen zehn Gläubigen zusammenzuholen. Als der alte David Foreman erscheint und verstört berichtet, er habe seine geistesgestörte Enkelin, die achtzehnjährige Evelyn, im Büro des Rabbiners versteckt, um sie vor der Wiedereinlieferung in eine Anstalt zu bewahren, kommt es zu einer Auseinandersetzung: Foreman, der Evelyn von einem »Dybuk« (d. h. von der ruhelosen Seele eines Verstorbenen) besessen glaubt, den er für den Geist eines polnischen Mädchens hält, an dem er sich einst vergangen hat, wird von dem Skeptiker Schissel des Aberglaubens geziehen. Schließlich aber beschließen alle Anwesenden, eine Dämonenaustreibung vornehmen zu lassen. Inzwischen ist draußen auf der Straße der »zehnte Mann« für den Gottesdienst gefunden worden: der junge Anwalt Arthur Brooks, der sich dem jüdischen Glauben längst entfremdet hat. Er begegnet Evelyn, zu der er, der selbst unter schweren Depressionen leidet (»*Ich kann mir keinen sinnloseren Schwindel vorstellen als mein eigenes Leben*«) und in psychiatrischer Behandlung ist, sich hingezogen fühlt und die ihm offen ihre Zuneigung zeigt. Entsetzt über den geplanten Exorzismus, kehrt er kurz nach Ende des Gottesdienstes um Evelyns willen in die Synagoge zurück. – Während Foreman und Schissel unterwegs nach Brooklyn sind, um für Dämonenaustreibung einen renommierten Rabbiner (einen »*Mann in der großen Tradition der Chassidischen Rabbiner*«) zu holen, erlebt der einst vom Glauben abgefallene Hirschman eine religiöse Erweckung. Aus Freude darüber beginnen er und die anderen einen chassidischen Tanz, der jedoch durch einen neuen schweren Anfall Evelyns unterbrochen wird. Als ihr Großvater und Schissel, die am komplizierten Verkehrssystem der Metropole gescheitert sind, allein zurückkehren, läßt sich der einstige Rabbiner Hirschman dazu bewegen, selbst den Exorzismus vorzunehmen. Wieder kostet es Mühe, zehn Glaubensgenossen zu versammeln. Erst die Anwesenheit des amtierenden Rabbiners – der durch seine Jugend und Skepsis in scharfem Gegensatz zu den Alten steht – und das Auftauchen eines jüdischen Polizisten, der nach der inzwischen als vermißt gemeldeten Evelyn sucht, ermöglichen das Austreibungsritual. Die kabbalistischen Beschwörungen üben keinerlei Wirkung auf Evelyn aus, doch plötzlich wird Arthur von einer starken Gemütsbewegung ergriffen und bricht ohnmächtig zusammen. Als er wieder zu sich kommt, ist er ein anderer Mensch: Sein »Dybuk«, die Hoffnungs- und Lieblosigkeit (»*Liebe ist ein Akt des Glaubens, und er gehört einer ungläubigen Generation an*«, hat Hirschman zuvor über ihn gesagt), ist ausgetrieben worden, sein Leben hat durch den Entschluß, fortan für Evelyn sorgen zu wollen, endlich einen Sinn bekommen.

In *The Tenth Man* mischen sich Ernst und Komik, Realismus (in Milieu- und Charakterzeichnung) und ein psychologisch verbrämter Mystizismus (im Motiv der Erweckung zu einer neuen Lebensform). Seinen internationalen Bühnenerfolg hat das Stück vor allem den Charakterporträts der alten jüdischen Emigranten mit ihren Idiosynkrasien und ihrer unterschiedlichen Einstellung zur Tradition zu verdanken. Daß diese Porträts sich gelegentlich (etwa in Foremans und Schissels Bericht von ihrer Irrfahrt durch New York) der Karikatur nähern, unterstreicht im Grund nur die Originalität der Charaktere. Über die »Botschaft« des Stücks hat sich der Autor so geäußert: »*Es will einfach sagen, daß es fruchtbarer ist, an das Unbekannte zu glauben, als an den unbekannten Dingen zu verzweifeln.*« Die Idee, die geistige Erneuerung des im Materiellen befangenen modernen Menschen – hier repräsentiert durch Arthur Brooks – durch eine fast skurril anmutende Dämonenaustreibung zu versinnbildlichen, erweist sich allerdings als nicht ganz tragfähig. Während Arthurs Unvermögen, seine innere Leere zu überwinden, durchaus glaubwürdig mit Evelyns Unfähigkeit, der äußeren Wirklichkeit standzuhalten, konfrontiert wird, erscheint die Lösung des Konflikts etwas konstruiert: Glücklicher Zufall und »märchenhafte« Fügung führen zu einem privaten Happy-End.

Nach *No T. O. for Love* und *Middle of the Night* ist *The Tenth Man* das dritte Bühnenstück Chayefskys, der zu den erfolgreichsten amerikanischen Fernseh- und Filmautoren zählt. E.J.

AUSGABEN: NY o. J. [1959]. – NY o. J. [1960].

ÜBERSETZUNG: *Der zehnte Mann. Eine Legende in drei Akten*, E. Burger (in Theater heute, 2, 1961, H. 2). – Dass., ders., Köln/Bln. 1963.

LITERATUR: A. Shub, *P. C.'s Minyan: »The Tenth Man« on Broadway* (in Commentary, 28, 1959, S. 523–527). – G. Weales, *American Drama since World War II*, NY 1962, S. 57–62. – W. Kerr, *The Theater in Spite of Itself*, NY 1963, S. 165–168. – R. S. Brustein, *Seasons of Discontent: Dramatic Opinions, 1959–1965*, NY 1965, S. 94–97. – A. Laufe, *Anatomy of a Hit: Long Run Plays on*

*Broadway from 1900 to the Present*, NY 1966, S. 249–253. – A. Lewis, *American Plays and Playwrights of the Contemporary Theatre*, NY 1970, S. 125 f.

## JOHN CHEEVER

\* 27.5.1912 Quincy / Mass.
† 18.6.1982 Ossining / N.Y.

LITERATUR ZUM AUTOR:
S. Coale, *J. Ch.*, NY 1977. – D. Coates, *J. Ch.: A Checklist, 1930–1978* (in Bull. of Bibliography, 36, 1979, S. 1–13; 49). – L. Waldeland, *J. Ch.*, Boston 1979 (TUSAS). – F. J. Bosha, *J. Ch.: A Reference Guide*, Boston 1981. – *Critical Essays on J. Ch.*, Hg. R. G. Collins, Boston 1982. – G. W. Hunt, *J. Ch.: The Hobgoblin Company of Love*, Grand Rapids/Mich. 1983. – G. Ahrends, *Adonis in Amerika: Zur Funktion transformierter Mythen in den Kurzgeschichten von J. Ch.* (in Anglia, 103, 1985, Nr. 3/4, S. 336–364). – F. J. Bosha, *The Critical Reception of J. Ch.* (in Thought Currents in English Literature, 58, 1985, S. 123–134). – S. Cheever, *Home Before Dark: A Biographical Memoir of J. Ch. by His Daughter*, NY ²1985. – B. Chaney u. W. Burton, *J. Ch.: A Bibliographical Checklist* (in American Book Collector, 7, 1986, Nr. 8, S. 22–31).

## FALCONER

(amer.; *Ü: Falconer*). Roman von John CHEEVER, erschienen 1977. – Nach schweren gesundheitlichen und persönlichen Krisen gelang Cheever mit *Falconer* und der Kurzgeschichtenausgabe von 1978 *(The Stories of John Cheever)* der endgültige Durchbruch als Autor (Verkaufserfolge, Literaturpreise, Ehrendoktor-Titel Harvard 1978). Der Gefängnisroman (die Strafanstalt Falconer ist dem berüchtigten Sing-Sing-Gefängnis nachempfunden, das in Cheevers langjährigem Wohnort Ossining im Staat New York liegt und in dem der Autor eine Zeitang unterrichtete) überraschte Kritiker und Leser, galt doch Cheever als der Chronist der Leere des Mittelstandsalltags in den Vororten amerikanischer Großstädte. Doch steht der »amerikanische Čechov« als Moralist in der Tradition Nathaniel HAWTHORNES (1804–1864). Es geht ihm um die Brüchigkeit der genau geschilderten Welt, um ein metaphysisches Sinndefizit, um seelisches Ringen. Vom metaphorischen Gefängnis der Seele in den Villenvororten war es für Cheever somit kein großer Schritt zum realen Gefängnisschauplatz in *Falconer*.

Ezekiel Farragut, ein College-Professor und drogenabhängiger Brudermörder, geht dort durch die Hölle, um am Ende zugleich mit seinem Ausbruch eine spirituelle Wiedergeburt zu erleben. Von Wärtern gequält, von seiner Frau im Stich gelassen, von Erinnerungen und seinem Sexualtrieb geplagt, verzweifelt er nicht und wird dafür durch das Wiedergewinnen der inneren wie äußeren Freiheit belohnt. – Die sechs Kapitel des Romans sind mit Ausnahme weniger Passagen aus Farraguts Perspektive erzählt. Die Einfachheit der äußeren Handlung – sie bleibt gewollt episodisch – läßt den Reichtum von Farraguts Erinnerungen und Gedanken um so deutlicher hervortreten. Als Naturliebhaber, der auch für die übernatürlichen Aspekte von Licht und Dunkelheit empfänglich ist, erlebt er den dialektischen Kontrast von Natur und Gefängniszelle, Freiheit und Gefangenschaft, Eigen- und Nächstenliebe als »*mörderische Widersprüche*«. Dazu paßt das Paradox seines Drogenkonsums, der zwar Freiheitsvisionen ermöglicht, zugleich aber abhängig macht. Anläßlich des Besuchs seiner Ehefrau Marcia entsteht gesprächsweise und in assoziativen Erinnerungen, die jedoch, Farraguts Seelenzustand entsprechend, verzerrt sind, das Mosaik einer gescheiterten Ehe. Marcias Launen, ihr Narzißmus und ihre sarkastische Grausamkeit lassen verstehen, warum er froh ist, daß sie ihn nicht öfter besucht. Die anschließende Vorstellung von Farraguts neuer »Familie«, seinen Mithäftlingen, mündet in eine Episode voll surrealistischer Gewalt: Wärter massakrieren als Vergeltung für einen Essensdiebstahl die Katzen der Häftlinge ohne Rücksicht auf deren emotionale Bindungen an die Haustiere. Daß Farraguts Katze dabei überlebt, muß als symbolischer Vorverweis verstanden werden. Im nächsten Kapitel wird der Protagonist selbst das Opfer einiger Wärter, die ihm sein Heroin vorenthalten und sich an den Entzugserscheinungen ergötzen. Allerdings genügte schon die vorausgehende Entzugsangst, um eine Kette von Erinnerungen auszulösen, die verschiedene Anschläge auf sein Leben zum Inhalt haben, besonders die an seinen Bruder Eben, einen archetypischen Übeltäter.

Die Isolation der verschärften Einzelhaft überwindet Farragut, indem er einen Federhalter ergaunert und auf Bettlaken Briefe entwirft. Wie BELLOWS Held Moses Elkanah Herzog (vgl. *Herzog*, 1964) verknüpft er dabei Philosophisches und Privates. Mit abstruser Rechtslogik macht er den Gouverneur des Staates auf die von den Wärtern erlittene Unrecht aufmerksam; seinem Bischof schreibt er theologische Spekulationen über Unschuld und Gerechtigkeit; eine frühere Freundin erinnert er an metaphysische Naturerlebnisse. Hier wird Cheevers Konzeption besonders deutlich: Der moderne Mensch bleibt für Epiphanien empfänglich (auch im Rahmen realistischer Erzählkonventionen). Wie Cheever selbst und Hawthorne ist Farragut ein Romantiker auf der Suche nach Liebe und metaphysischer Heimat; nicht zufällig stammen sie alle aus Neuengland. Die Erinnerung an eine Liebe ohne Besitzansprüche weist voraus auf seine homoerotische Beziehung zum Mithäftling Jody, die mit dessen wunderbarer Flucht im Helikopter eines die

Anstalt besuchenden Bischofs endet. Farragut diagnostiziert richtig, daß er sich in Jody eigentlich selbst liebte, denn »*sich selbst, die eigene Jugend zu umarmen, war wohl leichter als die Liebe zu einer schönen Frau*«. Das Problem wird eindringlich durch Farraguts Eheprobleme und durch die Erzählungen des Mithäftlings Cuckold (‹Hahnrei›) über dessen nymphomanische Ehefrau unterstrichen. Mit seinen antithetischen Spannungen von Idyllik und Drastik, grotesker Satire und subtiler Symbolik ist das vierte Kapitel das gelungenste des Romans. Eine Häftlingsrevolte droht vom Nachbargefängnis Amana (eine Anspielung auf die tatsächlichen Begebenheiten im Gefängnis Attica 1972) überzugreifen. Wiederum kann Farragut durch den Bau eines primitiven Radios die Kontaktsperre überwinden, was er als quasi-religiöses Befreiungserlebnis empfindet. Ihren Höhepunkt finden die nervösen Versuche der Wärter, ihre Häftlinge ständig beschäftigt zu halten, in einer grotesken Weihnachtsfoto-Aktion mitten im August. Das Schlußkapitel stellt Farraguts Bruderhaß, der zum Mord führte, und seine brüderliche Liebe gegenüber: Er pflegt einen kranken, verlassenen Mithäftling in seiner Zelle bis zum Tod, was ihm die Möglichkeit zur Flucht verschafft. Er schlüpft in den Leichensack und läßt sich in die Freiheit transportieren, wo ihm sogleich ein weiteres Exempel der Nächstenliebe widerfährt: Ein Fremder will ihn mitten in der Nacht bei sich aufnehmen und schenkt ihm einen Mantel. Zu diesen Zeichen wunderbarer Errettung, voll christlicher Symbolik, gehört auch die letztlich schmerzlose Drogenentwöhnung, die Farragut erst kurz vor dem Ausbruch eher beiläufig bewußt wird. In Cheevers Welt gibt es, auch wenn der Begriff in *Falconer* kein einziges Mal vorkommt, noch göttliche Gnade. Daß ihm Darstellung ein oft brutalen Gefängnismilieu überzeugend gelungen ist, ohne daß Cheevers geschliffene Prosa in die naheliegenden Extreme des Erbaulichen oder Naturalistisch-Drastischen verfiele, macht den erzählerischen Rang des Romans aus. H.Thi.

AUSGABEN: NY 1977. – Ldn. 1977. – Harmondsworth 1978.

ÜBERSETZUNG: *Falconer*, D. Dörr, Mchn. 1978. – Dass., ders., Mchn. 1981 (Knaur Tb).

LITERATUR: J. Didion, Rez. (in NY Times Book Review, 6. 3. 1977). – W. Clemons, *Ch.'s Triumph* (in Newsweek, 14. 3. 1977, S. 61–73; m. Interview). – J. Gardner, *On Miracle Row* (in Saturday Review, 2. 4. 1977). – J. C. Oates, *An Airy Insubstantial World* (in Ontario Review, 7, 1977, S. 99–101). – J. Leonard, *Crying in the Wilderness* (in Harper's, April 1977, S. 88 f.). – E. Kaiser, Rez. (in FAZ, 14. 1. 1978). – mey, Rez. (in NZZ, 29. 1. 1978). – R. Becker, Rez. (in Der Spiegel, 13. 2. 1979). – Chr. Rotzoll, Rez. (in Die Zeit, 7. 4. 1978). – A. v. Schirnding, Rez. (in SZ, 11. 4. 1978). – L. Waldeland, *J. Ch.*, Boston 1979, S. 127–140. – R. A. Morace, *The Religious Experience and the »Mystery of Imprisonment« in J. Ch.'s »Falconer«* (in Cithara, 20, 1980, S. 44–53). – G. M. Johnson, *The Moral Structure of Ch.'s »Falconer«* (in Studies in American Fiction, 9, 1981, S. 21–31). – S. Coale, *Ch. and Hawthorne* (in *Critical Essays on J. Ch.*, Hg. R. G. Collins, Boston 1982, S. 193–209).

## THE WAPSHOT CHRONICLE

(amer.; *Ü: Die lieben Wapshots. Chronik einer amerikanischen Familie*). Roman von John CHEEVER, erschienen 1957. – Cheever, bereits seit den frühen dreißiger Jahren (vor allem als ständiger Mitarbeiter des ›New Yorker‹) in seinen zahlreichen Kurzgeschichten ein meisterhafter Chronist des mondänen Lebens, insbesondere New Yorks, wurde international berühmt durch seinen mit dem »National Book Award« ausgezeichneten Roman *The Wapshot Chronicle* und die 1964 erschienene Fortsetzung *The Wapshot Scandal*. Weit mehr als etwa GALSWORTHYS *Forsyte Saga* oder MANNS *Buddenbrooks* ist dieser Roman eine »Chronik«: Sie berichtet von zwei Generationen der Familie Wapshot, von Lebensläufen, die reich an Berufs- und Ehekrisen sind. All das spielt in der Periode von etwa 1890 bis 1950 im Nordosten der USA, doch ist das zeitgeschichtliche Kolorit eher gelegentlich eingeblendet als konsequent und minuziös entfaltet.

Im Mittelpunkt – aber ständig umrahmt von einer Fülle pittoresker Gestalten mit oft sonderbar pikaresken »Taten« und Schicksalen – stehen der Vater Leander, Kapitän des kleinen Vergnügungsdampfers »Topaze«, die Mutter Sara, typische Matrone des lebenstüchtigen amerikanischen Mittelstandes, und die beiden Söhne Moses und Coverly mit ihren Frauen Melissa und Betsey. Leanders steinreiche Kusine Honora, trotz kurzer, bereits seit Jahrzehnten getrennter Ehe eine alte Jungfer, greift wie eine irdische Schicksalsgöttin immer wieder in das Leben der Wapshots ein, stiftet letztlich aber mehr Unheil als Heil. Cheever ist ein Meister der nie verklärenden, aber auch nie in bloßem Sarkasmus entlarvenden, vielmehr stets in unerschöpflicher Erfinderlaune humoristisch klärenden Deutung des Menschen und seiner Welt. Gewiß hat diese bei ihm durchaus lokalen Charakter – genauso wie die Welt von Anthony TROLLOPES »Barsetshire«, Gottfried KELLERS »Seldwyla«, E. A. ROBINSONS »Tilbury«, Edgar Lee MASTERS' »Spoon River«, T. F. POWYS' »Tadnol«, Marcel JOUHANDEAUS »Chaminadour« oder auch Otto F. WALTERS »Jammers«. Aus dem gleichen artistischen Instinkt, der die Welt zur Umwelt zusammenschrumpfen läßt, um ihren Menschen und deren Konflikten ein um so schärferes Relief zu geben, siedelt Cheever die Gestalten seiner Romane in einem charakteristischen Milieu an: in St. Botolphs, einer fiktiven, typisch amerikanischen Kleinstadt – jener »suburbia«, die bei ihm nun allerdings trotz aller Provinzialität keineswegs isoliert ist, sondern – relativ nahe der hektischen Weltstadt New York – ständig mit der »Wellenlänge« des modernen Großstadtmenschen in Berührung kommt. So erklärt es sich, daß zu Cheevers exemplarischer Thematik der immer von neuem ausgetragene Konflikt zwischen Neurose und Vitalität gehört. (In seinem Roman *Bullet Park*, 1962, führt das zu einer Art Urfehde zwischen »*den beiden Seiten der erschreckenden, rührenden, komischen, grausam überlasteten amerikanischen Psyche*«). Erst aus dieser Perspektive lassen sich Art und Rang seiner schriftstellerischen Leistung gerecht beurteilen: das seiner Gestaltenwelt eigene Ineinanderfließen von Ernst und Ironie, wie andererseits von Vitalität und – mitunter die Neurose streifender – Nervosität. John Cheever, eben deshalb der Schöpfer eines Pandämoniums von Exzentrikern, ist alles andere und weit mehr als ein »*vorsichtiger Therapeut der Seele*« oder gar ein »*zahnloser James Thurber*« (Irving Howe) – auch wenn er den prototypischen »Helden« seiner Wapshot-Chronik, Leander, betonen läßt: »*Keine bitteren Gefühle. Lache und die Welt lacht mit dir. Weine und du weinst allein.*« Das ist nur die lebenskluge Devise eines unvergeßlichen Sonderlings, in dem Falstaff und Don Quijote in faszinierender Bruderschaft zusammenleben.

Von diesem Leander Wapshot kann man sagen: Pralle Sinnlichkeit ist die Religion, sorgfältige Bewahrung der zeremoniellen Haltung im Leben das Ritual seines Daseins; beides ist das Vermächtnis seiner heldenhaft abenteuernden Vorfahren, und hinter beidem steht »*die wilde und sorgenfreie, die unerschöpfliche Freude am unbesiegbaren Leben*«. »*Haltet euch senkrecht. Bewundert die Welt!*«, heißt es in seinem Testament für die Söhne. Leander eigentümlich komplementär ist die Gestalt seiner Kusine Honora: eine Sphinx ohne Geheimnis, ein bei aller Verschrobenheit einleuchtendes Frauengespenst von merkwürdig beharrlicher, verdrossener, ab und an aber in jähen Befehlsgesten explodierender Einsilbigkeit. Und doch ist sie weit mehr als ein wandelndes Kuriosum. Leander fragt sich sogar, »*ob es nicht Todesfurcht war, die ihren Krebsgang durchs Leben bestimmt hatte. Es war denkbar, daß sie, indem sie all jenen Dingen auswich, durch deren Kraft-Liebe, Unkeuschheit und Seelenruhe uns die Tatsache unserer Sterblichkeit ins Gesicht geschleudert wird, das Geheimnis der Lebensfreudigkeit im Alter entdeckt hatte.*« Das Grundthema, das in der Wapshot-Chronik variationsreich orchestriert wird, spricht aus dieser Erwägung. Doch schon die erste veröffentlichte Erzählung des damals sechzehnjährigen Autors klingt in Worten aus, die als Motto über seinem bisherigen Werk stehen könnten: »*Everything outside was elegant and savage and fleshy.*«

Cheever betont, er schreibe, »*um bestimmte Verbindungen zwischen dem Licht am Himmel und dem Geschmack des Todes zu schaffen*«. Daher die eigentümliche Überzeitlichkeit der Themen seiner Romane und Erzählungen, die andererseits durchaus exemplarische Konflikte und das ganze Ambiente unseres heutigen Weltalltags enthalten; daher auch der ihnen oft eigene Zug ins Phantastische, Märchenhafte und Legendäre. Mit Zeitferne hat das nicht das mindeste zu tun, wohl aber damit, daß Cheever alles Ideologische fernliegt. Allein schon seine stets flexible, elegante, urbane und aufs feinste modulierte Diktion erweist ihn als Künstler, dem alles Abstrakte und oberflächlich Zeitgemäße zuwider ist. »*Wir leben in tieferen Schichten, und unsere Romane sollten das offenbaren.*« Denen, die neuerdings so flink und hartnäckig eine solche Haltung als fragwürdige Innerlichkeit bezeichnen, kann in Cheevers Fall entgegengehalten werden, daß er eine ausgesprochene Vorliebe für die großen russischen Romane des 19. Jh.s hegt, weil sie das Leben als ein »*gefährliches Abenteuer der Moral*« ergründen und darstellen. Nur daß der Erzamerikaner Cheever diese Aufgabe für ein Land zu leisten hat, das zum modernen Schmelztiegel vieler Nationalitäten, zu einer »*Mixtur der plebejischen Ingredienzen der gesamten Welt*« (W. D. Howells) geworden ist.

H.Hen.

AUSGABEN: *The Wapshot Chronicle:* Ldn. 1957. – NY 1957. – Harmondsworth 1963. – NY 1979 (m. *The Wapshot Scandal*). – *The Wapshot Scandal:* NY 1964. – Ldn. 1964. – NY 1973. – NY 1983.

ÜBERSETZUNGEN: *Die lieben Wapshots. Chronik einer amerikanischen Familie*, A. Dohm, Hbg. 1958. – *Die schlimmen Wapshots*, P. Baudisch, Reinbek 1967.

LITERATUR: G. Garrett, *J. Ch. and the Charms of Innocence: The Craft of »The Wapshot Scandal«* (in The Hollins Critics, 1, 1964, Nr. 2, S. 1–4; 6–12; auch in *The Sounder Few: Essays from the »Hollins Critic«*, Hg. R. H. W. Dillard u. a., Athens 1971, S. 19–41). – J. O'Hara, *C.'s »The Wapshot Chronicle«: A Narrative of Exploration* (in Crit, 22, 1980, Nr. 2, S. 20–36). – Ders., ›*Independence Day at St. Botolph's: The Wapshot Begins* (in Massachusetts Studies in English, 7, 1980, Nr. 3, S. 20–25).

---

### PETR CHELČICKÝ

\* um 1390 wahrscheinlich Chelčice bei Prachatice / Böhmen
† um 1460 Chelčice bei Prachatice / Böhmen

LITERATUR ZUM AUTOR:
F. M. Bartoš, *Kdo byl P. Ch.* (in Jihočeský sborník historický, 1946, 15). – A. S. Mégr, *Marxistické poznámky k Ch.* (in Jihočeský sborník historický, 1950, 19). – R. N. Foustka, *P. Ch. názory na stát a právo* (in Acta Universitatis Carolinæ, Prag 1955). – E. Petrů, *Soupis díla P. Ch. a literatury o něm*, Prag 1957 [enth. Bibliogr.]. – Ders., *P. Ch.*, (in *Dějiny české literatury*, Prag 1959, Bd. 1, S. 271–279). – *Výbor z české literatury doby husitské*, Hg. B.

Havránek u. a., Prag 1963, Bd. 2, S. 7–55. – A. Míka, *P. Ch.*, Prag 1963.

## SIEŤ VIERY

(atschech.; *Das Netz des Glaubens*). Traktat von Petr CHELČICKÝ, entstanden zu Beginn der vierziger Jahre des 15. Jh.s, erschienen 1521. – Das Werk, das zu den interessantesten Schriften der europäischen Religions- und Geistesgeschichte gehört, stellt bereits vor LUTHER, dem Gedankengut des Hussitismus folgend, das Gnadenprinzip *sola fide* auf und erklärt es im Verhältnis des Menschen zu Gott für allein verbindlich. Gestützt auf den Glauben und das Liebesgebot der Bergpredigt, übt Chelčický, der geistige Vater der Böhmischen Brüder, eine umfassende Kritik an der kirchlichen Dogmatik (erstes Buch) und der spätmittelalterlichen Ständegesellschaft (zweites Buch). Er bezieht sich auf das Gleichnis von Petri Fischnetz, worin sich Kaiser und Papst als *»zwei mächtige Walfische wälzen und (es) arg zerfetzen«*. Unbestechlich fordert er eine vorbehaltlose, unverfälschte Anwendung der Bergpredigt auf die gesellschaftlichen Beziehungen. So kommt er zur radikalen Theorie eines christlichen Anarchismus, der jede Hierarchie in Kirche und Staat als *»Truggebilde des Antichrist«* ablehnt. Der solchermaßen organisierte Staat erscheint Chelčický nur in einer heidnischen Gesellschaft gerechtfertigt, die sich nicht nach dem göttlichen Gesetz selbst regieren kann. Der wahre Christ darf sich der weltlichen Macht nicht unterordnen; er soll nicht aktiv an der Regierung und keinesfalls am Krieg teilnehmen.
Zwar ist dieses ungeheuer provozierende Buch *»dem Scheiterhaufen entronnen«* (L. Tolstoj), es blieb jedoch fast 400 Jahre unzugänglich. Bis 1912 war der Öffentlichkeit ein Werk vorenthalten, das über seinen geistesgeschichtlichen Wert hinaus eine Fundgrube für kulturhistorische und sozialgeschichtliche Studien darstellt. Ironisch oder ingrimmig, spöttisch oder zornig schildert der Verfasser den Habitus all jener *»Rotten«*, die sich in Petri Fischnetz im Gefolge beider Walfische breitmachen und das Volk schinden. Er gründet seine Argumente immer auf den festen Glauben an die Gleichheit aller Menschen vor Gott und wendet sich gegen die zeitgenössische, mit der Bergpredigt unvereinbare Doktrin von dem *»dreierlei Volk«*: *»Die Priester seien die Augen, die Herren die Arme und die Bauern die Beine; sodann die Verfassung dieses Leibes: die einen sollen kämpfen, die anderen beten, die dritten arbeiten – so daß zwei unersättliche Fresser auf den Bauern herumreiten und von ihrem Schweiße und ihren Schmerzen sich ein üppiges Leben bereiten. Nach solchen Berechnungen erläutert der Antichrist die heilige Kirche.«* Ohne daraus für die Bauern eine Rechtfertigung des Aufstands gegen ihre Unterdrücker abzuleiten, formulierte Chelčický als Maxime seines Hauptwerks die absolute Gewaltlosigkeit, die zugleich die Grundlage seiner christlich anarchischen Utopie ist. Diese Konzeption macht das *Netz des Glaubens* zu einem unsterblichen Dokument innerhalb der Geschichte der Humanitätsidee. Lev TOLSTOJ, der in dem Traktat die Grundgedanken seines Glaubens wiederfand, nannte es *»eine der bemerkenswertesten Schöpfungen sowohl nach der Tiefe seines Inhalts wie nach der wunderbaren Kraft und Schönheit seiner volkstümlichen Sprache«*.
W.Sch.

AUSGABEN: Kloster Vilémov 1521 [Faks. Prag 1926]. – Prag 1912. – Prag 1929 (u. d. T. *Sít' víry*, Hg. E. Smetanka). – Prag 1950, Hg. F. Šimek [Nachw. R. N. Foustka].

ÜBERSETZUNG: *Das Netz des Glaubens*, C. Vogl, Dachau/Zürich 1924 [Geleitw. T. O. Masaryk].

LITERATUR: S. Kulbakin, *Petr Chel'čickij – česskij Tolstoj XV-go stoletija* (in Vestnik Evropy, 260. 1909, S. 49 ff.). – C. Vogl, *P. C. Ein Prophet an der Wende der Zeiten*, Zürich/Lpzg. 1926. – M. Cedlová, *Náboženské názory P. Ch. a bratra Řehoře i jejich vzájemný poměr* (in Časopis Českého muzea, 106, 1932). – M. Spinka, *P. C. The Spiritual Father of the Unitas Fratrum* (in Church History, Bern, 12, 1943, S. 271–291). – R. N. Foustka, *Politické názory P. C.*, Prag 1948. – F. M. Bartoš, *P. Ch. – duchovní otec Jednoty Bratrské*, Prag 1958.

## BENEDICTUS CHELIDONIUS

Benedikt Schwalbe
* Ende 15.Jh. Nürnberg (?)
† 8.9.1521 Wien

## VOLUPTATIS CUM VIRTUTE DISCEPTATIO

(nlat.; *Der Streit der Wollust mit der Tugend*). Allegorisches Drama in drei Akten von Benedictus CHELIDONIUS, erste Aufführung: Wien 1515. – Der Mönch und spätere Abt des Wiener Schottenklosters – mit Dürer befreundeter und von CELTIS gepriesener Repräsentant des deutschen Klosterhumanismus in der Wiener Gesellschaft der Renaissance – ließ am 10. März 1515 von Schülern der Schottenschule ein allegorisches Spiel aufführen, an dem eine erlauchte Gesellschaft teilnahm, darunter Erzherzog Karl von Burgund (der nachmalige Kaiser Karl V.), die lateinkundige Königin Maria von Ungarn und Kardinal Matthäus Lang.
Nach einem Prolog in Prosa und einer Inhaltsangabe in Jamben erscheint Venus mit ihrem Gefolge und klagt über ihr geringes Ansehen. Mit Hilfe ihrer Diener Satan und Cupido versucht sie, größeren Anklang zu finden; doch ihre Bemühungen werden bald von Pallas gestört, und es kommt zu

einem Wettstreit zwischen den beiden Göttinnen. Als Schiedsrichter wird Erzherzog Karl aufgerufen. Für Venus tritt als Zeuge Epicurus auf, »*alzeit vol*«, für Pallas Hercules, »*ein man der tugend wolgemeß*« – so der deutsche Prolog. Vor den Augen des Tribunals besiegt Hercules den Geryon, die Amazone Hippolita und den Cacus. Der Schiedsspruch entscheidet schließlich für Pallas, die Gegenpartei aber holt sich – wie später häufig in der Jesuitenkomödie – der Teufel. Bescheiden überläßt Pallas Erzherzog Karl den Lorbeer, und mit einem Lob des Hauses Österreich endet das Stück.
Jedem der drei Akte geht ein vom Preco (Herold) gesprochener kurzer Prolog in deutschen Jamben voraus, ein vierstimmiger Chor in sapphischem Metrum schließt jeden Akt. Die Musik, die von dem Wiener Komponisten Jakob Diamond stammt, ist ganz im Odenstil gehalten. – Das Stück steht in der mit Johannes REUCHLINS *Sergius* (1496) und *Henno* (1497) beginnenden Tradition der lateinischen Schulkomödie. Das vielbehandelte Thema des Streits zwischen Tugend und Wollust geht letztlich auf die *Psychomachia (Der Kampf um die Seele)* des PRUDENTIUS zurück. M.Ze.

AUSGABE: Wien 1515.

LITERATUR: T. Hillmann, *Ch. v. St. Agigien zu Nürnberg* (in Studien u. Mitt. des Benediktinerordens, 58, 1950, S. 139–145). – NDB, 3, S. 1956 f. – M. Reiterer, *Die Herkulesentscheidung von Prodikos u. ihre frühhumanistische Rezeption in der »Voluptatis cum virtute disceptatio« des B. Ch.*, Diss. Wien 1957. – RL 1, S. 710; 2, S. 954. – M. Dietrich, *Ch.' Spiel »Voluptatis cum virtute disceptatio«. Versuch einer Rekonstruktion der Inszenierung* (in Maske und Kothurn, 5, 1959, S. 44–59).

---

## CHENG HAO
## CHENG YI

Cheng Hao
d.i. Cheng Mingdao
* 1032 Provinz Henan
† 1085

Cheng Yi
d.i. Cheng Yichuan
* 1033 Provinz Henan
† 1108

**ER CHENG QUANSHU**

(chin.; *Vollständige Schriften der beiden Cheng*). Gesamtausgabe der Werke der beiden chinesischen neokonfuzianischen Philosophen CHENG HAO und CHENG YI, im Jahr 1323, zur Mongolenzeit, von TAN SHANXIN herausgegeben. – Sie umfaßt sieben Teile: *1. Er Cheng yishu (Hinterlassene Schriften der beiden Cheng)* in 26 Kapiteln: In diesem Werk hat ZHU XI die von den zahlreichen Schülern der Cheng gesammelten Aussprüche und Lehren der beiden Philosophen geordnet und erstmals 1189 herausgegeben. – *2. Er cheng waishu (Ergänzende Texte der beiden Cheng)* in 12 Kapiteln, 1194 ebenfalls von Zhu Xi veröffentlicht, als Nachtrag zur ersten Sammlung, enthält weiteres von den Schülern überliefertes Material, darunter jedoch teilweise auch unechte und zweifelhafte Texte. – *3. Mingdao xiansheng wenji (Gesammelte Schriften des Meisters Mingdao* [d. i. Cheng Hao]) in 5 Kapiteln. – *4. Yichuan xiansheng wenji (Gesammelte Schriften des Meisters Yichuan* [d. i. Cheng Yi]) in insgesamt 10 Kapiteln. – *5. Zhouyi zhuan (Kommentare zu den »Wandlungen der Zhou«* [d. h. zu dem Buch der Wandlungen]) in 4 Kapiteln, ein Werk des Cheng Yi. – *6. Jingshuo (Über die Klassiker)* in 8 Kapiteln, philosophische, historische und philologische Glossen zu Klassikertexten, vor allem zum *Chunqiu*, ebenfalls von Cheng Yi verfaßt. – *7. Er Cheng siuyan (Gesammelte Aussprüche der beiden Cheng)* in 2 Kapiteln, eine von YANG SHI, einem Schüler und späteren Freund der beiden Philosophen, zum Teil aufgrund der Aufzeichnungen anderer Schüler kompilierte Sammlung von Aphorismen überwiegend des Cheng Hao.
Von den Lehren und Schriften Cheng Haos sagte einer seiner Zeitgenossen: Er »*liebt die geschlossene Darstellung, die anfänglich den Anschein erweckt, als fehle ihr ein leitender Gedanke; bei sorgsamem Studium jedoch zeigt sich ein durch das ganze Werk gehender Zusammenhang*«. Zur Schreibweise Cheng Yis dagegen bemerkt Zhu Xi: »*Seine Methode liegt in einer klaren Aufgliederung des Stoffs.*« Mehr als diese aus ihrem unterschiedlichen Charakter zu erklärenden Besonderheiten verdient der revolutionäre Sprachstil der beiden Brüder Beachtung: Durch massive Anleihen bei der Umgangssprache – in diesem Umfang im orthodox konfuzianischen Schrifttum vorher beispiellos – erreichten sie eine Flexibilität und Frische der philosophischen Prosa, die nur noch von dem brillanten Stil Zhu Xis übertroffen, dann aber nicht wieder erreicht worden ist. Selbst heute noch, nach neunhundert Jahren, zeichnet die Diktion der Cheng eine geradezu beispielhafte Modernität aus. M.P.

AUSGABEN: o. O. 1168 *(Er Cheng yishu)*. – o. O. 1173 *(Er Cheng waishu)*. – o. O. 1323. – o. O. 1606 *(Er Cheng quanshu Shanghai)*. – Shanghai 1936, 10 Bde. (*Sibu beiyao*-Ausg.). – Peking 1981, 4 Bde.

ÜBERSETZUNGEN: *The Philosophy of Cheng I. A Selection of Texts from the Complete Works*, Hg., Übers., Einl. u. Anm. Y. C. Ts'ai, Diss. NY 1950 [engl.]. – *Djin-si lu, von Dschu Hsi. Die Sung-konfuzianische Summa mit dem Kommentar des Yä Tsai*,

O. Graf, 3 Bde., Tokio 1953 (m. Erl.; Monumenta Nipponica Monogr., 12). – *Sources of Chinese Tradition*, W. T. de Bary, W. T. Chan u. B. Watson, NY 1960, S. 448–457, 476 f., 525–533, 558–564 [engl.]. – *A Source Book in Chinese Philosophy*, W. T. Chan, Princeton 1963, S. 518–571 [engl.].

LITERATUR: S. Hu, *The Natural Law in the Chinese Tradition* (in Natural Law Institute Proceedings, 5, 1953, S. 119–153). – Y. L. Fung, *A History of Chinese Philosophy*, Bd. 2, Princeton 1953, S. 498–532. – C. Chang, *The Development of Neo-Confucian Thougth*, NY 1957, S. 185–229. – A. C. Graham, *Two Chinese Philosophers: Cheng Mingdao and Cheng Yichuan*, Ldn. 1958. – A. Forke, *Geschichte der neueren chinesischen Philosophie*, Hbg. 1964, S. 69–103. – G. E. Kidder Smith Jr., *Cheng Yi's Commentary on the Yijing*, Diss. Berkeley Univ. 1979. – Fu-kuan Hsü, *A Comparative Study of Chu Hsi and the Cheng Brothers* (in *Chu Hsi and Neo-Confucianism*, Hg. Wing-tsit Chan, Honolulu 1986, S. 43–58). – A. C. Graham, *What Was New in the Cheng-Chu Theory of Human Nature?* (ebd., S. 138–158).

## ANDRÉ MARIE CHÉNIER

\* 30.10.1762 Galata bei Konstantinopel
† 25.7.1794 Paris

LITERATUR ZUM AUTOR:
P. Dimoff, *La vie et l'œuvre d'A. C. jusqu'à la révolution française, 1762–1790*, 2 Bde., Paris 1936. – G. Walter, *A. C., son milieu et son temps*, Paris 1947. – J. Fabre, *A. C., l'homme et l'œuvre*, Paris 1955. – G. Venzac, *Jeux d'ombre et de lumière sur la jeunesse d'A. C.*, Paris 1957. – F. Scarfe, *A. C. His Life and Work, 1762–1794*, Oxford 1965. – G. d'Aubarède, *A. C.*, Paris 1970. – S. Rogers, *Classical Greece and the Poetry of C., Shelley and Leopardi*, Ldn. 1974. – R. Smernoff, *A. C.*, Boston 1977 (TWAS). – F. Guitton, *Vingt ans d'études chénieristes* (in DHS, 14, 1982, S. 407–419).

## BUCOLIQUES

(frz.; *Bukolische Gedichte*). Sammlung von 27 Gedichten unterschiedlicher Länge in Alexandrinern von André Marie CHÉNIER, erschienen 1819. – Die *Bucoliques* sind während der gesamten dichterischen Tätigkeit Chéniers entstanden, sie wurden jedoch erst postum in Auswahl zusammen mit anderen Dichtungen veröffentlicht.

Die Hirtengedichte sind von Chéniers literarischem Programm der *imitation inventrice*, einer schöpferischen Nachahmung der Antike, geprägt. HOMER, die griechischen Lyriker VERGIL, LUKREZ und die elegischen Dichter Roms sind die Vorbilder für seine Idyllen. Mit der Bezeichnung *Bucoliques* will sich Chénier von der »modernisierten« Form der Schäferdichtung der französischen Renaissance und der Klassik abheben und direkt auf die antike Tradition zurückgehen. Von daher läßt sich die inhaltliche Vielfalt seiner Gedichte erklären: Es sind einmal an THEOKRIT und Vergil anknüpfende Hirtendialoge *(Arcas et Bacchylis)* und Gespräche zwischen einem jungen Hirten und dem geliebten Mädchen, die als Liebesklage *(Mnazile et Chloé)* oder als Liebeswerbung *(L'Oaristys* – Unterhaltung zwischen Daphis und dem Mädchen Naïs) konzipiert sind; hierher gehört auch das letzte, *La liberté* überschriebene Gedicht: Aus dem Vergleich zwischen einem freien und einem unfreien Hirten geht hervor, wie die Freiheit den Menschen erhöht, Unfreiheit ihn erniedrigt.

Ein anderer Teil der *Bucoliques* greift Stoffe der Ovidischen *Metamorphosen* auf: der Bericht über die Kindheit der Proserpina in Sizilien, die Darstellung des durch die Liebe hervorgerufenen Wahnsinns der Pasiphaë, der Raub der Europa durch Zeus *(L'enlèvement d'Europe)*, die Geschichte der Medea, die Entführung des Bacchus auf das Meer *(Imitation d'Ovide)*. In *La mort d'Hercule (Der Tod des Herkules)* manifestiert sich Chéniers Kunst der Szenenbeschreibung, wenn er den zum Sterben entschlossenen Herkules auf dem Scheiterhaufen aufgerichtet zeigt. Die beiden Bacchus und Diana gewidmeten Gedichte rufen feierlich die Gottheiten an und beschwören ihre Taten (Liebe des Bacchus zu Ariadne auf Naxos; Warnung, sich den Zorn der Jagdgöttin zuzuziehen, wie es einst der Jäger Aktäon getan hat). Daneben ragen einige Stücke mit stark epischem Charakter hervor, wie *Le retour d'Ulysse*, das die Rückkehr des Odysseus und die Tötung der Freier behandelt. Auch in *L'aveugle (Der Blinde)* ist ein erzählerischer Vorgang mit dramatischer Kraft gestaltet: Zwei Hirtenjungen nehmen einen namenlosen, vom Schicksal verfolgten Blinden auf; durch ihre Anteilnahme wird der Alte zunehmend gelöster, und er hebt zu einem großen Gesang an; sein Lied beschwört die Götterwelt und gipfelt in der Schilderung des Kentaurenkampfes. Die Knaben erkennen in dem Blinden den großen Homer. *Le mendiant (Der Bettler)* ist als Parallele zur Odysseus-Nausikaa-Episode aus Buch 6 der *Odyssee* gestaltet. Von strenger tektonischer Gliederung zeugen die Aufeinanderfolge der einzelnen Teile des Gedichts *Hylas*, ihre gegenseitige zahlenmäßige und inhaltliche Zuordnung: Drei Nymphen verzaubern den wasserholenden Hylas und ziehen den schönen Jüngling zu sich hinab.

Ein ähnliches Thema, den Tod eines schönen jungen Menschen, behandelt Chénier in *La jeune Tarentine (Die junge Tarentinerin)*: Auf der Überfahrt zu ihrem Bräutigam nach Sizilien wird ein junges Mädchen von Winden ins Meer gerissen. Nach dem Vorbild des antiken Threnos (Totenklage) beklagt die Natur den Tod der jungen Braut. Die Meeresgöttin Thetis befiehlt den Nereiden, den Leichnam in einem Grabmal zu bergen. *Néære* ist der Todesgesang eines Mädchens, das von ihrem Geliebten verlassen worden ist. Aus ihrer Klage spricht die Sehnsucht, nach dem Tode sich ihm in der Natur oder in Lichterscheinungen über dem Meer zu nähern. Tiefe menschliche Bewegung spricht aus *Le malade (Der Kranke)*: Ein Vater fleht die Götter um die Heilung seines todkranken Sohnes an, der aus Liebe zu Daphne sterben will; er wird geheilt, als sie ihn erhört. Im Eingangsgedicht ruft der Dichter in einer hymnenartigen Apostrophe die als Jungfrau dargestellte »Poesie« an.

Die *Bucoliques* fügen sich in die Strömung des Klassizismus ein, der sich in der zweiten Hälfte des 18. Jh.s besonders auf dem Gebiet der bildenden Kunst und der Architektur manifestierte. Die Hinwendung zum klassischen Altertum ist auch bei Chénier als Sehnsucht nach dem »Einfachen« und »Ursprünglichen« zu verstehen, als Suche nach einer heilen Welt. Immer wieder öffnet sich in seinen Gedichten der Blick auf die idyllische Landschaft eines Arkadiens, eines poetischen Idealraums, in dem sich eine schöne Natur, edle Menschen und die Gegenwart von Göttern zu einem harmonischen Ganzen verbinden. – Obwohl Chénier im engeren Sinn kein Vorläufer der Romantik war, sahen CHATEAUBRIAND, LAMARTINE, HUGO u. a. in ihm ein Vorbild.

Neben der Sammlung *Bucoliques* existieren die Fragmentgruppen *Bucoliques inachevées* (sie enthalten acht Gedichtentwürfe mit Bemerkungen des Autors, darunter das um das Pygmalion-Motiv kreisende Gedicht *Le groupe de marbre – Die Marmorgruppe* und *L'esclave – Der Sklave*), *Fragments de bucoliques* (die 23 Stücke behandeln hauptsächlich antike Sagenstoffe) und *Sujets de bucoliques* (19 skizzenartige Entwürfe). C.Le.

AUSGABEN: Paris 1819 (in *Œuvres complètes*, Hg. H. de Latouche). – Paris 1906 [Ill. Th. Fantin-Latour]. – Paris 1940 (in *Œuvres complètes*, Hg. G. Walter; Pléiade). – Paris 1966 (in *Œuvres complètes*, Hg. P. Dimoff).

LITERATUR: F. Gaiffe, *C. Les »Bucoliques«*, Paris 1961. – A. Noyer-Weidner, *Europäische Aufklärung*, Mchn. 1967, S. 189–221. – L. Sozzi, *Tradition néo-classique et renouvellement des images dans la poésie de C.* (in CAIEF, 20, 1968, S. 54–71; 298–303). – U. Töns, *Studien zur Dichtung A. C.s*, Münster 1970. – S. Rogers, *Classical Greece and the Poetry of C.*, Shelley and Leopardi, Notre Dame/Ldn. 1974. – F. Guitton, »*Les Bucoliques« de C.* (in StV, 193, 1980, S. 1604–1606). – C. E. Mullen, *C. and the Latin Love Elegy*, Diss. Ldn. 1982. – E. R. Jackson, »*Secrets observateurs*«, »*Les Bucoliques« de C.* (in Dalhousie French Studies, 6, 1984, S. 3–22).

## SUR LA PERFECTION DES ARTS

(frz.; *Über die Vervollkommnung der Künste*). Literaturtheoretischer Essay von André Marie CHÉNIER, Entstehungszeit ungewiß, postumer Teildruck 1819. – Das schmale Werk, von Chénier als größere Arbeit konzipiert, ist durch den jähen Tod seines Autors in weiten Teilen über den Status einer Materialsammlung nicht hinausgekommen. Ein längeres Fragment, dem Anschein nach als *Préface* gedacht, wurde 1819 publiziert. Die Herausgabe der übrigen Fragmente, von Chénier mit der Signatur »ω« versehen, besorgte Abel LEFRANC in der ›Revue de Paris‹ 1899. – In der Ausgabe von 1914 ordnete er die Fragmente im Hinblick auf Chéniers summarische Disposition und wählte den aus einer Textstelle abgeleiteten Arbeitstitel *Essai sur les causes et les effets de la perfection et de la décadence des lettres et des arts* (*Essay über die Ursachen und Wirkungen von Aufstieg und Verfall der Literatur und der Künste*). In seinem programmatischen Essay erörtert der Autor das Wesen der Dichtkunst im Zusammenhang mit ihrer gesellschaftspolitischen Funktion. In der *Préface* entwirft er ein idyllisches, in mancher Hinsicht an ROUSSEAU inspiriertes Bild einer republikanischen Frühzeit: »*Damals wurden auch die Künste geehrt, denn sie verdienten es. Man fand Gefallen daran, Männer zu verherrlichen, die man zum Nutzen der Allgemeinheit arbeiten sah, arbeiten auch dann noch, wenn die anderen sich ausruhten; die sich von ihren Mitbürgern durch ein Mehr an Talent unterschieden, über noch ferne Gefahren wachten, die Zukunft in der Vergangenheit lasen, ihre Kenntnisse, ihre Erfahrung, ihr Gedächtnis in den Dienst des öffentlichen Wohls stellten; die dem Vaterland mit Rat und Tat dienten, ebenso mutig wie die anderen und aufgeklärter.*«

Diesem naiven, mit revolutionärem Pathos gefeierten Idealzustand aus der Frühzeit der Republiken wird als Kontrast das Bild der Dichtkunst unter der Tyrannis entgegengehalten. Erschreckt durch die Gefahr oder auch korrumpiert durch die Gunstbeweise der Mächtigen, verkaufen die Schriftsteller ihren Geist und ihre Feder, wirken mit, das Volk zu verdummen und es seine angestammten Rechte vergessen zu machen. Nur wenige, klagt Chénier, haben sich den verderblichen Einflüssen zu entziehen gewußt und, statt panegyrische Schmeichelreden zu halten, den ersehnten Umbruch nach Kräften vorbereiten helfen. Er selbst, erschüttert über diese Zustände, habe sich zurückgehalten und hoffe auf eine Wiedergeburt der schönen Künste.

Die Disposition umfaßt im ersten Teil die der Literatur günstigen Voraussetzungen, aufgeschlüsselt nach Klima, Gesetzen, Sitten und Gebräuchen, den besonderen Umständen des Ortes und der Zeit; der zweite Teil bringt eine Aufzählung der schädlichen Einflüsse und nennt insbesondere die literarischen Gesellschaften, die Protektion der Herrscher, den Einfluß der Fürstenhöfe. Dem schließt sich eine skizzenhaft gehaltene Stil- und Geschmacksgeschichte an, die bei der *Heiligen Schrift* und den griechischen Gründerheroen beginnt, sich bis in die hellenistische Epoche erstreckt, dann über römische und Renaissanceschriftsteller zum Jahrhundert Ludwigs XIV. hinüberleitet, ehe Chénier sich ausführlich VOLTAIRE widmet. In einem dritten Teil untersucht der Autor die für seine Epoche relevanten dichterischen Grundbegriffe: Kühne Metapher und Hyperbel, Emphase und Affektation, dichterische Wahrheit und Naivität, Rhythmus, Euphonie und Sinngehalt, die Frage nach der poetischen Verwendung von Mythologie und Allegorie oder das Problem der Imitatio werden behandelt, zum Teil in recht unkonventioneller Form. Im ganzen gesehen ist der poetologische Teil zu fragmentarisch, um weitergehende Schlüsse zu erlauben; man wird ihn aber mit Gewinn zur Interpretation von Chéniers Dichtung heranziehen. Sein Gedicht *L'invention* ist gelegentlich als eine gereimte Fassung des Essays *Sur la perfection des arts* angesehen worden; in der neueren Forschung wird diese Auffassung jedoch zurückgewiesen.

K.Rei.

AUSGABEN: Paris 1819 (*Préface*, in *Œuvres complètes*, Hg. H. de Latouche). – Paris 1899, Hg. A. Lefranc (in Revue de Paris). – Paris 1914 (*Essai sur les causes et les effets de la perfection et de la décadence des lettres et des arts*, in *Œuvres inédites*, Hg. A. Lefranc). – Paris 1940, Hg. G. Walter (in *Œuvres complètes*; Pléiade). – Paris 1966 (in *Œuvres complètes*, Hg. P. Dimoff).

LITERATUR: B. Welschinger, *A. C. d'après les manuscrits originaux et ses œuvres inédites* (in Séances et Travaux de l'Académie des Sciences Morales et Politiques, 181, 1914). – Kramer, *Les nouveaux fragments posthumes d'A. C.* (in Neoph, 1916, S. 248–254). – Ders., *L'esthétique d'A. C. d'après un ouvrage posthume* (ebd., 1917, S. 8–20). – A. M. Jouglard, *L'imitation inventrice ou Les contradictions d'A. C.* (in RLC, 8, 1928, S. 640–653). – C. Cherpack, *The Structure of C.'s »L'invention«* (in PMLA, 72, 1957, S. 74–83). – M. Françon, *Sur un rapprochement entre C. et Ronsard* (in Convivium, 31, 1963, S. 35–39). – J. Fabre, *La poésie et le poète selon C.* (in Inf. litt, 18, 1966, S. 99–105). – A. Noyer-Weidner, *Literarisches Wollen u. lyrische Begabung bei C.* (in *Europäische Aufklärung*, Mchn. 1967, S. 189–221). – L. Sozzi, *Tradition néo-classique et renouvellement des images dans la poésie de C.* (in CAIEF, 20, 1968, S. 54–71; 298–303).

## MARIE JOSEPH BLAISE DE CHÉNIER

\* 28.8.1764 Konstantinopel
† 10.1.1811 Paris

## LE CHANT DU DÉPART

(frz.; *Aufbruchsgesang*). Revolutionärer Hymnus von Marie Joseph Blaise de CHÉNIER, entstanden 1794, erschienen 1798/99. – Chénier, einer der Führer des Jakobinerklubs, Freund Dantons, Abgeordneter des Nationalkonvents, war so etwas wie der offizielle Dichter der Revolution: Vor allem in Zusammenarbeit mit dem Komponisten François-Joseph Gossec (1734–1829) schuf er seit 1790 eine Reihe von Hymnen, die bei offiziellen Festen als erhabene Gesänge erbaulich-philosophischen Inhalts die Kirchenmusik (vor allem das *Te Deum*) ersetzen sollten; sie wurden von Berufsmusikern aufgeführt und waren kompositorisch anspruchsvoll, aber die einzelnen Strophen endeten häufig in einen Refrain, in den die Zuhörer hätten einstimmen können. Hymnen wurden nicht nur z. B. bei den jährlichen Gedenkfeiern zum Sturm auf die Bastille (vgl. von Chénier z. B. *Hymne pour la fête de la Fédération, le 14 juillet 1790*; *Strophes qui seront chantées au Champ de la Fédération, le 14 juillet 1792*), sondern auch bei Festzügen an bestimmten Haltepunkten gesungen (beim Trauerzug nach Mirabeaus Tod 1791 kam Chéniers *Ode sur la mort de Mirabeau* zur Aufführung; anläßlich der Überführung Voltaires ins Panthéon 1791 schrieb er eine *Hymne sur la translation du corps de Voltaire*, Musik von Gossec); das bedingt die Begleitung durch ein Militärorchester.

Die Hymnentexte verherrlichen die revolutionären Werte von Freiheit, Vaterlandsliebe etc.; seit Beginn des Krieges gegen Österreich 1792 sind auch militärische Themen häufig. Auch für das Fest des Höchsten Wesens (8. 6. 1794) hatte Gossec eine *Hymne à la Divinité* Chéniers vertont, den Robespierre dann kurzfristig durch ein anderes Stück ersetzen ließ. Am erfolgreichsten war der *Chant du départ*, der am Jahrestag des Bastille-Sturms 1794 zur Aufführung kam (Musik von Etienne-Nicolas Méhul, 1763–1817; auf die populäre Melodie wurden in den folgenden Jahren 35 neue Texte gedichtet); im 19. Jh. stand dieser Hymnus in der Beliebtheitsskala an zweiter Stelle, auch heute wird er in Frankreich noch bei politischen Versammlungen, Wahlkampfveranstaltungen etc. gesungen.

Der *Chant du départ* ruft zur Verteidigung des Vaterlandes gegen die äußeren Feinde auf; in sechs Strophen versichern ein Vertreter des Volkes, eine Mutter, zwei alte Männer, ein Kind, eine Ehefrau und ein Mädchen den Soldaten, daß sie für die gerechte Sache, nämlich für ihre französische Heimat und ihre Familien, gegen die Tyrannen kämpfen; in der letzten Strophe geloben drei Krieger, die Feinde zu vernichten. Ein Refrain (»*La République nous appelle, / Sachons vaincre ou sachons périr! / Un Français doit vivre pour elle, / Pour elle un Français doit mourir!*«) unterstreicht jeweils den Siegeswillen. Der Gedanke an die Familie (und an Frankreich, die »Mutter« aller) soll den Kämpfern Kraft geben, dem Tod mutig entgegenzutreten. A.Gi.

AUSGABEN: Paris 1798/99 (in *Recueil de chants philosophiques, civiques et moraux, à l'usage des Fêtes Nationales et Décadaires*). – Paris 1966 (in *Anthologie poétique française, 18e siècle*, Hg., Einl. u. Anm. M. Allem, S. 492/93; Pléiade).

LITERATUR: A. Coy, *Die Musik der Französischen Revolution. Zur Funktionsbestimmung von Lied und Hymne*, Mchn./Salzburg 1978. – H. Coulet, *C. poète lyrique* (in Cahiers Roucher – A. Chénier, 2. März 1982, S. 53–72). – H. U. Gumbrecht, *Chants révolutionnaires, maîtrise de l'avenir et niveau du sens collectif* (in Revue d'Histoire moderne et contemporaine, 30, 1983, S. 235–256).

## CHARLES IX, OU L'ÉCOLE DES ROIS.
Tragédie

(frz.; *Karl IX. oder Die Schule der Könige. Tragödie*). Schauspiel von Marie Joseph Blaise de CHÉNIER, entstanden 1788; Uraufführung: Paris, 4. 11. 1789, mit dem berühmten Schauspieler Talma in der Titelrolle, der als Anhänger der Revolution die konservative Truppe des Théâtre Français verlassen und ein eigenes Theater gegründet hatte. – Chéniers Drama besteht aus einer Reihe politischer Diskussionen, in denen die verschiedenen Personen ihre Grundsätze in ausgedehnten Tiraden darlegen; die Bühnenwirksamkeit kann nicht groß sein, auch wegen der traditionellen Behandlung des Verses (das starre Festhalten an der Mittelzäsur im Alexandriner bewirkt Monotonie). Der Erfolg des Stückes erklärt sich aus den überdeutlichen Bezügen auf die aktuelle politische Lage in Frankreich: Chénier nimmt die Ereignisse der Bartholomäusnacht 1572, die Ermordung der Hugenotten und ihres Führers Coligny mit Billigung des Königs und seiner Mutter, zum Anlaß, um die absolutistische Monarchie zu kritisieren, wie es vor ihm schon die Philosophen der Aufklärung getan hatten. (In den ersten Jahrzehnten des 19. Jh.s wird man Parallelen zwischen der Bartholomäusnacht und der revolutionären Schreckensherrschaft der Jahre 1793/94 ziehen).
Frankreichs König Karl IX. erscheint schwach, er läßt sich von den Höflingen, die ihm schmeicheln, und von seiner intriganten Mutter beeinflussen (Katharina von Medici ist Italienerin, also Ausländerin wie die »Österreicherin« Marie Antoinette). Die Ermahnungen Colignys, der König solle nicht länger seiner Umgebung vertrauen, sondern selbst aktiv werden, bleiben wirkungslos. Der Kanzler vermag den König durch sein Eintreten für Religionsfreiheit zu beeindrucken; dieser Kanzler, ein Mann bürgerlicher Herkunft, in den das Publikum mit Necker, dem Finanzminister Ludwigs XVI., identifizierte, widerspricht dem Kardinal, der für den Monarchen absolute Macht in Anspruch nimmt (*»Un roi peut ce qu'il veut«*), und betont, daß auch die Herrscher den Gesetzen unterworfen sind; er prophezeit eine glücklichere Zukunft, in der das Volk unter einem (konstitutionellen) Monarchen in Freiheit leben wird.
Der wankelmütige Karl IX. folgt den Lehren seines Kanzlers nicht und gibt den Befehl zur Ermordung der Hugenotten, beteiligt sich sogar selbst an dem Massaker; ihm gegenüber verkörpert der König von Navarra, der zukünftige Heinrich IV. von Frankreich, das Ideal des Monarchen: Fern von den Schmeicheleien eines Hofes unter Gleichgestellten aufgewachsen, ist er tapfer, mutig und aufrichtig und macht Karl am Ende dessen Unrecht bewußt. Heinrich steht für die Hoffnungen breiter Bevölkerungsschichten, die zu Anfang der Revolution zwar Reformen forderten, aber Ludwig XVI. als Person achteten und keineswegs die Monarchie beseitigen wollten; trotzdem veranlaßte die negative Darstellung des regierenden Herrschers bei Chénier Danton zu der Prophezeihung, *Charles IX* würde das Königtum töten, wie Beaumarchais *Le mariage de Figaro* den Adel getötet habe. A.Gi.

AUSGABEN: Paris 1790. – D. Hamiche, *Le théâtre et la Révolution. La lutte des classes au théâtre en 1789 et en 1793*, Paris 1973, S. 196–268.

LITERATUR: A. Liéby, *Etude sur le théâtre de C.*, Paris 1901. – J. Gaulmier, *De la Saint-Bartélemy au »Chant du départ«* (in RHLF, 73, 1973, S. 839–844). – S.-J. Bérard, *Le théâtre à Paris à l'époque de »Charles IX«* (in Cahiers Roucher – A. Chénier, 2. März 1982, S. 5–18).

# CHEN SHEN

d.i. Chen Sen
† 1850

## PINHUA BAOJIAN

(chin.; *Spiegel des Schauspielerlebens*). Sittenroman von CHEN SHEN, erschienen 1852. – Das meisterhaft geschriebene Werk schildert in sechzig Kapiteln das Pekinger Theatermilieu. Sein Autor, der eine Reihe von Jahren in der Hauptstadt gelebt hat und viele Schauspieler aus persönlichem Umgang kannte, offenbart darin im Detail eine scharfe Beobachtungsgabe, die ihm auch die negativen Aspekte in Leben und Treiben der gehobenen Stände erschließt. Er tritt im Roman selbst auf; aber nicht nur durch die so dokumentierte Anteilnahme, sondern ebensosehr durch die Faszination, die von seiner Darstellung der eleganten Lebewelt ausgeht, verrät sich eine ambivalente Haltung gegenüber seinen Romanfiguren. Deren genußfrohe Diesseitigkeit und Hingabe an den schönen Augenblick sind durchwoben von einem geistigen Romantizismus, und die ethischen Intentionen, die den Autor ohne Zweifel auch leiten, ihn jedoch nicht zu billigem Moralisieren verführen, verleihen dem Romangeschehen weite Dimensionen. Der gesellschaftliche Hintergrund des Romans, der um die Wende vom 18. zum 19. Jh. spielt, erinnert in manchen Zügen an die Welt der Ming-Dynastie (15.–17. Jh.), was wohl seine Ursache darin haben dürfte, daß der Autor den literarischen Vorbildern dieser Epoche verpflichtet war. Die Handlung folgt nicht großen Linien, sondern besteht aus zahlreichen, miteinander verflochtenen Episoden, deren Zusammenhang das Milieu stiftet, weshalb sich ihr Ablauf nicht sinnvoll-kurz resümieren läßt. Das Thema im engeren Sinn bildet die Homosexualität (Päderastie); allerdings ist dies kunstvoll verschleiert, denn da der Roman zum Typus der »Erzählung von begabten Gelehrten und (weiblichen) Schönheiten« gehört, folgt er in raffinierter Einfachheit den traditionellen Topoi des Genres für die Darstellung der »Schönheiten« und überträgt sie auf die jungen Schauspieler.

Die Rollenverteilung zwischen den in homoerotischer Neigung verbundenen Gestalten folgt durchweg der zwischen den beiden Haupthelden: Mei Ziyu, ein gebildeter Literatenbeamter aus der Oberschicht, ist der männliche Partner und gleichzeitig so etwas wie der Patron seines Freundes, des Schauspielers und »weiblichen« Partners Du Quinyan. In einigen der Nebenfiguren präsentiert sich das *Pinhua baojian* schließlich auch als Schlüsselroman; den prominentesten Fall bildet dabei der bedeutende Historiker, Geograph und Philologe Bi Yuan (1730–1797), der in der Gestalt des Tian Chunhang porträtiert sein soll. Das letzte Kapitel des Buchs bringt einen idealistischen und versöhnlichen Ausklang. Alle Helden vereinen sich auf einem glänzenden Gartenfest, wobei die Schauspieler als Blumenfeen gekleidet sind, Gedichte werden geschrieben oder ausgetauscht, bis schließlich in einem symbolischen Akt die Schauspieler ihren Schmuck und die Frauenkleider verbrennen, zum Zeichen dafür, daß sie ihren Beruf fortan nicht mehr ausüben werden. R.T.

AUSGABEN: o. O. 1852. – Peking 1913. – Taibei 1974, 2 Bde. [Nachdr.].

LITERATUR: K. Nagasawa, *Geschichte der chinesischen Literatur u. ihrer gedanklichen Grundlage*, Peking 1945, S. 365 f. – Sun Kaidi, *Zhongguo tongsu xiaoshuo shumu*, Peking 1957, S. 129. – Lu Hsun, *A Brief History of Chinese Fiction*, Peking 1959, S. 337–340; 440. – Kong Lingjing, *Zhongguo xiaoshuo shiliao*, Peking 1959, S. 221–226.

welche China nach dem Zerfall der Han-Dynastie (220 n. Chr.) gespalten war. Die drei Reiche haben unterschiedlich lange bestanden und wurden seit 264 durch die neu emporgekommene Dynastie Jin erobert und annektiert. Alle drei Staaten verdanken ihre Gründung militärischen Machthabern, die sich gegen Ende der Han-Zeit unter Ausnutzung der chaotischen Verhältnisse zu Kaisern aufschwingen konnten. Die Geschichte jener Zeit ist erfüllt von militärischen Aktionen und politischen Intrigen; sozialgeschichtlich ist eine gewisse Refeudalisierung der Agrarverhältnisse hervorzuheben. Die Fülle heldischer, wenn auch nach konfuzianischen Maßstäben nicht immer hoch zu bewertender Persönlichkeiten hat die Chinesen der Folgezeit beeindruckt. Namentlich in der volkstümlichen Literatur spielen die Politiker und Heerführer jener Epoche eine große Rolle. Als bedeutendstes Werk der historischen Belletristik ist der im 14. Jh. entstandene Roman *Sanguo yanyi (Erweiterte Geschichte der Drei Reiche)* zu erwähnen, eine romanhafte Ausschmückung des nüchternen Geschichtswerks und bis zum heutigen Tag eine Lieblingslektüre der Chinesen aller Stände.

Das *Sanguo zhi* gliedert sich in insgesamt 65 Kapitel, wovon 30 dem Staat Wei (221–265), 15 dem Staat Shu (221–264) und 20 dem Staat Wu (222–280) gewidmet sind. Die heutigen Ausgaben gehen auf die Überarbeitung des Werks durch PEI SONGZHI (372–451) zurück, der auch einen Kommentar dazu verfaßt hat. H.Fr.

AUSGABEN: o. O. 1190–1194; Nachdr. Shanghai 1930 (in Bona ben). – Shanghai 1936 (*Sibu beiyao*-Ausg.). – Peking 1938 *(Sanguo zhi ji Pei zhu zonghe yinde)*. – Peking 1973, 5 Bde. *(Zhonghua shuju)*.

ÜBERSETZUNGEN (Ausz.): H. H. Frankel, *Catalogue of Translations from the Chinese Dynastic Histories for the Period 220–960*, Berkeley/Los Angeles 1957, S. 11–55. – E. Chavannes, *Les pays d'occident d'après le Wei lio* (in TP, 6, 1905, S. 519–571; vgl. dazu BEFEO, 6, 1906, S. 361–400).

LITERATUR: Zhao Yiqing, »*Sanguo zhi*« *zhubu*, 2 Bde., Peking 1935. – Gao Xiufang u. Yang Ji'an, *Sanguozhi renming soyin*, Peking 1980 [Index der Personennamen im *S.*]. – Wang Tianliang, *Sanguozhi diming soyin*, Peking 1980 [dass.].

## CHEN SHOU

\* 233 Provinz Sichuan
† 297

### SANGUO ZHI

(chin.; *Geschichte der Drei Reiche*). Geschichtswerk von CHEN SHOU. – Das Buch behandelt die Geschichte der drei Teilreiche Wei, Wu und Shu, in

## MICHAIL MATVEEVIČ CHERASKOV

\* 5.11.1733 Perejaslavl'
† 9.10.1807 Moskau

LITERATUR ZUM AUTOR:
P. Thiergen, *Bemerkungen zur Versepik M. M. Ch.s* (in ZslPh, 1972, 36, S. 296–317). – M. A. Green,

M. Xeraskov an His Contribution to the Eighteenth Century Russian Theater, Diss. Univ. of California 1973 [enth. Bibliogr.]. – Ders., Kheraskov and the Christian Tragedy (in California Slavic Studies, 1976, 9, S. 1–26). – H. Rothe, Zu Ch.s Dichtungsauffassung (in Studien zu Literatur und Aufklärung in Osteuropa. Aus Anlaß des VIII. Intern. Slawistenkongresses in Zagreb, Gießen 1978, S. 93–109). – A. A. Smirnov, I v chram bessmertija provedut: k 250-letiju so dnja roždenija M. M. Ch. (in Russkaja Reč', 1983, 6, S. 8–14).

## ROSSIJADA

(russ.; Die Rossiade). Heroisches Epos von Michail M. CHERASKOV, erschienen 1779. – Die Rossijada, der Versuch eines russischen Nationalepos, basiert stofflich auf der Erzählung vom Beginn des Zarenreichs Kasan, von den siegreichen Kämpfen der Moskauer Großfürsten mit den Zaren von Kasan und von der Eroberung des Zarenreichs Kasan, einem historischen Roman aus der zweiten Hälfte des 16. Jh.s, der bis zur Neuentdeckung des Igorlieds, 1187 (vgl. Slovo o polku Igoreve), als bedeutendstes Denkmal der altrussischen Literatur galt. Historischer Hintergrund ist die Einnahme Kasans unter Ivan IV. im Jahr 1552, die für die russische Geschichte mehr bedeutete als die kampflose Abschüttelung des Tatarenjochs im Jahre 1480: Zum ersten Mal war eine Stadt des ungläubigen Erbfeinds der eigenen Herrschaft einverleibt worden.
Großfürst Aleksandr von Tver' erscheint dem jungen Zaren Ivan im Traum und befiehlt ihm, Vaterland und christlichen Glauben von der Bedrohung durch die heidnischen Tataren zu befreien. Ivan beruft eine Thronversammlung ein, bei der ihn sein Freund und Berater Adašev sowie Fürst Kurbskij in dem Entschluß bestärken, gegen die in Kasan residierenden Tataren zu ziehen. – Beunruhigt von der Kunde eines russischen Heerzugs sucht die tatarische Königin Sumbeka Beistand bei den Geistern: Ihr aus dem Grab beschworener, toter Gatte Safgirej rät ihr, sie solle Alej, den russenfreundlichen, früheren Kasaner Zaren, heiraten und ihm die Herrschaft übergeben. Schon bei der ersten Begegnung entbrennen Sumbeka und Alej in Liebe zueinander. Aber es gilt eine Reihe von Hindernissen zu überwinden, bis sie unter dem Schutz Ivans vereint werden: Die Tatarenfürsten Osman, Astalon und Sargun bemühen sich um Sumbeka, der heidnische Oberpriester Seït versucht, seine Position dadurch zu stärken, daß er die Zarin für sich gewinnt, wird aber schließlich von der Frau des Krimfürsten Iskanar, der seinem Ränkespiel zum Opfer gefallen ist, enthauptet. – Den Heerzug gegen die Tataren gefährden Naturmächte und Höllengeister, und das »Böse« selbst in Gestalt Mohammeds bedroht den »christlichen Zaren«. Tröstlich steht dem aber eine Zukunftsvision gegenüber, die Ivan die ruhmreiche Entwicklung Rußlands bis zur Zeit Katharinas II. vor Augen führt. – Machtkämpfe im eigenen Lager schwächen unterdessen die Tatarenfürsten. Auf Geheiß eines Engels flieht Sumbeka vor den Nachstellungen machtgieriger Heiden zu Ivan nach Svijažsk und wird dort mit Alej vermählt. Ivan rückt nun mit seiner ganzen Streitmacht gegen Kasan vor. Weder das Eingreifen der persischen Amazone Ramida noch die Zaubermächte von Ramidas Vater Nigrin können den Sieg des russischen Heeres vereiteln. Nach blutigen Kämpfen nimmt der russische Zar die Stadt ein und läßt einen Altar errichten.

Seit Beginn des Klassizismus hatte es nicht an Bemühungen gefehlt, ein russisches Nationalepos zu schaffen. Die Anfang der dreißiger Jahre des 18. Jh.s geplante Petrida (Petriade) KANTEMIRS blieb jedoch wie LOMONOSOVS Epos Pëtr Velikij, 1760 (Peter der Große), und SUMAROKOVS Dmitrijada, 1769 (Demetriade), unvollendet. Andererseits wurde in der Vorrede zu TREDIAKOVSKIJS Tilemachida, 1766 (Telemachide), das Epos als »Gipfel, Krone und Grenze der Wirksamkeit der menschlichen Vernunft«, als »Höhepunkt und endliche Vollendung aller künstlerischen Nachahmungen« gerühmt. So blieb die Schaffung eines Nationalepos für den russischen klassizistischen Dichter weiterhin vornehmste und dringlichste Aufgabe. Cheraskov, der diese Forderung erfüllt hatte und von seinen begeisterten Zeitgenossen als »russischer Homer« gefeiert wurde, sicherte sich mit seinem von Patriotismus und Bewunderung für die imperialistischen Eroberungen Katharinas durchdrungenen Epos einen bedeutenden Platz in der Dichtung des 18. Jh.s. Als Vorbilder nennt er die Ilia, die Odyssee und die Aeneis, doch auch VOLTAIRES Henriade und TASSOS Gerusalemme liberata beeinflußten den Autor. Als »echtes« klassizistisches Epos folgt die Rossijada allen Anforderungen des Genres: das Thema – ein wichtiges Ereignis der vaterländischen Geschichte; die Gestalten – rationalistisch gezeichnet; der Umfang – mit zwölf Gesängen (in Alexandrinern) der Forderung nach großem Volumen der Epopöe entsprechend; auch die traditionelle Einleitung mit Nennung des Themas und Musenanruf fehlt nicht. Nach dem Vorbild anderer europäischer Nationalepen, jedoch entgegen den Regeln BOILEAUS, führt Cheraskov christlich-mythologische Phantastik (Eingreifen höherer Mächte, Zauber usw.) ein, die, verbunden mit den zahlreich in die Haupthandlung eingeflochtenen Liebesabenteuern, ein »poetisiertes, romantisiertes moskovitisches und tatarisches Mittelalter« (Stender-Petersen) erstehen läßt. Die Romanhaftigkeit der (gänzlich enthistorisierten) Erzählung geht mit einer Senkung des thematischen Niveaus und Retardierung im episch-erhabenen Stil einher, der auch die Sprache der Rossijada entspricht. Nach Lomonosov und Trediakovskij konnte die einfache Sprache in einem hohen Poem nicht mehr ohne weiteres verwendet werden, und auch die Natürlichkeit der Sumarokov-Schule war für dieses Genre unpassend. Cheraskovs »mittlerer erhabener Stil« stellt somit einen Kompromiß dar. Zwar verwendet der Dichter volkstümliche Wörter, aber er kleidet sie in ein kirchenslavisches Gewand, um sie dem Gesamtgepräge der Sprache einzuordnen. Seine Sätze sind pompös und kompliziert, nie jedoch auf Kosten der natürlichen Wortstellung. Das Ergebnis der Bemühungen Cheraskovs um eine Vereinigung von Volks- und Kirchensprache war ein (trotz zahlreicher Inkonsequenzen) harmonischer Satzfluß, der die Bewunderung seiner Zeitgenossen erregte, freilich aber nicht lebensfähig genug war, um eine neue poetische Sprache zu schaffen (Stender-Petersen).

E.Kö.

AUSGABEN: Moskau 1779. – Moskau 1807 (in *Tvorenija*, Bd. 1). – Petersburg 1895. – Leningrad 1961 (in *Izbr. proizv.*; Ausz.).

LITERATUR: G. Kuncevič, »*Rossijada« Ch. i. istorija o Kazanskom carstve* (in Žurnal ministerstva narodnogo prosveščenija, 1901, S. 1–15). – A. N. Sokolov, *Očerki po istorii russkoj poėmy XVIII i pervoj poloviny XIX v.*, Moskau 1955. – A. V. Zapadov, *Tvorčestvo Ch.* (in M. M. Cheraskov, *Biblioteka poėta B. S.*, Leningrad 1961, S. 5–56). – P. Thiergen, *Studien zu M. M. Ch.s Versepos »Rossijada«. Materialien und Beobachtungen*, Bonn 1970. – M. Colucci, *Genèse et structure de la Rossiada de M. M. Ch.* (in *Lidová tradice; přátele k 85. narozeniám Akademika Jiřího Horáka*, Hg. J. Jech u. O. Skalníková, Prag 1971, S. 851). – P. Thiergen, *Die Schildbeschreibung in Ch.s »Rossijada«. Bemerkungen zu Geschichte und Form einer epischen Ekphrase* (in Arcadia, 1972, 7, S. 200–215).

## CHARLES WADDELL CHESNUTT

\* 20.6.1858 Cleveland / Oh.
† 15.11.1932 Cleveland / Oh.

LITERATUR ZUM AUTOR:
H. M. Chesnutt, *Ch. W. Ch.: Pioneer of the Color Line*, Chapel Hill 1952. – J. N. Heermance, *Ch. W. Ch.: America's First Great Black Novelist*, Hamden/Conn. 1974. – R. Bone, *Down Home*, NY 1975, S. 74–106. – W. L. Andrews, *Ch. W. Ch.: An Essay in Bibliography* (in Resources For American Literary Study, 6, 1976, S. 3–22). – Ders., *The Works of Ch. W. Ch.: A Checklist* (in Bull. of Bibliography, 33, 1976, S. 45–47, 52). – E. Terry, *Ch. W. Ch.: A Victim of the Color Line* (in Contributions to Black Studies, 1, 1977, S. 15–44). – C. W. Ellison u. E. W. Metcalf Jr., *Ch. W. Ch.: A Reference Guide*, Boston 1977. – M. Plessner, *Ich bin der dunklere Bruder: Die Literatur der schwarzen Amerikaner*, Hagen 1977, S. 127–142. – F. R. Keller, *An American Crusade: The Life of Ch. W. Ch.*, Provo 1978. – S. L. Render, *Ch. W. Ch.*, Boston 1980 (TUSAS). – W. L. Andrews, *The Literary Career of Ch. W. Ch.*, Baton Rouge 1980. – R. O. Chesnutt, *Romanticism in the Fiction of Ch. W. Ch.: The Influence of Dickens, Scott, Tourgée, and Douglas* (in CLA, 26, Dez. 1982, S. 145–171). – K. Ensslen, *Einführung in die schwarzamerikanische Literatur*, Stg. 1982. – J. E. Wideman, *Ch. W. Ch. and the WPA Narratives: The Oral and Literate Roots of Afro-American Literature* (in *The Slave's Narrative*, Hg. C. T. Davis u. H. L. Gates Jr., Oxford 1985, S. 59–78). – W. Sollors, *Beyond Ethnicity: Consent and Descent in American Culture*, NY/Oxford 1986. – J. F. Callahan, *In the African-American Grain. The Pursuit of Voice in Twentieth-Century Black Fiction*, Urbana/Chicago 1988, S. 39–61.

## THE COLONEL'S DREAM

(amer.; *Der Traum des Colonels*). Roman von Charles W. CHESNUTT, erschienen 1905. – Nachdem er sich als erfolgreicher Geschäftsmann in New York etabliert hat, will Colonel Henry French in seiner Heimatstadt Clarendon im Süden der USA einen Erholungsurlaub verbringen. Der fünzigjährige Witwer, der Clarendon als junger Mann verlassen hat, wird sich dort nicht nur alter gefühlsmäßiger Bindungen bewußt, sondern beschließt auch, der stagnierenden Kleinstadt Entwicklungshilfe angedeihen zu lassen. Durch den Wiederaufbau einer verfallenen Textilfabrik will er den apathischen Weißen und Schwarzen Arbeit verschaffen und die Errichtung von Zulieferbetrieben (z. B. einer Ziegelei) anregen. Er hofft, den Unternehmungsgeist der Einwohner zu wecken und mit den wirtschaftlichen auch die politischen Verhältnisse und nicht zuletzt das Schulwesen der Stadt verbessern zu können, ohne die Sozialstruktur – und damit auch die gesellschaftlichen Vorurteile – radikal anzugreifen. Doch er unterschätzt den Widerstand, den seine Pläne auslösen, und zwar nicht nur beim heimlichen Boß der Region, dem Spekulanten und Emporkömmling Fetters. Vergeblich versucht der Colonel, aus aristokratischem, wohlwollend-paternalistischem Verantwortungsgefühl der Willkür der Gerichte und der Polizei (besonders in bezug auf die Schwarzen) entgegenzutreten. Den gefügigen alten Peter, vor dem Bürgerkrieg Haussklave der angesehenen Familie French und Henrys Spielgefährte, kann er zwar von der überall schweigend geduldeten erpresserischen Ausbeutung befreien, den selbstbewußten Bud Johnson aber nicht vor der Brutalität des *convict labor* (Zwangsarbeits)-Systems und vor einem tragischen Ende bewahren. Frenchs Aufbauarbeit werden ständig Hindernisse in den Weg gelegt, weil er auch die schwarzen Bürger am Fortschritt teilhaben läßt und weil er die absolute Rassentrennung nicht als unabdingbare Voraussetzung für den Bestand der Südstaatengesellschaft betrachtet. Bei dem Versuch, den einzigen Sohn des Colonels zu retten, verliert der alte Peter das Leben, und als French ihn neben dem Sohn bestatten läßt, bekommt er den ganzen aufgestauten Haß der Weißen zu spüren:

Ein anonymer Mob wirft nachts den Sarg des Negers vor seine Tür. Verbittert gibt Colonel French (dem es auch nicht gelungen ist, seine erneut umworbene Jugendfreundin Laura zu einer anderen Einstellung und Lebensweise zu bewegen) alle Reformversuche auf und kehrt dem Süden für immer den Rücken.

Colonel French repräsentiert jenen besseren »stillen Süden«, an den auch der weiße Schriftsteller G. W. CABLE aus New Orleans in beredten Essays (*The Silent South*, 1885; *The Negro Question*, 1890) und Romanen (vgl. *The Grandissimes*, 1880) immer wieder appellierte, der aber im Zuge der *reconstruction*, der Verfestigung alter Machtstrukturen und dem Scheitern der Interventionsversuche des Nordens, am Ende des 19. Jh.s einen »soliden«, »lilienweißen« (d. h. von der totalen Vorherrschaft der Weißen bestimmten) Süden das Feld geräumt hatte. Der pessimistischen Beurteilung der historischen Situation angesichts der geschlossenen Front eines fanatisierten, alle pragmatischen Erwägungen hintanstellenden Kollektivwillens steht bei Chesnutt der optimistische Glaube gegenüber, daß in einer Ära beispielloser wirtschaftlicher Expansion dieses Verhalten unzeitgemäß ist: Am Ende seines Buches beschwört er, offenbar überzeugt von der aufklärerischen Wirkung des ökonomischen Fortschritts, den »mitreißenden Strom einer neuen Zeit«, der auch Clarendon erfassen wird.

Die kulturpsychologische Anprangerung eines seine Traditionen krampfhaft verteidigenden Südens, in dem sich letztlich nur skrupellose Ausbeuter wie Fetters (Vorläufer von FAULKNERS Snopes-Sippe, vgl. *The Hamlet*) und seine Handlanger behaupten werden, wird in diesem letzten Erzählwerk des ersten bedeutenden afroamerikanischen Romanschriftstellers des USA noch dadurch verschärft, daß er das Dilemma nicht aus der Perspektive eines Schwarzen, also eines der Hauptopfer der Verhältnisse, darstellt, sondern aus der eines zunehmend ernüchterten Weißen, der ironischerweise die besten Eigenschaften des alten Südens verkörpert und immer wieder zu seiner eigenen Rechtfertigung ins Feld führt. Der soziale und politische Anspruch der Schwarzen wurde zwar in früheren Romanen des Autors am Thema der Mischehe (*The House behind the Cedars*, 1900 – *Das Haus hinter den Zedern*) und der Forderung nach politischer Mitbestimmung (*The Marrow of Tradition*, 1901 – *Der Kern der Tradition*) deutlicher artikuliert, kommt aber auch in *The Colonel's Dream* am Beispiel einiger Nebenfiguren zum Ausdruck (zu denen außer dem rebellischen Bud Johnson und dem domestizierten Peter vor allem der geschäftstüchtige, auf unauffällige Weise in das Besitzbürgertum aufsteigende Friseur und der zum Dienstmann abgesunkene Schulleiter zählen).

Obwohl Chesnutt dem Publikumsgeschmack der Zeit durch Verwendung melodramatischer Elemente im Stil der *romance* (Schatzsuche, *crime de passion*) und durch konventionelle Erzähltechnik bewußt entgegenkam (ähnlich wie er in seinen ersten Erzählungen – zusammengefaßt in *The Conjure Woman*, 1899 – auf die populäre Plantagen-Tradition der *Uncle Remus*-Geschichten zurückgriff), fand dieser Roman eine nicht weniger laue Aufnahme als seine früheren. Daraufhin beschloß der Autor, keine weiteren Erzählwerke zu verfassen. Die gesellschaftskritische Pionierleistung und die thematische und sozialpsychologische Eigenständigkeit von Chesnutts Romanen und Erzählungen sind von der Literaturkritik erst in jüngster Zeit (Andrews) adäquat gewürdigt worden. Die Wirkung seiner Einsichten in den Zustand der amerikanischen Gesellschaft und die Lage der schwarzen Minderheit wurde zum Teil dadurch abgeschwächt, daß er selbst der gesicherten Bourgeoisie angehörte und deren von Selbstgefälligkeit nicht freie Lebensweise teilte. K.E.

AUSGABEN: NY 1905; Nachdr. 1969. – Ldn. 1905.

LITERATUR: R. Bone, *The Negro Novel in America*, New Haven/Ldn. 1958; ern. 1965, S. 35–38. – L. Jones, *The Myth of ›Negro Literature‹* (in *Home. Social Essays*, NY 1966, S. 105–107). – J. Chametzky, *Our Decentralized Literature: A Consideration of Regional, Ethnic, Racial, and Sexual Factors* (in Jb. f. Amerikastudien, 17, 1972, S. 56–70). – A. Angoff, *American Writing Today: Its Independence and Vigor*, NY 1967; ern. 1971, S. 100. – S. L. Blake, *A Better Mousetrap: Washington's Program and »The Colonel's Dream«* (in CLA, 23, 1979, S. 49–59).

## THE CONJURE WOMAN

(amer.; *Die Zauberin*). Erzählungen von Charles W. CHESNUTT, erschienen 1899. – Der aus gesundheitlichen Gründen von Ohio nach North Carolina umgesiedelte, am Weinanbau interessierte weiße Gutsherr John gerät beim Ankauf seines neuen Besitzes an den betagten Schwarzen Julius McAdoo, der auf seinem Land eine Hütte bewohnt. Um Auskunft gebeten, erzählt ›Uncle Julius‹ mit *The Goophered Grapevine (Der verhexte Weinstock)* die erste einer Reihe von sieben Geschichten über den alten Süden (vor Bürgerkrieg und Emanzipation), die allmählich ihre komplexe taktische und gesellschaftskritische Funktion entfalten: Sie sollen dem schwarzen Erzähler einmal gewisse praktische Vorteile verschaffen, die er seiner übermächtigen weißen Umwelt nur mit List abringen kann; zum anderen sollen sie den mit dem Süden nicht vertrauten Zuhörern (John und seiner Frau Annie) – und durch sie den weißen Lesern um 1900 – ein bestimmtes, pointiert dramatisiertes Bild von der Lage der schwarzen Sklaven (und ihrer Erben) vor Augen führen und ihre Sympathie unauffällig steuern; und schließlich wollen sie in Erzählstoff, Sprachform und spielerischer Gestaltung der Erzählsituation den Anspruch des Schwarzen auf eine eigene Perspektive, sein Recht auf historisches Zeugnis und auf kulturelle Selbstdarstellung im Text verkörpern. Der unter kühler Sachlichkeit sein interessiertes Verständnis maskierende John (er hat Julius gleich nach der ersten Begegnung als Kutscher angestellt) und die gefühlsbetont reagierende ›Mis' Annie‹ verkörpern im Erzählrahmen des Bandes dabei sorgfältig gradierte Möglichkeiten einer analytischeren oder sentimentalischen Aufnahme der dargestellten Welt des sklavenhaltenden Südens, die ein noch uninformiertes, von tradierten Stereotypen vorbelastetes Lesepublikum schrittweise und am besten unbemerkt an ein kritischeres Bild vom alten Süden heranführen sollen.

Alle Geschichten des Bandes verbindet als zentrale Metapher die im Titel genannte *conjure woman*, eine mit Zauberkräften ausgestattete Frauenfigur in wechselnden Verkörperungen, die ihre übernatürlichen Kräfte nur in der ersten Geschichte (als thematischen Köder für den weißen Leser) einem weißen Weinbergbesitzer zugute kommen läßt (wenn sie nämlich schwarze Traubendiebe in den natürlichen Wachstumszyklus von Aufblühen und Verfall der Rebstöcke miteinbannt, wovon der weiße Herr beim Sklavenverkauf gezielt profitiert). Die anderen Geschichten des Buches offenbaren die eigentliche Stoßrichtung der Erzählstoffe: In *Po' Sandy (Der arme Sandy)* hilft die schwarze Zauberin einem Sklaven, sich der Willkür seines Besitzers zu entziehen, indem sie ihn, in einen Baum verwandelt, am Lebensplatz seiner Frau festbannt; daß in deren Abwesenheit der Baum gefällt und zu Bauholz zersägt wird, ist unvorhergesehene tragische Wendung, die die unmenschliche Verfügung über schwarze Schicksale symbolisch überhöht zeigt (und auf der pragmatischen Ebene Julius die Nutzung eines Holzhauses als Kirche sichern hilft). *Mars Jeems's Nightmare (Master James' Alptraum)* kommentiert die Unnatur der Rollen von *master* und *slave* noch drastischer, wenn hier der weiße Herr zum schwarzen Sklaven verhext wird und am eignen Leib dessen menschenunwürdige Lage erfahren muß. Annäherung an Märchenstruktur und Verstärkung des Gefühlsappells bestimmen *Sis' Becky's Pickaninny (Schwester Beckys Kleinkind)*, wo die Trennung von Mutter und Kind durch das Eingreifen des Zaubers in die wirtschaftlichen Interessen der Sklavenhalter aufgehoben werden kann (über den sardonisch illustrierten Marktwertvergleich von Pferden und schwarzen Kindern). Eine ähnlich gefühlsbetonte, aber mit der Zerstörung zweier Sklaven endende Geschichte am Ende des Bandes zeigt, wie sich der anfangs zur Sicherung einer Liebesbeziehung bemühte Zauber gegen die Liebenden selbst wendet und ihre Ohnmacht gegen Fremdbestimmung und persönliche Mißgunst noch erhöht *(Hot-Foot Hannibal – Leichtfuß Hannibal)*. In zwei anderen Geschichten wird die numinose Macht schwarzer Hexerei als Drohgebärde eingebracht, auch wenn sie thematisch einmal in Form zerstörerischer Eifersucht *(The Gray Wolf's Ha'nt – Das Gespenst des grauen Wolfes)*, das andere Mal als gefährliche Kompetenzanmaßung *(The Conjurer's Revenge – Die Rache des Zauberers)* ganz in der Binnengemeinschaft der schwarzen Sklaven angesiedelt ist.

Chesnutts Erzählband sucht in Form und Thematik gezielt die mehr oder weniger kaschiert eingebrachte Auseinandersetzung mit den literarischen Leitbildern seiner Zeit, die von der Aneignung schwarzer Figuren und Folklore durch weiße – der sogenannten Plantagen-Tradition und ihren beschönigenden Bildern vom alten und neuen Süden verpflichtete – Autoren wie Joel Chandler HARRIS (*Uncle Remus*-Geschichten) und Thomas Nelson PAGE geprägt waren (und kurz nach 1900 durch die Romane von Thomas DIXON Jr., noch gefährlich mit Aggressionspotential angereichert wurden). Während Page schwarze Figuren auch als Erzähler (vgl. *In Ole Virginia*, 1887) ganz entmündigte, verharmloste und zu Reflektoren überlegener weißer Lichtfiguren degradierte, hatte Harris der sozialen Subalternität von Uncle Remus zumindest im authentisch belassenen Erzählstoff schwarzer Folklore ein Gegengewicht gesetzt und schwarze Umgangssprache genauer notiert; er blieb jedoch weitgehend der verklärenden Darstellung verhaftet. Chesnutt hingegen verstand sein literarisches Schaffen als engagierte Parteinahme und richtete sein Bemühen bewußt auf eine allmähliche Veränderung der deklassierenden Denkweisen aus.

Chesnutt hatte es nicht zuletzt der Beliebtheit der Uncle-Remus-Geschichten zu verdanken, wenn er nach mehr als einem Jahrzehnt intensiver Bemühung (seine erste bedeutende Erzählung, *Uncle Peter's House*, mit deutlich ironischem und polemischem Bezug zu *Uncle Tom's Cabin*, erschien 1885 nur in einer Zeitung) schließlich erst 1899 sein erstes Buch veröffentlicht sah. Auch hier mußte der Autor Abstriche hinnehmen: Sieben weitere Uncle-Julius-Geschichten hatte der Verlag für den Band abgelehnt (darunter eine, *The Marked Tree – Der gezeichnete Baum*, die allzu offen die Zauberkraft der schwarzen Frau in den Dienst der Rache einer schwarzen Mutter gegen die Familie ihres weißen Herrn stellte), einige davon wurden nur in Zeitschriften, zwei gar nicht abgedruckt. Die Verhandlungen mit dem Verlag über diesen Band wie über eine zweite Sammlung von Erzählungen (*The Wife of His Youth*, 1899 – *Die Ehefrau seiner Jugendzeit*) und Chesnutts ersten Roman (*The House Behind the Cedars*, 1900 – *Das Haus hinter den Zedern*) schleppten sich über viele Jahre hin und konnten dem Autor nur für kurze Zeit Zugang zum Markt eröffnen, der mit der Veröffentlichung seines dritten Romans (*The Colonel's Dream*, 1905 – *Der Traum des Colonels*) auch schon beendet war. Sein in frühen Tagebüchern schon skizziertes Konzept einer taktisch maskierten, didaktisch planvoll auf den Abbau weißer Vorurteile zielenden Literatur konnte den Ausschluß afroamerikanischer Themen und Stimmen aus dem Literaturbetrieb der Zeit nur vorübergehend überwinden, wie u. a. auch das Schicksal des Erzählwerks seines Zeitgenossen Paul L. DUNBAR (1872–1906) belegt.

Als Vorläufer einer erst in den dreißiger Jahren sich auf breiter Front durchsetzenden Erzählliteratur der schwarzen Minderheit in den USA stellt *The Conjure Woman* gerade für die kürzere Form, zusammen mit einigen Kurzgeschichten von Dunbar, einen wichtigen Meilenstein dar und spiegelt in der Aufnahme dieser Form auch das wachsende Gewicht des Zeitschriftenmarktes im letzten Viertel des 19. Jh.s. An erzähltechnisch komplexer, ironisch-kritischer Durchdringung gesellschaftlich wirksamer literarischer Bilder und ihrer planvollen Konterkarierung war Chesnutt Dunbar und anderen Autoren der Zeit weit überlegen. Mit dem Motiv des *conjuring* greift er ein in der afroamerikanischen Literatur weit zurückreichendes Kürzel für Widerstand und eigenständige Kulturformen auf, das auf den Kontext von Voodoo als Teil eines nichtchristlichen, afrikanischen und noch heute lebendigen Erbes verweist und in jüngster Zeit von Ishmael REED in seinem Roman *Mumbo Jumbo* (1972) auf virtuose Weise vertieft worden ist. Chesnutt brachte auch das mündliche Idiom seiner Gruppe, als *Negro dialect* bis zur Harlem Renaissance der zwanziger Jahre in Verruf geraten, geschmeidiger, subtiler und in seinem gegennormativen Ausdruckswert adäquater in sein erstes Buch ein als in der literarischen Praxis jener Zeit üblich und verlieh ihm darüber hinaus im Mund des schwarzen Erzählers eine viele Register umfassende sinnlich-poetische Evokationskraft. Erst Langston HUGHES (1902–1967) und Zora Neale HURSTON (1903–1960) sollten in den dreißiger Jahren mit ihrem Erzählwerk dort wieder anknüpfen und die mündliche Tradition des schwarzen Amerikaners zu einem angesehenen Instrument künstlerischer Selbstdarstellung machen. K.E.

AUSGABEN: Boston/NY 1899. – Boston 1928. – Ann Arbor/Mich. 1969 [Einl. R. Farnsworth]. – Vgl. auch *The Short Fiction of Ch. W. Ch.*, Hg. S. Lyons Render, Washington D.C. 1974.

LITERATUR: R. E. Baldwin, *The Art of »The Conjure Woman«* (in AL, 43, 1971, S. 385–398). – D. D. Britt, *Ch.'s Conjure Tales: What You See Is What You Get* (in CLA, 15, 1972, S. 284–294). – M. Dixon, *The Teller as Folk Trickster in Ch.'s »The Conjure Woman«* (ebd., 18, 1974, S. 186–197). – H. Jaskoshi, *Power Unequal to Man: The Significance of Conjure in Works by Three Afro-American Authors* (in Southern Folklore Quarterly, 38, 1974, S. 91–108). – J. Weyant, *Ch. Ch.'s »The Conjure Woman«. A Prophecy of the Contemporary White American Family* (in *Afro-American Folklore: A Unique American Experience*, Hg. G. E. Carter u. J. R. Parker, La Grosse 1975, S. 45–51). – R. E. Hemenway, *The Functions of Folklore in Ch. Ch.'s »The Conjure Woman«* (in Journal of the Folklore Institute, 13, 1976, S. 283–309). – G. C. Oden, *Ch.'s Conjure as African Survival* (in MELUS, 5, 1978, S. 38–48). – P. J. Delmar, *Elements of Tragedy in Ch. W. Ch.'s »The Conjure Woman«* (in CLA, 23, 1980, S. 451–459). – E. Terry, *The Shadow of Slavery in Ch. Ch.'s »The Conjure Woman«* (in Ethnic Groups, 4, 1982, S. 104–125).

**PHILIP DORMER STANHOPE, 4. EARL OF CHESTERFIELD**

\* 22.9.1694 London
† 24.3.1773 London

LITERATUR ZUM AUTOR:
R. Cexon, *C. and His Critics*, Ldn. 1925. – S. Shellabarger, *Lord C.*, Ldn. 1935. – S. L. Gulick, *A C. Bibliography to 1800*, Charlottesville 1936; ³1979. – S. Shellabarger, *Lord C. and His World*, Boston/Toronto 1951. – W.-D. Haag, *Die Weltanschauung Lord C.s*, Diss. Heidelberg 1956. – F. L. Lucas, *Lord C.* (in F. L. L., *The Search for Good Sense*, Ldn. 1958, S. 131–176). – S. M. Brewer, *Design for a Gentleman*, Ldn. 1963. – B. Willey, *Lord C.* (in B. W., *The English Moralists*, 1964, S. 269–282). – R. A. Barell, *C. et La France*, Paris 1968. – P. J. Korshin, *The Johnson – C. Relationship: A New Hypothesis* (in PMLA, 85, 1970, S. 247–259).

### LETTERS WRITTEN BY THE EARL OF CHESTERFIELD TO HIS SON PHILIP STANHOPE

(engl.; *Briefe des Grafen Chesterfield an seinen Sohn Philipp Stanhope*). Briefe von Philip Dormer Stanhope, 4. Earl of CHESTERFIELD, erschienen 1774. – Die in lateinischer, englischer und französischer Sprache verfaßten Briefe, die der Staatsmann und Diplomat ab 1737 an seinen unehelichen Sohn schrieb, sind eine Art Leitfaden des guten Benehmens und der »Kunst, ein Mann von Welt und ein Gentleman zu werden«. Ihnen liegt die aufklärerische Überzeugung zugrunde, daß *»jeder verständige Mensch durch entsprechende Erziehung, Besonnenheit, Aufmerksamkeit und Emsigkeit aus sich machen kann, was er will«.*
Den Schlüssel zu einer erfolgreichen Karriere sieht Chesterfield in *»gründlichster Bildung und artigsten Manieren«*, und selbst die Liebe empfiehlt er als Mittel, es in der Gesellschaft zu etwas zu bringen. Praktische Lebensregeln (*»Auf die Dauer hast weder Du noch sonst jemand mehr als sechs, im Höchstfall sieben Stunden Schlaf nötig«*) stehen neben moralischer Belehrung (*»Sich bewußt in Tugend zu üben ist die einzige feste Grundlage der Glückseligkeit«*). Wenn in den Briefen einer Art »Machiavellismus des persönlichen Lebens« das Wort geredet wird, so stellt sich dieser doch in äußerst zivilisierter Form dar. Denn Gewalt, Bösartigkeit und Gemeinheit gingen dem am optimistischen Menschenbild SHAFTESBURYS und BOLINGBROKES orientierten Autor gegen den Geschmack. Und wenn sein puritanisch empfindender Zeitgenosse Dr. Samuel JOHNSON ihm dennoch *»die Moral einer Hure und die Manieren eines Tanzmeisters«* nachsagte, so war das erstere ein Mißverständnis, das letztere kein stichhaltiger Einwand und über-

dies der unfaire Gebrauch einer von Chesterfield selbst gelieferten Waffe: Da er verständlicherweise auf das gute äußere Benehmen seines Sohnes großen Wert legte, hatte er ihm in einem der Briefe empfohlen, sich von einem Tanzmeister belehren zu lassen. »*The graces*«, äußere Anmut und innerer Anstand – das ist es, was der Vater immer wieder verlangte und was der Sohn, ein für diese von Geist und Weltverständnis übersprudelnden Briefe gänzlich ungeeigneter Adressat, nicht erfüllen konnte. Er starb übrigens fünf Jahre vor seinem Vater, und es stellte sich heraus, daß er heimlich geheiratet hatte und Vater zweier Kinder war. Die Noblesse und Beherrschung, mit der Chesterfield diese gewissermaßen doppelte Enttäuschung seines Ehrgeizes für den Sohn – und seines Bildungsoptimismus – hinnahm, die freundliche Art, in der er mit der unerwünschten Schwiegertochter korrespondierte und für seine Enkel sorgte, zeugt nicht gerade von einem »Mangel an Herz«, wie ihn die (bürgerliche) Nachwelt aus seinen Briefen zu lesen glaubte.

Bis zu seinem Tod führte Chesterfield sein Erziehungswerk in Briefen an seinen Patensohn (und Erben des Titels) Philip Stanhope weiter. Beide Briefsammlungen stehen in der Tradition jener Lehrbücher der Lebensklugheit und des Anstands, die von CASTIGLIONES *Il cortegiano* (1528) über GRACIÁNS *Oráculo manual* (1647) bis zu KNIGGES *Über den Umgang mit Menschen* (1788) reicht. Ihr Reichtum an Menschenkenntnis, Witz und praktischer Weisheit rückt Chesterfields Briefe in die Nähe der Schriften der großen französischen Moralisten. H.L.-KLL

AUSGABEN: Ldn. 1774, Hg. E. Stanhope, 2 Bde.; ⁷1776, 4 Bde. – Ldn. 1792, Hg. dies., 4 Bde. – Washington 1901, 2 Bde.; Einl. O. H. G. Leigh; ern. NY 1917. – Ldn. 1901, 2 Bde., Hg. u. Einl. Ch. Strachey [Anm. A. Calthrop]; ³1932. – Ldn./Toronto 1929, Hg. R. K. Root (Everyman's Library; ern. 1957). – Ldn./NY 1932 (in *The Letters*, Hg. u. Einl. B. Dobrée, 6 Bde.). – Ldn. 1956 [Ausw.].

ÜBERSETZUNGEN: *Briefe des Herrn Philipp Dormer Stanhope, Grafen von Chesterfield an seinen Sohn*, I. G. Gellius, 6 Bde., Lpzg. 1774–1777. – *Briefe des Grafen von Chesterfield an seinen Sohn*, F. Streißler, Lpzg. 1895. – *Lord Chesterfields Briefe an seinen Sohn*, nach I. G. Gellius bearb. u. hg. von H. Feigel, 2 Bde., Mchn. 1912 (Die Bücher der Abtei Thelem, 8/9).

LITERATUR: V. Woolf, *Lord C.'s »Letters to His Son«* (in V. W., *Second Common Reader*, Ldn. 1932, S. 89–96). – S. L. Gulick, *The Publication of C.'s »Letter to His Son«* (in PMLA, 51, 1936, S. 165–177). – J. W. Krutch, J. Barzun u. M. Van Doren, *C.'s »letters to His Son«* (in *New Invitations to Learning*, Hg. M. Van Doren, NY 1942, S. 269–282). – C. Price, *»The Art of Pleasing«: The Letters of C.* (in *The Familiar Letters in the Eighteenth Century*, Hg. H. Anderson u. a., Lawrence/Kans. 1966, S. 92–107). – R. M. Kelly, *C.'s Letters to His Son: The Victorian Judgement* (in Tennessee Studies in Literature, 15, 1970, S. 109–123). – P. Rogers, *Literary Allusions in C.'s Letters* (in NQ, 31, 1984, Nr. 1, S. 45–48).

## GILBERT KEITH CHESTERTON

\* 29.5.1874 Kensington
† 14.6.1936 London

LITERATUR ZUM AUTOR:
*Bibliographien*:
J. Sullivan, *Ch. A Bibliography*, Ldn. 1958. – *An Index to G. K. Ch.*, Hg. G. W. Sprug, Washington D. C. 1966. – J. Sullivan, *Ch. Continued: A Bibliographical Supplement*, Ldn. 1968. – Ders., *Ch. Bibliography Continued* (in Ch. Review, 2, 1975/1976, S. 94–98; 2, 1976, S. 267–272; 3, 1976/1977, S. 141–171). – Ders., *Additions to Ch. Three* (ebd., 7, 1981, Nr. 3, S. 225–258).
*Biographien*:
D. Barker, *G. K. Ch.: A Biography*, NY/Ldn. 1973. – A. S. Dale, *The Outline of Sanity: A Biography of G. K. Ch.*, Grand Rapids 1982.
*Gesamtdarstellungen und Studien*:
M. Ward, *G. K. Ch.*, Regensburg 1956. – C. Hollis, *The Mind of Ch.*, Ldn. 1970. – K. Amis, *Four Fluent Fellows. An Essay on Ch.'s Fiction* (in Encounter, 41, Okt. 1973, S. 94–100). – L. J. Clipper, *G. K. Ch.*, NY 1974 (TEAS). – *G. K. Ch.: A Century Appraisal*, Hg. J. Sullivan, NY 1974. – I. Boyd, *The Novels of G. K. Ch.: A Study in Art and Propaganda*, NY 1975. – L. Hunter, *G. K. Ch.*, NY 1979. – M. Ribstein, *G. K. Ch., création romanesque et imagination (1874–1936)*, Paris 1981.

## THE BALL AND THE CROSS

(engl.; Ü: *Ballspiel mit Ideen*). Roman von Gilbert Keith CHESTERTON, erschienen 1909. – Zwei Männer, ein überzeugter Atheist und eifriger Katholik, beschließen, ihren Streit über den Wert der christlichen Religion durch ein Duell zu entscheiden. Als beide wegen gesetzwidrigen Verhaltens vor Gericht zitiert werden, erscheint die Angelegenheit noch relativ harmlos, aber bald werden die Kontrahenten in eine Reihe phantastischer Abenteuer verwickelt und, als sie – vergeblich – versuchen, ihr Duell doch noch auszufechten, von der Polizei kreuz und quer durch England verfolgt. Aber es ist nicht nur die Polizei, die sie daran hindert, einander zu töten: Ihre Absicht wird auch von Verfechtern anderer Ideologien vereitelt, die zur Debatte der Antagonisten ihren eigenen Beitrag liefern. Während ihrer abenteuerlichen Flucht lernen die beiden, ihren Kampf nicht mit dem Schwert, sondern mit der Waffe des Arguments auszufechten. Letzter Schauplatz dieses extravaganten und symbolträchtigen Buchs ist ein Irrenhaus, in dem die meisten der im Roman auftretenden Personen von »Professor Luzifer« und seinen Anhängern – für Chesterton die Verfechter des wissenschaftlichen Materialismus – gefangengehalten werden.

Im Verlauf ihrer Reise gelingt es den beiden Gegenspielern, in der Debatte die Anhänger verschiedenster Ideologien zu besiegen: die Humanitarier Tolstojscher Prägung, die Verfechter von Carlyles Ideen über Macht und Heldentum, von Shaws Sozialismus und von verschiedenen, auf Rousseaus *Contrat social* basierenden philosophischen Richtungen, aber auch die Gefolgsleute von Wells, Freud, Marx und zahllosen anderen. In den Augen der einem krassen Materialismus anhängenden Welt besteht jedoch das tatsächliche Verbrechen der beiden darin, daß sie die Religion überhaupt ernst nehmen und daß sie das Christentum wieder zum Gegenstand einer weltweiten Diskussion machen. Hier identifiziert sich Chesterton, dessen eigene Denkweise eine seltsame Mischung von Anarchismus und christlichem Glauben war, weitgehend mit seinen beiden Protagnoisten. Man mag das Ergebnis seiner mutigen Attacken gegen so viele einflußreiche Ideologien mit Vorbehalt betrachten – zumindest war seiner Absicht Erfolg beschieden, die christliche Religion im allgemeinen und den Katholizismus im besonderen den zeitgenössischen literarischen und intellektuellen Kreisen als Diskussionsthema wieder interessant erscheinen zu lassen. In seiner Methode, bestimmte Ideen in literarischer Verkleidung populär zu machen, ähnelt er SHAW. Allerdings erschwert diese Methode die literarische Bewertung des vorliegenden Werks als Roman, ein Problem, das sich auch bei *The Man Who Was Thursday (Der Mann der Donnerstag war)* und *The Napoleon of Notting Hill (Der Held von Notting Hill)* stellt. Es wäre leicht möglich, lange Passagen aus diesen Büchern zu Essays zu konzentrieren. Vielleicht erklärt sich gerade daraus, warum *The Ball and the Cross* sich zu seiner Zeit großer Beliebtheit erfreute, heute jedoch weniger gelesen wird als andere Werke Chestertons. J.v.Ge.

AUSGABEN: Ldn. 1909. – Ldn. 1935 (in *Stories, Essays and Poems*).

ÜBERSETZUNG: *Ballspiel mit Ideen*, M. Müllerott, Freiburg i. B. 1963.

LITERATUR: W. Blissett, »*The Ball and the Cross*« *(1910)*, (in The Ch. Review, 8, 1982, Nr. 1, S. 30–34).

## THE FATHER BROWN STORIES

(engl.; *Die Geschichten von Pater Brown*). Detektiverzählungen von Gilbert Keith CHESTERTON, erschienen 1911–1935. – Die ursprünglich in verschiedenen Zeitschriften einzeln abgedruckten Erzählungen wurden später in fünf Bände, jeweils unter einem gemeinsamen Obertitel, zusammengefaßt: *The Innocence of Father Brown*, 1911 *(Priester und Detektiv), The Wisdom of Father Brown*, 1914 *(Das Paradies der Diebe), The Incredulity of Father Brown*, 1926 *(Ein Pfeil vom Himmel), The Secret of Father Brown*, 1927 *(Das Geheimnis des Paters Brown), The Scandal of Father Brown*, 1935 *(Wer war der Täter?)*.

Mit diesen Erzählungen bewies der Autor, der sich als Romancier, Literarhistoriker, Historiker, Essayist und Pamphletist einen Namen gemacht hatte, nicht nur aufs neue seine Vielseitigkeit, sondern er bereicherte damit die Detektivgeschichte um Züge, die sie auch für den Verächter dieser Gattung reizvoll machen. Die Kürze der Erzählungen erlaubt Chesterton nicht, jene zahlreichen, oft raffinierten technischen Einzelheiten in Handlung und Dialog einzuflechten, die sich in den klassischen Kriminalromanen finden (ein Mangel, der den Autor höchst wahrscheinlich weniger bekümmerte als manchen seiner Leser). Andererseits nimmt – und hier zeigt sich, daß Chesterton auch in diesen Geschichten in erster Linie Dichter ist – die minuziöse Schilderung von Landschaften, Behausungen und Naturereignissen einen unverhältnismäßig breiten Raum ein, auch da, wo sie – wie etwa bei der Beschreibung des drohenden Gewitters in *The Insoluble Problem (Das unlösbare Problem)* – für die Exposition oder die Lösung des fraglichen Falles unerheblich ist. Für Chesterton ist sie ein Mittel, dem englischen Alltag unvermittelt einen Anhauch märchenhafter, meist makabrer Fremdartigkeit zu verleihen.

Obwohl die Geschichten weitgehend den konventionellen Mustern folgen, die seit Wilkie COLLINS und Conan DOYLE für den englischen Detektivroman vorgegeben sind, und obwohl sie auch deren Schwächen aufweisen – Unwahrscheinlichkeit der Situationen, Allgegenwart des Hauptdetektivs, stupende Torheit der Polizisten und Berufskriminalisten, oberflächliche Charakterisierung der Personen –, unterscheiden sie sich doch in einem wesentlichen Punkt von denen anderer Kriminalschriftsteller: Es geht dem Autor weniger um die Enthüllung als vielmehr um die moralischen und religiösen Implikationen des Verbrechens. Darum sind die *Father Brown Stories* kaum je blutrünstig; das wichtigste Requisit des Kriminalromans, die Leiche, kommt in einem guten Drittel der Erzählungen überhaupt nicht vor. Die psychologischen Motive einer Tat und die weltanschauliche Haltung, der sie entspringt, die seelischen Bedingungen, unter denen ein »normaler« Mensch die Grenzen der moralischen Konventionen überschreitet – das, und nicht die Tat als solche, fesselt den ungewöhnlichen Privatdetektiv dieser Geschichten, den kleinen, rundlichen, sanftmütig wirkenden, scheinbar zerstreuten katholischen Priester. Vorurteilslosigkeit, Mitgefühl und Toleranz, die Fähigkeit, sich in die Lage eines anderen zu versetzen, gesunder Menschenverstand, Beobachtungsgabe und Intuition sind die Ingredienzien des »Geheimrezepts«, mit dem Father Brown, dieser seltsamste aller Detektive, seine Erfolge erzielt. Diese Eigenschaften sind es auch, die ihn zu einer lebensechten Gestalt machen und ihm, neben seinem gutartigen, aber höchst schlagfertigen Witz, die Sympathien des Lesers gewinnen. So sind Chestertons Kriminalfälle, die sich an Einfallsreichtum mit allem messen können, was die erfolgreichen Professionellen des Detektivromans zu bieten haben, mehr als nur hochkomplizierte Denksportaufgaben, an denen der Leser sich auf abstrakt-rationalistische Weise delektiert. Ihr Kern ist jeweils ein allgemein interessierendes moralisches, psychologisches oder theologisches Problem, und sie würden nicht von Chesterton stammen, wenn sie nicht auch gelegentliche polemische Ausfälle enthielten, die das Lesevergnügen eher noch steigern. KLL

AUSGABEN: *The Innocence of Father Brown*: Ldn. 1911. – *The Wisdom of Father Brown*: Ldn. 1914. – *The Incredulity of Father Brown*: Ldn. 1926. – *The Secret of Father Brown*: Ldn. 1927. – *The Scandal of Father Brown*: Ldn. 1935. – *The Father Brown Stories*: Ldn. 1929. – Ldn. 1953 [1. vollst. Ausg.]. – Ldn. 1959. – Harmondsworth 1981.

ÜBERSETZUNGEN: *The Innocence ...: Priester und Detektiv*, H. M. v. Lama, Regensburg 1920. – *Die verdächtigen Schritte* u. *Die Sünden des Prinzen Saradin*, Tl. 1 u. 2, dies., Mchn. 1927; *Der Hammer Gottes*, H. Fischer, Mchn. 1964. – *The Wisdom ...: Das Paradies der Diebe*, C. Meitner, Mchn. 1927. – *The Incredulity ...: Ein Pfeil vom Himmel*, D. S. Keller, Bln. 1927. – *The Secret ...: Das Geheimnis des Paters Brown*, R. Nutt, Mchn. 1929. – Dass., ders., Ffm. 1955. – Dass., A. P. Zeller, Mchn./Zürich 1958. – *The Scandal ...: Wer war der Täter?*, K. Demmer, Wien 1948. – *Das Geheimnis des Pater Brown: Detektivgeschichten*, A. P. Zeller, Mchn./Zürich 1976; 4 1980.

VERFILMUNGEN: *Father Brown Detective*, USA 1934 (Regie: E. Sedgwick; nach *The Wisdom ...*). – *Father Brown*, USA 1954 (Regie: R. Hamer). – *Das schwarze Schaf*, Deutschland 1960 (Regie: H. Ashley). – *Er kann's nicht lassen*, Deutschland 1962 (Regie: A. v. Ambesser).

LITERATUR: G. Bullett, »*The Innocence of Father Brown*«, Ldn. 1923. – J. O'Connor, *Father Brown on Ch.*, Ldn. 1937. – H. Haycraft, *Murder for Pleasure: The Life and Times of the Detective Story*, NY/Ldn. 1941. – W. White, *G. K. Ch.'s Father Brown: A Bibliography* (in Armchair Detective, 16, 1983, Nr. 3, S. 251–256). – W. Reinsdorf, *The Perception of Father Brown* (in Ch. Review, 10, 1984, Nr. 3, S. 265–274).

# THE FLYING INN

(engl.; Ü: *Das fliegende Wirtshaus*). Roman von Gilbert Keith CHESTERTON, erschienen 1914. –

Teils politische Satire, teils Farce, gehört *The Flying Inn* zu den Romanphantasien, in denen Chesterton auf extravagante Weise seine Ansichten über die politische, soziale und religiöse Entwicklung zu Beginn des 20. Jh.s äußerte. Die grotesken Ereignisse des Romans werden ausgelöst von Lord Ivywood, der, unter dem Einfluß des Islam stehend, ganz England »trockenlegen«, d. h. alle Wirtshäuser im Land schließen lassen will. Sein pfiffiger Gegenspieler ist der Ire Dalroy, der nach seltsamen Abenteuern auf einer fiktiven Mittelmeerinsel zu seinem Freund Pump, dem Besitzer des Wirtshauses »Zum alten Schiff«, nach England zurückgekehrt ist. Als der alkoholfeindliche Lord mit Hilfe juristischer Spitzfindigkeiten die Schließung des Wirtshauses durchsetzt, organisieren Dalroy und Pump eine Art Widerstandsbewegung. Da noch immer – zum großen Unbehagen des Lords – das Gesetz gilt, daß Alkohol überall dort verkauft werden darf, wo ein Wirtsschild steht, ziehen die beiden Kumpane mit einem Schnapsfaß und dem in letzter Minute sichergestellten Schild von Ort zu Ort, versorgen durstige Kehlen und schlagen dem Lord und anderen »Gasthausvertilgern« ein Schnippchen nach dem anderen. Schließlich entfesseln sie sogar einen Aufstand der trinkfreudigen Massen.

Das Buch erschien zu einer Zeit, als die geistreiche Auseinandersetzung G. K. Chestertons und seines Freundes Hilaire BELLOC mit den »Fortschrittlern«, insbesondere mit H. G. WELLS und G. B. SHAW, in der Öffentlichkeit großes Interesse fand. Wie immer benutzt Chesterton jede Gelegenheit, seinem Mißbehagen an einer unruhigen Zeit Luft zu machen, die seiner Meinung nach erhaltenswerte Traditionen unterdrücke, ja zertrümmerte und einem gefährlichen Individualismus huldigte. Allerdings tut er es hier vorwiegend im humorvoll-optimistischen Ton dessen, der den gesunden Menschenverstand und die natürliche Lebensfreude vieler für beständiger hält als die esoterischen Ideen weniger. – Formal leidet auch dieser Roman, den man eine »soziopolitische Allegorie« genannt hat, unter Chestertons Neigung, seine sprühenden Einfälle, seine witzige Argumentation und seine grotesken Übertreibungen allzu breit auszuwalzen. Er, der von Shaws Paradoxa gesagt hat, sie seien »Beweisführungen, aus Ungeduld zu einem Epigramm gekürzt ... und beinahe unverständlich geworden«, verfällt leicht ins andere Extrem. – Mitreißend wirken nach wie vor die eingestreuten Trinklieder, die später in den Gedichtband *Wine, Water and Song* aufgenommen wurden. J.v.Ge.

AUSGABEN: Ldn. 1914. – Harmondsworth 1958.

ÜBERSETZUNG: *Das fliegende Wirtshaus*, J. Grabisch, Mchn. 1922. – Dass., ders., Ffm. 1959. – Dass., ders., Mchn./Zürich 1976; ³1981.

LITERATUR: J. Coates, *Symbol and Structure in »The Flying Inn«* (in Ch. Review, 4, 1978, S. 246–259).

# THE MAN WHO WAS THURSDAY.
## A Nightmare

(engl.; Ü: *Der Mann, der Donnerstag war. Eine Nachtmahr*). Roman von Gilbert Keith CHESTERTON, erschienen 1908. – Die entsprechend dem Untertitel im Irrealen angesiedelte Handlung besteht aus einer burlesken Folge phantastischer Abenteuer von sechs führenden, jeweils nach einem Wochentag benannten Mitgliedern einer undurchsichtigen Anarchistenbewegung. Titelheld ist der Dichter Gabriel Syme, der unter geheimnisvollen Umständen von der Londoner Kriminalpolizei als Detektiv für die Antianarchistenabteilung angeworben wird. Durch geschickte Ausschaltung des ursprünglichen Kandidaten gelingt es ihm, als »Donnerstag«, d. h. als Vertreter der Londoner Filiale, in den Zentralen Anarchistenrat gewählt zu werden. Dort lernt er den Anführer Sonntag kennen, kolossal und schauererregend wie die Memnonmaske im Britischen Museum, das Schreckbild seiner Jugend. In einer Fülle erheiternder Abenteuer enthüllen sich die sechs »Wochentage« allmählich voreinander, während sie durch England und Frankreich jagen und sich gegenseitig bespitzeln. Schließlich stellt sich heraus, daß alle verkleidete Polizeidetektive sind. Sie beschließen, den Kampf gegen den unheimlichen Sonntag gemeinsam aufzunehmen, und hoffen, dessen magische Gewalt durch die Rumpelstilzchenfrage nach seinem wahren Namen brechen zu können. Sonntag verrät ihnen nur, daß er sie alle als Polizisten angeworben hat; seine wahre Identität aber werde ihnen ewig ein Rätsel bleiben. Dann flieht er, und es beginnt eine groteske Jagd durch London: Von einer Droschke schwingt sich der Verfolgte auf ein Feuerwehrauto, reitet dann auf einem Zoo-Elefanten durch die Straßen und steigt schließlich mit dem Fesselballon einer Ausstellung in den Himmel auf, wobei er seine Verfolger mit Papierknäueln unsinniger Botschaften bombardiert. Die Jagd endet auf den Hügeln Surreys, wo die sechs abgehetzten Wochentage das Rätsel des entschwundenen Führers zu ergründen suchen. Als einer den Namen »Pan« ausspricht, landet wie auf ein Stichwort der Ballon. Die Sechs werden in prunkvollen Equipagen unter feierlichem Zeremoniell zu einem langen, niedrigen Haus geleitet, das sie an ihre Jugendzeit erinnert. Dort werden sie im Auftrag des »Meisters« für einen Kostümball eingekleidet. Ihre Gewänder sind bestickt mit Symbolen aus dem ihrem Wochentag entsprechenden Kapitel der Schöpfungsgeschichte. Abends spielt sich im Garten ein riesiges Maskentreiben ab, bei dem in einem absurden Menschheitskarneval alle Personen und Gegenstände der Erzählung miteinander tanzen. Sonntag, ganz in Weiß gekleidet, tritt auf und antwortet auf die abermalige Frage nach seinem Namen: »*Ich bin der Sabbat, ich bin der Gottesfriede.*« Diesem Anspruch begegnen die Wochentage mit einem Schwall von Klagen über sein bisheriges, dieser Behauptung gänzlich widersprechendes Verhalten. Zuletzt erscheint eine schwarzgekleidete Gestalt, der echte Donnerstag, dessen Wahl Syme verhindert hatte, der gefallene Erzengel und wahre Anarchist. Er greift die Anklage auf und bezieht die ganze Weltordnung in sie ein, vor allem auch die naive Selbstsicherheit der sechs Wochentage. Syme widerlegt und steigert gleichzeitig die Ausführungen des Revolutionärs durch den leidenschaftlich vorgebrachten Beweis, daß die scheinbar Herrschenden noch unglücklicher sind als die Unterdrückten. Angesichts dieses allgemeinen Leidens ruft er Sonntag zu: »*Hast du jemals gelitten?*« Und Sonntags seltsam lächelndes Gesicht wird immer größer, bis es schließlich den ganzen Himmel füllt und alles verdunkelt. Kurz vor dem Verlöschen des letzten Lichtstrahls hört man von fernher eine singende Stimme: »*Vermagst du aus dem Kelch zu trinken, aus dem ich trinke?*«

Spätestens mit der ersten Namensfrage an Sonntag gewinnt der Roman, der sich zunächst wie eine harmlos-heitere Detektivgeschichte liest, metaphysische Relevanz. Die große Schlußszene enthüllt dann alle tieferen Beziehungen. Die Ankläger treten als die sieben Erzengel stellvertretend für die Menschheit auf. Sie werfen Sonntag seine unbegreifliche Ruhe angesichts des menschlichen Leidens vor und argwöhnen, daß er mit ihrer Not nur spiele. Das bei Chesterton mehrfach wiederkehrende Motiv des spielenden Gottes, des »*unsterblichen Schulbuben*«, der die Welt aus einer Laune zum Gegenstand seines Gelächters schuf, wird hier zum Zentralthema. Das vorangehende unsinnige Karnevalstreiben scheint die trunkene Spielfreude dieses Kind-Gottes zu bestätigen; seine Selbstbezeichnung als »Gottesfriede« erscheint wie blanker Hohn. Trotzdem geht die Anklage irgendwie daneben. Sonntag ist nicht der christliche Schöpfergott, sondern die heidnische Naturgottheit, die panischen Schrecken sät, um über die Erschreckten zu lachen. Chesterton selbst hat sich gegen die Deutung Sonntags als Gottessymbol verwahrt. Für ihn ist er der Inbegriff aller ungebändigten, sinnlosen Naturkräfte, welche die Menschheit seit jeher erfolglos zu zähmen sucht. Und doch erwächst gleichzeitig aus ihm die Rettung, denn am Schluß wandelt sich dieser Pan-Sonntag zum christlichen Gott, der indirekt das Prinzip Hoffnung kündet. Auch Gott hat gelitten wie der Mensch, will das auf die *Bibel* anspielende Schlußzitat besagen, und sich doch nicht von der Menschheit abgewandt. Dadurch wird der heidnische Spuk zwar nicht sinnvoller, aber erträglich. Im Wissen um Leiden und Sieg Christi kann der Mensch das sinnlose Spiel der natürlichen Schöpfung geduldig erleiden. Dies ist die Antwort des Christen Chesterton auf die Herausforderung eines anarchistischen Nihilismus, und deshalb ist der Roman trotz seiner absurden Züge ein optimistisches Buch.

Als Chestertons tiefsinnigstes Werk hat es zahlreiche Neuauflagen erlebt und ist noch heute populär. Ein Psychoanalytiker berichtet von der heilenden Wirkung dieses Romans auf viele verzweifelte Patienten. Die Literarkritiker haben an ihm manches zu tadeln gefunden: In ihrer Irrealität seien die Episoden oft farcenhafte Zerrbilder, die Handlung sei zu einseitig auf das Pradoxe hin angelegt, die metaphysischen Bezüge seien teils zu seicht, teils zu verworren. Chesterton selbst hat später eingeräumt, daß seine Gedanken zur Zeit der Abfassung des Werks vielleicht in manchem noch unausgegoren gewesen seien. Dennoch ist der Roman, dessen seltsamer Titel (er weckt Erinnerungen an Robinson Crusoes Freitag) bei seinem Erscheinen zu vielen Parodien Anlaß gab (u. a. *The Man Who Was Thirsty*, in Anspielung auf Chestertons Trinkfreudigkeit), in seinem künstlerlichen und philosophischen Kern weitgehend vom Wechsel der Zeitmoden unberührt geblieben und dürfte neben Chestertons *Father Brown Stories* am längsten überdauern. W.Fü.

AUSGABEN: Ldn. 1908. – Ldn. 1936 (in *A G. K. Ch. Omnibus*). – NY 1960. – NY 1986.

ÜBERSETZUNGEN: *Der Mann, der Donnerstag war*, H. Lautensack, Mchn. 1910. – Dass., B. Sengfelder, Mchn. 1960. – Dass., ders., Mchn./Zürich 1976. – Dass., H. Lautensack, Stg. 1982.

DRAMATISIERUNG: A. E. Joans-Chesterton u. R. Neale, *The Man Who Was Thursday*, Ldn. 1926.

LITERATUR: K. Youngberg, *Job and the Gargoyles: A Study of »The Man Who Was Thursday* (in Ch. Review, 2, 1976, S. 240–252). – D. J. Leigh, *Politics and Perspective in »The Man Who Was Thursday«* (ebd., 7, 1981, Nr. 4, S. 329–336).

## THE NAPOLEON OF NOTTING HILL

(engl.; *Ü: Der Held von Notting Hill*). Roman von Gilbert Keith CHESTERTON, erschienen 1904. – Schauplatz des Geschehens ist London im Jahr 1984. Die Welt wird von wenigen Supermächten beherrscht, die durch allgemeine Übereinkunft den Krieg abgeschafft haben. In England, wie überall, regiert das rationale Prinzip des *common sense* für Chesterton gleichbedeutend mit Verzicht auf Romantik und mit trostloser Langeweile. Als Könige fungieren Verwaltungsbeamte, die durch das Glücksrad ermittelt werden. Einer von ihnen, der zu Clownerien neigende Auberon Quin, bestimmt, daß alle Londoner Stadtbezirke nach spätmittelalterlichem Vorbild selbständige Gemeinwesen mit Banner und Wappen werden sollen; sie erhalten Freiheitsgarantien, müssen sich Stadtoberhäupter, Ritter und Herolde zulegen und nach entsprechenden Verhaltensmustern handeln. Während die nüchterne Londoner Geschäftswelt die neue Ordnung als schrullige Laune widerwillig hinnimmt, versteht sie der in seinem Herzen ein Kind gebliebene Adam Wayne, späterer Bürgermeister von Notting Hill, als ernsten Auftrag. Zum Erstaunen des königlichen Spaßmachers verteidigt er mit militärischer Gewalt die Pump Street, eine unbedeutende Gasse seines Viertels, die der modernen Stadtplanung zum Opfer fallen soll. Er zwingt seine Gegner zu einem großen, mittelalterlich geführten Feldzug, in dem er schließlich die übermächtige feindliche Armee durch die Drohung in die Knie zwingt, die Reservoire des Wasserturms zu öffnen und die Stadt zu überschwemmen. Unbeschränkt herrscht er fortan über das Reich von Notting Hill, das erst zwanzig Jahre später durch eine neue Allianz zu Fall gebracht wird. Noch größer aber ist sein moralischer Triumph: Mit dem Kampf hat er seinen Gegnern auch seine Ideale aufgezwungen. Aus phantasielosen und ängstlichen Kaufleuten werden strahlende Ritter, Heerführer und Kreuzfahrer im Dienst einer höheren Idee. So wird die Eintönigkeit der modernen Zivilisation überwunden, wenn auch um den Preis eines unsinnigen Kampfes. Ein metaphysischer Dialog zwischen der Stimme des toten Königs und der des toten Adam Wayne auf dem Feld der letzten Schlacht zieht abschließend die Bilanz des Geschehens. »*Nimm an, ich wäre ein Gott und hätte die Welt nur zum Gegenstand meines Gelächters geschaffen*«, hält die königliche Stimme Adam herausfordernd entgegen. Dieser formuliert die Antwort des sein Schicksal heroisch akzeptierenden Menschen. Er dankt dem »*unsterblichen Schulbuben*« für seinen Scherz, der ihm die Möglichkeit gab, dem Spiel den heiligen Ernst eines Kreuzzugs zu verleihen: »*Und ich frage dich, wer hat das Spiel gewonnen?*« Am Schluß wandern das Gelächter des zum Gott gewandelten Königs und die kindliche Ehrfurcht des von seiner Idee durchdrungenen Menschen gemeinsam über die Erde, als untrennbare Bestandteile eines die gesamte Weltgeschichte durchwirkenden Prinzips: als die Lust am Absurden und die das Sinnlose überwindende Liebe.

Chestertons Lieblingsthema, das Motiv des lachenden Spielergottes, der die Welt nur zum Scherz erschaffen hat, und die Überwindung des Absurden durch den die Herausforderung annehmenden Menschen, wird so bereits in seinem ersten Roman deutlich. Der Primärgegensatz zwischen Humoristischem und Fanatischem – eine Urpolarität in Chestertons Erzählwerk – erhält schließlich metaphysische Dimensionen. Durch die Unschuld des wahrhaft Gläubigen findet die Einfalt des zunächst belächelten Romantikers ihre Erhöhung und souveräne Würde. Erst vor diesem Hintergrund wird das burleske Geschehen, das sich zeitweise wie eine Satire auf übertriebenen Lokalpatriotismus liest, ganz verständlich. Chesterton parodiert nicht den Krieg schlechthin, sondern lediglich den egoistischen Kampf der modernen Gesellschaft um materielle Interessen, das viktorianische Nützlichkeitsethos, das zu geister Sterilität und moralischem Tod führt. Ein von heiligen Ideen durchglühter Kampf hingegen weckt selbst bei völliger Sinnlosigkeit die besten Kräfte des Menschen. Er überwindet durch Begeisterung und Idealismus die menschenunwürdigen Fesseln einer rein materialistischen Weltschau. Man mag solch fragwürdigen Thesen und Chestertons etwas naiver Begeisterung für ein vermeintlich glücklicheres heroisches Zeitalter heute mit Recht skeptisch gegenüberstehen; in seiner Grundtendenz jedoch ist der Roman zu verstehen als positive Überwindung eines materialistisch-merkantilen Viktorianismus, von dem CHESTERTON das innerste Wesen des Menschen bedroht sah. In diesem Sinne können alle seine Romane als dichterische Antithese zu den optimistisch-utopischen Visionen eines WELLS und SHAW gelten, als Dokumente des Zweifels eines zutiefst um das Humane besorgten Moralisten am naiven Fortschrittsglauben seiner Epoche. J.v.Ge.-KLL

AUSGABEN: NY/Ldn. 1904 [Ill. G. Robertson]. – Ldn. 1936 (in *A G. K. Ch. Omnibus*). – NY 1946. – Ldn. 1960. – Beaconsfield 1964. – Mahwah/N. J. 1978.

ÜBERSETZUNG: *Der Held von Notting Hill*, M. Georg, Bln./Bremen 1927. – Dass., ders., Freiburg i. B./Heidelberg 1981. – Dass., ders., Ffm. 1985 (st.).

LITERATUR: L. Hunter, *A Reading of »The Napoleon of Notting Hill«* (in Ch. Review, 3, 1976/1977, S. 118–128). – J. A. Quinn, *Eden and New Jerusalem: A Study of »The Napoleon of Notting Hill«* (ebd., 3, 1977, S. 230–239).

## ĠUŻÈ CHETCUTI

\* 11.8.1914 Kospikwa

### ID-DAWL TAL-ĦAJJA

(malt.; *Das Licht des Lebens*). Roman von Ġużè CHETCUTI, erschienen 1957. – Hauptfigur des Romans ist der Malteser Renè Sant, der schon in früher Jugend beide Eltern verloren hat und bei seinem Onkel Dun Sahr aufwächst. Dieser ermöglicht ihm das Medizinstudium an der Universität von Malta. Nachdem Renè den Doktorgrad erlangt hat, heiratet er Maria, ein liebenswürdiges junges Mädchen. Beim Ausbruch des Zweiten Weltkriegs weilt Renè in England, wo er zunächst einmal die Entwicklung der Ereignisse abwarten muß, ehe er die Heimreise nach Malta antreten kann. Doch das Schiff wird unterwegs angegriffen und versenkt. Renè, der bei der Katastrophe sein Augenlicht verliert, wird von einem feindlichen Schiff gerettet und gerät in Gefangenschaft. Als er nach Kriegsende krank und blind nach Hause zurückkehrt, findet er seine Frau im Sterben liegend: Not und Entbehrungen der Kriegszeit haben ihre Kräfte erschöpft. Matthias, ihr gemeinsamer Sohn, der sie während ihrer Krankheit gepflegt hat, steht ihr auch in der Sterbestunde bei. Nach ihrem Tod verbringt Renè Sant die letzten Jahre seines Lebens in stiller Zurückgezogenheit. Eines Tages erscheinen dem Blinden Frau und Sohn in einer Vision. Dieses Erlebnis erfüllt ihn mit der Zuversicht auf eine Vereinigung mit den geliebten Menschen im Jenseits und stärkt seine christliche Überzeugung von der Unsterblichkeit der Seele.

Der flüssige, gefällige Stil verdeckt freilich nicht die künstlerischen Schwächen des Werks, deren größte wohl die ist, daß das Pathos und der Gefühlsgehalt seiner Geschichte Chetcuti zuweilen zu Überschwang und Rührseligkeit verführen. Spürbaren Einfluß scheint Victor HUGOS Roman *Notre-Dame de Paris* auf den maltesischen Autor ausgeübt zu haben. So läßt dieser in seinem Buch eine Figur (il-Waħx) auftreten, die nicht nur in ihrer abstoßenden Häßlichkeit, sondern auch in der ihr zugedachten Rolle deutlich an Hugos Quasimodo, den Glöckner von Notre-Dame, erinnert. J.A.

AUSGABE: Hamrun 1957.

LITERATUR: C. Curmi, *Poeti Maltesi Viventi – Ġ. Ch.* (in Journal of the Faculty of Arts, Bd. 2, Nr. 3). – G. Aquilina, *Ġ. Ch.* (in G. A., *Studji Kritiċi*, 1949; auch in Leħen Il-Malti, 1949, Nr. 221–223).

## GABRIEL CHEVALLIER

\* 3.5.1895 Lyon
† 5.4.1969 Cannes

### CLOCHEMERLE

(frz.; *Ü: Clochemerle*). Roman von Gabriel CHEVALLIER, erschienen 1934. – Der im Jahre 1922, zur Zeit der Dritten Republik, spielende Roman verdankt seinen Titel dem Schauplatz der Handlung: der fiktiven Kleinstadt Clochemerle-en-Beaujolais. Neben dem dort angebauten Wein spielt vor allem die Liebe eine große Rolle in Clochemerle. Selbst der Pfarrer besteigt bis zu seinem 50. Lebensjahr regelmäßig – aus »hygienischen« Gründen – seine Haushälterin durchaus nicht zum Schaden seiner Gemeinde; denn die Probleme so mancher Beichtkinds weiß er aus eigener Erfahrung angemessen zu beurteilen. Seine eifrigste Kirchgängerin, die jungfräuliche Mademoiselle Putet, sorgt dafür, daß der kleinstädtische Friede empfindlich gestört wird: Der reformfreudige republikanische Bürgermeister, ein schlauer und ehrgeiziger Fuchs, der im verborgenen seine politischen Fäden spinnt, liefert einen unzweideutigen Beweis seiner fortschrittlichen Gesinnung, indem er ein Pissoir bauen läßt, und zwar direkt an dem Weg, der von der Kirche zum Wirtshaus Torbayon führt, ganz in der Nähe der Wohnung von Mademoiselle Putet. Verständlicherweise fühlt sich die fromme Jungfer verletzt durch den Anblick von Männern, die sich die Hose nicht diskret, sondern ungeniert öffentlich zuknöpfen. Die Klagen des ältlichen Fräuleins provozieren die Jugend Clochemerles zu einer exhibitionistischen Show, die Angelegenheit verschärft sich, und schließlich spaltet sich der Ort in zwei Lager: hier das republikanische »linke« Pro-Pissoir-Lager, das von den Stammgästen des Gasthauses gebildet wird und das der Schulmeister Tafardel anführt, ein dogmatischer und antiklerikaler Eiferer, Karikatur des französischen Volksschullehrers; dort das »rechte« kirchenfreundliche Lager, zusammengesetzt aus ältlichen Jungfern, dem Notar Girodot, einem lasterhaften Heuchler, und der Baronin von Courtebiche, einer ehemaligen Kokotte, die aus Altersgründen moralisch geworden ist. Auf dem Höhepunkt der Auseinandersetzung kommt es zu einer Schlacht in der Kirche, und dem von den »Republikanern« inszenierten Bildersturm fällt die Statue des Schutzpatrons von Clochemerle, ein Geschenk der Baronin, zum Opfer.

Von diesem Augenblick an weitet sich der kommunale Konflikt zu einem nationalen, ja internationalen aus (eine Abrüstungskonferenz wird wegen der Vorfälle in Clochemerle unterbrochen). Das kräftige Lokalkolorit, das die Erzählung bis dahin mit prallem Leben erfüllt hat, weicht der farblosen Ausmalung trivialer Vorurteile: Die hohe Politik, so erfährt man im Verlauf einiger genießerisch ausgepinselter Histörchen, gedeiht bloß im Sumpf von Ambition, Korruption und Lüsternheit. Es kommt zu melodramatischen Ereignissen: Clochemerle wird von der Armee besetzt, was nicht ohne Blutvergießen abgeht. Ein Glück, daß der Autor im letzten Kapitel, das zwölf Jahre nach dieser grotesken Auseinandersetzung spielt, versichern kann, in Clochemerle sei wieder Ruhe eingekehrt und die Politik des zum Senator avancierten Bürgermeisters triumphiere in Gestalt von nunmehr drei Pissoirs.

Das weitschweifige Buch kombiniert geschickt Klischees der Unterhaltungsliteratur und des Boulevardtheaters mit kleinbürgerlicher Lebensphilosophie. Traditionelle literarische Typen wie der antiklerikale Lehrer, der sexuell aktive Pfarrer, der bauernschlaue und ambitionierte Bürgermeister und die abgedankte Kokotte agieren in einer kleinstädtisch beschränkten Welt, in der politische Querelen dem Autor unter anderem dazu dienen, die »Erkenntnis« durchscheinen zu lassen, daß ein unpolitisches und problemloses Leben das höchste aller Güter sei. An der Gestalt der »Rose Bivaque«, einer sinnlich-simplen, im Einklang mit der Natur befindlichen Familienmutter, wird diese Ideologie des einfachen Lebens illustriert, eines Lebens freilich, das, im Unterschied etwa zu einer vergleichbaren deutschen Ideologie, wenigstens den Genuß des Irdischen einschließt. Die Rolle, die Wein und Bett in diesem Roman spielen, belegt dies hinreichend. Zumal die Bettgeschichten, die der Autor – der Tradition des *esprit gaulois* entsprechend – mit derben Witzen und Anzüglichkeiten ausschmückt, dürften im Bund mit der vertrauten Typenwelt und der spießbürgerlichen Lebensweisheit das Buch populär und gewissermaßen zu einem goldnen Haussegen für den kleinen Mann gemacht haben. Diesem schmeichelt der Erzähler fortwährend, sei es, daß er sich über die Köpfe der Figuren hinweg humorvoll oder ironisch blinzelnd mit ihm verständigt, sei es, daß er als Chronist oder Berichterstatter seine Fiktion für Wirklichkeit ausgibt – in einer blumenreichen, mit konventionellen Metaphern durchsetzten Sprache, die von kunstgewerblichem Fleiß zeugt. – Der Erfolg seines Romans verleitete Chevallier dazu, ihn zu einer Trilogie zu erweitern: *Clochemerle-Babylone* (*Clochemerle-Babylon*) und *Clochemerle-les-Bains* (*Clochemerle wird Bad*) erzählen von weiteren turbulenten Ereignissen in Clochemerle bis zu dem Zeitpunkt, als der Zweite Weltkrieg dem lukrativen Geschäft mit dem neuen Thermalbad vorläufig ein Ende setzt. G.Sa.

AUSGABEN: Paris 1934. – Paris 1956. – Brüssel 1962. – Paris 1954 *(Clochemerle Babylon)*. – Paris 1963 *(Clochemerle-les-Bains)*. – Paris 1982 (Romantrilogie, Ill.).

ÜBERSETZUNGEN: *Clochemerle*, R. Schacht, Karlsruhe 1951; ern. 1960. – Dass., ders., Ffm. 1971 (FiBü). – *Clochemerle Babylon*, ders., Karlsruhe 1956. – *Clochemerle wird Bad*, E. Nedderman-Bökenkamp, Ffm. 1971 (FiTb).

VERFILMUNG: Frankreich 1947 (Regie: P. Chenal).

LITERATUR: P. Pivot, *Clochemerle?* (in FL 1309, 18.6. 1971, S. 30). – G. Chevallier, *L'envers de »Clochemerle«*, Paris 1966.

## JURIJ CHĚŽKA

auch Jurij Khěžka

\* 22.7.1917 Horka bei Kamenz / Oberlausitz
† zwischen 13. und 17.10.1944 bei Kragujevac

**DAS LYRISCHE WERK** (osorb.) von Jurij CHĚŽKA.
Das 50 Gedichte umfassende Jugendwerk, entstanden zwischen 1936 und 1938, erschien zusammen mit einigen Prosaversuchen und Briefen erstmals gesammelt 1961. – Chěžka knüpfte mit seinen ersten Gedichten an die sorbische, meist romantisch-patriotische Themen bevorzugende Kunstpoesie an, fand dann durch die Verarbeitung tschechischer Vorbilder – insbesondere Karel Hynek MÁCHA und der tschechischen Symbolisten – zu einer eigenständigen, erstaunlich reifen poetischen Diktion. Das sich in seinen Gedichten niederschlagende Grunderlebnis des Zwanzigjährigen war die seit

1937 unverhohlene Terrorpolitik der Nazis gegen die sorbische nationale Eigenständigkeit. Nach dem Abitur an einem Prager Gymnasium sah er sich zum Verbleib im Gastland gezwungen und suchte nach einer »*anderen Heimat*«, wie der beabsichtigte Titel seiner in den Sommerferien 1937 entstandenen, handschriftlich überlieferten Lyriksammlung *Na puću za druhej domiznu (Auf dem Weg nach einer anderen Heimat)* anzeigt. Schmerz und Klage über das traurige Schicksal seines Volkes und liebevoll-sehnsüchtige Erinnerung an die heimatliche Landschaft und die einsame Mutter gehen über in kritische Abschiednahme und Absage an einen illusionären romantischen Patriotismus und Heimatbegriff *(Sylwestrowski wječor 1936 - Silvesterabend)*, begleitet von Verzweiflung und Resignation *(Pŕi rowje zadwělowanja - Am Grabe des Verzagens)*. Sein verlorenes Sorbenland gibt er aber nicht preis, sondern versucht es, wie die aus der Öffentlichkeit verdrängte Sprache, in die Dichtung hinüber zu retten. Mit nüchternem Blick für politische und gesellschaftliche Realitäten - so im Erkennen der faschistischen Kriegsvorbereitung in *Fantazija (Phantasie)* - bekennt er sich im Gedicht *Z prutom hrozy hwězda niska (Ein tiefer Stern schwingt seine Geißel)* zum bewaffneten antifaschistischen Widerstand.

Chěžka kam im Zweiten Weltkrieg um, als er auf dem Balkan mit Partisanen Verbindung aufnehmen wollte. Seine intim-reflexiven Gedichte, hin und wieder in Volksliedform, meist in freien Versen, zeichnen sich durch ungewöhnlichen Wortschatz, eigenwillige Syntax, außerordentliche Musikalität und symbolistische Verschlüsselungen aus *(Zelene Zet - Grünes Zet)*. Traditionelle patriotische und folklorische Motive und Metaphern erscheinen bei ihm in Form verfremdeter Zitate. So verkörpert Chěžkas Werk, »*im Maßstab europäischer Dichtungsgeschichte gesehen, die Wende zu einer modernen sorbischen Poesie*« (K. Lorenc). Lange Zeit unverstanden und verkannt, wurde es in seiner literarischen Bedeutung erst Anfang der siebziger Jahre entdeckt. F.Š.

AUSGABEN: *Basniske dźěło*, Hg. M. Krječmar, Bautzen 1961. - *Serbska poezija 22*, Hg. K. Lorenc, Bautzen 1987.

ÜBERSETZUNGEN: *Poezija małej komorki / Poesie der kleinen Kammer*, K. Lorenc, Bautzen 1971 [osorb.-dt.].

LITERATUR: J. Młynk, *J. Ch.* (in *Serbščina. Listowy studij za wučerjow*, Bautzen 1957, S. 2235-2245). - M. Krječmar, *Zawod* (in J. Kh., *Basniske dźěło*, Bautzen 1961, S. 5-36). - J. Petr, *Po slědach J. Ch. na Balkanje* (in Rozhlad, 17, 1967, 2, S. 55-62). - K. Lorenc, *Vorwort* (in J. Ch., *Poesie der kleinen Kammer*, Bautzen 1971, S. 17-28). - E. Erb, Rez. (in Rozhlad, 21, 1971, 11, S. 422-425). - N. Randow, Rez. (in Rozhlad, 22, 1972, 5, S. 187-189). - F. Šěn, K J. Ch. a jeho basnjam (in Rozhlad, 37, 1987, 7/8, S. 200-204).

---

ANTÓNIO RIBEIRO CHIADO

\* 1520 Evora (?)
† 1591 Lissabon

## AUTO DAS REGATEIRAS DE LISBOA

(portug.; *Spiel von den Marktweibern von Lissabon*). Farce von António Ribeiro CHIADO, erschienen um 1550. - Die weitgehend realistisch-derbe Szenenfolge aus dem Lissabonner Volksleben des 16. Jh.s wird beherrscht vom Gezänk der Hökerweiber, von denen die eine, die »Alte« genannt, sogar die eigene Tochter »verhökert«, indem sie das reizlose Mädchen dem begüterten Pero Vaz als Schwiegertochter aufschwatzt und damit ihrerseits zu einem Schwiegersohn nach ihrem Geschmack (»einem Dummkopf, aber mit Geld!«) kommt. Daneben tritt eine muntere Schar von biederen Fischersleuten auf sowie eine kauderwelschende Negersklavin, die von der »Alten« geplagt und mißhandelt wird. Die Sitten und Unsitten, die Alltags- und Festtagsbräuche des Volkes werden anschaulich in Szene gesetzt. Nach dem Muster seines Vorgängers Gil VICENTE schrieb Ribeiro sein Stück in gereimten Kurzversen *(redondilha maior)*, wobei er allerdings auf alle lyrischen und Singspielelemente zugunsten eines betont volkstümlichen Dialogs verzichtete. A.E.B.

AUSGABEN: o. O. u. o. J. [um 1550]. - Lissabon 1889 (in *Obras*, Hg. A. Pimentel). - Rio 1968, Hg. C. Berardinelli u. R. Menegaz (in *Autos de A. R. C.*, Bd. 1; m. Einl. u. Anm.; Faks.; krit.). - Rom 1970 [Einl. u. Anm. G. Lanciani; krit.].

LITERATUR: T. Braga, *A escola de Gil Vicente e o desenvolvimento do teatro nacional*, Porto 1898. - A. Pimentel, *O poeta C.*, Lissabon 1901. - S. Silva Neto (in BF, 1, 1946, S. 179-185). - A. J. da Costa Pimpão, *As correntes dramáticas na literatura portuguesa do século 16* (in *A evolução e o espírito do teatro em Portugal*, Bd. 1, Lissabon 1948). - H. Cidade, *Luís de Camões*, Bd. 3, Lissabon 1956; ³1967 [rev.]. - C.-H. Frèches, *Le théâtre néo-latin au Portugal (1550 à 1745)*, Paris/Lissabon 1964.

---

LUIGI CHIARELLI

\* 7.1.1880/84 Trani bei Bari
† 20.12.1947 Rom

## LA MASCHERA ED IL VOLTO

(ital.; *Die Maske und das Antlitz*). Groteske in drei Akten von Luigi CHIARELLI, Uraufführung: Rom,

31. 5. 1916, Teatro Argentina. – Daß Chiarelli sein Stück ausdrücklich als »Groteske« bezeichnet hat, deutet den skeptisch-ironischen Grundzug als Ausdruck einer sich in der gesamt-europäischen Seelenverfassung spiegelnden Krise, zum Teil hervorgerufen von Auflösungserscheinungen, die sich bereits vor dem Ersten Weltkrieg in Kunst und Gesellschaft deutlich abzeichneten. Aus den revolutionären Erkenntnissen der Tiefenpsychologie ergab sich zwingend die Frage, wo die Grenze zwischen Bewußtem und Unterbewußtem liege, zwischen Schein und Sein, zwischen »Maske« und »Antlitz«. Die daraus resultierende Relativierung gesellschaftlicher Wertsetzungen bewirkte auf literarischem Gebiet die Verwandlung des selbständig handelnden Individuums in die Marionette (vgl. *Marionette, che passione!* von ROSSO DI SAN SECONDO). Das Spiel der »Puppen« wurde zum Ausdrucksmittel einer betont skeptischen Lebenseinstellung. Damit war eine wesentliche Voraussetzung für das Gesamtwerk PIRANDELLOS, aber auch für Stücke von ANTONELLI (*L'uomo che incontrò se stesso*, 1918), MARTINI (*L'altra Nanetta*) und SVEVO (*Inferiorità*) geschaffen. Die Diskrepanz zwischen den Spielregeln der Gesellschaft und dem Verhalten der einzelnen liegt auch Chiarellis Welterfolg *La maschera ed il volto* zugrunde.
Im Verlauf eines Salongesprächs wird zur Debatte gestellt, wie sich ein Ehemann zu verhalten habe, der erfährt, daß seine Frau ihn betrogen hat. Der Gastgeber, Graf Paolo, der nicht den geringsten Zweifel an der Treue seiner Frau Savina hat, erklärt kurz und bündig, um der Ehre willen sei dieser Mann verpflichtet, entweder die Gattin oder sich selbst zu töten. Der Bankier Cirillo hingegen lehnt diese Ansicht entschieden ab. Beiden Herren bietet sich noch am selben Abend die Gelegenheit, zu beweisen, ob sie zu ihrer Meinung stehen. Cirillo wird Zeuge, wie seine Frau dem Bildhauer Giorgio eindeutige Avancen macht. Aber anstatt die »vorschriftsmäßige« Konsequenz zu ziehen, verzeiht er seiner Frau. Kaum hat Paolo seine Verachtung für dieses Verhalten zum Ausdruck gebracht, als ihm zugetragen wird, daß sich Savina mit einem Liebhaber in ihr Zimmer zurückgezogen habe. Der aufgebrachte Hausherr verabschiedet seine Gäste, vor denen er sich gedemütigt fühlt, und will sein Wort einlösen. Zwar kann er sich nicht entschließen, seine Frau zu töten, doch er befiehlt Savina, heimlich das Haus zu verlassen und inkognito nach England zu reisen. Dem Rechtsanwalt Luciano, der unter einem Vorwand die Gesellschaft früher verlassen hat, dann bei der Gräfin weilte, auf dem Grundstück gesehen wurde und jetzt vorgibt, er sei soeben zurückgekehrt, erzählt Paolo, er habe die Treulose umgebracht und ins Wasser geworfen. Luciano ist entsetzt, will aber vor Gericht die Verteidigung des Freundes übernehmen. – Am selben Ort trifft sich ein halbes Jahr später dieselbe Gesellschaft wieder, um Paolos Freispruch zu feiern. Da meldet ein Diener, daß man im Wasser eine Frauenleiche gefunden habe. Paolo zögert keinen Augenblick, die Tote als Savina zu identifizieren. Doch ausgerechnet jetzt kehrt die Gräfin – tief verschleiert – zurück und bittet ihren Mann um Verzeihung. Paolo verbirgt sie zunächst in seinem Zimmer. Am folgenden Tag haben sich die Freunde zu Savinas Begräbnis versammelt. Durch einen Zufall kommt Luciano der Wahrheit auf die Spur und klärt die andern auf. Während sie, empört über das Spiel, das mit ihnen getrieben wurde, die unbekannte Tote beerdigen, fallen sich Paolo und Savina in die Arme. Sie wollen fliehen, damit Paolo nicht wegen Vortäuschung eines Verbrechens vor Gericht kommt. *»Versuchen wir doch, über unseren Farcen und über unseren Tragödien zu stehen.«* In diesem Schlußwort Cirillos ist die Lehre zusammengefaßt, die Paolo freiwillig-unfreiwillig einer borniertten Gesellschaft erteilt, nachdem seine Selbstsicherheit erschüttert wurde und er erkannt hat, daß sittliche Normen an bestimmte Umstände gebunden sind, daß es daher keine absolute Moral geben kann und daß der konventionelle Ehrbegriff das wahre Antlitz des Menschen verbirgt. M.S.

AUSGABEN: Mailand 1917. – Mailand 1931. – Mailand 1956 (in Teatro Italiano, Hg. A. Croce, Bd. 5). – New Haven/Conn. 1975, Hg. M. Vena.

BEARBEITUNG: C. B. Fernald, *The Mask and the Face*, Ldn./NY 1927.

VERFILMUNG: Italien 1942 (Regie: C. Mastrocinque).

LITERATUR: L. D'Ambra, Rez. (in NAn, 1. 8. 1916). – S. D'Amico, *Il teatro dei fantocci*, Florenz 1920. – A. Tilgher, *Studi sul teatro contemporaneo*, Rom 1923; ern. 1928. – G. Gori, *Il grottesco nell'arte e nella letteratura comico, tragico, lirico*, Rom 1926. – R. Radice, Rez. (in Leonardo, 2, 1931, 10, S. 463/464). – J. Gaßner, *The Masters of the Drama*, NY 1940. – M. Lo Vecchio Musti, *L'opera di L. C.*, Rom 1942. – A. Gramsci, *Letteratura e vita nazionale*, Turin 1950, S. 286 ff.; ern. 1955. – W. Zettl, *L. C.s Spiel »Die Maske und das Gesicht«* (in Maske und Kothurn, 11, 1965, S. 43–54).

## PIETRO CHIARI

\* 1711 Brescia
† 1785 Brescia

## LA FILOSOFESSA ITALIANA, OSIA LE AVVENTURE DELLA MARCHESA N.N., SCRITTE IN FRANCESE DA LEI MEDESIMA

(ital.; *Die italienische Philosophin oder die Abenteuer der Marquise N. N., von ihr selbst in französischer Sprache niedergeschrieben*). Roman von Pietro

CHIARI, erschienen 1753. – Als Findelkind wurde die fiktive Erzählerin von einem Konvent in Avignon aufgenommen. Dort lernt sie den Bruder einer Mitschwester, den Conte di Terme kennen. Sie verliebt sich in ihn, und als er nach Italien reist, folgt sie ihm in Männerkleidern unter dem Namen Graf Ricciard. Es gelingt ihr zwar nicht, den Geliebten aufzuspüren, aber sie macht Karriere und befehligt schließlich während des Polnischen Thronfolgekriegs das französische Heer in Italien. Nach zahlreichen Abenteuern kommt sie nach Paris, wo sie durch einen Zufall nicht nur ihre adlige Herkunft entdeckt, sondern auch den in einem Kerker schmachtenden Geliebten befreien kann, der sie zur Frau nimmt. Nach dem Tod des Gatten übersiedelt sie mit ihren Kindern nach Neapel. Dort verheiratet sie sich wieder, nachdem sie auf Reisen, die sie bis nach Holland und England führten, zahlreiche weitere phantastisch anmutende Abenteuer bestanden hat.

Der umfangreiche Roman, einer der wenigen in der italienischen Literatur zwischen BOCCACCIO und MANZONI, lehnt sich eng an französische und englische Vorbilder dieses Genres an; er traf wie die in den folgenden Jahren von Chiari veröffentlichten, nach demselben Muster geschriebenen Romane u. a. *L'uomo ovvero lettere filosofiche*, 1754 *(Der Mensch oder Philosophische Briefe)*, und *Viaggatrice*, 1761 *(Die Reisende)*, den Geschmack des zeitgenössischen Publikums: In Form der Autobiographie mit einem zumeist weiblichen Protagonisten und einer Fülle weiterer Personen knüpft Chiari in weitschweifigem, wenig anspruchsvollem Stil ein scheinbar unentwirrbares Geflecht von Haupt- und Nebenhandlungen, das sich zum Ende hin durch unglaubliche Zufälle und glückliche Schicksalsfügungen auflöst. Häufige, sprunghafte Szenenwechsel und umständliche, belanglose theoretische Überlegungen bestimmen den Gesamteindruck. Den Titel seines Romans dürfte der notorische Nachahmer Chiari dem *Philosophe anglois ou Histoire de Monsieur Cleveland fils naturel de Cromwell (Der englische Philosoph, oder Geschichte des Herrn Cleveland...)* des Abbé PRÉVOST D'EXILES zu verdanken haben. KLL

AUSGABEN: Venedig 1753. – Venedig 1782.

LITERATUR: G. B. Marchesi, *I romanzi dell'abate C.*, Bergamo 1900 (umgearb. in G. B. M., *Romanzieri e romanzi italiani del settecento*, Bergamo 1903). – G. Raya, *Il romanzo*, Mailand 1950, S. 139–141 (Storia dei generi letterari italiani). – G. Ortolani, *Per una lettura dell' abate C.*, Venedig 1960. – Ders., *Note ad alcuni romanzi di P. Ch.* (in Studi di filologia e letteratura, 2/3, 1975). – A. Marchi, *Dovuto all'abate C. Appunte sul romanzo nel Settecento*, Parma 1982. – G. Pizzamiglio, *Le fortune del romanzo e della letteratura d'intrattenimento* (in Storia della cultura veneta, Hg. G. Arnaldi u. M. Pastore Stocchi, 5/1, Vicenza 1985). – M. A. Bartoletti, Art. *P. Ch.* (in Branca, 1, S. 589–593).

## LA SCUOLA DELLE VEDOVE

(ital.; *Die Schule der Witwen*). Komödie von Pietro CHIARI, Uraufführung: Venedig 1749, Teatro Grimani di S. Samuele. – Der Engländer Churchil, der Franzose Brebi und der Spanier Gille de los Balconcellos treffen sich in dem Palazzo des venezianischen Kaufmanns Lucindo, der sie der so schönen wie klugen und wortgewandten Witwe Angelica vorstellt. Um diese Dame wirbt der Marchese Ottavio, dessen unbegründete Eifersucht hinsichtlich der drei fremden Herren dazu führt, daß er die Angebetete kompromittiert, die nunmehr allen vieren die Türe weist. Mit List fädelt sie die Hochzeit von Ottavio und ihrer Schwägerin Isabella ein; sie selbst gibt ihr Jawort dem reichen Lucindo. – Die Komödie leitete eine Serie von Dramen ein, die Chiari als Gegenstücke zu erfolgreichen Komödien GOLDONIS schrieb. Ein Jahr vor der Uraufführung von *La scuola delle vedove* hatte Goldoni seine Komödie *La vedova scaltra (Die kluge Witwe)* herausgebracht. Chiari wollte der Charakterkomödie Goldonis die klassische Komödienkonzeption entgegensetzen und führte als seine Vorbilder Aristoteles, Horaz, Castelvetro und Molière an. Er legt die *scuola delle vedove* wie auch die folgenden Komödien (u. a. *La donna di spirito*, 1754) schematisch mit den bewährten Mitteln der commedia dell'arte, raffinierten Intrigen, fatalen Mißverständnissen und Verwicklungen, an. Gefühle und Leidenschaften dienen ihm nur zu dramaturgischen Zwecken. Was bei Goldoni zur überzeugenden Gestaltung von Charakteren beiträgt, verwendet Chiari allerdings weitgehend nur zur Erzielung äußerlicher Effekte.

Goldoni bezog mit einer Verteidigungsschrift gegen Chiaris Komödie Stellung, womit die Fehde zwischen den ungleichen Autoren eröffnet war. Erst Jahre später versöhnten sie sich, um als Verbündete ihrem gemeinsamen Gegner Carlo GOZZI entgegenzutreten. Obwohl Chiari für Goldoni kein ebenbürtiger Gegner war, gelang es ihm doch, einen Großteil des venezianischen Publikums für sich zu gewinnen. KLL

AUSGABEN: Venedig 1752–1758 (in *Commedie rappresentate ne'teatri Grimani di Venezia*, 4 Bde.)

LITERATUR: N. Tommaseo, *P. C.* (in N. T., *Storia civile della letteratura*, Turin 1872, S. 260 ff.). – G. F. Sommi Picenardi, *Un rivale del Goldoni: l'Abate C. e il suo teatro comico*, Mailand 1902. – G. Ortolani, *Settecento: per una lettura dell'Abate C.*, Venedig 1905; ern. Venedig 1960, Hg. G. Damerini. – Ders., *Della vita e dell'arte di C. Goldoni*, Venedig 1907. – D. Lucchesi, *Kulturgeschichtliche Betrachtungen von P. C.s Commedie*, Diss. Mchn. 1938. – G. Ortolani, *Note in margine alla riforma goldoniana* in Rivista Italiana del Dramma, 4, 1940, H. 1, S. 39–71). – G. Nicastro, *Goldoni e il teatro del secondo Settecento*, Rom/Bari 1974. – *P. Ch. e il teatro europeo del Settecento*, Hg. C. Alberti, Vicenza 1986.

## Francesco Chiesa

\* 5.7.1871 Sagno
† 13.6.1973 Lugano

### CALLIOPE

(ital; Ü: *Kalliope*). Gedichtzyklus von Francesco CHIESA (Schweiz), erschienen 1907. – Das Werk umfaßt 220 Sonette, die in drei Gruppen unterteilt sind: *La cattedrale (Die Kathedale), La reggia (Der Königspalast)* und *La città (Die Stadt)*. Die ersten beiden Teile waren bereits 1903 und 1906 selbständig erschienen. – Die Gedichte evozieren Stufe um Stufe die Entwicklung der Menschheit vom Beginn des Mittelalters bis zur Gegenwart. Die rhythmische und metrische Gesetzmäßigkeit der gewählten Gedichtform, die tektonische Ausgewogenheit des Sonetts entspricht der Klarheit der Aussage. Unüberhörbar sind die schlichte Gläubigkeit und die heitere Lebensauffassung Chiesas. Das Vertrauen, das er dem Menschen von heute entgegenbringt, ist frei von jedem Zweifel: Die »Stadt« ist aus den gleichen Steinen gefügt, aus denen die »Kathedrale« und der »Königspalast« errichtet wurden. *»Jede Säule ist ein lebendes Gewächs«*, und mag das Gestein auch oben zerbröckeln, *»fest steht ihr Schaft in der Erde«*. Im Bild dieser »Stadt« offenbart sich Chiesas zukunftsgläubiges Geschichtsbewußtsein: Sie ist noch nicht zerstört, die apokalyptische Hektik der modernen City ist ihr noch fremd, und sie besteht immer noch aus *»Menschen, Gestein und Mysterium«*.

In seinem Vorwort zu der überarbeiteten Ausgabe von 1921 bekennt Chiesa bescheiden, daß *Calliope* »wahrlich einer berechneten Architektur« gleicht, aus Quadern aufgebaut, die *»nicht immer aus den besten Steinbrüchen stammen«*. Damit betont er selbst den klassizistischen Charakter seines Werks, das unverkennbar Züge der in der Nachfolge von CARDUCCI enstandenen italienischen Lyrik der Jahrhundertwende trägt. M.S.

AUSGABEN: Mailand 1903 *(La cattedrale)*. – Mailand 1906 *(La reggia)*. – Lugano 1907 *(Calliope)*. – Rom 1921 [rev.].

ÜBERSETZUNG: *Kalliope*, H. Hinderberger, St. Gallen 1959.

LITERATUR: G. Zoppi, *La poesia di F. Ch.*, Mailand 1920. – M. Ferraris, *F. Ch. e la letteratura del Cantone Ticino* (in M. F., *F. Ch. e altri saggi*, Como 1940, S. 7–58). – G. Biscossa, *Storia della poetica di F. Ch.*, Como 1946. – J. Adorf, *F. Ch.s dichterische Welt*, Bern 1948. – P. Pancrazi, *Poesie e prose di F. Ch.* (in P. P., *Ragguagli di Parnaso. Dal Carducci agli scrittori d'oggi*, Bd. 2, Mailand 1967, S. 439–452). – *F. Ch. Vita e opere (1871–1971)*, Hg. P. Scianziani u. a., Chiasso 1971.

## Chikamatsu Monzaemon

eig. Sugimori Nobumori
\* 1653 Provinz Echizen
† 21.11.1724 Osaka

LITERATUR ZUM AUTOR: Sh. Utsumi, *Ch.-jōruri no kenkyū*, Tokio 1940. – Y. Wakatsuki, *Kinsei-shoki Kokugeki no kenkyū*, Tokio 1944. – J. Katō, *Ch. no shinjūmono ni tsuite* (in Kaishaku to kanshō, 1948). – T. Shigetomo, *Ch. no giri, ninjō ni tsuite* (in Nihon-bungaku, 1952, Nr. 12). – D. H. Shiveley, *Bakufu versus Kabuki* (in Harvard Journal of Asiatic Studies, 18, 1955). – E. Ernst, *The Kabuki Theatre*; NY 1956. – Kaishaku to kanshō, 1957, Nr. 1 [Sondernr. *Ch.*; m. Bibliogr.]. – S. Mashimo, *Ch. no Sakuhin ni mirareru Joseigo* (in Kokugo to Kokubungako, Okt. 1959). – S. Mori, *Ch. M.*, Tokio 1959. – L. Brüll, *Ch. M. in seinen Äußerungen zum Puppenspiel* (in Oriens extremus, 8, 1961, H. 1, S. 233–246). – E. May, *M. Ch., Sōshichis und Kojorōs Weg* (in Poetica, 4, 1971, H. 4, S. 535–553; Einf.). – D. Schauwecker, *Studien zu Ch. M. Zwei bürgerliche Puppenspiele. Sprachlicher Stil. Struktur. Mit Komm.*, Kioto 1975. – *Ch.*, Hg. Nihon bungaku kenkyū shiryō kankokai, Tokio 1976. – *Ch.*, Hg. K. Shuzui u. a., Tokio 1977. – K. Shirakuri, *Ch. no jōruri*, Tokio 1985. – A. C. Gerstle, *Circles of Fantasy: Convention in the Play of Ch.*, Cambridge/Mass. 1986 [m. Bibliogr.].

### KOKUSENYA-KASSEN

(jap.; *Der Kampf des Kokusenya*). Historisches Drama in fünf Akten für das Puppenspiel *(jōruri)* von CHIKAMATSU MONZAEMON, Uraufführung: Osaka 1715. – Seines großen Erfolgs wegen blieb das Stück siebzehn Monate auf der Bühne und wurde 1716 auch für das *kabuki* bearbeitet. Den geschichtlichen Hintergrund des Stoffs bildet die Beseitigung der chinesischen Ming-Dynastie durch die Tataren bzw. Mandjus (Ch'ing) im 17. Jh.; Kokusenya (chin. Cheng Ch'eng-kung), Sohn einer Japanerin und des nach Japan geflüchteten Chinesen Cheng-Chih-lung (jap. Tei Shiryō), ist bei seinen Eltern in Nagasaki aufgewachsen. Sie hören von den Kämpfen in China und möchten dem Ming-Kaiser zu Hilfe eilen. In dieser Absicht werden sie bestärkt, als eines Tags am Meeresufer ein Boot angetrieben wird, in dem sich Chan-t'an (jap. Sendan), die jüngere Schwester des letzten Ming-Kaisers, befindet. Sie berichtet von den Zuständen in ihrem Land. Daraufhin brechen Vater, Mutter und Sohn dorthin auf, während die Prinzessin und die Frau des Kokusenya erst später nachfolgen sollen. In China findet Cheng Chih-lung seine Tochter Chin-hsiang (jap. Kinsho) aus erster Ehe als die Frau des Generals Kan-hui (jap. Kanki) wieder, der auf seiten der Tataren steht. Die drei Ankömmlinge beschwören Chin-hsiang, dem General die Unloyalität seines Handelns klarzumachen und ihn für die Ming zurückzugewinnen. Gelingt ihr dies, so soll sie – als Zeichen für die draußen wartenden Männer – weißen Puder in den Schloßgraben werfen, gelingt es nicht, roten. Kan-hui erkennt nach einer Aussprache mit seiner Frau und ihrer Stiefmutter, daß seine Verpflichtung darin liegt, mit Cheng Chih-lung und dessen Sohn für eine Wiedereinsetzung der Ming-Dynastie zu kämpfen, aber er kann nicht den schmählichen Ruf auf sich nehmen, durch seine Frau davon überzeugt worden zu sein. So fordert er trotz seiner Liebe zu ihr ihren Tod, da er erst dann in seinem Entschluß frei sein wird. Chin-hsiang will sich seinem Wunsch fügen, aber ihre Stiefmutter verhindert es: Sie und ganz Japan würden es als Schande empfinden, wenn eine Mutter – sei sie auch nur die Stiefmutter – eine solche Tat zuließe. Damit ist der Höhepunkt des Dramas erreicht. Kan-hui erklärt, er werde gegen Cheng Chih-lung und somit gegen die Ming kämpfen. Als sich das Wasser des Burggrabens rot färbt, erkennen Vater und Sohn, daß ihr Versuch fehlgeschlagen ist. Cheng Ch'eng dringt nun mit Gewalt in das Schloß des Generals ein, um seine Mutter zu befreien. Als er Kan-hui dort nochmals zur Rede stellt, betritt Chin-hsiang den Raum, einen blutigen Dolch in der Hand. Sie hat sich den Todesstoß versetzt, um ihrem Gatten Handlungsfreiheit zu geben. Daraufhin verbündet sich Kan-hui mit den Cheng, während sich die Mutter des Cheng Ch'eng-kung mit dem Dolch der Chin-hsiang selbst tötet, um ihre Stieftochter auf dem Weg ins Jenseits zu begleiten und gleichzeitig die Liebe einer japanischen Mutter zu beweisen. Die Cheng und Kan-hui stellen ein Heer auf, und es gelingt ihnen, die Tataren zu vertreiben und die Herrschaft der Ming-Dynastie wiederherzustellen.

Das spannungsgeladene Drama mit seiner ganz auf das Rezitativ des Puppenspiels abgestimmten Sprache und dem Zwiespalt zwischen Verpflichtung *(giri)* und menschlichem Gefühl *(ninjo)* als tragendes Moment gewann rasch die Liebe des Publikums. 1716 wurde es in Kioto, 1717 in Osaka und Edo (Tokio) auf den *Kabuki*-Bühnen aufgeführt. H. Ham.

AUSGABEN: Tokio 1909 (Kokumin-bunko, 24). – Tokio 1922 (in *Ch. M. zenshū*, Bd. 7). – Tokio 1945 (in *Iwanami-bunko*). – Tokio 1959 (Nihon-koten-bungaku-taikei, 50). – Tokio 1973 [Text nach d. Druckstock v. 1715]. – Tokio 1985–1988 (in *Ch. Zenshu*, 8 Bde.).

ÜBERSETZUNGEN (engl.): *Tales from Old Japanese Dramas. The Battles of Kokusenya*, A. Miyamori, NY/Ldn. 1915. – *The Battles of Coxinga. Chikamatsu's Puppet Plays. Its Background and Importance*, D. Keene, Ldn. 1951; Nachdr. Cambridge 1971. – *The Battles of Coxinga*, ders. (in *Major Plays of Ch.*, NY/Ldn. 1961; m. Einl.).

LITERATUR: T. Takano, *Jōruri-shi*, Tokio 1900. – Y. Wakatsuki, *Ko-Jōruri no shinkenkū*, Tokio 1938 bis 1940. – S. Utsumi, *Ningyō-shibai to Ch. no jōruri*, Tokio 1940. – Y. Wakatsuki, *Kinsei-shoki Kokugeki no kenkyū*, Tokio 1944. – S. Kawatake, *Ch. sakuhinkenkyū »Kokusenya« no aji* (in Bungaku, 12, 1952). – M. Berry, *Almanzor and Coxinga: Drama West and East* (in Comparative Literature Studies, 22, 1985, S. 97–109).

## SHINJŪ TEN NO AMIJIMA

(jap.; *Der Freitod aus Liebe, die himmlische Strafe in Amijima*). Bürgerliches Drama in drei Akten für das Puppenspiel *(jōruri)* von CHIKAMATSU MONZAEMON, Uraufführung: Osaka 1720. – Wie schon in seinem ersten Stück dieser Gattung, dem *Sonezaki-shinjū*, greift der Autor auch hier eine Begebenheit des gleichen Jahres auf: Ein Papierhändler und seine Geliebte, eine Geisha, hatten im Daichō-Tempel von Amijima in Osaka gemeinsam den Tod gesucht. Chikamatsu schrieb das Drama, dem er den Obertitel *Kamiya Jihei Kiinokuni-ya Koharu (Der Papierhändler Kamiya Jihei und Koharu aus dem Hause Kiinokuni)* gab, in nicht ganz zwei Monaten nieder.

Der Papierhändler Jihei aus Osaka, verheiratet mit Osan und Vater zweier Kinder, hat sich in die Geisha Koharu verliebt. Da er nicht die Mittel besitzt, sie loszukaufen, beschließen beide, zusammen zu sterben. Osan aber schreibt an Koharu und bittet sie, ihren Mann aufzugeben. Koharu ist bereit, dies zu tun. Im ersten Akt finden wir Magoemon, den Bruder Jiheis, als Samurai verkleidet zu Gast im Geishahaus, wo er sich über die Absichten Koharus informieren will. Er weist sie auf das Unsinnige ihrer Bindung an Jihei hin und glaubt, sie überzeugt zu haben. Da er nicht weiß, daß allein der Brief von Osan Grund ihres Gesinnungswandels ist, hält er sie folgerichtig für untreu. Jihei hat das Gespräch belauscht und daraus denselben Schluß gezogen. Voll Zorn zieht er ein Schwert und stößt es durch die papierbezogene Schiebetür, um Koharu zu töten. Er verfehlt sie, und der Samurai bindet daraufhin seine Hände an den Türpfosten. Als der ebenfalls das Geishahaus besuchende Nebenbuhler Jiheis, Tahei, ihn so sieht, verhöhnt er ihn. Jetzt gibt sich Magoemon zu erkennen, wirft Tahei nieder und ermahnt seinen Bruder, sein Leben zu ändern. Magoemon läßt sich von den beiden Liebenden die Briefe aushändigen; darunter findet er auch den von Osan und erkennt nun den wahren Grund für Koharus Verhalten, sagt jedoch Jihei nichts davon. Im zweiten Akt kommt Magoemon mit der Mutter Osans in Jiheis Haus. Da ein Gerücht umläuft, jemand wolle Koharu loskaufen, nimmt er an, daß es sich erneut um Jihei handelt. Aus diesem Grund will die Mutter ihre Tochter wieder in die eigene Familie zurückholen. Jihei weiß, daß dieser Jemand nur Tahei sein kann, und vergießt bittere Tränen. Osan glaubt, er liebe Koharu immer noch, aber er bekennt, daß er aus Scham weine, da Tahei durch das Gerücht sein Ansehen geschädigt habe. Osan ergreift jetzt gegenüber ihrer Mutter und ihrem Schwager Partei für ihren Mann und auch für Koharu. Sie erzählt Jihei von ihrem Brief an Koharu; er sei der eigentliche Grund für deren angebliche Untreue. Sie bittet ihren Mann, Koharu gegenüber gerecht zu sein, und ist bereit, all ihre Ersparnisse zu opfern, ihre und ihrer Kinder Kleider zu versetzen, um das Geld für den Loskauf der Geisha zu beschaffen, da sie fürchtet, daß diese sonst Selbstmord begehen wird. Jihei läßt sich von Osan überzeugen, aber da kommt ihr Vater Gozaemon dazu und erzwingt von ihm die Scheidung. Im dritten Akt finden wir den nunmehr völlig verzweifelten Jihei bei Koharu. Da auch sie ihm nicht helfen kann, beschließen beide den gemeinsamen Tod. Sie verlassen getrennt das Geishahaus und treffen sich im Daichō-Tempel in Amijima wieder. Dort ersticht Jihei seine Geliebte und erhängt sich an einer Kiefer.

*Shinjū ten no Amijima* gehört zu den besten bürgerlichen Dramen des Chikamatsu. Jeder Charakter ist bis ins feinste Detail durchgezeichnet. Neben dem zögernden, schwachen Jihei beherrschen die beiden Frauengestalten der Osan und der Koharu die Szene. Osan, die geachtete Hausfrau einer gutbürgerlichen Familie, zeigt einen Adel der Gesinnung, der selbst einer einfachen Geisha Gerechtigkeit widerfahren läßt. Sie erkennt die edle Haltung Koharus und deren Not und versucht in Selbstaufopferung, sie zu retten. Koharu, die Geisha, ist bereit, ihre große Liebe aufzugeben, um das Leben einer Familie nicht zu zerstören. Sie ist aber ebenso bereit, den Tod einer Heirat mit einem ungeliebten Mann vorzuziehen. Auch in diesem Drama führt der Zwiespalt zwischen Verpflichtung *(giri)* und menschlichem Gefühl *(ninjō)* zum tragischen Ende.

Von der ersten Aufführung an gewann das Stück die Liebe des Publikums und hat sich seine Popularität sowohl als Puppenspiel *(jōruri)* wie als klassisches Schauspiel *(kabuki)* bewahrt, wenn es auch durch spätere Bearbeitungen seine sprachliche Schönheit verlor. Nachdem es die Regierung 1723 verboten hatte, tauchten doch bald Um- und Bearbeitungen auf, wie *Futatsu-ōgi nagara no matsu*, 1755 *(Zwei Fächer, eine langästige Kiefer)*, von NAMIKI EISUKE (zwischen 1735 und 1771) und anderen oder *Shinjū Kamiya Jihei*, 1778 *(Der Freitod aus Liebe, der Papierhändler Jihei)*, von CHIKAMATSU HANJI (1725–1783) und TAKEDA BUNKICHI. In der Originalfassung wurde das Drama 1947 wieder in Osaka aufgeführt. Der berühmte Schauspieler ICHIKAWA DANJŪRŌ (1688–1759) hatte es erstmals im Jahre 1721 auf die *Kabuki*-Bühne gebracht, wo es ebenfalls in verschiedenen Versionen gespielt wurde. Zum 200. Todestag des Autors fand auch hier wieder eine Aufführung in der Originalfassung statt, bei der Nakamura Ganjirō und Nakamura Jakuemon die beiden tragenden Rollen übernahmen. H.Ham.

AUSGABEN: Tokio 1909 (in Kokumin-bunko, Bd. 24). – Tokio 1912 (Yūhōdō-bunko, Bd. 41). – Tokio 1926 (Kindai Nihon-bungaku-taikei, Bd. 7; Nachdr. 1973, Hg. T. Takano). – Tokio 1958 bis 1963 (Nihon-kotenbungakutaikei, Bd. 49). – Tokio 1969. – Tokio 1985–1988 (in *Ch. Zenshu*, 8 Bde.). – Tokio 1986, Hg. J. Shinoda.

ÜBERSETZUNGEN: *The Love Suicide at Amijima*, A. Miyamori (in *Masterpieces of Chikamatsu, the Japanese Shakespeare*, NY/Ldn. 1915; engl.). – *T. oder Die himmlische Strafe zu Amijima*, M. Piper (in *Die Schaukunst der Japaner*, Bln. 1927). – *The Love Suicide at Amijima. A Study of a Japanese Domestic Tragedy*, D. H. Shively, Cambridge/Mass. 1953 (engl.; Harvard-Yenching Institute Monograph, 15). – The Love Suicides at Amijima, D. Keene (in *Major Plays of Ch.*, NY/Ldn. 1961; m. Einl.; engl.).

LITERATUR: Y. Fujino, »*Shinju ten no Amijia*«, *Kaishaku to kenyū*, Tokio 1971. – Y. Yūda, *Zenkō »Shinju ten no Amijia*, Tokio 1975.

## SONEZAKI-SHINJŪ

(jap.; *Der Freitod aus Liebe in Sonezaki*). Bürgerliches Drama in einem Akt für das Puppenspiel *(jōruri)* von CHIKAMATSU MONZAEMON, Uraufführung: Osaka 1703. – Den Stoff lieferte ein Ereignis des gleichen Jahres, der Liebesfreitod eines jungen Ölhändlergehilfen und einer Geisha im Hain des Sonezaki-Schreins. Einen eingehenden Bericht über den Fall gibt das 1704 in Kioto erschienene Unterhaltungsbuch *Shinjū ōkagami (Großer Spiegel des Liebesfreitods)* des SHOBŌKEN.

Tokubei, Neffe und Gehilfe des Ölhändlers Hirano Kyūemon, hat sich in die Geisha Ohatsu verliebt und findet ihre Gegenliebe. Sein Onkel möchte, daß eine Nichte seiner Frau heiratet, und bietet ihm eine Mitgift an. Zwar lehnt Tokubei diese ab, aber seine Schwiegermutter kommt mit dem Onkel überein und läßt sich die Mitgift aushändigen. Als der Onkel schließlich erkennen muß, daß er seinen Neffen nicht zu der vorgeschlagenen Heirat zwingen kann, fordert er das Geld zurück. Unter vielen Mühen gelingt es Tokubei, das Geld seiner Stiefmutter wieder abzunehmen. Als er es zurückzahlen will, bittet ihn ein anderer Ölhändler namens Kuheiji, es ihm nur für einen Tag zu leihen; dieser aber betrügt Tokubei durch einen üblen Trick und bringt ihn so in Unehre, daß er keinen Ausweg mehr sieht. Tokubei und Ohatsu beschließen, gemeinsam in den Tod zu gehen. Im Hain von Sonezaki ersticht er sie mit seinem Dolch und schneidet sich dann selbst die Kehle durch.

Mit *Sonezaki-shinjū* eröffnet Chikamatsu seine dritte Schaffensperiode; es ist das erste von nicht weniger als fünfzehn bürgerlichen Dramen, die während dieses Zeitabschnitts entstehen. Der Autor schrieb das Werk in ungefähr zwei Wochen: Am 24. April erlebte Osaka jenen Doppelselbstmord, am 7. Mai konnte es ihn bereits auf der Bühne sehen. Chikamatsu wollte mit dieser Art von lebensnahem Schauspiel dem Theater Takemoto-za, dem er verbunden war, zu neuer Popularität verhelfen. Das gelang ihm vollauf. Stilistisch ein Meisterwerk, verrät das Stück zugleich die außerordentliche Fähigkeit des Autors, auch die psychologische Motivierung im Aufbau überzeugend herauszuarbeiten. Die Charaktere der *personae dramatis* sind bis in die letzten Feinheiten durchgezeichnet. Tokubei in seiner aufrichtigen Liebe und seiner Grundehrlichkeit, der Onkel als kalter, berechnender Kaufmann, Kuheiji als durchtriebener, skrupelloser Schuft und Ohatsu als eine Geisha, die sich trotz ihres Berufs menschliche Wärme, Treue und Opferbereitschaft bewahrt hat, fügen sich in ihrem Handeln zu einem dynamischen Vorgang zusammen, der die Tragik der Wechselwirkungen von Verpflichtung (*giri*) und menschlichem Gefühl (*ninjō*) in steter Steigerung festhält. Hier wird deutlich erkennbar, daß nicht mehr das Schicksal das menschliche Leben lenkt, sondern daß Haltung und Handeln des Menschen selbst dessen Verlauf ordnen. – Auch auf der Bühne des klassischen Schauspiels (*kabuki*) fand das Stück Eingang, zuerst in Kioto und Osaka, später in Edo. Daneben finden sich zahlreiche Darstellungen des Sujets in der erzählenden Literatur der Zeit. H.Ham.

AUSGABEN: Tokio 1909 (Yūhōdō-bunko, Bd. 39). – Tokio 1926 (Kindai Nihon-bungaku-taikei, Bd. 6; Nachdr. 1973, Hg. T. Takano). – Tokio 1958–1963 (Nihon koten bungaku taikei, 49). – Tokio 1977, Hg. Y. Yūda. – Osaka 1983 (Izumi Shoin eiin Sōhan, 39). – Tokio 1985–1988 (in *Ch. Zenshū*, 8 Bde.).

ÜBERSETZUNGEN: *Der Liebestod*, W. v. Gersdorff (in *Japanische Dramen*, Jena 1926). – *The Love Suicides at Sonezaki*, D. Keene (in *Anthology of Japanese Literature*, NY 1955; engl.). – Dass., ders. (in *Major Plays of Ch.*, NY/Ldn. 1961; m. Einl.; engl.).

LITERATUR: Y. Fujino, »Sonezaki-Shinjū«, Tokio 1968. – Y. Yūda »*Sonezaki-shinjū michiyūki no kōsei* (in Y. Y., Jōruri shi ronko, Tokio 1975, S. 121–131).

## GIORGOS CHIMONAS

* 1936 Thessaloniki

### O JATROS INEOTIS

(ngriech.; *Der Arzt Ineotis*). Erzählung von Giorgos CHIMONAS, erschienen 1971. – In ihrem eigenwilligen fragmenthaften Prosastil erinnert diese Erzählung an frühere Werke von Chimonas, einem der bedeutendsten modernen Erzähler des heutigen Griechenlands.

Ein neues, vollkommeneres Menschengeschlecht soll die Erde bevölkern. Der Tag der Vernichtung der »alten« Menschheit wird bestimmt, und jeder macht sich auf zur Stätte seiner Geburt, um dort sanft in den Tod zu entschlafen; unter ihnen auch der Arzt Ineotis in Begleitung eines scherenschleifenden Zigeuners. Als aber die Stunde des Todes naht, müssen die Menschen erfahren, daß der Tod sie nicht sanft, sondern auf grauenvollste Weise ereilen soll, wie um sie zu strafen. Ein entsetztes Staunen ergreift die Menge, aber schließlich geben sich alle diesem Martyrium hin und leiden, da sie in ihrem tiefsten Innern zu verspüren glauben, daß dies der Tod, die Strafe ist, die ihnen gerecht wird, und sie keinerlei Recht haben, sich dagegen aufzulehnen. Ineotis, immer in Begleitung des scherenschleifenden Zigeuners, führt seinen Weg vorbei an den verschiedensten Menschen und deren Schicksalen, bis er zum Schluß plötzlich begreifen muß, daß er sich endgültig vom Ende der Menschheit entfernt hat und sein Schicksal erahnt: So wie er außerhalb des Lebens seiner Mitmenschen gestanden hat, so wird er auch ausgeschlossen von ihrem Tode leben, der Einsamkeit ausgeliefert. Es bleibt nur der Weg der Rückkehr, um zusammen mit der Menschheit zu sterben.

Mit »Ineotis« (*Ineotis* = die Jugend) verleiht Chimonas, wie in anderen seiner Erzählungen auch, seiner Hauptfigur einen allegorisch-abstrakten Namen. Die Jugend, hier als Sinnbild des Ungestümen und Triebhaften, spiegelt das unausweichliche Ausgeliefertsein des Menschen an seine Leidenschaften. Eine eigentliche Handlung im Sinne eines Erzählgerüstes existiert in Chimonas' Prosa nicht. Der Mythos löst sich auf in apokalyptische Bilder und Visionen. Immer wieder unterbrechen die Personen der Erzählung, zumeist Frauen, den Handlungsablauf, um selbst eine Geschichte zu erzählen, die eigene oder eine fremde. So tritt der Autor hinter seinen eigenen Figuren zurück, wird zum Vermittler von deren Geschichte. Dies führt zu einer polydimensionalen Erzählweise, die sich nicht in die konventionellen Grenzen traditioneller Erzähltechnik integrieren läßt. Die Trennung zwischen Schilderung und Handlung ist aufgehoben: Die Schilderung setzt sich in Handlung um, die Handlung erstarrt zum Bild, Raum und Zeit verschmelzen ineinander. Den räumlichen Hintergrund setzt Chimonas bühnenbildhaft in Szene, die wenigen, vereinzelten Rückgriffe auf natürliche Landschaften wie den Fluß, seine Ufer, die offene und unbegrenzte Ebene fixieren einen Erzählschauplatz von äußerster Abstraktion. Chimonas ungewöhnlicher Prosastil manifestiert sich nicht zuletzt auch in der äußeren Form seiner Texte, besonders in der eigenwilligen Interpunktion, aber auch im Satzbau selbst, der sich über syntaktische Konventionen häufig hinwegsetzt. So ist diese Prosa ein typisches Beispiel für die Untergrabung einer geschlossenen Romanwelt, für den Ersatz konkreter Personen durch Masken, symbolische und allegorische Figuren, für die Hinwendung zur assoziativen Erzähltechnik im Sinne des JOYCEschen Bewußtseinsstroms. Ohne Rückgriff auf Begriffsstrukturen der Psychoanalyse (Neurose, Narzißmus, Perversion) ist es kaum möglich, Chimonas' Prosa zu dechiffrieren. Die Erzählungen gestalten einen Raum, um ihn wieder auszulöschen, sie füllen ihn, um ihn wieder zu leeren. Das Ende jeder Erzählung weist auf deren eigene Zerstörung hin, der Leser wird zurück ins Leere geworfen. P.Ka.

AUSGABEN: Athen 1971. – Athen 1982.

LITERATUR: A. Phouriotis, J. Chimonas, Rez. (in Apojevmatini, 7. Dez. 1972). – M. P., Rez. (in Ta Nea, 11. Febr. 1978). – J. Aristinos, *Isagogi stin pesographia tou J. Chimonas*, Athen 1981. – D. N. Maronitis, *I pesographia tou J. Chimonas*, Athen 1986.

## ARMANDO CHIRVECHES

eig. Armando Chirveches Arrospide
\* 1883 (?) La Paz
† 1926 Paris

**LA CASA SOLARIEGA. Novela de costumbres latino-americanas**

(span.; *Das Patrizierhaus. Roman über die lateinamerikanischen Sitten*). Roman von Armando CHIRVECHES (Bolivien), erschienen 1916. – Der Autor verlegt den Schauplatz seines Romans nach Sucre, wo – im Gegensatz zum aufstrebenden La Paz – eine klerikal orientierte, erzkonservative Oligarchie von kreolischer Denkungsart herrscht. Der Roman spielt zu Anfang des 20. Jh.s, als im Zuge der liberal-demokratischen Erneuerungsbewegung die Diskussionen um die demokratischen Freiheiten und einige damit zusammenhängende Probleme – Trennung von Staat und Kirche, Zivilehe und Ehescheidung, laizistische Erziehung – heftige Erregung auslösten. Das Eintreten für diese Ideale und der Angriff auf die reaktionäre Gesinnung einer privilegierten Kaste sind geschickt in die Handlung eingeflochten. Sie erzählt die Geschichte von Juan Luque, einem Einwanderer unbekannter andalusischer Herkunft, der von Beruf Handlungsreisender ist. Da Juan – ein zwielichtiger Charakter, der kühn, zäh und gewissenlos seine Absichten verfolgt – schnell erkennt, welchen Nutzen man aus dem Einfluß der allmächtigen Kirche ziehen kann, heuchelt er Frömmigkeit. Unter dem Schutz des Klerus erreicht er es schließlich, eine reiche Erbin aus einer der alteingesessenen Familien für sich zu gewinnen.
An Hand dieses konkreten, allerdings nicht ganz wahrscheinlich anmutenden Falles unternimmt es der Autor, zeitgeschichtliche Probleme zu behandeln und Gesellschaftskritik und Reformvorschläge miteinander zu verbinden. Die in Bolivien durchgeführte Liberalisierung des öffentlichen Lebens, die dem aggressiven Antiklerikalismus den Boden entzog, ließ freilich die Aktualität dieses Buches schnell in Vergessenheit geraten. Von bleibendem Wert ist die scharfbelichtete Momentaufnahme einer Stadt, die zwar oft ihren Namen wechselte (Charcas, La Plata, Chuquisaca und zuletzt Sucre), die aber – versteinert in altehrwürdigen Traditionen – sich selbst immer treu blieb: massiv, aber stets zwerghaft zurückgeblieben, eine trutzige Festung des Gewesenen, deren imposante Architektur beherrscht wird von mächtigen Klöstern, Kirchen und Palästen, die Generationen wie Tage überdauern und deren düstere Mauern der Neuzeit Einhalt gebieten. A.F.R.

AUSGABEN: La Paz 1916. – La Paz 1955 (in *Obras escogidas*). – La Paz 1969.

LITERATUR: J. F. Bedregal, *Estudio sintético de la literatura boliviana* (in *Bolivia en el primer centenario de su independencia*, NY 1925). – A. Guzmán, *Historia de la novela boliviana*, La Paz 1938, S. 113–125. – Ders., *La novela en Bolivia, proceso 1847–1954*, La Paz 1955. – R. Botelho Gosálvez, *La novela en Bolivia* (in Cuadernos Americanos, 19, 112, 1960, S. 266–281). – *Diccionario de la literatura latino-americana. Bolivia*, Washington ca. 1961, S. 27 f.

## CHAJIM CHISKIJA MEDINI

\* 1833 Jerusalem
† 1904 Hebron

**SDÉ CHEMED**

(hebr.; *Gefilde der Anmut*). Enzyklopädie des jüdischen (Religions-, Zivil- und Straf-)Rechts von Rabbi Chajim CHISKIJA MEDINI, erschienen in achtzehn Bänden 1896–1911. – Nach dem *Pachad Jizchak* von Isaak LAMPRONTI ist dieses Werk der zweite große Versuch, die Stoffmassen des *Talmud*, der Gesetzeskompendien und der Responsenliteratur nach Stichworten in alphabetischer Reihenfolge darzustellen. Der lange Jahre (1867 bis 1899) auf der Halbinsel Krim als Rabbiner wirkende Verfasser hat den Stoff in zwei große Hauptsektionen aufgegliedert: allgemeine Grundbegriffe *(klalim)* und Gesetzeskomplexe *(asifat dinim)*; beide Sektionen sind separat nach dem Alphabet angeordnet. Da sich die beiden Sachgebiete aber nicht scharf voneinander abgrenzen lassen, wird die Benutzung des Werks durch die Zweiteilung nicht gerade erleichtert. Überhaupt besteht die Hauptleistung Medinis eher in der Offenbarung seiner immensen Gelehrsamkeit als in der Organisation der riesigen Stoffmassen. Er zitiert – oft aus dem Gedächtnis (da ihm auf der Krim keine große Bibliothek zur Verfügung stand) – etwa 1500 Verfasser und rund 2000 Werke, meist aus der Responsenliteratur, die er übrigens selbst um vier (1865, 1874, 1879 und 1900 erschienene) *Responsensammlungen* bereichert hat. Die letzten fünf Bände der *Sdé chemed* (das Wort *chemed* ist gleichzeitig Abkürzung des Namens Chiskija Medini) erschienen postum. – In der Neuausgabe von 1949 ist die allgemeine Übersicht durch Inhaltsverzeichnisse und ein Generalregister erleichtert. L.Pr.

AUSGABEN: Warschau 1896–1911, 18 Bde. – NY 1949, 18 Bde.

LITERATUR: O. Feuchtwanger, *Righteous Lives*, Letchworth 1956, S. 36 ff.

## VELIMIR CHLEBNIKOV

eig. Viktor Vladimirovič Chlebnikov
* 9.11.1885 Tundutovo / Gouvernement Astrachan'
† 23.7.1922 Santalovo / Gebiet Novgorod

LITERATUR ZUM AUTOR:
*Bibliographie:*
V. Markov, *Literatura o Ch.* (in V. Ch., *Sobranie proizvedenij*, Leningrad 1933, Bd. 5, S. XI–XLIV; Nachdr. Mchn. 1972).
*Biographie:*
N. Stepanov, *V. Ch. Žizn' i tvorčestvo*, Moskau 1975.
*Gesamtdarstellungen und Studien:*
R. Jakobson, *Novejšaja russkaja lirika. Nabrosok pervyj: Podstupy k Ch.*, Prag 1921. – J. Tynjanov, *O Ch.* (in J. T., *Archaisty i novatory*, Leningrad 1929). – Vl. Markov, *The Longer Poems of V. Kh.*, Berkeley 1962. – R. A. MacLean, *The Prose of V. X.*, Diss. Princeton Univ. 1974 [enth. Bibliogr.]. – S. Mirsky, *Der Orient im Werk V. Ch.s*, Mchn. 1975. – P. Stobbe, *Utopisches Denken bei V. Ch.*, Diss. Mchn. 1982. – V. P. Grigor'ev, *Grammatika idiostilja. V. Ch.*, Moskau 1983. – J. C. Lanne, *V. Kh. poète futurien*, Paris 1983. – R. Vroon, *V. X.s Shorter Poems. A Key to the Coinages*, Diss. Univ. of Michigan, Ann Arbor 1983. – *V. Ch. A Stockholm Symposium*, Hg. N. Nilsson, Stockholm 1985. – V. P. Grigor'ev, *Slovotvorčestvo i smežnye problemy jazyka poėta*, Moskau 1986. – *V. Ch. 1885–1985*, Hg. J. Holthusen u. a., Mchn. 1986. – *V. Ch. (1885–1922): Myth and Reality*, Hg. W. Weststeijn, Amsterdam 1986. – R. Cooke, *V. Kh. A Critical Study*, Cambridge 1987. –

R. Goldt, *Sprache und Mythos bei Velimir Chlebnikov*, Mainz 1987.

DAS LYRISCHE WERK (russ.) von Velimir CHLEBNIKOV.
Nicht nur im Generationszusammenhang steht Chlebnikov zwischen Symbolismus und Futurismus, auch seine eigenwillige Ästhetik formte sich zwischen diesen beiden Polen des russischen Modernismus, als dessen herausragender Exponent er heute gilt. Zur Fortsetzung seines Studiums der Naturwissenschaften und Mathematik übersiedelte Chlebnikov 1908 aus Kazan' nach St. Petersburg, wo er zunächst in symbolistischen Dichterkreisen verkehrte, durch die Vermittlung seines Mentors Vjačeslav IVANOV aber auch Dichter wie GUMILËV oder KUZMIN kennenlernte. Chlebnikov verband Ivanovs Theorie einer »Mythenschöpfung« (*mifotvorčestvo*) vermittels der Dichtung, einem auf WAGNERS Gesamtkunstwerk-Gedanken und NIETZSCHES »Geburt der Tragödie« gründenden Konzept zur Überwindung der Säkularisierung von Kunst und Leben, zunächst mit einer betont slavophilen, antizivilisatorischen Attitüde, die er im Anschluß an die symbolistische Großstadtlyrik (VERHAEREN, BLOK, BRJUSOV) zu teilweise apokalyptischen Untergangsvisionen ausweitete (*Žuravl'*, 1908/09 – *Der Kranich; Gibel' Atlantidy*, 1909/12 – *Der Untergang von Atlantis*). Andere Poeme wie *Vila i Lešij*, 1913 (*Nymphe und Waldgeist*), frönten auch dann noch im Stile GORODECKIJS oder REMIZOVS der Vision mythisch-folkloristischer Urwelten, als sich Chlebnikov längst vom Symbolismus abgewandt hatte. Unkonventionelle Verssprache und bizarre Metaphorik bescherten ihm als »*Visionär*« (Gumilëv) frühe Anerkennung.
Eine outriert neoromantische Ausrichtung kennzeichnet auch Chlebnikovs erste dramatische Versuche (*Snežimočka*, 1908 – *Schneeflöckchen*). Das Versdrama *Markiza Dėzes*, 1909–1911 (*Die Marquise Dezesse*), enthält in seinen unvermittelten Realitätsbrüchen *in nuce* stilistische Konstanten des späteren Werks. Der Zweiakter *Gospoža Lenin*, 1909–1912 (*Frau Lenin*), reduziert in der abstrakt symbolischen Tradition von MAETERLINCKS *Les aveugles* (*Die Blinden*) die dramatische Welt auf die personifizierten Sinne eines einzelnen Menschen, deren handlungslose Wechselrede das facettenreiche Mosaik einer nur indirekt und fragmentarisch erfahrbaren Realität vermittelt und deren Partikel das dergestalt atomisierte Individuum zu keinem gültigen Gesamtbild mehr zusammenfügen kann. Beachtung verdient das Kurzdrama *Mirskonca*, 1912 (*Weltvomende*), ein erster Umsetzungsversuch des revolutionierten mathematisch-physikalischen Weltbildes in ein Kunstwerk, in dem, wie Chlebnikov schon 1909 gefordert hatte, »*die Regeln der Logik von Zeit und Raum so oft zerstört werden wie ein Trinker in der Stunde nach dem Schnapsglas greift*«.
1911 gehörte Chlebnikov zu den Gründungsmitgliedern der »Hylaea« (D. und N. BURLJUK, KRU-

ČENYCH, LIFŠIC, ab 1912 auch MAJAKOVSKIJ), der Keimzelle des russischen Kubofuturismus, einem fragilen Konglomerat aus mystisch-hesychastischer Kunstmetaphysik (mit Kontakten zum »Blauen Reiter«) und visionärer Zukunftseuphorie. Zusammen mit Kručenych entwarf Chlebnikov in mehreren manifestartigen Texten *(Slovo kak takovoe,* 1913 *– Das Wort als solches)* die Theorie einer weitestgehend auf Neologismen basierenden »transmentalen« Sprache *(zaumnyj jazyk)* und schuf nachgerade klassische Beispiele futuristischer Wortkunst *(Zakljatie smechom – Beschwörung durch Lachen; Bobèobi pelis' guby – Bobèobi sangen die Lippen).* Als sprachwissenschaftlich *»genialer Dilettant«* (Čiževskij) entwickelte Chlebnikov in der Folgezeit einen hermetischen sprachalchemistischen Kosmos, den er in theoretischen Untersuchungen als *»Durchbruch zu den Schichten des Schweigens«* im Hinblick auf eine neuzuschaffende, völkerverbindende »Sternensprache« *(zvězdnyj jazyk)* begriff und der in wesentlichen Details das Vorbild von MALLARMÉS *Livre (Das Buch)* und *Les mots anglais (Die englischen Wörter)* erahnen läßt. Chlebnikov glaubte in archaischen Sprachzuständen verschüttete Urweisheiten verborgen und versuchte, das von ihm postulierte erkenntnistheoretische Primat der Sprache im Rückgriff auf sprachphilosophische Konzepte der Antike (PLATONS *Kratylos)* durch die Annahme einer ursprünglichen Motiviertheit des sprachlichen Zeichens zu legitimieren.

Darüber hinaus verwendete der ethnologisch beschlagene Autodidakt Fragmente ritueller Geheimsprachen *(Noč' v Galicii,* 1914 *– Eine Nacht in Galizien)* und mythologische Topoi vornehmlich ägyptischer *(Ka, Ka²,* 1916) oder sibirischer *(Deti vydry,* 1913 *– Die Kinder des Otters)* Provenienz und imitierte z. B. durch palindromischen Versbau den zyklischen Charakter mythischer Textstrukturen *(Razin, Razin,* 1920). Auf diese Weise entstanden filigrane Lyrik- und Prosagebilde, in denen *»die sprachlichen Elemente aller Ebenen, der semantischen wie der morphologischen, der syntaktischen wie der phonologischen, einen Mythos (erschaffen), dessen Sinn sich gleichzeitig dem Verstehen darbietet und immer wieder entzieht«* (F. Scholz). – Nach MARINETTIS Rußlandreise kam es 1914/15 zu Entfremdung und Bruch mit dem Futurismus. Chlebnikov blieb von nun an ohne tiefere Bindung an literarische Schulen. Moskau, Cherson, Rostov am Don, Astrachan', Baku und Pjatigorsk markieren bis 1922 Stationen seines unsteten Lebensweges. In den Jahren 1916–1922 entstand im Kontext einer Reihe geschichtsphilosophischer Traktate *(Vremja mera mira,* 1916 *– Zeit, Maß der Welt),* in denen Chlebnikov in pythagoreischem Geiste Geschichte als System mathematisch fixierbarer Interdependenzen interpretierte, ein bedeutender Zyklus von Poemen über Revolution, Welt- und Bürgerkrieg. Visionen eines sozialistischen Utopia *(Ladomir,* 1920/21 *– Friedwelt)* stehen dabei komplexe Auseinandersetzungen mit den Fragen von Schuld und Gewalt in metaphysischen Dimensionen gegenüber *(Noč' v okope,* 1920 *– Die Nacht im Schützengraben; Nočnoj obysk,* 1921 *– Nächtliche Haussuchung).* Von den mit einer Einheit der Roten Armee in Persien verbrachten Sommermonaten des Jahres 1921 zeugen einige der künstlerisch ausgereiftesten Arbeiten Chlebnikovs, in denen die orientalische Bilderwelt mit assoziativen Gedankenketten und mythologischen Reflexionen zu einem zeitlosen geistigen Panoptikum verschmilzt *(Truba Gul'-mully,* 1921 *– Die Frula Gul-Mullahs).* – Sein letztes großes Werk, das als Versuch zur Überwindung herkömmlicher Gattungsgrenzen angelegte »Metapoem« *(sverchporest') Zangezi* (1922), vereinigt in der Nietzsches Zarathustra nachempfundenen Titelgestalt des einsamen Propheten noch einmal nicht ohne resignative Züge das poetologische Vermächtnis ihres Schöpfers. Chlebnikovs Universalität anstrebendes Denken befruchtete beinahe alle Bereiche der russischen Moderne, so Skrjabins Synästhetizismus, Malevičs Theorie des Suprematismus wie auch El Lisickijs architektonische Projekte der zwanziger Jahre. Sein literarisches Werk prägte nicht nur Generationen russischer Lyriker (u. a. ASEEV, ZABOLOCKIJ, VOZNESENSKIJ), sondern fand auch in Prosa (KIM) und Dramatik (AMAL'RIK) Schüler. In seinem Nekrolog nannte Majakovskij den einstigen Weggefährten 1922 denn auch einen *»Kolumbus neuer poetischer Kontinente, die jetzt von uns besiedelt und urbar gemacht werden«.* R.Gt.

AUSGABEN (Auswahl): *Učitel' i učenik,* Cherson 1912. *– Izbornik stichov 1907–1914 gg.,* St. Petersburg 1913. *– Tvorenija (1906–1908),* Moskau 1914. *– Zangezi,* Moskau 1922. *– Stichi,* Moskau 1923. *– Sobranie proizvedenij,* Hg. Ju. Tynjanov u. N. Stepanov, 5 Bde. Leningrad 1928–1933; Nachdr. 1968–1972. *– Neizdannye proizvedenija,* Moskau 1940; Nachdr. Mchn. 1971. *– Nesobrannye proizvedenija,* Mchn. 1972 [innerhalb des Nachdr. d. *Sobr. proivz.*]. *– Tvorenija,* Moskau 1986.

ÜBERSETZUNGEN: *Dossier, Ch. und andere,* P. Celan u. a. (in Kursbuch, 10, 1967, S. 1–47). *– Ziehn wir mit Netzen die blinde Menschheit. Gedichte, Versdrama, poetologische Texte,* Hg. M. Erb, Bln./DDR 1984. *– Werke. Poesie, Prosa, Schriften, Briefe,* Hg. P. Urban, Reinbek ²1985. *–* V. Ch. u. A. Kručenych, *Höllenspiel. Poem,* L. Harig, Bln. 1986.

## NOČ' V OKOPE

(russ.; *Die Nacht im Schützengraben*). Poem von Velimir CHLEBNIKOV, erschienen 1921. – Chlebnikov, einer der Wegbereiter des vorrevolutionären russischen Futurismus, hat im wesentlichen traumhaft-visionäre Verse in einer halb archaisierenden, halb selbstgeschaffenen sog. »Übersinnsprache« *(zaumnyi jazyk)* hinterlassen, die Fragmente der griechischen und slavischen Mythologie mit einem seltsam mathematisierten Geschichtsbild in Einklang zu bringen suchten. In seinem späten Poem

*Noč' v okope* nimmt er zum ersten Mal die gesellschaftliche Wirklichkeit seiner Tage, die Auseinandersetzung zwischen der Roten und der Weißen Armee, zum Vorwurf. Doch verleiht er auch diesem konkreten Geschehen eine über sich selbst hinausweisende, fast mythische Bedeutung. Der Ruhepunkt im Ablauf der geschilderten Ereignisse, an welchem sich der historische Augenblick relativiert, sind die »*steinernen Einsiedlerinnen*«, jahrtausendealte Standbilder aus vorchristlicher Zeit. Sie beobachten die Soldaten, die sich auf beiden Seiten voll Todesahnung zum Kampfe rüsten. Selbst Lenin, der in der Ruhe vor dem Sturm den Traum seiner neuen Gesellschaft träumt, hängt solchen Todesgedanken nach *(»Auch ich werde in das Reich der Schatten gehen«)*. Ein ausführliches Schlachtgemälde schildert das Aufeinanderprallen der beiden Fronten weniger als Kampf moderner Armeen denn als Widerstreit dunkler Urkräfte. Aktuelle Parteinahme für die Roten zeigt Chlebnikov allein durch die Schilderung der Grausamkeit und Rachsucht der Weißen. Immer unwirklicher scheint die Schlacht zu werden, die mit dem Sieg der sowjetischen Truppen endet. Berge von Toten bedecken die Steppe, über ihnen die steinernen Frauen. Für sie war die Auseinandersetzung nichts als ein Kampf entgegengesetzter Triebkräfte der Geschichte. Aus ihrem weit in Vergangenheit und Zukunft hineinreichenden Wissen sagen sie auch der Roten Armee neuen Tod voraus.

Chlebnikov hat diesem Werk noch einige Poeme der gleichen Thematik folgen lassen, ohne daß eines von ihnen die geschichtliche Bedeutung der Oktoberrevolution und des anschließenden Bürgerkriegs begriffen hätte. Auffallend ist, daß der Dichter, der vorher mit der Sprache und dem Vers immer wieder experimentiert hatte, in diesen Werken zu einer einfachen, fast durchweg jambischen Versform zurückkehrt. Er behält jedoch den vor allem den russischen Symbolisten geläufigen assonierenden Reim mit seiner ungewöhnlichen Klangwirkung bei. J.W.

AUSGABEN: Moskau 1921. – Moskau 1928 (in *Sobranie proizvedenij*, Hg. Ju. Tynjanov u. N. Stepanov, 5 Bde., 1928–1933, 1; Vorw. N. Stepanov). – Leningrad 1960 (in *Stichotvorenija i poėmy*). – Moskau 1986 (in *Stichotvorenija. Poėmy. Dramy. Proza.*) – Moskau 1986 (in *Tvorenija*).

## VILA I LEŠIJ

(russ.; *Die Nymphe und der Waldgeist*). Poem von Velimir CHLEBNIKOV, erschienen 1913. – Einer der Initiatoren des Manifestes der russischen Futuristen, des *Poščečina obščestvennomu vkusu*, 1910 *(Eine Ohrfeige dem allgemeinen Geschmack)*, war Chlebnikov treibende Kraft des Versuchs, die poetische Sprache durch Aufhebung der Begrifflichkeit und der deskriptiven Leistung des Wortes zu erneuern. Ziel des Versuchs ist ein inkommunikatives, dem Verstand nicht zugängliches Idiom *(zaumnyj jazyk)*. Auf der Suche nach dieser Sprache mit der Etymologie des Russischen, den russischen Dialekten und dem altkirchenslavischen Sprachgut vertraut, begeisterte sich der Autor mehr und mehr für alles ursprünglich Russische und Slavische. Im freien Spiel der Phantasie sucht er nach neuen Konstellationen der spärlichen Relikte der sklavischen Mythologie.

Eines der charakteristischsten Zeugnisse dieser Beschäftigung ist das Poem *Vila i lešij*. Der Gegenwart entrückt, breitet sich die Landschaft eines slavischen Arkadiens aus, in der die Vila, die slavische Wald- und Wasserfee, den schlummernden Waldgeist neckt. Auf eine konsequent durchgestaltete Handlung und eine logische Abfolge der Szenen verzichtet der Dichter. Reime, Klänge und Assoziationen werden zur assoziativen Unterströmung der in rascher Folge wechselnden Bilder. Der augenblickliche Einfall verdrängt in der trägen arkadischen Stimmung die eben erzählten Handlungsmomente. Die Stimmung der in der Mittagshitze summenden Natur, die der Dichter mit überraschenden Lauteffekten hörbar werden läßt, drängt sich in den Vordergrund. Der Reiz des Poems liegt in seinem stimmungschaffenden artifiziellen Gebrauch der Sprache. Absurdität und Sinnlosigkeit der Aussage *(»ein Kranz von Birkenzweigen ist ihr Halt und Hoffnung«)* werden zum Medium eines auf die Aufhebung der Logik gerichteten Humors. J.W.

AUSGABEN: Petersburg 1913 (in *Rjav. Perčatki 1908–1914 gg.*). – Leningrad 1928 (in *Sobranie proizvedenij*, Hg. Ju. Tynjanov u. N. Stepanov, 5 Bde., 1928–1933, 1; Nachdr. Mchn. 1968). – Leningrad 1960 (in *Stichotvorenija i poėmy*). – NY 1986 (in *Stichi. Poėmy. Proza.*) – Moskau 1986 (in *Tvorenija*).

## VLADISLAV FELICIANOVIČ CHODASEVIČ

\* 28.5.1886 Moskau
† 14.6.1939 Billancourt bei Paris

**DAS LYRISCHE WERK** (russ.) von Vladislav F. CHODASEVIČ.

Die Anfänge vom lyrischen Schaffen des Dichters und Kritikers liegen am Ende des »silbernen Zeitalters« der russischen Lyrik, des Symbolismus. Chodasevič hat seine Wurzeln dort, entwickelt daraus aber eine eigenständige Poetik, die sich keiner der postsymbolistischen Strömungen – Akmeismus, Imaginismus, Futurismus – unterordnet. Im ersten Gedichtband *Molodost'*, 1908 *(Jugend)*, sind vor allem Einflüsse V. BRJUSOVS zu spüren, die bis in einzelne Motive reichen (Dornenkrone als Symbol des leidenden Dichters). Innerhalb von *Molodost'* entfaltet sich in den melancholischen Liebesgedichten an die »Cousine« ein Themenbereich, der später kaum mehr eine Rolle spielt. Lediglich in *Sčastlivyj domik*, 1914 *(Das glückliche Häuschen)*, dem zweiten Lyrikband, klingt er in den Gedichten an die »Carevna« (Prinzessin) noch einmal an. Daneben enthält *Sčastlivyj domik* Bilder und Gedanken zu einer kleinen häuslichen Idylle, einem privaten Bereich der Geborgenheit, den auch der Titel meint. Der Dichter verrät hier seine geistige Nähe zu A. Puškin, mit dem er sich auch als Literaturwissenschaftler intensiv auseinandersetzte.

Die reife Phase in Chodasevičs Lyrik beginnt mit dem dritten Gedichtband, dessen Titel *Putem zerna*, 1920 *(Der Weg des Korns)*, in erkennbarer Opposition zu den avantgardistischen Tendenzen steht, die in den revolutionären zehner und zwanziger Jahren ein Aufbrechen der überkommenen Formen forderten, die Abwendung von jeglicher Tradition, in der Lyrik das Sprengen der Versstruktur und der konventionellen Semantik. Diesen Tendenzen steht Chodasevič äußerst kritisch gegenüber. Seine Verstechnik folgt den klassischen Vorbildern und versucht, deren Möglichkeiten auszuschöpfen; seine Bildsprache greift vielfach auf Bekanntes zurück, läßt es aber in neuen Zusammenhängen erscheinen. Im Titelgedicht von *Putem zerna*, das sich an das biblische Gleichnis vom Weizenkorn anlehnt, setzt er das Wort Gottes in Parallelität zum Dichterwort; zugleich steht der »*Weg des Korns*« – das Sterbenmüssen, um wiedergeboren zu werden – für das Auf und Ab der russischen Geschichte und meint auch die aktuelle Situation im Jahr der Revolution (1917). Außerdem verbindet Chodasevič das Bild mit seiner eigentümlichen, dualistischen Metaphysik, in der die Seele das göttliche Licht repräsentiert, das in dem dunklen stofflichen Gefäß des Leibes gefangen ist. In Umkehrung der üblichen Begriffe erscheint das menschliche Leben als Phase der Finsternis und des Todes für die Seele, die erst durch den Tod des Leibes Freiheit, d. h. Leben erlangt. In dem Band *Tjaželaja lira*, 1922 *(Die schwere Lyra)*, der diese Vorstellungen in vielfältiger Bildlichkeit weiterentwickelt, gelangt Chodasevič zu der folgenden prägnanten Formulierung: »*Korken überm scharfen Jod:/ schon bist du von ihm zerfressen!/ Körper stirbt den gleichen Tod:/ von der Seele aufgegessen.*« Diese Seelenkonzeption verbindet sich mit Poetik in dem Sinn, daß der Mensch überhaupt erst durch das Teilhaftigwerden der Seele am Göttlichen zum Dichter wird (z. B. *Pro sebja*, 1918/19 – *Über mich selbst*): Visionäres oder mystisches Erleben befähigt den Dichter, die ihn umgebende graue Wirklichkeit zu verwandeln, eine neue Welt in der Dichtung zu erschaffen. Die Entwicklung von Chodasevičs Lyrik dokumentiert und reflektiert aber, wie diese Grundlage mehr und mehr problematisch wird. Zwar zeigt das Gedicht *Ballada*, 1921 *(Ballade)*, wie das Ich in einem Verwandlungsprozeß zu kosmischer Größe anwächst *(»mit den Füßen im unterirdischen Feuer,/ Mit der Stirn in den fließenden Sternen«)*, zur mythologischen Urgestalt des Dichters, Orpheus, wird, doch tritt dieser Orpheus nicht auf fruchtbaren Boden, sondern auf »*glatte, schwarze Felsen*«, und die »*schwere Lyra*«, die er empfängt, veranschaulicht die Last, die die dichterische Gabe bedeutet. Das Gedicht beschließt den Band *Tjaželaja lira*, es beschließt auch die produktivste Phase in Chodasevičs Entwicklung. In diese Phase gehören auch mehrere Blankversgedichte längeren Umfangs, die kleine Begebenheiten von plötzlich sich öffnender existentieller oder metaphysischer Tiefe schildern, z. B. das Ahnen der Urverwandtschaft alles Lebendigen in *Obez'jana*, 1919 *(Der Affe)*, oder die Wahrnehmung von Sphärenmusik in *Muzyka*, 1920 *(Musik)*.

Der Weg in die Emigration (1922) markiert einen Bruch in Chodasevičs Schaffen. In der Sammlung *Evropejskaja noč'*, 1927 *(Europäische Nacht)*, die als Teil von *Sobranie stichov (Gesammelte Gedichte)* erschien, werden die europäischen Großstädte Berlin und Paris düster und dämonisch erlebt und dargestellt, die Menschen in ihrer Erbärmlichkeit gezeigt, bisweilen zu hundsköpfigen Schattenwesen verzerrt. Der Zugang zu den lichten, transzendenten Sphären gelingt kaum mehr. An seine Stelle tritt in der 182 Verse umfassenden Dichtung *Sorrentinskie fotografii*, 1925 *(Sorrentiner Photographien)*, die Erinnerung, der Blick in die Vergangenheit, nach Moskau, nach Petersburg. Die Erinnerung ist – entsprechend dem zentralen Bild des zweifach belichteten Negativs – eine Überlagerung zweier Welten, der italienischen Landschaft bei Sorrento und der durch sie hindurchscheinenden Bilder und Szenen aus Rußland. *Sorrentinskie fotografii* deutet jedoch auch das Schwinden jener durchscheinenden Welt an und damit das Unmöglichwerden der Dichtung.

Nach der Veröffentlichung von *Sobranie stichov* hat Chodasevič bis zu seinem Tode kaum noch Lyrik geschrieben, in der Sowjetunion wurde er als Emigrant aus der Literaturgeschichte getilgt, die Emigration selbst nahm ihn fast nur noch als Kritiker wahr. Die hohen Urteile von A. Belyj, später V. Vejdle und V. Nabokov wurden erst nach Jahrzehnten von der Slavistik aufgenommen, die nun auch das Innovative im Werk Chodasevičs erkannte, seine Prosaisierung oder Entpoetisierung der Lyrik, seine ironische Aussageweise mit ihren verschiedenen Schattierungen (Bethea). In der Sowjetunion wurde nach erfolglosen Ansätzen in den sechziger Jahren seit 1986 die Rückführung Chodasevičs in die Literaturgeschichte vollzogen. F.G.

Ausgaben: *Molodost'*, Moskau 1908. – *Sčastlivyj domik*, Moskau 1914; Bln./Petrograd/Moskau ³1922. – *Putem zerna*, Moskau 1920; Petrograd ²1921 [überarb.]; Nachdr. Berkeley 1977. – *Tjaželaja lira*, Moskau/Petrograd 1922, Bln. ²1923. – *Sobranie stichov*, Paris 1927; Nachdr. NY 1978. – *Sobranie stichov*, Hg. N. Berberova, Mchn. 1961. – *Sobranie stichov*, Hg. Ju. Kolker, 2 Bde., Paris 1982/83. – *Stichotvorenija* (in *Sobr. soč.*, Hg. J. Malmstad u. R. Hughes, 5 Bde., Ann Arbor 1983, 1).

ÜBERSETZUNG: *Europäische Nacht. Ausgewählte Gedichte*, K. Borowsky, Tübingen 1985.

LITERATUR: A. Belyi, *Tjaželaja lira i russkaja lirika* (in Sovremennye zapiski, 1923, 15, S. 371–388). – V. Vejdle, *Poėzija Ch.* (in Sovremennye zapiski, 1928, 34, S. 452–469). – J. A. Miller, *Creativity and the Lyric »I« in the Poetry of Vl. F. Xodasevič*, Diss. Univ. of Michigan 1981. – D. M. Bethea, *Khodasevich. His Life and Art*, Princeton 1983. – Ju. Levin, *Zametki o poėzii Vl. Ch.* (in WSLA, 1986, 17, S. 43–129). – A. Voznesenskij, *Nebesnyj muravej* (in Ogonek, 1986, 48, S. 26–29). – N. Bogomolov, *Žizn' i poėzija Vl. Ch.* (in Voprosy literatury, 1988, 3, S. 23–61). – F. Göbler, *Vl. F. Ch. Dualität und Distanz als Grundzüge seiner Lyrik*, Mchn. 1988.

## NOAM AVRAM CHOMSKY

\* 7.12.1928 Philadelphia

LITERATUR ZUM AUTOR:
W. Karrer und E. Palascak, *A. C. Bibliography* (in Language Sciences, 40, 1976, S. 8–16). – H. Weydt, *N. C.s Werk: Kritik, Kommentar, Bibliographie*, Tübingen 1976. – *N. C.: A Bibliography*. Hg. L. S. Ramaiah u. T. V. Prafulla Chandra, Haryana/Indien 1984. – J. Dittmann, *Rezeption und Kritik der Sprachtheorie N. C.s in der Bundesrepublik Deutschland* (in Deutsche Sprache, 9, 1981, S. 61–96; 147–180). – H. Sauter, *Mythos Sprache: Aspekte ideologischer Sprachwissenschaft in den erkenntnistheoretischen Grundlagen von N. C. und B. F. Skinner*, Ffm. 1980. – I. S. Bátori, *Was bleibt von C.? C. und die sogenannte traditionelle Sprachwissenschaft* (in Folia Linguistica, 14, 1980). – J. Lyons, *N. C.*, Harmondsworth 1978. – R. C. Beck, *C.'s Language* (in Michigan Germanic Studies, 5, 1979, S. 75–97). – S. Ohlander, *On C.'s Mind* (in Moderna Språk, 76, 1982, S. 231–240). – *Dialogues on the Psychology of Language and Thought: Conversations with N. C., Charles Osgood, Jean Piaget, Ulric Neisser and Marcel Kinsbourne*, Hg. R. W. Rieber u. G. Voyat, NY 1983. – H. M. Bracken, *Mind and Language: Essays on Descartes and C.*, Dordrecht 1984. – J. W. Ney, *Argumentation from Evidence in the Works of N. C.* (in Word, 35, 1984, S. 219–234). – E. F. K. Koerner u. M. Tajima, *N. C. A Personal Bibliography 1951–1986*, Amsterdam 1986.

## SYNTACTIC STRUCTURES

(amer.; *Ü: Strukturen der Syntax*). Sprachwissenschaftliches Werk von Noam Avram CHOMSKY, erschienen 1957. – Das Werk stellt auf wenig mehr als hundert Seiten eine Synthese früherer Arbeiten von Chomsky dar, in denen er den Grund zu seiner generativ-transformationellen Theorie gelegt hatte. Man kann das Werk heute getrost als epochemachend bezeichnen, leitete es doch eine tiefgreifende Neuorientierung der modernen Sprachwissenschaft ein. Anders als frühere Schulen und Theorien griff die neue generative Transformationsgrammatik (GTG) rasch von den USA auf Europa einschließlich der Ostblockländer über. Über ihre fachspezifische Bedeutung hinaus hat die GTG interessante Perspektiven für Philosophie und Psychologie eröffnet.

Chomsky verfolgt in *Syntactic Structures* ein doppeltes Ziel: Zum einen sucht er ein möglichst leistungsfähiges Modell sprachlicher Beschreibung zu entwickeln, und zum anderen stellt er die Frage nach der allgemeinen theoretischen Fundierung und Rechtfertigung eines solchen Modells. Er baut dabei auf den Ansätzen der deskriptivistischen Grammatik (vgl. BLOOMFIELD, *Language*), insbesondere den Arbeiten seines Lehrers Z. S. HARRIS auf, der den Begriff der Transformation eingeführt hatte, macht sich aber auch die Prinzipien und Verfahren der mathematischen Logik zunutze.

Eine (natürliche) *Sprache* ist für Chomsky eine unbegrenzte Menge (im mathematischen Sinn) von Sätzen, die aus einer begrenzten Menge von Elementen bestehen. Ein Teil dieser Sätze ist *grammatisch*, andere sind *ungrammatisch* (»richtig« bzw. »falsch« gebaut), ohne daß allerdings eine scharfe Grenzziehung möglich wäre, denn es gibt Sätze von zweifelhafter Grammatikalität und verschiedene Grade von Ungrammatikalität. *Grammatisch* ist nicht zu verwechseln mit »sinnvoll« oder »annehmbar«: Ein sinnloser Satz wie »Farblose grüne Ideen schlafen wütend« ist grammatisch einwandfrei, während ein ungrammatischer Satz wie »Lest ein Buch du?« durchaus sinnvoll sein kann. Eine Häufigkeitsstatistik würde unterschiedslos unsemantische wie ungrammatische Sätze als anormal aussondern; daher muß die Entscheidung über die Grammatikalität eines Satzes in jedem Fall dem kompetenten Sprecher *(native speaker)*, d. h. seinem Sprachempfinden, der *Intuition* überlassen bleiben. Ferner ist eine Sammlung *(corpus)* von als grammatisch bzw. ungrammatisch bekannten Sätzen Voraussetzung für die Beschreibung oder Theorie einer Sprache, m. a. W. ihrer *Grammatik*, welche das beobachtete Corpus auf die unbegrenzte Menge grammatischer Sätze, eben die Sprache, zu projizieren hat. (*grammar* bezeichnet in *Syntactic Structures* sowohl die Beschreibung einer Sprache, z. B. des Englischen, als auch das Modell, den formalen Typus einer solchen Beschreibung.) Eine Grammatik muß also ein Menchanismus sein, der alle grammatischen Sätze einer Sprache, und nur diese, aufzählt (hervorbringt, *generiert*) und ihre Struktur spezifiziert. Ein adäquates Grammatikmodell muß dies nicht nur für eine bestimmte, sondern für jede beliebige Sprache leisten, da sonst verschiedene Grammatiken inkommensurabel würden und zudem keinen Aufschluß über die Natur der Sprache im allgemeinen liefern könnten. Eine generative Grammatik ist im übrigen trotz ihres Namens völlig neutral in bezug auf die Sprecher/Hörer-Rolle, d. h. die Synthese bzw. Analyse von Sätzen. Chomsky untersucht den einfachsten Typ einer Grammatik, die mit einem begrenzten Apparat eine unbegrenzte Satzmenge generiert, nämlich ein der Kommunikationstheorie entstammendes Modell einer Grammatik mit endlichen Stadien *(finite state grammar)*. Es besteht im wesentlichen darin, für den zu generierenden Satz so viele Stellen (Stadien) vorzusehen, wie er syntaktische Elemente (Wörter, Morpheme) enthält; die Grammatik hätte diese endliche Anzahl von Stadien »von links nach rechts« zu durchlaufen und in jedem Stadium anzugeben, welche Elemente als nächste folgen dürfen. Eine solche Grammatik würde entweder nur richtige Sätze, dann aber nicht alle, oder alle Sätze, dann aber nicht nur richtige, generieren, da häufig zwischen nicht benachbarten Satzgliedern Abhängigkeiten bestehen, die mit einem rein linearen Modell nicht zu erfassen sind, wie etwa beim Satztyp »Entweder... oder...« u. a. m.

Komplexer, aber sehr viel leistungsfähiger ist ein Modell, das auf der Analyse des Satzes in »unmittelbare Konstituenten« beruht, wie sie von der amerikanischen Linguistik im Anschluß an Bloomfield entwickelt wurde, und die zu einer Hierarchie von Satzgliedern führt, die Chomsky *phrase structure* (Satz- oder Phrasenstruktur) nennt. Ein Satz wie »Das Kind sang ein Lied« würde folgende Konstituentenstruktur ergeben:

|     | das | Kind | sang | ein | Lied |
| --- | --- | --- | --- | --- | --- |
| (1) | das | Kind | sang | ein | Lied |
| (2) | das | Kind | sang | ein | Lied |
| (3) | das | Kind | sang | ein | Lied |

Chomsky zeigt nun, wie sich diese Analyse auf ein generatives Modell in Form folgender *Regeln* übertragen läßt:
(1) Ersetze das Symbol für »Satz« durch die Symbole »Nominalgruppe« *(noun phrase)* und »Verbalgruppe« *(verb phrase)*, formalisiert als: S → NP + VP;
(2) Ersetze »Verbalgruppe« durch »Verb« und »Nominalgruppe«: VP → V + NP;
(3) Ersetze »Nominalgruppe« durch »Artikel« und »Substantiv«: NP → T + N;
(4), (5), (6) Ersetze »Artikel« durch »das, ein « bzw. »Substantiv« durch »Kind, Lied« bzw. »Verb« durch »sang«.

Die Anwendung von Regel (1) ergäbe also die Kette *(string)* NP + VP, Regel (2) NP + V + NP, Regel (3) T + N + V + T + N, d. h. die Ableitung *(derivation)* des Satzes, die sich wiederum als »Baumdiagramm« *(phrase marker)* darstellen läßt, das im Unterschied zu dem ersten Diagramm anstelle der Konstituenten die eben eingeführten abstrakten Hilfssymbole ausweist:

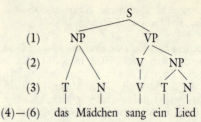

(4)—(6) das Mädchen sang ein Lied

Regeln, Ableitung und Baumdiagramm enthalten also jeweils die gleichen Informationen über den Bau des Satzes. Weitere Konventionen der Formalisierung fassen z. B. mittels verschiedenartiger Klammern mehrere Regeln zu einer zusammen oder schränken den Geltungsbereich einer Regel auf bestimmte Umgebungen ein *(kontextsensitive Regeln)*. An die hier skizzierte syntaktische Ableitung hätte sich die *morphophonemische* anzuschließen, welche die Morphemsymbole der untersten Kette *(terminal string)* in eine Laut- bzw. Phonemfolge umsetzt. Eine solche generative Phrasenstruktur-(PS-)Grammatik ist sehr viel leistungsfähiger als das vorher gezeigte Modell, doch auch sie würde bei einer Reihe von Satztypen versagen, d. h. für deren Generierung einen äußerst komplizierten, wenig produktiven *ad-hoc*-Regelapparat erfordern, der dabei kaum Einsichten in die Struktur solcher Sätze gewähren würde. Beispiele dafür sind mittels einer Konjunktion verbundene Teilsätze, die Beziehung zwischen aktiven und passiven Sätzen oder die mit verschiedenen Hilfsverbformen gebildeten Zeiten des Englischen. Chomsky schlägt deshalb vor, die drei Ebenen *(levels)* der PS-Grammatik, die einen Satz als Sequenz von Phonemen, von Morphemen und von syntaktischen Konstituenten darstellen, zu ergänzen durch eine noch abstraktere vierte, die der grammatischen *Transformationen*. Diese wandeln eine Satzstruktur auf einer in der jeweiligen Transformationsregel (gekennzeichnet durch →) aufzuführenden Ebene der Ableitung durch Addition, Tilgung, Austausch oder Umstellung von Hilfs- oder Morphemsymbolen in eine andere Sruktur um. (Eine Passivtransformation unseres Beispielsatzes müßte etwa eine auf der Ableitungsebene (2) ansetzende Umstellung $NP_1...NP_2 → NP_2...NP_1$ enthalten.) Grundsätzlich ist zu unterscheiden zwischen *obligatorischen* und *fakultativen (optional)* Transformationen. Erstere sind in jedem Fall notwendig, um eine von den Satzstrukturregeln generierte, noch mehr oder weniger abstrakte Endkette in eine Morphemfolge, die dem konkreten Satz entspricht, umzusetzen. Damit läßt sich die Menge der Sätze, die nur durch PS-Regeln und obligatorische Transformationen generiert werden, als Kern *(kernel)* bzw. Kernsätze einer Sprache definieren, von denen alle übrigen Sätze abzuleiten sind; eben hiervon verspricht sich Chomsky eine entscheidende Vereinfachung der Grammatik.

Nach dem Grammatikmodell der *Syntactic Structures* werden damit bei der Generierung eines Satzes drei Komponenten durchlaufen, die in einem

*Input-output-Diagramm* zu veranschaulichen sind: PS-Regeln → T-Regeln → morphophonemische Regeln → Satz

An einer Reihe von Beispielen (Verneinung, Fragesatz, Passivsatz und äußerlich gleiche bzw. gleichartig gebaute Sätze, die jeder Sprecher aber intuitiv als mehrdeutig bzw. unterschiedlich gebaut bezeichnen würde – *constructional homonymity* –) demonstriert Chomsky sein transformationelles Modell als eine Form sprachlicher Beschreibung, die adäquater, d. h. den Intuitionen kompetenter Sprecher angemessener und vor allem einfacher ist als andere Modelle von vergleichbarer generativer Kapazität. Zugleich ist aber dieses Modell ein Beitrag zu einer allgemeinen Theorie der Grammatik, d. h. zu einer linguistischen Metatheorie. Deren Aufgabe ist es, ein Verfahren zur Bewertung verschiedener Grammatikmodelle zu liefern, und eben dazu ist eine universell anwendbare und *explizite* (eindeutige und erschöpfende) Methode der Formulierung wie die eben vorgeführte, eine notwendige Vorbedingung. Im übrigen kann nach Chomsky von einer Grammatiktheorie nicht erwartet werden, daß sie entscheidet, ob eine gegebene Grammatik die bestmögliche ist, und erst recht nicht, daß sie mechanisch anwendbare »Auffindungsverfahren« für Grammatiken erstellt. Auf welchem Wege die Grammatik einer Sprache zu ermitteln ist, bleibt vom Standpunkt der Theorie aus völlig dem Ermessen und dem Geschick des Linguisten anheimgestellt. – Endlich stellt sich Chomsky noch die Frage nach dem Status einer Transformationsgrammatik innerhalb einer integralen, d. h. auch die Inhaltsseite (vgl. Hjelmslev, *Omkring sprogteoriens grundlæggelse*) umfassenden Sprachtheorie: Für ihn ist die Syntax von der semantischen Beschreibung unabhängig und hat dieser vorauszugehen; der Semantik wird damit die Beschreibung der inhaltlichen Funktion syntaktischer Strukturen zugewiesen.

Der weitere Entwicklungsgang der GTG sei hier wenigstens angedeutet. Eine zweite Phase steht im Zeichen einer Modifikation und Erweiterung der in *Syntactic Structures* vorgetragenen Ideen und findet ihre repräsentative Darstellung in Chomskys *Aspects of the Theory of Syntax*, 1965 *(Aspekte der Syntaxtheorie)*. Neu bestimmt wird dort das der Grammatik gesetzte Ziel als Theorie der *Kompetenz* eines (idealisierten) Sprecher-Hörers. Die Begriffe Kompetenz und *Performanz* (sprachliches Verhalten) entsprechen der strukturalistischen Unterscheidung von *langue* und *parole* (Saussure, *Cours de linguistique générale*), legen jedoch den Akzent stärker auf die schöpferische Aktivität des Sprachbesitzers (»*rule-governed creativity*«). An solche *mentalistischen* Anschauungen knüpfen sich eine Reihe weiterer Fragen zum Verhältnis von Sprache und menschlichem Geist, denen Chomsky in einigen philosophisch orientierten Schriften nachgeht, aber auch die These, daß sprachliche Kompetenz nicht, wie es die behavioristische Psychologie will, ausschließlich durch die Umwelt konditioniert sein könne; vielmehr müsse die Fähigkeit des Kindes aus einem sehr begrenzten sprachlichen Beobachtungsmaterial das komplexe Regelsystem einer Sprache (wenn auch unbewußt) zu extrahieren und schöpferisch in noch nie gehörten Sätzen anzuwenden, angeboren sein *(Innatismus)*. Damit eng verbunden ist auch das Problem der *Universalien*, d. h. der in allen Sprachen anzutreffenden strukturellen Gemeinsamkeiten, die damit auch als Universalien des menschlichen Geistes zu betrachten wären.

Die weitere Entwicklung des eigentlichen Grammatikmodells ist gekennzeichnet durch eine immer stärkere Einbeziehung der Semantik. Chomsky selbst leitet dies ein durch die in den *Aspects* getroffene Unterscheidung zwischen der *Oberflächenstruktur* eines Satzes, welche seine lautliche Realisierung abbildet, und der *Tiefenstruktur* als Basis für seine semantische Interpretation. In Zusammenhang damit gelangt Chomsky zu einer Neubewertung der vom Strukturalismus weitgehend verworfenen traditionellen Grammatik, von der sich die GTG im wesentlichen nur durch ihre explizite und rigorose Formulierung unterscheide. Wenngleich nun Chomsky in den *Aspects* am syntaktischen Charakter der die Tiefenstruktur generierenden *Basiskomponente* festhält und der semantischen Komponente eine interpretative Rolle zuweist, so muß er doch einräumen, daß bei Relationen wie der von Subjekt und Objekt, die jedenfalls der Tiefenstruktur angehören, die Grenzziehung zwischen Syntax und Semantik problematisch ist. Hier setzt die Grammatiktheorie der dritten Phase ein, die semantische und syntaktische Regeln bei der Generierung der Tiefenstruktur ineinandergreifen läßt oder diese sogar, in Umkehrung des Chomskyschen Modells, auf rein semantische Relationen wie »Kausativ«, »Agentiv«, »Lokativ« beschränkt und der Syntax eine bloß interpretative Funktion zuweist. Freilich werfen auch diese Ansätze Probleme über Probleme auf, so daß die Frage nach der weiteren Entwicklung, nach einer definitiven Fassung oder gar nach gesicherten Erträgen der GTG derzeit völlig offen bleiben muß. Zweifellos sind von mancher Seite übertriebene Erwartungen in sie gesetzt worden, etwa was die Erforschung und Beschreibung von Einzelsprachen betrifft; die Erstellung einer umfassenden Transformationsgrammatik einer Sprache hat sich als komplizierter erwiesen, als die *Syntactic Structures* glauben lassen, und ist bis jetzt noch nicht verwirklicht worden. Auch ist es fraglich, ob die historische Sprachwissenschaft oder die Fremdsprachendidaktik sehr viel von ihr zu erwarten haben. Unumstrittene Geltung scheint jedoch der von Chomsky gesetzte Standard mathematischer Strenge bei der Behandlung jeder Art von sprachwissenschaftlicher Fragestellung zu behalten, wie er vor ihm allenfalls auf die Ausdrucksseite der Sprache, d. h. auf empirisch erfaßbares Material angewendet wurde. O.G.

Ausgabe: Den Haag/Paris 1957; zul. 1978.

Übersetzung: *Strukturen der Syntax*, K.-P. Lange, Den Haag 1973.

LITERATUR: N. Chomsky, *Aspects of the Theory of Syntax*, Cambridge/Mass. 1965 (dt.: *Aspekte der Syntax-Theorie*, Ffm. 1969). – N. Ruwet, *Introduction à la grammaire générative*, Paris 1967; ern. 1968. – O. Thomas, *Transformational Grammar and the Teacher of English*, NY 1967 (dt.: *Transformationelle Grammatik u. Englischunterricht*, Mchn. 1970). – N. Chomsky, *Language and Mind*, NY u. a. 1968 (dt.: *Sprache u. Geist*, Ffm. 1970). – J. Lyons, *Introduction to Theoretical Linguistics*, Cambridge 1968 (dt.: *Einführung in die moderne Linguistik*, Mchn. 1971). – E. Coseriu, *Einführung in die Transformationelle Grammatik*, Tübingen 1969. – R. D. King, *Historical Linguistics and Generative Grammar*, Englewood Cliffs/N. J. ³1969 (dt.: *Historische Linguistik u. generative Grammatik*, Ffm. 1971). – Linguistische Berichte, Braunschweig 1969 ff. – J. Bechert u. a., *Einführung in die generative Transformationsgrammatik*, Mchn. 1970. – J. Lyons, *C.*, Ldn. ³1970 (dt.: *N. C.*, Mchn. 1971; dtv). – B. Sigurd, *Die generative Grammatik*, Tübingen 1970. – G. Helbig, *Geschichte der neueren Sprachwissenschaft*, Mchn. 1971. – Th. Hermann, *Sprache*, Ffm. 1972. – *Linguistik u. Philosophie*, Hg. G. Meggle u. G. Grewendorf, Ffm. 1973. – J. Horecký, *Antropologizmus v generatívnej gramatike* (in Jazykovedný časopis, 31, 1980, S. 169–172). – M. Sinclair, *The Rationality of C.'s Linguistics*, Stellenbosch 1985.

## CHŎNG CH'ŎL

\* 1536 Hanyang (heute Seoul)
† 1593 Kanghwa

LITERATUR ZUM AUTOR:
Chŏng Hanmo, *Kasa wa tŏburŏ insaengŭl kada – Chŏng Ch'ŏl* (in *Han'guk ŭi in'gansang*, Bd. 5, Seoul 1966).

## SONGGANG KASA

(kor.; *Erzählgedichte des Herrn Kieferfluß*). Sammlung der (5) *kasa* (Erzählgedichte) und (79) *sijo* (Kurzgedichte) des CHŎNG CH'ŎL, dessen Dichtername SONGGANG (»Kieferfluß«) war; unter den 79 *sijo* sind allerdings einige, die Chŏng Ch'ŏl fälschlicherweise zugeschrieben werden. – Das *Kwandong pyŏlgok (Lied über die Kangwŏn-Provinz)* ist ein Gedicht von 146 Zeilen, im Jahr 1580 verfaßt, als Chŏng Ch'ŏl zum Gouverneur der Kangwŏn-Provinz ernannt worden war. Er nahm dieses Amt nur an, weil er dadurch die Schönheit dieser östlichen Provinz Koreas, besonders der Diamantberge (Kŭmgangsan), kennenlernen konnte. Die Erzählung beginnt mit seiner Ernennung zum Gouverneur; eine Beschreibung der Reise von Seoul bis zu den Diamantbergen schließt sich an. In großartigen Bildern beschreibt Chŏng Ch'ŏl dann die landschaftliche Schönheit der einmaligen Berglandschaft mit vielen steil aufragenden Bergspitzen, den kleinen Seen, Wasserfällen, einsam an jäh abfallenden Hängen gelegenen Tempeln und Pavillons. Bei jedem Schritt eröffnen sich dem Wanderer neue überraschende Ausblicke. Mehrmals beschwört er LI PO, den großen chinesischen Dichter der T'ang-Zeit, von dem er sagt: »*In der Dichtung, im Schlag des Herzens sind er und ich eins.*« Das Gedicht endet mit einem Traumgespräch des Autors mit einer Fee.

Das *Sa miin kok (Sehnsucht nach dem Geliebten)* und das *Sok miin kok (Weiteres Lied an den Geliebten)* sind Lieder nach dem Vorbild der *Li sao (Begegnung mit dem Kummer)* des CH'Ü YÜAN. Sie sind zwischen 1585 und 1587 entstanden, als der Dichter, aus dem Staatsdienst entlassen, als Einsiedler in Koyang und Ch'angp'yŏng lebte. Er vergleicht seine Loyalität zu König Sŏnjo (1552–1608; reg. 1567–1608) mit der Liebe einer Frau, die von ihrem Ehemann getrennt ist und nach ihm sehnt. Das erste Gedicht ist ein Monolog, das zweite ein Dialog zweier Feen. Nach einer bewegenden Schilderung der Qualen einer verlassenen Frau kommt plötzlich der Wunsch nach Verwandlung auf – nach Verwandlung in einen Schmetterling, der, von Blume zu Blume fliegend, schließlich in die Kleidung des Geliebten schlüpft, oder nach Verwandlung in einen Dauerregen, der an das Fenster des Geliebten trommelt.

Das *Sŏngsan pyŏlgok (Lied über den Sternberg)* preist das idyllische Leben, das Kim Sŏngwŏn, ein Freund des Dichters, an den Hängen des Sŏngsan in Chŏllanamdo führt. Vorlage des *Sŏngsan pyŏlgok* sind die chinesischen Gedichte des KIM SŎNGWŎN und dreier seiner Freunde (sie bezeichnen sich selbst als »vier Unsterbliche«) über landschaftliche Schönheiten des Sternberges und seiner Umgebung. Viele Anspielungen auf die chinesische und koreanische Literatur sowie auf Persönlichkeiten beider Länder erschweren das Verständnis, aber dennoch ist das *Sŏngsan pyŏlgok* eines der reizvollsten und interessantesten *Kasa*-Gedichte. – Das *Changjinju-sa (Zeit zum Trinken)*, ein anakreontischer Lobpreis des Wohllebens, spricht von der Nichtigkeit eines Lebens ohne Wein – auch hier zeigt sich wieder die Seelenverwandtschaft des Dichters mit Li Po.

In seinen Kurzgedichten verwendet Chŏng Ch'ŏl, anders als in den Erzählgedichten, das Vokabular der Umgangssprache seiner Zeit; sie sind einfach in Syntax und Wortwahl. Manche Einzelheiten der Gedichte wirken freilich ein wenig geistlos und flach. Hauptthema sind bittere Klagen über die Hofintrigen, die den Dichter sein Amt gekostet haben; trotzdem sehnt er sich immer noch nach seinem Herrn, darin ganz in der Tradition des *Ch'u-tz'u* von Ch'ü Yüan stehend. Viele der Kurzgedichte sind dem Wein gewidmet, dem Tröster in der Einsamkeit.

Unter Chŏng Ch'ŏls *Kasa*-Dichtungen finden sich die besten Stücke dieses Stils: Schon Zeitgenossen bezeichneten sie als die *Li-sao* Koreas. Auch wegen seiner Einbildungskraft und Ausdruckskunst wird der Dichter immer wieder mit Li Po verglichen; dieser Vergleich hat sogar zu paralleler Legendenbildung geführt: Chŏng Ch'ŏl soll wie Li Po im Rausch ums Leben gekommen sein. H.J.Z.

AUSGABEN: Seoul 1956, Hg. Ch'ae Ch'angsik. - Seoul 1961, Hg. Pak Sŏngŭi.

ÜBERSETZUNG: *The Songgang kasa*, P. H. Lee (in T'oung Pao, 49, 1961/62, S. 149–193; engl.).

LITERATUR: Kim Sayop, *»Songgang kasa« sin'go: saero palgyŏndoen munhŏnŭl chungsimŭro haesŏ* (in Kyŏngbuk taekakkyo nonmunjip, 2, 1958, S. 3–42). – Pak Sŏngŭi, *Han'guk kŭnse sigainŭi chakp'um tae biron* (in Asea yŏn'gu, 4, 1962, S. 1–30). – McCann, D. R. *Weighing the Balance: Form and Content in the Korean kasa* (in Korean Studies Forum, 1, Seoul/Pittsburgh 1966–1977). – Pak T'aenam, Songgang, *Nogye ŭu sijo ŏhwi koch'al* (in *Han'guk siga munhak yŏn'gu*. *Paegyŏng Chŏng Pyŏng'uk sŏnsaeng hwan'gap kinyŏm nonch'ong*, Bd. 2, Seoul 1983, S. 227–252). – Chŏng Hŭnggyo / Pak Chongwŏn, *Chosŏn munhak kaegwan*, Bd. 1, Pyŏngyang 1986, S. 169–173.

---

MICHAŁ CHOROMAŃSKI

\* 22.6.1904 Elizawetgrad / Ukraine
† 24.5.1972 Warschau

LITERATUR ZUM AUTOR:
M. Lisiewicz, *Uwagi na marginesie powieści Ch.* (in Czas, 1933, Nr. 71). – J. Miernowski, *Człowiek i widma* (in Pion, 1933, Nr. 13). – Z. Wasilewski, *Powieść o zredukowanym życiu* (in Myśl Narodowa, 1933, Nr. 6). – W. Kubacki, *Głosy do powieści M. Ch.* (in Marchołt, 1934, Nr. 1). – J. Topass, *M. Ch.* (in La Pologne, 1934, Nr. 4; 1935, Nr. 5). – S. Kawyń, *M. Ch.* (in Gazeta Lwowska, 1934, Nr. 26). – K. Wyka, *Ch. i Gunnarson* (in Pion, 1934, Nr. 8). – K. W. Zawodziński, *Na krańcach powieści realistycznej i możliwości powieściowych* (in K. W. Z., *Blaski i nędze realizmu powieściowego*, Warschau 1937, S. 44–46). – A. Szymański, *W świecie kompleksów* (in Za i przeciw, 1957, Nr. 25). – H. Kirchner, *Diabli wiedzą co, czyli Ch.* (in Teksty, 1973, Nr. 4). – R. Chodźko, *Prolegomena do powieści Ch.* (in Miesięcznik Literacki, 1974, Nr. 11). – S. Wysłouch, *Proza M. Ch.*, Breslau 1977. – A. Konkowski, *M. Ch.*, Warschau 1980. – M. Sołtysik, *Świadomość to kamień: W dziesiątą rocznicę śmierci M. Ch.*, (in Twórczość, 1982, Nr. 38, S. 138–141).

## ZAZDROŚĆ I MEDYCYNA

(poln.; *Ü: Eifersucht und Medizin*). Roman von Michał CHOROMAŃSKI, erschienen 1933. – Das erfolgreiche 1933 von der Polnischen Akademie für Literatur ausgezeichnete Werk des von Sigmund FREUD beeinflußten Autors, der bereits mit seinem psychologischen Roman *Biali bracia*, 1932 *(Weiße Brüder)*, hervorgetreten war, behandelt in ironisch-grotesker Manier das Problem der Eifersucht und der erotischen Besessenheit als medizinisches Phänomen.

Held des Romans, der mit den Schlußszenen der Handlung beginnt und, unterbrochen durch Rückblenden in eine fernere Vergangenheit, die Ereignisse einer Woche konsequent zu ihrem Ausgangspunkt zurückverfolgt, ist der temperamentvolle Doktor Tamten. Während einer Operation verliebt er sich in seine Patientin Rebeka, die junge, schöne, sinnliche Ehefrau des älteren Widmar. Die Leidenschaft der Liebenden erweckt den Argwohn des betrogenen Ehemanns, der jedoch außerstande ist, Beweise für Rebekas Ehebruch zu erbringen. Während der Doktor Rebeka vor die Wahl zwischen Ehemann und Geliebtem stellt, tobt Widmar vor Eifersucht und begeht, vergebens bemüht, Rebekas Untreue zu entlarven, eine Niederträchtigkeit nach der anderen. Als er sein Ziel mit Hilfe eines Privatdetektivs zu erreichen droht, kommt Rebeka der Zufall zu Hilfe: Unerwartet stirbt der Kundschafter des Betrogenen. Die Situation der Helden ist am Ende die gleiche wie zu Beginn der Handlung. Die sich tragisch und alptraumhaft ankündigende Entwicklung, deren Unheimlichkeit noch durch das Motiv eines tobenden Sturmes unterstrichen wird, klingt in einem ironisch-friedlichen Finale aus.

In glänzend durchdachter Komposition schildert Choromański die tragischen Erfahrungen des krankhaft eifersüchtigen Widmar und die an Wahn grenzende triebhafte Liebe des Chirurgen als ein psychologisches Experiment, das durch Person und Beruf des Arztes aus der Individualsphäre der Helden in den Bereich der Medizin transportiert und durch die Schilderung einer chirurgischen Operation eindrucksvoll ergänzt wird. In diesem Experiment fungiert die zwischen Liebhaber und Ehemann stehende Rebeka als Medium, das in der Handlung als zentrales Bindeglied erscheint, in der psychologisch-charakterologischen Betrachtung des Autors jedoch zur Randfigur, zum Werkzeug herabgewürdigt wird, dessen Problematik und Innenwelt nur indirekt aus der Sicht der konträren Männergestalten geschildert werden. Die expressive Kraft der Darstellung erreicht Choromański durch die Anwendung divergierender Erzähltechniken. In seiner Retrospektive wechseln chronologische Beschreibung und objektive Schilderung mit dramatischen Dialogen, Augenzeugenberichten, Meditationen und additiv verknüpften inneren Monologen der Hauptgestalten, ohne die organische Einheit der Erzählung zu zerstören. Die suggestive, auf das Innenleben der Helden konzentrierte Atmosphäre des Romans läßt keinen Platz für gesellschaftskritisches Engagement oder für die Untersuchung der Ursachen der dargestellten Verkehrungen der Liebe: In Anlehnung an die psychologistische Strömung in der zeitgenössischen polnischen Literatur, in der der phantastische Realismus eines Bruno SCHULZ und die antirealistisch-psychologische Groteske eines Witold GOMBROWICZ oder Stanisław Ignacy WITKIEWICZ vorherrschen, intendiert der Autor eine ausschließlich subjektive Darstellung. M.D.

AUSGABEN: Warschau 1933. – Posen 1957.

ÜBERSETZUNGEN (Ausz.): *Der Pechtag des Doktor Tamten* (in Pologne Littéraire, 1933, Nr. 80/81). – *Eifersucht und Medizin*, H. Koitz, Breslau 1934. – Dass., ders., Hbg. 1954. – *Die Eifersüchtigen*, ders., Stg. 1964.

DRAMATISIERUNG: M. Szacki, *Zazdrość i medycyna*, Warschau 1937.

LITERATUR: J. Szper, »*Zadrość i medycyna« z punktu widzenia chirurga* (in Wiadomości Literackie, 1933, Nr. 11). – S. Piasecki, *O zazdrości i medycynie* (in S. P., *Prosto z mostu*, Warschau 1934, S. 59–64). – M. Jasińska, *Rola czasu w kompozycji powieści Andrzejewskiego »Ład serca« i Ch. »Zazdrość i medycyna«* (in Rocznik Humanistyczny, Bd. 2/3, 1950/51, S. 61–82). – J. Sławiński, »*Zazdrość i medycyna« po wielu latach* (in Twórczość, 1957, S. 137–144).

## GEORGIOS CHORTATSIS

2. Hälfte 16. Jh./Anf. 17. Jh.
Rethymnon / Kreta

LITERATUR ZUM AUTOR:
*Bibliographie:*
M. Manussakas, *Kritikí vivliografía tu »Kritikú Theátru«*, Athen 1964; Forts.: St. Kaklamanis (in Eranistis, 17, 1981, S. 46–73).
*Forschungsbericht:*
R. Bancroft-Marcus, *G. Ch. and His Works: a critical review* (in Mandatoforos, 16, 1980, S. 13–46).
*Gesamtdarstellungen und Studien:*
M. Manussakas, *I kritikí logotechnía katá tin epochí tis venetokratías*, Thessaloniki 1965. – L. Politis, *Il teatro a Creta nei suoi rapporti con il teatro italiano del rinascimento, e in particolare con la commedia venziana* (in *Venezia e l'oriente fra tardo medioevo e rinascimento*, Florenz 1966, S. 225–240). – Ders., *The Theatre in Crete during the time of the Renaissance* (in L. P., *The Modern Greek Theatre. A Concise History*, Athen 1957). – S. Alexiou, *I kritikí logotechnía ke i epoxí tis*, Athen ²1985.

## EROFILI

(ngriech.; *Erofili*). Verstragödie in fünf Akten von Georgios CHORTATSIS, entstanden Ende des 16. Jh.s, erschienen 1637. – Die Handlung spielt im ägyptischen Memphis. Der General Panaretos, ein Königssohn (dessen wahre Herkunft aber unbekannt bleibt), ist im Palast des Usurpators Filogonos aufgewachsen. Seine Liebe zu Erofili, der Tochter des Filogonos, hat zu einer heimlichen Heirat geführt. Furchtbar ist der Zorn des Königs, als er das Geheimnis entdeckt, und er nimmt schreckliche Rache: Panaretos wird gefoltert und getötet, seine verstümmelten Glieder überbringt der König seiner Tochter in einer goldenen Schüssel als Hochzeitsgeschenk. Daraufhin nimmt sich Erofili das Leben; die Mädchen des Chors aber stürzen sich auf den König und bringen ihn um. Vorbild des Dramas ist Giambattista GIRALDIS Tragödie *Orbecche*. Der griechische Dichter ist jedoch in vielen Punkten eigene Wege gegangen. Vor allem hat er die Grausamkeiten der Vorlage abgemildert und das konventionelle Schema einer typisch klassizistischen Tragödie mit Bewegung und Leben erfüllt. Die dramatische Spannung, die sich immer mehr steigert, erreicht ihren Höhepunkt in der großen Szene des vierten Akts, in der Erofili dem König gegenübersteht, und am Beginn des fünften Akts, wo der Bote den Chormädchen vom Tod des Panaretos berichtet. – Auch in stilistischer Hinsicht darf *Erofili* als Meisterwerk gelten. Chortatsis ist der erste Dichter der kretischen Blütezeit, und er hat das Verdienst, in Griechenland das Theater wiedereingeführt zu haben. In seinem Werk stützte er sich auf die gesprochene Sprache seiner Zeit und erhob so den kretischen Dialekt zu einem ausdrucksvollen literarischen Idiom. Sein Vers besitzt Eleganz und Vornehmheit, wie überhaupt Adel und Würde Charakteristika seines Stils wie seiner Helden sind. Hervorzuheben sind auch die Chorlieder, mit denen die einzelnen Akte (außer dem fünften) abgeschlossen werden; im Gegensatz zu den übrigen Versen, reimenden Fünfzehnsilbern, sind sie in Elfsilbern und Terzinen gedichtet. Zwischen die Akte hat Chortatsis vier *Intermedien* eingeschaltet, die in dramatisierter Form (mit Musik und Tanz nach Moresca-Art) die Episode von Rinaldo und Armida aus *Gerusalemme liberata* von Torquato TASSO wiedergeben.
Es darf als sicher gelten, daß *Erofili*, wie alle kretischen Theaterstücke, in der Zeit der venezianischen Herrschaft (bis 1669) oft aufgeführt worden ist. Wiederholt gedruckt, wurde es zu einem der Lieblingsbücher des Volkes und, durch mehrfache Umarbeitungen verstümmelt und entstellt, auf den Ionischen Inseln und in den gegenüberliegenden Küstenorten im Karneval auf den Straßen gespielt. Die großen Bühnen konnte das Stück, wohl vor allem seines kretischen Idioms wegen, erst in jüngster Zeit erobern. L.P.

AUSGABEN: Venedig 1637. – Venedig 1676, Hg. A. Gradenigo. – Venedig 1879 (in K. N. Sathas,

*Kritikòn theatron*). – Athen 1926 [Vorw. N. Bees]. – Athen 1928, Hg. S. Xanthudidis [krit.]. – Athen 1961 [Vorw. A. Salomòs].

ÜBERSETZUNG: In F. H. Marshall, *Three Cretan Plays*, Ldn. 1929 [engl.].

LITERATUR: C. Bursian, »*Erophile*«, *vulgärgriechische Tragödie von G. Ch. aus Kreta* (in ASAW, phil.-hist. Kl., 5, 1870). – L. Politis (in *Thémata tis logotechnías mas*, Thessaloniki 1976, S. 66–85).

## GIPARIS

auch *Panoria* (ngriech.; *Giparis*, auch *Panoria*). Hirtendrama von Georgios CHORTATSIS, entstanden um 1590 auf Kreta. – Die Hirten Giparis und Alexis lieben die Hirtenmädchen Panoria und Athusa. Aber die Angebeteten kümmern sich nicht um die beiden; sie jagen lieber in den Bergen und Wäldern (ein Topos in den Werken dieser Gattung). Giparis ist mutiger als sein Gefährte: Einmal findet er Panoria schlafend und beugt sich über sie, um sie zu küssen. Alexis dagegen ist sehr unentschlossen; es dauert lange, bis er Athusa seine Gefühle offenbart. Doch die Mädchen lassen sich nicht umstimmen, und die Hirten vergießen viele Tränen (wie in solchen Stücken üblich); Giparis versucht nach einem langen Monolog sogar, sich das Leben zu nehmen. Lediglich der alte Hirt Janulis, der Vater Panorias, und die Greisin Frosini bringen etwas Heiterkeit in das Geschehen. Frosini gibt den Hirten auch den Rat, an Aphrodite zu appellieren. Die Göttin zeigt sich gnädig und schickt ihren Sohn Eros, der die übermütigen Hirtenmädchen mit Pfeil und Bogen zwingt, ihre Gefühle zu ändern, und der so die glückliche Verbindung der Paare herbeiführt.

Eine 1963 entdeckte Handschrift läßt darauf schließen, daß es sich beim *Giparis* um ein Jugendwerk, wenn nicht gar um das Erstlingswerk des Autors handelt; der ursprüngliche Titel lautete möglicherweise *Panoria*. Vorbild des Stücks war Luigi GROTOS Hirtentragikomödie *La Callisto* (Uraufführung 1561; Erstveröffentlichung 1583). Während jedoch Groto – nach dem üblichen Schema des Hirtendramas – einen reichen mythologischen Apparat einsetzt (etwa mit dem Motiv von der Liebe des Zeus zu Kallisto), verzichtet der griechische Dichter, von dem *deus ex machina* Aphrodite-Eros abgesehen, auf die mythische Szenerie. Dadurch gewinnt sein Werk mehr Leben und Frische als das Vorbild. Dennoch hat *Giparis* noch viel von dem manierierten Stil der italienischen Gattung bewahrt. Auch wirken die langen Monologe ermüdend. Vers und Sprache allerdings verraten schon das dichterische Talent Chortatsis'. L.P.

AUSGABEN: Venedig 1879 (in K. N. Sathas, *Kritikòn theatron*). – Athen 1940, Hg. E. Kriaràs [m. Einl.; krit.]. – Thessaloniki 1975, Hg. u. Einl. Kriaras.

ÜBERSETZUNG: In F. H. Marshall, *Three Cretan Plays*, Ldn. 1929 [engl.].

LITERATUR: M. Valsa, *Le théâtre crétois au 17e siècle* (in L'Acropole, 6, 1931, S. 194 ff.). – L. Politis, *La poésie pastorale en Crète à la fin du 16e siècle; rapports et différences avec la poésie pastorale italienne* (in *Actes du IVe Congrès de l'Association Internationale de littérature comparée*, Den Haag/Paris 1966, S. 1000–1007).

## KATZURBOS

auch *Katzarapos* (ngriech.; *Katzurbos*, auch: *Katzarapos*). Komödie in Versen von Georgios CHORTATSIS, entstanden in den Jahren 1595–1600. – Das Werk nimmt sich die italienischen Komödien des 16. Jh.s zum Vorbild. Die Fabel ist einfach und typisiert. Der junge Nikolòs, Sohn eines reichen Bürgers, liebt Kassandra, die Adoptivtocher der Kurtisane Pulissena. Aber auch der alte Armenis ist in Kassandra »verliebt«, und Pulissena, die von ihm Geld und Kleider erhält, willigt ein, ihm das Mädchen zu geben. Doch Nikolòs gelingt es, ebenfalls zu Geld zu kommen, und nun entwirft Pulissena zusammen mit einer anderen *ruffiana* eine Intrige, um den Alten zu überlisten und das Mädchen doch dem Jungen zuzuführen. Da findet sich eine weitere alte *ruffiana*, die dem Vater des Nikolòs und der Frau des Armenis den Plan hinterbringt, und die Lage wird reichlich verwickelt, bis schließlich alles zum guten Ende kommt: Kassandra entpuppt sich als die verloren geglaubte Tochter des Armenis und der Armenissa, denen sie einst als Kind von Türken geraubt worden war. – Die Handlung wird bereichert durch andere komische Szenen; ihre Helden sind u. a. der Lehrer, der Griechisch, Italienisch und Latein durcheinanderbringt (die daraus entstehenden Mißverständnisse enden oft in Prügeleien), und der *bravo* (der Typ des *miles gloriosus*), natürlich verliebt in Pulissena, die sich über ihn lustig macht und ihm manchen Tort antut. Eine wichtige Rolle in den komischen Szenen und Wendungen der Handlung spielen auch die drei Diener: der verfressene Katzarapos (der Parasit), Mustruchos (ein Spitzbube und Dieb) und Katzurbos, der im Personenkatalog als *ridicoloso* gekennzeichnet wird. Er gibt dem ganzen Werk den Namen; doch ist daneben auch der Titel *Katzarapos* – der andere Diener, der auch den Epilog spricht – überliefert.

Die Frage der Verfasserschaft gilt heute als entschieden; mit dieser Komödie, der Tragödie *Erofili* und dem Hirtendrama *Giparis* erweist sich Georgios Chortatsis als eine der bedeutendsten Dichterpersönlichkeiten der kretischen Renaissance und als Wiedererwecker des Theaters in Griechenland. Seine Vorbilder waren die entsprechenden italienischen Bühnenwerke der Zeit, im vorliegenden Fall die gelehrte Komödie *(commedia erudita)* des 16. Jh.s. Die Schürzung und Lösung des Knotens mit dem althergebrachten Motiv der verlorenen Kinder, die Personen (junge Liebende, alter Tor, *cortigiane, ruffiane* und Diener) wie auch die komischen Figuren des Lehrers und des *bravo* sind samt und sonders wohlbekannte Typen der italienischen Komödie. Gewisse Details, insbesondere die komischen Auftritte weisen konkreter auf die venezianische Komödie der zweiten Hälfte des 16. Jh.s hin, die auch zur Vorläuferin der *commedia dell'arte* wurde.

*Katzurbos* gehört zu den Meisterwerken der kretischen Literaturblüte im späten 16. und im 17. Jh.: Die Sprache ist sorgfältig, dichterisch und meidet jegliche Plattheit, der Vers hat Spannung; dazu kommen eine rasch fortschreitende Handlung, komische Einfälle, treffende Charakterantithesen, echtes Gefühl fürs Komische und die Fähigkeit, eine Bühnenatmosphäre zu schaffen – alles in allem eine glückliche Verbindung literarischer und theatralischer Qualitäten. – Wie alle Werke des kretischen Theaters ist der *Katzurbos* mit Sicherheit zur Zeit seiner Entstehung in Kreta aufgeführt worden, vielleicht auch – nachdem Kreta 1669 an die Türken gefallen war – auf den Ionischen Inseln, wo sich die meisten kretischen Flüchtlinge niedergelassen haben. Über neuere Aufführungen ist nichts bekannt; das Werk hat sich in einer einzigen Handschrift erhalten, die erst in allerjüngster Zeit ediert wurde. L.P.

AUSGABE: Heraklion 1964, Hg. L. Politis [m. Einl.; krit.].

LITERATUR: M. I. Manusakas, *Anekdota intermedia tu kritikú theatru* (in Kritikà Chronikà, 1, 1947, S. 515–560). – Ch. Dedussi, *O Katzúrbos ke i latinikí komodía* (in Epistimonikí Epetirís tis Filosofikís Scholís tu Panepistimíou Thessaloníkis, 10, 1968, S. 241–279).

## PETER O. CHOTJEWITZ

\* 14.6.1934 Berlin

**DIE INSEL. Erzählungen auf dem Bärenauge**

Roman von Peter O. CHOTJEWITZ, erschienen 1968. – Im Gefolge der bundesdeutschen Studentenbewegung vollzog sich in den späten sechziger Jahren eine radikale Infragestellung des konventionellen Literaturbegriffs; mit neuen literarischen Ausdrucksformen wollte man auf eine veränderte gesellschaftliche Situation reagieren, die zum Teil bereits als vor-revolutionär begriffen wurde. Der Roman von Chotjewitz ist vor diesem Hintergrund zu sehen; zugleich greift der Autor mit diesem, seinem zweiten größeren Prosawerk, auf einen Teil der Figuren seines Romanerstlings *Hommage à Frantek* (1965) zurück; war dort bereits die Suche nach der Identität einer Person namens Frantek zum Vexierspiel mit dem Leser geworden, so gibt Chotjewitz in der *Insel* absurd-genaue Vorgaben zur Rezeption des Romans, der in einem Zeitraum von 17.00 Uhr bis 6.05 Uhr nach einem exakten Lesefahrplan zu lesen ist, und die Bekanntschaft mit dem »*Bärenauge*«, einer »*Insel*«, einschließt; der Untertitel steht als Metapher sowohl für die Stadt Berlin wie für die weibliche Vagina. Gemäß der Frage des Autors: »*Warum noch am Prinzip der Arbeitsteilung zwischen Künstlern und Menschen festhalten?*« entfaltet sich ein ironisches Spiel mit den Versatzstücken des konventionellen Romans, ohne daß eine kontinuierliche Handlungsabfolge entsteht: »*Aber das Buch hat ja gar keine durchgängige Handlung! Wie soll man da eine Inhaltsangabe machen?!*« Handlungselemente, Briefe, Parodien, Gedichte, Werbeslogans und Zeitungsberichte werden in den 18 Kapiteln des Buches ineinander verwoben. Die Aneinanderreihung von Abschnitten aus Sebastian Rottenkopfs Lebensgeschichte (er erscheint bereits als einer der drei Biographen in *Hommage à Frantek*), seine Liebesbeziehungen, die Beschreibung von Kneipenszenen und Reiseerinnerungen ergeben ein Kaleidoskop, in dem sich skizzenhaft die Topographie Berlins wie die Stationen der bundesdeutschen Nachkriegsgeschichte abzeichnen. Die Biographie Rottenkopfs, geboren 1934, präsentiert sich als unaufhörliche Anhäufung von defizitären Erfahrungen, einschließlich ständiger sexueller Probleme, die für seine Frau Bettina der Anlaß sind, selbst immer wieder Geschichten zu erzählen. Eine Parodie auf die James-Bond-Romane des britischen Autors Ian FLEMING durchzieht, in Form der Geschichte des farbigen US-Geheimagenten Conon Molody alias John Fitzgerald Kahn, den Text ebenso wie erzählerische Variationen über die Bezeichnung von Marihuana. Am Ende des Buches stirbt Rottenkopf; eine Todesanzeige versammelt nochmals alle Figuren des Romans.

Die Montage disparater Textsorten und Erzählstränge appelliert an die Phantasie des Lesers, dem nur noch Materialien, Rohstoffe gleichsam, gegeben werden; die Epoche der »poetischen« Literatur hat sich überholt: »*Die Zukunft gehört den Poeten, die keine mehr sind.*« Politisierung und Öffnung des Literaturbegriffs (»*oft wohnt Poesie in banaler Realität*«) gehen einher. Das »*Ende der Literatur*«, wie H. M. ENZENSBERGER einst seinen programmatischen Essay in der Zeitschrift ›Kursbuch‹ 1968, H. 15 überschrieben hatte, impliziert bei Chotjewitz aber stets ein Festhalten an ihr, im Erproben neuer Ausdrucksformen, wie er es auch bei zeitgenössischen Autoren wie Ernst JANDL, Günter GRASS, Konrad BAYER oder Nicolas BORN verwirklicht sieht: »*Wir müssen*«, so schreibt er in seinem Essay *Was heißt »experimentelle Literatur«* (›Akzente‹, 1968, H. 5), »*in der Literatur bleiben, dort wo sie am fortschrittlichsten ist, wir müssen über sie hinaus gehen, wir müssen ihren Standort unterschreiten und wir müssen sogar auf sie verzichten und andere Mittel nutzen können.*« In den folgenden Prosatexten *Vom Leben und Lernen* (1969) und *Roman* (1969) erprobte Chotjewitz diesen offenen Literaturbegriff letztmals, um sich schließlich journalistischen Arbeiten und realistischen Schreibformen zuzuwenden. A.Schä.-KLL

AUSGABE: Reinbek 1968.

LITERATUR: H. Karasek, Rez. (in Die Zeit, 29. 3. 1968) – R. Michaelis, Rez. (in FAZ, 13. 4. 1968) – R. Tillinger, Rez. (in Christ u. Welt, 3. 5. 1968) – G. Schäble, Rez. (in Stuttgarter Ztg., 4. 5. 1968) – K. H. Kramberg, Rez. (in SZ, 25./26. 5. 1968) – W. Maier, Rez. (in Der Tagesspiegel, 26. 5. 1968) – G. Zehm, Rez. (in Die Zeit, 9. 5. 1968) – J. Wallmann, Rez. (in Rheinische Post, 20. 7. 1968) – R. Haufs, *P. O. Ch.: Die Insel* (in NDH, 1968, H. 3, S. 165–167) – P. Bichsel, Rez. (in Der Spiegel, 27. 5. 1968) – H. Vormweg, *Eine andere Lesart* (in H. V., *Über neue Literatur*, Neuwied/Bln. 1972, S. 136–147). – P. Bekes, *P. O. Ch.* (in KLG, 13 Nlg., 1983).

## SAUMLOS

Roman von Peter O. CHOTJEWITZ, erschienen 1979. – Im Juli des Jahres 1973 kehrt der Journalist Erich Plauth, nachdem er mit seiner Familie sechs Jahre in Rom gelebt hatte, in die Bundesrepublik zurück, um sich ein Haus auf dem Lande zu kaufen. Auf der Fahrt durch das nordhessische Nüstetal hält ihn eine Autopanne von Freitag bis Dienstag in dem Dorf Saumlos fest, das Plauth aus seiner Jugendzeit kennt. In der ersten Nacht seines Aufenthalts wird ein Mann tot aufgefunden, Valentin Gutberlet, ein Außenseiter in der dörflichen Gemeinschaft, für dessen Schicksal sich Plauth zu interessieren beginnt. Gutberlets Mutter hatte einst als Magd bei dem reichen jüdischen Viehhändler Katz gearbeitet, der als Vater des unehelich geborenen Gutberlet gilt. In der »Reichskristallnacht« 1938 wird Katz ermordet, 30 000 Goldmark werden geraubt, die Täter jedoch nie gefaßt. Nur Gutberlet scheint sie gekannt zu haben, und als er nach dem Krieg in finanzielle Schwierigkeiten geriet, versucht er, die Kinder der damaligen Mörder, Herbert Schott und Kreft Kümpel, um jeweils 30 000 Mark zu erpressen. Diese erhängen den Erpresser, seinen Selbstmord vortäuschend. Keiner der Dorfbewohner, auch nicht der örtliche Polizist, ist an der Aufdeckung des Falles interessiert, auch Plauth, wie Schott, Kümpel und Gutberlet Jahrgang 1934, kann die Umstände, unter denen sein »*Intimfeind aus Jugendtagen*« umgekommen ist, nicht klären. Aber Plauth, der seinen Namen von dem hebräischen Wort »*palit*« (Flüchtling) herleitet, beginnt, die Geschichte der Saumloser Juden zu rekonstruieren; bis zur Zeit der nationalsozialistischen Verfolgung war die Mehrheit der Bevölkerung in Saumlos jüdischen Glaubens, nach dem Krieg lebt keine Jude mehr in dem Dorf. Doch die Recherchen scheitern am Widerstand der Dorfbewohner, nur Fragmente sind aus Zeitungsberichten und aus der Schulchronik zu erschließen. Die Erinnerung an das Vergangene ist mit Gutberlets Tod endgültig geschwunden. Nach dessen Beerdigung reist Plauth ab, sich überlegend, ob er nicht doch in Saumlos sein Haus kaufen solle, denn: »*Irgendwo muß der Mensch ja wohnen*«.

Der nicht aufgeklärte Todesfall wird so zum Symbol für die nicht aufgeklärte nationalsozialistische Vergangenheit, die bis in die Gegenwart den Blick auf die Wahrheit verstellt. Chotjewitz will keine Analyse der jüngsten deutschen Geschichte leisten, vielmehr auf die Kontinuität von Metaltätsstrukturen hinweisen sowie Anregungen und Materialien für das Projekt einer Geschichtsschreibung geben, die den herrschenden Verdrängungen entgegenläuft. A.Schä.-KLL

AUSGABEN: Königstein/Ts. 1979 – Reinbek 1982 (rororo).

LITERATUR: G. Giesenfeld, Rez. (in Deutsche Volkszeitung, 11. 10. 1979) – N. Mecklenburg, Rez. (in NZZ, 1. 12. 1979). – J. Wallmann, Rez. (in Badische Zeitung, 21. 12. 1979) – G. Stäbler, *Gespräch mit P. O. Ch. über »Saumlos«* (in linkskurve, 1979, H. 3, S. 28) – M. Zeller, Rez. (in FAZ, 9. 1. 1980) – U. Schultz, Rez. (in Stuttgarter Ztg., 29. 3. 1980) – C.-U. Bielefeld, Rez. (in Der Tagesspiegel, 4. 5. 1980).

# HNAT CHOTKEVYČ

\* 31.12.1877 Charkow
† 8.10.1938 in der Verbannung

LITERATUR ZUM AUTOR:
A. M. Lejtes, M. F. Jašek, *Desjat'rokiv ukrajins'koji literatury (1917–1927)*, Bd. 1, Charkow 1928; Nachdr. Mchn. 1986, S. 537–538. – St. Koval'čuk, *H. Ch.* (in Lit. Ukrajina, 21. 12. 1962). – *Ukrajins'ki pys'mennyky. Bio-Bibliohrafičnyj slovnyk*, Kiew 1965, Bd. 5, S. 537–538. – F. Pohrebennyk, *H. Ch. Krytyko-biohrafičnyj narys* (in H. Ch., *Tvory*, Bd. 1, Kiew 1966, S. 5–35).

## KAMINNA DUŠA

(ukr.; *Ü: Räubersommer*). Roman von Hnat CHOTKEVYČ, erschienen 1911. – Der Freiheitsdrang, der Dämonenglaube und die reiche Folklore der Huzulen regten den vor der Revolution von 1905 in die Westukraine geflohenen Autor zu Skizzen und Bildern aus dem Leben dieses westukrainischen Karpatenstammes und zu diesem Roman an, der die tragische Liebe der jungen, unglücklich verheirateten Pfarrersfrau Marusja zu dem Opryšken-Hauptmann Dmytro Marusjak beschreibt. Das

Werk beruht auf dem Motiv einer Volksballade, die bereits Ivan FRANKO seinem Einakter *Kamjana duša*, 1895 *(Die steinerne Seele)*, zugrundelegte. Chotkevyč ergänzte den Stoff der Ballade durch reiches folkloristisches Material und führte eine Reihe historischer Gestalten und Ereignisse ein.

Marusja ist mit dem Geliebten in die Berge geflohen. Mit Entsetzen stellt sie fest, daß die Opryšken nicht mehr dem Vorbild des legendären Oleksa Dovbuš folgen, der für die Armen und Bedrängten eintrat, sondern Räuber und Mörder geworden sind. Von Jurko (dem »sorglosen Kopf«), der die ruhmvolle Vergangenheit der Opryšken verkörpert, gerettet, faßt Marusja den Entschluß, dem harten Leben und der Grausamkeit Marusjaks zu entfliehen, obwohl sie ein Kind von ihm erwartet. Die Flucht kostet sie all ihre Kräfte, und sie übersteht sie nur, weil Jurko, der ohne ihr Wissen ausgekundschaftet hat, daß sie zu Hause freudig erwartet wird, sie aufgreift und begleitet. Marusjak dagegen fällt seinem Gegenspieler, dem Gendarmen Jurištan in die Hände und wird seiner Strafe zugeführt. – Chotkevyčs Marusja hat mit der Heldin der Ballade, der »steinernen Seele«, die herzlos Mann und Kind verließ, wenig gemein. Sie ist vielmehr ein verträumtes Kind der Ebene, das dem grauen Alltag in dem Glauben entflieht, einem Helden und Ritter zu folgen. Doch Marusjak hat – durch Dorfintrigen und eine unglückliche Liebe aus der Bahn geworfen – nicht die Kraft, die alte Opryškentradition fortzusetzen und entwickelt sich vom Sozialrevolutionär zum gewöhnlichen Räuber.

Der Autor zeichnet ein realistisches Bild der sozialen und gesellschaftlichen Verhältnisse des westukrainischen Gebirgslandes unter österreichisch-ungarischer Herrschaft, die das Land mit einer fremden Administration überzog und den Widerstand der Huzulen mit unmenschlichen Methoden zu brechen suchte. Der im neoromantischen Stil abgefaßte Roman krankt an der Überfülle ethnographischen Materials und weist Kompositionsschwächen auf (die in der deutschen Fassung behoben sind). Dennoch ist er, zusammen mit KOCJUBYNS'KYJS Hirtennovelle *Tini zabutych predkiv*, 1912 *(Schatten vergessener Ahnen)*, eines der wichtigsten literarischen Zeugnisse über die Welt der Huzulen. – Dem huzulischen Thema hat Chotkevyč auch eine Reihe von Skizzen gewidmet: *Hucul's'ki akvareli*, 1914 (Huzulische Aquarelle), und *Hucul's'ki obrazky*, 1931 (Huzulische Bilder). Er hatte schließlich ein Huzulisches Theater gegründet und gilt als hervorragender Kenner der materiellen und geistigen Kultur der Huzulen.   A.H.H.

AUSGABEN: Černivci 1911. – O. O. 1922. – Charkow 1932 (in *Tvory*, 8 Bde., 1928–1932, 8). – Kiew 1958. – Kiew 1966 (in *Tvory*, 2 Bde., 2).

ÜBERSETZUNG: *Räubersommer*, A. H. Horbatsch, Göttingen 1968.

LITERATUR: V. Poliščuk, Rez. (in *Červonyj šljach*, 1923, Nr. 2, S. 299–301).

## MOHAMED CHOUKRI

* 1935 Beni Cheikr (Rifgebirge)

## AL-CHUBS AL-HAFI

(arab.; Ü: *Das nackte Brot*). Autobiographischer Roman von Mohamed CHOUKRI (Marokko), entstanden 1972/73, in der Originalfassung erschienen 1982. – Der Autor, der bis zu seinem zwanzigsten Lebensjahr Analphabet war und zunächst in Straßencafés Kurzgeschichten schrieb, fertigte vor 1972/73 die arabische Fassung an, die er dem Amerikaner Paul BOWLES auf Spanisch diktierte, woraus dieser eine englische Version zusammenstellte, die er erstmals 1973 unter dem Titel *For Bread Alone* in London veröffentlichte. 1980 erschien dann die Übersetzung ins Französische von Tahar BEN JELLOUN, *Le pain nu*, durch die der Autor berühmt wurde. Diese Version diente als Vorlage für zahlreiche Übertragungen in andere Sprachen. Ein Privatdruck der arabischen Fassung, den Choukri 1982 in Casablanca erscheinen ließ, ist in Marokko – wie auch zwei seiner Novellenbände – bisher verboten. Georg BRUNOLD übersetzte direkt und offenbar ohne Eingriffe aus dem Arabischen ins Deutsche. – Choukris Autobiographie beginnt mit dem Tod seines jüngeren Bruders, den der Vater erwürgt, weil er sein Geschrei nicht mehr ertragen kann, und endet mit dem Besuch des Zwanzigjährigen am verwitterten Grab dieses Bruders. Dazwischen liegen fünfzehn Jahre voller Brutalität, Hoffnung, Elend, Liebe und Kriminalität – die Schule des Lebens für diesen Jungen, der meist allein um sein Überleben kämpfen muß.

Choukri beschreibt, wie der Hunger die Berberfamilie aus dem Rifgebirge in die Stadt Tanger treibt. Als der Vater wegen Schiebereien ins Gefängnis kommt, muß die Mutter mit dem Verkauf von Gemüse für das Überleben sorgen. Nach seiner Entlassung quält der Vater seine Familie, weil er keine Arbeit findet. So schlägt sich der Sohn mit Gelegenheitsarbeiten durch, u. a. als Schuhputzer, erlebt Freundschaft und Feindschaft Gleichaltriger, Mitleid und Haß der Erwachsenen, die er bestiehlt. Seine erste Liebesnacht verbringt er mit der berühmten Prostituierten Lalla Harrouda aus Tanger, die auch Ben Jelloun in seinem Roman *Harrouda* (1973) beschreibt. In teils poetischer, größtenteils aber brutaler und obszöner Sprache schildert Choukri seine anschließende Einweihung in alle möglichen sexuellen Spielarten. Arabisch und Spanisch lernt er auf den Straßen und in Bordellen; mit der Familie spricht er einen Berberdialekt. Auf einer Farm in der Nähe von Oran soll er bei Verwandten zur Arbeit auf dem Feld angelernt werden, wird jedoch von der Dame des Hauses zum Hausboy erkoren, er selbst verführt aus Frustration einen schönen Nachbarsjungen, weshalb er wieder zu seiner Mutter nach Tanger zurückgeschickt wird. Von da an streunt Choukri ziellos durch die

Stadt, stets auf der Suche nach einem Stück Brot, einem Kif oder einem Schluck Wein und einem Dach über den Kopf. Er lebt zwischen Obdachlosen, Prostituierten und Schmugglern, die mit ihm ihr Letztes teilen oder ihn bestehlen. Am sichersten fühlt er sich zeitweise auf dem Friedhof.

Am 30. März 1952 (es ist der Tag, an dem die ersten Kämpfe um die Unabhängigkeit Marokkos von Frankreich ausbrechen) beobachtet Choukri zusammen mit einem Freund aus einem Versteck heraus, wie während der Unruhen ein Junge von Polizisten erschossen wird. Aus ähnlich enger Sicht erlebt er ein weiteres wichtiges Ereignis der marokkanischen Zeitgeschichte: Auf einem Schiff voller jüdischer Auswanderer verkauft er Uhren und Schals zu überhöhten Preisen. Warum die Emigranten Marokko verlassen und nach Palästina auswandern, darüber will der Junge sich ausdrücklich keine Gedanken machen, ebensowenig wie über die französischen und senegalesischen Soldaten auf dem Weg nach Algerien. Nur das schnelle Geschäft interessiert ihn. Im Gefängnis aber hat Choukri sein großes Umkehrerlebnis: Um die wundervollen Verse des tunesischen Dichters Abdulkasim El Schabi, die sein Zellengenosse Hamid an die Wand schreibt, selbst lesen zu können, will er das arabische Alphabet kennenlernen und begreift, daß seine Elendserfahrungen nur Vorbereitung waren für sein neues Tun: den Umgang mit der Sprache. Während der tunesische Dichter vom »*Willen zum Leben*« spricht, erweckt er in dem jungen Mann den Willen zum Schreiben.

In dieser pikaresken Autobiographie wird der Schelm zum ehrbaren Dichter – ein Erbauungsroman ohne Gotteserlebnis, statt dessen erwartet Choukri eine Teilhabe an der internationalen Welt der Literaten, von denen sich einige regelmäßig in Tanger aufhalten, wie William Burroughs, Tennessee Williams, Paul Bowles, Samuel Beckett und vor allem Jean Genet, mit dem der Autor bis zu dessen Tod 1986 eng befreundet war. Choukris karge Sprache beeindruckt durch ihre Unmittelbarkeit und vor allem Aufrichtigkeit. Alle Gestelztheit, aber auch einen platten Realismus vermeidend, geht der Autor bei der Schilderung chronologisch, aber stark assoziativ und oft sprunghaft vor und gewährt dabei Einblicke in eine bisher verschlossene Welt der marokkanischen Außenseiter. – Zusammen mit Driss Chraïbi, Tahar Ben Jelloun und Abdelkebir Khatibi gehört Choukri zu den bedeutendsten Schriftstellern Marokkos. I.Schw.

Ausgaben: Ldn. 1973 (*For Bread Alone*; engl. Übers. P. Bowles). – Paris 1980 (*Le pain nu*; frz. Übers. T. Ben Jelloun). – Casablanca 1982 [arab. Originalfassg.].

Übersetzung: *Das nackte Brot*, G. Brunold u. V. Kocher, Nördlingen 1986.

Literatur: E. Baqué, Rez. (in Die Zeit, 27. 3. 1987, Nr. 14). – H. Mosbahi, *Tanger* (in Die Zeit, Magazin, 24. 4. 1987, Nr. 18).

## Černorizec Chrabăr

\* 2. Hälfte 9.Jh.
† 1. Hälfte 10.Jh.

Literatur zum Autor:
K. M. Kuev, *Č. Ch.*, Sofia 1967 [enth. Textausgabe]. – D. Petkanova, *Č. Ch.* (in *Beležiti Bălgari*, Bd. 1, Sofia 1968, S. 411–423). – V. Mošin, *Jos'o Hrabru, slavenskim azbukama i azbučnim molitvama* (in Slovo, 23, 1973, S. 5–71). – M. Damjanova, *Ob odnom interesnom momente v neissledovannom spiske sočinenija Č. Ch. »O pis'menach«* (in Palæobulgarica, 2, 1978, 3, S. 80–86). – K. Kuev, *Č. Ch.* (in *Tvorci na bălgarskata literatura*, Bd. 1, Sofia 1980, S. 59–70). – K. Stančev, *Č. Ch.* (in *Rečnik na bălgarskata literatura*, Bd. 3, Sofia 1982, S. 581–583). – D. Petkanova, *Č. Ch.*, Sofia 1984.

## O PISMENECH

(abulg.; *Über die Buchstaben*). Apologie des Mönches Chrabăr, entstanden Ende des 9. Jh.s. – Der Mönch (Černorizec) Chrabăr, dessen Identität bis heute nicht endgültig geklärt ist, weist in seinem polemischen Traktat, einer möglicherweise nur fragmentarisch erhaltenen Schrift, alle Angriffe gegen das in der zweiten Hälfte des 9. Jh.s in Bulgarien entstandene slavische Schrifttum zurück. Zur Verteidigung verweist er auf die Geschichte der slavischen Schrift: Die heidnischen Slaven kannten nur »Zeichen und Kerben« als schriftliche Ausdrucksmittel; erst mit der Annahme des Christentums lernten sie die griechisch-lateinische Kultur kennen und benutzten nun lange Zeit griechische und lateinische Buchstaben. Bald stellte sich aber heraus, daß das griechische Alphabet dem slavischen Lautsystem nicht ganz entsprach und slavische Wörter wie *bog, život, selo, širota* u. a. nicht mit griechischen Buchstaben wiedergegeben werden konnten. Da sandte Gott nach vielen Jahren den »weisen und wahrheitsliebenden Mann« Konstantin-Kyrill, der ein slavisches Alphabet zusammenstellte. – Chrabăr läßt nun die Gegner der slavischen Schrift zu Wort kommen, die nicht nur die Zahl der Buchstaben angreifen, sondern überhaupt das Recht auf Einführung einer neuen Schrift in Abrede stellen, denn zum einen bestehe das griechische Alphabet im Gegensatz zu den 38 Zeichen der slavischen Schrift nur aus 24 Buchstaben, zum anderen sei die Kreuzesinschrift nur in den drei »heiligen« Sprachen – Hebräisch, Griechisch und Lateinisch – abgefaßt. Diesen »Verleumdern« rechnet Chrabăr vor, daß die Griechen ebenfalls 38 Zeichen kennen, nämlich 24 für einfache Laute, 11 für Diphtonge und 3 für Zahlen (6, 90, 900). Beim Gegenbeweis der zweiten Behauptung betont Chrabăr, daß keine der genannten drei Sprachen die ursprüngliche sei. Adam habe nämlich Syrisch gesprochen, und erst nach dem Turmbau zu Babel seien die Sprachen verteilt worden: »*Genauso wie die Sprachen wurden auch Natur, Sitte, Gesetz und die Anlagen unter die Völker gemischt ... Den Griechen fielen Grammatik, Rhetorik und Philosophie zu.*« Auch die Griechen mußten sich erst eine Schrift schaffen, da sie ursprünglich mit phönizischen Buchstaben schrieben; erst als dies geschehen war, übersetzten siebzig Männer die *Heilige Schrift (Septuaginta)*. – In diesem historischen Abriß gesteht Chrabär der slavischen Schrift nicht nur die Gleichberechtigung mit der griechischen zu, sondern räumt ihr sogar den Vorrang ein: Antithetisch betont er, die Griechen hätten zur Schaffung ihres Alphabets vieler Männer bedurft, die noch dazu Heiden waren: »*Deshalb sind die slavischen Buchstaben heiliger und viel mehr zu verehren, weil sie ein heiliger Mann geschaffen hat.*« Chrabär kann – im Gegensatz zu den Griechen – obendrein noch das Entstehungsjahr der slavischen Schrift angeben. Im Text wird das Jahr 6363 genannt, das nach der byzantinischen Zeitrechnung dem Jahr 855 entspräche. Laut Kuevs Beweisführung hat sich Chrabär aber der alexandrinischen Zeitrechnung bedient und folglich wohl das Jahr 863 gemeint, was auch mit den Angaben in den *Pannonischen Legenden* übereinstimmt.

Die Interpretation dieses Werks, das zu den bedeutendsten Denkmälern der altbulgarischen Literatur zählt, ist ohne Berücksichtigung der bulgarischen Geistesgeschichte des ausgehenden 9. Jh.s nicht möglich. Nach längerem Schwanken zwischen Rom und Byzanz entschloß sich Fürst Boris, Bulgarien von Byzanz aus christianisieren zu lassen. Das kulturell hochentwickelte Byzantinische Reich vermochte auch die nötigen Bücher und das geistliche Schrifttum zu stellen. KYRILL und METHOD, die ersten bulgarischen Heiligen, und deren Schüler übersetzten die Bücher in das Altbulgarische und benutzten zunächst das von Konstantin-Kyrill geschaffene Alphabet. Byzanz sah dadurch aber seine kirchliche Oberherrschaft über Bulgarien bedroht und wehrte sich mit Unterstützung einer byzantinisch orientierten Partei in Bulgarien gegen die Entstehung eines nationalen Schrifttums. Konstantin-Kyrill verstieß schließlich nach Ansicht seiner Gegner auch gegen die herrschende mittelalterliche Vorstellung, daß für die Bibelübersetzung nur die drei »heiligen« Sprachen zulässig seien. – Chrabärs Traktat widerlegt nun nicht nur den angeblichen Primat dieser drei Sprachen, sondern verteidigt darüber hinaus allgemein den Anspruch der Völker, insbesondere der Bulgaren, auf kulturelle Autonomie. Die nicht nur durch ihren selbstbewußten, polemisch-satirischen Ton, sondern auch durch die gelungene Antithesentechnik bemerkenswerte Apologie ist in über sechzig Abschriften – die älteste aus dem Jahr 1348 – überliefert. Sie fand auch Eingang in die Literatur anderer slavischer Völker, so der Russen, wo EPIFANIJ PREMUDRYJ († 1420) in seinem *Žitje Stefana Permskago (Vita des Stefan von Perm)* ausführliche Zitate aus Chrabärs Verteidigungsschrift anführt. D.Ku.

AUSGABEN: Moskau 1824 (in K. Kalajdovič, *Ioan Eksarch Bolgarskij*). – Sofia 1967 (in K. Kuev, *Černorizec Ch.*). – Sofia 1980 (in A. Džambeluka-Kossova, *O pismenech'. Cernorizec Ch.*; krit.).

LITERATUR: M. Genov, *Č. Ch. - branitel na slavjanskite pismena* (in *Rodna reč*, 2/2, Sofia 1928, S. 174–180). – I. Gošev, *Monašesko chrabro vojuvane i Č. Ch.* (in *Sbornik v čest na prof. Miletič*, Sofia 1933, S. 639–644). – V.N. Velčev, *Kăm idejnotvorčeskata problematika na ›Skazanie o pismenech‹ ot Č. Ch.* (in *Izv. na Inst. za lit.*, 11, 1961, S. 5–31). – K. Kuev, *Č. Ch.*, Sofia 1967. – R. Marti, *Stilističeskie osobennosti apologii Ch.* (in Starobălgarska literatura, 10, 1981, S. 59–70). – Dzjun-iti Sato, *Po povodu sostava alfavita v spiskach sočinenija Ch. »O pismenech«* (in Palæobulgarica, 5, 1981, 4, S. 50–55).

## DRISS CHRAÏBI

* 15.7.1926 Mazagran (heute Al-Jadida)

**LITERATUR ZUM AUTOR:**
J. Arnaud, *Littérature maghrébine de langue française*, Paris 1986, Bd. 1, S. 249–310. – H. Hadjadi, *Contestation et révolte dans l'œuvre de D. Ch.*, Paris 1986. – L. Mouzouni, *Le roman marocain de langue française*, Paris 1987. – L. Heller-Goldenberg, *D. Ch. par lui-même* (in *Maroc, culture d'hier et d'aujourd'hui*, Nizza 1987).

## UNE ENQUÊTE AU PAYS

(frz.; *Nachforschungen im Hinterland*). Roman von Driss CHRAÏBI (Marokko), erschienen 1981; dramatisierte Fassung, Uraufführung: Marseille, Juni 1982, L'Espace Massalia, von der Theatergruppe ›Théâtre de la Mer‹. – Der Roman erforscht die gegenwärtige Situation Marokkos, mit der sich der Autor noch immer gut vertraut zeigt, obwohl er seit Jahrzehnten marokkanischen Boden nicht betreten darf, nachdem er wegen seines ersten Romans, *Le passé simple* (1954), in seinem Heimatland zum »*gefährlichen Intellektuellen*« erklärt worden war. In *Une enquête au pays* finden sich denn auch zahlreiche, teils humorvolle, teils grimmige Anspielungen auf diese Situation. In Form eines Kriminalromans deckt Chraïbi hier den geistigen Zustand eines Landes auf, das seine Unabhängigkeit von den Franzosen und die Einflüsse der westlichen Zivilisation erst verarbeiten muß. Bei der neuen Staatsbildung sind neben den »*insectuels*«, die sich nach Europa absetzen, um von dort aus die Staatsautorität zu kritisieren, vor allem die Höhlenbewohner in den Bergen hinderlich, die sich dem Zugriff des Staates entziehen. Dabei geht es vor allem um den Konflikt zwischen Stadt und

Hinterland, zwischen Zivilisation und Mittelalter, zwischen der arabisch und französisch sprechenden und denkenden Bevölkerung und den Berbern mit ihrer eigenen Sprache und Kultur, den »Ureinwohnern« Nordafrikas, die sich über die modernen Staatsgrenzen hinwegsetzen.

In der Mittagshitze des 11. Juli 1980 bringt ein kleines, »*unauffälliges*« Auto den Polizeichef mit seinem Begleiter, Inspektor Ali, in ein verlassenes Dorf im Atlasgebirge. Ihre »*geheime Mission*« kennt nur der Chef, der seine Autorität und sein Herrschaftswissen so lange genießt, bis er mit seinen Nachforschungen bei den zeitweise in den Höhlen des *djebel* (Berg) lebenden Mitgliedern eines in sich geschlossenen Clans nicht mehr weiterkommt, da er keinerlei Verständnis für ihre Lebensweise aufbringt. Der verschmitzte Inspektor Ali hat dagegen durch seine spontane Zuneigung zu der mütterlichen Hajja und ihren traditionellen Kochkünsten seine eigene Vergangenheit wiederentdeckt, sogar seine zivilisierte Kleidung mit der ortsüblichen *gandoura* vertauscht; er dient daher zunächst als diplomatischer Vermittler zwischen dem schnell aus der Fassung geratenden Chef und den sich blind, taub oder stumm stellenden Mitgliedern der Familie Aït Yafelman. Diese scheinen die Sprache und die Gesten der Leute aus der Stadt nicht zu verstehen, doch der alte Raho, der die Uniform des Chefs erkannt hat, warnt seine Leute im Berg mit einem zweimaligen Hörnerklang vor den Eindringlingen; Hajja betört die Gäste mit einem Festmahl, auf dem sie die Geschichte des Kommandanten Filagare erzählt, der im Algerienkrieg aus Rache gegen schlechte Behandlung durch die Franzosen jede Nacht einen Soldaten umgebracht hatte. Es stellt sich heraus, daß Raho und Filagare dieselbe Person sind. Als dieser ein Grab für einen künftigen Toten schaufelt, schaudert es Inspektor Ali, dem zuvor ein zimtfarbenes Zwillingspaar begegnet war; er will spontan beide »*Gazellen*« heiraten, wofür er sogar bereit wäre, auf sein Leben in der Stadt und seine mürrische Frau zu verzichten.

Mittlerweile hat ihn der Chef jedoch in das Geheimnis des Auftrags eingeweiht: Ein Subversiver wird gesucht, der sich jahrelang in Europa aufgehalten habe, mehrere Sprachen spreche und sich in der Gegend versteckt halte, da er zu dieser Familie gehöre. Ali, dem der Chef nun sogar die gesamte Mission übertragen hat, forscht vorsichtig bei seinen künftigen Verwandten nach ihren Sprachkenntnissen, kann aber nichts Außergewöhnliches entdecken. Da hört er Trommeln und das Todeslied des Koran: Raho hat Alis Chef mit dessen eigenem Gewehr getötet. Der Inspektor soll ihn begraben und beweisen, daß er nicht denselben Tod verdiene. Ali redet die ganze Nacht um sein Leben. Hajja erklärt ihm beiläufig, der blinde Basfao sei derjenige, den sie gesucht hätten, er habe in einer Fabrik in Algerien gearbeitet, sei bei der schmutzigen Arbeit erblindet und daher ins Dorf zurückgekehrt. Ali verspricht, sie nicht zu verraten, sondern zu behaupten, der Gesuchte habe den Chef getötet und sei nach Algerien geflohen. Der »Subversive« sei vielleicht sogar der Chef selbst gewesen. Die Leute lassen ihn mit dem Leichnam abziehen. Genau drei Tage dauerten die »Nachforschungen« im unheimlichen Hinterland. – Anfang September kehrt der neue Polizeichef Ali mit seinem neuen Inspektor Smaïl in einem vollausgerüsteten Landrover, mit zahlreichen Maschinengewehren und Helikopterschutz in das Dorf zurück: Es ist völlig menschenleer. Auch Ali war dem Reiz der *chefferie*, dem Reiz der Ausübung von Autorität, sowie dem der (Polizei-)Technik verfallen und griff damit wie sein Vorgänger bei den Minoritäten ins Leere.

Chraïbis Roman lebt von dem Kontrast zwischen der Form des harmlosen oder gar burlesken Kriminalromans und der offensichtlichen Absicht des Autors, ein Bild seines Landes im Zustand der »Dekolonisation« zu enthüllen, d. h., die nationale Souveränität und doch starke Abhängigkeit von den ehemaligen französischen »Beschützern« und vom »Westen« allgemein, auch dessen Touristen, zu zeigen. Mit Ironie werden die stolzen Gedanken des Polizeichefs wiedergegeben, wenn dieser sich z. B. an seine Ausbildung in Paris und »*You-ès-é*« (USA) erinnert. In bitterem Ton gehalten sind dagegen Alis Reflexionen über den Weg seiner Familie von Selbstversorgern zu abhängigen Unterentwickelten, oder über die (manipulierten) Wahlen in seinem Land, aber auch die ketzerischen Überlegungen des Polizeichefs, der über die allmächtige Position des monarchischen Staatsoberhaupts (»*Saint Hassan Tantani*«) nachsinnt und davon überzeugt ist, die einzig funktionierende »Internationale« sei die Polizei. – Der eigentlich »Subversive« bleibt also doch der Autor mit seiner nuancenreichen französisch-arabisch-internationalen Sprache: »*Merci, monsieur, disait le garçon poliment. Thank you, Sir! Danke schön …dans toutes les langues des devises fortes.*«   I.Schw.

AUSGABEN: Paris 1981. – Paris 1982.

LITERATUR: P. Enckell, Rez. (in NL, 18. 6. 1981, Nr. 2792). – C. Bachat, Rez. (in QL, 1. 10. 1981, Nr. 356). – H. Bouraoui, Rez. (in Présence Africaine, 1982, Nr. 123). – M.-J. Thériault, Rez. (in Liberté, 25, April 1983, Nr. 2).

## NAISSANCE À L'AUBE

(frz.; *Geburt im Morgengrauen*). Roman von Driss CHRAÏBI (Marokko), erschienen 1986. – Der zwölfte Roman des Autors ist zugleich der zweite Teil eines auf drei Bände geplanten Romanzyklus, der 1982 mit *La mère du printemps* (*L'oum-er-zbia*) begann. In dieser Trilogie möchte Chraïbi den Islam und seine Geschichte vorstellen. – Der Roman beginnt mit einem ins Jahr 1985 datierten »Epilog«. Der alte Wasserträger Raho hat bisher Wasser an Reisende im Bahnhof von Sidi Kacem Bou Asriya verteilt, dem täglich drei Züge in der Gluthitze der Mittagszeit ankommen. Für ihn ist Wasser das Leben, wie eine Sure des Korans bestätigt:

*»Aus Wasser haben wir alles Lebendige geschaffen.«* Nur versteht der alte Mann aus dem Volk nichts von der unmenschlichen Organisation der Fahrpläne und will lediglich die Auswirkungen der absurden Planung der Verwaltung abschwächen. Eines Tages muß er jedoch begreifen, daß man ihn nicht mehr braucht, auch sein Wasser nicht mehr will, das er freigebig anbot, um den Durst löschen zu helfen. Er wird von jemandem verdrängt, der Coca-Cola und Fruchtsäfte verkauft. Als Reaktion auf seinen Protest über diese Veränderung verbietet man ihm sogar das Betreten des Bahnhofs. Aus Zorn darüber verliert der alte Mann daraufhin seinen Glauben, schwört dem Islam ab und zieht sich in die Berge zurück, um seine Vorfahren zu suchen. Danach beginnt die eigentliche historische Erzählung. Der Leser wird zwölf Jahrhunderte zurückversetzt, in das Jahr 712, erlebt die rasante Eroberung Andalusiens durch die Truppen des Generals Tarik Bnou Ziyyad, des marokkanischen Nationalhelden, dessen Wunsch es ist, eine multikonfessionelle Gesellschaft zu errichten, denn, so schreibt der Autor: *»In jener Zeit war die Religion noch offen! Sie hatte in ihrem Schoß die Besiegten von einst aufgenommen, sie als Gleiche behandelt, sie zu Schöpfern des größten Sieges gemacht: den der alle umfassenden Gemeinschaft.«* Auf den Mauern Córdobas gesellt sich zu Tarik der greise Vorfahre vom Berberstamm der Aït Yaffelman, ein Mann ohne Zunge und jenseits allen Alters; er bringt eine Kamelstute und ihr Junges mit. Azwaw wird die Zukunft vorhersagen. Beide Männer hegen gemeinsam den Wunsch, eine neuartige menschliche Gemeinschaft zu begründen: die Umma; und in der Tat wird drei Jahrhunderte lang in Spanien eine Zivilisation herrschen, in der die Kultur, die Wissenschaft und die Medizin eine glänzende Entwicklung erleben, eine Epoche, in der laut Chraïbi *»die Sonne Allahs über dem Okzident schien«*. Die ausführlich beschriebene Niederkunft der Tochter des berberischen Ahnen, der Frau des Gouverneurs von Córdoba, symbolisiert die Geburt dieser idealen Gesellschaft. Der alte Vater steht seiner Tochter mit seinen Händen und uralten Lauten bei; Praktiken aus grauer Vorzeit helfen bei der Geburt eines gesunden Kindes, *»und mit ihm entstand neu der Islam der ersten Tage, nackt und fremd, als die arabische Zivilisation in prachtvoller Blüte stand«*.
Der Erzählung Chraïbis wird von arabischen Kalligraphien unterbrochen, die seine Worte ergänzen sollen und mit denen er das Lob des Islams verkündet. Angefangen mit *La mère du printemps*, setzt dieser Roman die neue Orientierung im Denken dieses marokkanischen Autors fort, der die kulturellen Spannungen zwischen Marokko und dem Okzident zutiefst empfunden, nun aber überwunden hat. Nicht nur glaubt Chraïbi jetzt an eine Harmonie zwischen den einzelnen Kulturbereichen des Islam, der Berber, der Juden und der Europäer, sondern fühlt sich darüber hinaus als Verkünder des Islam und versucht, mit Hilfe seiner Bücher den negativen Auswirkungen der Politik einiger islamischer Staaten entgegenzuwirken. L.H.G.

AUSGABE: Paris 1986.

LITERATUR: A. Bragance, Rez. (in Le Monde, 23. 5. 1986). – F. Desplanques, *»Naissance à l'aube«* (in *Maroc, culture d'hier et d'aujourd'hui*, Hg. L. Heller-Goldenberg, Nizza 1989).

## LE PASSÉ SIMPLE

(frz.; *Das Passé simple*). Roman von Driss CHRAÏBI (Marokko), erschienen 1954. – Mit *Le passé simple* (der Titel spielt auf die französische Vergangenheitsform an, die abgeschlossene Vorgänge bezeichnet, die sich in zeitlicher Abfolge ereignet haben) verläßt der maghrebinische Roman endültig die ethnographische, exotische, folkloristische und touristische Thematik und wendet sich dem Realismus zu, den der marokkanische Dichter und Romancier Mohammed KHAÏR-EDDINE mit folgenden Worten umschrieb: *»Man muß die Vorfahren verlassen, um die Zukunft zu errichten.«* In einem Brief an Francois MAURIAC bezeichnete Chraïbi seinen ersten Roman als *»eine Botschaft für das Recht auf Leben, Gerechtigkeit und Freiheit, eine Botschaft für die Jugend, die nicht sterben will«*.
Auch wenn Chraïbi jeglichen autobiographischen Charakter seines Romans bestritt, fällt doch die Ähnlichkeit zwischen dem Autor und seinem Protagonisten, Driss Ferdi, auf. Dieser ist ein lebhafter, intelligenter Jugendlicher aus einer konservativen Familie, die aber immerhin beschlossen hat, den Jungen auf eine französische Schule zu schikken. Dort entdeckt er neben seiner eigenen traditionalistischen islamischen Kultur den modernistischen Okzident und wird sich allmählich der Tatsache bewußt, daß die marokkanische Familie dem Vater bedingungslos unterworfen ist, einem Patriarchen, der über Leben und Tod seiner Frau und Kinder entscheidet. Bald kommt der Augenblick, in dem der junge Mann die Autorität des »Herrn« nicht mehr anerkennt, der zwar als reicher Händler von allen in der Stadt geachtet wird, in seiner Familie aber wie ein Diktator absolute Gewalt beansprucht. Driss Ferdi erhebt sich gegen seinen Vater, dessen Befehlen er nicht länger unbesehen zu gehorchen vermag, und wendet sich gleichzeitig auch gegen die seiner Meinung nach heuchlerische und im Ritual erstarrte islamische Religion, die für die gesellschaftlichen Zustände in seinem Land nicht nur verantwortlich ist, sondern diese auch noch rechtfertigt. Driss Ferdis Widerstand fordert die Aggression seines Vaters heraus, der seinen Sohn einen Fremden schmäht: *»Chamäleon ... Du hast eine helle Haut, blonde Haare, blaue Augen ... Wer glaubt denn noch, du seist ein Araber? Aber das ist ja gerade etwas, worauf du stolz bist ... Zwei Bilder, Vor- und Rückseite. Rückseite: Bahnhofstraße, Place de France, mein Sohn ist ein Bolschewik: er ißt Schweinefleisch, trinkt Wein, lacht, scherzt, amüsiert sich. Fastenzeit? Aber doch nicht für ihn! Das ist doch nur etwas für Alte, Nordafrikaner, Frauen! Warum sollte er auch? Einem puren Zufall verdankt er sein Leben*

*im Land der dreckigen Habenichtse.«* In dem Willen, seine Macht zu demonstrieren, geht der Vater so weit, einen jüngeren Bruder von Driss in den Tod zu treiben - ohne die geringste Befürchtung, dafür bestraft zu werden. Das ablehnende Schweigen der Mutter ändert nichts an ihrer vollständigen und willenlosen Unterwerfung. Die verängstigten Kinder wagen noch weniger eine Auflehnung gegen den Vater. So beschließt Driss, nach Paris zu fahren, um dort nach neuen Ideen zu suchen, weit weg von der väterlichen Autorität und der verschlossenen Welt der Familie, fern auch von allen archaischen und religiösen Traditionen seines Heimatlandes.

*Le passé simple*, das mitten in einer politischen Krise zwischen Frankreich und Marokko erschien, löste sofort eine heftige Kontroverse aus. In Chraïbis Heimatland gehörte der Autor nunmehr zur Gruppe der Abtrünnigen, der *»Mörder der Hoffnung«*, welche die geheiligten Werte in den Schmutz ziehen und sich schimpflich gegen den Vater und damit gegen die in Marokko herrschende hierarchische Ordnung in Familie, Gesellschaft, Politik und Religion erheben würden. Für Chraïbi bedeutete dies den Beginn langer Jahre des Exils. In Frankreich nahmen rechtsorientierte Kritiker dagegen den Roman zum willkommenen Anlaß, auf die angebliche Unterentwicklung eines Landes unter französischer Schutzherrschaft hinzuweisen, das noch nicht reif für Demokratie und Unabhängigkeit, noch viel zu verstrickt in die alte islamische Tradition sei. Angesichts der Tatsache, daß der Roman von der reaktionären Presse Frankreichs als Argument für den Kolonialismus mißbraucht werden konnte, ergriff Chraïbi klar Stellung gegen das französische Protektorat und für die nationale Unabhängigkeit Marokkos (die 1956 auch erreicht wurde). Er ging sogar so weit, *Le passé simple* als *»negatives Buch, ohne Hoffnungen und Lösungen«* zu verwerfen, und schrieb bald darauf in einem aufsehenerregenden Brief an die Zeitschrift ›Démocratie‹: *»Ich verstoße ›Le passé simple‹«*. Von dieser Äußerung sollte sich der Autor jedoch zehn Jahre später distanzieren: *»Ich gebe zu, daß ich in einem Moment der Schwäche ›Le passé simple‹ verleugnet habe. Ich konnte nicht mehr den Gedanken ertragen, ich unterstützte unterschwellig die Kolonialisten. Ich hätte durchhalten, mehr Mut zeigen sollen.«*

Heute wird der herausragende Platz, den der Roman in der maghrebinischen Literatur einnimmt, nicht mehr bestritten. *Le passé simple* wurde zum Wegbereiter für eine ganze Reihe von Büchern, die vergleichbare Themen behandeln, so z. B. *Le milieu et la marge*, 1964 *(Die Mitte und der Rand)*, von Reda FALAKI, *La répudiation*, 1969 *(Die Verstoßung)*, von Rachid BOUDJEDRA, *Le village des asphodèles*, 1970 *(Die Straße der Asphodelen)*, von Ali BOUMAHDI, *Harrouda* (1973) von Tahar BEN JELLOUN, *Messaouda* (1983) von Abdelhak SERHANE sowie das gesamte Werk von Mohammed Khaïr-Eddine. L.H.G.

AUSGABEN: Paris 1954. - Paris 1986 (Folio).

LITERATUR: M. Jouhari, *La jeunesse marocaine cherche son orientation* (in Perspectives marocaines, 5. 2. 1956, Nr. 7). - J. Déjeux, *D. Ch. ou la révolte contre le père* (in J. D., *Littérature maghrébine de langue française*, Ottawa 1973, S. 276-300). - H. Hadjadji, *»Le passé simple« de D. Ch.* (in OCrit, 4, 1979, Nr. 2).

## NIKOLAJ RADEV CHRELKOV

\* 16.12.1894 Bjala Slatina
† 20.8.1950 Sofia

LITERATUR ZUM AUTOR:
R. Likova, *N. Ch.* (in *Za njakoi osobenosti na bălgarskata* poezija, Sofia 1962, S. 236-255). - N. Bojadžiev, *N. Ch. Lit. - krit. očerk*, Sofia 1964. - I. Burin, *Chrelkovijat stil* (in Plamăk, 1973, 6). - Ders., *Ima edna pesen. Misli za poeta i čoveka N. Ch.*, Sofia 1975. - D. Osinin, *Septemvri 1923 v poezijata na N. Ch.* (in Septemvri, 28, 1975, 1, S. 250-255). - P. Zarev, *N. Ch.* (in *Istorija na bălgarskata literatura*, Bd. 4, Sofia 1976, S. 544-551). - Ders., *N. Ch.* (in P. Z., *Panorama na bălgarskata literatura*, Bd. 3, Sofia 1978, S. 634-643). - S. Kolarov, *N. Ch. 1894-1950* (in *Beleżiti Bălgari*, Bd. 7, Sofia 1982, S. 243-254).

## SREDNOŠTEN KONGRES

(bulg.; *Mitternächtlicher Kongreß*). Poem von Nikolaj R. CHRELKOV, erschienen 1932. - Chrelkov gehört mit MILEV und JASENOV zu jener Dichtergeneration, die ihren literarischen Weg in der letzten Blüte des bulgarischen Symbolismus begann, um später unter dem Eindruck der politischen Ereignisse (vor allem des mißglückten Septemberaufstands von 1923) zum Sozialistischen Realismus zu finden. Das Konzept des antimilitaristischen Poems des Autors, der in der Emigration an einer Konferenz der Kriegsgegner teilgenommen hatte, entstand unter dem Eindruck der mit dem Aufkommen des Faschismus bedrohlich wachsenden Kriegsgefahr in Europa. Zu mitternächtlicher Stunde findet auf dem Montblanc, dem höchsten Berg Europas, eine Antikriegskonferenz statt. Als Delegierte erscheinen die Gefallenen des Ersten Weltkriegs. Deutschland, Österreich, England, Frankreich, Italien, Amerika, Bulgarien und Rußland sind durch je einen gefallenen Soldaten vertreten. Die Delegierten steigen aus ihren Gräbern und erheben ihre Stimme gegen den Krieg. Sie selbst sind der augenfälligste Beweis für seine Sinnlosigkeit. In Friedenszeiten als Schwerarbeiter tätig, wurden sie von den Machthabern ihres Landes zum Kriegsdienst gezwungen, um auf den Schlachtfeldern ihr Leben zu lassen. Nun sprechen sie das Urteil über die Schuldigen und rufen die Nachwelt auf, neuen Kriegsvorbereitungen zu wehren: »*Und ihr: / Arbeiter und Bauern – auf! / Es ruft der Kampf, der bevorstehende Streit! / Ein Feind rüstet wieder zum räuberischen Krieg ... / Ehe er ihm beginnt: / – Erhebt euch! // Und ihr: / Völker, Kontinente, Geschlechter! / Weiße, Schwarze, Gelbe und Braune! / Vernichtet den faschistischen Krieg ... / Ehe man ihn beginnt: / – Erhebt euch!*«

Die außergewöhnliche Wahl der Personen, des Schauplatzes und der Zeit verleihen der Versammlung der Toten eine dramatische Intensität, die durch den balladesken Charakter des Poems wirkungsvoll hervorgehoben wird. Die Emotionalität des Vorwurfs begünstigt die stellenweise überhandnehmende pathetische Deklamatorik. Die expressive Stimmung des Poems wechselt von einer bald mitfühlenden, bald bissig entlarvenden Intonation zum kämpferischen Aufruf. Dennoch behalten die Verse ihre fließende Melodik, die durch Abschweifungen in kurze Naturschilderungen unterstrichen wird. Chrelkovs Poem, in dem revolutionäres Pathos und Sozialistischer Realismus eine Symbiose mit der Romantik eingehen, stellt ein Novum in der bulgarischen Literatur dar. Der Autor selbst charakterisiert das Gedicht als »*einen neuen Ausdruck der Romantik, ein Werk der sozialistischen Romantik*«.   D.Ku.

AUSGABEN: Sofia 1932. – Sofia 1966 (in *Stichotvorenija*). – Sofia 1973 (in *Izbrani proizvedenija*).

LITERATUR: Iv. Burin, *Zabeležitelna poema za mira* (in Septemvri, 1950, H. 5, S. 161–166). – N. Bojadžiev, *Romantika v poezijata na N. Ch.* (in Ezik i literatura, 1961, H. 5, S. 25–40). – S. Bojanov, *Poet na pokrusata i văzchod* (in Septemvri, 1961, H. 2, S. 171–176).

## CHRÉTIEN DE TROYES

\* um 1140 Troyes / Champagne (?)
† vor 1190

LITERATUR ZUM AUTOR:
*Bibliographien:*
Bull. bibliographique de la Société Arthurienne, Paris 1948 ff. – D. Kelly, *C. de T. An Analytic Bibliography*, Ldn. 1977.
*Gesamtdarstellungen und Studien:*
G. Cohen, *Un grand romancier d'amour et d'aventure au 12e siècle*, Paris 1931; ²1948 [erw.]. – W. Förster, *Wörterbuch zu Kristian von Troyes' sämtlichen Werken*, Halle ²1933. – W. Kellermann, *Aufbaustil und Weltbild C. von T.' im Percevalroman*, Halle 1936; Tübingen ²1967. – R. R. Bezzola, *Le sens de l'aventure et de l'amour*, Paris 1947; ²1968 (dt. *Liebe und Abenteuer im höfischen Roman*, Reinbek 1961; rde). – R. S. Loomis, *Arthurian Tradition and C. de T.*, NY 1949; ²1952. – S. Hofer, *C. de T. Leben und Werk des altfranzösischen Epikers*, Graz/Köln 1954. – E. Köhler, *Ideal und Wirklichkeit in der höfischen Epik*, Tübingen 1956; ²1970. – J. Frappier, *C. de T., l'homme et l'œuvre*, Paris 1957; ³1968 [erw.]. – I. Nolting-Hauff, *Die Stellung der Liebeskasuistik im höfischen Roman*, Heidelberg 1959. – A. Micha, *La tradition manuscrite des romans de C. de T.*, Genf 1966. – L. Maranini, *Personaggi e immagini nell'opera di C. de T.*, Mailand 1966. – P. Haidu, *Aesthetic Distance in C. de T.*, Genf 1968. – Ders., *Lion-Queue-Coupée. L'écart symbolique chez C. de T.*, Genf 1972. – K. O. Brogsitter, *Artusepik*, Stg. ²1971 (Slg. Metzler). – W. Brand. *C. de T. Zur Dichtungstechnik seiner Romane*, Mchn. 1972. – W. Völker, *Märchenhafte Elemente bei C. de T.*, Diss. Bonn 1972. – Z. P. Zaddy, *C. Studies*, Glasgow 1973. – V. Roloff, *Reden und Schweigen*, Mchn. 1973. – C. Luttrell, *The Creation of the First Arthurian Romance*, Ldn. 1974. – J. Bednar, *La spiritualité et la symbolisme dans les œuvres de C. de T.*, Paris 1974. – I. Nolting-Hauff, *Märchen und Märchenromane* (in Poetica, 6, 1974, S. 129–178; 417–455). – S. Gallien, *La conception sentimentale de C. de T.*, Paris 1975. – L. Carasso-Bulow, *The Merveilleux in C. de T.' Romances*, Genf 1976. – M. Altieri, *Les romans de C. de T., leur perspective proverbiale et gnomique*, Paris 1976. – H. Weber, *C. und die Tristandichtung*, Bern/Ffm. 1976. – R. Warning, *Formen narrativer Identitätskonstitution im höfischen Roman* (in GRLMA, 4/1, Heidelberg 1978, S. 25–59). – K. O. Brogsitter, *C. de T.* (in *Enzyklopädie des Märchens*, Hg. K. Ranke u. a., Bln./NY 1979, Bd. 2, Sp. 1366–1380). – B. Schmolke-Hasselmann, *Der arthurische Versroman von C. bis Froissart*, Tübingen 1980. – *Réception critique de l'œuvre de C. de T.* (in OCrit., 5, 1980/1981 H. 2; Sondernr.). – N. J. Lacy, *The Craft of C. de T.*, Leiden 1980. – L. T. Topsfield, *C. de T.*, Cambridge 1981. – P. S. Noble, *Love and Marriage in C. de T.*, Cardiff 1982. – Europe, Okt. 1982, Nr. 642 (Sondernr. *C. de T.*). – P. Gallais, *Dialectique du récit médiéval*, Amsterdam 1982. – *The Sower and His Seed*, Hg. R. Pikkens, Lexington 1983. – *C. de T. and the Troubadours*, Hg. P. S. Nobel u. L. M. Paterson, Cambridge 1984. – *The Romances of C. de T.*, Hg. D. Kelly, Lexington 1985.

## LE CHEVALIER DE LA CHARRETE

(afrz.; *Der Karrenritter*). Artusroman in ca. 7134 Versen von CHRÉTIEN DE TROYES, entstanden um 1177–1181. – Chrétiens dritter Artusroman setzt mit dem Lob der Auftraggeberin Marie de Champagne ein, die ihm den Stoff dieses Werks vorgegeben habe, wobei verschiedene Interpreten anmerkten, das Thema des ewig duldenden Minneritters Lancelot habe Chrétien nur ungern übernommen und wohl aus diesem Grund den Roman unvollendet gelassen.

Am Himmelfahrtstag erscheint ein unbekannter Ritter und provoziert die Artusrunde: Er habe zahlreiche Untertanen von Artus in seiner Gewalt, die er freigebe, wenn ein Ritter gegen ihn siege, jedoch fordere er im Gegenzug die Königin als Einsatz. Der Truchseß Kex verleitet Artus zu einem unüberlegten Versprechen, das diesen dazu verpflichtet, Kex die Königin anzuvertrauen, um die Ehre des Artushofes gegen den unbekannten Ritter zu verteidigen. Kex unterliegt, und der Provokateur, der erst viel später Meleagant, der berüchtigte Sohn des Königs von Gorre, genannt wird, kann die Königin vor Kex entführen. Gauvain bricht vom Artushof auf, um die Königin zu retten. Gleichzeitig mit ihm setzt ein weiterer Ritter zur Verfolgung an, der erst viel später als der berühmte Lancelot du Lac erkannt wird. Lancelot stellt die Übermacht der Entführer, besiegt einige; Meleagant jedoch läßt entgegen den Regeln des ritterlichen Duells zunächst Lancelots Pferd, sodann ein weiteres, welches ihm Gauvain zur Verfügung stellt, abstechen. Lancelot kann den flüchtenden Entführern nur folgen, indem er das Angebot eines Zwerges in Anspruch nimmt, auf dessen Karren mitzufahren, was als besonders ehrlos gilt, da auf dem Karren sonst die verurteilten Verbrecher zur Schau gestellt werden. Um die Verfolgung fortsetzen zu können, nimmt Lancelot diese Demütigung und die sich daraus ergebenden Beschimpfungen zahlreicher Personen auf sich, die dem immer noch anonymen Karrenritter begegnen. Unter den Schmähern sind auch einige edle Damen, auf deren Schloß Gauvain und Lancelot übernachten. Gauvain wird am folgenden Morgen Zeuge, wie der Unbekannte, als er von weitem die Königin im Gefolge der Entführer vorüberziehen sieht, offenbar in eine tiefe Lethargie verfällt und fast aus dem Fenster stürzt; so ahnt Gauvain, daß es sich bei dem Karrenritter um Lancelot handeln müsse, da allgemein bekannt ist, daß Lancelot in Guenièvre verliebt ist. Auch ein Mädchen, das den Karrenritter am nächsten Abend nötigt, mit ihr im selben Bett zu schlafen, vermutet dies, da Lancelot keinerlei Annäherungsversuche unternimmt. An einer Wegkreuzung trennen sich Gauvain und Lancelot, um den Entführern in das Reich Gorre zu folgen, in das nur über zwei besonders gefährliche Brücken zu gelangen ist.

Im Lauf der Verfolgung besteht Lancelot an drei aufeinanderfolgenden Tagen eine Reihe von Abenteuern: Er besiegt den Wächter an einem Flußübergang, der *Passage des Pierres*, und nimmt diesem Ritter einen Kamm ab, den die Königin zuvor dort als Wegzoll zurücklassen mußte. Ein Streit mit einem Ritter, der Lancelot provoziert, wird durch einen anderen Ritter geschlichtet. Auf einem geheimnisvollen Friedhof, auf dem die Grabplatten der größten lebenden Artusritter bereits für eine ferne Zukunft aufgestellt sind, gelingt es Lancelot als erstem, eine Grabplatte aufzuheben. Durch diese Probe weist er sich als der künftige Befreier von Meleagants Gefangenen aus. Je näher Lancelot dem fremden Land kommt, desto größer werden die Hindernisse; nacheinander kommt es zu mehreren Auseinandersetzungen mit feindlichen Rittern. Dabei wird das zunächst dominante Motiv der Karrenschande nicht nur abgebaut, sondern den immer noch anonymen Ritter umgibt fortan ein messianischer Nimbus, der die in Gorre gefangenen Untertanen von König Artus zum erfolgreichen Widerstand gegen ihre Unterdrücker anstachelt. Vor der Burg Meleagants muß Lancelot als äußerste Steigerung seines Leidensweges die gefährliche »Schwertbrücke« überschreiten. Es folgen zwei Kämpfe gegen Meleagant, die immer kurz vor Lancelots endgültigem Sieg abgebrochen werden, da Meleagants Vater Bademaguz und Guenièvre um Gnade für ihn bitten. Zwischen diesen Kämpfen fügt sich als Mittel- und Wendepunkt des Werkes eine Minnebegegnung zwischen Lancelot und Guenièvre ein. Als Lancelot aufbricht, um den an der »Brücke unter Wasser« verschollenen Gauvain zu retten, gerät er in einen Hinterhalt Meleagants, der zugleich die Königin, Gauvain und Kex durch einen gefälschten Brief Lancelots veranlaßt, zu Artus zurückzukehren, wo einer Abmachung gemäß nach festgesetzter Vierzigtagesfrist ein Entscheidungskampf um Guenièvre stattfinden soll. Gegen ein Minneversprechen nach seiner Rückkehr entläßt die Frau seines Wächters Lancelot vorübergehend aus dem Gefängnis. Natürlich erkennt man den wiederum anonymen Lancelot an seinen Turniererfolgen, wobei Guenièvre, um Liebe und Gehorsam »ihres« Ritters auf die Probe zu stellen, Lancelot wissen läßt, er solle – bis auf Widerruf – möglichst ehrlos kämpfen. Als Meleagant erfährt, daß Lancelot vorübergehend in Freiheit war, läßt er ihn in ein noch sichereres Gefängnis stecken. An dieser Stelle bricht Chrétiens ursprünglicher Text bei Vers 6149 ab, um von GEOFFROY DE LAGNY beendet zu werden. Meleagants Schwester befreit Lancelot und stattet ihn mit Waffen aus, so daß er in letzter Minute am Artushof erscheint und nach langem Kampf Meleagant mit ausdrücklicher Billigung der Königin tötet.

Hervorragendes Merkmal dieses Artusromans ist die besonders starke Verrätselung der Handlung: Lancelot und Meleagant bleiben während der ersten Hälfte des Textes inkognito, wenngleich der Erzähler sich immer wieder die Perspektive Lancelots zu eigen macht. Doch auch einzelne Aspekte der Handlung, etwa die Existenz der bretonischen Gefangenen in Gorre oder die Dominanz der Karrenschande, verleihen dem Werk eine archaische Abstraktheit, die einen Gegenpol zu dem Thema der Minne bildet, dem Hauptanliegen des Romans. Reflexe der provenzalischen Minnedoktrin weist der Text in den zahlreichen variierenden Spiegelungen von Grundthemen und sich wiederholenden Situationen auf, etwa dann, wenn Lancelot immer wieder Demütigungen aus Liebe zur Königin auf sich nimmt, die – ganz im Sinne des provenzalischen Ideals des *fin amors* – als standesmäßig höhergestellte und verheiratete Frau letztlich unerreichbar bleibt. Auch eine stark christliche Prägung des Werks ist auffallend: Tatsächlich weist Lancelot auf seinem Aventureweg Züge auf, die ihn in die Nähe eines an Christus gemahnenden Dulders rükken: Immerhin sind die Schwertbrücken- und Karrenepisoden im 13. Jh. sogar in kirchlichen Predigten als Exempel verwendet worden. Diesem messianischen Aspekt entgegen scheint jedoch immer wieder Chrétiens Hang zu ironischer und parodistischer Verfremdung des Stoffs durch. Anders als die vorausgegangenen Werke leitet der Roman vom *Karrenritter* die Untergattung der *romans de la quête* ein. Das zentrale Handlungsmuster dieser Romane, die der Suche und Befreiung einer entführten oder verschollenen Person gelten, war im *Erec* oder im *Cligès* lediglich als eine mögliche Form der ritterlichen Bewährungsprobe aufgefaßt worden. Einmalig in Chrétiens Romanen ist hier das »Böse« durch einen einzigen profilierten Gegenspieler, Meleagant, vertreten, der als Drahtzieher sämtlicher Intrigen mit seinen Helfershelfern gegen Lancelot und den Artushof handelt. Auffällig an der Komposition des Werks ist die noch stärkere Vervielfältigung nicht nur einzelner Motive, sondern ganzer Partien: Erstmals führt dies im Artusroman an Stelle der Einsträngigkeit ansatzweise zu einer Verdoppelung der Handlungsfäden, was zum Ansatzpunkt für richtungweisende Neuentwicklungen im Bereich der Romanliteratur werden sollte. So ist Chrétiens *Chevalier de la Charrete* auch in den bedeutendsten Prosaroman des 13. Jh.s, den *Lancelot Propre*, eingefügt worden. Dessen Verbreitung in nahezu alle westeuropäischen Literaturen ist es zu verdanken, daß das durch Lancelot und Guenièvre exemplarisch verkörperte Minneideal bis zu DANTE und noch CERVANTES fortlebt. G.Wil.

AUSGABEN: Halle 1899 (*Der Karrenritter (Lancelot) und Das Wilhelmsleben von Kristian von Troyes*, in *Sämtliche erhaltene Werke*, Hg. W. Foerster, 4 Bde., 1884–1899, 4; Nachdr. Amsterdam 1965). – Paris 1958 (*Les romans de C. de T. édités d'après la copie de Guiot (Bibl. nat. fr. 794), III: Le chevalier de la charrette*, Hg. M. Roques; ern. 1981; CFMA). – NY 1981 (*Lancelot or the Knight of the Cart (Le chevalier de la Charrette)*, Hg. W. W. Kibler; m. engl. Übers.).

ÜBERSETZUNG: *Lancelot*, H. Jauss-Meyer, Mchn. 1973 [afr.-dt.].

LITERATUR: P. Märtens, *Zur Lanzelotsage. Eine literaturhistorische Untersuchung*, Bonn 1880. – G. Paris, *Étude sur les romans de la table ronde: »Le chevalier de la charrette«* (in Rom, 12, 1883, S. 459 bis 534). – T. P. Cross u. W. A. Nitze, *Lancelot and Guenevere. A Study on the Origin of Courtly Love*, Chicago 1930. – A. Micha, *Sur les sources de la »Charrette«* (in Rom, 71, 1950, S. 345–358; ern. in A. M., *De la chanson de geste au roman*, Genf 1976, S. 75–88). – L. Maranini, *Queste e amore cortese nel »Chevalier de la Charrette«* (in RLM, 2, 1951, S. 204–223). – M. Roques, *Pour l'interprétation du »Chevalier de la Charrette« de C. de T.* (in Ccm, 1, 1958, S. 141–152). – D. Kelly, *Sens and conjointure in the »Chevalier de la Charrette«*, Den Haag/Paris 1966. – J. Rychner, *Le prologue du »Chevalier de la Charrette«* (in Vox Romanica, 26, 1967, S. 1–23). – Ders., *Le sujet et la signification du »Chevalier de la Charrette«* (ebd., 27, 1968, S. 50 –76). – E. I. Condren, *The Paradox of C.'s »Lancelot«* (in MLN, 85, 1970, S. 434–453). – A. H. Diverres, *Some Thought on the ›sens‹ of the »Chevalier de la Charrette«* (in FMLS, 6, 1970, S. 24–36). – E. H. Soudek, *Structure and Time in »Le Chevalier de la Charrette«* (in Rom, 93, 1972, S. 96–108). – F. Bogdanow, *The Love Theme in C.s »Chevalier de la Charrette«* (in MLR, 67, 1972, S. 50–61). – J. Ribard, *C. de T. »Le chevalier de la Charrette«*, Paris 1972. – J. Frappier, *Le prologue du »Chevalier de la Charrette« et son interprétation* (in Rom, 93, 1972, S. 337–377). – D. J. Shirt, *C. de T. and the Cart* (in *Studies... F. Whitehead*, Manchester 1973, S. 279–301). – W. Brand, *Die kompositionelle Einheit von »Lancelot« und »Yvain«* (in RF, 85, 1973, S. 330–340). – J. Frappier, *Remarques sur le texte du »Chevalier de la Charrette«* (in *Mélanges C. Rostaing*, Lüttich 1974, S. 317–331). – E. J. Mickel, *The Theme of Honor in C.'s »Lancelot«* (in ZfrPh, 91, 1975, S. 243–272). – D. J. Shirt, *Godefroy de Leigny et la composition de la »Charrette«* (in Rom, 96, 1975, S. 27–52). – W. Haug, *›Das Land, von welchem niemand wiederkehrt‹: Mythos, Fiktion und Wahrheit in C.s »Chevalier de la Charrette«, im »Lanzelet« Ulrichs von Zatzikhoven und im »Lancelot«-Prosaroman*, Tübingen 1978 [m. Bibliogr.]. – J.-C. Kooijman, *Du conte au roman: recherches sur la structure du »Cheavlier de la Charrette« de C. de T.* (in RomR, 69, 1978, S. 278 ff.). – A. Wolf, *›Ja por les fers ne remanra‹* (in LJb, 20, 1979, S. 31–69). – G. Morgan, *The Conflict of Love and Chivalry in »Le chevalier de la Charrette«* (in Rom, 102, 1981, S. 177–201). – F. Lebsanft, *Wer lacht über Lancelot?* (in RJb, 33, 1982, S. 85–96). – L. N. de Looze, *Chivalry Qualified: The Character of Gauvain in C.'s »Chevalier de la Charrette«* (in RomR, 74, 1983, S. 253 ff.). – A. V. Borsari, *Lancilotto liberato*, Florenz 1983. – M. Accarie, *L'éternal départ du Lancelot. Roman clos et roman ouvert chez C. de T.* (*Mélanges A. Planche*, Nizza/Paris 1984, S. 1–20). – K. D. Uitti, *Autant en emporte ›li funs‹* (in Rom, 105, 1984, S. 270–291). – D. Kelly, *The Rhetoric of Adventure in Medieval Romance* (in *C. and the Troubadours*, Hg. P. Noble u. L. Paterson, Cambridge 1984, S. 172–185). – B. Schmolke-Hasselmann, *Der Ritter mit dem Herz aus Holz. Zur Gestaltung des Bösen in den »Lancelotromanen«* (in *Artusrittertum im späten Mittelalter*, Hg. F. Wolfzettel, Gießen 1984, S. 177–184). – *Lancelot*, Hg. D. Buschinger, Göppingen 1984. – C. Méla, *La reine et le Graal*, Paris 1984, S. 257–323. – W. Haug, *Inspiration und dichterisches Selbstverständnis in C.'s »Lancelot« und »Cligès«* (in W. H., *Literaturtheorie im deutschen Mittelalter*, Darmstadt 1985, S. 107–117). – D. Hult, *Lancelot's Two Steps. A Problem in Textual Criticism* (in Speculum,

61, 1986, S. 836–858). – D. Maddox, *Lancelot et le sens de la coutume* (in Ccm, 39, 1986, S. 339–353). – E. Kennedy, *Lancelot und Perceval, zwei junge unbekannte Helden* (in Wolfram-Studien, 9, 1986, S. 228–241). – M. T. Bruckner, *An Interpreters Dilemma, Why are there so many Interpretations of C.'s »Chevalier de la Charrette«?* (in RPh, 40, 1986/87, S. 159–180).

## CLIGÈS

(afrz.; *Cligès*). Höfischer Roman in ca. 6784 Versen von CHRÉTIEN DE TROYES, entstanden um 1176. – Auch Chrétiens zweiter großer Roman ist am Artushof angesiedelt, wenngleich die ideelle und strukturelle Bindung der Handlung an den Hof gegenüber dem *Erec* hier gelockert ist. Obwohl der Artushof weiterhin ein wichtiges Zentrum der Handlung ist, hat Chrétien als Ausgangspunkt und Ziel der Handlung den byzantinischen Hof in Konstantinopel gewählt. Aus dem Prolog des Werkes entnehmen wir, daß der *Cligès* ein Werk aus der Feder des Autors ist, der nicht nur *Erec*, sondern auch eine Ovidbearbeitung *(Philomena)* und eine Geschichte verfaßte, die von *roi Marc et d'Ysalt* handelt, also Chrétiens – heute allerdings verlorene – Version des Tristan-Stoffs. Auf diesen spielt übrigens der *Cligès* mehrere Male direkt an; verschiedentlich hat man den Roman auch als »Anti-Tristan« gedeutet. Chrétien selbst nennt auch ein, freilich bisher nicht nachweisbares *»livre«* aus der Kathedrale von Beauvais als Vorlage des Werks.
Zunächst wird die Brautwerbefahrt des Prinzen Alixandre erzählt, die das erste Drittel des Werks (V. 1–2560) einnimmt. Alixandre reist von Griechenland quer durch Europa nach England, wo er am Artushof in Guincestre (Winchester) empfangen wird. Auf der Überfahrt in die Bretagne begleitet er als einziger junger Ritter Artus und verliebt sich in Soredamors, die Schwester von Artus' Neffen, dem vorbildlichen Ritter Gauvain. Mit stilistischer Sorgfalt und psychologischer Einfühlung hat Chrétien in verschiedenen Monologen und Gesprächen das allmähliche Erwachen der wechselseitigen Liebe der beiden Figuren dargestellt. Das Idyll wird durch einen Kriegszug von König Artus unterbrochen, der gegen seinen abtrünnigen Stellvertreter in London, den Grafen Angrès, ziehen muß, einen übleren Verräter als Ganelon, wie Chrétien mit einem Hinweis auf das *Rolandslied* meint (*»qui pires est de Guenelon«*; V. 1068). Vor der Abreise schlägt er Alixandre zum Ritter, wozu dieser ein kostbares Hemd von Guenièvre erhält, in das Soredamors eines ihrer goldfarbenen Haare gewoben hat. In der sich anschließenden Belagerung von Guinesore (Windsor) wagt Alixandre eine List, worauf man ihn zeitweise für tot hält, was Soredamors besonders betrübt. Doch Alixandre kehrt unversehrt mit Angrès als Gefangenen zurück. Seine Belohnung ist zweifach: Von Artus erhält er einen goldenen Becher, während Guenièvre ein heimliches Stelldichein der beiden Liebenden in ihrem eigenen Zelt arrangiert. Wenig später wird zugleich die Siegesfeier von Artus und die Hochzeit von Alixandre und Soredamors begangen. Deren Sohn Cligès wird dreizehn Monate später geboren, *»zu dessen Gedächtnis dieser Roman gemacht wurde«*, (*»an cui mimoire/ Fu mise an romans ceste estoire«*; V. 2345 f.).
Während Alixandres langer Abwesenheit ist inzwischen in Griechenland dessen jüngerer Bruder Alis zum König erhoben worden. Als Alixandre zurückkehrt, muß sich Alis verpflichten, nicht zu heiraten, um so die Herrschaft des rechtmäßigen Thronfolgers Cligès zu gewährleisten. Nach dem Tod seiner Eltern zieht Cligès nach Byzanz, wo der wortbrüchige Alis die deutsche Prinzessin Fenice heiraten will. Cligès begleitet ihn auf seiner Brautwerbefahrt nach Köln, wo er sich mit einem sächsischen Herzog duelliert, der seinerseits im Auftrag seines Onkels um die Hand der Prinzessin anhalten sollte. Bald verliebt sich Cligès in Fenice. Diese entzieht sich dem ihr angetrauten Alis mit Hilfe eines Zaubertranks, den ihre Amme und Erzieherin Tessala zubereitet. Es folgen eine Reihe weiterer Kämpfe, insbesondere der sächsische Herzog erweist sich als hartnäckiger Widersacher, dessen zwölf Kämpfer Cligès jedoch besiegt. Der Sachse sinnt auf Rache und bringt durch eine List Fenice in seine Gewalt. Einen Kampf gegen den Herzog um die Freiheit von Fenice besteht Cligès, der sodann zum Artushof aufbricht und die heimliche Geliebte in ihrem Schmerz zurückläßt. Cligès vollbringt inzwischen wahre Wunder bei dem Turnier von Osenefort (Oxford), wo er Lancelot und Perceval, nicht jedoch seinen Onkel Gauvain besiegt. Von Artus' Höfen in England und auf dem Festland führt sein Weg nach Konstantinopel zurück, wo er der geliebten Fenice wiederbegegnet. Er ersinnt eine List, um Fenice, die nun doch in eine gemeinsame Flucht einwilligt, zu entführen. Mit Hilfe eines weiteren von Tessala gemischten Tranks kann Fenice Krankheit und schließlich auch ihren Tod vortäuschen. In einem kunstvollen, speziell dafür von Cligès erdachten, von dem Steinmetz Jehan ausgeführten, turmartigen Grabmal wird Fenice zum Schein bestattet. Cligès flieht mit ihr und kehrt erst zurück, als ihm Meister Jehan meldet, Alis sei aus Kummer oder Ärger über die entdeckte Flucht der Liebenden gestorben, so daß Cligès endlich den Thron von Byzanz besteigen kann.
Man hat oft angeführt, der *Cligès* sei mit der Artusthematik nur oberflächlich verbunden. Tatsächlich scheint es sich bereits im Prolog des Werks um eine Strategie zur Leserlenkung zu handeln, wenn Chrétien den Helden des Romans als griechischen Ritter aus dem Hause von Artus (*»D'un vaslet qui an Grece fu / Del linage le roi Artu«*) bezeichnet. Von der klassischen Komposition der Versromane *Erec* oder *Yvain* weicht der *Cligès* ab, indem er die diesen Texten zugrundeliegenden Symbolstruktur des »Doppelweges« des Helden durch die Zweiteilung ersetzt: Die Genealogie des Helden geht der eigentlichen Jugendgeschichte des Cligès als eine Art Miniaturroman voraus, wie Chrétien im Prolog

selbst heraushebt: »*Orroiz de son pere la vie,/ Dom il fu, et de quel linage*« (»*Hört das Leben seines Vaters, von wem er abstammt und von welcher Familie*«). Das Hauptthema des Prologes ist jedoch die von E. GILSON u. E. KÖHLER zur Sprache gebrachte Theorie der *translatio studii*, d. h. des Übergangs der antiken Kultur und Gelehrsamkeit auf die Autoren des christlichen Mittelalters, als deren emanzipierter Repräsentant Chrétien sich begreift. Dabei geht es Chrétien nicht nur um die Vermittlung der antiken Weisheit von Athen nach Rom und Frankreich, sondern auch um die Tradition des französischen Rittertums, das so auf seine Wurzeln in der Antike zurückgeführt werden soll (»*Puis vint chevalerie a Rome/ Et de la clergie la some,/Qui or est an France venue*«; V. 31 ff.). Der Rückgriff auf die Antike vollzieht sich im *Cligès* dabei nicht nur durch die Einbeziehung der an den Werken OVIDS geschulten Minnethematik und durch die exotische Thematik, die der byzantinische Schauplatz mit sich bringt. Vielmehr wird das antik-orientalisierende Kolorit auch auf die vom herkömmlichen Artusroman leicht abweichende Struktur und durch thematische Bezüge auf die antikisierenden Romane bewirkt. Hinzu kommen von der Forschung bislang übersehene Parallelen zum »hellenistischen« Roman *(Apollonius de Tyr)*, zu dessen Motivarsenal gerade Zaubertränke, die Flucht und Trennung der Liebenden, unfreiwillige Heiraten und kunstvolle Beschreibungen zählen, eine Tradition also, an die sich auch Chrétien zugeschriebene Roman *Guillaume d'Angleterre* anschließt. In andere Literaturen ist der *Cligès*, abgesehen von einer fragmentarisch erhaltenen Übertragung ins Mittelhochdeutsche (ULRICH VON TÜRHEIM, *Clíes*), zwar nicht eingegangen, doch setzt sich seine Rezeption in einer Prosafassung (1454) bis ins 16. Jh. fort. Die byzantinische Thematik des Werks wurde schnell zum Topos und scheint überdies auf die spätere Entwicklung der Ritterbücher im 16. Jh. mit ihrem griechisch-asiatischen Kolorit *(Palmerín de Oliva)* Einfluß genommen zu haben. G.Wil.

AUSGABEN: Halle 1884 (in *Sämtliche erhaltene Werke*, Hg. W. Foerster, 4 Bde., 1884–1899, 1; Nachdr. Amsterdam 1965). – Halle 1888, Hg. ders. [m. Einl., Anm. u. Glossar; ²1901; ⁴1921]. – Halle 1934, Hg. ders. u. H. Breuer (Slg. Romanischer Übungstexte, 12; Ausw.). – Paris 1957, Hg. A. Micha [m. neufrz. Übers.]. – Paris 1970 (*Les romans de C. de T. édités d'après la copie de Guiot* (Bibl. nat. fr. 794), II: *Cligès*, Hg. ders.; ern. 1978; CFMA).

LITERATUR: G. Paris, »*Cligès*« (in Journal des Savants, 1902, S. 1694). – A. G. van Hamel, »*Cligès*« *et »Tristan«* (in Rom, 23, 1904, S. 465–489). – G. Cohen, *Textkritisches zum »Cligès«* (In ZfrzSp, 27, 1904, S. 117–159; 349–351). – D. W. Robertson, *C.'s »Cligès« and the Ovidian Spirit* (in CL, 7, 1955, S. 32–42). – G. Favati, *Le »Cligès« de C. dans les éditions critiques et dans les manuscrits* (in Ccm, 10, 1967, S. 385–407). – L. Cocito, *Il »Cligès« di C.*, Genua 1968. – P. Haidu, *Aesthetic Distance in C. de T.*, Genf 1968. – N. J. Lacy, *Form and Pattern in »Cligès«* (in OL, 25, 1970, S. 307–313). – W. Bergerfurth, *Kommentar zu C. de T.s »Cligès«*, Diss. Mannheim 1971. – D. W. Robertson, *The Idea of Fame in C.'s »Cligès«* (in StPh, 69, 1972, S. 414–433). – D. J. Shirt, »*Cligès*«. *Realism in Romance* (in FMLS, 13, 1977, S. 368–380). – P. Haidu, *Au début du roman, l'ironie* (in Poétique, 9, 1978, S. 443–446). – J. C. Kooijman, *Cligès, héros ou anti-héros* (in Rom, 100, 1979, S. 505–519). – H. P. Schwake, *Der Wortschatz des »Cligès« von C. de T.*, Tübingen 1979. – M. Freeman, *The Poetics of Translatio studii and Conjointure. C.'s »Cligès«*, Lexington 1979. – Dies., *Transpositions structurelles et intertextualité. Le »Cligès« de C.* (in Littérature, 1981, Nr. 41, S. 50–61). – D. J. Shirt, »*Cligès*«, *a Twelfth-Century Matrimonial Case-Book* (in FMLS, 18, 1982, S. 75–89). – L. Polak, *C. »Cligès«*, Ldn. 1983. – M. Freeman, »*Cligès*« (in The Romances of *C. de T.*, Hg. D. Kelly, Lexington 1985, S. 89–131).

## LI CONTES DEL GRAAL

oder *Le roman de Perceval* (afrz.; *Die Geschichte vom Graal* oder *Der Roman von Perceval*). Artus-Gral-Roman in 9698 Versen von CHRÉTIEN DE TROYES, vor 1190 entstanden. – Auch Chrétiens unvollendet gebliebener, letzter Roman setzt mit einem an die Heilige Schrift gemahnenden Sprichwort ein, das bereits im ersten Vers die Mehrdeutigkeit anklingen läßt, die diesen Text zu einem der vielschichtigsten, wie auch interessantesten und folgenreichsten des romanischen Mittelalters gemacht hat: »*Ki petit semme petit quelt*« (»*Wer geringe Saat macht, erntet wenig*«). Obwohl sich dies auch auf den Inhalt des Werks zu beziehen scheint (die Helden des Werks, Gauvain und Perceval, müssen sich ihrer selbst entäußern, um zu ihrem spezifischen Heil zu gelangen), entscheidet sich Chrétien für eine metapoetische Lesart, wenn er nicht ohne Stolz ankündigt, er sei nun im Begriffe, den eben beginnenden Roman als Ernte zu holen. Dies sei ihm durch das großzügige Mäzenatentum Philipps von Flandern möglich gewesen, der überschwenglich mit den Topoi des Stifterlobes gerühmt wird. Tatsächlich scheint der Wechsel Chrétiens an den flandrischen Hof auch der Anlaß für die stärker religiöse Orientierung des Spätwerks gewesen zu sein, wissen wir doch, daß Philipps Familie zum Heiligen Land traditionell enge Bindungen hatte und anders als der Hof der Marie de Champagne zu dem Ideal der höfischen Liebe ein distanzierteres Verhältnis besaß. So ist auch die Artusthematik mit ihrer Welt des auf ritterliche Bewährung gerichteten Heldentums durch die Einbeziehung der Gralsthematik zurückgenommen.

In der Einöde des walisischen Waldes wächst Perceval fern der höfischen Kultur auf. Seine Mutter, die Witwe eines Ritters, hat ihn von der Ritterwelt bewußt ferngehalten, bis zu dem Tag, an dem ihm drei Artusritter begegnen. Beeindruckt durch den Glanz ihrer Rüstungen, hält er sie zunächst für Engel und beschließt auf ihre Erzählungen über die höfische Welt des Artusrittertums hin, auszuziehen, um selbst Ritter zu werden. Percevals Mutter, die ihn nicht zurückhalten kann, gibt ihm drei folgenreiche Lehren mit, von denen sie meint, daß sie ihrem Sohn in der höfischen Welt nützlich sein könnten: Wenn er einer Frau begegne, müsse er ihr voller Achtung begegnen, sie küssen und ein Geschenk von ihr verlangen; er solle stets den Rat weiser Männer befolgen, und, wo sich Gelegenheit bietet, zu Gott beten. Als Perceval so ausgestattet sein Heim verläßt, sinkt seine Mutter vor Schmerz über die Trennung tot zu Boden. Die mütterlichen Ratschläge beginnt Perceval sogleich auf teils komische, teils für die Beteiligten fatale Weise umzusetzen: Als er an einem prächtigen Zelt vorbeikommt, hält er es für eine Kirche, die er zum Gebet betreten möchte. Hier findet er ein Mädchen, das er in unhöfisch brutaler Weise zu einem Kuß nötigt und dem er den Verlobungsring ihres Geliebten als »Geschenk« abnimmt. Als dieser zurückkehrt, findet er zwar Perceval nicht mehr vor, zieht jedoch aus den sichtbaren Fakten den Schluß, seine Freundin sei ihm untreu geworden, und bestraft sie auf strenge Weise. Perceval hat den Artushof erreicht, wo er Artus in tiefer Melancholie versunken antrifft, da der »Rote Ritter«, der noch vor Artus' Burg weilt, die Ehre des Hofes verletzte, indem er einen goldenen Becher raubte. Perceval tötet den »Roten Ritter« durch eine Wurfspieß, nimmt dem Toten seine Rüstung ab und bringt Artus den Becher zurück. Perceval gelangt zur Burg Gornemants, eines alten Edelmanns, der ihn in ritterlicher Waffenpraxis unterweist, zum Ritter schlägt und ihm gute Ratschläge auf den Weg mitgibt. Perceval kommt zu dem Schloß Belrepeire, das alle äußeren Zeichen materieller Not aufweist und das Gornemants Nichte Blancheflor gehört. Blancheflor nimmt Perceval mit höfischen Sitten auf. Das Erwachen ihrer gegenseitigen Liebe zeichnet sich ab. Blancheflor berichtet Perceval, daß sie von Clamadeu des Illes bedrängt wird. Der junge Held besiegt daraufhin im Zweikampf sowohl dessen Seneschall Engygerons als auch Clamadeu selbst und seine Streitmacht, unterwirft den Aggressor der Gnade von Blancheflor und schickt ihn an den Artushof. Nachdem Perceval von der geliebten Blancheflor Abschied genommen hat, erreicht er spät abends in einer äußerst unwirtlichen Gegend die Burg des »Fischerkönigs«, wo er gastlich aufgenommen wird. Beim Abendessen, das er mit dem kranken Burgherrn einnimmt, werden ein als *un graal* bezeichneter, jedoch nicht näher beschriebener Gegenstand und eine blutende Lanze in einer Art Prozession vorbeigetragen. Da Perceval sich hier an Gornemants Ratschlag, bei Hof nie zu viel zu sprechen, erinnert, unterläßt er es, sich nach der wunderlichen Begebenheit zu erkundigen, vor allem den Burgherren nach seiner Krankheit zu fragen, was ihm später von einer Botin des heiligen Grals als schwere Sünde vorgeworfen wird. Auf dem Weg zum Artushof besiegt er den Ritter Orgueillos de la Lande und rettet so das Mädchen, das er einst küßte, aus seiner mißlichen Lage. Wieder am Artushof wird Perceval von einem häßlichen Fräulein auf einem Esel, der Gralsbotin, beschimpft, worauf er beschließt, nicht mehr zu ruhen, bis er die Gralsburg gefunden hat. Außer Perceval brechen an die fünfzig Artusritter zur Gralssuche auf. Lediglich Gauvain, der von dem Ritter Guingambresil verleumdet wurde, muß zunächst versuchen, diese Rechtsangelegenheit zu ordnen, was den Hauptteil der zweiten Hälfte des Werks einnimmt: Obwohl Gauvain sich für den Gerichtskampf gegen Guingambresil schonen will, wird er in eine Reihe von Abenteuern verwickelt. Er nimmt erfolgreich als Ritter der Tochter des Thibaut de Tintaguel an einem Duell teil, in dem er Meliant le Lis, den Ritter von Thibauts hochnäsiger älterer Tochter besiegt. In Escavalon, der Stadt seines Widersachers Guingambresil, wird er zunächst freundlich aufgenommen, dann als Feind des abwesenden Herren erkannt, jedoch nach anfänglichem Kampf aufgrund des geltenden Gastrechts geschont, als der Herr von Escavalon hinzukommt. Gauvain soll ihm binnen eines Jahres eine wunderbare Lanze bringen. Inzwischen gelangt Perceval am Karfreitag in eine Einsiedelei, wo er nicht nur Aufschlüsse über tiefe Glaubensfragen erhält, er hat in der langen Zeit seiner Suche Gott vergessen. Auch seine individuelle Schuld, der durch ihn verschuldete Tod seiner Mutter, wird ihm angelastet. Außerdem klärt ihn der fromme Waldbruder über die Bewandtnisse des Grals und des Fischerkönigs auf. Nachdem der Einsiedler ihn zu innerer Umkehr und Buße überzeugt hat, bricht in Vers 6518 die Percevalhandlung ab, ohne von Chrétien selbst fortgesetzt zu werden; statt dessen hat der Autor Gauvains Romanteil – immerhin noch ca. 2700 Verse – weiter ausgebaut. Es folgen zunächst Gauvains Abenteuer mit dem Mädchen Orgeluse und dem verwundeten Ritter Greoreas. Gauvain gelingt es, in ein verzaubertes Schloß einzudringen, wo er eingie teils wunderbare Abenteuer zu bestehen hat, unter anderem mit einem verzauberten Bett. Sodann gerät er in einen Zweikampf mit Orgueillos del Passage a l'Estroite Val und begegnet Guiromelant, der in ihm den Mörder seines Vetters erkennt und ihn zum Duell fordert. Mit der Ankunft eines Boten, der die Nachricht dieses Kampfes an den Artushof bringt, bricht das Werk Chrétiens ab.

Von allen Werken Chrétiens hat der *Conte du Graal* nicht nur die unmittelbaren Nachfolger, sondern auch Generationen von Lesern unterschiedlichster Ausrichtung fasziniert. Gerade die hier bewußt in der Schwebe gelassene Gralsvorstellung hat zu mancherlei Spekulationen Anlaß gegeben. Im deutschsprachigen Raum ist der *Perceval*-Roman in WOLFRAM VON ESCHENBACHS *Parzival* um 1200 übersetzt, erweitert und umgedeutet worden, während in Frankreich drei Fortsetzer, Pseudo-WAUCHIER, GERBERT DE MONTREUIL und MANESSIER, Versuche unternahmen, den Torso zum Abschluß zu bringen. Bei diesen Fortsetzungen handelt es sich um Werke von beträchtlicher Länge (insgesamt an die 60 000 Verse) und unterschiedlicher Qualität, die aufgrund ihres Materialreichtums bisher noch kaum wissenschaftlich ausgeschöpft wurden. Hinzu treten noch zwei Prologe *(Bliocadran, Elucidation)*, die aber kein neues Mateiral bringen. Weder die Herkunft von Chrétiens Gralsthematik ist bislang zureichend geklärt, noch die hier besonders wichtige Frage der Datierung, muß doch angenommen werden, daß Chrétien von einem Teil der Werke von ROBERT DE BORON schon Kenntnis hatte. Die Frage nach Chrétiens tatsächlicher Konzeption des Grals und seiner weltanschaulichen Bedeutung ist – von K. BURDACHS immer noch maßgeblicher, wenngleich selbst Fragment gebliebener Studie einmal abgesehen – ein Objekt weitgehend romantisierender Spekulation, die insbesondere in der Nachfolge der deutschen Romantik und der sog. Geheimwissenschaften immer wieder zu verstiegenen Deutungen reizt. Auf Chrétiens Text zurückverwiesen, läßt sich feststellen, daß dieser nicht ausschließlich Perceval und dem Gral gewidmet ist, wenngleich schon im Titel der Gral genannt ist. Umgekehrt läßt die Breite der Gauvain-Partien nicht nur vermuten, daß Chrétien hier Material aus einem ursprünglich eigenständigen Roman eingeflochten hat, sondern daß er als Gegenpol zu Percevals stark mystisch-religiösem Rittertum die Rolle des höfischen Ritters Gauvain um so deutlicher hervorkehren wollte. Durch diese besondere strukturelle Eigenheit als echter Doppelroman und durch das hier wohl erstmals bereitgestellte thematische Material, d. h. die Verbindung von Artus- und Gralswelt, kommt dem *Conte du Graal* wie auch den genannten Fortsetzungen für die Entstehung neuer Romanformen im 13. Jh. (vgl. *Lancelot-Graal*-Zyklus) eine hervorragende literaturgeschichtliche Stellung zu. G.Wil.

AUSGABEN: Freiburg i. B. 1911 (*Contes del Graal, Percevaus li Galois*, Hg. G. Baist). – Heidelberg 1913 (*Perceval*, Hg. J. Campion u. F. Holthausen). – Halle 1932 (*Der Percevalroman*, Hg. A. Hilka, in SW, Hg. W. Foerster, Bd. 5). – Genf 1959 (*Le roman de Perceval ou Le conte du Graal*, Hg. W. Roach; TLF). – Paris 1972–1975 (*Les romans de C. de T. édités d'après la copie de Guiot; Bibl. nat. fr. 794, V/VI: Le Conte du Graal, Perceval*, Hg. F. Lecoy, 2 Bde., CFMA; ern. 1981).

ÜBERSETZUNG: *Perceval oder Die Geschichte vom Gral*, K. Sandkühler, Stg. 1929; [5]1976.

VERFILMUNG: Frankreich 1978 (Regie: E. Rohmer).

LITERATUR: W. Kellermann, *Aufbaustil und Weltbild C.s v. T. im »Percevalroman«*, Halle 1936; ern. Tübingen 1967. – J. Fourquet, *Wolfram d'Eschenbach et le »Conte del Graal«*, Paris 1938; ern. 1966. – K. Burdach, *Der Gral*, Stg. 1938. – R. Lejeune, *La date du »Conte du Graal« de C. de T.* (in MA, 60, 1954, S. 51–79). – R. S. Loomis, *The Grail Story of C. de T. as Ritual and Symoblism* (in PMLA, 71, 1955/56, S. 840–852). – M. de Riquer, *Perceval y las gotas de sangre en la nieve* (in RFE, 39, 1955, S. 186–219). – H. Hatzfeld, *Deuten Stilelemente in C.s »Perceval« auf eine strukturelle Einheit?«* (in *Medium Aevum Romanicum*, Mchn. 1963, S. 140 bis 160). – L. Pollmann, *C. und der »Conte del Graal«*, Tübingen 1965. – E. Köhler, *Zur Diskussion über die Einheit von C.s »Li contes del Graal«* (in E. K., *Esprit und arkadische Freiheit*, Ffm./Bonn 1966, S. 104–122). – P. Haidu, *Aesthetic Distance in C. de T. Irony and Comedy in »Cligès« and »Perceval«*, Genf 1968. – M. Delbouille, *C. et le ›livre del Graal‹* (in TLL; 6, 1968, S. 7–35). – T. Hunt, *The Prologue to C.s »Li contes del Graal«* (in Rom, 92, 1971, S. 359–379). – J. Frappier, *C. de T. et le mythe du Graal*, Paris 1972; ern. 1979. – P. Gallais, *Perceval et l'initiation*, Paris 1972. – J. Grisward, ›*Com ces trois goutes de sanc furent...*‹ (in *Mélanges F. Lecoy*, Paris 1973, S. 158–164). – V. Roloff, *Formen des Schweigens in C.s »Perceval«* (in V. R., *Reden und Schweigen*, Mchn. 1973, S. 139–164). – T. Ehlert u. G. Meissburger, *»Perceval« et »Parzival«. Valeur et fonction de l'épisode dit des trois gouttes de sang sur la neige* (in Ccm, 18, 1975, S. 197–227). – L. D. Wolfgang, *»Bliocadran«. A Prologue to the »Perceval« of C. de T.*, Stg. 1976. – G. Andreiu u. J. Piolle, *»Perceval« ou le »Conte du Graal« de C. de T. Concordancier complet...*, Paris 1976. – R. T. Pickens, *The Welsh Knight*, Lexington 1977. – C. Méla, *»Perceval«* (in YFSt, 55–56, 1977, S. 253–279). – D. Poirion, *Du sang sur la neige* (in *Voices of Conscience*, Hg. R. Cormier, Philadelphia 1977, S. 143–165). – J. Frappier, *Autour du Graal*, Genf 1977. – Ders., *»Le conte du Graal« (Perceval) de C. de T.* (in GRLMA, 4/1, Heidelberg 1978, S. 332–354). – C. Foulon, *Les quatres repas de Perceval* (in *Mélanges J. Wathelet-Willem*, Lüttich 1978, S. 165–174). – J. Lods, ›*La pucelle aux manches petites*‹ (in ebd., S. 357–379). – R. Rohr, *Zur ›Schuld‹ Percevals* (in *Mélanges C. Camproux*, Montpellier 1978, S. 459–468). – P. Le Rider, *Le chevalier dans le »Conte du Graal«*, Paris 1978. – C. Méla, *Blanchefleur et la Saint Homme ou la semblance des réliques*, Paris 1979, S. 13–46. – P. Duval, *La pensée alchimique et le »Conte du Graal«*, Paris 1979. – J.-C. Huchet, *Mereceval* (in Littérature, 40, Dez. 1980, S. 69–94). – R. J. Dragonetti, *La vie de la lettre au moyen âge. »Le conte du Graal«*, Paris 1980 (dazu: C. Méla, *La lettre tue, cryptographie du Graal*; in Ccm, 26, 1983, S. 209–221). – G. Hayart-Neuez, *Structure narrative du »Conte du Graal«*, Valenciennes 1981. – A. Leupin, *Le Graal et la littérature*, Lausanne 1982. – *C. de T. et le Graal*, Paris 1984. – R. T. Pickens, *»Le conte du Graal« (Perceval)* (in *The Romances of C. de T.*, Hg. D. Kelly, Lexington 1985, S. 232–286).

## ÉREC ET ÉNIDE

(afrz.; *Érec und Énide*). Artusroman in 6958 Versen von CHRÉTIEN DE TROYES, vermutlich nach

1170 entstanden. – Im Prolog bezeichnet sich Chrétien als derjenige, der dem folgenden *conte d'aventure* (Abenteuererzählung), der Geschichte von Érec, eine besonders wohlgestaltete Anordnung *(une molt bele conjointure)* verliehen habe. Bemerkenswert ist das erstaunlich reflektierte Bewußtsein dieses mittelalterlichen Literaten, der sich stolz darauf beruft, mit Gottes Gnade seine Talente zu nutzen.

Ausgangspunkt der Handlung ist Cardigan, wo König Artus zu Ostern Hof hält. Da eine besonders große Zahl tapferer Ritter und edler Damen anwesend ist, beschließt er, bevor er die Versammlung aufhebt, den sagenhaften weißen Hirsch zu jagen. Am anderen Morgen bricht die Jagdgesellschaft frohgemut auf. Königin Guenièvre bleibt mit ihrer Zofe und Érec, dem jungen Sohn des Königs Lac, in ein höfisches Gespräch versunken, hinter der Jagdgesellschaft zurück. Kurz darauf begegnet die Gruppe einem Zwerg, der mit einem wohl gerüsteten Ritter und dessen schöner Begleiterin reitet und auf die höfliche Frage der Zofe mit einer Beleidigung reagiert: Er schlägt die Zofe und auch den hinzutretenden Érec im Beisein der Königin mit seiner Peitsche mitten ins Gesicht. Da Érec nur mit einem Schwert bewaffnet ist, beschließt er, der Gruppe nachzureiten, bis sich Gelegenheit ergibt, diese Schmach zu tilgen. Érec folgt dem Unbekannten bis zu einem Burgflecken, wo reges Treiben ein bevorstehendes Fest ankündigt: Der unbekannte Ritter will hier ein drittes Mal um den als Preis ausgesetzten Sperber kämpfen, der zugleich als Anerkennung für die schönste Freundin gilt. Érec kehrt bei einem verarmten Ritter ein, mit dem er ein Abkommen trifft: Um am folgenden Tag gegen den unbekannten Beleidiger kämpfen zu können, leiht er sich eine Rüstung und tritt mit Énide, der schönen Tochter seines Gastgebers, die er zu heiraten verspricht, gegen den Unbekannten an. Nach langem Kampf siegt Érec, als ihm ein Blick Énides besondere Kraft verleiht. Den besiegten Ritter und seine Begleiter schickt Érec an den Artushof, wo der Grobian sich entschuldigen und Genievres Gnade ausliefern muß. Am Artushof feiert man Énide, die ihre ärmliche Kleidung gegen eines der Prunkgewänder Guenièvres eintauschen darf, als die schönste Frau. Nach der eingehend beschriebenen, mehrtägigen prachtvollen Heirat zieht sich das Paar Érec und Énide aus der Gesellschaft zurück, um nur noch der Liebe in einer trügerischen Zweisamkeit zu leben, die erst durch das Seufzen Énides abrupt endet, welche nachts die *recreantise* ihres geliebten Mannes beklagt, d. h., daß er seine Ritterschaft durch fehlende Ausübung verloren habe. Diese Schande aus dem Mund seiner Frau muß Érec im zweiten Teil des Werks zu tilgen versuchen: Heimlich und nur mit dem Nötigsten versehen, bricht er mit Énide auf, um Abenteuer zu suchen. Seiner Frau verbietet er bei schwerster Strafe, ein Wort mit ihm zu sprechen. In schneller Folge besteht Érec eine Reihe Abenteuer in stets steigender Schwierigkeit. Dabei bricht Énide jedes Mal im rechten Moment das Schweigeverbot, um ihren Mann vor drohender Gefahr zu warnen, dieser straft sie, indem er jeweils die ihr gemachten Auflagen verschärft und seine Frau durch niedere Arbeiten, wie diejenige eines Stallknechts, demütigt. Er besiegt nacheinander drei, dann fünf Wegelagerer; in einer Schenke verliebt sich ein Graf in Énide, den Érec, obwohl er zunächst dem Kampf aus dem Weg gehen will, ebenfalls besiegt. Sodann muß er gegen Guivret le Petit, einen irischen König von zwerghaftem Wuchs und Bärenkräften, einen besonders schwierigen Zweikampf bestehen. Das Paar verbringt eine Nacht auf Guivrets naher Burg, nachdem die beiden Ritter Freunde geworden sind. Am nächsten Tag begegnet er der Hofgesellschaft von Artus und besiegt Truchseß Kex, verbringt darauf eine Nacht im Hoflager des Königs, wo Genievre die schwere Wunde pflegt, die Érec im Kampf gegen Guivret erhielt.

Am folgenden Tag begegnet dem Paar ein weinendes Mädchen, dessen Freund von zwei Riesen mißhandelt wird. Érec befreit den Ritter Cadoc aus der Gewalt der Übeltäter. Da jedoch Érecs Wunde wieder aufbricht, sinkt er in eine todesähnliche Ohnmacht. Der des Wegs kommende Graf Oringles verliebt sich in die schutzlose Énide und schafft sie und den vermeintlich toten Gatten auf sein Schloß, wo er sie noch in derselben Nacht heiraten will. Da Énide ihm Widerstand leistet, schlägt er sie beim Hochzeitsmahl. Von ihren Schmerzensschreien erwacht der in der Totenkammer aufgebahrte Érec, erscheint, noch in Leichentücher gehüllt einem Gespenst gleich, und erschlägt den Grafen. Hierauf versöhnt sich Érec mit Énide. Inzwischen hat Guivret von Érecs Notlage erfahren und will dem Freund zu Hilfe eilen. Da Érec den in voller Rüstung heranstürmenden Ritter nicht erkennt, kämpft er auch gegen diesen, um Énide zu schützen, unterliegt aber. Nach freudigem Wiedererkennen und einer vierzehntägigen Rast auf Pointure, einer von Guivrets Schwestern bewohnten Burg, brechen die Freunde zum Artushof auf, kommen aber vom Weg ab und stehen vor der Burg Brandigan. Das mörderische Abenteuer, vor dem jeder Érec warnt und das mit diesem Ort verbunden ist, hat bereits zahllosen Rittern das Leben und ihren Damen die Freiheit gekostet: Érec besiegt in dem märchenhaften Garten mit dem zweideutigen Namen *Joie de la Cort* (Die Hofesfreude) den Ritter Mabonagrain und beendet so den grausamen Brauch, der damit begann, daß dieser Ritter aus Liebe zu seiner Freundin versprach, so lange in dem Garten mit ihr zu bleiben, bis ein Ritter ihn besiege. Zur allgemeinen Freude kann der siegreiche Érec achtzig Frauen befreien, die so durch Mabonagrain zu Witwen wurden. Gemeinsam kehren alle nun Versammelten zum Artushof zurück. Érec und Énide treten nach dem Tod des alten Königs Lac die Herrschaft in Karnant an.

Der Roman ist nicht nur Chrétiens erstes Werk dieser Art, sondern wahrscheinlich das früheste Beispiel eines Artusromans überhaupt. Typisch ist das überaus begrenzte Figurenarsenal, das in Chrétiens folgenden Texten kaum erweitert wird. Auch die

Thematik – ein Ritter gewinnt über einen zweistufigen Reifungsprozeß, in dem er unterschliedliche Abenteuer zu bestehen hat, Frau und Herrschaft – wird von Chrétiens zahlreichen Nachfolgern übernommen. Besonders gelungen und insofern einzigartig im Vergleich zu den Werken der Epigonen ist jedoch in Chrétiens Roman die Verbindung, die erzähltechnische, kompositionelle und ideelle Eigenheiten eingehen. Bereits die Inhaltsangabe macht hier deutlich, daß Chrétien besonders gerne mit rhetorischen Figuren arbeitet, die den Handlungsablauf gliedern. Motivverdoppelungen, Variationen von ähnlichen Episoden, Symmetriebildungen und Parallelismen gehören zum Inventar, durch das Chrétien die märchenähnliche Erzählung strukturiert. Die Gesamthandlung ist nach dem Prinzip des »doppelten Kursus« mit einer steigernden Reprise angelegt. Dabei entspricht jedem Abenteuer im ersten Teil des Textes, wie H. KUHN in einer noch immer grundlegenden Studie gezeigt hat, eine analoge Station im zweiten Teil, wobei jedem Abenteuer ein einzigartiger Stellenwert in der individuellen Entwicklung des Helden zukommt. In der *Joie de la Cort*-Episode ist die Problematik des gesamten Textes nochmals gespiegelt: Die Situation des freiwillig eingeschlossenen Ritters Mabonagrain entspricht derjenigen, aus der sich Érec zu Beginn des zweiten Teils befreien muß.

Über den Sinn des Werks ist immer wieder spekuliert worden. Man kann sich an den Autor selbst halten, der, wie in seinen anderen Prologen dem *Érec* ein Sprichwort zugrunde legt: »*Tel chose a l'an despit qui molt valt mialz que l'an cuide*« (»manches wird gerne verachtet, das viel mehr wert ist, als man glaubt«; V. 1 f.); obwohl dies zunächst metapoetisch die hohe Qualität des Werks preist, ist damit gleichzeitig auch das zentrale Problem der Prüfung Enides und Érecs umschrieben, die sich erst am Ende des Textes als gesellschaftlich sinnvolle Gemeinschaft erkennen. Man hat gerne versucht, Chrétiens Artusromane auf Motivkerne der Folklore zurückzubeziehen, andererseits auf die naheliegende Vorläuferrolle von Autoren wie GEOFFREY OF MONMOUTH und WACE und ihren Artuschroniken verwiesen. Dennoch kann die Leistung Chrétiens hier kaum überschätzt werden, dem es gelang, die folkloristischen Erzähltraditionen keltischer Herkunft mit den mittellateinischen Historien mittels einer an der mittelalterlichen Rhetorik geschulten Sprache und Erzähltechnik zu einer neuartigen Form der fiktionalen Literatur zu verschmelzen. Dabei sollte die besondere Rolle des Erzählers nicht übersehen werden, welcher uns im Vergleich zu seinen Zeitgenossen besonders selbstbewußt und zugleich ironisch entgegentritt: Eines der typischen poetischen Mittel dieses Romantyps sind ausgedehnte Beschreibungen von Handlungen (vor allem von Turnieren und Kämpfen), Personen und Gegenständen. Häufig bedient sich Chrétien dabei der Technik der Allegorie und der Personifikation, die gelegentlich ironisiert sind, wenn er beispielsweise das Lob von Énides Schönheit augenzwinkernd um den Zusatz ergänzt, das Mädchen sei so schön gewesen, daß selbst Mutter Natur sich 500mal gewundert habe, wie sie dies zustande gebracht habe. Wie schon die Prologtexte Chrétiens, so verdeutlichen zahlreiche vergleichbare Partien des Werkes seine spielerische Haltung einem an sich märchenhaften Stoff gegenüber. – Bald nach seiner Verbreitung in Frankreich ist Chrétiens *Érec* durch die freie Nachdichtung HARTMANNS VON AUE als einer der frühesten Artusromane in die deutsche Literatur eingegangen und hat so diese Gattung auch in Deutschland begründet. G.Wil.

AUSGABEN: Lpzg. 1856 (*Des Christian von Troyes' Erec und Enide*, Hg. I. Bekker, in ZfdA, 10, S. 373–550). – Halle 1890 (in *Sämtliche erhaltene Werken nach allen bekannten Handschriften*, Hg. W. Foerster, 4 Bde., 1884–1899, 3; Nachdr. Amsterdam 1965). – Halle ³1934, Hg. W. Foerster [m. Einl., Anm. u. Variantenauswahl]. – Paris 1953 (in *Les romans de C. de T. édités d'après la copie de Guiot; Bibl. nat. fr. 794. I: Érec et Énide*, Hg. M. Roques; ern. 1981; CFMA).

ÜBERSETZUNG: *Érec et Énide*, H. Klüppelholz, Rheinfelden 1977. – *Érec und Énide*, I. Kasten, Mchn. 1979 [afrz.-dt.]. – Dass., A. Gier, Stg. 1987.

LITERATUR: W. Meyer-Lübke, *C von T.*, »*Érec und Énide*« (in ZfrzSp, 44, 1916, S. 129–188). – E. Hoepffner, *Matère et sens dans le roman d'Érec et Énide* (in Archivum Romanicum, 18, 1934, S. 433–450). – A. Adler, *Sovereignty as the Principle of Unity in C.s 'Érec'* (in PMLA, 60, 1945, S. 917–936). – R. R. Bezzola, *Le sens de l'aventure et de l'amour*, Paris 1947 (dt.: *Liebe und Abenteuer im höfischen Roman*, Hbg. 1961; rde). – H. Kuhn, »*Érec*« (in Fs. P. Kluckhohn u. H. Schneider, Tübingen 1948, S. 122–147; ern. in H. K., *Dichtung und Welt im Mittelalter*, Stg. 1959; ²1969, S. 133–150). – J. Frappier, *La brisure du couplet dans* »*Érec et Énide*« (in Rom, 86, 1965, S. 1–21). – Z. P. Zaddy, *The Structure of C.'s* »*Érec*« (in MLR, 62, 1967, S. 608–619). – J. Frappier, *Pour le commentaire d'»Érec et Énide«* (in MR, 20, 1970, S. 15–30). – D. Kelly, *The Source and Meaning of 'conjointure' in C.'s* »*Érec*« (in Viator, 1, 1970, S. 179–200). – Ders., *La forme et le sens de la quête dans l'»Érec et Énide«* (in Rom, 92, 1971, S. 326–358). – N. J. Lacy, *Narrative Point of View and the Problem of Érec's Motivation* (in KRQ, 18, 1971, S. 355–362). – H. P. Kramer, *Erzählerbemerkungen und Erzählerkommentare in Chrestiens und Hartmanns »Érec« und »Iwein«*, Göppingen 1971. – E. J. Mickel, *A Reconsideration of C.'s »Érec«* (in RF, 84, 1972, S. 18–44). – M. Delbouille, *Le ›Draco Normannicus‹ source d'»Érec et Énide«* (in *Mélanges P. Le Gentil*, Paris 1973, S. 181–198). – V. Roloff, *›Parole‹ und ›teisir‹ in C.s »Érec et Énide«* (in V. R., *Reden und Schweigen*, Mchn. 1973, S. 139–164). – T. Artin, *The Allegory of Adventure*, Ldn. 1974. – F. Wolfzettel, *Le rôle du père dans le procès d'arthurisation du sujet Érec/Gereint* (in MR, 25, 1975, S. 95–104). – G. Hilty, *Zum*

»Érec«-Prolog von C. de T. (in *Philologica Romanica*, Fs. E. Lommatzsch, Mchn. 1975, S. 245–256). – D. Maddox, *Structure and Sacring. The Systematic Kingdom in C.'s »Érec et Énide«*, Lexington 1978. – C. Cormeau, ›Joie de la curt‹ (in *Formen und Funktionen der Allegorie*, Hg. W. Haug, Stg. 1979, S. 194–205). – B. Schmolke-Hasselmann, *Henry II Plantagenêt, roi d'Angleterre, et la genèse d'»Érec et Énide«* (in Ccm, 24, 1981, S. 241–246). – S. Mussetter, *The Education of C.'s Énide* (in RomR, 73, 1982, S. 147–166). – S. Sturm-Maddox, *The ›Joie de la cort‹* (in Rom, 103, 1982, S. 513–528). – N. C. Zak, *The Portrayal of the Heroine in C.'s »Érec et Énide«, Gottfried von Strassburg, Tristan and Flamenca*, Göppingen 1983. – G. S. Burgess, *»Érec et Énide«*, Ldn. 1984. – K.-H. Bender, *Beauté, mariage amour* (in *Amour, mariage et transgressions au moyen âge*, Hg. D. Buschinger, Göppingen 1984, S. 173–183). – P. Sullivan, *The Education of the Heroine in C.'s »Érec et Énide«* (in Neophilologus, 69, 1985, S. 321–331). – W. Haug, *C. de T.' »Érec«-Prolog und das arthurische Strukturmodell* (in W. H., *Literaturtheorie im deutschen Mittelalter*, Darmstadt 1985, S. 91–106). – E. Buckbee, *»Érec et Énide«* (in *The Romances of C. de T.*, Hg. D. Kelly, Lexington 1985, S. 48–88). – J. Le Goff, *Codes vestimentaires et alimentaire dans »Érec et Énide«* (in J. Le G., *L'imaginaire médiéval*, Paris 1985, S. 188–207). – J.-G. Gouttebrouze, *Le statut sociologique du mariage d'Érec et Énide* (in *Actes du 14e Congrès international Arthurien*, Rennes 1985, S. 218–240). – R. Fisher, *Räuber, Riesen und die Stimme der Vernunft in Hartmanns und C.s »Érec«* (in DVLG, 60, 1986, S. 353–374).

## GUILLAUME D'ANGLETERRE

(afrz.; *Wilhelm von England*). Abenteuerroman in ca. 3300 Achtsilbern, vermutlich von CHRÉTIEN DE TROYES, für gewöhnlich um 1175 datiert. – Der Verfasser des Werks nennt sich im Prolog selbst an zwei Stellen »Chrétien«. Trotzdem ist die Frage einer Autorschaft Chrétiens de Troyes kontrovers angegangen worden, wobei neben stilistischen, metrischen und ästhetischen Kriterien vor allem die Werkliste in Chrétiens *Cligès* als Gegenargument genannt wird, in der *Guillaume d'Angleterre* nicht genannt ist. Sollte Chrétien de Troyes der Autor des Romans sein, so darf man annehmen, daß er ihn verfaßte, bevor er die Reihe seiner arthurischen Meisterwerke in Angriff nahm und das Frühwerk in seinem Werkverzeichnis vielleicht auch deshalb unterschlug, weil er zur Abfassungszeit des *Cligès* bereits auf die Faszinationskraft der Artusthematik rechnete, die hier keinen Platz hat.

Guillaume d'Angleterre lebt als gottgefälliger Herrscher in England mit seiner Frau Gratienne, die ihm seit sieben Jahren keine Nachkommen geboren hat. Als sie schwanger wird, fordert ihn eine Stimme im Traum auf, mit seiner Frau fortzuziehen. In einer Grotte am Meer bringt Gratienne Zwillinge zur Welt, die Guillaume in seinen Königsmantel hüllt. Als Gratienne vor Hunger beinahe bereit ist, ihre Kinder zu verschlingen, bietet ihr Guillaume an, sich Fleisch aus seinem Oberschenkel zu schneiden. Als er jedoch zufällig des Wegs ziehende Händler um Nahrung bittet und diese seine schöne Frau sehen, während er ohne den königlichen Mantel eher ärmlich gekleidet ist, nehmen diese an, er habe die schöne Frau entführt. Sie bringen diese in ihre Gewalt. Doch lassen sie eine an einem Zweig aufgehängte Geldbörse zurück. Als Guillaume nacheinander seine Kinder in ein Boot schaffen will, wird eines von beiden von einem Wolf entführt, dem der leidgeprüfte König folgt, um schließlich vor Erschöpfung aufzugeben. Er wird der am Zweig aufgehängten Börse gewahr, die jedoch ein Adler mit sich fortträgt. Guillaumes Kinder werden von einfachen Leuten gerettet und erhalten von diesen ihre Namen nach den Umständen ihrer Auffindung: Lovel (der kleine Wolf) nach dem Wolf, dem man es entriß, Marin (der Seemann) nach dem Boot, in dem man es fand. Der zerlumpte Guillaume wird von Kaufleuten aufgegriffen und nach Schottland gebracht, wo er in Galloway nunmehr im Dienst eines reichen Bürgers steht. Mittlerweile wurde Gratienne nach Sorlinc gebracht, wo sie der Ritter Gleolaïs in die Obhut seiner Frau gibt, nach deren Tod Gratienne anfangs widerstrebend, später unter der Bedingung, ein Jahr unberührt zu bleiben, seine zweite Frau wird. Die heranwachsenden Söhne Guillaumes verlassen bald ihre Adoptiveltern, da sich zwischen deren bäuerlich einfachen Welt und ihrem aristokratischen Wesen bereits in der Kindheit Welten auftun. Ohne ihre Verwandtschaft zu ahnen, werden beide nach mehreren Abenteuern Diener beim König von Caithness. Als Guillaume im Dienst seines Herrn in Bristol weilt, kauft er auf dem Markt ein Horn aus Elfenbein, das einst ihm gehörte. Ein Seesturm verschlägt Guillaume an eine unbekannte Küste. In einem Hafen betritt eine verschleierte Unbekannte, Gratienne, die inzwischen Witwe und Königin dieses Reiches geworden ist, sein Schiff und nimmt, als sie die Fracht inspiziert, nicht nur das elfenbeinerne Horn wahr, sondern verlangt Guillaumes kostbaren Ehering. Als Guillaume mit der Verschleierten speist und sich mit ihr unterhält, vermutet jeder der beiden, den verschollenen Ehepartner vor sich zu haben. Als Guillaume der Frau seinen einstigen Schicksalstraum berichtet, stürzt Gratienne, mittlerweile Witwe geworden, in seine Arme. Eines Tages verfolgt Guillaume einen Hirsch über das Gebiet Gratiennes hinaus in das nachbarliche Reich des Königs von Caithness, der mit ihr verfeindet ist. Als zwei junge Ritter, Lovel und Marin, ihn bei diesem vermeintlichen Waldfrevel im Distrikt ihres Herrn ertappen und er ihnen seine Lebensgeschichte erzählt, erkennen einander Vater und Söhne.

Die Ähnlichkeit des Romans mit dem Eustachiusleben, einer seit dem 8. Jh. zunächst in Griechenland nachweisbaren Legende, ist immer wieder betont worden, die freilich nicht nur diesem Werk des Mittelalters zugrundeliegt, sondern ein überaus beliebtes Erzählmuster vor allem, jedoch nicht nur des christlichen Abendlandes darstellt. Immerhin weisen neben *Guillaume d'Angleterre* auch der beliebte und in zahlreiche Sprachen übersetzte *Apollonius*-Roman, Jean RENARTS *L'Escoufle*, der *Magelonen*-Stoff, *Wilhelm von Wenden*, sowie arabische Kunstmärchen und nicht zuletzt der *Libro del Cauallero Zifar*, der wohl erste genuin spanische Ritterroman (um 1300), den gleichartigen Handlungsverlauf auf. Doch gerade im Zuge der Normannisierung Englands scheint sich dieses Grundschema besonderer Beliebtheit erfreut zu haben, wie anglonormannische Romantexte wie der wohl um 1190 entstandene *Waldef* zeigen. Die Literaturgeschichtschreibung hat diese Werke als *ancestral romance* bezeichnet. Der gemeinsame Inhalt all dieser Werke läßt sich auf das zentrale Thema des Verlierens und Wiederfindens einer adligen Familie reduzieren. Dieses Motiv der Familientrennung ist zugleich ein international verbreitetes Märchenmotiv, so daß man mit Spekulationen über allzu große wechselseitige Einflüsse vorsichtig sein sollte. Doch soll nicht bestritten werden, daß die obengenannte Romangattung des *ancestral romance*, in der die Affinität zur Verwendung des Trennungsschemas evident ist, sicherlich unter dem Einfluß des *Apollonius*-Romans gedieh. Der sozialgeschichtlich erschließbare Zweck dieser Werke bestand offenbar in der Legitimierung und literarischen Aufwertung einzelner Adelsgeschlechter, zumeist der emporgekommenen englischen Großvasallen, die in den Texten als Gönner und Hauptfiguren zugleich agieren: In *Guillaume d'Angleterre* weist manches, unter anderem bereits die Namen der Figuren Guillaume und Lovel, darauf hin, daß es sich um einen Text zu Ehren des William Lovel, eines Ritters aus dem Kloster von St. Edmund handelt. Dieses nennt Chrétien im Prolog auch als Fundort seiner Romanquelle. Zugleich erklärt sich die Beliebtheit dieses Romantyps bereits durch das ihn bestimmende Schema der Reise- und Abenteuerhandlung und seine bunte Exotik. Überdies gestattet die Trennung der Familienmitglieder häufige Wechsel der Handlungsstränge und Schauplätze, was den spannenden Geschichten eine zusätzliche Dynamik verleiht. Während sich in den Handlungen späterer »Familienromane« eine wohl auch durch den Artusroman und den »byzantinischen« Roman beeinflußte Fantastik und immer kühnere Erfindung von wunderbarem Beiwerk äußert, dominiert im *Guillaume d'Angleterre* noch stärker die Betonung der christlichen Botschaft, die sich – ähnlich wie im *Cauallero Zifar* – in zahlreichen Details, wie etwa der anfänglichen Stilisierung des Paares und seiner Kinder als einer »heiligen Familie«, nachweisen läßt. G.Wil.

AUSGABEN: Halle 1889 (*Das Wilhelmsleben*, in *Sämtliche erhaltene Werke nach allen bekannten Handschriften*, Hg. W. Foerster, 4 Bde., 1884 bis 1899, 4; Nachdr. Amsterdam 1965). – Halle 1911 (*Wilhelm von England, ein Abenteuerroman von Kristian von Troyes*, Hg. ders.; Roman. Bibl., 20). – Paris 1927, Hg. M. Wilmotte; ern. 1978. – Turin 1978 (*Dit de Guillaume d'Angleterre*, Hg. S. Bozetti-Gallarati; krit.). – Genf 1988, Hg. A. J. Holden (TLF).

ÜBERSETZUNGEN: *König Wilhelm von England*, A. v. Keller (in A. v. K., *Altfranzösische Sagen*, Heilbronn ²1876, S. 135–191). – *Guillaume d'Angleterre*, H. Klüppelholz, Mchn. 1987 [afrz.-dt.].

LITERATUR: M. Wilmotte, *C. de T. et le conte de »Guillaume d'Angleterre«* (in Rom, 46, 1920, S. 1–38). – F. J. Tanquerey, *C. de T. est-il l'auteur de »Guillaume d'Angleterre«?* (ebd., 57, 1931, S. 75–116). – F. Danelon, *Sull'ispirazione e sull'autore del »Guillaume d'Angleterre«* (in Cultura Neolatina, 11, 1951, S. 49–67). – M. D. Legge, *Anglo-Norman Literature and Its Background*, Oxford 1963. – Dies., *The Dedication of »Guillaume d'Angleterre«* (in *Medieval Miscellany Presented to E. Vinaver*, Manchester 1965, S. 196–205). – A. Stefanelli, *Die Autorfrage des »Guillaume d'Angleterre« in lexikalischer Sicht* (in *Verba et Vocabula*, Mchn. 1968, S. 579–591). – P. R. Lonigan, *The Authorship of »Guillaume d'Angleterre«* (in StF, 16, 1972, S. 308–314). – M. Dubuis-Stasse u. A. Fontaine-Lauve, *C. de T. »Guillaume d'Angleterre«. Concordances et index établis d'après l'édition M. Wilmotte*, 2 Bde., Lüttich 1974. – B. Schmolke-Hasselmann, *Der frz. höfische Roman* (in *Neues Handbuch der Literaturwissenschaft*, Hg. K. v. See, Wiesbaden 1981, Bd. 7, S. 283–322). – C. Cremonesi, *A proposito della paternità del »Guillaume d'Angleterre«* (in C. C., *Studi romanzi di filologia e letteratura*, Brescia 1984, S. 303–312). – K. Holzermayr, *C. »Guillaume d'Angleterre«* (in K. H., *Historicité et conceptualité de la littérature médiévale*, Mchn. 1984, S. 62–86). – C. Bremond, *La famille séparée* (in Communcations, 1984, Nr. 39, S. 5–45). – E. J. Mickel jr., *Studies and Reflections on C.'s »Guillaume d'Angleterre«* (in Romance Quarterly, 33, 1986, S. 393–406).

# YVAIN OU LE CHEVALIER AU LION

(afrz.; *Yvain oder der Löwenritter*). Artusroman in 6818 Versen von CHRÉTIEN DE TROYES, entstanden zwischen 1180 und 1190. – Als einziger von Chrétiens Artusromanen setzt *Yvain* ohne Prolog ein, und auch ein nur vier Verse umfassender Epilog enthält nur den ursprünglichen Titel des Werks *Le chevalier au lion* und die Selbstnennung des Autors. Wie fast alle Artusversromane setzt auch dieser Text mit der Evokation arturischer Hofesfreude ein. Artus und sein Hof begehen in Carduel das Pfingstfest feierlich. Trotz einer Meinungsverschiedenheit mit dem Seneschall Keu erzählt der Ritter Calogrenant auf Bitten der Königin zur Belehrung und Unterhaltung seinen Gefährten ein Abenteuer, das zu bestehen ihm einst versagt war: Vor sieben Jahren sei er auf Abenteuer ausgeritten und habe nach gastlicher Aufnahme in einer Herberge durch den Hinweis eines ortskundigen, aber in höfischen Sitten keineswegs erfahrenen Hirten von ungeschlachtem Äußeren eine wunderbare Quelle gefunden. Als Calogrenant auf den Rat des Hirten hin Wasser auf den Brunnenstein neben der Quelle gegossen habe, habe er ein gewaltiges Unwetter hervorgerufen. Daraufhin sei ein Ritter erschienen, der ihn zum Duell forderte, ihn mit seiner Lanze aus dem Sattel hob und anschließend sein Pferd wegführte. Zu Fuß in die Herberge zurückgekehrt, habe er erfahren, daß er als erster dieses Abenteuer überlebt habe. Auf die Erzählung Calogrenants hin beschließt Yvain als sein Vetter, die Familienehre wiederherzustellen, indem er selbst die Brunnenaventure zu bestehen versucht. Die verletzenden Worte Keus, Yvain habe wohl nicht getrunken und sei deshalb so versessen auf das Abenteuer, stacheln den jungen Ritter nur noch mehr an. Als schließlich König Artus hinzukommt, von dem Abenteuer erfährt und beschließt, selbst am Vorabend des Johannistages mit seinem Gefolge dorthin zu reiten, faßt Yvain den Plan, heimlich bereits vor Artus den wunderbaren Ort aufzusuchen, um so das Calogrenant gegebene Versprechen einzuhalten, seine Schmach zu rächen.

Heimlich verläßt Yvain den Hof, findet die beschriebene Quelle und löst den wunderbaren Mechanismus aus. Als der unbekannte Verteidiger des Brunnens erscheint, kämpft Yvain mit ihm, verletzt ihn tödlich und verfolgt ihn bis auf dessen nahegelegene Burg, da er von dem Ergeiz besessen ist, dem gehässigen Keu einen Beweis seiner Heldentat zu liefern. So jagt er in den Burghof, dessen Falltore herabgelassen werden. Dabei verliert Yvain sein Pferd und ist in der Burg gefangen. Ein Fräulein, das sich später als Lunete, die Zofe der Burgherrin, erweist, möchte Yvain helfen, da er ihr, als sie als einst unerfahrenes Mädchen an den Artushof kam, als einziger Ritter seine Aufmerksamkeit zugewendet habe. Lunete gibt Yvain einen Ring, der ihn unsichtbar macht und versorgt ihn mit Nahrung. Yvain wird Zeuge des Leichenbegängnisses des Burgherren und verliebt sich in dessen Frau. Das diplomatische Geschick Lunetes bewirkt nicht nur, daß Laudine, die durch Yvain Witwe und schutzlose Landesherrin wurde, ihren Groll mäßigt, sondern überredet sie auch, Yvain kennenzulernen und anzuhören. Nachdem Laudine die Zustimmung der Vasallen ihres getöteten Mannes eingeholt hat, wird Yvain durch die Hochzeit mit Laudine Lehensherr. Kurz darauf besiegt er zunächst unerkannt mit geschlossenem Visier Keu, der als erster von Artus' heranrückendem Gefolge das Brunnenabenteuer versucht. Eine Woche dauernde Festlichkeiten mit der Artusgesellschaft auf Yvains Burg schließen sich an. Dabei versucht Gauvain Yvain dazu zu überreden, mit ihm auf Turniere zu ziehen, damit seine Tapferkeit nicht wegen einer Frau nachlasse. Schließlich zieht Yvain mit Gauvain auf Turniere, nachdem er Laudine versprochen hat, nach Jahresfrist zurückzukehren. Zum Abschied gibt sie ihm einen Ring, der ihn unverwundbar macht, solange seine Liebe besteht. Doch Yvain vergißt über den Turnieren den festgesetzten Termin einzuhalten. Laudine schickt eine Botin an den Artushof, kündigt Yvain die Treue auf und verlangt ihren Ring zurück. Der Auftritt verfehlt seine Wirkung bei Yvain nicht: Er stiehlt sich vom Hof fort und wird in der Wildnis wahnsinnig, wo er sich von rohem Fleisch, Beeren und den Speisen ernährt, die ihm ein Einsiedler bringt. Schließlich findet ihn die Herrin der Burg Noroison, die ihn durch eine Zaubersalbe der Fee Morgue von Wahnsinn und Melancholie heilen kann und gesund pflegt. Yvain revanchiert sich, indem er den Grafen Aliers, der seit geraumer Zeit die Herrin von Noroison bedrängt, besiegt und künftig zu Frieden verpflichtet. In der folgenden Episode rettet Yvain einen Löwen, der gegen einen Lindwurm zu unterliegen droht. Aus Dankbarkeit weicht der Löwe ihm künftig nicht mehr von der Seite und kommt ihm in der sich anschließenden Abenteuerfolge mehrmals aktiv zu Hilfe. Yvain gelangt zufällig an die Zauberquelle, bei deren Anblick er in so tiefe Melancholie versinkt, daß er Selbstmord zu begehen versucht, was der Löwe ihm gleichtun will. In einer Kapelle findet er die eingeschlossene Lunete, die von drei Vasallen des Verrats bezichtet wird. Yvain verspricht, am Gerichtstag für sie einzutreten. Doch zuvor muß er ein zufälliges Abenteuer bestehen, das eine Einhaltung dieses Termins gefährdet: Er bezwingt den Riesen Harpin, der Yvains Gastgeber übel mitspielt und bereits zwei von dessen Söhnen tötete. Erst dann macht er sich zur Rettung Lunetes vor dem drohenden Scheiterhaufen auf und besiegt den Seneschall, der sie fälschlich beschuldigte. Yvain erfährt von der Not der Tochter des Grafen de la Noire Espine, die von ihrer Schwester um ihre Erbe gebracht wird, falls sich nicht binnen vierzig Tagen ein Kämpfer am Artushof für sie findet. Zuvor muß Yvain jedoch bei der Einkehr auf der Burg Pesme Aventure (»Zum schlimmen Abenteuer«) noch eine weitere Probe bestehen. In dem darauffolgenden Kampf am Artushof stehen sich Yvain und Gauvain gegenüber und erkennen einander erst in einer Pause des erbitterten Gerichtskampfes. Da beide aus Freundschaft sich als besiegt erklären, fällt Artus den Urteilsspruch nach eigenem Ermessen zugunsten der betrogenen Erbin. Yvain begibt sich nun zur Zauberquelle zurück, wo wiederum Lunete die Versöhnung von Laudine und Yvain herbeiführen kann.

Die Komposition des *Yvain* wurde vorbildlich für eine große Gruppe von Artusversromanen in Frankreich und Deutschland, wo Chrétiens Text durch die Übertragung HARTMANNS VON AUE *(Iwein)* eingeführt wurde. Als Gegenstück zu *Érec* ist das zentrale Thema des *Yvain* das Terminversäumnis des Helden, der über der Ritterschaft den Minnedienst vernachlässigt. Daß Yvain im zweiten Teil des Werks ständig unter Termindruck handelt und vor den versprochenen Hilfs- und Befreiungstaten immer wieder dazwischenkommende Abenteuer bestehen muß, entspricht dem mittelalterlichen Bestreben nach innerer Analogie und Symmetrie von Teilen der erzählten Geschichte und bewirkt eine Reihe besonders kunstvoller Schachtelungen der Handlung. Die Erzählweise ist im *Yvain* von vornherein nicht nur komplexer als in den vorausgegangenen Artusromanen; durch die eingelegte Geschichte des Calogrenant und die Thematisierung der Romanlektüre in der *Pesme-Aventure*-Episode wird das Erzählen und Vorlesen selbst Gegenstand des Romans. Auch eine eingeflochtene Episode aus dem *Chevalier de la Charrette*, in der geschildert wird, wie Gauvain sich aufmacht, um die von Meleagant entführte Königin zu suchen, weist nicht nur auf Chrétiens Tendenz hin, seine Werke durch Querverweise zu verbinden, sondern zeigt einmal mehr die Bewußtheit von Chrétiens erzählerischer Meisterschaft. G.Wil.

AUSGABEN: Hannover 1862 (*Li romans dou chevalier au lyon*, Hg. W. L. Holland; ern. 1902; Glossar A. Schulze). – Halle 1888 (*Der Löwenritter, Yvain, von Kristian von Troyes*, in *Sämtliche erhaltene Werke*, Hg. W. Foerster, 4 Bde., 1884–1899, 2; Nachdr. Amsterdam 1965). – Chapel Hill 1940 (*Li chevalier au lyon or Yvain edited from Bibl. nat. 794*, Hg. R. W. Linker). – Paris 1960 (*Les romans de C. de T. édités après la copie de Guiot (Bibl. nat. fr. 794), III: Le Chevalier au lion. Yvain*; ern. 1982; CFMA). – Manchester 1961, Hg. u. Einl. T. B. W. Reid. – Tübingen ²1966, Hg. R. Baehr. – NY 1985 (*The Knight with the Lion*, Hg. W. W. Kibler).

ÜBERSETZUNG: *Yvain*, I. Nolting-Hauff, Mchn. 1962; ern. 1983 [afrz.-dt.].

LITERATUR: E. Auerbach, *Der Auszug des höfischen Ritters* (in E. A., *Mimesis*, Bern/Mchn. 1946; ⁷1982, S. 120–138). – J. Harris, *The Role of the Lion in C. de T.' »Yvain«* (in PMLA, 64, 1949, S. 1143–1163). – J. H. Reason, *An Inquirery into Structural Style and Originality of C.'s »Yvain«*, Washington/D.C. 1958. – M. Roques, *Pour une introduction à l'édition du »Chevalier au Lion« de C. de T.* (Rom, 80, 1959, S. 1–18). – F. Whitehead, *Yvain's Wooing* (in *Medieval Miscellany E. Vinaver*, Manchester 1965, S. 321–336). – J. Frappier, *Étude sur »Yvain« ou le »Chevalier au Lion« de C. de T.*, Paris 1969. – Z. P. Zaddy, *The Structure of C.'s »Yvain«* (in MLR, 65, 1970, S. 523–540). – W. Mohr, *Iweins Wahlsinn: die Aventiure und ihre ›Sinn‹* (in ZfdA, 100, 1971, S. 73–94). – A. Wolf, *Erzählkunst und verborgener Schriftsinn* (in Sprachkunst, 2, 1971, S. 1–42). – P. Haidu, *Lion-queue-coupée. L'écart symbolique chez C. de T.*, Genf 1972. – A. H. Diverres, *Chivalry and fin'amor in »Le chevalier au Lion«* (in *Studies F. Whitehead*, Manchester 1973, S. 91–116). – E. C. Schweitzer, *Pattern and Theme in C.'s »Yvain«* (in DVLG, 30, 1974, S. 145–189). – J. Le Goff u. P. Vidal-Naquet, *Lévi-Strauss en Brocéliande* (in Critique, Juni 1974, Nr. 325, S. 541–571). – I. Nolting-Hauff, *Märchen und Märchenroman: zur Beziehung zwischen einfacher Form und narrativer Großform in der Literatur* (in Poetica, 6, 1974, S. 129–178). – R. J. Cormier, *Cu Chulainn and Yvain* (in StPh, 72, 1975, S. 115–139). – W. Brand, *»Yvain«* (in *Der frz. Roman*, Hg. K. Heitmann, Düsseldorf 1975, Bd. 1, S. 37–62, 360–362). – C. Cormeau, *Artusroman und Märchen* (in Wolfram-Studien, 5, 1980, S. 63–78). – P. Lonigan, *C.'s »Yvain«. A Study of Meaning Through Style*, Ann Arbor 1978. – M. Accarie, *La structure du »Chevalier au Lion« de C. de T.* (in MA, 84, 1978, S. 13–34). – M. Stanesco, *Le chevalier au Lion d'une déesse oublié* (Ccm, 24, 1981, S. 221–232). – O. Kratins, *The Dream of Chivalry: A Study of C. de T.' »Yvain« and Hartmann von Aue's »Iwein«*, Washington/D.C. 1982. – F. Bogdanow, *The Tradition of the Troubadours and the Treatment of the Love Theme in C.'s »Chevalier au lion«* (in Arthurian Literature, 2, 1982, S. 76–91). – S. Knight, *Prowess and Courtesy. C.'s »Le chevalier au lion«* (in S. K., *Arthurian Literature and Society*, Ldn. 1983, S. 68–104). – T. Hunt, *Beginnings, Middles and Ends: Some Interpretative Problems in C.'s »Yvain« and Its Medieval Adaptations* (in *The Craft of Fiction*, Hg. L. Arathoon, Rochester 1984, S. 83–117). – P. Haidu, *Romance: Idealistic Genre or Historical Text?* (ebd., S. 1–46). – F. Dubost, *»Le cheavlier de la Charrette« Une ›conjointure‹ signifiante* (in MA, 90, 1984, S. 195–222). – A. Gier, *Leo est femina. Yvain, Ébide und der Löwe* (in *Mittelalterbilder aus neuer Perspektive*, Hg. E. Ruhe u. R. Behrens, Mchn. 1985, S. 269–288). – K. D. Uitti, *»Le chevalier au Lion« (Yvain)* (in *The Romances of C. de T.*, Hg. D. Kelly, Lexington 1985, S. 182–231). – E. Vance, *C.'s »Yvain« and the Ideologies of Change and Exchange* (in YFSt, 70, 1986, S. 42–62). – B. Woledge, *Commentaire sur le »Yvain« (Le chevalier de la Charrette) de C.*, Genf 1986. – T. Hunt, *C. de T. »Yvain«*, Ldn. 1986.

## LENA CHRIST

* 30.10.1881 Glonn bei München
† 30.6.1920 München

LITERATUR ZUR AUTORIN:
A. Valter, *L. Ch. und ihr Werk*, Diss. Wien 1932. – G. Troll, *Leben und Werk der L. Ch.*, Diss. Mchn. 1945. – P. Benedix, *Der Weg der L. Ch.*, Wien 1940; ern. Mch. 1950 [überarb.]. – A. v. Gugel, *L. Ch.s Leben und Werk*, Diss. Mchn. 1959. – G. Goepfert, *Das Schicksal der L. Ch.*, Mchn. 1971; ern. 1981. – F. Schonauer, *L. Ch., die »volkstümliche« Literatur* (in NDH, 31, 1984, S. 566–573).

## ERINNERUNGEN EINER ÜBERFLÜSSIGEN

Autobiographie von Lena CHRIST, erschienen 1912. – Der erste Teil der Lebensgeschichte wurde

von dem Schriftsteller Peter BENEDIX aufgezeichnet, der das ursprüngliche Erzähltalent seiner Diktatschreiberin und späteren Ehefrau erkannte und sie zur Niederschrift ihrer Erinnerungen anregte. Sie geben das harte Leben der bayerischen Schriftstellerin realistisch und eindringlich wieder, was jedoch eine »*gefühlsmäßige und der Phantasie entsprungene Situationsschilderung nicht ausschließt*« (G. Goepfert).
In den ersten Kapiteln erzählt Lena Christ ihre Kindheit, die sie als uneheliches Kind in der Obhut des geliebten Großvaters in Glonn verbrachte. Zum Ort ihrer unbeschwerten Kindheit kehrt die Schriftstellerin in ihren Werken immer wieder zurück, wenn sie die Gegend südöstlich von München als Handlungshintergrund wählt, alte Hofnamen aufgreift, Brauchtum und bäuerliches Alltagsleben schildert.
Die sorglose Kindheit weicht strengen Pflichten und der harten Arbeit in der Gastwirtschaft des Stiefvaters, als die *Münkara Muatta* das Kind zu sich nach München holt. Zeitlebens ist die Beziehung zur frömmelnden Mutter, die sich des ledigen Kindes schämt, von Haßliebe bestimmt. Vor den Züchtigungen im Elternhaus flüchtet die siebzehnjährige Lena in das »Kloster Bärenberg«, das ehemalige Prämonstratenserkloster Ursberg. Dort findet das Mädchen jedoch nicht die ersehnte Güte, sondern Bigotterie und Selbstsucht, die ihm das Leben als Klosterfrau verleiden.
Zum Scheitern verurteilt ist die bürgerliche Vernunftehe, in der Lena Zuflucht sucht. Angebliche Exzesse des Ehemannes, Verlust des Vermögens durch Bauspekulationen, körperliche und seelische Zerrüttung begleiten den sozialen Abstieg. Mit dem Tiefpunkt im Leben der Schriftstellerin enden die *Erinnerungen*: »*Doch das Leben hielt mich fest und suchte mir zu zeigen, daß ich nicht das sei, wofür ich mich gehalten, eine Überflüssige.*«
In der sprachlichen Gestaltung ist Lena Christs Lebensbericht bisweilen ungelenk, durch Sentenzen und altertümelnde Wendungen langatmig. In der lockeren Reihung der Szenen, die von kargen Kommentaren zusammengehalten werden, in der konkret-bilderreichen Sprache, in den Bildern von elementarer Wucht, tritt bereits die unmittelbare Darstellungskraft der bairischen Erzählerin zutage. Es überzeugt die Detailgenauigkeit der Beobachtung, die ländliche Lebensformen ebenso treffend einfängt wie das Münchner Wirtshausmilieu.
Lena Christs *Erinnerungen einer Überflüssigen* sind jedoch mehr als eine »*naturalistische Milieuschilderung*« (R. Riess), mehr als ein »*Beitrag zur Sittengeschichte*« (J. Hofmiller), wie die Zuordnung der Schriftstellerin zum Naturalismus einerseits und ihre Charakerisierung als Volksschriftstellerin andererseits begründet wird. Sie müssen vielmehr als ein »*großes literarisches und menschliches Zeugnis*« (H.-E. Renk) gelten, das Lena Christs Suche nach einem bergenden Heim und einem Platz in der sozialen Gemeinschaft, nach einer *Hoamat*, deutlich werden läßt. Ihr Werk steht am Anfang jener realistischen, jeglicher »Tümelei« abholden Heimatliteratur der Moderne, wie sie u. a. in Bayern von Marieluise FLEISSER und Oskar Maria GRAF fortgeführt wurde.    G.A.

AUSGABEN: Mch. 1912. – Wien/Lpzg. 1939. – Mch. 1946. – Mchn. 1950. – Mch. 1970 (in *GW*; Nachw. J. Lachner; ⁶1981). – Mchn. 1987 (dtv). – Mchn. 1988 (in *Werke*, Bd. 1).

VERFILMUNG: *Der Fall L. Ch.*, BRD 1969 (TV; Regie: H. W. Geissendörfer; von H. W. G. erw. Fassg.).

LITERATUR: J. Hofmiller, *Ein hartes Frauenleben* (in Süddeutsche Monatshefte, 6, 1912/13, S. 874). – R. Riess, *L. Ch. »Erinnerungen einer Überflüssigen«*, München (in Der Bücherwurm, 3, 1912/13, S. 180). – J. Hofmiller, *L. Ch.* (in Süddeutsche Monatshefte, 28 1930/31, S. 367–370). – J. Hofmiller, *L. Ch.* (in Der Kunstwart, 44, 1931, H. 10, S. 644–647). – J. M. Bauer, *Traum und Elend der L. Ch.* (in Gehört, Gelesen. Manuskriptenauslese des Bayerischen Rundfunks, Juli 1970, S. 823–831). – H.-E. Renk, *Die Überflüssige und ihre Heimat – zu Leben und Werk der L. Ch.* (in Handbuch der Literatur in Bayern, Hg. A. Weber, Regensburg 1987, S. 373–386).

## DIE RUMPLHANNI

Erzählung von Lena CHRIST, erschienen 1916. – Die Handlung entfaltet das Grundmotiv im Werk von Lena Christ, den Kampf eines durch Herkunft und sozialen Stand in die Außenseiterposition gedrängten Menschen um Ansehen und sozialen Aufstieg.
Die Magd Johanna Rumpl nimmt als »*Deanstbot*« (Dienstbote), als lediges Kind eines »*Pfannaflickers*« (Pfannenflickers) und als »*Hergelaaffene*« (Dahergelaufene) in der bäuerlichen Hierarchie einen Platz ganz unten ein. »*Doch in ihr bohrt der Ehrgeiz*« und ihr ganzes Streben ist darauf gerichtet, dem leidigen Dienstbotendasein zu entkommen. Bei der Verwirklichung ihres Wunsches ist sie in der Wahl der Mittel nicht wählerisch. Simmerl, dem Sohn ihres Diensttherrn, täuscht sie eine Schwangerschaft vor, als dieser bei der Mobilmachung 1914 einrücken muß, und erzwingt beim Abschied das Eheversprechen. Auch den Altbauern umgarnt sie mit weiblicher List, damit er die Hofübergabe garantiere. Als der Alte merkt, daß er beinahe um Hab und Gut gebracht worden wäre, jagt er die Magd vom Hof. Überall im Dorf wird »*das Mentsch*« abgewiesen, und Hanni sucht ihr Glück in der Stadt, »*auf Münka*« (München). Die Träume von einem Stadtpalast oder einem »*Gschloß*« verfliegen rasch. Hanni lernt als »*aufgegriffenes Frauenzimmer*« das Gefängnis kennen und findet schließlich Unterschlupf in einer elenden Herberge in der Au. Dank ihrer Tüchtigkeit macht sie sich als Küchenmädchen im Martlbräu bald beliebt und unentbehrlich. Als der Sohn des Hauses gefallen und

der Wirt gestorben sind, übernimmt Hans, der Metzger, die Wirtschaft und macht Hanni zur Martlbräuin. Damit erfüllt sich ihr Lebensglück und sie hat, was sie sich stets wünschte: »*A Haus – und a Kuah – und a Millisupperl in der Fruah!*«

Der Roman zeigt aufs gelungenste Lena Christs unmittelbar verlebendigende Erzählweise. Die langen Dialogpassagen im bairischen Dialekt sind häufig lediglich durch kurze Erzähleinsprengsel verbunden. Die ausgesprochen szenische Darstellungsweise, die möglicherweise auf den ersten Entwurf des Werks als gleichnamiges Theaterstück in drei Aufzügen zurückgeht, läßt eine Vielzahl von Nebenfiguren, die den Aufstieg der Rumplhanni vom »*Garneamd*« (Garniemand) zur angesehenen Martlbräuin begleiten, ihr Schicksal in die Romanhandlung einbringen. In konkret-schlichter Sprache fängt die Schriftstellerin die Not in den Münchener Elendsquartieren der Au ebenso eindringlich ein wie die bäuerliche Welt mit ihrem harten Arbeitsalltag, den Festen und Bräuchen. Die Perspektive des Dienstboten verhindert dabei jede verklärende Heimattümelei. G.A.

AUSGABEN: Mchn. 1916. – Mchn. 1945/1947. – Mchn. 1970 (in *GW*; Nachw. J. Lachner; ⁶1981). – Mchn. 1988 (dtv). – Mchn. 1989 (in *Werke*, Bd. 2).

DRAMATISIERUNG: T. Bogenhauser, *Die Rumplhanni* (Urauff.: Ingolstadt, 21. 3. 1980, Stadttheater).

VERFILMUNG: BRD 1981 (TV; Regie: R. Wolffhardt).

LITERATUR: J. Hofmiller, *L. Ch.s »Rumplhanni«* (in Münchener Neueste Nachrichten, 25. 2. 1922). – J. M. Bauer, *L. Ch.* (in *Bayerische Literaturgeschichten in ausgewählten Beispielen*, Hg. E. Dünninger u. D. Kiesselbach, Mchn. 1967, S. 353 bis 365). – M. Skasa, *Neues vom Leben auf dem Lande in der Stadt* (in Theater heute, 21, 1980, H. 5, S. 25–27). – G. Adler, *L. Ch.s »Hochzeiter«. Ein Experiment für das Bauerntheater* (in *Romantik u. Moderne. Fs. für H. Motekat*, Bern u. a. 1986, S. 9–28).

## INGER CHRISTENSEN

\* 16.1.1935 Vejle / Jütland

**DAS LYRISCHE WERK** (dän.) von Inger CHRISTENSEN.

Das Grundthema, mit dem sich Inger Christensen in ihren Werken auseinandersetzt, ist die Angst des einzelnen gegenüber einer als Chaos erlebten Wirklichkeit und seine durch einen Erkenntnisprozeß bewirkte Befreiung. In den beiden ersten von der modernistischen Metaphorik der sechziger Jahre geprägten Gedichtbänden *Lys*, 1962 *(Licht)*, und *Græs*, 1963 *(Gras)*, geht es um die Ortsbestimmung des lyrischen Ichs im Verhältnis zur natürlichen und kulturgeschaffenen Wirklichkeit (»*Wenn ich allein/ im Schnee stehe/ wird es klar/ daß ich eine Uhr bin/ Wie sonst sollte die Ewigkeit über die Runden kommen*«). Sie kreisen um die Themen Isolation und Leere, drücken aber auch die Hoffnung aus, durch die poetische Sprache, die oft in Analogie zum Liebesakt gesetzt wird, in eine Beziehung zu Umwelt und Mitwelt zu treten. Während das den ersten Band durchziehende Lichtmotiv auf einen kosmischen Zusammenhang verweist, ist *Græs* erdgebundener, das lyrische Subjekt läßt sich auf konkrete soziale Beziehungen ein, besonders in dem langen Prosagedicht *møde (Begegnung)*.

Das 239 Seiten lange Großgedicht *det*, 1969 *(Es)*, ist ein Schöpfungsbericht über die Entstehung der Sprache und der Welt, darüber hinaus ein utopischer Entwurf. Von dem Wort »*es*« ausgehend werden immer weitere Wörter »generiert«, entstehen Sätze wie Zellen und wachsen zu einem Organismus zusammen (»*Es. Es war es. Da hat es angefangen. Es ist. Es geht so weiter. Bewegt sich. Weiter. Wird. Wird zu dem und dem und dem. Geht weiter als das. Wird anderes. Wird mehr. Kombiniert anderes mit mehr und wird weiterhin etwas anderes und mehr. Geht weiter als das. Wird anderes als anderes und mehr. Wird etwas. Etwas Neues. Etwas immer Neueres. Wird im nächsten Jetzt so neu wie es nun einmal kann*«). Angeregt wurde Inger Christensen nach eigenen Angaben von einem Essay Lars GUSTAFSSONS über das Problem des langen Gedichts sowie durch die Theorien Noam CHOMSKYS, seine »*Ideen von einer angeborenen Sprachfähigkeit und von universalen formalen Regeln der Satzkonstruktion . . ., die erlauben, daß Sätze ins Unendliche generiert werden können. Diese Sprachvision von Chomsky gab mir ein phantastisches Glücksgefühl. Eine unbeweisbare Sicherheit, daß die Sprache eine direkte Verlängerung der Natur ist*«. Das Werk hat einen streng systematischen Aufbau, der auf den Zahlen drei und acht beruht. Das Hauptstück *Logos*, eingerahmt von einem *Prologos* und einem *Epilogos*, besteht aus drei Abschnitten *(Scene, Handlung* und *Text)*, die jeweils wieder in acht Kapitel unterteilt sind, den sieben Tagen des Schöpfungsberichts und einem zusätzlichen Tag entsprechend, der der Liebe gewidmet ist. Die Kapitel sind überschrieben mit Kategorien, die der Präpositionstheorie des Linguisten Viggo BRØNDAL (1887–1942) entnommen sind (»*Symmetrien*«, »*Transitivitäten*« usw.). Der Text weist ein großes formales Spektrum auf, von in Zeilen aufgebrochener Prosa bis zu den verschiedensten Formen des Endreims, und wird von einem starken rhythmischen Duktus vorangetrieben. Die Analyse der modernen Massengesellschaft nimmt einen zentralen Platz ein. In *Scene* wird das lyrische Subjekt umgebende Welt als willkürlich gesetzte Kulisse dargestellt, während in *Handlung* durch die Beschreibung von Räumen der Warengesellschaft verdeckte Machtstrukturen freigelegt werden. In *Text* geht es um mögliche Widerstandshaltungen, die in dem tagebuchähnlichen Monolog eines Geisteskranken angedeutet werden. Hier schlagen sich Einflüsse der Antipsychiatrie der sechziger Jahre (R. D. LAING) nieder, die in gewissen Geisteskrankheiten eine Revolte gegen eine unmenschlich gewordene Normalwelt sah. *Epilog* kehrt wieder zum Grundthema der Angst zurück und weist ihr eine auf KIERKEGAARD zurückgreifende Bedeutung zu, indem sie nicht nur als Begrenzung menschlicher Lebensentfaltung, sondern auch als Veränderung auslösender Faktor gesehen wird. Der in zehn Auflagen und 23000 Exemplaren erschienene Band wurde von der Kritik als geniales Werk bezeichnet und mit Anders ARREBOS *Hexaemeron* (erschienen 1661) verglichen.

Der Gedichtzyklus *Brev i april*, 1979 *(Brief im April),* geht zurück auf eine Reise der Autorin mit ihrem kleinen Sohn in ein südliches Land. Im Zentrum steht der Gegensatz zwischen dem mythischen Welterleben des Kindes und dem durch Abstraktion und Distanz geprägten Blick des Erwachsenen. Durch die Spontaneität, mit der das Kind zu der Welt um sich herum in Beziehung tritt, wird das Ich der Gedichte, das vor der resignierenden Erfahrung der Wiederholung steht *(»Die Gleichgültigkeit jetzt/ wo ich vierundvierzig Mal/ selbst mit dabei war/ um die Sonne herum«)* dazu veranlaßt, sich wieder in die eigene Kindheit einzuleben. In den sieben Sequenzen (auf die sieben Tage der Woche verweisend) von jeweils fünf Gedichten sind die Bilder und Themen einander in einem Muster zugeordnet, das der seriellen Kompositionstechnik Olivier MESSIAENS entlehnt ist.

Die Analogie zwischen der Entfaltung der poetischen Sprache und dem Wachstum des Lebens ist – ähnlich wie in *det* – Grundgedanke des Gedichtbands *alfabet*, 1981 *(alphabet),* in dem die Autorin eine Beschreibung der Welt mit Hilfe zweier Systeme vornimmt: des Alphabets, nach dem sich die Anfangsbuchstaben der vierzehn Abschnitte richten, und einer die Zeilenanzahl der Gedichte bestimmenden mathematischen Reihe, der »Fibonacci-Folge«, in der jede Zahl aus der Summe der beiden vorangehenden besteht. Das Thema ist die Zerstörung der Natur durch einen von Wissenschaft und Technik verursachten Prozeß und dessen Rückwirkung auf die poetische Struktur, auf *»dieses giftige, weiße, verwitternde Gedicht«.* Die Komposition spiegelt genau das Thema wider. Verweis *det* auf das »Am Anfang war das Wort« der Schöpfungsgeschichte, so steht hier das Alphabet als Hinweis auf das »A und O« der Apokalypse. Daß der Band bei dem schon aus mehreren hundert Zeilen bestehenden Gedicht des Buchstaben *n* abbricht, läßt mehrere Deutungen zu. N ist das Zeichen für Unendlichkeit, aber auch die Mitte des Alphabets und stellt somit eine Entsprechung dar zu dem Gedicht über die Kobaltbombe, *»deren halbwertzeit/ die extrem schädliche/ wirkung gewährleistet«,* und letztlich symbolisiert die Fibonacci-Folge selbst einen aus der Kontrolle geratenen Wucherungsprozeß. Das poetische Verfahren besteht aus dem Erzeugen, Akkumulieren und Wiederholen von Wörtern. Die Wortreihen werden durch das Verb »findes« (»gibt es«) zusammengehalten, das in seiner Wiederholung einen rhythmischen Duktus schafft. Die Zerstörung der natürlichen Ordnung und damit der sprachlichen Struktur wird durch das Dazwischenschieben von Wörtern angedeutet, die zwar denselben Anfangsbuchstaben haben, aber nicht zu den Bildern der Fruchtbarkeit passen, so gesellt sich schon im zweiten Gedicht zu »bregner« und »brombær« (»Farne« und »Brombeeren«) »brom« und »brint« (»Brom« und »Wasserstoff«). Hinweise auf Gestalten und Szenen der griechischen Mythologie (Ikaros), der *Apokalypse des Johannes* und des persönlichen, in eine mythische Sphäre gehobenen Alltags der Autorin lassen als Gegenentwurf zur linearen Geschichte des Fortschritts ein Nebeneinander von Gegenwart, Vergangenheit und Zukunft entstehen, beispielsweise bei der Erinnerung an die Großmutter, die in der Küche Aprikosengrütze kochte *(»ich weiß, sie ist tot, doch der duft/ ist so stark, daß der leib, der ihn/ wahrnimmt, selber zur frucht wird«).* Die unter den einzelnen Abschnitten angeführten Entstehungsdaten des Textes werden mit den Daten der Zerstörung Hiroshimas in Verbindung gebracht, der eines der Gedichte gewidmet ist. In einigen Gedichten ist angedeutet, daß diese Entwicklung auf einen Verlust der Liebesfähigkeit zurückgeht. So heißt es von einem ausgebrannten Gehirn, daß es sich nicht mehr *»an die vereinigung/ eines mannes und einer frau in flügellosem/ fluge erinnern kann«.* In Anbetracht der düsteren Bilder und der am Schluß beschworenen Vision einer zerstörten Welt kann hier kaum noch von einem utopischen Moment die Rede sein.

Inger Christensen faßt gesellschaftliche Rollen und politische Ordnungen als Schutzmaßnahmen gegen eine prinzipiell unverständliche Welt *(»die Unlesbarkeit der Welt«)* auf, durch die der Mensch allerdings nur noch mehr seiner selbst entfremdet wird. Der einzelne Mensch ist wie jedes andere Lebewesen zufälliger Ausdruck existierenden Lebens, Element eines organischen Ganzen *(»eine anonyme Zeichnung mit wechselnden Strukturen«).* Darum sieht Inger Christensen die Strukturen des Denkens und die Strukturen, die den biologischen Raum entfalten, als Einheit *(»Ich denke,/ also bin ich Teil/ des Labyrinths/ Trostgerede/ und Hoffnung auf einen Ausweg«).* Darin erklärt sich auch die Vorliebe für mathematische Systeme, Strukturen der Kunstarten und linguistische Theorien. Sie spiegeln eine kosmische Ordnung wider, wenn auch in *alfabet* eine immer unüberwindbarer scheinende Entfernung von der Natur ausgedrückt ist. – Inger Christensens Lyrik zeichnet sich durch große Musikalität aus, wovon auch die zahlreichen Vertonungen zeugen. U.Sch.

AUSGABEN: *Lys*, Kopenhagen 1962; [2]1970. – *Græs*, Kopenhagen 1963. – *det*, Kopenhagen 1967. – *Brev i april*, Kopenhagen 1979. – *alfabet*, Kopenhagen 1981.

ÜBERSETZUNGEN: *Brief im April*, H. Grössel (in Akzente, 1988, H. 2; Ausz.). – *alphabet*, ders., Münster 1988 [dän.-dt.].

VERTONUNGEN: H. Abrahamsen, B. Axen, D. Bergstrøm Nielsen, O. Buck, K. Vogel, L. Hjulmand, A. Linnet, I. Nørholm, St. Pade, A. Pape, P. Raug, Sv. Aaquist Johansen.

LITERATUR: W. Baumgartner, *Zur Bedeutung von Viggo Brøndals Präpositionentheorie für »det«* (in Skandinavistik, 5, 1975, Nr. 2, S. 136–142). – B. Glienke, *I. Ch.s »det«. Drei Ansätze: Themen in Systemen* (ebd., S. 97–112). – G. Kreutzer, *System u. Prozeß. Zur Form bei I. Ch.s »det«* (ebd., S. 113–135). – K. Zeruneith, *I. Ch.* (in *Danske digtere i det 20. århundrede*, Hg. T. Brostrøm u. M. Winge, 5 Bde., Kopenhagen 1980–1982, 4). – *Tegnverden: en bog om I. Ch.s forfatterskab*, Hg. I. Holk, Viby 1983. – H.-J. Schmitt, *»alfabet/alphabet!«* (in FRs, 10. 9. 1988).

## SIGURD CHRISTIANSEN

\* 17.11.1891 Drammen
† 23.10.1947 Drammen

## TO LEVENDE OG EN DØD

(norw.; *Ü: Zwei Lebende und ein Toter*). Roman von Sigurd CHRISTIANSEN, erschienen 1931. – Bei einem Raubüberfall auf ein Postamt überläßt der Schalterbeamte Erik Berger widerstandslos den bewaffneten Gangstern seine Kasse, nachdem ein Kollege erschossen, der andere niedergeschlagen worden ist. Im Gegensatz zu seinen Kollegen, die lediglich im Affekt und in Fehleinschätzung der tatsächlichen Situation Widerstand geleistet hatten, handelt Berger aus der Überlegung, daß es sich nicht lohne, für ein paar tausend Kronen zu sterben und seine Familie ins Unglück zu stürzen. Diese Handlungsweise stempelt ihn nun zum Feigling, während sich sein verletzter Kollege Lydersen mit seiner kleinen Wunde brüstet und sich als Held feiern läßt. Berger fühlt sich immer mehr isoliert, zumal Lydersen, obwohl er der Jüngere ist, schneller arriviert, ja, es entsteht sogar der Eindruck, als werfe ihm auch seine Frau gelegentlich vor, zu wenig heldenhaft gewesen zu sein.

Zwar gerät der Vorfall – sehr zum Leidwesen Lydersens – allmählich in Vergessenheit, doch kann es Berger nicht länger ertragen, gedemütigt zu werden, und läßt sich nach Oslo versetzen. Dort trifft er endlich einen Menschen, der ihm zum Freund wird. Dieser Rognäs gesteht ihm schließlich, an dem damaligen Überfall auf die Post beteiligt gewesen zu sein, wenngleich er niemanden erschossen habe. Er stellt es Berger frei, ihn bei der Polizei anzuzeigen, um sich auf diese Weise zu rehabilitieren, doch ist die Freundschaft bereits zu eng, als daß sich Berger zu diesem Schritt entschließen könnte. Er sucht statt dessen Lydersen auf, der inzwischen Postdirektor geworden ist, und zwingt ihn mit einer (ungeladenen) Pistole, ihm den Inhalt seiner Kasse zu übergeben. Von dessen »Heldentum« ist nun nichts mehr zu merken; bereitwillig rafft er das Geld zusammen, das Berger jedoch ablehnt: »Nur eines war mir nötig, nämlich, daß du auch mal fühlen solltest, wie es tut. Du warst ich – so wie ich damals war. Und nun bist du vielleicht nicht mehr Held und ich nicht mehr elender Feigling ... Ich kam nicht, um dich zu demütigen. Ich kam, um mein gutes Recht zu bekommen. Dir gegenüber, der du mich von allen am meisten gedemütigt hast.« Nach neun Jahren fühlt sich Berger jetzt in seiner verletzten Ehre wiederhergestellt.

Mit diesem Roman gewann Christiansen einen großen nordischen Romanwettbewerb, der zugleich für ihn den Durchbruch zu großer Popularität bedeutete. – Die Handlung ist ausschließlich um die Hauptperson gruppiert und auf sie hingeordnet – eine Struktur, die fast alle Romane des Autors kennzeichnet. – Das Buch ist spannend geschrieben wie ein Kriminalroman, übertrifft jedoch durch seinen psychologischen Tiefgang dieses Genre. Im Schaffen des Autors nimmt das Werk eine Sonderstellung ein, da es nicht die weitausholende und gründliche Erzählweise der anderen Romane aufweist, sondern in seiner Darstellung bündig und knapp ist. KLL

AUSGABEN: Oslo 1931. – Oslo 1949 (in *Samlede verker*, 9 Bde., 1949/50, 4). – Oslo 1966.

ÜBERSETZUNG: *Zwei Lebende und ein Toter*, C. Greverus Mjöen, Mchn. 1932.

VERFILMUNG: Norwegen 1937 (Regie: T. Ibsen).

LITERATUR: E. Kielland, *S. Ch. i liv og diktning*, Oslo 1952. – K. Helliesen, *Skyldsoning-oppreisning i S. Ch.s diktning* (in Norsk Litterær Årbok, 1967). – K. Egeland, *S. Ch.* (in E. Beyer, *Norges litteraturhistorie*, 6 Bde., 5, Oslo 1975. – K. Tvedt, *Tyve kulturprofiler*, Oslo 1984, S. 72–81.

## AGATHA CHRISTIE

eig. Agatha Mary Clarissa Mallowan
\* 15.9.1890 Torquay
† 12.1.1976 Wallingford bei Oxford

LITERATUR ZUR AUTORIN:
F. Wölcken, *Der literarische Mord*, Nürnberg 1953. – G. Egloff, *Detektivroman und engl. Bürgertum*:

*Konstruktionsschema u. Gesellschaftsbild bei A. C.*, Düsseldorf 1974. – J. Symons, *The C. Mystery* (in The NY Review of Books, 21, Dez. 1978, S. 37–39). – *The Bedside, Bathtub & Armchair Companion to A. C.*, Hg. D. Riley u. P. McAllister, NY 1979. – W. White, *A. C.: A First Checklist of Secondary Sources* (in Bull. of Bibliography, 36, 1979, S. 14–17; 49). – E. F. Bargainnier, *The Gentle Art of Murder: The Detective Fiction of A. C.*, Bowling Green 1980. – R. H. Fitzgibbon, *The A. C. Companion*, Bowling Green 1980. – P. D. Maida u. N. B. Spornick, *Murder She Wrote: A Study of A. C.'s Detective Fiction*, Bowling Green 1982. – W. White, *A. C.: Additions to Secondary Sources* (in Bull. of Bibliography, 40, 1983, Nr. 2, S. 84–89).

## THE MOUSETRAP

(engl.; *Ü: Die Mausefalle*). Kriminaldrama von Agatha CHRISTIE, Uraufführung: Nottingham 1952; deutsche Erstaufführung: Berlin, 6. 3. 1954, British Centre; gleichzeitig in Celle. – Obwohl zum Zeitpunkt der Uraufführung von *The Mousetrap* bereits mehrere Dramen von Christie existierten, befanden sich darunter nur zwei Originalstücke: *Black Coffee* (1930) und *Akhnaton* (1937). Auch *The Mousetrap* ist wieder eine Adaption, und zwar ihres Hörspiels *Three Blind Mice* von 1947. Da dieser Titel jedoch schon von einem anderen Stück besetzt war, das im West End lief, mußte ein neuer gefunden werden. Anthony Hicks, der Schwiegersohn der Autorin, machte den Vorschlag, den Namen, den Shakespeares Hamlet in III/2 seinem Täuschungsspiel gibt – eben »The Mousetrap« – für Agatha Christies Drama zu verwenden. Damit begann eine unvergleichliche Aufführungsgeschichte. Die Laufzeit beträgt mittlerweile (1988) 36 Jahre, und es ist noch kein Ende abzusehen. Agatha Christie selbst hatte am Anfang mit einer Spieldauer von höchstens acht Monaten gerechnet. Inzwischen hat das Stück einen Umzug vom Londoner Ambassadors Theatre in das etwas größere St. Martin's Theatre gleich nebenan sowie den Einsatz zahlreicher verschiedener Schauspieler und Regisseure hinter sich, nachdem Peter Saunders, der die Erstaufführung in London inszeniert hatte, 1960 beschloß, Besetzung und Regisseur des Stükkes jährlich zu wechseln. *The Mousetrap* ist zur Institution und Touristenattraktion geworden wie der Tower oder Madame Tussauds Wachsfigurenkabinett. – Und diejenigen, die die Filmrechte für das Stück erworben haben, scheinen mit unglaublichem Optimismus gesegnet, denn: Eine Klausel besagt, daß dieser (vielleicht irgendwann einmal entstehende) Film erst sechs Monate nach Ende der Londoner Laufzeit des Dramas in die Kinos gebracht werden darf.

Der Ort des Geschehens in *The Mousetrap* ist Monkswell Manor, welches die Eheleute Mollie und Giles Ralston als Pension führen wollen. Als erstes ist auf der Bühne eine Stimme aus dem Radio zu hören, die den Mord an Mrs. Maureen Lyon sowie eine kurze Beschreibung des vermeintlichen Täters durchgibt. Draußen fällt unaufhaltsam der Schnee, und die Ralstons warten auf ihre Gäste, die schon bald eintreffen: Christopher Wren, ein junger Möchtegern-Architekt, Mrs. Boyle, eine mürrische Matrone, Major Metcalf, ein pensionierter Offizier, und Miss Casewell, eine recht männlich anmutende junge Dame. Bald darauf gesellt sich unangemeldet auch noch Mr. Paravicini hinzu, dessen Wagen im Schnee steckengeblieben ist. Inzwischen hat sich das Wetter so verschlechtert, daß Monkswell Manor völlig von der Außenwelt abgeschnitten ist. Nur Detective Sergeant Trotter, ein Polizeibeamter, schafft es noch, auf Skiern zu den Ralstons und ihren Gästen vorzudringen. Er ist gekommen, weil die Polizei vermutet, daß der Mörder von Maureen Lyon sich in der Pension aufhält, um dort sein nächstes Opfer zu suchen. Es ist bekannt, daß der Mord einen Racheakt für ein in der Vergangenheit verübtes Unrecht darstellt. Zwei der Anwesenden in Monkswell Manor müssen einen Bezug zu diesem Vorfall in der Vergangenheit haben: der Mörder und das nächste Opfer. In der Isolation des klassischen »locked room mystery« versucht Trotter nun, die Verbindungen der Eingeschneiten zueinander und das mögliche Tatmotiv zu enthüllen. In dem Maße, wie Verdachtsmomente aufgebaut werden, verändern sich die Vertrauensverhältnisse aller Beteiligten. Die Spannung wächst – bis zum überraschenden Ende, bei dem sich Christie ähnlich wie schon bei *The Murder of Roger Ackroyd* (1926, *Roger Ackroyd und sein Mörder*) über die Konventionen des traditionellen Auflösungsschemas hinwegsetzt. S. Hau.

AUSGABEN: Ldn. 1954. – Ldn. 1956. – NY 1978 (in *The Mousetrap & Other Plays*). – NY 1986 (in dass.).

ÜBERSETZUNGEN: *Fuchsjagd*, K. Nachman, Bln./Wiesbaden 1953 [Bühnenms.] – *Die Mausefalle*, M. Meinert (in *Die Mausefalle u. andere Fallen*, Mchn. [4]1978; Goldm. Tb). – Dass., dies., Bern/Mchn. 1984; [11]1987.

LITERATUR: A. Christie, *An Autobiography*, Ldn. 1977, S. 510–513. – C. Osborne, *The Life and Crimes of A. C.*, Ldn. 1982, S. 166–169.

## THE MURDER OF ROGER ACKROYD

(engl.; *Ü: Roger Ackroyd und sein Mörder*). Kriminalroman von Agatha CHRISTIE, erschienen 1926. – Von den rund siebzig Büchern der erfolgreichsten Kriminalromanautorin unserer Zeit ist dies wahrscheinlich das berühmteste, sicher aber das am heftigsten umstrittene. Seit seinem Erscheinen haben Kritiker, darunter bekannte Vertreter dieser Romangattung, immer wieder den Vorwurf erhoben, die Autorin habe gegen das ungeschriebene Gesetz verstoßen, daß der Verfasser eines guten

Kriminalromans den Leser in die Lage versetzen müsse, das Problem selbst zu lösen, und ihn auf keinen Fall bewußt in die Irre führen dürfe. Die »Ketzerei« der Christie bestand darin, daß sie den am wenigsten Verdächtigen, der noch dazu als rechte Hand des Detektivs agiert, nicht nur auf den letzten Seiten als Täter entlarvte, sondern ihn auch zum Ich-Erzähler des ganzen Romans machte. »*Diese Idee*«, so schrieb sie im Vorwort zur Penguin-Ausgabe von 1948, »*konnte nur einmal benutzt werden – sie war originell, fand dann allerdings viele Nachahmer.*« (Sie selbst verwandte später einen ähnlichen Überraschungseffekt in *Ten Little Niggers*.) Ganz so originell war die Idee freilich nicht. Schon in POES letzter, weithin unbekannter Detektivgeschichte *Thou Art the Man!* (entstanden 1844) stellt sich ein anscheinend höchst ehrenwerter Mann, der sich an der Jagd nach einem Mörder beteiligt, als der Gesuchte heraus, und in Baroneß ORCZYS Roman *The Old Man in the Corner* (1909) entpuppt sich sogar der in der Ichform berichtende Detektiv als Täter. In den modernen Kriminalroman allerdings hat Agatha Christie dieses Überraschungsmoment eingeführt, kurz bevor ihr Kollege Antony BERKELEY (d. i. A. B. Cox), Verfasser des vielleicht perfektesten aller Denksportkrimis, *The Poisoned Chocolates Case* (1929), unter dem Pseudonym »Francis Iles« in Romanen wie *Malice Aforethought* (1931) und *Before the Fact* (1932) den Leser gleich zu Anfang über Identität und Plan des Verbrechers aufklärte.

In *The Murder of Roger Ackroyd* spielt der Landarzt Sheppard nicht nur den Assistenten des pensionierten belgischen Detektivs Hercule Poirot (der mit seiner souveränen Mißachtung der englischen Syntax und seinem enormen Selbstbewußtsein den britischen Kriminalbeamten wie die Inkarnation gallischer Extrovertiertheit erscheint), er zeichnet auch die Ereignisse, die von einem länger zurückliegenden Giftmord, einem Selbstmord und dem im Titel genannten Verbrechen ausgelöst werden, persönlich auf. Er plant, seinen Bericht eines Tages als einen der wenigen »ungelösten« Fälle des berühmten Poirot zu veröffentlichen, und hält die seine eigene Rolle betreffenden Angaben für so raffiniert verschleiert, daß er schließlich Poirot selbst Einsicht in die Aufzeichnungen gewährt. Was Agatha Christie nach eigener Angabe an dieser Konstellation reizte, war die Notwendigkeit, bestimmte Stellen des Berichts so zweideutig zu formulieren, daß am Schluß, wenn die einzelnen Teile des Puzzlespiels von Poirot zusammengesetzt werden, der konsternierte Leser zugeben muß, daß er den Biedermann Sheppard zu Unrecht nicht in seine Überlegungen einbezogen hat. Es ist diese raffinierte Konstruktion, die *The Murder of Roger Ackroyd* zu einem jener seltenen Detektivromane gemacht hat, die dem Liebhaber des Genres beim zweiten Lesen mehr intellektuelles Vergnügen bereiten als beim ersten. Das Buch enthält eine der gelungensten Nebenfiguren der Autorin: die ältliche Schwester des Arztes, deren Neugier und gesunder Menschenverstand Poirot sehr zustatten kommen. G.Ba.

AUSGABEN: Ldn. 1926. – Harmondsworth 1948 (Penguin). – Ldn. 1957. – Ldn./Glasgow 1964. – Ldn. 1967. – Ldn. 1969. – Ldn. 1976. – Ldn. 1983.

ÜBERSETZUNGEN: *Roger Ackroyd und sein Mörder*, I. Kafka, Mchn./Bln. 1928. – *Alibi*, F. Pütsch, Mchn. 41959; ern. Mchn. 1987 (Goldm. Tb). – Dass., ders., Mchn. 1984. – Dass., ders., Bern/Mchn. 1986.

DRAMATISIERUNG: M. Morton, *Alibi* (Urauff.: Ldn. 1928, Prince of Wales' Theatre).

LITERATUR: D. R. Barnes, *A Note on »The Murder of Roger Ackroyd«* (in Mystery and Detection Annual, 1, 1972, S. 254–255). – M. L. Chapman, *A Crisis in the Private Life of Dame A. and »The Murder of Roger Ackroyd«* (in Lit. Sketches, 16, 1976, Nr. 2, S. 1–3).

## CHRISTINE DE PIZAN

\* 1365 Venedig
† um 1430 Poissy

LITERATUR ZUR AUTORIN:
*Bibliographien:*
E. C. Yenal, *Ch. de P., a Bibliography of Writing By Her and About Her*, Metuchen/N.J. 1982. – A. J. Kennedy, *Ch., a Bibliographical Guide*, Ldn. 1984.
*Gesamtdarstellungen und Studien:*
M. J. Pinet, *Ch. de P.*, Lyon 1927. – M. W. L. Boldingh-Goemans, *Ch. de P.*, Rotterdam/Den Haag 1948. – J. Moulin, *Ch. de P.*, Paris 1962. – S. Solente, *Ch. de P.*, Paris 1969. – E. Mc Leod, *The Order of the Rose. The Life and Ideas of Ch. de P.*, Ldn. 1976. – *Ideals of Women in the Works of Ch. de P.*, Hg. D. Bornstein, Detroit 1981. – R. Pernoud, *Ch. de P.*, Paris 1982. – M. Favier, *Ch. Muse des cours souveraines*, Genf 1984. – Ch. C. Willard, *Ch. Her Life and Works*, NY 1984. – F. Wolfzettel, *Zur Poetik der Subjektivität bei Ch. de P.* (in *Lyrik des ausgehenden 14. u. 15. Jh.s*, Hg. F. V. Spechtler, Amsterdam 1984, S. 375–397). – U. Liebertz-Grün, *Marie de France, Ch. de P. und die deutschsprachige Autorin im Mittelalter* (in Euphorion, 78, 1984, S. 219–236). – Dies., *Autorinnen im Umkreis der Höfe* (in *Frauen, Literatur, Geschichte*, Hg. H. Gnüg u. R. Möhrmann, Stg. 1985, S. 16–34).

## LA DITIÉ DE JEANNE D'ARC

(frz.; *Die Geschichte der Jeanne d'Arc*). Versdichtung von CHRISTINE DE PIZAN, beendet am 31. 7. 1429. – Diese einzige nicht auf Quellen und Chroniken, sondern auf Augenzeugenberichten beruhende, dichterische Verherrlichung der noch lebenden, als Retterin Frankreichs gepriesenen Heldin wurde von der Autorin mit siebenundsechzig Jahren unter dem unmittelbaren Eindruck der Ereignisse verfaßt, als die Franzosen nach ihrem überwältigenden Sieg bei Orléans und der Krönung Karls VII. soeben Château Thierry erobert hatten. Johanna und ihre Sendung mußten der Dichterin, die seit zehn Jahren geschwiegen hatte, wie eine letzte herrliche Verkörperung ihrer persönlichsten Anschauung erscheinen, wie eine Bestätigung ihrer vor dreißig Jahren gegen die Frauenfeindlichkeit des *Rosenromans* zu Felde ziehenden Streitschrift *Épistre au Dieu d'amours* und wie eine Erfüllung ihrer Wünsche für die Zukunft des Landes, das ihr zur zweiten Heimat geworden war (sie wurde in Venedig geboren). Christine bricht in ihrem einsamen Kloster geradezu in einen Hymnus patriotischer und religiöser Begeisterung aus, schildert den Siegeszug der Jungfrau in seinen einzelnen Phasen, weist auf die hohe Ehre hin, daß Gott sich der Krone Frankreichs mit solch wunderbaren Mitteln annehme, und preist den König und seine Retterin überschwenglich. Sie zitiert antike und biblische Beispiele und gibt Ratschläge und Prophezeiungen für eine friedliche Zukunft Frankreichs.

Die Dichterin ist vermutlich nicht lange nach der Vollendung ihres Gedichts gestorben, so daß ihr die grausame Enttäuschung, die die Hinrichtung der Gottgesandten sicherlich für sie bedeutet hätte, erspart blieb. Ihr *Ditié* ist ein geschichtlich wie literarisch gleich interessantes Dokument. Es enthält weniger beschreibende Erzählung als tendenziöse Reflexionen: die planlos aufgeführten, meist als bekannt vorausgesetzten Fakten sind vom Erlebnis der historischen Situation geprägt. Die Dichterin läßt bei ihrer Darstellung, von Begeisterung hingerissen, sowohl ihre im *Chemin de long estude* gepflegte Kenntnis höfischer Poesie als auch ihren in der *Mutacion de fortune* bewiesenen Sinn für historische Zusammenhänge außer acht. Ihre Jeanne d'Arc wird zu einer an ihren eigenen frommen Friedens- und Volksbeglückungsideen und Ritterzeit-Reminiszenzen orientierten überirdischen Idealgestalt, die in manchem an romantische Vorstellungen vom Mittelalter erinnert. – Was die Form des Werks angeht, so enthalten seine 61 hymnischen Strophen je acht achtsilbige Verse in der unregelmäßigen Reimbindung ababbcbc, deren Silbenzählung und Reime manchmal nicht ganz korrekt sind.

I.P.-KLL

AUSGABEN: Paris 1838 (in *Rapport au Ministre*, 13, Hg. Jubinal, S. 75ff.). – Paris 1841–1849 (in J. Quichérat, *Procès de condamnation et de réhabilitation de Jeanne d'Arc dite la Pucelle*, Bd. 5). – Paris 1886–1896 (in *Œuvres poétiques*, Hg. M. Roy, 3 Bde.; Nachdr. NY 1965). – Oxford 1978, Hg. A. J. Kennedy u. K. Varty.

LITERATUR: E. v. Jan, *Das literarische Bild der Jeanne d'Arc*, Halle 1928. – A. J. Kennedy u.

K. Varty, *Ch. de P.'s »Dite de Jehanne d'Arc«* (in Nottingham French Studies, 18, 1974, S. 29–55). – T. Ballet-Lynn, *The »Ditié de Jeanne d'Arc«: Its Political, Feminist and Aesthetic Significance* (in Fifteenth Century Studies, 1, 1978, S. 149–157). – L. Dulac, *Un écrit militant de Ch. de P.:»La ditié de Jehanne d'Arc«* (in *Aspects of Female Existence*, Kopenhagen 1978, S. 115–134). – D. Fraioli, *The Literary Image of Joan of Arc: Prior Influences* (in Speculum, 56, 1981, S. 811–830).

## ÉPISTRE AU DIEU D'AMOURS

(frz.; *Sendbrief an den Gott der Liebe*). Versepistel von CHRISTINE DE PIZAN, entstanden Mai 1399. – Noch der berühmte französische Historiker G. LANSON bezeichnete Christine als *»einen der vollkommensten Blaustrümpfe, den es in unserer Literatur gibt, die erste Vertreterin jenes unausstehlichen Geschlechts von Autorinnen, die über alles schreiben können und die während ihres lieben langen Lebens sich nichts anderes angelegen sein lassen, als die Beweise für ihren unermüdlichen Schreibfluß zu mehren, der ihrer umfassenden Mittelmäßigkeit entspricht«.* Heute gilt die erste ernstzunehmende Autorin im französischen Kulturbereich jedoch als *»französische Schriftstellerin aus der Zeit des Frühhumanismus, die zu den bemerkenswertesten Gestalten der europäischen Literaturgeschichte gehört«* (J. Bumke). In diesem Werk wendet sich Christine, die sich in *Le livre de la cité des dames* dann umfassend mit der Diskriminierung der Frau in der spätmittelalterlichen Gesellschaft auseinandersetzt, gegen den Autor des zweiten Teils des berühmten *Roman de la rose*, JEAN DE MEUNG, besonders gegen dessen ihrer Meinung nach unschickliche Benennung der menschlichen Genitalien; dann das von ihm in der sogenannten »Rede der Alten« verbreitete Frauenbild, das in die eindringliche Warnung vor dem weiblichen Geschlecht mündet. Die Form der *lettres royales* amüsant parodierend, läßt sie die beleidigten Frauen aller Stände auftreten und sich bei Cupido über die treulosen und falschen Männer beklagen. Der Liebesgott erklärt sich daraufhin alsbald zum Feind der schlechten Kavaliere, die mit ihren Missetaten in den Tavernen und sogar bei Hofe protzen, und ist willens, die Liebeswonnen, die er zu verschenken hat, nur treuen Rittern vorzubehalten. Die Dichterin hält anschließend ein Plädoyer für die Vorzüge der Frauen, wobei sie mit viel gesundem Menschenverstand einfache und logische Argumente zusammenzutragen weiß und mahnt, über den Verirrungen einiger nicht die Tugendhaftigkeit der meisten zu vergessen. Vom Kampfeseifer hingerissen, schließt sie ihre Ausführungen mit einer heftigen Kritik an der *Ars amatoria* des OVID und am *Roman de la rose*.

Mit diesem Gedicht machte sich Christine de Pizan die zahlreichen Anhänger Jean de Meungs, besonders JEAN DE MONTREUIL, zu Feinden, fand aber bei einigen hohen Herren, besonders dem Pariser Theologen Jean GERSON, auch Unterstützung.

Vermutlich war der *Sendbrief* der Anlaß für den berühmten Streit um den *Rosenroman*, zu dem Christine neben kritischen Briefen auch die Versdichtung *Le dit de la rose*, 1401 *(Die Erzählung von der Rose)*, beisteuerte, die den Höhepunkt ihrer Polemik gegen Jean de Meung bildet. Die *Épistre* hatte jedenfalls beträchtliche Wirkung und erhob die Verfasserin unter die bekanntesten Autoren der Zeit. Vor allem wurde das Gedicht zum Ausgangspunkt einer ganz neuen moralisierenden Literaturrichtung, die sich die Verteidigung des weiblichen Geschlechts zum Ziel setzte. Noch im 16. Jh. erschien es unter dem Titel *Contre romant de la rose*. Dies ist das älteste gedruckte Exemplar. Eine gekürzte englische Version erschien 1721 als *The Letter of Cupido*. I.P.-KLL

AUSGABEN: *Contre romant de la rose, nommé le Gratia Dei*, o. O. u. J. – Paris 1787 (*Épistre au dieu d'amour*, in Mlle de Kéralio, *Collection des meilleurs ouvrages composés par des femmes*, Bd. 2, S. 109–167; Bd. 3, S. 1–32; Ausz.). – Paris 1886–1896 (in *Œuvres poétiques*, 3 Bde., 2, Hg. M. Roy; Nachdr. NY 1965). – Paris 1977 (in *Le débat sur le roman de la rose*, Hg. E. Hicks; m. Einl. u. Anm.; krit.).

LITERATUR: A. Piaget, *Chronologie des Épitres sur le »Roman de la rose«* (in *Études romanes dédiées à G. Paris*, Paris 1891, S. 113–120). – Ch. C. Willard, *A New Look at Ch. de P.'s Épistre au Dieu d'Amours«* (in *Segonda miscellanea di studi e ricerche sul Quattrocento francese*, Turin 1967, S. 71–92). – E. C. Hicks, *The ›Querelle de la Rose‹ in the »Roman de la Rose«* (in Les Bonnes Feuilles, 3, 1974, S. 152–163). – Ders. u. E. Ornato, *Jean de Montreuil et le débat sur le »Roman de la rose«* (in Rom, 98, 1977, S. 34–64, 186–219). – Ch. C. Willard, *Christine and the Order of the Rose* (in *Ideals of Women in the Works of Ch. de P.*, Hg. D. Bornstein, Detroit 1981, S. 51–67).

## LE LIVRE DE LA CITÉ DES DAMES

(frz.; *Das Buch von der Stadt der Frauen*). Prosaschrift von CHRISTINE DE PIZAN, entstanden 1404/05. – Hatte Christine bereits in *Épistre au Dieu d'Amours* frauenfeindliche Tendenzen in JEAN DE MEUNGS Fortsetzung des *Roman de la rose* kritisiert, geht es ihr in *Le livre de la cité des dames*, einem »spätmittelalterlichen Lese- und Trostbuch für Frauen« (M. Zimmermann) darum, das Selbstbewußtsein der Frauen ihrer Zeit zu stärken, indem sie sich entschieden gegen die frauenfeindliche Literatur zur Wehr setzt, die gerade im Spätmittelalter besonders zahlreiche Blüten trieb: »*In meinem Innern war ich verstört und fragte mich, welches der Grund, die Ursache dafür sein könnte, daß so viele und so verschiedene Männer, ganz gleich welchen Bildungsgrades, dazu neigten und immer noch neigen, in ihren Reden, Traktaten und Schriften derartig viele teuflische Scheußlichkeiten über Frauen und deren Lebensumstände zu verbreiten.*« Doch bislang haben sich die Frauen nie gegen die jahrhundertelange üble Nachrede der Männer zur Wehr gesetzt: »*Die Frauen, gutmütig und ohne Falschheit, haben das göttliche Gebot der Langmut befolgt und gelassen die schweren Beschimpfungen erduldet, die ihnen in Rede und Schrift, völlig zu Unrecht, zugefügt wurden.*«

Christine beschränkt sich jedoch nicht darauf, in einem moralischen Traktat die haltlosen Anschuldigungen zurückzuweisen, denn diese »*Bosheiten, die allerorts über die Frauen verbreitet werden, fallen letzten Endes auf die Verleumder und nicht auf die Frauen zurück*«, sondern beschreibt die Erscheinung dreier gekrönter Frauen, die sich als allegorische Figuren der Vernunft *(Raison)*, der Rechtschaffenheit *(Droiture)* und der Gerechtigkeit *(Justice)* zu erkennen geben. Diese drei Damen wollen Christine Trost spenden, die nach der Lektüre der *Lamentationes Matheoli* (um 1300, *Die Klagen des Matheolus*), einer besonders üblen Tirade gegen die Frauen, an sich und ihrem Geschlecht zu zweifeln beginnt. Doch gleichzeitig fordern sie die Erzählerin auf, eine Stadt zu errichten, die allen »*hochherzigen und rechtschaffenen Frauen einen Ort der Zuflucht, eine umfriedete Festung gegen die Schar der boshaften Belagerer*« bieten soll. Als Baumaterial dienen die rühmenswerten Taten und Werke von Frauen. In einem Frage- und Antwortspiel liefern die drei Damen die nötigen Argumente und Beispiele für die tagtäglichen Auseinandersetzungen mit frauenfeindlichen Denkweisen, damit die Baumeisterin Christine daraus starke Mauern, Türme und Kastelle und dahinter Häuser und Paläste bauen kann. Viele dieser Argumente muten erstaunlich »modern« an. Gegen die Behauptung, Frauen taugten nur dazu, Männer zu umarmen und Kinder großzuziehen, führt die Dame Vernunft an, daß Frauen sich in allen bisher Männern vorbehaltenen Bereichen betätigen könnten: »*Vorausgesetzt sie sind willens, sich ernsthaft mit diesen Dingen zu beschäftigen, werden diese ihnen ebenso geläufig wie den Männern, und wenn sie sich ernsthaft ins Zeug legen, dann können sie ewigen Ruhm erlangen, dessen Besitz den vorzüglichsten Männern sehr angenehm ist.*« Auch den Vorwurf einer geringeren weiblichen Intelligenz läßt die Vernunft nicht gelten und plädiert für gleichberechtigte Erziehung: »*Wenn es üblich wäre, die kleinen Mädchen eine Schule besuchen und im Anschluß daran, genau wie die Söhne, die Wissenschaften erlernen zu lassen, dann würden sie genausogut lernen und die letzten Feinheiten aller Künste und Wissenschaften ebenso mühelos begreifen wie jene... Je stärker die Frauen den Männern an Körperkraft unterlegen, je schwächer und je weniger geschickt sie zu gewissen Dingen sind, desto größere Klugheit und desto mehr Scharfsinn entfalten sie überall dort, wo sie sich wirklich ins Zeug legen.*«

Die Exempla, welche den Aussagewert der Behauptungen illustrieren sollen, verraten den Einfluß der im Mittelalter beliebten Sammlungen wie die des VALERIUS MAXIMUS, des *Speculum historiale* von VINCENT VON BEAUVAIS und der *Legenda aurea* des JACOBUS DE VORAGINE, die Christine in ihrem Sinne bearbeitet. Zahlreiche Frauengeschichten sind aus BOCCACCIOS Werk *De claris mulieribus (Über berühmte Frauen)* entlehnt, das 104 anekdotenhafte Kurzbiographien zu großen Frauengestalten, überwiegend aus der Frühgeschichte und der Antike, enthält. Stets warnt Christine die Frauen eindringlich davor, den Pfad der Tugend zu verlassen, der sündigen Liebe zu erliegen, wohl wissend, wie eng die Grenzen der Frau in ihrer Zeit gesteckt sind, denn »*die Rechnung bezahlt immer nur ihr*«. Die Stadt der Frauen wird nur durch die Tugendhaftigkeit ihrer Bewohnerinnen, mittels derer sie allen Anschuldigungen der Männer trotzen können, Bestand haben. – Im Jahre 1521 erschien in London die englische Übersetzung *The Boke of the Cyte of Ladys*, die von der Popularität dieses Werks zeugt. W.R.

AUSGABEN: Diss. Vanderbilt Univ. 1976, Hg. M. Ch. Curnow. – Paris 1986, Hg. E. Hicks u. Th. Moreau.

ÜBERSETZUNG: *Das Buch von der Stadt der Frauen*, M. Zimmermann, Bln. 1986 [m. Einl.].

LITERATUR: A. Jeanroy, *Boccace et Ch. de P.: Le »De claribus mulieribus« sources principale du »Livre de la cité des dames«* (in Rom, 48, 1922, S. 92–105). – G. Bozzolo, *Il »Decamerone« come fonte del »Livre de la cité des dames« di Ch. de P.* (in *Miscellanea di studi e ricerche sul Quattrocento francese*, Turin 1966, S. 1–24). – M. C. Curnow, *»The Boke of the Cyte of Ladyes«, an English Translation of Ch. de P.'s »Le livre de la cité des dames«* (in Les Bonnes Feuilles, 3, 1974, S. 116–137). – C. M. Reno, *Christine's Use of the »Golden Legend« in the »Cité des dames«* (ebd., S. 89–99). – L. Dulac, *Un mythe didactique chez Ch. de P.: Sémiramis ou la veuve héroique du »De mulieribus claris« de Boccace à la »Cité des dames«* (in *Mélanges de philologie romane offerts à Charles Camproux*, 2 Bde., Montpellier 1978, S. 325–343). – C. M. Reno, *Virginity as an Ideal in Ch. de P.'s »Cité des dames«* (in *Ideals for Women in the Works of Ch. de P.*, Hg. D. Bornstein, Detroit 1981, S. 69–90). – P. A. Philippy, *Establishing Authority. Boccaccio's »De claris mulieribus« and Christine's »Le livre de la cité des dames«* (in RoR, 77, 1986, S. 167–194). – J. Bumke, Rez. (in FAZ, 3. 1. 1987). – M. Blöcker, Rez. (in NZZ, 6. 6. 1987). – U. Krechel, Rez. (in SZ, 9. 3. 1988).

## KONSTANTINOS CHRISTOMANOS

\* Aug. 1867 Athen
† Nov. 1911 Athen

LITERATUR ZUM AUTOR:
T. Agras, Art. *K. Ch.* (in *Megali Elliniki Enkiklopedia*, Bd. 24, Athen 1934, S. 711 f.; m. Bibliogr.). – K. Varnalis, *Zontaní ánthropi*, Athen 1939, S. 39 ff. – A. Sachinis, *I pezografía tu ästhitismú*, Athen 1981, S. 350–405. – Ch.-D. Gunelas, *I sosialistikí sinídisi stin ellinikí logotechnía 1897–1912*, Athen ³1964.

## I KERENIA KUKLA

(ngriech.; *Die Wachspuppe*). Roman von Konstantinos CHRISTOMANOS, erschienen 1911. – Die Veröffentlichung des Werks war von unerfreulichen Umständen begleitet: Der in der Zeitschrift ›Patrìs‹ begonnene Vorabdruck mußte aufgrund von Protesten der Kritik abgebrochen werden, und der plötzliche Tod des Autors mitten in der Korrekturarbeit verhinderte eine definitive Textfassung.
Der Roman spielt in dem ärmlichen Milieu eines Athener Stadtviertels. Hier lebt Nikos, ein junger Holzschnitzer, mit seiner älteren, kranken und verblühten Frau Virginia. Eine entfernte Verwandte des Paars, die hübsche siebzehnjährige Liolia, erregt mit ihrem Auftreten die heftige Liebe Nikos'; als die im Sterben liegende Virginia diese Bindung ihres Gatten entdeckt, erleidet sie einen tödlichen Anfall. Die Gemeinsamkeit des neuen Paares ist von Beginn an von diesem Tod überschattet. Die Gewissensbisse lassen Nikos und Liolia nicht zur Ruhe kommen, und ihre »Schuld« pflanzt sich fort: Ihr Kind kommt schwächlich zur Welt – es ist die »Wachspuppe« – und stirbt nach kurzer Zeit. Schließlich wird Nikos bei einem Streit in der Taverne erschlagen.
Diese Elemente der Fabel (schuldhafte Liaison, morbide Atmosphäre, reihenweise Todesfälle usw.) hätten die passende Szenerie für ein romantisches Drama abgegeben. Das Gegenteil ist der Fall bei der *Wachspuppe*; ihr entscheidendes Merkmal ist der Realismus der Darstellung. Dem Autor ist es gelungen, das Leben in der Athener Vorstadt naturgetreu wiederzugeben und Gestalten von überzeugender Plastizität zu schaffen. Hervorzuheben ist die Lebendigkeit der Dialoge, besonders in jenen Szenen, in denen die Nachbarsfrauen aus dem Volk sich mit Nikos' Abenteuern beschäftigen und ihren bösen Zungen freien Lauf lassen. Die Sprache des Autors, lebendige *dimotikí* (Volkssprache), verfügt oft über Spannung und Leidenschaft – wenn auch oft eine gewisse neuromantische Schönheitssucht zu gesuchtem Ausdruck verführt und damit den realistischen Tenor der Beschreibung durchbricht. P.M.

AUSGABEN: Athen 1911. – Athen 1925. – Athen 1970, Hg. G. Protopapa-Bubulidu.

ÜBERSETZUNG: *Die Wachspuppe*, A. Steinmetz, Hbg. 1929.

LITERATUR: T. Agras, *I »Kerenia kukla« tu K. Ch. ke to ellinikò realistikó mithistorima*, Diss. Athen 1931 (Nachdr.: *Kritiká III.*, Athen 1984).

## KIRIL CHRISTOV

eig. Kiril Christov Genčev
* 25.6.1875 Stara Zagora
† 7.11.1944 Sofia

LITERATUR ZUM AUTOR:
C. Minkov, *K. Ch.*, Sofia 1930. – N. Mirkovič, *K. Ch.* (in Slav. Rundschau, 2, 1930, S. 721–730). – V. Karateodorov, *K. Ch.*, Sofia 1935. – K. B. Mitov, *K. Ch.*, Sofia 1938. – Ž. Avdžiev, *K. Ch., Literaturno-kritičeski očerk*, Sofia 1965. – M. Arnaudov, *K. Ch., Život i tvorčestvo*, Sofia 1967. – K. Kujumdžiev, *K. Ch. Literaturno-kritičeski očerk*, Sofia 1967. – P. Zarev, *K. Ch.* (in P. Z., *Panorama na bălgarskata literatura*, Bd. 2, Sofia 1969). – *K. Ch., Dimităr Bojadžiev i Teodor Trajanov v spomenite na săvremennicite si*, Sofia 1969. – I. Burin, *Samodivskata kitka na K. Ch.* (in Septemvri, 12, 1974, S. 193–205). – L. Georgiev, *K. Ch.* (in Chorizont, 1975, 2, S. 48–54). – K. Kujumdžiev, *Pevec na svoja život. Kniga za K. Ch.*, Sofia 1980. – Ders. u. T. Malčeva, *Ch.* (in *Rečnik na bălgarskata literatura*, Bd. 3, Sofia 1982, S. 538–540).

## BEŽANCI

(bulg.; *Die Flüchtlinge*). Versepos von Kiril CHRISTOV, erschienen 1896. – Wie DRUMEVs Erzählung *Neštastna familija (Die unglückliche Familie)*, VAzovs Gedichtzyklus *Tăgite na Bălgarija (Bulgariens Qualen)* oder TODOROVs Schauspiel *Zidari (Die Maurer)* – um nur einige Werke zu nennen – hat auch dieses balladeske Versepos die Rechtlosigkeit der bulgarischen Dorfbevölkerung gegenüber den marodierenden türkischen Räuberhorden zum Thema – jene Auslieferung an die »Kirdžali« auf Gnade und Ungnade, die im Schrifttum des Landes immer wieder als typisches Symptom für die Lage des osmanischen Bulgaren und Makedonier dargestellt wird. So harrt auch hier das Dorf Gornja-Kremena »Emins und seiner Unzahl Blutdürstiger«. (»*Wo sie verschwanden, den Rauch sieht man steigen: verascht schon das zwanzigste Dorf.*«) Während noch in der Kirche beratschlagt wird, wie man die Türken empfangen soll, meldet der Feldhüter schon ihren Anmarsch. In panischer Angst zieht die Dorfgemeinde in die Berge, wo sie notdürftig lagert und resigniert nach dem unvermeidlichen Feuerschein aus dem Tal Ausschau hält. Der Pope »*wärmt die Herzen*« der bedrückten Männer mit dem Wort Gottes (»*Wo Feuer ist, da ist auch Licht*«). Doch die Hoffnung, das Dorf werde vielleicht verschont bleiben, erfüllt sich nicht. Als die ersten Hähne krähen, schlagen die Flammen aus den Dächern.
Im Verhältnis zu den meisten Bearbeitungen des Motivs durch andere Autoren ist bemerkenswert, daß sich Christov weder tendenziös noch larmoyant engagiert, sondern sein Interesse auf eine objektive Darstellung des bedrohten und zur Flucht gezwungenen Menschen wendet. Zwar sind neben allgemeinen Gemütsbewegungen (Hoffnung, Angst, Resignation und schließlich Trauer und neue Hoffnung) auch die spezifischen Affekte bulgarischer Gläubigkeit und Heimatliebe akzentuiert; da diese Topographie jedoch keinem provinziellen, sondern einem prinzipiellen Realismus dienen will, kann man das Poem zeitlos gültig nennen, was nicht zuletzt auch die gemeißelte Sprache seiner Fünfzeiler bestätigt. W.Sch.

AUSGABEN: Sofia 1896 (in *Pesni i văsdiski*). – Sofia 1903 (in *Izbrani stichotvorenija*). – Sofia 1953 (in *Izbrani proizved.*). – Sofia 1966 (in *Săčinenija*, 5 Bde., 2).

## ČEDA NA BALKANA

(bulg.; *Kinder des Balkan*). Versepos in acht Gesängen von Kiril CHRISTOV, erschienen 1930. – Gegenstand des 1926–1928 entstandenen großangelegten Epos sind die politischen und militärischen Ereignisse des Ersten Balkankriegs (1912/1913). Den für Bulgarien unglücklichen Verlauf des Zweiten Balkankriegs (1913), der mit dem vorangehenden historisch zusammengehört, läßt der Dichter außer acht, um sein Volk nicht in verzweifelter Lage darstellen zu müssen.
Vlad Vratinski, der Held des Epos, erhält von Zar Ferdinand den Auftrag, durch das Land zu reisen, um die Stimmung des Volkes am Vorabend des Kriegs auszukundschaften. Die mit historischen Exkursen verknüpfte Schilderung seiner Reise nach Starigrad (Stara Zagora), auf der ihn seine Frau Božana und seine Tochter Rosica begleiten, bietet dem Dichter die Möglichkeit, ein idyllisches, ja paradiesisches Bild der bulgarischen Landschaft und der Lebensgewohnheiten ihrer Bewohner zu entwerfen. Der dritte Gesang, der die politischen Ansichten des Volkes verdeutlicht, führt zum Kern des Poems. Bei einem Gespräch im Wirtshaus beklagt der Dichter Božidar die rassische Heterogenität des bulgarischen Volkes, aus der er dessen schicksalhafte Uneinigkeit in politischen Fragen erklärt. Dr. Načo fügt diesen rassenphilosophischen Thesen das Argument hinzu, daß sexuelle Unausgeglichenheit, vor allem der Intelligenz, zu Gehässigkeit, Streit und Verbrechen geführt hätten. Der Advokat Andrej Berovski endlich weiß den Glauben an die eigene Kraft des Volkes zu wecken. Im vierten Gesang berichtet Vratinski dem zu Selbstüberschätzung neigenden Zaren von seinen Reiseeindrücken. Er rät unter den gegebenen Umständen vom Krieg ab. Die Mobilmachung, die Kriegserklärung in Starigrad und die ersten bulgarischen Siege sind Thema des fünften und sechsten Gesangs. Der Kriegsschauplatz und das Lager der Soldaten vor Adrianopel bilden im siebten Gesang

den Höhepunkt der Dichtung, auf den ein Epilog folgt: In London wird ein Waffenstillstandsabkommen geschlossen; Vratinski arrangiert für seine Tochter Rosica, die sich in den Advokaten Beroski verliebt hat, eine große Volkshochzeit.

Das Hauptwerk des Autors verbindet wenige Jahre zurückliegende historische Ereignisse mit dem Schicksal fiktiver Gestalten, vorab mit der Liebesgeschichte zwischen Rosica und Berovski. Christov versteht es vor allem die patriotische Begeisterung des bulgarischen Volkes und den Heroismus der einfachen Soldaten zu vermitteln. Doch beansprucht die zäh fortschreitende Handlung des umfangreichen, in jambischen Versen mit paarweisen, wechselnd männlichen und weiblichen Reimen gehaltene Epos die Geduld des Lesers über Gebühr. Die kriegerische Auseinandersetzung zwischen Bulgaren und Türken wird zu lange hinausgezögert und zu knapp dargestellt. Allein in den beiden ersten Gesängen, die liebevoll gezeichnete Genrebilder enthalten, zeigt sich das Talent des Dichters, der als Meister der Landschaftslyrik gilt. Die Protagonisten der Handlung erscheinen dagegen blaß und unprofiliert. In ihren Monologen wie in den politischen Reden in Starigrd manifestieren sich die subjektiven, schablonenhaften geschichtsphilosophischen Gedanken des Autors. Die satirische Zeichnung des Zaren Ferdinand, die Christov von MICHAJLOVSKI übernahm, entspricht dem Urteil der Zeit.

Ursprünglich beabsichtigte der Autor, SLAVEJKOVS unvollendetes Versepos *Kărvava pesen*, 1911–1913 *(Das blutige Lied)*, umzuarbeiten. Die Lektüre von MICKIEWICZS *Pan Tadeusz*, 1834 *(Herr Tadeusz)*, bestärkte ihn jedoch in dem Glauben, den Bulgaren ein eigenständiges Nationalepos geben zu müssen, mit dem er zugleich seinen Anspruch auf den Rang eines bulgarischen Nationaldichters rechtfertigen zu können hoffte. In der bulgarischen Kritik stieß sein Epos eher auf Zurückhaltung und Ablehnung.

D.Ku.

AUSGABEN: Sofia 1930. – Sofia 1967 (in *Săčinenija*, Hg. S. Gjurov u. a., 5 Bde., 1966–1968, 3).

LITERATUR: G. Bakalov, Rez. (in Zvezda, 1, 1932, H. 4). – G. Canev, *K. Ch. bez retuš* (in Literaturna misăl, 12, 1968, H. 4).


## POBEDNI PESNI

(bulg.; *Siegeslieder*). Gedichtzyklus von Kiril CHRISTOV, erschienen 1916. – Geschätzt wegen seiner Ivan VAZOV ebenbürtigen Landschaftslyrik, aber auch angegriffen wegen seiner unromantisch-realistischen Liebesdichtung, geriet Christov in das Kreuzfeuer der Literaturkritik, als er sich den aktuellen politischen Auseinandersetzungen der Zeit zuwandte. Die Balkankriege und der Erste Weltkrieg gaben ihm Anlaß, Patriotismus und Tapferkeit der bulgarischen Soldaten anzufachen, die Leiden des Kriegs zu idealisieren und eine oft ungerechte Verachtung des Gegners zu propagieren. In seinen patriotischen, selten chauvinistischen Gedichten will der Autor, selbst nicht Soldat, seinen Beitrag zur nationalen Bewegung leisten. »*Die erhabene Wirklichkeit zwingt die Männer der Kunst erneut, bewußt auf der Mutter Erde zu schreiten*«, bekennt er im Vorwort seines Zyklus. Die Gedichte der Sammlung umfassen eine Vielfalt oft kontrastierender Motive: Szenen auf dem Schlachtfeld; friedliches Dorfleben; die Mutter, die Mann und Söhne in den Krieg ziehen ließ; das Soldatenleben; das Schicksal der Gefangenen usf. Mit Sieg und Niederlage wechselt die Intonation der Gedichte. Einer Hymne gleich ertönt es in *Nedovolstvoto na silnite (Die Unzufriedenheit der Starken)*: »*Sieh, die Luft reinigt sich, es hellt sich auf nach dem Sturm, / und neu hebt das Leben an. / Der Arbeiter bekränzt sein Haupt, / es triumphiert das geplagte Volk.*« Den für Bulgarien unglücklichen Ausgang des Zweiten Balkankriegs (1913) kommentiert das Gedicht *Molitva (Gebet)* mit den Zeilen: »*An jeder Grenze – Feuer, Raub, Gewalt. / Verhöhnung unserer Heiligtümer, unserer Ehre. / Wenig sind wir, o Gott, unsere Kräfte reichten nicht aus / mit fünf wilden Raubtieren müssen wir heute kämpfen.*«

Zeitgenössische Kritiker verurteilten die einseitige Tendenz der Gedichte, die jedoch durch ihre künstlerische Vollendung aufgewogen wird. Christov erweist sich auch in seinen von PETÖFI, MAETERLINCK, VERHAEREN, DEHMEL, HOLZ und UNRUH beeinflußten Kriegsliedern als impulsiver, vitaler, mitunter exaltierter Lyriker, der sich ohne philosophische Vertiefung unmittelbar seinem Erleben hingibt. Seine Sprache ist betont rhythmisch und anschaulich, die impressionistische Diktion reicht von der spielerischen Liedform bis zum feierlichen, in sechsfüßigen Jamben vorgetragenen Ton.

D.Ku.

AUSGABEN: Sofia 1916. – Sofia 1966 (in *Săčinenija*, 5 Bde., Hg. S. Gjurova u. a., Bd. 1). – Sofia 1980 (in *Stichotvorenija*).

LITERATUR: Ž. Avdžiev, *K. Ch. – pevec na ljubovta i na prirodata* (in Lit. Misăl, 8, 1964, 6, S.35–59). – K. Kujumdžiev, *Prirodata i ljubovta na K. Ch.* (in Rodna reč, 1967, 4, S. 30–35).


# CARYL CHURCHILL

* 3.9.1938 London

## TOP GIRLS

(engl.; *Ü: Top Girls*). Stück in zwei Akten von Caryl CHURCHILL, Uraufführung: London, 28. 8. 1982, Royal Court Theatre; deutsche Erstaufführung: Köln, 29. 11. 1983, Schauspielhaus. – Experimentierfreude und Geschichtsbewußtsein, beides Zeugnisse von Churchills Lehrjahren in der alternativen Theaterszene Englands, prägen diese kritische Studie über einen falsch verstandenen Feminismus in einer von männlichen Werten geprägten, erfolgsorientierten modernen Wohlstandsgesellschaft. Zusammen mit der ernsten Gesellschaftskomödie *Cloud 9*, 1979 *(Der siebte Himmel)*, begründet *Top Girls* den Weltruhm der Autorin. Das Stück ist eine Fusion zweier separat geplanter Dramen, die durch thematische Echos eine kontrastreiche und aussagekräftige inhaltliche Einheit erzielen. Das nur mit Frauenrollen besetzte Stück stellt einer surrealistischen Anfangsszene, die historische Kontinuität vermittelt, eine realistische Gegenwartsbetrachtung gegenüber.

In der ersten Szene präsentiert die Autorin durch die Verwendung anachronistischer Gestalten aus der Geschichte und aus der Welt der Kunst ein Panorama weiblicher Tatkraft, Leidensfähigkeit und Emanzipation. Die neuzeitliche »Erfolgsrakete« Marlene, soeben zur Direktorin der Top-Girls-Stellenvermittlungsagentur avanciert, lädt zur Feier ihres beruflichen Triumphes ein Potpourri fiktiver und historischer Frauengestalten: die schottische Weltreisende Isabella Bird, die buddhistische Nonne Nijo, Dulle Griet aus einem Gemälde von Breughel, die Päpstin Johanna sowie die Geduldige Griselda aus Boccacios *Decamerone* und Chaucers *Canterbury Tales*. Die Lebensberichte dieser außergewöhnlichen Frauen, die alle Symbole weiblicher Stärken und Erfolge sind, lassen keine rechte Stimmung aufkommen. Sie alle haben Leid ertragen und sich zu ungewöhnlichen Taten aufgerafft, denen Marlenes Bewunderung gilt. Jedoch stellt sich heraus, daß sie sich dabei den Normen der Männerwelt angepaßt und diese unreflektiert ihren Handlungen zugrunde gelegt haben, im Falle Johannas, die, als Mann verkleidet, zum Papst ernannt wurde, sogar auf Kosten ihrer Identität als Frau. Die weiteren Szenen dokumentieren in unchronologischer Folge Marlenes beruflichen Werdegang. Aus einfachen Verhältnissen stammend, die ihren Kampfgeist erweckten, hat sie sich durch energisches Auftreten und totale Hingabe an den Beruf im Konkurrenzkampf gegen die Männer bewährt, dabei aber mehr Verluste erlitten (ohne sich dessen bewußt zu sein), als ihre mythisierten Vorbilder zusammen. In ihrem Lebenslauf summieren sich nicht nur jene positiven Energiepotentiale, sondern auch die Schattenseiten des Erfolgs. In dem Maße, wie ihre Ellenbogenmentalität überhand nahm, schwanden ihre Mutterliebe, ihre Familienbindung und ihre Solidarität mit anderen Frauen. Ihre eigene Tochter Angie hat Marlene ihrer Schwester Joyce überlassen, um für ihre Karriere frei zu sein. Befangen in einem rücksichtslosen Effizienzdenken, verachtet sie Menschen, die ihrer Meinung nach *»dumm und faul und lahmarschig«* sind und zu denen sie bedenkenlos auch ihre heranwachsende, verträumte Tochter zählt. Um der eigenen Selbstverwirklichung willen huldigt sie all jenen – ›männlichen‹ – Eigenschaften, die jahrhundertelang die Unterdrückung der Frau in der Gesellschaft begünstigt haben. Diese falsche Auffassung von Emanzipation führt zum Verlust der Emotionen, zu einer Entfremdung von der eigenen Natur.

Churchills Kritik richtet sich über die letztlich gesellschaftskonforme Einstellung der Protagonistin hinaus gegen die menschenverachtenden Mechanismen der modernen Geschäftswelt. Die Einbuße familiärer und sogar mütterlicher Bindungen, die vor allem im Schlußdisput zwischen Marlene und ihrer klassenkämpferischen Schwester Joyce deutlich wird, verweist auf ein generelles Defizit an sozialer Kooperation. Sein sprachliches Pendant findet dieser Mangel an Verständigungsbereitschaft im Stilmittel des sich überlappenden Dialogs. Das ständige Sich-ins-Wort-Fallen der Dialogpartner zeigt vor allem in der Anfangsszene, daß die beteiligten Frauen nicht willens sind, aus ihrem gesammelten Erfahrungsschatz fruchtbare Lehren zu ziehen. Churchills Kritik an den Frauen ist jedoch *»solidarisch«* (R. Klett). Sie *»zeichnet die Figuren kantig und widersprüchlich, ohne sie gegeneinander auszuspielen, sie will nichts mit ihnen beweisen – niemand oder alle behalten recht. »Top Girls« ist ein Stück der Fragen, nicht der Antworten. Wenn Macht-Haben für Frauen bedeutet, die besseren Männer zu werden, lohnt sich das dann? Oder: Ist es richtiger, gegen die bestehende Gesellschaft zu versagen, als mit ihr (durch sie) Erfolg zu haben?«* (R. Klett).   K.G.

Ausgaben: London 1982. – Ldn. 1984 [rev. Fassg.].

Übersetzung: *Top Girls*, H. Zerning (in Theater heute, 1984, H. 1, S. 28–43).

Literatur: *Contemporary Literary Criticism*, Bd. 31, S. 81–90. – C. Itzin, *Stages in the Revolution*, Ldn. 1980, S. 279–287. – H. Keyssar, *Feminist Theatre*, Ldn. 1984, S. 77–101. – R. Klett, *»Auf der Bühne ist möglich, was man will«* (in Theater heute, 1984, H. 1, S. 19–27). – J. Marohl, *De-Realised Women: Performance and Identity in »Top Girls«* (in MD, 30, 1987, S. 376–388).

## CHARLES CHURCHILL

\* Febr. 1731 Westminster
† 4.11.1764 Boulogne

### THE ROSCIAD

(engl.; *Die Rosciade*). Verssatire von Charles Churchill, erschienen 1761. – Der Titel des aus 1090 paarweise gereimten jambischen Pentametern bestehenden Werks, einer Satire auf zeitgenössische Schauspieler und Schauspielkunst, bezieht sich auf den berühmten römischen Schauspieler Roscius (gest. 62 v. Chr.), der hier die vollendete Bühnenkunst verkörpert. Roscius ist tot, und unter seinen Kollegen setzen die Diadochenkämpfe um den vakanten Thron ein: Jeder buhlt mit allen Mitteln um die Gunst des Pöbels. Um den Streit zu entscheiden, beschließt man, Schiedsrichter einzusetzen. Doch wer soll dieses Amt übernehmen? Johnson ist dafür zu ernst, Swift zu heiter. Die Anhänger der klassischen Kunst plädieren für Sophokles; doch Robert Lloyd, Verfasser von *The Actor* (1760), eines Lehrgedichts über die Schauspielkunst, das Churchill wahrscheinlich die Anregung zur *Rosciade* gab, spricht sich für einen britischen Genius aus. Unter allgemeinem Beifall werden Shakespeare und Ben Jonson zu Richtern bestimmt.

Am Tag des Gerichts zieht der Zug der Mimen, angeführt von »Ordnung« und einem Vorspann von Musikanten, Statisten und Kulissenschiebern, an der Richtertribüne vorbei. Unbedeutende Komödianten wechseln in bunter Folge mit berühmten Charakterdarstellern wie David Garrick, Samuel Foote und Hannah Pritchard. Jeder einzelne wird vom Autor kritisch kommentiert. Nur ganz wenige erhalten uneingeschränktes Lob; die Mehrzahl wird mit spöttischer Ironie gegeißelt oder mit offensichtlicher Geringschätzung abgetan. Unter den Opfern sind der Garrick-Schüler Charles Holland, dessen Können sich in der Nachahmung des Meisters erschöpft; Richard Yates, der in der Darstellung vulgärer Charaktere glänzt, weil er sich hier selbst darstellen kann, der aber lächerlich wirkt, sobald er als Gentleman auftreten soll; Samuel Foote, der berühmte Zeitgenossen durch billige Nachahmung ihrer körperlichen Gebrechen der Lächerlichkeit preisgibt; daneben zahlreiche Vertreter der zweiten Kategorie, unter ihnen Jack Johnson, James Love, Arthur Murphy und Charles Macklin. Besser kommen die Schauspielerinnen weg, für deren Schönheit und Anmut Churchill sich sehr empfänglich zeigt: Fast alle erhalten reichliches Lob, allen voran die berühmte Darstellerin komischer Rollen, Catherine Clive; daneben huldigt Churchill vor allem Mrs. Pritchard. Mit dem Lob der Schauspielerinnen wird einmal ein heftiger Ausfall gegen die italienische Musik verbunden, dann wieder ein indirektes Kompliment für Churchills Freund, den Dramatiker Colman. Anschließend treten die männlichen Mimen wieder in den Blickpunkt, von denen vor allem Henry Mossop und Spranger Barry, die den Zeitgenossen als beste Schauspieler nach Garrick galten, witzig glossiert werden. Am Schluß des Zuges erscheint der große Garrick. Die Kritiker finden auch an ihm manches auszusetzen, doch im Grund handelt es sich nur um unbedeutende Äußerlichkeiten. Ihm gilt Churchills volle Sympathie, und in diesem Sinn wird auch der Streit entschieden. Nach reiflicher Überlegung verkündet Shakespeare im Namen des Schiedsgerichts das Urteil: Die Nachfolge des Roscius wird Garrick zugesprochen.

Das Werk erregte die Öffentlichkeit wie keine Satire seit POPES *Dunciad* (1728) und machte den Autor mit einem Schlag berühmt. Kurz nach der Veröffentlichung erschien ein ganzer Schwarm gehässiger Pamphlete, die Churchills Urteile zu revidieren oder seine künstlerische Leistung herabzusetzen suchten. Die *Critical Review* warf ihm vor, er habe sich zum Echo jener Kritiker gemacht, die man in jedem Kaffeehaus finden könne; in billiger Lobhudelei habe er aus dem Scheiterhaufen aller übrigen Schauspieler seinem Idol Garrick ein Opferfeuer dargebracht. Solche Vorwürfe waren stark übertrieben, denn Churchill war durchaus um ein abgewogenes Urteil bemüht, auch wenn er im Schwung seiner Ironie manchmal hart zuschlug. Auch hat er sein Thema selbständig gestaltet und damit sogar ausgesprochenes literarisches Neuland betreten. Zwar hatte es in England noch nie an Pamphleten gegen Bühne und Schauspieler gefehlt, doch entsprangen diese ausnahmslos puritanischem Denken, das aus moralischen Gründen das Theater grundsätzlich ablehnte. Die *Rosciade* dagegen führt ihre Attacken im Namen der Ästhetik; sie ist die erste poetische und persönliche Kritik schauspielerischer Leistungen in England. Zu einer Zeit, da die Tagespresse noch keine regelmäßige Theaterkritik pflegte, das Theater in der Gesellschaft aber eine bedeutende Rolle spielte, mußte eine solche Schrift auf lebhaftes Publikumsinteresse stoßen, nicht zuletzt einer gewissen Schadenfreude und Lust am Skandal wegen.

Über seine zeitgenössische Aktualität hinaus ist das Werk aber auch durch seine künstlerische Gestaltung bemerkenswert. Es ist die vollendetste aller Satiren Churchills: Virtuosität im Gebrauch des heroischen Verses paart sich hier mit Kraft und Frische des Ausdrucks, scharfer Beobachtungsgabe, witziger Darstellungskunst und plastischer Charakterzeichnung. Gewisse Grundzüge der verschiedenen Schauspielertypen sind von so zeitloser Gültigkeit, daß man manche der satirischen Charakterskizzen auch ohne Kenntnis des historischen Hintergrunds genießen kann. Solch exemplarischer Gestaltung lebensvoller Künstlerfiguren verdankt die *Rosciade* ihre bis heute anhaltende Beliebtheit.

W. Fü.

AUSGABEN: Ldn. 1761; ⁹1765. – Ldn. 1783 (in *The Poetical Works*, 3 Bde., 1). – Ldn. 1844 (in *The Poetical Works*, Anm. W. Tooke, 3 Bde., 1). – Ldn. 1891, Hg. W. Lowe. – Ldn. 1933 (in *Poems*, Hg. J. Laver, 2 Bde., 1). – Oxford 1956 (in *Poetical Works*, Hg., Einl. u. Anm. D. Grant).

LITERATUR: F. Putschi, *Ch. Ch. Sein Leben u. seine Werke*, Wien 1909. – J. M. Beatty, *The Battle of the Players and Poets, 1761–1766* (in MLN, 34, 1919, S. 449–462). – Ders., *Ch.'s Influence on Minor Eighteenth Century Satirists* (in PMLA, 42, 1927, S. 162–176). – W. C. Brown, *Ch. Ch. A Revaluation* (in StPh, 40, 1943, S. 405–424). – Ders., *Ch. Poet, Rake and Rebel*, Lawrence/Kansas 1953. – I. Simon, *An Eighteenth-Century Satirist: Ch. Ch.*

(in *Revue Belge de Philologie et d'Histoire*, 37, 1959, S. 645–683). – W. F. Cunningham, *Ch. Ch. and the Satiric Portrait* (in *Essays and Studies in Language and Literature*, Hg. H. H. Petit, Pittsburgh 1964, S. 110–132). – M. Golden, *Sterility and Eminence in the Poetry of Ch. Ch.* (in JEGPh, 66, 1967, S. 333–346). – R. J. Smith, *Ch. Ch.*, Boston 1977 (TEAS). – T. F. Lockwood, *Post-Augustan Satire, Ch. Ch. and Satirical Poetry, 1750–1800*, Seattle/Ldn. 1979. – P. M. Briggs, ›*The brain too finely wrought*‹: *Mind Unminded in Ch.'s Satires* (in Modern Language Studies, 14, 1984, Nr. 4, S. 39–53). – D. Bucklaen-Messina, *Jeu des acteurs et reflet d'âme dans la »Rosciade« de Ch. Ch.* (in *Le corps et l'âme en Grande Bretagne au XVIIIe siècle*, Hg. P. G. Boucé und S. Halimi, Paris 1986).

## SIR WINSTON CHURCHILL

eig. Winston Leonard Spencer Churchill
\* 30.11.1874 Blenheim Palace / Woodstock bei Oxford
† 24.1.1965 London

LITERATUR ZUM AUTOR:
O. H. Richter, *W. S. Ch.: Mensch, Soldat, Staatsmann*, Stg. 1949. – F. Woods, *A Bibliography of the Works of S. W. Ch.*, Ldn. 1963, ern. 1975. – J. Améry, *W. S. Ch.: Ein Jahrhundert Zeitgeschichte*, Luzern 1965. – R. S. Churchill, *W. S. Ch.*, 5 Bde., Ldn. 1966–1976. – *Ch.*, Hg. M. Gilbert, Englewood Cliffs/N. J. 1967. – S. Haffner, *W. Ch.*, Reinbek 1967 (rm). – Ch. Moran, *Ch.: Der Kampf ums Überleben*, Mchn./Zürich 1967. – M. Ashley, *Ch. as Historian*, Ldn. 1968. – *Ch.: Four Faces and the Man*, Hg. A. J. P. Taylor u. a., Ldn. 1969. – W. G. Truchanowski, *W. Ch.*, Bln. 1972. – M. P. Schoenefeld, *S. W. Ch.: His Life and Times*, Hinsdale/Ill. 1973. – *Ch.: A Profile*, Hg. P. Stansky, Ldn./Basingstoke 1973. – M. Weidhorn, *A Bibliography of Material on Ch.'s Writing* (in Papers of the Bibliogr. Society of America, 67, 1973, S. 459–463). – D. Aigner, *W. Ch.: Ruhm und Legende*, Göttingen 1974. – H. Pelling, *W. Ch.*, Ldn./Basingstoke 1974. – M. Weidhorn, *Sword and Pen: A Survey of the Writings of Sir W. Ch.*, Albuquerque 1974. – Ders., *Sir W. Ch.*, Boston 1979. – M. Gilbert, *Ch.*, Garden City/NY 1980. – P. Brendon, *Ch.*, Mchn. 1984.

## A HISTORY OF THE ENGLISH-SPEAKING PEOPLES

(engl.; *Ü: Geschichte*). Historisches Werk von Sir Winston CHURCHILL, begonnen vor dem Zweiten Weltkrieg, auszugsweise in Zeitschriften vorabgedruckt, erschienen 1956–1958. – Churchills großangelegtes Werk beginnt mit dem Jahr, in dem die britischen Inseln ins Blickfeld der damaligen zivilisierten Welt rückten, dem Jahr 55 v. Ch., als Caesar im keltisch besiedelten England landete. Im ersten Teil des *The Birth of Britain* genannten ersten Bandes behandelt der Autor die Geschichte der römischen Provinz Britannia, die angelsächsische Invasion im 5. und 6. Jh., die Konsolidierung Englands während der Heptarchie der Regionalkönigreiche und die Christianisierung. Er verweilt ausführlich bei der Regierungszeit Alfreds des Großen (871–899), der sich als erster »König der Engländer« nannte und erfolgreich gegen die Wikinger und Dänen kämpfte. Nach der 1071 abgeschlossenen Eroberung Englands durch Wilhelm von der Normandie beginnt der Abschnitt der englischen Geschichte, den Churchill *The Making of the Nation* nennt. Bei der Darstellung der inneren Festigung und der Integration der normannischen Oberschicht geht er vor allem auch auf den Ausbau des Finanz-, Rechts- und Verwaltungssystems unter Heinrich I. und Heinrich II. ein. Während er im folgenden mehr referiert als eigene Meinungen äußert, beurteilt er Richard III., mit dessen Niederlage und Tod in der Schlacht von Bosworth (1485) dieser Band schließt, eindeutig negativ. Churchills besonders eindringliche und klare Darstellung der Rosenkriege fand den Beifall vieler Fachhistoriker. – Im zweiten Band, *The New World* überschrieben, werden gleich im Eingangskapitel die wichtigsten Entwicklungen in der dem Zeitalter des englischen Feudalismus folgenden Ära zusammengefaßt: die Ausbreitung von Humanismus und Reformation und die großen Entdeckungsfahrten. Churchill behandelt in diesem Teil die Anfänge der englischen Weltmachtstellung unter Elisabeth I., die beginnende Besiedlung Nordamerikas, die Entwicklung des Parlaments von einer beratenden Institution zu einer regierenden Körperschaft, die Machtergreifung Cromwells, die »Glorious Revolution« von 1688 und den auch für die Beilegung der religiösen Differenzen so bedeutungsvollen Regierungsantritt Wilhelms von Oranien. Die Wende vom 17. zum 18. Jh. wird besonders kenntnisreich und engagiert beschrieben, nicht zuletzt wohl wegen der bedeutenden Rolle, die der Herzog von Marlborough, ein Vorfahr Churchills, als militärischer und politischer Führer der im Spanischen Erbfolgekrieg alliierten Seemächte gespielt hat. – Vom Konflikt zwischen England und Frankreich wird die im dritten Band, *The Age of Revolution*, geschilderte Entwicklung beherrscht, doch geht Churchill hier auch ausführlich auf den Aufstand der amerikanischen Kolonien ein, dessen Erfolg dem »Ersten Empire« ein Ende machte. Neben die Geschichte Englands tritt nun die der zweiten großen englischsprechenden Nation, der USA. – Die Entwicklung im 19. Jh. nach der Niederwerfung Napoleons, vor allem den Wiedergewinn der Weltmachtstellung durch die Aufnahme Australiens, Neuseelands und Südafrikas ins Empire, stellt der Verfasser im vier-

ten Band dar, dessen Titel, *The Great Democracies*, bereits auf die wachsende Bedeutung der Vereinigten Staaten hinweist. In dem gemeinsamen Kampf Großbritanniens und der USA im Ersten Weltkrieg sieht Churchill den »Fluchtpunkt« der Geschichte des 19. Jh.s; nach der isolierten und durch den Bürgerkrieg verlangsamten Entwicklung der USA »*sollte der Erste Weltkrieg Amerika endgültig und untrennbar mit dem Schicksal der Alten Welt und Großbritanniens verbinden*«. Angelsächsisch-demokratisches Sendungsbewußtsein schwingt in den Schlußsätzen mit, in denen es heißt, daß die beiden Nationen als Verbündete im 20. Jh. »*schreckliche, aber siegreiche Kriege*« führten und daß diese »*Allianz überragender Tugenden*« vielleicht schon bald wieder aufgerufen sein könnte, »*Friede und Freiheit zu wahren*«.
Churchill führt zahlreiche Quellen von CAESAR bis in die Gegenwart an und stützt sich bei seiner Darstellung des 17. und 18. Jh.s auch auf seine eigene Studie *Marlborough. His Life and Times* (1933–1938). Sein von ungebrochenem Sinn für die große Tradition Englands zeugendes Werk repräsentiert eine in Deutschland seltene Art der Geschichtsschreibung. Es ist nicht die Arbeit eines Fachhistorikers, sondern die mitreißende Darstellung eines Politikers, der neben stupenden Geschichtskenntnissen einen geschulten Blick für Machtverhältnisse, Persönlichkeiten, dramatische politische Situationen und strategische Erfordernisse mitbringt, der den Geist der Geschichte erspürt und es versteht, große historische Moment wiederaufleben zu lassen. (»*Eine der klügsten und erregendsten Geschichtsdarstellungen*« nannte der Historiker Alan TAYLOR das Werk.) Obwohl Churchill in diesem »Lesebuch« nationaler Geschichte in erster Linie rekapituliert, scheut er gelegentlich nicht davor zurück, bestimmte Ereignisse ihrer legendären Größe zu berauben, indem er nüchtern auf ihre tatsächliche Bedeutung und ihre historischen Folgen eingeht (etwa im Fall des Sieges über die Armada), oder unangenehme Dinge beim Namen zu nennen (etwa den Sklavenhandel, »*von dem Großbritannien in der Vergangenheit so schamlos profitiert hat*«, die ungeschickte, oft grausame Politik gegenüber Irland oder die unmenschlichen Maßnahmen britischer Militärs im Burenkrieg). Andererseits berücksichtigt er auch unsichere, oft mehr dichterische, in ihnen historische Bewußtsein der Engländer eingegangene Überlieferungen. Nicht selten verfällt er in einen leicht verklärenden, heroisierenden Ton. Aber auch dieser Ton gehört zu dem unverkennbaren Stil des Schriftstellers Churchill, der 1953 mit dem Nobelpreis für Literatur ausgezeichnet wurde, jenem Stil, von dem Golo MANN sagte: »*Ein goldener, ein blühender Stil, wir wollen es zugeben. Er kann nicht wiederkommen. In jeder anderen Hand wär's ein Anachronismus gewesen, nur in dieser nicht.*« J.Dr.

AUSGABEN: Ldn. 1956–1958, 4 Bde. – Ldn. 1964 (*The Island Race*; Ausz.). – Ldn. 1965/66, 12 Bde. – NY 1983, 4 Bde. – NY 1985 (*The Island Race*).

ÜBERSETZUNGEN: *Geschichte*, P. Stadelmayer, 4 Bde., Stg. 1956–1958. – *Aufzeichnungen zur europäischen Geschichte*, anon., Bern/Mchn. 1964 [Ausz.]. – Dass., anon., Mchn. 1968 (Knaur Tb).

LITERATUR: Anon., Rez. zu Bd. 1, 2, 3 u. 4 (in TLS, 27. 4. 1956, S. 245 f.; ebd., 30. 11. 1956, S. 705 f.; ebd., 18. 10. 1957, S. 619; ebd., 21. 3. 1958, S. 145 f.). – G. Barraclough, Rez. zu Bd. 1 u. 2 (in Manchester Guardian, 23. 4. 1956, S. 7; ebd., 26. 11. 1956, S. 6). – Sir J. Squire, Rez. zu Bd. 1, 2, 3, 4 (in Illustrated London News, 28. 4. 1956, S. 400; ebd., 1. 12. 1956, S. 932; ebd. 19. 10. 1957, S. 639; ebd., 22. 3. 1958, S. 458). – D. Douglas, Rez. zu Bd. 1 (in English Historical Review, Jan. 1957, S. 88–91). – P. Geyl, Rez. zu Bd. 3 (in History Today, Dez. 1957, S. 857, 859, 861).

## THE SECOND WORLD WAR

(engl.; *Ü: Der Zweite Weltkrieg*). Kriegserinnerungen von Sir Winston CURCHILL, die er nach seiner Wahlniederlage 1945 zu schreiben begann und für die er 1953 den Nobelpreis für Literatur erhielt; erschienen 1948–1954. – Schon während des Zweiten Weltkriegs beschäftigte ihn der Plan einer Geschichte des Kriegs. Systematisch stellte Churchill während seiner Amtszeit als Premierminister Material dafür bereit, so daß sich das Werk durch die Wiedergabe zahlreicher Dokumente als erstrangige Quelle für die politische und militärische Geschichte des Kriegs erweist. Der erste Band *(The Gathering Storm – Der Sturm zieht auf)*, dessen Anfangskapitel bereits in den dreißiger Jahren für eine ursprünglich geplante, dann aber nicht durchgeführte Geschichte der Zeit nach 1919 verfaßt wurden, behandelt die Vorgeschichte des Kriegs und bestimmte für lange Zeit maßgeblich das Urteil der Öffentlichkeit und der Geschichtsschreibung über die sogenannte Appeasementpolitik Neville Chamberlains, dessen Politik gegenüber dem nationalsozialistischen Deutschland Churchill einer schonungslosen Kritik unterwirft. Der zweite Band *(Their Finest Hour – Englands größte Stunde)* beinhaltet eine Chronik der deutschen Vorstöße im Westen und eine Schilderung der bedrängten Lage Großbritanniens, bis der Ausgang der »Schlacht um England« eine Erleichterung brachte. Im dritten Band *(The Grand Alliance – Die Große Allianz)* stellt Churchill – von September 1939 bis Mai 1940 Erster Lord der Admiralität, danach Premierminister – die Ausweitung des Kriegs zum Weltkrieg dar: Deutschlands Angriff auf die Sowjetunion und Churchills Bündnispolitik mit Stalin, dessen Nichtangriffspakt mit Hitler vom August 1939 verurteilt wird, sowie den Kriegseintritt der Vereinigten Staaten von Amerika. Während Churchill bis hierher als der Warner und letztlich Recht behaltende Kritiker, als der Mobilisator und Heros britischer Kriegsanstrengung erscheint, tritt in den übrigen Bänden *(The Hinge of Fate – Schicksalswende, Closing the Ring – Der Ring schließt sich* und *Tri-*

umph and Tragedy – *Triumph und Tragödie*) die Tendenz zur Rechtfertigung gegenüber nach 1945 einsetzender Kritik stärker hervor. Es handelt sich dabei um die Konferenz von Casablanca (mit der Formel der »bedingungslosen Kapitulation«), Teheran, Jalta und Potsdam, um die Probleme einer »Zweiten Front«, um die Politik gegenüber der Sowjetunion und die polnische Frage.

Durchweg dominieren politische und militärische Fragestellungen; die Erörterung wirtschaftlicher Zusammenhänge und sozialer Probleme fehlt fast völlig. Churchills Domänen sind Politik und Kriegsführung. Sein Denken ist ganz der historischen Großmachtpolitik Großbritanniens verpflichtet, Konzeptionen für die Rolle seines Landes in einer veränderten Welt entwickelt er nicht. »*Etwas ewig Gestriges ist in seinem Ton*« (C. J. Burckhardt). An Sprache und Geschichtsschreibung GIBBONS und MACAULAYS orientiert, entwirft Churchill eine ganz auf sich als die die Geschichte prägende Persönlichkeit zugeschnittene Darstellung des Zweiten Weltkriegs. Im Vorwort zum ersten Band bemerkt er dazu: »*Ich bin, soweit es mir möglich war, der Technik von Defoe's ›Memoirs of a Cavalier‹ gefolgt, in denen sich der Autor für die Schilderung und Erörterung bedeutender militärischer und politischer Ereignisse der persönlichen Erlebnisse eines einzelnen bedient.*« So ergibt sich eine Mischung aus Autobiographie und Geschichtsschreibung. Dringend erforderlich wäre eine quellenkritische Untersuchung, die bisher nicht geleistet worden ist. G.Nie.

AUSGABEN: Ldn. 1948–1954, 6 Bde. – Ldn. 1959 [gek.]. – Ldn. 1964, 12 Bde. – Boston 1983, 6 Bde. – Boston 1985, 6 Bde. – Harmondsworth 1986, 6 Bde.

ÜBERSETZUNGEN: *Der Zweite Weltkrieg*, E. Thorsch u. a., 6 Bde., Bern 1948–1954. – Dass., ders., Bern u. a. 1960 [gek.; ern. 1962]. – *Der Zweite Weltkrieg: Memoiren*, ders. u. a., Ffm. u. a. 1985 [gek.]. – Dass., ders., Bern 1985.

LITERATUR: M. J. Lasky, *C. u. Stalin. Ein Streifzug durch W. C.s Kriegserinnerungen* (in Der Monat, 4, 1951/52, S. 141–154). – C. J. Burckhardt, *Bei der Lektüre von C.s Memoiren* (in Außenpolitik, 4, 1953, S. 5–9). – J. W. Brügel, *W. C.s Kriegserinnerungen* (in Neue Politische Literatur, 1, 1956, Sp. 149–175). – M. Schlenke, *Der Politiker als Geschichtsschreiber: W. C.* (ebd., 5, 1960, Sp. 169–182). – M. Toscano, *An Introduction to the History of Treaties and International Politics: The Documentary and Memoir Sources*, Baltimore 1966. – G. Grimm, *C.s »The Second World War« als Quelle für die Politik u. Strategie der Westalliierten in Südosteuropa* (in Südostforschungen, 26, 1967, S. 276–313). – B. Gardner, *C. in His Time. A Study in a Reputation 1939–1945*, Ldn. 1968. – J. H. Plumb, *The Historian* (in *C.: Four Faces and the Man*, Hg. A. J. P. Taylor u. a., Ldn. 1969, S. 119–151). – K. N. Hull, *The Literary Art of W. Ch.'s »The Second World War«*, Diss Univ. of Washington (vgl. Diss. Abstracts, 30, 1970, S. 4987/4988A).

## WINSTON CHURCHILL

\* 10.11.1871 St. Louis
† 12.3.1947 Winter Park / Fla.

LITERATUR ZUM AUTOR:
J. Killat, *Das Amerikabild des Romanschriftstellers W. Ch.*, Bln. 1940. – C. C. Walcutt, *The Romantic Compromise in the Novels of W. Ch.*, Ann Arbor 1951. – R. W. Schneider, *Novelist to a Generation: The American W. Ch.* (in Midwest Quarterly, 3, 1962, S. 163–179). – W. I. Titus, *W. Ch.*, NY 1963 (TUSAS). – R. W. Schneider, *Five Novelists of the Progressive Era*, NY 1965. – K. Oi, *The Railroad and the Pastoral Ideal in W. Ch.'s Political Novels* (in SEL, 43, 1967, S. 229–244). – W. I. Titus, *W. Ch. (1871–1947)* (in ALR, 1, 1967, S. 26–31; Bibliogr.). – P. Franklin, *W. Ch.* (in ALR, 8, 1975, S. 225 f.; Forschungsbericht). – E. N. Steinbaugh, *W. Ch.: An Introduction and Annotated Bibliography of Works by and about the American Author*, Diss. Univ. of Maryland 1982. – A. Hornung, *The Political Uses of Popular Fiction in the Muckraking Movement* (in Revue Française d'Études Américaines, 8, 1983, Nr. 17, S. 333–348).

## THE CRISIS

(amer.; *Die Krise*). Roman von Winston CHURCHILL, erschienen 1901. – Der Autor (ein Namensvetter des englischen Staatsmannes) läßt seinen Roman im Amerikanischen Bürgerkrieg spielen. Hauptfigur ist der junge, aus Neuengland stammende Stephen Brice, der nach Abschluß seines Jurastudiums in die Kanzlei des Richters Silas Whipple in St. Louis eintritt. Mit diesem verbinden ihn auch außerberufliche Beziehungen, da beide der seit 1744 bestehenden Antisklavereibewegung angehören. Stephen verliebt sich in die schöne Südstaatlerin Virginia Carvel (eine Urenkelin von Richard Carvel, dem Titelhelden des 1899 erschienen Romans von Churchill). Virginia, genannt Jinny, erwidert zwar seine Gefühle, wehrt sich aber gegen ihre Liebe, weil Stephen ein Yankee ist und weil er auf dem Sklavenmarkt eine junge Negerin, die sie selbst kaufen wollte, ersteigert und ihr sogleich die Freiheit geschenkt hat. Ihr »Patriotismus« treibt Jinny dazu, sich mit ihrem ungeliebten Vetter, Clarence Colfax, einem schneidigen Kavalier der alten Schule, zu verloben.

Inzwischen hat Stephen in Illinois Lincoln kennengelernt und ist von dieser Begegnung tief beeindruckt. Als 1861 der Bürgerkrieg ausbricht, kämpft er auf der Seite der Unionstruppen, während Colfax der Südstaatenarmee angehört. Stephen, der sich des Vertrauens von General Sherman und Präsident Lincoln erfreut, wird zum Lebensretter seines Rivalen und ermöglicht dessen Rückkehr in den Süden. Colfax, der weiß, daß sein Gegner nur aus Liebe zu Jinny so großmütig gehandelt hat, wird kurz vor Kriegsende als Spion verhaftet. Als seine Braut sich zu einer persönlichen Fürbitte bei Lincoln überwindet, muß sie erfahren, daß es wiederum Stephen war, der sich für ihren Verlobten eingesetzt hat. In einem dramatischen Gespräch zwischen Lincoln, Stephen und Virginia erkennt das Mädchen zum erstenmal, daß ihr amerikanisches Vaterland größer ist als die Südstaaten und daß nur ein Mann wie Abraham Lincoln den sinnlosen Bruderkrieg beenden und das geteilte Land einigen kann. Nun wehrt sie sich auch nicht mehr gegen ihre Liebe zu Stephen.

Es ist nicht die Behandlung des abgegriffenen Themas vom »geliebten Feind« (einem Lieblingsthema der Romanliteratur über den amerikanischen Sezessionskrieg), die das Buch heute noch lesenswert macht, sondern die plastische Charakterisierung historischer Persönlichkeiten, vor allem Lincolns, dessen Porträt durch viele authentische Anekdoten abgerundet wird. R.B.

AUSGABEN: NY/Ldn. 1901. – NY 1962. – Norwood 1981. – Cutchogue/N.Y. 1984.

DRAMATISIERUNG: W. Ch., *The Crisis*, NY/Ldn. 1927.

LITERATUR: J. M. Dixon, *Some Real Persons and Places in »The Crisis«* (in American Bookman, Sept. 1901, S. 17–20). – F. Cooper, *W. Ch.* (ebd., Mai 1910, S. 246–253). – C. C. Baldwin, *W. Ch.* (in C. C. B., *Men Who Make Our Novels*, NY ²1924, S. 97–106).


## THE CROSSING

(amer.; *Die Durchquerung*). Historischer Roman in drei Büchern von Winston CHURCHILL, erschienen 1904. – Der Autor hat sich in der amerikanischen Literatur vor allem dadurch einen Namen gemacht, daß er in seinen Romanen geschickt historische und fiktive Persönlichkeiten und Ereignisse vermischte und den Leser auf dem Weg über eine spannende und abenteuerliche Handlung mit der Geschichte des Landes vertraut machte.

Held des Romans ist der in North Carolina geborene David Ritchie, der noch ein Kind ist, als der Unabhängigkeitskrieg ausbricht und ihm den Vater nimmt. Erst elf Jahre alt, schließt er sich als Trommler der Armee von George Rogers Clark an, nimmt an den entbehrungsreichen Märschen durch die Wildnis teil und begleitet die Armee auf ihrem abenteuerlichen Siegeszug. Nachdem Clark Kaskaskia, Cahokia und Vincennes erobert und sich nach Fort Nelson zurückgezogen hat, um die Truppen für die Eroberung von Detroit zu sammeln, kehrt David Richie auf die Farm seiner Freunde Polly Ann und Tom McChesney zurück, die Elternstelle an ihm vertreten. Später studiert er in Richmond, Virginia, und eröffnet bereits im Alter von 21 Jahren eine Anwaltspraxis in Louisville, Kentucky. Nachdem er mitgeholfen hat, den Verräter General Wilkinson zu entlarven, geht er mit seinem Vetter Nick Temple in den damals noch nicht zur amerikanischen Union gehörenden tiefen Süden und lernt in Louisiana die dort im Exil lebende Komtesse Hélène d'Ivry-le-Tour, eine ehemalige Hofdame Marie Antoinettes, kennen. Nach dem Tod ihres in Europa gebliebenen ungeliebten Mannes heiratet er sie und kehrt mit ihr nach Kentucky zurück. Auch Nick Temple findet nach vielen Hindernissen sein Glück mit der Tochter eines vor der Französischen Revolution geflohenen Emigranten.

Vor den farbigen Hintergrund des historischen Panoramas stellt Churchill in diesem weitschweifig erzählten, aber dank einem klaren Handlungsverlauf übersichtlichen Roman die Schicksale der von schottischen Vorfahren abstammenden Amerikaner David und Nick, die beide Französinnen heiraten – Schicksale, in denen sich die Entwicklung der jungen Republik spiegelt, die, aus vielerlei Quellen gespeist, immer mehr zu einer Nation mit eigenem Gesicht zusammenwächst. Wie der Autor im Nachwort erläutert, wollte er darüber hinaus mit diesem Roman sowohl den Expansionsdrang einer Nation schildern, die sich am Beginn ihrer Geschichte neue Lebensbereiche erschließen und zu diesem Zweck einen ganzen Kontinent durchqueren mußte, als auch die Notwendigkeit darlegen, eine Verfassung die ursprünglich nur für die von England abgefallenen dreizehn Kolonien geschaffen worden war, den Ansprüchen und Bedürfnissen eines sich schnell entwickelnden und aus vielen Nationalitäten zusammengesetzten Staatswesens anzupassen. R.B.

AUSGABEN: NY/Ldn. 1904. – NY/Ldn. 1912. – NY 1930 [Ausz.]. – Norwood 1981.

LITERATUR: R. u. B. Hofstadter, *W. Ch.: A Study in the Popular Novel* (in American Quarterly, 1950, S. 12–28).


## MYKOLA CHVYL'OVYJ

* 1.12.1893 Trostjanci / Gebiet Charkow
† 13.5.1933 Charkow

LITERATUR ZUM AUTOR:
A. M. Lejtes, M. F., Jašek, *Desjat' rokiv ukrajins'koji literatury (1917–1927)*, Charkow 1928; Nachdr.

Mchn. 1986, Bd. 1, S. 526–534; Bd. 2,
S. 315–427. – H. Kostjuk, *M. Ch., Žyttja, doba i tvorčisť* (in M. Ch., *Tvory 1–5*, NY/Toronto 1978–1986, Bd. 1, S. 15–106).

## SYNI ETJUDY

(ukr.; *Blaue Etüden*). Erzählungsband von Mykola CHVYL'OVYJ, erschienen 1923. – Der bedeutendste ukrainische Autor der zwanziger Jahre legte mit diesem Werk die Grundlage für die sowjetukrainische Prosa nach dem Bürgerkrieg. Bevor er 1933 aus Protest gegen die Schauprozesse, die Einschränkung des ukrainischen kulturellen Lebens, die Zwangskollektivierung und die Aushungerung der Bauern sich das Leben nahm, hatte Chvyl'ovyj weitgehend das ukrainische Kulturleben geprägt. Er war die Hauptfigur in der großen literarischen Diskussion der zwanziger und dreißiger Jahre, in der es um die kulturpolitische Orientierung der jungen ukrainischen Sowjetrepublik ging (Moskau oder Europa). Gleichzeitig war er die führende Kraft in der wichtigsten literarischen Gruppierung »VAPLITE« (*Vil'na Akademija Proletars'koji Literatury* – Freie Akademie der Proletarischen Literatur). – Die im Band *Blaue Etüden* zusammengefaßten Erzählungen tragen ähnliche Züge wie die damalige sowjet-russische Prosa der Gruppe »OPOJAZ« (*Obščestvo izučenija poetičeskogo jazyka* – Gesellschaft zur Erforschung der dichterischen Sprache), die für ihre Texte, die soziale und psychische Konflikte thematisierten neue, adäquate Ausdrucksformen suchte.

Die Gestalten Chvyl'ovyjs sind Intellektuelle, die unter dem roten Banner nationale Einheit und soziale Befreiung des ukrainischen Volkes anstreben. Doch schon im Bürgerkrieg stellen sie fest, daß sich ein spießiger Parteiapparat zu etablieren versucht, der ihre Träume nur mit Zynismus beantwortet. So heißt es in der Erzählung *Na hluchim šljachu (Auf dem gottvergessenen Weg)*: »Das ist wohl das Ende – die Hundesöhne haben die Revolution verschlungen.« Die Revolutionärin Maria muß zusehen, wie ihr opferbereiter Kampfgefährte Vadym an Schwindsucht hinstirbt, während die Vertreter des »*allföderativen Spießertums*« die Macht ergreifen (*Synij lystopad – Blauer November*). – In den *Blauen Etüden* hat Chvyl'ovyj auch eine ganze Galerie von Frauengestalten geschaffen, die im Bürgerkrieg für eine gerechtere Zukunft kämpfen, doch wir begegnen auch Abenteuerinnen und Pseudoemanzipierten.

Mit impressionistischen Stilmitteln zeichnet der Autor in sehr stimmungsvollen Bildern die unruhige, spannungsgeladene Atmosphäre des ukrainischen Steppendorfes im Bürgerkrieg. Die enge Verbindung zwischen Mensch, Natur und Landschaft findet bei ihm große Beachtung. Meisterhaft hat er die Skepsis der älteren Generation gegenüber neuen gesellschaftspolitischen Strömungen den Träumen und dem Idealismus der Jugend entgegengestellt. Auch die Diskrepanz zwischen Theorie und Praxis gerade in bezug zur nationalen und sozialen Befreiung der Ukraine charakteristiert er mit großer Glaubwürdigkeit (so geht in *Redaktor Kark* der Hauptheld an diesem Widerspruch zugrunde). Dieses Thema stellte einige Jahre später Mykola KULIŠ in den Mittelpunkt seines *Narodnyi Malachij (Der Volksmalachias)*. – Mit den *Blauen Etüden* schloß Chvyl'ovyj die erste Periode seines Schaffens ab, in der er den Bürgerkrieg und die Revolutionsromantik behandelte.

Die thematische Hauptlinie seiner Erhählungen ist nur schwach angedeutet, es sind eher heroisch-romantische, lyrische oder satirische Skizzen, die das Leben zur Zeit des gesellschaftspolitischen Umbruchs zum Gegenstand haben. Chvyl'ovyj versteht es, mit zwei, drei Strichen einer Gestalt Konturen zu verleihen, um sie dann in eine widerspruchsvolle Situation zu stellen. All seine Erzählungen durchzieht der bittere Gedanke, daß einer gesellschaftspolitischen Revolution die jahrhundertelange Finsternis im Wege steht, die das Leben der Steppenukraine gekennzeichnet hat.

Chvyl'ovyjs Sprache ist reich an Ausdrücken aus der Mundart seiner ostukrainischen Heimat; die Dialoge sind knapp gehalten, sehr pointiert. Sein Erzählstil fand viele Nachahmer unter den jungen Autoren der sich rasch entwickelnden sowjetukrainischen Literatur der zwanziger Jahre. – Seit 1933 wurde Chvyl'ovyj totgeschwiegen. Erst 1987 erschienen in der Sowjetukraine erste Artikel über sein Werk und der Abdruck einiger Erzählungen, deren satirische Schärfe gegen den Parteiapparat gerichtet ist.
A.H.H.

AUSGABEN: Charkow 1923. – Charkow 1927–1930 (in *Tvory*, 3 Bde., 1). – Charkow 1932 (in *Vybrany tvory*). – NY/Toronto 1978–1986 (in *Tvory*, 5 Bde., 1).

ÜBERSETZUNGEN: einzelne Erzählungen in den Anthologien: *Blauer November*, A.-H. Horbatsch, Heidelberg 1959. – *Ein Brunnen für Durstige*, dies., Tübingen 1970.

LITERATUR: O. Bilec'kyj; *V šukannjach novoji povistjars'koji formy (M. Ch. »Syni etjudy«)* (in Sljachy mystectva, 1923, Nr. 5, S. 59–63). – M. Mohyljans'kyj; *M. Ch. (»Syni etjudy«)* (in Knyha i Revol'ucija, 1923, 4).

## COLLEY CIBBER

*  16.11.1671 London
† 12.12.1757 London

LITERATUR ZUM AUTOR:
W. C. De Croissant, *Studies in the Work of C. C.*, Kansas City 1921. – D. M. E. Habbema, *An Appreciation of C. C.*, Amsterdam 1928. – R. H.

Barker, *Mr. Cibber of Drury Lane*, NY 1939. – L. R. N. Ashley, *C. C.*, NY 1965 (TEAS). – H. Koon, *The Kind Impostor: C. C.'s Dramatic Technique*, Diss. Univ. of California 1969 (vgl. Diss. Abstracts, 30, 1970, S. 4950A). – Hg. Markley u. L. Finkie, *From Renaissance to Restauration: Metamorphoses of the Drama*, Cleveland 1984. – H. Koon, *C. C. A Biography*, Lexington/Ky. 1986. – J. L. Stylan, *Restauration Comedy in Performance*, Cambridge 1986.

## THE CARELESS HUSBAND

(engl.; *Der sorglose Ehemann*). Komödie von Colley CIBBER, Uraufführung: London, 7.12.1704, Drury Lane Theatre. – Der Titelheld, Sir Charles Easy, hat eine Liebesaffäre mit einer Dame der Gesellschaft und zugleich mit der Zofe seiner Frau. Schließlich wird er jedoch von seiner Gattin auf den Weg ehelicher Tugend zurückgeführt. Sie ist zwar eifersüchtig, weiß aber diese wenig salonfähige »Krankheit« geschickt zu verbergen, und selbst als sie im fünften Akt ihren Mann selig schlafend in den Armen der Zofe findet, besiegt sie ihren aufsteigenden Schmerz mit ein paar bewegten Blankversen und legt gar ihrem Gatten noch ihren Schal aufs Haupt, damit er sich nicht erkälte. Als Sir Charles aufwacht und auf seinem Kopf das Indiz des Besuches seiner Frau entdeckt, vollzieht sich jäh seine Rückkehr zur ehelichen Liebe. In einer Szene, deren Atmosphäre tränenedler Verzeihung sogar innerhalb einer *sentimental comedy* unwahrscheinlich erscheint, fleht er sie – mit Erfolg – an, ihn wieder aufzunehmen. Seine Gattin bringt es nicht einmal übers Herz, auf sein Drängen hin die Zofe zu entlassen, die nicht eine ebenso gute Stellung für sie gefunden ist. Eine rührende Schlußszene gibt dem Paar Gelegenheit, sein Glück und das Glück eines befreundeten Paares zu feiern, das nach langem neckischen Hin und Her mit Hilfe einer amourösen List zueinandergefunden hat. Selbst den Meister der *sentimental comedy*, STEELE, hätten wahrscheinlich manche dieser Liebesszenen beschämt. Doch kann wohl nicht Cibber allein für die verwaschene und verlogene Sentimentalität, die müde Frivolität und die allgemeine Geistlosigkeit seiner Figuren verantwortlich gemacht werden; denn er gab in seinem Stück nichts anderes als eine genaue Schilderung der Salonatmosphäre der damaligen High Society, einer Gesellschaft, deren Lebenslust und Lebensstil degeneriert waren und die deshalb Zuflucht bei vorgespiegelten, sentimentalen Freuden und bei der »Wohlanständigkeit« suchte. – Immerhin sind mit kaum einem Dramatiker die Kollegen und Kritiker so heftig ins Gericht gegangen wie mit Cibber, und wenn man heute *The Careless Husband* liest, kann man seinen unfreundlichen Zeitgenossen nur beipflichten. Dieses – sein vergleichsweise bestes – Stück hat entscheidend an der unseligen Entwicklung der englischen Komödie zur reinen *sentimental comedy*, dem larmoyanten Melodrama, mitgewirkt. Mit dem dubiosen Unterfangen, die Komödie moralisch aufzuwerten, hat Cibber dem Theater seiner Zeit sicherlich keinen guten Dienst erwiesen. E.St.

AUSGABEN: Ldn. 1705. – Ldn. 1711. – Dublin 1723. – Ldn. 1777 (in *The Dramatic Works*, 5 Bde., 2). – Ldn. 1791. – Ldn. 1966, Hg. W. W. Appleton. – NY 1980 (in *The Plays of C. C.*, Hg. R. L. Rodney, 2 Bde.; krit.).

ÜBERSETZUNG: *Der sorglose Ehemann*, Göttingen 1750.

LITERATUR: H. Glicksman, *The Stage-History of C. C.'s »The Careless Husband«* (in PMLA, 36, 1921, S. 245–250). – A. J. Bisanz, *Stoff als Motiv in C. C.s »The Careless Husband«* (in Fabula, 13, 1972, S. 122–134). – M. Sullivan, *C. C., Three Sentimental Comedies »Love's Last Shift«, »The Careless Husband« and »The Lady's Last Stake«*, New Haven 1973. – H. Foltinek, *C. C.: »The Careless Husband«* (in *Das Englische Drama im 18. und 19. Jahrhundert: Interpretationen*, Hg. H. Kosok, Bln. 1976, S. 25–36). – J. A. Vance, *Power and Conversion in C's »The Careless Husband«* (in Restoration, 7, 1983, Nr. 2, S. 68–74).

## CICERO

Marcus Tullius Cicero
\* 3.1.106 v.Chr. Arpinum / Latium (heute Arpino)
† 7.12.43 v.Chr. Formiae (heute Formia)

LITERATUR ZUM AUTOR:
*Bibliographien und Forschungsberichte:*
S. E. Smethurst, *C.'s Rhetorical and Philosophical Works. A Bibliographical Survey* (in Classical World, 51, 1957, S. 1 ff.; 32 ff.; 58, 1964/65, S. 36–45; 61, 1967 S. 125–133). – P. Boyancé, *Travaux récents sur Cicéron (1939–1958)* (in *Actes du Congrès de l'Association G. Budé. Lyon 1958*, Paris 1960, S. 254–291). – S. F. Bonner, *Roman Oratory* (in *Fifty Years of Classical Scholarship*, Oxford ²1968, S. 416–464). – B. Finger, *Auswahl zu einer C.-Bibliographie der letzten Jahre* (in G. Radke, *C., ein Mensch seiner Zeit*, Bln. 1968, S. 246–259). – *Das neue C.bild*, Hg. K. Büchner, Darmstadt 1971 (WdF). – *C.s literarische Leistung*, B. Kytzler, Darmstadt 1973 (WdF). – A. E. Douglas, *A Bibliography of C.'s Rhetorical Writings from the Year 1945* (in ANRW, 1/3, 1973, S. 132–138).
*Lexika:*
H. Merguet, *Lexikon zu den Schriften C.s mit Angabe sämtlicher Stellen*, Jena 1877–1894, 7 Bde.; Nachdr. Hildesheim 1961/62. – Ders., *Handlexikon zu C.*, Lpzg. 1905/06; Nachdr.

Hildesheim 1962. – K. M. Abbott, W. A. Oldfather, H. V. Canter u. a., *Index verborum Ciceronis Epistularum*, Urbana/Ill. 1938; Nachdr. Hildesheim 1965. – J. W. Spaeth jr., *Index verborum Ciceronis poeticorum fragmentorum*, Urbana/Ill. 1955. – K. M. Abbott, W. A. Oldfather, H. V. Canter u. a., *Index verborum in Ciceronis Rhetorica nec non Incerti auctoris libros »Ad Herennium«*, Urbana/Ill. 1964.
*Biographien:*
M. Gelzer, *C. Ein biographischer Versuch*, Wiesbaden 1969. – D. Stockton, *C. A Political Biography*, Oxford 1971. – M. Giebel, *M. T. C. in Selbstzeugnissen und Bilddokumenten*, Reinbek 1977 (rm). – O. Zierer, *C., ein Republikaner ohne Republik*, Mchn. 1977; Ffm. 1979 (FiTb).
*Gesamtdarstellungen und Studien:*
Th. Zielinski, *C. im Wandel der Jh.e*, Lpzg. ⁴1929; Nachdr. Darmstadt 1967. – M. Gelzer, W. Kroll, R. Philippson u. K. Büchner, Art. *»Tullius«* (in RE, 7A/1, 1939). – O. Seel, *C. Wort, Staat, Welt*, Stg. 1953; ³1968. – K. Büchner, *Studien zur römischen Literatur II: C.*, Wiesbaden 1962. – O. Plasberg, *C. in seinen Werken und Briefen*, Darmstadt 1962. – K. Büchner, *C. Bestand und Wandel seiner geistigen Welt*, Heidelberg 1964. – W. Süss, *C. Eine Einführung in seine philosophischen Schriften*, Wiesbaden 1966. – *C. Ein Mensch seiner Zeit*, Hg. G. Radke, Bln. 1968. – D. R. Shackleton Bailey, *C.*, Ldn. 1971. – K. Bringmann, *Untersuchungen zum späten C.*, Göttingen 1971. – W. Görler, *Untersuchungen zu C.s Philosophie*, Heidelberg 1974. – E. Rawson, *C.*, Ldn. 1975. – W. K. Lacey, *C. and the End of the Roman Republic*, Ldn. 1978.


## ACADEMICA

(lat.; *Akademische Bücher*). Dialog von CICERO. – Das Werk ist ein Teil jenes großen Entwurfs aus Ciceros letzten Lebensjahren, eine Darstellung der gesamten Philosophie zu geben. Vorausgegangen war der jetzt verlorene Dialog *Hortensius*, eine allgemeine protreptische Einleitung in die Philosophie (Ende 46 / Anfang 45 v. Chr.). Der nächste Band sollte mit einer Abhandlung über die Erkenntnistheorie der Akademie die Reihe der Monographien eröffnen. Über die Entstehung informieren uns die Briefe an ATTICUS ziemlich genau. Die fiktiven Gespräche, inhaltlich auf den originalen griechischen Quellen basierend, waren auf zwei große Bücher verteilt; Dialogpartner: neben Cicero selbst Q. Lutatius Catulus, Konsul von 78, L. Licinius Lucullus, der Sieger über Mithridates, und der berühmte Redner HORTENSIUS; die Zeit: zwischen Ciceros Konsulat (63) und Lukulls Tod (60). Dieses zweibändige Werk war, nach einer Arbeit von wenigen Monaten, am 13. Mai vollendet und wurde an den Freund Atticus geschickt; das erste Buch hatte den Titel *Catulus*, das zweite *Lucullus*. Doch Cicero kamen Zweifel, ob die Gesprächsteilnehmer glücklich gewählt seien, und er schrieb die Szenerie um: auf Cato und Brutus (Mai/Juni). Eine zweite Umarbeitung verlegte schließlich den Rahmen in die unmittelbare Vergangenheit (Ende 46), erkor als Dialogpartner Atticus und den Gelehrten VARRO (davon versprach sich Cicero die Einlösung der lange zugesagten Widmung von *De lingua Latina*); das Ganze gliederte er in vier Bücher, ohne freilich mehr als Prooemium, Einkleidung und Rollenverteilung sowie einzelne Formulierungen zu verändern: in knapp einer Woche (Ende Juni) war diese letzte Fassung beendet und ging an die Schreiber zur Vervielfältigung.

Erhalten haben sich nur drei Viertel des Gesamtwerks, seltsamerweise zwei verschiedenen Versionen angehörend: von der letzten Fassung ist, nicht ganz vollständig, das erste Buch überliefert, nebst dem (wohl sekundär beigefügten) Widmungsbrief an Varro, von der ersten »Ausgabe« das zweite Buch (*Lucullus*), dem endgültigen Buch 3 und 4 entsprechend. Doch läßt sich der Aufbau der Darstellung bündig rekonstruieren. Gedankliches Prinzip ist die Rivalität zwischen dem erkenntnistheoretischen Skeptizismus der Mittleren Akademie, verkörpert in KARNEADES (213–128 v. Chr.), modifiziert von PHILON aus Larissa (um 160–80), und dem auf die Alte Akademie sich berufenden Dogmatismus des Philon-Schülers ANTIOCHOS aus Askalon (†um 68 v. Chr.); Kompositionsprinzip ist der Wechsel von Darstellung und polemischer Durchleuchtung: in Buch 1 (der letzten Fassung) bringt Varro einen historischen Abriß und entfaltet die dogmatische Philosophie des Antiochos, während Cicero das »Wahrscheinlichkeitstheorem« Philons expliziert; in Buch 2 dürfte Cicero das skeptische System des Karneades vorgetragen haben; Buch 3 gab, aus dem Munde Varros, die Widerlegung des Skeptizismus (im erhaltenen *Lucullus* die Suada der Titelfigur), worauf in Buch 4 (wie im *Lucullus*) dessen Verteidigung durch Cicero folgte.

Das Ganze ist eine lebendige und luzide Entfaltung der Fakten und des Für und Wider, in der gewohnt souveränen, unmittelbar eingängigen und faßlichen ciceronianischen Manier vorgetragen, an der – gleichfalls wie üblich – nur eines auffällt: die Eitelkeit des Verfassers. Cicero brachte es nicht über sich, die am Schluß unterlegene Partei zu vertreten – der Verdacht, den er in einem Brief an Atticus (13, 19, 3) weit von sich zu weisen sucht, bestätigt *expressis verbis* seine Berechtigung.                E.Sch.

AUSGABEN: Rom 1471. – Lpzg. 1922 (in *Scripta quae manserunt*, Bd. 12/42, Hg. O. Plasberg; Neudr. Stg. 1961). – Mailand 1935 (*Academicus primus. Lucullus*, Komm. v. V. Marmorale). – Ldn./Cambridge (Mass.) ²1951 (*De natura deorum. Academica*, Hg. u. engl. Übers. H. Rackham; Loeb; mehrere Nachdr.).

ÜBERSETZUNGEN: *Das 4. Buch der Akademika*, J. C. Zwanziger, Lpzg. 1789 [unvollst.]. – *Lehre der Akademie*, J. H. v. Kirchmann, Bln. 1874. – *Akademische Untersuchungen*, W. Binder, Stg. 1872 u. ö.

LITERATUR: Schanz-Hosius, 1, S. 500–503. – M. Plezia, *De Ciceronis Academicis dissertationes tres* (in Eos, 1936, S. 425–449; 1937, S. 10–30 u. 169–186). – R. Philippson, Art. »*Tullus (29)*« (in RE, 7A/1, 1939, Sp. 1128–1134). – W. Süss, *Die dramatische Kunst in den philosophischen Dialogen C.s* (in Herm, 80, 1952, S. 419–436). – C. B. Schmitt, *C. scepticus. A Study of the Influence of the Academica in the Renaissance*, Den Haag 1972.

## ACTIO PRIMA IN C. VERREM

(lat.; *Erste Verhandlung gegen Verres*). Die *Erste Verrinische Rede* ist diejenige, die CICERO, damals bereits zum Ädil für das Jahr 69 gewählt, am Nachmittag des 5. August 70 v. Chr. bei der ersten Verhandlung gegen den der räuberischen Erpressung angeklagten ehemaligen Proprätor Siziliens (73 bis 71 v. Chr.), Gaius Verres, als einleitendes Prozeßplädoyer gehalten hat.

Die etwa einstündige Ansprache besitzt eine lange Vorgeschichte. Cicero war im Jahr 75 Quästor gewesen und hatte, mit Sitz in Lilybaeum, den westlichen Teil Siziliens verwaltet. Deshalb wandten sich seine ehemaligen Klienten, unterstützt von der römischen Kaufherrenschicht, an ihn um Hilfe, als der Proprätor Verres mit diktatorischen Willkürmaßnahmen das Land zu seiner eigenen Bereicherung auszupressen begann und wirtschaftlich an den Rand des Ruins brachte. Cicero, bislang nur als Verteidiger, nie als öffentlicher Ankläger tätig, übernahm die Anwaltschaft nur zögernd, zumal die Sache aufs gefährlichste mit politischem Dynamit geladen war: in Verres hatte er einen symptomatischen Vertreter der ganzen herrschenden Oligarchenkaste zu attackieren, deren Interessen durch vielfältige gegenseitige Verpflichtungen unangreifbar geschützt waren und aus deren Mitgliedern sich zudem der Gerichtshof rekrutierte. Die Macht der Gegenpartei bekam Cicero denn auch alsbald zu spüren. Die erlauchtesten Namen stellten sich dem Verres als Verteidiger zur Verfügung: der unbesiegbare HORTENSIUS, der Historiker L. CORNELIUS SISENNA und P. Scipio, Angehöriger der vornehmsten römischen Nobilität. Verres schob einen Genossen, Q. Caecilius Niger, als Scheinankläger vor, gegen den sich Cicero in einem Prüfungsvorverfahren (der sogenannten *divinatio*) mit der erhaltenen *Rede gegen Q. Caecilius* durchsetzte. Dann suchte man die Anklageerhebung zu verschleppen, indem man einen Parallelprozeß gegen Verres inszenierte. Mit Hilfe der Finanzkraft des Verres wurden für das folgende Jahr Hortensius und Q. Caecilius Metellus zu Konsuln gewählt und dessen Bruder M. Metellus zum Prätor (der die Repetundenprozesse zu führen hatte); ein anderer Bruder, L. Metellus, war im laufenden Jahr Proprätor Siziliens und versuchte, wo irgend möglich, Cicero an der Sammlung des Beweismaterials und der Beschaffung und Befragung der Zeugen zu hindern. Trotz allem brachte Cicero sein Material in 50 Tagen, der Hälfte der zugestandenen Zeit, zusammen. Aber da die Verhandlung erst auf den 5. August anberaumt war, konnten die Gegner immer noch hoffen, den Prozeß und seine Entscheidung bis ins nächste Jahr hinein zu verzögern, denn im Rest des Jahres war die Zahl der Gerichtstage durch eine ganze Reihe ein- und zweiwöchiger Feste auf ein Minimum reduziert.

Doch es kam anders. In Anbetracht des Termindrucks verzichtete Cicero auf eine rhetorisch extensive, ins einzelne ausgearbeitete Anklagerede, beschränkte sich vielmehr auf seine kurze Einleitung und ließ dann, neun Tage lang, vor versammeltem Publikum – Rom war voll von Sommergästen aus dem Lande – Zeugen aufmarschieren, Dokumente verlesen, Briefe rezitieren, die bewiesen, wie »*viele ausschweifende und grausame Verbrechen Gaius Verres gegen römische Bürger und Bundesgenossen, gegen Götter und Menschen begangen hat, und daß er außerdem widerrechtlich 40 Millionen Sesterzen aus Sizilien sich aneignete*« (1, 18, 56). Das Resultat war erschlagend: noch während der Verhandlung suchte Verres das Weite, Hortensius legte zwar kleine Verfahrensproteste ein, verzichtete aber gänzlich auf sein Plädoyer. Das Urteil bestätigte die freiwillige Verbannung. Die zweite Phase des Prozesses fiel aus: das vorhandene Material hat Cicero in den fünf fiktiven Reden der *Actio secunda in C. Verrem* zusammengefaßt.

Die Wirkung, die Cicero erzielte, reichte weit über den aktuellen Erfolg hinaus. Zum einen war es ihm, dank seines spektakulären Siegs über den berühmtesten Anwalt der Zeit, Hortensius, mit einem Sprung geglückt, zum ersten Redner des Forums zu avancieren. Zum andern war es ihm dadurch, daß er Verres als verdorbene Einzelerscheinung, nicht als Symptom seines Standes darstelle, gelungen, die Sympathien der Einflußreichen nicht nur sich nicht zu verscherzen, sondern sogar noch zu gewinnen: die glatte politische Karriere – im Jahr 66 Prätor, im Jahr 63 Konsul – verdankt der *homo novus* nicht zuletzt dem Verres-Prozeß und seinem günstigen Ausgang. E.Sch.

AUSGABEN: Rom 1471. – Paris ²1894 (in *M. Tulli Ciceronis in C. Verrem orationes*, Hg. E. Thomas; m. Komm.). – Oxford ²1917 (in *Orationes*, Hg. W. Peterson, Bd. 3; zuletzt 1960). – Lpzg. 1923 (in *Scripta quae manserunt omnia*, Bd. 5/11–13, Hg. A. Klotz). – Paris 1938–1950 (in *Discours*, Hg. u. Übers. H. de la Ville de Mirmont u. a., Bd. 2–6). – Ldn./Cambridge (Mass.) 1928–1935 (in *The Verrine Orations*, Hg. u. Übers. L. H. G. Greenwood, 2 Bde.; mehrere Nachdr.).

ÜBERSETZUNGEN: J. B. Schmitt (in *Reden*, Bd. 1, Würzburg 1787). – *Verrin. Reden*, W. Binder, 6 Bde., Stg. ca. 1860 u. ö. – *Reden gegen Verres*, M. Fuhrmann (in *Sämtliche Reden*, Bde. 3/4, Zürich/ Stg. 1971). – Dass., G. Krueger, 3 Bde., Stg. 1983–1988 (RUB).

LITERATUR: Schanz-Hosius, 1, S. 411 ff. – Gelzer, Art. *Tullius (29)* (in RE, 7A/1, 1939, Sp. 842 ff.). –

N. Marinone, *Quaestiones Verrinae*, Turin 1950. – C. Habermehl, *Verres* (in RE, 8A/2, 1958, Sp. 1561–1633). – A. Schickel, *Die Repetundensumme in C.s »Verrinen«*, Diss. Mchn. 1966. – R. T. Pritchard, *Gaius Verres and the Sicilian Farmers* (in Historia, 30, 1971, S. 224–238). – W. C. McDermott, *The Verrine Jury* (in RhMus, 120, 1977, S. 64–75). – D. Berger, *C. als Erzähler. Forensische u. literarische Strategien in den Gerichtsreden*, Ffm./Bern 1978, S. 68–193. – M. v. Albrecht, *C. und die Götter Siziliens* (in Ciceroniana, N. S. 4, 1980, S. 53–62). – O. A. W. Dilke, *Divided Loyalties in Eastern Sicily Under Verres* (ebd., S. 43–51).

## ACTIO SECUNDA IN C. VERREM

(lat.; *Zweite Verhandlung gegen Verres*). Diese Verhandlung hat in Wirklichkeit gar nicht stattgefunden: CICERO hatte mit seiner Beweisdemonstration in der ersten Prozeßphase (5.–13. August 70 v. Chr.) solch phänomenalen Erfolg (vgl. *Actio prima in C. Verrem*), daß das Gericht nur noch das freiwillige Exil des angeklagten ehemaligen Prätors in Verbannung umzuwandeln brauchte. Der Grund für die Ausarbeitung und Publikation des zum zweiten Verhandlungstermin vorbereiteten Materials liegt auf der Hand: es ging um eine öffentliche und dauerhafte Dokumentation nicht nur des Prozeßgewinns im allgemeinen, sondern insbesondere des Siegs über den großen Rivalen HORTENSIUS. Hinzu kam der politische Akzent: der Karriere im *cursus honorum* konnte mit der Veröffentlichung entscheidend genützt werden, zeigt sie doch Cicero, den *homo novus*, als besorgten Wächter des Gemeinwohls sowie als überzeugten Sprecher des Senats- und Nobilitätsherrschaft und befreite ihn zugleich von dem eventuellen Odium populärer Neigungen. Allerdings liegt gerade im Politischen eine der Schwächen des Werks und seines Autors: Cicero hat nicht erkannt, daß Verres ein typischer Repräsentant seiner Zeit und seines Standes war, ein Warnsignal der generellen Mißwirtschaft, in der unter der Oberfläche sozialer und politischer Umsturz brodelte.

Die fiktive Voraussetzung, die den fünf Reden der *Actio secunda* zugrunde liegt (als seien Ankläger, Gerichtshof, Beklagter und Verteidiger terminmäßig gegenwärtig), und zugleich die reale Unabhängigkeit davon boten Cicero aber noch eine weitere Möglichkeit, abstrahierend aus der günstigen Augenblickssituation seine Persönlichkeit öffentlich zu entfalten: die *Verrinen* stellen, abgesehen von dem kurzen Stück der *Actio prima*, das erste Werk Ciceros dar, das zu einem wesentlichen Teil rein literarischen Charakter besitzt. Das wird schon äußerlich in dem gewaltigen Volumen der fünf Bücher deutlich: eine solch ausladende Breite wäre als Rede verflacht. Auch die säuberliche Stoffverteilung ist nicht nur rhetorisch disponiert, sondern daneben literarischer Ökonomie verpflichtet: Buch 1 (später unter dem Sondertitel *De praetura urbana*) über das Leben des Verres im allgemeinen und seine frühere Laufbahn im besonderen; Buch 2 *(De indiciis sive de praetura Siciliensi)* über die Amtsführung des Verres auf Sizilien, seine seltsame Art der Jurisdiktion, den Ämterschacher, die Ausbeutung des Staatssäckels und der Zollpächter; Buch 3 *(Oratio frumentaria)* über die Ruinierung des sizilianischen Getreidewesens; Buch 4 *(De signis)* über den Raub der Kunstwerke auf Sizilien; Buch 5 *(De suppliciis)* über die innen- und außenpolitische Wirkung der sizilianischen Proprätur des Verres – zwar keine Aufstände, dafür Verfall der Flotte und, vor allem, »Gestaporegime« über unschuldigerweise politisch verdächtigte römische Bürger. Auch im Detail der einzelnen »Reden« verbindet sich forensische Zweckplanung mit literarisch autonomer Gestaltung, wobei nicht selten sich eine Diskrepanz zwischen Kunstform und Absicht zu ergeben scheint, die ein kritischer Blick als Mangel konstatiert: da zeigt sich Cicero auf der einen Seite als Prosaist von höchstem Rang, als Fabulierer und Geschichtenerzähler, spannungsversessener Kriminalist und anschaulicher Stimmungsmaler, dem Plastizität und scharfer Umriß über alles gehen (die ans Bukolische gemahnenden Landschaftsbilder, 2, 86 f.; 3, 46 f.; 4, 102 ff.; die zwielichtigen Handlungen des Verres, 2, 134 ff.; 3, 23; 4, 30 ff., und vieles andere); und doch schlägt das alles nicht selten ganz unvermittelt ins advokatische Räsonnement um: dann erscheint plötzlich die einprägsam-idyllische Schilderung als sentimentale Berechnung, und der liebevolle Hang zur minuziösen Beschreibung wird zur effekthascherischen Greuelmalerei fort und fort gesteigert, bis sie sich selbst überschlägt (Seel). Natürlich ist dies entschuldigt durch das Ziel, vor dem richterlichen Auditorium auf jeden Fall zu überzeugen und Erfolg zu haben. Doch eben dieses Ziel ist ja von vornherein – als Fiktion – in der anderen Dimension »aufgehoben«: daß der Autor trotzdem sein unbestreitbares literarisches Talent nicht einem literarischen Stilgefühl unterworfen hat, sondern es letztlich von rhetorischen Schablonen und forensischer Routine leiten ließ, muß man ihm als Mißgriff anmerken – so bewundernswert die *Verrinischen Reden* im ganzen auch als das erste Meisterstück des größten republikanisch-römischen Prosaschriftstellers sein mögen.

E.Sch.

BIBLIOGRAPHIE: s. *Actio prima in C. Verrem*.

## BRIEFE CICEROS

(lat.). Die in mehreren Sammlungen überlieferten Briefe des CICERO bieten schätzungsweise nur die Hälfte der einstigen Korrespondenz, stellen aber dennoch mit Abstand das bedeutendste Briefcorpus des Altertums, wenn nicht der abendländischen Literatur dar. Das erhaltene Werk setzt sich aus zwei größeren und zwei kleineren Komplexen zusammen: die Briefe an den Vertrauten Ciceros, T. POMPONIUS ATTICUS, füllen sechzehn Bücher und stammen aus den Jahren 68 bis Dezember

44 v. Chr.; die gleichfalls sechzehn Bücher Briefe an Politiker, persönliche Bekannte, Freunde, Familienmitglieder usw. (in der Neuzeit *Ad familiares* bekannt), zum Teil mit Briefen der Adressaten an Cicero vermischt, vom Jahr 62 bis zum 28. 7. 43 reichend; ein Teil der Korrespondenz *An den Bruder Quintus* in drei Büchern aus den Jahren 60–54; ein Buch (oder etwas mehr), und zwar das neunte, aus dem Briefwechsel mit M. Brutus, dem Caesarmörder, samt einer Anzahl von Antwortbriefen, zwischen Ende März/Anfang April und 27. 7. 43 geschrieben. Mehrere in der Antike umlaufende Spezialkorrespondenzen – ungerechnet manche Einzelbriefe – sind bis auf Fragmente verlorengegangen: so die Briefe an Pompeius (4 Bücher), an Caesar (mindestens 3 Bücher, vermutlich mehr), an Oktavian (3 Bücher), an Pansa (3 Bücher erwähnt) und Hirtius (9 Bücher), die beiden Generäle Caesars, an den vornehmen und vielseitig gebildeten Bankier Q. Axius (mindestens 2 Bücher), an den Sohn Marcus (mindestens 2 Bücher), an den Poeten und Freund CATULLS, L. LICINIUS CALVUS (mindestens 3 Bücher?), an den Historiker CORNELIUS NEPOS (mindestens 3 Bücher), an Cassius Longinus, einen anderen Caesarmörder (mindestens 2 Bücher). Redigiert und herausgegeben wurden die Sonderbriefwechsel ebenso wie der Sammelband *Ad familiares* sehr wahrscheinlich nach Ciceros Tod von seinem Sekretär TIRO, zum Teil aus dem Nachlaßarchiv des Verfassers (Cicero pflegte oft Kopien anfertigen zu lassen), zum Teil aus den Sammlungen der Adressaten. Von den ihres intimen Charakters wegen nicht ohne weiteres publizierbaren Briefen an Atticus wurde, was noch vorhanden war, erst um das Jahr 60 n. Chr. von den Erben des Atticus aus dem Nachlaß ediert. Die Ordnung, in der die Herausgeber die Sammlungen publizieren, ist sehr verschieden: die *Atticus-Briefe* sind, von Buch 12 und 13 abgesehen, chronologisch sortiert, ebenso die Korrespondenzen mit Quintus und Brutus, während die vermischten Briefe *Ad familiares* ziemlich ungeordnet erscheinen: auf zeitliche Reihenfolge ist hier im ganzen keine Rücksicht genommen (nur streckenweise war, in verschiedenem Grade, die Chronologie maßgebend; zusammengestellt sind meist Stücke mit gleichem Adressaten; in Buch 13, das nur Empfehlungsschreiben enthält, ist eine stilistisch-literarische Katagorie bestimmend gewesen).

Um den vielfältigen Charakter der Briefe Ciceros verstehen zu können, muß man auf die Eigenart des Schreibers zurückgehen, die sich in ihnen äußert. Zum einen war Cicero ein überaus korrekter Briefschreiber, der Briefschulden prompt zu erledigen pflegte, zugleich auch ein eifriger, fast leidenschaftlicher Korrespondent, der schlaflose Nächte ebenso wie eine langweilige Soiree oder eine Senatssitzung als Gelegenheit zum Schreiben ergriff; zum anderen war er von einem fast übermächtigen Mitteilungsdrang besessen, einem ständigen Bedürfnis nach Selbstrechtfertigung, Selbstdarstellung und Selbsterkenntnis: die Anrede wurde für ihn zur Erforschung seines Innern (»*mit Dir rede ich gleichsam als mit mir*« schreibt er gelegentlich an den Freund). Dabei besaß Cicero eine stupende Fähigkeit, sich in Gedanken, Empfindungen und Ausdruck – bis hinein in die Stilelemente – auf sein briefliches Gegenüber einzustellen. Mit diesem Vermögen der psychologischen Anpassung hängt nicht zuletzt das zusammen, was auch in Ciceros Schriftstellerei immer wieder auffällt: die unmittelbar-selbstverständliche Handhabung der Sprache, die noch der feinsten mitzuteilenden Nuance unmittelbaren Ausdruck zu verleihen vermag (ein Prozeß, der so weit geht, daß selbst Dinge, die der Schreiber unterdrücken möchte, sich als Verdrängungen trotz allem doch noch niederschlagen). So entsteht auf der einen Seite das Bild eines kühlen Politikers, auf der anderen Seite das eines demagogischen Hitzkopfs; einmal zeigt sich der väterlich-gönnerhafte Freund, dann wieder der polternd-strenge Hausvater; hier der kaustische Witzbold, dort der vielbelesene Gelehrte; bald spürt man den etwas steifen und offiziösen Ton des Forums, bald die rhetorisch geschliffene Diktion des versierten Literaten, bald die private Umgangssprache der gebildeten Kreise; war es gestern die notizenhaft hingeworfene Nachricht, so ist es heute das stilisierte öffentliche Schreiben, morgen die wortreiche Schilderung einer persönlichen Stimmung. Die Rückhaltlosigkeit, mit der sich Cicero, besonders Atticus gegenüber, ausspricht, macht die Briefe zu einem Spiegel seiner Seele. Erkennbar wird nicht nur seine politische Unentschlossenheit, sein Schwanken zwischen den Parteien, zugleich sein unerschütterliches Vertrauen in das Ideal der *res publica*, nicht nur das mühsame Ringen um Entscheidungen, die, wenn sie endlich gefaßt sind, bereits wieder zu spät kommen, nicht nur der von Komplexen überschattete Kampf um Anerkennung seiner Persönlichkeit, seines Urteils, seiner (von ihm weit überschätzten) Leistung: was sich vor allem abzeichnet, ist seine für die Antike schlechtweg unerhörte Offenheit im Privaten, die jede Reaktion auf Familienmiseren und Staatsunglück, die Schmerz und Triumph, Tränen und Lachen, Illusionen und Ärger, Euphorie und Depression, Stolz und Verzagen, kurz, jede Regung, der sich das empfindsam-empfängliche Gemüt Ciceros ausgesetzt sieht – bis hin zur nackten Angst und Verzweiflung –, getreulich festhält und mitteilt. Ciceros Briefe sind von unschätzbarem Wert als Quelle des politischen Geschehens der ausgehenden Republik, als kulturgeschichtliche Zeugnisse, als Dokumente der verschiedenen Ebenen lateinischen Sprachgebrauchs, als Musterstücke ihrer Gattung, vor allem jedoch als Wegemarken der äußeren und inneren Biographie ihres Verfassers, als intimste Bekundungen der Psyche eines antiken Menschen, ja als exemplarische Zeichen des Menschseins überhaupt. Jedes Bemühen, sie nach Rang, Vielfalt und Bedeutung auszuloten, scheitert an ihrer nur aus dem Reichtum des Lebens selbst zu begreifenden Fülle und Weite. Dieser Reichtum, diese Unverfälschtheit als Spiegel einer Persönlichkeit ist es, was den Cicero-Briefen noch heute dieselbe Bewunderung und Anteilnahme erzwingt wie in der Zeit der Renaissance, als sie, nach ihrer Wiederentdeckung durch PETRARCA und SALUTATO, jene mächtige Wirkung zeitigten, die das *familiariter scribere* geradezu zu einem Leitbild der Selbstäußerung werden ließ.      E.Sch.

GESAMTAUSGABEN: Mailand 1498 (in *Opera*, Bd. 3). – Paris 1511 *(Ciceronis opera epistolica)*. – Ldn. 1901–1933 (*The Correspondence of M. T. C.*, Hg., Komm. R. Y. Tyrell u. L. C. Purser, Bd. 1, ³1904; Bd. 2–6, ²1906–1933; Bd. 7, Index, 1901). – Paris 1950 (*Correspondance*, Bd. 1 u. 3, ⁴1950; Bd. 2, ³1950, Hg. L. A. Constans; Bd. 4, 1950, Hg. L. A. Constans u. J. Bayet; m. frz. Übers.; noch unvollständig). – Oxford 1955–1961 (*M. Tulli Ciceronis epistulae*, Bd. 1, 1957 [= ²1952]; Bd. 2/1, 1955 [= 1903], Hg. L. C. Purser, Bd. 2/2, 1961, Hg. D. R. S. Bailey; Bd. 3, 1958, Hg. W. S. Watt). – Warschau 1970 (*Epistularum fragmenta*, Hg. C. Weyssenhoff).

EINZELAUSGABEN: *Ad Atticum*: Rom 1470 (*Ciceronis ad M. Brutum et ceteros epistolae*, Hg. C. Sweynheym u. A. Pannartz). – Venedig 1470 (*Ciceronis epistolae ad Atticum, Brutum et Quintum fratrem cum ipsius Attici vita*, Hg. C. Sweynheym u. A. Pannartz). – Göteborg/Uppsala 1916–1960 (*M. Tulli Ciceronis ad Atticum epistularum libri XVI*, 3 Bde. Hg. H. Sjörgen, G. Thörnell u. A. Önnerfors). – Turin o. J. [ca.1953] (*M. Tulli Ciceronis epistularum ad Atticum libri XVI*, 2 Bde., Hg. M. Moricca u. A. Moricca-Caputo). – Ldn./Cambridge (Mass.) 1912–1918 (*Letters to Atticus*, 3 Bde., Hg. E. O. Winstedt; m. engl. Übers.; Loeb; mehrere Nachdr.). – Mchn. 1959 (*Atticus-Briefe*, Hg. H. Kasten; m. dt. Übers.; ³1980). – Cambridge 1965–1970, (*C.'s Letters to Atticus*, 7 Bde., Hg. D. R. Shackleton Bailey). – Stg. 1987 (*M. Tulli Ciceronis epistulae ad Atticum*, 2 Bde., Hg. ders.).
*Ad familiares*: Rom 1467 (*Ciceronis epistolae familiares*, Hg. C. Sweynheym u. A. Pannartz). – Lpzg. 1893 (*M. Tulli Ciceronis epistularum (ad familiares) libri XVI*, Hg. L. Mendelssohn). – Turin o. J. [ca. 1948] (*M. Tulli Ciceronis epistularum ad familiares libri XVI*, 2 Bde., Hg. H. Moricca). – Ldn./Cambridge (Mass.) 1927–1929 (*The Letters to His Friends*, Hg. W. G. Williams, Bd. 1, ²1943, mehrere Nachdr.; Bd. 3, ²1954 [enth. auch *The Letters to Brutus*, Hg. M. Caryl]; alle m. engl. Übers.; Loeb). – Mnch.1964 (*An seine Freunde*, Hg. H. Kasten; m. dt. Übers.; ²1976). – Cambridge 1977 (*Epistulae ad familiares*, 2 Bde., Hg. D. R. Shackleton Bailey).
*Ad Quintum fratrem*: Rom 1470 (*Ciceronis ad M. Brutum et ceteros epistolae*, Hg. C. Sweynheym u. A. Pannartz). – Venedig 1470 (*Ciceronis epistolae ad Atticum, Brutum et Quintum fratrem cum ipsius Attici vita*, Hg. C. Sweynheym u. A. Pannartz). – Uppsala 1911 (*M. Tulli Ciceronis ad Quintum fratrem epistularum libri III*, Hg. H. Sjögren). – Turin o. J. [ca. 1948] (*M. Tulli Ciceronis epistularum ad Quintum fratrem libri III*, Hg. H. Moricca u. A. Moricca-Caputo). – Mchn. 1965 (*An den Bruder Quintus, An Brutus, Über die Bewerbung*, Hg. H. Kasten; lat.-dt.). – Cambridge 1980 (*Epistulae ad Quintum fratrem et M. Brutum*, Hg. D. R. Shackleton Bailey).
*Ad Brutum*: Rom 1470 (*Ciceronis ad M. Brutum et ceteros epistolae*, Hg. C. Sweynheym u. A. Pannartz). – Venedig 1470 (*Ciceronis epistolae ad Atticum, Brutum et Quintum fratrem cum ipsius Attici vita*, Hg. C. Sweynheym u. A. Pannartz). – Uppsala 1910 (*M. Tulli Ciceronis ad M. Brutum epistularum liber nonus*, Hg. H. Sjögren). – Turin o. J. [ca. 1955] (*M. Tulli Ciceronis epistularum ad M. Brutum liber nonus. Fragmenta epistularum*, Hg. H. Moricca u. A. Moricca-Caputo). – Mchn. 1965 (*An den Bruder Quintus, An Brutus, Über die Bewerbung*, Hg. H. Kasten; lat.-dt.). – Cambridge 1980 (*Epistulae ad Quintum fratrem et M. Brutum*, Hg. D. R. Shackleton Bailey).
*Ad Plancum*: Basel 1957 (*Der Briefwechsel des L. Munatius Plancus mit Cicero*, Hg. G. Walser; m. Komm. u. dt. Übers.).

ÜBERSETZUNGEN: *Epistolarum familiarium Lib. V. VI. VII. VIII*, St. Riccius, Lpzg. 1569. – *Sämtliche Briefe C.s*, C. M. Wieland [Bd. 1–5] u. F. D. Gräter [Bd. 6 u. 7], Zürich 1808–1821; erneut Mchn. 1912, Hg. H. Conrad. – *Briefwechsel mit Brutus*, M. Giebel, Stg. 1982 (RUB).

LITERATUR: O. Plasberg, *C. in seinen Werken und Briefen*, Lpzg. 1926. – K. Büchner, Art. *Tullius (29)* (in RE 7 A/1, 1939, Sp. 1192–1235). – M. Demmel, *Cicero und Paetus*, Diss. Köln 1962. – M. Wistrand, *C. Imperator. Studies in C.'s Correspondence 51–47 B. C.*, Göteborg 1979. – U. Schwaiger, *Untersuchungen zu C.s Briefwechsel mit Marcus Iunius Brutus*, Diss. Innsbruck 1979 [1980]. – W. Jäger, *Briefanalysen. Zum Zusammenhang von Realitätserfahrung und Sprache in Briefen C.s*, Ffm./Bern 1986 [zugl. Diss. Freiburg i. B. 1985].

## BRUTUS

(lat.; *Brutus*), in der Neuzeit auch mit dem Zusatz *De claris oratoribus – Von den berühmten Rednern –* versehen. Dialog im »Aristotelischen Stil« (*Ad Atticum* 13, 19, 4) von CICERO. Das Werk leitet zu Beginn des Jahres 46 v. Chr. die dritte Periode der rhetorischen Schriftstellerei Ciceros ein, in der es neben dem *Orator* als das wichtigste Dokument bezeichnet werden darf. Darüber hinaus aber ist der *Brutus* für die antike Literatur bedeutsam als großer Entwurf einer dezidierten Literaturgeschichte: bis dahin hatte sich die Arbeit der Gelehrten und Literaten in dieser Hinsicht auf Katalogisierung, Biographie, Literaturästhetik, Motivistik, Philologie in engerem Sinn und Grammatik beschränkt, war also rein phänomenologisch-beschreibend, statisch orientiert gewesen. Hier dagegen wird der Versuch gemacht, eine bestimmte Form literarischer Realität, nämlich die eigene, ciceronianische – auch das eine seltene Kühnheit –, als idealen Endpunkt zu sehen, in dem als ihrem genuinen Gipfel alle früheren Erscheinungsformen kulminieren. Freilich, so dynamisch Anlage und untergründige Tendenz sein mögen, als fortschreitende Verwirklichung eines Entwicklungsprinzips vermag Cicero das Reich der Rhetorik nicht darzustellen. In der Ausführung bleibt auch er beim katalogisierenden Reihen der Namen, bei einer (sofern es ihm die Überlieferung überhaupt erlaubt) statisch-sukzessiven Schilderung der individuellen Rednerpersönlichkeiten. Trotz des quantitativ geweiteten Blicks geht also Ciceros Darstellung als Beschreibung eines »Geschichtsgeschehens« nicht über das hinaus, was schon ARISTOTELES mit seiner Tragödienmorphologie geboten hatte.

Das Interesse, das Cicero zur Wiederaufnahme der rund zehn Jahre zuvor (55 v. Chr.) in *De oratore* behandelten Thematik trieb, war nur zum geringsten Teil literarhistorischen Ursprungs. Wahrscheinlich wollte er dem jüngst erschienenen *Liber annalis* des Freundes ATTICUS (er fungiert neben Autor und Titelfigur als dritter Dialogpartner) ein literarisches Pendant zur Seite stellen, wobei der *Liber annalis* zugleich die historische Quelle darstellt. Daneben mußte sich Cicero in gespannter politischer Situation auf irgendeine – möglichst indirekte – Weise einiges von der Seele schreiben: die Klagen über die allgemeine Misere durfte Caesar, schuldige Ursache und einzige Hoffnung zugleich, nicht überhören; und M. Iunius Brutus, der von Caesar geschätzte aufrechte Republikaner, schien der geeignete Mann zu sein, um die literarische Ehrung zu würdigen und das politische Ansinnen zu verwirklichen (nicht umsonst hat Cicero dem seiner Meinung nach hoffnungsvollsten Vertreter seiner Partei in der Folge so wichtige Werke wie den *Orator*, *De finibus bonorum et malorum*, *De natura deorum* und die *Tusculanae disputationes* gewidmet). Der entscheidende Anstoß, der dem Werk die weithin apologetische Note verlieh, kam jedoch aus anderer Richtung. Ciceros rednerisches Stilideal war mit den Jahren immer stärkeren Angriffen ausgesetzt; eine Gruppe, deren Mitglieder sich als »Attizisten« verstanden, warf ihm asianischen Schwulst, pathetische Exaltiertheit und unklassische, effeminierte Rhythmisierung der Sprache vor. Gegen diese Anwürfe wehrt sich Cicero, indem er zum einen zeigt, daß er keineswegs ein Gegner des rhetorischen Stils der Attiker, vielmehr glühender Bewunderer und Nachahmer ihres glänzendsten Vertreters, DEMOSTHENES, sei, zum anderen, daß so gut wie ohne Ausnahme alle berühmten und repräsentativen Redner der eigenen römischen Vergangenheit das von ihm, Cicero, gelebte Ideal verkörpert haben.

Angesichts der Fülle des vorgesetzten Stoffes überrascht die übersichtliche Gliederung: 1–24 Einleitung mit Nachruf auf HORTENSIUS, was im – leicht verstümmelten – Epilog (328 ff.) wiederaufgegriffen wird; dazwischen zunächst eine kurze Darstellung der griechischen Beredsamkeit (25–51),

dann, in fünf chronologischen Epochen, die römischen Redner, von den frühesten faßbaren Gestalten bis zu Hortensius, Cicero und ihren Zeitgenossen (52–327). Der Autor ist offensichtlich bemüht, die trockene Masse durch geschickt raffende Gruppierung, durch synkritische Gegenüberstellungen, durch Exkurse und Einwürfe der Gesprächspartner (Cicero selbst ist die Hauptgestalt) zu lockern und zu variieren. Hinzu kommt, daß Cicero von dem Prinzip, keine lebenden Zeitgenossen zu behandeln, abgeht (Caesar ist die erlauchteste Ausnahme). Dennoch bleibt das Ganze, bei aller gewohnten Glätte im einzelnen, eine spröde Materie, bedeutsam in erster Linie als Dokument einer Gattung, als eine der maßgeblichen Reflexionen Ciceros über seinen Beruf und, nicht zuletzt, des unerhörten Unterfangens einer analytischen Autobiographie (304–324) wegen. E.Sch.

AUSGABEN: Rom 1469 (*In Brutus liber*, Hg. C. Sweynheym u. A. Pannartz). – Lpzg. ³1889, Hg. K. W. Piderit u. W. Friedrich [m. Komm.]. – Oxford 1903 (in *Rhetorica*, Hg. A. S. Wilkins, Bd. 2; zuletzt 1970). – Lpzg. 1934 (in *Scripta quae manserunt omnia*, Bd. 2/4, Hg. P. Reis). – Ldn./Cambridge (Mass.) 1939, Hg. G. L. Hendrickson [m. engl. Übers.; Loeb; mehrere Nachdr.]. – Heidelberg 1949, Hg. K. Barwick [m. Einl.]. – Bln. ⁶1962, Hg. O. Jahn u. B. Kytzler [m. Komm. u. Bibliogr.].

ÜBERSETZUNG: *Brutus, oder Charakteristik d. griech. u. röm. Redner*, J. L. H. Woller, Hbg. 1787. – *Brutus*, W. Binder, Bln. ³1914. – Dass., B. Kytzler, Mchn./Zürich ³1986.

LITERATUR: W. Kroll, Art. *Tullius* (29) (in RE, 7 A/1, 1939, Sp. 1098 ff.). – I. Cazzaniga, *Il »Brutus« di Cicerone*, Mailand 1947. – H. Fuchs, *Nachträge in C.s »Brutus«* (in *Navicula Chiloniensis*, Fs. F. Jacoby, Leiden 1956, S. 123–143). – M. Gelzer, *C.s »Brutus« als politische Kundgebung* (in M. G., *Kleine Schriften*, Bd. 2, Mchn. 1964, S. 248–250). – G. V. Summers, *The Orators in C.'s »Brutus«. Prosopography and Chronology*, Toronto 1973 (Phoenix Suppl.). – C. Rathofer, *C.s »Brutus« als literarisches Paradigma eines ›Auctoritas‹-Verhältnisses*, Ffm. 1986.

## CATILINARIAE ORATIONES

(lat.; *Catilinarische Reden*). Vier Reden von CICERO, gehalten während seines Konsulats (63 v. Chr.), veröffentlicht im Jahre 60 v. Chr. im Corpus der zwölf konsularischen Reden. – Lucius Sergius Catilina, ehemals Parteigänger Sullas, hatte bereits im Jahre 65 ein – vergebliches – Komplott zur Beseitigung der Konsuln geschmiedet, nachdem 66 seine Kandidatur für das höchste Staatsamt abgewiesen worden war. Bei den Wahlen im Sommer 64 unternahm er einen zweiten Anlauf zum Konsulat, unterlag aber Cicero, der zusammen mit

Gaius Antonius gewählt wurde. Catilina war, obwohl aus altadliger Familie stammend, radikaler Vertreter der Popularenpartei, zu deren Programm vor allem eine großzügige Bodenreform zur Landgewinnung für das Großstadtproletariat und ein allgemeiner Schuldenerlaß gehörten.

Im Laufe des Jahres 63 hatte Cicero mehrfach Veranlassung, als Vertreter der konservativen Optimatenpartei gegen populare Manipulationen Stellung zu nehmen. Als Catilina bei den Konsulatswahlen für 62 abermals durchfiel, entschloß er sich zur Revolte. Der für den 27./28. Oktober geplante bewaffnete Aufstand wurde aber von Cicero vereitelt, ebenso das am 7. November inszenierte Attentat auf Cicero. Nach der scharfen und zorngeladenen Rede Ciceros gegen den wider Erwarten in der Senatssitzung am 7. November anwesenden Catilina (*1. Catilinarische Rede:* »*Quousque tandem abutere, Catilina, patientia nostra?*« – »*Wie lange, Catilina, willst du noch unsere Langmut mißbrauchen?*«) sah sich dieser im Senat völlig isoliert; noch in der Nacht verließ er die Stadt und zog sich zu seiner Revolutionsarmee nach Etrurien zurück. Am folgenden Tag erstattete Cicero dem Volk darüber in der *2. Catilinarischen Rede* Bericht, vor allem, um die Massen vor den anderen noch in Rom weilenden Häuptern der Verschwörung zu warnen. Am 3. Dezember gelang es, die wichtigsten Mitglieder des Komplotts auf Grund abgefangener Briefe zu überführen und gefangenzusetzen. Noch am selben Abend berichtete der Konsul dem Volk in der überschwenglichen *3. Catilinarischen Rede* von der Rettung des Vaterlandes. Zwei Tage später fand die entscheidende Senatssitzung statt, auf der über das Schicksal der Verhafteten entschieden werden sollte. Während die allgemeine Stimmung zunächst dem sofortigen Vollzug der Todesstrafe zuneigte, wies Caesar – die graue Eminenz der Popularen – in einer überaus diplomatischen Rede auf ein altes Gesetz hin, das Hinrichtungen ohne Zustimmung des Volkes verbot, und beantragte statt dessen lebenslängliche Verbannung und Haft ohne Revisionsmöglichkeit sowie Vermögenseinzug. Ciceros Antwort – die *4. Catilinarische Rede* – spiegelt den allgemeinen Stimmungsumschwung und die plötzliche Unsicherheit der Senatoren. Als sich jedoch Cato am Ende der Sitzung zu einer ungemein scharfen Erwiderung auf Caesars Vorschlag entschloß (dieser mußte froh sein, den Senat unversehrt verlassen zu können), war das Schicksal der Gefangenen besiegelt: sie wurden noch am gleichen Tage erdrosselt. – Catilina selbst fiel im Januar 62 beim entscheidenden Gefecht in der Nähe von Pistoia. Cicero aber mußte im Jahre 58 wegen der juristisch zweifelhaften Hinrichtung ins Exil gehen: Caesar hatte zweifelsohne den größeren politischen Weitblick bewiesen.

Die kritische Würdigung der *Catilinarien* ist ebenso schwierig wie umstritten: zum einen, weil sich schwer sagen läßt, wie stark die extemporierten Reden des Jahres 63 bei der späteren Publikation redigiert worden sind (daß sie es sind, ist allenthalben zu sehen); zum andern, weil sie in einem zwar für Cicero typischen, aber für den Historiker sehr unleidlichen Maße monoman egozentrische Äußerungen darstellen. Die aus der Rückschau geschriebene historische Monographie SALLUSTS *(De coniuratione Catilinae)* gibt – bei aller Inkommensurabilität – ein notwendiges Korrektiv, wenn sie als die eigentlichen Antipoden der Ereignisse Caesar und Cato hervortreten läßt, neben denen die Bedeutung des Konsuls Cicero beinahe verblaßt. Der Vergleich mit Sallust lehrt noch etwas anderes: daß Cicero, wie schon bei Verres (vgl. *Actio prima / secunda in Verrem*), so auch bei Catilina jeder Sinn für das Zeittypische der Person und des Phänomens abging: das Zwielichtig-Dämonische, halb Verbrecherhafte, halb Großartig-Charmante dieser Persönlichkeit (und der Kreise, denen sie zugehörte) blieb ihm ebenso verborgen wie die sozialen, soziologischen und moralischen Gründe und Hintergründe, aus denen sie erwuchs – für ihn gab es nur Schwarz und Weiß, Krank und Gesund, Umsturz oder Bewahrung, Konservatismus oder Landesverrat.

Eines freilich hat sich gegenüber den *Verrinen* von Grund auf geändert: die Leidenschaft, mit der Cicero seine Position vertritt und die gegnerische verdammt, wirkt echter, ungekünstelter, überzeugter. Der politische Zweck und der rhetorische Ausdruck entsprechen einander, die Stelle der forensischen Phrase hat das persönliche Pathos eingenommen. Was der Nachwelt immer wieder als grotesk, ja fast lächerlich erscheinen wollte, die maßlose Selbstüberschätzung Ciceros, der sich als Retter des Vaterlandes auf eine Ebene mit dessen Gründer Romulus zu stellen wagt, das ist letztlich nichts anderes als der unmittelbare Niederschlag einer unbedingten, vorbehaltlosen, unreflektierten Identifikation mit der politischen Sache – nur zu verstehen, wenn man bedenkt, daß es hier in der Tat schon nicht mehr nur um den politischen Erfolg, sondern im selben Grade bereits um die persönliche Existenz des Politikers Cicero ging. E.Sch.

AUSGABEN: Rom 1471 (in *Orationes*, Hg. J. Andreas de Bossis, Bischof von Valeria). – Köln um 1474 *(In Catilinam Invectivarum libri)*. – Oxford 1901 (in *Orationes*, Bd. 1, Hg. A. C. Clark; mehrere Nachdr.). – Lpzg. [7]1912 *(Catilinarische Reden*, Hg. F. Richter, A. Eberhard u. H. Nohl; m. Komm.). – Lpgz. 1933 (in *Scripta quae manserunt omnia*, Bd. 6/2, Hg. P. Reis). – Ldn./Cambridge (Mass.) [2]1946 (in *The Speeches*, Bd. 6, Hg. L. E. Lord; m. engl. Übers.; Loeb; mehrere Nachdr.). – Paris 1950 (in *Discours*, Bd. 10, Hg. H. Bornecque; frz. Übers. E. Bailly). – Zürich [2]1950 (*In Catilinam orationes quatuor*, Hg. J. Béranger).

ÜBERSETZUNGEN: *Des hochberompten Latinischen histori schreibers Salustij: zwo schon historien: Nemlichē von des Catilinē und auch des Jugurthen kriegen: Darbey auch die durch ächtlich Oration die Cicero wider Catilinam gehaltñ auch des Catilinen verantwürtung: volgenn, pald darauff nach enndung der Catilinarien*, Dieterich von Pleningen, Landshut 1515. –

*M. Tullii Ciceronis sechs Reden*, C. A. Heumann, Eisenach/Naumburg 1735. – E. Schröfel (in *Briefe und Reden*, Rede 1–3, Mchn. 1957). – *Die Catilinarischen Reden*, M. Fuhrmann (in *Sämtliche Reden* Bd. 2, Zürich/Stg. 1970). – *Vier Reden gegen Catilina*, D. Klose, Stg. 1972 (RUB).

LITERATUR: M. Gelzer, Art. *Sergius (23)* (in RE, 2 A/2, 1923, Sp. 1693–1711). – J. Vogt, *C. und Sallust über die catilinarische Verschwörung*, Ffm. 1938 (Auf dem Wege zum nationalpolitischen Gymnasium, 3). – M. Gelzer, Art. *Tullius (29)* (in RE, 7 A/1, 1939, Sp. 865–892). – W. Hoffmann, *Catilina und die Römische Revolution* (in Gymn, 66, 1959, S. 459–477). – J. Vogt, *C. u. Sallust über die Catilinarische Verschwörung*, Darmstadt 1966. – V. Buchheit, *C.s Triumph des Geistes* (in Gymn, 76, 1969, S. 232–253). – H. Drexler, *Materialien zur Catilinarischen Verschwörung*, Darmstadt 1972. – B. A. Marshall, *C. and Sallust on Crassus and Catiline* (in Latomus, 33, 1974, S. 805–813). – A. Primmer, *Historisches und Oratorisches zur ersten Catilinaria* (in Gymn, 84, 1977, S. 18–38). – C. Ratkowitsch, *Ein Hymnus in C.s erster Catilinaria* (in WSt, N. F. 15, 1981, S. 157–167).

## CATO MAIOR DE SENECTUTE

(lat.; *Cato der Ältere, über das Greisenalter*). Philosophisches Werk von CICERO, entstanden in den Jahren unfreiwilliger Muße kurz vor seinem Tode, wohl im Frühjahr 44 v. Chr., wie einigen Bemerkungen in Briefen an den Freund ATTICUS zu entnehmen ist. Es sind die Wochen der Verschwörung gegen Caesar. Darauf dürfte auch die einleitende Widmung an Atticus anspielen (1, 1 f.): es sei, so meint Cicero, momentan recht schwierig, sich über gewisse bedrückende Zustände hinwegzutrösten; dagegen werde es eher möglich sein, sich und dem Freund mit einer Schrift über das Alter die Angst vor diesem Lebensabschnitt zu nehmen (Cicero war damals 62, Atticus 65 Jahre alt).

Die Abhandlung ist in eine Form gekleidet, die Cicero auch in anderen Werken gern, oft sogar noch kunstreicher angewandt hat: eine Mischung aus situationsschilderndem Einleitungsdialog und theoretischer Abhandlung. In einem kurzen Gespräch (4–14) wird Marcus Porcius Cato, der wegen seiner altväterlichen Sittenstrenge schon zu Ciceros Lebzeiten legendäre *homo novus* (Emporkömmling) aus den Sabinerbergen, von Gaius Laelius und dem jüngeren Publius Cornelius Scipio aufgefordert, ihnen zu erklären, wie er die Bürde seiner Jahre mit solcher Heiterkeit und Gelassenheit tragen könne. (Zur Zeit des fingierten Dialogs, der im Jahr 150 v. Chr. spielt, hatte Cato bereits das 84. Lebensjahr erreicht.) Bereitwillig kommt der Greis dem Wunsch seiner jungen Zuhörer nach. In einer Abhandlung, die bis zum Schluß von keiner Gegenrede mehr unterbrochen wird, widerlegt er die vier Hauptvorwürfe gegen das Alter. Es kann keine Rede davon sein, daß der Mensch im Alter zu politischer Untätigkeit verurteilt ist, kommt ihm doch dann erst die wichtige Aufgabe erzieherischer Einflußnahme – als Berater in Senat und Familie – zu (15–26). Der körperlichen Schwäche steht also die geistige Leistungskraft gegenüber, die jene an Wert weit überragt (27–38). Daher bedeutet die Unfähigkeit zu sinnlicher Leidenschaft keineswegs einen Mangel, sondern vielmehr Befreiung zu wahrer Tätigkeit, die in der Beschäftigung mit der Philosophie zu suchen ist (39–66). Philosophische Überlegungen wiederum nehmen der Nähe des Todes das Beängstigende; denn sie lehren, daß es entweder gar kein Weiterleben nach dem Tod oder aber für die rechtschaffenen Menschen nur ein glückseliges gibt (67–84).

Diese Ausführungen werden durch zahlreiche, scheinbar willkürlich aufeinanderfolgende Beispiele aus dem griechischen und römischen Geistesleben aufgelockert: die logische Stringenz verbirgt sich hinter einem zwanglos anmutenden Plauderton, der die strenge Form des Traktats wieder ausgleicht. Deutlicher noch als in den rationalen Argumenten tritt in diesen Beispielen das Bemühen hervor, die geistige Aktivität gegenüber der bloß körperlichen aufzuwerten. Die Grundlage dieses Bemühens ist der stoische Satz, die Natur jedem Wesen jeweils die Kräfte verliehen habe, die es zu seiner Existenz braucht. Das gilt auch für die Lebensstufe des Alters, die nur im oberflächlichen Sinn unproduktiv genannt werden kann: und da für den Römer die Politik das eigentliche Wirkungsfeld ist, bedeutet dies, daß ein alter Mensch dem Staat gewissermaßen mehr dient als ein junger.

Die Beziehung auf Ciceros persönliche Situation springt in die Augen. Nach dem Sieg Caesars über Pompeius (48 v. Chr.) war er als überzeugter Republikaner gezwungen, sich aus dem öffentlichen Leben zurückzuziehen. Er suchte Trost in der Lektüre griechischer Schriftsteller, vor allem PLATONS. So ist die Schrift *Über das Alter* nicht nur eine Auseinandersetzung mit den eigenen Lebensjahren, sondern mehr noch eine Rechtfertigung der bitter empfundenen »Untätigkeit«.

Es nimmt nicht wunder, daß sich im einzelnen jeder Gedanke der Schrift auf griechische Formulierungen zurückführen läßt (neben dem Homerischen Nestor und SOLONS *Elegien* finden besonders Platon und XENOPHON Berücksichtigung). Wichtig aber ist Ciceros selbständige Leistung, die sich in der besonderen Gestaltung der Titelfigur äußert. Nicht den bissigen Griechenhasser Cato zeigt Cicero, nicht den geizigen Bauern und nicht den fanatischen Verfechter altrömischer Sittenfestigkeit; die Anspielungen auf diese Züge wirken eher wie ein Tribut an die historische Überlieferung. Vor den Augen des Lesers entsteht vielmehr das Bild eines *vir vere Romanus*, eines »echten Römers«, so wie er Ciceros Vorstellungen entspricht: eines Mannes von militärischer und staatsmännischer Tüchtigkeit, die sich harmonisch mit griechisch-urbaner Bildung verbindet. Nicht umsonst wendet sich ein solcher Cato an Männer wie Laelius und Scipio, die nun tatsächlich diesem Bild entsprechend gelebt haben (man vergleiche Ciceros *Laelius de amicitia*). Auf diesem in Cato Gestalt gewordenen Ideal beruht der Zauber des kleinen Werkes, der über das Mittelalter (wie die zahlreichen karolingischen Abschriften beweisen) bis in die Neuzeit hinein weitergewirkt hat: das jüngste Zeugnis dafür ist Jakob GRIMMS Schrift *Über das Alter*. B.M.

AUSGABEN: Köln [um 1467] *(Tullius de senectute)*. – Lpzg. 1917 (in *Scripta quae manserunt omnia*, 14/47: *Cato maior. Laelius*, Hg. K. Simbeck; mehrere Nachdr.). – Ldn./Cambridge (Mass.) 1923 (*De senectute. De amicitia. De divinatione*, Hg. W. A. Falconer; m. engl. Übers.; Loeb; mehrere Nachdr.). – Paris ³1961 (*Caton l'Ancien*, Hg. P. Wuilleumier; m. Bibliogr. u. frz. Übers.). – Mchn. 1963 (*Cato maior de senectute*, Hg. M. Faltner; m. Bibliogr.; lat.-dt.; zul. 1983).

ÜBERSETZUNGEN: *Des Hochberümpten Marci Tulii Ciceronis buchlein von dem Alter*, J. Neuber, Augsburg 1522. – *Cato der Ältere über das Greisenalter*, R. A. Schröder, Mchn. 1924. – *Vom Alter, von der Freundschaft und vom höchsten Gut und Übel*, Übers. u. Hg. R. Nitsche, Zürich 1949. – *Cato der Ältere oder vom Greisenalter*, nach der Übers. von R. Kühner, Hg. C. Woyte, Stg. 1961 (RUB).

LITERATUR: M. Schneidewin, *C. und Jakob Grimm, Über das Alter*, Hbg. 1893. – F. Padberg, *C. u. Cato Censorius*, Diss. Münster 1933. – R. Philippson, Art. *Tullius (29)* (in RE, 7A/1, 1939, Sp. 1162 ff.). – L. Alfonsi, *La composizione del »De senectute« ciceroniano* (in Siculorum Gymnasium, 8, 1955, S. 429–454). – E. Saint-Denis, *Caton l'Ancien vu par Cicéron* (in Inf. litt., 8, 1956, S. 93–100). – E. Hübener, *C. »De senectute« in gerontologischer Schau* (in Altertum, 3, 1957, S. 46–52). – C. P. Jones, *C.'s »Cato«* (in RhMus, 113, 1970, S. 108–196). – J. Bollok, *Une source oubliée du »Cato Maior«* (in Acta Classica Universitatis Scientiarum, 20, 1984, S. 21–30). – H. Bengtson, *Bemerkungen zu C.s Schrift »Cato Maior de senectute«* (in Fs. f. M. Spindler, Hg. A. Kraus, Bd. 1, Mchn. 1984).

# DE DIVINATIONE

(lat.; *Über die Weissagung*). Philosophischer Dialog von CICERO, geschrieben im Anschluß an *De natura deorum (Über das Wesen der Götter)*, veröffentlicht im Frühsommer 44 v. Chr. – Auf seinem Landgut bei Rom, dem Tusculanum, erörtert Cicero mit seinem jüngeren Bruder Quintus Bedeutung und Wesen der Weissagung. Im ersten Buch behauptet Quintus, es gebe eine zutreffende Voraussage zukünftiger Ereignisse. Wenngleich man ihre Ursachen nicht erkennen könne, sei die Gültigkeit ihrer Deutungen doch erwiesen. Eine Fülle von Beispielen soll diese These bestätigen. Sie wird jedoch im zweiten Buch von Cicero widerlegt, und zwar zunächst im ganzen: Weissagungen seien überhaupt unnütz, denn in jedem Fachgebiet könnten die Sachverständigen bessere Auskünfte erteilen als Priester und Seher (2). Sodann bringt er im einzelnen seine Gegenargumente vor, wobei er sich sachgemäß an das System der Wahrsagekunst hält, das Quintus bereits im ersten Teil angedeutet hat. Er kommt zu dem Schluß, jede Form der Weissagung sei als Aberglaube zu verurteilen und streng von echter Frömmigkeit zu trennen.

Die dialogischen Partien des Werkes beschränken sich auf kurze Redewechsel zu Beginn eines jeden Buches, in denen die räumliche und zeitliche Situation umrissen und das Thema aufgeworfen wird, sowie auf zwei noch kürzere abschließende Stücke am Ende der beiden Teile. Die Thesen selbst werden in zwei langen Abhandlungen vorgetragen (1, 11–132; 2, 9–150), deren verschiedene künstlerische Gestaltung unmittelbar auffällt. Die Rede des Quintus ist kaum gegliedert, ohne erkennbare Differenzierung häufen sich Beispielerzählungen und Zitate (das längste stammt aus Ciceros nicht erhaltenem Poem *De consulatu – Über das Konsulat*). Ciceros Erwiderung zeigt dagegen eine klare Disposition. Auf diese Weise wirkt des Quintus leidenschaftliche Stellungnahme für die Weissagung unbedacht gegenüber der logisch konzipierten, philosophisch exater anmutenden Widerlegung. Dennoch soll diese die erste nicht vollständig entkräften. Zwar gibt Quintus zu, daß er hinsichtlich der Formen »künstlicher Weissagungen«, wie Eingeweideschau, Losdeutung, Astrologie usw., seine Meinung ändere. Nach der Erörterung der natürlichen Weissagungen (in Gestalt von Träumen und Orakeln) stimmt er jedoch nicht etwa der These als solcher zu, sondern nur der methodischen Forderung, auch in Zukunft Probleme vorurteilslos zu prüfen.

Man sollte demnach die Unterschiede in der Form nicht allein auf die unterschiedliche Behandlung der Vorlagen zurückführen. Freilich sind diese – nicht nur als stoffliche Grundlage – von entscheidender Bedeutung, sah doch Cicero die Übertragung griechischer Werke in die lateinische Sprache als die beste Rechtfertigung seiner erzwungenen politischen Untätigkeit, ja sogar als ein Politikum an. Darüber geben die Prooemien zu den beiden Büchern wichtige Auskunft. Während das erste mit dem Überblick über die historische Entwicklung der Wahrsagekunst die für Cicero wesentlichen Quellen nennt – die Schrift des Stoikers POSEIDONIOS und das mündliche Philosophieren des Sokratikers KARNEADES –, legt der Autor im zweiten seine Absicht dar, das gesamte Gebiet griechischer Philosophie den Römern zu vermitteln. Dadurch glaubte er, auch in politischem Sinne eine Aufgabe zu erfüllen. Wie wenig aber eine solche Haltung seinem Temperament entsprach, verrät die Tatsache, daß er hoffte, mit dem Tode Caesars möge ihm wieder eine Möglichkeit öffentlichen Auftretens gegeben werden. Für die Nachwelt freilich mag es von Nutzen gewesen sein, daß ihm die Erfüllung dieses Wunsches versagt blieb: nur so konnte er seinen Plan wenigstens teilweise verwirklichen. B.M.

AUSGABEN: Rom 1471 (in *Opera philosophica*, Hg. C. Sweynheym u. A. Pannartz, Bd. 1). – Lpzg. 1911 (*Paradoxa Stoicorum*, Hg. O. Plasberg). – Urbana 1920–1923 (*De divinatione liber primus/secundus*, Hg. A. S. Pease, 2 Bde.; m. Komm.; University of Illinois Studies in Language and Literature, 6/2; 8/2). – Ldn./Cambridge (Mass.) 1923 (in *De senectute. De amicitia. De divinatione*, Hg. W. A. Falconer; m. engl. Übers.; Loeb; mehrere Nachdr.). – Groningen/Djakarta 1957, Hg. H. J. M. Broos. – Lpzg. 1938 (in *Scripta quae manserunt omnia* 14/46, Hg. W. Ax; Nachdr. 1977).

ÜBERSETZUNGEN: *C.s zwey Bücher von der Vorhersehung*, anon., Lpzg. 1784. – *C.s Bücher von der Divination und die Schrift vom Schicksal*, F. Jacobs, Lpzg. 1841. – *Von der Weissagung*, R. Kühner, Mchn. 1962 [Nachdr. der Ausg. Stg. 1868].

LITERATUR: Schanz-Hosius, 1, S. 514 ff. – P. Finger, *Die zwei mantischen Systeme in C.s Schrift »Über die Weissagung«* (in RhMus, 78, 1929, S. 371 bis 397). – R. Philippson, Art. *Tullius (29)* (in RE, 7/A2, 1939, Sp. 1156–1161). – J. Linderski, *C. and Roman Divination* (in La parola del passato, 37, 1982, S. 12–38). – C. Schaeublin, *C., »De divinatione«, und Poseidonius* (in MH, 42, 1985, S. 157–167).

## DE FINIBUS BONORUM ET MALORUM

(lat.; *Über das höchste Gut und das höchste Übel*). Philosophischer Dialog in fünf Büchern von CICERO, entstanden 45 v. Chr. – Die Schrift bildet das Kernstück in Ciceros – nicht mehr vollständig ausgeführtem – Plan, den Römern die griechische Philosophie in lateinischer Sprache zugänglich zu machen. Das Werk behandelt die ethischen Grundprinzipien der hellenistischen Philosophenschulen und steht so zwischen der Erkenntnistheorie in den *Academica* und der praktischen Ethik in den *Tusculanae disputationes*. Diese zentrale Stellung verdankt *De finibus* der damals vorherrschenden Richtung des philosophischen Interesses. Schon der Titel zeigt das an: Hauptanliegen der nachklassischen Denker ist fast ausschließlich der Mensch und die praktische Lebensbewältigung. Die theoretischen Bemühungen gingen darauf aus, ein letztes, bestimmendes Ziel herauszustellen, nach dem alles Tun sich auszurichten hätte. Diesem »höchsten Gut« wurde ein »äußerstes Übel« als das in allen Fällen zu meidende negative Prinzip gegenübergestellt. Cicero gibt das griechische Wort *telos*, das selbst schon »Ziel des Handelns« heißen kann, mit *finis* (Ende, Grenze) wieder, muß es aber mit dem Zusatz *»im Guten und Bösen«* erläutern.
Der Aufbau des Werkes ist bestimmt durch die Reihenfolge der einzelnen Lehrmeinungen, die nacheinander abgehandelt und widerlegt werden.

Buch 1 zeigt die Forderung der Epikureer, alles Handeln auf die Lust als das höchste Gut auszurichten, eine äußerst verfeinerte Lust freilich, die nicht mit egoistischer Wollust verwechselt werden darf: solches Streben nach Lust schließt tugendhaftes, selbstloses Verhalten nicht aus, da auch dieses trotz Verzicht auf eigene Bequemlichkeit Lustgefühle vermittelt. Selbst der Schmerz, eigentlich das größte Übel, muß ertragen werden, wenn dadurch höhere Lust gewonnen wird. Deren Höchstmaß ist erreicht in dem ruhig-abgeklärten Zustand der völligen Schmerz- und Angstlosigkeit. Die Kritik dieser Lehre in Buch 2 gesteht EPIKUR zwar menschliche Größe zu, wirft ihm aber Widersprüchlichkeit in der Konzeption des Zentralbegriffs »Lust« vor; vor allem macht Cicero kein Hehl aus seiner Abneigung gegen zeitgenössische Epigonen des Schulgründers: dem Ideal des Epikureers, Lucius Thorius Balbus, der sich keinen Genuß entgehen ließ, den seine Körperschönheit und sein Reichtum ihm eintrugen, und der ein ruhmreiches Ende fand, stellt er den Feldherrn Marcus Regulus gegenüber, der um seines Ehrenwortes willen alle Martern des Feindes auf sich nahm (er taucht auch in *De officiis* als beispielhafte Persönlichkeit auf). Scheint Cicero hier der im Buch 3 dargestellten stoischen Auffassung zuzuneigen, wonach die um ihrer selbst willen geübte Tugend das höchste Gut ist, so zeigt sich doch in Buch 4, bei der Entgegnung auf den Stoizismus, daß sich trotz allem in Cicero manches Mißtrauen gegen diese starre, weltfremde Moral regt. Am meisten liegt ihm die realistischere, vermittelnde Lehre des Peripatos, und zwar in ihrer durch die jüngere Akademie umgebildeten Gestalt; sie stellt er in Buch 5 dar und sucht sie durch verschiedene Einwände zu modifizieren.
Cicero hat diese Erörterungen in die Form dreier Gespräche gekleidet, die er mit Freunden auf seinem Landgut in Cumae (Buch 1 und 2), auf dem Gut des Lucullus in Tusculum (Buch 3 und 4) und in der Akademie zu Athen (Buch 5) geführt hat. Hauptredner sind der Epikureer Lucius Manlius Torquatus im ersten, der Erzstoiker Marcus Porcius Cato im zweiten und Marcus Publius Piso im dritten Gespräch, sowie, als Kritiker, Cicero selbst; dazu kommen einige Nebenfiguren; so in Athen etwa Ciceros Bruder Quintus, sein Vetter Lucius und sein bester Freund, der Epikureer Titus Pomponius Atticus. Die Atmosphäre der Schauplätze – gebildete römische Geistigkeit und der Atem der großen griechischen Vergangenheit – schafft das Medium, in dem sich die Personen bewegen. B.M.

AUSGABEN: Köln [ca. 1470]. – Kopenhagen [3]1876; Nachdr. Hildesheim 1963, Hg. J. N. Madvig. – Lpzg. 1915 (in *Scripta quae manserunt omnia*, 13/43a, Hg. Th. Schiche; Nachdr. 1961). – Cambridge 1925, Hg. J. S. Reid. – Paris 1938 (*Du bien suprême et des maux les plus graves*, Hg. u. Anm. C. Appuhn). – Ldn./Cambridge (Mass.) [2]1931, Hg. H. Rackham (m. engl. Übers.; Loeb; mehrere Nachdr.). – Turin 1955, Hg. N. Marinone (in *Opere politiche e filosofiche*, Bd. 2).

ÜBERSETZUNGEN: *C. an Brutus über das höchste Gut und über das höchste Übel nebst dessen Paradoxen*, M. C. G. Tilling, Breslau 1789. – In *Vom Alter, von der Freundschaft und vom höchsten Gut und Übel*, R. Nitsche, Zürich 1949. – *Vom höchsten Gut und vom größten Übel*, O. Büchler, Bremen 1957 (Slg. Dieterich). – *Das höchste Gut und das schlimmste Übel*, A. Kabza, Mchn. 1960 [lat.-dt.]. – *Von den Grenzen im Guten und Bösen*, K. Atzert, Zürich/Stg. 1964 [lat.-dt.].

LITERATUR: A. Lörcher, *Das Fremde und das Eigene in C.s Büchern »De finibus bonorum et malorum« und den »Academica«*, Halle 1911. – F. Moscari, *Cicerone e l'etica stoica nel 3. libro del »De finibus«*, Rom 1930. – M. Schäfer, *Ein frühmittelstoisches System der Ethik bei C.*, Diss. Mchn. 1934. – G. Kilb, *Ethische Grundbegriffe der alten Stoa und ihre Übertragung durch C. im dritten Buch »De finibus bonorum et malorum«*, Freiburg i. B. 1939. – B. Duszynska, *C.'s Argumentation in the First Dialogue of His »De finibus bonorum et malorum«* (in Eos, 43, 1948/49, S. 211–218). – F. Giancotti, *Profilo interiore del »De finibus«* (in *Atti del 1. congresso internazionale di studi ciceroniani*, Rom 1961). – D. Pesce, *L'etica stoica nel 3. libro del »De finibus«*, Brescia 1977. – G. Patzig, *C. als Philosoph am Beispiel der Schrift »De finibus«* (in Gymn, 86, 1979, S. 304–322).

## DE IMPERIO GNAEI POMPEI

(lat.; *Über den Oberbefehl des Gnaeus Pompeius*). Die erste politische Rede des CICERO, gehalten 66 v. Chr. – Unter Ausnutzung des Hasses der Provinzbevölkerung auf das korrupte Gebaren der römischen Verwaltungs- und Finanzbeamten war es Mithridates IV. gelungen, von seinem kleinen Königreich Pontos aus ganz Kleinasien zu erobern. Trotz gelegentlicher Erfolge römischer Imperatoren (Sulla, 88, und Lukullus, 72) konnte er nicht völlig bezwungen werden. Lukull wurde im Jahre 67 nach Rom zurückgerufen, ohne daß das Problem gelöst gewesen wäre. Im gleichen Jahr hatte Pompeius in einer blitzartigen Aktion von nur drei Monaten die Seeräuber besiegt, die durch ihre immer kühneren Vorstöße die Versorgung Roms gefährdet hatten. So war es kein Wunder, daß der Volkstribun Manilius den Antrag stellte, man solle doch Pompeius gegen Mithridates schicken, und zwar mit unbeschränkter Machbefugnis (sogenannte *lex Manilia*, nach der die Rede Ciceros auch *Pro lege Manilia* genannt wird).

Kraft seines Amtes als Prätor war Cicero berufen, den Antrag auf dem Forum Romanum vor die Volksversammlung zu bringen. Er war sich durchaus bewußt, daß er damit eine heikle Aufgabe zu erfüllen hatte: persönliche und wohl auch politische Überzeugungen (vgl. *Actio prima/secunda in Verrem*) drängten ihn, den Mann zu unterstützen, der allein die Situation retten konnte. Diese Haltung brachte ihn jedoch in Konflikt mit so berühmten Rednern wie HORTENSIUS oder CATULUS, die es unter Berufung auf die politische Tradition ablehnten, einen einzelnen Mann mit derart außerordentlichen Vollmachten auszustatten. Zudem durfte der Emporkömmling Cicero es nicht mit dem hochadeligen, trotz seiner momentanen Niederlage einflußreichen Lukull verderben. Es gelang ihm, alle diese Schwierigkeiten zu umgehen. In der Einleitung seiner Rede (1–3) stellt er geschickt seiner Unerfahrenheit im politischen Leben das Vertrauen gegenüber, das man durch seine direkte Wahl zum Prätor und zumal durch den jetzigen Auftrag in ihn gesetzt habe. Im Hauptteil skizziert er zunächst die Situation (4 f.), um sodann ihre Konsequenzen zu überdenken (6–68). Der Krieg im Osten gefährdet ebenso den Ruhm wie die Finanzen des römischen Volkes, denn das reiche Asien ist die Hauptquelle für Rom und Italien (6–19). Daher muß er unbedingt beendet werden, was durchaus möglich ist, wie Lukulls Teilerfolge zeigen (20–26). Der einzige Feldherr mit genügend Kriegserfahrung, militärischer Tüchtigkeit, Ansehen bei den Soldaten und Glück ist Pompeius (27–48). Gemessen an diesen Vorzügen verlieren die Argumente des Hortensius und des Catulus an Gewicht (49–67): man muß sich an die Männer halten, die eine Berufung des Pompeius unterstützen (68).

Mit der klar aufgebauten und klug gesteigerten Rede gewann Cicero den vollen Applaus seiner Zuhörer. Pompeius wurde in den Orient geschickt; in kurzer Zeit gelang ihm ein vollständiger Sieg über Mithridates. Doch wie seine Gegner befürchtet hatten, festigte sich seine Position dadurch derart, daß er zum mächtigsten Manne Roms wurde – ein Faktum, das schließlich die Bürgerkriegswirren (49 –31 v. Chr.) auslöste. So steht die Rede an einem Wendepunkt der römischen Geschichte des ersten Jahrhunderts. Zugleich aber brachte sie Ciceros Talent auf dem Gebiet der politischen Rede weiter zu Ansehen, ein Talent, das sich in den *Reden gegen Catilina* (*Catilinariae orationes*, 63 gehalten) dann voll entfaltete. B.M.

AUSGABEN: Rom 1471 (in *Orationes*, Hg. J. A. de Bossis). – Lpzg. [ca. 1497], Hg. A. Probst. – Oxford 1905 (in *Orationes*, Hg. A. C. Clark, Bd. 1; mehrere Nachdr.). – Lpzg. 1927 (in *Scripta quae manserunt omnia*, Bd.6/14, Hg. P. Reis). – Paris 1950 (in *Discours*, Bd. 7, Hg. A. Boulanger; m. frz. Übers.). – Ldn./Cambridge (Mass.) 1927 (in *The Speeches*, Bd. 1, Hg. H. G. Hodge; m. engl. Übers.; Loeb; mehrere Nachdr.).

ÜBERSETZUNGEN: *Für das Manilische Gesetz*, C. A. Heumann (in *Marci Tullii sechs Reden*, Eisenach/ Naumburg 1735). – *Rede über Gnäus Pompejus' Oberbefehl*, J. Siebelis, Bln. [5]1890. – *Rede über den Oberbefehl des Cn. Pompeius. Rede für Archias*, O. Schönberger, Stg. 1968 (RUB). – Dass., M. Fuhrmann (in *Sämtl. Reden*, Bd. 1, Zürich 1970).

LITERATUR: P. Gotzes, *De Ciceronis tribus generibus dicendi in orationibus »Pro Caecina«, »De imperio*

Cn. Pompei«, »Pro C. Rabirio perduellis reo adhibitis«, Diss. Rostock 1914. – L. Laurand, *Études sur le style des discours de Cicéron*, 3 Tle., Paris ³1928 bis 1931. – D. Mack, *Senatsreden und Volksreden bei C.*, Würzburg 1937. – E. J. Jonkers, *Commentary on C.'s »De imperio Cn. Pompei«*, Leiden 1959. – H. Plöger, *Studien zum literarischen Feldherrnportrait römischer Autoren des 1. Jh.s v. Chr.*, Diss. Kiel 1975, S. 18–36. – M. R. Torelli, *La »De imperio Cn. Pompei«: una politica per l'economia dell'imperio* (in Athenaeum, 60, 1982, S. 3–49). – C. J. Classen, *Recht – Rhetorik – Politik. Untersuchungen zu C.s rhetorischer Strategie*, Darmstadt 1985, S. 268 bis 303.

## DE INVENTIONE

(lat.; *Über die Erfindung*). Heute geläufiger Titel eines rhetorischen Werkes von CICERO, verfaßt zwischen 91 und 81 v. Chr.; ursprünglich scheint die Schrift *Libri rhetorici (Bücher über die Redekunst)* genannt worden zu sein. Diese Bezeichnung deutet darauf hin, daß die beiden überlieferten Bücher nur den ersten Abschnitt einer geplanten Gesamtabhandlung über die Rhetorik darstellen. Antiker Theorie zufolge zerfiel nämlich die Anfertigung einer Rede in *inventio* (Erfindung oder Auffinden des Stoffes), *dispositio* (Gliederung), *elocutio* (stilistische Ausarbeitung), *memoria* (Auswendiglernen) und *pronuntiatio* (Vortrag). Die Praxis der beginnenden Anwaltstätigkeit hinderte Cicero jedoch an der Ausführung des theoretischen Werkes. Der ausgearbeitete Teil gehört neben der etwa gleichzeitig entstandenen Schrift des anonymen »Auctor ad Herennium« *(De ratione dicendi ad Gaium Herennium)*, mit der sich in vielen Punkten Berührungen finden, zu den wenigen Darstellungen, die uns genaueren Aufschluß über die antike Rhetorik geben.
Im ersten Buch legt der Verfasser die Regeln über die Verteilung des Stoffes auf die einzelnen Teile der Rede dar (19–109), nachdem er kurz die grundsätzlichen Arten der Rechtsfälle erörtert hat (10–18). Im zweiten Buch behandelt er unter Anführung zahlreicher Beispiele im einzelnen die beiden Redeteile *confirmatio* (Beweis der eigenen Argumente) und *reprehensio* (Widerlegung der gegnerischen Thesen). Abgesehen von der verblüffenden Aktualität mancher Beispiele (z. B. 2, 72 f.; 2, 144) sind es vor allem die philosophisch gehaltenen Prooemien, die das Werk über ein bloßes Handbuch hinausheben. In der Einleitung zum ersten Buch erörtert Cicero den ethischen Wert der Rednergabe und gelangt zu dem Schluß, daß sie nur dann Gutes stifte, wenn sie sich mit philosophischer Einsicht verbinde. Damit knüpft er nicht nur an die zuzeiten heftige Diskussion über das Wertverhältnis von Rhetorik und Philosophie an, die seit dem Auftreten der Sophisten entbrannt war (vgl. PLATONS *Gorgias*); es deutet sich vielmehr auch bereits das Ideal des ciceronianischen Redners an, dem der Autor rund vierzig Jahre später ein eigenes Werk widmete *(De oratore)*. Im Prooemium zum zweiten Buch rechtfertigt er seine Kompilationsmethode – bewußt wähle er aus den ihm vorliegenden Schriften das jeweils Beste aus – als das philosophische Prinzip der Skepsis; er hat daran in der Tat sein Leben lang festgehalten. Aus doppeltem Grund wird man daher dem Verdikt, das Cicero in späterer Zeit über sein Jugendwerk ausgesprochen hat – es sei ein unvollkommenes Produkt seiner Notizhefte –, nur bedingt beipflichten können. B.M.

AUSGABEN: Venedig 1476 (Hg. Omnibonus Leonicenus). – Lpzg. 1915 *(Scripta quae manserunt omnia*, 1/2, Hg. E. Stroebel). – Paris 1932 *(De l'invention*, Hg. H. Bornecque; m. frz. Übers.). – Ldn./Cambridge (Mass.) 1949 *(De inventione. De optimo genere oratorum. Topica*, Hg. H. M. Hubbell; m. engl. Übers.; Loeb).

ÜBERSETZUNGEN: *Spiegel der waren Rhetoric*, F. Riederer, Freiburg i. B. 1493 [Auszüge]. – *Rhetorik. Zwei Bücher von der rhetorischen Erfindungskunst*, H. G. Moser, Stg. 1837. – *Rhetorik oder Von der rhetorischen Erfindungskunst*, W. Binder, Stg. 1871 u. ö.

LITERATUR: R. Weidner, *Ciceros Verhältnis zur griechisch-römischen Schulrhetorik seiner Zeit*, Diss. Erlangen 1925. – G. Herbolzheimer, *Ciceros »Rhetorici libri« und die Lehrschrift des ›Auctor ad Herennium‹* (in Phil, 81, 1926, S. 391–426). – H. K. Schulte, *Orator, Untersuchungen über das ciceronianische Bildungsideal*, Ffm. 1935. – J. W. Fuchs, *Index verborum in Ciceronis »De inventione« libro II*, Den Haag 1937. – W. Kroll, Art. *Tullius (29)* (in RE, 7A/1, 1939, Sp. 1091–1095). – K. Barwick, *Das rednerische Bildungsideal Ciceros* (in Sitzungsber. d. Sächs. Akademie d. Wissensch. Lpzg., 54/3, Bln. 1963, S. 20 ff.). – J. Adamietz, *C.s »De inventione« und die Rhetorik »Ad Herennium«*, Marburg 1960. – P. Giuffrida, *I due proemi del »De inventione«* (in *Lanx satura N. Terzaghi oblata*, Genua 1963, S. 113–216).

## DE LEGIBUS

(lat.; *Über die Gesetze*). Rechtsphilosophischer Dialog von CICERO. – Der Autor hat das Werk bereits während oder kurz nach der Abfassung von *De re publica (Über das Gemeinwesen)* begonnen (etwa 52 v. Chr.), wegen der Abreise in die Provinz Kilikien jedoch abgebrochen und später nicht vollendet. Zudem ist es nur unvollständig überliefert: so ist lediglich das erste Buch ganz erhalten, Buch 2 und 3 weisen beträchtliche Lücken auf; vom Inhalt der restlichen zwei oder fünf Bücher – es bleibt ungewiß, ob die Schrift auf fünf oder acht Bücher geplant war – kennen wir nichts.
Der Dialog *Über die Gesetze* ist mit jenem *Über den Staat* gedanklich eng verbunden. Erörtert Cicero in dem früheren Werk die Frage, welches die beste

Staatsform sei, so führt er hier aus, welche Gesetze in einem solchen idealen Gemeinwesen zu gelten hätten. Dabei geht es ihm allerdings nicht darum, ein Kompendium nach Art eines bürgerlichen Gesetzbuches zu schaffen. Er will tiefer greifen: so unterscheidet er zwischen allgemeinem Recht *(ius)* und einzelnen Gesetzesbestimmungen *(leges)* und sucht zunächst einmal die Natur des Rechts zu definieren (Buch 1). Erst dann wendet er sich der Interpretation bestehender Gesetze zu. Dabei grenzt er als die beiden hauptsächlichen Bereiche die Sakral- (Buch 2) und die Magistratsgesetze (Buch 3) voneinander ab. Quelle für seine Gesetzeszitate (2, 19–22; 3, 6–11) ist vor allem das altrömische Recht und dessen Zentrum, das *Zwölftafelgesetz*. Cicero gibt also im wesentlichen eine Deutung römischen Rechts. Diese Hinwendung zur gegenwärtigen Justiz, in einem Werk grundsätzlicher Rechtstheorie, ist nur konsequent: Als die ideale Verfassung hat Cicero (vgl. *De re publica*) die aus monarchischen, aristokratischen und demokratischen Elementen gemischte erkannt und diese in der römischen *res publica* verwirklicht gefunden. Daß die speziell römischen Gesetzesformulierungen solchen umfassenden Überlegungen entgegenkamen, liegt am gleichsam angeborenen objektiven Rechtsdenken der Römer.

Die philosophischen Partien des ersten Buches haben ihre Vorlage in stoischen und akademischen Schriften, und das Vorbild für die Gesamtkomposition sind PLATONS *Nomoi (Gesetze)*. Unter dem Einfluß dieses Werkes verlegt Cicero die Zeit des fingierten Dialogs, entgegen seiner sonstigen Gewohnheit, in die unmittelbare Gegenwart (den Sommer des Jahres 52) und bezieht sich selbst in die Reihe der Gesprächspartner ein (wobei er als selbstverständlich voraussetzt, daß sich hinter dem Fremdling in den *Nomoi* Platon verbirgt). Vor allem aber in der Entfaltung der Szenerie beweist Cicero, daß er ein Meister ist in der Kunst einer Nachbildung, die zugleich Neugestaltung ist: Marcus Tullius Cicero, sein Bruder Quintus und sein Freund Pomponius Atticus wandern an einem heißen Sommertag in der Nähe des vom Vater ererbten Landgutes am schattigen Ufer des Lires entlang zu Sitzplätzen auf der Fibrenusinsel, auf denen sie sich später niederlassen; die Erörterung über das Naturrecht wird im Gehen, das Gespräch über die Gesetze im Sitzen geführt. Das entspricht ungefähr der Exposition der *Nomoi*. Noch deutlichere Anregungen aber hat der Platonische *Phaidros* gegeben: Sokrates geht mit Phaidros an dem Bach Ilissos entlang zur Platane, in deren Schatten sie den Hauptteil ihres Gesprächs beginnen. Diese Rahmenhandlungen haben wesentliche Punkte des *locus amoenus* (typische Schilderung anmutiger Naturszenerie) gemeinsam: einen murmelnden Bach, schattenreiche Bäume, Vogelgezwitscher (oder Zikadenzirpen), eine Gegend, die bei starker Hitze zum Ausruhen einlädt. Während jedoch Platon den Zauber der Landschaft ironisch bricht, lenkt Cicero ihn in sentimentale Bahnen: die auffällige Eiche eines nahegelegenen Wäldchens ist ihm wichtig, weil er sie in einem Gedicht auf Marius besungen hat; der ganze Ort gewinnt Bedeutung durch Ciceros persönliche Bindung an seine Geburtsstätte; angesichts der ländlichen Gegend haben selbst die großartigen zivilisatorischen Errungenschaften der Großstadt nichts Verlockendes mehr. In der Sehnsucht nach einem einfachen Leben auf dem Lande kündigt sich die Stimmung von VERGILS *Bucolica* und *Georgica* an. Eine solche Haltung ist ganz und gar unplatonisch; freilich ist Ciceros Drang nach politischem Wirken viel zu stark entwickelt, als daß sie ihn stark hätte bestimmen können. Um so bemerkenswerter sind die wenigen Stellen, an denen sich zeigt, daß er sie dennoch kennt. So übt das Werk, über die rechtstheoretischen Darlegungen hinaus, wegen des nahezu dichterischen Ranges seiner Prooemien auf den Leser einen großen Reiz aus.  B.M.

AUSGABEN: Venedig [ca. 1470]. – Bln. ²1883, Hg. J. Vahlen. – Lpzg. 1897, Hg. A. du Mesnil [m. Erl.]. – Ldn. 1928; ern. Ldn./Cambridge (Mass.) 1951, Hg. u. engl. Übers. C. W. Keyes (Loeb). – Heidelberg 1950, Hg. K. Ziegler. – Turin 1953, Hg. L. Ferrero (in *Opere politiche e filosofiche*, Bd. 1). – Paris 1959 (*Traité des lois*, Hg. u. frz. Übers. G. de Plinval). – Mailand 1979 (*De legibus libri tres*, Hg. K. Büchner).

ÜBERSETZUNGEN: *M. Tulli Ciceronis drey Bücher von den besten Gesetzen*, J. M. Heinze, Dessau/Lpzg. 1783. – *Drei Bücher über die Gesetze*, K. A. F. Seeger (in *Werke*, Bd. 11, Stg. 1828). – Dass., W. Binder, Bln. o. J. – *Über die Rechtlichkeit*, K. Büchner, Stg. 1983 (RUB).

LITERATUR: E. Schramm, *De Ciceronis libris »De legibus« recensendis*, Diss. Marburg 1897. – T. Bögel, *Zum zweiten und dritten Buch von C.s Schrift »De legibus«* (in *Charites, Fs. F. Leo*, Bln. 1911, S. 279–321). – A. Laudien, *Die Komposition und Quelle v. C.s 1. Buch der »Gesetze«* (in Herm, 46, 1911, S. 108–143). – P. Finger, *Die drei Grundlegungen des Rechts im 1. Buch von C.s Schrift »De legibus«* (in RhMus, 81, 1932, S. 155–177; 243–262). – R. Harder, *Zu C.s Rechtsphilosophie (De legibus I)* (in *Atti del congresso intern. di diritto romano*, Bd. 1, Rom 1934, S. 169–176). – M. Pohlenz, *Der Eingang von C.s »Gesetzen«* (in Phil, 93, 1938, S. 102–127). – P. L. Schmidt, *Interpretatorische und chronologische Grundfragen zu C.s Werk »De legibus«*, Diss. Freiburg i. B. 1959. – H. Waśkiewicz, *»De legibus« de Cicéron, premier système de philosophie du droit dans l'histoire de la pensée européenne* (in Roczniki Filoz., 8, 1960, S. 39–62). – T. Mayer-Maly, *Gemeinwohl und Naturrecht bei C.* (in *Völkerrecht und rechtliches Weltbild, Fs. f. A. Verdross*, Wien 1960, S. 195–206). – P. L. Schmidt, *Die Überlieferung von C.s Schrift »De legibus« in MA und Renaissance*, Mchn. 1974. – O. Gigon, *Literarische Form u. philosophischer Gehalt von C.s »De legibus«* (in Ciceroniana, N. S. 2, 1975, S. 59–72). – G. A. Lehmann, *Politische Reformvorschläge in der*

*Krise der späten römischen Republik. C.s »De legibus« u. Sallusts Sendschreiben an Caesar*, Meisenheim/Glan 1980. – K. M. Girardet, *Die Ordnung der Welt. Ein Beitrag zur philosophischen u. politischen Interpretation von C.s Schrift »De legibus«*, Wiesbaden 1983.

## DE NATURA DEORUM

(lat.; *Über das Wesen der Götter*). Philosophischer Dialog in drei Büchern von CICERO, entstanden 45 v. Chr.; Marcus Brutus, dem Haupt der Verschwörung gegen Caesar, gewidmet. – Die Frage nach dem Wesen der Götter ist unter den ungelösten Problemen der Philosophie eines der schwierigsten; die Vertreter der platonischen Akademie haben daher klug daran getan, von einem grundsätzlichen Nichtwissen auszugehen und sich über umstrittene und ungewisse Dinge nur zurückhaltend zu äußern: mit diesen einführenden Worten legt Cicero seine eigene Haltung dar, die sich in gleicher Weise gegen Leichtfertigkeit im Behaupten wie im Bestreiten richtet und bewußt jene von SOKRATES ausgehende, durch die Mittlere Akademie bis auf Ciceros Zeit fortgeführte Methode befolgt, jedes Thema von beiden Seiten her zu erörtern und keine festen Behauptungen aufzustellen, freilich auch keiner alles verneinenden Skepsis das Wort zu reden: »*Wir sind nämlich nicht solche Leute, die gar nichts für wahr halten, wohl aber behaupten wir, daß allem als wahr Erkannten ein Stück Unrichtigkeit anhafte von derartiger Ähnlichkeit mit der Wahrheit, daß es dabei keinerlei Merkmal gibt, auf Grund dessen man eine Aussage darüber endgültig verurteilen oder bejahen könnte.*« (1, 12).
In dem folgenden Gespräch hält sich Cicero selbst ganz im Hintergrund. Die Akademiker vertritt der Gastgeber Gaius Aurelius Cotta, die Stoiker Quintus Lucilius Balbus. Der Epikureer Gaius Velleius eröffnet die Auseinandersetzung mit heftigen Angriffen gegen die leeren Träumereien früherer Philosophen und stellt ihren Phantasien über die Götter selbstbewußt die Lehre EPIKURS entgegen. Das Dasein der Götter erweist sich zwar daraus, daß alle Menschen eine Vorstellung von Gott haben. Dieser Gottesbegriff spricht aber dem höchsten Wesen auch die höchste Glückseligkeit zu: also darf es weder selbst irgend etwas tun noch anderen irgendwie zu schaffen machen. Dem Menschen kommt es zu, diese in den Räumen zwischen den Welten glückselig für sich isoliert lebenden Götter zu verehren und von ihrem Eingreifen weder etwas zu befürchten noch zu erhoffen.
Ohne dieser Ansicht eigene sichere Aussagen entgegenzustellen, unterzieht Cotta sie einer scharfen Kritik. Vor allem greift er die Unvereinbarkeit einer Gottesvorstellung mit der Epikureischen Atomtheorie auf; er meint, Epikur hätte besser und folgerichtiger das Dasein der Götter überhaupt leugnen sollen. Balbus, recht erfreut über diesen Einwand, gibt nun im zweiten Buch einen systematischen Abriß der stoischen Götterlehre. Die Existenz der Götter folgt aus den Vorahnungen und Vorzeichen, die sie den Menschen schicken, sowie aus der Ordnung und Schönheit der Welt, deren Gestalt die vollkommenste, also die der Kugel ist. Die Gestirne sind Götter, die vernünftige, beseelte Welt selbst ist Gott. Daß die Götter die Welt regieren, ergibt sich aus ihrer Güte: diese verlangt Bewährung in der Tätigkeit, die vornehmste Tätigkeit aber ist die Lenkung des Alls. Regierten die Götter nicht die Welt, so entweder aus Unverständnis oder aus Kraftlosigkeit – beides aber kann Göttern unmöglich unterstellt werden. Der Nachweis der göttlichen Fürsorge für die Menschen schließlich wird zum Preislied auf die sinnvolle Ordnung der Welt, wo alles zum Nutzen des Menschen eingerichtet ist.
Im dritten Buch werden auch diese enthusiastischen Gedankengänge von Cotta unbarmherzig zerpflückt. Zwar will er an die herkömmliche Religion und ihre Ausübung nicht rühren, aber vom Philosophen verlangt er die Angabe von Gründen, nicht von Autoritäten. Durch die Schwäche ihrer Argumente machen die Stoiker die Existenz der Götter eher zweifelhaft. Aberglaube, Übertragung menschlicher Vorstellungen, der Glaube an eine Vielzahl von Göttern führen zu unhaltbaren Folgerungen. Diese – bisweilen etwas spitzfindige – Kritik findet Zustimmung bei Velleius, während Cicero, scheinbar entgegen seinen Äußerungen im Vorwort, einlenkt und den Gedanken des Stoikers die größere Wahrscheinlichkeit zuspricht. Hinter dieser Haltung verbirgt sich keineswegs ängstliche Heuchelei, wie man gemeint hat. Der Gesprächspartner Cicero befindet sich in voller Übereinstimmung mit den Grundsätzen des Autors Cicero: religiöse Überzeugungen sollen bestehen bleiben, auch wenn der Verstand keine widerspruchsfreien Gründe für sie findet; der Zweifel als methodische Haltung ist berechtigt, die lähmende und zersetzende Negation aber muß durch unparteiische Aufgeschlossenheit ersetzt werden. Eine solche tolerante Offenheit ist die Voraussetzung für eine künftige Weiterführung der Untersuchung (von Cicero in *De divinatione – Über die Weissagung* unternommen). Auch für die Nachwirkung des Werks hat sich diese Art des »offenen Philosophierens« als günstig erwiesen. Christliche Schriftsteller wie MINUCIUS FELIX (in dem durch und durch ciceronischen Dialog *Octavius*) und LACTANTIUS konnten hier ebenso Argumente für ihren eigenen wie gegen den heidnischen Glauben finden, und bis in die Neuzeit hinein blieb *De natura deorum* ein Grundbuch der philosophischen Theologie.

D.Ma.

AUSGABEN: Rom 1471 (in *Opera philosophica*, Hg. C. Sweynheim u. A. Pannartz, Bd. 1). – Venedig 1471, Hg. Wendelin von Speyer. – Lpzg. ²1933 (in *Scripta quae manserunt omnia*, 14/45, Hg. O. Plasberg u. W. Ax; Nachdr. 1961). – Paris 1936 (*De la nature des dieux*, Hg. C. Appuhn; m. frz. Übers.). – Ldn./Cambridge (Mass.) ²1951, Hg. H. Rackham (m. engl. Übers.; Loeb; mehrere Nachdr.). – Turin

1955 (*La natura degli dei*, Hg. N. Marinone in *Opere politiche e filosofiche*, Bd. 2). – Cambridge/Mass. 1955–1958, Hg. A. S. Pease, 2 Bde. [m. Komm.]. – Darmstadt 1978 (*M. Tulli Ciceronis De natura deorum libri III*, Hg. W. Gerlach u. K. Bayer; lat.-dt.).

ÜBERSETZUNGEN: *Drey Bücher von dem Wesen und den Eigenschaften der Götter*, J. H. Winkler, Lpzg. 1739. – *Vom Wesen der Götter*, R. Kühner, Stg. 1863. – *Vom Wesen der Götter*, O. Güthling, n. d. Übers. v. R. Kühner, Lpzg. 1928 (RUB).

LITERATUR: L. Krumme, *Die Kritik der stoischen Theologie in C.s Schrift »De natura deorum«*, Diss. Göttingen 1941. – G. Freymuth, *Eine Anwendung von Epikurs Isonomiegesetz (C., »De natura deorum«, 1, 50)* (in Phil, 98, 1954, S. 101–115). – G. Pfligersdorffer, *C. über Epikurs Lehre vom Wesen der Götter* (in WSt, 70, 1957, S. 235–253). – A. J. Kleywegt, *C.s Arbeitsweise im zweiten und dritten Buch der Schrift »De natura deorum«*, Groningen 1961 [zugl. Diss. Leiden]. – P. Boyancé, *Les preuves stoïciennes de l'existence des dieux d'après Cicéron* (in Herm, 90, 1962, S. 45–71). – C. L. Thompson, *C.'s Editing of Mythographic Material in the »De natura deorum«* (in Classical Journal, 75, 1980, S. 143 bis 152).

## DE OFFICIIS

(lat.; *Über die Pflichten*). Ethisch-philosophische Schrift in drei Büchern von CICERO, verfaßt Oktober bis Dezember 44 v. Chr.; wohl nicht mehr vom Autor selbst herausgegeben. – Ciceros letztes philosophisches Werk ist zugleich dasjenige, das dank seiner Lebendigkeit und seines inneren Reichtums den größten Einfluß auf die Nachwelt ausgeübt hat. Der Kirchenvater AMBROSIUS hat es im 4. Jh. ins Christliche umgeformt *(De officiis ministrorum)*, und so ist es mittelbar zum verbindlichen Pflichtenkodex des Mittelalters geworden. In der Renaissance sah man in *De officiis* ein Lehrbuch der Humanität. Die Aufklärung wandte sich ihm aufs neue zu, und unter dem Einfluß VOLTAIRES hat FRIEDRICH DER GROSSE *De officiis* das beste System der Moral genannt und seine Übersetzung durch den Popularphilosophen Christian GARVE angeregt. Der moderne Begriff der »Moral« oder gar der preußische der »Pflicht« können freilich den Weg zum Verständnis der Schrift eher verbauen, obgleich nicht zu leugnen ist, daß es die englischen Moralisten ebenso wie KANT, SCHILLER und HERBART aufs stärkste beeinflußt hat.

Der Ansatz und die gedankliche Struktur des Werks gehen auf das berühmte, uns verlorene Werk *Peri kathēkontos (Über das Zukommende)* des griechischen Stoikers PANAITIOS zurück. Von dort stammt die metaphysische Grundlegung, die Konsequenz in der Durchdringung des Gegenstands und oft genug auch die Präzision der einzelnen Formulierung. Cicero dagegen ist die menschliche Fülle, die persönliche Betroffenheit und Wirklichkeitsnähe sowie die Schönheit der Sprache zu danken. Vor allem das dritte Buch ist seine eigenste Schöpfung: während im ersten Buch das Sittlich-Gute *(honestum)*, im zweiten das Nützliche *(utile)* als zwei verschiedene Bereiche ethischer Anforderungen dargestellt werden, behandelt das dritte die Situationen, in welchen *honestum* und *utile* in Widerstreit liegen. Dieser Gegensatz kam bei Panaitios nicht zur Sprache. Für den wahrhaft Weisen besteht er auch nicht: wohl aber für den Menschen der Tat, der sich um ein »mittleres« rechtes Handeln *(officia media* in stoischer Terminologie) bemüht. »Ohne Stütze, auf eigene Faust« (3, 34) gibt Cicero eine Anleitung, wie sich das ehrenvolle Handeln im Widerstreit mit dem scheinbar nützlichen durchhalten läßt, eine »*Vergleichung der Dinge*« (»*comparatio rerum*«), die sich, bei weitgehender Übereinstimmung mit der stoischen Lehre, beständig am wirklichen Handeln großer Gestalten der eigenen römischen Vergangenheit (etwa Catos und der Scipionen) orientiert. Wie in *De re publica* die Untersuchung des wirklichen römischen Staates die Staatstheorie »*auf die Erde heruntergeholt*«, so gewinnt hier die systematische Ethik durch geschichtliche Verifizierung unmittelbare Aktualität.

Noch stärker tritt uns der persönliche Bezug in den Einleitungen entgegen, die Cicero jedem der drei Bücher vorausschickt. In *De officiis* verläßt er die sonst meist eingehaltene Form des philosophischen Dialogs zugunsten einer direkten Anrede, einer Protreptik oder Paränese (»Hinwendung« oder »Aufforderung« zur Philosophie) an den in Athen studierenden Sohn. Dieser Appell erwächst aus den eigenen schmerzlichen Erfahrungen des Autors, der sich im Zeitalter starker Männer – eines Pompeius und Caesar, Antonius und Octavian – aus der aktiven Politik verdrängt sah und in seiner philosophischen Schriftstellerei einen Ausgleich suchen mußte (besonders einprägsam im Eingang des zweiten Buches ausgeführt). Da sein Geist zur Untätigkeit nicht geschaffen war, kehrte er zur Philosophie zurück. Als deren fruchtbarstes und reichstes Gebiet zeigt er nun dem Sohn die Lehre vom rechten Handeln auf, aus der sich Vorschriften für ein beständiges, sittlich-gutes Leben herleiten lassen. Grundlage ist die stoische Rückführung alles ethischen Verhaltens auf die Natur: diese ruft im Menschen außer dem Streben aller Lebewesen nach Nutzen den Willen zur sozialen Gemeinschaft hervor. Daher ist gerade das Einfache, Wahre und Reine der Natur des Menschen am meisten gemäß (geschichtliches Beispiel: Regulus), und es ist eine Verkehrung der Natur, den Nutzen vom Ehrenvollen zu trennen.

Solche Gedankengänge machen verständlich, weshalb der aufgeklärte Absolutismus hier anknüpfen konnte. Die Gefahren der unumschränkten Herrschaft – verkörpert in Iulius Caesar – sind freilich von Cicero so deutlich gesehen (z. B. 1, 26), daß man sagen konnte, er habe hier als erster das Phänomen der irrationalen Dämonie der Macht erfaßt. Derartige Einsichten geben der Schrift ihren hohen sachlichen Rang; die Sensibilität und Verletzbarkeit des Autors, sein unablässiges Bemühen, im Zusammenbruch der alten Ordnungen und im persönlichen Scheitern erneut Fuß zu fassen, aus griechischem Denken und römischem Handeln heraus neue Maßstäbe zu erarbeiten und praktische Verhaltensregeln für sich und andere abzuleiten – diese Züge verleihen dem Werk seine tiefe Menschlichkeit und erklären seine unmittelbare Wirkung.

D.Ma.

AUSGABEN: Köln [vor 1465] *(Liber tullij de officijs)*. – Mainz 1465 *(Officiorum liber)*. – Turin 1953 (*I doveri*, in *Opere politiche e filosofiche*, Bd. 1, Hg. L. Ferrero). – Ldn./Cambridge (Mass.) 1956, Hg. W. Miller (m. engl. Übers.; Loeb). – Zürich ³1958, Hg. O. Gigon. – Mailand 1958; Buch 1, Hg. C. Bione; Buch 2/3, Hg. A. Ottolini. – Lpzg. 1971 (*Scripta quae manserunt omnia*, fasc. 48; Hg. C. Atzert).

ÜBERSETZUNGEN: *Tulius von allen ampten und ständen der welt als er geschriben hat zu seim sun marco gen Athenis*, anon., Augsburg 1488. – *Abhandlung über die menschlichen Pflichten in drey Büchern*, C. Garve, Breslau 1783; ⁴1792. – *Drei Bücher von den Pflichten*, F. Richter, Hg. O. Güthling, Lpzg. ²1927 (RUB). – *Vom pflichtgemäßen Handeln*, K. Atzert, Mchn. 1959 (GGT). – *Vom rechten Handeln*, K. Büchner, Zürich/Stg. ²1964 [lat.-dt.]. – *Vom pflichtgemäßen Handeln*, H. Gunermann, Stg. 1984 (RUB).

LITERATUR: G. Ibscher, *Der Begriff des Sittlichen in der Pflichtenlehre des Panaitios*, Diss. Mchn. 1934. – L. Labowsky, *Die Ethik des Panaitios. Untersuchungen zur Geschichte des Decorum bei C. und Horaz*, Lpzg. 1934 [zugl. Diss. Heidelberg]. – M. Pohlenz, *Antikes Führertum. C. »De officiis« und das Lebensideal des Panaitios*, Lpzg./Bln. 1934. – Ders., *C. »De officiis« III*, Bln. 1934 (NGG, phil.-hist. Kl., Fachgr. 1, N. F. 1/1). – J. T. Muckle, *The »De officiis ministrorum« of St. Ambrose and the »De officiis« of C.* (in Mediaeval Studies, 1, 1939, S. 63–80). – W. J. Brüser, *Der Textzustand von C.s Büchern »De officiis«* Diss. Köln 1952. – M. Valente, *L'éthique stoïcienne chez Cicéron*, Paris/Pòrto Alegre 1956. – H. Dieter, *C.s Werk »De officiis«, eine ideologische Tendenzschrift*, Diss. Potsdam 1960. – H. Thomas, *Textkritische Untersuchungen zu C.s Schrift »De officiis«*, Münster/Westf. 1971. – H. A. Gaertner, *C. u. Panaitios. Beobachtungen zu C.s »De officiis«*, Heidelberg 1974 (SAWH, phil.-hist. Kl., 5). – W. Heilmann, *Ethische Reflexion u. römische Lebenswirklichkeit in C.s Schrift »De officiis«. Ein literatursoziologischer Versuch*, Wiesbaden 1982.

## DE ORATORE

(lat.; *Über den Redner*). Dialog in drei Büchern von CICERO, entstanden im Jahre 55 v. Chr., nach Ciceros Rückkehr aus der Verbannung. – Die Gespräche über den vollkommenen Redner und das Verhältnis von Philosophie und Redekunst sind die erste Frucht der Hinwendung Ciceros zur philosophischen Schriftstellerei. Zur Zeit des Ersten Triumvirats ausgeschaltet aus dem politischen Leben, versuchte er, zunächst auf seinem eigensten Gebiet wieder zu sich selbst zu finden: die Rhetorik philosophisch zu durchdringen und damit seine unvollendete Jugendschrift *De inventione* zu ersetzen. Das erste Werk wurde zugleich das künstlerisch vollkommenste, sowohl im Urteil der Nachwelt wie nach seiner eigenen Meinung: »*Meine drei Bücher über den Redner halte ich für besonders gelungen*«, schreibt er im Jahre 45 dem Freund ATTICUS (*Ad Atticum*, 13, 19, 4).

Im selben Brief gibt Cicero auch eine ganze Reihe allgemeiner Hinweise zum Verständnis der von ihm gewählten Darstellungsform, die sich an *De oratore* besonders gut verdeutlichen läßt. – Im Jahre 91 v. Chr., in einer Zeit heftiger politischer Kämpfe auf dem Forum, flüchtet eine Gruppe vornehmer Römer für ein paar Tage in die Stille der Albaner Berge und trifft sich in einem der Landhäuser von Tusculum zu Gesprächen, die sehr bald von der bedrängenden Gegenwart weg zu zeitlosen Fragen führen. Die zwei bedeutendsten Redner der Epoche, Lucius Licinius Crassus und Marcus Antonius, der eine durch allseitige Bildung, der andere durch praktischen Sinn ausgezeichnet, und der witzigste Mann auf der Rednerbühne, Gaius Iulius Caesar Strabo, dazu der alte Rechtsgelehrte und Augur Quintus Mucius Scaevola, Quintus Lutatius Catulus, ehemaliger Konsul aus der Zeit des Kimbernkriegs, sowie die begabten jungen Männer Gaius Aurelius Cotta und Publius Sulpicius Rufus verkörpern zugleich drei Altersstufen und die verschiedenen Spielarten römischer Lebensform. Dem entsprechen ihre Beiträge zum Gespräch, das in natürlicher Kurve verläuft: man tastet die Positionen ab, legt sie fest, schränkt ein und vermittelt, erklärt sich schließlich in längerem Vortrag. Crassus beginnt mit einem allgemeinen Lob der Redekunst, der alte Scaevola betont mehr das schlichte Sachwissen, Antonius hält die Mitte. Crassus holt weiter aus, spricht von den Voraussetzungen, die ein Redner mitbringen muß, von den Gegenständen, Teilen, Ausdrucksmitteln der Rede. Dem Praktiker Antonius ist dabei zuviel von Philosophie und Wissenschaft die Rede, Crassus wirft ihm vor, er mache den Redner zum bloßen Lohndiener. Am Ende des ersten Buches entfernt sich Scaevola, dafür kommen im zweiten Buch Caesar und Catulus hinzu. Man wendet sich jetzt spezielleren Fragen zu: Antonius spricht in seiner sachlichen Art über Erfindung, Disposition, Beweisführung, überläßt es dazwischen aber Caesar, mit einem Feuerwerk altrömischer Witze Funktion und Formen des Humors in der Rede zu erläutern. Im dritten Buch gibt Crassus die ihm gemäße Ergänzung, behandelt Form und Schmuck des Vortrags, Bilder und Redefiguren, betont das Recht des Redners, auch philosophische Gegenstände zu behandeln. Auf diese Weise ist der ganze, von Natur recht theoretischtrockene Sachkomplex der Rhetorik abgehandelt. Indem der Autor die Anteilnahme des Lesers an den diskutierenden Personen weckt und deren eigenes lebhaftes Interesse an ihrem Gegenstand schildert, hat er diesen lebendig und anschaulich gemacht.

Cicero selbst war damals, als die Gespräche stattfanden, noch ein Knabe; er hat sich von Cotta darüber berichten lassen. Diese zeitliche Distanz des Autors verleiht den Gesprächen erhöhte Würde und Gültigkeit. Zugleich hat er die Möglichkeit, in den allen drei Büchern vorausgeschickten Einleitungen im eigenen Namen erläuternde Akzente zu setzen, gliedernde Einschnitte zu markieren und Folgerungen zu ziehen. Jeweils in widmender Anrede an seinen Bruder Quintus spricht er von der Seltenheit des guten Redners und der Schwierigkeit der Redekunst (Buch 1), bekennt er sich zu Crassus' Ideal des philosophischen Redners (Buch 2) und gibt einen Vorausblick auf den wenige Tage nach jenem Gespräch erfolgten Tod des Crassus, welcher diesem die Greuel der Parteikämpfe zwischen Marius und Sulla ersparte, in denen fast alle übrigen Teilnehmer des Dialogs umkommen sollten (Buch 3). Wie die politischen Ideen des todgeweihten Scipio in *De re publica* erhält also Crassus' Vorstellung des idealen Redners den Charakter eines Vermächtnisses: der Kerngedanke eines auch als sachliches Handbuch überreichen Werks hat dank der hohen Kunst der Darstellung im Bild eines Mannes der römischen Geschichte lebendige Gestalt gewonnen. D.Ma.

AUSGABEN: Subiaco [vor 1465]. – Oxford 1892, Hg. A. S. Wilkins [m. Einl. u. Komm.; Nachdr. Amsterdam 1962]. – Lpzg. ⁶1886–1890, Hg. K.W. Piderit u. O. Harnecker [m. Komm.; Nachdr. Amsterdam 1965]. – Oxford 1902 (in *Rhetorica*, Hg. A. S. Wilkins, Bd. 1; mehrere Nachdr.). – Ldn./Cambridge (Mass.) ²1948, Hg. E.W. Suton u. H. Rackham (m. engl. Übers.; Loeb; mehrere Nachdr.). – Paris 1950–1956 (*De l'orateur*, Hg. E. Courbaud u. H. Bornecque, 3 Bde.; m. frz. Übers.; Bd. 3: ²1956). – Mailand 1958 (*L'oratore*, Hg. E. V. d'Arbela; m. ital. Übers. u. Komm.).

ÜBERSETZUNGEN: *Drey Gespräche von dem Redner*, J. M. Heinze, Helmstedt 1762. – *Drei Bücher vom Redner*, R. Kühner, Stg. 1858; ern. Mchn. 1962 (GGT). – *Vom Redner*, F. Spiro, Lpzg. 1928 (RUB). – *Über den Redner*, H. Merklin, Stg. 1976 (RUB).

LITERATUR: W. Kroll, *C. und die Rhetorik* (in NJb, 11, 1903, S. 681–689). – L. Laurand, *De M. Tulli Ciceronis studiis rhetoricis*, Paris 1907. – R. Weidner, *C.s Verhältnis zur griechisch-römischen Schulrhetorik seiner Zeit*, Diss. Erlangen 1925. – J. F. d'Alton, *Roman Literary Theory and Criticism*, Ldn./NY 1931. – H. K. Schulte, *Orator. Untersuchungen über das ciceronianische Bildungsideal*, Ffm. 1935. – P. MacKendrick, *C.'s Ideal Orator* (in Classical Journal, 43, 1948, S. 339–347). – M. Orban, *Réhabilitation de la parole dans le »De oratore« de Cicéron* (in L'Antiquité Classique, 1950, S. 27–44). – A. Michel, *La philosophie et l'action dans le »De oratore«* (in Inf. litt, 11, 1959, S. 201–207). – Ders., *Le »Dialogue des Orateurs« de Tacite et la philosophie de C.*, Paris 1962. – R.-D. Meyer, *Literarische Fiktion u. historischer Gehalt in C.s »De oratore«. Crassus, Antonius und ihre Gesprächspartner*, Stg. 1970. – A. D. Leemann, *Entstehung u. Bestimmung von C.s »De oratore«* (in Mnemosyne, 31, 1978, S. 253–264). – F. Wehrli, *Studien zu C., »De oratore«* (in MH, 35, 1978, S. 74–99).

## DE RE PUBLICA

(lat.; *Vom Gemeinwesen*). Staatstheoretisches Werk in sechs Büchern von CICERO, entstanden in den Jahren 54–51 v. Chr. – Die Schrift, wie *De oratore* und *De legibus* in der Zeit erzwungener politischer Untätigkeit (zwischen Verbannung, 58/57, und Prokonsulat, 51) konzipiert, ist nur zu etwa einem Viertel erhalten. Hätte nicht Angelo MAI 1819 in der Vatikanischen Bibliothek einen Palimpsest des 4. Jh.s gefunden, der uns große Teile des ersten und zweiten sowie einige Reste des dritten Buches wiederschenkte, so wäre die Nachwelt auf das wenige angewiesen, was AUGUSTIN, LAKTANZ und AMBROSIUS oder Grammatiker wie NONIUS u. a. als Lesefrüchte aus dem berühmten Werk exzerpierten und ihren eigenen Schriften einverleibten. Einzig der abschließende *Traum Scipios*, das *Somnium Scipionis*, schon früh gesondert tradiert und eigener Kommentare gewürdigt (etwa von MACROBIUS), wurde unversehrt in die Neuzeit herübergerettet. Ist der Rekonstruktion des Werkes auch schwierig, wenn nicht gar, wie im zweiten Teil, ausgeschlossen, so läßt sich doch der wohlausgewogene Plan des Ganzen noch deutlich erkennen. Cicero berichtet seinem Bruder Quintus von einem Gespräch, das der berühmte Publius Cornelius Scipio d. J. (185/184–129 v. Chr.) an den drei Tagen des Latinerfestes 129 in seinen Gärten mit Freunden geführt hat. Je zwei Bücher fassen die Unterhaltungen eines Tages zusammen, jeder »Tag« (d. h. Buch 1, 3 und 5) ist von einem Vorwort des Autors eingeleitet. Ausführlich und lebendig schildert Cicero das Zustandekommen des illustren Gesprächskreises. Die Besucher des Feldherrn, Laelius, Philus, Manilius, Mummius, Tubero u. a., sind ebenfalls bekannte Persönlichkeiten des damaligen öffentlichen Lebens. Fast unmerklich gelangen die Dialogpartner von der letzten Neuigkeit, dem seltsamen Naturereignis einer Doppelsonne, zu ihrem Zentralthema: der besten Staatsverfassung. Das erste Buch untersucht nach einer Definition der *res publica* (des Staats- und Gemeinwesens) die drei Verfassungsformen Monarchie, Aristokratie und Demokratie, als beste nennt Scipio die aus den drei reinen Typen gemischte Form: diese ist, wie ein Überlick über die Geschichte Roms (Buch 2) darlegt, in der republikanisch-römischen Verfassung verwirklicht. Vom historischen Exempel abstrahierend, erörtern die folgenden Bücher sodann allgemein die Bedingungen eines vollkommenen Staates: in Buch 3 werden in langem Für und Wider Wert und Wesen der Gerechtigkeit besprochen, in Buch 4 geht es, am Beispiel einzelner Zweige der Gesetzgebung wie Erziehung, Sitten usw., um die optimale Realisation der Gerechtigkeit (vorausweisend auf *De legibus*). Buch 5 und 6 schließlich sind der Erörterung des besten Staatsmannes gewidmet, an deren Ende, als Krönung des ganzen Dialogs und zugleich als eine Art Apotheose der Scipionen-Familie, der Bericht Scipios von seinem Traum und den visionären Gesprächen mit dem älteren Scipio Africanus steht.

*De re publica* ist, wie *De oratore*, eines von Ciceros Meisterwerken. Seine Kunst der Erfindung und der kompositorischen Darstellung zeigt sich hier auf ihrem Höhepunkt: Die Ökonomie des Ganzen wie der Teile, die zugleich legere und konzentrierte Führung des Gesprächs, die wie selbstverständliche Eleganz der bis in die letzte Formulierung gefeilten und rhythmisch durchgebildeten Sprache wirken selten in so vollendeter Harmonie zusammen wie hier.

Diese glückliche innere Stimmigkeit tritt auch noch auf einer anderen Ebene zutage. Allenthalben ist, ohne daß Brüche und Nähte spürbar würden, in die Darstellung das philosophische Gedankengut des Hellenismus eingegangen: der Kreislauf der Verfassungen (Buch 1) ist seit PLATON und ARISTOTELES ein Topos der Staatstheorie; der Gedanke der gemischten Verfassung geht auf Aristoteles und DIKAIARCH zurück; die Darstellung des Werdens der römischen Staatsform hat ihren Vorläufer bei POLYBIOS; die dialektische Erörterung über die Gerechtigkeit basiert auf zwei berühmt gewordenen Reden, die der akademische Skeptiker KARNEADES im Jahre 155 in Rom gehalten hat; nicht wenig verdankt Cicero – zumal gegen Ende – Werken der Mittleren Stoa, besonders des PANAITIOS und POSEIDONIOS.

Wohl am deutlichsten wird dieses Einarbeiten und Aneignen griechischer Tradition in der formalen Konzeption des Dialogs: in dem kühnen Unterfangen, aus römischem Geist die *Politeia* Platons nachzuformen. Gesprächssituationen und Rahmengestaltung, Grundthematik und Verknüpfung zahlreicher Einzelmotive, nicht zuletzt die mythischverklärende Schlußwendung verraten das Vorbild. Bedeutsamer noch als die Parallelen erscheinen freilich die Variationen; denn in ihnen enthüllt sich, daß es Cicero bei seiner Nachbildung in vollkommenem Maße geglückt ist, ein ganz eigenes, allem Epigonentum fernes Werk zu schaffen. Die Ersetzung des einseitigen Lehrer-Schüler-Verhältnisses im Sokratischen Kreis durch eine Beziehung gleichrangiger Persönlichkeiten des öffentlichen Lebens; der Wandel vom Philosophengespräch zur Diskussion unter Politikern und Feldherrn; statt der durch SOKRATES von hoher Warte gegebenen Belehrung gemeinsames Bemühen um Klärung der Probleme; statt des Jenseitsmythos am Schluß der irdisch-menschliche Traum; statt des Entwurfs eines utopischen Idealstaates die Orientierung am historisch gewachsenen Modell, um dessentwillen andererseits ja das ganze Gespräch überhaupt inszeniert wird: kurz, wo irgend es möglich ist, eine Umschmelzung der griechischen Elemente ins Diesseitig-Säkulare, in typisch römische Aktualität, Anwendbarkeit, so daß dem Leser auf Schritt und Tritt fühlbar wird – nicht als These, sondern als unablässig mitschwingender Unterton –, wie sehr der Autor darum ringt, in der Zeit erzwungener politischer Ohnmacht durch das Wort seinen Beitrag zur Überwindung des politischen Chaos seiner Tage zu liefern. E.Sch.

AUSGABEN: Paris o. J. [nicht vor 1485] (*Somnium Scipionis ex Ciceronis libro de republica excerptum*). – Rom 1822 (*M. Tulli Ciceronis de re publica quae supersunt*, Hg. A. Mai). – Turin ²1947 (*M. Tulli Ciceronis De re publica librorum sex quae supersunt*, Hg. L. Castiglioni u. I. Galbati). – Ldn./Cambridge (Mass.) 1951 (*De re publica / De legibus*, Hg. C. W. Keyes; m. engl. Übers.; mehrere Nachdr.). – Florenz ⁵1953, Hg. L. Ferrero [m. Komm.]. – Lpzg. ²1960 (*M. Tulli Ciceronis De re publica librorum sex quae manserunt*, Hg. K. Ziegler). – Florenz ²1961 (*Della repubblica libri sei*, Hg. U. Pedroli u. G. Gianelli; m. Komm.). – Bln. 1974 (in *Staatstheoretische Schriften*, Hg. K. Ziegler, Schriften u. Quellen der alten Welt, 31).

ÜBERSETZUNGEN: *Ein neues Traumbüchlein etc. Eyn Summarium des traumes Scipionis etc.*, anon., Straßburg o. J. (bei J. Cammerlander). – *Republik*, J. M. Pierre, Fulda 1824 [aus dem Frz.]. – *Staat*, F. v. Kobbe, Göttingen 1824. – *Vom Gemeinwesen*, K. Büchner, Zürich ²1960 [lat.-dt.]. – *Staatslehre. Staatsverwaltung*, K. Atzert, Mchn. 1958. – *Über den Staat*, W. Sontheimer, Stg. 1963 (RUB). – *Vom Gemeinwesen*, K. Büchner, Stg. 1985 (RUB).

LITERATUR: R. Heinze, *C.s »Staat« als politische Tendenzschrift* (in Herm, 59,1924, S. 73–94). – R. Harder, *Über C.s »Somnium Scipionis«* (in Schriften der Königsberger Gelehrten Gesellschaft, geisteswiss. Kl. 6/3, Halle 1929). – N. Wilsing, *Aufbau und Quellen von C.s Schrift »De republica«*, Diss. Lpzg. 1929. – M. Pohlenz, *C. »De republica« als Kunstwerk* (in *Fs. f. R. Reitzenstein*, Lpzg./Bln. 1931, S. 70–105). – D. Grasso, *Originalità e romanità del »Somnium Scipionis« in rapporto alle sue fonti greche*, Benevento 1948. – K. Büchner, *Studien zur römischen Literatur*, Bd. 2: Cicero, Heidelberg 1962, S. 25–115 (*Die beste Verfassung*); S. 116–147 (*Der Tyrann und sein Gegenbild in C.s »Staat«*); S. 148–172 (*»Somnium Scipionis« und sein Zeitbezug*). – E. Heck, *Die Bezeugung von C.s Schrift »De re publica«*, Hildesheim 1966. – G. Pfligersdorfer, *Politik und Muße. Zum Prooemium u. Einleitungsgespräch von C.s »De re publica«*, Mchn. 1969. – P. Götz, *Römisches bei C. u. Vergil. Untersuchungen zu römischen Zügen und Bezügen in C.s »De re publica« u. Vergils »Aeneis«*, Diss. Freiburg i. B.

1972. – K. Büchner, »*Somnium Scipionis*«. *Quellen, Gestalt, Sinn*, Wiesbaden 1976. – V. Pöschl, *Römischer Staat u. griechisches Staatsdenken bei C. Untersuchungen zu C.s Schrift »De re publica«*, Darmstadt 1976. – K. Büchner, *M. Tullius C.: »De re publica«. Kommentar*, Heidelberg 1984.

## LAELIUS DE AMICITIA

(lat.; *Laelius, über die Freundschaft*). Philosophischer Dialog von CICERO, entstanden 44 v. Chr. – Die dem Freund ATTICUS gewidmete Schrift enthält ein fiktives Gespräch zwischen Laelius, dem berühmten Freund des jüngeren Scipio Africanus, und seinen Schwiegersöhnen Gaius Fannius und Quintus Mucius Scaevola, geführt im Jahr 129 v. Chr., dem Todesjahr Scipios. Anders als im echten Dialog, wo die Gesprächspartner gleichwertige Beiträge liefern, werden die Hauptgedanken ausschließlich dem Laelius in den Mund gelegt, während die beiden anderen Beteiligten nur diese Äußerungen anregen. Locker, mit Wiederholungen und Überschneidungen bewegt sich das Gespräch um den allgemeinen Wert und Nutzen der Freundschaft (17–25), um ihr Wesen und ihren Ursprung (26–32) und zuletzt um die mit der Freundschaft verbundenen Pflichten (33–100). Als literarische Quelle Ciceros bietet sich, einer Notiz des GELLIUS zufolge, vor allem THEOPHRASTS Schrift *Peri philias* (*Über die Freundschaft*) an.

Die außerordentliche Hochschätzung durch die Schulphilologie des 19. Jh.s verdankte das Werk hauptsächlich zwei Aspekten: Der im *Laelius* anklingende Gedanke des pythagoreisch-platonischen Freundschaftskultes läßt sich leicht mit einer antierotischen Einstellung verbinden und seine patriotisch-konservative Tendenz mit dem herrschenden Obrigkeitsdenken. Andererseits gab es seit jeher, besonders aus dem idealistischen Lager und von humanistischer Seite, auch scharfe Kritiker des *Laelius*. Sie tadeln die mangelnde Logik in Aufbau und Gedankenführung und beklagen, daß anstelle des idealistisch-kosmopolitischen Bekenntnisses nur eine etwas undurchsichtige Vermengung philosophischer und politischer Argumente geboten wird. Aber gerade die Verquickung der großen Menschheitsfragen mit den aktuellen Interessen, die »Propaganda« im Gewande der Weisheit, ist doch charakteristisch für die »philosophischen« Arbeiten Ciceros; das trifft das Wesen der antiken Rhetorik. Die Beurteilung der rhetorischen Leistung im *Laelius* scheitert aber an der Unmöglichkeit, die politische Situation, in der das Werk entstand, zu rekonstruieren. Denkbar wäre immerhin, daß es Cicero – kurz nach Caesars Tod – darauf ankam, die alte Aristokratie mit einem Appell an das Solidaritätsgefühl wieder zu einem geschlossenen und mächtigen Block zusammenzuschweißen und zugleich sich selbst einer möglichen Führerpersönlichkeit als neuer Laelius zu empfehlen. Bewundernswert wäre dann die kunstvolle Einkleidung des Gesprächs, die es eben erlaubt, einen Mann et-was sagen zu lassen, der zwar längst tot ist, auf den aber noch immer der Abglanz eines Scipio fällt. Was die »*politische Tendenzschrift*« (Seyffert-Müller) aber philosophisch bringt, ist keineswegs originell. Dennoch kann es auch für kritische Leser reizvoll sein zu beobachten, wie der Verfasser in zwanglos-diskursiver Weise von den vordergründigen Aspekten allmählich zum Kern des Themas vordringt und dabei – immer Theorie und Praxis zugleich im Auge behaltend – manch zeitlos gültige Weisheit formuliert. R.M.

AUSGABEN: Rom 24. 1. 1469 (enth. *De officiis, Paradoxa Stoicorum, Laelius, Cato maior*, Hg. C. Sweynheym u. A. Pannartz). – o. O. [Köln] o. J. [1478?] (*De amicitia*). – Lpzg. ²1876 (*Laelius. De amicitia dialogus*, Hg. M. Seyffert u. C. F. W. Müller; m. Komm.; Nachdr. Hildesheim 1965). – Lpzg. 1917 (*Cato maior. Laelius*, in *Scripta quae manserunt omnia*, Bd. 14/47, Hg. K. Simbeck; Nachdr. 1961). – Ldn./Cambridge (Mass.) 1923 (in *De senectute. De amicitia. De divinatione*, Hg. W. A. Falconer; m. engl. Übers.; Loeb; mehrere Nachdr.). – Mailand 1931, Hg. G. Paliotti [m. Komm.]. – Heidelberg ⁴1955 (*Laelius. De re publica*, Hg. H. Hommel; Einl. K. Meister). – Florenz 1957, Hg. A. Marsili [m. Komm.]. – Turin 1959 (in *Cato maior de senectute. Laelius de amicitia*, Hg. P. Venini). – Mchn. 1961; ³1980, Hg. M. M. Faltner [lat.-dt.]. – Paris ⁴1961 (*L'amitié*, Hg. L. Laurand; m. frz. Übers.).

ÜBERSETZUNGEN: *Ain Büchle von der Freundschafft*, Hg. v. Schwartzenberg (in *Der Teutsch Cicero*, Augsburg 1531). – *Lälius oder von der Freundschaft an Titus Pomponius Atticus*, R. Kühner, Stg. 1864. – *Laelius oder von der Freundschaft*, W. M. Pahl (in *Werke*, Bd. 5, Stg. ⁴1877). – *Laelius*, C. Woyte, nach d. Übers. v. R. Kühner, Lpzg. 1928 (RUB). – *Von der Freundschaft*, R. Nitsche (in *Vom Alter, von der Freundschaft u. vom höchsten Gut u. Übel*, Zürich 1949). – *Über die Freundschaft*, R. Feger, Stg. 1970 (RUB).

LITERATUR: H. Heusch, *Zum Proömium von C.s »Laelius«* (in RhMus, 96, 1953, S. 67–77). – J. Steinberg, *Begriff u. Wesen der Freundschaft bei Aristoteles u. C.*, Diss. Erlangen 1956. – M. Ruch, *Le préambule dans les œuvres philosophiques de Cicéron. Essai sur la genèse et l'art du dialogue*, Paris 1958, S. 179–181; 303–321. – G. Petrocchi, *I Lelii, gli Scipioni e il mito del sapiens in Cicerone* (in Ciceroniana, 1/2, 1959, S. 20–77). – H. L. F. Drijepondt, *C.s »Laelius de amicitia«, eine Einheit* (in Acta Classica, 6, 1963, S. 64–80). – T. Pucci, *Politica ed ideologia nel »De amicitia«* (in Maia, 15, 1963, S. 342–358). – F.-A. Steinmetz, *Die Freundschaftslehre des Panaitios nach einer Analyse von C.s »Laelius de amicitia«*, Wiesbaden 1967. – R. Sansen, *Doctrine de l'amitié chez Cicéron. Exposé – sourcecritique – influence*, Paris 1975. – K. A. Neuhausen, *M. T. C. »Laelius«. Einleitung u. Kommentar*, Heidelberg 1971. – A. Michel, *Le Caton et le Laelius*

*Originalité philosophique et expérience personnelle dans deux traités cicéroniens* (in Vita latina, 85, 1982, S. 12–18).

## ORATOR

(lat.; *Der Redner*). Rhetorische Lehrschrift von CICERO, entstanden 46 v. Chr. – Wie die vorangegangene *Brutus* ist die Schrift dem Redner und späteren Caesar-Mörder Marcus Iunius Brutus gewidmet, mit dem Cicero einen regen Briefwechsel geführt hat. Und wie die frühere ist auch diese Schrift mit einer ganz bestimmten Tendenz konzipiert; sie will die in Mode gekommene »attizistische« Richtung der Rhetorik bekämpfen, der etwa CAESAR anhängt. Schon im Prooemium (1–32) wird auf die Unerläßlichkeit der Beherrschung aller Stilarten und auf DEMOSTHENES hingewiesen. Mit dem grundlegenden Satz: »*Es gibt im ganzen drei Stilarten*« (»*tria sunt omnino genera dicendi*«), wird auf THEOPHRAST zurückgegriffen. So werden das *genus grandiloquum* (auch *grave* oder *vehemens*), das *genus subtile* (auch *leve* oder *tenue*) und das *genus medium* (auch *modicum* oder *temperatum*) voneinander unterschieden, d. h. ein »höher« / »erhabener«, ein »niederer« / »leichter« und ein »mittlerer« / »gemäßigter« Stil. Die beiden Extremlagen treten wieder in je zwei Spielarten auf: der pathetische Stil entweder dunkel, empfindsam, expressiv, schauerlich oder geballt-lakonisch, der leichte derb-heiter oder feinsinnig-geschliffen (belehrend).

Der erste Hauptteil (44–148) führt statt der vollständigen Behandlung der fünf Disziplinen der klassischen Rhetorik eine von ihnen, die Lehre vom Stil (*elocutio*), aus. Wichtig ist die Verknüpfung der drei Tonhöhen mit der Höhe der behandelten Gegenstände und der dreifachen Aufgabe des Rhätors und Prosastilisten, der gleichermaßen bewegen (*flectere*), fesseln (*delectare*) und analysierend darlegen (*probare*) soll. Die hierbei stillschweigend vollzogene Vertauschung der Funktionen des mittleren und des niederen Stils stützt sich auf eine andere Tradition der Klassifizierung der Stilarten, die sich nicht an der inneren Stilhöhe der Sprache, sondern an den äußeren Schmuckformen (*ornatus*) orientiert. Diese – verwirrende – Doppelgleisigkeit bei der Einteilung der Stilarten hat auch in die spätere Schulrhetorik fortgewirkt. Nicht weniger wegweisend wurde der *Orator* mit seiner Lehre vom Prosarhythmus, dessen schwierige Gesetze im zweiten Hauptteil (149–236) erläutert werden.

Im Grund geht es dem Verfasser bei der aufwendigen Darlegung immer nur um eines: die Aufwertung der Rechtfertigung des Pathos in dem er selbst besondere Meisterschaft erreicht hat. Die einseitige Bevorzugung des Pathos war es, was ihm die Angriffe der Attizisten eingebracht hatte, die nur den alle Extreme meidenden, sachlichen, mittleren Stil zulassen wollten. Heute, wo sich die Literaturwissenschaft wieder mehr als früher um »objektive« Stilkriterien bemüht, gewinnt der *Orator*, gerade weil er klarer, konkreter und ausführlicher gehalten ist als die anderen einschlägigen Schriften der Antike, wieder mehr und mehr an Bedeutung.

R.M.

AUSGABEN: Venedig 1485 (*De perfecto oratore*, in *Rhetorica*). – Lpzg. 1884 (*Ad M. Brutum Orator*, Hg. F. Heerdegen; m. Einl.). – Oxford 1903 (in *Rhetorica*, Bd. 2, Hg. S. Wilkins; Nachdr. zul. 1970). – Lpzg. 1932 (in *Scripta quae manserunt omnia*, Hg. P. Reis, 3/5, mehrere Nachdr.). – Mailand 1937, Hg. F. Galli. – Ldn./Cambridge (Mass.) 1939 (in *Brutus. Orator*, Hg. G. L. Hendrickson u. H. M. Hubbell; m. engl. Übers.; Loeb; mehrere Nachdr.). – Heidelberg 1952, Hg. O. Seel [m. Einl.]. – Paris 1964 (in *L'orateur. Du meilleur genre d'orateurs*, Hg. A. Yon; m. frz. Übers.).

ÜBERSETZUNGEN: in *Spiegel der waren Rhetoric*, F. Riederer, Freiburg i. B. 1493. – *Der Redner*, J. L. H. Woller, Hbg. 1787. – Dass., J. Sommerbrodt (in *Werke*, Lfg. 104/105, Stg. 1859–1872). – Dass., C. A. Mebold (in *Werke*, Bd. 6, Stg. ²1866).

LITERATUR: T. Petersson, *C. A Biography*, Berkeley/Calif. 1920, S. 433–442. – M. A. Grant, *C.'s »Orator« and Horace's »Ars poetica«* (in TPAPA, 54, 1923, S. XVII/XVIII). – L. Havet, *Notes critiques sur l'»Orator« et sur Isée*, Paris 1927. – K. Schulte, *Orator. Untersuchungen über das ciceronianische Bildungsideal*, Ffm. 1935, S. 61 u. 73. – P. Giuffrida, *La dottrina stoica delle phone e l'»Orator« di Cicerone* (in Scritti vari pubblicati dalla Faccoltà di Magistero dell' Univ. di Torino, 1, 1950, S. 115–128). – A. Yon, *Sur la composition de l'»Orator« de Cicéron* (in Bull. de l'Association G. Budé, 1958, S. 70–84). – M. Gelzer, *C. Ein biographischer Versuch*, Wiesbaden 1969, S. 284–287.

## PHILIPPICAE ORATIONES

(lat.; *Philippische Reden*). Vierzehn gegen Marcus Antonius gerichtete Reden von CICERO, vor dem Senat bzw. dem Volk gehalten in den Jahren 44 und 43 v. Chr. – Nach CAESARS Ermordung am 15. März 44 hatte der junge und ehrgeizige Konsul Marcus Antonius mit dem Testament des Diktators auch immer mehr Macht an sich gebracht. Er spielte sich mit seinen Verfügungen und Erlassen als Testamentsvollstrecker auf, umgab sich mit eigenen Truppen und mißachtete ebenso den Willen des Senats, der jetzt die Macht im Staat wieder in den Griff bekommen wollte, wie den des legitimen Caesar-Erben, seines Stiefsohns Octavian. Cicero, der für sich selbst die Chance eines politischen »Comeback« witterte, stellte sich der Willkür Marc Antons entgegen und machte sich zum Sprecher der republikanischen Front, die den Staat vor einer neuerlichen, endgültigen Alleinherrschaft bewahren wollte.

Diesem Zweck allein dienen die haßerfüllten Reden gegen Antonius. Sie erstrecken sich über den

Zeitraum eines halben Jahres, vom September 44 bis zum April 43, bis zur Schlacht von Mutina, bei der die Republikaner einstweilen siegten. Ciceros Kritik setzt relativ zurückhaltend ein: Freundschaftliche Ermahnungen sollen Antonius auf den rechten Weg und das rechte Maß zurückführen, sollen ihn einsehen lassen, daß jetzt, nach Caesars Tod, der Zeitpunkt für die Wiederverwirklichung der alten *res publica* gekommen sei. Doch schon in der zweiten Rede beginnen die gehässigen Tiraden; der Konsul wird auf eine Stufe gestellt mit anderen Staatsfeinden, einem Catilina, Publius Clodius oder Caesar, deren schmähliches Ende auch Antonius bevorstehe. In den übrigen Reden wird die Agitation radikal gesteigert: Antonius soll gerade als *hostis* (Staatsfeind) gelten. Und erst nach der Niederlage von Mutina werden er und seine Anhänger offiziell zu Staatsfeinden erklärt.

Der Titel der Reden, der Bezug nimmt auf die Reden des DEMOSTENES gegen den Makedonenkönig Philipp II. (vgl. *Philippikoi [logoi] – Philippische Reden*) wird bereits von Cicero selbst scherzhaft gebraucht. Von daher haben diese Reden auch die *vehementia*, diese mitreißende rednerische Gewalt, wie sie nur einem gegeben ist, der alle Register der Redekunst mit fast spielerischer Leichtigkeit zu beherrschen und einzusetzen gelernt hat. Gleich den *Philippika* des Vorbilds wurden diese Reden Ciceros zum klassischen Muster der politischen Haß- und Hetzrede, bei der es mehr auf die propagandistische Wirkung als die peinliche Richtigkeit von Einzelheiten ankommt.

Ohne Zweifel war es die Macht des Wortes, die beide zu einem wichtigen Faktor im politischen Leben werden ließ und die beide mit dem Leben büßen mußten (Cicero fand sieben Monate später den Tod), aber beiden blieb doch auch das bittere Erlebnis der Ohnmacht des Wortes nicht erspart: Cicero mußte sich mit der dauerhaften Einigung des Antonius' mit Octavian abfinden, die zum sogenannten Zweiten Triumvirat führte. Ciceros letzte politische Unternehmung, auf breiter Basis die Wohlgesinnten aus den Lagern der ehemaligen Pompeianer, der republikanischen Caesarianer, der Octavianer und der Caesar-Mörder in einer Koalition der Mitte, einem Bündnis von Senat und Volk zu mobilisieren, sollte scheitern. Sein Konzept, bereits in der Rede *Pro Publio Sestio* (56 v. Chr.) formuliert, war freilich schon im Ansatz verfehlt: Unter dem Panier der *res publica*, für den Staat der Väter, ließ sich zu dieser Zeit, zumal aus so verschiedenen Gruppen, keine Mehrheit mehr bilden, nachdem die alte Republik gezeigt hatte, daß sie mit den neuen Problemen des Großstaats (Proletarisierung der besitzlosen Schichten, Schwierigkeiten der zentralen Verwaltung) nicht mehr fertig wurde. R.M.

AUSGABEN: o. O. u. J. [Rom um 1470] (*Philippicae in M. Antonium*, Hg. J. A. Campanus). – Oxford 1868 (*The Philippic Orations*, Hg. J. R. King; m. engl. Komm.). – Lpzg. 1886 (in *Scripta quae manserunt omnia*, 2/3, Hg. C. F. W. Müller). – Lpzg. 1918 (in *Scripta quae manserunt omnia*, Bd. 8/28, Hg. F. Schoell). – Oxford ²1918 (in *Orationes*, Bd. 2, Hg. A. C. Clark; mehrere Nachdr.). – Oxford 1926 (in *M. Antonium orationes Philippicae prima et secunda*, Hg. J. D. Denniston; m. engl. Komm.; mehrere Nachdr.). – Ldn./Cambridge (Mass.) 1926 (*Philippics*, Hg. W. C. A. Ker; m. engl. Übers.; Loeb; mehrere Nachdr.). – Paris 1959/60 (in *Discours*, Bd. 19/20, Hg. A. Boulanger u. P. Wuilleumier; m. frz. Übers.). – Darmstadt 1970 (in *Staatsreden*, Bd. 3, Hg. H. Kasten; lat.-dt.).

ÜBERSETZUNGEN: *Gegen den M. Antonius*, J. B. Schmitt (in *Reden*, Bd. 8, Würzburg 1794). – *Philippische Reden*, C. N. v. Osiander (in *Werke*, Bd. 50, 77–79, Stg. 1839). – *Die Philippischen Reden (gegen Antonius)*, J. Ch. F. Bähr (in *Werke*, Lfg. 77–86, Stg. 1859–1872). – *Die Philippischen Reden*, ders., 2 Bde., Bln. o. J. [ca. 1930]. – *Zweite philippische Rede gegen Marcus Antonius*, H. Horn (in *Meisterreden*, Mchn. 1942). – *Die philippischen Reden*, M. Fuhrmann (in *Sämtliche Reden*, Bd. 7, Zürich/Stg. 1982). – *Philippische Reden gegen M. Antonius. Erste u. zweite Rede*, M. Giebel, Stg. 1983 (RUB).

LITERATUR: K. Busche, *Zu C.s »Philippischen Reden«* (in Herm, 49, 1914, S. 602–611). – F. Schöll, *Über die Haupthandschrift von C.s »Philippiken« nebst Bemerkungen zu Stellen dieser Reden* (in SAWH, 1918). – Schanz-Hosius, 1, S. 441–444. – H. Laury, *L'ironie et l'humour chez Cicéron*, Leiden/Paris 1955, S. 205–214. – E. Pasoli, *In »Philippicarum« Ciceronis textum constituendum critica exquisita* (in Latinitas, 12, 1964, S. 26–40). – M. Gelzer, *C. Ein biographischer Versuch*, Wiesbaden 1969, S. 346–410. – M. Bellincioni, *Cicerone politico nell'ultimo anno di vita*, Brescia 1974. – E. Castorina, *L'ultima oratoria di Cicerone*, Catania 1975. – W. Stroh, *C.s demosthenische Redezyklen* (in MH, 40, 1983, S. 35–50). – C. Wooten, *C.'s »Philippics« and Their Demosthenic Model. The Rhetoric of Crisis*, Chapel Hill Univ. Press 1983.

## PRO ARCHIA POETA

(lat.; *Rede für den Dichter Archias*). Verteidigungsrede von CICERO, vor Gericht gehalten 62 v. Chr. – Der mit Cicero befreundete griechische Dichter Aulus LICINIUS ARCHIAS – die *Anthologia Palatina* enthält einige Epigramme von ihm – ist wegen widerrechtlicher Anmaßung des römischen Bürgerrechts in ein Verfahren verwickelt, das ein gewisser Grattius aufgrund der *lex Papia* vom Jahr 65 gegen ihn angestrengt hat. Archias seinerseits kann sich auf die *lex Plautia Papiria* vom Jahr 89 berufen, die allen im Stichjahr in Italien ansässigen Bürgern der verbündeten Städte das Bürgerrecht verlieh, sofern sie binnen 60 Tagen beim Prätor darum nachsuchten. Zwar kann er seine Zugehörigkeit zum griechischen Herakleia in Unteritalien, aus dem er stammt, nicht mehr nachweisen, weil dort im Bun-

desgenossenkrieg (91–89 v. Chr.) die Zensuslisten verbrannt sind, aber sowohl der damalige Prätor Quintus Metellus Pius als auch Zeugen aus Herakleia können bestätigen, daß es mit der ordnungsgemäßen Meldung und dem Bürgerrecht von Herakleia seine Richtigkeit hat.
Cicero als der Anwalt des Beklagten geht auf die juristischen Fragen, wie gewöhnlich, nur kurz ein und stützt seine Ausführungen im übrigen auf den Rang der Persönlichkeit und den Ruhm dieses Dichters, die allein schon Grund genug seien, »*daß sogar er in die Zahl der Bürger aufgenommen werden müßte, wenn er es nicht schon wäre*«. Den Vorsitz der Verhandlung hat der Prätor Quintus Cicero, der Bruder des Redners, inne, der die Bedeutung eines solchen Talents für das römische Geistesleben, wie mehrmals hervorgehoben wird, sehr wohl zu schätzen weiß. So wird die Rede zu einem einzigen Panegyrikus auf die Poesie und die schönen Wissenschaften: Ohne die Verherrlichung durch die Dichtung bleiben Roms Großtaten ohne künftigen Ruhm; erst durch die Dichtkunst ersteht jenes Bild der Größe für die Nachwelt. Cicero – der dabei an ein Poëm auf sein glorreiches Konsulat im Jahr davor denkt, das er sich von seinem Mandanten als Belohnung erwartet – schwingt sich in seinen Ausführungen auf eine äußerst gehobene Stilhöhe, wie er sie für den Gegenstand für angemessen hält. Die Rede deshalb für schwach anzusehen, besteht freilich kein Grund; sie zeigt vielmehr, daß Cicero selbst beherrscht, was er in seinen Schriften zur Rhetorik immer fordert: das Zuhausesein in den verschiedenen Stilebenen. R.M.

AUSGABEN: Rom 1471 (in *Orationes*). – Oxford 1911 (in *Orationes*, Bd. 6, Hg. A. C. Clark; mehrere Nachdr.). – Ldn./Cambridge (Mass.) 1923 (in *The Speeches*, Bd. 1a, Hg. N. H. Watts; m. engl. Übers.; Loeb; mehrere Nachdr.). – Paris 1938 (in *Discours*, Bd. 12, Hg. F. Gaffiot; m. frz. Übers.). – Heidelberg 1949 (in *Pro Archia. Pro Murena*, Hg. A. Klotz; m. Einl.; ²1961). – Namur 1962 (*Pro Archia poeta*, Hg. J. Ruelens; m. Erl.). – Lpzg. ³1966 (in *Scripta quae manserunt omnia*, Bd. 6/2, Fasc. 19, Hg. P. Reis u. H. Kasten). – Darmstadt 1979, Hg. H. u. K. Vretska [lat.-dt.].

ÜBERSETZUNGEN: *Vertheidigungsrede für den Poeten A. Licinius Archias und für den Ligarius an den Caesar gehalten*, M. J. C. Gottsched, Hannover 1729. – *Rede für den Dichter A. Licinius Archias*, W. Binder (in *Werke*, Lfg. 95, Stg. 1859–1872). – *Rede für den Dichter Archias*, C. N. v. Osiander (in *Werke*, Bd. 41, Stg. ²1865). – *Rede für den Dichter Aulus Licinius Archias*, W. Binder (in *Werke*, Lfg. 22, Bln. o. J. [1930]). – Dass., H. Horn (in *Meisterreden*, Mchn.1942). – Dass., O. Schönberger (in Gymn, 62, 1955, S. 289–298). – *Rede für den Dichter Archias*, M. Fuhrmann (in *Sämtliche Reden*, Bd. 5, Zürich/Stg. 1970). – *Rede für den Dichter Aulus Licinius Archias*, O. Schönberger, Stg. 1979 (RUB).

LITERATUR: R. Cornali, *L'orazione in favore del poeta L. Archia*, Turin 1900. – W. Sternkopf, *Die Ökonomie der »Rede für den Dichter Archias«* (in Herm,42, 1907, S. 337–373). – R. W. Husband, *The Prosecution of Archias* (in Classical Journal, 9, 1914, S. 165–171). – Schanz-Hosius, 1, S. 425/426. – F. Gaffiot, *Texte du »Pro Archia«* (in Revue de Philologie, d'Histoire et de Littérature Anciennes, 55, 1929, S. 348–353). – M. Orban, *Le »Pro Archia« et le concept cicéronien de la formation intellectuelle* (in Les Études Classiques, 25, 1957, S. 173–191). – P. R. Murphy, *C.'s »Pro Archia« and the Periclean Epitaphios* (in TPAPA, 89, 1958, S. 99–111). – Ch. Neumeister, *Grundsätze der forensischen Rhetorik gezeigt an Gerichtsreden C.s*, Mchn. 1964. – H. Eisenberger, *Die Funktion des zweiten Hauptteils von C.s »Rede für den Dichter Archias«* (in WSt, N. F. 13, 1979, S. 88–98). – H. C. Gotoff, *C.'s Elegant Style. An Analysis of the »Pro Archia«*, Urbana/Ill. 1979. – C. P. Craig, *The Structural Pedigree of C.'s Speeches »Pro Archia«, »Pro Milone«, and »Pro Quinctio«*, (in Classical Philology, 80, 1985, S. 136/137).

## PRO LUCIO MURENA

(lat.; *Rede für Lucius Murena*). Verteidigungsrede von CICERO, vor Gericht gehalten 63 v. Chr. – Diese Rede aus Ciceros Konsulatsjahr – sie wurde eine seiner bekanntesten – fällt mitten in die unruhigen Wochen, die sich an Catilinas mißglückten Umsturzversuch vom 8. November anschlossen, genauer: in die Zeit zwischen der zweiten (9. November) und dritten (4. Dezember) der sogenannten *Catilinarischen Reden* (vgl. *Catilinariae orationes*), mit denen der Konsul bei Volk und Senat um Rechtfertigung und Beistand für seine überstürzten Aktionen gegen die Putschisten nachsuchte. – Auch in der Rede *Pro Murena* geht es in Wahrheit um den poltischen Hasardeur Catilina. Mit drei anderen Kandidaten – unter ihnen Lucius Licinius Murena, einem hohen Militär, und dem Starjuristen Servius Sulpicius Rufus – hatte Catilina sich für das folgende Amtsjahr (62 v. Chr.) wieder um das Konsulat beworben, war aber bei den Wahlen (*comitia*) im September neuerdings durchgefallen. Der nicht gewählte Sulpicius hatte die Wahl sofort angefochten, indem er den Gewinner Murena des unlauter geführten Wahlkampfes bezichtigte. Cicero hatte als amtierender Konsul und Hauptfeind Catilinas alles Interesse daran, daß durch die Annulierung der Wahl der Wahlkampf nicht erneut aufflammte und Catilina neue Chance zur Aktion gewann. So hatte er mit zwei anderen Spitzenanwälten, HORTENSIUS und CRASSUS, selbst die Verteidigung Murenas übernommen.
Das Heikle – und sicherlich für den Autor Reizvolle – der Rede liegt einmal darin, daß Cicero nicht nur mit seinem Klienten, dem Gewinner der Wahl sozusagen »sein Mann« gewesen war, befreundet war, sondern ebenso mit dem Kläger Sulpicius und seinem noch einflußreicheren Parteigänger Cato;

zum anderen darin, daß die Anklage sich auf ein Gesetz stützte, das in seiner verschärften Fassung auf Ciceros eigene Initiative zurückging und sogar seinen Namen trug. Mit kaum zu überbietendem rhetorischem Geschick werden diese Klippen umschifft. Das Eintreten des Konsuls für seinen gewählten Nachfolger und des Freundes für den bedrängten Freund sei nur selbstverständlich und tue seinem Verhältnis zum Kläger, dem Cicero bei seiner Bewerbung ja auch jede Unterstützung habe zuteil werden lassen, keinen Abbruch (1–10). Murenas Lebenswandel sei untadelig, als fähiger Offizier sei er aber in der gegenwärtigen gefährlichen Situation geeigneter. Weder ein Wahlschwindel noch ein Verstoß gegen die guten Sitten hätten dem Mandanten bisher nachgewiesen werden können (55–77). Schließlich verlangt das Wohl des Vaterlands einen Mann wie Murena an der Spitze und dulde kein Wiederaufleben des Wahlkampfs (78–90). – Ciceros Argumente überzeugten: Murena wurde freigesprochen. Die Rede ist die typische Schlußrede der Verteidigung; sie fiel meist Cicero zu. In einer solchen Schlußrede kommt es weniger auf lückenlose Argumentation und juristisches Scharfsinn an als auf die Aufhellung größerer politischer Aspekte und auf »Stimmungsmache«. Dieser Intention entsprechen einerseits die »erhebenden«, »ernsten« Worte, mit denen im Schlußteil vor der drohenden Gefährdung des ganzen Staates gewarnt wird, anderseits das düstere Bild, das von einem unschuldig verurteilten, verbannten Murena gemalt wird (55–57); ihr entsprechen aber auch die spöttischen Übertreibungen, mit denen über das Paragraphendickicht der Juristen (25–29) und die Rigorosität orthodoxer Stoiker (58–68) hergezogen wird – Sculpicius und Cato werden so, ohne sie persönlich angreifen zu müssen, auf humorvolle Art abqualifiziert. Die Rede kann zeigen, wie bei Cicero das persönliche und das allgemeine Interesse zusammengehen, wie sehr sich bei ihm diplomatisches Geschick und taktische Raffinesse mit politischem Weitblick und Engagement für das Ganze verbinden. Denn nicht zuletzt der Sicherung der Nachfolge Ciceros im Konsulat ist es zu danken, daß Catilina scheiterte und der Wiederausbruch des Bürgerkriegs um einige Jahre hinausgeschoben wurde. So gewiß sich in Ciceros Reden manches nicht auf die Goldwaage historiographischer Unbestechlichkeit gelegt werden braucht, so gewiß sind sie auch Ausdruck seiner im Grunde integren Persönlichkeit. R.M.

AUSGABEN: Rom 1471 (in *Orationes*). – Lpzg. 1866 (*Die Rede für Murena*, Hg. K. Halm; m. Komm. u. Übers.; ²1872). – Lpzg. 1876 (in *Orationes*, Hg. R. Klotz). – Oxford 1905 (in *Orationes*, Bd. 1, Hg. A. C. Clark; mehrere Nachdr.). – Ldn./Cambridge (Mass.) ²1946 (in *The Speeches*, Bd. 6, Hg. L. E. Lord; m. engl. Übers.; Loeb; mehrere Nachdr.). – Heidelberg 1949 (in *Pro Archia. Pro Murena*, Hg. A. Klotz [m. Einl.]); ²1961 [bearb. v. K. Stengel]. – Barcelona 1956 (*Defensa de L. Murena*, in *Discursos*, Bd. 10, Hg. M. Marín y Peña). – Lpzg. ²1961 (in *Scripta quae manserunt omnia*, Bd. 6/2, Fasc. 18, Hg. H. Kasten).

ÜBERSETZUNGEN: *Für den L. Muräna*, J. B. Schmitt (in *Reden*, Bd. 5, Würzburg 1793). – *Rede für Murena*, G. Wendt (in *Werke*, Lfg. 91/92, Stg. 1859–1872). – *Die Rede für Murena*, Hg. K. Halm, Lpzg. 1866; ²1872. – *Rede für L. Murena*, C. N. v. Osiander (in *Werke*, Bd. 39, Stg. ²1871). – Dass., M. Fuhrmann (in *Sämtliche Reden*, Bd. 2, Zürich/Stg. 1970).

LITERATUR: E. Rosenberg, *Studien zur Rede C.s für Murena*, Hirschberg 1902. – E. Remy, *Le comique dans le »Pro Murena«* (in Nova et Vetera, 1, 1912, S. 1–25). – R. W. Husband, *The Prosecution of Murena* (in Classical Journal, 12, 1916, S. 102–118). – Schanz-Hosius, 1, S. 423/424. – J. Cassart, *L'exorde du »Pro Murena«. Essai d'herméneutique* (in Nova et Vetera, 20, 1938, S. 203–210). – A. Boulanger, *La publication du »Pro Murena«* (in Revue des Études Anciennes, 1940, S. 382–387). – A. Bürge, *Die Juristenkomik in C.s Rede »Pro Murena«*, Diss. Zürich 1974. – P. Moreau, *Cicéron, Clodius et la publication du »Pro Murena«* (in Revue des Études Latines, 58, 1980, S. 220–237). – A. D. Leemann, *The Technique of Persuasion in C.'s »Pro Murena«* (in Entretiens Fondation Hardt, 28, 1982, S. 193–228).

## PRO MILONE

(lat.; *Rede für Milo*). Verteidigungsrede von CICERO, vor Gericht gehalten am 8. April 52 v. Chr. – In dem Prozeß gegen Titus Annius Milo geht es um ein Ereignis, das wesentlich dazu beitrug, daß es noch im Frühjahr desselben Jahres zum Alleinkonsulat des Pompeius kam: den Mord an Clodius Pulcher, einem für die Partei der Oberschicht außerordentlich gefährlichen Popularpolitiker. Milo, der sich seit seinem Volkstribunat (57 v. Chr.) ebenso wie Clodius und einige andere mit einer Art Leibgarde umgeben hatte, war nämlich am 18. Januar auf der Via Appia bei Aricia auf den Trupp des Clodius gestoßen und hatte dem verhaßten Todfeind, der vor kurzem seine Wahl zum Konsul vereitelt hatte, eine regelrechte Schlacht geliefert. Dabei hatte er den bereits verwundeten Gegner von seinen Leuten aus dem Gasthof, in dem er Schutz gesucht hatte, herauszerren und niedermachen lassen. Die Anklage lautete auf »Gewaltanwendung« *(de vi)*; sie kam nicht nur auf Betreiben der Clodianer zustande, sondern auch des Pompeius, der im Interesse der Wiederherstellung von Ruhe und Ordnung in der Hauptstadt bestrebt war, unter den politischen Lagern auszugleichen, und der Milos Karriere schon um der eigenen willen gebremst sehen wollte. Hinter Milo aber stand der konservative Flügel der Senatspartei; da war man geneigt, ihn als Helden zu feiern, der das Vaterland von einem schlimmen Tyrannen befreit habe. Cicero war der einzige Anwalt, der vor dem Gericht für den politischen Freund einzutreten wagte. – Er geht davon aus, daß Milo in Notwehr einen Überfall des Clodius abgewehrt habe und kein Interesse an dessen Tod gehabt haben könne; daß er für seine Tat sogar den Dank des Vaterlandes verdient habe, weil er ein von den Göttern verhängtes Strafrecht ausgeführt habe; außerdem sei Clodius noch vor wenigen Jahren auch der erbitterte Feind des Pompeius gewesen. Die Rede wurde der größte Mißerfolg in Ciceros Laufbahn: Milo wurde verurteilt und mußte nach Massilia in die Verbannung. Der entscheidende Grund dafür dürfte in Ciceros nervösem und unsicherem Auftreten zu suchen sein, das mit den Störaktionen und dem wüsten Geschrei der Meute der Clodianer im Gerichtssaal zusammenhängen mochte. Bei der überlieferten Version handelt es sich allerdings um die gründlich überarbeitete Fassung des Originals, die Cicero dem verurteilten Mandanten ins Exil gesandt hat, worauf dieser ironisch geantwortet haben soll: er hätte auf die herrlichen Fische in Massilia verzichten müssen, wenn sein Anwalt schon bei Gericht so gut gesprochen hätte. – In dieser Version aber galt die Rede in der Antike und danach als Meisterwerk. Dazu trugen nicht nur die Kraft des Stils und der Darstellung, sondern sicher auch die historische Bedeutung des hier verhandelten Falles bei. Gerade die Ereignisse um die Ermordung des Clodius waren es, die wenige Jahre später den Bürgerkrieg zwischen Pompeius und Caesar entzündeten.     R.M.

AUSGABEN: Rom 1471 (in *Orationes*). – Lpzg. 1880 (in *Orationes*, Hg. R. Klotz). – Lpzg. 1886 (in *Scripta quae manserunt omnia*, 2/3, Hg. C. F. W. Müller). – Oxford ²1918 (in *Orationes*, Bd. 2, Hg. A. C. Clark; mehrere Nachdr.). – Ldn./Cambridge (Mass.) 1931 (in *The Speeches*, Bd. 3, Hg. N. H. Watts; Loeb; m. engl. Übers.; mehrere Nachdr.). – Heidelberg 1949, Hg. K. Ziegler [mit d. Komm. von Q. Asconius]. – Paris 1949 (in *Discours*, Bd. 17, Hg. A. Boulanger; m. frz. Übers.). – Lüttich ⁶1963, Hg. P. Collin [m. Komm.].

ÜBERSETZUNGEN: *Die Rede für den Milo*, C. A. Heumann, Hbg./Lpzg. 1733. – *Rede für T. Annius Milo*, H. Köchly (in *Werke*, Lfg. 137/138, Stg. 1859–1872). – Dass., C. N. v. Osiander (in *Werke*, Bd. 48, Stg. ⁴1875). – Dass., M. Giebel, Stg. 1972 (RUB). – *Rede für Annius Milo*, M. Fuhrmann (in *Sämtliche Reden*, Bd. 6, Zürich/Stg. 1980).

LITERATUR: Th. Zielinski, *Das Clauselgesetz in C.s Reden*, Lpzg. 1904, S. 211. – R. W. Husband, *The Prosecution of Milo. A Case of Homicide, with a Plea of Self-Defence* (in Classical Weekly, 8, 1914/15, S. 146–150; 156–159). – R. Cahen, *Examen de quelques passages du »Pro Milone«* (in Revue des Études Anciennes, 25, 1923, S. 119; 225). – Schanz-Hosius, 1, S. 436/437. – A. Haury, *L'ironie et l'humor chez Cicéron*, Leiden/Paris 1955, S. 158–161. – J. N. Settle, *The Trial of Milo and the Other »Pro Milone«* (in TPAPA, 94, 1963, S. 268–280). – A. W. Lintott, *C. and Milo* (in Journal of Roman Studies, 64, 1974, S. 62–78). – A. M. Stone, *»pro Milone«. C.'s Second Thoughts* (in Antichthon, 14, 1980, S. 88–111). – M. E. Clark u. J. S. Ruebel, *Philosophy and Rhetoric in C.'s »Pro Milone«* (in RhMus, 128, 1985, S. 57–72). – C. P. Craig, *The Structural Pedigree of C.'s Speeches »Pro Archia«, »Pro Milone«, and »Pro Quinctio«* (in Classical Philology, 80, 1985, S. 136/137).

## PRO PUBLIO SESTIO

(lat.; *Rede für Publius Sestius*). Verteidigungsrede von CICERO, vor Gericht gehalten 56 v. Chr. – Die Rede gibt einen bezeichnenden Einblick in die politischen Machtkämpfe der Jahre des sogenannten ersten Triumvirats (60–53 v. Chr.), also der Zeit zwischen den Diktaturen Sullas und Caesars. Exponierte Politiker und Beamte umgaben sich damals zunehmend mit Leibgarden und Miliztruppen, um die eigenen Kundgebungen zu sichern. Auch die Anklage gegen Sestius lautete auf »Anwendung von Gewalt« *(de vi)*: Auch er war, als er sich im Jahr 57 als Volkstribun für die Rückkehr Ciceros aus der Verbannung einsetzte, von einer randalierenden Schlägerbande des Clodius Pulcher sabotiert und einmal sogar schwer verletzt worden und hatte sich daraufhin auch mit einer bewaffneten Garde umgeben. Clodius, inzwischen zum Ädil gewählt, hängte dem Gegenspieler so einen Prozeß an. Ciceros Verteidigung des politischen Freundes ist, da ja der Gegenstand der Anklage außer Zweifel steht, ganz in die Form der *laudatio* gekleidet: Die hervorragende Abkunft des Mandanten, seine edle Gesinnung und sein untadeliger Lebenswandel, seine politische Verläßlichkeit und nicht zuletzt seine Verdienste um die Rettung des Staates und des Freundes, dies alles zusammen ergibt ein beredtes Charakterbild, dessen Wirkung sich auch die Richter nicht entziehen konnten. Sestius wurde freigesprochen. – Ebenfalls aus diesem Prozeß stammt die Rede *In Vatinium testem (Gegen den Zeugen Vatinius)*, mit der Cicero dem Belastungszeugen Vatinius, einem übel beleumdeten Caesar-Anhänger, in Form einer Frage eine Flut von Schmähungen entgegenschleudert.

Cicero machte die Sache des Sestius nicht nur zu seiner eigenen, sondern zu der des ganzen Staats. Er hat sich zu revanchieren, weil Sestius während seiner Verbannung für ihn eingetreten war und ihm auch bei der Aufdeckung der Catilinarischen Verschwörung geholfen hatte. Zugleich ist das Schicksal des Sestius unlösbar verbunden mit dem Schicksal der alten patrizischen Führungsschicht, die immer mehr an Einfluß verliert und der zunehmenden Macht der Volkstribunen immer weniger gewachsen ist. Sestius erscheint damit in einer Reihe von politischen Märtyrern, denen sich Cicero selbst gern zurechnet. So dient die Identifizierung mit der Gesinnung und dem Geschick des Mandanten nicht nur diesem, sondern auch – und dies noch mehr – dem Redner selbst, der seit seiner Rückkehr politisch noch nicht hat richtig Fuß fassen können. Cicero nützt die Gelegenheit, der Öffentlichkeit ein neues politisches Programm zur Wiederherstellung der Senatsherrschaft vorzulegen. Eine Ausrichtung der divergierenden Standesinteressen sei um so mehr möglich, als die jetzigen Volksführer nichts als machthungrige Bestien seien. Allerdings bedürfte es auch auf der Seite der Senatoren einer Abkehr von der bisherigen Linie des »*Nichtstun in Würde*«. In *De re publica (Vom Gemeinwesen)*, dem staatspolitischen Hauptwerk des Autors, wird an diese Gedanken dann deutlich angeknüpft.        R.M

AUSGABEN: Rom 1471 (in *Orationes*). – Gotha 1883 (*Rede für Publius Sestius*, Hg. R. Bouterwek; m. Komm.). – Lpzg. 1886 (in *Scripta quae manserunt omnia*, 2/3, Hg. C. F. W. Müller). – Oxford 1911 (in *Orationes*, Bd. 5, Hg. W. Peterson; mehrere Nachdr.). – Ldn./Cambridge (Mass.) 1958 (in *The Speeches*, Bd. 5, Hg. R. Gardner; m. engl. Übers.; Loeb). – Mailand 1962 (*Per Sestio*, in *Per Celio. Per Sestio. Contro Vatinio*, Hg. g. Pacitti, E. Castorina u. U. Albini). – Paris 1965 (in *Discours*, Bd. 14, Hg. J. Cousin; m. frz. Übers.).

ÜBERSETZUNGEN: *Für den P. Sestius*, J. B. Schmitt (in *Reden*, Bd. 7, Würzburg 1794). – *Rede für P. Sestius*, H. Köchly (in *Werke*, Lfg. 132–136, Stg. 1859–1872). – Dass., C. N. v. Osiander (in *Werke*, Bd. 44, Stg. ²1874). – Dass., H. R. Mecklenburg, 2 Hefte, Bln. 1877–1893. – Dass., M. Fuhrmann (in *Sämtliche Reden*, Bd. 5, Zürich/Stg. 1978). – Dass., G. Krueger, Stg. 1980 (RUB).

LITERATUR: A. Grumme, *Orationis Sestianae dispositio*, Gera ²1902. – Ders., *Kritisches u. Exegetisches zu C.s »Sestius«*, Gera 1903. – G. A. Harrer, *Ad Ciceronis »Orationem pro Sestio« 47 et 49* (in Mnemosyne, 50, 1922, S. 112). – Schanz-Hosius, 1, S. 429/430. – R. Sydow, *Kritische Beiträge zu C.s »Sestiana«* (in RhMus, 1940, S. 74–78; 157–160). – J. M. May, *The Image of the Ship of State in C.s »Pro Sestio«* (in Maia, 32, 1980, S. 259–264). – U. v. Luebtow, *C.s »Rede für Publius Sestius«* (in *Sodalitas. Scritti Guarino*, Bd. 1, Neapel 1985/86, S. 177–201).

## PRO REGE DEIOTARO

(lat.; *Rede für König Deiotaros*). Verteidigungsrede von CICERO, im Haus Caesars gehalten 45 v. Chr. – Deiotarus, Tetrarch von Galatien, wird von seinem Enkel in Rom eines zwei Jahre zurückliegenden Attentatsversuchs auf Caesar beschuldigt. Cicero, der drei Entlastungszeugen aufbieten kann, übernimmt die Verteidigung des Königs. Die Argumentation geht von der absoluten Unglaubwürdigkeit der Anschuldigungen aus: Deiotaros sei zwar im Bürgerkrieg auf die Seite des Pompeius hinübergezogen worden, seit der glorreichen Beendigung des Kriegs durch Caesar aber in seinem Verhältnis zu dem Diktator und zur *res publica* immer loyal gewesen. Außerdem werde Caesar hier als Richter in eigener Sache tätig und die Verteidigung durch den Ausschluß der Öffentlichkeit des Beifalls der Mehrheit beraubt. Im übrigen setzt der Redner seine ganze Hoffnung auf die allbekannte und vielbewunderte *clementia* (Milde) des Diktators.

Caesar hat den Fall anders entschieden. Die Rede – neben *Pro Ligaro* und *Pro Marcello* vor Caesar gehalten – ist dem Stil nach dem attizistischen, auf Schmucklosigkeit und Sachlichkeit bedachten Geschmack des Diktators angepaßt. Diese Rede kann zeigen, »*wie weit er vor Caesars Ohren in freimütigen Äußerungen gehen konnte*« (M. Gelzer). Cicero gibt sich hier durchaus republikanisch, bestrebt, den nach der Königswürde greifenden Alleinherrscher zu den Idealen der alten *res publica* zurückzurufen. Er möchte dem mächtigen Mann jetzt einen im republikanischen Sinn maßvollen Mittelweg aufweisen, den auch eine Mehrheit unter den Konservativen gemeinsam mit ihm gehen könnte. Der nichtöffentliche Charakter der Verhandlung mag ihn zu solchem politischem Sondieren ermutigt haben. Doch nicht nur der Galaterkönig, auch Cicero selbst verlor den Prozeß. Zwischen ihm und Caesar sollte es trotz weiter bestehender privater Kontakte zu keiner politischen Zusammenarbeit kommen.        R.M.

AUSGABEN: Rom 1471 (in *Orationes*). – Lpzg. 1880 (in *Orationes*, Hg. R. Klotz). – Lpzg. 1886 (in *Scripta quae manserunt omnia*, 2/3, Hg. C. F. W. Müller). – Lpzg. ⁴1904 (in *Reden*, Hg. F. Richter u. A. Eberhard; m. Komm.). – Lpzg. 1918 (in *Scriptia quae manserunt omnia*, Bd. 8/27, Hg. A. Klotz). – Oxford ²1918 (in *Orationes*, Bd. 2, Hg. A. C. Clark; mehrere Nachdr.). – Ldn./Cambridge (Mass.) 1931 (in *The Speeches*, Bd. 3, Hg. N. H. Watts; Loeb; m. engl. Übers.; mehrere Nachdr.). – Neapel 1933, Hg. A. Giusti. – Paris 1952 (in *Discours*, Bd. 18, Hg. M. Lob; m. frz. Übers.).

ÜBERSETZUNGEN: *Die Rede für den Dejotarus*, May (in *Der Redner*, Lpzg. 1748). – *Für den König Dejotarus*, J. B. Schmitt (in *Reden*, Bd. 8, Würzburg 1794). – *Rede für den König Dejotarus*, W. Binder (in *Werke*, Lfg. 99, Stg. 1859–1872). – *Rede für König Dejotarus*, C. N. v. Osiander (in *Werke*, Bd. 49, Stg. ²1877). – *Rede für den König Dejotarus*, W. Binder (in *Werke*, Lfg. 25, Bln. o. J. [⁵1930]). – Dass., M. Giebel (in *Drei Reden vor Caesar*, Stg. 1970; RUB). – Dass., M. Fuhrmann (in *Sämtliche Reden*, Bd. 7, Zürich/Stg. 1982).

LITERATUR: Schanz-Hosius, 1, S. 440. – J. Skrbinšek, *Die Stilisierung der Reden C.s pro Ligario und den König Deiotarus*, Villach 1908. – G. A. Harrer, *Ad Ciceronis »Pro rege Deiotaro« 8* (in Mnemosyne, 1921, S. 208). – M. Gelzer, *C. Ein biographischer Versuch*, Wiesbaden 1969, S. 318–320. – E. Olshausen, *Die Zielsetzung der Deiotariana C.s* (in *Monumentum Chiloniense. Fs. f. E. Burck*, Amsterdam 1975, S. 109–123). – G. Petrone, *La parola e l'in-*

*terdetto. Note alla »Pro rege Deiotaro« e alla orazioni cesariane* (in Pan, 6, 1978, S. 85–104).

## PRO SEXTO ROSCIO AMERINO

(lat.; *Rede für Sextus Roscius aus Ameria*). Nicht ganz vollständig überlieferte Verteidigungsrede von CICERO, vor Gericht gehalten 80 v. Chr. – Die Rede behandelt einen Kriminalfall aus den Jahren der Sullanischen Diktatur (82–79 v. Chr.). Roscius ist des Vatermordes angeklagt; aus Furcht vor der Konfiskation des väterlichen Erbes, die mit der Proskription immer automatisch verbunden ist, habe er den Vater vor dessen drohender Ächtung bei einem abendlichen Spaziergang ermorden lassen. In Wirklichkeit hatte es die Proskriptionsbehörde, die ein skrupelloser und korrupter Sulla-Günstling leitete, auf die Reichtümer des Vaters abgesehen und und ihn deshalb sogar nach seinem Tod noch nachträglich auf die gefürchteten Listen gesetzt. Jetzt mußte aber noch der um sein Erbe gebrachte Sohn unschädlich gemacht werden. – Cicero beweist, daß der Ankläger ein gekaufter Strohmann ist, der dazu dient, den jungen Roscius über den Vatermord-Prozeß auf »legalem« Weg zu beseitigen. Der Mandant Ciceros wird dann freigesprochen.

In der Rede, Ciceros erster Kriminalsache, zeigt sich bereits das diplomatisch-rhetorische Geschick des späteren Starverteidigers: Der allgewaltige Sulla wird nicht nur geschont, sondern ausdrücklich aus der Sache herausgehalten, seine Günstlinge dagegen in allen fraglichen Punkten voll verantwortlich gemacht. Da der Umstand, daß der wahre Mörder nicht bekannt ist, eine eindeutige Entlastung des Inkriminierten verhindert, bedarf es zur Unterstreichung der Glaubwürdigkeit der wirklichen Vorgänge eindrucksvoller Charakterbilder. Cicero macht davon ausgiebigen Gebrauch: Der Ermordete sowie der Angeklagte werden beredt als charakterfeste Menschen und integre Bürger geschildert, während die andere Seite tüchtig eingeschwärzt wird. Der eher »asianische« Stil, die zur Hyperbolik tendierende Sprache, die allen Klang- und Stilfiguren unmittelbaren Raum gewährt und deren Periodik mehr auf den Effekt zielt als auf die für spätere Reden charakteristische Klarheit und Sachkongruenz, kommt den markigen Darstellungen und der Struktur des Plädoyers natürlich ganz entgegen. R.M.

AUSGABEN: Rom 1471 (in *Orationes*). – Oxford 1905 (in *Orationes*, Bd. 1, Hg. A. C. Clark; Nachdr. zul. 1961). – Paris 1921 (in *Discours*, Bd. 1, Hg. H. de la Ville de Mirmont; m. frz. Übers.). – Ldn./Cambridge (Mass.) 1930 (in *The Speeches*, Bd. 2, Hg. J. H. Freese; m. engl. Übers.; Loeb; mehrere Nachdr.). – Lpzg. ²1949 (in *Scripta quae manserunt omnia*, Bd. 4/8, Hg. A. Klotz). – Heidelberg 1949, Hg. S. Müller [m. Einl. u. Index]. – Mailand 1964 (in *Opera omnia quae exstant*, Bd. 4).

ÜBERSETZUNGEN: *Rede für den Beklagten Sextius Roscius*, Ch. T. Damm, Bln. 1731. – *Rede für Sextus Roscius aus Ameria*, J. Siebelis (in *Werke*, Lfg. 73/74, Stg. 1859–1872). – *Rede für Sextus Roscius von Ameria*, C. N. v. Osiander (in *Werke*, Bd. 27, Stg. ⁴1875). – Dass., M. Fuhrmann (in *Sämtliche Reden*, Bd. 1, Zürich/Stg. 1970). – Dass., G. Krueger, Stg. 1984 (RUB).

LITERATUR: E. Wölfflin, *Bemerkungen über das Vulgärlatein* (in Phil, 34, 1876, S. 142–144). – R. W. Husband, *The Prosecution of Sextus Roscius. A Case of Parricide, with a Plea of Alibi and Non-Motive* (in Classical Weekly, 8, 1914/15, S. 90–93; 98–100). – F. Heerdegen, *Textkritische Bemerkungen zu C.s »Rede für Sextus Roscius aus Ameria«*, Progr. Erlangen 1921. – Schanz-Hosius, 1, S. 408/409. – F. Solmsen, *C.'s First Speeches. A Rhetorical Analysis* (in TPAPA, 69, 1938, S. 542–556). – A. Michel, *Rhétorique et philosophie chez Cicéron. Essai sur les fondements philosphiques de l'art de persuader*, Paris 1960. – W. Stroh, *Taxis und Taktik. Die advokatische Dispositionskunst in C.s Gerichtsreden*, Stg. 1975, S. 55–79. – D. Berger, *C. als Erzähler. Forensische u. literarische Strategien in den Gerichtsreden*, Ffm./Bern 1978, S. 33–40. – T. E. Kinsey, *The Case Against Sextus Roscius of Ameria* (in L'Antiquité classique, 54, 1985, S. 188–196).

## TUSCULANAE DISPUTATIONES

(lat.; *Gespräche in Tusculum*). Fünf philosophische Dialoge von CICERO, entstanden 45 v. Chr. – Das dem jüngeren Freund Marcus Iunius Brutus gewidmete Werk ist – ähnlich wie viele der Dialoge SENECAS – eine Frucht der »Muße«, d. h. einer Zeit, in der der Verfasser zur politischen Inaktivität verurteilt war. Nach der Darstellung Ciceros (1, 7) liegen dem Werk wirkliche Disputationen zugrunde, die im Sommer des Jahres 45 im Freundeskreis stattfanden, und zwar auf Ciceros »Tusculanum«, seinem Landgut in der bei Rom gelegenen Villenstadt Tusculum.

Die Themen der einzelnen Dialoge, die Cicero in einer anderen Schrift (*De divinatione – Von der Weissagung*, 2, 2) mit *Verachtung des Todes, Ertragen des Schmerzes, Linderung des Kummers, Weitere Verwirrungen der Seele* und *Die Tugend als ausreichende Basis für die glückliche Lebensführung* angibt, gehören alle dem Bereich der Schmerzbewältigung und der Bewährung im Leid an (ein Jahr zuvor war Ciceros Tochter Tullia gestorben). Die Erörterung erfolgt im »alten sokratischen Widergespräch« (1, 8) zwischen Meister (M.: *magister*) und Eleve (A.: *auditor*), der zunächst eine These aufstellt und damit den Dialog einleitet. Nach Art des Aristotelischen Dialogs ist jedem Buch ein Prooemium beigegeben, dessen wiederkehrendes Leitmotiv es ist, nun endlich auch die griechische Philosophie in Rom heimisch zu machen. Die Quellen des Werks sind ziemlich ungeklärt; das Gedankengut entstammt jedenfalls den philosophischen Schulen des

Späthellenismus (PANAITIOS, POSEIDONIOS, PHILON, ANTIOCHOS aus Askalon), mit denen Cicero in Rom und auf seiner Reise nach Rhodos (79–77 v. Chr.) in Berührung gekommen war.

Für die römische Philosophie bedeuten die *Tuskulanen*, zusammen mit den anderen moralphilosophischen Spätschriften Ciceros, die erste wichtige Station zwischen den Ausläufern der Akademie und der Stoa und Seneca, wo das römische Philosophieren die endgültige, bis zu AUGUSTINUS und BOETHIUS hin gültige Gestalt finden sollte. Doch schon bei Cicero zeichnet sich diese Eigenart der römischen Philosophie ab, die niemals primär produktiv, sondern, ohne jedes Verständnis für theoretische Systematik, als *Ad-hoc*-Philosophie immer mehr der praktischen Ethik zugewandt war. Ciceros Position eines erkenntniskritischen Skeptizismus findet aber auch gerade in der griechischen Philosophie ihre Vorbilder: bei Sokrates einerseits und dem Neuakademiker Philon, auf den er sich ausdrücklich beruft, andrerseits. Trotz mehrerer Bekenntnisse zur Akademie orientiert sich Cicero am »Wahrscheinlichen« und »Naturgemäßen« *(probabile, vero simile, natura)*. Und in dem berühmt gewordenen ersten Buch gibt er nicht, wie vielleicht erwartet, den Beweis für die Unsterblichkeit der Seele, sondern begnügt sich mit der Erkenntnis, daß man den Tod nicht zu fürchten brauche, weil er als ein Nicht-Sein grundsätzlich keine Empfindungen, auch keine unangenehmen, zulasse. Aber alle abstrakten Schlüsse unf Folgerungen, die jenseits des dem Menschen gesetzten Erkenntnishorizonts liegen, haben für ihn nur wenig Interesse.

Dennoch mangelt es den *Tuskulanen* nicht an »Resultaten«. Im Vergleich zu Seneca etwa, der weit intellektueller und zugleich »epikureischer« um die innere Glückseligkeit ringt, erscheinen Ciceros Gedankengänge und Ergebnisse noch ziemlich normativ: Die Abhängigkeit von der griechischen System-Philosophie verbindet sich bei ihm mit einem römischen Formalismus, der sich im moralischen Bereich, z. B. im altrömischen Ideal der Selbstbeherrschung, in der Haltung um ihrer selbst willen manifestiert, wie es der ja aus Tusculum stammende ältere CATO auf besondere Weise verkörpert. Trotz aller Vorbehalte gegenüber der zur Gefühllosigkeit erstarrten *ataraxia* (»Unerschütterlichkeit«) der Stoa wird dann doch an diesem Ideal festgehalten, der letzten Garantie für die sittlich autonome Persönlichkeit: sie kann sich auf keinen metaphysischen Hintergrund, auch auf keinen Göttermythos mehr stützen, der nur aus »Irrtümern« besteht.

Die Leistung dieser Dialoge liegt darin, daß sie der Philosophie in Rom mit einer Reihe erfolgreicher Begriffsbildungen und -übersetzungen Eingang verschafften und dem bis dahin fast vollständigen Fehlen einer lateinischen philosophischen Fachsprache ein Ende setzten. R.M.

AUSGABEN: Rom 1469 *(Tusculanae questiones)*. – Lpzg. 1918 (in *Scripta quae manserunt omnia*, 13/44, Hg. M. Pohlenz; mehrere Nachdr.). – Ldn./NY 1927 (*Tusculan Disputations*; m. engl. Übers.; Loeb; mehrere Nachdr.). – Turin 1956 (in *Opere politiche e filosofiche*, Bd. 2, Hg. N. Marinone). – Paris ²1960 (*Tusculanes*, Hg. G. Fohlen; m. frz. Übers.). – Mailand 1962, Hg. A. Di Virginio.

ÜBERSETZUNGEN: *Ain Büchle das der tod nit zu fürchten* (in *Der Teutsch Cicero*, Augsburg 1531; enth. Buch 1). – *Tusculanische Unterredungen*, J. D. Büchling, Halle 1799. – Dass., F. H. Kern (in *Werke*, Bd. 1–3, Stg. 3–71871–1878). – *Gespräche in Tusculum*, O. Gigon, Mchn. 1951 (lat.-dt.; Tusculum). – *Gespräche in Tusculum*, K. Büchner, Zürich 1952 [m. Einl.]. – Dass., O. Gigon, Stg. 1973 (RUB).

LITERATUR: H. Uri, *C. u. die epikureische Philosophie. Eine quellenkritische Studie*, Diss. Mchn. 1914, S. 74–84. – C. Knapp, *An Analysis of C. »Tusculan Disputations«* (in PhQ, 6, 1927, S. 39–56). – P. Finger, *Die beiden Quellen des 3. Buches der »Tusculanen« C.s* (in Phil, 84, 1929, S. 51–81; 320–348). – R. Philippson, *Das 3. u. 4. Buch der »Tusculanen«* (in Herm, 67, 1932, S. 245–294). – A. Barigazzi, *Sulle fonti del libro I delle »Tusculane«* (in Riv. di filol. e d'istruz. class., 26, 1948, S. 106–203; 28, 1950, S. 1–29). – M. Valente, *L'éthique stoïcienne chez Cicéron*, Paris/Pôrto Alegre 1956, S. 31–52 [zugl. Diss. Paris]. – M. Ruch, *Le préambule dans les œuvres philosophiques de Cicéron. Essai sur la genèse et l'art du dialogue*, Paris 1958, S. 169–174; 281–289. – H. Drexler, *Zu Überlieferung u. Text der »Tusculanen«*, Rom 1961. – A. Michel, *Rhétorique et philosophie dans les »Tusculanes«* (in REL, 39, 1961, S. 157–171). – A. Weische, *C. u. die neue Akademie. Untersuchungen zur Entstehung u. Geschichte des antiken Skeptizismus*, Diss. Münster 1961. – S. Lundström, *Vermeintliche Glosseme in den »Tusculanen«*, Uppsala 1964. – E. Gierstorfer, *C., »Tusculanae disputationes«. Quellen des ersten Buches*, Diss. Mchn. 1967. – H. Hommel, *C.s Gebetshymne an die Philosophie, Tusculanen V/5*, Heidelberg 1968 (SAWH, phil.-hist. Kl., 3). – S. Lundström, *Zur Textkritik der Tusculanen*, Stockholm 1986.

## BRUNO CICOGNANI

\* 10.9.1879 Florenz
† 16.11.1971 Florenz

### LA VELIA

(ital.; *Velia*). Roman von Bruno CICOGNANI, erschienen 1923. – Die aus einfachen florentiner Verhältnissen stammende Velia, deren große Schönheit die Männer fasziniert, heiratet den Bauunternehmer Beppino Biagini, einen Schwächling, der sie in jeder Hinsicht enttäuscht. Schon bald bricht Velia die Ehe mit dem skupellosen Ingenieur Soldani-Bô, der es lediglich auf den Besitz ihres Mannes abgesehen hat. Seine erpresserische, oft geübte Taktik, die Frau eines auserkorenen Opfers zu verführen, schlägt hier fehl: Soldani-Bô verfällt Velia, wird in den Bankrott ihres Mannes hineingezogen und begeht Selbstmord. Mit wenigen Habseligkeiten verläßt Velia den vom Konkursgericht für unzurechnungsfähig erklärten Gatten, um in dem Glauben an eine reine, uneigennützige Liebe dem Klavierspieler Alberto zu folgen. Doch diese Hoffnung erweist sich als Illusion; für Velia – der Dichter deutet es lediglich an – kann es nur noch das Dasein einer Kurtisane geben.

Cicognani, Routinier des regionalistischen toskanischen Naturalismus, zeichnet in diesem Roman das Psychogramm eines weitgehend empfindungslosen »Monstrums«, wie Velia von ihrer Mutter genannt wird, das endlich in selbstbetrügerischer Weise an die läuternde Kraft der Liebe glaubt. Die Männer, die Velias Schicksal bestimmen und denen sie selbst zum Schicksal wird, sind haltlose Schwächlinge, zum Scheitern verurteilte Existenzen, die dem Autor die Möglichkeit geben, physische und psychische Verfallserscheinungen zu analysieren und Liebesbegegnungen zu schildern, die schon den Keim des Todes in sich tragen. In diesem Gefallen am Morbiden und Perversen wird Cicognanis Bindung an D'Annunzio deutlich, den Meister seiner Jugendjahre. W.Dr.-KLL

Ausgaben: Mailand 1923. – Mailand 1942. – Florenz 1958 (in *Tutte le opere*, Bd. 3/1; ⁴1979).

Literatur: E. Palmieri (in L'Italia che Scrive, Jan. 1933). – G. Ravegnani, *I contemporanei*, Modena 1936, S. 225 ff. – P. Pancrazi, *Ragguaglio di Parnaso. Dal Carducci agli scrittori d'oggi*, Bd. 2, Mailand 1967, S. 249–257. – D. Valeri, *Rileggere C.* (in D. V., *Conversazioni italiane*, Florenz 1968, S. 268–273). – M. Santoro, *L'uomo nel labirinto: saggi sulla narrativa italiana del Novecento*, Neapel 1981. – J. Soldateschi, *Il laboratorio della prosa. Pratesi, Palazzeschi, C.*, Florenz 1986.

## GIACINTO ANDREA CICOGNINI

* 1606 Florenz
† 1660 Venedig

### LA FORZA DEL FATO OVVERO IL MATRIMONIO NELLA MORTE.
Opera tragica di lieto fine

(ital.; *Die Macht des Schicksals oder Die Hochzeit im Tode. Tragisches Werk mit glücklichem Ausgang*).

Drama in drei Akten von Giacinto Andrea Cicognini, erschienen 1652. – Das damals überaus erfolgreiche Stück des »*toskanischen Terenz*«, wie ihn seine Zeitgenossen nannten, ist charakteristisch für die nach spanischen Vorbildern (Calderón, Lope de Vega, Tirso de Molina) konzipierten Bühnenwerke des Autors. Im Prolog wird das Hauptthema angedeutet: der Konflikt zwischen Staatsräson und Liebe. Amor fordert von dem mit der Sichel erscheinenden Tod dessen Einverständnis zu der geplanten Vermählung der Liebenden: Alfonso, künftiger König von Kastilien, und Deianira, Herzogin von Tirol. Alfonsos Vater hat jedoch in seinem Testament an die Thronfolge des Sohnes die Bedingung geknüpft, daß dieser die Ehe mit der Prinzessin Rosaura schließt. Obgleich ihm der Entschluß nicht leicht fällt, beugt sich Alfonso schließlich dem Letzten Willen des Vaters und heiratet Rosaura. Deianira, die sich betrogen glaubt, vermählt sich aus Trotz mit dem um sie werbenden Don Fernando. Alfonso vernachlässigt seine junge Frau und stellt weiterhin der seit seiner Kindheit geliebten Deianira nach. Sie aber, auf ihre Ehre bedacht, will dem Gatten die Treue wahren und verbündet sich mit Rosaura, nachdem sie dem König ihre Einwilligung zu einem nächtlichen Stelldichein gegeben hat. Dabei soll, von der Dunkelheit begünstigt, die Königin Deianiras Platz einnehmen. Fernando, der an der Treue seiner Frau zweifelt, kommt, von einem Diener benachrichtigt, hinzu und wird von den Frauen für den erwarteten König gehalten. Die Gesten der schweigenden Rosaura und die Worte der hinter ihr verborgenen Deianira lassen ihn an deren ehebrecherische Absichten glauben, und in blinder Wut erschießt er Rosaura, die er für seine treulose Frau hält. Diese ist jedoch der Meinung, der König sei der Täter, und ersticht den nächtlichen Besucher. Zu spät erscheint Alfonso, in dem Deianira ihren eigenen Mann zu erkennen glaubt und den sie deshalb in ihr Gemach zieht. Durch des Schicksals Macht wurde sie unwissentlich zur Mörderin und Ehebrecherin, um endlich den ihr von Amor zugedachten Gatten in die Arme schließen zu können.

Neben dieser Haupthandlung steht das burleske, damals in hoher Blüte stehende *Commedia-dell'arte*-Spiel der Dienerschaft, dessen lärmende Komik den Zuschauer aus der beklemmenden Atmosphäre der Tragödie befreit. Dem Werk liegen Vorstellungen zugrunde, die sich zu Cicogninis Zeit bei den Autoren wie dem Theaterpublikum großer Beliebtheit erfreuten: die Keuschheit und Ehre der Frau sowie das Vorhandensein einer dunklen Schicksalsmacht, die, vom klassischen Theater des 16. Jh.s her noch bestens vertraut, aktiv in das Geschehen eingreift. Die an sich lauteren Absichten der handelnden Personen werden verkehrt, diese selbst in Schuld verstrickt, gemäß einer pessimistischen Auffassung von der Blindheit des seiner Entscheidungsfreiheit enthobenen Menschen. Was in den Tragödien Delfinos in erhabener Ruhe, gleichsam meditierend, vorgetragen wurde, erscheint bei Cicognini phantasievoll aufgebauscht und – unterstrichen durch die zugleich ungepflegte und preziös-barocke Sprache – fast vergröbert; doch sein sicheres Gefühl für Handlungsdynamik und Bühnenwirksamkeit faszinierte noch den jungen GOLDONI. W.Dr.

AUSGABEN: Florenz 1652. – Venedig 1660.

LITERATUR: A. Lisoni, *Un famoso commediografo dimenticato*, Parma 1896. – L. Grashey, *G. A. C.s Leben und Werke*, Lpzg. 1909. – R. Verde, *G. A. C.*, Catania 1912. – A. Bettoni, *Il Seicento*, Mailand ²1955, S. 355–359. – *Enciclopedia dello spettacolo*, Bd. 3, Rom 1956, S. 742/743. – C. Jannaco, *Il Seicento*, Mailand 1963, S. 332–334; 377. – O. Smith, *Algo màs sobre Cicognini* (in Revista de la Biblioteca Nacional José Marti, 16, 1974, S. 69 bis 76).

# AUGUST GRAF VON CIESZKOWSKI

\* 12.9.1814 Sucha
† 12.3.1894 Posen

LITERATUR ZUM AUTOR:
W. Kühne, *Graf A. C., ein Schüler Hegels und des deutschen Geistes*, Lpzg. 1938. – B. P. Hepner, *History and the Future. The Vision of A. C.*, Notre Dame/Ind. 1953. – W. Kühne, *Die Polen und die Philosophie Hegels* (in *Hegel bei den Slaven*, Hg. D. Čyževskyj, Darmstadt ²1961). – A. Walicki, *C. – filozoficzna systematyzacja mesjanizmu* (in *Filozofia polska*, Warschau 1967). – Ders., *Dwa mesjanizmy: Adam Mickiewicz i A. C.* (in *Filozofia a mesjanizm*, Warschau 1970). – *A. C.* (in *Filozofia w Polsce. Słownik pisarzy*, Breslau u. a. 1971). – A. Walicki, *A. C.* (in *Polska myśl filozoficzna i społeczna*, Bd. 1, Warschau 1973). – J. Hellwig, *Działalność pedagogiczna A. C.*, Posen 1978. – Ders., *C.*, Warschau 1979. – A. Liebich, *Between Ideology and Utopia. The Politics and Philospy of A. C.*, Dordrecht u. a. 1979. – G. K. Kaltenbrunner, *A. Graf v. C.: ein polnischer Sozialkonservativer, Junghegelianer und Zukunftsdenker*, Hbg. 1982.

## PROLEGOMENA ZUR HISTORIOSOPHIE

Philosophisches Werk von August Graf von CIESZKOWSKI (Polen), erschienen 1838. – Diese Schrift ist der erste Umwandlungsversuch der Hegelschen kontemplativen Philosophie zu einer Philosophie der Tat. Cieszkowski bemängelt an HEGEL, daß er die Geschichte als im wesentlichen schon vollendet betrachtet, die Gegenwart verabsolutiert, die Zukunft und das Problem ihrer Erkennbarkeit nicht als qualitatives Moment in sein System integriert; Hegel verfehle deshalb die wahre Totalität der Geschichte oder ihre organische Synthese. Dabei sind für Cieszkowski die bestehenden Krisen und »*Widersprüche der Zeit*«, besonders die »*sozialen Widersprüche*«, der Beweis dafür, daß Vernunft und Wirklichkeit noch keine vollkommene Einheit bilden und die abschließende Versöhnung noch nicht erreicht ist (worin ein berechtigter Ansatzpunkt der Kritik an Hegels System liegt, da Hegel selbst Philosophie und Zeit aufeinander bezieht und sein philosophisches System sich dementsprechend an der Geschichte zu bewähren hat). Cieszkowski geht dabei von einer dreiteiligen Gliederung der Geschichte aus: von der thetischen Phase der Antike, der antithetischen der christlich-germanischen Zeit und der eben einsetzenden synthetischen – ein Prozeß, der durch das jeweils vorherrschende Element des Rechts, der Moral und der Sittlichkeit gekennzeichnet ist, ohne daß die beiden anderen in der Geschichte jemals völlig ausgeschlossen wären. Die endgültige Versöhnung – und hier geht Cieszkowski entschieden über Hegel hinaus – erwartet er in der Zukunft von der Praxis, und zwar von der »nachttheoretischen« Praxis oder den bewußten Taten im Gegensatz zu der »vortheoretischen« Praxis oder den unbewußten Tatsachen. Diese das Theoretische in sich enthaltende, nicht erst *post factum* theoretisch erhellte Praxis ist für ihn das bewußt mitwirkende selbstbestimmende Vollbringen der Gesetze der Geschichte – des Dreischritts von Sein, Denken, Wollen – auf der Grundlage der Einsicht in die Geschichte als eines geistigen theologischen Prozesses. An die Stelle der Hegelschen kontemplativen Theorie tritt somit die »historiosophische« Theorie, die die noch ausstehende letzte Stufe der Geschichte antizipiert und nicht etwa eine kritische Theorie, die unbegrenzt Vernunft und Wirklichkeit aufeinander bezieht und zur Konvergenz zu bringen sucht. Mit der Theorie bleibt bei Cieszkowski das System vorherrschend; die dialektische Methode und die praktische Tätigkeit werden diesem untergeordnet. Die Praxis bleibt die höchste Stufe des absoluten Geistes, auch wenn sie – unter Ablehnung des ökonomischen und politischen Liberalismus – ausdrücklich mit der sozialen Tätigkeit im Sinne des utopischen Sozialisten FOURIER verknüpft wird. Die Neuansätze Cieszkowskis wirkten über Moses HESS auf ENGELS und MARX ein. E.Tr.

AUSGABE: Bln. 1838.

ÜBERSETZUNG: *Prolegomena do historiozofii. – Bóg i palingeneza oraz mniejsze pisma filozoficzne z lat 1838–1842*, Bearb. J. Garewicz u. A. Walicki, Warschau 1972 [poln.].

LITERATUR: A. Zoltowski, *Graf A. C.s ›Philosophie der Tat‹*, Posen 1904 [zugl. Diss. Mchn.]. – A. Wojtcak, *Philosophie der Freiheit bei Graf A. C. Eine spiritualistische Lösung des Freiheitsproblems. Darstellung und Kritik*, Diss. Fribourg 1933. – H. Stuke, *Philosophie der Tat. Studien zur Verwirkli-*

*chung der Philosophie bei den Junghegelianern u. den Wahren Sozialisten*, Stg. 1963.

## PEDRO CIEZA DE LEÓN

\* um 1520 Llerena / Estremadura
† 2.7.1554 Sevilla

LITERATUR ZUM AUTOR:
W. Espinoza, *P. C. de L.*, Lima 1964. – E. Guillén Guillén, *Versión inca de la Conquista*, Lima 1974. – C. Sáenz de Santa María, *Hacia un pleno conocimiento de la personalidad de P. C. de L.* (in Anuario de Estudios Americanos, 32, 1975, S. 329–373). – Ders., *Los manuscritos de P. C. de L.*, (Revista de Indias, 145/146, 1976, S. 181–215). – Ders., *El cronista P. C. de L. y sus concomitancias con la Historia General y Natural de Fernández de Oviedo*, Madrid 1982. – K. Baldinger, *Vocabulario de C. de L. Contribución a la historia de la lengua española en el Perú del Siglo XVII* (in Lexis, 1, 1983, S. 1–131). – P. C. de L., *Obras completas III*: C. Sáenz de Santa María, *Estudio bio-bibliográfico – C. de L.: Su personalidad y su obra*, Madrid 1985.

### CRÓNICA DEL PERÚ

(span.; *Geschichte von Peru*). Chronik von Pedro CIEZA DE LEÓN, Erstdruck (erster Teil) 1553. – Der Verfasser, ein bereits 1535 nach Cartagena (im heutigen Kolumbien) gekommener und an zahlreichen Expeditionen beteiligter andalusischer Soldat, hielt die Führung eines »Notizbuches« neben der unbedingten Fahnentreue für seine vornehmste Pflicht und wurde so zum bedeutendsten Chronisten des alten Peru. Im ersten und einzigen noch zu Lebzeiten erschienenen Buch seines auf vier Teile angelegten Werks gibt Cieza aufgrund der bei ausgedehnten Erkundungsaufgaben und militärischen Zügen gesammelten Beobachtungen eine allgemeine beschreibende Landeskunde des Inkareiches im Stile der Geographie des 16. Jh.s, in die auch interessante Bemerkungen über Sitten, Religion, Sprache, Städte und Baukunst der Eingeborenen einfließen. Der zweite Teil beschäftigt sich – nicht ohne spürbare Bewunderung – mit der geschichtlichen Entwicklung der Inkaherrschaft von den Ursprüngen bis zu den zeitgenössischen, auch die spanische Eroberung zunächst noch überdauernden politischen, gesellschaftlichen und wirtschaftlichen Strukturen sowie mit der kulturellen Gesamtleistung der Inkas.
Der dritte, der Entdeckung und Eroberung Perus durch die Spanier unter Führung Francisco Pizarros gewidmete Teil galt lange als verschollen und ist erst spät in einer fehlerhaften Handschrift bekannt geworden. Ausführlich, wenngleich entweder unvollendet oder unvollständig überliefert, stellt der vierte Teil die in Peru besonders blutig verlaufenden Machtkämpfe unter den spanischen Konquistadoren dar. Von den fünf »Bürgerkriegen« zwischen 1537 und 1554 werden drei behandelt, wobei sich der Chronist sowohl auf eigene Erfahrung und Augenzeugenberichte als auch auf Nachrichten stützen konnte, die ihm der Gouverneur Pedro de la Gasca (1546–1550) verschaffte. Die von den Spaniern an den Eingeborenen verübten Gewalttaten werden dabei einer oft herben Kritik unterzogen (etwa im Falle der Brüder Pizarro oder der Ermordung des Atahualpa). – Ciezas um sachliche und umfassende Information bemühte Darstellung bleibt eine unschätzbare Quelle für die Geschichte der Inkas und die Frühzeit der spanischen Eroberungen im Gebiet der Nordanden. Obwohl als Kriegsmann nicht eigentlich gebildet, besaß er ein erstaunliches historisches Gespür, eine scharfe Auffassungsgabe, die ihm verschiedene Wissensgebiete erschloß, und eine natürliche spontane Ausdrucksfähigkeit. D.B.

AUSGABEN: Sevilla 1553 [Tl. 1]. – Madrid 1877 (*Tercer libro de las guerras del Perú*, Hg. M. Jiménez de la Espada). – Madrid 1877–1881 (*Guerras civiles del Perú*; Tl. 4). – Madrid 1880, Hg. M. Jiménez de la Espada [Tl. 2]. – Madrid 1909 (*La Guerra de Quito*; NBAE). – Buenos Aires 1943 (*Del señorio de los Incas*). – Madrid 1984/85 (in *Obras completas*, 3 Bde., 1, Hg. C. Sáenz de Santa Maria). – Madrid 1986, Hg. M. Ballestreros.

ÜBERSETZUNG: *Auf den Königsstraßen der Inkas*, V. W. v. Hagen, Stg. 1971.

LITERATUR: R. Porras Barrenechea, *Los cronistas del Perú (1528–1650)*, Lima ²1962. – P. R. León, *Algunas observaciones sobre P. C. de L. y la »Crónica del Perú«*, Madrid 1973. – C. Sáenz de Santa María, *Los capítulos finales de la tercera parte de la »Crónica del Perú« de P. C. de L.* (in Boletín del Instituto Riva Agüero, 9, 1972–1974, S. 35–67). – F. Cantu, *P. C. de L. e il »Descubrimiento y conquista del Perú«*, Rom 1979. – K. Baldinger, *C. de L. Die Eroberung von Peru* (in ZfrPh, 3/4, 1983, S. 367–377). – F. Pease, *C. de L. y la tercera parte de la »Crónica del Perú«* (in Revista Interamericana de Bibliografia, 34, 1984, S. 403–418).

## JOZEF CÍGER HRONSKÝ

\* 23.2.1896 Zvolen
† 13.7.1960 Luján / Argentinien

LITERATUR ZUM AUTOR:
A. Matuška, *J. C. H.*, Preßburg 1970. – G. Režná u. V. Podmajerská, *Bio-bibliografia J. C. H.* (in

Biografické štúdie, 2, 1971, S. 101–120). – J. Števček, *Nezbadné prózy*, Preßburg 1971, S. 31–54. – A. Matuška, *Osobnosti*, Preßburg 1973. – I. Kusý, *Premeny povstaleckej prózy*, Preßburg 1974, S. 131–140. – J. Noge, *Hľadanie epickej syntézy*, Preßburg 1980.

## ANDREAS BÚR MAJSTER

(slovak.; *Meister Andreas Búr*). Roman von Jozef CÍGER HRONSKÝ, erschienen 1948. – Cígerhronskýs vorletzter Roman entstand 1947 in der Emigration in Rom und wurde im folgenden Jahr in den USA veröffentlicht. Die ungewöhnliche Tatsache, daß das Werk eines politischen Emigranten – Hronský hatte sich durch sein zeitweiliges Engagement für den faschistischen »Slowakischen Staat« kompromittiert – nach einer längeren Zeit der Ignorierung dennoch Aufnahme in den Kanon der Nationalliteratur fand, spricht für seinen künstlerischen Wert. In besonderem Maße trifft auf den Roman die Feststellung A. MATUŠKAS zu: »*J. Hronský ist Traditionalist und Experimentator in einem, und das sogar gleichzeitig, simultan.*« Dem Autor gelingt in seinem Roman die ausgewogene Synthese traditionell-realistischer und volksepischer Kunstmittel mit denen der experimentellen, vor allem lyrisierten Prosa. J. ŠTEVČEK bezeichnet die »*Romanlegende von Andreas Búr*« als die »*Vollendung und Krone der gesamten lyrischen Prosa*«.
Hronskýs Roman spielt im frühen 19. Jh. in der slowakischen Bergwelt um Bojnický Zamok. Die geschichtlich-konkreten Details sind vage, nur koloritartig angedeutet und bleiben, wie das Romangeschehen selbst, im nebelhaft Unbestimmten. Hronský wollte keinen historischen Roman schreiben, sondern die Gestalt eines vereinsamten, eigensinnigen Außenseiters darstellen. Dabei geht er nicht analytisch, psychologisch-objektivierend vor, sondern versucht, durch intensive Evokation unerklärlicher, geheimnisvoller Zustände und Ereignisse, in denen Natur, Mensch und Dinge zu tragischen Symbolträgern werden, eine Gestalt zu schaffen, die zum Protagonisten einer pessimistisch-fatalistischen Weltsicht – dem tragenden Element aller Romane des Autors – wird. Diesem Ziel sind Vorwurf, Komposition und Stil des Werks untergeordnet. Selbst die Dialoge sind häufig so stark reduziert, daß sie faktisch zu Monologen werden. Der Gefahr, die ein solches Konzept für die künstlerische Gestaltung birgt, begegnet Hronský vor allem durch die schöpferische Verwendung von Motiven und Sprachformen des Volksmärchens. Darin erinnert sein Werk an die Novelle Čorny mlyn, 1968 (*Die schwarze Mühle*), des sorbischen Dichters Jurij BRĔZAN, vor allem aber an die Gestaltungsweise des zeitgenössischen slowakischen Malers Fulla.
Andreas Búr ist der Sohn eines Topoľčianer Holzfällers, von dem die Leute sagen, daß er »*wegen seiner Liebe zur Musik den Verstand verlor*«. Ohne innere Bindung an andere Menschen, in sich gekehrt, in eigenartiger, fast heidnischer Weise religiös, lebt er auf dem einsamen Sägewerk von Ráztoký. Die Bergbauern fürchten und hassen ihn und glauben schließlich, er sei ein Zauberer und Schwarzkünstler. Alle Versuche des »Meisters« (wie sich Andreas selbst im Hinblick auf seine Fähigkeiten als Holzfäller nennt), mit sich und seinem Leben »*in Ordnung zu kommen*«, sind eigenartig und zum Scheitern verurteilt. Im Bewußtsein seiner Leistung unterschreibt er einen langersehnten Vertrag mit dem Sägewerk von Raztoký, vergißt dann aber über anderen Dingen die Arbeit. In gleicher Weise schiebt er die Einlösung des Heiratsversprechens hinaus, das er, ohne sie zu lieben, der häßlichen, vernachlässigten Lucia Hankova gegeben hat. Und auch die Chance einer echten Gefühlsbindung, wie sie ihm Amalia, die Tochter des Verwalters Privitzer und Geliebte des Grafen Richard, bietet, vermag er nicht zu ergreifen. So bleibt er schließlich doch der Gefangene seiner Einsamkeit, ein schroffer und abgewandt lebender Einzelgänger, der für seine Mitmenschen zur legendenumwobenen Haßfigur wird. H.J.S.

AUSGABEN: Scranton/Pa. 1948. – Preßburg 1970 [Nachw. J. Števček].

LITERATUR: J. Števček, *Lyrická tvár slovenskej prózy*, Preßburg 1969, S. 60–110. – A. Matuška, *J. C. H.*, Preßburg 1970, S. 211–220. – J. Števček, *Lyrizovaná próza*, Preßburg 1973, S. 92–131.

## JOZEF MAK

(slovak.; *Josef Mak*). Roman von Jozef CÍGER HRONSKÝ, erschienen 1933. – Dieses gesellschaftskritische Hauptwerk des bedeutenden Romanciers und Novellisten gehört zu den künstlerisch reifsten Werken der slowakischen Literatur der dreißiger Jahre. In jeweils nur wenige Seiten umfassenden Kapiteln schildert der Autor die wichtigsten Ereignisse im Leben Jozef Maks, der als unehelicher Sohn einer Witwe auf einem Dorf zur Welt kommt und bei seiner Mutter und seinem älteren Bruder eine von Not und Elend gezeichnete Kindheit verlebt. Als junger Mann verliebt er sich in das Mädchen Maruša, das jedoch die Frau seines Bruders wird. Er selbst findet in der Ehe mit der verkrüppelten Jula kein Glück, weil er seine Jugendliebe nicht vergessen kann. Es bahnt sich erst eine Annäherung zwischen den Ehegatten an, als Maruša auf tragische Weise ums Leben kommt. Doch der Tod Julas macht auch diese Chance zunichte und läßt Jozef Mak in Einsamkeit zurück.
Die Hauptgestalt ist vom Autor als typischer Vertreter der niedrigsten sozialen Schicht konzipiert. »*Jozef Mak, einer von Millionen, einer, den niemand auf dieser Welt erwartet und dessen niemand gedenken wird... Jozef Mak: Million. An den man sich nur als Menschheit erinnert, aber niemals als Einzelmenschen.*« Sein exemplarisches, von Leid und Unterdrückung bestimmtes Schicksal wird, getreu den

Prinzipien des kritischen Realismus, zum Vorwurf einer gegen die bestehenden Verhältnisse gerichteten sozialen Anklage. Sie wird vorgetragen in einer nuancierten, lyrisch bewegten Sprache, die dort am überzeugendsten klingt, wo sie die überaus sensible Psyche des Helden beschreibt. Reizvoll ist die Beziehung des Erzählers zu seinem Protagonisten, zu dem er – ganz im Sinne des traditionellen realistischen Romans der Slaven – keine Distanz schafft und dessen Empfindungen er zu teilen vorgibt. In den Naturschilderungen verbinden sich Elemente des einheimischen Lyrismus mit modernen expressionistischen Ausdrucksmitteln; in der slovakischen Literatur nimmt die lyrische Prosa ohnehin einen bedeutenden Platz ein. Hronský hat mit *Jozef Mak* alle Möglichkeiten dieser Gattung ausgeschöpft und ihr zugleich in der Hinwendung zur sozialen Problemstellung neue Wege gewiesen.

J.Le.

AUSGABEN: Turč. Sv. Martin 1933; ²1936. – Preßburg 1966.

LITERATUR: M. Chorváth, Rez. (in Elán, 1935, 5, S. 5). – A. Mráz, Rez. (in Slovenské pohľady 1933, 12, S. 761–764). – O. Čepan, *Kontúry naturizmu*, Preßburg 1977.

## CINAED UA HARTACÁIN

* 975 Irland

### AIDEDA FORNI DO HUAISLIB ÉRENN

(frühmittelir.; *Wie einige Adlige Irlands umkamen*). Eines der bedeutendsten irischen Aufzählungs- und Kataloggedichte von CINAED ua hArtacáin, gewöhnlich nach seiner ersten Zeile *Fianna bátar i nEmain (Die Helden aus Emain Macha)* zitiert. – Das in einer Handschrift des 12. Jh.s zuerst belegte Werk handelt in 37 vierzeiligen Strophen von dem gewaltsamen Tod *(aided)*, manchmal auch von dessen Ursache und dem Begräbnisplatz von Königen und Helden der irischen Frühzeit aus allen fünf Provinzen und aus Tara (traditioneller Sitz der Hochkönige Irlands). Die meisten der erwähnten Persönlichkeiten (u. a. Conchobor, Fergus, Conaire, Aif, Finn mac Cumaill) sind literarisch identifizierbar. Cinaeds Komposition ist besonders deshalb bedeutsam, weil sie Überlieferungen der älteren irischen Helden- und Königssagen (vgl. *Cú-Chulainn-Zyklus, Irischer Königszyklus* und *Finn-Zyklus*) schon für das 10. Jh. nachweist, wenn auch Einzelheiten oft von den uns vorliegenden Versionen abweichen oder darin fehlen. Wegen der großen Zahl eingearbeiteter Personen- und Ortsnamen bleibt die Sprache der Dichtung farblos. Das Aufzählungsgedicht diente der Lehrformdarstellung gelehrten Materials – ursprünglich aus mnemotechnischen Gründen in metrischer Form, später als literarische Form etabliert, als Gedicht mit vorausgehendem Prosaauszug: Königslisten, Schlachtenlisten, Frauenkataloge, Genealogisches, Topographisches (vgl. *Dindshenchas*, zu dem Cinaed selbst beigetragen hat) oder fiktive Vorgeschichte (vgl. GILLA COEMÁINS *Ériu ard inis na ríg*).

Wie die meisten ähnlichen Kompositionen ist auch *Fianna bátar i nEmain* im *Deibide*-Metrum (von siebensilbigen Zeilen) abgefaßt mit Endreim, wie oft in so früher Zeit gemischt aus Reimen von betonten mit betonten Silben und Reimen von betonten mit unbetonten Silben. Als Schmuck findet sich durchgehend in den meisten Zeilen Alliteration, und die formale Qualität der Komposition im ganzen ist bei dem sachlichen Charakter des Stoffs beachtlich. Nach 35 Strophen findet sich ein späterer Einschub von elf Strophen durch FIND, Bischof von Kildare (Mitte des 12. Jh.s), nach dem Muster der vorhergehenden; in den letzten beiden Strophen (36–37) bittet Cinaed Gott, ihm nicht seine Gunst zu entziehen wie den *fianna*, die jetzt vom (eigentlichen, göttlichen) Heldentum getrennt sind. Dieser Schluß entspricht der religiösen Einstellung, die auch im Prolog von OENGUS' *Félire Oenguso* zum Ausdruck kommt, wo die weltlichen, heidnischen Persönlichkeiten irischer Tradition bemitleidet werden im Vergleich mit den christlichen Großen des Landes, da sie vergessen und unerlöst in Qualen bleiben werden. Gegen THURNEYSEN, der an die erste Hälfte des 12. Jh.s als Abfassungszeit des Gedichts glaubte, hat erst wieder G. MURPHY, besonders mit sprachlichen Kriterien, die Autorschaft Cinaeds gesichert.

R.Ba.

AUSGABE: Paris 1902 (*On the Deaths of Some Irish Heroes*, Hg. W. Stokes, in RCelt, 23, 1902, S. 303–348; 438; m. engl. Übers.; Corrigenda: ebd., 27, 1906, S. 202).

LITERATUR: R. Thurneysen, *Die Irische Helden- u. Königsage*, Halle 1921, S. 20/21. – G. Murphy, *On the Dates of Two Sources Used in Thurneysen's »Heldensage«, II* (in Ériu, 16, 1952, S. 151–156). – J. Carney, *The Dating of Early Irish Verse Texts, 500–1100* (in Éigse, 19, 2, 1983, S. 117–216).

## JEAN-BAPTISTE CINÉAS

* 1895 Cap Haïtien
† 1958

### L'HÉRITAGE SACRÉ

(frz.; *Das heilige Erbe*). Roman von Jean-Baptiste CINÉAS (Haiti), erschienen 1945. – In seinen ersten beiden Romanen (*Le drame de la terre* und *La vengeance de la terre*, beide 1933) hatte Cinéas Auseinandersetzungen um bäuerlichen Landbesitz geschildert, die er als Rechtsanwalt selbst erlebt hatte; allerdings werden diese Streitfälle im Roman nicht juristisch, sondern, getreu der indigenistischen Manier, mittels der magischen Kräfte des synkretistischen Wodukultes entschieden. Sein dritter »roman paysan« (ein vierter, *Le choc en retour*, 1948, ist nicht zu dieser Gruppe zu rechnen) orientiert sich noch mehr an dem ethnographischen Interesse der haitianischen Schriftsteller und Intellektuellen der vierziger Jahre: Der Kult des Voodoo wird wie bei Philippe THOBY-MARCELIN (1904–1975) und Jacques ROUMAIN (1907–1944) zum zentralen Interesse. Wenn auch Cinéas' Schreibweise nicht an die Erzählkunst des letzteren heranreicht, so ist doch *L'héritage sacré* von Interesse, da hier das ländliche Leben nicht, wie in den ersten Romanen, als eine nur von außen bedrohte Idylle dargestellt wird; Themen sind nun auch der Gegensatz zwischen städtischer, französisch gefärbter und ländlicher, kreolischer Kultur in Haiti und die sich daraus ergebenden Konflikte.

Ihr Opfer ist der junge Aiza Cédieu, Enkel eines mächtigen Oungan (Voodoo-Priester), der auf eine städtische Schule geschickt wurde und sich dort wegen seiner Herkunft schlimmsten Hänseleien ausgesetzt sieht. Als der Großvater stirbt, wählen die Götter zu dessen Nachfolger Aiza, der nun einen neuen Kulturkonflikt durchstehen muß. Nach langem Zögern entscheidet er sich für das »heilige Erbe« und wird zum mächtigsten Oungan der Region, den nun auch die Städter, seine ehemaligen Feinde, aufsuchen. Auch wenn er in ihre Reihen nicht aufgenommen wird, so kann er sich für die früheren Demütigungen rächen. Eines Tages erscheint auch die städtische Schöne, die er früher hoffnungslos geliebt hatte, und bittet ihn um einen Liebeszauber. Er gewährt ihn ihr und kann sie für eine Nacht besitzen, bevor er sie, mit seiner eigenen Hilfe, für immer verliert. Verbittert benutzt er nun mehr denn je seine magischen Kräfte, bleibt aber letztlich ein unglücklicher und wurzelloser Mensch.

Die Schwächen des Romans sind die des Indigenismus überhaupt: Neben lebendige Schilderungen des haitianischen Landlebens treten überlange ethnographische Berichte und didaktische Exkurse, in denen der Autor den Voodookult »wissenschaftlich« zu rechtfertigen sucht. Anders als in seinen ersten Romanen nimmt Cinéas sie hier in die Diskussion zwischen einem haitianischen Intellektuellen und einem voodoosüchtigen Amerikaner hinein – eine deutliche Anspielung auf den amerikanischen Journalisten Seabrook, dessen Schilderungen eines »wunderbaren Voodoo« in *The Magic Island* (1929) die Haitianer sehr beschäftigt hatte: Viele Romane der Zeit, die man als eine Vorstufe zu Alejo CARPENTIERS Vorstellungen von der *»wunderbaren Wirklichkeit« (real maravilloso)* betrachten kann, sind indirekt auch ein Erbe dieser exotistischen Berichte. U.F.

AUSGABE: Port-au-Prince 1945; Nachdr. Nendeln 1970; Nachdr. 1981.

LITERATUR: U. Fleischmann, *Ideologie und Wirklichkeit in der Literatur Haitis*, Bln. 1969. – L.-F. Hoffmann, *Le roman haitien. Idéologie et structure*, Sherbrooke 1982. – A. Nicolas, *Indigenismus und strukturelle Dependenz in Haiti* (in *Der karibische Raum zwischen Selbst- und Fremdbestimmung*, Hg. R. Sander, Ffm. u. a. 1984, S. 109–132). – A. Ntofo, *Roman haïtien, roman africain* (in Et. litt, 13, 1980, S. 357 ff.).

## ŽIVKO ČINGO

\* 13.8.1935 Velgoštin
† 11.8.1987 Ohrid

### GOLEMATA VODA

(maked.; *Das große Wasser*). Roman von Živko ČINGO, erschienen 1971. – »Roman« ist bei diesem Werk ein relativer Gattungsbegriff; es handelt sich vielmehr um erzählende Skizzen aus einem makedonischen Waisenhaus 1946–1949, die untereinander kaum Verbindung haben. Wie die makedonische Kritik hervorhob, kehrte Čingo mit *Golemata voda* zu dem Thema der politischen Nachkriegsumwälzungen zurück, die er in *Paskvelija*, 1962 *(Pasquill)*, einer Sammlung politisch-ironischer Dorfgeschichten, geschildert hatte. – Daß er mit *Golemata voda* eine radikale Abrechnung mit dem makedonischen (jugoslavischen) Stalinismus vor sich hat, merkt der Leser erst allmählich. Vordergründig handelt es sich um den Bericht des kleinen Lem, der aus der »Froschperspektive« eines Kindes die Zustände im Waisenhaus »*Svetlost*« (Helligkeit) schildert. Aber schon die Sprache verrät, daß hier wahrhaft kein Kinderbuch geschrieben wurde – es ist die deftig-archaische Mundart südmakedonischer Bauern, die hier als Gestaltungsmittel Verwendung findet.

Das »*große Wasser*« ist zum einen real der südmakedonische Ohridsee, zum anderen das Symbol für Freiheit und Verheißung. Das Gegenstück ist »*dzidot*« (die Mauer), die das Heim – ein ehemaliges Irrenhaus – wie ein Gefängnis umschließt. Und als »*zandana*« (Gefängnis) empfinden Lem und seine Kameraden das Heim. Die »Erzieher« werden als Gruppe korrupter Sadisten porträtiert, deren Erziehung wertlos und Unterricht sinnlos sind (»*Einmal drehte sich die Erde um die Sonne, dann wieder die Sonne um die Erde.*«). Was sie alle verbindet, sind dogmatischer Glaube an Stalin und die Lust daran, sich möglichst raffinierte »Strafen« für die Kinder auszudenken. Das Heim selber interessiert sie nicht – die Kinder erkranken, werden von Parasiten fast aufgefressen und um ihre Nahrung bestohlen,

denn jeden Tag rücken Funktionäre jeglicher Couleur an, die sich im Waisenhaus sattessen.
Einige Kapitel stellen diese »Erzieher« im Detail vor – beispielsweise das »*Väterchen*«, den Heimleiter. Partisanen-Meriten haben ihn ins Amt gebracht, Stalin-Verehrung hält ihn dort; seine pädagogischen Fähigkeiten sind gleich null, sein Verhältnis zu den Kindern ist grob und brutal. Ihm zur Seite steht der »*Glöckner*«, ein aus dem früheren Irrenhaus verbliebener Patient. Die Kinder werden mit ihm auf ihre Weise fertig: Tagelang stehen sie vor seinem Klingeln auf (was ihn schon aus der Fassung bringt), dann organisieren sie ein festliches »Meeting« für ihn (das ihn aufs Totenbett wirft). Schwerer haben es die Zöglinge mit der stellvertretenden Heimleiterin Olivera Srezoska (einer mit boshaftem Witz gezeichneten stalinistischen Furie): Daß sie ihr den geliebten roten Trainingsanzug verstecken, bringt ihnen nur eine Kollektivstrafe ein; daß sie jedoch ihr wie eine Ikone verehrtes Stalin-Porträt bemalen, zieht quälend lange Untersuchungen nach sich. (Čingo benutzt diese Untersuchung, um sehr ironisch Stalins Biographie in der damals in Osteuropa verbreiteten Verklärung zu referieren.)
Ein Mitschüler des kleinen Lem, »*Kejten, Sohn vom alten Kejten*«, hält die Lächerlichkeit der Situation nicht mehr aus und bricht in unbändiges Gelächter aus. Sofort wird er – zu Unrecht – als Urheber des Frevels erkannt und in einen kalten Rattenkeller gesperrt, aus dem er (scheinbar) tot wieder herausgeholt wird. Nur die mütterliche Stimme von »*Väterchens*« Frau Verna, die bislang als »*Irre*« vor den Kindern versteckt worden ist, bringt ihn ins Leben zurück. Wenn das »*große Wasser*« die nie erlangte Freiheit verheißt, so erinnert Verna an die Mütterlichkeit.
Der Roman endet mit einem typisch stalinistischen »Schauprozeß« im Kleinformat. Kejten wird angeklagt, ein Stück Holz gestohlen zu haben, und dafür stellt man ihn an den Pranger. Er habe nichts gestohlen, sagt der Junge (den Lem ob seiner Gelassenheit und visionären Ausblicke stets bewunderte) – er habe aus dem Holz das Bild einer Mutter machen wollen.
Čingos Roman enthält viele schreckliche Szenen und ist dennoch nicht nur pessimistisch. Die Kinder sind nämlich stärker als ihre Quäler, und der kleine Ich-Erzähler Lem berichtet über die Vorgänge in der ironischen Weisheit balkanischer Bauern: Er flucht und lästert, macht deftige Witze und hintergründige politische Anspielungen und erzeugt letztlich so ein Gefühl des »*gehabte Schmerzen hab' ich gern*«. Gerade das aber macht Čingos Buch zu einem Schlüsselwerk für das Selbstverständnis Jugoslaviens, das sich eben in jenen Jahren endgültig mit Stalin überwarf, in denen der Roman endet.

W. Osch.

AUSGABE: Skopje 1984 (in *Odbrani dela*).

LITERATUR: J. Pavlovski, *Bev so niv*, Skopje 1977, S. 259–264. – M. Ojurčinov, *Kritički svedoštva za novata makedonska literatura 1953–1973*, Skopje 1976, S. 155–162; 243–252. – G. Stardelov, *Portreti i profili*, Skopfje 1987, S. 254–264.

## CHARLES-ALBERT CINGRIA

\* 10.2.1883 Genf
† 1.8.1954 Genf

LITERATUR ZUM AUTOR:
J. Chessex, *C.-A. C.*, Paris 1967. – G. Peyron, *Bibliographie de C.-A. C., 1883–1954*, Lausanne 1981. – *Les Cingria. Pour le centenaire de C.-A. C.*, Genf 1983. – *Catalogue d'exposition C.-A. C.*, Bern 1983, Paris 1984. – J. Réda, *Le bitume est exquis*, Montpellier 1984.

## PENDELOQUES ALPESTRES

(frz.; *Ü: Alpinische Klunker*). Prosaschilderung von Charles-Albert CINGRIA (Schweiz), erschienen 1929. – Der Westschweizer Schriftsteller Charles-Albert Cingria stammte väterlicherseits aus Jugolavien, jedoch war die Familie seit langem im kleinasiatischen Teil der Türkei ansässig; ein Großonkel war italienischer General und Oberhofjägermeister des Zaren Nikolaus I. gewesen; die Mutter war Polin. Es war ein sehr kosmopolitisches Milieu, in dem Cingria aufwuchs, und früh schon unternahm er ausgedehnte Reisen nach Polen, Italien, Spanien, Afrika. Vor und nach dem Ersten Weltkrieg lebte er meist in Paris, der Zweite Weltkrieg führte ihn zeitweise wieder in die Schweiz.
Drei Dinge betrieb Cingria mit Leidenschaft: das Studium der Geschichte, vor allem der mittelalterlichen Musik und Dichtung, eine sehr eigenwillige Schriftstellerei, als deren Niederschlag zehn Bände gesammelter Prosaarbeiten vorliegen, und – das Unterwegssein. Nach dem ebenfalls aus Genf gebürtigen Zeichner und Erzähler Rodolphe TOEPFFER und nach dem unermüdlichen Spaziergänger Robert WALSER war Cingria der letzte poetische Wanderer der Schweiz: ein Wanderer zu Fuß, auf dem Fahrrad, mit Kleinbahnen, über Land, am Genfer See, durch das Rhonetal, in Paris oder Rom. Allerdings haben seine Exkursionen nicht das geringste mit Sport oder Tourismus zu tun. Cingria streift, er schweift, er flaniert durch die Welt; ohne Ausrüstung, nachlässig, doch dezent gekleidet, ein Herr; rüstig, gewiß, doch ohne jeden Ehrgeiz, möglichst viel und möglichst Berühmtes in möglichst kurzer Zeit zu sehen. Im Gegenteil: Wandern heißt für ihn Verweilen, Schauen, Sich-Gedanken-Machen über Land und Leute, über Gott und seine so betrachtungswürdigen Werke – vergnügliche, unterhaltsame und bisweilen hochphantastische Gedanken.

Die *Pendeloques alpestres* sind Cingrias zweite Veröffentlichung; auch dieses Prosastück die Schilderung einer Wanderung in den Schweizer Bergen, zu einem Wallfahrtsort Heiligkreutz. Cingria begibt sich zu Fuß, in Begleitung eines Trägers, dorthin. (Noch besser freilich wäre es, man verfügte über ein Gefährt, wie es ehemals in Gebrauch war, mit »*einer Art Baldachin oder Himmel aus Taft von traurigem Papageienrot, welcher bei der Hitze zugleich ein Schmuck und eine Bequemlichkeit ist. Der Brauch will, daß dabei ein Mann vorausgeht und ein anderer hinterdrein: jener ist mit einem Stock bewaffnet, um die Adler zu verjagen, während dieser dem Fahrgast zu Ehren die Trompete bläst*«.) Am Ort angekommen, logiert der Wanderer sich in dem einzigen Gasthof ein. Als die erwarteten Pilger eintreffen, fesselt unter diesen ein bäuerliches Paar von ungewöhnlichem Anstand seine Aufmerksamkeit. Einige Tage später verläßt der Erzähler Heiligkreutz; unterwegs hat er einige Mühe, den Bernhardiner des Gasthofs loszuwerden, der ihm unbedingt das Geleit geben will ... Das ist alles, und ein bloßes Resümee sagt fast nichts, denn das Entscheidende sind die einzelnen Schilderungen, Anmerkungen, Abschweifungen, die unvergleichliche Mischung von Trockenheit, *cocasserie* und dichterischem Eigensinn.     F.Ke.

AUSGABEN: Lausanne 1929. – Lausanne 1941 (in *Stalactites*). – Lausanne 1967 (in *Œuvres complètes*, 17 Bde., 1967–1981, 2).

ÜBERSETZUNG: *Alpinische Klunker*, W. Promies (in *Kleines harmonisches Labyrinth*, Mchn. 1970).

LITERATUR: R. Auberjonois, *Ch.-A. C.* (in La Gazette de Lausanne, 7./8. 8. 1954). – *Couronne de Ch.-A. C.* (in NRF, 3, 1955, H. 27). – G. Augsbourg, Vorw. zu Ch.-A. C., *Choix de citations, gloses, notules et prétextes*, Genf 1955. – O. de Magny, *Ch.-A. C. et le style* (in Le Monde Nouveau, Mai 1956). – P. O. Walzer, *Pour Ch.-A. C.* (in Journal de Genève, 9./10. 2. 1963). – Revue de Belles-Lettres, 1966, Nr. 3 [Sonderh.]. – J. Chessex, *Ch.-A. C.* (in La Gazette de Lausanne, 19./20. 11. 1966). – Ph. Jaccottet, *C.* (in La Nouvelle Revue de Lausanne, 23. 12. 1966). – R.-L. Junod, *Actualité de Ch.-A. C.* (in Coopération, 6. 2. 1967).

# ÉMILE MICHEL CIORAN

\* 8.4.1911 Rășinari / Rumänien

LITERATUR ZUM AUTOR:
F. Savater, *Ensayos sobre C.*, Madrid 1980. – F. Bondy, *E. M. C.* (in Akzente, 1980, H. 1, S. 5–17). – S. Sontag, »*Wider sich denken*«: *Reflexionen über C.* (in S. S., *Im Zeichen des Saturn. Essays*, Mchn. 1981, S. 17–39). – C. Hell, *Skepsis, Mystik u. Dualismus: eine Einführung in das Werk E. M. C.s*, Bonn 1985. – U. Schoeter, *E. M. C.* (in KLFG, 6. Nlg., 1985). – P. Kampits, *E. M. C.* (in Literatur u. Kritik, 1986, Nr. 205/206, S. 254–260).

## LA CHUTE DANS LE TEMPS

(frz.; *Ü: Der Absturz in die Zeit*). Essay-Sammlung von Émile Michel CIORAN, erschienen 1964. – Von einer Position der Negativität aus und beeinflußt von KIERKEGAARD, SCHOPENHAUER, SCHESTOW und BERGSON formulieren die neun zyklisch miteinander verknüpften Essays eine radikale Kritik der Idee der Entwicklung und des Wirklichen. Die fragmentarische, repetitive Struktur der Texte Ciorans, welche die Ausbildung von Geschlossenheit, Linearität und Systematik verwehren und eine persönliche mit einer transhistorischen Perspektive verbinden, spiegelt diese Kritik auch formal wider. In der doppelten Anspielung auf Luzifer und auf die Sündflut beschreibt *La chute dans le temps* die Geschichte vom zweifach stürzenden Menschen: Dem Absturz *in* die Zeit, der Individualisierung und Historisierung des Menschen also, folgt der Sturz *aus* der Zeit, die Ent-Historisierung. Der Einleitungs-Essay *Der Baum des Lebens* fordert dazu auf, die Zugehörigkeit des Menschen zum »Außerhalb« anzuerkennen – zum Außerhalb Gottes und der Wirklichkeit wie auch des eigenen Selbst. Cioran definiert den Menschen als den, der – im Gegensatz zu Gott – nicht ist, und er bezeichnet das Individuum als die »*Bruchstelle und Aufspaltung des Seins*«. Die Unnatürlichkeit des Menschseins konstatierend, versteht Cioran die »*Heillosigkeit der eigenen Daseinsform*« als Signum der individuellen und auch der kollektiven Geschichte. Innerhalb der Schöpfung nimmt der Mensch in den Augen Ciorans den Status eines »*inneren Emigranten*«, einer »*Häresie*« ein, und dies treibt ihn dazu, überlebensgroß erscheinen zu wollen.
Die Deutung des Fortschritts als eine moderne Version des Sündenfalls gibt die Grundlage ab für das *Bildnis des Zivilisationsmenschen*. Gestützt auf die menschliche »*Hinneigung zum Unwirklichen und Unnützen*« dient die Zivilisation dazu, sich am Leben ebenso wie am Tod vorbeizuschwindeln. Die »*Denaturierung*« als gültiges Prinzip wird nicht nur durch die Verfälschungen des »*Ursprünglichen*« als Folge von Wissenschaft und Technik festgeschrieben, sondern auch durch den Versuch, jemand oder etwas zu sein, und durch Produzieren und Besitzen. Dies führt zum zentralen Grundsatz von Ciorans Denken der Negativität: zu der Forderung nach einer Entsagung, die in der Weigerung besteht, sich einen Namen zu geben und sich »*mit der Welt zu amalgamieren*«. Die Passion des Zweifelns, in der sich dieses Entsagen äußert, grenzt Cioran in dem folgenden Essay *Skeptiker und Barbar* von der Verneinung ab. Die Physiognomie des

häretischen sprunghaften Zweiflers, dessen Verneinung im Namen von etwas geschieht, unterscheidet er von der des orthodoxen konsequenten Zweiflers. Der orthodoxe Zweifel richtet seine Verneinung auch gegen sich selbst und stellt so eine Nähe zur Mystik her, die das *nach* der Gottheit beginnende Nichts berührt. Die Bejahung und der Glaube dagegen wurzeln in einem »*barbarischen Urgrund*«. Die Tugenden der Barbaren bestehen in eben dem, was der orthodoxe Zweifel permanent zu destruieren versucht: Eindeutigkeit, klare Unterscheidung, Parteilichkeit. Deshalb ist das »*Heimweh nach der Barbarei*« das »*letzte Wort einer jeden Zivilisation*« und auch des Skeptizismus selbst. Der Skeptiker – so führt der Essay *Ist der Teufel ein Skeptiker?* aus – übt an sich selbst Verrat aufgrund der Parteilichkeit, die seiner Verachtung der Welt und der Menschen innewohnt. Das Begehren, aus der Namenlosigkeit herauszutreten, analysiert der Essay *Der Ruhm – Wunschtraum und Schrecken*. Jede Form von Angesehenheit stellt für Cioran das Trugbild der ewigen Dauer in säkularisierter Form dar. Als bloße Variante dieses Trugbilds betrachtet er den Wunsch nach einer Tilgung des eigenen Namens.

In seinen Bemerkungen *Über die Krankheit* beschreibt Cioran den Kranken als Abtrünnigen, während der Gesunde »*den Objekten gleich*« sei. Bewußtsein und Krankheit sind für Cioran notwendig aneinander gekoppelt. Ciorans Deutung des Verfalls als Austritt aus der Naivität, als Ent-Täuschung, bestimmt seine Interpretation der TOLSTOJ-Erzählung *Der Tod des Iwan Iljitsch*, die im Mittelpunkt des Essays *Die älteste Furcht* steht. Er beschreibt Ivan Iljitsch als eine Figur, die, eingeschlossen in ihr durchschnittliches, belangloses Leben, leidet und stirbt und ihr Sein erst in ihrer Zerstörung erhält. Den naiven Glauben an die Lüge der Mannigfaltigkeit anerkennt Cioran als Grund jedes Handelns und Gestaltens. Die Nachtseite dieser Illusion indessen bestimmt er als Geistesabwesenheit und Gleichgültigkeit, als einen »*Sturz in den Abgrund der Neutralität*«. Die sich in diesem Zustand des »*cafard*« herstellende Einheit nivelliert alles einzelne, Bestimmte und erweist sich so als eine totale und totalitäre Indifferenz: Die Unterscheidung zwischen Wirklichem und Illusionärem tötet jegliche Vielfalt der Erscheinungs-Welt. Ciorans Nachdenken über die dem Zweifel inhärente Dialektik, die diesen selbst annulliert, schließt mit *Aus der Zeit herausfallen...*, einem Text, der die Ich-Perspektive einführt und in kürzere Abschnitte unterteilt ist. Er handelt vom Entzug der Zeit und zeigt auf, daß auch ein Zustand »*negativer Ewigkeit*« das menschliche Verurteiltsein zur Zeitlichkeit fortsetzt – der Sturz des Menschen wird nicht aufgehoben, sondern redupliziert. B.R.E.

AUSGABE: Paris 1964; ern. 1978.

ÜBERSETZUNG: *Der Absturz in die Zeit* K. Leonhard, Stg. 1972 (Versuche, 20); ²1980. – Dass., ders., Ffm. 1988 (FiTb).

# ÉCARTÈLEMENT

(frz.; *Ü: Gevierteilt*). Essay-Sammlung von Émile Michel CIORAN, erschienen 1979. – Die nach einer gängigen mittelalterlichen Ermordungs- und Todesart benannte Essay-Sammlung setzt sich aus fünf Teilen zusammen, die entsprechend der Absicht von Ciorans Gesamtwerk der gedanklichen Destruktion der Welt dienen. Sie konstatieren in der für Ciorans Schreibweise kennzeichnenden Verknüpfung von Aphorismus, Abhandlung, Poesie und Fragment die Abwesenheit von Substanz, Sinn, Kohärenz und Gegenwärtigkeit und formulieren eine radikale Kritik der Geschichte.

Der einleitende Essay *Die zwei Wahrheiten* geht aus von einer gnostisch beeinflußten Legende, derzufolge der Ursprungspunkt der Geschichte in einem Moment der Langeweile und der Unentschlossenheit begründet liegt. Daraus leitet Cioran das Bedürfnis des Menschen nach Wahrheit, Eindeutigkeit und Parteilichkeit ab. Die spätbuddhistische Unterscheidung zwischen »*wahrer*« und »*verhüllter, irriger Wahrheit*« aufnehmend beschreibt Cioran die »*wahre Wahrheit*« als einen radikalen Verstoß, indem sie nämlich die Negation jeder Wahrheit und auch die Negation der Idee der Wahrheit einbegreifen kann. Als wahre Wahrheiten können also die beschrieben werden, die »*nicht zu leben gestatten*«. Die Geschichte indessen führt nur »*irrige Wahrheiten*« mit sich, indem sie Wesen, Substanz und Sinn verteilt und die Illusion des Fortschreitens aufrechterhält. Doch die Essenz, die Cioran der Geschichte zuzugestehen bereit ist, liegt in ihrer Perpetuierung des Betrugs, der Verblendung, welche dazu verhilft, in der Zeit zu leben.

Mit der französischen Salon-Kultur des 18. Jahrhunderts, deren Signatur Cioran in der Künstlichkeit und Ironie sieht, in ihrer Zukunftslosigkeit und in der Décadence ihrer Klarsicht, welche sich der Leere ihrer Idole nicht verschließen kann, befaßt sich der Essay *Der Memoiren-Freund*. Die Ironie gründet auf einem »*enttäuschten, unerfüllten Verlangen nach Naivität*«. Cioran versteht den »*Verfall der Bewunderung*« als Teil einer umfassenden Ent-Täuschung. Naivität hingegen bildet die Voraussetzung nicht nur der Bewunderung, sondern auch der Achtung, der Anerkennung von Einzigartigkeit und Individualität.

Die Geschichte ist für Cioran gleichbedeutend mit einer Demütigung und Zerstörung des Seins, die er als ein vergängliches Zwischenspiel, als »*Verirrung*« betrachtet *(Nach der Geschichte)*. In Anspielung auf den Prometheus-Mythos deutet Cioran die Geschichte im Sinne einer vom Menschen selbst hervorgebrachten Maschinerie, die zurückschlägt, den Menschen schwächt und ihn endlich zerstört. Selbst die Möglichkeit eines *verfehlten* Paradieses, also die einer negativen Utopie, ist dieser Zerstörungskraft der Geschichte unterworfen. In den Augen Ciorans müßte der Versuch eines tiefgründigen Lebens absehen von Selbstausdruck, Wirkungswille und Kennzeichnungswut. Wird der gänzlich ent-täuschte nachgeschichtliche Mensch,

»ein völlig vakantes Wesen«, vielleicht nur ein »vollkommen ernüchterter Troglodyt«, dazu imstande sein? Diese zweifelhafte Vision greift der Essay *Dringlichkeit des Schlimmsten* auf. Mit seiner Kritik an der Aufklärung will Cioran zugleich die wesentliche Illusion der Moderne treffen: jene Erblindung nämlich, welche in der Zukunftsgläubigkeit liegt, die auf dem der Geschichte inhärenten *Möglichen* beharrt. Mit seiner mythischen Erzählung vom Menschen als Untier, das, Opfer und Täter zugleich, die Welt zum *»Getöse eines babylonisierten Planeten«* entartet hat, zum Verschwinden prädestiniert ist, aus der Unschuld verstoßen, will Cioran die Begründung dafür geben, daß die Selbstzerstörung des Menschen und der Geschichte nicht nur unabwendbar, sondern auch dringlich sei. Indem die Idee des Unabwendbaren *»einen metaphysischen Rest«* enthält, bildet sie die einzige noch mögliche Öffnung zu einem *»Schein von Absolutem, ohne den niemand existieren kann«*. Der letzte Abschnitt der Essay-Sammlung, *Ansätze zum Taumel*, setzt sich aus Aphorismen, Episoden-Schilderungen und häretischen Gebeten zusammen, welche die Auseinandersetzung mit Buddhismus, Talmud und Kabbala erkennen lassen. Ihre fragmentarische Form reflektiert Ciorans Idee eines lediglich in der Zunahme von Inkohärenzen bestehenden Fortschritts. Kennzeichnend für Ciorans Gedankenführung ist die ständige Wiederholung zweier gegeneinandergerichteter, doch eine Einheit bildender Prozesse: die mystische Suche nach einem Absoluten und die Erosion dieses Absoluten durch den *»orthodoxen«* Zweifel, der die positive ebenso wie die negative Bestimmung des Absoluten, seine Konformierung also, verhindern soll. Cioran anerkennt die grundlegende Zusammengehörigkeit von Illusion und Welt. Doch philosophisches Reflektieren bedeutet ihm, festzustellen, *»daß alles unmöglich ist«*. Damit benennt er die grundlegende Aporie, um die sein gesamtes Werk kreist. B.R.E.

Ausgabe: Paris 1979.

Übersetzung: *Geviertteilt*, B. Mattheus, Ffm, 1982 (BS).

Literatur: A. Bosquet, *»Écartèlement«* (in Mag. litt, 1980, Nr. 158, S. 67 f.). – A. Botond, *Meduse im Spiegel* (in FAZ, 16. 11. 1982).

## PRÉCIS DE DÉCOMPOSITION

(frz.; Ü: *Lehre vom Zerfall*). Essay-Sammlung von Émile Michel Cioran, erschienen 1949. – *»Negative Übungen«* lautete der Arbeitstitel der aus sechs Teilen bestehenden, mehrmals umgeschriebenen und von Paul Celan ins Deutsche übertragenen Essay-Sammlung – der ersten, die der als hervorragender Stilist geltende Kulturkritiker Cioran in französischer Sprache verfasste. Die sein gesamtes Werk kennzeichnende Argumentations- und Schreibweise der Essays – aphoristisch, subjektiv und diskontinuierlich – bringt Cioran, der sich als Personalunion von Mystiker und Skeptiker versteht, dem Typus des *»Künstler-Philosophen«* (Jean-Noel Vuarnet) nahe. Der Aufriß der Negativität, den die Essays auch im Blick auf den moralischen Zusammenbruch der vorhergehenden Jahrzehnte skizzieren, ist in doppelter Hinsicht dem *Zerfall* gewidmet: der Zertrümmerung der Welt durch den Menschen, der nun *»reif zum Verschwinden«* sei, und einem Denken der Negativität, das eine De-Komposition der Erscheinungen und Sinn-Systeme beabsichtigt. Dieses Denken soll, so fordert Cioran, die das Nichts verbergende Illusion in allen Erscheinungen bloßlegen, und es soll zu einer Leere hinführen, der die *»Fülle des Seins«* (P. Kampits) innewohnt. In den Augen Ciorans weist die Formulierung *»ich war, ich bin, ich werde sein«* auf ein Problem der Grammatik hin, nicht auf eines der Existenz. Die Vorstellung von Identität, Geschichtlichkeit und Fortschritt, auch Taten, Worte und Ideen, betrachtet Cioran als integralen Bestandteil der grundlegenden Täuschung des Menschen. Nur aufgrund dieser fundamentalen Täuschung ist jedoch der Mensch lebens- und handlungstüchtig. Zugleich aber bedeutet sie für Cioran eine unaufhörliche *»Versündigung am Sein«*. Diese Ambiguität, die als Leitmotiv in Ciorans Gesamtwerk immer wiederkehrt, verfolgt der *Précis* im Hinblick auf eine Eigenschaft, die nach Ciorans Ansicht zur Definition des Menschen taugt: den Dogmatismus. Nicht nur in der Abwendung des Menschen vom Nichts, sondern auch in seiner Hingabe an seine fixen Ideen und Dogmen sieht Cioran eine Voraussetzung für Leben und Wirksamkeit des Menschen. Den Verlust der Dogmen versteht Cioran als einen Selbstverlust, der sich als Gleichgültigkeit äußert: *»Nun läßt er alles gelten und verhüllt mit seiner Toleranz nicht nur geringfügige Vergehen, sondern sämtliche Verbrechen.«* Zugleich aber machen die Fähigkeit zur Anbetung und zum Glauben, die Erfindungsgabe in bezug auf religiöse und politische Ideologien und Doktrinen den Menschen in den Augen Ciorans zu einem virtuellen Mörder. In der menschlichen Sehnsucht nach Gewißheit und in der Bereitschaft, diese zu verbreiten und zu verteidigen, sieht Cioran den Grund von Folter und Mord. Der Dauerzustand des *»dogmatischen Schlafs«*, in dem sich der Mensch befindet, erfaßt selbst den Skeptiker, der, in seine Zweifel verliebt, zu einem *»Fanatiker der Skepsis«* wird. Aufgabe des *(»orthodoxen«)* Skeptikers ist es, jede Gewißheit – auch die der Negativität – zu zerstören. Er personifiziert die Haltung der Unbeständigkeit: *»Sehen wir also zu, daß keinerlei Gott sich in unsern Gedanken ansiedelt.«* Um das *wahre Wissen«* zu bezeichnen, greift Cioran zu einem paradoxon: dem *»Wachbleiben im Dunkeln«*. B.R.E.

Ausgaben: Paris 1949; ²1961. – Paris 1977; Nachdr. 1984.

Übersetzung: *Lehre vom Zerfall*, P. Celan, Reinbek 1953. – Dass., ders., Stg. 1978; ern. 1987.

LITERATUR: E. M. Cioran, *Beim Wiederlesen der »Lehre vom Zerfall«* (in Akzente, 1979, H. 3, S. 332–337).

## IVO ĆIPIKO

\* 13.1.1869 Kaštel-Novi / Dalmacija
† 23.9.1923 Kaštel-Novi / Dalmacija

LITERATUR ZUM AUTOR:
Z. P. Jovanović, *Bio-biliografska građa o I. Ć.* (in Letopis Matice Srpske, 372, 1953, 4, S. 318–324). – V. Gligorić, *Srpski realisti*, Belgrad 1954, S. 406–447. – B. Kovačević, *Pesnik Dalmacije I. Ć.* (in I. Ć., *Pauci. Pripovetke*, Belgrad / Novi Sad 1958, S. 7–27). – A. Žeželj, *I. Ć. (1869–1923)* (in I. Ć., *Pripovetke*, Belgrad 1958, S. 5–24). – R. F. Doronina, *Serbskaja realističeskaja proza konca 19-go – načala 20-go veka* (in *Kritičeskij realizm v literaturach zapadnych i južnych slavjan*, Moskau 1965, S. 223–255). – Ju. D. Beljæva, *Social'naja napravlennost' tvorčestva I. Ć.* (in *Zarubežnye slavjanskie literatury. XX vek*, Moskau 1970, S. 203–222). – B. Lazarević, *I. Ć.* (in *Epoha realizma*, Belgrad 1972). – S. Leovac, *I. Ć.* (in S. L., *Portreti srpskih pisaca XIX veka*, Belgrad 1978). – V. Matošić, *Hronološki podaci o životu i radu* (in I. Ć., *Za kruhom*, Belgrad 1982, S. 269–271). – M. Najdanović, *Relacije pisac-sredina u književnosti srpskog realizma*, Kragujevac 1983.

## PAUCI

(serb.; *Die Spinnen*). Roman von Ivo ĆIPIKO, erschienen 1909. – Thema des um die Jahrhundertwende spielenden Romans ist das Vordringen der kapitalistischen Wirtschaftsformen auf dem serbischen Dorf und die damit verbundene allmähliche Zerstörung der ursprünglichen ökonomischen Struktur. Engagiert verteidigt der Erzähler – wie STANKOVIĆ und KOČIĆ ein *»lyrischer Realist«* (Skerlić) – die tradierten Gewohnheiten und Gesetze der bislang unabhängigen serbischen Bauernschaft (wie sie vor allem in Ćipikos Novellen dargestellt wird) gegen die städtische Überfremdung. – Um die Hinterlassenschaft eines Verwandten – ein Stück fruchtbarer Erde – aufkaufen zu können, verschuldet sich der wohlhabende, doch landhungrige Bauer Smiljanić bei dem skrupellosen Händler Jovo. Jovo verleiht sein Kapital im Dorf zu hohen Zinsen, um sich Land und Besitz seiner früher oder später zahlungsunfähigen Schuldner anzueignen. Smiljanić überlebt den Vertragsabschluß mit Jovo nur um kurze Zeit und hinterläßt die durch Zins und Zinseszins inzwischen ins Unermeßliche angewachsenen Schulden seinem Sohn Rade. Vergeblich sucht Rade das erforderliche Geld aufzubringen. Als ihn selbst der Verkauf des Hofinventars nicht zu retten vermag, beschließt er in seiner Verzweiflung, Jovo zu ermorden.

Die psychologisch klar umrissene Gestalt des Jovo, des von der gewissenlosen Investition seines Kapitals lebenden Händlers und Wucherers, ist charakteristisch für die Wirklichkeit des serbischen Dorfs zu Beginn des Jahrhunderts. Tatsächlich zwang das vordringende Kapital viele Bauern, ihren Besitz aufzugeben, ihr Dorf zu verlassen und sich in der Stadt als Arbeiter zu verdingen. Das städtische Proletariat erhielt so aus der durch die bürgerliche Wirtschaftsordnung verursachten Landflucht beständigen Zuwachs. Neben seiner realistischen, bewußt unprätentiösen Diktion macht vor allem die präzise Widerspiegelung eben dieser gesellschaftlichen Umwälzungen das Interesse von Ćipikos zweitem Roman aus. (Sein erster Roman – *Za kruhom*, 1904, Um Brot – hatte eine ebenfalls bäuerliche Thematik behandelt, steht aber in künstlerischer Hinsicht hinter *Pauci* zurück.)     L.V.-KLL

AUSGABEN: Belgrad 1909. – Belgrad o. J. [1927–1933] (in *Celokupna dela*, Hg. Ch. Barić, 4 Bde., 3). – Novi Sad/Belgrad 1958. – Belgrad 1961 (in *Sabrana dela*, Hg. M. Vidojković u. a., 4 Bde., 1; Vorw. V. Gligorić). – Belgrad 1962; ern. 1963.

LITERATUR: M. Savković, *I. Ć. »Pauci«* (in Srpski knjiž. glasnik, 57, 1939). – A. Žeželj, *O »Paucima« I. Ć.* (in I. Ć., *Pauci*, Belgrad 1958, S. 5–15). – Ž. Plamenac, *»Pauci«* (in *Kritičari iz pokreta socijalne literature*, Hg. P. Palavestra, Novi Sad / Belgrad 1977).

## GHEORGHE CIPRIAN

d.i. Gheorghe Constantin-Constaninescu
\* 30.5.1883 Buzău
† 7.5.1968 Bukarest

LITERATUR ZUM AUTOR:
A. Piru, *G. C.* (in A. P., *Panorama deceniului literar românesc 1940–1950*, Bukarest 1968, S. 430–433). – O. Papadima, *Scriitorii şi înţelesurile vieţii*, Bukarest 1971, S. 158–171. – E. Lovinescu, *G. C.* (in E. L., *Scrieri*, Bd. 6, Bukarest 1975, S. 357).

## OMUL CU MÎRŢOAGA

(rum.; *Der Mann mit der Schindmähre*). Lustspiel in vier Akten von Gheorghe CIPRIAN, Uraufführung: Bukarest 1927. – Diese Komödie, von George CĂLINESCU – in ironischer Verkehrung – als *»das* *einzige rumänische Mysterienspiel«* bezeichnet, war nicht nur im Lande selbst erfolgreich, sondern wurde auch im Ausland zu wiederholten Malen aufgeführt, so 1929 und 1937 in Paris, 1930 in Prag, 1932 in Bern usw. Die Originalität der Komödie liegt darin, daß hier in seltener Vollkommenheit komische und »mystische« Elemente zu einer Zeitsatire *sui generis* miteinander verbunden wurden. Im Zentrum des dramatischen Geschehens steht der Archivar Chirică, ein bescheidener und kluger Mann. Er erwirbt ein altes Rennpferd, dem niemand mehr die geringste Erfolgschance einräumt. Chiricăs unerschütterlicher Glaube an den Sieg des Pferdes läßt ihn zum Gespött der Mitbürger werden: Die Zeitungen geben den »Mann mit der Schindmähre« der Lächerlichkeit preis. Von Frau und Kindern verlassen und aus seiner Wohnung verjagt, zieht er sich in eine verfallene Hütte am Stadtrand zurück, wo er sich ganz der Sorge um sein Pferd widmen kann. Seine Leiden und Opfer bleiben nicht unbelohnt: Das Pferd gewinnt tatsächlich alle Rennen, so daß Chirică nicht nur in den Besitz eines ansehnlichen Vermögens gelangt, sondern ihm auch bald der Ruf eines Heiligen anhaftet. Seine Frau kehrt reumütig zu dem von aller Welt hochverehrten Mann zurück.

Ciprian gelingt eine überzeugende, satirisch akzentuierte Verflechtung der beiden Ebenen des Realen und des »Übernatürlichen«. Obwohl die Leiden des Helden eine tragische Ausweglosigkeit andeuten, bleibt der Lustspielcharakter gewahrt. Chiricăs Triumph und die ihm dargebrachte Heiligenverehrung gilt in Wahrheit der Aureole des Erfolgs, erscheint als der Tanz um das Goldene Kalb. – Die effektvolle Verbindung von Sprach- und Situationskomik und der durchweg spürbare Grundton dramatischer Ironie läßt die Hand des Theaterpraktikers – Ciprian war Schauspieler – erkennen.

N.Ma.

AUSGABEN: Bukarest 1928. – Bukarest 1963. – Bukarest 1965 (in *Scieri*, Bd. 2). – Bukarest 1983.

LITERATUR: V. Brădăteanu, *Comedia în dramaturgia românească*, Bukarest 1970, S. 414–426). – Ders., *Literatură română între cele două războaie mondiale*, Bd. 3, Bukarest 1975, S. 77–90.

## OSKAR WALTER CISEK

\* 6.12.1897 Bukarest
† 29.5.1966 Bukarest

## DER STROM OHNE ENDE

Roman von Oskar Walter CISEK (Rumänien), erschienen 1937. – Der wohl bekannteste deutschsprachige Roman aus Rumänien ist zugleich der schlüssigste Beleg dafür, daß der aus Bukarest stammende deutsche Schriftsteller O. W. Cisek wenig Berührungspunkte mit der siebenbürgischen bzw. banatschwäbischen Literaturtradition hat, sein Werk mithin nur unter Vorbehalt der »rumäniendeutschen« Literatur in einem regionalistischen Sinn zugeordnet werden kann.

Das Grundthema in Ciseks Romanen und Erzählungen ist die Behauptung der menschlichen Natur in einer vergesellschafteten Welt, die Selbstbehauptung des Individuums gegen unterbewußte Anfechtung und sozialen Zwang. Seine Helden sind meist einfache Menschen an der Grenze von Natur und Zivilisation, Leben und Überleben, auf der Suche nach dem *»einfachsten Sinn«*. Das Geschehen in *Der Strom ohne Ende* wird zwar durch zahlreiche Angaben geographisch auf die *»Störjägersiedlung«* Valcov im Donaudelta fixiert, doch über diese heißt es gleich zu Anfang, sie sei *»weit hinter der Welt«*. Zeitangaben und relevante Requisiten werden weitgehend ausgespart, so daß ein ahistorischer Raum mit gleichsam mythischen Bezügen entsteht, in dem alles menschliche Tun symbolisch-metaphorisches Gewicht gewinnt. So gesehen erhält auch das Figurenensemble einen besonderen Repräsentativcharakter, der über das malerisch-exotische Erscheinungsbild der Deltabewohner hinausweist.

In die Familie des ehrwürdigen Kaviarmeisters Vater Kalistrat Sverjow kehrt im klirrenden Winter, nach langjähriger Abwesenheit, der eine Sohn, Akim, zurück. Die äußerliche Ähnlichkeit mit seinem Zwillingsbruder Ssawel steht in krassem Gegensatz zum Mißverhältnis zwischen dessen Leichtlebigkeit und Akims grübelnder Schwermut. Das Kompensationsverhältnis der beiden Charaktere und die wiederholt aufgeworfene Identitätsfrage machen die Darstellung der Zwillingsbrüder zum Bild für die Ambiguität der menschlichen Psyche. Ohne es sich selbst einzugestehen, leidet Akim unter dem lauteren Liebesverhältnis seiner Schwester Dunja zu dem jungen Störjäger Firs. Dessen unbekümmerte und unanfechtbare Redlichkeit und Tüchtigkeit treiben Akims Irritation so weit, daß er den Tod des Gefährten und Rivalen herausfordert. Doch Firs triumphiert im Kampf gegen vier Wölfe. Das – in der Folge – einsetzende Tauwetter bringt Valcov eine schwere Überschwemmung, die den Menschen ihre Hilflosigkeit gegenüber der Naturgewalt vor Augen führt. Firs' tatkräftige Hilfe integriert ihn weiter in die Familie der Sverjows, und Akim beschließt, wieder in die Fremde zu gehen, nimmt diesen Entschluß jedoch gleich darauf zurück. Dafür verläßt Ssawel aus enttäuschter männlicher Eitelkeit Valcov, kehrt aber schon nach zwei Tagen wieder. Die Spannungen werden durch das enge Beisammensein beim Heringsfang intensiviert, so daß Akim einen zweiten Lösungsversuch unternimmt, indem er nunmehr ein Verhältnis mit der Witwe Anißja aufbaut. Diese Beziehung stürzt ihn jedoch in weitere Selbstzweifel; Firs dagegen behauptet seinen Platz an Dunjas

Seite mit zunehmender Bestimmtheit. Akims Eindringen in Anißjas Familie treibt indirekt deren Tochter in die Falle des Triebmörders Pachom. Dieser wird nach dem Tod des Mädchens – seines zweiten Opfers – von Ssawel durchschaut und von der Menge in den Tod gehetzt. Damit erreichen die dumpf-tragischen Verstrickungen den ersten Höhepunkt, der die Allgemeinheit einbezieht. Ein zweites Mal wird die Menge – keine »Gemeinschaft« – von Ssawel zur Lynchjustiz angestiftet, diesmal gegen den Nachtwächter, einen für die Begriffe der Fischer arroganten Vertreter der Staatsmacht. Firs kann die mörderische Konsequenz entfesselter Instinkte nur durch eine Notlüge abwenden. Spätestens hier wird klar, daß Cisek den soziomoralischen Überbau als Merkmal menschlichen Zusammenlebens grundsätzlich in Frage stellt: Im Mittelpunkt steht der Mensch in seiner Vereinzelung.

Ein Urbild der Einsamkeit schafft der Erzähler mit Vater Kalistrat. Der erfahrene Kaviarmeister, höchste Autorität für die Fischer, nimmt einen verwahrlosten Jungen auf und schenkt ihm seine Vaterliebe, ohne zu wissen, daß sein Schützling vom Aussatz befallen ist. Das Entsetzen beim Erkennen der Krankheit und der eigenen Ansteckung weicht der Einsicht in die Notwendigkeit des Abschieds. Vater Kalistrat folgt »*in wirrer Freude*« dem »*an die unbekannte Welt verlorenen Kind*«. Daß Ssawel an Akims Statt »*unverdiente Rettung*« bei Anißja findet, ist nur ein schwaches Gegengewicht zu diesem Akt der Entsagung. Vater Kalistrats Fortgang leitet auch die tragische Zuspitzung des Hauptkonfliktes um Akim ein. Dunja kann einen Vergewaltigungsversuch des Bruders abwehren, aber Firs erkennt, »*was vielleicht nur im Schweigen eben noch ertragen werden konnte*«. Im schwankenden Boot sucht Akim den offenen Kampf und findet den Tod im aufgewühlten Meer. Firs muß noch eine Zeit der Einsamkeit in der Wildnis durchstehen, ehe er Dunja zugeführt wird.

Zwischenmenschliche Harmonie, wie sie Cisek im letzten Passus an Haupt- und Nebenakteuren beschreibt, ist das kathartische Ergebnis innerer und zwischenmenschlicher Katastrophen. Die tragische Konsequenz des Schicksals, dessen Unabwendbarkeit von der Wahrsagerin Mara bezeugt wird, ist zugleich der Grund für den Gleichmut, mit dem es getragen wird. Entsprechend geht der Autor mit seiner Darstellung über die unmittelbare Dramatik der Handlung hinaus und verleiht ihr – häufig durch Naturbilder – mythische Dimensionen: »*Und es kam ihm [Firs] vor, als trüge er das rege Herz des breiten Geströmes unter seinen eigenen Rippen. Es gab sich alles preis und hegte den Abschied des Tages, aber es war immer da, kreiste, hatte weder Anfang noch Ende.*« G.Ae.

AUSGABE: Bln. 1937.

LITERATUR: H. Stiehler, *Paul Celan, O. W. C. und die deutschsprachige Gegenwartsliteratur Rumäniens*, Ffm. u. a. 1979.

## JAKUB ĆIŠINSKI

d.i. Jakub Bart
* 20.8.1856 Kuckau / Oberlausitz
† 16.10.1909 Panschwitz / Oberlausitz

LITERATUR ZUM AUTOR:
M. Andricki, *J. Ć.*, Bautzen 1906. – *Sbornićek J. Ć.*, Hg. J. Páta, Prag 1926. – M. Krječmar, *J. B.-Ć. Přinosk k jeho žiwjenju a dźělu*, Bautzen 1933. – P. Nowotny, *Ć. narodny program na zakładźe jeho swětonahlada*, Bautzen 1960. – *Mnohich njebě lubušk*, Hg. P. Malink, Bautzen 1970. – K. Lorenc, *Sorbisches Lesebuch*, Lpzg. 1981, S. 336–342. – I. Gardošowa, *Bibliografija literatury wo J. B.-Ć.* (in J. B.-Ć., *Zhromadźene spisy*, Bd. 14, Bautzen 1985, S. 291–332).

## SERBSKE ZYNKI

(osorb.; *Sorbische Töne*). Gedichtband von Jakub ĆIŠINSKI, erschienen 1897. – Nach Handrij ZEJLEŔ (1804–1872) gilt Ćišinski als der bedeutendste sorbische Dichter und wichtigste Förderer eines sorbischen Kultur- und Nationalbewußtseins. Die charakteristischen Merkmale seines dichterischen Schaffens wie auch seine nationalen und aufklärerischen Bestrebungen repräsentiert die vorliegende Sammlung in besonderer Weise. Hier wurden Gedichte, die Ćišinski in den Jahren 1889–1897 in der Zeitschrift ›Łužican‹ veröffentlicht hatte, zu einem Jubiläumsband anläßlich des fünfzigjährigen Bestehens der Maćica Serbska (Gesellschaft zur Förderung nationaler Interessen, insbesondere der Volkssprache und Kultur, gegründet 1847) vereinigt (vgl. Ćišinskis Widmung, sein Epiloggedicht und das Vorwort von Ernst MUKA). Formal orientieren sich die Gedichte am Volkslied und an der klassischen Dichtung um 1800. Zu den literarischen Strömungen der zeitgenössischen Moderne bilden sie jedoch einen bewußten Gegensatz, den Ćišinski in seinen literaturkritischen Anmerkungen polemisch formulierte.

Der erste Teil – *Swěrne zynki (Traute Töne)* – enthält vor allem Naturlyrik, an der der Dichter die poetische Ausdruckskraft der sorbischen Sprache demonstriert. Die Gedichte behandeln die vertrauten Sujets der Gattung: die Natur *(Kwětki – Blumen; Kak přišło naléće – Als der Frühling kam)*, den Mond *(Pri měsacu – Im Mondlicht)*, die Tageszeiten *(Kuzło wjecorne – Abendzauber)* usf. Zuweilen klingt hier bereits der nationale Appell an: »*Für die Lausitz so begeistern / möchte jeden Sorben ich, / ihr zuliebe alles meistern, / daß sie blühe ewiglich*« *(Łužicy – An die Lausitz)*. Deutlicher wird dieser Aspekt im zweiten Teil des Bandes – *Wěrne zynki (Zuversichtliche Töne)* –, der Gedichte der Lebensfreude und des zuversichtlichen Glaubens an die sorbische Zukunft vereint. Der dritte Teil – *Wótre zynki (Scharfe*

*Töne) –*, dessen Mitte der eigentliche nationale Aufruf ist, richtet sich in teilweise ausgesprochen satirischer oder sarkastischer Weise gegen die sorbische Intelligenz; daneben stehen pessimistische Betrachtungen über den Stand der sorbischen Kultur *(Bjez kritiki – Ohne Kritik)* und die eigenen Wirkungsmöglichkeiten *(Wosud serbskeho pěsnjerja – Das Schicksal des sorbischen Dichters)*. Die Zerstrittenheit der eigenen nationalen Kräfte, die nationale Gleichgültigkeit vieler sorbischer Intellektueller und der Besitzegoismus mancher sorbischer Mittelbauern bilden keine geringere Gefahr für die ethnische und kulturelle Eigenständigkeit der Sorben als die offizielle antisorbische Politik Sachsens und Preußens. Darauf hatte Ćišinski bereits in zahlreichen polemischen Artikeln und literarischen Werken (dem Epos *Nawoženja*, entst. 1876/77, ersch. 1926 – *Der Bräutigam*; dem Roman *Narodowc a wotrodźenc*, entst. 1878/79, ersch. 1937 – *Der Patriot und der Renegat*, und dem historischen Drama *Na hrodźišću*, 1880 – *Auf der Schanze)* hingewiesen. Als »*ehrlos und pflichtvergessen*« bezeichnet er nun die »Gebildeten«, die, häufig genug, »*ihre Nationalität wie einen abgetragenen Rock ablegen*«, und stellt ihnen das einfache Volk als Vorbild hin, »*das der Ahnen Rede führt wie seinen Pflug*« *(Moje serbske wuznaće – Mein sorbisches Bekenntnis)*. In diesem Zusammenhang bekennt Ćišinski den idealistisch-didaktischen Impuls eines Dichtens: »*Für die Menschen der Zukunft schreibe ich. Denn fest ist mein Glaube an die Zukunft der Sorben, wenn sie von Tag zu Tag an Bildung zunehmen.*« Hier kommen Gedanken zur Sprache, die Ćišinski seinen Vorbildern aus der Zeit der tschechischen Wiedergeburt am Ende des 18. Jh.s verdankt.

Trotz der realistischen, ja zuweilen pessimistischen Einschätzung der sorbischen Gegenwart spricht aus allen Gedichten der Glaube des Dichters an eine eigene sorbische Wiedergeburt. H.J.S.

AUSGABEN: Bautzen 1897. – Bln./DDR 1951 (in *Wubrana zběrka basni*, Hg. J. Brězan; Ausw.). – Bautzen 1969 (in *Zhromadźene spisy*, Hg. P. Malink, 14 Bde., 1969–1985, 3). – Bautzen 1981 (in *Serbska poezija 11*, Hg. K. Lorenc; Ausw.).

ÜBERSETZUNGEN (Ausz.): *Sorbische Lyrik*, J. Brězan, Bln./DDR 1954. – *Glut des Herzens*, A. Wawrik u. J. Brězan, Bautzen 1959; ern. 1961. – *Moje serbske wuznaće / Mein sorbisches Bekenntnis*, anon., Bautzen 1968. – *Ich will zum Licht*, A. Wawrik, J. Brězan u. K. Lorenc, Bautzen 1981.

LITERATUR: A. Černý, *Stawizny basnistwa łužiskich Serbow*, Bautzen 1910. – O. Lehmann, *Dr. Mikławš Krječmar, J. B.-Ć.* (in ZslPh, 20, 1948, 1, S. 186 bis 201). – R. Jenč, *Stawizny serbskeho pismowstwa*, Tl. 2, Bautzen 1960, S. 191–282. – Z. Topolińska, *Stejišćo a róla Ć. w stawiznach hornjoserbskeje wersifikacije* (in Lětopis A, 9/1, 1962, S. 62–71). – J. Suchý, *Poezija J. B.-Ć.* (in J. B.-Ć., *Zhromadźene spisy*, Bd. 5, Bautzen 1977, S. 349–393). – J. Vlášek, *O zvukove vystavbě poezie J. B.-Ć.* (in Slavia, 46, 1977).

## HÉLÈNE CIXOUS

\* 5.6.1937 Oran / Algerien

## ANGST

(frz.). Roman von Hélène CIXOUS, erschienen 1977. – Schreiben, Weiblichkeit, Feminismus – drei für das umfangreiche Werk der französischen Schriftstellerin, Essayistin, Literaturwissenschaftlerin, »Theoretikerin der weiblichen Schrift« entscheidende Bezugspunkte, die Hélène Cixous vor allem in den siebziger Jahren in zahlreichen Interviews und Artikeln in Zusammenhang mit der »weiblichen Schreibweise« *(écriture féminine)* diskutiert. Weibliches Schreiben wird hier verstanden als subversive Praxis, als Ort einer feministischen Gegenkultur im Kontext der psychoanalytischen Theorie sowie poststruktualistischer Texttheorien, als eine künstlerische Position, von der aus Konzepte einer weiblichen Ästhetik jenseits des herrschenden Diskurses und des Logozentrismus entworfen und durchgespielt werden.

*Angst*, poetische Prosa und weniger ein Roman im traditionellen Sinn, kreist um die zu Beginn des Textes in Erinnerung gerufene Schlüsselszene, die dem weiblichen Subjekt eine ursprüngliche Verletzung zufügt und sich in vielfältig variierten Szenen leitmotivisch wiederholt: Diese für das Buch thematisch und formal zentrale »*Szene des Großen Leidens*« reduziert sich auf eine für das kleine Mädchen traumatisch erlebte Situation, in der es von der Mutter (die nur schnell eine Besorgung machen und sofort wieder zurück sein wollte) für einen Augenblick allein gelassen und plötzlich von einer Angst ergriffen wird, die das Kind bei weitem überfordert. Die unvordenkliche frühkindliche Angst, verlassen zu werden und mithin alles, den eigenen Körper, das Lebendige, zu verlieren, ruft eine fundamentale Verunsicherung hervor und prägt die Ich-Entwicklung der Protagonistin, einer jungen Frau, die auf den Anruf und die Rückkehr ihres geliebten Mannes, der im Leben der erwachsenen Frau an die Stelle der Mutter getreten ist, wartet. Lächelnd und ein »*Ich liebe dich*« auf den Lippen, ist er fortgegangen. *Angst* – für Cixous ein unübersetzbares Wort, das das »*Unheimliche*« im Sinne FREUDS, Furcht und Schrecken, das rätselhafte Ungewisse in all seiner Bedeutungsfülle evoziert – thematisiert den Zustand des Wartens, eine die weibliche Existenz bedrohende Grundsituation. Der Geliebte, der, ohne sich der Bedeutung seiner leichthin gesagten Worte bewußt zu sein, die Rückkehr angekündigt hat, verspätet sich und ist für die Frau unerreichbar. Dieses Warten setzt eine »*Verzweiflungsmaschinerie*« in Gang. Die Wartende erfährt die dem weiblichen Unbewußten eingeschriebenen Abgründe jener traumatischen Urszene, die in Metaphern des zerstückelten Körpers, der zerstörten Integrität des Selbst, des Weltuntergangs bzw. des Endes jeglicher Raum- und Zeiterfahrung evoziert wird. Doch im Unterschied zum kleinen Mädchen imaginiert die junge Frau schließlich die Trennung; ihre Angst schlägt um in Wahnsinn oder Haß; Hoffnung auf die Flucht durch eine sich öffnende Tür zeichnet sich ab. Sie lernt auch einen anderen Mann kennen, der sich indes vom ersten kaum unterscheidet und sie ebensowenig von ihrer existentiellen Bedrohung befreien kann. Verstrickt in den Widerspruch zwischen Annäherung und Trennung, ist die Protagonistin unaufhörlich mit der Wiederholung von Angst und Verletzung konfrontiert. Erst durch das Akzeptieren ihrer Einsamkeit versetzt sie sich in die Lage, einen Ausgang zu finden: Die Tür, die sie auf ihrem Fluchtweg findet, führt zu einer Treppe, über die sie das symbolische »*obere Zimmer*« erreichen kann. Die Suche nach der »*unmöglichen Liebe*« endet im Unterschied zu *Tristan und Isolde* (einer der Texte, den die Protagonistin zum hundersten Mal liest, wobei sie jedoch aus Angst, ihre Illusion zu verlieren, das Ende ausspart) nicht mit dem Tod, sondern mit einer möglichen Befreiung.

Die Autorin bezieht sich auch in *Angst* immer wieder auf Freuds Erkenntnisse zur »Traumarbeit« in *Die Traumdeutung* (1900) und integriert spielerisch, transformierend, in Verschiebungen und Assoziationsketten die thematischen Grundmuster der Psychoanalyse (Trauerarbeit, Individuation, Symbiose und Ablösung), und vermischt dabei die poetische Sprache mit anderen Diskursformen, löst lineare Zeitstrukturen auf und experimentiert mit der produktiven Neugestaltung des tadierten Begriffs von Individualität, mit Mythen und Metaphern. B.We.

AUSGABE: Paris 1977.

LITERATUR: A. R. Jones, *Writing the Body: Toward an Understanding of ›l'écriture féminine‹* (in FS, 7, 1981, S. 281–293). – W. Gölter, *Regression oder Träume nach vorwärts* (in Lendemains, 25/26, 1982, S. 139–148). – V. Andermatt Conley, *H. C.: Writing the Feminine*, Lincoln/Nebr. 1984. – R. Lachmann, *Thesen zu einer weiblichen Ästhetik* (in *Weiblichkeit oder Feminismus. Beiträge zur interdisziplinären Frauentagung Konstanz 1983*, Hg. C. Opitz, Weingarten 1984, S. 181–194). – M. Brügmann, *Weiblichkeit im Spiel der Sprache. Über das Verhältnis von Psychoanalyse und ›écriture féminine‹* (in *Frauen Literatur Geschichte. Schreibende Frauen vom Mittelalter bis zur Gegenwart*, Hg. H. Gnüg u. R. Möhrmann, Stg. 1985, S. 395–415). – C. Guégan Fisher, *La cosmologie d'H. C.*, Amsterdam 1988.